石峁遗址研究资料汇编

（1977～2023）

（第1册）

陕西省考古研究院
神木市石峁遗址管理处　编

科学出版社
北京

内 容 简 介

本书为石峁遗址研究资料汇编，收录调查简报和发掘简报22篇，追忆与访谈和纪要与纪事15篇，考古学文化研究相关论文11篇，聚落与社会研究相关论文19篇，族属与体质人类学研究相关论文18篇，文化交流研究相关论文8篇，环境与生业研究相关论文12篇，建筑研究相关论文13篇，玉石器研究相关论文38篇，石雕研究相关论文6篇，音乐文物研究论文7篇，科技考古研究论文11篇以及争鸣与讨论相关论文6篇，共186篇。

本书可供考古学、文物学等相关专业的科研院所研究人员及高校院校的师生参考、阅读。

图书在版编目（CIP）数据

石峁遗址研究资料汇编：1977～2023：全4册/陕西省考古研究院，神木市石峁遗址管理处编. -- 北京：科学出版社，2024.9. -- ISBN 978-7-03-079556-4

Ⅰ. K871.13

中国国家版本馆 CIP 数据核字第 20247AX278 号

责任编辑：孙 莉 王 蕾 / 责任校对：邹慧卿
责任印制：赵 博 / 封面设计：张 放

斜 学 出 版 社 出版
北京东黄城根北街 16 号
邮政编码：100717
http://www.sciencep.com

北京中科印刷有限公司印刷
科学出版社发行 各地新华书店经销
*
2024 年 9 月第 一 版 开本：889×1194 1/16
2024 年 9 月第一次印刷 印张：118 3/4
字数：3 300 000
定价：980.00 元（全四册）

结集：深化认识　服务研究

——写在《石峁遗址研究资料汇编（1977～2023）》出版之际

孙周勇

"谋定而后动"是这套集子能在短时间内得以出版的重要思想准备。那么，"谋"在何处？本书收录的 186 篇文章均已发表，又为何要专门结集出版？有关编纂本书的初衷和理念十分有必要先做个简单说明。

一、旨在深化认识和服务研究

站在公众的视角来看，石峁遗址之所以屡获殊荣、声播乡野，显然并非仅因其重大的学术价值，更多地恐怕要归功于其磅礴的气势，特别是那些仍然伫立于四千年地面之上或镶嵌于墙体上的精美石雕，神秘的藏玉于石，罕见的杀戮瘗埋现象，孑然傲立的陶鹰，玄幻迷离的口簧之音，以及其巍峨壮观的建筑景观与偏居一隅、满目苍凉的寂寥氛围形成的强烈反差。大型宫室建筑，固若金汤的石砌城垣，星罗棋布的院落、池苑、祭祀场所等功能性建筑，无不显示着四千年前石峁都邑的辉煌和肃穆。

十余年来，除了石峁考古队公布的大量基础考古发掘材料和初步研究成果外，来自其他学科的海内外学者们为不断丰富石峁遗址的历史图景贡献了 200 余篇中英文学术成果。然而，这类成果多数散见于国内外不同学科的期刊之中，查阅检索不易、勾陈引述不便。特别是随着 2019 年石峁遗址被国家文物局列入世界文化遗产预备名单、2022 年石峁国家遗址公园挂牌、2023 年石峁博物馆建成开放，社会各界，特别是考古历史学界对石峁遗址考古整体进展和学术认识的认知需求日益迫切。有鉴于此，我们决定对 2023 年之前有关石峁遗址研究的成果结集出版，编成《石峁遗址研究资料汇编（1977～2023）》。

本书首要之"谋"便是全面梳理基础资料和已有主要研究成果，为社会各界认识和研究石峁遗址提供便利。

二、重在基础资料和共识观点

目标明确之后，确定收录标准自然而然地成为本书编纂之第二"谋"。自 1977 年戴应新先生《陕西神木县石峁龙山文化遗址调查》考古简报见刊以来，历年来发表的石峁遗址基础资料和研究文章总量数以百计，特别是自 2012 年系统考古工作开展以来，研究成果大幅度增加的趋势明显。本书在广泛搜集 2023 年 12 月之前发表内容的基础上，以深化认识和服务研究为目标导向，参照以下标准进行收录工作：

第一，考古工作基础资料全部收录。石峁遗址相关调查、试掘、发掘简报或综述共计 22 篇，本书全部予以收录。这些基础资料是石峁遗址考古工作历程的客观真实反映，不仅具有重要的学术价值，也是可贵的学术史材料。值得一提的是，我们还花费较多时间和精力对早年考古资料中的图片和照片进行了清晰化处理，更加方便读者使用。

第二，具有共识性观点的研究文章全部收录。本书对以石峁为中心展开的有关考古学文化和社会形态、物质遗存以及科技分析成果的研究论文悉数收录。全书收录了 143 篇研究文章，包括考古学文化研究相关论文 11 篇，聚落与社会研究相关论文 19 篇，族属与体质人类学研究相关论文 18 篇，文化交流研究相关论文 8 篇，环境与生业研究相关论文 12 篇，建筑研究相关论文 13 篇，玉石器研究相关论文 38 篇，石雕研究相关论文 6 篇，音乐文物研究论文 7 篇，科技考古研究论文 11 篇。上述文章大部分为中文文章，其中的 10 篇为英文文章，我们对其进行了中文翻译。需要说明的是，在保证文章整体原貌的基础上，我们根据作者要求，对部分重复性文字进行了少量删减；在不影响文章阅读的前提下，对照片和线图进行了删除；考虑到全书体例，对一些统一性问题如注释格式等进行了调整。

第三，关注性较强的研究成果尽量收录。相较于传统考古研究，近年来发表的一些研究成果多多少少存在"过度解读"之嫌，但讨论的问题又是社会各界关注度较高的，也是考古研究不容回避的。这一现象突出体现在石峁考古遗存背后的人群和族属问题上。因此，我们对于这方面的研究成果尽量收录，还将体质人类学研究成果归并编排，以供读者对比分析和研究判断。

三、兼蓄学术争论和纪谈材料

为了尽可能摆脱发掘者和"第一研究者"的视角局限，客观反映石峁遗址研究现状，本书还收录了有关石峁研究的争论文章。限于篇幅，还有大量未及收录的其他相关著论及新闻报道，诚请见谅。

对于学术问题的争论与学术研究的进步是相生相伴的。近年来，我们注意到出现了个别对石峁研究带有浓厚学术偏见，乃至上升到对中国考古学研究整体学术取向质疑的研究论文。我们认为，一场有意义的学术争论往往需要将对方的研究反复推敲论证再提出关键问题予以深入讨论，而不是断章取义。为客观反映这一学术争论，除收录经过翻译的原文外，还收录了国内外著名学者撰写的争鸣反驳文章共计 6 篇，集成"争鸣与讨论"一节。

纪要和纪事材料往往记录和传承着考古的温度。作为一项实践性非常强的工作，考古工作背后凝结着数代考古人的汗水和付出。本书收录了曾经或现在仍然从事石峁遗址发掘和研究的考古工作者撰写的有关考古工作历程、回忆访谈类文章，让读者可以从更加有温度的角度去了解石峁走入学界和公众视野的曲折历程，编为"追忆与访谈""纪要与纪事"二节，共计 15 篇。

总之，《石峁遗址研究资料汇编（1977～2023）》既是一套研究成果的集结号，更是一段学术总结。我们期冀，未来的石峁研究能为不断丰富早期中国的文明构成要素、社会形态、治理体系和发展模式，为探索中国文明多元一体格局的形成过程，揭示中国文明对世界文明的贡献提供更多的学术积淀。当然，对于刚刚揭开冰山一角的石峁研究来说，这一过程一定是漫长而艰苦卓绝的。

我们希望，《石峁遗址研究资料汇编（1977～2023）》的结集出版，能够为对石峁遗址感兴趣的社会各界朋友提供一个"万花筒"式的视窗，能够为推动石峁遗址研究和石峁申遗工作贡献绵薄之力。

目　录

第一卷　资　料　篇

第二卷　文化与社会研究篇

一、考古学文化研究

第一卷

资 料 篇

一、调查简报

陕西神木县石峁龙山文化遗址调查

戴应新

　　神木县在陕西省东北部，北接内蒙古，南濒黄河，万里长城从西南向东北横亘全境。县内北半部为毛乌素沙漠的南缘，南半部系高原沟壑区。发源于长城外的秃尾河向东南流入浩荡的黄河，石峁龙山文化遗址即位于秃尾河支流洞川沟南岸的山梁上。

　　石峁遗址属高家堡公社石峁大队，西距高家堡 1.5 千米，东北距县城 60 千米，北距长城 10 千米。榆林到府谷的公路沿着洞川沟从遗址山脚下经过（图一）。

　　这处遗址是我们在 1976 年 1 月根据公社提供的线索发现的，并于同年 9 月作了复查，征集到一批出土文物。经访问群众和现场调查基本弄清了器物的出土情况。

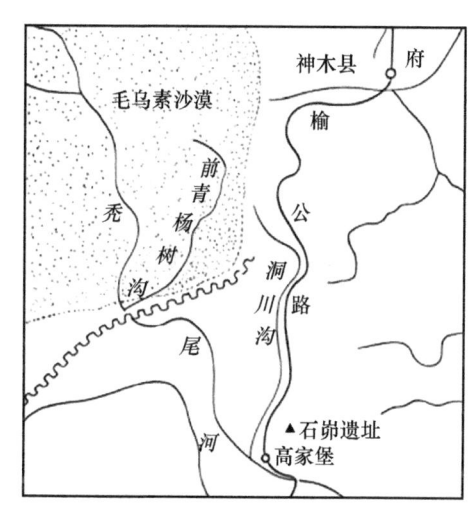

图一　遗址位置示意图

　　在该遗址暴露出来的古代遗迹以石峁小学附近最为集中，学校位于半山腰一段较为平缓的地方，面临洞川沟的一条支沟。在学校通向村内的路旁 200 多米长的断崖上，暴露出灰层、灰坑、白灰面居住遗迹以及墓葬等。灰土层厚 0.5—2 米。灰坑作袋状，平底，直径 2.2—2.8 米。白灰面厚 0.3—0.7 厘米，圆形，直径 3 米左右；白灰面下为灰渣和烧红的土块。在灰层、灰坑和居住遗迹的废墟里，有着大量的陶器碎片、骨渣以及许许多多的石头。石峁是以多石闻名的地方，由于陕北黄土高原严重的水土流失和剧烈的风蚀作用，山顶上的一部分岩基裸露，尤以地处二沟交汇地区的峁头为甚。梁峁上的石头碎块滑落下来，掺杂到地处缓坡的遗址里。

　　从石峁小学登上峁顶，沿着山势的走向东行，直到牛家梁，长约 1 千米，地面上到处可见到陶片和各种石器。陶器有瓮、罐、斝、鬲、双耳罐等。该村几乎每户群众的家里都保存有完整的陶、石器。

　　完整的陶器多出于墓葬中，往往为群众耕地时发现，墓为土坑。还有一种墓是在坑底和四壁衬铺石板，上面再盖上石板成棺材状（石板是石头的天然层次，敲砸即得）。由于棺内的容积有限，所以随葬的陶器少见，而多数有精致的玉器，如璜、璇玑等。此外，还发现有瓮棺葬，瓮为粗篮纹，灰色，圜底，高 60 厘米，瓮两两对接。我们征集到的标本有玉石器和陶器。

（一）玉石器

经鉴定，系由墨玉、玉髓、石英岩、基性、超基性变质岩等原料磨制的，晶莹美观，有的器形太薄，极易断碎，应是殉葬的礼器。其中的一部分比较厚实，当是实用的器具。不管是实用的还是随葬的礼器，它们多有着生产工具的形状和特征，象征着不同的用途。现分述如下：

芟刀　2件。黑色油亮，墨玉料，质细腻。长方形，背平直，刃稍长，微凹。一端略大。靠背部钻有一排四五个圆孔，以便固结木柄。扁薄锋利。一件长49厘米，另一件长55厘米（图二，5、6；图三，1、2）。

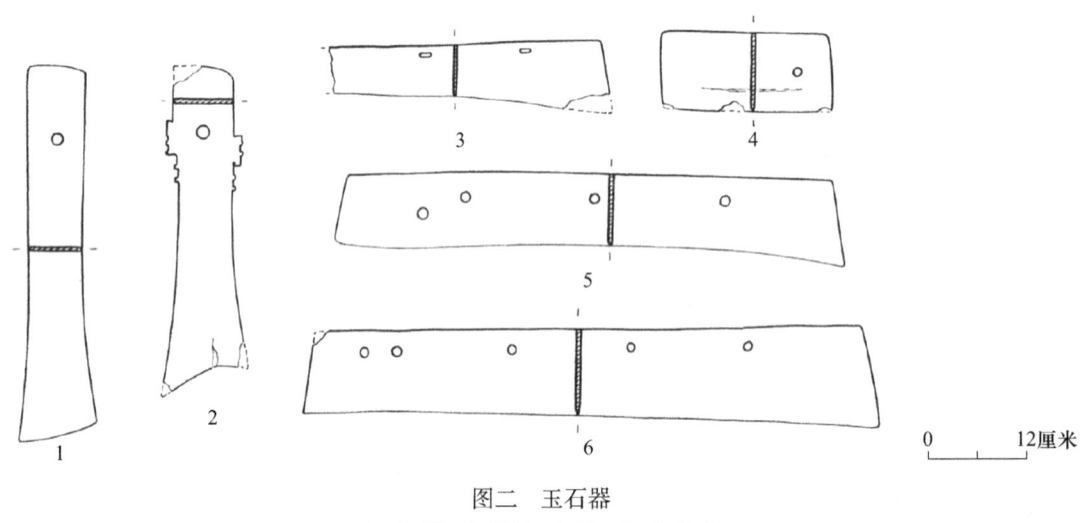

图二　玉石器

1、2. 铲　3. 镰刀　4. 刀　5、6. 芟刀

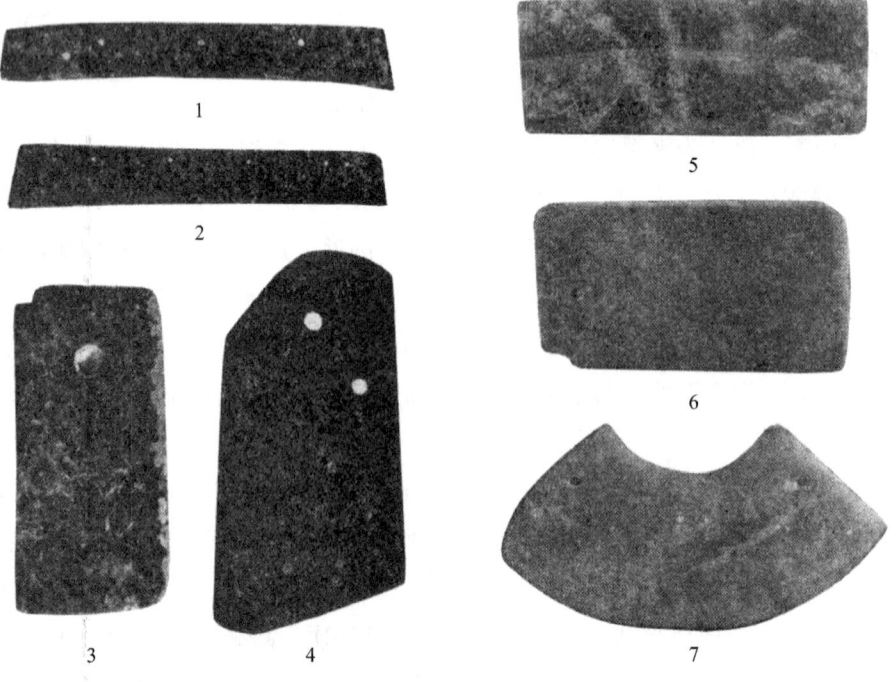

图三　玉石器

1、2. 芟刀　3、4. 小刮刀　5、6. 刀　7. 璜

镰刀　2件。如同芟刀而宽短。通体磨光。一件淡绿色，二孔。长14厘米，背部仅厚0.15厘米（图四，1）。另一件窄长，更薄，墨玉质，刃锋利。背部有三个长方形孔。残长26厘米（图二，3）。

刀　5件。其中两件呈晶莹的豆绿色，有透明感和使用痕迹。一端正中钻一圆孔。一件长16、宽7厘米（图二，4；图四，2）。一件长19、宽7厘米（图三，5）。另一件为石英岩，刃部较钝。长13、宽7厘米。钻孔很小（图三，6）。还有一件，残。墨玉，一端正中钻圆孔。长28、宽13厘米。

斧　1件。蛇纹石化栏杆岩磨成。长方形，刃稍宽。横剖面为圆角长条形，器身扁薄。近背处有圆孔两个。长20.5、刃宽7.8、背厚0.6厘米（图四，3）。

钺　1件。绿色，隐隐透出白色斑纹。近方形，刃部突出，有使用痕迹。正中钻一圆孔。长12.5、宽10、背厚0.3厘米（图四，6）。

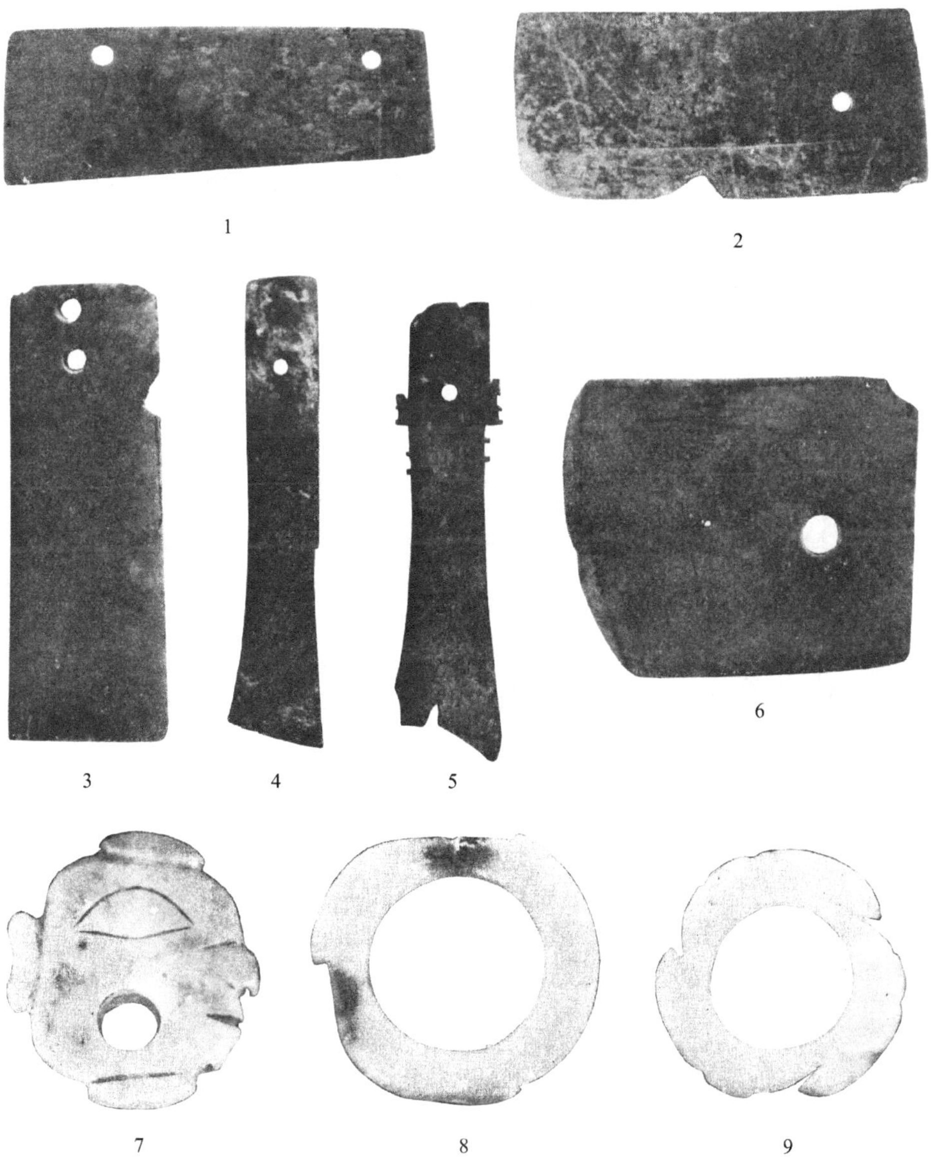

图四　玉石器

1. 镰刀　2. 刀　3. 斧　4、5. 铲　6. 钺　7. 人头雕像　8、9. 璇玑

铲 2件。墨玉，薄而长，斜刃。长柄末端有圆孔，似作穿绳以便携带之用。一件长30、刃宽7.5厘米（图二，1；图四，4）。另一件刃部中凹，形似浙江河姆渡出土的"耙"[1]，柄部两侧有凸起作装饰用的雕刻。长35厘米，刃稍残，约宽8厘米（图二，2；图四，5）。

小刮刀 2件。三面有刃。一件墨玉质，背端钻两个圆孔，长15厘米（图三，4）。一件蛇纹岩，上部穿一圆孔，长9厘米（图三，3）。

璇玑 2件。玉髓，呈晶亮的乳白色。环状，周边有三个齿，各齿间距相等。小的一件杂有红色晕彩。齿间有缺刻，环孔直径6厘米。大的一件环孔直径10厘米（图四，8、9）。

璜 1件。扇面形，两端各穿一孔，长11.8、宽5厘米（图三，7）。

人头雕像 1件。玉髓，双面平雕。头束高髻，圆脸，鹰钩鼻，半张口，线刻大眼，面颊透钻一圆孔。高4.5厘米（图四，7）。

（二）陶器

以灰陶、黑陶为主，分夹砂和泥质两种。凡鼎、鬲、斝、盉等炊器都是夹砂粗灰陶，外施篮纹；罐、尊、杯、瓶等水器则为细泥黑陶，外表磨光。制作方法采用泥条盘筑、模制和轮制三种技术。

鼎 1件。小口，深腹，圜底，圆锥形矮袋足。高16、口径10厘米（图五，1）。

鬲 是数量最多的炊器。高腿，宽裆。有一个把手安在一条腿上，篮纹。有使用时留下的烟炱。一件高15、口径11厘米（图五，3）。

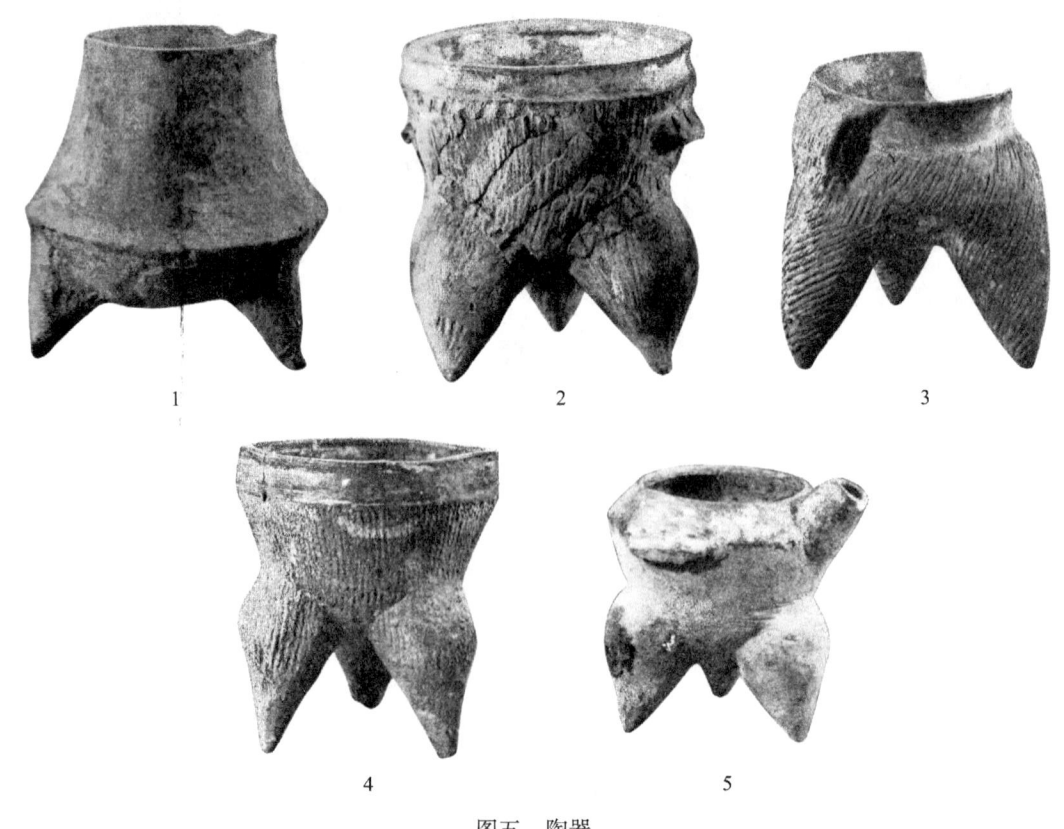

图五 陶器

1. 鼎 2. I式斝 3. 鬲 4. II式斝 5. 盉

斝 完整的3件。分两式。

I式：2件。侈口，有一对附耳，三袋足。两耳在两旁时，两足正位前方。三足为模制，其余部分是泥条盘筑。一件足腹结合处用泥条加固，与腹外的几道泥条同为装饰。高19、口径17.8厘米（图五，2）。另一件表面打磨光滑，施有一条白色陶衣，画有几道红彩。高12.7、口径10.3厘米（图六，1）。

II式：1件。无附耳，足尖较高。粗绳纹。高14、口径12厘米（图五，4）。

图六　陶器
1. I式斝　2. I式小口罐

盉 1件。浅灰色，含少量细砂。敛口，在一足的上方有一个筒状的流，流左右有两个对称的附耳。高12.5、口径8.5厘米（图五，5）。

小口罐 无耳，器形较大，有的夹砂兼作炊具用。分三式。

I式：侈口，高领，折肩，腹壁斜收，最大径在肩部，底径最小。腹饰篮纹。一件高21.5、口径16厘米（图六，2）。一件领较细，领、肩及腹部有一至三道弦纹。高21、口径13厘米（图七，1）。

II式：通身打光作黑褐色。侈口，高领，小平底。高15.5、口径10厘米（图七，4）。

III式：撇沿，长直颈，圆腹，下腹施竖篮纹。高13.5、口径9厘米（图七，5）。

图七　陶器
1. I式小口罐　2. II式单耳罐　3. III式单耳罐　4. II式小口罐　5. III式小口罐

单耳罐　分三式。

Ⅰ式：口部残，鼓腹，宽带耳附在颈、腹之间，上刻四条竖纹。底微凹入。腹最大径12、底径7厘米（图八，3）。

Ⅱ式：细泥质，高领，斜肩矮腹，宽带式把手（图七，2）。

Ⅲ式：直沿无领，宽带把手，矮腹（图七，3）。

双耳罐　细泥质，黑色，器表光亮。分四式。

Ⅰ式：平沿，短颈折肩，腹较深，小平底。肩下加一对半环形耳。肩、腹部饰两三道弦纹和一周指甲印纹。高18.3、口径9厘米（图八，2）。

Ⅱ式：大口外撇，宽领，领下有一周弦纹。腹微鼓，平底。口沿和颈部有轮修痕迹。高与口径相等，均为14厘米（图九，1）。

Ⅲ式：近Ⅱ式略矮，领较窄而口更大。腹饰两周弦纹。宽带耳。高13、口径15厘米（图八，1）。

Ⅳ式：比较多见。喇叭口，高领，腹鼓而矮，腹部最大径处隆起显著，平底。宽带耳的上端在口沿部，下端在腹最大径处，有的领上有四道弦纹。一件高11.8、口径10.5厘米；一件高9.2、口径8.5厘米（图九，3）。

尊　1件。喇叭口，系由喇叭口部分和下面的大口斜腹平底杯结合而成，结合处有一周凸棱。高12.3、口径14厘米（图九，2）。

双耳杯　敞口平沿，器壁从耳际下收，底微凹。腹有一周弦纹。高10、口径12厘米（图八，4）。

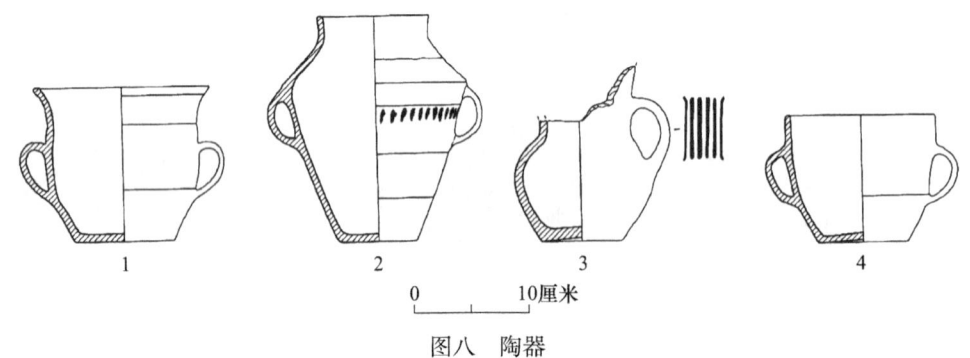

0　　　　　10厘米

图八　陶器

1. Ⅲ式双耳罐　2. Ⅰ式双耳罐　3. Ⅰ式单耳罐　4. 双耳杯

瓶　小口，鼓腹，平底，颈长占高度的三分之一。高7.5、口径5厘米（图九，4）。

此外，我们在灰层内还采集有骨镞、残玉璧、双鸟形玉饰等。骨镞圆头，短铤，长5厘米。

关于石峁遗址的文化性质和年代，从采集的陶器来看，它和关中地区的客省庄第二期文化的关系比较密切，例如Ⅳ式双耳罐和客省庄遗址出土的同类器物十分近似[2]。石峁的陶鬲和客省庄的Ⅱ式鬲属于同一类型[3]。Ⅲ式直沿无领单耳罐和客省庄出土的罐H173：11器形相象[4]。因此石峁遗址似应属于客省庄第二期文化，亦即陕西龙山文化，它的年代也比较接近于客省庄第二期文化。

石峁遗址采集的玉器，器形大多为刀、镰、铲、斧等生产工具，也有一些佩饰，制作都很精致，有的器形很大。这些玉器有两种可能：一种是它和陶器属于同一文化遗存，是新石器时代的遗物，如山东大汶口类型墓葬中也出土过类似的玉器[5]；另外一种可能是和陶器分属于不同的文化

图九 陶器
1. Ⅱ式双耳罐 2. 尊 3. Ⅳ式双耳罐 4. 瓶

遗存，据调查，玉器多出于石棺墓内，和出陶器的土坑墓形制不同，因此，它不是新石器时代遗物，而属殷文化。神木县隔黄河与山西省的保德县相望，1971 年就在保德林遮峪曾发现过殷代墓葬[6]。

总之，我们对石峁遗址只作了一些初步调查，采集了一些遗物。但是，从调查的情形来看，这是一处值得重视的遗址，有些问题需要通过正式发掘来解决。这里将调查所得加以报道，希望引起大家的注意。

注 释

[1] 《河姆渡遗址发现的重大意义》，《光明日报》1976 年 12 月 7 日。

[2] 中国社会科学院考古研究所：《沣西发掘报告》，文物出版社，1962 年，第 65 页；图版叁壹，6。

[3] 同[2]，第 59 页；图版贰陆，2。

[4] 同[2]，第 62 页；图版叁壹，7。

[5] 大汶口墓葬中随葬有两件玉铲，分别长 17.8、19 厘米。见山东省文物管理处、济南市博物馆：《大汶口——新石器时代墓葬发掘报告》，文物出版社，1974 年，第 35 页；图版 24。

[6] 吴振录：《保德县新发现的殷代青铜器》，《文物》1972 年第 4 期。

（原载于《考古》1977 年第 3 期）

神木石峁龙山文化玉器

戴应新

中国玉器饮誉世界，有着悠久的发展历史，地下的发现不断充实和更新人们对这部史书的认识，同时也促使我们对它所反映的礼制进行探索。

本文介绍的石峁玉器共 127 件，编号 SSY1—SSY127（见表一），是陕北神木县石峁龙山文化遗址出土玉器的一部分，为笔者 1976—1979 年在该遗址调查试掘时征集所得，现珍藏于陕西省博物馆，其中 19 件发表于《考古》1977 年第 3 期[1]，引起中外学人的关注。

一

石峁玉器形制多样，色彩绚丽，有黑、青黄、红、深绿、碧绿、紫、灰、白诸色，玉质温润缜密，光泽灿然，晶莹可爱，在同类遗址中实属难得。可惜"生不逢时"，出土于十年浩劫之际，绝大多数被当作玉料卖给了高家堡农副公司，据负责收购的段同志说总计有两大筐，不下四五百件，且都是质料精美者，我们征集的是其中未相中的那部分而已。真是"黄钟毁弃"啊！

现存这批玉器，计有牙璋、圭、斧、钺、戚、戈、刀、璧、璜及艺术雕刻。有几件玉器显然是其他器形改制的，还保留原器形的某些特征，兹分述如下：

牙璋　28 件，编号 SSY1—SSY28（图一，2）。墨玉质，油黑如漆，惟刃口薄处色较浅呈深茶色。器表有水蚀斑垢。形似铲，首部岐出如两个齿牙相对，或内凹成月牙状，刃在里侧。体扁平而长，柄作方形，前方正中透穿一孔，末端一边往往斜行。柄体连接处向两侧突出体外，有的还附有齿状侧饰，除 SSY17 号刻有阴线花纹外，其余均为素面，首部和体与柄结合处最宽，体干平视呈亚腰形，只有 SSY15 号璋的首部反比柄部为窄。

SSY10、13、15 号璋刃鲁钝，SSY18 号璋刃口稍浑圆，仅比其外侧的扉棱薄些，没有开刃，由知璋牙的刃只有某种象征性意义而无实用价值。

圭　9 件，编号 SSY71、74、75、76、77、78、79 等。分别由青玉、墨玉、黄玉、绿玉和鸡骨白玉磨成，方首或两角略圆成弧形（图一，13），此即吴大澂《古玉图考》所谓的镇圭和琬圭。刃钝，体扁长，一端穿一到两个圆孔，孔端窄于首部。

SSY29 号圭斜刃薄锐，体干特长呈亚腰形，而且不大对称，乃牙璋所改制（图一，10）。缘璋齿牙薄脆易折，而玉珍贵，故主人将其体干与柄部的界线磨去、改制成圭而赋予新的意义，另派了用场。SSY30 号圭首部内凹有刃，孔旁侧缘有一豁口，也是牙璋改作的（图一，6）。

斧　1 件。编号 SSY44。蛇纹石化栏杆岩磨成，色彩斑烂。方刃，弧背，刃部稍宽，两侧甚

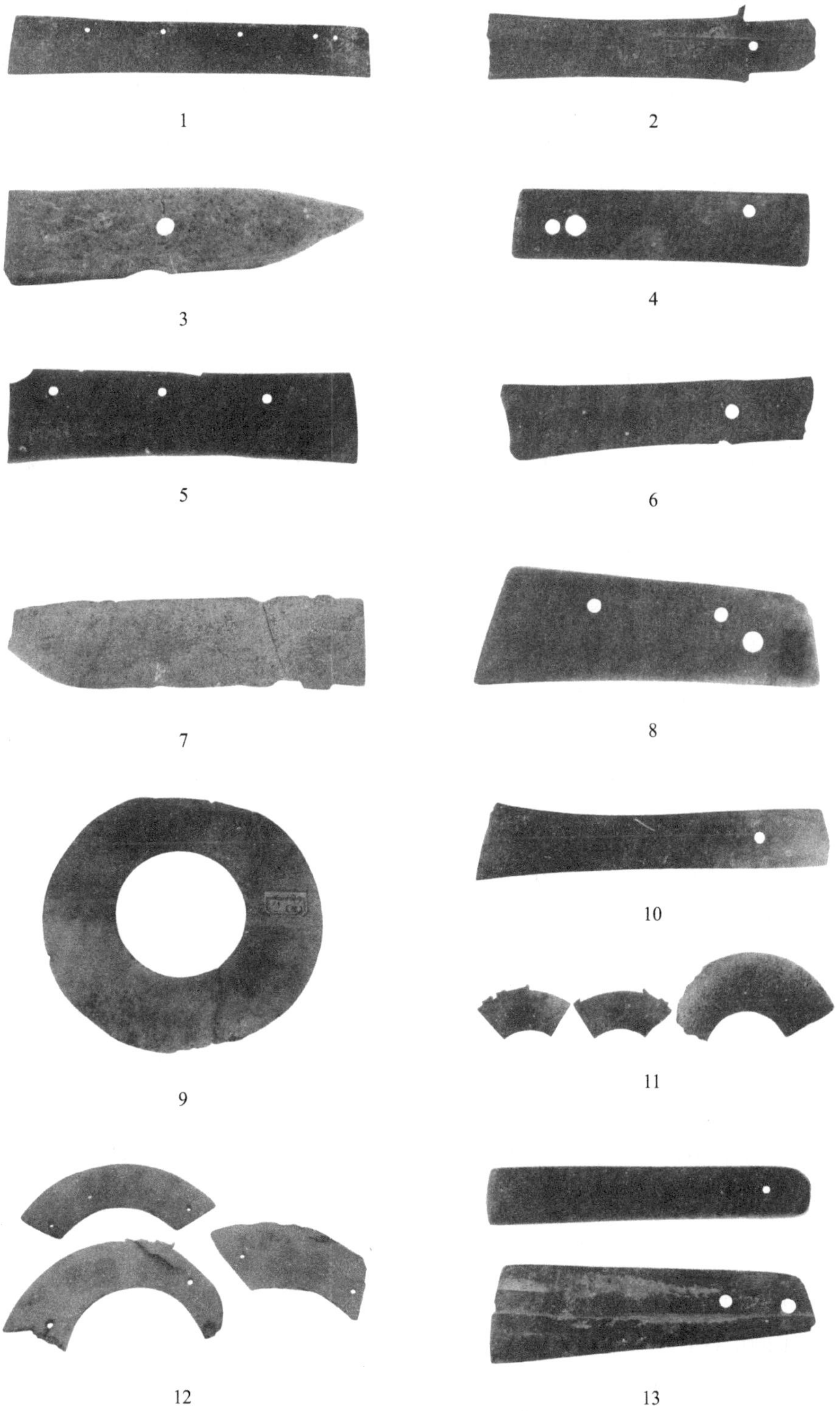

图一　玉器

1. 刀（SSY82）　2. 牙璋（SSY24）　3. 戈（SSY119）　4. 刀（SSY91）　5. 刀（SSY90）　6. 圭（SSY30）
7. 戈（SSY118）　8. 刀（SSY89）　9. 璧（SSY41）　10. 圭（SSY29）　11. 璜（SSY35）
12. 璜（SSY32-34）　13. 圭（SSY78）

长，近背处纵穿二圆孔。

钺　5件。编号SSY46、47、48、49、51。黄玉质呈蒸粟色，隐隐透出云朵形和烟丝状纹理，有透明感。刃部稍宽而钝，作弧形或斜弧形，背平直，体扁平近方形，穿一孔或二孔。

戚　1件。编号SSY45。黄玉质有云烟纹，弧刃两角微翘出体外，平背，两侧近直各有两组齿饰，近背端穿前后相对的大小孔各一个。

戈　3件。编号SSY118、120、121。118号戈为赭色并布满紫点，前锐后方，援内无分界，无孔，仅具戈的形状（图一，7）。120号戈为灰色隐透黑色斑点，长援无胡，单刃在援下缘，方内与援无分界，正中穿一大孔，近末端有一小孔。121号戈系墨玉质，长援方内，援上下有刃，双刃向前折聚成锋，援身扁平无棱脊，援与内有明显分界。内中有一穿。

刀　近40件。编号SSY57、59、60、61、62、82、83、84、85、86、87、88、89、90、91、92、93、94、95、96、97、98、99、100、101、102、103、104。依长宽比例，可分为：

宽短型　长约为宽的一倍，长度在20厘米以下，如SSY105—107的三件刀和SSY97—98的两件刀皆属之。青玉质，长方形，刃微向外凸成弧形或向内凹，也有的无刃，有刃者背平稍厚，两侧不完全对称，刃比背稍长，近背处横列二孔或一端正中穿一孔。

中长型　长度在20—25厘米，宽为刀长的1/3或1/4，如SSY89、90、91、93号刀，平背刃微内凹，两侧不对称，一头稍宽，近背处穿2—3孔（图一，5）。SSY89号刀近一侧正中穿孔较大（图一，8）。SSY91号刀亦有一大孔（图一，4）。

窄长型　墨玉或青玉质，长度在30厘米以上，最长达54厘米，如SSY82、83、84、85、87、88、92、95和96号刀皆是（图一，1）。宽度为长度的1/4—1/6。背短平直而厚，刃部薄长微有弧度，穿3—5孔。其中SSY83、84、85、97号刀靠近一端的正中穿孔较大，与近背处的一孔接近，吴大澂把这种刀定名为"笏"，说"其三孔之外又有一孔何也？曰：此系俎之孔故居中而向后"[2]，实际也是一种刀，然大孔为装系络饰之说有一定道理，SSY85号刀一端呈月牙状，有薄刃，保有牙璋首部的基本特征，是用璋改磨成刀的。

异形璧　2件（编号SSY42、43）。玉髓质，呈晶亮的乳白色，有玻璃质的透明感，杂有红色、黄色晕彩。环状，周边有三个齿状突出，各齿间距相等。SSY43齿间有缺刻，吴大澂定为"璇玑"[3]，说是天文仪器，尔后遂以讹传讹，沿用几百年。夏鼐先生特出而予以纠正说"各齿高低阔狭又不一致，是不能作为仪器中齿轮以起转动之用""实为边缘有饰的璧"[4]，这两件璧牙外缘薄如刀刃，而孔径尤大，确不能起齿轮转运的作用，益证夏先生的"当和普通璧环一样作为装饰品之用"[5]论点的正确。

璧　1件。编号SSY41，黄烟玉，器甚薄，外径恰是内径的一倍（图一，9）。《尔雅》"肉倍好谓之璧"，与此比例正合。

璜　10件。编号SSY31—40，青玉，呈暗绿色或褐色。SSY31号璜作扇面形，约圆的三分之一，两端各穿一孔。SSY33、34和38—40号五件璜一头有断茬，两端不对称，有的外缘有突出的齿牙装饰，两端各穿一孔或一端穿二孔，殆由它器改琢而成，属"废物利用"而作成此新的形状。SSY35—37三个璜均无孔，不能穿系佩戴，是半成品。

玉雕艺术品：人头像1件。编号SSY122。玉髓质，双面平雕。头束高髻，团脸，鹰勾鼻，半张口，下唇稍长，线刻大眼，耳轮偏后，腮部鼓出，细颈，面颊透钻一圆孔，高4.5厘米。雕刻手法古拙，各部比例虽有失当，但形象传神，酷似今日陕北壮年男子相貌，尤表现出他的健美与憨厚。

蚕　1件。编号SSY123。灰玉，头小向前伸出，扁长体，杀尾向下微曲，体无纹饰，简洁明快而活现其尾部支撑躯体蠕动前行之态。穿一孔，长9.2厘米。

虎头　1件。编号SSY124，正视作方形，侧视为圆形并纵贯一圆孔。正面两面雕出虎头形象，其耳眼鼻图案化，凹凸有致。

蝗　1件。编号SSY125。青玉，圆头方吻，体浑圆，颈与尾部稍细，线雕花纹似双翅，长7厘米。

螳螂　1件。编号SSY126。紫玉，圆头勾吻，蛹形体，雕琢流线花纹，躯体前后各有一棱外突，有跳跃感。长6厘米。

此外，还有一些残器和半成品，不一一论列。

石峁遗址面积50000平方米，发现白灰面房址、灰坑、石棺葬和瓮棺葬等遗迹[6]，出土陶器以灰陶和外表磨光的黑灰陶为主，器形有鼎、鬲、斝、盉、尊、杯、瓶、瓮、罐和单耳罐、双耳罐、折肩罐等，与关中客省庄第二期文化关系密切，因此石峁遗址应属于客省庄第二期文化，亦即陕西龙山文化，它的年代也比较接近客省庄第二期文化。

石峁玉器多出于墓葬，也有在遗址内偶尔发现的，其时代应与遗址同时，即与陶器一样也是龙山文化的遗存。以前我们认为葬玉墓可能晚些，或许接近商代，但经多次调查和试掘，迄未发现晚于龙山时期的陶器，所以我们现在认为：石峁玉器和陶器都是龙山时期的，石峁遗址是一处规模宏大、遗存丰富的龙山文化遗址。

表一　石峁玉器统计表

编号	库存号	器名	长	宽	厚	备注
SSY1	78—120—12	牙璋	32	7.5	0.3	墨玉
SSY2	78—120—14	牙璋	32.9	8	0.15	墨玉
SSY3	78—120—19	牙璋	32	6	0.8	墨玉
SSY4	78—120—26	牙璋	27	6.2	0.25	墨玉
SSY5	78—120—21	牙璋	25.3	6.8	0.3	墨玉
SSY6	78—120—6	牙璋	24.7	5.6	0.2	墨玉
SSY7	78—120—20	牙璋	26.5	7.4	0.6	墨玉
SSY8	78—120—5	牙璋	33.5	6.5	0.5	墨玉
SSY9	78—120—25	牙璋	35.5	7.8	0.8	墨玉
SSY10	78—120—9	牙璋	28.5	7	0.6	墨玉
SSY11	78—120—3	牙璋	31	6.2	0.25	墨玉
SSY12	78—120—1	牙璋	34	6	0.25	墨玉
SSY13	78—120—16	牙璋	29.3	7.8	0.35	墨玉
SSY14	78—120—17	牙璋	32.5	6.3	0.59	墨玉
SSY15	78—120—15	牙璋	30.6	9.3	0.4	墨玉

编号	库存号	器名	长	宽	厚	备注
SSY16	78—120—4	牙璋	34.5	7.8	0.3	墨玉
SSY17	78—120—2	牙璋	49	7.8	1	墨玉
SSY18	76—77	牙璋	30	7	0.4	墨玉
SSY19	78—120—11	牙璋	36	7.3	0.25	墨玉
SSY20		牙璋				墨玉
SSY21	78—120—28	牙璋	32.4	6	0.25	墨玉
SSY22	78—120—27	牙璋	32.7	6.2	0.2	墨玉
SSY23	78—120—18	牙璋	31.5	6.8	0.25	墨玉
SSY24	78—120—8	牙璋	32.4	7.5	0.3	墨玉
SSY25	78—120—10	牙璋	30.5	5.4	0.2	墨玉
SSY26	78—120—13	牙璋	21.5	3.4	0.2	墨玉
SSY27	78—120—24	牙璋	25	6.7	0.8	墨玉
SSY28	78—120—23	牙璋	9	6	0.15	墨玉
SSY29	76	圭	35	7.5	0.2	墨玉
SSY30	78—120—22	圭	24.5	7.5		
SSY31	76—85	璜	11.5	4.6	0.4	
SSY32	79—78—2	璜	10	5.8	0.3	
SSY33	3 78—78—3	璜	10	6.5	0.2	
SSY34	79—78—1	璜	7.5	5	0.4	
SSY35	79—78—5	璜	7.7	4	0.3	
SSY36	79—78—6	璜	8	2.8	0.3	
SSY37	79—78—4	璜	13	4.7	0.4	
SSY38	78—121—3	璜	8	4	0.4	
SSY39	121—78—1	璜	11	4.5	0.4	
SSY40	78—121—2	璜	10.5	4.5	0.4	
SSY41	78—127—5	璧	14	7	0.3	
SSY42	76—90	异形璧	6.1	3.5	0.4	
SSY43	76—89	异形璧	10	7.5	0.4	
SSY44	76—80	斧	20.4	7.3	0.7	
SSY45	79—75—6	戚	14.2	9.7	0.6	
SSY46	79—75—7	钺	10.7	8.5	0.5	
SSY47	79—75—1	钺	9.2	8.7	0.6	
SSY48	79—75—4	钺	14.7	10	0.2	
SSY49	76—81	钺	12.5	7.5	0.4	
SSY50	76—78	铲	14.7	5.8	0.3	
SSY51	79—73—5	钺	7	6.8	0.5	
SSY52	79—73—4	钺	9.3	7.2	0.2	
SSY53	79—69—2	钺	16.1	6.8	0.4	
SSY54	76—74—1	刀	9	6.7	0.4	半成品

续表

编号	库存号	器名	长	宽	厚	备注
SSY55	76—74—13	刀	9.5	6.7	0.6	半成品
SSY56	76—74—3	刀	9.5	4.2	0.4	半成品
SSY57	79—71—2	刀	11.5	6.5	0.3	
SSY58	79—72—3	钺	9	4.7	0.3	
SSY59	79—45—1	圭	16.8	7.5	0.2	
SSY60	79—72—5	刀	8	3.8	0.2	
SSY61	79—73—1	刀	12.3	5.6	0.4	
SSY62		刀				
SSY63	79—73—2	刀	8	4.5	0.2	
SSY64	79—72—4	刀	6.5	5	0.4	
SSY65	76—74—2	刀	10.3	6	0.4	
SSY66	76—74—4	刀	10.4	6.5	0.4	
SSY67	78—125—1	刀	11.4	6.5	0.4	
SSY68	78—125—2	刀	14.8	7	0.4	
SSY69	78—127—6	刀	10	7	0.2	
SSY70	79—75—5	铲	13.5	7.2	0.4	
SSY71	79—73—1	圭	12.3	5.6	0.3	
SSY72	76—83	刀	16.3	7	0.2	
SSY73	76—82	刀	19	7.5	0.4	
SSY74		圭				
SSY75	79—49—6	圭	10.3	3.2	0.5	
SSY76	53—69—6	圭	7.5	5.3	0.6	
SSY77	78—125—4	圭	23	4.2	0.2	
SSY78	78—125—3	圭	21.5	6.5	0.2	
SSY79	58—65—4	圭	24.3	8.7	0.8	
SSY80	76—74	刀	28	11.5	0.15	
SSY81	76—74—8 76	圭形器	20	5.6	0.4	
SSY82	76—73	多孔刀	54.6	9	0.4	
SSY83	78—119—5	多孔刀	54.3	8.8	0.3	
SSY84	78—119—7	多孔刀	40.4	7.2	0.2	
SSY85	78—119—11	多孔刀	29.8	5.4	0.5	
SSY86	78—119—1	多孔刀	38.7	8.4	0.8	
SSY87	78—119—9	多孔刀	26	4	0.3	
SSY88		多孔刀				
SSY89	79—76	多孔刀	19.5	6.5	0.2	
SSY90	78—119—4	多孔刀	28.2	7	0.2	
SSY91	78—119—6	多孔刀	24.5	5.6	0.4	
SSY92	78—119—4	多孔刀	36	6.3	0.3	
SSY93	78—119—2	多孔刀	31	5.3	0.15	

续表

编号	库存号	器名	长	宽	厚	备注
SSY94	79—75—3	多孔刀				
SSY95	78—120—7	多孔刀	31.2	7.4	0.5	
SSY96	79—75—2	多孔刀	8			
SSY97	78—124—5	刀	21.3	9.3	0.2	
SSY98	78—124—4	刀	19	8.2	0.3	
SSY99	79—74	刀	12.5	3	0.5	
SSY100	78—124—1	圭	25	9	0.3	
SSY101	79—70	刀	20	4.3	0.3	
SSY102	78—124—2	刀	19.2	12	0.3	
SSY103	78—124—3	刀	20.5	7.5	0.3	
SSY104	79—72—2	刀	13.4	5.2	0.3	
SSY105	76—84	刀	11.8	5	0.2	
SSY106	76—84	刀	11.8	5	0.2	
SSY107	76—87	刀	9.2	4.4	0.2	
SSY108	78—127—2	刀	8.2	3.2	0.6	
SSY109	78—127—4	刀	9.7	3	0.2	
SSY110	78—125—5	刀	16	3.2	0.6	
SSY111	76—74—9	刀	10.8	4	0.2	
SSY112	76—74—5	刀	10	4	0.3	
SSY113	76—74—12	刀	7.5	6	0.7	
SSY114	76—74—7	刀	7.4	5.7	0.3	
SSY115	76—74—11	刀	10.4	4.2	0.6	
SSY116	76—74—1	刀	20	4.4	0.25	
SSY117	78—119—10	刀	17.6	11.2	0.3	
SSY118	59—1475	戈	36.5	9	1	
SSY119	78—127—1	玉料	12.4	4.5	1	
SSY120	78—126—2	戈	21	5.5	0.2	
SSY121	78—122	戈	29.4	6	0.6	
SSY122	76—91	人头像	4.5	4.1	0.5	
SSY123	79—77—1	蚕	9.2	1.4		
SSY124	79—77—4	虎头	2.1	2.2	0.5	
SSY125	79—77—3	蝗虫	7	1.5		
SSY126	79—77—2	螳螂	6.5	1.6		
SSY127		刀				

一一

石峁陶器的制作方法，系采用泥条盘筑、模制和轮制三种技术。在尊、双耳罐、侈口折肩罐和深腹鼎上都留有明显的轮修痕迹，转盘工具的发明使用对我们了解石峁玉器的制作工艺是十分重要的。

石峁玉器，经鉴定系由墨玉、玉髓、石英岩、大理石岩、蛇纹石岩、基性、超基性变质岩和酸性硅酸岩质料磨成，属软玉类，硬度在6—7度。其中一些玉器是美石而不是玉。玉料的来源当在陕北本地及其附近的内蒙古、甘肃和关中一带，在古代，陕西是著名玉石产地之一，蓝田美玉，久负盛名。陕西古属雍州之域，《史记·夏本纪》引《禹贡》云："雍州……贡珍珠琳琅玕"，《集解》：孔安国曰："璆琳即玉名，琅玕，石名而似珠者。"清人刘大同《古玉辨》："古玉出土者，以陕甘为最上，冀、鲁、豫、晋以及皖北，徐、杨等处次之。"与石峁玉刀质料及器形相同的器物在米脂、靖边和延安也屡有发现，距石峁不远的新华龙山遗址亦出有玉斧、玉璧，可见这种质料的矿物在陕北是不难得到的。

石峁玉器器形大，种类多。工艺精、制作水平比我们想象的要高，以致我们在初见到时，居然不敢相信它们是龙山时期的东西。硕大的牙璋和颀长的多孔玉刀及玉戈等都是墨玉质料，形制规范，边缘整齐。当然石峁人不可能采集到这么多大小尽如人意的玉料，而是从大块玉料上把需要的小块料切削下来的，显示出已有较高的"开料"技术。那么他们是怎样"开料"和用什么手段加工琢磨的呢？尽管器物在成型前都经磨光，可在一些玉器上还是能观察到"开料"与琢制的蛛丝马迹。如SSY13号牙璋从柄末到刃口有一条纵贯器身的棱线，该棱线两侧的面高低微有差别，从而把器身平面分为两个台面，棱线并不端直而呈弧形弯曲；同样的例子在SSY73号玉刀上也可看到，而且弧度更为明显，这无疑是转盘磨具留下的痕迹；SSY77号墨玉圭亦留有长长的弧线台痕。凡此，纵然不是"开料"的痕迹，也应是加工琢磨时打下的"印记"。

宋应星《天工开物》："凡玉初剖时，冶铁为圆盘，以盆水盛沙，足踏圆槃使转，添沙剖玉，遂忽判断。"[7]这是明代解玉的情形，处在新石器时代晚期的石峁人，不会也不可能制造金属的圆盘，但其已掌握转盘的技术则是事实，并使用于制陶，前面已有说明。玉质坚硬细密，攻玉制器必须借助水和硬度大于玉的细沙（俗称解玉砂）作介质，根据需要利用不同的工具反复进行琢磨。从上述几件玉器上的弧线痕迹得知，石峁人也用转盘工具磨造玉器，这转盘虽非金属制成，然有水和解玉砂的作用，是能达到预期的目的和效果的。

钻孔　127件玉器除9件无孔外，其余118件都有1—2或3—5个大小不同的圆孔，多数孔系一面下钻，观察孔痕，扁平体薄的器物孔眼都很光圆，不过孔壁都经过进一步的磨研加工，有的孔却呈上口较大，下口较小，孔壁剖面呈斜坡形，如SSY8号牙璋和SSY45号玉戚的大孔，SSY46号玉戚的大孔以及SSY74号玉圭的孔都具这种形状，这是使用"桯钻"留下的痕迹，因为圆棍状的"桯钻"在蘸沙浆不断钻进的过程中，其头端由于磨损而变细，因而钻出来的孔就形成那种上口大下口小的斜坡状孔壁。至于这"桯钻"是何质料？当不外是石、骨、角、陶之类吧，而玉质却很坚硬，以彼施此，再加上沙浆作用，其磨损一定很快，所以尽管玉器仅厚0.5—0.6厘米，桯钻还是变得越来越细，钻孔也就随之越来越小了。

SSY38—40三个玉璜的孔一面圆满，另一面则不甚规则，这是什么缘故呢？盖其时没有把孔钻穿，而是在将透未透时把那薄薄的一层底口敲开的。原来这三件玉璜都是由残块改制的，钻孔接近断茬，钻孔不透到底，是为了玉器不被卡伤。良苦的用心显示了匠人丰富的钻孔经验。

SSY52号玉戚的孔是两面开钻的，由于眼未对准和桯钻尺码不同，致把孔眼打成刜角梯形了。

石峁玉器绝大多数朴素无华，打磨光滑，唯SSY16—19的四件牙璋两侧雕琢齿牙状装饰，其中SSY17璋面靠近侧饰的地方阴刻三组平行双道线纹，中间夹刻两组纹饰，线条端直纤细，SSY81

圭形器刻平行牙沟状花纹，牙沟呈开放性长腰三角形，平行排列，顶端内向。圆雕蝗虫和螳螂，纹饰流畅舒展，姿态生动自然。平雕人头像和虎头的耳朵、眼睛和鼻翼，线条弯度很大，浮雕深浅适度，表明当时的玉器工匠们不但手艺娴熟，而且已掌握了"勾彻"的技能。

制作玉器是人们在漫长的制造石器工具的生产实践中产生和不断发展的，早在仰韶时期，如西安半坡和临潼姜寨遗址中，就曾发现玉坠饰和玉佩饰[8]，与仰韶年代大致相当的北方红山文化已出现圆雕和浮雕的玉鸮等动物[9]，江浙良渚文化的琮璧等大型礼器标志着制玉水平达到了一个新的境界[10]。在我国新石器时代玉器制造技术不断进步、精彩纷呈、一浪高于一浪的繁荣局面中，石峁玉器有其重要的地位，陕北龙山文化有如此发达的玉器，是我们以前不知道的，而它在开料、造型、磨研、雕琢、抛光、钻孔等方面显示出较高的技术和其对尔后陕北古文化的影响，更是不能忽视的。

三

石峁玉器除玉璜、玉璧可用作佩饰外，牙璋根本不能用于生产，器稍着力，齿牙即折，圭、斧、戚、钺、刀等器物刃部多鲁钝不锋利，且无使用痕迹，看来都不是实用器而是"礼器"。

《周礼》所谓的牙璋不知究何形状[11]，或许就是本文所说的这种样子吧，最早把这种首部歧出的璋叫做牙璋并和典籍联系释其用途的，是清人吴大澂，他在《古玉图考》中著录一件[12]，折缺一牙，首部呈斜刃状，接连柄部处的两侧凸饰也有残缺。同书著录的一件所谓"琰圭"，首部内凹成月牙状，牙尖残损，柄穿一孔，"玉色纯黑"[13]，也是牙璋。这种形状的玉器从遗址出土者，计四川广汉中兴乡出三件[14]；二里冈出一件[15]；二里头出两件[16]；山西侯马牛村出一件[17]；福建漳浦眉力出一件，首端齿牙断失[18]；扶风上康村二号墓出一件骨铲形玉器[19]，一端为月牙形，是牙璋改制的。此外，还有流散在国外的若干件牙璋不知确切出土地点[20]。

石峁所出牙璋，数量和类型之多，都是前所未有的，这事实本身就似可说明这种礼器盛行于龙山时期，到商周便衰落至于消失。广汉、二里头、二里冈的璋均有侧饰，石峁的璋有侧饰者仅四件，绝大多数没有侧饰，故知首部宽大无侧饰的璋年代较早，有侧饰者比较晚出，SSY14号璋刃部窄瘦，齿牙短小，器身在连接柄部处最宽，显现衰落之象，时代最晚。

关于牙璋的用途，吴大澂据《周礼·典瑞》《考工记·玉人》所记并加引伸谓："牙璋以起军旅，以治兵守，故与戈戍之制略同。"[21]近年有同志予以发挥说："牙璋含有尖锐、攻击、示威的意义""它的形状正像牙齿，而且伸直向前，攻击、威胁之意十分明显。"[22]夏鼐先生态度很谨慎，说："它的古名和用途，我们最好承认我们还不清楚"[23]。

吴说一个难以解释的问题是，戈戍，兵器也，以之作为像兵的瑞玉固宜，然牙璋是由某种东西演化而成，没有杀伐效力的"礼器"，何以要用它来"略同"于"戈戍之制"而作为兵家的象征呢？再者，这论点得不到地下出土物的支持，妇好为殷能征善战的著名女将，其墓出土玉戈、玉戚、玉钺、玉矛、玉斧、玉刀等兵制礼器不少，却没有一件牙璋，二里头VM3殉牙璋两件，墓长仅2.15、宽1.3米，属小型墓，随葬少许陶器[24]，地位甚卑，绝非整军经武的将帅阶级。所谓牙璋的作用和后世的虎符相似，也难成立，因为虎符剖为两半，右半在君，领兵将帅执其左半，有事调军时两相对合以为凭信，牙璋则自成整体，独立存在，甲与乙只有数的组合，自身却没有必然的联系，显然不能起到与虎符相似的作用。

我以为要弄清牙璋的用途，首应了解它的渊源所在。牙璋盖源自农耕工具耒耜，是仿耒耜的形状而作的瑞玉，其理甚明，也是古人重农思想的反映。木耒是一种双齿木叉形的农业工具，在庙底沟二期文化的灰坑壁上，就发现有木耒的使用痕迹，齿长20、齿间距4、齿经4厘米[25]，耜本长铲形，齐刃方角，初由木、骨或石质制作，因使用刃部着力磨损致中间内凹两角长出呈叉形，浙江河姆渡遗址发现骨耜79件与牙璋形状酷似，由于骨质厚薄和磨损程度不同，或下缘刃部分两齿，两齿长短不一，或刃部大致平齐，有的略弧，骨质厚重者刃部偏于一侧，或刃部倾斜，刃的长端在骨质较厚的一侧（图二）[26]，均与牙璋首部形状相仿佛，这特征在石峁玉璋上也是有的，如SSY7、10、13号璋一齿长出，另一齿稍短。而骨耜"两齿间的刃部较薄"的特点，也正是牙璋磨刃所刻意效法和模仿的。牙璋取法耒耜的基本器形加以艺术化和理想化：器身加长，作柄以便握持或加雕侧饰，乃是为适应庄严的礼仪和瑞玉的需要使然之。自获石峁这些牙璋后，余即追究其渊源，昨秋访日谒林巳奈夫教授于京都大学，林先生亦言及此，与余意不谋而合。

牙璋既源于农具耒耜，则其用途正如戈钺类武器形状的瑞玉与军旅有关一样，它必然与农事有关。我以为是用作祈年的礼器，而且其齿牙还很像破土而出的禾稼的嫩芽，长长的躯干象征这禾苗根植于丰厚的耕土中，牙璋两侧齿牙状装饰与植物的根须又何其相似。

新石器时代晚期农业已成为主要经济部门，但生产水平很低，对大自然的敬畏和依赖自很强烈，祈年乃部落重典，每隔一定时间或根据生产需要即举行一次，因此制备许多牙璋便不足为怪了。牙璋的衰落消失，殆与奴隶制度产生，奴隶主贱现农业劳动有关，因为在奴隶主眼里，农业劳动不过是奴隶们的作务而已。

各种类型的玉刀达数十件，刀是收割工具，用这种形状的礼玉迎接收获的到来和对丰收表示庆

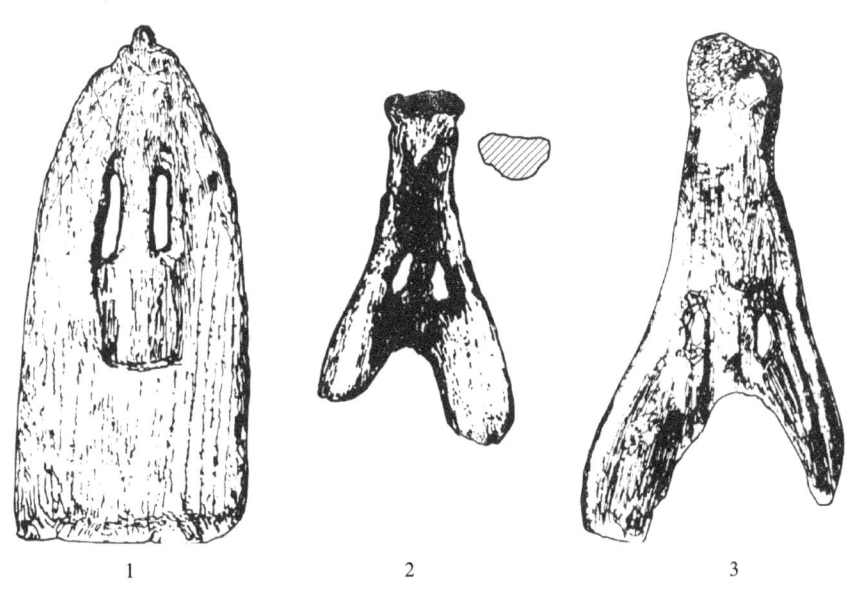

图二　浙江河姆渡木、骨耜

1. 木耜（四三三第二层）　2. 骨耜（第四层）　3. 骨耜

（据《河姆渡遗址第一期发掘报告》，《考古学报》1978年第1期）

祝是很合拍的，耕获稼穑，国之大事。古人每于下种和收割之际要举行一定的祭祀典礼，特制作专用的瑞玉。石峁多孔石刀长半米以上，比实际使用的石刀长大，增大其制和穿大孔系缨络的玉刀使这仪典的气氛更显得隆重热烈。我们参照民族学和《诗经》描绘的典礼场面，不难设想石峁人手执长柄，柄头玉刀闪光，各种色彩的络饰随风起舞，典礼上那载歌载舞的热闹情景多么壮观，真有点"动天地，泣鬼神"了。他们就是用这种祭祀的方式表达其对所崇拜的——赐予丰收的——神的感激，抒发劳动的激情，这同时也是迎接紧张收割季节到来的开幕礼。

至于玉斧、玉钺、玉戚、玉戈之类武器形状的礼玉，自然是与军旅、战争、杀伐有关的仪仗用器，通常是由部落酋长享用和显示其权威的东西。摩尔根在研究罗马古代社会时指出，军务指挥官——列克斯"是一将军职，而同时又是一祭祀职""列克斯以祭祀长的资格，在重要时机中为人民祈祥瑞，这是罗马宗教制度中最高行为之一。自罗马人看来，在战场上恰如在都市中一样，在战斗开始的前夕，这种祈祝是同样必要的"[27]。新石器时代末期，财富已经分化，私有制开始萌芽，以杀伐和掠夺财富为目的的战争在氏族和部落之间不时发生，祭祈用的玉兵就是这历史的见证。

最后谈谈玉圭，有人说圭与斧形相似有其渊源关系[28]，我以为圭的渊源是医疗器具——砭石。不同形状的玉圭反映其在用途上有器异，有用以刺放脓血的，头要尖；有供点压按摩的，头要圆；有刮摩熨贴的，要宽大而刃薄；有烤热烫敷的……所以有的像针，有的像铲，有像棍棒，也有像刮削器的。原始社会生活条件低下，劳动保护很差，常在肢体裸露的情况下进行繁重紧张的耕耘，危险的狩猎和采集等生产活动，碰磕损伤或被野兽伤害在所难免，疼痛危迫之际，人们用手揉搓或使用手头的工具——石器、木棒之类点压按摩，发现有止血止痛及消肿的效果。因而砭石的来源比较广泛，并非出自某一种工具。随着时间的推移和医疗技术的提高，疗效更高的，可满足和适于挤压、刺穿、按摩、点穴、刮摩、熨烫、热敷等手术需要的专用器具逐渐演化出来了，这就是被后世称为圭的各种砭石。使用这些工具或"法器"给人疗疾"驱魔"的人是巫医。

尽管《周礼》的作者已不了解圭的真正用途，有一点还是说对了："琰圭九寸，判规，以除慝。"[29]《国语·晋语》，"以伏蛊慝"，蛊慝就是病魔。可见琰圭——两角剡上的圭是用以治疗除病的。SSY74号青玉磨制光滑，方首宽大，两角微出，刃部中间内凹成八形，正是所谓的"琰圭"，巫医用它施术时，凹刃对着病人肿胀隆起的患处推移或旋转，可减少患处的压力，从而使病人的痛苦减轻。同样的道理也体现在SSY77号墨玉圭上，该圭首部斜刃圆角，使用起来，犹如一足着地，一足翘起那样绕着患处转，适于在肿疡的周围部位刮摩。SSY78号圭体薄窄长，首弧形，一侧有刃，首部弧刃可用于肌肉瘠薄部位的治疗，肌肉丰厚的臀部、背部、肱部则以侧刃刮摩之，其功用与后世用瓷碗碗口刮摩背部相似，明清时期一些医生还使用这一手法治疗急性霍乱。石峁玉圭形状不尽相同，然各有妙用，反映出精巧的设计和细致的治疗手法。由于玉圭是医疗器具，古人很自然地顺手用它抄取药物，于是圭也就成为一种量名，衡量药量的多少，如《汉书·律历志》谓："量多少者不失圭撮。"

SSY75号白玉红晕圭，无锋芒，弧首，器身一面隆起，与吴大澂著录的琬圭相似，其实这是点穴、按压用的砭石，穿孔是为系戴以方便利用的，其孔上方的两侧内束，说明它就是殷周"柄形饰"玉器的原型。柄形饰玉器为平顶，顶下两侧内凹似柄可握持，下端较窄，平头圆头均有，无孔，不能穿系佩戴，但根据考古发掘迹象，似盛在包袋之内[30]，这样"明珠暗藏"，装饰的意义便没有了，但不正可说明它是医疗的专用器具吗？盛袋佩戴的道理很简单，既方便利用，又能保持玉器的清洁，不使其沾落不洁之物导致患者伤口感染发炎。

石峁人运用砭石、即这各种所谓的圭，以不同的手法治疗患处，确能起到促进血液循环，消肿化瘀，减轻痛苦和治疗疾病的目的，实乃祖国医学针炎、按摩、熨敷等治疗手法的滥觞。

注　释

[1] 戴应新：《陕西神木县石峁龙山文化遗址调查》，《考古》1977 年第 3 期。

[2]《古玉图考》，十八页，上海同文书局光绪乙丑辛版。

[3] 同[2]，五十页。

[4] 夏鼐：《商代玉器的分类、定名和用途》，《考古》1983 年第 5 期。

[5] 同[4]。

[6] 同[1]；西安半坡博物馆：《陕西神木石峁遗址调查试掘简报》，《史前研究》1983 年第 2 期。

[7]《天工开物》。

[8] 西安半坡博物馆：《西安半坡》，文物出版社，1963 年，第 194 页；西安半坡博物馆、临潼县文化馆、姜寨遗址发掘队：《陕西临潼姜寨遗址第二、三次发掘的主要收获》，《考古》1975 年第 5 期。

[9] 贾鸿恩：《内蒙古翁牛特旗三星他拉村发现玉龙》，《文物》1984 年第 6 期；方殿春、刘葆华：《辽宁阜新县胡头沟红山文化玉器墓的发现》《文物》1984 年第 6 期，图七 5—9。

[10] 汪遵国：《良渚文化·玉敛葬述略》，彩页及图版壹—肆，《文物》1984 年第 2 期。

[11]《周礼·典瑞》："牙璋以起军旅，以治兵守"；《考工记·玉人》："牙璋中璋七寸，射二寸，厚寸，以起军旅，以治兵守。"

[12] 同[2]二十一页。

[13] 同[2]十三页。

[14] 冯汉骥、童恩正：《记广汉出土的玉石器》，《文物》1979 年第 2 期。

[15] 赵新来：《郑州二里冈发现的商代玉璋》，《文物》1966 年第 1 期。

[16] 杨国忠、刘忠伏：《1980 年秋河南偃师二里头遗址发掘简报》，《考古》1983 年第 3 期。

[17] 引自林巳奈夫：《中国古代の石庖丁形玉器骨铲形玉器》图 69，《东方学报》第五十四册，1982 年。

[18] 曾凡：《关于福建史前文化遗存的探讨》，《考古学报》1980 年第 3 期；同[17]六零页，图 73。

[19] 陕西省文物管理委员会：《陕西岐山·扶风周墓清理记》，《考古》1960 年第 8 期，图版三，9。

[20] 同[17]，图 57—62、64、66—68。

[21] 同[2]二十一页。

[22] 同[14]。

[23] 同[4]。

[24] 同[16]图七。

[25] 中国社会科学院考古研究所：《新中国的考古发现和研究》，文物出版社，1984 年。

[26] 浙江省文管会、浙江省博物馆：《河姆渡遗址第一期发掘报告》，《考古学报》1978 年第 1 期，图一〇、图二六等。

[27] 摩尔根：《古代社会》，生活·读书·新知三联书店，1957 年，第 337、338 页。

[28]〔日〕内藤虎著，胡肇椿译：《古玉概说》，上海市博物馆丛书丙类第四种，民国二十九年二月再版，三三页。

[29]《考工记·玉人》。

[30] 中国社会科学院考古研究所：《沣西发掘报告》，文物出版社，1962 年，第 127 页，图八三。

（原载于《考古与文物》1988 年第 5、6 期合刊）

陕西神木县石峁遗址发现细石器

吕智荣

石峁遗址是 1976 年调查发现的[1]，继后，陕西省博物馆、省文管会曾对该遗址作过复查，1981 年 8 月，半坡博物馆又对该遗址进行了调查试掘[2]。1986 年 4 月，笔者在参加神府煤田考古调查工作中，在神木县大柳塔乡上柳塔遗址中首次发现了石叶、石镞、刮削器、尖状器、石核等细石器，这座遗址的陶器文化遗存有斝、盉、三足瓮、折肩缸等，其形制与石峁龙山文化的陶器相似，二者当是同一古文化遗存。但是，在石峁遗址的调查和试掘报道中，没有提到遗址中与陶器还共存有细石器遗存。这类古文化是否有细石器，搞清这一问题对于研究它的文化面貌和经济形态有着重要的意义。因此，笔者趁这次调查工作之便，于 4 月 24 日前往高家堡乡与文化站乔世明同志取得了联系。翌日，天气晴朗，春风宜人，中午我和老乔同志步行前往石峁遗址调查。

采集文化遗物有陶器残片、磨制石器、打制石器和细石器，其中采集的细石器最为丰富，计有 40 多件。另外，还在群众家里征集了 4 件石器，1 件玉器。据当事人说，这几件石器是出土于一个破陶器旁边。据此我们推测，这几件石器当是一座瓮棺葬的随葬品。据群众说村里的人近几年来取土或耕地时还不断地挖出石器、房基等。我们这次复查遗址采集和征集的文化遗物共计 50 余件。

石铲　2 件，其中 1 件残。2 件均为征集器。标本：1，呈长方形，柄端钻有一小孔，双面刃，刃上有使用裂痕。泥质灰岩，呈白色，通体磨光。长 22.8、刃宽 6、厚 1.6 厘米（图一，1）。

玉铲　1 件，已残。为征集品，标本：2，梯形，柄和刃的一角残缺，双面刃。玉质较粗，呈灰色，通体经琢磨。残长 16、刃宽 6.8、厚 1.2 厘米（图一，3）。

石铲坯　1 件。为征集品，标本：3，呈长方形，无刃。泥质灰岩，呈白色，经粗磨。长 22.4、宽 7.8、厚 1.3 厘米（图一，2）。

石锛　1 件。采集，标本：46，长方形，单面刃。石灰岩，呈黑色。通体经琢磨。长 5、宽 2.9 厘米（图一，4，图二，1）。

圆形砸器　1 件。采集，标本：45，呈圆饼形，中间厚，周围较薄。砂岩，为打制。直径 8.4 厘米（图一，7）。

细石器

楔形刮削器　9 件。分三式：

Ⅰ式：1 件。标本：19，楔形，弧形刃，刃部有加工痕迹和明显的使用痕迹。泥质灰岩，呈豆绿色。背长 6.8、厚 9、高 3 厘米（图二，2）。

Ⅱ式：5 件。标本：25，楔形、舌形刃，刃部有使用裂痕。燧石，灰色。背长 2.7、厚 0.7、高 2.4 厘米。

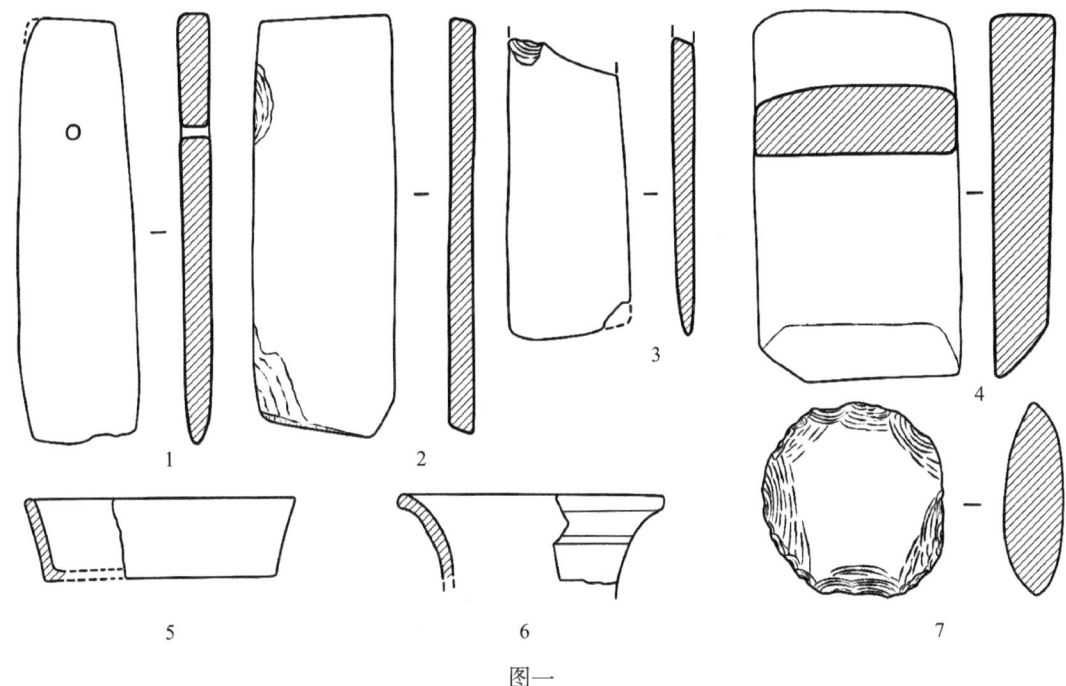

图一

1. 石铲　2. 石铲坯　3. 玉铲　4. 石锛　5. 陶钵　6. 尊口沿　7. 圆形砸器（除 4 为原大、6 为 1/6 外，余均为 1/4）

Ⅲ式：3 件。标本：31，楔形，两端有刃，刃上有使用裂痕。燧石，灰色。背长 3.5、厚 0.7、高 2.4 厘米。

扇形刮削器　5 件，分二式：

Ⅰ式：2 件。标本：36，小背宽刃，呈扇状，刃上有使用痕迹。燧石，浅灰色。高 2.5 厘米。

Ⅱ式：3 件。标本：34，小背，刃呈扇状，为单面刃，是从一面加工成的。燧石，灰色。高 2.1 厘米。标本：17，小背，舌状刃，单刃，是从一面加工成的，刃微卷，上有使用痕迹。燧石，灰色。高 4.6、刃宽 4.5 厘米（图二，3）。

石镞　3 件。分二式：

Ⅰ式：2 件。标本：1，呈柳叶形，中隆起，刃是从两面加工而成的。燧石，灰色。残长 3.2、翼端宽 1.1 厘米（图二，4）。

Ⅱ式：1 件。标本：9，呈柳叶状，一面平，一面隆起，刃是从一面加工而成的。燧石，尖为黑色，下端为黄褐色。长 3 厘米（图二，5）。

石叶　10 件。分四式：

Ⅰ式：4 件。标本：15，呈不规则长条形，一面较平，一面起背，刃是从一面加工而成的。燧石，浅灰色。长 4.4 厘米。

Ⅱ式：3 件。标本：4，窄长条，一面平一面起背。刃是从一面加工成的。燧石，灰色。长 2.4、宽 1.2 厘米（图二，6）。

Ⅲ式：2 件。标本：6，中间起脊，刃是从两面加工而成的。燧后，白色中有红线纹。长 1.9、宽 0.9 厘米。

Ⅳ式：1 件。标本：12，断面呈三菱形，刃上有明显的使用痕迹。燧石，灰色。长 5 厘米

图二

1. 石锛　2. Ⅰ式楔形刮削器　3. Ⅱ式扇形刮削器　4. Ⅰ式石镞　5. Ⅱ式石镞　6. Ⅱ式石叶
7. Ⅳ式石叶　8. 铲状器　9. Ⅱ式尖状器

（图二，7）。

铲状器　2件。标本：18，呈长方形，刃是从一面加工而成的，上有明显使用裂痕。燧石，灰色。长3.1、刃宽1.6厘米（图二，8）。

尖状器　3件。分二式：

Ⅰ式：1件。标本：10，锥体形，一面较平，一面隆起，有压制加工疤痕。燧石，呈灰色。高2.7厘米。

Ⅱ式：2件。标本：2，呈"∟"形，是用石片加工成的，尖、刃是从两侧加工成的。燧石，灰色。长2.5厘米（图二，9）。标本：30，呈"⊥"形，尖残，刃是从两面压制加工而成的。燧石，灰色。残高1.5厘米。

多边刃刮削器　2件。标本：16，呈不规则形，三边有刃；刃是从两面压制加工成的。燧石，灰色。长3厘米。

石核　8件。

楔形石核　5件。标本：40，楔形，台面平整，呈船形。燧石，浅灰色。高4.7厘米。

柱形石核　3件。标本：41，呈柱形，周围有打击和压制痕迹。燧石，浅灰色。高5.7厘米。

陶器　采集有鬲、斝、尊、钵、罐等器残口沿和鬲、斝的足。

尊口沿　1件。标本：43，侈口方唇，沿下饰弦纹。泥质灰陶，经磨，表面施有黑衣。口径21.8厘米（图一，6）。

钵　1件。残，可复原。标本：44，侈口，小平底。泥质灰陶，素面。高4.4、口径15.2厘米（图一，5）。

玉鱼　1件。标本：5，鱼尾已残。玉质坚硬，呈白色。雕琢精细，经抛光。残长3.2、宽3厘米。这件玉鱼可能不属于石峁遗址龙山文化遗物。

结　语

通过这次对石峁遗址的复查，我们对该遗址龙山文化遗存有了以下两点新认识：

一，在石峁遗址中采集到的细石器，进一步证实该类龙山文化遗存中确实有细石器，说明它是该类龙山文化的特征之一。

二，从目前已报导的资料看，石峁一类龙山文化有半地穴式白灰居住面的房子和窖穴，这表明该古文化先民是定居的；磨制石器斧、锛、凿、刀等生产工具的出土则说明，该古文化先民的经济生产是以农业为主的，然而细石器在遗址中的大量发现，又表明他们当时的牧猎经济生产是相当发达的，在整个经济生产中占有一定的地位。

上柳塔、石峁等遗址中发现的细石器，为我们进一步研究该类龙山文化的内涵和特征以及它们的社会经济形态等问题提供了重要的资料，也为今后对该类古文化遗址开展科学的考古发掘提供了一个重要的信息。

注　释

[1]　戴应新：《陕西神木县石峁龙山文化遗址调查》，《考古》1977年第3期。

[2]　西安半坡博物馆：《陕西神木石峁遗址调查试掘简报》，《史前研究》1983年第2期。

（原载于《文博》1989年第2期）

神木县新石器时代遗址调查简报

艾有为

神木县位于榆林地区北部，地处鄂尔多斯高原黄河之滨，毛乌素沙漠贯穿西北部，长期的风沙侵蚀和严重的水土流失，使遗址地表破坏较甚，遗迹外露；加之修造梯田的人为破坏，文化层扰乱，遗址内可清晰地辨出黑灰色或蓝灰色土壤，与其周围的黄沙、黄土形成迥然不同的土质，鉴于该县地域辽阔，人烟稀少，沙海阻隔，调查仅沿交通较便利的几处遗址进行。开始于 1983 年，1987 年为配合神府侏罗纪煤田的开发，搞好矿区内的文物保护又作了进一步调查，并对其他文物点也进行了调查，现将新华、滴水崖、四卜树、刘家石畔四处遗址（图一）介绍如次。

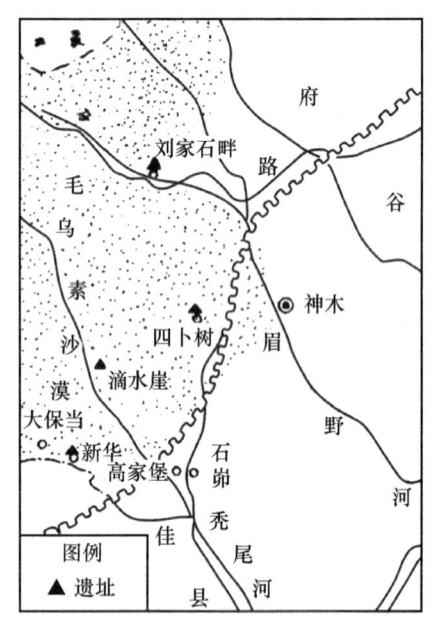

图一　神木县遗址分布图

一、新 华 遗 址

位于大保当乡新华村东北，地名叫"油房梁"的山峁上。东北距县城 90 千米，北至大保当 1 千米，南临神榆线，总面积约 2 万平方米。

油房梁为一条南北走向、高 6—8 米的土岗，似鱼脊状，西坡的表土流失严重，遗物暴露，东、南坡被黄沙覆压，长满灌木和沙蒿。西面是一处马鞍形低凹地，近年掘开一条渠沟，青灰色沙质土，观察其两旁断崖，发现窑址 2 处，瓮棺葬 1 处和 3 个灰坑。

窑址呈圆形，直径 1.5 米，穹隆顶，高 1.3 米，窑壁厚 5 厘米，外层是红烧土，内层呈深蓝色。窑床高于火膛 0.2 米，火膛底残存少许木柴炭屑，附近散落有窑壁土的碎块，窑址上覆盖 0.8 米厚的流沙。灰坑呈圆形，袋状，直径 1.5—2 米，深 2—2.5 米。瓮棺，夹砂灰陶，胎厚敞口，圜底，外施粗绳纹。

遗址内灰层厚 0.8—1 米，发现动物骨骼，计有：牛、马、鹿、羊、狗、鸡等。陶片以夹砂灰陶最多，泥质黑陶次之，红陶仅见一乳钉形器足。夹砂陶大多厚重，表面打光的细泥黑陶胎薄质坚，火候较高。采集的器形有：

鬲、斝、甗、灰陶瓮、敛口折肩罐等陶片。鬲足中空乳袋状。陶器皆为手制，饰篮纹、绳纹、划纹、菱形纹、方格纹、戳刺纹附加堆纹和素面，而粗绳纹、篮纹和附加堆纹又最为常见。

石器采集有：

斧 2件。青砂石英质，通体磨光，短而厚，两面刃，刃部圆形，略宽。长10.4、宽5.5、厚3厘米，有使用痕迹（图二，2）。另一件残断。

刀 3件。长条形，扁平磨光，弧形两面刃，刃背平直，中有一孔。长9、宽4.8、厚0.8厘米。另2件残断，形制与前相似，惟圆孔接近刃部（图二，1）。

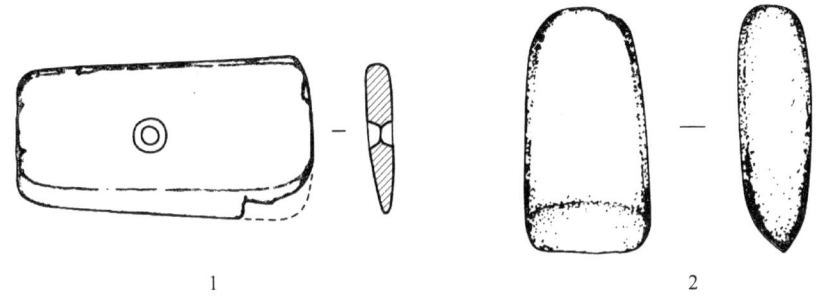

图二 新华村石器
1. 石刀 2. 石斧

砺石 粗砂岩，表面粗糙，体扁平，长条形或长条三角形，正反两面有磨研的沟槽，其中一件长14、宽5.4、厚3厘米。

网坠 2件。砺石质，扁体，有亚腰，长8、宽6.5、厚2.1厘米。另一件稍大，方形，四边中部内凹，有绳子留下的磨研痕迹。

玉器采集有：

环 2件。一件灰白色，晶莹润泽，磨制光滑，直径11.6、孔径6.3、厚0.4厘米。另一件墨绿色，光滑细腻，直径10.5、厚0.3、内径6厘米（图三）。

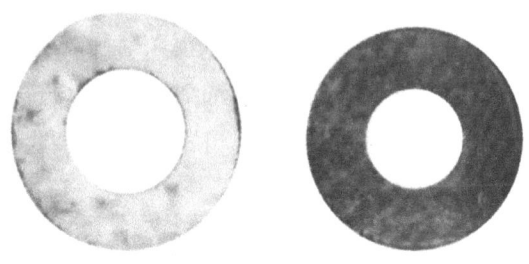

图三 新华村玉环

二、滴水崖遗址

图四 滴水崖陶片

位于瑶镇滴水崖水电站背后的山峁上。东为沙漠，西距秃尾河50—200米，神木至瑶镇公路从西侧通过，南面是秃尾河的一条小支流。

遗址逶迤分布数华里，被雨水冲刷切割出一条沟槽，从断崖上察看，耕土下系文化层，土色灰褐，厚1—1.5米，并观察到几处白灰居住面，残长1—2.3米，白灰面下抹草泥，厚约1.2厘米。

采集的陶片标本有：

夹砂灰陶瓮，敛口平唇，内突，系于口内加一周泥条抹平所致，故器口厚重，表面斜饰篮纹（图四），多为排列不甚整齐、不相连接的竖条或斜条，这种瓮多为三足。

泥质夹砂灰陶鬲，分档，袋足，施绳纹。灰陶甑壁斜直，粗绳纹，底面残存 2 个圆形气孔（图四）。夹砂红陶罐，筒形平沿，敛口方唇，口下附加四条泥条，指压成凹凸不平的波浪状，除了装饰外，亦有加固器壁的作用（图四）。夹砂灰陶斝，多横贴泥条作身，饰绳纹或篮纹，制作方法与神木石峁出土斝相同[1]。有的罐为细泥质，小口短颈，肩部有半环状小耳，外表抹光或饰斜绳纹。

三、四卜树遗址

西沟乡四卜树遗址发现较早，破坏最甚，位于窟野河支流兔毛沟的上游，四道河之北岸，东距县城 15 千米，呈南北走向，一部分被流沙覆盖，面积为一万余平方米。西坡灰层厚 2—2.5 米，陶片俯拾皆是，都不能复原。以夹砂灰陶为主，泥质灰陶次之，夹砂红、黑陶很少，能认出器形的有：

泥质灰陶钵，夹有少量细砂，陶土未加淘洗，壁微曲内收，口沿外稍为加厚（图五，1）。灰陶单耳罐，素面光滑，器把呈扁带状，上端与器口衔接，上有四个指压的坑窝，下端点三个坑窝作为装饰（图五，3）。素面灰陶盉，仅存管状流，胎薄。夹砂灰陶瓶，口沿残损，口径 6 厘米，颈短，腹微鼓，平底，底径 4.6 厘米（图五，4）。细泥陶环，外薄内厚，断面呈圆角等腰三角形。陶圆刮削器，由碎陶片打磨而成，大小各异，直径 2.2—5.2 厘米。细泥红陶拍，把手和柄端残，拍面光滑，把手和拍面衔接处加细泥条一周以求坚固。还有小口折肩罐、双耳罐等。另外还发现彩陶片，一件饰墨彩网格纹，一件饰细篮纹，胎薄质坚，系尖底瓶残片。一件施弦纹，又有一块红陶片被磨成刀，从正中孔部残断，当属仰韶文化半坡类型。

石器采集的标本为：

斧　6 件。分为二式。

I 式：3 件。长条形，体厚，孤背，双面圆刃。两件各长 11、宽 4.3 厘米，第三件长 13.4、宽 5.2、厚 4.4 厘米。

II 式：3 件。残长 10、宽 6.6、厚 4 厘米，比 I 式宽薄，刃端稍窄，两面刃。

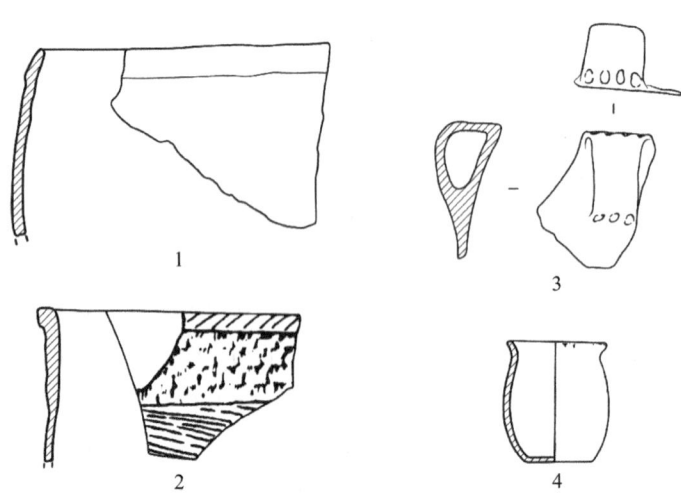

图五　四卜树陶片

刀　2件。残，两面刃，正中近刃处有孔。一件残长6.1、宽5厘米。

砺石　3件。长条形或梯形，细砂岩质，表面粗涩，有使用磨损的坑窝，高7.8、宽5.2、厚4厘米。

杵　红石英岩质，圆棒形，上端似握稍细，残长9.5、最大径4.5厘米。

此外，还发现灰坑、陶窑、墓葬、白灰面等痕迹，均残破不堪。

四、刘家石畔遗址

位于县城北25千米，隶属孙家岔乡刘家石畔村，遗址分布在考考乌素河与其一条支流交汇处的山峁上，为二层台地，高出河面约40米，神木至内蒙古东胜公路从遗址西侧山下经过，宋代琉璃堡占压遗址北半部，总面积为万余平方米。

遗址内涵丰富，文化层堆积厚1—1.2米，包含物以夹砂灰陶较多，亦有少量的夹砂黑陶片，胎较薄。纹饰可分为绳纹、篮纹、菱形纹、划纹、附加堆纹、指压纹、戳刺纹。采集的标本可复原的有泥质灰陶盆一件，浅腹，敞口圆唇，壁斜内收，平底，手制，口径27、高8、厚0.9厘米（图六，2）。夹砂灰陶盆，体较厚重，曲壁内收，最大径处横贴附耳做把手，饰以划线纹（图六，1）。泥质灰陶罐，筒状，敞口，直壁微曲，口沿下贴一周泥条并经指压成凹凸不平的方坑状，下施泥条附耳（图六，3）。夹砂灰陶瓮，方唇平沿，印压篮纹。夹砂灰陶鬲，高档，中空袋足，把手下端连在足上。纺轮，泥质灰陶，正中钻一孔，边沿有残缺，直径4.3、厚0.8、孔径0.7厘米。

石器采集有斧、刀各1件，凿2件。

斧，青石质，通体磨光，弧背，双面刃，刃部稍残，长10.2、宽5.6、厚2.6厘米。刀，扁平长方形，近刃部有孔，残长5、宽4.5、厚0.5厘米。凿，体窄长，刃部与背等宽，两腰微鼓，双面刃、肩弧形，一件长9.8、厚1.8、宽2.8厘米，另一件残长13、厚2.2厘米，略大于前一件。装饰品有灰陶环，细泥质，内厚外薄，断面呈等腰三角形，一件直径7.3厘米，另一件直径8厘米。

这些遗址大多分布在长城沿线和毛乌素沙漠的边沿，从遗址内出土物可以推断，史前时期神木一带人口稠密，有较集中的原始群落。先民们从事着以农耕经济为主，兼营畜牧、渔猎和采集，随着毛乌素沙漠的南移地貌，生态受到不同程度的毁坏。

新华村、滴水崖、四卜树、刘家石畔遗址显系同一类型的文化遗存，可找到与石峁的陶鼎、斝、

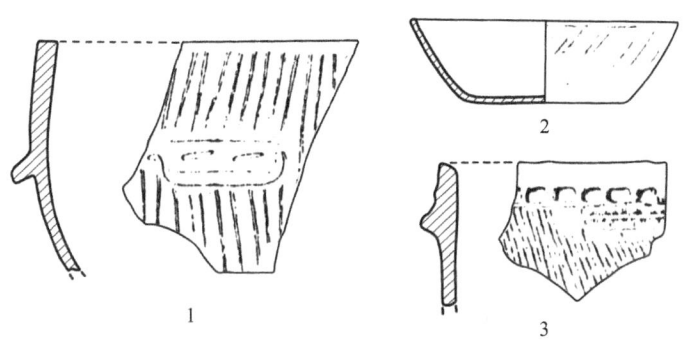

图六　刘家石畔陶片

盂、罐等器形、陶质、纹饰相同的陶片，新华村的敛口折肩瓮与山西东下冯折肩瓮形制一样[2]，各遗址都具有龙山文化的特征，应属于龙山文化，不过各遗址延续的时间长短有别，四卜树有早到仰韶时期的陶片，可以看出新石器时代神木已存在着两种不同的文化，四卜树属于仰韶文化、龙山文化两种不同的文化，而滴水崖、新华、刘家石畔则属于龙山文化。

在陕北的龙山文化遗址中，如石峁的I式侈口折肩罐[3]与山西陶寺发现的折肩罐有相似之处[4]，虽有器形的差异，但在风格，造型上则特别接近。神木龙山文化的内涵，包括了山西东下冯、陶寺的文化特征，它们在文化发展的关系上有一定的联系。内蒙古朱开沟遗址中也同样发现与石峁遗址文化层中出土的I式盂、I式鬲相同的器物[5]，从中可以看出陕西、山西、内蒙古新石器文化的相互波及与联系。

以上四处遗址多临近水源，背风向阳，而今生态、地貌却显得荒凉，不是沙化，就是被冲蚀得支离破碎，沟崄纵横，但遗址内丰富的文化内涵和延续时间的长久，充分说明四千年前神木毛乌素沙漠的南缘是适宜人类生存的。调查这些遗址对研究工作来说，仅仅是一个起步，目前还没有揭示出确切的地层叠压关系，它们的文化序列尚不能排列，然而陕西、山西、内蒙古新石器时代文化的相互影响与发展，望能引起注意。

注　释

[1]　戴应新：《陕西神木县石峁龙山文化遗址调查》，《考古》1977 年第 3 期。

[2]　中国社会科学院考古研究所等：《山西夏县东下冯龙山文化遗址》，《考古学报》1983 年第 1 期，图二八，16。

[3]　同 [2]。

[4]　中国社会科学院考古研究所山西工作队等：《1978—1980 年山西襄汾陶寺墓地发掘简报》，《考古》1983 年第 1 期，图七，6。

[5]　田广金、郭素新：《鄂尔多斯式青铜器的渊源》，《考古学报》1988 年第 3 期。

（原载于《考古与文物》1990 年第 5 期）

神木石峁龙山文化玉器探索（一）

戴应新

一、前　言

中国是制作玉器最古老的国家之一。即如僻远的陕北，新石器时代晚期也能大量制作玉器，石峁龙山文化遗址便是一处典型的代表。

石峁遗址位于神木县高家堡东二千米的石峁村，秃尾河支流洞川沟南山梁上，东西长一千米。遗址西部被一支沟切割为二，战国秦长城顺着山梁自东往西经遗址西南部而过。在支沟北坡石峁小学附近和沟南长城垣下的断崖上，可见多处灰坑、白灰居住面和石棺葬。有些白灰居址面上下叠压三、四层。石峁遗址近水、向阳、避风，土层松软肥厚，是适于人类居住、宜农宜牧的好地方。

多年来，石峁村民在耕地、开坡筑路和修建梯田时会不时发现玉器。1976年高家堡农副产品收购站段先生告诉笔者，石峁人每年向他交售玉器，从十多件至数十件不等，十多年中未曾间断。他把玉器上交外贸部门加工出口。由于其着眼于买玉料，故只择莹润、色美、厚大、精致的收购，质差、粗黑或薄小者不收，由卖主带了回去。笔者就是追踪这条线索，多次到石峁调查并征集玉器百余件，现典藏于陕西省历史博物馆。在这之后，中国科学院考古研究所、中国历史博物馆和绥德县博物馆也收藏了部分石峁玉器。西安半坡博物馆在石峁试掘，又获玉器四件和大批陶器、陶片。

半世纪前，石峁玉器就成为古董商人猎取的对象。1977年夏，笔者在榆林县北刀兔村遇一马姓老人，得知他于抗战期间常往返包头市与陕北之间以贩卖古董为业，曾多次到高家堡买玉。马老不识字，却很有心，记性又好，每于出手前他尽可能的予以钤拓或模画下来并保存至今。笔者在他家即见到"汉匈奴为鞮台耆且渠"铜印拓本和四件多孔玉刀图[1]。铜印出土地在榆林北乡，玉刀则出于石峁。

据上估算，石峁玉器出土总数当近千件。

遗存丰富的石峁遗址，出土的陶器有鬲、鼎、斝、盉、罐、单耳罐、双耳罐、大口尊、小口瓶、袋足瓮等（图一—图一四）。纹饰除乌黑光亮的素面外，还有篮纹、方格纹、划纹、弦纹、粗绳纹、附加堆纹、网纹等。这些器物和关中地区的客省庄第二期文化的关系比较密切，亦即陕西龙山文化。玉器与陶器往往伴出，故玉器也应为龙山时期，即和陶器属同一时代的文化遗存。

笔者于1977年撰短文报导石峁遗址[2]，嗣后又专文论述玉器[3]，篇幅所限，仅发表部分图片，兹在重新检讨石峁玉器之际，补充说明如下：

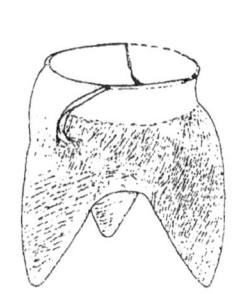

图一　石峁遗址
出土陶器

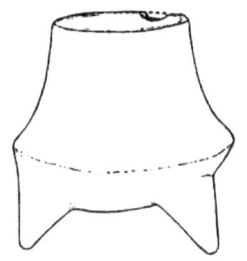

图二　石峁遗址出土陶器

图三　石峁遗址出土陶器

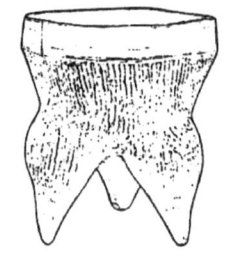

图四　石峁遗址出土陶器

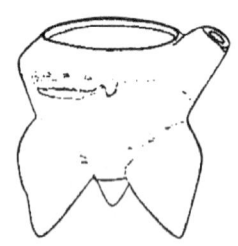

图五　石峁遗址出土陶器

图六　石峁遗址出土陶器

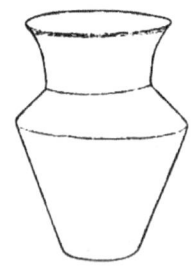

图七　石峁遗址出土陶器

图八　石峁遗址出土陶器

图九　石峁遗址出土陶器

图一〇　石峁遗址出土陶器

图一一　石峁遗址出土陶器

图一二　石峁遗址出土陶器

图一三　石峁遗址出土陶器

一，关于原编号SSY45玉戚（图一五）的年代，邓淑苹女士指出：此戚"造形规整，齿棱发展完全。年代应较晚"[4]，海内外同仁亦有同感。以此戚与石峁其他玉斧、玉钺比较，其周边和弧刃对称规整，齿棱完全，且二钻孔浑圆光滑，反映出制作工艺比较进步。经询原收藏人，得知此戚出土地在石峁南另一村庄，即贺家川采林村，与石峁遗址相去甚远，且该戚与一铜带钩同出于一土坑墓中，确属晚期之物。当从石峁玉器中剔除出来。故陕博典藏的石峁龙山玉器实为126件。

图一四　石峁遗址出土陶器

图一五　贺家川采林村出土玉戚

二，笔者在石峁见到而因故未能征集的礼器计有石琮和几件玉璧。琮为灰白色细石质，素面无纹饰，呈扁矮的方柱体，四角稍圆。上下两面平齐，没有长出的射，正中竖穿大圆孔。每边长7、高5、孔径4厘米。残玉璧三四件，淡绿色泛白云状纹理，外径约15、孔径6—7厘米，另外还见有玉杵和玉环、小玉刀等。

省馆典藏的石峁玉器，曾经西安地质学院专家目验鉴定，质料为墨玉、玉髓、石英岩、大理石岩、蛇纹石岩、黑曜岩、碧玉、基性、超基性变质岩和酸性硅酸岩磨制而成，属软玉类，硬度在6—7度之间，可惜未作比重测定。玉料来自陕北本地，关中的蓝田、富平和附近的内蒙古、甘肃一带，但无和阗玉。类似质料和器形的玉器在陕北的米脂、靖边、府谷和内蒙古的准格尔旗都有发现，尤以延安芦山峁所出为多[5]，数量仅次于石峁。

二、说　琮

石峁玉琮朴实无华，很不起眼，却传递了它在石峁礼器中存在的信息。延安芦山峁出玉琮两件，一件"上下分饰饕餮纹"，另一件饰弦纹和象征兽面的图形纹[6]，原报告断为西周，笔者以为要早些。

1981年，笔者在长安县上泉村征集一琮，现藏陕西省历史博物馆。此琮硕大无朋，红绿黄青紫诸色杂驳如玛瑙，晶润光滑，泛半透明质感，气派壮伟，实属罕见。通长20.7厘米，外方内圆，两端有射长出，方体纵长16、横宽9.7厘米，两射各长2.35、射壁厚1.5厘米，圆孔内径6.7厘米，重约4公斤（图一六、图一七），经专家鉴定，乃和阗玉磨制而成，据发现人说，该琮和一玉璧同出，璧轮大如草帽，三年前卖掉了，琮则作为他的睡枕使用了十多年，直到笔者购回为止。

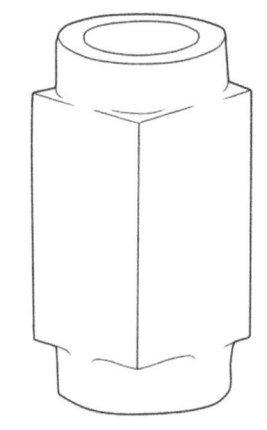

图一六　上泉村出土玉琮　　　　　　　　　图一七　上泉村出土玉琮之线绘图

上泉村在西周镐京遗址范围内，与上泉相邻的普渡村和花园村，广泛分布着西周墓葬和居址[7]，将如此一件重大礼器断为西周，且与周王在宗周的活动发生联想，按说是顺理成章的，但笔者对其出土地点追踪勘察试掘发现，该地客省庄二期文化遗迹十分集中。

玉琮出土于上泉村南、公路西侧土壕内，因连年烧砖采土，壕已较出琮时扩大，形成南北宽30、东西长60、深约3米的大坑。在坑北壁断崖上，有三四处白灰居住面，白灰面厚0.5—1.5厘米，其下为火烧草泥层。坑东北东壁和南壁上有灰坑、灰层分布，灰土为浅灰色，杂兽骨和少许陶片。我在壕中央玉琮出土点开一大探方，铲去壕底表土后，露出一个灰坑，直径1.5、残深0.6米。填松软灰土，出有少量陶片和兽首形器耳、陶塑兽首形盖把、双耳罐、骨铲、石斧、砺石碎块等（图一八—图二一）。最可异者，该坑出桃子般大的一块玉核，作不规则圆形，表面未修磨，玉质却与玉琮一样，彩色斑斓，或为玉琮甬心凿出亦未可知。该坑接近底部，未发现晚期打破迹象。因此，该琮断代颇成疑问，是以未作报导，今公诸于世，供方家研究。

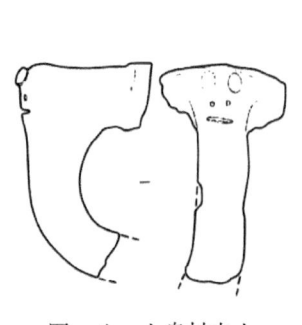　　　　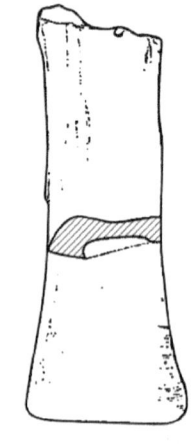　　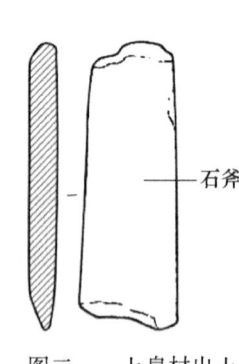

图一八　上泉村出土　　图一九　上泉村出土　　图二〇　上泉村出土　　图二一　上泉村出土
　　陶塑兽首形器把　　　　　双耳罐　　　　　　　骨铲　　　　　　　石斧

客省庄二期文化在沣东有丰富遗存，文化相当发达，已有文字[8]。制作这样的大玉琮不是不可能的。反观沣西西周贵族墓出土的几件玉琮扁矮卑小，与上泉琮相比简直是"袖珍型"的，此乃琮在西周更趋衰落的反映。

我们在未获得可靠的考古证据前，对出土文物的断代，多取慎重的宁晚毋早的态度。良渚玉器以前也多被视为周、汉时物。上泉玉琮尽管有上述一些证据，也不敢贸然断定。诚然，玉核与玉琮质料相同不等于二者发生必然的联系，至少能说明早在龙山时期，和阗玉已开采行销内地了。玉琮在客省庄二期文化遗存中发现决非偶然。为慎重计，姑将此琮断为龙山—西周。但愿这慎重不至于低估我们祖先伟大的创造力。

　　考古报告说明，玉琮盛行于新石器时代晚期，以良渚文化出土最多，并琢有神怪形象的纹饰，如寺墩三号墓殉葬玉器 120 余件，其中玉璧 24 件、玉琮 32 件[9]。至商代此风稍戢，妇好墓出玉琮11 件、璧 16 件[10]。周代琮更趋少见。

　　琮作何用？功能何在？诸说纷歧，未有定论。《周礼·典瑞》"疏璧琮以敛尸"。良渚文化墓葬确有大量玉器殉葬，有学者即称之为"玉敛葬"[11]。《周礼·春官·大宗伯》"以苍璧礼天，以黄琮礼地"。张光直、邓淑苹二先生认为琮是沟通天地神人的礼器，后者更认为典礼时套于圆柱的上端，作为神祇祖先的象征[12]。杨建芳先生认为"玉琮只是神人（以头部象征）或神兽（以头部象征）或二者结合（神人骑神兽）的具体化和立体化，类似今日常见的浮雕或圆雕的神像"[13]。林巳奈夫先生认为琮是神灵凭依的主，圆孔是死者魂灵归来所栖的小室[14]。笔者认为琮是古人心目中驱魔降妖的镇物，福佑生人的法器。房前或某特殊地方竖设上端套有玉琮的木柱，有镇邪降灾的功效，鬼祟望而远飏，不敢为害。良渚文化玉琮的神怪图像，就是驱魔降妖的神灵的形象化。现代内蒙古伊克昭盟的蒙古族，每于房屋门前竖一木杆，上缚一缕布条如路幡状，也有辟邪的用意。

新石器时代重要文化年表

距今年代		6000年前	5000年前	4000年前
I	辽西及内蒙古		6000　红山文化　5000	
II	黄河中游	6800　仰韶文化	4700	
			4800　中原龙山文化 4000	
III	黄河下游	6300　大汶口文化		山东龙山文化 4500　4000
IV	长江中游	5900　大溪文化	4600	
			4700　4400 石家河文化	
V	长江下游		5300　良渚文化	4200

琮作方圆二体结合状，或谓天圆地方的体现，有学者谓此系战国人的观念，远古未必如是。我以为可能与当时人居住的圆形与方形的房子有关，这两种形状的房子自仰韶以迄龙山都很普遍。把礼玉作成两种房子的结合形状，其意犹如划地为牢一样，警告鬼祟不得侵犯人的住房，故琮可能是镇宅之器。良渚人用它殉葬，即取以镇墓之意。

注　释

［1］戴应新：《记"汉匈奴为鞮台耆且渠"印——纪念陈直教授逝世三周年》，《人文杂志》1983年第4期。

［2］戴应新：《陕西神木县石峁龙山文化遗址调查》，《考古》1977年第3期。

［3］戴应新：《神木石峁龙山文化玉器》，《考古与文物》1988年第5、6合期。

［4］邓淑苹：《故宫博物院所藏新石器时代玉器研究之三——工具、武器及相关的礼器》，《故宫学术季刊》第8卷第1期。

［5］姬乃军：《延安市发现的古代玉器》，《文物》1984年第2期。

［6］姬乃军：《延安市发现的古代玉器》，《文物》1984年第2期。

［7］中国社会科学院考古研究所沣西发掘队：《1979—1981年长安沣西沣东发掘简报》，《考古》1986年第3期。

［8］郑洪春、穆海亭：《陕西长安花园村客省庄二期文化遗址发掘》，《考古与文物》1988年第5、6合期。

［9］陈丽华：《江苏武进寺墩遗址的新石器时代遗物》，《文物》1984年第2期；汪遵国：《良渚文化玉敛葬述略》，《文物》1984年第2期。

［10］中国社会科学院考古研究所：《殷墟妇好墓》，文物出版社，1980年，第115、118页。

［11］同［9］汪文。

［12］邓淑苹：《故宫博物院所藏新石器时代玉器研究之一——璧与牙璧》，《故宫学术季刊》第5卷第1期；邓淑苹：《故宫博物院所藏新石器时代玉器研究之二——琮与琮类玉器》，《故宫学术季刊》第6卷第2期。

［13］杨建芳：《玉琮之研究》，《考古与文物》1990年第2期。

［14］林巳奈夫：《中国古玉の研究》，吉川弘文馆，1991年，第119、120页。

（原载于《故宫文物月刊》1993年第125期）

神木石峁龙山文化玉器探索（二）

戴应新

刀形端刃器——牙璋

夏鼐先生定名为刀形端刃器[15]，吴大澂称作牙璋的这种奇怪玉器，石峁出土很多，因其色黑体薄，无加工价值，往往被收购者淘汰，故多得以保留。仅陕西省博物馆和其他学术机关收藏的石峁玉璋至少在三十五件以上，比偃师二里头、郑州二里冈、广汉三星堆、福建漳浦、湖北孝感等地出土的总和还多[16]，这种祭玉从前流散国外不少，欧美各大博物馆收藏见于发表的亦有多件。

陕西省历史博物馆典藏的石峁牙璋共二十八件。

一号璋（1）墨玉质，体扁平，窄方柄，宽长体，柄体结合部有突出的栏，栏柄夹角小于90°，呈锐角形。首端宽大磨薄成∧形刃，一只长角残断，一穿。通长32、最宽7.5、厚0.3厘米（图二二）。

二号璋（2）墨玉质，体薄，色浅呈肉色。柄末端斜出，内弧形刃，一穿。长32.9、宽8、厚0.15厘米（图二三）。

图二二　一号璋

图二三　二号璋

三号璋（3）墨玉质，体厚重，凹刃，一穿。长32、宽6、厚0.8厘米（图二四）。

四号璋（4）墨玉，长体两腰内束，∧形刃两角对称。一栏残断。长27、宽6.8、厚0.3厘米（图二五）。

五号璋（5）墨玉，有蚀沁白斑。一面通体纵穿一条棱线，是解玉留下的锯痕，月牙形凹刃。一角（牙）残损。长25.3、宽6.8、厚0.3厘米（图二六）。

六号璋（6）墨玉，有蚀斑。月牙状内弧刃。两侧的栏作┐形。柄末一角残蚀。长24.7、宽5.6、厚0.2厘米（图二七）。

七号璋（7）墨玉，有蚀沁黄斑。柄窄长，体宽短，宽首内弧刃。栏柄夹角大于90°。长26.5、宽7.4、厚0.6厘米（图二八）。

八号璋（8）墨玉，长体短柄，两栏呈翼状后撇，首宽大，内弧刃，一牙（角）残损。长33.5、宽6.5、厚0.5厘米（图二九）。

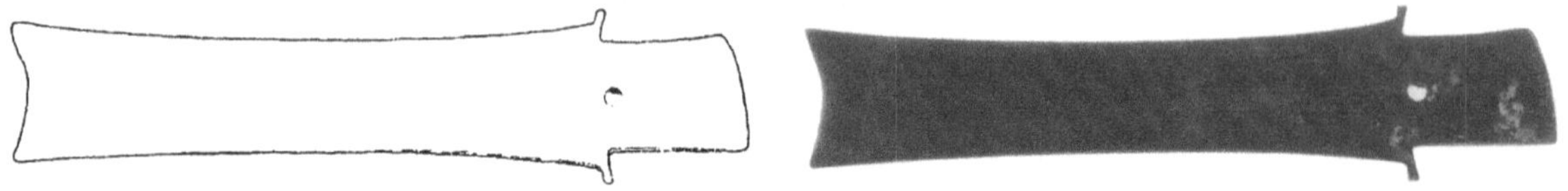

图二四　三号璋

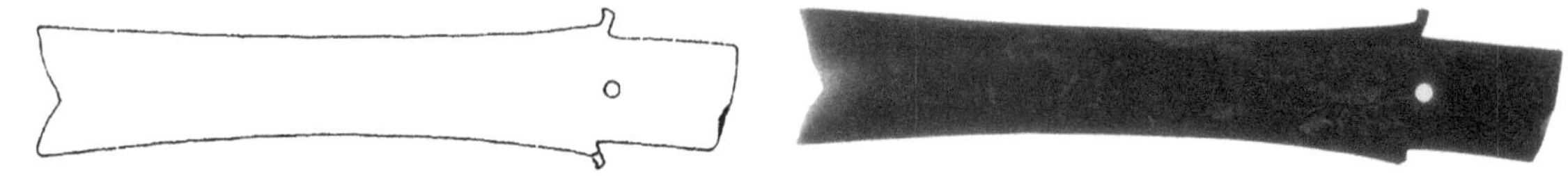

图二五　四号璋

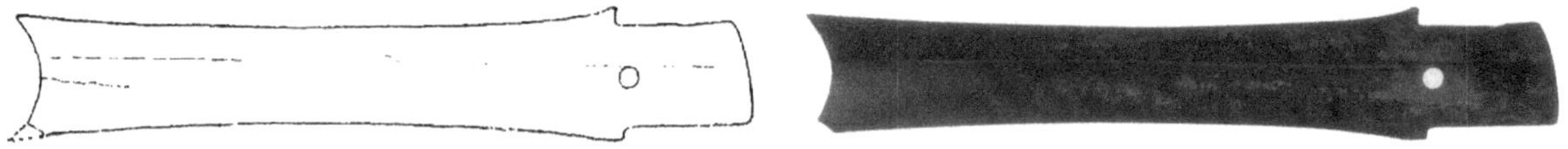

图二六　五号璋

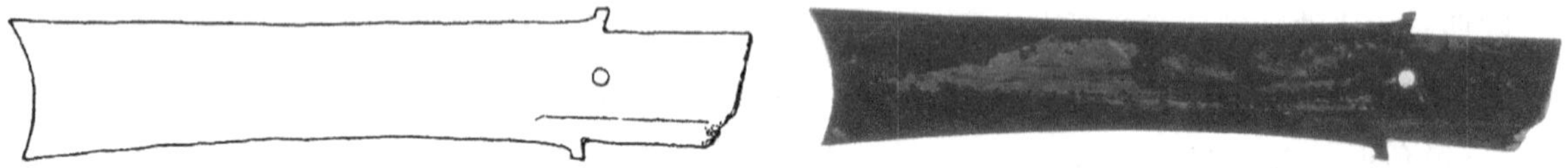

图二七　六号璋

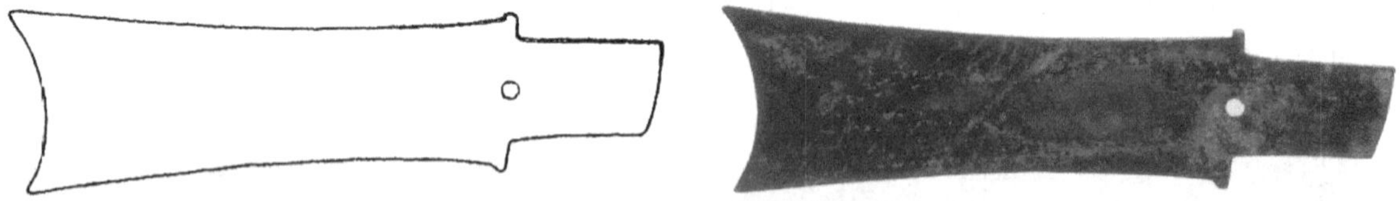

图二八　七号璋

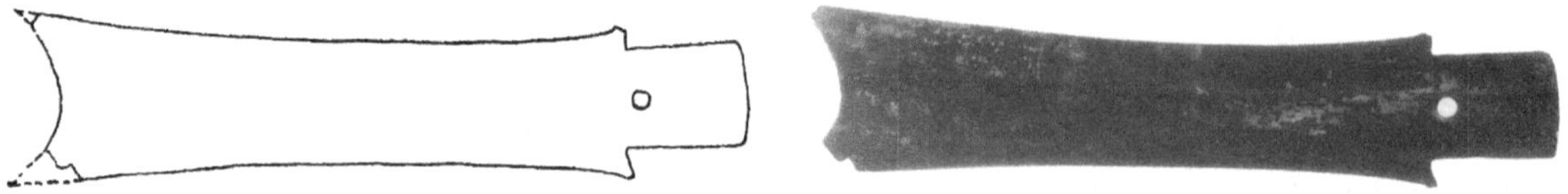

图二九　八号璋

　　九号璋（9）　墨玉，蚀沁较重。方柄一角残损。内弧刃，折一牙（角）。长35.6、宽7.8、厚0.8厘米（图三〇）。

　　十号璋（10）　墨玉，长柄一角残蚀。首端较窄。内弧刃，长体界栏部最宽。长28.5、宽7、厚0.5厘米（图三一）。

图三〇　九号璋

图三一　十号璋

十一号璋（11） 墨玉。柄与长体末端等宽，两短栏直出体外。内弧刃。柄一边蚀损呈一凹缺。长 31、宽 6.2、厚 0.25 厘米（图三二）。

十二号璋（12） 墨玉。通体有蚀斑。方柄末端斜出，长体内束规整，八形刃，首端一牙尖残损。长 34、宽 6、厚 0.25 厘米（图三三）。

图三二 十一号璋

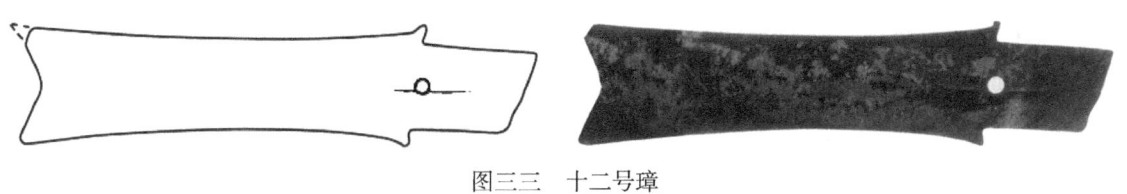

图三三 十二号璋

十三号璋（13） 墨玉。体较薄并纵贯一条长弧线，成两台面。首宽大，凹弧刃。柄末端斜出，有残蚀。长 29.3、宽 7.8、厚 0.35 厘米（图三四）。

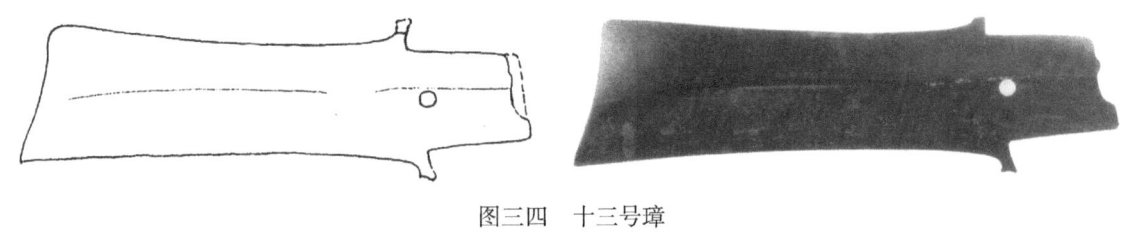

图三四 十三号璋

十四号璋（14） 墨玉。方柄，长体，窄首，内弧刃，体末临栏处最宽。首端比柄部窄。长 32.5、宽 6.3、厚 0.6 厘米（图三五）。

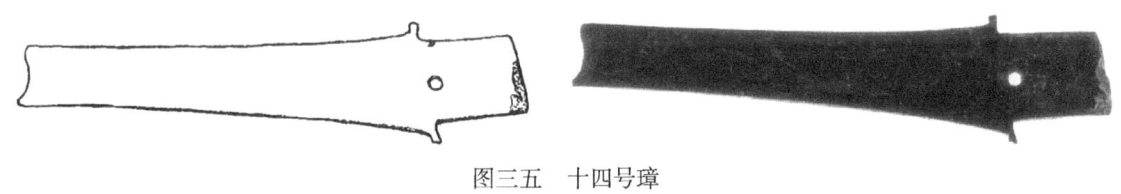

图三五 十四号璋

十五号璋（26） 墨玉。形制同十四号璋，柄自穿部断缺。残长 21.5、宽 3.4、厚 0.2 厘米（图三六）。

十六号璋（27） 墨玉。方柄，长体临栏处最宽，向前趋窄，首端残断。形制与十四、十五号璋相同。残长 25、宽 6.7、厚 0.8 厘米（图三七）。

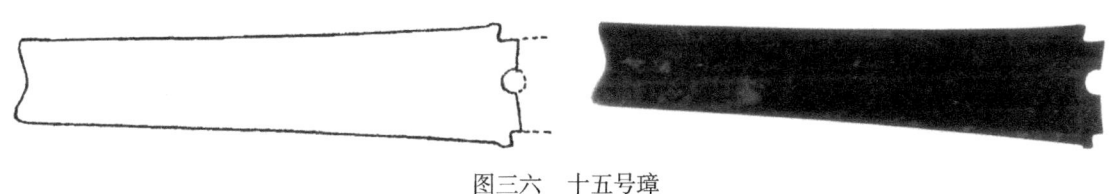

图三六 十五号璋

图三七　十六号璋

十七号璋（19）墨玉。短方柄有残蚀，长体，∧形宽首刃，两牙尖残断。长36、宽5、厚0.25厘米（图三八）。

图三八　十七号璋

十八号璋（20）墨玉。形制同十六号璋。方柄较长，∧形薄刃，一牙残断。长36、宽5、厚0.25厘米（图三九）。

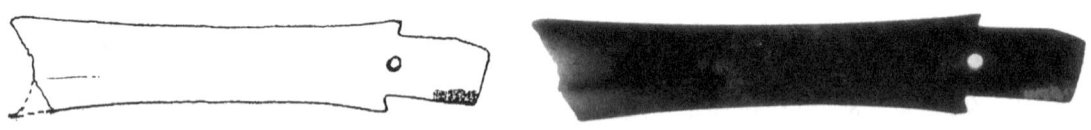

图三九　十八号璋

十九号璋（21）墨玉。短方柄，长体，首宽中等，偏弧刃，一长牙断缺。长32.4、宽7.5、厚0.3厘米（图四○）。

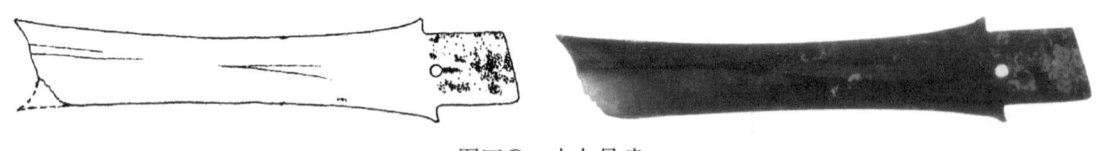

图四○　十九号璋

二十一—二十二号璋（23）—（25）形制同十九号璋，均首部断缺。残长30.5—32.4、宽5.4—7.5、厚0.2—0.3厘米（图四一—图四三）。

二十三号璋（28）首部和柄末残缺。残长9、宽6、厚0.15厘米（图四四）。

二十四号璋（18）墨玉。宽方柄，体较短，偏弧形薄刃，有残缺。柄体结合部两侧有突起的〓形雕饰。长30、宽7、厚0.4厘米（图四五）。

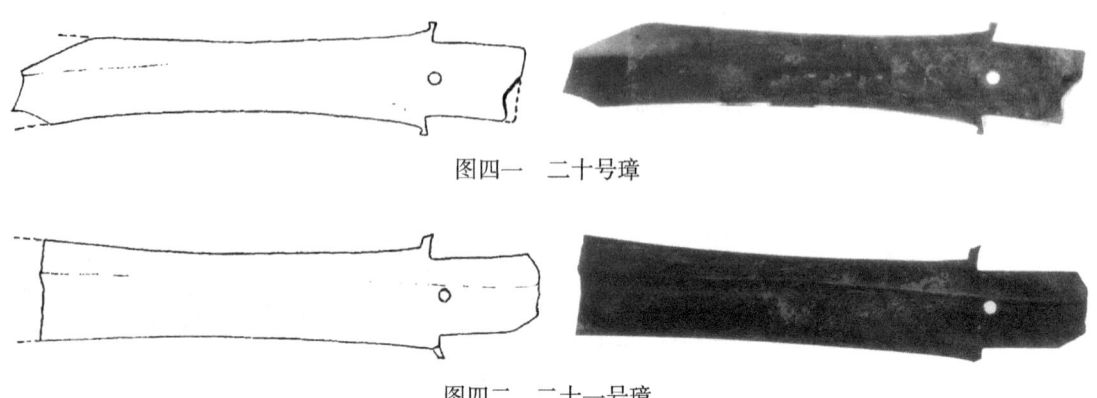

图四一　二十号璋

图四二　二十一号璋

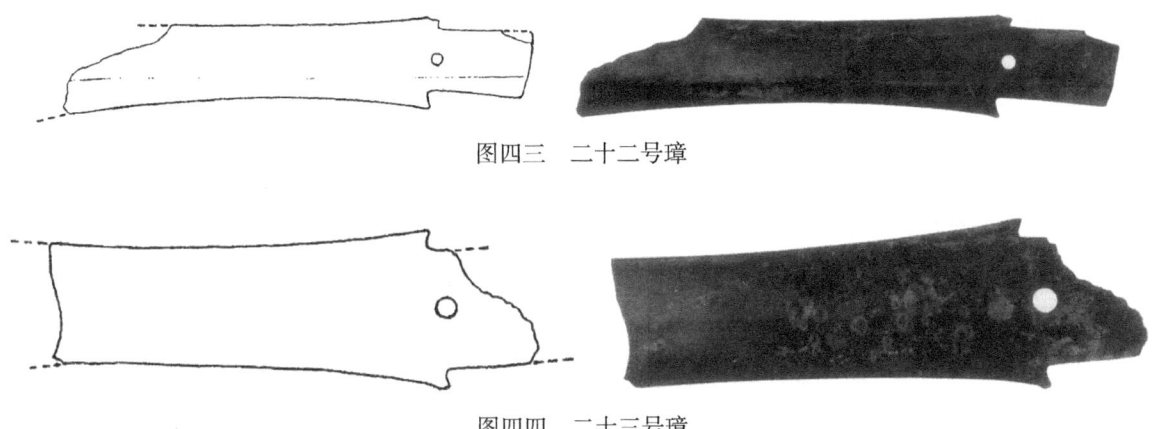

图四三　二十二号璋

图四四　二十三号璋

二十五号璋（15）　墨玉有白蚀斑。形制及侧饰同二十四号璋。惟柄体更宽肥，一牙尖残伤。长30.6、宽9.3、厚0.4厘米（图四六）。

二十六号璋（17）　墨玉有蚀斑。柄体细长，首端作叉丫形，未磨刃。侧饰同二十四、二十五号璋，惟在每齿突间加雕一小齿。长49、宽7.8、厚1厘米（图四七）。

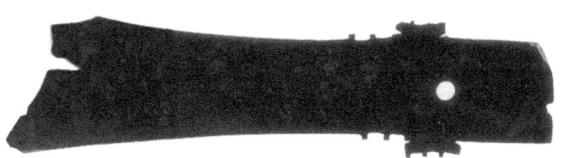

图四五　二十四号璋

二十七号璋（16）　墨玉有蚀斑。短柄末端蚀作三角形，体扁长，首端残断。两侧饰作灬形，其侧饰前方器表刻三组竖线纹夹两组交叉线纹。残长34.5、宽7.8、厚0.3厘米（图四八）。

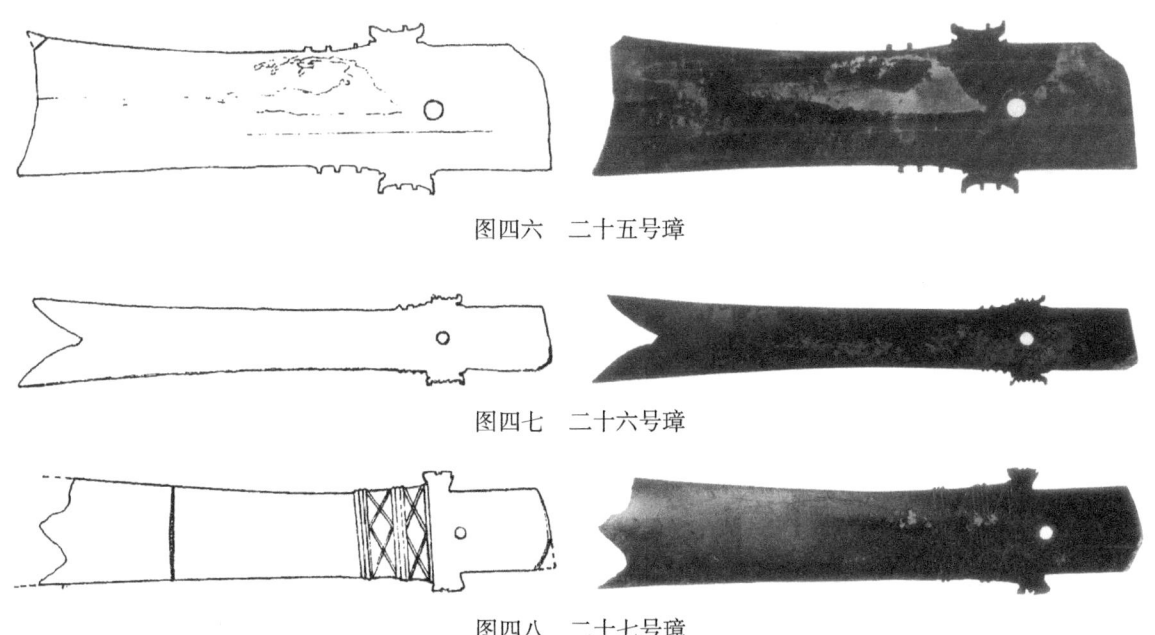

图四六　二十五号璋

图四七　二十六号璋

图四八　二十七号璋

二十八号璋（22）　墨玉。柄宽大，体柄结合部内束，有磨去侧饰残留的两个齿突，首端断缺一牙。似以璋改铲尚未完成者。长32.7、宽6.2、厚0.2厘米（图四九）。

上列二十八件玉璋，雕饰扉牙完整者四件，占七分之一。窄首者三件。首宽与界栏处基本相等者三件。首端大于体宽者占多数。形制的变化，侧饰的有无及不同，反映了时代的早晚。

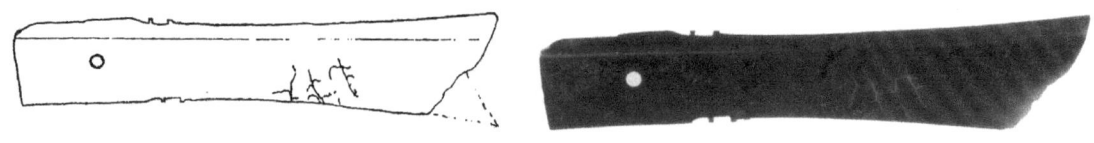

图四九　二十八号璋

二十四、二十五、二十六号璋的主侧饰作 业 状，林巳奈夫先生称业字形[17]，其状像水牛额部以上形，两边外撇的牙像牛角，中间二小牙像牛耳。二里头出土的一件石璋侧饰也基本作此形状，惟突齿变小而基部加长，前面的二突饰增为四个（图五〇，下）[18]，二里冈出土的一件玉璋上这样的雕饰有两对。二十七号璋侧饰作 业，似鸡冠形。二里头的另一璋侧饰与此形近似（图五〇，上）。第廿六号璋叉丫形首端未开刃，与广汉三星堆的玉璋（图五一）情形相同[19]。十四号窄首型璋以前很少见，显现衰落的迹象，年代较晚。广汉三星堆的尖首豁锋戈形璋（图五二、图五三）是其进一步演变。第一号璋代表的宽首型，是石峁玉璋的多数，制作规整，体型庄重，雍容大方，薄刃内凹适度，更接近实用的骨耜，年代应较早。有雕饰的四件璋，和首宽与界栏部基本相等者，时代界于上述二者之间。但石峁玉璋的下限比二里头要早，当在龙山末期。

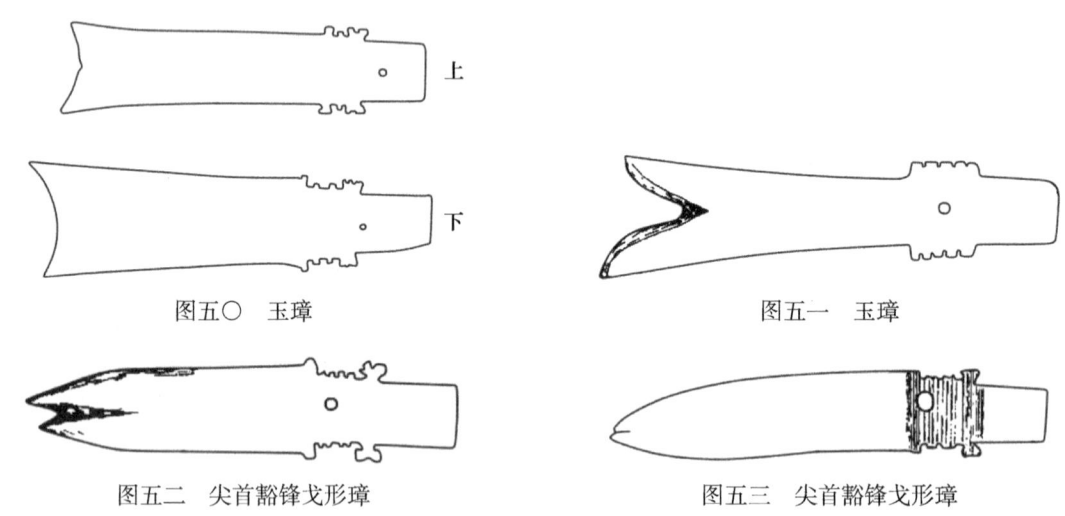

图五〇　玉璋　　　　　　　　　　　　　　图五一　玉璋

图五二　尖首豁锋戈形璋　　　　　　　　　图五三　尖首豁锋戈形璋

无论首端薄锐、厚钝，还是未开刃作叉丫形的牙璋，其实都不能实用于劳作。内凹的刃端均系原来制作的样式，决非使用中因磨损形成的缺陷，审视各器亦无使用痕迹，刃部有似崩伤的缺口均系牙尖残断所致。其式样虽然似铲，刃在一端，却没有铲的功能。因其刃部内凹，两边有角（牙）长出，着力面小且容易断折，犹如纵形折断的牙齿不堪咬嚼一样，故可断为祭祀专用的体器。

这种礼玉最鲜明的特征，是首端凹刃形成的两边突出有如长出的獠牙，所以牙璋的命名只能

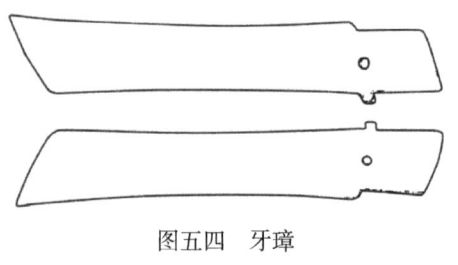

图五四　牙璋

由此来。其柄体结合部的侧饰和突出的栏，虽似牙之旁出，却很短小，与首端的两大牙比，显得微不足道。吴大澂说："此独有旁出之牙，故曰牙璋"。[20]他所依据的璋，首端缺一长角（牙），刃呈斜直状，柄前缺一扉突（图五四），以此不标准的残璋定名，未必正确。然其偏打正着，为之正名并与典籍联系考释其用途的尝试，是很有贡献的。

笔者亦认同此礼玉即古文献的所谓牙璋。至其用途，《周礼·典瑞》："牙璋以起军旅，以治兵守。"郑司农注："牙齿兵象，故以牙璋发兵，若今铜虎节。"吴氏发挥说："与戈戉之制略同。"[21]当代学者也说"牙璋含有尖锐、攻击、示威的意义"[22]象征攻击与威胁。不过，考古发现并非如此，如殷代名将妇好的墓出玉戈、戚、钺、矛、斧、刀等兵制礼器很多，却独无牙璋陪葬[23]；而二里头VM3殉有牙璋二件，墓却很小（图五五），仅有少许陶器[24]，证明墓主地位甚卑，非元戎之辈。说牙璋的作用和后世的符节相似，也不能成立，因为符节都剖作两半，有榫套合，右半在君，领兵将帅执其左半，调军时两相对合以为凭信。而牙璋是独立存在，各璋间没有内在的联系，不能作为凭信的证据。再者，它不像戈钺那样可用于砍杀，无杀伐效力，以之象兵，岂非不武。可见与军旅无涉。

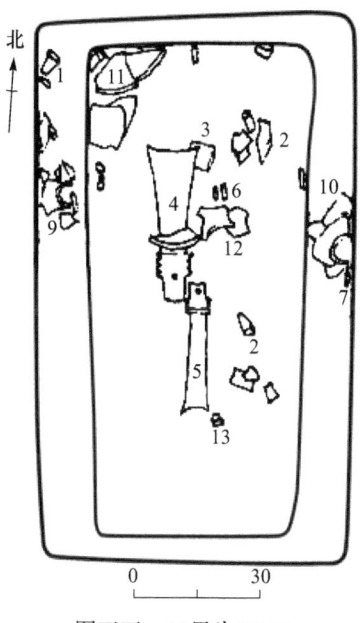

图五五　二里头 VM3

"礼神者必象其类"，新石器时代和殷周遗址中屡见凹刃形骨铲，浙江河姆渡出土的七十九件骨耜[25]，和牙璋的形状十分近似，给探讨牙璋渊源与用途以很大启发。耜本长铲形，齐刃而方角，由于使用磨损，致刃部中间部分内凹，两角长出呈叉或内弧形，骨质厚重者刃部偏于一侧，长端在较厚的一侧。木质的耜易朽而未能再现于古遗址，但庙底沟二期文化的灰坑壁留有其双齿的印痕[26]。显然牙璋渊源于耜耜。古人仿此农具特征制作瑞玉，必然是用于农事的祀典，盖为希冀丰收的祈年礼器。为适应仪礼需要而加长器身，并作方柄以便握持，有的且加琢侧饰，以隆其仪。这艺术化的牙璋的双齿又好像刚出土禾苗的嫩牙，侧饰则似庄稼的根须。古人用它礼祀农神，是再恰当贴切不过的了。

广汉三星堆二号坑出土一小铜人，挺身跪地，两臂平伸擎持牙璋作祷祝状（图五六），是祭祀用璋的真实写照。牙璋首端叉开的双齿朝天，铜人双手握持璋柄，证明该礼玉原是不按柄的。

石峁出土大量玉璋说明，这种礼玉盛行于新石器时代晚期，夏商还见其余续，偃师二里头夏文化和郑州二里冈商文化遗址均有所发现。广汉三星堆（商代）璋除习见的首部开叉的形状外，还有首端刃部内收变小而鬶其锋，保存双齿的基本特色，或在首端雕琢一鸟，于器身琢出牙璋形状的图案（图五七），做功能用途的标识。周代牙璋较少，扶风上康村二号墓铲形玉器，首端斜弧刃似璋，

图五六　三星堆出土小铜人

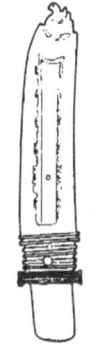

图五七　三星堆出土璋

身柄则浑然一体，两长边向尾端斜行内收，是牙璋改作而成[27]。器形的改变意味原功能的丧失，它便不再是祈年的瑞玉了。

注　释

［15］　夏鼐：《商代玉器的分类、定名和用途》，《考古》1983 年第 5 期。

［16］　杨国忠、刘忠伏：《1980 年秋河南偃师二里头遗址发掘简报》，《考古》1983 年第 3 期；赵新来：《郑州二里冈发现的商代玉璋》，《文物》1966 年第 1 期；冯汉骥、童恩正：《记广汉出土的玉石器》，《文物》1979 年第 2 期；曾凡：《关于福建史前文化遗存的探讨》，《考古学报》1980 年第 3 期；熊卜发：《湖北孝感地区商周古文化调查》，《考古》1988 年第 4 期，图六玉铲。

［17］　同［14］，三八九页。

［18］　中国社会科学院考古研究所二里头队：《河南偃师二里头二号宫殿遗址》，《考古》1983 年第 3 期，图版壹，4。

［19］　陈显丹：《"牙璋"初论》，《四川文物》1989 年第 1 期，第 17 页，图八。

［20］　《古玉图考》，上海同文书局乙丑年印本，第 22 页。

［21］　《古玉图考》，上海同文书局乙丑年印本，第 22 页。

［22］　冯汉骥、童恩正：《记广汉出土的玉石器》，《文物》1979 年第 2 期。

［23］　中国社会科学院考古研究所：《殷墟妇好墓》，文物出版社，1980 年；中国社会科学院考古研究所：《殷墟玉器》，文物出版社，1982 年。

［24］　杨国忠、刘忠伏：《1980 年秋河南偃师二里头遗址发掘简报》，《考古》1983 年第 3 期。

［25］　浙江省文管会、浙江省博物馆：《河姆渡遗址第一期发掘报告》，《考古学报》1978 年第 1 期。

［26］　中国社会科学院考古研究所：《新中国的考古发现和研究》，文物出版社，1984 年。

［27］　陕西省文物管理委员会：《陕西岐山、扶风周墓清理记》，《考古》1960 年第 8 期，图版三，9。

（原载于《故宫文物月刊》1993 年第 126 期）

神木石峁龙山文化玉器探索（三）

戴应新

刀形边刃器——多孔刀

陕西省博物馆典藏的石峁十余件多孔玉刀，器形基本雷同，均作长条形，刃在较长的一边，背平直稍厚，近背处和安柄的地方钻孔以穿绳系绑。其中一些刀的刃边很薄且有使用崩伤，当属实用工具，另一些刃钝，器形厚重，应属纯粹礼器。

一号刀（94）　茶青色泛不透明褐斑，背及一端斜直，安柄的一端不平直，似断后加以修磨者。刃微凹，穿二孔，其中一孔在柄端器身正中。长12、宽4.5、厚0.4厘米（图五八）。

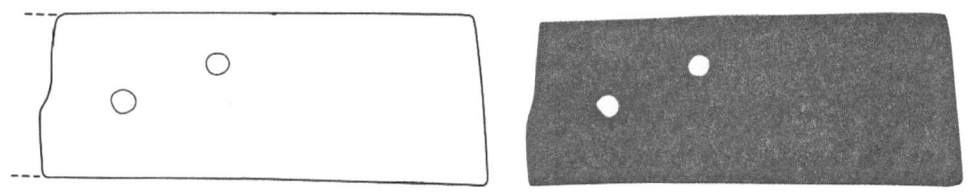

图五八　一号刀

二号刀（97）　肉色泛褐斑纹，形制同一号刀，长边刃有使用痕迹。长21.3、最宽处9.3、厚0.2厘米（图五九）。

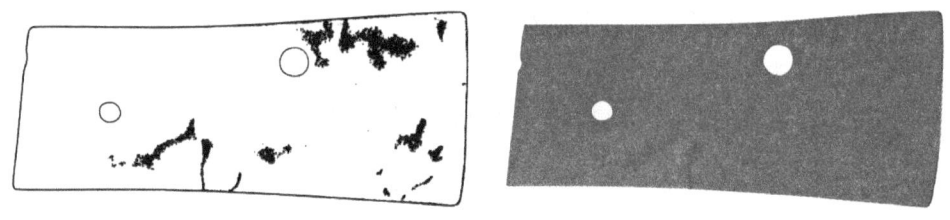

图五九　二号刀

三号刀（89）　茶绿色泛云彩状褐斑。内弧刃，首端特宽，柄装在较窄的一端，穿三孔。长19.5、宽6.5、厚0.2厘米（图六〇）。

四号刀（91）　青色玉泛灰黄色纹。磨制光美，有玛瑙的质感。平面呈长方形，背平直，刃内凹不明显。装柄处穿大小孔各一个，首端近背处一穿。长24.5、最宽处5.6、厚0.4厘米（图六一）。

五号刀（87）　青绿色，质细腻。体窄长，四穿。磨制光滑规整。长26、宽4、厚0.3厘米（图六二）。

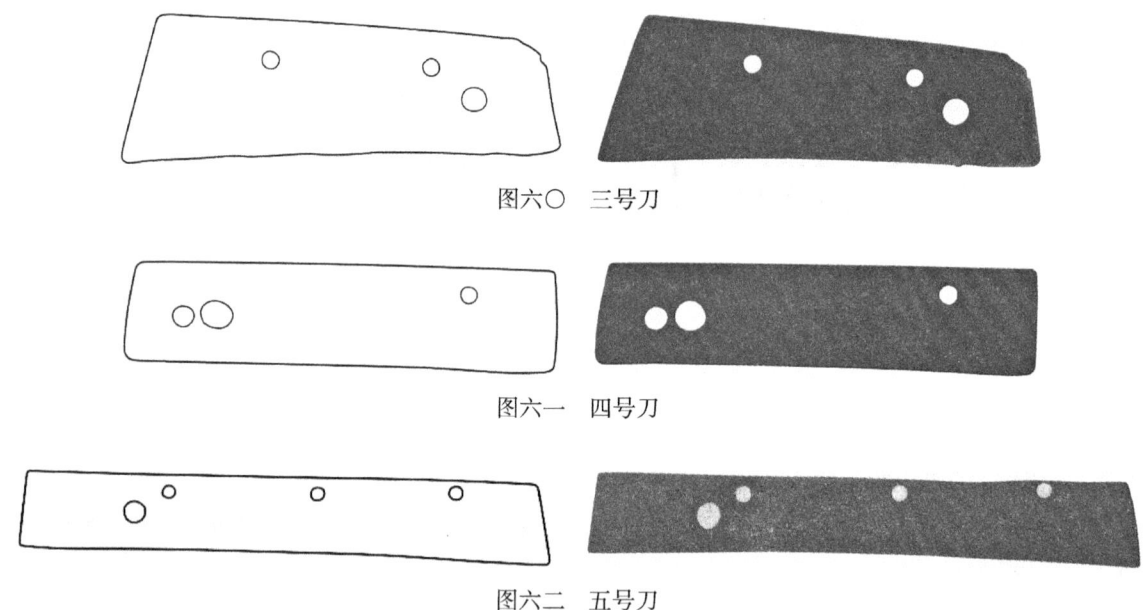

图六〇　三号刀

图六一　四号刀

图六二　五号刀

六号刀（85）　墨玉质。背平直，装柄的窄端器正中一穿，孔径较大，另三穿沿背边等距成列，最宽的首端呈𧘇形，长边刃颇厚钝。显系牙璋所改制。长 29.8、宽 5.4、厚 0.5 厘米（图六三）。

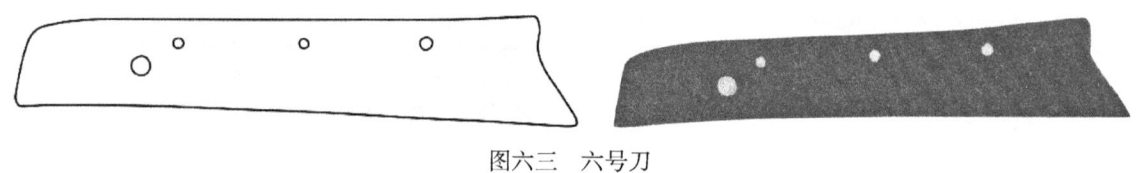

图六三　六号刀

七号刀（93）　墨玉质。平直背，内弧刃，两侧斜直。二穿。长 31、宽 5、厚 0.15 厘米（图六四）。

八号刀（95）　墨玉质，形制与六号刀同，长凹刃有使用磨损的崩伤。长 31.2、宽端斜长 7.4、厚 0.15 厘米（图六五）。

九号刀（83）　墨玉。器形长大厚重，窄端装柄处正中一穿，另三穿在近背处。长 54.3、宽 8.8、厚 0.3 厘米（图六六）。

十号刀（82）　墨玉，磨制规范光滑，有白色蚀斑。器窄长，五穿，窄端安柄处二穿距离很近。长 54.6、最宽处 9、厚 0.4 厘米（图六七）。

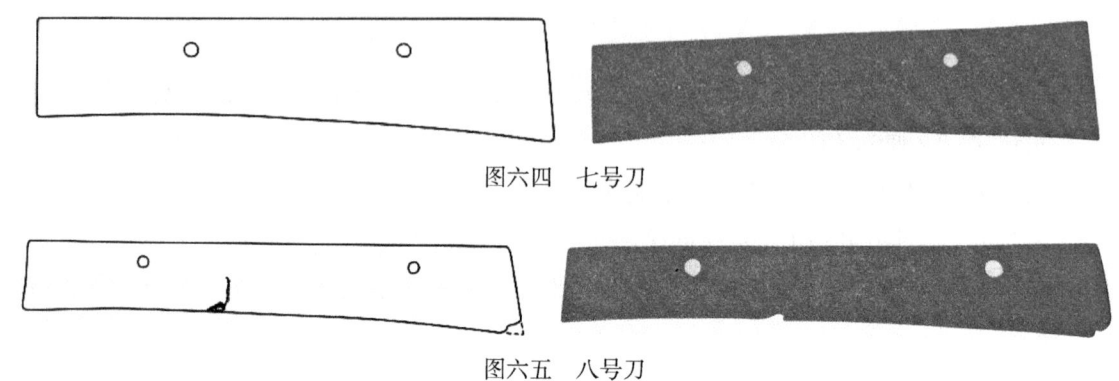

图六四　七号刀

图六五　八号刀

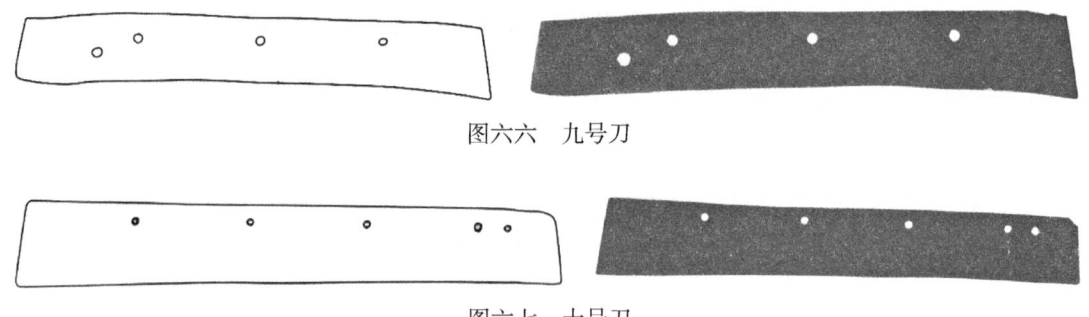

图六六　九号刀

图六七　十号刀

十一号刀（86）　墨玉，器身有白灰蚀斑。背斜直，两侧斜出，最长的一边磨薄作刃，但仍甚厚钝。四穿，其中一穿在窄端装柄处的器身正中。长 38.7、宽 8.4、厚 0.8 厘米（图六八）。

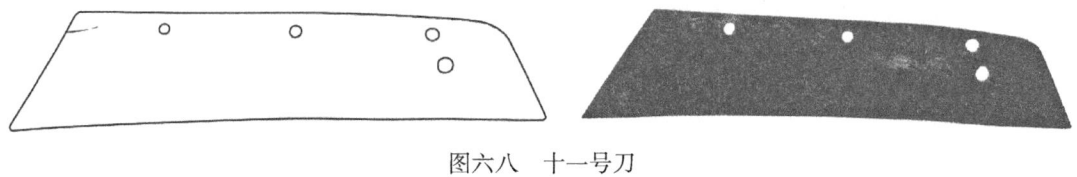

图六八　十一号刀

十二号刀（88）　墨玉，有蚀斑。三穿，两长边均有刃，背边沿有三处凹缺，周边规整光滑，乃原器穿的残迹。此刀为他器改磨而成。具刀的形状而器身单薄（图六九）。延安芦山峁出土的一件七孔玉刀，背沿三孔开口，与此刀情形相同[28]。

图六九　十二号刀

十三号刀（92）　墨玉。磨制规整，三孔，刃钝，窄端背部有蚀损。长 36、宽 6.3、厚 0.3 厘米（图七〇）。

十四号刀（90）　墨玉有蚀斑。背边有残缺，刃薄锐利。三穿。长 28.2、宽 7、厚 0.2 厘米（图七一）。

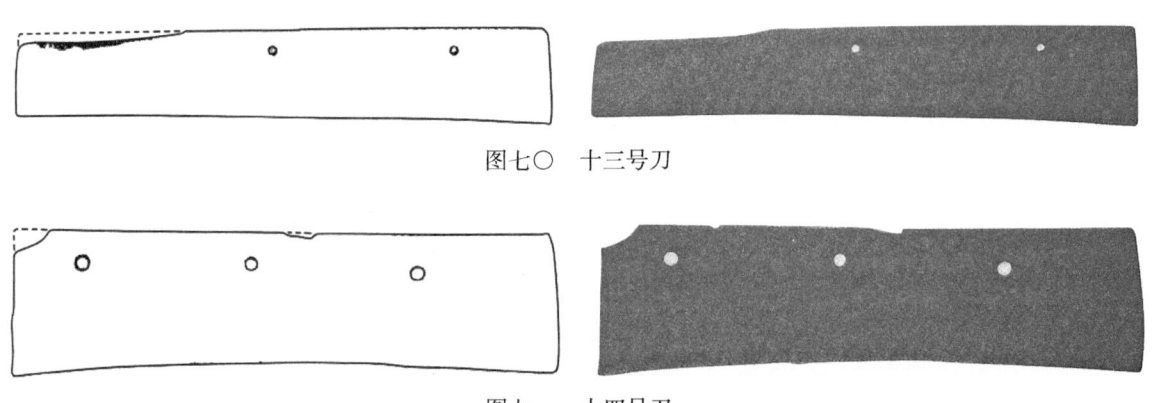

图七〇　十三号刀

图七一　十四号刀

十五号刀（84） 墨玉。四穿，刃部有崩伤。长 40.4、宽 7.2、厚 0.2 厘米（图七二）。

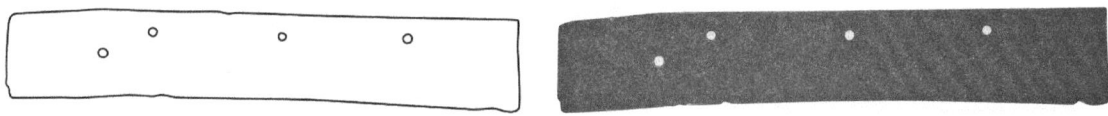

图七二 十五号刀

多孔刀的形状与现代关中收割小麦的镰刀片十分相近，据穿孔的方位推断，该种玉刀安装的手柄也是作1曲尺形的。四号和五号青玉刀制作规范，打磨精致，延安芦山峁的一件（原报告定名玉铲）与此近似[29]。米脂、靖边收藏的玉刀亦属此类。这种刀美观可爱，莹润规整，多被农副部门收购加工。六号、九号、十一号刀长大厚重，人的一臂之力实难挥动使用，刃部又无使用痕迹，六号刀是其他礼器改制而成，因此，这五件应是收割祭典的礼玉。其余的刀大小切合实用，刃部多有崩伤，当属实用工具和祭典兼用之器。

注 释

[28] 姬乃军：《延安市发现的古代玉器》，《文物》1984 年第 2 期，图一四，七孔玉刀。
[29] 同［28］，八五页，图八。

（原载于《故宫文物月刊》1993 年第 127 期）

神木石峁龙山文化玉器探索（四）

戴应新

戈、斧、钺

陕西省博物馆一二六件石峁玉器中，计戈三件，斧一件，钺七件。

一号戈（118）　赭灰色有暗紫的颗粒斑。锋尖残，方内与援无分界，近末端安柄处有捆绑的磨痕，上下刃有崩伤。长 36.5、宽 9、内末最厚达 1 厘米（图七三）。

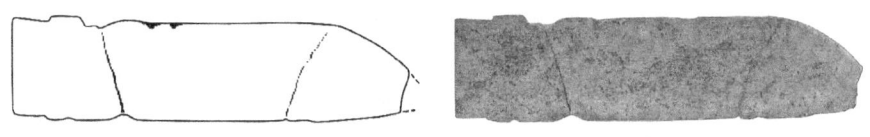

图七三　一号戈

二号戈（120）　蓝灰色隐现深色斑点，质细腻。平面近似长腰直角三角形，锋尖锐利，援正中一穿，内部钻一小穿。长 21、宽 5.5、厚 0.2 厘米（图七四）。

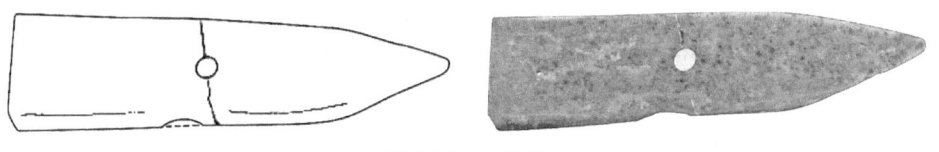

图七四　二号戈

三号戈（121）　墨玉。长援，两边微内弧，锋端作等腰三角形，内长方形，一穿。长 29.4、援末接内处最宽为 6、厚 0.6 厘米（图七五）。

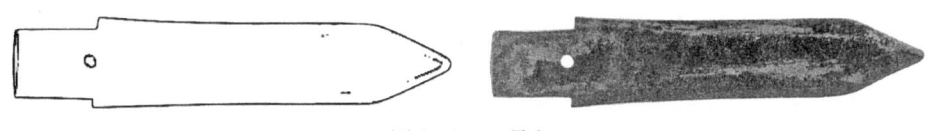

图七五　三号戈

斧（44）　蛇纹石化栏杆岩磨成，色彩绚丽。窄长梯形，身扁薄，平直背，正刃微外弧，二穿，近柄部一边有凹缺，刃有崩伤。长 20.4、刃宽 7.3、厚 0.7 厘米（图七六）。

手斧（61）　一件。油黑光亮。平背，正刃微斜。一穿。长 12.3、宽 5.6、厚 0.4 厘米（图七七）。

一号钺（46）　青玉。体扁薄，平背斜直，两边内束，正刃外弧，两角微侈。二穿，前后并列。长 10.7、宽 9.7、厚 0.5 厘米（图七八）。

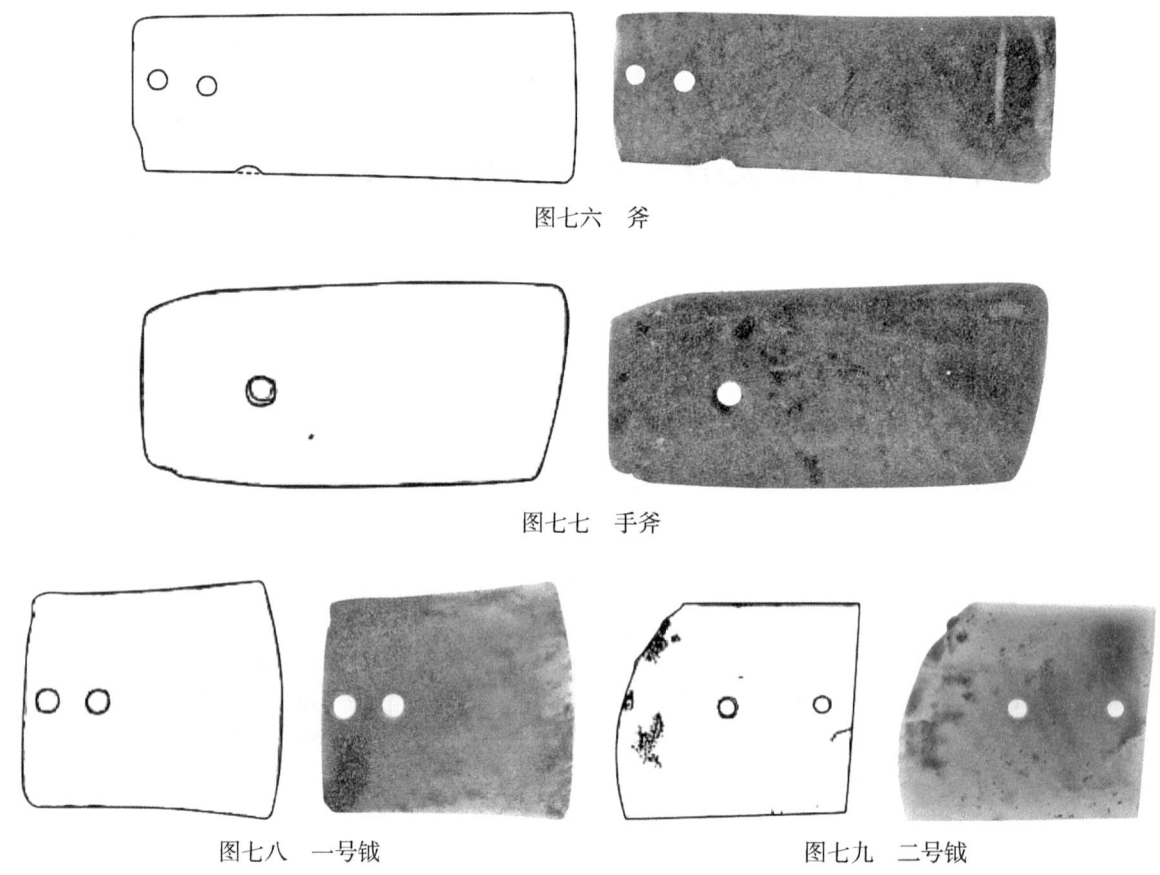

图七六　斧

图七七　手斧

图七八　一号钺　　　　　　　　　　　　　　图七九　二号钺

二号钺（47）　淡绿色泛茶色晕彩。平直背，身宽短，正刃斜弧形外突。二穿，孔距颇大。长9.2、宽8.5、厚0.6厘米（图七九）。

三号钺（49）　茶青色泛黑点。薄片状，平面近方形，偏单刃斜向外突，有崩伤。近背端正中一穿。长12.5、宽10、厚0.4厘米（图八〇）。

四号钺（51）　茶绿色。磨制规整。平背斜直，正刃外弧，两角微侈，一穿。长7、宽5.8、厚0.5厘米（图八一）。

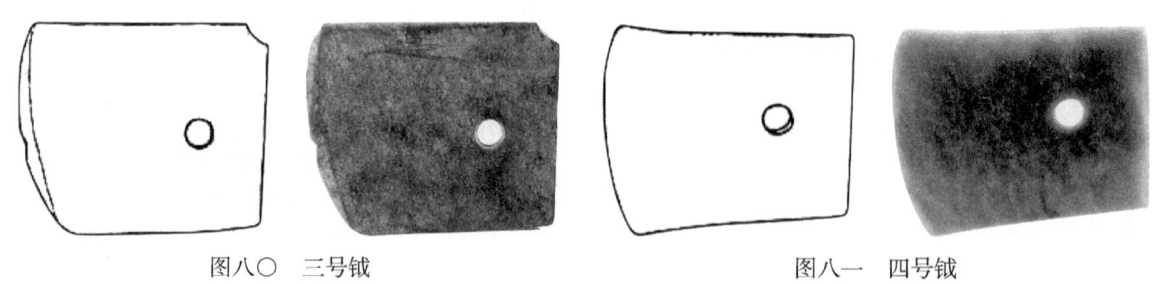

图八〇　三号钺　　　　　　　　　　　　　　图八一　四号钺

五号钺（52）　茶褐色。背平直，刃微外弧，两角侈出。一穿，两面对钻未完全吻合。长9.3、宽6.8、厚0.2厘米（图八二）。

六号钺（53）　橘黄色半透明。平背直腰，正刃外弧，一穿。长16.1、宽7.2、厚0.4厘米（图八三）。

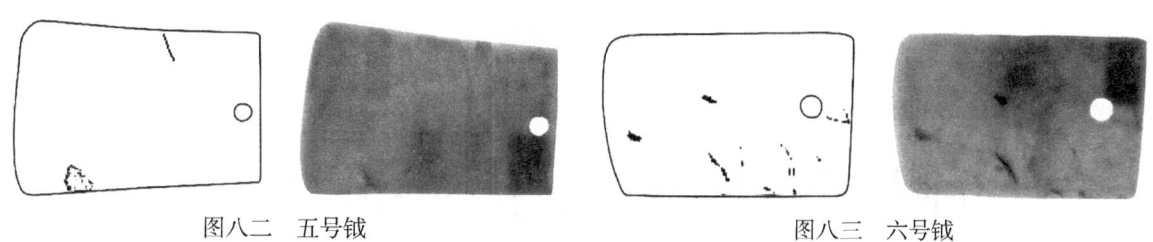

图八二　五号钺　　　　　　　　　　　　图八三　六号钺

七号钺（48）　茶色泛黑纹斑。平背有一凹缺。腰长直，正刃斜弧形外突。二穿，一孔大。长14.7、宽8.7、厚0.2厘米（图八四）。

钺形器　三件。

一号钺形器（63）　青玉。磨制光滑，弧背，刃外突而钝。两腰斜直。长8、宽4.5、厚0.2厘米（图八五）。

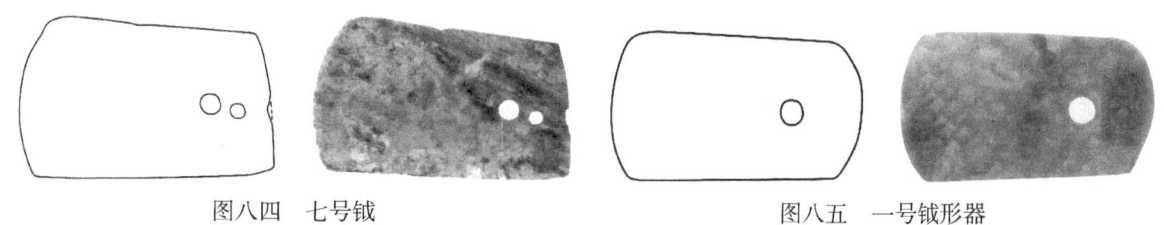

图八四　七号钺　　　　　　　　　　　　图八五　一号钺形器

二号钺形器（64）　青绿色。平背，腰微内束，钝刃外弧。一穿。长6.5、宽5、厚0.2厘米（图八六）。

三号钺形器（58）　茶色。平背有一半圆形凹缺，腰斜直，刃外弧残一角，一穿。长9、宽4.7、厚0.3厘米（图八七）。

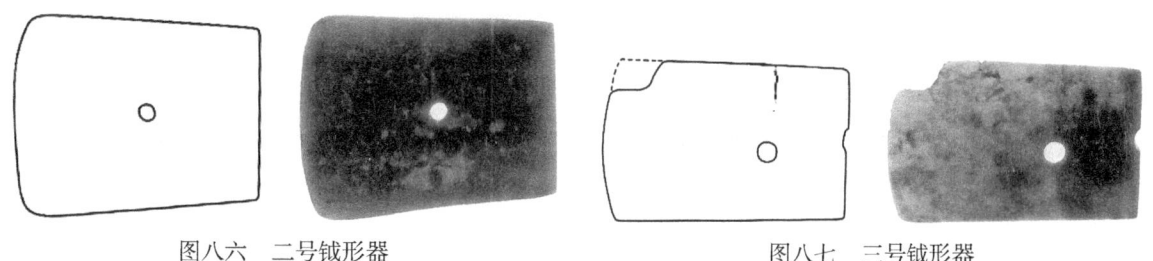

图八六　二号钺形器　　　　　　　　　　图八七　三号钺形器

（原载于《故宫文物月刊》1993年第128期）

51

神木石峁龙山文化玉器探索（五）

戴应新

戈系刺勾两用兵器，一、二号戈形制古朴，三号戈制作规整，可实用于战争或作礼器。斧和钺是砍劈用武器或工具，第二、三号钺刃薄甚锐，有使用崩伤，是实用器，其余钺制作规范，刃钝无使用痕迹；钺形器徒具钺的形状，器形太小，应属纯粹的礼器或玩具。

长柄铲与舌形板铲

铲形玉工具或礼器，依形状分长柄形铲和舌形铲。长柄铲功能铲削，可用于修治兽皮和器物，有的也可用于人体刮磨治疗，故笔者前曾名之为圭；舌形板铲装木柄能劈土，具舌的功能。

长柄铲，有二件。

一号铲（29） 墨玉。体扁薄，长直腰，刃端较宽，斜直刃有崩伤，一穿。长35、宽7.5、厚0.2厘米（图八八）。

图八八 一号长柄铲

二号铲（30） 墨玉。长腰一侧近穿处内凹，刃内弧，一穿。长24.5、宽7.5、厚0.2厘米（图八九）。

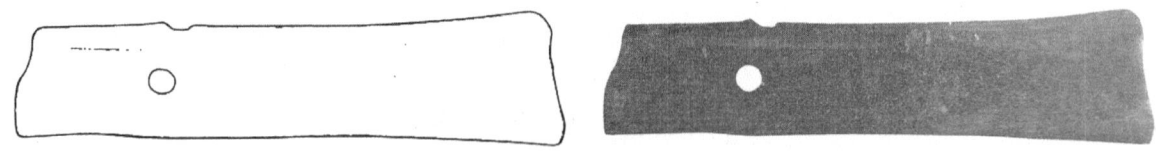

图八九 二号长柄铲

此二铲似牙璋所改制，二号铲一侧内凹，系牙璋侧饰部未磨尽的缘故。一号铲刃斜直，乃牙璋首端一牙折断后的形状，与前第二八号璋所见情形相同。益证牙璋的功能系于首端的双齿，若一齿断折，即失去原功能而改作他器，从而赋予新的意义。

板铲 共九件。

一号铲（79） 青绿色泛云彩形黄斑。体扁平，短平背，弧肩长腰，突弧形刃端最宽。长24.2、宽 8.3、厚 0.8 厘米（图九〇）。

二号铲（59） 草绿色。体扁薄，长梯形，平直背残一角，刃微斜，穿偏于一边。长 16.8、宽 7.5、厚 0.2 厘米（图九一）。

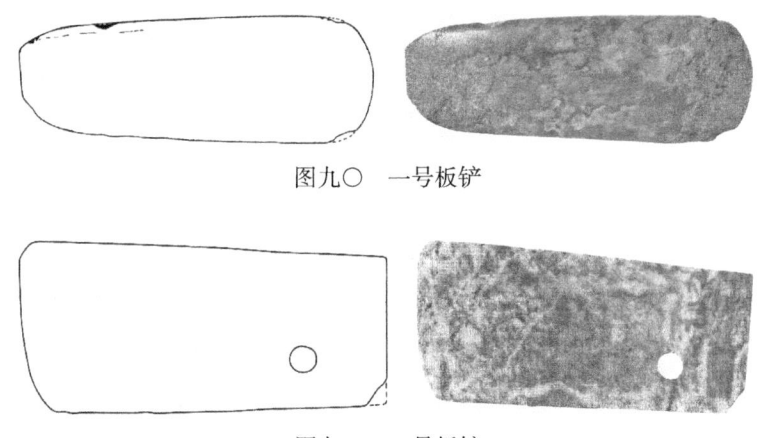

图九〇 一号板铲

图九一 二号板铲

三号铲（76） 黑灰色。扁平扇形，窄弧背，突刃有崩伤。长 7.5、宽 5.3、厚 0.6 厘米（图九二）。

四号铲（67） 青绿色。扁长形，平背残一角，刃中部内凹有使用痕迹，一角残伤。一穿。长 11.4、宽 6.5、厚 0.4 厘米（图九三）。

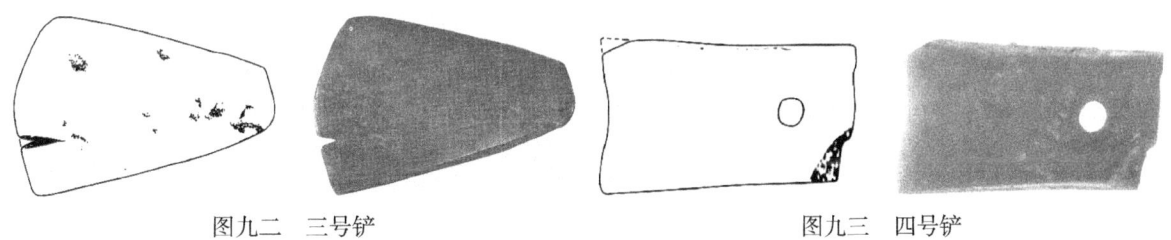

图九二 三号铲 　　　　　　　　　　　图九三 四号铲

五号铲（68） 大理岩质。平背残一角，两腰斜直，单刃外弧。二穿。长 14.8、宽 7、厚 0.4 厘米（图九四）。

六号铲（104） 茶青色。长条形，平直背两角残损。一端有刃外弧，一腰边亦磨薄有崩伤。可安直柄作铲，也可装横柄作刀，具刀与铲的两种功能。器表有开料留下的一纵长锯痕。长 13.4、宽 5.2、厚 0.3 厘米（图九五）。

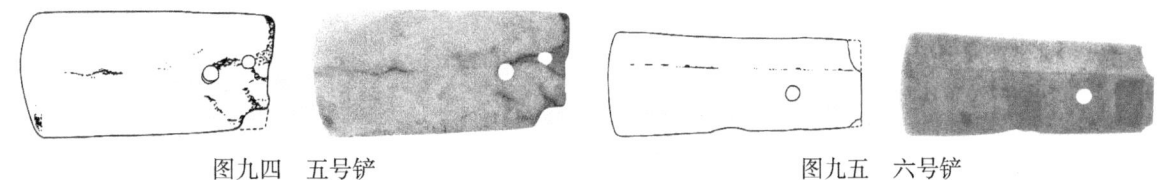

图九四 五号铲 　　　　　　　　　　　图九五 六号铲

七号铲（70） 茶褐色，平背，两直腰不等长，致成斜刃如刻刀形，二穿。可安装横柄作劈杀之用。长 13.5、宽 7.2、厚 0.2 厘米（图九六）。

八号铲（71） 青玉。平直背，体窄长，宽端有刃外弧，一长边亦有刃。一穿。铲割皆宜，以前名之为圭。长 12.3、宽 5.6、厚 0.4 厘米（图九七）。

九号铲（50） 墨玉。背左半弧形，右半斜杀，正刃斜直。二穿。长 14.7、宽 7.5、厚 0.3 厘米（图九八）。

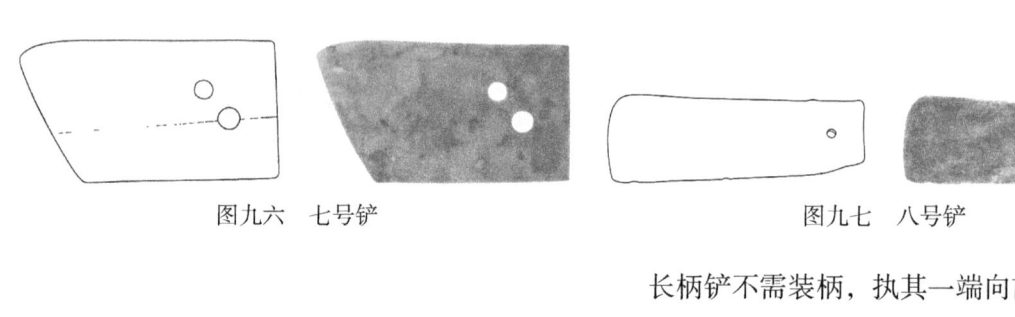

图九六　七号铲　　　　　　　　　　　　　　　　　图九七　八号铲

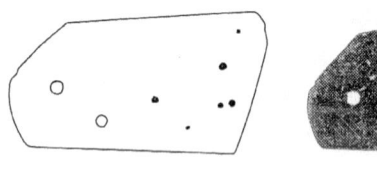

图九八　九号铲

长柄铲不需装柄，执其一端向前推移即可为功。板铲配直柄，可作耒用，其中六号、八号两铲一端一边开有二刃，作铲作刀皆宜，一器能作多种用途。七号铲刃端斜出，配横柄可作斧，通体磨制光滑，无使用痕迹。以上各器除做工具使用外，亦具礼玉的功能。

圭

圭为医疗工具，来源比较广泛。

古人劳动保护较差，劳动中难免损伤或被虫兽伤害，疼痛危迫之际，他们本能的使用手去揉搓和用手头的各种工具按压、熨摩等，发现有止痛疗病的效果。故医用砭石渊源广泛，铲、刀、锛、斧、棒等杂有之。随着实践经验的增加和医疗技术的长进，逐渐制造出能满足挤压、点刺、刮摩、熨烫、凉敷等不同需要的专用医具。这类器具古遗存中肯定有，但因与生产工具形制相近或兼医用与生产的双重功能而混淆了，未能分别出来。笔者据其形状，参考《古玉图考》的定名及其用途，将以下各器定为医用的圭。

一号圭（75） 白玉泛红晕。平背，弧首无锋芒，腰际两侧有对称的凹口，器表一面隆起，横断面呈▲形。一穿。长 10.3、宽 3.2、厚 0.5 厘米（图九九）。

二号圭（78） 墨玉。体扁薄窄长，弧背，端刃微外弧，一长边磨薄成刃并有崩伤。一穿。长 21.5、宽 6.5、厚 0.2 厘米（图一〇〇）。

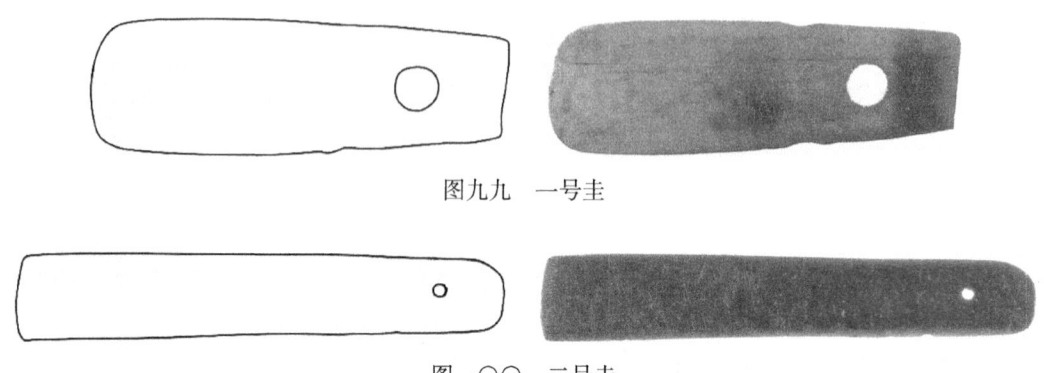

图九九　一号圭

图一〇〇　二号圭

三号圭（77） 墨玉有蚀斑。形似铲，体扁长有锯痕，平背斜直，刃部宽大，正中有一半圆形凹缺，与两个穿成一直线，乃原器的穿未磨尽的遗留，由知此圭为他器改磨而成。长 23、宽 6.4、厚 0.2 厘米（图一〇一）。

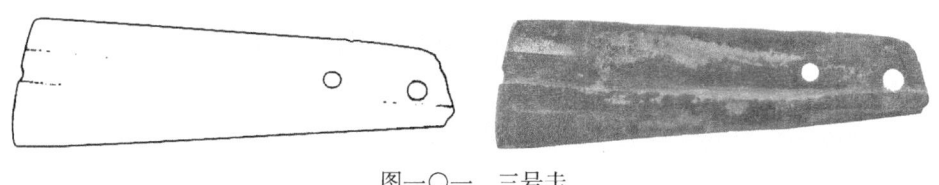

图一〇一　三号圭

四号圭（101） 墨玉。扁薄长方形，背端残一角，刃微弧，一边近刃端亦磨薄。一穿。长 20、宽 4.3、厚 0.3 厘米（图一〇二）。

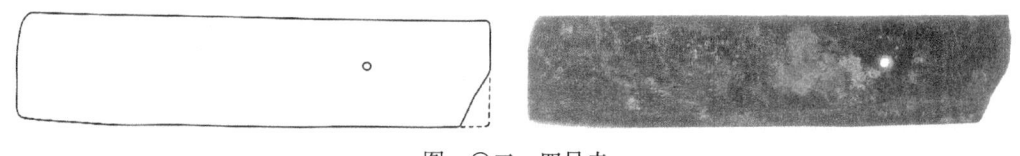

图一〇二　四号圭

五号圭（100） 茶青玉。窄长形，背平直，另端稍宽，钝刃。一穿。穿旁的一段边沿磨薄有崩痕。长 25、宽 5.4、厚 0.3 厘米（图一〇三）。

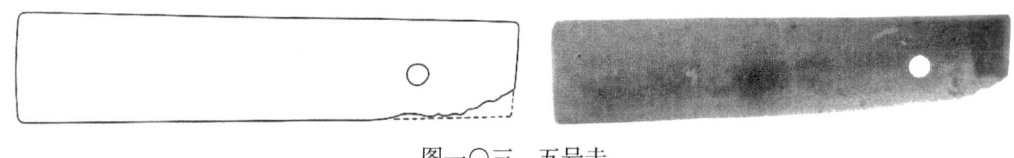

图一〇三　五号圭

六号圭（110） 肉色。体窄长，平背，斜刃在宽端。一穿。一侧有半圆形凹缺。长 16、宽 3.2、厚 0.6 厘米（图一〇四）。

图一〇四　六号圭

七号圭（109） 青玉。方条形，未开刃，一小穿。一侧有半圆形凹缺。长 9.7、宽 3、厚 0.2 厘米（图一〇五）。

图一〇五　七号圭

八号圭（108） 青玉色较深。长方形，四边未开刃。一穿。长 8.2、宽 3.2、厚 0.6 厘米（图一○六）。

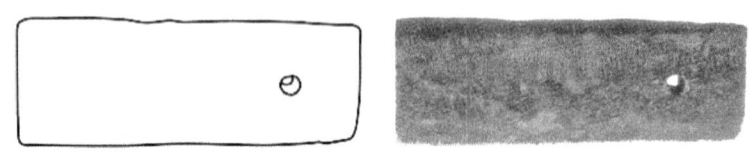

图一○六 八号圭

九号圭（74） 青玉泛赭黄晕斑。长梯形，直背，方首宽大，钝刃内凹呈人形（图一○七）。

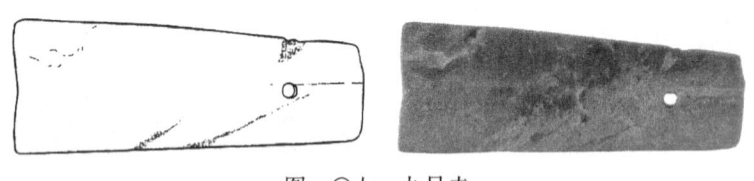

图一○七 九号圭

十号圭（60） 酱红色。平背，两腰不等长，钝刃斜直，有火烧痕。一穿。长 8、宽 3.8、厚 0.2 厘米（图一○八）。

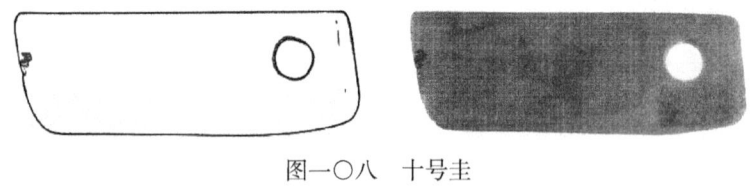

图一○八 十号圭

一号圭与吴大澂著录的琬圭相似[30]，是点穴按压用的砭石，穿系便于佩戴，束颈证其即殷周"柄形饰"的祖型。二号、四号、五号圭一端与一边或一边的一段磨薄，是推刮两用的医具，端弧刃用于肌肉瘠薄处的治疗，肌肉丰厚的臀部、背及肱部则以侧刃刮摩之，功效与后世的刮痧法相似。三号圭斜刃圆角，适于肿疡周围治疗。九号圭用于治疗隆起的肿疡。七号、八号圭为无刃的光平小玉板，是凉沁平敷用的砭石。缘肿疡初起，患者有火灼般的痛感，用这种光润凉沁的玉板摩敷，可使症状减轻。十号圭刃端有火灼痕，说明其即熨烫用的砭石。石峁玉圭形状多样，各有妙用，是中国医学源远流长的见证。

《周礼·玉人》："琬圭九寸，判规，以除慝。"《国语·晋语》"以伏蛊慝"，蛊慝就是病魔。可见圭是医具。惟其如此，古人顺手用以抄取药物，于是又成为衡量药物多少的量器。《汉书·律历志》："量多少者，不失圭撮。"

注　释

[30] 同注[20]，一二。

（原载于《故宫文物月刊》1993 年第 129 期）

神木石峁龙山文化玉器探索
——完结篇

戴应新

切刀、镰刀和锛

切刀宽短，刃在一边，和现代厨刀相似，是切草工具或炊具。镰刀即短型多孔刀，二穿或一穿，用手握持使用，以收割谷穗或刮治兽皮。锛为治木工具。

切刀

一号切刀（102）　青玉。体扁平宽短，背平直，一腰斜出，刃比背部稍长，残一角。一穿。长19.2、宽12、厚0.3厘米（图一〇九）。

二号切刀（103）　青玉。横长形，平直背，两腰较短，刃在一边。一穿。长20.5、宽7.5、厚0.2厘米（图一一〇）。

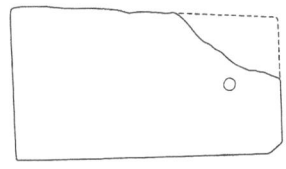   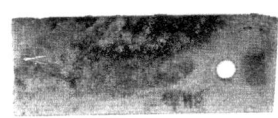

图一〇九　一号切刀　　　　　　　图一一〇　二号切刀

三号切刀（117）　墨玉。平背，正刃斜出有崩痕，一穿。长11.6、宽11.2、厚0.3厘米（图一一一）。

镰刀（手刀）

一号镰刀（105）　青玉有黄斑。横长扁平形。背平直，刃微内弧。二穿，长14、宽5、厚0.2厘米（图一一二）。

二号镰刀（115）　青玉泛紫纹彩。形制同一号刀，背平直，残一角。刃中部残缺。一穿。长10.4、宽4.2、厚0.6厘米（图一一三）。

三号镰刀（98）　肉色。背平直，两腰斜直不对称，刃微内弧，有使用痕迹。一穿。长19、宽

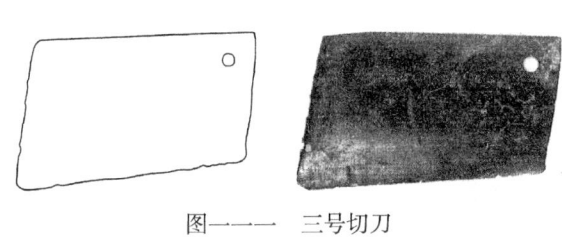

图一一一　三号切刀

8.2、厚 0.3 厘米（图一一四）。

四号镰刀（57） 青玉。扁平长方形，平背杀一角，腰短而直，钝刃微内弧。一穿。长 11.5、宽 4、厚 0.3 厘米（图一一五）。

五号镰刀（116） 墨玉。扁平窄长，纵贯一条锯痕。刃部有崩伤，残一角。一穿。长 20、宽 4.4、厚 0.25 厘米（图一一六）。

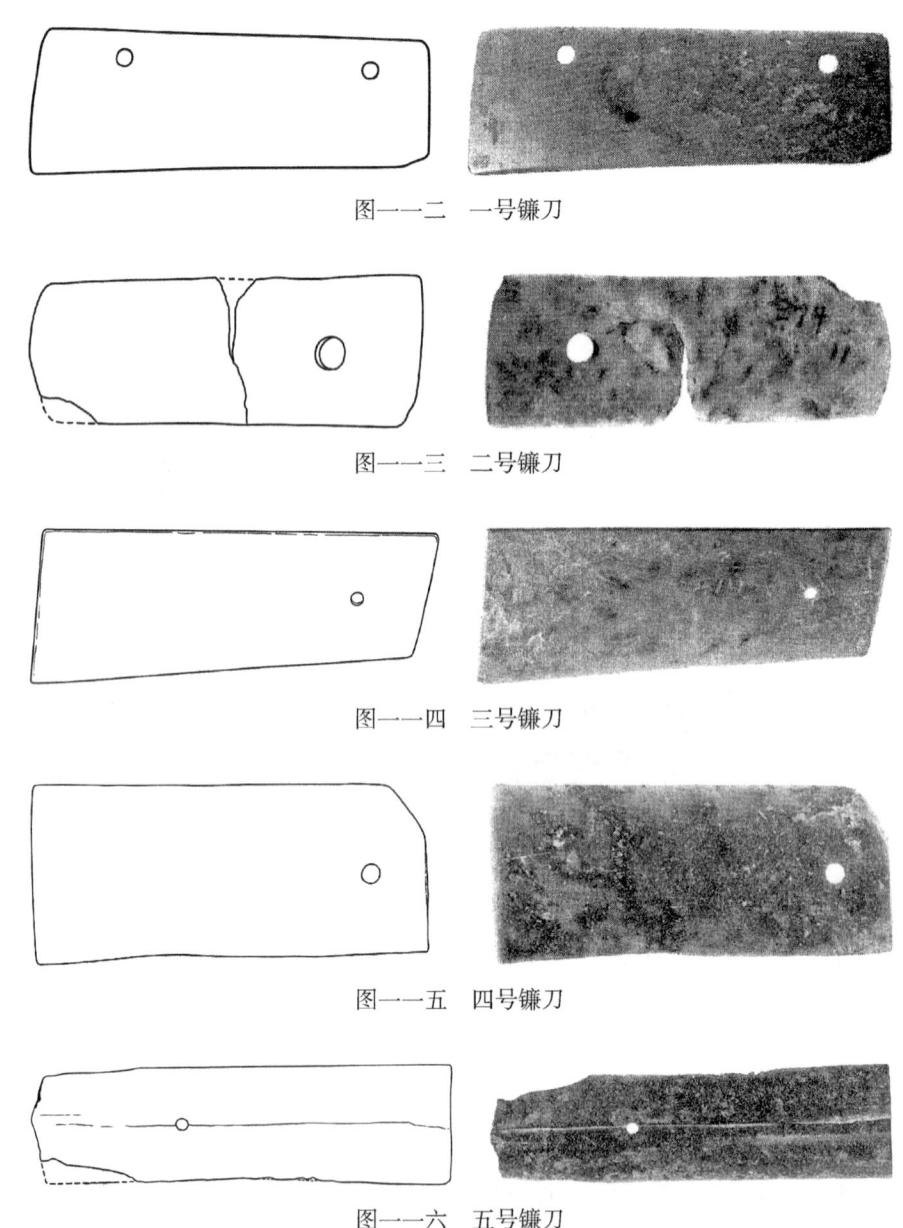

图一一二 一号镰刀

图一一三 二号镰刀

图一一四 三号镰刀

图一一五 四号镰刀

图一一六 五号镰刀

刀形玉片

一号片（106） 青玉。扁平长条形，厚 0.2 厘米，四边未开刃。一穿。长 11.8、宽 5 厘米（图一一七）。

二号片（107） 青玉色较深，形制同一号片而稍为窄短，一角微损，一穿。长 9.2、宽 4.4、厚

0.2厘米（图一一八）。前述七号、八号圭（109、108）与此情形相同。

三号片（66） 大理石。一穿。长10、宽5.4、厚0.6厘米（图一一九）。

锄（65） 大理石质。扁平短梯形，平背两角损伤。刃部较宽，残一角，一穿。长10.3、宽6、厚0.4厘米（图一二〇）。

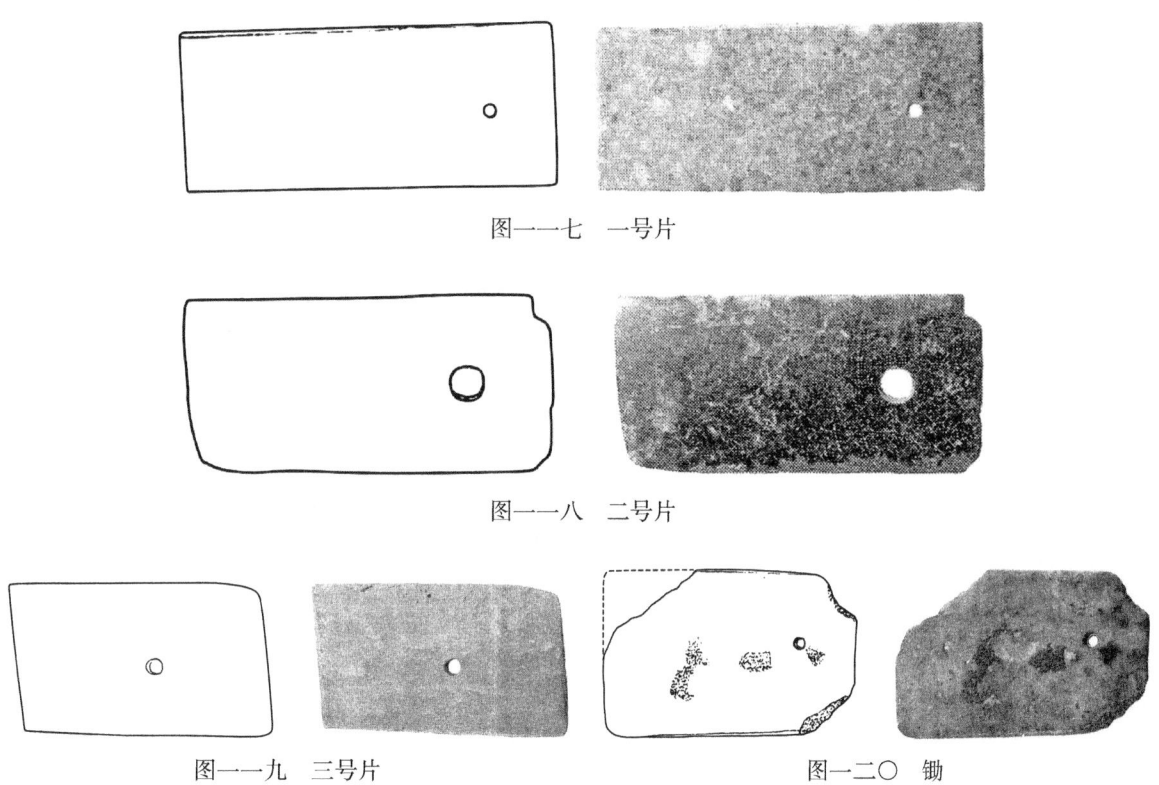

图一一七 一号片

图一一八 二号片

图一一九 三号片　　　　图一二〇 锄

锄形器 三件（54—56）。大理石质。近方形，平背或斜直，一穿。长9—9.5、宽6.7—6.8、厚0.4—0.6厘米（图一二一—图一二三）。

梭形器（99） 青玉。扁长形体微隆起，两长边微向外弧，二短边斜出。一穿。一边近穿处有一半圆形凹缺。长12.5、宽3、厚0.5厘米（图一二四）。另一器（110）与此相同，惟一端有刃。

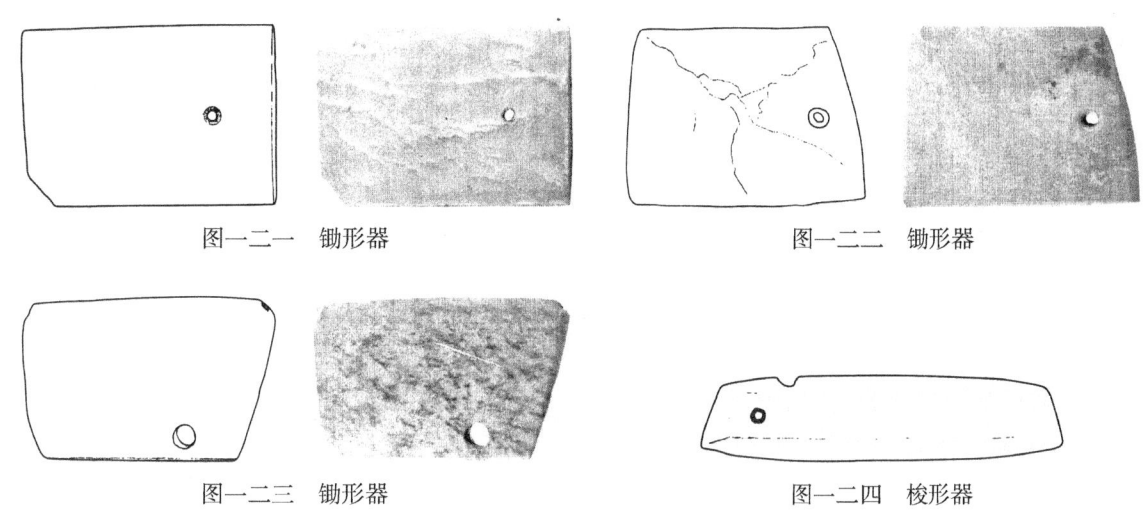

图一二一 锄形器　　　　图一二二 锄形器

图一二三 锄形器　　　　图一二四 梭形器

锛　二件。半坡博物馆在石峁采集。

一件玉髓质，呈晶亮的茶色杂紫色斑点。单偏刃，有使用痕迹。长6.2、宽3.5厘米（图一二五）。另一件呈晶亮的乳白色，有透明感和使用痕迹。长4.35、宽3.4、厚0.55厘米（图一二六）[31]。

玉棒　一件。半坡博物馆在石峁采集，原名小玉器。玉髓质，呈圆锥形，表面光滑细腻，有透明感。长4.9、径1.05厘米（图一二七）[32]。

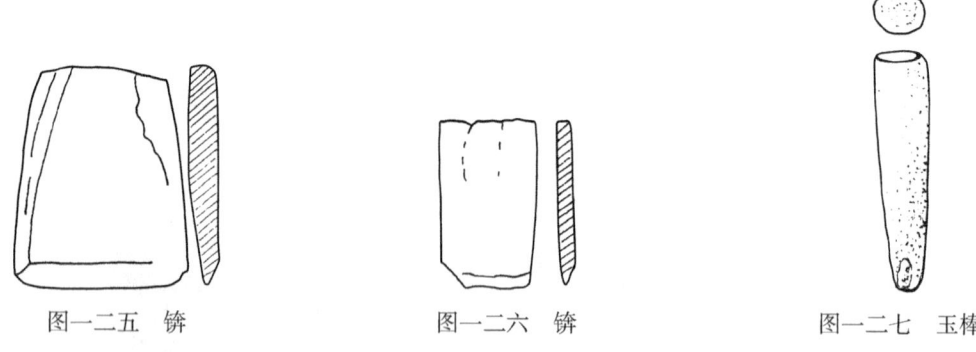

图一二五　锛　　　　　　图一二六　锛　　　　　　图一二七　玉棒

璧和异形璧（牙璧）

璧（41）　灰白色泛紫红晕。体扁平圆形，正中穿大孔。磨制光滑，素面无纹饰。外缘较薄，有两处损伤。外径14、内径6.5、厚0.3厘米（图一二八）。另有四件淡绿色素面璧未采集。

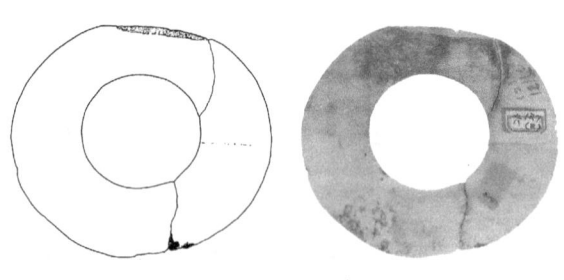

图一二八　璧

石峁西南25千米的新华遗址，时代及文化特征与石峁同，出玉环两个，一件为晶莹的灰白色，外径11.6、内径6.3、厚0.4厘米。另一件墨绿色，光滑细腻，外径10.5、内径6、厚0.3厘米。与石峁玉璧相若，亦可名之为璧（图一二九、图一三〇）。

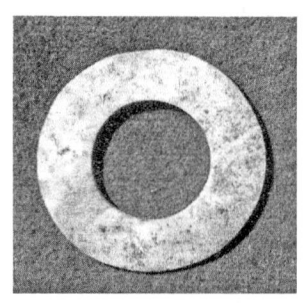
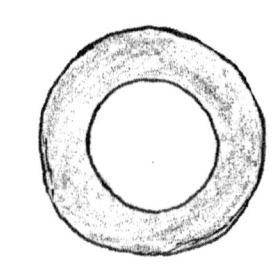

图一二九　璧　　　　　　　　　　图一三〇　璧

异形璧　两件。

一号异形璧（42）　玉质为晶亮乳白色杂红晕彩。环状，内孔圆形，外缘磨薄成刃，有勾状三齿作等距离分布，三齿间各有二个缺刻。外径6.1、内径3.45、内缘厚0.4厘米（图一三一）。

二号异形璧（43） 灰白色泛紫红晕。扁平环状，内厚外薄，外缘呈钝圆刃，有三齿。外径10、内径5.7、厚0.4厘米（图一三二）。

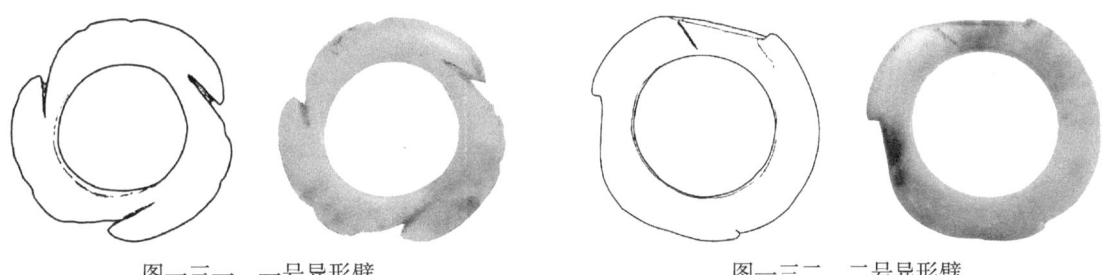

图一三一 一号异形璧　　　　　　　　　图一三二 二号异形璧

异形璧因外缘有牙，故又称牙璧，属璧的变体。吴大澂《古玉图考》著录三件，名为"璇玑"和夷玉[33]，以为是天文仪器中的齿轮，"今失其传"。近年夏鼐先生予以正名，并根据各地考古发现探其演变轨迹，绘出牙璧谱系图。这种和普通璧环一样的装饰品始见于山东大汶口文化，流行于辽东半岛及黄河流域的龙山文化区，殷周还见其遗制。

一号异形璧除作佩饰外，其锋利如刀刃般的锯齿状外缘，也可用于切割。如以勾状大牙勾住细紧的线绳，然后滑动环刃，便能割而断之。各齿间的两缺刻，或即起锯齿的作用。

圆璧常与玉琮伴出，有学者认为二者配合使用，琮竖立，璧平放其上，以棍棒贯穿其孔[34]，言之成理。惟琮至殷周已衰微，而璧在汉墓中很常见，汉代考究的居室，往往联璧作壁饰。《汉书·西域传》："兴造甲乙之帐，络以随珠和璧"，陕北东汉画像石墓的联璧纹雕刻，就是现实生活缀璧悬挂风习的写照（图一三三）。

图一三三 陕北东汉画像石墓的联璧纹雕刻

璜与璜形饰

璜及璜形饰共十件。

一号璜（31） 茶青色玉。作扇面形，长度约圆环的三分之一。两端各穿一孔。长11.5、宽4.6、厚0.4厘米（图一三四）。

二号璜（32） 淡青玉。形制同一号璜而体窄，两端有穿。长10、宽2.4、厚0.3厘米（图一三五）。

三号璜（33） 青白色。一端较宽作角形。外缘有两个波状突饰，两端各一穿。长10、宽端3、厚0.2厘米（图一三六）。

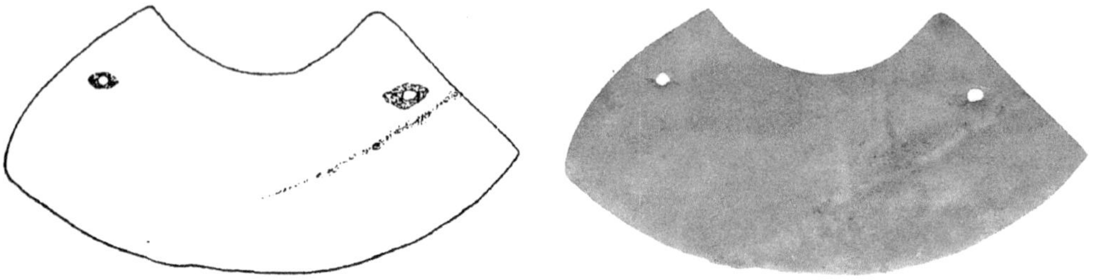

图一三四　一号璜

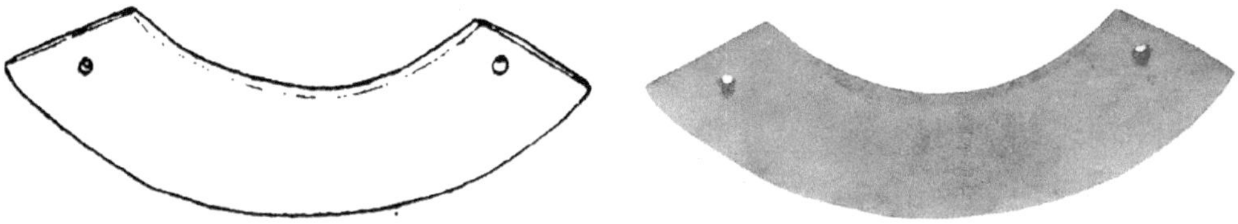

图一三五　二号璜

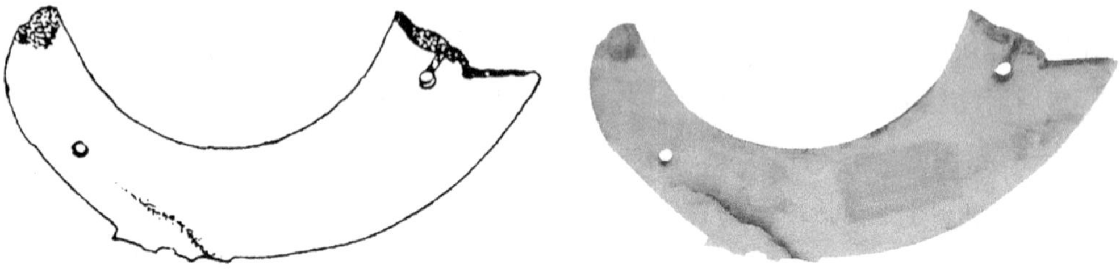

图一三六　三号璜

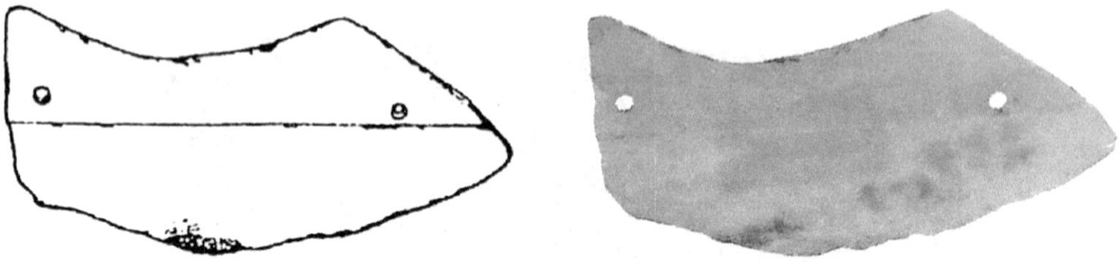

图一三七　四号璜

四号璜（34）　淡青玉。体表光滑，内外缘及两边打磨粗糙，二穿。长 7.5、宽端 3.3、厚 0.4 厘米（图一三七）。

五—七号璜（38—40）　玉质淡青色，厚度一样，均为 0.4 厘米。据纹理，六号、七号璜（图一三九、图一四〇）系由一环璧断截而成。一端二穿，其中两件的一端一穿，另一件的一端无穿。长 10.5、11、8，宽 4.5—4.7 厘米（图一三八—图一四〇）。

八—十号璜形饰（35—37）　茶褐色泛密集的黑小斑点，扇面形，无穿。其中两件（八号、九号璜）外缘有齿突形饰，似由一件分解开的。长 11、8、7.7，宽 4.7、4、4 厘米（图一四一—图一四三）。

五—七号璜和八、九号璜形饰，外缘的齿突饰与牙璋的侧饰十分近似，像竖耳撇角的牛额。

半坡博物馆发掘石峁遗址，于二号墓中获绿松石饰一件，扁柱状贯一孔，乃死者的颈饰。

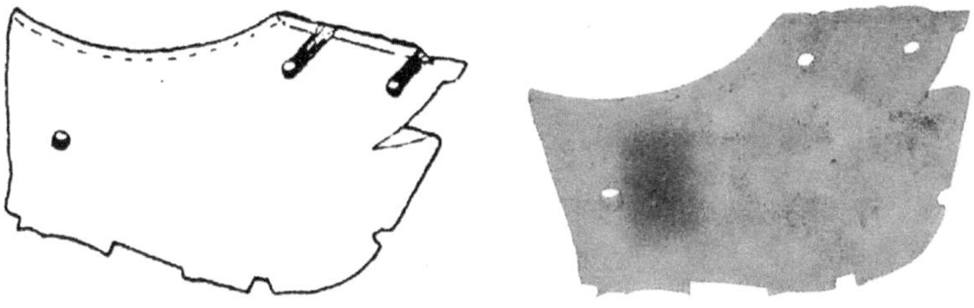

图一三八　五号璜

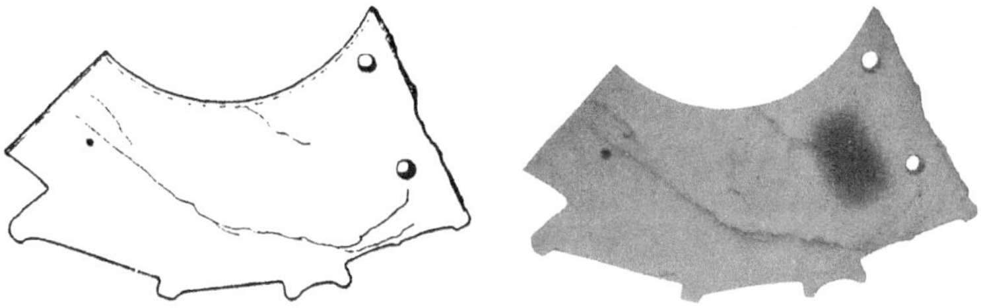

图一三九　六号璜

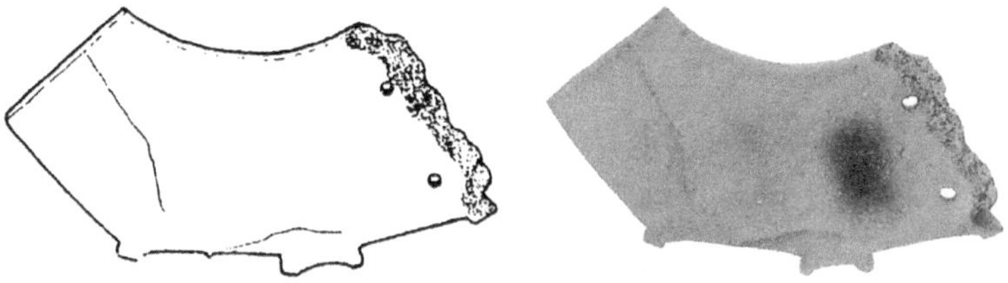

图一四〇　七号璜

图一四一　八号璜

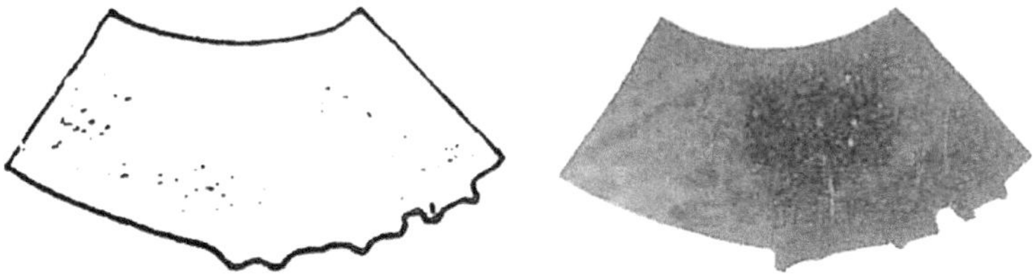

图一四二　九号璜

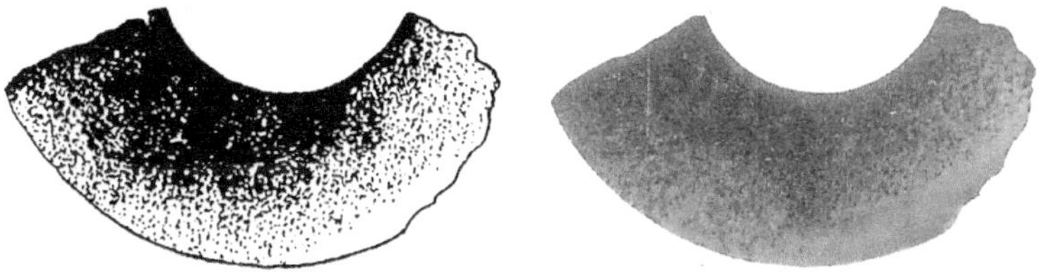

图一四三　十号璜

近人研究发现，佩戴玉器有助于人体生物钟的平衡，那么，石峁人使用的上述璧、璜、环、佩等玉器盖与其卫生保健有关，尽管他们未必意识及此。

玉尺形器及其他

玉尺形器（81）　一件。墨玉，扁平长条形，弧首，左边上部边沿残损。一穿。长20、宽5.6、厚0.4厘米。自穿以下器面沿两个边横刻十三格，刻纹作细长的等腰三角形，间距相等。这两边的多条刻纹顶角相对而未连通，底边与器边相合，整齐化一，很有规律。初疑其为解玉打钻的痕迹，但解玉缘一边布孔即可，不需两边都钻，也不必如此间距相同。因此，这两个边上左右对应，距离均等的刻度应是测量长度单位的标记，故该玉器与测度工具的尺有关（图一四四）。

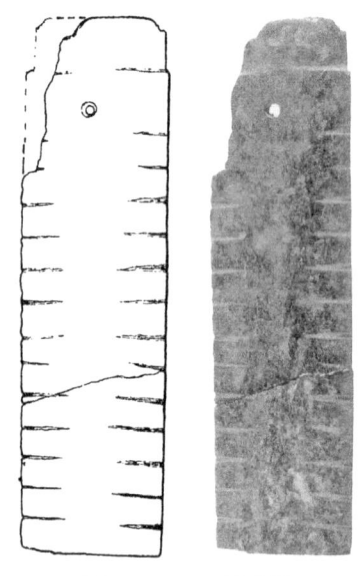

图一四四　玉尺形器

当时的石峁人已使用测长工具是显而易见的，如牙璋两侧的扉棱突饰，相互对称，大小一样；边刃器——多孔刀上的孔距很规范，牙璧三牙的间距也相等，如此等等。若无尺度测量，仅凭匠人的眼力和经验是很难达到这样标准精确程度的。

《虞书·舜典》载"协时月正日，同律度量衡"，说明传说中的少昊和舜时已有度量衡，以前的考古发现当推安阳殷墟出土的两枚骨尺为最早，一个长15.78、另一个长15.8厘米[35]。石峁玉尺形器的发现，把我国用尺的历史推溯到新石器时代晚期的龙山文化。

十字形器（113）　青玉。扁平方形，纵横向截掉四角，呈粗短的十字形，一穿。用途不明。长7.5、宽6.5、厚0.7厘米（图一四五）。

玉料半成品（119）　墨玉。窄长梯形，器面外突内凹。一穿。长12.4、宽4.5、厚1厘米（图一四六）。

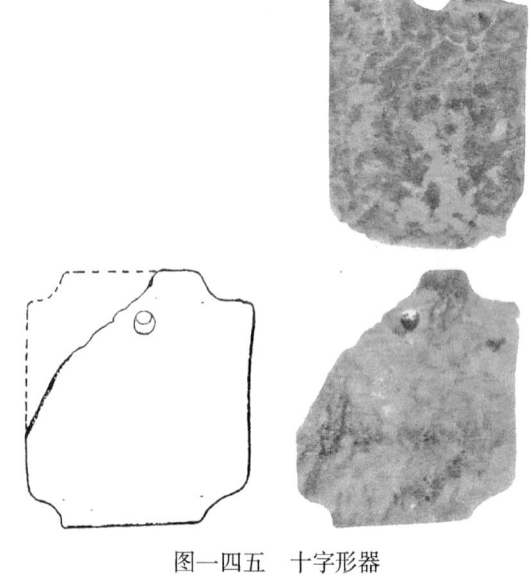

图一四五　十字形器

图一四六　玉料半成品

玉雕艺术品

人头像（122）　一件。玉髓质，双面平雕侧面像。头顶盘束高髻，圆团脸，鹰钩大鼻，半张口，腮部鼓出。线刻大眼位置偏后，因而把耳轮推到脑后枕部。面颊透钻一圆孔，细颈。高 4.5、宽 4.1、厚 0.5 厘米（图一四七）。雕刻手法古拙，各部比例和位置虽有失当，但形象传神，酷似今日健壮憨厚的陕北青年男子相貌，给人一种超越时空概念的亲切感和真实感，散发出浓郁的黄土乡里气息。

蚕（123）　一件。灰玉。方头尖嘴向前伸出，体扁长，杀尾向下微曲，体面无纹饰，简洁明快而活现其尾部支撑躯体蠕动前行的神态。一穿。长 9.2、宽 1.4、厚 0.5 厘米（图一四八）。

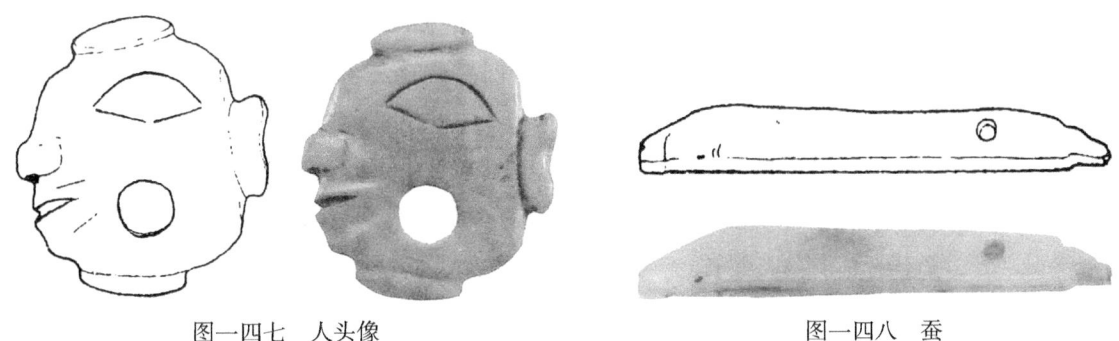

图一四七　人头像　　　　　　　　　　　图一四八　蚕

虎头（124）　一件。茶色。正视作方形，侧视近圆形并纵穿一圆孔。正面两面雕琢虎头形象，双耳方大，圆额粗吻，眼鼻图案化，凹凸有致，面高 2.2、宽 2.1 厘米（图一四九）。

蝗（125）　一件。青玉，半透明。圆头方吻，蛹体浑圆，颈与尾部稍细，浅雕细纹双翼，腹部较粗并有两条竖线。整体作进食姿态，形象逼真，寓动于静。选料亦很有经验，腹部颜色较深，似隐隐可见其腹中的食物。长 7、高 1.5 厘米（图一五〇）。

鹰（126）　一件。青玉，苍绿色。小圆头，颈细长，钩形嘴。体浑圆，颈后与尾前各有一棱外突，线雕双翼，方尾，多条线纹表示羽毛丰盛，活脱脱表现出猛禽苍鹰俯视雄飞的形象。长 6.5、高（腹直径）1.6 厘米（图一五一）。

以上这五件雕刻艺术品，不但刻法古拙，技术娴熟，形象传神生动，能抓住各对象的突出特点

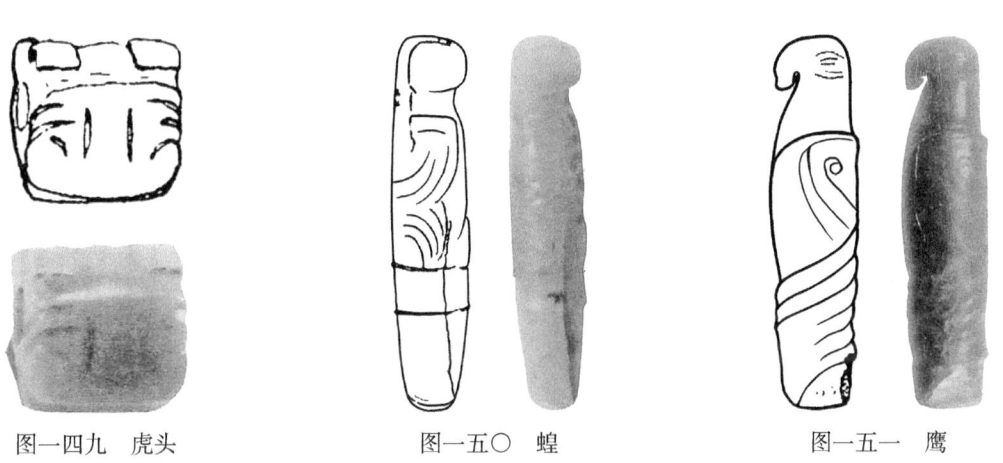

图一四九　虎头　　　　　图一五〇　蝗　　　　　图一五一　鹰

而表现之，且在玉料的选择上亦颇具匠心，如蚕为白灰色玉，虎头玉质红黄，与虎的颜色相近，蝗虫的玉质色半透明，而鹰的玉料颜色苍绿等，从而使其作品更加真切感人，富有永恒的生命力。显示玉雕作者非凡的才智、精细的观察、高超的技巧和卓越的审美观。

此外，还有几件残器。

石峁遗址范围广大，遗迹遗物丰富，陶器中的斝、鬲、双耳罐等说明其与关中客省庄二期文化关系密切，而大口尊、敛口鼎、Ⅱ式双耳罐又都很有地方特色。这一系列龙山文化的陶器，成为玉器断代的重要依据。

在陕西龙山文化遗址中，石峁玉器无论数量之大，器类之多，还是制作之精美都堪称首屈一指，无与伦比。例如牙璋一种玉器即达数十件，为探讨其渊源与功能提供了新资料。

与江浙地区良渚文化玉器比较，石峁玉器显得朴素粗犷，风格别具，而其对殷周玉器的制作，有着深远的影响，如殷墟妇好墓一○九一号玉戈[36]即与石峁三号墨玉戈的形状雷同，殷戈只是在援上下磨出刃口的棱边而已。

还需说明和强调者，是上述玉器仅是石峁出土玉器总数中幸存下来的一小部分。石峁遗址有计划的考古发掘，还有待于将来。爰将本人经手抢救的石峁玉器，述列如上。小子不敏，孤陋寡闻，舛错谬误之处，祈读者诸君勿吝赐教。

注　　释

[31] 西安半坡博物馆：《陕西神木石峁遗址调查试掘简报》，《史前研究》1983 年第 2 期，图九，二、四、五。

[32] 西安半坡博物馆：《陕西神木石峁遗址调查试掘简报》，《史前研究》1983 年第 2 期，图九，二、四、五。

[33] 《古玉图考》，第五十一—五十二页。

[34] 邓淑苹：《考古出土新石器时代玉石琮研究》，《故宫学术季刊》1988 年第 6 卷第 1 期。

[35] 李乐山主编：《当代中国的计量事业》，中国社会科学出版社，1989 年，第 4 页。

[36] 中国社会科学院考古研究所：《殷墟玉器》，考古学专刊乙种第二十号，十八玉戈（一○九一），文物出版社，1982 年。

（原载于《故宫文物月刊》1994 年第 130 期）

陕西神木石峁遗址石雕像群组的调查与研究

罗宏才

一、石峁遗址地质地理构造与石雕像等相关遗物发现概况

石峁遗址位于陕西神木县高家堡镇东秃尾河支流洞川沟西南石峁村周围山峁上,大地构造单元上属华北地台中鄂尔多斯台向斜（陕北台凹）。区域地质概况方面属"陕北黄土高原北部,毛乌素沙漠之南缘的过渡地带。属低山丘陵区,以黄土梁峁、沙漠滩地及剥蚀山丘为主,海拔在1100—1300米之间"[1]。遗址区间沟壑密度较大。中部被源于毛乌素沙漠的秃尾河支流洞川沟西北、东南向分割为东、西两大区。两大区间又由树枝网状洞川沟系（图一）如中满沟、水神庙沟等侵蚀切割为若干不规则分区,从而造成遗址内山峁、沟壑间往往呈剧烈相对高差对应,整体地形地貌破碎,起伏较大。但因遗址各分区第四纪陆相堆积环境下形成的黄土沉积丰厚,灰钙土、粗粉沙及黏土含量较高,历史上且屡受秃尾河与支流洞川沟沟系诸水反复冲刷积淀,故发育尚好。尤以洞川沟西南按自然梁峁沟壑分割、编号为SMY1—SMY6（其中SMY为"石峁遗址"汉语拼音第一字母组合代号;1—6为分区编号）诸区（图二）最为瞩目,属石峁遗址主体区域。其中SMY1区位于遗址西南部的秃尾河、洞川沟交汇处,西、南侧临西北—东南向注入黄河的秃尾河河谷（图三）,东、南侧临洞川沟。边缘断崖折叠紧凑,有湖相地层及褶皱带（fold belt）痕迹。区内范围在遗址诸分区中属最大,地势亦相对开阔平坦,为石峁遗址诸区中心所在（图四）。

石峁村名,缘起村址位于低山丘陵区地带山峁,且村旁秃尾河谷、洞川沟断崖夹杂多层沉积岩（图五）,山峁顶部并有大量类同断崖夹层沉积岩石质之不规则沙石块。"石峁遗址"命名,即因遗

图一　石峁遗址卫星图

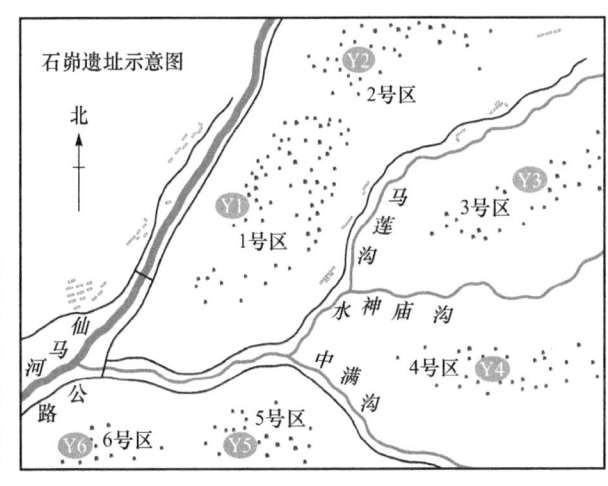

图二　石峁遗址示意图

图三　SMY1 区西侧临秃尾河河谷地貌

图四　SMY1 区一隅

址位于石峁村周围缘故。

　　石峁遗址发现，至晚在 20 世纪 30 年代。时美籍德国科隆远东美术馆代表萨尔蒙尼（A. Salmony）曾在北京目击来自榆林的农民某氏求售石峁出土牙璋等玉器 42 件，其中最大一件长 53.4 厘米的墨玉质刀形端刃器，旋经萨氏之手为德国科隆远东美术馆收藏[2]。

　　关于国内学者对石峁遗址的发现与介入，至晚在 20 世纪 70 年代末，调查发掘则在 70 年代末至 80 年代初。三十多年来，经原陕西省文物管理委员会、陕西省考古研究所、西安半坡博物馆、榆林市文物管理委员会等单位文物考古工作者与历次文物普查参与者的辛勤工作[3]，目前已初步探明遗址总面积约 90 万平方米，文化层厚 0.5—2 米，已发掘面积 84 平方米。遗址内地表散布

图五　石峁遗址洞川沟东岸断崖石夹层地貌

多样丰富的遗物残片。断崖文化层包含物与灰坑迹象（图六）迤逦不断，被誉为"陕北地区面积较大，内涵丰富的一处新石器时代晚期遗存"[4]，对探索研究河套地区早期人类文明内涵及文化谱系与文化性质、社会结构、经济形态等问题有重要意义和价值。约计，先后发现房子、灰坑、白灰面居址、土坑墓、瓮棺葬、石棺葬等诸多遗迹，以及包括陶器、石器、玉器等在内具有确切地层或确切出土地点与确切发现地点的各类遗物至少千余件。其中为数众多的单把宽弧裆鬲式鬲、双

图六　SMY1区东南侧断崖灰坑迹象

鋬鬲、三足瓮、盆形斝、盆形盉、大口尊、双耳罐、折肩罐等陶器类型[5]及人头雕像、动物雕像与牙璋、钺、斧、戈、刀、铲、璧、环、璜、鹰、虎、螳螂、蚕等十余种类、数百件玉器尤为瞩目[6]。

有关石峁遗址文化的命名、内涵、特征、时代区间等问题，学界讨论较为热烈。一般认为其属于或相当于客省庄二期文化阶段[7]，文化类型多倾向命名为"石峁类型"；或认为其"有别于客省庄二期文化"，"代表另外的文化系统"[8]；或认为其属于黄河"前套龙山文化"范畴[9]。时代区间上限约与客省庄二期文化同时，下限应在夏商之际[10]。1992年4月20日公布为陕西省第三批重点文物保护单位。2006年5月25日公布为全国第六批重点文物保护单位。

石峁遗址涵容遗物的发现，迄今为止见于著录者，大致已如上述。但历年该遗址尚相继发现多件石雕艺术品诸事，却因种种缘故而鲜为人知。2009年10月，论者从熟稔陕北历史文化的原榆林地区文物管理委员会干部张波先生处获知石峁遗址近年曾不断发现石雕人像，其中多件已流散至外地，幸榆林市某收藏家酷爱地方文化，为防止其余石雕人像再度流失，出资竭力收集，得存14件

等情况，乃隐约感觉到此类石雕人像所含历史、文化价值之重要性，颇有进一步调查研究之必要。遂在 2010 年 1 月 26 日至 29 日邀请张波先生与南京农业大学中国农业文明博物馆卢夏先生以及熟悉石峁遗址状况的榆林市收藏家王润平、高军军等人同往榆林市及石峁遗址进行考察。

考察中幸获榆林市某收藏家惠允支持，得见其所藏全部石雕像及石雕物品共 17 件（含砂石质三阶同心圆石雕、条形斜线雕石刻、不规则椭圆形蟾蜍刻石各 1 件。详见下文叙述）。

据某收藏家及相关知情者介绍，此 17 件沉积砂岩质石雕作品，用材皆取之于石峁遗址。其具体发现地点，发现者称多在 SMY1 区东部中心区位。

及 27 日同人赴石峁遗址调查时，同行高军军即在 SMY1 区东部中心区位南侧地表（其旁地埂有大量不规则石块堆积）采集石雕像 1 件（图七）。对勘此件石雕人像石质、形状，与某收藏家所藏类同，其石质亦与遗址表面散存并遗址内断崖夹层所见大量不规则石块相同。查陕北新石器时代中晚期或稍后时期文化遗址多发现此类不规则石块。瞩目者如吴堡后寨子峁遗址[11]、绥德赵家砭寨子山遗址[12]等。盖为原始先民以建筑、防卫、宗教等需求自遗址内及附近河沟、断崖艰难采集搬迁所致。石峁遗址地表所存大量不规则石块，即与此类原委相关。惟石峁聚落废弃后，历代农耕对遗址地貌多有破坏，大量不规则石块故不断被移位、错位。自 20 世纪六七十年代以来，因农田基建、农耕等原因，此种移位、错位现象尤甚，诸多不规则石块遂被附近村民不断捡拾搬迁至田埂堆置。近年所见石峁石雕像，即多发现于 SMY1 区东部中心区位多处田埂石堆（图八）。由此知所谓石峁石雕像等石刻多发现于 SMY1 区东部中心区位，其用材且均取之于石峁遗址之说，并非妄说。

图七　BI—SMYC 2 发现情景

图八　SMY1 区东部中心区西南侧田埂石块堆置状况

另 27 日于石峁遗址考察时，同人还在马莲沟西畔石峁村村民白翠萍家中发现石峁遗址所出陶、石、骨、角等多件遗物残片。据白翠萍讲，在 2007 年前后，其在石峁村北榆树疙瘩水渠旁地表捡拾到石雕像 1 件，石质、形状均与以上所述诸件相同，后为古玩商以人民币 200 余元收购，今已不详流失何处。

28 日考察中，同人又据当地收藏家提供线索，得在榆林学院陕北历史文化博物馆展室见到与上述石雕像类同的石雕人像 1 件。从该展品说明资料及该馆工作人员韩康先生介绍，此物亦为石峁遗址发现石雕像之一，但具体发现地点与切实渠道来源尚需考究。

至此，笔者所知与石峁遗址相关的石雕像数量已达 17 件（不计三阶同心圆石雕、条形斜线雕石刻、不规则椭圆形蟾蜍刻石各 1 件）。根据石峁遗址面积宏大、内涵丰富以及历史上诸类遗物又不断发现与大量流散等实际状况，推知遗址本身所有石雕像以及其他相关石雕遗物数量、品类，或应更多，尚不限笔者目前所知。

二、石峁石雕像群组形状描述、雕凿风格与类型分析

上述 17 件石雕像，除榆林学院陕北历史文化博物馆藏 1 件因未征得该馆允许且不详具体发现地点不宜发表、白翠萍发现 1 件下落不明外，其余 15 件石雕像皆蒙榆林市某藏家惠允，现全部予以公开发表。

为叙述方便并考虑到后期研究中可能导入的数字化系统的需要，拟先将已知 15 件石雕像集体命名为“石峁石雕像群组”[13]，以与同时期其他文化类型发现的石雕像相区别、联系。然后按具体形式、特征分别定名，再按考古学调查发掘规程作数字序列及考古编号（如“SMYC 1”之“SMY”为“石峁遗址”汉语拼音第一字母组合代号，“C”为“采集”一词“采”字汉语拼音第一字母代号，“1”为数字序列号。因未详诸件石雕具体出于遗址何区，故其区号均省略不论）。

同时比较 15 件石雕像形式、特征与雕刻技法等相关内含联系，按考古类型学原理将其分为不规则三角形、近似方形、不规则圆形、瓜子形、底平柱状形、纵目阔嘴长条形 6 种类型。分别用英文字母 A、B、C、D、E、F 代替。

亦即 A 型：不规则三角形；B 型：近似方形；C 型：不规则圆形；D 型：瓜子形；E 型：底平柱状形；F 型：纵目阔嘴长条形。

至每一类型中不同形式者，又分别以罗马字母代替式别顺序并确定名称，且与考古编号及数字序列编目来对应排列，以便识别。如“CⅠ—SMYC 3：不规则圆形两面雕石人头像”，即 C 型Ⅰ式，石峁遗址采集 3 号，名称为“不规则圆形两面雕石人头像”。

按 15 件石雕像似均为人像，均系硬度较强、层组致密的自然沉积砂砾岩，当地人称之为“糜糜石”或“米米石”。除 3 件为全身像外，其余 12 件皆为头像。又除 BⅠ—SMYC 2 注明高军军发现以外，其余 14 件因发现地点约略相同且发现者不详，故均不注明。兹分述如下：

（一）A 型：1 件

AⅠ—SMYC 1：不规则三角形石雕人头像（图九、图一〇）。

图九　AⅠ—SMYC 1 正视

图一〇　AⅠ—SMYC 1 正视线图

全石近似直角三角形。垂直最高处 29、最宽处 27、厚 12.5 厘米。系选择近似直角三角形自然沉积砂岩石块，以斜边与对应直角边夹角点为中轴原点上引中轴线，沿中轴线经营布置雕凿人之脸部形象，简单拙稚。两目圆睁，呈乳钉状。鼻梁宽短低平。额部有凸起小乳钉。嘴开张呈梭状，体量较小。因惊恐导致脸部扭曲变形而使双目呈左高、右低的斜线状，张开小嘴亦扭向右侧，与鼻梁轴线点分离。依据头像变形及不对称之眼、颊、鼻、口等部位形态分析，雕凿者似先按雕凿意匠将惊恐环境下而扭曲变形、不对称之人面部等部位位置规划预留，然后凿挖双眼、鼻部外之其他石平面，使之凹陷，以凸显双目、鼻部与口部、两颊。口部特征通过凿挖短横线呈枣核状表示。由于人像面部规划于直角三角形中心最大范围内，斜边与对应直角边夹角尾部遂限定为人像下巴位置，故呈较长尖锥状。整体石面因使用、延续时间较长关系，有明显碰撞、剥落、破碎痕迹。

（二）B 型：1 件

BⅠ—SMYC 2：近似方形石雕人头像（图一一、图一二）。

高 19.5、宽 22、厚 19 厘米。2010 年 1 月 27 日榆林市收藏家高军军发现采集于 SMY1 中心区南侧地表。系选择近似方形之自然沉积砂岩石块，稍加整修而成。一面在全石上部三分之二处正中采取凿、挖、雕、刻技法雕凿基本对称分布之人像双眼、鼻、嘴。双眼采取浅性凿挖方式，左眼保存相对清晰。雕凿者依靠凿挖双眼部位、扩大凿挖双眼以下部分来凸显宽平鼻梁。因鼻翼两侧原石未经凿挖，故以凿挖双眼以下部分所形成的凹陷来凸显颧骨部位。嘴部低平，隐约可见短平阴线，

图一一　BⅠ—SMYC 2 正视

图一二　BⅠ—SMYC 2 正视线图

以示嘴部而分解上、下唇部。全形雕凿简拙，憨态可掬。整体面部因使用、延续时间较长关系，致碰撞、剥落、破碎现象严重。

（三）C型：共6件

1. CⅠ—SMYC 3：不规则圆形两面雕石人头像

高 20.5、宽 20 厘米。分 a、b 两面。均利用圆形自然沉积砂岩石块，因势造型，然后使用硬度较高之雕刻工具稍作雕、凿、切、刻、磨、划等技术处理，果断定格人像面部的动态瞬间。

a 面（图一三、图一四）：凿挖 3 凹形圆孔表示双眼与口。其上两凹形圆孔为双眼，作不对称状，表示左眼之圆孔较表示右眼之圆孔明显增大。双眼、口部间留宽、短、低平之石平面位置，以示鼻部。口部大张，显示口部之凿挖凹孔因较双眼凹孔更大。整体面部虽稍作简拙雕刻处理，但简单凹形圆孔自然、和谐的实际布局构造效果，却真实定格了特殊历史背景下惊恐睁目、口部大张、面相扭曲的人像脸部特征，极具传神。

b 面（图一五、图一六）：不规则圆形雕像顶部因人工修整而略呈八字形拱状。雕刻意匠趋同 a 面。雕凿者通过简拙雕刻上部不对称双眼、下部大口之三点式平面构造来表现惊恐、忧郁环境下人的面部特征。隆起鼻部则依靠两颊稍作凿挖所出现的对称低凹石平面效果来烘托对比。惊恐双眼中含有明显忧郁、板滞情绪。整体结构中简拙雕刻之斜向箭镞式口部构图与因惊恐形成的不对称忧郁、板滞双眼以及微微隆起的宽厚鼻翼协调统一，凸显惊恐变形人像脸部的定格瞬间，艺术构造效果较为理想。

图一三　CⅠ—SMYC 3 a 面

图一四　CⅠ—SMYC 3 a 面线图

图一五　CⅠ—SMYC 3 b 面

图一六　CⅠ—SMYC 3 b 面线图

2. CⅡ—SMYC 4：椭圆形石雕人头像（图一七、图一八）

高 16.5、宽 15.5、厚 7 厘米。利用近似椭圆形自然沉积砂岩石块或其他形状自然石块整修、雕凿而成。因长时期碰撞、磨损，仅可辨因恐惧、惊愕而扭曲夸张变化的面部轮廓。两眼微凹，两眉因惊恐而翘起变形作不对称状，左眼眉较右眼眉显高翘。鼻翼部位以凿挖短横线表示，嘴部用横向凿挖线表示，亦作惊恐滞态。鼻梁、嘴部轮廓，依靠两眼、两颊凿挖凹陷块面凸显。耳部可见微凸痕迹。全像因惊异扭曲呈斜向定格，滞态可掬。

图一七　CⅡ—SMYC 4 正视　　　　　　　　图一八　CⅡ—SMYC 4 正视线图

3. CⅢ—SMYC 5：不规则圆形石雕人头像（图一九、图二〇）

高 45、宽 45、厚 20 厘米。利用圆形自然沉积砂岩石块，以坚硬雕刻工具凿挖、刻画而成。系石峁雕像群组 15 件雕像中头像类体量最大者。全像因惊异扭曲呈斜向定格。以凿刻上下弧线中部凸显鱼尾样图形表示眼眉。右眼眉及眼睛形象模糊，左眼眉、眼睛则较清晰。因雕凿者欲使面部作强力扭曲状，导致右眼明显凸高。鼻部低平内凹，依靠左脸颊稍稍凿挖凹痕对比凸显。嘴大张，以凿刻短横线、"V"形弧线分别表示上、下唇。下唇翻卷。弧线状下唇之下留有窄小圆弧石边，以示下巴位置。整体造型与雕凿风格与 CⅡ—SMYC 4 类同。当为同一时代作品。唯后者体量较前者明显偏大。

图一九　CⅢ—SMYC 5 正视　　　　　　　　图二〇　CⅢ—SMYC 5 正视线图

4. CⅣ—SMYC 6：正视对称折线状圆雕石人头像（图二一—图二六）

高 10、宽（连耳）10.6、残宽 7、下宽 10 厘米。保存较好。为目前所见石峁石雕人像群组体量最小者，但雕凿技艺却相对精细，细部形态亦最为生动写实。全像利用圆形自然沉积砂岩石块采取硬度较高工具以强劲有力之雕（铲底、浮雕）、凿、切、刻、划、磨、削等综合技法制成。石人头像作正视状，面部结构对称规范，生动传神。整体头部雕磨成平弧状，两耳高凸。头顶原似雕有发髻。额顶部至两侧耳部轮廓线作平弧状，两耳处对称作峰形折角。脸颊两外侧凿去原石部分呈平凹状，以凸显面部。左脸颊可清晰辨识斜行平行线状凿痕。右脸颊耳部下方近头发处有凹洞残缺

图二一　CⅣ—SMYC 6 正视

图二二　CⅣ—SMYC 6 正视线图

图二三　CⅣ—SMYC 6 左视

图二四　CⅣ—SMYC 6 左视线图

图二五　CⅣ—SMYC 6 右视

图二六　CⅣ—SMYC 6 右视线图

痕。面部可见前额高凸，眉骨突显，两目圆睁，炯炯有神之庄重肃然相。眉毛细长，中端折转弧形，劲挺有力。右侧观察尤见明晰。上眼睑褶发达。鼻根至鼻尖呈等腰三角形，鼻尖较鼻根明显宽厚。颧骨较高，两颊呈磨光低平弧状。凸出吻部表面在切削平整后打磨光滑。嘴部正中刻凹槽状阴线，以示两唇位置。下巴之下部分为粗短颈部。

5. CV—SMYC 7：深度圆雕桃形石人头像（图二七、图二八）

高 24、宽 26、厚 15.5 厘米。利用圆形自然沉积砂岩石块，以坚硬雕刻工具按轴线对称结构深度剔底、强力凿挖、刻而成轮廓线分明之五官形象。刀法犀利劲挺，为石峁石雕人像群组中雕凿技艺最高、细部样态最生动写实、面部轮廓最清晰完整、凿挖深度、力度最大的石雕人像。头像外缘切削修整规整，整体大类桃形。人像庄重威严。面部外廓已见瓜子型趋向。凿技与面部五官结构规划意匠水准较前明显提高，有较强的写实性。眉骨凸起。眼眶深度凿挖凹陷，怒目圆睁。左眼球浑圆，右眼球已残。胆形鼻。鼻翼宽平塌陷。自鼻梁根部两侧以强劲刀法切割斜线凿挖呈八字形。八字形外凸显较高颧骨，八字形内凿挖剔底以凸显鼻梁、嘴部。吻部前伸。紧闭嘴部上下唇间以凿刻阔短横线表示，下唇较厚，下唇下部正中有凸起小钉，似为胡须。下巴下有粗短颈部意象。左脸颊颧骨处与两眉骨结合处均有残缺。

图二七　CV—SMYC 7 正视

图二八　CV—SMYC 7 正视线图

6. CVI—SMYC 8：折角椭圆形石雕人头像（图二九、图三〇）

高 43.5、宽 40、厚 21 厘米。石质、形象与雕凿技艺同 CV—SMYC 7。显系同一工匠所为。敦厚威严，五官轮廓线清晰。深度凿挖眼眶较 CV—SMYC 7 为大，眼眉弧线亦较 CV—SMYC 7 宛转、写实。惟圆睁怒目低平，气韵弱于 CV—SMYC 7。额部正中雕凿凸起乳钉。胆形鼻梁低平塌陷，完整规制。鼻翼外两侧阴线刻八字线长曲宛转，与眼眉弧线和谐对应。鼻翼下刻短小微弧阴线，以凸显鼻翼。短小微弧阴线下刻凸显微闭阔嘴，上下唇厚实。吻部前伸。嘴外两侧唇边刻极短弧线，细腻传神。八字线外两侧凸显较高颧骨。全形外廓可辨明显生硬折角切削修整线，有圆形趋向瓜子形意蕴。

此像虽与 CV—SMYC 7 形式、风格类同，但从细部形式、风格论，此像似优于 CV—SMYC 7。如此一观察视角不误，推测 CVI—SMYC 8 雕凿时代或当早于 CV—SMYC 7，或两者时代约略相同。

图二九　CVI—SMYC 8 正视

图三〇　CVI—SMYC 8 正视线图

（四）D 型：共 3 件

1. DI—SMYC 9：瓜子形人面轮廓线凸棱两面坡石雕人头像（图三一—图三四）

高 22、最宽处 19、厚 14.5 厘米。石质呈乌黑色，杂质较多，左半边肌理可见白色杂质石粒，与其余雕像石质迥异。依雕像轮廓分析，雕凿者系先选择类似瓜子形的自然沉积砂岩石块，以坚硬雕刻工具将两侧打磨成斜面，突出中间脊棱，呈现凸棱两面坡形式，然后在凸棱两面坡位置中部凿刻瓜子形人面轮廓线，复在瓜子形人面轮廓线内以凿、挖、雕、刻、磨等技法，以脊棱为中轴线，雕

图三一　DI—SMYC 9 正视

图三二　DI—SMYC 9 正视线图

图三三　DI—SMYC 9 左视

图三四　DI—SMYC 9 左视线图

凿人面眼、鼻、口、颊、下巴等部位。造成凸棱两面坡内雕像两目圆睁、嘴巴大张、下巴尖长、明晰、醒目的朴拙惊异状效果。由于脸颊瓜子形人面轮廓线规划于瓜子形石头中部，范围狭小，因此不得不依靠于鼻梁中部两侧凿挖凹陷小孔各一来凸显极小双颊。

依靠瓜子形自然沉积砂岩石块刻、挖瓜子形人面轮廓线，再实施雕刻人面五官，系此像的显著雕刻风格。

2. DⅡ—SMYC 10：瓜子形两面雕石人头像

高 31.5、宽 20 厘米。分 a、b 两面。均利用圆形自然沉积砂岩石块粗略修整后凿刻。

a 面（图三五、图三六）：同 DⅠ—SMYC 9，以人工修整突出的中间脊棱位置作中轴，对称雕凿双眼、鼻梁及口部。双眼通过凿挖对称平行两小圆孔表示，作惊恐呆滞状。鼻梁高凸，两侧刻八字阴线以凸显鼻梁。吻部凸显，口型较大，浅凿刻因惊恐失色而开显的夸张状上下牙齿，其状与惊恐呆滞状呼应协调。额部凸高浑圆，头部原似有发髻，已磨损难辨。下巴尖长。

 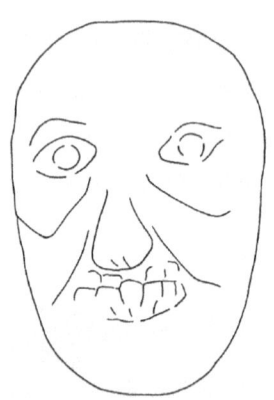

图三五　DⅡ—SMYC 10 a 面正视　　　　　　图三六　DⅡ—SMYC 10 a 面正视线图

b 面（图三七、图三八）：平面凹平，凹平部位在额部、嘴部之间。图像不及 a 面清晰。两眼因凿挖过甚或原石凹平、破损关系，仅可辨识轮廓。约略可辨惊愕之状。鼻梁部位亦因位于凹平石面而显得塌平模糊。吻部凸显。凿挖大孔表示嘴部，盖以显现惊愕之状而与眼部表情协调。

 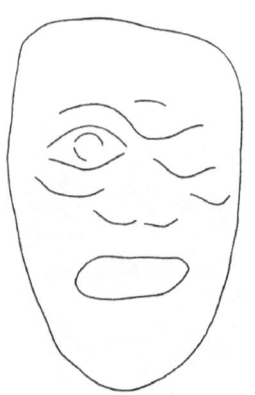

图三七　DⅡ—SMYC 10 b 面正视　　　　　　图三八　DⅡ—SMYC 10 b 面正视线图

3. DⅢ—SMYC 11：尖瓜子形石雕人头像（图三九、图四〇）

高 25、宽 19、厚 14.5 厘米。石质仍为自然沉积砂岩，色微红。平面呈尖瓜子形。两侧面有打磨痕迹。眼部上下分别用凿挖三角孔、月牙状孔表示，左眼部尚可辨识，右眼部已磨损无迹。鼻梁塌平，仅靠鼻翼下端浅度凿挖而微微凸显。嘴部较小，用阴刻短弧线表示。嘴下凿挖较宽弧线，似在表现胡须。下巴位置在全石尖端处。

图三九　DⅢ—SMYC 11 正视

图四〇　DⅢ—SMYC 11 正视线图

（五）E 型：3 件

1. EⅠ—SMYC 12：椭圆形柱状石雕人头像（图四一—图四六）

高 28.5 厘米。上部椭圆形，下部柱状。最宽处在椭圆形，约 14 厘米。自然沉积砂岩。石外边缘均经人工雕凿修整。柱状底部修整粗糙，不太平整，左外侧凿痕尤见明晰。人像经营规划于上部椭圆形处。头像轮廓呈长椭圆形。头像外缘凿挖轮廓线一圈，以凸显头像。艺术雕凿处理手法类似 DⅠ—SMYC 9。头像两眼倒立，呈倒立八字形，为极度恐惧、愤怒状态下定格写照。鼻梁宽、扁低平，靠外缘八字形凿刻线凸显。鼻翼下有明显凿孔。嘴部开张，以与倒立八字形两眼形态吻合。

图四一　EⅠ—SMYC 12 正视

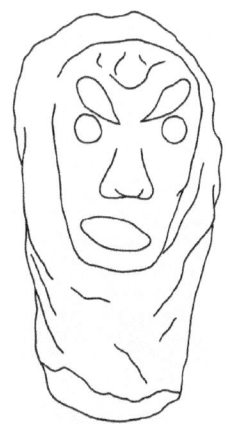

图四二　EⅠ—SMYC 12 正视线图

图四三　EⅠ—SMYC 12 左视

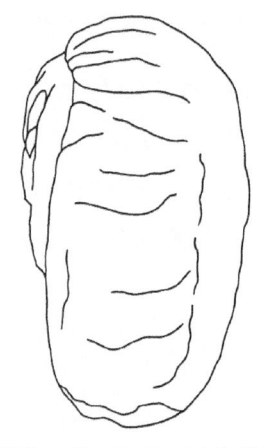

图四四　EⅠ—SMYC 12 左视线图

图四五　EⅠ—SMYC 12 右视

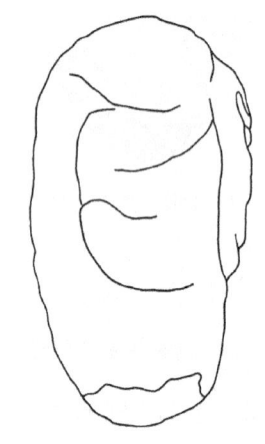

图四六　EⅠ—SMYC 12 右视线图

2. EⅡ—SMYC 13：蹲踞状（跪坐式？）石雕人像（图四七、图四八）

高 46、脸部最宽处 18.5、厚 23 厘米。先选择长方形自然沉积砂岩石料切削、凿刻、修整、打磨成蹲踞状（跪坐式？）石雕人像轮廓，然后再于较平整一面上部凿刻长椭圆形人面。额部塌陷宽平。凿挖之小孔双目下视，目光呆滞。鼻部宽、平塌陷。鼻翼下经轻度凿挖，以凸显鼻部。吻部突

图四七　EⅡ—SMYC 13 正视

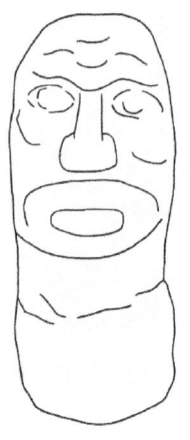

图四八　EⅡ—SMYC 13 正视线图

出，口张开，作惊恐呆滞状。人像下巴底部至蹲踞腿部凿挖凹陷，距离极短，与长椭圆形人面比较极不协调。蹲踞腿部仅大略雕出轮廓。底部修整不太平整。

3. EⅢ—SMYC 14：面部平削蹲踞状（跪坐式？）石雕人像（图四九—图五四）

通高 26.5、脸部宽（连耳）9 厘米。选择石料与凿刻方法同 EⅡ—SMYC 13，但体型修长。面部呈四方状，切削平整，双眼。鼻部凹陷，因破损难辨。吻部稍见凸出。阴线刻近似长方形的形状以示嘴部，牙齿显露。体量低矮。颈部、身部较人面部明显短小，不成比例。两臂下垂，似在前身作抱物状。左臂斜直、劲挺，右臂斜向身内弯曲，作修长律动状。

图四九　EⅢ—SMYC 14 正视　　　图五○　EⅢ—SMYC 14 正视线图　　　图五一　EⅢ—SMYC 14 左视

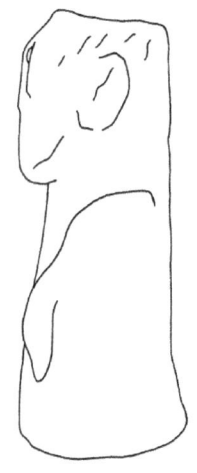  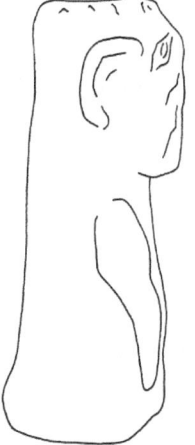

图五二　EⅢ—SMYC 14 左视线图　　　图五三　EⅢ—SMYC 14 右视　　　图五四　EⅢ—SMYC 14 右视线图

（六）F 型：1 件

FⅠ—SMYC 15：纵目大耳阔嘴长条形石雕人像（图五五—图六○）。

系选择长方形自然沉积砂岩石料，经仔细切削、凿刻、修整、打磨而成。高 52、宽 33 厘米。面相清癯，脸部极度瘦长。头部呈后高前低溜坡状。眉骨较高、纵目凹陷，磨损较甚。右眼下眼线清晰可见，以强劲力度斜上凿成。鼻部宽扁、塌陷，鼻翼下凿挖短弧线以凸显鼻部。双大耳附贴于头部之上侧。两颊凹陷。阔嘴紧闭，厚唇。吻部前伸。下唇较上唇不仅厚度加剧，且前伸尤甚。下巴长圆。全像作庄重、威严状。

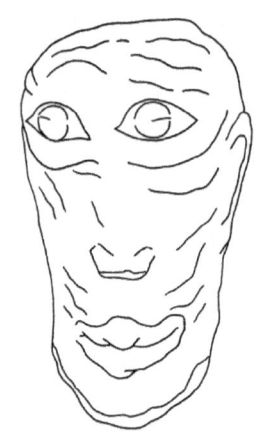

图五五　FⅠ—SMYC 15 正视　　　图五六　FⅠ—SMYC 15 正视线图　　　图五七　FⅠ—SMYC 15 左视

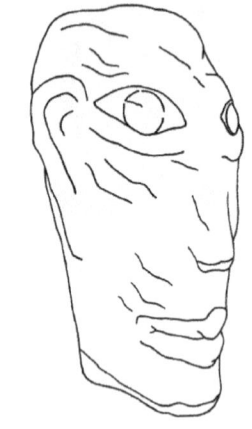

图五八　FⅠ—SMYC 15 左视线图　　　图五九　FⅠ—SMYC 15 右视　　　图六〇　FⅠ—SMYC 15 右视线图

三、石峁石雕像群组的雕凿年代、发展序列与文化属性的讨论

目前所知石峁遗址石雕像均系地表采集，未经系统考古调查，亦无缘于考古发掘，因而缺乏系统考古调查及考古地层学等相关资料的对位支持。这就为我们探讨研究石峁石雕人像的雕凿年代、发展序列、文化属性等问题带来了一定的困难。欲解决此类问题，设想须通过两种途径、遵循两种工作程序来逐步进行综合比较分析：

第一，廓清在原有发现资料基础上各家针对石峁遗址年代区间、文化属性所发议论之基本主旨，以此作为基本参照系而与石雕像进行分析比较，从中得出相对准确的结论坐标。

第二，寻找与石峁石雕像相关的具有确切出土时间、地点或确切年代与确切文化属性的参照物，进行比较分析。

关乎石峁遗址年代区间及文化属性等问题，目前学界在未知石峁石雕人像群组资料基础上所相继阐发的议论颇多。张忠培《客省庄文化及其相关诸问题》[14]，高天麟《黄河前套及其以南部分地区的龙山文化遗存试析》[15]，张宏彦、孙周勇《石峁遗存试析》[16]，姜捷《客省庄二期文化遗存分析》[17]等文曾就相关问题进行过整理、讨论。兹据诸家整理结果并补缀、综合其他各家讨论，大致获取以下七种主要观点信息：

（1）认为石峁遗存属于客省庄二期文化系统[18]，将其视做陕西境内晚期龙山文化一个地方类型[19]。

（2）认为石峁遗存相对年代约与客省庄二期文化同时，石棺葬年代晚于石峁龙山文化而与大口二期文化同时。但整体比较则"有别于客省庄二期文化"，"或代表另外的文化系统"[20]。

（3）认为其属于黄河"前套龙山文化"范畴[21]。

（4）认为石峁遗存年代相当于客省庄二期文化阶段[22]。

（5）将第二种观点予以发挥阐述，认为石峁遗存上限约与客省庄二期文化同时，下限当在夏商之际[23]。

（6）认为石峁遗存与晋中至内蒙古中南部的龙山时代中晚期的遗存具有很强的共性，不同于客省庄文化[24]，其时代已进入夏纪年范围之内[25]。

（7）认为石峁遗存整体年代应稍晚或相当于关中地区的客省庄二期文化晚段，部分因素已进入夏纪年范围[26]。

此七种主要观点，虽各具特质，参差有别，但基本主旨不外两种：

第一，文化性质属客省庄二期文化系统，为陕西境内晚期龙山文化一个地方类型。年代区间上限约与客省庄二期文化同时，下限进入夏纪年范围或夏商之际。

第二，年代区间相当于龙山时代中晚期至夏纪年范围，但文化属性与晋中至内蒙古中南部的龙山时代中晚期的遗存具有很强的共性，不同于客省庄文化。

集中探析，两种主旨中心焦点应为：石峁遗址的年代区间当在龙山时代中晚期至夏纪年范围或稍晚的夏商之际；文化属性或受客省庄二期文化影响较大，但保留有强烈的地域风格；或不同于客省庄文化，而与晋中至内蒙古中南部龙山时代中晚期遗存有很强共性。

换言之，相关年代区间基本时限问题的争执并不算很大，关键只是其下限在夏纪年范围之内，或稍晚一点的夏商之际；文化属性是受关中地区客省庄二期文化影响较大，还是受和客省庄二期文化（陕西龙山时代中晚期）时限基本相同的晋中至内蒙古中南部龙山时代中晚期的文化影响较大。

洞悉目前学界针对石峁遗址年代区间与文化属性方面的基本共识与争论焦点，我们再来寻找与石峁石雕像相关的具有确切出土时、地或确切年代与确切文化属性的参照物，结合以上七种议论主旨来与15件石雕人像雕凿技艺、风格、形式、特征等进行比较分析，期望从中得到相对准确的石峁石雕像之雕凿年代、发展序列以及文化属性结论。

观察石峁雕像群组15件石雕像之雕凿技艺、艺术风格与形式、特征，我们看到，AⅠ—SMYC 1、BⅠ—SMYC 2、CⅠ—SMYC 3、CⅡ—SMYC 4、CⅢ—SMYC 5、DⅠ—SMYC 9、DⅡ—SMYC 10、DⅢ—SMYC 11等石雕像相较同组其他石雕像，存在着相对的原始性。理由为：

（1）石料选择简单、率意，与其他石雕像选料相对仔细、考究及追求一定意匠的特性迥异。如AⅠ—SMYC 1选择自然三角形石料、BⅠ—SMYC 2选择近似方形之自然沉积砂岩石块、CⅠ—SMYC 3选择圆形自然沉积砂岩石块。

（2）雕凿技艺相对简拙，仅靠简单凿、磨、刻、挖等技艺完成人像面部器官塑造与表情展示，不似其他石雕像已使用雕刻、剔挖、减底、刻画、打磨以及折角、圆弧线、中轴线、对称等相对精细、进步的雕凿技艺。如 AⅠ—SMYC 1 仅靠简单凿、磨、刻、挖等技艺来降低、凹陷图像器官以外之石面部分，图以凸显乳钉状双眼、宽扁平柱状鼻梁以及枣核状口部来获得最终艺术效果。BⅠ—SMYC 2、CⅠ—SMYC 3、CⅡ—SMYC 4 只凿挖出大体面部器官轮廓与惊恐状意蕴。BⅠ—SMYC 2 两面石雕人像 a 面更靠简单凿挖三圆孔、b 面更靠粗略凿挖双眼和凿挖斜向箭镞式口部轮廓来表现面部器官与表情特征。CⅢ—SMYC 5 虽较以上各件雕凿技艺略见进步，但亦只表现在图为凸显鱼尾样眼眉式及变形夸张口部而施以凿刻上、下弧线的技法。

（3）较 AⅠ—SMYC 1、BⅠ—SMYC 2，CⅠ—SMYC 3、CⅡ—SMYC 4、CⅢ—SMYC 5 选取石料及稍稍加工雕凿、修整等意匠，已摒弃原来较初级阶段率意选择自然石料、稍加整修的落后意匠的限制与束缚，开始有意味的趋向在不规则圆形、瓜子形等雕凿意匠控制下的石料选择、规划以及整修、雕凿。至 DⅠ—SMYC 9、DⅡ—SMYC 10、DⅢ—SMYC 11，有目的、意味的雕凿意匠，使得自然石料在工匠手中开始呈现初具模式化意味的瓜子形或中脊两面坡瓜子形。这种以改变雕像三维形式来突兀表现雕刻主题的进步，虽然其中无奈携带前一阶段整修粗糙、雕凿率意以及类同凿挖式双眼与类同斜向箭镞式之三角式、月牙式等落后雕凿手法，但重视面部打磨以及通过中脊轴线突显人像器官与八字线刻凸显鼻部、开口露齿等手法，却无疑具有新时代人文环境与新原始宗教意念规制限定下的部分先进性。如类同前一时期斜向箭镞式之三角式、月牙式雕凿手法，示例可见 DⅢ—SMYC 11；保留双眼凿挖式技法，示例可见 DⅠ—SMYC 9；重视面部打磨以及通过突兀中脊轴线来表现人像器官与八字线刻凸显鼻部、开口露齿等手法。示例则可见 DⅡ—SMYC 10。

因此，从雕凿技艺、手法以及雕像形状规制等迹象观察，似乎存在着从 AⅠ—SMYC 1、BⅠ—SMYC 2 到 CⅠ—SMYC 3、CⅡ—SMYC 4、CⅢ—SMYC 5，再到 DⅠ—SMYC 9、DⅡ—SMYC 10、DⅢ—SMYC 11，由选取不规则自然石料到倾向在不规则圆形、瓜子形等意匠控制下的石料选择、规划以及整修、雕凿，再到初步模式化意味的瓜子形或中脊两面坡瓜子形以及重视面部打磨，通过突兀中脊轴线来表现人像器官与八字线刻凸显鼻部、开口露齿等发展变化脉络。其中 BⅠ—SMYC 2 与 CⅠ—SMYC 3 之 b 面雕像眼神神韵与处理手法尤有前后脉络的直接关联。

择选具有确切出土时地及确切雕凿年代之参照物示例，上述各物品面部基本结构、表情与雕技、形态等，颇多类同历年来考古发现所见诸多新石器时代铜、陶、玉、石等质地雕刻人像或相关遗物。

如类同 CⅠ—SMYC 3、DⅡ—SMYC 10 两面石雕人像形式示例，有 1959 年四川省巫山大溪遗址 60 号墓出土 1 件椭圆形黑色火山岩两面雕人面像[27]、1984 年辽宁省东沟县后洼遗址出土新石器时代男女两面陶塑人头像[28]、三星堆遗址出土新石器时代晚期至商末周初双面神人青铜像（图六一）等。CⅠ—SMYC 3 之 a 面简单凿挖三圆孔风格类似 1973 年甘肃永昌鸳鸯池 51 号墓出土石刻人面形饰[29]、陕西历史博物馆藏黄陵县出土红陶人头塑像、临潼区博物

图六一　三星堆双面
神人青铜像

馆藏1981年临潼铁炉乡邓庄村出土陶塑人头像（图六二）[30]、赤峰市克什克腾旗博物馆藏克什克腾旗万合永乡山前村赵宝沟文化遗址出土赵宝沟文化石人像、赤峰市林西博物馆藏林西县白音长汗出土兴隆洼文化石雕人像等；CⅠ—SMYC 3之b面器官轮廓与高陵杨官寨遗址出土涂朱砂陶片人面像、涂朱砂镂空人面覆盆陶器[31]等类同（图六三）。CⅠ—SMYC 3之b面斜向箭镞式口部雕凿手法与艺术效果与内蒙古文物研究所藏1989年林西县白音长汉遗址出土新石器时代兴隆洼文化人面形石佩饰眼部处理相似（图六四）。CⅠ—SMYC 3之a面双圆眼、b面斜向箭镞式口部技法等，还可在石峁遗址所出诸多陶器上找到共性（图六五）[32]。AⅠ—SMYC 1、CⅢ—SMYC 5等像面部扭曲变形表情及CⅢ—SMYC 5雕像眼眉上下弧线处理手法与2003年山西吉县沟堡遗址出土人面形筒状器（器座）[33]人面眉目形状基本类同（图六六）。

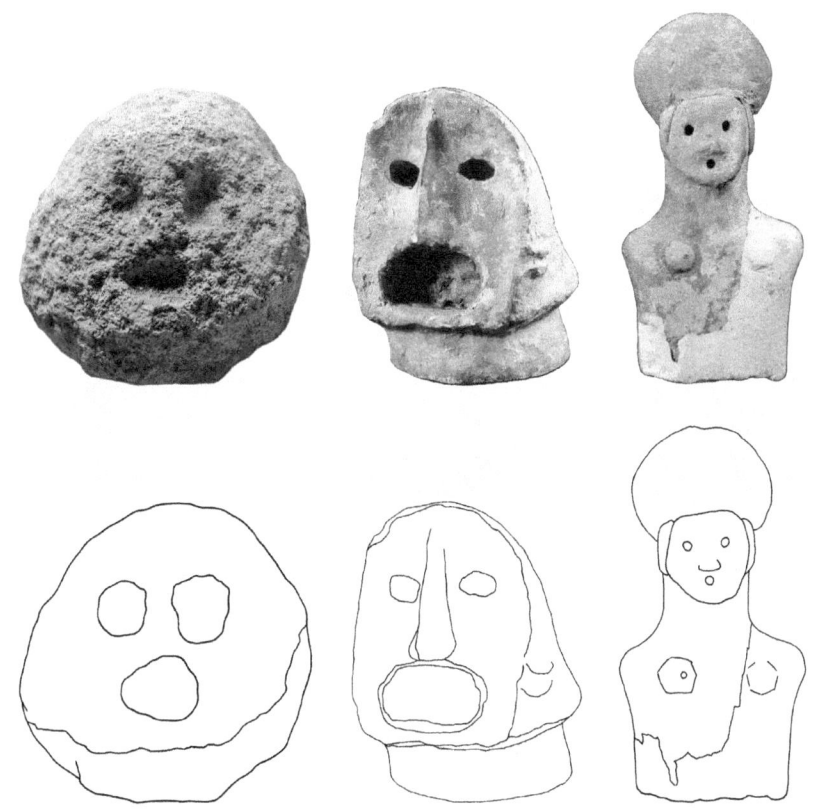

图六二 （自左及右）CⅠ—SMYC 3 a面、黄陵出土红陶人头塑像、
临潼邓庄村出土陶塑人头像比较

将石料选择、雕凿技法以及形式、特征与发展脉络等要素与具有确切出土地点和相对年代的参照物示例来比较、分析，上述雕像的雕凿年代大体相当于龙山时代的中晚期。其中AⅠ—SMYC 1、BⅠ—SMYC 2或在类同关中地区龙山时代中晚期稍早一段时限，CⅠ—SMYC 3、CⅡ—SMYC 4、CⅢ—SMYC 5相对较晚，再其次是DⅠ—SMYC 9、DⅡ—SMYC 10、DⅢ—SMYC 11。就中部分因素与关中地区龙山时代中晚期以前陶塑人头像风格类同的现象，可视为石峁类型在吸纳关中地区或者更远一些地区先进文化过程中所表现的一定的滞后性。

须重视者，DⅠ—SMYC 9、DⅡ—SMYC 10中脊两面坡表现手法，不仅与陕西黄陵县出土新石

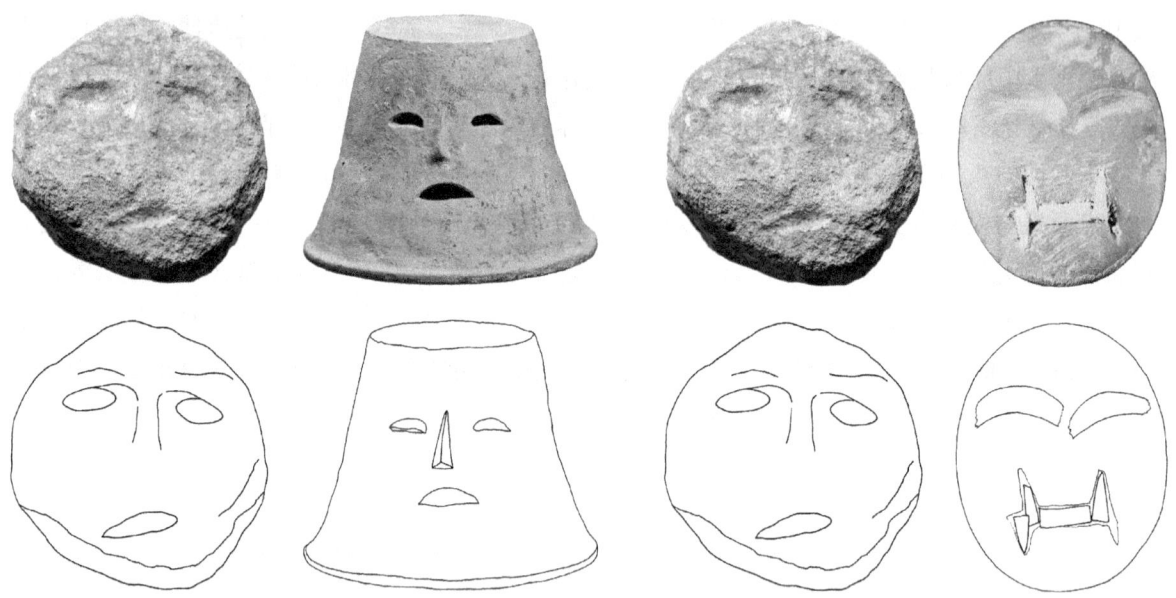

图六三　（自左及右）CⅠ—SMYC 3 之 b 面、高陵杨官寨出土涂朱砂镂空人面覆盆陶器比较　　图六四　（自左及右）CⅠ—SMYC 3 之 b 面斜向箭镞式口部与兴隆洼文化人面形石佩饰眼部处理手法比较

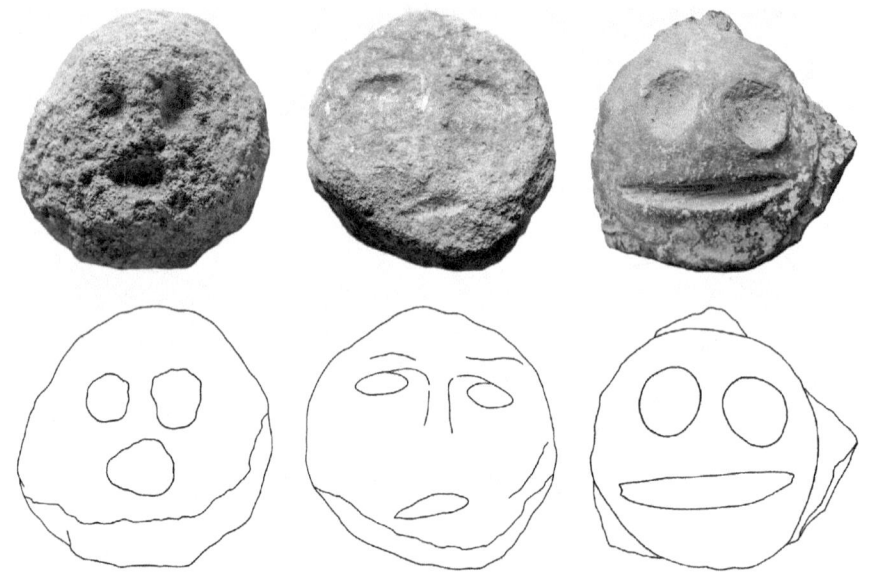

图六五　（自左及右）CⅠ—SMYC 3 之 a 面双圆眼、b 面斜向箭镞式口部技法与神木石峁遗址出土陶器残片比较

器时代红陶人头塑像、大英博物馆藏新石器时代驵琮、西安市蓝田县新街村遗址出土新石器时代仰韶文化晚期人面陶塑[34]、湖北荆州博物馆藏湖北天门石河肖家屋脊出土新石器时代晚期青玉头像[35]等类同示例有一定的渊源关系，且为后来商周时期（西周时期段突出表现在西周初期，西周中期开始弱化、变异）陶器、青铜器等器皿造型流行"突出棱脊"[36]的造型风格（如 1972 年陕西华县桃下村出土商代饕餮纹尊、城固县龙头镇出土商代晚期饕餮纹四足鬲、美国弗利尔美术馆藏 1929 年洛阳马坡出土西周士上盉等）拓开了先导与端绪。它们无疑是中国美术史上经久流衍之这一造型风格的前缘与嚆矢（图六七）。

图六六 （自左及右）AⅠ—SMYC1、CⅢ—SMYC 5、山西吉县
沟堡遗址出土人面形筒状器相关风格比较

图六七　DⅠ—SMYC 9、DⅡ—SMYC 10 中脊两面坡表现手法与相关示例比较
（自左及右：黄陵红陶人头塑像、DⅠ—SMYC 9、DⅡ—SMYC 10、大英博物馆藏新石器时代驵琮、天门石河肖家屋脊
新石器时代晚期青玉头像、桃下村商代饕餮纹尊、城固县龙头镇商代饕餮纹四足鬲、弗利尔美术馆藏西周土上盉）

至于 DⅡ—SMYC 10 a 面开口露齿现象，则与下面将要叙述的石峁雕像群组之 EⅢ—SMYC 14
以及 1976 年殷墟妇好墓出土石牛、城固县宝山镇苏村发现商代青铜头像面具[37]、德国柏林东亚艺
术博物馆与德国柏林国立博物馆分别藏商代晚期青铜人面大钺[38]并商—西周（美）弗利尔美术馆
藏玉人面配饰之玉人面、中国社会科学院考古研究所藏陕西长安张家坡 17 号墓（西周）出土玉神
人兽面形玉佩等示例有一定的渊源关系（图六八）。

与以上诸种雕像相比，其余各雕像则表现出相对的进步性与一定的规制性及成熟性。具体表
现为：

一是以相对明晰的雕凿意匠去选择遗址附近存在自然沉积砂岩石料。

二是以坚硬雕刻工具对选定的自然石块进行初步粗雕、修整，先成预想轮廓，然后再采取切
割、平削、凿挖、线刻、减地、浮雕、打磨、刻画、剔刻等技法加工制成。此类雕凿技法不仅较前
丰富多样，且明显趋向先进、成熟与相对规范。

图六八　DⅡ—SMYC 10 a 面、EⅢ—SMYC 14 开口露齿现象与相关示例比较

（自左及右：DⅡ—SMYC 10 a 面、EⅢ—SMYC 14、殷墟石牛、柏林东亚艺术博物馆与柏林国立博物馆分别藏商代晚期
青铜人面大钺、弗利尔美术馆藏商—西周玉人面配饰之玉人面、张家坡 17 号墓西周玉神人兽面形玉佩）

三是 CⅣ—SMYC 6、CⅤ—SMYC 7、CⅥ—SMYC 8 虽基本均为圆雕，但塑形较前明显准确、规整。其与 EⅠ—SMYC 12、EⅡ—SMYC 13、EⅢ—SMYC 14、FⅠ—SMYC 15 基本同步，显现出雕刻、打磨明显精细，雕刻力度明显增强，体量控制基本到位、比例相对合理、细部刻画尤为生动传神等进步性。其中深度凿挖、较精细打磨、规制对称、特征表现与切割、剔地、凿空、斜刀、平削、弧形、平行线、浅浮雕等先进技法的使用，尤为突出。

四是形制塑造已突破前期自然取形、不规则圆形、简单两面坡瓜子形等相对狭小的空间，开始出现精细、对称、颇显雕凿力度、功力以及显示较熟练把握雕像比例、尺度、体量等能力的规制性圆雕和契合时代环境与原始宗教氛围并祭祀需要等特质的椭圆形柱状、蹲踞形（跪姿式）柱状、纵目阔嘴长条型等多样形态。

图六九　CⅣ—SMYC 6 与石峁玉人头像侧视效果比较

综述上述雕像的雕技、形式、规制、风格等进步性特质，我们复择选与此类雕像相关且具有确切出土地点、年代的几种参照物示例来进行相互比勘、对照。

（1）CⅣ—SMYC 6 侧视轮廓与石峁玉人头雕像接近，眼线刻画与短颈部处理方式与石峁玉人头像如出一辙。眼角线顺乎目眵动势，斜上竖挺。力度、弧度、韵致均与此像其他器官结构吻合（图六九）。

（2）CⅤ—SMYC 7、CⅤ—SMYC 8 体量、轮廓与诸器官对称布局形式及雕塑方式与波士顿美术馆藏新石器时代玉人面饰、殷墟出土人面铸形[39]、湖南省博物馆藏 1959 年湖南宁乡县黄材镇炭河里乡胜溪村新屋湾出土殷商人面纹铜方鼎显示四高浮雕人面形象类同（图七〇）。

（3）EⅠ—SMYC 12 倒立八字形双眼为此像显著造型特征，齐家文化玉人双眼亦见同类雕刻手法。勾勒雕凿艺术渊源，其前身可能与陕西高陵杨官寨遗址出土镂空人面陶豆[40]有一定渊源传承关系，稍后或与FⅠ—SMYC 15 纵目有一定渊源传承关系。其椭圆形轮廓式样，则可能与宁夏贺兰山口单体椭圆形人面头像岩画[41]有某种联系。

图七〇　CV—SMYC 7、CⅥ—SMYC 8 脸型与相关示例比较
（自左及右：CV—SMYC 7、CⅥ—SMYC 8、波士顿美术馆藏新石器时代玉人面饰、
殷墟出土人面铸形、新屋湾出土殷商人面纹铜方鼎）

（4）EⅡ—SMYC 13、EⅢ—SMYC 14 蹲踞状（跪坐式、踞坐式）形态与 1975 年西安大白杨废品回收库征集踞坐铜裸女形提梁卣[42]、1976 年河南省安阳殷墟妇好墓出土跪坐玉人、三星堆遗址出土跪坐石人等示例接近（图七一）。EⅢ—SMYC 14 嘴部牙齿处理方法大致同前揭 DⅡ—SMYC 10 之分析，惟显粗率、简拙。案，蹲踞式坐姿为商人流行坐姿，渊源甚远。《论语·宪问》："原壤夷俟。"《广雅·释诂三》："夷，踞也。"注："奊，蹲踞也。"其形解释，《说文解字》居字："蹲居择足底著地而下其臀，耸其膝，曰蹲。"又，慧琳《金刚髻珠菩萨修分经》："竖膝坐曰蹲，申足坐曰踞。"可大致与石峁蹲踞状（跪坐式）雕像对应。

（5）FⅠ—SMYC 15 脸型瘦长、纵目、大耳、阔嘴、下巴长圆等形状，风格与四川广汉三星堆遗址出土纵目铜人像（如圆顶青铜人头像、圆顶贴金铜人头像[43]）、1996 年周至县文管所征集商代青铜头像[44]颇为相似（图七二）。

区别有三：

一是 FⅠ—SMYC 15 头部自后至前呈溜坡状，不似三星堆青铜像头部之尖圆（周至商代青铜头像头部半残，不易观察）状。

二是 FⅠ—SMYC 15 下巴下部平齐，不似三星堆青铜像下部附联尖长三角形、矛形部分，亦不似周至商代青铜头像下部附联较长倒"凸"字形部分缺漏前视一半。

三是 FⅠ—SMYC 15 双大耳在头部上侧斜上贴附，三星堆青铜像与周至商代青铜像双大耳则均位于头部正中且向两侧对称直立开张，耳部下端且均有穿孔。

图七一　蹲踞状（跪坐式）雕像比较

（自左及右：EⅡ—SMYC 13、EⅢ—SMYC 14、三星堆石人、殷墟妇好墓出土跪坐玉人）

图七二　FⅠ—SMYC 15 与相关示例比较

（自左及右：SMYC 15、周至商代青铜头像、三星堆青铜人头像、三星堆圆顶贴金铜人头像）

以此，FⅠ—SMYC 15 当为 15 件石峁雕像中雕技最高，内涵最为深厚之石雕人像。其纵目形象可能与 EⅠ—SMYC 12 倒八字双眼形态有一定承传关系。吻部前伸状态则与 CⅤ—SMYC 7、CⅥ—SMYC 8 有一定渊源承接联系，亦与三星堆商代铜人像、周至出土商代青铜头像、法国巴黎努奇博物馆藏商代晚期虎卣器物铜人头像等器物所见人像吻部特征有一定渊源关系。

综合分析，CⅣ—SMYC 6、CⅤ—SMYC 7、CⅥ—SMYC 8、EⅠ—SMYC 12、EⅡ—SMYC 13、EⅢ—SMYC 14、FⅠ—SMYC 15 时代区间当在新石器时代晚期至夏商之际或稍晚一点。

将石峁遗址发现不规则椭圆形蟾蜍刻石与美国明尼阿波利斯艺术中心藏商代玉蟾蜍（直径 5.1 厘米）[45]、陕西历史博物馆藏洋县谢村镇范坝村出土商代蛙纹钺（长 22.3、宽 13.7 厘米）[46] 比较（图七三），石峁蟾蜍刻石造型风格明显较后两者自由、率意、拙稚原始，不似后者对称、规制、成熟，因而时代应早于后者。此类示例，亦可作为确定石峁雕像群组及石峁遗址年代在新石器时代晚期至夏商之际或稍晚一点的参考。

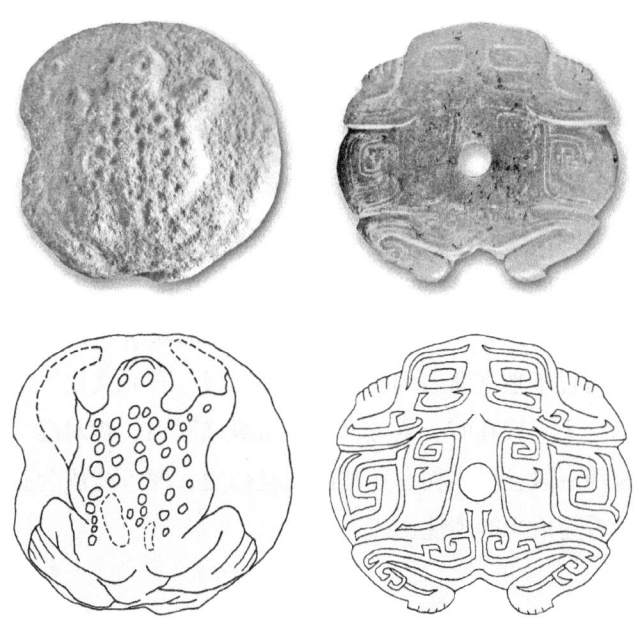

图七三　石峁不规则圆形蛙纹（左）与美国明尼阿波利斯艺术中心藏商代玉蟾蜍（右）比较

其中 CⅤ—SMYC 7、CⅤ—SMYC 8 体量、轮廓与诸器官对称布局形式及雕塑方式虽与波士顿美术馆藏新石器时代玉人面饰、湖南省博物馆藏 1959 年湖南宁乡县黄材镇炭河里乡胜溪村新屋湾出土殷商人面纹铜方鼎显示四高浮雕人面形象类同，但前者气韵、形式与结构、雕技，似与后两者时代、风格更接近一些。如与后者比较而言，则仍有生涩、板滞、拙稚之嫌与气韵、气势方面的差别，故其时代或当较早于殷商人面纹铜方鼎。EⅡ—SMYC 13、EⅢ—SMYC 14 所显示的蹲踞形态（跪姿）及面部处理与商代殷墟等地出土蹲踞形器物示例相比，亦有明显板滞、拙稚、草率、简拙之嫌及体量较小、比例欠佳等缺陷。此种现象，可能与石峁雕像较南方地区有时代超前、地域闭塞、文化滞后等原因有关。

另石峁石雕像所显示的一些相对成熟的雕刻技法如人体结构比例（CⅣ—SMYC 6、CⅤ—SMYC 7、CⅥ—SMYC 8）、圆球状双眼（示例如 CⅤ—SMYC 7、CⅥ—SMYC 8、DⅠ—SMYC 9）、两颊瘦削（DⅠ—SMYC 9）、牙齿暴露（如DⅡ—SMYC 10 之 a 面等）等特征，尚与 1983 年陕西清涧李家崖商代晚期城址出土阴刻梯形石雕骷髅体人像"两颊瘦削，方形下颌，球状双眼，齿部暴露"[47]等特征有一定渊源关系。

即就类似三星堆青铜头像以及周至出土商代青铜头像的 FⅠ—SMYC 15 而言，其相对拙稚雕凿手法的凸显以及较低级石头材质的限定与气韵、气势的减弱和下部或附联较长三角形、矛形部分，或附联较长"凸"字形部分但缺漏前视一半等现象，或可能是此类雕像在接受南来文化传播过程中所相应显现的一定的滞后性、落后性、变异性与地域性特质的客观表露。

我们将以上叙述进行整理，大致梳理出 15 件石峁雕像的时代区间应在新石器时代晚期至夏商之际或稍晚一点历史区间，基本与此前诸家在脱离石峁雕像文化元素环境下所进行的相关讨论结果吻合。

究其艺术发展脉络，大体经历从率意自然形、不规则圆形、瓜子形到相对规则圆形、底平柱状型、纵目阔嘴长条型；从惊恐扭曲变异脸型与开张口型到逐渐对称、镇定、庄重、威严脸型与闭嘴口型；从率意选材、单调技法、简单雕刻、造型意匠不太稳定到有意味、有意匠选材及雕技多样、造型规制与初具一定塑形模式、相对精细的基本衍变发展过程。其中形制演变轨迹中后三种可能会交替存在或同时共存。

察其文化属性，虽与河套地区内蒙古、山西、陕西接合部有密切联系，但更多的则表现出一种集群式聚集、个性浓郁的地域性特质。

就其接受外来文化影响的多寡、频次、节奏与浓度、范围、品级、质量等层面而言，似与殷墟、关中、陇东以及更远的川、鄂、苏等地区有着更为密切的联系。

因此，将石峁雕像群组置于独立命名的"石峁类型"或"石峁文化"氛围之中并密切注意其与周围区域尤其是石峁以南广大区域在时、空方面的多重纵横联系，相对准确地廓清它们的内涵、特质，最大限度地缀合、复原一段已经消失、迷茫的人类历史，便可能成为我们目前以及今后系统观察、研究石峁文化的一种较为恰当的理性选择。

四、石峁石雕像群组性质、意义与相关问题之蠡测

前述将 15 件石峁遗址发现石雕像定名为"石峁石雕像群组"，意在透析其明晰集群特质与实际血缘凝结关系。接续以上论述，我们再将已知石峁石雕像群组内诸器物集中分型、分式、分组（图七四），进行纵、横层面的观察分析，发现其在集群特质的限定下，除过表面上点的聚集、量的集合、线的联系、多维度对接这一显著特性外，更深的学术意蕴则在于它的性质、作用以及制作者、使用者指向与使用方式并延续时间等相关层面。

检视目前所知历年来在四川、辽宁、吉林、河北、内蒙古等地先后发现的与石峁石雕像群组大致同一时期（或稍早、稍晚一些）诸文化遗址所出铜、石质雕像[48]与相关遗物，研究者在探究其性质、作用等相关问题时，几乎均注意到其在当时原始宗教氛围下绝地通天、沟通人神的巫觋作用与相关的一些原始宗教因素[49]。缘于此，对石峁遗址遗物发现研究起过重大推动作用的戴应新先生亦根据石峁遗址所发现的大量牙璋一类的玉器及玉雕人像，推测石峁遗址在龙山文化时期曾有一

型（共6种）	式（属内每单元框图像各为独立1组 共15组）					
A	 AI—SMYC 1					
B	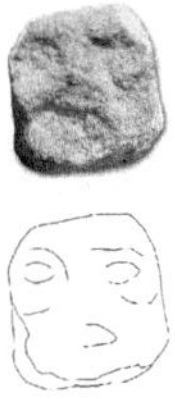 BI—SMYC 2					
C	CI—SMYC 3a	CI—SMYC 3b	CII—SMYC 4	CIII—SMYC 5	CIV—SMYC 6	CV—SMYC 7
						CVI—SMYC 8
D	 DI—SMYC 9	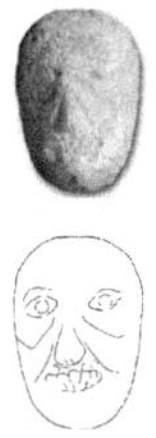 DII—SMYC 10 a	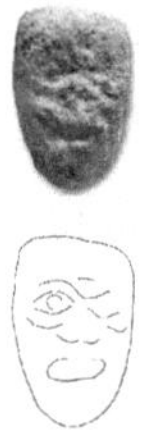 DII—SMYC 10b	 DIII—SMYC11		
E	 EI—SMYC12	 EII—SMYC13	 EIII—SMYC14			
F	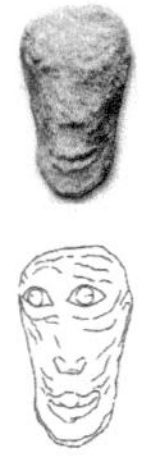 FI—SMYC15					

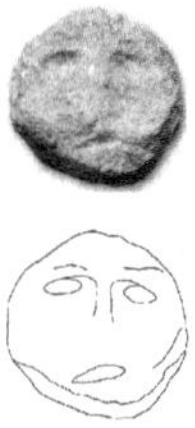

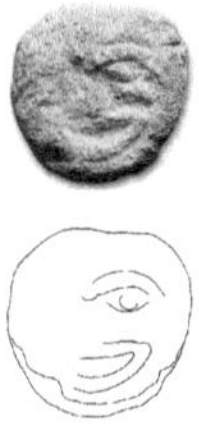

图七四　石峁雕像群组型式类别纵横关系图表

个巫觋集团居住[50]。

基于此，对应石峁石雕像群组与石峁遗址此前发现的大量玉雕人像及牙璋一类玉器遗物，我们似乎没有理由贸然否定、隔断同为一个单元母体并同为当时一定原始宗教氛围两种系列遗物之间的区别与联系。结合历年考古发现以及诸家研究成果与戴应新先生的推论，我们亦有理由相信石峁石雕像群组与石峁遗址所发现的大量牙璋一类的玉器以及玉雕人像等相关遗物均应具有绝地通天、沟通人神之"巫觋"一类的功用，同样包含对位"巫觋集团"性质、特征的一些相关因素。

不同的是，这些可能曾经承担"巫觋"一类功用的宗教祭祀用物，在我们的观察视角内已经发生了质的联系与量的变异。我们对它的认识已经由原来仅知玉器诸类等相对单一的图像构体观察，扩展到玉器、石器诸类更丰富的图像构体观察；其遗物内涵则由少量的数据存储增加到多量的数据组合；其性质、特征，则由原本认识的单一性、初步性，上升到多元、多维、丰富、复杂甚至相对完整的层面。

应该看到，这种以集群式样态顽强留存下来的石雕像，其时代的超前、数量的集中、样态的丰富以及形式、雕技的多样与发展脉络的相对系统、完整，在同时期的考古发现中尚属罕见，在陕西地区目前所知同时期文化遗址发现遗物中，更属仅见。因此，这批石雕艺术品无疑具有极为珍贵的历史、文化价值。它不仅极大地扩展、丰富了石峁遗址的遗物组合结构，而且也极大地扩展了其神秘狞厉的文化内涵。其对于系统、多元的透析石峁遗址的文化内涵、时代特征、宗教性质、聚落结构、先民生活以及地域特征等，尤具重要学术价值。

有意味的是，戴应新依据大量玉雕人像及牙璋一类玉器的时代特征，将各个品物所具有的巫觋因素集中放大、凝聚到龙山文化时期与巫觋集团两个关键节点。我们观察石峁石雕像群组的数量比率、时代特征与文化内涵亦集中在龙山文化时期这一显著特征，相信两种不同推论环境下所得出的同一结论，绝非仅仅只是偶合与非本质的联系。

扩展戴应新的论述，石峁石雕像群组本身所显现的时代区间，还将石峁聚落巫觋集团的发展历史延展到了夏商之际或稍晚一些。惟石峁石雕像群组所显示的具有夏商之际或稍晚一些时代特征、文化内涵比较龙山文化时期明显减弱。其不仅仅只表现在相较前期石雕像量的减少，更重要的还在于其质的降低。诸如 EⅡ—SMYC 13、EⅢ—SMYC 14 等雕像相较同时期殷墟地区以及其他相关地区所显现的形式粗糙、雕技简拙率意等现象，正委婉表现了这一意蕴。

从另一层面观察，我们还可以想象、推论，延续时间较长的石峁巫觋集团历史，在造就石峁雕像数量的不断增生与形式内涵的不断延展丰富之同时，也造就石峁巫觋集团构体与雕凿石像工师群体在成员数量、技艺质量方面的不断增生、进步与历史传承的凝固并经久。

调查发现，SMY1 区位于遗址西南部，区内范围在遗址诸分区中属最大，地势亦相对开阔平坦，为石峁遗址诸区中心所在。相对而言，该区东侧中心位置背风向阳，更开阔平坦，石雕人像多在此发现。因此，若排除人为转移或其他原因，此处应为整个遗址最中心、最神秘的重点区位，或许也是石峁巫觋集团的主要祭祀活动场所。

对石峁巫觋集团构体特征的剖析与研究，限于资料，目前尚无力作深入、系统的探讨。不过通过 1959 年四川省巫山大溪遗址 60 号墓发现新石器时代男、女两面石雕像，1984 年辽宁省东沟县后洼遗址出土新石器时代男、女两面陶塑人头像，四川广汉三星堆遗址出土新石器时代晚期至商末周初双面神人青铜像以及 1975 年西安大白杨废品回收库征集跽坐铜裸女形提梁卣裸女形象等示例来对应观察石峁雕像群组 BⅠ—SMYC 2、DⅡ—SMYC 10 两面石雕人像，发现 BⅠ—SMYC 2、DⅡ—SMYC 10 两件两面石雕每组之间人头像造型风格与雕凿手法似乎均存在着时间序列与器官特征上的某种特殊差别与血缘联系。如 BⅠ—SMYC 2 "a" 面较 "b" 面原始、拙稚，"b" 面类同西安大白杨废品回收库征集跽坐铜裸女形提梁卣裸女气韵，显为女性特征。同样感受，亦可通过对 DⅡ—SMYC 10 两面石雕人像的观察得到证实，其中 DⅡ—SMYC 10 "b" 面雕像具有明显女性特征。

缘此，结合以上推论，我们有理由推测石峁巫觋集团的结构成分，也有理由将此结构成分中"巫""觋"两种地缘因子与 BⅠ—SMYC 2、DⅡ—SMYC 10 两面石雕人像的形象对位联系。当然，对此类问题的探讨研究，目前仅只是初步蠡测，若欲获得新的突破，还须等待更多新考古材料的发现与集聚。

前文提及，SMY1 区可能是石峁巫觋集团主要祭祀活动场所，如此推论不误，那么，此一巫觋集团到底是如何在这一区域举行祭祀活动的？而已经被我们认定为宗教祭祀用物的石雕像，究竟又是通过怎样的方式来与这些祭祀活动发生联系的？

探讨这两种问题，前者可对应参考学界相关研究成果，后者则可通过石峁雕像的形式、特征并对照同时期其他文化遗址所出石雕像形式、特征与相关信息资料进行比较分析。

除却石峁雕像群组，检视目前新石器时代文化遗址发现石雕人像，根据其形制特征与相关研究成果[51]，推测其安放方式，大体有以下三种形式：

Ⅰ式：悬挂式。示例如 1959 年四川巫山大溪 64 号墓出土 1 件椭圆形黑色火山岩两面雕人面像，高 6、宽 3.6、厚 1 厘米，顶端有 2 个穿孔（图七五）；1973 年甘肃永昌鸳鸯池 51 号墓出土椭圆形白云石雕人面像，高 3、宽 2.5 厘米，顶端有 1 个穿孔。

Ⅱ式：栽置式。示例如 1989 年内蒙古赤峰市林西县白音长汗遗址出土兴隆洼文化时期石雕人像，高 35.5、长 16、宽 11.5 厘米。下端打制加工成楔形（图七六）。

Ⅲ式：倚坐式。示例如 1989 年内蒙古赤峰市林西县白音长汗遗址出土兴隆洼文化时期石雕人像。腹下栽桩演变成腿[52]。

与以上三种形式相比，石峁石雕像则多为倚靠式、倚坐式、摆置式。其中倚靠式、摆置式可能与李家崖文化石雕人像的摆置方式类同，只是尚未见到类似兴隆洼文化时期石雕人像那样下端打制加工成楔形的栽置式。但摆置式与栽置式功用类同，区别则在是否埋置。

据笔者考察及西安半坡博物馆副馆长何周德介绍，2002 年半坡博物馆考古队曾在该遗址居住区偏北实施发掘，出土具有祭祀意义的栽置式石柱 1 件，高 79 厘米，系选取石灰岩质自然石块稍加雕凿而成。粗略审视，其顶部似为人工处理或有意选择，呈斜平状。斜平面下部似有人工雕凿两圆圈，或在显示神人眼睛或其他器官特征？将其与整体斜平面联系，其通体或应为石雕神人体或石雕神柱？姑暂定名及提出拙见，以俟研究者深入探讨。

由此推测，石峁遗址石雕像性质，应类同半坡遗址发现之石雕神人体或石雕神柱。其使用方法、形状特征，应存在某种共性和前后时间轨迹上的联系。区别只在是否埋置以及石柱状人体在形制、规制上的原始性。换言之，目前发现的石峁石雕像其主要三种类型之间，可能在使用方法、形

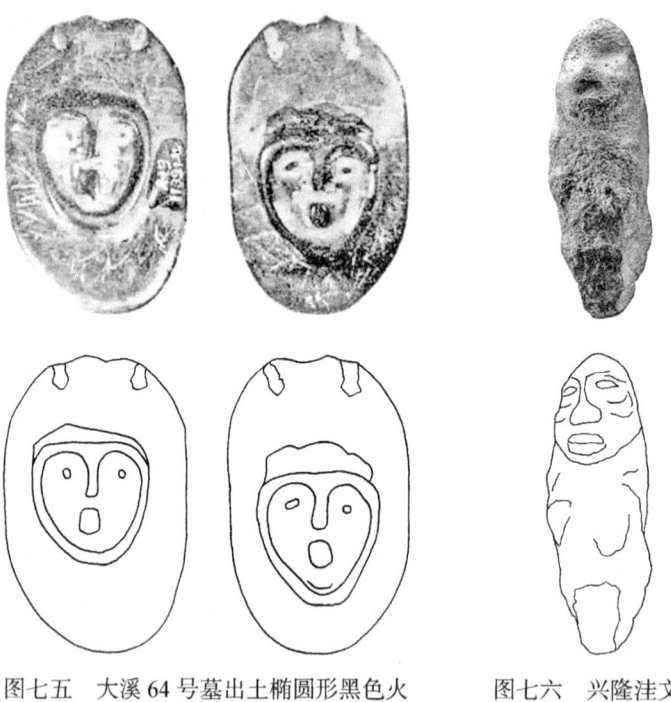

图七五　大溪64号墓出土椭圆形黑色火　　　　图七六　兴隆洼文化
山岩两面雕人面像　　　　　　　　下端楔形石雕人像

制等方面基本存在着倚靠式、倚坐式、摆置式一线时序关系上的联系。

根据石峁玉雕人像下部有孔，或因便于携带、悬挂等目的而为之例观察，石峁石雕像或亦应有悬挂式石雕像，遗憾的是，目前尚未发现实物例证。

又石峁石雕像大致发现地点，多在SMY1区，但到底是墓葬出土，或是遗址出土，目前尚难以廓清。查近年神木新华遗址曾发现形似墓葬的玉器坑1处，就中埋藏玉石器共36块，分作6排竖直侧立插入土中排列。有刃部的器物，刃部均向下埋入土中；无刃部者，则背薄面朝下[53]。鉴于石峁雕像与神木新华遗址出土玉器共同具有的祭祀性质，故此类现象将可能为我们推测想象石峁石雕像的安置方式，提供了新的思维空间。虽然这种推测想象目前尚显稚嫩，但希望随着新考古资料的发现以及文物考古研究的不断深入，此类问题终究会得到深入、合理的解决。

关于石峁石雕像群组雕像更多地倾向、契合殷墟地区、关中地区以及南方地区等相关区域雕像风格的问题，除上述地区凭借独特地域、文化等优势，不断得以逶迤北上而逐步与石峁聚落交相融合原因外，石峁聚落所独立显示的巫觋集团特性，恐应是石峁石雕像群组以及相关石峁遗物形式、风格更多契合上述地区的另一重要原因。推测正是这种巫觋集团特性的本质张扬，才促使石峁石雕像群组与其他石峁遗物出现容涵多种文化因素而不同其他相邻区域的显著特色。其中EⅡ—SMYC 13、EⅢ—SMYC 14、FⅠ—SMYC 15等雕像的出现，或正是这一阐释的微妙注脚。

需重点提示的是，石峁石雕像群组中FⅠ—SMYC 15的发现，为我们深入探讨三星堆文化北向衍传、石峁文化南下渗透或多种文明相互碰撞交融等问题，提供了弥足珍贵的实物资料。我们将FⅠ—SMYC 15与秦岭北麓周至发现的类同三星堆文化特质的商代青铜神像及三星堆青铜神像等相关文化遗物相对接联系，应该能够清晰感受到多种文化碰撞、交融以至变异的节点与文化衍传轨迹（如FⅠ—SMYC 15与三星堆青铜像、周至商代青铜头像之间的共性以及FⅠ—SMYC 15下巴下部平齐，不似三星堆青铜像下部附联较长三角形、矛形部分，亦不似周至商代青铜头像下部附联较长倒"凸"字形部分而缺漏前视一半。周至商代青铜头像虽与三星堆青铜像下部均有附联部分且面部特征基本相似，头部正中并有直立对称开张双耳，但两者附联部分形状却有明显区别等等）。唯此一点，事实上已经明显契合并有机扩展了此前诸家学者所谓三星堆文化不断接受外来文化及本体文化强势向外衍传、发展的推论[54]，希望能够引起更多研究者更为密切的关注与重视。相信随着考古工作的深入开展与诸类遗物的不断发现，此类感受将会得到进一步的扩展与印证。

另需补缀者，前揭榆林市某藏家尚收藏三阶同心圆刻石、条形斜线雕刻石、不规则圆形蟾蜍刻石各1件。

三阶同心圆石雕，直径17厘米，中心点外依次有三重同心圆（图七七），其雕凿性质或与原始宗教祭祀等内涵有关。

不规则椭圆形蟾蜍刻石，最大直径40、厚16厘米，浅浮雕蟾蜍图像高2厘米。石刻外缘左侧中部内凹残缺，椭圆形石面最大面积中心减地雕刻探头、右视、蹑足、扭身、缓步前行的蟾蜍图像。蟾蜍背部凿刻与蟾蜍头向相同的竖行散点5排矛尖状星斑。蟾蜍头向右偏，与右侧两腿明显长于左侧两腿的写实动态契合，整体略呈"S"形。右眼明显圆睁、斜视。此种神情体态规划布局，恰好弥补了石面左侧外缘中部内凹、缺损的失重感。当为创作者细致观察探头、右视、蹑足、扭身之蟾蜍前行动态后刻意凿刻定格这一生动瞬间的艺术佳品，拙稚可爱，极富动感（图七八）。其寓意应与生命繁殖或月崇拜[55]等原始信仰相关。

条形斜线雕石刻，高26、宽17、厚15厘米，一面似有多条对称剔刻斜线（？）（图七九），至其性质、用途，尚需进一步考论认定。

此3件石刻年代，依其雕凿风格，均约略类同石峁石雕像群组，或在新石器时代中晚期以至夏商之际。其中本文第三节将不规则椭圆形蟾蜍刻石与美国明尼阿波利斯艺术中心藏商代玉蟾蜍、陕

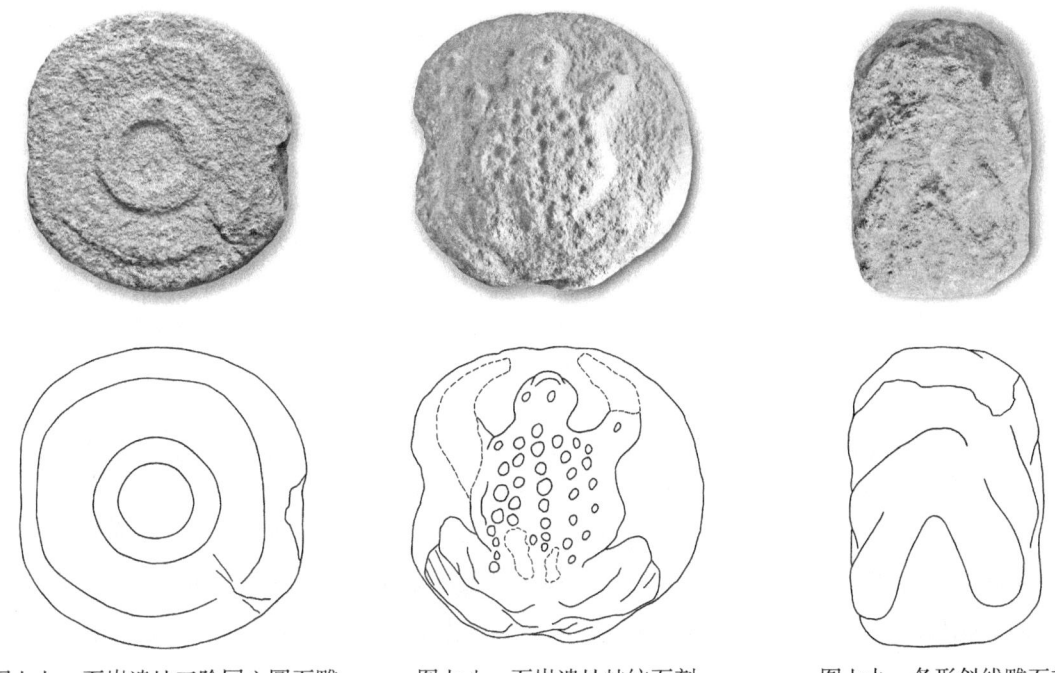

图七七　石峁遗址三阶同心圆石雕　　　图七八　石峁遗址蛙纹石刻　　　图七九　条形斜线雕石刻

西历史博物馆藏洋县谢村镇范坝村出土商代蛙纹钺比较所显现的相对原始性，尤可作为重要佐证之一。

关于石峁石雕人像的人种问题，依据石峁石雕人像及玉雕人头像集中显示人像器官脸部多扁平、头部较大、眉骨粗壮、鼻梁宽扁（亦有较高者）、颧骨较高、吻部前伸、眼眶较高等典型蒙古人种（Mongoloid）特征，故其应属蒙古人种东亚类型。

此一判定，与近年韩康信、谭婧泽、张帆所著《中国西北地区古代居民种族研究》一书认为"迄今为止出自我国青海、甘肃、宁夏、陕西等西北地区境内的新石器时代和青铜时代以及秦汉以前的古代居民的人种性质，都毫无例外地归属于蒙古人种东亚类型，尚未发现任何西方高加索人种因素"[56]的结论应该是契合、类同的。

五、结　语

我们对本文讨论进行整理、总结，基本得出以下诸种结论：

（1）石峁石雕像群组的发现，不仅在同时期考古发现中属罕见，即在陕西地区目前所知同时期文化遗址发现遗物中，亦属仅见。

（2）石峁石雕像群组的发现，对于丰富中国早期石雕像群组结构以及区系文化类型结构与中国美术史内涵、弥补陕西地区早期石雕像群组空白、链接其与李家崖文化等相关文化类型之间的联系、扩展早期宗教文化内涵以及深化对石峁遗址的认识等具有重要学术、文化价值。

（3）根据石峁石雕像群组之间艺术风格之共性、个性，目前按考古类型学方法理论暂将其分为不规则三角形、近似方形、不规则圆形、瓜子形、底平柱状型、纵目阔嘴长条型6种类型。

（4）通过对石峁雕像群组进行类型分析并参考相关研究成果，初步推测石峁雕像群组在当时文化背景与原始宗教氛围内的安放形式主要为倚坐式、倚靠式、摆置式三种（悬挂式穿孔石峁玉雕人像除外）。其间可能存在着一定的时序发展关系。

（5）石峁遗址石雕像多发现于遗址中心区位，接近居住区，半坡遗址亦在居住区偏北发现石雕神人体（石雕神柱），此种共性应非偶然。其为深入了解石峁遗址石雕像原在位置、使用方法，功能性质等，提供了新的启迪与思考。

（6）通过对石峁雕像群组雕像类型、造型、雕技、风格、内涵及发展脉络等相关问题的梳理、分析并对照、比勘于其他相关文化遗址文化遗物之时代特征等相关内涵，其时代区间应在新石器时代晚期至夏商之际或稍晚一点历史区间，基本与此前诸家在脱离石峁雕像文化元素环境下所进行的相关讨论结果吻合。另外，石峁玉雕人像穿孔特征与美国明尼阿波利斯艺术中心藏商代玉蟾蜍穿孔特征类同，但前者穿孔偏在下部、后者穿孔偏在中部，前者形态自由、率意、拙稚、原始，后者形态相对对称、规范、成熟，前者时代应早于后者、凿空方法有前后承接关系等现象亦可佐证。

（7）如笔者基于石峁雕像群组论述推测石峁遗址时代与文化属性的结论不谬，石峁雕像群组或为与鬼方文化有一定渊源的一组重要文化遗物。其对深化评定石峁遗址价值及河套地区早期人类文化区系性质、结构、内涵、特质与衍传轨迹等，无疑具有重要的学术意义及学术启迪作用。

（8）考究石峁雕像群组的艺术发展脉络，大体经历从率意自然形、不规则圆形、瓜子形到相对规则圆形、底平柱状型、纵目阔嘴长条型；从惊恐扭曲变异脸型与开张口型到逐渐对称、镇定、庄重、威严脸型与闭嘴口型；从率意选材、单调技法、简单雕刻、造型意匠不太稳定到有意味、有意匠选材及雕技多样、造型规制与初具一定塑形模式、相对精细的基本衍变发展过程。其中形制演变轨迹中后三种可能会交替存在或同时共存。

（9）石峁雕像群组成员分别凸显的形式、风格，启迪我们不仅可以在多元透析、纵横碰撞的过程中，相对客观、有机地将其联组成具有一定内在本质联系的整体线性轨迹，而且还可以针对构成石峁雕像群组成员各个形式、风格主题之条块性部位元素，在分别链接本组成员所凸显不同主题艺术发展轨迹的同时，纵横串接更广泛的相关示例，分别组建更深远、更悠长的不同主题、不同门类的艺术发展轨迹，从而为深化认识中国古代艺术内涵、特质、发展轨迹以及融合关系与谱系建构等，提供重要的实物、实体例证。如文中跳跃开释的 DⅠ—SMYC 9、DⅡ—SMYC 10 引发的中脊两面坡艺术衍变发展轨迹、EⅠ—SMYC 12 引发的八字眉目艺术风格衍变发展轨迹、CⅣ—SMYC 6、CⅤ—SMYC 7、CⅥ—SMYC 8 引发的"凸起双眼"艺术风格流行主题、DⅡ—SMYC 10 之 a 面引发的"牙齿暴露"艺术风格流行主题等，均可证明。

（10）石峁雕像群组所凸显出的性质、风格，基本与此前学界对应石峁遗址相关遗物所做出的主体分析判断吻合。其文化属性，虽与河套地区内蒙古、山西、陕西接合部有诸多、密切的联系，但更多的则表现出一种与殷墟地区、关中地区、陇东地区以及更远的川、鄂、苏等地区有着更为密切联系、呈集群式聚集、个性浓郁的地域性特质。因此，应将其归结于"石峁类型"或"石峁文化"来考量、观察。

（11）石峁雕像群组与此前石峁遗址发现的属于同一母体的大量具有"巫觋"性质的文化遗物存在着密切的联系，对于深化认识石峁聚落的规模、结构、时代、品级地位以及石峁巫觋集团的存在与社会文化并宗教文化内涵，具有重要的学术意义。换言之，根生于大型石峁遗址的石峁雕像群组以及大量牙璋类玉器并其他玉器遗物与诸多丰富遗迹与文化现象的聚集，昭示出河套地区石峁聚落遗址异于其他同时期聚落遗址非同一般的地位、品质、内涵与特质。

（12）类同三星堆青铜神像及秦岭北麓周至商代青铜神像与城洋地区商代青铜人像的石峁雕像群组 FⅠ—SMYC 15 遗物之发现，为学界研究提供了新的视点。对于探讨三星堆文化越过秦巴山地北传与石峁文化南下与三星堆等先进聚落文明相互碰撞交融等问题提供了弥足珍贵的实物资料，开启了新的思维想象空间。

（13）通过对石峁雕像群组人像器官特征的观察、分析并结合相关研究成果，石峁人种应属蒙古人种东亚类型。这一结论对深化研究华夏民族的融合历史以及族源、族属、结构、内涵、特质等，标定了脉络清晰且相对系统完整、直观具象的形象标尺与民族学研究参照系。

附记：本文在调查写作过程中，得到榆林市某收藏家以及张波先生、卢夏先生、王润平先生、高军军先生等人的大力支持与配合，张波先生并陕西省考古研究院的张仲立先生、西安半坡博物馆的何周德先生且仔细阅读拙文，提出诸多宝贵意见，谨一并表示诚挚感谢。

注　释

[1]　刘志伟：《陕北地区烧变岩的地质特性与工程性能分析》，《电力勘测设计》2005 年第 2 期。

[2]　参见 Alfred Salmony：Carved Jade of Ancient China，Berkeley，1938. 按美籍 A. Salmony 于 1929 年岁末曾以德国科隆远东美术馆代表身份暂住北京，故有此缘。又见宋镇豪：《夏商社会生活史》，中国社会科学出版社，2004 年；郑魁英：《话说牙璋》，《收藏》2005 年第 11 期等。

[3]　戴应新：《陕西神木县石峁龙山文化遗址调查》，《考古》1977 年第 3 期；西安半坡博物馆：《陕西神木石峁遗址调查试掘简报》，《史前研究》1983 年第 2 期等。

[4]　国家文物局主编：《陕西省文物地图集》（陕西分册）下，西安地图出版社，1998 年，第 631 页。

[5]　阎宏东：《神木石峁陶器分析》，《文博》2010 年第 6 期。

[6]　戴应新：《神木石峁龙山文化玉器》，《考古与文物》1988 年第 5、6 期合刊；戴应新：《神木石峁龙山文化玉器探索》（一至三），台北《故宫文物月刊》总 125—127 期，1993 年，第 44—55、46—61、78—84 页；张长寿：《论神木石峁出土的刀形端刃器》，《南中国及邻近地区古文化研究》，香港中文大学出版社，1994 年；杨伯达：《"一目国"玉人面考——兼论石峁玉器与贝加尔湖周边玉资源的关系》，《考古与文物》2004 年第 2 期；孙周勇、乔建军：《石峁玉器年代的考古学检视》，《第二届中国古代玉器与传统文化学术讨论会专辑·浙江文物考古研究所学刊（第六辑）》，杭州出版社，2004 年；郑魁英：《话说牙璋》，《收藏》2005 年第 11 期；高嵘：《陕西历史博物馆藏石峁玉器赏析》，《文博》2009 年第 4 期。

[7]　戴应新：《陕西神木县石峁龙山文化遗址调查》，《考古》1977 年第 3 期；戴应新：《陕西神木县石峁龙山文化玉器》，《考古与文物》1988 年第 5—6 期合刊；谷飞：《中国玉器时代》，《考古》1993 年第 6 期等。

[8]　西安半坡博物馆：《陕西神木石峁遗址调查试掘简报》，《史前研究》1983 年第 2 期。

[9]　高天麟：《黄河前套及其以南部分地区的龙山文化遗存试析》，《史前研究》1986 年第 3—4 期合刊。

[10]　魏世刚：《试论石峁等遗存与客省庄二期文化的关系》，《文博·史前研究专号》1990 年第 4 期；魏世刚：《论客省庄二期文化与康家遗存》，《考古文物研究——纪念西北大学考古专业成立四十周年文集》，三秦出版社，1996 年。

[11]　参见《陕西吴堡县后寨子峁遗址发现庙底沟二期至龙山早期遗存》，《中国文物报》2005 年 9 月 28 日。

[12]　杨永存、刘晓丽：《绥德县赵家砭乡发现新石器时代石城遗址》，《西安晚报》2009 年 3 月 13 日。

[13]　广义讲石峁遗址所出所有石刻雕像均应属于"石峁石雕像群组"范畴，相信此一概念将随着石峁遗址新石刻雕像资料的不断发现而得以扩充、完善。

[14]　张忠培：《客省庄文化及其相关诸问题》，《考古与文物》1980 年第 4 期。

[15]　高天麟：《黄河前套及其以南部分地区的龙山文化遗存试析》，《史前研究》1986 年第 3、4 期合刊。

[16]　张宏彦、孙周勇：《石峁遗存试析》，《考古与文物》2002 年第 1 期。

[17]　姜捷：《客省庄二期文化遗存分析》，《史前研究》，三秦出版社，2002 年，第 356—375 页。

[18]　戴应新：《陕西神木县石峁龙山文化遗址调查》，《考古》1977 年第 3 期；《陕西神木县石峁龙山文化玉器》，《考古与文物》1988 年第 5、6 期。

[19]　巩启明：《陕西新石器时代考古工作与研究》，《考古与文物》1988 年第 5、6 期；魏世刚：《试论石峁等遗存与客省庄二期文化的关系》，《文博》1990 年第 4 期。

[20]　西安半坡博物馆：《陕西石峁遗址试掘简报》，《史前研究》1983 年第 2 期。

[21]　高天麟：《黄河前套及其以南部分地区的龙山文化遗存试析》，《史前研究》1986 年第 3、4 期合刊。

[22]　2002 年上海古籍出版社出版尤仁德《古代玉器通论》第 71 页引谷飞《评〈中国玉器时代〉》，参见《考古》1994 年第 9 期。

[23]　魏世刚：《试论石峁等遗存与客省庄二期文化的关系》，《文博·史前研究专号》1990 年第 4 期，第 33—40 页；魏世刚：《论客省庄二期文化与康家遗存》，《考古文物研究——纪念西北大学考古专业成立四十周年文

集》，三秦出版社，1996年。

［24］ 张忠培、孙祖初：《陕西史前文化的谱系研究与文明形成》，《远望集——陕西省考古研究所华诞四十周年纪念文集》，陕西人民美术出版社，1998年。

［25］ 国家文物局、山西省考古研究所等：《晋中考古》，文物出版社，1999年。

［26］ 张宏彦、孙周勇：《石峁遗存试析》，《考古与文物》2002年第1期，第60页。

［27］ 四川长江流域文保会考古队：《四川巫山大溪新石器时代遗址发掘记略》，《文物》1961年第11期。

［28］ 卜昭文：《后洼遗址出土40多件原始图腾石雕和人形陶像》，《光明日报》1987年5月18日。

［29］ 吴汝祚：《甘肃鸳鸯池和土谷台两墓地的初步剖析》，《考古》1990年第1期。

［30］ 均参见陕西省文物局：《陕西文物精华》，陕西人民美术出版社，1993年，第4页。

［31］ 国家科技部、国家文物局：《早期中国中华文明起源》，文物出版社，2009年，第74页。

［32］ 参见榆林市某收藏家藏石峁陶器局部标本。

［33］ 参见山西省考古研究所：《山西吉县沟堡发现的早期"灶君"》，《寻根》2007年第2期，实与陕西高陵杨官寨遗址出土涂朱镂空人面覆盆陶器相同。部分著述认为此类器形目前仅出土两件：一为山西吉县沟堡遗址出土；另一为陕西高陵杨官寨遗址出土（参见国家科技部、国家文物局主编《早期中国中华文明起源》一书第74页收录"涂朱砂镂空人面覆盆陶器"图文字说明，文物出版社，2009年）。实洛川博物馆亦藏洛川出土类同器物一件，惟时代晚于前者。参见洛川博物馆文物展览。

［34］ "人面陶塑"为2009年8月陕西省考古研究院杨亚长等在西安市蓝田县华胥镇和灞桥区燎原村新街村遗址发掘出土。参见陕西省考古研究院：《考古年报》，内部资料，2009年，第17页文字介绍与"出土陶塑"图版。

［35］ 国家科技部、国家文物局：《早期中国中华文明起源》，文物出版社，2009年，第97页。

［36］ 张廷皓：《陕西文物精华·青铜器序言》，参见陕西人民美术出版社1993年出版陕西省文物局编辑《陕西文物精华》第15页。此类示例较多，如《陕西文物精华》一书第16页收录陕西历史博物馆藏1972年华县桃下村出土商代晚期饕餮纹分档鼎等。但张廷皓将"突出棱脊"笼统归结为"周人"所有，并称此为"周人特有"，却值得商榷。

［37］ 赵丛苍：《城固洋县铜器群综合研究》，《文博》1996年第4期。

［38］ 陈文平：《流失海外的国宝·图录卷》，上海文化出版社，2001年，第69页，图版2、3。

［39］ NHK．NHK—ブロモション：2000年·NHK．放送75周年事业《世界四大文明展》，デザイン·制作：美術出版デザインセンター．p.67（上图）。

［40］ 陕西省考古研究院：《考古年报》，内部资料，2009年，第9页"壕沟内出土镂空人面陶豆"图版。高陵杨官寨遗址镂空"人面陶豆"2009年发掘出土。文化遗存以庙底沟文化和半坡四期文化为主。

［41］ 杨琮主编：《塞上古韵》，福建美术出版社，2010年，第9页图版。依《塞上古韵》第9页图版显示，此地岩画单体人面像主要为椭圆形、圆形两种。

［42］ 西安市文物保护考古所编著：《西安文物精华·青铜器》，世界图书出版西安公司，2005年，图、文第88页。

［43］ NHK．NHK—ブロモション：2000年·NHK．放送75周年事业《世界四大文明展》．デザイン·制作：美術出版デザインセンクー，p.67（下图）。

［44］ 此像高34、颈径11厘米，周至县文管所藏。采自2001年陕西人民出版社出版《三秦国宝》第36图。

［45］ 林树中、沈俐主编：《海外藏中国历代雕塑》（下），江西美术出版社，2006年，第645页图版。《海外藏中国历代雕塑》称其为"蛙形玉佩"，细审应为蟾蜍。

［46］ 参见陕西省文物局编辑：《陕西文物精华》，陕西人民美术出版社，1993年，第16页。

［47］ 参见吕智荣：《鬼方古城址中出土一尊石雕人像》，《美术》1987年第11期；张映文、吕智荣：《陕西清涧县李家崖古城址发掘报告》，《考古与文物》1988年第1期，第54页；蔡亚红：《李家崖文化研究》（硕士论文），西北大学，2008年等。

［48］ 陈少华：《中国新石器时代文化艺术的萌芽》，《农业考古》2003年第3期。

［49］　参见曲石、孙倩：《我国新石器时代雕塑人像的研究》，《中原文物》1989 年第 1 期；韩佳瑶、陈淳：《三星堆青铜器巫觋因素解析》，《文物世界》2004 年第 3 期；杨琳：《长江流域新石器时代玉石人像初探》，《首都师范大学学报》（社科版）2007 年第 1 期；张闻捷：《试论商代巫玉的源流》，《南方文物》2010 年第 1 期等。

［50］　参见戴应新：《神木石峁龙山文化玉器》，《考古与文物》1988 年第 5、6 期合刊，第 239—250 页。

［51］　参见《文汇报》等新闻媒体 2007 年 7 月 23 日刊布《内蒙古发现新石器石雕人像》等新闻信息。主旨："记者近日从内蒙古自治区赤峰市博物馆获悉，近些年来，赤峰地区相继发现了 10 件新石器时代雕塑女性人像，其时代之早、发现数量之多、出土之集中，为其他新石器时代文化中所罕见。考古专家最新研究发现，内蒙古赤峰地区新石器石雕人像主要有两种类型，栽置式和倚坐式。"

［52］　以上两示例均参见王刚：《从兴隆洼石雕人像看原始崇拜》，《昭乌达蒙族师专学报》1998 年第 3 期。

［53］　孙周勇：《神木新华遗址出土玉器的几个问题》，《中原文物》2002 年第 5 期，第 37—42 页。

［54］　参见李学勤：《商文化怎样传入四川》，《中国文物报》1989 年 7 月 21 日；林向：《三星堆文化遗址与殷商的西土》，《四川文物》1989 年专辑；屈小强、李殿元、段渝主编：《三星堆文化》，四川人民出版社，1993 年；段渝：《从三星堆文化看古代文明的本质特征》，《社会科学研究》2006 年第 1 期等。其中屈小强、李殿元、段渝主编：《三星堆文化》所谓："汉中和长江三峡川东鄂西均为三星堆文化与中原文化的边际交流地带，汉中地区是三星堆文化的北部军事屏障和扩张前锋，川东鄂西则是三星堆文化与中原夏商文化和平交流的舞台"等论断尤为重要。以上所引均参见段渝：《三星堆文化的研究与展望》，《中国史研究动态》2007 年第 1 期。

［55］　刘夫德《盘古考》（续）："盘古的本义是蟾蜍，蟾蜍是月的象征，代表了月信仰的时代。"参见《文博》2009 年第 3 期，第 38 页。

［56］　韩康信等：《中国西北地区古代居民种族研究》，复旦大学出版社，2005 年。

（原载于《从中亚到长安》，上海大学出版社，2011 年）

二、发掘简报

陕西神木石峁遗址调查试掘简报

西安半坡博物馆

石峁遗址是 1976 年初发现的[1]。后来陕西省博物馆、文管会、中国社会科学院考古研究所及神木县文化馆、高家堡文化站等单位，又曾多次对该遗址进行了复查。1981 年 8 月，我馆受陕西省文物局委托对该遗址进行了试掘，共开 4×7（米）探沟三条，发掘面积 84 平方米，发现房屋遗迹两处（编号 F1、F2），灰坑一个（编号 H1），石棺葬四座（编号 M1—M4），瓮棺葬一座（编号 W1）。参加这次试掘工作的有巩启明、高跃成、乔世民、杨仙风和魏世刚等同志。

石峁遗址位于陕北神木县高家堡公社石峁大队，东北距县城约 60 千米，西到高家堡公社约 2 千米，向北 10 千米可到长城。发源于本县公泊海子的秃尾河向东南流入黄河，石峁遗址即位于秃尾河支流洞川沟南岸的山梁上。通过试掘得知遗址的房屋和窖穴遗迹主要分布在石峁小学附近和洞川沟南岸的山梁上（即遗址的中心区）；石棺葬、瓮棺葬主要分布于石峁村子附近（即遗址的东北方向）；遗址总面积约 5 万平方米。由于水土流失，遗址破坏较严重，但遗物散布较普遍，遗迹在断崖上时有暴露。现就仅这次调查、试掘的收获简报如下。

一、地层与遗迹

（一）地层

现以 TG1 东壁剖面图为例，简述如下（图一）：

第一层，耕土层，厚 8—20 厘米，土质松散。

第二层，近代扰乱层，厚 5—32 厘米，土质较松散，呈浅灰色。出土有龙山、西周及近代陶片、瓷片等。

第三层，文化层，厚 108—168 厘米，质较硬，呈深灰色。包含物较丰富，出土有龙山文化陶片、红烧土块、白灰面残块等。

第四层，黄色生土。

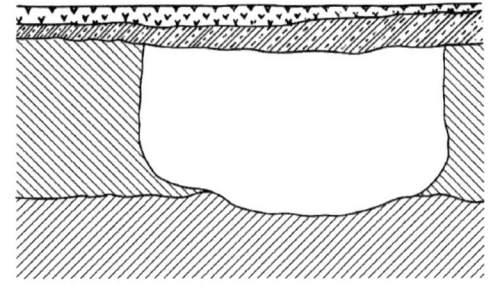

耕土层　　扰乱层　　文化层　　黄色生土
　　　　　浅灰色　　深灰色

图一　TG1 东壁剖面图
（比例 1∶80）

（二）遗迹

因发掘面积有限，所以只发现一个灰坑（H1，）呈袋状，口开在第三层。灰坑的口径 320、底径 300、深 168 厘米，南壁上半部被破坏，其余保存均好，底部较平坦。灰坑内填土呈褐灰色，土质松散，包含物丰富，有石器、骨器、陶器及红烧土块等。其中陶器以夹砂陶为主，细泥红陶和褐陶数量极少（表一）。从陶片中能辨认的器形主要有：鬲、盉、斝、袋足鬶、罐、盆、碗、缸等。

表一　H1 陶质、纹饰统计表

纹饰 ＼ 陶质数量	夹砂灰陶	泥质灰陶	夹砂红陶	泥质红陶	泥质褐陶	细泥釉陶	合计	百分比（%）
篮纹	31	37	—	—	—	—	68	31.63
弦纹	3	15	—	—	—	—	18	8.37
绳纹	44	1	3	—	—	—	48	22.34
方格纹	—	1	—	—	—	—	1	0.48
圆圈纹	8	—	—	—	—	—	8	3.26
锥刺纹	—	4	—	—	—	—	4	1.86
划纹	—	—	—	—	—	2	2	0.93
附加堆纹	10	2	—	—	—	—	12	5.58
镂孔	—	2	—	—	—	—	2	0.93
素面磨光	26	21	—	—	2	3	52	24.19
合计	122	83	3	2	3	2	215	
百分比（%）	56.74	38.6	1.4	0.93	1.4	0.93		100

房屋遗迹两处，是在石峁小学通往村子西边的 TG3 ③中发现的。当发掘至第三层时露出房屋的白灰面残迹（F1）。白灰面打磨得十分光滑、平整、坚硬，厚约 6 毫米。F1 破坏严重，仅残存东西长 304、南北宽 148 厘米的白灰面一处，门向不清。在此房子的西边有一个柱洞，当和 F1 同时。柱洞口径 16、底径 8、深 27 厘米。柱洞周壁均用碎陶片砌成，很为坚硬。

在距 F1 深约 35 厘米之下又发现 F2，从和 F1 的叠压关系来看，F1 是在 F2 废弃后建立起来的房子。F2 东西残长 201、南北残宽 97 厘米，门向不清。白灰面的光滑度仅次于 F1，厚度比 F1 略薄一些。在 F2 南部有一段残长 78、宽 37 厘米的石子铺路。

在 F1 与 F2 中都发现有鬲足、罐残口沿及石斧等。从陶片的质地、纹饰、器形以及叠压关系看，F1 和 F2 当属同一个时期的遗迹。

二、墓　葬

共发现石棺葬四座，瓮棺葬一座。石棺葬大多数分布于石峁村子的周围，这几座墓葬都是在断崖上已暴露出部分痕迹而被发现和清理的，所以均遭到不同程度的破坏。根据目前钻探的资料知道，石峁村子附近当属石棺葬区无疑。现仅就这次清理的数座墓葬分述如下：

M1：是在村子的南部发现的，上部已遭到破坏，经清理在死者的胸上压有一块石板（当是棺盖），背下衬铺有三块不规则形的石板（当是棺底），脚部和头部的壁上各竖有一块石板（当是前、后棺档），头向东且高于脚部，呈斜坡状。整个骨架保存完好，两手自然下垂，两脚并拢，为一单人仰身直肢葬，无随葬品。墓长210、宽80、深89厘米。

M2：是在村民袁筛桃家窑洞上暴露出来的。因挖窑洞时已破坏了一部分，经清理在距地表90厘米处发现了石椁板（图二，A），紧接石椁板下即是瓮棺（图二，B），它是由大型袋足瓮上部盖一件大缸而组成的。缸的后半部已被破坏，只保留几块残片。死者的头骨和胸骨均在袋足瓮内。头骨保存完好，头向东，面向上。随葬品有：陶斝两件，陶罐两件，石刀一件，绿松石一件。绿松石置于死者的下颌骨下方，其余随葬品均在死者的腰部位置。M2是这几座墓葬中保存较完好的一座。墓长190、宽80、深180厘米。

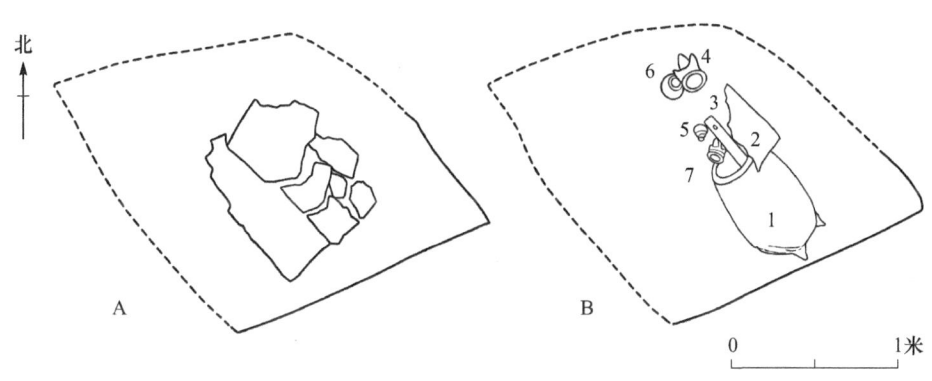

图二　M2平面图

A. 石棺葬墓椁盖板　B. 石椁板下之瓮棺

（图中以数字代表的器物：1. 袋足瓮　2. 残缸　3. 石刀　4、7. 陶斝　5、6. 陶罐　8. 绿松石）

M3：是在距M2西边10米远的地方发现的。葬法和大小均与M1基本相同，只是骨架破坏较为严重，仅能看到的是部分头骨和四肢。头向东南，面向上，无随葬。墓长200、宽75、深150厘米。

M4：是在距M2北边偏东15米远的地方发现的。葬式、葬法和大小均与M1、M3相似。此墓破坏严重，长度不清，宽78厘米。

W1：为当地群众在石峁小学南边的小路旁取土时偶然发现的。经清理，瓮棺是由两个折肩罐打掉口部而组成的，内装一小孩的尸骨。

三、遗　物

（一）陶器

以夹砂灰陶为最多，泥质灰陶次之，细泥褐陶和夹砂红陶最少。夹砂陶质地粗糙，内含砂粒较粗，多为饮器及大型容器类；泥质灰陶多为罐、瓶、碗等饮食器类；细泥褐陶质地较为细腻，只有杯、小罐等。

纹饰除素面外，计有篮纹、方格纹、圆圈纹、划纹、镂孔、弦纹、绳纹、附加堆纹、几何锥刺纹、网纹十种（图三）。篮纹最多，弦纹和绳纹次之，余则较少。篮纹除个别外，纹道很粗，有垂直斜行或交错排列，横行排列者很少。弦纹多饰于器物的口沿下或肩部，腹部极少。绳纹有粗细两种，除少数外，一般都是垂直或交错排列。附加堆纹多见于饮器上，通常和篮纹或绳纹交错使用。几何锥刺纹只在少数残陶片上见到，不易辨认出器形。划纹是在一表面十分光滑细腻的陶片上发现的，由于陶片太小，亦不易辨认出器形。镂孔仅见于器座。

制法有轮制、模制和手制三种。轮制非常普遍，模制和手制均少见。鬲、斝、盉、袋足瓮都是模制的，内壁常见有"反绳纹"的痕迹，有的足尖还填有一个小泥球，起加固足尖的作用。手制一般都用泥条盘筑法，有一次筑成的，也有分段筑成的，然后再把器身和足接合起来。三足器的耳及足都是在器物做好后安上的。

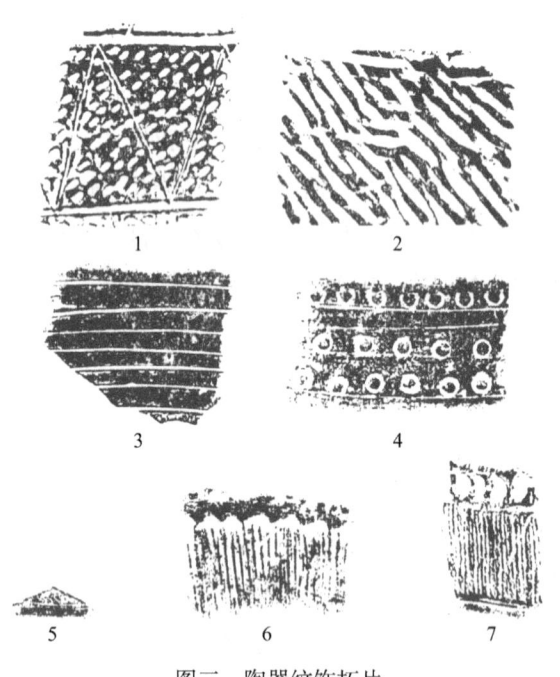

图三　陶器纹饰拓片

1. 几何锥刺纹　2. 篮纹　3. 弦纹　4. 圆圈纹
5. 划纹　6. 竖篮纹　7. 绳纹

器形以斝、罐、鬲为最常见，袋足瓮、盉、碗次之，瓶、杯、器座等极少。现按器形分别叙述如下：

斝　均系夹砂灰陶，由圜底罐下加三袋足而成。可分三式：

I式：三件。标本M2：7，直口，口沿下方有三道弦纹，弦纹下有一圈附加堆纹，紧压在附加堆纹上的是一对鸡冠状附耳。三足为模制，其余部分是手制和轮制相结合，饰有粗篮纹。口径17、高19.5厘米（图四，1）。标本采：1，敛口，平唇微内卷，三足裆较高。口沿下有三道弦纹，余均为粗绳纹。高16.2、口径15厘米（图四，2；图五，1）。

II式：一件。标本采：3，侈口平沿，口沿两旁有一对鸡冠状附耳，器形小，袋足较矮。饰篮纹。高12、口径11.5厘米（图四，4；图五，2）。

III式：一件。标本M2：4，直口平沿，无附耳，足裆较高。饰粗绳纹。高11、口径9.7厘米（图四，3）。

袋足瓮　系石棺葬具。一件夹砂灰陶，三件泥质灰陶。器形高大，胎壁较厚，造型稳重，有三个乳状袋足，饰粗篮纹。可分二式：

I式：三件。标本 M2：1，系泥质灰陶，敛口平唇，下腹部较大，圜底，腹与底之间有明显的棱角，有三个乳状袋足。周身饰篮纹。口径 31.8、高 70 厘米（图四，5；图五，4）。标本采：4，夹砂灰陶，器身有三道弦纹，余均同上。口径 27.4、腹径 44、器高 50.7 厘米（图四，9；图五，5）。

II式：一件。标本采：6，泥质灰陶，敛口平唇，下腹外鼓突出，腹底较平，口沿下侧有两个对称的乳头状小扳手，袋足作乳峰状。饰篮纹。口径 12.8、腹径 20、器高 24 厘米（图四，7；图五，6）。

盉　均系泥质灰陶，可分二式：

I式：标本 TG1③H1：4，敛口，斜肩，收腹。在一足的上方有一个筒状的流，流左右有两个对称的附耳，三袋足裆较宽。自肩以下均饰有绳纹。口径 9.8、高 13.2 厘米（图四，6；图五，3）。

II式：一件。标本采：8，深敛口，阔肩，收腹。肩以下均饰细绳纹。口径 4.8、高 6.6 厘米。属明器

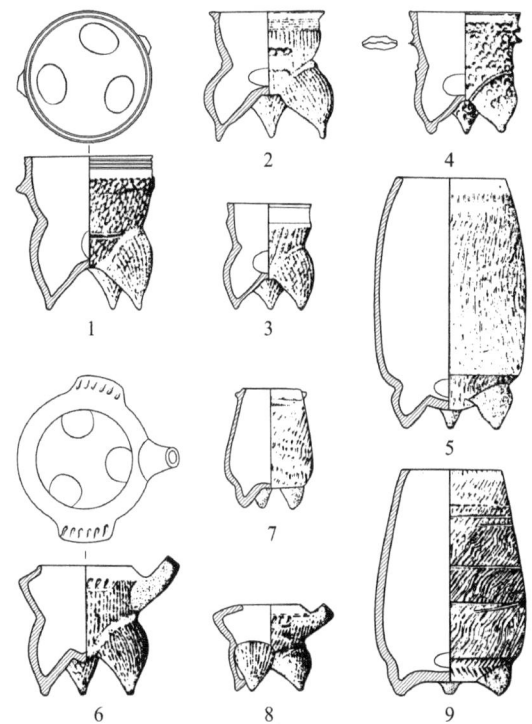

图四　陶器

1、2. I式罐（M2：7、采：1）　3. III式罐（M2：4）　4. II式罐（采：3）　5、9. I式袋足瓮（M2：1、采：4）　6. I式盉（TG1③H1：4）　7. II式袋足瓮（采：6）　8. II式盉（采：8）（1、2. 1/10，3、4、6. 1/8，5. 1/22，8. 1/6，9. 1/20）

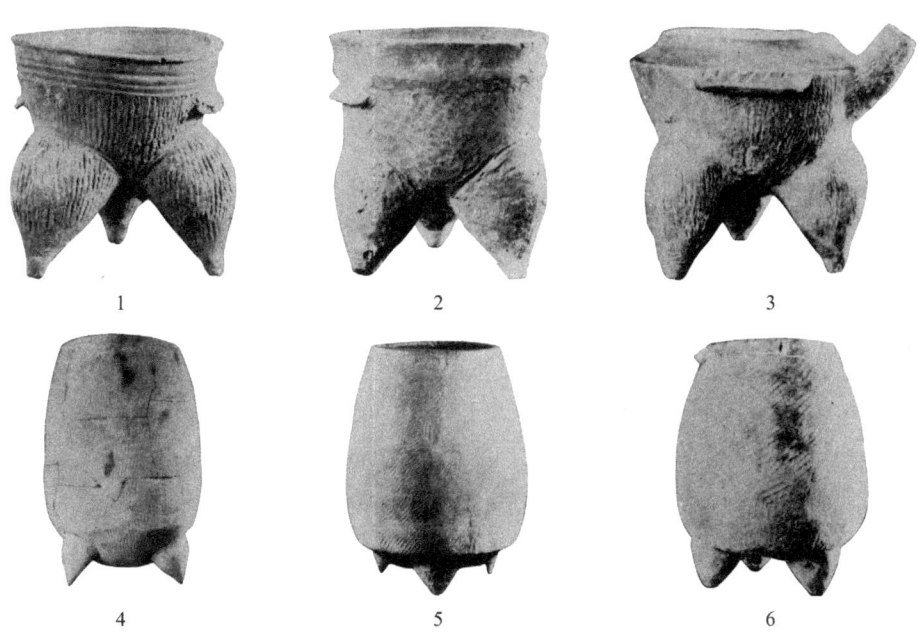

图五　陶器

1. I式罐（采：1）　2. II式罐（采：3）　3. I式盉（TG1③H1：4）

4. I式袋足瓮（M2：1）　5. I式袋足瓮（采：4）　6. II式袋足瓮（采：6）

（图四，8）。

瓮 二件。均系泥质灰陶，标本 W1：1，口部残，宽肩而折，收腹，小平底，在腹的周围有对称的小圆孔。周身饰篮纹。残高 32.3 厘米（图六，1）。标本 W1：2，大敞口，细颈斜肩，小平底。肩上饰篮纹，腹部素面。口径 18.2、高 42.5 厘米（图七，5）。

罐 均夹砂或泥质灰陶，有折肩、高领、双耳、无耳等。可分十四式：

Ⅰ式：二件。标本采：9，泥质灰陶，大口外撇，宽领，腹微鼓，平底，宽带耳。腹上下饰弦纹三道。口径 16.6、高 13.6 厘米（图七，1）。

Ⅱ式：一件。标本采：11，敞口，高领，矮腹，中腹以下斜直内收成平底。宽带耳的上端高耸出口沿外，下端在腹最大径处。口径 7.4、高 8.6 厘米（图六，4；图七，2）。

图六　陶器

1. 瓮（W1：1） 2. Ⅶ式罐（采：16） 3. Ⅹ式罐（采：21） 4. Ⅱ式罐（采：11） 5. 瓶（采：30） 6. Ⅱ式鬲（采：32）

Ⅲ式：一件。标本采：12，敞口，长颈，折肩，小平底，带耳上端在折肩处，下端紧在肩下。颈部饰锯齿纹，腹部饰锥刺纹和篮纹。口径 11、高 20 厘米（图七，3）。

Ⅳ式：一件。标本采：13，长颈，折腹，平底，宽带耳的下端在腹上，口沿部已残。残高 14 厘米。

Ⅴ式：标本采：14，敞口，折肩，平底。领部饰一圈弦纹和锥刺纹，腹部饰篮纹。口径 13.5、底径 14.8、残高 20.5 厘米（图七，4）。

Ⅵ式：一件。标本采：15，领高而直，腹较深。肩下除有篮纹外，还有一周小三角纹。口径 11.8、底径 10.7、高 26.5 厘米（图七，6）。

Ⅶ式：三件。标本采：16，器形较小，腹部饰方格纹。口径 8、底径 8.4、高 13.8 厘米（图六，2；图七，7）。

Ⅷ式：一件。标本采：19，敞口，长颈，腹微鼓而矮，平底。口径7.4、底径4.2、高9.5厘米（图七，8）。

Ⅸ式：一件。标本采：20，夹砂灰陶，喇叭口，长颈，腹微鼓而深。腹部饰网纹。口径7.3、底径5、高11.1厘米（图七，9）。

Ⅹ式：一件。标本采：21，敞口，高领，鼓腹，平底。腹部饰有粗篮纹。口径11.2、底径12、高22.8厘米（图六，3；图七，10）。

Ⅺ式：三件。两件泥质灰陶，一件泥质褐陶。标本采：22，敞口，束颈，鼓腹，平底，体型矮而粗。周身素面，表面光滑。口径10.4、底径9、高10.7厘米（图七，11）。

Ⅻ式：四件。有泥质灰陶和泥质褐陶两种。器形小而制作精致，属明器。标本采：27，泥质褐陶，口微敞，直颈，鼓腹平底。表面十分光滑，周身素面。口径4.2、底径5、高6.8厘米（图七，12）。标本采：26，敞口，束颈。斜腹，最大径在下腹部，厚底。口径5.4、底径7、高6厘米（图七，13）。

ⅩⅢ式：标本M2：6，夹砂灰陶，敛口，鼓腹，平底，下腹壁及底较厚。腹周围饰粗篮纹。口径4.1、底径6.2、高7.8厘米（图七，15）。

ⅩⅣ式：标本采：29，泥质灰陶，喇叭口，束颈折肩，平底。腹部饰篮纹。口径8.9、底径7、高12厘米（图七，14）。

瓶 一件。标本采：30，泥质灰陶，口微敛，颈细长，鼓腹平底，整个器形近似葫芦形。口径5、底径6.2、高11.8厘米（图六，5；图八，1）。

鬲 均为夹砂灰陶。可分二式：

Ⅰ式：九件。标本TG1③H1：10，侈口，高领，高袋足，分裆明显，一对附耳，领以下均饰绳纹，器形高大，容积主要在足部。口径25.8、残高42.2厘米（图八，3）。标本TG1③H1：11，仅一残足，残高48.8、残足口径20.2厘米。

Ⅱ式：一件。标本采：32，口微侈，矮裆。周身饰绳纹，中有弦纹一道。口径11.6、高14厘米（图六，6；图八，2）。

碗 二件。均系泥质灰陶，素面。标本采：31，直口，厚壁，平底。口径9.6、底径8.8、高5.5厘米（图八，6）。标本TG1③H1：1，敞口斜唇，平底。口径9.2、底径7.6、高4.8厘米（图八，4）。

杯 一件。标本TG1③H1：2，口微敞，厚唇，平底，内底上凸。口径7、底径5.8、高2.4

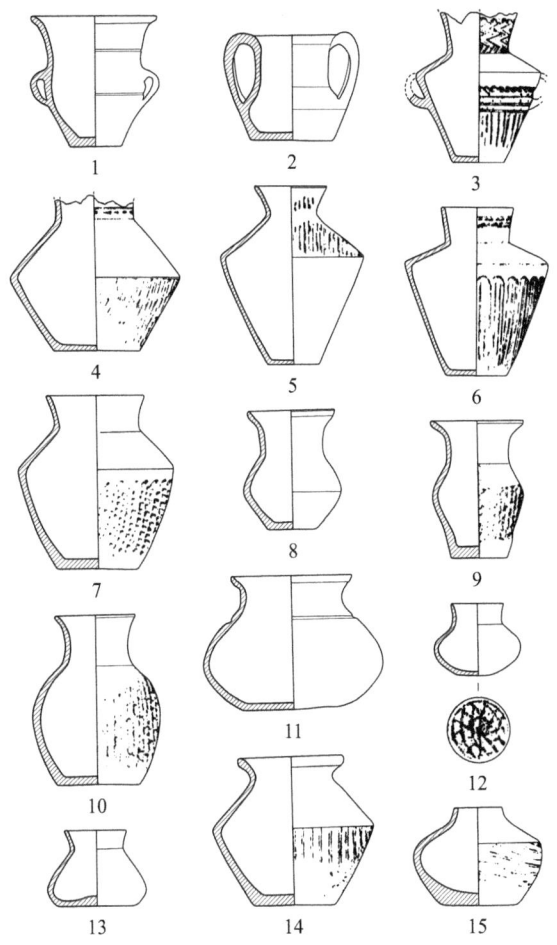

图七 瓮、罐

1. Ⅰ式罐（采：9） 2. Ⅱ式罐（采：11） 3. Ⅲ式罐
（采：12） 4. Ⅴ式罐（采：14） 5. 瓮（W1：2）
6. Ⅵ式罐（采：15） 7. Ⅶ式罐（采：16） 8. Ⅷ式罐
（采：19） 9. Ⅸ式罐（采：20） 10. Ⅹ式罐（采：21）
11. Ⅺ式罐（采：22） 12、13. Ⅻ式罐（采：27、采：26）
14. ⅩⅣ式罐（采：29） 15. ⅩⅢ式罐（M2：6）
（1、3、10，1/5，2、7—9、11—15，1/3，4.1/6，5.1/9）

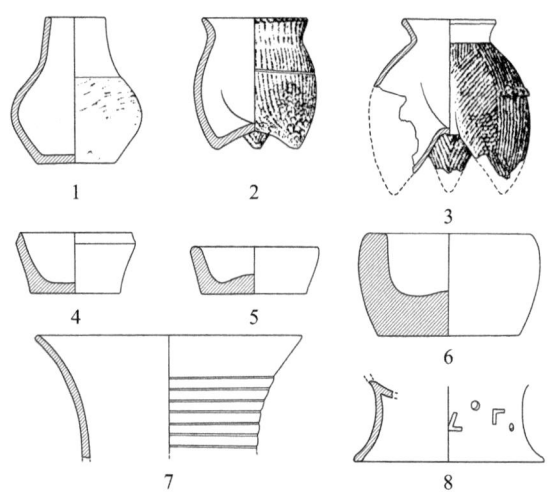

图八 陶器

1. 瓶（采：30） 2. Ⅱ式鬲（采：32） 3. Ⅰ式鬲
（TG1 ③ H1：10） 4、6. 碗（TG1 ③ H1：1、采：31）
5. 杯（TG1 ③ H1：2） 7. 大口尊（TG1 ③ H1：12）
8. 器座（TG1 ③ H1：9）（1、4. 1/6，2、7. 1/8，3. 1/20，
5、6. 1/4，8. 1/12）

Ⅱ式：二件。标本采：35，长条形，顶端略小于下端，刃部锋利。长 8.6、宽 2.55、厚 2.3 厘米（图一〇，5）。

厘米（图八，5）。

大口尊　标本 TG1 ③ H1：12，泥质灰陶，颈上有数道阴弦纹，虽仅一块残片，但清楚的辨认出为大口尊（图八，7）。

器座　一件。标本 TG1 ③ H1：9，上部已残，器座上有镂孔（图八，8）。

（二）石器

共 61 件。计有石凿、石斧、石刀、石磨、石纺轮等。

凿　五件。皆通体磨光，可分三式。

Ⅰ式：二件。标本采：34，长条形，顶端平齐，刃部锋利。长 6.3、宽 2.5、厚 2.1 厘米。标本采：87，顶端已残，特点是厚度大于宽度。残长 8.1、宽 1.5、厚 3 厘米（图九，7；图一〇，4）。

图九 玉、石器

1. Ⅱ式石刀（M1：3） 2. 玉锛（采：89） 3. 玉锛（采：88） 4. 小玉器（采：91） 5. 绿松石（M2：8）
6. 颜料（TG1 ③ H1：7） 7. Ⅰ式凿（采：87） 8. Ⅱ式斧（采：48） 9. Ⅲ式斧（采：49）

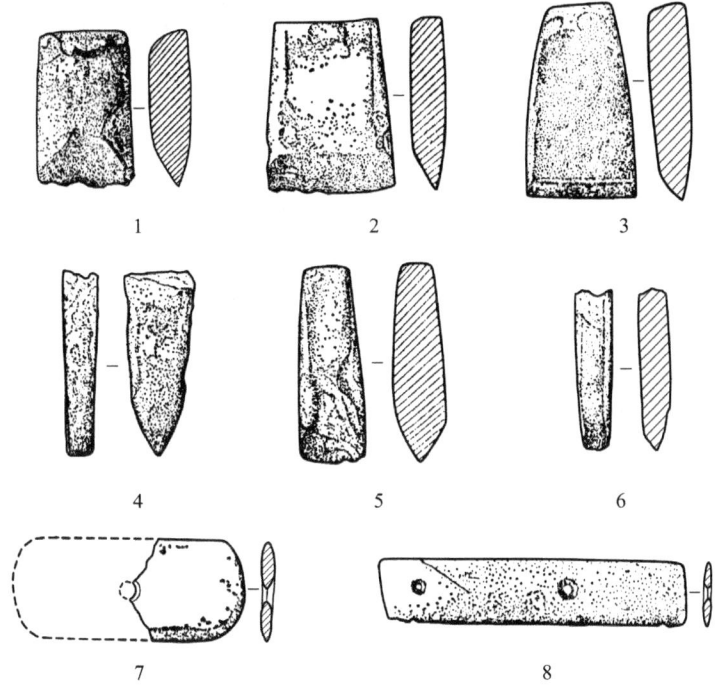

图一〇　石器

1. I式石锛（采：79）　2、3. II式石锛（采：80、采：85）　4. I式石凿（采：87）　5. II式石凿（采：35）
6. III式石凿（采：86）　7. I式石刀（TG1③：3）　8. II式石刀（M1：3）（1、2、4—7. 1/4, 3. 1/2, 8. 1/10）

III式：一件。标本采：86，磨制精细，上端残，单面刃。残长6.6、宽1.6、厚1.25厘米（图一〇，6）。

斧　共49件。可分三式：

I式：十二件。一般多采用自然石料略微加工，器身厚重，呈长方形。标本采：36，长11.1、宽7.2、厚4厘米。标本采：37，长12、宽6、厚3.3厘米（图一一，1、6）。

II式：二十九件。磨制。呈梯形，两面斜刃，加工较细。标本采：48，长14.8、宽4.5、厚4.5厘米（图九，8；图一一，3）。标本采：78，长14.4、宽6、厚3.6厘米（图一一，2）。

III式：八件。形状和I、II式基本相似，主要特点是刃部磨制得非常锐利。标本采：77，长11.2、宽6.7、厚3.1厘米（图一一，5）。标本采：49，长11.4、宽4.6、厚3.8厘米（图九，9；图一一，4）。

刀　二件。可分二式：

I式：一件。已残，细砂岩磨制而成，刃部较锋利，中间有一孔。标本TG1③：3，残长4.8、宽4.5厘米（图一〇，7）。

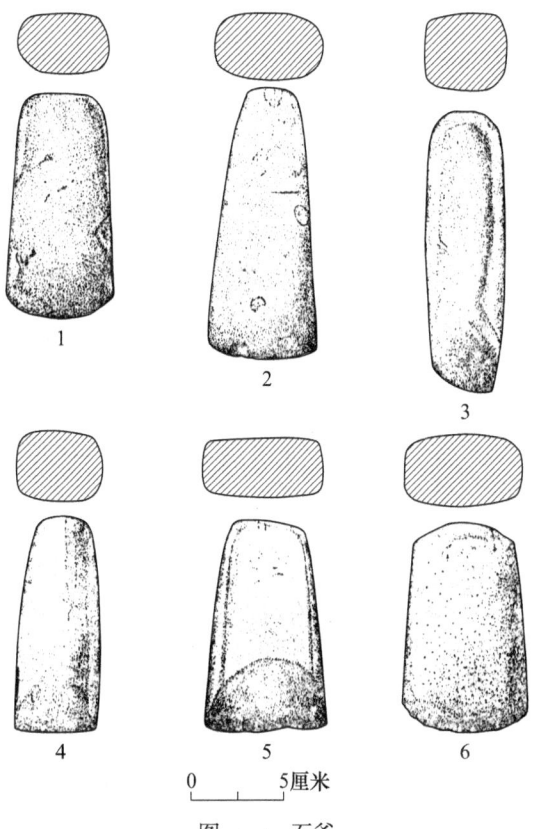

图一一　石斧

1、6. I式（采：36、采：37）　2、3. II式（采：78、采：48）　4、5. III式（采：49、采：77）

II式：一件。标本M1：3，磨制，呈长方形，刃部锋利，靠背部钻有两个小圆孔，系由两面钻成。长3.5、宽7.4、厚7.4厘米（图九，1；图一〇，8）。

锛　4件。可分三式：

I式：一件。标本采：79，磨制，呈长方形，刃部锋利，有明显的砍劈使用痕迹。长6.6、宽4.3、厚1.9厘米（图一〇，1）。

II式：二件。标本采：80，磨制，呈梯形，刃部锋利，有清楚的使用痕迹。长7.4、宽5.6、厚1.5厘米（图一〇，2、3）。

III式：一件。标本采：82，磨制精致，刃部已残。长7、宽3.4、厚0.7厘米。

纺轮　一件。标本采：84，圆饼状，中间有孔。直径4.55、厚1厘米（图一二，7）。

（三）玉器

共四件。有锛、铲等。

锛　二件。标本采：88，由玉髓磨制而成。长方形，单面刃，呈晶亮的茶色并夹杂有紫红色斑点，有使用痕迹。长6.2、宽3.5厘米（图九，3；图一二，4）。标本采：89，呈晶亮的乳白色，有清楚的透明感和使用痕迹。长4.35、宽3.4、厚0.55厘米（图九，2；图一二，2）。

铲　一件。标本采：90，近似梯形，两面开刃，呈晶亮的茶色并夹有紫红色斑。长5.5、宽2.3、厚0.55厘米（图一二，6）。

小玉器　一件。标本采：91，呈圆锥形，系由玉髓磨制而成，表面十分光滑细腻，透明感强。尖端有锯痕。长4.9、径1.05厘米（图九，4；图一二，5）。

（四）其他

绿松石　一件。标本M2：8，外表为一层绿色夹花斑，中间穿一斜孔，出土时在死者的下颌骨下方，当为死者随身佩带的装饰品。长3.5、宽2.3、厚0.9厘米（图九，5；图一二，1）。

骨锥　二件。标本TG1③H1：6，由骨片磨制而成，尖部锋利。后半部残。残长7.15、宽1.4厘米（图一二，3）。

颜料　一块。标本TG1③H1：7，呈不规则梯形，周身紫红色，使用痕迹非常清楚。长3.65、宽1.9、厚0.55厘米（图九，6）。

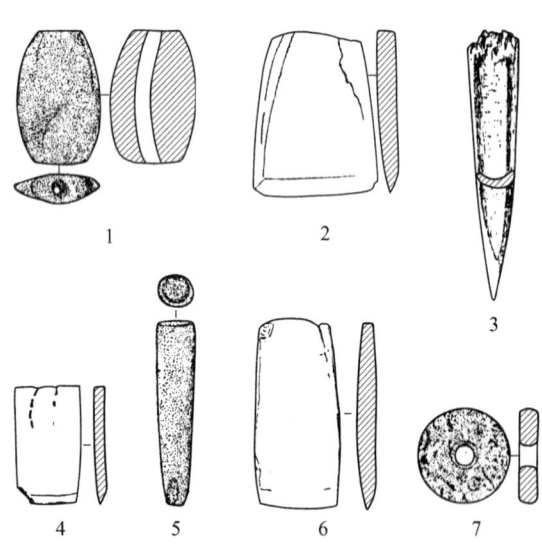

图一二　玉、石、骨器

1. 绿松石（M2：8） 2、4. 玉锛（采：89、采：88）
3. 骨锥（TG1③H1：6） 5. 小玉器（采：91） 6. 玉铲（采：90） 7. 石纺轮（采：84）（4、7. 1/4，余均1/2）

四、遗址的相对年代

石峁遗址的相对年代可以从以下几点来判断：

（1）从陶器的质地、纹饰、器形等方面来看：陶质以夹砂灰陶为最多，泥质灰陶次之，只有很少量的泥质红陶和泥质褐陶；纹饰则以篮纹和绳纹为主；器形主要有鬲、斝、盉、袋足瓮、罐等。其中I式斝和三里桥龙山文化的斝[2]及山西芮城南礼教村遗址的斝[3]都很相似，和客省庄第二期文化的II式斝[4]除耳不同外，其余也很相似；I式鬲与三里桥A4b鬲A[5]很近似；I、II式袋足瓮和内蒙古准格尔旗大口遗址第二期文化所出的II、III式袋足瓮[6]完全相似；I式盉与王湾、南礼教村[7]等的盉很近似；II式罐和客省庄二期的双耳罐[8]及紫荆遗址第四期双耳罐[9]相似；瓮与大口二期文化的折肩罐以及客省庄二期[10]、庙底沟龙山文化的折肩罐[11]相似；VIII、IX、X各式罐在客省庄第二期文化罐的无耳类内都可找到同类器物[12]。由此可见，石峁遗址的相对年代约与陕西客省庄第二期文化同时。

（2）从石峁遗址的房屋遗迹看，虽然我们仅挖了两座不甚完整的房子，但其"白灰面"和其他地区龙山文化的"白灰面"完全一样。同时在这两座不甚完整的房子里还出有龙山文化的陶片等，所以，它的年代当与遗址同时。当然，要彻底弄清石峁遗址"白灰面"房屋的结构、布局等，还有待进一步的工作。

（3）从石峁遗址所出的数座石棺葬看，其葬具和葬式均与关中等地区有所不同，虽然M2所出随葬品中的I式斝和罐均与中原地区龙山文化所出同类器相似，但其所用瓮棺葬具（袋足瓮）却是具有其独特风格的。它和内蒙古大口遗址第二期文化所出同类器完全一样。而大口第二期文化被认为"相对年代要早于偃师二里头早商文化，晚于客省庄二期文化"。同时在太原光社遗址中也曾发现过与袋足瓮非常相近的同类器[13]，而太原光社遗址的时代被认为"也可能相当于龙山文化晚期，或者接近于商代"。由此，我们认为，这批石棺葬的年代当晚于石峁龙山文化，而与大口第二期文化同时。

对于石峁遗址所出的玉器[14]是很值得注意的。据调查，这些玉器多出于石棺葬内，所以它的年代当与石棺葬同时。

鉴于以上分析，我们认为石峁遗址存在着两种不同时期的文化类型。石峁遗址所获得的资料对研究陕北古代文化、陕西龙山文化不同类型的特征，以及与山西、内蒙古等地区同时期文化的关系，都提供了重要的科学依据。

执笔者：魏世刚

注　释

［1］ 戴应新：《陕西神木县石峁龙山文化遗址调查》，《考古》1977 年第 3 期。

［2］ 中国科学院考古研究所：《庙底沟与三里桥》，科学出版社，1959 年，图版捌拾肆，4；图六二，A5。

［3］ 中国科学院考古所山西队：《山西芮城南礼教村遗址发掘简报》《考古》1964 年第 6 期，图六，8。

［4］ 中国科学院考古研究所：《沣西发掘报告》，文物出版社，1962 年，图版拾柒，2；图三七，2。

［5］ 同［2］，图版捌拾壹，3；图六二，A4b。

［6］ 吉发习、马耀圻：《内蒙古准格尔旗大口遗址的调查与试掘》，《考古》1979 年第 4 期。

［7］ 同［3］，图七，9。

［8］　同［4］，图版叁拾壹，6。

［9］　西安半坡博物馆等：《陕西商县紫荆遗址发掘简报》，《考古与文物》1981年第3期，图十四。

［10］　同［4］，图版叁拾陆。

［11］　同［2］，图版陆拾陆，1；图四七，Bb2。

［12］　同［4］，图版叁拾。

［13］　寿光：《太原光社新石器时代遗址的发现与遭遇》，《文物参考资料》1957年第1期；解希恭：《光社遗址调查试掘简报》，《文物》1962年第4、5期。

［14］　同［1］。

（原载于《史前研究》1983年第2期）

陕西神木县石峁遗址

陕 西 省 考 古 研 究 院
榆林市文物考古勘探工作队
神 木 县 文 体 局

一、遗 址 概 况

神木县隶属陕西省榆林市，地处陕西、山西和内蒙古三省区交界地带，西北与内蒙古自治区鄂尔多斯市接壤，东隔黄河与山西省吕梁山区相望。绝大部分处在黄土高原与毛乌素沙漠过渡地带，地貌以黄土梁峁、剥蚀山丘、沙漠滩地为主。

石峁遗址位于神木县城西南 40 余千米处的高家堡镇，属黄河一级支流秃尾河流域，河流东西两岸地貌差异明显，西侧沙梁绵延，东部梁峁纵横，秃尾河众多支流即发源于东岸梁峁山地中。石峁遗址在秃尾河及其支流洞川沟交汇处，地表沟壑纵横，支离破碎，海拔在 1100—1300 米。

石峁遗址因大量流散于海内外一些文博机构的玉器而闻名。1929 年，时任科隆远东美术馆代表的美籍德国人萨尔蒙尼（A. Salmony）在北京征集陕西榆林府农民出售的牙璋等玉器 42 件，其中最大的一件是长 53.4 厘米的墨玉质"刀形端刃器"，即经萨氏之手为德国科隆远东美术馆所收藏。据称，这批玉器为石峁遗址出土。

1976 年 1 月，陕西省考古研究所戴应新先生根据神木县高家堡公社提供的线索调查了石峁遗址，并于同年 9 月进行复查，征集到了一批极具特色的陶器和百余件精美的玉器[1]。调查者认为采集到的陶器显示出石峁遗址的文化性质和年代与客省庄二期文化关系密切；但其所获玉器年代不甚明确，或为新石器时代遗物，或属殷文化。1988 年，他公布了这次调查所获玉器资料，认为石峁玉器和陶器都为龙山时期遗物，石峁遗址是一处规模宏大、遗存丰富的龙山文化遗址[2]。后来又有更全面详细的报道[3]。

1981 年，西安半坡博物馆对石峁遗址进行了考古发掘，发现了房址、石棺葬、瓮棺葬、灰坑等遗迹，出土了一些有确切地层关系的遗物[4]。这是对石峁遗址首次进行科学的考古发掘，使人们对石峁遗址的认识有了较为客观的基础，但对玉器年代、文化背景及属性等问题，学者仍然聚讼不休[5]。1986 年 4 月，陕西省考古研究所吕智荣先生对石峁遗址进行了踏查，征集到石器、陶器、玉器等遗物 40 余件[6]。此后，陕西省博物馆、省文管会、中国社会科学院考古研究所及榆林市文管办、神木县文化馆、高家堡文化站等单位多次对遗址进行复查。

2009 年 10 月，罗宏才对石峁遗址展开考察，公布了多达 20 余件特征明确、造型独特的石雕或石刻人像，均为砂岩质地，大部分为头面部像，还有一些半身像或全身像，其中不乏头戴尖帽、高鼻深目者[7]。

上述工作都说明，石峁遗址系中国北方地区一处极为重要的新石器时代晚期遗址，其数量庞大的玉器、风格独特的陶器及石雕人像等引起了学术界的高度关注。但关于石峁遗址的规模、年代及文化背景等问题仍然没有解决。有鉴于此，2011 年 7—9 月，陕西省考古研究院与榆林市文物考古勘探工作队、神木县文体局组成联合考古队，对石峁遗址进行了区域系统考古调查。2012 年，经国家文物局批准，在复查了前期调查成果的基础上，联合考古队重点发掘了石峁遗址外城东门及城内部分遗迹，取得了重要收获。

二、考 古 调 查

本次调查参照国家文物局颁布的《田野考古操作规程》的区域系统考古调查法并进行资料记录。调查队员按照南北方向踏查，由持 GPS 的队员控制前进方向，左右队员间隔 10 米，以保证调查遍及目标区域。根据不同的地形，调查队灵活选择踏查方法，如在保证队员间距的前提下，将坡地、山峁作为一个独立地理单元集中调查。

作为石峁遗址的主要组成部分，石峁城址是在 2011 年区域系统考古调查工作中发现并首次确认的。2012 年，石峁考古队对城圈结构和城垣走向展开了复查，再次确认石峁城址由"皇城台"、内城、外城三部分构成。其中"皇城台"是四周砌筑层阶状护坡的台城；内城以"皇城台"为中心，沿山势砌筑石墙，形成一个封闭的空间；外城则依托内城东南部的墙体修筑一道不规则的弧形石墙，与内城东南墙结合构成相对独立的外城区域（图一）。

图一　石峁城址遗迹分布图

"皇城台"是当地人对一处砌石台地的称呼，位于内城中心部位偏西，为四面包砌护坡石墙的台城。大致呈方形，石墙转角处为圆形，台顶面积 8 万余平方米。由于破坏严重，部分护墙已难觅踪迹，目前保存最好的石墙位于东北角，有圆形转角，表面可见排列有序的孔洞，内有朽木残迹，总长度约 200、高 3—7 米。"皇城台"西南角和南侧亦发现一些残存的石砌墙体，南侧墙体内还发现横向插入墙体的圆木，保存较好。与内、外两城的石墙构筑方式不同，"皇城台"没有高出地表的墙体，均系堑山砌筑的护坡墙体，护墙自下而上斜收趋势明显，垂直方向上有层阶结构。据悉，20 世纪 70 年代以前，"皇城台"东北侧还可见 7 级石墙，本次调查发现的部分墙体有 3—5 级结构。

内城将"皇城台"包围其中，依山势而建，形状大致呈东北—西南向的不规则椭圆形。城墙大部分处于山脊上，为高出地面的石砌城墙，现存长度超过 5700、宽约 2.5 米，保存最好的部分高出现今地表 1 米有余。

外城为利用内城东南部墙体，向东南方向扩筑的一道弧形石墙。绝大部分墙体为高出地面的石砌城墙，现存长度约 4200、墙宽约 2.5 米，保存最好的部分高出现今地表 1 米余。

依据地形差异，石峁城址墙体的建造方法略有区别，包括堑山砌石、基槽垒砌及利用天险等形式。山崖绝壁处多不修建石墙，而利用自然天险；在山峁断崖处则采用堑山形式，下挖形成断面后再垒砌石块；在比较平缓的山坡及台地，多下挖与墙体等宽的基槽后垒砌石块，形成高出地表的石墙。这些石墙均由经过加工的砂岩石块砌筑而成，打磨平整的石块多被用于砌筑墙体两侧，墙体内的石块多为从砂岩母岩直接剥离，交错平铺并间以草拌泥加固。

本次调查发现了城墙越沟现象，内、外城城墙上均有石墙由沟底攀山坡而上，外城还发现了沟壑底部加宽的石墙。上述迹象首次将石峁城址基本闭合起来，形成了相对封闭的空间，这也是探讨石峁早期地貌变迁及环境的重要资料。利用 Arcgis 系统测量及推算面积，石峁城址内城的城内面积有 210 余万平方米，外城的城内面积有 190 余万平方米，石峁城址的总面积超过 400 万平方米。另外，"皇城台"和内、外两城城墙上均发现城门，内、外城城墙上发现了形似墩台的方形石砌建筑，外城城墙上还发现了疑似"马面"、角楼等的设施。

调查过程中，采集标本使用了系统抽样和目的抽样两种方法。系统抽样是指在遗址范围内画出同向等距（40 米）、直径为 3 米的圆圈，以其为单位全部采集标本，每个圆圈即为一个采集点。这种做法既能够较好地了解遗址内遗存的分布状况，还能将圆圈作为一个基本单位，对采集的遗存进行量化统计分析，便于认识相关区域的特征。目的抽样是在遗址范围内有目的地采集有典型特征、能说明遗存年代和文化属性的遗存，比如器物口沿、底部以及纹饰特征明显的标本。

本次调查中，在石砌城墙范围内发现的遗物几乎全部为龙山晚期至夏代早期的遗存。就其分布密度而言，外城外几乎没有发现早期陶片；内城与外城间大多数采集点采集的陶片少于 12 片；内城内采集点采集到的陶片数量为 13—31 片，部分采集点（集中在"皇城台"附近）则为 32—70 片，少量采集点可达 70 片以上。调查也发现了集中分布的居住区 7 处、陶窑 2 处、竖穴土坑墓区 3 处、石棺葬 5 处和瓮棺葬 3 处。

此外，我们对石峁遗址进行了无人机航测，采集了地表三维信息和高分辨率影像信息，并生成了该遗址的 DOM 正射影像、DEM 数字地面模型和 DLG 线划图等。2011 年 9 月，我们进一步对石峁遗址的城墙进行了测绘，并引入了国家标准坐标网格。

结合新石器时代晚期内蒙古中南部及陕北地区修建石城的传统，考虑到城墙范围与调查所获龙山晚期文化遗存的分布范围高度一致，我们根据调查成果初步判断：石墙与遗址主体遗存的年代一致，石峁遗址是龙山晚期至夏代早期之间的超大型中心聚落。

三、考古发掘

2012 年 5—11 月，为解决石峁城址的年代问题，进一步了解其布局及功能分区，我们重点发掘了外城北部的一座城门遗址，依其在整个城址中的相对位置，称之为东门址（图二、图三）。

该门址位于外城东北部，门道东北向，由"外瓮城"、两座包石夯土墩台、曲尺形"内瓮城"和"门塾"等组成。外城东门址位于遗址内最高处，地势开阔，位置险要。门址内各部分以宽约 9 米的"┌"形门道连接，总面积为 2500 余平方米。

"外瓮城"平面呈近"U"形，完全遮蔽了门道。其石墙呈"一"型，与两座墩台并未完全连接，南端留有缺口，形成进入城门的通道。南北向石墙长约 21、宽 2.3 米。南、北两端的石墙较

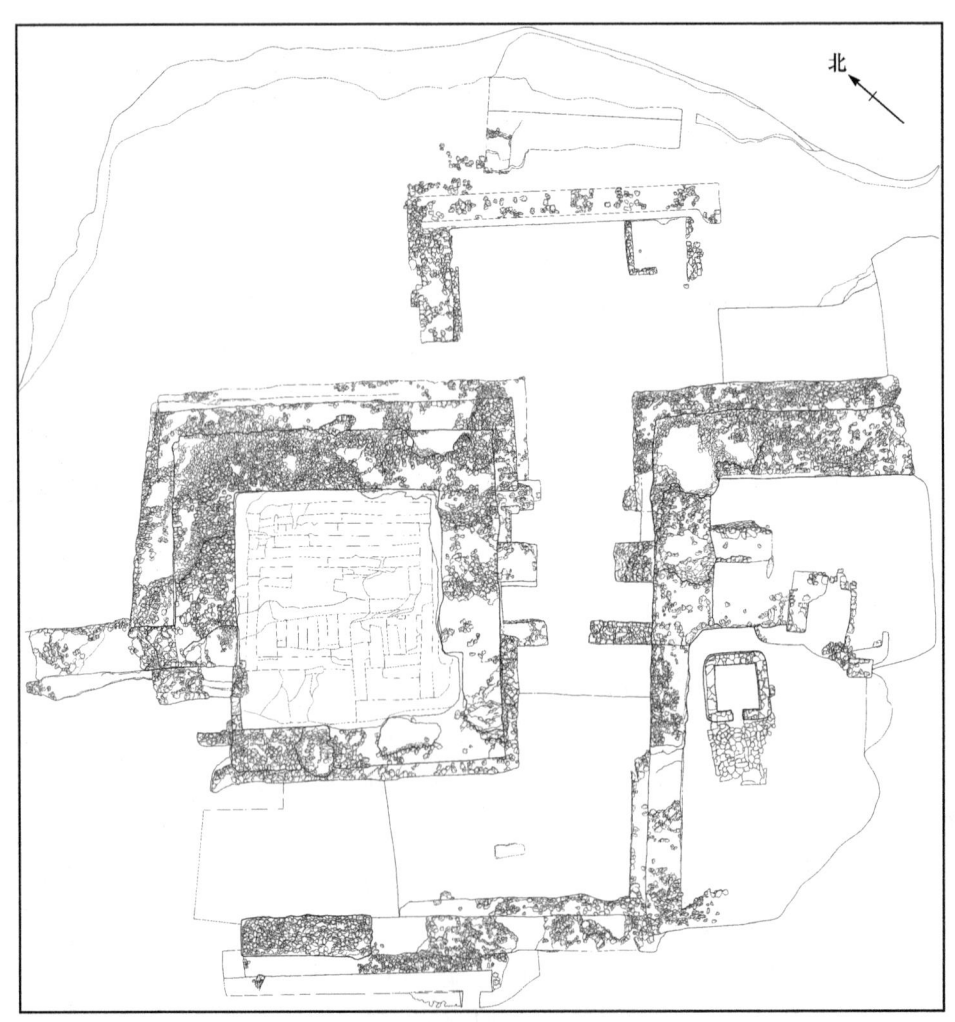

图二　外城东门址平面图

图三　外城东门址（北→南）

短，与南北向石墙垂直，北墙长约 8 米，南墙损毁，残长约 3 米，两端石墙均宽约 3 米。发掘表明，外瓮城石墙经过多次修葺。北端石墙的南北两侧均叠压有晚期的火烧遗迹和活动硬面，北端石

墙内侧还发现上层（晚期）的活动面叠压于散乱石块之上，因此推测外瓮城在石墙废弃之后进行过重建，并在其东南角新建了一处门道向西的、朝向城门的石砌方形房址（F8）。本次发掘所获玉铲和玉璜均出土于外瓮城石墙北端的倒塌墙体和倒塌堆积中，其中 2件玉铲出土于北端东西向短墙向北倒塌的墙体内，它们东西间隔约 2 米，东侧玉铲平置于石块错缝间，石块间还有少许草拌泥（图四—图六）。南端墙体的倒塌堆积中发现了阴刻石雕人头像残块。

图四　东门址外瓮城北端东侧石墙内玉铲

夯土墩台以门道为中心对称建于其南、北两侧，形制相似，均为长方形。墩台外以石块包砌，内为夯打密实的夯土，条块清晰、夯层明显、土质坚硬，墩台外包砌一周石墙（暂称"主墙"）。主墙墙体上发现一些排列有序的孔洞，其内有圆形朽木痕迹，这些朽木嵌入石墙内部，周围敷以草拌泥加固。"皇城台"亦见类似插入墙体的圆木，我们初步认为它们当为加固墙体的措施，起到"木骨拉筋"、防止墙体倾斜崩塌的作用，当与《营造法式》中"纴木"的功能相当。南北墩台外侧，即朝向城外的一侧墙体外围还紧贴主墙增筑了一道石墙（暂名"护墙"），它将墩台东侧墙体以及东部两拐角完全包砌。护墙仅见于靠近城外一侧，所以推测其修筑与增加墩台外侧防护能力、扩展台基上的活动范围有关。墩台外侧靠近护墙的地面有一道与墙体走向一致的长方形砌石，宽 1.2—1.5米，形似"散水"（图七）。

北墩台顶部夯土长约 16、宽约 14、主墙厚 2.7—4.1、护墙厚 1.5—2.8 米，地面上的铺石"散

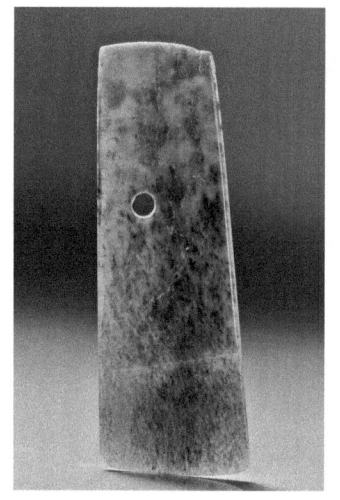

图五　玉铲

图六　玉铲

图七　外城东门址北墩台南壁（南→北）

水"宽 1.2—1.5 米，墩台最高处距早期（龙山晚期）地面约 6.7 米。紧贴西侧主墙有一道增修的石墙，宽 1.3 米，将墩台西南拐角包砌。这道石墙修建于晚期地面之上，为夏时期修葺增补而成（图八）。

　　南墩台顶部夯土长约 17、宽约 11 米。主墙厚约 4.2、护墙厚 2—2.5 米，铺石"散水"破坏严重，最宽处约 1.3 米，墩台最高处距早期（龙山晚期）地面约 5.6 米。夏时期在墩台西侧砌筑了一道护坡短墙，并利用墩台西侧的空间修建了一座类似庭院的独立空间。石砌房址 F7 为该"庭院"的主体，平面呈方形，门道向西，室外以石板平铺，形成面积大致与室内面积相等的"庭院"。F7 室内面积约 10 平方米，屋墙宽约 0.8、残高约 0.6 米。院落内活动面保存较好，上面还有黑色草木灰和红烧土等烧火遗迹（图九）。F7 内出土了花边罐、细绳纹高领鬲、大口尊等夏代早期陶器（图一〇），院墙倒塌堆积中有 1 件石雕人面像。需要说明的是，南墩台虽与北墩台对称修建，但目前所见的形制及规模与北墩台略有差异。根据发掘所获地层关系，结合周边遗迹推断，南墩台靠近城内一侧曾经坍塌，发掘所见 F7 及周边院落应为晚期（夏代）重新修建而成。

　　南、北墩台中间形成了东门的主门道，宽约 9 米。朝向门道一侧的主墙上分别砌筑出 3 道平行的南北向短墙，隔出 4 间似为"门塾"的空间，南北各 2 间，两两对称，个别还有灶址。"门塾"地面加工规整、踩踏痕迹明显，早、晚两期地面可与门道对应。进入门道后，南墩台西北的石墙继

图八　外城东门址北墩台（东→西）

图九　F7（西→东）

续延伸，向西砌筑 18 米后北折 32 米，在门址内侧形成曲尺形的"内瓮城"结构。石墙墙体宽约 2.5 米，保存最好的部分高出早期（龙山晚期）地面 4 米余。这段墙体在门道内侧增修了一道宽约 1.2 米的石墙，两墙紧贴并行。结合城址内地层关系，推测这道石墙修建于晚期（夏代）地面之上，应为夏时期修补形成。此段石墙墙根的地面上发现了成层、成片分布的壁画残块 100 余块，部分壁画还附着在晚期石墙的墙体上。这些壁画以白灰面为底，以红、黄、黑、橙等色绘出几何形图案，最大的一块面积为 0.3 米见方（图一一、图一二）。

图一〇　大口尊（F7∶1）

图一一　出土壁画

图一二　东门址壁画第2层局部（南→北）

外城的石砌主体城墙与南北墩台主墙相连，沿墩台所在山脊分别朝东北和西南方向延伸而去，墙体宽约2.5米。

另外，下层地面下发现两处集中埋置人头骨的遗迹（K1、K2）。K1位于外瓮城南北向长墙的外侧，略呈椭圆形（图一三）。K2位于门道入口处，靠近北墩台，呈南北向近长方形（图一四）。两者均集中埋置了24个头骨，头骨摆放方式似有规律，但无明显挖坑放置的迹象，多数颅骨朝上，还有一些枕骨朝上或颅顶朝上。部分头骨有明显砍斫痕迹，个别枕骨和下颌部位有灼烧迹象。

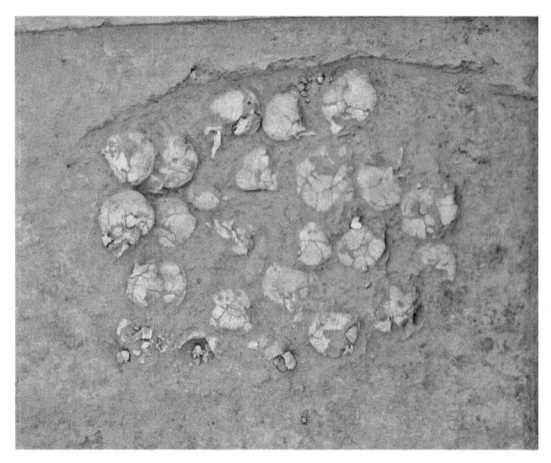

图一三　K1（东→西）

经初步鉴定，这些头骨以年轻女性居多。这两处集中发现的头骨可能与城墙修建时的奠基或祭祀活动有关。

东门址门道内揭露出上下两层地面。上层地面及其上层堆积内出土遗物较丰富，陶器主要有细绳纹高领鬲、方格纹单把鬲、花边鬲、宽流斝、篮纹折肩罐等。下层地面多见绳纹和篮纹陶片，数量略少。器形多为鬲和罐。上下两层出土的陶器器形和纹饰差异明显。

发掘表明，东门址门道内上、下层地面叠压关系明确，两层地面间隔一层厚约0.4米的混杂土层。

下层地面以下是一层厚约 0.3 米的黑褐色硬土，东门址的主体建筑及相关设施均修建在该层上，石墙主体基槽亦建在这层土上。因此，该层土为东门址修建时的地基铺垫层，其时代当为石峁东门址的修建时期。

石峁外城东门址上、下两层地面可将城址的年代分为早、晚两个阶段，分别代表了修建及再建两个主要使用时期。上、下两层地面出土的遗物分别属于内蒙古中南部、陕北及晋西北地区常见的龙山晚期和夏时期遗存。因此，石峁城址东门址乃至石峁石城的年代当在龙山晚期至夏代早期。

本年度还试掘了内城圆圪旦、后阳湾、呼家洼、对面梁和夜蝙蝠塔等地点，出土了一些龙山中晚期至夏时期的典型陶器（图一五、图一六）。其中后阳湾地点和呼家洼地点发现了房址、窑址、瓮棺葬、石棺墓等遗迹，出土遗存较为丰富。

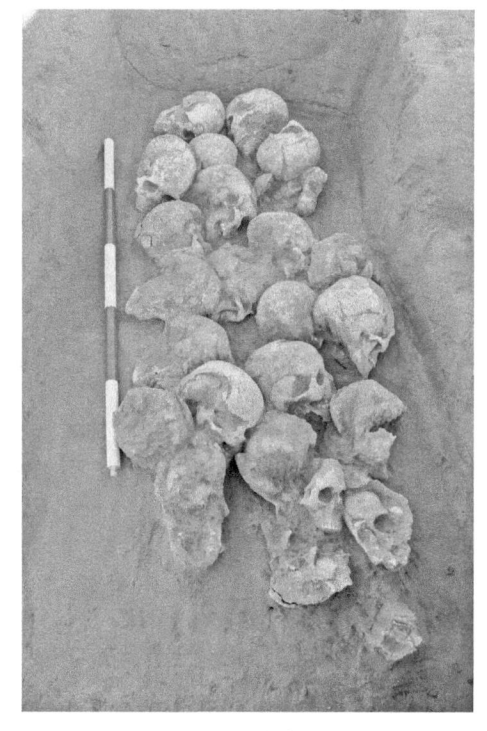

图一四　K2（南→北）

图一五　后阳湾 W2 出土陶鬲

图一六　后阳湾 W1 出土陶瓮

四、初步认识

通过 2011 年对石峁遗址开展的系统考古调查及 2012 年对石峁遗址外城东门址的考古发掘，我们确认了一处规模宏大、保存较为完整、基本可以闭合的石砌城址，发现了城门、墩台、角楼、疑似"马面"等附属建筑。石峁城址由"皇城台"、内城和外城三道砌石台基及石墙构成，城内面积在 400 万平方米以上，城内调查采集遗物的时代不晚于夏时期。

2012 年的考古发掘工作发现了体量巨大、结构复杂、构筑技术先进的石峁城址外城东城门址以及石城墙、墩台、"门塾"、内外"瓮城"等重要遗迹，出土了玉器、壁画及大量龙山晚期至夏时期的陶器、石器、骨器等重要遗物。本次发掘首次从地层关系上确认了石峁城址的修筑年代。结合地层关系及出土遗物，我们初步认定石峁城址最早（"皇城台"）当修建于龙山中期或略晚，夏时期毁弃，是我国北方地区的超大型中心聚落。规模宏大的石砌城墙与以往发现的数量庞大的石峁玉器，显示出石峁遗址在北方文化圈中的核心地位。

石峁石城面积在400万平方米以上，规模大于年代相近的良渚遗址、陶寺遗址等城址，当是目前所见中国史前时期最大的城址。它的发掘不仅为研究石峁玉器的年代、文化性质等问题提供了科学背景，亦为研究中国文明起源的多元性和发展过程提供了全新资料，对进一步理解"古文化、古城、古国"框架下的中国早期文明格局具有重要意义。

附记：参加2011年考古调查的有陕西省考古研究院王炜林、杨利平、胡珂、孙周勇，榆林市文物勘探队康宁武、郝志国、周健，神木县文体局项世荣、屈凤鸣、刘小明。参加2012年考古发掘的有陕西省考古研究院王炜林、孙周勇、邵晶、邵安定、马明志、杨利平、郭小宁、白海龙，榆林市文物考古勘探队康宁武、周健，神木县文体局项世荣、屈凤鸣、刘小明，西北大学硕士研究生孟庆旭、杨磊等；2012年考古发掘的动物及人骨鉴定分别由陕西省考古研究院胡松梅及西北大学陈靓承担，壁画及麻织物保护由陕西省考古研究院邵安定、路智勇承担。本项目的顺利实施得到了国家文物局、陕西省文物局以及榆林市、神木县及高家堡镇等各级政府的大力支持，在此一并致谢。

执笔：孙周勇　邵　晶　邵安定
康宁武　屈凤鸣　刘小明

注　释

［1］　戴应新：《陕西神木县石峁龙山文化遗址调查》，《考古》1977年第3期。

［2］　戴应新：《神木石峁龙山文化玉器》，《考古与文物》1988年第5、6期合刊。

［3］　戴应新：《神木石峁龙山文化玉器探索（一至五、完结篇）》，《故宫文物月刊》1993、1994年第125—130期。

［4］　西安半坡博物馆：《陕西神木石峁遗址调查试掘简报》，《史前研究》1983年第2期。

［5］　王炜林、孙周勇：《石峁玉器的年代及相关问题》，《考古与文物》2011年第4期。

［6］　吕智荣：《陕西神木县石峁遗址发现细石器》，《文博》1989年第2期。

［7］　罗宏才：《陕西神木石峁遗址石雕像群组的调查与研究》，《从中亚到长安》，上海大学出版社，2011年。

（原载于《考古》2013年第7期）

陕西神木县石峁遗址后阳湾、
呼家洼地点试掘简报

陕 西 省 考 古 研 究 院
榆林市文物考古勘探工作队
神 木 县 文 体 局

　　2011 年 7—9 月，由陕西省考古研究院与榆林市文物考古勘探工作队、神木县文体局组成联合考古队，对石峁遗址进行了区域系统考古调查，发现了保存基本完整且大致可以闭合的石砌城墙以及城门、墩台、角楼、马面等附属建筑。2012 年复查工作首次确认了石峁城址由"皇城台"、内城和外城三个层次构成，城内面积在 400 万平方米以上[1]。

　　经国家文物局批准，2012—2013 年，联合考古队重点发掘了石峁遗址外城东门（石墙阴洼地点），揭露出一座规模宏大、建造精良的龙山文化晚期至夏时期的城门遗址，同时还对内城中的后阳湾、呼家洼地点进行了抢救性试掘。以下主要介绍 2012 年度石峁遗址后阳湾和呼家洼地点（图一）的试掘收获。

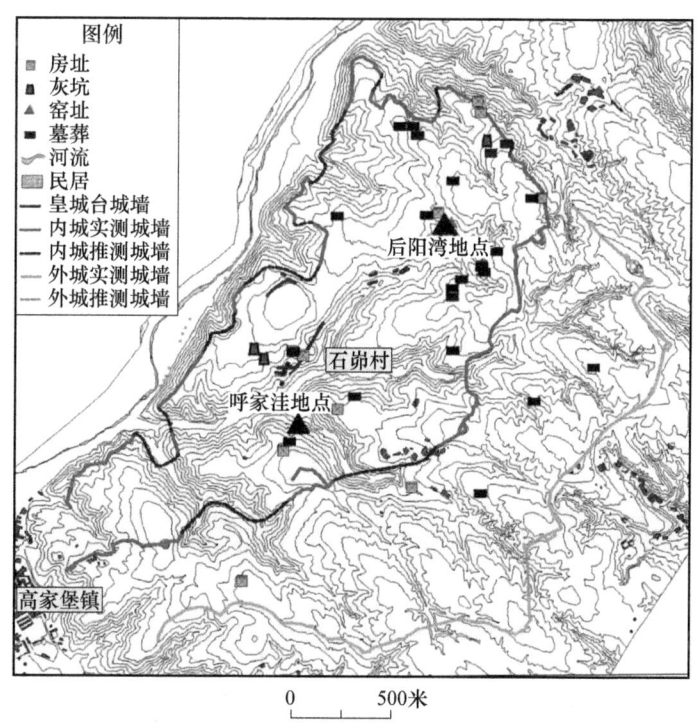

图一　后阳湾、呼家洼地点位置图

一、后阳湾地点

后阳湾地点位于皇城台东北方的山坳台地之上，西端南部为一处自然冲沟。2012年春季，石峁村新修生产路即沿沟北坡向东，至后阳湾地点北折，一直去往麻黄石墙地点、内城东门和外城东门。2011年调查工作开展以来，在后阳湾地点发现的房址较为集中，尤以地面铺设白灰者居多。

后阳湾地点系石峁考古队驻地，驻地分上、下两院，下院为石峁村民的窑洞院落。据称，20世纪90年代挖崖建窑时，在此处就发现了土坑墓，知情者还详细讲述了墓内出土有玉环和玉铲等遗物。考古队驻地下院南侧土崖上暴露房址（后阳湾2012F1）以及包含较多陶片和骨块的灰层、红烧土遗迹等的断面，即后阳湾一号剖面。考古队驻地上院也是一处窑洞院落。该院落现由北、东、南三排窑洞构成，北排为三间南向的箍券石窑，东排有三间西向的掏洞土窑，南排是一些向北的低矮土窑。这些土窑的窑面上的白灰面房址、袋状灰坑等遗迹现象很易辨清，据20世纪70年代参与修窑的群众讲述，此处多见"白面场"（陕北俗语，指色白而平整、光滑的地面，即房址之白灰地面）。此说与实际情况相符。在后阳湾二号剖面的驻地上院北部土崖上有一处白灰面长度超过10米的房址。2012年夏季暴雨过后，上述两处剖面均被不同程度冲垮，崖坎崩塌，二号剖面西侧的生产路亦被冲切成渠，石峁考古队随即予以抢救性清理，收获如下。

（一）地层堆积和层位关系

我们沿一号剖面顶部进行了局部的平面发掘，清理宽度依地形差异而不等，目的是将剖面上暴露的遗迹现象全部予以清理。发掘表明后阳湾一号剖面附近无原生文化层堆积，20—30厘米厚的耕土层下为第2层，为包含较多石块、陶片、骨块和瓷片的黑灰色土，土质疏松，厚约30厘米。考虑到一号剖面处于山峁坡底地带，上述地层应是从高处由流水带来的冲淤堆积。一号剖面上的遗迹均叠压于第2层下，打破生土。遗迹包括房址和墓葬两类，由西向东分别编号为后阳湾2012F1、2012M1、2012F2，其中2012F2打破2012M1（图二）。

限于客观原因，本次试掘仅对二号剖面上暴露的部分遗迹进行了剖面清理。铲刮之后的后阳

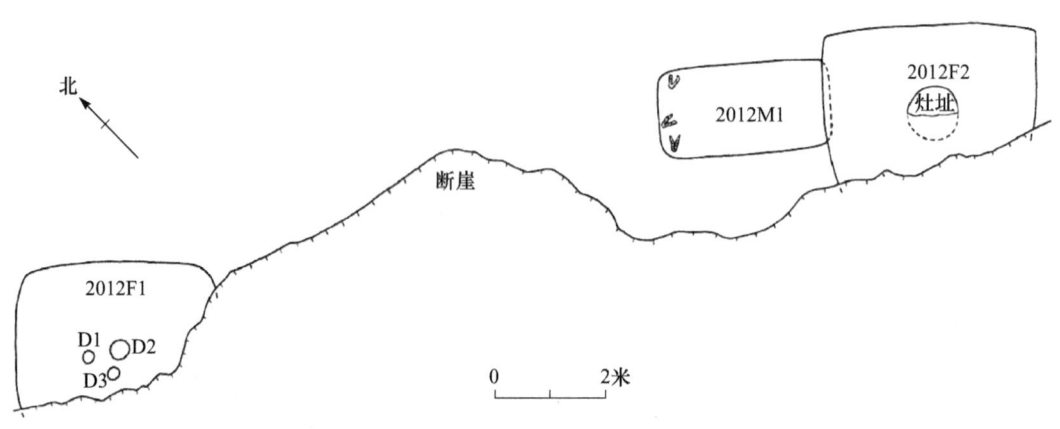

图二 后阳湾一号剖面处遗迹平面分布图

湾二号剖面显示，白灰面房址叠压于耕土层第 1a、1b 层下，剖面北部有两个树坑，叠压于第 1a 层下，打破第 1b 层及白灰面房址内堆积；南部有近现代坡地冲沟，叠压于第 1b 层下，打破白灰面房址内堆积。房址白灰面以下叠压两座瓮棺葬，由晚到早分别编号为后阳湾 2012W2、2012W3，前者打破后者。瓮棺葬北侧还有一座竖穴土坑墓，编号为后阳湾 2012M2。3 座墓葬均打破下面有明显分层的锅底状遗迹（图三）。另外，剖面西北部路面上暴露有一座瓮棺葬，编号为后阳湾 2012W1，开口层位不明，打破生土。

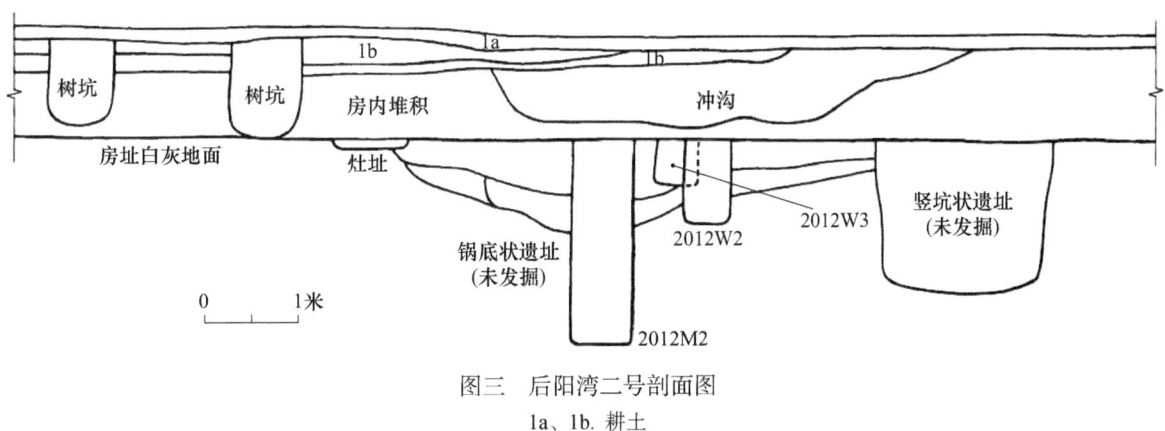

图三　后阳湾二号剖面图
1a、1b. 耕土

（二）遗迹

2012 年度在后阳湾地点清理方形地穴式房址 2 座和墓葬 5 座，其中竖穴土坑墓 2 座、瓮棺葬 3 座。

1. 方形地穴式房址　2 座

后阳湾 2012F1 位于一号剖面，叠压于第 2 层下，打破生土（见图二）。东南部在修建窑洞院落时被挖毁，原形状应为圆角方形地穴式建筑。后阳湾 2012F1 底部边长 3.5 米，墙壁残高约 2 米，自下而上有内收趋势。从此处地势观察，门道应在被挖毁的南侧，面向山坡低处。室内地面为踩踏痕迹明显的黄色生土，偏北侧有用火迹象，地面被烤成青灰色。室内正中有一个柱洞，编号为 D2；在其西侧和南侧另有两个较小的柱洞，分别编号为 D1、D3。3 个柱洞呈"品"字形分布，均为圆形筒状。D2 直径 34、深 20 厘米，内部铺垫较多碎陶片。D1、D3 尺寸大致相同，直径 20、深 15 厘米，内部铺垫大量碎陶片。室内填土呈黑灰色，土质疏松，包含大量兽骨、陶片以及少量石块。出土陶片虽多，但多为碎小者，无可复原器物。

后阳湾 2012F2　位于后阳湾 2012F1 东南侧，叠压于第 2 层下，打破后阳湾 2012M1 及生土（见图二）。后阳湾 2012F2 为铺设白灰地面的方形地穴式建筑，边长 3.8 米，墙壁残留最高约 0.5 米。房址西南部被建房取土破坏，未见明确的门道遗迹，与后阳湾 2012F1 相似，依地势推断，门道应向南，面向山坡低处。室内地面为白灰面，有上下两层，残甚。灶坑位于室内中部，为一圆形浅坑，底部有一层烤成红烧土的烧结面，直径 95、深 10 厘米。室内填土为黑色疏松沙土，仅出土数片灰陶篮纹和绳纹陶片以及 1 枚鳄鱼骨板。

2. 墓葬　5座

（1）竖穴土坑墓　2座。平面呈长方形，东西向。

后阳湾2012M1　位于一号剖面处，叠压于第2层下，被后阳湾2012F2打破，同时又打破生土（见图二）。坑壁竖直，壁上的竖向挖掘痕迹明显。墓坑长3.05、宽1.6、深2.95米。墓内填土为均

匀地夹杂棕黑色土粒的灰黄色花土，较为硬实。经调查得知，该墓于20世纪90年代末期遭到盗掘，盗洞由顶部直达墓底。墓底有少量散乱人骨及1件陶瓮足，还有一些灰色和青色板灰，应为葬具残留。板灰北侧有1具完整人骨，侧身屈肢，头朝西，面向南，上肢似为捆绑姿势。经初步鉴定，墓主为20岁左右的青年女性（图四）。另外，在被盗扰的西侧墓壁近底部还发现3个猪下颌骨。

图四　后阳湾2012M1（上为北）

后阳湾2012M2　位于二号剖面处，叠压于房址白灰面之下。墓坑长1.5、宽0.7、深2.2米。墓内填土为灰黄色花土，墓壁上留有明显的竖向挖掘痕迹。墓底四角有木质葬具腐朽后留下的空腔，底部铺黑色石板，石板上有白色板灰及骨骼粉末。墓主骨骼腐朽严重，仅余少量头骨和上肢骨，初步鉴定为少年个体，头向东。尸骨附近有少量红色颜料，或为朱砂（图五、图六）。

（2）瓮棺葬　3座。

后阳湾2012W1　位于二号剖面附近，发现时即已暴露于石峁村新修生产路的地表，开口层位不明，墓坑亦无迹可寻。葬具由一双錾陶鬲足和一陶三足瓮对口套接组成，大致呈东西向，鬲东瓮西（图七）。鬲内已遭严重扰动。瓮内有婴儿头骨、上肢骨和肋骨，胸部近颌处还压有一块小石板，石板顶面涂红色颜料。

后阳湾2012W2　位于二号剖面处，叠压于房址白灰地面之下，打破后阳湾2012W3。后阳湾2012W2呈长方形竖坑状，东西向，残长90、宽50厘米，距开口深90厘米。坑内填疏松的灰黄色土，葬具位于坑下部偏南，由一双錾陶鬲的两个袋足对口套接组成（图八、图九）。人骨较为零散，肢骨、肋骨等散乱置于陶鬲的袋足之内。经鉴定，骸骨属于一不足周岁的婴儿。陶鬲的袋足内未见填土，仅在骨骼

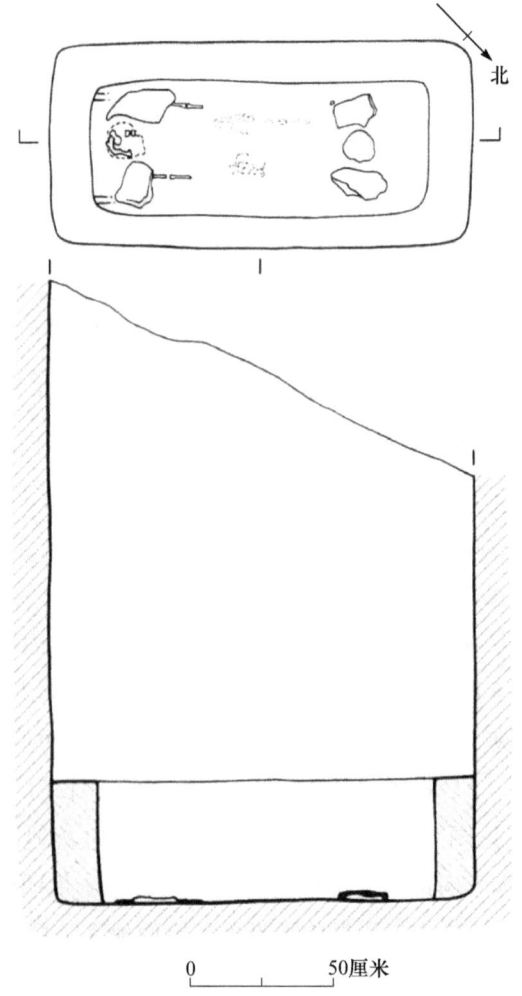

0　　　　　　50厘米

图五　后阳湾2012M2平面、剖视图

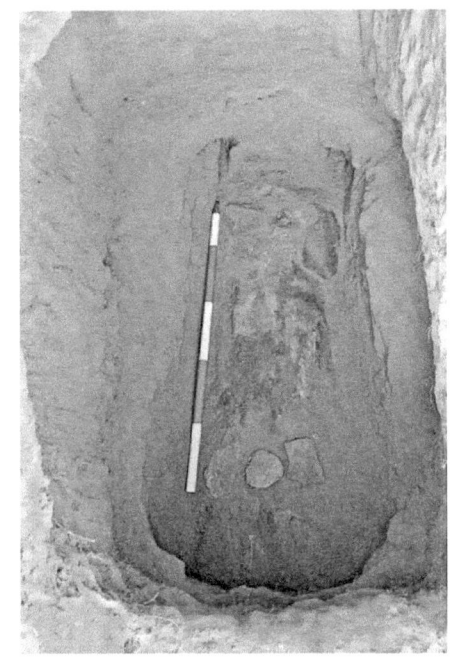

图六　后阳湾 2012M2（上为东）

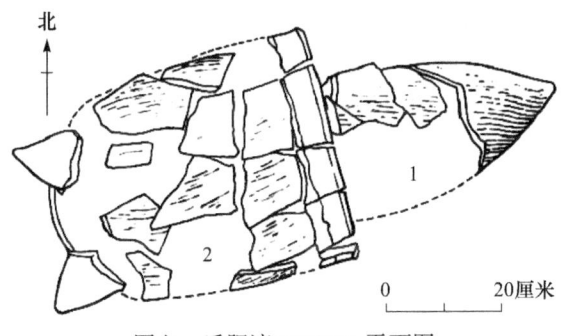

图七　后阳湾 2012W1 平面图
1. 陶鬲　2. 陶三足瓮

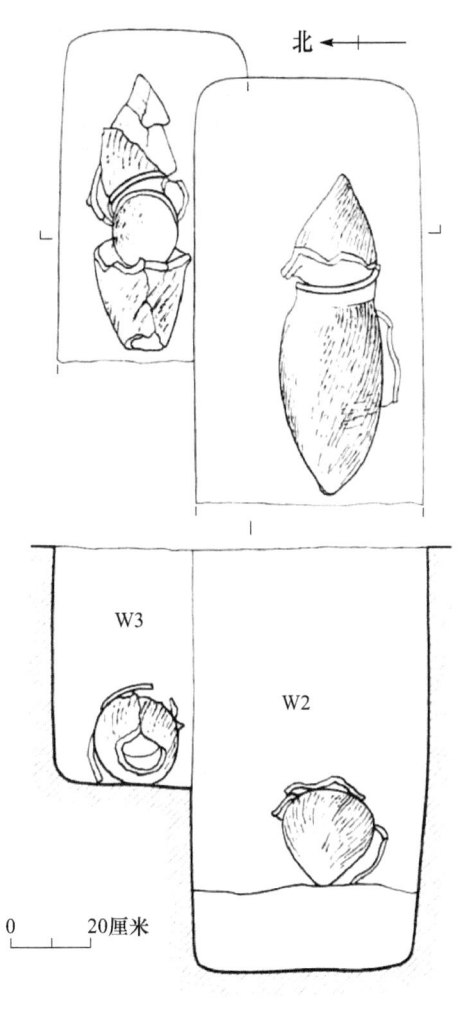

图八　后阳湾 2012W2、W3 平面、剖视图

以下有一些细腻的淤土。婴儿骨骸上部还残留一些织物残片，织线的经纬依稀可见，又可细分为上下两层，下层紧贴骨骸，经纬较为细密，上层经纬较为粗疏（图一○）。经初步鉴定，这些织物原料为苎麻类纤维。

后阳湾 2012W3　位于二号剖面处，叠压于房址白灰地面之下，被后阳湾 2012W2 打破。后阳湾 2012W3 呈方形竖坑状，东西向，残长 65、残宽 30 厘米，距开口深 45 厘米。坑内填疏松的灰黑色土。葬具由一陶鬲的三足套接组成，其中靠内侧的两空足对口套接，外侧的空足下部再套接一空足（图一一）。人骨保存完整，经鉴定，属于一不足周岁的婴儿，部分骨骼上残留红色颜料，似为朱砂（图一二）。人骨以腰部为界，上下部分别位于两空足内，与后阳湾 2012W2 相同。葬具内未见人为填土迹象，仅在人骨周边有少量细腻的淤土。

（三）遗物

后阳湾地点 2012 年度试掘出土的遗物以陶器为大宗，另外还有少量石器、骨器及数量较多的

图九　后阳湾 2012W2（西→东）

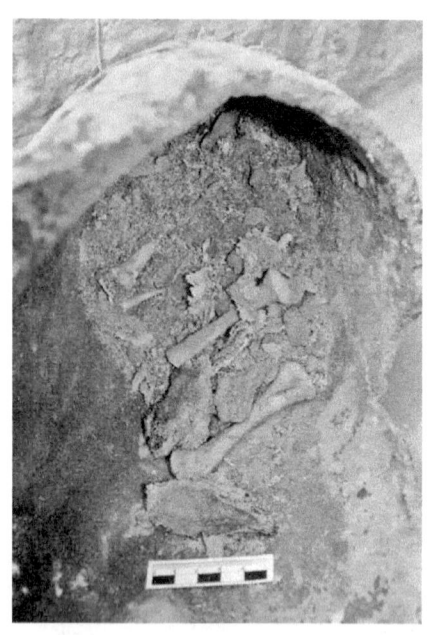

图一〇　后阳湾 2012W2 内织物

图一一　后阳湾 2012W3（西→东）

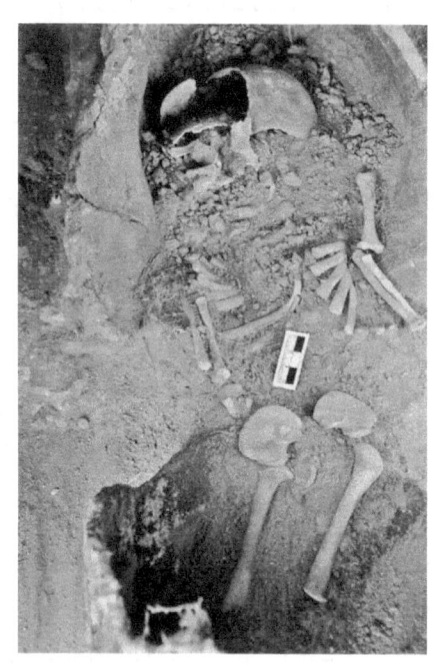

图一二　后阳湾 2012W3 内婴儿骸骨

动物骨骼。值得注意的是，在这些动物骨骼中还辨识出一枚鳄鱼骨板。

1. 陶器

灰陶占绝对多数，夹砂陶较多，泥质陶次之，另外还有少量泥质灰皮红褐陶和红陶片。陶器纹饰以篮纹和绳纹居多，还有少量细方格纹。器形多为空三足器，可辨器类有鬲、斝、豆、盉、三足瓮等，典型标本如下。

鬲　4件。后阳湾 2012W1∶1，夹粗砂灰陶，陶色暗黑。方唇，斜直领较高，溜肩，肥袋足。领部贴两周细泥条凸棱，上下平行分布，领部以下周身饰竖向或斜向的拍印粗疏绳纹；裆与领之间贴附一梯形鋬，偏于鬲足一侧；裆部瘦瘦。口径 22、高 39.2 厘米（图一三，11）。后阳湾2012W2：1，夹砂灰陶，胎质细腻，陶色亮灰。直口，厚圆唇，唇上压印一周短斜绳纹，矮领竖直，鼓肩，袋足自领下鼓出，较为肥大，裆部有明显的瘤状下凸，上附黑色烟炱。领部抹光，领部以下通体饰细密的斜向拍印绳纹，纹饰较深且规整、清晰，足内侧饰交错绳纹；器身上腹部有两个对称的梯形鋬，上饰绳纹，其一位于裆部正中的上方，另一位于对称的袋足正上部，二鋬中间还有一个压印指窝。口径 22、高 43 厘米（图一三，2；图一四）。后阳湾2012W3：1，夹粗砂灰陶，陶色暗黑。直口，厚圆唇，直领外侈，溜肩，袋足外撇，裆部分得较开。矮领竖直，表面均抹光，领部以下饰较为稀疏的篮纹，纹饰宽深，器身多处有较厚的黑色烟炱；两个梯形鋬上均饰浅疏的篮纹，其一位于裆部正中上方，另一位于对称的袋足正上部。口径 22、高 42 厘米（图一三，1）。后阳湾2012F1：1，泥质灰陶。仅存鬲足，较细瘦。足上饰细方格纹。残高 5.6 厘米（图一三，9）。

瓮　3件。后阳湾2012W1：2，夹细砂灰陶，陶色蓝灰。直口，方唇，平沿稍外斜，器身呈直筒形，腹底折棱明显，圜底，下接三空足。口沿上有一些压印的短绳纹，大部分被抹光，口沿部能看出明显的贴泥加厚的分界线，沿部以下至腹底拍印斜向篮纹，局部抹光；腹中部偏上有两个对称

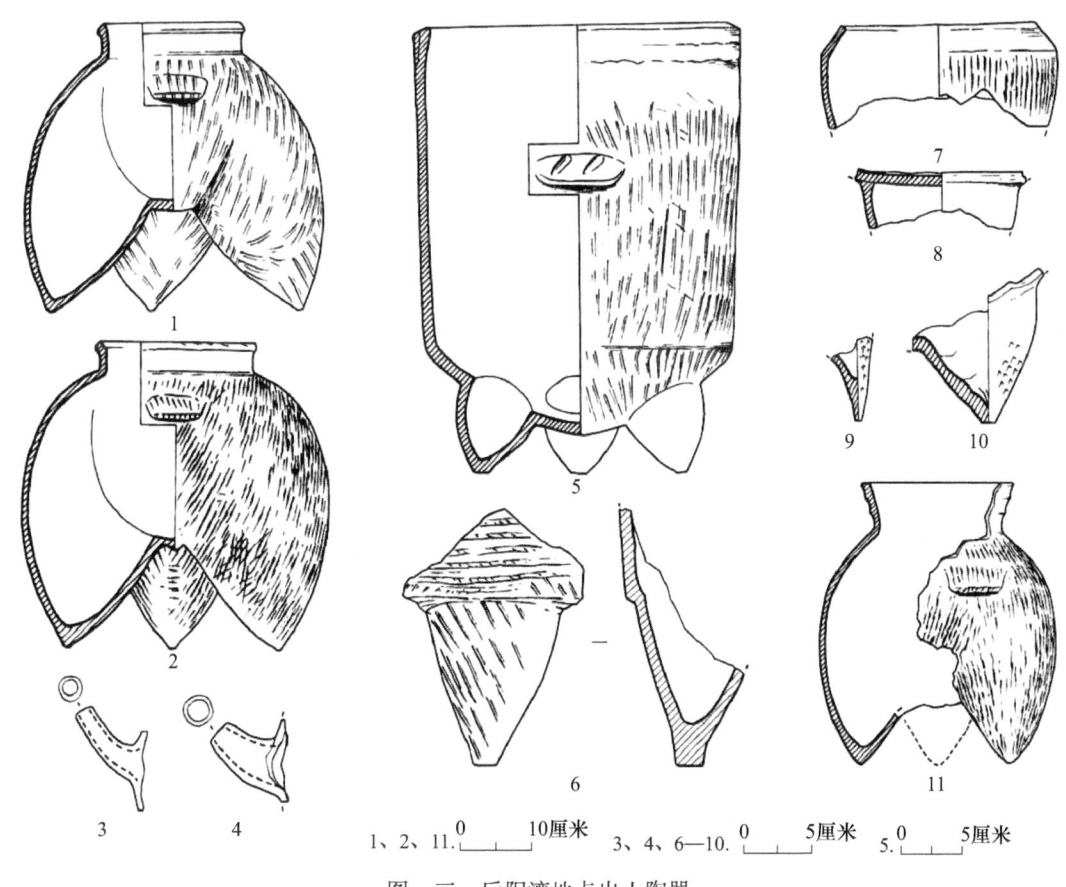

图一三　后阳湾地点出土陶器

1、2、11. 鬲（2012W3：1、2012W2：1、2012W1：1）　3、4. 盉流（2012F1：6、2012F1：7）5. 瓮（2012W1：2）
6、10. 瓮足（2012F1：2、2012F1：3）7. 斝（2012F1：4）8. 豆（2012F1：5）9. 鬲足（2012F1：1）

的梯形錾，其上有戳印窝，一足正上方有一个较小的三角形戳印窝，两足之间正上方有两个较大的尖圆形戳印窝。口径 26、高 35 厘米（图一三，5；图一五）。后阳湾 2012F1：2，夹砂灰陶。仅存锥状瓮足。足上饰篮纹。足高 11.6 厘米（图一三，6）。后阳湾 2012F1：3，夹砂灰陶。仅存瓮足，较矮胖。下半部饰细方格纹。残高 9 厘米（图一三，10）。

图一四　陶鬲（后阳湾 2012W2：1）

图一五　陶瓮（后阳湾 2012W1：2）

　　斝　1 件（后阳湾 2012F1：4）。夹砂灰陶。敛口，圆唇，颈部内斜，折肩，腹部斜内收，下部残。口沿抹光，器身饰竖向绳纹。口径 14.2 厘米（图一三，7）。

　　豆　1 件（后阳湾 2012F1：5）。夹砂灰陶。仅存豆柄，豆盘底部平整，柄部略内收。器身抹光。残高 3.2 厘米（图一三，8）。

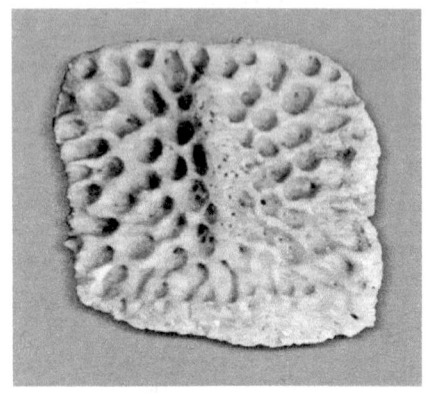

图一六　鳄鱼骨板（后阳湾 2012F2：1）

　　盉　2 件。夹砂灰陶。仅存流部。后阳湾 2012F1：6，呈筒状，较细长。长 7、管径 1—2 厘米（图一三，3）。后阳湾 2012F1：7，呈筒状，较粗短。长 6.8、管径 1.6—2.8 厘米（图一三，4）。

2. 鳄鱼骨板

　　仅发现 1 件（后阳湾 2012F2：1）。呈方片状，正面有许多点状小孔，内侧凸起一条脊，背面略内凹。边长约 2 厘米（图一六）。

二、呼家洼地点

　　呼家洼地点位于皇城台正南端的山峁台塬北坡，其东端北侧为一处天然冲沟。20 世纪 90 年代中期，当地村民修建进村道路时将冲沟南侧周边的山峁削坡成崖，暴露出灰坑、深穴式房址（剖面形状与袋状灰坑近同，唯地面有柱洞）、白灰面房址等多处遗迹，尤以呼家洼地点崖坎上的遗迹现象最为丰富。2012 年 9 月雨季过后，呼家洼地点断崖上暴露的遗迹时有崩塌之险，是故在此重点复查，发现窑洞式房址4座，并对其中一座进行了抢救性试掘。

（一）地层堆积和层位关系

房址所在剖面无文化层堆积，厚约30厘米的耕土层下即出露遗迹，打破生土，各遗迹间无打破关系。

（二）遗迹

共发现4座房址，自南向北分别编号为呼家洼2012F1—F4。这些房址似有成排分布的规律，囿于诸多客观原因，我们仅对保存最差的呼家洼2012F3予以清理。

呼家洼2012F3 仅存东南一角，残余面积不足1平方米，挖建于生土之中。东、南两壁残高约50厘米，自下而上有内收趋势。屋角较圆，墙面上涂有一层草拌泥，厚0.6—0.8厘米，其中东壁上部还留有涂敷草拌泥时的横向五指抹痕。房址地面为踩踏硬实的黄色生土。东壁北端有一柱洞，残剩半圆。房址地面上有一层包含大量陶片的堆积层，厚约20厘米，其上又覆较为疏松的灰黄色土。

（三）遗物

呼家洼2012F3出土遗物仅见陶器，其中灰陶占绝对多数，夹砂陶最多，泥质陶次之，另外还有几片灰皮红褐陶。纹饰以绳纹和篮纹为主，兼有少量细方格纹。可辨器类有鬲、斝、甗、豆、大口尊、折肩罐等。

单把鬲 1件（呼家洼2012F3：1）。细泥灰陶，陶色亮蓝，胎体较薄。直口，方唇，高领稍内束，三足上部圆鼓，下部斜收，实足尖较细高。一宽把由口部连至一空袋足圆鼓处，宽把高出口沿部分、领部及足尖抹光，宽把表面及三足饰拍印的细密方格纹。口径10.2、高22厘米（图一七，1；图一八）。

斝 1件（呼家洼2012F3：2）。夹粗砂灰陶，陶色暗灰。直口，方唇内倾，高直领，领、腹连接处有明显的外凸折棱，腹底钝圆，三袋足的尖部圆厚。自颈部折棱以下通体饰竖向的细密绳纹；腹中部偏上有对称的两个长方形錾，斜向下贴附，錾上有长圆形小戳窝；裆部以上烟炱较厚。口径22、高25.2厘米（图一七，2；图一九）。

甗 1件（呼家洼2012F3：3）。夹砂灰陶，陶色暗灰。薄圆唇，口唇部外撇，宽折肩，斜直腹下收，束腰，内有一圈腰隔，上有指捏痕，袋足瘦高，足尖稍内收。腰部偏上有对称贴附的鸡冠状錾，其一位于裆部正中以上，另一位于一足正上方；折肩部素面，其下饰粗疏的竖向绳纹；上腹有平行分布的两周凹弦纹；裆部有烟炱痕。口径17.2、高30.4厘米（图一七，3；图二〇）。

豆 1件（呼家洼2012F3：4）。细泥灰陶，表面抹光。仅存柄下部及豆座，柄顶端有切磨痕迹，柄部有三个等距分布的圆形镂孔，圈足外撇，呈喇叭状。圈足径13.4、残高9厘米（图一七，6）。

大口尊 1件（呼家洼2012F3：6）。泥质灰陶，陶色亮灰，表面抹光。敞口，薄圆唇，口沿外贴泥条加厚，上腹微鼓，下腹斜收，平底。腹部外鼓处有对称贴附的两个鸡冠状錾，錾上有一

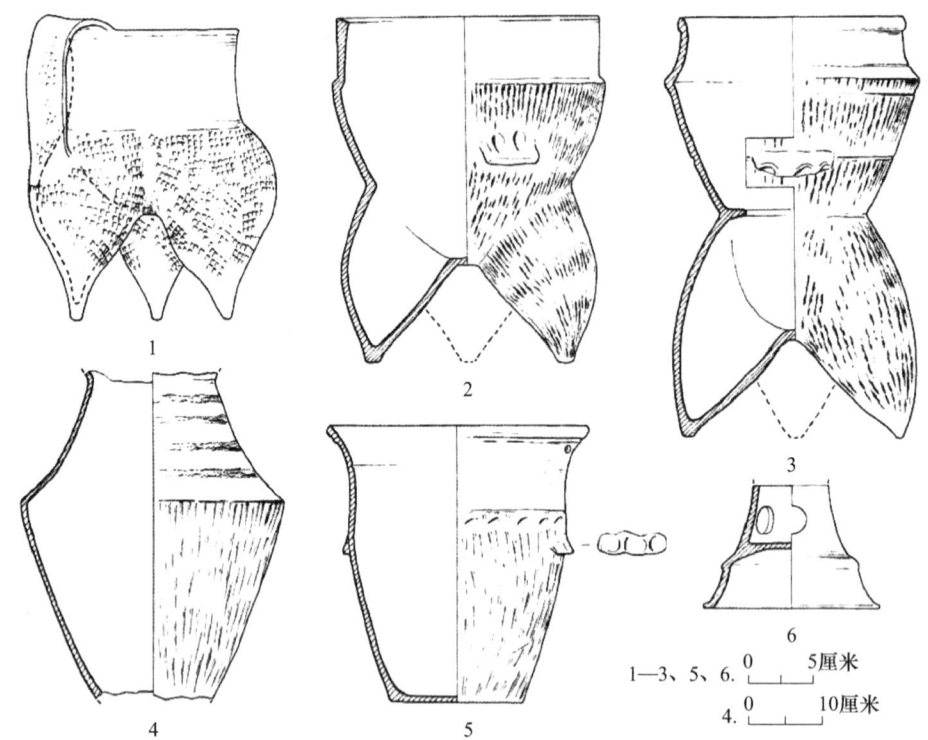

图一七　呼家洼 2012F3 出土陶器

1. 单把鬲（2012F3：1）　2. 斝（2012F3：2）　3. 甗（2012F3：3）　4. 折肩罐（2012F3：5）
5. 大口尊（2012F3：6）　6. 豆（2012F3：4）

图一八　陶单把鬲（呼家洼 2012F3：1）

图一九　陶斝（呼家洼 2012F3：2）

周戳印的斜向小圆窝，其上又有一周凹弦纹，鋬上及其下部饰浅疏的竖向篮纹。口径 22、底径 10、高 20.2 厘米（图一七，5；图二一）。

　　折肩罐　1 件（呼家洼 2012F3：5）。泥质灰陶，胎质可见少量细砂。口、底均残，折肩，折棱尖凸，肩部下端略内凹，深腹向下斜收。肩部可见平行分布的刮抹痕迹，折肩以下饰浅疏的竖向篮纹。残高 43 厘米（图一七，4）。

图二〇　陶甗（呼家洼 2012F3：3）

图二一　陶大口尊（呼家洼 2012F3：6）

三、结　语

2012 年度石峁遗址的试掘工作属抢救性清理，由于发掘面积有限，有关房址及墓地布局等宏观信息获知较少。本次试掘揭露的一些遗迹之间的叠压打破关系及平面关系、遗物的共存关系及其出土位置等信息，为了解石峁城址内各类文化遗存的分布状况、分期与年代等提供了重要依据。

后阳湾地点试掘最重要的收获是出土了 3 件形态有别、演变成序的双鋬陶甗，大致反映了河套中南部地区龙山文化中晚期陶甗的发展形态。W3、W2、W1 出土的陶甗以往分别被称为宽弧裆甗、瘤裆甗和尖角裆甗[2]，代表了双鋬甗由早到晚的发展形态。W2 打破 W3，这一层位关系再次印证了瘤裆甗晚于宽弧裆甗的认识。W1 的层位关系虽然阙如，但从带鋬甗自身的发展演变规律来看，其出现年代应晚于 W3 和 W2，处于尖角裆甗阶段。目前发表的资料显示，后阳湾出土的宽弧裆双鋬甗是陕北地区和内蒙古中南部特有的遗物，类似器形亦见于山西中北部，以杏花 H118 为代表[3]，唯两者鋬的安装方式不同。山西中北部多见侧装双鋬甗，而后阳湾地点出土者为正装鋬。瘤裆甗以往发现数量较多，典型遗址有神木寨峁[4]、内蒙古永兴店[5]等；尖角裆甗与寨峁 AH60 出土的陶甗裆部风格一致。石峁遗址后阳湾地点出土的陶甗完善了正装双鋬甗的类型学发展序列，有利于进一步加深对龙山文化中晚期以来黄河两岸以陶甗为代表的考古学文化遗存的年代及面貌的认识。后阳湾地点出土的鳄鱼骨板是包括陕晋中北部、内蒙古中南部在内的河套地区的首次发现。晋南地区陶寺 M3015[6]和清凉寺 M54、M82 和 M146[7]均出土鳄鱼骨板。上述墓葬在墓地中均处于较高等级，鳄鱼骨板应与鼍鼓相关，代表了墓主身份，特别是陶寺 M3015 一度被认为是"王墓"。因此，后阳湾地点出土的鳄鱼骨板可能在一定程度上反映了石峁遗址的聚落等级。

呼家洼 F3 出土的陶器共存关系明确，包括甗、斝、甑、豆、折肩罐、大口尊等。其中，方格纹单把鬲与新华 99F17：5[8]、陶寺 99ⅡH22：9[9]以及朱开沟 M1036、M1038、M1051、M3043、M4037[10]等遗迹单位出土的同类器物相似。斝、甑、豆、折肩罐、大口尊都可在新华等遗址中找到相类或相同的器物，年代应与之相当。因此我们认为石峁遗址呼家洼 2012F3 出土陶器群的年代应已进入夏纪年范畴，与其他遗址发表的材料相比，呼家洼地点出土的陶器组合器类更为丰富。

2012年度的试掘工作确认了后阳湾和呼家洼地点为石峁城址内城两处居住区，其周边分布有成人墓葬及瓮棺葬，对此有以下两点认识。其一，从时代上看，后阳湾地点早于呼家洼地点；从地形上看，两处地点均以较为独立的梁峁台地为居葬区域，两者相距一定距离，或许暗示着石峁城址内部的居住区域在不同时期存在着变迁或扩张。其二，后阳湾地点发现的两座土坑墓在层位上都早于房屋基址，可能表明石峁城址内部相同区域在不同时期存在着不同的功能划分，这一点有待进一步确认。另外，结合近年来调查、勘探成果分析，石峁城址内部墓葬多发现于房屋聚集区周边，分布零散，规模不大，难见成片分布的大型墓地，这或许是石峁遗址墓葬分布的一般规律。

附记：本成果为"中华文明探源及其相关文物保护技术研究（2013—2015）"子课题"中华文明起源过程中区域聚落与居民研究"（课题编号2013BAK08B05）的阶段性成果。本次发掘的领队为孙周勇，参加发掘的人员有孙周勇、邵晶、康宁武、屈凤鸣、刘小明、白海龙。本文线图由刘军幸、董红卫绘制，照片由邵晶、张明惠拍摄。

执笔：孙周勇　邵　晶　邵安定
康宁武　屈凤鸣　白海龙

注　释

［1］　陕西省考古研究院、榆林市文物考古勘探工作队、神木县文体局：《陕西神木县石峁遗址》，《考古》2013年第7期。

［2］　张忠培：《杏花文化的侧装双鋬手陶鬲》，《故宫博物院院刊》2004年第4期。

［3］　国家文物局、山西省考古研究所、吉林大学考古学系：《晋中考古》，文物出版社，1998年，第119页。

［4］　陕西省考古研究所：《陕西神木县寨峁遗址发掘简报》，《考古与文物》2002年第3期。

［5］　内蒙古文物考古研究所：《准格尔旗寨子永兴店遗址》，《内蒙古文物考古文集（第一辑）》，中国大百科全书出版社，1994年。

［6］　中国社会科学院考古研究所山西工作队、临汾地区文化局：《1978—1980年山西襄汾陶寺墓地发掘简报》，《考古》1983年第1期。

［7］　山西省考古研究所等：《山西芮城清凉寺史前墓地》，《考古学报》2011年第4期。

［8］　陕西省考古研究所、榆林市文物保护研究所：《神木新华》，科学出版社，2005年，第139页。

［9］　中国社会科学院考古研究所山西队、山西临汾行署文化局：《山西襄汾县陶寺遗址Ⅱ区居住址1999—2000年发掘简报》，《考古》2003年第3期。

［10］　内蒙古自治区文物考古研究所、鄂尔多斯博物馆：《朱开沟——青铜时代早期遗址发掘报告》，文物出版社，2000年。

（原载于《考古》2015年第5期）

陕西神木县石峁遗址韩家圪旦地点发掘简报

陕 西 省 考 古 研 究 院
榆林市文物考古勘探工作队
神 木 县 文 体 广 电 局

2011 至 2013 年，由陕西省考古研究院与榆林市文物考古勘探工作队、神木县文体广电局组成的联合考古队，对石峁遗址开展了持续三年的区域系统考古调查及发掘工作，确认了以"皇城台"为中心、内外城半包围环绕的环套结构的石峁城址。城内面积逾 400 万平方米，并重点发掘了石峁城址外城东门址（石墙阴洼地点），揭露出一座规模宏大、建筑精良的龙山晚期至二里头早期城门遗址[1]。同时还对石峁内城后阳湾和呼家洼等地点开展了小范围的发掘工作[2]。

为了进一步了解城址内部结构及功能区划，2014 年 4 至 10 月，石峁考古队发掘了韩家圪旦地点。韩家圪旦地点位于内城中部偏东的一处东西向"舌形"山峁之上（图一、图二），与皇城台隔沟相望，东侧山脊上即为由北向南逶迤而来的内城东城墙，并有一城门坐落在最高处的平整台地之上（当地百姓称为"牛眼圪堵"）。除东侧与其他山峁相连外，韩家圪旦地点其余三

图一　韩家圪旦地点发掘全景（上为北）

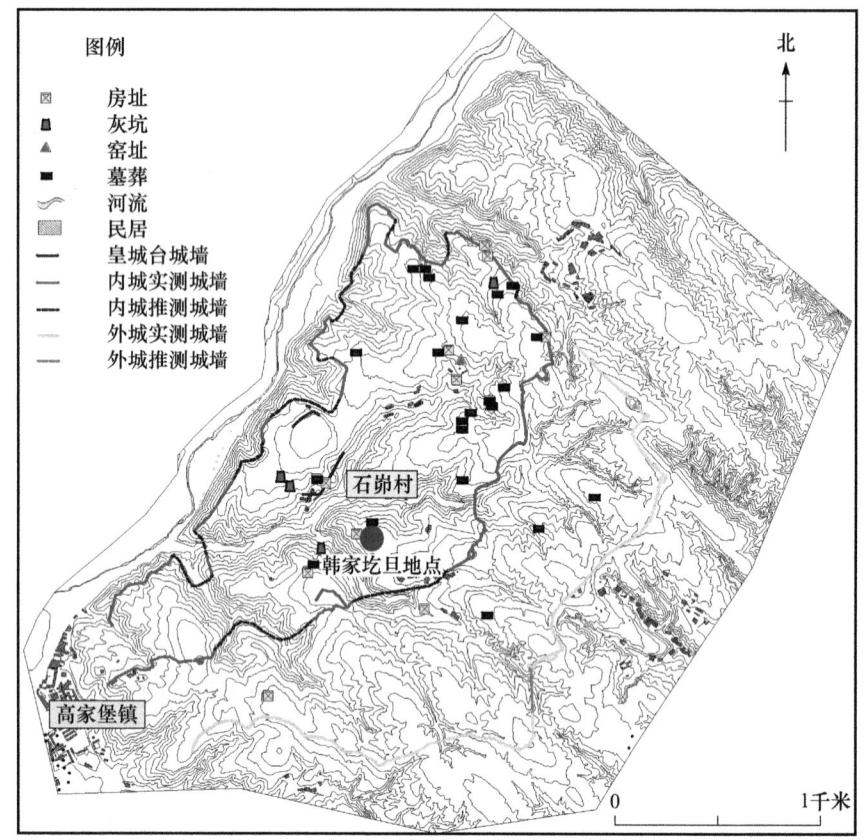

图二　韩家圪旦地点位置图

侧均为沟壑环绕。调查得知，韩家圪旦地点为石峁城址内城中一处遗迹分布密集的重要地点，韩家圪旦山峁上部的平缓坡地上盗洞很多，散布大量人骨、陶片、白灰面残片、石块及窑壁烧结块等。

本次发掘面积约3000平方米，发现房址31组（座）、墓葬41座、灰坑27处、灰沟4条及窑址1座。遗迹间叠压打破关系较多。遗物种类丰富，包括陶器、石器、玉器、骨器，还发现个别蚌饰、海贝、鸵鸟蛋壳、绿松石饰等。

一、地 层 关 系

韩家圪旦地点地层堆积简单，未发现连续分布的龙山时期文化层。耕土厚15—25厘米，其下为一层厚20—40厘米的疏松"垫土"，系20世纪70年代平整土地修筑梯田时形成。本年度发掘的大部分遗迹现象叠压于垫土层下，部分直接叠压于耕土层下。

二、遗　　迹

以下选取房址2组（4座）、墓葬4座及灰坑2座做简要介绍。

（一）房址

韩家圪旦地点揭露的房址从形制上可以分为地面式和窑洞式两类，其中窑洞式占绝大多数，多选择临近断崖处修建，有的生土墙壁上还发现一些以小石块砌护的现象。

1. F6—F7—F11

开口于垫土层下，距地表深约 25 厘米，打破生土，是两座窑洞共用一个前室形成的联套建筑，窑洞（F6、F11）与前室（F7）通过门道两两相接，活动面完全连成一片（图三）。总门道位于前室 F7 的西北角，朝向山坡低缓处，前端被毁，长约 200、宽 60—65 厘米，中部偏北有一横向凹槽将其隔断，宽约 12、深约 10 厘米，似为门槛槽。F7 东侧通过门道与 F11 相接，是为后室。F7、F11 为前后连接的直线联套式结构，应为整组建筑的主体结构。F7 南侧又一门道与 F6 相接，暂称侧室。总体来看，整组建筑平面形状大致呈"7"字形（图四）。以下作分别介绍：

F7 东接窑洞 F11、南接窑洞 F6，是连接后室和侧室"中枢"，或可称作"前厅"。从地层关系来看，F7 上部被圆形灰坑 H3 打破。F7 直接修建于生土之上，平面大致呈东西向长方形，长 360、宽 184、深约 30 厘米。F7 的门道即为整组建筑的出入通道，位于西北角。F7 室内地面较为平整，有明显的踩踏痕迹。东部靠近后室 F11 门道有 2 处柱洞，南北对称分布，间距 50 厘米，分别编号 D1、D2，均为圆形、筒状、圜底，底部铺垫一周碎陶片。D1 位于南侧，保存较好，口径 26、深 30 厘米；D2 位于北侧，底部保存较好，现存口径 20、深 18 厘米。F7 应为先行下挖的竖坑，以获得掏挖窑洞 F6、F11 所需的"崖坎"，待后室和侧室两窑洞掏挖完成后，再以木柱支撑，再行覆顶形成整组建筑的前厅。

后室 F11 西接前厅 F7，为一座整体掏挖于生土内的窑洞。从层位关系来看，F11 顶部被 F9（仅留少量活动面和一个残破灶面）室内地面叠压，西南角被 H1 打破，西北角被石棺墓 M18 打破。

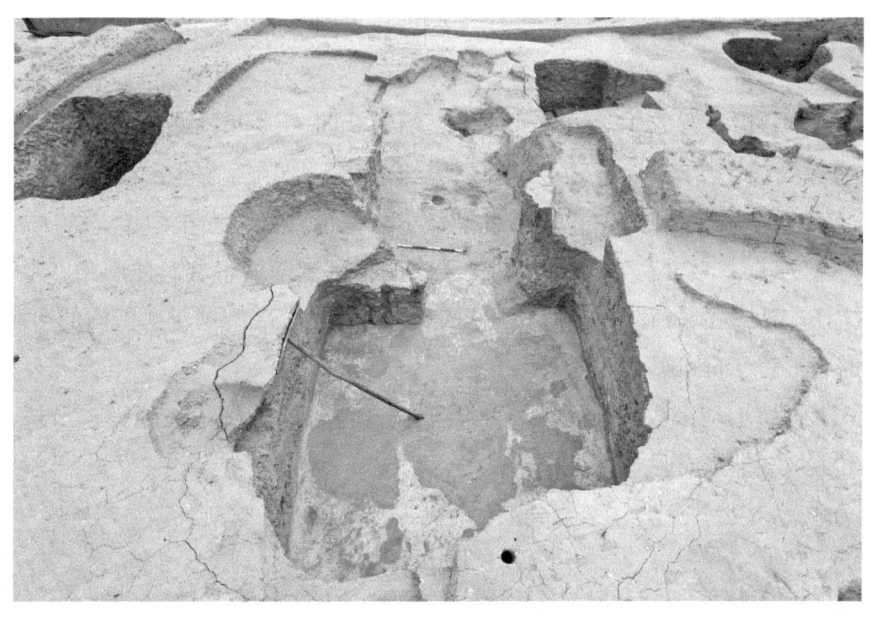

图三　F6—F7—F11 房屋全景（东→西）

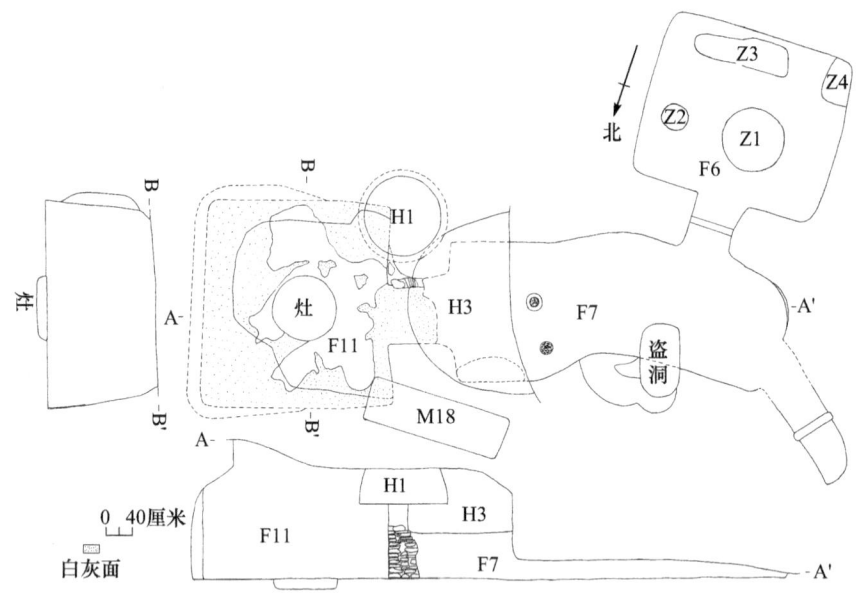

图四　F6—F7—F11 平、剖面图

图五　F11

F11 平面呈圆角方形，长 390、宽 320 厘米，室内地面以白灰涂抹，平整光滑，保存较好，灶址位于地面中央，平面呈圆形，为一层黑色烧结面，直径 102 厘米。生土墙壁下部涂抹 58 厘米高的白灰面墙裙，下与白灰地面连接，墙壁残高 170 厘米，自下而上内弧趋势明显，原应有窑洞顶结构。门道朝西，长 94、宽 84 厘米，与前室 F7 连接，南侧尚存少量叠砌石墙，北侧仅存生土，门道两侧原应有对称的石砌护墙（图五）。

侧室 F6 亦直接修建于生土之上，平面呈东西向圆角长方形，长 310、宽 260、残深 24 厘米。门道北向，长 90、宽 68 厘米，与前室 F7 相连，室内活动面系直接踩踏于"红胶泥"生土上形成，踩踏痕迹明显。活动面上有 4 处明显的用火痕迹，分别编号 Z1、Z2、Z3、Z4，Z1 位于房址地面中央偏西北，平面呈圆形，为一层黑色烧结面，直径 100 厘米，应为主灶。Z2、Z3、Z4 分别位于东墙中部、南墙中部及西南角，形状漫漶，面积差异较大。F6 周边未见柱洞，其结构应与后室 F11 相同，为全部掏挖于生土内的窑洞，20 世纪 70 年代平整土地时将 F6 上部削毁。

F6—F7—F11 内填土均杂较多草木灰，土质疏松，包含一些陶片、碎骨及石块，陶片均为灰陶，多见绳纹和篮纹，器形可见鬲、小罐、瓮等。

2. F10

窑洞式建筑，位于 F6—F7—F11 组合建筑南侧。F10 南侧被 M2 打破，西侧被 M15 打破（图六）。

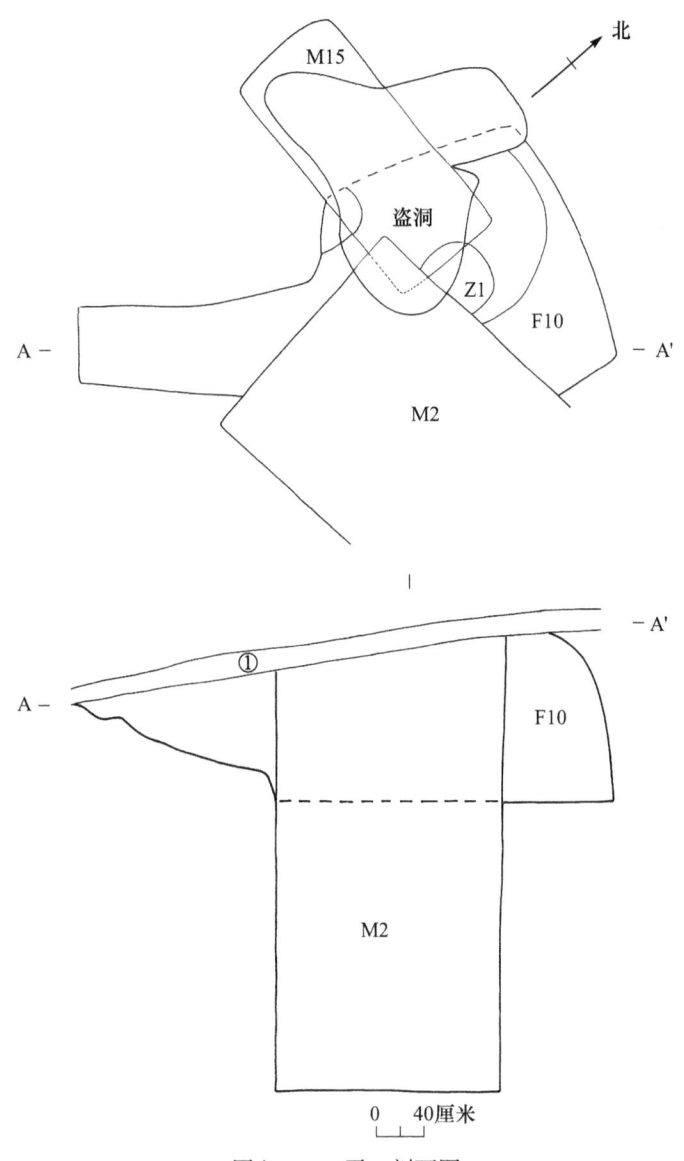

图六　F10 平、剖面图

　　F10 直接掏挖于生土中，平面略呈圆角方形，墙壁自下而上内收趋势明显，顶部及墙壁上部已坍塌。长 220、宽 200、残高 140 厘米。室内地面未做铺垫处理，可见灶址 2 处。Z1 位于活动面中央，平面呈圆形，为一层青灰色烧结面，直径 60 厘米；Z2 位于西墙角，平面呈半圆形，为一层青灰色烧结，半径 32 厘米。门道朝向西南，为一窄长的斜坡通道，长 200、宽 80 厘米。

　　F10 内填土夹杂大量草木灰，土质松散，包含少量陶片和碎骨，陶片均为灰陶，多见篮纹和绳纹，可辨器形为鬲、豆、瓮等。

（二）灰坑

　　灰坑形状有圆形袋状、圆形筒状和不规则形三种，以圆形袋状最为常见，圆形筒状次之，不规则形数量最少。这些灰坑都发现于房址周边，圆形筒状和袋状者可能为储藏所用之窖穴，而不规则形灰坑作为垃圾坑的可能性较大。

H1　开口耕土层下，打破 H3 和 F11。圆形筒状平底，底部稍小。口径 148、底径 130、深 56 厘米。内填灰色沙土，土质较疏松，夹杂一些散乱石块及少量陶片。陶片均为灰陶，夹砂多于泥质，多见篮纹和绳纹，器形可辨敛口瓮等（图七）。

H3　开口耕土层下，被 H1 打破又打破 F7，西部被梯田断坎挖毁，原应为圆形，筒状，底部不平整。半径 170、深 76 厘米，填土包含较多灰色或黑色草木灰，土质疏松，夹杂少量石块及一些陶片、兽骨。陶片均为灰陶，夹砂多于泥质，多见绳纹和篮纹，器形可辨鬲、罐、瓮等（图八）。

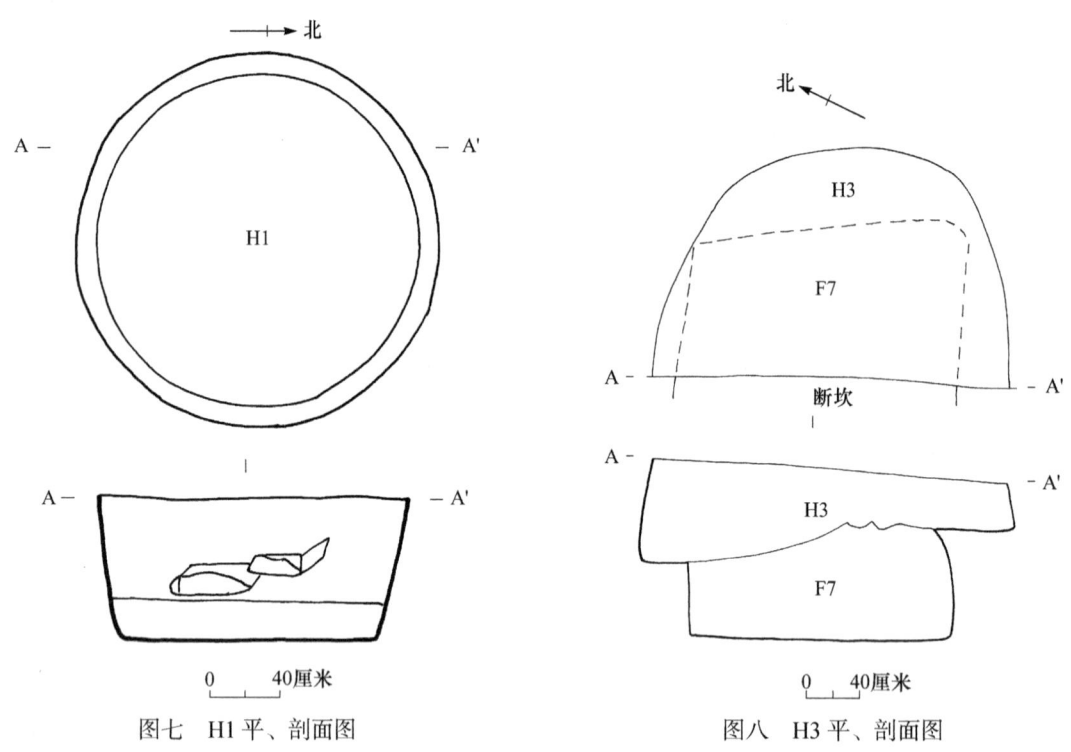

图七　H1 平、剖面图　　　　　　　　图八　H3 平、剖面图

（三）墓葬

韩家圪旦地点共发掘墓葬 41 座，主要是竖穴土坑墓和石棺墓[3]。竖穴土坑墓最多，为长方形，其中不乏墓室面积较大者。从分布情况来看，墓葬多位于山峁高处，以平缓的峁顶分布最为集中，竖穴土坑墓与石棺墓间错分布，多打破房址或灰坑，墓葬间的打破关系不多。需要说明的是，石棺墓亦为竖穴土坑，但以石棺为葬具，此处沿用旧说。竖穴土坑墓内一般有木棺。令人惋惜的是，大部分墓葬特别是大型墓葬几乎完全被盗掘，墓主人骨都难存几例，仅残留零星随葬品。

1. 竖穴土坑墓

M2　开口于耕土层下，打破 F10 和 M15。墓口长 358、宽 194 厘米，墓底长 384、宽 222、深 395 厘米，方向 100°，墓壁留有竖向或斜竖向的齿槽状工具痕迹（图九）。盗洞位于墓口正中，略呈椭圆形，口部长径 280、短径 210 厘米，深达墓底（内有饮料瓶和香烟盒，生产日期为 2004 年）。木棺位于墓室中部偏北处，长 280、宽 100、高 92 厘米，四侧棺板朽痕尚存，尤以南北两侧板痕保存最好，呈浅灰色或深棕色，有少量朽木尚未完全灰化。墓室遭严重盗扰，棺内未见人骨，仅在木棺上端盗洞内发现一些头骨和肢骨碎片，可能为墓主尸骨，初步鉴定为一中老年女性。墓室北壁有壁龛1处，距墓底高120厘米，距棺顶高约30厘米，壁龛立面形状略呈馒头状，顶弧底平，龛内亦被盗扰，未见任何遗物（图一〇）。棺外南侧墓底紧靠南壁下有一骨架，保存完好，头东脚西，侧身面棺，左肘前屈，双臂被缚，臀部后屈，直肢，左腿叠于右腿上，右手中指戴指环一枚，脱落至指尖，左手食指和无名指上各佩小骨环一枚。初步鉴定，该骨架为一年轻女性（第三臼齿萌出，门齿磨损严重，年龄为16—17岁）。应为墓主的殉人（图一一）。随葬品方面，仅在盗洞内发现打制修整的石刃和骨锥等少量遗物。

图九　M2 墓室全景（南→北）

M15　开口耕土层下，距地表深约16厘米，被M2打破，又打破F10。长223、宽100、深74厘米，方向100°。盗洞位于墓口偏东，平面略呈曲尺形，长220、宽170厘米，深达墓底。盗洞内发现较多的散乱人骨，鉴定有二人，一为成年男性，年龄约40岁；一为女性，年龄不详。墓底西部靠近南壁处发现一殉人，侧身，残留右腿骨一段，胫骨、腓骨及脚部骨骼均未经扰动。未见随葬品（图一二）。

2. 石棺墓

M17　开口耕土层下，距地表深约22厘米，被G1打破，又打破F18门道部分。墓室为近东西向长方形竖穴土坑，长254、宽106、深80厘米，方向70°。内置石棺，由顶板、侧板、底板围搭而成，石板均砂岩质地，有明显的人为加工痕迹，边缘打琢齐整，薄厚均匀，侧板为4—6厘米，顶板和底板为7—8厘米。石棺系沿四周墓壁平行掏挖一周浅槽后，再插埋侧板。墓主骨架保存较好，未经扰动，仰身直肢，初步鉴定为一年轻女性，年龄为17—19岁，似患强直性脊柱炎。棺内未见任何随葬品，仅在墓室填土内出土残卜骨一件（图一三）。

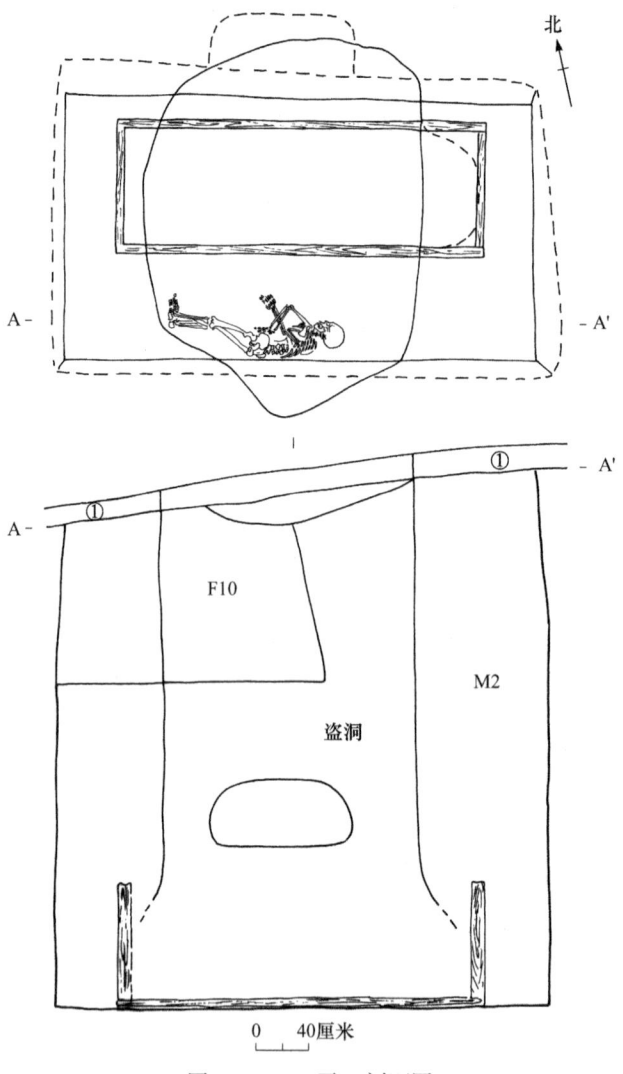

图一〇　M2平、剖面图

图一一　M2殉人

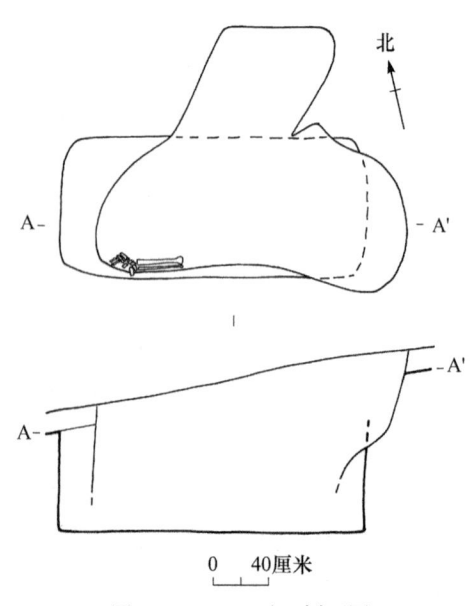

图一二　M15平、剖面图

M18　开口于垫土层下，距地表深约32厘米，打破F11。墓室为一近东西向长方形竖穴土坑，长240、宽72、深50厘米，墓室盗扰严重，盗洞位于墓口正中，椭圆形，长径206、短径62厘米，深达墓底。棺板已被完全毁弃，墓底与四周墓壁平行挖有一周浅槽，宽7、深5厘米，应系固定石棺板所用。盗洞内发现散乱人骨，为一年轻女性，年龄为18—19岁，可能系墓主人（图一四）。

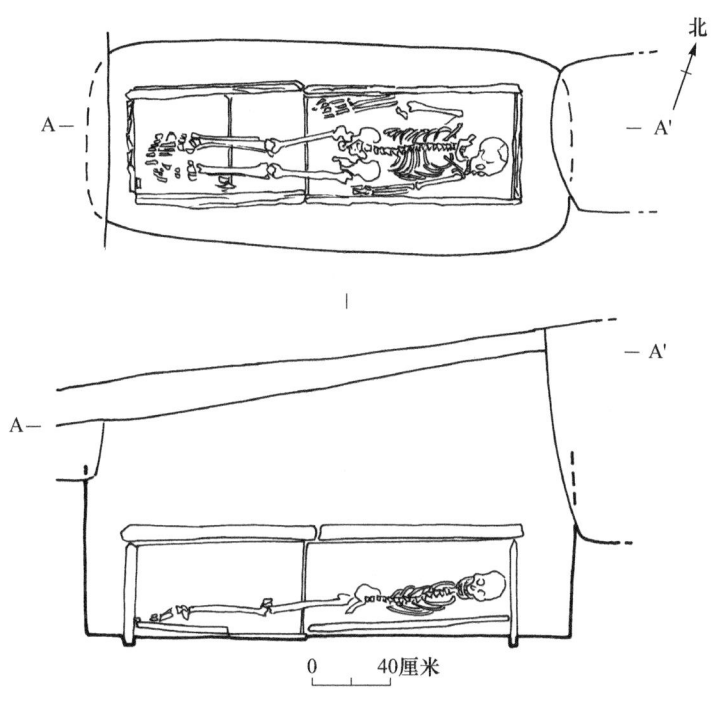

图一三　M17平、剖面图

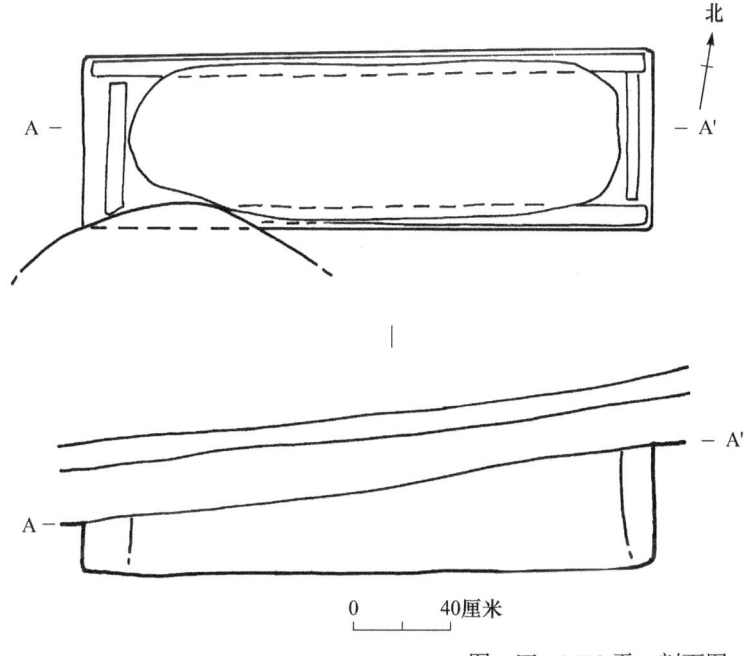

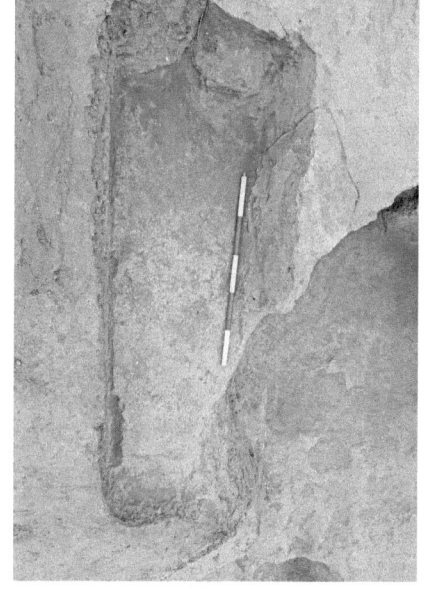

图一四　M18平、剖面图

三、遗　物

韩家圪旦地点 2014 年度出土的遗物以陶器为大宗，其次为石器和骨器，还发现个别蚌饰、海贝、鸵鸟蛋壳、绿松石饰及玉器。

（一）陶器

陶色方面灰陶占绝对优势，有少量泥质灰皮红褐陶和红陶片；陶质以泥质为多，夹砂稍少；纹饰以篮纹和绳纹最为常见，素面次之，还发现少量方格纹、弦纹、刻划纹和戳印纹。器形常见空三足器，包括鬲、三足瓮、甗、斝、盉，还有喇叭口圆（折）肩罐、圜底瓮、大口尊、豆、甑、盆、器盖等。典型标本介绍如下：

鬲　可分为双鋬鬲、单把鬲和无鋬无把鬲三种。单把鬲和无鋬无把鬲体量明显小于双鋬鬲。

双鋬鬲　标本 F10：4，口部残片，夹砂灰陶。斜直口，尖圆唇，唇缘均匀分布压印一周斜向短绳纹装饰，口沿部外折在内壁形成凸棱，斜矮领折内收，可见一足外撇趋势，领部以下饰竖向绳纹，较细密，印痕清晰。口径 17.8、残高 6.6 厘米（图一五，1）。标本 F11：7，口沿及上腹部残片，夹砂灰陶。方唇矮领稍外撇，唇缘磨损严重，但仍可辨均匀分布的花边状装饰，有一鸡冠状鋬手贴附于两足间裆部正上方。口沿以下饰竖向绳纹，纹饰粗疏，印痕清晰。口径 23.2、残高 14 厘米（图一五，2）。标本 H3：13，口部及上腹部残片，夹砂灰陶。直口尖圆唇，矮领竖直，溜肩，可见一足外撇趋势，应为肥袋足。口沿以下饰竖向绳纹，纹饰细密，印痕较深。口径 14、残高 7.4 厘米（图一五，3）。

单把鬲　标本 F7：11，可复原，夹砂灰陶。直口圆唇，领部竖直较高，上腹部折棱明显，三足外撇，裆部分得较开，形成下垂宽弧裆。唇部出一宽带器耳，桥弧状贴敷于一足上部。三足垂乳状，足跟系旋钮而成，足尖压平。口部以下及器耳饰竖向绳纹，纹饰非常细密。口径 10、腹径 14.4、裆高 4.2、通高 15 厘米（图一五，4）。标本 H3：11，口沿及腹部残片，夹砂灰陶。直口圆唇稍外撇，领较高，足上部较为圆弧，口沿与一足上部贴敷一宽带状器耳，裆部弧状下凸，较窄。口部以下及器耳饰竖向绳纹。口径 11.4、腹径 13.2、残高 12 厘米（图一五，5）。

无鋬无把鬲　标本 F7：8，口沿及上腹部残片，夹砂灰陶。直口圆唇，领较高，溜肩，袋足，足上部浑圆。口沿以下饰竖向绳纹，纹饰细密，印痕清晰。口径 11、残高 10.8 厘米（图一五，6）。

盉　标本 F11：8，口沿及上腹部残片，泥质灰陶。敛口方唇，圆鼓肩，下腹部有斜向内收趋势。口沿外壁素面抹光，上饰三道平行凹弦纹，凹弦纹等距分布，以下饰竖向绳纹，纹饰细密，印痕清晰。口肩相接部贴敷一鸡冠状鋬手，鋬手上饰五个成排分布的楔形戳印纹。口径 9.6、残高 6.3 厘米（图一五，7）。

泥质小斝　标本 F7：12，系器物足部，泥质灰陶，陶质细密。一足上部残留器耳贴敷痕迹，裆部宽弧。器表素面。残高 5.4 厘米（图一五，8）。

瓮　有圜底瓮、敛口瓮和直口瓮三类。

圜底瓮　标本 H3：10，系器物圜底部分，泥质灰陶，陶质细腻，胎体厚实。器底内壁旋钮痕

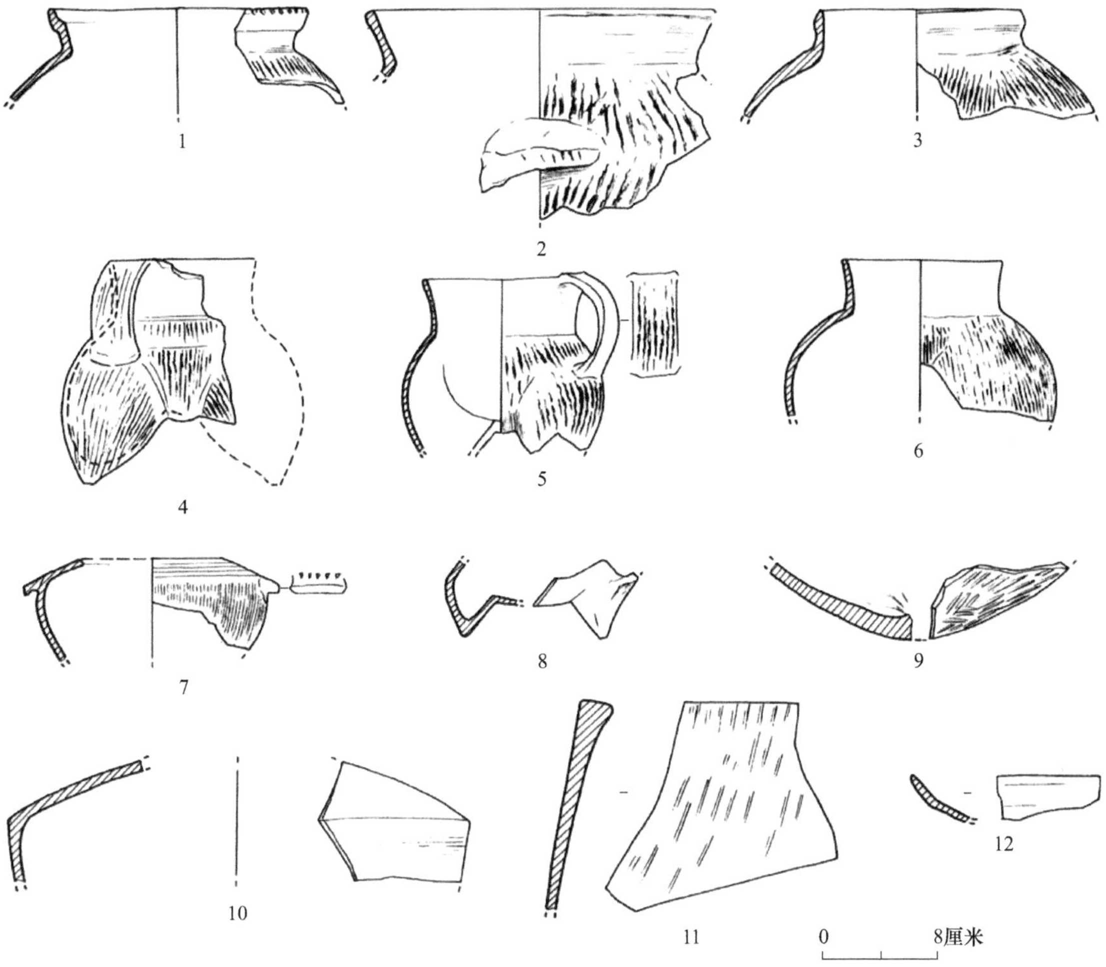

图一五　陶器

1—3. 双鋬鬲（F10：4、F11：7、H3：13）　4、5. 单把鬲（F7：11、H3：11）　6. 无鋬无把鬲（F7：8）　7. 盉（F11：8）
8. 泥质小罾（F7：12）　9. 圜底瓮（H3：10）　10. 敛口瓮（H3：5）　11. 直口瓮（F7：4）　12. 细柄豆（F10：3）

迹明显，器表饰交错篮纹，纹饰杂乱，印痕清晰。残高 5、器壁厚 1.4 厘米（图一五，9）。

敛口瓮　标本 H3：5，系器物肩部，泥质灰陶，陶质细腻。敛口，口沿残缺，折肩，肩部折棱明显，器表素面。肩径 31.8、残长 10.4、残高 8 厘米（图一五，10）。

直口瓮　标本 F7：4，系器物口沿及上腹部，泥质灰陶，直口厚方唇，上腹部斜直。器表饰竖向篮纹，纹饰浅疏。残宽 7.5、残高 14、口沿厚 2.2 厘米（图一五，11）。

细柄豆　标本 F10：3，系豆盘残片，泥质灰皮红陶。大敞口，圆唇，浅盘，上腹部斜直，下腹部斜向内收，形成一道折棱，器表素面。残长 7、残高 3 厘米（图一五，12）。

（二）石、骨器

1. 石器

石斧　标本 F10：5，通体磨光。平顶，顶部一角残损，整体呈梯形。刃部较器身略宽，横断面呈圆角方形，刃部双面磨制，平直刃，刃部可见崩残痕迹。长 12.3、顶宽 3.9、刃宽 5.4、厚 3.3厘米（图一六，1）。

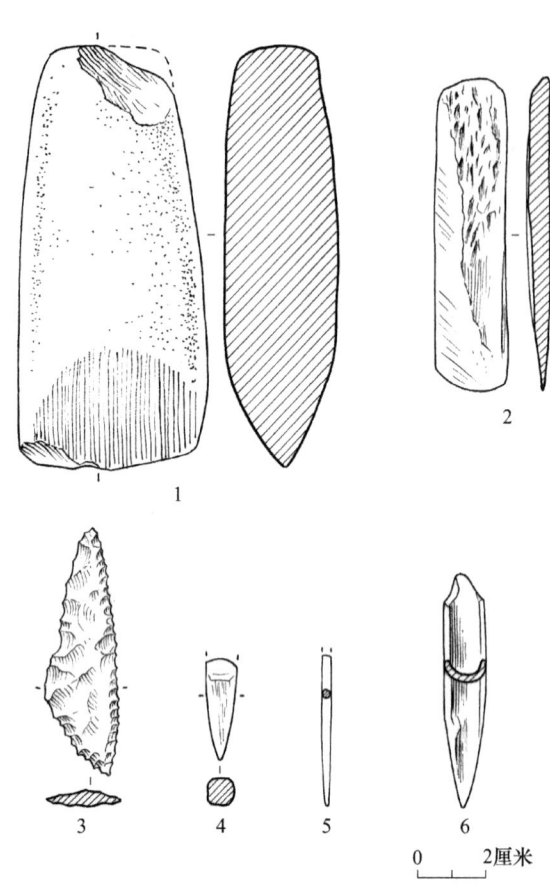

图一六　石、骨器
1. 石斧（F10：5）　2. 骨凿（F11：5）　3. 细石刃（M2：1）
4、6. 骨锥（M2：3、M2：2）　5. 骨针（F11：4）

细石刃　标本 M2：1，出土于墓葬盗洞内。燧石质，深灰色带黑斑，不透明。骨柄或木柄刀的组合刃片，通体压剥，整体呈三角形，两边平直。刃部略带弧度，交互加工，刃缘锋利。一边有一缺口，系打制石片时残留。长 7.2、宽 2.2、厚 0.5 厘米（图一六，3）。

2. 骨器

骨针　标本 F11：4，尖、孔端均残，通体磨光。体略粗。残长 4.4 厘米（图一六，5）。

骨凿　标本 F11：5，系用动物肢骨截去关节头后制成，一面保留骨腔自然骨壁，可见蜂窝状骨质。整体呈长条形。平顶，顶部有缺损；刃部两面对磨，斜直刃，刃部有崩残的疤痕。长 9.1 厘米（图一六，2）。

骨锥　标本 M2：2，顶端残，系用劈裂的细长骨片制成，通体磨制，骨片前端磨成锐利的锥尖。残长 6.9 厘米（图一六，6）。标本 M2：3，仅存椎尖，系用细长骨片磨制而成。残长 3 厘米（图一六，4）。

卜骨　标本 F11：6，鹿肩胛骨，基本完整，仅扇体部分略有残损，未加整治，只灼不钻。灼痕位于肩胛骨正面。正面有两处圆形灼痕，一处为黑色圆形灼痕，直径 0.8 厘米；一处为穿透的圆形灼痕，直径 0.7 厘米；两处间距约 1.1 厘米。兆痕清晰。卜骨通高 22.3 厘米（图一七）。

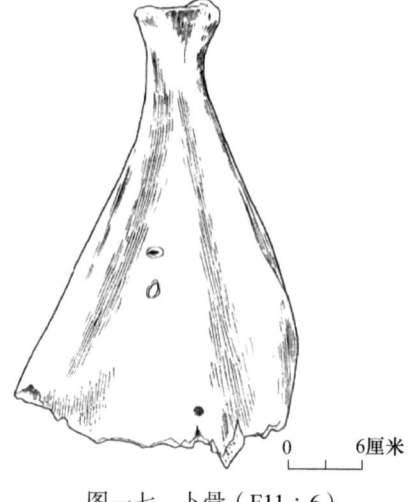

图一七　卜骨（F11：6）

四、结　语

韩家圪旦 2014 年出土陶器虽无太多可复原器物，但典型陶片代表的器形组合在一些遗迹单位内重复出现。本文重点介绍的 F6—F7—F11 和 H3 出土陶器代表了该地点的早期年代，也是目前发掘所见的石峁遗存较早年代。F6—F7—F11 和 H3 出土的典型陶器包括矮领正装双鋬手鬲、单把弧裆鬲、圜底瓮、敛口瓮、细柄豆等，这一组合常见于内蒙古中南部、山西北部和陕西北部，如内蒙古凉城老虎山、西白玉遗址[4]，山西汾阳杏花村遗址[5]，陕西佳县石摞摞山[6] 等。不同的是，韩家圪旦地点见到的圜底瓮，与榆林寨峁梁遗址[7]相近，应为直口圜底瓮，此类器物基本不见于老虎山文化遗存中，而老虎山文化遗存中陶鬲以单把鬲为大宗的现象又不同于陕晋北部地区；山西北部的矮领双鋬鬲以侧装鋬手为主要特征，而韩家圪旦地点所见的矮领双鋬鬲则常见正装鋬手；与石峁遗址同处黄河西岸的佳县石摞摞山遗址出土陶器组合与韩家圪旦地点最为相似。可见，上述三个地区的龙山时代遗存"有大同存小异"，应当划定为同一考古学文化的不同地方类型。目前公布的绝对年代数据仅见于老虎山文化20世纪80年代测得的距今4500—4300年，故此，我们推测石峁遗址韩家圪旦地点早期（居址）年代应不晚于公元前2300年。

调查和发掘工作表明，石峁遗址常见的房屋形式有石砌墙体地面式、夯土墙体地面式及窑洞式三种，个别房址存在明显的多次修葺或叠压重建现象。大型夯土台基建筑多集中分布在皇城台顶部。2014年韩家圪旦地点的所见房屋多为掏挖于生土中的窑洞和半地穴式前室的复合建筑。窑洞广泛分布于黄土高原地区，最早出现于仰韶文化晚期的甘肃宁县阳城遗址[8]，至龙山时代，宁夏海原县林子梁[9]、内蒙古凉城县老虎山、山西石楼县岔沟[10]等遗址都发现有保存基本完好的窑洞，这类建筑形式当是古代先民为适应环境变化而做出的"发明创造"[11]。韩家圪旦地点发现的窑洞多为后室，一般还有另行覆顶的前室，共同组成前后相接的直线联套式结构，前室应为起居室，而后室作为卧室的可能性更大，这些发现不仅生动地还原了石峁先民的生活起居状态，还较为完整地复原了石峁窑洞的修建过程。

韩家圪旦地点墓葬晚于房址，虽然个别墓葬间和房址间还存在相互打破或叠压关系，但总体来看，韩家圪旦地点早期是作为居址使用的，晚期时居址废弃，被作为墓地使用，聚落功能发生了巨大的更替。韩家圪旦地点墓葬包括了竖穴土坑墓、石棺墓及偏洞室墓葬三类，交错分布，其中竖穴土坑墓数量居多。部分墓葬同2012年后阳湾地点[12]的发现一样，在墓主一侧有殉人，为年轻女性。这类墓葬形制还见于与石峁邻近的神木新华遗址[13]，以及属齐家文化的甘肃武威皇娘娘台[14]、永靖秦魏家[15]、青海乐都柳湾[16]等墓地，而一侧殉人另一侧有壁龛的墓葬形式则在神木神圪垯梁遗址[17]和内蒙古伊金霍洛旗朱开沟墓地[18]都有发现，上述墓葬材料很大程度上弥补了韩家圪旦地点墓葬几无相应年代证据的缺憾。据此推测，韩家圪旦部分竖穴土坑墓的年代当已进入夏纪年（以公元前2070年为准）。目前所知考古材料表明墓内殉人现象集中出现于龙山时代，反映了阶级分化或战争频仍等社会状态。韩家圪旦地点墓地所反映的社会复杂化迹象明显，与目前确认的石峁城址核心区——皇城台隔沟相望，韩家圪旦地点当为石峁遗址晚期一处大型贵族墓葬区。

附记：本文为科技部"十二五"科技支撑计划项目"中华文明探源及相关文物保护技术研究（2013-2015）"子课题"中华文明起源过程中区域聚落与居民研究"（课题编号2013BAK08b05）的研究成果。

领队：孙周勇

发掘：孙周勇　邵　晶　邵安定

　　　赵向辉　杨国旗　康宁武

　　　周　健　李建军　屈凤鸣

刘小明　卫　雪　徐　舸

高　升

执笔：孙周勇　邵　晶　康宁武

屈凤鸣

注　释

［1］　陕西省考古研究院、榆林市文物考古勘探工作队、神木县文体局：《陕西神木县石峁遗址》，《考古》2013 年第
　　　 7 期。

［2］　陕西省考古研究院、榆林市文物考古勘探工作队、神木县文体局：《陕西神木县石峁遗址后阳湾、呼家洼地点
　　　 试掘简报》，《考古》2015 年第 5 期。

［3］　戴应新先生 1977 年调查简报中将此类墓葬称为"石棺葬"，见戴应新：《陕西神木县石峁龙山文化遗址调查》，
　　　 《考古》1977 年第 3 期。

［4］　内蒙古文物考古研究所：《老虎山文化遗址发掘报告集——岱海考古（一）》，科学出版社，2000 年。

［5］　国家文物局、山西省考古研究所、吉林大学考古学系：《晋中考古》，文物出版社，1999 年。

［6］　陕西省考古研究院：《陕西佳县石摞摞山遗址龙山遗存发展简报》，《考古与文物》2016 年第 4 期。

［7］　孙周勇、邵晶等：《陕西榆林寨峁梁龙山遗址发掘获重要收获》，《中国文物报》2015 年 11 月 6 日。

［8］　庆阳地区博物馆：《甘肃省宁县阳城遗址试掘简报》，《考古》1983 年第 10 期。

［9］　宁夏文物考古研究所、中国历史博物馆考古部：《宁夏菜园——新石器时代遗址、墓葬发掘报告》，科学出版
　　　 社，2003 年。

［10］　中国社会科学院考古研究所山西工作队：《山西石楼岔沟原始文化遗存》，《考古学报》1985 年第 2 期。

［11］　钱耀鹏：《窑洞式建筑的发生及其环境考古学意义》，《文物》2004 年第 3 期。

［12］　同［2］。

［13］　陕西省考古研究所、榆林市文物保护研究所：《神木新华》，科学出版社，2005 年。

［14］　甘肃省博物馆：《甘肃武威皇娘娘台遗址发掘报告》，《考古学报》1960 年第 2 期；甘肃省博物馆：《武威皇娘
　　　 娘台遗址第四次发掘》，《考古学报》1978 年第 4 期。

［15］　中国科学院考古研究所甘肃工作队：《甘肃永靖秦魏家齐家文化墓地》，《考古学报》1975 年第 2 期。

［16］　青海省文物管理处考古队、中国社会科学院考古研究所：《青海柳湾》，文物出版社，1984 年。

［17］　陕西省考古研究院：《陕西神木县神圪垯梁遗址发掘简报》，《考古与文物》2016 年第 4 期。

［18］　内蒙古自治区文物考古研究所、鄂尔多斯博物馆：《朱开沟——青铜时代早期遗址发掘报告》，文物出版社，
　　　 2000 年。

（原载于《考古与文物》2016 年第 4 期）

陕西神木县石峁城址皇城台地点

陕西省考古研究院
榆林市文物考古勘探工作队
神木县石峁遗址管理处

一、皇城台概况

皇城台是当地百姓对石峁城址内一处石砌台地的称呼[1]。从位置来看，皇城台位于石峁城址内城偏西居中部，是一处相对独立的山峁，顶部平坦开阔，南、北、西三面临沟，南北两侧坡陡沟深，西侧坡地平缓，仅东部偏南经山体马鞍部与外相接（东连石窑圪台地点）；从地势来看，皇城台明显低于包括外城东门址在内的外城北部城墙所在的山脊，站在皇城台台顶，可遥望外城北部城墙、外城东门址和外城二号门址（雷家塌村龙王庙）位置尤为突出；从结构来看，皇城台底大顶小，顶部面积约 8 万平方米，底部面积约 24 万平方米，四围筑有护坡石墙，石墙自下而上逐阶内收，阶阶相叠，形成台阶覆斗状之势。马鞍部至台顶高约 20 米，若以东侧北段墙体计算（因皇城台方向不正，平面呈东偏北逾 30°的圆角方形，此处与外城东门址方向保持一致，以东偏北约 30°为东侧，以便描述），石墙砌护的总高超过 70 米，高大巍峨，气势恢宏（图一、图二）。

皇城台的考古工作可追溯到 1958 年第一次全国文物普查工作期间，以黄发中、孙江两位先生的调查为主，当时称作"皇城"或"头套城"，是"土层"（文化层）暴露的主要区域，并记录了皇城台周边遗迹、遗物分布丰富的情况[2]。1976 年，陕西省文管会戴应新先生调查时，发现"从石峁小学登顶"（即皇城台顶部）至"牛家梁"（应系牛沙塔之误）是遗迹、遗物的主要分布区域[3]。1981 年，西安半坡博物馆对石峁遗址开展试掘[4]，选定的发掘位置即今皇城台南坡和内城后阳湾地点西南部[5]。2012 年，陕西省考古研究院、榆林市文物考古勘探工作队、神木县文体广电局联合组建的石峁考古队对石峁遗址石砌城墙进行了专门性调查，意识到皇城台在石峁城址内地位特殊[6]。此后，2013—2015 年，石峁考古队对皇城台进行了数次详细调查，特别是通过传统勘探、解剖性调查和小规模试掘，发现顶部大型包石夯土台基、"池苑"、四周护坡石墙、疑似道路与路堤、大型白灰面石墙房址等重要遗迹和菱形"石眼"、柱础石、纴木、壁画残片等重要遗物，使我们认识到皇城台在石峁城址内可能处于"核心"位置[7]。另外，连续几年的考古工作表明，皇城台周边采集陶器残片的年代稍早于内城和外城区域内所见同类器物，也就是说皇城台、内城、外城可能存在修建年代上的先后关系[8]。

2016 年 5—12 月，石峁考古队对皇城台地点进行了局部发掘，发掘地点位于皇城台东侧偏南的山坡下，即马鞍部西端与皇城台相接处，小地名曰"地牢壕"，发掘显示此处是上下皇城台的一

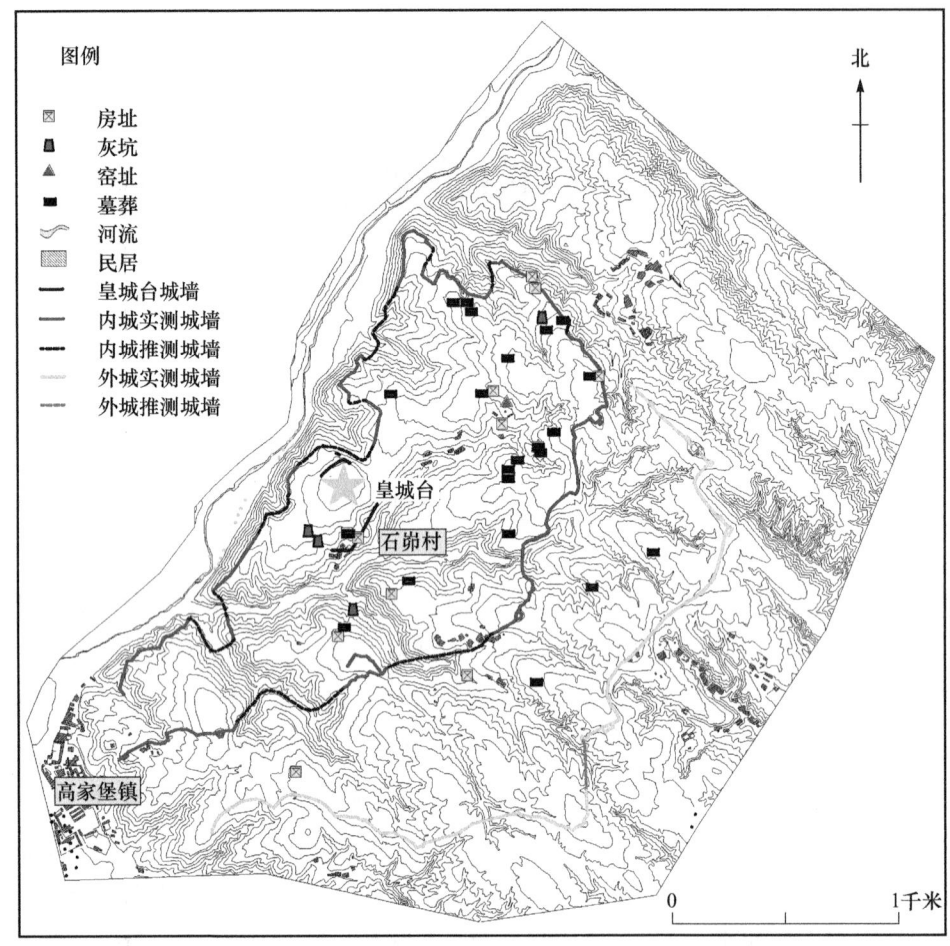

图一　皇城台位置图

图二　皇城台远景（东→西）

处门址，可能也是皇城台通向内外城的唯一一处交通要道。同时，为进一步了解皇城台周边护墙，还在墙体保存最好的东墙北段上部进行试掘（图三）。本文即为石峁城址皇城台地点2016年发掘情况的简要报道。

图三　皇城台东部地形及发掘位置（东→西）

二、皇城台门址

　　皇城台门址是目前皇城台确认的唯一一处城门遗址，位于皇城台东侧坡下偏南，扼守在皇城台与石窑圪台地点相连的马鞍部西端。地势西高东低，南北两端突起，中间下凹，呈东向敞开的簸箕状。在此揭露的皇城台门址规模宏大、结构复杂、保存良好，自外而内的主要组成部分包括广场、外瓮城、墩台、内瓮城等（图四）。经发掘，皇城台门址各部分的地层堆积一致，可分四层

图四　皇城台门址平面结构（上为西）

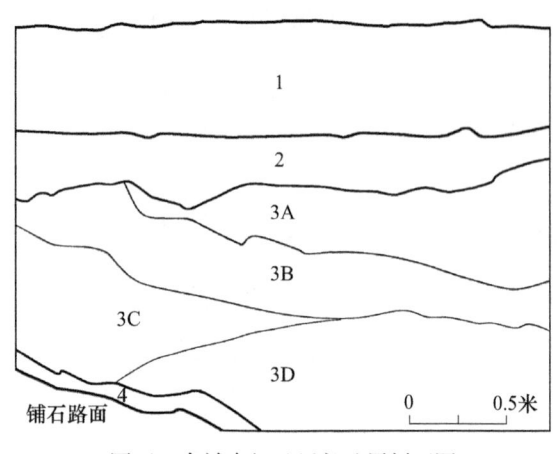

图五　皇城台门址局部地层剖面图
1. 黄色沙土　2. 棕黑色沙土
3A、3B、3C、3D. 浅黄色土　4. 黄灰色土

（图五）。第1层为耕土层，黄色沙土，土质疏松，内含大量植物根系及一些石块、陶片、碎骨及少量瓷片等。第2层为棕黑色沙土，土质疏松，内含较多石块及一些陶片和碎骨，陶片"磨圆度"较高。第3层为浅黄色土，土质较硬，内含很多石块、草拌泥块、夯土块及一些陶片和少量碎骨。值得注意的是，该层内的部分石块虽已斜置或竖置，但排列整齐，仍以草拌泥黏接，可观察到与石砌墙体的"相连"关系。初步判断，该层为皇城台门址的倒塌堆积，又可细分为数小层。第4层为黄灰色土，土质疏松，内含少量小石块及一些碎小陶片和细碎骨片。该层断续分布，在墙体底部附近堆积较厚，初步判断是皇城台门址使用最后阶段或废弃最早阶段的堆积。第4层以下即为广场地面和门道内的铺石路面。

（一）广场

位于皇城台门址的最外端。广场平面呈南北向长方形，向东外敞，由南、北基本平行的两道东西向石墙及南、北墩台东壁一线围成。下面分为中部广场、广场南墙、广场北墙三部分介绍如下。

1. 中部广场

平面呈南北向长方形，南北长 61.9—63.3、东西宽 33.8—34.6 米，面积逾 2100 平方米。整体呈西北高、东南低，地面以黄褐色沙土铺垫，夹杂较多碎石粒和小陶片，局部有踩踏迹象。广场地面中央发现一座石砌房址 F1，保存较差，仅余基础部分，其北侧局部压于隔梁下，具体情况有待进一步清理。另外，广场上零散分布着一些大小不一、形状各异的"乱石坑"，均打破广场地面。其中最大的一处位于广场西北部靠近北墩台处，略呈椭圆形，最长 5.58、最宽 4.25 米，内填大量砂岩石块，石块间夹杂一些残碎的人头骨，现可辨 8 个个体。另外，在广场中南部还发现了一些铜刀（图六）、石范等遗物。

图六　皇城台出土铜刀
（广场南部西侧 2016②：1）

2. 广场南墙

位于中部广场南端，是广场的南部界限，其南为坡地。墙体大致呈东西向，西高东低，西抵南墩台外侧护墙。已揭露部分由主墙和内护墙构成，两墙均以砂岩石块平砌，可观察到错缝现象，石块间以草拌泥黏接，表面有打琢修平迹象，墙体立面齐整平直。主墙在外，长 33.5、宽 1.4—2.75、高 0.4—0.81 米；护墙在内，紧贴主墙，较主墙矮且薄，长 34、宽 1.3—1.56、高 0.2—0.8 米。

3. 广场北墙

位于中部广场北端，是广场的北部界限，北邻陡崖。与广场南墙的墙体走向基本平行，砌石工艺相同。已揭露部分由主墙和内、外护墙构成，墙体走势西高东低。主墙长 34.2、宽 2.3—4.6、高 0.78—2.5 米，西抵北墩台外侧护墙；内护墙长 29.3、宽 1.45—1.8、高 0.43—1 米，西端未抵北墩台护墙，当是由北墩台东北角石砌房址 F5 破坏所致。目前外护墙仅揭露东端 5.5 米长的墙体，宽 0.7—1.2、高 0.05—0.58 米，保存状况不佳（图七）。

广场北墙东端还可见一些砌石迹象，向内延伸，占据广场东北角，具体形制尚不清楚。

图七　广场北墙（东→西）

（二）外瓮城

外瓮城是一座土石结构的单体建筑，位于广场通往铺石路面进而登上台顶的中央处，是扼守门道入口的重要建筑。平面呈"凹"字形，两角垂直方正（图八）。现分别对其东墙、南北墙和门道加以介绍。

图八　皇城台门址外瓮城（南→北）

1. 东墙

位置在广场西端中部。南北向，外为广场、内接铺石路面，两侧砌石内包硬土筑成，东侧砌石保存较好。墙体由平整石块错缝平砌，石块间夹杂草拌泥，外壁齐整平直，长15.37、高0.95—1.4米。西侧仅残留零星平砌石块，由两侧砌石可知东墙残宽4.12米，其中硬土内芯宽约3.8米。内芯硬土为土黄色沙土，土质纯净，质地坚实，似经夯实。特别重要的是，东墙外壁下部广场地面下出土玉钺2件，一为青绿色、一为青白色，出土时两钺错叠，竖立放置，紧贴墙壁（图九）。解剖发掘显示，广场地面修建于一层棕褐色沙土上，沙土内包含一些细碎陶片、骨片，这两件玉钺应为铺设外瓮城之外的广场地面时有意埋入。

2. 南北墙

与东墙结构不同，南、北两墙均为石砌短墙，东西向，平行分布于东墙内侧的南北两端，分别与南北墩台相对隔成南、北门道。南、北两墙均用平整的砂岩石块错缝平砌，石块间夹杂有草拌泥。南墙长8、宽1.66、高1.1—1.9米；北墙保存稍差，长7.9、宽1.8、高0.48—1.25米。从坍塌的石块来看，南、北两墙外立面应有石雕装饰，主要是浅浮雕和阴刻的波浪状缆索纹和阴刻人面像（图一〇）。

图九　外瓮城出土玉钺（东→西）

图一〇　外瓮城出土石雕

上. 2016③：1　下. 2016③：2

3. 门道

指外瓮城两侧通向皇城台台顶的道路，周边以南北墩台和挡墙围隔而成，有南、北两个曲尺形门道，外接广场，伸至挡墙处再向内稍折通向皇城台顶。两门道尺寸相当，主体部分长13.9、宽4.3—4.4米。门道内地面西高东低，呈缓坡状，遍铺平整砂岩石板，以北门道保存较好，石板自墩台东墙一线开始铺砌，大部分石板上有长期踩踏形成的清晰摩擦痕迹（图一一）。

（三）墩台

共2座，南北对峙。位于门道两侧，分别与广场南墙和北墙相接，又与外瓮城和挡墙共同围隔

图一一　门道及铺石路面（东北→西南）

形成通向皇城台台顶的门道。南北墩台均为石砌外框包夯土内芯的建筑结构，体量南小北大。

1. 南墩台

平面形状大体呈方形，东南角与广场南墙相接，东侧为广场，北侧为南门道，西北角与内瓮城南隔墙相连。从地势上看，南墩台西高东低，西靠皇城台坡地，东、南、北三侧有包砌夯土内芯的石墙，宽厚结实，西侧的窄石墙实为一座房址（F4）的墙体，依托南墩台夯土而建。东、南、北三侧石墙均由平整石块错缝平砌，石块间夹杂草拌泥，东、北两侧墙面齐整平直，表面石块的修整琢平痕迹明显，但墙体内部填充的石块较为散乱，墙体内壁与夯土芯相接处石块垒砌平整（见图四）。

东、北两墙均由主墙和护墙两部分构成，主墙高且厚，护墙较低且薄。东墙主墙长11.65、宽3.6—3.8、高1.13—1.75米，护墙长约16.1、宽1—1.2、高1.13—1.75米。护墙东北拐角处的底部发现以大石块为基础的做法。北墙主墙西端被破坏，长8.5、宽3、高1.5—2.4米，护墙长9.6、宽1—1.2、高0.72—1.8米。护墙中部又接南北向短石墙——南挡墙，为南门道的西端，亦由主墙、护墙构成。南挡墙主墙长5.6、宽2.23、高1.1—2.2米，护墙残长4.58、宽0.5、高1.1—1.88米。南墙仅揭露顶部，已清理的主墙长8.07、宽3.45米。

墩台夯土内芯长7.86、宽7.2米，小版块夯筑迹象清晰，版块呈长方形，土色因夯块不同有差异，以黄、白、褐色为主，土质坚实。西侧被房址F4打破。

2. 北墩台

平面呈长方形，东北角与广场北墙相接，东侧为广场，南侧为北门道，顶部内侧又被一座大墩台（暂称墩台Ⅰ）叠压。其整体结构与南墩台类似，北侧和西侧的情况尚不清楚（图一二）。

东墙主墙长19.1、宽3.7、高1.2—2.5米，护墙长24.6、宽0.4—1.1、高0.5—1.18米，主墙中段上部可见3个直径约0.33米的孔洞，应为纤木洞。南墙西部尚未完全揭露，其主墙已揭露部分长14.74、宽2.8、高0.84—3.98米，护墙已揭露部分长9.64、宽0.5—0.84、高0.5—1.9米。同南墩台

图一二　北墩台（南→北）

的发现一致，北墩台南墙的护墙中部也有一道南北向石砌短墙，与南挡墙对称分布，应为北挡墙，系北门道的西端，其主墙长6.9、宽2.3、高0.3—3.02米，护墙长5.78、宽0.4—0.62、高0.47—1.7米。北墩台夯土芯土色以黄色和深褐色为主，土质较硬。北墩台顶上西部的墩台Ⅰ现仅揭露其东侧石墙外壁、东北拐角和北侧小段墙面，东墙长25.5、高0.2—3.87米。东北拐角与南、北墩台的方形拐角不同，为圆弧角。北段石墙与皇城台东侧北段护墙相接。由周边坍塌的黄色和黄褐色硬土来看，墩台Ⅰ可能亦为"石包土"的建筑结构。

需要强调的是，在东起南、北门道入口处，西沿坡势向上延伸，南北分别以南、北墩台为界的空间内，发现了遍铺平整石板的道路，路面宽阔、铺造考究，已揭露部分长20.4、宽23.4—25.2米。由墙体叠压于路面铺石上的层位关系判断，挡墙护墙和南墩台北护墙、北墩台南护墙的建造当晚于铺石路面。

（四）内瓮城

平面呈曲尺形，由南隔墙和另一石砌建筑相接而成。石砌建筑现仅揭露东侧石砌墙面，由周边坍塌的黄褐色硬土块分析，可能亦为一座"石包土"结构的墩台类建筑，暂称"墩台Ⅱ"。南隔墙为东西向，东与南墩台北墙相接，西抵墩台Ⅱ。因发掘进度限制，南隔墙西段仅做平面揭露，东段情况较为清楚，长20.45、宽约3.3米，东段墙体自下而上有收分，上部长9.25、宽3.71、高0.27—2.08米，下部加宽处内侧墙体长4.74、宽0.27、高0.95—1.16米，外侧墙体长9.25、宽0.7、高0.34—0.7米。内外两侧墙面齐整平直，墙体内部填满散乱石块，石块间夹杂有黄泥。另外，在墩台Ⅱ东侧发现有环首刀石范（图一三）。

图一三　皇城台出土石范
（内瓮城2016②：1）

墩台Ⅱ东南角与南隔墙相接，较为方正。东墙长24.6、高0.72—3.4、已揭露部分宽3.42米，由砂岩石块错缝平砌而成，石块间夹杂有黄泥。墙体上部发现 10 余个孔洞，大致等距分布，直径一般约 0.35 米，最大约 0.5 米，个别孔洞内有棕褐色朽木，应为纴木洞。

三、皇城台护墙

围砌台地的石墙，我们称为护墙。近几年的调查和试掘工作表明，皇城台四周皆有台阶状护墙，2012—2014 年调查发现了自上而下的 7—9 阶护墙，2015 年的考古调查工作更是在东护墙北段确认了自上而下不少于 11 阶的石砌墙体。2016 年的试掘地点就位于皇城台东护墙北段上部，小地名曰"獾子畔"，发掘之前即可见高大的石砌墙体，气势恢宏（图一四）。

图一四 皇城台东坡北部地势及发掘位置（南→北）

在原已暴露墙体的基础上，试掘了皇城台东护墙北段上部约 38 米的部分，包括自上而下的第二阶护墙和第三阶护墙上部（图一五），北至皇城台东北角上部，可辨圆弧形拐角。需要说明的是第二阶以上的第一阶护墙虽已局部暴露，但出于安全考虑，暂未清理。

（一）第二阶护墙

南侧保存较好，北端局部已塌毁，高 1.77—3.73 米。外壁由平整的砂岩石块错缝平砌，石块间夹杂有草拌泥，表面石块的打琢修平痕迹清晰，墙体表面齐整，自下而上内斜，有上、下两排纴木洞，上下孔洞位置大致对应。上排距第三阶护墙顶面高 2.5—2.75 米，下排距第三阶护墙顶面高 0.53—0.95 米，两排纴木洞之间高 1.7—2 米。自试掘最北端开始编号，第二阶护墙发现纴木洞 74 个，上排 1—6 号已塌毁，现存 34 个；下排 40 个，间距 0.22—0.93 米。在 14 个纴木洞内发现棕褐色侧柏朽木[9]，部分朽木还露出洞口，辨其为树根部分。另外，下排多个纴木洞洞口下方竖立高矮不一、宽窄各异、厚薄不同的片状石板，依第三阶护墙顶面而立，紧贴第二阶护墙下部墙体，上顶露出洞口的纴木树根（图一六）。下排 34、35 号孔洞下还发现一座方形小石墩，建于第三阶护墙顶面上，紧靠第二阶护墙下部墙体，长 2.06、宽 1.02、高 1.48 米，修建相对粗糙。

图一五　皇城台东护墙北段上部第二、三阶护墙（北→南）

图一六　护墙上的纤木洞和洞外石板（南→北）

（二）第三阶护墙

被第二阶护墙叠压，向外凸出，形成台阶，台阶宽0.94—1.09米，已清理高度0.3—1.2米。目前揭露的上排纤木洞，自北向南可见25个，距第三阶护墙顶面低0.7米，在其中17个洞内发现根部向外的侧柏朽木，外露最长的为0.31米。值得一提的是，第三阶护墙顶面保存完好，以平整大石板鱼鳞状叠铺，内高外低，应是为排水考虑。

（三）护墙外的"弃置堆积"

试掘的两阶护墙外的地层堆积，第1层为耕土层，第2层为棕黑色沙土层，第3层为墙体倒塌堆积，分别与皇城台门址地层堆积第1—3层对应，地层一致，性质应相同。不同的是，在第3层倒塌堆积下发现了自内而外倾斜的第4层堆积，其下直接叠压护坡石墙。该层堆积较厚，内含大量灰烬、木炭颗粒、红烧土块以及陶器、骨器、石器、玉器等遗物，应是来自皇城台顶部的弃置堆积物；至于是使用期间还是废弃后的堆积，据本年度发掘情况初步判断，前者的可能性较大，或可称为"弃置堆积"。该层堆积内所出陶器以敞口盆、喇叭口折肩罐、三足瓮（图一七）、高领鬲、甗、豆、盉（图一八）等为主，还包括一些"筒瓦"残块（图一九）和少量彩绘陶片。骨器有针（图二〇）、锥、镞、铲、凿、卜骨等，以及数量较多的几何形骨、牙饰片。石器多见斧、刀、杵、锄等。玉器多为破碎残件，可辨器形有钺、环等。

图一七　皇城台护墙外堆积出土陶三足瓮
（獾子畔2016④：1）

图一八　皇城台护墙外堆积出土陶盉
（獾子畔2016④：2）

图一九　皇城台护墙外堆积出土"筒瓦"
（獾子畔2016④：3）

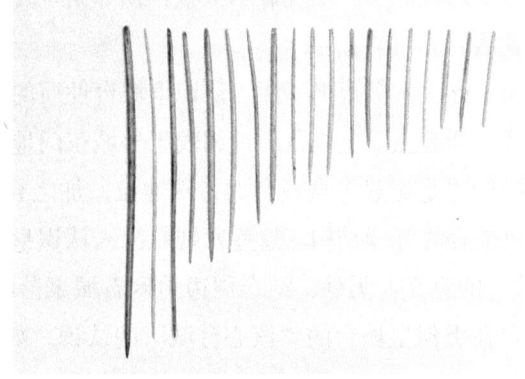

图二〇　皇城台护墙外堆积出土骨针
（从左至右，獾子畔2016④：10—28）

四、结　语

（1）关于皇城台的年代及石峁城址的修建过程。皇城台门址及东护墙北段上部出土的陶鬲、罐、瓮、豆、盆等在石峁遗址外城东门址[10]、内城韩家圪旦地点[11]都有发现，距离石峁遗址不远的神木新华[12]、寨峁[13]等遗址也见有相似遗物，其相对年代处在龙山时代晚期至夏代早期。这些典型陶器说明皇城台的最晚使用年代为公元前2100—前1800年，废弃年代约在公元前1800年。

打破南墩台的房址 F4 所出典型陶器与佳县石擩擩山[14]、榆林寨峁梁[15] 等遗址的同类器相似，这表明皇城台门址的修建年代可能要早至公元前 2300 年前后。结合近年来石峁遗址的大量考古资料，可初步判断石峁城址三重城垣应存在修建年代上的先后关系，皇城台"台城"最早，内城次之，外城最晚。另外，从皇城台门址和外城东门址的比较来看，两座门址均以内外瓮城和南北墩台为主要组成部分，表明外城东门址的设计建造理念当承袭于皇城台门址，而广场类设施则可能是皇城台在整个石峁城址内特殊地位的体现。

（2）铜器和石范的发现及意义。中国境内龙山时代晚期至夏商时期使用和制造铜器，已被越来越多的考古材料所证实，主要发现于北方和中原地区，整体来看，北方地区铜器的年代要早于中原地区。皇城台发现的铜器和石范（见图六、图一三）大多出土于门址第 2 层堆积，个别见于门址第 4 层，年代不晚于公元前 1800 年，器形包括刀、镞、锥等，为揭示中国北方地区早期铜器的形制和技术特征增添了重要的实物资料，为研究中国早期铜冶铸技术的发展提供了新的物证。同时，石峁遗址的地理位置非常关键，处于北方地区沿黄河南下进入中原地区的中介地带，皇城台铜器和石范的发现为冶金术自北方传入中原的观点提供了关键性的证据，并为探索早期冶金术在中国的传播路线提供了关键的连接点。

（3）骨针"制作链"为探寻骨器作坊提供了重要线索。寻找石峁城址内的作坊遗迹，是石峁考古工作的一项重要任务，自 2012 年起，我们在城内多个地点的试掘或发掘中试图有所突破，但收效甚微。2016 年皇城台东护墙北段上部弃置堆积内的大量兽骨中发现了完整的骨针制作链，包括砸裂和切片的骨料[16]、磨制毛坯、钻孔毛坯、成品、残次品、砺石磨具等遗物，清理约 30 立方米的土方内，仅骨针数量就超过 250 枚，还有数量不少的骨锥、骨镞、骨铲、骨片（饰品）等，骨料数量可谓巨大。这一发现显示皇城台顶部偏东北可能存在骨器作坊，以生产骨针为主，同时也兼及其他骨器。

（4）此次发掘迈出了深入认识皇城台性质的坚实一步，也是探索北方地区大型龙山石城聚落城垣模式的新起点。皇城台门址相较于外城东门址结构更为复杂、规模更为宏大，巍峨壮观的台阶状石砌护墙更是彰显了皇城台的特殊地位，加之弃置堆积中发现的"疑似筒瓦"，意味着皇城台顶部建筑可能存在瓦顶结构。这些发现是深入认识皇城台性质的重要资料，表明皇城台或许已具有早期"宫城"的意义。另外，结合周边地区石城聚落的调查和发掘，我们提出北方地区大型龙山石城一般都存在类似皇城台的"核心台城"的认识，如内蒙古准格尔旗寨子圪旦遗址[17]、山西兴县碧村遗址[18] 以及与石峁遗址同属秃尾河流域的桃柳沟、薛家会等遗址，皇城台的发掘和研究为探索大型龙山石城聚落城垣模式开启了一个新的起点。

附记：发掘领队为孙周勇，参加发掘和整理的有赵向辉、杨国旗、王阳、何存礼、薛加友、赵轲、马召召。

执笔：孙周勇　邵　晶　邸　楠
　　　康宁武　赵　益　邵安定
　　　夏　楠

注　释

［1］ 陕西省考古研究院等：《陕西神木县石峁遗址》，《考古》2013 年第 7 期。

［2］ 陕西省考古研究院等：《发现石峁古城》，文物出版社，2016 年。

［3］ 戴应新：《陕西神木县石峁龙山文化遗址调查》，《考古》1977 年第 3 期；孙周勇、邵晶：《关于石峁玉器出土背景的几个问题》，见《玉魂国魄——中国古代玉器与传统文化学术讨论会文集》（六），浙江古籍出版社，2014 年。

［4］ 西安半坡博物馆：《陕西神木石峁遗址调查试掘简报》，《史前研究》1983 年第 2 期。

［5］ 因 1981 年发掘的具体位置已不清楚，石峁考古队于 2013 年走访当年亲历发掘的石峁村村民袁润牛，得以了解半坡博物馆在石峁遗址发掘的具体位置。

［6］ 同［1］。

［7］ 孙周勇、邵晶：《石峁是座什么城》，《光明日报》2015 年 10 月 12 日；同［2］。

［8］ 邵晶：《试论石峁城址的年代及修建过程》，《考古与文物》2016 年第 4 期。

［9］ 经中国社会科学院考古研究所王树芝研究员现场鉴定，初步判断为侧柏。

［10］ 同［1］。

［11］ 陕西省考古研究院等：《陕西神木县石峁遗址韩家圪旦地点发掘简报》，《考古与文物》2016 年第 4 期。

［12］ 陕西省考古研究所、榆林市文物保护研究所：《神木新华》，科学出版社，2005 年。

［13］ 陕西省考古研究所：《陕西神木县寨峁遗址发掘简报》，《考古与文物》2002 年第 3 期。

［14］ 陕西省考古研究院：《陕西佳县石摞摞山遗址龙山遗存发掘简报》，《考古与文物》2016 年第 4 期。

［15］ 陕西省考古研究院等：《陕西榆林寨峁梁龙山遗址发掘获重要收获》，《中国文物报》2015 年 11 月 6 日第 8 版。

［16］ 经陕西省考古研究院胡松梅研究员初步鉴定，骨料多为羊距骨。

［17］ 鄂尔多斯博物馆：《准格尔旗寨子圪旦遗址试掘报告》，《万家寨水利枢纽工程考古报告集》，远方出版社，2001 年。

［18］ 山西省考古研究所、兴县文物旅游局：《2015 年山西兴县碧村遗址发掘简报》，《考古与文物》2016 年第 4 期。

（原载于《考古》2017 年第 7 期）

石峁遗址皇城台地点
2016—2019 年度考古新发现

陕 西 省 考 古 研 究 院
榆 林 市 文 物 考 古 勘 探 工 作 队
神 木 市 石 峁 遗 址 管 理 处

石峁遗址位于陕西省神木市高家堡镇，地处黄土高原北部的黄河一级支流——秃尾河北岸的梁峁台塬之上，城内面积逾 400 万平方米，以"皇城台"为中心，内、外城以石砌城垣为周界向内拱卫，巍峨壮观，气势恢宏，结构清晰，是中国北方地区龙山时代晚期的超大型中心聚落和区域政体中心。

自 2016 年开始，考古发掘工作集中在皇城台地点。皇城台位于城址中部偏西，系一处四围包砌石砌护墙的高阜台地，是内城和外城重重拱卫之核心，三面临崖，一面以"皇城大道"与皇城台门址相接，蜿蜒通向内城。皇城台考古工作启动以来，先后发掘了门址、东护墙北段上部及台顶大型夯土高台建筑基址（大台基）等重要遗迹（图一），相关阶段性成果曾在《考古》《中国文物报》等期刊、报纸进行了简要公布[1]，引起了海内外学界的高度关注。

石峁遗址皇城台地点的考古发现，先后获得了 2016、2019 年度"中国考古新发现"及 2019 年

图一　皇城台考古工作分区及门址结构图

度"全国十大考古新发现"等荣誉。鉴于考古报告整理出版周期较长，加之目前发掘工作尚在进行之中，为便于学界宏观了解皇城台地点的考古新发现和新认识，现将四年来皇城台地点考古工作收获概括介绍如下。

一、东护墙北段上部

皇城台四周均被石砌护墙所包砌，东护墙是其中保存最好的一面。东护墙邻近洞川沟方向的北端，在发掘之前即有三阶阶梯状墙体暴露地表，长10余米，高4—5米（图二）。2016年底，考古队对本段墙体进行了小范围的试掘，旨在了解皇城台护墙的整体结构及砌筑方式。2017年根据墙体的保存情况，考虑到护墙整体规模宏大、高差显著，制定了分段发掘的方案，在每段垂直于护墙的方向保留宽度2米的"隔梁"，用于控制堆积地层和观察堆积形成过程，同时也对皇城台台体起到一定程度的保护支撑作用（图三）。

图二 皇城台东护墙北端暴露墙体

截至目前，共清理东护墙北段上部长约120米的墙体，自上而下可分为7—9阶，垂直高度为8—15米（图四）。护墙的上下阶墙体交错相叠，形成宽度不等的退台。靠近台顶的石墙高达5米，往下朝向台底部分，墙体逐渐变矮、退台变窄，层阶随之增多。这种护墙的砌筑方式显然是考虑到越往台体基础部分受力越大、对稳固性的要求越高而有意设计的。护墙的局部墙体有修茸增补的现象（图五），多数墙面上等间距密集排布着横向砌入墙体的纴木（图六）。

图三　皇城台东护墙北段上部分段式发掘

图四　皇城台东护墙北段上部发掘完成全景

图五　皇城台东护墙北段上部的修葺增补现象　　　图六　皇城台东护墙北段上部九段纴木分布情况

这一区域上层堆积主要为墙体倒塌堆积，下层即为来自皇城台顶部的弃置堆积，直接覆压于墙体之上（图七）。弃置堆积内出土了陶、骨、石、玉、铜等各类遗物 4 万余件（图八），还发现有壁画残片、纺织品和漆皮残片等重要遗物。这些遗物大部分当是皇城台在使用和维护期间的生活垃圾。

图七　皇城台东护墙北段上部第三段堆积剖面

图八　皇城台东护墙北段上部弃置堆积内出土陶器

出土遗物中，以骨针的数量最多，超过 1 万枚。还发现大量处于操作链上的坯料、残次品及废料。20 余件口簧即先秦文献中记载的乐器——簧，形制完整、考古背景清晰、共存器物丰富，是世界范围内年代最早的口簧实物，不仅是中国，也是世界音乐史上的重要发现，更为探讨早期人群流动及文化交流提供了难得的线索[2]。尤为引人注目的是，造型生动的 20 余件陶鹰（图九）及东护墙北段墙顶成层分布的 100 余片卜骨（图一〇），应是生活于台顶高等级人群使用后的孑遗，暗示着皇城台的宗教和信仰内涵。数量可观的陶瓦（包括筒瓦及板瓦），表明皇城台台顶当存在覆瓦的大型宫室类建筑。石峁陶瓦是公元前 2000 年前后我国发现数量最大、区域位置最北的考古实物，对探讨中国早期建筑材料及建筑史具有重要意义。另外，弃置堆积内还出土了少量锥、刀、环等小件铜器及小铜片，是中国早期铜器的又一重要发现。

弃置堆积中所见制骨手工业遗存的发现，暗示着作为宫城的皇城台，在其顶部曾经设置有专门从事骨器加工制作的生产场所。这一发现为探索皇城台台顶的功能布局以及城内区划提供了线索。牙璋、琮、钺、环等玉器（图一一），锥、刀、环等铜器以及海贝、象牙制品、丝织品等高等级遗物（图一二），彰显了作为石峁遗址核心区域的皇城台的特殊地位。

图九　出土陶鹰拼对

图一〇　东护墙北段上部墙顶卜骨分布

图一二　皇城台东护墙北段上部弃置堆积内出土海贝

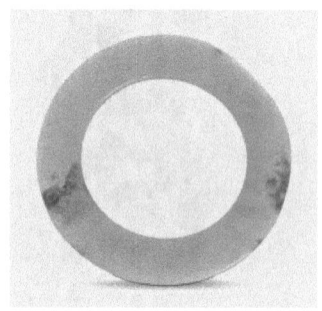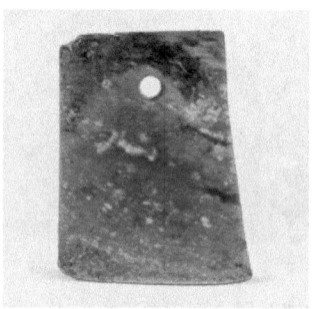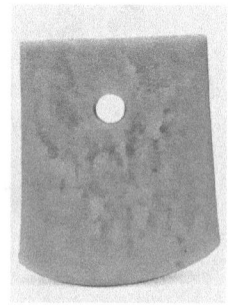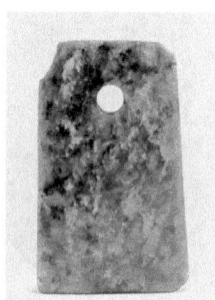

图一一　玉器

作为石峁核心（宫城）的皇城台，不仅生活着高等级贵族，那些掌握核心生产技术的手工业者也被安置在这一区域，这是三代之前早期手工业生产的普遍现象。同时，数量明显超过石峁城址人群生活需要的骨针类日用品，可能承担了石峁上层从周边区域获取其他生产生活资源的交换物的功能。从这个意义上来说，处于大河套地区社会金字塔顶端的石峁古城，不仅仅是区域政治中心和宗教中心，在某种意义上更是一处维系周边层级化中小聚落的经济中心。

二、门　　址

门址位于皇城台东侧偏南，自下而上依次由广场、外瓮城、南北墩台、铺石坡道、内瓮城、主门道等组成（见图一），出土的遗物以陶、玉、石、骨器及壁画残片为主。广场由南、北两道基本平行的石墙及瓮城东墙一线围成，平面呈长方形，面积超过 2000 平方米。外瓮城位于广场内侧、南北墩台外侧正中，是平面呈折角“U”形的一座石砌单体建筑，在其外侧墙根处发现完整玉钺两件，当系铺设瓮城外的广场地面时有意埋入。内瓮城平面呈“L”形，下连南墩台、上接主门道。南、北墩台位于广场内侧，长方形，夯土内芯外包砌石墙，分别与广场南墙和广场北墙相接，体量上北墩台要大于南墩台。南墩台顶部的层位关系揭示出其建筑年代可能要早至公元前 2300 至公元前 2200 年，属于石峁文化早期[3]。

铺石坡道位于内瓮城内侧，呈折角“┌”形，以南、北墩台为外界，地面遍铺平整砂岩石板，自外而内向上抬升，部分石板发现阴刻符号（图一三）。主门道与铺石坡道端相连，为一道呈横

"U"形的"回廊"，自入口处由南向北延伸，然后盘旋蜿蜒而上，转为自北向南延伸。由两侧石墙上发现的对称分布的壁柱槽推测，主门道应系一覆顶的封闭空间（图一四），也是登上台顶的最后一道"关卡"。门道内清理出一些残碎壁画，画幅保存最大者约30厘米见方，白灰面作底，以红、黄为主色，绘出菱形方格纹、勾连纹等几何图案（图一五）。

图一三　皇城台门址路面铺石上的阴刻符号

图一五　皇城台主门道内出土壁画残片

图一四　皇城台主门道内残存壁柱

依据地层关系和出土器物推断，皇城台门址的建造年代当早于外城东门址。与外城东门址相比，二者结构相似，均设置了瓮城、墩台、门塾等设施，惟皇城台门址体量更加庞大，布局更加紧凑，出入道路私密性更强。另外，皇城台门址外有广场，而东门址不见。两处城门遗址结构的相似性暗示着石峁古城在不断扩大的营建过程中，其设计理念具有一定的承袭关系，一个石峁城址"总设计师"的身影闪烁其间。

皇城台门址形制完备、结构复杂，除与外城东门址同样显示出强烈的防御色彩外，外侧的长方形广场及两侧伸出的长墙，可能还具有一定的礼制功能，对后世都城正门的门址结构产生了深远的影响。

三、大型高台建筑基址

沿门址内的坡道向上攀登，可达皇城台台顶。台顶发现一处大型高台建筑基址[4]——大台基，夯土台芯，四周以石砌护墙包砌。据残存高度估算，原夯土台体高度当不低于 5 米，其上分布着房址、石砌院墙、"池苑" 等重要遗迹。根据地表石块分布及石墙走向推测，大台基呈圆角方形，四边长度相当，总面积约 16000 平方米。

南护墙基本完全揭露，最高处残高约 4.5 米，在其外侧另有一道石砌夹墙，走向与南护墙平行，两者之间形成宽约 9 米的夹道，夹道内地面保存较好，与皇城台门址地面相连（图一六）。

图一六　皇城台大台基南护墙及夹墙、夹道

截至目前，大台基南护墙共发现了 70 件石雕，除 21 件仍保存于南护墙墙面上、1 件矗立在夹道地面上之外，其余均出土于夹道内的南护墙墙体倒塌堆积中。依其形制可分为平面型、塑像型、立柱型三类；雕刻技法以减地浮雕为主（图一七），兼有少量阴刻和圆雕；图像内容可分为人物、动物、"神兽"、符号等多种[5]。

图一七　皇城台大台基 9 号石雕侧瞰

根据出土位置及图案题材的不同，以下选取 3 件石雕加以介绍：

24 号石雕出土于大台基南护墙东段墙体的倒塌堆积中（③层），位于 8 号石雕东南约 1 米处。石雕为窄长条形，青黄色砂岩，中左侧竖向断裂，长 179、高 14、厚 14 厘米。整体构图规整严谨，减地浮雕，雕高 3.8—7.2 毫米。画面以中部人脸为中心，左右对称雕刻俯视动物形纹样和侧视人头像。位于图像正中的正视人头像头顶戴冠，冠中央为桃形饰物，其两侧竖立粗短的内勾状物，再外为斜竖向饰物，尖部外撇，似为冠翅。横梭形人眼、鼻梁较短，鼻翼宽大，双颊圆钝外鼓，阔嘴微闭，双耳垂弧，与颊部相连，似卷云状，上小下大，向内勾卷。双耳上方雕刻"几"字形垂发。头像两侧动物左右对称布置，动物头部均朝向人脸，躯体舒展，似作匍匐爬行状。方头圆耳，眼似水滴，眼瞳描黑，嘴鼻部凸出，下颚内卷，颈部有向后的卷云状纹样，似为鬣毛。四肢内卷，前短后长，后肢呈后蹬状。从整体现象来说，该动物似虎状。动物纹样两侧为侧视人头像，戴冠、平顶，后脑有发，圆眼后有竖条勾带形纹样，呈装柄斧形，鼻梁挺拔、尖准卷圆翼，阔嘴微闭，两颊钝方，耳与头不连，为勾带状，垂戴圆形耳珰（图一八）。

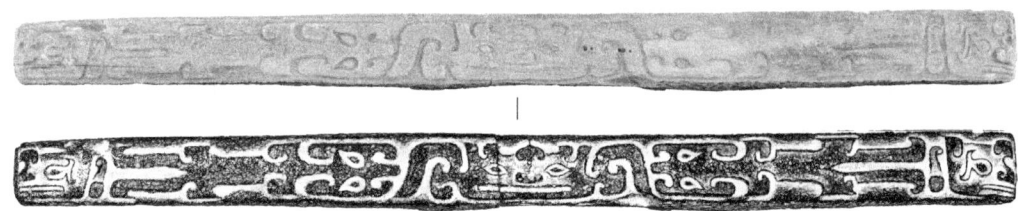

图一八　皇城台大台基24号石雕图片及拓本

　　37号石雕横砌于大台基南护墙西部偏下，叠压在31号石雕之上，距离地面0.2米。石雕呈长条形，灰黄色砂岩，左端有残缺。残长75.4、高16.5厘米。图像为一曲伏有致的蛇，位于石块一侧面上，减地浮雕，应为侧视，头东尾西，蛇头椭圆，圆吻，眼为一小圆坑，体呈5组波浪状弯曲，从头至尾渐细，尾端残缺。雕高2.3—7.1毫米（图一九）。

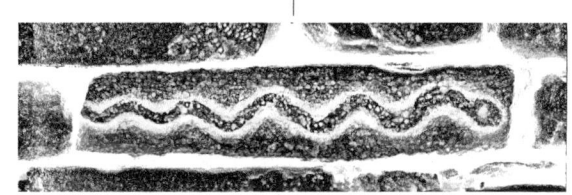

图一九　皇城台大台基37号石雕图片及拓本

　　47号石雕出土时仍矗立在大台基南护墙中部偏西的夹道地面上，高出夹道地面1米，被南护墙墙体的倒塌堆积（③层）覆盖，位于39号石雕西南约4米处，距南护墙3.9米，大致处在夹道中部稍偏北（图二〇）。石雕整体呈由北向南约8°倾斜，可能为南护墙墙体倒塌堆积的推挤所致。

图二〇　皇城台大台基47号石雕位置及出土状况

171

47 号石雕为扁圆柱体，灰白色砂岩，长径 53、短径 49 厘米。图像在圆柱顶部和柱身两宽面上，浮雕而成，雕高 7—37.1 毫米。柱顶平整，北侧边缘有残缺，周缘雕出宽 2—3 厘米的条带。中央有一圜底小圆窝，外径 13.5、深 3 厘米，圆窝周缘对称雕出 4 个呈十字分布的"Y"形纹样，将柱顶四等分，"Y"形纹样之间均雕出同心圆，外径 13—16 厘米。整体观察，柱顶图像兼具轴对称和中心对称的布局结构，似可解读为以"Y"形纹样为鼻、同心圆为双眼、中央小圆窝为嘴的四幅面部形象，呈旋转式连续分布，四面共用一嘴，连续的两面共用一眼。柱身顶部刻一周宽 5—7 厘米的条带。柱身宽面腹背浮雕出人面，南侧较北侧形象清晰。南侧人面头上戴冠，冠中部竖立对称分布的两支细短的外勾状物，再外较宽的斜竖向饰物，尖部外撇，似为冠翅。冠两侧雕出发式，分别向上下翻卷。鼻呈"王"字形，桃形鼻根，鼻梁较细，鼻梁中部有"Y"形装饰，鼻翼宽大，鼻头尖锐。双眼为"臣"字形，向上外斜，双眼下方和鼻翼两旁有对称分布的圆头弧勾状线条。阔嘴，咧口露出 10 颗上齿，其中左侧 5 齿非常清晰。嘴角下撇，下巴处有"火"字形纹样，似为胡须。双耳与头部不连，呈垂滴状，佩近方形耳珰，耳上部有"Y"形纹样，可能为侧面的头冠装饰。北侧人面与南侧基本雷同，唯"火"字形胡须整体左移（图二一）。

图二一　皇城台大台基 47 号石雕及拓本

这些石雕是"旧物新用"还是处于原本的位置，存在着较大的讨论空间。从仍然镶砌于大台基南护墙墙面上及部分虽已塌落于夹道内、但仍可清楚判断其在护墙上原始位置的平面型石雕来看，大部分石雕既没有在同一个高度布置，亦没有构成纵向或横向的连续体，个别石雕甚至被"倒置"后嵌入墙体。上述现象或暗示着大台基使用晚期，由于南护墙局部墙体的意外塌毁，为了保持墙体坚固完整，石峁先民不断地"回砌"或"整修"，形成了现在"杂乱无章"的布局。因此，我们初步认为，平面型石雕至少在大台基使用晚期，是被作为护墙上的特殊图案类装饰建材使用的。但无论如何，这些石雕原本还承载了更多的表意功能和石峁先民的精神诉求。

目前尚不能完全排除这些石雕来自皇城台上的高等级建筑或神庙类建筑的可能（在建筑毁弃后被重新砌筑于大台基石砌护墙墙面上）。若是，这一变化形成的原因，则或由于石峁上层发生的一次巨大的社会变革，宏伟的建筑被推倒，废弃的建筑材料被重新砌筑在修葺之后的大台基之上。上述推测尚待更多的考古证据。

从图案主题、表现手法及绘制技艺等方面来看，这些石雕与中国北方地区自红山文化以来形成的石雕传统有着密切的关系，可能一定程度上影响了"后石家河文化"玉器、二里头文化绿松石"龙""虎"，甚至商周青铜礼器的艺术构思和纹饰风格。

大台基发掘中，从覆压南护墙的倒塌堆积中出土了大量鬲、斝、盉、瓶、豆、瓮等龙山时代晚期典型陶器，并结合已有测年结果看，皇城台大台基的主体使用年代不晚于石峁文化中期。

皇城台是目前东亚地区保存最好的早期宫城，其层层设防、众星拱月般的结构奠定了中国古代以宫城为核心的都城布局。大型夯土高台建筑基址、气势磅礴的石砌护墙、设计精巧的城防设施、藏玉于石、杀戮祭祀等特殊迹象，以及石雕、陶鹰、卜骨、陶瓦、口簧、玉器等珍贵文物，暗示着作为石峁城址核心区域的皇城台，当已具备了早期"宫城"性质，或可称为"王的居所"，而且还彰显了石峁城址在中国北方地区社会复杂化过程中具有的区域政治中心和宗教中心的双重角色。

石峁遗址处于游牧文明与农耕文明的交错地带，是探索中国乃至东亚早期文明的一座里程碑。作为世界早期文明版图上熠熠生辉的人类重要遗产，石峁古城为理解中国文明起源形成的多元性和发展过程注入了新鲜血液。随着考古发掘与研究的不断深入，石峁遗址的考古工作必将带来更多惊喜。

执笔：孙周勇　邵　晶　邸　楠

注　释

［1］ 陕西省考古研究院、榆林市文物考古勘探工作队、神木县石峁遗址管理处：《陕西神木县石峁城址皇城台地点》，《考古》2017 年第 7 期；陕西省考古研究院、榆林市文物考古勘探工作队、神木县石峁遗址管理处：《陕西神木市石峁遗址皇城台大台基遗迹》，《考古》2020 年第 7 期；孙周勇、邵晶、邸楠等：《石峁遗址：2016 年考古纪事》，《中国文物报》2017 年 6 月 30 日第 5 版；孙周勇、邵晶、邸楠等：《石峁遗址：2017 年考古纪事》，《中国文物报》2018 年 6 月 1 日第 5 版；孙周勇、邵晶、邸楠等：《石峁遗址 2018 年考古纪事》，《中国文物报》2019 年 8 月 23 日第 5 版。

［2］ 孙周勇：《陕西神木石峁遗址出土口簧研究》，《文物》2020 年第 1 期。

［3］ 孙周勇、邵晶、邸楠：《石峁文化：范围、年代及命名》，《考古》2020 年第 8 期。

［4］ 陕西省考古研究院、榆林市文物考古勘探工作队、神木县石峁遗址管理处：《陕西神木市石峁遗址皇城台大台基遗迹》，《考古》2020 年第 7 期。

［5］ 考虑到石峁遗址城址规模宏大、聚落结构清晰、年代序列完整、出土遗物丰富，是这一时期整个河套地区的区域中心聚落，具有代表性及典型性，我们提出"石峁文化"的命名。参见孙周勇、邵晶、邸楠：《石峁遗址皇城台大台基出土石雕研究》，《考古与文物》2020 年第 4 期。

（原载于《考古与文物》2020 年第 4 期）

陕西神木市石峁遗址皇城台大台基遗迹

陕西省考古研究院
榆林市文物考古勘探工作队
神木市石峁遗址管理处

2011 年，陕西神木市石峁遗址的考古工作全面启动，先后开展了区域系统调查及外城东门址[1]、内城韩家圪旦居址和大型墓地[2]、城外樊庄子"哨所"[3] 等地点的发掘工作，取得了重要收获。近期开展的考古调查显示，石峁遗址以石峁城址为中心，面积逾 400 万平方米，由皇城台、内城和外城构成，各部分相对独立又紧密联系，内、外城共同拱卫着核心区域皇城台[4]。城址外围还分布着一些重要的附属遗迹，如城外东南方向的樊庄子"哨所"、东北方向的女王坟、恓惶梁等地点。

2016 年 5 月，皇城台地点发掘工作启动，至 2018 年上半年，皇城台门址（地牢壕地点）、东护墙北段（獾子畔地点）上部的清理完成[5]。发掘伊始，我们便制定了详细的考古及文物保护方案，按照调查确认的功能区（门址、护墙、台顶等）分年度发掘。发掘过程中，我们特别重视各区之间的空间关联性，保留了纵向剖面以控制地层和不同时期的活动面，寻找建筑本体之间可能存在的共时关系，并在当地政府的支持下，对揭露的墙体及重要遗迹进行了加固和支护。2018 年 9 月，我们在沿皇城台门址主门道向上追踪时发现了台顶的大型"石包土"台基遗迹——大台基，至 2019 年底，揭露了大台基东南角和南护墙，并大致确认了其他三面护墙的位置和走向（图一）。现将 2018—2019 年皇城台大台基勘察和南护墙发掘的主要收获介绍如下。

图一　皇城台地点 2016—2019 年发掘区（东南→西北）

一、大台基的基本结构

皇城台是石峁城址由内城和外城重重拱卫的核心区域，为一处四围包砌石质护墙的高阜台地，底大顶小，顶部面积约 8 万平方米，底部面积约 24 万平方米。皇城台四围的护坡石墙自下而上逐阶内收，阶阶相叠，整体近覆斗形。大台基位于皇城台台顶东半部，平整开阔，四望无阻，略呈东高西低之势，与东南方向的门址主门道以道路相接，沿门址内的铺石道路可达大台基东南角。

大台基平面呈圆角方形，方向与皇城台本体基本一致，呈东偏北约 30°，其上分布着夯土墙基和石砌房址、石砌院落、"池苑"等重要遗迹，其东北部斜下方即为台阶状的皇城台护墙。为便于表述，下文以东偏北约 30° 为东向，描述遗迹间的相对位置和空间关系。大台基为夯筑而成的高台建筑，据残存高度估算，台体应不低于 5 米。台基四周以石墙包边护砌，砌筑方式与皇城台护墙一致。目前仅发掘了南护墙，其他三面护墙暂未发掘。

至 2019 年 12 月，大台基南护墙揭露长度约 120 米，向西约 10 米为大台基西南拐角，因有现代坟地暂未发掘，总长约 130 米，最大残高约 4.5 米。墙体以大小不一的砂岩石块错缝砌筑，石块之间用草拌泥黏接，外立面砌石（面石）均经修整打琢，下部石块，特别是靠近墙体基础部位的石块体量较大，加工更加规整。墙面上发现多处纤木孔洞，个别孔洞内仍残留朽木。面石的修整程度东西差异明显，中西部面石更为方正、平整，体量更大。墙体上部砌石坍塌和倾斜严重，从暴露的砌石与夯土来看，护墙厚 2—8 米。墙体下部保存较好，面层连续分布，墙面较为平直（图二、图三）。

根据调查及解剖情况，西护墙基本垂直于南护墙，长度与南护墙约略相当，北护墙西段约 40 米和东护墙南端 10 余米的墙体也已发现。根据南护墙的发掘情况推测，大台基的边长大致 130 米，总面积约 16000 平方米。

南护墙外（南）侧有一道石墙，走向和南护墙基本平行，二者间距为 8.5—9 米，与大台基之间形成了狭长的封闭空间。依据其位置及走向，这道石墙当为大台基外侧夹道类设施的外墙，暂称为夹墙，夹墙西段大部与南护墙平行，两墙之间形成东西向的夹道。

夹墙宽约 1.6、残高 0.8—1.1 米，以比南护墙更小的石块错缝砌筑，石块间以草拌泥黏接，石块外立面稍经修整，内侧墙面较平整。夹墙东端靠近皇城台门址处外折，在对应南护墙由东端向西约 15 米处，夹墙南折约 12 米（暂称为南折段），然后再向东折约 19 米（暂称为东折段），与皇城台主门道"上门"的南墩台南侧相接。夹墙东端的折扩部分，似可视为一座小型广场，暂称为"大台基东南广场"（下文简称为广场）。

夹墙塌毁严重，大部仅残留基础，但整体走向清晰，结构完整。夹墙塌毁的石块距离墙基较远，且能观察到墙体整体向内侧倾斜倒塌的情形。据此推测，夹墙原有高度当不低于 3 米。夹道处的墙体整体保存情况较好，仅东端墙体由南向北整体倒塌，折拐处的角石成层保留；南折段墙体被掏挖损毁严重，但墙基底部尚有石块残留；东折段墙体亦遭破坏严重，但墙基位置留有较多石块（图四）。夹墙目前只揭露了内（北）侧墙面，墙外情况尚不清楚。

图二　大台基南护墙中、东段正射影像（南→北）

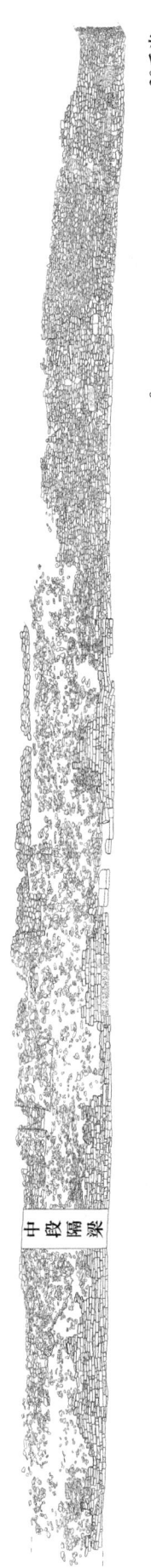

图三　大台基南护墙中、东段立面图

中段隔梁

0　　　　　　20千米

图四　夹道及夹墙东端墙体（东→西）

大台基南护墙、夹墙、皇城台门址主门道上端西侧合围形成了一处相对封闭的空间，包括了上文提到的夹道和广场。另外，大台基东南角靠近广场处，皇城台门址主门道"上门"北墩台西墙与大台基东护墙（南端）平行布置，向北15.3米处被一段东西向短墙横向封堵，三者合围形成一处南北向的窄长空间，暂称为"大台基东南巷道"（以下简称巷道）（图五）。巷道南向面对广场，南宽北窄，进深15.3、宽2.2—2.7米，进口最大宽为3.3米。巷道底部留有较为清晰的踩踏面，南与广场地面相连（图六、图七）。

图五　大台基东南角及东南巷道（南→北）

图六　大台基发掘区（南→北）

178

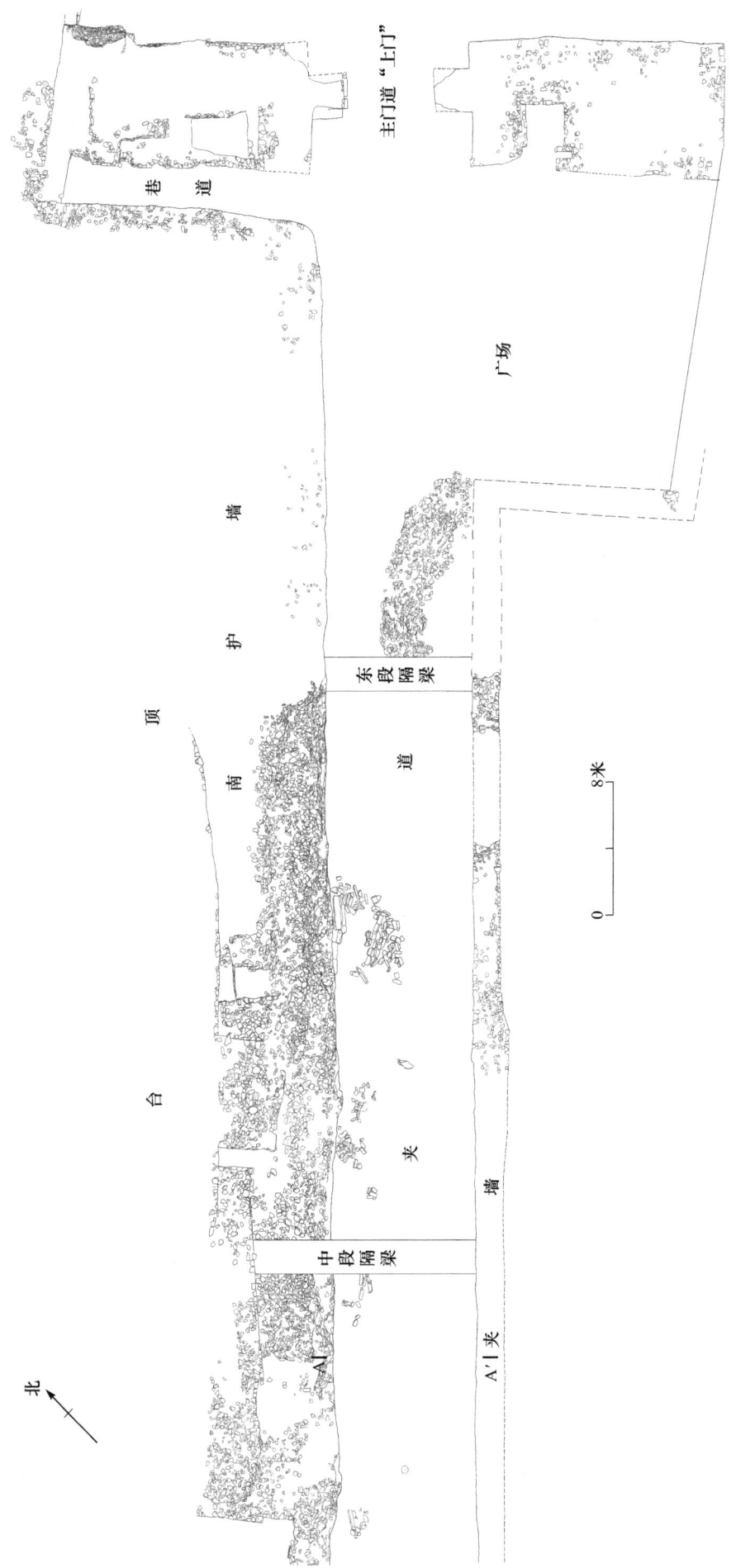

图七 大台基南护墙中、东部遗迹平面图

夹道地面北高南低，中部偏北下凹，且西部整体略高于东部。广场面积近400平方米，地面与夹道内的地面相连，亦与皇城台主门道登顶处的铺石路面相连，整体呈西北高、东南低之势。夹道和广场路面均以黄沙土铺垫，夹杂一些红褐色胶泥土、砂岩石颗粒等，局部保存很好，平整硬实，踩踏痕迹清晰。清理夹道时，路面上常见成层、成堆的倒塌石块，当为南护墙或夹墙的砌石。

二、地层堆积及文化遗物

皇城台顶部现地表遍植杏、柏、松等苗木，部分区域为附近村民圈占的现代坟地。据传，20世纪七八十年代以来，此地常有玉器出土，致使当地居民及不明身份人员以耕种名义，在台顶私挖乱掘，形成了众多大小不一的不规则坑，对台顶石墙等遗迹造成一定程度的破坏。早年，这里为石峁村的传统耕作区域，当地居民在劳作中常将地表的早期石墙或石砌房子的石块捡拾成堆，整齐垒砌在田间地头或沟坎断崖。

皇城台顶部地表可见大量陶片、细石器、红烧土块等龙山文化晚期遗物。发掘区域位于台顶东南部的大台基南部，由于常年耕作及近年来的苗木种植，这一区域已被修整为北高南低的缓坡状，较浅的耕土层下常见大量连片分布的石块。发掘显示，该区域地层堆积清晰，土质、土色、包含物及堆积状况较易辨明，以下选择南护墙与夹墙之间的1号剖面及巷道的地层堆积进行介绍。

1号剖面位于南护墙东南角向西70米处，地层堆积情况如下（图八）。

第1层：黄色粉沙土，土质绵软疏松，包含大量植物根系及一些石块、陶片、碎骨以及少量瓷片、铁片等。厚0.05—0.2米。该层为现代耕土层。

第2层：棕黑色粉沙土，土质绵软疏松，包含较多石块及一些陶片和碎骨。厚0—0.6米。陶片以龙山文化晚期至夏代[6]居多，包含一些"蛇纹鬲遗存"[7]陶片。该层时代应在夏商时期。

第3层：浅黄色混合土，土质较硬，包含大量石块，伴有草拌泥碎块、夯土块以及少量陶片和碎骨。厚0.8—1.9米。石块间可见倾斜的层压或层连关系。该层应为夹道两侧石砌墙体的倒塌堆积，以南护墙倒塌堆积为主，多数石雕发现于此层。该层时代应为石峁文化晚期[8]。

第4层：黄色细沙土，土质松软，主要覆盖于夹道偏两侧的地面上，以倾斜叠压南护墙墙根的情况最为常见。厚0—0.2米。该层出土陶片较多，多数较碎小，可辨器形有双鋬鬲、单把鬲、斝、盉、折肩瓶、三足瓮等，另有少量花边口沿陶片。该层时代应为石峁文化中期。

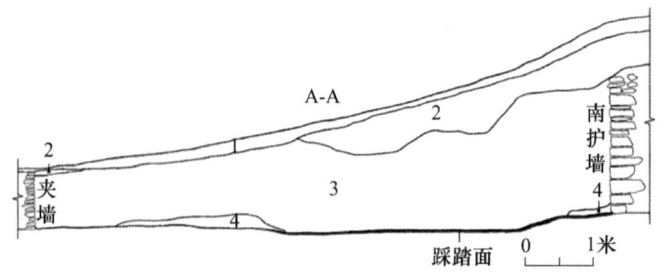

图八　大台基南护墙与夹墙之间地层剖面图（剖线位置见图七）
1. 黄色粉沙土　2. 棕黑色粉沙土　3. 浅黄色混合土　4. 黄色细沙土

第 4 层以下为大台基使用时期的夹道路面，路面中北部明显下凹，且留有较厚实的踩踏面，应为活动最为频繁的区域，部分石雕发现于路面上。夹道路面叠压房址等更早的居住遗迹。

大台基东南巷道内地层堆积的第 1—3 层与夹道相同。第 4 层叠压于巷道地面之上，夹杂大量草木灰，土质疏松，包含较多陶片、碎骨、烧土块和炭粒。该层厚约 1 米，自北向南倾斜，将大台基东护墙南端下部覆盖。该层出土陶片可辨器形有双鋬鬲、单把鬲、斝、盉、甗、折肩瓶、三足瓮、尊、豆等，其中 7 件可修复。三足瓮，大台基东南巷道④：1，泥质灰陶。敛口，方唇，唇面内倾，圆鼓腹，宽裆，圜底，三袋足略外张。腹上部饰一周凹弦纹，以上抹光，以下饰篮纹，三足饰绳纹。口径 31、高 51.5 厘米（图九，1）。折肩瓶，大台基东南巷道④：2，泥质灰陶，大喇叭口，圆唇，斜高领，折肩，腹部微鼓，平底。肩部下饰一道凹弦纹，以上抹光，以下饰篮纹。口径 24.5、底径 10.7、高 38.5 厘米（图九，2）。

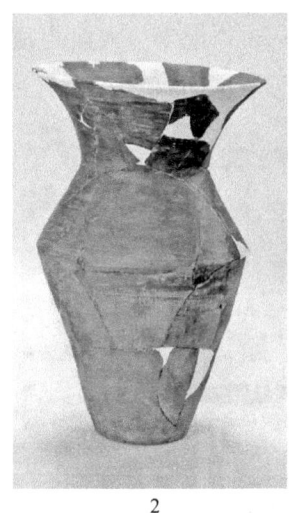

1   2

图九   大台基东南巷道第 4 层出土陶器
1. 三足瓮（大台基东南巷道④：1）   2. 折肩瓶（大台基东南巷道④：2）

根据出土陶器的器形特征，巷道地层堆积的第 4 层应早于夹道地层堆积的第 4 层，说明在夹道地面使用的最后阶段，巷道内已覆盖来自大台基顶部的弃置堆积，这为探索大台基使用期间各时期遗迹的共存关系和功能提供了地层依据。结合地层关系和出土遗物，皇城台大台基主要的建造和使用年代不晚于石峁文化中、晚期。巷道于石峁文化中期使用，可能是"门塾"的性质，至石峁文化晚期废弃，被弃置堆积填埋。至石峁文化晚期之后，石砌墙体大范围倒塌，大台基及其相关遗迹彻底毁弃。至夏商时期，大台基的倒塌堆积之上堆积了"蛇纹鬲遗存"。

三、出 土 石 雕

石峁皇城台大台基南护墙已经出土石雕 70 件，其中，21 件位于南护墙墙面，1 件矗立在夹道地面，其余出土于夹道内南护墙的倒塌堆积中。这些石雕出土时大多保存较好，图像清晰，少量残碎不全或画面风化难辨。石雕图像表面可见琢打修整形成的密集凹点。现选择不同类型的 17 件介绍如下。

1号石雕横砌于大台基南护墙东南角偏下部，距东南角1.2米，西距2号石雕约1米，距地面0.6米。石雕呈长条形，左下角略残，青黄色砂岩，长109、高42厘米[9]。图像左右对称，减地浮雕。中间由上下相对的卷云状纹组成"器"字形图案。两侧的图像包括由内而外雕出的"L"形纹和侧视人头像，雕纹高0.61—1.13厘米。"L"形纹有分割画幅的作用，局部与侧视人头像相连。侧视人头像头戴小冠，冠后有向上弧卷的头发。冠上有三束直立的冠饰，下为方形冠舌，右侧头像冠中部似有绦索状冠檐，冠舌紧贴人面鼻根，遮盖人面前额。面部雕刻细致，脸颊钝方，竖"臣"字形眼；鼻部棱角分明，直平脊，尖圆准，圆翼；阔嘴微闭，下巴微凸；眼外下方雕出耳部，与脸部相连，耳垂部似有圆形耳珰（图一〇）。

5号石雕横砌于大台基南护墙东部偏下，左上部0.6米处为6号石雕，距地面0.8米。石雕呈长条形，边缘有多处残缺，青绿色砂岩，长65、高18厘米。图像为减地高浮雕人面，高15.5、宽17.5厘米，雕纹高2.2—2.57厘米。人面头顶平秃，眉弓凸起，双目杏圆，鼻形竖直，鼻翼较窄，下巴尖圆，嘴角上翘似呈微笑状（图一一）。

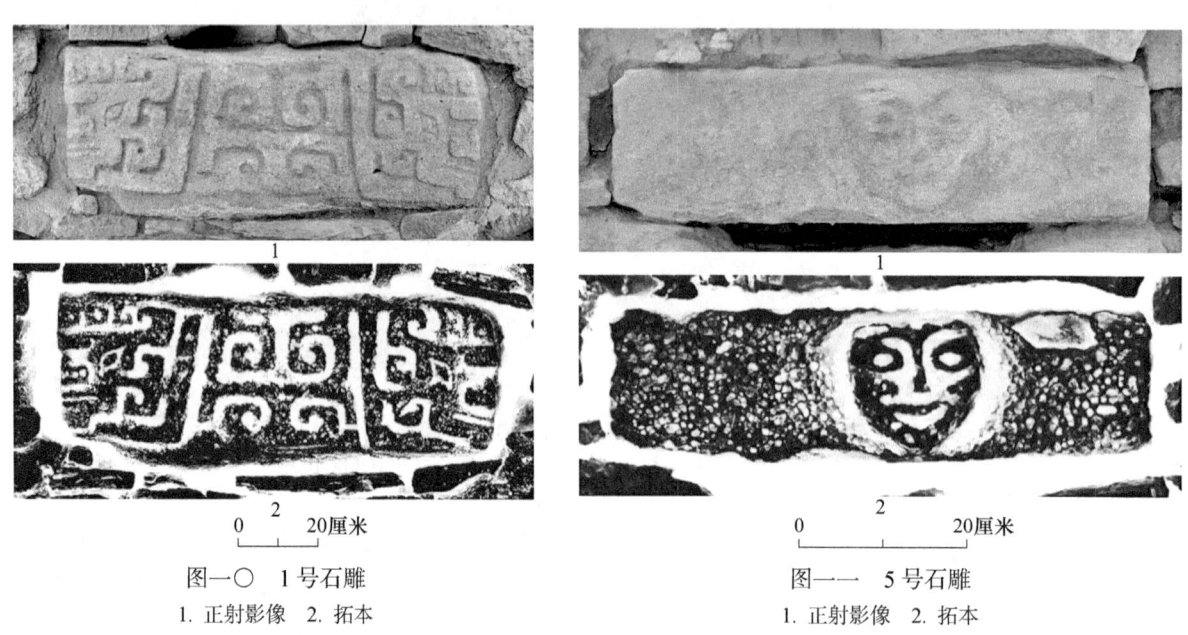

图一〇　1号石雕　　　　　　　　　　　　　图一一　5号石雕
1. 正射影像　2. 拓本　　　　　　　　　　　1. 正射影像　2. 拓本

6号石雕横砌于大台基南护墙东部偏下，右下部0.6米处为5号石雕，距地面0.9米。石雕呈不甚规整的长条形，边缘残损，石面风化严重，青灰色砂岩，长137、高41厘米。减地浮雕，雕纹高1.42—1.77厘米。图像可分为上、下两层，两端各留出约15厘米的空白。上层为撑臂前踞的正视人像，双肘近90°屈撑，两臂肌肉轮廓清晰，五指张开，左掌处已断裂，不见肩部及身体。人面两颊钝圆，头顶平秃，颧骨突出，眉弓凸起，鼻脊挺直，阔嘴微闭，双耳位于头部与肱骨之间，右耳处有圆形耳珰。双目及左耳漫漶不清。下层为对称的内勾犄角，推测整体图像表现的是人骑牛（图一二）。

8号石雕横砌于大台基南护墙中部偏下，左侧为9号石雕，距地面0.5米（图一三）。石雕呈窄长条形，青灰色砂岩，长130、高17厘米。图像为两尾相抵、头朝外的一对"S"形动物，对称分

布，减地浮雕，雕纹高 0.57—0.67 厘米。动物
为弧方盾形大头，梭形眼，吻部弧凸，鼻梁细
长，细长躯体雕鳞状纹，弧尾上翘（图一四）。

10 号石雕横砌于大台基南护墙中部偏下，
左接 11 号石雕，距地面 0.1 米。石雕呈长方
形，部分风化严重，青白色砂岩，长 56、高 27
厘米。图像为倒置的人头像，减地浮雕，雕纹
高 1.07—1.44 厘米。方脸阔嘴，两颊钝方，眉
弓凸起，杏眼微立，鼻身短促，阔嘴微张，两
眼外侧雕出卷发（图一五）。

11 号石雕横砌于大台基南护墙中部偏下，
右上角被 9 号石雕叠压，右接 10 号石雕，左
下角接 63 号石雕，距地面 5 厘米。石雕呈长

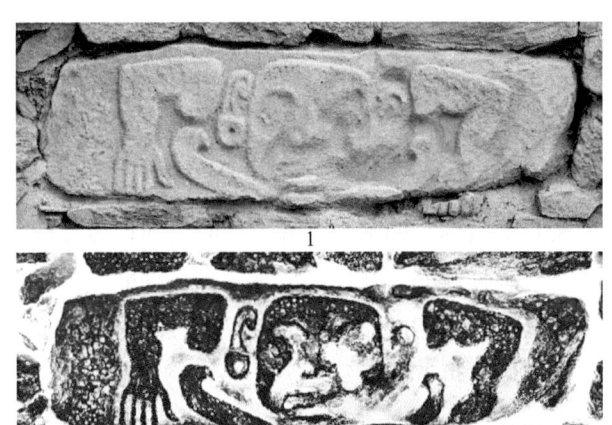

图一二　6 号石雕
1. 正射影像　2. 拓本

图一三　8—11 号石雕在南护墙上的位置

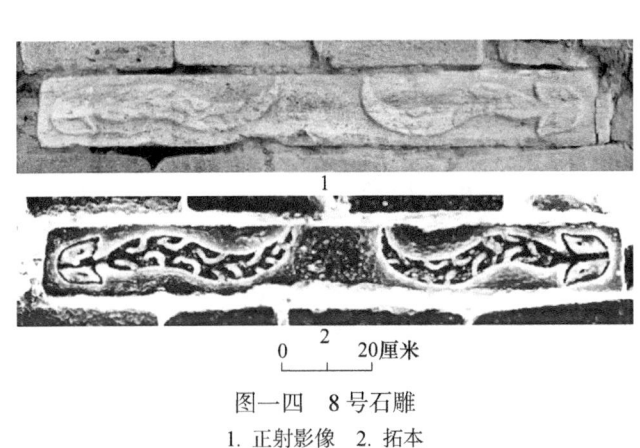

图一四　8 号石雕
1. 正射影像　2. 拓本

图一五　10 号石雕
1. 正射影像　2. 拓本

条形，近中部有斜竖向裂缝，棕灰色砂岩，长 267、高 43 厘米。图像由中间的正视人像及两侧对称布局的侧视人像构成，间以勾云状纹，减地浮雕，雕纹高 0.79—3.07 厘米。居中人像头戴遮盖前额的冠，冠由三部分组成，上部为六个直立的"F"形冠饰，三个为一组，两组相向排列，中部为绦索状冠檐，下部为紧贴鼻根的倒三角形冠舌。人脸面颊钝方，横"臣"字形大眼内凹，近圆形凸棱眼眶占据了面部约三分之一的空间；鼻部棱角分明，挺脊，尖准，圆翼；窄条形阔嘴，牙齿外露。双眼外雕刻"几"字形垂发，下垂部分内卷出上大下小的对称内钩；双耳垂弧，下坠近圆形耳珰。两侧人像相向布置，纵目及头冠倾斜的角度与中部人像相似，头冠与人头明显分隔，头发为先向上束发，再下垂内勾（图一六）。

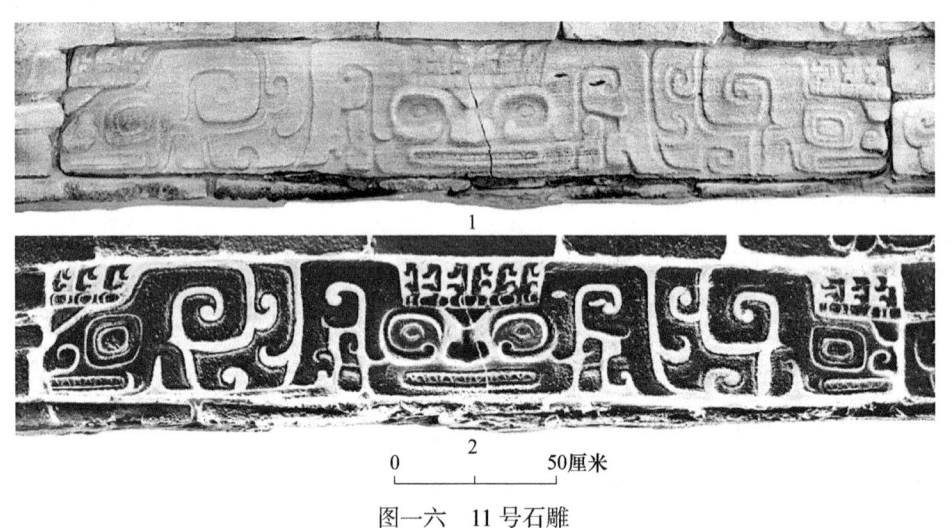

图一六　11 号石雕
1. 正射影像　2. 拓本

　　13 号石雕出土于大台基南护墙东部墙体的倒塌堆积中，位于 2 号石雕南侧约 3.8 米处。石雕呈方柱状，青灰色砂岩，长 14.5、高 10.5—11.5、厚 40.5 厘米。图像为阴刻的"X"形符号，刻纹深 0.56—1.11 厘米（图一七）。

　　14 号石雕出土于大台基南护墙东部墙体的倒塌堆积中，位于 3 号石雕南侧约 8 米处。石雕略呈长方体，青黄色砂岩，长 15.5、高 14.5、厚 18.5—21 厘米。图像为阴刻的"O"形符号，图像外径 9.5、刻纹深 0.35—1.05 厘米（图一八）。

　　15 号石雕出土于大台基南护墙东部墙体的倒塌堆积中，位于 3 号石雕南侧约 8 米处。石雕近梯

图一七　13 号石雕

图一八　14 号石雕

形，不甚规整，青灰色砂岩，长 28.3、高 21.5、厚 35 厘米。图像偏向一角，减地浮雕，为俯视的单体动物，图像长 14.8、宽 15.2—16、雕纹高 0.6—0.88 厘米。圆头，胖身，四肢向上弯屈呈环抱状，形似蟾蜍（图一九）。

16 号石雕出土于大台基南护墙东部墙体的倒塌堆积中，位于 4 号石雕东侧约 0.3 米处，紧贴南护墙。石雕为长条形，青灰色砂岩，加工规整，长 32、高 10、厚 23 厘米。图像为一条蛇，减地浮雕，图像长 28、雕纹高 0.55—1.03 厘米。蛇头椭圆，圆吻，两眼为点状小圆坑，身体呈波浪状弯屈，尾部渐细并朝下弯折（图二〇）。

图一九　15 号石雕

1. 正射影像　2. 拓本

图二〇　16 号石雕

18 号石雕出土于大台基南护墙东部墙体的倒塌堆积中，西距 6 号石雕约 9.75 米，距南护墙 3 米。石雕为圆雕人像，断裂为 8 块，头部一侧及腹部以下残缺，青黄色砂岩，残高 42、身宽 13、体厚 19.6 厘米。石雕的两宽面分别雕出人的头、胸、上肢等部位，两面人形一大一小，顶端为共用的头顶造型，内径 5.6、深 1.8 厘米。边缘斜向人形较小的一面。人形较大者脸庞近椭圆形，头颈区分明显，与顶部圆环的侧面基本齐平，大眼，颧骨较高，鼻嘴部漫漶不清，胸部轮廓清晰可辨，右臂后弯，右手置于臀部，五指内扣，左臂残失。人形较小者脸庞浑圆，圆弧形额顶外露，大眼，颧骨突出，鼻部稍残，嘴微闭，胸部轮廓较为清晰，上肢短于较大人形，双臂自然下垂，双手呈半握拳状，右臂外侧残。石雕整体表现的可能是"大人背小人"的场景（图二一）。

26 号石雕出土于大台基南护墙东部墙体的倒塌堆积中，位于 8 号石雕东侧约 1.6 米处，距南护墙约 1 米。石雕呈长方形，青褐色砂岩，长 50、高 18、厚 28 厘米。图像由马和弯弓搭箭的人像组成，减地浮雕，雕纹高 0.76—1.15 厘米。右侧的射手为侧视形

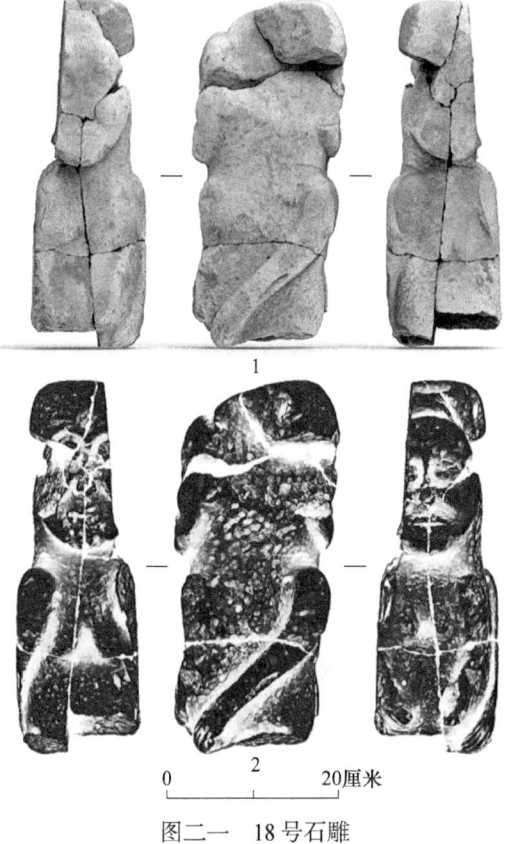

图二一　18 号石雕

1. 正射影像　2. 拓本

象，面向左，头大于身，头顶圆弧，前额处前凸，横目大耳，粗短颈下接躯干，未见腿部；持弓搭箭，弓弦后拉，弓臂较粗，上端弓弰尖细，箭镞两翼呈三角形。左侧马首回勾，面向射手，马头细长，竖耳，眼微睁，口微张，露齿；马身呈竖长方形，长尾下垂，腿呈直角弯折向内，似俯地蜷卧状，背中部稍下凹，下凹处正对右侧箭镞，粗腿方蹄。整幅图像描绘了"人射马"的场景（图二二）。

28 号石雕出土于大台基南护墙东部墙体的倒塌堆积中，位于 11 号石雕南侧约 1.4 米处。石雕呈长方形，加工规整，灰绿色砂岩，长 55、高 16、厚 18 厘米。图像为侧视人头像，细线阴刻，图像高 11、宽 7、刻纹深 0.14—0.2 厘米。人面向左，头顶平直，前后两端均向外尖凸，似为发式，斜"臣"字形眼，鼻头较大，鼻脊高挺，鼻翼圆卷，张嘴，长耳下坠圆形耳珰。颈部细长，其下有横刻纹，似为项圈类饰物（图二三）。

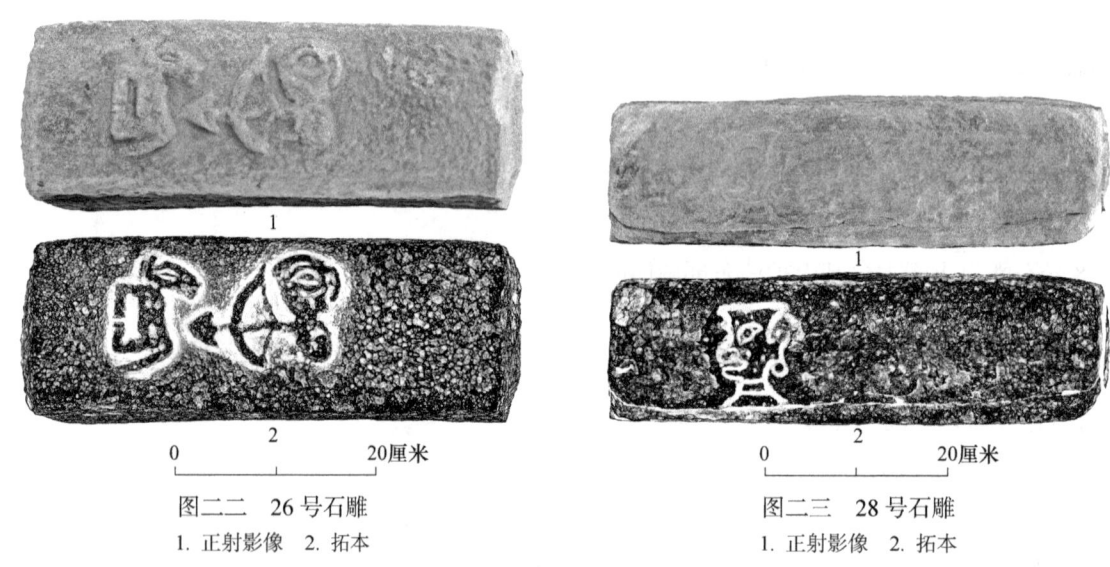

图二二　26 号石雕
1. 正射影像　2. 拓本

图二三　28 号石雕
1. 正射影像　2. 拓本

34 号石雕出土于大台基南护墙中部墙体的倒塌堆积中，位于 11 号石雕西侧约 3.6 米处，距南护墙 1.1 米。石雕略呈梯形，右下部有开裂痕，灰绿色砂岩，长 98、高 32、厚 7—24 厘米。减地高浮雕，雕纹高 2.12—6.32 厘米。中心为正视的牛首，牛角向内弯，双耳紧贴两角下侧，呈扁圆形，面部两侧阴刻出类"臣"字形眼，鼻孔表现为圆形凹坑。两侧对称雕刻立马，向牛头而立，马首低垂，眼似棱形，嘴微张，脖颈处以细线阴刻鬃毛；马背略下凹，细尾后扬，马腿粗壮，膝部微弯，方蹄（图二四）。

30 号石雕出土于大台基南护墙西部墙体的倒塌堆积中，位于 11 号石雕西侧约 3 米处，距南护墙约 1.7 米。石雕为扁圆柱体，灰色砂岩，长径

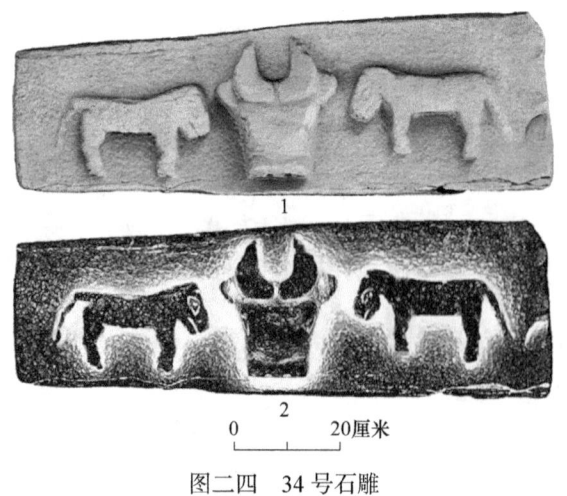

图二四　34 号石雕
1. 正射影像　2. 拓本

22、短径 19、高 62 厘米。浮雕图像在圆柱顶部和柱身的两个宽面，雕纹高 0.98—2.08 厘米。圆柱顶部弧隆，中央有一个小圆窝，内径 4 厘米，圆窝外侧有直径 6 厘米的环形凹槽。以圆窝为中心，向四周浅浮雕八片蕉叶形瓣片，瓣片宽窄不一，当为柱身两面减地浮雕人面的发式或小帽。柱身两个宽面浮雕人面。一侧人面眉尾内卷，眉部粗重，弯折向下与鬓发相连，鬓角之发上卷，与鼻翼对齐；菱形双眼稍向外上方斜翘；鼻呈"土"字形，桃形鼻根，鼻梁较短，鼻翼方大，尖准直脊，鼻孔以小圆坑表示；阔嘴露出四颗铲形门齿，下为"U"形纹饰，两角外卷，似为卷曲的胡须。另一侧人面的菱形双眼向外上方斜翘；鼻部较长，呈倒"土"字形，鼻根处呈横卷云状，鼻梁细长，挺脊尖准，鼻翼稍小；双耳位于鼻翼两侧，戴圆形耳珰；方嘴微张，正下方为倒水滴状胡须，两侧对称雕出"N"形纹样，似亦为胡须。柱底稍有留白（图二五）。

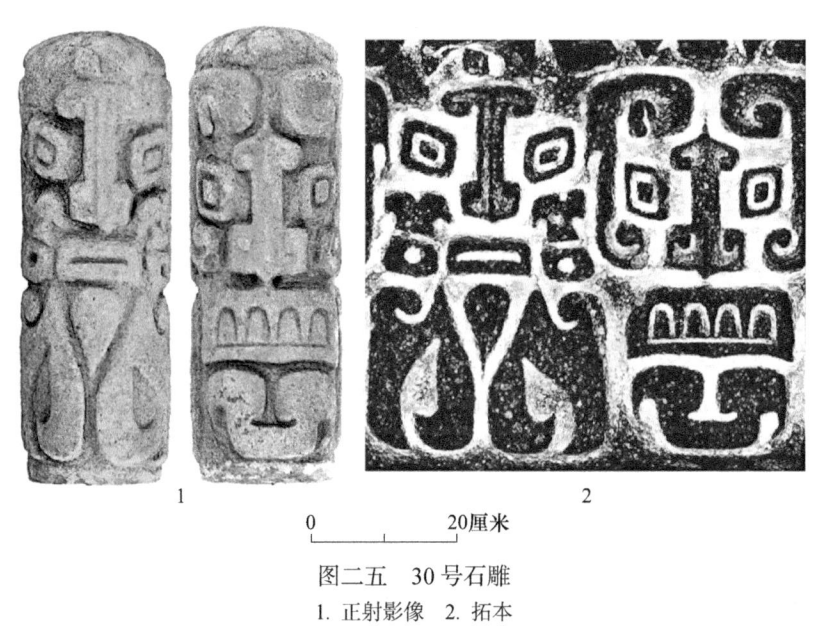

图二五　30 号石雕
1. 正射影像　2. 拓本

　　41 号石雕出土于大台基南护墙中部墙体的倒塌堆积中，位于 35 号石雕西南侧约 5.3 米处。石雕呈长条形，中部竖向断裂，右端残，黄褐色砂岩，残长 137、高 23、厚 12—14 厘米。减地浮雕，雕纹高 0.9—1.36 厘米。图像中间为正视的人头像。头顶平整，额顶雕出细密的发隙，似为头发后拢形成，两侧束发下垂至双颊，并向外翻卷。方脸圆钝，颧骨突出，弯眉微凸，梭形横目，鼻梁细长，鼻翼扇形，嘴部有一个三角形凹坑，似经琢损。人头像两侧对称雕出侧视卧虎，蜷卧状。虎头下垂，圆耳前卷，"臣"字形目，阔口露出獠牙，鼻头圆卷。背部中间下凹，细尾上卷，头至尾尖有条状或块状饰纹。左虎前肢雕出爪及肉垫，右虎腰后残缺（图二六）。

　　59 号石雕出土于大台基南护墙东部墙体的倒塌堆积中，位于 37 号石雕西侧约 27.5 米处。石雕呈长条形，灰黄色砂岩，长 58、高 14、厚 17 厘米。图像为细线阴刻，刻纹深 0.17—0.21 厘米。主体图案为四组平行折线三角构成的连续纹饰，左端有残缺的菱形，推测原为菱形眼纹，整体图像当为装饰性图像（图二七）。

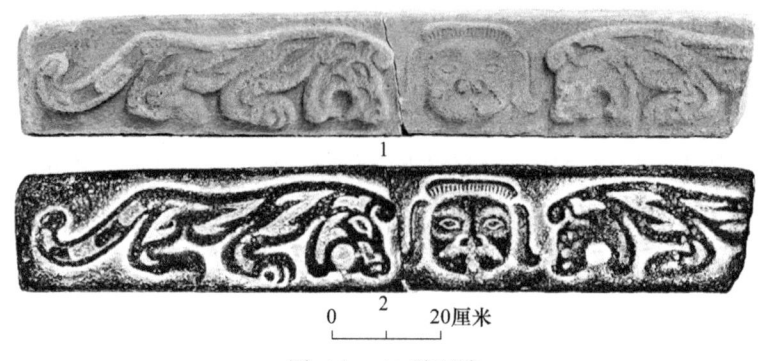

0　　2　　20厘米

图二六　41号石雕
1. 正射影像　2. 拓本

图二七　59号石雕

四、结　　语

　　大台基及出土石雕的使用年代，可以根据叠压东护墙的巷道堆积第4层、南护墙的夹道堆积第4层以及堆积内出土的典型陶器判断。如前所述，巷道堆积的第4层为来自大台基台顶的倾斜堆积，应为大台基使用期间的弃置堆积，夹道堆积的第4层为大台基和夹道路面最后一次使用期间的堆积，可能与路面的整理维护有关。

　　巷道内地层堆积第4层出土陶器的组合以鬲、斝、盉、甗、折肩瓶、三足瓮、大口尊、豆等为主。其中，双鋬鬲为中领、尖角裆，未出现明显的实足跟；单把鬲饰小方格纹，器壁较薄；折肩瓶为大喇叭口，不见束腰；三足瓮腹下部凸鼓，体量不大；大口尊颈部折棱较浅，豆柄中部较粗，常见圆形小镂孔。上述陶器组合及器形特征与石峁遗址呼家洼地点F3[10]和山西碧村遗址H12[11]、H24[12]出土的陶器基本一致，也与石峁文化中期陶器的器形特征相符，年代为龙山时代晚期。夹道堆积第4层出土陶器的组合与巷道堆积第4层基本一致，但鬲足已出现明显的实足跟、豆柄加粗呈圈足状，以及有少量花边口沿器等特征与石峁文化晚期陶器的器形特征相符，绝对年代已进入夏代早期。结合现有资料，并参考已有的系列测年数据[13]综合考量，我们认为皇城台大台基及出土石雕的使用年代不晚于龙山文化晚期，绝对年代约在公元前2000年，沿用至公元前1800年前后被废弃。

　　这些石雕与中国北方地区自红山文化以来形成的石雕传统有着密切联系，其图案题材、表现手法及刻制技艺等可能在一定程度上影响了后石家河文化玉器[14]和二里头遗址出土的绿松石组成的"龙""虎"形象[15]，甚至商周时期青铜礼器的艺术构思和纹饰风格。皇城台大台基出土的不同类型石雕可能有不同的使用方式和功能。目前发现了20余块仍砌筑于大台基南护墙的墙面或树立在夹道地面的石雕，但这些石雕最原始的位置依然有较大的讨论空间。例如，这些石雕，特别是"平面型石雕"可能来自皇城台上比大台基更早的高等级建筑，在建筑毁弃后，被重新砌筑于大台基石砌护墙墙面上；这些石雕也可能最初就是砌筑于大台基护墙墙面上，作为特殊建材使用。这些推测尚待更多考古研究确认。镶嵌于大台基护墙墙面的石雕应与石峁遗址所见"藏玉于墙"和"人头奠基"现象具有类似的精神内涵，体现了石峁遗址先民对皇城台大台基的精神寄托。

石峁遗址连续九年的系统考古工作表明，皇城台是石峁城址的核心区域，或已具备了早期宫城的性质，是目前东亚地区保存最好、规模最大的早期宫城建筑，结构复杂，气势恢宏。皇城台出土的陶瓦、陶鹰、口簧、卜骨、玉器等遗物，以及数量庞大的制骨遗存[16]，凸显了皇城台的特殊性和至高重要性，暗示着石峁城址不仅是中国北方地区的区域政治中心和宗教中心，在某种意义上也是维系周边层级化中小聚落的经济中心。大台基的发现、确认和发掘为探讨皇城台聚落区划和功能、性质提供了重要线索，为确认皇城台在石峁城址的核心地位奠定了基础。

附记：本文是国家社科基金重大项目"石峁遗址考古发掘与研究"（批准号17ZDA217）和国家文物局"考古中国——河套地区聚落与社会研究"的阶段性研究成果。

执笔：孙周勇　邵　晶　邸　楠
　　　邵安定　夏　楠　刘海利
　　　康宁武

注　释

［1］　陕西省考古研究院等：《陕西神木县石峁遗址》，《考古》2013年第7期。

［2］　陕西省考古研究院等：《陕西神木县石峁遗址韩家圪旦地点发掘简报》，《考古与文物》2016年第4期。

［3］　孙周勇等：《石峁遗址：2015年考古纪事》，《中国文物报》2016年10月9日第5版。

［4］　陕西省考古研究院等：《陕西神木县石峁遗址》，《考古》2013年第7期；陕西省考古研究院等：《发现石峁古城》，文物出版社，2016年。

［5］　陕西省考古研究院等：《陕西神木县石峁城址皇城台地点》，《考古》2017年第7期；孙周勇等：《石峁遗址2018年考古纪事》，《中国文物报》2019年8月23日第5版。

［6］　本文中"夏代"的时间范围基本参照《夏商周断代工程1996—2000年阶段成果报告·简本》（世界图书出版公司，2000年）公布的夏代纪年，即公元前2070—前1600年。但考虑到近年来测年技术的进展和测年精度的提高可能会对夏代纪年带来一定程度的补正，本文将夏代上限暂定于公元前2000—前1900年。

［7］　"蛇纹鬲遗存"是指河套东部地区以蛇纹鬲为代表的考古学遗存，年代约在夏商时期。参见吕智荣：《朱开沟文化相关问题研究》，《华夏考古》2002年第1期。

［8］　石峁文化以陕西北部、山西中北部、内蒙古中南部为核心分布范围，典型陶器是双鋬鬲，目前可分为早、中、晚三期，年代跨越龙山文化后期和夏代早期，大致为公元前2300—前1800年，是不同于中原地区龙山文化晚期至二里头文化早期遗存的北方地区重要考古学文化。

［9］　石雕的长、高是指石雕图像所在面的尺寸，厚指图像面至石雕背面的厚度。

［10］　陕西省考古研究院等：《陕西神木县石峁遗址后阳湾、呼家洼地点试掘简报》，《考古》2015年第5期。

［11］　山西省考古研究所、兴县文物旅游局：《2015年山西兴县碧村遗址发掘简报》，《考古与文物》2016年第4期。

［12］　山西省考古研究所等：《2016年山西兴县碧村遗址发掘简报》，《中原文物》2017年第6期。

［13］孙周勇等：《石峁遗址的考古发现与研究综述》，《中原文物》2020 年第 1 期。

［14］荆州博物馆：《石家河文化玉器》，文物出版社，2008 年；湖北省文物考古研究所等：《湖北天门市石家河遗址2014—2016 年的勘探与发掘》，《考古》2017 年第 7 期；湖北省文物考古研究所等：《石家河遗珍——谭家岭出土玉器精粹》，科学出版社，2019 年。

［15］许宏等：《河南偃师二里头遗址发现大型绿松石龙形器》，《中国文物报》2005 年 1 月 21 日第 1 版；中国社会科学院考古研究所二里头工作队：《河南偃师市二里头遗址中心区的考古新发现》，《考古》2005 年第 7 期；中国社会科学院考古研究所：《二里头（1999—2006）》，文物出版社，2014 年。

［16］孙周勇等：《石峁遗址的考古发现与研究综述》，《中原文物》2020 年第 1 期。

（原载于《考古》2020 年第 7 期）

陕西神木市石峁遗址

陕西省考古研究院

石峁遗址位于神木市高家堡镇，地处黄土高原北部的黄河西岸，毛乌素沙漠南缘，坐落在黄河一级支流秃尾河东岸的梁峁上，地表沟壑纵横，支离破碎，海拔在 1100—1300 米。

作为石峁遗址的主体内涵，石峁城址由"皇城台"、内城和外城三座基本完整并相对独立的石构城垣组成，城内面积达 400 万平方米以上，城外还分布有数座人工修筑的"哨所"类建筑遗迹，是河套地区一处龙山晚期至夏代早期的超大型中心聚落，也是目前中国境内已知面积最大的一座史前城址。

皇城台位于内城偏西的核心部位，为一座顶小底大、四面包砌层阶状石墙的台城，台顶面积约 8 万余平米，系大型宫殿及高等级建筑的核心分布区域；内城将皇城台包围其中，形状大致呈东北—西南向的椭圆形，面积约 210 万平方米，城内密集分布着居址、墓地等遗迹，城墙大部分处于山脊之上（有小段堑山墙体），为高出地面的石砌城墙，长度 5700 余米，宽约 2.5 米，一般高出现今地表 1 米有余；外城系利用内城东南部墙体向东南方向再行扩筑的一道弧形石墙形成的封闭空间，面积约 190 万平方米，其内亦分布有一些居址和墓地，外城城墙长度约 4200 米，绝大部分墙体为高出地面的石砌城墙，墙体宽度与内城城墙相近，亦为 2.5 米左右，保存最好处高出现今地表亦有 1 米有余（图一）。

2011 年，陕西省考古研究院联合榆林市、神木县（市）两级文物部门，对石峁遗址进行了区域系统考古调查。在调查的基础上，2012 年联合考古队开始有计划的考古发掘，先后重点发掘了外城东门址、城内的后阳湾、呼家洼居址、韩家圪旦墓地及城外的樊庄子"哨所"，取得了重要收获。

（一）外城东门址

2012 至 2013 年，为解决石峁城址的年代问题，重点发掘了外城的一座城门遗址。门址位于遗址东北部，依其在整个城址中的相对位置，称之为外城东门址，是遗址区域内的最高处，地势开阔，位置险要（图二—图四）。

门址由内外瓮城、南北墩台、门道、门塾等设施组成，总面积约 2500 平方米。体量巨大、结构复杂、筑造技术先进。在周边地层及遗迹中出土了玉器、陶器、壁画和石雕头像等重要遗物，尤以"头骨坑"及"藏玉于墙"现象引人注目。

外瓮城平面近"U"形，将门道完全遮蔽，与两座墩台之间并未完全封闭，两端留有进入城门的小通道。墩台以门道为中心对称建置于南、北两侧，形制相似，均为长方形。墩台内芯为夯土，条块清晰、夯层明显、土质坚硬，外侧以石块包砌一周石墙。石墙分为主墙和护墙，主墙上发现一

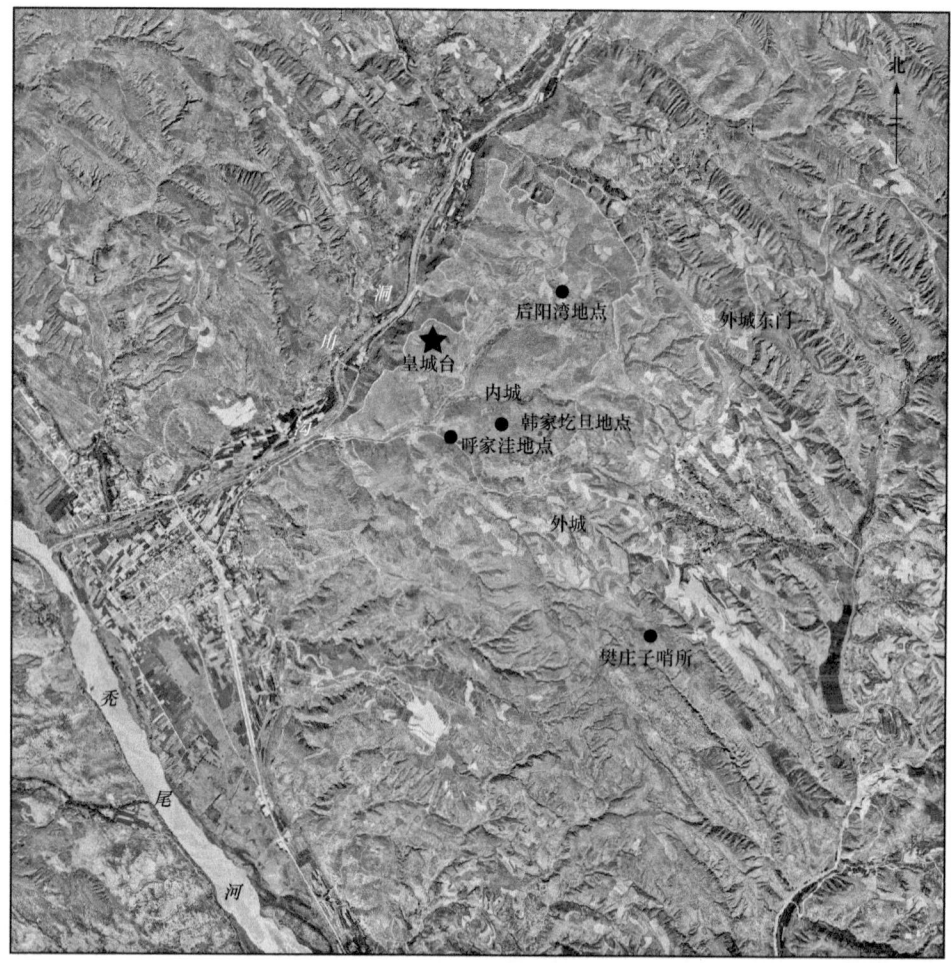

图一　石峁遗址城垣结构示意图（上为北）

图二　外城东门址鸟瞰（上为西）

图三　外城东门址鸟瞰（北→南）

图四　外城一号角台（南→北）

些排列有序的孔洞，其内见圆形朽木痕迹。南、北墩台中间形成门道。门道宽约9米，朝向门道一
侧的墩台墙上分别砌筑出3道平行分布的南北向
短墙，隔出4间似为"门塾"的空间，南北各2
间，两两对称。进入门道后，南墩台西北继续修
筑石墙，向西砌筑十余米后折向北，在门址内侧
形成曲尺形的"内瓮城"结构。内瓮城内侧增修
有一道宽约1.2米的石墙，两墙紧贴并行。地层
关系显示，这道增修的石墙修建于晚期（夏代早
期）地面之上，属于夏代早期增修石墙。在此段
石墙墙根底部的地面上，发现了成层、成片分布
的壁画残块100余块（图五）。部分壁画还附着在

图五　外城东门址出土壁画

晚期石墙的墙体上。这些壁画以白灰面为底，以红、黄、黑等颜色绘出几何形图案，保存最大者约30厘米见方。

外城东门址区域内下层地面下发现多处集中埋藏人头骨的遗迹，其中外瓮城外（K1）及门道处（K2）各发现埋置人头骨 24 具。经初步鉴定，这些头骨以年轻女性居多，部分头骨有明显的砍斫痕迹，个别枕骨和下颌部位有灼烧迹象。外城东门址附近所见集中埋藏的头骨，均位于早期地面之下或石墙墙体之下，可能与城墙修建时的奠基活动或祭祀活动有关。

外城东门址一带石墙内发现有埋藏玉器的现象，玉铲、玉钺、玉璜、牙璋等玉器或发现于墙体倒塌堆积之内，或发现于石块砌筑的墙体外缘（图六、图七）。根据其出土状况分析，这些玉器应是在城墙修建过程中有意嵌入墙体之中的。《竹书纪年》记载"桀倾宫，饰瑶台，作琼室，立玉门"。《晏子春秋》记载"及夏之衰也，其王桀背弃德行，为璇室、玉门"。这种"藏玉于墙"的现象，或符合上古文献中提到的玉门、瑶台、璇门的相关记载，作为石峁人在信仰层面的驱鬼辟邪观念催生的精神武器，石峁外城东门址所见杀戮奠基及墙体藏玉现象，极大地满足了辟邪神话寄托及"宗教中心"的向心功能，也成为其凝聚周边中小型聚落的核心手段。

图六　外城东门藏玉于墙现象

图七　外城东门藏玉于墙现象

特别值得一提的是，外城东门址所见的内、外瓮城及周边城墙上的马面等遗迹系国内确认的时代最早的同类城防设施（图八）。东门址内、外瓮城的修建最大程度地延缓了外来势力进入城内的时间，创造了抵御外来侵入的缓冲空间，极大地提高了防御能力。从目前发现来看，石峁城址至少存在着 20 余处马面遗迹，在外城东门附近尤为集中，这些马面与城墙墙体同时规划并起建，附着于墙体之上，向城外凸出，疏密有致，间距集中在 40 米左右，这一距离一定程度上反映出当时使用武器的有效攻击距离（射程）。石峁瓮城与马面的发现及确认首次将中国古代同类城防设施的形成时间上溯至龙山时代晚期，其出现表明在中国早期国家形成的前夜，中国北方地区政治格局的复杂化及武力战争的频繁。

（二）韩家圪旦墓地

2014 年发掘的韩家圪旦地点位于内城中部偏东的一处东西向"舌形"山峁之上，与皇城台隔沟相望。清理的主要遗迹包括房址 31 组（座）、墓葬 41 座、灰坑 27 座及窑址 1 座，遗迹间打破关系丰富，出土陶、石、骨器千余件，还发现个别蚌饰、海贝、鸵鸟蛋壳、绿松石饰等（图九—图一一）。

图八 外城一号马面（南→北）

图九 韩家圪旦墓地鸟瞰（南→北）

墓葬规模及随葬品丰厚程度的差异是体现死者生前财富、身份等级的重要标志。韩家圪旦地点发掘的墓葬多为竖穴土坑墓，规模多在 2 平方米之上，最大者墓室面积达 12 平方米；最小则仅可容身，规模差异显而易见。大中型墓葬结构相似，墓主位于墓室中央，仰身直肢，棺外有殉人 1 至 2 人不等，墓室北壁均设壁龛，用于放置陶器等随葬品。

韩家圪旦地点早期是作为居址使用的，晚期时居址废弃，更作墓地，聚落功能发生了巨大更替。虽然该墓地被严重盗扰，但仍然从规模上能够判断其为石峁遗址内的一处大型贵族墓地，墓地主人出现了身份差异及等级区分，社会复杂化倾向加剧。

图一〇　韩家圪旦 M2 墓室全景（上为北）

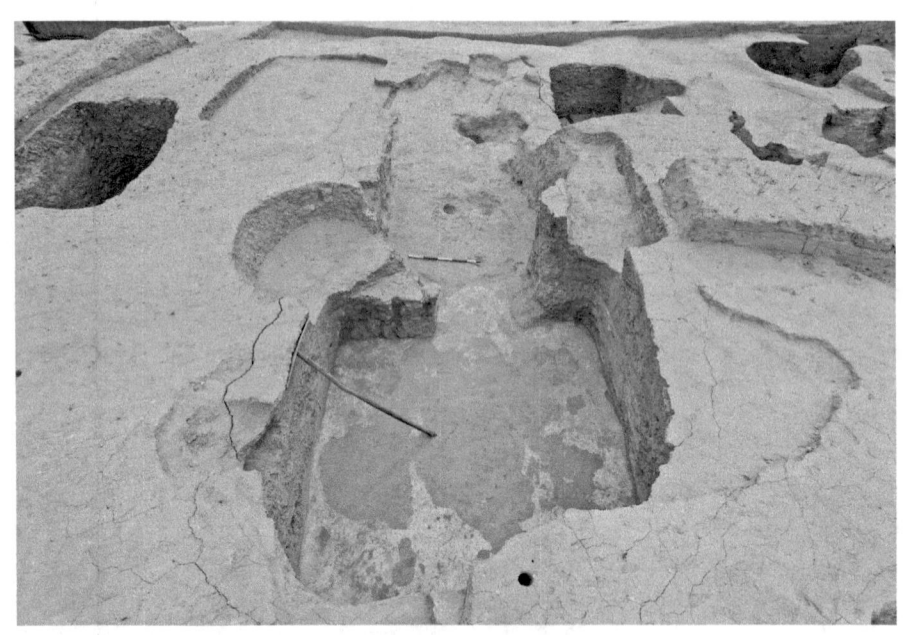

图一一　韩家圪旦 F11 全景（东→西）

（三）后阳湾和呼家洼地点

后阳湾和呼家洼地点均位于内城内。后阳湾地点位于皇城台东北方的山坳坡地上，此处地点土崖上的两处剖面上暴露有房址、灰层以及红烧土遗迹等，夏季暴雨期间受到很大程度破坏，考古队旋即予以抢救性清理，共清理房址 2 座、墓葬 5 座。呼家洼地点位于皇城台正南端的山峁台塬北坡，其东端北侧为一处冲沟，断崖上暴露有自南向北成排分布的房址 4 座。

后阳湾和呼家洼地点试掘的主要遗迹包括房址和墓葬，房址均为地穴式（窑洞），墓葬包括竖穴土坑墓和瓮棺葬，其中呼家洼2012F3出土的鬲、斝、甗、豆、尊、喇叭口折肩罐等是石峁遗址系统考古工作以来最为丰富的一组陶器组合（图一二）。另外，后阳湾2012F2内出土了鳄鱼骨板，2012M1发现了女性殉人，W2内的婴孩骨殖上部还残留一些织物残片及残块（图一三、图一四），织线经纬依稀可见，经初步鉴定，原料为苎麻类纤维。

目前资料显示，后阳湾和呼家洼地点为石峁城址内城区域的一般性居址。

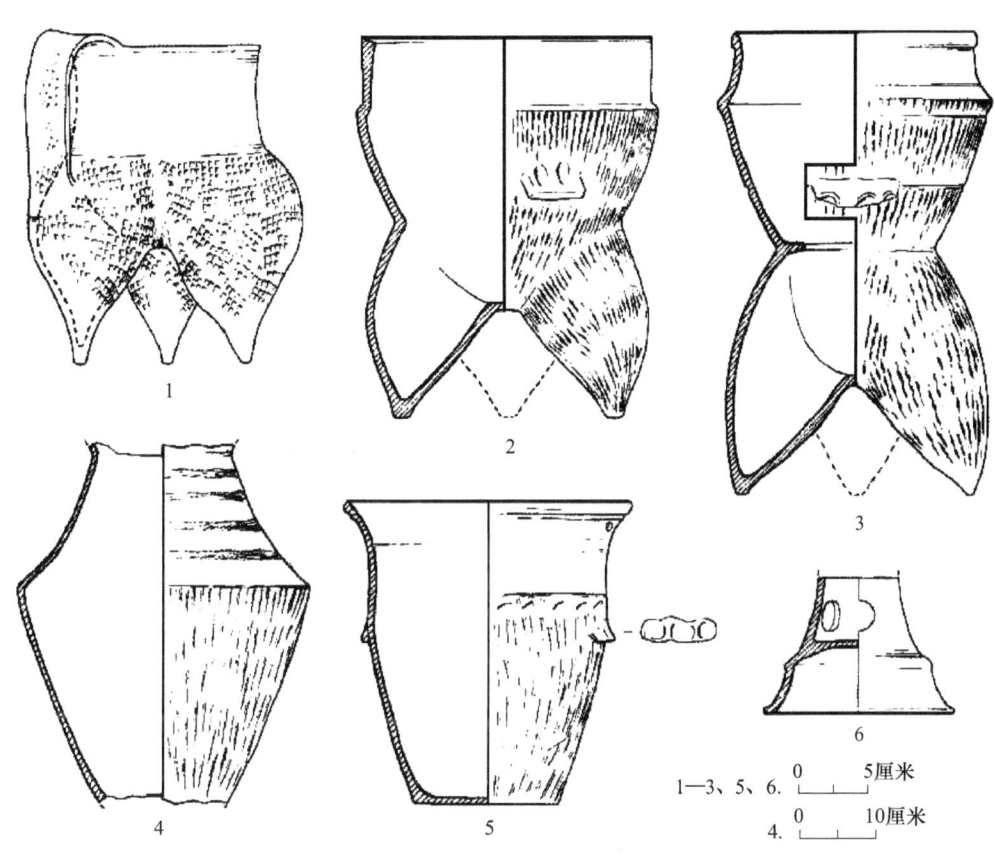

图一二 呼家洼2012F3出土陶器

（四）樊庄子"哨所"

2015年发掘了城外东南方向的樊庄子地点，与外城南墙上的一处城门隔沟相望，与外城城墙直线距离约300米。之前调查时，曾在顶部乱石堆积附近采集到一件玉刀。从发掘情况看，哨所系在自然土峁顶部垫土找平后再修构石砌建筑。石砌建筑可分为内外两重"石围"，外围系一道"眉"形石墙，多已塌毁；内围平面大致呈东西向长方形，内围里外均未发现踩踏层面或用火迹象，但在石墙内侧有立柱所用的"壁柱槽"。根据方形石围内侧均匀分布的壁柱槽分析，内围上部可能为一座用柱子架撑的"哨所"，其功能或与登高望远、观敌瞭哨有关，与城外另几处类似建筑共同构成石峁城外的预警体系（图一五）。

通过对石峁遗址的系统考古调查，我们再次确认了遗址主体遗存与石砌城垣的年代相同，为一处规模宏大、保存较为完整、基本可以闭合的石砌城址。连续多年的考古发掘所获地层关系和出土遗物也为进一步确认遗址年代和分期提供了重要依据，我们初步认定石峁城址最早修建于龙山中期

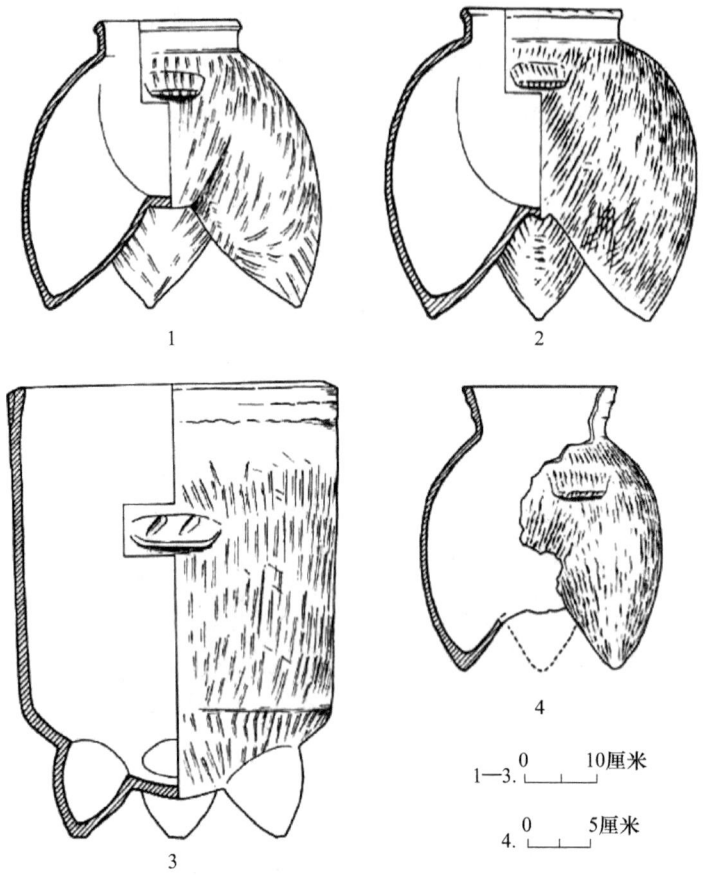

图一三　后阳湾2012年出土陶器

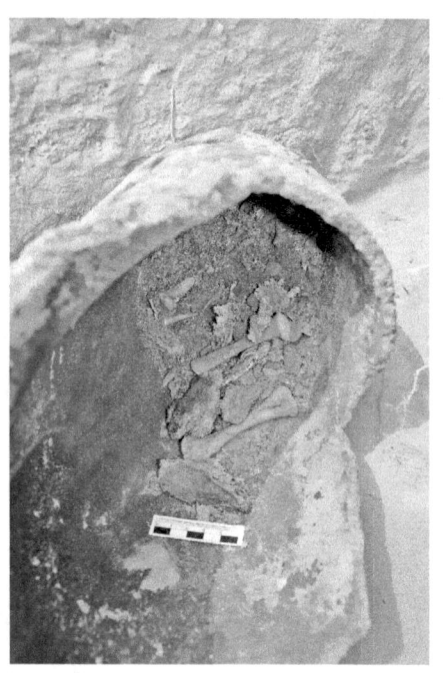

图一四　后阳湾W2出土麻布

图一五　樊庄子哨所鸟瞰（上为北）

或略晚，夏时期毁弃。三重城垣中应存在着修建年代上的先后关系，"皇城台"最早，内城次之，外城最晚。城内的广大区域中存在功能分区，根据后阳湾地点、韩家圪旦地点房址与墓葬存在打破关系，可见城内不同区域在早晚不同时期的功能曾发生过变化。后阳湾地点的土坑墓、石棺葬和瓮棺葬散布于房址周围，显示出其等级低、规模小，而晚期韩家圪旦形成的大型贵族墓葬区，规模大、普遍使用年轻女性殉葬，反映出社会复杂化的加剧。三重城垣的发现，城墙上出现的瓮城、马面等重要城防设施，也为研究中国古代城郭制度，城防设施的发展史提供了实物资料。

石峁遗址作为黄河中游地区龙山晚期至夏代早期的一处超大型中心聚落，其巨大的规模、多重的结构、宏大的建筑、复杂的宗教遗存及以往数量庞大玉器的发现，显示出石峁遗址在北方文化圈中的核心地位，表明石峁城址的社会功能不同于一般性原始聚落，应为早期城市滥觞时期作为统治权力象征的邦国都邑。作为目前所见中国史前时期最大的城址，石峁的发掘不仅为研究石峁玉器的年代、文化性质等问题提供了科学背景，更为研究中国文明起源的多元性和发展过程提供了全新资料，对进一步理解"古文化、古城、古国"框架下的中国早期文明格局具有重要意义。

参 考 书 目

邵晶：《试论石峁城址的年代及修建过程》，《考古与文物》2016年第4期。

孙周勇、邵晶：《关于石峁玉器出土背景的几个问题》，《玉魂国魄——中国古代玉器与传统文化学术讨论会文集》，浙江古籍出版社，2014年。

孙周勇、邵晶：《马面溯源——以石峁遗址外城东门址为中心》《考古》2016年第6期。

孙周勇、邵晶：《瓮城溯源——以石峁外城东门址为中心》，《文物》2016年第2期。

陕西省考古研究院：《陕西神木县石峁遗址》，《考古》2017年第7期。

陕西省考古研究院等：《发现石峁古城》，文物出版社，2016年。

陕西省考古研究院等：《陕西神木县石峁遗址后阳湾、呼家洼地点发掘简报》，《考古》2015年第5期。

陕西省考古研究院等：《神木石峁遗址韩家圪旦地点发掘简报》，《考古与文物》2016年第4期。

（原载于《新世纪中国考古新发现（2011—2020）》，社会科学文献出版社，2022年）

陕西神木市石峁城址皇城台地点

陕西省考古研究院

石峁城址位于陕西省神木市高家堡镇东侧，秃尾河和其支流洞川沟交汇处的土石山峁之上，由"皇城台"、内城、外城三重城垣构成，城内面积超过 400 万平方米，是河套地区一处龙山晚期至夏代早期之间的超大型中心聚落。城址主体位于黄土梁峁和剥蚀山丘之上，地表受洞川沟及支流形成的树枝状水流长期侵蚀，地貌破碎，沟壑纵横，起伏较大。

"皇城台"是当地老百姓对石峁城址内一处砌石高阜台地的称呼，位于内城偏西的核心部位，是内城中一处相对独立的山峁。山峁东宽西窄，北、西、南三面均临陡峻的深沟，仅东部偏南处的马鞍部与其他山峁相连。山峁顶部较平整，面积约 8 万平方米，依山势修筑有一座台城，平面大致呈圆角方形，顶小底大，台城四周为堑壁砌筑的护坡石墙，自下而上呈阶梯状内收，层层相叠，由山顶修至沟底，最高处上下高差达 70 米，高大巍峨，蔚为壮观（图一、图二）。

1958 年第一次全国文物普查工作期间，黄发中、孙江对石峁遗址进行了首次考古调查时，就曾登临皇城台，在记录中称为"皇城"或"头套城"。1981 年，西安半坡博物馆对石峁遗址开展了首次考古发掘，今皇城台南坡也是发掘的几处地点之一。2011 年夏，陕西省考古研究院联合榆林市、神木县（市）两级文物部门对石峁遗址进行了区域系统考古调查，重新确认了与遗址同时期的龙山晚期至夏代的皇城台、内城、外城三重城垣，其中皇城台居于城内的重要位置。2012—2015 年间，

图一　皇城台远景（北→南）

图二 皇城台鸟瞰（东→西）

考古队曾在城内进行了多次调查，在皇城台发现有大型包石夯土台基、"池苑"、护坡石墙、大型柱础石、壁画残片等重要遗物，系大型宫殿及高等级建筑的分布区域，彰显出皇城台在城址内可能具有特殊地位。2016 年，考古队开始对皇城台进行系统地考古发掘，至 2018 年已完成了皇城台门址和东护墙北段上部的清理揭露。

（一）皇城台门址

皇城台门址位于皇城台东侧坡下偏南，扼守在皇城台与外界相连的山体马鞍部。门址形制完备，保存良好，由东向西依次由广场、外瓮城、南北墩台、铺石坡道、内瓮城、主门道等建筑设施构成（图三）。广场向东外敞，由南、北基本平行的两道东西向石墙及外瓮城东墙一线围成，平面呈南北向长方形，面积逾 2100 平方米。广场整体呈西北高、东南低，地面以黄褐色沙土铺垫，夹杂较多碎石粒和小陶片，局部有踩踏迹象。广场上还零散分布着一些大小不一、形状各异的"乱石坑"，均打破广场地面。虽未清理，但从坑口观察，内填大量砂岩石块，石块间夹杂一些人头骨残片，可能与外城东门发掘的"人头坑"类似。外瓮城是一座土石结合的单体建筑，位于广场内侧、横亘于南北两墩台外的正中，扼守门道入口处，平面呈"U"形，两角垂直方正。发掘时，在其外侧的墙根处发现完整玉钺两件，出土时两钺错叠，刃部向上紧贴墙壁放置，应为铺设外瓮城之外的广场地面时有意埋入（图四、图五）。南、北墩台分列外瓮城两侧，分别与广场南墙和北墙相接，均为石砌外框包夯土内芯的建造结构，南小北大，结构为石墙包砌夯土内芯。南墩台顶部的层位关系揭示出其建筑年代可能要早至公元前 2300—前 2200 年，属于石峁文化早期。

外瓮城西侧，南、北墩台之间为铺石坡道，自外而内向上攀升，地面遍铺平整砂岩石板，路面宽阔，建造考究。大部分石板上有长期踩踏形成的清晰摩擦痕迹，局部石板上还有阴刻装饰纹样。

图三　皇城台门址结构图（上为西）

图四　皇城台门址出土玉钺

内瓮城由两道呈"L"形的隔墙组成，分别连接南墩台与主门道，将铺石坡道的西、南两面完全封堵，仅留向北折入主门道的道路，登城路线即由自东向西折为自南向北。内瓮城的北端还建有一座面积约 8 平方米的石砌房址，平面形状呈长方形，因房址北侧即为主门道，推测应系一座门塾建筑。主门道位于内瓮城北端，为一道"U"形回廊，自入口处由南向北延伸，然后盘旋蜿蜒而上，又变为自北向南延伸，主门道地面未铺石板，主门道墙体外发现有壁柱槽，表明主门道顶部原有遮盖的顶棚，形成一处封闭的空间。其中部分壁柱仍有保存，明显经过火烧，部分已炭化，有的柱槽底部还有石柱础，多用较平整的大块砂岩加工而成。门道内还清理出一些壁画残片，画幅保存最大者约 30 厘米见方，白灰面作底，以红、黄为主色，绘出菱形方格纹、勾连纹等几何图案（图六、图七）。

依据地层关系和出土器物推断，皇城台门址的建造年代当早于外城东门址。与外城东门址相比，二者结构相似，均设置了瓮城、墩台、门塾等设施，惟皇城台门址规模更加庞大，结构更加复

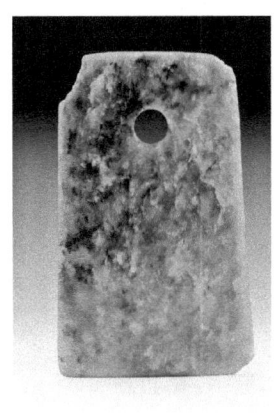

图五　皇城台门址内出土玉器

图六　皇城台门址路面铺石上的阴刻符号（东→西）

图七　主门道内出土壁画残片（东→西）

杂，布局更加紧凑，出入道路私密性更强。两处城门遗址结构的相似性暗示着石峁古城在不断扩大的营建过程中，其设计理念具有一定的承袭关系。

皇城台门址与外城东门址同样显示出强烈的防御色彩外，最外侧的长方形广场及两侧伸出的长墙可能还具有一定的礼制功能，对后世都城正门的门址结构产生了深远的影响。发掘过程中也多次发现与之前发掘的外城东门址相同的"藏玉于墙"的现象。

（二）东护墙北段

皇城台四周均被石砌护墙所包砌，东护墙是其中保存最好的一段。东护墙邻近洞川沟方向的北端，在发掘之前即有三阶阶梯状墙体暴露地表，长10余米，高4—5米。2016年底，考古队对本段墙体进行了小范围的试掘，旨在了解皇城台护墙的整体结构及砌筑方式。2017年，根据墙体的保存情况，考虑到护墙整体规模宏大、高差显著，制定了分段发掘的方案，开始对护墙进行大面积发掘（图八、图九）。

截至2018年末，共清理东护墙北段上部长约120米的墙体，自上而下可分为7—8阶，垂直高度为8—15米。护墙的上下阶墙体交错相叠，形成宽度不等的退台。靠近台顶的石墙高达5米，往下朝向台基部分墙体逐渐变矮、退台变窄，层阶随之增多。这种护墙的砌筑方式，显然是考虑到越往台体基础部分受力越大、对稳固性的要求越高而有意设计的。外壁由平整的砂岩石块错缝平砌，石块间夹杂有草拌泥，表面石块的打琢修平痕迹清晰，墙体表面齐整。护墙的局部墙体有修葺增补的现象，多数墙面上等间距密集排布着横向插入墙体的纤木（图一〇）。

图八　皇城台东护墙北段鸟瞰（东→西）

图九　皇城台东护墙北段上部第二阶石墙（东→西）

图一〇　东护墙北段墙体纤木洞（东→西）

图一一　皇城台东护墙北段上部堆积剖面（北→南）

这一区域上层堆积主要为墙体倒塌堆积，在清理过程中，在倒塌堆积下发现有自内而外倾斜的弃置堆积，其下直接叠压护坡石墙（图一一）。该层堆积较厚，内含大量灰烬、木炭颗粒、红烧土块以及陶器、骨器、石器、玉器等遗物，应是来自皇城台顶部的弃置堆积物。在这层"弃置堆积"内出土陶、骨、石、玉、铜等各类遗物4万余件（图一二），还发现有壁画残块、纺织品和漆皮残片等重要遗物。这些遗物，大部分当是皇城台在使用和维护期间的生活垃圾。

图一二　皇城台弃置堆积内出土陶器

　　弃置堆积内，数量可观的陶瓦（包括筒瓦及板瓦）表明皇城台台顶当存在覆瓦的大型宫室类建筑（图一三）。石峁陶瓦是公元前2000年前后我国发现数量最大、区域位置最北的考古实物，对探讨中国早期建筑材料及建筑史具有重要意义。造型生动的20余件陶鹰（图一四）和东护墙北端墙顶成层分布的100余片卜骨（图一五）发现，或许暗示着皇城台的宗教和信仰内涵应是生活于台顶高等级人群使用后的孑遗，可能居住有掌握占卜祭祀权利的巫觋阶层。出土遗物中，以骨针的数量

图一三　皇城台弃置堆积内出土陶瓦

图一四　皇城台弃置堆积内出土陶鹰

图一五　东护墙北段上部墙顶卜骨分布（上为东）

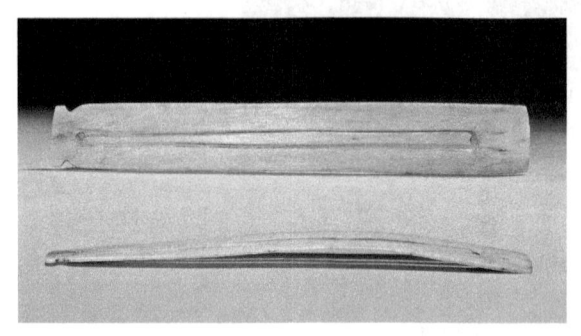

图一六　皇城台弃置堆积内出土口簧

最多，超过 1 万枚。还发现大量处于操作链上的坯料、残次品及废料。20 余件口簧即先秦文献中记载的乐器——簧（图一六），这种乐器曾遍布于世界上一百多个民族中，现仍流行于中国北方及西南的部分少数民族中。作为一种世界性的原始乐器，石峁口簧形制完整、考古背景清晰、共存器物丰富，是世界范围内年代最早的口簧实物，不仅是中国，也是世界音乐史上的重要发现，更为探讨早期人群流动及文化交流提供了难得的线索。另外，弃置堆积内还出土了少量锥、刀、环等小件铜器及小铜片，是中国早期铜器的又一重要发现。

弃置堆积中所见制骨手工业遗存的发现，暗示着作为宫城的皇城台，在其顶部曾经设置有专门从事骨器加工制作的生产场所。这一发现为探索皇城台台顶的功能布局以及城内区划提供了线索。牙璋、琮、钺、环等玉器，锥、刀、环等铜器，以及海贝、象牙制品、丝织品等高等级遗物，彰显了作为石峁遗址核心区域的皇城台的特殊地位。

作为石峁核心的皇城台，不仅生活着高等级贵族，那些掌握核心生产技术的手工业者也被安置在这一区域，这是三代之前早期手工业生产的普遍现象。同时，数量明显超过石峁城址人群生活需要的骨针类日用品，可能承担了石峁上层从周边区域获取其他生产生活资源的交换物的功能。从这个意义上来说，处于大河套地区社会金字塔顶端的石峁古城，不仅仅是区域政治中心和宗教中心，在某种意义上更是一处维系周边层级化中小聚落的经济中心。

近年来皇城台的一系列重要发现，显示出作为遗址的核心区域，已经具备了早期"宫城"的性质，这种层层设防、众星拱月般的结构奠定了中国古代以宫城为核心的都城布局，同时表明石峁在中国北方地区社会复杂化过程中具有的区域政治中心的作用外，可能还承担着宗教中心的双重角色，为中国文明起源形成的多元性和发展过程提供了全新的研究资料。由于遗址处于游牧文明与农耕文明的交错地带，其发展高度、复杂程度以及建筑技术，远远超出了我们之前对公元前两千纪前后中国早期文明发展程度的判断，表明自新石器时代晚期以来，中国北方地区与欧亚草原方向存在双向、多重、频繁的技术交流和文化互动。

参 考 书 目

陕西省考古研究院等：《陕西神木县石峁城址皇城台地点》，《考古》2017 年第 7 期。

邵晶：《石峁遗址与陶寺遗址的比较研究》，《考古》2020 年第 5 期。

孙周勇：《陕西神木石峁遗址出土口簧研究》，《文物》2020 年第 1 期。

孙周勇、邵晶、邸楠：《石峁遗址的考古发现与研究综述》，《中原文物》2020 年第 1 期。

（原载于《新世纪中国考古新发现（2011—2020）》，社会科学文献出版社，2022 年）

陕西神木市石峁遗址皇城台地点大台基遗迹

陕西省考古研究院

　　自石峁遗址的系统性考古工作开展以来，新的发现不断推进和深化着学界对石峁遗址的了解和认识。目前的资料显示，石峁遗址主要包括石峁城址及其外围的附属遗迹。作为核心组成部分的城址由"皇城台"、内城和外城三座基本完整并相对独立的石构城垣组成，面积逾400万平方米，是河套地区一处龙山晚期至夏代早期的超大型中心聚落。

　　石峁遗址考古工作伊始，就将聚落考古理念贯彻其中，十分注重发掘工作的学术性、计划性和目的性，通过有限的发掘面积最大程度地解剖遗址，建立对聚落结构的宏观认识。自2011年开展区域系统考古调查开始，2012—2015年间，先后试掘和发掘了外城东门址、内城中的后阳湾地点、呼家洼地点、韩家圪旦地点，城外的樊庄子"哨所"在进行了积累性和准备性工作后，也于2016年启动了系统发掘工作。

　　皇城台是石峁城址由内城和外城重重拱卫的核心区域，为一处四围包砌石质护墙的高阜台地，底大顶小，顶部面积约8万平方米，底部面积约24万平方米。皇城台四围的护坡石墙自下而上逐阶内收，阶阶相叠，整体近覆斗形（图一）。由于皇城台地点面积较大，发掘工作依照勘察了解的皇城台功能区（门址、护墙、台顶等），分片区、分年度逐次展开发掘。在此基础上，2016—2018年完成皇城台门址的完整揭露，2017—2018年完成皇城台东护墙北段上部清理。2018年9月，发

图一　皇城台鸟瞰（东→西）

掘区扩展到皇城台顶部，开始对台顶进行"摸索式"发掘。经发掘确认，皇城台台顶偏东处存在一处大型"石包土"台基遗迹，该台基遗迹规模较大，顶部分布着大量重要遗迹，如大型房址、石砌院墙以及原已发现的"池苑"等遗迹，故将其命名为"大台基"。2018—2019 年连续两年的工作，基本廓清了大台基的四至范围，主要围绕大台基南护墙展开清理，同时确认了三面护墙的大致位置和基本走向。

（一）大台基的基本结构及年代

大台基位于皇城台台顶东半部，与东南方向的门址主门道西端相接，平整开阔，四望无阻，略呈东高西低之势。主门道的西端为登临台顶需经过的最后一重门道，称为"主门道上门"（图二），在门道内侧有挡墙和壁柱槽，用铺砌石板的路面连通内外两侧。

图二　皇城台主门道"上门"（东→西）

大台基平面大致呈圆角方形，方向呈东偏北约 30°，为方便表述，下文相关遗迹的介绍亦以东偏北约 30° 为东。台基为夯筑而成的高台建筑，平面形状大体呈圆角方形，每边长约 130 米，总面积约 16000 平方米。以夯土（垫土）筑成台芯，四周以石墙包边护砌，砌筑方式与皇城台护墙一致。据残存高度估算，台体原高度应不低于 5 米。

至 2019 年末，仅发掘了大台基的南护墙，其他三面护墙暂未发掘。南护墙墙体以大小不一的砂岩石块错缝砌筑，石块之间用草拌泥黏接，外立面砌石（面石）均经修整打琢，下部石块，特别是靠近墙体基础部位的石块体量较大，加工更加规整。墙面上发现多处纴木孔洞，个别孔洞内仍残留朽木。面石的修整程度东西差异明显，中西部面石更为方正、平整，体量更大。墙体上部砌石坍塌和倾斜严重，墙体下部保存较好，面层连续分布，墙面较为平直。西端墙根处地面还铺砌有少量石板，状似散水。根据调查及解剖情况，西护墙基本垂直于南护墙，长度与南护墙约略相当，北护墙西段和东护墙南端的墙体也已发现，位置基本确定。

在南护墙外（南）侧筑有一道石墙，走向和南护墙基本平行，两墙间距约 8 米，与大台基之间形成了狭长的封闭空间。依据其位置及走向，这道石墙当为大台基外侧夹道类设施的外墙，暂称为夹墙。夹墙残高约1米，使用比南护墙更小的石块错缝砌筑，石块间以草拌泥黏接，石块外立面稍经修整，内侧墙面较平整。夹墙西段大部与南护墙平行，两墙之间形成东西向的夹道。夹墙东端靠近皇城台门址处外折，与皇城台"主门道上门"的南墩台南侧相接。夹墙东端的折扩部分，与大台基南护墙、皇城台门址主门道"上门"西侧合围形成了一处相对封闭的空间，似可视为一座小型广场，暂称为"大台基东南广场"。广场面积近400平方米，地面与夹道内的地面相连，亦与皇城台主门道登顶处的铺石路面相连，整体呈西北高、东南低之势。夹道和广场路面均以黄沙土铺垫，夹杂一些红褐色胶泥土、砂岩石颗粒等，局部保存很好，平整硬实，踩踏痕迹清晰。

夹墙虽有多处倾斜甚至坍塌、掏毁，但整体走向清晰、结构完整，其中，夹道处的墙体整体保存较好，其东端墙体由南向北整体倒塌，折拐处的角石成层保留；南折段墙体被掏挖损毁严重，但墙基底部尚有石块残留；东折段墙体亦遭破坏严重，但墙基位置留有较多石块。

在大台基东南角靠近广场处，皇城台门址主门道"上门"北墩台西墙与大台基东护墙（南端）平行布置，向北又被一段东西向短墙横向封堵，三道墙体合围形成一处南北向的窄长空间，暂称为"大台基东南巷道"（图三—图六）。巷道底部留有较为清晰的踩踏面，南与广场地面相连。

图三　皇城台大台基南护墙全景（南→北）

图四　皇城台大台基南护墙及夹墙、夹道（东→西）

图五　大台基东南巷道（南→北）

图六　大台基东南巷道内出土陶器

结合地层关系和出土遗物，皇城台大台基主要的建造和使用年代不晚于石峁文化中、晚期。巷道于石峁文化中期使用，可能是"门塾"的性质，至石峁文化晚期废弃，被弃置堆积填埋。至石峁文化晚期之后，石砌墙体大范围倒塌，大台基及其相关遗迹彻底毁弃。至夏商时期，大台基的倒塌堆积之上堆积了"蛇纹鬲遗存"。结合并参考已有的系列测年数据综合考量，我们认为皇城台大台基使用时期的绝对年代约在公元前2000年，沿用至公元前1800年前后被废弃。

（二）大台基南护墙出土石雕

2018—2019年，皇城台大台基南护墙已经出土石雕70件，其中，21件镶嵌于南护墙墙面，1件矗立在夹道地面，其余出土于夹道内南护墙的倒塌堆积中（图七—图一五）。

石雕根据出土背景，可以分为平面型、塑像型和立柱型。其中平面型为主要型式，一般选用加工成条形的石块为基体，石块后背部稍经平剥、正前部修治规整。图像雕刻于石块正面上，发现时正面（图像面）朝外砌筑于石墙墙面上。塑像型和立柱型石雕发现较少，其中塑像型石雕出土时损

图七　大台基8号石雕

图八　大台基9号石雕侧瞰

图九　大台基10号石雕（倒置）

图一〇　大台基11号石雕正视

图一一　大台基26号石雕

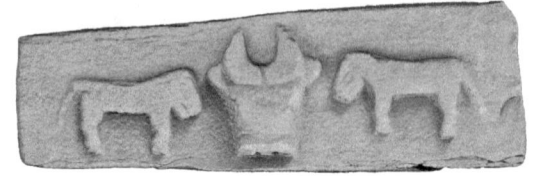

图一二　大台基34号石雕

图一三　大台基41号石雕

坏严重，残块散杂于南护墙倒塌堆积内，根据整体形态和结构判断其不适于砌筑在石墙墙面上，似乎更适于在某处放置，可能为摆放使用。立柱型石雕基体被加工成柱形，顶部及柱身均雕有图案，唯将底部留白不雕，结构特征标示着其栽立的使用功能。其中1件出土时仍然矗立在南护墙夹道地面上，显示其功能和用法类似于图腾柱。

图一四　大台基 47 号石雕位置（西→东）

图一五　大台基 47 号柱状石雕

　　石雕的主要雕刻可分为浮雕、阴刻、圆雕等；就图案的表现内容而言，主要包括动物、神兽、神面、人面、符号以及装饰性纹样等。其中，动物形图案发现最多，形态逼真、刻划细致，可与真实存在的动物相比对，如蛇、牛、虎、蟾蜍、羊、马等。有的刻划极为精细，比如蛇的头部可明显分为三角头和椭圆头两种，且细小的眼、嘴均有表现；牛角外表的细横槽以及马鬃、马蹄都有精细刻划；在个别牛眼、虎眼内发现残留的红色和黑色颜料。神兽形图案主要是指不见于现实中的兽形形象，发现较少，有扁头曲身有鳞者，也有长嘴有鬣者，难予定名，暂以神兽称之。符号形图案常见 "×" "○" 或眼形，一般单独出现；装饰性纹样多为几何形，连续组成繁复图像或配置于其他复杂图像内，自身的结构特征决定其配合使用的基本性质。神面和人面石雕是其中特殊的一类，体量一般较大，雕刻最为精彩传神。图案有单独存在的，也有与动物组合出现的。多为对称式构图，以一正视神面为中心，瞠目呲牙，面部狰狞，两侧雕出动物或侧视神面。其中最大者，如 11 号石雕，长度超过 2.6 米。

　　这批石雕可能与中国北方地区自红山文化以来形成的石雕传统有着密切联系，其图案题材、表现手法及刻制技艺等可能在一定程度上影响了后石家河文化玉器和二里头遗址出土的绿松石组成的 "龙" "虎" 形象，甚至商周时期青铜礼器的艺术构思和纹饰风格。皇城台大台基出土的不同类型石雕可能有着不同的使用方式和功能，目前仍有 20 余块砌筑于大台基南护墙的墙面或树立在夹道地面的石雕，但这批石雕最原始的位置依然存在着较大的讨论空间。例如，"平面型石雕" 可能来自皇城台上比大台基更早的高等级建筑，在建筑毁弃后，系 "旧物新用"，被重新砌筑于大台基石砌护墙墙面；这些石雕也可能最初就是砌筑于大台基护墙墙面上，作为特殊建材使用。这些推测尚待更多考古研究确认。"万物有灵" 是人类社会，特别是古代人类社会最为普遍的精神信仰和宗教观念。石雕中动物和神兽图案或许具有交通天地的媒介作用，神面和人面或为英雄、祖先、王者、神祇的代表形象，同样具有 "万物有灵、交通天地、驱邪守护" 等精神内涵，对于大台基的建造者和使用者而言，将雕刻这些图案的石雕嵌入墙内，可能是为了彰显 "有灵之物" 的信仰观念。符号形和装饰性纹样的自身结构特征决定其配合使用的基本性质。符号形和装饰性纹样可能已经具备了一定的 "代表" 或 "象形" 性质，其代表某种动物甚至代表人的可能性较大。镶嵌于大台基护墙墙面的石雕应与石峁遗址所见 "藏玉于墙" 和 "人头奠基" 现象具有类似的精神内涵，体现了石峁遗址先民对皇城台大台基的精神寄托。

石峁遗址连续多年的系统考古工作表明，皇城台是石峁城址的核心区域，或已具备了早期宫城的性质，是目前东亚地区保存最好、规模最大的早期宫城建筑，结构复杂，气势恢宏。众多重要遗迹、遗物是皇城台内涵和性质的物质体现，凸显出皇城台的特殊性和重要性，暗示着石峁城址不仅是中国北方地区的区域政治中心和宗教中心，在某种意义上也是维系周边层级化中小聚落的经济中心。大台基的发现使我们首次了解到皇城台顶部的建筑布局，规模之大、等级之高，在目前发现的同时代的遗址中实属罕见，为探讨皇城台聚落区划和功能、性质提供了重要线索。

<h2 style="text-align:center">参 考 书 目</h2>

陕西省考古研究院等：《陕西神木市石峁遗址皇城台大台基遗迹》，《考古》2020 年第 7 期。

陕西省考古研究院等：《石峁遗址皇城台地点 2016—2019 年度考古新发现》，《考古与文物》2020 年第 4 期。

孙周勇、邵晶：《石峁遗址皇城台大台基出土石雕研究》，《考古与文物》2020 年第 4 期。

孙周勇、邵晶、邸楠：《石峁文化的命名、范围及年代》，《考古》2020 年第 8 期。

（原载于《新世纪中国考古新发现（2011—2020）》，社会科学文献出版社，2022 年）

陕西神木石峁遗址皇城台
"蛇纹鬲"遗存石砌院落发掘简报

陕 西 省 考 古 研 究 院
榆林市文物考古勘探工作队
神 木 市 石 峁 遗 址 管 理 处

石峁遗址位于陕西省神木市高家堡镇东侧、秃尾河及其支流洞川沟交汇处的土石山峁之上，距高家堡镇约 1.5 千米（图一）。该遗址由皇城台、内城和外城三重城垣构成，总面积超过 400 万平方米，是河套地区一处龙山晚期至夏代早期之间的超大型中心聚落。

"皇城台"名称来源于当地百姓的称呼，是内城中一处相对独立的山峁，被内城和外城重重拱卫。皇城台北、西、南三面临沟，仅东部偏南处的马鞍部与其他山峁相连，地形险峻。在山峁东侧修建有一处四围包砌台阶状石砌护墙的独立台城，整体呈顶小底大的金字塔状，高大巍峨，气势恢宏。皇城台的大规模发掘始于 2016 年，由于该地点面积较大，依照勘察了解的皇城台功能区（门址、护墙、台顶等），发掘工作分片区、分年度逐次展开（图二）。2016—2018 年，主要完成了皇城台门址和东护墙北

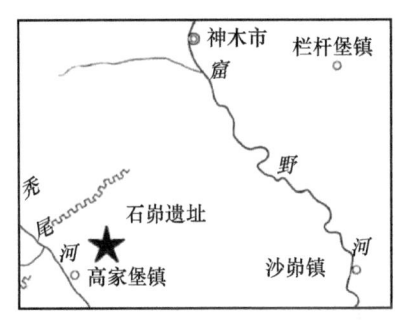

图一　石峁遗址地理位置示意图

段上部的清理揭露[1]。2018 年秋，开始对皇城台顶部进行"摸索式"发掘。经发掘确认，皇城台台顶偏东处存在一处石峁文化时期的大型高台建筑基址，并分布有大量重要遗迹，如大型房址、石砌院墙以及原已发现的"池苑"等遗迹，故将其简称为"大台基"。经连续两年的工作，至 2019 年已基本廓清了大台基的四至范围，发掘揭露出南侧护墙，同时确认了其他三面护墙的大致位置和基本走向。经确认，大台基平面大致呈圆角方形，方向呈东偏北约 30°。台基结构为夯筑而成的高台建筑，以夯土（垫土）筑成台芯，四周以石墙包边护砌，每边长约 130 米，总面积约 16000 平方米。据残存高度估算，台体原高度应不低于 5 米[2]。

2019 年在发掘揭露大台基南护墙过程中，在台顶西南部发现一处下沉式大型石砌院落，该建筑系皇城台大台基废弃后，新的文化族群在此活动，破坏了顶部原有建筑并下挖台芯垫土而建成，编号为大台基"一号院落"，现将发掘情况简报如下。为便于表述，下文将以皇城台大台基所在方位东偏北约 30° 为东向，描述介绍遗迹间的关系。

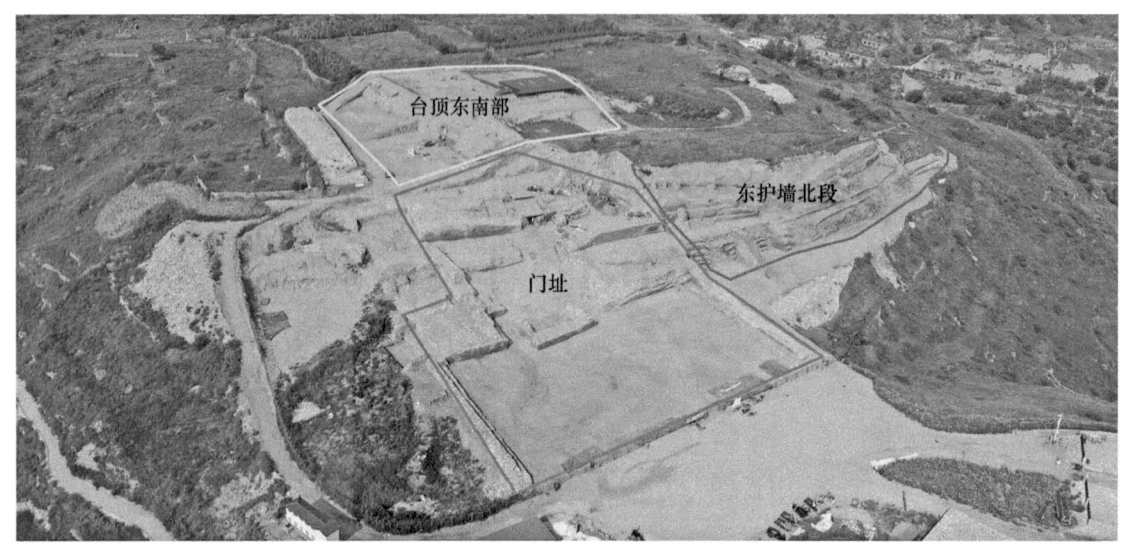

图二　皇城台发掘分区图（东→西）

一、遗　迹

（一）基本结构及地层堆积

一号院落位于皇城台大台基西南部，东距大台基东南角约 80 米，南距大台基南护墙约 10 米。2019 年为寻找大台基四至范围，曾在南护墙自东向西 80 米处布设探沟，发现一段南北向石墙，与南护墙走向大致垂直，最初判断为大台基西护墙，后经局部发掘，确认其为台基顶部的一处石峁文化时期的建筑遗存。建筑由石墙包土筑台，顶部有同时代的石墙、白灰面房址以及"蛇纹鬲"遗存时期的石砌建筑。因台顶堆积较薄，后期又在此耕种、栽植苗木，揭去表土后遗迹多已出露，多遭破坏，保存状况较差。一号院落紧邻该建筑的西侧墙体，为一处在大台基顶部下挖台芯垫土而建的下沉式院落建筑（图三）。

一号院落由一组 3 座石砌联排式房址和外围的石砌院墙组成，整体平面呈长方形，其范围南北长 22、东西宽 15.2 米，总面积超过 334 平方米。外围院墙尚存东、北两段墙体，两墙走向基本垂直，相接处呈圆角，东段南端被后期进出其东侧建筑的踏步所叠压。3 座房址修建于院落中部，在院墙和房址墙体间形成东、北两条夹道，并相互连通。房址中位于中间者规模较大，两侧略小，倚靠大房子南北两侧向西缩建而成，平面略呈"凸"字形。房址的东墙、南墙、北墙保存较好，西墙已无存，据此推测门道应朝向西（图四、图五）。

大台基顶部在考古发掘前，为村民的传统耕种区域，曾经历过大规模土地平整。一号院落的发掘区域因本体系下挖修筑，东侧曾修建有建筑，故已被修整为东北高西南低的缓坡状。院落西侧因近现代坟地而遭到破坏。

发掘区域地层堆积简单清晰，土质、土色、包含物及堆积状况较易辨明，现以院墙东夹道剖面为例，对地层堆积及一号院落与东侧建筑的位置关系进行介绍（图六）。

该剖面位于东夹道的中部，东侧为台顶建筑的石墙，西侧为三座房址中位置居中的 F1 的东墙。

图三　一号院落与大台基位置示意图（上为东）

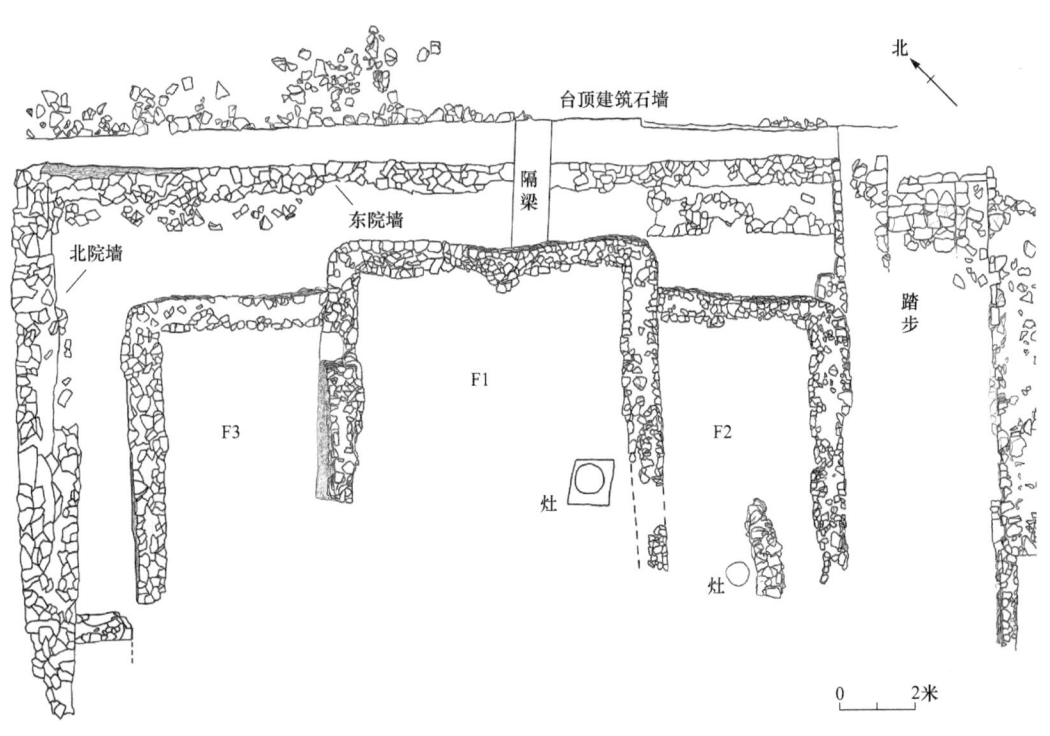

图四　一号院落遗迹平面图

图五　一号院落鸟瞰

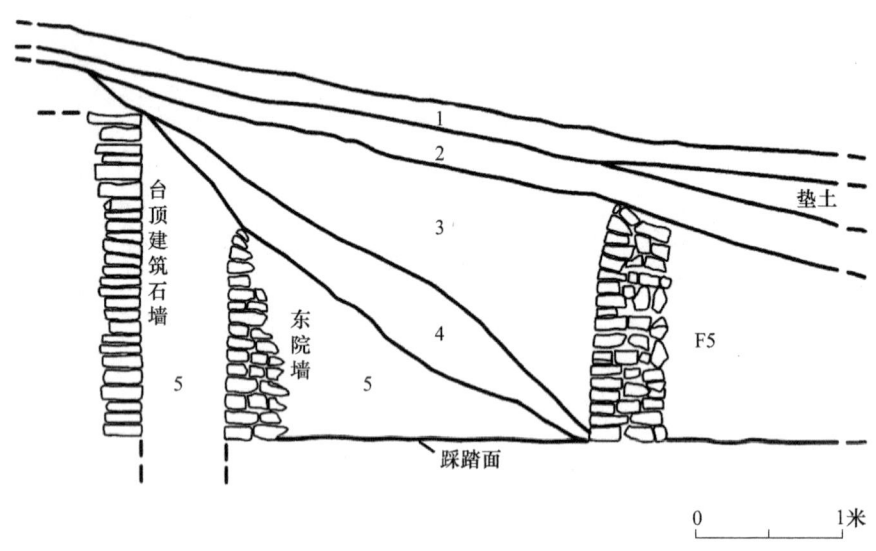

图六　一号院落东院墙地层剖面图

地层堆积情况如下：

第1层为黄色沙土，土质疏松，包含大量植物根系及小石块、碎骨、陶片、瓷片等。厚0.15—0.2米。系现代耕土层。第1层下在局部区域还有一层垫土，与第1层土色相近，略为致密，包含物较少。厚0—0.3米。

第2层为棕黑色沙土，分布于地势较低的区域，土质疏松，包含较多石块及陶片、碎骨。厚0.15—0.3米。陶片以石峁文化晚期陶片居多，还包含有一些"蛇纹鬲遗存"陶片，系夏商时期形成的堆积。房址残存石墙在2层下即已出露。

第3层为浅灰色土，呈倾斜状，质地松散，包含有草木灰、炭渣、少许石块和零星陶片。厚0—1.6米。系由东侧建筑向下倾倒的垃圾。

第4层为灰褐色土，呈倾斜状，质地较硬，包含有少许石块、陶片和大量红烧土颗粒。厚0—

0.55 米。陶片除石峁文化晚期陶片外，零星存在"蛇纹鬲遗存"陶片，亦系由东侧建筑向下倾倒的垃圾。

第 5 层为浅黄色沙土，质地较硬，厚 0—1.5 米。包含物较少，仅有少许石块，较为纯净。其下即为一层踩踏硬面，保存较差，呈黄褐色。经局部钻探，5 层下还有时代更早的堆积，为保持院落的完整，未进一步向下发掘。

在院墙与东侧建筑石墙间的间隙内，填有浅黄色沙土，仅一层堆积，包含物较少，与夹道内第 5 层基本相同，未进一步向下清理。

（二）院墙

院落墙体整体用石块砌筑，院落东墙、北墙残存下半部，南院墙在修筑踏步时已被破坏殆尽，根据院落内房址的朝向，推测院门在西部。东院墙长 22、宽 1.8、最高处残高 2.3 米。墙体内外立面均由规整的石块砌筑，墙芯以杂乱石块填充，石块之间以草拌泥为黏合剂黏接，草拌泥内可见炭屑、红烧土粒、动物碎骨等。东院墙南段墙体残存部分较宽，北段较窄，向内倾斜严重，宽度仅为南段墙体的一半，外侧立面保存较好，仍保存有整齐墙面；内侧立面保存较差，已无整齐墙面。根据上文对东夹道中部剖面的介绍可以发现，夹道底部堆积与石墙坍塌后形成的倒塌堆积不同，其内包含石块较少，与倒塌墙体的石方量明显不符，推测应是在墙体垮塌前，墙体上的大量石块已被人为从内侧拆走改作他用。

北院墙长 14.4、宽 1.4、最高处残高 2.4 米。砌筑方法与东院墙完全相同，外立面保存较好，内立面坍塌严重。北夹道剖面堆积亦可分为 5 层（图七）。其中仅第 1、2 层与东夹道内堆积完全相同，分别厚 0.38—0.9 米和 0—0.55 米，第 3 至第 5 层堆积则差异较大。第 3 层为疏松的浅灰色土，根据包含物的差异又可分为两个小层，其中 3a 层较薄，包含有小石块、红烧土颗粒、炭屑等，厚 0—0.35 米；3b 层较厚，包含有较多的黄土块，厚 0—0.8 米。第 4 层为较硬的灰褐色土，包含有大量石块，系院墙倒塌形成的堆积，之间夹杂有大量的红烧土颗粒，厚 0.3—0.95 米。第 5 层为深灰色土，疏松，含大量草木灰。其下为黄褐色踩踏硬面，与东夹道内踩踏面相连，厚 0—0.52 米。在北院墙的西端发现部分石墙，疑似为院落的西院墙，但与东院墙和北院墙连接处转角呈圆形不同，此段墙体系倚靠北院墙而建，石块之间并未咬合，可能系后期增建。墙体残长 1.5、残高 0.63 米，因部分压于隔梁内而宽度不详。因隔梁西侧为一处近现代坟地，未扩方进一步发掘。另在北院墙的北侧也发现有石筑建筑遗存，未进一步发掘，情况暂不明。

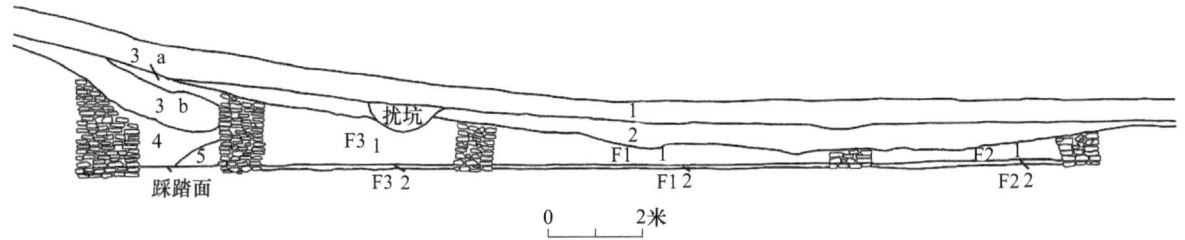

图七　一号院落房址与北院墙地层剖面图（左边为北）

（三）房址

三座连排石砌房址建于院落中部，均坐东面西，方向 226°，整体平面布局呈"凸"字形，其中居中面积最大的房址编号为 F1，南、北两侧面积略小的房址分别编号为 F2、F3。三座房址彼此相互倚靠，结构呈左右对称，其中 F1 作为中心，最先修建，之后在其南、北两侧增建了 F2 与 F3。F2、F3 的面积与结构基本相同，分别倚靠 F1 南、北墙体砌筑东墙，但位置较 F1 整体向西缩进，并利用了 F1 南、北两侧墙体作为自身的北墙和南墙。三座房址的东墙、南墙、北墙均有保存，结构基本完整，西墙所在位置有晚期灰沟，已被全部破坏，门道已无存。3 座房址南北全长 18.9、东西残宽 9.1 米，残存部分总面积约 172 平方米。房址墙体砌筑方式与院墙基本相同，内、外立面均由较规整石块砌筑，墙芯内部填以较小的石块，石块之间同样用草拌泥为黏合剂黏接，草拌泥中可见碎小的陶片、动物碎骨等，三座房址石墙的内立面上还发现有多个壁柱槽。

F1　开口于 2 层下，残存部分平面近方形，但根据两侧房址南、北墙体的位置，推测原进深应大于面宽（图八）。房址东墙保存较好，南墙、北墙部分被破坏，西墙无存。东墙长 7.9、宽 0.9、残高 1.62 米，内立面多已坍塌；南墙残长 8.2、宽 0.9、残高 1.45 米，墙体已断为两截；北墙向南侧倾斜，濒临倒塌，残长 7.3、宽 0.95、残高 1.3 米，整体室内面积残存约 57 平方米。墙体立面较规整，内部转角均呈直角，外部转角较圆弧，内立面遗留壁柱槽 3 处，东墙、南墙、北墙各 1 处，宽 18—30 厘米。房址居住面保存较差，在西北角局部残留有白灰，遗留火烤痕迹，可以判断原居住面为白灰面，已被破坏，白灰面底部为一层红烧土面。居室西南部有一长方形坑穴灶，保存较好，长 0.97、宽 0.84、深仅 0.06 米，壁、底因火烤而呈现灰黑色，局部呈红褐色，填土为灰黑色土，夹杂炭粒、红烧土块等，在灶面上出土近乎完整的蛇纹鬲 1 件（F1②：1）。房址室内堆积可分为两层：F1 第 1 层为墙体倒塌堆积，黄褐色土，质疏松，包含大量石块、陶片，局部夹有较硬的黄土块；F1 第 2 层为浅灰色土，质疏松，堆积较薄，不连续分布，包含有小石块、红烧土颗粒、

图八　F1 全景

炭粒等，厚0.06—0.1米。

F2　开口于2层下，残存部分平面近长方形，进深大于面宽（图九）。F2东墙倚靠F1南墙东段修建，北墙即为F1的南墙，两段墙体均保存较好，而南墙部分被进出大型夯土台基的石砌踏步叠压，保存较差，西墙已无存。东墙长5、宽0.83、残高1.87米，南墙残长6.5、宽0.9、残高1.87米，残存室内面积约30平方米。墙体立面较规整，内部转角呈直角，外部转角圆弧，内立面遗留壁柱槽6处，其中东墙2处，南墙4处，宽15—28厘米。居住面为一层黄褐色硬土面，局部有红烧土，保存较差，其上未发现敷设白灰面。居室西部中间有一圆形地面灶，存留有较厚的烧结面，直径约0.5米。发掘过程中，在灶址南侧发现一道东西向石墙，叠压于F2的居住面之上，应为一处晚期遗存，性质不详。房址室内堆积亦可分为两层，情况与F1内堆积大致相同。F2第1层为深褐色的墙体倒塌堆积，土质疏松，包含大量石块、陶片；F2第2层为浅灰色土，土质疏松，堆积较薄，陶片较F1第2层多，厚0.06—0.15米。

图九　F2全景

F3　开口于2层下，平面形状与F2相似，亦进深大于面宽，F3东墙倚靠F1北墙东段修建，与F1共用其北侧墙体为隔墙。房址的东墙、北墙保存较好，西墙已无存。东墙长5、宽0.9、残高1.6米，北墙长7.3、宽0.95、残高1.65米，残存室内面积约30平方米。墙体立面较规整，内部转角呈直角，外部转角较圆弧。发掘过程中，在F3东北角外立面的石缝中发现一块鳄鱼骨板，边长2.1—2.3、厚0.6厘米，系草拌泥中的包含物（图一〇）。房址内立面发现壁柱槽4处，东墙、北墙各2处，宽15—30厘米。房址居住面保存较好，为一层烧土硬面，其上有一层较薄的草木灰，居住面西南

图一〇　F3墙内出土鳄鱼骨板

局部还被晚期的扰坑所破坏。在居住面上零散置有一些扁平的石块，似乎有意为之，用途不详。F3室内堆积亦可分为两层，与F1、F2大致相同。F3第1层为深褐色的墙体倒塌堆积，土质疏松，包含石块、陶片较多；F3第2层为灰色土，土质疏松，堆积较薄，包含有小石块、红烧土颗粒、炭粒等，厚0.07—0.15米。

二、遗　物

一号院落内出土遗物主要有陶器和石器。除个别出土于房址使用时期的堆积内，其他多数遗物均出土于院落废弃后的堆积内，遗物的时代存在着差异。

（一）陶器

出土陶器在质地、纹饰和器形上存在着明显差异，根据这些差异可以分为A、B两组。A组器型主要有鬲、盆、高领罐、圆腹罐、三足瓮、盆等，陶器器表多饰细密绳纹，鬲与圆腹罐陶胎较薄，质地较细，鬲的裆部及袋足表面还贴有似蛇纹的波折泥条，圆腹罐底部微内凹。B组器形主要有斝、鬲、鼓腹罐、喇叭口罐、大口尊、三足瓮、粗柄豆、杯等，陶胎普遍较厚，器表多饰有篮纹和绳纹，绳纹明显较A组粗疏。两组陶器分别属于"蛇纹鬲遗存"和石峁文化。

A组　除1件近乎完整的鬲出土于F1灶址之上，其余均出土于三座房址与院墙内的堆积及叠压于其上的第2层内（标本编号"北院墙"与"东院墙"分别为院墙与房址间夹道内出土）。

鬲　标本②：1，器形较小，可复原。夹砂灰陶。口微侈，矮直领，腹外鼓，接三个矮袋足，连裆，夹角呈钝角，足跟外撇。口外有四个凸起小器钮，两两对称，器表饰细密竖向绳纹，有烟炱。口径9.2、高12.7厘米（图一一，2；图一二）。标本②：2，仅存口部。夹砂灰陶。侈口，方唇，敛颈，腹外鼓。器表饰竖向细密绳纹，沿部原有凸起的小器钮，已断，颈部饰有一周附加泥条。残高8.2厘米（图一一，1）。标本F1②：1，近乎完整。夹砂灰陶，侈口，方唇，斜直领，三袋足外张，窄连裆，足跟已残。口沿外有四个对称钮錾，口部和颈部各有一周附加泥条，两足之间裆部附加类似蛇纹的泥条，通体施竖向细密绳纹，器表有烟炱。口径10.8、残高13.4厘米（图一一，3；图一三）。标本F1①：1，仅存口及上腹部。夹砂灰陶。侈口，方唇，矮领微束，腹外鼓。器表饰竖向细密绳纹，沿部有一个凸起的小器钮，颈部贴附有一周凸起的断续状泥条。残高13.8厘米（图一一，4）。标本F1①：2，仅存口及上腹部。夹砂灰陶。直口微侈，方唇，矮领微束，上腹外鼓。器表饰竖向细密绳纹。沿部原有凸起的小器钮，已断，颈部贴附有一周凸起的断续状泥条。残高10.1厘米（图一一，5）。标本F1①：5，腹部残片。夹砂灰陶。器表饰斜向细密绳纹，纵向贴附三道凸起泥条，中间为波折状蛇纹，两侧平行，有烟炱。残长11.4厘米（图一一，6）。

高领罐　标本②：3，仅存口及上腹部。泥质灰陶，夹细砂。直口微侈，圆唇，小高领，上腹圆鼓。器表由口下饰竖向细密绳纹。口径13.4、残高15.2厘米（图一一，8）。

圆腹罐　标本F1①：3，口部残，仅存腹及底部。泥质灰陶，夹细砂。颈微束，腹圆鼓，平底微凹。器表饰斜向细密绳纹，有烟炱。底径8、残高18.6厘米（图一一，14）。标本F3①：1，仅存口及上腹部。夹砂灰陶。侈口，厚圆唇，敛颈，腹圆鼓，下腹斜收。口外原有凸起的小器钮，已断，

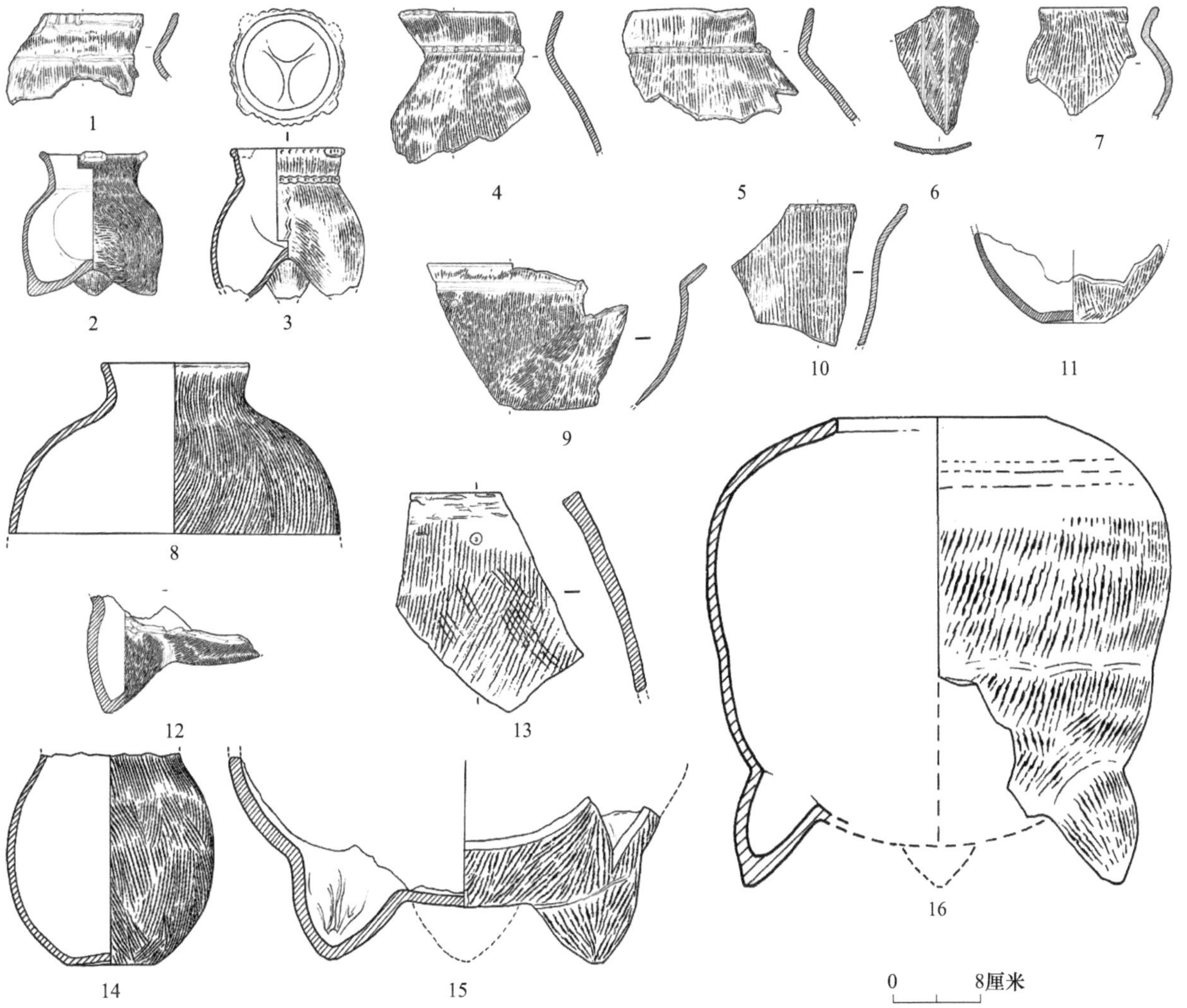

图一一　一号院落出土 A 组陶器

1—6. 鬲（②：2、②：1、F1②：1、F1①：1、F1①：2、F1①：5）　7、11、14. 圆腹罐（F3①：1、北院墙④：2、
F1①：3）　8. 高领罐（②：3）　9、10. 盆（②：4、②：5）　12、13、15、16. 三足瓮（F1①：4、东院墙④：1、
北院墙⑤：1、北院墙④：1）

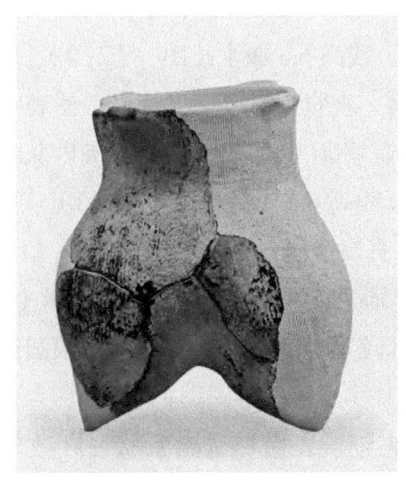

图一二　鬲（②：1）

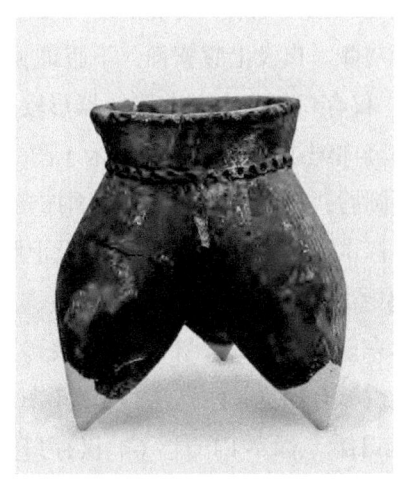

图一三　鬲（F1②：1）

器表饰竖向细密绳纹，有烟炱。残高 9.6 厘米（图一一，7）。标本北院墙④：2，底部残片。夹砂灰陶。腹圆鼓，平底微凹。器表饰竖向细密绳纹，有烟炱。底径 5.6、残高 8.1 厘米（图一一，11）。

图一四　三足瓮（北院墙④：1）

三足瓮　标本 F1①：4，口腹部已残，仅存底及袋足。泥质灰陶，夹细砂。圜底，一侧接矮袋足，足跟圆钝。器表饰斜向细密绳纹。残高 10.5 厘米（图一一，12）。标本东院墙④：1，口部残片。泥质褐陶，夹有细砂。敛口，方唇，上腹外鼓。器表饰交错细密绳纹，口下有一圆形穿孔。残高 18 厘米（图一一，13）。标本北院墙④：1，可复原。泥质灰陶，夹有细砂。整体矮胖，口内敛，方唇，器身圆鼓，中部微束，圜底，底缘接三个小袋足，足尖内收。上腹有几周浅弦纹，下腹及袋足饰竖向细密绳纹。口径 20、高 42.2 厘米（图一一，16；图一四）。标本北院墙⑤：1，底部残片，泥质灰陶，夹细砂。圜底近平，底缘接三矮袋足，足跟圆钝。器表饰斜向细密绳纹。残高 18.2 厘米（图一一，15）。

盆　标本②：4，仅存口及上腹部，泥质灰陶，夹有细砂。敞口，沿外斜，方唇，上腹较直，下腹斜收。器表饰斜向细密绳纹，沿下抹光，上腹有一由外向内的钻孔。残高 13.2 厘米（图一一，9）。标本②：5，仅存口及上腹部。泥质灰陶，夹细砂。敞口外斜，方唇，上腹较直，下腹弧收。器表饰竖向细密绳纹，口沿有压印的花边。残高 12.7 厘米（图一一，10）。

B 组　均出土于三座房址及院墙的堆积内，陶片多细碎、磨圆，除几件形体较小的陶杯外，几无可修复者。

罙　标本 F1①：10，仅存口部，夹砂灰陶。敛口，方唇，上腹较直。口下有一周泥条，器表饰竖向绳纹，有烟炱。残高 11.8 厘米（图一五，1）。标本 F2①：1，仅存口部，夹砂灰陶。直口，方唇，上腹较直。沿面抹光，腹饰竖向绳纹，器表有烟炱。残高 6.8 厘米（图一五，4）。标本 F2②：1，口部残，夹砂灰陶。腹斜收，下接三袋状锥足，裆部较宽，形成瘤状凸起。器表饰竖向绳纹，腹足相接处贴有泥条加固，有烟炱。残高 22.4 厘米（图一五，6）。标本 F3①：2，仅存口部，夹砂灰陶。口及上腹素面，下腹饰竖向绳纹，有烟炱。残高 6.6 厘米（图一五，2）。标本北院墙④：5，仅存口部，夹砂灰陶。器形较大，直口，厚方唇，直腹。口部素面抹光，器表有刮抹痕迹，腹饰竖向绳纹。残高 10.2 厘米（图一五，5）。标本北院墙④：6，仅存口部，夹砂灰陶。直口微敛，厚圆唇，上腹较直。口部素面抹光，腹饰竖向绳纹。残高 6.2 厘米（图一五，3）。

鬲　标本东院墙④：2，仅存口及上腹部，夹砂灰陶。直口微侈，尖圆唇，直高领，上腹微鼓，口外有鸡冠状器鋬。颈部饰竖向绳纹，上腹饰斜向绳纹，器表有烟炱。残高 14.1 厘米（图一五，8）。标本东院墙④：8，足部残片，夹砂灰陶。连裆，裆部较宽，下接袋状锥足，足跟圆钝。器表饰斜向绳纹，有烟炱。残高 7.8 厘米（图一五，7）。

喇叭口罐　标本 F1①：6，仅存口部，泥质灰陶，夹细砂。敞口呈喇叭状，唇微外翻，高领。素面，颈上部有一周浅凹弦纹，器表有刮抹痕迹。口径 23.6、残高 9.7 厘米（图一五，9）。标本 F2①：2，仅存口部，泥质灰陶。喇叭状口，尖圆唇，直高领，肩部外张。素面抹光，颈部有

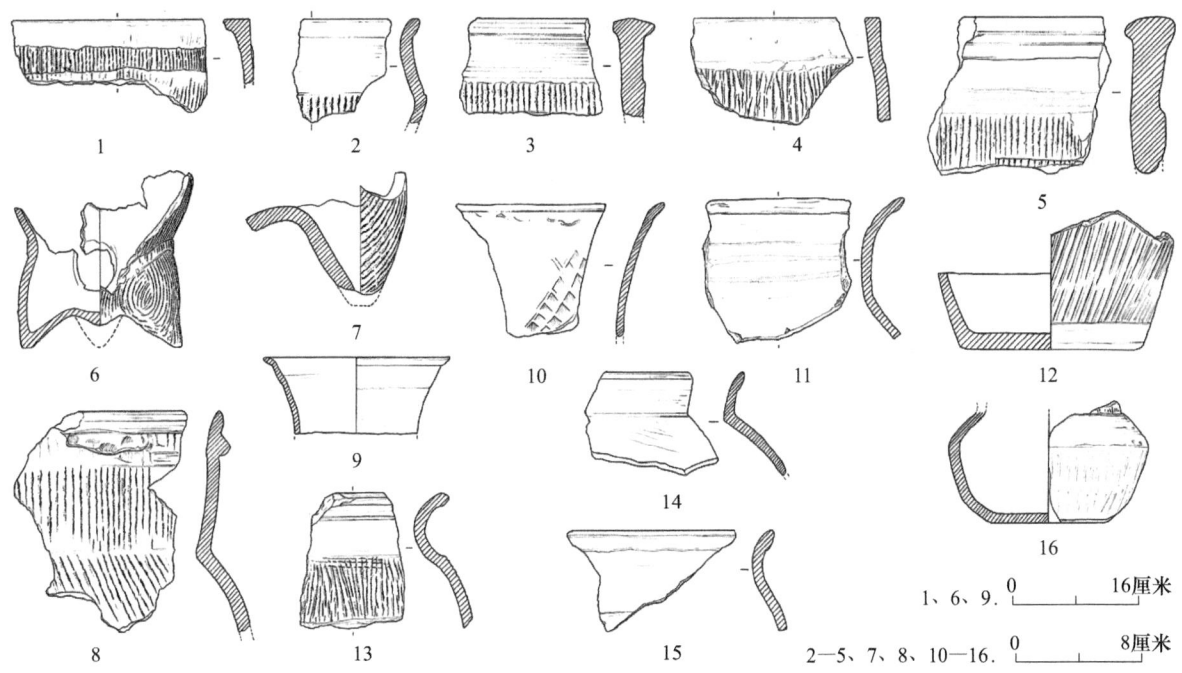

图一五　一号院落出土 B 组陶器（一）

1—6. 斝（F1①：10、F3①：2、北院墙④：6、F2①：1、北院墙④：5、F2②：1）　7、8. 鬲（东院墙④：8、东院墙④：2）
9—12. 喇叭口罐（F1①：6、东院墙④：3、F2①：2、F2②：2）　13—16. 圆腹罐（F1①：7、东院墙④：4、F2①：3、
北院墙④：9）

多周凹弦纹。残高9.2厘米（图一五，11）。标本F2②：2，仅存下腹及底部，泥质灰陶，夹细砂。斜腹，平底。腹部饰斜向篮纹，近底缘有一周凹弦纹，其下素面抹光。底径12、残高8.9厘米（图一五，12）。标本东院墙④：3，仅存口部，泥质灰陶。喇叭状口，圆唇，直高领。沿下有抹痕，颈部饰方格状拍印。残高8.5厘米（图一五，10）。

圆腹罐　标本F1①：7，仅存口及上腹部，泥质灰陶，夹细砂。侈口，圆唇，敛颈，上腹圆鼓。颈部素面磨光，腹部饰竖向绳纹。残高8.6厘米（图一五，13）。标本F2①：3，仅存口部，泥质灰陶，夹细砂。小口微侈，圆唇，矮领微束，上腹圆鼓。器表素面抹光。残高6.4厘米（图一五，15）。标本北院墙④：9，口部已残。粗泥灰陶。器形较小，束颈，上腹外鼓，下腹斜内收。上腹素面抹光，器表有抹痕，最大腹径有一周凹弦纹，下腹饰竖向篮纹。底径7.6、残高8厘米（图一五，16）。标本东院墙④：4，仅存口及上腹部，泥质灰陶。直口微侈，尖圆唇，矮直领，上腹外鼓。素面抹光，器表有抹痕。残高6.6厘米（图一五，14）。

三足瓮　标本F1①：8，仅存口部。粗泥灰陶。直口，方唇，上腹微外鼓。口部素面，下有一周凹弦纹，腹饰竖向篮纹。口径28.4、残高9.8厘米（图一六，1）。标本F1①：9，仅存口部，器形较大。泥质褐陶。直口，厚方唇，口外有一周凸棱，上腹较直。器表素面磨光。残高7.7厘米（图一六，7）。标本F2①：4，仅存口部，器形较大。泥质灰陶。敛口，方唇，直高领，腹外鼓。领部素面磨光，上腹饰竖向篮纹，其上有多周平行凹弦纹和一道戳印窝。残高16.3厘米（图一六，5）。标本F2①：5，仅存袋足。泥质灰陶，夹有细砂。袋足低矮，足跟圆钝。素面，器表有刮抹痕迹。残高7.7厘米（图一六，8）。标本F2②：3，仅存口及上腹部，器形较大。泥质陶，外灰内褐。直口，方唇，领部较高，上腹外鼓，颈部素面，下端有几周凹弦纹，腹饰斜向篮纹。残高37厘米（图一六，6）。标本F3①：4，仅存口部，器形较大。泥质灰陶。敛口，方唇，腹圆鼓。器表素面抹光。残高14.2厘米（图一六，3）。标本北院墙④：7，仅存底部及袋足。泥质陶，夹有细砂，外灰内褐。圜底，一侧接低矮袋足，足跟圆钝。足部饰斜向绳纹。残高6.1厘米（图一六，9）。标本北院墙⑤：2，仅存口部，器形较大。夹砂灰陶，外灰内褐。口内敛，方唇，上腹外鼓。器表饰竖向绳纹。残高14.3厘米（图一六，4）。标本北院墙⑤：3，仅存口及上腹部。泥质灰陶。直口，方唇，上腹较直，微外鼓。素面，器表有修抹痕迹和按捺形成的小凹窝。口径15.8、残高11.9厘米（图一六，2）。

甗　标本东院墙④：7，腰部残片。夹砂灰陶。亚腰，下腹外鼓。内壁有腰隔。器表饰竖向绳纹，有烟炱。残高13.6厘米（图一六，10）。

大口尊　标本F2①：6，仅存口及上腹部。泥质灰陶。侈口，方唇，颈微敛，上腹较直。颈部有抹痕，腹部饰竖向篮纹。残高11.3厘米（图一六，11）。标本F3①：3，仅存口及上腹部。泥质陶，外灰内褐。侈口，厚圆唇外叠，上腹较直，下腹微外鼓。唇部磨光，上腹饰竖向篮纹，其上有两周凹弦纹。残高14.3厘米（图一六，13）。标本北院墙④：3，泥质灰陶。敞口，圆唇，上腹较直。素面抹光，上腹有多周平行凹弦纹，之间有条带状戳印。残高11.3厘米（图一六，12）。

盆　标本北院墙④：4，仅存口腹部。泥质灰陶。敞口，圆唇上挑，弧腹斜收。唇部抹光，

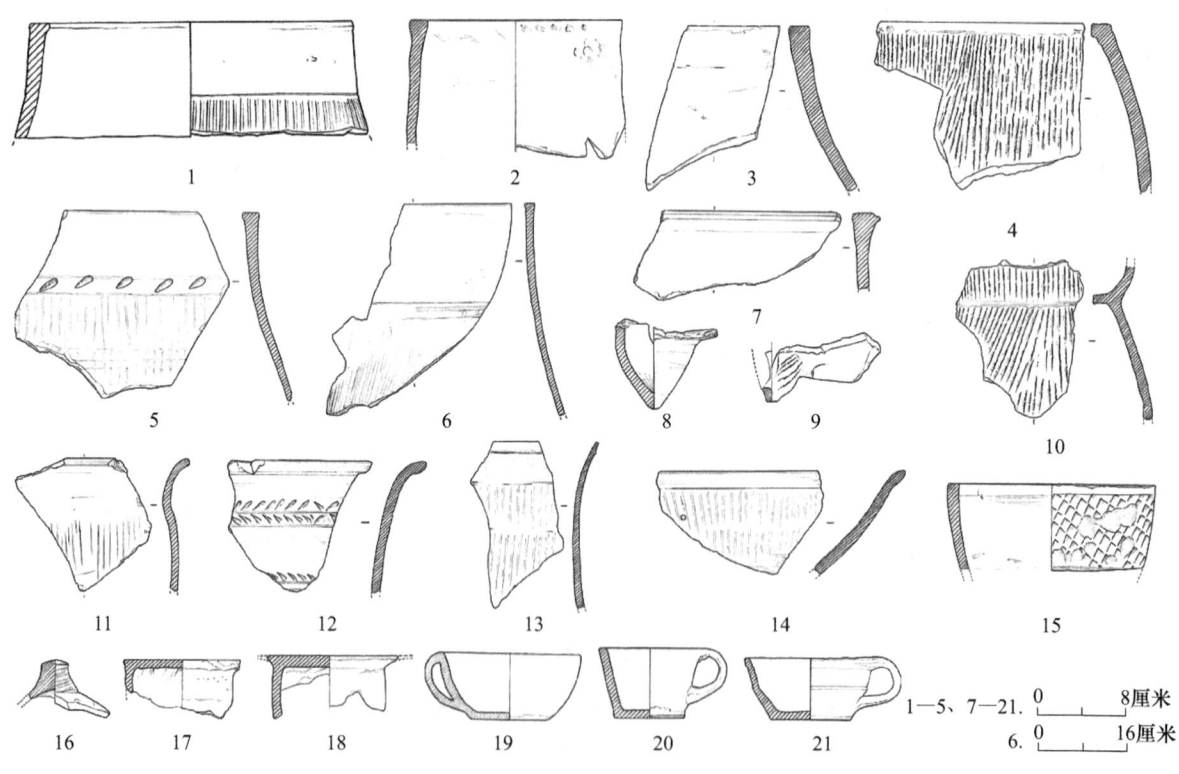

图一六　一号院落出土B组陶器（二）

1—9. 三足瓮（F1①：8、北院墙⑤：3、F3①：4、北院墙⑤：2、F2①：4、F2②：3、F1①：9、F2①：5、北院墙④：7）
10. 甗（东院墙④：7）　11—13. 大口尊（F2①：6、北院墙④：3、F3①：3）　14、15. 盆（北院墙④：4、东院墙④：5）
16. 器盖（北院墙④：10）　17、18. 粗柄豆（北院墙④：8、东院墙④：6）　19—21. 杯（F3①：5、②：6、F2②：4）

腹饰竖向篮纹，内壁有刮抹痕迹，上腹有一圆形穿孔。残高9厘米（图一六，14）。标本东院墙④：5，仅存口腹部。泥质灰陶。直口，方唇，上腹较直，下腹弧收。腹部拍印有方格纹。口径18、残高7.4厘米（图一六，15）。

器盖　标本北院墙④：10，泥质灰陶。器形较小，呈覆钵状，盖周缘已残损，顶部有锥状器钮。器表抹光，器钮有抹痕。残高4.9厘米（图一六，16）。

粗柄豆　标本北院墙④：8，仅存柄部。粗泥灰陶。盘底较平，下接圆柱器柄，柄较粗。素面，器表有抹痕。柄径9.6、残高5.1厘米（图一六，17）。标本东院墙④：6，仅存柄部。泥质灰陶。盘底较平，下接圆柱器柄，柄较粗。器表素面抹光。柄径10.1、残高5.5厘米（图一六，18）。

杯　标本F2②：4，可复原。泥质灰陶。侈口，尖圆唇，斜腹较浅，平底，腹中部有一道折棱，口底之间有一带状器耳。器表素面抹光。口径11.5、底径7.1、高5.3厘米（图一六，21；图一七）。标本F3①：5，可复原。粗泥灰陶。直口微侈，圆唇，浅弧腹，平底，口及底部之间有带状耳相连。素面。口径12.4、底径6.7、高5.7厘米（图一六，19）。标本②：6，可复原，形体较小。粗泥灰陶。敞口，方唇，斜腹，平底，一侧口与下腹间有一桥形耳相连。器表素面，底部有几道制作时的划痕。口径8.6、底径6、高6厘米（图一六，20；图一八）。

图一七　杯（F2②：4）

图一八　杯（②：6）

（二）石器

全部出于房址内的堆积之中，时代基本与B组陶器相同。器类有斧、刀、器盖及圆石片。

石斧　标本F2①：7，石灰岩，磨制。长条状，刃缘端已残，底端略有残损。残长13.1厘米（图一九，3）。

石刀　标本F2①：8，细砂岩，局部磨制。原为长条形，现仅存一半，长端有单面刃。残长5厘米（图一九，5）。标本F2②：5，基本完整。砂岩，磨制。器身呈长条状，背部较直，刃端圆弧，双面刃，器身中部有一双面对钻的穿孔。长9.1、宽5.1、厚0.8、孔径0.7厘米（图一九，4）。

圆石片　标本F2①：9，砂岩，磨制。圆饼状。直径7.1、厚1.8厘米（图一九，6）。

石器盖　砂岩，圆饼状，周缘有打制痕迹。标本F2②：6，直径14.9、厚1.6厘米（图一九，1）。标本F2②：7，直径14.4、厚1.3厘米（图一九，2）。

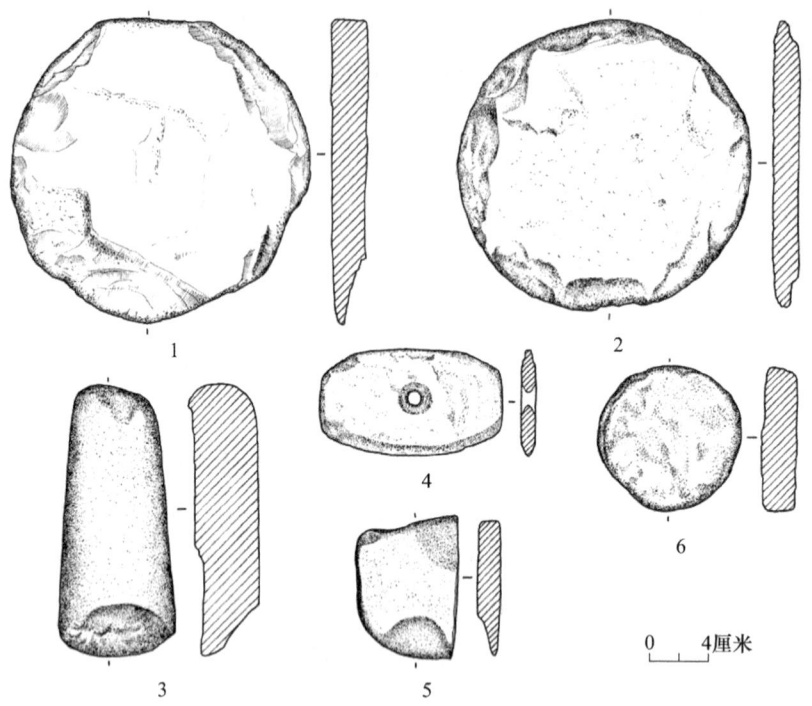

0　　4厘米

图一九　一号院落出土石器

1、2. 石器盖（F2②：6、F2②：7）　3. 石斧（F2①：7）
4、5. 石刀（F2②：5、F2①：8）　6. 圆石片（F2①：9）

三、结　语

一号院落建于皇城台大台基顶部，建筑规模宏大，结构基本完整，是石峁遗址皇城台地点近年来的又一次重要发现。房址及院落堆积中出土的遗物十分丰富，其中陶器可分为A、B两组，器形和特征差异较大，代表着年代与文化属性的差别。根据地层关系及出土器物特征，可以对一号院落的年代问题和文化属性进行初步分析。

A组陶器主要有鬲、圆腹罐、三足瓮等，陶器器表普遍饰有细密的绳纹，其中以鬲、圆腹罐口部多带有对称的凸钮和陶鬲器表的蛇纹装饰而引人注目。此类遗存过去主要发现于内蒙古伊金霍洛旗朱开沟遗址第三段遗存，流行于第四、第五期遗存中[3]。从器物形态观察，一号院落内出土蛇纹鬲（F1②：1）与朱开沟遗址第三段遗存中的Ea型Ⅱ式陶鬲W2004：2相似，惟整体更显瘦高，年代大致相当于夏代早中期阶段，这件出土于灶址之上近乎完整的蛇纹鬲也正代表着一号院落房址使用的年代。其他A组器物均出土于院落内堆积和叠压于房址的②层中，为房址废弃后形成的堆积。其中三足瓮（北院墙④：1）体态圆鼓，接近朱开沟的B型Ⅳ式三足瓮；而蛇纹鬲（②：1）更显方正，袋足外撇，近似朱开沟的Eb型Ⅰ式陶鬲，介于朱开沟遗址的第四段至第五段遗存之间，相当于夏代晚期至商代二里冈文化阶段。

B组陶器主要有斝、鬲、喇叭口罐、大口尊、三足瓮等，为石峁文化的典型器类，与皇城台顶部的主体堆积完全相同，其中陶鬲的颈部较高，饰有鸡冠状器耳，根据目前对石峁文化的分期，年代相当于该文化的晚期阶段[4]，其年代明显早于A组陶器。本组陶器均出土于院落废弃后形成的堆积中，陶片细碎，磨圆度较高，当系 A 组人群活动时扰动混入的早期遗物。

以 A 组陶器所代表的"蛇纹鬲"类遗存，学术界对其文化性质曾长期存在着争议，或认为"蛇纹鬲"类遗存与本地区的龙山晚期遗存一脉相承，连续发展，可以统称为朱开沟文化[5]；或认为朱开沟文化仅指以蛇纹鬲为代表的文化遗存，应将此类遗存与本地区的龙山晚期遗存分割开来[6]。对此，笔者更倾向于后一种观点。之前在石峁遗址皇城台的发掘中，曾在上部的地层堆积内（皇城台主体建筑倒塌堆积之上）零星发现有此类遗存的陶片，始终未能发现这一文化的遗迹。一号院落系首次在石峁遗址内发现了朱开沟文化的遗迹，其年代晚于遗址主体的年代，为皇城台废弃后朱开沟文化人群再次利用大台基所修建的一处居住设施。之前的发掘推断，皇城台大台基的使用年代约在公元前 2000 年，沿用至公元前 1800 年前后被废弃[7]，一号院落的发掘也为确定皇城台的废弃年代提供了关键性证据。

朱开沟文化遗存过去主要发现于内蒙古中南部地区，之后陕西佳县石摞摞山[8]和安塞西坬渠[9]等遗址的发掘，确认了朱开沟文化的分布区域已南至陕北中北部。有学者分析认为，朱开沟文化在陕北地区的发展，存在一个从早到晚由北向南推进的过程[10]，已结束了文化繁荣期的石峁遗址可能成为了朱开沟文化向南扩展的一处重要据点。就现有资料看，石峁遗址内夏商阶段遗存的分期、聚落规模尚不明了，一些问题的解决还有待于今后考古发掘工作。

项目负责：孙周勇

发掘整理：邸　楠　裴学松　杨国旗

　　　　　王阳阳　何存礼　赵向辉

执　　笔：孙周勇　邸　楠　邵　晶

　　　　　夏　楠　康宁武　刘海利

注　释

［1］陕西省考古研究院、榆林市文物考古勘探工作队、神木县石峁遗址管理处：《陕西神木县石峁城址皇城台地点》，《考古》2017 年第 7 期；孙周勇、邵晶、康宁武等：《石峁遗址：2016 年考古纪事》，《中国文物报》2017年 6 月 30 日第 5 期；孙周勇、邵晶、邸楠等：《石峁遗址：2017 年考古纪事》，《中国文物报》2018 年 6 月1 日第 5 期；孙周勇、邵晶、邸楠等：《石峁遗址：2018 年考古纪事》，《中国文物报》2019 年 8 月 23 日第 5 期。

［2］陕西省考古研究院、榆林市文物考古勘探工作队、神木市石峁遗址管理处：《陕西神木市石峁遗址皇城台大台基遗迹》，《考古》2020 年第 7 期。

［3］内蒙古自治区文物考古研究所、鄂尔多斯博物馆：《朱开沟——青铜时代早期遗址发掘报告》，文物出版社，2000 年。

［4］孙周勇、邵晶、邸楠：《石峁文化：范围、年代及命名》，《考古》2020 年第 8 期。

［5］田广金、韩建业：《朱开沟文化研究》，《考古学研究（第 5 集）》，科学出版社，2003 年。

［6］魏坚、崔璇：《内蒙古中南部原始文化的发现与研究》，《内蒙古文物考古文集（第一辑）》，中国大百科全书出版社，1994 年。

［7］陕西省考古研究院、榆林市文物考古勘探工作队、神木市石峁遗址管理处：《陕西神木市石峁遗址皇城台大台基遗迹》，《考古》2020 年第 7 期。

［8］ 陕西省考古研究院：《陕西佳县石摞摞山遗址龙山遗存发掘简报》，《考古与文物》2016 年第 4 期。

［9］ 陕西省考古研究所：《陕西安塞县西坬渠村遗址发掘简报》，《华夏考古》2007 年第 2 期。

［10］ 张天恩：《陕北高原商代考古学文化简论》，《中国国家博物馆馆刊》2016 年第 9 期。

（原载于《考古与文物》2022 年第 2 期）

三、追忆与访谈

陕西神木石峁遗址发掘二三事

魏世刚

1981 年秋，我奉命去陕北神木石峁遗址进行考古调查试掘工作，这是我继参加临潼姜寨遗址、蓝田怀珍坊遗址、礼泉北牌朱马嘴遗址之后第一次独立执行田野考古发掘工作任务，虽然说，当时担任考古队队长的巩启明先生是挂职领队，但实际工作将是由我自己来操作，所以，心里如同十五个吊桶七上八下，总怕搞不好这项工作，有负组织的信任和委托。

神木石峁遗址自 1977 年首次被考古所戴应新先生所作调查简报报导之后，一直被考古学术界所关注，其中的一个主要热点是：追溯夏文化问题。因为，在神木石峁遗址发现了与内蒙古准格尔旗大口遗址和山西太原光社遗址出土相同的陶器和玉器，而这两个遗址都被认为有一定的夏商文化特征，故而，在黄河流域中上游的石峁遗址是否能寻找出夏文化的踪迹，对于陕西考古界来说是突破缺口的一次尝试。带着这样一个重大课题，我踏上了北去的征途。

一、第一次坐飞机

对于我这样一个生长在农村，学成于西北大学，工作于西安的乡里娃来说，刚走上工作岗位不久，就要去我心目中早已向往的陕北——神木石峁遗址调查发掘，心里十分高兴。又听当时的负责人说，由于陕北地理情形较复杂，交通不便，加上时间紧、任务急，所以，组织决定让我们乘坐飞机，第一站直飞延安，然后再换车去神木目的地。一听说坐飞机，别提我当时的心情有多激动。说心里话，我除过在电影、电视里及空中和梦中见到过飞机之外，还真的没有到飞机跟前去过，现在这个愿望马上就要实现，心里反而紧张起来了。当拿到机票，第二天就要出发了，本该好好的睡一觉，以养精蓄锐，踏上征程。谁料到头一天晚上竟兴奋的一夜几乎未合眼，翻来覆去，如同盲人摸象一样在自己的大脑里作着各种各样的遐想……1981 年 8 月 8 日，我终于乘上了西安—延安的苏联造的老式小型飞机，机内大约只能容纳 30 人。虽说，工作 20 年来我先后乘坐几种不同型号的飞机出过差，并去过日本、德国等发达国家，但对我一生影响最大、记忆最深的当属这第一次的陕北之行。

二、第一次大块吃肉、大碗喝酒

陕北是一块宝地，地下蕴藏着丰富的资源，神府煤田已被世界瞩目。然而，历史上陕北人民生活艰苦，特别是陕北的广大农民生活更是如此，这也是众所周知的。显然，这与陕北地处黄土高坡，水土流失及十年九旱的自然条件有关。这次我们一行到达目的地后，有两点生活小事值得回忆。一件是我们初到石峁，由于立即进入了调查选点工作，所以游动性比较大，根据实际需要我们吃了五天"派饭"，当时的大队长亲自给我们带路，又亲自给我们安排吃饭问题，应该说在石峁这块土地上对我们已是最好的待遇了。从早上起来吃过早点，一直到中午快3点才准备吃第二顿饭，说实话，我早已精疲力尽了，肚子不停地咕咕乱叫，心想午饭最好是一大老碗捞面条，以解我这所谓的关中大汉的肌饿问题。不料端上桌来的却是几碗黄澄澄、粘糊糊、香喷喷的小米稀饭和一搪瓷盘洋芋疙瘩。这时我们一行三人二话不说，端起碗就吃，我一连吃了三老碗小米稀饭，一时间竟也忘记了饭前思念的捞面条。三碗稀饭下肚，我抬起头望望大队长，他一边吃稀饭一边手里拿着剥过皮的洋芋蘸着盐吃的正香，我之所以当时没动手，原因是在心里想，怎么还不端上一盘馒头来呢？大概大队长明白了我的心思，笑容满面地对我说："老魏，吃吧！别等了，再等我们可要吃光了。"我还不甘心，悄悄地问了一声："怎么不给端盘馒头呢？"大队长哈哈大笑地说："看来你是第一次到这里，这里人们的生活习惯你还不了解，洋芋就是这里的'馒头'，陕北农村生活一年四季几乎都这样。"我终于明白了，直为自己的无知而深感惭愧。吃着这略带麻味的洋芋疙瘩，我深深地体会到陕北人民的生活实在是太苦了。第二件事是我们正式发掘工作开展后的一天，恰逢当地民间节日，陕北人非常重视这个节日。同样由大队长安排，让人买酒、宰羊，说节日要庆祝一下，我想入乡随俗这是很自然的。到了开饭时一看，桌子上一盘南瓜、一盘洋芋片、一盘豆腐粉条，每人面前一大老碗清蒸羊肉。大队长拿了两瓶陕北出的白酒（酒名已记不清了），又取了三个碗，我们三人平均分配，酒瓶底朝天扔在一边，说："老魏，你们辛苦了，今天我们来个一醉方休。"说完脖子一扬碗里的一半酒下肚了，紧接着端起碗中的羊肉津津有味地吃开了。大队长这样粗犷豪爽的举止，很快地感染了我们。说心里话，关于羊肉的吃法，我只知道有羊肉饺子、羊肉包子、羊肉臊子、羊肉泡馍……但像这样每人面前一大老碗大块羊肉的吃法我还真是从未见过。就这样推来让去，等我第二天醒来之时，方知半只羊和二斤白酒已被我们不知怎样的消灭了。现在每当回忆起这段难以忘怀的经历，心里真有一股说不出的快意。这大概就是作为一名考古队员的苦与乐吧！

三、选点、布方、发掘

能不能抓住矛盾的实质，为解决考古课题而奠定良好的基础，关键是要做好调查研究工作，从有关资料上可以了解到石峁遗址有龙山文化的内涵和一批重要的玉石器，那么，这些内容究竟分布在遗址的什么位置，它们间的关系到底如何？上限和下限在什么时间？……带着这一系列疑虑，我们开始了毛主席常说的"调查研究"工作。

石峁——以石为山，一山连一山，高低不一，大小不等。村与村之间、乡与乡之间，几乎都是羊肠小道，山势地形决定了它的自然风貌，到处显得崎岖不平，坑坑洼洼。就是在这样的小道上，今天人们走起路来尚且十分的困难，可想而知我们的先民当年是如何艰辛地生活在这片黄土地上。我们背着水壶、背包（手铲、卷尺、罗盘仪、笔记本……），戴着草帽，穿着一双崭新的翻毛皮鞋，整整在石峁山周围转了5天，踏遍了石峁山的沟沟坎坎，饿了吃一块干馍，渴了喝一口泉水，累了席地而卧，背靠着黄土地，眼望蔚蓝的天际，看着空中飘过的云彩，偶而飞过几只小鸟，倾听着耳边山鸡的啼鸣和那牧羊人动听的陕北民歌……虽然当时非常疲乏，但心情却犹如进入仙境一般。

针对采集到的大量标本，如陶片、石器、骨器、白灰面碎块等第一手资料，我们很快决定出三个地方作为试掘点。第一点，白灰面碎块出土地（半山腰，距离水源较近），目的是了解和解剖陕北龙山文化的房屋结构和布局；第二点，文化层堆积比较厚的秃尾河支流洞川沟南岸山梁上，这是灰土层及陶片堆积较丰富的地方，目的是想寻找一定数量的陶器，为其年代断定和分期积累充分的资料；第三点，选在了石峁村子周围，因为这一带发现有一定数量的瓮棺葬和石棺葬，据当地群众介绍，大量的玉、石器就出于此，如能挖掘到大量的玉、石器，那将为我们断定它与遗址的年代及分期起到非常重要的作用。这三点的位置基本上是等边三角形，每个点与点之间少说也有二华里距离。由于我们调查研究工作做得较细致，因此，在我们所发掘的4×7（米）三条探沟中，发现了房屋遗迹二处（F1、F2）、灰坑一个（编号H1）、石棺葬四座（M1—M4）、瓮棺葬一座（W1）等一批宝贵的遗迹和遗物资料。

经过发掘和采集的遗物主要有：陶器、石器、玉器、骨器及其他。陶器可分为鬲、瓮、盉、袋足鬲、罐（无耳、单耳、双耳）、瓶、鬲、碗、杯、大口尊、器盖等；石器可分为凿、斧、刀、锛、纺轮等；玉器可分为锛、铲等。

以上材料为我们进一步研究石峁遗存的年代及与周边同类遗存的关系，寻找夏文化的踪迹，提供了重要的科学依据。

四、几点收获

（1）在石峁遗址中首次发掘出了两座不甚完整的"白灰面"房子，虽然数量不多，且不完整，但这一龙山文化房屋建筑所富有的特色遗存确是实实在在的在陕北地区被发现和证实了。

所谓"白灰面"，实际上就是白灰石块烧制而成的白石灰经过加工、打磨后，在房屋的地面上（或墙基的周壁上）薄薄地抹一层硬面，它们既平整光滑且坚硬。这一建筑技术运用于房屋居住面，不能不说是房子发展史上的一大进步。

根据考古资料表明，这一先进建筑技术在河南省、山西省、内蒙古自治区、甘青省区、陕西省……都有所发现，而且在黄河流域中上游分布十分广泛。实际上，"白灰面"房子在仰韶文化晚期就已萌芽。如河南郑州的大河村[1]，山西芮城东庄村[2]和陕西关中的仰韶文化遗址中[3]均已发现。只是到了龙山文化阶段才成为普遍性和一定的代表性的房子。

为了了解这一文化因素的特征和发展情形，在这里有必要将有关地区具有这一文化遗存的资料作以对比和说明，从而进一步探索石峁遗存与诸文化遗存的关系。

龙山文化工作做的比较多而且好的首先要算河南省。如在庙底沟二期文化（早期龙山文化）

中，曾发现过一座形制较小的圆形地穴式"白灰面"房子，其建筑情况是先挖一个土坑，然后在其底部铺垫一层草泥，再在上面涂抹一层光滑平整的"白灰居住面"[4]。在河南龙山文化的这种房屋建筑技术发展到后期尤为普遍。如汤阴白营发现以圆型为主的"白灰面"房子便有40余座。房屋面积都不大，直径一般在2.5—5.5米。其结构，在房子的边沿均有柱洞。而建筑方法与技术与早期的相比有了很大的进步，即在房基"白灰面"的涂层下，除烧烤草拌泥的居住面外，有的还施以加固地基的夯筑技术[5]。河南孟津小潘沟和永城王油坊[6]，晚期河南龙山文化的"白灰面"房屋建筑往往都先要夯筑房屋建筑的下层，这是龙山文化的"白灰面"建筑向夯筑技术发展、演变的实例。夯土的出现标志着龙山文化晚期建筑技术的进步，为穴居或半穴式向完的地面房屋建筑创造了条件。

其次是山西的晋南地区龙山文化工作也较多。"白灰面"房屋建筑与河南的基本相似，只是平面形式多作四角抹圆的方形。如山西夏县东下冯发掘出土的十多座"白灰面"房子，就大多数属于这种形式。其中保存较好的F251一座，长宽为3—4米，四角抹圆，在室内白灰居住面上，有四个对称的扁平河卵石明础，正中还有一个长方形的灶。在襄汾陶寺也发掘了一座圆角方形的"白灰面"房子[7]。另外，在山西的丁村龙山文化遗址、太谷白燕、娄烦以及吕梁山地区的石楼等地，均发掘出了龙山文化房屋建筑遗迹"白灰面"房子，形制也多为圆角方形，结构和室内布局也大体相同。

在内蒙古准格尔旗的大口二期文化中，亦发现龙山文化时期的"白灰面"房子，形制为圆角方形，其中一座较大，长宽各5米[8]，室内有烧坑和对称的柱子。这里发现的房子还有竖直的墙壁，正是龙山文化"白灰面"房子发展到晚期已成为完全地面建筑的明证。

在甘青地区的齐家文化房屋建筑遗迹中，"白灰面"房子也是相当普遍的。例如在秦安寺嘴坪、武威皇娘娘台和临夏大何庄等地所发现的"白灰面"房子，平面多呈圆角方形。在居住面的中心都有一个圆形灶坑。门道一般都向南。如寺嘴坪发现的六座白灰面房子中的一号住室就为圆角方形的竖穴，南北长3.3、东西宽2.9米，门道向南，室内居住涂白灰面，正中挖一火坑[9]。但值得注意的是，齐家文化的一些"白灰面"房基建筑，在白灰涂层的居住面下，同样也有夯筑房基的现象。如甘肃瓦家坪发现的齐家文化圆角方形房基，与晋南龙山文化房屋规模结构雷同。在建筑技术上表现进步的地方是，在屋内居住面和周壁的下部，除涂抹一层坚硬、光滑、整齐的"白灰面"外，还铺垫草泥土并加以夯实[10]。

陕西关中地区发现的"白灰面"房子建筑就更为普遍，如临潼康家[11]、岐山双庵[12]、武功赵家来[13]、凤翔大辛村[14]、宝鸡石嘴头、西安米家崖[15]、蓝田泄湖、华县梓里村[16]和华阴横阵[17]等遗址。凡是渭河流域发现的龙山文化遗址，几乎都发现有"白灰面"房屋遗址存在。而其中以临潼康家遗址的"白灰面"房子最为典型。房子的平面大都是圆角方形，其建筑方法是先在地面挖一土坑，将房基和周壁夯实后，薄薄地抹上一层草拌泥，烘干后在其上抹一层光滑、平整、坚硬的白灰居住面。白灰面一般厚0.5—1厘米。大部分房屋中心偏北部都有一个直径为1米左右的黑灰色圆形灶面，略高出于白灰面。其建造方法和白灰面的建造方法基本一样，只是在处理灶面时有意识地加入黑色颜料。这种房子的最大特点是东西成排，南北成行，少者二三间一组，多者三五间一组，有的一组连一组，形成了一处布局严密规整的龙山文化原始村落。这里值得一提的是，作为陕西龙山文化代表的客省庄二期文化却没有发现"白灰面"。

以上我们简要的叙述了黄河流域及其支流龙山文化"白灰面"房屋建筑技术的情况。不难看出，它们虽然分布的地域不同，战线较长，但都有一个共同点，那就是其形制结构、住室布局、建造方法和取材用料等方面都有极为相似的地方，从而证实了石峁遗存属于龙山文化遗存无疑。

（2）陶器是石峁遗址的重要收获之二，它的主要器形有鬲、盉、斝、袋足瓮、罐等，其中I式斝和三里桥龙山文化的斝[18]及山西芮城南礼教村遗址的斝[19]都很相似，和客省庄二期文化的I式斝[20]除耳不同外，其余也很相似，I式鬲与三里桥A_{46}鬲A很近似；I、II式袋足瓮和内蒙古准格尔旗大口遗址第二期文化所出的II、III式袋足瓮[21]完全相似；I式盉与王湾、南礼教村等的盉很近似；II式罐和客省庄二期的双耳罐及紫荆遗址第四期双耳罐[22]相似；折肩罐与大口二期文化的折肩罐以及客省庄二期、庙底沟龙山文化的折肩罐相似；VIII、IX、X各式陶罐在客省庄第二期文化罐的无耳类内都能找到同类器物。由此可见，石峁遗址的上限年代约与客省庄二期文化同时。

（3）从石峁遗址所出土的数座石棺葬和瓮棺葬看，其葬具和葬式均与关中等地区有所不同，另外，陶器中的大型三足瓮、双銎罐形斝、大口尊、釜形鼎都很有个性，这就是它的地方性特征。如M2所出土的瓮棺葬具（袋足瓮）独具风格。它和内蒙古大口遗址第二期文化所出同类器完全一样。而大口第二期文化被认为"相对年代要早于偃师二里头早商文化，晚于客省庄二期文化"。同时，在太原光社遗址中也曾发现过与袋足瓮非常相近的同类器，而太原光社遗址的时代被认为"也可能相当于龙山文化晚期，或者接近于商代"。由此，我们推断这批石棺葬的年代当晚于石峁龙山文化，而与大口第二期文化同时，从时代上讲大约相当于夏文化时期。

对于石峁遗址所出土的玉器[23]是很值得关注的。据调查所知，这些玉器多出于石棺葬内，所以，它的年代当与石棺葬同时。

我曾在《考古文物研究》[24]一书里把石峁遗存统一归并陕西龙山文化范畴，属陕西龙山文化石峁类型，并得出它的上限当与客省庄二期文化同时，下限应在夏商之际。显然，从目前仅有材料看，要证明有夏、商文化的论据还远远不够。应该肯定，寻找夏文化（指在陕西）这是个大题目，需要列入陕西考古界研究的重点课题之一，犹如全国文物考古界组成的夏商周断代工程一样列入议事日程。如何能解决这一重点和难点问题呢？我认为，今后必须组成一支少而精的科研队伍，这支队伍必须有一名目光远大、胸怀宽阔、组织能力强、学术成就丰厚并有一定影响的带头人，然后订出五年计划，十年规划，选择出在陕西这块土地上寻找夏文化的着眼点和科研生长点，进行大胆试掘，只要措施得力，长期苦干，持之以恒，假以时日，日积月累，锲而不舍，那么，解决陕西夏文化的缺环将会水到渠成，瓜熟蒂落。

注　释

［1］　郑州市博物馆：《郑州大河村仰韶文化的房基遗址》，《考古》1973年第6期。

［2］　中国科学院考古研究所山西工作队：《山西芮城东庄村和西王村遗址的发掘》，《考古学报》1973年第1期。

［3］　张彦煌：《浐灞两河沿岸的古文化遗址》，《考古》1961年第11期。

［4］　中国科学院考古研究所：《庙底沟与三里桥》，科学出版社，1959年，第18页。

［5］　安阳地区文物管理委员会：《汤阴白营发现一处龙山文化晚期聚落遗址》，《河南文博通讯》1977年第1期。

［6］ 洛阳博物馆：《孟津小潘沟遗址试掘简报》，《考古》1978 年第 4 期；商丘地区文物管理委员会等：《1977 年河南永城王油坊遗址发掘概况》，《考古》1978 年第 1 期。

［7］ 中国社会科学院考古研究所山西工作队等：《山西襄汾县陶寺遗址发掘简报》，《考古》1980 年第 1 期。

［8］ 吉习发、马耀圻：《内蒙古准格尔旗大口遗址的调查与试掘》，《考古》1979 年第 4 期。

［9］ 甘肃省博物馆：《甘肃古文化遗存》，《考古学报》1960 年第 2 期。

［10］ 石陶：《黄河上游的父系氏族社会——齐家文化社会经济形态》，《考古》1961 年第 1 期。

［11］ 西安半坡博物馆：《陕西临潼康家遗址第一、二次试掘简报》，《史前研究》1985 年第 1 期。

［12］ 西安半坡博物馆：《陕西岐山双庵新石器时代遗址》，《考古学集刊（三）》，1983 年。

［13］ 中国社会科学院考古所武功队：《1981—1982 年陕西武功县赵家来遗址发掘的主要收获》，《考古》1983 年第 7 期。

［14］ 陕西考古所雍城考古队：《陕西凤翔县大辛村遗址发掘简报》，《考古文物》1985 年第 1 期。

［15］ 考古所西安半坡工作队：《西安米家崖新石器时代遗址调查简报》，《考古通讯》1956 年第 6 期。

［16］ 西北大学历史系考古专业 77 级实习队：《陕西华县梓里村发掘简报》，《西北大学学报》（哲学版）1982 年第 3 期。

［17］ 黄河水库考古队陕西分队：《陕西华阴横阵发掘简报》，《考古》1960 年第 9 期。

［18］ 中国科学院考古研究所：《庙底沟与三里桥》，科学出版社，1959 年。

［19］ 中国科学院考古研究所山西队：《山西芮城南礼教村遗址发掘简报》，《考古》1964 年第 6 期。

［20］ 中国科学院考古研究所：《沣西发掘报告》，文物出版社，1962 年。

［21］ 吉发习、马耀圻：《内蒙古准格尔旗大口遗址的调查与试掘》，《考古》1979 年第 4 期。

［22］ 西安半坡博物馆：《陕西商业紫荆遗址发掘简报》，《考古与文物》1981 年第 3 期。

［23］ 西安半坡博物馆：《陕西神木石峁遗址调查试掘简报》，《史前研究》1983 年第 2 期。

［24］ 魏世刚：《论"客省庄二期文化"康家类型》，《考古文物研究：纪念西北大学考古专业成立四十周年文集》，西北大学出版社，1996 年。

（原载于《史前研究》2000 年第 1 期）

我与石峁龙山文化玉器

戴应新

龙山文化是我国新石器时代晚期分布于黄河中下游地区的一种文化遗存，距今 4000 余年。20 世纪 70 年代，我从石峁征集到龙山文化玉器 126 件[1]，丰富了陕西历史博物馆的玉器庋藏，也为海外同类藏品解决了时空定位问题，石峁因此而闻名遐迩，大放异彩。

一、石峁玉器知多少

陕北神木县高家堡乡石峁地方是个小山村，居黄河支流秃尾河岸，北临长城。在此二三里长的山峁上遍布着龙山器物碎片，断崖上有密集的白灰面房址及灰坑墓葬等遗迹。这是一处范围广大、遗物丰富的龙山文化遗址。

1976 年元月，在又一个"农业学大寨"运动高潮中，我来到高家堡，目的在于调查和抢救修造梯田时发现的历史文物。承镇农副公司职工段海田告知，石峁出古玉（器），他收购了不少。我闻言兴奋不已，立即步行 3 华里到达石峁，向支书牛德勤说明来意。在他的鼎力协助下，我收获甚丰。

当时陕北群众相当贫困，少食缺钱，凡挖到玉器的人，都会拿到镇上去卖，每件可换回二至三角钱来。我则十倍其价，一经牛支书宣布，人们奔走相告，笑逐颜开，居住分散的石峁人不大功夫就聚集到指定地点，黑压压的一大片。他们自觉地把玉器、陶器、石器、骨贝器排成长长的十多行方阵，熙熙攘攘，仿佛庙会一般，人们都以兴奋和期待的眼光望着我——全部交易的唯一买家。

我被这么多琳琅满目的文物惊呆了！但见那绚丽莹润的各种玉器在阳光下流光溢彩，闪烁着柔美的光芒，是那么地富有魅力。而一件件龙山文化特征明显的陶器：斝、盉、尊、鬲、单耳杯、双耳杯……千姿百态，令人顿生思古之幽情。我惊异，在这穷乡僻壤的荒山秃岭上竟然有如此丰富的文化蕴藏；我陶醉了，好像跨越时光隧道直面远古祖先的辉煌岁月，内心受到强烈的震撼！我情不自禁地向质朴厚道的乡亲们频频致谢。

我坦承，龙山文化玉器以前我从来没有接触过，但凭借考古工作者的职业敏感，积累的经验与对工艺史和器物标形学的通盘考量，我还是较准确地判断出其时代与重大价值，遂以欣快的心情遴选玉器、陶器一批，满载而归。同时我还把石峁遗址的范围、内涵、器物种类作了详细的勘察记录，同年秋重来进行小规模试掘，证实所出文物确属龙山文化。

石峁出土玉器的历史，可上溯至清末，随即流落英伦[2]。抗战时期，榆林刀兔人马某购得玉刀 4 件，贩至包头亦卖给了外国人。解放后，高家堡农副公司鉴于石峁出玉绵延不绝而且数量巨大，便与县外贸联手开展收购玉器业务。据段海田回忆，他自 1966 年到农副公司收购站任出纳员以来，县外贸派员每年来两三次与他搭伙，每次少可收三四十件，多则能收到六七十件，到 1975 年冬止，10 年之间经他俩收购的玉器至少在 1500 件以上。他说收购时石峁的大人、娃娃，男男女女争相来卖（玉器），生意十分火爆。由于他负责付款，而且每次都是先由他垫付，待货提走后，县外贸才汇来还款，由银行托收，收购站收取 6% 的管理费。因此，他能从汇款钱数和玉器的单价比较准确地推知所收玉器的数量。

若加上本人征集的这百数十件，和中国社科院考古研究所征集的 3 件，绥德博物馆征集的 20 多件及榆林的个人收藏，总计石峁玉器的出土量当在 2000 件左右，多么惊人的数字啊！这比辽河流域红山文化玉器多出近 10 倍[3]，直与长江下游良渚玉器相颉颃[4]，但若从一个遗址的玉器出土量而言，石峁堪称首屈一指，殊堪重视。

二、石峁玉器的种类与功能

可惜老段他们收购的大批玉器，都按年度发往北京外贸工场加工出口创汇了，惟其如此，其着眼点在于选取玉质好器形大出料多的精品，反之不收，由村民带了回去，我所征集者多属此类。

现将本人征集、现存陕博的石峁玉器的种类与功能作一分析。

1. 牙璋

牙璋有 28 件，另有 7 件未征集。墨玉质，体扁平，首端宽大两岐如双牙，一牙较发达。长体两腰有对称的优美内孤度。长 26.5—49 厘米。分三式：I 式通体光素，侧饰为一对向后倾斜的单牙，作掠翼状（图一）。II 式的侧饰呈"业"字形或鸡冠形（图二）。III 式首端残断，鸡冠形侧饰之间的一面器表上加刻几何形阴线纹（图三）。

图一　墨玉牙璋

图二　墨玉牙璋

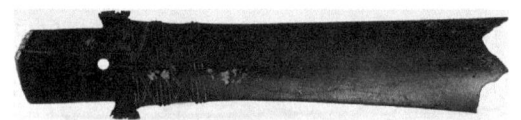

图三　墨玉牙璋

牙璋刃在一端，长身似铲，却因刃口两岐，刃在内侧而不能用之于铲削；后端有内有穿和突出的栏状侧饰象戈，也不能作勾杀用；体扁平颀长更不似一般佩饰，实乃纯粹的礼器。审其形状，与浙江河姆渡出土的骨耜酷似[5]。耜是发土农具，那么仿骨耜的模样并加以艺术化的牙璋就很可能是用于农耕祀典的，当系祈年的礼玉。

《周礼·典瑞》说："牙璋以起军旅，以治兵守。"可是殷代名将妇好墓出土玉器甚多，却无一件牙璋，而陪葬牙璋的墓很小，仅见少许陶器[6]，说明墓主地位卑微，断非元戎之辈，足证牙璋不是军旅用器。

我国河南、山东、山西、湖北、四川、广东、福建、香港，越南都有牙璋出土，加上国外博物馆藏品，牙璋存世量约 80 件。石峁牙璋最多，年代最古，堪为牙璋文化的发源地。

牙璋盛行于龙山文化，商早期还见其续余，香港南丫岛璋晚至战国，成为绝响，是为"礼失而求诸野"的真实写照[7]。

2. 多孔刀

多孔刀有 15 件，数量仅次于牙璋。均作扁平长条形，两端不对称，刃在较长的一边，背平直稍厚，近背处和安柄的一端钻孔以穿绳捆绑于木柄上。有二孔、三孔、四孔、五孔之殊，体愈长则孔愈多。凡三孔以上刀，其位在窄端正中的孔径较大。磨制规范，抛光精细，莹润可爱。长 21—74 厘米。兹举四例说明之。

甲：质作茶绿色泛云彩状褐斑。内弧刃，首端特宽，柄装在较窄的一端，此处背部欠平直，三穿。长 19.5、宽 6.5、厚 0.2 厘米（图四）。

乙：碧绿色，细腻润泽，抛磨光滑，体窄长，酷似现代关中流行的镰刀片，四穿。长 26、宽 4、厚 0.3 厘米（图五）。

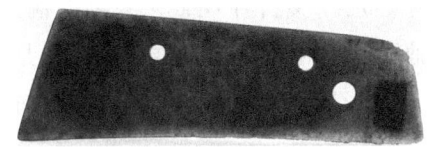 

图四　玉三孔刀　　　　　　　　　　　　　图五　玉四孔刀

丙：墨玉，长大厚重，四穿，装柄处背部至末端有一段略凹入，冀以增强捆绑的牢固。长 54.3、宽 8.8、厚 0.3 厘米（图六）。

丁：墨玉质，四穿，长边的刃部甚厚钝，最宽的首端有凹刃。一望可知此乃牙璋改制而成者。长 29.8、宽 5.4、厚 0.5 厘米（图七）。

图六　玉四孔刀　　　　　　　　　　　　　图七　玉四孔刀

此类体窄长刃的多孔刀是收割谷物或刈草用器，从孔径大小与排列方位判知，其所安装的木柄为曲尺形，与今日关中的镰床相似。不过，长在半米左右者再加上木柄及绑索的重量，人的一臂之力难以挥动自如，故当是收割祭典的礼玉。长度适中的刀虽能切合实用，有的刃部且有崩伤的使用痕迹，但因玉料贵重，磨制工艺难度大，当既为实用器又为礼玉，具有双重功能。

多孔刀流落海外者为数不少，散见于美国、加拿大和日本诸博物馆。此外，笔者在米脂、靖边和毗邻的内蒙古准格尔旗也见到过此类玉刀，延安芦山峁出土一把，刀两端还饰有短牙[8]。

3. 武器类

戈　3 件，甲戈赭灰色有暗紫斑点，方内与援无分界，长 36.5 厘米。乙戈色灰蓝，质莹润细腻，平面作长腰直角三角形，锋尖锐，援正中与方内各一穿，长 21 厘米。丙戈墨玉质，长援无胡，两边微内弧，锋端作等腰三角形，长方形内，一穿。长 29.4、宽 6、厚 0.6 厘米（图八）。

斧　1 件。色彩绚丽，两面抛光如镜，平背，双刃部略宽，近背部纵列二穿。长 12.3 厘米（图九）。

图八　玉戈

图九　玉斧

图一〇　玉钺

钺及钺形器　10 件。扁平板状，器身宽短，平直背，双面斜刃或弧刃，一穿或二穿。如：

甲钺，青玉，体扁薄，平背斜直，两腰内束，正刃外弧，两角微侈。二穿前后并列。长 10.7、宽 9.7、厚 0.5 厘米（图一〇）。

乙钺，淡绿色泛茶色晕彩，直背，正刃斜弧外突。两穿孔距颇大。长 9.2 厘米。

戈为刺勾两用之兵器，甲、乙二戈古朴规整，与早期铜戈雷同，可用于实战或作礼玉。斧和钺乃劈杀和砍砸用武器或工具，是实用与祀礼兼用器。钺斧主征伐，是部落酋长身份与权力的标志。钺形器则太小，当属玩具或佩饰。

4. 长柄铲

长柄铲功能铲削，用于修治兽皮或器物。该铲长 24.5、宽 7.5、厚 0.2 厘米（图一一）。墨玉质，斜背，宽首内弧刃，长腰一侧近穿处有缺口，是牙璋侧饰尚未磨尽之证。此铲与前述多孔刀（丁）都是牙璋改制之器。可见牙璋的生命系在首端的一对大牙，倘其一旦断缺，本体即被改作刀、铲类器物，用于另外的祀典，或作工具使用之。这一现象也见于《古玉图考》所绘"琰玉"和日本白鹤美术馆所藏四孔刀，看来它们也都来自于石峁。

5. 圭

圭，医疗器具，功能按压、刮磨、熨敷、凉沁、挤刺以收止痛疗病之效，可依需要制成不同形状。有 10 件，如：

甲圭，墨玉，体扁长似铲，面有锯解痕，平背斜直，刃宽大而钝，二穿。长 23、宽 6.4、厚 0.2 厘米（图一二，下）。

图一一　玉铲

图一二　玉圭

乙圭，体窄长，弧背，略宽的首端和一长边开刃，可刮磨与挤推，一穿。长 22 厘米（图一二，上）。

圭就是吴大澂著录的"琰玉"。《周礼·玉人》："琰圭……以除慝。"《国语·晋语》："以伏蛊慝。"蛊器就是病魔，则圭作医用甚明。惟其如此，顺手也就用以抄取药物，后遂变成药物的量具，《汉书·律历志》谓"量多少者，不失圭撮"。

6. 璧与牙璧

璧　黄绿至暗绿色，局部半透明，质细润发油脂光泽，轮廓不甚圆。外径 10—10.7 厘米（图一三）。另外，榆林公、私藏新出璧 3 件，有的廓边稍薄，或圆孔一面边缘留有钻未透时的断茬。

牙璧　3 件，形状略异。

甲，质乳白晶亮杂红晕彩，环状，外缘薄刃三齿作等距离分布，其间各有二缺刻。外径 6.1 厘米（图一四，右）。

乙，白色泛紫红晕，外缘刃钝圆有三齿，外径 10 厘米（图一四，左）。

图一三　玉璧

图一四　牙璧（璇玑）

丙，略作椭圆形，圆角处各有一大齿，四大齿间各有一"业"字形突饰。长径 11、短径 8.5 厘米[9]。

《古玉图考》著录牙璧 3 件，称为"璇玑"，以为是天文仪器。今夏鼐先生已特为正名，指出乃为璧类，定名牙璧，并根据考古发现探其流变，绘出牙璧谱系图。

《周礼》说苍璧为祭天礼器。小牙璧则可供佩带，薄锐的外缘有切割功能，突出的牙和缺刻有锯齿的功效。

7. 璜与璜形饰

璜与璜形饰有 10 件。青玉或茶色玉，扇面形，长约圆环的三分之一，两端各穿一孔。另三个璜的外缘有齿突饰，形与牙璋侧饰近似，作盘角竖耳的牛额状（图一五）。

8. 雕刻艺术品

雕刻艺术品共 5 件。

人头像　玉髓质，扁平片状，双面平雕人首侧面

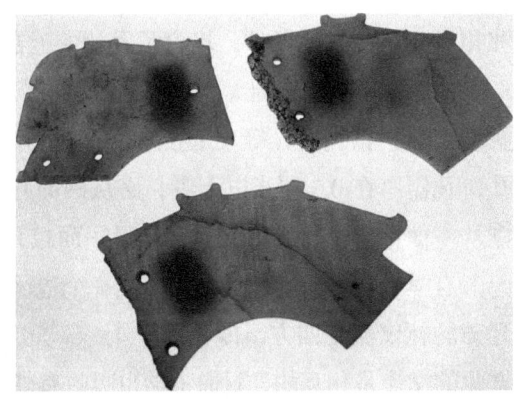

图一五　玉璜

像。顶盘高髻，团脸鼓腮，高鼻大眼，耳的位置偏后。高4.5、宽4.1、厚0.5厘米（图一六）。

蚕　灰玉，方头，尖嘴前伸，扁长体杂尾微下曲，素面，一穿。长9.2厘米（图一七，左上）。

虎头　茶色玉，正视呈扁方形，两面雕虎头形象，方耳圆额粗吻，眼鼻图案化，凹凸有致，高2.2厘米（图一七，右上）。

鹰　2件。青玉，半透明。圆头勾喙，甬体浑圆，颈与尾部稍细，浅雕弦纹双翼，粗腹部有二竖刻，是猛禽敛翼雄飞之势。长6.5、7厘米（图一七，下）。

图一六　玉人头像　　　　　图一七　玉蚕（左上）、玉虎头（右上）、玉鹰（下）

该5件雕品技术娴熟，形象生动，特点突出，且在玉料选择上尽可能符合表现对象，颇具匠心。

石峁玉器的器形，还有锛、锄、凿、削、琮、尺形器、刨刀、玦等，恕不一一列举。总之，石峁玉器种类繁多，精美绝伦，殊堪珍视。

与玉器共存的是大量的各类石器工具、石人像、石祖和石雕小动物以及骨角器、陶器等。

三、石峁玉器的意义

经地质学家鉴定，石峁玉器质料有墨玉、玉髓、黑曜岩、石英岩、大理石岩、蛇纹石岩、碧玉、基性超基性变质岩和酸性硅酸岩等，其中相当部分属透闪石软玉，浅色者含铁量较低[10]。玉料产自当地，还有关中、河南、内蒙古、甘肃等地，可见石峁先民的商贸活动范围相当广泛。

我国素称礼仪之邦，治礼作乐以协调人际关系和沟通神人天地的历史非常古老。上述许多礼玉便是仿自农耕和收割农具的，这一事实是耕作农业成为当时社会主要经济形态的反映。安定的生活和相对充裕的物质条件，培育了发达的玉器文化和精神文明。

牙璋、多孔刀、圭、尺形器等玉器器形硕大壮伟、古朴高雅，足证其时辨矿选料、设计构图、解剖碾琢、钻孔抛光等攻玉技术已有相当高的造诣，显示了我们祖先非凡的智慧与创造力。比如钻孔，凡器厚在0.3厘米以上者，必从两面起钻，孔径对接处往往留下小小的台面；而更薄些的器物，则从一面钻入，待将透穿时，从另一面敲开，于是在孔经周围留下细小炸裂纹。工艺比较进步。

有学者认为，石峁玉器乃夏代一个边远部族的遗物，然而它对我国的玉器文化有着深远影响。除牙璋的礼仪流传四方，传承有序外，又如殷墟妇好墓1091号玉戈，即与本文墨玉戈雷同[11]。当然，文化的交流是相互的，石峁玉器也吸收有外来成分，如玉鹰的造型便来自湖北的石家河文化[12]。

注　释

［1］　参见戴应新：《石峁龙山文化玉器》，《考古与文物》1988年第5、6合期；《神木石峁龙山文化玉器探索》，台湾《故宫文物月刊》第125至130期（1993年1至6月）连载。

［2］　海外集藏的石峁玉器，参见日本林巳奈夫著《中国古玉の研究》，吉川弘文馆1991年东京版。自本人石峁玉器文章发表后，国外的同类藏品才知其所自。榆林私人收藏计10件左右。

［3］　据红山玉器专家郭大顺先生告知，说红山玉器共有200多件。

［4］　见浙江省文物考古研究所：《良渚文化玉器》，文物出版社，1990年。

［5］　浙江省文管会、浙江省博物馆：《河姆渡遗址第一期发掘报告》，《考古学报》1978年第1期。

［6］　二里头VM3殉有牙璋2件，墓却很小。见杨国忠、刘忠伏：《1980年秋河南偃师二里头遗址发掘简报》，《考古》1983年第3期。

［7］　香港中文大学中国考古艺术研究中心：《南中国及邻近地区古文化研究》，香港中文大学出版社，1994年。

［8］　姬乃军：《延安市发现的古代玉器》，《文物》1984年第2期。

［9］　《介绍三件石峁玉器》，《故宫文物月刊》第131期。

［10］　《介绍三件石峁玉器》，《故宫文物月刊》第131期。

［11］　中国社会科学院考古研究所：《殷墟玉器》十八·玉戈（1091），文物出版社，1982年。

［12］　邓淑苹：《也谈华西系统玉器》（六），《故宫文物月刊》第30期。

（原载于《中国玉文化玉学论丛续编》，紫禁城出版社，2004年）

回忆石峁遗址的发现与石峁玉器（上）

戴应新

2013 年，国际考古学界把石峁遗址列为"世界十大田野考古发现"之一[1]。这是我国考古学界一大喜讯，也是陕西省考古文博界全体同仁的光荣！石峁遗址系我发现，我曾采集和征集到大批珍贵文物，最早进行试掘，一经刊布[2]，立即引发广泛关注，与有荣焉，实堪回味。

1975 年，"文化大革命"进行到第九个年头，经济几近崩溃，革命的豪言壮语毕竟战胜不了饥饿的肚皮，吃饭成了大问题。于是在全国"农业学大寨"会议以后，掀起了轰轰烈烈"大搞农田基本建设"、全民大办粮食的运动。我们深知，平整土地，大造梯田，必然触动，甚至破坏古文化遗址，但同时又是发现古遗址文物的契机。有鉴于此，我奉派遂有陕北考古之行。

通常，田野考古必须在春暖花开以后到霜降之前进行，但这次情况紧急，我不得不在该年岁末的数九隆冬，只身来到榆林秃尾河畔神木县高家堡镇开展调查。经验告诉我，土产公司（废品收购站）往往掌握一些古董出土的信息，尤其在这生活苦焦的陕北，农民总会把偶然发现的废铜烂铁或其他东西拿去卖掉，以换回几个油盐钱。

镇收购站段海田先生是老收购员，他告诉我，附近的石峁地方，经常出土玉器，县外贸每年下来收购两次，他配合工作，每次都能买到十多件到数十件不等的玉器。从他来收购站到现在为止，十年来从未中断过，总计至少收到一千五六百件。因为由他负责付款、点收、装箱和托运，故其对玉器的成色、大小、件数及钱款，至今记忆犹新。县外贸把玉器转售北京总公司，加工出口，赚取外汇。由于其仅着眼于买玉料，老段他们只择取质地莹润、厚大精致者收购，凡质差粗黑或薄小者一律不收，由村民带回保存，估计还有不少玉器散落在各家各户中。

老段虽不知玉器的称谓，但从他描述的形状与大小，应为刀、斧、璧、璜之类。我想，唯有大型的古聚落遗址（甚至城邦）丰富的文化蕴藏，才有可能出现连绵不绝、数量惊人的玉器来！第二天我就顺着这条线索，去探寻古玉的秘密。

一、石峁龙山文化遗址的发现

勘察发现，这里果然是一处规模宏大、经历长久岁月、内涵极为丰富的远古遗址。

石峁遗址位于秃尾河支流洞川沟南岸山梁上。石峁村分为前、后石峁，牛沙塝和雷石畔几个自然小村，遗址分布在从牛沙塝至前石峁呈倒"丫"字形的山梁上。在南北长千米、东西宽五六百米的范围内，从山顶到半山腰部都有古文化遗迹和遗物分布，山腰以下为陡崖。

暴露出来的遗迹现象以石峁小学附近最为集中，学校位于半山腰一段较为平缓的地方，面临一条冲沟，校后通向村内路旁二百多米长的断崖上，暴露出灰层、灰坑、白灰居住面、石棺墓、三矮足瓮棺墓等。从此爬坡登上皇城台的峁顶最高处，举目四望，在周围层层梯田里，有着一片又一片的灰土面，那是一个个大灰坑露头的地方。地面上到处可见到陶片和各种石器，我甚至还捡到不少细石器。陶器有鼎、斝、带流斝、瓮、鬲、罐，以及双耳、单耳罐等器形。石器以大大小小的石斧为多，还有刮刀、锛、凿等。几乎每户村民家里都保存有完整的陶、石、玉器。

遗址南部有一道石片堆砌的城墙，自东往西直抵高家堡东山头，覆压在一些龙山遗迹之上。我当时误以为是秦长城的一部分，将其写入报告中。近年发掘证明，这原是与遗址同时的石峁城址所在，在我国城建史上有极其重要的地位。

据村民说，完整的陶器多出于土坑墓中，为耕地时偶尔发现的。玉器出自何种情况，墓葬或建筑、祭坑？群众说不清楚。我曾在石峁小学路旁清理了一座石棺葬，墓为竖穴土坑，建造程序是先在坑底平铺略成方形的四块石板，又在四周另竖多块石板，上端基本平齐，呈长槽状，石棺周围充填碎石，固定板壁，将尸体葬入后，再在上面盖三块石板封闭之。尸骨仰身直肢葬，胸部有一扇形玉璜，没有大件玉器。

村支书牛德勤，厚道热情，全力支持我的工作。他召集各村组民众拿着陶、玉器到一处打谷场上，由我面议选购。那是一个晴朗的上午，当我来到现场时，但见男女老少上百名群众自觉地排成方阵，手里托举的玉器在阳光下晶亮闪耀，脚边的各式陶器亦令我目不暇接。憨厚的乡亲们齐刷刷地望着我这个唯一的买家，露出兴奋的微笑，这情景让我既震憾又感动，至今难以忘怀。

二、石峁玉器的种类与功能

我精选了两箱石峁文物回到西安，很快编写出《陕西神木县石峁龙山文化遗址调查》一文，刊发于《考古》杂志 1977 年第 3 期。因篇幅所限，文中仅发表了小部分陶、玉器，却引起很大反响。考古界泰斗、中国社会科学院副院长、考古研究所所长夏鼐先生，非常重视石峁发现的玉器，他绘制的牙璧形制演变图，将石峁玉璇玑列为演变长链条中重要的一环[3]。

我从石峁征集的 126 件玉器，现珍藏于陕西省历史博物馆，兹择出部分分述如下。

（一）牙璋

28 件（另有 8 件未征集），均为墨玉质地，扁平长体，首端内凹成弧刃或倒刺形刃，并有侈出不对称的两个长牙，长体内束有柔美的曲线。柄体结合部有突出体外的栏，长方形柄有如铜戈的"内"，正中一圆穿。其栏饰有简繁之殊。简式栏牙璋共 23 件，择出如：

一号牙璋（图一） 长 24.7 厘米，宽 5.6 厘米，厚 0.2 厘米。墨玉质，有蚀斑。首端月牙状内弧刃。长体一侧腰线微内弧，另一侧较平直。两栏末端上勾呈倒刺形。柄末一角残蚀。

二号牙璋（图二） 长 29.3 厘米，宽 7.8 厘米，厚 0.35 厘米。墨玉质。体较薄，纵横一条长弧形解玉线，成两台面。首宽大，凹弧刃。柄末端斜出，有残蚀。

三号牙璋（图三） 长 32.9 厘米，宽 8 厘米，厚 0.15 厘米。墨玉质。体特薄，为纵剖的半面璋，故色浅呈肉色。柄末端斜出，内弧形刃，一穿。

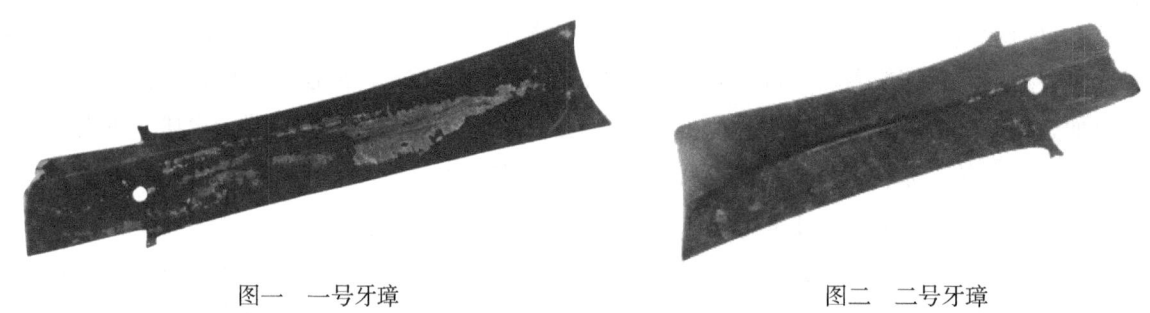

图一 一号牙璋　　　　　　　　　　　　　　　　图二 二号牙璋

　　纵剖为二的玉器在新石器时代玉器中较常见，而发现时只有半面器者，据专家解释，是战争的胜利者将俘获的敌方玉器剖开，一半留己作纪念，另一半授予原主以表示新的主属关系[4]。

　　四号牙璋（图四）　长 32.5 厘米，宽 6.3 厘米，厚 0.6 厘米。墨玉质。方柄，长体，窄首，内弧刃。体末临栏处最宽，首端比柄部窄。

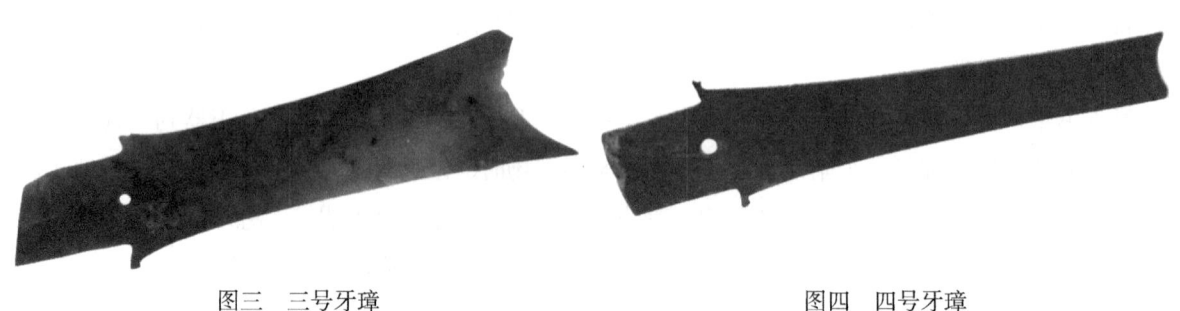

图三 三号牙璋　　　　　　　　　　　　　　　　图四 四号牙璋

　　两侧雕成多齿状的牙璋五件，举例说明之。

　　五号牙璋（图五）　长 30.6 厘米，宽 9.3 厘米，厚 0.4 厘米。墨玉质，有白蚀斑。宽方柄，体较短而略显宽肥，内弧形刃，一牙尖残伤。其两侧主突饰作"山"形，又附加三单齿。日本林巳奈夫先生称此为"业"字形雕饰，其状像水牛额部以上形，两边外撇的牙像牛角，中间二竖小牙像牛耳[5]。

　　六号牙璋（图六）　长 49 厘米，宽 7.8 厘米，厚 1 厘米。墨玉质，有灰白色蚀沁。柄体细长，首端作叉丫形，未磨刃。侧饰同五号璋，唯在每齿突间加雕一小齿。

　　七号牙璋（图七）　残长 34.5 厘米，宽 7.8 厘米，厚 0.3 厘米。墨玉质，有蚀斑。体扁长，首端残断。长方形柄末端蚀作三角形。柄体结合部之两侧饰若鸡冠形，其前方一面器表刻三组二、四、四条直线纹，夹两组交叉线纹。另一面为素面。

　　红山文化和良渚文化玉器都无牙璋。牙璋是黄河流域龙山文化新创的新器种，它是仿自农耕起土工具骨耜和木耜的基本器形制作的礼玉，并加以艺术化。骨耜在浙江河姆渡遗址出土数十件，其

图五 五号牙璋　　　　　　　　　　　　　　　　图六 六号牙璋

刃端有双牙，和牙璋的形状十分近似，为探讨牙璋的渊源和用途提供了依据。

骨耜由牛肩胛骨制成，自然形状为凸弧刃，用以掘土播种谷物。由于使用磨损，致刃部中间部分内凹，两角长出呈叉丫形或内弧形。骨质厚重者刃部偏于一侧，长牙在较厚的一侧。此即牙璋刃部两牙不对称之根由也。因此，牙璋是用于有关农耕祭典的礼玉。

图七　七号牙璋

上列七件牙璋，侧饰有简繁之殊，首端有宽窄之异，如四号璋的刃端就窄于本体与柄，反映其时代有早晚。一至三号璋，制作规范，刃部较宽，最接近实用之耒耜，时代早些。五号璋庄重美观，侧饰华丽，当为石峁鼎盛期的作品。六号璋不开刃，四号璋刃端窄小，与实用之耜相距甚远，年代要晚一些。

迄今为止，我国发现牙璋的地点有 16 处[6]，其从黄河中下游向西南、华中、华南传播的脉络是清楚的。国内各博物馆和学术单位共藏有牙璋 82 件[7]，其中石峁出土的牙璋几乎占了一半。

石峁出土牙璋的历史可追溯到清末，旋即流散海外[8]。现在日本、英国、加拿大和法国、南非等国家博物馆和私人，共收藏中国牙璋 50 余件。据邓淑苹先生观察，这些流落在海外的绝大多数为石峁型牙璋，有的还明确记录着其来自陕西榆林府，亦即神木石峁[9]。所以无论数量之多，玉质之美，磨制之精，造型之典雅，侧饰之华美以及带来的讯息量与历史学术价值，石峁牙璋可堪称世界之最。

（二）玉刀

刀为刀形边刃器，有双孔、三孔、四孔或五孔者，都是把长方形体刀片的一条边磨薄成刃，在靠近另一边处钻排孔以穿绳系绑于柄上。刀乃收割谷物和牧草的工具，为实用工具或祭祀礼器。

这批玉刀共十五件，其中三件残断，兹择完整者做一介绍：

（1）双孔刀

一号刀（图八）　长 31 厘米，宽端斜长 5 厘米，厚 0.15 厘米。墨玉质。平直背，内弧刃，两端斜直，刃在长边。

二号刀（图九）　长 31.2 厘米，宽端斜长 7.4 厘米，厚 0.15 厘米。墨玉质。形制与一号刀相同，长凹刃，有使用磨损的崩伤。

图八　一号刀　　　　　　　　　　　　　　　图九　二号刀

（2）三孔刀

三号刀（图一〇）长 24.5 厘米，宽 5.6 厘米，厚 0.4 厘米。青色玉泛灰黄色纹。磨制光美，有玛瑙般的质感。平面呈长方形，背平直，刃内凹不明显。装柄处穿大小孔各一个，首端近背处一小穿。

（3）四孔刀

四号刀（图一一）长 26 厘米，宽 4 厘米，厚 0.3 厘米。青绿色玉，质地细腻。体窄长，钻四穿，其中一穿靠近一端，孔径较大。

图一〇 三号刀   图一一 四号刀

五号刀（图一二）长 29.8 厘米，宽 5.4 厘米，厚 0.5 厘米。墨玉质。背平直，装柄的窄端器面正中一穿，孔径较大，另三穿沿背边等距排列，最宽处的首端呈内凹的弧刃形，长边刃颇厚钝。显系牙璋改制而成。

（4）五孔刀

六号刀（图一三）长 54.6 厘米，最宽处 9 厘米，厚 0.4 厘米。墨玉质，有白色蚀斑。磨制规范光滑，器形窄长，近背处钻五穿，窄端安柄处二穿距离很近。

图一二 五号刀   图一三 六号刀

上述六例玉刀，有双穿、三穿、四穿和五穿，长度从 25 厘米到近 55 厘米不等，质地细腻，磨制精致，形状与现代关中收割小麦的镰刀片十分相近。据穿孔的方位推断，这种玉刀安装的手柄也作曲尺形。一至三号刀长短适中，切合实用，有的刃部还有使用磨损的崩伤，当为收割牧草或谷物的工具，或兼具生产和礼玉的双重功能。至于长达半米以上的六号刀，长大厚重，加上木柄的重量，人的一臂之力实难挥动使用，刃部又无使用痕迹，应是收割祭典用的礼玉。

和牙璋的命运一样，石峁玉刀早年也多被盗卖国外，英国、日本的博物馆就收藏有多件石峁的多孔玉刀。1976 年我曾在榆林刀兔村遇见一马姓老人，他早年以贩卖古董为业，他向我展示了四件石峁玉刀的拓片，这是他在抗战时期将文物卖向包头的外国人之前捶拓下来的，有三孔刀 1 件，四孔刀2件，五孔刀1件。

又据段海田先生告知，玉刀由于长大规整，出料较多，且玉质的色彩丰富，不似牙璋的一律墨玉质地，所以收购的玉刀较多。我所见到的玉刀少于牙璋者原因即在此，可叹！

牙璋和多孔刀这两种分别用于播种和收割祭祀的礼玉，在石峁遗址的大量发现，是当时农业文明相当发达的证明，唯其如此，才使人口的大量聚集成为可能。以农业生产为主要生活来源，生产相当数量的粮食，是石峁玉器文明的社会基础。当然，畜牧业和采集业在龙山文化人们的社会生活中也占有相当的比重。

（三）戈、斧与钺

武器类玉器共15件，计戈3件，斧2件，钺10件，现择出刊登。

一号戈（图一四） 长36.5厘米，宽9厘米，内末端最厚，达1厘米。赭灰色有暗紫的颗粒斑。锋尖残缺，方内与援无分界，近末端安柄处有捆绑磨痕，上下刃有崩伤。

二号戈（图一五） 长29.4厘米，援末接内处最宽为6厘米，厚0.6厘米。墨玉质细腻，有灰白色沁。长援，两边微内弧，锋端作等腰三角形，长方形直内，一穿。磨制规整，已具无胡铜戈的造型。

图一四　一号戈

图一五　二号戈

斧（图一六） 长20.4厘米，刃部宽7.3厘米，厚0.7厘米。色彩绚丽，油滑光亮，玉质细腻。平直背，正刃微外弧，器身扁薄，作长梯形，近背端钻二穿。经鉴定，材质系蛇纹石化栏杆岩细磨而成。

一号钺（图一七） 长10.7厘米，宽9.7厘米，厚0.5厘米。青玉质。体扁薄，平背斜直，两边内束，正刃外弧，两角微外侈。二穿，前后并列。

图一六　斧

二号钺（图一八） 长12.5厘米，宽10厘米，厚0.4厘米。茶青色泛黑色斑点。扁平板页状，平面近方形，偏单刃斜向外突，有崩伤。近背端正中一穿。

其余八钺形制与此雷同，最大者长16.1厘米，小的仅长6.5厘米。

戈与斧、钺均缚装长柄，增强杀伤效能，并彰显军容的强盛与威严。钺乃大斧，更是部落头人王者的权杖。从一些武器有崩伤和磨痕判断，其具实用和礼玉的双重功能。

《越绝书》有云："轩辕、神农、赫胥之时，以石为兵，断树木为宫室，死而龙藏，夫神圣主使然。至黄帝之时，以玉为兵，以伐树木为宫室，凿地，夫玉亦神物也，又迁圣主使然，死而龙藏。禹穴之时，以铜为兵，以凿伊、阙通龙门，决江导河，东注于东海，天下通乎，治为宫室，岂非圣

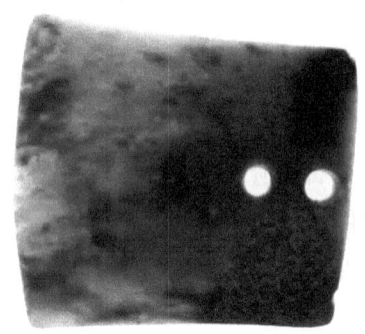

图一七 一号钺

图一八 二号钺

主之力哉。当此之时，作铁兵，威服三军，天下闻之，莫敢不服，此亦铁兵之神……"此一观点乃汉代人的认识，却合乎人类社会文明演进的规律：以石为兵—以玉为兵—以铜为兵—以铁为兵。兵即兵器。石峁玉兵的发现，再次证明了龙山文化时期（相当于传说中的黄帝之时）为玉兵时代的史实。

注　释

[1] 《世界重大田野考古发现昨日公布　陕西石峁遗址入榜》，《西安晚报》2013 年 8 月 24 日。

[2] 戴应新：《陕西神木县石峁龙山文化遗址调查》，《考古》1977 年第 3 期。

[3] 夏鼐：《所谓玉璇玑不会是天文仪器》，《考古学报》1983 年第 4 期，第 403—412 页。

[4] 林巳奈夫著，杨美莉译：《中国古玉研究》，艺术图书公司台北版，1997 年，第 341 页。

[5] 林巳奈夫著，杨美莉译：《中国古玉研究》，艺术图书公司台北版，1997 年，第 330 页。

[6] 商志醰：《香港大湾的牙璋及其相关问题——兼论中原地区的圭璋礼制》，《南中国及邻近地区古文化研究》，香港中文大学出版社，1994 年，第 167 页。

[7] 邓淑苹：《牙璋研究》，《南中国及邻近地区古文化研究》，香港中文大学出版社，1994 年，第 36—50 页。

[8] 张长寿：《论神木出土的刀形端刃器》，《南中国及邻近地区古文化研究》，香港中文大学出版社，1994 年，第 60 页。

[9] 同 [7]。

（原载于《收藏界》2014 年第 5 期）

回忆石峁遗址的发现与石峁玉器（下）

戴应新

（四）长柄铲与畚形板铲、圭

铲形玉工具或礼器，依形状分长柄形铲和畚形铲。长柄铲功能铲削，可用于修治兽皮和器物，有的也可用于人体刮摩治疗，故笔者前曾名之为圭。畚形板铲装木柄能劈土，具畚的功能。

1. 长柄铲

2件。一号铲（图一九）长35厘米，宽7.5厘米，厚0.2厘米。墨玉质。体扁薄，长直腰，刃端较宽，斜直刃有崩伤。一穿。

二号铲（图二〇）长24.5厘米，宽5.7厘米，厚0.2厘米。墨玉质。长腰一侧近穿处内凹，刃内弧。一穿。

图一九　一号铲　　　　　　　　　　图二〇　二号铲

2. 板铲

4件。一号铲（图二一）长24.3厘米，宽8.3厘米，厚0.8厘米。青绿色泛云彩形黄斑。体扁平，短平背，近背端一侧有缚绳留下的凹槽。弧肩长腰，突弧形刃端最宽。

二号铲（图二二）长7.5厘米，宽5.3厘米，厚0.6厘米。黑灰色玉。扁平扇形，窄弧背，突弧刃有崩伤。

三号铲（图二三）长14.8厘米，宽7厘米，厚0.4厘米。大理石岩。平背残一角，两腰斜直，单刃外弧。二穿。

四号铲（图二四）长13.5厘米，宽7.2厘米，厚0.2厘米。茶褐色玉。通体磨制光滑，平背，两直腰不等长，致成斜刃如刻刀形，刃尖残伤，有使用痕迹。二穿。可安装横柄为斧，作劈杀之用。

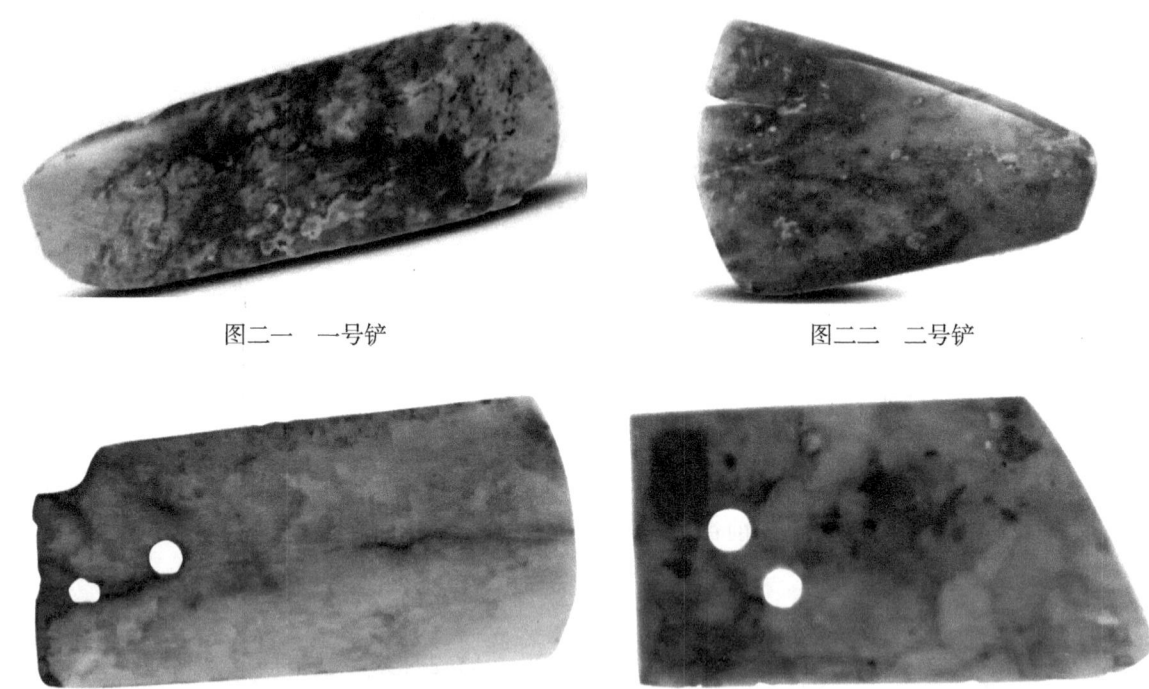

图二一　一号铲　　　　　　　　　　　　　图二二　二号铲

图二三　三号铲　　　　　　　　　　　　　图二四　四号铲

2 件长柄铲和 1 件板铲，显系从牙璋所改制，一号铲把柄与体磨通成长身，二号铲长腰一侧近穿处内凹，是牙璋侧饰部未磨尽的缘故。一号铲刃斜直，乃牙璋首端一牙折断后的形状。可证牙璋的生命系于首端的双齿，若其一齿或双齿断折，即失去原功能而改作他器，从而赋予新的意义，派作其他用途。

长柄铲不需装柄，执其一端向前推移即可为功。板铲配直柄，可作臿用；一长边亦磨薄开刃者，共有二刃，用作铲、刀皆宜。以上各器除作工具使用外，亦具礼玉的功能。

3. 圭

5 件。圭为医疗工具，来源比较广泛。

古人在野外经常从事繁重劳作，难免受伤或罹病痛，会本能地用手揉搓和使用手头的各种工具按压、熨摩、凉敷之，发现有止痛疗病的效果，故医用之砭石如棒、铲、刀、锛、斧等杂有之。随着治疗经验的增加和医疗技巧的长进，逐渐制造出能满足挤压、点刺、刮摩、熨烫和凉敷、拍打等不同需要的专用医具。这类器具古遗存中肯定有，但因与生产工具形状相近或兼医用与生产的双重功能而被混淆了，未能分别出来。笔者根据形状，参考《古玉图考》的定名及其用途，将以下各器定名为医用的圭。

一号圭（图二五）　长 10.3 厘米，宽 3.2 厘米，厚 0.5 厘米。白玉泛红晕，光润可爱。平背，弧首无锋芒，腰际两侧有对称的凹口，器表一面弧起，横断面呈"◣"形。一穿。

二号圭（图二六）　长 23 厘米，宽 6.4 厘米，厚 0.2 厘米。墨玉质，有蚀斑。形似铲，体扁长有锯解痕，平背斜直，刃部宽大，正中有一半圆形凹缺，与两个穿成直线上下排列，乃原器的穿未磨尽的遗留，可知此圭亦为他器改磨而成者。

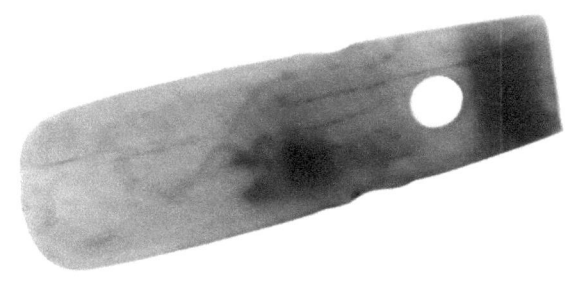

图二五　一号圭

三号圭（图二七）　长 25 厘米，宽 5.4 厘米，厚 0.3 厘米。茶青玉。窄长形，背平直，另端稍宽，钝刃，一穿。穿旁的一段边沿磨薄有崩痕。

四号圭（图二八）　长 19.5 厘米，宽 7.2 厘米，厚 0.3 厘米。青玉泛赭黄晕斑。长梯形，直背，方首宽大，钝刃内凹呈"八"形。

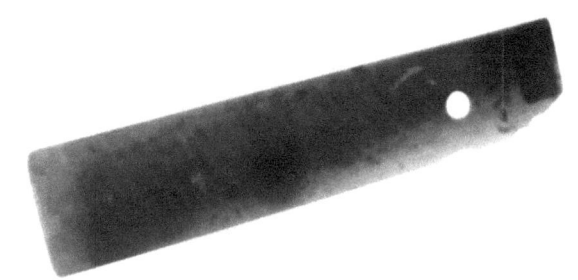

图二七　三号圭

图二八　四号圭

五号圭（图二九）　长 8 厘米，宽 3.8 厘米，厚 0.2 厘米。酱红色。平背，两腰不等长，钝刃斜直，有火烧痕。一穿。

一号圭与吴大澂著录的琬圭相似，是点穴按压用的砭石，穿系便于佩戴，束颈，证其即殷周"柄形饰"的祖型。二号圭斜刃圆角，适于肿疡周围治疗。三号圭一端与一边或一边的一段磨薄，是推、刮两用的医具，端弧刃用于肌肉脊薄处治疗，肌肉丰厚的臀

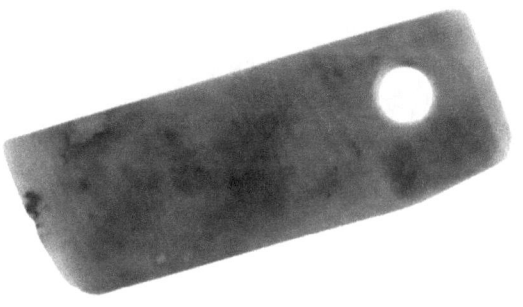

图二九　五号圭

部、背部及肱部则以侧刃刮摩之，功效与后世的刮砂法相似。四号圭用于治疗隆起的肿疡。五号圭刃端有火痕，说明其即熨烫用的砭石。还有一些有穿无刃的光平小玉板，是凉沁平敷用的砭石。石峁玉圭形状多样，各有妙用，是中国医学源远流长的见证。

据《周礼》《国语》记载，玉圭为除慝伏蛊即治疗病魔之器，可见圭为医具无疑。随身佩戴，以备不时之需，亦可当作饰物和把玩。后人亦用其抄取药物，遂成量器。

（五）切刀、镰刀和锛

切刀宽短，刃在一边，和现代厨刀相似，是炊具或切草工具。镰刀即短型多孔刀，二穿或一穿，用手握持使用，以收割谷穗或刮治兽皮。锛为治木工具。

1. 切刀

1件。切刀（图三〇） 长20.5厘米，宽7.5厘米，厚0.2厘米。青玉质。横长形，平直背，两腰较短，刃在长边。一穿。

2. 镰刀

2件。一号镰刀（图三一） 长14厘米，宽5厘米，厚0.2厘米。青黄色玉。横长扁平形。背平直，刃边微内弧。二穿。

二号镰刀（图三二） 长20厘米，宽4.4厘米，厚0.25厘米。墨玉质。扁平窄长，纵贯一条锯痕。刃部有崩伤，残一角。一穿。

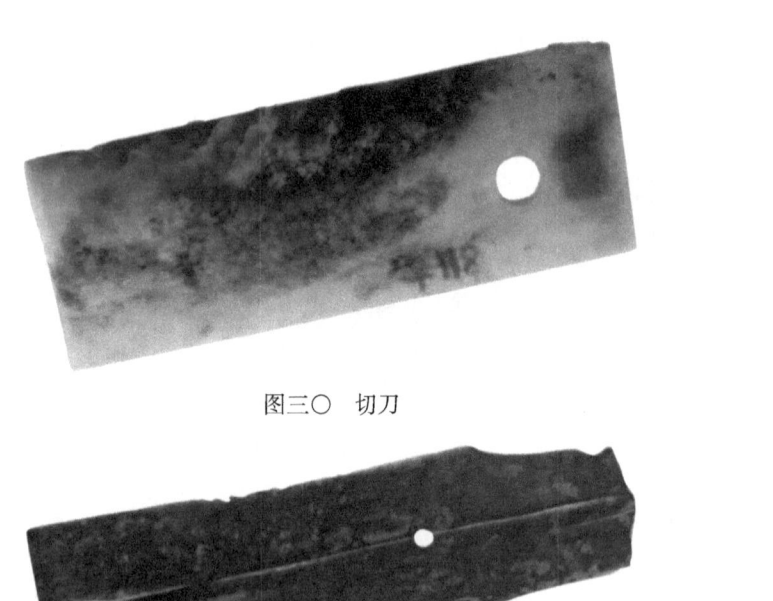

图三〇 切刀

图三二 二号镰刀

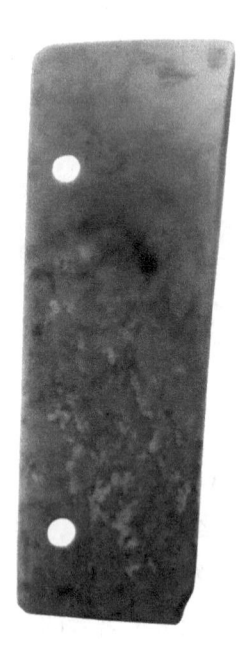

图三一 一号镰刀

3. 刀形玉片

1件。玉片（图三三） 长11.8厘米，宽5厘米，厚0.2厘米。青玉质。扁平长条形，一穿。四边未开刃。

另有锄形器3件，长9—9.5厘米，宽6.7厘米，厚0.4厘米。蛇纹石大理石质。近方形，平背或斜直。一穿。

4. 锛

1件（图三四）。长8.7厘米，宽4.5厘米，厚0.5厘米。墨玉质。局部亚透明，具蜡状光泽，质细腻，硬度较小。平背，体扁平，两端略薄，面微隆起，单弧刃，近背处正中一穿，从两面起钻。

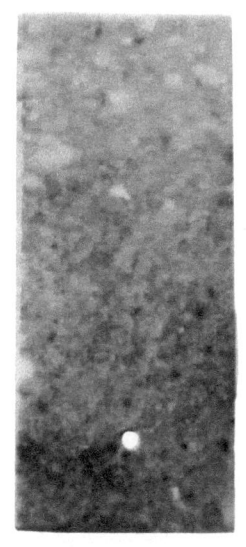

图三三 刀形玉片

图三四 锛

（六）圆形器

牙璧（璇玑）1件。

牙璧（图三五） 外径6.1厘米，内径3.45厘米，内缘厚0.4厘米。玉质为晶亮乳白色杂红晕彩。环状，内孔圆形，外缘磨薄成刃，有勾状三齿作等距离分布，三齿间各有两个缺刻。此牙璧可作佩饰，亦可用于切割。

素璧（环）1件。

璧（图三六） 外径10.1—10.75厘米，内径5.7—6.5厘米。黄绿色至暗绿色，两种色彩呈带状平行分布，局部半透明，质细腻，发油脂光泽。器轮廓不甚圆，两面相应部位均有一条弧线，线内的璧肉较薄。

图三五 牙璧

图三六 素璧

据鉴定，此玉璧质地学名为透闪岩，属软玉，主要成分为透闪石，含量占95%，呈纤柱状，次为蛇纹石和碳酸盐（白云石）。由于碳酸盐矿物成分集中于约璧四分之一的一段，颜色呈灰褐和灰白色，质地比透闪石软，所以制器时虽用同样的工具手法和力度，产生的效果却不一样，即碳酸盐集中的部分磨损较大，从而使璧轮不规圆和璧面出现弧线，线的两边形成厚度不同的两个台面。

牙璧因外缘有牙，故名牙璧，属璧的变体。吴大澂《古玉图考》著录有三件，名为璇玑和夷玉，以为是天文仪器中的齿轮"今失其传"。夏鼐先生予以正名，取名牙璧，并根据各地考古发现探其演变轨迹，绘出牙璧谱系图。这种和普通璧环一样的装饰品始见于山东大汶口文化，流行于辽东半岛及黄河流域的龙山文化区，殷周还见其遗制。

璧乃六瑞之一，《周礼·春官·大宗伯》记载："以苍璧礼天。"圆璧常与玉琮伴出，故学者认为二者配合使用，琮竖立，璧平放其上，以棍棒贯穿其孔，言之有理。唯琮至殷周已衰微，而璧在汉墓中很常见，汉代考究的居室，往往联璧作壁饰。《汉书·西域传》："兴甲乙之帐，络以隋珠和璧。"陕北东汉画像石墓的联璧纹雕刻，就是现实生活缀璧悬挂风习的写照（图三七）。

图三七 联璧纹雕刻

石峁的玉璧多残破，后来得知，系出自石砌墙体中，原经我过眼者十四五件，残断的璧、环概未征集，至今抱憾。琮仅一见，石质方形长体，中透大孔，两头无射，为平口，因嫌质差未购回。学者们常问及此，兹据记忆，补此为答。

（七）璜与璜形饰

璜及璜形饰4件。

一号璜（图三八） 长11.5厘米，宽4.6厘米，厚0.4厘米。茶青色玉。作扇面形，长度约圆环的三分之一。两端各钻一孔。

二—四号璜（图三九） 分别长10.5厘米、11.8厘米、9厘米，宽均4.5厘米，厚均0.4厘米。玉质淡青色。据纹理，第三、四号璜（图三九，下左）系由一环璧断截而成。一端二穿，其中两件的一端一穿，另一件的一端无穿。

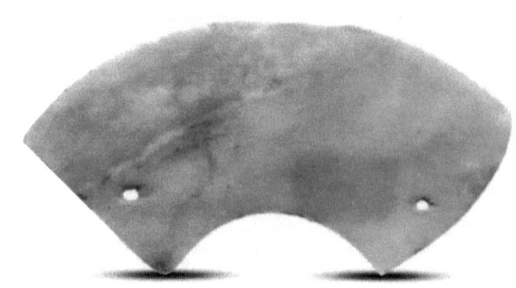

图三八 一号璜

古代有身份的人多佩玉为饰。近人研究发现，佩戴玉器有助于人体生物钟的调节平衡，有益健康。那么，石峁先民使用佩戴的璧、璜、环、佩等玉器殆于其卫生保健有关，尽管他们未必能意识及此，而追求美的享受与维持尊贵的身份则是不言而喻的。

（八）玉尺形器

玉尺形器1件（图四〇） 长20厘米，宽5.6厘米，厚0.4厘米。墨玉质。扁平长条形，弧首，

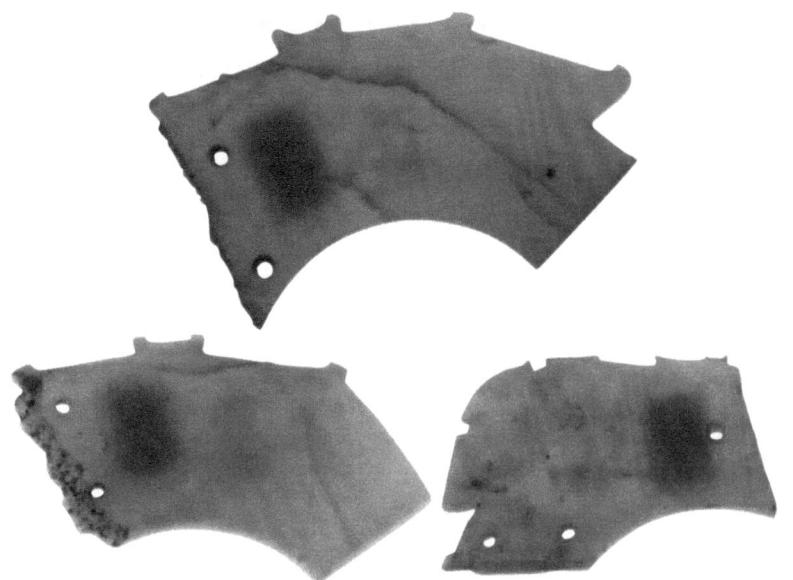

图三九　二一四号璜

左边上部边沿残损。一穿，自穿以下器面沿两个
边横刻十三格，刻纹作细长的等腰三角形，间距
相等。这两边的多条刻纹顶角相对但未连通，底
边与器边相合，整齐化一，很有规律。初疑其为
解玉打钻的痕迹，但解玉缘一边布孔即可，不必

图四〇　尺形器

两边都钻，也不必如此间距相同。因此，这两个边上左右对应，距离均等的刻度应是测量长度单位
的标记，故该玉器与测度工具的尺有关。

石峁先民已使用测长工具是显而易见的，如牙璋两侧的扉棱突饰，相互对称，大小一样，边刃
器——多孔刀上的孔距很规范，以及牙璧大牙的间距也相等，如此等等。若无尺度测量，仅凭匠人
的眼力和经验是很难达到这样标准精确程度的。

《虞书·舜典》记载："协时月正日，同律度量衡。"说明传说中的少昊和舜帝时已有度量衡了，
以前的考古发现当推安阳殷墟出土的两枚骨尺为最早，一枚长 15.78 厘米，另一枚长 15.8 厘米。石
峁玉尺形器的发现，把我国用尺的历史推溯到石器时代晚期的龙山文化。

（九）玉雕艺术品

象生类玉雕艺术品 5 件。

图四一　人头像

人头像 1 件（图四一）　高 4.5 厘米，宽 4.1 厘米，厚 0.5 厘米。玉髓
质，双面平雕人头侧面像。头顶盘束高髻，圆团脸，鹰钩形大鼻子，半张
口，腮部鼓出，仿佛正在呼吸。线刻大眼位置偏后，因而把耳轮推到脑后
枕部。面颊透钻一圆孔，短细颈。头像雕刻手法古拙，各部比例和位置虽
有失当，但形象生动传神，形态酷似今日健壮憨厚的陕北青年男子相貌，
给人一种超越时空的亲切感和真实感，散发出浓郁的黄土高坡的乡土气息。

蚕（图四二）　长 9.2 厘米，宽 1.4 厘米，厚 0.5 厘米。灰玉。方头尖咀向前伸出，体扁长，杀尾向下微曲，从咀端到尾部有一道细棱。体面无纹饰，简洁明快而活现，呈尾部着力，支撑躯体蠕动前行之神态。一穿。

虎头（图四三）　面高 2.2 厘米，宽 2.1 厘米。茶色玉。正视作方形，侧视近圆形并透穿一圆孔。正面两面雕琢虎头形象，双耳方大，圆额粗吻，眼鼻图案化，凹凸有致。

图四二　玉蚕　　　　　　　　　　　　　　　　图四三　玉虎头

蝗（图四四）　长 7 厘米，高 1.5 厘米。圆雕。青玉，半透明。圆头方吻，通体浑圆，颈与尾部稍细，浅雕细纹双翼，腹部较粗并有两条竖线。整体作进食姿态，形象逼真，寓动于静，仿佛腹部微有起伏。选料亦很有经验，腹部颜色较深，似隐隐可见其中的食物。

鹰（图四五）　长 6.5 厘米，高（腹直径）1.6 厘米。青玉，苍绿色。小圆头，颈细长，钩形尖喙。体浑圆，颈后与尾前各有一棱外突，线雕双翼，方尾，多条流畅线纹表示羽毛丰满蕴蓄的力量，活脱脱一副猛禽苍鹰俯视雄飞的形象。

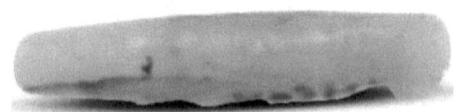

图四四　玉蝗　　　　　　　　　　　　　　　　图四五　玉鹰

这 5 件象生雕刻艺术品，不但刻法古拙，技术娴熟，形象传神生动，能抓住各对象的突出特点来表现，且在玉料的选择上亦颇具匠心。如蚕为白灰色玉；虎头的玉质红黄，与老虎的颜色相近；蝗虫玉质为半透明；鹰的玉料为苍绿等，从而使其作品更加真切感人，富有永恒的生命力，显示玉雕工们非凡的才智、精细的观察、高超的技巧和卓越的审美观。

综上所述，可见石峁玉器以大而美的牙璋、多孔刀为其典型代表，它们都是与农耕生产有关的祈年礼玉。"礼是一种沟通协调人际和人、神关系的社会行为。它的出现甚早，而以事神为核心，王国维释'礼'字象二玉在器之形，为以玉事神之器。最早的礼器，自然是指事神之器，所以这时的礼器并不反映人际之间尊卑、贵贱、亲疏、上下等级关系的法规制度，体现这种礼制的器物也就是礼器。它们与单纯事神之器的根本区别，就是持有者借此获得特殊的社会权力和身份。故'唯器与名，不可假人'。"[10]龙山文化时期，生产力较前有了长足的发展，尤其农业文明的勃兴，使占有多余生活资料成为可能，于是某些人便攫取了特殊的社会权力，堂而皇之地登上大巫师与部落统领的宝座，身份高贵，职掌祀神，沟通天人，所以祭祀的礼器——牙璋等，也就成了他权威的代表和信物，非常稀罕和珍贵。

（十）石峁玉器的意义

我因这批玉器的引线而发现了石峁遗址，勘察得知，这是一处覆压两道梁峁、跨越几条沟壑，面积超过 1.5 平方千米，规模宏大、遗迹现象丰富，陶器、石器、玉器蕴藏很多的龙山文化遗址。从出土众多的陶鬲、双耳罐、带流斝和大口尊等特征判断，其与关中客省庄二期文化关系密切，同形器和内蒙古朱开沟、大口遗址也有一定的文化交流，所以我们将其断为龙山文化，距今已有 4000 多年了。

遗址年代的确定，为石峁玉器的时空定位找到了依据，从而厘清了吴大澂认为乃周代遗物的失误。

"玉器是精神文明的具体表现。"[11] 礼神祭器之牙璋，系石峁先民所首创，石峁遗址即牙璋文化的"祖庭"[12]。尔后此礼仪流传四方，我国偃师二里头，郑州二里冈，广汉三星堆，甘、青的齐家文化以及华南、东南，远至香港，甚至越南都有发现，可谓流传有序，斑斑可考。止于香港南丫岛战国墓之石璋，成为绝响，前后达七八百年，其影响之深远，可以窥见。又如长体多孔刀，同样是石峁本土文化的重器，是农耕文明在龙山时期有了相当成就的见证。再如圆雕的玉鹰、玉蝗形象的器物，也见于石家河文化，反映出文化交流的轨迹。在此借用台北故宫博物院邓淑苹教授的评述作为结束："这批玉器虽非考古发掘品""但石峁玉器的重要性，实在不容忽视"[13]。

还有，由于这批玉器作比照，使近年不断出现的仿冒货相形见绌，露出原形。

注　释

[10]　牟永抗：《南丫岛牙璋探微——关于玉礼兵的若干思考》，《南中国及邻近地区古文化研究》，香港中文大学出版社，1994 年，第 146 页。

[11]　邓淑苹先生语。

[12]　张长寿：《论神木出土的刀形端刃器》，《南中国及邻近地区古文化研究》，香港中文大学出版社，1994 年，第 60 页。

[13]　邓淑苹：《也谈华西系统的玉器》，《故宫文物月刊》1993 年第 12 期，第 37 页。

（原载于《收藏界》2014 年第 6 期）

石峁遗址考古调查往事

——巩启明先生访谈录

唐博豪　肖　宇（整理）

　　1963 年，陕西省考古研究所开展了陕北长城沿线的考古调查，包括府谷、神木、榆林、横山、靖边和定边等县，参与调查的有陕西省考古研究所的廖彩梁、蔡荣华、郑洪村、孙忠以及西北大学考古系教师曾骐。石峁遗址就是这次调查发现的诸多史前遗存之一，初步估计遗址面积约 10 万平方米。事后，曾骐曾经给西北大学考古系交过一份关于陕北考古调查的工作汇报，类似于调查报告。后来由于"文化大革命风暴"，这项工作也就被迫搁浅了。1975 年，曾骐要调至中山大学工作，我（巩启明）当时在半坡博物馆任职，由于我和曾骐是老同学的缘故，他找到我，说以后可能不做西北地区考古研究了，并把当年那份调查资料留给了我。1976 年，陕西省文管会的戴应新去石峁遗址调查，征集了 126 件玉器，戴应新执笔的调查简报很快在 1977 年第 3 期的《考古》上刊登出来，这引起了我对石峁遗址的重视与兴趣。

　　1977 年的"河南登封告成遗址发掘现场会"影响巨大，夏鼐先生号召有可能是夏文化分布区的省份要重视对夏文化的探索。会后，陕西省还做了"陕西夏文化探索方案"，我是主要负责人。直到 20 世纪 70 年代，陕西探索夏文化主要有两个线索，一是北京大学在华县元君庙遗址、泉护村遗址发掘的时候，顺便做了些周邻地区的考古调查，在南沙村发现商代遗存，这是陕西发现的第一个商代遗址，试掘后又辨识出了二里头文化因素。另一个重要线索就是石峁遗址，1963 年调查后，

石峁遗存被判定为龙山文化的一支，后来戴应新在石峁遗址发现了大量玉器，尤其是相当数量玉璋的发现，使我怀疑石峁遗址至少是龙山晚期的文化，有可能已经接近乃至进入夏代。内蒙古准格尔旗大口遗址发掘后，发掘者认为大口遗址晚期遗存相当于夏代，陶器和石峁遗址很接近，这更加印证了我的猜测——石峁遗址应该进入了夏纪年，可能和夏文化相关。我的计划是从龙山晚期和商代往中间"挤"，"挤"出夏文化来。那时候陕西发现的商代遗址很少，1978到1980年之间，我组织半坡博物馆人员开展了20多个县的调查，调查了很多龙山时代遗址和商代铜器的出土地点，在西安、礼泉、蓝田、铜川、延安、绥德和米脂等地确认了不少商代遗址，比较重要的如西安老牛坡、蓝田怀珍坊、礼泉朱马嘴、耀县北村、延长张罗沟等遗址。随后，我选定怀珍坊遗址进行试掘，结果发现是商代冶铜遗址，大体和二里冈下层同时，出土的铜渣很多，还有几座墓葬。后来，我们还发掘了华县南沙村遗址，北京大学和陕西省考古所共同发掘了北村遗址，邹衡、徐天进也参与了发掘。可惜的是，从中都未找出与夏文化相关的线索。

1981年，陕西省文物局的陈梦东打电话通知我，中国社会科学院考古研究所已经在陕北调查了一个礼拜，可能有发掘石峁遗址的打算，并要我也做好发掘石峁遗址的准备。当时我任半坡博物馆馆长，一听到这个消息，我领着魏世刚、高耀成就去了，先乘飞机抵达（魏世刚先生追忆文章中记载飞至延安），然后换乘去神木的汽车，中途在高家堡下车，步行上石峁。那个年代，陕北生活非常困难，没有足够的粮食吃，8月份除了土豆再没别的了，玉米苞谷也"青黄不接"。我们吃的是"派饭"，就是轮流在当地农民家吃饭。村支部王书记杀了只鸡，弄了点土豆，算是特别优待我们了，他跟我们讲，农户生活困难，怕是再也"派"不出去。经过县里批准，我到高家堡公社粮站买了一袋面。我们就住在石峁小学里，王书记帮忙做饭，我让他做饭时把三个人的饭量减成两个人的，省着点吃，因为吃完了这袋面就得走人了，安排妥当后我因公务先回西安，结果他们三个人一礼拜就把一袋面吃光了。挖了几个探沟，并在附近调查一下，吃不饱也不敢走远，在"皇城台"旁发现并清理了几处白灰面房子、灰坑，还在村里发现了石棺葬、瓮棺葬。要是像关中地区一样，能吃饱饭，多待一段时间，可能会有更多收获。回来后我安排魏世刚写简报，我负责指导、审查，那时候就只有大口遗址的资料可供对比研究。石峁遗址的这次发掘对我启发很大，在陕西探索夏文化的相关问题，陕北是一个重要的区域。后来，我们又在陕北南部做过调查，也发现多处龙山时代的大型遗址，但由于吃饭问题、气候问题、交通问题，都没能深入调查、研究。

我退休以后，也去过石峁遗址。2004年，陕西省文物局委托我主编《陕西文物古迹大观》一书，我带着负责照相的同志去陕北勘察"国保省保单位"保护状况，汽车把我们送到高家堡，从高家堡向上步行好几里路才抵达石峁遗址，因为突然下起了雨，不下山就有可能回不去了，我们也仅能草草勘察、拍照，可惜得很。近几年石峁遗址有了重大发现，很让人震惊。今年9月下旬，我又去了一次石峁考古工地，算是弥补了以前的遗憾。

附记：本文根据巩启明先生2014年10月在陕西省考古研究院的访谈整理而成，感谢孙周勇先生、邵晶先生的帮助。

（原载于《中国文物报》2014年11月14日第3版）

发现石峁：过去、现在与未来

孙周勇　邵　晶

从黄土高原北部边缘陕北榆林驱车东北行进 100 多千米，穿过明长城著名营堡、中国历史文化名镇——高家堡古镇，沿着弯曲的小路蜿蜒而上，爬上山坡，眼前沟壑纵横，一望无际。秃尾河北侧山峁上，一座盘延在山梁之上的古城横亘在北方的天空下。峁梁的顶端，石峁考古队的旗帜在猎猎西风中飘扬。这里就是石峁遗址。

一、不沉寂的过去：工作简史

1929 年深秋，美籍德裔汉学家萨尔蒙尼（Alfred Salmony）作为德国科隆远东美术馆的代表到达北京。年底，一位中国古董商人建议他到一个小时车程外的农村去会见几个陕西榆林府的农民，他们在自己的田地里发现了玉器。萨尔蒙尼听从了这个建议，这些农民向他展示了 36 件黑玉和 6 件绿玉，萨尔蒙尼选取了最大的一件黑玉刀形器（牙璋）、一件最大的绿玉刀和另外两件较小的标本，带回德国后由科隆远东美术馆（Museum of Far Eastern Art at Cologne）收藏。剩下的 38 件玉器就在其他古董商人手里来回流转，最后经过各种途径流入欧洲和美国[1]。有学者认定，早年（20 世纪二三十年代）流散欧美的一批黑色牙璋源自榆林神木[2]。近年来的文物普查及调查发掘资料显示，榆林神木境内仅石峁遗址发现牙璋类玉器，所以这批黑色牙璋出自石峁遗址的可能性非常大。

1958 年 3 至 11 月，陕西省开展文物普查工作（即第一次全国文物普查），"石峁山遗址"（即今石峁遗址）首次得到关注。4 月，文物普查队员孙江（陕西省文博干部）、黄发钟（神木县文教科干部）、李建中（高家堡文化站站长）在石峁、雷家塔大队一带进行调查，发现断续分布的石砌城墙。26 日，根据调查信息及采集陶片等标本分析，调查队认为在石峁、雷家塔大队一带有一处新石器时代龙山文化遗址，包括三套城，以位于石峁大队皇城台高地的"头套城"最为清晰。遗址东至牛沙墕、西至土王（旺）山、北至公路断崖、南至雷家塔庙，东西约四华里、南北约六华里，并将该遗址命名为"石峁山遗址"。报告建议，责成农业社负责保护，并请求文化主管部门勘察。5 月，孙江调查了恓惶梁墩下（即今石峁遗址外城东门址外的明代烽燧处）的"女王坟"，并在记录表中详细描述了该地点有墓葬被盗掘的情况。6 月，神木县人民委员会向省文化局上报了全县文物普查工作总结报告。时年，正值"大跃进"运动蓬勃开展，关于石峁遗址调查的相关信息遗失殆尽[3]，遗址保护等建议亦未引起重视。

1963 年，陕西省考古研究所和西北大学共同对陕北榆林、神木、府谷等地的长城沿线调查时，踏查并记录了"石峁山遗址"，判定是龙山文化遗存，面积约 10 万平方米[4]。

1975 年冬，未能等到春暖花开适合田野考古的气候，陕西省考古研究所戴应新便来到陕北地区，对有可能在"大搞农田水利基本建设"中遭到破坏的古文化遗址展开摸底调查。废品收购站是他着重调查的地点，在神木县的高家堡镇，他收获不小。在收购站，戴应新见到了当时负责的干部段海田，段海田告诉他自他本人 1966 年起到收购站至 1975 年，10 年间北京的外贸公司每年都会从他手里收购一批玉器，来源便是高家堡附近的石峁村。时年条件贫困，缺衣少食，村民们将捡到的玉器拿到镇上低价卖出贴补家用，10 年算下来最少有 1500 件之多。戴应新即宣布愿意以高价征集，村民们听闻后争相将手中的文物拿到了指定地点。"黑压压地排了一大片。"戴应新回忆道，"第一次我挑了大概有几十件玉器。前后四次，共收到 127 件。"戴应新将收集到的玉器进行分类研究，将结果发表于《考古》杂志、《考古与文物》和台北《故宫文物月刊》上，刊出后引起很大反响。戴应新先生认为，石峁陶器的年代接近于客省庄第二期文化，亦即陕西龙山文化，而玉器存在两种可能，一种是与陶器属于同一文化遗存，另一种可能是属于殷文化[5]。其后，戴氏又以表格形式详细公布了 1976 至 1979 年调查试掘时征集的 127 件石峁玉器，并重点介绍了其中的一些代表器物，将这批玉器的年代进行了重新修订，认为玉器与陶器都为龙山时代遗存[6]。嗣后，戴应新又撰文说明 127 件石峁玉器中有一件玉戚明确属于其他周边地点出土的晚期之物，真正的石峁龙山玉器应为 126 件[7]。

1981 年，中国社会科学研究院考古研究所张长寿先生来到石峁遗址进行调查，亲见当地村民收藏的牙璋、刀、璧、璜、斧、钺等玉器并征集了其中 3 件[8]。

同年，西安半坡博物馆受陕西省文物局委托对石峁遗址进行了试掘。发掘面积 84 平方米，发现房址、灰坑、石棺葬、瓮棺葬等遗迹，出土器物以陶器为主，采集器物包括玉、石、骨、陶器等类。发掘者认为，石峁遗址存在两种不同时期的文化类型，早段与陕西客省庄二期文化同时，晚段与内蒙古大口二期文化同时，而石棺葬中出土的玉器当属于后段[9]。此次发掘对明确石峁遗址的文化内涵与性质起到了重要作用，然而关于遗址规模、性质及玉器埋藏环境等问题仍然没有得到解决。

1986 年，陕西省考古研究所吕智荣先生在神府煤田考古工作时曾对石峁遗址进行了调查，采集到陶器残片、磨制石器、打制石器和细石器共 40 余件，并征集到少量玉器。吕氏提出，石峁先民的经济生产以农业为主，大量细石器的发现又表明他们的牧猎经济也是相当发达的[10]。此后，榆林市文物保护研究所、神木县文体局等多家单位先后不下数十次对石峁遗址进行调查，征集了一些具有龙山时代特征的陶器、玉器及大量细石器等遗物。

2009 年，上海大学罗宏才先生对石峁遗址进行了调查，采集到石人头雕像 1 件，并对当地村民、榆林地区收藏家进行了走访，见到了 20 余件特征明确、造型独特的石雕或石人头雕像。随后撰文认为，石峁雕像具有浓郁的地域性质，虽属于河套地区范围内，但却与河南、关中、陇东及更远的川鄂苏地区的商时期文化有着密切联系，是石峁巫觋集团的存在和社会宗教文化的反映，对探讨华夏民族的融合历史、族源、族属等问题提供了形象标尺与民族学研究参照系[11]。

自 2011 年起，石峁遗址的考古工作进入了一个新的阶段，在陕西省文物局的积极推动下，由陕西省考古研究院、榆林市文物勘探队、神木县文体局三家单位联合组成石峁考古队对遗址开展了区域系统考古调查和重点复查，发现了由"皇城台"、内城和外城三个层次构成的石城，以及城门、墩台、马面、角台等附属建筑，城内面积在 400 万平方米以上。城外有樊庄子"祭坛"等石构建筑遗迹。

2012—2015 年间，石峁考古队对外城东城门址及城内后阳湾、呼家洼、韩家圪旦等地点进行了针对性发掘，揭露了规模宏大、建筑精良的外城东门址、成排成列分布的房址、高等级墓葬等遗迹，出土了一批具有断代意义的陶、玉、石、骨等遗物。上述发现为石峁的年代关系、文化性质等提供了可靠的考古学证据。石峁城址系龙山时期至夏代早期的超大型中心聚落，是公元前两千年前后中国所见规模最大的城址，结构清晰、形制完备、保存良好，她的发现对于探索中华文明起源及早期国家形成具有重要的意义[12]。

石峁遗址于 1983 年公布为县级重点文物保护单位；1992 年公布为省级重点文物保护单位；2006 年公布为第六批全国重点文物保护单位。2012 年，石峁遗址发掘不久，即纳入到"中华文明探源工程——以石峁为中心的陕北聚落研究和以杨官寨为中心的关中聚落研究"的子课题中，成为该项目在西北地区的主要工作之一。2013 年，国家文物局发布了《大遗址保护"十三五"专项规划》，石峁遗址入选国家重点保障的 150 处大遗址目录。石峁遗址以其重大的学术意义，荣获中国社会科学院考古学论坛"2012 年中国考古新发现"和"2012 年度全国十大考古新发现"。2013 年 8 月，石峁遗址考古工作荣膺"世界考古·上海论坛"之"世界重大田野考古发现"殊荣，在世界范围内产生了强烈的学术共鸣。

二、辉煌的现在：发现与认识

石峁遗址虽然发现较早，但学界真正了解遗址规模及文化内涵仅仅起步于五年前的一次区域系统考古调查及随后持续开展的发掘工作。14C 系列测年及考古学证据表明，石峁城址初建时代不晚于公元前 2300 年，大致废弃于公元前 1800 年前后，面积达 400 万平方米以上，是国内已知规模最大的龙山时期至夏代早期阶段城址[13]。她的发现引起了学术界关于中国文明起源与形成过程多元性的再反思，为正在进行的"中华文明探源工程"输入了新鲜血液[14]，对于重新描绘公元前两千年前后的华夏沃土上"万邦林立"的社会图景具有重要启示意义[15]。石峁遗址的形成，终结了北方地区复杂纷争的割据局面，促成了距今 4000 年前后地处华夏北缘最为重要的一支政治势力的孕育发展。

（一）固若金汤的城池和作为核心的"皇城台"

区域系统考古调查及勘探发掘工作表明，石峁城址由"皇城台"、内城和外城三部分构成，内外城以石城垣为周界，气势恢宏，构筑精良，为国内同时期遗址所罕见。内外城城墙总长度约 10 千米，宽度约 2.5 米，目前地表所见残高约 1 米。

内城将"皇城台"包围其中，城墙依山势大致呈东北—西南向分布，面积约 210 万平方米；外城是利用内城东南部墙体向东南方向再行扩筑的一道弧形石墙形成的封闭空间，城内面积约 190 万平方米。

"皇城台"为大型宫殿及高等级建筑基址的核心分布区，台顶有成组分布的宫殿建筑基址，由于没有进行发掘，目前仅从调查勘探情况判断，该处夯土遗迹的面积不小于 2000 平方米，其北侧有池苑遗址，平面大致呈长方形，现存面积约 300 平方米，深逾 2 米。皇城台周边以多达九级的堑山砌筑的护坡石墙包裹，局部墙体有以巨型石雕的菱形眼纹（饕餮？）装饰，底大顶小呈金字塔状，错落有致、坚固雄厚、巍峨壮丽[16]。通向皇城台的门道位于台体北端，面向内外城墙，20 世纪70 年代仍可见自台底通往台顶的石砌踏步，今尚辨其两侧对称分布的"墩台"等石构建筑。历年来在皇城台周边发现了石雕人头像、鳄鱼骨板、彩绘壁画等高等级遗存，体现了布局有序、地位和功能高级的建筑特征，成为推断"皇城台"为高等级贵族或"王"居住的核心区域一个重要证据。皇城台的修建倾注了建设者大量的精力，在追求本体固若金汤的同时，保持其威仪感和震慑力似乎显得更为重要。

现在看到的石峁遗址地表支离破碎、沟壑纵横。石峁城内部在以天然沟壑为界区分的 16 个相对独立的地理小单元（梁峁）上，密集分布着居址、墓葬等龙山文化遗存，一些房址甚至修建在下切沟壑的基岩平台之上，大多沿坡面分布。由此推测，石峁遗址的总体地貌四千年来似乎没有太过剧烈的变化。这种"大聚居，小分散"的居住形态，暗示着石峁城址内部囊括了众多小规模的血亲集团，但小型聚落群之间的规模、功能、时代等问题依然不甚清晰。

距今 4300 年前初建的石峁城址，其石砌城垣长度达 10 千米左右、宽度不小于 2.5 米，若以残存最高处 5 米计算，总用石料量 12.5 万立方米，其动用的劳动力资源远非本聚落人群可以承担。石峁城址的石砌墙垣不仅是处于守卫上的需要而构筑的防御性设施，也具有神权或王权的象征意义，它的出现暗示着在公共权力督导下修建公共设施等活动已经成为了石峁这一北方地区早期都邑性聚落的重要特征。如果说城墙体量反映的城址规模是推断资源集中、人力控制和行政组织的尺度，石峁遗址无疑已经具有了早期城市的必要因素及特征，与其周边数以千计的中小型聚落正是早期国家形态下所谓"国"和"野"的具象体现。因此，我们有理由相信石峁遗址的统治者掌握了操控公共权力及控制祭祀权力的可能，具备了早期王国都邑的必要条件。

（二）气势磅礴的东门址

外城东门址是近年来全面揭露的一处重要遗迹，位于外城东北部，门道为东北向，由内外两重瓮城、门道、砌石夯土墩台、门塾、马面等设施组成，这些设施以宽约 9 米的"『"形门道连接，总面积约 2500 余平方米。从地势上来看，外城东门址位于遗址区域内最高处，地势开阔，位置险要，与樊庄子祭坛（哨所？）遥遥相望。

城门口为折角"U"形石墙将门道完全遮蔽，石墙呈"L"型，与两座墩台之间并未完全连接，南、北端留有缺口，形成进入城门的通道，形成"外瓮城"。墩台以门道为中心对称建置于南、北两侧，均为长方形，残高 5—7 米。夯土墩台外边以石块包砌，台内为夯打密实的夯土，台外包砌一周石墙。南、北墩台外侧即朝向城外的一侧墙体外围还增筑了一道石墙，紧贴主墙，将墩台东侧墙体以及东部两拐角完全包砌，类似"护墙"。护墙的修筑一方面加固了墩台本体，防止了向外坍塌，另一方面也增加了城外防护能力、扩展台基之上活动范围。

北墩台顶部夯土长约 16、宽约 14 米，主墙厚 2.7—4.1 米，护墙厚 1.5—2.8 米，地面铺石"散水"。南墩台顶部夯土长约 17、宽约 11 米，主墙厚 4.2 米左右，护墙厚 2—2.5 米，铺石"散水"破坏严重。第二期即相当于二里头早期在坍塌墩台西侧砌筑了一道护坡短墙，并利用墩台西侧的空间修建了一座类似庭院的独立空间，以石砌房址 F7 为主体，包括了两座石墙地面式房址和两座窑洞及护坡石墙、院内隔墙等。南墩台内侧大型院落的发现，为了解东门址建造过程、修葺再次利用及最终废弃提供了重要信息。据目前调查勘探资料分析，该院落朝向城内一侧的坡地上，还有一些成排分布的小型白灰面房址（兵营？），似乎可以说明，外城东门不仅是石峁城内一处重要的居住区，更为重要的是，该居住区可能与城门的防御密切相关。

南、北墩台中间形成东门主门道。门道宽约 9 米，朝向门道一侧的主墙上分别砌筑出 3 道平行分布的南北向短墙，两两对称形成"门塾"。进入门道后，南墩台西北继续修筑石墙，向西砌筑 18 米后北折 32 米，形成门址内侧的曲尺形"内瓮城"结构。这段墙体在门道内侧增修了一道宽约 1.2 米的石墙，两墙紧贴并行。这道增修的石墙修建于晚期（夏代）地面之上，属于二里头时期修补形成。

在这段石墙墙根底部的地面上，发现了成层、成片分布的壁画残块 100 余块，部分壁画还附着在晚期石墙的墙体上。这些壁画以白灰面为底，以红、黄、黑、橙等颜色绘出几何形图案，最大的一块为 30 厘米见方[17]。石峁壁画是迄今为止中国境内出土数量最多的史前壁画，是研究中国壁画发展史、早期壁画的艺术特征和制作工艺的重要实物资料。

石峁遗址外城东门址是中国目前所见最早的结构清晰、设计精巧、保存完好、装饰华丽的城门遗迹，体量巨大、结构复杂、筑造技术先进，被誉为"华夏第一门"。即使在四千年后的今天，经过风雨剥蚀仍然让人感觉到气势恢宏、威严高大、庄严巍峨。作为石峁城址的制高点，坚固雄厚的外城东门既是控制交通、外防内守的实体屏障，也是石峁统治者构建的精神屏障。

（三）匠心独具的城防设施

石峁遗址外城东门址所见的内、外瓮城及马面等遗迹系国内确认的最早同类城防设施。石峁外城东门址发现的瓮城与马面（角台）等早期城防设施，其形制规范、设计精巧、建构技术先进、形态成熟，几与后世所见同类设施形制无异，是探讨中国古代城防设施起源与发展的重要实物资料。

东门址的"外瓮城"系以南北向长墙及东西向两道平行短墙为外围周界、与南北墩台合围形成的城门外的独立空间。南、北墩台中间为外城东门主门道，进入门道后，沿南墩台西侧石墙继续修筑墙体，向西砌筑 18 米后北折 32 米，在门道西端内侧形成一个曲尺形结构，与北墩台西壁围绕形成一处长约 30、宽约 10 米的独立空间，形成了"内瓮城"。东门址内、外瓮城的修建最大程度地延缓了外来势力进入城内的时间，创造了抵御外来侵入的缓冲空间，极大地提高了防御能力。一般认为，中国古代在城门之外加筑（外）瓮城，始于唐代，至晚于宋代成为制度[18]。20 世纪七八十年代，随着考古工作的深入推进，最早的瓮城考古发掘实例被追溯到了汉代的城障遗址及大约同时的高句丽早期。石峁瓮城首次将中国最早的瓮城实例追溯到了距今 4300 年前后。

马面是突出于城垣外侧的一种台状的城垣附属设施，其主要功能是为了提高城墙的防御能力。石峁城址至少存在 11 处马面遗迹，集中分布在外城东门附近。多系与墙体同时规划并起建，附着于墙体之上，向城外凸出，疏密有致，间距集中在 30—40 米，不仅反映了城址拥有者对防御功能的强烈追求，也反映了当时使用武器的有效射程。石峁遗址是龙山时代发现马面数量最多的遗址，所见马面形态成熟、分布规律、建构技术先进，对于探讨马面的起源及发展演变具有重要意义。

关于中国马面的形成时间，有夏代前后说[19]、夏家店下层文化说[20]、战国说[21]、汉魏说[22]、高句丽说[23]等多种。上述不同观点的产生多是伴随着新的考古发现的不断涌现而形成的。石峁马面的发现与确认首次将中国古代马面形成时间确认在龙山晚期的北方地区。中国早期城防设施滥觞的空间分布位置高度一致，均位于中国北方或西北边疆区域，远离当时的政治经济中心，这一点似乎表明军事防御的需要似乎是促使其产生发展的主要动因。

石峁瓮城与马面的发现与确认不仅表明在中国早期国家形成的前夜，北方地区政治格局的复杂化及武力战争的频繁，也成为东亚地区土石结构城防设施的最早实物资料[24]。

此外，2015年发掘的樊庄子祭坛亦不排除为城外城防体系的重要发现，其或为"望楼"之类的预警设施。樊庄子地点位于石峁城外东南方向一处山峁顶部，与外城南侧一处城门隔沟相望，四围开阔。顶部为长14、宽11米的长方形石砌城墙围成的空间，外围为半月形石墙环绕。由于其方形空间内均未发现明显的踩踏层面或用火迹象，但在墙体内侧发现均匀分布的"壁柱槽"，除早年发现一块玉铲外，不见其他与祭祀相关迹象，怀疑应为一座用柱子架撑的"望楼"，其功能或与登高望远、观敌瞭哨有关。

（四）杀戮祭祀及藏玉于墙

外城东门址一带共发现集中埋藏人头骨的遗迹6处，其中外瓮城外（K1）及门道处（K2）各发现埋置人头骨24个；东门址北端石砌城墙的墙体基础之下发现4处，埋葬头骨数量1—16个不等。埋藏于坑内的头骨摆放方式似有一定规律，但没有明显的挖坑放置迹象，多数颞骨朝上，但还有一定数量枕骨朝上和颅顶朝上者。K1头骨的初步鉴定表明，这些被杀戮并深埋于早期地基之下的死者以年轻女性居多，部分头骨有明显的砍斫痕迹，个别枕骨和下颌部位有灼烧迹象。殷商时期人祭礼仪中，甲骨文有载"斩人牲首"的方式。司马迁《史记·封禅书》中记载了战国晚期秦德公"磔狗邑四门，以御蛊灾"。石峁外城东门址附近所见集中埋藏的头骨，均位于早期地面之下或石墙墙基之下，应与城址修建过程中实施的奠基或祭祀活动有关。

东门一带石墙内埋葬玉器是另外一个极为特殊的现象，这些玉器或发现于墙体倒塌堆积之内，或发现于石块砌筑的墙体外缘[25]。根据其出土状况分析，这些玉铲、玉璜、玉钺等器物原本应是城墙修建过程中有意嵌入墙体的，部分发现于地面的玉器是墙体倒塌后的孑遗。《竹书纪年》记载"桀倾宫，饰瑶台，作琼室，立玉门"[26]。《晏子春秋》记载"及夏之衰也，其王桀背弃德行，为璇室、玉门"[27]。石峁遗址所见将大量玉器置于墙体之内的现象，或符合上古文献或神话中提到的玉门、瑶台、璇门，只不过其并非完全以玉石材料建成而是建造过程中穿插或使用了玉器。作为石峁人在信仰层面的驱鬼辟邪观念催生的精神武器，石峁外城东门址所见大量杀戮奠基及墙体藏玉现象，在满足了辟邪神话功能的同时，构建了石峁上层的精神屏障，表达了石峁的筑城者及使用者企图通过这一行为表达了对城门这一控制交通、外防内守的重要设施的攘神驱鬼、构建精神屏障、保护城址安全的寄托。

石峁发现的数量庞大的玉器，器形特征明显，以刀、铲等片状器为大宗，多数器物可见二次或多次改制现象，其玉料斑斓多姿、玉料精良，至今还无明确的关于玉料来源的线索[28]。特别是作为早期国家政治制度物质象征的牙璋，风格独特、出土层位明确，是探讨中国早期上层建筑及文化交流重要物证。器类中还明确发现了但制作精美的良渚式玉琮、齐家式玉刀、石家河式玉鹰等物，该现象绝非偶然，很可能正是所谓上层社会精英阶层之间远距离奢侈品交流的结果，其目的是以获得本地民众难以企及的威望，巩固自己的地位[29]。

（五）大型墓葬

墓葬规模及随葬品丰厚程度的差异是体现死者生前财富拥有量、身份等级的重要标志。石峁遗址发掘的墓葬大致可以分为三类：瓮棺葬、竖穴土坑墓及石棺葬。瓮棺葬均为早夭孩童的葬式；石棺葬多为青年，其出现或与石峁一带丰富的石料资源有关；竖穴土坑数量最多，也是延续了仰韶晚期以来的墓葬传统。就竖穴土坑墓来看，石峁韩家圪旦地点发掘的墓葬规模多数在2平方米之上，最大者如M1，长约4、宽约3、深6米，墓室面积12平方米[30]。规模差异显而易见。大中型墓葬结构相似，墓主位于墓室中央，仰身直肢，棺外有殉人1至2人不等，墓室北壁均设壁龛，用于放置陶器等随葬品。虽然该墓地被严重盗扰，但仍然从规模上能够判断其为石峁遗址内的一处大型贵族墓地。

（六）"众星拱月"式的聚落群结构

进入公元前2300年后，陕西北部、内蒙古中南部及晋西北地区中小型聚落数量暴增，中心聚落与小型聚落规模相差悬殊，每个（次）中心聚落的控制区域面积或在数百平方千米上下，使得区域内背景复杂的不同人群得以整合。

据不完全统计，陕北地区龙山时代石城聚落的数量大约七八十处。仅在石峁遗址所在的秃尾河流域调查并确认的石城聚落不下10处，包括桃柳沟、庙石擂子、石擂子、石圪、寨合峁、虎头峁、薛家会、高家川、寨峁梁、白兴庄等，此外还有大量没有防御设施的小型聚落。这些众星拱月般环绕在石峁遗址周边的"卫星村落或次级中心"，奠定了"石峁王权国家"固若磐石的存在了四五百年之久的社会基础，改变了仰韶晚期及龙山早、中期所见的多中心、对抗式聚落分布形态，并逐渐向单中心、凝聚式的形态演变，最终在公元前2300前后形成了石峁遗址为代表的早期王权国家。

在进入二里头早期时期以后，以新华晚段、石峁晚期为代表遗存在文化面貌上仍然延续了本地龙山晚期以来的文化特征，陶器面貌上丝毫见不到中原二里头文化的影子。因而可以认为，夏文化的影响在夏王朝建立初期远未波及到河套地区。在距今四千年前，包括内蒙古中南部、陕北地区在内的河套地区并未随着夏王朝建立而成为其势力范围，反而保持着自己独立的文化传统与发展轨迹[31]。生活在内蒙古中南部、陕北、晋西北的以石峁遗址为核心的人群与夏王朝鼎足而立，这种状况与关中东部地区进入夏代以后的局面有类似的地方[32]。

（七）性质与族属的思考

作为龙山晚期最大城址，石峁遗址以其宏大的建筑规模、复杂的城防设施、众多的精美玉器、农牧交错的地理区位以及其处于临界史前和历史时期的关键时间结点等因素，从确认其规模及城址结构开始，学者们就试图从各个角度进行解读，先秦史学者沈长云从古代文献及历史地理角度纵横捭阖、旁征博引，提出石峁古城是黄帝部族居邑[33]。此说一出，学界瞩目，有学者甚至直指黄帝都城昆仑[34]。陈民镇撰文回应，指出将考古发现与古史传说轻易挂钩的做法是危险的，并从世系年代、区域位置、筑城传统等方面提出石峁古城与黄帝都邑存在文化特征的不相称性[35]。此外，关于石峁遗址性质还有上古西夏都邑[36]、大禹治水与共工斗争时被毁的不周山[37]及尧帝陪都[38]等多种说法。

作为主持石峁遗址考古发掘的考古工作者，面对史学界关于石峁遗址族属与性质的快速反应，促使笔者也不得不回过头来审视与之相关的问题。考古学注重实物资料的积累与分析，在没有获得充分内证性材料支持的情况下，一般不倾向于将考古学文化或某一遗址背后的族群与上古历史人物的对照匹配。这也是考古学本身为人诟病的"见物不见人"的短板，但未尝不失为一种审慎的态度。

2015年6月，中国社会科学院在国务院新闻办举行了山西陶寺遗址发掘成果发布会。陶寺遗址考古工作迄今已有四十余年历史，经过数代考古学者的不懈努力，揭示出的距今4300至4000年的陶寺遗址是中国史前功能区划最完备的都城[39]，暗示着当时已经出现了王权和明显的社会分化。结合考古证据、文献及民族志等资料，考虑到年代、地理、规模以及其文明程度等，陶寺遗址被认定为尧的都城[40]。尽管这一观点从形成到最后通过官方公布，经历了数十年的漫长历程，但正如发布者指出的那样，对于陶寺遗址的性质在学术界还存在一些分歧，目前还没有到可以下定论的时候。

从考古学文化面貌来说，陶寺遗址包括了早、中、晚三期遗存，其中早期遗存与广泛分布于中原腹地的庙底沟二期文化有着深刻的渊源关系；而中晚期遗存的分布范围不出临汾盆地（如翼城南石、曲沃方城等遗址），特征鲜明，却与深耕于河套地区自仰韶中晚期以来形成连续发展的龙山中、晚期遗存有着文化面貌上的高度相类性及承袭关系。换句话说，以石峁遗址为代表的龙山中晚期考古学遗存与陶寺遗址中晚期遗存有着密切的关系。尤其体现在直口方唇肥足鬲、单把方格纹鬲、双鋬鬲、圈足瓮、折肩罐、铜齿环（轮形器）、粗柄豆、单耳或双耳杯等器物及几何形壁画、壁龛盛放随葬品等典型器物或现象方面，暗示着二者之间有着千丝万缕的联系，极为可能的一种解释是，陶寺中、晚期遗存与石峁遗存或为同一人群创造的物质文化孑遗[41]。若依庙底沟二期文化公元前2870年的¹⁴C测年推算，陶寺早期当不晚于公元前2500年，尧都陶寺当然不是此类遗存[42]，笔者赞同上述观点。若此，则所谓唐尧遗存是以陶寺中晚期文化遗存为代表，其主体年代在公元前2300—前1900年。可以肯定的是，陶寺都邑的兴衰是否和石峁人群存在密切联系，其兴于北方地区以石峁为代表的龙山中晚期遗存沿汾河谷地南下，或衰于二里头文化的崛起。如果陶寺遗址被认定为唐尧都邑，那么又该如何认定石峁遗址背后的族群呢？这些问题都值得我们深思。但毫无疑问的是，无论石峁还是陶寺，其中蕴含的北方文化因素是中国早期文明形成过程中最为重要的参与者[43]。

从考古学文化的分布来说，以石峁遗址为代表的河套地区龙山晚期文化遗存有着深厚的区域文化渊源和传统，其分布范围大致在今内蒙古中南部、陕西北部及晋西北一带。这一区域的考古学文化面貌高度一致，上承老虎山文化，下迄朱开沟文化，有着相同的居住方式及丧葬习俗，生活用器组合及形制发展脉络清晰可循。因此，可以断定以石峁为代表的龙山晚期文化遗存是根植于河套地区仰韶晚期以来久居于此的土著人创造的，她吸收了同时期其他文化（如齐家文化）的部分因素。随着时间推移，其社会形态逐渐复杂化过程，最终形成了具有国家形态的高级聚落中心——石峁。

种种迹象表明，石峁城址的社会功能不同于一般原始聚落，已经跨入了早期城市滥觞时期作为统治权力象征的邦国都邑的行列之中。有鉴于此，我们以为，在没有获得更多证据之前，石峁遗址的性质定义为"公元前 2000 年前后中国北方区域政体的中心"似乎较为妥当，具备了集约人口、集约经济、聚敛高等级物质文化的空间地域系统，是 4000 年前后大河套地区社会的政治、经济、文化及宗教中心，也是不同于仰韶时代的维护社会新秩序的礼制与宗教中心。

如何正确解读出土资料与中国古典文献之间的关系，在抛开考古学自有话语系统的同时，为重构中国上古史贡献智慧一直是从事史前考古的考古学家努力的方向之一。随着 ¹⁴C 测年等科技手段的日益精细化，这种尝试变得越来越趋近可能，但同时亦显得愈发扑朔迷离。其重要原因之一，即是否承认考古发掘发现的物质遗存（如陶器类型、房屋结构、墓葬形制等生活遗迹）与其背后的族群存在对等的关系，这是困扰早期历史与考古学研究者的一个重要问题[44]。一般认为，考古学文化与人群分布具有对应关系，但大量民族学材料表明事实可能并非如此[45]。在自发肩负将中国"信史时代"向上推移的包袱下，先秦史学者与从事早期考古研究的学者几乎就每一项重要发现从开始便展开着"对号入座"的研究，这成为数十年来中国考古学和上古史研究领域的一大景观和特色[46]。

数十年来考古发掘工作揭示出了许多重大的史前时期考古发现，但在没有获得充分的证据之前，使用考古发现填充古史传说中的上古部族时需要慎重。但毫无疑问，通过考古发掘与文献的综合比对研究，获得较为可信的上古社会图景是探讨中华早期文明、走出传说时代的必经之路。

三、看得见的未来：潮平两岸阔，风正一帆悬

石峁遗址发现以来，中央电视台《新闻联播》、新闻频道、科教频道及地方卫视等媒体进行了多次报道，获得了社会的高度关注。央视十频道制作了《石破天惊》四集专题片、央视四套《国宝档案》三集专题介绍了石峁遗址的最新考古成果。《光明日报》、《人民日报》、《科技日报》、《工人日报》、新华网、人民网等众多媒体分别就石峁发现进行了深度报道。

2015 年 5 月 20 日，陕西省委书记赴石峁遗址考察。他强调，要把石峁遗址的保护工作摆在首位，积极开展地方立法，建立长效保护机制，加大资金投入力度，完善文物保护设施，改善考古工作条件，不断完善参观配套功能，搞好发掘现场展示观摩，把石峁遗址打造成我省旅游的又一新亮点。石峁遗址的保护与展示已经提上了日程，石峁将成为一个新的展示中华文明起源的重要基地。

2015 年 6 月 10 日，根据陕西省委省政府的指示，陕西省人大教科文卫委员会在省文物局的陪同下赴神木县实地调研并召开"石峁遗址保护立法工作调研座谈会"，正式启动石峁遗址保护立法程序。9 月，榆林市委召开"常委会会议"，同意石峁遗址管委会的成立，副县级编制。12 月，石峁遗址管理处已正式开展有关石峁遗址保护、发掘、开发和利用工作中的具体事宜。

2015 年 12 月 17—25 日，根据陕西省委省政府的指示，陕西省文物局派遣赵荣等 5 位同志赴

墨西哥、秘鲁两国开展文化遗产保护及开发运营工作考察，学习遗产管理、文物保护、展示利用和开发经验。中南美地区文物保护理念及展示方式对考察团启益良多，不仅仅对石峁国家遗址公园建设、保护与展示利用等提供了许多具有价值的思路与经验，也为发挥陕西作为文物资源大省的文化发展、经济发展、旅游管理等提供了具有重要价值的做法与经验。

目前，在省委省政府的关心和支持下，石峁遗址已经被列入陕西省重点文化工程。《石峁遗址保护规划（2016—2030》通过国家文物局审核批准，于2016年4月28日经陕西省人民政府常务会通过正式颁布。《陕西神木石峁考古遗址公园概念规划》及《中国石峁遗址建设规划》正在编制之中。石峁遗址东门址保护方案已经经过了数次专家论证，正在不断完善，东门址的整体保护与展示利用指日可待。

石峁，一座孤寂的石头城，在蒙陕近邻处的黄河西岸，犹如黄土高原上的众多土峁，默默地"潜行"了4000年。如今，考古学家们的脚步终于叩响了这处史前文化遗产的处女地。持续五年的考古调查与发掘工作，初步揭示了石峁城址的聚落结构与布局、兴废年代、文化性质等重要问题。然而，石峁遗址地表支离破碎、沟壑纵横且石砌建筑和散乱石块遍布，传统考古勘探已经不能获取有用的布局信息，只能依赖于面积有限的考古发掘。虽然关于石峁遗址的认识随着考古发掘工作不断开展和古动物、植物、古DNA及环境等多学科研究的介入而不断推进，但面对这么一处规模宏大、建构考究的大型石砌城址，对于其内部聚落结构、功能区划、城内人口、道路设施等关键性问题仍然在发现求证阶段。只能说谜一样的石峁，仅露出了"冰山一角"。

"潮平两岸阔，风正一帆悬。"我们展望石峁的未来，在国家文物局的高度重视下，在省文物局的大力支持下，随着石峁遗址的各项保护和建设规划的及时跟进、专项保护条例的颁布施行、管理机构的不断健全以及考古发掘研究的不断深入，神木石峁将毫无疑问地成为我们从历史斑驳的缝隙间捡拾华夏民族散落记忆的"圣地"。

注　释

［1］ Alfred Salmony. Chinese Jade Through the Wei Dynasty（北魏以前的中国玉器）. The Ronald Press Company, New York, 1968.
［2］ 李学勤：《论香港大湾新出牙璋及有关问题》，《南方文物》1992年第1期；张长寿：《论神木石峁出土的刀形端刃器》，《南中国及邻近地区古文化研究》，香港中文大学出版社，1994年。
［3］ 范佩玮：《高家堡史话》，陕西人民出版社，2015年；神木县档案局1958年资料。
［4］ 该资料由巩启明先生口述整理，1975年该调查参与者曾骐先生提供给巩启明先生，原资料因其他原因未能公布。
［5］ 戴应新：《陕西神木县石峁龙山文化遗址调查》，《考古》1977年第3期。
［6］ 戴应新：《陕西神木县石峁龙山文化玉器》，《考古与文物》1988年第5、6期合刊。
［7］ 戴应新：《神木石峁龙山文化玉器探索（一至六）》，《故宫文物月刊》1993年第125—130期。
［8］ 张长寿：《论神木石峁出土的刀形端刃器》，《南中国及邻近地区古文化研究》，香港中文大学出版社，1994年。
［9］ 西安半坡博物馆：《陕西神木石峁遗址调查试掘简报》，《史前研究》1983年第2期；魏世刚：《陕西神木石峁遗址发掘二三事》，《史前研究》，三秦出版社，2000年。
［10］ 吕智荣：《陕西神木县石峁遗址发现细石器》，《文博》1989年第2期。
［11］ 罗宏才：《陕西神木石峁遗址石雕像群组的调查与研究》，《从中亚到长安》，上海大学出版社，2011年。

［12］ 陕西省考古研究院、榆林市文物考古勘探队、神木县文体局：《陕西神木县石峁遗址》，《考古》2013年第7期。

［13］ 陕西省考古研究院等：《陕西神木石峁遗址》，《考古》2013年第7期；陕西省考古研究院等：《陕西神木县石峁遗址后阳湾、呼家洼地点发掘简报》，《考古》2015年第5期。

［14］ 考古与文物编辑部：《神木石峁遗址座谈会纪要》，《考古与文物》2013年第3期。

［15］ 孙周勇、邵晶：《石峁是座什么城？》，《光明日报》2015年10月12日。

［16］ 孙周勇、邵晶等：《石峁遗址：2015年考古纪事》，《中国文物报》2015年10月9日第5版。

［17］ 邵安定、付倩丽、孙周勇等：《陕西神木县石峁遗址出土壁画制作材料及工艺研究》，《考古》2015年第6期。

［18］ 纪仲庆：《扬州古城址变迁初探》，《文物》1979年第9期。

［19］ 叶万松、李德芳：《中国古代马面的产生与发展》，《考古与文物》2004年第1期。

［20］ 内蒙古文物考古研究所：《赤峰市松山区三座店遗址2005年度发掘简报》，《内蒙古文物考古》2006年第1期；辽宁省文物考古研究所：《辽宁北票市康家屯城址发掘简报》，《考古》2001年第8期。

［21］ 刘叙杰：《中国古代城墙》，《中国城墙》，江苏教育出版社，2000年。

［22］ 敦煌文物研究所考古组：《敦煌莫高窟北朝壁画中的建筑》，《考古》1976年第2期；中国科学院考古研究所洛阳工作队：《汉魏洛阳城初步勘查》，《考古》1973年第4期。

［23］ 郑元喆：《高句丽山城研究》，吉林大学博士论文，2010年。

［24］ 孙周勇、邵晶：《瓮城溯源——以石峁遗址考古发现为中心》，《文物》2016年第2期。

［25］ 孙周勇、邵晶：《关于石峁玉器出土背景的几个问题》，《玉魂国魄——中国古代玉器与传统文化学术讨论会文集（六）》，杭州出版社，2014年。

［26］ 方诗铭、王修龄：《古本竹书纪年辑证》，上海古籍出版社，1981年，第18页。

［27］ 李万寿译著：《晏子春秋》，贵州人民出版社，1990年，第95页。

［28］ 王炜林、孙周勇：《石峁玉器的年代及相关问题》，《考古与文物》2011年第4期。

［29］ 李新伟：《中国史前社会上层远距离交流网的形成》，《文物》2015年第4期。

［30］ 邵晶：《石峁遗址》，《陕西省考古研究院年报》（内部资料），2014年。据传M1内出土20余件玉器及10余件彩绘陶器，包括一件金玉合璧的牙轮形器。

［31］ 孙周勇：《新华文化述论》，《考古与文物》2005年第3期。

［32］ 张天恩：《试论关中东部夏代文化遗存》，《文博》2000年第3期。

［33］ 沈长云：《石峁古城是黄帝部族居邑》，《光明日报》2013年3月25日第15版；沈长云：《再说黄帝与石峁古城》，《光明日报》2013年4月15日第15版。

［34］ 王红旗：《神木石峁古城遗址当即黄帝都城昆仑》，《百色学院学报》2014年第5期。

［35］ 陈民镇：《不要把考古与传说轻易挂钩》，《光明日报》2013年4月15日第15版。

［36］ 张怀通：《谁的石峁：石峁古城系上古西夏都邑》，《中国社会科学报》2015年3月18日第5版。

［37］ 胡义成、曾文芳、赵东：《陕北神木石峁遗址即"不周山"——对石峁遗址的若干考古文化学探想》，《西安财经学院学报》2015年第4期。

［38］ 朱鸿：《石峁遗址的城与玉——中华文明探源视野中的文化思考》，《光明日报》2013年8月14日第5版。

［39］ 相关成果可参见解希恭主编：《襄汾陶寺遗址研究》，科学出版社，2007年。

［40］ 李韵：《尧都从传说走向信史》，《光明日报》2015年6月19日第1版。

［41］ 田广金认为陶寺遗存（中晚期）是北方地区老虎山文化沿汾河谷地南下或经陕北（石峁等地）南下东进形成，此说可信。参见田广金：《论内蒙古中南部史前考古》，《考古学报》1997年第2期。

［42］ 卜工：《读石峁古城，看文明亮点》，《光明日报》2015年12月2日。

［43］ 《表里山河，"陶寺"问世——〈襄汾陶寺——1978—1985年发掘报告〉出版暨陶寺遗址与陶寺文化学术研讨会纪要》，中国考古网，2015年12月12日。

［44］李伯谦：《考古学文化的族属问题》，《考古学研究（七）》，科学出版社，2008年。

［45］斯蒂文·赫瑞：《田野中的族群关系与民族认同——中国西南彝族社区考察研究》，广西人民出版社，2000年。

［46］许宏：《何以中国——公元前2000年的中原图景》，生活·读书·新知三联书店，2014年。

（原载于《发现石峁古城》，文物出版社，2016年）

九十年前的一段石峁记忆

邵 晶

石峁遗址位于陕西神木高家堡镇石峁村的秃尾河北侧山峁上，地处陕西黄土高原北部边缘，北部分别距离长城 10 千米、黄河 20 余千米，面积约 400 万平方米。1976 年征集文物并于 1981 年初步发掘，2012 年再次考察发掘。发现了保存相当完整、基本可以闭合的石砌城墙，以及城门、角楼和疑似"马面"等附属设施。通过分析调查，初步认定石峁遗址应当始建于龙山文化中期，延续至龙山文化晚期至二里头文化早期阶段。石峁遗址是黄河中游地区龙山文化晚期至夏代早期之间的一个超大型中心聚落，也是黄河腹地二里头遗址之外的重要遗址。

1958 年的"石峁山遗址"调查记录是目前所知关于石峁遗址最早的一次专业记录（图一）。实际上，关于石峁遗址的"模糊"记忆可以早至 20 世纪二三十年代，当时一些外文论著中出现了"来自陕西'榆林府'的中国古玉"（图二），现在我们知道，这些外文著录是将收藏于德、法、美、英、日等国公私机构的以黑色牙璋为代表的中国玉器追溯于石峁遗址的重要文献证据，也是石峁遗址留在海外的"记忆碎片"。与此同时，当时中国国内报刊也出现了有关石峁遗址的"模糊"报道。

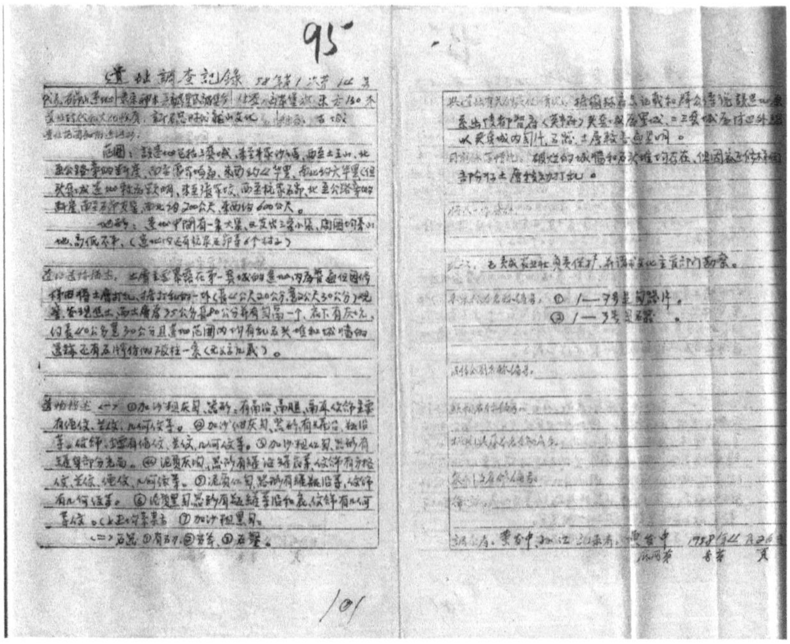

图一　1958 年"石峁山遗址"调查记录

1928 年 1 月 4 日的天津《大公报》刊登过一则"陕北发现汉匈奴古物"的报道，此中记述，似有与石峁遗址相关之处，报道主要内容如下（图三）：

> "女王塚墓、为寇堡寨"（北京通信）：陕北地处边陲，与内蒙古接壤，古昔夷夏战场，多在此间。长城环曲绵延，焚台远近林立，为历史上边疆重镇。迆西有无定河曲折南流，古人云"可怜无定河边骨，犹是春闺梦里人"，盖指此也。近有新由该处来京者云，陕北神木县高家堡东十里许有崔家峁山头，四边隐有朽腐石墙，中有乱石陶片、牛马朽败骨片，该处农人往往拨搜得铁片、铁箭头、玉片、铜带钮、铁马镫等物，山头土呈黑红色。据本地学者云，此系昔时匈奴南犯之酋王垒寨，距此山头迆南三里，有古塚四五处，墓峰高若丘陵。有农人康某窃发掘一处，墓穴深阔若洞，发现刀、枪头、弓、箭头等兵器多种，殉葬牛羊马骨、雕刻玉石牛马骆驼羊及佩物甚多，并有金绣衫一袭，系金丝织制。据该处一般人云，此曾为匈奴女王葬处。惟康某恐官厅惩罚，畏罪潜逃。北大考古学会得此消息后，业已转嘱神木学生韩益生旋里调查。候得确实报告后，将派人前往考察，以为考究古代匈奴生活、习惯、心理之材料也（十五日）。

图二　美国收藏的"榆林府"牙璋　　　　　　　图三　1928 年《大公报》刊登
《陕北发现汉匈奴古物》的报道

《大公报》是迄今发行时间最长的中文报纸，也是 1949 年以前中国影响力最大的报纸之一。《大公报》于 1902 年创办于天津，版本包括天津《大公报》、上海《大公报》、香港《大公报》、重庆《大公报》、泰兴《大公报》。1949 年后，天津《大公报》改名《进步日报》，旋又恢复原名，迁至北京出版，主要报导财政经济和国际问题，1966 年 9 月停刊。

"北大考古学会"即北京大学考古学会，成立于 1923 年 5 月，初名"古迹古物调查会"，由马衡先生担任会长，参加者有容庚、陈垣、李石曾、叶瀚、李宗侗、陈万里、沈兼士、徐炳昶等人。学会计划从调查入手，"并为发掘与保存之预备"，其主要活动包括参观朝鲜汉乐浪郡古墓发掘，调查北京西郊大宫山明代古迹、洛阳北邙山出土文物以及甘肃敦煌古迹等。2017 年，为筹备 2018 年北京大学建校 120 周年庆典，求学于北大、执教于北大的著名考古学家严文明先生接受访谈，在公开发表的名为《北大记忆：从物理学到考古学》的访谈录中提到，"在（北大）考古专业之前的很早，北京大学就设立考古协会"。严先生提到的考古协会应该就是北京大学考古学会。据上文报道，北大考古学会得知相关线索后"转嘱神木学生韩益生旋里调查"，还"候得确实报告后，将派人前往考察，以为考究古代匈奴生活、习惯、心理之材料也"，这正是北京大学考古学会成立初衷和务实作风的完美注脚，也是学界前辈们专业精神的真实记录。

韩益生，即在中国博物馆学史上占有一席之地的韩寿萱先生。韩先生字蔚生，神木县高家堡人，1930 年毕业于北京大学国文系；1931 年留学美国，先后在华盛顿大学、哥伦比亚大学攻读博物馆学，获硕士学位；1937—1946 年，任纽约大都会艺术博物馆远东美术部中国美术研究员；1947 年回国任北京大学教授；1948 年筹办北京大学博物馆专科，任主任；1974 年 11 月在北京病逝。斯人虽逝，但韩寿萱先生偷跑离家、赴京求学的趣事仍在高家堡乡间流传，韩先生"不惜婆姨爱读书"依然是当地乡民教育子女读书上进的最好故事。1928 年，正值韩寿萱北大求学期间，韩先生正是"神木学生韩益生"，是北大考古学会派往神木县高家堡开展野外调查工作的最佳人选。

现今地图上，高家堡镇周边十里许范围内不见"崔家峁"之村名、地名，因于 20 世纪八九十年代的"撤村并村"，翻阅 1981 年陕西省地图册，高家堡镇东北约 5 千米尚有"崔家峁"标示，与当地村民所说的情况一致。我们在原崔家峁村周边的山峁上调查时，并不见报道中提到的种种明显迹象，倒是距离崔家峁西南约 3 千米的石峁遗址各山头上，随处可见"朽腐石墙、乱石陶片、牛马朽败骨片"，当地村民生产生活中捡到各类"玉片"的现象十分普遍，20 世纪 70 年代戴应新先生征集的石峁玉器绝大多数都是石峁遗址周边村民平日捡拾而来。而"山头土呈黑红色"的描述与石峁遗址特别是皇城台周边的土色现象高度一致，因土层内包含大量红、黑色烧土块及木炭和烧灰，皇城台周边的土色多呈黑红色，夏日雨后，尤为明显。又据形为"垒寨"的外观描述（图四），笔者认为报道中的崔家峁山头应为石峁山头之讹，报道中描述的主体位置应为今石峁遗址皇城台区域。

"距此山头迤南三里"的"古塚"所在位置，应是今石峁遗址外城东门北约 3 千米处的恓惶梁山头（图五）。该地点至今仍有一座高大的圆形夯土"墩台"，以南不远处还有三座土丘，乡人呼为"女王坟"，虽无恓惶梁墩台高阜，但远远观之，确如陵丘。除地形地貌的描述非常相似外，关于恓惶梁和女王坟的盗掘细节，虽时隔 30 年，1958 年的调查记录仍有与 1928 年报道相似之处。据 1958 年第一次全国文物普查记录：康姓村民盗出玉牛、玉羊、玉鱼等。可见报道所说的古塚应系今恓惶梁—女王坟一带。据我们现场调查，上述区域确有盗掘现象，根据盗洞口的迹象观察，女王坟土丘下应有石板券顶的墓室，石板间敷以白灰砂浆，恓惶梁墩台东侧盗洞下应是一座带有壁画的石板垒券而成的墓室，据此判断，这些墓葬的年代可能在辽金时期，报道中所说盗出的各类兵器和殉葬牛羊马骨的现象也就有了依据，至于金绣衫的说法，可能是夸大之词，不排除是金属铠甲的可能性。回头再看报道前半部提到的"铁片、铁箭头、铜带钮、铁马镫等物"，也应考虑与恓惶梁—女王坟一带的辽金墓葬盗掘遗物混淆的可能。

另外，女王城、女王坟的地名描述在石峁遗址一带甚是流行，笔者于 2012 年初到石峁即有乡民告知：石峁是座女王城。还详细讲述了亲为姐妹的两位石峁女王嫌隙不和、矛盾冲突引发内部动荡，"南蛮"趁机毁城盗宝的精彩故事。

图四　状似"垒寨"的皇城台

图五　恓惶梁地貌

　　2013年考古调查行至外城东门北约3千米即上文所说女王坟地点时，见数座土丘拔地而起，甚为疑惑，路遇牧人，随口而出"女王坟"。关于石峁与女王的关系最早见于何处记载，一直萦绕心头。翻阅1982年出版的《道光神木县志》时，校注者对"宅门墕堡"注释曰"尚有故城遗迹，俗传是女王城。城外墓地间，解放前后，屡有各式玉器出土"。现在经过我们的工作知道，宅门墕堡就是指石峁遗址皇城台，在皇城台周边的墓地内，确有不少石峁玉器出土。如今，1928年的这份珍贵报道再次证实了乡民对石峁（皇城台）是女王城口口相传的真实性。

　　虽然模糊和零散，但这份来自1928年天津《大公报》的报道是国人对石峁遗址最早的一段记忆，更有北京大学考古学会和韩寿萱先生作为见证者，这段历史记忆应当视为石峁遗址考古调查工作的滥觞和发轫。

附记：感谢神木范林虎先生提供的帮助，范先生是土生土长的高家堡人，也是《高家堡镇志》和《高家堡名镇志》的主要编撰者，长期关心高家堡文化事业，关注石峁遗址考古工作，谨表谢忱。另外，本文写成时间，正好距1928年天津《大公报》报道90年，距1958年石峁山遗址调查一甲子，期待石峁遗址考古工作在2018年再有佳获。

（原载于《大众考古》2018年第6期）

四、纪要与纪事

2012年中国聚落考古新进展
田野报告与专题讨论

中国社会科学院考古研究所聚落考古中心

壹 报 告

会议主持 陈星灿（中国社会科学院考古研究所副所长兼聚落考古中心主任）

我们今天请到了4位第一线考古专家报告2012年度重要考古发现，还请来了张忠培、严文明先生做点评，王巍所长做总结，其实是一次小型学术研讨会。下面我们首先请雷雨先生做报告。

一、四川成都三星堆遗址的新发现

雷雨（四川省文物考古研究院研究员）

为配合"十二五"规划的开展，三星堆遗址自2011年，再次开展田野考古工作。工作内容主要有调查、勘探和发掘三个部分。

（一）调查工作

第一年完成了三星堆遗址周围什邡、广汉两市境内鸭子河北岸约30平方千米的考古调查工作。主要目的是寻找新石器时代与三星堆遗址有关的遗存。因为什邡在2009年进行基建考古时，曾发现有比三星堆遗址更早的新石器时代遗址，这次调查发现的大多是商周时期、三星堆最晚期的遗址。

成都平原的考古调查主要靠钻探，探工是我们工作站自己培养的，2011年调查共发现了10个遗址。今年，我们计划在鸭子河南岸寻找三星堆文化及其以前的遗址，希望能取得更大的收获。加上20世纪90年代的发现，三星堆遗址周围共有20多处遗址，大部分是商末周初的。这批遗址分布密集（尤其广汉境内），面积大多在1万平方米左右，文化堆积保存较好，厚度多在0.3—0.5米，个别厚达0.8—0.9米，文化面貌与三星堆遗址第三、四期相同，它们的发现为探索三星堆遗址群聚落特征和聚落关系提供了极为重要的线索。

（二）田野勘探

2001 年，曾在三星堆遗址的东北和西南进行勘探。2012 年，我们又在遗址的北部和东南部实际完成了 3.25 平方千米的人工勘探，这是三星堆考古史上第二次成规模的考古勘探工作。这次勘探由勘探公司实施，我们全程跟踪，效果还不错。勘探范围主要在三星堆遗址的西北和东南。勘探出三星堆文化时期夯土台 1 处，壕沟 3 处，古水道 9 处、"水门" 2 处，疑似三星堆时期城墙 2 处（"仓包包城墙"和"北城墙"），中小型墓葬 41 座（推测其中三星堆时期的墓葬约 15 座，主要在城外、城西），相当于三星堆一二期之间，都是一些小型墓葬。此外，还有三星堆文化时期—汉代的窑址 13 座，灰坑 149 座，遗存堆积范围 27 处，基本上摸清了所探区域文化遗存的分布状况。"仓包包城墙"和"北城墙"的初步确定，必将对上下延续千余年的三星堆城址的营建过程、布局以及功能区域的研究产生极大的推进作用。

（三）田野发掘

1. 青关山大型建筑基址（F1）

该基址位于三星堆大城的西北部，面积约 2 万平方米，确认是一处人工夯土台。夯土台高出周围地面 3 米以上。分上下两级，上面高的一级约 8000 平方米，下面一级约 1.6 万平方米。其两侧可能有环壕之类的遗迹。揭开表土即露出 F1，长约 55、宽约 15.8 米，建筑面积大约 900 平方米。自西向东有两排基址、每排 6—8 间正室，沿中间廊道对称分布，正室面阔 6—8、进深约 3 米，中间廊道宽 5 米左右，门道似开在东西两侧。东边门道跟廊道正对着，西边稍错。墙基全用红烧土与河卵石以及夯土夹杂在一起。南北墙各 2 排"廊柱"，超过 170 个，都是用成形成块的红烧土块垒砌基础。东部两个直径为 45 厘米的柱洞似与门台有关。红烧土块乍看起来像砖，杨文勋先生在北京看过照片后认为这红烧土块应该是在异地制作的原始砖，而不是倒塌的所谓"红烧土块"。红烧土墙基和夯土之间发现有板灰痕，当时做的时候可能是隔了板。发掘工作接近尾声的时候在墙基和室内的夯土上发现了 10 来处石璧、玉璧，还有象牙、象骨的堆积比较散，面上找不到明显的遗迹。可能就是撒在地面上或者直接嵌在墙上。在打破 F1 的一座墓葬的填土里面，发现一块"U"形陶瓦残片，当年曾在月亮湾台地发现过这一类的东西，只是青关山台地的瓦片还要大得多，可见这里有大型建筑的证据是很充分的，而且很可能有屋顶。勘探结果显示，在 F1 以北并与其同层位的第二级台地下，还分布着大面积的红烧土与夯土，几乎遍布整个二级台地，据此，我们推测 F1 有可能仅为一个巨大的"高等级建筑群"的一部分。更令人惊叹的是，在 F1 所在的大型"高等级建筑群"以下，还普遍存在着 3—4 层厚薄大致相同的红烧土堆积，各红烧土层又各自叠压于夯土层上，并多有文化层相间，总厚度超过 4 米。这些现象提醒我们，这里似乎存在着三星堆各个时期的高等级建筑，表明青关山台地有可能在相当长的时间内都是三星堆古城的核心区域之一。

关于 F1 性质的问题，多认为是宗庙、神殿之类的建筑；北大刘绪老师认为这个长条状、短侧开门是跟府库有关的东西。尽管具体认识不一，但是可以肯定的是，它是规模大、等级高、布局复杂的建筑，应为大型建筑基址群的一部分。专家们建议我们弄清平面布局是今后工作的重中之重，同时应注意平剖结合，适当、审慎地进行解剖。

2. 广汉新药铺遗址

2011 年发掘的广汉新药铺遗址，位于在三星堆遗址北岸，是一个小型的聚落遗址。面积约 1 万平方米，试掘面积 400 平方米，共清理西周时期文化遗迹 138 处，大多跟制陶有关。包括窑 2 座，灰坑 30 个，沟槽 12 条，柱洞 94 个。我们推测这里应该是聚落的制陶区。三星堆遗址一直没有发现制陶区，不排除新药铺遗址系三星堆遗址西周时期的制陶作坊区之一，属三星堆大遗址的一部分。

三星堆遗址 2011—2012 年度的考古工作，是继 1986 年一、二号祭祀坑发现发掘以来，收获最大、取得突破最多的一次，巩固了三星堆遗址作为长江上游文明核心区域的地位。下一步的工作重点应该放在整体布局和聚落形态的了解上，同时注重对所在环境的研究并推进三星堆遗址地理信息系统的建设。

二、陕西神木石峁遗址的新进展

孙周勇（陕西省考古研究院研究员）

石峁遗址位于陕西省北部，从地貌来看位于黄土高原和毛乌素沙地南塬，处于一个农牧交错地带，地表支离破碎，沟壑纵横，属于低山丘陵区，地貌类型以黄土山峁为主，沙漠地也零碎的散布其间。遗址所在区域海拔在 1100—1300 米。遗址位于自西向东流向黄河的秃尾河及其支流洞川沟的交汇处，占地面积约 4 平方千米以上。

石峁遗址的发现最早可以追溯到 20 世纪 30 年代。1929 年，时任科隆远东美术馆代表的美籍德国人萨尔蒙尼（A. Salmony）收集到一批玉器并流传海外，据传最大的一件牙璋现藏德国科隆远东博物馆。此人回国后出版《北魏以前的中国玉器》，书中公布了一部分他在中国调查时发现的一些玉器，许多玉器被后来的学者认为可能是石峁遗址出土。

1976 年，陕西省考古研究所戴应新对遗址进行了调查，这是文物工作者第一次走进该遗址。但是对遗址本身调查的不多，却在高家堡镇的废品收购站里见到了成筐的玉器，一共收集了 127 件，绝大部分被陕西历史博物馆收藏，其中，比较重要的几十件被当做第一展室的展品。1976 年，戴应新先生在此地征集到的玉器以牙璋器居多，大概二十六七件，是亚洲范围内征集到的数量最为密集的牙璋。就玉器器形而言，绝大部分是片状器，玉质很有特色，玉质很杂，但是在其他地方还没找到类似的可以与之对应质地的玉器。其中片状器的改制现象很严重，有各种各样的改制现象。其中，最为著名的有牙璋、玉雕人头像、玉鹰、玉虎、玉琮等。玉器资料公布以后很多人都关心遗址的年代，直到 20 世纪 90 年代中期大家还在争论。有商代、西周和汉代之说，当然也有人说是新石器时代晚期。为解决这个问题，巩启明先生当年带领半坡博物馆的一支队伍在石峁遗址发掘了 84 平方米，这是石峁遗址第一次全面科学的考古发掘工作。遗址的重要性引起了很多部门的重视。2006 年，石峁遗址被公布为全国重点文物保护单位，2011 年，我们院向国家文物局申报专项课题，对石峁遗址进行了系统的考古调查。2012 年经国家文物局同意，对石峁遗址开展了科学发掘。

2011 年，我们采用区域系统调查法，对遗址进行了抽样和重点抽样，调查面积在六七平方千米，在这个范围内，陶片大都在龙山或者夏代早期这一阶段内，且其分布从西北到东南逐渐减少。

有几道石墙，戴先生当年上石峁时就发现了，他认为可能和明代的长城有关。前两年陕西省做长城调查的时候，很多学者也以为这个石墙跟明长城有关，可能是长城城墙。我们调查时，虽然调查区域内的陶片因逐年屡遭大量采集而减少，但在这个区域里依然暴露出来很多重要的遗迹并采集到大量遗物，包括八九处以上的白灰面的房子、石棺葬、瓮棺葬、规模略大的竖穴土坑墓以及窑址等。我们发现，龙山时代的遗物和遗迹的分布基本上与石墙的分布范围吻合，在这个区域之外很少见到这一时期的堆积。因此，我们认识到这个石墙很可能与龙山时代有关，但是没有发掘，仅仅是一种推测。后来结合内蒙古中南部包括陕西北部仰韶中晚期筑造石城的传统，初步确认它可能就是龙山时代的城址。如此一来，我们判断石峁应该是龙山晚期到夏代这一时期最大的城址。2012年，我们复查时发现所有的城墙基本上可以连起来，个别石筑城墙还有越沟的现象，整个形成一个半包围的结构。基本上确认城址由三部分构成，即"皇城台"、内城和外城，内、外城呈半包围结构将皇城台紧密包围起来。

"皇城台"位于遗址的最核心区域，台体的面积大概在8万平方米，台子由层状结构的石头包起，多达七八级。现存三四层。石头垒砌非常整齐，个别中间有空洞，以横向插入直径二三十厘米的木头，这和后面发掘发现的包石夯土台基所见情况类似。早在2010年，陕西一个文保工作者对石峁就做了一个石雕专题调查，收集流散在地方博物馆石雕人头像，这些人头像都出土于"皇城台"之上。他当时发表文章就说这是龙山时期的东西，现在看来他的说法是正确的。因为我们在发掘过程中也发现了石雕的人头像，头像分两种，一种是头像，一种是半身或全身像。

内城呈半包围结构将"皇城台"紧紧包围其中，也是依山而建，大概呈椭圆形。内城城墙依稀可辨，大部分建在山上，个别越沟而建，都是石头砌的，宽度在2.5米左右。整个石墙长5700米左右，内城面积约210万平方米。内城的东城门与外城的东城门结构类似。外城对内城形成一个半包围的结构，外城也是一个弧形的石墙，绝大部分墙体高出地面，保存最好的现今高出地表1米左右。总长约4200米，宽度2.5米左右，外城总面积在190余万平方米，内外城加起来石峁城址的总面积在400万以上。据传，戴先生当年发现的那批玉器是在城外二三百米左右一个坑里出土的。外城外围还有一些墓葬，如果算上城外的东西，石峁的面积比现在实测的还要大。

2012年，我们选择了城内东城门这一区域进行发掘，发掘之前对遗址进行了统一的规划，为了准确记录，划为数万个探方。城址的结构很复杂，我们发现个别类似后代的角楼一类的设施，以及一些相当于城门附属设施。东门址位于外城东北部，门道为东北向，由"外瓮城"、两座包石夯土墩台、曲尺形"内瓮城""门塾"等部分组成，这些设施以宽约9米的"『"形门道连接，总面积2500余平方米。从地势上来看，外城东门址位于遗址区域内最高处，地势开阔，位置险要。这南北两个夯土台子不完全对称，因为在第二期也就是相当于夏代的时期南墩台坍塌了，就在这里修成一个院落式的房子。门道呈曲尺型，门道入口处宽大概是9米，长度是32米，向东北折过去18米。进门处为两两相对的封闭空间，我们初步认为与门塾类的设施有关。门塾，短墙修建在第一层地面之上，在个别区域还发现第二层地面之上有火烧的痕迹。

1. 头骨坑

东门址方围还发现了两个很有意思的头骨坑。一个（K1）位于外瓮城的外围，应该是最早的，跟城墙一个时期，另一个在门道附近（K2），位于早期地面之下。跟K1类似，也是没有边界，头骨摆放不是很整齐，也是24个。在这两个坑发掘之前，老乡告诉我们他当年挖出成堆的人头，还有肢骨，但是我们只发现了人头骨。发掘之前，老乡告诉我们石峁石墙当年有六七米高，发现20多件玉器，而且告诉我们这里的玉器很有规律，一米见方一个玉器。我们发掘过程中发现老乡所言不虚，确实有玉器。我们在这个区域发掘出一件玉铲，它在石头缝中间平行放着，大概三四毫米那么厚。另外在外瓮城的外围发现一个头骨坑，其实不能叫坑，两个头骨坑我们都没找到范围，没找到坑的边界。坑内都有24个头骨，经西北大学体质人类学老师做的现场鉴定，头骨上有夯打现象，头骨大部分都破碎了。初步鉴定以未成年女性居多，头颅有砍斫的痕迹，个别在颌骨和面部有烧灼的痕迹。

2. 墩台

南、北墩台有类似的结构，有一个同时期或者略晚时期修筑的护墙。可能是墩台有加固必要的时候修建的，厚度为2.5—2.8米。北墩台里也发现了石头里头有横向插入的木头，跟皇城台类似。我们初步判定可能跟增强稳固有关。保存很好，我们将一些标本交给北大进行测年，得知其中一个数据在公元前2000年左右。南墩台的结构与北墩台类似，只是南墩台在坍塌以后在外围修建了一个小型的院落。房子位于南墩台西侧，面积不大，大概七八平方米，外有一个小型的两道墙之间相对独立的空间，在院落的角落里发现一个石雕像，跟皇城台的石雕像基本一致。

3. 墙画

在东城门发掘范围内没有见到晚期的东西，所以我们将这里的遗存主要分为早晚两期，城墙的主墙和夯土台子都在下层地面之上，为早期。晚期石墙修建在第二层地面之上，跟早期的石墙有三四十厘米的差距。在这个墙体上一共揭取了数百块墙画，颜色有黄、红、橙、绿、黑，最大的有20多厘米见方，个别发掘时还附着在墙体上。壁画出在这一层。

东门址门道内揭露出上、下两层地面，上层地面及其上层堆积内出土的遗物较为丰富，可见主要陶器有细绳纹高领鬲、方格纹单把鬲、花边鬲和宽流鬶、篮纹折肩罐等；下层地面上多见一些绳纹和篮纹陶片，数量略少，陶器主要为鬲和罐两类。上、下两层出土陶器在器形、器类和纹饰方面具有较为明显的差异。

发掘表明，石峁外城东门址门道内上、下地面叠压关系明确，两层地面间隔一层厚约40厘米的混杂土层，代表了修建及再建两大主要使用时期。下层地面以下是一层厚约30厘米的黑褐色硬土，东门址的主体建筑及相关设施均修建于在该层之上，石墙主体基槽亦掏挖其上。因此，该层为外城东门修建时的地基铺垫层，其时代即为石峁东门址的修建时期。

石峁外城东门上、下两层地面可将城址的年代分为早、晚两个阶段，分别代表了修建及再建两大主要使用时期。东门址上、下两层出土的遗物分别属于内蒙古中南部、陕北及晋西北地区常见的龙山晚期和夏时期遗存。因此，石峁城址东门址乃至石峁石城的年代当在龙山晚期至夏代早期阶段。

此外，我们另外还对石峁城址的其他区域进行了发掘，共发现房子六七处，墓葬六七处，其中，石棺葬、瓮棺葬都很杂乱。清理出的一批瓮棺葬中，个别瓮棺是一个大陶鬲的足埋葬着一个小孩，还有裹尸的麻布，在一个残的房子里复原了几件陶器，其中陶鬲的年代大概相当于朱开沟二段。另外还清理了几座成人的墓葬，规模很大，长2.5—4米，这在新石器时代算比较大的，里面有朱砂红的痕迹，还发现了鳄鱼骨板，过去都只在大型遗址里发现。惜已被盗，骨架凌乱不堪。石峁除了现在所见的数百件玉器外还有很多陶器，一些与齐家的东西很像，也有与陶寺类似的陶罐，以及很有特色的陶瓹。此外，我们在石峁城址还发现了龙山中期的陶片，由此可见这个城的修建存在由内向外的过程，很可能三个城的修建不是同时的。

总而言之，2012年度的考古发掘工作发现了体量巨大、结构复杂、构筑技术先进的石峁城址外城东城门址，以及石城墙、墩台、"门塾"、内外"瓮城"等重要遗迹，出土了玉器、壁画及大量龙山晚期至夏时期的陶器、石器、骨器等重要遗物。本次发掘首次从地层关系上确认了石峁城址的修筑年代。结合地层关系及出土遗物，初步认定石峁城址最早（皇城台）当修建于龙山中期或略晚，夏时期毁弃，属于我国北方地区一个超大型中心聚落。规模宏大的石砌城墙与以往发现的数量庞大的石峁玉器，显示出石峁遗址在北方文化圈中的核心地位。

石峁石城面积在400万平方米以上，其规模大于年代相近的良渚遗址、陶寺遗址等已知城址，当是目前所见中国史前时期最大的城址。发掘工作不仅为石峁玉器的年代、文化性质等问题的研究提供了科学的背景，亦为研究中国文明起源形成的多元性和发展过程提供了全新的研究资料，对进一步理解"古文化、古城、古国"框架下的中国早期文明格局具有重要意义。

三、从玉器到聚落——凌家滩聚落考古的新进展

吴卫红（安徽省文物考古研究所研究员）

凌家滩遗址位于长江下游的一个冲积平原上的小岗子上，海拔很低。从1985年开始到2007年，一共发掘了5次，大概3000平方米，出了很多重要的东西。大量玉器的出土引起大家的重视，把大家的目光都吸引到玉器上去了，从一个统计数据上可以看出，二十多年来，发表了两百多篇文章，主要集中在玉器工艺、文明研究、宗教文化这三方面。基础研究基本上没有。遗址范围、居住区范围、周围同时期遗址等，我们基本上不了解。玉人从凌家滩墓地里出土了，而凌家滩的真人怎样生活？在哪里居住？在哪里生产？从2008年开始，凌家滩的考古工作重点从玉器转移到聚落。

做聚落尤其是大遗址的时候不要轻易舍弃一些东西。所以我们在宏观区域上，要深入了解一个整体，同时还要掌握周边；在微观区域，我们要全面了解一个功能区，不放弃所谓"空白区"。在遗迹遗物上就要以遗迹群为主要研究对象。那要怎么做呢？我的一个思路是厚积薄发，因为大遗址考古的成果需要长期的努力。我们需要一个长期、全面的规划，在具体实施过程中，强调分工与合作。这样按照"不舍弃"的理念，"不盲目"的思路，我们设计、完善了一套工作计划：确定了先全面掌握，后重点了解的原则，分步实施。首先我们有一个很详细的计划，第一步就是开展一个详细的区域系统调查，区域选定以凌家滩为核心、裕溪河流域为主体、巢湖流域和皖江东部两岸为背景，全面调查。目的是在宏观上把握遗址，了解遗址本体及周边遗址的分布情况、聚落的变迁过程。第二步在钻探方面，遗址本体全面钻探，其他遗址择要钻探。第三步对一些器物进行检测，在此基础上，将来通过局部发掘有目的地解决重点问题。目前已经开展的工作有我们所与国博合作的外围

马鞍山姑溪河流域调查，我们本所做的外围舒城杭埠河中游调查，另外在核心区也做了一些工作。

我们做过系统区域调查的地方，有八九百平方千米，加上一些常规的调查，基本上已经把巢湖包围起来，可以分为外围区、周边区、核心区。其中，外围区之一——姑溪河流域调查已完成400多平方千米，共发现先秦遗址90余处，新石器遗址从相当于马家浜时期有一个明显的变化，到崧泽晚期以后急剧减少，良渚时期基本没发现什么东西，到广富林文化时期又大量增加。从商代再到西周东周，遗址分布的密度越来越大。外围区之二——杭埠河中游地区，已经调查100余平方千米，发现先秦遗址60多处。很奇怪我们在巢湖东边发现的主要是崧泽时期的东西，但是巢湖西边一处都没找着，均为4500年前后的遗址，到周代的时候遗址就很多了。周边区域，就是凌家滩所在的裕溪河流域，共计500多平方千米，计划6年完成，现在已经4年半，完成了350平方千米的调查，已发现新石器遗址近30个（不含重复利用），集中在早晚两个时期，早期主要集中在崧泽时期，含少量马家浜文化的东西，晚期主要是良渚晚期。另有陶片数量少、无法确定为遗址的散点30余个。早期遗址，裕溪河上游分布稀少，不成群。中游明显增多，可分为几个小的聚落群。到了距今4000年前的晚期，分布格局是跟早期差不多，但数量明显减少，多分布在低矮山岗或缓坡上，平地较少，海拔明显高于早期。早期遗址的面积基本上在5万平方米以下，晚期面积多为1万平方米以下。到周代的时候分布密度和数量都有大幅的增加，但遗址面积普遍较小，一般在1000—3000平方米。

通过以上的调查，我们可以看出，新石器时代的遗址，基本上是在岗前地带分布，不管是数量还是规模上，到了凌家滩时期呈现出明显的大发展趋势。有了外围和周边的调查基础，形成一个笼罩住凌家滩的大网，再看凌家滩本体，便有了扎实的背景了，便于了解凌家滩。

核心区——凌家滩本体，我们以调查遗物为标准做了一个统计。崧泽时期很丰富，良渚、广富林时期就很少。到了周代，凌家滩遗址的陶片很少很少，但是它周围的遗址很多。可见凌家滩到了良渚至周代一直是衰落了。我们的调查是为了寻找居住区，因为是南方，以红烧土作为判断的重要标志，我们调查的时候对地表的红烧土都做了记录，发现遗址东部最可能是居住区，这为掌握凌家滩的布局打下了基础。

在对遗址本体调查的基础上，设定了钻探计划。第一步：宏观了解。以百米以上的间距，呈"井"字形布孔初探。第二步：局部试验，系几千平方米的摸底性钻探，了解地层、辨认土质。第三步：全面钻探。全部区域按现实情况分四个区，分期钻探。钻探时采取了网格化、以全站仪布孔方式，大量记录钻孔资料（文字、表格和照片），钻孔内的陶片全部采集。

钻探我们用的网格法，基本是5米×5米的距离，以50米×50米为控制网，控制网线上的遗迹钻孔、异常土样全部记录，其内的部分钻孔也予以记录。外围有些近空白的区域是10米×10米，再往外是20米×20米，都加中孔。我们对大量钻芯都拍了照片。钻探首先是从石头圩开始的，钻探出红烧土的地方，我们推断其中相当一部分是房子。在红烧土的周围，还发现了较多应为灰坑类的遗迹，与房址的分布具有一定的吻合性。除了遗迹，还有一些文化层的分布，文化层分布以红烧土为核心，越往南面的河道方向，堆积越厚，包含物越多。往东、北则薄，包含物少。如果红烧土是房子的话，这个地方就是居住区了。如果这是居住区，那年代怎么判断？有一部分的年代应该是早于墓地的年代，因为我们在1998年的时候发掘了1座房址，而且文化层的钻孔里所出的陶片也证实了这个。发现的这么多遗迹，是否确实能整合在一起？如果可以又是怎样整合在一起的？钻探发现有一条壕沟，年代不确定，也许是巧合，还是必然？壕沟正好把红烧土的范围包围起来，以外没东西，以内红烧土很密集。进一步钻探后，壕沟的走向已基本显现出来，后来大体封闭起来。沟内圈占的面积已经超过了40万平米，长度1000多米，宽度400多米，因为南面临河，有些地方不好计算，总面积在40万—50万，壕沟宽度在8米到30多米，深一般在1—2米，最深超过6米。我们在这个地方通过探孔做了一个30多米的横剖面，我们发现沟外比较陡，内侧稍平缓，沟底相对较平。在西边也做了一个纵向的剖面，有些坡度，究竟是一个什么样的情况，有待了解。壕沟最大的问题就是年代问题，虽然暂时没有发掘，没有证据，但我相信它是凌家滩时期。目前只在沟的几个钻孔中发现了陶片，均为早期，但地层成因不清。另外，这究竟是一条沟还是中间被隔断为两条沟等问题，有待进一步工作。此外，壕沟还带出了两个问题：壕沟内的空白区中偏下层堆积是常绿阔叶林和浅水湖泊沼泽景观，偏上层是森林湖沼景观，类似的扇形植硅体反映了采样点附近可能存在稻作农业活动。这是壕沟带出的第一个问题，第二个问题就是祭坛和墓地的问题。如果壕沟是凌家滩时期，则贵族墓地、祭坛分布在沟外侧？存在这种现象的可能性有三：一是隔离作用？二是年代差异？三是外面还有壕沟？另外我们检测了出土的玉器，样本的选择很严谨，以玉石器丰富的墓葬为单元，每墓的玉石器全部检测。肉眼观察各墓中所见质地不同的样品也选择了一部分进行检测。

基于以上工作，我们得出一点认识，凌家滩至少在相当于崧泽早期开始兴起；崧泽晚期比较发达，墓葬规格高；到良渚时期就不可避免地衰落了。文化面貌就不说了，遗址布局呢，整体呈"T"字形，居址主要在两侧的平地，贵族墓地在山岗之上。房址密集，呈现出沿河居住的特点，在河岸以北200米以外就没什么遗存了。关于大区域内聚落群分布：整个流域相对松散，早期以凌家滩为大中心、周边存在几个小聚落群。大的很大，小的很小，没有次中心这样的结构。晚期，聚落群的分布格局未变，但缺乏大中心。

凌家滩的兴起，是中华文明多元一统过程中的重要一环。它在黄河与长江之间，地处长江流域，处在文明起源的时间节点上。特点是承上启下，承前启后，缓起勃兴，盛极忽衰，为什么会昙花独秀，了无踪影？这是留给我们的问题。

四、湖北沙洋城河城址 2012 年试掘纪略

黄卫东（中国社会科学院考古研究所副研究员）

2011年，我所重启湖北队的田野工作，当时拟了个课题，即长江中游地区城址的发掘与研究。我们在长江中游地区选取了地理位置较为重要、规模较大、时代偏晚的城河城址作为工作对象，试图以此作为探索长江中游地区文明化进程的一个起点。现在长江中游地区一共发现史前城址大概15座，除陶家湖、马家垸、鸡鸣城、青河城等少量未发掘外，多数做过发掘工作。做过发掘工作的除石家河、城头山为主动发掘外，其余皆是配合基建而进行的一次性发掘，城址的整体布局情况十分匮乏，尤其是屈家岭至石家河文化这一阶段城址的基本面貌缺乏典型范例。只有石家河和彭头山这两个城址工作细致一点。我们试图通过对城河城址的长期工作，搞清楚城址全貌。

城河城址位于荆门沙洋县境内的江汉平原西北部，处于以天门为中心和以荆州为中心的交界地区，属于山区向丘陵过渡地带，规模仅次于石家河，大概 70 万平方米。城址呈不规则椭圆形，南城墙清楚，西边被压住，东北利用天然岗地。北边是高地，城北外是自然冲沟，当时定位是外壕，南边为古河道，叫城河。城墙和城河之间有没有外壕，需钻探查明。2012 年 11 月至 2013 年 1 月，我们初步发掘面积为 718 平方米。此次发掘有两个目的，一个是解剖城墙以确定城址年代；二个是发掘城内中心区以了解文化堆积情况。

城墙

在南城墙的中间开了两个探沟和一个大探方。一号探沟是正南北向，与东西向的南城墙大致垂直，南北长 40 米，东西宽 3 米。探沟西壁利用了修公路时挖的缺口，但探沟东壁完整地切剖了城墙体。城墙底部残宽 33 米，顶部残宽 15 米，残高 5.2 米。堆筑 16 层，每层厚 0.2—1 米。堆积层北高南低，由内向外呈斜坡状延伸。城墙始建于屈家岭文化时期，延续至石家河文化时期。第二条探沟的情况，位于第一条探沟东边 50 米左右，文化层比较丰富。探沟东壁的堆积显示石家河早期的文化层和屈家岭文化层压着城墙，城墙被屈家岭的一个灰坑打破。

为了解城内中部台地文化堆积情况，我们一共开了 12 个探方，比较奇怪，都是一种黄褐色黏土夹大量红烧土颗粒的堆积，张绪球先生讲这是典型的屈家岭文化层，像是古人翻整过的文化层。探方内发掘出的红烧土面，有些面积较大，形状不规则，也没有墙，只是掏了几个洞，有点像柱洞，所以我们暂定房子。有的只有一个红烧土面。其中，有一个黄土堆成的台子，目前只发掘了四分之一，出土有四耳器等被公认为祭祀神器的遗物，可能跟祭祀有关。在石家河城内如邓家湾、谭家岭等遗址，用于祭祀的筒形器经常和红烧土面、黄土台子共出。离此约 30 千米的江陵阴湘城也发现用红烧土做成的祭祀场地。我们所见到的红烧土面房址、黄土台子也与大量四耳器和筒形器残片共存，不排除这里也曾有祭祀场所。

这次发掘的主要收获，一是基本搞清楚了城墙的年代与分期，推断城墙年代始建于屈家岭文化时期，沿用至石家河文化早期。第二个收获是对城址布局的初步了解。其中，A 点疑似祭祀区，因为出土了四耳器、筒形器、黄土台、红烧土面。B 点是中心居住区，因为有密集大块红烧土。C 点是作坊区，发现了陶窑、排水沟。D 点疑似埋葬区，因为老乡说有穿孔石钺、陶罐等。另外根据以前荆门博物馆做的工作以及我们对老乡的询问，了解到城墙上的一些缺口可能是传说中的东门、北门及可能与城内河有关的一些堰塘。

贰　讨　论

主持人　赵辉（北京大学考古文博学院教授）

聚落考古在中国考古学开展时间挺早，不比国外晚多少。20 世纪 50 年代，以半坡遗址发掘为标志，开始了聚落考古的探索。后来的北首岭等遗址的发掘也都有揭露史前聚落结构的意识，但是直到 20 世纪 70、80 年代，中国考古学的任务主要是发现考古学文化，然后尽可能短时间内建立起覆盖完整、内容充实的考古学文化年表，讨论彼此文化之间的关系，并没有把主要精力放在聚落考古上，20 世纪 80 年代以后学术有了发展，尽管文化关系讨论还在继续，但是，学术的注意力转移到诸多文化现象后面的古代社会上来。从那以后，我国的聚落考古又走过 30 年，但是，聚落考古迄今仍然属于比较前沿的领域，需要讨论的问题非常多。我认为，聚落考古不光是史前，还有商周时期的考古，也要大力提倡。

夏正楷（北京大学城市与环境学院教授）

我觉得聚落考古和之前的考古应该不同，聚落考古应该是挖开了的东西。聚落的概念最早是地理学提出的，是指人类从事生产生活比较集中的地方，如乡村聚落和城市聚落。聚落布局、发展演变都是从那里发展出来的。注重聚落是因为聚落的形成、发展、灭亡，格局和分布，能否发展成为中心聚落和次中心聚落以及它们之间有着怎样的相互关系，是由地理环境决定的，所以地理学也很注重聚落。我对聚落的地理环境和位置很感兴趣，现在大家讲环境，比较关注气候。我觉得气候对一个聚落有作用，但不是主要的，影响聚落的主要因素是水文、地貌、自然资源，但是这方面做得比较少。讲到钻探、区域调查，应注意是在什么地位上钻探的，在不同地貌上得到的信息就不同。在二里头遗址我们也钻了很多孔，不同的位置钻探就不一样，这个地方可能是新石器早期的，那个地方可能是新石器晚期的。比如二里头有个二级台地，它是干什么的，要把关系捋顺了。人们常常生活在不同的地理位置，为什么会生活在不同位置上，这和当时的水文有关系。对比钻探成果，不同的时代、不同的地貌要分开。钻探一定要考虑地貌，不同的地貌有发展过程，考古应该学习些地貌知识。搞区域调查应注意和水的关系，这是地理学所强调的。比如我们在山东搞的薛村遗址，该遗址有二级阶地，所有的东西都在二级台地上。史前人类在选择生产生活的位置的时候，与水的关系非常密切。二里头好在哪里？它资源丰富，什么都有，有水、有土可以烧陶器，有木头可以盖房子，有铜可以炼铜，北面有岩石，有一系列资源供应。这些因素在聚落考古中都需要考虑。

我觉得我们今天的讨论没有展开，我们是要讲发现的遗迹、遗物，讲发现什么陶器，讲文化等。但是，讲聚落还是要在地理背景下考虑，这样就会很生动。它为什么选址在此，今天的二里头不会是都城，当时作为都城有它的河流、水系的变动等。我们对聚落考古感兴趣因为他跟地理环境有关系，地理学为考古学解决问题提供了一个思路。人其实就是依赖环境，讲风水其实就这些事。史地史地，历史地理是在一起的。二里头遭遇水淹之后就选址在高坡上。这里能更好地生活，做都城合适。环境考古是为考古学服务的，地理学服务的东西是古环境演变，第四纪环境演变，不是考古学的东西。希望聚落研究跟考古学结合，聚落考古要解决聚落的考古学背景，提供环境的背景。他们之间的交流融合非常重要。目前来讲，环境考古为聚落考古服务，关键是把聚落的分布、布局、水文、地貌、水系、资源背景搞清楚，对聚落解释会有帮助。我觉得考古的本来就应该学点地学知识，我们也应该学点考古学，这两个学科密不可分。

戴向明（中国国家博物馆田野考古中心研究员）

我们搞的周家庄遗址面积很大，里面有一个自然冲沟，想知道冲沟是什么时候形成的。取样测年发现它的时代还很晚，只有几百年的时间。钻探时候发现墓地北边有又厚又硬的土，不知道是什么，挖了个十字沟，5—6 米宽，2—3 米深。请夏正楷先生观察，确认是水塘堆积，有螺蛳壳和渗透痕迹，这些具体问题有时候我们考古队并不能解决，应该请懂地理学的人去看，对地貌堆积有更深的认识。考古队里有个搞地貌的学者，对一些堆积的成因推测应该很有帮助。

孙周勇

有人提出石峁城址的吃水问题。现在来看，那里的环境仍然比较恶劣，一般的小车都上不去，海拔也比较高，地貌支离破碎，以前地貌环境可能好很多。

赵志军（中国社会科学院考古研究所科技考古中心主任、研究员）

石峁环境还得再做工作。这里现在是最贫瘠的地区之一，聚落网背后有人口问题，当时的环境能否养活这些人口，这应是下一阶段的工作重点。还牵扯到另一个问题，归入到季风区还是西风区，对石峁来说，可以探讨它的地位。

刘建国（中国社会科学院考古研究所科技考古中心副主任、研究员）

石峁遗址处于季风区和西风区的交界地方，很干旱，根据目前的卫片来看，积水范围不是很大，治水模式和良渚不一样，北面的小河应当修有水坝，否则维持不下去。西面的河应该是比较大的河，修水坝难度比较大。南面是小的河道，治水范围很小，可考虑从城的西北方向找有无治水痕迹。

赵志军

以前应该好很多，我现在怀疑，如果真有这么多人口，毛乌素可能不是沙地。包括木柱柱梁，当时最少是草原。

刘建国

当时河沟下切可能没有那么深。

李水城（北京大学考古文博学院教授）

以前我们去的时候那个沟里就有水。现在已经干了，以前好多沟都有水。

赵辉

石峁是一个点，大的来看，在黄土高原，再往西走，就是黄土地的边缘，当然可能当时的边界更靠西，但那是另外一个问题。整个一个黄土高原，到燕北、晋中，大兴安岭一线，都有一个环境的问题，当时的大环境是什么样的，那个时代怎么会有如此繁荣的发展。刚才都谈到石峁，说干旱半干旱地区，那么一个大的范围，当时冒出那么多城址。

王巍

扩展一下，夏家店下层也是人口剧增，统一考虑三北的大环境，这个环境跟当时的社会变革可能有关系，进入夏纪年以后可能还有发展。

水涛（南京大学历史系副主任、教授）

聚落为什么选点，有一个很大的空间背景，在很多时候在遗址外面，我们划定的空白区或空白区外面，范围比较大的一个东西，也可能不在考古学家的视野内，有时是在地学专家擅长的大的环境背景。这个问题可能需要多学科合作来解决，但是聚落本身问题还是要考古学家。

徐良高（中国社会科学院考古研究所研究员）

三星堆城址的好多环壕是在墙内吗？

雷雨

三星堆发现很多道城墙，小城外的环壕就会是在大城的内部，但是其实都是在城墙的外侧。城的情况很复杂，不好说，但是具体到每一道城墙来讲，壕沟都是在外侧。勘探发现 9 条河道，这些河道都是什么时期的，是人工的还是自然的，还没有弄清。希望环境考古的专家能我们提供信息。我想，即使挖的话也解决不了大问题，人工的还是自然的很难判断。

王巍

搞聚落考古，水文、地质方面的研究都要注意，良渚是水城、水道，南方跟水的关系要格外注意。

刘建国

从 20 世纪 60 年代三星堆的影像上看，这里的自然河道很多。不停的改道，自然形成弧线形比较明显，河道和城墙加在一起看，可能看到城墙对河道的利用。仰韶、龙山利用过废弃的河曲，很多沿弧线形分布。那些大型扇形存在可能是废弃河曲。

李水城

发现北城墙很重要，能不能连到外城，配合三星堆文化做区域文化。挖到生土才能解决和宝墩文化的关系。你们挖到了生土了吗？

雷雨

挖到生土了，都不存在了，都冲掉了。

叶茂林（中国社会科学院考古研究所研究员）

三星堆周围新调查的遗址和三星堆遗址的关系怎样？能不能考虑和成都市遗址的关系？瓦是哪一期的。

雷雨

本意是找那个阶段的，但是勘探结果，发掘只挖了一个新药堡遗址，发现该遗址的年代只早到三星堆四期，相当于十二桥文化时期，早不到三期。三星堆遗址在祭祀坑以后还是一个很大的聚落，但是每年发掘点都有或多或少的第四期遗存。十二桥或者三星堆四期文化扩张得很厉害，三星堆最繁荣的时候，周围反而遗址不那么密集。新都、双流遗址有三星堆二期、三期的文化堆积，慢慢往北，有一些三期的东西，数量赶不上四期的时候。瓦大部分在二期，相当于二里头时期。三星堆文化、宝墩文化、十二桥文化、三星堆一期文化，各种名称把三星堆肢解了。都挖到生土。岷江河下来没法住人，是一个大的冲击扇，都是淤土。

戴向明

铜人出在哪？

雷雨

压在东城墙的，在城内的西南。西北城外是墓地，东北是祭祀坑。北边是鸭子河。

赵辉

概念、方法、技术等宽泛的东西，各位在聚落考古上有实践，肯定有心得。我个人感觉聚落考古首先是理念，东南西北的方法上肯定不一样，没有放之四海而皆准的方法，在长期工作中会形成一些东西，这些方法可以交流一下。

赵春青

有先生提出聚落不是都城，都城不是聚落，墓地不等于聚落。搞聚落考古，首先涉及到聚落的概念，聚落的概念首先来自于地理学。那么考古学上，应该怎么定义，聚落包不包括墓地，都城算不算一种高级聚落？此外，关于聚落考古的方法，也想听听大家的高见。

朱乃诚（中国社会科学院考古研究所研究员）

我认为我们现在说的聚落考古，站在不同角度就有不同看法，宏观上，聚落考古的目的最后是谈社会的发展，它的概念很宽泛。具体的工作，有些概念很明确。聚落考古和都城考古一样，都城首先要找门、城墙、道路，聚落考古具体操作对象不一样，空间、时间概念上，聚落考古这四个字就会有不同的认识，准确把握还要看我们想达到什么目的来看。聚落考古有时需要大面积揭露，选取重点遗址长时期进行发掘研究，全都搞可能会分散精力。聚落考古用到很多科技手段，其中年代学发展滞后，在解决问题的时候，年代学不能偏废，现在在解决平面问题时，年代学不能少，不只是测年的问题，有没有更好的方法来解决同一遗址不同单位的时期问题。西方考古学研究用 500 年的概念，将 500 年的不同东西放到一个平面进行研究，类似于将红山、夏家店文化放一起。显然没有意义。没有年代学的研究支持就没有更深的发展。细微的年代学在聚落考古研究中能发挥什么的作用，还有待提高。

张雪莲（中国社会科学院考古研究所研究员）

我主要谈两点：第一，关于年代学取样，全面还是抽样取？在室内采取一种怎样的统计方法？为了不让我们被动的话，就要全面取样。我们做的西坡遗址，三十几座墓全面取样，做出来结果，再结合遗址情况，非常不同，能给我们一些新的思维和新的启发，一些问题也可以探讨得很细。第二，一处遗址或一个聚落群，它的时空框架的建立也是最为重要和基本的。要获得真正有意义的绝对年代，一是 ^{14}C 测年的可靠，这一点已经不断实践，有很好基础；二是对测年标本很好的把握，要选考古学意义明确的标本，有利于考古学年代的断定。这两方面要很好的结合，才能获得有意义的绝对年代。

韩建业（北京联合大学应用文理学院教授）

聚落考古包括什么？都城怎么可能不是聚落呢？考古学不是一个有文献记载的学科，都城不就是一个很大的中心性聚落吗。至于墓地，聚落有很多层次，怎么安排活人、死人，哪里可以埋人，哪里可以住人。狭义上将遗址、墓地分开似乎也合理，大的聚落概念上，国际上好像没有把都城、墓葬、聚落变成一个独立的概念，我觉得我们可以借鉴。我们讨论都城、墓地，各搞一段，很多东西就看不清楚，前后左右不看，各门学科也不接触，这是不行的。西方人做学问"海"，其实也不是，我们的视野比较狭窄，有些问题就不清楚，要沟通。成立聚落考古中心要把这些整合起来，我们可以学习后段的方法，结合文献，我觉得也很好，有文献就可以落实到实处了。我们有时候画了很多圈，可能猜测的成分比较多。二是研究方法当中，大家最关心的是年代问题，这确实很关键。比如石峁这么大的城址，要把各个时期的遗迹单元搞清楚很难，但是不搞清楚，就只是一个宏观印象。虽然有各种假设和推测，但是最终还是要搞清楚的。就说石峁城址的皇城台吧，主要出土庙底沟二期的东西。现在城里所有的东西不能放在一个平面上用，早期修建可能后期也在用，也有的不用了，就一个台子。我们把它挖出来，当时的人可能就把它埋住了，也没用。严先生当年给我们上课时，举故宫的例子，故宫建好好几百年了，明清的时候是皇宫，现在也没有废弃，还可以参观。这样一个遗迹单元，看建筑结构是明代的，看东西是明清的遗物，但里面还有现代的安防设施等。我们现在发掘一个聚落，是看房子还是看出土的东西呢，哪一个才代表它的年代。我觉得最重要的还是看它使用的年代。要分清房屋本身的建筑结构和遗物的年代。使用年代是很复杂的，研究也分阶段和层次，到这个层次才能谈很多问题。

至于石峁遗址，我非常深的一个感受就是4200年左右，北方文化南移趋势非常严重，我觉得和气候有关系。当时就注重陶寺，解释陶寺这个现象，我特别注重这批肥袋足鬲的出现，就是陶寺大墓被破坏的年代。甚至在清凉寺一个盗洞里出土了这样的肥鬲，可能就是我说的北方老虎山那帮人往南破坏、盗墓的时候留下的。当时写论文的时候，说石峁有100多万平方米，也不知哪弄的数据。当然现在更大，石峁城址从庙底沟二期一直到朱开沟，早早晚晚，这么大的地方，到底什么时候建的城。那时候说朱开沟年代已经比较晚了，现在说在龙山的时候就有这么大规模的城，甚至说龙山是最发达的。这倒是和我刚说的龙山后期，距今4200年是对应的，这只是一个想法，还有待进一步的工作。

赵辉

刚才几位先生都说了年代，年代要分清两个概念。过去在做物质文化史复原时讨论的是文化的年代。那时，我们根据地层关系，器物排队分期，加上绝对年代测年数据，讨论相对年代，建立文化分期。聚落的年代不完全是这样，在聚落考古的现场，主要观察研究的是堆积的形成过程，不仅仅是上下叠压打破关系，还有平面上的空间结构的变化。以前是墓地后来变成居住区，这个变化的面在哪。找着这个面，就可以把文化堆积进行分期，这是我们在田野现场要做的事。堆积的分期和文化的分期可能是吻合的，也可能不吻合。以前我做过山东临淄桐林龙山文化遗址，龙山文化的分期，学术界是搞得比较清楚的，该遗址龙山文化早期有居住区、灰坑、道路，聚落结构比较清楚，但是，突然在这个位置当时的人们修建个了一个大院子，它有四五十米长，南北进深30—40米，以后又在同一位置反复修补这座院墙，挖了七八次基槽。但是，我们发现，最早开挖的那道基槽打破了一个灰坑，还有一个灰坑打破了这个基槽，两个灰坑里都出土了遗物，遗物形态上面分不开。堆积变了，内容变了，堆积的空间结构变了，但是文化上分不出期来，如果我们只注意讨论文化的分期，那就会掩盖了堆积的变化，聚落结构的变化和由此反映的人们行为模式的变化。田野发掘现场的注意力应放在堆积的形成过程上，应放在对那些关键的活动面的把握上，因为，过去人们的各种行为都是依托在这些活动面上展开的。

赵春青

文化和堆积分期确实很重要。瑶山墓地很多学者做过，我一直强调，这十几座墓的过程，是一次埋的还是好几次埋的，是在不太长的时间内一次性埋葬还是长时间内逐渐埋入的，这对了解墓地结构是不一样的，包括北福地，也是如此，发掘报告只给一张聚落平面布局图，那就是一期，但是过程还可以细化。过程依据考古学的层位关系梳理得越细致越清楚越便于对遗迹的把握。做聚落考古，年代搞得不很清楚不好办，大而化之和一步一步排出来结果是大不一样的。姜寨一期的房址有的有十几层打破关系，报告中没有细化，但是它们有打破关系的。你能说这十几座是同时使用的吗，其实每一个阶段只有一座房址在使用。所以如果有材料支持，把层位关系梳理得越短越细越容易接近聚落在那个时候的风貌。

赵辉

过去拿文化分期代替堆积分期，文化分为四期，宫殿分为三期，宫殿和文化分期一致吗？如果一致，宫殿废弃过2次，大规模废了，再在这里盖一次。也有可能东盖一片，西盖一片，这片塌了重建，那片还用着，等等，不同地点不同时期建造。所以空间结构很复杂，需要在一个遗址上长期细致地琢磨。

王震中（中国社会科学院历史研究所副所长、研究员）

刚才说到聚落的概念，包括城市、王都吗？在城市这个概念体系，怎么和聚落对接。这是一个问题。还有一个问题，现在在聚落里边，特别是史前聚落，社会复杂到一定程度时候，就会对聚落进行分级，比如分成一级、次级、三级中心，这是一种分法。聚落分等级有行政体系吗，如果没有，那么聚落分级是没有意义的。另外一种分级是都、邑、区、镇体系，都就是都城，这种尝试。"都邑"这个词是中国古代固有的，还原到古代，又有问题。比如说这个"邑"，在春秋战国时期，"都"和"邑"是有区别的；再往前，西周，洛阳称为"洛邑"，甲骨文里商王都城称为"大邑商"，边缘小城为"小邑"，藩国都城也叫"邑"。不论哪个等级居住点都叫"邑"，也就是说原始居住点都被称为"邑"。一直到春秋，大邑叫"百师之邑"，小邑叫"十师之邑"，这么来考虑，都邑用到什么程度也有问题。都邑区后面是有行政体系的，行政体系在史前时期有没有？我们现在换个说法，城、镇、村，这个行政体系里，居住空间、功能和形态也可以进行相关的划分，分为三个等级，这也是相互对应的。这样回头看史前、夏的聚落，应该用特征性的词标写不同等级的聚落还是用中心聚落，一级、次级中心聚落来标写？划分一级、二级聚落中心、普通聚落，现在流行做法是按聚落面积，基本上不是按发掘面积而是按采集陶片的情况。这就会有问题，比如河南古城寨遗址，城 17 万平方米，遗址可以到 20 万平方米，用聚落采集陶片（也没细分哪一段）的面积来划分等级就可能会出现一个 30 万平方米的遗址没有城墙，一个 17 万平方米的遗址有城墙，这样将谁作为第一级中心聚落？这样就要结合功能来考虑，但是在发掘面积有限的情况下，对城址功能的了解也不全。现在我们讲聚落考古的共时性，希望时间段要细化，不能只是一千年、五百年，尽量细化到二三百年就不错。还有一个问题，聚落考古划分等级主观色彩淡一些，它可能包括一些管理体系，否则和管理体系没有任何关系，没有意义。

吴卫红

谈到遗址问题，从聚落来说，它就是能代表一个完整的社会内涵。我们在野外能看到的是一个一个的遗址，实际我们做考古习惯谈遗址，从聚落考古角度来说，从逻辑学角度，内涵外延来看，一个遗址可能包含几个不同时期的聚落或者同时期的几个聚落，遗址内涵比较大，可能比较空泛。每一个聚落里边又包括居址，包括墓地，居址里又有灰坑，房子，墓地里又有各种墓葬。这个时候遗址概念对做聚落考古可能用处不大。越往上，内涵越大，外延越空乏。一个墓葬，一座房子，它的内涵已经很丰富了，外延又很小，这是一个逻辑关系。做聚落考古研究，根据不同对象，研究到哪一级就要采取不同方法和技术，研究聚落我用这个方法，研究到墓葬，肯定是一个更细的方法。对于不同层次、内涵采取不同技术方法。涉及聚落方法技术做一个大的聚落工作，首先要有大的理念，这是一个大的单元，要放在大框架下去看，拉开框架，单看看不出来。还要做长时段、长时期的工作，还要采取立体化的方式，要多学科的合作。多学科我个人有一点不同的理解，将来做聚落考古的时候，打造一个多学科平台，合作以我为主，我用的请来，不用的就不请来了。我觉得各学科人都来，也许这个不能解决考古学方面的问题，但是可以解决他们领域的问题，这样他们积累多了也许反过来又为考古学提供支撑。抛开知识面和理念问题，不管你认为有没有用，打造这么一个平台，都要邀请来，你做你的，我做我的，有必要就合作，对其他学科问题解决也有帮助。在我们力所能及的范围内，把每一件事做透，打一个探铲，要打透，打到生土层，甚至再往下一点，每一个孔记录详细。我们把我们这个年代的人的工作做好。还有一个"歪"的想法，一个聚落应该做长，但领队不要做长，这样可以避免思维、手段僵化，完成了一代人的工作，由新一代人来实施新的理念和技术。当然我们可以作指导，可以参与一些工作，但是不要做主持了。

闫付海（郑州市文物考古研究院实习研究员）

聚落分单个聚落和聚落群，共同的地方就是共时性，在大型遗址里有很多个时期的遗迹，城墙、护城河、居住区、作坊、墓葬区，都是聚落的一部分，但是一定要注意在同一时期的前提下强调他们的功能，对当时格局的研究。聚落群的研究也要注意共时性，在共时性的前提下分析聚落的大小，有无城墙，可能是几级聚落。根据调查，聚落里面的文化遗物分析可能有局限，发表资料丰富的聚落在共时性前提之下可以分析其内部文化因素的交流，其中一些比较重要的因素，对文明起源可能有重大意义。

叁 点 评

张忠培（中国考古学会理事长、故宫博物院研究员）

关于聚落考古我过去发表过论文，聚落考古是以聚落为单位的，与我国传统的金石学研究、近代考古学研究不同。金石学是研究器物的，考古学是研究单位的，灰坑、地层、房屋、墓葬都是一个单位，聚落也是一个单位。这个不断扩大的单位的研究过程中，是考古学不断发展的历史演变过程。我了解的聚落考古，是从苏联开始的，特里波列第一次采用聚落考古的方法进行发掘，中国借鉴过来，就是半坡遗址的发掘。聚落考古目的，是对居住地区的不同建筑物的结构、功能、形状、性质进行研究，来了解不同建筑的格局，由此就可以透物见人。

聚落考古的关键是共时性。聚落的共时性有不同的含义，有地层学、类型学的含义，地层学讲哪一段，是指废弃、建造、使用时期的共时。有些地方还有些模糊，我们要看到考古学的局限性，我们要把考古学的共时性研究细化到对聚落不同布局、不同建筑格局的更小单位来研究，以更接近当时社会的某种制度。遗址不等于遗物，遗址调查不等于遗物调查，遗址考古不等于聚落考古。这样说有点模糊，我们要有一个看法，具体到聚落研究，我们应该清楚我们能够做到一种什么程度。做聚落研究要考虑科学性，要清楚考古学应该能做什么，不能做什么。我们要看考古学最大能做什么。类型学的共时性跟层位学的共时性不一样，陶器的分期与单位的分期也不一样；一种器物产生的年代和一种器物的共时性也有区别。我一再说考古学的相对年代是绝对的，经过科学测定的绝对年代并不绝对，我们要求的是相对年代的共时性。

希望聚落考古不断有所进步。

肆 总 结

王巍（中国社会科学院学部委员、考古研究所所长）

感谢各位参加座谈，说下为什么建立中心，正如严先生讲的，我们从事的主要考古工作几乎都和聚落考古工作有关，但是迄今交流不多。近年来各地的考古学者从事聚落考古有很多心得。我们此次邀请的在座各位都有自己的聚落考古的实践与思考。成立聚落考古研究中心，可以达到严先生所讲的交流的目的，从而促进聚落考古研究。很抱歉，还有学者没有时间发言，好在会后仍可以交流，这类会议今后还会不定期地举办。我们院开展的"创新工程"，对我们来说是一个很好的契机，我们的总目标是深化研究，促进学术，提高中国考古学的整体水平和国际地位，加强聚落考古研究是其中的一个环节。严先生谈及手工业领域，在座的，有的现在正在做这方面的研究，以后也要加强。

今天大家讨论的内容，我个人有强烈的共鸣和以下几点深刻的体会。第一，考古研究和环境研究的结合，地质、水文、地貌等研究聚落的关系，当时的人们对环境的选择、利用等是十分重要的研究内容。在考古教学中如何提高学生们的地学知识？在工作中，从制定计划到发掘，如何将多学科的结合渗透到考古工作的各个环节？这样的工作很缺乏，夏正楷老师在二里头遗址做的工作是一个典范。第二，要用全面、发展、联系的观点开展聚落考古研究。在研究中要做到点面结合，一个遗址点、遗址群，一个中心遗址如果没有周围遗址的信息是不完整的，需要联系起来加以考虑。人们之间，聚落内部之间，聚落之间，聚落群之间，都宜采用联系的和发展变化的观点来考察。一个遗址的变迁、兴衰发展的过程、要用全面的观点来研究。至于聚落是否包括墓地，我认为我们研究当时的社会，自然包括生前和死后，当然包括墓葬，包括生产和消费等各个环节。用全面的观点就不存在墓葬是否属于聚落这样不成问题的问题。第三，多种技术手段在考古有着广阔的应用前景，促进了考古学的革命，对聚落分布有立体的考虑，空间应用和展示手段会促进聚落考古的发展。年代学的研究在考古学的研究中有待深化。各类遗迹在始建之前、始建中、使用、废弃等年代，都非常关键。在探源工程中，陶寺、良渚兴衰的关键点的判断，直接导致结论不同，这对年代学提出了更高的要求。

目前，聚落考古方法上各有千秋、各有创造，科技含量越来越高，信息量越来越大，意识越来越全面。现在，中国考古学已经超越了文化谱系建设阶段。正是在这样学术发展的背景下，我们所的聚落考古研究中心应运而生。我希望今后以召开各类小型、中型会议和编辑通讯期刊等形式，扩大交流，希望大家更加关注聚落考古，把中国的聚落考古不断向前推进。

（原载于《南方文物》2013 年第 1 期）

神木石峁遗址座谈会纪要

《考古与文物》编辑部

2012 年 10 月 15 日，陕西省考古研究院、榆林市文物勘探工作队、神木县文体局共同举办了"神木石峁遗址专家座谈会"。中国考古学会理事长张忠培先生、国家文物局考古处王铮、陕西省文物局刘云辉副局长，以及来自中国社会科学院考古研究所、中国文物报社、新华社、北京大学、南京大学、复旦大学、山东大学、香港中文大学、美国加州大学、故宫博物院、国家博物馆、内蒙古文物考古研究所、山西省考古研究所、山东省文物考古研究所、四川省文物考古研究院、湖南省文物考古研究所、南京博物院考古研究所、浙江省文物考古研究所、良渚博物院等单位的 40 余位代表与会。

石峁遗址发现于 20 世纪二三十年代，因大量流散于海外和一些文博单位收藏的玉器而闻名。20 世纪 80 年代以来，半坡博物馆等机构先后开展了调查及小面积发掘。2011 年由省、市、县三家文博机构组成联合考古队，对石峁遗址进行了区域系统调查，全面了解了石峁遗址的分布范围和保存现状，确认了石峁遗址包括外城、内城及皇城台三个层次的石城址，城内面积逾 400 万平方米，为目前国内所见最大的史前城址。经国家文物局批准，2012 年联合考古队对石峁城址外城东门进行了考古发掘，同时还对内城的一些地点进行了抢救性试掘。其中外城东门址使用于龙山晚期和夏代早期，体量巨大、结构复杂、技术先进，出土有壁画、玉器、奠基性人头骨堆等重要的遗迹和遗物，这些发现说明石峁遗址本身的特殊性。就目前的考古发现而言，基本可以确认石峁遗址是一个超大型的聚落，这个聚落可能是整个内蒙古中南部、山西北部、陕西北部的中心聚落，也是苏秉琦先生所说的"古城""古国""国家"三部曲中的古国阶段。

上午，与会代表参观了石峁城址外城东门址的发掘现场和内城东门址等重要遗迹。下午的座谈会由王炜林院长主持，代表们听取了领队孙周勇的汇报，随后进行了现场座谈。王铮代表国家文物局发言，对石峁遗址的发掘工作予以肯定，同时督促相关部门进一步推动遗址的发掘、研究和保护工作。刘云辉副局长回顾了石峁遗址的以往工作，并对本次发掘表示大力支持，同时指出目前遗址的相关保护工作已经刻不容缓。神木县王斌副县长对神木境内的古代文化做了简要介绍，并表达了对与会代表的诚挚欢迎和对考古工作一如既往的支持。与会专家学者就石峁遗址的田野考古工作、研究和保护等方面畅所欲言，提出了许多宝贵意见，现择要介绍如下。

张忠培： 看了石峁遗址的城垣和发掘现场，感到很震撼。石峁遗址以前因玉器闻名，现在调查发现的这个石城，是河套地区目前发现的石头城里面最大的，非常重要。目前看来，石峁遗址包括龙山和夏两个时期，这是在黄河中游除二里头之外的另一种夏时期的文化。从陶片看，夏时期还可以再分期，一个在二里头之前，一个进入二里头时期，龙山时期能不能分期还不好说。从陶鬲的谱系来看，这里的分裆鬲基本上是杏花文化的那套系统。这个城址目前看来，龙山和夏时期是延续的，但是这两个文化还不能肯定是同一谱系文化的两个发展阶段，很有可能是不同谱系的文化。两者之间是否有承继关系，将来还要进一步探索。

这么大的一个遗址，是祖先留给神木的一份珍贵财富，这项工作应该纳入神木县的文化建设体系。从文化建设的角度来看，这一工作对神木、榆林、陕西甚至全国都很有意义。

石峁遗址是国保单位，接下来该怎么办？我觉得还是要做好保护工作，它的价值不是我们今天就可以完全认识的。从 20 世纪 30 年代以来，对它的认识在不断地深入。我们只看到一个城门就感到如此震撼，但它还有很多东西有待发现！所以对这项考古工作要有更长远的准备，应该做三年规划、十年设想、百年谋略，要好几代人才能把它搞清楚。一定要考虑到考古工作的长期性！文物的本体需要保护，从考古工作的长期性来说也需要保护，只有在保护的前提下才能做好考古。这个山城的聚落结构还说不清楚，目前只能说有几道城墙，有一个几万平方米的高台，有雄伟的城门，面积有 400 多万平方米。还需要做调查，它的墓地在哪？城门为什么修建得那么漂亮，还要画壁画？这个城门的功能是什么？很多问题都说不清，还需要深入地研究。

李伯谦：做考古的人一辈子遇到这样的遗址没有几次。心情非常激动、兴奋、震撼。我对石峁遗址的关注是从戴应新公布采集的牙璋之后开始的，但是这个遗址的情况一直没说清楚。从 2011 年开始的调查发现了两道城垣，加上皇城台有可能是三道，应该说基本的框架清楚了。石峁遗址在这个大的时间段，在全国来说是最大的一个城址。我想从三个方面谈谈看法：

第一，从中国文明起源形成这个角度。中国文明起源就是苏秉琦先生讲的满天星斗，文明形成的模式也不是只有一个。石峁城址的发现，在中国文明起源形成过程当中占一个什么地位，走的是一个什么样的模式？我觉得这个问题非常重要。

第二，从学科发展的角度。中国考古学走到现在，到了一个新的时期。这个时期就是使用一切可用的科学技术手段，先进的理念、方法。我们传统的理念和方法怎么和新的理念、方法很好地结合？这些年陕西省考古研究院可以说做了很多重要的工作，石峁是一个新的进展。这么大的一个城，怎么样把它做清楚？希望我们通过石峁遗址的发掘，提供一个新的样板。

第三，从促进当地的经济、社会、文化协调发展来看，通过考古发掘、保护、展示，有很多工作可以做。这不是单纯考古学家可以做的，应该是和当地政府共同考虑的问题。对考古研究院来讲，应该有个永久的考古队来持续地做工作，要制定考古工作规划。从省局到市县来讲，需要成立保护机构和组织，要有保护方案和规划，现在发现的外城东门就需要立刻采取保护措施。

就考古学研究来看，还有很多可以考虑的。一，环境变迁与人类的关系。目前的环境状况不能支持那么大的一个城市出现，环境变化的研究需要多学科合作来完成。二，这么大的城，城内的布局如何？我们早的晚的城发现了不少，但是都只是一个城圈，城里面基本不清楚，希望石峁能通过持续不断的努力搞清楚。三，城外的调查。石峁城不会是孤零零的一个，周围方圆多少里之内，和它配套的有没有，在什么地方？四，流散出去的文物，比如玉器、陶器，能搜集要搜集，并需要进行整理。

总的来讲，考古发掘才刚刚展开，正如张忠培先生讲的好戏还在后头！

陈星灿：这是第一次见到这么大的石城，非常震撼，我想我和大家的感受是一样的，如果不是亲眼看见真不敢相信它是这个时代的城址。我想谈两点感受。

第一，如果从 20 世纪 30 年代算起，石峁遗址发现了将近一个世纪了。从去年开始，陕西省考古研究院做这样一个工作，才把这样一个重要的遗址放在了一个科学考古的位置上。过去我们积累了很多材料，但是到现在才回到聚落考古这样一个位置上，只有了解城址布局，了解城址在地区中的地位，才能对原来的那些材料和玉器等流散文物有更加深入研究的可能。这个开头非常重要，值得我们好好地做下去。

第二，石峁这么重要，它的重要性应该得到足够的重视，我们应该像做殷墟、周原那样长期地做下去。在这里建立一个工作站，一定会有非常好、非常了不起的成果。另一方面，政府应该建立文物保护机构，在制定保护规划方面作出贡献。

朱延平：东亚范围的早期遗址有一个规律，古人祭祀的时候，往往选择一大一小两个山作为对象，在两山之间的鞍部进行祭祀。缺乏山体的时候就做两个丘，石峁外城"东城门"的两个土台就符合这个规律。这个位置也是遗址制高点，可能石峁遗址的中心就在这里。东城门的石砌房址和永兴店文化有联系。永兴店之前的阿善文化时期，这种城门的结构在包头大青山南麓就有发现，规格一样，只是规模没有这么大，筑造技术也没有这么好。石峁的城门结构可能是对海生不浪文化和阿善文化的传承。这个地区应该还有一个比石峁遗址更早的中心聚落，还有待于揭示。

赵志军：石峁遗址有其特殊的生态环境特点，是长城沿线传统的农牧交错带，这个特点背后反映了早期的文化交流和碰撞问题。在很早的时候石峁所在的这个地区就是北方以畜牧为特点的文化和南方农耕文化的一个交汇处。在交汇处出现这么大一个遗址，它在早期的文化交流上起到了什么作用？这需要我们去研究和讨论。我们要做的就是植物，我的一个学生也参加到这项工作中来了，初步看了几个样本，浮选出大量农作物遗存，主要是谷子和糜子，其中以谷子为主，说明这里农耕还是存在的。其他植物遗存基本上以干燥偏沙地杂草为多，比如说出现一些苜蓿属的小豆科植物，数量很丰富。将来全部标本做完以后，关于苜蓿属与早期畜牧的关系会有一个全面的判断。另外还有一些典型沙地植物种子，这对我们判断当时的环境特点也有一定的帮助。

刘绪：石峁遗址很重要，刚才很多先生都讲过了，石峁遗址这个名字不仅是中国考古界的，而且可能要走向世界了。石峁城的时代应该和地层结合起来看。上午看了一点出土的陶片，上限是龙山，下限肯定进入二里头。有一件刻槽鬲足，在山西非常多，就是二里头这个时候的，游邀最晚的也有，问题是要在进一步确认出土位置的基础上考虑其与城墙和建筑的关系。另外一件就是鬶，这是目前见到最北边的一件器物，一个是足，一个是有平口流的口沿，这是一种很特殊的东西，一般是当作礼器的，这东西等级不会低，出土的地方很重要。

李水城：2001 年我来石峁调查过一次，当时做的调查是人地关系，这个调查也被纳入张忠培先生主持的河套项目中。当时在石峁调查了两天，工作集中在皇城台周边。现在石峁遗址从 100 万平方米左右变成 400 多万平方米，在这样的一个特殊的地理区域，这么大的遗址，这个变化超出我的想象。

这里有个景观环境的问题。这个地区支离破碎的地形地貌会不会当初就是这个样子，这是下一步需要考虑的问题，因为这关系到我们对遗址功能的判断。我们上次在神木两河流域调查的时候发现一个规律，凡是龙山到夏代的遗址都在山头上。到今天为止，在山上生活仍然非常不方便，有的遗址相对高差 100 多米，取水尤其不便。当时的人为什么选择这样的地点来构筑他们的聚落？

石峁城址面积在 400 万平方米以上，工程量非常大。筑城的石块是从山下搬上来的，那么他就有一个相应的社会组织系统，当时的社会组织形态是什么样子，为什么能调动这么多的人力来完成这么大的一个工程，石峁这个聚落背后还有没有其他的资源来支撑它？石峁玉器目前国内有 4000 多件，流散国外的 2000 多件，这个量是相当大的，玉料从哪来？这背后的资源配置是怎么样的？

这里是农牧交错带，从我们调查的情况来看，这个地方大量的遗址应该都是以农业为主，赵志军他们的工作也证实了这一点。实际上从这里向北一直到包头这一带，在这个阶段都是以农业为主。过去所说的朱开沟以后，游牧民族把农业民族压缩到清涧李家崖文化，我一直有些不同看法。当时调查完以后，在内蒙古见到曹建恩所长，他正好在清水河发掘西周时期的西岔遗址，那里大量使用陶鬲，也是以农业为主的遗址。这就说明到某一个时期，天气变冷了，导致游牧民族南下，这样的观点可能还需要慎重考虑。作为一个农牧交错带、环境脆弱带的问题，我们应该从空间和时间两个方面考虑。

总的来说，考古是一个长期的工作，发掘、整理、研究是一个系列。现在石峁遗址的发掘才刚刚开始，有了很多新的认识，但是结论还是要慎重，需要积累了更多的资料以后，才能做出准确的判断。同时保护的力度一定要加大，保护的前提是考古学研究，如果考古学研究不够扎实的话，保护规划的质量也不会很高。

张弛：石峁城址的"外城东门"位置特殊，是全城最高的地方，这个城应该还有别的城门。就目前而言，最关键的还是城址本身的年代。压在城墙上的堆积早晚都有，所以仅凭堆积很难有说服力，要有多种角度来验证。可以测木炭、东门外夯土内的头骨等与城墙建设同期的遗存的年代。只要能确定年代，就可以说这是伟大的发现，文明的曙光。此外壁画和东门的高度是否可以复原，是否有一些迹象可以解释那 24 颗人头骨？

邓聪：看到石峁城址，感到很震撼，也很兴奋，这样完整的石构城址让我想起中美洲玛雅文化的一些著名遗迹。石峁遗址，可以说不仅是中国的石峁、东亚的石峁，也会是世界瞩目的石峁。石峁的玉器也是比较重要的，可以说是一个有代表性的遗址，石峁玉器对夏商周以后玉器传统的理解提供了非常重要的材料。石峁的玉料主要是一些青白玉，玉器很薄，有透明感，从大方面来看，这种又扁平又大的玉器可能是石峁的一个特点。石峁的牙璋比较多，石峁的发掘如果可以建立玉器的类型学研究，对整个华北的玉器研究非常关键。

水涛：石峁的东门址单视作一个城门的话，体量和结构太过复杂，功能上还需要再讨论。石峁流散的一组彩绘陶器，我认为和齐家的更接近一些。石峁出土的石雕人像，在新疆有很多，可能和西边有关系。新疆的石雕也很早，将近 4000 年，是在安德罗诺沃文化以前的，发现的地点主要是在北疆的阿尔泰地区。如果我们考虑到传播的路线，实际上很早在北边就有一条传播的路线，虽然空间距离有点远，但是可能性还是存在的。神木这个地区首先是同河套、山西有密切的关系，但同时也应该考虑从西面来的一些因素。

高蒙河：石峁遗址有南北和东西的问题，是一个东西南北交会的重要遗址。这里有不同考古学文化背景的人的进退问题，因此这个地方建这么大的一个城可能和这种文化背景有关。目前的聚落研究中，关于面积的问题一直没有解决，这个 400 多万平方米的聚落，是否有一个伸缩的过程？遗址保护方面，神木也应该学习良渚的经验，成立一个管委会。

栾丰实：应该注意石峁同周边的关系，一个是陶寺，一个是齐家。我想特别强调，要注意同晋南、晋中南的关系，特别是玉器。玉器的几个主要的门类，钺、刀、璧、璋，除了璋在晋南未发现，其他器类在晋南都非常多。而且石峁陶器的技术风格同晋南关系非常密切。此外应该在石峁遗址周边进行更大范围的区域系统调查。

康兰英：石峁是河套地区、山陕北部的一个文化中心，是一个中心聚落。应该对流散的玉器进行摸底、建档。地方政府应该尽快成立石峁遗址文管所，加大遗址的保护力度。

叶娃：西方建城的石材都是金属加工的，那么石峁城墙的石头是如何加工的？壁画一般是出在居室内的，那么这个壁画是否也是有什么遮挡？

孙波：如果石峁遗址龙山到二里头是两个谱系的话，就存在一个变化的问题。内外两个城圈的时代有没有差别，功能有没有区别？门址比较特殊，特殊的地方在于有壁画、照壁、人头坑、玉器，这些是否具有礼仪功能？

戴向明：石峁城址的年代需要看龙山和二里头两个时期的陶片分布范围，压着城墙的土和被城墙压着的土，夹在墙里面的陶片。从这三个方面找证据来确定城的始建和废弃年代。陶寺早期小城、中期大城、晚期废弃，那么石峁城址与陶寺城址的早晚关系就很重要。石峁的城一直延续到二里头的什么时候，这是另外一个问题。

北方沿线一直没有划单独的文化圈，现在看三北地区在仰韶早中期是中原人群不断北上，仰韶晚期以后他的独立性逐渐显现，到了龙山时代这个文化圈就形成了，到了陶寺中晚期的阶段，他和中原就是两个不同的文化圈。目前来看，中原的文化圈中晋南是最发达的，陶寺是个代表，陶寺早期可能还不是国家，是个 50 万平方米的小城，到了中期建大城 280 万平方米，到了国家的状态。原来有人认为北方不太发达，现在突然出现石峁城，这就很厉害，改变了我们的认识，在北方这个文化圈中，不光有小的石城，也有石峁这样几百万平方米的大城，那么这个集团它整合的范围要大得多。那么它是不是也像陶寺那样进入国家阶段了？这就要从城址规模、墓葬等方面观察其社会等级结构。现在城内的布局结构还不清楚，但已经了解到有多个墓地，也知道有个被盗的大墓出有彩绘陶器，彩绘陶器一般墓中肯定没有。现在墓地要赶紧挖，再不挖，盗没了，将来就没什么惊喜了。此外还建议将来把内城东门也进行发掘，和现在的外城东门对比一下，同时要开展区域系统调查，看看聚落等级有多高，覆盖的范围有多大。

曹建恩：这个石城简直可以说是石破天惊了，内蒙古的石城与之相比有点小巫见大巫的感觉，都是迷你型的。这个发现是中国北方石城研究史上的一个重要突破。大家都知道石城是中国古城发展史上的一个新模式，它的特点就是因地走势，形状不规则，注重防守。这在北方长城地带非常流行，延续了很长时间。据我所知，它的影响可以达到汉代，汉代黄河沿岸的一些城都是形状不规则、注重防守的。原来内蒙古发现很多小城，应该说研究有一定的基础，但是石峁这个城一发现，石城研究的中心恐怕要往南移。我把内蒙古的一些情况提供给大家，做为参考。

内蒙古和石峁的石城比起来有两点不同，一是没有发现壁画，而壁画的出现标志着聚落等级及性质的差异。二是石墙里面有没有木柱，石峁城址的这个现象很值得关注。内蒙古中南部、鄂尔多斯高原、陕北地区没有一个明确的地理界线，关系密切，文化内涵非常一致。

再谈谈几个遗迹现象。石峁外城东门位于东边的最高处，这个时候古城的城门都位于遗址的最高处。这些门在进门处都有一个转折，反映了注重防御的特点，而且多数是从右侧拐个弯进城，与中原的城门不同。按照以前的经验，石峁东门的木门应该在要拐弯的那个地方，我们以前在这个区域发现有门槛和其他一些遗迹，石峁东门的通道很长，可能还不止有一个门。那四个"门塾"，恐怕就是那么几个短墙隔开的开放空间，内蒙古发现的比较小，都是两间的，这个门有四间，规格比较高。"门塾"之间的距离就是道路的宽度，很可能也就是门的宽度。"照壁"的情况，内蒙古发现有两例，都是一个孤立的曲尺状的建筑，可能有点像瓮城。内蒙古的阿善三期的石城多数是有个窄的石墙，墙的内侧有夯土，外侧是坡状的堆积，石峁城墙的构造可能比较复杂。

刘斌：一般的观念里这个区域的自然条件比较差，是比较落后的地方，但今天在这里发现这样的城，为玉器的发现提供了一个认识的可能。之前零零星星那么多的调查一直没有发现，现在石峁城的发现应该是视野观念转变的结果。石峁的城顺着山势修建，给我们提供了一种新的山城模式和类型。那么对它的研究就不能套用几层城圈中间是宫殿这样的观念。石峁城沿着山脊线修得很像长城，除了防御，作为通道也是很重要的。

郭伟民：石峁城址的发掘为文明探源又提供了一个新的源。从城本身来看，晚期城的一些特征出现，如马面、瓮城，让人疑惑，如果年代真的可以到这个时候，真的是很重要。

林留根：长江流域修建城墙以堆筑为主，中原以板筑为主，这里是石砌城墙。石峁城址需要更多的考古工作来解决问题，来回答关于遗址内涵的问题。外城东门很特殊，应该叫城阙遗址，两个墩台上面是不是还有别的建筑，这个城门也可能承担着礼仪中心的作用。

高大伦：石峁城里面沟壑纵横，似乎并不适宜居住，这个城是否也是一种特殊时期的建筑，比如战争时期的短期防御场所。四川抗击蒙古人的方法就是在山顶建石头城。石峁城址应该保护先行，边发掘，边保护，边展示。

宋建忠：20世纪90年代以来发现史前的城址，比较著名的有280万平方米的陶寺和290万平方米的良渚，这些城的大致年代差不多。南边有良渚，北边有陶寺，现在更北有石峁，这可能是中华文明呼之欲出阶段的一个重要现象。既惊喜又担忧，既兴奋又发愁。惊喜是发现了这么大的城，让几千件的玉器有了明确的归属，也让我们理解了为什么这个地方会有这么多的玉器。担忧的是保护的问题，保护规划必须考古先行，当然考古需要长期来做。同时石峁大量的流散玉器的登记与研究也很重要。

石峁目前发现的壁画、人头骨、鳄鱼骨板，在陶寺也有，陶器也和陶寺关系密切，种种迹象看，石峁遗址和陶寺的关联度应该说是最密切的。石峁城址的时代是首先要解决的问题，这关系到同陶寺的关系。

侯宁彬：建议考古队将面临坍塌的地方进行登记，尽快做好保护。考古工作计划要加紧编制，争取列入国家局明年的工作中。神木县应该尽快联系具有保护规划资质的单位。流散玉器也应尽快予以登记和整理。

座谈会后，王炜林做了总结发言。他说，石峁遗址发现于20世纪30年代，在70年代，陕西省考古研究所的戴应新先生做了考古调查，80年代，西安半坡博物馆魏世刚带队做了考古调查和小范围试掘。学者们对遗址的年代和玉器的归属提出了多种观点，这些讨论多将其与关中进行比较，后来张忠培先生将其与客省庄文化作了区分。通过这些讨论，我们对榆林地区以石峁为代表的玉器的年代和文化属性有了一个初步的认识。从石峁遗址历年出土大量玉器的情况看，这一定是一个规格很高的聚落，但是历次调查都是蜻蜓点水，因为遗址面积非常大，每次调查都不能得出完整的结论。在陕西省文物局刘云辉副局长的督促下，在神木县政府的大力支持下，我们向国家文物局进行了汇报，国家文物局批准我们作小范围的发掘。2011年杨利平带领团队第一次把石城的范围搞清了，我们初步认为它是一个425万平方米的古城。2012年孙周勇领队进行发掘，发现了大家今天看到的这个非常壮观的外城东门址，同时还对遗址的其他区域有了一些了解。我们在传统方法之外还应用了一些新的技术手段，如航拍和文物的现场保护。各位专家谈的内容我们会慢慢消化，将根据专家的意见调整工作思路，加大工作力度。这几年，我院致力于建立陕北地区的考古学文化编年和谱系的研究，涉及到聚落形态并做了一些探讨。在近年的区域系统调查工作中发现了很多从阿善文化以来的石城或者石构聚落，其数量超出我们的想象，甚至比现今的村落都多，石峁这种龙山时期石城的出现也是在预期之内的，因为它是一个文化逐渐发展的结果。石城选址的这种求高求险的特点，我们也一直在探讨。石峁对我们来说是一个新的课题，对我们下一步由基础研究转向聚落形态、社会制度的研究具有更重要的意义。

（原载于《考古与文物》2013年第3期）

石峁遗址：2015年考古纪事

孙周勇　邵　晶　康宁武　李建军　屈凤鸣

又是一个深秋，小米和糜子都弯下头去细数今年的收成，只有向日葵还高高仰着头，她说要迎接更美的寒阳。疲惫的汽车满载着辛劳了一天的考古队员，后面还跟着"摩托大队"，浩浩荡荡向驻地奔去。一群满身尘土的年轻后生，卸下一天的辛劳疲惫，围坐在庭院中间，欢快地谈论着当日的收获。再过些时日，2015年考古工作野外部分就要结束了，大家好像都有些依依不舍。

2015年，石峁遗址的考古工作进入转型期。在完成了外城东门址和韩家圪旦贵族墓葬区的发掘工作之后，考虑到遗址保护与学术研究之间的现实情况，我们积极调整工作思路，有意控制工作进度，发掘地点仅选择了樊庄子祭坛，而将更多的精力投入到了遗址内部功能区划的重点复查和前期资料的整理。回顾一年来的工作，收获是令人欣慰的（图一）。

图一　落单的玉铲和孤独的刮面人

一、菱 形 眼 纹

"皇城台"为石峁遗址高等级建筑的核心分布区，台顶分布有成组的宫殿建筑基址，北侧有池苑遗址，周边以堑山砌筑的护坡石墙包裹（图二、图三）。2015年调查发现其北部尚有多达9级的护坡石墙，垂直高差约70米。通向皇城台的门道位于台体东北部，面向内外城墙。20世纪70年代仍可见自台底通往台顶的石砌踏步，今尚辨其两侧对称分布的"墩台"等石构建筑。

复查皇城台北侧墙体时，考古队意外发现了墙体表面的菱形眼纹装饰图案。共两组三只，均位于皇城台北侧堑山石墙自上而下排列的第5阶西段。三只眼纹嵌入石墙，与石墙表面平齐，都是制作规整的横放菱形砂岩石块，剪地中央，眼眶凸出。第一组较大，东西两只，西只因所在石墙塌陷，位置稍下偏，原应与东只处在同一水平对称分布，两眼大小相当，宽约30、高约18厘米，东西间距28厘米。第二组较小，仅存一只，位于第一组东眼斜上方约60厘米处，眼纹石块宽约33、高约15厘米，该眼东部墙体保存完好，未见其他菱形石块，而西部与第一组眼纹交界处的墙体塌毁严重，推测此处应还有一菱形石块与第二组对称分布共同构成一双石眼（图四、图五）。两组菱形石雕眼纹都是在修砌皇城台北墙时嵌入的，远望外城东门，虽历数千年风雨剥蚀，依旧炯炯有神，

图二　皇城台远眺

图三　皇城台北墙上部西段

图四　第一组眼纹

图五　两组眼纹相对位置

在巍峨坚固的石墙上，营造出石峁先民的精神屏障。皇城台坚固雄厚、巍峨壮丽，大型宫室云集、建筑考究、装饰华丽，是整个城址的中心和贵族居住区，也是宫庙基址、祭祀等礼仪性建筑所在。皇城台的修建倾注了建设及使用者的大量精力，在追求本体固若金汤的同时，保持其威仪感和震慑力似乎显得更为重要。

值得一提的是，入秋以来，我们还在外城东门附近二号角台墙体上发现数只形状规整的菱形石块，但均无边框，是否为皇城台眼纹的简化形式不得而知，当不排除此种可能。日本著名考古学家饭岛武次来访，提到石峁壁画纹样与商周云雷纹非常相似，而本次发现的菱形眼纹或多或少与三星堆眼纹及商周饕餮眼纹有相似之处，确实值得进一步考虑。

二、又见人头和玉器

石峁城墙内的玉器和城墙下的少女头颅，是人们津津乐道的热议话题。以往发现的温度正在慢慢褪去，但石峁仿佛在自发地告诉我们，她并不愿意淡出人们的视野。2015 年夏，针对石峁城址内部的详细调查工作启动，我们根据自然沟壑将石峁城址分为 16 个相对独立的地点展开调查，其中外城东门所在的山峁依乡人俗称"石墙阴洼"，调查至外城东门北侧城墙近北端时，乌云密布，大有"压顶城摧"之势，调查队员远远看见石砌城墙底部有"白色似骨遗物"，但因天气骤变，加之隔以大深沟，只得压抑住心内的激动和好奇，打道回府。翌日晨起，大家仿佛比往日起得都早，匆匆赶往"重要位置"，抬来梯子上至高处，果然，一具头颅，同早先的发现一样，深埋于城墙下的"基础土"内。在未对该头骨做任何化学加固处理的情况下，交给赶来的中国社会科学院考古研究所陈相龙博士进行检测分析。

2012年初冬，第一片玉铲出土于外城东门外瓮城北墙内时，我们的担忧要远远大于激动，因为早先就听说，有人要在考古队撤离后，将发掘出来的石墙夷平，寻找玉器。2015年8月10日，陕西省文物局赵荣局长在陪同主管文化的王莉霞女士（原陕西省副省长）考察石峁发掘工作的时候，恰逢北墩台外侧护墙墙体内发现玉钺一件（图六、图七）。这件玉钺平置于错缝砌筑的石墙缝隙之间，上下之间以草拌泥敷护，长近20厘米。是日，略有微风，空气中仿佛在奏着一曲"葬玉吟"。自20世纪90年代以来，石峁遗址石砌城墙遭到严重破坏，许多墙体被肢解、损毁，其主要原因就是当地老百姓发现石头墙里埋藏着玉器。近年来的踏查过程中，笔者也多次聆听了当地百姓绘声绘色地描述，如何在石墙中发现玉器、器类及埋藏规律等。这件玉钺的出土再次证实了修建石峁外城东门址时石墙本体中使用了玉器。我们以为，石峁城址的建设者将玉器这样的"奢侈品"埋置于石墙墙体的做法，或许与中国古代的"玉门""瑶台"等观念有关，是信仰层面上驱鬼辟邪观念催生的精神武器。收工的路上我不停在想，准确的说不是我们发现了她们（人头和玉钺），而是她们自己选择在合适的日子再次"面世"，她们是要赶来为我们讲述自己的故事。"大漠山沉雪，长城早发花"，隆冬后的石峁山上人迹罕至，这墙里出了玉器的消息一传出，怎不让人堪忧？但今非昔比，在陕西省文物局大力支持下，神木县政府加大安全技防设施投入，为遗址构建了全天候的安全保障。

图六　2015年玉钺出土位置（标杆指示处）

图七　2015年玉钺出土状况

外城东门址是中国目前所见最早的结构清晰、设计精巧、保存完好、装饰华丽的城门遗迹，被誉为"华夏第一门"。即使在四千年后的今天，经过风雨剥蚀仍然让人感觉到气势恢宏、威严高大、庄严肃穆。作为石峁城址的制高点，坚固雄厚的外城东门既是控制交通、外防内守的实体屏障，也是石峁统治者构建的精神屏障。然而，面对极端气候，大家都在担忧这4000多年的城墙，是否能够经受住暴雨冻融的考验。每每念想至此，考古队员总是寝食难安，忧心忡忡。除了简单的本体加固外，目前陕西师范大学李玉虎教授带领的团队已经开始着手研究如何减少暴雨冻融对遗迹本体的破坏。

三、石 雕 人 面

在开展正式考古发掘前，石峁遗址有石雕人面像的现象已引起考古学家的高度关注。数年前，有学者就对石峁遗址展开考察，进而公布了一批特征明显、造型独特的石雕或石刻人像，数量 20 余件，均为砂岩质地，大部分是人面像，也有半身或全身的石像，多系征集所获，传说出土于皇城台一带。2015 年 7 月，考古队在对外城东门址一带马面进行调查时，在外城东门南侧五号和六号马面之间的表层坍塌乱石中，发现了一件保存完好的石雕人面（图八、图九）。石料大致呈长方体，后部有残损，长 24、宽 13、高 20 厘米，周身打琢痕迹明显。人面位于石料一面上，轮廓为竖向椭圆形，长径 13、短径 9 厘米，浅浮雕，剪地边缘，凸出于中央，内刻眼、鼻、嘴，特别是对于鼻子的雕刻尤为精细，将鼻翼两侧斜向下剪以凸出鼻梁。整个人面轮廓清晰、表情沉静、栩栩如生，从其出土位置和石料加工形状来看，极有可能同石雕眼纹一样，原应嵌于外城东门南侧一处马面墙体表面。同已公布的同类遗物比较，面貌上没有与本次发现者重复的，本次发现的石雕人面像个性化特征更为明显，应当有具体的雕刻对象。结合石墙内嵌玉、墙基下埋葬人头、墙面上嵌刻眼纹等现象推测，石峁先民当极度在意自身精神屏障的营建，留给我们一系列"石破天惊"的文化遗产。

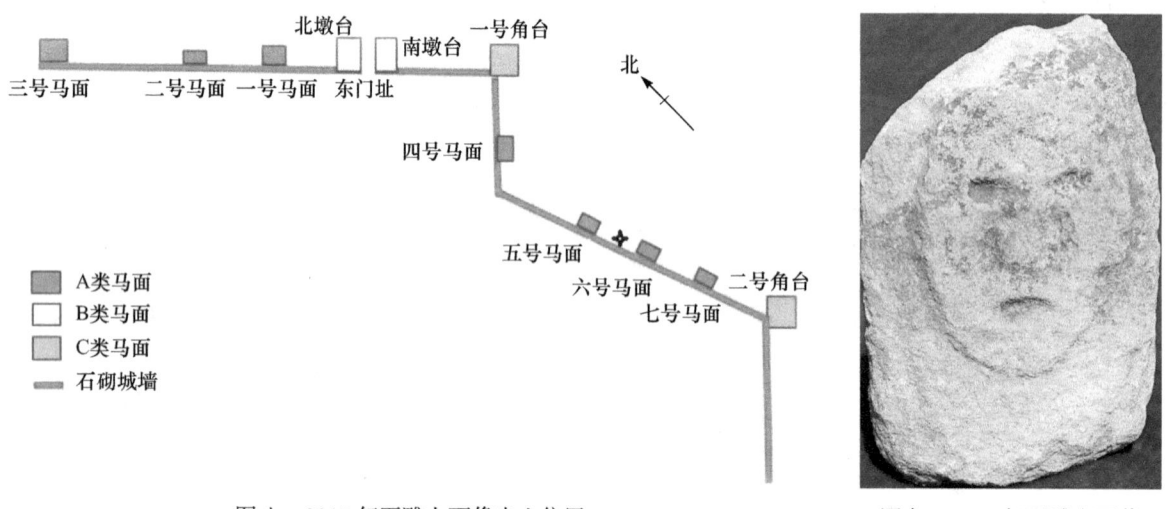

图八　2015 年石雕人面像出土位置　　　　　　　图九　2015 年石雕人面像

四、祭坛还是哨楼？

樊庄子祭坛发现三年来，一直为学界关注，也是我们 2015 年度选择的考古发掘地点（图一〇）。目前，发掘工作已近尾声。该地点位于整个石峁城外东南方向约 300 米处，与外城南侧一处城门隔沟相望，四周开阔唯祭坛耸立。从揭露情况来看，祭坛系在自然土峁顶部垫土找平后再修构石砌建筑。

石砌建筑可分为内外两重"石围"，内围位于山峁顶部正中，平面大致呈东西向长方形，长约 14、宽约 11 米，墙体用砂岩石块或石片平砌而成，部分石块表面加工平整，石块间系草拌泥黏

图一〇　樊庄子"祭坛"平面结构

接。除西墙外，其余三面墙体保存比较完整，高 0.7—1.5、宽 1.3—1.5 米。内围里外均未发现明显的踩踏层面或用火迹象，但在石墙内侧，有均匀分布的"凹槽"，应是在墙体内侧立柱所用的"壁柱槽"，三面墙体上共发现 12 处。外围为一道弧形石墙，分布于内围东侧山坡上，长 15.6、宽 3.7 米，系用较为散乱的砂岩石块平铺而成，较内围石墙相比，难称规整。地层关系显示，内外围石墙均修建在用于找平的垫土之上。

从目前发现来看，除 2013 年调查采集的一件玉铲之外，基本不见与"祭祀"相关的其他遗物或现象，但"内方外圆"的两重石围结构颇值深思。此外，根据方形石围内侧均匀分布的壁柱槽分析，祭坛所在山峁顶部或应为一座用柱子架撑的"哨楼（Watch Tower）"，其功能或与登高望远、观敌瞭哨有关。所以也不排除其与其他四座同类遗迹共同构筑城外"预警系统"的可能。

五、完整的院落

2015 年，为了结合东门址的资料整理工作，我们对外城东门南墩台进行了再次清理发掘，发现了两座石墙地面式房址和两座窑洞及护坡石墙、院内隔墙构成的一座大型院落。该院落利用南墩台内侧的高阜台地修建，现今地势高出西侧城内地面数米，沿院落西缘包砌的护坡石墙可分为上下两道。可见，院落设计之初，即选址高处、俯视城内。

从发掘情况来看，该院落的主体建筑为一座具有石砌墙体的地面式房址 F7，平面近方形，四角外圆内方，屋墙保存较好，用石块平砌而成，灶址圆形位于室内正中（图一一）。F7 东依南墩台台体，北临内瓮城南墙，门道西望，门口位置用较薄的石板铺设出一片地坪，正对门道的地坪处还特意用绿色弧边砂岩石板拼成近圆形图案，精致考究。地坪再西即为院落正门，院门南侧门枢石尚存。就其布局而言，院落正门、绿石板图案、F7 完全在东西直线上排布。另外，F7 背后南墩台台体上还修建了另一座石砌墙体的地面式房址 F11，位置高、视野广，不排除为 F7 所在院落哨所的可能。由此看来，石砌房址 F7 地位显得较为突出。

图一一　F7全景（后为南墩台，站人处为F9门洞）

两座窑洞掏挖于南墩台台体内，均具长方形前室，位于主体建筑F7东部偏南，自北向南分别编号F9、F10（图一二、图一三），并列排布，前室间还砌有院内隔墙，以一座小门连通两窑洞前室。

F9窑洞平面略呈南北向椭圆形，长径4、短径3.6米。南侧墙壁保存较好，自下而上在高约1.5米处出现穹隆状窑顶，室内地面系在红泥土上涂抹一层草拌泥，平整光滑，草拌泥上踩踏痕迹明显，地面中央有灶址，平面略呈椭圆形，灶址西侧与门道之间有两道平行凹槽，北槽内还残存3块竖向插入地面的石板，推测应为灶址附近防止火势蔓延的设施。F9前室经石砌"门洞"与窑洞相连，门洞下还有包石台阶，高于室内地面22厘米。F9前室有平行分布的南北两道石墙，东接石砌门洞，西向院落，并向外延伸与院落地面相连，由内向外呈缓坡状，落差约22厘米。F10与F9结构相似，值得一提的是，相较于F9，F10的石砌门洞保存更好。另外，F10窑洞灶面下还有一座小型竖穴土坑墓。

图一二　F9前室及门洞

图一三　F10前室及门洞

南墩台内侧大型院落的发现，为了解东门址建造过程、修葺再次利用及最终废弃提供了重要信息。据目前调查勘探资料分析，该院落朝向城内一侧的坡地上，还有一些"整齐"分布的白灰面房址，似乎可以说明，外城东门不仅是石峁城内一处重要的居住区，更为重要的是，该居住区可能与城门的防御密切相关。

时光荏苒，石峁遗址的考古工作已经连续开展了五个年头。从2011年的区域系统调查到2012、2013年度对外城东门的规模性发掘，再到2014年度内城韩家圪旦贵族墓葬区的揭露和认识，及至2015年的上述工作，为逐步了解石峁城址内部聚落结构、功能区划、城内人口、道路设施等关键性问题提供了重要信息，也为探讨秃尾河流域聚落分布状况、地区社会形态等问题带来契机。然而，遗址本身地貌支离破碎、沟壑纵横及石砌建筑遍布，传统的考古勘探已经不能获取有用的布局信息了，只有依赖于面积有限的考古发掘和不断地调查，用"瞎子摸象"来形容目前考古工作的状态是比较客观的，而恰恰正是这种日积月累的"摸象"式方法，才是开启揭示石峁之谜的最佳有效途径。令人欣慰的是，石峁考古还带来了一些积极效应，相关地区的史前考古再一次被聚焦，逐渐有重要发现填补以往空白。黄河东岸晋北兴县碧村石城聚落的发现和发掘即是一例。我们认为，新时期考古工作理应有更高的要求，而这种"以点带面"的模式应该成为新时代考古工作的基本趋势。

（原载于《中国文物报》2015 年 10 月 9 日第 5 版）

石峁遗址：2016年考古纪事

孙周勇　邵　晶　康宁武　赵　益

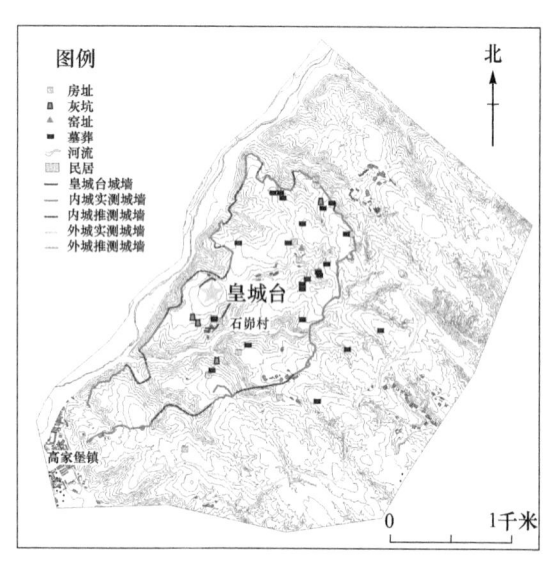

图一　皇城台位置图

2016年是石峁遗址考古工作全面启动的第六个年头，也迎来了石峁考古的收获季节。外城东门、韩家圪旦贵族墓葬区、樊家庄子哨所的发掘以及秃尾河流域区域系统考古调查的全面开展，向追溯石峁古城的辉煌过往不断逼近（图一——图三）。与此同时，从国家文物局到各级政府，石峁遗址在考古发掘、保护展示等方面都得到了前所未有的高度关注。

2016年，陕西省人民政府颁布了国家文物局批准的《石峁遗址保护规划（2016—2030）》，《石峁遗址保护条例》草案定稿提交陕西省人大审核。2016年，神府地区大雨滂沱，50年不遇，石峁古城告急；2016年，群贤毕至，精英荟萃，"何以石峁"萦绕心头，挥之不去。

2016年的石峁充满了喜悦和忧虑。石峁国际学术会议的成功举办，一批重要学术成果的集中公布，将石峁遗址的考古研究推进到了新的高度。然而，当我们从冰天雪地的野外撤回温暖的整理

图二　皇城台东部城形及发掘位置

图三　皇城台门址平面结构图

室，回顾一年工作之时，脑海里首先是拂不去暖暖的感动。我们感动大雨滂沱中在外城东门扛沙袋篷雨布的人们，感动救灾会议上那句掷地有声的"守土有责"，感动国际会议前凌晨时分修复陶器的沙沙打磨声，感动所有为了石峁遗址安全及国际学术会议顺利召开而辛勤付出的同仁们。

一、巍巍皇台——皇城台门址发掘记

经国家文物局批准，2016年发掘地点选定的是皇城台地点。"皇城台"是以大型宫殿及高等级建筑基址为核心的宫城区，多达九级的堑山而砌的护坡石墙环裹着状若"金字塔"般的台体，高大巍峨，固若金汤。之所以在石峁考古工作持续了五年之后，才考虑着手皇城台的发掘，主要是考虑作为核心区域的皇城台，面积宏大，已知遗迹包括了大型宫室、池苑、护墙、门道等。经过过去数年的全面复查及航拍资料的反复比对，我们基本了解皇城台的结构及周边台体的构建方式。决定选择皇城台通往内城的唯一通道（其余三面三沟环绕），疑似门址的区域进行发掘，了解登台的门址结构及城内主干道路"皇城大道"的走向，同时选择东部保存较好的护墙清理，展现其台体构建方式及气势。

2016年3月前期工作准备妥当，但直至5月中旬方正式入场发掘。期间经历了诸多不足为外人道的波折与斗争。石峁遗址发现以来引起的社会轰动效应，使得原本善良朴实的当地百姓对考古发掘带来的预期收益充满了想象，远非考古工作者能够承受。面对皇城台上忽如一夜"长"出来的数百万杏树苗，巨额的青苗补偿费、安置要求等使得考古工作无法按期开展。在省、市主管部门的通力协作支持下，根据有关赔偿办法核算了赔偿标准后，神木县调集了数百名警察和环卫工人对发掘区域新栽树苗集中处理，发掘工作才开始启动。

2016年皇城台发掘工作主要集中在门址处。皇城台三面临沟，仅北侧偏东有一窄梁通往外界，门址即扼守于此。自皇城台顶下观门址，犹一大坑，因而得名"地牢壕"。相传"石峁女王"审判嫌犯时，会将嫌犯从皇城台顶部投入下方的地牢壕，若此人无罪，将从"欢喜梁"逃出生天，若有罪，则走到"恓惶梁"后再无生路。截至 11 月中旬，考古队全面揭露了地牢壕，清理出一座规模宏大、结构复杂、保存较好的门址。组成部分主要包括：广场、南北墩台、瓮城、石板道路等（图四—图七）。目前，仅广场揭露完整，面积超过 2100 平方米。

图四　皇城台门址外瓮城（由南向北摄）

图五　外瓮城出土玉钺

图六　皇城台东护墙北段上部第二、三阶护墙

图七　门道及铺石路面

广场向东外敞，由南、北基本平行的两道石墙及西部瓮城一线围成，平面呈长方形，南北长约 63、东西宽约 34 米，广场内地面系用黄褐色沙土铺垫，夹杂较多碎石块和小陶片，局部有踩踏迹象，中部发现一座石砌房址残迹。南、北墩台位于广场内侧，平面都是长方形，分别与广场南墙和广场北墙相接，均为石砌外框包夯土内芯的建造结构，体量上北墩台要大于南墩台，南墩台顶部的层位关系揭示出其建筑年代可能要早至公元前 2300 至公元前 2200 年。瓮城位于广场内侧、南北墩台外侧正中，是平面呈"U"形的一座石砌单体建筑，在其外侧墙根处，发现完整玉钺两件（图五），系铺设瓮城外的广场地面时埋人，出土时光彩照人。门道位于瓮城内，以南、北墩台为界，遍铺平整砂岩石板，自外而内大斜坡向上攀升，保存较好，大部分石板上有清晰的摩擦痕迹。

与外城东门址两相比较，大同小异，两者均以瓮城、南北墩台、道路为主要组成部分，不同的是，皇城台门址外有广场。从现在的发现来看，皇城台门址的修建要早于外城东门址，看来这两处城门遗址的建造设计理念似乎具备一定的相互承袭关系。

如今，走进皇城台门址内，穿过空旷的广场，由瓮城南北两侧折入门道，踏上齐整的石板道路，多多少少会有些穿越之感，四千多年前石峁先民的印记正透着每片石板、每道石墙扑面而来。

二、金石同鸣——石峁铜器的发现和确认

中国境内龙山时代晚期至夏时期（公元前2100至公元前1800年）使用和制造铜器，已被越来越多的考古材料所证实，主要发现于新疆、青海、甘肃等地，器形主要是刀、锥、镞、斧等小型工具或环、镯等饰品。石峁遗址所在的河套地区，除内蒙古朱开沟遗址出土的一些环、镯类饰品外，龙山时代晚期至夏时期的工具类铜器情况不明（榆林火石梁遗址出土铜刀残件，年代在"龙山晚期至夏代早期"）。

早在2012至2013年展开的石峁城址内部调查时，石峁考古队就曾在内城后阳湾地点采集到一枚小铜片，呈正方形，铜色发红。后来的试掘显示，后阳湾地点包含有瓮棺墓、竖穴土坑墓、窑址、白灰面房址等遗迹的重要地点，年代从龙山时代延续至夏时期。2014年发掘内城韩家圪旦地点时，石峁村民寇凤岐主动上交铜锥一件，截面略呈正方形，铜色发红，寇凤岐说明是数年前在韩家圪旦地点捡到的。韩家圪旦地点包含了白灰面房址、石棺墓、竖穴土坑墓等重要遗迹，年代自龙山时代延续至夏时期。上述两件铜器，虽非发掘出土品，但其有明确的出土地点，向我们提出了公元前2000年前后的石峁人是否已经使用铜器，抑或制造铜器的问题。

2016年皇城台发掘至门址上层文化层时，铜刀、铜镞、石范等遗物如期而至，同层共出的典型陶片年代似不晚于公元前1800年（图八）。石范均残，有"一范多器"和"一范一器"两类，器形可辨环首刀、直背刀、锥。铜刀存尾部，刀背很直。铜镞完整，双翼有銎。刀类样式常见于齐家文化、四坝文化诸遗址，双翼有銎镞在青海诺木洪、甘肃干骨崖等遗址都有发现，大致属齐家文化、四坝文化遗物。命题似乎有了回应，但石峁的回答还没有完毕。当门址清理至下层文化层时，一枚完整的铜锥破土而出，据周边地层关系及同出陶器年代判断，应在公元前2100年左右。看来，龙山时代晚期至夏时期的石峁先民，确实使用了刀、镞、锥等小型工具，并有可能本地生产了自用铜器。

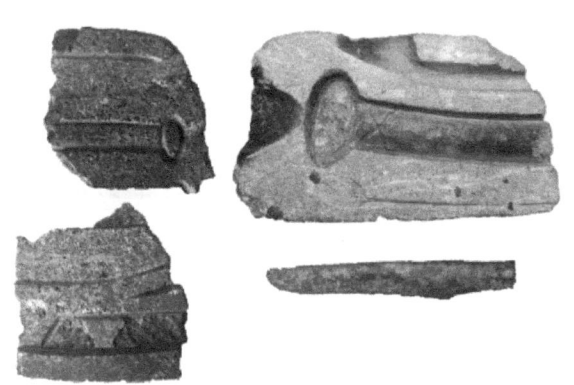

图八　皇城台出土石范和铜刀

三、台居何人——皇城台蠡测

六年来的考古工作不断证明，皇城台应为石峁遗址的"核心区域"，那么"地位突出"的皇城台到底为何人居住或使用？六年中，我们不停地问，尤其是2016年考古工作进行的九个月以来，这个疑问愈发强烈。

斯人已去四千年，当如何追寻？发掘工作开始后不久，我们便在山坡上的"垃圾堆"里找到了线索。皇城台西北角小地名曰"獾子畔"，因此处野獾聚居，庄稼难成，所以在20世纪70年代平

整土地时被"遗弃"，也因此该处皇城台墙体常年暴露在外，一眼望去，气势恢宏。

2016年8月，我们对皇城台西北角的三阶外露墙体进行了简单清理，发现在墙体倒塌堆积层下普遍分布着一层倾斜堆积，该层内包含较多陶片、红烧土颗粒、草木灰及一些残石器和少量碎玉片、朱红色漆皮，特别是兽骨，其数量可用巨大来形容。各种迹象综合分析，此层应为皇城台顶部在使用期间的弃置堆积，而在大量兽骨中我们发现了骨针的完整"制作链"，包括砸裂骨料、切片骨料、磨制毛坯、钻孔毛坯、残次品、成品、砺石磨具等遗物，在我们清理的约30立方米的土方内，仅针类骨器数量就超过250枚，还有骨锥、骨铲、骨片（饰品）等，各类骨器总计逾300件。这些迹象似乎预示着在皇城台顶部偏向西北的某处存在着手工业作坊，以骨针、骨锥、骨铲等为主要产品，尤以骨针产量最大（图九—图一一）。

值得一提的是，獾子畔还发现了一些疑似"筒瓦"残片（图一二），2016年试掘的30余平方米堆积内，出土约200片，最小个体数13件。以泥质灰陶为大宗，有少量泥质灰褐陶，常见粗疏篮纹，有少量绳纹，内皆平素，边缘可见明显的切割痕迹。厚0.7—1.3厘米，常见0.8—1厘米者，修复标本弧长21、高13、残长27厘米。可见最大残长34厘米。这一发现意味着皇城台顶部建筑可能存在着覆顶形式。

另外，在以往的调查中，我们已经发现了直径约1.5米、疑似柱础的圆饼形大石块三处，分布于皇城台坡下，随着今年发掘期间的再度深入，皇城台台顶存在大型宫殿建筑的可能性愈发加大。

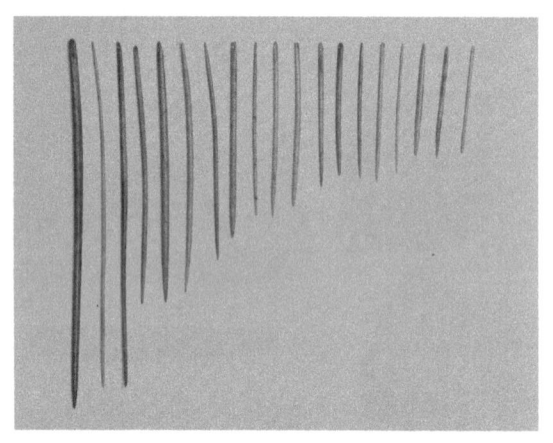

图九　皇城台护墙堆积内出土骨针

图一〇　外瓮城出土石雕

图一一　外瓮城出土石雕

图一二　皇城台护墙堆积内出土筒瓦

70 余岁的石峁村民杭玉生，家族三辈一直居住在皇城台东南坡下的山沟内（石龙西沟），其家窑洞顶上即为皇城台东侧墙体，杭老人说，20 世纪 70 年代在皇城台顶部平整土地时，发现了多个直径约 80 厘米的粗木桩，成排竖立分布，因时值严冬，社员们用这些木桩烧火取暖。根据老人提供的线索，我们确定当年那些木桩分布在勘探发现的夯土基址范围内。看来，我们距离揭开皇城台顶部居住何人的面纱已经不远，随着考古工作的不断深入，皇城台的全貌必将会再现于北方大地。

四、狂风暴雨肆虐——石峁抢险记

2016 年 7、8 月间，神府一带迎来了 50 年不遇的强降雨，突如其来的连续暴雨使得考古发掘工作完全停滞，而过去数年揭露的外城东门址已经完全暴露在强降雨的肆虐中，保护迫在眉睫。据县气象局统计，7 月 7 日至 13 日，石峁遗址周边降雨量超过 300 毫米，接近全年降水量的一半。石峁山下的明代高家堡城已是一片汪洋，民屋坍塌，街面上满铺一层由山上冲下的细泥淤沙。此时的石峁遗址又该如何呢？

面对暴雨红色预警，当然是不惜一切代价保护石峁遗址。因当时皇城台门址发掘开始不久，大部分遗迹尚有覆土保护，所以保护的重点在外城东门址。7 月 9 日晚间外城东门址南墩台一角的意外崩塌，一场持续 38 天的抗洪抢险战打响了。7 月 9 日至 13 日，通往神木县、榆林市的高速公路因桥基开裂封闭，低速道路被山洪斩作三段，仅有沿洞川沟经西沟镇通往神木县城的战备公路勉强可行，神木县石峁遗址管理处副主任苏永华和赵益几乎是在一夜间将县城所有的防雨布、塑料布都购买下来，由赵益冒险在 10 日上午经战备公路运抵外城东门址。接下来的三天里，映入石峁和雷家峁村民眼中的是一个个篷雨布、扛沙袋的身影，仿佛不知疲倦，白天黑夜，黑夜白天。7 月 10 日上午至 13 日上午，石峁考古队、石峁遗址管理处累计工作 52 小时，除 9 日夜间外城东门址南墩台小范围崩塌外，基本再无险情。

石峁考古队积极展开保护东门址的行动后，及时将面临的险情上报陕西省文物局。7 月 13 日，省文物局组织召开石峁遗址抢险救灾紧急会议，周魁英副局长现场分派任务，由文物保护与考古处处长李斌带队，14 日抵达石峁遗址救灾现场，这次会议上，赵益同志面对雨灾，说出了那句"守土有责"，言由心生，心系石峁，掷地有声。

7 月 15 日后的一段时期内，石峁遗址仿佛盼来了能妙手回春的大夫，外城东门址在陕西省文保公司的有效保护下，灾情趋于稳定。但不甘寂寞的大雨好似学会了"声东击西"，早已发出邀请的石峁遗址国际学术会议定于 8 月 16 日考察外城东门址和皇城台，可就在 8 月 13 日晚，本来淅淅沥沥的小雨骤然加剧，通往皇城台的山路变作小河，至 15 日下午 3 时不见缓解。就在大家决定将遗址考察时间推后时，15 日下午 5 时许，石峁遗址上空的天终于放晴了，16 日的日程顺利进行。国际会议结束后，天空好像收到了来自国内外学者对于石峁遗址的褒奖和肯定，后来，再未出现灾险天气。

皇城台是石峁先民们留下的圣地崇台，此时仿佛化身为一个大家心爱的孩子，每一次轻轻回眸，总能让为她默默付出着的人们惊喜、欣慰，并无怨无悔地付出更多努力。

（原载于《中国文物报》2017 年 6 月 30 日第 5 版）

石峁遗址：2017 年考古纪事

孙周勇 邵 晶 邸 楠 邵安定 夏 楠 康宁武 赵 益

　　皇城台的冬夜甚是静谧，前几日垒起的大雪更显皑皑，500 多年前的冬夜，蒙古铁骑袭扰大明王朝，铁蹄踏过高家堡石堆山之时，是否也曾到过皇城台，正对着嘉靖三十八年明威将军魏功墓志呆坐神想，时钟一指，已是 2018 年，考古队驻地还未熄的灯光正好映在皇城台门址内，思绪也应回到 500 多年后的今天。2017 年石峁遗址考古工作接续 2016 年工作继续开展，将皇城台门址基本揭露完整，还对皇城台东护墙北段上部展开规模性发掘，所以，便有了现在看来，朦胧在雪夜里的巍峨皇城。

一、皇城台门址露全貌

　　本年度皇城台门址的发掘工作接续去年工作向上（西）揭露，在原有广场、外瓮城、南北墩台的基础上新揭露内瓮城和主门道（图一、图二）。

图一　皇城台 2017 年发掘全貌

　　广场向东外敞，由南、北基本平行的两道石墙及西部瓮城一线围成，平面呈长方形，面积超过 2000 平方米。南、北墩台位于广场内侧，平面都是长方形，分别与广场南墙和广场北墙相接，均为石砌外框包夯土内芯的建造结构，体量上北墩台要大于南墩台。外瓮城位于广场内侧、南北墩台

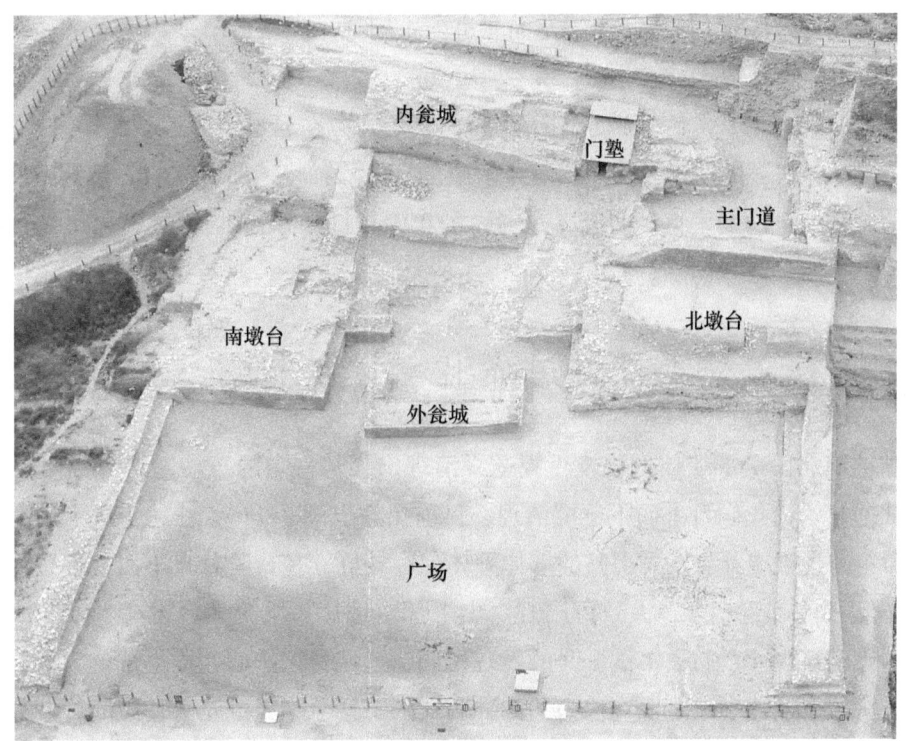

图二　皇城台门址基本结构

外侧正中，是平面呈"U"形的一座石砌单体建筑。内瓮城是在南墩台后侧连接的石砌建筑，平面呈"L"形，与外城东门址内瓮城整体结构类似，不同的是，皇城台门址内瓮城里还发现一座"石包土"的平整墩台（墩台I），将内瓮城中的空间进一步"锁小"，石铺道路只可向北拐入主门道。

主门道位于内瓮城北侧，平面亦呈"L"形，坐落于北墩台之上，以周侧石墙堵隔形成，仅留一窄小通道与内瓮城南北相连。主门道石墙内壁发现多处"壁柱槽"，对称分布，底部以大型平整石块为础，大部分壁柱槽内留有朽木，以此分析，皇城台门址主门道应系一覆顶的封闭空间。结合墩台I与主门道之间还设有石砌门塾，我们判断，主门道应是通往皇城台台顶的最后"关卡"。值得注意的是，在墩台I、门塾、主门道之间形成的"重点防控区域"的地面铺石上还发现四处刻划图案，阴刻于石板上，均为"大框套小圈"的构图模式，有的大框外带有"小尾巴"，其中三处分布集中，呈倒"品"字形分布（图三）。

通过连续两年的发掘，皇城台门址的基本结构完整地呈现出来。要登上皇城台顶，需先经过广场，再过外瓮城与南北墩台之间的小门道，踏上平整石板铺砌的斜

图三　主门道前的石刻符号

坡道路，至内瓮城处被墩台I封堵，经门塾向北进入主门道。皇城台门址结构复杂，设计精巧，体现出极强的私密性和防御性。

沿着石板路曲折向上，仿佛穿越于四千年前，崇敬之心在通过主门道时变作急欲登顶的迫切，大有"柳暗花明又一村"的期许。陡然，五米多厚的探方隔梁将之前所有的心情挡回现实，我们清楚，系统科学、精细全面的发掘和研究才是考古的正确"打开方式"，也是石峁皇城台的正确登顶方式。

二、万数小件过筛出　十余雄鹰振翅飞

皇城台东护墙北段上部墙体的规模性揭露，清理出气势恢宏的石墙遗迹和数量巨大的各类遗物。自去年试掘开始，我们自上而下逐层清理，目前揭露出高 8—15、长约 100 米的石砌墙体足以窥见皇城台当年的巍峨雄壮。发掘揭露的墙体整体保存较好，呈台阶状自下而上逐阶内收，在不同高度上采用了不同的砌筑理念，大致可以观察出下部单墙矮、层阶多、无纤木，上部单墙高、层阶少、有纤木等砌筑规律。与去年试掘时的发现相同，皇城台东护墙北段上部的"弃置堆积"内出土遗物极为丰富，通过被当地老乡戏称为"淘金"式的筛选，小至 1 厘米长短的骨针都能捡拾出来（图四—图八）。

图四　皇城台东护墙北段上部

图五　东护墙北段上部筛土

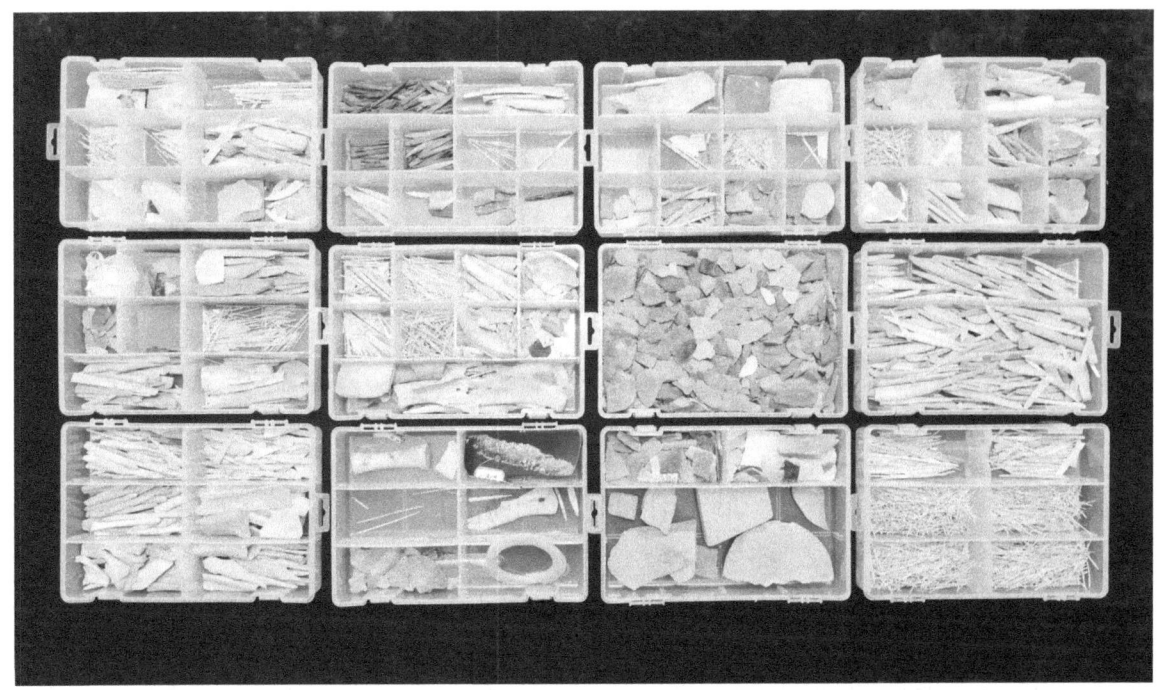

图六　东护墙北段上部出土各类小件器物

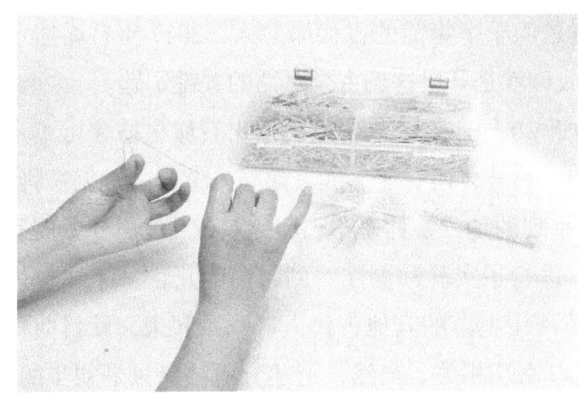

图七　东护墙北段上部出土骨针

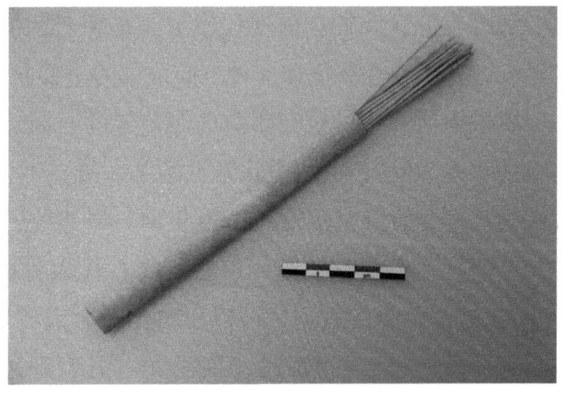

图八　东护墙北段上部出土骨针与针筒

目前统计显示，2017年皇城台东护墙北段上部弃置堆积内出土各类文物标本不下1万件，主要包括骨（牙、角）、石、陶、玉、铜等遗物，还有一些纺织品残片和漆皮。其中骨器为大宗，数量巨大，多见针、镞、锥等小件工具类器物，结合大量石刀（锯）、骨料、砺石等制骨工具的出土，皇城台台顶曾经存在着一处规模不小的制骨作坊。

陶器数量可观，在去年鬲、盉、斝、罐、豆、瓮等日用陶器和水管、瓦等建筑陶器的基础上，还辨识出鹰形陶器（图九），目前发现不少于十数件，陶鹰多为灰陶质地，饰绳纹或篮纹，身体各部位塑造栩栩如生，腿部粗壮稳固，双翅伸展上舒，脖颈翘昂，背部宽平施交叉贴附装饰，整体作振翅欲飞之状。另外，100余片卜骨的集中出土也是本年度的重要收获（图一〇），暗含了皇城台的信仰或宗教功能，因其发现于皇城台东北角墙顶上，为我们在其对应的台顶位置找寻高等级建筑提供了重要线索。

图九　皇城台出土陶鹰

图一〇　皇城台出土卜骨

三、峁上的环境和峁上的人

自 2012 年外城东门发掘开始，2017 年是石峁遗址考古工作正式启动的第六年。日子久了，我们对到石峁的描述从"去工地"变成了"回峁上"，对自己位置的描述也从"在工地"变成了"在峁上"，这小小变化背后的催化剂或许就是大大的热情。现在，"峁上"更像是亲切的家，而回家被称为"下西安"。

每每夜静，我们这群现代峁上人最想对话的就是四千多年前的古代峁上人，2017 年石峁遗址多学科综合研究在环境和人种方面取得的重要收获或许就是开启这场古今对话的关键钥匙。

胡松梅研究员的研究团队已经鉴定的石峁动物近 30 种，王树芝研究员指出石峁皇城台可鉴定的植物也近 30 种，动物中除常见的羊、猪、牛、狗、鸡外，还有鹿、熊、鹤等，植物中常见松科，动植物鉴定和研究指示出，4000 年前石峁遗址周边呈现的是"松林密布、鹿鹤双行"的自然景观。

付巧妹研究员的研究团队对石峁古代人骨标本进行了实验和测序。到目前为止，基于线粒体 DNA 和核基因组的数据，可以暂时把石峁人群与黄河中上游的其他古代人群联系起来，就目前核基因组分析所得到的结果，石峁人群与甘青地区人口密切相关。当然，上述分析结果只是初步的，但这样的分析结果在很大程度上印证了石峁考古学遗存与以齐家文化为代表的甘青地区考古学文化在陶器、玉器、铜器、葬俗等方面的密切联系。

进入 2018 年，石峁的时光之神，仿佛特别钟爱"8"这个年头，1928 年，天津《大公报》刊出涉及石峁遗址的相关报道；1958 年，第一次全国文物普查正式登记并记录高家堡公社石峁大队的"石峁山遗址"；2018 年，又到了有"8"的年头，我们期待石峁遗址考古工作能再次"开门大吉"，继续为中华文明探源工作添砖加瓦。

（原载于《中国文物报》2018 年 6 月 1 日第 5 版）

石峁遗址：2018 年考古纪事

孙周勇　邵　晶　邸　楠　邵安定　夏　楠　康宁武　刘海利

自 2016 年石峁遗址考古工作的重点集中到皇城台以来，我们习惯了在皇城台前看石峁的风起风停、云卷云舒。风驻云歇后，面对眼前的巍巍皇台，又忍不住去猜想皇城台、石峁、秃尾河的四千年过往，但一夜的思绪过后，往往只留下"寥落古行宫，宫花寂寞红"的无尽感慨，而难有"白头宫女在，闲坐说玄宗"的娓娓道来。

或许，解开心底的石峁之谜需要更长更多的时间，抑或终究解不开来，但至少在 2018 年最后一天之前，我们眼中的皇城台不再模糊，石峁考古的目标更加明确。

一、皇城台门址初露全貌

历经三年的发掘清理，皇城台东侧轮廓和结构基本清晰。根据实际情况，我们将皇城台东侧区域自北向南规划为东护墙北段、皇城台门址和东护墙南段分别开展工作，考古工作主要集中于皇城台门址和东护墙北段上部，东护墙南段做了局部解剖和试掘。

皇城台门址位于皇城台东侧偏南，处在皇城台与外界相连的山体马鞍部，从地形地势和调查情况来看，此处是上下皇城台的唯一门址。门址北侧的皇城台东护墙（东护墙北段上部）自上而下发掘最高处约 15 米，自南向北发掘最长处约 120 米。门址南侧的皇城台东护墙解剖试掘显示，上部墙体向南延伸 30 米左右即呈现西折迹象，囿于石峁农人耕作道路所需，此处暂未详细揭露。

皇城台门址由东向西、自下而上，依次由广场、外瓮城、南北墩台、内瓮城、主门道等建筑设施构成，其中，主门道为 2018 年揭露完整的重要遗迹。发掘显示，主门道平面形状大致呈"U"形，上下开门，中间贯以斜坡道路。由内侧两壁石墙上对称分布的壁柱槽判断，主门道应系一覆顶的封闭空间，大部分壁柱槽内还留有朽木或炭化圆木。另外，主门道上、下门处残留的炭化圆木，说明原应有木门。上述迹象均表明了主门道的重要地位，主门道是通往皇城台台顶的最后"关卡"。

门址的完整揭露，勾勒出登顶皇城台的基本路线，登台者需先经过广场，再过外瓮城与南北墩台之间的侧门进入门道，沿平整石板铺砌的斜坡道路，至内瓮城处，向北折入主门道，绕主门道过主门道上门向西登临皇城台台顶。整个登台过程可谓"穿三门、折四弯"，显示了皇城台门址设计之精巧、结构之复杂，体现出极强的私密性和防御性。

二、东护墙彰显巍峨

2018年，东护墙北段上部处的发掘依然是以清理来自皇城台台顶的"弃置堆积"为主。"铅华褪尽留本色，大浪淘沙始见金"，弃置堆积之下便是石峁人的石头墙，每每抬头仰望高达15米的四千载皇城台石砌护墙时，我们脑海中除了"巍峨雄伟""气势恢宏"等修饰语外，剩下的都是空白，但叠压这些石墙的弃置堆积绝非空白。

"筛了两年半土，出了万把个针"，这是当地老乡对东护墙北段上部发掘工作的朴素评价。诚然，骨针是皇城台东护墙北段上部出土数量最多的器物，但与其共存的其他遗物同样值得我们重视。其中，最为重要的发现莫过于石峁口簧的发现和确认，截至2018年底，出土口簧共计20余件，均以骨片磨制而成，制作规整，呈窄片状，一般长8—9厘米、宽逾1厘米，厚仅1—2毫米，中间有细薄簧舌，依靠簧舌振动发声，与其共存的还有骨制管哨和陶制球哨（图一、图二）。最新的测年数据显示，石峁口簧制作于距今约4000年前，是目前世界范围内已知年代最早的一批口簧，考古背景明确、制作过程清晰，是世界音乐史上的重要发现。石峁口簧与骨制管哨、陶制小球哨等音乐文物是皇城台居民精神生活的物质体现，更是还原皇城台居民日常生活的重要证据，体现出皇城台居民身份和地位的特殊性，彰显了皇城台在石峁遗址中的地位和性质。

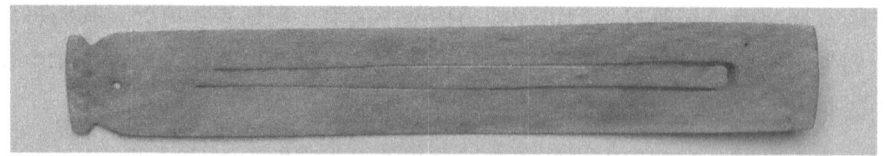

图一　皇城台出土骨口簧

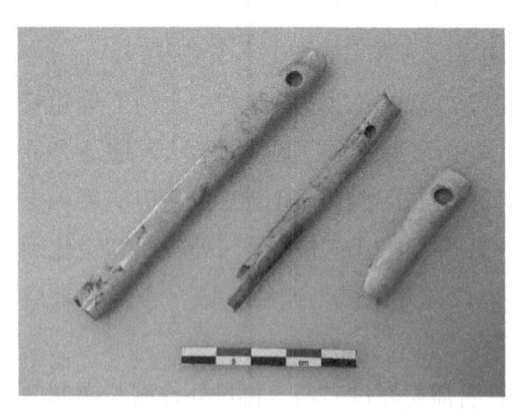

图二　皇城台出土骨管哨

另外，本年度初步整理的千余件镞、锥、笄等骨器以及大量与骨器制作相关的骨料（图三），说明我们心心念念的皇城台顶部制骨作坊，应该是多产品的。制作这些骨器的骨料源于何处？东护墙出土兽骨的整理工作正在慢慢揭开答案。2018年暑期的简单整理，我们发现，皇城台东护墙北段上部出土的兽骨以羊、猪、牛为主，除肋骨、头骨各部位较少被"再利用"外，长骨及较厚实的牛肋骨多被作为骨料，用于制作各类骨器。

此外，以燧石、玛瑙打制而成的镞、刃等"细石器"（图四），形制精美、材质精良，在石峁出土石器中独树一帜。皇城台东护墙北段上部发现了较多细石镞和细石刃，以及与这些石器制作相关的石片和石核。这一现象似乎在暗示我们皇城台台顶除制骨作坊外，还可能存在着细石器制作的专门场所或专门"匠人"。

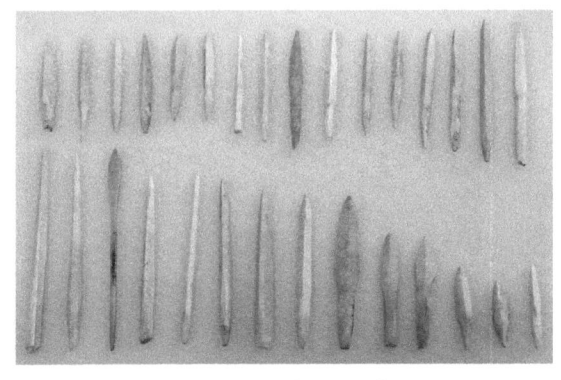
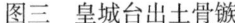

图三 皇城台出土骨镞

图四 皇城台出土细石刃和细石镞

三、大型宫室露峥嵘

2018 年 9 月，完成皇城台门址和东护墙北段上部的发掘后，根据现场情况和学术需要，我们沿门址主门道内的路面继续向上"追踪"，穿过主门道上门后，在皇城台台顶发现了一座夯（硬）土作芯、砌石包边的"石包土"式大型台基，暂称"大台基"，平面形状可能为南北向长方形。至 2018 年岁末，考古工作集中在大台基南侧护墙处。发掘表明，大台基残高约 4 米，东西长度超过 80 米，大台基顶上分布着多处大型房址以及调查发现的"池苑"遗迹。令我们始料未及的是，大台基南护墙处的重要发现——30 余件石雕（图五—图一二）！

图五 皇城台大台基南护墙 11 号石雕

图六 皇城台大台基南护墙 1 号石雕
（2018 年出土）

图七 皇城台大台基南护墙 6 号石雕
（2018 年出土）

图八 大台基南护墙 11 号石雕主题纹饰

图九　大台基南护墙 24 号石雕

图一〇　大台基东南角及南护墙墙面上的石雕

图一一　大台基南护墙倒塌的石雕

图一二　大台基南护墙 8 号石雕

这些石雕多数出土于南护墙墙体的倒塌石块内，有些还镶嵌在大台基南护墙墙面上，绝大多数为雕刻于石块一面的单面雕刻，以减地浮雕为主，还有一些阴刻。雕刻内容大致可分为符号、人面、动物、"神面""神兽"等，我们将上述类型的石雕暂叫作"平面雕刻"，是目前皇城台大台基南护墙石雕的主要类型。除平面雕刻外，南护墙处还发现个别圆雕人像或神像。

层位关系结合测年数据来看，皇城台大台基南护墙年代为公元前 2000 年左右的陕北地区龙山时代晚期；从使用背景观察，这些石雕中的一部分可能来自其他更早的高等级建筑，系"旧物新用"，在修砌皇城台大台基时嵌入南护墙。综合分析，这些石雕与 4000 多年前石峁先民砌筑石墙时"藏玉于墙"、起修建筑时以人头奠基的精神内涵相同，体现了石峁先民对皇城台大台基的精神寄托，赋予皇城台大台基精神力量。放眼中国北方，石峁皇城台集中出土的石雕或许与东北地区早在兴隆洼文化时期、红山文化时期出现的石雕人像共同构架了中国北方地区的石雕"传统"，在中国史前文明中形成独具特色的文化因素，影响了"后石家河"玉器、二里头绿松石"龙"，甚至商周青铜礼器的艺术构思和纹饰风格。

2016 至 2018 年考古工作揭示的种种重要迹象和重要遗物表明，皇城台系石峁城址的最核心区域当已具备早期"宫城"性质，或可称为"王的居所"，是目前东亚地区保存最好的早期宫城。而 2018 年发现的大台基很有可能是皇城台的"重中之重"，未来几年的考古工作将集中在大台基周边，以廓清轮廓、盘理布局为主。而对于已经发掘完成并初步整理的外城东门址、内城韩家圪旦地点、皇城台门址、皇城台东护墙北段上部等发掘地点，我们将抓紧时间整理，尽快将简报和报告变作正式的考古报告，刊布发表石峁考古的系统资料。

（原载于《中国文物报》2019 年 8 月 23 日第 5 版）

石峁遗址：2019 年考古纪事

孙周勇　邸　楠　邵　晶　刘海利

2019 年，立足田野、有效保护，是石峁考古历程中平凡却不平淡的一年。之所以平凡，是因为本年度工作接续上一年，工作地点不曾变换，考古队依旧在皇城台上挥洒汗水；之所以不平淡，是因为突然涌向的颠覆性发现不断挑战我们已有的认知，而这些新发现再次将石峁遗址推上"十大"和"六大"的荣誉殿堂。

一、大台基规模远超预判

2018 年深秋，在完成皇城台门址和东护墙北段上部的发掘后，我们沿门址主门道内的路面继续向上进行摸索式发掘。在皇城台台顶发现了一座夯土筑芯、砌石包边的"石包土"式大型建筑台基，即现在所称的"大台基"。时至岁末，仅将大台基南护墙自东向西清理至 80 米处，墙体似有拐折迹象，故首次认知的大台基规模"东西长度超过 80、残高约 4 米"。是年，已有 30 余件石雕破土而来。

2019 年的接续发掘打破我们最初的认识。大台基的南护墙并未止于 80 米处，石墙还在继续向西延伸。我们的探沟也顺着石墙的走向继续向西布设，终于确认了大台基的西南角，经测量东西长度竟然超过了 130 米（图一）。在确认了大台基的东西范围后，我们开始在四周进行摸索发掘，进一步寻找并揭露大台基的轮廓范围。又一个深秋，终于探明了大台基西侧、北侧护墙的位置及走

图一　皇城台大台基南护墙东段鸟瞰

向，经测量，大台基平面基本呈圆角方形，四边长度大致相当，约130米，总面积达16000余平方米。就目前国内同时期的考古发现来看，如此大体量的高台式建筑基址可称罕见，单就起建规模而言，已初具秦汉帝国及后世宫室"上可以坐万人，下可以建五丈旗"的恢宏气势，大台基的修建，想必正是这种"非壮丽无以重威"的思想穿越古今的共鸣。

2019年对大台基南护墙进行了基本完整的揭露（西端因现代坟园暂缓发掘，但不影响大台基和南护墙结构和规模的判断），西段50米的墙体上又发现了30余件石雕，连同2018年的发现，石雕总数已达70件。这些石雕多数出土于南护墙墙体的倒塌石块内，有一些依然镶砌于南护墙墙面上，除平面浮雕式样的人物、动物、"神兽"、符号等几类石雕外，新发现的一件立柱式石雕尤为引人注目（图二—图一二）。在大台基南护墙南侧存在有一道石砌矮墙，走向与南护墙基本平行，依据其性质和用途，称作"夹墙"。夹墙与南护墙之间形成宽约9米的夹道，地面以黄沙土铺设，平整硬实，这件编号为47的立柱式石雕恰矗立于夹道中部的地面上之外，与夹墙与南护墙的距离基本相当。石雕为扁圆柱体，直径约50厘米，高于地面约1米。图像在圆柱顶部和柱身两宽面上浮雕而成。柱顶平整，边缘略有残缺，周缘雕出宽2—3厘米的条带。中央有一圜底小圆窝，圆窝周缘对称雕出呈十字分布的四组"Y"形纹样，将平面四等分，"Y"形纹样间又雕有同心圆。整体观察，似可解读为以"Y"形纹样为鼻、同心圆为双眼、中央小圆窝为嘴呈旋转式连续分布的4幅面部形象。柱身两面均浮雕出神面，两侧图案基本一致。神面头上戴冠，冠两侧有上下翻卷的发式；鼻呈"王"字形，鼻梁纤细，鼻翼宽大，上有"Y"形装饰；"臣"字形双眼，向上外斜；阔嘴，咧口露出牙齿；下巴处有似胡须的"火"字形纹样；双耳雕于柱身窄面，呈垂滴状，佩饰耳珰；整体显得面目狰狞，但一些细部却又十分生动传神。与之前发现的平面式嵌入石墙的石雕不同，立于地表的47号立柱式石雕更具标志性的功能，功能与用途类似于图腾柱，但在雕刻的内容及风格方面，这件立柱式石雕与平面式石雕基本一致，当时一起承载着石峁先民们的精神信仰。

图二　皇城台大台基大台基南护墙30号石雕及拓本

随便自夸一句的是，对于这些珍贵石雕的细节展示和记录，在"绞尽脑汁"之后，我们采用了电子拓片的处理方式，取得了多重满意的效果。毕竟，传统印拓会伤及文物本身，而线图勾勒无法达到图像本身传神生动的表现目的。

图三　皇城台大台基南护墙 8 号石雕出土状况

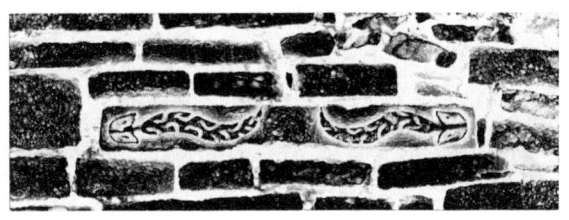

图四　皇城台大台基南护墙 8 号石雕拓本

图五　皇城台大台基南护墙 11 号石雕出土状况

图六　皇城台大台基南护墙 11 号石雕拓本

图七　皇城台大台基南护墙 11 号石雕细部

图八　皇城台大台基南护墙 26 号石雕图片及拓本

图九　皇城台大台基南护墙 47 号石雕（仰视）

图一〇　皇城台大台基南护墙 47 号石雕位置及出土状况

图一一　石雕出土及清理

图一二　2019 年最后出土的石雕

二、首次发现蛇纹鬲时期的石砌院落

为了了解大台基顶部的建筑布局，2019 年我们还对台顶进行了小面积揭露。在台基西南部，发现了一处下挖修建的由 3 座石砌联排房址构成的院落遗存，称为"一号院落"（图一三）。院落平面呈南北向长方形，规模宏大，南北长 22 米，东西残宽 15 米，面积超过 300 平方米。院墙由规整的砂岩石块砌成，石块之间以草拌泥黏合。院落墙体保存状况不佳，根据院落内内房址的门道朝向，推测院门应该在西侧。院落内发现一组连排石砌房址，房址共 3 座，均坐西面东，彼此间相互倚靠。其在 F1 为主室，位居中心部位，面积最大，超过 50 平方米；南、北两侧分别为 F2、F3，两侧房址略小，应为侧室，面积约 30 平方米。在发掘中，一号院落最大的 F1 的灶面上出土有 1 件

图一三　一号院落（上为东）

完整的蛇纹鬲，为我们准确判断院落的时代提供了依据。根据目前发现的层位关系，"蛇纹鬲遗存"所在的房址和院落年代晚于石峁文化的主体年代。在之前皇城台的发掘中，曾在上部的地层堆积内（皇城台主体建筑倒塌堆积之上）发现有此类遗存的残片，却始终未能发现这一时期的遗迹。2019年一号院落的发现系首次在石峁遗址内揭露出本时期的遗迹，当为皇城台废弃后新的族群在此活动的遗孑，为确定皇城台的废弃年代提供了关键性证据。

这类以蛇纹鬲为典型器类的文化遗存主要分布于河套地区，其中以鄂尔多斯伊金霍洛旗朱开沟遗址的发现最为丰富，有学者据此称之为"朱开沟文化"。但至今学术界对其年代认识还较为含糊，笼统地认为时代在夏商时期，而其文化内涵、分期、源流等问题仍诉讼不休。这类遗存与石峁文化的分布范围基本重合，已发现的多处地层证据表明其年代晚于石峁文化；从文化面貌上看，两者在陶器上差异是明显的，但在石构建筑方面却显示出一定的承袭关系，两支考古学文化之间的关系目前仍有待于进一步研究。相信随着石峁遗址进一步发现，或许还会有"蛇纹鬲遗存"的发现，也许将来会为这些问题的解决提供契机。

三、因地制宜探索保护之路

如何加强田野考古与文物保护的统筹协调、有效融合是我们在工作中直接面临并一直不断思索的问题。作为承担考古发掘工作的业务人员，对这些自己亲手发掘出来的重要遗迹现象不仅应负责挖，更应负责保，因而在工作中主动参与文化遗产保护和管理，配合地方政府，对遗址的后续保护和展示利用工作积极建言献策，是我们的职责与担当。

石峁遗址所在陕北地区夏季降雨集中，极易形成暴雨，加之遗址土质结构较为疏松、含沙量高，夏季暴雨容易造成的山体滑坡及石墙垮塌，成为文物保护所面临的严峻问题。每逢夏季乌云压顶之时，其他的考古队常常可以借天公作美小憩片刻，而我们则如临大敌，如芒在背。考虑到将来的展示开放及申遗的需要，皇城台已发掘区域需要裸露展示，过去我们也曾尝试过在汛期用帆布、塑料薄膜对石墙进行遮盖，无奈效果不佳，很多文保专家也曾多次赴现场实地考察，但也未形成统一的保护意见。2018—2019年，我们通过请教当地群众，咨询有关专家，同时结合在南美洲玛雅和印加石构遗址取得的"真经"，在石峁遗址管理处的大力配合下，摸索实践出一套对石墙进行常态化养护的保护模式。我们经过局部试验后，将黏土、白灰按照一定比例粉碎、混合，对经雨水冲刷墙体石块间出现的裂隙填塞补缝，在已发掘的皇城台门址的墩台、门道地面及东护墙阶梯状石墙顶部铺设一层厚5—8厘米防水层，既可以防止雨水渗入墙体，又易与遗迹本体剥离铲除，操作简单、具有可逆性，效果明显。为了保护仍留在大台基南护墙上的石雕，我们在南护墙中段精心设计修建了一座气肋膜保护大棚（图一四、图一五）。采用地面式结构，直接由配重块固定于地表，电脑控制定时自动充气，具有不打桩、不开挖、可移动等优点。既使珍贵文物免遭了风吹雨淋，又防止了在保护建筑修建过程中对地下文物的再次破坏，也不影响之后的航拍记录工作。

2019年即将远去，掐指算来，皇城台的发掘工作已经进行了四个年头。四年来，虽数易寒暑、波澜不惊，但皇城台上的考古人依旧热情不更、初心不改；四年来，皇城台上的风景看似变化不大、平淡不奇，但早已成为石峁守护人心中的最美景区、无上圣地；四年来，考古工作已经迈出探

图一四　大台基南护墙上的气肋膜保护大棚

图一五　气肋膜保护大棚内部

索"石峁王国"的重要一步，石城专题调查、聚落等级划分，当然还有府谷寨山的重大发现。虽遭奔波，但我们满怀欣慰之情迎接着石峁那由远及近的身影。大台城、大台基、大房子、玉器、石雕、铜器、象牙等高等级遗迹和遗物无不坚定着我们对皇城台的认识和判断：皇城台是石峁城的最核心区域，或许应该定其性质为"石峁宫城"。石峁周边的调查和发掘也在不断地告诉我们，石峁不孤、石城不孤，周边石城以众星拱月之势维系着石峁城的核心地位，都邑、王国，逐渐浮出我们认知石峁的海面，石峁都邑身后的石峁王国影影绰绰、相伴而来。

　　四年来，最喜在巍巍皇台上举目四望，看近处斜阳照墟落，望远方平林漠漠、秃尾寒烟。2019年的最后一天，再一次登上皇城台。此刻的皇城台银装素裹、惟余莽莽，远处是顿失滔滔的秃尾河，天地之间只剩空灵，颇似"千山鸟飞绝、万径人踪灭"之景，让人不禁升起"窗外正风雪、拥炉开酒缸"之情，此景此情一定是石峁的犒劳、皇城台的馈赠，让我们享受这平静的美好，准备迎接石峁的下一年精彩（图一六、图一七）。

图一六　皇城台雪景

图一七　2019 石峁考古队合影

（原载于《中国文物报》2020 年 11 月 20 日第 5 版）

"史前聚落：新实践与新思考"暨石峁遗址系统考古十周年学术研讨会述要

彭小军

2020 年 8 月 24—25 日，由中国社会科学院考古研究所、陕西省考古研究院、中共神木市委、神木市人民政府主办，中国考古学会新石器时代考古专业委员会、陕西省考古学会、石峁遗址管理处承办的"史前聚落：新实践与新思考"暨石峁遗址系统考古十周年学术研讨会在陕西神木召开。近百位来自全国各地科研院所和高等院校的考古学者参加了此次研讨会。

近年来，聚落考古已经成为中国新石器时代考古的重要理论和方法，在考古学从物质文化史研究向古代社会复原研究的转变中发挥了重要的支撑作用，并初步勾勒出中华文明形成过程中各区域社会复杂化进程的兴衰。本次研讨会围绕石峁遗址的聚落考古及相关研究、聚落考古的田野实践、聚落考古与史前社会行为、聚落考古理论和方法等议题，取得了诸多成果。

石峁遗址的聚落考古及相关研究。"石破天惊万壑中"，石峁遗址作为中国已发现的龙山晚期到夏代早期规模最大的史前城址，多次刷新了学界对中华文明进程的认识。邵晶阐述了石峁遗址系统考古发掘十年来的聚落考古理念及取得的重要收获。裴学松介绍了府谷寨山新发现的石峁文化典型墓葬，弥补了石峁遗址墓地被严重盗掘的缺憾。徐峰认为"后石家河文化"玉器反映了其与石峁文化之间的跨区域互动。陈小三发现石峁皇城台石雕的部分图像与商周青铜器的兽面纹联系最为密切。王鹏指出石峁与奥库涅夫文化在石雕、祭祀空间、建筑布局等细节上具有惊人的相似性。

聚落考古的田野实践。黄淮流域是先秦聚落分布的核心地区。殷宇鹏介绍了杨官寨遗址新发现的环壕、制陶作坊、墓地、蓄水坑等重要聚落遗存。马明志阐述了芦山峁遗址的建筑布局，认为芦山峁、石峁与陶寺是互有异同的亲缘文化。张光辉认为天坪峰东遗址揭示出石城在黄河东岸地区的发展轨迹，为研究该时期聚落布局、城址结构、修建模式等提供了重要的资料。郭小宁简述了横山芦河两岸的史前遗存及其在陕北地区文化序列中的位置。霍耀汇报了海原南华山地区新发现的 120余处菜园文化聚落。周静对灵台桥村遗址顶部的大型夯土台基、祭祀性质的长方形坑进行了介绍。赵海涛认为二里头都邑以中心区的主干道路网络为布局基本框架，从二里头文化二期时开放式演进到三期封闭式，再到四期晚段第二阶段都邑遭受沉重破坏。王永安汇报了宁县石家及遇村遗址新发现的东周城址布局。王芬探讨了焦家遗址城墙与壕沟的生命史重建与聚落变迁。张东介绍了禹会村遗址最新发现的龙山时代城址。张小雷对江淮地区明代台墩、商周台墩和史前环壕聚落结构和演变特点进行了概括。

长江流域的史前聚落有着自身的发展特点。刘祥宇汇报了高山古城的最新收获，大量陶器和人骨的发现为探索古蜀人来源等问题提供了重要资料。彭小军回顾了城河遗址聚落考古简况，指出应对居址与墓地的年代对应等问题进一步思考。赵亚锋介绍了澧县孙家岗遗址的建筑台基、大型壕沟和墓地等布局结构。王良智汇报了七星墩遗址内圆外方的双重城壕构成。王永磊阐述了姚江河谷先秦时期聚落调查成果，揭示先秦遗址多分布在山前地带。黄翔指出福泉山是上海境内良渚文化等级最高的聚落，亭林遗址次之，广富林则需再讨论。

聚落考古与史前社会行为。以聚落为基础的社会考古研究日益受到学术界的关注。温成浩指出欧亚大陆史前红烧土房屋的形成应该是有意识的废弃仪式的直接结果。李默然认为雕龙碑遗址房屋布局的演变，反映了核心家庭逐渐转变为扩展式家庭并抱团居住的过程。仲召兵主张从崧泽时期以来形成的发达的物流网络体系出发，考察它在良渚社会中的作用。崔天兴讲述了陶寺文化聚落群镞类制品的生产及意义。石涛认为铜绿山矿冶遗址相关生产组织模式在春秋之前是小规模生产，之后则是集中化的专业化生产。

以聚落考古为手段的相关研究展示出史前人群扩散和文化传播的复杂性。孙瀚龙指出钱塘江流域上山文化聚落群表现出从山地走向海洋的发展趋势。雷少认为浙江史前海洋性聚落的生存与发展十分倚重陆域资源，没有明显独立发展道路可循。黄超对距今 7000 年至 5000 年环南中国海地区沿海聚落宏观形态、生业形态及其社会网络进行了梳理。付琳界定并梳理了闽江流域史前文化发展序列与基本格局，并从多个角度论述区内新石器晚期文化中的北方因素。

聚落考古理论和方法。新的实践推动了相关理论和方法的新思考。郭明建指出开口于不同层位、以往分别命名的数个遗迹，有时则反映了一组紧密相连的人类活动，值得"抽丝剥茧"式耐心解读。刘斌围绕"聚落""考古"与"社会"等日源术语，对中日考古学词汇进行考证，展示了二者之间的关联。

孙周勇、李新伟、赵辉分别在大会上做了发言。孙周勇回顾了石峁遗址的发掘历程，解读了石峁考古团队鲜为人知的艰辛和付出。李新伟强调了聚落考古要遵循的理论和方法。赵辉指出作为社会单位的聚落是全面复原古代社会的依托。

总之，来自全国各地的考古学者齐聚石峁，极大深化了聚落考古与史前社会的研究实践，展示了相关理论与方法的新思考，推动了石峁遗址研究的新进展。

（原载于《中国史研究动态》2020 年第 6 期）

第二卷

文化与社会研究篇

一、考古学文化研究

陕北、内蒙古中南部及晋北地区寨峁文化

吕智荣

寨峁文化是以陕西神木县寨峁村古遗址第二期文化遗存命名的[1]。该遗址位于窟野河与考考乌素河交汇处的三角阶地上，南距神木县城 16 千米，1993 年对该遗址进行了正式发掘[2]。

寨峁文化属于龙山时代晚期考古学文化。从目前已报道的资料看，除在陕西北部地区发现外，在内蒙古中南部和晋北及冀西北地区也有发现。在陕北地区发现的遗址有神木县石峁、寨峁、刘石桥畔、孙家岔、大柳塔，府谷县的郑则峁新村，榆林市的刘家庙、刘兴庄，横山县的水磨沟等[3]。另外，在延河流域也发现了该类文化遗存[4]。内蒙古中南部发现的此类遗址亦不少，主要有凉城县的老虎山、西坡、板城、园子沟，清水河县的白泥窑子沙峁圪旦，包头市的阿善，呼和浩特市的黄土坡，准格尔旗铁孟沟、大庙圪旦，伊金霍洛旗朱开沟等[5]。在晋北地区发现的这类文化遗址有山西汾阳杏花村、太谷白燕、忻州游邀、离石乔家沟、汾阳临水等[6]。在冀西北地区发现的属于这类文化的遗址主要分布在张家口地区，有蔚县三关、筛子绫罗，宣化县贾家营常峪口、西望山等[7]。由上可见，该文化分布于我国北方内蒙古高原中部和黄土高原东部，东越太行山脉达冀西北地区，向西大体以子午岭、贺兰山为界，北止阴山，覆盖河套和鄂尔多斯高原，南及陕北北部与晋中盆地，其地域相当辽阔。

关于这类文化的分期，已有同仁做过探讨。近几年来，随着考古工作的进展，新资料的相继公布，为深入探讨这一课题提供了条件。本文就陕晋北部和内蒙古中南部地区这类文化的分期作一探讨。至于冀西北地区这类文化遗存，现知仅有筛子绫罗遗址和贾家营遗址做过发掘和试掘，资料贫乏，进行分期研究还有一定困难。因此，本文对该地区的这类文化遗存分期不作探讨。

一、典型遗址介绍

本文以文化面貌的不同将这类遗存划分为东、西两大区，东区即黄河以东，侯马以北、太行山以东的晋北区；西区即延安以北的陕北北部和内蒙古中南部地区。

（一）西区典型遗址

1. 老虎山遗址

老虎山遗址位于内蒙古凉城县，该遗址先后进行过四次发掘。典型文化堆积为 5 层，其中第

3—5 层为文化层。在《凉城县老虎山遗址 1982—1983 年发掘简报》中，将第 4、5 层合并，文化遗存划为一期，将第 3 层遗存划为二期。第一期遗存中有早期龙山文化常见的三足斝；第二期遗存中除斝外，新出现了矮领斝式鬲、侈口浅腹束腰袋足甗，这两种器物在一期遗存中未见，是晚期龙山文化具有特点的器类。因此，本文论述的寨峁文化不含老虎山第一期遗存。

老虎山二期遗存的陶质有泥质、夹砂、砂质陶三种，其中以前者居首。陶色以褐色为主，灰陶次之，红陶少见。纹饰以篮纹为主，绳纹次之，附加堆纹发达，锥刺纹、方格纹不多见。常见陶器有矮领双鋬鬲、单耳袋足斝、侈口浅腹连体甗、饰网络状附加堆纹的侈口双鋬瓮、绳纹敛口双鋬瓮、素面双耳罐、侈口束颈圆折肩双耳罐、绳纹夹砂罐、高领折腹罐、大口尊、敛口钵、侈口钵、浅盘豆、罐形盉、单耳罐等。石器除了磨制的斧、刀、凿等器形外，还有丰富的细石器，如镞、刮削器、石叶等。

老虎山二期的房子除"凸"字形近方形半地穴式外，还有四周筑有土墙的房子。在园子沟遗址中还发现有土洞式房子。这类房子的平面形制大多数也呈"凸"字形。有的房子筑有白灰居住面，有的则为硬土居住面。在老虎山遗迹周围还有用石块垒筑的土石结构的围墙。窖穴以近方形竖穴土坑最多，有的口小底大，呈袋状，圆形袋状窖穴不多[8]。

2. 园子沟遗址

该遗址位于凉城县园子沟村北的山坡上，1986—1988 年对该遗址进行了发掘，发现了一批居住建筑遗迹和丰富的遗物。根据 T323—T342 的地层和遗迹叠压打破关系，将遗迹和遗物分为四组。这四组的代表单位和先后序列关系是：F3042 组→F3047 组→F3021 组→F3041 组。F3042 组与老虎山一期相对应，因此不属本文讨论之列。F3041 组和 F3021 组与老虎山二期相对应，F3047 组晚于老虎山二期[9]，属于本文讨论范围。

3. 大庙圪旦和铁孟沟遗址

准格尔旗大庙圪旦遗址是在考古普查中发现的。在该遗址中仅清理了 1 座灰坑，出土了一组陶器，有矮领鬲、斝、豆、盆等器，10 件器物上有锥刺纹、4 件为素面[10]。陶器残片若干，饰绳纹的 6 件、饰篮纹的 9 件。

4. 寨峁遗址

寨峁遗址的文化遗存共划分为三期，第一期属于阿善文化范畴（为早期龙山文化），第三期为春秋时代文化遗存；第二期为晚期龙山文化遗存，即寨峁文化遗存。

寨峁二期的陶质以泥质陶为主，夹砂陶次之，在泥质陶中有粗、细泥之分，但细泥陶不多；夹砂陶中有很少的砂质陶。在陶色中灰陶占有很大比例，磨光黑陶和褐陶很少。除素面外，以篮纹居多，绳纹次之，其他如附加堆纹、阴弦纹、方格纹、锥刺纹、划纹等不多见。常见器物有矮领双鋬鬲、单把鬲、敛口甗、直口三足斝、敛口三足斝、三足盉、罐形无足盉、豆、大口尊、圈足盘、折肩罐、侈口钵、三足瓮等（图一）。

石器以磨制为主，以铲、斧、刀、凿、锛、石球为多见。玉器少见。细石器较丰富，种类有

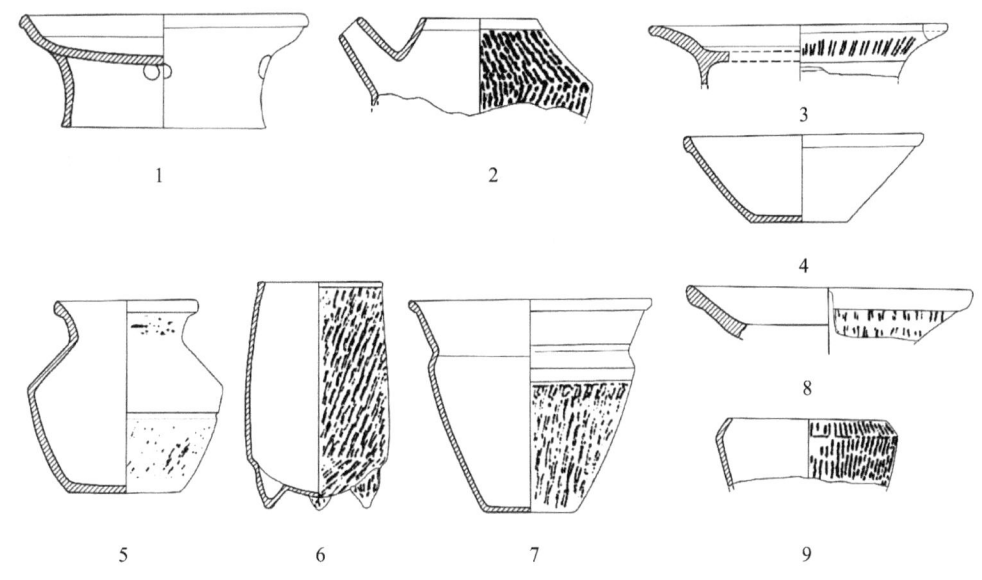

图一 寨峁类型陶器

1. 盘（神木刘石桥畔遗址出土） 2. 罐形盉（AH18：15） 3、8. 豆（CT1804 Ⓐ：4、CH12：4）
4. 钵（AT4010 ③：3） 5. 高领罐（AH3：2） 6. 三足瓮（AH60：18） 7. 尊（AH18：14） 9. 瓿（AT4010 ③：14）
（1. 神木刘石桥畔遗址出土；2—9. 寨峁遗址出土）

镞、矛、石叶和扇形、楔形、船形、多边形刮削器等。骨器以凿、锯、针最为常见。其他还有匕、
笄等器。卜骨以动物肩胛骨为材料，不加整治，大多数有灼无钻，有钻的极少。

寨峁二期的房子有方形和长方形"凸"字半地穴式及用石块砌成围墙的地面式房子，前一种房
子有的抹筑有白灰面，后者为硬土居住面。在遗址周围还有用石块砌成的土石结构的围墙。窖穴以
近方形竖穴为主，圆形袋状不多。

墓葬均为窄长方形竖穴土坑，无葬具，绝大多数未见随葬品，仅在一例墓中随葬有猪下颌骨。
葬式以仰身直肢葬为主，二次扰动侧身直肢、俯身直肢葬少见[11]。

5. 朱开沟遗址

内蒙古伊金霍洛旗朱开沟遗址位于窟野河上游。1977—1984 年先后进行了四次发掘。典型的
文化堆积分为 5 层。文化遗存共分为五段，第一段为龙山时代晚期遗存[12]。

朱开沟一段遗存以夹砂陶为大宗，泥质陶次之。以灰陶为主，占 98%，其次为褐陶和黑陶。除
素面外，纹饰以篮纹为主，绳纹略次，其他纹饰有方格纹、划纹、附加堆纹等。陶器主要有鬲、
斝、盉、瓿、豆、盆、尊、折肩罐、双耳罐等。房子为半地穴式圆角方形，筑有白灰居住面。灰
坑有圆形袋状、圆角方形和椭圆形，各占 30% 多。墓葬为长方形竖穴土坑。无葬具。随葬品有鬲、
罐、豆，有的还随葬有猪的下颌骨。瓮棺葬以鬲、高领罐和瓿为葬具。

6. 大口遗址

内蒙古准格尔旗大口遗址自 1973 年先后做过数次发掘。文化堆积共分为 6 层，文化遗存分为
两期，似有再分期的可能。第二期的鬲、瓿、大口尊、三足瓮等，与寨峁二期同类器相似。唯有圈
足双鋬罐别具特点[13]。

（二）东区典型遗址

1. 杏花村遗址

杏花村遗址位于山西汾阳县杏花村。1982年对该遗址进行了首次发掘，考古工作者将其划分为五期，其中一、二期为仰韶时代，三、四期分别为龙山时代早、晚期文化，第五期为夏代文化。属于杏花村类型为第四期文化遗存[14]。杏花村四期的陶器以泥质陶为大宗，夹砂陶次之，陶色以灰色为主，褐陶居次，红黑陶不多。除素面外，纹饰有绳纹、篮纹、方格纹、附加堆纹、弦纹、划纹、锥刺纹等。器形有矮领双鋬鬲和无鋬鬲、敛口鬲、单把鬲、斝、敛口甗、侈口甗、圜底甑、平底甑、矮领深腹罐、单耳罐、双耳罐、高领折肩罐、小口折肩罐、侈口深腹盆、双腹盆、敛口钵、侈口钵、袋足瓮、扁足瓮、敛口瓮、长颈壶、窄沿浅盘豆、杯等。

石器以磨制为主，有斧、锛、凿、铲、刀等。还有镞等细石器。骨器有凿、镞、针、锥、笄等。

房子有单间和双间，均为半地穴式。双间房子平面似葫芦形，单间平面为横长方形，室内有火烧面和柱洞。窖穴以口小底大的圆形袋状为主。

陶窑为立式，窑室和火膛呈圆形，火道呈斜坡状。

属于该类型的墓葬尚未发现。瓮棺葬为长方形竖穴浅坑，葬具由残三足瓮和陶罐组成。在临义遗址中清理的3座瓮棺葬，葬具主要为鬲。

2. 乔家沟遗址

乔家沟遗址距山西离石县城约4千米，面积约3000平方米。主要文化遗存与杏花村四期相同，清理了灰坑6座、房子1座、瓮棺葬2座[15]。

陶器有泥质和夹砂两类，大多数是灰陶和灰褐陶，红褐陶不多，黑陶极少。纹饰有绳纹、篮纹、附加堆纹、弦纹、划纹、锥刺纹等。其中以绳纹和篮纹为主，其他纹饰不多。器物有矮领双鋬鬲、矮领无鋬鬲、单把鬲、敛口甗、大口尊、折肩罐、三足瓮、圜底瓮、甑、侈口钵、长颈壶、窄沿浅盘豆、圜底浅盘豆、杯等。

房子为"凸"字形半地穴式，白灰居住面近中部有椭圆形柱洞。窖穴以圆形有颈袋状为特征。瓮棺葬为长方形竖穴土坑，以瓮为棺。

3. 白燕遗址第一地点

白燕遗址位于山西太谷县，西距县城约15千米。1980—1981年对该遗址进行了三次发掘，将遗址划了四个发掘点，其中第一地点文化堆积最丰厚。根据大量的地层叠压关系、灰坑打破关系和出土陶器的特征及各种差异，将文化遗存划分为六期[16]。其中第三期为龙山时代文化遗存，与杏花村四期同类，属于本文所讨论的遗存。

该期陶器中夹砂陶多于泥质陶，陶色以灰陶为主，红陶次之。夹砂陶器多饰绳纹，泥质陶器多饰篮纹。器类有斝式鬲、斝、甑、釜、灶、盆、罐、尊、豆、瓮、器座、器盖等。

4. 临水遗址

临水遗址位于孝义县临水村东南，东距县城 8 千米，遗址面积约 2 万平方米，1982 年上半年调查时，仅对已暴露于断崖上的 1 座灰坑（H1）和 3 座墓葬（M1—M3）进行了清理。H1 出土的文化遗物属于早期龙山文化。M1 和 M3 出土陶器有鬲 4 件、大口尊口部 1 件[17]。特征与杏花村四期遗存相似。

5. 游邀遗址

游邀遗址位于山西忻州。1989 年对该遗址进行了试掘，地层堆积共分 5 层。考古工作者依据地层关系和遗址特点，把文化遗存分为早、晚两期。认为早期为龙山时期遗存，H348：1、H291：2、H193：1 号陶鬲代表了这类遗存早、中、晚三个阶段。晚期遗存在时代上已进入了夏代纪年[18]。

二、分段与典型器物的演进特征

（一）西区遗存

1. 分段

目前在该地区已经发掘的遗址中，还未发现可供探讨分段的文化单位叠压打破关系。在此依据各典型遗址主要陶器组合和演进特点，暂将该地区这类文化遗存划分为四段。

各段典型遗存：第一段以老虎山二期遗存及类似的园子沟 F3047 组、F3021 组遗存为代表，第二段以大庙圪旦 H1 和园子沟 F3041 组遗存为代表，大庙圪旦 H1 出土的豆盘、盆与老虎山二期同类器颇为相似，单把斝和罐口部与园子沟 F3041 组的单把斝（园 H2002：5）、罐（园 F3033：5）口部相近[19]，故将它们列为同段。第三段以寨峁二期为代表，第四段以朱开沟一段、大口二期遗址为代表。

2. 各段典型器物演进特征

选择典型器有矮领双鋬鬲、单把斝、单把鬲、盉、折肩罐五种，其特点说明如下：

矮领双鋬鬲

第一段　标本老 F27：1，宽裆，三乳状足向外岔。体饰篮纹和网状附加堆纹（图二，1）。

第二段　标本大 H1：1，高分裆，长乳足向内微收，双鋬近颈部。体饰绳纹（图二，2）。

第三段　标本寨 F2，窄宽裆，腹圆鼓，肩明显，袋足肥大，有了实足跟。双鋬微下移。体饰绳纹，足内侧饰篮纹（图二，3）。

第四段　标本朱 W2002：1，领增高，袋足变瘦，实足跟明显，双鋬耳下移。体饰绳纹（图二，4）。

单把斝、单把鬲

第一段　单把鬲，标本老 T507③：11，大侈口，斜领，束颈，扁腹，三乳足瘦长。体饰篮纹（图二，5）。

第二段　单把斝，标本园 H2002∶5，口微侈，高领，深圆腹，三乳足变矮，呈三角形。体饰篮纹（图二，6）。

第三段　单把鬲，从形态上看，似由单把斝演变而成的。标本寨 CT1704②∶2，口微侈，高领，有肩，窄宽裆，袋足尖微内收。体饰绳纹（图二，7）。

第四段　单把鬲，标本朱 M2001∶1，高领，三足变矮微向外岔（图二，8）。

盉

第一段　罐形盉，标本园 H3009∶6，敛口，圆折肩，双錾位于肩部（图二，9）。

第二段　罐形盉，标本西 H6∶6，敛口，折肩，斜收腹，平底，双錾位于肩下（图二，10）。

第三段　三足盉，这种盉是由罐形盉与单把斝复合产生的。标本寨 AT2011②∶2，口微敛，矮领向内斜，半圆形腹，三乳足肥大，并向外岔。肩部有双錾，嘴斜翘。体饰绳纹（图二，11）。

第四段　标本朱 T236⑤∶2，敛口，圆形深腹，乳足变矮变瘦，呈三角形（图二，12）。

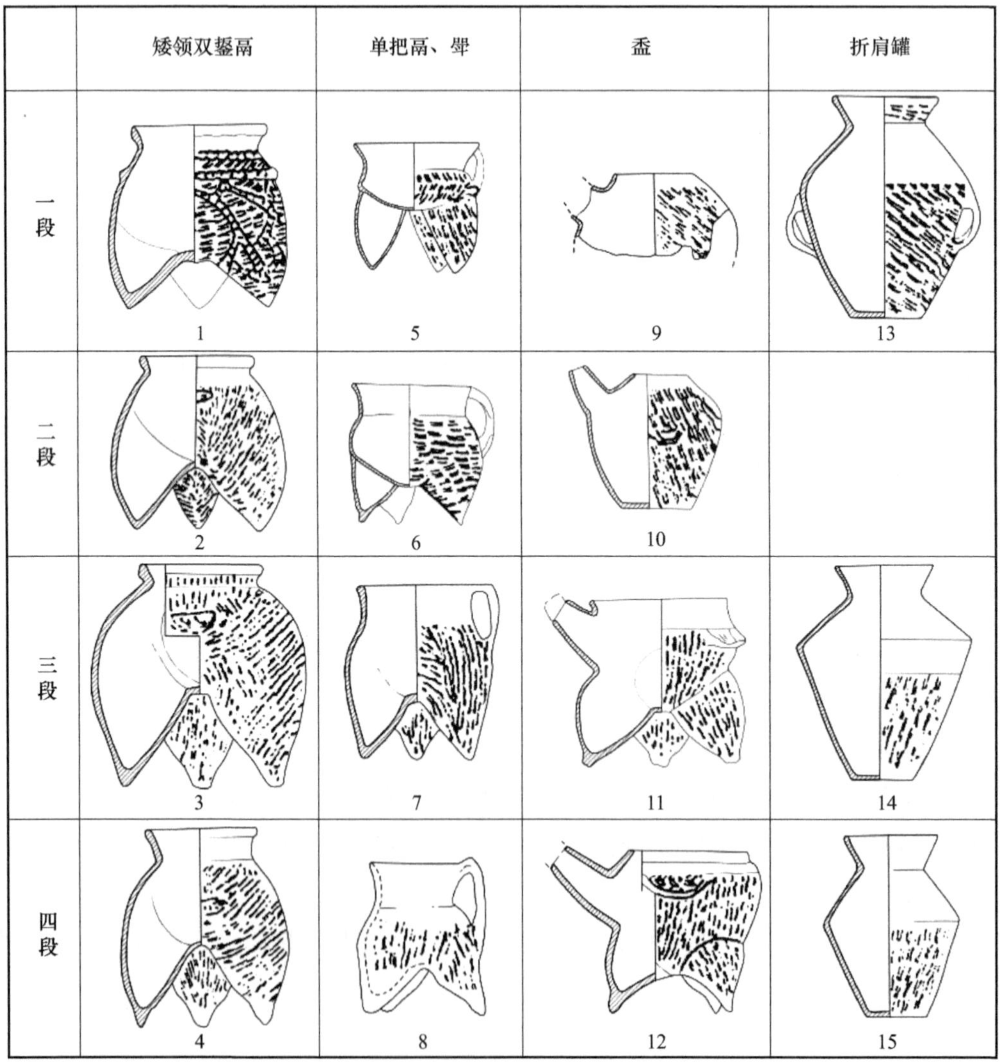

	矮领双錾鬲	单把鬲、斝	盉	折肩罐
一段	1	5	9	13
二段	2	6	10	
三段	3	7	11	14
四段	4	8	12	15

图二　西区器物演变

折肩罐

第一段　标本西 T1 ③：5，侈口，束颈，圆折肩，双耳（图二，13）。

第三段　标本寨 AT3011 ②：5，宽折肩靠上（图二，14）。

第四段　标本朱 W2013：1，折肩下移，呈斜溜肩（图二，15）。

（二）东区遗存

1. 分段

在分段前，需要说明的是，经对杏花村第四期各段陶鬲特点分析，属于第一段单位出土的鬲均以下圜形宽分裆为特点，属于第二、三段单位出土的陶鬲，则以窄分裆为特点。属于第四段单位出土的陶鬲，主要是三角形高联裆鬲，似未见一至三段的下圜形宽分裆鬲和窄分裆鬲。这种现象反映出发展上存在缺环。

离石乔家沟 H1、H6 出土的陶鬲中，除有少量类似于杏花村四期一段的下圜形宽裆鬲和第四段的三角形高分裆鬲之外，弧形联裆鬲则占主要比例[20]。从这种宽弧裆鬲看，它在演进序列中介于杏花村四期遗存二三段的窄分裆鬲与第四段的三角形高分裆鬲之间。临水遗址 H1 和 M1—M3 出土的鬲均为三角形高裆[21]，与杏花村四期第四段鬲的特点相同。综合以上遗址资料和分析，将东区遗存分为两期五段。

2. 各段主要遗址和单位

第一段文化单位有杏花村一段 H118、H317 诸单位和白燕 H219、H108 等。

第二段文化单位有杏花村二段 H127、H314 和三段 H9、H156、H257 等。

第三段文化单位有乔家沟 H1、H5、H6。

第四段文化单位有杏花村四段 H6、H20、H123 和孝义临水 M1—M3 及离石乔家沟 H4。

第五段文化单位有游邀早期 H193、H326。

3. 各段典型器物特征

矮领鬲

第一段　标本杏 H118：9，下弧形宽分裆，袋足微向外岔，腹最大径靠下（图三，1）。

第二段　标本杏 H7：3，窄宽裆，袋足向内拢，体瘦长（图三，2）。

第三段　标本乔 H6：11，弧形高分裆，大鼓腹，肩明显（图三，3）。

第四段　标本临水 M2：2，三角形高分裆，体瘦长，有肩（图三，4）。

第五段　标本游 H3：1，三角形高分裆，腹最大径居中，有素矮实足跟（图三，5）。

单把鬲

第一段　标本杏 H118：10，侈口，短颈，折浅腹，下弧形宽分裆，乳足瘦长，足跟微向外岔。体饰篮纹（图三，6）。

第二段　标本杏 H257T：2，口微侈，直领，圆深腹，下弧形宽分裆，袋足变矮，呈三角形。体饰绳纹（图三，7）。

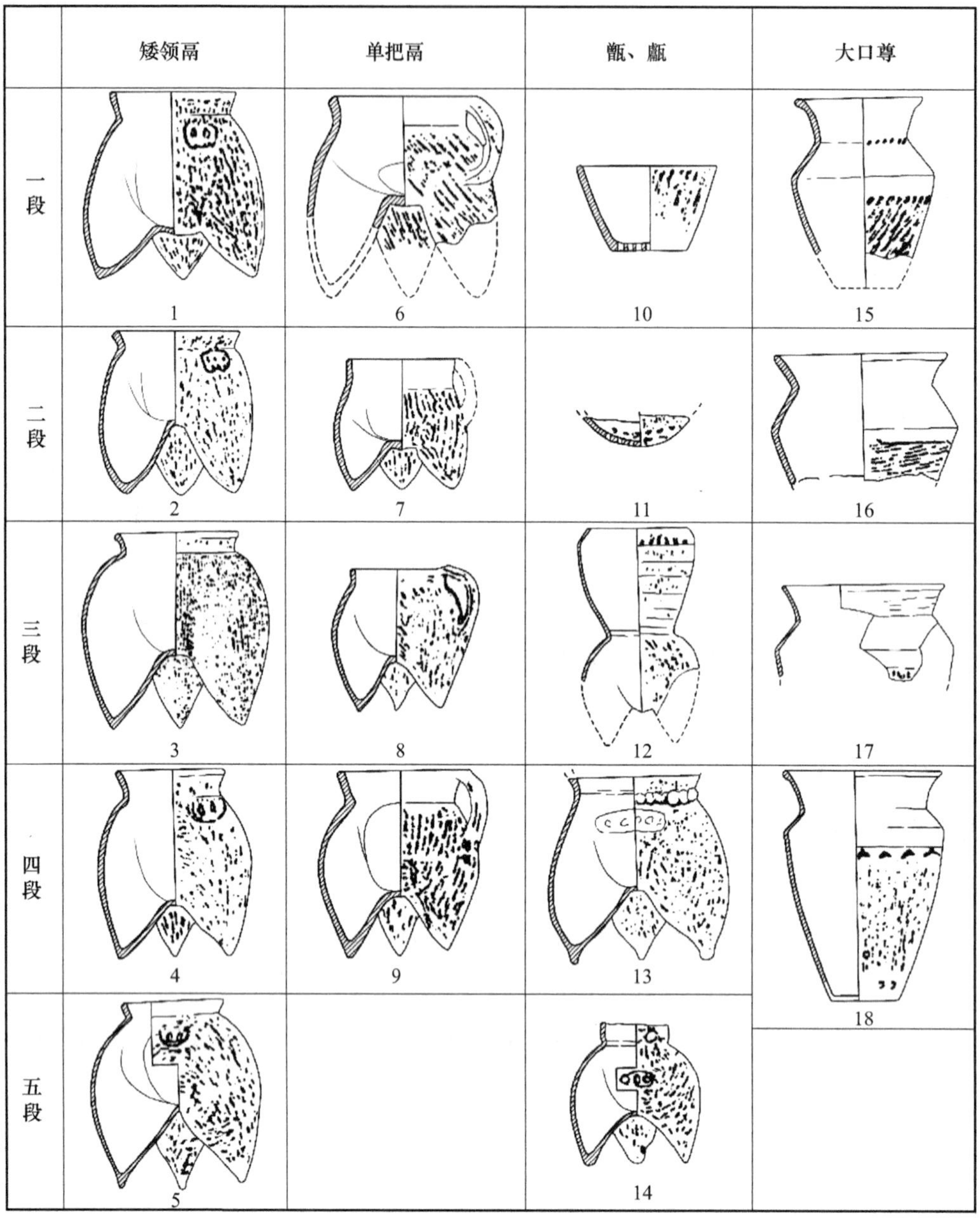

	矮领鬲	单把鬲	甑、甗	大口尊
一段	1	6	10	15
二段	2	7	11	16
三段	3	8	12	17
四段	4	9	13	18
五段	5		14	

图三　东区器物演进

第三段　标本乔 H5∶7，矮斜领，腹向外微鼓，三角形高联裆（图三，8）。

第四段　标本杏 H6∶4，侈口，斜领，腹最大径靠上，裆比前段稍矮（图三，9）。

第五段　缺资料。

甑、甗

第一二段有甑，未见甗。第一段甑，标本杏 H12∶2，侈口，斜收腹，平底中有十数个小孔（图三，10）。

第二段　标本杏 H257T1∶9，口部残，圜底，底有十数个小孔（图二，11）。

第三段　出现了敛口、侈口甗。本段标本 H1∶1，敛口，深腹，束腰，肥袋足，下弧形宽分裆。体饰弦断绳纹（图三，12）。

第四段　标本杏 032，甑部残缺，大袋足略向外岔，八字形高分裆，有短实足跟（图三，13）。

第五段　标本游 H326：2，弧形矮裆（图三，14）。

大口尊

第一段　标本白 H219：15，大侈口，卷沿，有颈，宽斜肩，折收腹（图三，15）。

第二段　标本杏 H257 上：3，侈口，斜宽沿，束颈，肩和颈比一段粗（图三，16）。

第三段　标本乔 H1：6，斜肩比前段窄。肩下饰竖篮纹（图三，17）。

第四段　标本乔 H4：3，侈口，大卷沿，束颈，窄折肩，颈比前段粗（图三，18）。

第五段　缺资料。

三、年 代 分 析

1. 西区

老虎山一期遗存中有斝无鬲，这与庙底沟二期文化和阿善文化等早期龙山文化的这一特点相同。学术界普遍认为鬲的出现是龙山文化发展进入晚期阶段的标志。以老虎山二期为代表的一段遗存中的单把斝、敛口钵、敛口广肩瓮、长颈大口尊，不仅与老虎山一期同类器有明显的发展演进关系，而且与阿善文化也有一些相同因素。如以老虎山二期为代表的一段遗存中，敛口钵、敛口广肩瓮和近方形灰坑与阿善文化相似[22]。但是，阿善文化不见鬲和甗。这个既有早期龙山文化因素，又有晚期龙山文化特点的一段遗存，反映了它所处的历史发展阶段。

山西的石楼岔沟龙山文化遗存中有类似于一段的矮领鬲。该遗存有 8 个 ^{14}C 年代数据，其中除 F14 的数据偏轻外，另外 7 个数据大约在公元前 2500 至前 2300 年之间[23]。以老虎山二期为代表的遗存有一个数据，距今 4240±109 年（老 Y3）[24]。相当于老虎山二期的园子沟 F3047 组有两个数据分别距今为 5170±92 年（园 F3043）、4875±159（园 F3045）年[25]。将园子沟遗存和 ^{14}C 数据与老虎山、岔沟遗存的 ^{14}C 数据比较分析，园子沟的两个数据显然偏老，而老虎山二期的数据则相差不远。所以，将老虎山二期为代表的本段时代推定在距今 4500—4400 年较为合适[26]。

从第二段的单把鬲、罐、豆等的形态看，与一段同类器不尽相同。但是，它们承前启后发展关系清楚，上下衔接较密切。属于本段遗存有两个 ^{14}C 年代数据，分别是距今 4630±108（园 Y3005）和 4555±108 年（园 F3041）[27]。分析本段遗存和典型器的发展形态，这两个数据偏老。推测此段年代在距今 4300 年前后。

第三段的矮领鬲、折肩罐、长颈大口尊、窄沿浅盘豆、罐形盉、侈口钵等，在形态上虽与前期同类器稍有不同，但演进轨迹很清晰，反映了同一文化谱系不同发展阶段之特点。然而，在本段新出现的具有特点的单把鬲、敛口三足盉、敛口和直口三足斝、敛口甗、三足瓮、簋等器，有的与前期同类器相比之间有明显的发展缺环，有的则在前期陶器中找不到祖型器，表明其发展演变应有一定的缺环。我们分析认为本段的时代在距今 4100 年前后。

第四段的典型器有鬲、敛口斝、敛口盉、敛口甗、折肩罐、浅盘豆、三足瓮等，器物群与第三段相同，而且器物形态发展轨迹上连接紧密，看不出有什么缺环。将本段时间推定在距今 4000 年前后似较合适[28]。

2. 东区

第一期的一二两段的双鋬鬲、单把鬲、大口折肩尊、浅盘圜底豆等，在形态上各有风格，但共同因素明显，演进链条相接紧密，反映了同一文化谱系不同发展阶段的关系。

从一二段鬲的发展轨迹看，它与西区一二两段的演变特点相似，如鬲的袋足均由一段向外岔变成第二段微向内收。这种共同的特点不仅反映了文化发展上的共同趋势，也反映了时代进程上的并行关系。从第一段的折肩大口尊看，它与二三段的尊为同一谱系的不同发展阶段。第一段折肩尊伴出的长颈折腹尊和侈口束颈圆折肩罐[29]与东区一段的长颈尊、侈口束颈圆肩双耳壶的口部形态相似[30]；一段折肩尊同出的釜形灶[31]，见于陶寺早期遗存和庙底沟二期文化中。综上分析，本区第一段的时代约与西区第一段相当，其绝对年代亦在距今4500—4400年前后，第二段在距今4300年前后。

第三段的矮领双鋬鬲、无鋬鬲、单把鬲和大口尊等与第一期的同类器承前启后、发展脉络清晰、衔接关系密切。如第一期的陶鬲宽裆鬲占主要比量，而本段的宽弧裆鬲则占主要地位，下圜分裆鬲数量居次，而且伴出了数量不多的三角形高分裆鬲。折肩大口尊比一期二段尊肩更窄。另外，本段的敛口瓿、双鋬袋足斝、三足瓮，比上期显得更为突出。这些变化和不同，反映出了不同发展阶段的文化风貌。本段的鬲、敛口袋足斝、直口袋足斝、敛口瓿、三足瓮、折肩折口尊等器，与西区第三段同类器的风格和特征雷同，但有些器物在形态上有早于西区三段的因素。例如本段的下圜形宽分裆鬲在西区三段遗存中不见，折肩大口尊的肩比西区尊肩宽。西区三段的绝对年代推测是在公元前2100年前后。综上分析，本段绝对年代应早于西区三段，在距今4200年前后。

从第四段的典型器物形态看，此段与前段衔接紧密，没有缺环。本段下圜形分裆鬲消失，具有前段特点的宽弧裆鬲发展成为占本段主导地位的典型器。另外，本段的鬲、敛口瓿、折肩尊、三足瓮与西区三段同类器形制近似。西区第三段的绝对年代推定在公元前2100年前后。基于上述分析，本段的绝对年代应与西区三段相当，亦应在公元前2100年前后。

属于第五段的资料不多，特别是与鬲伴出的其他器物的资料报道很少，所以宏观分析其时间有一定困难。但从鬲的形态看，其与前段演进链条相当紧密，时代应是衔接的。推测第五段年代在距今4000年前后。

四、有关问题的讨论

1. 寨峁类型与杏花村类型的关系

从陕北、内蒙古中南部和晋北地区（下简称为东区和西区）的这类文化遗存的内涵和发展特征看，它们之间既有同一文化的共同特征，又有不尽一致的各自风格。

现有资料反映，东西两区这类遗存有不少共性，如在陶质陶色和纹饰所占比例上虽然不大一致，但从早到晚的发展趋势则是相同的，即陶质上泥质陶由多减少，夹砂陶由少增多，陶色比例上灰陶由小增大，褐陶由大变小；纹饰中篮纹由多减少，绳纹则由少增多。陶器组合上，两区也有共同之处，如各型矮领鬲、窄沿浅豆、大口尊、斝贯穿两区这类遗存的始终。另外，两区第一、二段陶器中高领折肩罐、夹砂罐、敛口钵的形态也大体相仿。到第三、四段，除继承前段一些主要器类外，均出现了以三足斝、敛口瓿、三足瓮等器物，另外，两区这类遗存的石器中均含有细石器。

因两区文化面貌和特征及经济形态上存在的诸多一致，我们将陕北、内蒙古中南部和晋北地区这类晚期龙山文化归入同一考古学文化——寨峁文化。

但是，从现有资料不难看出，两区这类文化面貌上除其共同特点之外，还有明显的差异。例如西区这类遗存的第一段，陶质均以泥质陶为主，夹砂陶次之；陶色以褐色为主，灰陶次之；纹饰以篮纹为主，绳纹次之，附加堆纹发达。在此以后各段，陶质则以夹砂陶为主，泥质陶次之；陶色则以灰陶数量占其主要，褐陶很少；纹饰主次比例未变，但绳纹比量不断增加，篮纹比量不断减少。而在东区这类遗存的各期则以夹砂陶为主，泥质陶次之；陶色则以灰色为主，褐色次之；纹饰则以绳纹为主，篮纹稍次，阴弦纹发达，附加堆纹不多。在器类上，西区第一段的单把鬲、侈口浅腹瓿、罐形盉、侈口束颈圆折肩双耳罐、高领罐、素面双耳罐、腹饰网络状附加堆纹的深腹瓮、敛口双鋬瓮等在东区这类遗存中未见。而东区这类遗存中的窄肩大口尊和高领双鋬罐、夹砂高领折肩罐则在西区遗存中不见。在西区的三、四段遗存中，敛口斝、直口斝、三足瓮、侈口钵是常见的主要器物，而在东区三至五段遗存中，敛口盉、敛口斝、直口斝虽有出土，但不多见。东西两区的三足瓮、三足杯在形态上也不尽一致。西区的三足杯为侈口，小袋足；三足瓮绝大多数为内折沿，厚唇敛直口很少见。而东区的三足杯是在小侈口钵底加三实足而成的；三足瓮多为厚直唇，内折沿者极少见。在西区遗存中还未见东区的敛口折肩瓮和扁三足瓮[32]。

在遗迹方面，西区的房子除平面呈凸字形半地穴式外，还有土洞式房子和用石块垒成围墙的房子，有的遗址周围还用石块砌筑成围墙。窖穴中除圆形袋状外，近方形竖穴窖穴占有突出的比量。而在东区这类遗存的居住建筑中，尚未见石砌围墙的房子和遗址周围筑有石墙。发现的袋状有颈窖穴在西区窖穴中极少见。

基于上述分析，两区这类文化遗存之间虽有不少共同点，但差异是显而易见的。因此，我们提出将它们划分为两个地方类型，陕北、内蒙古中南部地区的这类文化遗存以寨峁二期为代表，晋北地区的这类文化遗存以杏花村四期为代表，分别称之为寨峁文化寨峁类型和杏花村类型。

考察寨峁类型和杏花村类型的源流，二者并不是从一个古文化派生发展起来的两个地方类型，而是各有源流的。

从以老虎山二期遗存为代表的寨峁类型一、二段的文化内涵和特征分析看，它与老虎山一期遗存有诸多的共同之处，在主要器物中，寨峁一段的斝式鬲和瓿在老虎山一期未见外，其他器类陶质陶色和纹饰及遗迹与一期没有多大区别。如寨峁一段的单把斝、深腹双鋬瓮、素面夹砂罐、绳纹和篮纹夹砂罐、侈口束颈圆折肩双耳罐、长颈大口尊、敛口钵、侈口钵、豆等的形态与老虎山一期同类器有密切的传承关系，流行的近方形窖穴和凸字形半地穴式房子也显然是继承前者延续发展而来的[33]。认为二者是相承发展是毋庸置疑的[34]。

另外，寨峁类型一段遗存中还含有阿善文化的因素，如深腹盆、夹砂罐、敛口钵等器和流行的近方形窖穴也是阿善文化的主要特点。

老虎山一期遗存主要分布在凉城县、清水河县等地，阿善文化主要分布在南下黄河以西和陕北北部地区。分布地区与寨峁类型的中心区域相合。阿善文化与老虎山一期遗存均属于龙山时代早期遗存，从文化特征和 ^{14}C 年代数据分析，时代与庙底沟二期文化大约相当[35]。

综上考察看，寨峁类型是承老虎山一期遗存发展而成的，但在发展进程中不仅吸收了本地阿善文化的因素，而且还受了庙底沟二期文化、齐家文化、陶寺等周邻文化的影响。

至于寨峁类型的去向，陕北神木县新华遗址的发掘，为探索此问题找到了踪迹。

新华遗址位于大保当镇，坐落在野鸡河南岸。野鸡河是秃尾河的一条支流。1996 年和 1999 年，对该遗址进行了发掘，面积达 4000 平方米。

新华遗址出土的陶器以夹砂灰陶为主，泥质灰陶次之，纹饰以绳纹为大宗、篮纹居次，划纹、方格纹、附加堆纹不多。主要器物有鬲、斝、盉、敛口瓿、三足瓮、大口尊、罐、盆、豆、碗、杯等[36]。

从新华遗存的文化面貌看，虽然具有特点的高领鬲、花边鬲、侈口斝等器物在寨峁类型中不见，三足器普遍流行高实足跟之特点不为寨峁类型所有，但矮领鬲、斝、尊、敛口瓿、三足瓮等器物则与寨峁类型同类器有传承发展关系，而且具有特点的高领高实足跟鬲的双鋬和唇面饰绳纹的特点，无疑是吸收了寨峁类型矮领双鋬鬲的特点。

2. 杏花村类型的源流

目前，在晋北地区发现的早于杏花村类型的古文化遗存是白燕一期遗存[37]，该遗存除在太谷白燕遗址发现外，在孝义、临水、娄烦童子崖、汾阳杏花村等地也有发现[38]。这类遗存主要陶器有大口深腹罐、夹砂双鋬罐、盆形扁足鼎、斝、盘口盆、长颈壶、敛口钵、器盖等，还有少量的彩陶器。分析认为该文化遗存有三种文化因素：一是本地文化因素；二是东来的大汶口文化因素；三是南来的庙底沟二期文化因素[39]。该类遗存的时代大约与庙底沟二期文化相当，属于龙山时代早期文化遗存。分布地域与杏花村类型有重合区域。将杏花村类型一期与白燕一期遗存比较，还看不出二者之间有什么源流迹象，但目前还不能说杏花村类型的来源与这类早期龙山文化毫无关系，因为二者在发展阶段上存有一定缺环，还需要再做一些田野工作。杏花村一段的敛口钵、大口长颈尊、豆与寨峁类型一期的同类器近似或雷同，这表明了在杏花村类型的发端初期，二者已开始了走向融合的历程。

对于杏花村类型的去向，许伟先生认为："晋中地区夏代早期遗存，是上阶段遗存在本地区直接发展的结果。这个时期陶器的质地纹饰和器形等都与龙山时代晚期遗存有着密不可分的联系"[40]。从汾阳峪道河 H1，忻州游邀 H2 和 H29 出土的鬲、斝、盉、豆、瓿、瓮等器看，此说基本可信[41]。

3. 岔沟龙山时代遗存与寨峁文化的关系

岔沟遗址位于山西石楼县，发掘出土的古文化遗存以龙山时代文化遗存为主，属于仰韶文化的遗物仅有 1 件陶罐[42]。

岔沟龙山时代遗存的陶器以夹砂陶为主，泥质陶略次。陶色以灰陶为主，占 78%；红陶次之，占 22%。除素面外，纹饰以绳纹为主，篮纹次之，其他纹饰有方格纹、划纹和附加堆纹等，陶器有鬲、罐、缸、豆、壶、杯等。遗迹主要是房子，有土洞式和半地穴式两种，居室平面以圆角方形为主，其次为圆形。有白灰居住面和白灰墙裙，灶位于居住面近中央，平面以圆角方形为主，圆形的不多。

关于岔沟龙山时代遗存的年代。测定的 8 个 ^{14}C 年代数据中，除一个（F14）数据偏轻外，其余 7 个时间在距今 4500—4300 年[43]。与寨峁和杏花村一段相当。

但是，岔沟遗存的罐、缸、豆、壶等器，在寨峁和杏花村类型中未见，陶鬲为小沿侈口，袋足宽分裆，有双鋬，体饰绳纹或篮纹，形态与寨峁和杏花村类型的矮领双鋬鬲相似。可岔沟陶鬲的袋足均较细，没有寨峁和杏花村类型一段的鬲足肥大，整体形态上有较浓的细足斝风格。据上述分析，岔沟龙山时代遗存在时代上应稍早于寨峁和杏花村类型一段。

除岔沟遗址外，这类遗存在黄河之右的陕西清涧县、绥德县也有发现[44]。依据有关资料初步认为，该类遗存似分布在陕晋北部黄河两岸的绥德、石楼县及以南丘陵山地地区。

从岔沟遗存的文化面貌看，陶质陶色和纹饰及陶鬲与杏花村类型有相似之处，陶鬲和房子与寨峁类型不尽相似。但除以上相仿因素外，其他陶器与寨峁文化的这两个类型大相径庭，尚看不出有什么传承发展因素。所以，岔沟遗存虽然分布在陕晋北部地区，时代与寨峁和杏花村类型相近；文化面貌上存在有某些相同的因素，但将它是否可划归寨峁文化范畴？目前资料不足，在此尚难判定。考古资料证明，在岔沟遗存的分布地域内，还有只见斝不见鬲的小官道一类庙底沟二期文化遗存[45]。从寨峁类型和杏花村类型的来源分析，不排除岔沟遗存与寨峁文化为不同性质古文化的可能。

注　释

[1]《寨峁二期遗存及相关问题初探》待刊。

[2]《陕西神木县寨峁遗址》待刊。

[3] 巩启明、吕智荣：《榆林地区新石器时代文化遗存》，《中国考古学会——第八次年会论文集》，文物出版社 1991 年；《陕西神木县石峁龙山文化遗址调查》，《考古》1972 年第 3 期。

[4] 伊达：《新石器时代》，生活·读书·新知三联书店，1979 年。

[5] 田广金：《凉城县老虎山遗址 1982—1983 年发掘简报》，《内蒙古文物考古》1986 年第 4 期；田广金：《内蒙古中南部龙山时代文化遗存研究》，《内蒙古中南部原始文化研究文集》，海洋出版社，1991 年；田广金：《内蒙古朱开沟遗址》，《考古学报》1988 年 3 期；吉发习、马耀圻：《内蒙古准格尔旗大口遗址的调查与试掘》，《考古》1979 年第 4 期；魏坚、王志浩：《内蒙古准格尔煤田黑岱沟矿区文物普查述要》，《考古》1990 年第 1 期。

[6] 国家文物局：《晋中考古》，文物出版社，1998 年；晋中考古队：《山西太谷白燕遗址第一地点发掘简报》，《文物》1989 年第 3 期；山西省考古研究所：《山西汾阳县峪道河遗址调查》，《考古》1983 年第 1 期；忻州考古队：《山西忻州市游邀遗址发掘简报》，《考古》1984 年第 4 期。

[7] 张家口考古队：《1979 年蔚县新石器时代考古主要收获》，《考古》1981 年第 2 期；陶宗治：《河北张家口市考古调查简报》，《考古与文物》1985 年第 6 期。

[8] 见 [5] 老虎山遗址简报。

[9] 见 [5] 田广金：《内蒙古中南部龙山时代文化遗存研究》。

[10] 见 [5] 黑岱沟矿区普查述要。

[11] 同 [2]。

[12] 见 [5] 内蒙古朱开沟遗址。

[13] 见 [5] 大口遗址发掘简报。

［14］［15］ 国家文物局：《晋中考古》，文物出版社，1998 年。

［16］ 见［6］太谷白燕遗址第一地点发掘简报。

［17］ 同［14］。

［18］ 见［6］游邀遗址发掘简报。

［19］ 崔璇：《阿善文化述论》，《中国考古学会第八次年会论文集》，文物出版社，1991 年。

［20］［21］ 同［14］。

［22］ 崔璇：《阿善文化述论》，《中国考古学会第八次年会论文集》，文物出版社，1991 年。

［23］ 中国社会科学院考古研究所山西工作队：《山西石楼岔沟原始文化遗址》，《考古学报》1985 年第 2 期。

［24］［25］［27］［28］［30］ 同［9］。

［26］［34］ 杨杰：《晋陕冀北部及内蒙古中南部龙山时代考古学文化初探》，《内蒙古中南部原始文化研究文集》，海洋出版社，1991 年，第 165—185 页。

［29］［31］ 见太谷白燕第一地点发掘简报。

［32］ 同［14］。

［33］ 同［9］。

［35］ 中国社会科学院考古研究所科技考古中心碳十四实验室：《放射性碳素年代测定报告（十一）》，《考古》1984 年第 7 期；北京大学考古系碳 14 实验室：《碳 14 年代测定报告（六）》，《文物》1984 年第 4 期。

［36］《陕西神木新华遗址的考古新发现》，《古代文明研究通讯》1999 年第 2 期。

［37］ 晋中考古队：《山西太谷白燕遗址第一地点发掘简报》《山西太谷白燕遗址第二、三、四地点发掘简报》，《文物》1989 年第 3 期。

［38］ 同［14］。

［39］［40］ 许伟：《晋中地区西周以前古遗址的编年与谱系》，《文物》1989 年第 4 期。

［41］ 见［6］汾阳峪道沟和忻州游邀遗址简报。

［42］［43］ 同［24］。

［44］ 见［3］榆林地区新石器时代遗存。

［45］ 陕西省考古研究所陕北考古队：《陕西绥德县小官道龙山文化遗址的发掘》，《考古与文物》1983 年第 5 期。

（原载于《史前研究》2000 年第 9 期）

石峁遗存试析

张宏彦　孙周勇

一、石峁遗存研究概况

石峁遗址位于陕西省北部神木县高家堡乡洞川沟附近的山梁上，面积5万余平方米。1979年戴应新先生对该遗址进行了调查，征集到了一批极具特色的陶器和百余件精美的玉器，引起国内外学者的高度重视[1]。1981年，西安半坡博物馆再次对其进行了考古发掘，发掘面积84平方米，发现了房子、石棺葬、瓮棺、灰坑等遗迹，并出土了一些有确切层位的遗物[2]。这次小规模的发掘使人们对石峁遗址的认识建立在较为客观的基础之上，但是由于发掘面积较小，加之两次工作所获大部分器物不知地层关系，因而对石峁遗存的文化面貌、文化性质、玉器时代及其与遗址的关系等问题产生了许多不同的看法。归纳起来，大致有以下三种主要观点：

（1）认为石峁遗存和客省庄二期文化的关系比较密切，属于客省庄二期文化系统[3]。进而把客省庄二期文化划分为双庵类型、康家类型、石峁类型三种，把石峁类型作为陕西境内晚期龙山文化一个地方类型来看待[4]。

（2）通过出土陶器的比较研究得出石峁遗存的主要器物在器形、质地、纹饰方面与客省庄二期文化相似，其相对年代约与客省庄二期文化同时；又认为石棺葬的年代晚于石峁龙山文化而与大口二期文化同时[5]。这一观点在作者后来的文章中得到进一步阐述，认为石峁遗存的上限约与客省庄二期文化同时，其下限当在夏商之际[6]。

（3）认为石峁遗存的一部分因素虽然和客省庄文化相似，但是鼎、斝、盉、尊、小口罐、瓶等器物各具特点，归入客省庄文化似乎不当，应代表不同的文化系统[7]。石峁H1等单位属于无定河流域客省庄文化时期的最晚期遗存。石峁遗存与晋中至内蒙古中南部的龙山时代中晚期的遗存具有很强的共性，不同于客省庄文化[8]。石峁遗存已进入夏纪年范围之内[9]。

由以上观点可以看出，关于石峁遗存的认识分歧主要集中在其与客省庄二期文化的关系问题及其时代上，由于研究过程对其比较分析的对象多为关中地区遗存，从而使其文化性质呈现出多样性而难以全面把握。本文拟在近年来晋中及内蒙古中南部发现的同期遗存比较研究的基础上，通过对石峁遗存陶器的类型学研究，对其文化内涵及性质作重新分析，以便更好地把握石峁遗存在陕北乃至河套地区史前文化体系中的时空位置。不妥之处，敬请指正。

二、石峁及相关同类遗存的发现情况

（一）石峁遗存[10]

石峁遗存发现的遗迹包括灰坑 1 处、房子 2 处、石棺葬 3 座、瓮棺 2 座。其中 H1 呈袋状，底部平坦，出土的主要器形有鬲、斝、盉、袋足瓮、罐、盆、碗等。房子呈方形，门向不清，出土物未见可以复原器形，仅见鬲足、罐口沿残片。墓葬分为石棺葬及瓮棺两类。石棺墓为长方形竖穴，墓底或周壁铺有石板，上部以板为棺盖，葬式为仰身直肢葬。M2 墓主葬于一大型三足瓮和缸组成的瓮棺之内，随葬有陶斝 2 件、陶罐 2 件、石刀 1 件、绿松石 1 件。瓮棺葬 1 处。瓮棺 W1 以打掉口沿的折肩罐为葬具。石峁遗址出土的陶器有确切地点及层位关系的仅 H1、M2、W1 三处遗迹，由于它们之间既有共存关系又有较为丰富的典型器类，所以它是探讨石峁遗存文化内涵的出发点。本文以下陶器类型的分析中将以 H1、M2、W1 出土的典型器物鬲、斝、盉、罐、瓮为主要的研究对象。

（二）大口二期遗存[11]

1973 年试掘，位于内蒙古准格尔旗，发现了大口一、二期文化。简报认为大口一期文化的时代相当于客省庄二期文化。大口二期面貌与石峁遗存接近，文化内容丰富，出土袋足瓮、鬲、甗、深腹罐、大口尊、折肩罐等，三足器较多，认为大口二期文化的年代相对要早于偃师二里头早商文化，晚于客省庄二期文化。

（三）朱开沟遗址一、二段遗存[12]

1977 年发掘，发掘面积 4000 余平方米，出土了大批遗物，获得了朱开沟遗址三期五段包括从龙山晚期到早商时期的遗存，是研究这一时期文化谱系的重要材料。其中朱开沟第一、二段遗存中乙组器物与石峁遗存典型器物相似，如三足瓮、盉、鬲、罐等[13]。

（四）峪道河遗址[14]

1981 年调查，发现了仰韶至龙山时期的遗物，其中 W2、W3 出土了三足瓮、甗、甑、大口尊、斝、豆等器物，其面貌与石峁遗存相近。发掘者认为其相对年代与大口二期相当。并认为从汾河中游（包括晋中盆地）、上游至内蒙古南部存在着一个以三足瓮等特色器物为代表的、相对独立的一支考古学文化。

（五）忻州游邀遗址[15]

发现了早、晚两期文化遗存，早期遗存的基本组合是鬲、罐、瓮、斝、甗、盉等，年代大致相当于龙山时期。其中发现了一组典型的龙山早、中、晚阶段双鋬鬲。晚期遗存新出现了高领鬲、高领罐等器物，三足器有明显的实足尖，且多有沟槽，无论从遗迹遗物上均表现出与龙山时期的巨大差异，已进入夏的纪年范围。

（六）杏花村四期遗存[16]

1982 年发掘，面积 15 万余平方米，该遗址年代跨度长，文化内容丰富，分为六期，年代上相当于庙底沟类型至殷商时期。其中，第四期遗存面貌上与石峁遗存接近，陶器主要器形包括双鋬鬲、单把鬲、斝、甗、瓮、壶等，归入晋中文化序列的第五期。作者认为它代表一个独具特性的考古学遗存，因资料所限未加命名。

除此之外，在陕西的神木县上柳塔遗址、刘石畔遗址也发现了同类遗存[17]，在山西的石楼岔沟[18]、离石乔家沟遗址[19]、内蒙古的大庙圪旦[20]等地也有发现，目前，这批材料的年代大多被确定在龙山晚期至夏代之间。近年来，陕西省考古研究所对神木县新华遗址进行了大规模发掘，获得了一批龙山晚期至夏代早期的遗存，出土了三足瓮、斝、双鋬鬲、盉、尊等器物[21]。根据目前的发现来看，这类遗存的分布范围大致可以确定在阴山以南，汾河上中游以西，包括内蒙古中南部、陕北、晋中、晋西北的广大地域。当然，各个地区之间文化面貌上仍然存在着较为明显的地域差异。本文对于石峁遗存的研究主要建立在上述遗存中层位关系明确、内容丰富的单位比较分析基础之上。

三、石峁遗存陶器类型学研究

石峁遗址所获有层位关系的陶器资料出自 H1、M2、W1 三个单位，H1 出土物包括鬲 1、盉 1、尊 1、碗 1、杯 1；M2 出土物包括三足瓮 1、盆形斝 2、罐 1；W1 两件葬具都是折肩罐。从这三个单位的陶器来看，没有发现彼此共存的器物。因此，很难贸然将他们认定是同期或同类遗存。有鉴于此，我们结合其他遗址的材料分别对三个单位加以对比研究，以确定他们的相互关系与时代[22]。

石峁遗址以 H1 为代表的陶器纹饰与质地的统计数字表明，H1 以灰陶为主，夹砂灰陶与泥质灰陶占 95% 左右，纹饰以篮纹为主，绳纹次之。与朱开沟一段文化特征表现出极大的相似性，而且石 H1 中的器形均能在朱开沟一段遗存中找到同类器[23]。例如，石 H1：10 双鋬鬲与朱开沟 W2002：1 鬲器形相似，其特点是侈口，高领，大袋足，腹部或裆部饰有鸡冠状鋬，领部抹光，器形高大稳重（图一，1、10）。石 H1：4 斝式盉与朱开沟 T236 ⑤：2 盉器形相似，其特点均敛口，斜肩，收腹，一足上方有一个管状的流，肩部抹光，器身饰绳纹（图一，2、11）。此器如果去掉管状流的话，则与朱 W2003：1 斝的形态几乎完全一致。石 H1：12 大口尊与朱开沟 T229 ⑤：1 尊，二器均仅残余上部，但仍然可以看出二者具有相同的特点，喇叭状敞口，口外磨光，其下饰有多道弦纹（图一，3、16）。朱开沟 W2002、T236 ⑤：2、T229 ⑤：1 均为朱开沟遗址第一阶段的遗存，属于龙山晚期，因此石 H1 的时代应与之相当。

有学者根据陶器的共存关系把朱开沟遗址陶器划分为甲、乙、丙、丁四组器物群，把朱开沟一、二段中双鋬鬲、大口尊、三足瓮等器物归为乙组器群，认为其年代与大口二期相当，已在夏纪年之内[24]。我们同意这种器群划分，但认为所谓乙组器群是否已全部进入夏纪年的问题尚待进一步探讨。由于缺乏可靠的 ^{14}C 数据及地层关系，我们只能依据同期其他遗址的遗存加以判断。山西忻州游邀遗址的发掘为我们提供了较为可靠的龙山晚期和夏代遗存的标尺[25]。游邀遗址的早期陶器组合是鬲、罐、斝、盉、甗等器物，H193∶1为代表龙山晚期陶鬲的形态，不仅与朱开沟遗址一段、石峁H1鬲形态极为相似，而且其他器物包括敛口盉、斝等器物均能在朱开沟一段、石峁找到同类器。游邀遗址的晚期器物虽能看出诸多因素与其早期存在着递嬗关系，但整体面貌上呈现出新的质变特征，表现在陶器上的是凡三足器物均有明显的实足尖，且多有沟槽，斝的数量增多，附加堆纹大量出现，就其时代而言，已进入夏的纪年范围之内。游邀遗址早、晚期遗存为确立龙山晚期与夏代遗存提供了较为可靠的地层学依据。根据以上发现，我们认为朱开沟一段的部分陶器与游邀遗址早期相当或略晚，属于龙山晚期遗存。因此，可以认为石峁H1的年代也属于龙山晚期。而与所谓的朱开沟乙组器群时代及文化性质相当的不仅应包括大口二期，而且也包括石峁遗存，其年代则应该处于龙山晚期与游邀晚期（夏代遗存）之间。

石峁W1的葬具是两件折肩罐，在大口遗址瓮棺葬DKW5、W7存在着大口尊与折肩罐开口于同一层位的地层证据[26]，即二者均开口于T3第4层下，因此可以认为二者同时。折肩罐所代表石峁W1与以大口尊、折肩罐为代表大口W5、W7年代相当，而在石峁H1中也出现了同类大口尊，故可将石峁W1与H1视为同期遗存（图一，5、13），暂称为H1组。

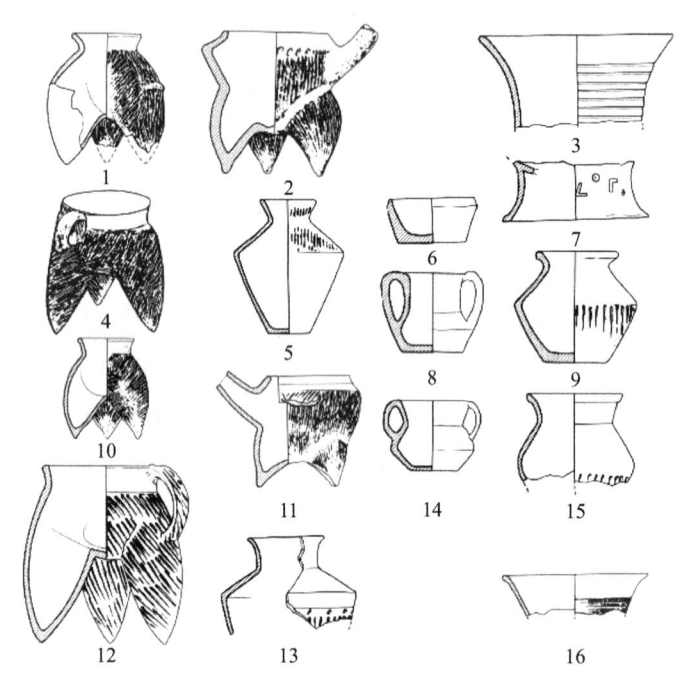

图一　石峁H1组陶器及同期其他遗址陶器

1、10. 双鋬鬲（石H1∶10、W2002∶1）　2、11. 敛口盉（石H1∶4、T236⑥∶2）

3、16. 大口尊（石H1∶12、朱T229⑤∶1）　4、12. 单把鬲（石76采集、杏H118∶10）

5. 折肩罐（石W1∶2）　6. 碗（石H1∶2）　7. 豆（石H1∶9）　8、14. 双耳罐（石81采集、杏H127∶4）

9、15. 罐（石采集、杏H130下∶2）　13. 折肩罐

石峁遗址M2出土的三足瓮、斝具有代表性。M2∶1，三足瓮，敛口，圜底，腹部与袋足之间有明显折棱，其形态与朱开沟二段W2006∶1三足瓮作风一致，器形高大稳重，二者应该处于相同的发展阶段（图二，2、6）。石M2中与三足瓮共存的斝为盆形斝。朱开沟二段发现的为敛口斝。如朱二段W2003∶1，敛口，圜底，大袋足，这种形态的斝在石峁遗址中还采集到4件，与H1中

盉的形态酷似，故将其仍归入 H1 组。从时代上来看，盆形斝的出现在形态上要晚于敛口斝，这一点在游邀遗址早晚期、晋中杏花村四期得到了证实。所以，M2 中盆形斝的年代要晚于石峁 H1 同类器的年代（图二，1、7）。根据《朱开沟》一文，朱开沟 W2006、W2003 属于二段，其时代相当于夏代早期，这也正是《试析》一文中所谓的乙组器物（进入夏纪年）的主要内容之一。因此，我们认为石峁 M2 的年代略晚于 H1 组，可能已进入了夏的纪年范围，但是其时代仍然早于游邀晚期的夏代遗存。如果上述推断不错的话，石峁 M2 应该是陕北地区最早进入夏纪年的遗存。上述遗存暂称为 M2 组。

关于以上认识，我们可参照近年来晋中地区考古成果加以检验对比[27]。杏花村遗址第四期与石峁遗存文化面貌相似。其中第四期遗存根据地层及打破关系可以划分为四个阶段，这四个阶段在文化性质上没有大的区别，从器物形态来看，1、2、3 段比较接近，4 段则迈入较大质变阶段。由此我们可以将杏花村四期分为前后两段，前段包括 1、2、3 段，后段即第 4 段。杏花村四期遗存的性质和时代被认为和王湾三期南北并列，站在同组的齐家文化、客省庄文化、荆村文化、三里桥文化的前列阵地，同另外谱系的龙山文化及后冈二期文化形成既对峙又交流的格局，或许可以比附为传说中的夷夏关系[28]。王湾三期文化的时代，一般认为属于中国铜石并用时代晚期中原地区的一支代表性的文化，晚期可能已经进入夏代，其去向可能发展为二里头文化的主体[29]。杏花村四期与王湾三期时代相当，其早段可能与客省庄文化、三里桥、齐家文化早段同时，而其晚段则很可能与王湾三期的晚段一样进入了夏的纪年范围。

下面我们再把 H1 组、M2 组器物分别与杏花村早、晚段加以比较。石峁遗存 H1 组与杏花村四期前段接近，例如，石 H1 双鋬鬲与杏 H18∶3 双鋬鬲无论形态还是制法、纹饰完全一致，只是形态更为成熟。镂空豆与杏 H317∶5 豆形态相似（图一，7），而 H1 中常见篮纹钵在杏花村四期早段大量发现，W1 中的折肩罐既有客省庄二期文化的影子，又在杏花村早段 H12、乔 H1 等单位中常常发现。由以上比较得出，石峁 H1 组遗存约与杏花村早段时代相当，属于龙山晚期，相当于关中客省庄二期文化的晚段。

关于石峁 M2 组，在杏花村四期四段中均能找到相似器物。M2∶7 盆形斝在晋中地区杏花村四期遗存 H123 出现过。杏 H123∶3 斝与石 M2∶7 斝的形态极为相似，厚方唇，直口，腹部近中处下收，三袋足较高，口沿下有两对称的鋬。口沿部抹光，通体饰绳纹（图二，1、7）。杏花村 H123 属于杏花村四期的第四段，与之同时的遗存还包括杏花村 H6、H20、H21、H132、M70，峪道河 M1，乔家沟 H1、H2、H4、H5、H6 等单位。在属于杏花村四期四段的单位中，普遍存在着高领双鋬鬲、瓮、盆形斝、敛口斝共存的现象。比如，在同样属于杏花村四期四段的乔家沟 H6 就存在着双鋬鬲与敛口斝、H5 中双鋬鬲与盆形斝共存的现象（图二，9）。其中双鋬鬲的形态要区别于石峁 H1 的双鋬鬲，领部变高，袋足变小，似有逐渐过渡到实足尖的趋势。这也正好说明了 H1 组与 M2 组时代上存在着时间差异。所以，我们认为石峁 M2 组年代略晚于 H1 组，大致与杏花村四期四段（晚段）相当，同王湾三期晚段处于同一发展阶段，即可能已经步入夏纪年范围之内，但文化面貌与性质与前期并无差异。

对于石峁采集的器物中其他相当于 H1 组遗物的辨认仍然要借助于杏花村四期早段的部分单位。石峁遗址 1976 年征集到一件单把陶鬲。高领，袋足细长，宽裆，领部与一足上部附带状宽耳，领部抹光，通体饰绳纹（图一，4）。这件陶鬲与杏H118：10形制几乎一致（图一，12），杏H118属于杏花四期的一段，因此，石峁这件鬲的年代大概也比较早，它与石峁遗址的H1：10双鋬鬲的形态存在着显著差别，应属于不同谱系。在杏H118中与单把鬲共存的有4件双鋬鬲，包括无领双鋬鬲、有领双鋬鬲两类。有领双鋬鬲与H1：10鬲比较，器物形态上表现出较大的一致性，如均体现出领部较短，领腹界限不明显，袋足较肥大，实足尖不明显等。因此，由杏花村四期早段二者共生关系来看，石峁单把鬲的年代约与H1相当。与杏H118同时还有杏H7、H22、H12、H317、H127等单位。根据杏H127中双耳罐、壶形尊、高领壶与早期双鋬鬲的共存关系，我们把石峁遗址中采集的双耳罐（1981年采：6）、部分折肩罐、高领壶亦可以归入该段（图一，5、8、9、13—15）。在朱开沟遗址中，存在着一组以单把鬲、双耳罐、单耳罐、豆为主要内容的遗存，即所谓的甲组器物，其年代与客省庄二期文化相当。从朱甲组W2001、W1060、M3019的出土物来看，单把鬲多与双耳罐共存。所以把石峁遗址中出土的双耳罐收在H1组应该比较合适。当然这种单把鬲、双耳罐流行可能与石峁遗址在早段受到客省庄文化的影响较大有关[30]。

根据这种划分，参照杏花村四期晚段，峪道河W2、W3，大口二期，朱开沟一、二段的器物共存关系，我们把石峁遗址采集的与M2组相当的陶器加以对比归放。峪道河W3出土三足瓮1、折腹尊1、甗1，三足瓮的形态纹饰与石M2三足瓮完全一致，因此可以确定二者同时。根据峪W3共存的尊可以把石峁遗址1976年采集的折腹尊放在此段（图二，3、8），折腹尊的出现表明它与石H1组的大口尊有了形态上的早晚关系。

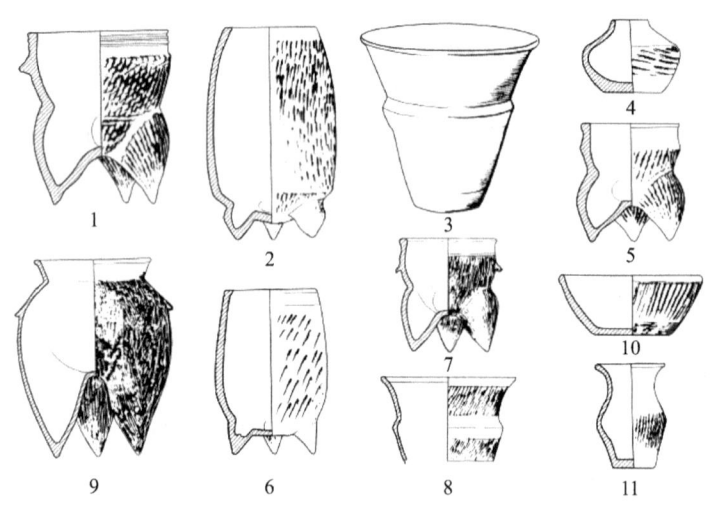

图二　M2组陶器及其同期其他遗址陶器

1、5、7. 鬲（石M2：7、石M2：4、杏H123：3）　2、6. 三足瓮（石M2：1、峪道河W2：1）
3、8. 大口尊（石采、峪道河W3：4）　4、11. 罐（石M2：6、石采：20）　9. 鬲（杏H6：6）　10. 浅腹钵（杏采06）

四、结　语

石峁遗存的陶器类型比较研究表明，石峁遗存存在着两组时代略有早晚的文化遗物，早段以H1组为代表，包括单把鬲、敛口盉、敛口斝、双鋬鬲、折肩罐、双耳罐、单耳罐等；晚段以M2组为代表，包括三足瓮、盆形斝、折腹尊等。由于石峁遗址发掘面积所限，出土遗物并不丰富，早晚段器物中共存现象也不明显。因此对于石峁遗存中早、晚段器物形态的变化及器类演化规律就比较难以把握。石峁遗址典型 H1 组、M2 组虽然能反映出存在的早晚差异，但并不能代表该区段内的整体文化特征及面貌，也不影响我们对于石峁遗存的分析。只是这种分析仍然要更多借助于其他遗址的发掘。石峁早段遗存中的单把鬲、双耳罐显然与客省庄文化有着难以割裂的祖源关系，在石峁晚段遗存中，客省庄文化的影响仍然可见，如盆形斝、敛口盉、折肩罐等器物在双庵、客省庄、康家等属于客省庄二期文化遗址中找到相似器物[31]。根据河套、晋中地区同类遗存的发展谱系分析，以双鋬鬲、盉、三足瓮、大口尊为代表的器物具有较为独立的发展演进关系，与其前期的文化因素一脉相传；从文化因素分析的角度来说，它在发展过程中又受到了周边文化的渗透，特别是客省庄二期文化和齐家文化的影响，但其同关中地区的同期遗存在文化面貌上仍然是异大于同。

通过朱开沟遗址陶器的比较研究，并结合晋中地区已经建立的文化序列，我们可以进一步探讨石峁遗存的时代及文化性质。从晋中同期遗存来看，石峁早期的单把鬲、双耳罐、高领壶等器物与晚期的三足瓮、盆形斝、敛口斝、双鋬鬲、折肩罐等器物往往共存，二者在器物形态上存在着密切的共存与演进关系，所以，石峁遗址的早晚段不存在文化性质的差异，即使个别器物略有早晚之分，也属于同一文化内部不同发展阶段的区别，属于同一个人类命运共同体产生的物质遗存，具备了一定的质的稳定性。从时代来说，考虑到地域差异和文化发展的不平衡及滞后性，石峁遗存的整体年代应该稍晚或相当于关中地区的客省庄二期文化晚段，部分因素已进入夏纪年范围。当然，这一结论还有待于石峁遗址或同期遗存的大面积发掘的检验和 [14]C 测年数据的支持。

与石峁遗址相距不远的新华遗址的发掘为探讨石峁遗存的文化内涵提供了重要资料，同时也为全面地认识其文化面貌提供了可能。新华遗址中陶器的整体面貌与石峁遗址基本相同，包括双鋬鬲、高领鬲、斝、三足瓮等，同时伴出的还有圜足罐、直口厚唇鬲、折肩罐等器物，这些器物和陶寺遗存显示出密切的关系，当是受到陶寺晚期因素的影响。石峁遗存中尚未见到这类与陶寺相关的器物，当是发掘规模较小所致。新华遗址 H50 和 H41 的 [14]C 测年分别距今 4030±120、3940±120 年，与陶寺晚期相当或略晚，故与其面貌相同的石峁遗存也应该大致在这一年代框架之内。另外与石峁遗址相同的是，新华遗址也出土了一批玉器，除器物形制、数量不如石峁玉器丰富外，玉质及个别器形几乎别无二致。二者之间体现出来的差异，大概是陕北地区同期同类文化在聚落等级及规模上的反映。

从这类遗存的总体面貌来说，它具有了一组典型器物，包括双鋬鬲、三足瓮、斝、盉、尊等；具备一定的分布地域，大口二期、新华、石峁、朱开沟一段和二段、游邀早段、杏花村四期等均可以划入此范围。因而也就具备了考古学文化命名的条件。近年来，学术界关于这类遗存源流及命名问题多有探讨，未有定论[32]。相信随着以上地区特别是陕北地区工作的开展，这种文化遗存的面貌将越来越清晰，同时它在探讨北方地区文明起源中的地位也将越来越重要。

注　释

[1][3][10]　戴应新：《陕西神木石峁龙山文化遗址调查》，《考古》1977 年第 3 期；《陕西神木县石峁龙山文化玉器》，《考古与文物》1988 年 5、6 期。

[2][5]　西安半坡博物馆：《陕西神木石峁遗址试掘简报》，《史前研究》1983 年第 2 期。

［4］ 巩启明：《陕西新石器时代考古工作与研究》，《考古与文物》1988年第5、6期；魏世刚：《论客省庄二期文化与康家遗存》，《考古文物研究——纪念西北大学考古专业成立四十周年文集》，三秦出版社，1996年。

［6］ 魏世刚：《试论石峁等遗存与客省庄二期文化的关系》，《文博》1990年第4期。

［7］ 张忠培：《客省庄文化及其相关问题》，《考古与文物》1980年第4期。

［8］ 张忠培、孙祖初：《陕西史前文化的谱系研究与文明形成》，《远望集——陕西省考古研究所华诞四十周年纪念文集》，陕西人民美术出版社，1998年。

［9］ 国家文物局、山西省考古研究所等：《晋中考古·结语》，文物出版社，1999年。

［11］［26］ 吉发习、马耀圻：《准格尔旗大口遗址的调查与试掘》，《考古》1979年第4期。

［12］ 内蒙古文物考古研究所：《内蒙古朱开沟遗址》，《考古学报》1988年第3期。正文中简称《朱开沟》。

［13］［24］ 崔睿：《朱开沟遗址陶器试析》，《考古》1991年第4期。正文中简称《试析》。

［14］ 山西省考古研究所：《山西汾阳县峪道河遗址》，《考古》1983年第11期；国家文物局、山西省考古研究所等：《晋中考古》，文物出版社，1999年。

［15］［25］ 忻州考古队：《忻州游邀遗址发掘简报》，《考古》1989年第4期。

［16］ 国家文物局、山西省考古研究所等：《晋中考古》，文物出版社，1999年；晋中考古队：《山西汾阳孝义两县考古调查和杏花村遗址的发掘》，《文物》1989年第4期。

［17］ 吕智荣：《陕北神府煤田考古调查简报》，《文博》1997年第5期。

［18］ 中国社会科学院考古研究所山西队：《山西石楼岔沟原始文化遗址》，《考古学报》1985年第2期。

［19］［28］ 国家文物局、山西省考古研究所等：《晋中考古》，文物出版社，1999年。

［20］ 内蒙古文物考古研究所、伊克昭盟工作站：《内蒙古准格尔煤田黑岱沟矿区文物普查述要》，《考古》1990年第1期。

［21］ 陕西省考古研究所：《神木新华遗址发掘有重要收获》，《中国文物报》1999年8月4日；《新华遗址1999年发掘简报》，《考古与文物》2002年第1期。

［22］ 以下有关石峁遗址的材料同［2］、［3］；峪道河的材料同［14］；杏花村及乔家沟材料同［16］。

［23］ 内蒙古文物考古研究所：《内蒙古朱开沟遗址》，《考古学报》1988年第3期。

［27］ 国家文物局、山西省考古研究所等：《晋中考古》，文物出版社，1999年；许伟：《晋中地区西周以前古遗存的编年与谱系》，《文物》1989年第4期。

［29］ 韩建业、杨新改：《王湾三期文化研究》，《考古学报》1997年第1期。

［30］ 中国科学院考古研究所沣西发掘队：《沣西发掘报告》，文物出版社，1962年。

［31］ 陕西省考古研究所康家考古队：《陕西临潼康家遗址1985年发掘简报》，《考古与文物》1988年第5、6期；西安半坡博物馆：《陕西岐山双庵新石器时代遗址》，《考古学集刊》1983年第3集；中国科学院考古研究所沣西发掘队：《沣西发掘报告》，文物出版社，1962年。

［32］ 杨杰：《晋陕冀北部及内蒙古中南部龙山时代考古学文化初探》，《内蒙古中南部原始文化研究文集》，海洋出版社，1991年。

（原载于《考古与文物》2002年第1期）

陕西榆林地区夏代文化遗存考察

吕智荣

  榆林地区位于陕西省北部，东傍黄河，西依子午岭与甘肃、宁夏接壤，北邻鄂尔多斯高原，南以延安地区为界。该地区山峁连绵，沟壑纵横，黄土裸露，是典型的黄土高原地区。这里也是华夏先民的活动舞台，遗留下丰富的古文化遗存。

  在考古学界，已认为河南偃师二里头文化为夏文化。那么，在陕北榆林地区相当于夏代的古文化又是哪一种古遗存呢？这个问题一直是考古工作者探索的一个重要课题。

  从 20 世纪 60 年代至今，该地区发现不少新石器时代至秦以前的古文化遗存，为认识研究此课题提供了重要的线索。本文就此问题谈一下认识，以期抛砖引玉，不妥之处，敬请同仁指正。

一、主 要 遗 址

1. 上柳塔遗址

  位于神木县大柳塔乡上柳塔村北，坐落在窟野河与其支系——哈拉沟交汇处的沙梁前端。遗址西望窟野河，南邻哈拉沟，南距大柳塔乡政府约 1.5 千米。遗址面积 3000 余平方米，地表上散布有很多陶器残片，还有斧、刀等磨制石器和细石器，可辨识的陶器主要有鬲、甗、斝、盉、豆、三足瓮等。

2. 大柳塔遗址

  位于大柳塔乡政府东南，坐落在窟野河东岸阶地上，距乡政府约 0.5 千米。遗址遭受风雨冲蚀严重，主要部位已不存在，地面上散布的陶器残片不多，但较大，可辨器主要有鬲、斝、盉、三足瓮等，还有石器。

3. 孙家岔遗址

  位于神木县孙家岔乡孙家村的西北部的土峁顶部（当地群众俗称"石盖梁"）。遗址东邻窟野河，南望小孙河，北依沙漠，面积约 5 万平方米。从散布在地表上的残陶片看，器类有鬲、斝、盉、豆、盆、三足瓮及石斧、石刀等遗物。陶器以夹砂灰陶和泥质灰陶为主，还有浅白色砂质陶。

4. 新华遗址

  位于神木县大保当乡新华村西北，坐落在秃尾河的支流——野鸡河北岸坡地上。遗址面积 3 万余平方米。因受风剥雨蚀和长期耕种的破坏，地表上散布有很多陶器残片。1986 年对该遗址进行调查，1996 年、1999 年对该遗址进行了两次发掘，揭露面积 4000 余平方米，出土陶器有鬲、斝、盉、三足瓮、豆、大口尊、盆等，玉器有铲、斧、钺、圭等，石器有斧、刀等磨制石器，还有打制的细石器及卜骨。陶器以夹砂灰陶为主，纹饰以绳纹和篮纹为大宗，其他纹饰有附加堆纹、弦纹、方格纹等[1]。

5. 石峁遗址

位于神木县高家堡乡石峁村，西距秃尾河约 3 千米。遗址面积 10 万余平方米。1976 年、1981 年对该遗址进行了两次试掘，1986 年笔者又对该遗址进行了一次调查。两次试掘简报中报道的遗物绝大部分为征集品，陶器有鬲、斝、盉、折肩罐、双耳罐、长颈罐、大口尊、三足瓮等；玉器有戈、钺、璋、圭、璜、铲、刀、斧和玉蚕、玉鸟等，还有磨制石斧、石刀等。除在遗址中发现几座白灰居住面的半地穴式房子外，还发现了几座石椁瓮棺墓和石棺墓及瓮棺墓，在 1986 年的调查工作中，还采集到不少细石器[2]。

6. 寨山遗址

位于绥德县中角乡刘家川村对面的山峁顶部，面积约 500 平方米。采集遗物有折肩罐、盆、斝、豆等器物口沿和器足。陶器均为灰陶，有泥质和夹砂陶两种，纹饰有篮纹、绳纹和方格纹及附加堆纹。

二、文化因素的分析与文化性质的认定

1. 文化因素分析

考察以上遗址中的相关遗存，不难看出文化面貌上有多种文化因素，我们初步将不同文化因素划分为五组。

甲组：主要陶器有高领鬲、侈口花边鬲、双錾盆等（图一，1—4）。

高领侈口鬲，领较高，袋足柱状高足跟，大部分腹部有双錾。有的为扁圆唇，有的为方唇，有的通体饰绳纹，有的颈部抹光。这种形态的鬲在当地龙山文化中未见。但是，鬲腹部流行双錾，是当地龙山文化双錾鬲的风格。在晋中地区夏代遗存的高领鬲中，几乎不见双錾，实足跟均为锥状，素面，其上多有凹槽，与此地的高领鬲明显不同[3]，与大柴出土的袋足无实跟的高领鬲也迥然有异[4]，与李家崖文化的高领袋足短足跟鬲相比较，也有明显区别[5]。由此可见此类鬲是有自身特点的。

花边鬲，已知在榆林神木四卜树、新华、寨峁遗址中均有发现。寨峁遗址二期遗存中所见的这种鬲，是与龙山文化遗存伴出的，但数量极少，在鬲类中约占 1%[6]。在内蒙古朱开沟二至四段遗存中，此种鬲数量较多，尤其在三、四段遗存中，发展成了占主要地位的器物。朱开沟遗址中出土的花边鬲相当丰富，但复原的完整器极少，从残片看，形制为侈口，斜矮领，乳状袋足，高分裆，有的有矮实足跟，有的则没有。陶胎与其他鬲相比，多数较薄。陶质以夹砂灰陶居多，也有少量的褐陶，有的鬲领为泥质陶。通体饰较整齐的绳纹，并以中型和细绳纹为主，口唇外侧有的饰一周锯

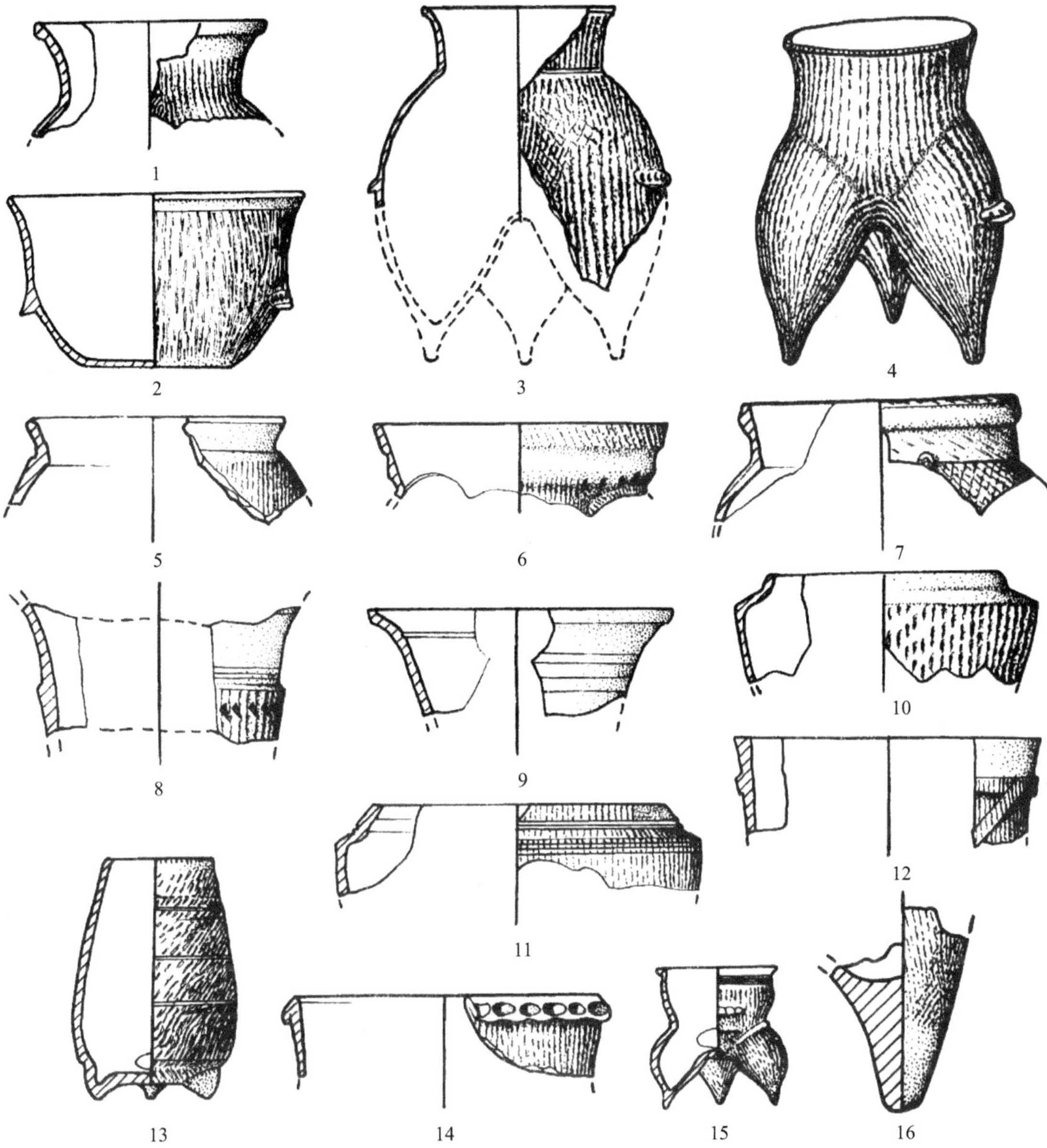

图一 陕西榆林夏代陶器

1、3—7、14、16. 鬲 2. 盆 8、9. 大口尊 10、12、15. 斝 11. 甗 13. 三足瓮
（1、6、11、12. 上采，2. 寨采，3、10. 大采，4、5、14. 新采，7、8. 孙采，9、13、15、16. 石采，
采集遗物均以主要遗址第一个字为代号）

齿状或细带状附加堆纹，有的饰指捏的花边纹。花边鬲分布相当广阔。除榆林地区和鄂尔多斯高原地区外，东至燕山南北[7]，西到甘青地区[8]，南及渭水和山西汾水流域也有发现[9]。从燕山南北地区和甘青地区出土的花边鬲看，其形态、陶质陶色及纹饰，与该地区和鄂尔多斯高原这类鬲有明显的差别，而且时代也较晚，所以，它代表的是与此不同类型的古文化。而在渭水、汾水流域发现的花边鬲，与该地区的花边鬲有很多一致的风格。但是，这两地的花边鬲在共存遗物中则不多见，不是代表文化性质的器物，其时代也有些偏晚。经考察，它不是渭、汾二水流域的固有文化，寻其源流，它应是来自于鄂尔多斯和陕北地区。

盆，侈口曲腹，腹有双鋬，饰篮纹，在当地龙山文化遗存中未见，与晋中地区夏代时期的卷沿无鋬盆有别。当是本地区这类遗存中具有自身风格的器物之一。

乙组：陶器有鬲、甗、盆、大口尊、斝、盉、折肩罐、豆、三足瓮等器（图一，5—15），也是当地龙山文化晚期遗存的主要器类，虽然二者在形态上有些差别，但演进发展轨迹则是明显的。所以，本组因素当是本地龙山文化的延续和发展。

丙组：陶器有矮领厚唇鬲，肩饰数道弦纹的折肩罐、圈足罐（图二，2—4）。这三种器，在当地晚期龙山文化的陶器中不见，形制则与陶寺龙山文化晚期遗存中的矮领袋足双鋬鬲，肩饰弦纹的折肩罐和圈足罐相似[10]。因而认为，本组陶器当是陶寺龙山文化的因素。

丁组：目前在该地区只见有双大耳罐一种（图二，1），在内蒙古朱开沟遗存中出土的夹砂陶单耳和双耳罐也属于此组器物。这类罐在当地龙山文化晚期遗存中不见，而与齐家文化的同类器颇为相似。唯有不同的是，齐家文化的双大耳罐以泥质红（橙黄色）陶为主，而这里则以泥质灰陶为主。有人认为陕北和内蒙古中南部地区出土的双大耳罐，是来自齐家文化的因素，这是正确的。

戊组：属于本组的陶器，在榆林地区这类遗址中的陶器群中未见，内蒙古朱开沟遗址中出土的四组罐，与二里头文化的同类器相仿。这种罐是否为二里头文化的因素，还需要再作探讨。然而，神木县石峁和新华遗址中出土的玉戈、玉璋、多孔玉刀、玉圭等器（图二，5—8），形制与二里头文化三期的同类器基本一样[11]。所以，本组器物当是南来因素。

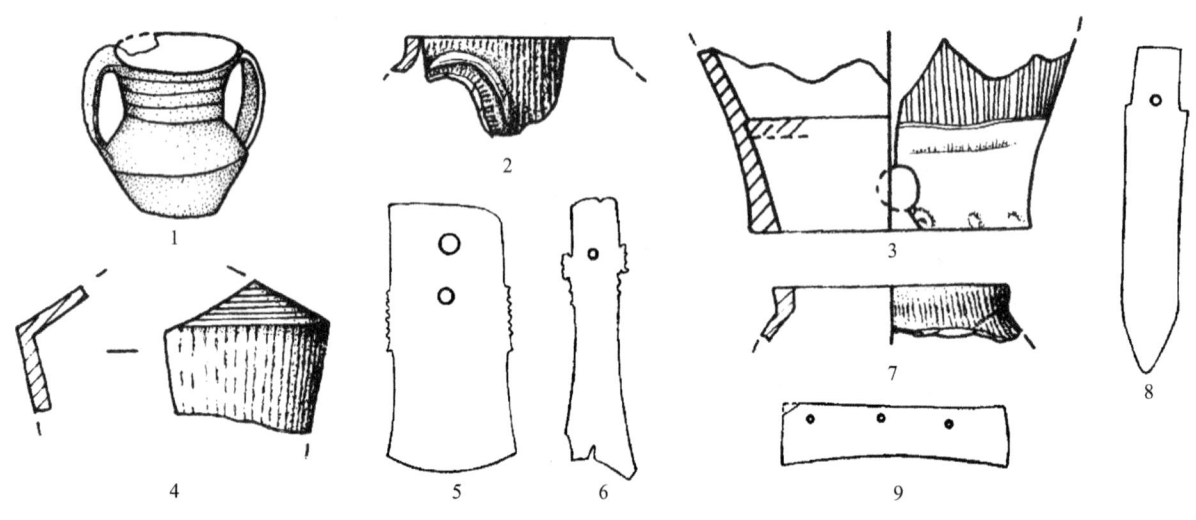

图二　榆林夏代陶、玉器

1. 双耳罐　2、7. 厚唇鬲　3. 圈足罐　4. 折肩罐　5. 玉钺　6. 玉璋　8. 玉戈　9. 玉刀

（1、4—6、8、9. 石峁采，2. 孙采，3. 四采，7. 新采）

2. 文化性质的确定

从前面对五组文化因素分析看出，甲组是具有新特点的遗存，乙组因素在这类遗存中占有不可低估的分量，各类器物与当地晚期龙山文化遗存中的同类器之间存在密切的发展关系。但是，二者之间也有不尽相同的差异，如鬲的领普遍比龙山文化的鬲领高，花边鬲比龙山文化的花边鬲陶胎薄，器形规范，锯齿状花边和绳纹也比龙山文化的纹饰较细。而敛口和直口斝，制作得比龙山文化

的同类器粗糙，有的有了较高的实足跟。龙山文化的敛口斝，一般为内折斜沿，方唇，不见饰阴弦纹。而这类遗存中的敛口斝，有的内折沿为扁圆唇，上翘，有的口部或腹部饰有多道阴弦纹。龙山文化的大口尊，领斜直，颈较粗，未见饰阴弦纹。这类遗存的大口尊以大卷沿为主，体瘦长，颈部或肩下流行饰阴弦纹。三足瓮，龙山文化流行内折沿方唇，厚唇直敛口瓮很少见。腹部均饰篮纹，不见阴弦纹。在这类遗存中，内折沿三足瓮有所减少，厚唇直敛口瓮有所增加，有的腹部饰阴弦纹。甲组因素中的高领鬲在龙山文化中不见，已发掘的新华遗址证明，它是这类遗存中具有特点的陶器[12]。另外，花边鬲的增多，三足器中实足跟的流行，阴弦纹和方格纹增多，也是与当地晚期龙山文化遗存的不同特点。在龙山文化晚期遗存中，未见丙、丁、戊组因素，这也反映出了这类遗存的文化内涵和面貌与龙山文化存有差异。所以，尽管这类遗存中有甚为浓烈的当地晚期龙山文化遗存的因素，但这仅反映了本地龙山文化发展滞后和新文化逐渐融合这一历史现象，而具有地方特点的甲类因素和外来的丙、丁、戊组因素的共存，表明一个具有新特点的新文化的诞生。然而，高领鬲的出现和花边鬲兴起，则是区分这个新的古文化与龙山文化遗存不同的标准。

三、时 代 考 定

这类遗存中的乙组器物，与当地晚期龙山文化遗存中的同类器虽有不同之处，但发展关系密切，这说明这类遗存的时代上限与龙山文化晚期遗存的下限基本上是相衔连的。另外，在当地晚期龙山文化遗存中，尚未发现属于丙组的陶寺龙山文化器物和丁组齐家文化器物，而在这类遗存中则多见。一般认为，齐家文化的时代为公元前2000年左右。二里头文化东下冯类型，是晋南地区一个继陶寺龙山文化之后的古文化。东下冯类型一组时代晚于二里头类型一期，大体与二里头类型二期相当[13]。二里头遗址的[14]C年代数据表明，二期的年代在公元前1800年前后。分析齐家文化和陶寺龙山文化向陕北、内蒙古中南部地区的发展过程，陕北地区该遗存中齐家文化、陶寺文化的因素在时代上可能要稍晚于甘青和晋南地区。这类文化遗存的时代上限大约不会早于公元前20世纪。

这类遗存的时代下限，从神木石峁和新华遗存中出土的玉戈、玉钺、玉璋、玉璜、玉铲、多孔玉刀分析看，形制与二里头文化三期的同类玉器相似[14]。二里头文化向北扩展到晋南地区，形成了东下冯类型。前面已论述过，东下冯类型的一组时代晚于二里头类型一期。那么，这类遗存中近似于二里头文化三期的玉器，在时代上至少与二里头文化三期相当或稍晚。

基于上述分析，以甲组为代表的古文化遗存的时代上限与当地晚期龙山文化遗存大体相衔接，但不会早于公元前20世纪，下限不晚于二里头文化四期，大约在公元前16世纪。

四、余 论

前面对陕北北部地区6处主要遗址中有关文化遗存的考察分析，以高领鬲和侈口花边鬲为代表的甲组遗存，文化面貌上虽然含有浓厚的当地晚期龙山文化遗存的因素，但是，高领鬲、双錾盆等器则在晚期龙山文化遗存中未见；侈口花边鬲和直敛口三足瓮虽然在晚期龙山文化遗存中已见，但数量极少，不是代表文化特点的典型器物。在夏代时期的遗存中，这两种器物大增，成了有特征的典型器。在晚期龙山文化遗存中流行的矮领鬲、斝、敛口盉、盆、大口尊等器，仍在夏代的遗存中流行，但形态则与前者有明显的不同之处。如斝的造形粗糙，不精致，实足跟增高或矮肥，体部流行大方格纹；大口尊的口沿向外卷，呈大喇叭形。另外，在本地区晚期龙山文化遗存中，齐家文化、陶寺龙山文化的因素目前还未见到，而在夏代的遗存中这两种文化的因素则明显易见，这也显示了此类遗存与晚期龙山文化内涵和面貌上的不同特点。由此可见，榆林地区和鄂尔多斯高原地区的夏代古文化遗存在发端中不仅继承了当地晚期龙山文化（即寨峁文化）的特点，而且在发展进程中吸收了西来的齐家文化和南来的陶寺龙山文化、二里头文化等因素。但是，高领鬲、侈口花边鬲则是这类遗存中具有代表性的器物。从目前的资料看，这两种器物虽然孕育于本地晚期龙山文化之中，但是它发展成为占有主要地位的典型器，这大约到了夏代初期以后。

目前，从已发掘的陕西神木新华遗址和调查发现的大柳塔遗址和内蒙古有关遗址的资料看，内蒙古朱开沟二至四段的遗存中以蛇纹鬲为代表的诸器，似乎与以高领鬲、花边鬲、直口三足瓮、大口尊等器为组合的夏代遗存不是同一性质的古文化[15]，尽管它们之间有一些相同因素。内蒙古大口二期遗存、神木上柳塔遗址、大柳塔遗址，绥德县寨山遗址均未见以蛇纹鬲为代表的器物，新华遗址中也未见报道有蛇纹器。由此可见，已发掘的神木新华遗址比朱开沟二至四段遗存典型，因而新华遗存可作为陕北和鄂尔多斯地区夏代古文化遗存的代表。

另外，陶寺龙山文化的因素在该地区夏代遗存中的发现，是一个值得注意现象。陶寺龙山文化的故地在晋南地区，从目前的考古资料看，在二里头文化向北发展占领了晋南地区之后，该文化不仅在故地消失，而且在晋中地区至今也未发现其踪迹。陕北榆林地区夏代文化遗存中的厚方唇、直口袋足双鋬鬲，肩饰阴弦纹的折肩罐、圈足罐等器，与陶寺龙山文化晚期的同类器颇为相似，这为探索该文化的去向提供了重要线索。这似乎也反映出，当二里头文化占领了陶寺龙山文化的故地后，至少有一支陶寺龙山文化的先民西渡过黄河，迁徙到了陕北榆林地区一带，并与当地先民共存共融了。

注　释

［1］［12］［14］　王炜林：《陕西神木新华遗址的考古新发现》，《古代文明研究通讯》1999 年第 2 期。

［2］　戴应新：《陕西神木县石峁龙山文化遗址调查》，《考古》1977 年第 3 期；西安半坡博物馆：《陕西神木石峁遗址调查试掘简报》，《史前研究》1983 年第 2 期；戴应新：《陕西神木县石峁龙山文化玉器》，《考古与文物》1988 年第 5 期。

［3］　晋中考古队：《山西太谷白燕遗址第一地点发掘简报》，《文物》1989 年第 3 期。

［4］　山西省考古研究所：《山西襄汾大柴遗址发掘简报》，《考古》1975 年第 7 期。

［5］　张映文、吕智荣：《陕西清涧县李家崖古城址发掘简报》，《考古与文物》1988 年第 1 期。

［6］　吕智荣：《陕西神木县寨峁遗址发掘简报》，《考古与文物》2002 年第 3 期。

［7］　内蒙古文物考古研究所：《内蒙古克什克腾旗龙头山遗址发掘主要收获》，《内蒙古东部地区考古学文化研究文集》，海洋出版社，1991 年；喀左县文化馆：《记辽宁喀左县后坟村发现的一组陶器》，《考古》1982 年第 1 期；天津市文物管理处考古队：《天津蓟县围坊遗址发掘报告》，《考古》1983 年第 10 期；河北省文物研究所：《唐山市古冶商代遗址》，《考古》1984 年第 9 期；张家口市文物事业管理局等：《河北宣化李大人庄遗址发掘报告》，《考古》1990 年第 5 期。

［8］　甘肃省博物馆文物工作队等：《甘肃永昌三角城沙井文化遗址调查》，《考古》1984 年第 7 期；中国社会科学院

考古研究所甘肃工作队：《甘肃永靖张家嘴与姬家川遗址的发掘》，《考古学报》1980 年第 2 期。

［9］ 晋中考古队：《晋中考古》，文物出版社，1990 年；张天恩：《关中西部夏代文化遗存的探索》，《考古与文物》2000 年第 3 期；北京大学考古系商周组：《陕西扶风县壹家堡遗址 1986 年度发掘报告》，《考古学研究》（二），北京大学出版社，1994 年。

［10］ 中国社会科学院考古研究所山西工作队等：《山西襄汾县陶寺遗址发掘简报》，《考古》1980 年第 1 期。

［11］ 中国社会科学院考古研究所：《偃师二里头》，中国大百科全书出版社，1999 年。

［13］ 李伯谦：《东下冯类型的初步分析》，《中国青铜文化结构体系研究》，科学出版社，1998 年。

［15］ 吉发习等：《内蒙古准格尔大口遗址的调查与试掘》，《考古》1979 年第 4 期；内蒙古考古研究所：《朱开沟》，文物出版社，1999 年。

（原载于《中原文物》2002 年第 1 期）

新华文化述论

孙周勇

一、引 言

老虎山文化之后，河套地区龙山时代考古学文化面貌呈现出高度的一致性[1]。从出土器物来说，除了整体文化面貌上延续了老虎山文化的主要特征之外，还出现了以宽圜裆向窄裆演化为标志的成熟形态的三足器类。鬲、斝、盉、甗、三足瓮等作为其中最具代表的标志性器物，其发展与演化贯穿了龙山时代中、晚期至夏代早期。研究表明，处于中国北方地区的河套一带，从龙山中、晚期以来考古学文化的分异性特征越来越加明朗化。如何考察这一地域龙山中、晚期考古学文化特征，确认和辨析其时空框架，将其从文化性质角度与中原及周边考古学文化区分开来，在某种程度上显得尤为迫切和必要。然而，由于地域观念和考古资料的相对滞后，使得这一研究工作呈现出各自为政而忽视相关邻近地区同类遗存的不利局面。

1996 年和 1999 年，陕西省考古研究所对位于神木县大保当镇的新华遗址进行了两次大规模发掘，获得了有关陕北地区龙山晚期至夏代早期较为丰富的考古资料[2]。新华遗址的大规模发掘是河套地区龙山晚期考古学遗存研究走向深入的一个重要机缘。本文以新华遗址发掘材料为研究基础，结合内蒙古中南部和晋西北一带的考古发现，在辨析和确立河套地区龙山晚期至夏代早期的考古学遗存主体特点的基础上向前追索，对河套地区龙山中期遗存进行性质、特征、年代等的分析和探讨，并提出以"新华文化"命名河套地区龙山中、晚期以来的考古学遗存。

二、文 化 分 期

笔者曾选取经过正式发掘而且出土物丰富的遗址作为主要研究内容，以间接或直接地层关系为依据，通过对典型遗址中典型器物的型式划分来考察器物形态变化规律并进行文化分期研究，将河套地区龙山时代遗存分为六个发展阶段[3]。第一阶段属于老虎山文化。老虎山文化以岱海周围老虎山、园子沟、大庙坡、板城[4]等遗址为代表，年代距今 4500—4300 年。这类遗存被认为是该区龙山早期遗存的代表，但就目前分布范围来说，多集中于岱海周围，在广大鄂尔多斯及陕北地区少见踪迹[5]。

第二、三阶段遗存属于龙山中期遗存，分别为永兴店期（图一）和白草塔期（图二）。第二、三阶段遗存器物中开始出现宽裆三足器。鬲作为主要的三足器类，尚未脱离斝式鬲作风，宽裆且裆底多有乳状突。盉、甗等数量少。罐作为主要器类，形制多样，包括鼓肩罐、双耳罐、高领罐等种

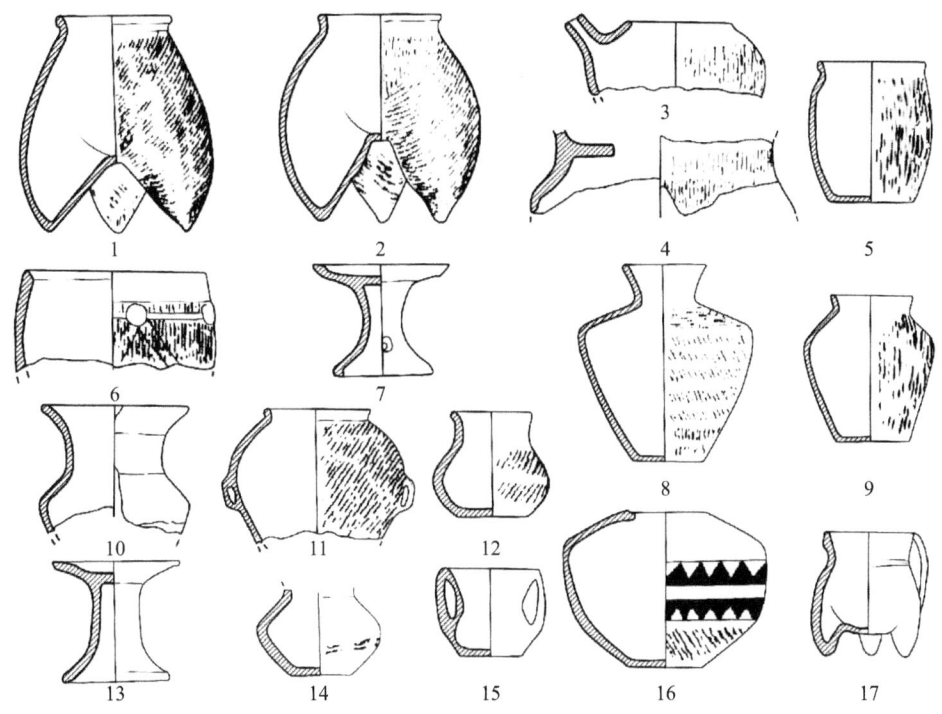

图一　新华文化永兴店期陶器图

1. 永兴店（H14∶2）　2. 永兴店（H14∶1）　3. 永兴店（H9∶2）　4. 永兴店（G2∶12）　5. 永兴店（H66∶2）
6. 永兴店（H15∶2）　7. 永兴店（H12∶1）　8. 永兴店（H9∶1）　9. 永兴店（H37∶1）　10. 永兴店（H42∶1）
11. 永兴店（G2∶4）　12. 永兴店（H5∶2）　13. 永兴店（H73∶1）　14. 永兴店（H31∶1）　15. 永兴店（H53∶1）
16. 永兴店（G2∶8）　17. 永兴店（H30∶1）

类。单把鬲流行，敛口瓮多为平底，缸为直筒形。二、三阶段遗存之间关系密切，但其与第一阶段的区别仍然不容忽视。例如，第一阶段中的罐形盉、敞口甗、鬶式鬲等典型器物多处于祖型状态，与第二、三阶段同类器在形态上存在着显著区别。从陶器演化的类型学角度来说，第一阶段与二、三阶段遗存之间不如后两者之间联系紧密，存在着较为明显的缺环。而它们和后三阶段（四、五、六）却存在着密切关系，不仅器类相似，而且文化面貌趋近，决定了它们之间文化性质上的一致性。

第四、五、六阶段属于龙山晚期遗存，分别称为寨峁期、朱开沟期、新华期。从器物类型学角度观察，以寨峁遗址第二期遗存[6]为代表的本区第四阶段遗存，要早于以新华遗址早段、石峁晚段[7]与朱开沟一段[8]代表的第五阶段遗存。朱开沟及新华遗址地层关系为第五、六阶段遗存的划分提供了证据。除三足瓮、圈足盘等作为新的典型文化因素外，第六阶段遗存突出的变化是空三足器特别是鬲、盉、鬶、甗等器体变长，实足尖加高。器物种类较前三阶段一下子丰富起来，三足器比例大大增加。尤为突出的是，三足瓮作为一种具有代表性的器物，它的发展始终贯穿了河套地区龙山遗存的后三阶段，成为晚期遗存的标志性器物。三足瓮出现，成为本区龙山早中期与晚期遗存的分水岭。本区龙山晚期遗存中除早期常见的双錾鬲类器物继续存在且种类更加繁多外，新出现了花边鬲、高领鬲、直口厚唇鬲、无领鬲等器物。双錾类器物快速成长，双錾鬶、双錾鬲、双錾盉等器物不仅数量明显增多，而且种类繁复，占据了陶器大部分内容，成为主要的日用器皿。与此同时，单把鬲、鬶式鬲完全消失，取而代之的是绳纹、方格纹单把鬲。敛口瓮、垂腹罐等减少。鼓肩

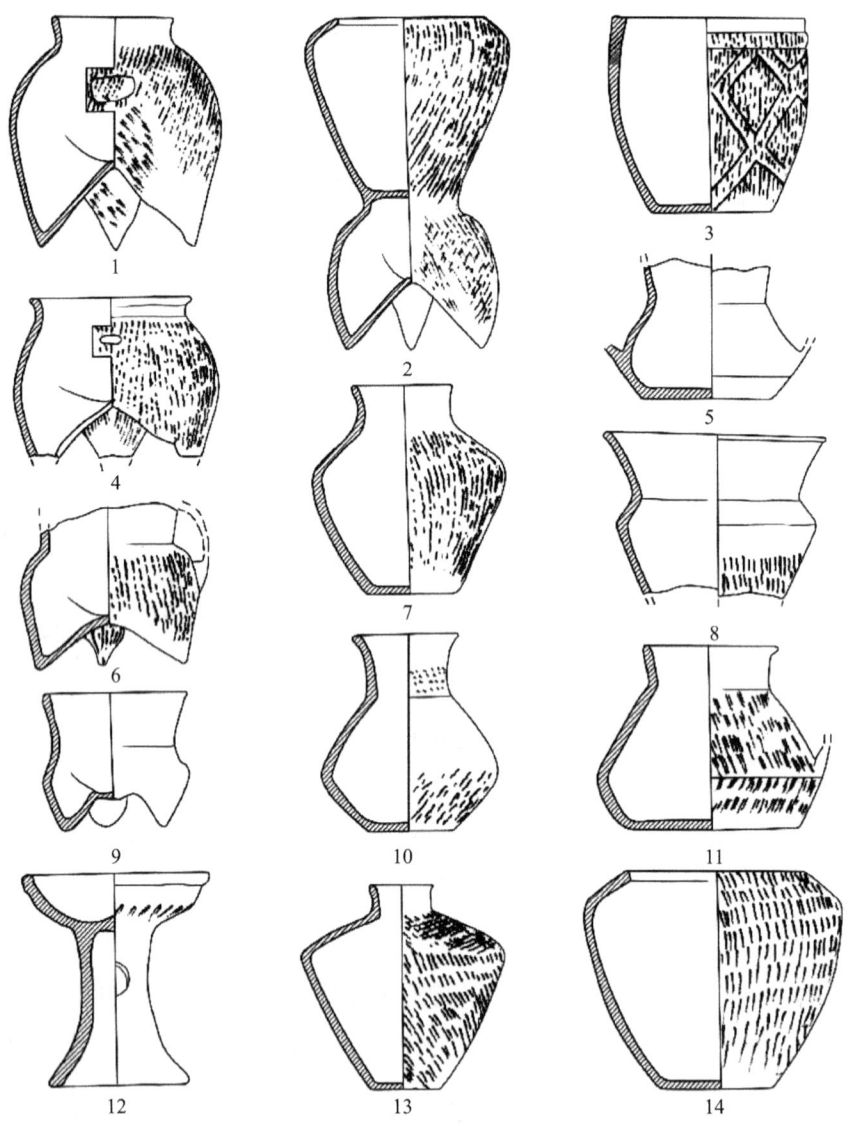

图二　新华文化白草塔期陶器图

1. 白草塔（F8：21）　2. 白草塔（F8：20）　3. 白草塔（F9：1）　4. 白草塔（F16：2）　5. 白草塔（F8：5）
6. 白草塔（F8：15）　7. 白草塔（F8：26）　8. 白草塔（F15：9）　9. 白草塔（F8：15）　10. 白草塔（F16：1）
11. 白草塔（F8：4）　12. 白草塔（F15：5）　13. 白草塔（F15：2）　14. 白草塔（F8：17）

罐不再成为主要器类，逐渐减少以至消失。双耳罐数量不多。直口缸、敛口瓮不见。豆除细柄高圈足外，出现了盘式的粗柄矮圈足豆。三足器的变化规律基本相同，裆部由前期宽裆变为后期窄裆，腹腔最大径下移，重心降低，空足腹腔容积缩小，个别器物足下安装较高的实足跟。这类器物经历了由高大厚重到中型轻薄的形制演化过程。器物形态上的整体变化暗示着以空三足器代表的鬲类器物由萌芽期（老虎山文化[9]）到发展阶段（永兴店期[10]、白草塔期[11]）向成熟形态（新华期）的转变，也标志着河套地区龙山时代遗存进入到了繁荣兴盛的晚期阶段。

综上所述，老虎山文化之后，从第二阶段开始直至第六阶段，河套地区出现了以形态日趋成熟的双鋬三足器、三足瓮等为代表的组合稳定、分布区域相对集中的一类不同于其他周边地区的考古遗存。其文化性质与内涵上的一致性，表明已经具备了新的考古学文化命名条件。本文认为经过大面积发掘、文化内涵单纯、遗迹遗物丰富的新华遗址具有较强代表性，并提出以"新华文化"的命名来代表本区域内龙山中、晚期到夏代早期这一类延续时间近 400 年的考古学遗存。新华文化划分为早、晚两个发展阶段，早段包括永兴店期和白草塔期；晚段以寨峁二期、朱开沟一段、新华晚段为代表，分别称为新华文化"寨峁期（图三）""朱开沟期（图四）""新华期（图五）"。河套地区龙山时代文化特征的类型学比较研究表明，其反映在陶器面貌和文化遗迹方面的发展过程是脉络清晰且有迹可寻的。然而不同阶段之间的变化轨迹似乎并非处于一种平衡稳定的递进状态。因而需要说明的是，依据现有资料划分的河套地区龙山时代六阶段文化遗存之间仍然存在发展阶段上的不连续性，从器物类型学角度来看这种潜在的缺环将会随着考古工作的进行不断完善起来，河套地区这一初步排定的文化序列也会进一步得到充实和修正。

最近，陕西省考古研究所发掘了佳县石摞摞山遗址，获得了内涵丰富的龙山时代遗存，并且在

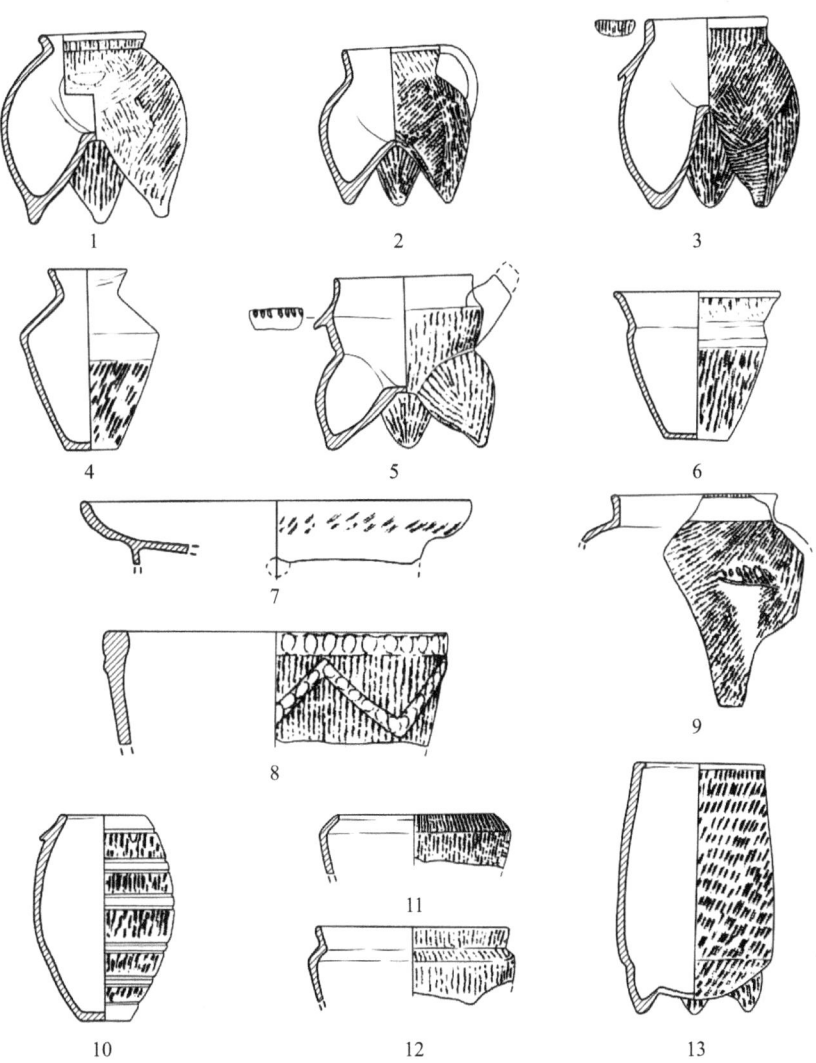

图三　新华文化寨峁期陶器图

1. 寨峁（AF2：3）　2. 寨峁（AT3010②：3）　3. 寨峁（AH9：4）　4. 寨峁（AT3011②：5）　5. 寨峁（AT2011②：2）
6. 寨峁（AH18：14）　7. 寨峁（AH60：21）　8. 寨峁（AT5012③：9）　9. 寨峁（CH21：4）　10. 寨峁（AH60：9）
11. 寨峁（AT4011②：7）　12. 寨峁（AT5011②：9）　13. 寨峁（AH60：18）

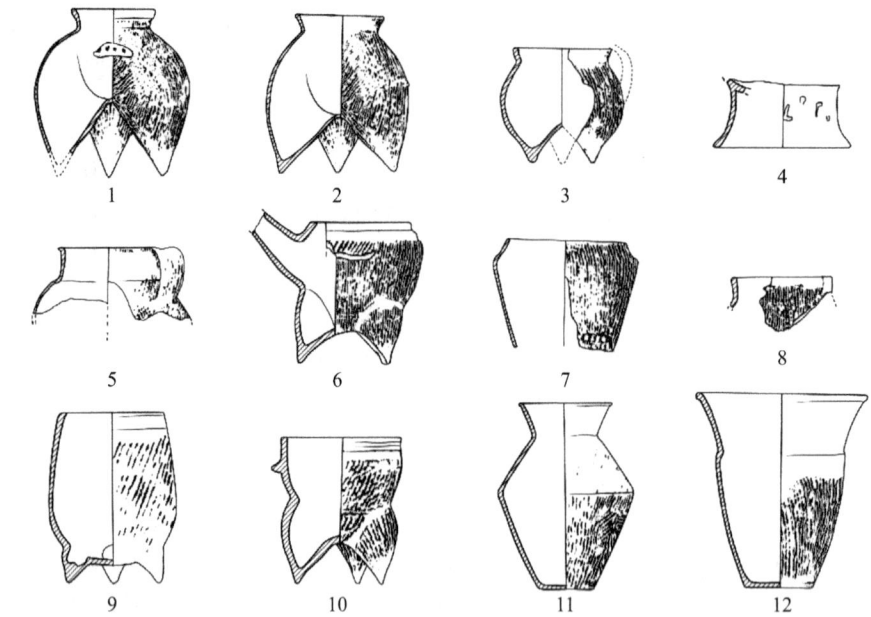

图四　新华文化朱开沟期陶器

1. 新华（99SXH108∶1）　2. 新华（99SXH50∶1）　3. 新华（99SXH3∶6）　4. 石峁（H1∶4）

5. 新华（99SXF17∶5）　6. 朱开沟（T236⑤∶2）　7. 朱开沟（T229⑤∶5）　8. 朱开沟（T249⑤∶2）

9. 朱开沟（W2006∶2）　10. 石峁（M2∶1）　11. 朱开沟（W2013∶1）　12. 新华（99SXH83∶1）

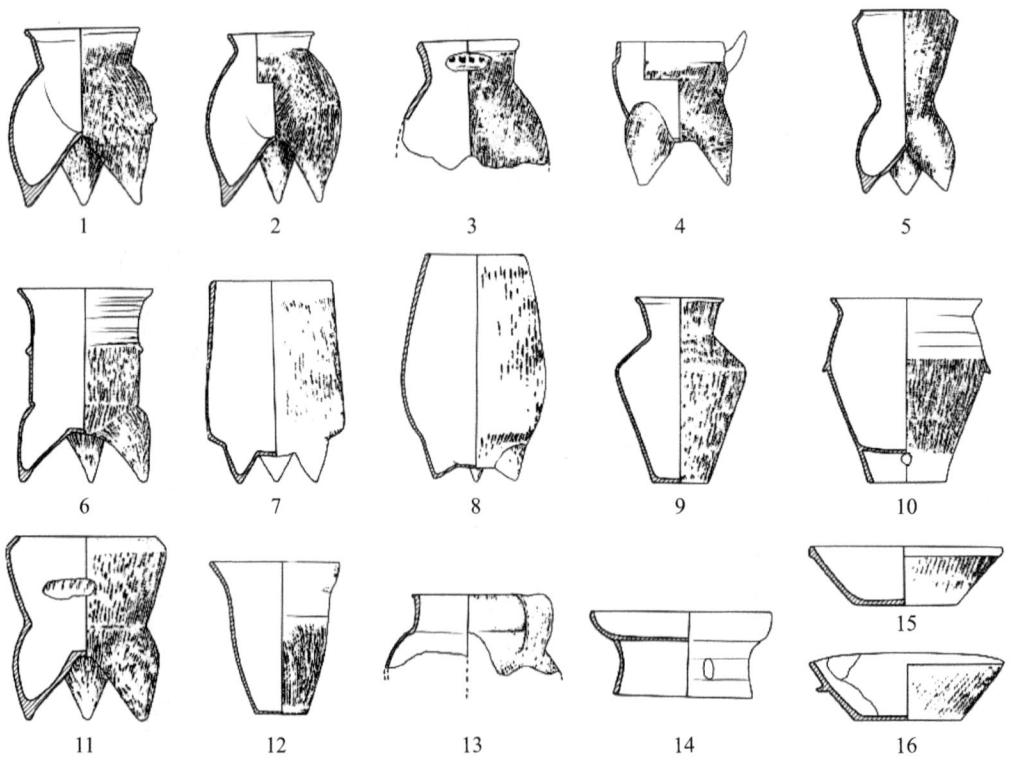

图五　新华文化新华期陶器图

1. 新华（96SXH27∶1）　2. 新华（99SXW3∶1）　3. 新华（99 采集）　4. 新华（99SXF3∶2）　5. 朱开沟（W2011∶1）

6. 新华（96SXW3∶1）　7. 新华（99SXW1∶1）　8. 新华（99SXW4∶1）　9. 新华（99SXW3∶1）　10. 新华（99SXW2∶1）

11. 新华（96SXH18③∶20）　12. 新华（99SXW4∶2）　13. 新华（99SXF17∶5）　14. 新华（96SXH41∶1）

15. 新华（96SXH18③∶21）　16. 新华（99SXT0111②∶11）

遗址区内确认了一座龙山时代的古城[12]。从出土器物来看，石摞摞山遗址中相当于庙底沟二期文化小官道类型的遗迹遗物，其文化特征与新华文化早期阶段永兴店期、白草塔期遗存中高分裆陶鬲、圜底瓮等器物类似，再次印证了内蒙古中南部、陕北、晋西北一带龙山晚期文化发展的区域性特征，同时也暗示着该区龙山时代遗存文化序列有着进一步丰富的可能。石摞摞山遗址的圜底瓮无疑是河套地区龙山时代独领风骚的三足瓮之祖型，从形态来看，遗址内出土的宽圜裆陶鬲似乎与新华文化早段关系更为密切。由于目前资料尚在整理之中，关于其文化性质暂且不论。我们相信，石摞摞山城址及相关遗存的研究整理，将会为探讨河套地区社会复杂化进程及其相应考古学文化的发展轨迹提供重要资料。

三、新华文化早段特征与年代探讨

新华文化早段包括永兴店期和白草塔期两个阶段。

永兴店期遗存以双鋬鬲、盉、甗、鼓肩罐、大口尊、斝、钵等为特征。房址多为圆角方形，居住面有铺垫黄黏土和抹白灰面两类。灶为圆形地面灶，微鼓出地面。生产工具以石斧、石刀、骨锥多见。陶质分为泥质和夹砂两种，泥质陶多于夹砂陶。陶色以灰陶为主，另有少量灰褐陶及黑陶，红褐陶极少。纹饰以篮纹、绳纹为主，此外还有附加堆纹、方格纹、刻划纹等。陶器制法有手制和轮制两种。双鋬鬲分裆明显，裆部有乳凸，裆距较第一阶段期缩小，体外纹饰不见篮纹，多施绳纹。高柄浅腹豆、鼓肩罐、敛口瓮等与老虎山文化相似。高领篮纹罐双耳消失，折肩逐渐明显。双鋬鬲成为主要的炊器之一。盉、甗、斝数量仍然较少，形态简单。豆的数量较老虎山文化明显增多。整体来说，永兴店期陶器遗存不仅继承了老虎山文化中以盆、钵等为主要日用器皿的传统，而且所占比例增大。另外，本期开始出现一定数量的卜骨，多系猪或羊的肩胛骨制成，有烧灼痕迹，未见钻孔。

从器物形态、组合及其演化关系来看，永兴店期遗存的主要内容特别是在陶器形制方面很大程度继承了老虎山文化传统并加以发扬光大，个别器物在原有基础上又有一些新的发展。例如，三足器种类增加，数量丰富；作为代表性器物的陶鬲在形态上基本摆脱了早期斝式鬲的作风，向成熟形态的双鋬鬲过渡。

新华文化早段晚期遗存以白草塔F8为代表，称为"白草塔期"。房址有圆形和长方形半地穴式两类。居住面及墙壁多抹白灰面。灶系椭圆形，多位于室中，灶底铺有石板。以夹砂灰陶、泥质灰陶为主，另有夹砂褐陶、泥质褐陶、磨光黑陶。纹饰以绳纹为主，篮纹比例下降，戳点纹、附加堆纹减少。陶器制法有手制和轮制两种，轮制多见于口沿修整。双鋬鬲的数量较多，裆距变窄，肩部较前期鼓凸，并逐渐成为主要炊器。甗、盉数量较少。除单把斝外，新出现单把鬲，由宽裆向宽分裆变化。甗的形态较前期发生转折性变化，由敞口变为敛口，整体变高。缸敛口更甚，腹部鼓弧。鼓肩罐、垂腹罐数量增多，仍然为主要器类。垂腹罐明显变化是领部增高，鼓腹更加下垂。敛口瓮口径变大，口、底直径比例变大。高领罐鼓肩继续凸出。豆盘变深。新出现器类仅单把斝式鬲一种。其他器物保持着与永兴店期的一致性。

是故，新华文化早段主要器类特征概括如下：鬲作为主要的三足器类，仍然未完全脱离斝式鬲作风，宽裆，裆底多有乳状突。但裆距逐渐变窄，乳突不如老虎山文化明显。单把鬲腹部容积变大，足部呈乳状。盉、甗等数量不多。盉变为浅敛口，管状流高出口沿。甗口外流行贴泥条加厚。罐作为主要器类，形制多样，包括鼓肩罐、双耳罐、高领罐等多种。单把斝流行，敛口瓮多为平底，缸为直筒形。高领罐肩部靠下，整体形状瘦长。大口尊呈喇叭状口，折肩已不明显。斝数量大大增加。另外，还存在少量双耳罐。新华文化早段常见的鼓肩罐、敛口瓮、直壁缸等从其晚段（寨峁期）开始逐渐消失，出现了种类丰富的高领双鋬鬲、三足瓮等器物，表明新华文化的发展进入了（三足瓮）时代。

从目前考古发现来说，新华文化早段永兴店期和白草塔期遗存分布范围要远远超出老虎山文化分布地域。在内蒙古中南部，发现这类遗存遗址主要有永兴店、二里半、白草塔[13]、大口[14]、大庙圪旦 H1[15]、铁孟沟[16]、寨子塔[17]、房塔沟、白家塔[18]、庄窝坪[19]、田家石畔、大沙湾[20]、后城嘴[21]、串刀、西麻青、寨子上[22]、马路塔[23]等遗址；陕西北部明确发现有该类遗存的仅府谷郑则峁[24]一处。新华文化早段遗存的分布地域走出岱海并向南拓展说明，与老虎山文化密切相关的新华文化永兴店期遗存已经完全走出了岱-黄地区，活动范围迅速向南扩展，逐渐占领了地理位置优越、生产条件优越的南流黄河两岸，部分势力抵达了陕西北部。而该类遗存发现不如内蒙古中南部丰富，则从一个侧面又说明了这一文化曲折前进的过程与路线。

关于新华文化早段（永兴店期和白草塔期）的年代，可以从两个方面考虑。从地层关系上来说，在郑则峁、白塔遗址及白泥窑子 L 点和 K 点，永兴店期遗存叠压在阿善（三期）文化之上；在大口遗址又被大口二期（属于新华文化新华期）叠压，所以，从地层关系可以得出其相对年代晚于阿善文化，早于大口二期遗存。从考古类型学排比结果知其晚于老虎山文化。目前，这类遗存的 ^{14}C 数据只有一个：二里半遗址第 5 层下 H10 木炭测年为距今 3810±65 年，树轮校正年代为公元前 2197—前 1989 年[25]。

二里半遗址 H10 的文化内涵属于永兴店期，距今 4200 年左右。参考以上分析及老虎山文化年代，考虑到永兴店期与白草塔期遗存之间在器物形态上的紧密关系，故将新华文化早段整体年代推定在距今 4300—4150 年。这两期延续时间约 150 年，永兴店期和白草塔期各不足 100 年。

四、新华文化晚段特征与年代探讨

新华文化晚段的典型遗址包括了内蒙古中南部的大口遗址、朱开沟遗址等，陕北地区寨峁遗址、石峁遗址、新华遗址等。根据本文分期，分别称为寨峁期、朱开沟期、新华期。对于分布于河套地区的新华文化晚期遗存主要文化特征的考察，以新华遗址为例。

（一）文化特征

1. 生活遗迹

房址从平面形状来看，可以分为方形圆角房址、圆形房址、不规则形房址三个类型。其中以方形圆角房子为多，圆形房子次之。均为单间结构的半地穴式建筑，房址面积在 6—15 平方米。墙面光滑平整，个别墙壁发现有抹草拌泥或白灰面加工的现象。居住面铺垫有料姜石和黄土。房内保留有火烧痕迹，多呈不规则形状，当为灶坑。柱洞在房址内外围均有发现，大型柱洞的内壁多用草拌泥涂抹光滑，并以纯净黄土搅拌碎陶片和料姜石碎块为原料涂抹在柱洞周壁来加固、承重。门向大多朝西或南，个别门向北。

灰坑是数量最多的文化遗迹，有圆形灰坑、椭圆形灰坑、方形灰坑、不规则形灰坑等四类。其中以圆形灰坑居多，方形灰坑次之，再次为椭圆形灰坑、不规则形灰坑等。直径一般集中在1—2.5米。坑壁和底部平整，个别底部有二层台或柱洞，内壁一般未进一步加工，但有明显的修整迹象。个别灰坑的底部发现了人骨架，表明这些灰坑可能在使用一段时间后，又用来安葬死者。

陶窑多为横穴直焰结构。窑室和火膛分别横叠于地面以下，紧密相接，中间有一道生土楞间隔。火膛低于窑室，窑室内有斜坡状火道。

2. 墓地

墓地分为成人葬区与儿童葬区两部分。成人墓区多与生活遗迹杂处，没有明显的茔域标志。其结构为竖穴土坑墓葬，长方形竖穴土坑，少量墓葬内发现有熟土二层台。分布比较密集的相邻墓葬，其排列方向也趋近一致，并且常常发现距离较近的两座墓葬并列分布，规模相仿，这种分布规律表明，死者之间似乎存在着某种血亲关系和社会等级差异。随葬品稀少是新华文化墓葬的一大特点。个别墓葬随葬有少量玉石器，如玉铲、绿松石坠饰、玉刀形器等物，少见以陶器作为随葬品。葬式以仰身直肢葬为主，另外可见俯身直肢葬、侧身屈肢葬、仰身屈肢葬等。墓向以西北者居多，多成群分布，相邻墓葬墓向多比较一致。

儿童以瓮棺为葬具，具有相对集中的独立葬地，个别埋葬于房址外围。瓮棺葬的形制多为竖穴土坑，其规模根据死者年龄而略有差异，个体较小则墓圹相应较小。一般长0.6—0.9、宽0.25—0.5米。葬具基本组合形式为两件大型器物套扣而成。死者一般被盛殓在两件器物之内，横向倒置于墓圹里。在死者年龄稍大、2件葬具已经无法完全遮盖尸骨的情况下，还有其他器物的口沿或腹部残片覆盖在上边，作为附加葬具使用。三足瓮、折肩罐是用作葬具的基本器物，除此之外，就是以鬲、圈足罐、大口尊或斝等两两结合作为葬具使用。作为葬具使用的这些器物，大部分均已残破或缺失口沿，或失掉底部，个别虽然基本完整，但器身可见缀合留下的钻孔。一方面可能反映出烧造陶器的艰难和对陶质器皿的重视，一方面又体现出当时人们的一种丧葬观念。葬式绝大部分为仰身直肢。基本无随葬品。

3. 制陶工艺

新华文化陶器的制作工艺概括如下：陶器坯体成型方法有手制、模制、轮制三种。其中，以手制法为主，大多数器物的制作过程都采用了手制工艺，特别是一些形制规整的大型器物，大多采用泥条盘筑法成型。模制技术相当发达，但使用范围有限。模制法的使用多局限于鬲、甗、斝、三足瓮等袋足器的袋足部分。三足器的袋足部分多以内模翻制，有些器物的足腔内壁尚留有"反绳纹"痕迹。这些袋足器恰恰就是新华文化中数量最多、最为典型、最能反映文化特质的核心内容。因此可以说，模制法的使用已经具有了相当规模。

但是需要说明的是，这些袋足器的器身往往采用手制工艺和轮制工艺。换句话说，这些器物的制作并非简单采用一种方法。以三足器为例说明其制作程序：先以表面带有绳纹的模具制出三个袋足，再将三袋足结合成器，在泥条盘筑器身后倒筑口沿，并于腹外安置双鋬，最后将口部轮修成器。对于形制庞大且较为复杂的器物，例如三足瓮，则采用器身与三足分别成型。先将泥条盘筑出筒形器身，并在底部挖制出三个窟窿，然后将模制三足与之相接。轮制技术已经广泛使用，它系利用轮盘快速旋转所产生的惯性力量直接将泥料拉坯成型。但不是主流的制器方法，多用来修整器物。这一陶器制作方法遗留在实物上的直接证据就是螺旋式的拉坯指纹。许多采用手制器物的口沿部分往往留有慢轮修整痕迹。

4. 玉器

以陕北地区石峁遗址和新华遗址出土玉器为代表。器形包括牙璋、刀、铲、钺、璧、璜、人头像、玉蚕、虎头及玉琮[26]、异形璧、凿等[27]。玉器加工中切割剖片现象普遍。玉质以蛇纹石、透闪石-阳起石为主。从肉眼观察，这些玉器多呈墨绿色、灰绿色。钻孔流行，器物改制较为普遍。琢玉工艺中都综合了研磨削切、钻孔、抛光等技术。

新华玉器具有明确的考古学背景，将新华玉器和石峁玉器比较，如果不考虑引人注目的28件牙璋和人头像若干物，则很难将二者的刀、钺、铲等片状器物从形制、玉质玉色及工艺方面区分出来。尽管我们无意强调二者的相似之处，但这种类似石峁风格的玉器分布范围的拓展，却传递着一个非常重要的信息，即龙山中晚期以来河套地区玉器传统的客观存在。类似玉器在陕北榆林地区多处遗址多有发现，如横山县陈塔、响水沐浴沟、韩岔梨树焉、高镇油坊头等出土了玉刀、玉铲、玉斧（钺）、玉环等，其时代均被认为是龙山晚期[28]。据笔者观察，其玉质、玉色及器形等均与新华、石峁玉器相同或类似。据说榆林米脂、靖边也收藏有类似石峁类的玉刀[29]。这些考古调查再次表明了龙山时代晚期至夏代早期以来在陕北地区乃至河套地区范围内所形成的一个高度发达的玉器消费和使用中心[30]。玉制品大量发现是新华文化一个显著特点，也是体现聚落等级差异的一个主要因素。

5. 占卜

大量卜骨的使用是新华文化体现于意识形态领域的重要特征。制作卜骨的原料主要是羊、猪、牛、鹿等动物的肩胛骨。其中，以羊的肩胛骨最多。大部分不经整治，保留完整的骨臼、臼角、岗脊，个别肩胛骨经过粗略加工，将岗脊削平或扇面前缘略加磨制。卜骨多出土于灰坑之内，与废弃的陶片、兽骨等散乱堆积在一起。值得注意的一个现象是，这些卜骨多集中出土于少数几个灰坑中，可能表明卜骨在当时人们的心里具有不同于一般物质的特殊地位，在行使完占卜功能以后，对卜骨的处理或掩埋已经有了较为固定的场所。而占卜这一原始重要活动可能有了专门的社会分工，某一类人承担了这一社会职责，但作为卜人，他的社会地位并未凌驾于一般人之上。占卜在当时人们的意识形态、精神生活中占有非常重要的地位，他们的问卜范围涉及生产活动、社会宗教活动与日常生活的一切领域，包括婚丧衣食住行等方面[31]。占卜是龙山时代考古学文化中常见的一种社会习俗，在陕西客省庄二期文化、齐家文化以及典型龙山文化中就有大量卜骨发现。作为新华文化考古遗存中体现精神领域内社会活动的占卜行为，反映了这一大的时代框架和历史背景下的社会特征。

（二）年代讨论

新华文化晚段年代争议大体有晚期龙山文化说[32]和早期青铜文化（夏纪年）[33]说两种。笔者曾经通过石峁遗存的类型学研究，对略早于新华遗址早段的石峁 H1 组及相当于新华遗址早期的石峁 W 组遗存作出过以下分析[34]：石峁遗存的陶器类型学研究表明，石峁遗存存在着两组时代略有早晚的文化遗物，早段以 H1 组为代表，包括单把鬲、敛口罐、双鋬鬲、折肩罐、单耳罐等；晚段以 M2 组为代表，包括三足瓮、盆形斝、折腹尊等。石峁遗址早晚段不存在文化性质的差异，即便个别器物略有早晚之分，也属于同一文化内部不同发展阶段的区别，属于一个稳定的人类共同体产生的物质遗存，具备了一定的质的稳定性。从时代来说，考虑到地域差异和文化发展的不平衡性，石峁遗存的整体年代应该稍晚或相当于关中地区的客省庄二期文化晚段，部分因素已进入夏纪年范围。限于条件，当时未对类似遗存加以考古学命名。现在看来，石峁遗存主体内涵就属于本文提出的"新华文化"。石峁遗址 H1 组和 W 组分别相当于新华文化寨峁期、朱开沟期。

石峁遗址研究成果为新华文化晚段年代的判断提供了一个较为可靠的标尺。以新华 96SXH27 为代表的晚期（新华文化新华期）遗存打破遗址中的早期（朱开沟期）遗存，其年代自然要晚于龙山晚期而进入到夏代纪年范围。但是，从文化面貌上来说，进入夏代的新华期遗存仍然延续了龙山晚期以来的文化特征，见不到中原二里头文化的影子，直至夏代中、晚期，河套地区的文化面貌上仍然维持了不同于中原地区的独立发展的特殊格局。因此，可以说新华文化的发展跨越了两大历史时期，即龙山时期晚期和夏代早期。甚至有学者提出，新华遗存可以作为陕北和鄂尔多斯地区夏代文化遗存的代表[35]。笔者认为，本区龙山晚期与夏代早期遗存之间没有质的文化差异，二者之间存在着难以割舍的渊源，不宜将其单纯从历史时期的角度独立出来。

关于新华文化晚段年代尚可做进一步讨论。新华文化晚段的寨峁期遗存与新华文化早段遗存之间在陶器面貌上呈现的亲缘关系及地层学上的证据表明，新华晚段遗存的上限可以大致确定不早于白草塔期。对于其下限的判断则可以通过与周边其他文化同类因素的比较加以推断。

新华文化新华期阶段出现了 A、B 两类陶斝。其中 B 类为瓮型斝，其特点是器体厚重高大，器身似瓮形。敞口，深腹，宽圜裆，下置三个袋状空足，足尖略外张，腹中对称置双鋬。体饰绳纹或篮纹。三袋足与瓮身相接处的外壁抹泥条加固。与新华 B 类陶斝类似的器物在客省庄文化康家遗址大量存在[36]。二者在形态上明显差别是康家类型 B 类斝器外不置双耳，其余作风基本一致。B 类陶斝在客省庄文化中不仅数量丰富，而且可以观察到较为清楚的发展过程。研究表明，客省庄文化康家遗址中 B 类陶斝由早到晚经历了直口→微侈口→侈口；三足内撇→微内撇→外撇的发展过程[37]。对比新华文化晚期数量不多的 B 类陶斝，其特点是侈口，袋足外撇，呈现出客省庄文化的晚期作风。例如属于新华文化新华期的标本 96SXW3∶1 在形态上与属于康家遗址第三期 F79∶1 基本雷同。康家遗址第三期在客省庄文化年代序列中处于最晚阶段，其年代估计在公元前 2000 年至公元前 1900 年之间[38]。故此，参考对客省庄文化的研究成果，新华文化晚期（下限）也就有了一个大致框架。以此为佐证，对于新华文化中 B 类斝的来源似乎也就可以顺理成章地追寻到关中地区的客省庄文化中去。

在新华文化朱开沟期大量流行口沿装饰锯齿状花边，这是对本区龙山早期以来文化特色的一个继承。到新华遗址晚期（新华期）时，罐类器物外侧花边的做法出现了口沿外贴附泥条并用手指压印现象，一改前期以绳切纹为特色的做法。据研究，在客省庄文化中，花边罐类器物出现沿外附加泥条并用手指掐印特别突出的波状花边的风格多处于客省庄文化最晚阶段[39]。在关中西部的麟游蔡家河遗址 H29 中出现的罐类器物中，沿外贴附泥条并压花边的做法十分流行。其做法与新华遗址晚期常见的花边一致。蔡家河 H29 被认为"年代可能比过去已知的客省庄二期文化最晚的年代还要晚。客省庄二期文化的 14C 测年已经进入夏代纪年，H29 当然可能属于关中西部夏代前期的文化遗存"[40]。据此来看，新华文化晚段遗存中存在与关中地区夏代文化遗存风格相近的内容，无疑其时代应该与之相当。此也可以作为判断新华晚期相对年代的一个旁证。

新华文化晚段特别是新华期遗存中与双鋬高领鬲、斝、三足瓮等伴出的还有圈足罐、直口厚唇鬲、方格纹单把鬲等器物，这些器类是陶寺遗存晚期典型器物。地处中原地区与河套地区地理通道上的新华遗址中大量陶寺文化因素的出现，或许为陶寺文化之去向和朱开沟遗址典型遗存的来源提供重要线索；同时也将是探讨新石器时代晚期人口流动和文化交流的重要材料。这些器物和陶寺晚期遗存[41]显示出较强联系。虽然它们所占比例不大，但从侧面说明，新华晚期时代应该与陶寺晚期相当。新华遗址 H50 和 H14 的 14C 测年分别为距今 4030±120、3940±120 年，与陶寺晚期测年也基本相符或略晚[42]。一般认为，陶寺晚期的下限为公元前 1900 年[43]。结合以上已有年代数据推断，新华文化晚段的整体年代可以推定在公元前 2150—前 1900 年。

五、小　结

关于河套地区龙山时代考古学文化的命名，存在许多观点。有学者曾对此专门作过一些研究[44]。早在大口遗址发现之后，发掘者就提出了"大口二期文化"[45]命名。此后，又有"客省庄二期文化石峁类型"[46]"前套龙山文化"[47]"朱开沟文化"[48]"游邀文化"[49]"老虎山文化"[50]"寨峁文化"[51]等名称。文化命名纷争复杂的局面，究其原因是研究者出发点的不同及对该类遗存文化内涵、分布范围、时代及性质认识上的分歧。例如，所谓"朱开沟文化"，其时代跨越了龙山晚期到夏商，文化内涵包括了不同种类文化因素，文化性质实际上已经发生变异。因此所谓"朱开沟文化"其内容显然过于庞杂，似乎不能代表自本区龙山早期以来形成的文化命名的三个基本条件。另有学者也提出"朱开沟文化"命名，但其所指已经与发掘者命名大相径庭，而是指朱开沟遗址中以蛇纹鬲为代表的文化遗存[52]。所谓"游邀文化"，从这类遗存的分布地域考虑，游邀遗址似乎已经偏离了该类遗存的中心分布区域，且面貌上与处于中心区域的内蒙古中南部、陕北地区同期遗存差异较大，例如，缺少标志性器物三足瓮等，故也不宜作为文化命名。作为一个考古学文化概念之下的类型似乎更为妥帖。其他命名不再赘述。本文提出"新华文化"命名，是鉴于新华遗址具有较强的代表性，文化面貌清晰、性质单纯而且经过大规模正式发掘，或为一家之言，尚乞指正。

新华文化的分布范围包括内蒙古中南部的南流黄河南岸的大部分地域和陕北无定河流域，向东越过黄河，抵达了晋中吕梁山阳坡的峪道河[53]，并且在其影响下形成了杏花村四期、乔家沟 H1—

H6[54]、游邀龙山遗存[55]等。故而，结合上述分析及综合周邻地区的研究成果认为，新华文化是分布于内蒙古中南部、陕北、晋西北一带的一类文化面貌不同于中原地区同期遗存的一个典型代表。从文化面貌上来看，它继承和包含了当地龙山时代早期遗存的基本特点，又受到了周边同期文化的强烈影响；从时代来看，跨越了龙山中、晚期和夏代两个时期。最新公布的夏商周断代工程年表将夏代的起始年暂定为公元前2070年。若此，则新华文化划分的五期遗存中，从绝对年代来看，至少新华文化晚期已经跨入了夏代纪年范畴。

<h2 style="text-align:center">注　释</h2>

［1］ 老虎山文化指分布于岱海周围以空三足器的出现为标志的龙山早期遗存。拙著：《老虎山文化述论》，待刊稿。

［2］ 陕西省考古研究所：《陕西神木新华遗址1999年发掘简报》，《考古与文物》2002年第1期；《神木新华考古报告》，待版。

［3］ 笔者根据地层关系将河套地区的龙山时代遗存分为六期。关于详细的文化分期及陶器演化规律见拙著：《关于河套地区龙山时代考古学文化研究的几个问题》，《考古与文物》2002年先秦研究专号。

［4］ 内蒙古文物考古研究所：《老虎山文化遗址发掘报告》，《岱海考古》（一），第七章"问题讨论"，科学出版社，2001年；内蒙古文物考古研究所、日本京都中国考古学研究会：《岱海考古》（二），科学出版社，2001年。

［5］ 《老虎山文化遗址发掘报告》《岱海考古》（一）认为，老虎山文化的分布不仅限于岱海地区，而包括鄂尔多斯黄河两岸地区在内的内蒙古中南部大部，以及晋中北、冀西北、陕北等地区，并将老虎山文化主体再区分为岱海地区的"老虎山类型"和鄂尔多斯地区的"永兴店类型"。

［6］ 岳连建：《神木寨峁龙山文化遗址》，《中国考古学年鉴》1993，文物出版社，1994年；陕西省考古研究所陕北考古队：《寨峁遗址发掘简报》，《考古与文物》2002年第3期；吕智荣：《陕北、内蒙古中南部及晋北地区寨峁文化》，《史前研究》2000年第9期。

［7］ 戴应新：《陕西神木县石峁龙山文化遗址调查》，《考古》1977年第3期；西安半坡博物馆：《陕西神木石峁遗址调查试掘简报》，《史前研究》1983年第2期。

［8］ 内蒙古文物考古研究所：《内蒙古朱开沟遗址》，《考古学报》1988年第3期；崔璇：《朱开沟遗址陶器试析》，《考古》1991年第4期。

［9］ 田广金：《凉城县老虎山遗址1982—1983年发掘简报》，《内蒙古文物考古》第4期；内蒙古文物考古研究所：《老虎山文化遗址发掘报告》，《岱海考古》（一），科学出版社，2001年。

［10］ 内蒙古文物考古研究所：《准格尔旗永兴店遗址》，《内蒙古文物考古文集》第一辑，中国大百科全书出版社，1994年。

［11］ 内蒙古文物考古研究所：《准格尔旗白草塔遗址》，《内蒙古文物考古文集》第四辑，中国大百科全书出版社，1994年。

［12］ 张天恩：《佳县石擤擤山遗址的发掘》，参见陕西省考古研究所2003年考古年报。

［13］ 以上二处遗址发掘简报见内蒙古文物考古研究所：《内蒙古文物考古文集》第一辑，中国大百科全书出版社，1994年。

［14］ 吉发习、马耀圻：《内蒙古准格尔旗大口遗址的调查与试掘》，《考古》1979年第4期。

［15］ 内蒙古文物考古所、伊可昭盟文物工作站：《内蒙古准格尔煤田黑岱沟矿区文物普查述要》，《考古》1990年第1期。

［16］ 魏坚：《准格尔旗铁孟沟出土陶器及相关问题》，《内蒙古中南部原始文化研究文集》，海洋出版社，1991年。

［17］ 魏坚：《准格尔旗寨子塔、二里半考古主要收获》，《内蒙古中南部原始文化研究文集》，海洋出版社，1991年。

［18］ 崔璇：《内蒙古中南部石佛塔等遗址调查》，《内蒙古文物考古》创刊号，1981年。

［19］ 乌兰察布博物馆、清水河县文物管理所：《清水河县庄窝坪遗址发掘简报》，《内蒙古文物考古文集》第二辑，

中国大百科全书出版社，1997年。

［20］ 崔璇、斯琴：《内蒙古中南部新石器至青铜时代文化初探》，《中国考古学会第四次年会论文集》，文物出版社，1985年。

［21］ 内蒙古文物考古研究所、清水河县文物管理所：《清水河县后城嘴遗址》，《内蒙古文物考古文集》第二辑，中国大百科全书出版社，1997年。

［22］ 内蒙古文物考古研究所：《准格尔旗寨子上遗址发掘简报》，《内蒙古文物考古文集》第一辑，中国大百科全书出版社，1994年。

［23］ 胡晓农：《清水河县大沙湾马路塔遗址调查简报》，《乌兰察布文物》第3期，1993年。

［24］ 陕西省考古研究所陕北考古队、榆林地区文管会：《陕西府谷县郑则峁遗址发掘简报》，《考古与文物》2000年6期。

［25］［42］ 中国社会科学院考古研究所：《中国考古学中碳十四年代数据集1965—1991》，文物出版社，1992年。

［26］ 戴应新先生称，当年在石峁见到而因故未能征集的礼器计有（石）琮和几件玉璧，琮为灰白色，素面无纹饰，边长7、高5、孔径4厘米；残玉璧24件，淡绿色，外径约15、孔径6—7厘米。另外还见有玉杵、玉环、小玉刀等。参见戴应新：《神木石峁龙山文化玉器探索（一）》，《故宫文物月刊》第125期，1993年8月。

［27］ 张长寿：《论神木石峁出土的刀形端刃器》，《南中国及邻近地区古文化研究》，香港中文大学出版社、1994年。

［28］ 韩建武、赵峰等：《陕西历史博物馆新征集文物精粹》，《陕西历史博物馆馆刊》第一辑，三秦出版社，1994年。

［29］ 戴应新：《神木石峁龙山文化玉器探索（三）》，《故宫文物月刊》第127期，1993年10月。

［30］ 孙周勇、乔建军：《石峁玉器年代的考古学检视》，《第二届中国古代玉器与传统文化学术讨论会专辑·浙江文物考古研究所学刊》第六辑，杭州出版社，2004年。

［31］ 谢端琚：《论中国史前卜骨》，《史前研究》辑刊。

［32］［47］ 高天麟：《黄河前套及其以南部分地区的龙山文化遗存试析》，《史前研究》1986年第3、4期；巩启明：《陕西新石器时代考古工作与研究》，《考古与文物》1988年第5、6期。

［33］ 魏坚、崔璇：《内蒙古中南部原始文化的发现与研究》，《内蒙古文物考古文集》第一辑，中国大百科出版社，1994年。

［34］ 张宏彦、孙周勇：《石峁遗存试析》，《考古与文物》2002年第1期。

［35］ 吕智荣：《陕西榆林地区夏代文化遗存考察》，《中原文物》2002年第1期。

［36］ 陕西省考古研究所康家考古队：《陕西临潼康家遗址1985年发掘简报》，《考古与文物》1988年第5、6期；《陕西临潼康家遗址1987年发掘简报》，《考古与文物》1992年第4期。

［37］［38］ 秦小丽：《试论客省庄文化的分期》，《考古》1995年第3期。

［39］ 秦小丽：《临潼康家遗址客省庄文化遗存分期初探》，《考古与文物》1993年第1期。

［40］ 北京大学考古系：《陕西麟游蔡家河遗址龙山遗存发掘简报》，《考古与文物》2000年第6期。

［41］ 中国社会科学院考古研究所山西考古工作队、临汾地区文化局：《山西襄汾县陶寺遗址发掘简报》，《考古》1980年第1期：《陶寺遗址1983—1984年Ⅲ区居住址发掘的主要收获》，《考古》1986年第9期。

［43］ 高天麟、张岱海、高炜：《龙山文化陶寺类型的年代与分期》，《史前研究》1984年第3期。

［44］ 杨杰：《内蒙古中南部新石器时代考古学文化命名问题综述》，《内蒙古文物考古》第10期。

［45］ 见［14］和［20］。

［46］ 巩启明：《陕西新石器时代考古工作与研究》，《考古与文物》1988年第5、6期；魏世刚：《论客省庄二期文化与康家遗存》，《考古文物研究——纪念西北大学考古专业成立四十周年论文集》，三秦出版社，1996年。

［48］ 内蒙古文物考古研究所：《内蒙古朱开沟遗址》，《考古学报》1988年第3期。

［49］ 许永杰、卜工：《三北地区龙山文化研究》，《辽海文物学刊》1992年第1期。

［50］ 韩建业：《中国北方地区新石器时代文化研究》，北京大学博士学位论文，2000年。

［51］ 吕智荣:《陕北、内蒙古中南部及晋北地区寨峁文化》,《史前研究》2000 年第 9 期。

［52］ 吕智荣:《朱开沟文化相关问题研究》,《华夏考古》2002 年第 1 期。

［53］ 山西省考古研究所:《山西汾阳县峪道河遗址调查》,《考古》1983 年第 11 期。

［54］ 国家文物局、山西省考古研究所、吉林大学考古系:《晋中考古》,文物出版社,1999 年。

［55］ 忻州考古队:《山西忻州市游邀遗址发掘简报》,《考古》1989 年第 4 期。

（原载于《考古与文物》2005 年第 3 期）

神木石峁遗址陶器分析

阎宏东

石峁遗址在陕北新石器时代考古中占有非常重要的地位。该遗址不仅在陕北地区的考古工作起步早，而且因其规模大、遗迹丰富、文化层堆积较好，并且出土过大量玉器而引人瞩目，长期受到学界的关注和研究。

1976 年，戴应新对神木石峁遗址进行了考古调查，采集到一批玉器和陶器，并认为该遗址与客省庄二期文化有密切关系[1]。1981 年，西安半坡博物馆对石峁遗址进行了调查和试掘，发掘 2 座房址、1 座灰坑和 4 座石棺墓葬，并指出，石峁遗址存在两期遗存，早期（以 H1 为代表）与客省庄文化年代相当，晚期（以石棺葬为代表）与大口二期文化年代相当[2]。

此后，对石峁遗址的研究一直未有间断，而关于石峁遗址陶器的年代和谱系的观点主要可以分为四种：第一种以为石峁遗址与客省庄文化关系密切或就是客省庄文化的地域类型[3]，第二种以为石峁遗址 H1 与客省庄文化年代相当，为龙山时代文化，M2 为夏纪年阶段的大口二期文化遗存，它们分别代表了该遗址的早、晚两个阶段[4]。第三种观点认为石峁采集的单把斝式鬲为代表的遗存与石峁 H1 年代相当，为龙山晚期，而以 M2 为代表的遗存属于夏纪年阶段的大口二期文化[5]。第四种观点认为石峁采集单把斝式鬲年代与杏花村 H118 相当，且一些因素独具特色，应该代表着陕北地区龙山时代早期相对独立的文化系统，而石峁 H1、W1 和 M2 均为龙山晚期至夏纪年前夕的大口文化遗存[6]。

本文试图结合陕、晋、蒙地区龙山时代考古学文化的年代标尺及谱系关系，将石峁遗址的陶器划分为 A、B、C、D 四组，并对每组陶器的年代和谱系进行初步研究，以便在河套、陕北及晋中北的宏观背景下为石峁遗址的各组陶器进行时空和谱系定位。谬误之处，望方家指正。

一、石峁 A 组陶器

该组陶器以 1976 年采集的单把斝（斝式鬲）为代表，另外还有素面单把罐和高领罐等（图一）。

石峁 A 组的单把斝式鬲[7]（图一，1）与杏花村 H118：10 的单把斝式鬲[8]形制非常接近，器身与三足分别制作后接制而成，器身为单把浅腹圜底釜，三足瘦高且未连接。杏花村 H118 的单把和侧装双錾斝式鬲均为宽弧裆，也是器身与三足分别制作后再接制而成。根据《晋中考古》的分期以及张忠培、许伟的研究成果，陶鬲的演变历程中裆部由早到晚依次的演变逻辑是：弧裆→平裆→尖角裆，宽弧裆斝式鬲在陶鬲的演变逻辑中处于最早的阶段[9]，其年代为略晚于庙底沟二期文化的龙山时代早期。张忠培、杨晶、王立新对客省庄文化单把鬲的研究也得出了相同的结论[10]。所以，

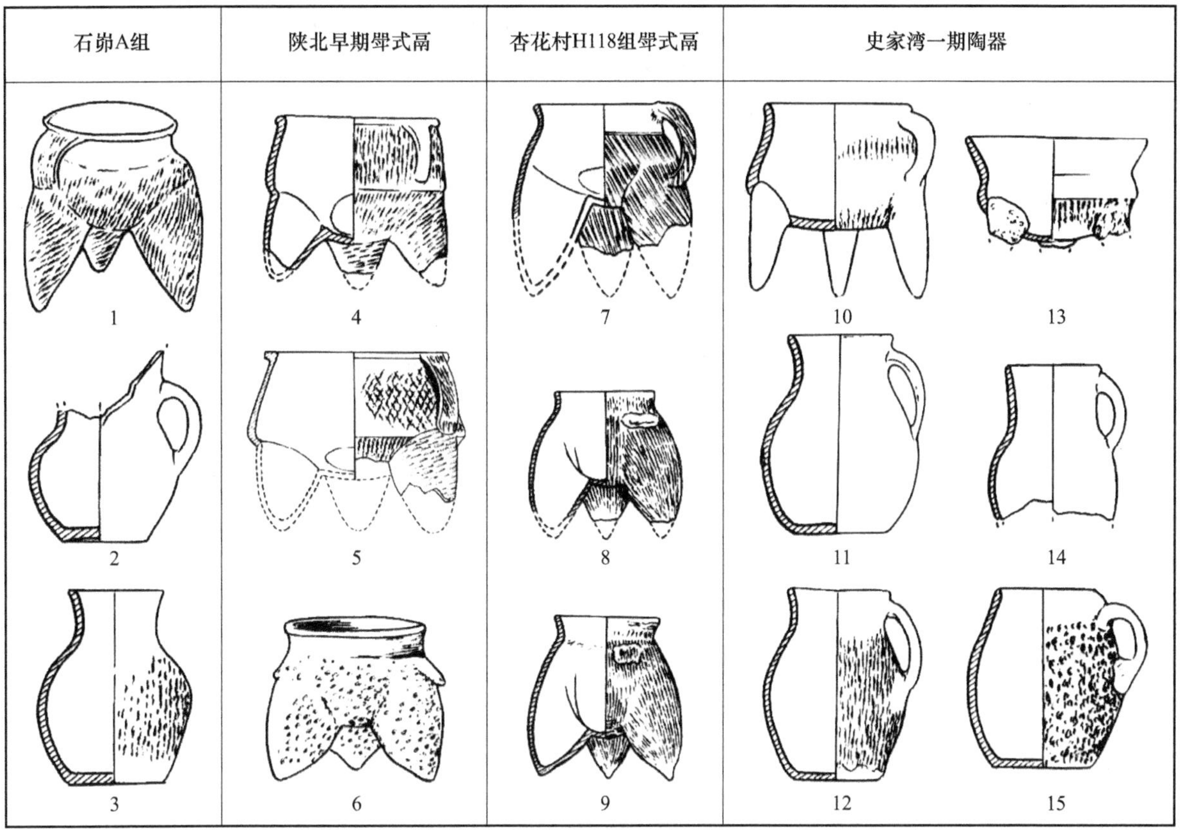

石峁A组	陕北早期斝式鬲	杏花村H118组斝式鬲	史家湾一期陶器

图一 石峁A组陶器与同时期相关遗存比较图[11]

石峁单把斝式鬲的年代大体也在这一阶段，即宽弧裆阶段。此外，A组的单把罐、高领罐与甘泉史家湾遗址一期[12]同类器的形制酷似，二者的年代也应相当。史家湾史前遗存的年代为庙底沟二期文化末期或略晚，与杏花村H118大体处于同一发展阶段。因而，石峁A组的单把罐、高领罐的年代也大体在庙底沟二期文化末期至龙山早期阶段，与该组的单把斝式鬲时代相当。

A组陶器是石峁遗址迄今发现的最早的一期遗存，相当于紧随庙底沟二期文化阶段之后的龙山时代早期。这一时期前后，陕北北部的同期遗存还有横山瓦窑渠[13]、佳县石摞摞山[14]、吴堡高家梁[15]、关胡圪垯[16]和延安大砭沟[17]等遗址发现的标本。如果要将这一时期陕北北部的这些遗存与周边地区的其他文化发展阶段相比，则相当于杏花文化[18]、永兴店文化[19]、老虎山文化[20]以及客省庄文化（即客省庄二期文化，下同）的最早期，这样就会对石峁A组遗存的年代刻度树立大家所熟知的参照标尺。由于陕北地区属于这一阶段的发掘资料相对匮乏，所以这一年代刻度还只是粗线条的，将来随着田野发掘资料的丰富，更细致的分期和谱系研究将是必然的要求。

需要强调的是，有学者认为陕北和晋中的单把斝式鬲并非来自客省庄文化，而是庙底沟二期文化釜形斝与陕北地区已经盛行的单把罐融合的产物[21]。很多学者将A组的单把斝式鬲归入客省庄文化的范畴。其实，这类器物遍布晋中至陕北地区，目前所知主要有汾阳杏花村、神木石峁、吴堡关胡圪垯和横山瓦窑渠等地，它的器身为浅腹圆底釜形，与客省庄文化深腹罐形釜的形制差别明显。之所以它会被很多学者认为是客省庄文化的因素，主要缘于该器类附着了单把的缘故。单把风格除客省庄文化之外，在老虎山文化以及陕北北部庙底沟文化二期阶段的其他文化中大量存在。这种单把风格很可能与常山下层遗存、菜园文化等陇山六盘山附近仰韶晚期之后盛行单把、双把和多把的风格密切相关，表明陕北北部、河套地区均与陇山六盘山附近的仰韶晚期至庙底沟二期阶段的遗存之间存在着极其密切的联系，张忠培和孙祖初早就对此有过宏观性的论述和分析[22]。可以这样理解，陕北地区出现的单把斝式鬲可能源自北渐的庙底沟二期文化的浅腹圜底釜形斝与当地已然存在着的单把风格的融合，这个融合过程恰似客省庄文化的深腹单把斝式鬲首先在关中西部的形成状况，而且二者的形成时间大体同时，都在龙山时代早期，它们的形成过程应该是各自独立的。所不同的是，陕北的单把斝式鬲是当地的单把风格与来自庙底沟二期文化的浅腹釜形斝的简单结合，而客省庄文化的单把斝式鬲则是当地单把罐、釜灶与庙底沟二期文化釜形斝的空三足的深度融合、改造[23]。由此，我们认为陕北龙山早期的单把斝式鬲与客省庄文化的单把斝式鬲之间在源头上可能都与仰韶晚期以来陇山六盘山一带盛行的单把风格有关，但两地的单把斝式鬲均是在庙底沟二期文化的扩张影响下独自发端的，并非来自相互之间的文化传播。目前，由于缺乏发掘资料和明确的器类组合，暂时不能对石峁A组的器类组合及文化谱系做出准确的判断，但它与横山瓦窑渠、吴堡关胡圪垯等遗址的单把斝式鬲遗存有可能代表着龙山时代早期的一个地域类型，并与晋中地区侧装双鋬鬲代表的杏花文化存在着密切的交往关系。

二、石峁 B 组陶器

石峁 B 组陶器以 1981 年试掘的 H1、W1 和 M2 为代表，另外还有屡次采集的一些陶器。这组陶器的器类主要有正装双鋬鬲、敛口瓿、空三足瓮、大口尊、高领折肩罐、盆形斝、盆形盉、圈足盘和圈足罐等（图二）。

以往，学者多将石峁 H1 和 M2 作为谱系相异的早晚两期遗存看待，或将石峁 H1 遗存与石峁 A 组陶器及杏花村 H118 的单把斝式鬲归为同时期的一组遗存看待，我们不同意这样的观点。据 1981 年石峁遗址的发掘简报，石峁 H1 出土的陶器有正装双鋬鬲、敛口盉、大口尊、碗和豆，M2 只出土了盆形斝、空三足瓮和小口罐，而 W1 仅出土了 2 件高领折肩罐。由于发掘资料的偶然性，三个单位的器类组合并不完整。然而，我们认为这三个单位的年代基本相同，均属于夏纪年前夕，且文化属性相同，均属于大口文化（即大口二期文化[24]，下同）。首先，H1 的正装双鋬鬲的裆部为尖角裆，比寨峁二期的窄平裆鬲略显成熟，而领部低于夏代初期的新华遗址陶鬲，特别是低于新华晚段，基本属于陶鬲的尖角裆阶段，此类陶鬲在张忠培对陶鬲裆部的排序中晚于宽弧裆和平裆阶段，并略早于夏纪年阶段的高锥足跟高领的尖角裆鬲，属于龙山时代最晚阶段。H1 陶鬲的双鋬手为正装，这与河套地区的永兴店文化及大口文化的陶鬲的双鋬手完全相同，而有别于晋中杏花文化的侧装双鋬鬲[25]。我们知道，大口文化是继永兴店文化发展而来的后续文化[26]，二者的区别主要在于大口文化中新出现了空三足瓮、三足盆形盉、盆形斝和圈足罐等新器类，此外，大口文化的双鋬鬲的形态更加成熟。以此标准衡量，则寨峁二期、新华遗址以及石峁 H1、M2 和 W1 均应该归属于大口文化。大口文化的年代上限为龙山时代最晚期，下限已经进入夏纪年阶段，期间经历了几个发展阶段。石峁 B 组略晚于寨峁二期而略早于新华遗址所代表的夏纪年之初，处于夏纪年的门槛之前。M2 的三足瓮下腹与圜底之间存在明显的一道折棱，与寨峁二期的三足瓮相似，但石峁 M2 的

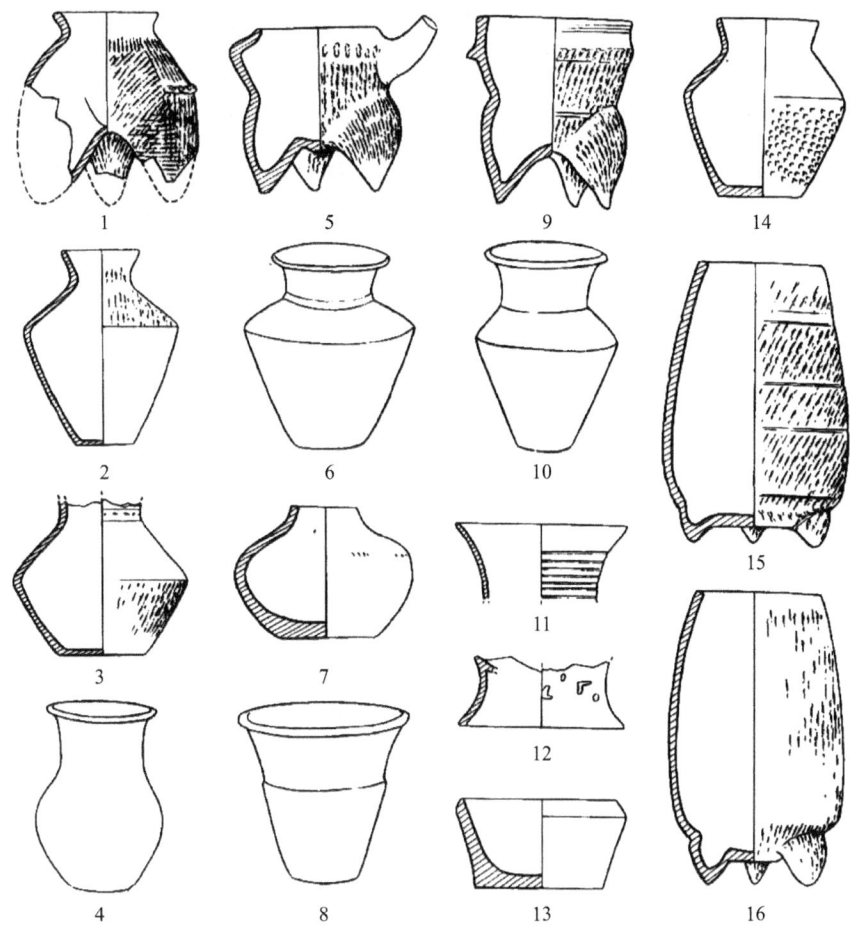

图二　石峁 B 组陶器

三足瓮口部未见内折沿，可能暗示其年代略晚于寨峁二期。W1 的折肩罐领部较低，器身较矮胖，与寨峁二期的折肩罐非常接近，略早于新华遗址。

由此可见，H1、W1 及 M2 同属于大口文化，三者年代上基本相当或略有早晚，属于同一文化遗存在年代上的微小差异。由于 B 组遗存各单位的组合不够完整，要想完全判断其细微的早晚关系，目前的资料还略显薄弱，而且石峁遗址还有一些采集的陶器也应属于 B 组的范畴，但时代略晚，可能已进入夏纪年阶段，表明石峁 B 组代表的遗存仍有分段的可能。然而将试掘所得的这三个单位作为同一文化的大体同时的遗存而划归为一组，有助于我们将其与年代较早、谱系相异的 A组遗存相区别，这才是本文的目的之一。

鉴于前文已经详细论述了石峁 A 组单把斝式鬲为龙山时代早期，而 B 组属于夏纪年前夕的龙山时代晚期，所以我们认为石峁 A 组明显早于 B 组，它们之间甚至还存在着平裆鬲阶段的年代缺环。

此外，石峁 B 组与 A 组之间还存在着文化谱系的差别。据学者的研究，陕北北部（延安以北）在龙山时代早期至中期阶段主要是当地产生的单把斝式鬲和杏花文化的侧装双鋬鬲的领地，龙山早期以吴堡关胡圪垯、横山瓦窑渠、佳县石摞摞山以及延安大砭沟的宽弧裆斝式鬲为代表，此后为府谷郑则峁二期的窄平裆侧装双鋬鬲。这两个阶段的斝式鬲均为双鋬侧装，而与晋中杏花文化完全相同，表明陕北北部长期属于杏花文化的领地。郑则峁二期之后，情况发生了突变，以成熟的正装双鋬鬲为代表的河套地区大口文化开始进驻陕北北部，其较早者以寨峁二期为代表，稍后的遗存有石峁B组和新华遗址等[27]。正装双鋬鬲是河套地区永兴店文化及其后裔大口文化的代表性器类，但是大口文化的正装双鋬鬲更加成熟，表现为三空足在裆部直接连接为尖角裆，并且逐步出现实足跟，而永兴店文化的双鋬鬲先后为窄弧裆和窄平裆，始终未出现实足跟。更为重要的是，大口文化突然出现了空三足瓮、盆形斝、盆形盉等新器类。尽管如此，大口文化依然是以永兴店文化为主体发展而来的，二者属于河套地区同一谱系、先后发展的文化遗存。陕北北部龙山早中期以侧装双鋬鬲为代表的遗存属于杏花文化的范畴，它与永兴店文化年代相当，但谱系相异，且年代早于大口文化，表明陕北北部在龙山时代晚期经历了一次文化谱系的更迭，即河套地区的永兴店文化大口文化系统替代了晋中杏花文化在这里的地位。

总之，以 H1、W1 和 M2 为代表的陶器应该共同归属为石峁 B 组，它们所代表的遗存属于来自河套地区的大口文化，其年代不仅晚于 A 组，甚至还有年代缺环，而且与 A 组陶器的文化谱系也截然不相同，绝不能把石峁 A、B 两组陶器混为同一年代、同一性质的遗存。

三、石峁 C 组陶器

石峁遗址中多次采集到以双耳和单耳为特征的陶器，我们将其归为石峁 C 组陶器，这些陶器的器类主要有双大耳罐、单耳罐、双耳尊、双耳杯、双耳折肩罐等（图三），而在朱开沟、新华及白敖包墓地[28]还有相当数量的单把鬲。

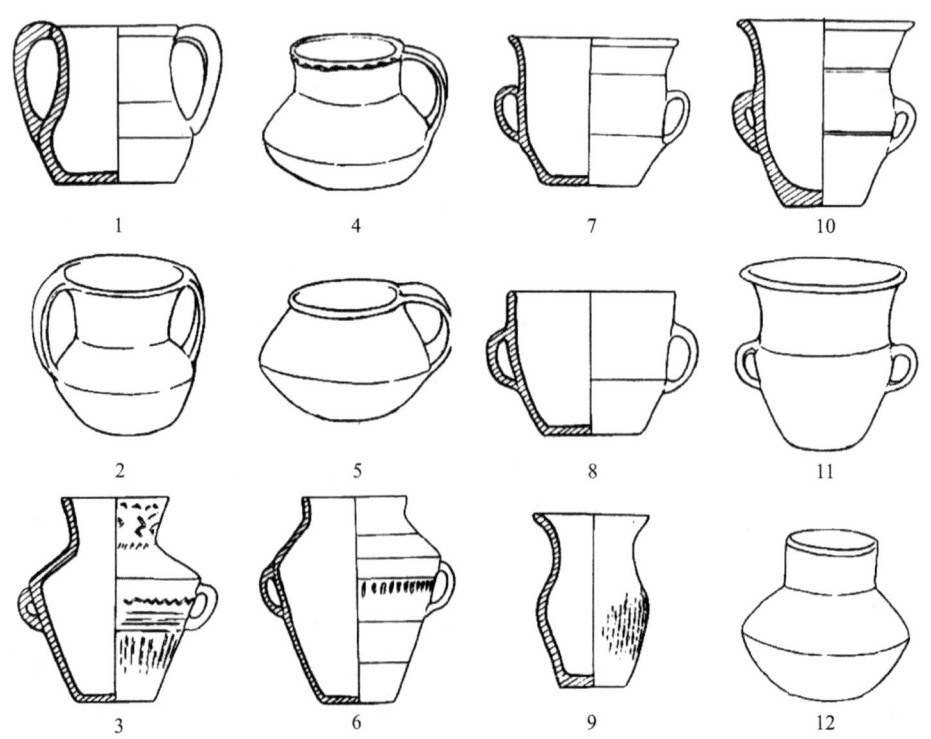

图三　石峁 C 组陶器

以前，很多学者将此类陶器与客省庄文化相联系，认为是客省庄文化向北传播的结果，并将其年代置于大口文化之前。然而，朱开沟、白敖包遗址的发掘资料表明，这些器类在年代上属于龙山时代末期至夏纪年阶段，与分布于河套地区东南部的大口文化年代相同。

关于石峁 C 组陶器的性质，学者的观点也并不一致，除将其归属于客省庄文化之外，还有其他一些观点。

赵菊梅认为，朱开沟居址的居民生前使用的文化为 A 类遗存（即大口文化），但这些居民的墓葬随葬品均为具有齐家文化特征的陶器，与居址中以大口文化为主体的文化面貌几乎截然分开，表现了同一文化中既有联系又有区别的两种遗存面貌[29]。

马明志则从陶器、墓葬、生业形态和文化格局等角度出发，认为齐家文化这时出现了移民河套的浪潮，排除了客省庄文化直接进驻河套地区的可能性，并认为在河套地区大口文化与齐家文化相邻而居，甚至在河套南部形成二者交错和融合的态势[30]。

总体而言，河套地区出现的以白敖包墓地及朱开沟墓地一至四段为代表的遗存均互见大口文化和齐家文化的陶器，所以二者年代相当，约为龙山时代晚期至夏纪年早中期，进而表明石峁 C 组的年代也大体与之相当。

石峁 C 组遗存中，单耳罐、双耳罐显然是齐家文化的代表器类，然而，大口尊属于大口文化的代表器类，而在大口尊和折肩罐上附着双耳的综合特征，则表现了齐家文化双耳风格与河套地区土著的大口文化之间的文化融合。由于考古工作的区域局限性，我们尚未完全掌握东进的齐家文化和土著的大口文化在河套地区各自的具体分布地域，但是，河套东南部显然是二者的交汇地带。在这交汇地带，两种文化因素虽共存于同一聚落体系之中，但分别存在于居址和墓葬这两类不同的功能区当中，这也是很多的文化交错地区普遍存在的现象。我们可以将交错地区的文化看作区域和内涵双层面的"过渡类型"，但目的却是为了显示这样的思想：即过渡类型中的每组文化因素都应该有属于自己单纯面貌的分布中心区，这是隐藏在"过渡类型"现象背后的真正文化背景。我们显然应该从这样的视角去看待石峁 C 组陶器，即它是融入大口文化之中的齐家文化因素，但土著的大口文化和外来的齐家文化在河套地区可能有各自的中心区域，而朱开沟、石峁等遗址只是二者交会地带的过渡性质的遗存。

综上所述，我们认为石峁 C 组陶器的年代为龙山晚期至夏纪年阶段，它源于东进的齐家文化而在交会地带与土著的大口文化发生了复杂的融合。我们之所以要将其单独归为一类，是要凸显齐家文化此时的东进浪潮所造成的河套地区文化面貌的极端复杂性，更是为了表达这一过渡类型背后可能存在两种相对单纯的文化面貌，并各有不同的分布中心区，这种想法只是一种逻辑的推断，有待我们在今后有意识地在田野工作中去探寻、验证。

四、石峁 D 组陶器

石峁遗址的 A、B、C 三组陶器为大家经常关注的对象，此外，还有几件年代较晚的陶器未能引起应有的关注，这就是 D 类陶器（图四）。我们选择了一件鬲（1981 采：32）[31] 和折肩罐（1981 采：29）[32] 作为代表。其中，这件陶鬲的口沿形制与晚商时期李家崖文化的陶鬲（李家崖

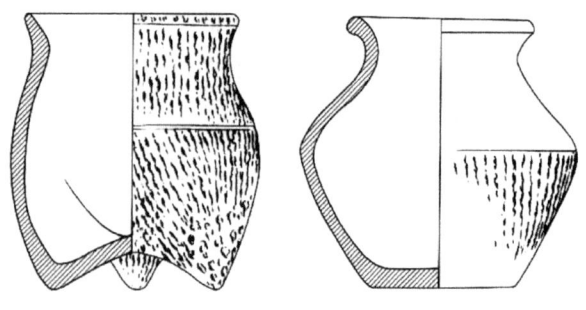

图四　石峁 D 组陶器

AT13H1∶1）[33] 形制相近，只是缺乏李家崖文化陶鬲常见的矮柱足跟，且袋足不发达。同时这件鬲的口沿部分与老牛坡遗址第五期陶鬲[34]的形制也较相近。石峁折肩罐的形制与老牛坡五期（86XLⅡ∶02 及 85XLⅡ∶024）[35]及张家坡沣河毛纺厂 M3∶2[36]的晚商、先周文化（有可能晚至西周早期）的同类器酷似。由此可见，石峁 D 组两件陶器的年代比较接近，均为商周之际，且文化面貌分别与晚商和先周文化有相似之处。

根据马明志的研究，晚商至西周中期河套及其左近地区主要分布有四支文化，晋陕黄河两岸是李家崖文化的领地，晋中分布着以杏花村墓地为代表的内涵亲近商文化的遗存，晋北及内蒙古清水河县一带被西岔文化占据，而陕北的西部被南迁的以蛇纹鬲为代表的朱开沟文化占领[37]。

在这样的宏观格局下，陕北北端不可能有晚商文化和先周文化的分布地域，石峁 D 组所见的两件陶器就其所处的地理位置而言，属于李家崖文化、西岔文化和朱开沟文化的交汇地带。由于缺乏发掘资料，我们尚且不能对这一地区主流的文化遗存作出准确判断，但石峁 D 组陶器显然与李家崖遗址中存在的中原因素一样，属于中原文化传播至北方青铜文化之中的因素，并很可能属于李家崖文化的领地范畴。

五、结　　语

本文将石峁遗址迄今所见的陶器划分为四组遗存，并且对每组遗存的年代、内涵及谱系归属进行了初步剖析。下面让我们在总结性地回顾一下各阶段的中心内容。

石峁 A 组陶器的年代为略晚于庙底沟二期文化的龙山时代早期，是石峁遗址的第一期遗存。它与客省庄文化早期可能共同受到陇山六盘山附近盛行单把、双把和多把的陶器风格的深刻影响，但石峁 A 组陶器代表的遗存可能属于陕北北部的土著遗存受庙底沟二期文化影响而单独发端的一类遗存，它和客省庄文化早期应该是各自演变、并行发展的遗存。石峁 A 组代表的龙山早期的遗存形成之后，与晋中地区的杏花文化关系密切，使得陕北北部盛行的单把斝式鬲和晋中杏花文化的侧装双鋬斝式鬲在两地大量交流、互见，两大文化区域连成一片。鉴于此，我们暂时将陕北北部这一时期的遗存划归杏花文化的范畴。而此时，位于河套地区的以正装双鋬斝式鬲为代表的永兴店文化和岱海地区以矮体单把斝式鬲为代表老虎山文化早期分属于相对独立的两支文化遗存，它们与晋中、陕北之间的杏花文化形成相邻而居的文化态势。

石峁 B 组陶器年代为龙山时代最晚期至夏纪年阶段，它是继承了河套地区永兴店文化主体而形成的一种新的考古学文化。同时，石峁 C 组陶器与 B 组陶器存续时间相当，并且经常在同一聚落系统内共存，即 B 组陶器主要在居址中使用，而 C 组陶器主要集中出现在同一聚落周边具有齐家文化特征的墓葬中。我们以为这种特殊的文化现象背后可能隐藏了这样一个事实：即龙山时代晚期至夏纪年阶段，以河套地区土著的 B 组陶器为代表的大口文化和以 C 组陶器为代表的齐家文化在河套地区东南部一带形成了交会格局和文化融合，而且二者在河套地区可能各有自己的分布中心区域，这是今后应该重点关注的一个问题。此外，以正装双鋬鬲为代表的大口文化进驻陕北北部，替代了此前占领陕北的以侧装双鋬鬲为代表的杏花文化，也表明陕北北部在龙山时代晚期阶段发生了文化谱系的剧变。石峁 B、C 组陶器共同属于该遗址的第二期遗存，但仍有进一步分期的可能。总而言之，B、C 组遗存的年代远远晚于 A 组陶器，前二者与 A 组陶器之间甚至存在年代缺环，而且谱系相异。

石峁 D 组陶器是商周之际的遗存，属石峁遗址的第三期遗存。它们位于北方多种青铜文化的交会地带，并与同时期的李家崖文化、先周文化之间均存在密切联系，应该给予应有的关注。

本文将石峁遗址迄今所见的陶器划分为四组遗存、四种文化谱系和三个阶段，并尝试将每组遗存置于河套附近地区的宏观文化格局中进行定位，这将有助于我们更加客观、准确地判断石峁遗址众多遗存的复杂性，有利于今后工作和研究的开展。但是限于资料薄弱，这样的划分和分析只是初步、粗线条的，还需要今后田野和研究工作的验证。

附记：本文写作过程中得到陕西省考古研究院马明志副研究员的指导帮助，张蕊侠女士和刘军幸先生为本文绘制了插图，在此一并致谢！

注　释

［1］　戴应新：《陕西神木县石峁龙山文化遗址调查》，《考古》1977 年第 3 期。

［2］　西安半坡博物馆：《陕西神木石峁遗址调查试掘简报》，《史前研究》1983 年第 2 期。

［3］　巩启明：《陕西新石器时代考古工作与研究》，《考古与文物》1988 年第 5、6 期。

［4］　西安半坡博物馆：《陕西神木石峁遗址调查试掘简报》，《史前研究》1983 年第 2 期；魏世刚：《试论石峁等遗存与客省庄二期文化的关系》，《文博》1990 年第 4 期。

［5］　张宏彦、孙周勇：《石峁遗存试析》，《考古与文物》2002 年 1 期；孙周勇：《关于河套地区龙山时代考古学文化研究的几个问题》，《考古与文物》2002 年增刊（先秦考古）。

［6］　陕西省考古研究院史前研究部：《陕西史前考古发现与研究概况》，《考古与文物》2008 年第 6 期；王炜林、马明志：《陕北北部西周中期以前的文化序列与编年》，待刊。

［7］　戴应新：《陕西神木县石峁龙山文化遗址调查》，《考古》1977 年第 3 期，图版一，3。

［8］　国家文物局、山西省考古研究所、吉林大学考古学：《晋中考古》，文物出版社，1999 年，图一〇六，1。

［9］　张忠培：《杏花文化的侧装双鋬手陶鬲》，《故宫博物院院刊》2004 年第 4 期；许伟：《晋中地区西周以前古遗存的编年与谱系》，《文物》1989 年第 4 期。

［10］　张忠培：《客省庄文化及其相关诸问题》，《考古与文物》1980 年第 4 期；王立新：《单把鬲谱系研究》，《青果集》，知识出版社，1993 年；张忠培、杨晶：《客省庄与三里桥文化的单把鬲及其相关问题》，《宿白先生八秩华诞纪念文集》，文物出版社，2002 年。

［11］　本图为王炜林、马明志先生提供，参见王炜林、马明志：《陕北北部西周以前的文化序列与编年》，待刊。

［12］　陕西省考古研究所、延安地区文管会、甘泉县文管所：《陕北甘泉县史家湾遗址》，《文物》1992 年第 11 期。

［13］　陕西省考古研究院、榆林市文物保护研究所、横山县博物馆：《横山县瓦窑渠寨山遗址发掘简报》，《考古与文物》2009 年第 5 期。

［14］　陕西省考古研究院 2004 年年报。

［15］陕西省考古研究院 2006 年年报。

［16］陕西省考古研究院 2006 年年报。

［17］尹达：《新石器时代》，生活・读书・新知三联书店，1979 年，图版三，1。

［18］"杏花文化"指汾阳杏花村遗址第四期遗存代表的考古学文化，由张忠培首先提出，参阅张忠培：《杏花文化的侧装双鋬手陶鬲》，《故宫博物院院刊》2004 年第 4 期。杏花村遗址第四期遗存资料见国家文物局、山西省考古研究所、吉林大学考古学：《晋中考古》，文物出版社，1999 年。

［19］内蒙古文物考古研究所：《准格尔旗永兴店遗址》，《内蒙古文物考古文集》第一辑，中国大百科全书出版社，1994 年。

［20］内蒙古文物考古研究所：《老虎山文化遗址发掘报告集》，《岱海考古（一）》，科学出版社，2000 年。

［21］［27］ 王炜林、马明志：《陕北北部西周中期以前的文化序列、谱系与格局》，待刊。

［22］张忠培、孙祖初：《陕西史前文化的谱系研究与周文明的形成》，《远望集》（上），陕西人民美术出版社，1998 年。

［23］王炜林、马明志：《陕北北部西周以前的文化序列与编年》，待刊。

［24］吉发习、马耀圻：《准格尔旗大口遗址的调查与试掘》，《考古》1979 年第 4 期。

［25］关于陶鬲双鋬手的"正装"与"侧装"之区别，详见张忠培：《杏花文化的侧装双鋬手陶鬲》，《故宫博物院院刊》2004 年第 4 期。

［26］魏坚、崔璇：《内蒙古中南部原始文化的发现与研究》，《内蒙古文物考古文集》第一辑，中国大百科全书出版社，1994 年。

［28］内蒙古文物考古研究所等：《伊金霍洛旗白敖包墓地发掘简报》，《内蒙古文物考古文集》第二辑，中国大百科全书出版社，1997 年。

［29］赵菊梅：《晋陕高原夏商时期考古学文化格局研究》，《公元前 2 千纪的晋陕高原与燕山南北》，科学出版社，2008 年。

［30］马明志：《河套地区齐家文化遗存的界定及其意义——兼论西部文化东进与北方边地文化的聚合历程》，《文博》2009 年第 5 期。

［31］西安半坡博物馆：《陕西神木石峁遗址调查试掘简报》《史前研究》1983 年第 2 期，图六，2；图版五，6。

［32］西安半坡博物馆：《陕西神木石峁遗址调查试掘简报》，《史前研究》1983 年第 2 期，图五，14。

［33］张映文、吕智荣：《陕西清涧县李家崖古城址发掘简报》，《考古与文物》1988 年第 1 期，图七，13。

［34］刘士莪：《老牛坡》，陕西人民出版社，2002 年，图二六六、图二八三。

［35］刘士莪：《老牛坡》，陕西人民出版社，2002 年，图二六八，2、3。

［36］中国社会科学院考古研究所丰镐工作队：《1984—85 年沣西西周遗址、墓葬发掘报告》，《考古》1987 年第 1 期。

［37］马明志：《朱开沟文化的流布及相关问题研究》，《西部考古》第四辑，三秦出版社，2009 年；马明志：《"西岔文化"初步研究》，《考古与文物》2009 年第 5 期。

（原载于《文博》2010 年第 6 期）

陕北地区石峁遗址相关遗存的性质及其形成的冨谱观察

近年来，位于陕西省神木县高家堡镇的石峁遗址引人注目，不仅发现了大量玉器，更于 2011 年以来确认了国内已知规模最大的龙山时代至夏代早期阶段的城址[1]。

石峁遗址地处陕北高原北部、南流黄河支流秃尾河的北岸。陕北高原人文地理位置独特，南接关中盆地，西、北经鄂尔多斯高原可直抵河套平原，东跨南流黄河隔吕梁山可达晋中、忻定盆地。学界关于陕北地区龙山时代至夏时期考古学遗存有客省庄文化石峁类型[2]、前套龙山文化[3]、游邀文化[4]、寨峁文化[5]、永兴店文化[6]、大口文化[7]、新华文化[8]、老虎山文化白草塔类型[9]，以及朱开沟文化石峁类型[10]等名称，反映出学界关于陕北地区龙山时代至夏时期遗存的年代、性质等问题的认识存在诸多不同。

陕北地区的陶冨是认识此地这一时期考古学文化性质和变迁的关键。笔者曾指出，陕北地区这一时期的陶冨有双鋬冨、单把冨、花边冨、无鋬无把冨等类。新华遗址见有上述四种陶冨，且新华遗址花边冨出现的年代较鄂尔多斯高原的朱开沟遗址稍早，或为陕北与河套地区从鋬手冨中派生出来的地方新种[11]。

随着发掘资料的不断刊布，我们发现石峁[12]、新华[13]、寨峁梁[14]、木柱柱梁[15]和寨峁[16]等遗址这一时期遗存的面貌相近，双鋬冨、单把冨在各遗址出土遗存中占重要比例，无鋬无把冨和花边冨也偶有发现。

那么，石峁遗址相关遗存的文化性质是怎样的呢？正如张忠培先生指出，石峁"这个城址目前看来龙山和夏时期是延续的，但是这两个文化还不能肯定是同一谱系文化的两个发展阶段，很有可能是不同谱系的文化。两者之间是否有承继关系，将来还要进一步探索"[17]。

我们发现，陕北地区双鋬冨呈现出与忻定盆地的游邀遗址相同的形态和演化规律[18]。张忠培先生通过 20 世纪 80 年代吉林大学考古专业在晋中地区的考古工作预见到，黄河东岸的吕梁山区自半坡至夏代早期文化的传承关系应与太原盆地一致[19]。要之，陕北地区与晋中及忻定盆地间应存在文化交流。如是，龙山时代至夏时期两地交流的途径和情景又如何呢？

本文拟从以往研究出发，在新近刊布资料的基础上，就石峁遗址相关遗存的性质及其与周边的文化关系等问题谈谈自己的意见。

一、三个阶段：石峁遗址相关遗存的相对年代

遗存的年代是探讨其性质等问题的前提。笔者曾专文讨论过神木新华遗址陶鬲的排序问题[20]，在此基础上，我们对文化面貌接近的石峁、寨峁梁、木柱柱梁和寨峁四处遗址出土的陶鬲进行分类并排序，从单位出发，结合与陶鬲共出的其他陶器，探讨石峁遗址相关遗存的相对年代。

由于双鋬鬲和单把鬲的出土数量占大宗，我们根据这两种鬲的出土情况将石峁、寨峁梁、木柱柱梁和寨峁四个遗址出土陶鬲的单位分为仅出双鋬鬲、双鋬鬲与单把鬲共存和仅出单把鬲三类。因无鋬无把鬲和花边鬲偶有发现，关于这两类陶鬲的年代问题，我们置于后文讨论（表一）。

表一　石峁、寨峁梁、木柱柱梁、寨峁遗址出土陶鬲的单位

遗址	类别	单位
石峁遗址	仅出双鋬鬲	TG1③H1、2012W1、2012W2、2012W3、F10、F11
	双鋬鬲与单把鬲共存	H3、F7
	仅出单把鬲	2012F3
寨峁梁遗址	仅出双鋬鬲	F29-F30、F13③
	双鋬鬲与单把鬲共存	K1、F1、H10
	仅出单把鬲	F10
木柱柱梁遗址	仅出双鋬鬲	F15②、F21、H106②、H80③、F20
	双鋬鬲与单把鬲共存	未见
	仅出单把鬲	H145②
寨峁遗址	仅出双鋬鬲	AH9、AF2、CH21
	双鋬鬲与单把鬲共存	未见
	仅出单把鬲	AT3010②、CT1704②

注：一些单位中陶鬲仅见口沿部分，无法辨识形态，暂未列入

先来看仅出双鋬鬲的单位。

石峁遗址中共有6个仅出双鋬鬲的单位。其中有一组层位关系具有分期意义，即后阳湾地点2012W2→2012W3。W2、W3二单位均仅见1件陶鬲。2012W2：1鬲（图一，3）裆部有明显的瘤状下凸，简报称其为"瘤裆"鬲。2012W3：1鬲（图一，4）袋足外撇，裆部为宽弧状，简报称其为宽弧裆鬲。可知2012W3：1宽弧裆鬲的年代早于2012W2：1瘤裆鬲。F10、F11各有1件陶鬲，仅余口及部分腹部，暂不讨论。

笔者曾根据考古绘图的通则指出，石峁TG1③H1：10为正装双鋬鬲（图一，2），并认为这件陶鬲的裆部宽平，年代应与寨峁遗址AF2：3宽平裆正装双鋬鬲（图一，7）相近[21]。后阳湾地点2012W1见有1件陶鬲W1：1，因其裆部残缺，我们将于后文讨论其年代问题。

寨峁梁F13第3层有2件陶鬲F13③：1、F13③：2，均残，但可以辨别出其裆部均为宽弧裆（图一，8），F29—F30：1见有1件尖角裆正装鋬手鬲（图一，1）。张忠培先生在讨论游邀遗址陶鬲演变关系时指出，尖角裆鬲的年代晚于瘤裆鬲和宽弧裆鬲的年代[22]。据此判断，F29—F30：1鋬手

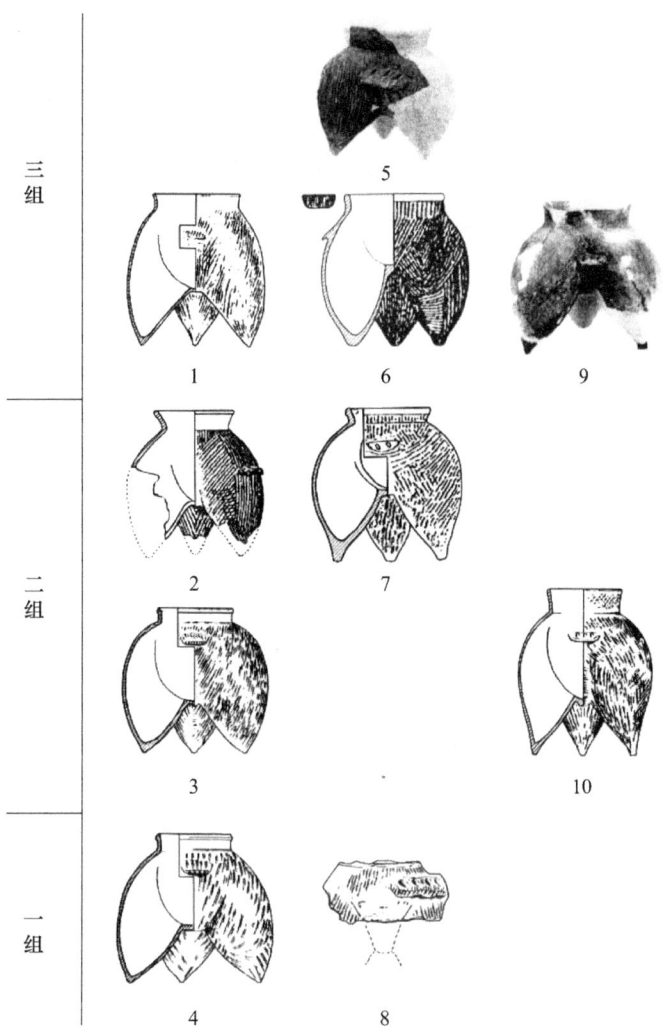

图一　石峁、寨峁梁、木柱柱梁和寨峁遗址仅出双鋬鬲单位双鋬鬲的排序

1. F29—F30：1　2. TG1③H1：10　3. 2012W2：1　4. 2012W3：1　5. F15②：1
6. AH9：4　7. AF2：3　8. F13③：1　9. H106②：1　10. H80③：22
（1、8. 寨峁梁；2—4. 石峁；5、9、10. 木柱柱梁；6、7. 寨峁遗址）

鬲的年代晚于F13③：1鋬手鬲。又据石峁2012W3：1早于2012W2：1的结论推断，2012W3：1
或为目前所知陕北地区年代最早的正装双鋬鬲的代表。

可以发现，寨峁梁F13③：1双鋬鬲与石峁2012W3：1鬲（图一，8、4）均为宽弧裆，二者
年代相近。石峁TG1③H1：10裆部宽平的特征与石峁2012W2：1接近，在形态发展上可置于石
峁2012W2：1与寨峁梁F29—F30：1之间（图一，1—3）。

木柱柱梁F15②、F21、H106②、H80③、F20出土双鋬鬲。H80③出土6件陶鬲，均为矮
领，其中H80③：22（图一，10）与H80③：21形态相似，为瘤裆正装双鋬手鬲，其余4件仅存
领部。F20出土3件陶鬲，其中F20：7鬲与寨峁F13③：1鬲相似，根据裆部形态判断为宽弧裆
鬲，其余2件仅存领部。F21、F15②、H106②均仅见1件正装双鋬鬲。F21：6斜矮颈、宽平裆等
特征酷似石峁TG1③H1：10（图一，2）。F15②：1、H106②：1鬲均为尖角裆。H106②：1的
裆部形态与寨峁梁F29—F30：1相类（图一，9、1）。

寨峁遗址第二期遗存与石峁遗址属同一类文化遗存[23]。AF2、AH9均仅见有1件正装双鋬鬲（图一，6、7）。前文指出，AF2：3与石峁TG1③H1：10年代相当，AH9：4裆部形态与寨峁梁F29-F30：1鬲接近（图一，7、2、6、1）。笔者曾指出，寨峁CH21中出土侧装双鋬鬲CH21：4的年代应稍晚于石峁TG1③H1：10鬲，如是，该单位的年代当与寨峁梁F29—F30等相近。

综上，我们将石峁、寨峁梁、木柱柱梁和寨峁仅出双鋬鬲的单位分为三组（表二）。

表二　石峁、寨峁梁、木柱柱梁、寨峁遗址仅出双鋬鬲单位的分组

分组＼遗址	石峁	寨峁梁	木柱柱梁	寨峁
三		F29-F30	F15②、H106②	AH9、CH21
二	2012W2、TG1③H1		H80③、F21	AF2
一	2012W1	F13③	F20	

再来看双鋬鬲与单把鬲的共存单位。

寨峁梁遗址H10、F1、K1中均见有鋬手鬲与单把鬲各1件（图二，16、17、5、6、1、2），其中H10：1正装鋬手鬲（图二，16）的裆部形态与石峁2012W3：1（图一，4）相类，均为宽弧裆。K1：1为尖角裆正装鋬手鬲（图二，1），F1：1鬲虽鋬手情况不明（图二，5）但其裆部形态亦为尖角裆，二者均与寨峁梁F29-F30：1（图一，2）相类。因此，H10的年代早于F1、K1。

在H10中，H10：2单把鬲与H10：1正装双鋬鬲均为宽弧裆（图二，16、17）。在F1中，F1：2单把鬲与F1：1鋬手鬲均为尖角裆（图二，5、6）。因此，或可认为，在流行宽弧裆鋬手鬲的阶段，单把鬲的裆部形态为宽弧裆，至流行尖角裆鋬手鬲的阶段，单把鬲的裆部形态变为尖角裆。单把鬲与双鋬鬲一样，均经历了从宽弧裆发展为尖角裆的演进过程。而在K1中，与尖角裆鋬手鬲共出的单把鬲K1：2裆部较弧平（图二，2），暗示着K1：2类宽平裆单把鬲的使用年代延至了使用尖角裆单把鬲的阶段。

石峁遗址韩家圪旦地点H3、F7两单位中均发现双鋬鬲或无鋬无把鬲与单把鬲共存（图二，8、9、12、13）。H3：13鋬手鬲（图二，8）和F7：8无鋬无把鬲（图二，12）器身腹部以下缺失，F7：11单把鬲与寨峁梁H10：2单把鬲足部与器身区别明显，均具有宽弧裆的特征，二者年代相当（图二，13、17）。又因为H3→F7，故F7：11单把鬲的年代早于H3：11单把鬲，H3：11单把鬲足部与器身区别不明显，裆部宽平（图二，9）。依据客省庄文化单把鬲的排序[24]，我们可以认为H3：11宽平裆单把鬲的年代晚于F7：11单把鬲。所以，我们可将上述单位分为三组，年代分别与石峁、寨峁梁、木柱柱梁和寨峁遗址仅出双鋬鬲的三组单位相对应（表三）。

表三　石峁、寨峁梁、木柱柱梁、寨峁遗址双鋬鬲与单把鬲共出单位的分组

分组＼遗址	石峁	寨峁梁
三		K1、F1
二	H3	
一	F7	H10

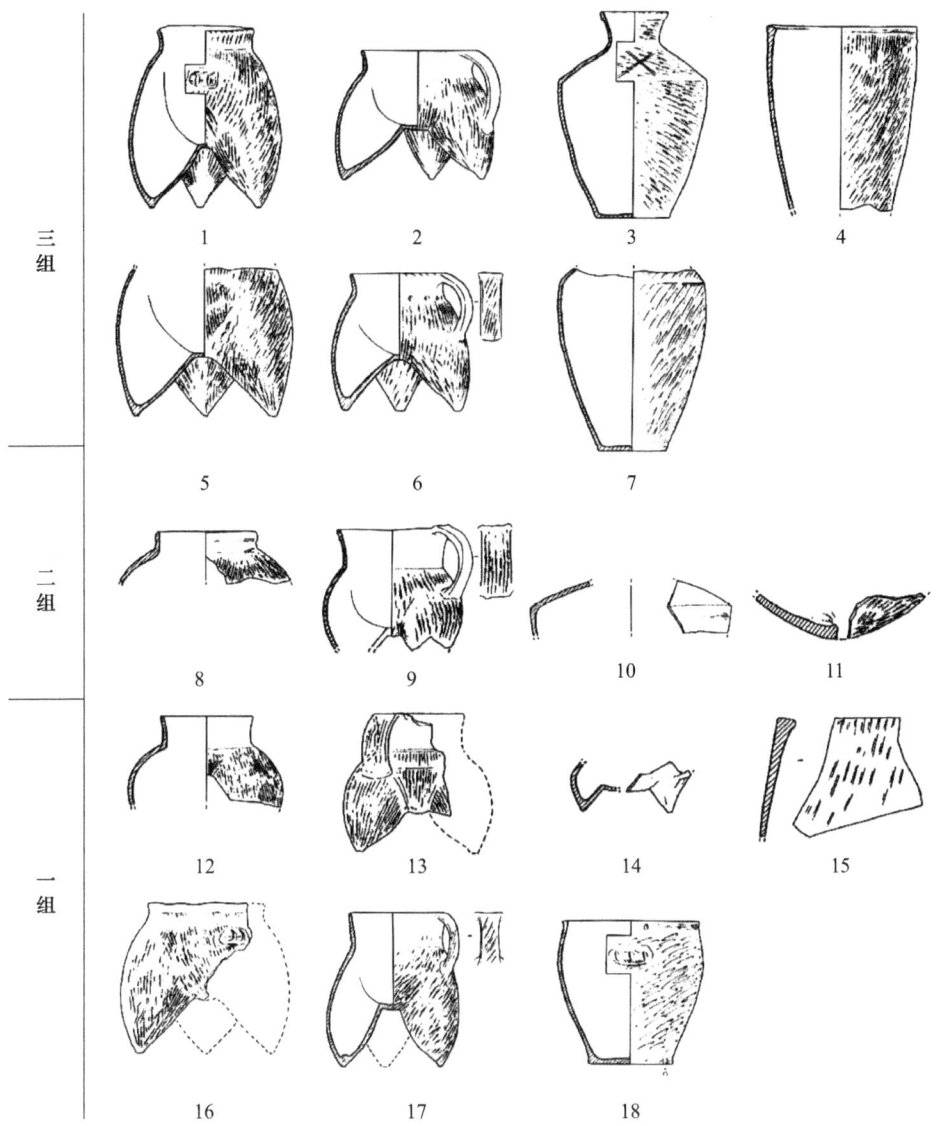

图二　石峁、寨峁梁遗址双鋬鬲与单把鬲共出单位的分组

1、5、8、16. 鋬手鬲（K1：1、F1：1、H3：13、H10：1）　2、6、9、13、17. 单把鬲（K1：2、F1：2、H3：11、F7：11、H10：2）　3、7. 喇叭口罐（K1：5、K1：4）　4. 圜底罐（K1：3）　10. 敛口瓮（H3：5）　11. 圜底瓮（H3：10）

12. 无鋬无把鬲（F7：8）　14. 泥质小斝（F7：12）　15. 直口瓮（F7：4）　18. 筒形罐（H10：3）

（8—15. 石峁；其余寨峁梁遗址）

继而讨论仅出单把鬲单位的相对年代。

寨峁梁遗址仅见 1 件宽弧裆单把鬲 F10：1 形态与石峁 F7：11 相似（图二，13；图三，5）。木柱柱梁 H145 和寨峁 AT3010 ②、CT1704 ②分别出土 1 件单把鬲，矮领、尖角裆等风格与寨峁梁F1：2 相类（图二，6；图三，3、2、6）。石峁遗址呼家洼地点 2012F3 亦见有 1 件单把鬲，该鬲高领，带有实足尖，表面饰方格纹的特征与龙山时代的风格明显不同（图三，1），学界认为这类陶鬲的年代晚于矮领尖角裆单把鬲，已进入夏纪年[25]，这里就不再赘述了。

据此，我们将四个遗址仅出单把鬲的单位归入双鋬鬲与单把鬲共存单位的分组结果中，除一至三组外还增加了以石峁 2012F3 为代表的第四组，从上文可知，出土单把鬲单位第一至三组的年代

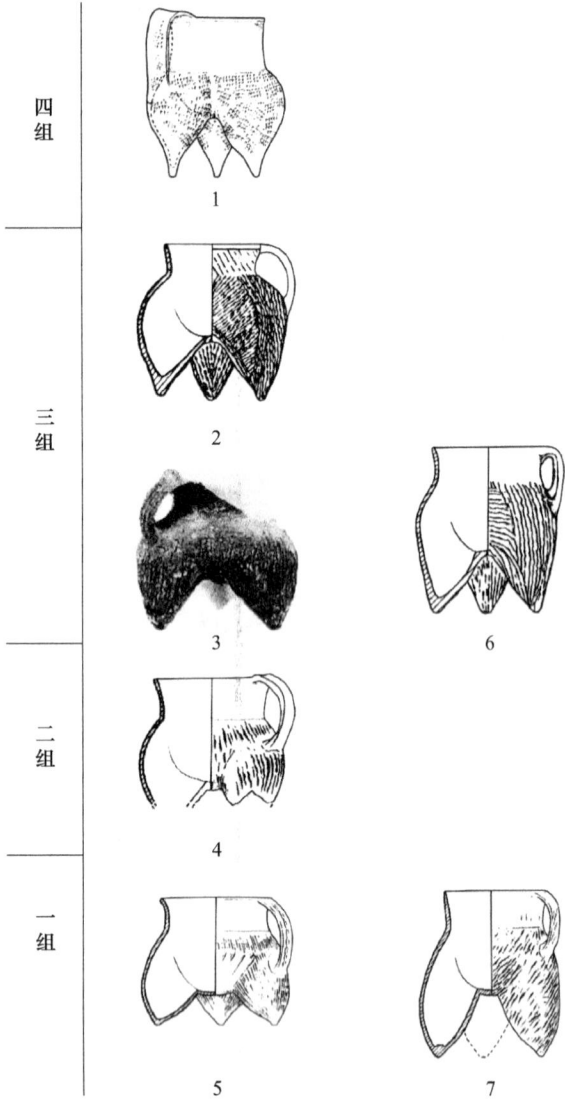

图三　石峁、寨峁梁、木柱柱梁和寨峁遗址出土
单把鬲的排序

1. 2012F3：1　2. AT3010②：3　3. H145②：4
4. H3：11　5. F10：1　6. CT1704②：2　7. H10：2
（1、4. 石峁；2、6. 寨峁；3. 木柱柱梁；5、7. 寨峁梁遗址）

分别与仅出双錾鬲单位第一至三组相对应，并对四遗址出土的单把鬲进行排序（图三；表四）。

至于无錾无把鬲和花边鬲，寨峁梁遗址发现一组层位关系，即2014H10→2014F51-F52。H10的年代属于第一组，所以F51：1无錾无把鬲的年代早于H10，暂将其归入仅出双錾鬲单位的第一组。F7-F8：1无錾无把鬲的裆部为瘤裆，与石峁2012W2：1鬲相似，二者年代大体相当，所以，F7-F8的年代应属于仅出双錾鬲单位的第二组。根据新华遗址陶鬲的排序，可以认为花边鬲至迟在尖角裆双錾鬲阶段已经出现[26]，所以，寨峁遗址发现的AT4011③：7花边鬲的年代应不早于石峁遗址相关遗存仅出双錾鬲单位的第三组。

根据上文对出土陶鬲单位的分析，我们将石峁等四个遗址出土陶鬲的遗存分为四个年代组。第一至三组分别包括仅出双錾鬲和出土单把鬲单位的第一至三组，第四组包括出土单把鬲单位的第四组。

在此基础上，我们来考察未见陶鬲的单位。

石峁遗址韩家圪旦地点F11：8盉（图四，16）与TG1③H1：4盉（图四，17）形态相似，石峁M2：7斝的特征与2012F3：2斝（图四，2）一致，石峁M2的年代应属于第四组。后阳湾地点2012F1出土鬲足、盉流、斝口等，因残损严重，无法判断其组属。

寨峁梁遗址K3：1喇叭口罐与K1：5喇叭口罐（图四，12）器形相似，均为折肩，二者年代相当；F7-F8中与瘤裆鬲共出的器物有圆肩喇叭口罐、圆肩罐、敛口瓮和细柄豆等，筒形罐和圜底

表四　石峁、寨峁梁、木柱柱梁、寨峁遗址出土单把鬲单位的分组

分组	遗址 石峁	寨峁梁	木柱柱梁	寨峁
四	2012F3			
三		K1、F1	H145②	AT3010②、CT1704②
二	H3			
一	F7	F10、H10		

瓮在 F20、F21 中与上述几类器物共出（图四，18、19、23—26），所以，根据上述典型器物的共出情况，将寨峁梁遗址中发现上述器物的单位归入第二组。

木柱柱梁遗址 H117：1 斝、F18③：1 斝分别与石峁 TG1③H1：4 盉、2012F3：2 斝（图四，17、2）形态相近，年代相当。

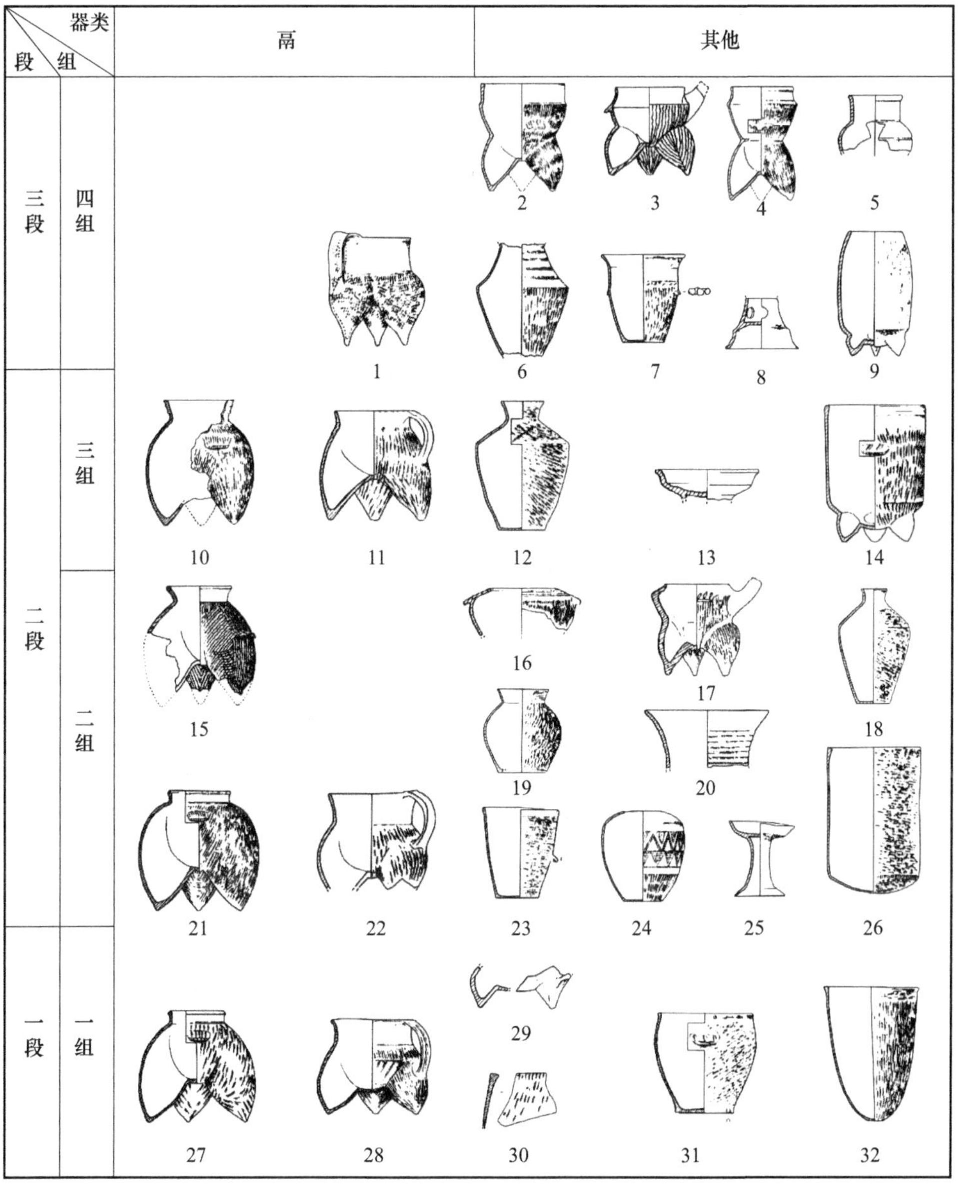

图四　石峁遗址相关遗存分段示意图

1、11、22、28. 单把鬲（2012F3：1、F1：2、H3：11、F10：1）2、29. 斝（2012F3：2、F7：12）3、16、17. 盉（AT2011②：2、F11：8、TG1③H1：4）4. 甗（2012F3：3）5. 罐（AT2011②：6）6. 折肩罐（2012F3：5）7. 大口尊（2012F3：6）8. 豆（2012F3：4）9. 三足瓮（M2：1）10、15、21、27. 鬲（2012W1：1、TG1③H1：10、2012W2：1、2012W3：1）12、18. 喇叭口罐（K1：5、F20-F21：2）13、25. 细柄豆（F29-F30：2、F7-F8：6）14. 瓮（2012W1：2）19. 圆肩罐（F20-F21：4）20. 尊（TG1③H1：12）23、31. 筒形罐（F20-F21：8、H10：3）24. 敛口瓮（F20-F21：6）26. 圜底瓮（F21：1）30. 直口瓮（F7：4）32. 圜底罐（F51：2）

（1、2、4、6—10、14—17、20—22、27、29、30. 石峁；3、5. 寨峁；其余寨峁梁）

寨峁遗址 AT5012③：9 斝与石峁 M2：7 斝相似，均为直口，二者年代相当；寨峁 AH60：18 三足瓮、AH60：17 甗分别与石峁 M2：1、2012F3：3（图四，9、4）相类，这几个单位年代相近（表五）。

表五　石峁、寨峁梁、木柱柱梁、寨峁遗址未出陶鬲单位的分组

分组 ＼ 单位	未出陶鬲的单位
四	石峁：M2 木柱柱梁：F18③ 寨峁：AH18、AH60、AT2011②、AT4012③、AT4011②、AT5011②、AT5012③
三	寨峁梁：K3
二	石峁：F11 寨峁梁：F1-F2、F9、F20-F21、F23、F24、F26、F31、F37、F42、F60-F61、F64-F66 木柱柱梁：H117
一	寨峁梁：F51-F52

最后，我们来讨论新华遗址。

我们在《陕北地区龙山时代至夏时期的陶鬲》一文中依据陶鬲形态将新华遗址分为三组[27]。与上文的结果进行对照可以发现，新华第一组 99H3：6 单把鬲（图五，16）与寨峁梁 F1：2 单把鬲（图四，11）相似，裆部形态均为尖角裆，新华第二组 99F17：5、99H108：1 单把鬲（图五，6、7）与石峁 2012F3：1 单把鬲（图四，1）均有实足跟，饰方格纹，形态类似；新华第三组 99H14：3 斝（图五，3）的口沿与石峁 2012F3：2 斝（图四，2）均为直口，形态相仿。所以，新华遗址第一组的年代与石峁等遗址第三组相当，新华遗址第二、三组的年代与石峁等遗址第四组相当。

新华 99W1：1 三足瓮、99W2：2 高领折肩罐（图五，18、15）分别与石峁等遗址第三组石峁 2012W1：2 瓮和寨峁梁 K1：5 喇叭口罐（图四，14、12）如出一辙，年代相当，可归入新华第一组。根据新华 99F3：3AⅢ式双錾鬲、99H155：3DⅠ式双錾鬲的型式特征与新华第二、三组双錾鬲相同[28]，可知二者的年代与新华第二、三组相当，又新华 96W10：2、99H155：1 形态均与 99W4：1 三足瓮相似（图五，10），三者年代相当，所以新华 99F3、99H155、96W10 和 99W4 应属新华第二、三组（图五）。

依据上文的分析，我们从陶鬲及相关陶器特征出发把石峁等五个遗址出土的龙山时代至夏时期遗存划分为三个发展阶段（表六）。第一阶段，以宽弧裆錾手鬲和单把鬲为标志；第二阶段，以瘤裆、宽平裆、尖角裆錾手鬲和宽平裆、尖角裆单把鬲为标志；第三阶段，出现了器身饰方格纹带实足跟的高领单把鬲。

表六　石峁、寨峁梁、木柱柱梁、寨峁、新华遗址龙山时代至夏时期遗存的分段

阶段/组		石峁	寨峁梁	木柱柱梁	寨峁	新华
三	四	2012F3、M2		F18③	AH18、AH60、AT2011②、AT4012③、AT4011②、AT5011②、AT5012③	三组 二组

阶段/组		石峁	寨峁梁	木柱柱梁	寨峁	新华
二	三	2012W1	F29-F30、K1、F1、K3	F15②、H106②、H145②	AH9、AT3010②、CT1704②	一组
	二	TG1③H1、2012W2、H3、F11	F1-F2、F9、F20-F21、F23、F24、F26、F31、F37、F42、F60-F61、F64-F66	H80③、H117、F21	AF2、CH21	
一	一	2012W3、F7	F13③、H10、F10、F51-F52	F20		

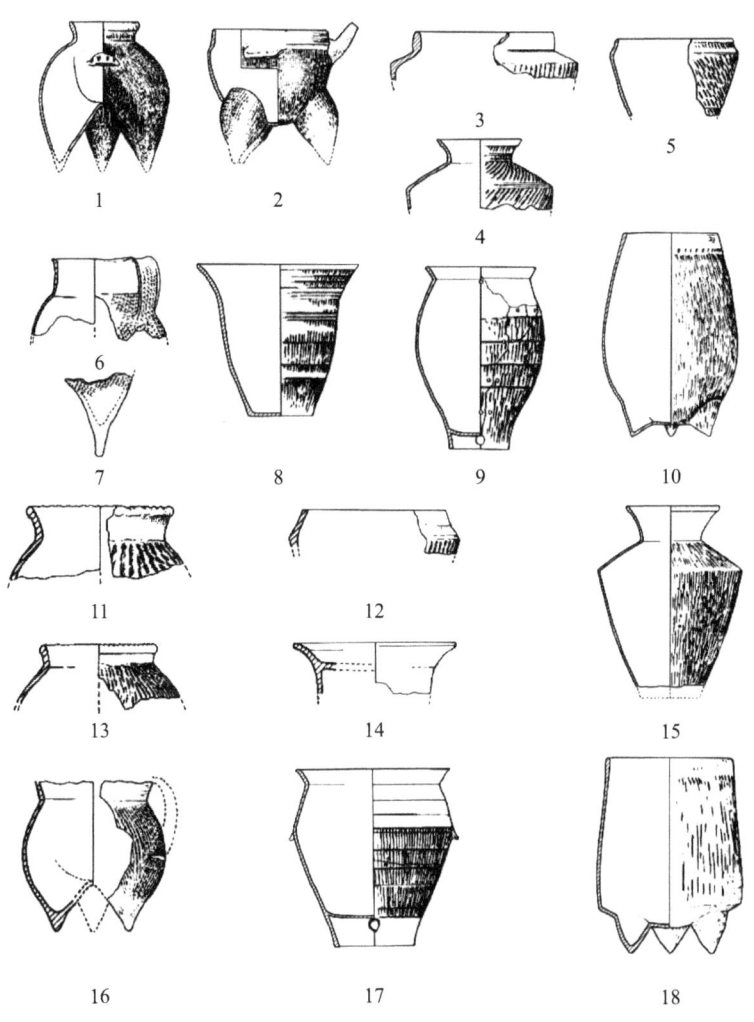

图五　新华遗址出土器物

1、11. 双錾鬲（99H108∶1、99H29∶3）2. 盉（99F3∶2）3、12. 斝（99H14∶3、99H29∶5）4、15. 折肩罐（99W4∶3、99W2∶2）5. 甗（99W4∶4）6、7、16. 单把鬲（99F17∶5、99H108∶1、99H3∶6）8. 大口尊（99W4∶2）9、17. 圈足罐（96W10∶1、99W2∶1）10、18. 三足瓮（99W4∶1、99W1∶1）13. 鬲（99H29∶2）14. 圈足盘（99H3∶9）
（1—10. 属于第二、三组；11—18. 属于第一组）

二、三类遗存：石峁遗址相关遗存的文化性质

学界对石峁遗址相关遗存纷繁复杂的命名背后，反映的是对其性质认识的不同。概括起来主要

有三种意见：一种意见认为石峁遗址相关遗存应属于客省庄文化[29]或曰客省庄文化石峁类型[30]，另一种意见把石峁遗址相关遗存分为两段，认为早段与客省庄文化同时，晚段与大口二期文化同时[31]，还有意见认为石峁遗址以 TG1 ③ H1 为代表的遗存属于永兴店文化的偏晚阶段[32]。

在讨论石峁遗址相关遗存各阶段文化性质之前，让我们将目光转向隔吕梁山与陕北地区相望的晋中地区。晋中地区不仅是侧装双鋬鬲的大本营[33]，也发现有一定数量的正装双鋬鬲。将石峁等遗址第一阶段典型器物同杏花文化陶器[34]进行对比，我们发现，2012W3：1 鬲、H10：1 鬲分别与杏花文化杏花村 Y301：1 鬲、Y301：3 鬲器形相似，均为正装双鋬鬲，且裆部形态均为宽弧裆（图六，1、2、12、11），F10：1 单把鬲与杏花文化杏花村 H317：1 单把鬲形态酷似，裆部形态为宽弧裆（图六，3、10），F7：12 斝、F51：2 圜底罐、H10：3 筒形罐分别与杏花文化杏花村 H257上：21 杯、H257 下：9 圜底瓿、河家庄 H1：2 陶缸器形相近（图六，5、7、9、14、18、16）。可以看到，这一时期遗存中正装双鋬鬲占主流地位，单把鬲、豆、直口瓮、圜底罐等器物组合在杏花文化中均能找到相似者（图六，3、6、8、7），而其双鋬鬲当是受到了晋中地区杏花文化的强烈影响，成为此类遗存的主流[35]，所以，石峁等遗址第一阶段应属于杏花文化。从鋬手鬲的裆部特征看，或为陕北地区龙山时代最早出现的双鋬鬲文化因素。

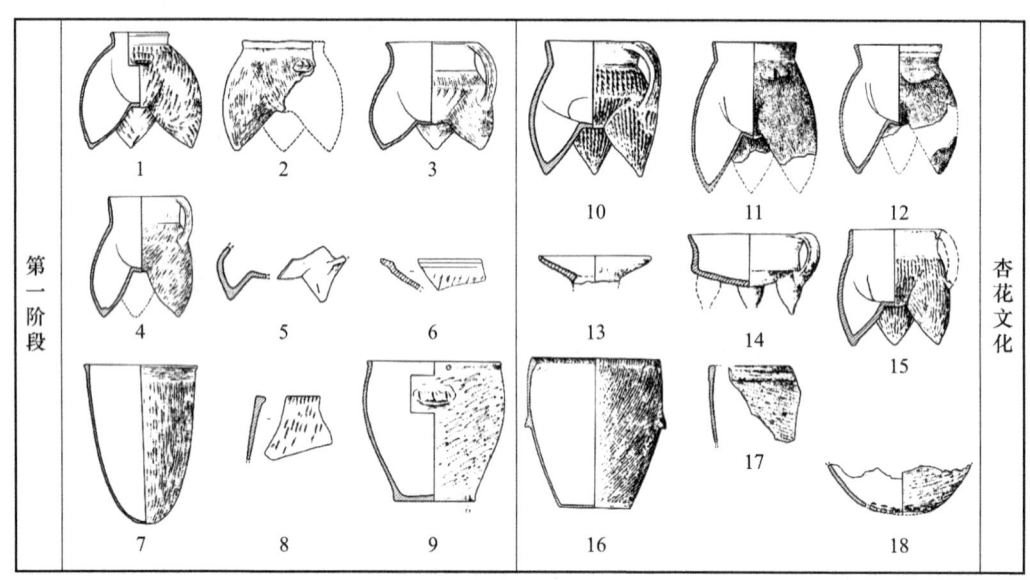

图六　石峁等遗址第一阶段陶器与杏花文化陶器对比图

1. 鬲（2012W3：1）2. 鋬手鬲（H10：1）3、4、10、15. 单把鬲（F10：1、H10：2、H317：1、H257下：2）5. 斝（F7：12）6、13. 豆（F20：1、H257下：11）7. 圜底罐（F51：2）8. 直口瓮（F7：4）9. 筒形罐（H10：3）11、12. 双鋬鬲（Y301：3、Y301：1）14. 杯（H257上：21）16. 缸（H1：2）17. 敞口瓮（H118：14）18. 圜底瓿（H257下：9）（1、5、8. 石峁；2—4、7、9. 寨峁梁；6. 木柱柱梁；16. 娄烦河家庄；其余杏花村遗址）

石峁等遗址第二阶段的瘤裆鬲和尖角裆鬲，其形态和演变规律与游邀遗址相同[36]。而游邀中期"以正装双鋬鬲为主，辅以陶盉为组合的遗存"被称为永兴店文化[37]或永兴店文化游邀类型[38]。

关于永兴店文化的分期，主要有两种观点，一种认为，永兴店文化可分为早、中、晚三期[39]，另一种将永兴店文化分为早、晚两期[40]。两种观点的分歧在于是否将已经进入夏纪年的朱开沟遗址 W2002 类遗存归入永兴店文化。我们将朱开沟 W2002 类遗存与永兴店文化对比，发现二者的典型器物组合并没有发生变化，只是存在年代早晚的差异，因此，朱开沟 W2002 类遗存应属于永兴店文化[41]。

我们发现，石峁 2012W2：1 鬲、寨峁梁 F20-F21：6 瓮分别与永兴店文化早期永兴店 H14：1、G2：8 形制相近[42]（图七，13、20、24、25），永兴店文化早期的瘤裆鬲、盉、豆、直口瓮、折肩罐等器类在第二阶段二组中均有发现（图七，13、14、16、18、15）；寨峁梁 K1：1 鋬手鬲、F1：2 单把鬲分别与永兴店文化中期白草塔 F8：21、F8：15 相类[43]（图七，1、2、9、8），永兴店文化中期的鋬手鬲、单把鬲、斝、折肩罐、豆、圆肩罐等器物组合在第二阶段第三组中都能找到相似器类（图七，1—6）。所以，石峁等遗址第二阶段二、三组的年代分别可与永兴店文化早、中期相对应，文化性质应属于永兴店文化或称之为永兴店文化"石峁类型"。

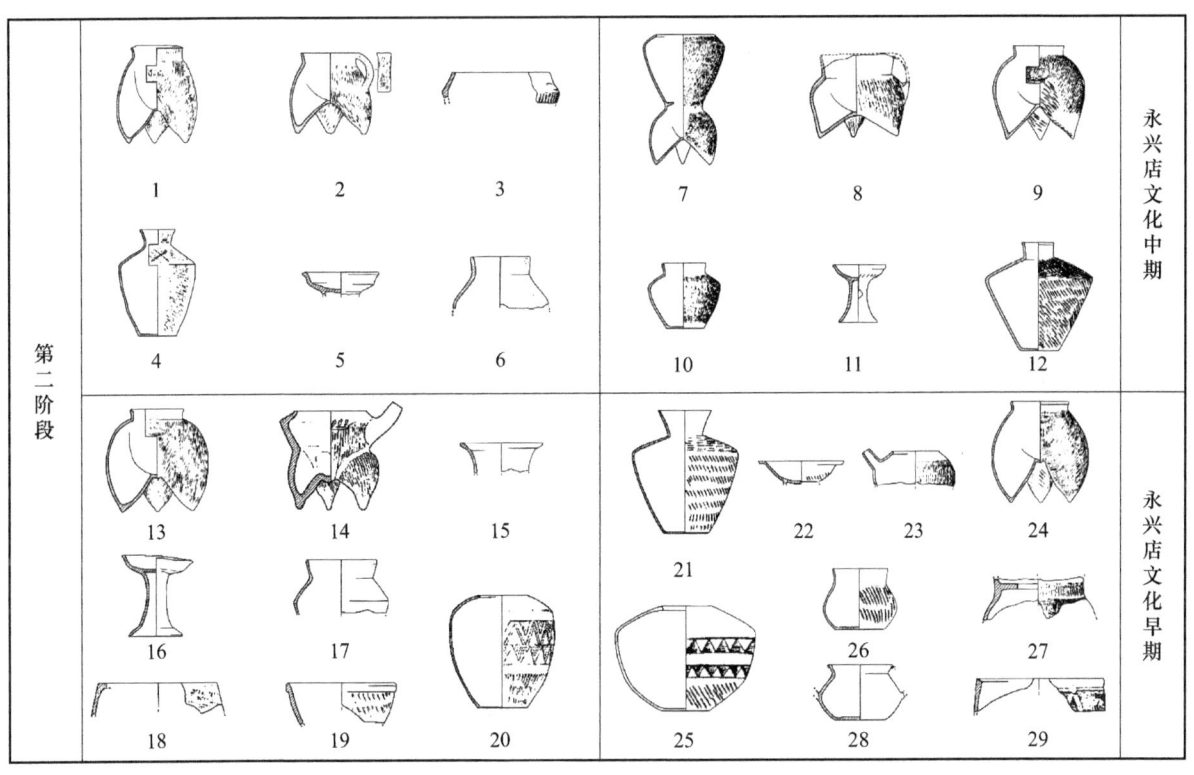

图七　石峁等遗址第二阶段陶器与永兴店文化早、中期陶器对比图

1. 鋬手鬲（K1：1）2. 单把鬲（F1：2）3. 斝（99H29：5）4. 喇叭口罐（K1：5）5、11、16、22. 豆（F29-F30：2、F15：5、F7-F8：6、G2：6）6. 圆腹罐（99H29：9）7、27. 甗（F8：20、G2：12）8、9、13、24. 鬲（F8：15、F8：21、2012W2：1、H14：1）10. 鼓腹罐（F8：2）12、15. 折肩罐（F15：2、H80③：5）14、23. 盉（TG1③H1：4、H9：2）17. 小罐（H80③：6）18、20. 瓮（H80③：7、F20-F21：6）19. 小盆（H80③：3）21. 高领篮纹罐（H9：1）25. 敛口瓮（G2：8）26. 垂腹罐（G2：1）28. 双耳罐（G2：5）29. 平口瓮（G2：10）（1、2、4、5、16、20. 寨峁梁；3、6. 新华；7—12. 白草塔；13、14. 石峁；15、17—19. 木柱柱梁；21—29. 永兴店）

张忠培先生认为，朱开沟的单把罐形鬲有可能是客省庄文化的后继者[44]，在石峁等遗址中也发现了类似的单把鬲。不难看出，石峁等遗址第三阶段石峁 2012F3：1 单把鬲与朱开沟 M1010：1 单把鬲[45]一模一样，二者表面均饰方格纹，且带有实足跟（图八，1、11），石峁 2012F3：2 斝、M2：1 三足瓮分别与朱开沟 W2003：1 斝、W2003：2 三足瓮形态相近（图八，2、8、10、14）。朱开沟的甗、盉、大口尊等在石峁、寨峁等遗址第三阶段遗存中均可找到同类器（图八，3、5、7），故以石峁、寨峁等遗址第三阶段为代表遗存的文化面貌与朱开沟相近，或为客省庄文化北上的

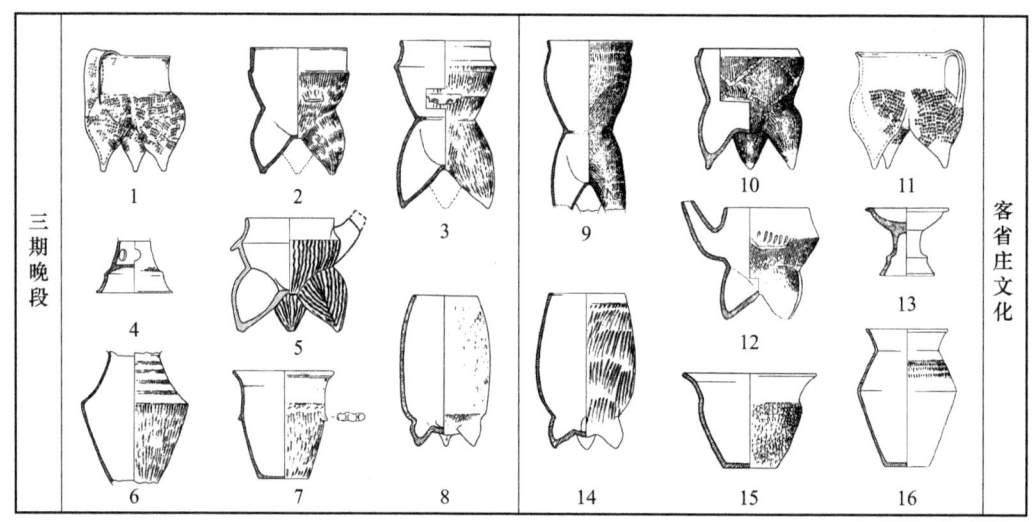

图八　石峁等遗址第三阶段陶器与客省庄文化陶器对比图

1、11. 单把鬲（2012F3：1、M1010：1）2、10. 斝（2012F3：2、W2003：1）3、9. 甗（2012F3：3、W2005：1）

4、13. 豆（2012F3：4、M3024：1）5、12. 盉（AT2011②：2、M1010：5）6. 折肩罐（2012F3：5）7、15. 大口尊

（2012F3：6、M3024：3）8、14. 三足瓮（M2：1、W2003：2）16. 高领罐（M3024：4）

（1—4、6—8. 石峁；5. 寨峁；9—16. 朱开沟）

后裔，其年代与朱开沟单把鬲遗存相当，已进入夏纪年。

那么，进入夏纪年之后，永兴店文化遗存的去向又如何呢？新华遗址为这一问题提供了线索。

关于新华遗址的性质，学界主要有大口文化[46]和新华文化[47]两种不同的意见，我们发现新华99H108：1双鋬鬲（图五，1）与永兴店文化晚期朱开沟W2002：1双鋬鬲[48]形态酷似，永兴店文化晚期的双鋬鬲、单把鬲、大口尊、折肩罐和三足瓮等器类均可在新华第二、三组中找到同类器（图五，1、6、8、4、10）。所以，新华遗址第二、三组遗存应属永兴店文化晚期，表征着夏纪年时期该文化的面貌。

综上，我们认为陕北地区的石峁等遗址从龙山时代至夏时期经历了三个发展阶段，分属三种不同的考古学文化。第一阶段遗存属于杏花文化，从其鋬手鬲的特征看应为陕北地区接受晋中地区杏花文化影响后，最早出现的双鋬鬲文化因素；第二阶段遗存的年代与永兴店文化相当，应属于永兴店文化或是永兴店文化在陕北地区的一个地方类型，我们称之为永兴店文化"石峁类型"；第三阶段的年代进入夏纪年，在此时期永兴店文化在新华遗址继续发展，而石峁等遗址则被客省庄文化的后裔所占领。

三、余论：文化结构形成的鬲谱观察

近年来，山西省考古研究所在晋西吕梁地区进行了考古调查和发掘工作。位于吕梁地区的兴县碧村遗址[49]，向西隔黄河与陕北石峁遗址相望，向东隔吕梁山与忻定盆地游邀遗址相邻。关于吕梁地区的文化面貌，张忠培先生认为当和晋中地区的文化面貌基本一致[50]，我们将兴县碧村出土器物同石峁等遗址各发展阶段的典型器物进行对比。发现碧村遗址的器物或可分为两个阶段。碧村遗址H5出土的鬲、斝、盉（图九，10—15）等与石峁等遗址第二阶段的同类器形态相近（图五，11、12），年代相当于永兴店文化早、中期；H12出土的蛋形瓮、折肩罐、圈足盘等（图九，1—9）

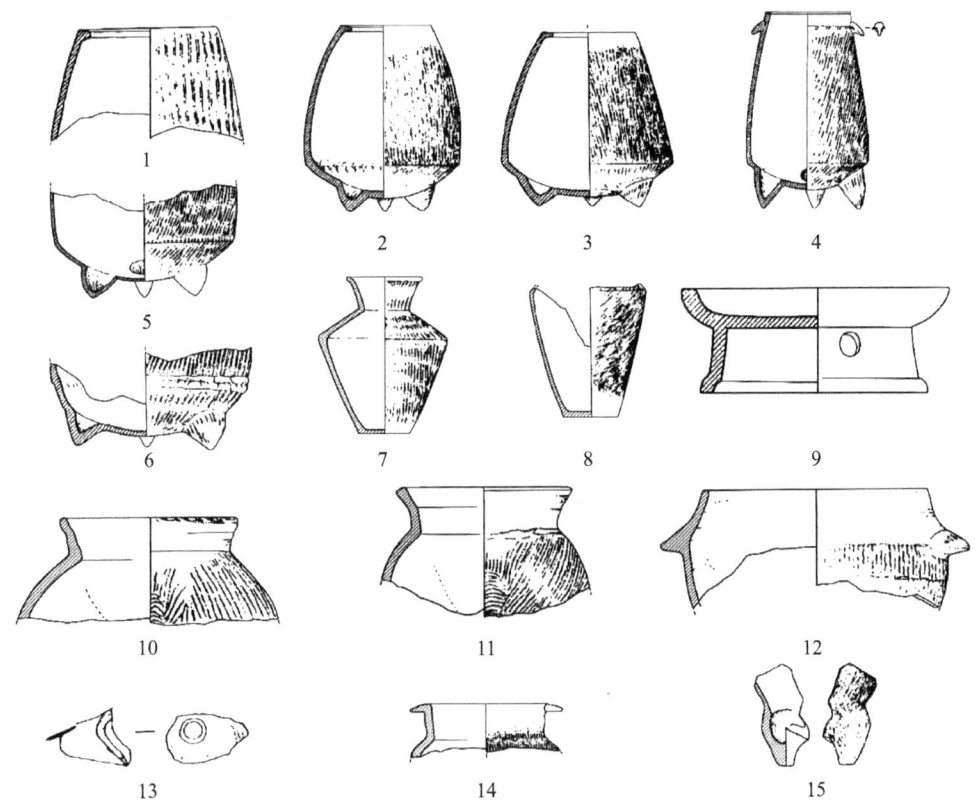

图九　兴县碧村遗址 H5、H12、F2②出土器物

1—6. 蛋形瓮（H12：8、H12：2、H12：3、H12：1、H12：7、H12：6）　7、8. 折肩罐（H12：4、H12：5）
9. 圈足盘（H12：9）　10、11、14. 鬲（H5：1、H5：3、H5：2）　12、15. 斝（F2②：1、H5：6）　13. 盉（H5：9）

可在石峁等遗址第三阶段遗存中找到同类器（图四，9、6），年代已经进入了夏纪年。兴县的地理位置处于陕北地区与忻定盆地之间，而两地文化因素的共见，也表现出两地之间的交流与互动。

龙山时代至夏时期的陕北地区是双鋬鬲和单把鬲类遗存的重要分布区域。从上述论证可知，从杏花文化时期开始，晋中地区的双鋬鬲文化因素就开始向西扩张，进入到陕北，其强劲的势头，使包含双鋬鬲的文化遗存成为这一时期的主流。而部分单把鬲的发现，也显示出客省庄文化的影响[51]。至永兴店文化时期，双鋬鬲继续向西占领陕北地区，自身也获得了长足的发展。进入夏纪年前后，双鋬鬲表现出颓势，陕北地区的文化面貌发生了分野，虽在新华等遗址中仍可见到永兴店文化遗存继续沿用，但与此同时客省庄文化或其后裔因素迅猛发展，在陕北地区与永兴店文化分庭抗礼，在石峁等遗址第三阶段遗存中凸显出了客省庄文化或其后裔"占领"石峁等遗址的现象。朱开沟发现的大量单把鬲因素，就是客省庄文化后裔北上的结果[52]。而处于山西、陕西和内蒙古各文化交会前沿地带的兴县碧村，不仅共见陕北地区与忻定盆地两地文化因素，也暗示了永兴店文化在这一区域的衰落以及陕北地区与南流黄河东岸地区的文化交往。我们通过对石峁遗址相关遗存龙山至夏时期考古学文化的研究，再次证明了陕北地区陶鬲的演变轨迹，证实了晋中、游邀和内蒙古中南部地区诸考古学文化间存在的文化联系，更可以看到同一谱系考古学文化的发展与演变，不同谱系考古学文化间的竞争与更替。这一认识也为我们进一步研究河套地区及南流黄河邻近地区考古学文化的关系提供了启发。

附记：本项成果得到国家社科基金项目（17BKG020）、吉林大学哲学社会科学青年学术领袖培育计划项目（2016FRLX10）资助。

注　释

［1］孙周勇、邵晶：《石峁：过去、现在与未来》，《发现石峁古城》，文物出版社，2016年。

［2］巩启明：《陕西新石器时代考古工作与研究》，《考古与文物》1988年第5、6期，第54页；魏世刚：《试论石峁等遗存与客省庄二期文化的关系》，《文博》1990年第4期。

［3］高天麟：《黄河前套及其以南部分地区的龙山文化遗存试析》，《史前研究》1986年第3、4期。

［4］许永杰、卜工：《三北地区龙山文化研究》，《辽海文物学刊》1992年第1期。

［5］吕智荣：《陕北、内蒙古中南部及晋北地区寨峁文化》，《史前研究》2000年第9期。

［6］张忠培：《杏花文化的侧装双鋬手陶鬲》，《故宫博物院院刊》2004年第4期。

［7］王炜林：《新华遗存及其相关问题初探》，《庆祝张忠培先生七十岁论文集》，科学出版社，2004年，第150页。

［8］孙周勇：《新华文化论述》，《考古与文物》2005年第3期。

［9］韩建业：《中国北方地区新石器时代文化研究》，文物出版社，2003年。

［10］田广金、韩建业：《朱开沟文化研究》，《考古学研究（五）》，科学出版社，2003年。

［11］段天璟：《陕北地区龙山时代至夏时期的陶鬲》，《中国陶鬲谱系研究》，故宫出版社，2014年，第350页。

［12］陕西省考古研究院、榆林市文物考古勘探工作队、神木县文体局：《陕西神木县石峁遗址》，《考古》2013年第7期；陕西省考古研究院、榆林市文物考古勘探工作队、神木县文体局：《陕西神木县石峁遗址后阳湾、呼家洼地点试掘简报》，《考古》2015年第5期；陕西省考古研究院、榆林市文物考古勘探工作队、神木县文体广电局：《陕西神木县石峁遗址韩家圪旦地点发掘简报》，《考古与文物》2016年第4期。

［13］陕西省考古研究所、榆林市文物保护研究所：《神木新华》，科学出版社，2005年。

［14］卫雪：《陕西榆林寨峁梁遗址初步研究》，西北大学硕士学位论文，2016年。

［15］陕西省考古研究院：《陕西神木县木柱柱梁遗址发掘简报》，《考古与文物》2015年第5期。

［16］陕西省考古研究所：《陕西神木县寨峁遗址发掘简报》，《考古与文物》2002年第3期。

［17］《考古与文物》编辑部：《神木石峁遗址座谈会纪要》，《考古与文物》2013年第3期。

［18］段天璟：《陕北地区龙山时代至夏时期的陶鬲》，《中国陶鬲谱系研究》，故宫出版社，2014年，第349页。

［19］国家文物局、山西省考古研究所、吉林大学考古学系：《晋中考古》，文物出版社，1999年。

［20］段天璟：《陕北地区龙山时代至夏时期的陶鬲》，《中国陶鬲谱系研究》，故宫出版社，2014年，第337页。

［21］段天璟：《陕北地区龙山时代至夏时期的陶鬲》，《中国陶鬲谱系研究》，故宫出版社，2014年，第338页，图七。

［22］张忠培：《忻州游邀考古》，科学出版社，2004年；张忠培：《滹沱河上游和桑干河流域的正装双鋬鬲》，《新世纪的考古学——文化、区位、生态的多元互动》，紫禁城出版社，2006年。

［23］陕西省考古研究所：《陕西神木县寨峁遗址发掘简报》，《考古与文物》2002年第3期。

［24］张忠培、杨晶：《客省庄与三里桥文化的单把鬲及其相关问题》，《宿白先生八秩华诞纪念文集》，文物出版社，2002年，第16、17页，图一〇。

［25］张忠培：《杏花文化的侧装双鋬手陶鬲》，《故宫博物院院刊》2004年第4期。

［26］段天璟：《陕北地区龙山时代至夏时期的陶鬲》，《中国陶鬲谱系研究》，故宫出版社，2014年。

［27］段天璟：《陕北地区龙山时代至夏时期的陶鬲》，《中国陶鬲谱系研究》，故宫出版社，2014年，第342页。

［28］段天璟：《陕北地区龙山时代至夏时期的陶鬲》，《中国陶鬲谱系研究》，故宫出版社，2014年，第342页，表五。

［29］ 戴应新：《陕西神木县石峁龙山文化遗存调查》，《考古》1977 年第 3 期。

［30］ 巩启明：《陕西新石器时代考古工作与研究》，《考古与文物》1988 年第 5、6 期；魏世刚：《论客省庄二期文化与康家类型》，《考古文物研究——纪念西北大学考古专业成立四十周年文集》，三秦出版社，1996 年。

［31］ 西安半坡博物馆：《陕西神木石峁遗址调查试掘简报》，《史前研究》1983 年第 2 期。

［32］ 张忠培：《杏花文化的侧装双錾手陶鬲》，《故宫博物院院刊》2004 年第 4 期。

［33］ 张忠培：《杏花文化的侧装双錾手陶鬲》，《故宫博物院院刊》2004 年第 4 期。

［34］ 国家文物局、山西省考古研究所、吉林大学考古学系：《晋中考古》，文物出版社，1999 年。

［35］ 段天璟：《陕北地区龙山时代至夏时期的陶鬲》，《中国陶鬲谱系研究》，故宫出版社，2014 年，第 350 页。

［36］ 段天璟：《陕北地区龙山时代至夏时期的陶鬲》，《中国陶鬲谱系研究》，故宫出版社，2014 年，第 349 页。

［37］ 吉林大学边疆考古研究中心、山西省考古研究所、忻州地区文物管理处：《忻州游邀考古》，科学出版社，2004 年。

［38］ 常兆福：《黄土高原东北部龙山时代晚期考古学文化研究——以游邀中期遗存为中心》，吉林大学硕士学位论文，2012 年。

［39］ 魏坚：《试论永兴店文化》，《文物》2000 年第 9 期。

［40］ 常兆福：《黄土高原东北部龙山时代晚期考古学文化研究——以游邀中期遗存为中心》，吉林大学硕士学位论文，2012 年。

［41］ 段天璟：《二里头文化时期的中国》，社会科学文献出版社，2014 年，第 273 页。

［42］ 内蒙古文物考古研究所：《准格尔旗白草塔遗址》，《内蒙古文物考古文集》第一辑，中国大百科全书出版社，1994 年，第 183—204 页。

［43］ 内蒙古文物考古研究所：《准格尔旗永兴店遗址》，《内蒙古文物考古文集》第一辑，中国大百科全书出版社，1994 年，第 235—245 页。

［44］ 张忠培：《朱开沟文化及其相关的问题》，《中国北方考古文集》，文物出版社，1990 年，第 209 页。

［45］ 内蒙古文物考古研究所、鄂尔多斯博物馆：《朱开沟——青铜时代早期遗址发掘报告》，文物出版社，2000 年。

［46］ 王炜林：《新华遗存及其相关问题初探》，《庆祝张忠培先生七十岁论文集》，科学出版社，2004 年，第 150 页。

［47］ 孙周勇：《新华文化述论》，《考古与文物》2005 年第 3 期。

［48］ 魏坚：《试论永兴店文化》，《文物》2009 年第 9 期，第 66 页，图二，6。

［49］ 山西省考古研究所、兴县文物旅游局：《2015 年山西兴县碧村遗址发掘简报》，《考古与文物》2016 年第 4 期。

［50］ 国家文物局、山西省考古研究所、吉林大学考古学系：《晋中考古》，文物出版社，1999 年。

［51］ 段天璟：《陕北地区龙山时代至夏时期的陶鬲》，《中国陶鬲谱系研究》，故宫出版社，2014 年，第 350 页。

［52］ 张忠培：《朱开沟文化及其相关的问题》，《中国北方考古文集》，文物出版社，1990 年。

［原载于《边疆考古研究》（第 24 辑），科学出版社，2018 年］

关于石峁遗存年代等问题的学术史观察

许　宏

围绕晋陕高原至河套一带龙山时代遗存所属文化类型的命名问题，前后有多种方案被提出[1]。我们倾向于以陕西神木石峁遗址为典型遗址的一类文化遗存，应命名为石峁文化，当然关于这一文化类型的内涵外延等问题还大有深入探讨的必要。这里仅从几个侧面管窥围绕石峁遗址和石峁文化年代等议题的研究理路及所反映的问题。

一

对石峁遗址相关遗存年代的讨论，首先是从玉器及其共存遗物和出土单位入手的。

石峁玉器的早期收集者、陕西省考古研究所戴应新在1976年石峁遗址调查简报中，指出石峁出土玉器可能"是新石器时代的遗物"，也可能"不是新石器遗物，而属殷文化"[2]。西安半坡博物馆在随后的调查试掘简报中认为出土玉器的"石棺葬的年代当晚于石峁龙山文化，而与大口第二期文化同时"。因而，"石峁遗址存在着两种不同时期的文化类型"[3]。

此后，戴应新部分订正了自己关于石峁玉器年代的认识："以前我们认为葬玉墓可能晚些，或许接近商代，但经多次调查和试掘，迄未发现晚于龙山时期的陶器，所以我们现在认为：石峁玉器和陶器都是龙山时期的"[4]。针对这一论断，有学者指出：石峁遗址出土牙璋"有的形制又接近属于夏文化的二里头遗址出土的牙璋的造型，因此是否早到龙山时代，在学术界尚无统一意见"[5]。

由上可知，关于石峁遗存的年代和文化属性问题，一直异见纷呈：这些遗存究竟同属于一种考古学文化还是"存在着两种不同时期的文化类型"？其下限是限于龙山时代的范畴还是要更晚？更晚的话，晚到何时？都是有待廓清的问题。

随着2011年开始启动的石峁城址周边区域系统调查和大规模的发掘，新的关于年代分期和文化属性的推断方案开始被提出。

首先是相对年代的推定。在石峁遗址新一轮田野工作简报中，发掘者将石峁外城东门址的年代分为早、晚两个阶段，认为"石峁城址东门址乃至石峁石城的年代当在龙山晚期至夏代早期"[6]。行文中的"夏代早期"，或表述为"夏代"或"夏时期"。

在稍后的简报中，发掘者给出了其采用的"夏纪年"始年的绝对年代数据："韩家圪旦部分竖穴土坑墓的年代当已进入夏纪年（以公元前 2070 年为准）"，同时，对整个石峁文化相对年代的推断开始采用"龙山晚期至二里头早期"的表述方式[7]。至于石峁文化具体的绝对年代数据，发掘者认为可分为两大阶段：早期遗存在公元前 2300 年至前 2100 年之间，晚期遗存在公元前 2100 年至前 1800 年之间，属"龙山时期至二里头早期阶段"[8]。

将龙山时代晚期与"夏代早期"这两个非同类项、分属考古学和文献史学范畴的概念相提并论，二者就具有了时间意义上的排他性。而后者可与"二里头早期"相替换，表明发掘者似乎不认同作为目前主流观点的"夏代"包含龙山时代晚期的论断（"二里头文化可能只是夏代中晚期的夏文化，而早期夏文化则要在河南龙山文化晚期中寻找"）[9]，而仍认同采纳只有二里头文化属于夏文化的观点[10]。

由上引简报，可知发掘者采用了夏商周断代工程给出的夏代始年的数据——公元前 2070 年，但由上引断代工程《夏商周断代工程 1996—2000 年阶段成果报告（简本）》及相关学者的提法[11]看，作为主流观点的"夏代早期"或曰"早期夏文化"是不包括二里头文化的。鉴于关于"夏时期""夏代（早期）""早期夏文化"这类狭义史学及从中衍生出的复合概念人见人殊，具有极强的不确定性或模糊性，建议在对具体考古学文化遗存的叙述中慎用为好，尤其是在罕有甚至全无早期文献关联的中原以外区域。

众所周知，关于二里头文化的绝对年代，目前的认识是约当公元前 1750 至前 1530 年。测年专家解释了这一最新年代学认识得出的过程："从上世纪（20 世纪）70 年代对二里头遗址最初的测年，历经 90 年代中期开始的夏商周断代工程、本世纪（21 世纪）初开始的中华文明探源预研究、随后的中华文明探源研究第一阶段等，碳十四测年配合考古学的深入研究使二里头文化年代的探讨逐渐深入。其所得到的年代结果也从最初由单一样品年代校正，而且其误差也相对较大的条件下得到的公元前 1900—前 1500 年的年代范围，逐步明确到二里头一期的年代为公元前 1880 年，再到目前的将二里头一期的年代上限定在不早于公元前 1750 年，显示了年代结果由模糊到相对清晰，由粗泛到细化的变化过程"[12]。

其中，作为二里头文化上限边界的新砦类遗存，经北京大学、维也纳加速器实验室和中国社会科学院考古研究所碳十四实验室三家中外机构分别测定并拟合，最终给出了"新砦早期的年代约为公元前 1870—前 1790 年，新砦晚期的年代约为公元前 1790—前 1720 年"的测定意见，"由于新砦遗址具有龙山文化晚期—新砦期—二里头文化自成序列的考古学文化分期和明确的直接地层叠压关系，而且新砦遗址龙山文化晚期是目前发现相对最晚的龙山文化，因而使所得到的新砦期的年代不会前延，也避免了后拖"[13]，可以说已成为推定二里头文化上限的一个难以移动的支点。

具体而言，二里头文化早期（第一、二期）的年代约当公元前 1750—前 1610 年，晚期（第三、四期）的年代约当公元前 1610—前 1520 年[14]（图一）。如石峁文化遗存的下限进入二里头文化早期阶段，则其绝对年代应晚至公元前 1600 年前后。

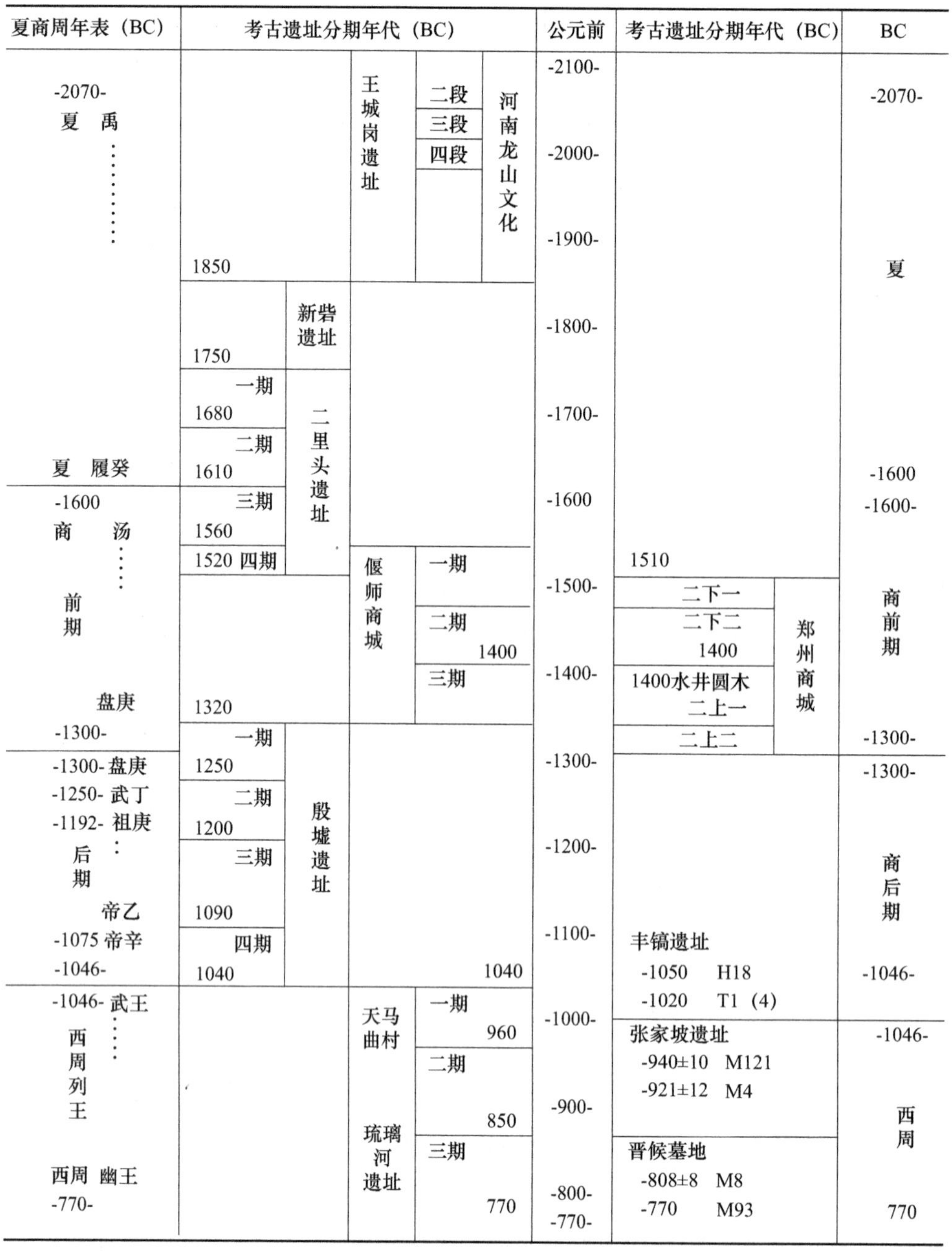

夏商周年表（BC）	考古遗址分期年代（BC）				公元前	考古遗址分期年代（BC）		BC
-2070- 夏 禹 ⋮	王城岗遗址	二段	河南龙山文化		-2100-			-2070-
		三段			-2000-			
		四段			-1900-			夏
	1850							
	新砦遗址 1750				-1800-			
	二里头遗址	一期 1680			-1700-			-1600-
夏 履癸		二期 1610						
-1600- 商 汤 ⋮		三期 1560			-1600-			-1600-
前 期		四期 1520	偃师商城	一期	-1500-	1510	郑州商城	商 前 期
				二期 1400		二下一		
						二下二 1400		
				三期	-1400-	1400水井圆木 二上一		
盘庚 1320						二上二		-1300-
-1300-	殷墟遗址	一期 1250			-1300-			-1300-
-1300-盘庚 1250 -1250-武丁 -1192-祖庚		二期 1200			-1200-			商 后 期
后 期		三期 1090						
帝乙 1090		四期			-1100-	丰镐遗址 -1050 H18 -1020 T1（4）		-1046-
-1075 帝辛 -1046- 1040		1040						
-1046-武王 ⋮	天马曲村	一期 960			-1000-	张家坡遗址 -940±10 M121 -921±12 M4		-1046-
西周列王		二期 850			-900-			西周
西周 幽王 -770-	琉璃河遗址	三期 770			-800- -770-	晋候墓地 -808±8 M8 -770 M93		770

图一　夏商西周时期 ^{14}C 测定的考古年代框架示意

（仇士华:《^{14}C 测年与中国考古年代学研究》,中国社会科学出版社,2015 年）

一

众所周知，石峁出土玉器的年代问题，一直是学界关注的焦点，迄今仍众说纷纭。而如前所述，牙璋是石峁遗址出土玉器中最具分期敏感性的器物，因而关于其年代问题的探讨，也最为热烈。

李学勤曾论及古特曼氏早年收藏的 6 件传出陕西榆林府的牙璋，指出大致属于"龙山晚期以至较后的时代"，"由这 6 件'牙璋'可知，陕北神木一带地区发现的这种玉器形态并不单纯，可能还有年代的区分，有待将来进一步探讨"[15]。但后来的研究者，大多还是将石峁遗址出土的所有牙璋，均定为"龙山文化晚期"[16]。

就石峁遗址出土的 30 件牙璋的形制而言，绝大多数属于拥有简单扉牙的所谓"龙山式"，而其中 4 件（SSY15—SSY18）在拥有复杂扉牙这一关键性特征上与二里头文化晚期的牙璋颇为近似[17]（图二）。二里头遗址目前出土的 4 件牙璋，年代均属二里头文化第三期晚段至第四期[18]。上述石峁牙璋中的一件（SSY16）扉牙上部浅刻弦纹和网格纹的装饰风格，多见于二里头文化这一时段的玉器和铜器上[19]，暗喻着具有类似形制和装饰风格的石峁文化牙璋的年代可能更晚。

图二　石峁牙璋举例

（朱乃诚：《时代巅峰　冰山一角——夏时期玉器一瞥》，《玉魂国魄——玉器·玉文化·夏代中国文明展》，浙江古籍出版社，2013 年）

关于石峁文化与二里头文化的牙璋，以往学者多认为二者具有源流关系："二里头文化的刀形端刃器和神木出土者最为接近，神木玉器中最典型的器形在二里头文化中都有发现，推测二里头文化中的这类玉器直接来自神木的玉器传统"[20]；"二里头 VM3：4 牙璋有些因素是来源于石峁龙山牙璋，但似乎两者间仍然有着空白"[21]。因为拥有复杂扉牙的牙璋最初发现于属龙山时代的石峁遗址，甚至可定名为"石峁式牙璋"[22]。如上所述，如果这类拥有复杂扉牙的牙璋的年代早不到龙山时代，那么石峁牙璋与二里头牙璋是否具有源流关系，就是值得进一步探讨的问题了。

已有学者指出神木新华遗址石峁文化祭祀坑和墓葬及其出土玉器年代的"下限在二里头文化二、三期阶段"，进而可推定石峁玉器"主体部分分属两个时期，即陶寺文化晚期（大口二期文化阶段）和其后的二里头文化新砦期至二里头文化二期阶段，即大约在公元前 2000 年至公元前 1850年以及公元前 1850 年至公元前 1610 年的两个时期"[23]。显然，在把石峁遗存区分为龙山时代晚期和二里头文化早期两大发展阶段这一点上，上述意见与发掘者是大体一致的，但在绝对年代的推定上，朱乃诚的年代框架较发掘者要晚 200 至 300 年，因此他认为石峁遗存早晚两期的年代"正当夏王朝时期，所以石峁城址是夏时期的城址"[24]。

至于采集于石峁遗址的牙璋 SSY17，长达 49 厘米；牙璋 SSY16 残长即达 34 厘米。如此体量的牙璋，不应是龙山时代"偶发性巨大化"的现象，而应置于二里头时代乃至更晚时期"常态性巨大化"的范畴[25]，其类型学发展的轨迹方显自然顺畅。而端刃呈"V"字形，曾被学者定为蜀式牙璋的特征[26]。早有学者指出"石峁遗址中也有类似的造型，它可能为石峁玉器中，年代较晚的一类，至于其绝对年代为何？则尚得日后的研究"。总体上看，"由丰富的遗物可知，石峁玉器制作的时期不会很短，又呈现了由简单原始到繁复成熟的差异"[27]。邓淑苹在近年更进一步指出，石峁出土这类牙璋的"年代应接近成都平原的三星堆文化"，进而可推论"是否石峁文化的晚期发展可延续到公元前 1500—前 1400 年"[28]。

联系到石峁遗址最近发现于石构建筑中的石雕作品，以石峁遗址为代表的石峁文化的下限问题，仍有深入探讨的必要。而最终解决上述采集品的年代问题，则要依靠考古发掘给出确切的层位关系和关键性的器物组合信息。

三

对石峁遗址相关诸遗存的空间分布认定，也有一个认识的过程。

戴应新在1976年的调查中首次给石峁遗址划定了一个大致的范围，可知原认为的石峁遗址龙山文化遗存仅包括"峁顶"（后来所知的"皇城台"）周围一个并不大的区域[29]。西安半坡博物馆的调查试掘简报推测遗址面积约5万平方米[30]。而据1998年出版的《中国文物地图集·陕西分册》，当时被列为陕西省重点文物保护单位的龙山时代的石峁遗址，"面积约90万平方米"[31]。

在稍后的综述性文章中，戴应新叙述道，遗址"东西长一千米"，"战国秦长城顺着山梁自东徂西经遗址西南部而过"[32]，"遗址南部有一道石片堆砌的城墙，自东往西直抵高家堡东山头，覆压在一些龙山遗迹之上。我当时误以为是秦长城的一部分，将其写入报告中。近年发掘证明，这原是与遗址同时的石峁城址所在"[33]。

关于石峁城址所在地的"高家堡镇秦长城遗址"，《中国文物地图集·陕西分册》上立专条加以介绍："东北至西南走向，起至牛沙塌，经石峁北村、石峁南村至王家山止，全长约4千米。现存有断续石墙，其构筑方法为挖土成壕再填土夯实，其上以石条砌墙。其中石峁北村段……城墙内侧有障城1座，长约50米，宽15米。石峁南村段条石间以石灰灌缝，墙下叠压有龙山文化的白灰面。城墙外侧有方形障城1座，边长22米；北墙辟门，南面有石阶通达城墙上。水磨沟渠段……墙体以石条砌筑。黑大王至王家山段墙体已坍塌成乱石"[34]。

鉴于石峁城址范围内及近旁没有更晚的同类石构建筑发现，上述所谓"秦长城遗址"，应即已被确认的石峁城址。如是，"石片堆砌的城墙……覆压在一些龙山遗迹之上"，"石峁南村段……墙下叠压有龙山文化的白灰面"所透露的层位关系就是判定城址年代极为重要的线索。但在最新的调查与发掘报告中，都还没有给出这方面的确切信息。

近来，关于石峁遗址石构建筑中出土精美石雕的报道引人注目："本年度发现的三十余件石雕作品集中出土于（皇城台）大台基南护墙墙体的倒塌石块内，有一些还镶嵌在南护墙墙面上。这些石雕绝大多数为雕刻于石块一面的单面雕刻，以减地浮雕为主，雕刻内容可分为符号、人面、神面、动物、神兽等，有一些画面长度近3米，以中心正脸的神面为中心，两侧对称雕出动物和侧脸人面，体现出成熟的艺术构思和精湛的雕刻技艺。""从使用背景观察，这些石雕可能来自其他更早的高等级建筑，系'旧物新用'，在修砌大台基时嵌入南护墙"[35]（图三）。

发掘者肯定了这些石雕的"旧物新用"。众所周知，考古学上可判定的"旧物新用"只能是时序上的早晚，如无其他确切的旁证，是无法判断旧、新二物

图三　石峁皇城台大台基南护墙出土石雕
（采自《中国文物报》2019年1月11日）

的具体时间差的。如是，旧、新二物的时间关系就存在两种可能性：一是大致同时（在考古学能够分辨出的同一期段内，或仅有工序上的先后之别）；二是存在跨时段的、较明显的时间差。但按上引报道，发掘者对石峁石构建筑中石雕"旧物新用"的年代判断仅采用了第一种也即大致同时的可能性："目前看来，这些石雕与4000多年前石峁先民砌筑石墙时放置玉器、起修建筑时以人头奠基的精神内涵相同，代表了石峁先民对皇城台大台基的精神寄托。"其实，无论墙内的石雕还是玉器，都无法完全排除与石构建筑存在相当的时间差的可能。

诚如王仁湘指出的那样，"带有雕刻画面的石块，它们并没有按应当有的规律出现在墙面上，若干件石雕的排列具有很大的随意性，甚至还有画面倒置现象。尤其是神面雕像也被倒置，也都并不是垒砌在视线可能的优选位置。"所以"石雕并非为它所在墙体特置的构件，应是由它处拆解搬运而来，而不是原生位置状态。由于石雕多表现的是神灵雕像，是应当慎重处置的艺术品，可是却并没有受到敬重，却被随意处置，这说明它们也许是前代的神灵，与石峁主体遗存无干。如此将石雕神面杂置甚至倒置，似乎还表达出一种仇视心态。""这个存在过的高度发达的文化复合体，呈现出被彻底摧毁的状态。也即是说，它与石峁主体遗存之间，可能存在一段时间差……它体现了异文化的对抗"[36]。

显然，王仁湘倾向"与石峁主体遗存无干"的皇城台等相关石构建筑与以精美石雕为代表的石峁主体遗存间显现的背后人群的"仇视心态"，认为"它体现了异文化的对抗"。其实，另外的一种可能性似也不能被完全排除：它显现的是相当的时间差下由失忆而带来的隔膜和无感？

无论如何，如果石雕所代表的"神庙"遗存属于石峁文化的主体，那么皇城台等石峁遗址石构建筑就应该是"非石峁"的。也即，目前所知的石峁遗存，至少是两个不同的人类群团的遗存。它们在时间上有先后，而文化性质相异。但既有的以陶器为中心的考古学文化研究表明，"石峁遗址的早、晚段不存在文化性质的差异，即使个别器物略有早晚之分，也属于同一文化内部不同发展阶段的区别，属于同一个人类共同体产生的物质遗存，具备了一定的质的稳定性"[37]。另有学者认为，"这个城址目前看来龙山和夏时期是延续的，但是这两个文化还不能肯定是同一谱系文化的两个发展阶段，很有可能是不同谱系的文化。两者之间是否有承继关系，将来还要进一步探索"[38]。由是可以想到的是，作为考古学文化研究的主体、具有极强"民间性"的陶器文化面貌，究竟在多大程度上反映了当时人类群团的实态，是应当引起学界深入思考的问题。

要之，到目前为止，我们还排除不了任何假说所代表的可能性。与石峁遗存年代相关的诸问题的解决，仍有赖于进一步的田野工作和研究进展。我们期待更为丰富翔实的石峁遗存考古材料的刊布，相信对石峁遗址与石峁文化乃至东亚大陆早期文明史的认识也将不断得到深化。

注　释

［1］ 张宏彦、孙周勇：《石峁遗存试析》，《考古与文物》2002年第1期；韩建业：《中国北方地区新石器时代文化研究》，文物出版社，2003年。

［2］［29］ 戴应新：《陕西神木县石峁龙山文化遗址调查》，《考古》1977年第3期。

［3］ 西安半坡博物馆：《陕西神木石峁遗址调查试掘简报》，《史前研究》1983年第2期。

［4］ 戴应新：《陕西神木县石峁龙山文化玉器》，《考古与文物》1988年第5、6期。

［5］ 李伯谦：《香港南丫岛出土的牙璋的时代和意义》，《南中国及邻近地区古文化研究》，香港中文大学出版社，1994 年。

［6］ 陕西省考古研究院、榆林市文物考古勘探工作队、神木县文体局：《陕西神木县石峁遗址》，《考古》2013 年第 7 期。

［7］ 陕西省考古研究院、榆林市文物考古勘探工作队、神木县文体广电局：《陕西神木县石峁遗址韩家圪旦地点发掘简报》，《考古与文物》2016 年第 4 期。

［8］ 孙周勇：《公元前第三千纪北方地区社会复杂化过程考察——以榆林地区考古资料为中心》，《考古与文物》2016 年第 4 期。

［9］ 夏商周断代工程专家组：《夏商周断代工程 1996—2000 年阶段成果报告（简本）》，世界图书出版公司，2000 年，第 77—80 页。

［10］ 邹衡：《试论夏文化》，《夏商周考古学论文集》，文物出版社，1980 年。

［11］ 李伯谦：《关于早期夏文化——从夏商周王朝更迭与考古学文化变迁的关系谈起》，《中原文物》2000 年第 1 期；方燕明：《夏商周断代工程中的早期夏文化研究》，《中原文物》2001 年第 2 期。

［12］ 中国社会科学院考古研究所：《二里头（1999—2006）》第七章"碳十四测年研究"，文物出版社，2014 年，第 1215—1238 页。

［13］ 张雪莲、仇士华、蔡莲珍、薄官成、王金霞、钟建：《新砦—二里头—二里冈文化考古年代序列的建立与完善》，《考古》2007 年第 8 期。

［14］ 仇士华：《^{14}C 测年与中国考古年代学研究》，中国社会科学出版社，2015 年，图 5-4。

［15］ 李学勤：《论香港大湾新出牙璋及有关问题》，《南方文物》1992 年第 1 期。

［16］ 古方主编：《中国出土玉器全集·陕西》，科学出版社，2005 年，第 17—19 页。

［17］ 戴应新：《陕西神木县石峁龙山文化玉器》，《考古与文物》1988 年第 5、6 期；戴应新：《神木石峁龙山文化玉器探索（一—六）》，《故宫文物月刊》第 125—130 期，1993、1994 年。

［18］ 中国社会科学院考古研究所二里头队：《1980 年秋河南偃师二里头遗址发掘简报》，《考古》1983 年第 3 期；中国社会科学院考古研究所：《偃师二里头（1959 年—1978 年考古发掘报告）》，中国大百科全书出版社，1999 年，第 250、341、342 页。

［19］ 许宏、赵海涛：《二里头遗址文化分期再检讨——以出土铜、玉礼器的墓葬为中心》，《南方文物》2010 年第 3 期。

［20］ 张长寿：《论神木石峁出土的刀形端刃玉器》，《南中国及邻近地区古文化研究》. 香港中文大学出版社，1994 年。

［21］ 邓聪、王方：《二里头牙璋（VM3：4）在南中国的波及——中国早期国家政治制度起源和扩散》，《中国国家博物馆馆刊》2015 年第 5 期。

［22］ 邓聪：《牙璋在中国西北的扩散——甘肃牙璋》，《华夏文明》2017 年第 12 期。

［23］［24］ 朱乃诚：《时代巅峰　冰山一角——夏时期玉器一瞥》，《玉魂国魄——玉器·玉文化·夏代中国文明展》，浙江古籍出版社，2013 年。

［25］ 邓聪主编：《牙璋与国家起源：牙璋图录及论集》，科学出版社，2018 年，图五。

［26］ 杨建芳：《早期蜀国玉雕初探——商代方国玉器研究之一》，《故宫文物月刊》第 120 期，1993 年。

［27］ 邓淑苹：《"牙璋"研究》，《南中国及邻近地区古文化研究》，香港中文大学出版社，1994 年。

［28］ 邓淑苹：《交融与创新——夏时期晋陕高原玉器文化的特殊性》，《夏商时期玉文化国际学术研讨会论文集》，科学出版社，2018 年。

［30］ 西安半坡博物馆：《陕西神木石峁遗址调查试掘简报》，《史前研究》1983 年第 2 期。

［31］ 国家文物局主编：《中国文物地图集·陕西分册》，"神木县·石峁遗址"条，西安地图出版社，1998 年，第 631 页。

［32］ 戴应新：《神木石峁龙山文化玉器探索（一）》，《故宫文物月刊》1993 年第 125 期。

［33］ 戴应新：《回忆石峁遗址的发现与石峁玉器》，《收藏界》2014 年第 5 期。

［34］ 国家文物局主编：《中国文物地图集·陕西分册》，"神木县·高家堡镇秦长城遗址"条，西安地图出版社，1998 年，第 637 页。

［35］ 陕西省考古研究院、榆林市文物考古勘探工作队、神木市石峁遗址管理处：《陕西神木石峁遗址皇城台地点考古取得重要收获》，《中国文物报》2019 年 1 月 11 日。

［36］ 微信公众号"器晤"：石峁石雕｜远古神庙的踪影，2018 年 12 月 30 日，https://www.sohu.com/a/285615606_503007?sec=wd.

［37］ 张宏彦、孙周勇：《石峁遗存试析》，《考古与文物》2002 年第 1 期。

［38］ 《考古与文物》编辑部：《神木石峁遗址座谈会纪要·张忠培发言》，《考古与文物》2013 年第 3 期。

（原载于《中原文物》2019 年第 1 期）

初论陕北地区龙山前期遗存

邵 晶

以空三足陶器——斝的出现为黄河流域龙山时代来临之标志的观点[1]在陕北地区同样适用。近年来一批新发现和新资料促使陕北地区龙山时代考古学遗存的相关研究不断向前推进。现有材料表明，陕北地区龙山时代考古学遗存以典型双鋬鬲的出现为标志，可分为前、后相继的两个时期，前期处于"有斝无鬲"阶段，后期以双鋬鬲为最典型陶器。其中，已经有学者将陕北地区龙山时代后期遗存归入"石峁文化"[2]的范畴，陕北地区龙山时代前期考古学遗存的研究也很有必要。本文即是对陕北地区龙山时代前期考古学遗存的初步讨论。

一、陕北地区龙山前期遗存的发现和整合

庙梁遗址位于榆林市靖边县杨桥畔镇杨二村东南，西距靖边县城约 20 千米，核心区域面积不小于 20 万平方米，处在东流芦河南岸的山前坡地地带，南依白于山北麓、北望芦河谷道，遗址所在区域地势高阜、黄土丰厚、水源充足。2017 年，配合蒙西——华中运煤铁路建设进行发掘，清理了仰韶文化晚期和龙山时代的考古学遗存，其中，龙山时代遗存非常丰富，又可分为前、后两个阶段。综合分析显示：靖边庙梁遗址龙山时代后段遗存当属石峁文化早期发展阶段，庙梁遗址龙山时代前段遗存应是"有斝无鬲"阶段的龙山时代前期遗存，属于该时期的遗迹有房址、灰坑（储藏坑）、墓葬等，遗物包括陶、石、骨等各类器物，出土陶器以灰陶为主，多饰绳纹和篮纹，器形主要有单把斝、直口圜底瓮、喇叭口圆折肩平底瓶、折腹盆、细柄豆、矮领鼓腹罐、带耳罐、带耳杯等，遗迹遗物丰富、陶器组合典型（图一），为陕北地区龙山时代前期考古的重要发现。

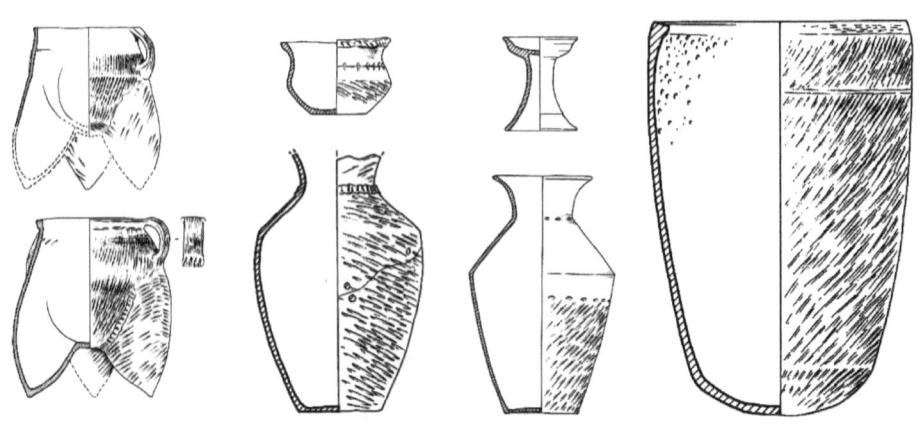

图一　庙梁遗址出土典型龙山前期陶器组合

近年来，随着考古资料的逐步披露和考古工作的不断开展，陕北地区与庙梁遗存近似或相关的龙山时代前期考古学遗存在横山瓦窑渠寨山遗址[3]以及横山贾大峁、庙梁、圆疙瘩、大阳洼、红梁等遗址[4]中都有不同程度的发现。其中，瓦窑渠寨山（图二）和贾大峁遗址（图三）发表或披露的陶器组合材料最为典型。另外，府谷郑则峁[5]、吴堡关胡疙瘩[6]、靖边五庄果墚[7]等遗址也公布了少量典型的龙山时代前期陶斝材料。

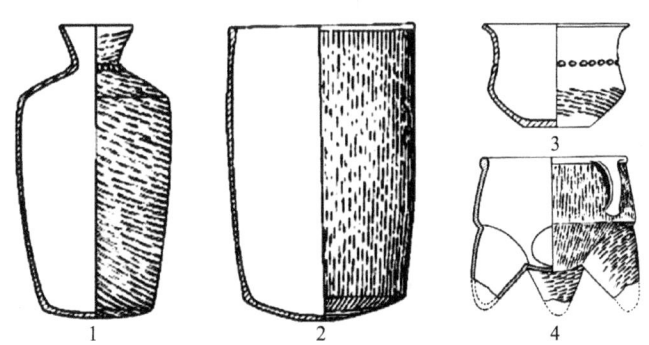

图二　瓦窑渠寨山遗址 F3 出土典型陶器组合[8]

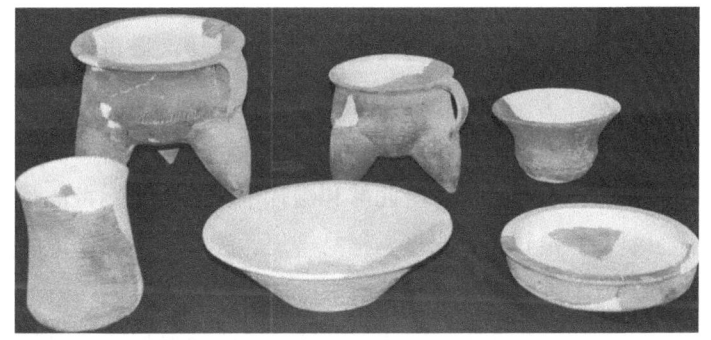

图三　贾大峁遗址出土典型陶器

瓦窑渠寨山遗址位于榆林市横山县魏家楼镇瓦窑渠村西，名曰"寨山"的黄土梁峁上，在无定河一级支流大理河与其支流马邑河的交汇处，遗址所在山势陡峭，一面环沟、两面临水，仅西北部与它山连接，周边发现有石砌墙垣。2004 年考古工作表明，瓦窑渠寨山遗址面积近 2 万平方米，发现有石砌城墙多处，主要保留在寨山山峁东、北部的断崖上，发现长度约 100、暴露高度 1—2 米。综合分析，笔者认为瓦窑渠寨山遗址应为一处龙山时代石城聚落[9]。发掘的遗迹均为房址，主要为以窑洞为主体的复合式建筑，其中 F3 公布的陶器组合包括单把斝、直口圜底瓮、喇叭口圆折肩浅圜底瓶、折腹盆等。

贾大峁遗址[10]位于榆林市横山县横山镇贾大峁村，处于两沟之间的黄土山梁上，西距流芦河约 1 千米，面积在 100 万平方米以上。2016 年，清理的主要遗迹包括：房址 9 座、灰坑 46 座、窑址 3 座、墓葬 2 座。房址多为半地穴式，少量为窑洞式；灰坑多为圆形袋状；墓葬为竖穴土坑单人墓，墓主仰身直肢。出土陶器以灰陶为主，器形主要有单把斝、直口圜底瓮、喇叭口浅圜底瓶、折腹盆、罐、杯、盘、钵等。

郑则峁遗址位于榆林市府谷县高石崖乡温李河村西，坐落在黄河二级支流木瓜川与其支流温李河交汇处的黄土梁峁上。为配合陕西神木县至山西朔县铁路建设，1992 年进行了首次发掘。发现了一批仰韶文化晚期和龙山时代遗存，其中以仰韶文化晚期和龙山时代后期遗存为主，龙山时代前期遗存较少，比较明确的发现是在 T59 第 4 层内出土了斝足。

关胡疙瘩遗址位于吴堡县宋家川镇王家川村，由前后相连的 4 座山梁组成，面积约 10 万平方米。遗址南邻黄河，东西两侧临沟，仅北端与它山相连，此处发现两道平行石墙，将遗址与它山隔开。石墙残存最长约 300 米，保存最高处约 4 米，建造方式两种，一为堑山而建的护坡形式，一为地面起建的独立墙体。遗址内发现房址 40 余座，以组或排为单位分布于 4 座山梁上，可分为半地穴式、窑洞式和复合式，房屋主室多以白灰涂抹地面和墙裙，庭院多以石板砌墙或铺设地面。出土陶器主要有单耳釜形斝、高柄豆、单耳罐等。

五庄果墚遗址位于靖边县黄嵩界乡小界村西北部沙地中的山峁上，面积在 30 万平方米以上。1996 年，进行了小规模的试掘；2001 年的发掘，发现了一批仰韶时代晚期至龙山时代早期的遗存，披露的龙山时代前期陶器主要为以单把斝和单耳罐为代表的器形组合。

二、陕北地区龙山前期遗存的时空框架

行政区划意义上的陕北地区包括陕西省延安市和榆林市，该区域自北向南依次由毛乌素沙地和黄土高原伴生地带、黄土高原、子午岭－黄龙山山地、渭北黄土台塬等主要地貌构成。其中，延安中南部地区，西为子午岭、东是黄龙山，形成主体地形骨架，中间谷地向南与渭北黄土台塬连成一片，整个地势大致呈展翼蝶状，该区域与延安北部和榆林市在地貌单元特征和考古学文化面貌特别是龙山时代考古学文化面貌上的差异非常明显、很易辨识，故此，本文所说的陕北地区不包括子午岭－黄龙山山地、渭北台塬为主要地貌的延安中南部区域，主要指以毛乌素沙地和黄土高原为最具标识性和最主要地貌单元的榆林市全部和延安北部区域，可以理解为考古学意义上的陕北地区。

地貌方面，大致以定边－靖边－横山－榆林－神木县城一线为分界，陕北地区西北部主要为毛乌素沙地，东部沿黄河区域及南部白于山区域为典型黄土高原地带。河流方面，陕北地区黄河一级支流较丰，多为西北—东南流向，自北向南主要有黄甫川、清水川、孤山川、石马川、窟野河、秃尾河、佳芦河、无定河，尤以无定河干流最长、支流最多、流域面积最广，西历毛乌素沙地，东贯黄土高原。另外，无定河支流——芦河，其上游东流段南为黄土高原，北为毛乌素沙地，是两种地貌的自然分界线。值得说明的是，芦河应为《水经注》中所载"走马水"，可能与《后汉书·地理志》中黄帝葬地桥山有"坐标"关系[11]，自古至今都是陕北地区的一条重要河流。目前，陕北地区龙山时代前期考古学遗存主要发现于芦河两岸及同为无定河支流的大理河流域，都处在陕北地区南部，至于其是否覆盖整个陕北地区，由于目前材料限囿难有肯定之说，但分布区域既已包含了毛乌素沙地和黄土高原两种主要地貌，陕北地区南部龙山时代前期考古学遗存覆盖整个陕北地区的可能性也是有的。

随着近年来发掘材料的不断积累和已有资料的深入研究，陕北地区龙山时代考古学遗存的发展序列越来越清晰：以空三足陶器——斝的出现为主要标志，陕北地区进入考古学年代上的龙山时代；以典型双鋬鬲的出现为重要节点，陕北地区龙山时代考古学文化遗存可以分为相互衔接的前、后两期。其中，龙山时代后期及其衔接的夏代早期考古学文化我们拟命名为"石峁文化"[12]。龙山时代前期以各类灰陶占绝对优势；确立了以单把斝为代表的空三足陶器体系，但还不见典型双鋬鬲；喇叭口平底瓶或浅圜底瓶取代尖底瓶，但偶尔还能见到极度退化的"类尖底瓶"——浅圜底带圆饼或凸钮的喇叭口瓶。目前材料虽难称非常丰富，但典型的陶器组合可明确将榆林地区龙山时代前期考古学遗存分为两组，即以寨山和贾大峁陶器组合（以下简称"寨山组"）为第一组，以庙梁陶器组合（以下简称"庙梁组"）为第二组。寨山组单把斝器身与三足的分接特征更为清楚、器身腹部折棱非常明显，喇叭口瓶仍多圜底，直口圜底瓮均直筒状；庙梁组单把斝器身与三足渐趋"整合"，喇叭口瓶多为平底，直口圜底瓮出现"口大底小"者。以上简要比对分析不难看出，以典型陶器的发展演变规律为依据，寨山组当早于庙梁组。实际上，寨山组和庙梁组陶器是目前陕北地区龙山时代前期考古学遗存的主要陶器内涵，寨山组陶器代表陕北地区龙山时代前期较早阶段考古学遗存，庙梁组陶器代表陕北地区龙山时代前期较晚阶段考古学遗存。诚然，随着发掘资料的不断丰富和积累，陕北地区龙山时代前期考古学遗存的分期将愈发细化。

三、陕北地区龙山前期遗存的文化命名和主要内涵

文行于此，不得不面对的是陕北地区龙山时代前期考古学文化的命名问题。虽然目前经过系统发掘的遗址还未有能将寨山组和庙梁组陶器全部涵盖，用以陕北地区龙山时代前期考古学文化命名的，但至少现在可以提出"寨山遗存"和"庙梁遗存"的暂称，分别代表陕北地区龙山时代前期考古学遗存的早、晚两个发展阶段。

遗迹方面，陕北地区龙山时代前期考古学遗存发掘的遗迹现象主要是房址、灰坑、墓葬和窑址。房址流行在梁峁坡地上掏挖的窑洞或地穴式建筑，囿于土质疏松，有些窑洞内壁还采用了以石墙加固的形式保证房址的稳定性，室内常见白灰地面和墙裙，灶址有灶坑、地面灶和壁灶等形式；灰坑常见圆形筒状或袋状，多分布于房址周边，其作为窖穴使用的储藏功能较为突出；墓葬材料较少，主要发现于靖边庙梁和横山贾大峁遗址中，均为小型竖穴土坑单人葬，仰身直肢；窑址一般体量不大，上下式结构，火塘位于窑室前下方，多集中发现，处整个遗址较低处，应是邻近水源的选址考虑。

遗物方面，陕北地区龙山时代前期考古学遗存陶器组合稳定，以单把斝、直口圜底瓮、喇叭口圆折肩瓶、细柄豆、折腹盆等为常见的典型陶器。单把斝流行宽单把"盆形斝"或"罐形斝"，器身与三足分接而成，器身上部一般为直口或侈口盆形或罐形，饰竖向绳纹，下接三空足，饰横向篮纹，裆部能观察到明显的附加泥条等衔接工艺；直口圜底瓮直口、筒形、浅圜底状，底部内壁"旋扭"清晰；流行喇叭口圆（折）肩平（浅圜）底瓶；豆柄细长、豆盘较浅；折腹盆多见侈口、中折腹者。整体来看，陕北地区龙山时代前期陶器已完全脱离了仰韶文化时期的"尖底瓶体系"，确立了陶器的"空三足器体系"，并逐步彰显"由斝变鬲"的发展趋势。

四、陕北地区龙山前期考古学遗存与石峁文化的关系

相关研究指出，石峁文化是河套东部区域龙山时代后期至夏代早期的最主要考古学文化，以陕

西北部、内蒙古中南部、山西中北部的"黄河连片区域"为核心分布区。陶器方面，石峁文化以双鋬鬲为代表器物；聚落形态方面，石峁文化流行石城。

随着考古资料的不断发现和积累，关于陕北地区龙山时代前期考古学遗存内涵和外延的研究必将不断深入，但不可否认的是，寨山遗存上接仰韶文化末期"尖底瓶陶器体系"，庙梁遗存下启石峁文化"双鋬鬲陶器体系"。石峁文化陶器基本继承了陕北地区龙山时代前期考古学遗存特别是庙梁遗存以单把斝与圜底瓮、喇叭口瓶、细柄豆等为基本组合的陶器体系，出现了双鋬鬲和三足瓮、喇叭口瓶、细柄豆等常见陶器组合。换言之，本文论述的陕北地区龙山时代前期考古学遗存特别是其后段——庙梁遗存陶器组合与石峁文化陶器的"传承"关系清晰，庙梁遗存陶器传统是石峁文化陶器组合的主要来源，石峁文化主要继承了庙梁遗存的陶器文化因素。

聚落形态方面，石峁文化最典型的特征是大量石城的涌现。从目前的考古发现来看，早在仰韶文化末期，石峁文化核心分布范围内就出现了早期石城聚落。陕西吴堡后寨子峁遗址[13]和内蒙古准格尔旗小沙湾遗址[14]（图四）的发掘材料表明，仰韶文化末期即已出现了以石砌墙垣为主要标志的筑城传统，但应属石城聚落的"滥觞阶段"，一般只在山峁与外界相连处砌筑石墙，这些山峁三面临沟，加之石墙分隔，形成独立、封闭的城内空间。及至本文述及的龙山时代前期，陕北地区石城聚落逐步兴起，数量大幅增加，横山瓦窑渠寨山遗址和大理河流域调查试掘的横山拓家峁寨山遗址、金山寨遗址，子洲老山峁遗址等石城聚落[15]的形态表明，龙山时代前期延续仰韶文化末期石城选址的基本特点，石城多建在三面临沟的山峁上，仅一侧与外相连。不同的是，与仰韶文化末期相比，这一阶段的石城除与外界以石墙相隔外，还在山峁周壁堑削土崖、包砌石构护墙，更加突出聚落的防御功能。从目前情况分析，陕北地区龙山时代前期可视为石城聚落的"发展期"，为石峁文化时期石城聚落数量的急剧膨胀、等级的明显分化奠定了坚实的基础。至石峁文化时期，包括陕北地区在内的河套东部地区出现了以石城聚落为显著特征的早期国家形态。

综上所述，陕北地区龙山时代前期考古学遗存是石峁文化的重要来源，是石峁文化开启早期国家起源进程的重要铺垫。

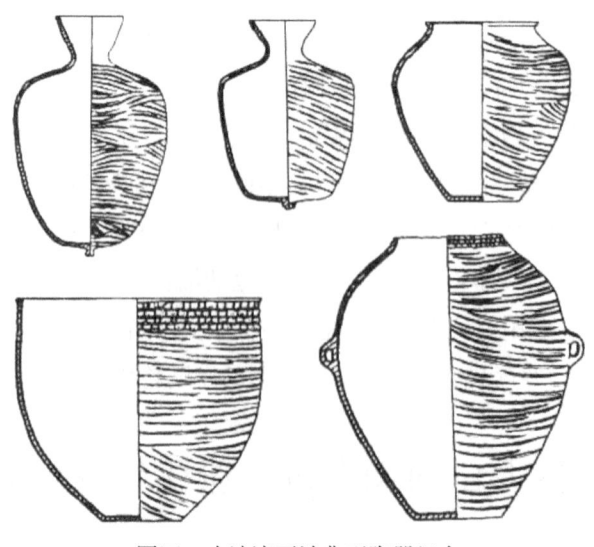

图四　小沙湾石城典型陶器组合

文末需要说明的是，本文论述的陕北地区龙山时代前期考古学遗存（寨山遗存和庙梁遗存）中所见陶斝主要为单把盆形斝和单把罐形斝，文初列举的郑则峁、五庄果墚、关胡疙瘩遗址所见的釜形斝（图五）与之存在较为明显的差异。其中原因如何，尚待更多的材料来讨论。但目前看来，中原地区龙山时代早期陶斝以釜形斝为主要特征，郑则峁、五庄果墚、关胡疙瘩遗址所见釜形斝或许正是陕北地区龙山时代前期考古学遗存与中原地区龙山时代早期考古学文化交流互动的重要实物材料。

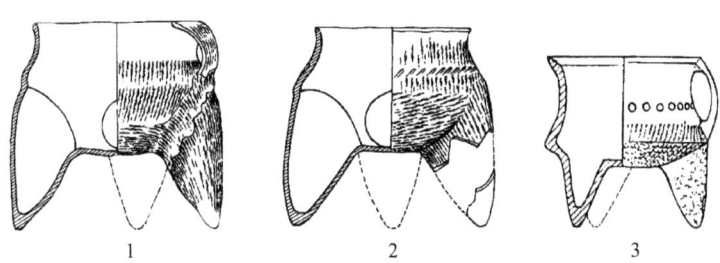

图五　关胡疙瘩遗址和五庄果墚遗址出土陶斝
1、2. 关胡疙瘩　3. 五庄果墚

注　释

［1］张忠培：《试论黄河流域空三足器的兴起》，《华夏考古》1997年第1期。

［2］孙周勇、邵晶、邸楠：《初论石峁文化》，待刊。

［3］陕西省考古研究院、榆林市文物保护研究所：《陕西横山县瓦窑渠寨山遗址发掘简报》，《考古与文物》2009年第5期。

［4］陕西省考古研究院史前考古研究室：《陕西史前考古的新发现与研究进展》，《考古与文物》2018年第5期。

［5］陕西省考古研究所陕北考古队，榆林地区文管会：《陕西府谷县郑则峁遗址发掘简报》，《考古与文物》2000年第6期。

［6］a. 王炜林，马明志：《陕北新石器时代石城聚落的发现与初步研究》，《中国社会科学院古代文明研究中心通讯，2006年第11期；b. 马明志：《中国北方地带史前至夏商时期陶鬲的谱系源流》，西北大学硕士学位论文，2013年。

［7］史君：《陕西靖边五庄果墚遗址新石器时代遗存研究》，西北大学硕士学位论文，2012年。

［8］此图中的单把斝是简报中F3发表的斝，今查实物，简报线图有误，故以此线图为准。

［9］简报中未明确说明，遗址为石城聚落系笔者实地调查的初步认识。

［10］陕西省考古研究院发掘资料。

［11］邵晶：《〈水经注〉中黄帝桥山考》，《文博》2018年第1期。

［12］同［2］。

［13］同［6］a。

［14］内蒙古文物考古研究所：《准格尔旗小沙湾遗址及石棺墓地》，《内蒙古文物考古文集》第一辑，大百科全书出版社，1994年。

［15］同［6］a。

（原载于《考古与文物》2019年第4期）

石峁遗址的考古发现与研究综述

孙周勇　邵　晶　邸　楠

石峁遗址位于陕西榆林神木市（县级市）高家堡镇，地处黄土高原北端的黄河西岸，毛乌素沙漠东南缘。^{14}C 系列测年及考古学系列证据表明，石峁城址初建于公元前 2300 年前后，废弃于公元前 1800 年前后，面积 400 万平方米以上，是中国已知规模最大的龙山时代晚期城址，被誉为"石破天惊"的重要的考古发现[1]。石峁城址的发现引发了学术界关于中国文明起源与形成过程多元性的再反思，对于探索早期国家的形成具有重要启示意义。

本文回顾了石峁遗址的发现历史及考古调查、发掘收获，对研究进展及取得的成果进行了述评，重申了考古发掘、文物保护与展示利用三结合的大遗址工作模式，以期反思不足，进一步推动石峁考古及文物保护工作走向深入。

一、发现历史

石峁遗址因大量流散于海内外一些文博机构的玉器而闻名。1929 年，时任科隆远东美术馆代表的美籍德国人萨尔蒙尼（A. Salmony）曾在北京目睹来自榆林的农民求售牙璋等玉器 42 件，其中最大的一件长 53.4 厘米的墨玉质"刀形端刃器"，经萨氏之手为德国科隆远东美术馆收藏[2]。近年来的文物普查及调查发掘资料显示，榆林境内仅石峁遗址发现牙璋类玉器，有学者据此认定早年（20 世纪二三十年代）流散欧美的一批墨玉牙璋源自榆林神木。据称大英博物馆、哈佛大学赛克勒博物馆、波士顿美术馆、芝加哥美术馆、白鹤美术馆、伦敦大学亚非学院等机构都收藏有出土于石峁遗址的牙璋或风格类似的器物[3]。数量庞大、器类独特、玉质迥然的石峁玉器成为了世界范围内文物收藏家和玉器研究者关注的焦点。

考古学者首次关注到石峁遗址是在 1958 年。时年，陕西省开展第一次全国文物普查，"石峁山遗址"（即今石峁遗址）首次被考古工作者记录。根据对调查信息及采集陶片等标本分析，调查队认为在石峁、雷家墕大队一带有一处新石器时代龙山文化遗址，遗址东西约四华里、南北约六华里，包括三套城，以位于石峁大队皇城台高地的"头套城"最为清晰。报告建议农业社负责保护，并请求文化主管部门勘察。当年正值"大跃进"运动蓬勃开展，关于石峁遗址调查的相关信息遗失殆尽[4]，遗址保护等建议亦未引起重视。

1963 年，陕西省考古研究所联合西北大学共同在陕北榆林、神木、府谷等地的长城沿线调查时踏查并再次记录了"石峁山遗址"，判定为龙山文化遗存，面积约 10 万平方米[5]。

1975 年冬，陕西省考古研究所戴应新在神木县高家堡公社前后四次共征集到玉器 127 件。当时文化站负责干部段海田称自 1966 年起至 1975 年的 10 年间经他收集的玉器最少有 1500 件。戴氏将征集的玉器进行分类研究，刊出后引起很大反响[6]。戴氏认为石峁陶器的年代接近于客省庄第二期文化，亦即陕西龙山文化，而玉器存在两种可能，一种是与陶器属于同一文化遗存，另一种可能是属于殷文化。其后，戴氏将这批玉器的年代进行了重新修订，认为玉器与陶器都为龙山时代遗存[7]。

1981 年，中国社会科学研究院考古研究所张长寿来到石峁遗址进行调查，亲见当地村民收藏的牙璋、刀、璧、璜、斧、钺等玉器，并征集了其中 3 件[8]。同年，西安半坡博物馆对石峁遗址进行了试掘，发现房址、灰坑、石棺葬、瓮棺葬等遗迹，出土器物以陶器为主，采集器物包括玉、石、骨、陶器等类。发掘者认为，石峁遗址存在两种不同时期的文化类型，早段与客省庄二期文化同时，晚段与内蒙古大口二期文化同时，而石棺葬中出土的玉器当属于后段[9]。此次发掘对明确石峁遗址的文化内涵与性质起到了重要作用，然而关于遗址规模、性质及玉器埋藏环境等问题仍然没有得到解决。

1986 年，陕西省考古研究所吕智荣在神府煤田考古工作时对石峁遗址进行了调查，采集到陶器残片、磨制石器、打制石器和细石器共 40 余件，并征集到个别玉器。吕氏提出，石峁先民的经济生产以农业为主，大量细石器的发现又表明他们还存在着相当发达的牧猎经济[10]。

1992 年，石峁遗址被陕西省人民政府公布为省级重点文物保护单位。此后，陕西省考古研究院、榆林市文物保护研究所、神木县文体局等多家单位先后不下数十次对石峁遗址进行调查，征集了一些具有龙山时代特征的陶器、玉器及大量细石器等遗物。2006 年，石峁遗址被国务院公布为第六批全国重点文物保护单位。

2009 年，上海大学罗宏才对石峁遗址进行了调查，采集到石人头雕像 1 件，并对当地村民、榆林地区收藏家进行了走访，见到了 20 余件造型独特的石雕或石人头雕像[11]。调查者认为石峁雕像具有浓郁的地域性质，虽属于河套地区范围内，但却与河南、关中、陇东及更远的川鄂苏地区的商时期文化有着密切联系，是石峁巫觋集团的存在和社会宗教文化的反映，对探讨华夏民族的融合历史、族源、族属等问题提供了形象标尺与民族学研究参照系。

2010 年，神木县文体局向陕西省文物局报告，石峁遗址发现了大量玉器、陶器等文物，被当地文物收藏家收藏。2011 年 4 月，神木县文体局专文呈报陕西省文物局，请求对石峁遗址开展考古发掘。陕西省考古研究院随即派人考察，目验了一批收藏于神木当地及榆林市的龙山晚期重要文物，尤以玉器令人瞩目，特别是金玉合璧的铜齿环类器物（图一）。这批数量庞大的龙山晚期文物据传出自石峁遗址。陕西省考古研究院高度重视，随即上报陕西省文物局和国家文物局，请求立项并给予支持。2011 年，石峁考古调查工作全面启动。2012 年，石峁考古发掘获得国家文物局批准。

发掘工作启动九年来，石峁考古调查与发掘取得了"石破天惊"式的重要收获。与此同时，石峁遗址的综合研究、文物保护、展示利用及遗址公园建设等工作也取得了重要进展。

图一　据传发现于石峁遗址的铜环和玉环
（神木市博物馆藏）

二、考　古　调　查

2011 年 7—9 月，在陕西省文物局的积极推动下，由陕西省考古研究院、榆林市文物勘探工作队、神木县文体局三家单位联合组成石峁考古队对遗址开展了区域系统考古调查和重点复查。调查工作由孙周勇担任领队，主要工作人员有杨利平、胡珂、郝志国、刘小明，技工马平志、王阳阳等。此次调查共历时 45 天，调查中首次运用数字化技术对遗址残存城墙的走向进行了测绘，采集了 DOM 正射影像、建立起 DEM 数字地面模型，同时采用"系统抽样"的采集方法收集遗物。通过城墙走向和陶片的分布密度对遗址面积重新进行了测算，确认了石峁遗址是以"皇城台"为中心、内城和外城以石砌城垣为周界的一座罕见大型石头城，城垣结构清晰，城门、墩台、马面、角台等附属城防设施形制完备、保存良好，城内面积逾 400 万平方米，是公元前 2000 年前后中国所见规模最大的城址[12]（图二）。2015 年，调查工作确认了城外有樊庄子"哨所"等石构预警设施，石峁城址的面积继续扩大，超出了原认知的石墙范围。从目前复查情况来看，石峁城址外围还存在着其他类似的预警设施。

现在看到的石峁遗址地表支离破碎、沟壑纵横，城内以天然沟壑为界区分的 16 个相对独立的地理小单元（梁峁）上，密集分布着居址、墓葬等遗存。由此看来，石峁遗址的总体地貌 4000 年来似乎没有太过剧烈的变化。这种"大聚居、小分散"的居住形态，暗示着石峁城址的内部囊括有

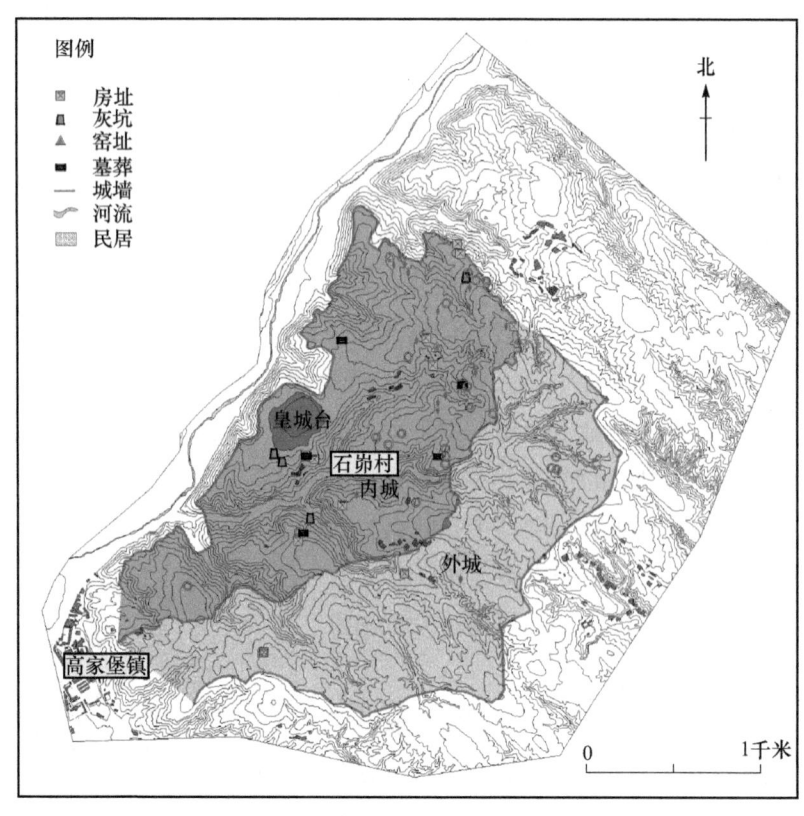

图二　石峁城址结构示意图

多个以血亲为纽带的小型聚落，但这些小型聚落之间的规模、功能、时代等问题依然不甚清晰。为了解决城址内部各类设施的布局及城址不同时期聚落形态的发展演变过程等问题，2015 年起又开展了石峁城址内的专门调查，本次调查主要由邸楠负责，持续时间约一年。在遗址进行田野考古实习的西北大学和中央民族大学硕士研究生魏唯一、徐峒、高升、吴小可、马乐欣参加了前期的野外工作，后因几位研究生实习结束返校，技工杨国旗、赵向辉、王阳阳完成了后期的调查工作。本次调查以地表踏查为主，为获取更多的信息，对暴露于断崖剖面的各类遗迹进行了清理，配合小面积的试掘。

调查结果显示，"皇城台"为大型宫殿及高等级建筑基址的核心分布区，三面临沟，仅北侧偏东有一窄梁通往外界。台顶面积约 8 万平方米，分布有成组的建筑基址，北侧还有"池苑"遗迹。皇城台周边以高达数十米堑山砌筑的阶梯状护坡石墙包裹，底大顶小呈金字塔状，错落有致，坚固雄厚，巍峨壮丽，局部墙体上还镶嵌有石雕菱形眼纹等装饰[13]。皇城台门址位于台体东北部，面向内外城墙，调查时尚可辨其两侧有对称分布的"墩台"等石构建筑。皇城台的修建倾注了建设者大量的精力，在追求本体固若金汤的同时，凸显出其威仪感和震慑力。

内城将"皇城台"包围其中，城墙依山势大致呈东北—西南向分布，面积约 210 万平方米；外城利用内城东南部墙体再向东南方向扩筑一道弧形石墙形成封闭空间，城内面积约 190 万平方米。内、外城各发现四座城门，多数城门地表仍可见墩台、瓮城等石构建筑；在城墙的拐折处和邻近城门处修建有角台和马面等城防设施，可辨识的角台与马面总数已超过 20 座。

依据地形差异，石峁城址墙体建造方法略有差异，其构筑方式包括了堑山砌石、基槽垒砌及利用天险等多种形式。在山崖绝壁处，多不修建石墙而利用自然天险；在山峁断崖处则采用堑山形式，下挖形成断面后再垒砌石块；在比较平缓的山坡及台地，多下挖与墙体等宽的基槽后垒砌石块，形成高出地表的石墙。石墙均由经过加工的砂岩石块砌筑，打磨平整的石块多被用于砌筑墙体两侧，墙体内石块多为从砂岩母岩直接剥离的石块，交错平铺并以草拌泥黏接（图三）。

石峁城址石砌城垣长度 10 千米左右，宽度不小于 2.5 米，若以残存最高处 5 米计算，总用石料量约 12.5 万立方米，其动用的劳动力资源远非本聚落人群可以承担。石峁城址的石砌墙垣不仅是出于守卫的需要而构筑的防御性设施，还具有神权或王权的象征意义，它的出现暗示着在公共权力督导下修建公共设施等活动已经成为了新石器时代晚期石峁所在的中国北方地区早期都邑性聚落

图三　石峁遗址城墙保存现状

的重要特征。

城内共发现有十余处集中的居住区，其中多数分布于内城中，显示出内城在当时主要担负着生活区的功能。居住区内的房址集中分布，类型包括地面式、半地穴式和窑洞式建筑，不同类型的房址在面积及内部设施上存在着差异，表明房址之间存在着等级关系。较大的地面式房址多建于皇城台周围的梁峁之上，居住者可能与当时生活在皇城台上的统治集团有紧密的联系，享有较高的经济与社会地位。内城中距离皇城台较远的区域和外城中发现的房址均以窑洞式为主。相比之下，外城内的房址面积更小且设施更加简陋。从房址的分布看，房址所在区域与皇城台之间的距离可能代表着居民经济与社会地位的高低，内城中皇城台周邻区域居民地位高于较远的区域，而生活于外城中的居民则地位最低。墓葬区多邻近居住区，表现出一种"居葬合一"的聚落空间形态。在城内一些地点（梁峁）之上还发现了走向可闭合形似小城的石砌城垣，为之前推测城内存在多个以血亲为纽带的小型聚落进一步提供了实证。

三、考　古　发　掘

2012—2019 年，石峁考古队先后对外城东门址及内城后阳湾、呼家洼、韩家圪旦、樊庄子、皇城台等地点进行了发掘，揭露了规模宏大、建筑精良的门址、成排成列分布的房址、高等级墓葬等遗迹，出土了一批具有断代意义的陶、玉、石、骨等遗物。

（一）皇城台

皇城台的考古发掘始于 2016 年，目前已揭露出皇城台门址及东护墙北段上部及台顶大台基南护墙（图四—图六）。皇城台门址由广场、瓮城、南北墩台、门道等组成。广场由基本平行的两道石墙围成，平面呈长方形，面积超过 2000 平方米。外瓮城位于广场内侧、横亘于南北两墩台外的正中，为平面呈"U"形的石砌单体建筑，在其外侧的墙根处，发现完整玉钺 2 件，当系铺设瓮城外的广场地面时埋入。南、北墩台位于广场西端靠近台顶处，夯土内芯外以石墙包砌，体量上北墩台大而南墩台小。门道内为石板铺砌的路面，陡坡状攀升至台顶，路面的部分石板上发现阴刻"符号"。调查还发现了由皇城台通往内外城的道路，可能为石峁城内的"主干道"。

皇城台的修建倾注了建设者大量的精力，在其周边调查发现有石雕人头像、鳄鱼骨板、彩绘壁画等高等级遗存。最新考古发掘中，门址和东护墙北段上部出土的陶、骨、石、玉、铜等各类遗物数以万计（图七—图九）。皇城台发现的制作铜器的石范，为国内已知最早的铸铜遗存之一，为探索早期冶金技术在中国的传播路线提供了关键的连接点（图一〇、图一一）；数量可观的陶瓦是公元前 2000 年前后国内数量较大、区域位置最北端的发现，暗示着台顶存在着覆瓦类高等级建筑，对于探讨中国早期建筑材料及建筑史具有重要意义（图一二）；"弃置堆积"中出土的万余枚骨针（图一三）以及"制作链"各阶段的相关遗物，暗示着皇城台顶部可能存在着大型制骨作坊。掌握核心生产技术的手工业者被集中安置于高等级贵族生活区，也是中国三代时期手工业生产的普遍现象。同时，数量明显超过石峁古城生产生活需要的骨针等日用品，可能还承担着石峁上层从周邻区域获取其他资源的交换物功能。

图四　皇城台工作区域

图五　皇城台东护墙北段上部

图六　皇城台大台基东南角

图七　皇城台出土陶鬶

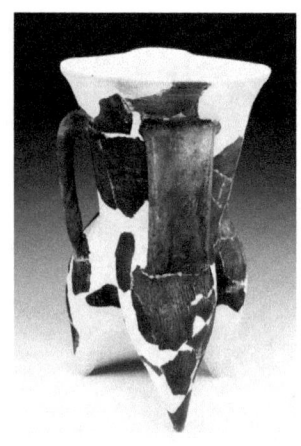

图八　皇城台出土双把陶鬶

图九　皇城台出土玉钺

图一〇　皇城台出土石范

图一一　皇城台出土铜环首刀

图一二　皇城台出土陶瓦

　　皇城台还出土有不少于20件的骨制口簧（图一四），口簧在现代被叫作"口弦琴"，《诗经》等先秦文献中多有记载，被称作"簧"，现今仍流行于中国各少数民族区域及欧亚大陆大部分国家。作为一种世界性的原始乐器，石峁口簧考古背景清晰，共存器物丰富，形制完整，是目前世界范围内年代最早的口簧，是世界音乐史的重要发现，为探讨早期人群流动及文化交流提供了珍贵线索[14]。

　　2018年在台顶发现了一座夯土筑芯、砌石包边的大型建筑台基，其上还修建有大型房址。台基大致呈南北向长方形，规模宏大，已揭露出的南护墙长度超过80米，最高处高约4米。南护墙

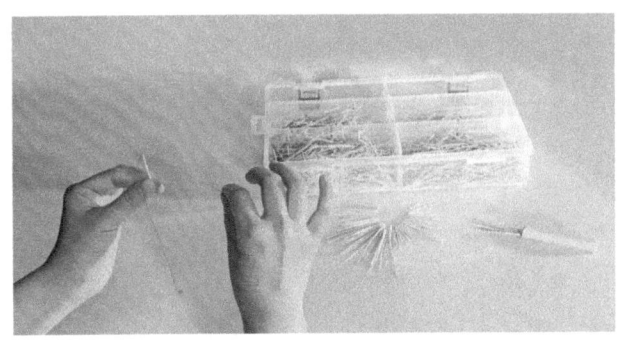

图一三　皇城台出土骨针

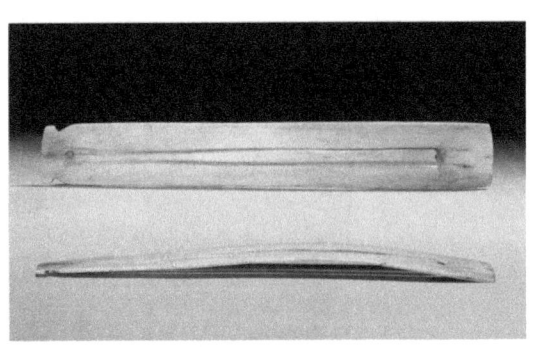

图一四　皇城台出土口簧

上发现有 30 余件石雕，大部分出土于墙体的倒塌石块内，仍有部分镶嵌于墙面之上（图一五—图二一）。石雕多数为单面雕刻，技法以减地浮雕为主，内容可分为符号、神面、人面、动物、神兽等，最大者画面长度近 3 米，以正脸的神面为中心，对称构图，两侧为动物或侧脸人面，体现出成熟的艺术构思和精湛的雕刻技艺。从层位关系和测年数据来看，台基南护墙的年代为公元前2000 年左右；从使用背景来分析，石雕可能来自其他高等级建筑，在修砌大台基时嵌入南护墙。这些石雕可能与石峁先民砌筑石墙时"藏玉于墙"或修筑建筑时以人头奠基的精神内涵相同，代表了先民对皇城台的精神寄托[15]。

　　皇城台的考古工作目前仍在进行，固若金汤的石砌护墙将台体包裹为一个独立的空间，玉器、石范、壁画等象征身份等级的"奢侈品"及铸铜、制骨等早期"核心技术"催生的生产遗存的集中出土，成为推断"皇城台"为高等级贵族或"王"居住的核心区域的重要证据，皇城台当已具备了

图一五　大台基南护墙 11 号石雕

图一六　大台基南护墙 11 号石雕拓本

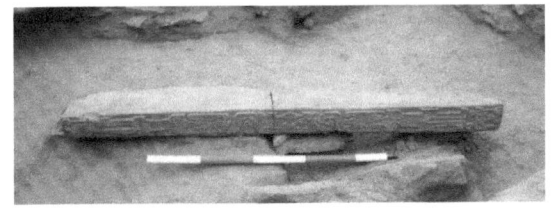

图一七　大台基南护墙 24 号石雕

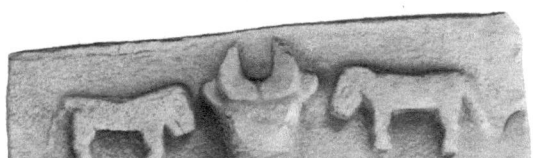

图一八　大台基南护墙 24 号石雕拓本

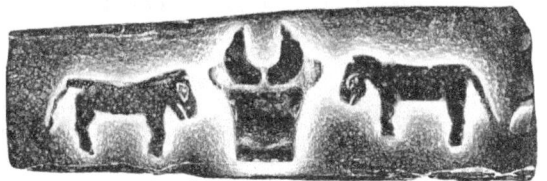

图一九　大台基南护墙 34 号石雕

图二○　大台基南护墙 34 号石雕拓本

图二一　大台基南护墙 47 号石雕

早期"宫城"性质[16]。作为目前东亚地区保存最好的早期宫城，皇城台层层设防、众星拱月般的结构奠定了中国古代以宫城为核心的都城布局。

（二）外城东门址

外城东门址是石峁遗址全面揭露的第一处重要遗迹，由内外瓮城、南北墩台、门塾等设施组成，周边地层及遗迹中出土了玉铲、玉钺、玉璜、牙璋、陶器、壁画和石雕头像等重要遗物，尤以"头骨坑"及"藏玉于墙"现象引人注目。

外城东门址位于石峁城址外城东北部，门道为东北向，由外瓮城、"石包土"的南北墩台、曲尺形内瓮城、"门塾"等部分构成，这些设施以宽约 9 米的"冂"形门道连接，总面积约 2500 平方米（图二二）。从地势上来看，外城东门址位于遗址区域内最高处，地势开阔，位置险要。

外瓮城平面呈近 U 形，将门道完全遮蔽，与两座墩台之间并未完全连接，两端留有缺口，形成进入城门的小通道。墩台以门道为中心对称建置于南、北两侧，形制相似，均为长方形。墩台外侧地面之上有一道与墙体走向一致的宽约 1.2—1.5 米的砌石条带，状似"散水"。

图二二　外城东门及周边城墙鸟瞰

南、北墩台中间形成东门主门道。门道宽约 9 米，朝向门道一侧的墩台墙上分别砌筑出 3 道平行分布的南北向短墙，隔出 4 间似为"门塾"的区域，南北各 2 间，两两对称。进入门道后，南墩台西北继续修筑石墙，向西砌筑 18 米后北折 32 米，形成门址内侧的曲尺形"内瓮城"结构。这段墙体在门道内侧增修了一道宽约 1.2 米的石墙，两墙紧贴并行。地层关系显示，这道增修的石墙修建于晚期（夏代早期）地面之上，属于夏代早期增修石墙。在此段石墙墙根底部的地面上，发现了成层、成片分布的壁画残块 100 余块。

外城城墙与南北墩台主墙相连，墙体宽约 2.5 米，沿墩台所在山脊分别朝东北和西南方向延伸而去。

外城东门址周边共发现集中埋藏人头骨的遗迹 6 处，其中外瓮城外（K1）及门道处（K2）各发现埋置人头骨 24 具；东门址北端石砌城墙的墙体基础之下发现 4 处，埋葬头骨数量 1—16 具不等。殷商时期人祭礼仪中，甲骨文有载"斩人牲首"的方式。司马迁《史记·封禅书》中记载了战国晚期秦德公"磔狗邑四门，以御蛊灾"[17]。石峁外城东门址附近所见集中埋藏的头骨，均位于早期地面之下或石墙墙体之下，应与城墙修建时的奠基或祭祀活动有关。

外城东门一带石墙内埋葬玉器的现象尤为引人关注，玉器或发现于墙体倒塌堆积之内，或发现于石块砌筑的墙体外缘[18]。根据其出土状况分析，这些玉铲、玉璜、玉钺等器物应是城墙修建过程中有意嵌入墙体的。《竹书纪年》记载："桀倾宫，饰瑶台，作琼室，立玉门。"[19]《晏子春秋》记载："及夏之衰也，其王桀背弃德行，为璇室、玉门。"[20]石峁遗址所见将玉器置于墙体之内的现象，或符合上古文献或神话中提到的玉门、瑶台、璇门的相关记载。作为石峁人在信仰层面的驱鬼辟邪观念催生的精神武器，石峁外城东门址所见杀戮奠基及墙体藏玉现象，极大满足了辟邪神话寄托及"宗教中心"的向心功能，也成为其凝聚周边中小型聚落的核心手段。

石峁遗址外城东门址是中国史前城建史上规划最为复杂、设施最为齐备的实例[21]，设计精巧、结构复杂、装饰华丽，筑造技术先进，被誉为"华夏第一门"。即使在 4000 年后的今天，经过风雨剥蚀仍然让人感觉到气势恢宏、威严高大、庄严肃穆。作为石峁城址的制高点，坚固雄厚的外城东门既是控制交通、外防内守的实体屏障，也是石峁统治者构建的精神屏障。

特别值得一提的是，外城东门址所见的内、外瓮城[22]及周边城墙上的马面[23]等遗迹系国内确认的最早同类城防设施。东门址内、外瓮城的修建最大程度地延缓了外来势力进入城内的时间，创造了抵御外来侵入的缓冲空间，极大地提高了防御能力。从目前发现来看，石峁城址至少存在着 21 处马面遗迹，外城东门附近尤为集中，这些马面与城墙墙体同时规划并起建，附着于墙体之上，向城外凸出，疏密有致，间距集中在 40 米左右。这一距离一定程度上反映出当时使用武器的有效攻击距离（射程）。石峁瓮城与马面的发现及确认将中国古代同类城防设施的形成时间上溯至龙山时代晚期，表明在中国早期国家形成的前夜，中国北方地区政治格局的复杂化及武力战争的频繁，同时也是东亚地区土石结构城防设施的最早实物资料。

（三）韩家圪旦居址与贵族墓地

除外城东门址之外，石峁考古队还发掘了内城中的韩家圪旦地点[24]，并试掘同处内城的后阳湾和呼家洼地点[25]。

韩家圪旦地点位于皇城台东南方向一处椭圆形山峁之上，系石峁城址内城的一处居葬遗址。除东南侧接马鞍部与其他山峁相连，墓地其余三侧均临沟壑，山坡平缓。清理房址 31 组（座）、墓葬 41 座（包括石棺葬）、灰坑 27 处、灰沟 4 条，遗迹间打破关系丰富，出土陶、石、骨器千余件。墓葬规模及随葬品丰厚程度的差异是体现死者生前财富、身份等级的重要标志。韩家圪旦地点发掘的墓葬多为竖穴土坑墓，规模在 2 平方米以上，最大者如 M1，长约 4 米，宽约 3 米，深 6 米，墓室面积 12 平方米；最小则仅可容身。规模差异显而易见。大中型墓葬结构相似，墓主位于墓室中央，仰身直肢，棺外有殉人 1—2 人不等，墓室北壁均设壁龛，用于放置陶器等随葬品。

韩家圪旦地点早期是作为居址使用的，晚期时居址废弃，作为墓地使用，聚落功能发生了巨大的更替。虽然该墓地被严重盗扰，但仍然从规模上能够判断其为石峁遗址内的一处大型贵族墓地，墓地主人出现了身份差异及等级区分，社会复杂化倾向加剧。

后阳湾和呼家洼地点[26]试掘的主要遗迹包括房址和墓葬，房址均为地穴式（窑洞），墓葬包括竖穴土坑墓和瓮棺葬，其中呼家洼 2012F3 出土的鬲、斝、甗、豆、尊、喇叭口折肩瓶（罐）等是石峁遗址系统考古工作以来最为丰富的一组陶器组合。另外，后阳湾 2012F2 内出土了鳄鱼骨板、2012M1 发现了女性殉人。

（四）樊庄子哨所

樊庄子哨所位于石峁城外的东南方向，与外城南墙上的一处城门隔沟相望，与外城城墙直线距离约 300 米。从发掘情况看，哨所系在自然土峁顶部垫土找平后再修构石砌建筑。石砌建筑可分为内外两重"石围"，内围位于山峁顶部正中，平面大致呈东西向长方形，长约 14 米，宽约 11 米。除西墙外，其余三面墙体保存比较完整。内围里外均未发现踩踏层面或用火迹象，但在石墙内侧有均匀分布的"凹槽"，应是在墙体内侧立柱所用的"壁柱槽"。

从发现来看，除调查采集的 1 件玉铲之外，基本不见与"祭祀"相关的其他遗物或现象，但"内方外圆"的两重石围结构颇值深思。根据方形石围内侧均匀分布的壁柱槽分析，或应为一座用柱子架撑的"哨所"，其功能或与登高望远、观敌瞭哨有关。樊庄子哨所与其他四座同类遗迹共同构筑城外的"预警系统"。

上述考古工作为探讨石峁城址的聚落结构与布局、兴废年代、文化性质等问题提供了重要资料。虽然关于石峁遗址的认识随着考古发掘工作不断开展和古动物、植物、古 DNA 及环境等多学科研究的介入而不断推进[27]，但面对这么一处规模宏大、建构考究的大型石砌城址，对于其内部聚落结构、功能区划、城内人口、道路设施等关键性问题仍然在发现求证阶段。谜一样的石峁，仅露出了"冰山一角"。

四、研究综述

石峁遗址的相关研究始于 20 世纪 70 年代末期，伴随着戴应新对遗址重新调查并刊布相关调查资料，逐渐引起了学术界的关注，相关研究亦随之开展。之后因考古工作的持续开展，研究也随着资料的增加而逐步向前推进，特别是自 2012 年的系统性发掘开始以来，作为发掘者，我们及时地在各专业期刊及媒体上向学界及社会公布最新的发掘收获，目前发表简报4篇，研究论文22篇。2016年编著出版《发现石峁古城》一书，系统搜集整理了石峁遗址早期的考古资料，公布了新的考古调查和发掘成果，并对二者进行了有机的整合，在耗费周期较长的考古发掘报告出版之前，为学界提供了重要基础资料[28]。新的资料推动着研究深度和广度的不断深化和扩展，目前包括发掘者在内的国内外学者关于石峁遗址的研究集中于以下六个方面。

（一）文化属性及年代

考古学研究中首先关注的是遗存的文化属性及年代的问题，自石峁遗址发现伊始，这一问题便成为了首要探讨的焦点。在本区域田野考古工作尚不充分的条件下，由于受到材料的限制，石峁遗址最初的调查发掘者对遗址的认识多是建立在客省庄二期文化研究的基础上。戴应新在研究中首先注意到遗址出土陶器与关中地区客省庄二期文化之间存在的一定相似性，认为二者的年代也比较接近，在当时学术界对龙山文化的认识尚较模糊的情况下，将文化属性确定为客省庄二期文化或用"陕西龙山文化"统称之[29]。这一观点在一定时期内颇有影响。随后魏世刚通过比较石峁与客省庄二期文化各类遗迹、遗物的相似性，进一步将石峁遗存归入客省庄文化的范畴[30]。巩启明也将其划分为客省庄文化一个类型——石峁类型[31]。但在发现之初，也有学者对上述观点提出了不同的认识，张忠培最先敏锐地注意到石峁遗址陶器自身的特点，认为两者可能属于不同的文化系统[32]。

随着河套地区及邻近的晋中地区考古工作的逐步开展，学术界逐步意识到本地区自身文化面貌的特点，开始从宏观角度审视包括石峁遗址在内的陕晋蒙地区本土文化的性质与年代，石峁遗址被逐渐从客省庄文化的范围内分离出来。许伟对晋中地区新石器到西周时期的遗存进行编年研究时，将石峁遗址与河套地区的发现统称为"前套龙山文化"，并通过与晋中地区进行比较，认为这类遗存与晋中地区第四期的第十、十一段遗存较为相近，部分遗存的绝对年代已超出了龙山时代，已进入了夏纪年[33]。梁星彭也对"石峁被划入客省庄文化"持否定态度，指出其与晋、陕、内蒙古交界处的新石器时代晚期遗存属于同一系统[34]。高天麟以黄河流域龙山时代的典型陶器——鬲为切入点，通过陶鬲的类型学分析，把握住双鋬鬲的分布范围，将陕北地区与内蒙古中南部、晋中、晋南地区的发现概括为"黄河前套龙山文化"[35]。《晋中考古》报告中更是明确指出这类遗存"无鼎、鬶，双腹盆及釜形斝不发达，单把鬲占一定比例，而以双鋬鬲、甗、瓮及尊为主要成分，是区别于其他同时期的诸考古学文化的几个主要特征"，其分布范围"西起黄河西岸汇入黄河的诸支流，北达阴山脚下，南至侯马、河津一带。东北深入洋河和桑干河，占据了整个冀西北"[36]。

20世纪八九十年代，随着周邻地区伊金霍洛旗朱开沟、准格尔旗大口、白草塔、永兴店、岱海老虎山，忻州游邀，神木寨峁、新华等一批重要遗址发掘材料的相继公布，进一步明确了这类广布于黄土高原东部的龙山时代遗存自身的文化特点，新材料使得有了重新审视这类遗存的条件。在这些新发现的基础上，一些学者提出了新的文化命名，如朱开沟文化[37]、游邀文化[38]、老虎山文化[39]、寨峁文化[40]、大口文化[41]和新华文化[42]等。近期巩启明撰文指出以上试掘或发掘一个遗址后所命名的考古学文化名称，很难以点代面以涵盖一方广大地区，而神木石峁遗址特大型聚落作为这一地区政治、经济、文化和宗教的中心，不妨称之为石峁文化[43]。而在如此大的空间范围，这类遗存也表现出一定的地域性差异，有学者又将这类遗存划分为老虎山遗存、杏花文化、东关文化等不同谱系[44]，上述观点在部分学者各自提出的考古学文化命名中也有所体现。

本区域的考古学文化序列不断被新材料所完善，石峁遗存在这一时空框架内的位置及自身的分期问题也逐渐清晰起来。在 20 世纪 80 年代遗址的首次发掘中，发掘者在材料尚不丰富且缺乏直接地层关系的情况下尝试根据陶器的形态推定石峁遗址存在早、晚两种时期的文化类型，是首次尝试对石峁遗存进行分期的重要探索。随着内蒙古中南部及晋西北地区同期遗址的发掘，"两期说"这一最初建立的年代学标尺逐渐被学界所接受。魏坚和崔璇认为石峁以 M2 为代表的遗存时代晚于龙山文化，属于青铜时代的大口二期文化遗存，当在夏的纪年之内[45]。张宏彦和孙周勇则进一步依据晋中杏花村遗址和内蒙古朱开沟遗址中明确的层位关系，将石峁遗址的文化遗物划分为以 H1 与 M2 为代表的早、晚两段，早段属龙山晚期，相当于客省庄文化的晚段，晚段则可能已步入夏纪年，但两段的文化性质确是一脉相承的，可以将周边的大口二期、新华、朱开沟一段和二段、游邀早段、杏花村四期等遗存划入这一范围[46]。之后孙周勇进一步根据新华遗址的发掘材料，将河套地区的龙山时代文化分为早、中、晚三期六个发展阶段，石峁遗存的年代相当于新华文化晚期的"寨峁期"和"朱开沟期"，并推定其绝对年代大致在公元前 2150—前 1900 年之间[47]。

有学者在两期说的基础上又识别出一些时代更早和更晚的遗存，阎宏东将石峁陶器划分为 A、B、C、D 四组，其中 A 组可能早至龙山早期，属杏花文化范畴，而划入 D 组的 2 件调查获取的筒腹鬲和折肩罐则为年代更晚的遗存，可能属于李家崖文化的范畴，年代已到了商周之际[48]，这一论断中首尾两个阶段的分期认识是之前研究中所未提及的。之后马明志在《中国北方地带史前至夏商时期陶鬲的谱系源流》中对石峁陶鬲的分组与阎文的认识基本一致[49]。

2012 年开始的持续大规模发掘为遗址的年代研究提供了更加丰富的资料，使得遗存的分期问题也得到了进一步修正和完善。在石峁遗址新一轮的发掘工作中，在外城东门址和韩家圪旦地点找到了夏代早期遗存叠压打破龙山晚期遗存的直接地层依据。结合新测定的 ^{14}C 年代数据，孙周勇将两期遗存的年代修订为公元前 2300—前 2100 年、公元前 2100—前 1800 年[50]。邵晶以近年来所获的调查、发掘资料为依据，首次对石峁城址的年代提出了"三期说"的分期方案，在此基础上还对城址的修建过程进行了讨论，将石峁遗存分为三段，其中 A 段与岱海的老虎山遗址和汾阳的杏花遗址年代相当，绝对年代推断为公元前 2300 年，而 B、C 两段的绝对年代分别前 2100 年和不晚于前1800 年[51]。在这一年代标尺的基础上，他进一步根据调查中发现的典型陶片的分布范围和遗迹现象，勾勒出城址的初建、兴盛和衰败的发展过程，即早期修建了皇城台和内城，之后随着活动范围的扩大而修建了外城，直至最后走向衰落。王朝辉还将 20 世纪七八十年代的调查发掘资料和 2012年大规模发掘之后公布的资料进行了整合，将石峁遗址分为三期四段五组，三期分别为龙山时代、夏纪年、晚商和西周时期，而龙山时代又可分为早、晚两段[52]。这一分期方案其实是在前人分期方案基础上的进一步修订，文中第一期龙山时代早段与《试论石峁城址的年代及修建过程》（以下简称邵文）中的 A 段及《神木石峁遗址陶器分析》（以下简称阎文）中的 A 组基本一致，第一期龙山晚段和第二期的年代大体与邵文的 B 段、C 段相当，但在部分单位的分组上与邵文的略有出入，而第三期即为阎文中所认定的年代至商周之际的 D 组遗存。上述各家对石峁年代和分期研究的观点，是一个不断发展、完善和修正的过程。石峁遗存的主体年代为龙山晚期和夏代早期，已被考古发掘中确切的层位关系所证实，也是目前所有分期方案的共识，在以上两期方案的基础上能否进一步细化段、组，还需要寻找更多的地层关系支持，尚存在进一步讨论的空间。

近期，我们依据典型地层关系及器物组合，综合以往研究成果及最新考古材料，提出将河套地区所见的"双鋬鬲类遗存"命名为"石峁文化"，其分布范围以陕西北部、山西中北部、内蒙古中南部为核心，可分为早、中、晚三期，大致处在公元前2300—前1800年，石峁文化继承和延续了当地龙山时代前期遗存的基本特点和主体内涵，是不同于中原地区河南龙山文化晚期、新砦期和二里头文化早期遗存的一个典型"北方代表"[53]。

许宏撰文对目前学术界将石峁遗址的相对年代界定为龙山晚期至夏代早期的表述提出异议，建议慎将史学概念引入考古学文化中，不宜将龙山晚期和夏代早期两个分属考古学和文献史学范畴的概念并用。文中还依据牙璋的形制特征及皇城台新发现的大台基石雕"旧物新用"现象，认为石峁遗址的下限年代可能晚至公元前1600年，而目前所知的石峁遗存，至少是两个不同的人类群团的遗存，它们在时间上有先后，而文化性质相异[54]。

需要说明的是，发掘者将石峁遗址的相对年代与中原地区建立的文化编年进行横向比较，旨在将石峁遗存放置于中国早期文明视野下综合观察和分析。诚然，关于夏文化、夏代、夏时期、二里头文化和二里头时期等概念，其使用语境及代表的考古学物质文化具有较大差异。但参照夏商周断代工程测年结果[55]，若仍然以公元前2070年为夏代始年，夏代所处的年代当应涵盖河南龙山文化晚期、新砦期和二里头文化时期三个阶段，则夏代早期不晚于二里头文化时期。石峁文化的主体内涵与二里头文化无直接的承袭关系，石峁城址的相对年代处于龙山时代晚期至夏代早期。

关于石峁文化和石峁城址的绝对年代，目前出土器物的特征和系列测年数据均显示不晚于公元前1800年左右。根据皇城台东护墙内纴木等标本的测年结果，其修建和使用年代集中于公元前2200—前1900年。皇城台台顶大型夯土高台建筑顶部的F2内朽木的测年数据为公元前1900—前1800年[56]，年代属于石峁文化晚期。而叠压在大台基南护墙上的文化层中出土了双鋬鬲、单把鬲、三足瓮、喇叭口折肩瓶等器物，这些陶器呈现出典型的石峁文化中期特征。据此可知，皇城台大台基的修建年代不会晚于石峁文化中期，即公元前2000年左右。玉器的早晚形制变化虽不如陶器敏感，但石峁牙璋不见二里头"龙头式"阑牙，显示出时代较早的形制特征。据其出土层位，石峁牙璋可以分为早、晚两期：早期以阑部两侧有"单齿"为主要特征，与石峁文化中期遗迹相关；晚期阑部流行繁复的"多齿"，常见横视为牛头式（"业"字形）的阑部，发现于石峁文化晚期遗迹内。因此，石峁牙璋的年代下限不会晚于公元前1900—前1800年。

最新考古发现揭示，石峁文化结束即石峁城址废弃之后，皇城台等地点还零星分布着一类以蛇纹鬲为典型陶器的遗存，其绝对年代为公元前1700—前1600年。石峁遗址内发现的蛇纹鬲类遗存为探讨石峁城址废弃后的图景提供了重要材料。

（二）与周邻考古学文化的关系

如上文所述，目前围绕河套一带的以双鋬鬲、斝、盉、甗、三足瓮等作为代表性器物的龙山时代文化遗存仍有多种不同的命名方案，但其文化具有独特的地域性已成为学术界的共识。关于这支考古学文化的源流，目前的研究尚有两种不同的观点。

第一类可以概括为"北部起源说"，目前在学界影响较大。戴向明认为这类以双鋬耳为特色的鬲、斝、盉、甗、瓮、罐、盆、甑等器物构成的陶器群作为主要标志的遗存（文中称谓"游邀文化"）主要是在承袭老虎山文化的基础上发展起来的，双鋬鬲的最初形态当形成于岱海周围[57]。韩建业也认为岱海地区（文中称谓老虎山文化老虎山类型）为北方鬲类器物的发源地，从龙山早期到晚期处于一个积极对外施加影响的时期，表现为鬲类器物的大规模南下东进[58]。孙周勇进一步明确指出这类遗存与河套地区龙山时代最早分布于岱海地区的老虎山文化关系密切，老虎山文化在发展过程中逐渐走出了岱（海）—黄（旗海）地区，向南扩展活动范围，逐渐占领了地理位置优越、生产条件优越的南流黄河两岸，甚至向东越过黄河，抵达晋中吕梁山阳坡的峪道河，并且在其影响下形成了杏花村四期、乔家沟H1—H6、游邀龙山遗存等[59]。巩启明认为陕北北部地区以石峁为代表的龙山时代晚期文化遗存是从中原和本地龙山时代早期庙底沟二期文化发展演变而来的，同时在其发展过程中，接受了北上的客省庄文化、陶寺文化、齐家文化、南下的阿善三期文化、老虎山文化以及西进的游邀文化等不同程度的影响，但其主体是该地区发生发展起来的独特的地域文化[60]。

第二类与之相对，可以概括为"南部起源说"，张忠培从器物形态出发，通过双鋬鬲的排序，认为陕北和内蒙古中南部地区使用双鋬鬲的遗存并非来源于本地的龙山早期文化，而是晋中地区杏花文化居民殖民于晋北和南流黄河南段东西两侧的结果[61]。段天璟进一步分析认为陕北地区龙山时代至夏时期的双鋬鬲遗存研究当属杏花文化及其后继者同一谱系的文化遗存，而陕北地区的单把鬲遗存应与客省庄文化的发展及其后裔的北上相关[62]。苗畅通过对陕北地区双鋬鬲类遗存的分析，认为这类遗存的出现即是对本地区较早阶段遗存的继承和发扬，又受到了来自晋中地区杏花文化侧装双鋬鬲组合的强烈影响，可作为杏花文化的影响区域或边缘地带[63]。近来段天璟、董霄雷的《陕北地区石峁遗址相关遗存的性质及其形成的鬲谱观察》一文对之前的观点进行了补充，通过石峁及邻近的寨峁梁、新华等五个遗址中出土双鋬鬲、单把鬲的排序，将陕北地区龙山至夏代遗存进一步划分为三个发展阶段，分别归属为三支不同的考古学文化。第一、第二阶段遗存分别属于杏花文化和永兴店文化，至第三阶段则出现了分化，新华遗址仍属于永兴店文化，而石峁遗址则被客省庄文化的后裔所占领[64]。

诚然，每一支考古学文化在其发展过程中，总是会受到周邻考古学文化的影响，其中各类文化因素也并非一成不变，而是此消彼长的动态演进过程，由于观察视野的差异，必然会得出一些不同的认识。笔者认为龙山时代中晚期始，这类以双鋬鬲、斝、盉、甗、三足瓮为主的遗存一直是构成河套地区考古学文化的主体因素（即"石峁文化"），由于对典型遗址的认定不同，目前对该类文化命名仍存在争议，但仅涉及考古学文化命名的原则问题。而这类以"双鋬鬲类遗存"为主体的文化是否需要予以拆分，背后则涉及到界定考古学文化的标准问题，还需谨慎对待。

关于以石峁遗存为代表的本地区龙山时代文化与周邻考古学文化的互动关系，早期的学术研究主要关注到其受到了邻近的客省庄文化和齐家文化的影响和渗透，这在巩启明、张宏彦、阎宏东等学者的一系列研究成果中均有论述。近年来，随着石峁遗址系统考古工作的开展及陶寺遗址大型考古报告的出版刊布，两处时空关系密切的超大型聚落的比较研究，成为了学界讨论的热点。同时学界也跳出单纯陶器形态的比较，开始从一些复杂的文化现象层面进行深入地探讨。

徐峰从玉器埋藏、彩绘及暴力现象等多方面进行比较研究，认为陶寺与石峁在文化上有着一定相似性，存在着经济、文化和族群的互动，特别是陶寺文化晚期之后，与当地的东下冯类型之间没有渊源关系，可能部分向陕北地区发生了转移[65]。王晓毅从河套地区与晋南地区龙山时代出土的陶器、细石器、铜器、玉器等遗物及石棺葬葬俗的比较分析，勾勒出这一时期两地区文化互动关系的大势。早期老虎山文化南下带来了陶寺早期文化的变革与陶寺中期文化的形成，晚期以石峁都邑聚落为核心的新华文化强势扩张，又导致了陶寺中期文化的重大变化。而陶寺文化中的一些先进技术也被河套地区所吸收利用，石峁城内的夯土台基类的建筑即是运用了中原地区发达的版筑技术[66]。

一些学者尝试放眼欧亚大陆，通过石峁遗址出土的一些独特的遗物，讨论其与欧亚草原的早期文明的关系。郭物认为石峁遗址中发现的石雕人像与南西伯利亚奥库涅夫文化及新疆的切木尔切克文化的石雕人像有着相似之处，陕北地区石人的出现可能受到了西北方向文化的影响[67]。罗森（J·Rawson）比较了石峁发现玉器、青铜器与陶寺、二里头以及俄罗斯阿尔泰、西伯利亚叶尼塞河谷的同类器物间的相似性，这种相似之处在陶寺、二里头遗存中的出现可能与石峁南迁相关，而整个草原和黄土高原北部地区则是共享文化的结果，而非直接接触[68]。李旻也持相近观点，认为："石峁发现的人头石雕、坐像、岩画、货贝、绿松石珠、鸵鸟蛋壳、铜齿环以及大量散布的打制石器揭示了高地社会与北亚、中亚互动网络之间的联系。"[69]

（三）玉器研究

石峁遗址因大量玉器面世而首次受到学术界的广泛关注。石峁玉器的专题研究成为中国早期玉器研究的一个重要内容。

石峁玉器的研究可分为两个阶段，第一阶段为20世纪70年代至21世纪初石峁遗址系统考古发掘之前，由于研究对象为非考古发掘出土的征集品，学界争议的焦点主要是其年代。戴应新在最初发表这批玉器时，推断其时代存在两种可能，或是龙山时代或是商代，后进一步将时代修订为与遗迹同时，当是龙山时代的遗物[70]。有学者将以石峁为代表的陕北玉器资料分为铲、钺、圭和牙璋、刀、戚、戈、绿松石饰物等两组，年代分别为龙山晚期和二里头晚期及早商，认为本地区的玉器缺乏清晰的发展脉络，表现为对外来文化的被动接受，并未形成很强的玉器体系[71]。王炜林和孙周勇根据神木新华遗址出土玉器的对比研究，确认了石峁玉器的时代与遗址基本相当，应在龙山晚期至夏代早期，在这一时期河套地区已形成自己独具特色的玉器消费中心[72]。

关于玉器的来源也有一些相关论述，邓淑苹认为石峁遗址征集的玉器部分属于舶来品，并指出其中牙璧可能来自辽东或山东，而侧面人头像、虎头与鹰纹笄则属于湖北的石家河文化遗物，均属于东夷系玉器[73]。杨伯达则根据侧面玉人头像的特征和《山海经》中的记载，考证其为"一目国"或称"鬼国"，而石峁的玉料来源较为多元，甚至可能有来自今俄罗斯境内东萨彦岭的玉料[74]。权敏通过对包括石峁在内的陕北地区龙山至夏代玉器发展脉络的梳理，认为璧、琮、笄、玉虎头等数量较少的器物可能由文化传播而来，而牙璋、刀、戈、斧、钺等大宗玉器则是从本地起源和发展来的[75]。

第二阶段为2012年石峁遗址系统考古发掘开展之后，以石峁外城东门址的正式发掘为起点，发掘出一批有着明确地层年代及埋藏背景的玉器。其中首次发现的"藏玉于墙"的特殊现象，改变了之前学界普遍认为石峁玉器全部来自墓葬的推断。新发现又一次引起了学术界对于石峁玉器的关注，本阶段的研究可以归纳为三类，第一类主要集中在石峁玉器的出土背景、特点、用途等问题的探讨上。孙周勇、邵晶的《关于石峁玉器出土背景的几个问题》一文，对石峁玉器的埋藏背景进行了探讨，首次明确了石峁玉器的出土地点，可以归纳为石砌门址周边、大型土坑墓、祭坛及祭祀坑三类遗存[76]。戴向明总结了石峁玉器的特点，认为石峁玉器种类繁多，玉料庞杂，兼具南北多元元素，但体型扁薄的端刃器和较高的玉器改制和再利用率显示出其自身鲜明的风格特点和制玉工艺，石峁集团应亦有自己的玉器加工和分配体系，只是自创的玉器种类少，而仿制外来品居多[77]。王晓毅通过分析碧村遗址出土玉器的文化因素，对包括石峁在内的河套地区玉器的出土背景、性质及年代等问题进行了探讨，认为这一时期黄河中游不同文化区内对玉器这一稀缺资源不仅形成了统一的文化认知，还应存在大量的采玉及远程物资的交流行为[78]。何驽还对石峁玉器的使用功能提出了新的观点，认为石峁是一座在农牧交错带上的边贸城市，发现的大量玉器以长度作为分级尺度，被当作一般等价物——货币所使用[79]。除考古学角度的研究外，一些学者还从文化人类学角度进行了解读。叶舒宪对"藏玉于墙"现象予以诠释，认为建筑用玉现象具有辟邪驱魔的精神防卫功能，并与文献记载的夏代玉门瑶台相关联[80]。殷慧慧将石峁遗址征集和出土的玉器进行了分类统计，分析探讨了玉器所体现的石峁先民的祖先崇拜、太阳崇拜、宇宙观等精神文化思想[81]。

第二类是玉器的跨区域的比较研究，因与石峁年代相近的二里头、后石家河文化中都发现有一定数量的玉器，故跨区域的比较研究也成为一时的热点，特别是在石峁遗址中发现数量较多的一类大型礼制性玉器——牙璋，关于其起源问题更是成为争论的焦点。

目前学界多倾向认为石峁发现的牙璋年代较早，中原地区乃至江汉地区牙璋的出现，则是受到了石峁的影响。邵晶根据石峁遗址的地层关系，明确了发掘出土的牙璋时代，大致介于龙山晚期与二里头文化早期之间，是黄河中上游地区发现的时代最早的牙璋[82]。秦小丽系统地分析了早期玉牙璋的分布与传播，认同石峁出土牙璋的时代较早，推测黄河中上游一带是二里头文化牙璋的起点[83]。邓淑苹也指出二里头文化中牙璋、长刀、玉戈等器类以及器表与"石峁式网格纹样"相似的"二里头式网格线纹"的出现，显示出二里头文化与石峁文化关系密切，含铁量高的墨玉甚至是被石峁先民垄断的专利玉料[84]。张国英通过分类比较石峁玉器与二里头玉器的特点，指出两地玉器存在礼制差异，柄形器是二里头文化的重要礼器，而牙璋则是石峁文化的重要礼器[85]。陈茜认为石家河文化与石峁之间存在双向的文化交流，石家河枣林岗类型中出土较多的钺、璋等玉礼器及锛、刀等工具类玉器占有较高的比重，或是受到石峁地区的影响[86]。

此外，郭静云认为牙璋的雏形为玉刀，起源地为鄂西、川东及石家河，而石峁玉器与石家河文化玉器具有一定相似性，进而推断石峁遗址的玉器并非本地生产，而是西北族群从江河地区掠夺而来的窖藏珍宝[87]。

第三类是所谓"早期玉石之路"的研究，从更加宏观的角度探讨史前时代玉器及背后原料、技术的传播。叶舒宪将史前用玉概括为"东玉西传"（玉教观念和玉文化传播）和"西玉东输"（玉石资源传播）两大阶段，时间的交会点恰在距今4000年前，而石峁古城很可能在这时充当着双重中介作用[88]。王强、杨海燕通过对龙山时代黄河流域海岱、晋南、陕北、甘青四个区域玉器的比较研究，认为这一时期存在着明确的双向文化互动，即器形和工艺方面的"东工西传"和玉料方面的

"西玉东传"，还进一步探讨了战争、移民、贸易及上层的交流网等交流的具体形式[89]。潘禾玮奕根据黄河中上游地区的发现，认为玉石之路是逐渐、分段形成的，首先是从龙山时代已开始的用玉传统与牙璋、玉琮、联璜璧等玉礼器的传播，然后才是玉料的运输，玉石东传发生的具体时间目前仍不能确定[90]。

除了上述研究之外，胡文高搜集了已流散的部分石峁玉器，编撰《石峁玉器》大型图录，这些玉器虽非考古发掘出土，但对石峁玉器的研究仍有重要的参考价值[91]。

就河套地区的考古发现来看，除石峁遗址外，陕西神木新华、山西兴县碧村等多处龙山时代遗址中普遍发现有玉器集中出土的现象，这一现象表明，兴起于距今4000年前后的石峁文化继红山文化和良渚文化衰落之后，已成为与齐家文化、后石家河文化鼎足而立的一处重要的史前用玉中心。目前关于石峁玉器的研究，仍有一些基本问题尚待解决。如石峁玉器的质料、产地等方面的研究还相对薄弱。如何透物见人，了解当时社会对玉器资源的控制方式，也是下一步研究需要关注的问题。

（四）石城与聚落社会研究

石城与聚落社会的研究集中开展于21世纪初石峁遗址的系统性考古工作之后。石峁遗址系统性考古工作开展之前，受到田野工作局限性的影响，学术界对石城聚落的文化面貌的认识尚不清楚，较为深入的研究工作也无法进行，甚至在20世纪的一些调查中，一度对遗址内断续石墙的年代产生误判，将遗址周边的石砌城墙认定为战国秦长城[92]。2012年的系统调查重新确认了石峁遗址的城垣结构并精确计算了石峁城址的面积，特别是外城东门址考古新资料的公布，这处有着两重城垣、规模宏大的史前城址，引起了学术界的强烈关注。

石峁遗址外城东门址是中国目前所见最早的结构清晰、设计精巧、保存完好的史前门址，为我国古代建筑史及建筑技术提供了重要资料。孙周勇和邵晶认为外城东门发现的双瓮城结构和附着于城墙上的马面是目前中国发现的时代最早的瓮城和马面实例[93]。马乐欣将石峁遗址发现的马面、瓮城及城墙与先秦的城址进行了比较研究，认为石峁发现的城防设施为先秦时期城防及军事防御体系建构的产生奠定了基础[94]。国庆华等从建筑结构及建筑技术角度将石峁外城东门址与中国国内及世界其他地区的早期城门进行了对比研究，通过对石峁外城东门址的复原，认为这种双台双墙双门塾式结构在世界城建史中属于布局最复杂、控制性最强的设计[95]，而从建筑技术上来看，石峁包括有夯土、砌石、瓮城马面三种不同的传统，甚至显露出一些西方文化因素，多元建筑是建筑文化交流的结果，可能创造石峁多元特色的社会是一个多元群体[96]。杜启明也提出了相似的观点，认为石峁遗址的建筑文化体现着不同的文化基因，但却给出不同的解释，对质疑部分建筑的年代，认为石峁发现的窑洞式建筑与土石建筑时代存在早晚，土石建筑出现是对相对先进的文化缺乏认知的单纯模仿行为，推测其时代可能较晚至商文化的范畴，而之前认定的纴木和瓮城也与文献记载的不同，则应该被称为"锚杆"和"障墙"[97]。

吕宇斐等经过初步测量和研究，认为石峁遗址外城东门址门道方向为东偏北约31°，其设计建造可能与4000多年前夏至日出方位有关，具有早期天文学的内涵[98]。外城东门址出土壁画的绘制工艺和技法也经过了科学的考察和分析，壁画上所发现的铁黄、绿土颜料以及阴刻起稿线的发现均为目前国内发现的最早应用实例[99]。除了外城东门址备受关注外，石峁城墙的营建技术也有相关研究，吴小可分析了墙体上发现的孔洞以及残留朽木，对版筑横木说、脚手架说进行了辨析，认为其功能可能与《营造法式》中"纤木"的作用相当，主要起到稳固墙体的作用[100]。贺黎民对石墙建筑石料的来源进行了分析，认为属就地取材，并通过实验考古的方法，还原石墙的砌筑方法并推算了修筑速率[101]。还有学者关注到皇城台发现的早期陶瓦在中国建筑史上的意义[102]。

一些学者还从聚落和社会的层面进行了相关研究，甚至上升到文明或国家起源的高度，认为石峁可能已经进入早期国家的发展阶段。王炜林、郭小宁通过对陕北地区龙山时代聚落和墓葬表现出的社会等级及石峁出土的特殊遗物分析，认为石峁既是宗教的中心又是世俗权力的中心，两种权力在石峁体现出一种紧密的结合，通过神权而不是依靠武力可能是这一地区国家形态的基本模式[103]。戴向明在更加广阔的范围内勾勒出龙山时代河套地区的聚落与社会发展脉络，归纳出与中原不同的"北方模式"，认为本地区在庙底沟二期和龙山前期尚未能孕育出高度复杂的社会，至龙山后期，气势恢宏的石峁可能已经成为晋陕高原的一个早期国家的都邑性聚落，北方地区可能因环境原因社会发展长期滞后，而资源缺乏导致社会群体的竞争与冲突，致使龙山晚期社会复杂化出现跳跃式发展[104]。而石峁遗址与晋南的陶寺和稍晚的豫西二里头遗址，三者可能代表着先后兴起的三个早期国家，三者形成背景具有相同之处，既均位于各自文化和社会势力的边缘地带，又都受到外来文化势力的刺激或集团势力的冲击，都面对着周边集团的抗衡与竞争的压力[105]。

孙周勇以榆林地区的考古资料为基础考察了本地区公元前三千纪的社会复杂化进程，总结出相似的规律。公元前3000年至前2500年聚落等级差异不悬殊，之间未形成竞争关系，仅在后期出现设防现象；公元前2500年至前2300年，聚落规模差异逐渐显著，社会复杂化倾向加剧；公元前2300年至前1800年，聚落规模出现了高度分化，区域性中心聚落涌现，形成了多层级的聚落系统和以石峁为代表的早期王权国家[106]。徐峋调查了秃尾河流域龙山聚落的分布、等级、内部结构，并对相互间的关系进行了探讨，力图还原区域社会复杂化的动态发展过程[107]。陈小华、李芬通过河套地区古城与古代文献中有关国、都规模的对接，石峁古城应类似该区的国，其他则只为大都、中都和小都[108]。张莉、孙周勇等通过分析石峁发现的各类遗迹现象后认为，石峁遗址中基础设施建设需要的人口远远多于同期中国其他地方，拥有大规模征集和管理劳动者的能力表明，其所在的黄土高原拥有比中原更复杂的社会组织，反映出的复杂性甚至显示社会层级比中原地区的二里头更早达到国家水平[109]。郭静云还借鉴欧亚草原南缘米努辛斯克盆地铜石并用至早期青铜时代不同族群的"共生现象"，推测石峁社会结构较为复杂，内部可能也存在本地长居的农耕和渔猎族群的聚落和来自草原的流动的游战族之间的共生[110]。

石峁发现的超大型城址、宏大的建筑、复杂的宗教祭祀现象及大量精美玉器及其与周邻聚落形成的多层级关系已经从宏观上展现出河套地区在龙山时代晚期已形成了高度复杂的社会系统，这已是当下学术界的共识。我们认为，如果说城墙体石方量反映的城址规模是推断资源集中、人力控制和行政组织的尺度，石峁遗址无疑已经具有了早期城市的必要因素及特征，与其周边数以千计的中小型聚落共同彰显出早期国家形态下"国"和"野"的具象特征。因此，我们有理由相信石峁遗址的统治者掌握了操控公共权力及控制祭祀权力的可能，具备了早期王国都邑的必要条件。

（五）体质人类学、生业和环境研究

为了获取更多的历史信息，从石峁遗址系统性发掘之初，体质人类学、动物、植物、古DNA及古环境等学科研究便介入日常考古工作中，开展跨学科的综合研究。

陈靓对石峁城址外城东门址祭祀坑和后阳湾地点出土人骨进行了体质人类学分析，外城东门址祭祀坑中发现的女性明显多于男性，且多为壮年，种族特征与内蒙古长城一带的土著居民具有高度的一致性；头骨上留有明显的火烧痕迹，可能与祭祀仪式或者卸取头骨有关，创伤则表明本地区可能为争夺资源而战争频繁[111]。而后阳湾地点墓葬中出土的头骨显示石峁先民的族属特征接近蒙古人种的东亚类型，下肢骨中相对扁平的股骨和胫骨，可能是长期劳作的结果，龋齿少发，推测石峁居民的食物结构中植物性食物所占比例较小[112]。

出土的动植物遗存是进行生业模式的基础资料。胡松梅、杨苗苗通过动物遗存种属的鉴定分析，认为石峁的经济类型为半农半牧，家养动物是先民的主要肉食来源，大量饲养猪和黄土高原习见的草原动物牛、羊，同时发现的扬子鳄骨板显示出遗址较高的规格[113]。植物遗存的分析也显示出石峁的生业特点以农耕生产为主，兼营家畜饲养业。农作物种类较为简单，主要包括粟、黍两种小米，属于典型的北方旱作农业传统；豆科植物较丰富，其中以两种优质牧草草木樨和胡枝子为主，显示家畜饲养业也占据了很大的比重，从龙山晚期到夏代早期，比重呈逐渐增加之势，农牧交错带的生产特点也许在当时已经形成[114]。后阳湾地点出土黄牛的古DNA序列分析显示全部为家养普通牛，通过与周边地区出土材料的对比，反映出石峁先民与欧亚草原及龙山时代北方地区的古人群存在着文化交流，而黄牛可能正是从5000年前的甘青地区进入中原的[115]。同一地点出土的猪、黄牛和绵羊的牙釉质锶同位素研究表明，猪、黄牛和绝大多数绵羊均来自本地，石峁先民已经能够饲养上述动物作为家畜并自给自足地满足日常生活需要[116]。遗址中手工业遗存的重要发现当属皇城台出土的少量刀、镞、锥等铜器及铸铜石范，这些早期铜器的年代应不晚于公元前1800年，为揭示中国北方地区早期铜器形制和技术特征增添了重要实物资料的同时，也为冶金术自北方传入中原的观点提供了关键性的证据。但由于材料较少，暂未找到明确的冶炼遗存地点，这些新发现也引发了一些争议。苏荣誉通过出土铜器的形态比较，倾向于铜刀和石范环首刀的年代较晚，和中原商代器相若，目前的证据也尚不足以认定石峁具有铸铜工业，同时对冶铜术西来说的观点也提出了质疑[117]。

环境是文化的载体，陕北地区地处中国北方农牧交错带的南缘，也是北方典型的半湿润、半干旱区向干旱地区的过渡带，独特的地理位置、脆弱的生态环境使得人类文化对气候变化的反应十分敏感。以往的一系列研究表明，从内蒙古中南部至陕北的河套地区在公元前2000年前后，曾发生过降温事件，气候向干凉化转变[118]，很多学者在环境变化这一背景下对本地区的一些文化现象进行阐释，认为环境变化可能是石峁古城兴亡的重要原因之一。孙周勇、邵晶等认为石峁聚落的崩溃可能因为公元前1800年左右环境的干冷恶化最终难以为继[119]。吕卓民分析认为石峁古城的兴起也有环境的因素，农牧交错地带的生态环境虽然脆弱，但却为原始开发提供了一定的有利条件，特别是农牧兼营的条件，无疑比单一的农业或牧业经营方式优越，而这就是处于农牧交错地带的文明发展可能会走在中原地区前面的原因[120]。孙永刚、常经宇也认为龙山时代晚期持续的降温事件，使得陕北先民的生业形态逐渐发生转变，表现为畜牧经济的崛起，而农耕经济的比重下降，这一变化初期带来的人群聚合、肉食的富足及农业的补给等因素从一定程度上促使了早期王权国家——石峁遗址的诞生，之后夏代中晚期本地考古学文化的衰落也与气候环境持续恶化的背景密切相关[121]。

（六）族属研究

作为龙山晚期最大城址，石峁遗址以其宏大的建筑规模、复杂的城防设施、众多的精美玉器、农牧交错的地理区位以及其处于临界史前和历史时期的关键时间节点等因素，从确认其规模及城址结构开始，学者们就试图从各个角度进行解读。先秦史学者沈长云从古代文献及历史地理角度纵横捭阖、旁征博引，提出石峁古城是黄帝部族居邑[122]。此说一出，学界瞩目，甚至有学者直指黄帝都城昆仑[123]，石峁城址黄帝都城说也在历史学界产生了一定影响[124]。陈民镇立即撰文回应，指出将考古发现与古史传说轻易挂钩的做法是危险的，并从世系年代、区域位置、筑城传统等方面提出石峁古城与黄帝都邑存在文化特征的不相称性[125]。此外，关于石峁遗址性质还有尧帝避洪水所居之幽都[126]、上古西夏都邑[127]、大禹治水与共工斗争时被毁的"不周山"[128]等多种说法。近来还有学者提出石峁城址的营建者为黄帝后裔的周人先祖[129]或北狄先民[130]的新观点。

面对史学界关于石峁遗址族属与性质的快速反应，作为发掘者也不得不回过头来审视与之相关的问题。由于考古学注重实物资料的积累与分析，在没有获得充分内证性材料支持的情况下，一般不倾向于将考古学文化或某一遗址背后的族群与上古历史人物对照匹配。这也是考古学本身为人诟病的"见物不见人"的短板，但未尝不失为一种审慎的态度，对此我们专门撰文对这一问题进行了回应[131]。之后卜工也从时代、地望及以双鋬袋足陶鬲为代表的陶器多方面论证了石峁为黄帝、尧都之所的矛盾所在[132]。

从考古学文化的分布来说，以石峁遗址为代表的河套地区龙山晚期文化遗存有着深厚的区域文化渊源和传统，其分布范围大致在今内蒙古中南部、陕西北部及晋西北一带。这一区域的考古学文化面貌高度一致，上承老虎山文化，下迄朱开沟文化，有着相同的居住方式及丧葬习俗，生活用器组合及形制发展脉络清晰可循[133]。因此，可以断定以石峁为代表的龙山晚期文化遗存是根植于河套地区自仰韶晚期以来久居于此的土著人创造的。随着时间推移其社会形态逐渐复杂化过程，最终形成了具有国家形态的高级聚落中心——石峁。

种种迹象表明，石峁城址的社会功能不同于一般原始聚落，已经跨入了早期城市滥觞时期作为统治权力象征的邦国都邑的行列之中。有鉴于此，在没有获得更多证据之前，将石峁遗址的性质定义为"公元前2000年前后中国北方区域政体的中心"较为妥当。它具备了集约人口、集约经济、聚敛高等级物质文化的空间地域系统，是4000年前后大河套地区社会的政治、经济、文化及宗教中心。

五、反思与展望

石峁遗址的系统性考古工作至今已连续开展了九年，这一期间重要成果层出不穷，不断刷新着学界对中国早期文明发展高度的传统认识。我们也在不断地反思，总结经验教训，将石峁遗址的考古工作与国家大遗址保护利用及探究中华文明起源结合起来，统筹谋划，创新工作理念与方法，放眼世界，不断提升研究的深度与广度。

（一）"考古中国：河套地区聚落与社会"重大课题下的石峁考古

2017 年国家文物局颁布《"十三五"大遗址保护专项规划》，将"河套地区聚落与社会"确定为重大研究工程"考古中国"下推进中国区域文明化进程研究的重点课题之一。石峁遗址作为"河套地区聚落与社会"课题下的重要依托遗址，其发掘与研究被著名考古学家李伯谦先生誉为"考古中国"项目中的典范。

大遗址的考古发掘与研究具有长期性、复杂性的特点，在工作之初应该提高考古工作的前瞻性和科学性，树立课题意识、制定整体规划、围绕课题开展工作。作为典型遗址，石峁遗址的发掘始终将聚落考古理念贯彻其中，从外城东门址开始，先后选择试掘和发掘了内城中的后阳湾地点、呼家洼地点、韩家圪旦地点，城外的樊庄子哨所和遗址的核心区域——皇城台，这一系列发掘地点的选择均有着明确的学术目的，涵盖了城防建筑、预警设施、居址、墓葬、宫城等不同的聚落构成要素。其目的正是通过有限的发掘面积最大程度地解剖遗址，建立对聚落结构的宏观认识。

在石峁田野工作的初始阶段，我们就考虑利用考古调查覆盖面大、周期短的特点，将调查作为发掘的重要辅助和补充手段。在发掘工作的间隙，我们对石峁城址内进行多次专项调查，丰富了对城址功能布局及变迁过程的认知。同时我们还进一步扩大视野，在城内调查的基础上开展了对石峁所在的秃尾河流域史前石城的系列调查，旨在了解公元前两千纪前后中国北方地区的区域社会形态。2014 年还对同属秃尾河流域的石峁遗址次级石城聚落——寨峁梁遗址进行了考古发掘。这一系列工作有效提高了研究的深度和广度，将石峁遗址放在整个秃尾河流域乃至河套区域去考察分析，讨论其在北方地区早期文明发展进程中的地位，所获材料也为本地区的考古工作长远规划的制定提供了支持。

（二）发掘理念与方法创新

结合石峁遗址面积大、地形复杂的特点，考古队因地制宜，积极探索更为科学有效的田野考古新理念与新方法。因发掘对象为大体量建筑，有的还存在早晚多次改建现象，以往的探方发掘法多注重于揭示地层、遗迹之间叠压、打破关系所反映的历时性关系，而在一定程度上限制了对遗存完整性及遗存之间共时性联系的观察、分析、记录，考古测量的准确性也不高。故在发掘中，我们突破了传统探方发掘方法的一些限制，从聚落考古的理念出发，在能够对堆积过程全面把握的基础上，对特定对象采用了"开放式发掘法"，优点在于可以根据需要随时进行扩方或打掉隔梁，尽可能完整地揭示出遗迹，特别是大型建筑的完整面貌和相互之间的联系。同时在发掘过程中强调尽可能完整地揭示聚落面，用活动面将同时期的遗迹联系起来，或将同一地层平面上的遗迹同时揭露出来，以便了解不同遗迹之间的空间关系。

在发掘过程中不仅严格遵守《田野考古操作规程》要求，做好传统的文字、绘图记录，还努力提高发掘现场的测量测绘水平，广泛采用数字化测图、无人机航摄、数字摄影测量和三维激光扫描等多种测绘技术对遗迹本体及周边环境进行测量[134]，完成遗址本体数字化，构建田野考古发掘资料"可持续记录体系"及大遗址发掘的 ArcGIS 平台，为日后研究、维修和保护提供了真实档案。

（三）文物保护与展示利用

由于石峁遗址规模大、等级高，发掘中出土的各类遗物数量多、种类丰富，为了最大限度地保存大量珍贵信息和更多实物资料，我们采用了考古发掘现场中文物保护的主动性介入，解决文物保护相对于考古的滞后性问题，同时也提高了考古发掘的科技含量。

2018 年，在皇城台附近建立的"石峁文物医院"，将文物保护实验室建立在发掘现场，安排文保人员长驻工地，全程参与考古发掘。这一举措可使脆弱文物第一时间得到整体提取，及时运回室内进行清理以及保护修复工作，并通过对各类遗存的观察、分析，进行相关研究，实现了"精耕细作"的微观发掘。考古工作是认识遗址的基础，也是保护与利用的基础，我们要求承担考古发掘工作的业务人员也要参与到文化遗产保护和管理中，配合地方政府，对遗址的后续保护和展示利用工作积极建言献策。2017 年 12 月，石峁遗址入选第三批国家考古遗址公园立项名单。2018 年 9 月，"石峁遗址博物馆"破土动工，石峁遗址的考古成果惠及群众，指日可待。

（四）管理机构与立法保护

在国家和省级文物主管部门的指导下，地方政府十分重视石峁遗址的考古、保护和管理工作，2015 年成立了副县级建制的神木县（市）石峁遗址管理处，与石峁考古队通力合作，共同担负起石峁遗址的相关文物工作。2016 年陕西省政府颁布了《石峁遗址保护规划（2016—2030）》，为石峁遗址的保护管理工作提供了有效依据。2017 年《陕西省石峁遗址保护条例》经陕西省人大常委会颁布施行，为遗址的保护管理提供了有力的法治保障。2019 年 5 月 9 日，国家文物局正式将石峁遗址列入中国申报世界文化遗产预备名录，标志着石峁遗址拿到了申遗的预备入场券。

（五）反思与展望

随着石峁遗址考古工作的持续开展，各类研究成果日渐丰富，收获成果的同时，问题亦不容忽视。考古工作是一切文物工作的基础，也是制定各项保护规划的基础。石峁遗址面临着国家考古遗址公园建设和世界文化遗产申请的现实需求，如何在未来的考古工作兼顾遗址的发掘、研究与保护、展示，将是我们需要继续努力摸索的问题。今后工作任务不仅是如何发掘解读先祖留下的物质遗存，同时要更多地关注和解决考古遗址保护利用中的实际问题，探索如何在文物保护与考古工作中唤起地方政府的积极性，系统考虑发掘之后的遗产如何得以妥善保护，从智力和行动上支持文化遗产保护的利用纳入地方经济社会发展，让考古成果惠及社会公众。

如何更好地阐释遗址的文化内涵，需要不断拓展研究的空间和提高研究的层次，我们将继续扩大多学科研究的范畴，广泛吸纳海内外学者及研究团队，开展古 DNA、古建筑、地质、环境、动植物、人类学、食谱、测年等综合研究，通过物质遗存的全面分析，迫近历史的真实。就目前现状来看，很多研究还多是停留在遗址个案研究之上，一些问题尚存在争议，相信随着进一步的发掘，会逐渐明晰起来。宏观视角的研究相对更加薄弱，如早期文明化进程中的跨地域、跨文化间的比较研究。石峁因其独特的地理位置，开展与欧亚大陆其他地区同期文明的比较研究势在必行。当然，这些研究可能需要多个地区的相关研究机构建立协作机制，加强交流，统筹设计一些重大课题。我们也认识到，目前研究多偏重文化现象的阐释，缺乏基础理论的深入探讨，这也是当今中国考古学普遍存在的问题。譬如 20 世纪传入中国的西方"酋邦理论"，是否适用于中国文明起源研究的实际状况，就需要深入思考。中国考古实践和历史发展过程归纳出"古文化—古城—古国""邦国—王国—帝国"等理论和模式，需要像石峁这样的大型城址的发掘和深入研究来丰富细节，提供实证和个案。石峁或许可以成为将基础性考古的实践探索升华成为相关理论性研究的一个重要实例。

附记：本文是国家社会科学基金重大项目"石峁遗址考古发掘与研究"（批准号：17ZDA217）的阶段性研究成果。

注　释

［1］陕西省考古研究院等：《陕西神木石峁遗址》，《考古》2013 年第 7 期；《考古与文物》编辑部：《神木石峁遗址座谈会纪要》，《考古与文物》2013 年第 3 期。

［2］Alfred Salmony. Chinese Jade Through The Wei Dynasty. The Ronald Press Company, 1968.

［3］李学勤：《论香港大湾新出牙璋及有关问题》，《南方文物》1992 年第 1 期；李学勤：《比较考古学随笔（八）：蜀国的璋、鬯》，中华书局，1991 年，第 72—82 页；张长寿：《论神木石峁出土的刀形端刃器》，《南中国及邻近地区古文化研究》，香港中文大学出版社，1994 年；王永波：《耜形端刃器的分类与分期》，《考古学报》1996 年第 1 期；邓淑苹：《牙璋研究》，《南中国及邻近地区古文化研究》，香港中文大学出版社，1994 年。

［4］范佩玮：《高家堡史话》，陕西人民出版社，2015 年；神木县档案局 1958 年资料。

［5］该资料于 1975 年由调查参与者曾骐先生提供给巩启明先生，原资料因其他原因未能公布。

［6］［29］戴应新：《陕西神木县石峁龙山文化遗址调查》，《考古》1977 年第 3 期。

［7］［70］戴应新：《陕西神木县石峁龙山文化玉器》，《考古与文物》1988 年第 5、6 期。

［8］张长寿：《论神木石峁出土的刀形端刃器》，《南中国及邻近地区古文化研究》，香港中文大学出版社，1994 年，第 59—62 页。

［9］西安半坡博物馆：《陕西神木石峁遗址调查试掘简报》，《史前研究》1983 年第 2 期；魏世刚：《陕西神木石峁遗址发掘二三事》，《史前研究》，三秦出版社，2000 年。

［10］吕智荣：《陕西神木县石峁遗址发现细石器》，《文博》1989 年第 2 期。

［11］罗宏才：《陕西神木石峁遗址石雕像群组的调查与研究》，《从中亚到长安》，上海大学出版社，2011 年，第 3—24 页。

［12］陕西省考古研究院、榆林市文物考古勘探队、神木县文体局：《陕西神木县石峁遗址》，《考古》2013 年第 7 期。

［13］［25］孙周勇、邵晶等：《石峁遗址：2015 年考古纪事》，《中国文物报》2015 年 10 月 9 日第 5 版。

［14］孙周勇：《陕西神木石峁遗址出土口簧研究》，《文物》2020 年第 1 期。

［15］陕西省考古研究院、榆林市文物考古勘探工作队、神木市石峁遗址管理处：《陕西神木石峁遗址皇城台地点考古取得重要收获》，《中国文物报》2019 年 1 月 11 日第 8 版。

［16］孙周勇、邵晶、邸楠：《石峁皇城台呈现宫城形制》，《中国社会科学报》2018 年 9 月 28 日第 6 版。

［17］司马迁：《史记》，中华书局，1982 年，第 1360 页。

［18］［76］孙周勇、邵晶：《关于石峁玉器出土背景的几个问题》，《玉魂国魄——中国古代玉器与传统文化学术讨

论会文集（六）》，杭州出版社，2014 年，第 84—92 页。

［19］ 方诗铭、王修龄：《古本竹书纪年辑证》，上海古籍出版社，1981 年，第 18 页。

［20］ 李万寿译著：《晏子春秋》，贵州人民出版社，1990 年，第 95 页。

［21］ 国庆华、孙周勇、邵晶：《石峁外城东门和早期城建技术》，《考古与文物》2016 年第 4 期。

［22］ 孙周勇、邵晶：《瓮城溯源——以石峁遗址考古发现为中心》，《文物》2016 年第 2 期。

［23］ 孙周勇、邵晶：《马面溯源——以石峁遗址考古发现为中心》，《考古》2016 年第 6 期。

［24］ 陕西省考古研究院等：《神木石峁遗址韩家圪旦地点发掘简报》，《考古与文物》2016 年第 4 期。

［26］ 陕西省考古研究院等：《陕西神木县石峁遗址后阳湾、呼家洼地点发掘简报》，《考古》2015 年第 5 期。

［27］ 胡松梅、杨苗苗等：《2012—2013 年度陕西神木石峁遗址出土动物遗存研究》，《考古与文物》2016 年第 4 期；
蔡大伟、胡松梅等：《陕西石峁遗址后阳湾地点出土黄牛的古 DNA 分析》，《考古与文物》2016 年第 4 期；
赵春燕、胡松梅等：《陕西神木石峁遗址后阳湾地点出土动物牙釉质的锶同位素比值分析》，《考古与文物》
2016 年第 4 期；陈靓、熊建雪等：《陕西神木石峁城址祭祀坑出土头骨研究》，《考古与文物》2016 年第 4 期。

［28］ 陕西省考古研究院、榆林市文物考古勘探队、神木县文体广电局、神木县石峁遗址管理处：《发现石峁古
城》，文物出版社，2016 年。

［30］ 魏世刚：《试论石峁等遗存与客省庄二期文化的关系》，《文博》1990 年第 4 期。

［31］ 巩启明：《关于客省庄文化的若干问题》，《中国原始文化论集——纪念尹达八十寿诞》，文物出版社，1989 年。

［32］ 张忠培：《客省庄文化及其相关诸问题》，《考古与文物》1980 年第 4 期。

［33］ 许伟：《晋中地区西周以前古遗存的编年与谱系》，《文物》1989 年第 4 期。

［34］ 梁星彭：《试论客省庄二期文化》，《考古学报》1994 年第 4 期。

［35］ 高天麟：《黄河流域龙山时代陶鬲研究》，《考古学报》1996 年第 4 期。

［36］ 国家文物局、山西省考古研究所、吉林大学考古学系：《晋中考古》，文物出版社，1999 年，第 198 页。

［37］ 内蒙古考古研究所：《内蒙古朱开沟遗址》，《考古学报》1988 年第 3 期。

［38］ 许永杰、卜工：《三北地区龙山文化研究》，《辽海文物学刊》1992 年第 1 期。

［39］ 田广金：《内蒙古中南部龙山时代文化遗存研究》，《内蒙古中南部原始文化研究文集》，海洋出版社，1991 年。

［40］ 吕智荣：《陕晋北部及内蒙古中南部地区龙山时代晚期遗存》，《考古与文物》2002 年第 3 期。

［41］ 王炜林：《新华遗存及其相关问题初探》，《庆祝张忠培先生七十岁论文集》，科学出版社，2004 年。

［42］［47］［59］ 孙周勇：《新华文化述论》，《考古与文物》2005 年第 3 期。

［43］［60］ 巩启明：《新世纪陕西史前考古的重要收获（下）》，《文博》2018 年第 5 期。

［44］［61］ 张忠培：《杏花文化的侧装双鋬手陶鬲》，《故宫博物院院刊》2004 年第 4 期。

［45］ 魏坚、崔璇：《内蒙古中南部原始文化的发现与研究》，《内蒙古文物考古文集》第一辑，中国大百科全书出
版社，1994 年。

［46］ 张宏彦、孙周勇：《石峁遗存试析》，《考古与文物》2002 年第 1 期。

［48］ 阎宏东：《神木石峁遗址陶器分析》，《文博》2010 年第 6 期。

［49］ 马明志：《中国北方地带史前至夏商时期陶鬲的谱系源流》，西北大学硕士学位论文，2013 年。

［50］［106］ 孙周勇：《公元前第三千纪北方地区社会复杂化过程考察——以榆林地区考古资料为中心》，《考古与
文物》2016 年第 4 期。

［51］ 邵晶：《试论石峁城址的年代及修建过程》，《考古与文物》2016 年第 4 期。

［52］ 王朝辉：《陕北神木石峁遗址陶器初步研究》，天津师范大学硕士学位论文，2016 年。

［53］ 孙周勇、邵晶、邸楠：《石峁文化的命名、范围及年代》，《考古》2020 年第 8 期。

［54］ 许宏：《关于石峁遗存年代等问题的学术史观察》，《中原文物》2019 年第 1 期。

［55］ 夏商周断代工程专家组：《夏商周断代工程 1996—2000 年阶段成果报告（简本）》，世界图书出版公司，
2000 年。

［56］ 测年样本为房址内发现的朽木外皮，测年单位为美国加州大学尔湾分校（UCIAMS）。

［57］ 戴向明：《黄河流域新石器时代文化格局之演变》，《考古学报》1998 年第 4 期。

［58］ 韩建业：《中国北方地区新石器时代文化研究》，文物出版社，2003 年。

［62］ 段天璟：《陕北地区龙山时代晚期至夏时期的陶鬲》，《中国陶鬲谱系研究》，紫禁城出版社，2014 年。

［63］ 苗畅：《陕北地区龙山时代晚期双鋬鬲遗存研究》，吉林大学硕士学位论文，2015 年。

［64］ 段天璟、董霄雷：《陕北地区石峁遗址相关遗存的性质及其形成的鬲谱观察》，《边疆考古研究》（第 24 辑），科学出版社，2018 年。

［65］ 徐峰：《石峁与陶寺考古发现的初步比较》，《文博》2014 年第 1 期。

［66］ 王晓毅：《龙山时代河套与晋南的文化交融》，《中原文物》2018 年第 1 期。

［67］ 郭物：《从石峁遗址的石人看龙山时代中国北方同欧亚草原的交流》，《中国文物报》2013 年 8 月 2 日第 6 版。

［68］ Rawson J, Shimao and Erlitou: New Perspectives on the Origins of the Bronze Industry in Central China. Antiquity, 2017, 91: 355, e5.

［69］ 李旻：《重返夏墟：社会记忆与经典的发生》，《考古学报》2017 年第 3 期。

［71］ 张锟：《论陕北地区发现的玉器》，《文物世界》2012 年第 2 期。

［72］ 王炜林、孙周勇：《石峁玉器的年代及相关问题》，《考古与文物》2011 年第 4 期。

［73］ 邓淑苹：《晋、陕出土东夷系玉器的启示》，《考古与文物》1999 年第 5 期。

［74］ 杨伯达：《"一目国"玉人面考——兼论石峁玉器与贝加尔湖周边玉资源的关系》，《考古与文物》2004 年第 2 期。

［75］ 权敏：《陕西龙山时代至夏时期玉器的初步研究》，西北大学硕士学位论文，2010 年。

［77］ 戴向明：《黄河中游史前经济概论》，《华夏考古》2016 年第 4 期。

［78］ 王晓毅：《山西吕梁兴县碧村遗址出土玉器管窥》，《故宫博物院院刊》2018 年第 3 期。

［79］ 何驽：《中国史前奴隶社会考古标识的认识》，《南方文物》2017 年第 2 期。

［80］ 叶舒宪：《从石峁建筑用玉新发现看夏代的瑶台玉门神话——大传统新知识重解小传统》，《百色学院学报》2013 年第 4 期。

［81］ 殷慧慧：《石峁遗址的玉器研究》，天津师范大学硕士学位论文，2016 年。

［82］ 邵晶：《石峁牙璋的发现与研究》，《东亚牙璋学术探讨会论文集》，郑州市文物考古研究院等，2016 年。

［83］ 秦小丽：《中国初期国家形成过程中的牙璋及意义》，《中原文化研究》2017 年第 4 期。

［84］ 邓淑苹：《玉礼器与玉礼制初探》，《南方文物》2017 年第 1 期。

［85］ 张国英：《石峁文化与二里头文化玉器比较研究》，河北师范大学硕士学位论文，2016 年。

［86］ 陈茜：《石家河文化玉器研究》，湖南大学硕士学位论文，2017 年。

［87］ 郭静云：《牙璋起源刍议——兼谈陕北玉器之谜》，《三峡大学学报（人文社会科学版）》2014 年第 5 期。

［88］ 叶舒宪：《玉石之路与华夏文明的资源依赖——石峁玉器新发现的历史重建意义》，《上海交通大学学报（哲学社会科学版）》2013 年第 6 期。

［89］ 王强、杨海燕：《西玉东传与东工西传——黄河流域龙山时代玉器比较研究》，《东南文化》2018 年第 3 期。

［90］ 潘禾玮奕：《新石器时代晚期至夏商时代黄河中上游玉器研究——兼论早期玉石之路的形成》，南京大学硕士学位论文，2018 年。

［91］ 神木市石峁文化研究会：《石峁玉器》，文物出版社，2018 年。

［92］ 戴应新：《神木石峁龙山文化玉器探索（一至六）》，《故宫文物月刊》，1993 年。

［93］ 孙周勇、邵晶：《瓮城溯源——以石峁遗址外城东门址为中心》，《文物》2016 年第 2 期；孙周勇、邵晶：《马面溯源——以石峁遗址考古发现为中心》，《考古》2016 年第 6 期。

［94］ 马乐欣：《石峁遗址城防设施初论》，中央民族大学硕士学位论文，2016 年。

［95］ 国庆华、孙周勇、邵晶：《石峁外城东门址和早期城建技术》，《考古与文物》2016 年第 4 期。

［96］ 国庆华：《龙山文化晚期石峁东门中所见的建筑文化交流》，《中国建筑史论汇刊》（第14辑），中国建筑工业出版社，2016年。

［97］ 杜启明：《建筑学语境下的石峁遗址》，《中原文物》2019年第1期。

［98］ 吕宇斐、孙周勇、邵晶：《石峁城址外城东门的天文考古学研究》，《考古与文物》2019年第1期。

［99］ 邵安定、付倩丽等：《陕西神木县石峁遗址出土壁画制作材料及工艺研究》，《考古》2015年第6期。

［100］ 吴小可：《石峁遗址城墙孔洞功用初探》，中央民族大学硕士学位论文，2016年。

［101］ 贺黎民：《石峁遗址城墙营建技术研究》，西北大学硕士学位论文，2018年。

［102］ 赵东：《陕西芦山峁和石峁遗址出土陶瓦的意义》，《砖瓦》2019年第5期。

［103］ 王炜林、郭小宁：《陕北地区龙山至夏时期的聚落与社会初论》，《考古与文物》2016年第4期。

［104］ 戴向明：《北方地区龙山时代的聚落与社会》，《考古与文物》2016年第4期。

［105］ 戴向明：《陶寺、石峁与二里头——中原及北方早期国家的形成》，《夏商都邑与文化（二）：纪念二里头遗址发现55周年学术研讨会论文集》，中国社会科学出版社，2014年。

［107］ 徐峒：《公元前三千纪至前两千纪之初秃尾河流域聚落形态》，西北大学硕士学位论文，2016年。

［108］ 陈小华、李芬：《古城演进模式与国家形成》，《长江文明》2018年第3期。

［109］ Li Zhang, Zhouyong Sun, Jing Shao, et al. When Peripheries were Centres: A Preliminary Study of the Shimao Centred Polity in the Loess Highland, China. Antiquity, 2018, 92: 364.

［110］ 郭静云：《从石峁遗址谈"共生"社会的形成》，《中国文物报》2015年9月25日第6版。

［111］ 陈靓、熊建雪等：《陕西神木石峁城址祭祀坑出土头骨研究》，《考古与文物》2016年第4期。

［112］ 陈靓、孙周勇、邵晶：《陕西神木石峁城址后阳湾地点出土人骨研究》，《西部考古》（第14辑），科学出版社，2017年。

［113］ 胡松梅、杨苗苗等：《2012—2013年度陕西神木石峁遗址出土动物遗存研究》，《考古与文物》2016年第4期。

［114］ 高升：《陕西神木石峁遗址植物遗存研究》，西北大学硕士学位论文，2017年。

［115］ 蔡大伟、胡松梅等：《石峁遗址后阳湾地点出土黄牛的古DNA分析》，《考古与文物》2016年第4期。

［116］ 赵春燕、胡松梅等：《陕西石峁遗址后阳湾地点出土动物牙釉质的锶同位素比值分析》，《考古与文物》2016年第4期。

［117］ 苏荣誉：《关于中原早期铜器生产的几个问题：从石峁发现谈起》，《中原文物》2019年第1期。

［118］ 陈渭南、高尚玉、邵亚军等：《毛乌素沙地全新世孢粉组合与气候变迁》，《中国历史地理论丛》1993年第1期；方修琦、孙宁：《降温事件：4.3kaBP岱海老虎山文化中断的可能原因》，《人文地理》1998年第1期；胡珂、莫多闻、毛龙江等：《榆林地区全新世聚落时空变化与人地关系》，《第四纪研究》2010年第2期。

［119］ Zhouyong Sun, Jing Shao, Li Liu, et al. The First Neolithic Urban Center on China's North Loess Plateau: The Rise and Fall of Shimao. Archaeological Research in Asia, 2017, 14.

［120］ 吕卓民：《石峁古城：人类早期文明发展与环境选择》，《中国历史地理论丛》2016年第3期。

［121］ 孙永刚、常经宇：《陕北地区仰韶时代晚期至龙山时代生业方式分析》，《辽宁师范大学学报（哲学社会科学报）》2018年第1期。

［122］ 沈长云：《石峁古城是黄帝部族居邑》，《光明日报》2013年3月25日第15版；沈长云：《再说黄帝与石峁古城》，《光明日报》2013年4月15日第15版。

［123］ 王红旗：《神木石峁古城遗址当即黄帝都城昆仑》，《百色学院学报》2014年第5期。

［124］ 李宗俊：《〈汉书·地理志〉所记先秦地理与石峁城为上古帝都之解读》，《中国历史地理论丛》2016年第3期。

［125］ 陈民镇：《不要把考古与传说轻易挂钩》，《光明日报》2013年4月15日第15版。

［126］ 朱鸿：《石峁遗址的城与玉——中华文明探源视野中的文化思考》，《光明日报》2013 年 8 月 14 日第 5 版。

［127］ 张怀通：《谁的石峁：石峁古城系上古西夏都邑》，《中国社会科学报》2015 年 3 月 18 日第 5 版。

［128］ 胡义成、曾文芳、赵东：《陕北神木石峁遗址即"不周山"——对石峁遗址的若干考古文化学探想》，《西安财经学院学报》2015 年第 4 期。

［129］ 沈长云：《华夏族、周族起源于石峁遗址的发现和探究》，《历史研究》2018 年第 2 期。

［130］ 吕智荣：《从石峁到李家崖》，《榆林学院学报》2018 年第 5 期；韩建业：《"石峁人"或属北狄先民》，《中国社会科学报》2018 年 12 月 27 日第 8 版。

［131］ 孙周勇、邵晶：《石峁是座什么城？》，《光明日报》2015 年 10 月 12 日第 16 版。

［132］ 卜工：《读石峁古城看文明亮点》，《光明日报》2015 年 12 月 2 日第 10 版。

［133］ 韩建业：《中国北方地区新石器时代文化研究》，文物出版社，2003 年，第 126—155 页。

［134］ 南竣祥等：《Z+F 三维激光扫描仪在石峁遗址测量中的应用》，《测绘与空间地理信息》2017 年第 2 期；周磊等：《测绘技术在大遗址保护中的应用》，《测绘与空间地理信息》2017 年第 7 期。

（原载于《中原文物》2020 年第 1 期）

石峁文化的命名、范围及年代

孙周勇　邵　晶　邸　楠

公元前2300—前1800年，以内蒙古中南部、陕西北部及山西西北部等区域为核心的广义河套地区，由于自然区域地理的相对封闭性，其考古遗物及遗迹呈现出迥异于周边区域的独特性，形成了一个人文地理意义上的文化区[1]。公元前2300年前后，"双鋬鬲类遗存"异军突起及快速扩张，标志着河套地区进入龙山时代后期。

2011年以来，石峁遗址的考古工作取得重大收获，先后发掘了外城东门址、韩家圪旦居址及墓葬、樊庄子哨所、皇城台门址及宫室建筑等重要遗迹，城址规模宏大，结构清晰，年代序列完整，是已知北方地区龙山时代后期唯一一处中心聚落[2]。本文以石峁遗址考古资料为基础，系统梳理了河套地区双鋬鬲类遗存的分布范围、文化特征、年代及文化性质，提出将以"双鋬鬲"为代表的一组稳定器物组合命名为"石峁文化"，代表了区别于中原地区龙山时代晚期的一支重要考古学文化，并以地层关系和典型陶器组合为基础进行了分期。

一、"双鋬鬲类遗存"的分布范围

20世纪80年代以来，考古发现的以双鋬鬲为特色的龙山时代晚期遗存日趋丰富。除鬲、斝、甗之外，盉、三足瓮、直筒罐等陶器上往往也置有对称的双鋬，这种带有对称鋬为特征的陶器极具辨识性，与之共存的器物常见单把鬲、喇叭口瓶（罐）、圈足罐、三足瓮等。为方便行文，本文将上述以双鋬类陶器为大宗的考古学遗存称为"双鋬鬲类遗存"。

出土双鋬鬲类遗存的主要遗址有陕西省石峁遗址、新华遗址[3]、木柱柱梁遗址[4]、神圪垯梁遗址[5]、寨峁遗址[6]、郑则峁遗址[7]、寨峁梁遗址[8]、庙梁遗址[9]、石摞摞山遗址[10]等，内蒙古自治区朱开沟遗址[11]、老虎山文化遗址群[12]、永兴店遗址[13]、二里半遗址[14]、白草塔遗址[15]、城嘴子遗址[16]、大庙圪旦遗址[17]、庄窝坪遗址[18]、西岔遗址[19]、洪水沟遗址[20]等，山西省杏花遗址[21]、游邀遗址[22]、峪道河遗址[23]、乔家沟遗址[24]、双务都遗址[25]、阳白遗址[26]、白燕遗址[27]、青石遗址[28]、坪头遗址[29]、乔家湾遗址[30]、窑子坡遗址[31]、碧村遗址[32]等，有二十余处遗址。这类遗存的分布以陕西北部、内蒙古中南部和山西中北部的河套东部区域[33]为核心，涵盖了南流黄河北段和吕梁山地辐射的全部地带，分布区域内的地貌以黄土台塬和梁峁为特征，间有一些山间平原和盆地，如河套平原（东部）、大同盆地、忻定盆地、太原盆地等。从地理单元来看，双鋬鬲类遗存的核心分布区域东抵太行山西、南到子午岭北、向西包括南流黄河北段西侧支流的大部分流域、北至大青山南麓，东北到达岱海地区、东南可抵近太原盆地南部。

另外，在河北省蔚县筛子绫罗、三关[34]，宣化贾家营[35]、关子口[36]，怀来小古城[37]、官庄[38]等及北京昌平雪山遗址[39]也见到典型双鋬鬲。特别值得注意的是，以临汾盆地陶寺遗址[40]为中心的周边区域，如东下冯[41]、孝陵[42]、西阳呈[43]、曲舌头[44]、侯村[45]、东许[46]、南石[47]、周家庄[48]等遗址，集中发现了一批双鋬鬲类遗存，从器物组合和器形特征上来看，其与河套地区同期遗存面貌极为近似，似乎暗示着自陶寺文化中期以来在晋南盆地"突然"出现的此类遗存，或是受河套地区双鋬鬲类遗存的影响而来[49]。上述发现暗示双鋬鬲类遗存的影响范围东北到达冀西北张家口地区，甚至北京以西，向东南已至陶寺文化核心分布区域的晋南临汾盆地。虽然其向南的影响还不十分清楚，但延安大砭沟[50]、临潼康家遗址[51]发现的双鋬鬲似乎表明其势力或多或少已经波及黄土高原南端乃至关中腹地。需要指出的是，由于考古资料的匮乏，双鋬鬲类遗存向西的影响范围尚不清楚。

以河套地区为分布中心的双鋬鬲类遗存，其文化特征稳定，器物组合呈现出迥异于中原地区龙山时代诸文化的风格。从考古学文化命名的角度来看，关于这类遗存的认识经历了由中原龙山文化体系之下的地域类型向不同性质考古学文化的转变过程，从早年的"房塔沟类型"[52]、"石峁类型"[53]以及"前套龙山文化"[54]到以典型遗址命名考古学文化的过程。目前，关于双鋬鬲类遗存的考古学文化命名主要包括了大口一、二期文化[55]、大口文化[56]、朱开沟文化[57]、老虎山文化[58]、杏花文化[59]、永兴店文化[60]、游邀文化[61]、寨峁文化[62]、新华文化[63]等。

显然，由于区域考古工作在广度和深度上的差异，导致河套地区龙山时代考古学文化在性质判断、文化命名等方面产生了较为严重的割裂、混乱的局面。由于研究者所站角度不同，看待问题的出发点也就有了差异，文化命名呈现突出的区域性特点，繁复多变、未被广泛认可的考古学文化命名阻碍了相关研究的深入。但有一点不容忽视，越来越多的学者认为，河套地区以双鋬鬲为代表的龙山晚期遗存属于同一时代、分布区域集中且具有共同特征的一群遗存，具有明显的稳定性特征，应该给予单独的考古学文化名称。

笔者认为，目前河套地区龙山时代晚期考古学文化命名问题上的认知差异形成的主要原因，在于如何确认典型遗址及典型遗存，而能否体现双鋬鬲发展演变的完整过程应作为考量"典型遗址"及辨识考古学文化的重要参数。如何考察双鋬鬲类遗存的考古学文化特征，确认和辨析其时空框架，将其从文化性质的角度与中原及周边考古学文化区分开来，在一定程度上显得尤为迫切和必要。自20世纪80年代以来，学界对双鋬鬲类遗存的知识积累已相当充分，对其向外的影响扩张及与其他考古学文化的关系也已经有所讨论。考虑到石峁遗址城址规模宏大、聚落结构清晰、年代序列完整、出土遗物丰富，是这一时期整个河套地区的区域中心聚落，具有代表性及典型性，我们提出"石峁文化"的命名，代表了河套地区龙山时代后期的考古学文化面貌，就其绝对年代而言，下限当已进入夏代早期。

二、石峁文化的分期与年代

公元前2500年前后，以空三足器斝的兴起为标志，河套地区进入龙山时代。至公元前2300年左右，伴随着聚落规模和聚落形态的巨大变化，双鋬鬲类遗存横空出世并迅速占领了整个河套地区。从整体文化面貌上可将这一区域的考古学遗存区分为前、后两期。龙山时代前期以斝为代表，促生了空三足陶器体系的形成，喇叭口平底瓶取代仰韶时代末期极度退化的尖底瓶（浅圜底的喇叭口瓶），主要日用生活器皿的形制变化暗示着人群及生活习俗的巨大转变。龙山时代后期以双鋬鬲的出现为代表，器物形制的普遍大型化，三足及双鋬器类广泛流行，形成了双鋬鬲与斝、甗、盉、三足瓮等稳定的器物组合，标志着新阶段的到来。

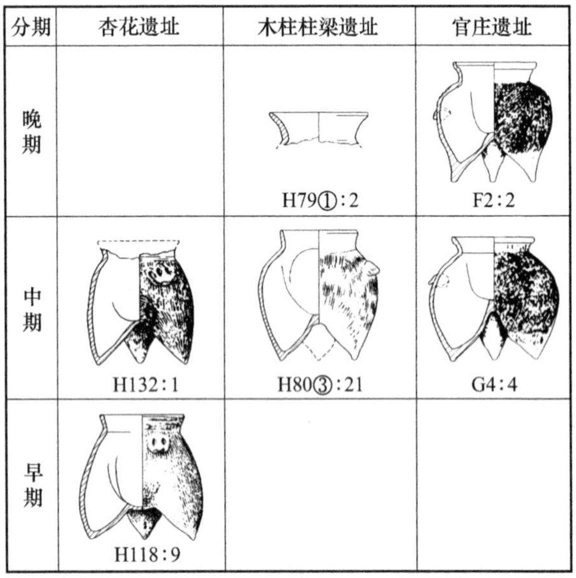

分期	杏花遗址	木柱柱梁遗址	官庄遗址
晚期		H79①:2	F2:2
中期	H132:1	H80③:21	G4:4
早期	H118:9		

图一　基于层位关系的双鋬鬲分期

我们梳理了出土双鋬鬲遗存的典型单位及地层关系，在此基础上形成分期方案。目前共有三组层位关系可作为分期依据：杏花遗址H132打破H118，木柱柱梁遗址H79打破H80，官庄遗址F2打破G4。上述单位均出土双鋬鬲，根据打破关系和器形变化，可将其分为早、中、晚三期（图一）。早期以杏花H118出土双鋬鬲为代表，其典型特征是矮领，宽裆；中期以杏花H132、木柱柱梁H80、官庄G4出土的双鋬鬲为代表，领部逐渐变高、裆部收紧且呈"尖角"状，并伴有"瘤裆"；晚期以木柱柱梁H79、官庄F2出土双鋬鬲为代表，领部较高，裆部紧收，足部出现高实足跟。

在石峁遗址所见的层位关系中，以下几组也出土了典型双鋬类陶器的裆、足等变化敏感的残片，显示了与上述双鋬鬲变化趋势一致的演化规律。如外城东门址上、下层路面堆积中，分别出土了高领尖角裆实足跟双鋬鬲和高领尖角裆双鋬鬲；后阳湾地点试掘2层和3层，展示了花边高领尖角裆实足跟双鋬鬲叠压高领尖角裆双鋬鬲的层位关系；内城韩家圪旦地点H1打破H3、H1打破F6-F7-F11，分别出土了高领尖角裆双鋬鬲和矮领宽裆双鋬鬲。综上所述，石峁遗址所见双鋬鬲的形制变化与我们根据典型层位关系观察到的由"矮领宽裆"到"中领尖裆"再到"高领高跟"的发展过程完全一致。

石峁遗址出土双鋬鬲遗存的单位，多数同时出土了折肩罐、三足瓮、双鋬斝等陶器，可以视为各自所代表期段的典型器物组合。例如，内城圆圪堵地点F1内发现矮领宽裆双鋬鬲和喇叭口圆肩罐等器物组合；后阳湾地点2012W1出土高领尖角裆双鋬鬲和直筒三足瓮的器物组合；呼家洼地点F3发现了高领单把鬲、尖角裆直口双鋬斝、尖角裆敛口双鋬甗等器物组合；皇城台门址W1出土的高领尖角裆实足跟双鋬鬲和高领尖裆双鋬甗器物组合。

根据石峁遗址层位关系和陶器组合，以双鋬鬲的形制变化为主线，我们确定了石峁遗址主要遗存的分期。早期以韩家圪旦地点居址早期、后阳湾地点2012W3、圆圪堵地点调查的白灰面房址为代表；中期以后阳湾地点2012W1、呼家洼地点2012F3、外城东门址早期、韩家圪旦地点居址晚期为代表；晚期以后阳湾地点2013年试掘晚期遗存、外城东门址晚期遗存和皇城台出土的高领尖角裆实足跟双鋬鬲遗存为代表。上述共存关系显示，石峁遗址龙山时代晚期遗存除双鋬鬲外，还常见单把鬲、喇叭口平底瓶、直口圜底瓮、三足瓮、豆、圈足盘、大口尊、盉、斝、甗、圈足罐、敛口平底瓮等陶器。

以下将这一分期方案和典型器物组合放置于河套地区加以检视。早期典型器物多见于石摞摞山、寨峁梁、杏花、永兴店、白草塔等遗址以及"老虎山文化"遗址群；中期典型器物在寨峁、双务都、峪道河、碧村等遗址以及新华早期和朱开沟墓地早期有比较丰富的发现；晚期典型器物在新华晚期、游邀、大口等遗址以及白敖包墓地多有发现。由此可见，上述陶器群分布的广泛性和分期的普适性，反映了双鋬鬲类遗存从兴起、发展、鼎盛至趋于衰落的演变过程。具有稳定性及独特性的各期段器物组合，代表了石峁文化连续发展、紧密衔接的三个发展阶段（图二）。

石峁文化三期器物组合及器物形制变化规律可归纳如下。

石峁文化早期，双鋬鬲常见矮领宽裆形态，单把鬲裆部较宽，喇叭口瓶为圆折肩，豆为细柄，还常见斜直领圆腹罐、直口圜底瓮、敛口平底瓮等陶器。石峁文化中期，双鋬鬲裆部"收拢"为尖角状，领部加高；单把鬲亦为尖角裆；喇叭口瓶折肩明显；新出现的三足瓮保持了下腹折棱，应是由早期直口圜底瓮演变而来；除细柄豆外还出现了圈足盘；另外，大口尊、敛口瓿、直口斝和带流盉等大量兴起，瓿、盉、斝常见。石峁文化晚期，双鋬鬲领部明显加高，常见贴附泥条的"花边口沿"和高实足跟；喇叭口瓶折肩之下常见亚腰；三足瓮下腹折棱消失，体形胖大，成为真正意义上的"蛋形三足瓮"；圈足盘完全取代细柄豆；大口尊肩部折棱加高；常见领部有花边口沿的鼓腹罐、圈足罐等陶器。

需要指出的是，宽弧裆、宽平裆、宽裆带瘤三种形态的双鋬鬲，形制的变化代表了逻辑上的前后衍生关系；但其他共存陶器的形制变化趋势尚不明显。目前还不能对上述不同形态的宽裆鬲进行分期，故暂将其归入石峁文化早期，其背后的原因是地域性差异抑或陶器生产技术的差异还需要深入探讨。

就其相对年代而言，石峁文化上接龙山时代前期以罐形斝为代表的考古学遗存[64]，下限与中原地区夏代早期遗存年代相当。需要说明的是，关于夏文化、夏代、夏时期及二里头文化等几个概念，其使用语境及代表的考古学物质文化具有极大差异。参照夏商周断代工程测年结果[65]，从考古学文化角度来讲，学界一般认为夏代涵盖了河南龙山文化晚期晚段、新砦期和二里头文化时期等三个阶段，二里头文化代表了夏代中晚期的遗存。因此，从绝对年代来说，石峁遗址晚期已经处于夏代早期阶段，年代下限晚至新砦期或二里头文化一期。

就其绝对年代而言，目前有以下几组数据可资参考。石峁文化早期寨峁梁F10的灶面上发现的粟、黍种子，校正后的 ^{14}C 测年数据为公元前 2208—前 2128 年[66]；石峁文化中期外城东门址北墩台石墙内纴木，校正后的 ^{14}C 测年数据为公元前 2140—前 1960 年[67]；石峁文化晚期的皇城台大台基顶部F2，其内部出土的朽木，校正后的 ^{14}C 测年数据为公元前 1931—前 1776 年[68]。根据测年数据并结合碧村等遗址的测年结果[69]，石峁文化的绝对年代可推定在公元前 2300—前 1800 年。其中，石峁文化早期年代当为公元前 2300—前 2100 年左右，中期的绝对年代可能为公元前 2100—前 1900 年左右，晚期的绝对年代当为公元前 1900—前 1800 年左右。

与河套地区龙山时代前期遗存[70]比较而言，以石峁文化为代表的龙山时代后期遗存在器物组合、聚落结构、遗址规模等方面发生了重要转变。聚落结构方面，围筑石砌城垣的聚落大量出现，一般选址于相对独立的山峁地带，防御功能突出，石城聚落在石峁文化分布区自仰韶末期出现以

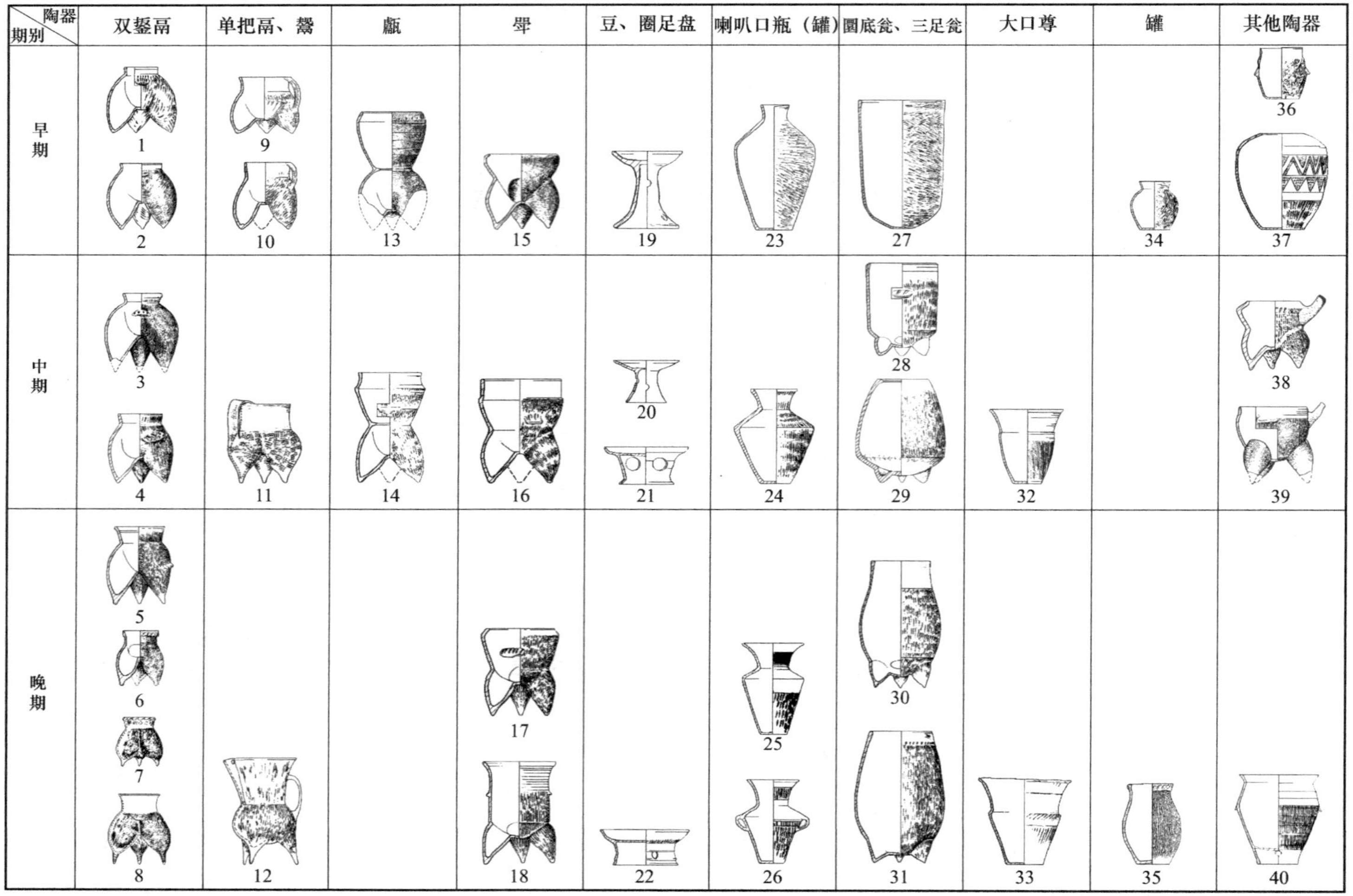

陶器期别	双鋬鬲		单把鬲、斝		甗	斝	豆、圈足盘			喇叭口瓶（罐）圆底盆、三足瓮				大口尊	罐	其他陶器	
早期	1	2	9	10	13	15	19			23	27					36	37
中期	3	4	11		14	16	20	21		24	28	29		32	34	38	39
晚期	5	6	7	8	12	17	18	22		25	26	30	31	33	35	40	

图二 石峁文化典型陶器分期

1. 石峁后阳湾 2012W3：1 2. 永兴店 H14：1 3. 新华 99H108：1 4. 双务都 H1：1 5. 新华 96H27：1 6. 石峁韩家圪旦 F39：1 7. 游邀 H2：54 8. 游邀 H129：6 9. 寨峁梁 2014F10：9 10. 寨峁梁 2014H10：11 11. 石峁呼家洼 2012F3：1 12. 游邀 H584：2 13. 乔家沟 H1：11 14. 石峁呼家洼 2012F3：2 15. 乔家沟 H1：17 16. 石峁呼家洼 2012F3：2 17. 新华 96H18③：20 18. 新华 96W3：1 19. 2014 寨峁梁 F17：2 20. 碧村 2014F20：20 24. 寨峁梁 2014H24：28 22. 碧村 H24：3 21. 碧村 H24：28 22. 碧村 H12：4 25. 白散包 M66：4 26. 白散包 M16：7 27. 寨峁梁 2014F24：4 28. 石峁后阳湾 2012W1：2 29. 石峁后阳湾 2013W1：1 31. 新华 99F28：1 33. 石峁后阳湾 2013W1：2 34. 寨峁梁 2014F21：9 35. 石峁韩家圪旦 F28：1 36. 寨峁梁 2014F26：4 37. 寨峁梁 2014F21：16 38. 石峁 19以H1：4 39. 新华 99F3：2 40. 新华 99W2：1

来，大量兴起于石峁文化时期，是石峁文化聚落的"标识性"特征。房址结构趋于多样，包括了窑洞式、半地穴式及地面式等多种形式，在石料资源丰富的区域，石砌房址成为重要的居住形式。墓葬规模差异明显，小者仅可容身，面积不足 1 平方米；大者达 10 余平方米，棺外殉人，且有丰厚随葬品及木棺等葬具，玉器、铜器等体现身份等级及财富的随葬品出现。另外，埋葬青少年的石棺墓和埋葬孩童的瓮棺墓也有发现。遗址规模方面，各聚落间差异愈加明显，聚落等级差别清晰，主要流域内出现次中心聚落，整个区域内出现超大型中心聚落——石峁遗址。

三、结　语

在讨论了分布范围、陶器群特征、分期和年代等问题后，石峁文化的时空框架大致得以构建，但必须承认的是，需要细化、补充甚至修正的内容还有很多，很难在短时间内得以全面解决。

石峁文化核心分布范围内各地的文化面貌虽较一致，但仍然存在一些地区差异，似可以进一步划分为不同的地方类型。比如，岱海地区老虎山遗址群以石峁文化早期遗存为主，双鋬鬲相对不发达，多见小型宽单把鬲，喇叭口罐（瓶）的形态极具地方特色，基本不见圜底瓮-三足瓮的发展序列，陶器面貌有别于内蒙古中南部、陕西北部和山西中北部的以黄河为纽带的"连片"区域，或与岱海盆地处于石峁文化分布外缘的地理位置有关。另外，对于张家口所在的冀北地区是否能归入石峁文化范围，仍然有待于更为典型丰富的材料的发现和研究。

石峁文化以陕西北部、内蒙古中南部、山西中北部的黄河连片区域为核心分布范围，其与陶寺文化、齐家文化、夏家店下层文化的密切关系已初显端倪。比如与陶寺文化在城市规划、城垣结构、日用器皿、用玉传统、埋葬习俗、彩绘习惯、"暴力现象"等方面表现出诸多相似之处[71]；与齐家文化在大型墓葬葬俗、玉器、铜器等方面的相似特点；与夏家店下层文化在石城传统及口簧等特殊器物方面显示了一定的联系。

从考古发现来看，石峁文化的来源应是本地的龙山时代前期遗存，在发展过程中主要继承和延续了其基本特点和主体内涵。而石峁人群的去向目前尚不清楚，在朱开沟等多个遗址中曾发现时代晚于石峁文化的"蛇纹鬲"遗存，但二者间的关系仍有待研究。石峁文化是以河套地区为核心分布范围的一支重要考古学文化，年代跨越龙山时代后期和夏代早期，大致处在公元前 2300—前 1800 年。这一时期正是中国早期文明和国家起源的关键时期，石峁文化作为不同于中原地区龙山时代晚期、新砦期和二里头文化早期遗存的一个北方地区的考古学文化典型代表，与其他文化共同推进着中国早期国家起源和发展的进程。

附记：本文为国家社会科学基金重大项目"石峁遗址考古发掘与研究"（批准号 17ZDA217）、国家文物局"考古中国——河套地区聚落与社会研究"项目资助成果。

注　释

[１]　孙周勇：《河套地区史前考古学史初步研究》，《文博》2002 年第 6 期。

［2］ 西安半坡博物馆：《陕西神木石峁遗址调查试掘简报》，《史前研究》1983年第2期；陕西省考古研究院等：《陕西神木县石峁遗址后阳湾、呼家洼地点试掘简报》，《考古》2015年第5期；陕西省考古研究院等：《陕西神木县石峁遗址韩家圪旦地点发掘简报》，《考古与文物》2016年第4期。

［3］ 陕西省考古研究所、榆林市文物保护研究所：《神木新华》，科学出版社，2005年，第124—137页。

［4］ 陕西省考古研究院：《陕西神木县木柱柱梁遗址发掘简报》，《考古与文物》2015年第5期。

［5］ 陕西省考古研究院等：《陕西神木县神圪垯梁遗址发掘简报》，《考古与文物》2016年第4期。

［6］ 陕西省考古研究所：《陕西神木县寨峁遗址发掘简报》，《考古与文物》2002年第3期。

［7］ 陕西省考古研究所陕北考古队、榆林地区文管会：《陕西府谷县郑则峁遗址发掘简报》，《考古与文物》2000年第6期。

［8］ 陕西省考古研究院等：《陕西榆林寨峁梁遗址2014年度发掘简报》，《考古与文物》2018年第1期。

［9］ a. 陕西省考古研究院等：《陕西靖边庙梁遗址考古工作取得重要收获》，《中国文物报》2018年4月6日第8版。
　　 b. 陕西省考古研究院等：《陕西靖边庙梁遗址龙山时代遗存发掘简报》，《考古与文物》2019年第4期。

［10］ 陕西省考古研究院：《陕西佳县石摞摞山遗址龙山遗存发掘简报》，《考古与文物》2016年第4期。

［11］ 内蒙古自治区文物考古研究所、鄂尔多斯博物馆：《朱开沟——青铜时代早期遗址发掘报告》，文物出版社，2000年，第84—90页。

［12］ 内蒙古文物考古研究所：《岱海考古（一）——老虎山文化遗址发掘报告集》，科学出版社，2000年，第291、496、497页。

［13］ 内蒙古文物考古研究所：《准格尔旗永兴店遗址》，《内蒙古文物考古文集》第一辑，中国大百科全书出版社，1994年。

［14］ 内蒙古文物考古研究所：《准格尔旗二里半遗址第一次发掘简报》，《内蒙古文物考古文集》第一辑，中国大百科全书出版社，1994年。

［15］ 内蒙古文物考古研究所：《准格尔旗白草塔遗址》，《内蒙古文物考古文集》第一辑，中国大百科全书出版社，1994年。

［16］ 内蒙古自治区文物考古研究所：《清水河县城嘴子遗址发掘报告》，《内蒙古文物考古文集》第三辑，科学出版社，2004年。

［17］ 内蒙古文物考古研究所、伊克昭盟文物工作站：《内蒙古准格尔煤田黑岱沟矿区文物普查述要》，《考古》1990年第1期。

［18］ 乌兰察布博物馆、清水河县文物管理所：《清水河县庄窝坪遗址发掘简报》，《内蒙古文物考古文集》第二辑，中国大百科全书出版社，1997年。

［19］ 内蒙古文物考古研究所、清水河县文物管理所：《清水河县西岔遗址发掘简报》，《万家寨水利枢纽工程考古报告集》，远方出版社，2001年。

［20］ 内蒙古文物考古研究所：《准格尔旗洪水沟遗址发掘报告》，《万家寨水利枢纽工程考古报告集》，远方出版社，2001年。

［21］ 国家文物局等：《晋中考古》，文物出版社，1999年，第119—158页。以下凡引此书，版本均同。

［22］ 忻州考古队：《忻州游邀考古》，科学出版社，2004年，第79—85页。

［23］ 山西省考古研究所：《山西汾阳县峪道河遗址调查》，《考古》1983年第11期；《晋中考古》，第23—30页。

［24］ 《晋中考古》，第78—87页。

［25］ 《晋中考古》，第78、79页。

［26］ 山西大学历史系考古专业等：《山西五台县阳白遗址发掘简报》，《考古》1997年第4期。

［27］ 晋中考古队：《山西太谷白燕遗址第一地点发掘简报》，《文物》1989年第3期。

［28］ 山西省考古研究所、忻州市文物管理处：《忻阜高速公路考古发掘报告》，上海古籍出版社，2012年，第1—100页。

［29］ 山西大学历史文化学院考古系等：《山西河曲县坪头遗址新石器时代房址发掘简报》，《考古》2014年第10期。

［30］ 王晓毅：《山西岢岚县乔家湾龙山文化晚期遗址》，《考古》2011年第9期。

［31］ 山西省考古研究所等：《山西岢岚县窑子坡遗址发掘》，《华夏考古》2011年第4期。

［32］ 山西省考古研究所、兴县文物旅游局：《2015年山西兴县碧村遗址发掘简报》，《考古与文物》2016年第4期；山西省考古研究所等：《2016年山西兴县碧村遗址发掘简报》，《中原文物》2017年第6期。

［33］ 可能是囿于沙漠地貌，河套西部先秦以前的考古学遗存发现极少，故此，本文将双鋬鬲类遗存分布的河套东部区域广义地称为河套地区。

［34］ 张家口考古队：《一九七九年蔚县新石器时代考古的主要收获》，《考古》1981年第2期。

［35］ 陶宗冶：《河北张家口市考古调查简报》，《考古与文物》1985年第6期。

［36］ 张家口市文管所、宣化县文管所：《河北宣化关子口、白庙遗址复查》，《文物春秋》1991年第3期。

［37］ 张家口考古队：《河北怀来官厅水库沿岸考古调查简报》，《考古》1988年第8期。

［38］ 河北省文物研究所等：《河北省怀来县官庄遗址发掘报告》，《河北省考古文集》（二），北京燕山出版社，2001年。

［39］ 北京大学考古系编：《燕园聚珍——北京大学赛克勒考古与艺术博物馆展品选粹》，文物出版社，1992年，第76、77页；韩建业：《北京先秦考古》，文物出版社，2011年，第10—12页。

［40］ 山西省考古研究所：《陶寺遗址陶窑发掘简报》，《文物季刊》1999年第2期；中国社会科学院考古研究所山西队等：《山西襄汾陶寺城址2002年发掘报告》，《考古学报》2005年第3期；中国社会科学院考古研究所、山西省临汾市文物局：《襄汾陶寺：1978—1985年考古发掘报告》，文物出版社，2015年，第202—212页。

［41］ 东下冯考古队：《山西夏县东下冯龙山文化遗址》，《考古学报》1983年第1期。

［42］ 山西省考古研究所：《新绛孝陵陶窑址》，上海古籍出版社，2015年，第108—154页。

［43］ 山西省考古研究所侯马工作队：《侯马西阳呈陶寺文化遗址调查》，《文物季刊》1996年第2期。

［44］ 山西大学历史系考古专业：《山西襄汾县丁村曲舌头新石器时代遗址发掘简报》，《考古》2002年第4期。

［45］ 山西省考古研究所、洪洞县博物馆：《洪洞侯村新石器时代遗址调查、试掘报告》，《三晋考古》第二辑，山西人民出版社，1996年。

［46］ 山西省考古研究所、曲沃县博物馆：《山西曲沃东许遗址调查、发掘报告》，《三晋考古》第二辑，山西人民出版社，1996年。

［47］ 山西省考古研究所：《山西翼城南石遗址调查、试掘报告》，《三晋考古》第二辑，山西人民出版社，1996年。

［48］ 中国国家博物馆田野考古研究中心等：《山西绛县周家庄遗址居址与墓地2007—2012年的发掘》，《考古》2015年第5期；中国国家博物馆田野考古研究中心等：《山西绛县周家庄遗址2007—2012年的勘察与发掘简报》，《考古》2015年第5期。

［49］ 邵晶：《石峁遗址与陶寺遗址的比较研究》，《考古》2020年第5期。

［50］ 尹达：《新石器时代》，生活·读书·新知三联书店，1979年，图版三-1，"延安的石器和陶器"。

［51］ 陕西省考古研究所康家考古队：《陕西临潼县康家遗址发掘简报》，《考古与文物》1988年第5、6期合刊；《陕西临潼县康家遗址1987年发掘简报》，《考古与文物》1992年第4期。

［52］ 崔璇：《内蒙古中南部石佛塔等遗址的调查》，《内蒙古文物考古》1981年创刊号。

［53］ 巩启明：《陕西新石器时代考古工作与研究》，《考古与文物》1988年第5、6期合刊。

［54］ 高天麟：《黄河前套及其以南部分地区的龙山文化遗存试析》，《史前研究》1986年第3、4期合刊。

［55］ 吉发习、马耀圻：《内蒙古准格尔旗大口遗址的调查与试掘》，《考古》1979年第4期。

［56］ 陕西省考古研究所、榆林市文物保护研究所：《神木新华》，科学出版社，2005年，第272—274页。

［57］ 内蒙古自治区文物考古研究所、鄂尔多斯博物馆：《朱开沟——青铜时代早期遗址发掘报告》，文物出版社，2000年，第285、286页；田广金、韩建业：《朱开沟文化研究》，《考古学研究》（五），科学出版社，2003

年。另有学者指出所谓"朱开沟文化"应该区分看待，参见崔璿：《朱开沟遗址陶器试析》，《考古》1991 年第 4 期；吕智荣：《朱开沟文化相关问题研究》，《华夏考古》2002 年第 1 期；王乐文：《朱开沟遗址出土遗存分析》，《北方文物》2004 年第 3 期。

［58］杨杰：《晋陕冀北部及内蒙古中南部龙山时代考古学文化初探》，《内蒙古中南部原始文化研究文集》，海洋出版社，1991 年；韩建业：《中国北方地区新石器时代研究》，文物出版社，2003 年；韩建业：《老虎山文化的扩张与对外影响》，《中原文物》2007 年第 1 期。

［59］张忠培：《杏花文化的侧装双鋬手陶鬲》，《故宫博物院院刊》2004 年第 4 期。

［60］魏坚：《试论永兴店文化》，《文物》2000 年第 9 期。

［61］许永杰、卜工：《三北地区龙山文化研究》，《辽海文物学刊》1992 年第 1 期。

［62］吕智荣：《陕北、内蒙古中南部及晋北地区寨峁文化》，《史前研究》辑刊，三秦出版社，2000 年。

［63］孙周勇：《新华文化述论》，《考古与文物》2005 年第 3 期。

［64］邵晶：《初论陕北地区龙山前期遗存》，《考古与文物》2019 年第 4 期。

［65］夏商周断代工程专家组：《夏商周断代工程 1996—2000 年阶段成果报告（简本）》，世界图书出版公司，2000 年，第 74—81 页。

［66］该测年数据由北京大学提供。

［67］北京大学测年数据，测年样本为纴木外皮。发表于邵晶：《试论石峁城址的年代及修建过程》，《考古与文物》2016 年第 4 期。

［68］美国加州大学尔湾分校（UCIAMS）测年数据，测年样本为朽木外皮，实验室编号 210990、210991。

［69］参见王晓毅：《山西吕梁兴县碧村遗址出土玉器管窥》，《故宫博物院院刊》2018 年第 3 期。

［70］邵晶：《初论陕北地区龙山前期遗存》，《考古与文物》2019 年第 4 期。

［71］邵晶：《石峁遗址与陶寺遗址的比较研究》，《考古》2020 年第 5 期。

（原载于《考古》2020 年第 8 期）

陶寺、石峁的夏代遗存

田建文

近年，因为陶寺、石峁等遗址的发现，随之而来的相关讨论，将相当多的夏代遗存提早到了四千多年前的"史前"，便有了这篇文章的讨论。

夏商周断代工程断定，从公元前 2070 年禹建立夏到公元前 1600 年夏灭亡，夏王朝历 470 年[1]。这么说，公元前 2070 年是中国古代史中史前时期和历史时期的分界线，因此不要一看距今 4000 年前就说是"史前"，还有 70 年的时间，不是"史前"而是夏代初期。可别小看这 70 年，现在中国的田野考古完全可以区别开的。

山西襄汾陶寺遗址，何驽博士说："陶寺文化的上限为公元前 2300 年，下限为公元前 1900 年，大约延续了 400 年。"[2] 就陶寺遗址而言它的前 230 年属于史前，后 170 年已经进入夏纪年。

陕西神木石峁遗址，"2012 年以来的发掘工作，已经揭示出石峁遗址的主体内涵是一座包含皇城台、内城、外城三重城垣的超大型史前城址，城内面积逾 400 万平方米，距今约 4000 年"[3]。发掘者一方面说石峁遗址是"史前城址"，一方面又说其"距今约 4000 年"。除非他们不采用夏商周断代工程确定夏代的时间，但至今未见其对此发表任何不同的意见。

一、陶寺、大柴及其他遗址

（一）陶寺遗址

陶寺遗址有两处大墓地，墓地 1 分布于 II 区[4]，1978 年秋到 1985 年夏，共清理墓葬 1309 座，出土陶器 311 件、漆木器 156 件、铜铃 1 件和大量的玉、石、骨、蚌、牙器。最广为人知的是 4 座大型墓中各随葬 1 件蟠龙陶盘。2002 年在陶寺 II FJT1 夯土东北、"中期小城西北部"又发现一处墓地，本文称之为墓地 2[5]。当年发掘了 22 座墓葬，加上 2005 年清理的 6 座，共 28 座，估计还有不少座，其中以 2002 II M22 大墓为代表（图一）。

II M22 简报"结语"说："II M22 出土的彩绘陶器如折肩罐、圆肩罐、双耳罐都具有早期向晚期过渡的特征，且 II M22 未经扰动过的填土里出土直口盆形斝、釜灶、单把鬲、小口折肩罐、圈足罐等残片，时代为陶寺文化中期，陶寺文化晚期偏早的 II H16 打破 II M22，因此，II M22 时代可定为陶寺文化中期偏晚。"

我认为，以 II M22 为代表的墓地 2 这批墓葬属于"龙山时代之后和二里头文化之前"[6]。原因如下述：

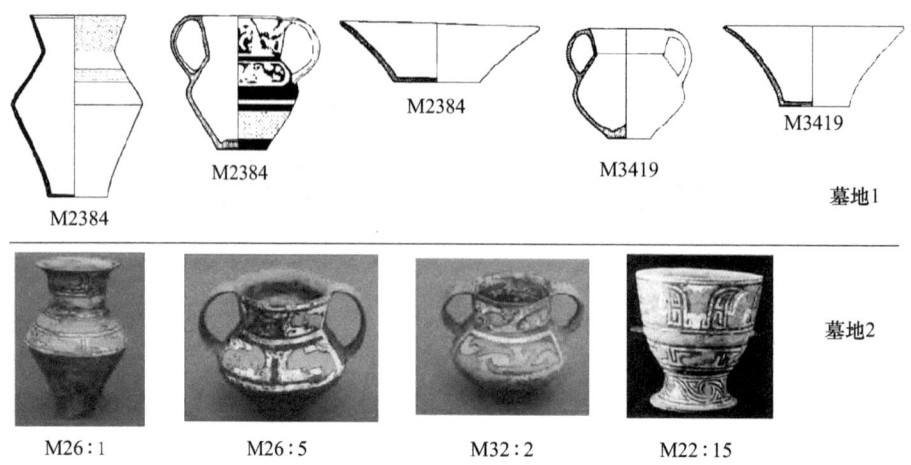

图一　陶寺墓地 1、墓地 2 出土陶器

（1）《襄汾陶寺：1978—1985 年考古发掘报告》说，单把鬲"是陶寺文化居住址中晚期常见炊器"，只有中期一组 H412、H430 共存陶器比较多，尤其是扁壶和肥足鬲作为对应（图二），就比较可靠了，问题是ⅡM22 未经扰动过的填土里出土的单把鬲，能不能早到"中期一组"？事实上，这件单把鬲，只是给了我们ⅡM22 的历时上限。

（2）墓地 1，随葬双耳罐的陶寺 M2384、M3419，墓坑填土中都有扁壶（陶寺报告将其分为第 7 式）。M3419 还有绳纹肥袋足鬲、绳纹双鋬鬲和篮纹高领折肩罐等，参照同样出土第 7 式扁壶的"陶寺文化晚期"J401 出土器物（图三），何驽博士认为陶寺晚期为公元前 2000—前 1900 年[7]。那么，M2384、M3419 充其量与之同时，而更大可能是比"陶寺文化晚期"还要晚一些。

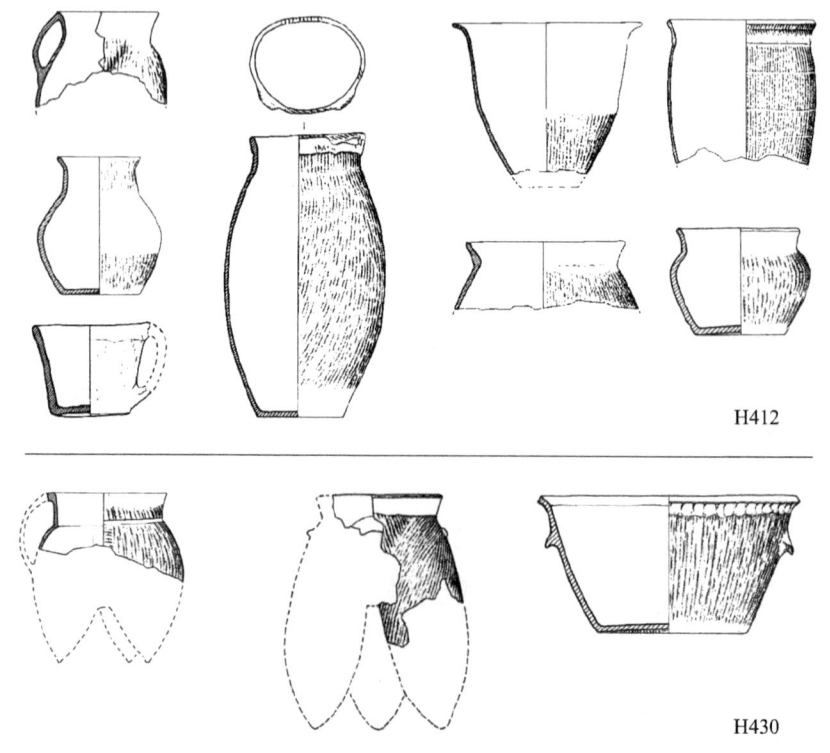

图二　陶寺 H412、H430 出土陶器

（3）陶寺 M2384、M3419，与内蒙古伊金霍洛旗朱开沟 M4012、M4014 等一样[8]都随葬双耳罐（图四），其时代也都属于"龙山时代之后和二里头文化之前"。

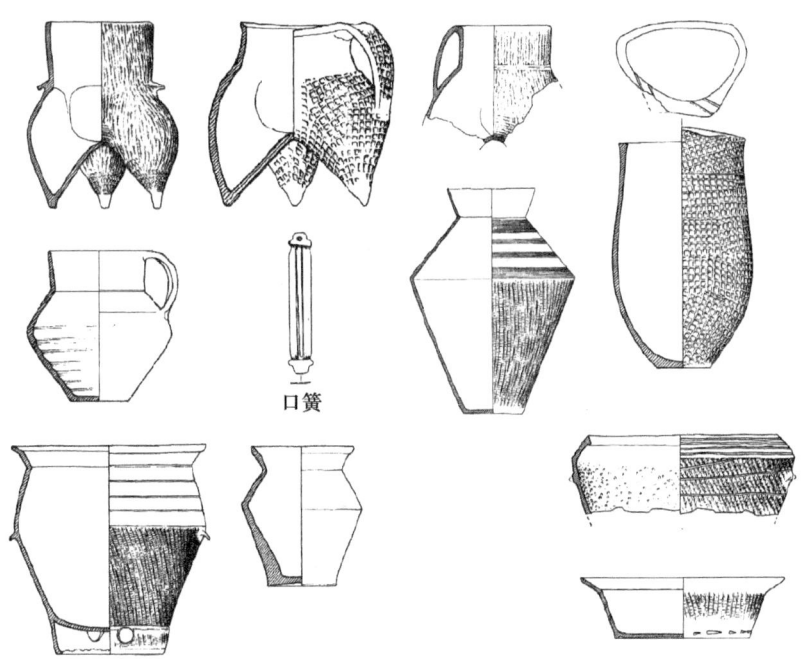

图三　陶寺 J401 出土部分陶器及口簧

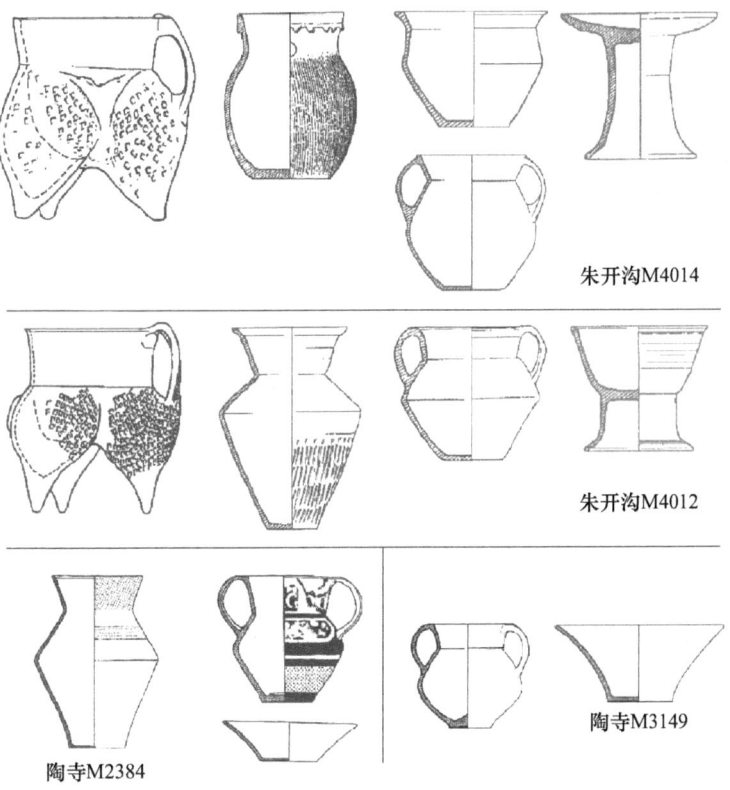

图四　朱开沟 M4012、M4014 与陶寺 M2384、M3419 出土陶器比较

（4）陶寺 M2384、M3419 在墓地中的位置，参见原报告"墓地Ⅱ、Ⅲ发掘范围内晚期墓葬排列与组合示意图"[9]，则可发现这两座墓从墓向及与周边墓葬的关系上看，都显得格格不入（图五）。

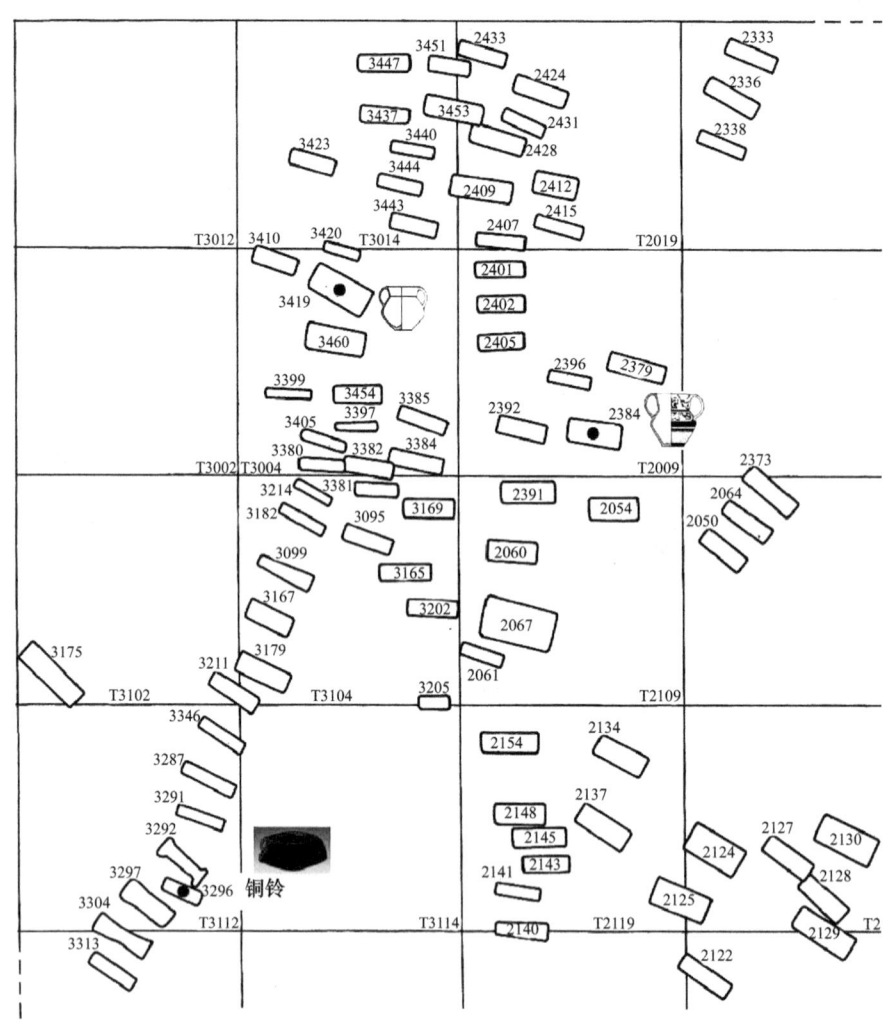

图五　M2384、M3296 和 M3419 在陶寺墓地中的位置

由此可见，这批墓葬应与陶寺遗址其他居址和墓葬彻底剥离开。这批墓葬的墓主人，推测应是在肥足鬲兴起之后来到陶寺遗址的最后一批人，也是最晚离开的人。

（5）在陶寺遗址Ⅲ区大型夯土基址[10]，双鋬鬲（ⅢH3：21）比较少见（图六），其年代应在"龙山时代之后和二里头文化之前"。但尚不清楚其与陶寺 99 Ⅱ H22 为代表的遗存之间的关系。

需要指出的是，陶寺遗址带文字的扁壶，以及铜铃、铜环、铜蛤蟆等 5 件铜器，都已进入夏纪年，而不是唐尧、虞舜时期的制品；反过来说，如果它们是唐尧、虞舜时期的器物，应当是古代文献记载错误。

（二）大柴遗址[11]

大柴遗址可以分为三期[12]（图七）。

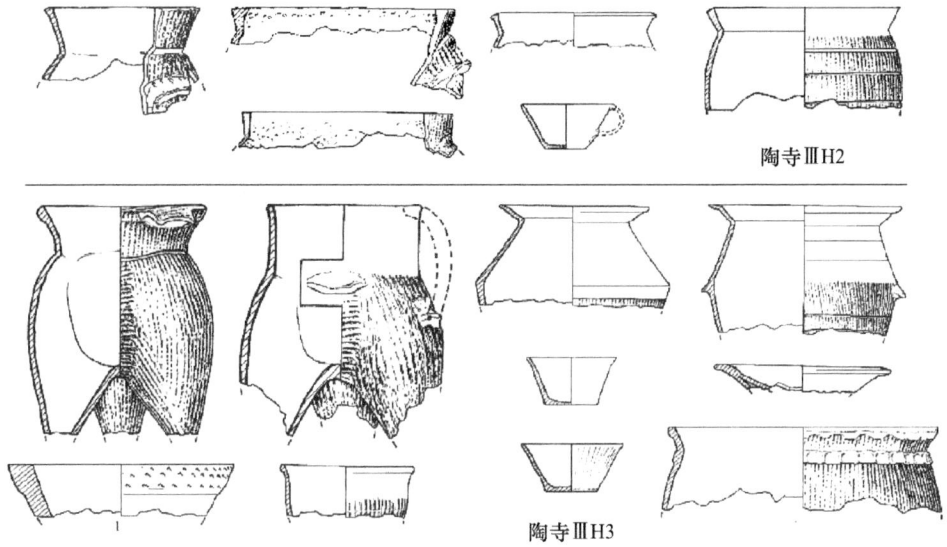

图六　2011 陶寺 ⅢH2、ⅢH3 出土陶器

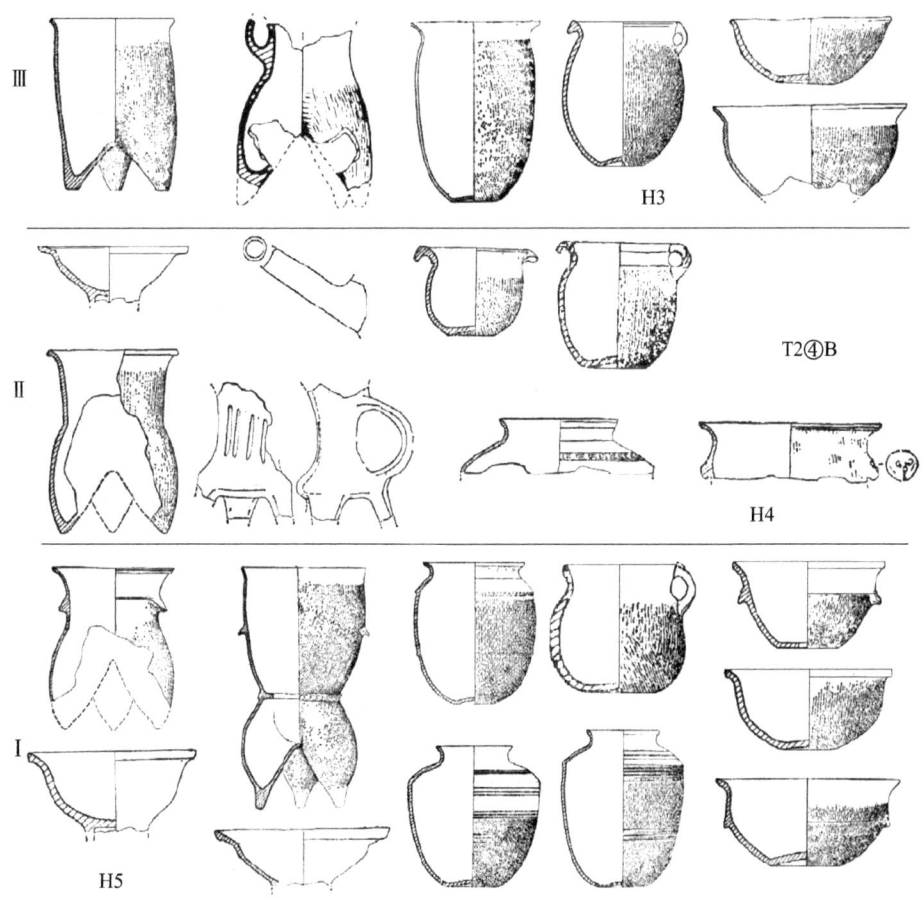

图七　大柴遗址陶器分期

　　I期：H5。敞口双錾鬲（H5：28）延续了陶寺 H365：38 颈部逐渐加长的作风；与之共存的陶器新出现了大口尊、单耳罐、折肩罐、豆和凹底盆等（图八），表明大柴遗址I期已进入一个新时代，即二里头文化一期。

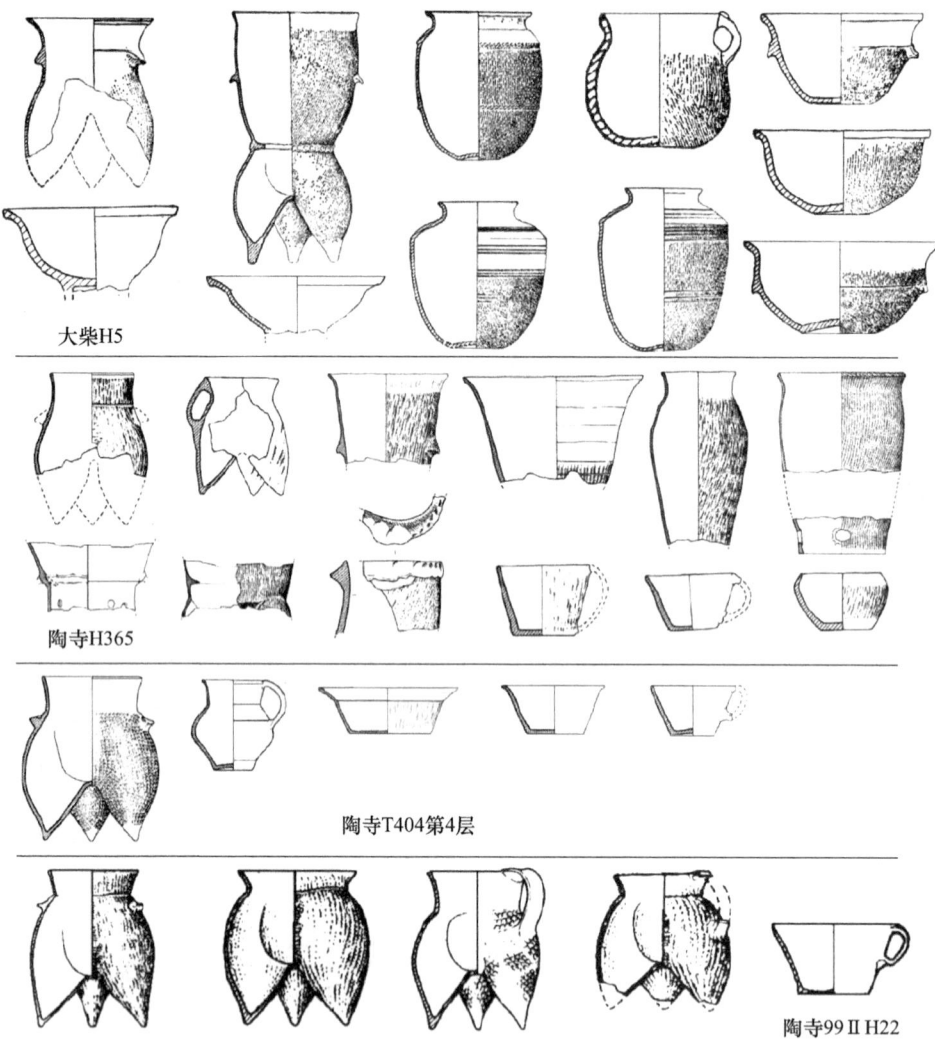

大柴H5

陶寺H365

陶寺T404第4层

陶寺99ⅡH22

图八　大柴 H5 与陶寺 T404 第 4 层、H365、99 Ⅱ H22 出土陶器比较

　　Ⅱ期：T2④B 发现陶豆、鋬耳罐、双鋬罐和盉流，H4 出土有鬲、折肩罐和残陶盉。1957 年侯马上马村西北砖瓦窑征集的 1 件完整陶盉[13]，与 Ⅱ 期发现的这 2 件残陶盉大同小异，同属二里头文化二期（图九）。

　　Ⅲ期：H3。单把鬲有明显的实足跟。筒形鬲与太谷白燕遗址四期二段陶鬲（T127③D：1）当属同一时期（图九）。白燕简报结语中指出，"本段相当于二里头文化第四期，至晚不过夏商之际"[14]。

　　另外，大柴 Ⅱ 期 T2④B、H4 出土的陶盉，在河南偃师二里头遗址二里头文化二期中常见同类器物。二里头一至四期的鬶式盉已被称为陶盉，所以就把"爵式盉"叫作"角"。我们以往文章中称之为陶盉，本文沿用此名称。陶盉，只在二期大型墓葬中作为随葬品随葬，目前发现的有 1959—1978 年发掘的ⅣM6、ⅣM11、ⅤM15 及 82ⅨM20 和 2001 ⅤM1 等[15]。其中 2001 ⅤM1 是二里头文化竖穴土坑墓分为三级中的第一级，随葬品有陶鼎 3 件、陶平底盆 3 件、陶鬶式盉 2 件、陶爵 1 件、陶盉 1 件、圆陶片 2 片、陶豆 1 件、陶尊 1 件、陶盆 1 件、陶壶 1 件、漆器 1 件及玉柄形器 1 件，共 18 件（图一〇）。原报告将其年代定为二期早段。这也是确定大柴遗址Ⅰ期 H5 为二里头文化一期的另一重要依据。

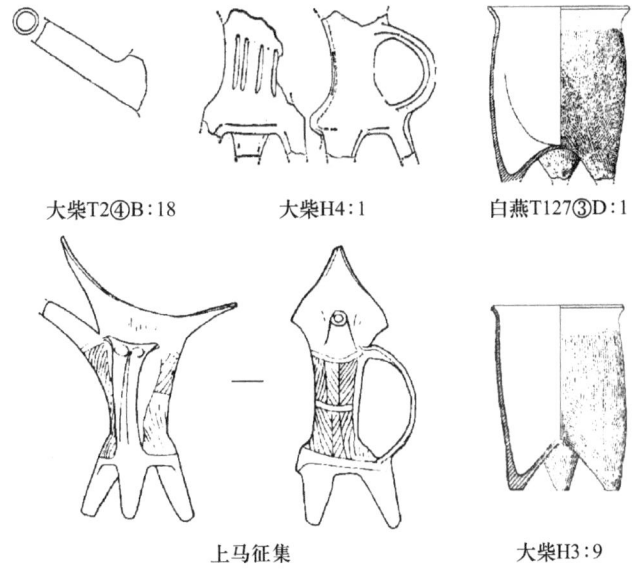

大柴T2④B:18   大柴H4:1   白燕T127③D:1

上马征集   大柴H3:9

图九　大柴、上马、白燕遗址出土陶盉、陶鬲比较

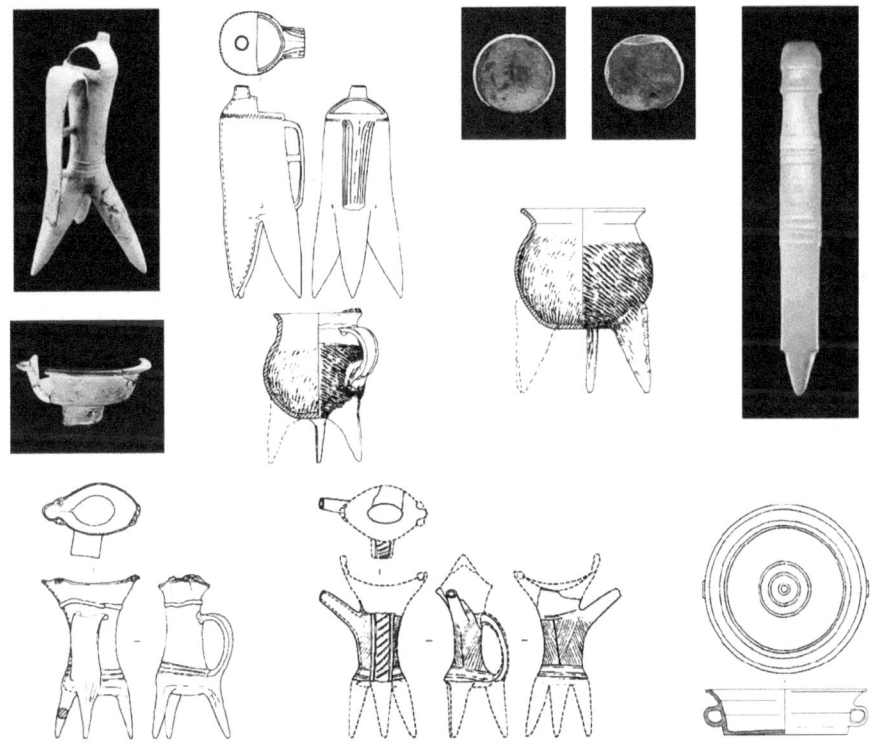

图一〇　二里头二期早段2001ⅤM1随葬品

（三）其他遗址

（1）1989年发掘的山西侯马乔山底H9[16]、翼城苇沟DⅢ[17]、襄汾张槐H2[18]，与陶寺遗址Ⅲ区大型夯土基址ⅢH3时代相同（图一一）。

（2）1979年发掘的曲村西DⅠ[19]、感军H1[20]，可以填补大柴Ⅱ、Ⅲ期之间的空白（图一二），其年代与二里头文化三期为同一时期。

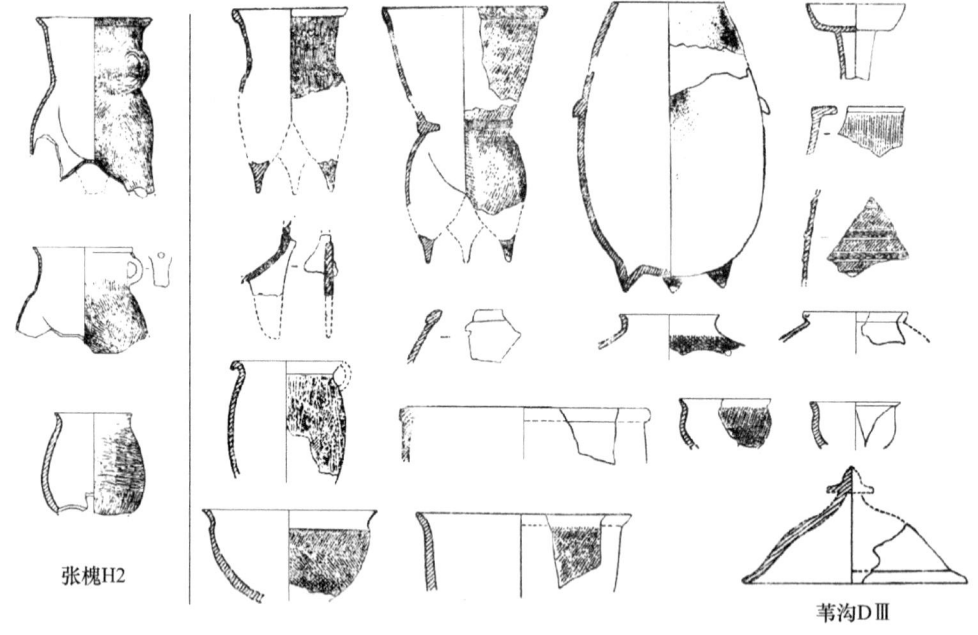

图一一　翼城苇沟 DⅢ、襄汾张槐 H2 出土陶器

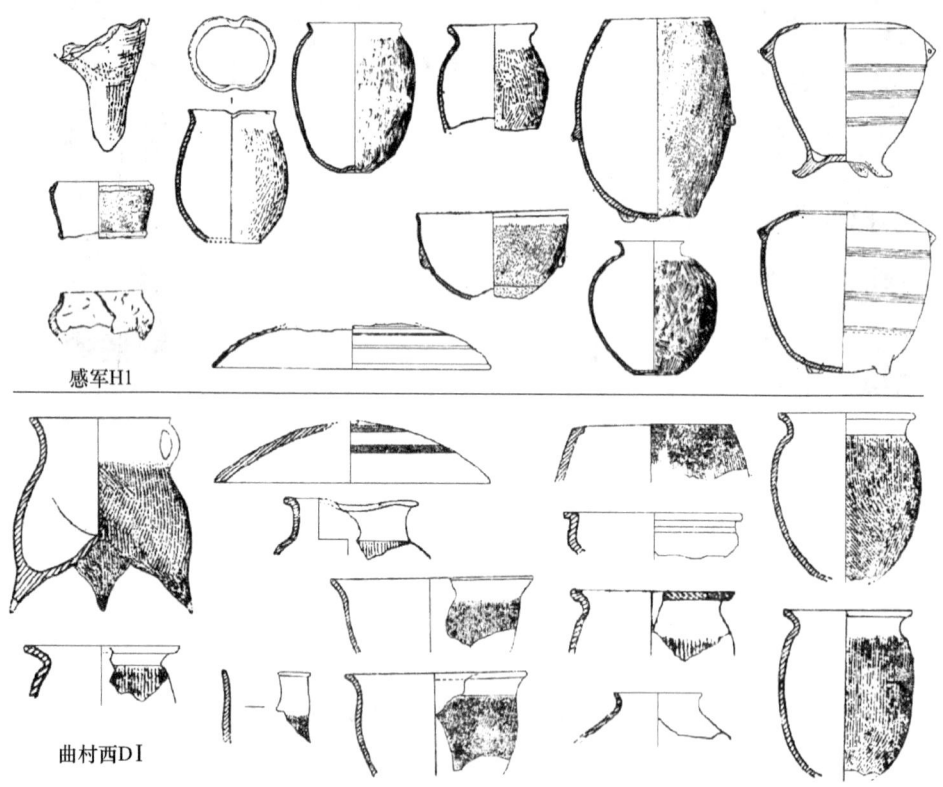

图一二　感军 H1、曲村西 DⅠ出土陶器

（3）1985 年夏天，吉县文物工作站阎金铸在吉县义尖遗址[21]采集到 1 件陶斝、2 件陶双耳罐残片（图一三）。另在忻州游邀[22]、五台阳白也见到此类陶器[23]，其年代处于"龙山时代之后和二里头文化之前"，但也有可能晚到二里头文化早期。

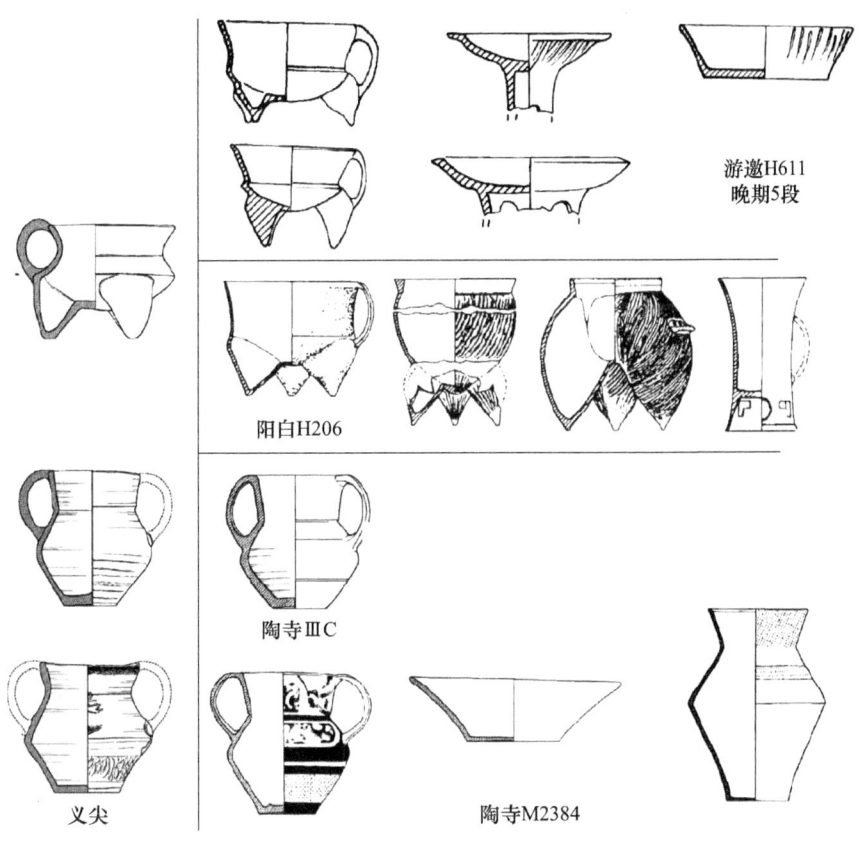

图一三　吉县义尖与游邀、陶寺陶器比较图

（四）陶寺、大柴及其他遗址

相关总结可见表一。

表一　陶寺、大柴及其他遗址分期表

夏代		典型遗址及单位
夏代早期	一期	陶寺99 II H22
	二期	陶寺2002 II M22
	三期	陶寺ⅢH3、苇沟DⅢ、张槐H2、乔山底H9
		吉县义尖（有可能晚到二里头期）
二里头期	一期	大柴H5
	二期	大柴T2④B、大柴H4、上马
	三期	79曲村西DI、感军H1
	四期	大柴H3

二、陶寺对石峁遗址研究的启示

（1）双鋬鬲分侧装、正装。不要再说"石峁人"灭掉了"陶寺人"，因为在目前发表的材料中，陶寺及其周邻地区极少发现石峁、新华[24]、朱开沟等遗址习见的正装双鋬鬲，反而是陶寺遗址有名的侧装双鋬鬲见于新华和朱开沟（图一四）。

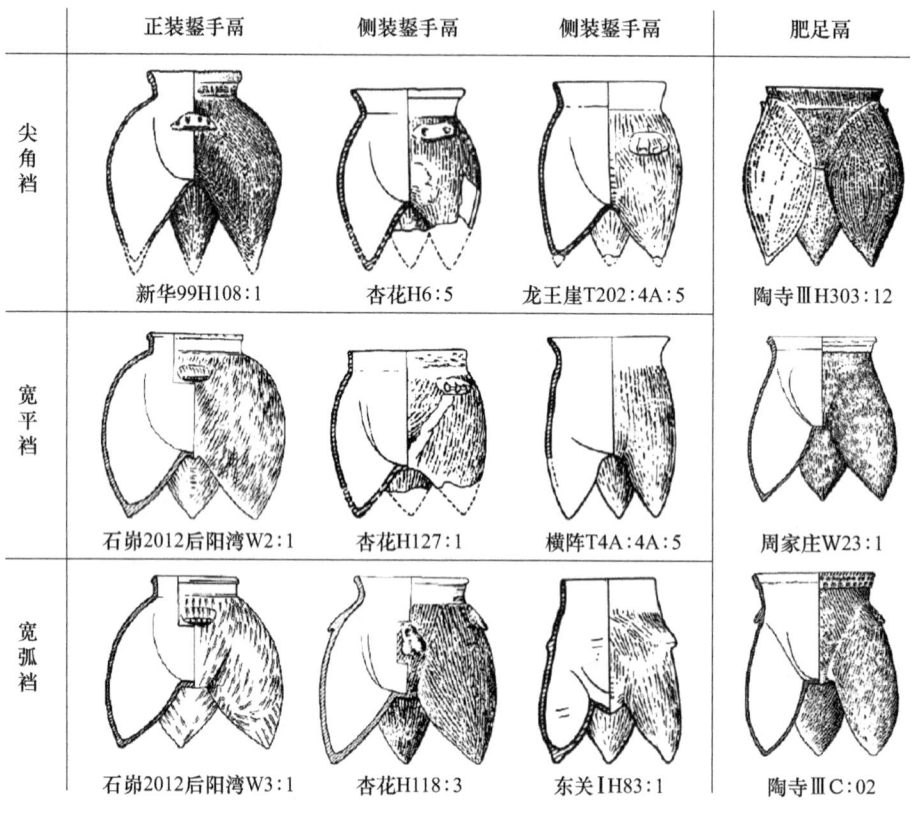

图一四　陶鋬手鬲分类及肥足鬲裆部变化

（2）在石峁[25]、新华包括朱开沟等诸遗址，正装双鋬鬲的变化规律是：宽弧裆→宽平裆→尖角裆（图一五）。

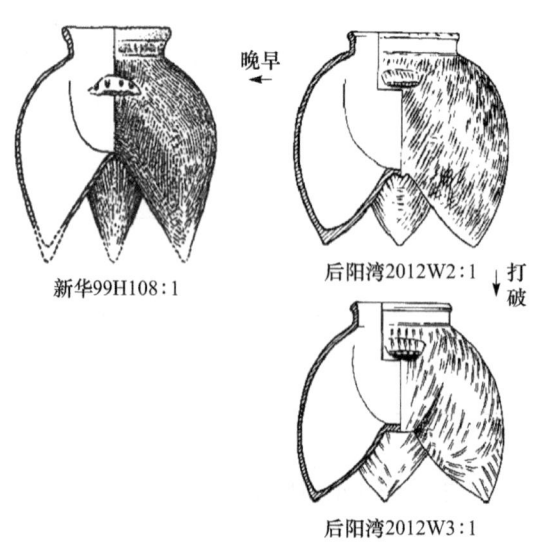

图一五　石峁 2012W2、W3 与新华 99H108 出土陶鬲

（3）陶寺遗存到了陕北、内蒙古中南部。陕西神木新华遗址经过大规模发掘[26]，通过99W2打破99H108的出土陶器（图一六），我们清晰地看到：陕北、内蒙古中南部出现了起源于山西陶寺遗存的肥足鬲，除非有遗存证明，肥足鬲起源于陕北、内蒙古中南部或其他地区，在暂无证据的情况下，只能认定肥足鬲起源于山西临汾盆地。我们推测，陶寺遗存到了肥足鬲阶段，受到来自中原地区的某支考古学文化的排他式攻击，有一部分人远走他乡。这支考古学文化就是东下冯类型，"他乡"包括陕北、内蒙古中南部。

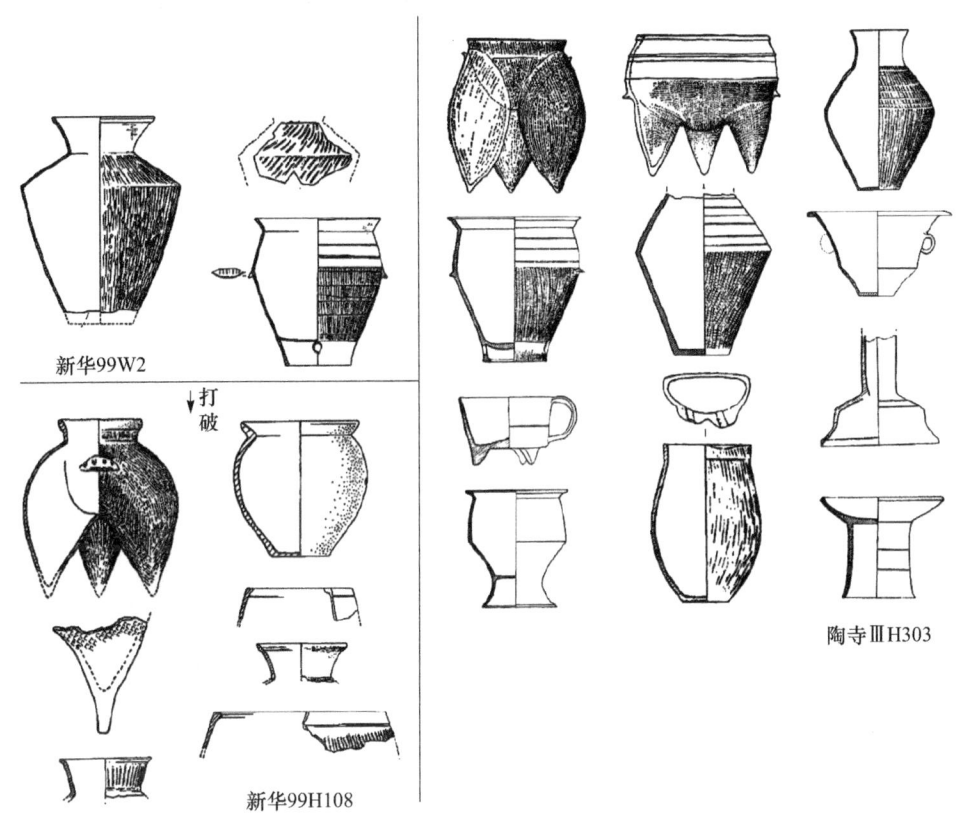

图一六　陶寺ⅢH303和新华99W2、99H108出土陶器

（4）石峁敛口盉和口簧。在陕西神木石峁遗址皇城台东护墙北段上部俗名"獾子畔"的地点，出土21件口簧，同出敛口盉（2016④：2）和三足瓮（2016④：1），发掘者称其年代为"公元前2000年前后的龙山时代晚期"[27]。在我看来，石峁的敛口盉和口簧（图一七），都是夏代的作品[28]。陶寺J401也出土1件口簧，测年数据比石峁还早5年，不过是石峁出土口簧数量较多而已。不能因为石峁"多"，就说它"早"吧？这个道理，谁也明白，只不过不愿意说出来罢了。

（5）洛阳王湾H166的敛口盉[29]，同陕西神木新华遗址出土的同类器（99F3：2）一样。侯马西阳呈敛口斝（F1：4）安装上管状流就是敛口盉（图一七），而目前看只有山西晋中、临汾盆地和绛县周家庄、垣曲有这个条件。

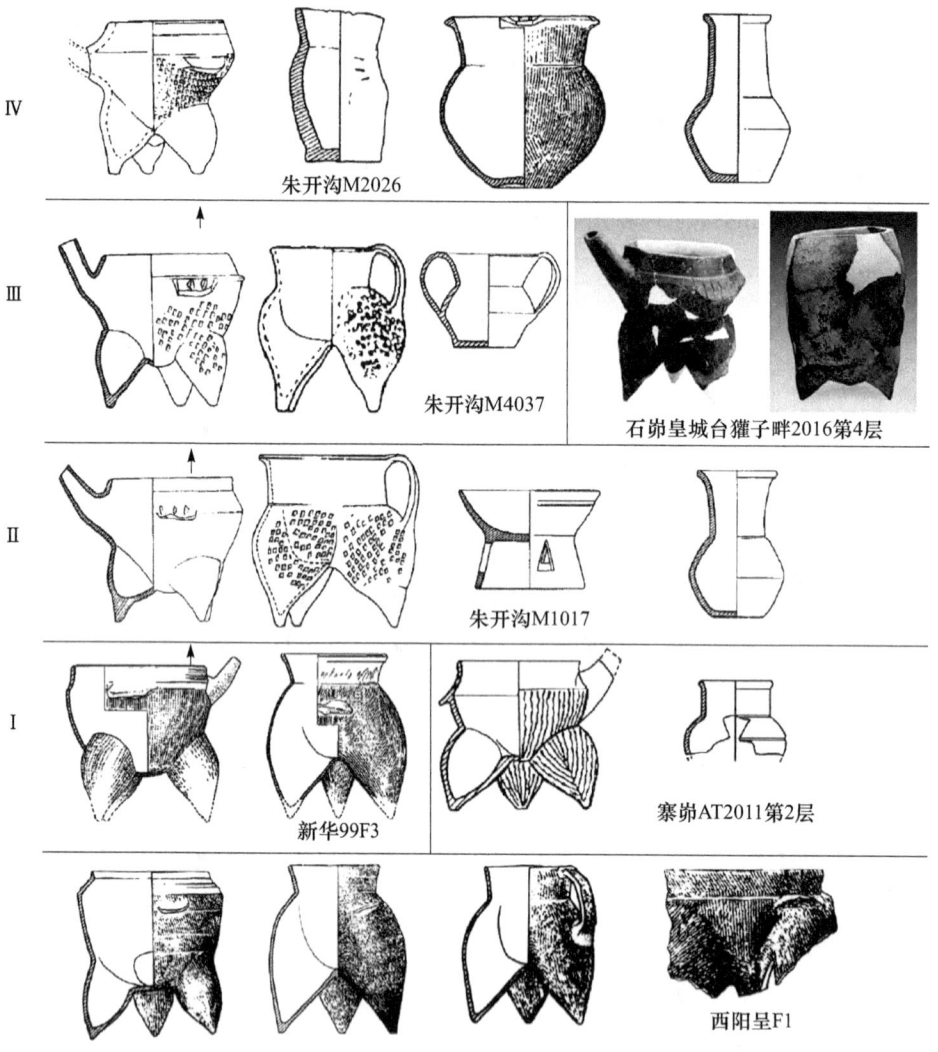

图一七　新华、石峁、朱开沟、寨峁敛口盉及西阳呈 F1 出土陶器

三、夏纪年及其考古学文化

（一）夏纪年

依夏商周断代工程专家组断定夏纪年为公元前 2070—前 1600 年，共 470 年。《太平御览》卷八二引《竹书记年》："自禹至桀十七世，有王与无王，用岁四百七十一年。"

（二）龙山时代晚期已经进入夏纪年

1984 年，张忠培先生在《齐家文化研究》[30] 一文中，将齐家文化分为三期八段，其中三期的年代已进入夏纪年，也就是说龙山时代晚期已经进入夏纪年。

（三）二里头类型的时代

1986 年李伯谦先生在《二里头类型的文化性质与族属问题》指出："（二里头类型）它既不是

夏代晚期的文化，也不是整个夏代的文化，而很有可能是太康失国、后羿代夏以后的夏代文化。"[31]

以河南偃师二里头遗址为代表的二里头文化，包括二里头类型和东下冯类型，已进入纪年中的夏代，但他们并不是最早的。

（四）龙山时代之后和二里头文化之前

2009 年，张忠培先生在《关于二里头文化和夏代考古学遗存的几点认识》[32] 指出：内蒙古伊盟伊金霍洛旗朱开沟 M3018 及 M1051、白敖包 M33、陕西神木新华 F17 及 H116、山西襄汾陶寺 99 Ⅱ H22 及 99 Ⅱ T7 ④ A、曲沃东许 H3、忻州游邀 H129 及 H3、芮城南礼教村 H116 和河南洛阳西吕庙 H14、郑州马庄 H4，这 12 个考古学文化和代表性遗存处于龙山时代之后和二里头文化之前。

由此看来，在全部夏纪年期间，可分为夏代早期（二里头文化之前）和夏代中、晚期（二里头文化时期）。

四、再看陶寺、石峁

（一）陶寺遗址分期

Ⅰ期，以 M3015 为代表的考古学文化，相当于杏花文化出现宽平裆鬲也就是"犟式鬲"阶段，但没有犟式鬲，唐尧时期和"尧都平阳"只能从此期入手。

Ⅱ期，以陶寺Ⅲ H303、99 Ⅱ H22、02 Ⅰ H6 为代表的遗存，特色是肥足鬲变化很快，可细分为三个小阶段，此期某一小段已经进入夏纪年。

Ⅲ期，以 2002 Ⅱ M22 为代表，又可分为 2002 Ⅱ M22、Ⅲ H3 早、晚两小段，处于"龙山时代之后和二里头文化之前"。

（二）石峁石城时间上属于夏代

石峁遗址目前还没有发现后阳湾 W2、W3 和新华 99H108 等较早阶段的石墙，现在暂时不讨论这些早期的单位。说石峁石城是夏代，稍微靠谱一点，但首先得发表石城的考古材料，再进行充分的论证。

注　释

［1］ 夏商周断代工程专家组：《夏商周断代工程 1996—2000 年阶段成果报告（简本）》，世界图书出版公司，2001 年。

［2］ 何驽：《陶寺文化谱系研究综论》，《古代文明》第 3 卷，文物出版社，2004 年。

［3］ 陕西省考古研究院、榆林市文物考古勘探工作队、神木市石峁遗址管理处：《石峁遗址发现 4000 年前骨制口弦琴》，《中国文物报》2018 年 5 月 22 日第 3 版。

［4］ 中国社会科学院考古研究所、山西省临汾市文物局：《襄汾陶寺：1978—1985 年考古发掘报告》，文物出版社，2015 年。

［5］ 中国社会科学院考古研究所山西队、山西省考古研究所、临汾市文物局：《陶寺城址发现陶寺文化中期墓葬》，《考古》2003 年第 9 期；王晓毅、严志斌：《陶寺中期墓地被盗墓葬抢救性发掘纪要》，《中原文物》2006 年第 5 期。

［6］ 田建文：《陶寺 2002ⅡM22 的年代问题》，《文博》2019 年第 5 期。

［7］ 何驽：《陶寺文化谱系研究综论》，《古代文明》第 3 卷，文物出版社，2004 年。

［8］ 内蒙古自治区文物考古研究所、鄂尔多斯博物馆：《朱开沟——青铜时代早期遗址发掘报告》，文物出版社，2000 年。

［9］ 中国社会科学院考古研究所、山西省临汾市文物局：《襄汾陶寺：1978—1985 年考古发掘报告》，文物出版社，2015 年，图 4-218 为"墓地Ⅱ、Ⅲ发掘范围内晚期墓葬排列与组合示意图"。

［10］ 中国社会科学院考古研究所山西队：《山西襄汾县陶寺遗址Ⅲ区大型夯土基址发掘简报》，《考古》2015 年第 1 期。

［11］ 中国社会科学院考古研究所：《山西襄汾县大柴遗址发掘简报》，《考古》1987 年第 7 期。

［12］ 杨林中、田建文：《陶寺、大柴遗址分期及其他》，《绵飚集：张颔先生 100 周年诞辰纪念文集》，三晋出版社，2020 年。

［13］ 田建文：《侯马工作站征集文物选介》，《文物季刊》1996 年第 3 期。

［14］ 晋中考古队：《山西太谷白燕遗址第一地点发掘简报》，《文物》1989 年第 3 期。

［15］ 中国社会科学院考古研究所：《中国田野考古报告集：偃师二里头：1959 年—1978 年考古发掘报告》，中国大百科全书出版社，1999 年；中国社会科学院考古研究所：《二里头：1999—2006》，文物出版社，2014 年。

［16］ 山西省考古研究所侯马工作站：《山西侯马乔山底遗址 1989 年Ⅱ区发掘报告》，《文物季刊》1996 年第 2 期。

［17］ 北京大学历史系考古专业山西实习组、山西省文物工作委员会：《翼城、曲沃考古勘察记》，《考古学研究》（一），文物出版社，1992 年。

［18］ 夏宏茹、梁泽峰：《山西襄汾县张槐遗址出土大型石磬》，《考古》2007 年第 12 期。

［19］ 北京大学历史系考古专业山西实习组，山西省文物工作委员会：《翼城、曲沃考古勘察记》，《考古学研究》（一），文物出版社，1992 年。

［20］ 中国社会科学院考古研究所山西工作队：《晋南二里头遗址的调查与试掘》，《考古》1980 年第 3 期。

［21］ 李林：《吉县中垛义尖出土的陶斝和双耳罐》，《文物季刊》，待刊。

［22］ 吉林大学边境考古研究中心、山西省考古研究所、忻州地区文物管理处：《忻州游邀考古》，科学出版社，2004 年。

［23］ 山西大学历史系考古专业、忻州地区文物管理处、五台县博物馆：《山西五台县阳白遗址发掘简报》，《考古》1997 年第 4 期。

［24］ 陕西省考古研究所：《神木新华》，科学出版社，2005 年。

［25］ 陕西省考古研究院、榆林市文物考古勘探工作队、神木县文体局：《陕西神木县石峁遗址后阳湾、呼家洼地点试掘简报》，《考古》2015 年第 5 期。

［26］ 陕西省考古研究所：《神木新华》，科学出版社，2005 年。

［27］ 陕西省考古研究院、榆林市文物考古勘探工作队、神木县石峁遗址管理处：《陕西神木县石峁城址皇城台地点》，《考古》2017 年第 7 期；孙周勇：《陕西神木石峁遗址出土口簧研究》，《文物》2020 年第 1 期。

［28］ 田建文：《石峁遗址出土口簧的年代问题——兼谈石峁遗址的分期》，《文博》2010 年第 4 期。

［29］ 北京大学考古文博学院：《洛阳王湾》，北京大学出版社，2002 年。

［30］ 张忠培：《齐家文化研究：上》，《考古学报》1987 年第 1 期；张忠培：《齐家文化研究：下》，《考古学报》1987 年第 2 期。

［31］ 李伯谦：《二里头类型的文化性质与族属问题》，《文物》1986 年第 6 期。

［32］ 张忠培：《关于二里头文化和夏代考古学遗存的几点认识》，《中国历史文物》2009 年第 1 期。

（原载于《华夏考古》2022 年第 6 期）

石峁遗址研究资料汇编

（1977～2023）

（第3册）

陕西省考古研究院
神木市石峁遗址管理处 编

科学出版社

北京

内 容 简 介

　　本书为石峁遗址研究资料汇编，收录调查简报和发掘简报 22 篇，追忆与访谈和纪要与纪事 15 篇，考古学文化研究相关论文 11 篇，聚落与社会研究相关论文 19 篇，族属与体质人类学研究相关论文 18 篇，文化交流研究相关论文 8 篇，环境与生业研究相关论文 12 篇，建筑研究相关论文 13 篇，玉石器研究相关论文 38 篇，石雕研究相关论文 6 篇，音乐文物研究论文 7 篇，科技考古研究论文 11 篇以及争鸣与讨论相关论文 6 篇，共 186 篇。

　　本书可供考古学、文物学等相关专业的科研院所研究人员及高校院校的师生参考、阅读。

图书在版编目（CIP）数据

石峁遗址研究资料汇编：1977～2023：全 4 册 / 陕西省考古研究院，神木市石峁遗址管理处编. -- 北京：科学出版社，2024. 9. -- ISBN 978-7-03-079556-4

I. K871.13

中国国家版本馆 CIP 数据核字第 20247AX278 号

责任编辑：孙　莉　王　蕾 / 责任校对：邹慧卿
责任印制：赵　博 / 封面设计：张　放

科学出版社 出版
北京东黄城根北街 16 号
邮政编码：100717
http://www.sciencep.com

北京中科印刷有限公司印刷
科学出版社发行　各地新华书店经销

*

2024 年 9 月第 一 版　开本：889×1194　1/16
2024 年 9 月第一次印刷　印张：118 3/4
字数：3 300 000

定价：**980.00 元**（全四册）
（如有印装质量问题，我社负责调换）

目　录

第三卷　专项研究篇

第三卷

专项研究篇

瓮城溯源
——以石峁遗址外城东门址为中心

孙周勇　邵　晶

石峁遗址位于陕西省榆林市神木县城西南 40 余千米的高家堡镇，黄河一级支流秃尾河及秃尾河支流洞川沟分别从遗址的西南侧和西北侧穿过。遗址位于两河夹角形成的山峁台塬之上，由皇城台、内城和外城构成，内城和外城分别构筑宽约 2.5 米的石墙，气势恢弘，为国内同时期遗址所罕见，城内面积在 400 万平方米以上，是目前国内所见规模最大的龙山时期至二里头早期阶段的遗址[1]。

2012—2014 年的考古发掘工作全面揭露了石峁遗址外城东门址，揭示出一座体量巨大、结构复杂、筑造技术先进的城门遗迹[2]。外城东门址位于外城东北部，视阈开阔，位置险要，由内瓮城、外瓮城、南墩台、北墩台、马面、门塾、散水等组成，总面积约 4000 平方米（图一）。在石峁遗址外城东门址发现的瓮城、马面、墩台等早期城防设施，其形制规范、设计精巧、建构技术先进，与后世的同类设施形制无异，是探讨我国古代城防设施起源和发展的重要实物资料。

图一　石峁遗址外城东门址（由西北向东南摄）

本文在系统梳理以往考古发掘所见瓮城的基础上，探讨石峁遗址瓮城的形制、结构及产生的背景，分析其在中国古代城防建筑史上的地位及对后世城防制度的影响。

一、石峁遗址瓮城的发现与确认

石峁遗址外城东门建有内瓮城和外瓮城（图二）。外瓮城是以一道南北向长墙和两道东西向平行短墙为外围周界，与南墩台、北墩台合围形成的城门外的独立空间。外瓮城的平面呈"U"形，与门道处于同一条中轴线上，将门道基本遮蔽，使得外城东门不直接暴露于外。外瓮城的"U"形石墙在靠近墩台处的南北两端分别留有缺口，形成进入城门的南侧主通道和北侧辅通道。南北向石墙长约22、宽2.3米，距墩台约12米；两道东西向石墙分别向南墩台和北墩台方向延伸，北端石墙长8.5米，与北墩台未连接，距北墩台地面散水2.7米；南端石墙因部分遭毁坏，残长4.8米，与门道之间形成出入空间。在外瓮城石墙的墙体及倒塌堆积中发现玉铲、玉璜等玉器，其中2件玉铲出土于北端石墙向北倒塌的墙体内，东西间隔约2米，东侧玉铲平置于垒砌的石块错缝之间，石块之间夹杂草拌泥，显然是在墙体建设过程中有意埋入的；在南端石墙的倒塌堆积中发现阴刻石雕人头像残块。在外瓮城南北向石墙的外侧发现一个埋有人头骨的近圆形坑（编号为K1）。K1的平面略呈圆形，其内埋有24个人头骨，K1可能与城墙修建时的奠基活动或祭祀活动有关（图三）。

发掘情况表明，石峁遗址外城东门址门道上下两层地面的叠压关系明确，两层地面间隔一层厚约0.4米的混杂土层，说明有修建（早期）和再建（晚期）两大主要使用时期。门道处北墩台石砌护墙内嵌入的圆木及房址2012F6白灰面 ^{14}C 年代分别为公元前2200—前2040年（实验室编号

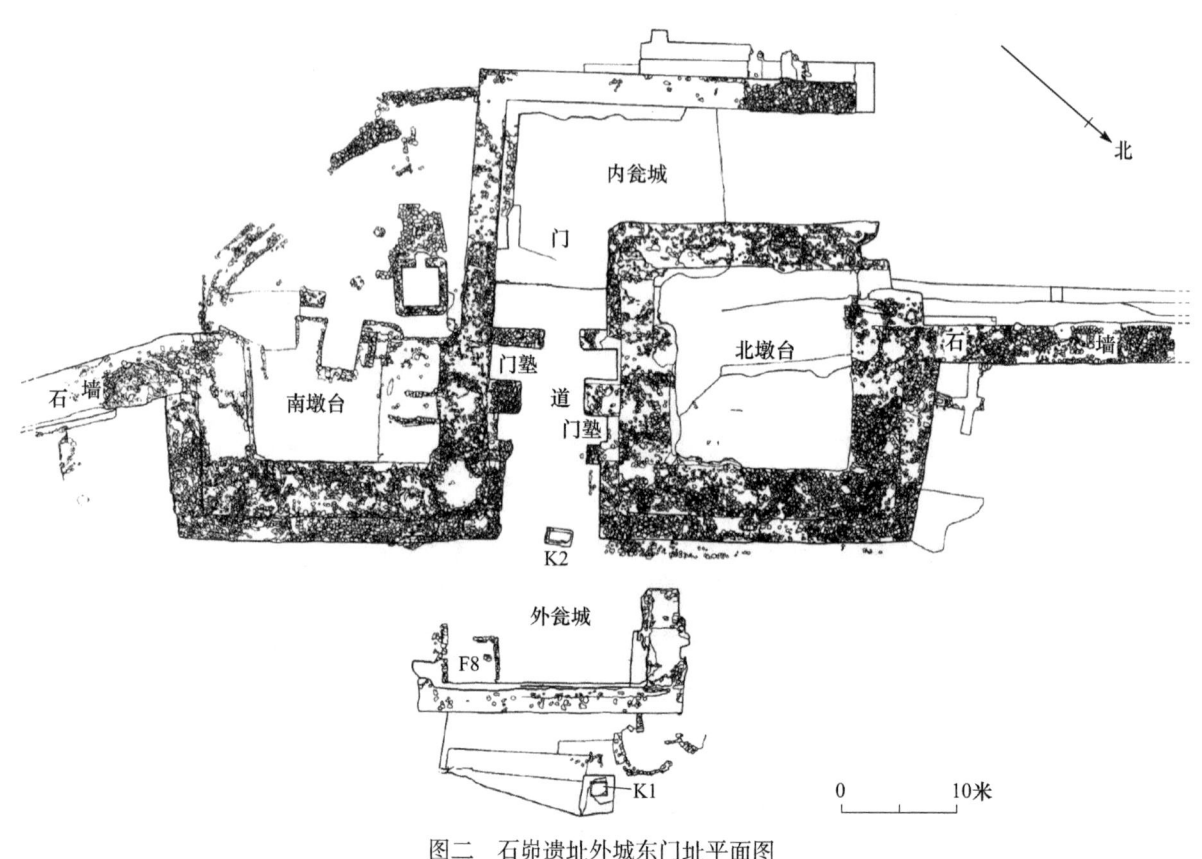

图二　石峁遗址外城东门址平面图

BA121536）和公元前 1940—前 1780 年（实验室
编号 BA121534），代表了东门址的修建年代和修
葺年代[3]。外瓮城北端石墙南北两侧均叠压有晚
期的烧火遗迹和活动硬面，结合外瓮城内侧所见
晚期活动面叠压在散乱石块之上的情况考虑，外
瓮城的石墙经过两次修补，并在其内侧东南角新
建了一座石砌的方形房址（编号为 F8），F8 的门
道向西，朝向城门，其功能类似于门房。因此，
目前揭露的外瓮城代表了其晚期形制，而其修建
年代与城址和东门址的年代同时。

图三　K1 内埋人头骨情况

南墩台和北墩台中间为门道，进入门道后，
沿南墩台西侧石墙继续修筑墙体，向西砌筑 18
米后北折 32 米，在门道西端内侧形成曲尺形结构，与北墩台西壁围绕形成独立空间，称为内瓮城。
内瓮城长约 30、宽约 10 米，石墙墙体宽约 2.5 米，保存最好处高出早期地面 4 米多。这段墙体在
门道内侧增修了一道宽约 1.2 米的石墙，两墙紧贴并行。从内瓮城的地层关系看，这道增修的石墙
建于晚期地面之上，为二里头早期增修的。在此段石墙墙根底部的晚期地面上发现了 100 余块壁画
残块，部分壁画还附着在晚期石墙的墙体上。壁画用白灰面作底，用红、黄、黑、橙等色绘几何形
图案，最大的一块壁画残块约 30 厘米见方[4]。由此可见，内瓮城的修建年代与城址和东门址的年
代同时，在晚期进行过增修，并在内侧墙体上装饰了精美的壁画。

在石峁遗址，除了外城东门址的瓮城外，调查还发现在内城的一处门址也设置了瓮城（图四）。

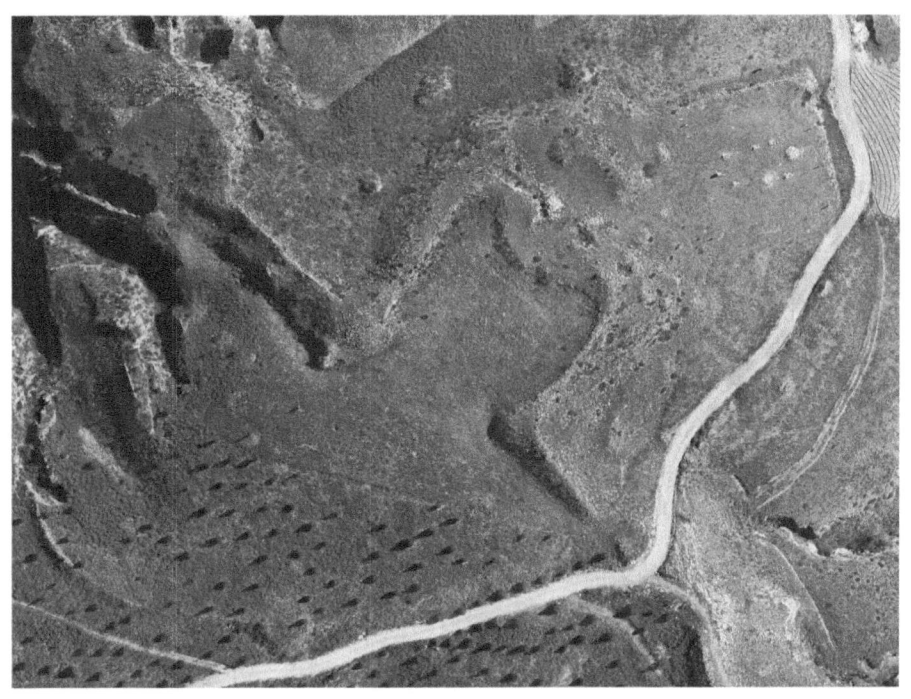

图四　石峁遗址内城门址瓮城鸟瞰图

瓮城向城外突出，由长约 25 米的三道石墙合围形成"凸"字形的封闭空间。其中，城门设置于最外侧南北向石墙的中部，门道外约 5 米处修建类似外城东门址的外瓮城。瓮城外设于墙体之外、其外再设遮挡门庭的外瓮城的做法，使得这座城门形成了双外瓮城的结构，这也符合扩大内城防御空间的实际需求。

从目前考古发现的情况看，石峁遗址外城东门址的内瓮城、外瓮城及内城门址的双瓮城，是中国城防史上目前已知最早的瓮城实例，其形态成熟，建筑技术先进，延长了外来势力进入城门的时间，创造了抵御外来入侵的缓冲空间，提高了防御能力。

二、瓮城形成的时间

城门作为城市的基础设施，平时是进出的通道，战时则成为敌军攻击的首要目标。瓮城是围在城门外的小城，多为圆形或方形，其目的是使城门不直接暴露于外，保护城门，阻碍敌军进攻，提高守军的防御能力。瓮城一般与城墙同高，侧向开门，防御者可以从城墙和瓮城两个方向抵御进攻之敌。

瓮城有内瓮城和外瓮城之分，从考古发现的情况看，内瓮城形成的时间要晚于外瓮城，其产生与城门空间范围扩展、形制变化及防御需求突出等密切相关。

一般认为，在城门之外加筑瓮城始于唐代，至晚在宋代已成为制度[5]。考古发现的唐代瓮城遗迹有扬州城[6]、渤海郡通沟岭山城[7]、高昌故城[8]等。20 世纪七八十年代，随着考古工作的深入推进，最早的瓮城考古发掘实例被追溯到了汉代的城障遗址，如考古调查或发掘的甲渠候官坞门[9]、乌力吉高勒城障[10]、八角城[11]等，均在门外复筑坚固的屏墙，迎门遮挡入口，形成狭窄曲折的门径。侯仁之、俞伟超在乌兰布和沙漠调查汉代城址和烽燧遗迹也发现了类似设施，如保尔浩特城址中的曲尺形瓮城、鸡鹿塞废墟[12]的瓮城[13]。

关于瓮城形成的时间，还有一些学者认为其始于高句丽时期。高句丽从早期（公元前 1 世纪末至 4 世纪）至晚期（5 世纪至 7 世纪中叶）普遍地筑建了瓮城[14]，其最早出现的年代大致在公元前后，与前述汉代边疆地区出现瓮城的时间大致相当。综上所述，20 世纪 80 年代之前，关于瓮城形成的时间多被推定在汉代。考古发现的早期瓮城位于中国北方或西北边疆地区，远离当时的政治、经济中心，表明军事防御的需要是促使其产生和发展的主要原因。

先秦时期是否有瓮城类设施，一直存在较大争议。先秦文献中虽没有明确的有关瓮城的记载，但《诗·郑风·出其东门》载"出其闉阇，有女如荼"。毛传："闉，曲城也。阇，城台也。"孔疏："闉是门外之城，即今之门外曲城是也。"闉或曲城应该就是瓮城一类的设施[15]。随着 20 世纪 80 年代以来考古发现的不断涌现，商代的较为成熟的瓮城实例最先在山西垣曲商城得到了初步确认（图五）[16]。

发现于 20 世纪 80 年代中期的垣曲商城始建于商代前期的二里冈下层，延续使用到二里冈上层时期，与郑州商城和偃师商城的年代大体相当。垣曲商城的西城门门口北端墙体西折约 20 米后变窄并向南延伸至城墙西南角，形成与西墙平行的外围第二道城墙，并与西墙形成狭窄走廊，将西城门完全遮蔽，形成狭长的封闭空间，构成瓮城[17]。垣曲商城的瓮城与汉代乌力吉高勒城障瓮城的

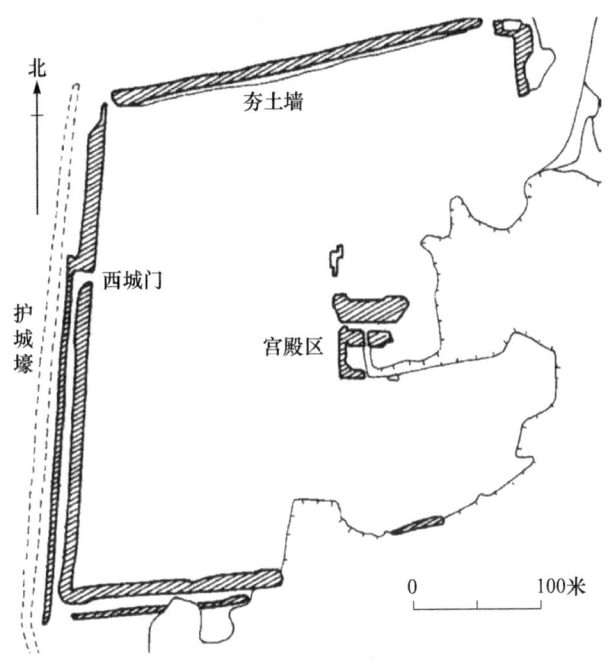

图五 垣曲商城平面图

（改绘自《垣曲商城——1985—1986 年度勘察报告》）

形制相类，均由城墙和与之平行的窄墙并行构成，唯门向不同。2010 年发现的二里冈时期的河南新郑望京楼城址东一城门，平面呈"凹"字形，由城墙、外护坡、门墙、门道、内护坡、道路及附属建筑组成[18]。望京楼城门亦被认为是具有甕城某些特征的早商城门，虽然其甕城曲向有别于垣曲商城，但显然具有军事防御功能及所谓晚期甕城的某些特征[19]，更类似晚期的内甕城。

近年来，有学者提出在山西陶寺大城北城墙发现了具备甕城特征的城门，因此甕城出现的时间可以早至龙山文化中期[20]。但据发掘者介绍，在陶寺大城北城墙发现的甕城类设施位于 Q2 中段，类似城门处墙体向外折出，形成将门道遮蔽的独立空间。

综上所述，从目前的考古资料看，甕城的形成时间先后由唐宋、汉代（包括高句丽时期）上溯至商代乃至龙山文化晚期。尽管在陶寺大城发现了疑似甕城类的设施，但其形制并不规整，尚难有明确的结论。石峁遗址甕城首次明确地将甕城出现的时间上溯至龙山文化晚期。

三、石峁遗址甕城与早期城防设施的滥觞

石峁遗址甕城的保存情况较好，但其形制及结构显然不是处于萌芽时期。下面根据早期大型建筑中某些类似后世甕城结构的设施对其形成过程进行分析。

外甕城的产生或许与早期大型宫室正门附属建筑或城池中的影壁有关。例如，甘肃秦安大地湾四期（仰韶文化晚期）F901 主室正门外侧有门篷，门篷两侧有 16—20 厘米厚的草泥土墙，在墙内发现了支撑门篷顶盖的直壁柱洞[21]。门篷构建于主室外侧，不仅具有遮蔽正门的作用，而且阻碍了外来者长驱直入宫室内部，与后世甕城的功能无异。在郑州西山仰韶文化环壕城址北门外侧正中横筑了一道长约 7、宽约 1.5 米的护门墙[22]，这道护门墙与主体墙体及城台之间形成了一个不完全

封闭的空间，起到了遮蔽门庭、延缓入城的作用，其防御功能显而易见，与后世瓮城的作用相似。龙山文化新密古城寨城址廊庑基址 F4 的 1 号和 2 号门由多道夯土墙形成曲向结构[23]，与主体宫殿建筑之间形成了一定的空间，亦可以延缓外来者进入宫室内部的时间，具有后世瓮城的功能。西周时期的周原遗址凤雏宫室基址大门之外的影壁[24]，形制规整，高大巍峨，显然较郑州西山城址的护门墙更为成熟，具有防御的功能。

遗憾的是，目前尚无充分的证据来证明石峁遗址瓮城的形成受到了早期宫室之外修建的门篷或影壁类设施的影响。但可以肯定的是，石峁遗址瓮城是这一区域性中心聚落的统治者面对外来压力而追求自身生存环境安全的结果，形成如此完备的结构当是受到了早期同类设施的启发。

河套地区仰韶文化晚期以来的石城址，无论文化属性还是筑城传统都有密切的时空关系。在河套地区仰韶、龙山时期的考古发现中，石城聚落的城门之外一般修建类似瓮城的设施。内蒙古准格尔寨子塔古城西北门的内外寨门之间由两道东西向的内外石墙形成一个较为封闭的空间[25]，内墙、外墙上各有一处城门。外墙城门向外各有垂直于寨墙的数道短墙，形成相对独立的空间[26]，起到了外瓮城的作用；而其内墙上石墙交错形成的寨门以及内外墙之间形成的封闭空间，与石峁遗址东门址曲尺形结构的内瓮城相似。寨子塔城址的石砌城墙、寨门及其附属设施属于阿善文化范畴，年代为距今 5000—4500 年。考虑到地域因素及时代差异，在内蒙古中南部及陕西榆林地区石城大量涌现的龙山时代，石峁遗址的形态成熟的瓮城与之当有一定的渊源关系。从早期瓮城多见于北方地区的情况看，抵御外来入侵、加强聚落防御能力是这类设施最初的功能。至于石峁遗址瓮城是否对后世瓮城特别是中原地区都邑类城址中的瓮城有直接的影响，尚需更多的考古资料来证实。

上述早期瓮城的实例多为修建于城址大门之外的外瓮城，考古发掘所见内瓮城的实例则晚于外瓮城，寨子塔城址的内寨门及其内外墙之间的空间或许是内瓮城滥觞的重要证据之一。但真正意义上的内瓮城，除了石峁遗址外城东门址的内瓮城外，就是明代南京城墙，其做法是将瓮城建于城门内侧，其门外不置瓮城。

综上所述，中国早期瓮城的滥觞与发展有着深刻的文化渊源，从早期大型宫室外的门篷、影壁，到形成半闭合或不闭合的门外围墙，再到石峁遗址的相对成熟的外瓮城和内瓮城，其发展序列有迹可循，但这并不意味着这些早期具有瓮城功能的设施对石峁瓮城的形成产生过直接影响或它们之间在形制上存在承袭演化关系。先秦时期瓮城的滥觞是多元的，类似的社会环境、生存压力及聚落群之间日趋强烈的竞争关系促生的对防御功能的需求均会导致形态趋近的城防设施，马面如此，瓮城亦不例外。需要说明的是，从瓮城萌芽、发展的过程看，北方地区史前及先秦时期的考古发现对其渊源的探讨似应更多关注。

目前尚未发现夏代的瓮城，但偃师商城[27]、垣曲商城[28]、临淄城[29]、郑韩故城[30]等有瓮城。汉魏时期，瓮城制度逐渐完善。唐宋时期瓮城已经成为大多数都城及大型城址的必备城防设施，形制更加规范，双瓮城逐渐形成制度。唐宋时期的城门采用双瓮城形制，反映出城市防御系统的完善和进步，也为之后的多重瓮城结构的流行开创了先河。明清时期双瓮城制度继续流行。总之，中国古代城门的营造与布局，与中国古代军事发展的进程有着密切的关系。随着冷兵器逐渐退出历史舞台，城门作为城市军事防御的要塞，设置瓮城的必要性大大降低。随着大型城址中城垣建设的落寞，瓮城在清代中期以后逐渐销声匿迹。

附记：本文为"中华文明探源及相关文物保护技术研究（2013—2015）"子课题"中华文明起源过程中区域聚落与居民研究"（2013BAK08B05）阶段性成果。

注　释

［1］　王炜林等：《2012 年神木石峁遗址考古工作主要收获》，《中国文物报》2012 年 12 月 21 日。

［2］　陕西省考古研究院等：《陕西神木县石峁遗址》，《考古》2013 年第 7 期。

［3］　测年工作得到科技部科技支撑计划项目资助（编号 2013BAK08B01），数据由北京大学吴小红提供。

［4］　邵安定等：《陕西神木县石峁遗址出土壁画制作材料及工艺研究》，《考古》2015 年第 6 期。

［5］　纪仲庆：《扬州古城址变迁初探》，《文物》1979 年第 9 期。

［6］　扬州城考古队：《扬州城考古工作简报》，《考古》1990 年第 1 期。

［7］　单庆麟：《渤海旧京城址调查》，《文物》1960 年第 6 期。

［8］　阎文儒：《吐鲁番的高昌故城》，《文物》1962 年第 7、8 期合刊。

［9］　甘肃居延考古队：《居延汉代遗址的发掘和新出土的简册文物》，《文物》1978 年第 1 期。

［10］　盖山林、陆思贤：《内蒙古境内战国秦汉长城遗迹》，《中国考古学会第一次年会论文集》，文物出版社，1980 年。

［11］　李振翼：《八角城调查记》，《考古与文物》1986 年第 6 期。南城门瓮城的面积约为 15.3 米 × 10 米。

［12］　城门缺口外面的另一道长方形小围墙，围墙南北长 14、东西长 20.5 米，东墙北端有一宽约 2 米的缺口，可供出入。在城的四角还筑有向外突出的类似后代的"马面"。

［13］　侯仁之、俞伟超：《乌兰布和沙漠的考古发现和地理环境的变迁》，《考古》1973 年第 2 期。

［14］　郑元喆：《高句丽山城研究》，吉林大学博士学位论文，2010 年。

［15］　孙机：《汉代物质文化资料图说》，文物出版社，1991 年，第 197、198 页。

［16］　中国历史博物馆考古部等：《垣曲商城——1985—1986 年度勘察报告》，科学出版社，1996 年。

［17］　董琦：《瓮城溯源——垣曲商城遗址研究之一》，《文物季刊》1994 年第 4 期。

［18］　郑州市文物考古研究院：《河南新郑望京楼二里冈文化城址东一城门发掘简报》，《文物》2012 年第 9 期。

［19］　顾万发：《论新郑望京楼商城东一城门》，《中原文物》2013 年第 4 期。

［20］　同［19］。

［21］　甘肃省文物工作队：《甘肃秦安大地湾 901 号房址发掘简报》，《文物》1986 年第 2 期。

［22］　国家文物局考古领队培训班：《郑州西山仰韶时代城址的发掘》，《文物》1999 年第 7 期。

［23］　河南省文物考古研究所等：《河南新密市古城寨龙山文化城址发掘简报》，《华夏考古》2002 年第 2 期。

［24］　陕西周原考古队：《陕西岐山凤雏村西周建筑基址发掘简报》，《文物》1979 年第 10 期。

［25］　内蒙古文物考古研究所：《准格尔寨子塔遗址》，《内蒙古文物考古文集》（第二辑），中国大百科全书出版社，1994 年。

［26］　发掘者认为此处数道短墙似为顶撑寨门和石墙之用。笔者以为这种短墙与大门在防御有关，由于前端被破坏，是否有横向短墙封闭已不详。

［27］　杜金鹏：《偃师二里头遗址都邑制度研究》，《夏商周考古学研究》，科学出版社，2007 年。

［28］　同［16］。

［29］　曲英杰：《齐国故都临淄》，山东文艺出版社，2004 年。

［30］　韩品铮、杨国庆：《中国古代瓮城初探——兼论新郑故城城门内建筑遗址与南京的内瓮城》，《中国古都研究》（第十五辑），三秦出版社，2004 年。

（原载于《文物》2016 年第 2 期）

石峁外城东门址和早期城建技术

国庆华 孙周勇 邵 晶

石峁遗址地处黄土高原北端、黄河一级支流秃尾河和其支流洞川沟交汇处的山峁之上，毛乌素沙漠东南缘，海拔 1100 米左右。石峁城址由内城和外城组成，内城中部靠西隆起，当地人称"皇城台"，内、外城总面积超过 4 平方千米，是中国史前时期面积最大的城址[1]。目前已知世界早期城建史上面积最大的城址是美索不达米亚西南部苏美尔人建立的乌鲁克遗址（Uruk，公元前 4000—前 3200 年），面积 4.35 平方千米[2]。石峁遗址的规模与之相近。

2011—2015 年，陕西省考古工作者发掘了石峁遗址外城东门址及其附近的马面、角台以及相连的城墙，展示了一个中国史前城建史上规划最为复杂、设施最为齐备的实例，为探讨早期建筑技术提供了全新的资料，对了解我国早期城建史具有重要意义。本文重点考察石峁东门址的规划设计、建筑材料和结构技术。通过比较同期中国北方和中原城址及世界早期城建相关的实例［美索不达米亚、迦南（Canaan）、埃及和小亚细亚的早期城址］，试图回答石峁的规划设计和建筑技术在世界城建发展史的位置。在分析研究基础上，我们尝试复原东门的形状、高度和大门位置。

一、外城东门址的结构

首先来观察石峁遗址发掘现状、识别材料、结构和布局，用建筑学知识解读东门规划设计和建造技术，找出与其原状有关的关键问题。

1. 城墙

城墙为石砌，大部分处于山脊上。内外城墙现存总长度约 10000、宽约 2.5 米，保存最好处高出现地表 1 米多。依据地形，墙体建造方法有基槽垒砌和堑山砌石。在比较平缓的坡地，下挖基槽，然后垒砌石墙。在陡峭的山坡，修整断崖，然后砌筑石墙。石峁地区石材为片状砂岩。山脚下至今可见片状砂岩堆积，当是材料来源地。石墙的砌筑方法为层层平铺石片间以草拌泥填充缝隙，起到加固作用。墙面石片经过打磨加工，光滑平整。

石峁石墙的特点为：下有基础，墙体垂直，墙面平整，无收分（图一）。东门北端探沟显示城墙有基础，其构造和做法为：外侧地势急陡，下挖基槽，内砌石块；内侧在原始地表之上铺垫厚 30—50 厘米的"基础土"；外侧基石和内侧基础土齐平共同组成外城东门北侧城墙基础（图二）。根据东门址附近墙脚处有碎石层的现象，我们推测用于砌筑墙体表面的石块在地面经过粗加工，石墙完成后，在表面整体找平。内、外城墙材料和建筑技术无区别。

图一　石峁遗址城墙垂直无收分，东门北侧

图二　东门北侧城墙基础

2. 皇城台

皇城台大致呈圆角方形，台顶面积 8 万余平方米，分布有成组的建筑基址和水池遗迹。皇城台周边以堑山砌筑的护坡石墙围绕。2015 年调查发现其北部尚有多达 9 级的护坡石墙，垂直高差约 70 米。目前保存最好的石墙位于皇城台的西北角，长度约 200、高 3—7 米，石墙表面可见一排孔洞，间距约相等，洞内有圆形朽木残迹。其他方向仍可见一些残存的石墙，东墙内也发现残存圆木。圆木功能是什么？此问题待较后讨论，这里需要指出的是，在石峁石墙中用圆木是个普遍现象。

3. 东门

东门位于外城东北部地势最高处，利用自然地势排水。东门由南、北两座墩台和内、外两组障墙组成。两座墩台之间距离约 10 米，形成门道。门道内考古发掘揭露出上、下两层地面。两者之间间隔一层厚约 40 厘米的混杂土层。下层地面以下是一层厚约 30 厘米的黑褐色硬土，东门坐在该层上。发掘者判定，上、下地面叠压关系代表了两大建筑时期：下层地面为东门建造层，上层为再建层，30 厘米的硬土为铺垫层。按出土器物分析，东门始建于公元前 2300 年，废弃于公元前 1800 年左右。

障墙为石筑。门道外侧的障墙平面呈直角 U 形，主墙长约 21、厚 2.3 米，距墩台约 10 米；端墙分别长约 8 米（北端）和 3 米（南端），均厚约 3 米。障墙将门道完全遮蔽，形成"外瓮"。门道内侧的障墙与南墩台相连，平面呈 L 形，东西长 18、南北长 30 米，墙厚约 2.5 米，保存最好处高出早期地面 4 米余。障墙在门道内形成"内瓮"（图三）。L 形墙体内侧晚期地面之上增筑一道厚约 1.2 米的石墙，其倒塌堆积及墙体上发现了大量壁画残块。这些壁画以白灰面为底，白灰面画壁不防水[3]，我们推测壁画曾被某种建筑设施保护。

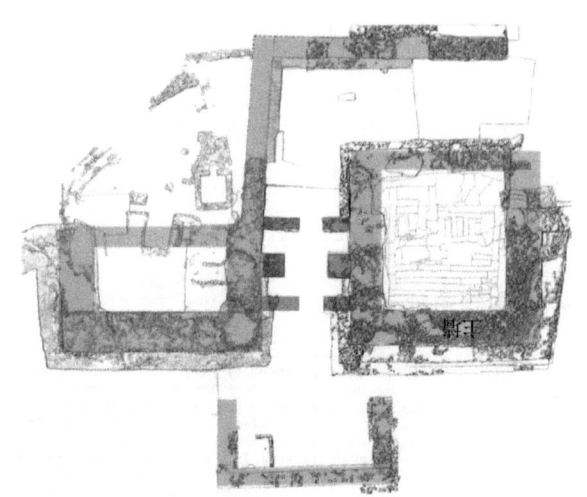
图三　石峁遗址外城东门平面示意图

东门两墩台，南北对称，大小和形状不同，其结构为夯土台外包石墙。墩台顶部无存。北墩台顶部夯土芯约 16 米 × 14 米，条块清晰、夯层密实。最高处距早期地面约 6.7 米。从夯土条块的排列方向来看，其夯筑当遵循了从外向内的顺序，横—纵—横交错，各占三分之一（图四）。夯土台外包一周石墙（主墙）；紧贴主墙外侧及其拐角增筑了一道石墙（护墙），护墙又可分为内外两层。紧贴夯土台的主墙厚 2.7—4.1、外侧护墙厚 1.5—2.8 米，内侧护墙建于晚期地面之上，厚 1.3 米。主、护墙均有平整的墙面，表明它们不同时期完成（图五）。依据东门外侧地势向下和护墙建于墩台外侧现象判断，护墙的修筑当与其处于坡地地形有关，用以增加主墙强度、防止坍塌。值得注意的是，墩台外侧靠近护墙的地面之上有一道与外墙走向一致宽 1.2—1.5 米的铺石，看起来像后世的"散水"。它们是否还是地基的一部分？这个问题下文讨论。

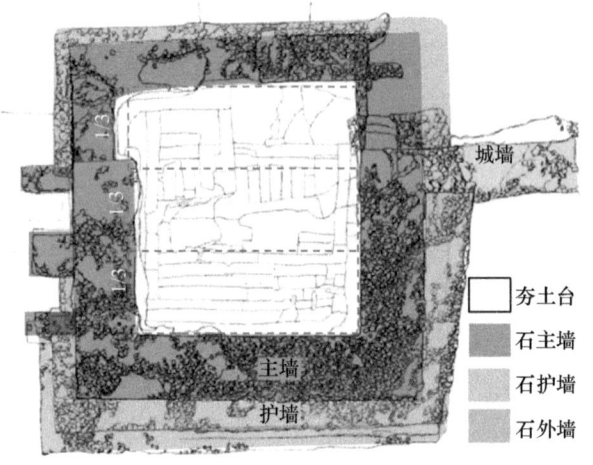

图四　外城东门北墩台结构示意图

图五　东门北墩台东北角

南墩台规模略小，顶部夯土芯平面约 17 米 ×6.8 米，主墙厚约 4.2、护墙厚 2—2.5 米。墩台内侧的石墙大部分被破坏，石墙前方发现以 F7 为主体建筑的小院落。墩台外侧的石墙严重向外倾斜坍塌，地面散水破坏。南墩台最高处距早期地面约 5.6 米。

北墩台南侧主墙上有排列成行的孔洞，其内见圆形朽木痕迹和草拌泥。在南墩台南侧的石墙内也发现了一段圆形朽木。根据勘察，圆木仅用于主墙内。前文提到皇城台护坡墙上有孔洞，城墙上亦发现这类现象。

南、北墩台沿门道的主墙上分别砌筑出三道平行的短墙，两两对称，中间的短墙较前后短墙厚约 2 倍。它们隔出四个空间，地面踩踏痕迹明显，发掘时见灶址，判定为门塾类设施。问题：门塾上部有顶吗？门扇在什么位置？这是东门复原之关键所在。

4. 马面和角台

马面和角台突出于城墙外侧，构造方法与墩台相同。一号马面长 11.7、宽 9.4—10.8、残高约 3 米。一号马面向外三面均包砌厚约 2.5 米的石墙，内侧为土坡（图六）。一号角台长 18、宽 16、残高约 4 米。一号角台和东门之间的城墙折了 90° 角；它与四号马面之间的城墙形成一个约两米的错缝（图七）。问题：一号角台的位置是如何选定的？错缝是施工误差吗？马面、角台高度？如何

图六　外城东门一号马面

图七　外城东门一号角台和相接的城墙

攀登马面？这些是复原需解决的关键。下面观察角台位置，其他问题待后面讨论。

角台位于东门的东南方，两者相距约 50 米，两者之间的城墙呈 90° 角。角台和折墙所在的地势比周围略高。这个较高的地形从东门开始，通过南墩台和城墙，在角台处结束。换言之，角台建在高地的端头，位于城墙转角处。站在角台上可观察四个方向，其目的应是保护城墙和东门。总结：城墙的形状是由角台的位置决定的，而角台的位置是由地形决定的。

二、国内外早期城建技术

本节梳理有关的国内外早期城建实物及图像和模型资料，分析门址及马面等设施的布局、结构和材料，旨在为石峁外城东门址的复原研究提供参考。

1. 西山城址北门

郑州西山城址：（仰韶文化晚期）有墙有壕，平面近圆形，直径约180米[4]。夯土城墙可见明显收分，厚3—5、存高1.75—2.5米。墙体系方块版筑，上、下层版块交错叠压，其间夹草拌泥。墙隅较城墙加厚。

北门设在东北角，宽约10米，城壕在此断开。东西两侧的墙端部有三角形墩台，西端外侧增建一个边长4.5米的正方形墩台。北门外侧正中横筑一面障墙，长7、宽1.5米，屏蔽道路，并将其一分为二，可能作为入口和出口分开管理（图八）。

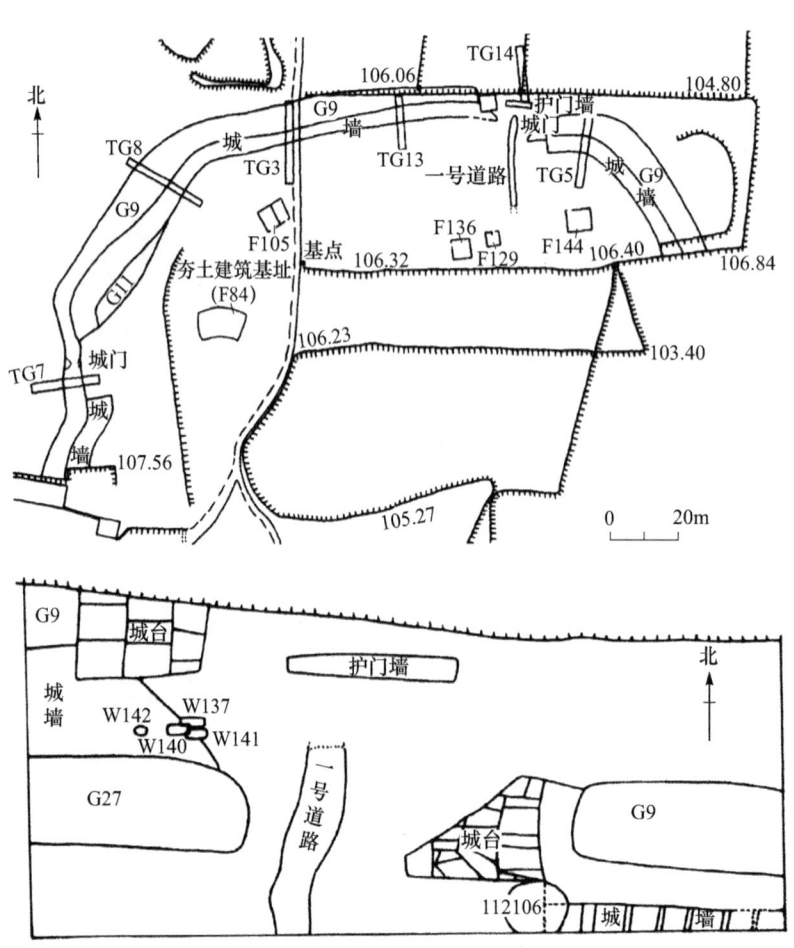

图八　郑州西山仰韶城址及北门平面图

2. 平梁台南门

河南淮阳平梁台城址（龙山文化时期）平面呈方形，边长185米，城墙系夯土加堆土建造[5]。南、北方向各发现一座城门。南门宽约1.7米，靠城墙端头各有一座房址，土坯垒砌，两门相对，内有红烧土居住面和灶面。发掘者认为是门卫房（图九）。城内发掘房址十余座，均为土坯建筑。土坯作为主要建筑材料是值得重视的现象。

在平原上修建封闭城垣的关键是解决排水问题。平梁台的办法有三：①选址，城址高出附近地面3—5米；②墙壕规划，挖壕取土筑墙，壕本身为泄洪工事；③排水道技术，用陶管引污水和雨水出城。南门门道下约0.3米埋有三条陶排水管道，分上下两层铺设。

3. 王城岗角台

河南登封王城岗城址（龙山文化中晚期）有东、西两城，东城被山洪冲毁。城址位于台地之上，平面呈方形，夯土城墙[6]。城墙基槽口宽4.4、底宽2.54、深2.04米；夯层之间有约1厘米的细沙层。城墙的西北角和西南角向外凸出2.5米。这一现象说明在城墙设计中对城角有特殊处理，建设者在加强垂直两个方向的城墙连接的同时，加大城墙拐角部分，从而形成"角台"。这样，扩展了面积与视野，利于守卫（图一〇）。

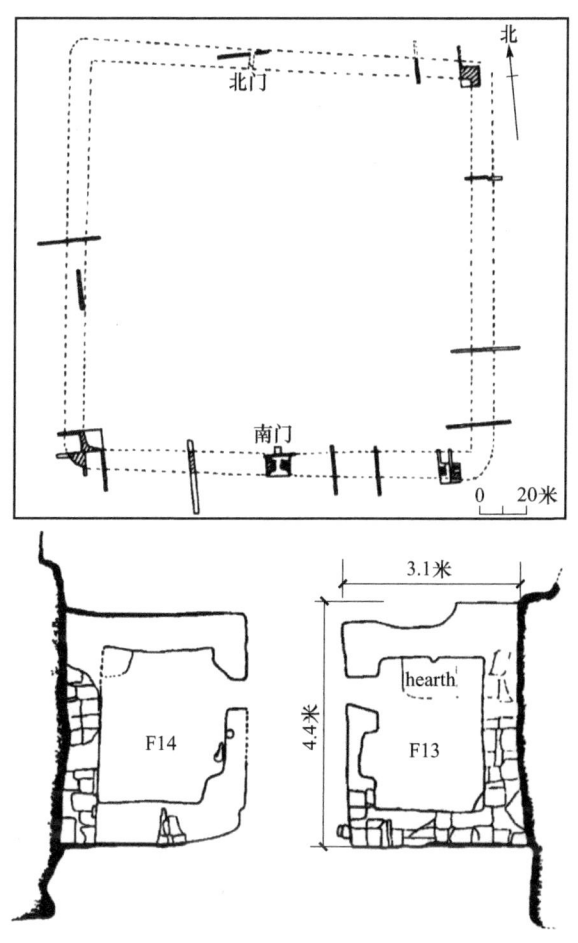

图九　河南平梁台龙山城址及南门平面图

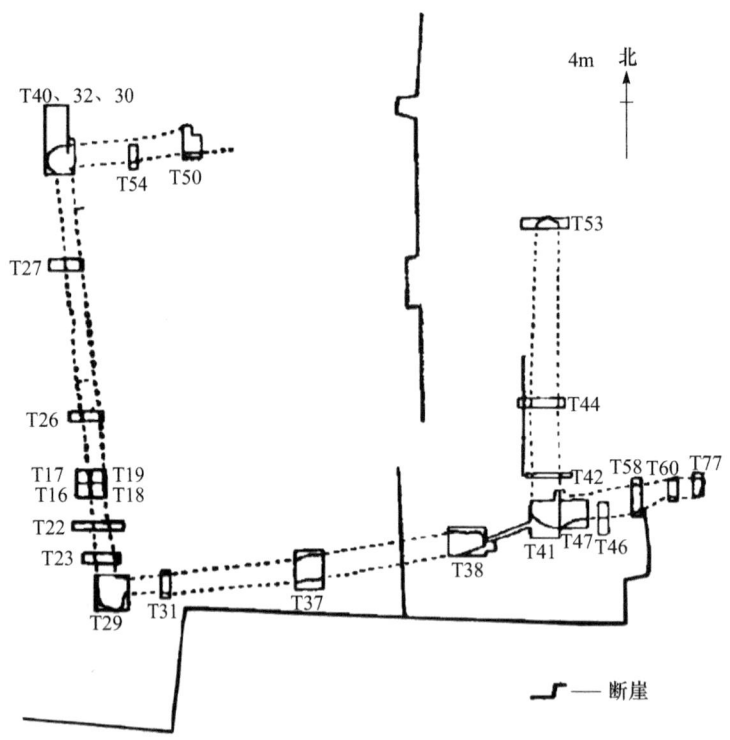

图一〇　河南登封王城岗城址

与石峁城址相比，以上列举中原地区仰韶晚期和龙山时期的城址规模均不大，多建有城墙和环壕。夯土城墙收分明显，未发现马面等设施。城墙用土可能取自城壕。城壕既承担了筑城用土的来源，同时起到了排水和防御的功能。中原地区史前城址所见的"角台"，其主要功能是加强城墙转角。石峁建于梁峁上，地表沟壑纵横提供溪水和排水，其城墙、马面和角台的主要功能是防卫。

4. 三座店马面

赤峰三座店石城（夏家店下层文化，2000—1500BC）建在山坡上，修整坡壁后，砌筑石墙，形成台城，现存高度3.5—4米[7]。三座店城址东西最长处110、南北约140米。石墙外设土芯石造马面，间距2—4米。城墙和马面由两或三层石墙组成，层层砌筑，每层之间用土填实，两层间隔0.3—1米。城墙和马面均有收分。

图一一　三座店大城7号马面

以7号马面为例，平面呈马蹄形，通长5、最宽4.6米，外围存高1.5、内存高2.1米，收分倾角80度（图一一）。马面的第1、2层砌筑在城墙第一层的外侧，马面的第3层砌在城墙第2层外侧，城墙的第3层砌在马面第3层外侧。马面和城墙互相交错咬合，说明建造顺序及始建和加建关系。从建筑工程角度出发，三座店石墙是起护坡作用的挡土墙，马面支撑挡土墙。有学者复原城墙总高为8米[8]。

三座店城址与石峁城址的不同表现在以下三个方面：①前者建于一面坡上，排水通过斜坡解决；后者位于梁峁之上，沟壑排水；②前者建筑石材为块状花岗岩（granite），未经加工；石峁石材为片状砂岩，用于砌筑墙面的石片经过细致加工；③前者沿内外高差建筑城墙，其功能是挡土，所谓"马面"的主要功能是撑扶挡土墙；石峁的石墙墙体独立，旨在围合这个特定的空间，马面的功能是防守这个封闭的空间。

5. 约旦杰里科城楼

巴勒斯坦约旦河西岸是人类最早定居点之一，那里的第一期城墙和城楼（Jericho Tower）建于公元前8000年左右。城墙以土坯建造，高3.7—5.2、宽1.5—1.8米。墙外有壕，开凿在岩石上，宽8.2、深2.7、长600米。城楼位于城墙的内侧，石块砌筑，高8.25、底径9、顶径7米，内设22级台阶直达顶部（图一二）。台阶石块经过修整，城楼石块没有加工。石材有可能是挖掘环壕取得的。

考古发掘者Kenyon认为建墙和楼意在防卫，有城墙的聚居地可以称为"城"并可以与后期的城比较[9]。但她避免涉及几个问题：杰里科的敌人是谁？城楼为何建在城墙内？为什么除杰里科外，在公元前5500年之前的约旦河西岸没有其他城址？对此，有学者提出了不同解释，认为在前陶器新石器A时代（Pre-Pottery Neolithic A，8500—7600BC），杰里科居民筑墙是为阻挡自然灾害——洪水和泥石流。石楼可能是测景台，使用功能包括祭祀，顶上曾有土坯建筑（图一三）。

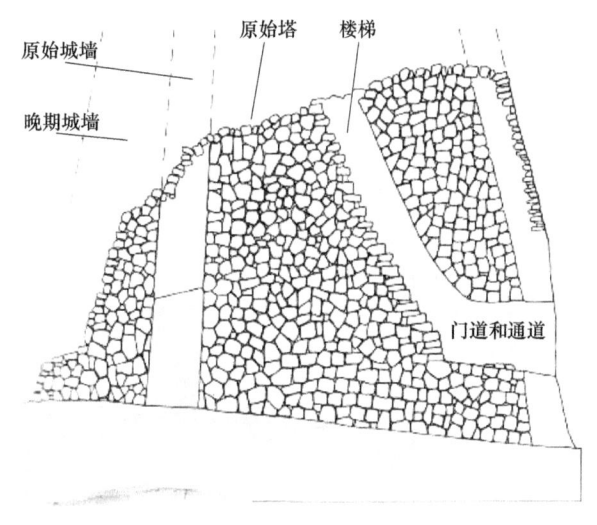

图一二　杰里科城楼
（引自 Kenyon & Holland 1981 vol.3/2 pl.244&9）

6. 苏美尔拉格什马面

在公元前2100年的两河流域遗址发现了一个石雕人像，他的膝盖上放置一幅平面图，其石像被称为"建筑师和建筑图"。这个图形象地展现了苏美尔（Sumer）城市国家拉格什（Lagash）的首相古地亚（Gudea）时期的某座建筑的设计和特征。这幅图通过平面加立面的绘图语言表现城墙、马面和城门（图一四）[10]。我们知道，两河流域有众多的城市、神庙和宫殿，影响极大。这个建筑图可能是示范蓝本。

7. 埃及望楼和马面

石峁遗址的年代与埃及的中王朝时期（2060—1795BC）大致相当。埃及有无城墙、马面？它们具有什么特点？使用什么技术？中王朝之前的资料是间接的，画像和模型提供了望楼的外形信息。埃及最早的画像木出土于第一王朝时期（3032—2853BC）第三位国王德杰（Djer）法老墓（Ummel-Qa'ab at Abydos），在这块木板上清晰地刻画了一座望楼的形象[11]。望楼为圆形，墙体自

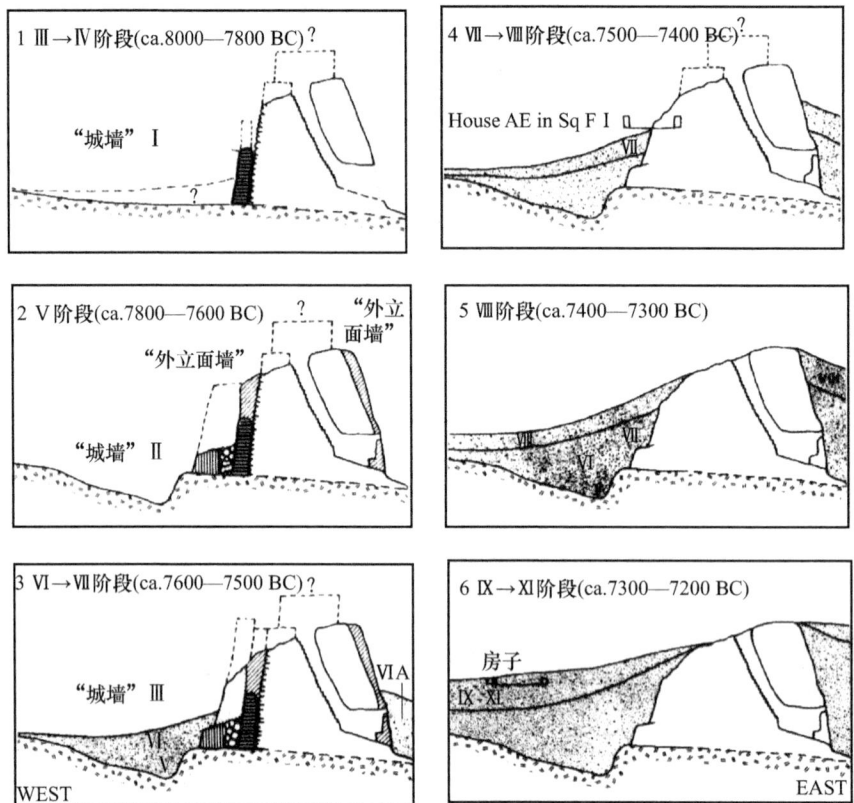

图一三　杰里科城楼（8000—7200BC）

下而上有收分，上部呈弧形，顶部出挑形成平台，平台带齿状堞，平台之下有一个吊梯（图一五）。类似的望楼模型包括第一王朝 Den 法老墓（Abu Roash）出土的象牙望楼，它与木刻表现的建筑形式一致，反映生土或土坯建筑。模型高 4.9 厘米，考古学者认为它是棋子。另一件象牙望楼收藏于柏林的埃及博物馆里（图一六）[12]。

马面的实物资料来自埃及中王朝时期，位于南方前沿的城堡巴罕（Buhen）。公元前 3050 年，埃及形成了中央集权国家。埃及有南北两个走廊：南路越过第一浅滩沿尼罗河进入中非；北路的西面是利比亚，东面朝着西亚。巴罕位于尼罗河西岸、第二浅滩（Second Cataract）之北，是南方区

图一四　建筑师和建筑图（石雕局部）
（巴黎卢浮宫）

图一五　画像木上的望楼
（The Royal Tombs of the Earliest Dynasties, Pt 2, pl.5.）

域的军事要塞。中非出产贵重金属和稀有原材料，巴罕是古埃及控制南部前沿地区，保证与中非贸易的交通枢纽。

1964 年建造阿司汪水库时，巴罕被水吞没了。考古学家 Walter Bryan Emery 带领团队对巴罕进行了抢救性发掘[13]。从巴罕遗址出土的文字得知这座城有 200 年历史，建造年代在公元前 2000 年初，分内、外城，面积 10 万平方米（约 500 米 × 200 米）。城墙为土坯加木骨造，下部用石块加强。木骨纵向使用，每隔六、七层土坯用一层草席。马面等间距建于墙体之外。这一时期埃及城堡都是用土坯加木骨方法建造的，石城仅几例。

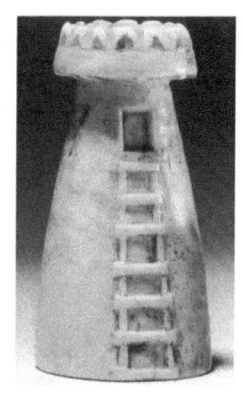

图一六　望楼形象的
象牙棋子
（柏林埃及博物馆）

考古发掘揭示巴罕在 200 年中曾有两次建设。第二次建设对外城城墙、马面和城门做了彻底地改造。巴罕面向河流，背对沙漠。内城为中心区，形状方正，平面 150 米 × 138 米。早期的巴罕，内城沿河设置两个城门，背河设一门。外城三面环绕内城，沿河一侧无城墙，周长 712 米，朝沙漠方向仅设一门。城墙以土坯建造，厚 4 米，原高可能在 8—9 米（约厚度的 2 倍）。马面平面呈半圆，内有 2.15 米厚的碎石芯，突出城墙外约 6.5、间距 22 米（图一七，左）。

晚期的巴罕沿河增建了城墙，外城墙完全封闭。在外城原门址之上新建了一座两进城门（平面 47 米 × 30 米），在那里发现了石门轴。城墙厚度加到 5.5 米，墙外侧可见密集的壁柱。登墙的踏步建在城墙内侧。新建的马面平面方形或长方形，间距大致等同，约 75 米。角台体积比马面大很多（图一七，右）。城墙外设宽 6、深 3 米的环壕，壕的尽端石制，排水入河。壕和墙之间为环城道路，道边设胸墙，墙上开长条望孔。

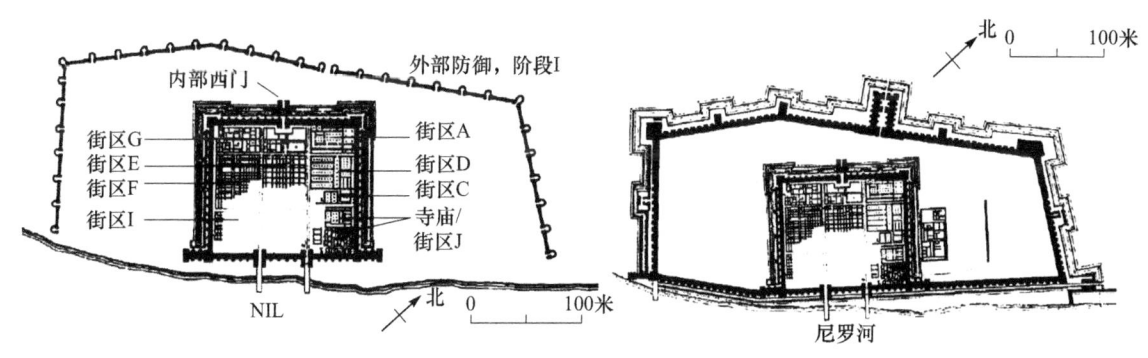

图一七　巴罕城址平面图
（左图，第一阶段：中王朝时期　右图，第二阶段：第二王朝中期）

巴罕城墙的顶部没有保留下来，考古发掘者当时看到城墙和壁柱、马面同高，估计原高可能是墙厚的 2 倍，但无法提供城墙顶部的资料。因此，基于早期的图像和形象等证据，产生了多种复原假设，大致分两类：其一，马面、壁柱和城墙同高，上缘设堞供弓箭手射击；其二，壁柱高是城墙的一半；马面上出木梁设挑台，上设堞（图一八）[14]。

8. 哈图沙城楼和双门

石峁东门与赫梯帝国（Hittite）都城哈图沙（Hattuša）的王门（King's gate）布局相似。位于

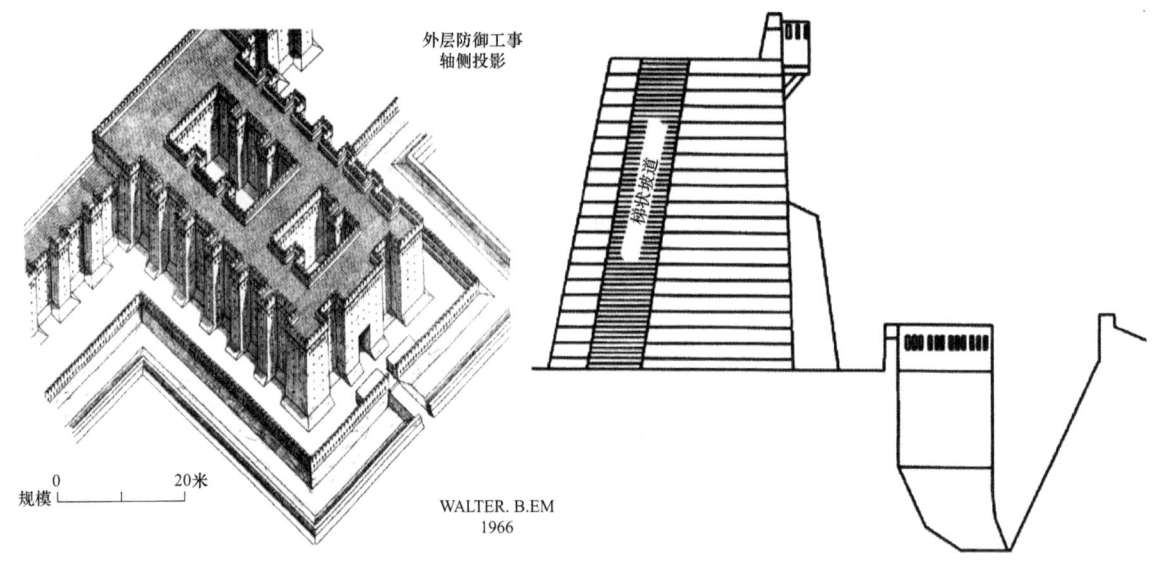

图一八　巴罕城址外门复原图
（左，马面、壁柱和城墙同高　右，壁柱为城墙高的一半，墙头出木梁设挑台）

小亚细亚地区，赫梯帝国始于公元前 1600 年左右，在公元前 14 世纪中叶达到鼎盛。哈图沙由上、下城组成[15]。下城的城墙为公元前 16 世纪建筑，上城公元前 14 世纪增筑。城墙经过大规模重建和加固。盛期的哈图沙面积约 1.8 平方千米，下城 0.8 平方千米，那里有城堡式的中心（citadel）管理机构和大型神庙，和建在山顶上的王宫（或称卫城，acropolis）。苏庞路里乌玛一世时期（Suppiluliuma，1344—1322BC）建筑的城墙、宫殿和神庙石墙遗迹至今部分可见。上城面积 1 平方千米，内有四组神庙群。马面平面尺寸为 7 米×9 米，间距 12—30 米。关于建造顺序，学者们认为马面（或城楼）先建，城墙后建。城楼是重要的守卫基地，城墙将它们联系起来形成一个防卫系统。上城的南缘和城门处用双墙，内高外低，两墙间距 7.5、外墙厚 1—2 米。

公元前 14 世纪的哈图沙遗物中有一个陶楼模型，高 12.3 厘米，被认定原来附着某陶器的口部，收藏于土耳其安纳托利亚文明博物馆（图一九）。陶楼塑造一小段城墙，形状与城楼上的堞一致。城楼高出城墙很多，下部有四个窗洞布局呈 X 形。上部有四个长条形窗洞，前面两个，两侧各一。长窗上方和 X 窗下方，各出三组双梁头，表示屋顶和楼板。这个陶楼给考古和建筑史学者提供了重要的建筑信息，为复原城墙和城楼提供了依据。根据建筑遗址、陶楼形象和当地传统，在哈图沙遗址入口附近复原了两个城楼及城墙（图二〇）。

哈图沙城墙分两部分构造，上部分为墙体，下部分为基础。箱形基础以石块构造，墙体为木骨土坯构造。城门墩台和马面的构造均如此（图二一）。箱形基础是安纳托利亚的独特技术，平行砌筑两道石墙，两墙之间等距离砌横墙联系，形成箱式基础，内以土填充。外侧墙厚 1.5—2.5、内侧墙厚 1.2—2.2、联系墙厚 1—2 米。城墙底部总厚平均 8 米。墙体为土坯墙加木骨，表面涂泥。学者们估计石墙部分 3—4 米高，土坯墙加堞大概如此，总高 6—8 米。哈图沙没有登城墙的阶级或坡道遗迹，推测城楼内部设梯达墙顶和楼顶。

哈图沙上城有三座主要城门，根据两侧浮雕题材分别称为王门、狮子门和斯芬克斯门，均为双门。王门布局分三区：①两个平行的大门墩台，形成甬道；②甬道前后各设一门，前后门之间形成一个中庭（Chamber）。两门均向中庭开，武士在中庭守门；③大门外设 L 形墙与右侧的墩台相交，墙头设马面（图二二）。

图一九 哈图沙出土陶楼，高 12.3 厘米（公元前 14 世纪）

图二〇 局部复原的哈图沙城楼和城墙，楼和墙高比约 2：1

图二一 哈图沙王门遗址（俯瞰）

图二二 哈图沙王门外观复原

9. 特洛伊第六城东门

在特洛伊（Troy）有九个古城遗址，互相叠压，最早的时代约公元前 2900—前 2400 年。至今，考古发掘了两座城门，包括第六城东门（1800—1300BC）。该门由一侧城墙重叠另一侧城墙形成甬道和屏障[16]。大门设在屏障的内侧，进城需要经过甬道和转直角弯。南侧城墙外设一马面守护城墙和城门（图二三）。

10. 欧匹杜城墙"纤木"

欧洲铁器时代居住点城墙多用土、木和石建筑，称为 Murus Gallicus 筑墙法。以欧匹杜（Oppidum of Manching，公元前 3—前 1 世纪）为例（图二四）：

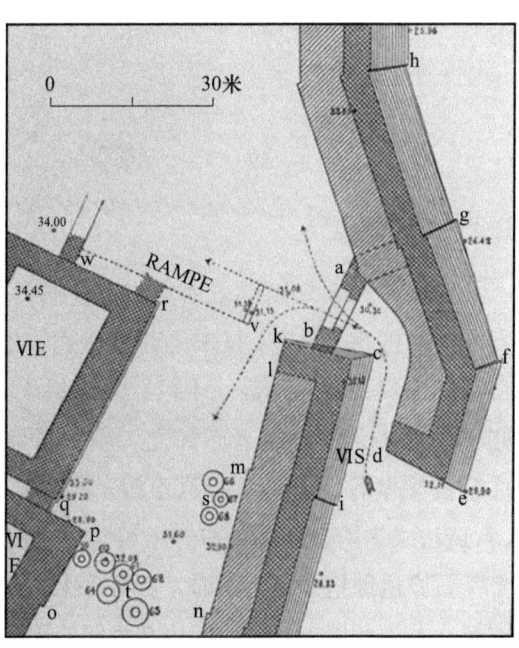

图二三 特洛伊第六城东门

圆木纵摆，间距约60厘米，其上横摆圆木。纵横圆木交点用铁钉或榫卯固定，构成框架，填土和碎石于内。外墙以石块干摆，纵木伸出墙体与墙面平齐。墙内侧土坡9米宽。公元前104年左右，在早期的城墙外用同一技术全面包筑了第二道墙。新墙面用木柱，柱子高于墙体，其上设护栏（图二五）[17]。

图二四　德国欧匹杜城墙（残高4米）

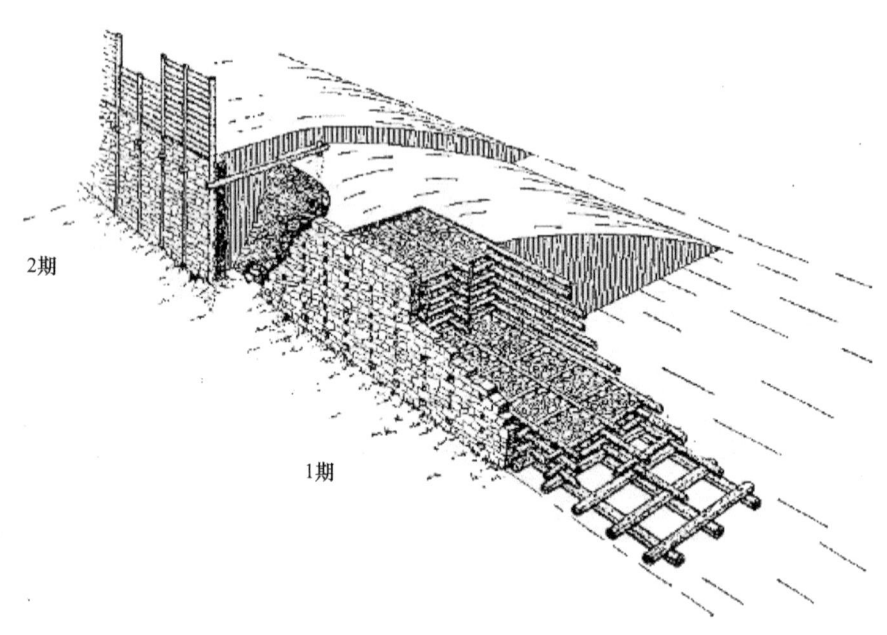

2期

1期

图二五　欧匹杜第一期和二期城墙示意图

三、东门的解读与复原

1. "纴木"功能

皇城台和东门石墙表面见圆形孔洞，直径20—30厘米，一些洞内有朽木残迹。发掘者将其判断为"纴木"。纴木是宋《营造法式》术语。《营造法式》卷三《壕寨制度》曰："筑城之制：每高四十尺，则厚加高二十尺；其上斜收减高之半。若高增一尺，则其下厚亦加一尺；其上斜收亦减高之半；或高减者亦如之。城基开地深五尺，其厚随城之厚。每城身长七尺五寸，栽永定柱、夜叉木各两条。每筑高五尺，横用纴木一条，每膊椽长三尺，用草葽一条，木橛子一枚。"《营造法式》壕寨制度是对夯土城墙的规定，永定柱、夜叉木和纴木是墙中的筋。

石峁遗址地处黄土山峁，有石有土。从建筑材料和技术上来说，土石并用——版筑墩台，石筑围墙。关于石墙中纴木的使用与为何使用问题，我们首先考虑了所有的可能性，然后排除与石峁不符的可能性。从运输角度考虑，抬土搬石需要坡道，南墩台南侧有斜坡，北墩台西北角可能原有坡道，但此处遭破坏。从施工角度考虑，夯土芯和石包墙可以互为工作台，不需脚手架。但从平整石墙面的角度考虑，石墙上的洞眼可能为脚手架洞。从建筑技术角度出发，我们认为石墙内使用圆木是在建筑过程中加固墙体的一种措施和工具。施工过程中，石墙内施纤木可以有效地帮助分段施工，防止倾斜崩塌。

2. 城墙和墩台高度

石峁石墙厚约 3 米，依照高厚比 2∶1 规律，我们推测原始高度可达 6 米（图二六）。石峁马面和角台应比城墙高，原因是墩台面积大（110—280 平方米）可以高筑（残存最高处近 7 米）和它的战守功能——射击投石和巡逻；墩台上铺石防止夯土芯受潮膨胀，总高可达 8 米（图二七）。我们认为城墙和墩台上面设有堞或矮墙，这是因为它们的防御功能和卫兵的活动安全。登墩台当有相应的设施，遗址的马面内侧有坡道；东门墩台内侧被改造或破坏，我们推测原来有缓坡以供上下。

另外，沿墩台外侧的地面上有一条与墙体走向一致、宽 1.2—1.5 米的石散水。考古信息显示此散水深入石墙下 10 厘米左右。由此看来散水不是基础的拓广。关于墩台，我们推测有基础，但不知夯土台和石包墙基础的做法，亦不知主墙和护墙、外墙的基础做法是否一致，这些问题只有对墩台局部解剖后才能回答。

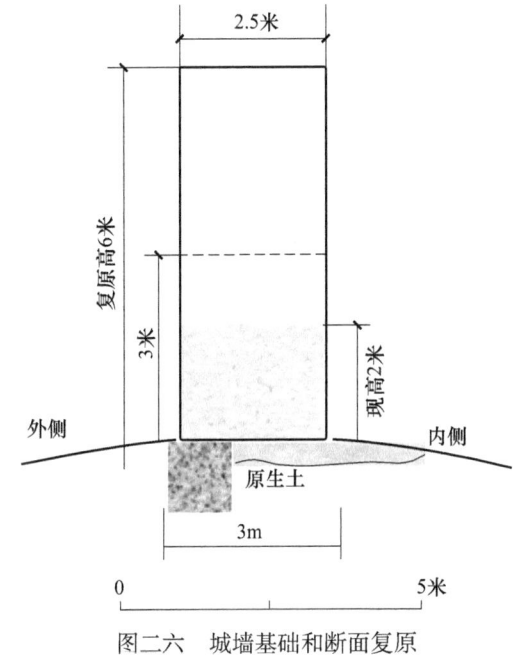

图二六 城墙基础和断面复原

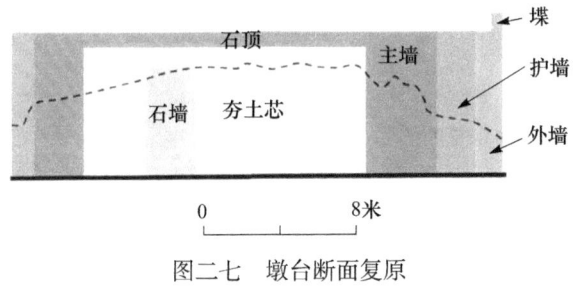

图二七 墩台断面复原

3. 大门位置

东门墩台之间的门道宽约 10 米，朝向门道一侧的主墙上分别砌筑出三道南北向短墙，两两相对。中间短墙宽 2.5、长 3 米；两边短墙宽 1.5、最长 4.5、间距约 3 米。为什么短墙厚度差别很大？大门是设在中间，还是设内、外双重门？门塾是否有顶？首先，我们推测门塾有顶。由于短墙是为门而设，故东门可能设双扇木门。目前东门门道范围内未发现门轴，但南墩台内侧揭露的 F7 院门处发现一个石门轴。以此类推，东门原当有门轴。开罗博物馆藏的埃及木门实物表明，门轴放入木或石门额和门限中使用，不需要门颊[18]。

关于东门的复原，主要考虑如下几点：

（1）石墙的宽度在 2.5 米左右。按高宽比 2∶1 计算，石峁城墙的原始高度约 6 米左右。

（2）东门墩台的现存高度高于早期地面 5.6—6.7 米。笔者为墩台的复原设定了以下 3 个条件：

①基于墩台的规模和功能，墩台高于城墙；②防止夯土芯受潮膨胀，墩台顶铺石；③沿墩台外侧或建堞或矮墙。据此推测，墩台的原始建设高度可达 8 米。

（3）东门门塾由三道平行的短墙构成，中间的短墙较两侧短墙厚近两倍。这应由于门塾设有两跨平顶（发券城门在宋代以后才出现）。屋顶结构复原为：圆木置短墙上，中间短墙承前后跨圆木。圆木上铺土找平，其上铺石。城门洞口不会跨度很大，城门应为前后双重门。

（4）角台与 4 号马面间距 30 米，两台之间的城墙交错，形成一个叉口。其施工顺序是两台同时建筑，然后建筑城墙，两墙没有对齐，不是施工误差，当是设有便门（图二八）。

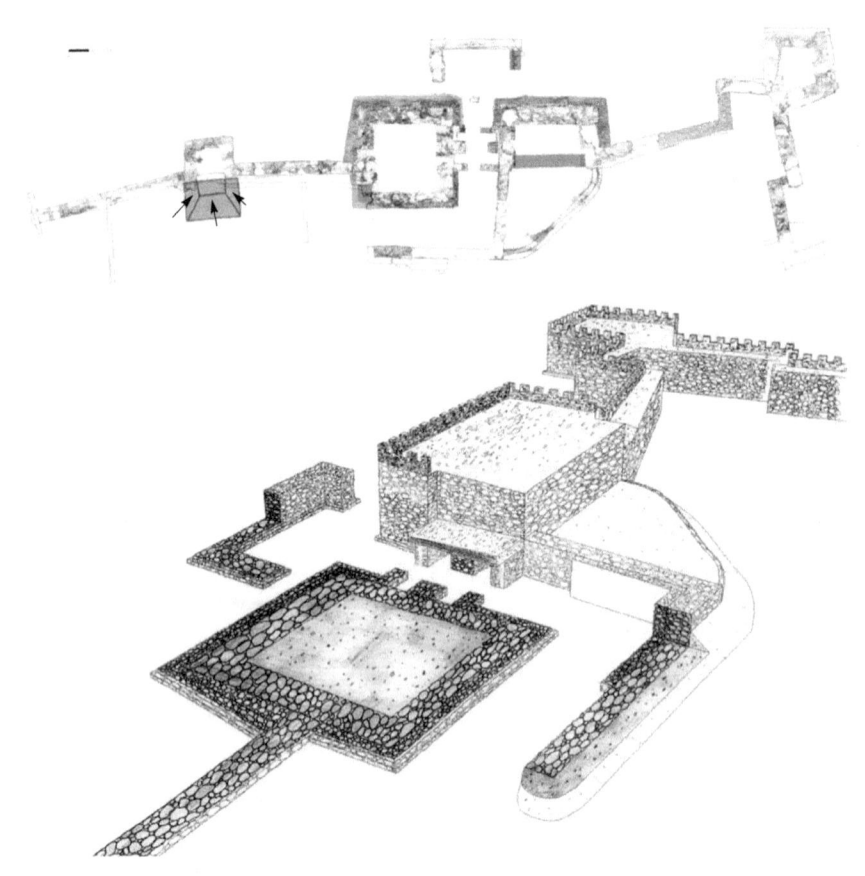

图二八　石峁东门及马面和角台复原图

四、结　语

最后，我们要站在规划设计和建筑技术角度，总结石峁城门、马面和角台的属性，还要根据这个结论，回答石峁在世界城建发展史中的位置问题。

总结上面讨论的实例，我们看到五种城门平面类型：①城墙重叠式，为最简单的形式，实例第六城东门，石峁便门属于这种形式；②独立障墙式，实例西山城北门；③直通门塾式，实例平梁台南门；④两进马面式，实例巴罕北门；⑤门塾、马面和弯道式，实例哈图沙王门。东门的设计有障墙、门塾，马面状的墩台，门道转 90° 弯，属于最复杂的类型（表一）：

表一　中外城门类型表（2000—1600BC）

类型	实例	石峁
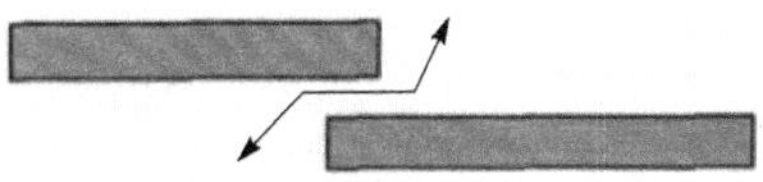 城墙重叠式	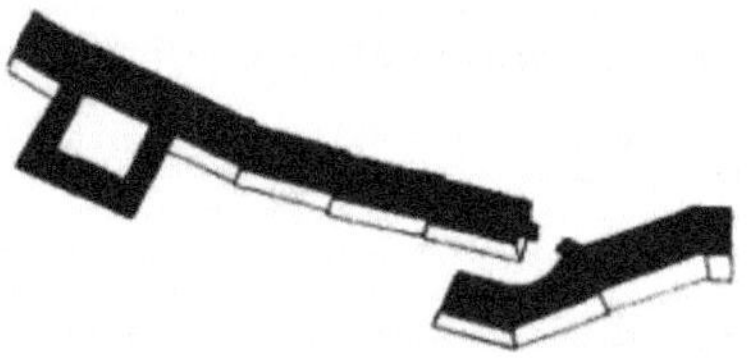 第六城东门（1800—1300 BC）	 石峁便门（马面、角台）
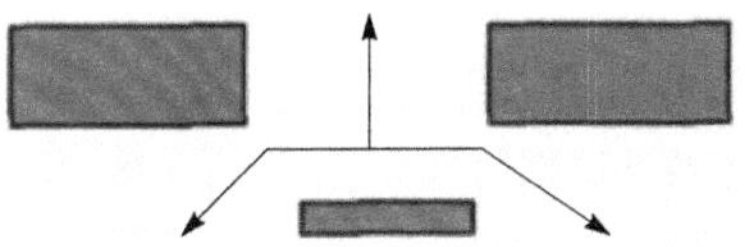 独立障墙式	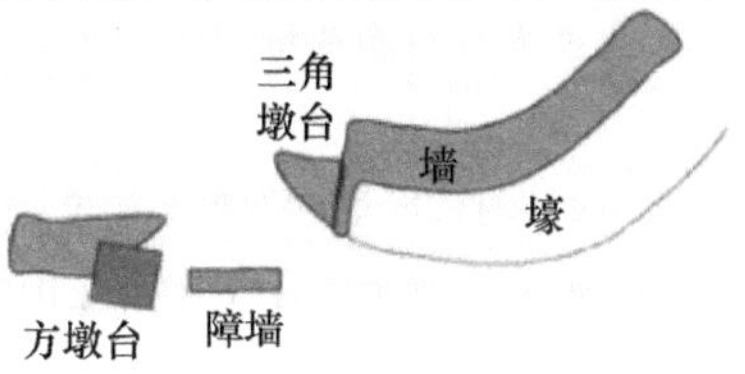 西山城北门（仰韶文化晚期）（三角墩台、墙、壕、方墩台、障墙）	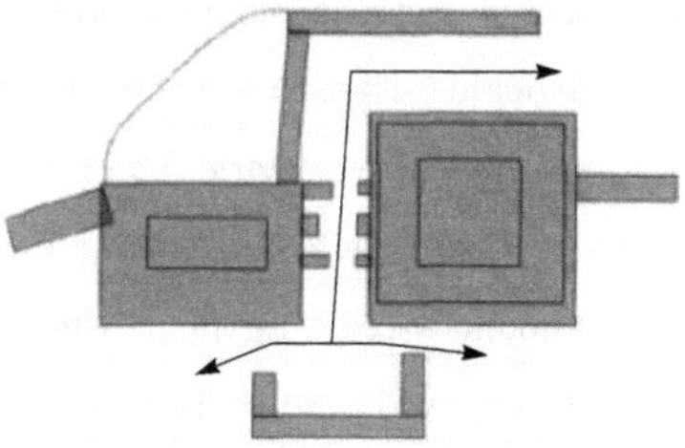
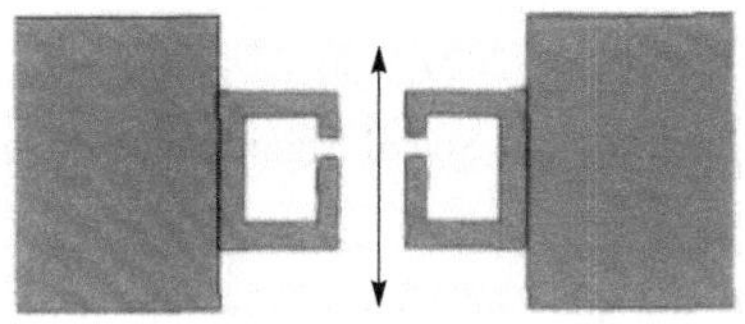 直通门塾式	 平梁台南门（龙山文化）	障墙、门塾、马面和弯道式、石峁东门
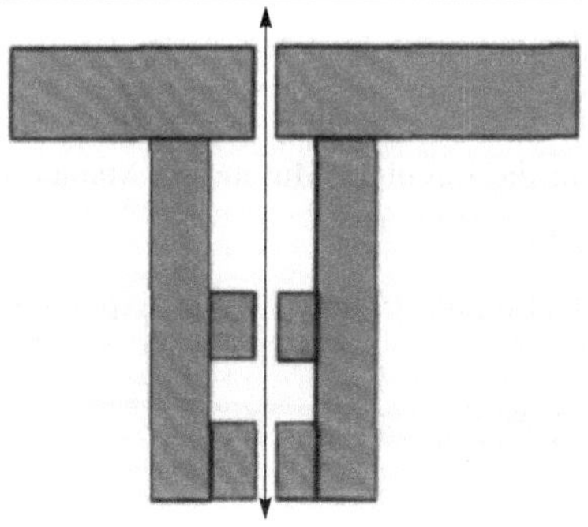 两进马面式	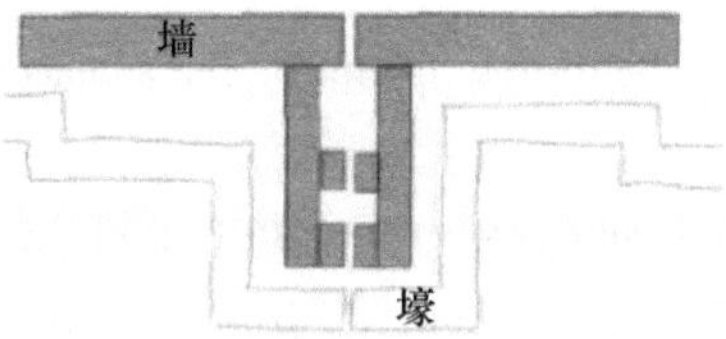 巴罕北门（墙、壕）	
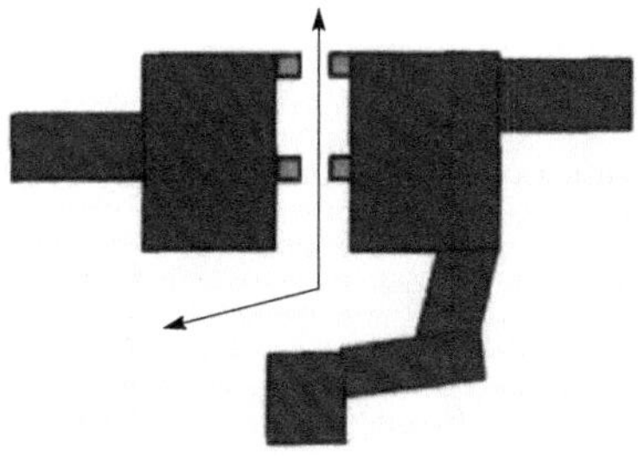 门塾、马面和弯道式	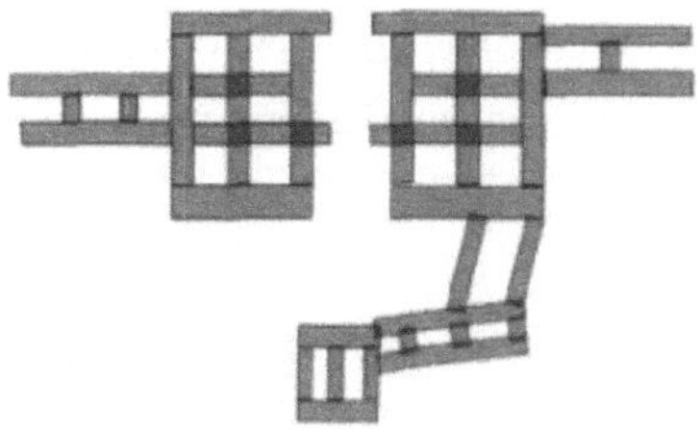 哈图沙王门	

从城门类型看，石峁遗址存在两种：一种形制较为简单，用于日常交通；另一种为双台双墙双门塾，在世界城建史中属于布局最复杂、控制性最强的设计，在中国城建史中当是瓮城的一个开端。东门的规模，规划和技术非常高级，反映不同建筑传统之间存在交流。就建筑技术而言，夯土是一种技术，石墙是另一种技术。石峁不仅并用夯土和石墙，还在石墙内加纴木。就规划而言，石峁双城布局，内城和外城面积相差不多，分城大概是由于功能和军事上的考虑。城内有沟有塬，易

于生产生活和利于守卫，这是一个早期总体规划的实例。石峁东门，马面和角台是中国城建史上的先例。北方战国秦汉长城城址常见马面、角台和 L 形瓮城。中原马面和瓮城至迟在宋代已成制度，应是学习和总结了史前的规划和技术，使城池建设达到一个新阶段。

注　释

［1］ 陕西省考古研究院、榆林市考古勘探工作队、神木县文体局：《陕西神木县石峁遗址》，《考古》2013 年第 7 期。

［2］ Leick, Gwendolyn. Mesopotamia:The Invention of the City. London: Penguin, 2001.

［3］ 邵安定、付倩丽、孙周勇、邵晶：《陕西神木县石峁遗址出土壁画制作材料及工艺研究》，《考古》2015 年第 6 期。

［4］ 国家文物局考古领队培训班：《郑州西山仰韶时代城址的发掘》，《文物》1999 年第 7 期。

［5］ 河南省文物研究所、周口地区文化局文物科：《河南淮阳平梁台龙山文化城址试掘简报》，《文物》1983 年第 3 期。

［6］ 河南省文物考古研究所、中国历史博物馆考古部：《登封王城岗遗址的发掘》，《文物》1983 年第 3 期。

［7］ 内蒙古文物考古研究所：《内蒙古赤峰市三座店夏家店下层文化石城遗址》，《考古》2007 年第 7 期。

［8］ Shelach, Gideon Raphael, Kate Jaffe, Yitzhak. Sanzuodian: The Structure, Function and Social Significance of the Earliest Stone Fortified Sites in China. Antiquity, 2011, 85 (327).

［9］ Kathleen M Kenyon. Excavations at Jericho. Vol. III. The Architecture and Stratigraphy of the Tell. London: British School of Archaeology in Jerusalem, 1981.

［10］ Donald P Hansen. A Sculpture of Gudea, Governor of Lagash. Bulletin of the Detroit Institute of Arts, 1988 (1:4-19).

［11］ W. M. Flinders Petrie. The Royal Tombs of the Earliest Dynasties. London, 1901.

［12］ Eowaro Brovarski. A Unique Funerary Monument of Old Kingdom Date in the Egyptian Museum'in Mamdouh Eldamaty (ed.). Egyptian Museum Collections around the World, 2002, 1: 183-195.

［13］ Emery W B, Smith H S, Millard A. The fortress of Buhen: the archaeological report. London: Egypt Exploration Society, 1979.

［14］ Carola Vogel. The Fortifications of Ancient Egypt 3000-1780BC. Botley:Osprey Publishing Limited, 2010.

［15］ Fatih Cimok(ed.). The Hittites and Hattusa. Istanbul: A Turizm Yayinlari, 2008.

［16］ Wilhelm Dörpfeld. Troja Und Ilion: Ergebnisse Der Ausgrabungen in Den Vorhistorischen Und Historischen Schichten Von Ilion 1870-1894, 2 vols.1902 (reprinted 2012).

［17］ Werner KrÅmer. The Oppidum of Manching, Antiquity, 1960, (135): 191-200.

［18］ Somers Clarke & R. Engelbach. Ancient Egyptian Masonry: the Building Craft. London: Oxford University Press, 1930.

（原载于《考古与文物》2016 年第 4 期）

试论石峁城址的年代及修建过程

邵 晶

2011年7至9月，陕西省考古研究院、榆林市文物考古勘探工作队、神木县文体局联合组成调查队，对石峁遗址周边10平方千米的范围进行区域系统考古调查。调查表明，龙山时期陶片、灰坑、墓葬遗存与周边基本闭合的多重石砌城墙在分布范围上存在着高度的趋同性。结合内蒙古中南部及陕北地区龙山石城的考古资料，调查队提出石峁遗址是一处规模超大的龙山时期石城聚落[1]。

2012年，石峁遗址考古发掘工作全面启动，考古队先后针对石砌城墙开展了复查，测量了石墙现存长度、暴露高度和可见宽度等基本数据，发掘了外城东门址、后阳湾、韩家圪旦墓地、樊家庄子祭坛等地点。外城东门址的发掘首次从地层关系及出土遗物上确认了砌城墙系龙山时期遗物，是石峁遗址的重要构成部分，改变了早年关于石峁遗址范围及周边石墙为战国秦长城的认识[2]。石峁城址是以"皇城台"为核心，内城环绕皇城台，外城半环绕内城的三重结构。其中"皇城台"是四周以石砌筑层阶状护坡的台城。内城以"皇城台"为中心，沿山势砌筑石墙，形成一个封闭的空间；外城则依托内城东南部的墙体修筑一道不规则弧形石墙，与内城东南墙结合构成相对独立的外城区域，城内面积超过400万平方米[3]。

石峁城址具有三重城垣，当非一日而成。根据测年结果及器物特征，石峁城址外城东门址的修建年代被确认为不早于公元前2300至前2200年[4]，废弃年代不晚于公元前1900至公元前1800年。关于皇城台、内外城城垣的修葺过程及各重城墙的相互关系等问题值得慎重考虑。本文以韩家圪旦地点居址出土陶器类型分析为依据，结合近五年来的调查、发掘资料来讨论石峁城址的年代及建修过程等问题。需要说明的是，石峁遗址的考古工作还在持续进行中，本文的观点或许会随着新材料的不断丰富而细化、深入甚至修正，所以目前的认识只能是初步的。

一、韩家圪旦早期居址的年代

发掘表明，韩家圪旦地点先后承担过居址和墓地两种聚落功能。早期为居址，房屋以高低错落的窑洞为主要建筑形式；晚期成为墓地，墓葬形制包括竖穴土坑墓、石棺墓和偏洞室墓，尤以竖穴土坑墓居多。居址和墓地形成两个具有先后承袭关系的相对独立单元。

居址本身又可分为早、晚两段。居址晚段出土的陶器在外城东门址多有发现，以高领鬲、大口尊、粗柄豆、喇叭口折肩罐等器物为代表，为典型的龙山晚期遗存。

居址早段出土的典型器物数量众多，器形丰富，器物组合关系明确且多次重复出现于不同遗迹单位中。早段典型器形主要有双錾鬲、单把鬲、喇叭口罐、圜底瓮、敛口瓮、细柄豆等。典型陶器的形态特征如下：双鋬鬲体型较大，矮直领，宽裆下弧或略平，"正装"对称鸡冠状鋬手，大肥足，无实足跟；单把鬲体型较小，中直领，把中宽，腹部外凸明显形成弧棱或直棱，宽裆下弧，三足外撇，无实足跟；喇叭口罐，小喇叭口，肩部圆弧或稍折，下腹斜直或稍外凸，平底较大；圜底瓮，体型厚实，直口方唇，直壁下收，旋扭成圜底；敛口瓮，体型较轻薄，口沿处有对称分布的两个一组的小孔，圆肩，下腹急收，平底，上腹部一般有连续分布的复杂刻划或戳刺纹样；细柄豆，体型较小，豆盘浅、柄细高（图一）。

与韩家圪旦地点居址早段陶器相似的遗存在陕西还见于佳县石摞摞山（图二）[5]和榆林寨峁梁[6]等遗址，以寨峁梁遗址出土材料最为丰富。

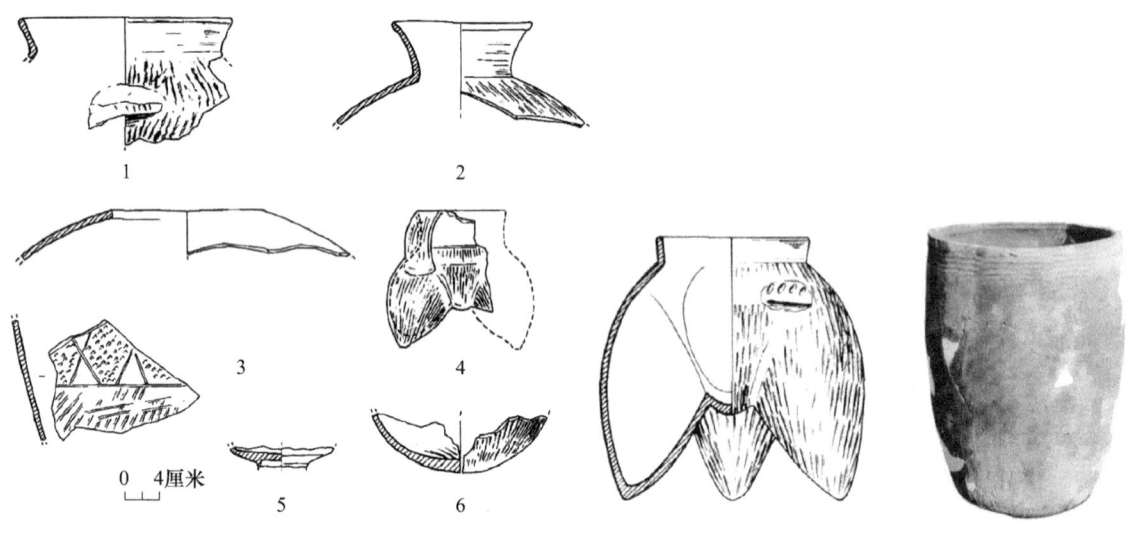

图一　石峁遗址韩家圪旦地点居址早段典型陶器
1. 双鋬鬲　2. 喇叭口罐　3. 敛口瓮　4. 单把鬲
5. 细柄豆　6. 圜底瓮

图二　石摞摞山遗址出土典型陶器

寨峁梁遗址位于榆林市榆阳区安崖镇房崖村，与石峁遗址同属秃尾河流域，南距石峁遗址约20千米，是一座保存较好、遗存丰富的龙山时代小型石城聚落。常见的陶器组合包括双鋬鬲、单把鬲、喇叭口罐、圜底瓮、敛口瓮、细柄豆等，在多数房址等遗迹单位内重复出现（图三）。这批陶器与韩家圪旦地点居址早段陶器具有相同特征，且复原陶器较多，弥补了韩家圪旦地点居址早期典型陶器较为破碎的缺憾，为石峁遗址文化遗存的分期及其与周边同类遗存的对比分析提供了比照材料。从区域格局来看，陕西北部、山西中北部和内蒙古中南部地区自公元前2500年以来考古学文化面貌高度一致，这一认识目前在学界基本达成共识[7]。近年来晋北地区龙山时代石城聚落调查和发掘的最新成果[8]，更加深了上述三

图三　寨峁梁遗址出土典型陶器组合

个地区龙山时代的文化联系。

与韩家圪旦地点居址早期遗存年代相当的是山西汾阳杏花村（图四）[9]、定襄青石[10]、内蒙古岱海"老虎山文化"诸遗址（图五）[11]、准格尔旗洪水沟[12]、清水河县城嘴子[13]等遗址。从相对年代来看，这类陶器组合属各地龙山时代早期遗存。就绝对年代而言，陕西北部[14]和山西中北部目前尚无测年数据，内蒙古中南部的测年数据大体将"老虎山文化"的绝对年代定在公元前2500至前2300年。依此，石峁遗址韩家圪旦地点居址早段年代亦当在此。而据现有资料，韩家圪旦地点居址早段为代表的遗存在石峁城内年代较早，当可代表石峁城建的较早年代，为下文探讨石峁城址的营建过程提供了时间基准。

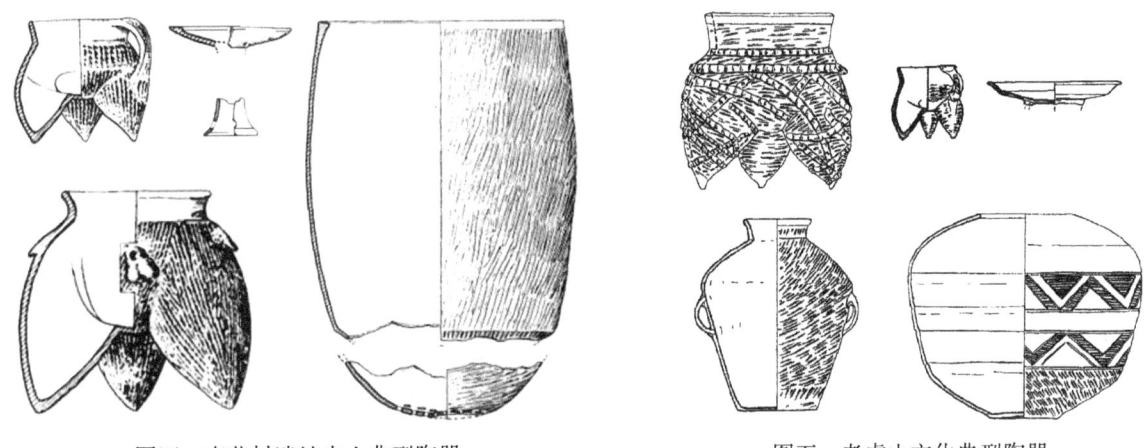

图四　杏花村遗址出土典型陶器　　　　　图五　老虎山文化典型陶器

二、石峁城址陶器遗存的分期

双鋬鬲是陕西北部、山西中北部、内蒙古中南部的龙山时代考古学文化极具断代意义的典型器物，双鋬鬲的形制存在着裆部由"宽"到"瘤"再到"尖角"的发展演变过程[15]，领部随之变化的趋势为由矮变高，实足跟从无到有再不断加高，这一演变规律已被越来越多的考古发现所证实。矮领宽裆无实足跟鋬鬲是目前所认识到的"双鋬鬲文化遗存"最早阶段的典型特征。石峁遗址韩家圪旦等地点的发掘资料同样支持上述演变趋势。

石峁遗址发现的双鋬鬲文化遗存典型器物和层位关系主要有：①2012年内城圆圪堵地点白灰面房址出土矮领宽裆双鋬鬲和喇叭口圆肩罐；②2012年内城后阳湾地点发现矮领瘤裆无实跟双鋬鬲打破矮领宽弧裆无实跟双鋬鬲的层位关系[16]；③2013年后阳湾地点发现花边高领尖角裆实跟双鋬鬲叠压高领尖角裆无实跟双鋬鬲的层位关系；④2012至2013年外城东门址出土高领尖角裆高实跟双鋬鬲叠压高领尖角裆实跟双鋬鬲的层位关系；⑤2014年内城韩家圪旦地点出土高领尖角裆实跟双鋬鬲叠压矮领宽裆无实跟双鋬鬲的层位关系。

依据这些层位关系和典型陶器标本并参考已有的研究成果，可以将石峁城址内部现知遗存分作从早到晚的三组：A组以韩家圪旦地点居址早期、后阳湾地点W3、圆圪堵地点房址和麻黄梁地点为代表（图六）；B组以后阳湾地点2012W1、呼家洼地点2012F3、外城东门址早期、韩家圪旦地点居址晚期为代表（图七）；C 组以后阳湾地点 2013 晚期层位和外城东门址晚期为代表（图八）。

此三组陶器组合除双鋬鬲演变规律明显外，共存的其他器形也有明确的变化趋势或早晚关系。A 组中常见的直口圜底瓮、敛口刻划纹瓮不见于 B 组和 C 组；单把鬲由 A 组的中宽把宽弧裆演变为 B 组的宽把尖角裆；喇叭口罐由 A 组的小口圆肩（或轻折肩）到 B 组的大口折肩再到 C 组的重折肩加亚腰；豆由 A 组的小盘细柄到 B 组的柄稍粗再到 C 组大盘粗柄；大口尊在 A 组似折腹盆，到 B 组腹加深及至 C 组大敞口下出现折棱；三足瓮不见于 A 组，在 B 组出现但保持直口筒腹状，应是 A 组直口圜底瓮直接演变而来的，及至 C 组，体型胖大，腹外鼓，成为真正意义上的"蛋形

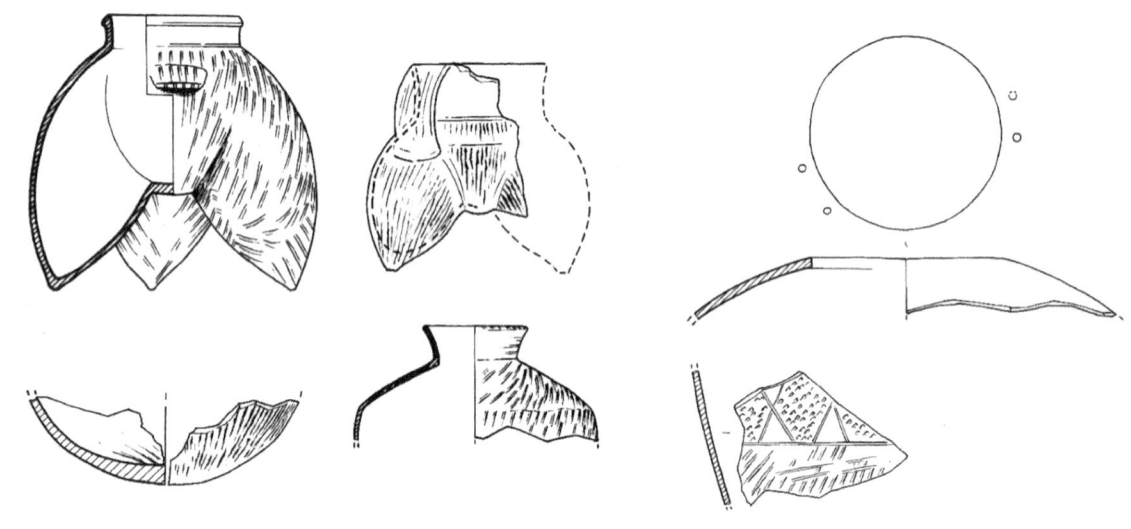

图六　石峁遗址 A 组（段）陶器

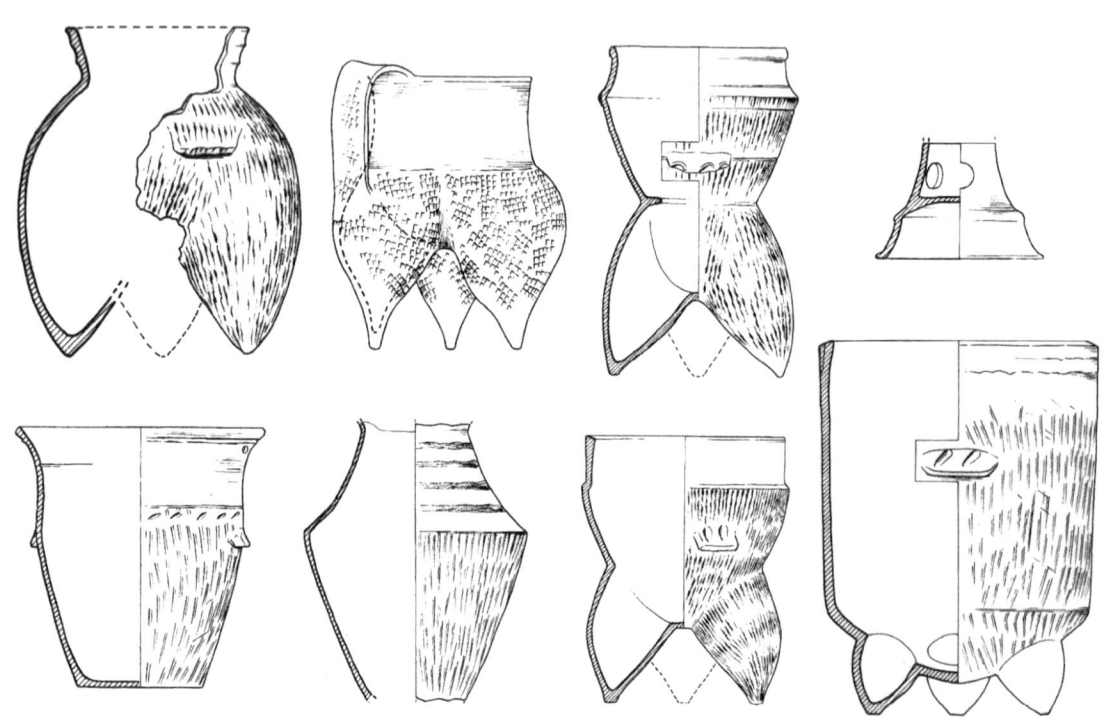

图七　石峁遗址 B 组（段）陶器

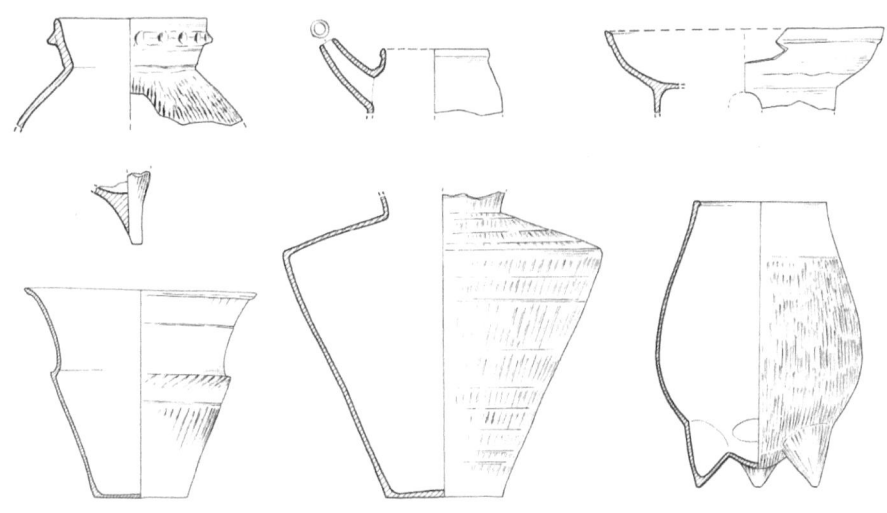

图八 石峁遗址C组（段）陶器

三足瓮"；另外，敛口甗和直口斝在 A 组的出现并不明显，到 B 组明确兴起；管流盉则有可能是在
B 组出现并兴盛于 C 组的。上述不同组的陶器分别有其自身的遗迹单位作支撑，当可代表当下石峁
城址内部不同阶段的考古学遗存，本文依其层位关系和器形变化规律暂且将 A、B、C 三组陶器代
表的石峁遗存称为 A 段、B 段和 C 段。需要说明的是，虽然弧裆双鋬鬲和瘤裆双鋬鬲存在先后关
系，但是否能代表同一文化不同阶段的考古学遗存，尚且存疑。

石峁遗存 A、B、C 三段的分期并不乏支持材料。双鋬鬲考古学文化的命名就可窥一斑。以双
鋬鬲为代表的考古学文化目前虽然尚无统一的命名如陕西北部被称为寨峁文化[17]、新华文化[18]；
内蒙古中南部称为大口二期文化[19]、老虎山文化[20]、永兴店文化[21]、朱开沟文化[22]；山西中
北部为杏花文化[23]。这些考古学文化都是以当年的"典型遗址"命名的，对双鋬鬲考古学遗存的
研究起到了重要的促进作用，但不得不说的是，这些典型遗址均未能包含双鋬鬲发展的全部阶段，
甚至有些遗址中的双鋬鬲遗存并不丰富。神木寨峁遗址有石峁 A 段和 B 段，但无 C 段；神木新华
主要是石峁 B、C 两段，不见 A 段；准格尔旗大口和永兴店遗址较为单纯，分别为石峁 C 段和 A
段；朱开沟遗址则是包含了石峁 B、C 两段和一批商代遗存，年代跨度大、内涵更为复杂；凉城岱
海地区老虎山文化诸遗址较单纯，仅公布了一件双鋬鬲，大量出现的是单把鬲，因此将老虎山文化
的陶器认定为"以双鋬鬲最为典型"似乎显得牵强[24]；汾阳杏花村遗址发现的双鋬鬲遗存以石峁
A、B 两段为主，若结合忻州游邀遗址石峁 C 段的双鋬鬲遗存分析，似当可以代表山西中北部的双
鋬鬲考古学文化。以上分析表明，以双鋬鬲为代表的考古学文化，在河套地区主要经历了和石峁遗
址类似的三个发展阶段。

前文已述，石峁 A 段遗存（即韩家圪旦居址早段）的绝对年代应在公元前 2300 年左右。参照
石峁外城东门址晚期房址 2012F6 ^{14}C 测年的数据（公元前 1940—前 1780 年）及神木新华测年晚期
数据（公元前 2150—前 1900 年），石峁 C 段遗存的绝对年代当不晚于公元前 1800 年。石峁 B 段遗
存目前虽无测年数据，但辅之以新华、朱开沟等遗址同类器形对比和断代，推定在公元前 2100 年
左右。

三、石峁城址龙山遗存分布及其修建过程

自 2011 年石峁遗址区域系统考古调查开展以来，我们特别注重石峁城址内部采集陶片的分区收集。2012 至 2014 年度发掘间隙调查的采集标本均以小地名为独立地点分别收集。2015 年石峁考古队还开展了石峁城址内部专门性考古调查，以自然沟壑为界，将石峁城址划分为 16 个区域，每个山峁都是一个独立地点，以小地名命名，采集陶片按地点收集整理[25]。除采集地表典型陶片外，还采用铲刮剖面、清理盗洞等方式深入了解各地点遗迹单位的年代、性质和相互关系。截至目前，已完成半数地点的野外调查工作。上述调查工作获得了一批典型陶片标本。结合内城后阳湾、呼家洼地点[26]及韩家圪旦地点发掘资料，可将不同期段的遗存分布范围及其与城墙的关系勾勒如下：

（1）A 段遗存主要发现于皇城台和内城后阳湾、韩家圪旦、圆圪堵、麻黄梁等地点，外城诸地点几无发现，外城东门址出土陶片中亦未发现。典型陶器或陶片标本有：矮领宽裆无实跟双錾鬲、单把宽裆鬲、喇叭口圆肩罐、直口圜底瓮、敛口刻划纹瓮。

（2）B、C 两段遗存普遍发现于皇城台、内城和外城，且两段遗存重叠存在的现象较为明显。内城后阳湾、呼家洼、对面梁、夜蝙蝠榻等地点，外城坟峁、雷家墕等地点及外城东门址都有发现。典型陶器或陶片标本有：高领尖角裆实根双錾鬲、单宽把尖角裆鬲、喇叭口折肩罐、三足瓮、直口斝、敛口甗、管流盉等。

虽然目前还无法像外城东门址的发掘一样，将内城城墙和皇城台城墙与石峁城内发现的各段考古学遗存直接对应，但利用不同时期陶片分布情况来探讨石峁城址的修建过程不失为现下最为直接有效的方法。上述不同期段典型陶片在石峁城址内部的分布状况大致可以说明：

A 段，即公元前 2300 年左右，石峁遗址的范围可能主要在皇城台和内城部分区域（图九，深阴影区域）。难有证据；外城城墙系以内城东部墙体为依托，向东南方向再行扩筑的一道弧形石墙，而与外城城墙相比，内城城墙上无成系统分布的马面、角台等城防设施，发现的几处城门也不见像外城东门址那样对称分布的高大墩台。简言之，石峁城墙存在着外城城墙"叠压"内城城墙的"层位关系"，而内城城墙较为"简朴"的设计理念似乎也暗示着其修建年代当早于外城城墙。截至目前，依外城东门址测年数据推断，石峁外城城墙的修建年代可能在公元前 2100 年左右，故此本文推断内城城垣的修筑可能要早于公元前 2100 年，皇城台四周城垣是否更早，还需资料的逐步积累。

B 段，即公元前 2100 年前后，石峁先民的活动范围不仅仅局限于皇城台和内城，已扩展至外城区域内（图九，浅阴影区域），并明确修建了半环绕内城的外城城墙及系统分布的马面、角台等城防设施，在修建外城东门址时，还设计了土石结合的高大墩台。

C 段，即公元前 1800 年左右，该段遗存在整个石峁城址范围内均有发现，与 B 段遗存的分布范围基本重合（图九，浅阴影区域），外城东门址及其周边的城墙、马面、角台等建筑局部塌毁后重新修葺，甚至还在城墙外侧利用城墙折角修建石砌墙体的地面式房址，或掏挖墩台、角台等建筑的夯土内芯修建窑洞，外城的防御功能似乎逐步式微。虽然目前难以了解皇城台和内城在该阶段的具体情况，但外城东门址及其周边城防设施的发掘材料似乎可以说明，石峁城址在公元前 1800 年

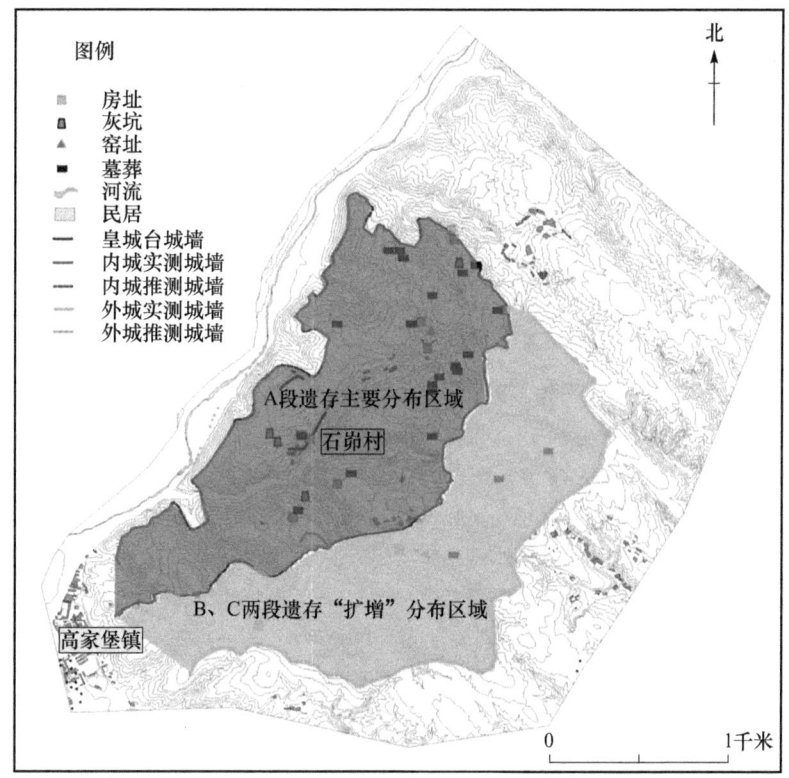

图九　石峁城址 B、C 两段扩增典型遗存分布示意图

前后进入了"衰败期"。

　　榆林地区诸黄河一级支流流域是陕北地区龙山时代石城聚落的主要分布区域，自北向南依次有黄甫川、清水川、孤山川、石马川、窟野河、秃尾河、佳芦河、无定河等。本文讨论的石峁、寨峁梁遗址位于秃尾河流域，已经发掘并见诸报道的石摞摞山遗址位于佳芦河流域，金山寨等石城聚落均位于无定河流域[27]。随着石峁遗址周边石城聚落调查工作的不断深入，中大型石城聚落具有两重或三重结构的现象越来越多，如佳芦河流域的石摞摞山遗址；秃尾河流域的桃柳沟、薛家会遗址；窟野河流域的神木寨峁遗址；石马川流域的寨山遗址等。这些中大型石城应与石峁城址的修建一样，内外城垣的修葺可能多存在先后关系，并且这种年代差异已经具备了分期意义。

注　释

[1] 1958 年，陕西省文物普查工作发现了"石峁山遗址"（即今石峁遗址）。调查者认为这些城墙有"三套结构"，其中以位于石峁大队皇城台高地的"头套城"最为清晰。这是关于石峁遗址石城结构最早的认识，惜未引起重视。

[2] 戴应新：《神木石峁龙山文化玉器探索（一）》，《故宫文物月刊》（台北）1993 年第 125 期，"遗址西部被一支沟切割为二，战国秦长城顺着山梁自东徂西经遗址西南部而过"。

[3] 陕西省考古研究院：《陕西神木县石峁遗址》，《考古》2013 年第 7 期。

[4] 测年标本为修建北墩台时使用的纴木，树干粗、树龄长，所以外城东门址修筑的年代应晚于该测年数据，又据南墩台纴木测年数据（公元前 2140 至前 1960 年），辅以典型陶片，我们推定石峁外城东门的修建年代约在公元前 2100 年。

[5] 张天恩、丁岩：《陕西佳县石摞摞山龙山时代城址》，《2003 中国重要考古发现》，文物出版社，2004 年；张天

1063

恩：《石摞摞山遗址》，《陕西文物古迹大观》（三），三秦出版社，2006年；张天恩、丁岩：《石摞摞山龙山古城及相关问题浅论》，《考古与文物》2016年第4期。

［6］陕西省考古研究院2014至2015年发掘资料；孙周勇、邵晶等：《陕西榆林寨峁梁龙山遗址发掘获重要收获》，《中国文物报》2015年11月6日。

［7］韩建业：《中国北方地区新石器文化研究》，文物出版社，2003年；孙周勇：《公元前3000—公元前1800年北方地区的聚落与社会——以陕西榆林地区考古资料和石峁考古发现为中心》，《早期文明的对话——世界主要文明起源中心的比较》，上海古籍出版社，2015年。

［8］张光辉、海金乐、王晓毅：《山西兴县碧村发现龙山石城及大型石砌房址》，《中国文物报》2015年8月28日第8版。

［9］国家文物局、山西省考古研究所、吉林大学考古学系：《晋中考古》，文物出版社，1999年。

［10］山西省考古研究所、忻州市文物管理处：《忻阜高速公路考古发掘报告》，上海古籍出版社，2012年。

［11］内蒙古文物考古研究所：《岱海考古（一）——老虎山文化遗址发掘报告集》，科学出版社，2000年；韩建业：《中国西北地区先秦时期的自然环境与文化发展》，文物出版社，2008年。

［12］内蒙古自治区文物考古研究所：《万家寨水利枢纽工程考古报告集》，远方出版社，2001年。

［13］内蒙古自治区文物考古研究所：《内蒙古文物考古文集》，科学出版社，2004年。

［14］据中国科技大学测年，寨峁梁遗存年代可早至公元前2300年。

［15］张忠培：《杏花文化的侧装双鋬手陶鬲》，《故宫博物院院刊》2004年第4期；忻州考古队：《忻州游邀考古》，科学出版社，2004年。

［16］陕西考古研究院、榆林市文物考古勘探工作队、神木县文体局：《陕西神木石峁遗址后阳湾、呼家洼地点试掘简报》，《考古》2015年第5期。

［17］吕智荣：《陕北、内蒙古中南部及晋北地区寨峁文化》，《史前研究》（2000），三秦出版社，2000年。

［18］孙周勇：《新华文化述论》，《考古与文物》2005年第3期。

［19］吉发习、马耀圻：《内蒙古准格尔旗大口遗址的调查与试掘》，《考古》1979年第4期。

［20］韩建业：《老虎山文化的扩张与对外影响》，《中原文物》2007年第1期。

［21］魏坚：《试论永兴店文化》，《文物》2000年第9期。

［22］田广金、韩建业：《朱开沟文化研究》，《考古学研究》（五），科学出版社，2003年。

［23］张忠培：《杏花文化的侧装双鋬手陶鬲》，《故宫博物院院刊》2004年第4期。

［24］韩建业：《老虎山文化的扩张与对外影响》，《中原文物》2007年第1期。

［25］孙周勇、邵晶：《石峁遗址：2015年考古纪事》，《中国文物报》2015年10月9日第5版；b. 孙周勇、邵晶：《石峁是座什么城》，《光明日报》2015年10月12日第16版。

［26］同［16］。

［27］王炜林、马明志：《陕北新石器时代石城聚落的发现与初步研究》，《中国社会科学院古代文明研究中心通讯》，2006年第11期。

（原载于《考古与文物》2016年第4期）

龙山文化晚期石峁东门中所见的建筑文化交流

国庆华

石峁是一座石墙围合的聚落遗址，属新石器时代的龙山文化晚期。遗址于 2012 年开始正式发掘，在其东门取得了重要收获，入选 2011—2012 年度世界十项重大田野考古发现[1]。石峁值得建筑史界关注，至少有四条理由。首先是地理上的，石峁坐落在黄土高原北端，毛乌素沙漠南缘，不在我们熟知的中华文明核心区——中原。其次是规模上的，石峁遗址由东西两城组成，城墙围合的总面积在 4 平方千米以上，系目前国内所见最庞大的史前城址，与世界最大最早的城址乌鲁克（Uruk，公元前 4000—前 3200 年，面积 4.35 平方千米）面积相近。乌鲁克是苏美尔人在美索不达米亚建立的城邦国家（city state）。"美索不达米亚"为希腊语，意思是两河［幼发拉底河（Euphrates）和底格里斯河（Tigris）］之间的土地。其三是设计上的，石峁城设有城门和墩台，形同后世的瓮城、马面和角台，系目前所知中国城建史上的首例。其四是技术上的，石峁使用多种建筑技术：石筑城墙、夯土墩台外包石墙、石墙内用纴木。这里，我们见到三种建筑传统：其石墙为北方传统；其夯土技术与中原相似；其东门布局、马面和角台设计与两河流域、尼罗河流域和印度河流域相似。这些令人耳目一新的资料，对于研究北方和中原与西亚的交流及其对后世的影响有重要价值。本文论及城门布局、马面设计和筑城技术，提出所见文化交流的影响。

一、两 城 布 局

石峁由两部分组成，在考古发掘报告上，这两部分被称为内外城[2]。事实上，它们不是内外关系，而是东西并列关系[3]。西城中部靠西侧隆起一个大致呈方形的台地，当地老百姓称皇城台。从目前的调查和试掘来看，皇城台为石峁的中心区。西城内分布着居住区、墓葬区及作坊区，东城内的同类遗迹远少于西城。东西两部分可能存在使用功能的不同，但是城墙在材料和技术上没有区别；两城之间城墙设有城门，没有马面（图一）。

从形式语言（pattern language）角度出发，内外城和双城是两种不同的布局。二者均由两部分组成，一个被另一个包围，为"内外城"；两个并列，为"双城"。导致布局和形状差异的原因可能很多，包括地理和传统（图二）。

图一　石峁由东、西两部分组成
（孙周勇　提供）

二、玉人和石人

考察建筑遗迹时，自然会想到使用者和建造者。在讨论建筑之前，先对反映人的资料进行一些观察，以便为研究提供参考。在石峁的诸多遗物中，我们将目光投向玉人和石人。早在考古发掘之前，石峁因征集所获大量工艺高超的玉器而闻名[4]。石峁玉人是 1976 年征集到的，只有一件，目前收藏在陕西历史博物馆。玉人片状，双面雕，高 4.5 厘米，宽 4.1 厘米，厚 0.4 厘米，其特点为侧面像：一耳，大眼，细颈，头顶凸起，面颊有一大圆孔（用途不明）（图三）。我们特别关注两点：头顶凸起和侧面像。2015 年辽宁半拉山积石冢出土红山文化陶头像，其头发结成辫子，盘在头顶（图四）。如此可以确认石峁玉人头上的鼓包代表发髻。如果此说成立，这种发式属北方习俗。石峁玉质侧面像在全国史前遗址中是首次发现，但它在世界范围内不可能是孤例，假如我们想找到类似的侧面像来进行比较的话，我们就必须去看西亚艺术。最合适的比较对象是乌尔木盒（发掘者称它为"Standard of Ur"）。木盒上所有的人物和动物都是侧面像，更有意思的是，有的人物头顶有发髻。乌尔是苏美尔人建的城邦国家，位于现在的伊拉克境内。20 世纪 20 年代大英博物馆和美国宾夕法尼亚大学联合发掘乌尔，发掘品几家分享，木盒藏在大英博物馆。

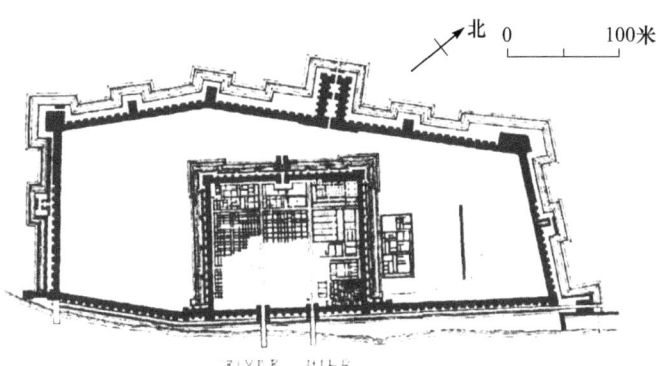

1. 埃及巴罕（公元前2060—前1795年）
(Walter B.Emery.The Fortress of Buhen: The Archaeological
Report.London: Egypt Exploration Society, 1979)

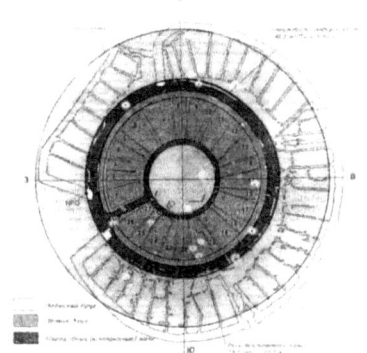

2. Arkaim（公元前1700—前1600年）
(G.B.Zdanovich, Arkaim-kul'turnyi kompleks epokhi
srednei bronzy Yuzhongo Zaural'ya,
Rossiiskaya Arkheologiya, 1997, 2)

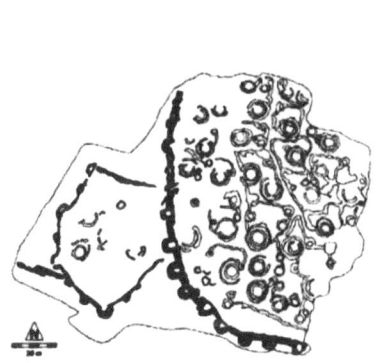

3. 三座店（公元前2000—前1500年）
（郭治中等:《内蒙古赤峰市三座夏家店下层
文化石城遗址》,《考古》2007年第7期）

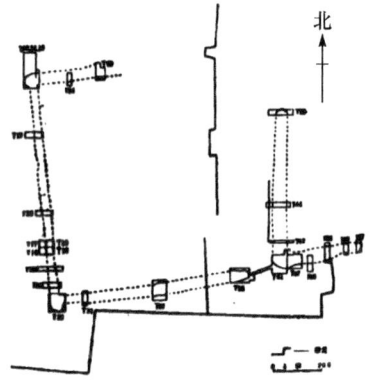

4. 王城岗（龙山文化中晚期）
（河南省文物研究所等:
《登封王城岗遗址的发掘》,
《文物》1983年第3期）

5. 哈图沙（Hattusha.公元前1600—
前1400年）
(Kurt Bittel, Hattusha-The Capital
of the Hittites.NewYork:
Oxford University Press, 1970)

图二　双城和内外城案例

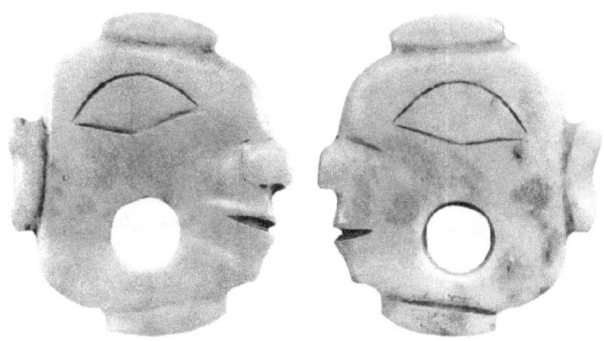

图三　石峁玉人（双面），高4.5厘米，大目圆睁
（陕西历史博物馆）

图四　辽宁半拉山积石冢红山
文化陶像，高5厘米，双目微合
（http://www.kaogu.net.cn/cn/xccz/
20150210/49235.html）

乌尔木盒出土于 PG779 号王陵（约公元前 2600 年），是一个梯形长盒，高 21.59 厘米，长 49.53 厘米，学者猜测它是乐器的共鸣箱，如木盒上乐师手中的牛头琴。木盒表面用高超的马赛克（Mosaic）镶嵌技术装饰，贝壳被割成小块并在其上刻划细部，拼接成微型图像，白色贝壳和红石灰石相互搭配，天青石做底，沥青做粘合剂（图五）。木盒两长面叙事主题分别为战争与和平。画面分三层构图。上层一个高大的人物是王，他的头突破画框。他的官兵头戴帽子，俘虏没有帽子。有的头顶有一凸起的发髻（图六）[5]。

图五　乌尔木盒，高 21.59 厘米
（Nunn, Astrid Alltag im alten Orient. Mainz am Rhein: Von lakern, 2006）

图六　头顶有发髻人物（乌尔木盒局部）
（图五局部）

　　反观石峁玉人，其风格与乌尔木盒上的人物类似。叙事题材、连续画面、分层构图和侧面人像是西亚和埃及的古老艺术特征，这样的手法在战国铜壶和汉代墓葬艺术中常见。这些现象似乎提醒我们石峁可能与西亚存在联系。我们目前无法回答石峁玉人是贸易交换品，还是当地产品的问题，但它无疑代表着高级艺术。

　　石峁石人用整石雕凿而成，大小不等，主要被当地老百姓收藏[6]。2009 年榆林陕北历史文化博物馆征集一件砂石头像，扁状，长 60 厘米，宽 25 厘米，高 50 厘米，单面浮雕。其特点为：正面人像，强调脸部的主要器官，特别是眼睛（图七）。另一件收藏于榆林上郡博物馆，方石，宽 28 厘米，高 26 厘米，相邻两面浮雕。其特点为转角人像。它的使用位置无疑与上一件不同（图八）。考古人员猜测它们是建筑装饰构件。

　　2015 年在皇城台发现一个与玉人风格迥然不同的平雕正面石像，并在北侧墙体上发现三块边缘凸起的菱形石，形如"眼睛"（图九）。石人文化现象分布范围很广，历史很长。东北红山文化遗址出土石人；欧亚大草原西部有石人；新疆早期文化特征之一是石人。石峁石人反映出北方文化与欧亚草原文化相关。还有，石峁的"眼睛"使我们联想到两河流域的大眼艺术。在泰比拉克（Tall Birāk，公元前3200—前2200年聚居地，现叙利亚西北部）考古发现几千个微型大理石大眼偶像（图一〇），出土这些偶像的神庙被称为眼睛神庙（Eye Temple，约公元前3000年）。考古资料显示公元前3000年的神庙建在平整过的基址上，没有基础。约公元前2500年［麦西里姆时期（Mesilim Period）］，美索不达米亚建筑发生了很大变化：基础出现了——墙体建在开挖的基槽内，并在转角埋入人形铜钉——意为神庙固定不可移动[7]。回到石峁，东门石墙内发现玉铲，对此现象，也许可以做与神庙铜钉类似的解释。石峁石墙面的眼睛俨然表明石峁人的象征观念，而墙内的玉铲是祭祀活动的标志。泰比拉克距石峁遥远，在空间上难以存在直接的影响，但在观念上有共同性。

考古发掘者断定石峁城的历史约有500年（公元前2300—前1800年），证据是他们在东门门道内揭露了两层地面，上、下互相叠压，间隔40厘米，每层内出土的陶器在器形、器类和纹饰方面有较明显差异。由此，城址年代被分为两大时期——修建期和再建期。在500年期间，石峁发生

图七　单面浮雕，高50厘米
（榆林陕北历史文化博物馆）

图八　两面浮雕，高26厘米
（榆林上郡博物馆）

图九　石峁皇城台石墙上的"眼睛"
（作者自摄）

图一〇　大眼石人，泰比拉克
［M. E. L. Mallowan. Excarations at Brak and chagar Bazar. Iraq. 1947 (9)］

了什么变化？玉人和石人是否来自不同的时期？我们认为玉人和石人源自不同的文化传统，它们反映出石峁与不同距离的文明存在直接或间接的物品交流和技术传播，甚至移民。

三、马　面

马面是矩形高台，间隔一定距离，突出于城墙外侧。石峁的马面为夯土造，外围包石。马面石包墙与城墙相接，根据咬合关系可以确定两者同时建造。换言之，先建夯土台，后砌石头墙。从体积和功能方面考虑，马面肯定比城墙高。根据马面的使用位置不同，我们称它们为（城门）墩台、马面和角台。一号马面长约 12 米，宽 7 米，残高 3.5 米，距东门的北墩台 27 米余。一号角台长 17 米，宽 14 米，残高 4 米。其他马面和角台尚未发掘，四至七号马面和二号角台均被道路破坏（图一一）。

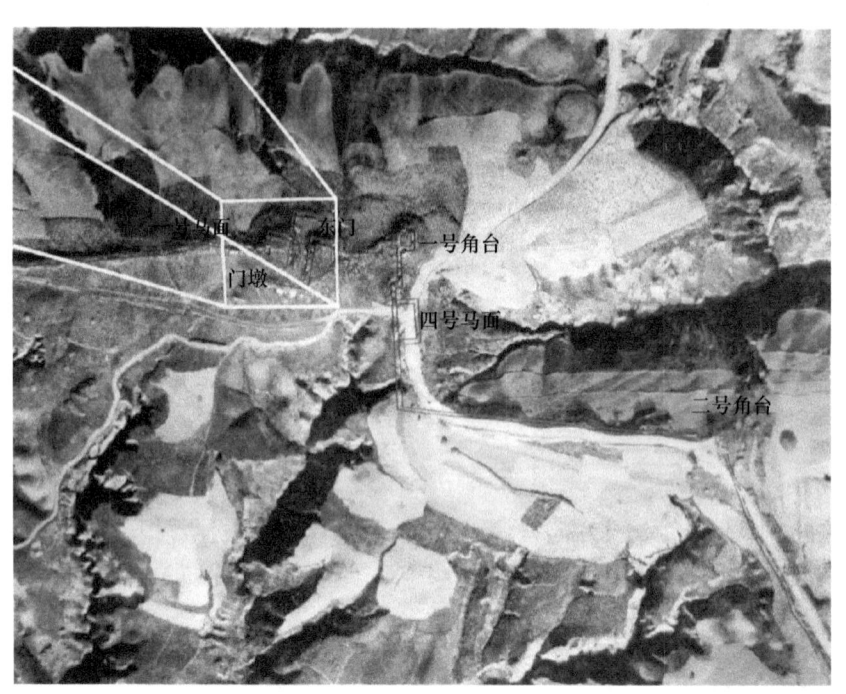

图一一　东门两侧的马面和角台，一号马面和一号角台已发掘
（孙周勇提供）

除了石峁，我们还掌握什么马面资料呢？在北方，使用马面者有比石峁年代略晚的夏家店下层文化的赤峰三座店和辽宁北票康家屯石城、内蒙古境内的战国秦汉土城[8]、汉唐时期有新疆吐鲁番高昌城[9]、内蒙古察右中旗园山子城[10]、陕西横山县统万古城（以上三例均为土城）、吉林集安县高句丽国内城等。在中原，汉魏洛阳城的马面是目前所知最早的实例[11]。北宋、辽、金的城池普遍设马面。由此可见，考古资料说明马面首先在石峁出现并在北方流行，而它们的建筑文化渊源可能可以追溯得更远更久。

中国之外，从中亚、南亚、西亚到埃及，马面实例比比皆是，但都是土坯筑。例如，巴基斯坦境内的梅赫尔格尔（Mehrgarh）和哈拉帕（Harappa），印度境内的朵拉维那（Dholavira）。在梅赫尔格尔，法国考古队（1974—1986年和1996—1997年）揭示了公元前3000年左右的城市形式、规模和技术（图一二）[12]。在哈拉帕，1986—2001年度考古发掘展示了由围合式的村庄到封闭式的城市的七个发展阶段，公元前2600—前2450年（Period 3A）为盛期[13]。哈拉帕特点：土坯城墙，转角设高台（平面图见后文，表二6）；房屋的下部用砂岩石块建造，上部为土坯加木骨结构。土坯分大小两种：城墙坯10厘米×20厘米×40厘米，房屋坯7厘米×14厘米×28厘米。公元前2600—前2450年（Period 3A）盛期遗址发现了砖的使用。

图一二　哈拉帕土坯城墙和马面（公元前3000年中），巴基斯坦
（McIntosh, Jane R. The Ancient Indus Valley, New perspectives. Santa Barbara, Calif: ABC-CLIO, 2008）

关于埃及城墙和马面的资料来自不同的时期。新王朝（公元前1570—前1544年）早期的塞斯比（Sesebi）城，现在苏丹境内，为规整的长方形（270米×200米）（图一三）。土坯城墙4.6米厚；马面3.15米宽，凸出2.65米；1936—1937年发掘时最高处4—5米。每面城墙上设一门，门道铺石两侧贴石，下设排水道（参见表二9）[14]。大量资料来自中王朝时期（公元前2060—前1795年）的巴罕（Buhen）（图一四）。城墙经过大规模改造，平均宽5米，发掘时最高6米。早期马面平面为半圆形，凸出墙外6.5米，改造后为长方形。城墙空格结构：内、外侧各砌两层土坯（土坯尺寸12厘米×18厘米×37厘米），中间隔一定距离用土坯联系，空格内填碎石。每隔七到十层土坯施一层草帘和横木（图一五）。马面建法与城墙同。埃及马面不都是实心。换言之，做望楼用的马面建成空心。望楼的形象可以在壁画中看到，墙上设堞，下部设门（图一六）。考古发现望楼门洞遗迹[15]。

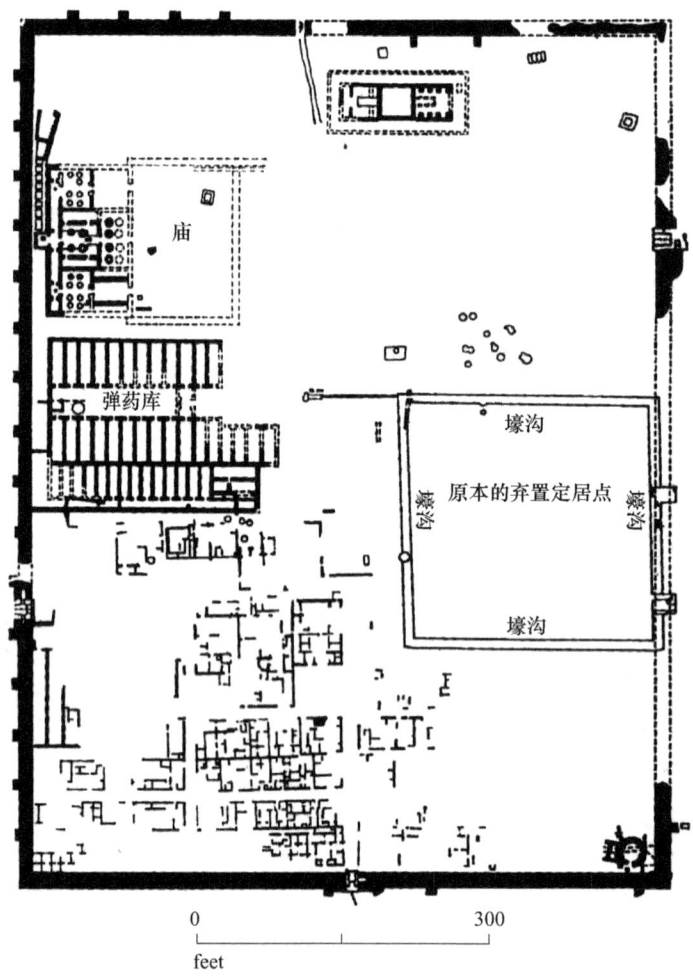

0   300

feet

图一三　塞斯比（Sesebi）城平面图（埃及新王朝早期）（现苏丹境内）
（ Adams, William Y. Nuba: Corridor to Africa. Princeton, NJ: Princeton University Press, 1977 ）

图一四　埃及巴罕城垣和城壕
（ Walter B. Emery, H. S. Smith and A. Millard. The Fortress of Buhen: The Archaeological Report.
London: Egypt Exploration Society, 1979 ）

图一五　巴罕城墙（斜线表示复原部分）

（Carola Vogel. The Fortifications of Ancient Egypt 3000—1780BC. Osprey Publishing, 2010）

图一六　埃及 Kheti 墓 Beni Hassan17 号（公元前 1938—前 1630 年），崖墓壁画局部——攻城图

（Carola Vogel. The Fortifi cations of Ancient Egypt 3000—1780BC. Osprey Publishing, 2010）

四、瓮　城

石峁东门位于东城东北部的山峁高处，一方面视域开阔，另一方面利于自然排水。东门总面积约 4000 平方米，宏伟严密，由南、北墩台并立形成宽 9 米的门道，由内、外障墙环护形成"瓮城"。外障墙平面呈 U 形，遮蔽门道；内障墙呈 L 形，延长甬道。东门的南面设便门，由一号角台和四号马面之间的城墙互相重叠而成，方便隐蔽，宽 2 米（图一七）。

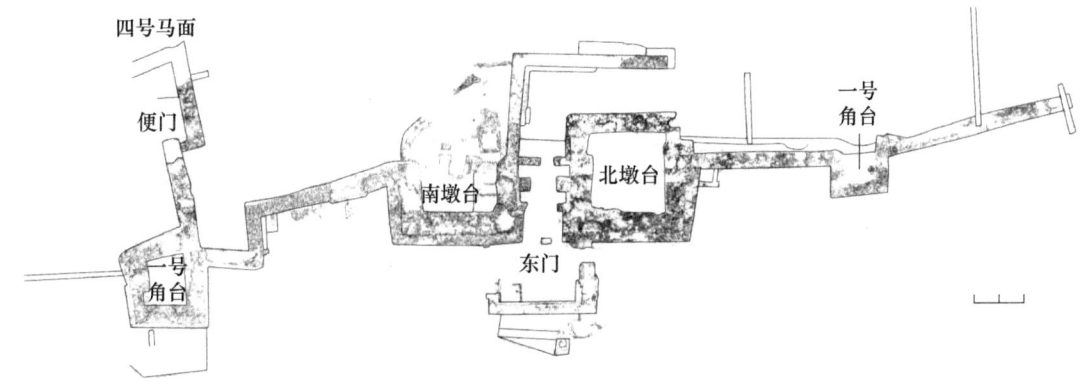

图一七　石峁东门、便门、马面和角台

（孙周勇提供）

在中国，东门式瓮城实例在西北地区出现的时代大大晚于石峁。在埃及和西亚，时代与中国龙山文化接近的"瓮城"形式有几种。列举如下（表一）：

表一 "瓮城"式城门

中王朝时期埃及			
1. Semna El-Ghar 城堡门 [（Somers Clarke. Ancient Egyptian Frontier Fortresses. 1916）][16]	2. Sarras 城堡门。城门外两道墙形成 15 米长的甬道[17]。资料出处同左	3. Mirgissa 城堡门[18]	4. 巴罕外城北门（改造后）[19]（Walter B. Emery, H. S. Smith and A. Millard. *The Fortress of Buhen: The Archaeological Report.* London: Egypt Exploration Society, 1979）
青铜时代西亚			
5. 特洛伊（Troy）的第六城东门（公元前 1800 年）	6. 哈图沙（Hattusha）王门（公元前 1400 年）		
新石器晚期北方			
7. 石峁东门	8. 石峁便门	9. 辽宁北票康家屯（夏家店下层文化）	
青铜时代北方			
10. 赤峰敖汉旗城子山[20]	11. 城子山 4、5 号门	12. 城子山 8 号门	
汉唐时期西北			
13. 沙金套海城[21]	14. 内蒙古卓资三道营[22]	15. 高昌故城[23]	

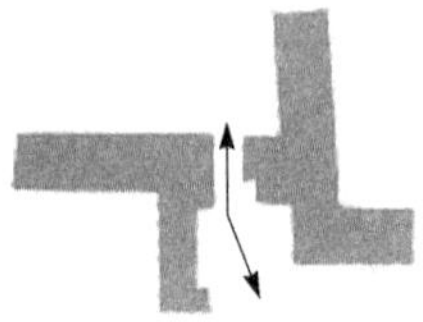

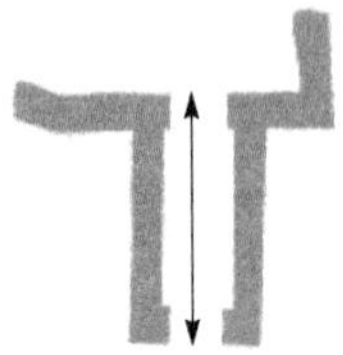

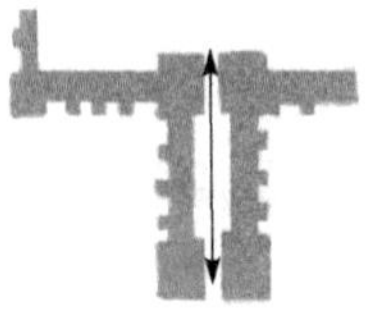

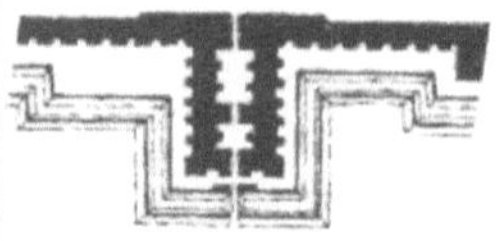

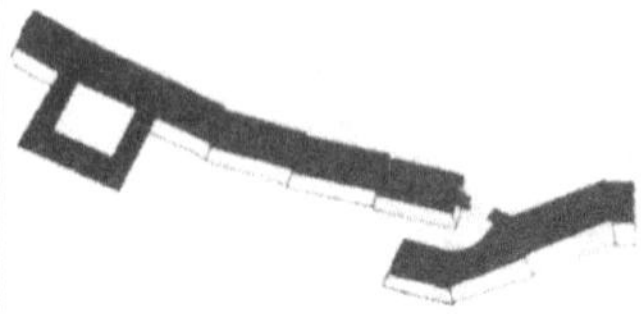

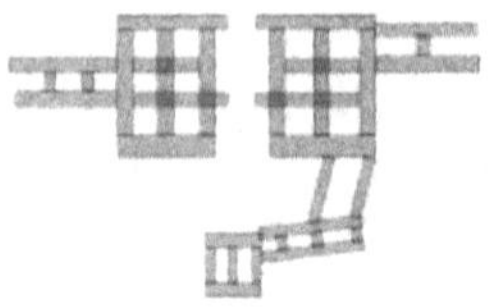

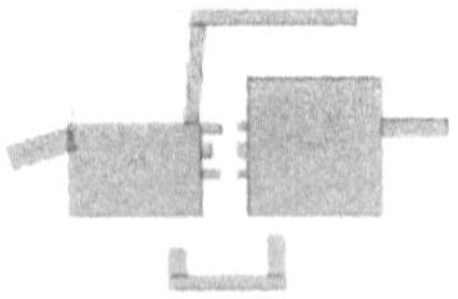

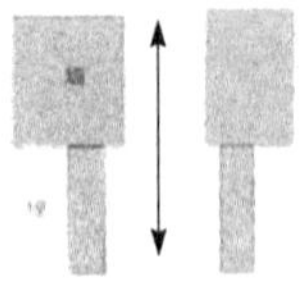

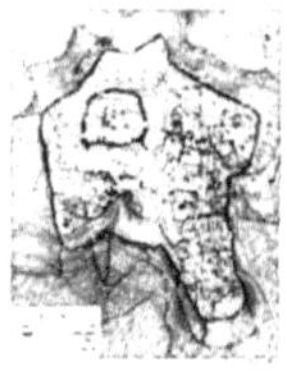

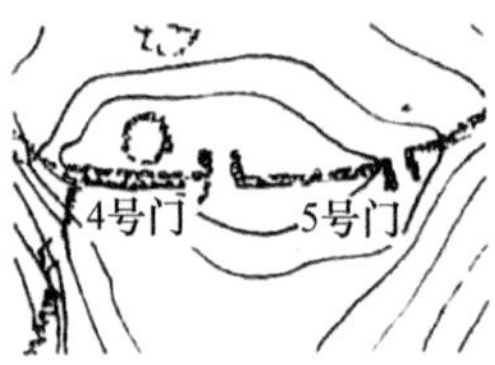

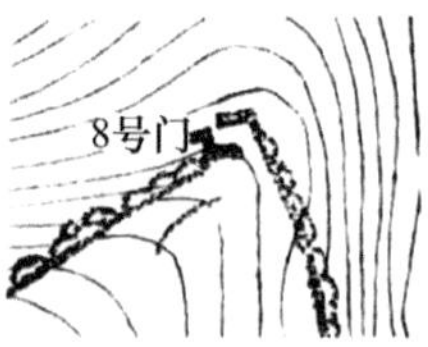

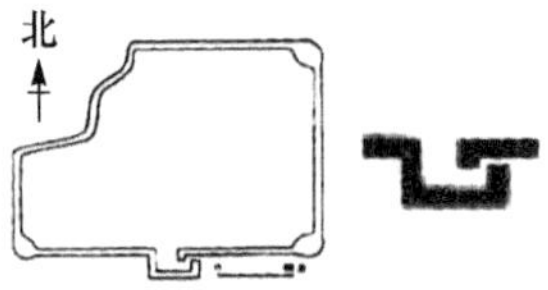

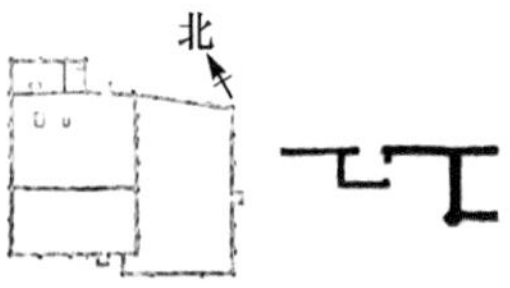

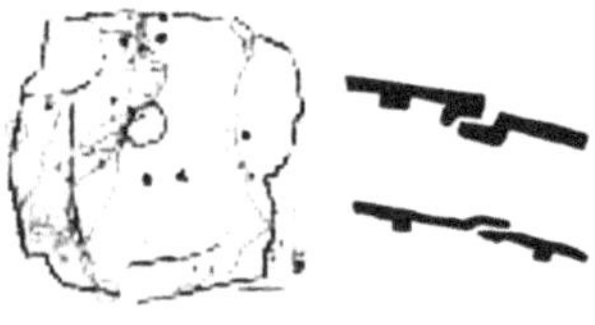

以上资料似乎把瓮城起源指向中国西北，以石峁的时代为最早。它们在规划方式上与西亚接近。辽宁北票康家屯"瓮城"与埃及中王朝时期的城门设计属同类型，后代的双阙门可能是此类型的发展。著名的双阙门有河北临漳县邺南城的朱明门[24]。这些现象不能简单地解释为偶然。时代

较晚的中原瓮城和马面不可能与北方无关，因为石峁处于北方和中原的交通要道上。如果将上述几个地点连成一线，不难发现瓮城、马面由西向东传播的现象。

五、门塾式城门

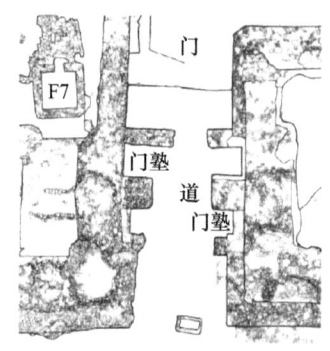

图一八　石峁东门、门道和门塾
（东门门道内没有人工排水设计，
靠山坡自然排水）
（陕西省考古研究院：《陕西神木县
石峁遗址》，《考古》2013年第7期）

石峁东门的南、北墩台形成宽9米的门道。在门道内侧的墙上分别砌筑出三道平行分布的短墙，隔出四个空间，两两对称，内有灶址，这些空间被认定为门塾（图一八）。

除石峁之外，我们了解的五个早期门塾式城门有：河南淮阳平粮台、印度境内的朵拉维那、巴基斯坦境内的哈拉帕、苏丹境内的塞斯比（Sesebi）和以色列的撒拉丘（Tell el-Far'ah）（表二）。

门塾式城门多为内门，因出入路线为直线，防御性不强。而石峁东门的布局十分复杂——门塾是兼用的几种方法之一。东门的特点为空间封闭、门道曲长、墩台据高控制、双塾守卫大门。这一现象说明当时石峁地区不安定，存在严重的战乱威胁。

表二　早期门塾式城门

			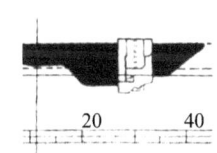
1. 河南淮阳平粮台（龙山时期）	4. 印度境内的朵拉维那（Dholavira）古城（公元前2500—前2200年），面积1万平方米，图中灰框为中心区[25]	6. 巴基斯坦境内的哈拉帕（Harappa，公元前2200—前1900年），总面积1.5平方米[26]	8. 塞斯比（Sesebi）西门（城平面图见本文图一三）[27]
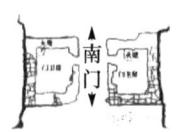	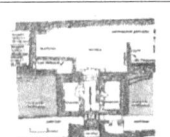		
2. 平粮台南门，门道下设排水管	5. 中心区北门，朵拉维那（Dholavira）土坯城墙	7. 哈拉帕（Harappa）土坯城墙；砖筑门道，门道宽2.8米；城内设石排水道（复原图）[28]	9. 塞斯比（Sesebi）西门的石板门道下为排水道

3. 平粮台排水管道			10. 以色列撒拉丘（Tell el-Far'ah）（约公元前3000年）[29]

六、石峁筑城技术

石峁的建筑材料为土、石和木，施工技术为夯土筑墩台，垒石包墩台。城门、马面和角台均如此建筑。东门北墩台内侧有两层石包墙；外侧三层（石主墙、石护墙和石外墙）。石峁建筑用石材为片状砂岩，尺寸不大，形状不一，层层垒筑，石片间用草拌泥黏结。石墙内施纤木。

1. 石墙基础和土衬石

石峁城墙石筑，宽 2.5 米，墙面垂直，转角直角。大部分沿坡脊、依地脉而建。石墙表面平整，很明显，石片的外侧经过加工。考古发掘显示石墙有基础，东门北侧的石墙基础做法复原如下：外侧城基开地深 1 米，其宽为墙的三分之一，用开基的土布平内侧城基（称"土基"）。在基槽内砌石，直到与土基上皮平，自此向上砌筑城墙（图一九）。

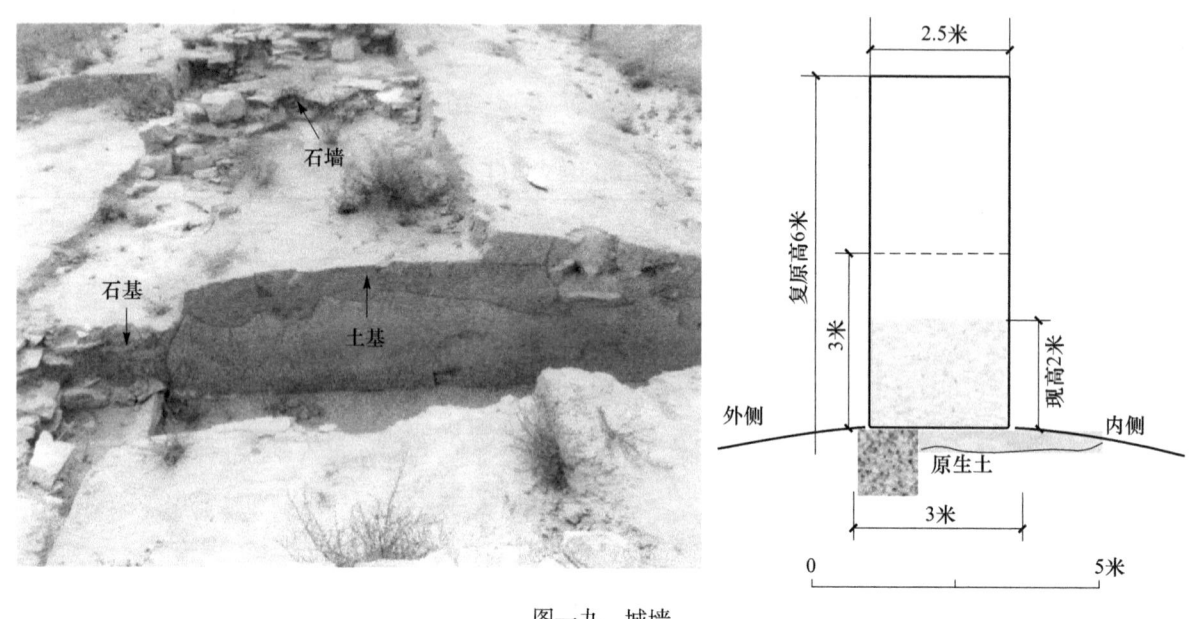

图一九　城墙
左：石峁城墙墙基宽 3 米，外侧 1/3 石基，内侧 2/3 土基，地形外低于内。右：石墙剖面（复原）
（作者自摄、自绘）

东门位于制高点，斜坡上的石墙下见两层土衬石[30]，比城外地面高约 15 厘米，比石墙宽约 10 厘米（图二〇）。根据观察，我们推断探出石墙的土衬石应该是基础的一部分，墙基宽于墙身。土衬石加强外侧墙基，防止石墙下滑下沉，同时保护墙根免受雨水损坏。

2. 墩台散水

东门墩台、角台和马面的外侧有一条宽 1.2—1.5 米的石碴铺地，如同后世的"散水"。发掘者告知笔者，散水深入石包墙下约 10 厘米（图二一）。考古发掘没有对东门墩台进行解剖，没有获取到墩台基础的信息。根据石墙的资料，我们推测墩台有基础，但不知石主墙、石护墙和石外墙的基础是否相同。

图二〇　石峁独立石墙
无收分，东门南侧石墙下见土衬石
（作者自摄）

图二一　东门北墩台外侧石散水
（作者自摄）

3. 生土技术

生土建筑技术有夯土、土坯和掏土（窑洞）。石峁没有土坯建筑，但发现有很多半下沉式窑洞。土坯房屋在北方、中原和江汉平原均有发现：辽宁北票丰下遗址（龙山晚期）[31]、河南淮阳平粮台城址（龙山文化时期）[32]和湖北应城门板湾（屈家岭—石家河文化）[33]。信息为，丰下土坯长40厘米，宽20厘米，厚8厘米；平梁台土坯外观为长方、方形和三角形，未做解剖，尺寸不明；门板湾土坯长35—44厘米，宽17—25厘米，厚5—7厘米。土坯错缝之间用较薄的红土粘接。

从中亚—西亚到埃及，土坯都是最古老和最主要的建筑材料。前面提到世上最早的乌鲁克，其城墙为土坯造，加抹泥面，墙厚4米余，城墙上设半圆形马面，城门两侧设望楼（台）。乌鲁克的早期土坯尺寸不一（18厘米×16厘米）—（31厘米×22厘米），上表面为弧形。土坯在墙体填充部分交替斜置，一层向左斜、一层向右斜，或斜放和横摆交替（图二二）[34]。除了土坯的使用，乌鲁克城墙上的城壁水道值得我们注意（图二三），类似形式的设计在明清西安城墙可以看到。《营造法式》记载了城壁水道，这很引人遐思，当年宋人是否知道乌鲁克城壁水道呢？

在石峁，我们看到不同的技术：筑城（墙）和筑（房）墙（如F7）是砌石技术；筑台是（版筑）夯土技术，外包石墙。考古结果表明，中国新石器时期有不同的筑城和筑墙技术。筑城技术有堆土、版筑和垒石；筑墙技术有土坯、夯土和砌石。中原筑城例子有：郑州西山城址（仰韶晚期），平面近圆形（35000平方米），方块版筑[35]；河南淮阳平梁台城址（龙山时期）平面方形，边长185米，小版夯加堆土；河南登封王城岗城址（龙山时期），平面长方（10000平方米），夯土筑[36]。在中原，筑城方法为城和壕，环壕的历史比城垣的历史长，筑城技术为夯土，取土于壕。除了材料来源问题，平原地区需要双重功能的防线——御敌和防洪。筑石城是北方技术。石峁坐落在秃尾河和洞川沟交汇处的山峁上，海拔在1100—1300米，坡下沟壑纵横，不需人工壕。

石峁墩台、马面和角台为夯土筑。东门墩台夯土技术为版筑。从发掘平面所示土层痕迹看，夯土区域由外向内分三段，按横、纵、横顺序，各占三分之一（图二四）。本文复原施工次序如图二五所示：第一层的第一段和第二段支模，两段间隔一定距离（第三段），同时施工。第三段无须模子，填土于其内，分层夯筑。我们注意到一个现象：支模段宽，无模段窄。换言之，第一段和第

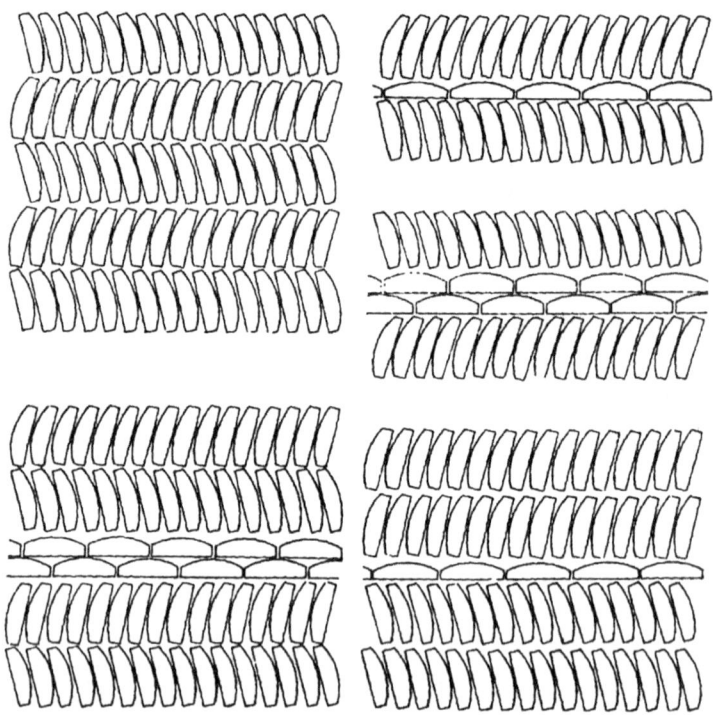

图二二　一面呈弧形土坯的摆放方式

（ P. Delougaz. Plano-convex Bricks and the Methods of Their Employment. Studies in
Ancient Oriental Civilization no.7. The Oriental Institute of the University of Chicago, 1932 ）

图二三　AI-Ubaid 城壁水道[37]

（ Ur Excavations Vol.1.Plate XXV1 ）

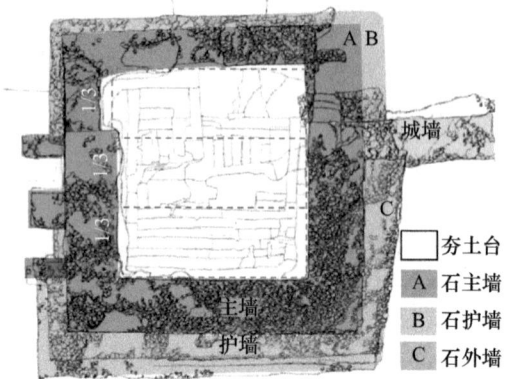

图二四　版筑北墩台，外包石墙（外侧 3 层，内侧 2 层）

（国庆华、孙周勇、邵晶：《石峁外城东门址和早期城建技术》，
《考古与文物》2016 年第 4 期）

二段宽，第三段窄。燕下都城墙版筑，西城南垣西段保留了下来，显示其长短相间（图二六）[38]。

4. 石墙纴木

考古揭示，石峁石城墙和墩台的石包墙内水平方向用圆木，但在夯土墩台内部没有探查出圆木。我们从已知资料出发提问，墩台土芯分层分段夯筑，墩台外的石墙是否也分段砌筑且每段之间施圆木呢？石峁石墙内用圆木是目前国内所知最早的例子（图二七）。稍晚的例子有陕西清涧县境内发现的商周时期李家崖城址的附墙底部使用圆木，平均间距 1.5 米，直径 0.5 米[39]。战国时期夯

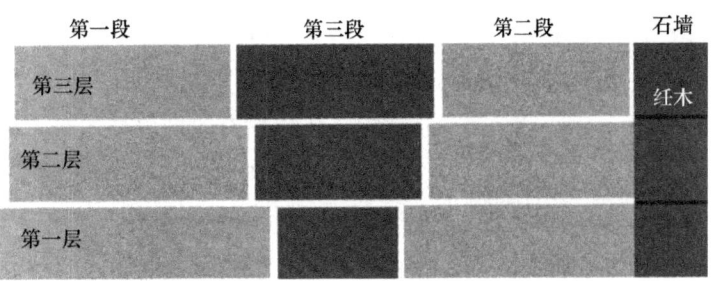

图二五　版筑墩台断面，宽窄相间，先用模子筑宽段，窄段无需模子
（作者自绘）

图二六　燕下都西城南垣西段（长短相间）
（河北省文物研究所：《燕下都》，文物出版社，1996 年）

图二七　纤木在石墙中的使用（似乎有规律）
（作者自摄）

土城墙中用圆木（图二八）。夯土墙中的圆木与石墙中的圆木有无关系，这一问题值得研究。目前，我们无法准确断定哪些后期中原做法是从早期北方引入的新技术。至少这些资料显示从龙山文化时期到战国时期，石城和土城施工技术存在某些共性。

石峁考古报告称石墙内圆木为"纤木"。纤木是宋《营造法式》中的术语。从《法式·壕寨制度》中"夯土城墙中栽永定柱和夜叉木，横用纤木。"可以看出，纤木不是用来固定模板的。1963年清华大学建筑系编印的《宋〈营造法式〉图注》的"壕寨制度图样"中有假定的永定柱、夜叉木和纤木的位置，但均画了问号。梁思成遗稿《〈营造法式〉注释》（1983 年出版）中无此图，在文

图二八　战国齐国临淄城墙中纤木痕迹
（山东文物考古研究所：《临淄齐国故城》，
文物出版社，2013 年）

字注中道："无法搞清它们（纤木）是什么，怎么使用。"这个现象说明，宋以后永定柱、夜叉木和纤木消失了。换言之，宋以后夯筑城墙技术有了很大改变。

我们暂依考古报告中的名称，称这些圆木为纤木。关于石墙纤木，我们认为：施工过程中，石墙内施纤木帮助分段施工，防止倾斜坍塌；夯土城墙中使用的永定柱、夜叉木和纤木是在建筑过程中加固墙体的一种措施和工具。夯土反映石峁吸纳中原地区的建筑文化因素，另一方面，纤木或代表高级的技术对中原地区的夯土结构设计产生影响。

七、石城传统

用石头筑城是北方传统，见于内蒙古南部和东南部[40]、陕北和辽宁[41]。北方石城有高度的相似性，但没有严格的一致性，它们的建筑特色不能一概而论。发现的石城不少，但发表的资料不多，详尽报告更少。下面看两个实例，用表格方式把关键特征相互对应，作为说明（表三）。

表三　两例夏家店下层文化石城

	三座店（10000 万平方米）海拔 730 米	辽宁北票康家屯（15000 万平方米）
平面	1	4
城墙马面/角台	2 依托天然山坡，筑石墙包围土岗，形成台城。城墙收分，作用挡土墙，马面加强挡土墙	5 城墙厚2.2米。角台利于观察和侧面防御，结构上没有加固城墙功能
城门	城内门宽：1.2—1.4 米	门宽 1.7 米
房屋	3 F17 圆形石屋	6 土坯房，院墙下部开排水口

八、东门外观

关于东门外观，笔者有两点考虑：门塾屋顶形式、登墩台方式。我们推测门塾为平顶，门洞使用木梁，不存在拱券的可能。最早的拱券由土坯造，实例均见于西亚，例如乌鲁克城的土坯拱券门洞。土坯是一种技术，夯土是另一种技术。不同的材料、技术导致不同的建筑形式。石峁石材为片状砂岩，形状不规整，尺寸不大，方便使用，也许正因如此，没有用土坯的必要。

关于登墩台方式，我们分析城门墩台的台面与城墙顶部不同高，前者在体积上远大于后者，墩台在城内侧应设斜道，方便兵士登台防守。另外，我们认为城墙的外侧为兵士安全设堞（图二九）。目前没有考古发掘证实斜道和雉堞的存在，支持这个猜测的资料来自各时代的东西各方。

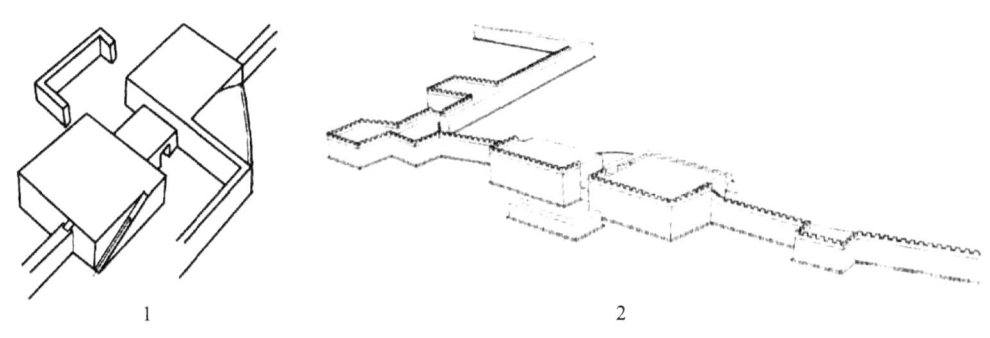

1   2

图二九　东门（作者复原）
1. 内观（作者自绘） 2. 外观（卢怡绘）

九、结　语

石峁建筑文化成分复杂。石峁至少有三种不同的技术和传统：夯土和砌石技术，瓮城和马面传统。这些多元建筑因素构成了石峁的特色。一般而言，砌石是山区技术，生土是平原技术。石峁建筑有窑洞和石屋两类。能否理解为重要建筑石造，普通住房生土造？那么，谁重要？谁普通？很明显，创造石峁多元特色的社会是一个多元群体。

从世界范围来看，瓮城和马面首先出现在西亚。在世界历史上，新石器时期是城市出现并高速发展的阶段，石峁东门和马面是目前东亚最早的实物。这些现象不能解释为偶然。至于哪些是当地起源的，哪些和西方有联系，尚需精细地查勘。本文揭示石峁城址中呈露的西方文化因素，从而为解读石峁城址提供了一个更大的背景。

在石峁我们发现几个线索，其一，北方地区建筑文化的存在。其二，不同的建筑文化和技术在这里交融，一方面被保存，另一方面被继续传递。马面瓮城在中国北方流行并成熟，中原地区的马面和瓮城是对这些成果的引入和延续。其三，北方与中原存在相互影响——文化交流不是由此及彼的单向传播。石峁在历史文化地图上的位置特殊，它处于北方和中原交流的必经之路——由北向南形如"漏斗"。在新石器时代中国北方经由黄河河套地区，东至东北地区，西至西域曾存在一条文化通道。石峁所代表的北方文化，对后来中华文明圈城建的贡献和影响，我们才刚刚开始认识。

注　释

［1］ 2013 年首届世界考古大会上海论坛 http://www.kaogu.cn/cn/xueshuhuodongzixun/2013nian_shijiekaogushangh/ 2013/1025/29907.html.

［2］ 陕西省考古研究院、榆林市考古勘探工作队、神木县文体局：《陕西神木县石峁遗址》，《考古》2013 年第 7 期。

［3］ 国庆华、孙周勇、邵晶：《石峁外城东门址和早期城建技术》，《考古与文物》2016 年第 4 期。

［4］ 王炜林、孙周勇：《石峁玉器的年代及相关问题》，《考古与文物》2011 年第 4 期。

［5］ Nunn, Astrid. Alltag im alten Orient. Mainz am Rhein: Von Zabern, 2006; Richard L. Zettler and Lee Horne (ed.). Treasures from the Royal Tombs of Ur. University of Pennsylvania Museum of Archaeology and Anthropology, 1998; Hrouda B. Der Alte Orient, Geschichte und Kultur des alten Vorderasien. Munchen, 1991.

［6］ 罗宏才：《陕西神木石峁遗址石雕像群组的调查与研究》，《从中亚到长安》，上海大学出版社，2011 年，第 3—50 页。

［7］ Anton Moortgat. The Art of Ancient Mesopotamia. London: Phaidon Press, 1967.

［8］ 盖山林、陆思贤：《内蒙古境内战国秦汉长城遗迹》，《中国考古学会第一次年会论文集》，文物出版社，1980 年；李兴盛：《内蒙古卓资县三道营古城调查》，《考古》1992 年第 5 期。

［9］ 阎文儒：《吐鲁番的高昌故城》，《文物》1962 年第 7、8 合刊。

［10］ 张郁：《内蒙古察右中旗园山子唐代古城》，《考古》1962 年第 11 期。

［11］ 汉魏故城工作队：《洛阳汉魏故城北垣一号马面的发掘》，《考古》1986 年第 8 期。

［12］ McIntosh, Jane R. The Ancient Indus Valley, New perspectives. Santa Barbara, Calif: ABC-CLIO, 2008.

［13］ Richard H. Meadow (ed.). Harappa Excavations 1986-1990: A Multidisciplinary Approach to Third Millennium Urbanism (Monographs in World Archaeology, No.3). Madison Wisconsin: Prehistory Press, 1991.

［14］ H. W. Fairman. Preliminary Report on the Excavations at Sesebi (Sudla) and' Amārah West, Anglo-Egyptian Sudan, 1937-1938. The Journal of Egyptian Archaeology, 1938: 3.

［15］ Walter B. Emery, H. S. Smith and A. Millard. The Fortress of Buhen: The Archaeological Report. London: Egypt Exploration Society, 1979.

［16］ Somers Clarke. Ancient Egyptian Frontier Fortresses. The Journal of Egyptian Archaeology, 1916(3): 155-179.

［17］ Somers Clarke. Ancient Egyptian Frontier Fortresses. The Journal of Egyptian Archaeology, 1916(3): 155-179.

［18］ A. W. Lawrence. Ancient Egyptian Fortifications. The Journal of Egyptian Archaeology, 1965(51): 69-94.

［19］ Walter B. Emery, H. S. Smith and A. Millard. The Fortress of Buhen: The Archaeological Report. London: Egypt Exploration Society, 1979.

［20］ 加藤瑛二：《中国文化の考古地理学的研究》，一诚社，2002 年。

［21］ 侯仁之、俞伟超：《乌兰布和沙漠的考古发现和地理环境的变迁》，《考古》1973 年第 2 期。

［22］ 李兴盛：《内蒙古卓资县三道营古城调查》，《考古》1992 年第 5 期。

［23］ 阎文儒：《吐鲁番的高昌故城》，《文物》1962 年第 7、8 期合刊。

［24］ 中国社会科学院考古研究所、河北省文物研究所、邺城考古工作队：《河北临漳县邺南城朱明门遗址的发掘》，《考古》1996 年第 1 期。

［25］ Kenoyer, Jonathan. Ancient Cities of the Indus Valley Civilization. Oxford, New York: Oxford University Press, 1998.

［26］ Richard H. Meadow (ed.). Harappa excavations 1986-1990: A Multidisciplinary Approach to Third Millennium Urbanism. Madison, Wis.: Prehistory Press, 1991.

［27］ McIntosh, Jane R. The Ancient Indus Valley, New perspectives. Santa Barbara, Calif: ABC-CLIO, 2008.

［28］ A. M. Blackman. Preliminary Report on the Excavations at Sesebi, Northern Province, Anglo-Egyptian Sudan, 1936—1937, The Journal of Egyptian Archaeology, 1937, 2: 145-151.

［29］ Pierre de Miroschedji. The Southern Levant (Cisjordan) during the Early Bronze Age in The Archaeology of the Levant c.8000-332BCE. Oxford, 2014: 315.

［30］ 土衬石和纤木均为《营造法式》术语。

［31］ 辽宁省文物干部培训班:《辽宁北票县丰下遗址 1972 年春村发掘简报》,《考古》1976 年第 3 期。

［32］ 河南省文物研究所:《河南淮阳平粮台龙山文化城址试掘简报》,《文物》1983 年第 3 期。

［33］ 李桃元:《应城门板湾遗址大型房屋建筑》,《江汉考古》2000 年第 1 期。

［34］ P. Delougaz. Plano-convex Bricks and the Methods of Their Employment. Studies in Ancient Oriental Civilization no.7. The Oriental Institute of the University of Chicago, 1932.

［35］ 国家文物局考古领队培训班:《郑州西山仰韶时代城址的发掘》,《文物》1999 年第 7 期。

［36］ 河南省文物研究所、中国历史博物馆考古部:《登封王城岗遗址的发掘》,《文物》1983 年第期；河南省文物研究所、中国历史博物馆:《登封王城岗与阳城》,文物出版社,1992 年。

［37］ Hall, H. R., C. Leonard Wooley. Ur Excavations Volume 1 AI-Ubaid: A Report of the Work Carried out at AI-Ubaid for the British Museum in 1919 and for the Joint Expedition in 1922-1923. Oxford University Press, 1927.

［38］ 河北省文物研究所:《燕下都》,文物出版社,1996 年。

［39］ 陕西省考古研究院:《李家崖》,文物出版社,2013 年。

［40］ 内蒙古文物考古研究所:《岱海考古（一）——老虎山文化遗址发掘报告集》,科学出版社,2000 年；内蒙古文物考古研究所:《内蒙古赤峰市三座店夏家店下层文化石城遗址》,《考古》2007 年第 7 期。

［41］ 辽宁省文物考古研究所:《辽宁北票市康家屯城址发掘简报》,《考古》2001 年第 8 期。

（原载于《中国建筑史论汇刊》2016 年第 2 期）

马面溯源

——以石峁遗址外城东门址为中心

孙周勇　邵　晶

马面是突出于城垣外侧、每隔一定距离修建的台状附属设施，主要功能是提高城墙的防御能力，其间距多以当时火力能够交叉的最大距离为限。一般来说，城墙多为直线形，守军只能向前方攻击墙下的敌军。在城墙外侧间隔一定距离修筑凸字形辅助设施，既增加了防御面积也可容纳更多的防守人员。守军没有了墙下的攻击死角，可自上而下从三面观察和攻击来犯之敌，还能加固城墙本体。

依据《墨子》中《备梯》《备高临》等城守诸篇[1]，研究者多以文献中的"行城""台城"为附城而筑、雁列成行并高出城墙的马面，并由此推断马面的修建始于战国时期。下面以石峁遗址外城东门址揭露的保存良好、形制规整的一号马面、城门墩台及角台为中心[2]，梳理早期与马面有关的考古发现，重点探讨马面的形成时间、区域特征及石峁遗址马面在古代城建史上的意义。

一、石峁遗址马面的发现与确认

马面的基本形态为修建于城墙外侧的方形或长方形凸起，依据位置不同可分为三类。A类是修建于直线城墙外侧的凸字形马面，可攻击接近城墙的敌人。B类修建于城门左右两侧，可从三面攻击进入城门的敌人，是保护门楼和城门的设计，也被称为"敌台"或者"墩台"。C类是修建于城墙拐角处的方形台，又被称为"角台"，主要功能是减少防御死角，更强调观测功能。凸字形马面、墩台和角台在形态上没有本质差异，只是位置和功能上略有不同。2012—2015年的考古调查与发掘工作表明，石峁城址至少存在11处马面遗迹，集中分布在外城东门附近（图一）。

A类：7座。分布在石峁城址外城东门南北两侧的外城城墙上。其中，北墩台以北有3座，自南向北编号为一、二、三号马面；南墩台以南有4座，自北向南编号为四、五、六、七号马面。2013年发掘的一号马面与东门址北墩台间距27米余，平面呈南北向长方形，向东凸出于城墙，长约12、宽约7、高约3.5米。一号马面外围包石，内芯为层理清晰的版筑夯土，南北两侧的包石与城墙砌石逐层交叠，系与石墙同时起建（图二）。一号马面以北约35米为二号马面，保存较差，但能清晰地辨别出向城外凸出的方形轮廓。二号马面以北约100米为三号马面，调查发现向东外凸的齐整的石墙墙面。四号马面位于东门址南墩台以南的外城城墙上，同二号马面相似，保存状况不好，但能辨识出外凸的轮廓。与之相邻的五、六、七号马面间距较为规律，约40米，因早年修路遭受到不同程度破坏，但可见凸出的轮廓（图三、图四）。

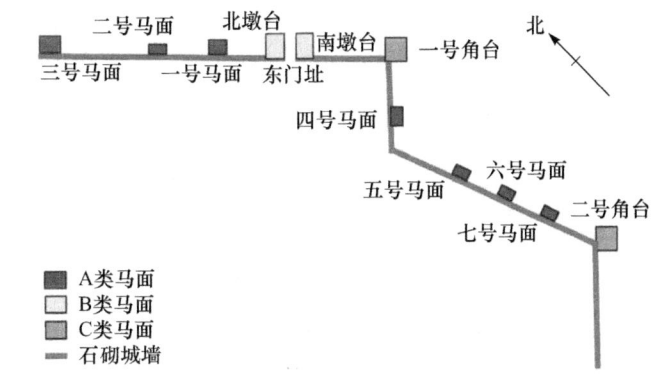

图一　石峁城址外城东门附近马面位置示意图

图二　石峁遗址外城东门址一号马面
上：三维影像图　下：正射影像与等值线叠加平面图

　　B类：2座。即外城东门南、北墩台（图五、图六）。此二墩台对称建于东门门道的南、北两侧，结构相似，原均为长方形，现存形制及规模略有差异。南墩台在二里头文化晚期塌毁后重建，现西侧为一座由地面式房址、窑洞、护坡石墙等组成的大型院落[3]。内为夯打密实的版筑夯土，条块清晰，夯层明显，土质坚硬。四周包砌一周石墙，靠城外一侧又加筑一层厚1.3—2.5米的护墙，有效防止向外倾斜倒塌。南墩台顶部长约21、宽约14米，最高处距早期（龙山晚期）地面约

图三　石峁遗址外城东门址第五至七号马面（东北—西南）

图四　石峁遗址外城东门址第六号马面（东北—西南）

图五　石峁遗址外城东门址北墩台三维影像图

5.6 米。北墩台长约 20、宽约 16 米，最高处距早期（龙山晚期）地面约 6.7 米。

C 类：2 座。均位于外城东门以南城墙的转角处，自北向南分别编号为一、二号角台。2013 年发掘的一号角台位于南墩台和四号马面之间，平面呈南窄北宽的梯形。版筑夯土台芯，外砌石墙，北边长约 17、其余各边长约 14 米，残高约 4 米（图七）。二号角台位于七号马面以南，向外凸出的齐整石墙面极易辨别，顶部平坦开阔，大致呈边长 20 米的方形。

图六　石峁遗址外城东门址南墩台（西北—东南）

图七　石峁遗址外城东门址一号角台正射影像与等值线叠加平面图

石峁遗址发现的 A 类马面多与墙体同时规划起建，附着于墙体并向城外凸出，疏密有致，间距集中在 30—40 米，不仅反映了筑城者对防御功能的强烈追求，也反映了当时使用武器的有效射程。B 类马面设置于城门两侧，作为城门的组成部分建在了进出城址的通道，具有加固墙体与防守功能。C 类马面位于城墙转角处，除作为防御设施，更多具有扩展视域、观测瞭望的功能。石峁遗址是龙山时代发现马面数量最多的遗址，马面形态成熟，分布规律，建造技术先进，对探讨马面的起源及发展演变具有重要意义。

二、马面的形成时间

马面的形成时间，有龙山文化早中期[4]、夏代前后[5]、夏家店下层文化[6]、战国[7]、汉魏[8]等多种观点，它们多是伴随着考古材料的不断涌现而形成的。

主张夏代前后说的学者多以山东五莲丹土龙山中期城址城垣外侧出现的半圆形外凸为中国古代马面的萌芽形态。丹土古城为一座平面呈不规则刀把形、面积约为 18 万平方米的大城[9]。所谓"马面"状凸起不甚规则，且为出现在城垣上的孤例，并未成组出现，尚难断定其与追求防御能力相关。

夏家店下层文化时期马面数量多且特征鲜明。一是多为马蹄形，形体高大，多以三圈砌石筑就，马面石壁与墙体石壁交错砌筑，坚实紧凑，向上收分，大型马面的中心用黄土填实，这与石峁所见马面有异曲同工之处。二是马面的间距较近，多在 2—4 米。这一方面说明了马面处于初创时期，形制及使用尚未形成规制，也暗示着这一区域战争频繁、防御压力巨大，繁密的马面也可能与夏家店下层文化所处的社会发展阶段以及武器的使用方式和射程有关。

夏家店下层文化之后很长一段时期内，考古发现的马面实例都很少。2010 年发掘的河南郑州望京楼商城东一城门墙心在外部两个转角处向北突出约 3 米的翼墙，被认为具有马面的某些形态特征，但与后世马面差异巨大，暂且存疑[10]。除此之外，发现的最早的马面当属甘肃汉代八角城[11]，八角城自东南至西北现存 5 座马面，依地势和防御需要设置，长 6.7—11.7、宽 12.2—38.5 米。几乎与此同时，高句丽时期石城址普遍发现了马面应用的实例。吉林省集安市的高句丽国内城始建于公元初年，其石砌城垣的外侧也筑有长方形或方形的石砌马面[12]，马面的长宽稍有差异，长 8—10、宽 6—8 米。沈阳市石台子山城的年代为公元 5—6 世纪，是除了国内城，鸭绿江以北的高句丽城址中马面最多者，共有 9 座马面，间距约 48—78 米，形态均为方形或者长方形[13]。辽阳市高句丽时期岩州城北墙东端约 250 米的范围内筑造了 5 座马面[14]，间距为 50—60 米。显然，夏家店下层文化马面的形态及间距等不同于汉代八角城及高句丽时期。

20 世纪 90 年代以前，中原地区发现最早的马面实例是汉魏洛阳城。汉魏洛阳城的马面系形制规范的夯土高台建筑，间距 110—120 米[15]。1962 年在洛阳城西垣北段、北垣东段及金墉城外侧均发现有马面（原报告称"墙垛"）遗址[16]；1984 年发掘了北城垣一号马面[17]。该马面依城垣而建，平面略呈方形，下大上小，顶端长 12.9、宽 11.7 米。这座马面始建于魏晋，北魏都洛后再次修葺。发掘者认为，汉唐城址使用马面者所见不多，洛阳汉魏故城建造的马面是我国古代都城中已知最早的实例。

统万城马面的发现可以追溯到 20 世纪 50 年代的考古调查，并一度被认为是中国最早的马面实物资料[18]。近年来考古工作者确认了统万城城垣四周均有马面等城防设施，每面墙体设马面 7—9 个，间距 24—104 米。2014 年，陕西省考古研究院清理了西城南垣外自西向东的 4—7 号马面基础，它们现存高度为 11—12 米[19]。

敦煌莫高窟北朝壁画所见的城墙结构中也有马面，亦一度被认为是我国最早的马面形象[20]。如莫高窟 257 窟、249 窟、296 窟等绘画中沿城墙及转角修建的系列墩台，高于墙体并突出墙外，形成了所谓"马面"的格局。然而值得注意的是，莫高窟 257 窟的马面不仅见于墙体外侧，内侧也修筑了突出的台体，这种情况实为少见。究竟是绘画透视手法不成熟还是建筑物的实际情况，值得进一步考量。

近年来的考古新发现表明，至迟在东汉晚期已经有了形态成熟的马面。2009—2014 年，陕西省考古研究院在关中地区渭河北岸的眉县发现柳巷城址[21]。城址呈正方形，边长 160 米，城内面积 25600 余平方米。城址仅在南城墙略偏东的位置开一门，其余三面不开门，每墙正中有一个凸出的方形夯土台基，即为马面。发掘显示，西城墙拐角有凸出的方形夯土台基遗迹，应为角台，即 C 类马面。其平面形状呈长方形，夯筑，长 15、宽 9 米，残高约 2—3 米。根据出土器物、建筑材料及规模判断，柳巷城址的年代为东汉至北魏时期，或为文献记载的董卓眉坞。柳巷马面是石峁遗址马面发现之前考古发掘揭露的最早的成熟马面资料，将马面的历史追溯到了东汉末期。

从考古发现、古代图像及文献资料来看，马面的出现时间随着考古新发现不断向上追溯。考虑到夏家店下层文化及高句丽城址所见马面与后世成熟马面虽然功能相同、但形态存在差异，石峁马面发现之前，符合后世严格意义的、形制规范的马面应见于汉魏洛阳城及柳巷汉魏城址（眉坞城）。

三、石峁马面与中国早期城防设施的滥觞

石峁马面形制规范，结构与柳巷城址及汉魏洛阳城所见马面毫无二致，均为方形凸出的高台，但后两者系夯土台基，前者在夯土台基外还包砌石墙。石峁马面与分布于中原腹地的汉魏时期成熟形态的方形马面在时间及空间上存在着巨大的间隔，且建筑方式迥异，前者为土石结构，后者系土筑，依据现有证据很难将二者关联起来。夏家店下层文化马面、望京楼商代城址具有马面功能的墙垛、高句丽马面等，与龙山晚期石峁马面、汉魏马面相比，形态及建构技术上并未展现出历时性的发展完善过程。前三者不仅时代远晚于石峁马面，形态也较石峁马面原始，带有萌芽草创的风格，故其不应视为马面发展的中间阶段。近似的生存压力、防御需求及生产技术等原因均会导致功能趋近的城防设施产生，北方地区马面的出现远早于且数量和多于中原腹地。

石峁遗址作为中国北方地区龙山晚期最大城址，其石砌城垣应不具有神权及王权的象征意义，更多是出于守卫需要而构筑的防御性设施。它的产生亦与当时的政治、军事形势、战争规模与性质乃至地理条件等因素息息相关。初步调查表明，以石峁遗址为中心，周边分布着大量同期的中小型遗址，正是这些小型聚落构成了维系石峁这个中心都邑性聚落的社会基础。这不仅反映了初步的社会分化与城乡对立，也说明中国早期城市不是经济发展的产物，而是政治行为、军事设防的结果及

政治领域的工具[22]。马面符合石峁遗址作为都邑性聚落的性质并满足了城址建设者对防御的强烈需求。

如果要追溯马面产生的背景及历史渊源，或许早期新石器时代遗址的相关防御设施能提供一些线索。河南西山仰韶晚期古城年代为距今4800—5300年，平面近圆形，其北城门东、西两侧的夯土城墙外各筑有一个略呈三角形和正方形的附属"城台"[23]。它们当为加强城门的防御功能而修筑，可视为城阙的原始形制，因其又属城垣外侧的附属设施，具有马面的部分特征与功能，西山古城"城台"或对后世马面的出现有直接影响[24]。

中原地区仰韶晚期城址所见的三角形、正方形或者龙山文化中期所见的半圆形的具有防御功能、突出墙体的"城台"，虽然与石峁马面之间没有可以呼应的材料或演化关系，但却暗示了古人修建马面类防御设施时选择形制的过程。因此，新石器时代黄河中下游一带的一些遗迹可能起到了后世马面的作用，但并非真正意义上的马面。

作为城防设施的马面，产生的最初动因是满足防御需要以及增加城墙的坚实程度。出于这种诉求，马面可能从产生伊始就选择了方形。遗址所处的地理环境也决定了马面类防御设施的产生，类似的环境压力造就了相同或类似的设施。因此，中国古代马面的出现和遗址规格、内外部环境、生存压力、防御对象等紧密相关，其出现的区域是多源的，发展演化的路径及形态是多种多样的。

商周时期黄河流域的大型都邑城址如偃师商城[25]、郑州商城、洹北商城等均不见马面等城防设施，东周时期大量涌现的城址也少见马面，仅在郑韩故城[26]及宜阳故城[27]等城址有典型的马面。这可能说明马面在中原地区汉代以前的城防体系中没有发展起来。但在战国秦汉时期的北方地区，马面却一直较为流行。内蒙古秦汉长城内外的乌力吉高勒障城、青库伦障城[28]、阿尔乎执障城、哈隆格乃谷口石城[29]等的城垣转折处多筑有马面。内蒙古的汉代边城，如卓资县三道营古城[30]、呼和浩特陶卜齐古城[31]、宁城县黑城子古城[32]及甘肃夏和县汉代八角城[33]等的城垣外侧也筑有长方形马面，这些马面的间距一般在60—110米。黑龙江友谊县凤林城址和双鸭山市保安城址是七星河流域的魏晋时期城址，前者"中央方城"的四面墙中部各有一个向外突出的马面[34]，后者城墙四角设4个角楼和9个马面[35]。

内蒙古中南部、陕西北部发现了大量龙山时期的石城址，河套文化圈内的中小型遗址如寨子塔、石摞摞山、寨峁梁等龙山早中期带有石砌围墙的遗址中均未见突出墙垣的马面，唯石峁独树一帜。这一方面由于石峁遗址系公元前三千纪后半叶北方地区的中心或都邑性聚落，级别高、防御诉求迫切；另一方面也反映了该区域复杂的社会格局及族群间对社会资源控制和争夺的加剧。与同样处于北方地区、年代略晚的夏家店下层文化所见半圆形马面相比，夏家店下层人群对于城防设施的设计和建设显然没有石峁人精巧。

综上所述，中国古代马面大致形成于龙山晚期的北方地区，在满足防御功能的诉求下，其形成初期可能就有了较为固定的形制与结构。夏商西周时期考古发现的马面类设施较少，相当于夏商时期的夏家店下层文化的半圆形马面较为特殊，基本不见于晚期其他城址。汉代以前北方地区的马面出现年代及数量要远远早于和多于中原腹地，其形制或圆或方，或不甚规则，尚没有形成规律，且多为石砌或土石结合。早期马面间距的差异较大，不见明显规律。

汉魏时期是马面的发展期，仍多见于北方地区，中原地区的马面为方形或长方形，形制规整，间距疏密有致。马面的设置也趋于合理，设计者依据城址规模、城墙长度和厚度、武器有效射程等每隔70—100米设置马面。隋唐宋元时期，马面间距也大致保持在此距离区间。隋唐、北宋至明清，马面进入到繁盛期，都城、郡县城邑、边堡、界墙多已修筑有马面，而且流行砖筑马面。清代以后，马面等城防设施逐步衰落。

附记：本文为"中华文明探源及相关文物保护技术研究（2013—2015）"子课题"中华文明起源过程中区域聚落与居民研究"（2013BAK08B05）及国家自然科学基金项目"河套地区5-4ka的气候变化与人类适应研究"（41571190）的阶段性成果。

注　释

［1］《墨子·备梯》载："子墨子曰：问云梯之守邪？云梯者重器也，其动移甚难，守为行城，杂楼相见（间），以环其中，以适广陕（狭）为度，环中藉幕，毋广其处。行城之法，高城二十尺，上加谍，广十尺，左右出巨（距）各二十尺……以鼓发之，夹而射之"。《墨子·备高临》曰："子墨子曰：子问羊黔之守邪？羊黔者将之拙者也，足以劳卒，不足以害城。守为台城，以临羊黔，左右出距，各二十尺，行城三十尺，强弩射之，技机击之，奇器口之，然则羊黔之攻败矣。"

［2］陕西省考古研究院、榆林市文物考古勘探工作队、神木县文体局：《陕西神木石峁遗址》，《考古》2013年第7期。

［3］孙周勇等：《石峁遗址：2015年考古纪事》，《中国文物报》2015年10月9日第5版。

［4］张国硕、缪小荣：《先秦城址马面初探》，《中原文化研究》2015年第1期。

［5］叶万松、李德芳：《中国古代马面的产生与发展》，《考古与文物》2004年第1期。

［6］内蒙古文物考古研究所：《赤峰市松山区三座店遗址2005年度发掘简报》，《内蒙古文物考古》2006年第1期；《内蒙古赤峰市三座店夏家店下层文化石城遗址》，《考古》2007年第7期；吉林大学边疆考古研究中心、内蒙古自治区文物考古研究所：《内蒙古赤峰市上机房营子遗址发掘简报》，《考古》2008年第1期；辽宁省文物考古研究所：《辽宁北票市康家屯城址发掘简报》，《考古》2001年第8期。

［7］刘叙杰：《中国古代城墙》，《中国城墙》，江苏教育出版社，2000年。

［8］敦煌文物研究所考古组：《敦煌莫高窟北朝壁画中的建筑》，《考古》1976年第2期；中国科学院考古研究所洛阳工作队：《汉魏洛阳城初步勘查》，《考古》1973年第4期。

［9］山东省考古研究所：《五莲丹土发现大汶口文化城址》，《中国文物报》2001年1月17日第1版。

［10］郑州市文物考古研究院：《河南新郑望京楼二里冈文化城址东一城门发掘简报》，《文物》2012年第9期；顾万发：《论新郑望京楼商城东一城门》，《中原文物》2013年第8期。

［11］李振翼：《八角城调查记》，《考古与文物》1986年第6期。

［12］集安市文物保管所：《集安高句丽国内城的调查与试掘》，《文物》1984年第1期。

［13］辽宁省文物考古研究所、沈阳市文物考古工作队：《辽宁沈阳市石台子高句丽山城第一次发掘简报》，《考古》1998年第10期。

［14］陈大为：《辽阳岩州城山城》，《辽海文物学刊》1995年第1期。

［15］钱国祥、刘涛、郭小涛：《汉魏故都丝路起点——汉魏洛阳故城遗址的考古勘察收获》，《洛阳考古》2014年第2期。

［16］中国社会科学院考古研究所洛阳工作队：《汉魏洛阳城初步勘查》，《考古》1973年第4期。

［17］中国社会科学院考古研究所汉魏故城工作队：《洛阳汉魏故城北垣一号马面的发掘》，《考古》1986年第8期。

［18］ 陕北文物调查征集组：《统万城遗址调查》，《文物参考资料》1957 年第 10 期。

［19］ 陕西省考古研究院：《陕西省考古研究院考古年报》，2014 年。

［20］ 敦煌文物研究所考古组：《敦煌莫高窟北朝壁画中的建筑》，《考古》1976 年第 2 期。

［21］ 陕西省考古研究院：《2011 年陕西省考古研究院考古发掘新收获》，《考古与文物》2012 年第 2 期。

［22］ 张光直：《关于中国初期"城市"这个概念》，《文物》1985 年第 2 期；许宏：《先秦城市考古学研究》，北京燕山出版社，2000 年。

［23］ 国家文物局考古领队培训班：《郑州西山仰韶时代城址的发掘》，《文物》1999 年第 7 期。

［24］ 同［5］。

［25］ 偃师商城小城东城墙向外凸出，似有扩大防御范围之功效，但这类凸出并未成组出现，不能确认为专门修建的马面。参见中国社会科学院考古研究所河南第二工作队：《河南偃师商城小城发掘简报》，《考古》1992 年第 2 期。

［26］ 马俊才：《郑韩两都平面布局初论》，《中国历史地理论丛》1999 年第 2 期。

［27］ 宜阳故城由大、小两城组成，其保存较好的北垣外侧附筑 4 个马面，其中西边的 3 个呈长方形，东边的 1 个呈半圆形，间距约 200 米。参见洛阳市第二文物工作队：《洛阳韩城战国墓发掘简报》，《文物》2002 年第 11 期；徐团辉：《战国时期韩国三大都城比较研究》，《中原文物》2011 年第 1 期。

［28］ 盖山林、陆思贤：《内蒙古境内秦汉长城遗迹》，《中国考古学会第一次年会论文集》，文物出版社，1980 年。

［29］ 唐晓峰：《内蒙古西北部秦汉长城调查记》，《文物》1977 年第 5 期；侯仁之、俞伟超：《乌兰布和沙漠的考古发现和地理环境的变迁》，《考古》1973 年第 2 期。

［30］ 李兴盛：《内蒙古卓资县三道营古城调查》，《考古》1992 年第 5 期。

［31］ 陈永志、江岩：《榆林镇陶卜齐古城调查简报》，《内蒙古文物考古》1995 年第 1、2 期。

［32］ 中国历史博物馆遥感与航空摄影考古中心、内蒙古自治区文物考古研究所：《内蒙古东南部航空摄影考古报告》，科学出版社，2002 年。

［33］ 同［11］。

［34］ 黑龙江省文物考古研究所：《黑龙江省友谊县凤林城址 1998 年发掘简报》，《考古》2000 年第 11 期。

［35］ 黑龙江省文物考古研究所：《黑龙江省双鸭山市保安村汉魏城址的试掘》，《考古》2003 年第 2 期。

（原载于《考古》2016 年第 6 期）

建筑学语境下的石峁遗址

杜启明

陕西神木石峁遗址以其巨大的面积、保存有较大规模的石质建筑遗迹而被业界称之为"石破天惊"。关于其族属来源、经济形态与时空跨度是重要的讨论内容。研究者认为石峁遗址的经济形态是以农业为主，却未提出"为主"的科学依据。随着考古研究工作的深入，来自遗址发掘机构的学者们对遗址时代的判断处于不断向后推延的趋势，目前发掘者认为该遗址属于龙山文化晚期至夏代范畴，面积超过 400 万平方米的石峁遗址是中国北方地区地缘政治的中心，率先中原地区步入国家政体[1]，更有学者认为石峁遗址的时间跨度可能进入了商周[2]，一度有学者将其与中原文化和黄帝等传说人物挂钩。

建筑是凝固的历史。建筑的根本目的是调整自然条件，为人类营造一个安全舒适的生存空间。建筑表面上显示的是社区规划格局与建筑功能，实质上体现的是自然环境、社会构成、科技水平、经济特点、族群的文化特质与渊源等更深层次的信息。笔者通过对石峁遗址的规划选址与建筑内涵分析，认为在历史长河中，统治石峁遗址的文化族群可能不止一个，其原住民应来自北方牧区，牧业经济仍是他们主要的经济来源；石峁遗址的建筑文化体现着不同的文化基因，其大型土石建筑受文化交流影响显著，时代应进入了商代甚至更晚时段并带有浓厚的宗教场所色彩。由于石峁遗址的考古发掘尚在进行之中，加之笔者学识所限，所言必有疏误之处，敬请斧正。

一、规划格局与建筑信息显示其为源自北方的牧业经济形态

本部分以考古发掘认定的早期居住建筑即与皇城台隔沟相望的韩家圪旦地点 F6-F7-F11 为依据，对遗址族群的业态进行分析。居所的主人应是第一批到达石峁区域的族群，考古报告认为他们大约是在公元前 2300 年即龙山文化晚期到达石峁遗址区域并成为这里的主人。

（一）选址与遗址格局带有典型的牧业聚落特点

（1）遗址选址于农牧交会地带。尽管有考古资料表明，与石峁文化相似的势力已经发展到了遗址南部的黄河晋陕峡谷[3]，但石峁部族仍选址于黄土高原北部的毛乌素沙漠东南缘，应是保持安全腾挪空间的选择。历史上这里属于农牧兼营的经济形态。囿于寒冷的气候和水利条件，目前仍有不少区域处于"望天收"状态，牧业是非常重要的经济来源。

（2）遗址区域存在着截然相反的农牧业发展条件。石峁遗址坐落在吕梁山脉西北侧边缘的峁梁顶部，区域内土峁林立。地质学中的峁，是一种孤立的外形极似馒头状的丘陵，其顶部浑圆，面积

不大但坡度较大，且在两峁之间有地势显著凹下的分水鞍，称为墕。在中国陕北、晋西一带，峁发育典型，属于不适宜发展农业的环境条件。为了应对龙山晚期各文化集团之间的冲突，石峁遗址的选址地势更为陡峭，巨大的沟壑将遗址区切割为细碎的区块，不利于发展农业。但遗址区具有发展牧业经济的良好资源。靠近河流与滩地驻扎畜群以保证有足够的水源和牧草，是牧业聚落的共同特征。石峁遗址直接坐落于黄河一级支流秃尾巴河东侧，河流两侧开阔平坦的滩地牧草丰富茂盛，为发展牧业提供了良好的条件。

（3）被忽略的两个牧业经济活动空间。之前对石峁遗址的研究集中于对器物的对比研究，忽略了对遗址规划思想、规划功能分区的探讨，没有回答牧业的生产区域。在石峁遗址的规划格局中，存在两个重要的空间，都是牧业经济必备的功能区域。第一个空间是前述的牧场，位于遗址西侧秃尾巴河两岸，这里至今水草丰盛，是畜群的生命基础；第二个空间是畜群的栖息地，在局势动乱、战争频仍的时期，尤其是在寒冷的季节，畜群必须要在避风、有水源、安全的空间度过。在石峁遗址中部，皇城台与对面的居住区之间，有一条横贯遗址区的巨大沟壑，这并非选址的缺陷，而应是畜群的栖息空间。对石峁遗址的调查中，发现了值得注意的"墙越沟"现象（即现沟底有城墙设施）[4]，证明这些沟壑在当初即已存在且为重要的管辖区域。沟底至今仍有溪流，可以保证畜群饮用之需。沟壑长而狭窄，分群困难，适合统一管理。沟壑唯一的出口在西南，直接通往秃尾巴河滩地，可供牲畜来往。这个横贯遗址区中部的巨大空间，时刻都在沟壑两侧视域监控范围内，反映的是石峁遗址外部生产空间的公共经济属性（图一）。

图一　石峁遗址平面格局图

（采自陕西省考古研究院等：《陕西神木县石峁遗址后阳湾、呼家洼地点试掘简报》，《考古》2015 年第 5 期）

（二）建筑构造反映了干冷的气候特点

（1）居住建筑体系属于避寒类型的生土建筑。石峁遗址皇城台周边的居住建筑绝大部分为意在取得避寒保温效果的窑洞式建筑，以单间、双间加中庭活动空间的形式存在，典型者如与皇城台隔沟相望的韩家圪旦地点 F6-F7-F11 [5]。这种建筑体系被学界称为生土建筑，最早见于甘肃地区仰韶文化遗址中，至龙山时期，宁夏、内蒙古、山西区域多有出现，为黄土高原居民因应自然而创造的利用地温保持室内温度相对恒定的本土建筑类型，具有绿色节能的优点。至今在山陕豫甘四省结合处仍可看到发展成熟、功能完备的这种建筑类型，以豫西地坑院（山西称地窨院）最为典型。

（2）建筑构造细节处理突出了保温要求。揭露出的建筑遗迹显现出了强烈的保温避寒愿望。所有建筑尤其是卧室的空间都比较小；较大体量的火塘配备在建筑正中；卧室性质的 F11，于窑洞隔墙前面另附加了双柱形式的遮蔽构造；在可能用于白天活动的建筑 F6 窑洞门口和进入庭院的坡道中部都发现了木隔断痕迹。这些构造都属于封闭性较强的隔离保温措施。石峁遗址的建筑反映了当时雨量较少的事实。地穴式建筑最怕的是水的侵害，该处建筑遗迹中，窑洞室内与室外高程相同，没有出现防范雨水倒灌的阻水构造。院内未发现蓄排雨水的构造与设施，而这种构造与设施在今天的地坑院（地窨院）中是必需的（图二）。

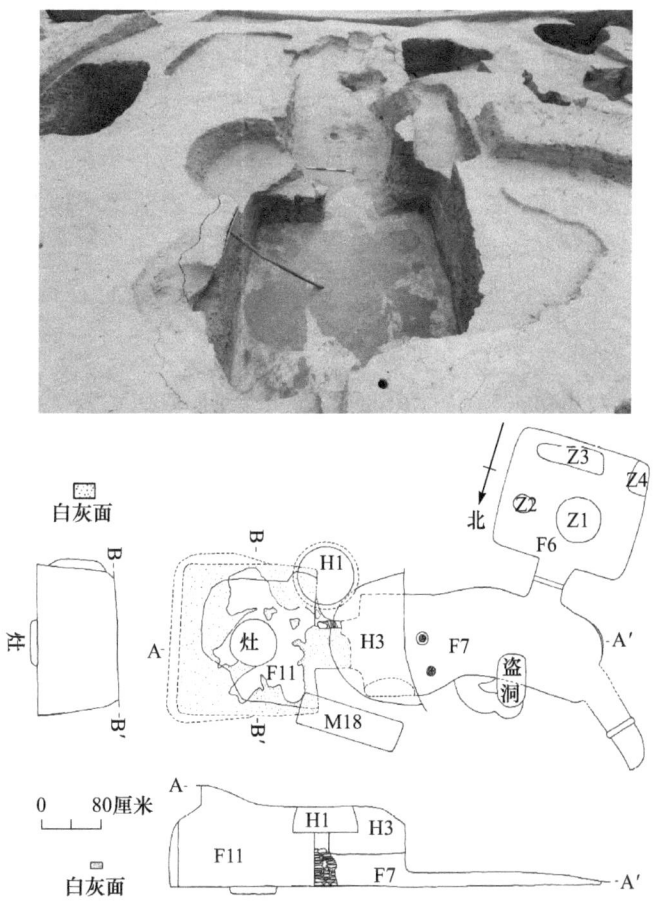

图二　石峁遗址韩家圪旦地点 F6-F7-F11 居住建筑遗迹

（采自陕西省考古研究院等：《陕西神木县石峁遗址韩家圪旦地点发掘简报》，《考古与文物》2016 年第 4 期）

（3）晚期建筑构造显示干冷气候持续时间较长。干冷的气候一直到石峁遗址晚期仍未改观。外城是石峁遗址的晚期建筑，打破外城东门南墩台的 F7、F11 为地面石砌建筑，F9、F10 为窑洞建筑，厚重的石墙构造与狭窄的门口属于典型的抵御寒冷的技术构造[6]。

（三）来自不同学科的证据支持上述结论

（1）遗址植物浮选中的牧草种子。从石峁遗址中浮选出来的植物样本中，显示了农、牧种子共存的信息。草类植物遗存基本上以干燥偏沙地杂草为多，其中苜蓿科的小豆科植物数量很丰富，研究者提示应注意苜蓿科与早期畜牧之间存在的关系[7]。

（2）遗址动物检验分析反映的肉食结构。动物科学研究者分析得出的结论与社会科学研究者得出的结论不同，将畜牧业比重放在了显要的位置。对石峁遗址动物遗存的研究表明，"当时遗址周围是一个以草原为主，不远处有小片树林，草原和树林间有一定的水域，周围有沙漠的环境……从石峁遗址中人对动物资源的利用情况可见他们同时从事畜牧、农业和狩猎，当时的经济类型应该是半农半牧形式……可以说石峁人的食物中动物占有重要地位"[8]。研究者在石峁发现了中国目前最早的家马和山羊。其中山羊是中国目前发现的最早的一批山羊，而且产肉兼产奶[9]。研究者提取遗址动物样本成功率达 91%，认为"干燥寒冷的环境有利于 DNA 样品的保存"，认为"石峁古代黄牛中 T3 和 T4 源自近东地区，从一个侧面反映了石峁与欧亚草原文化的交流活动。"[10]

（3）出土骨制管哨与陶哨的功能。2018 年 5 月，石峁遗址出土多件骨制口弦琴、骨制管哨、陶制球哨"乐器"。笔者认为，其中声音单一、音频较高的哨子应是牧区放牧者管理呼唤牲畜的用具。

（4）陶鹰雕塑暗示的族群发源地。在位于遗址核心区的皇城台东护墙北段，发现了十几件造型生动的大型陶鹰。拼对出的陶鹰残高 50—60 厘米，身体部位塑造得栩栩如生，作展翅伸颈状。发掘者认为"如此大体量的新石器时代动物造型陶塑在国内实属罕见，从造型与结构来讲，陶鹰肯定不是实用器，可能与王权或曾在皇城台进行的宗教祭祀公共活动有关。"[11]笔者认为这是石峁人族源的最好证据，表明这是一众来自北方草原牧区的豢鹰者。

研究表明，距今 4200—4000 年前（公元前 2200 年—前 2000 年），全球经历了 200 年干旱期，亦称为"4200aBP 事件"，对中国的直接影响就是"南涝北旱"。南方的良渚文化、石家河文化和山东龙山文化出现衰落，而居中部区域的中原文化却因此兴盛。考古资料也发现，在石峁遗址北部的草原区域，龙山文化遗址随着时间的推移在逐渐减少且出现南移的趋势[12]。石峁人的原住民，应源自北方草原的牧民，他们的迁徙至石峁的时间与这场气候事件基本吻合。当时的气候比较干冷，农业不可能发达，其经济形态中牧业是至关重要的内容，这种环境与经济形态下形成的政体与中原区域的政体在业态方面有着本质的不同。

二、大型土石建筑时代较晚且带有浓厚的宗教建筑色彩

由于不易被文化层掩埋，大型建筑遗址的考古发掘会出现地层关系误判的问题。就石峁城址在断代，随着时间的推移，发掘者认为其时代信息已经从单一的龙山文化延迟至夏代范畴，但仍然未回答"是什么"和"为什么"的问题。研究工作主要依靠比对"文化层"中出土的器物，但发掘者

自己也坦诚这些"地层"多来自于历史上尤其是 20 世纪 70 年代的土地平整活动的堆积物[13]，有限的分析检测可能忽略了建筑材料可重复使用的特点和与其内留存物的形成过程可能存在的比较复杂的关系，使得业界始终对皇城台、外城东门及城墙遗迹等大型土石建筑的断代结论表示疑问。笔者认为这些建筑与石峁遗址原住民时期的建筑应不属于一个文化体系，且时代较晚。

（一）来源不同、风格迥异的建筑体系

如前述，石峁遗址中以韩家圪旦地点 F6-F7-F11 为代表的居住建筑属于典型的本土建筑体系，是在生产力不发达情况下因应干冷气候特点的产物。

尽管有着极为丰富的黄土高原的夯土建筑资源和成熟的夯土技术，但石峁遗址的皇城台城门与广场、外城东门、城墙等大型土石建筑却采用了与石峁原住民建筑体系截然不同的土石混合构造体系，并出现了形制规整、功能明确的马面、角台。其完善的构成、特殊风格的形象、突兀厚重的砌体、复杂的空间设计，似将观者带入了一个轰轰烈烈的城邦时代（图三、图四）。

图三　石峁遗址皇城台全景

图四　石峁遗址外城东门址

（采自陕西省考古研究院等：《陕西神木县石峁遗址》，《考古》2013 年第 7 期）

发掘者将石峁遗址外城东城门与形象极似的建于公元前16—前14世纪的小亚细亚赫梯帝国的哈图沙城门相比较，认为石峁遗址外城东城门"是中国史前城建史上规划最为复杂、设施最为齐备的实例"[14]（图五），认为外城东门与皇城台东门址有着相同的建造设计理念，似乎具备一定的相互承袭关系[15]。发掘者将石峁遗址出现的马面与中国古代城址马面形态进行了对比，认为"石峁马面发现之前，符合后世严格意义的、形制规范的马面应见于汉魏洛阳城及柳巷汉魏城址（眉坞城）"[16]（图六）。被述为时代较早的石峁遗址与这些时代较晚甚至是西域的遗迹的文化面貌如此相似，的确说明了石峁遗址的不同凡响，但反过来，除非说明它们之间的文化因袭关系，否则只能增加对包括皇城台在内的石峁土石建筑遗迹时代问题的质疑，这正是研究成果的缺陷。

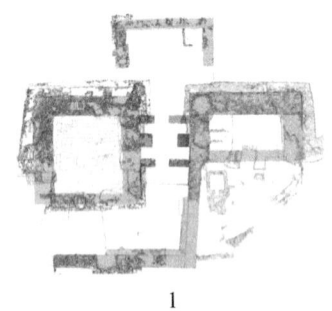  

1   2

图五　石峁遗址外城东门遗址与赫梯帝国哈图沙城门遗址对比图
1. 石峁遗址外城东门平面图　2. 赫梯帝国哈图沙城门遗址与复原图
（采自国庆华等：《石峁外城东门址和早期城建技术》，《考古与文物》2016年第4期）

（二）"先进的"设计与"落后的"建筑技术的反差

（1）砌体缺乏收分。石峁遗址土石建筑均为直壁[17]，若如较晚时期中外实例，以大石块为建材或将壁体做向内收分处理，则很难出现坍塌，但石峁遗址却使用细碎片石垂直叠砌墙壁，非常容易倾覆（图七）。

（2）缺乏科学的水平测量与控制技术。石峁遗址的砌体，在平地上是依靠目测感觉进行砌造，没有真正意义上的分层水平控制，在坡地更是顺地势起伏自由摆放石块，极易在砌浆材料流失或地

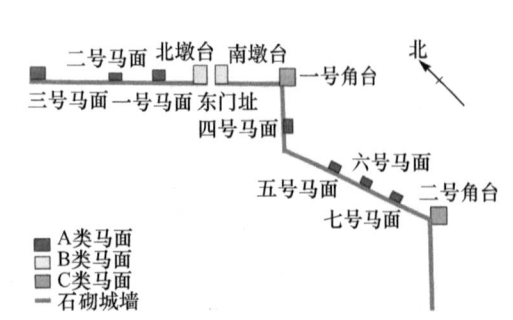

图六　石峁遗址外城马面—角台—门墩台
（采自孙周勇等：《马面溯源——以石峁遗址外城东门址为中心》，《考古》2016年第6期）

图七　石峁遗址缺乏收分的墙体
（采自国庆华等：《石峁外城东门址和早期城建技术》，《考古与文物》2016年第4期）

震状态下产生滑动（图八）。

（3）使用了不科学的黏合材料。考古资料表明土石建筑的片石之间以草拌泥黏合[18]，这种常用于粉饰墙面的材料只会减少黏合面积，一旦草梗腐朽，内部蜂窝状的结构性能会更弱。

（4）过于漫长的错误期。考古资料表明，石峁遗址的建筑历史上经过多次维修，常用的方法是在墙体之外加砌护墙，但仍以垂直堆砌的思路去处理坍塌，事实证明其结果适得其反，石峁遗址砌体上成排出现的"纴木"即是治理频繁出现的坍塌事故的无奈之举，用于锚定墙体的野性十足的巨大树根于建筑形象并不美观，这对说明石峁遗址后来居者的性格与身份很有帮助。

任何一种建筑形态的出现，都建立在生产力与技术可行性的基础上。石峁遗址的设计思想比较先进，但其建造技术是落后、力不从心的，这种状态持续了较长时段。以上现象解读为对相对先进的文化缺乏认知的单纯模仿行为，很可能石峁遗址土石建筑是文化交流的产物，建筑形态暗示这种交流产生的时段不会过早。

图八 缺乏水平砌作概念的墙体

（三）皇城台与作坊在身份等级上严重错位

皇城台建筑区的考古发现出现了文化性质上的巨大差异。皇城台区建筑遗址设计讲究，前有宽阔的广场，后有戒备森严的城门，皇城台上勘探出了巨大的台基，后面有池苑，被称为"王的居所"，"是目前东亚地区保存最好的早期宫城"，但却在上面的重要位置发现了大型制骨作坊的线索[19]，宫城与作坊，身份反差巨大，如此戒备森严绝非为保护制骨者。与此同时，在皇城台东护墙北段的"弃置堆积"中集中出土100余片卜骨，还发现了十几件造型生动的大型陶鹰，发掘者认为陶鹰可能与王权或曾在皇城台进行的宗教祭祀公共活动有关[20]。有调查者分析，有些风格相同的玉器、石像是后期无序嵌入的，说明皇城台顶不单纯是行政中心，而带有浓厚的宗教气息。这些信息说明，皇城台的文化面貌曾经历过巨变，是作坊？还是"王宫"？抑或是神庙？其时代与性质需要认真研究。

（四）富有商周艺术风格的建筑装饰

考古报告表明，石峁遗址土石建筑的装饰内涵带有鲜明的商周文化特色。如：在皇城台北侧砌石上和外城东门附近2号角台墙体上发现了数处眼纹图案[21]，与四川三星堆遗址鼎盛时期的青铜纵目雕像、西藏白居寺佛塔表面画出的眼睛属于同一种理念；在皇城台大台基南壁上发现了30余件不对称甚至错置的雕刻砌石，发掘者认为其为"旧物新用"，其带有商周纹饰风格的纹样引起了学界的兴趣[22]；历史上在这些建筑砌体或废墟里发现的人面石像，其中有高鼻深目戴尖帽子者[23]，有学者甚至认为这些石像风格带有明显的商周风格[24]。

笔者认为，对石峁城址的准确断代既要寻找叠压关系，还要研究建筑的建造、使用历史，更要研究建筑周边环境要素的变化导致文化层出现异变的可能性。石峁遗址位于东亚、北亚、中亚三个文化圈的交会处，其大型土石建筑可能是文化交流活动频繁、交流范围较大和生产力达到能够对石质材料进行一般加工阶段的产物。一种建筑文化的传播与出现比制陶技艺传播需要的条件更苛刻，时间要慢得多。我们看到的这些土石建筑，很可能已经进入了商文化范畴。

三、几个需要厘清的建筑问题

（一）几个建筑概念

1. 关于"纴木"

发掘报告中将在皇城台护坡成排孔洞中发现的柏木树干称之为宋《营造法式》记载的"纴木"[25]，显系不确。宋《营造法式》中的纴木制度，系在墙体内部放置并绑扎为一体的不露明的木棍或竹条，其目的是增加墙体内部砌块之间的整体联系性能。石峁遗址皇城台护坡孔洞中放置的柏木树干，是意图把不够科学的直立且松散的砌体"钉"在山体上，应称为"锚杆"，二者有本质的不同。东门墩台发现的类似结构实质上也应为锚杆构造。石峁遗址的锚杆将"钉帽"即张开的树根完全暴露于墙壁之外，利用树根的拉力将孔洞周边的砌石固定起来，孔洞下方的立石应是施工过程中支顶稳定树干形态的石块，留下它可以起到改变局部受力方式的作用。这种构造虽然简单，但相对比较实用有效。这种带有野性的建筑风格背后反映的是粗放、不拘细节的族群性格，这种性格一般不属于农业经济形态下的人群（图九）。

图九　皇城台石护坡墙与木锚杆
（采自陕西省考古研究院等：《陕西神木县石峁城址皇城台地点》，《考古》2017 年第 7 期）

2. 关于"瓮城"

考古报告将皇城台东部大门、外城东门中的内外遮挡、导引墙体构造称之为内外"瓮城",其定性需再酌[26]。瓮城的作用,是将敌方关在一个可封闭的空间内,使我方不与敌方在一个平面和空间中接触,而是站在城墙上将之击败。石峁遗址皇城台与外城的两个东门前的形状如同两端内折的照壁的短墙,既无门关,门卫或管理者也在一个平面空间中直接与对方接触,仍应称之为"障墙",其作用:一是从视线上隐蔽门洞内构造与守卫者分布情况,二是规范、导引人流,三是在恶劣气象条件下局部改善门洞内工作环境。墩台内侧的"内瓮城"应为弯式夹道,拐弯后直接面对城内开口,亦是为了安全而设的管制性空间构造,称为"瓮城",似较牵强。(图五,1)

3. 关于"B 类、C 类马面"

研究报告将外城东门两"墩台"划入"B 类马面",将"角台"划为"C 类马面"[27],亦不确。角台相对于马面,具有更广的作用和不同的顶部设施;大门两侧的墩台,主要是利用自身厚重的体量和构造抵御来犯者的攻击,属于门本身的构造部分。故这两类"马面"还是按照功能与特点各归其名为妥(图六)。

（二）关于"筒瓦"

发掘报告公布了在皇城台废墟中发现了"筒瓦"残片,据此推测当时在皇城台建筑屋顶上已经使用了筒瓦[28]。但筒瓦之名一般与板瓦相互扣合时才使用,目前尚未见板瓦实物。是否仅为防止雨雪水流入"茅茨"屋面转折处苫草构造缝而设的扣脊陶件,抑或是别的物品,建议慎重研究并早日将其年代测定结果公布于众。

（三）关于皇城台上发现的圆形石质大型"柱础"

考古调查报告提到在皇城台坡下发现直径约1.5米,疑似柱础的圆饼形大石块3处,被访者说曾见过历史上皇城台顶部有排列有序的直径80厘米左右的木柱,但其详细的文图资料尚未公布[29],不知其构造关系。在已知资料中,整个先秦时期,中国建筑柱与础的形式尚未见到这种面貌,若这些柱与础确实存在于皇城台大台基之上,则应对石峁遗址以土石建筑为代表的文化内涵及时空范围慎重审视。

四、结　语

利用建筑信息解读环境、社会与经济形态,具有一定的可行性和可信度。建筑学语境下的石峁遗址,是东西方文化碰撞交流的前沿。最初的居民应来自北方草原,干凉的气候下,牧业是维持他们生命的重要来源,这种经济环境下形成的"国家"政体与中原区域的夏商文化政体具有本质的区别。在历史推进过程中,石峁遗址经历过不同文化的洗礼,目前看到的大型土石建筑遗迹具有异于石峁遗址前期的内涵与特质,其时代风格似较公布的晚。这里不仅扮演过区域行政中心的角色,也曾有着崇高的宗教地位。对石峁遗址的文化解读，不但要将之放在更大的历史环境中审视，也要高度重视对建筑等遗迹的考古方法问题。

注 释

［1］ 马明志、邵晶等：《2008—2017 陕西史前考古综述》，《考古与文物》2018 年第 5 期；张鹏程、邵晶：《"早期石城和文明化进程——中国陕西神木石峁遗址国际学术研讨会"纪要》，《中国文物报》2016 年 9 月 13 日第 6 版；戴向明：《北方地区龙山时代的聚落与社会》，《考古与文物》2016 年第 4 期；孙周勇、邵晶：《马面溯源——以石峁遗址外城东门址为中心》，《考古》2016 年第 6 期。

［2］ 吕智荣：《青出于蓝而胜于蓝：神木石峁遗址发现与发掘的历程》，《文化遗产与公众考古（第三辑）》，北京联合大学应用文理学院，2016 年。

［3］ 马明志、邵晶等：《2008—2017 陕西史前考古综述》，《考古与文物》2018 年第 5 期。

［4］［6］［23］ 陕西省考古研究院、榆林市文物考古勘探工作队、神木县文体局：《陕西神木县石峁遗址》，《考古》2013 年第 7 期。

［5］ 陕西省考古研究院、榆林市文物考古勘探工作队、神木县文体广电局：《陕西神木县石峁遗址韩家圪旦地点发掘简报》，《考古与文物》2016 年第 4 期。

［7］《考古与文物》编辑部：《神木石峁遗址座谈会纪要》，《考古与文物》2013 年第 3 期。

［8］ 胡松梅、杨苗苗等：《2012—2013 年度陕西神木石峁遗址出土动物遗存研究》，《考古与文物》2016 年第 4 期。

［9］ 赵春燕、胡松梅等：《陕西石峁遗址后阳湾地点出土动物牙釉质的锶同位素比值分析》，《考古与文物》2016 年第 4 期；孙周勇、邵晶等：《石峁遗址：2017 年考古纪事》，《中国文物报》2018 年 6 月 1 日第 5 版。

［10］ 蔡大伟、胡松梅等：《陕西石峁遗址后阳湾地点出土黄牛的古 DNA 分析》，《考古与文物》2016 年第 4 期。

［11］［20］ 孙周勇、邵晶等：《石峁遗址：2017 年考古纪事》，《中国文物报》2018 年 6 月 1 日第 5 版。

［12］ 戴向明：《北方地区龙山时代的聚落与社会》，《考古与文物》2016 年第 4 期。

［13］ 邵晶：《试论石峁城址的年代及修建过程》，《考古与文物》2016 年第 4 期；吕智荣：《青出于蓝而胜于蓝：神木石峁遗址发现与发掘的历程》，《文化遗产与公众考古（第三辑）》，北京联合大学应用文理学院，2016 年；陕西省考古研究院、榆林市文物考古勘探工作队、神木县石峁遗址管理处：《陕西神木石峁遗址皇城台地点考古取得重要收获》，《中国文物报》2019 年 1 月 11 日第 8 版。

［14］［17］［25］ 国庆华、孙周勇、邵晶：《石峁外城东门址和早期城建技术》，《考古与文物》2016 年第 4 期。

［15］［28］［29］ 孙周勇、邵晶等：《石峁遗址：2016 年考古纪事》，《中国文物报》2017 年 6 月 30 日第 5 版。

［16］［27］ 孙周勇、邵晶：《马面溯源——以石峁遗址外城东门址为中心》，《考古》2016 年第 6 期。

［18］ 国庆华、孙周勇、邵晶：《石峁外城东门址和早期城建技术》，《考古与文物》2016 年第 4 期；陕西省考古研究院、榆林市文物考古勘探工作队、神木县文体局：《陕西神木县石峁遗址》，《考古》2013 年第 7 期。

［19］［22］ 陕西省考古研究院、榆林市文物考古勘探工作队、神木县石峁遗址管理处：《陕西神木石峁遗址皇城台地点考古取得重要收获》，《中国文物报》2019 年 1 月 11 日第 8 版。

［21］ 孙周勇、邵晶等：《石峁遗址：2015 年考古纪事》，《中国文物报》2015 年 10 月 9 日第 5 版。

［24］ 罗宏才主编：《从中亚到长安》，上海大学出版社，2011 年。

［26］ 孙周勇、邵晶：《瓮城溯源——以石峁遗址外城东门址为中心》，《文物》2012 年第 2 期。

（原载于《中原文物》2019 年第 1 期）

论石峁城址的防御体系

赵腾飞

陕西神木石峁城址是陕北地区一座龙山时代的大型石构城址。本文着眼于近年的考古材料，从内在防御设施和外部屏障两个方面着手，探析石峁城址的防御体系及防御特点。

一、石峁城址概况

石峁遗址早期因流散大量玉器而闻名。长期以来，多家单位曾对石峁遗址进行调查、勘探、复查和发掘[1]。2011 年起，陕西省考古研究院与榆林市文物考古勘探队、神木县文体局组成联合考古队，对石峁遗址进行系统、科学的考古勘探和发掘，并于 2011 年初步发现并确认了石峁城址。初步确定石峁城址是由皇城台、内城、外城三重城垣构成，总面积达 400 万平方米，是目前所见中国史前时期最大的城址之一（图一）[1、e]。其修建于龙山文化中期或略晚，于二里头文化时期毁弃，是陕北地区龙山时代晚期的一个高等级中心聚落。

图一　石峁城址平面图[2]

龙山时代，为保护聚落人民和财产不被侵袭，人们开始有意识地修建环壕或城垣以加强防御。从目前调查和发掘的石峁皇城台地点、外城东门址等遗迹来看，石峁城址的防御设施十分齐全，防御体系已较为完善，是研究早期城市防御体系的一个典型实例。本文拟从内在防御设施和外部屏障两个方面进行分析。

二、城址的防御设施

从目前的发掘材料来看，石峁城址内在防御设施以城垣为主，同时具备城门、瓮城、角楼、马面等附属设施。城垣是城市防御的关键，附属设施能有效提升城垣的防御能力。

1. 城垣

城垣又称城墙，是城市防御的主体设施。石峁城址目前共发现皇城台、内城、外城三重城垣，三重城垣存在修建年代上的先后关系，皇城台最早，内城次之，外城最晚[2]。皇城台是城址的核心，也是防御的重心所在。其位于城址内城中心偏西的高台之上，没有高出地表的墙体，仅在皇城台四周包砌台阶状石护墙。内城依山势而建，现存长度超过 5700 米，宽约 2.5 米，保存最好的部分高出现今地表 1 米有余。外城现存长度约 4200 米，墙宽约 2.5 米，保存最好的部分高出现今地表 1 米有余，城墙的原始高度据推测可达 6 米。

皇城台为圆角方形，内、外城因依山势而建，平面形状不规则，整体上构成了相对封闭的空间。皇城台和内城两重城垣相套，外城利用内城墙体，在东南部扩出一条弧形的石墙，使得敌人若想危及石峁城址的核心，必须突破至少两层防御才可接近目标。张国硕先生称这种两重城垣相套的模式为"城郭之制"，认为"'内城'应为郭城，'皇城台'则属于内城。至于'外城'，其附连于所谓'内城'之东南侧，应为该城外城的扩建部分，目的与军事防御直接相关"[3]。

城墙建造原料均为经过加工的砂岩石块，通体全部用石头砌成，石造城垣的防御能力自然要远大于土城。建造方式因地制宜：如皇城台地处台地，采用堑山砌石法，即先下挖形成断面后再垒砌石块筑成护坡石墙，护墙自下而上斜收明显，垂直方向上有层阶结构；内、外城城垣建造时在陡峭的山坡上亦采用堑山砌石法；在地势平缓处，先挖基槽然后垒砌高出地面的石墙；在山石绝壁处，则利用天险不修建城墙。这种因地制宜的方法考虑到了地势地貌的差别，不仅使城垣更加坚固，而且节约了建造成本。另外，城垣的建造工艺也较为复杂，墙体两侧多用打磨平整的石块砌筑，墙体内的石块则从砂岩母岩直接剥离，交错平铺并间以草拌泥加固。部分石墙内还发现有残存圆木，有学者认为即是宋《营造法式》所说的"纴木"，是"在建筑过程中加固墙体的一种措施和工具。施工过程中，石墙内施纴木可以有效地帮助分段施工，防止倾斜崩塌"[4]。

2. 城门

城门平时是出入城的必经之路，战时则是敌人的重点攻击对象。它是城市防御的薄弱点，是防御的重中之重。石峁城址皇城台、内城、外城均发现有城门，具体数量目前尚不清楚，考古工作者先后对外城的东门址、皇城台门址进行了发掘[1, e; 2]。本文暂以外城东门址为例（图二）。

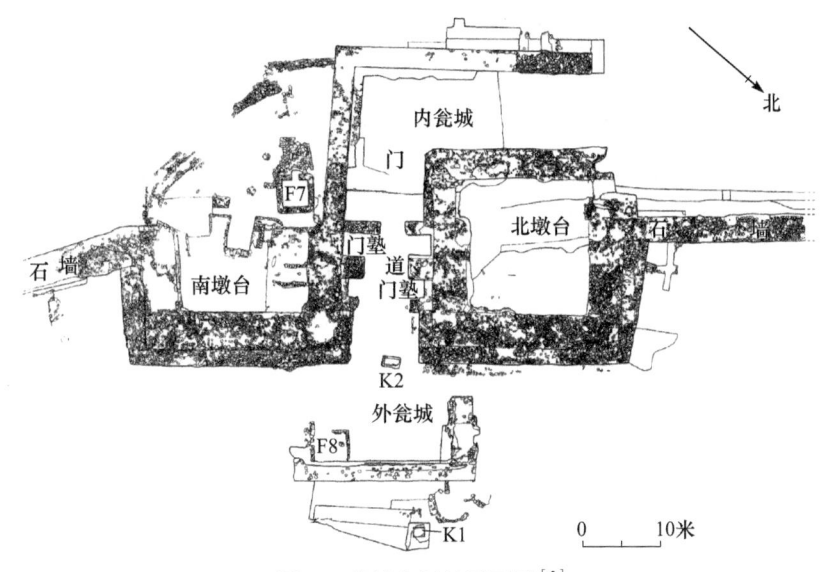

图二　外城东门址平面图[5]

外城东门址位于外城东北部，地势开阔，位置险要。门址由外瓮城、两座包石夯土墩台、曲尺形内瓮城和门塾等组成，门址内各部分以宽约9米的"厂"形门道连接，总面积2500余平方米。

南、北两夯土墩台以门道为中心对称分布，平面均为长方形，形制规模略有不同。北墩台顶部夯土长约16米、宽约14米，墩台最高处距早期（龙山晚期）地面约6.7米；南墩台略小，顶部夯土长约17米、宽约11米，墩台最高处距早期（龙山晚期）地面约5.6米。墩台内部的夯土条块清晰、夯层密实。夯土台外包一周石墙，形成主墙，紧贴主墙外侧及其拐角又增筑一道石墙作为护墙，护墙又可分为内外两层。北墩台主墙厚2.7—4.1米、护墙厚1.5—2.8米；南墩台主墙厚约4.2米、护墙厚2—2.5米。

墩台之间的门道宽约9米，朝向门道一侧的主墙上分别砌筑出三道南北向短墙，两两相对。中间短墙宽2.5米、长3米；两边短墙宽1.5米、最长4.5米、间距约3米。短墙隔出4间门塾，南北各2间，两两相对，个别还有灶址。门塾地面加工规整、踩踏痕迹明显。

两座墩台均高出地面5米有余，原始高度推测可达8米，台上面积较大（110—280平方米），可以设置射击、投石、侦察等人员及设施，既扩大了城门的侦察和防御范围，在战时又可在高台上给予敌人以致命打击。墩台外包的石主墙、石护墙加强了墩台尤其是墩台外侧的防御能力。门塾以及门塾内灶址的发现，说明当时城门口应有多重把守，且把守人员可能在门塾内长期驻扎，一旦有敌人侵袭或可疑人员出没，城门守卫可第一时间做出应对。

3. 瓮城

瓮城是用以加强城门防御的设施，它首先可以防止城门直接暴露在敌人的攻击下，又能在敌人进入瓮城时形成合围之势，从多方位打击敌人。石峁城址目前发现三处瓮城遗迹，分别是皇城台门址的内、外瓮城，外城东门址的内、外瓮城及内城门址的双瓮城。这是目前所见最早的瓮城实例。

外城东门址由内瓮城和外瓮城两部分构成。外瓮城是以一道南北向长墙和两道东西向平行短墙为外围周界，与南、北墩台合围形成的城门外的独立空间。外瓮城的平面呈 U 形，与门道处于同一条中轴线上，将门道基本遮蔽，使得外城东门不直接暴露于外，U 形石墙在靠近墩台处的南北两端分别留有缺口，形成进入城门的南、北侧通道。内瓮城是南墩台西侧石墙延伸，先西延而后北折，在门址内侧形成曲尺形的结构，与北墩台西壁围绕形成独立空间。二里头早期在内瓮城墙体门道内侧增修了一道宽约 1.2 米的石墙，两墙紧贴并行。从年代上看，内、外瓮城修建于同一时期，在晚期又都进行过增修，二者共同构成了双瓮城结构，其与墩台、双重门、门塾等共同构成了防御设施多样、防御能力突出的外城东门址。

皇城台门址与外城东门址较为相似，也是内、外瓮城构成双瓮城结构，两侧设两墩台，南北对峙，墩台间的门道遍铺砂岩石板。内城门瓮城向城外突出，由三道石墙合围形成"凸"字形的封闭空间，城门设置于最外侧南北向石墙的中部，门道外又修建一道墙遮挡门庭，形成了双外瓮城的结构，扩大了内城门的防御空间。

4. 马面与角楼

马面是突出在城垣外侧，依一定距离建造的台状城垣附属设施。其目的是加固墙体，便于多向观察，在扩大防御面积的同时增加了攻击面积，从多角度打击敌人。目前石峁外城址东门附近发现 11 处马面遗迹，集中分布在外城东门附近（图三），发掘者将其分为三类[7]。

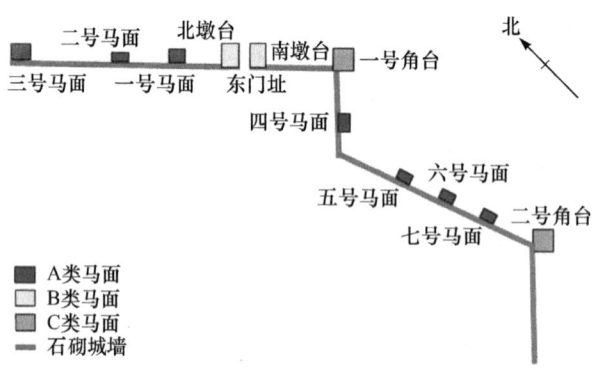

图三　石峁城址外城东门址附近马面位置示意图[5]

A 类马面最多，共 7 座，平面基本呈长方形，突出于城墙之外，内芯为层理清晰的版筑夯土，外围包砌石墙，与城墙同时修建且呈有规律分布。以一号马面为例，平面呈南北向长方形，向东凸出于城墙，长约 12 米，宽约 7 米，高约 3.5 米。外围包石，内芯为层理清晰的版筑夯土，南北两侧的包石与城墙砌石逐层交叠。B 类马面即我们前面所说的外城东门址的墩台，其也可视为马面的一种，这里不再赘述。

角楼，或称角台，修建于城墙拐角处，突出于城墙之外，发掘者所说的 C 类马面即指此类。石峁城址目前发现 2 座角楼，平面呈方形或梯形，版筑夯土台芯，顶部平坦，外侧包砌石墙。以一号角台为例，平面呈南窄北宽的梯形。版筑夯土台芯，外砌石墙，北边长约 17 米，其余各边长约 14 米，残高约 4 米。角楼与马面形制相近，在功能上，马面重在扩大防御面积，而角楼更强调减少防御死角，扩展侦察范围，但二者的目的都是加强城垣的防御能力。

三、城址的外部屏障

外部屏障包括自然屏障和周边聚落拱卫两部分，石峁城址利用二者加强城市的外围防御，阻止敌人直接进入石峁城的腹心地带。

1. 自然屏障

自然屏障是指自然存在的、可依靠的大型障碍体。利用自然环境进行防御，可以减少建造人工防御设施，从而节约人力、物力等成本。石峁遗址位于黄土高原的北部边缘地带，东距黄河约50千米，地貌主要为黄土梁峁和剥蚀山丘。西与黄河的支流秃尾河相邻，河岸西侧沙梁连绵，东侧梁峁纵横，地表支离破碎。石峁城址依山势而建，整个城址尤其是皇城台居高临下，易守难攻。依地形修建的多重石砌城垣，又给敌人的进攻增加了重重阻碍。而且，在建造时考虑到地形山势，部分地段不建城垣，依靠悬崖、峭壁等天险进行防御。整体而言，石峁城址远可据河抗击敌人，近可依山组织防御，完美地利用了周围的自然屏障。

2. 周围的城市和聚落

在城市周围修建城市作为防御体系的一部分，可以尽早地掌握敌人动向，有效地延缓敌人的进攻，起到拱卫核心城市的作用，后世称之为"军事重镇"。在龙山时代，由于人力、物力和技术的限制，城市的建造并不普遍，军事重镇的模式尚未完善，一般在核心城市的周围建造防御能力突出的城市或环壕聚落，以达到拱卫核心城市的目的。

龙山时代晚期，陕北地区中小型聚落数量暴增，石峁遗址作为唯一一座特大型中心聚落，与周围其他中小型聚落共同构成了四级聚落结构[6]。部分聚落有环壕或石制城垣，防御性能突出，它们散布在石峁遗址周边，组成了石峁遗址的外围防线。

木柱柱梁遗址[7]西距石峁约35千米，遗址面积约5万平方米，是石峁周围唯一一处环壕聚落，环壕修筑不甚规整，长约562米，口部宽1.5—8米不等，环壕内面积约1.7万平方米。

寨峁遗址[8]位于石峁城址东北，距石峁城址约35千米，遗址总面积17万平方米。遗址位于河岸边的阶地上，三面都是陡峭的山崖，据高而建，易守难攻。遗址中南部有一道东西向城墙，将遗址分割为南北两部分，北部堆积较少而南部堆积丰厚，故推测，此墙可能是寨峁遗址石城的北墙。

山西兴县碧村遗址[9]东距石峁城址50余千米，总面积约75万平方米。2015年清理出一段疑似城墙的主墙，残长11.5米，宽3米，墙向南北两端延伸，至今仍可见原主墙坍塌的积石堆积。在主墙西侧还有向西延伸的一段西墙，这段墙体较主墙略窄，宽约2.5米，其东端与主墙西侧相连。东侧也残存有局部石墙。碧村遗址虽与石峁遗址隔黄河相望，但两者文化面貌相近，与石峁遗址所代表的陕北黄河沿岸聚落群关系应较为密切，在这类跨区域的大型聚落关系网中扮演着重要角色。近年在黄河东岸的河曲、兴县、柳林等县发现了以碧村等为代表的石城11处[10]，若这些遗址的文化面貌均相近，那么它们极可能是与碧村遗址一并，共同构建起石峁遗址的东部防线。

石擳擳山遗址[11]位于石峁城址南约 50 千米的石擳擳山上，城址始建于龙山早期，可能沿用至龙山时期最晚阶段。城址建有双重城垣，内城凭高而建，平面呈圆角方形，推测城内面积 3000 多平方米。外城墙顺山势而建，平面呈不规则的圆角四边形，城内面积近 6 万平方米。在外城西南部发现有宽大的护城壕，城壕上口宽 10、底宽 2、深 6.4 米。大型城壕环绕于外，依山而筑的外城耸立于内，凭高而建的内城雄峙于山顶，可见城址的防卫体系已较为完备。

除上述遗址外，桃柳沟、薛家会、府谷寨山等遗址也发现了中大型石城，有些还具有两重或三重城垣结构[12]。这些聚落分布在石峁遗址的四周，最远的距石峁不过 50 余千米，它们既是石峁城址的次级附属聚落，也是承担石峁外围防御的"重镇"。从目前公布的发掘材料来看，石峁城址的外线防御聚落主要有环壕聚落和石城两种，从它们的分布和城址防御能力来看，石峁城址的威胁可能主要来自东方和南方。

四、石峁城址的防御特点

通过上述分析，我们可以总结出石峁城址的防御具有以下几个特点：

第一，注重城市的自身防御能力。石峁城址修建了三道城垣，又以城垣为主体，修建了城门、瓮城、马面和角楼等来进一步巩固城垣防御，建成了一套较为完善的城垣防御设施。

第二，因地制宜地建造防御设施。石峁城址在建造防御设施时充分考虑到了自然环境，在有自然屏障的地方依险而守，在防御的薄弱地带则重点防护。

第三，多城拱卫的防御模式。石峁城址的四周都发现有具备一定防御能力的环壕聚落或石城遗址，在防御的重心——东方和南方还设置了石城群，构成城市周边的防御屏障，形成众星拱月、多城呼应的防御格局。

第四，"城郭之制"与多城拱卫防御模式的结合。石峁城址内造"城郭"，外设"重镇"，将"城郭之制"与多城拱卫防御两种模式相结合，建立起一套较为完备的防御体系。

张国硕先生总结中原先秦城市的防御体系[13]，指出新石器时代是城市防御体系的萌芽期，主要体现在"城之选址与外围自然屏障的利用；护城壕的开挖与多重城垣的设立；多城的相互呼应"等几点上，这几点在石峁城址上也基本得到了印证。相较于中原地区同时期的其他城址，石峁城址的防御体系更为完善，防御能力更强，显示出石峁聚落的高度复杂化。

五、城址防御体系成因分析

石峁城址为何要修筑如此庞大、复杂的防御体系？又如何得以建成？笔者认为，石峁防御体系构建的必要性和可行性与石峁的社会背景及聚落生产水平密切相关。

1. 必要性

战争是首要因素。龙山时代，万国林立，各聚落间战争频发，决定了构建防御体系的必要性。陕北及内蒙古南部地区分布有大大小小的石城百余座，意味着这一地区的部落较为复杂，部落间冲突频仍，需要多筑石城以保安全。研究显示，石峁城址所在的秃尾河流域，龙山时代早中期，聚落发现有15处，石城聚落6处（含石峁遗址的最早期遗存），其中以石峁、薛家会（40万平方米）、高家川（50万平方米）遗址面积较大，聚落可分为两级。龙山时代晚期，发现聚落共37处，其中石城聚落仅2处，除石峁外的另一石城寨合峁遗址面积不过0.37万平方米，聚落已显示出三级结构[14]。从龙山时代早期至龙山时代晚期，石峁由一个中型聚落中心扩张为超大型聚落中心，周围中小型石城数量锐减，这与频繁的战争侵略、武力吞并密切相关。同时，石峁与晋南的陶寺文化之间似乎也有较多冲突，有学者研究玉器的传播之路，认为玉器的器型和工艺方面，"海岱地区为主要的策源地，进而西传至晋南地区及陕北地区，最后直达甘青地区"，是一条"东工西传"之路[15]。石峁遗址发现了大量的玉器，与陶寺文化的玉器器型、工艺有较多联系，这种联系很难用简单的文化影响来解释，战争和人口迁移可能才是主要的传播方式。

其次是突出统治者地位的需要。石峁遗址可能在龙山时代晚期已形成了早期国家，至少也是一个高度复杂化的政体。遗址内种种祭祀、建筑遗存也表明城内有一群地位极高的统治者，他们采取了一系列措施来体现统治阶层的地位。一方面重修皇城台、城门等以加强对城内的统治，所谓"非壮丽无以重威"，大型工程往往会被作为巩固权威的手段，石峁城墙下的人头骨坑、墙体内的玉器和皇城台护坡墙体上镶嵌的眼睛状纹饰等可能都意味着城墙具有某种精神意义。另一方面则扩建城墙，构筑外围防御体系，突出城址在整个聚落范围内的地位，以达到震慑、压制周围聚落的目的。

2. 可行性

石峁城址城垣结构之复杂、工程量之浩大，远非一时之功。巨大的工程量势必需要大量的劳动力支持，人力是修建防御设施最重要的资源。从上文述及的秃尾河流域的聚落演变可以看出，龙山时代早期至晚期，石峁附近的聚落数量增多，人口亦逐渐增多。几十万平方米的大中型聚落减少，取而代之的是数十个小型聚落，整个秃尾河流域似乎都被整合进了以石峁城为中心的聚落系统，石峁可支配的劳动力明显增多。同时，长期不断的战争又为石峁城带来了大量的战俘，也为筑城提供了丰富的劳动力资源。

可行性的另一大要素是生产及建造技术，石峁的城墙建造技术已相当发达，为筑城提供了技术支持，保障了城墙突出的防御效果。

综上所述，战争和巩固统治的需要是石峁建成复杂防御体系的主要推动力，战争又推动聚落统治范围增大，可支配的劳动力增多，同时提供大量的战俘，保障了筑城所需的大量劳动力。先进的建造技术则为筑城提供了技术保障。

石峁城址完善、复杂的防御体系为我们研究史前城市的防御提供了一个很好的案例，也为研究我国北方地区社会复杂化进程提供了丰富的考古材料。但正如钱耀鹏先生所说："在整个防御体系中，最关键最重要的并不是防御设施，而是能动性很强的人。"[16]强有力的防御还需要骁勇的将士、强有力的指挥官及完善高效的管理制度。本文所述尚不能完整地展现石峁城址的防御能力及实际防御效果，仅提供了基于考古资料的合理分析，不当之处，敬请方家批评指正。

参 考 文 献

［1］ a. 戴应新. 陕西神木县石峁龙山文化遗址调查. 考古，1977（3）：154-172；b. 戴应新. 神木石峁龙山文化玉器. 考古与文物，1988（5、6）：239-250；c. 吕智荣. 陕西神木县石峁遗址发现细石器. 文博，1989（2）：82-84；d. 西安半坡博物馆. 陕西神木石峁遗址调查试掘简报. 史前研究，1983（2）：92-100；e. 陕西省考古研究院，等. 陕西神木县石峁遗址. 考古，2013（7）：15-24.

［2］ 陕西省考古研究院，等. 陕西神木县石峁城址皇城台地点. 考古，2017（7）：46-56.

［3］ 张国硕. 史前夏商城址城郭之制分析. 中原文物，2014（6）：12-16，53.

［4］ 国庆华，孙周勇，邵晶. 石峁外城东门址和早期城建技术. 考古与文物，2016（4）：88-101.

［5］ 孙周勇，邵晶. 瓮城溯源：以石峁遗址外城东门址为中心. 文物，2016（2）：50-56，82-89.

［6］ 孙周勇，邵晶. 石峁是座什么城. 光明日报，2015-10-12（16）.

［7］ 陕西省考古研究院. 陕西神木县木柱柱梁遗址发掘简报. 考古与文物，2015（5）：3-11，43.

［8］ 陕西省考古研究所. 陕西神木县寨峁遗址发掘简报. 考古与文物，2002（3）：3-18.

［9］ 山西省考古研究所. 2015年山西兴县碧村遗址发掘简报. 考古与文物，2016（4）：25-33，87.

［10］ 王晓毅，张光辉. 兴县碧村龙山时代遗存初探. 考古与文物，2016（4）：80-87.

［11］ a. 陕西省考古研究院. 陕西佳县石摞摞山遗址龙山遗存发掘简报. 考古与文物，2016（4）：3-13；b. 张天恩，丁岩. 石摞摞山龙山古城及相关问题浅论. 考古与文物，2016（4）：45-51.

［12］ a. 邵晶. 试论石峁城址的年代及修建过程. 考古与文物，2016（4）：102-108；b. 白清洲，安锁堂. 府谷寨山发现大型龙山文化石城遗址. 榆林日报，2015-11-1（01）.

［13］ 张国硕. 中原先秦城市防御文化研究. 北京：社会科学文献出版社，2014：122-126.

［14］ 徐舸. 公元前三千纪至前两千纪之初秃尾河流域聚落形态的初步考察. 西安：西北大学，2016：46，53-55.

［15］ 王强，杨海燕. 西玉东传与东工西传：黄河流域龙山时代玉器比较研究. 东南文化，2018（3）：80-89.

［16］ 钱耀鹏. 中国史前防御设施的社会意义考察. 华夏考古，2003（3）：41-48.

（原载于《黄河·黄土·黄种人》2019年第6期）

石峁城址外城东门的天文考古学研究

吕宇斐　孙周勇　邵　晶

东亚地区新石器时代晚期至末期的都邑，古代文献与考古发掘的资料和证据均不丰富。迄今为止，经考古发掘的龙山时代城址大约有 60 处，主要分布在河南、山东、山西、湖北、湖南、四川、甘肃、内蒙古等地。内蒙古中南部多石头砌筑的山城，面积仅数千至数万平方米，个别有超十万平方米的，如岱海老虎山[1]，包头大青山南麓的阿善[2]、黑麻板[3]，准格尔旗寨子塔等遗址[4]。

石峁城址（以皇城台为中心）位于东经 110° 18′ 26.66″，北纬 38° 33′ 51.24″ 的陕西省榆林市神木市高家堡镇石峁村。古城建造在黄土高原北部由片麻岩和黄土构成的荒凉山岗之上。著名的黄河支流，孕育"石峁文化"的秃尾河，由西北向东南，呈 45° 左右流过古城的西南边缘。这种布局与红山文化牛河梁遗址群、良渚文化良渚遗址群存在颇高的相似度。

石峁城址从发现到正式考古发掘间隔了相当长的一段时间。20 世纪七八十年代的初步调整考古发掘，引起国内外学界猜测[5]。2012 年对石峁城址外城东门遗址的正式考古发掘，引起了考古学界和历史学界对石峁城址的年代、性质等各个方面的研究和探讨[6]。从史学界开始，围绕石峁城址与文献记载的对照展开了相当激烈的辩论[7]。我们认为，在石峁城址大部分遗址还没有揭露之前，大量建筑基址、陶器、玉器、壁画等还需要细致的科学分析辨认，过早地引用历史文献推测甚至认定该城的文化属性还为时过早[8]。

一、石峁城址外城东门遗址的两点疑问

石峁城址外城东城门位于东经 110° 19′ 31.94″，北纬 38° 33′ 56.79″，处于皇城台的正东方直线距离 1.6 千米处。在迄今为止的考古挖掘工作中，这座城门呈现了异常丰富的文化遗存及文化内涵，也给研究者带来了朝向、形制、布局、装饰上的两点较大疑问：

第一点，外城东门不朝向正东。通常来说，世界各地的古城城门均设于每边城墙的中部，位于城墙的哪边便朝向哪个方向，如东门位于东边城墙的中部，朝向正东方，南门便位于南城门的中部，朝向正南方。但石峁城址外城东门虽然位于皇城台的正东，却朝向东北方，究竟为何？

第二点，外城东门祭祀坑似乎是随意分布，无迹可寻。东城门门道与城墙内外都出现了祭祀坑，且位置似乎没有任何规律可循；祭祀坑内掩埋的人头有多有少，数量也似乎没有任何规律可循；祭祀坑内的首级多为青年女性，且下颚部分往往有烧灼痕迹，究竟为何？

二、外城东门的朝向

外城东门朝向研究

1. 外城东门的测量学研究

石峁城址外城东门位于皇城台正东，似乎中规中矩；但门墩却一大一小，门道朝向东北方，有逾常规。为了测量两个城门墩的真实朝向，我们选取了北、南墩台、内外瓮城石墙中排列较规整的，排除了一些明显摆放不规整或错位的，在东南西北、里外三层，均进行了随机抽样（random sampling）。测量中均取北偏东或北偏西读数，获得了两个墩台四面大量的北偏东或北偏西两个方向的测量数据（图一）。

图一　外城东门南北墩台随机测量点（★）和实验观测点（⊕）

（1）北墩台

中间主体石墙东北侧外立面面向北偏东 58°—60°，中间主体石墙东南侧外立面的基石面向北偏东 58°—60°，中部外立面石块面向北偏东 60°，后部外立面石块面向北偏东 60°—62°。中间主体石墙西北侧外立面面向北偏东 57°—58°，60°—62°。随机抽样测量结果如表一。

表一　外城东门北墩台四面石墙朝向实测数据

东城门朝向数据	北偏东（°）
北墩台	
中间主体石墙东北侧	58
	60
中间主体石墙东南侧基石	58
	60
中部石块	60
后部石块	60
	62
中间主体石墙西北侧	57
	58
	60
	62
平均值	59.54545455

（2）南墩台

外层护体石墙东北侧外立面面向北偏东60°，中间主体石墙西北侧外立面西部石块面向北偏东68°—71°，中间主体石墙东南侧外立面面向北偏东60°—65°，内层夯土石墙东南侧外立面面向北偏东57°。随机抽样测量结果如表二。

表二　外城东门南墩台四面石墙朝向实测数据

东城门朝向数据	北偏东（°）
南墩台	
外层护体石墙东北侧	60
中间主体石墙西北侧　　西部石块	
中间主体石墙东南侧	60
	65
内层夯土石墙东南侧	57
	58
	59
	60
平均值	59.85714286

（3）一号马面

马面东南侧外立面基石面向北偏东51°—52°，西北侧外立面二层基石面向北偏东58°，基石面向北偏东48°。

（4）内瓮城

西北端外立面基石面向北偏西33°，西部外立面石头面向北偏西25°—30°，中部外立面石头面向北偏西 30°—32°，北部外立面石头面向北偏西 27°。

随机抽样测量结果显示，外城东门的门道、城门墩东北侧外立面面朝北偏东 59° 左右，其西北的第一座马面沿城墙略折向偏北。内瓮城西北向门道与外城东门成 90°。城门道与门墩东北侧外立面的朝向究竟有何意义？

2. 外城东门的天文考古学研究

外城东门门道与门墩东北侧外立面的朝向只有两种可能性，朝向某个地理景观或某个天文景观。从石峁城址周边的环境来看，东门并没有朝向任何特殊地理景观，因此，应该朝向某种天文景观或某个时间节点的日出方位角。我们通过计算复原石峁城址建城初期的太阳方位角以及上下中天文景观。

太阳方位角是指太阳光线在水平面上的投影与当地子午线的夹角。计算太阳方位角的公式有多种，根据球面三角学，任意一天、任意时刻、任意纬度的太阳方位角 A_s 的常用计算公式是：$\cos A_s=$ ($\sin\delta\cos\phi-\sin\phi\cos\delta\cos h$) $/\sin\theta_s$ 或 $\cos A_s=$ ($\sin\delta-\sin\phi\cos\theta_s$) / ($\sin\theta_s\cos\phi$)，$\cos A_s=$ ($\sin\phi\sin\theta_s-\sin\delta$) / ($\cos\phi\cos\theta_s$) 或 $\cos A_s=$ ($\sin\delta-\sin\phi\sin\theta_s$) / ($\cos\phi\cos\theta_s$)[9]，$A_s$ 表示北偏东太阳方位角，δ 为太阳当时赤纬，ϕ 为当地地理纬度，h 为时角，θ_s 为太阳高度角。

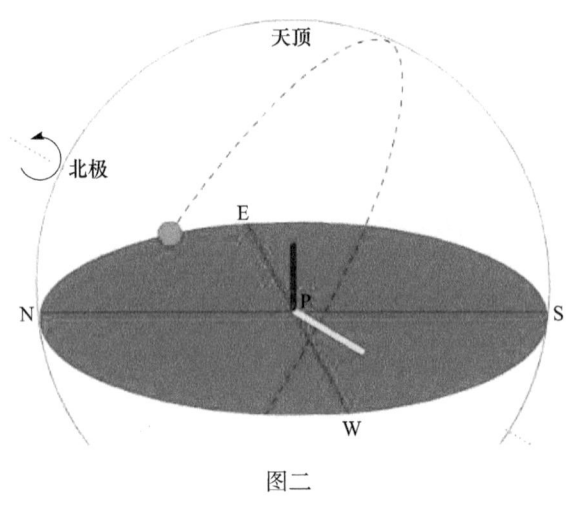

图二

日出方位角是指日出时，太阳所在方位与正东方向的夹角（图二）。根据球面三角原理，计算二至日出日落方位角（北偏东）的公式是：$A_s=$ arcos ($\sin\delta/\cos\phi$)。如需进一步细化分析，可以计算任意一天、任意地方的日出日落方位角（东偏北），计算公式是：$A''_s=90-A_s=90-0.5\text{arcCos}$ [2 ($\sin\delta/\cos\phi$)$^2-1$]。该公式假设地球是个标准球体，而实际上地球两极略扁，各地还有高山、洼地等，所以计算结果可能与实测结果存在一些误差。两个公式计算结果基本相同，略有误差是源自函数公式的精确度。

首先，该计算公式涉及黄赤交角（obliquity of the ecliptic）的变化周期。黄赤交角的变化周期平均为 41040 年[10]，周期内并非简单的线性变化。短期来看，在儒略历 2000 年前后各 10000 年内，目前常用的是国际天文学联合会（IAU）提供的 21.2 式计算公式：$\varepsilon=23° 26' 21''.448-46''.8150T-0''.00059T^2+0''.001813T^3$，T 为 J2000.0 起算的儒略世纪数，但精度不够。目前最精确的是 J·拉斯卡尔（J. Laskar）的计算公式：$\varepsilon=23° 26' 21.448''-4680.93'' t-1.55'' t^2+1999.25'' t^3-51.38'' t^4-249.67'' t^5-39.05'' t^6+7.12'' t^7+27.87'' t^8+5.79'' t^9+2.45'' t^{10}$[11]，t=T/100。参考诸多相对年代与绝对年代的划分方法，石峁城址建城年代约在距今 4300 年前后[12]。如此，拉斯卡尔公式的计算结果为 24.03°。我们也可以使用国际天文学界通用的每世纪 47″ 的变化率来计算[13]，如此，累积的黄赤交角变化 =47″ / 世纪 ×42 世纪 =1974″ =0.5483°，即石峁城址时代的黄赤交角为 $\varepsilon=23.44° +0.55°=23.99°$。

石峁城址东面的地理纬度是 38° 34′ 54.5″（38.58°）。根据 Stellarium 天文软件计算，以日半出为准，当前（2016 年 6 月 21 日）神木石峁城址的夏至日出时间为凌晨 5:18:58，日出方位角（北偏东）是 59° 20′，即东偏北 30° 40′，距今 4200 年前（外城东门址始建年代的上限）夏至（公元前 2200 年 7 月 13 日）日出时间为 5:05:50，日出方位角北偏东 A_s=arcos（sin24/cos38.58）=58.65°；东偏北 A_s' =90—0.5arcos［2（sin24/cos38.58）^{2}—1］=31.30°，两公式结果的误差为 0.05°，基本一致。按顺时针来看，夏至日出方位角是 58° 42′，日落方位角是 301° 18′（本公式中未计入太阳半径差、蒙气差与地心差三种误差，不影响结论）。

依据现代天文学的计算公式和星象复原方法，石峁城址外城东门的门道与墩台东北侧外立面均精确的朝向 4300 年前的日出方位角。由此看来，石峁城址的设计者——石峁巫觋观测或计算所得的夏至日期、夏至日出方位角基本正确。由此推测，石峁巫觋在营建东门之前可能已经有能力制订石峁人所需的早期历法，其中二分二至的日期及其对应标志星座，各日出方位角可能已基本测定，否则不太可能出现如东门这样的建筑。他们选择的不是墩台的四角朝向那个时代的夏至日出或日落方位角，而是选择了门道和城门外立面朝向那个时代的夏至日出方位角，让夏至的朝阳直射入门道并照亮内瓮城东北墙面的几何纹壁画。表面上看，后者的精确度似乎可以低于前者，只要门道基本朝向日出的方向就行，而实际上，后者的要求更高，因为如朝向有偏差，门道的两侧墙壁便会出现阴影，让石峁巫觋的失误显露无遗，故后者的技术挑战其实比前者更大（图三）。

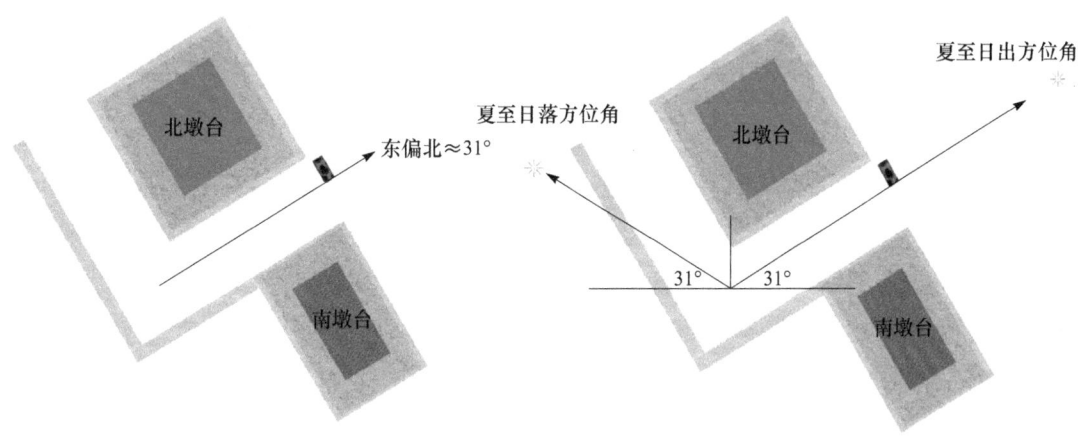

图三　外城东门门道与门墩朝向

为了检验上述计算，考虑到 2016 年 6 月 21 日为夏至，我们从 2016 年 6 月 19 日黄昏起，至 2016 年 6 月 23 日凌晨止，对外城东门进行了科学实证观测。考虑到门道和北墩台是石峁巫觋迎日的最佳地点，我们选取了外瓮城东墙与门道入口之间，门道后部与内瓮城西墙之间，北墩台西北墙外三个点作为验证门道与墩台朝向的实测点（图一的三个⊕符号），并以 3 台摄像机录下测量日出的全过程。考虑到东门东北地平线为高于东门的山脊，高于真正的地平线，会造成实际日出时间晚于理论日出时间，我们选择了太阳上端露出山脊的时间进行测量。经过四天凌晨的实际测量，获得了 20、21、22 三天的日出时间与日出方位角。20 日凌晨有薄雾，太阳上端出现时间为 5:24，GPS 测量仪与罗盘仪读数约东偏北 29°；21 日凌晨东北天际有云，上端出现时间为 5:25，读数约东偏北 29°；22 日凌晨东北天际无云，上端出现时间为 5:23，读数约 30°。实际观测的结果是，北墩台南墙内墙全部照亮，而南墩台北墙没有照亮。实测证明，门道与墩台确实朝向夏至日出方位角，而且，如果日出方位角向北移 1° 21′，两座墩台的内侧均应该照亮，这应该是 4300 年前夏至日出时的情况（图四）。

图四　石峁城址外城东门 2016 年 6 月 21 日 5:25 实测

为什么石峁人如此重视夏至日？要以整座城门朝向夏至的日出方位角？《周髀》云："冬至夏至者，日道发、敛之所生也，至昼夜长短之所极。"何为昼夜长短之所极？《恰尊宪度抄本》云："日北至，日长之至，日影短至，故曰夏至。至者，极也。"石峁巫觋既然已经完全掌握了立竿测影，他们当然知道，太阳越过赤道后，每日测量出的日影便越来越短，即"敛"。当最短的日影出现，便是夏至日到来。这是一年中白昼最长，黑夜最短的日子，是日照最强的时段，也是石峁旱作农业的关键时段。夏至前的气候决定着石峁人粮食的播种。夏至过后，日影便越来越长，即"发"，日照日渐减少，将进入石峁各种粮食的收获季节。因此，夏至对于石峁先民的意义甚至比春分更重要，不仅与石峁地区的旱作粮食的播种和培育季节密切相关，而且，在信仰体系越来越成熟的龙山时代晚期，也可能与石峁先民的宇宙观和信仰体系密切相关。

三、外城东门的祭祀坑之谜

石峁外城东门祭祀坑遗址研究

1. 祭祀坑布局的天文考古学研究

从考古发掘的情况来看，K1 位于外瓮城外东北，K2 位于门道外沿，K4、K5 位于一号马面西北的城墙下，K6 与玉璋位于北墩台与一号马面之间。如果以城墙为核心，着眼于祭坑相对于城墙的位置来看，其位置既有城门口，也有城门外，既有城墙外，也有城墙内，还有城墙下，似乎没有任何规律可循。然而，如果排除城墙的干扰，也就是说，着眼于城墙营建之前的情况，这批祭坑的排列方法便跃然纸上。5 个祭坑原来有着非常明显的指示性，K1、K2 指向东偏北 30°，K2、K6、K4、K5 指向西偏北 31°，也就是说，前两个祭坑与门道、墩台外立面一样，指向距今 4200 年前夏至（7 月 14 日）日出方位角，后四个祭坑指向日落方位角，其上是蜿蜒在西北山梁上的外城城墙（图五）。

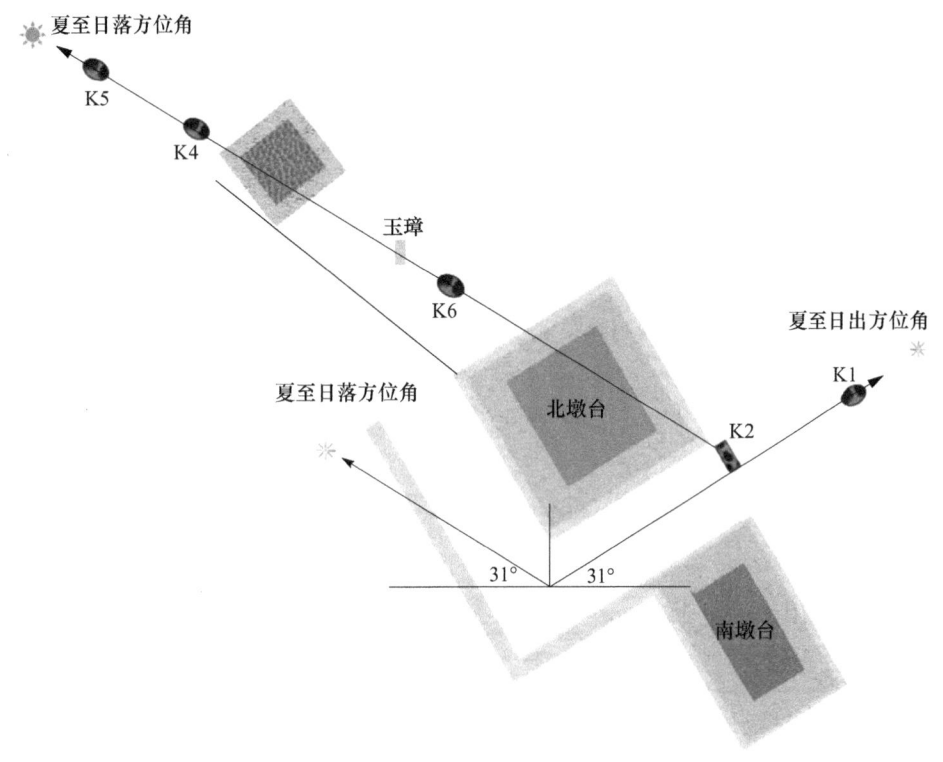

图五　石峁外城东门遗址祭坑

为了检验上述计算，在对外城东门门道与墩台进行科学实证观测的同时，我们对祭祀坑的朝向进行了同样的观测。虽然石峁巫觋以祭祀坑朝向夏至日落方位角，但因 K2 位于两墩台之间，K6 位于北墩台与一号马面之间，无法进行日落观测，我们只能以 K4、K5 作为主要实测点，以北墩台台顶作为辅助观测点，并以 2 台摄像机录下测量日落的全过程。考虑到东门西北地平线为低于东门的山脊，接近地平线，我们选择了太阳整体落入山脊前一瞬间进行测量。经过四天黄昏的实际测量，获得了 19、20 两天的日落时间与日落方位角，21、22 日西边均有云，无法观测。实际观测的过程是，K4 中心插一测竿，日落前 10 分钟，K5 的测竿在祭祀坑外约 20 厘米，其与 K4 中测竿的连线才能指向落日；日落前 5 分钟，K5 的测竿需移至坑边，其与 K4 测竿的连线才能指向落日；日入西北山脊时，K5 测竿移至坑中心，K4、K5 测竿的连线指向落日。19 日雨后黄昏，日落时间为 20:00，地质罗盘仪度数约北偏西 61°；21 日黄昏无云，日落时间为 20:00，地质罗盘仪度数约北偏西 60°。实测证明，K4、K5 基本朝向夏至日落方位角。鉴于 K2、K6 与 K4、K5 位于同一直线上，可以确认，石峁人在建造东门前的奠基仪式中布置的 4 个祭祀坑确实是朝向夏至日落方位角。

从祭祀坑的排列与东门、城墙的位置与走势来看，已经可以排除祭祀坑是城墙建成以后挖掘的可能性，从考古地层学的叠压关系来看，则可以完全排除祭坑比城墙晚的可能性。很明显，石峁人在构建外城东门前举行过隆重的奠基仪式，此后的置础、安门、落成并没有再举行过仪式。这个奠基仪式的主题内容包括人牲的伐祭、燎祭和瘞埋。

基于上述研究，我们可进一步得出以下结论：石峁巫觋在营建东门之前，完成了至少两个方面的系统测量，第一，通过立竿测影测定了石峁地区夏至的日期及日出日落方位角，确立了石峁的二分二至；第二，通过立竿测影建立了营建东门的平面直角坐标系。完成了大量测量后，巫觋才有可能在东门的奠基仪式前预先挖好精准朝向日出和日落方位角的两列祭祀坑，埋入了数量不等的经焚烧后的少女头颅，完成伐祭、燎祭和瘞埋等最高等级祭祀礼仪，既表示了石峁人对东门奠基仪式的重视，也表示了对其天神地祇的崇高敬意和无限希冀。建立起建筑用的平面直角坐标系之后，巫觋才有可能指挥大量劳动力营建朝向如此精准、形制如此规整的城门和马面。

这一系列祭祀坑再次证明，外城东门确实是为了朝向夏至日出方位角，表达对主管天、太阳和夏至的天神地祇的崇拜而营建的。而精准的朝向和规整的形制反过来证明了石峁巫觋已经完全掌握了立竿测影的系统测量方法，也掌握了利用立竿测影建立营建都城、宗庙和宫殿的平面直角坐标系方法。

2. 东门祭祀礼仪的研究

（1）祭祀礼仪的古文字学研究

祭祀坑中掩埋经焚烧过的头颅说明一个重要的事实，石峁人的祭祀礼仪是一种以燎祭为核心，集之前的伐祭，之后的瘞薶于一身的复合礼制。这个礼制的内涵很丰富。

①伐，会意字，用作动词或名词。甲骨文字形颇多，基本字形是 �（一期前 7.2.1）。从人，从戈。作动词时表示以戈砍去下跪者的头颅[14]；作名词时表示用于伐祭的头颅、躯体或待决俘虏[15]。伐的甲骨文还有：�（一期人 3053）从羌，从戈，指伐羌，砍羌族男性头颅；�（后下 37.7）从姜，从戈，指伐姜，砍羌族女性头颅。《说文》："伐，击也，从人持戈。"《广雅》："伐，杀也。"均指行刑者。从考古发掘来看，伐祭盛行于新石器时代末期至商代的黄河中上游地区[16]。伐祭时，首级、人体、人血分开献祭[17]。从甲骨卜辞来看，伐姜常与祈雨的祭祀礼仪同时出现，说明羌族女性的伐祭与祈雨礼仪相关[18]。

②燎，会意字，用作动词或名词。甲骨文字形主要有三种：� 、�（乙 8683）、�（后上 24.7）。金文开始出现歧义，篆文之后已完全脱离了甲骨文的本意。《说文》："燎，放火也。"非甲骨文本意，应非其本字。最接近甲骨文本意的是"柴"。柴最初的甲骨文是�，与�同源。《说文·示部》解："柴，烧柴焚燎以祭天神。"《史记集解》引郑玄云："柴，燎也。""柴"，烧柴祭天，完全符合甲骨文本意，应是由甲骨文而来的本字。研究者多认为指堆柴焚烧[19]。我们认为，是专指祭坛上的焚烧祭祀礼仪。因为并非任何地方烧柴都可称燎，只有祭祀过程中在祭坛上烧柴才能称燎。故《尔雅·释天》解释："祭天曰燔柴。"燎指烧柴、生烟祭祀天神。《礼记·祭法》云："燔柴于泰坛，祭天也。"孔颖达疏解："燔柴于泰坛者，谓积薪于坛上，而取玉及牲置柴上燔之，使气达于天也。"泰，通太、通天，故泰坛指天坛。"以天之高，故燔柴于坛"，因"天神在上，非燔柴不

足以达之。"可见，燎祭绝非指一般烧柴，而是专指烧柴祭天帝的礼仪。

③瘞，目前专家还没有辨识出其甲骨文，应是假借字。原文应是 、、，似把牛头、羊头、人等祭品埋入土坑，即"薶"，通"埋"[20]。《说文》云："瘞，幽埋也。"即深埋。《尔雅·释天》云："祭地曰瘞薶。"《周礼·春官·大宗伯》云："以薶沈祭山林川泽。"郑玄注："祭山林曰埋，川泽曰沉。"《吕氏春秋》云："有年瘞土，无年瘞土。"高诱注："祭土曰瘞。年，谷也。有谷祭土，报其功也。无谷祭土，禳其神也。"土，即后土，《礼·月令》云："中央土，其帝黄帝，其神后土。"《淮南子·天文》云："中央土也，其帝黄帝，其佐后土，执绳而治四方。"后土就是"地中"，后指地神和谷神。古人为祈祷粮食丰收而祭祀后土。《礼记·祭法》云："瘞埋於泰折，祭地。用骍犊。"孔颖达疏："瘞埋於泰折，祭地也者，谓瘞缯埋牲祭神祇于此郊也。"故瘞薶是祭地的礼仪。《汉书·郊祀志下》云："天地用牲一，燔寮瘞薶用牲一。"说明燎祭、瘞薶常常在祭祀礼仪中结合，即焚烧后掩埋牺牲。《山海经·南次二经》云："凡南次二经之首……其祠：毛，用一璧瘞……。"瘞坎，指祭地时用以埋牺牲、玉帛的祭祀坑。

三字的解读说明，石峁外城东门的奠基仪式是集合了三种祭祀礼仪的复杂礼制制度，是夏商同类制度的源头。其中燎祭是核心，本身的过程与内容也最为复杂。《周礼·春官·大宗伯》云："以禋祀祀昊天上帝，以实柴祀日月星辰，以槱燎祀司中、司命、飌师、雨师。"郑玄注："禋之言烟。周人尚臭，烟气之臭闻者。槱，积也……三祀皆积柴、实牲体焉。或有玉帛燔燎，而升烟所以报阳也。"禋，祭坛，通"烟"。槱，堆积，通"炒"。飌，《玉篇》通"风"。《大宗伯》列出燎祭过程中的三种焚烧方式：禋祀以生烟为主，祭祀北极天帝，俗称昊天上帝；实柴以烧柴为主，祭祀日月星辰；槱燎以焚烧柴堆上牲体为主，祈祷风雨。孙诒让《正义》云："窃以意求之，禋祀者盖以升烟为义，实柴者盖以实牲体为义，槱燎者盖以焚燎为义。礼各不同，而礼盛者得下兼其燎柴则一。"此说与《周礼》说大同小异，即禋祀指生烟，实柴指柴或柴上牺牲，槱燎指焚烧牺牲。《文选·张衡》："飂槱燎之炎炀，致高烟乎太一。"薛综注曰："谓聚薪焚火，扬其光炎，使上达於天也。"在远古东亚宇宙观与信仰体系的支配下，先民希冀通过焚烧木柴以及木柴上的各种牺牲，借助升腾入云的烟、气、味向高踞天北极的北极天帝传达凡间的敬畏之意，祈求风调雨顺、五谷丰登、人畜兴旺。

燎祭是远古时期东亚地区部落或邦国推行的一种重要的祭祀礼制，同时，也是巫觋们掌控的一种非常古老的祈祷活动。从考古发掘资料来看，距今6000年以前的祭祀活动已经出现了燎祭的初级仪式。湖南澧县城头山遗址大溪文化期祭台[21]，上海青浦福泉山遗址崧泽文化晚期祭祀场地和良渚文化时期祭坛都发现了大片红烧土燎祭遗存[22]。距今6000—5000年间，祭坛规模增大，燎祭遗存更多。红山文化晚期的辽宁喀左东山嘴和建平牛河梁遗址均有规模宏大的燎祭遗址。两地祭坛均发现了大片数10厘米厚的灰黑土或红烧土、动物烧骨等燎祭遗存物[23]。距今5000—4000年间，燎祭更为普遍。良渚遗址群中的莫角山大型夯土台遗址东西两端有大量稻谷燎祭遗存[24]，瑶山与汇观山祭坛最里层的红土台面及回字形灰沟显示该地区曾有浓厚的燎祭风气[25]。距今4000—3000年间，燎祭已遍及南方与北方、沿海与内陆的广大地区。石峁遗址东门祭祀坑说明，燎祭已经发展到了人牲。夏商以后，河南偃师二里头、郑州商城、偃师商城、郑州小双桥、四川广汉三星堆等遗址的燎祭之风更烈。

（2）祭祀地点的天文考古学研究

考古发掘的燎祭遗址均呈现地理环境与天文朝向两方面的重要特征：地势高亢、开阔朝阳。高亢且开阔，才是祭天的理想地点。

首先，从地理环境来看，燎祭的地点通常选择在地势较高的自然山丘上，至少也是在大型人工夯土台上。东山嘴、牛河梁等顾名思义，均位于山岗或山梁之上，地势孤绝高耸，遗世独立；城头山、福泉山、反山、瑶山和汇观山等虽非真山真岗，亦属大型人工夯土台，且比起周边的沼泽洼地高出 10 米左右。东山嘴遗址、牛河梁遗址、石峁外城东门遗址的地理环境相似，均显示出一种孤高绝世的特点，适合祭司们观测日出月落、星移斗转，计算季节变化、天体轨迹[26]。正如《礼记·礼器》所云："先王之制礼，为高必因丘陵，祭曜魄宝之也。"地势越高，离天越近，各种烟、气、味越快到达天上的北极天帝。因此，在古代礼制中，祭天献宝必然选择较高的丘陵。这就是为何自秦汉以后，泰山成为帝王封禅大典不二选择的原因。《汉书·祭祀上》服虔注云："封者，增天之高，归功于天。"张宴注云："天高不可及，于泰山上立封，禅而祭之，冀近神灵也。"

其次，从天文朝向来看，燎祭的场所常选择向阳之处，且建筑群也有一定的朝向关系。这既是为了便于立竿测影，计算分至日期，也是为了表示面向太阳，就阳位、迎阳气的宇宙观。阳气盛的朝向有两个：朝东和朝南。《尚书·尧典》记载：

> 乃命羲、和，钦若昊天，历象日月星辰，敬授人时。
>
> 分命羲仲，宅嵎夷，曰旸谷。寅宾出日，平秩东作。日中，星鸟，以殷仲春。厥民
> 析，鸟兽孳尾。
>
> 申命羲叔，宅南交，曰明都。寅敬致日，平秩南讹。日永，星火，以正仲夏。厥民
> 因，鸟兽希革。

羲、和是东亚古老传说中第一代主管观象授时的天神。一般性的观象授时可以制订恒星历。要使观象授时更精确，还须引进新石器时代晚期最先进的科学测量方法——立竿测影。立竿的目的是测影，测影的对象是太阳与北斗，目的是确立中心与东西南北四极，以便建立天文和地理坐标。可见，羲、和是远古时代第一代主管立竿测影工作的天神。因为羲、和主管观测日影，因而产生了羲、和成为太阳神，甚至成为生育太阳的女神传说。这种观象授时传统与小流域粟作和稻作农业经济密不可分[27]。东亚是人类最早的稻作农业和粟作农业的发源地[28]。这两种农业，尤其是稻作农业，要求先民对农时极度关心，是导致远古时期以北斗、心宿为核心的东亚天文学[29]，以春夏时节的祭天礼仪为核心的礼制制度特别发达的重要因素。

在东亚古人的宇宙观中，东方和南方是阳光、阳气充沛之地，所以被称为"旸谷"，即阳光之谷，和"明都"，即光明之都，昭示万物生长和繁衍。故尧命羲仲和羲叔分别在东方和南方设立祭天的场所，以迎接春夏的太阳，获取更多的阳气。如《礼记·郊特牲》云："郊之祭也，迎长日之至也，大报天而主日也。崔氏云：'一岁有四，迎气之时，祭日于东，祭月于西。'"在澧县城头山遗址，方形祭台 1 属于大溪文化一期，使用时间长达数百年，位于古城正东的汤家岗文化期东环壕内边。祭台 3 属于同时期，位于祭台 1 略西处。圆形祭台 2 属于大溪文化二期，位于古城正南环壕内边。也就是说，大溪文化一期时，只有正东的 1、3 两个祭台，百年至数百年后，才出现正南的

祭台 2。祭台 1 上的墓葬以 M774 为核心，M770、M774、M773、M767 四个墓穴的连线明确指向东偏北约 28°—29°，即澧县地区大溪文化一期（距今 6400 年前）的夏至日出方位角，与石峁东门及 5 个祭祀坑有几近相同的天文、宇宙观和信仰内涵，即位于"旸谷"，朝向"明都"，作为"寅宾出日，平秩东作"和"寅敬至日，平秩南讹"的祭坛。

古希腊名著《阿斯克勒庇俄斯的悲叹》说："埃及是天国在人间的影像。"西方学界早已公认，古埃及的建筑凝聚了大量古埃及人对星空的观察和对宇宙的认识。著名考古学家刘易斯·芒福德（Lewis Mumford）在《城市发展史》中提出："我们可以说，城市最初的种子，是作为人们为朝觐而建立的仪式聚集地所播撒的。"[30] 1963 年，伊斯坦布尔大学和芝加哥大学联合发掘的位于土耳其安纳托利亚的戈壁克里神庙（Göbekli Tepe）是目前世界最古老（距今 9559±53 年）的建筑实证。如果西亚文明的城市起源是如此，那么，东亚新石器时代末期，拥有远古东亚天文学和东方宇宙观传统的良渚和石峁巫觋，会营建一个与东方信仰体系毫无关系的都城吗？

注 释

［1］ 田广金：《凉城县老虎山遗址 1982—1983 年发掘简报》，《内蒙古文物考古》1986 年第 4 期。

［2］ 内蒙古社会科学院蒙古史研究所：《内蒙古包头市阿善遗址发掘简报》，《考古》1984 年第 2 期。

［3］ 包头市文物管理所：《内蒙古大青山西段新石器时代遗址》，《考古》1986 年第 6 期。

［4］ 魏坚：《准格尔旗寨子塔、二里半考古主要收获》，《内蒙古中南部原始文化研究文集》，海洋出版社，1991 年。

［5］ 戴应新：《陕西神木县石峁龙山文化遗址调查》，《考古》1977 年第 3 期。

［6］ a. 陕西省考古研究院：《2012 年陕西省考古研究院考古发掘新收获》，《考古与文物》2013 年第 2 期；b. 王炜林、孙周勇：《石峁玉器的年代及相关问题》，《考古与文物》2011 年第 4 期；c. 邵安定、付倩丽、孙周勇等：《陕西神木县石峁遗址出土壁画制作材料及工艺研究》，《考古》2015 年第 6 期。

［7］ a. 胡义成、曾文芳、赵东：《陕北神木石峁遗址即"不周山"——对石峁遗址的若干考古文化学探想》，《西安财经学院学报》2015 年第 4 期；b. 叶舒宪：《玉石之路与华夏文明的资源依赖——石峁玉器新发现的历史重建意义》，《上海交通大学学报（哲学社会科学版）》，2013 年第 6 期；c. 王红旗：《神木石峁城址遗址当即黄帝都城昆仑》，《百色学院学报》2014 年第 5 期；d. 沈长云：《石峁城址是皇帝部族居邑》，《光明日报》2013 年 3 月 25 日第 15 版；e. 沈长云：《再说黄帝与石峁城址》，《光明日报》2013 年 4 月 15 日第 15 版。

［8］ a. 孙周勇、邵晶：《石峁是座什么城》，《光明日报》2015 年 10 月 12 日第 16 版；b. 陈民镇：《不要把考古与传说轻易挂钩——也说石峁城址》，《光明日报》2013 年 4 月 15 日第 15 版。

［9］ John A. Duffie, William A. Beckman, Solar Engineering of Thermal Processes (4th ed.). Wiley, 2013: 13, 15, 20.

［10］ A. L. Berger. Obliquity and Precession for the Last 5000000 Years. Astronomy and Astrophysics, 1976, 51: 127-135.

［11］ J. Laskar. Secular Terms of Classical Planetary Theories Using the Results of General Relativity. Astronomy and Astrophysics, 1986, 157: 59-70.

［12］ 目前关于石峁遗址的年代，北京大学测试了大概 20 多个数据，其中最早的大约公元前 2200 年，但据考古学文化推测的相对年代，我们倾向于石峁城址的初建年代当在公元前 2300 年前后。皇城台、内城、外城或许有一个渐次修葺的过程。

［13］ a. 陈遵妫：《中国天文学史》，上海人民出版社，1982 年，第 160 页；b. William Chauvenet. A Manual of Spherical and Practical Astronomy. J. B. Lippincott &Co.Philadelphia.art, 1906: 365-367, 694-695.（作者核）

［14］ 姚孝遂：《商代的俘虏》，《古文字研究》（第一辑），中华书局，1979 年，第 371 页。

［15］ 黄天树：《甲骨文中有关猎首风俗的记载》，《中国文化研究》2005 年第 2 期。

［16］ 黄展岳：《古代人牲人殉通论》，文物出版社，2004 年。

［17］ 高智群：《献俘礼研究（下）》，《文史》（第36辑），中华书局，1992年。

［18］ 徐中舒主编：《甲骨文字典》，四川辞书出版社，2006年。

［19］ 李锦山：《燎祭起源于东部沿海地区》，《中国文化研究》1995年第1期。

［20］ 郭大顺、张克举：《辽宁喀左县东山嘴红山文化建筑群址发掘简报》，《文物》1984年第11期。

［21］ 湖南省文物考古研究所：《澧县城头山——新石器时代遗址发掘报告》，文物出版社，2007年，第266页。

［22］ a. 黄宣佩：《福泉山遗址发现的文明迹象》，《考古》1993年第2期；b. 上海市文物管理委员会：《福泉山——新石器时代遗址发掘报告》，文物出版社，2000年，第18、64页。

［23］ a. 郭大顺、张克举：《辽宁喀左县东山嘴红山文化建筑群址发掘简报》，《文物》1984年第11期；b. 辽宁省文物考古研究所：《牛河梁——红山文化遗址发掘报告（1983—2003年度）》，文物出版社，2012年，第482页。

［24］ 浙江省文物考古研究所：《良渚遗址群——良渚遗址群考古报告之三》，文物出版社，2005年。

［25］ a. 浙江省文物考古研究所：《瑶山——良渚遗址群考古报告之一》，文物出版社，2003年；b. 刘斌：《神巫的世界——良渚文化综述》，浙江摄影出版社，2007年。

［26］ 郭大顺、张克举：《辽宁喀左县东山嘴红山文化建筑群址发掘简报》，《文物》1984年第11期。

［27］ 何炳棣：《黄土与中国农业的起源》，香港中文大学出版社，1969年。

［28］ a. 童恩正：《略述东南亚及中国南部农业起源的若干问题——兼谈农业考古研究方法》，《农业考古》1984年第2期；b. 李润权：《试论我国稻作的起源》，《农史研究》（第五辑），农业出版社，1985年；c. 游修龄：《太湖地区稻作起源及其传播和发展问题》，《中国农史》1986年第1期；d. 严文明：《再论中国稻作农业的起源》，《农业考古》1989年第2期；e. 严文明：《中国稻作农业的起源》，《农业考古》1982年第1期。

［29］ 董恺忱、范楚玉主编：《中国科学技术史·农业卷》，科学出版社，2000年。

［30］ Lewis Mumford. The City in History: Its Origins, Its Transformations, and Its Prospects. New York: Oxford University Press, 1961.

（原载于《考古与文物》2019年第1期）

陕西芦山峁和石峁遗址出土陶瓦的意义

赵　东

一、引　言

近几年，陕西省文物考古研究院等考古科研单位在陕北发掘了两处距今四千多年的大型城址——芦山峁和石峁遗址，城址内大型建筑中出土的陶瓦对研究我国陶瓦起源有着重要意义。

二、发　现

芦山峁遗址始建年代距今约 4500 年，位于陕西省延安市宝塔区李渠镇芦山峁村西北的山峁上。20 世纪 60 和 80 年代，曾采集一批珍贵的玉器并发现有房址、灰坑、墓葬等新石器时代晚期遗存。从 2014 年开始，陕西省文物考古研究院等单位对芦山峁遗址进行了大规模的考古调查、勘探和发掘，初步确认整个遗址的面积超过 200 万平方米，发现了大型夯土台基、院落建筑以及墓葬等 300 余处遗迹，可能为黄土高原南部的一座史前都城。遗址核心区内分布着 4 座夯土台城，在每座台基之上坐落着规划有序的围墙院落和建筑群，是目前我国早期的宫城雏形。

在大营盘梁院落一号院的地面堆积中，发现了 100 余件的筒瓦和槽形板瓦。其中筒瓦为泥质灰陶，长约 40 厘米，两端粗细有别，四边饰有条带状附加堆纹（图一）；板瓦为泥质灰陶，平面呈长方形，两侧长边有折棱，两端短边之一的端口内侧有斜边，另一侧有条带状附加堆纹，长 47、宽 29、厚 1 厘米（图二）。考古发掘者初步推测这批陶瓦的年代属于庙底沟二期文化晚期，即距今约 4400—4500 年，由于陶瓦的形态成熟且数量较多，可能陶瓦的使用经历了较长时间，或许将来还有可能发现更早的陶瓦。

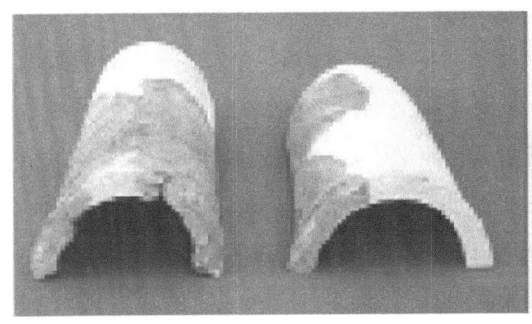

图一　芦山峁遗址出土陶筒瓦

石峁遗址初建于距今约 4300 年，位于陕西省榆林市神木市高家堡镇石峁村秃尾河北侧的山峁上，处于黄土高原的东北部边缘。2011 年以来，陕西省文物考古研究院等单位对石峁遗址进行考古调查和发掘，初步确认遗址面积超过 400 万平方米，发现了由皇城台、内城和外城三部分构成的石砌城址，是目前我国龙山晚期到夏代早期规模最大的城址，属于河套地区的早期王国都城遗址。

2016 年，在遗址核心区皇城台东墙北坡的废弃堆积中，出土了 200 余块陶瓦残片，经过分辨为筒瓦，个体数量在 13 件以上，多数为泥质灰陶，表面装饰主要为篮纹，并有少量绳纹，内壁光素无纹饰，两侧边缘有明显的切割痕迹。厚度在 0.7—1.3 厘米之间，最大残长 34 厘米（图三）。考古发掘者推测这批陶瓦的年代距今约 4000 年，其发现意味着皇城台顶部存在覆瓦的大型宫室类建筑。

图二　芦山峁遗址出土陶槽形板瓦

图三　石峁遗址出土陶筒瓦

三、意　义

延安芦山峁遗址和神木石峁遗址出土的陶瓦年代较早，都属于新石器时代晚期。虽然考古发掘者推测芦山峁遗址的陶瓦年代可早到城址的始建阶段，即距今约 4400—4500 年，但考虑到陶瓦的

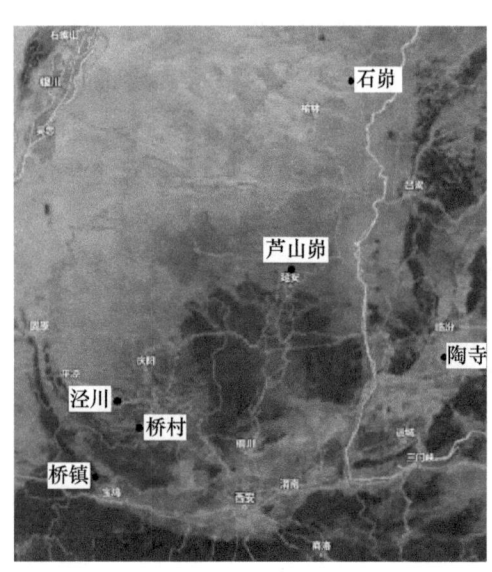

图四　我国龙山时期出土陶瓦的遗址分布图

考古背景——出土在大型院落的地面堆积中，这种堆积一般属于建筑物的废弃堆积，故陶瓦的年代应属于建筑废弃前的年代，应该晚于距今 4400 年，可能属于龙山时期。不过可以确定的是芦山峁遗址出土的陶瓦是目前我国年代最早的陶瓦，对于探讨我国陶瓦的起源有着重要意义。

初步统计，我国龙山时期出土陶瓦的遗址有延安芦山峁、神木石峁、灵台桥村、泾川、宝鸡桥镇、襄汾陶寺等 6 处地点（图四）。从分布范围来看，除陶寺遗址外其余 5 处遗址主要位于黄土高原的东、南边缘，由此可以看出黄土高原是为我国陶瓦的主要起源地。早期陶瓦以筒瓦和槽形板瓦为主，普遍饰印篮纹。黄土高原东缘遗址出土陶瓦为泥质灰陶，并且体量较大，长度可达 40

厘米以上；而南缘遗址出土陶瓦为泥质红陶，体量相对较小，一般为 25 厘米左右。这些陶瓦出土于当地区域中心聚落或者重要城邑的大型建筑周围，由此初步推测陶瓦是史前时期专门为具有特定功用的大型建筑防水而发明产生的陶质建材。

参 考 书 目

宝鸡市考古研究所：《宝鸡发现龙山文化时期建筑构件》，《文物》2011 年第 3 期。

付海龙：《我国早期陶瓦发现概述》，《砖瓦》2017 年第 4 期。

高建峰：《泾川发现新石器龙山时代陶瓦》，平凉文物信息网，2014 年 7 月 4 日。

陕西省考古研究院、西北大学文化遗产学院、延安市文物研究所：《陕西延安市芦山峁新石器时代遗址》，《考古》
 2019 年第 7 期。

孙周勇、邵晶、康宁武等：《石峁遗址：2016 年考古纪事》，《中国文物报》2017 年 6 月 30 日第 5 版。

唐光明：《3900 年前甘肃已有"混泥"瓦房中国"第一瓦"现平凉》，《兰州晚报》。

中国社会科学院考古研究所山西队、山西省考古研究所、临汾市文物局：《山西襄汾陶寺城址 2002 年发掘报告》，
 《考古学报》2005 年第 3 期。

（原载于《砖瓦》2019 年第 5 期）

试论石峁古城的方向

武家璧

良渚、陶寺和石峁三大古城是中国古代文明起源研究中的重大考古发现，这三大古城是三大王国的国都。《周礼》开宗明义讲"维王建国，辨方正位，体国经野，设官分职，以为民极。"即把辨正方位作为"建国（都）"的首要大事，它是一切工程建设和制度建设的基础。这是新石器时代晚期形成的传统，到周朝完全礼制化并通过文本规范化了。古城的方向一般根据中轴线或者城墙的走向来确定，周朝规定"王城"必须居天下之中、合四正方位，要求城墙走向与四个正方向平行。在此之前很多古城有自己的朝向方位，在夏朝以前形成了以良渚、陶寺和石峁古城为代表的三大方位体系。良渚古城是典型的四正方位，陶寺古城是典型的四维方位，两者合起来就是八分方位，即后世所称的"四面八方"。石峁占城主要是六分方位，后世所称的地平"十二辰"即源于此，详论如下。

一、石峁城的地貌环境

现在讨论石峁城的方向主要有三个方面的依据，一是皇城台的方向，二是外城东门的方向，三是内城的城门和角楼的方向。石峁古城的方向与环境地貌密切相关，先来看古城所在周边地区的地理环境。

石峁遗址位于陕西省神木市毛乌素沙漠南缘、明长城高家堡附近，古城建筑在黄河一级支流秃尾河与二级支流洞川沟交汇的台塬峁梁之上。秃尾河流域总体地势西北高东南低，上游主要是沙漠区，地势平坦；中游主要是沙丘和黄土丘陵沟壑区，水流较分散；下游两岸主要是陡峭的岩石，河谷下切。根据分形地貌理论[1]，水系河网的分维值反映了地貌发育的阶段性特征，黄土高原大部分流域处于侵蚀发育的幼年期（地形分维值 D<1.6），水系尚未充分发育而河网密度小，地面比较完整而河流深切侵蚀剧烈；只有秃尾河（D=1.8951）与窟野河（D=1.7065）的河网分维值 D 超过1.6，可能处于侵蚀发育的壮年期，地势起伏较大，切割平面支离破碎，崎岖不平[2]。

也有学者认为，由于秃尾河、窟野河流域处于鄂尔多斯稳定地块，受到下伏基岩古地形影响，加之流域地势平均坡度较小，致使流域的圆度率较大等等，因此窟野河、秃尾河流域处于地貌演化发育幼年期，河流切割速度较快，土壤侵蚀严重，属于未均衡的幼年期地形；无定河、延河、洛河流域属于均衡的壮年期地形；汾河、渭河流域属于老年期地形[3]。总之普遍认为秃尾河流域是黄土高原强烈土壤侵蚀区。

石峁遗址地表支离破碎、沟壑纵横，四千多年以前就是如此，有两方面的证据可以参考。一是

2011年陕西省考古研究院组织联合考古队进行区域系统考古调查，发现石峁遗址由皇城台、内城、外城组成完整封闭的"三套城"，2012年又进行复查确认。内城、外城除城墙上部有坍塌之外，地表高度大多残存1米以上，基本没有毁坏城墙根基的迹象，并且发现有城墙越沟的现象，内、外城墙均有石墙由沟底攀山坡而上，在断崖处采用堑山砌石的方法垒砌，外城还发现在沟壑底部加宽的石墙，上述遗迹将石峁城基本闭合起来，形成相对封闭的空间[4]。二是此次复查以自然沟壑为界，区分为16个相对独立的地理小单元（梁峁），发现这些独立峁梁上密集分布着居址、墓葬等龙山文化遗存，一些房址甚至修建在下切沟壑的基岩平台之上，大多沿坡面分布。由此推测，石峁遗址的总体地貌四千年来似乎没有太大变化[5]。

考古工作的结论并不支持上引地貌演化发育还处于"幼年期"的假说，反而证明秃尾河流域地形分维值D=1.895的结论是符合事实的。根据分形地貌的理论，李后强、艾南山和何隆华先生等提出划分流域地貌发育阶段以分维值1.89作为侵蚀中期和晚期的临界值[6]，按此标准，则秃尾河流域已进入地貌发育晚年期。我们认为就石峁遗址局地所见，其分水岭山脊变得浑圆，谷坡变得平缓，河流两岸主要是岩石，整个地貌属于低丘宽谷，其地貌发育至少已越过幼年的深切侵蚀期而进入壮年后期，侵蚀基准长期稳定，属于均衡调整期。正因如此，四千年前"堑山堙谷"的古城墙才得以完好保存至今。

基于以上分析，我们在讨论石峁城的方向时，不必考虑山形地貌是否发生了较大变化。石峁古城的方向肯定与山脉河流的走向有关，但秃尾河、洞川沟以及皇城台东南坡下的石龙西沟等，四千年来基本上没有什么变化。山梁峁塬也大体保持原貌，从皇城台能看到的最高处几乎都被外城墙所占据，为防止外敌和猛兽入侵，内、外城墙均深入沟底，连续而封闭，这一基本格局从形成以来就没有改变。

二、"石龙"地形与皇城台的寅正方向

虽然秃尾河流域的总体地势西北高而东南低，但石峁遗址古城圈内的地势却是东北高而西南低，这是分形地貌的特征，即整体相似性之下的局地差异性，局地可以有无限精细的结构。石峁地势主要受到洞川沟和连岗山形的影响，城圈内的山地主要由北侧皇城台所在的一条长条形峁梁，和南侧外城墙所在的分水岭——一连串的连山岗地组成，中间由洞川沟的支流石龙西沟，自东北的后阳湾高地向西南的洞川沟入口处，冲刷成上窄下宽的宽广谷地。

北峁梁沿着洞川沟东侧分布，其东端起自东城墙中段（两马面中间），其北部山脊大约沿着北偏东60°（一个纪限角）或西偏南30°（一辰限角）的方向线，向西南延伸至石窑圪台，坡度逐渐降低；中部经过低矮的马鞍部，然后抬升到南部的皇城台（台城）；再继续沿着西偏南30°方向降至谷底，止于内城北城墙在河口处修建的角台。为了叙述方便，下文称皇城台所在的峁塬和山梁为"皇城台峁梁"。

正如地名"石龙西沟"所言，石峁的地形犹如一条石龙，龙头在皇城台，龙的身尾就是外城墙所在的连山岗，实际上是一条分水岭。石龙西沟除上源之外，其南侧尚有三个大的冲沟支流，下切冲刷成宽谷，切割出四块较大的独立峁塬，加上皇城台峁梁北端的一块独立峁塬，共同组成石龙的

四肢和龙尾。整个山形如同一个"勿"字形，像一条卷曲的"句龙"。这条石龙向西弯卷，故可称为"石龙西勾"（图一）。

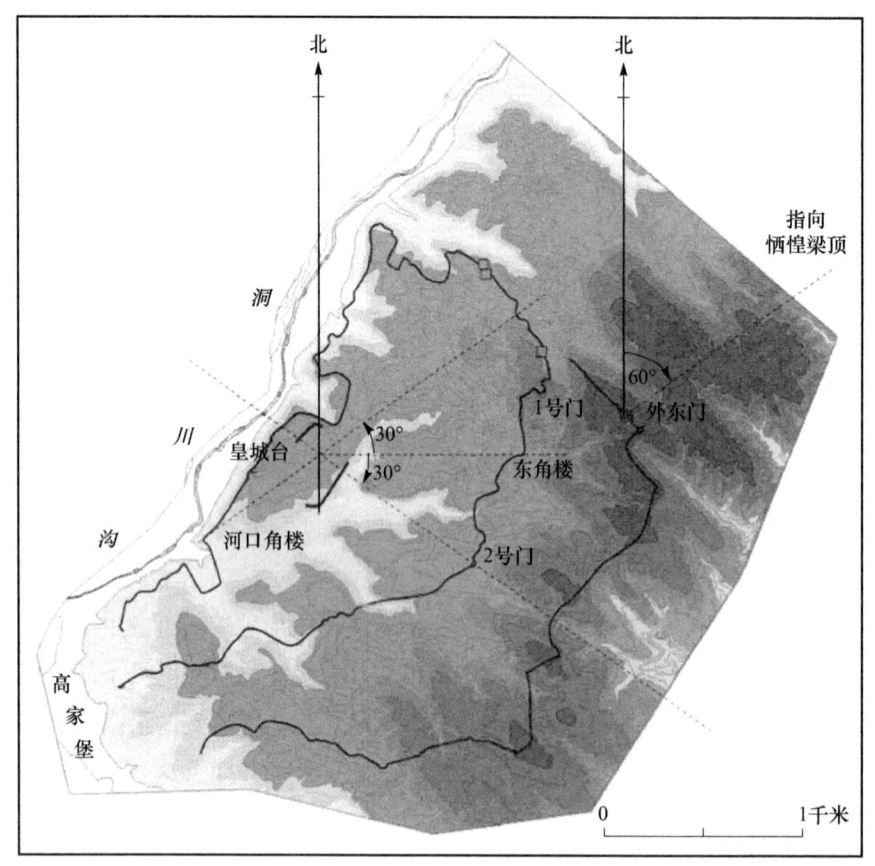

图一　石峁古城地形与方位图

石峁内外城的总面积超过 400 多万平方米，单纯从数值上看是龙山时代晚期最大的古城。然而如上所论，"石龙"卷曲的形状，亦即分水岭的走向，决定了外城的规模，那种认为石峁城是龙山时代最大古城的说法就出现了问题，因为石峁城的大小是由山形地貌决定的，与社会结构没有必然联系，因此它与良渚城、陶寺城等没有可比性。

与城的规模大小相类似，石峁城的方向也是由地形环境决定的。上述地形地势的特征，表明"皇城台峁梁"的走向，可能主要的决定了石峁城的方向。考古调查和发掘的结论是：皇城台方向不正，平面呈东偏北逾 30° 的圆角方形，此处与外城东门址方向保持一致[7]。

考古报告的结论是非常权威的。从地形等高线图上可以看出，皇城台东面的"獾子畔"至"地牢壕"地段的等高线，基本上呈东偏南 60°（一个纪限角），即与东偏北 30° 的轴线互相垂直（图一）。这一地段基本上是人工包砌的高大护墙，气势宏伟，那么此处的等高线走向反映了人为设定的城墙走向，与之垂直的方向就是皇城台中轴线的方向——东偏北 30°。

东偏北 30° 这个方向，在中国古代"十二辰"方位体系中属于"寅正"方位；即从正北向东偏一个纪限角（60°）是六分方位。从正北向东偏半个象限角（45°）是八分方位，即十二辰的"寅初"方位，在"八卦"方位体系中属于"艮维"。"寅正"方位在八分方位中找不到对应的位置。显然石峁人没有利用八分方位，而是采用了六分方位。

三、外城东门的寅正方向

考古工作者根据发掘工作和测年数据，初步判断石峁城址三重城垣在修建年代上存在先后关系，皇城台的"台城"最早，建筑在龙山中期或略晚，约公元前2300年；然后在其外围修城，以保护"台城"；最后在分水岭上修外郭城，形成宫城、内城、外城"三套城"；外城东门址的建造年代在龙山晚期，约公元前2100年[8]。皇城台门址和外城东门址均以内外瓮城和南北墩台为主要组成部分，表明外城东门址的设计理念承袭于皇城台门址。然而事实表明，外城东门的方向并非简单的由皇城台的轴线平移而来，而是有其自身的准线。

2019年吕宇斐先生发表论文公布在石峁外城东门址所做的日出观测和研究结论，认为其门道精确的朝向4300年前的夏至日出方向[9]。这个结论存在几个问题：首先，古人站在门道内根本看不到日出，因为有外瓮城遮挡在前面；其次，外东门的真实方向如考古报告所言是东偏北30°，实测夏至日出方向是东偏北31°，两者相差1°，即相差两个太阳宽度，这是不能用误差来解释的；最后，由岁差原理可知，四千年前夏至日出比现在更加偏西0.5°，即偏离门道方向1.5°，两者更加不可能是同一方向。

关于石峁外城东门址的方向，考古简报《陕西神木县石峁遗址》首次公布了它的平面图，孙周勇、邵晶《瓮城溯源》一文再次发表此图[10]，2016年文物出版社出版的《发现石峁古城》收录《瓮城溯源》并增加了部分线图。根据最新公布的外城东门址平面图，可知其中轴线方向是北偏东60°（图二），亦即东偏北30°，与皇城台中轴线的寅正方向高度一致。从外东门的平面图上可以看出，中轴线的位置和方向并非受到门道或门塾两侧边墙的约束，而是受到南北墩台外侧墙基以及外瓮城墙基的严格限定，即中轴线与墩台及瓮城外侧墙基互相垂直，这个方向很容易测知，就是从正北（子正）向东偏一个纪限角（60°），中国古代称"寅正"方位。

事实表明外东门的寅正方向不可能由日出方向确定，应该另行解释。虽然吕宇斐先生的结论难以成立，但他在现场拍摄的夏至日出的实景照片，非常具有科学价值，我们将其描绘成摹本，足以说明东门方向的来历（图三）。

在夏至日出实景照片上可以看到，外东门址门道的中轴线指向远处的一处山顶，这座山十分平缓，但明显可以看出山顶的最高处就在门道所见的中央，山顶两侧平缓地向南北方向降低开来，似乎有一个尖峰作为标志出现在门道中轴线的视线方向的末端。这个尖峰西侧是夏至日出地点，日出时半个太阳所出现的位置，东距山顶尖峰约两个太阳宽度（一个太阳宽度约0.5°）（图三）。按照吕宇斐所测夏至日出方向东偏北31°，那么这个尖峰在门道中的方向就是东偏北30°——寅正方位，与孙周勇、邵晶等先生在考古报告和论文中指出的"外城东门址方向"高度一致。这种情况表明外东门的建造者把门道中轴线照准在远山的顶峰，并有可能在这里设置了人工标志。

外东门所见山峰，邵晶先生在《大众考古》杂志撰文描述是"今石峁遗址外城东门北约3千米处的恓惶梁山头，该地点至今仍有一座高大的圆形夯土'墩台'"，并公布了这处"恓惶梁地貌"的照片，可见有一座圆形的土楼或烽火台位于恓惶梁山顶[11]。由于它位于外东门的中轴线上，是门

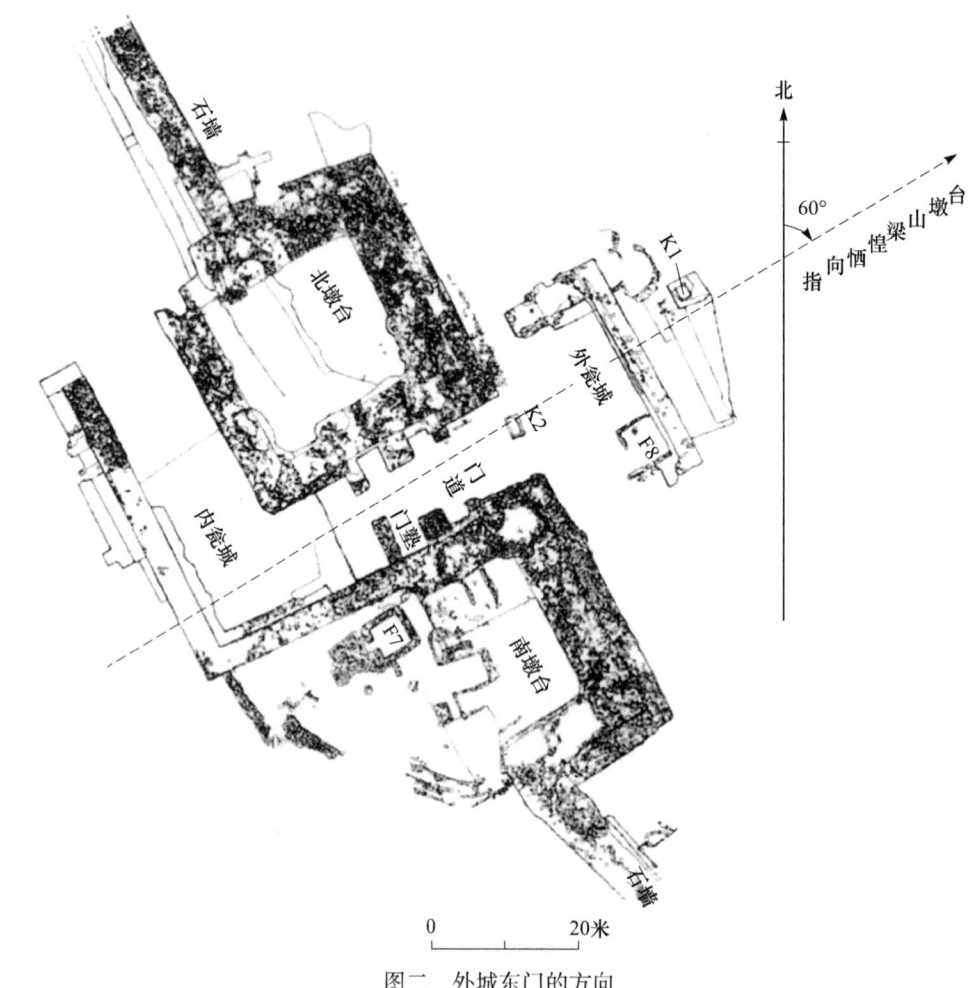

图二　外城东门的方向

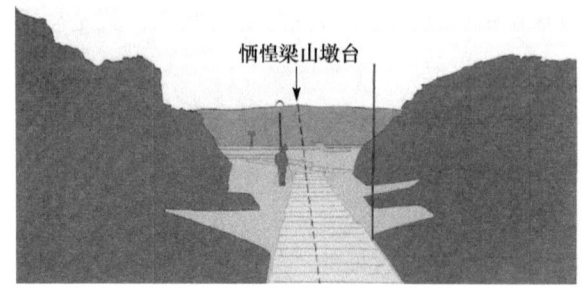

图三　外城东门夏至日出图摹本

道中所见的制高点和最远处，我们不妨把这处恓惶梁山墩台称之为"望门峰"。由于"望门峰"远在3千米之外，而门道的宽度十分窄小，在门道内移动不会发现"望门峰"的方向有明显改变，故此中轴线方向不受门道宽窄及侧壁位置变化的影响。

四、城外寅正方向的神山——恓惶梁山

　　外东门是整个石峁城的最高峰，在没有修建外城墙以前，古城的最高峰在内城1号城门所在的山头，而外东门址充当内城门的望门峰；修建外城时，原来的望门峰变成东门址，恓惶梁山则成为新的望门峰。望门峰的存在可能与聚落的神山有关。

　　《左传·庄公三十二年》（公元前662年）载"秋七月，有神降于莘。惠王问诸内史过曰：'是何故也？'对曰：'国之将兴，明神降之，监其德也；将亡，神又降之，观其恶也。故有得神以兴，亦有以亡，虞夏商周皆有之。'"《国语·周语》载内史过曰："或见神以兴，亦或以亡。昔夏之兴也，融降于崇山；其亡也，回禄信于聆隧。商之兴也，梼杌次于丕山；其亡也，夷羊在牧。周之兴也，鸑鷟（凤）鸣于岐山；其衰也，杜伯射王于鄗。是皆明神之志者也。"

内史过论神，揭示了一个普遍现象，即大型王朝的兴起，都与著名的神山和降神事件有关，这座神山位于都城或者宗庙的附近，是周边地区的最高山。春秋时期的晋国曾经把神降之山称为"绛山"，把国都称为"绛都"，就是源自上古降神的传说故事。

石峁古城的望门峰可能就是当时的神山和神降之所。神山上有"通天柱"[12]，天神由此降到人间，被迎神者引导入城门，沿着东城墙来到台城的主轴线上，然后由高至下直线到达皇城台享受神殿中的祭祀。从外东门到东城墙沿线发现的人头骨可能就是"祖道"设祭的遗迹。这就是为什么外东门要照准恓惶梁山头的原因。可能在石峁人的观念里，恓惶梁山是天神下降到人间的天梯，因此在这里用夯土兴筑起圆形的墩台，就是"通天柱"的形状。后世对名山大川举行的祭祀称为"望"祭，所谓"望祀山川"即源于此。

十分诡异的是，外东门高地与"望门峰"居然连成寅正方向，与皇城台的方向高度一致，这是很难解释的。因为皇城台是人工包砌的，完全可以而且已经修整了边墙的走向，使之完全符合人为设定的方向；但是两个相距遥远的自然山峰，没有人工修改方向的可能，为什么会一定符合早前修建的皇城台方向呢？我们的解释是，可能在早期石峁人的观念里，寅正方向就是神来的方向，望祭天神要朝准这一方向，故此修建皇城台为寅正方向；后来新朝代的统治者发现在现有神山的寅正方向，还有更远、更大、更高的山峰出现在视线的末端，于是受到"神"的启示，扩建了外城，并在直线最近的远山顶上修建了"望门塔"，使"天神"来到人间更加方便。

《史记·周本纪》记载周武王灭商后曾因"未定天保"而"自夜不寐"，对周公说要"定天保，依天室"，即要依靠在"天室"附近建都城。这个"天室"一般认为是嵩山的"太室山"[13]。《逸周书·度邑解》载武王曰："其惟依天，其有宪命，求兹无远；天有求绎，相我不难……无远天室，其曰兹曰度邑。"这就是后来周公营建成周洛邑的由来。武王强调在神山附近建都城，对于天神求我（享祀）、我求天神（福佑），都很方便。这种思想并非从周朝开始，应该从夏朝以前就有了，石峁古城就是一例。

以上是从宗教神学的角度进行的解释，当然也可以从军事防御的角度予以解释：兴建外城是保护台城的需要，台城北邻绝壁深谷，从其余三面望去的制高点连成分水岭，在这条山岭上可以居高临下，俯瞰外敌，于是在这条连山岗上修建外城，可以确保内城和宫城的安全。特别地，恓惶梁山是与北方沙漠地区游牧民族分隔的天然屏障，在这里设立瞭望塔，一旦发现敌情可以使城内得到提前预警，迅速关闭城门。还可以从商业贸易的角度予以解释：恓惶梁山墩台是商路上的标志塔，可以给沙漠中的远客指明方向。这三者也可以综合起来进行解释，按照"文化功能主义"的观点，文化具有实际功能和使用价值[14]，例如我们看到的宗教祭祀是一种普遍的文化现象，某个具体对象或者祭祀活动可能具有军事或商业等实用性功能，很多庙宇就建在要塞或商路和市场之所，古往今来莫不如是。

五、内城的方位与原点推测

石峁台城和外东门的方向是寅正方向，内城的方向也与此有关。假设石峁人在台城原点上已经测得正北（子正）方位，很容易证明：向东偏转一个纪限角（60°）是东偏北 30° 即寅正方向，它是台城的中轴线；再加一个纪限角是东偏南 30° 即辰正方位，内城的 2 号门（东南门）就在这个方向上；再加一个纪限角是正南向（午正），台城的拐角在这个方位上；再加一个纪限角是西偏南 30° 即申正方向，河口的角楼在这个方位上（图一），因此内城采用了基于正北的六分方位（图四）。

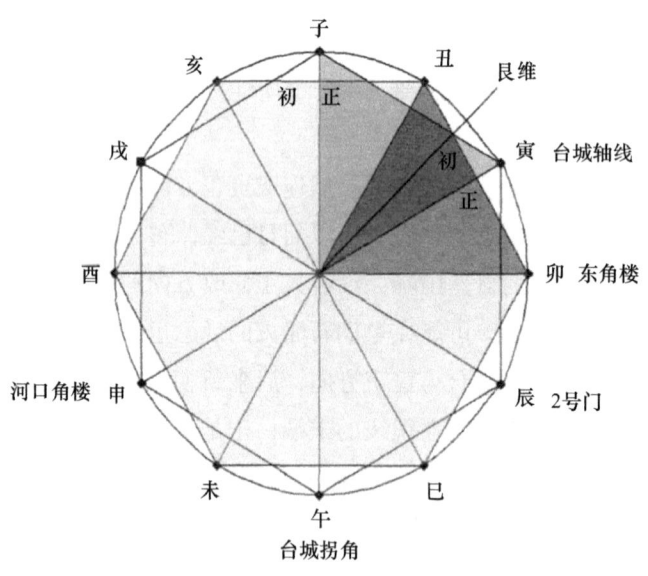

图四　石峁城的方位示意图

这里需要说明石峁人如何划分六分方位。首先做一个等边三角形，每个角都是一个纪限角（60°），再连接顶点与底边中点就得到一辰限角 30°，易知一辰限角的对边是斜边的二分之一。假设石峁人在台城上已经测得正北（子正）方位（观测方法详后），把等边三角形的一个顶点置于观测原点上，将其中一条侧边对准子正方向，另一个顶点就是寅正方向；依次累加一个纪限角（60°），先后得到子、寅、辰、午、申、戌六个方位，这六个顶点连成正六边形，把以原点为圆心、以边长为半径的圆周分割为六等份。

由六分方位发展到十二分方位是很自然的，例如将等边三角形的底边对准卯正方向，原点如前不变，其顶点就是丑正方向；依次累加纪限角（60°），先后得到丑、卯、巳、未、酉、亥六个方位，连接顶点得到另一个正六边形。两个正六边形交错排列，就得到"十二辰"方位（图四）。

"十二分"方位与"八分"方位都有子午、卯酉方向，其余方向则不能对应，只有将"十二辰"再分为"初""正"二小辰，才能有"寅初"等方位与四维卦对应起来（图四），于是形成中国古代的"二十四"方位。从数学上讲，就是 8 与 12 的最小公倍数是 24，因此从逻辑上可以肯定，"二十四"方位是调和"十二辰"和"八卦"方位的结果，一定是晚出的。我们还没有证据说石峁人使用了"二十四"方位，但可以说已经发明和使用了"十二分"方位。石峁人采用的"十二分"方位，与陶寺人采用的"八分"方位，是两个不同的度量系统。

也许有人要问，四千年前是否已有等分圆周的几何知识？在此之前古埃及金字塔证明人类早期文明已经具有发达的几何知识，石峁古城并非人类最早的文明，具有并不复杂的几何知识是符合情理的。《周髀算经》卷上载："昔者周公问于商高……商高曰：'数之法，出于圆方，圆出于方……故禹之所以治天下者，此数之所生也。'"商高的意思是说用一把尺子去丈量圆周就能得到周长的数值，这相当于把圆周等分为正多方形，故曰"圆出于方……数之所生"。世界上古文明中，一般把圆的半径作为丈量圆周的尺子，得到"周三径一"的圆周率[15]，以及圆内接正六边形。《周髀算经》的圆周率是 π=3，而石峁人正是利用正六边形得到寅正、辰正、申正等方位的，商高说是"故禹之所以治天下者"，即是从夏朝传承而来的知识，这与石峁古城的年代也是符合的。

需要特别注意的是，内城东南门（2 号门）的辰正方向（东偏南 30°），有可能与冬至日出观象活动有关。从东南门朝辰正方向看，其制高点是外城墙分水岭的一个马鞍部，此马鞍部西侧是一条向城内西北方向冲刷的大冲沟，东侧是向城外东南方向冲刷的大沟壑，两条对冲沟几乎沿着同一条直线而朝相反的方向侵蚀下切，从而形成独特的自然景观：在巨大的连山背景上出现一个大山阙，整个古城中只有这一方向才能看到最低位置的日出；同时也是台城或者东南门所见的日出方位的最南点。因此在这个方向的山阙中观测日出，能够得到大致准确的冬至日期，冬至前后举行的迎日祭祀活动等，当与此天象观测有关。

根据吕宇斐先生等在外城东门所作的夏至日出模拟观测，夏至日出方位是东偏北 31°，从外东门看去的远山大致可以归入与东门等高的地平面，故此观测值可以近似看作是地平方位值。准此则冬至日出的地平方位应该是东偏南 31°，四千年前大约是东偏南 31.5°。内城东南门位于一个倒栽坡上，看不到地平方位上的日出，只能看到分水岭山阙上被抬高了的日出，方位角是辰正方向——东偏南 30°，比日出地平方位北移了 1.5°，据此估计与冬至日期的误差在 ±2—3 日左右。《左传》僖公五年、昭公二十年有两次关于"日南至"的记载，据考查它们与实冬至相差两至三天[16]，石峁古城的冬至观测精度与东周时代处于大致相同的水平。

如果上述理论成立，那么反过来可以推测皇城台观测原点的具体位置：①过内城东南门（2 号门）作东偏南 30°（辰正）方向线；②用三点一线"叁望法"引至皇城台，穿过台城南北两边的宫城墙；③以辰正线与宫墙的两个交点为端点，测量它们之间的正中点，此线段的正中间就是台城的观测原点；④过此原点作寅正方向线，就是皇城台的中轴线，起于内城东城墙的两个马面中间，止于河口角楼；⑤皇城台原点位于宫城的前半部（图一），在此处是否有标志性建筑或遗迹，有待今后的考古工作予以说明。

当我们在图纸上完成上述作业后，十分惊奇地发现：台城原点的正东方——卯正方向上是内城的东角楼！此角楼以北长达 270 多米的城墙，几乎呈南北子午方向垂直南下，至此角楼处突然向西急拐弯 90°，在整个城墙走势中形成一个非常显眼的大尖角，出现在台城的正东面。在此建角楼可能有地形的影响、军事防御的需要等，但我们认为还应考虑它可能是一种方位标志。这个方向不在六分方位中，它的发现说明石峁人在筑城中已经使用了十二分方位，并且佐证了我们对台城基点的推测是可信的。

六、"玉璇玑"与定位方法

前文的论述有一个前提，即假设石峁人已经测得正北（子正）方向，然后利用纪限角划出六分方位，现在讨论石峁人如何测得正子午方向。石峁人是否已知正北方向？回答是肯定的。《夏小正》记载"正月初昏……参中，斗柄悬在下。"这里的"斗柄"指北斗第四星天权（大熊座 δ）和第七星摇光（大熊座 η）的连线[17]。很容易验证这个天象的真实性：利用共享软件 SkyMap 天文演示软件，将年代设置在公元前 2000 年，地点设置在石峁城的地理纬度 38° 34′ 54.5″（38°.5818N），然后观察太阳位置及其地平高度，以调整观测日期和时刻，日期控制在立春节（太阳黄经 315°）前，观测时刻控制在太阳入地平下 6° 左右（初昏）。实际天象确实如《夏小正》所言：参星（猎户座腰带三星）位于南中天即北极与天顶的延长线上，斗柄连线（北斗四—北斗七）指向天顶，这就是"参中，斗柄悬在下"。据胡铁珠女士的研究，《夏小正》中全部星象的年代是一致的，这些星象大约在夏朝与二十四节气偕同出现在月初[18]。其中大部分天象是"中天"星象，必须利用"天子午线"进行观测。《尚书·尧典》记载的"四仲中星"也必须用到天子午线[19]。同时代的石峁人肯定也能观测"天子午线"，问题是他们采用了什么样的定位方法？

根据《周礼·考工记》《淮南子·天文训》《周髀算经》等记载，"辨方正位"的方法主要有三种，一是"为规（圆）识日出之影与日入之影……以正朝夕（东西）"，二是"昼参诸日中之影"以定正南，三是"夜考之极星"以定正北。第一种方法要求大地背景是水平的，石峁城东有高大分水岭遮挡，看不到日出地平线，故行不通；第二种方法因日光散射、影端模糊而很难确定最短日影的位置，只能得到粗略方向作为参考；准确定位一般采用第三种方法。

利用极星测方向时，如果密近北极点有人眼可见的亮星，是非常理想的，例如现在的北极点附近有一颗亮星称为"北极星"（小熊座 α）；距今 5000 年的仰韶时代也有一颗"北极星"，即右枢星（天龙座 α）位于北极点附近，它最靠近北极的年代是公元前 2790 年前后[20]，距离北极点在 0.05°以内，即不超过月亮宽度的十分之一，肉眼是很难察觉的。由于岁差运动等原因，北极点围绕黄极转，公元前 2000 年左右北极点密近位置已经没有人眼可见的亮星（图五）。石峁建城的公元前 2300 年左右，右枢星离开北极点 2.76°（五个半月亮），另一颗亮星帝星（小熊座 β）离开北极点 8.85°，可以说这是一个没有"北极星"的时代，人们必须想出办法去测量北极点（北极枢）的位置。只有测定北极点，才能为建造城市确定方位基线。

《周髀算经》记载测"北极枢"的仪器是"璇玑玉衡"，原理是测量靠近北极的亮星画出的圆形轨迹，其圆心就是"北极枢"。清末吴大澂《古玉图考》最早指认古物中的"玉璇玑"是"正天文之器"[21]。这类玉器在玉璧或玉环上附加三个旋臂，在旋臂终止端形成三个牙口，故称"璇玑"或"牙璧"。这类玉器数量不多，但在龙山时代和夏商时期广泛存在，石峁城也发现了这类玉器，《发现石峁古城》书中称之为"牙璧"或"玉牙环"[22]，有必要对"玉璇玑"的研究情况略加介绍。

学术界对"玉璇玑"的定名和功能有较大分歧。夏鼐先生认为是玉璧环，应称为"牙璧"，起源于仰韶文化的三联璧和大汶口文化的玉璧，其用途可能是带有礼仪或宗教意义的装饰品[23]。曲石先生认为是一种简单的天象观测用具[24]。尤仁德先生否定了璇玑和牙璧的说法，将其定名为

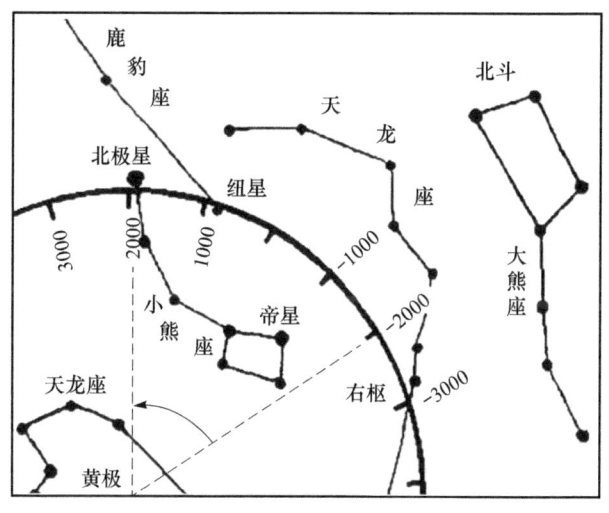

图五　5000 年来北极的变迁

"日晕形佩"，认为是一种象征太阳神用以祈雨的日晕形佩饰[25]。安志敏先生认为"牙璧"起源于大汶口文化的玉璧，盛行于龙山文化，延续到商周，属于佩饰的一种[26]。栾丰实先生认为牙璧年代始于大汶口文化中期，首先产生于山东和辽东半岛南部，后来主要向西部扩散，推断其具有装饰、祭祀和宗教礼器、其他特殊功用等三种功能和用途[27]。杨伯达先生将其称之为玉圆孔边刃三牙器，认为其功用是女巫事神的神器[28]。陆思贤先生认为牙璧是一种机械工具，古代织布机上的附件等等[29]。

比利时学者亨利·米歇尔 1956 年发表《璇玑玉衡的一个解释》[30]，提出"璇玑玉衡"是把玉琮插入牙璧圆孔中组合而成的观测仪器，手举仪器伸向眼睛的前方，从圆孔和锯齿状边缘中显露出拱极星座的恒星，约略可以测定北天极和分、至点的位置，其功能类似于后世的牵星板。李约瑟非常推崇米歇尔的解释，把璇玑这种仪器称为"拱极星座样板"[31]。李政道先生采用米歇尔的解释，手绘并注明了牙璧半径和玉琮长度之间的比例关系，其数据表明这种仪器非常适合于人类做裸眼观测。他认为"璇玑玉衡"是我国天文学仪器发展史上的一项重要创举，也是望远镜发明以前人类从事天文观测一项重要发明，证明我国的科学传统源远流长[32]。

我们认为讨论"玉璇玑"是否具有天文功能，主要看璇玑的形状和北极区的星象是否有互相吻合的特征。寻找北极点需要利用拱极星画出的圆弧，单颗星或邻近两星（纬度接近）一个晚上只能画出半个圆弧，另一个半圆要靠北极对面的亮星补上，但可能不在同一个圆上。四千多年前北极附近有而且仅有两组双连星位于北极互相对冲的位置，一组是"帝（小熊座 β）—太子（小熊座 γ）"星，对面一组是"玉衡（大熊座 ε）—开阳（大熊座 ζ）"星；两组星的连线大致平行并且正对着北极互相对望（图六）；"帝—太子"星在夜空画出半径较小的圆弧，"玉衡—开阳"画出半径较大的圆弧，两者以北极点为中心互相对称。

"玉璇玑"正是根据这种天象特征设计的：牙口离中心近，适合照准"帝—太子"星；旋臂离中心远，适合照准"玉衡—开阳"星；内圆空腔显示北极点在圆心。按此方法，我们把石峁城发现的"玉牙环"放到公元前 2300 年的北极区，把"太子星"恰好置于牙口的拐角处，对面的旋臂尽量抵近"玉衡—开阳"星，但以牙口不掩盖"太子星"为限制；左右两侧有左枢（天龙座 ι）

和上辅（天龙座λ）星出现在旋臂的边缘附近，限制璇玑在中间。如此照准之后，发现北极点果然在圆心之上（图六），参照右枢星位置估计误差不超过 0.25°，即半个月亮之内，这在新石器时代足够准确了。

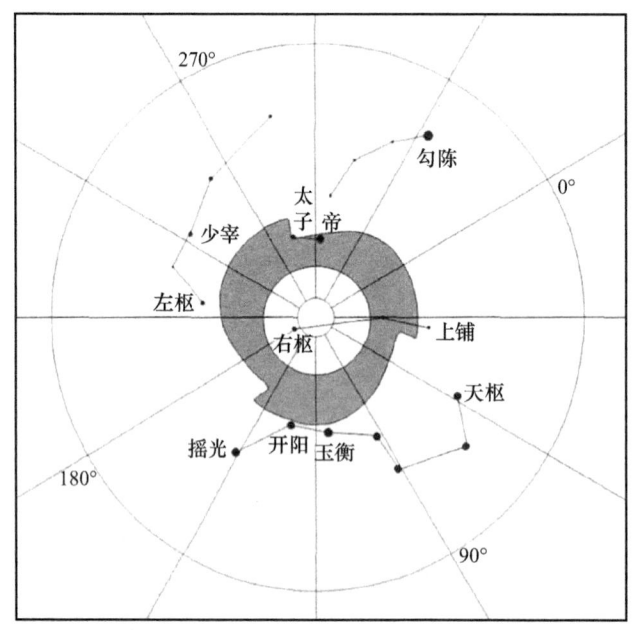

图六　玉璇玑的使用方法

实际上人们不必观测一整个晚上，即不需要拱极星画出完整的半圆弧，复原一个圆只需要半个象限（45° 扇形区）就可以了。"玉璇玑"正是基于这种需要设计的，粗略地估计大致符合一个基本模型：牙口的中心距是小圆的半径，画出半个象限弧（45°）；旋臂的中心距是大圆的半径，也画出半个象限弧（45°）；它们之间大约有半个纪限（30°）的区间是过渡带，使得边缘曲线平滑过渡，看不出痕迹。于是有：3×（45°+30°+45°）=360°。这就是"玉璇玑"利用两对星做观测，却有三个旋臂的原因，它很方便在夜晚的任意时刻和任意方位照准拱极星，从而确定北极点。

玉衡星与帝星的连线大致垂直于斗柄而近似穿过璇玑圆的中心，从而使北斗七星好像变成了一杆秤——这大概是它被称为"玉衡"的原因。形象地说，用旋臂抵着玉衡星——大概就是"璇玑玉衡"了。

以上是利用"玉璇玑"在恒星背景上确定北极点的方法，《周髀算经》记载了将北极点引到地平面上来的方法："正极之所游，冬至日加酉之时，立八尺表，以绳系表颠，希望北极中大星，引绳致地而识之。又到旦明日加卯之时，复引绳希望之。首及绳致地而识其两端，相去二尺三寸，故东西极二万三千里。其两端相去正东西，中折之，以指表，正南北。"钱宝琮先生有图解法可以参考（图七）[33]。

这个方法就是测"璇玑四游"，须在冬至日进行，因为冬至夜晚最长，可测得大于半周的圆弧。其方法是立八尺表测望"北极中大星"，将其"四游所极"通过"表颠""引绳希望"延至地平面；类似于通过表端的针孔成像，在地平面上得到反向的"四游"极点，交叉连接极点，可以确定"正东西"和"正南北"方向。

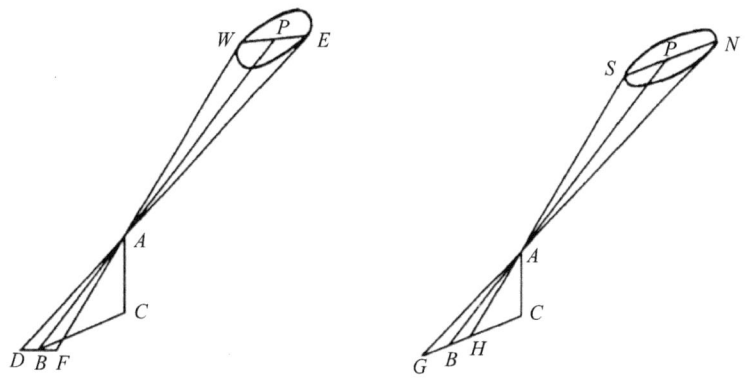

图七 "璇玑四游"图

W：极星西游所极　　　　S：极星南游所极
E：极星东游所极　　　　N：极星北游所极

注：立表 AC，引绳希望表颠 A，将璇玑四游 E、W、N、S 及正北极 P，
引至地平，得西、东、北、南四方 D、F、G、H 及地中 B，连 BC 得正南北向

　　石峁城内看不到日出地平线，无法通过测日影来辨正方位，然而石峁的"三套城"都有精准的方向线，说明他们可能掌握了"璇玑玉衡"的定位方法，还有测"璇玑四游"仅需要很小的地平面，这在石峁城内进行毫无问题。又发现有"玉璇玑"器类，更加证实石峁人具有测定"北极点"的能力，从而为全城确定准确的方位基线。按照《周礼》所言，只有掌握了"辨方正位"之术，才能"以建王国""为民立极"，因此石峁古城的准确方向，是石峁人享有高度发达文明的象征。

　　附记：本项目为郑州市政府资助项目"郑州地区仰韶时代的天文学遗存研究（项目编号：SKHX2018385）"。作者在石峁考察期间得到邵晶先生热情接待，并与何努同志进行了有益讨论，谨志。

注　释

［1］ 李后强、艾南山：《分形地貌学及地貌发育的分形模型》，《自然杂志》1992 年第 7 期；艾南山、李后强：《从曼德布罗特景观到分形地貌学》，《地理学与国土研究》1993 年第 1 期；赵锐、赵宏、何隆华等：《地理现象分形研究》，《地理科学》1994 年第 1 期；何隆华、赵宏：《水系的分形维数及其含义》，《地理科学》1996 年第 2 期。

［2］ 张建兴、马孝义、赵文举等：《黄土高原重点流域河网分形特征研究》，《泥沙研究》2008 年第 5 期。

［3］ 李晨瑞、李发源、马锦等：《黄河中游流域地貌形态特征研究》，《地理与地理信息科学》2017 年第 4 期。

［4］ 孙周勇、邵晶、邵安定等：《陕西神木县石峁遗址》，《考古》2013 年第 7 期。

［5］ 孙周勇、邵晶：《石峁：过去、现在与未来》，《发现石峁古城》，文物出版社，2016 年。

［6］ 李后强、艾南山：《分形地貌学及地貌发育的分形模型》，《自然杂志》1992 年第 7 期；何隆华、赵宏：《水系的分形维数及其含义》，《地理科学》1996 年第 2 期。

［7］ 孙周勇、邵晶、邸楠等：《陕西神木县石峁城址皇城台地点》，《考古》2017 年第 7 期；孙周勇、邵晶：《陕西神木石峁遗址皇城台发掘取得重要收获》，《中国文物报》2020 年 2 月 7 日第 5 版。

［8］ 邵晶：《试论石峁城址的年代及修建过程》，《考古与文物》2016 年第 4 期；孙周勇、邵晶、邸楠等：《陕西神木县石峁城址皇城台地点》，《考古》2017 年第 7 期。

［9］ 吕宇斐、孙周勇、邵晶：《石峁城址外城东门的天文考古学研究》，《考古与文物》2019 年第 1 期。

［10］ 孙周勇、邵晶、邵安定等：《陕西神木县石峁遗址》，《考古》2013 年第 7 期；孙周勇、邵晶：《瓮城溯源——以石峁遗址外城东门址为中心》，《文物》2016 年第 2 期。

［11］ 邵晶：《九十年前的一段石峁记忆》，《大众考古》2018 年第 6 期；陕西省考古研究院、榆林市文物考古勘探工作队、神木县文体广电局等：《发现石峁古城》，文物出版社，2016 年，第 9 页。

［12］ 张光直：《考古学专题六讲》，文物出版社，1986 年，第 7 页。

［13］ 武家璧：《周初"宅兹中国"考》，《考古学研究（八）——邹衡先生逝世五周年纪念文集》，科学出版社，2011 年。

［14］〔英〕马林诺夫斯基著，费孝通等译：《文化论》，中国民间文艺出版社，1987 年，第 14 页。

［15］〔美〕H·伊夫斯，欧阳绛译：《数学史概论（修订本）》，山西经济出版社，1986 年，第 31、89 页。

［16］ 陈美东：《古历新探》，辽宁教育出版社，1995 年，第 52 页。

［17］ 陈久金：《北斗星斗柄指向考》，《自然科学史研究》1994 年第 3 期。

［18］ 胡铁珠：《〈夏小正〉星象年代研究》，《自然科学史研究》2000 年第 3 期。

［19］ 武家璧：《〈尧典〉的真实性及其星象的年代》，《晋阳学刊》2010 年第 5 期。

［20］ 武家璧：《上古天文学的起源》，河南人民出版社，2019 年，第 45 页。

［21］（清）吴大澂：《古玉图考》，光绪十五年刻本，第 50—54 页。

［22］ 陕西省考古研究院、神木县石峁遗址管理处、榆林市文物考古勘探工作队等：《发现石峁古城》，文物出版社，2016 年，第 229、241 页。

［23］ 夏鼐：《商代玉器的分类、定名和用途》，《考古》1983 年第 5 期；夏鼐：《所谓玉璇玑不会是天文仪器》，《考古学报》1984 年第 4 期。

［24］ 曲石：《为璇玑正名》，《文博》1988 年第 5 期。

［25］ 尤仁德：《璿玑新探》，《考古与文物》1991 年第 6 期。

［26］ 安志敏：《牙璧试析》，《东亚玉器》（第 1 册），香港中文大学出版社，1998 年。

［27］ 栾丰实：《牙璧研究》，《文物》2005 年第 7 期。

［28］ 杨伯达：《莱夷玉文化板块探析——胶县三里河大汶口文化玉器解读》，《故宫博物院院刊》2009 年第 6 期。

［29］ 陆思贤：《新石器时代原始先民对"机械运动"的认识——论"璇玑"》，《内蒙古大学报（汉文哲学社会科学版）》1986 年第 3 期。

［30］〔比〕亨利·米歇尔：《璇玑玉衡的一个解释》，《天文学报》1956 年第 2 期；郑文光：《中国天文学源流》，科学出版社，1979 年，第 164 页。

［31］〔英〕李约瑟：《中国科学技术史》第四卷《天学》（第一、二分册），科学出版社，1975 年，第 205、392—397 页。

［32］ 李政道：《以天之语，解物之道》，《物理》2008 年第 12 期。

［33］ 钱宝琮：《盖天说源流考》，《钱宝琮科学史论文选集》，科学出版社，1983 年，第 382 页；陈遵妫：《中国天文学史》（第一册），上海人民出版社，1980 年，第 175、176 页；潘鼐：《中国恒星观测史》，学林出版社，2009 年，第 167、168 页。

（原载于《三代考古》（年刊）2021 年）

石峁皇城台城门复原和早期城建技术

国庆华　孙周勇　邵　晶　邸　楠

石峁（古名不明）位于蒙古草原、毛乌素沙漠和黄土高原交界地，上通欧亚大草原，下通中原。石峁遗址是东亚最大的新石器时代晚期至青铜器时代早期石城，城墙内面积4平方千米。2012—2018年，石峁考古揭示出两座城门：东门和皇城台城门。后者比前者更大、更复杂。两者表现出令人印象深刻的连续性和一致性。这些发现令人惊讶，在此之前我们不知道如此规模的建筑、如此复杂的规划和成熟的类型在这一时期的东亚存在。

无论作为建筑实体还是城市元素，不仅在中国而且在亚洲，石峁城门对于史前城建研究都有重要意义，其原因至少有四：①地理上，石峁不在人们熟知的中华文明核心区——中原；②规模上，石峁接近世界早期城建史上最大的城址乌鲁克（Uruk，公元前4千纪）；③设计上，石峁城门为墩台—障墙式，城墙设马面和角台，在国内为最早的实例；④技术上，石峁使用垒石筑墙、夯土墩台外包石墙、石墙内用"纴木"，反映了不同的建筑传统。

我们做的工作是根据遗址对城门进行诠释。诠释基于考古资料，依据已知，揭示未知。我们关注早期城门的建筑类型、结构逻辑和发展序列，把石峁城门放在亚洲城建文化和技术"总图"中诠释。诠释存在自由性。本文从两方面把握这个自由性：用大量的考古资料作为如此重要的早期建筑研究的基础；将新的资料置于更大的文化遗产框架中，用经过考验的适当的方法来进行研究，有系统地加以解释。东亚史前城建遗产问题，其意义和解决途径要靠当时及世界上其他地区更早的资料和研究来作启示、辅导和共同解决。同时，应当指出许多中国境内的资料，其重大的意义不局限在解决中国的城建问题。石峁城门便是这种情形的一个例子。

从建筑出发，研究石峁城门至少有三个角度：第一，建筑过程。在这个过程中，人们使用可用的材料，按照设计，营造为指定功能服务的建筑物。从这个角度看，建筑是技术，包括材料、结构和施工诸方面。第二，使用空间。这里重点不是围合空间的技术，而是创造空间的艺术。从这个角度看，建筑是设计，包括形式、布局和类型。第三，历史变化。从个体方面看，研究石峁城门经历过怎样的修缮或改造。总体来看，城门是重要的城市元素的发展脉络。从这个角度看，石峁城门是城建发展史中的一例。

建筑受自然环境影响、受材料和施工制约、由技术和使用功能决定。如每一类建筑都有一种结构，对于它所服务的特定功能完全有效。对于城门建筑来说，在任何给定时间点，都有一种最适应的结构。本文把石峁城门的形状布局放在地形地貌中，考察类型和地形之间的关系；把城门材料和结构放在技术史中，考察城门营建和改建；把石峁放在亚洲地域中，进行城门规划和设计策略等方面的比较。通过建筑和考古的综合研究，诠释石峁城门的特点。

本文研究皇城台城门的规划类型、设计特点和建筑技术，基于考古证据和建筑逻辑，复原皇城台城门的形状、高度和大门位置。具体方法是用 3D 摄影测量技术收集遗址资料、用参数化设计程序进行门址分析和数据整理、用遗址测绘图做复原建模底图。在分析研究的基础上，诠释皇城台城门的功能。通过与早期城址的若干比较，回答石峁城门的规划设计和建筑技术在世界城建发展史中的位置。

下面从建筑角度研究皇城台门址，关注的中心是建筑物以及与建筑相关的规划和营造。

一、研 究 方 法

皇城台城门建在山坡上，跨十个等高线（具体见下），面积 5300 平方米。受地形限制，在地面上人工测量的精度无法达到令人满意的结果。因此，我们使用航空图像技术——3D 摄影测量。然后，使用 Pix4D mapper 软件建三维模型。最后，绘制一系列建筑图。城门建筑内部尚未挖掘。我们通过研究地貌，推定基址和城门高度，从而得到断面图。石峁三维地形图是基于已有的二维等高线图制成。为了看清地形坡度，我们使用了两个高程间隔：石峁 10 米，皇城台 2 米。图纸完成后，我们将城门平面图按相同的比例叠加在皇城台地形图上；通过城门图和地形图南北向一致保证位置的准确。工作证明，3D 摄影测量足够满足我们对类型和规划的研究。我们通过地形研究布局、从功能角度解读规划。

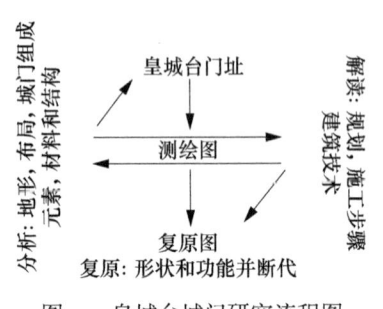

图一　皇城台城门研究流程图

取得数据之后，使用参数化设计软件（Grasshopper）进行基地分析和数据整理。由此，确定了城门的主要特点，并制定了研究策略。我们从两方面入手：一方面按结构系统做类型分类，以帮助理解城门规划；另一方面从营造角度分析结构，以助于了解建筑技术。场地和结构包含规划和设计信息。分析营建顺序和建筑形状，进而考察城门是否在类型方面发生变化，这些工作是建筑"断代"的关键。

测绘资料指导复原设计。在数字建模中，以考古遗迹作为底图（或参考层）。皇城台城门的复原是在遗址上进行的，受建筑遗存、结构逻辑和构造序列的控制，还受我们对同时代建筑的了解和结构技术的知识的影响。通过分析和综合，我们推测出皇城台城门的建筑形状。

总之，我们从三个方面考察皇城台城门：建筑、规划和施工。每一方面的研究都是另一方面工作的基础，任何方面得出的结论都有助于其他方面的探究，任何结论都是谨慎地提出。表一列出三方面问题以及它们之间的关系。图一是研究方法、关系和过程。

表一　本文使用的分析步骤和解读逻辑

	规划—地形	结构—建造	建筑—功能
一层次问题和分析	城门布局 各部尺度 比例关系	材料：石，木，土 结构：土芯，石墙，木网 做法：夯土台，挡土墙，纴木	墩台高度 登台方式和位置

续表

	规划—地形	结构—建造	建筑—功能
结论一	基本单位：南墩台 13.5 米 × 10 米	营造技术	交通路线
二层次问题和分析	门的数量和位置布局有无改变	择地到施工步骤	有壁柱的空间（壁柱厅）是否有顶
结论二	分期	确定城门各部关系	壁柱厅形状
综合结论	城门类型	城门结构	城门复原

二、场　地

石峁城建在深沟切入的山地，由东、西两部分组成。两部分都分别由石墙围绕，两部分之间共用石墙，以城门相通。西城内有四条水沟，汇合流入西北边的洞川沟，然后流入山峁下的秃尾河（图二）。城内有沟有塬，利于生产生活和瞭望守卫。西城中部偏西的皇城台是一个相对独立的平顶山，高出周围山峁 20 米余。皇城台四面是沟，仅西南角与外面呈马鞍形连接。城门是皇城台唯一的出入口（图三）。皇城台城门建在山坡上，南北长 72.6 米，东西宽 74.9 米，高差 26.5 米，方向东偏北 47°。为方便，以下简称城门向东。

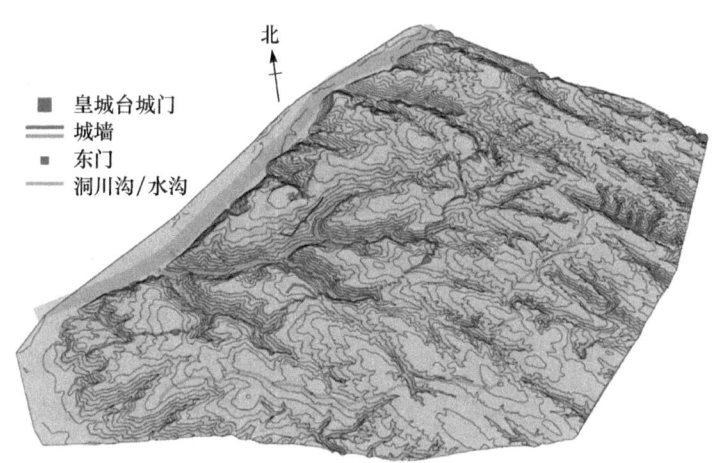

图二　石峁地形
（等高线间隔 10 米，西城城墙长 9140 米，东城城墙长 4410 米）

皇城台视野广阔，站在台上可以观察石峁大部，保证了与东城的东门和二号门及北城墙的直接联系，还可以遥望远处的沙漠和丛林。就海拔而言，东门比皇城台城门高 82 米。皇城台城门与自然环境结合，体现出因地规划、自然地理条件在构筑防御建筑中的重要作用。这是一个早期总体规划的例证。

皇城台平面呈圆角方形，台顶面积 8 万余平方米，分布有成组的房屋基址和高大台基。皇城台地形为自然台地状。挡土墙（或称石护墙）沿着皇城台山体层层建在台地上（层高 3—7 米）。东北部保存最好，石护墙多达 9 级，总高度约 70 米。皇城台石护墙和皇城台城门尺度都相当大：位于城门北侧的挡土墙，目前清理部分长 200、高 15.6 米（图四）。皇城台石护墙内有成排的圆木，很

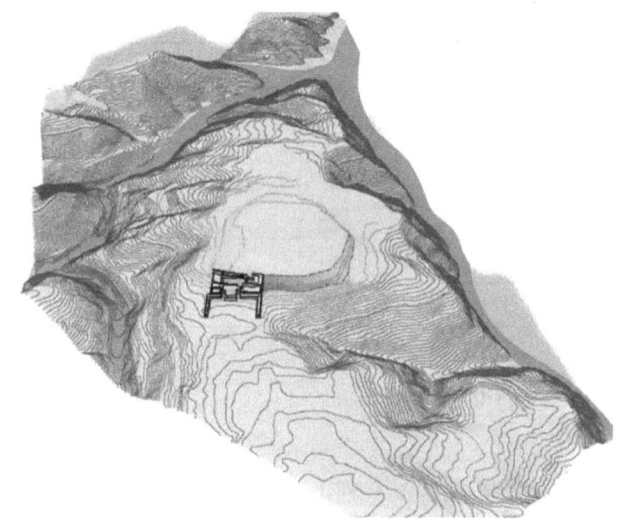

图三　皇城台地貌
（等高线间隔 2 米，城门建在山坡上）

图四　皇城台门址三维摄影测量模型
（2018 年 6 月）

多伸出墙外。圆木不存的地方，墙面见孔洞，间距约相等。圆木功能待较后讨论，这里再次指出，石峁石墙中用圆木是个普遍现象。发掘皇城台挡土墙和城门的过程中，出土有陶器、骨器、玉器、石器和青铜器，表明手工艺生产和贸易中心在此。皇城台的营造者利用地形保护石峁的中心区。

（一）规划

在研究过程中，我们把皇城台城门的平面、立面和三个剖面放在一幅图中，这样做的目的是同时观察城门的各部分并反复分析它们之间的关系（图五）。在这些资料中，我们识别出三个明确、互相关联的系统：

主要结构。城门由六个结构组成：两个墩台、两个翼墙和两个障墙。它们是南、北墩台；南、北翼墙和前、后障墙。墩台为实心矩形：南墩台，东西长；北墩台，南北长。翼墙分别顶在墩台的外角。前障墙呈 凵 形独立，在其两侧进、出皇城台；后障墙为一组平行的墙体。

空间序列。城门由三个不同空间组成一条长约 100 米的行进路线。南北墩台前有一个巨大的广场，由两个翼墙界定了广场的范围。墩台之间的空间被小挡土墙分成两部分——前庭和中庭，均为石铺地面。中庭地面上有石刻。北墩台后面是一个] 形空间，墙面嵌木柱（本文称"壁柱厅"）。壁柱厅有门，其前方约 5 米处有一门塾。人们来到广场，首先面对的是前障墙和南北墩台；然后进入城门，通过前庭；沿着中轴线进入中庭，之后右转，进入壁柱厅。在壁柱厅内前行，人们要左转，再左转。壁柱厅外是另一个门塾。继续向前，皇城台上的大门在右手边。

尺度和比例。城门结构和场地之间有一系列比例关系。皇城台城门最重要的结构是两个墩台。南墩台面阔小，进深大（跨两个台地），以其为基本单位，令其阔为 A（约 13.5 米），台地深为 B（约 10 米）：整个场地是 5A×7B；广场大小是 5A×3B；北墩台面阔 2A，两个墩台之间的距离为 2A（图六）。如此规律显示：网格（或模数）被有意地用在规划和施工中。以上分析表明，石峁建造者掌握的大地测量和修整场地技术达到了良好水平。城门规划中所见到的熟练技能和水平也体现在营造中。

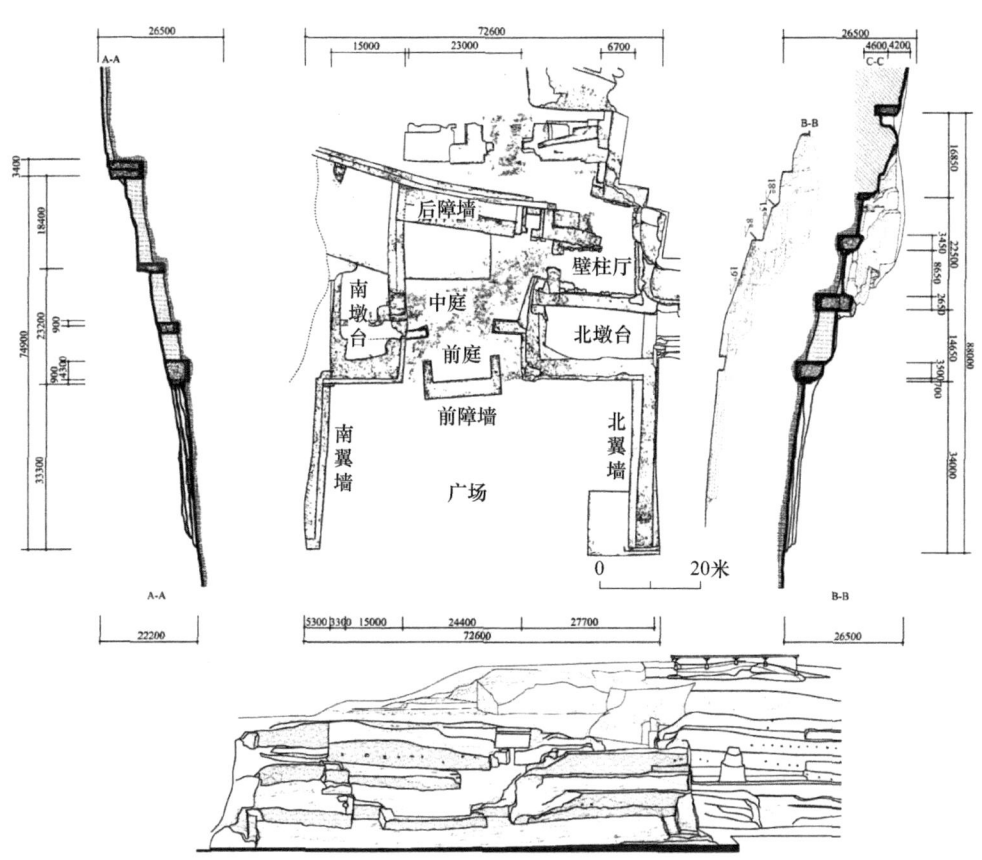

图五　皇城台门址平面、立面和三个剖面

（A-A：南墩台剖面；B-B：通道坡度；C-C：北墩台剖面）

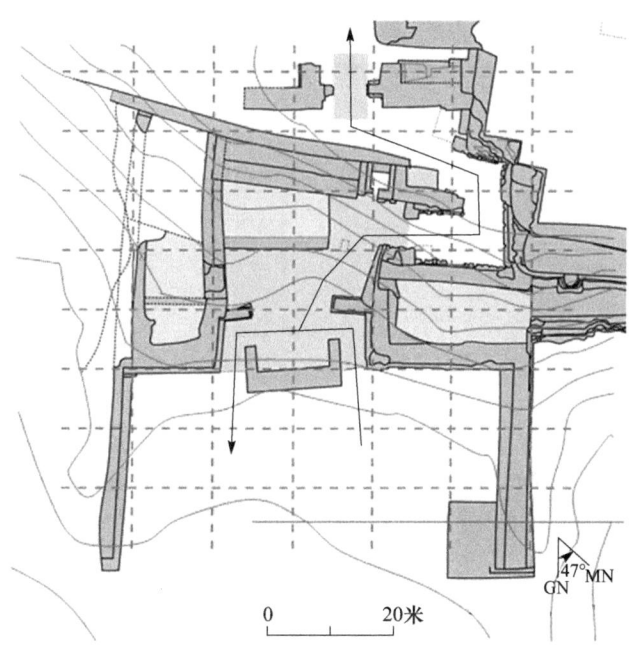

图六　皇城台城门各部比例关系显示存在模块网格（单位来自南墩台 13.5 米 × 10 米）

▨ 石护墙　　▨ 夯土芯　　　石铺地

（二）建造

城门建在 19° 的斜坡上。自广场地平，升起一连串台地。修整之后的台地承受着巨大的墩台和障墙（图七）。

考古暂未发掘墩台。因此，现场地形和城门结构是重要的研究内容。关于皇城台城门的施工顺序和建筑技术，我们的研究结果如下（图八）：

（1）根据地形，挖六道基槽，作为挡土墙的基础（以黑色标记）。沿等高线建三段台地（南侧）。挡土墙支撑山坡、防止土体变形失稳。

图七　山坡上的三角形台基（从北向南）

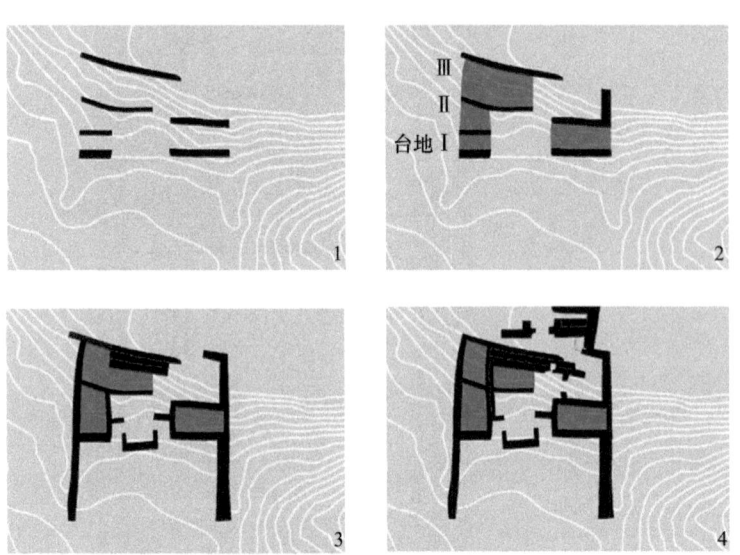

图八　推测皇城台城门施工过程
■ 石片墙　　■ 夯土台

（2）在两道挡土墙之间，填土掺杂石块，并捣实，形成坚硬、平坦的表面，作为南、北墩台和后障墙的基础。需注意的是，两道挡土墙中的下挡土墙顶与上挡土墙根在一水平层（填土层表）上，填土断面呈三角形。

（3）南、北两个夯土墩分别建在准备好的台地上。夯土墩外包石墙，起抵抗移动推力和雨水侵蚀作用。后障墙建造在第三个台地上，由一组平行石墙组成。前障墙竖在山坡下，平面呈 ⌴ 形。两道翼墙，在城门前两侧，划定了广场边界。

（4）后障墙的背后是皇城台的挡土墙。在第三个台地上，后障墙南端，加建了一堵东西向石墙，将交通路线指向北头壁柱厅入口。壁柱厅前后各设一个门塾。

三、建　筑

（一）墩台式门楼

皇城台城门是一座楼式城门，入口两侧各有一座墩台门楼。墩台长方形，建在基座上，基座建在事先准备好的场地上。考古发现，墩台的核心是夯土高台。土芯周围是一圈 3—3.5 米厚的石墙，本文称为封闭墙。封闭墙用泥土黏结石块，内用原木。两座墩台的现存高度（从广场地面到墩台顶中心）分别为：北墩台土芯约 6 米，南墩台约 4.5 米。发掘时，南墩台上见白灰面铺地，发掘者认为这是一座与皇城台非同期的建筑遗迹。

南墩台平面 13.7 米 × 21.2 米；北墩台 26.7 米 × 14 米。这些数字包括土芯和石墙。事实上，封闭墙由几层不同厚度的石墙组成，从内向外，逐层减薄（图九）。多层石墙不可能一次建造。经过清理和仔细检查，我们发现墩台角和诸多部分被大幅修复。换言之，风化和其他破坏之后，石墙被翻新。此外，封闭墙的最外层建在中庭的石铺地面上，表明它们是在城门建造主要阶段之后加建的。这些后来增建的石墙宽度约 1 米。本文称原来建的石墙为主墙，后加建的为护墙。多层石墙表现了皇城台城门持续不断的维修历程。

北墩台的后墙是壁柱厅的东墙。看起来，这堵墙建在北墩台上。为了调查其基础，在它的北端，沿墙向下发掘，深达 2 米。推测，这堵墙建在事先准备好的台地上。

图九　从南墩台看北墩台（2018 年 6 月摄）

（二）障墙

障墙是影壁墙。前障墙平面呈 ⌴ 形，长 16、宽 3.4 米（中间土芯），墙面垂直无收分，存高 1 米余。在障墙的外角堆积层中出土了几块刻有图案的石块（图一〇）。石刻是皇城台的艺术特点。

现场位置上，城门入口对面的后障墙是最高的墙。墙本身高度上，墙的上坡侧比下坡侧高很

图一〇　磨光砂岩上的纹饰
左：角石两侧对称刻鹰眼纹　右：石面横刻蛇纹

多。后障墙看似由三道平行墙组成，总厚10、长24.5米。实际上，三道墙中的后一道墙较前两道墙长很多。它是皇城台的挡土墙，与城门的后障墙结为一个整体。三道墙中，前墙的墙面上可见一排间距规律的洞。换言之，建造时曾施原木；该墙是石块—黄土—原木结构。与前、后两道墙比，中间墙石少泥多。两河流域的做法：城墙由诸条平行墙组成，墙体之间的空隙用土填实。有理由推测，皇城台城门的后障墙和皇城台挡土墙之间的"墙"可能为"填充"而成。

（三）广场和内庭

广场位于城门正前方，由两个长翼墙围成。翼墙存高约2米，分别连接北墩台和南墩台的外角。高大的墩台叠压在翼墙上。广场面积南北长约65、东西宽33米。换言之，城门退到皇城台脚下。在这个设计中，翼墙有三个功能：伸出手臂拥抱进入皇城台的人们；从翼墙和墩台三面守卫大门；引导从山坡下来的雨水。皇城台城门靠山坡坡度自然排水，没有发现排水管道。

凵形障墙内，坡度15°—19°，一对短墙界定出两个高差不同的空间，前窄后宽。短墙自南北墩台伸出约5米，结构功能是挡土墙。本文称这两个空间为前庭和中庭，均为交通空间，地面全部铺片状砂岩，利于城门内排水和防止地面侵蚀。在中庭通道中部，一组铺石上刻有铭文式图案，其含义不明（图一一）。石面没有磨损的迹象，表明无轳辘车做交通运输工具。

进入壁柱厅的入口在中庭的西北角。入口处发现早、晚两个门址。早期门口宽约5米，残存石门槛和木门板（木门鉴定为松木）。场地下坡，门扇无疑朝外开（图一二，左）。后期门口宽约2.5米，门前发现木门框遗存。这些炭化的木构件表明壁柱厅被火烧毁（图一二，右）。

皇城台城门的门扇在壁柱厅入口。换言之，皇城台城门的实施控制是在壁柱厅门口实现的。墩台和障墙围合的是开放空间，不是"瓮城"。瓮城是由双城门组成的，两门之间的瓮城是封闭空间。黎凡特的所罗门式城门是瓮城，具有很强的防御能力。

图一一　有铭文式图案的铺石

图一二　壁柱厅入口

左：早期石门槛和木门扇遗存　　右：后期木门框遗存

（四）壁柱厅和守卫室

壁柱厅平面呈冂形，硬土地面，顺坡而建。在其墙壁上，发现木柱遗存，木柱的间隔有规律（图一三）。我们的兴趣在于了解壁柱厅的原状和功能。形制方面，第一个问题是壁柱厅的上端是否封闭，没有门的证据保留下来。功能方面，壁柱厅地面没有铺石板，而前庭和中庭是石地面，这意味着两者使用功能完全不同。综合考虑之后，我们认为壁柱厅可能是有顶的内厅，下文将对此进行讨论。

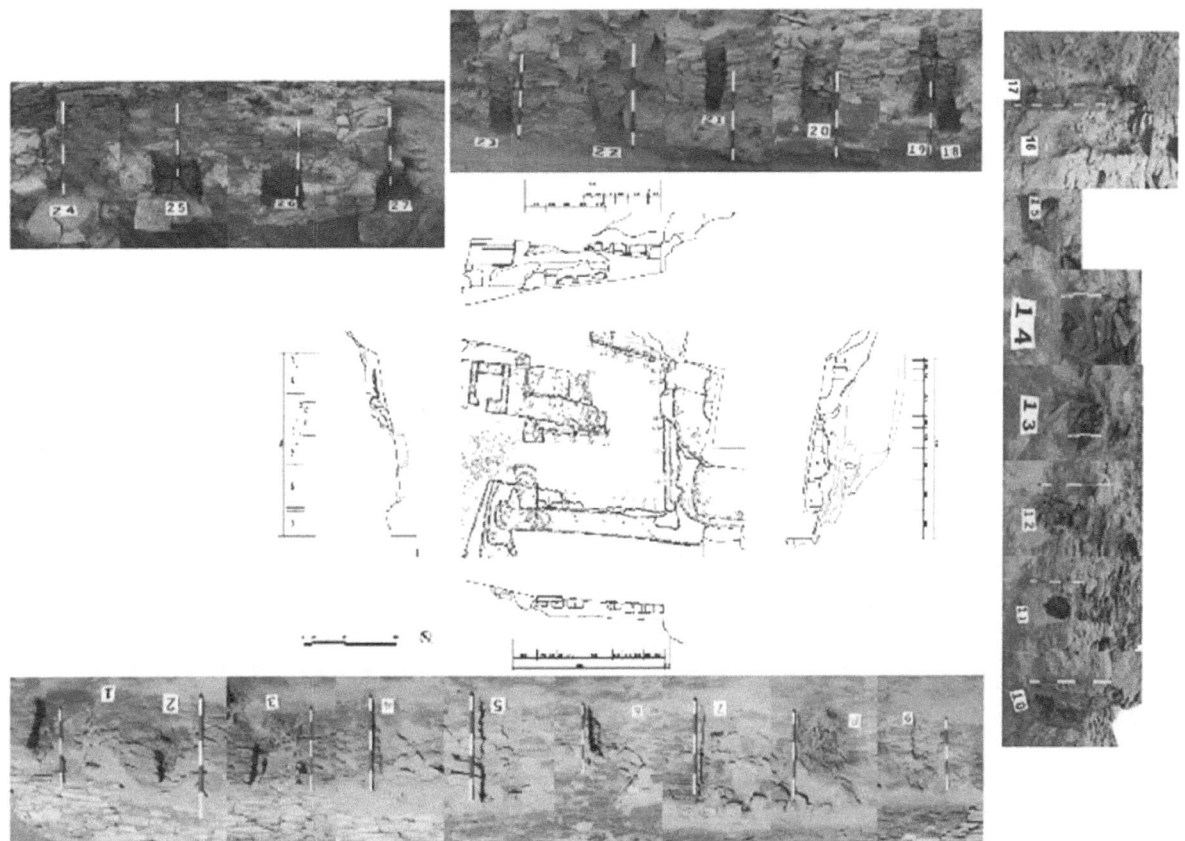

图一三　壁柱厅平面和立面照片（2018 年 7 月摄）

两个卫室分别靠近壁柱厅的下端和上端。下卫室挨着后障墙的北端，上卫室贴着壁柱厅的西墙头。两个卫室大小相似，平面6.5米×5.5米。上卫室堆积中发现烧毁的木构件，应该是倒塌屋架的残骸。地面上还发现绘有彩色线条和色块的泥壁残块，应是倒塌墙面的装饰层。这些现象表明这里是有彩饰和屋顶的房间。这里的壁画图案、颜色和工艺与东门发现的残片相似，是石峁装饰风格的证据。

上卫室的遗存表明，其结构为石墙支撑木屋架。综合所有资料，我们认为卫室为平顶，木屋架上铺石板。倒塌在卫室地上烧毁的屋架和嵌在壁柱厅墙上烧毁的木柱，表明了皇城台城门的命运。

皇城台城门复杂。在这个时期，该地区这类城门是首次发现。从功能上讲，它是一条交通要道，从广场开始，通过 ⊔ 形的障墙，墙角石头上有雕刻；穿过铺石的中庭，地面上刻有符号；进入北墩台后面的壁柱厅，墙上绘有彩画。曲长的城门路线结束在皇城台上的大门前。

四、施　工

皇城台城门施工的研究从三个方面进行：材料和技术，用工和工期，土方和石方。

皇城台城门使用的建筑材料是土、石和木。当地资源丰富：土是山地覆盖的土，石来自沟底的砂岩，木来自河边的树。大体积建筑使用的技术是夯土筑台，外包石墙。石墙为多层，自内向外厚度逐减，各层墙面平整。从施工角度出发解读这些现象，石墙砌起来之后，在现场平整墙面。城门完工后经历过维修，在主体结构外曾几次加建维护石墙。在石峁，一项重要的建筑技术是石墙内规律地摆放圆木，在高度和水平方向呈结构网。关于功能，我们推论：圆木是墙体的结构构件，在施工中起重要作用。关于圆木的名称，我们借用"纤木"一词。此术语出自《营造法式》（1103年），指夯土城墙内起加强筋作用的横木。皇城台使用的木材已经鉴定：纤木的树种是侧柏，壁柱厅入口木门为松木，壁柱厅内的壁柱是柏木。

在皇城台巨大的挡土墙上，腐烂的纤木留下的孔很容易识别（图一四）。很多纤木被保留下来，它们是带树皮和树根的天然树干（图一五）。留在墙面之外的树根，说明树是刨出来的。石峁发现的工具是打制的石刀和磨制的石刀、石锛和石斧，用这些工具很难处理树根树皮。纤木水平间距1—2米，变化不超过0.5米，平均水平间距1.5米。水平纤木网之间的垂直距离平均为1.5米。发

图一四　皇城台挡土墙有规律地使用横向纤木

图一五　有些纤木伸出皇城台挡土墙外约30厘米

掘者没有解剖石墙，估计石墙内纴木长约 4 米，不清楚墙内是否存在竖向木网。

皇城台城门后障墙的东立面（或下坡侧）残留一排 9 个纴木洞（洞径约 30 厘米）。这堵墙存高 1.8—3.8 米。纴木洞之间的距离平均为 2 米（图一六，上）。它们标记了其他纴木放置的位置，应该总共使用了 11 根纴木。如果 4 根纴木为一组，则该墙可分三组。换言之，这堵墙可能是分三段建造的，平均每段长度为 7.65 米（图一六，下）。关于后障墙的原高问题，我们观察到纴木和石墙之间存在比例关系，认为它们之间存在施工关系，即石墙高度是木作和石作共同决定的。假定石墙曾使用两排纴木，它们之间的垂直间隔为 1.6—1.8 米。因此，后障墙的高度最高为 5 米。

壁柱厅石壁上，可见水平方向的纴木洞和垂直方向嵌入墙壁的木柱（图一七）。在墙的左侧（面向厅内），贴墙根有一排柱座，它们比现存地面高 20—30 厘米，壁柱立在石座上（图一八）。有两根幸存的角柱，存高分别为 1.3 米和 1.4 米，直径 30 厘米。壁柱是墙的组成部分，可能有助于支撑屋顶。

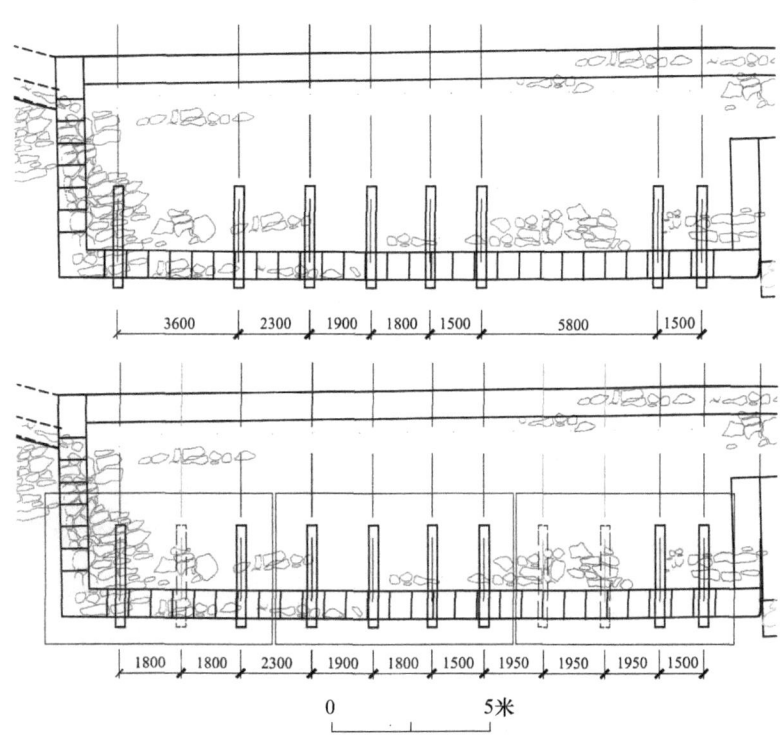

图一六　皇城台城门的后障墙

上：墙上残存 9 个纴木洞　下：根据间距规律复原 11 根纴木

图一七　遗迹表明，在砌墙之前，柱网贴墙立好了　　　　　　　图一八　柱子没了，石基还在

　　综上所述，木料用在三个地方：①门口：木制门框和门扇；②厚石墙内：圆木垂直于墙立面，规律地水平摆放；③在壁柱厅，木柱嵌入石墙。它们加固石墙，可能支撑屋顶。壁柱厅跨度 8 米，地面上没有发现柱子的痕迹。因此，我们不能确定，也不能排除壁柱厅被完全覆盖的可能（下文将进行更多的讨论）。

　　石作和木作技术在石峁占主导地位。这在东门、皇城台城门和皇城台挡土墙中显而易见。纤木用于石墙不仅有助于提高墙体的结构稳定性，还在分段施工中发挥作用，并在施工过程中充当"脚手架"（图一九）。

图一九　皇城台护坡石墙阶阶相叠，逐阶内收，成台阶状。顶阶石墙 8—15 米高，
纤木呈有规则地分布。石墙在水平和垂直方向都是直的，因为不断"打补丁"，看起来凹凸不平

　　在东亚，日本学者研究城郭建造时涉及纤木的使用。在中世纪的日本，最大的建筑活动是藩主建造城郭，1583 年建的大阪城是其中最重要的一座。穗積和夫所绘的大阪城营造图展示了纤木的使用和起到的作用（图二〇）[1]。

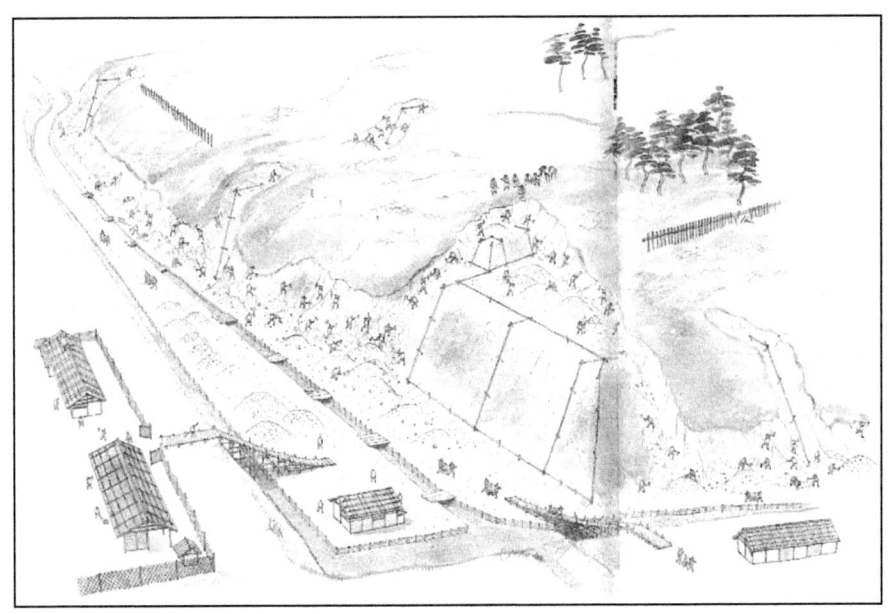

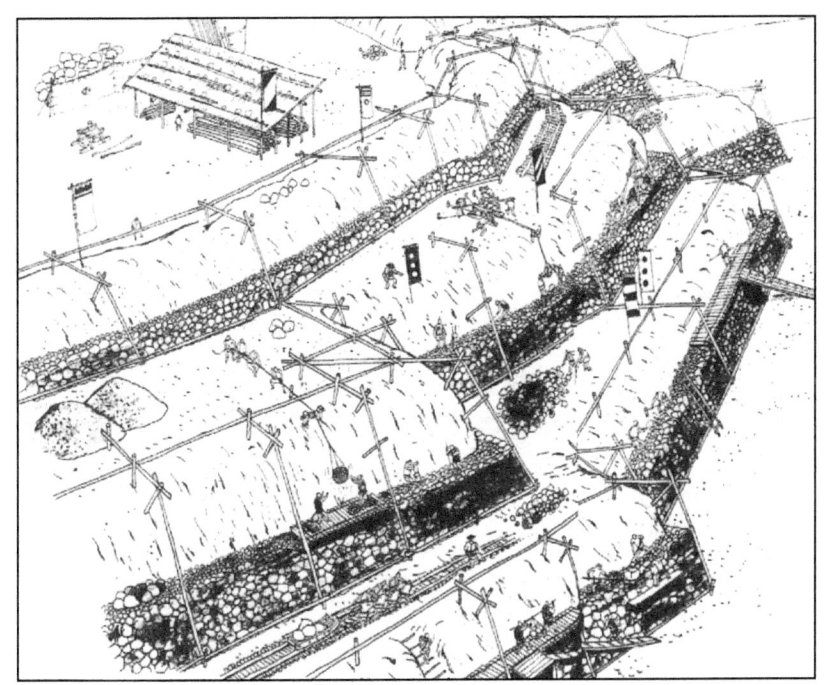

图二〇　大坂城营造复原图（穗积和夫复原）

上：修整地形、削理坡面和绳张作业　　下：纤木在石垣工事中的使用和作用

五、复　　原

分析了皇城台城门六个结构的尺寸、各自的作用和它们之间的关系之后，复原工作集中在两方面：一是城门形式——确定墩台的高度和壁柱厅的形式；二是建筑分期——根据城门类型，确定它的发展和改变。

（一）墩台高度

皇城台城门屹立了4000年，仍然保留相当的高度。南墩台比广场地面高4.5米，北墩台高6米（广场地面有坡度，南高北低）。我们假设两墩台仅失去了顶部，排除了增加墩台高度的必要，仅复原台顶形状。

城门的特点是石墙中使用纤木。证据是在北墩台的东面，能辨认出几个纤木洞。因此，纤木是复原的切入点。整合已有信息之后，我们对北墩台的高度得出以下推论：墙体使用了三层纤木，每层之间的垂直距离约1.5米。墩台顶为排水而建成缓坡，并且上铺石面，墙外围有堞。墩台的高度最大为8米（图二一）。

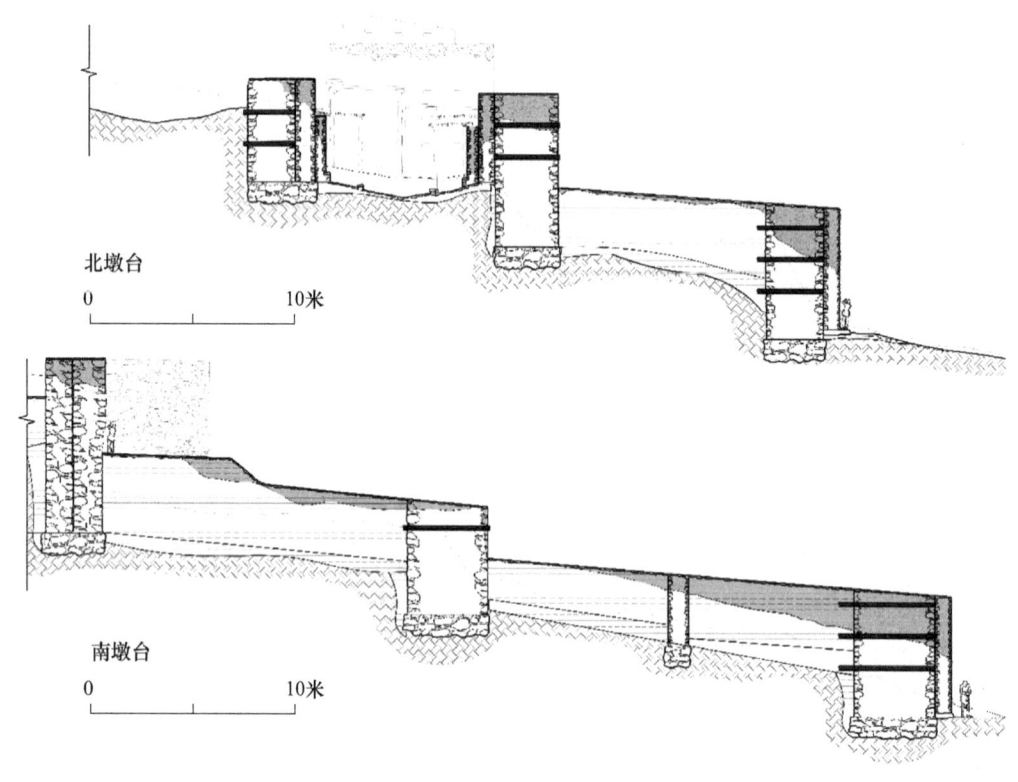

图二一　墩台
（上：北墩台　下：南墩台；深色表示复原部分）

"堞"一词出自《新书·春秋》，后来泛指城墙上的垛状围墙，为守城士兵的掩体。《营造法式》中"筑城"条提到两种围墙：女头墙和护险墙。皇城台城门墩台有堞的推论有三个支撑点：其一，石峁有弓箭，皇城台顶部曾出土有射箭石雕；其二，安全需要，守军作战需女头墙，夜里巡逻需护险墙；其三，在世界范围内，史前防御工事包括障墙、高楼和城垛。本文所收集的考古资料，城墙上均有堞，堞的形状多种，反映一般特点和不同细部（图二二）[2]。

从选址到修建工事，石峁属战略和主动防御城市；此外，黑夜无月光或灯火照明时，为守护人行走安全，皇城台墩台顶边应该设有堞或矮墙（图二三）。

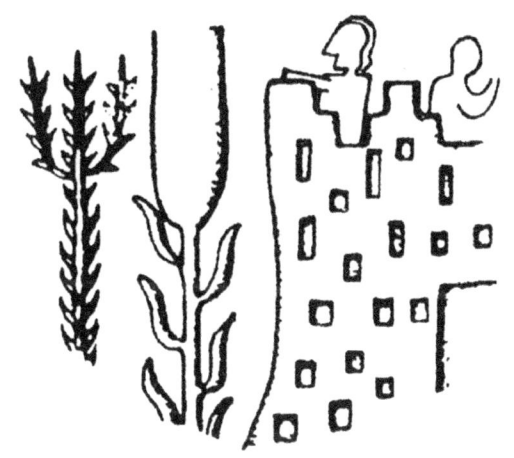

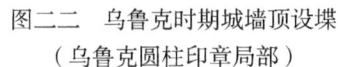

图二二　乌鲁克时期城墙顶设堞
（乌鲁克圆柱印章局部）

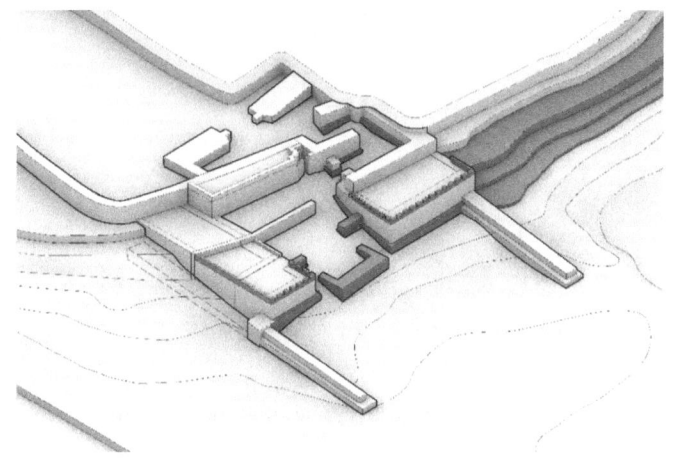

图二三　皇城台城门复原图

（二）壁柱厅形状

壁柱厅平面呈冂形，按从下向上顺序：第一段坡度 8°，第二段 15°，第三段 18°。三面墙之间的角度约呈直角。壁柱厅宽约 8 米、通长 43 米，总面积 220 平方米。从建筑角度出发，我们把第二段解释为主要空间，两端为入口或出口空间。

壁柱厅的墙壁分主墙和护墙，靠山体侧的北墙有两层护墙（图二四）。壁柱沿着墙壁的长度使用，总共可以辨认出 27 根柱子，其中 9 根保留了下来。柱子的间距可以分为三组：约 1 米、3.6 米和 4 米，每组内有一些差异。

壁柱厅可能有顶，这个假设出于对壁柱功能的考虑，还出于对地面材料的观察。壁柱厅为土地面，中庭为石地面。根据逻辑推理：露天地面应铺石，室内地面应铺土。基于推论和类比，我们设想有三种可能：部分屋檐、完全覆盖、没有屋顶（图二五）。

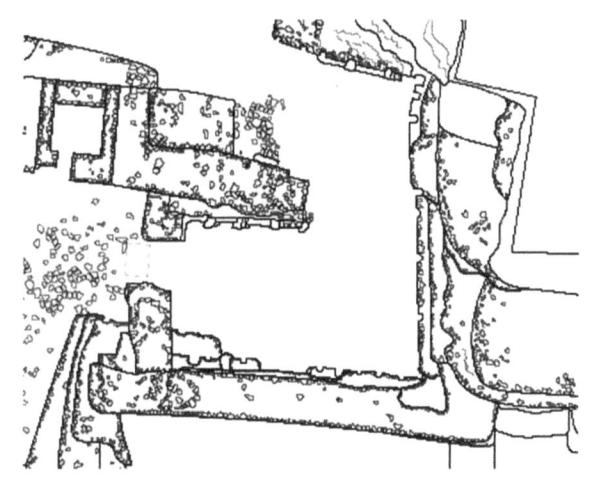

图二四　壁柱厅平面（2018 年 7 月测绘）

（1）壁柱厅具有装饰性。为了保护壁画，贴墙建屋檐或单坡顶（图二五，1）。

（2）壁柱基座高于现存地面 20—30 厘米（见图一八）。这一现象指出另一种可能：原来的地面高于现存地面。如果如此，壁柱厅中间可能有一排（或两排）柱子，由它们支撑屋架。如果一排柱子，屋顶跨度为 4 米；两排柱子，则跨度分别为 2 米、4 米和 2 米。壁柱厅的两端可能开敞或半开敞（图二五，2）。

（3）壁柱厅的北段和西段石墙是皇城台挡土墙的一部分，支撑山体。北墙上可见纴木洞，水平纴木和垂直壁柱构成一套加固系统。北墙至少有两道护墙。外护墙的两侧见木柱，表明为同一个施工阶段，而两道护墙非同期（图二五，3）。

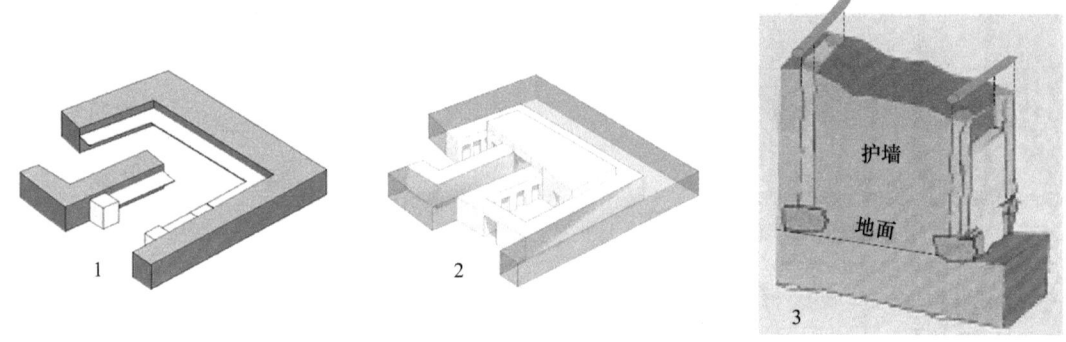

图二五　壁柱厅复原
1. 沿墙柱廊　2. 中段中间有一排独立柱子支撑屋顶　3. 壁柱是护墙的一部分

以上的复原均为推测，因为没有足够的证据来证实其中任何一个。事实上，我们从建筑、结构和技术三方面出发做了三个推测：单檐木构、平顶（或坡度很小）柱厅、木石技术。

（三）类型分析

以下说明我们对皇城台城门类型的分析和城门发展的认识。焦点不在于类型比较，皇城台城门不是简单的类型，而是多种类型的组合。可以识别出 A、B、C 三种类型，他们表现出密切的关系，其时间和发展有待研究。A 型：城门加一个外障墙或内外两个障墙；B 型：A 型加两个墩台，左右墩台和内外障墙形成一个内庭；C 型：B 型加两个翼墙（图二六，左）。

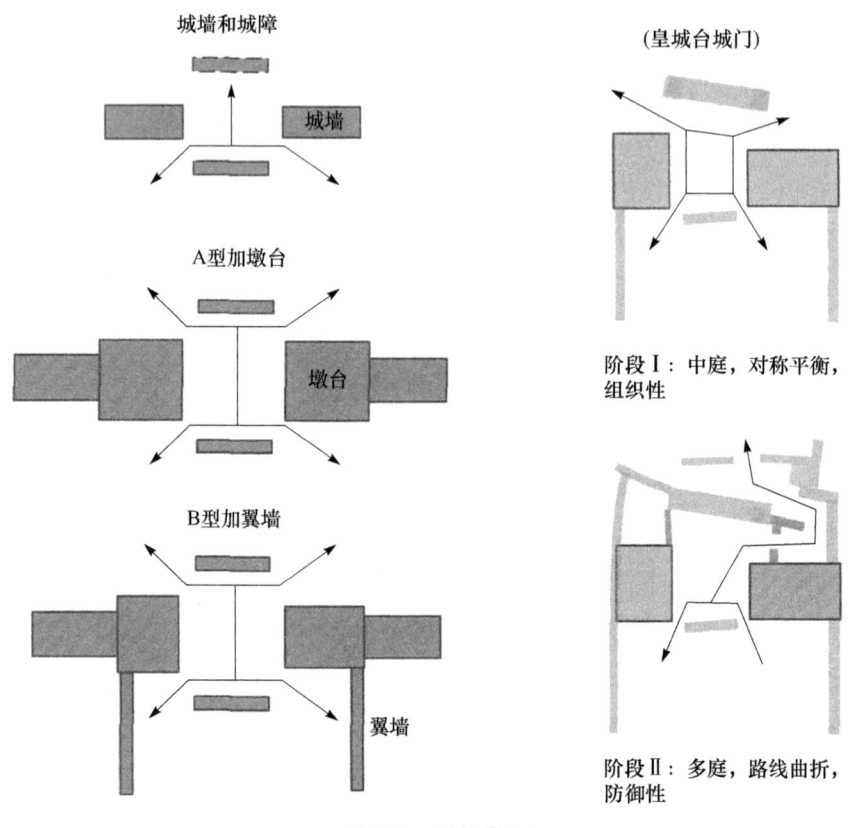

图二六　城门类型

就布局而言，皇城台城门前后左右对称，在地形变化很大的山坡上，城门高低层次的障墙、纵横伸展的墩台和极其宽敞的广场，创造出戏剧性的庄严雄伟，城门具有礼仪功能。前低后高的地形是塑造皇城台城门的一个重要因素，使得设计达到高度完美（图二六，右）。

皇城台城门路线弯转，强化了防御功能。两墩台和前障墙界定的出入口 4 米宽，足够轮车行驶。但是，通路左转右转，反复多次，表明城门设计没有考虑行车需求，当时应该是靠人力搬运东西。在石峁，没有发现轮车存在的证据。

皇城台城门中的墩台是这类防御工事中的新元素。内蒙古寨子塔是已知同时期遗存。寨子塔门是利用和改造山坡而建成的，属于墩台城门类型（图二七，右）[3]。图二七左是 4 个城门的平面，这些城门的共同特征是使用障墙和翼墙。皇城台城门的特点是：两座巨大的墩台矗立在入口两侧，两个障墙分别屏蔽中庭的上、下方通路。墩台和障墙创造出一个宏伟的立面，其所形成的前广场成为公共聚会场所。

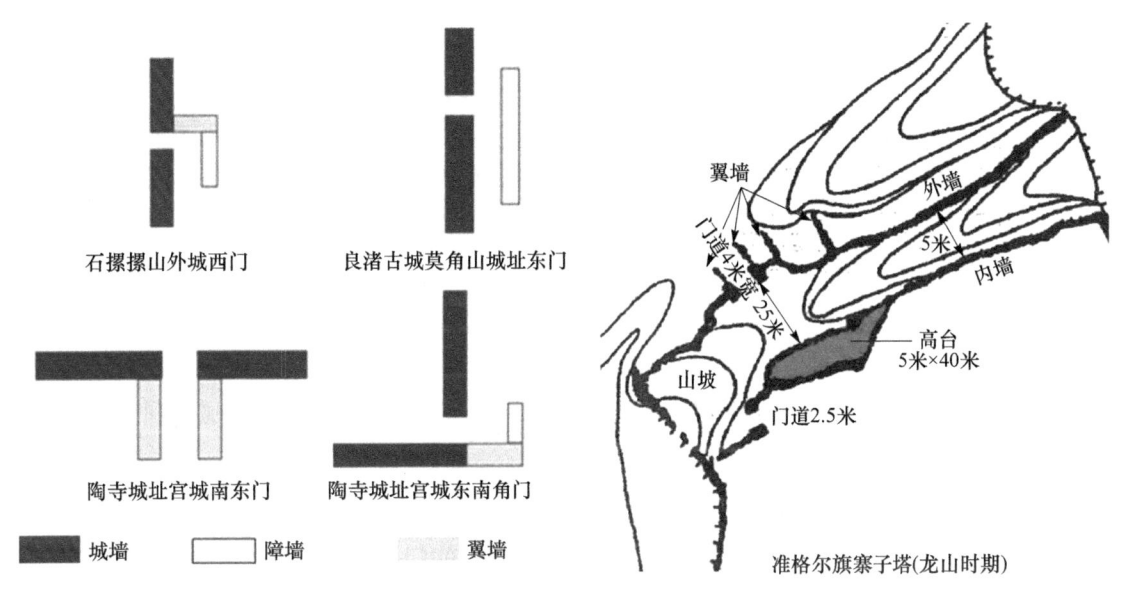

图二七　五个城门简图
左：城门的唯一元素是墙　右：城门的重要元素是墩台

（四）城门的发展

本节基于类型分析，明确皇城台城门的特点，并从建设角度出发确认施工阶段。根据已有的考古资料，我们认为城门建设有两个阶段。第一阶段，城门主体工程，包括南北墩台，前后障墙，左右翼墙，两个出入口。第二阶段，墩台的石墙外面包护墙，壁柱厅入口宽度从 5 米减到 2.5 米。从一期到二期，城门的改变是：从对称布局，平衡交通流量，变成中轴弯曲，单侧交通路线。在石峁历史上的某个时间，皇城台城门的布局发生了改变。图二八表现了皇城台城门发展的两个阶段。

第一阶段：对称布局。在这一时期，后障墙两端各有一个卫室。两墩台和前障墙之间有两个通行口，一个进，另一个出。关于登墩台的问题，在城门内没有发现步道。出于防御原因，不可能从前庭或中庭内上墩台。士兵们可以沿皇城台的挡土墙到达城门墩台。我们认为，公众路线和守卫路线是分开的。公众行进可能是仪式的一部分，铺地铭文和壁画遗物支持这种可能性。从仪式方面进行探讨将是我们未来工作的一部分。

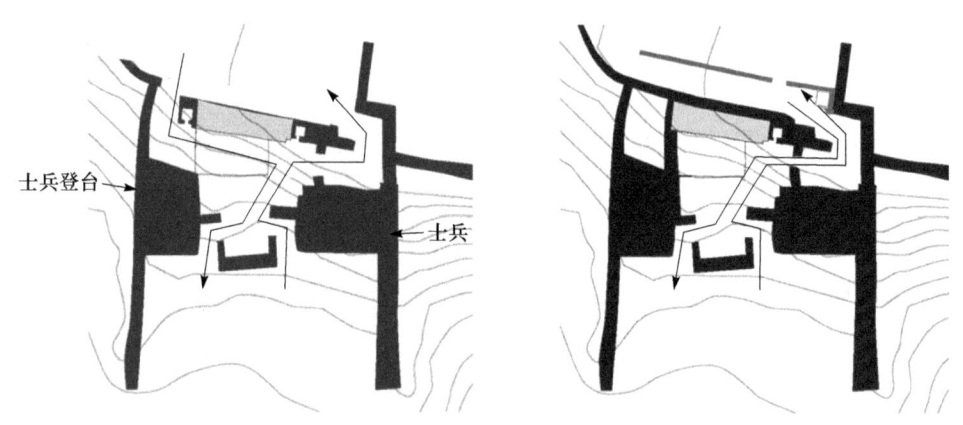

图二八　皇城台城门的两个阶段（推测）
左：第一阶段，对称双口　右：第二阶段，曲折单口

　　第二阶段：弯曲路线。在这一时期，出口减少，门口减小。城门在已有防线内加了一条全新的防线：后障墙南侧的口被石墙堵住了，人流导向北口。壁柱厅入口收缩了，宽度从 5 米减到 2.5 米。在壁柱厅的上端西侧建了卫室。

　　皇城台城门是防御性结构，还是民用性建筑？我们认为两者兼有。这样一个巨大的城门在防守方面可能效率相当低。巨大的广场表明城门是一个公共建筑，为仪式活动提供一个建筑舞台。在皇城台的早期阶段，对称双口城门服务仪式活动或公共节日。在后期，曲折单口城门利于防御。城门被改造了——从开放式到守势，但不是革命性的改变。

　　从西亚和埃及城门实例，我们看到七种形式：①城墙重叠式，为最简单的形式，实例特洛伊第六城东门（早期青铜时代，今土耳其境内），石峁东门附近的门便属于这种形式（图二九）；②独立障墙式，实例西山城北门；③翼墙式，实例康家屯东门；④马面式：实例埃及米尔古萨（公元前2040年）；⑤墩台式，实例格泽城门（公元前2000年，今以色列境内）；⑥空心／门塾式，实例平粮台南门；⑦瓮城式，实例两河流域阿卡迪安宫门（公元前2300年，今叙利亚境内）。石峁皇城台门有障墙、翼墙、墩台、门塾，门道弯曲，属于最复杂的城门类型。石峁外城东门与皇城台城门相似，属同一类型（图三〇）。

图二九　城墙重叠式
1.基本构成；2.特洛伊Ⅳ东门（公元前1800年）；3.塞浦路斯（公元前4000年）；4.石峁东门附近便门

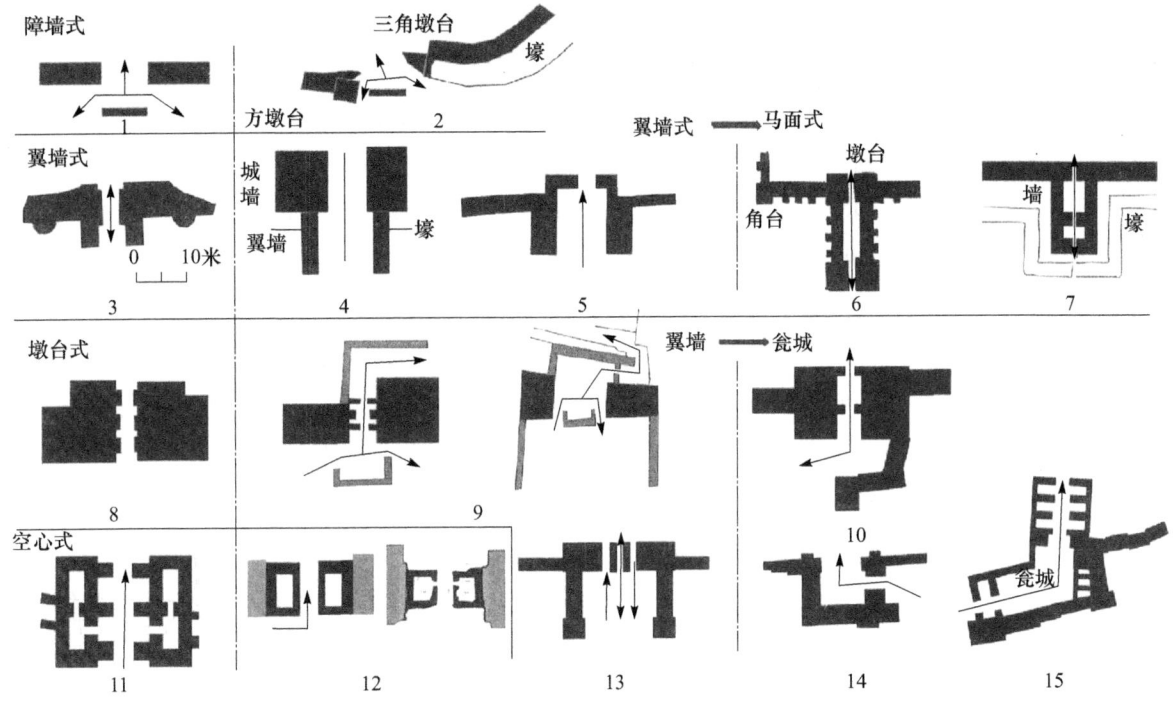

图三〇　城门类型示意图

1. 障墙式城门；2. 西山城北门（仰韶文化晚期）；3. 乌鲁克北门（公元前 3000 年）；4. 康家屯东门（夏家店下层文化）；5. 两河流域上游—黎凡特（公元前 2000 年）；6. 埃及米尔古萨（公元前 2040 年）；7. 埃及巴罕北门（公元前 2000 年）；8. 格泽（公元前 2000 年）；9. 石峁东门和皇城台城门（公元前 2000 年）；10. 哈图沙（公元前 1600 年）；11. 哈索尔（公元前 1700 年）；12. 印度河流域哈拉帕（Harappa，公元前 2500 年）和平粮台南门（龙山文化）；13. 临漳邺南城朱明门（534 年）；14. 两河流域阿卡迪安宫门（Akkadian，公元前 2300 年）；15. 米吉多城门（公元前 1000 年）

六、结　语

本项石峁研究有两个主要目标：一是确定城门规划和建设制度的存在，确认规划和建设之间的关系；二是确定皇城台城门类型，判断其功能。根据已有的资料，我们重建公元前 2000 年的石峁皇城台城门规划、建筑技术和城门功能，并探讨石峁在世界城建史中所处的地位，结论如下：

系统规划。皇城台城门是经系统规划的，包括选择高地，靠山坡自然排水，按地形设墩台，空间序列和材料施工是一同考虑的。城门各部有比例关系，13.5 米 ×10 米网格，表明规划和营建中使用了基本单元（或模数），证明皇城台是整体规划和建造的。

建筑技术。石峁使用了土、石、木不同的建筑技术与砂岩山峁、黄土高原和河套平原出产不同建筑材料这一事实有关。此外，壁柱厅沿墙残存一圈木柱，厅内曾有独立柱的存在可能。换言之，壁柱厅可能有木结构屋顶，具有特殊功能。

对称布局。皇城台城门由两座墩台和两面障墙组成。最初入口和出口分开。后来，交通路径改为一个，形成一个瓶颈，强化了对进出皇城台的控制。遗迹表明，在石峁历史时期，城门进行了多次修缮，但布局没有大的变化。通过对建筑材料、建筑功能和施工顺序的研究，我们得以确定改变程度及其性质。继而提出有两个建筑阶段，并回答了为什么发生改变。

城门功能。皇城台城门是一个布局精心的巨大建筑，前障墙的转角有石刻装饰。东门出土的人头骨表明城门前有过杀戮祭祀。皇城台出土的口簧，表示仪式伴有音乐的可能。在东亚，石峁城门是最早、最大、最具纪念性的城门。出众的城门展示权力财富、凝聚人心、威慑敌人，通过扬威达到防御的国家建筑。皇城台城门的规模布局和皇城台上的石刻显示它是个精神和物质控制中心。

那么，石峁城门的规划和类型在世界城建发展史中处于怎样的位置？现在对世界城建发展的知识是：从原始聚落到城市国家，继而到帝国都市，城墙城门建筑设计经历了很多变化，产生诸多类型。简单地说：从单城墙加壁柱到双城墙，从壁柱到马面，从单进城门到多进城门。通过与早期城址的若干比较，时间上，石峁处于石器时代到铜器时代的转变阶段。类型上，石峁城门为双墩台—双障墙，是瓮城和门阙之前的类型。换言之，石峁类型向上可以追溯到墩台和翼墙式，向下发展成为瓮城和门阙式。石峁是中间类型中规划最复杂、设施最齐备的史前城建实例。在城建文化上，和西亚相比，石峁城门具有自身的特性，异多于同。不同是必然的，相同处有时却有很重要的意义。发展史上，传统和交流是城建学、建筑学最大的难题之一。公元前2000年左右，通过欧亚大陆绿洲，西亚与东亚存在着交流。大区域社会之间存在交流的证据是石峁城门具有不同的建筑传统：①石筑城墙，为北方传统；城门侧设翼墙，为西亚源流；②夯筑墩台，为原始技术，各处都用；③城墙上的马面和角台，与两河流域、尼罗河流域和印度河流域相似。石峁这些令人耳目一新的资料，对于研究东亚与西亚、北方与中原的交流有重要意义。

附记：本文为国家社会科学基金重大项目"石峁遗址考古发掘与研究"（17ZDA217）成果。墨尔本大学建筑硕士学生（2018年第2学期第5工作室）参与了项目研究。感谢李沁园在3D摄影测量和阎郑在制图方面给予的特别帮助。本文部分内容曾在美国《亚洲考古研究》（*Archaeological Research in Asia*）杂志发表：Reconstruction of the Shimao citadel gate: Planning and construction of Huangchengtai gate during the 2nd millennium BCE, China. Archaeological Research in Asia, 2020, (22): 100178.

注　释

［1］ 宫上茂隆、穗積和夫：《大阪城：天下一の名城》，草思社，1984年。

［2］ Butterlin P, Rey S. Mari and the development of complex defensive systems in Mesopotamia at the dawn of history. Focus on Fortifications: New Research on Fortifications in the Ancient Mediterranean and the Near East, 2016,2:1956.

［3］ 内蒙古文物考古研究所：《准格尔旗寨子塔遗址》，《内蒙古文物考古文集》（第二集），中国大百科全书出版社，1997年。

（原载于《考古学研究》2022年第1期）

陕西石峁皇城台城门用功试释

国庆华

石峁城址地处陕西神木地区，于 1976 年被发现，陕西省考古研究院于 2011 年开始发掘。石峁是一座大型新石器时代晚期——青铜时代早期城址（公元前 2300—前 1800 年）。石峁城门和城墙，表现了一种高度成熟期的建筑文化。很显然，史前城建文明不是从石峁开始的，其在石峁所代表的阶段以前一定有一段相当长久的孕育和发展时期。因此，石峁具有极高的研究价值，其考古成果受到中外学者的高度关注。石峁连续在国内和国际被评选为重要考古发现，被列入 2013 年世界考古·上海论坛"世界十大重要田野考古发现""2019 年度全国十大考古新发现"、2020 年美洲考古学会《考古》（Archaeology）杂志"过去十年（2011—2020）世界十大考古发现"。

考古工作者在发掘记录石峁遗址的同时运用科学手段解读所获得的考古资料，辨认、解释和重建石峁遗迹，追踪其建筑文化源头均是史前研究者的责任所在。建筑遗址复原现有三个不同的学科系统：①实验考古学，考古学的一个分支，在实验的前提下，建立古代生产生活方式。②建筑史学，运用建筑史基本知识，依据考古遗存、文献或图像等信息，再现建筑。③考古和建筑结合，用电脑虚拟现实技术，复原建筑，达到仿真效果。

本文从营造建筑的角度，依循古代典籍用工制度，估算石峁皇城台城门用工量和施工所需时间。建造皇城台城门需要用多少人工、花费多少时间，是石峁皇城台城门历史研究的关键问题，这一问题的解决不但对石峁皇城台城门研究具有重要意义，而且与石峁的社会人口问题密切相关。

笔者从哈图沙（Hattuša）和乌鲁克（Uruk）所代表的实物复原和虚拟复原出发，解读皇城台城门遗址，并进行复原研究，最后进行工作量的计算。

一、哈图沙：重建足尺实物

把重建作为研究课题，以真实为本，建足尺实物，详细记录并出版重建的全过程，包括施工和用料，目前为止哈图沙是这类研究方法的首例。

哈图沙是赫梯帝国（Hittite）的都城（青铜时代晚期，约公元前 1700—公元前 1200 年），位于安纳托利亚，今土耳其中部。安纳托利亚一词源自希腊语，意为"东方"。这里的原住民是哈梯人（Hatti），赫梯人（Hittites）是外来的，其起源不完全明确，大概来自黑海地区（Black Sea region）和庞蒂奇草原（Pontic steppe），为当时广泛移民的一部分，约公元前 2000 年到达安纳托利亚。赫梯帝国之前是哈梯国（都城为哈图沙），再之前是城邦国家时期。有些现代学者把赫梯分为两个时期：旧王国（公元前 1700—公元前 1500 年）和新王国（公元前 1400—公元前 1200 年）。

之所以这样划分，是因为公元前 1500—公元前 1400 年期间几乎没有任何信息可考。在哈图沙发现很多泥版文书，赫梯文字是参照两河流域的楔形文字（Akkadian cuneiform）创造的。最有名的是1986 年发现的青铜版文书，内容是公元前 1259 年两个争雄大国——赫梯和埃及缔结的和平条约。约公元前 1200 年，哈图沙与赫梯帝国一起毁灭，学者们认为这是青铜时代崩溃的一部分。

1834 年，法国的建筑史和考古学者查尔斯·特西尔（Charles Texier）在小亚细亚普查时发现哈图沙遗址。1893—1894 年，法国考古学和人类学家欧内斯特·尚特雷（Ernest Chantre）对其进行过发掘。自 1906 年起，德国考古院开始对其进行发掘。哈图沙分上、下城，各有城墙围绕。下城（南城）属旧王国时期，上城（北城）属新王国时期。下城城墙长 2988 米，上城城墙长 3270 米，两城总面积 1.8 平方千米。发掘的建筑基址展示了神庙群和宫城区（royal citadel，Büyükkale）的位置和布局（图一）。墓葬区在城外，大多数是火葬墓。哈图沙以上城的三座城门最为著名，即狮门（Lion Gate）[1]、王门（King's Gate）和狮身人面门（Sphinx Gate），分别以门框上的石刻主题命名。

截至 2006 年，哈图沙发掘共进行了 68 个考古发掘年度。随着考古资料的增多，建筑遗址和浮雕遗存得以断代。在此基础上，当代考古学者对早期学者提出的哈图沙年代做出修正，并论证上、下城关系。简单地说，哈图沙年代的上限向前推移了。

1986 年，哈图沙列入世界遗产名录。从那时起，考古学者努力使遗址成为露天考古博物馆。2003—2005 年，德国考古院在下城重建了两座城楼和一段城墙，作为展示建筑。对考古学者来说这是一个全面实验考古项目，他们在原址上，以足尺规模，再现城楼城墙原貌。位置选在两个城门址中间、遗址博物馆入口旁（图二）。决定重建城楼而不是宫殿或神庙的原因是仅有城楼建筑立面的信息。信息来自间接的考古资料——哈图沙出土的几个陶楼残片，其中一个完整，为陶罐口沿装饰：城楼两层，大梁平顶，上有城垛。城墙土红，城垛白色（图三）。

重建的两个城楼加三段城墙总长 65 米，墙高 7—8 米，墙厚约 7 米。城楼平面 9.4 米 ×10.1 米，城楼凸出城墙外 3 米左右，高 12—13 米。城楼间距 19.2 米（哈图沙城楼间距 14—23 米）。重建三年时间共用工 6772 人/天。重建的目标是真实地再现赫梯时期城楼城墙的外貌，城楼内部不对游人开放。因为陶楼仅提供了外形信息，因此重建城楼的结构和细部是根据当地传统建筑另行设计的，如城楼内设了两面短墙承受楼层和屋顶重量。事实上，重建工作是实验考古和建筑实验的合作。

安纳托利亚的建筑技术特征是土坯城墙和箱形石基。土坯如果直接建在地面上，地面的水分会浸入土坯，导致墙体坍塌。根据遗址推断，哈图沙的施工方法是先夯基地，然后铺石，再砌石基。下城有些石基直接建在岩石上。箱型基础为两道纵向平行的石墙，其间设横向联系墙，形成一串箱，箱内以土填实（图四）。石基所用石块是采石场来的毛石，尺寸较大。城楼转角用修整过的石块，错缝干摆无泥。早期城楼和城墙基础一体，后期城楼基础自成整体。这一现象可以解释为早期城楼和城墙高度一致，后来城楼高于城墙。石基高度未知，有的遗存高约 2 米。石基立面上发现孔洞，推测石墙曾用原木加固。哈图沙土坯城墙在地面上的部分没有保留下来，发掘出来的土坯墙内有横木。土坯方形，尺寸为（45 厘米 ×45 厘米 ×10 厘米）—（50 厘米 ×50 厘米 ×12 厘米），土坯内或掺草，或草和卵石，或仅卵石。哈图沙土坯墙转角部分全部为圆角，其原因大概是由于尖角容易损坏。

哈图沙城楼城墙的重建过程，不仅关注建造本身，还涉及建筑物在自然条件下的损坏情况、维修周期和寿命问题（图五）。严格地说，重建工作并非完全按照真实历史行事，例如使用了汽车运

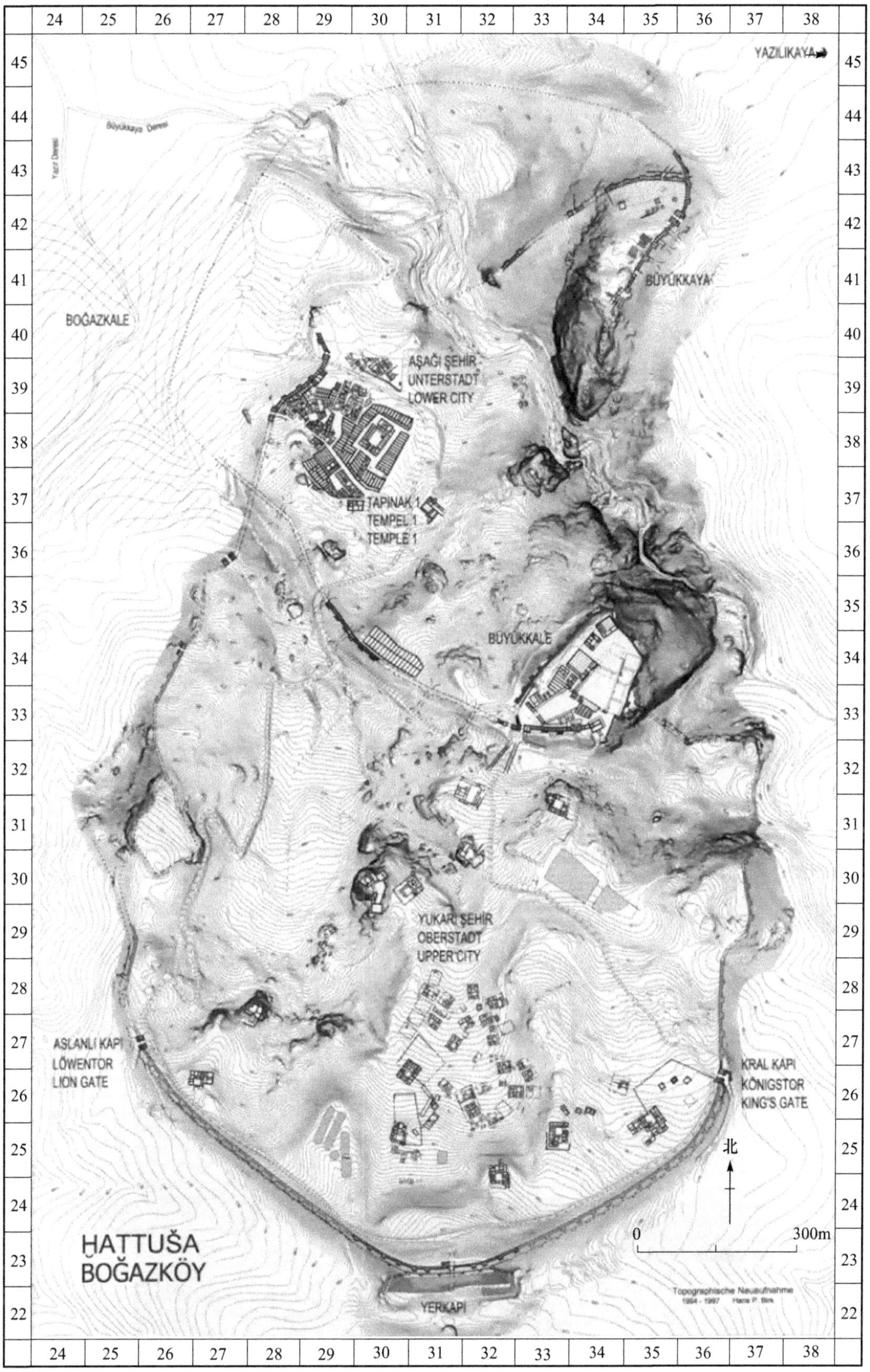

图一 哈图沙

（SEEHER J. A Mudbrick City Wall at Hattuša: Diary of a Reconstruction）

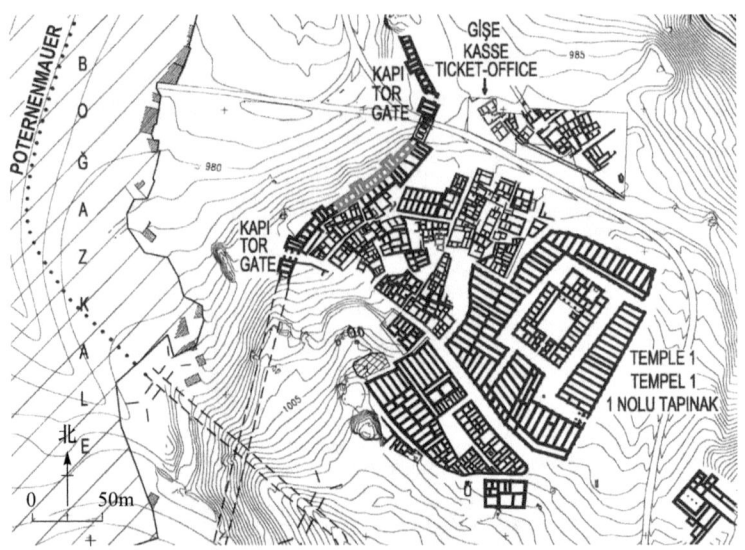

图二　哈图沙下城局部

（SEEHER J. A Mudbrick City Wall at Hattusa: Diary of a Reconstruction）

图三　陶城楼

（安纳托利亚考古博物馆藏，作者自摄）

图四　城墙城楼的箱型基础

（NOSSOV K, DELF B.

Hittite Fortidications 1650-700 BC）

图五　2003—2005 年重建的哈图沙的城楼城墙（城内立面）

（作者自摄）

输建筑材料。但是，重建过程中的每一步都研究了原始做法。重建所用的建筑材料，除了钉子和螺栓都是传统材料，整个成果于 2007 年出版。

二、乌鲁克：电脑虚拟复原

考古资料显示，两河流域是人类城市文明（urban civilization）的发源地。城市在两河流域下游开始产生，逐渐向上游发展。位于两河流域下游沼泽三角洲、幼发拉底河北岸由苏美尔人（Sumer）建立的乌鲁克（Uruk，苏美尔语，意为"定居地"）是当时（公元前 3900—公元前 2900 年）世界上最大的城市。从乌拜德（Ubaid）[2] 到二里渡（Eridu）再到乌鲁克，时间范围为公元前 5300—公元前 3900 年。两河流域文明由不同民族创造，最早是苏美尔人。苏美尔人最重要的发明包括：楔形文字、圆柱印章、烧制彩陶、使用陶轮和建造舟船。公元前 4100—公元前 2900 年，乌鲁克是苏美尔人的政治、宗教和贸易中心，史称乌鲁克时期。

1849 年，乌鲁克遗址被英国人威廉·肯尼特·洛夫特斯（W. K. Loftus）确认，并在次年进行短暂挖掘。1912 年之后，德国考古队进行发掘。德国的考古特点是注重建筑，目的不是寻找大型艺术品。发掘负责人全部受过建筑学和建筑史教育，不少是训练有素的建筑师。

乌鲁克城平面形状规整，土坯城墙全长 8.7 千米，外有壕沟环绕。公元前 3000 年左右，城内面积约 5.2 平方千米。城内有水渠、水井、蓄水池和排水系统。城外遍布水渠，灌溉农田和果园。内外水渠相连（图六）。

学者们认为，乌鲁克是从两个定居点发展起来的：库拉巴（Kullaba）和伊安娜（Eanna）。城中高地为长期居住堆积而成，城墙把它们及其周围包围起来，新区地平低。神庙宫殿位于城中心，所在的土丘最高，建筑成群，各有高墙环绕。公元前 3200 年左右的建筑群并非经过周密规划，而是长期重建的结果（图七）。

关于乌鲁克城门资料，只有一个北门平面：城门外侧有翼墙，直门道，门道宽约 3 米。城墙外侧有半圆壁柱（图八）。

乌鲁克城墙和城门的信息集中在"内城"。城中心的伊瑞戛神庙又称埃施加尔（Irigal temple or Ešgal，约公元前 3000 年），平面呈方形。城墙为双层中空，土坯造，墙外包砖，总厚 18.3—19.2 米。在西南面有两个城门，均为直门道（图九）。

在乌鲁克城中心的伊安娜神庙区（Eanna）的 IVb 地层发现"Z"形门道（图一〇）。神庙 A、B 和大院 C 面积相当，地面存在高差。通过 C 院可进入 B 庙的柱廊和 A 庙。院内地面在靠近神庙处有马赛克残留。院子朝街的两面墙上分别开门，形式不同。东南墙对称布置双门，每门的门道呈"Z"形。院墙高度未知，但应高于人的视线。"Z"形门道城门亦见于两河流域上游和黎凡特（Levant，巴勒斯坦和以色列地区）黎凡特墙体复杂，城门高大（图一一）。

在考古发掘进行百年之后的 2013 年，乌鲁克考古成果在博物馆向公众展览[3]。随之，德国考古院和德国东方学会联合召开国际学术会。在博物馆和会议中公布的乌鲁克研究成果包括一系列神庙建筑复原模型。自 2007 年起，德国考古学会和柏林虚拟概念设计公司合作开展乌鲁克可视化项目（Uruk Visualization project）。他们根据最新的研究，重新审核之前的手绘复原，并建 3D 复原模

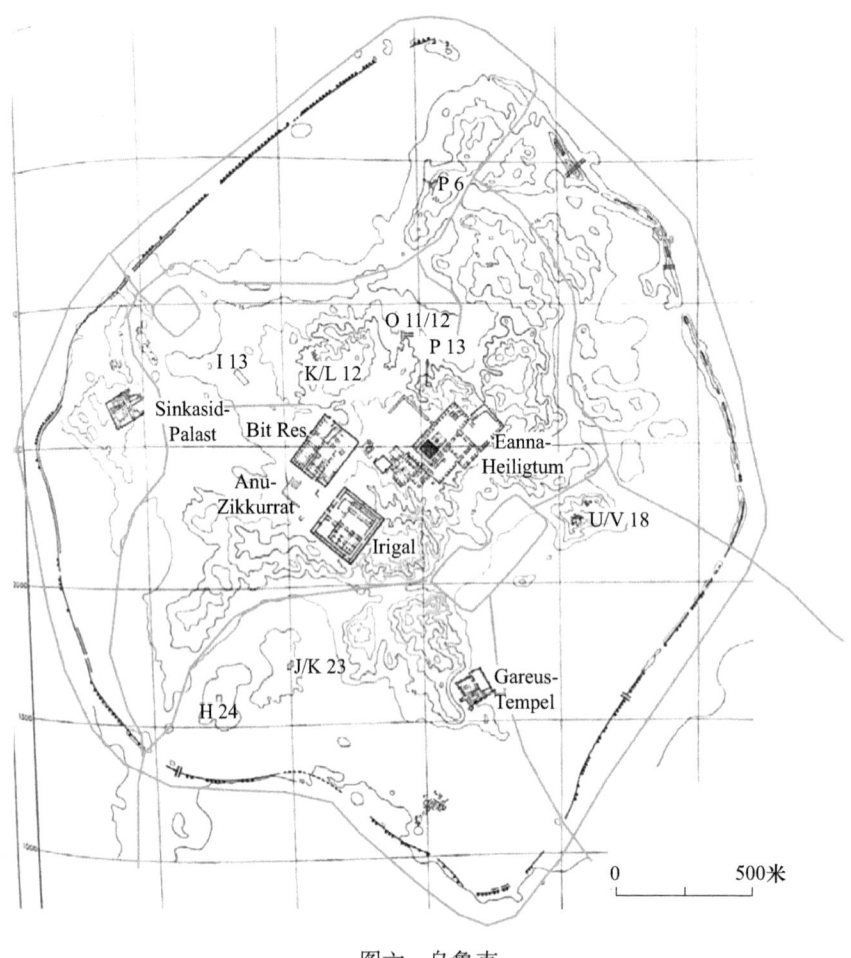

图六　乌鲁克

（VAN ESS M. Uruk: Architektur II, Von der Akkad-bis zurmittelbabylonischen Zeit）

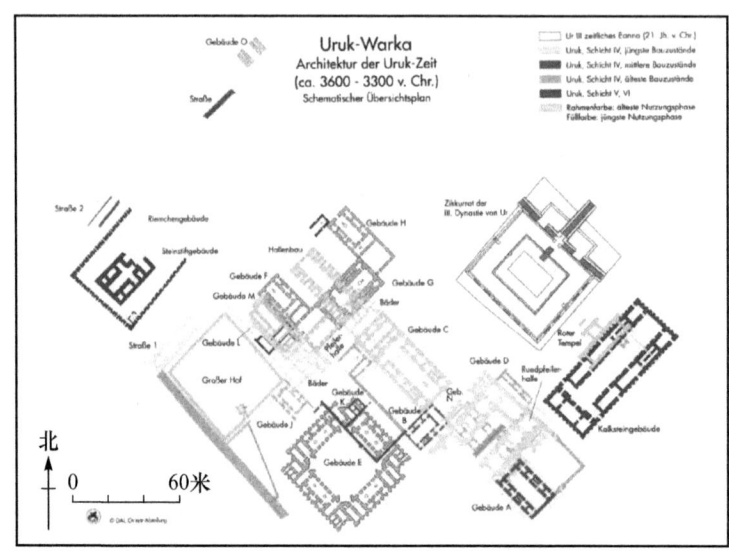

图七　乌鲁克城中心建筑平面整合图，颜色表示不断重建的神庙之关系

（CRUSEMANN N. Uruk: 5000 Jahre Megacity）

门道宽3米

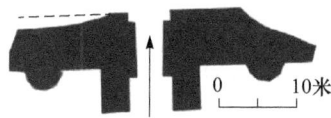

图八　乌鲁克北城门（公元前 2900—公元前 2350 年）

（DAMERJI M. The Development of the architecture of doors and gates in ancient Mesopotamia）

1. 位置　　　　　2. 平面

6.72m
5.56m

3. 入口

图九　乌鲁克城中心的伊瑞戛神庙区

（VAN ESS M. Uruk: Architektur Ⅱ, Von der Akkad-bis zur mittelbabylonischen Zeit）

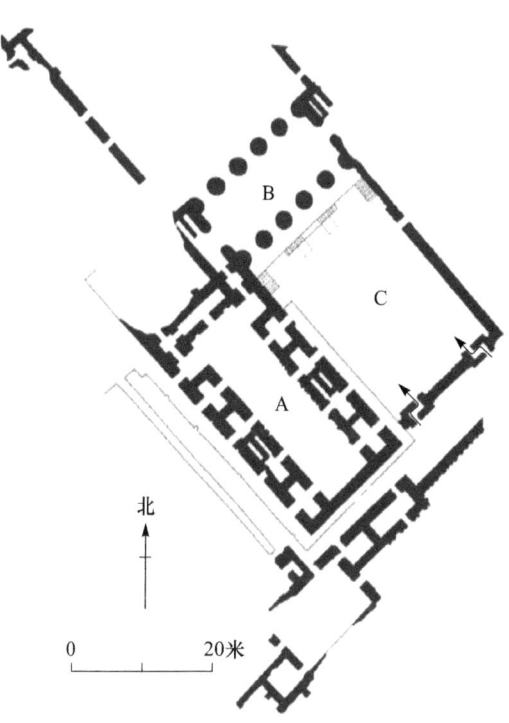

北

0　　　　20米

图一〇　乌鲁克伊安娜神庙（Ⅳb 地层）

A. 圣殿；B. 柱廊（"Z" 形院门比图七中 C 院门地层晚）；C. 马赛克大院

（CRAWFORD H. Sumer and the Sumerians）

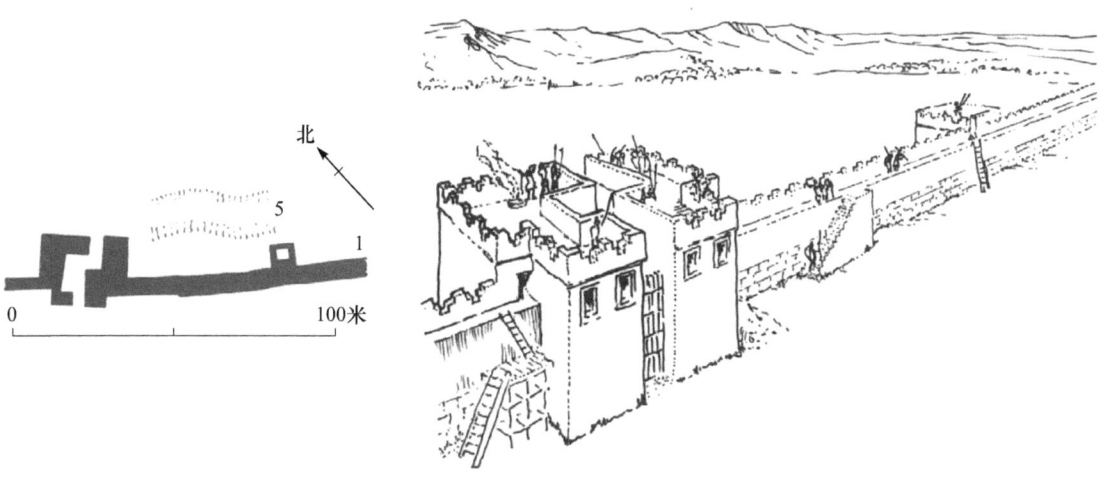

图一一　门楼和其之间的 "Z" 形门道

（WRIGHT G. Ancient Building in South Syria and Palestine）

型。建筑模型用途有三：①评估档案资料，利于讨论遗址相关工作。②在"5000年前特大城市乌鲁克展览"（Uruk: 5000 Jahre Megacity）中使用。③在乌鲁克遗址游客中心展示。电脑模型分两类：基本模型和专业模型。前者为大众展示所用，后者为专家研究所用。所有的复原都是假设性的，故存在不止一种方案。专家模型亦称技术复原，考虑多种可能，进行比较，然而受其他同类建筑启发最小。换言之，专家模型忠于考古资料，不允许自由诠释。具体方法是，在测绘图上逐层复原，每层都有细部，基于多种技术模型实现整体复原（图一二）[4]。使用电脑技术，整合建筑考古资料，多方面比较，已经成为视觉复原研究手段[5]。这个新兴的学科被称为"重建考古学"（Reconstructive Archaeology）。

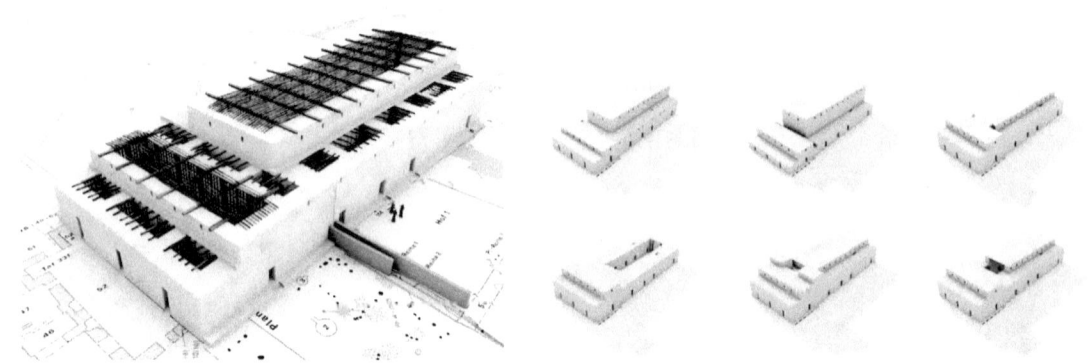

1. 技术复原：土坯墙上架原木，平顶　　2. 基本复原：尝试不同可能性

图一二　乌鲁克C号建筑（公元前3300—公元前3100年）

（HAGENEUER S. The Visualization of Uruk: First Impressions of the First Metropolis in the World）

三、解读皇城台城门

石峁城（公元前2300—公元前1800年）建在顶部平缓、深沟切入的山地（当地称之为"峁"），由东、西两部分组成，分别有石墙围绕。两部分之间共用石墙，以城门相通。西城内有四条水沟，汇合流入西北边的洞川沟，然后流入山峁下的秃尾河。位于西城中部偏西的皇城台是一个相对独立的平顶山，高出周围20余米（图一三）。皇城台四面是沟，仅西南角与台外部以马鞍形连接。城门是皇城台唯一的出入口，建在山坡上，朝东偏北47°。为方便叙述，以下简称城门向东（图一四）。皇城台视野开阔，站在台上可以视察石峁大部，保证了与东城的东门和二号门及北城墙的直接联系，还可以遥望远处的沙漠和河套丛林。就海拔高度而言，东门比皇城台城门高82米。皇城台城门与自然环境结合，体现了因地规划原则，自然地理条件在构筑防御建筑过程中起重要作用。

皇城台地形为自然台地状，台高26.5米。城门建在山坡上，面积5300平方米（南北72.6米，东西74.9米）（图一五），沿着山体在层层台地上建有挡土墙。皇城台挡土墙和皇城台城门尺度都相当大：位于城门北侧的挡土墙，目前清理部分长100余米，高15.6米。发掘皇城台挡土墙和城门的过程中出土陶器、骨器、玉器、青铜器和石雕，表明皇城台为政治—宗教和生产—贸易中心。从选址的角度看，石峁的营造者利用地形对皇城台形成保护。

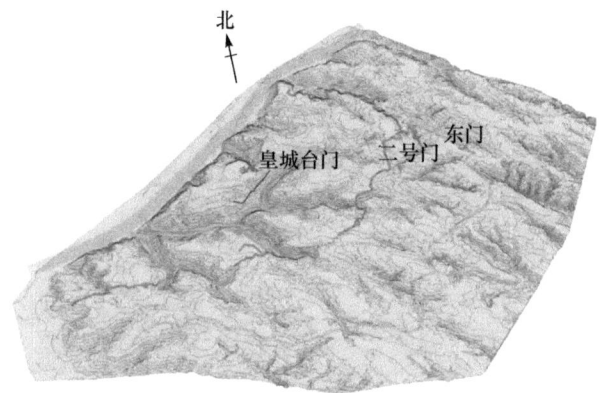

图一三 石峁地形[6]
（作者团队自绘）

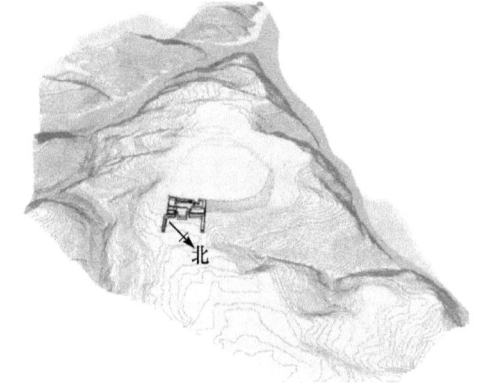

图一四 皇城台地貌[7]
（作者团队自绘）

图一五 皇城台门址三维摄影测量模型（2018年6月测）
（作者团队测绘）

从建筑学角度进一步分析，可以识别出三个明确、互相关联的层面（图一六）：

第一个层面是主要结构。城门由六个构筑物组成：两个墩台，两个翼墙和两个障墙。它们分别是南、北墩台，南、北翼墙和前、后障墙。墩台均为实心矩形：南墩台，平面东西长；北墩台，平面南北长。翼墙位于广场两侧，其后端分别顶在两墩台的外角。前障墙是个"U"形平面的独立影壁，在其两侧进、出皇城台，门道呈"Z"形；后障墙为两道平行墙（下文进一步讨论）。

第二个层面是空间序列。城门由三个空间组成一条长约100米的行进路线。南北墩台前有一个巨大的广场，由两个翼墙界定了广场的范围。墩台之间的空间被小挡土墙分成两部分，本文称为前庭和中庭。这部分的地面均为石块铺成，中庭地面上发现石刻。北墩台后面是一个"U"形空间，墙面嵌木柱（本文称"壁柱厅"）。壁柱厅有门，其前方约5米处有一守卫室（或称门塾）。人来到广场，首先面对的是前障墙和南北墩台；然后沿前障墙两侧弯道进入城门；通过前庭，进入中庭；沿着石铭文，右转进入壁柱厅。在壁柱厅内前行，人需左转，再左转。壁柱厅外是另一个门塾。继

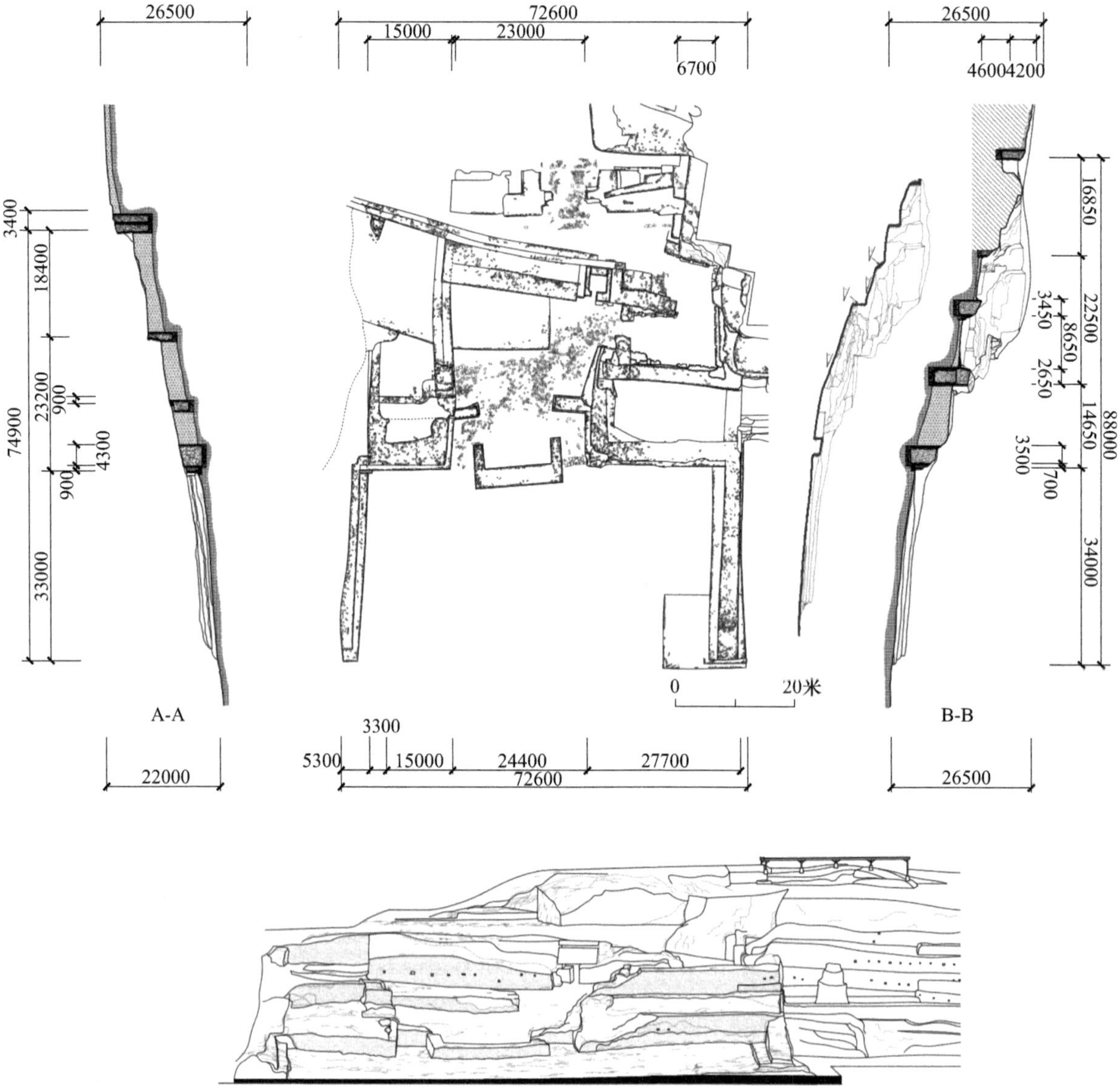

图一六　皇城台门址平面、立面和三个剖面
A-A—南墩台剖面　B—B北墩台剖面
（作者团队自绘）

续向前，皇城台上的大门即出现在右边。

　　第三个层面是尺度和比例。城门结构和场地之间存在一系列比例关系。皇城台城门最重要的结构是两个墩台。南墩台面阔小，进深大（跨两个台地），以它为基本单位，令其阔为 A（约 13.5 米），台地深为 B（约 10 米），则整个场地大小为 5A×7B；广场大小为 5A×3B；北墩台面阔则为 2A，两个墩台之间的距离亦为 2A（图一七）。如此规律显示比例（或网格）被有意地用在规划和施工中。以上分析表明，石峁建造者掌握一定的大地测量方法并具有修整场地的技术。城门规划中所展现的熟练技能和水平也体现在营造中。

　　城门建在 19° 的斜坡上，自广场地平生起一连串台地，平整之后的台地承载巨大的墩台和障墙（图一八）。

石峁考古至今尚未发掘墩台，目前主要的研究对象是现场地形和城门结构。关于皇城台城门的施工顺序和建筑技术，笔者的研究结论如下（图一九）：

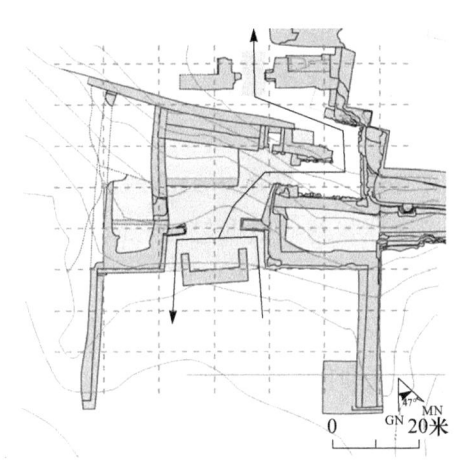

图一七　皇城台城门各部比例关系显示存在模块网格
（网格单位取自南墩台 13.5 米 × 10 米）石护墙，
夯土芯，石铺地
（作者团队自绘）

图一八　山坡上利用地形建造的
一连串截面呈三角形平台
（方向北—南）
（作者自摄）

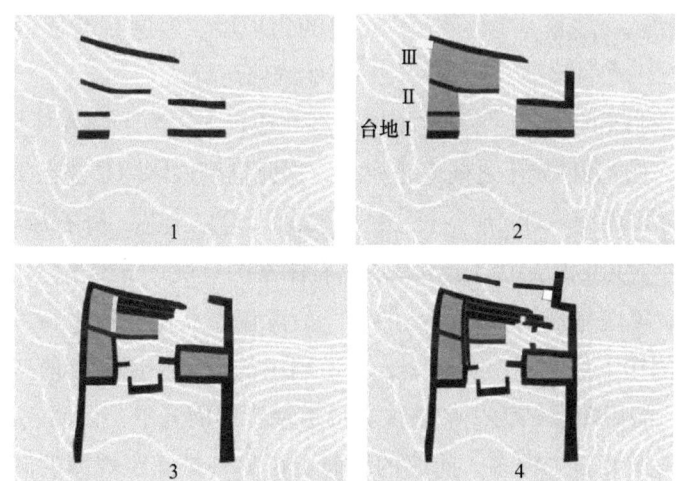

图一九　皇城台城门施工过程（推测）
■ 石墙　■ 夯土
（作者自绘）

1）根据地形，挖六道基槽作为挡土墙的基础，挡土墙的作用是支撑山坡、防止土体变形失稳。

2）沿等高线修建三段台地（南侧）。在挡土墙之间，填土掺杂石块并捣实，形成坚硬、平坦的表面，断面呈三角形，作为南、北墩台和后障墙的基础。

3）南、北两个夯土墩分别建在准备好的台地上。夯土墩外包石墙，起到抵抗土的横向推力和雨水侵蚀作用。后障墙建造在第三个台地上，由一对平行石墙组成。前障墙竖在山坡下，平面呈"U"形。两道翼墙在城门前两侧，划定了广场边界。

4）后障墙的背后是皇城台的挡土墙。在第三个台地上，后障墙南端，加建了一堵东西向石墙，将交通路线指向北面壁柱厅入口。壁柱厅前后各设一个门塾。

皇城台城门属楼式城门，入口两侧各有一座墩台门楼。墩台平面长方形，建在基座上，基座建在事先准备好的场地上。考古发现，墩台的核心是夯土高台。土芯周围是一圈 3 米至 3.5 米厚的石墙，本文称为封闭墙。封闭墙以泥土黏结石块构成，墙内横向施原木。以广场地面到墩台顶中心计，两座墩台的现存高度分别为：北墩台土芯约 6 米，南墩台约 4.5 米。发掘时，南墩台上发现白灰面铺地，发掘者认为这是一座与皇城台非同期建筑的遗迹。

图二〇　从南墩台看北墩台
（2018 年 6 月作者自摄）

南墩台平面 13.7 米 ×21.2 米，北墩台平面 26.7 米 ×14 米。这些数据包括土芯和石墙。事实上，封闭墙由两、三层不同厚度的石墙组成，从内向外，逐层减薄。多层石墙不可能一次建造，经过清理和仔细检查，发现墩台角和诸多部分被大幅修复。换言之，经风化和其他破坏之后，石墙曾被翻新或加建（图二〇）。此外，封闭墙的最外层建在中庭的石铺地面上，表明它们是在城门建造主要阶段之后加建的，这些后来增建的石墙宽度约 1 米。本文称原来建的石墙为主墙，后加建的为护墙。多层石墙显示了皇城台城门持续不断的维修历程。

北墩台的后墙是壁柱厅的东墙，目测这堵墙建在北墩台上。为了调查其基础，在它的北端沿墙向下挖洞，深约 2 米，在达到原始土之前停止挖掘，据此推测这堵墙是建在事先准备好的台地上。

前障墙是影壁墙，平面呈 "U" 形，长 16、宽 3.4 米（夯土芯，外石墙），存高 1 米余，墙面垂直无收分。在障墙的外角堆积层中出土了几块刻有图案的石块，石刻是皇城台的艺术特点。

城门入口对面的后障墙是现场位置最高的墙。后障墙现状由三道平行的墙组成，总厚 10 米，长 24.5 米，墙的上坡侧比下坡侧高。实际上，三道墙中的最后一道墙较前两道墙长很多，它是皇城台的挡土墙，与城门的后障墙结为一个整体。每道墙皆表面光滑，说明它们非一次完成。与前、后两道墙相比，中间一道墙石少泥多。前墙的墙面上可见一排间距规律的洞，为建造时施原木所用。该墙为石块—黄土—原木结构（详见下文）。

广场位于城门正前方，由两个长翼墙分别连接北墩台和南墩台的外角而界定。高大的墩台叠压在翼墙上，翼墙存高约 2 米。广场南北宽约 65 米，东西长 33 米。换言之，城门退到皇城台脚下。在此处的设计中，翼墙具有三个功能：伸出手臂拥抱进入皇城台的人们、从翼墙和墩台三面守卫大门、引导从山坡下来的雨水。皇城台城门靠山坡坡度自然排水，没有发现排水管道。

"U" 形前障墙内，地面坡度为 15°—19°，被一对短墙界定出两个高差、大小不同的空间，前低后高，前小后大。短墙自南北墩台向门道伸出约 5 米，结构功能是挡土墙。本文称这两个空间为前庭和中庭，均为交通空间，地面全部铺片状砂岩，利于城门内排水和防止地面侵蚀。在中庭通道中部，一组铺石上刻有铭文式图案，其含义不明（图二一）。石面没有磨损的迹象，表明没有轮车作为交通运输工具。

进入壁柱厅的入口在中庭的西北角，入口处发现两个门址。早期门口宽约5米，残存石门槛和木门板（鉴定为松木）。入口场地为下坡，门扇无疑朝外开（图二二，1）。后期门口宽约2.5米。门前方发现碳化的木门框遗存，这些碳化的木构件表明壁柱厅被火烧毁（图二二，2）。

壁柱厅平面呈"U"形，土地面，顺坡而建。在其墙壁上，发现有规律间隔的木柱遗存（图二三）。笔者的关注点在壁柱厅的原状和功能。原状方面，因为没有门的证据保留下来，壁柱厅的上端是否封闭目前未知。功能方面，壁柱厅地面没有铺石板，而前庭和中庭是石地面，这意味两者使用功能完全不同。综合考虑之后，笔者认为壁柱厅可能是有顶的内厅。

两个守卫室（或称门塾）分别靠近壁柱厅的下端和上端。下卫室挨着后障墙的北端，上卫室贴着壁柱厅的西墙头。两个卫室大小相似，平面均为6.5米×5.5米。上卫室堆积物中发现烧毁的木构件，应该是倒塌屋架的残骸。地面上还发现绘有彩色线条

图二一 城门中庭地面石上的铭文式图案
（作者自摄）

和色块的泥壁残块，应是倒塌墙面的装饰层。这些现象均表明此处是有彩饰和屋顶的房间。这里的壁画图案、颜色和工艺与东门发现的残片相似，同为石峁装饰风格的证据。

1. 早期石门槛和木门扇遗存

2. 后期木门框遗存

图二二 壁柱厅门址
（石峁考古队 摄）

上卫室的遗存表明，其结构为石墙支撑木屋架。综合所有资料，可认为房子结构是木屋架上铺石板，房顶为平顶。倒塌在卫室地上烧毁的屋架和嵌在壁柱厅墙上烧毁的木柱，表明了皇城台城门的命运。

皇城台城门布局复杂，作为这一时期该地区这类城门的首例，从功能上看，它是通往皇城台的必经之路。从广场开始，通过"U"形的障墙，墙角石上有雕刻；穿过铺石的中庭，地面石上有刻符；进入北墩台后面的壁柱厅，墙上绘有彩画。曲长的城门路线结束在皇城台上的大门前。2018—2019年，石峁考古队挖掘了皇城台大门并清理了入口石铺地。

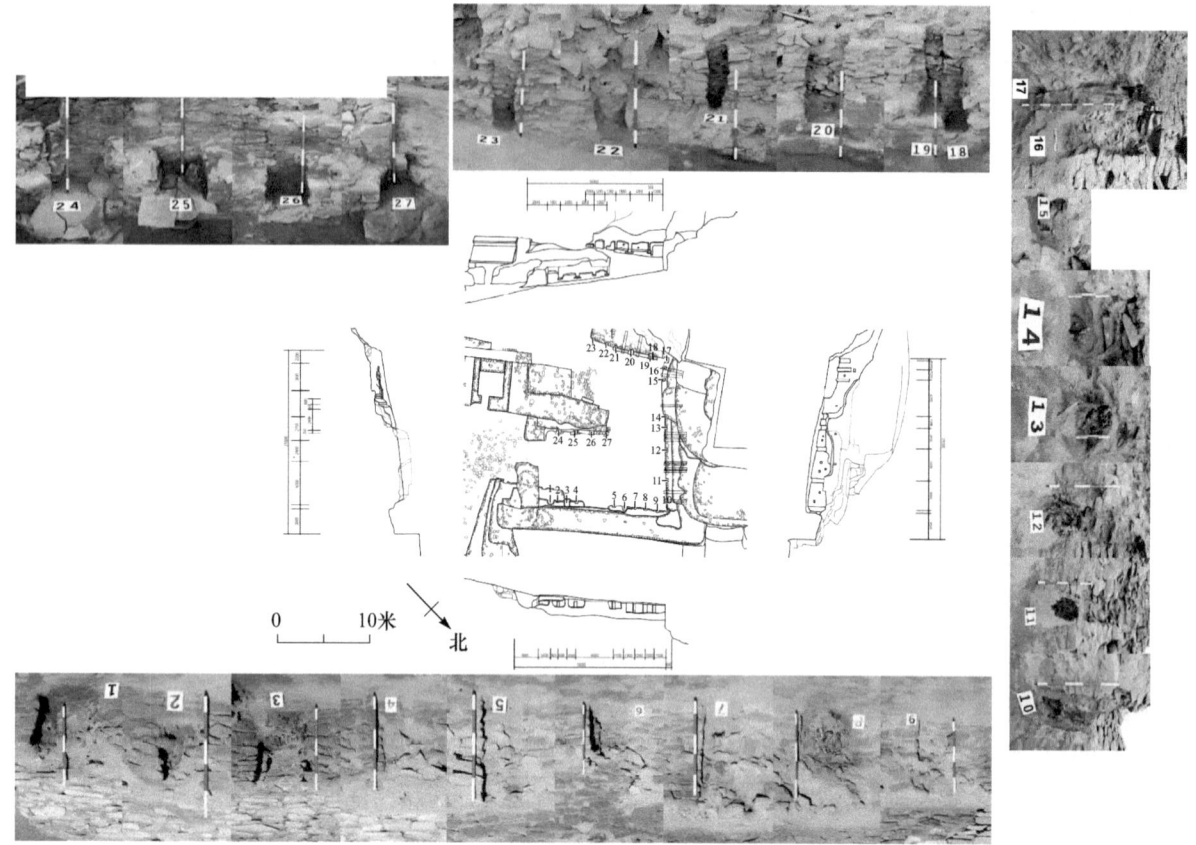

图二三　壁柱厅平面、立面和照片
（2018 年 7 月作者团队自绘、自摄）

　　皇城台城门建筑使用的材料为土、石和木，这些材料都出自当地：山地覆盖的土、沟内的砂岩和河边的树。大体积建筑使用的技术是夯土筑台，外包石墙。石墙多层，自内向外厚度逐减，各层墙面均平整。从施工角度解读这些现象可知：石墙砌成后，在现场加工墙面使之平整；城门完工后经历过维修，在主体结构外曾几次加建维护石墙。石峁中一项重要的建筑技术是在石墙内规律地摆放原木，在高度和水平方向上构成结构网。关于其功能，笔者推测原木是墙体的结构构件，在施工中起重要作用。

　　关于原木的名称，2013 年的石峁发掘报告中发掘者借用了"纴木"一词。此术语出自《营造法式》（1103 年），指夯土城墙内用的横木（"每高五尺施一条"）。《营造法式》是现存最早、最完整和全面的建筑规范。从全球考古资料看，夯土筑墙在青铜时代遍布欧亚大陆，篇幅缘故本文无法详述。从国内考古遗存看，早期城墙为堆筑和版筑结合。堆筑、版筑所用之板为稍加斫凿的原木；筑城墙用木桩加固。从现存的文献资料看，《说文解字》有："幹——夯墙端木也，栽——筑墙长版也，桢——刚木也。"桢幹也见于《尚书·费誓》。从建筑技术角度看，版筑有两个研究方面：其一，版筑的板。其二，加固的桩。如何用板？如何用桩？在中国建筑史学上，这类问题尚无定论。首位系统注释《营造法式》的学者是梁思成，其著作《〈营造法式〉注释》中关于筑墙筑城之制中施用纴木、永定柱和夜叉木等论述多处待考。近 30 年的考古遗址发现积累了不少认识这类问题的线索。例如，陕西李家崖城址（商晚期——西周早期）的城墙夯土造，外包石墙。在东城墙外侧的附城墙下，铺垫有一排原木。在 28 米高的城墙下共发现 28 个垫木，间距不一。连云港藤花落城址（新石器时代）的城墙为堆筑加版筑造。城墙中部和两侧排列木桩加固，木桩直径 20—26 厘米，间距 60—70 厘米。西山城址（仰韶时代）的城墙为方块版筑。版块面积 3—4.5 平方米，版块之间用规整排列的木桩间隔。木桩直径 30 厘米左右。木桩洞内发现朽木灰，应为夯筑完成后留于城墙之中的木桩。孟庄城址（龙山晚期——商晚期）的城墙墙体内侧有木板留下的灰痕，表明夯筑后，版原位保留，没有被抽走。《营造法式》中的永定柱（或夜叉木）和纤木，大概类于夯土城墙内所用木桩和木板的作用。另外，抽纤墙应为夯筑后抽走纤木原木。石峁石墙中的水平原木，本文沿用纤木称谓，以与发掘报告一致。

在皇城台巨大的挡土墙上，腐烂的纤木留下的孔很容易识别（图二四）。很多纤木保留下来，它们是带树皮和树根的天然树干（图二五）。树根留在墙面之外，说明树是刨出来的。在石峁发现的工具为打制的石刀和磨制的石刀、石锛和石斧，很难用这些工具处理树根树皮。纤木水平间距从 1 到 2 米不等，平均水平间距 1.5 米，变化范围不超过 0.5 米。挖掘者认为纤木长约 4 米。水平纤木网之间的垂直距离平均 1.5 米，目前尚不清楚是否存在竖向木网。

图二四　皇城台挡土墙使用的横向纤木
（作者自摄）

图二五　伸出皇城台挡土墙外约 30 厘米的纤木
（作者自摄）

皇城台城门后障墙的东立面（或下坡侧）残留一排 9 个纤木洞（洞径约 30 厘米）。这堵墙存高 1.8—3.8 米，纤木洞之间的距离平均为 2 米（图二六，1）。它们标记了其他纤木放置的位置，应该总共使用了 11 根纤木。如果四个纤木为一组，该墙可分三组。换言之，这堵墙可能是分三段建造的，平均每段长度为 7.65 米（图二六，2）。关于后障墙的原高问题，笔者观察到纤木和石墙之间存在比例关系，进而认为它们之间存在施工关系，即石墙高度由木作和石作共同决定。假定石墙曾使用两排纤木，它们之间的垂直间隔为 1.6—1.8 米。因此，后障墙的高度最高为 5 米。

壁柱厅石壁上，可见水平方向的纤木洞和垂直方向嵌入墙壁的木柱（图二七，壁柱位置见图二三）。在墙的左侧（面向室内），贴墙根有一排柱座，它们比现存地面高 20—30 厘米，壁柱立在石座上（图二八）。有两根幸存的角柱，存高分别为 1.3 米和 1.4 米，直径 30 厘米。壁柱是墙的组成部分，可能有助于支撑屋顶。

综上所述，木料用在三个地方：一，门口：木制门框和门扇。二，厚石墙内：原木垂直于墙立面，有规律地摆放。三，壁柱厅：木柱嵌入石墙。它们加固石墙，可能支撑屋顶。壁柱厅跨度 8 米，

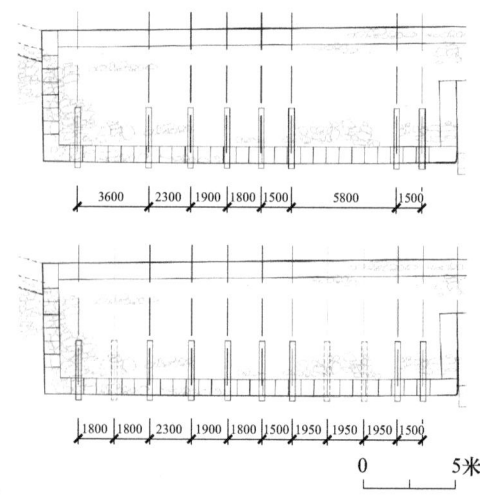

1. 后障墙现状
（作者自摄）

2. 纤木洞分布现状和复原
上：墙上残存的9个纤木洞。下：根据间距规律复原的11个纤木
（作者团队自绘）

图二六　后障墙

图二七　在砌墙之前，壁柱贴墙立好
（作者自摄）

图二八　木柱不存，石基还在
（作者自摄）

地面上没有发现柱子痕迹，因此不能确定也不能排除壁柱厅被完全覆盖的可能。皇城台使用的木材经鉴定：壁柱厅入口木门为松木，壁柱厅内的壁柱为柏木，纤木的树种为侧柏。

　　石作和木作技术在石峁占主导地位，这在东门、皇城台城门和皇城台挡土墙中显而易见。纤木用于石墙不仅有助于提高墙体的结构稳定性，还为分段施工发挥作用，并在施工过程中充当"脚手架"。

　　城门的特点是石墙中使用纤木，依据是北墩台的东面可辨认出几个纤木洞。因此，纤木是复原的切入点。整合已有信息之后，对北墩台的高度做出以下推论：墙体使用了三层纤木，每层之间的垂直距离约1.5米。墩台顶为排水而建成缓坡，并且上铺石面，墙外围有堞。墩台的高度最大8米（图二九）。

　　皇城台城门屹立四千年之久，仍然保留相当的高度。与广场地面相比南墩台高4.5米，北墩台高6米。假设两墩台仅失去了顶部，排除了增加墩台高度的必要，仅复原台顶形状（图三〇）。

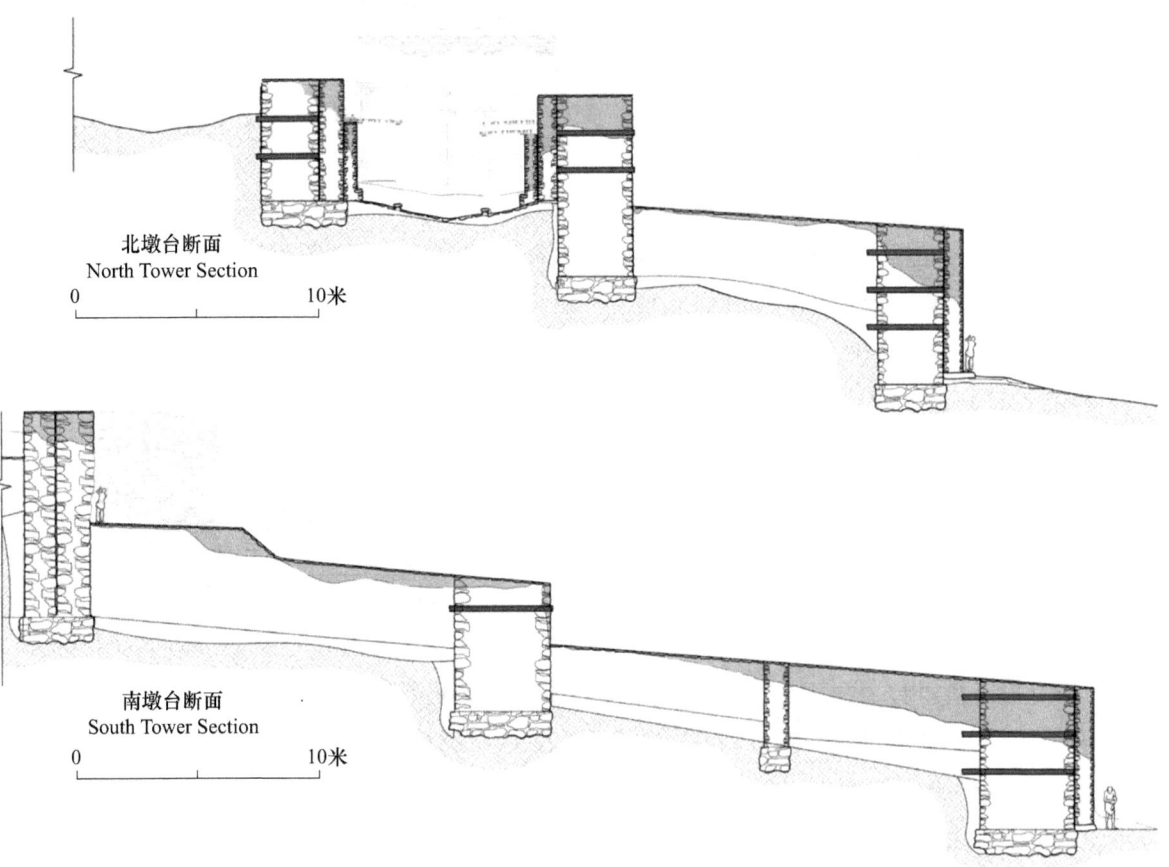

图二九　皇城台城门断面复原图
上：北墩台　下：南墩台　深色表示复原部分
（作者团队自绘）

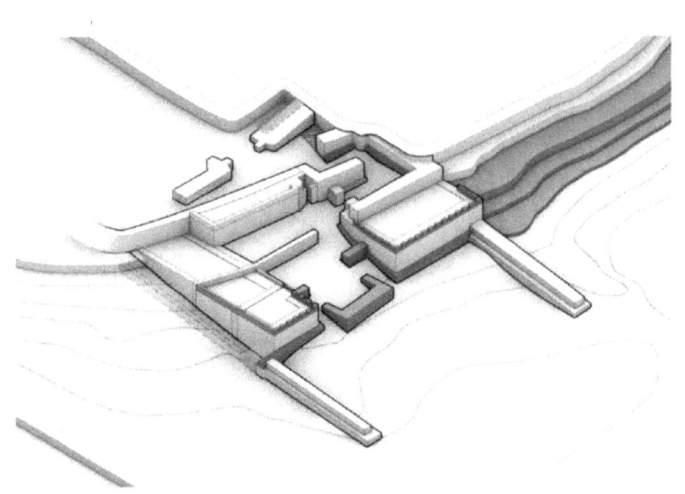

图三〇　皇城台城门复原图
（作者团队自绘）

四、建造皇城台城门用功

"功"这一名词的含义，据《辞海》："劳绩也"，"事也"，"精善也"；又："功作，工作也"。"功限"一词来自《营造法式》。《中国古代建筑技术史》对这一词语的解释是："《营造法式》的计算用工量的定额，称为'功限'。我们可以由此对于宋代工程预算中劳动日的计算的精密周详，得到深刻印象。"《营造法式》是宋朝颁行的规范，旨在估工算料，为工程预算提供依据。编纂者在前人和当时工匠的经验基础上，对建筑式样和尺度、材料制备和各工种的用工量（"定功"）做了详细规定[8]。

皇城台城门工程规模浩大，窥探其工期，需要了解以下几个方面的信息：工程组成、组织结构、管理技术。本文基于考古资料，依循《营造法式》的定功方法，估算皇城台城门的用工量、施工时间和劳动力方面的信息。这样做的原因是，《营造法式》"功限"条目是研究传统营造用工的唯一参考文献。《营造法式》成书时间和石峁相差 3000 年左右，在这段时间内传统筑城技术不可能无变，但应无大变。不妨将传统营造的"功限"当作一个连续的整体来看待。本文依据考古和文献，尝试讨论皇城台城门功限如次。

石峁有关资料如下：东门墩台内为夯打密实的夯土，条块清晰、夯层明显、土质坚硬，墩台外包砌一周石墙。墙体上发现一些排列有序的孔洞，其内有圆形朽木痕迹，木洞周围敷以草拌泥加固。这些孔洞应为嵌入石墙内的树干所留。皇城台门址南墩台清晰可见小版块夯筑迹象，版块呈长方形，土色因夯块不同有差异，以黄、白、褐色为主，土质坚实。北墩台夯土芯土色以黄色和深褐色为主，土质较硬。目前尚不了解夯土层厚度，夯窝形状、大小和分布规律。

夯土和版筑是古老的建筑技术，原则是：铺土于基槽内（筑基）或模板之间（筑墙），夯筑打实。那么，如何夯？怎么打实？用什么工具？

夯筑方法和规定可见于《营造法式》，在卷三"壕寨·筑基"条详述为：

> 筑基之制，每方一尺用土二担。隔层用碎砖瓦及石扎等，亦二担。每次布土厚五寸，先打六杵（二人相对每窝子内各打三杵）。次打四杵（二人相对每窝子内各打二杵）。次打两杵（二人相对每窝子内各打一杵）。以上并各打平土头，然后用杵辗碾令平，再攒杵扇扑，重细辗碾。每布土厚五寸，筑实厚三寸。每布碎砖瓦及石扎等厚三寸，筑实厚一寸五分。

不同时代和地区使用的夯筑工具不尽相同：河南登封王城岗城墙（公元前 2455±109 年）用鹅卵石作夯具，河南淮阳平粮台建城（公元前 2045±175 年）用四根木棍绑成的夯具。郑州商城西墙显示夯窝直径 2—4 厘米，应是用木杵夯成。

版筑夯土层厚度的相关资料有：楚国皇城墙的夯土层厚为 12—21 厘米；燕下都城墙夯土层厚8—12 厘米，魏国阴晋城夯土层厚 7—8 厘米，汉长安城夯土层厚 8—10 厘米。可以说，夯土层厚度多在 10 厘米左右，最厚 20 厘米（宋尺 3—6 寸）。

本文以夯土筑造方法分析皇城台，并参照《营造法式》的规定，估算筑造皇城台城门所需人工。运用《营造法式》所载的用工规定和计算方法，在皇城台城门复原研究和石峁建筑石料来源研究的基础上，对其建造所需要的用工人数和时间作估算。应当指出，宋代的施工工具，如挖土所用的锹，运土、石用的篮等，应比建造石峁皇城台使用的工具先进。因此，所估算的人工应为下限。

《营造法式》对各工种的"功"有详细规定。功是一个熟练工人在一个工作日所能完成的工作量。阴历二月、三月、八月、九月的工作日为标准工作日，其工作量称为"中功"。以"中功"为限，称"功限"。《总例》条：

> 诸式内功限，并以军工计。若和雇人造作者，即减军工三分之一（谓如军工应计三功，即和雇人计二功之类）。

这是说，军工是标准工。如果一个军工一天的工作量为一功，民工则为三分之二功。换言之，一个军工干两天的活儿，一个民工需干三天。

计算筑城用的工作量的规定见于《营造法式》卷十六"壕寨功限"。工种包括：挖掘、搬运、筑城（砌筑石块、夯实渣土、刮削墙面）和磨石块表面等。在一定程度上，壕寨功限涉及施工管理，内容如下（不甚相关者略去）：

总杂功

> 诸干土六十斤为一担（诸物准此），如粗重物用八人以上、石段用五人以上可举者，或琉璃瓦名件等，每重五十斤为一担。
> 诸于三十里外搬运物，一担往复一功[9]。若一百二十步以工纽计[10]。每往复共一里，六十担亦如之（牵拽舟车伐，地里准此）。
> 诸功作搬运物，若于六十步外往复者（谓七十步以下者），并只用本作供作功。或无供作功者，每一百八十担一功。或不及六十步者，每短一步加一担。
> 诸于六十步内掘土搬供者，每七十尺一功（如地坚硬、砂礓相杂者减二十尺）。
> 诸自下就土供坛基墙等用本功。如加膊版高一丈以上者，以一百五十担一功。
> 诸掘土装车及装篮每三百三十担一功（如地坚硬或砂礓相杂者装一百三十担）。

筑基

> 诸殿阁堂廊等基址开掘（出土在内，若去岸一丈以上，即别计搬运功），方八十尺（谓每长广方深各一尺为计），就土铺填打筑六十尺各一功。若用碎砖瓦石渣者，其功加倍[11]。

筑城

> 诸开掘及填筑城基每各五十尺一功。削掘旧城及就土修筑女头墙及护险墙者亦如之。
> 诸于三十步内供土筑城[12]，自地至高一丈，每一百五十担一功（自一丈以上至二丈，每一百担；自二丈以上至三丈，每九十担；自三丈以上至四丈，每七十五担；自四丈以上至五丈，每五十五担同。其地步及城高下不等准此细计）。
> 诸纽草葽二百条，或斫橛子五百枚，或刬削城壁四十尺（搬取膊椽功在内），各一功。

《营造法式》所载用工量的条文显示：①各个工种用工量标准化，按实际工作情况（距离远近、工作难易）增加或减少所值的"功"；②各个工种基本由"本功"完成所有需要做的工作。在工作（如搬运）距离远于70步时，另使用杂工；③使用两种单位计量工作量：重量单位（担）和体积单位（立方尺）。重量用于计量搬运的松散物体——如土、石、砖和瓦等，体积用于计量挖掘和填筑等工作。

本文使用《营造法式》的规定算工：①"一里六十担"等同于"六十里一担"。换言之，"功" = 距离 × 重量，或"功" = 步 × 担。按宋制360步等于一里，一个搬运功等于21600步 × 1担。②施工工地的"工纽"范围为一百二十步，即半径六十步（92米）的圆。其中各工种作业用工，按各工种的"本工"计。这个规定适用于七十步内（108米[13]）的"供作工"。如果需要"本工"外的人搬运，则按180担一功计。按180担60步往返，工作量等于21600步 × 1担。如果往返距离小于60步，则每短一步加一担。按这个算法得出的"步 × 担"值小于21600。例如，50步往返，190担一功，每功只有19000步 × 1担。这应是考虑了装篮和休息所需的时间。③"就土铺填打筑六十尺各一功"说明铺填和打筑是两项分别计算工作量的工作。从劳力上看，高度的增高增加运土难度。所以，"供土筑城"铺填所需的功随高度变化，而打筑用功不变。

皇城台城门墩台用土夯筑，夯土台外用片石加泥砌石护墙。《营造法式》中与之相近的用工量为"筑基"中的："就土铺填打筑六十尺各一功。若用碎砖瓦石渣者，其功加倍"。下面的计算中，假定夯土打筑部分60立方尺一功，砌石护墙（包括和泥）每30立方尺一功。

《营造法式》的数值是以宋代的长度、重量单位表达的。根据吴承洛的调查研究，宋代与现代的换算比率以及常用单位的换算关系为：长度单位：一尺 =0.3072米，一步 =5尺 =1.536米，一里 =360步 =110.592米（"步"的定义是左、右腿各向前一跨为一步。自唐代至民国初期，以五尺为步，三百六十步为里）。重量单位：一斤 =0.59682千克，一担干土 =60斤 =35.8092千克。体积单位：一立方尺 =0.02899立方米。

五、皇城台城门土、石方计算

障墙、翼墙和墩台护墙都为石墙。墙体为平整砂岩石片错缝平砌而成，石片间用草拌泥。墙面齐整平直，表面应经打琢修平，但墙体内部填充的石块较为散乱。墙体下有石块基础。墩台石护墙由主墙（厚3—3.8米）和护墙（厚1—1.2米）组成，墙体内壁与夯土芯相接处石块垒砌平整。

本文假设：石墙两壁整齐部分共厚1米，余为散乱部分；高度按复原计算（图二九）；石墙下的基础平均深0.5米。皇城台城门建在准备好的台地上，即根据地形修整台地并挖基槽。由此，计算得到皇城台城门（除壁柱厅北壁）的石方量，石墙总体积6938立方米；土方量，夯土总体积1640立方米，包括挖墙基和平整土地得到的1225立方米（图三一）。

依《营造法式》计工法，以体积计挖掘用工，以重量和距离计搬运用工。本文假设材料的物理性质为：地面土（挖掘）密度每立方米1800千克。夯土"每方一尺，用土二担"换算成现代公制，为每立方米2470千克。石材（片石、石块）密度每立方米2700千克。

皇城台的取石遗迹，按贺黎民的调查[14]，有一处在皇城台西南方石崖边，由此得到采石点距"工纽"距离[15]（图三二）。假定采石每70立方尺一功；装篮330担一功。"工纽"外取土在距工

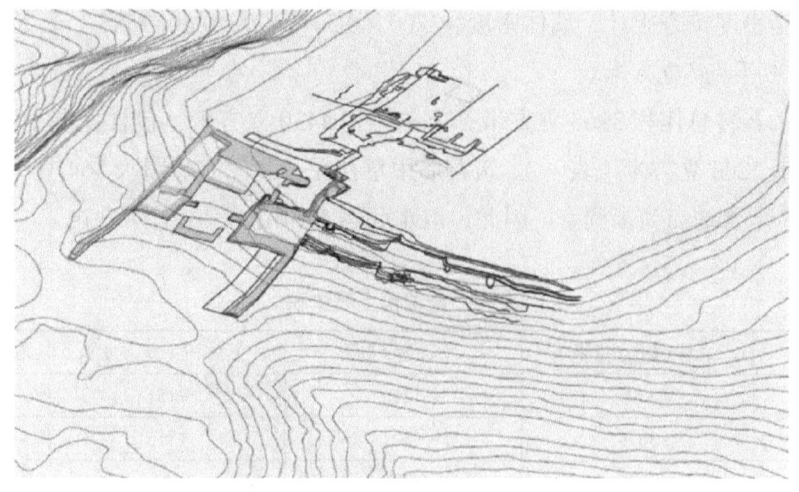

图三一　皇城台城门材料分布

石墙　　夯土

（作者团队自绘）

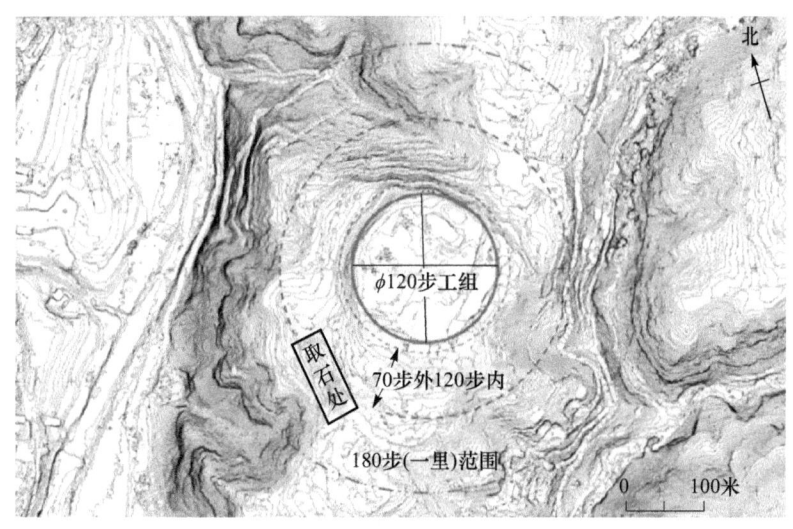

图三二　皇城台工地和取石、取土范围

（作者团队自绘）

地中心 120 步的范围内，平均 90 担一功。掘土按"地坚硬或砂礓相杂"计，50 立方尺一功；装篮130 担一功。

　　石墙用料：每砌筑 1 立方米的墙体，平均需土 0.3648 立方米，水 0.1396 立方米。土未经捣实，可视为堆积体积。经笔者实验，土和成泥后密实度随水量增加而提高，在含水量相同的情况下，其密度与堆积密度的比值约为 1.6。由此，可以得出（取两位有效数字）：石墙中泥的体积为 0.35 立方米（包含密实土 0.24 立方米），石体积（不计空隙）0.65 立方米，水 0.11 立方米（部分水被土、石吸收）。墙体内部石块散乱部分，草拌泥和石块不规则混合，假定单位体积土、石含量均为 50%（草拌泥的草忽略不计）。

　　墙体密度按土、石密度和各自所占比例计算。石墙齐整平直部分的土密度按泥土计，墙体密度 =2700×0.65+1800×0.24=2187（千克/立方米），取三位有效数字，为 2190 千克/立方米；墙体内部石块散乱部分的土密度按夯土计，墙体密度 =2700×0.50+2470×0.50=2585（千克 / 立方米），取三位有效数，为 2590 千克 / 立方米。

计算结果为：石料总体积 3965 立方米，土总体积 4430 立方米（包含挖掘土方 1225 立方米），需在工纽以外取土 3206 立方米（表一）。筑石墙用草拌泥，和泥需要用水 364 立方米。需要说明的是装水工具不详、取水地点尚未调查。因此，取水和运水的用工没有计算在内。

表一　皇城台土石体积

部位	总体积（立方米）	土含量（%）	石体积（立方米）	取土体积[16]（立方米）
石墙立面整齐部分	3309	24	2151	794
石墙内部散乱部分	3629	50	1815	1815
夯土	1640	100	0	2250[2]
整备场地、挖地基	1225	100	0	−1225
总计	9803	/	3965	3634

注：1. 建筑工地以外取土。

　　2. 1640 立方米夯土的质量等于 2250 立方米地面土的质量。

关于工作时间，《大唐六典》云："凡役有轻重，功有短长。"《营造法式》中"看详·定功"条："夏至日长，有至六十刻者。冬全日短，有至十四十刻者。若一等定功，则杜弊日刻甚多。今谨按《唐六典》，修立下条。诸称功者，谓中功。以十分为率，长功加一分，短功减一分。诸称长功者，谓四月、五月、六月、七月[17]。中功，谓二月、三月、八月、九月。短功，谓十月、十一月、十二月、正月。"显然，这是尽量利用日照。

古人以一昼夜为 100 刻。"看详"所述夏至 60 刻，冬至 40 刻是河南的大致日照时间。《营造法式》没有明确说明"中功"是多少刻。假设"中功"为 50 刻，则"短功"为 45 刻，冬至前后有 5 刻（1.2 小时）是无日光时间。考虑到"短功"也应在有光照的时间活动，较合理的工作时间是"中功" 45 刻（10.8 小时 / 天），"长功" 49.5 刻（11.88 小时 / 天）和"短功" 40.5 刻（9.72 小时 / 天）。

《营造法式》所列各项工种用功中，可以与现代相比较的是搬运，因为它与搬运距离和步行速度紧密相关。一般而言，人的步行速度为每小时 3—5 千米。挑重担时不能持续快走，但空担时可以快些，因此，可以假定平均行走速度为 3500 米 / 小时。又，假定装篮速度为每分钟一担，所用时间为："三十里外搬运物，一担往复一功"，三十里往复等于 33.2 千米，需要 9.5 小时，约 40 刻。"60 步往返 180 担一功"，总距离 33.2 千米，加上装 180 担，共需要 12.5 小时，即，工作时间的上限。"不及六十步者，每短一步加一担"，30 步往复，装 210 担，共需要 9 小时，属一般工作时间。60 至 30 步的搬运量和需用时间如图三三所示。

应当指出，这样计算得到的是净工作时间和恒定的工作效率。实际工作需要的时间应更多。

按《营造法式》的定功方法计算，得出皇城台城门总用工量为 30572（中功），即 30572 人 ×1天。上文提到，《营造法式》规定三个雇工相当于两个军工。如果在阴历二、三、八、九月（共118 天）完成，需要雇工 389 人，或军工 259 人。两者人数不同在于工作时间长短不同（一个雇工的工作量是一个军工的三分之二），或有效工作时间存在差别（雇工 6 小时 / 天，军工 9 小时 / 天）（表二）。

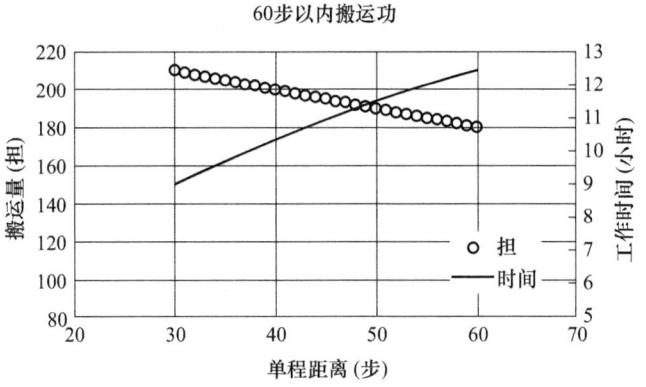

图三三 《营造法式》诸功作搬运物用人工和所需时间

表二 工种内容、材料用量和用"功"量

材料	工种	体积（立方米）	密度（千克/立方米）	宋制用量[18]	单位功	功（人×天）
石	挖掘	3965		136779 尺	70 尺/功	1954
	装篮	3965	2700	358785 担	33 担/功	1088
	搬运（平均120步）	3965	2700	358785 担	90 担/功	3987
土	整修场地、挖掘基础	2064		71187 尺	50 尺/功	1424
	掘土（不包括基础）	3634		125345 尺	50 尺/功	2507
	装篮	5698	2470	393005 担	130 担/功	3024
	搬运（70—120步）	3634	2470	250653 担	90 担/功	2786
	搬运基槽土（70步内）	2064	2470	142352 担	180 担/功	791
	供土，0—1丈	1418	2470	97824 担	105 担/功	932
	供土，1—2丈	222	2470	15280 担	100 担/功	153
	铺填土	1640		56560 尺	60 尺/功	943
	夯筑	1640		56560 尺	60 尺/功	943
石+土	筑基	717		24735 尺	50 尺/功	495
	供土，0—1丈，墙面[19]	2511	2190	183996 担	150 担/功	1229
	供土，0—1丈，墙芯[20]	2514	2590	217815 担	150 担/功	1455
	供土，1—2丈，墙面	534	2190	39140 担	100 担/功	392
	供土，1—2丈，墙芯	716	2590	62022 担	100 担/功	622
	供土，2—3丈，墙面	127	2190	9335 担	90 担/功	104
	供土，2—3丈，墙芯	150	2590	13582 担	90 担/功	151
	砌筑墙面	3172		109413 尺	30 尺/功	3648
	填筑墙芯	3381		116606 尺	60 尺/功	1944
					总计	30572

　　皇城台城门的土石方工量的数学计算表明，军工259人或雇工389人在4个月里整备工地、准备材料和建造大门是可能的。但是，必须外加足够的劳工收集和运输材料、制造和修理工具等。例如，城门建设需要4000立方米石块，图三二所示的取石处恐难满足需要，必然从多处取石。此外，准备草拌泥的草、斩草、供水和编泥篮都需要人工。水可能取自沟里的溪水，或台上有蓄水池。总

体考虑，估计在材料供应方面投入的人力应多 50%。换言之，以中功计，总体应为 45000 工作日。

本文将石峁皇城台城门在公元前 2300 年到公元前 1800 年左右这一段时间的建筑形式和营造活动做了重建和拟测：石峁城由东、西两部分组成，皇城台位于西城中部偏西。皇城台城门是进入皇城台的必经通道，这是一座布局复杂的墩台式城门，建筑技术为夯土高台，石墙围护，内用木骨。建筑装饰有石雕和彩画。到目前为止，石峁没有发现文字。城门中庭地面上的石文符号，或是文字的前身。建造该城门用工约 400 人，时间 4 个月。皇城台城门为进一步研究石峁提供了良好的资料。

附记：国家社会科学基金重大项目"石峁遗址考古发掘与研究"（17ZDA217）。感谢李沁园在 3D 摄影测量、阎郑在制图方面给予的特别帮助。墨尔本大学建筑学硕士生（2018 年第 2 学期第 5 工作室）参与了研究项目。

注　释

[1] 已发表的研究不在此重复，有关讨论，见国庆华、孙周勇、邵晶《石峁外城东门址和早期城建技术》及国庆华《龙山文化晚期石峁东门中所见的建筑文化交流》。

[2] 在乌拜德遗址发现几何图案彩陶，聚落中心有土坯高台，这一时期史称乌拜德时期。

[3] 展出地在柏林的佩加蒙博物馆（Pergamon Museum）和曼海姆的里斯—恩格尔霍恩博物馆（Reiss-Engelhorn Museum），见 *Uruk: 5000 Jahre Megacity*。

[4] HAGENEUERS. *The Visualization of Uruk: First Impressions of the First Metropolis in the World, Proceedings of the 18th Conference on Cultural Heritage and New Technologies*, Wien，2014. 网址：https://figshare.com/articles/journal contribution/The visualisation of Uruk - First impressions of the first metropolis in the world/6071723.

[5] 自 1995 年起，文化遗产和电脑技术国际会议（International Conference on Cultural Heritage and New Technologies）每年在维也纳召开，会议发行电子文集并提供阅读网址。

[6] 等高线间隔 10 米，西城城墙（棕色线部分）长 9140 米，东城城墙（黄线部分）长 4410 米。

[7] 等高线间隔 2 米，城门建在山坡上。

[8] 据李焘《续资治通鉴长编》卷二六一"军器监上所编敌楼马面团敌法式及申明条约并修城女墙法式，诏行之"。可见宋神宗时起用王安石变法编立多种法式。

[9] 搬运土、石等，距离被计算入功。

[10] 工指工地；纽指中心；工纽即工地中心部分。下文有进一步解释。

[11] "总例"条："诸功称尺者，皆以方计。"即立方尺。

[12] 搬运来的土、石暂堆积在离工作地点 30 步以内的地方，供筑造使用。

[13] 换算关系见下文。

[14] 贺黎民《试析石峁遗址建筑材料的来源——地质学的视角》（待出版）。

[15] 工纽是 120 步直径的圈；距离指直线距离，即半径。

[16] 由贺黎民通过个人通信提供数据。

[17] 这里所指为农历。

[18] 计量单位：挖掘土方单位为立方尺（1 立方尺 =0.03 立方米），简称为尺，其余按材料密度换算成重量，单位为担（每担 60 斤 =35.81 千克）。

[19] 墙面齐整平直部分，简称墙皮。

[20] 墙体内部石块散乱部分，简称墙芯。

参 考 书 目

（汉）许慎：《说文解字》，中华书局，1963 年。

（宋）李诫：《营造法式》，商务印书馆，1954 年。

（唐）唐玄宗：《大唐六典》，文海出版社（台北），1974 年。

国家文物局考古领队培训班：《郑州西山仰韶时代城址的发掘》，《文物》1999 年第 7 期。

国庆华、孙周勇、邵晶：《石峁外城东门址和早期城建技术》，《考古与文物》2016 年第 4 期。

国庆华：《龙山文化晚期石峁东门中所见的建筑文化交流》，《中国建筑史论汇刊》（第 14 辑），中国建筑工业出版社，2017 年，第 367—388 页。

河南省文物考古研究所：《辉县孟庄》，中州古籍出版社，2003 年。

梁思成：《营造法式注释》（卷上），中国建筑工业出版社，1983 年。

南京博物院、连云港市博物馆：《藤花落：连云港市新石器时代遗址考古发掘报告》，科学出版社，2014 年。

陕西省考古研究院：《李家崖》，文物出版社，2013 年。

舒新城：《辞海》，中华书局，1936 年。

吴承洛：《中国度量衡史》，上海书店，1984 年。

杨宽：《中国古代都城制度史研究》，上海人民出版社，2003 年，第 9—14 页。

中国科学院自然科学史研究所：《中国古代建筑技术史》，科学出版社，1985 年。

CRAWFORD H. Sumer and the Sumerians. Cambridge: Cambridge University Press, 2004.

DAMERJI M. The Development of the architecture of doors and gates in ancient Mesopotamia. Tokyo: Kokushikan University, 1987.

GUO Q, SUN Z, SHAO J, et al. Reconstruction of the Shimao citadel gate: Planning and construction of Huangchengtai gate during the 2nd millennium BCE, China. Archaeological Research in Asia, 2020, 22.

NOSSOV K, DELF B. Hittite Fortifications c.1650-700 BC. Oxford: Osprey Publishing, 2008.

SEEHER J. A Mudbrick City Wall at Hattusa: Diary of a Reconstruction. İstanbul: Ege Yayinlari, 2007.

SEEHER J. Chronology in Hattusa: New Approaches to an Old Problem. Structuring and Dating in Hittite Archaeology: Requirements, Problems, New Approaches. İstanbul: Ege Yayinlari, 2006: 197-213.

Uruk: 5000 Jahre Megacity, Petersberg: Michael Imhof Verlag, 2013.

VAN ESS M. Uruk: Architektur II, Von der Akkad- bis zur mittelbabylo-nischen Zei. Mainz am Rhein: P. von Zabern, 2001.

WRIGHT G. Ancient Building in South Syria and Palestine. Leiden: E. J. Brill, 1992.

ZIMMERMANN T, ÖZEN L, KALAYCI Y, et al. The Metal Tablet from Boğazköy-Hattuša: First Archaeometric Impressions. Journal of Near Eastern Studies, 2010, 69(2): 225-229.

（原载于《建筑史学刊》2022 年第 1 期）

石峁古城石质建筑材料来源探讨

贺黎民　邵　晶　邸　楠

石峁遗址作为石峁文化的核心遗址[1]，同时也是"公元前 2300 年中国北方区域政体的中心"[2]，在我国文明起源及国家形成阶段扮演着重要角色。据不完全统计，陕北地区龙山时代石城聚落的数量大约有七八十处，仅在石峁遗址所在的秃尾河流域调查并确认的石城聚落不下 10 处，包括桃柳沟、庙石擂子、石擂子、石圪、寨合峁、虎头峁、薛家会、高家川、寨峁梁、白兴庄等[3]。这些石城聚落如众星拱月般环绕于石峁遗址周边，同石峁遗址一同构建了万邦来朝的社会图景。石料是石峁遗址最为重要的战略资源之一，它既是筑城的前提，也反映着石峁先民的资源获取方式及劳工结构。那么石峁人筑城所用石料到底从何而来？是来自于周边聚落贡赋体系下的远距离运输，还是石峁人在遗址区内的就地取材？只有明确了石料来源，才能以此为基础来复原石峁先民修建石峁城址的情境，进而探讨当时生产力水平和生产组织状况，才能使相关研究建立在坚实可靠的基础之上。

尽管石峁遗址在夏早期被毁弃[4]，相关石料采运痕迹已难以寻觅，但通过对比分析遗址城墙石料与当地岩层的多方面地质特征，就可以判断出城墙石料是否来源于当地岩层。本文拟采用地质学、地球化学和现代岩矿测试分析手段，对石峁遗址皇城台、内城和外城城墙石材地质特征与周边区域的岩石地层进行分析对比，通过分析两者在岩性特征、结构特征、微量组分与沉积环境、地层时代等因素的一致性或相似性，探讨遗址城墙石料的来源，这对我们研究城址用工量及修葺过程、劳工结构及资源战略等问题具有重要意义（图一）。

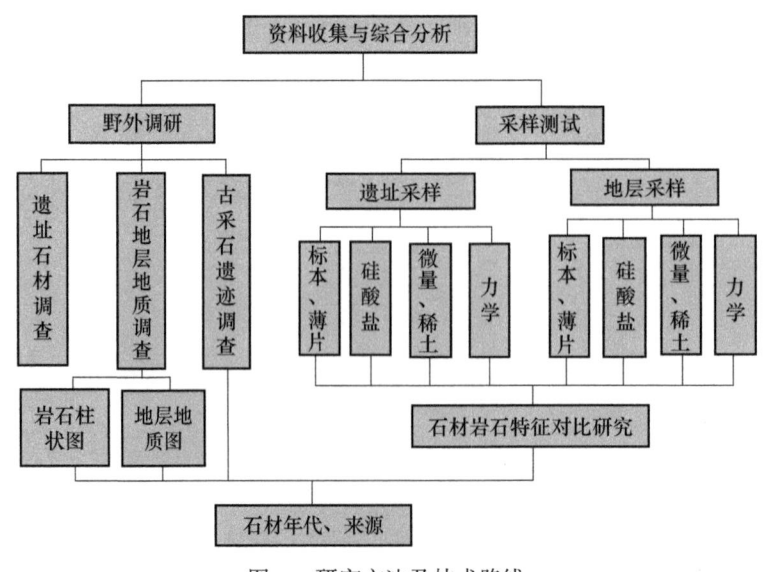

图一　研究方法及技术路线

一、地 质 调 查

石峁遗址地处黄土高原北端、毛乌素沙漠南缘，西接河套平原，东据吕梁之险。其大地构造处于鄂尔多斯盆地的陕北斜坡，区内总体构造不发育，地层总体为向西南缓倾的单斜，倾角 3°—5°，未见岩浆活动。区域内发育的地层从老到新主要为三叠系的延长组（T_3y）、侏罗系的延安组（延安组与直罗组并层 $J_{1-2}z$）、新近系的保德组（N_2）、第四系的离石组（Qp_2）、马兰组（Q_3^{eol}）及现代沉积（Qh^{eol}）（图二）。

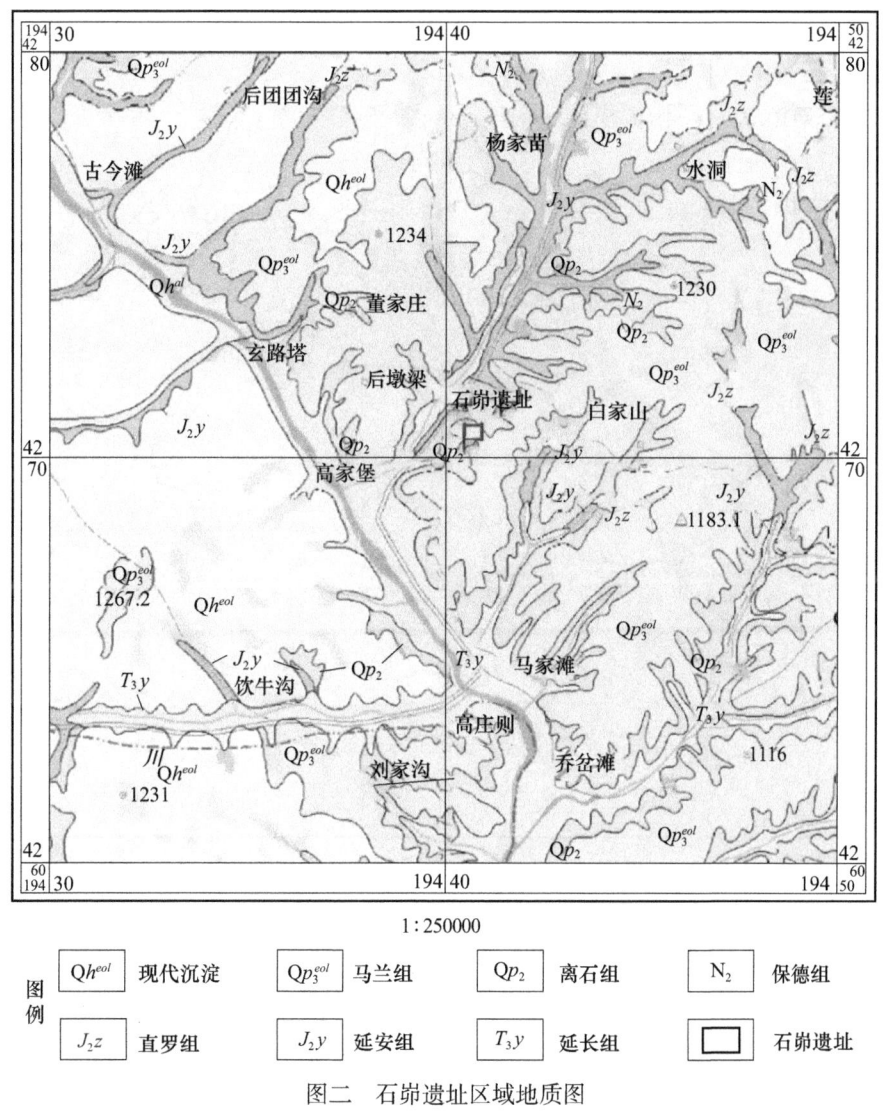

1:250000

图例			
Qh^{eol} 现代沉淀	Qp_3^{eol} 马兰组	Qp_2 离石组	N_2 保德组
J_2z 直罗组	J_2y 延安组	T_3y 延长组	石峁遗址

图二 石峁遗址区域地质图

研究区侏罗纪地层发育，厚度较大，包括延安组和直罗组 2 个岩石地层单位，与下伏三叠纪地层为平行不整合。地层厚度 90—170 米，主要分布于秃尾河二级水系沟谷内及半山上，下部为延安组的灰黄色厚层状细砂岩夹灰绿色厚层状细砂岩，植物化石较多；上部的直罗组岩性为浅灰色、黄灰色厚层状含砾石英粗砂岩、细砾岩，中夹少量紫红色或杂色泥岩、砂质泥岩、泥质粉砂岩，古生物化石稀少，该组地层内的细砂岩、粗砂岩及砾岩与石峁城墙石材岩性特征基本相同，是城址建设的主要疑似石材来源岩层。

笔者首先对遗址内开展 1：5000 岩石地层专项地质路线调查，在此基础上测制完成了 1：500 高精度岩石地层标准剖面 1 条，在剖面测制过程中系统采集了各类岩石的岩矿鉴定样、硅酸盐样、微量稀土元素样、孔隙度、密度样等相关数据（图三）。

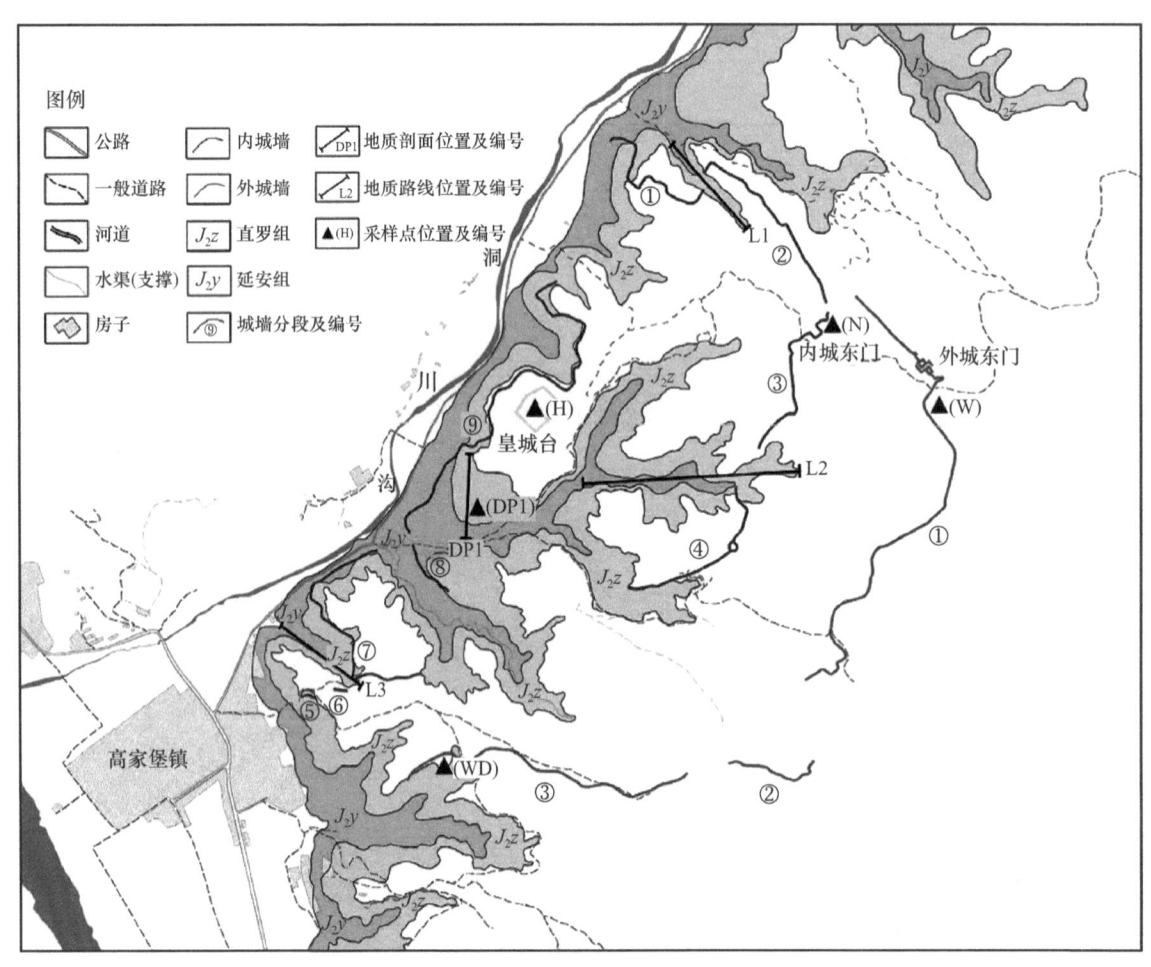

图三　石峁遗址岩层分布及调查路线图

城内地表从下至上出露侏罗系延安组（J_2y）和直罗组（J_2z），距今约 1.8 亿—1.5 亿年。两个地层单元在沟谷内广泛分布，延安组分布于沟谷的底部，主要由⑤灰黄色厚层状长石石英砂岩和⑥灰绿色厚层状长石石英砂岩组成，顶部为⑨薄层状杂色泥岩，出露厚度为 28—36 米；直罗组多分布于沟谷的中上部，由①灰色复成分砾岩、②灰色厚层状含砾石英砂岩、③灰黄色厚层状含砾石英粗砂岩、④灰白色厚层状长石石英细砂岩、⑦浅灰红色中厚层状长石石英砂岩、⑧灰绿/灰黄色薄层状泥岩组成，出露厚度 22—53 米。通过标准剖面与典型地质路线建立了石峁古城岩石地层柱状对比图和岩石地层分布图（图四）。

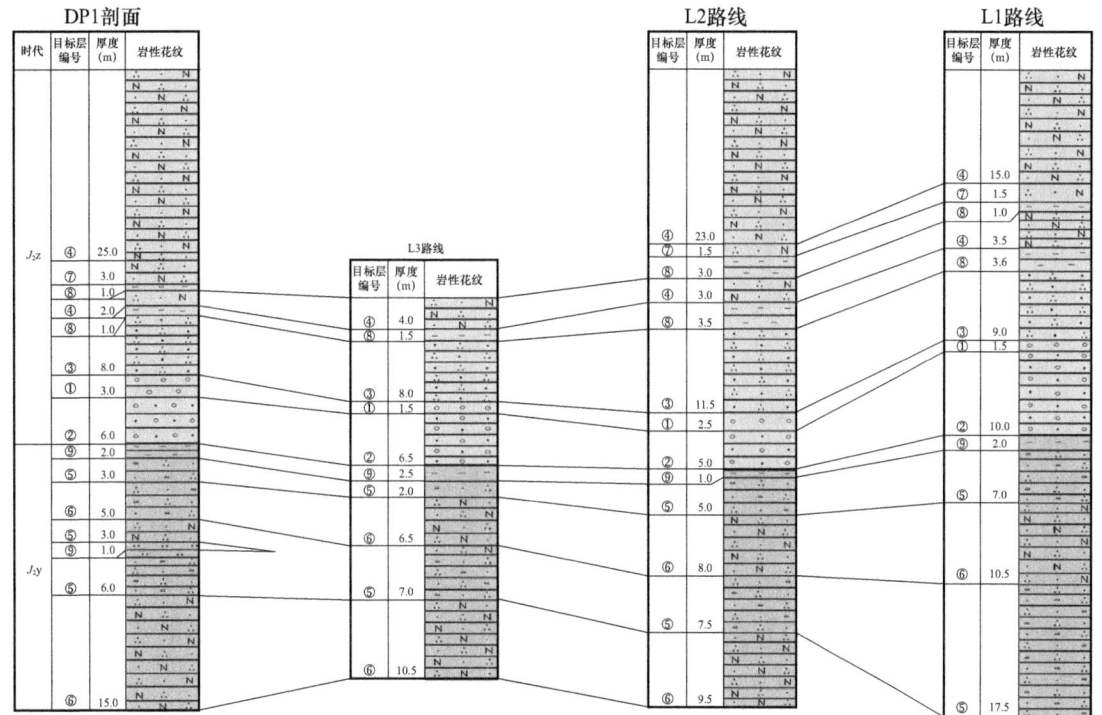

图例：　① 灰色复成分砾岩　　　　　② 灰色厚层状含砾石硬粗砂岩　　　　③ 灰色灰黄色厚层状含砾石英粗砂岩

　　　　④ 灰白色厚层状长石石英砂岩　⑤ 灰黄色中厚层状岩屑石英砂岩　　　⑥ 灰绿色中厚层状长石石英砂岩

　　　　⑦ 浅红灰色中厚层状长石石英砂岩　⑧ 灰绿色黄色薄层状泥岩　　　　⑨ 灰黄至灰红色薄层状泥岩（铁帽）

图四　石峁遗址岩石地层柱状对比图

二、岩石矿物学对比研究

经调查，发现皇城台、内城及外城共含 7 种岩石类型，分别为①浅灰色复成分砾岩、②灰色厚层状含砾石英粗砂岩、③灰色 / 灰黄色厚层状长石石英粗砂岩、④灰白色厚层状长石石英细砂岩、⑤灰黄色中厚层状长石石英砂岩、⑥灰绿色中厚层状长石石英砂岩、⑦浅灰红色中厚层状长石石英砂岩。笔者将城址石材与标准剖面岩石特征进行了岩相对比，发现上述 7 种岩石与剖面岩石特征基本一致（表一）。

表一　野外及镜下对照表

岩石类别	皇城台	内城	外城	岩石地层标准剖面
②类岩石野外照片				
②类岩石镜下照片				
③类岩石野外照片				

续表

岩石类别	皇城台	内城	外城	岩石地层标准剖面
③类岩石镜下照片				
④类岩石野外照片				
④类岩石镜下照片				

经初步统计，皇城台、内城及外城石料中，②灰色厚层状含砾石英粗砂岩占石料总数的20%—30%，岩石质地坚硬，粗粒结构，粒径0.5—2毫米，由石英砾石（10%）、石英（75%）、斜长石（5%）和方解石（5%）等组成，矿物颗粒分选磨圆较差，孔隙不发育，以溶蚀孔隙为主。

③灰色/灰黄色厚层状长石石英砂岩约占石材总数的20%，岩石呈灰色至灰黄色，厚层状构造，固结一般，主要由石英（89%）、长石（4%）、岩屑（3%）和少量铁质胶结物等组成。矿物分选差，磨圆较好，粒径为0.45—2.1毫米，孔隙较发育，以粒间孔为主。

④灰白色厚层状长石石英细砂岩约占石材总数的40%，岩石呈灰白色，厚层状构造，细粒结构，固结较好，主要由石英（75%）、长石（10%）、岩屑（8%）和少量铁钙质胶结物（5%）等组成。矿物分选好，磨圆较好，粒径为0.1—0.5毫米，孔隙发育一般，以粒间孔和溶孔为主。

根据野外调查与镜下照片显示，石峁遗址皇城台、内城、外城与石峁地表石材外观特点及岩性特征十分接近，有理由认为二者系出同源。

三、地球化学对比研究

（一）硅酸盐地球化学对比研究

结合现有研究[5]，Al—、Ti—、Zr—的氧化物和氢氧化物在低温条件下溶解度较低，可作为稳定元素来指示沉积岩中的物源问题，Al_2O_3/TiO_2值介于3—8表征铁镁质物源，8—21表征中间物源，21—70表征长英质物源。城址内石料的Al_2O_3/TiO_2值介于18—83，平均值为39，代表的是长英质酸性物源（图五）。通过对遗址所在区域标准剖面的6种岩性进行统计，发现其Al_2O_3/TiO_2值介于26—58之间，平均值为38，系长英质酸性物源（图六），因此城址石材和地表岩石在成岩物源上是一致的。

另外排除实验室测试随机误差，各样组之间成分差异仍较为明显，进一步证明城址石材和地表基岩是同一类型的岩石。

（二）稀有元素地球化学特征对比

微量元素组分含量和某些元素的比值已经在判别沉积环境和古气候等方面得到了广泛的应用[6]，

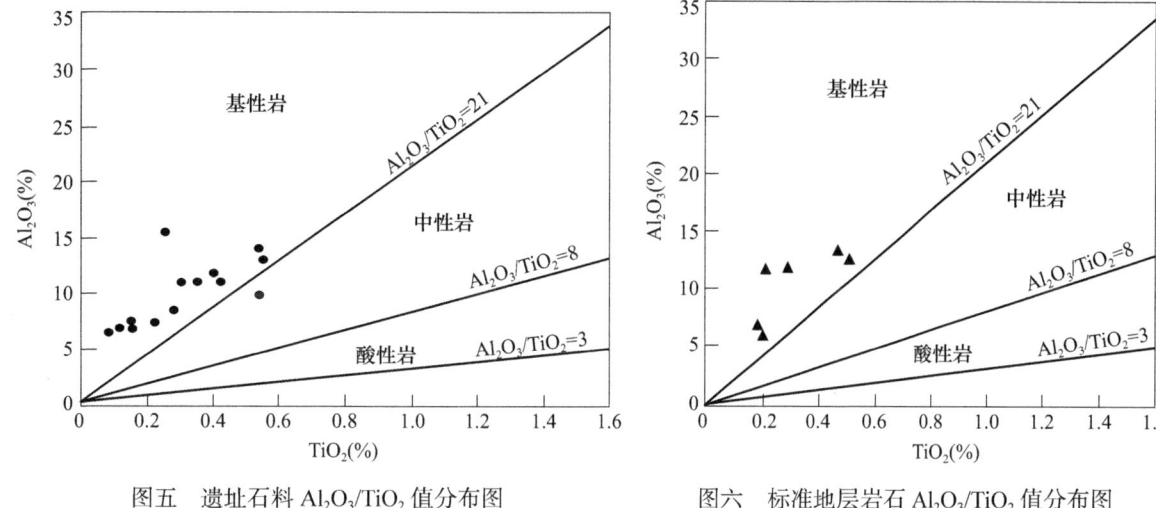

图五 遗址石料 Al_2O_3/TiO_2 值分布图 　　　　图六 标准地层岩石 Al_2O_3/TiO_2 值分布图

本文分别对遗址石材（皇城台、外城、内城）和地表标准剖面上的岩石系统采集微量元素样品，对其微量元素分析结果进行了系统的分析（表二）。

表二　稀有元素分析结果表

送样编号	钴（Co）	镍（Ni）	铜（Cu）	铀（U）	V/Ni	Sr/Ba	Sr/Cu
HW1	5.2	10.2	3.9	1	3.04	0.05	31.54
NW1	5.3	7.3	5	1	4.11	0.2	23
DP1W1	6.7	8.8	5.5	0.7	3.41	0.17	18.55
HW2	4.1	8.2	3.8	1.3	3.05	0.4	60.79
NWW2	5.3	10	2.6	0.6	1.1	0.2	68.08
WW2	6.8	10.6	4.9	0.7	5.66	0.15	32.45
DP1W2	5.2	8.6	5.5	1.2	4.88	0.2	22.91
HW3	3.9	6.6	3.7	0.5	6.67	0.06	24.32
NW3	4.3	10.8	4.7	0.6	4.91	0.11	19.36
WW3	2.5	5.3	3.6	0.4	5.66	0.15	31.94
DP1W3	15.1	16.1	7.6	1.3	3.85	0.14	13.29
HW4	4.6	7.4	3.7	1.6	7.03	0.08	40.54
NW4	6.8	10.1	4.5	0.5	2.67	0.16	31.78
WW4	7.2	10.4	6.9	1	5.1	0.14	19.57
WDW4	6.7	12.5	3.6	1.2	4	0.15	36.67
DP1W4	5.6	8.2	4.7	1.2	5.98	0.13	30
HW5	6.8	22.6	3.5	1.8	2.74	0.14	35.43
NW5	8.9	19.5	5.6	1.2	3.64	0.14	25.18
DP1W5	4.8	9.5	3.3	1	4.53	0.17	38.79
HW6	11.6	24.7	5.7	1.2	2.27	0.47	62.46
NW6	24.8	37.1	23	1	1.81	0.11	5

续表

送样编号	钴（Co）	镍（Ni）	铜（Cu）	铀（U）	V/Ni	Sr/Ba	Sr/Cu
WDW6	13.4	23.4	4.2	1.4	3.85	0.14	26.9
DP1W6	8.7	17.6	3.7	1.2	2.95	0.32	56.49
HW7	5	9.9	4.2	0.9	5.05	0.2	37.38
NW7	4.6	7.6	4.6	0.5	4.08	0.2	31.52
WW7	12.6	17.7	9.5	1	2.94	0.17	17.26
DP1W7	5.1	10.1	4.9	1	7.43	0.17	25.31

1. 古气候

通常 Sr/Cu 比值介于 1.3—5 之间指示温湿气候，该值大于 5 则指示干冷气候[7]。从表二可以看出城址石材的 Sr/Cu 比值均大于 5，指示干冷气候，地层标准剖面岩石的 Sr/Cu 比值也均大于 5，反映了城址石材与地表岩石沉积时均处于干冷气候。

2. 水体盐度

Sr/Ba 法是常用的恢复古盐度的方法之一[8]，古盐度也可间接反映古气候的变化。通常 Sr/Ba>1 指示海相沉积或咸水沉积，0.5<Sr/Ba<1 指示半咸水沉积环境，Sr/Ba<0.5 为淡水沉积环境[9]。样本测试结果显示，城址石材与地表岩石 Sr/Ba 比值均小于 0.5，显示研究区为低盐度的淡水环境。

3. 氧化还原条件

前人研究表明，指示氧化还原条件的微量元素如 Mo、V、Ni 等可作为古海洋学的敏感指标，根据这些敏感元素含量或者比值可以判断氧化还原环境[10]。一般认为 V/Ni 值大于 1 为还原环境，小于 1 为氧化环境[11]。本区城址石材样品中的 V/Ni 值为 2.95—7.43，地表岩石样品中的 V/Ni 值为 1.1—7.03，因此二者岩石沉积成岩时均为还原环境。

4. 水体深度

一般来说，深水沉积物与浅水沉积物相比要富集某些微量元素，多位学者指出，当 Co>40×10^{-6}，Cu>90×10^{-6}，Ni>150×10^{-6}，特别是伴有含量小于 1×10^{-6} 的 U 含量时，其沉积水体为深水沉积环境[12]。样本测试结果显示城址石材和地表岩石的 Co 含量为 2.5—24.8×10^{-6}，均小于 40×10^{-6}，Cu 含量为 2.6—23.0×10^{-6}，均小于 90×10^{-6}，Ni 含量为 5.3—37.1×10^{-6}，均小于 150×10^{-6}，U 含量为 0.4—1.8×10^{-6}，数值多大于 1×10^{-6}。综上所述，从比较沉积学的角度分析，城址石材与地表岩石沉积成岩的水体深度均为浅水沉积。

（三）稀土元素地球化学特征对比

据石城标准剖面与典型地质路线建立的岩石地层分布情况，按照岩石类型系统采集稀土元素分析样品，根据测试结果，计算出了地表岩石与城址石材稀土元素地球化学参数[13]，HREE 系重稀土元素含量，LREE 系轻稀土元素含量，ΣREE 为稀土元素总量，LREE/HREE 系轻重稀土元素含量的比值。（La/Yb）N为球粒陨石标准化的比值，δEuN、δCeN系以球粒陨石为标准的异常，δEuN＝EuN/[（SmN+GdN）$^{1/2}$]，δCeN＝CeN/[（LaN+PrN）$^{1/2}$]。

从表中可以看出，地表岩石的稀土总量（ΣREE）平均值为132.69×10^{-6}；城址石材稀土总量（ΣREE）平均值为126.70×10^{-6}；地表岩石轻稀土（LREE）为113.95×10^{-6}，城址石材轻稀土（LREE）平均值为108.97×10^{-6}；地表岩石重稀土（HREE）为18.74×10^{-6}，城址石材重稀土（HREE）平均值为17.72×10^{-6}，因此，二者的稀土总量、轻稀土、重稀土基本一致，且二者均具有稀土总量较低、较球粒陨石轻稀土明显富集、重稀土亏损的特点。

根据测试及相应的计算结果，以球粒陨石为标准进行标准化，绘制了地表岩石及城址石材球粒陨石标准化稀土元素分布模式图，球粒陨石已被认为是地球的原始物质，球粒陨石标准化后能够反映样品相对地球原始物质的分异程度，揭示沉积物源区特征。

仔细观察图七与图八，我们不难发现二者的LREE/HREE值均较小，稀土元素分布曲线均向右倾斜，右倾程度中等，La-Eu曲线略陡，Gd-Y曲线较平缓，δEuN值大于1，δCeN值小于1，在Eu处有较为明显的"峰"形特征，表明轻稀土富集，重稀土亏损，二者相对于球粒陨石均发生了明显的分异特征。

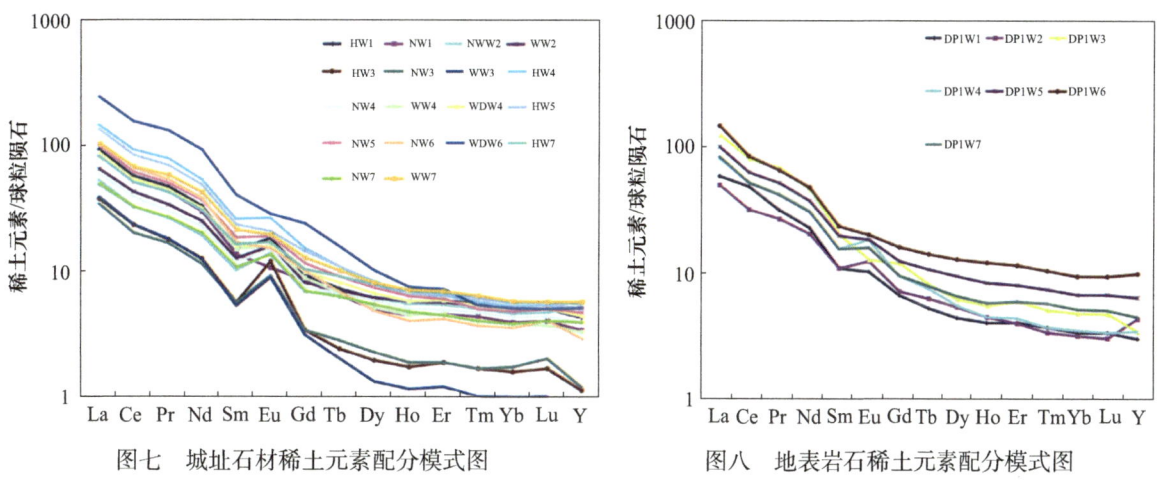

图七　城址石材稀土元素配分模式图　　　　图八　地表岩石稀土元素配分模式图

研究显示，暖湿气候下，稀土总量（ΣREE）值较高，干旱气候环境下，稀土总量（ΣREE）值较低，研究区城址石材的稀土总量（ΣREE）为45.16—326.13×10^{-6}，平均值为126.7010^{-6}，地表岩石稀土总量（ΣREE）为78.13—202.77×10^{-6}，平均为132.69×10^{-6}，而地壳平均值146.4×10^{-6}，因此，推断本区城址石材与地表岩石沉积成岩的古气候均为干旱与暖湿交替的气候特征，整体均为干旱气候条件，从岩石（石材）的稀土元素含量特征和沉积成岩的气候特征来看，城址石材与地表岩石是一致的。

另一方面，稀土元素富集状态可指示沉积岩物源问题[14]。一般认为，铁镁质岩石具有较低的轻重稀土比且不存在Eu异常，而酸性岩轻重稀土比较高且存在Eu的正异常。本区地表岩石与城址石材普遍轻稀土富集，重稀土亏损且Eu正异常，说明本次研究的页岩物源为酸性岩，与上述硅酸盐分析讨论结果一致。Ce和Eu异常是沉积岩沉积环境氧化还原状态的可靠指标[15]。沉积物的Ce异常能够指示沉积环境，负异常指示氧化环境，正异常指示还原环境。研究区地表岩石与城址石材样品 Ce 的微弱负异常表明沉积期的为不明显的氧化环境；Eu 的正异常通常表明有热液活动的发生[16]，本次研究的所有样品轻稀土富集，Eu 负异常，表明研究区两类岩石均未受到热液作用影响。

四、小　结

石峁遗址皇城台、内城和外城石材来源于距今约为 1.5 亿—1.8 亿年的中侏罗统直罗组和延安组，其中沟谷上部的直罗组岩石占 70%—80%，沟谷底部的延安组岩石占 20%—30%。根据城址石材的形态及组成，从皇城台向内城再向外城，建筑材料中片状石材逐渐减少，块状石材逐渐增多。大部分片状石材可能由采石搬运而来，块状石材可能多由山坡自然崩塌搬运而来。皇城台、内城及外城所处地貌片状及块状石材均有广泛分布，但是皇城台多用片状石材，而内外城块状石材居多，其原因值得深思。从取石难度上看，片状石材大多从岩层中采石而来，而块状石材在地表分布较广泛，多散落于地表，很大一部分的块状石材无需从砂岩母岩处采石即可获取。从建筑材料选择的角度看，皇城台在石峁遗址中地位超然，其台顶有大量的高等级建筑，用片状石材筑城更能体现其无与伦比的威严与地位。值得注意的是，皇城台所用片状石材颜色多为更显美观的黄绿色，而内外城墙所用石材颜色多为较常见的白色或灰色石料。

石峁城址建筑材料与城址周边地表石料沉积的物源均为长英质酸性物源，沉积环境均为干冷气候条件下的还原环境，水体性质为深度较浅的淡水环境，两者在沉积背景上完全一致，同时两者的岩石类型及其组合、结构构造及矿物成分也是相同的。同时，笔者在皇城台、内城、外城附近均发现较为明显的古采坑、因采石形成的负地形等古采石遗迹，且多沿城墙走向分布于沟谷的顶部，采石活动主要针对层理较发育的薄层状砂岩为主（图九）。考虑其为石峁先民长期采石而成，从运输距离和难度来看，采石场距石墙直线距离不足 1 千米，且地势低平，便于运输，甚至有畜力直接参与石料运输的可能。

综上本文认为，石峁遗址建筑石料来源系就地取材，石峁先民们取石后，或就地加工，或将石料运输回驻地后再行加工，囿于篇幅所限，暂不展开讨论。值得注意的是，不仅仅是石峁遗址，整个北方地区史前石城由于其特殊的地理环境，其筑城所用石料均有可能系就地取材而得。但是不同聚落在石料的选择上颇有讲究，石料的选择或许和该遗址等级有着密切的关系，当然，要厘清这一问题，还有待于进一步研究。

从对石料的选择与利用，不难看出石峁先民在利用自然与改造自然的过程中已积累了大量经验，所有这些行动或许都在有组织地领导计划下进行。石峁遗址虽规模宏大，但城内可供居住的房址却鲜有发现，或许石峁统治者从周边聚落征调大量居民进行城墙修建，在神权或王权的督导下修建大型公共设施暗示着石峁社会已高度复杂化，当已具备早期国家的特征。本文的研究在一定程度上填补了学界对石峁研究的空白，同时为进一步认识石峁遗址的劳工结构、组织形式、人群交互等问题提供了线索。

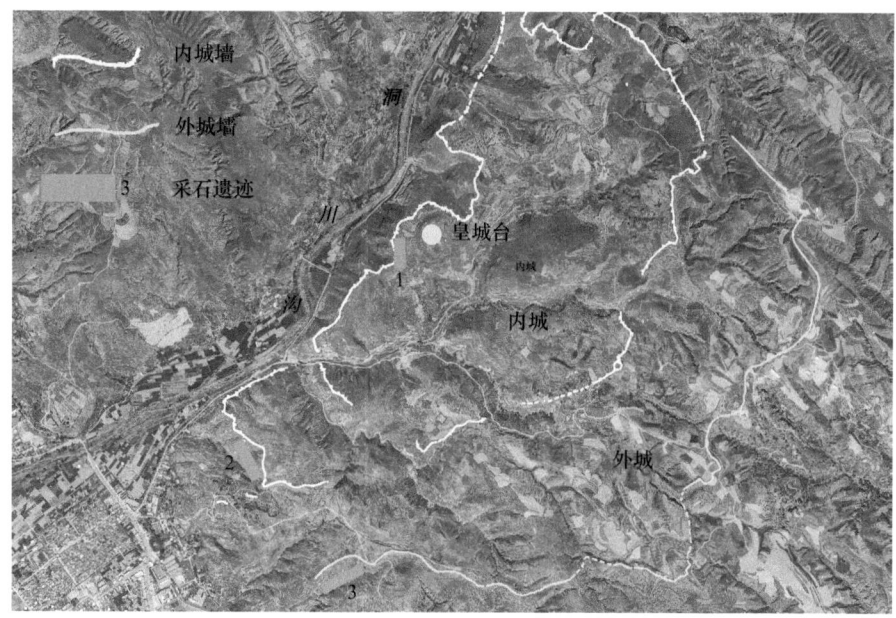

图九　采石遗迹分布

附记：本文为国家社科基金重大项目"石峁遗址考古发掘与研究"（17ZDA217）的阶段性成果。

注　释

［1］ 孙周勇、邵晶、邸楠：《石峁文化的命名、范围及年代》，《考古》2020年第8期。

［2］ 孙周勇：《公元前第三千纪北方地区社会复杂化过程考察——以榆林地区考古资料为中心》，《考古与文物》2016年第4期。

［3］ 孙周勇：《公元前3000—公元前1800年北方地区的聚落与社会——以陕西榆林地区考古资料和石峁考古发现为中心》，《早期文明的对话——世界主要文明起源中心的比较》，上海古籍出版社，2015年。

［4］ 邵晶：《试论石峁城址的年代及修建过程》，《考古与文物》2016年第4期。

［5］ Ken-Ichiro Hayashi, Hiroyuki Fujisawa, Heinrich D. Holland, et al. Geochemistry of—1.9 Ga sedimentary rocks from northeastern Labrador, Canada. Geochimica Et Cosmochimica Acta, 1997 (19): 4115.

［6］ 宋明水：《东营凹陷南斜坡沙四段沉积环境的地球化学特征》，《矿物岩石》2005年第1期。

［7］ Lerman A. Lakes. Chemistry, Geology, Physics., Engineering Geology, 1981 (1-2): 72-74.

［8］ 王敏芳、焦养泉、王正海等：《沉积环境中古盐度的恢复——以吐哈盆地西南缘水西沟群泥岩为例》，《新疆石油地质》2005年第6期。

［9］ 刘春莲、秦红、车平等：《广东三水盆地始新统布心组生油岩元素地球化学特征及沉积环境》，《古地理学报》2005年第1期；邓宏文、钱凯：《沉积地球化学与环境分析》，甘肃科学技术出版社，1993年，第1—150页。

［10］ 刘英俊、曹励明、李光麟等：《元素地球化学》，科学出版社，1984年，第210—245页。

［11］ 王益友、郭文莹、张国栋：《几种地球化学标志在金湖凹陷阜宁群沉积环境中的应用》，《同济大学学报》1979年第2期。

［12］ 李广之、胡斌、邓天龙等：《微量元素V和Ni的油气地质意义》，《天然气地球科学》2008年第1期；陈兰、钟宏、胡瑞忠等：《黔北早寒武世缺氧事件：生物标志化合物及有机碳同位素特征》，《岩石学报》2006年第9期。

［13］ 贺黎民：《石峁遗址城墙营建技术研究》，西北大学硕士学位论文，2018 年。

［14］ Steinbrener Johannes. Sedimentologische und geochemische Untersuchung der Tiefbohrung WattensI (Tirol). 2011.

［15］ Tribovillard N, Algeo T. J., Lyons T., et al. Trace metals as paleoredox and paleoproductivity proxies: Anupdate. Chemical Geology, 2006 (1-2): 12-32.

［16］ Olivarez A. M., et al. Geochemistry of eolian dust in Pacific pelagic sediments: Implications for paleoclimatic interpretations. Geochimica et Cosmochimica Acta, 1991, 55(8): 2147-2158.

（原载于《考古与文物》2022 年第 2 期）

二、玉石器研究

石峁玉人头雕像的巫术寓意

王秀娥

在陕西神木县石峁龙山文化遗址中，曾出土一件玉制的人头雕像。这一雕像系玉髓制作，双面平雕，头束高髻，圆脸，鹰钩鼻，半张口，线刻大眼，两面颊钻一圆孔，高4.5厘米[1]。

这一玉制的人头雕像，在陕西尚属首次发现。然类似的玉（石）雕像，在全国其他史前遗址中，却非鲜见。如山东滕县大汶口的玉雕人面像[2]、甘肃永昌鸳鸯池51号墓的石雕人面像[3]、重庆巫山大溪遗址64号墓的双面石雕人面像[4]、安徽含山长岗乡凌家滩1号墓的玉人[5]。

这类玉制的人头像，在当时究竟是作何用的，其寓意何在呢？

笔者以为，这有可能是原始先民在避邪巫术中所用之面具。

因为，在漫长的原始社会中，人们的思想无不充斥着原始宗教的狂热，他们"恒长都生活在神秘主义与仪式主义的世界里面"[6]，可以说，远自旧石器时代，原始的巫术信仰就已发生了。根据考古资料推测，最古老的巫术仪式与猎取动物有关，这属于自然崇拜的范畴。在自然崇拜的基础上，"万物有灵"的信仰产生了。"万物有灵"的核心就是一切事物皆有灵魂，而最早的灵魂就是人类本身。《说文》曰："人归为鬼。"《礼记·祭法》载："大凡生于天地之间者皆曰命，其万物死皆曰折，人死曰鬼。"甲骨文中的鬼字为""，其象形是脸上盖一个东西的

图一

死人。这种灵魂观念在考古资料中亦有反映。半坡、姜寨等新石器遗址出土的儿童瓮棺葬，瓮盖上（即覆盖陶瓮的陶钵底部）皆留一小孔，就是供灵魂出入的孔道。

基于这种"万物有灵，灵魂不灭"的认识，原始先民的思想上便存在两个世界，一个是人活着时的世界，另一个就是人死后的神灵世界，于是，鬼魂观念就产生了。当原始人在生活中遇到灾难或者是病魔缠身之时，他们就认为这是鬼魂作祟。为了消灾避难，便采用了驱鬼或避邪巫术。

避邪巫术采用的手段之一，就是制造各种质地的面具。"在原始人的眼里，这并不是一种化装术，而是一种把人的灵魂输送到另一个世界中去的运载工具，它本身就是一种'神物'，一种不能轻易让人接触的东西。表情虽然是原始人的一种无声语言，但在面具中表情则不是作为语言出现，往往会被现代人误解为现代原始部族丰富的表情再现的面具，它所表现的是原始思维中'神灵世

界'的丰富性。"[7]例如新几内亚的拜宁人，把在祭礼仪式中使用过的面具当作圣物来供奉，认为它是沟通人与神这两个世界之间的渡船，它所装载的不是任何东西而是人的灵魂[8]。在南斯拉夫南面的普里什蒂纳，曾出土过和真人头一样大小的面具。在巴尔干中部地区（即今天的南斯拉夫，罗马尼亚及匈牙利南部）的斯塔雪夫文化遗址中发现了椭圆形、菱形或三角形的面具。在希腊北部的阿基利曾有近两百件的瓶罐及造型形象被发现，一些面具形的头像装饰着瓶罐的颈部，而且所有的形象都是面具化了的形象。

这些带有宗教意味的面具的历史，可上溯至旧石器时代。在欧洲拉·马德伦旧石器洞穴中，发现了戴着面具的男人和妇女的骨片雕刻；在列斯·科巴里尔斯洞穴的小型祭坛上，雕刻有所谓色情场面的男女弯立形象，有人认为他们乃是"披着兽皮、戴着兽尾、而且都戴着面具"的人的形象；在阿尔塔米拉洞穴还出现了"举臂而戴面具的人像"，有人认为"我们看到的形象也许就是狩猎者自己的形象，或者是戴着面具的狩猎者"，无论是男子，还是妇女，都是"为了狩猎目的而进行的化装"[9]。

欧洲发现的新石器遗址的面具都留有小孔，其顶部往往是扁平的。陕西神木石峁遗址和我国其他史前遗址出土的人头雕像，其面部也皆有孔，且多为片雕，所以它们很有可能是带有宗教意味的，举行避邪巫术时所用的面具；或者是举行避邪巫术仪式时，利用其面部的小孔，佩戴在身上用的。面部的小孔可能是为了嵌入不同的装饰或作为祭礼仪式所用的特殊法器的插入孔。如希腊克里特岛出土的属于米诺期（约公元前3000—前1500年）小雕像的头部，就有许多小孔，可以按照季节变化装饰以罂粟、安石榴、花冠、鹿角等，甚或在同样类型的雕像头部有鸟头或蛇头的装饰。所有这些装饰也和面具的装饰一样，具有神化的性质[10]。

为什么在原始时代，玉雕的全身人像极少见，而绝大部分为人头雕像呢？这可能与古人对头部的一种迷信观念有关。《黄帝素问》曰："头者精明之主也。"《春秋之命苞》曰："头者神所居，上园象天。"像上述的希腊克里特岛出土的小雕像，其小孔嵌入装饰之目的，就是为了突出面部的整体效果，以使戴面具的人在祭礼仪式中处于突出地位。这与我国古代对装饰的看法是完全相同的。《说文》在解释"显"字时就认为"显，头明饰也"。看来，原始人装饰主要集中于头部，中外莫不如此。这一习俗一直维持到今日，基本如此。

另外，原始人可能有用人的头面代替人全身的观念。因为头面是距观者眼睛最近的部位，而县也是五官集中的部位，它自然会成为被注意的中心。半坡、姜寨、百首岭等遗址的人面鱼纹，可能就是人的象征。巴勒斯坦日里科有涂上石膏的头颅，它发生在过渡期。把死者的头盖骨保存起来，上面抹上灰泥，并复制头部和面部。这种做法在玻利尼西亚一直保持到现今[11]。

在原始时代，人们为什么要用玉做成避邪巫术用的面具呢？玉在古代被视为"山之精髓"的美石（《山海经》），在《说文》中亦把玉称为"石之美有玉佳者"。它不仅晶莹美丽，给人一种美的愉悦，而且还成为瑞祥的象征，被称为"瑞玉"。后世所讲的六瑞便指的是璧、琮、圭、璋、璜、琥这六种玉器。在原始人的思想上，这种美好的、具有瑞祥之意的、神秘莫测的玉面具无疑对邪恶的东西具有一种威慑力量，它可以赋予自己进入另外一个世界中去的能力。从这种意义上讲，"巫术首先是一种心理过程，人类通过一种意志力的活动去干预冥冥之中的自然物，在自然事件的因果链之间插入自己，也就意味着他要干预自然。正由于这些原因，巫术才是一种最普遍的原始宗教形式"。其特征就是企图把愿望当成现实。盛行在现代原始部族中的面具虽有着十分丰富的表情，但这种表情要使人们对他最熟悉的东西———一张人脸进行陌生化，以便使它远离现实。这说明"心理形象在原始人那里有一种特殊的意义，可以说它预先地决定了原始人的视觉形象的某些特点"[12]。大平原印第安人通过"与世隔绝与'自我禁欲'去诱使视觉幻象的出现；鄂温克人"有许多方法能使幻象产生出来"。"他们的萨满仪式经常在黑暗中进行，萨满的服饰和法器的设计实际上也是为了去加强视觉的心理幻象的产生"[13]，正由于在原始文化中，心理形象与巫术宗教具有相联系的特征，所以他们制作的玉雕人头像便被当成了一个活的实体，成为"人与神这两个世界之间的渡船"。像西伯利亚的萨莫耶德人中的萨满以面具代替手帕把眼睛遮住，认为就可以通过一种内部视像进入到灵魂世界了[14]。费尔巴哈讲："艺术认识它的制造品的本来面目，认识这些正是艺术制造品而不是别的东西；宗教则不然，宗教以为它幻想的东西乃是实实在在的东西。艺术并不要求我将这幅风景看作实在的风景，这幅肖像看作实在的人；但宗教则非要我将这幅画看作实在的东西不可。纯粹的艺术感，看见古代神像，只当看见一件艺术作品而已；但异教徒的宗教直感则把这件艺术作品，这个神像看作神本身，看作实在的、活的实体，他们服侍它就像服侍他们所敬所爱的一个活人一般。"[15]

综上所述，我国陕西神木石峁等遗址所出的玉制人头像，乃原始巫术和礼仪所借助的一种沟通天地人神的载船，其特征就是企图把愿望当作现实。它反映出原始人由于劳动活动的局限性、稚弱性及其影响范围的狭隘性，使得他们对于影响自然力的实践需要无由满足，从而才产生了原始巫术。所以，张光直先生"经过巫术进行天地人神的沟通是中国古代文明的重要特征，沟通手段的独占是中国古代社会的一个重要现象"的论断，是符合中国实际的。

注　释

［1］戴应新：《陕西神木县石峁龙山文化遗址调查》，《考古》1977 年第 3 期。

［2］中国社会科学院考古研究所山东队、滕县博物馆：《山东滕县古遗址调查简报》，《考古》1980 年第 1 期。

［3］甘肃省博物馆文物工作队、武威地区文物普查队：《永昌鸳鸯池新石器时代墓地的发掘》，《考古》1974 年第 5 期；甘肃省博物馆文物工作队、武威地区文物普查队：《甘肃永昌鸳鸯池新石器时代墓地》，《考古学报》1982 年第 2 期。

［4］四川长江流域文物保护委员会考古队：《四川巫山大溪新石器时代遗址发掘纪略》，《文物》1961 年第 11 期。

［5］安徽省文物考古研究所：《安徽含山凌家滩新石器时代墓地发掘简报》，《文物》1989 年第 4 期。

［6］邓福星：《艺术前的艺术》，山东文艺出版社，1986 年。

［7］朱狄：《原始文化研究》，生活·读书·新知三联书店，1988 年。

［8］同［7］。

［9］G.雷切尔·利维：《石器时代的宗教观念及它们对欧洲思想的影响》。

［10］朱狄：《原始文化研究》，生活·读书·新知三联书店，1988 年。

［11］邓福星：《艺术前的艺术》山东文艺出版社，1986 年。

［12］—［14］同［10］。

［15］《费尔巴哈哲学著作选集》，684、685 页。

（原载于《文博》1993 年玉器研究专刊）

也谈华西系统的玉器（一）

邓淑苹

海外流散了大批的宝玉

最近跟同事们聊天，有人问我，为什么美国、英国的一些大博物馆中，收藏了为数不少的大刀和"牙璋"。而在我们典藏的清宫遗物中，却找不到这类玉器？

其实，在被国人视作国宝重镇的故宫博物院中，的确不是什么宝都有的。这就要先了解本院藏品的历史背景，才能明白了。

清宫的古玉除了上承前朝宫中遗留外，主要是十八世纪下半叶，乾隆皇帝在位时搜集的。十九世纪时，清室诸帝对古物的兴趣不大，国家也处于内忧外患中，皇家收藏的成长，自然缓慢了下来。

但在另一方面，十九世纪末，到二十世纪初，随着船坚炮利而进入中国的欧美人士中，不乏对中国古代文物有兴趣的人士。他们的大量收购，在民间掀起了盗掘的恶风，许多精美的古玉，就在这时期大批流向海外，我在《遗珍集锦》一文中，曾介绍由黄浚、卢芹斋（C. T. Loo）等骨董商经手卖出的古玉的现存情况。

若仔细地收集一些清末民初的出版品，加以研判，我们不难发现，十九世纪下半叶，有不少多孔长玉刀，和所谓玉"牙璋"被盗掘出土，流通于骨董市场中。吴大澂于光绪十五年（公元一八八九年）出版的《古玉图考》中，就线绘了这类玉器。如图一、图二所示。而事实上，吴氏还

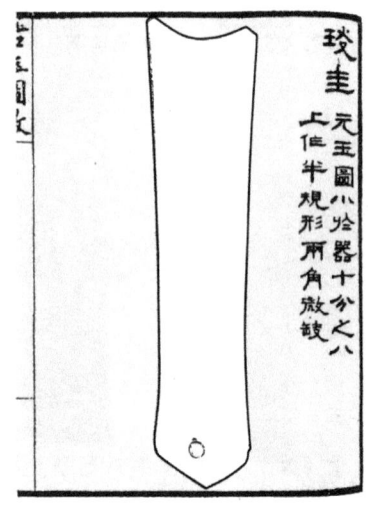 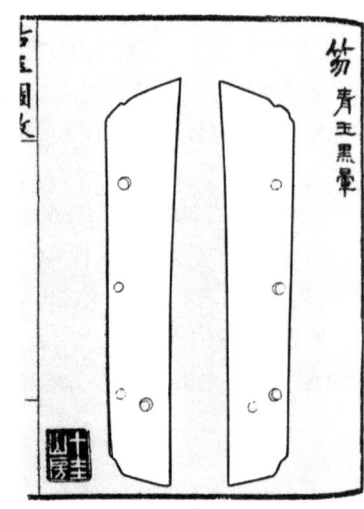

图一 《古玉图考》中的玉"璋"，吴氏称作"琰圭"　　图二 《古玉图考》中的玉刀，吴氏称作"笏"

有一些藏品，是未刊登于《古玉图考》中的。

据卢芹斋在一九五〇年的古玉展览图录序言中记录，吴大澂所藏的黑色大型长片状器（large and black tablets），后来卖给了法国的吉斯拉氏（G. Gieseler）和美国的匹兹堡氏（'Alfred F. Pillsbury）。此二人的收藏，目前分别典藏在巴黎的吉美博物馆（Musée Guimet），和美国的明尼阿波里斯美术馆（Minneapolis Institute of Art）。

由于在二十世纪的二三十年代时，卢芹斋正是这两位外国收藏家的主要经纪人。所以卢氏晚年时的忆述之著，应是正确无误的。英文 tablet 指的是长条形片状物，所以卢氏所言，很可能是今日所称的刀、"璋"之类。

民国十四年（公元一九二五年），卢芹斋与法国学者伯希和（Paul Pelliot）合作，出版了法文大书《中国古玉》（Jades Archaiques de Chine），其中也刊有这类玉器。如图三、图四。

图三　卢芹斋卖出的玉"璋"
左：长 36 厘米　右：长 34 厘米

图四　卢芹斋卖出的玉刀
左：长 34.3 厘米　右：长 30.8 厘米

与卢芹斋时代相若的另一个大骨董商黄浚，也卖出了不少此类玉器。如图五、图六就是他在民国二十八年（公元一九三九年）出版的《古玉图录初集》中，所著录的他曾出售玉器的拓片。

由于卢、黄二人，及其他骨董商的穿梭买卖，不少此类大刀和"牙璋"，都流散到海外了。由现在的考古资料比对可知，这些早年流散海外的灰绿至墨绿色系玉刀与玉"牙璋"，很可能是陕西龙山文化的遗物。在十八世纪盛清时，它们还沉埋在厚厚的黄土中，未有机缘受到帝王的青睐。但是，到了十九世纪末时，它们逐渐被盗掘出来，由于市场行情看好，盗掘也就愈来愈甚。成为骨董界的新宠。

当时，有心的收藏家也会记录下他的玉器来自何地。如卢芹斋的重要客户之一，希腊船王尤默斐普鲁士（Geoge Eumorfopoulos），就对他的藏品来源作了记录。一九三七年，他的藏品转售给大英博物馆（British Museum），一九五一年该馆出版玉器图录时，就清楚的注明其中两件玉器，出自陕西北部榆林府东边的神木（图七、图八）。神木县，也就是石峁村所属的县治。

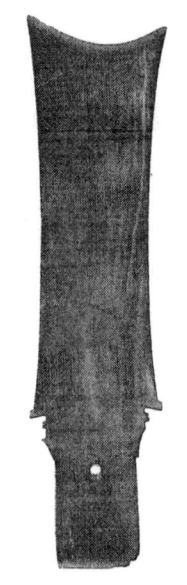

图五　黄浚卖出的　　　图六　黄浚卖出的　　　图七　大英博物馆藏　　　图八　大英博物馆藏
　　　玉"璋"　　　　　　　　玉"璋"　　　　　　　玉"璋"　　　　　　　　玉刀
长 36.9 厘米　　　　　　长 26.8 厘米　　　　　　长 36.2 厘米　　　　　　长 50.8 厘米

明白了这段古玉流散的历史，就了解为何在外国博物馆中，藏有为数可观的某类古玉，而在故宫旧藏中，却很少见到。

史前玉雕艺术的多元性

石峁位居陕西西北部，它的地理环境，以及多年来玉器出土后被上交外贸部门当作玉料加工出口，创收外汇的情形，已在本期戴应新先生的《石峁玉器探索》一文中，叙述得很清楚。

由于戴先生对石峁玉器的征集、研究与发表，逐渐让世人认识了这批距今约四千多年，分布于陕北黄土高原上的新石器时代晚期文化。

石峁玉器的时代，比起一些以多出土精美玉器为特征，而广受世人瞩目的新石器时代文化为晚。

如众所周知的红山文化，距今约五六千年，分布于辽西到内蒙古一带。良渚文化距今约四千四百年至五千三百年，分布于长江下游。这两支民族，擅长于雕琢精美的玉器，又发展了高度的宗教文化。正是目前学术界研究的重点。他们的玉器，也是骨董市场上炙手可热的"高档货"。

与红山、良渚时代相若的，其他出土玉器的新石器时代文化，还有几处。如分布于川、鄂、湘的大溪文化（约距今四千六百到五千九百年），以陕、晋、豫为核心的仰韶文化（约距今四千七百年至六千八百年），和分布于山东到苏北的大汶口文化（约距今四千五百至六千三百年）。这几处民族所制作的玉饰和玉工具武器，则较光素。

不过，世事的变化是很难理解的。灿烂一时的红山文化和良渚文化中的玉雕传统，似乎都没有在它们的"本土"上延续。而其消逝的原因，目前尚无法解释。但与之不同时的大溪、仰韶和大汶口三系文化，各别在其"本土"上，有了玉雕艺术的"衣钵传人"，且更发扬光大。

在距今约四千多年前，即公元前二千多年，湖北的石家河文化玉器，陕西的石峁玉器、山西的襄汾玉器（二者均属中原龙山文化），以及山东龙山文化玉器，都各有其特色。晚近发现安徽含山文化的玉人、玉龟、玉版等，更说明了当时的宗教人物—巫，可以用玉制的道具占卜问神。这些发展了玉雕工艺的区域性文化，相互交流，都是下一个阶段—三代（夏、商、周），玉雕艺术的源头。

其中，石峁玉器特有的造形，如"牙璋"、刀、戈、圭、素琮、扇形璜等，更是在夏（二里头文化）、商、周时，继续制作。而石峁玉器中的主要玉料，是一种不透明的灰绿至墨绿色的闪玉（Nephrite），这种玉料，至今尚未找到它的矿源所在。但由考古遗物可知，商、周时虽已多采用质美色润，透明度较高的昆仑山产闪玉，但也有少数玉器，其质地为前述石峁系的玉料。东周以降，昆山美玉成为中国主要的玉料来源，因为以和阗为采玉料的主要地区，所以大家习称昆仑山玉为"和阗玉"。

或因清末以来，石峁玉器的陆续出土，并常被改刀制作其他玉器，所以市面上也有不少本世纪的仿古玉，其质地与石峁玉器颇为相似。

石峁玉器带来了新讯息

在戴先生的努力下，石峁玉器得以较清晰的面貌公诸于世，有了较确切的时空定点。而不再是如吴大澂或早年的外国学者般，以为它们是距今约二三千年的周代玉器。但是新的发现，带来了新的线索，也引发了新的问题。在此，我仅择两项略作讨论。

戴先生记载，石峁村也出土了石琮和玉璧，但他并未征集。据描述，石琮是扁矮素面方柱体，四角稍圆，上下平齐无射口。这应是琮的较早期形态。而那些未征集的璧，为淡绿色泛白云状纹理，类似者，本院也新入藏了几件，尺寸与之相若。或为石峁系统的遗物（图九、图一〇）。

图九　台北故宫博物院藏璧
外径 12.4 厘米、孔径 5.3 厘米

图一〇　台北故宫博物院藏璧
外径 12.4 厘米、孔径 4.3 厘米

此外，戴先生在长安县上泉村，客省庄二期遗址密集区中，征集了高达 20.7 厘米的美丽的大玉琮。乡民告诉他，琮与一玉璧同出，璧轮大如草帽，已被卖了。这段宝贵的记录告诉我们，在华西新石器时代晚期时，璧与琮是可以成对地伴随出现，它们或许是组配使用的礼器。

与上泉村玉琮相似的素琮，在许多公私收藏中，都或多或少有几件。兹举两件本院藏品为例。图一一者，高 16.6、宽 7.8 厘米。图一二者，高 31.9、宽 10.5 厘米。它们所呈现的浓绿色与石峁的其他玉器颇相类似，应属闪玉（Nephrite），但与习见的和阗闪玉的色泽和透明度都不相类。

图一三、图一四为现藏于美国圣路易博物馆（The Saint Louis Art Museum）的一对璧与琮。在该馆的编号分别是 967：40a、967：40b。璧的外径 36.4 厘米，孔径 8.69 厘米，厚 1.9 厘米。琮高 22.4 厘米，宽 13.3—14.7 厘米。去年四月时，我在该馆仔细观察，它们在质材和做工上，都呈现相似的素朴古拙的风貌。目验它们应为草绿色的闪玉。二者或为一组祭祀天地的礼器（图一五）。

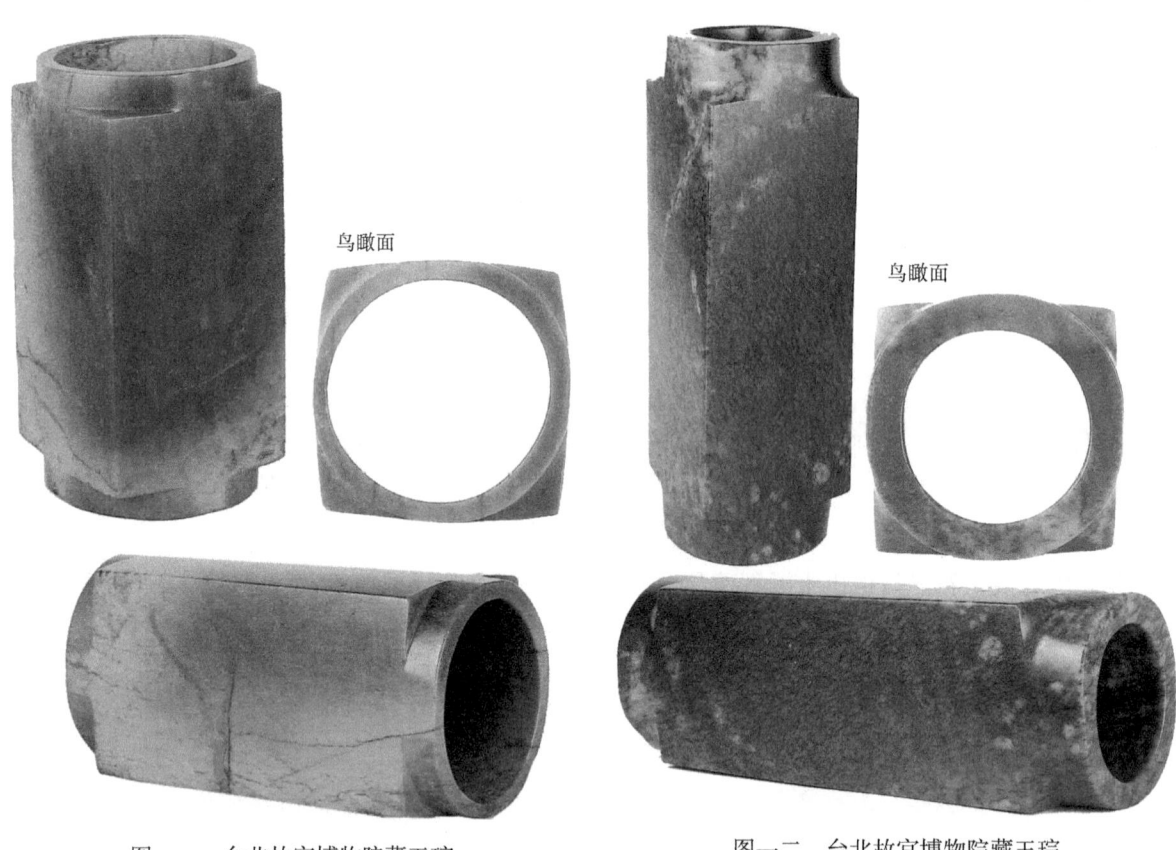

图一一　台北故宫博物院藏玉琮
高 16.6 厘米

图一二　台北故宫博物院藏玉琮
高 31.9 厘米

图一三　圣路易博物馆藏玉壁
外径 36.4 厘米

图一四　圣路易博物馆藏玉琮
高 22.4 厘米

除了璧与琮的组配关系，或可在华西地区找到新的证据外。另一项值得注意的问题是陕西石峁出土的玉器和四川广汉玉器之间，有些相似性。二处都出土光素直壁的玉石琮，也都出土了所谓"牙璋"的玉器。

在《故宫文物月刊》第 120 期中，杨建芳先生已对广汉玉器作了系统的介绍。广汉玉器年代稍晚，约当商晚期至西周初。石峁和广汉虽都地处华西，但也相当的距离，二者在玉器上呈现的相似性，透露了何种讯息？正是值得探索的新课题。

图一五　圣路易博物馆藏璧与琮

附记：图一三、图一四、图一五，由圣路易博物馆的亚洲部主任欧阳国兴先生提供，特此申谢。

（原载于《故宫文物月刊》第 125 期，1993—1994 年）

也谈华西系统的玉器（二）

邓淑苹

吴大澂所藏的"牙璋"

研究古史的人都知道，三代铜器上多铸刻有铭文，由铭文中常可知道某类铜器在古人生活中的正确称法。这种在刻铭中自述名称的情形就是所谓的"自铭"。

古玉器的情形却不同。虽然玉是极为耐久不朽的质材，许多上古精致的玉雕，历经悠悠岁月，尚能相当完整地呈现在大家的眼前，但却极少见刻有自身器名的玉器。由于古代的玉器极少自铭，所以定名的工作就比铜器困难得多。

自宋代以来，金石学家多以古文字学或古文献作为玉器定名的基本资料，取得了相当的成绩，但仍留有一些争议性的项目。本文所谈的"牙璋"，就是古玉器中最具争议的品类之一。

最初将"牙璋"一名，与本文所讨论的这种具"张牙舞爪"特性的玉器，作了联系工作的，是清末的吴大澂。本期戴应新先生大作中的图五四，就是《古玉图考》中牙璋的线绘图。吴大澂定其名的理由是，在器之侧边有突出的"牙"。

事实上吴大澂《古玉图考》中所录的这件，有可能是件晚期的仿古货，它的本体两侧缘的弧度，与柄部的大小比例，及突牙的造形，都显得有些笨拙，与常制不合。吴氏收藏也的确真伪杂糅。如本文图一六就是与该书中相似的另一件，并未著录在《古玉图考》中，但在吴氏身后卖到了加拿大多伦多市的皇家安大略博物馆（Royal Ontario Museum）中，器表曾浸油打蜡，可能是清末流行的仿古货。

但吴大澂也曾收藏过真正的上古玉"牙璋"，却并未著录在《古玉图考》中。如图一七者，在他身后卖给了美国的收藏家温索甫氏（G. L. Winthrop）。温氏收藏于一九四三年捐赠予美国哈佛大学福格博物馆（Fogg Art Museum），一九七五年在罗越教授（Professor Max Loehr）的书中才公布。长 38、宽 10.4、厚 8 厘米。深绿与深褐色玉质，近乎墨黑。器可分本体和柄部两个部分。本体甚长，上端侈张，有圆弧形凹下之薄刃，形成两个向上的尖端，一高一低。本体两侧边微呈圆弧形内凹。本体下方也向外侈张，形成两个尖出的"牙"。本体之下有近似长方形的柄部，其上有圆穿。

由考古出土同类型的玉器可知，图一七的吴氏旧藏，是属于比较原始单纯的造形。它的简练大方的造形及深绿近乎黑色的玉质，都十分相似于的陕北石峁出土龙山文化的玉"牙璋"，读者可将之与本期戴应新先生大作中的图二二至图三四的几件作番比较。

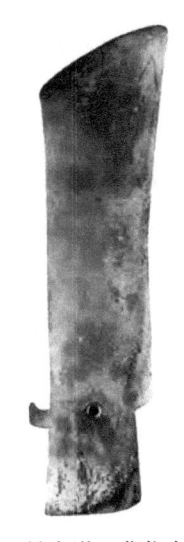

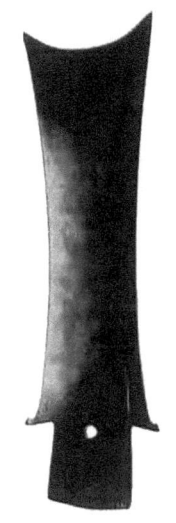

图一六　吴大澂旧藏仿古"牙璋"
皇家安大略博物馆藏

图一七　吴大澂旧藏"牙璋"龙山期原藏于
福格博物馆，后又归萨克勒博物馆
（采自Loehr, Max, 1975）

定名的纷歧

吴大澂的定名，广为学界所接受，长久以来，考古报告及论玉书刊中，多采用此一名称。日本学者林巳奈夫先生在一九六九年《中国古代的祭玉と瑞玉》，及一九八二年《中国古代的石庖丁形玉器と骨铲形玉器》二文中，都明白地将这类玉器确认为古文献中的"牙璋"，并考证该器形源自农具中的"骨铲"。日文中的"骨铲"即中国古代所称的"耜"或"舌"，常以兽骨或木头制成，多作双叉形，为耕田时起土的农具。图一八即为河姆渡文化出土的骨耜。

图一八　河姆渡文化骨耜
（采自林巳奈夫：《中国古玉の研究》）

不过考古学者夏鼐先生却不赞成这种称谓的使用。在其一九八三年"商代玉器的分类、定名和用途"一文中，主张在没有十分证据证明这种玉器，就是古人所称的"牙璋"前，最好暂时放弃这一名称，而依其形制称之为"刀形端刃器"。

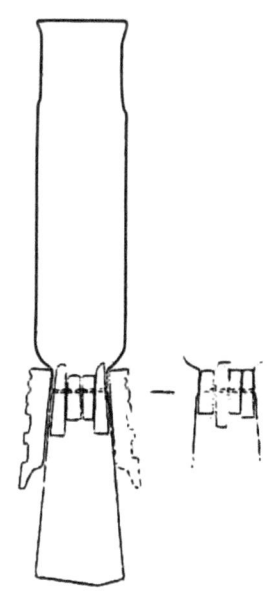

图一九　考古报告中多称为
"玉柄形器"，
王永波先生定之为"牙璋"
（采自王永波：《牙璋新解》）

近日山东省文物局的王永波先生，综合文献资料中所载牙璋的尺寸，经核算都只在一二十厘米左右，与本文所讨论的这种多长达30—70厘米的玉器，尺寸出入甚大。所以他认写文献中所称的"牙璋"，是一种状若獠牙的玉片（图一九）。而本文所讨论的这种源自骨耜的长条形玉器，即是文献中的"瑞圭"。

"牙璋"形制的分类

由于考古资料的累积，渐多有关此类玉器论述。这类玉器的形制变化甚多，但为学者们集结讨论的实物，基本上必须具有下列两个特征之一。事实上常在一件器上就具备这两个特征。

特征之一为：本体的上端有圆凹形的薄刃。

特征之二为：本体的下端，接近柄部还有向两侧突起的侧饰，有的简单，有的复杂。有的在侧饰之间的器表还刻了平行或交叉的直线。

林巳奈夫先生于一九九一年出版的《中国古玉の研究》一书中，重写其《中国古代的石庖丁形玉器と骨铲形玉器》一文中，骨铲形玉器的部分。他依据器上侧饰（钼牙）的形态，将该类玉器分为九型，并定出它们制作的时期。

王永波先生则依据上端刃部的形状分之为六大类，各类中又有数型。该文刊于《故宫学术季刊》十卷第二期。

此外，还有不少学者曾为文讨论此类玉器。如陕西省考古所的戴应新先生，曾发表有关石峁玉器的论文，但所公布的图片有限，在本期中，才将陕西省博物馆所藏的二十八件玉"牙璋"，正式公诸于世。

四川的陈显丹先生，也曾就广汉出土的"牙璋"，发表过专论。有学者估计广汉三星堆出土的"牙璋"，约达二十件，但图片尚未完全公布，《故宫文物月刊》第120期，杨建芳先生曾讨论此批"牙璋"所呈现的中原风格与地域风格。

总体而言，这些被学者们统称为"牙璋"的玉器可粗分为五大类。

A类：在本体的下方柄部之上，两侧各突出了一个简单的"牙饰"。如图二○，为山东海阳司马台出土。本文图一七亦属之。

B类：侧饰仍为单牙，但本体下端，近侧饰之间的器表，刻有平行线纹。如图二一纽约大都会

图二○　A式"牙璋"海阳司马台出土
龙山期
长 27.5 厘米
（采自王永波：《中国上古瑞圭研究》）

图二一　B式"牙璋"大都会博物馆藏
龙山晚期
长 28 厘米
（作者自摄与自绘）

博物馆的藏品。

C类：侧饰发展到相当繁复的情况，但除了侧饰复杂外，器表仍保光素无纹。图二二为偃师二里头出土。

D类：除了有繁复的侧饰外，更在侧饰之间的器表，刻有平行或交叉的直线。图二三为河南许昌大路陈村出土。

以上C、D两类中，也出现本体上端形成如戈的尖端，或戈尖中刻有凹槽。

E类：没有侧饰，但上端本体侈张，具内凹或向一侧斜下的刃部。这类"牙璋"常为A类"牙璋"在残断了本体上部的尖端，或下部的侧饰后，经改磨而成。如图二四为四川广汉高骈公社出土者。上期拙文图一也应是同类物。

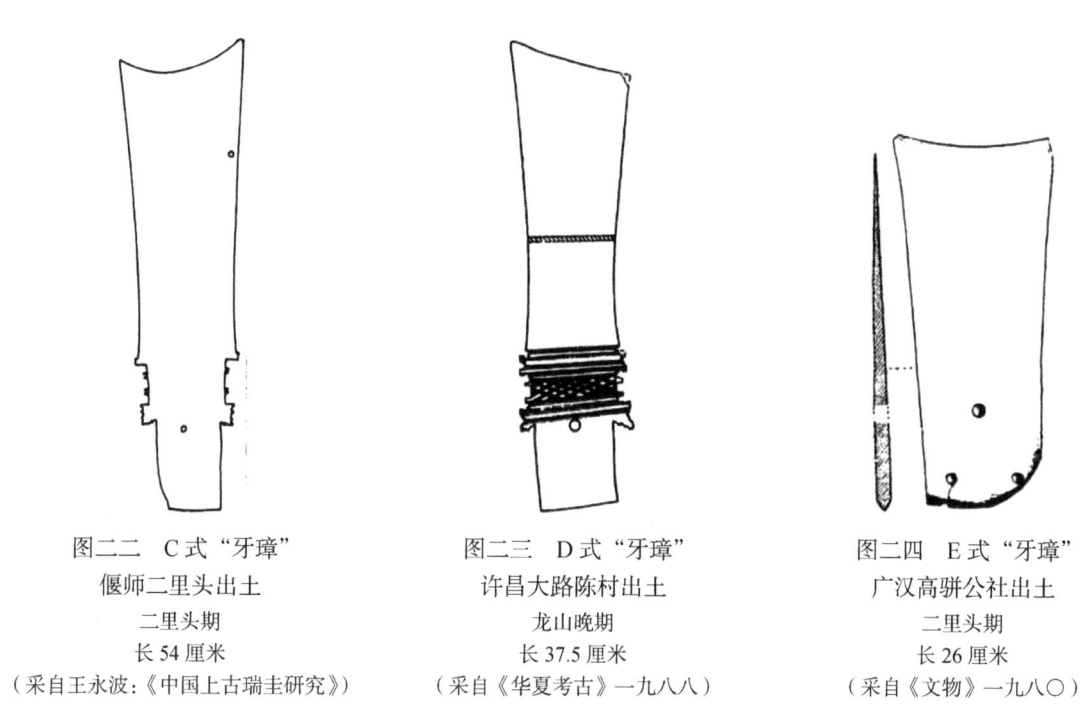

图二二　C式"牙璋"	图二三　D式"牙璋"	图二四　E式"牙璋"
偃师二里头出土	许昌大路陈村出土	广汉高骈公社出土
二里头期	龙山晚期	二里头期
长54厘米	长37.5厘米	长26厘米
（采自王永波：《中国上古瑞圭研究》）	（采自《华夏考古》一九八八）	（采自《文物》一九八〇）

考古出土"牙璋"的分布

若将已公布的考古调查或发掘的资料，综合整理，可得约八十二件左右的"牙璋"。分别出土于十四个地点。在图二五中，我按遗址时代的早晚，标示了这十四个地点，其遗址的时代上限为龙山文化，下限到战国甚至汉。不过有的遗址虽晚，所出土的"牙璋"，却为前朝遗物。它们依序为：

甲：龙山文化期，约公元前二四〇〇至前二〇〇〇年。

（1）山东海阳司马台，A式一件。也有学者认为此件或属岳石文化期（图二〇）。

（2）山东临沂大范庄，A式一件。

乙：龙山文化期至龙山文化晚期。约公元前二四〇〇至前一九〇〇年。

（3）陕西神木石峁。各学术机关约共藏有三十七件。本期公布的二十八件中，A式二十三件，C式四件，D式一件。

丙：龙山文化晚期，约公元前二〇〇〇至前一九〇〇年。

（4）河南许昌大路陈村。D式一件（图二三）。

（5）河南郑州杨庄。D式一件。一般报导中，称此件是郑州二里冈出土商前期遗物。此处从林巳奈夫先生之说，归入龙山晚期。

丁：二里头文化期，约西元前一九〇〇至前一六〇〇年。

（6）河南偃师二里头，C式三件，D式一件（图二五）。

（7）河南新郑，D式一件。

（8）湖南石门宝塔，A式一件。

（9）a 四川广汉中兴乡于一九三一年出土的玉石器多已失散。目前已公布资料的有六件D式的"牙璋"（图二六）。一九七二年广汉高骈公社出土一件E式"牙璋"，见本文图二四。

戊：商代，约西元前一六〇〇至前一〇四五年。

（9）b 四川广汉三星堆发掘了二个祭祀坑，约当商晚期，共出有"牙璋"约二十件。已公布的图片中多为C式与D式。

（10）福建漳浦眉力，出土一件首端残断的C式牙璋，原报告定为商，但由器物风格看，似为龙山晚期至二里头期，尚待研究。

己：商末西周初，约西元前一一〇〇至前九五〇年。

（11）湖北黄陂钟分卫湾，出土一件首端宽大的C式"牙璋"（图二七），该墓出土的遗物，多为殷至西周早期风格，但此"牙璋"相似于早年广汉三里堆出土者，或属二里头文化遗物。

庚：西周中期，约公元前九〇〇至前八〇〇年。

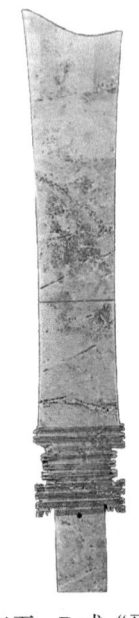

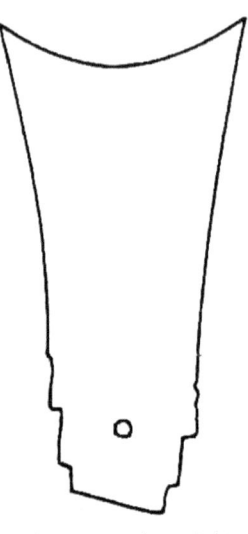

图二五　D式"牙璋"　　　　图二六　广汉中兴乡出土　　　图二七　C式"牙璋"
偃师二里头出土　　　　　　　"牙璋"等器　　　　　黄陂钟分卫湾出土
二里头期　　　　　　　　　　二里头期　　　　　　二里头文化期
长 48.1 厘米　　　　　（采自林巳奈夫：《中国古玉の研究》）　　长 39.2 厘米
（采自 The Great Bronze Age，1980）　　　　　　　　　　（采自王永波：《中国上古瑞圭研究》）

（12）陕西扶风上康，出土一件E式"牙璋"。

辛：春秋，公元前七七〇至前四七六年。

（13）山西侯马，出土一件A式"牙璋"，可能为当时的骨董。

壬：战国至两汉之交，公元四七六至公元一世纪左右。

（14）香港，二十世纪四十年代时，曾在大屿山东湾出土一件，已佚失。近年于南丫岛大湾出土一件C式牙璋。

"牙璋"造形的发展与演变

由考古资料的排比，大致可勾勒出"牙璋"形制的发展脉络。这类玉器约萌芽于龙山文化期。当时的人们将重要的农具——骨耜的形制加以美化，雕琢了A式"牙璋"。线条流俐，简练大方，尚能保持骨耜的自然不对称的造形，如本文的图一七。和本期戴应新先生大文中的图二二至图三三。

龙山文化晚期已发展了B、C、D式"牙璋"，复杂的侧饰，和器表的线纹，说明"牙璋"逐渐装饰化。但此时尚能保持早期的不对称造形。见本文的图二三、及戴先生大文中的图四六至图四八。

二里头期的"牙璋"，首端刃部仍保持一高一低的不对称形态，但侧饰发展成左右相当对称，如本文图二二、图二五。商晚期的"牙璋"，以广汉三星堆为代表，但具有强烈的地域性风格，不但本体首端多变化，而本体下端及柄部间的侧饰的对称性更强，变化也多。除了本期戴先生大文中的图五二、图五三、图五七外。此处再举图二八，它的侧饰作如意云头形，装饰意味更浓，首端刃部呈"V"字形，这种刃线在三星堆盛行，杨建芳先生认为是"蜀式"的特点之一。但本期戴先生新公布的资料中，也见"V"字形刃线，如该文中的图四七。而该件"牙璋"长达49厘米，体型细长是否是石峁型"牙璋"中年代较晚的？是否是"V"字形刃线的滥觞？与广汉三星堆"牙璋"是否有着某种关系？都是值得研究的。

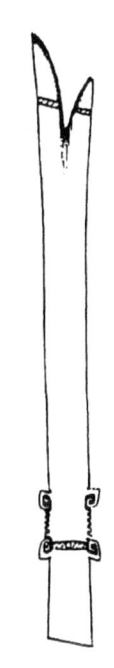

图二八　C式"牙璋"
广汉三星堆出土
商晚期
长68.2厘米
（采自《文物》
一九八九，5）

"牙璋"应是华西地区的玉礼器

出土"牙璋"的遗址虽多达十四处，但主要集中于三处：其一为陕北神木石峁；其二为河南中部，包括偃师、郑州、新郑、许昌。其三则为四川广汉。其他零星出土的，如海阳、临沂、黄陂、石门、漳浦、侯马、扶风等，有可能为经过交易等各种原因传入，或根本为前朝所遗的古物而已。

前述的三个"牙璋"出土的中心，其时代正好先后为序，石峁为龙山文化至龙山文化晚期。许昌、郑州出土者，属龙山晚期。偃师、新郑出土者，属二里头期。广汉出土者，有较早的二里头期，也有较晚的商晚期（殷）。偃师二里头遗址为夏王朝政治中心，精致的"牙璋"，以及同出的饰有平行及交叉线纹的大玉刀，应为王朝统治者祭祀时的重要礼器。夏王朝发迹于山西省南境。所

以，"牙璋"似乎是华西古文明的特产。雕琢它们的，是陕北、晋南、川中的古老氏族。商族本属于华东地区的东夷族群，所以在殷墟未见到"牙璋"的制作，妇好墓中出土玉器甚多，但未有真正的"牙璋"。常为学者们讨论的一件上有圆凹形的玉片，可能与"牙璋"无关，或仅为其残片而已。

近年来较受瞩目的，是香港南丫岛大湾出土的石"牙璋"（图二九）。我曾于"香港考古之旅"的展览现场，仔细观察它。它的尺寸较小，长 21.7、宽 4.6 厘米，红灰色石质，本体下端与柄部间，未有明显的界分，形成一平板状，侧饰两面不对称，柄部无穿孔，明显地与石峁、二里头或广汉的"牙璋"不同。在质地与形制上都较简率，大湾遗址的 ^{14}C 年代也较晚，约距今一千九百年。所以图二九者，有可能为后世仿古品。近来更在越南发掘出三件"牙璋"，看来，要弄清楚这类玉石礼器的时空公布，及它们在古代礼制上的意义，与正确的名称，还不是短期间可完成的工作。

图二九　C 式"牙璋"
香港大湾出土 战国至
两汉之交
长 21.7 厘米
（采自《香港考古之旅》）

海外流散了大批的"牙璋"

至于海外的流散品，经我初步统计，至少也有五六十件。分散于日本、美国、加拿大、英国、法国、德国、南非等国家。大部分已公布图片，也有部分未曾发表。由于篇幅所限，本文不拟详细介绍。但综览海外流散的"牙璋"，大部分应盗自陕北神木石峁，上期亦曾略作介绍。小部分可能来自四川广汉中兴乡。形制较宽大，玉质不同，且多沁斑。

中兴乡即是今日之南兴镇，与三星堆距离甚近，在一九三一年（曾误记为一九二九年）燕道诚意外地在掘堰沟时，挖得三四百件左右的玉石器，所得之"牙璋"也在日后逐渐佚散。今日只在四川博物馆和四川大学博物馆中，留下几件。

根据冯汉骥先生的报导，在二十世纪五十年代时，广汉一带不但盗卖古物风气严重，市面上还有赝品流通。众所周知，清末以来直到现在，伪作古玉来骗钱的风气，一直很盛。如图三〇是我在美国水牛城科学馆（Buffalo Museum of Science）中所找到的三件，由侧饰齿棱（或称鉏牙）的造形，及器表不自然的白沁斑，就可知为后世仿品。

图三〇　二十世纪仿品
水牛城科学馆藏
（作者自摄与自绘）

总之，"牙璋"仍是古玉研究上的谜题，由它的定名、源起、时代、地缘分布、形制发展，在礼制上实际扮演的角色、到其传播、消失，都是值得认真探索的问题。而这些问题，必有待考古工作者更多的努力，发掘出更多的实物，配合海内外流散品的研究，始有可能解开此一谜题，认清此一特殊造形的玉器，在中国古文明中的意义。

（原载于《故宫文物月刊》第 126 期，1993 年）

也谈华西系统的玉器（三）
——玉刀

邓淑苹

两个制作长刀的地区

刀，是人们日常生活中，常用的工具之一。几乎每个人日常生活中，都离不开它。厨房里有烹饪用的菜刀，餐桌上有牛排刀、水果刀，书桌上有拆信刀，即或刀的功能多样，但都具有锋利的长刃。由于刀的利刃，位于器身的长边，所以考古学家称它为"边刃器"。

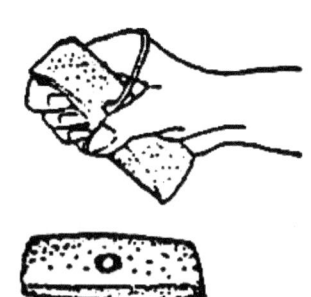

由考古发掘可知，远自新石器时代时，人们就会磨制石刀，用以刮治兽皮，收割农作物。一般常用的刀，长仅十余厘米，可用绳索绑缚，套于手背上使用。如图三一所示。

由于刀是常用的工具，在新石器时代的许多区域性文化中，都有制作。但制作长达 30 厘米以上的大刀的地方，却是不多的。依现有的资料可知，大约在距今五千年，也就是公元前三千年左右，在

图三一　新石器时代短刀使用法

长江下游的巢湖流域一带，东自南京市北阴阳营，西到安徽潜山薛家岗，都曾出土多孔的石质长刀。见图三二、图三三。

另一个出土玉质长刀的中心，在陕西省的中部延安一带，到北部的神木石峁一带。

早自十九世纪末，到二十世纪二三十年代，陕北榆林府的神木，就是海内外闻名的盗卖古玉器的中心，出土的"牙璋"和大刀，广布于日本、美国、加拿大、欧洲，甚至南非的公私收藏中。前两期拙文中，曾作介绍。

一九五〇年以后，由于政治的控制，神木石峁的玉器，不易再流散海外，但却又开始了新的噩

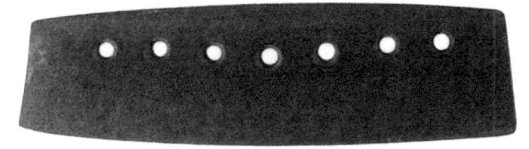

图三二　北阴阳营文化石刀
南京市北阴阳营出土
长 22.6 厘米
（采自《南京博物院展》一九八一）

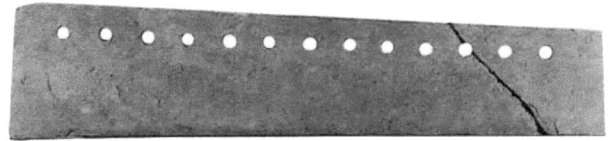

图三三　薛家岗文化石刀
潜山薛家岗出土
长 51.6 厘米
（采自《中国文物精华》一九九〇）

运。因为当政者漠视文化遗产的保护，许多莹润精美的石峁玉器都被上交给农副部门，当作玉料加工出口，其中以厚大规整的玉刀最受欢迎。这种上缴去改雕其他玉饰的情形，至少长达十多年，每年十余件至数十件，由此现象可知，石峁玉刀的总数量，应是相当惊人的。难怪我们在港、台一带的玉市上，常可发现一些用灰绿、褐绿近墨绿的不透明玉料，制作的仿古风格玉饰。

石峁玉器经戴应新先生的征集、研究，逐渐受到学界的重视。近年再经过试掘，大致已确定它的年代为新石器时代晚期，龙山文化期的遗物，其时代约为距今四千多年，即公元前二千多年。《故宫文物月刊》第 125 期曾刊有新石器时代重要文化的年表和分布图，以示石峁玉器的时空定点，及与其他出土玉器重要文化的相对关系。

事实上，石峁只是这一带出土玉器遗址中，最有名的一处。据戴先生的调查，在其周边的其他地点，如陕西的米脂、靖边、府谷，内蒙古的准格尔旗都会发现同类玉器。稍南一点，接近陕西中部的延安芦山峁，出土的玉器数量仅次于石峁。

图三四就是出土于芦山峁的大玉刀。长 54.6 厘米。其特点为除了常见的一排横穿，和近柄端的中央圆穿外，更在刀背上，多出三个圆穿，每个圆穿的上缘三分之一处，已达器边。另一个特征，是刀的两侧琢有齿棱（钮牙），这些都值得深入研究的。

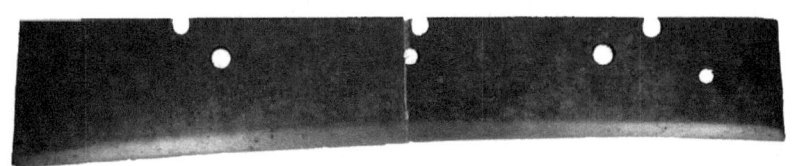

图三四　龙山文化晚期玉刀
延安芦山峁出土
长 54.6 厘米
（采自《中国文物精华》一九九二）

一九七七到一九八四年，内蒙古文物考古研究所在神木北面的内蒙古伊金霍洛旗朱开沟发掘，获得与石峁类似的遗存。弄清楚石峁出土玉器的石棺墓，属于他们所提出的朱开沟文化的早期阶段，确相当龙山晚期。朱开沟文化的分布，是包括内蒙古中南部、陕西北部和山西中部以北的地区。

总之，关于陕北、晋北到内蒙古这一带的新石器时代晚期文化，还需要更多的发掘与研究，才能洞悉在此区域古文明中，玉礼器系统的萌芽、发展，及其在整个中国古代玉器文化中，所占有的地位。

几件玉刀的审视

图三五 a 为本院新入藏的一件大玉刀。长 57.4，宽 8.6—10.1 厘米，背最厚处 0.86 厘米。重 999.13 克。草绿色不透明闪玉，质甚莹润。它的色泽和质感，与《故宫文物月刊》第 125 期介绍过的玉琮，颇为类似（图三六）。应都是华西地区的玉礼器。这件玉刀刃部有多处使用崩伤痕，见图三八 b，刀背处有横排的三个圆穿，柄端刀背处，有一长约五厘米的圆弧形注入。

a. 龙山文化晚期玉刀
长 57.4 厘米

b. 龙山文化晚期玉刀刃部局部

图三五　台北故宫博物院藏

　　检视本期新公布的石峁玉刀中，也已略见柄部较为斜下的现象，如戴先生大文中的图七二和图六六两件，分别长 40.4、54.3 厘米。似乎刀身越长，越需要在柄部刀背处加些处理，或是为使绑缚的木柄可以有效的支撑住全器。

　　类似风格的大玉刀，海外流散很多，本文图三七为早年曾经卢芹斋卖出，后归温索甫收藏（Winthrop Collection）的玉刀，长 59.5、宽 10.4、厚 0.9 厘米，重达 1230 克。灰蓝绿色玉。在柄端刀背处，不但有圆弧形的洼入，而且沁作淡赭色。这类柄部刀背处有圆弧形洼下的大刀，多为龙山文化晚期（公元前二〇〇〇至前一九〇〇年）的遗物。

图三六　台北故宫博物院藏
龙山文化晚期玉琮

　　山东地区龙山文化遗址中，也会出土体积较大的玉石刀，如图三八 a 为日照两城镇出土，长 48、宽 13 厘米。该刀展示于济南市的山东省博物馆中，笔者仔细观察，它为灰绿泛蓝紫色的某种石料制作，有蛛网般的纹理，与习见的石峁系闪玉料并不相同。

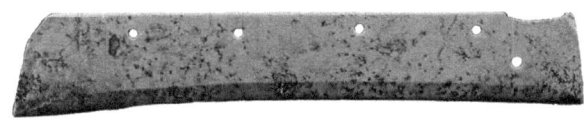

图三七　哈佛大学萨克勒博物馆藏龙山文化晚期玉刀
长 59.5 厘米
（采自 Loehr, Max, 1975）

它的刃部残缺了一大片，图三八 a 中白色部分，就是用现代的材料修复的。考古报告中也作了如图三八 b 的复原图。但林巳奈夫先生作了更合理的复原，如图三九所示，他认为器的左侧应为平直斜出，与刃线作约 85° 的交角。

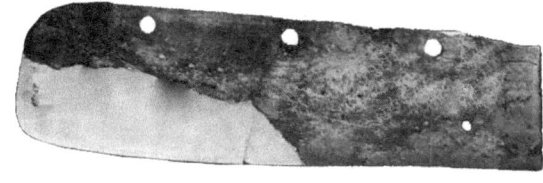

a

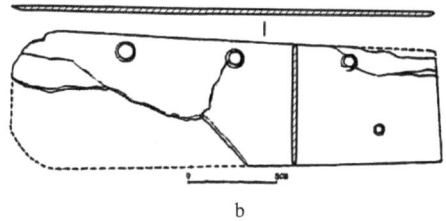

b

图三八　日照两城镇出土山东龙山文化石刀及复原图
a. 采自《中国玉器全集·原始社会》　b. 采自《考古》一九七二，4

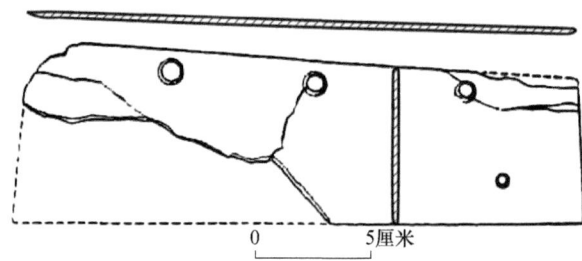

图三九　林巳奈夫先生所设计日照石刀的复原图
（采自林巳奈夫一九八二）

上海博物馆还藏有一件极为特别的玉刀。见图四○。长23、宽7.7厘米。仔细观察它的玉质，草绿、褐、墨绿色交杂，没有半透明感，表面抛光得相当细致，具玻璃光泽。依其色泽质感而言，很接近陕西石峁系的闪玉料，但在其器表面，都浅浮雕了可能属山东龙山文化风格的人面纹。

a. 全器

b. 拓片

图四○　上海博物馆藏新石器时代晚期玉刀
长23厘米
（采自《上海博物馆展》一九九三）

　　图四一为日照两城镇出土的玉圭，及其柄部两面所刻绘的人面纹。这件玉圭出土得早，长久以来，学者们根据它，将许多公私收藏品断代作山东龙山文化遗物。晚近，湖北天门石家河、江西新干又分别出土了类似风格的人面纹玉饰（图四二），所以，有关它的地缘分布，仍有待探索。

　　仔细观察图四○的上海博物馆藏品，令人怀疑它曾是一把较长的石峁系的玉刀，经过切短改磨出窄端的刃部，又在原来柄端下方，也琢成洼入状，所以在这个部位仍看到长边刃的存在。如果说，它原是一把长刀，原本柄部刀背的洼下处的造型与戴应新先生大文中图六六玉刀的柄部比较相似，而与本文图三五本院的玉刀柄部，比较不同。

　　那么，这种切短、改磨，甚至加上不属于华西风格的人面纹，是在何时，在何处所做？改雕的人，是怀抱着什么样的信念，来完成如此复杂的工序？真是引人深思的问题。

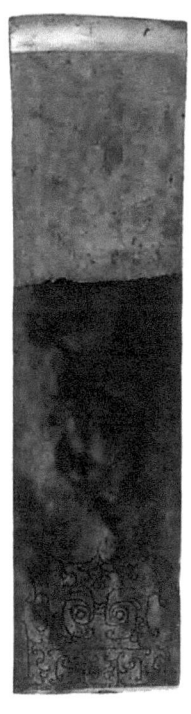

图四一　山东龙山文化玉圭
长 17.8 厘米
（采自采自《山东省博物馆藏品选》一九九一）

图四二　江西新干出土商代玉人
高 16.2 厘米
（采自《江西文物》一九九一，3）

（原载于《故宫文物月刊》第 127 期，1993 年）

也谈华西系统的玉器（四）
——斧、钺、戚

邓淑苹

"玉兵"与"玉器时代"

近年来，研究古史的学者们，每每争论在中国上古时期，究竟有没有一段所谓的"玉器时代"。

主张中国上古时，在石器时代与铜器时代之间，还有"玉器时代"的学者们，最常征引的史料，就是大约成书于汉代的《越绝书》。在该书的第十一卷中，详细的记载了东周时，风胡子与楚王的谈话：

轩辕神农赫胥之时，以石为兵，断树木为宫室，死而龙藏。夫神圣主使然。至黄帝之时，以玉为兵，以伐树木为宫室，凿地，夫玉亦神物也，又遇圣主使然，死而龙藏。禹穴之时，以铜为兵，以凿伊阙通龙门，决江导河，东注于东海，天下通乎，治为宫室，岂非圣主之力哉。当此之时，作铁兵，威服三军，天下闻之，莫敢不服，此亦铁兵之神。

由这段叙述中，我们可以清楚地了解，两千多年前，中国人已知道以工具与武器的质地，作为划分人类文明演进的指标。工具与武器都是有刃器，又可统称为"兵"。其发展的顺序为：

以石为兵

以玉为兵

以铜为兵

以铁为兵

教导人民制作这些工具武器的，是绝顶聪明的人君，他们被奉为生而知之的"圣主"，所发明的各种工具武器，是帮助人们与大自然奋斗的利器，除了用以砍伐树木，建造房屋外，还可以疏导河流，征服邻邦。这些被圣主选择来制作工具武器的材料，也都是"神物"，才能发挥神力。

由今日的考古资料，可以印证《越绝书》中所记，有其真实的历史背景。新石器时代早期，不但发明了农耕（即神农氏时代），且以石头为制作工具武器的主要材料。到了新石器时代晚期，人们由磨石为兵的经验中，体认了玉的坚硬强韧。由于玉，尤其是闪玉（Nephrite），具有交织纤维显微结构，所以韧性特强，不易崩伤，更不会腐朽。颜色丰丽的玉，经过打磨后，呈现莹润的色泽，最能满足人们爱美的心理。随着社会的阶层化，美而不朽的玉料，逐渐为统治者所垄断，只有掌祀戎大权者，才有资格执持玉兵，表征身份地位。

新石器时代晚期（约公元前五〇〇〇至前二〇〇〇年），许多文化遗存中都出现玉质工具武器—玉兵。有的可实用，刃部还留有使用崩伤痕，柄部又有绳索绑缚痕。有的已很少实用，不但刃部光滑平整，或磨得圆钝无杀伤力，甚至器表琢饰或彩绘上花纹。当用作表征身份地位的"瑞器"，以维系人际伦常关系。在甲骨文和金文中，"父"字写成握有斧头的手（图四三、图四四）。就证明氏族社会中，掌政教大权的父辈，是以玉斧作为权力的标识。这些玉兵，应是他们心目中的神物，可协助圣主创造文明。

图四三　甲骨文中的"父"字
（采自《甲骨文字集释》）

图四四　金文中的"父"字　羊父庚鼎
（采自《金文诂林》）

玉兵的普遍性，及玉礼器系统的建立，证明新石器时代晚期，可称为"玉器时代"，这也是中国文明演变的特点之一。

玉兵中的端刃器

笔者会将新石器时代遗址出土的玉器资料，加以统计表列，得知至少在十八个文化区中，有玉兵的制作。陕西龙山文化石峁遗址，所征集的玉器中，主要的类别就是各式各样的玉兵。根据戴应新先生的报导，有的为实用器，有的应已为礼器。它们多呈质朴的华西风格。

各式各样的玉兵中，以利刃磨于器身窄边的端刃器数量最多，种类也最杂。斧、钺、锄、铲、锛、凿等都属之。器名的称法也常有争议，大致而言，斧、钺、戚三者，皆属劈砍用的工具武器，及由之礼制化的礼器。图四五至图四九为斧类玉石器与木柄的各种接合方式的线绘图。图五〇为院藏的一件斧。灰白夹淡绿色斑条，可能为滑石、蛇纹石、白云石的混生岩石。

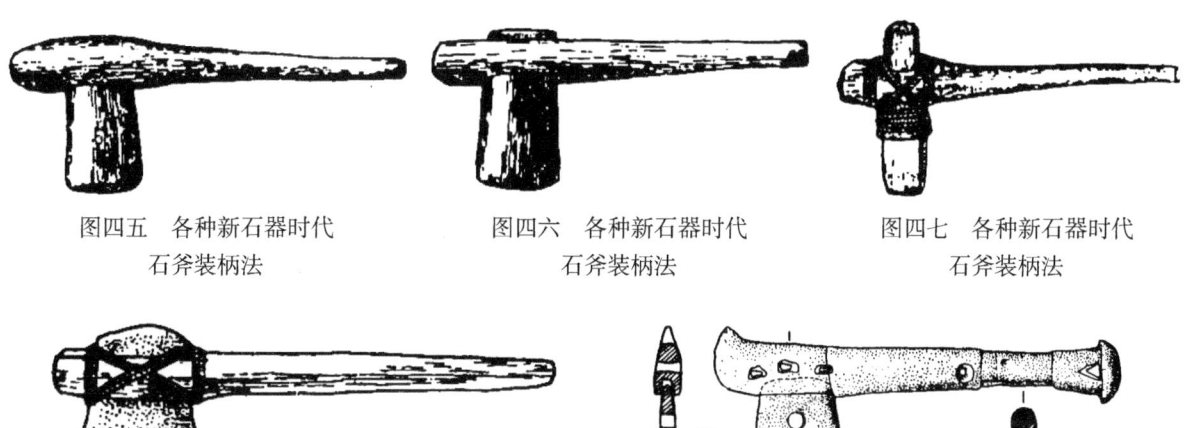

图四五　各种新石器时代　　图四六　各种新石器时代　　图四七　各种新石器时代
　　　　石斧装柄法　　　　　　　　　石斧装柄法　　　　　　　　　石斧装柄法

图四八　各种新石器时代石斧装柄法　　图四九　各种新石器时代石斧装柄法

注：图四五至图四九均采自杨亚长：史前石斧的几种装柄方法，《史前研究》13、14

锄和铲都是撬土的农具，但撬土的着力点和起土的方向不同。图五一至图五三为其与木柄的接合方式，本院"华夏文化与世界文化之关系"展示室中，还将新石器时代的玉铲（图五四）加配木柄展示（图五五）。

　　锛的类别颇多，华东、华南常见有段石锛。与木柄的接合方式如图五六所示。"华夏文化"的展示室中，也有类似的复原。如图五七。凿的体积小，多嵌于木柄中，制作其他木质工具或挖凿榫卯所用。如图五八所示。图五九为本院的一件玉凿。

图五〇　台北故宫博物院藏
新石器时代石斧
最高 10.67 厘米

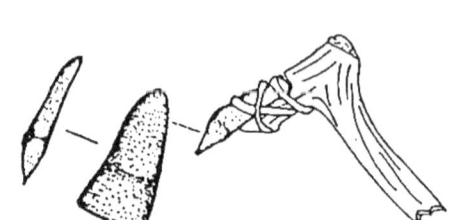

图五一　锄与木柄接合图
（采自李仰松《中国原始社会工具试探》
《考古》一九八〇，6）

图五二　铲与木柄接合图
（采自李仰松《中国原始社会工具试探》
《考古》一九八〇，6）

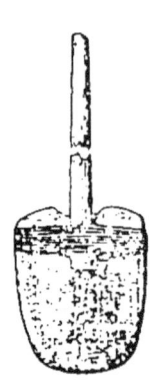

图五三　铲与木柄接合图
（采自佟柱臣：《仰韶、龙山文化的工
具使用痕迹和力学上的研究》《考古》
一九八二，6）

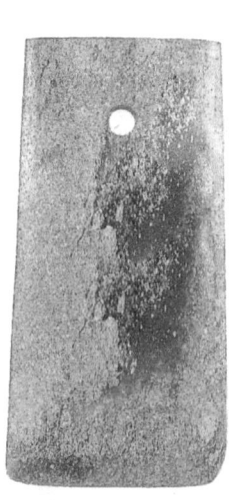

图五四　台北故宫博物院藏
新石器时代玉铲
最高 16.9 厘米

图五五　加配了木柄的玉铲

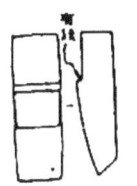 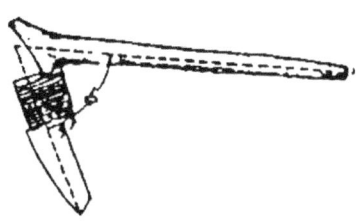 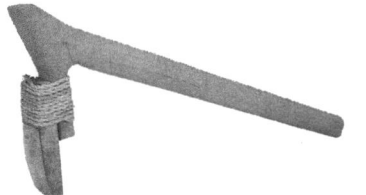 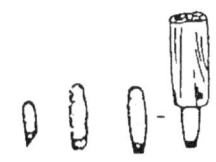

图五六　有段石锛与木柄接合图
（采自佟柱臣：《仰韶、龙山文化的工具
使用痕迹和力学上的研究》《考古》一九八二，6）

图五七　加配了木柄的有段石锛

图五八　凿与木柄接合图
（采自李仰松《中国原始社会工
具试探》《考古》一九八〇，6）

斧、钺、戚的定名问题

前文会言及斧、钺、戚为三种劈砍用的端刃器。郑玄注《尚书·顾命》："钺，大斧。"《说文解字》"戉，大斧也。"段注："俗多金旁，作钺。"

《礼记·祭统》中记录在大规模的祭典上，舞者执拿朱干（红色盾牌）和玉戚，跳大武的舞曲。《释名》中记录："戚，慼也，斧以斩断，见者皆戚惧也。"

根据这些文献可知，钺为大斧，戚为祭典上舞者执拿的玉斧。它们都应属礼制化的玉斧。那么该如何界定三者呢？学者们各有见解。张明华先生以为，"钺"字从"金"旁，应指青铜大斧，凡是玉质大斧，多宜称为"戚"，这个看法甚为合理。但由于一八八九年吴大澂出版的《古玉图考》中，图绘了两侧带有齿棱的斧钺类玉器，名之为"戚"（图六〇），造成一定程度的影响，所以，今日大家习称没有齿棱的玉质大斧为玉钺，而称两侧边带齿棱的为玉戚。

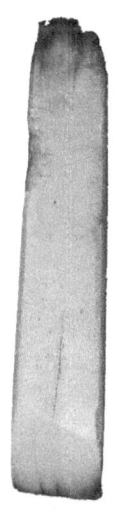

图五九　台北故宫博物院藏
新石器时代玉凿
最高 13.9 厘米

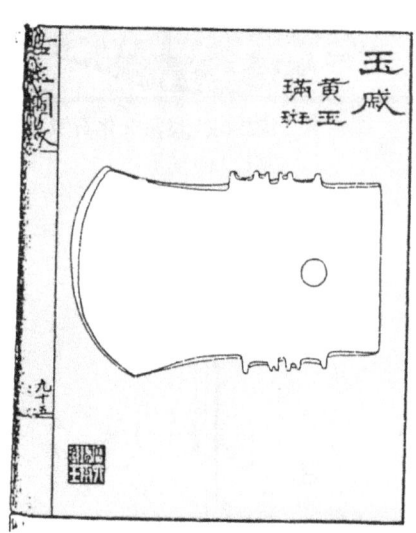

图六〇　《古玉图考》中所定名的玉戚
（采自吴大澂《古玉图考》）

院藏的一件玉钺

《故宫文物月刊》第121期中的拙文中，已介绍了院藏二件玉钺，其一应属大汶口文化，另一或与红山文化有关。

在此，拟再介绍一件院藏的良渚文化玉钺。它的造形非常特别，如图六一所示，最长15.5、最高8.1、最厚0.55厘米，器呈横宽形，两侧边略向上翘，圆弧形刃线，刃口尚称锋利，但无使用痕。器之正中央上方，有突出之"柄"，形似良渚文化的倒梯形器。

类似这种横宽造形的石器，也曾出土于良渚文化遗址中，如图六二，为一九三八年，施昕更先生公布的一件，施先生称之为"刀"，它的造型单纯，正中央上方没有穿，也没有倒梯形的柄部。

此外，在钱山漾、梅堰、舟山群岛等地也出土了一些相似的石器，如图六三所示。有学者以为它们是水田耕作时所用的"耘田器"。应如图六四那般按上木柄使用。

倒梯形器是良渚文化的特殊玉器，代表神祇祖先的像，有的琢有面纹，有的则光素，如图六五，为本院新入藏的一件，长7.82、高3.9、厚0.5厘米。

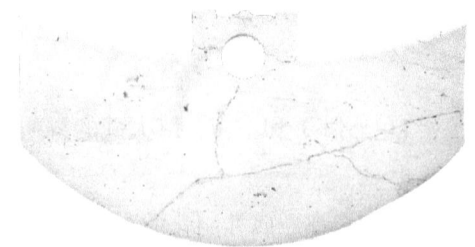

图六一　台北故宫博物院藏良渚文化玉钺
横长15.5厘米

图六二　杭县出土良渚文化石钺
横长14.4厘米
（采自施昕更《良渚》）

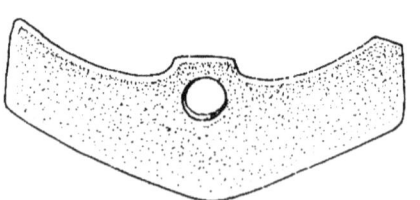

图六三　钱山漾出土良渚文化石钺
（采自《中国文明史·原始中国》）

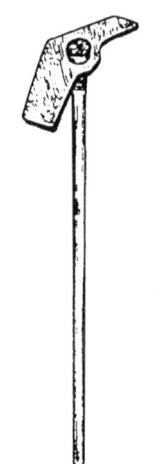

图六四　学者对图六三石器的使用法之复原图
（采自《中国文明史·原始中国》）

图六五　台北故宫博物院藏良渚文化玉倒梯形器
长7.82厘米

图六一的本院藏品，不但以高贵的玉料制作，且在柄部加饰了象征神祇祖先的倒梯形器，意味着这种源自农具或武器的玉兵，应已具有礼器的功能。象征持有者的身份地位。称之为玉钺，应是合理的。

由于良渚文化的居民，常于葬礼前用火烧烤墓圹，再置放亡者及各种随葬品，所以，玉在高温下变色，形成如图六一玉钺这般牙白如瓷的色泽。

院藏的两件玉戚

其次要介绍两件院藏的玉戚。如图六六者，碧绿色杂黑点，目验之，似为蛇纹石。表面沾有少许泥土与铜绿。器形略呈梯形。全高9.1、最宽8.1、最厚0.45厘米。下端为圆弧形钝刃，刃线两端微翘起。圆穿由两面钻凿，一面较大，一面较小。较大的一面，孔边留有钻凿过的圆管痕，另一面器表留有一直条锯痕。在器两侧边上，琢有齿棱，中央为两组直出的双齿，两旁又有向外斜出的斜齿。

图六七者，为院藏另一件玉戚。最高13、最宽8.5、最厚0.6厘米。青白色半透明闪玉，有多处赭斑，并有大片的铜绿沁斑，器形与前者相似，但刃线较平直，且更厚钝。两侧边齿棱发展成五齿，中央一齿向上直出，左右两齿略向外侧斜出。

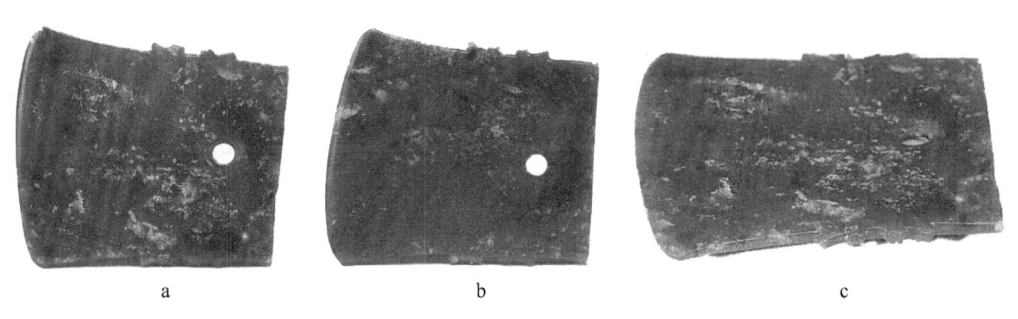

a   b   c

图六六　台北故宫博物院藏夏代玉戚

高 9.1 厘米

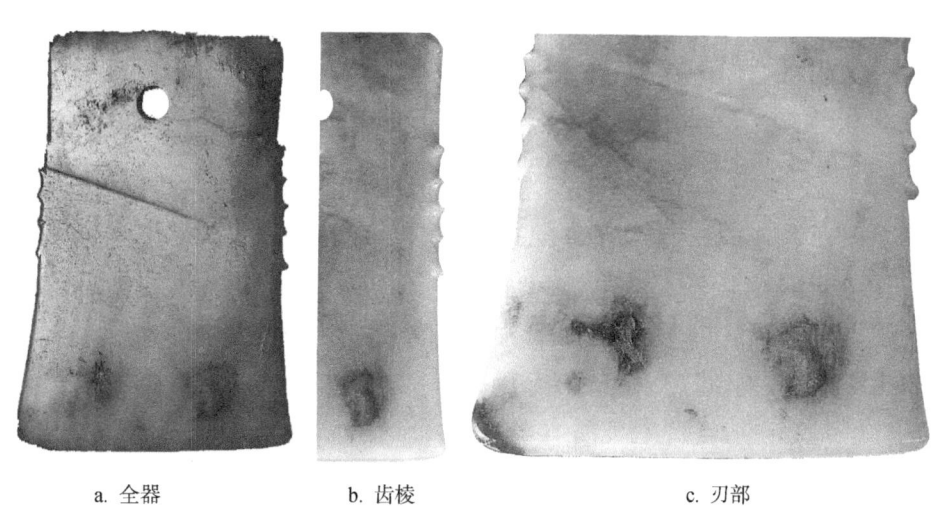

a. 全器　　　　　b. 齿棱　　　　　　c. 刃部

图六七　台北故宫博物院藏夏代—商代玉戚

高 13 厘米

图六六、图六七两件院藏玉戚，轮廓造型都可与本期戴应新先生公布的石峁玉钺相比类，甚至连尺寸也相若。本文图六六者，玉质色泽与戴文图八一者近似。所不同处为，本院的两件都在两侧边上，增加了齿棱。这种齿棱与夏代二里头遗址中，出土的玉器上的齿棱，比较接近。图六八至图七〇为二里头出土的玉戚，图七一则为该遗址的大玉刀侧边局部。

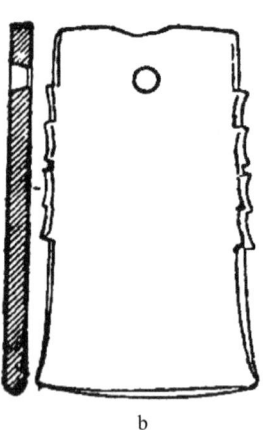

a　　　　　　　　b

图六八　二里头出土夏代玉戚
高 11.2 厘米
（采自《考古》一九七八，4）

图六九　偃师二里头出土夏代玉戚
高 21 厘米
（采自《考古》　九八四，1）

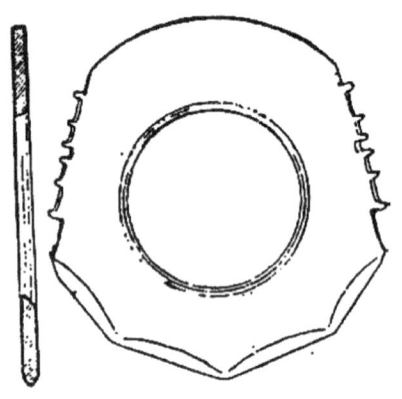

图七〇　二里头出土夏代玉戚
高 10.8 厘米
（采自《考古》一九七六，4）

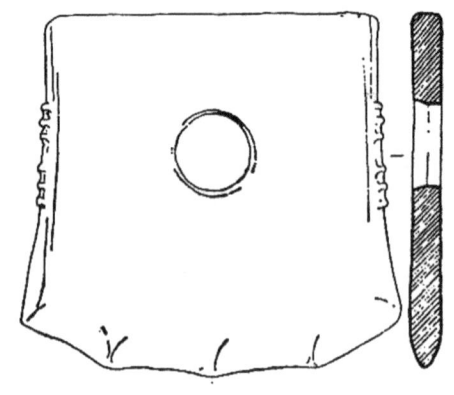

图七一　二里头出土夏代石戚
最宽 23 厘米
（采自《中国美术全集·工艺美术篇·玉》）

　　看过了这些玉戚的造型，再回顾《故宫文物月刊》第 125 期中，戴应新先生发表他在石峁南方的贺家川采林村征集的玉戚，就明了该件玉戚的年代，也约属二里头文化期。它的尺寸为：高 14.2、宽 9.2、厚 0.6 厘米。与图六七的院藏玉戚尺寸也相近。刃线弧度和齿棱细部虽不尽相同，但柄背（即与刃线相对应的另一窄边）微斜，齿细小呈等距离安排的布局，却是雷同的。

　　由这些出土资料，我们倾向于相信，院藏的两件玉戚，应属二里头文化期华西地区的遗物。考古学上所称的二里头文化期，约为公元前 19 至前 16 世纪，也就是历史上夏代（公元前二十一至前十六世纪）的后半期。

　　古玉器的侧缘，琢饰齿棱的风尚，萌芽于新石器时代晚期，夏、商、周三代都称盛行，只是齿棱的造形，依时代先后有所不同。据林巳奈夫教授的解释，古人相信齿棱是具有神性的"气"的表现形式，加琢了齿棱的玉器，应属祭典上的礼器。

十月里，本院玉器陈列室重新装修开幕，本文所介绍的玉钺、玉戚和倒梯形器都已展出，欢迎社会各界人士，莅院参观欣赏。

（原载于《故宫文物月刊》第 128 期，1993 年）

也谈华西系统的玉器（五）
——饰有线纹的礼器

邓淑苹

新定位的夏代玉器

由前几期人报导可知，陕西神木石峁一带，自清末迄今，百余年来，陆续出土为数可观的玉器。许多已流散到海外，不少被当做玉料改刀制成它器，最幸运的一批，即为戴应新先生征集的百余件。它们不但成批地留在中国人的手上，且经本刊披露，与广大的读者群见面。

这批玉器虽非考古发掘品，但可确知其出土地区。由于数量庞大，玉质种类不一，雕琢技法有的简朴原始，有的繁复成熟，可知它们应非短期所能留下的遗存，而为某个长期定居于陕北的古老氏族制作，包括生活上使用的工具、武器、佩戴的饰物，以及祭祀用的礼器。

可惜的是，由于长期的盗掘，破坏了遗址的全貌，虽经学者的征集，只知玉器多出于石棺葬，详细的地层，及各类遗物间的相对关系，都不清楚。因此这批重要的玉器，始终为学界视作身份不明的特例，编书时常不予录用。一九八六年出版的《中国美术全集·工艺美术篇·玉器》中只录用一件玉人头像，而这两年来陆续问世的《中国玉器全集》（1、2）中，完全未刊登石峁玉器的图片。最近，前述书籍的总主编，杨伯达先生访台，笔者曾就此事请教他，确知不予录用的主要原因，就是因为石峁玉器，乃系征集所得，非考古出土品，器物的年代颇具争议性。

但石峁玉器的重要性，实在不容忽视，《中国玉器全集》（2）的作者之一陈志达先生，在该书的前文中，详细地阐述了他的研究心得：由于石峁遗址出土的陶片都属陕西龙山文化，也就是客省庄二期文化，据 ^{14}C 断代，有四个数据在公元前二〇〇〇年至前一六八五年间，都在历史记载中夏朝纪年范围内，部分玉器与二里头遗址出土的玉器接近，所以陈先生认为，石峁玉器"有可能是夏时期居住在我国西北地区某族所创作。"

由于古史的年代有各家说法，陈先生采取的夏史纪年为公元前二十二年至前十七世纪，有的学者主张夏代为公元前二十一至前十六世纪。

陈先生适时地提出此一高见，也是三十年来学界对中国历史上第一个王朝——夏代，持续探索研究，水到渠成的结论。

夏代礼器多线纹

细审陕北石峁、河南偃师二里头、四川广汉这三批重要的华西系统玉器，不难发现在"牙璋"、大刀等玉质礼器上，常见到两种特征。一为器缘常加饰凹凸有致的齿棱，另一为器表常刻绘平行或交叉的成组直条细阴线。这两个特征，前者尚可在辽东、山东的同时期玉器上看到，但后者则只见于华西系统的玉器上，必然具有重要的含义。

古代玉器上的细线装饰有两种，一种是凹下阴刻的，另一种是凸起的阳纹，为方便讨论，本文中称前者为"线纹"，后者为"弦纹"。

如图七二 a，为石峁出土的"牙璋"的局部，它的全器彩照发表于《故宫文物月刊》第 126 期，页五五，图四八。但因色浓器小，不易看清楚。此次特意局部放大，并配以线图（图七二 b），读者可清晰地看出，在"牙璋"柄部双阑以上的器表上，所刻线纹为二、四成组，四也是二的倍数。平行的四、四线纹，在延伸到器缘处，正好形成浅凸齿。

图七三则为二里头遗址出土"牙璋"的局部。全器彩照见于《故宫文物月刊》第 126 期，页六二，图二六，由局部放大图片可知，刻线为四、四成组。

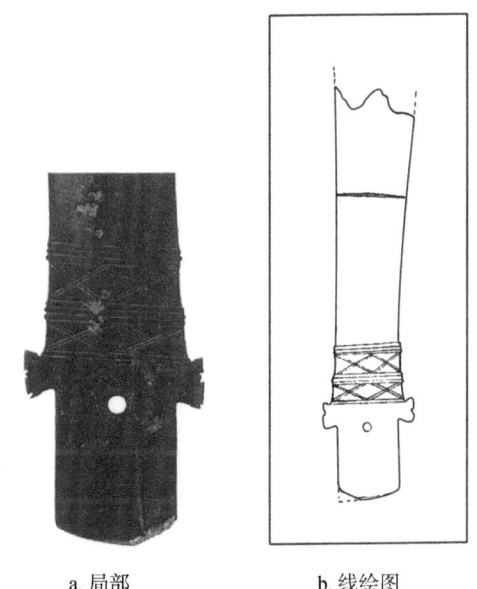

a. 局部　　　　b. 线绘图

图七二　石峁出土新石器时代晚期至夏代"牙璋"
（戴应新先生提供）

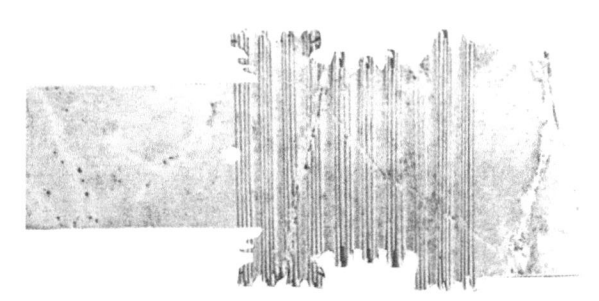

图七三　二里头出土夏代"牙璋"（局部）
（采自 Wen Fong, The Great Bronze Age of China, 1980）

除了"牙璋"外，还见大刀或长条形玉板上，琢有这类细密阴刻的线纹。

图七四 a 为二里头遗址出土的大玉刀，长 65.2、宽 9.6 厘米。全器呈梯形，刀背有七个圆孔，是用以绑缚木柄的。器表以二条平行细线，刻出与外形相似的梯形，两端器表又刻上三、三成组的线纹。见图七四 b。

由此二例可知，刻饰繁复的线纹，为二里头遗址出土玉器的一大特征。河南偃师二里头的发现与发掘年代甚早，有关该遗址应属于历史上的夏王朝或商王朝？学界曾有长期的争议。但近年来，许多学者由考古现象及文献的考证，多断言约为公元一九〇〇至前一六〇〇年的二里头遗址，应属夏代的都邑。

夏族源起于华西地区，徐中舒先生根据《史记·六国年表》说禹兴于西羌，认为是原居于甘肃一带，以畜牧为生的羌族，一部分进入中原后，改变习俗，建立了中国历史上的第一个王朝—夏。

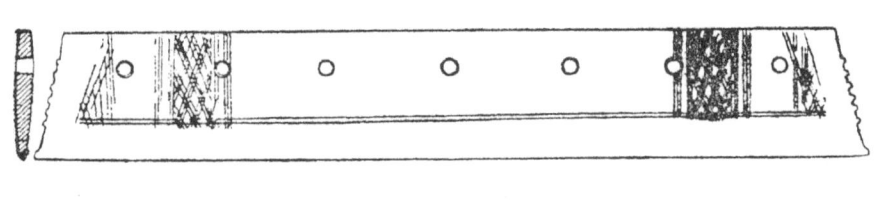
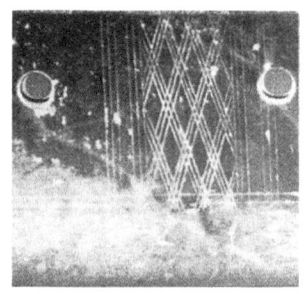

a. 全器   b. 局部

图七四　二里头出土夏代玉刀

（采自 Wen Fong, The Great Bronze Age of China, 1980 ）

加饰线纹的大玉刀

新石器时代晚期，到约当夏代的二里头文化期的一些遗址中，出土了不少"牙璋"，海外也有大量的流散品，《故宫文物月刊》第 126 期拙文中，已略作介绍。"牙璋"柄部的线纹变化甚多，与齿棱的配合关系也是值得研究的课题，本文不拟深入讨论，仅择几件玉刀、长条形器和玉戈，略作介绍。

与前述二里头大刀相似的玉礼器，海外尚有几件。图七五 a 者藏于英国伦敦的大英博物馆（The British Museum）。梯形，长 73.5、宽 16.3 厘米。刀背有五个圆孔，沿边以不同的厚度，琢成梯形宽边饰，再于两端器表刻了四、四成组的线纹。虽然每组以四条构成，事实上又各以两两较密的安排方式表现（见图七五，b）。

a. 全器   b. 局部

图七五　大英博物馆藏夏代玉刀

（采自东京博物馆等：《大英博物馆所藏日本·中国美术名品展》，一九八七）

美国华盛顿沙可乐美术馆（The Arthur M. Sackler Gallery）也藏有一件长度相似的大玉刀，呈长方形，见图七六 a。长 73.6、宽 10.5 厘米。刀背有五个圆孔，沿边也以不同的厚度，形成梯形台阶面。左右器表刻饰线纹，垂直的多作四、四成组，交叉的多作二、二成组，似乎偶见三条一组的，见图七六 b。此刀的左右两窄边上，又琢了造形奇特的齿棱。

美国芝加哥美术馆（The Art Institute of Chicago）藏有一件长达 101.9 厘米的大玉刀，宽 11.2 厘米，见图七七 a。与前述三件不同之处为，器表没有线纹勾勒，或以器身厚度的差异来形成梯形，刀背也没有一排绑缚刀柄所用的圆孔，但左右两端上方刀背处斜削而下，且呈白色不透明，推测该处曾夹有木柄，柄杇，接触面的玉质受沁变色。

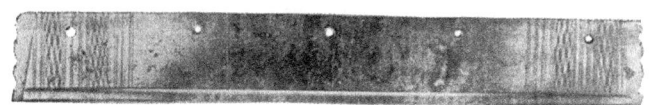
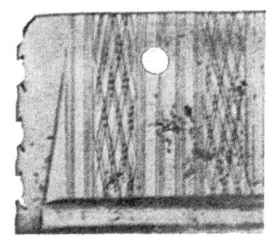

a. 全器   b. 局部

图七六　沙可乐美术馆藏夏代玉刀

（采自 Thomas Lawton and others, Asian Artin the Arthur M. Sackler Gallery，1987）

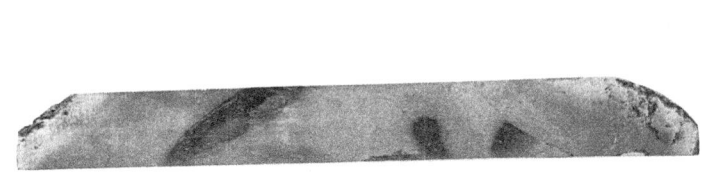

a. 全器   b. 局部

图七七　芝加哥美术馆藏夏代玉刀

（采自 Orientations，June 1993）

此玉刀左右两端的器表琢有二、四成组的线纹，垂直的多作四条一组，交叉的则为二条一组。见图七七 b。

加饰线纹的玉长条形器

图七八为湖南石门宝塔出土的一件玉长条形器。长 48、宽 8.1 厘米，无刃。两端器表刻饰三、三成组的线纹。根据报导，其背面器表，仅在中线处饰一贯穿上下的划纹。全器平面光滑，边棱整齐，纹饰刻划规整均匀，制作十分精致。

同遗址也曾出土一件"牙璋"，是属于最简单的 A 式，单牙。《故宫文物月刊》第 126 期第 67 页，标示了曾出土"牙璋"的十四个地点。其中有几处，如石门、黄陂、漳浦等，都只各出土一件，所以笔者推测这些"牙璋"可能是经交易由外地传入，而非当地原做。因此，本文图七八的长条形器，或也是石门的外来货。

本院也新入藏一件加饰线纹的长条形器，见图七九 a。长 44.2、最宽 7.4、厚 0.68 厘米。不透明的草绿色玉，多沁作灰白色。

此器的两条长边不平整。两窄端各琢成如"柄形器"的柄部，有一节长约 2.7 厘米的缩凹。在其正反两面上，又刻饰了二、二成组的线纹多组。线纹只有平行关系，不见交叉组合。其中段的四组线纹在延伸到器缘时，正与突出的齿棱相合。由于受沁甚深，有的齿棱已断。见图七九 b。在近缩凹节的器面上，又各凿二圆孔，全器共四个圆孔，功能不详。

图七八　石门宝塔出土夏代玉长条形器

［采自《湖南考古集刊》（4），一九八七］

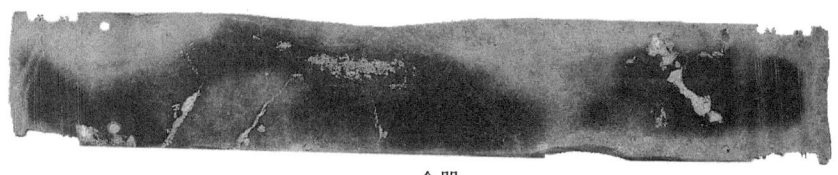

a. 全器

b. 局部　　　　　　　　　　　　　　c. 局部

图七九　台北故宫博物院藏夏代玉长条形器

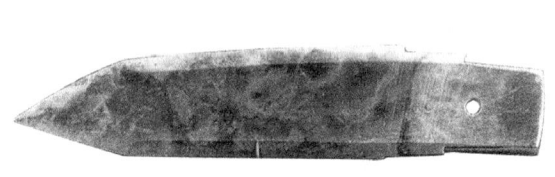 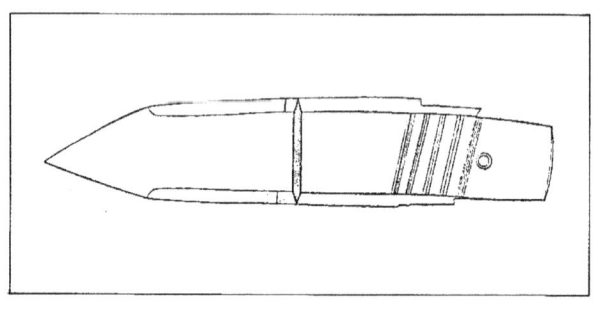

a. 全器　　　　　　　　　　　　　　b. 线绘图

图八〇　二里头出土夏代玉戈

［采自《中国玉器全集》（2），一九九三］

加饰线纹的玉戈

刻有平行或交叉阴线纹的玉器，除"牙璋"、大刀、长条形器外，还见于玉戈上。

二里头出土的资料中，曾公布两件。图八〇者长 43 厘米，平行的线纹最外两组为四条，中央的三组各为三条。图八一者长 30.2 厘米，由不甚清晰的图片看，柄部圆孔以左的器面上，依序加刻了五条、四条、四条、三条、三条共五组线纹。其中两粗线纹在器缘处尚有小齿棱，令人怀疑此戈或为"牙璋"改制而成。

除了二里头外，郑州白家庄也出土一件玉戈，见图八二。长 57.2 厘米，线纹繁复，多四、四成粗，交叉纹处，偶见三条一组的现象。郑州白家庄是年代稍晚的遗存，约相当于商前期，即公元前十六至前十四世纪。但此玉戈的线纹不分布于"援"（即圆孔与戈尖之间的部位）上，而分布于"内"（即圆孔以下的部位）上，甚至延至柄部最下端残破处，令人怀疑这是用已破损的大玉刀改制而成。

图八一　二里头出土夏代玉戈

（采自读卖新闻社：《中国王朝的诞生》，一九九三）

图八二　郑州白家庄出土商代前期玉戈

［采自《中国玉器全集》（2），一九九三］

广汉出土加饰线纹的玉礼器

到了商代后期（公元前十四至前十一世纪），作为王朝中心的河南地区，不再制作"牙璋"和大刀。而玉戈虽成为商后期的主要器类，但发展了新的款式，少有加饰二里头式的细密阴刻线纹了。

河南安阳殷墟为商后期二百七十三年的王都所在，此遗址出土玉器甚丰，有其新的风貌。如饰有同心圆线纹的玉璧，光素或饰蝉纹的玉琮，及大量的动物造形玉饰等。限于篇幅，本文不拟详细介绍，但明显地看出，二里头和殷墟两大遗址中，作为最高精神文化表现的玉质礼器，是完全不同的。这一现象，充分说明了两大遗址的居民，应为不同的氏族。商族属东夷族群，几乎完全摒弃了西边夏族的"牙璋"和大刀。

但西边的文化传统并未因此消失。早在夏代时，四川广汉一带就居住了以"牙璋"为礼器的族群，所留下的大量玉器，在一九二九年时曾为乡民盗掘一大批，早已流散海外，而今尚余数件，分存于四川省博物馆，及四川大学博物馆，见《故宫文物月刊》第127期93页所刊的图片。

到了商后期，使用"牙璋"的氏族仍聚居于此，所留下的遗物，于近年内始经考古学者发掘公布，即为有名的三星堆遗存。据称共出土二十件"牙璋"。但由公布的部分图片可知，此时"牙璋"已发展得较为呆板对称，有的与戈造形相似。如图八三者，长38厘米，柄部也有齿棱和平行细密的阴刻线纹，最上端的刃部内收，象征性的保留圆弧形内凹刃线，其上还琢出一只鸟的侧面造型。

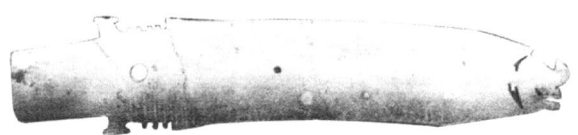

图八三　广汉三星堆出土商代后期"牙璋"

古代文化的功臣—羌族

四川省内在二十世纪四十年代起，就陆续有着考古发掘，晚近在广汉出土大量的玉、铜礼器，和高大壮硕的铜人、铜树等，引起学界对古蜀文化的热烈讨论。李学勤先生依据《大戴礼记》所收的"五帝德""帝系"诸篇，以及《蜀王本纪》《华阳国志》等，考证蜀和虞、夏、楚来自共同的先世，也主张夏文化应即是二里头文化。陈显丹先生也由考古资料证明，蜀与夏有着密切的文化关系。

任乃强先生从民族学的角度研究，认为古代青康藏高原上的原住民—羌族，经迁徙进入了河西走廊、内蒙古、陇西高原、河套、冀北，一部分羌族又迁徙到四川盆地，即是古蜀文化的主人。

经由考古资料的比对统计，明显地看出来，在公元前二千至前一千年间的千年左右，华西地区的各氏族，都使用"牙璋"、大刀等礼器。齿棱和细密阴刻的线纹，是其主要装饰，应有其形而上的意义。

由文献的考证，羌族是古代华西地区的主要民族，分布于广大的疆域上，羌族与姬周世代通婚，故周人称羌人为"姜"。传说神农氏生于姜水，周的始祖"弃"生于姜原，姜太公一族与姬周共治天下，所以华西地区的羌人对中国古代文化的成长，贡献甚巨。

羌人中的一支，在晋南和豫西建立了夏王朝，另一支进入四川盆地，创造了灿烂的古蜀文化，那么远居于陕北石峁一带，与夏、蜀有着共同的文化特征的，或也应是羌族的一支吧！

正如陈志达先生所言，石峁玉器的制作者，是夏时期居住在西北地区的某个部族。那么他们是否就是姜太公一族的祖先呢？这应是可以探索的方向吧！

（原载于《故宫文物月刊》第 129 期，1993 年）

也谈华西系统的玉器（六）
——饰有弦纹的玉器

邓淑苹

　　石峁玉器的介绍，已刊出多期，读者若仔细观察各期玉器的色泽，就会发现前后有相当大的差异。前面介绍的"牙璋"、刀、斧等，玉色多深暗，以墨绿为主。而本期中所介绍的玉器中，有些颜色清浅，半透明富润泽感的饰物。

　　这或许是因为石峁人对不同的器类，使用不同的玉料。所以"牙璋"和大刀等，均为墨绿玉制成，只有装饰品可用其他的浅色玉料琢制。但也有另一种可能的情况，就是早期的居民与晚期的居民，所取得的玉料来自不同的矿源。而这些色浅的装饰品，或可能为石峁玉器中，年代较晚的遗物。甚至有的为经由文化交流，自其他地区传入的外来货。

　　本期中，戴应新先生公布的资料，种类甚多。笔者仅择图一五〇与一五一两件讨论。这两件玉器上，琢饰了凸起的细阳纹，以制作技法而言，这种细阳纹，比起上期讨论的阴刻线纹困难得多。为分清两种不同的线条，在此称阴刻的为"线纹"，而称凸起为"弦纹"。

　　由考古资料可知，新石器时代的玉器上，已有加饰弦纹的技法。约公元前四〇〇〇至前三〇〇〇年，分布于辽西与内蒙古一带的红山文化，其遗物中就有一对玉蝉，蝉身上饰有平行的数条弦纹（图八四）。

　　湖北境内的石家河文化的遗物上，也饰有弦纹。如图八五的玉凤，早年出土后曾被定年为西周。近来由于较多的发现与研究，才逐渐认识了这一长江中游的新石器时代末期的文化。关于石家河文化的年代，尚未有定论，最新的说法，定为公元前二六〇〇至前二〇〇〇年。

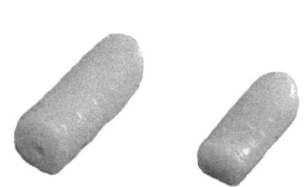

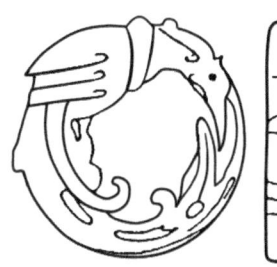

a. 拓片　　　　　　　　b. 线绘图

图八四　内蒙古巴林右旗出土红山文化玉蝉
长 7.5—9 厘米
（采自《中国美术全集·玉》一九八六）

图八五　湖北天门石家河出土石家河文化玉凤
径 4.6 厘米
（图八五 a 采自《中国文物报》，一九八八，6、17；
图八五 b 采自《考古通讯》一九五六，3）

除了红山与石家河两个新石器时代文化外，学者们多相信，山东龙山文化（公元前二五〇〇至前二〇〇〇年）的玉器上，流行琢饰弦纹。但由于发掘工作做得不多，所以过去学者们讨论时，常引用公私收藏的传世器（图八六），以及考古出土的黑陶器（图八七），证明山东龙山文化居民喜用弦纹为饰。

图八六　上海博物馆藏山东龙山文化鹰纹玉饰
高 10.2 厘米
（采自《中国玉器全集》（2），一九九三）

图八七　山东潍坊姚官庄出土山东龙山文化黑陶豆
高 18.3 厘米
（《山东省博物馆藏品选》，一九九一）

海岱至江汉的移民？

一九七七年，河南安阳殷墟妇好墓出土器物公诸于世，其中一只造形飘逸，婀娜多姿的玉凤（图八八），引起学者们广泛的讨论。如林巳奈夫先生、巫鸿先生等，都认为它是来自山东地区东夷族的玉器，而非商王朝的土产。

妇好玉凤的特征，除了幽雅的花冠和蓬松的尾羽，被认定为东夷玉器的典型风格外，翼羽上的弦纹，也是讨论的焦点。它是真正凸起的细阳纹，与同墓的其他玉器上，只以两条切下的宽线，造成视觉上看似弦纹，但摸起来与其他器表等高的情况不同。而后者常被称作"假阳纹"。如图八九所示。

图八八　河南安阳出土新石器时代末期至商代玉凤
高 13.6 厘米
（采自《中国玉器全集》（2），一九九三）

图八九　河南安阳出土商代后期玉长尾鹦鹉
高 11 厘米
（采自《中国玉器全集》（2），一九九三）

与众议不同的为，贝格立教授（Prof. Robert W. Bagley）在一九八〇年英文本《伟大的青铜时代》展览图录中，即举前述的天门石家河玉凤为例，以为妇好玉凤源自南方，而非源自东方。

近年来，由于湖北境内出土的石家河文化玉器渐多，一些玉器的造型和花纹，与过去观念里的东夷玉器相似。如图九〇、图九一的玉人头像，图九二的玉鹰等，再度引起学者们的关切。如何解释山东与湖北两地遗物的相似性？就成了今日考古学上的新课题。

图九〇　湖北天门石家河出土石家河文化玉人头像

高 1.7—2.1 厘米

（采自讲谈社：《湖北省博物馆》，一九八九）

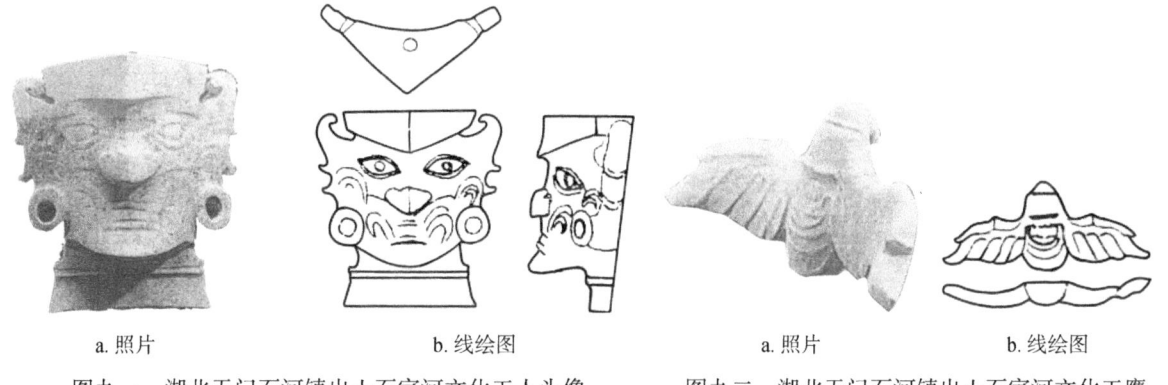

a. 照片　　　　　　　b. 线绘图　　　　　　　　　　a. 照片　　　　　　　b. 线绘图

图九一　湖北天门石河镇出土石家河文化玉人头像　　　图九二　湖北天门石河镇出土石家河文化玉鹰

高 3.7 厘米　　　　　　　　　　　　　　　　　　　高 4 厘米

（a 采自讲谈社：《湖北省博物馆》，一九八九；　　　　（a 采自讲谈社：《湖北省博物馆》，一九八九；

b 采自《江汉考古》一九九二）　　　　　　　　　　b 采自《江汉考古》一九九二）

杨建芳先生于二年半以前，在本院举办的"建国八十年中国艺术文物讨论会"上试图就前述问题，提出解释。他援引刘敦愿、龚维英两位先生的考证，认为在黄淮下游与长江中游的江汉地区间，有一条东北到西南走向的大道。即由淮河下游上溯淮水至河南南部，然后逾越大别山、桐柏山，进入江汉流域。这条通道很可能是东夷族首领之一的蚩尤战败被杀后，东夷族内部发生分裂，以少昊清为首的一派归顺华夏族，而以少昊挚为代表的另部分人，不愿投降，被迫向南及向西迁徙，其中一部分人抵达长江中游，融合于土著地区，而成三苗。其发生的时间，大抵与山东龙山文化时期相当。

这一"移民说"，似乎不但解释了两地玉器风格的雷同，而且对两地陶器的相似，以及近年在安徽的阜阳等地，发现大汶口晚期至龙山期的遗存等现象，都有了正面的诠解效果。这或是目前较可接受的新说。

雾里看花的"山东龙山文化风格"

回溯考古美术史界，多年来对山东龙山文化玉器风格的认识，主要是以山东日照两城镇出土的玉圭（最初的报导称其为玉锛）为出发点，配合当地出土陶片上的勾连线纹，一环扣一环地将一些公私收藏中，饰有神人面像、凤冠、凤羽、鹰鸟等母题，以镂空、断续阴线和游丝般的弦纹为主要技法，所完成的富于神秘气息的精致玉器，推断为山东龙山文化（又称典型龙山文化）的东夷玉器。加上中国古史上，东夷族群中盛行玄鸟生人的传说，致使这些结合了鸟与人两种主题的玉器，几乎都被肯定为山东龙山文化的遗物。

据日照玉圭的报导者刘敦愿先生函告，该玉圭原为早年在一所小学开辟操场时，由工程废土中找到，经他撰文介绍。该器最初被视为赝品，所撰的文稿在文化大革命期间积压多年，直到一九七二年始公诸于世。《故宫文物月刊》第127期，93页中刊有它的图片，此期就不再重复刊登了。

日照玉圭公布多年，但并没有继续在山东境内出土同类玉器。意外地，近年来在湖北天门、钟祥等地陆续出土以浮雕弦纹技法雕琢的玉人头像、鹰、凤等玉饰，令原本建立的"山东龙山文化风格"的说法，遭到相当严重的挑战，有些晚近的论述，已将过去定为山东龙山文化风格的玉器，改定为石家河文化。

但是，笔者认为，主要的问题在于山东境内考古工作做得不够，出土品的图片公布得太少且太慢。致使迄今仍停留在雾里看花的模糊阶段。前述出土玉圭的小学操场，就很可能是一处龙山文化全盛时代的遗址，而可能已完全被破坏殆尽。

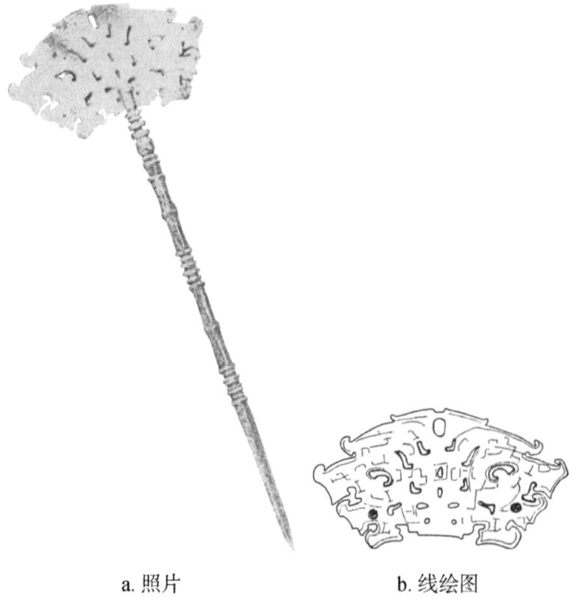

最近邵望平先生在《中国考古学论丛——中国社会科学院考古研究所建所四十年纪念》一书中，发表专文综述海岱系古玉器，对山东境内考古出土资料作了总检讨，并透露临朐朱封大墓出土一件乳白色半透明的玉簪，两侧共浮雕了三个侧面人像，这一报导令我们对原本建立的"山东龙山文化风格"的说法，再度有了信心。可惜的是迄今仍未发表这件玉簪的图片。

不过朱封大墓的另一件玉头（冠）饰，自公布之日起，就成为众所瞩目的焦点。如图九三所示，它是由白、绿两块玉分别琢好，套合而成。通长23厘米。在其绿色的长柄上，饰有竹节式的弦纹。这也是考古出土物中，直接证明山东龙山文化玉雕上，使用弦纹的最好例证。

a. 照片　　　　　　b. 线绘图
图九三　山东临朐朱封出土山东龙山文化玉头饰
长 23 厘米
（a 采自《中国文物精华》，一九九二；
b 采自《中国考古学论丛》，一九九三）

夏商时期的弦纹

综上所述，新石器时代晚期红山、山东龙山、石家河三个文化区中，都见饰有弦纹的玉器。山东龙山文化和石家河文化，时代甚晚，已处于新石器时代的末期。而其下限的绝对年代，已进入历史上的夏代纪年中（公元前二十二世纪或前二十一世纪以降）。

夏代，是玉器上弦纹流行的时期，所以，我们可在夏王朝的中心地带，如河南偃师二里头，看到饰有弦纹的玉柄形器（图九四）。

真正的阳线浮雕的弦纹，不但见于夏代，且在商代仍有余绪，前述的妇好墓的玉凤外，笔者所见过的，典藏于南港"中央"研究院历史语言研究所的殷墟玉器中，也有雕饰弦纹的，后文即将例举两件。

虽然在商后期玉器中，仍可见到弦纹，但已逐渐退化，到武丁时期，多以所谓的"假阳纹"，取代难度较高的浮雕弦纹，成为殷商玉雕的主要装饰方式。

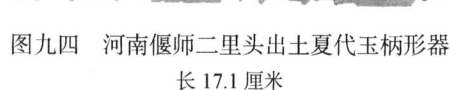

图九四　河南偃师二里头出土夏代玉柄形器
长 17.1 厘米
［采自《中国玉器全集》（2），一九九三］

考古出土的鹰纹笄

以上用了较长的篇幅，讨论新石器时代晚期至夏、商时期，玉器上弦纹的使用情形及相关的问题。现在，我们再仔细的考量，戴应新先生大作中的图一五〇和图一五一这两件，饰有浮雕弦纹的玉饰。

这两件虽然分别被定名为"玉蝗"和"玉鹰"，但造型和花纹都相当接近。若与下述将列举的实物相比较，就可知它们应属同一类，都是以鸟为主题的玉笄（簪），或笄的上半截（可称为笄首），下端或曾接有其他质料的长柄。

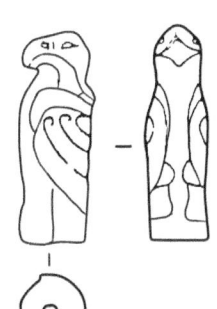

图九五　湖北钟祥高二山出土石家河文化玉鹰纹笄首
长 4.9 厘米
［采自《文物资料丛刊》（10），一九八七］

这种玉笄上的鸟纹，多具有勾喙，应属鹰类，少数者勾喙不明显（如戴文中的图一五〇），或因雕工简率所致，但也可能为佩戴者在使用时，将勾喙处弄伤缺了，又将它再度磨圆，所以看不出原来鹰鸟的勾喙特征。

考古出土的同类玉饰，已知还有两件，一件属石家河文化，另一件出于殷墟遗存中，分别介绍于下：

图九五者，高 4.9 厘米，黄色。出于湖北钟祥高二山石家河文化的一座瓮棺内。迄今只公布简单的线绘图，但为此类玉器中，纹饰比较写实的一件。鹰的眼、喙、下颌、肩、背羽、都交代清楚，甚至双腿也隐约勾出。据文字报导，底部内凹，这或许是为了套合在另一长柄上用。

图九六者，出土于河南安阳小屯第三三一号墓，长 12.1、最宽 1.6 厘米。笄分上下两截，以一凸棱分隔，上截较粗且较长，下截较短且渐缩细。上截处琢成一圆柱形的立鹰。五官的交代较模糊。未刻鹰眼，也没有弯线分隔上下

喙。喙尖接到下颌处，形成小圆孔。可能用以穿系飘挂的饰物。浅弦纹勾勒出交叠于背上的双翼，翼尖下有数条下垂的羽束，再下有一横穿。

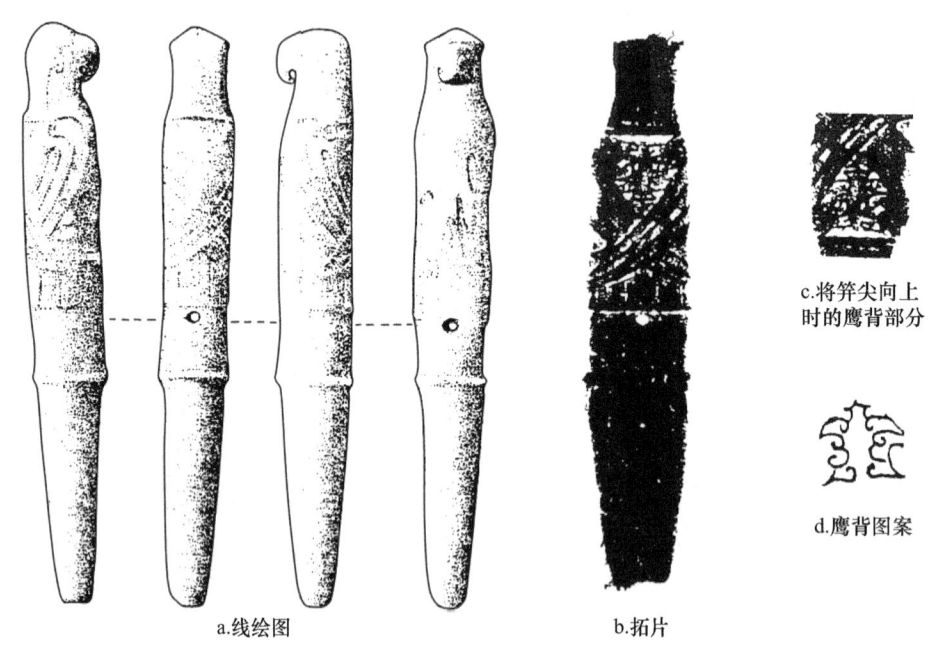

a.线绘图　　　　　　　b.拓片

c.将笄尖向上时的鹰背部分

d.鹰背图案

图九六　河南安阳出土商代玉鹰纹笄

长 12.1 厘米

（采自《小屯・一・丙编・五・丙组墓葬》，一九八〇）

原报告公布的线绘图与拓片（图九 a、b）中，已可看出鹰背双翼交叠的上方，有些不太清楚的花纹，若将此笄的尖端向上，则该花纹如图九七 c 所示，我根据实物绘下图九七 d，可看出其正中央上方为一"介"字形冠顶，两侧的弧线向左右呈抛物线般垂下，此图案与温索甫收藏（The Winthrop Collection）的一件玉斧上的花纹（图九七），结构颇相似。也与图九四朱封玉头饰白玉镂雕的部分相似，因此个人怀疑朱封玉头饰正中央上方，或许原来还嵌有向上尖凸的饰物，令全器也有如戴有"介"字形冠帽的神祖像。

小屯第三三一号墓是一个颇受争议的小墓，位于小屯丙区。因为该墓出土的铜器，有不少属年代较早的风格，所以曾有学者认为该墓应属安阳前期，即盘庚迁殷以后到廪辛。但报告人石璋如先生，根据地层、文字等因素，仍认为该墓属安阳后期。墓中出土的玉器，除了本文图九九的鹰纹笄外，还有一件饰有弦纹的玉人头像，见图九八，依风格言，这两件也是殷墟遗物中呈现东夷风格的玉器，或有可能为当时的"古董"。

总之，目前由考古报告公布的立柱形鹰纹笄或笄首的实例共有四件，分别出自石家河文化、商晚期，以及陕西神木石峁。值得注意的是，这四件鹰鸟头顶上都未饰冠羽。但其中三件都在鸟背上肩部突起棱线。

由诸多现象归纳，新石器时代晚期，弦纹技法和鹰鸟主题，主要流行于华东到长江中游这一条新月形地区。那么石峁地区征集到的这两件饰有弦纹的鹰纹笄首，可能为传自华东或华中的外来货，它的绝对年代，或已在中国历史上的夏代纪年内，甚至可能已到了商朝初年。

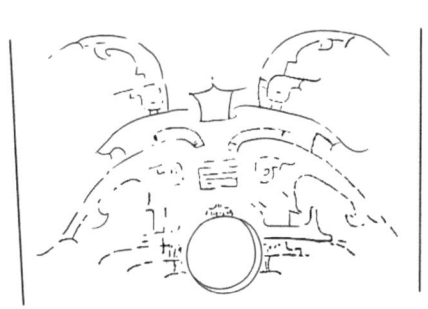

图九七　哈佛大学萨克勒博物馆藏
山东龙山文化玉斧上的花纹
（采自林巳奈夫，一九八九）

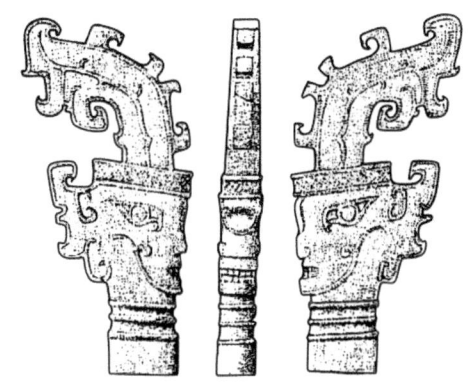

图九八　河南安阳出土商代玉人头像
高 8.5 厘米
（采自《小屯·一·丙编·五·丙组墓葬》，一九八〇）

传世的相关玉器

在传世器中也有不少可供参考的实物。

图九九者是早年流散海外，一九二五年即为卢芹斋与伯希和（Paul Pelliot）联合公布的一件。长 9.4 厘米。喙部以弯线分出上下喙，以及强调肩部的角度等特征，都与石家河玉笄首（图九五）甚为相似。但此件已发展成完整的笄，器身下截与小屯玉笄（图九六）非常接近。

图一〇〇为南非德裔收藏家逢欧兹（Klaus D. Baron Von Oertzer）所有。长 9.2 厘米。玉色淡绿，有浅赭斑及朱砂痕。它的喙尖形成小圆孔，颊上有卷曲弦纹，与肩部连起来，与小屯玉笄（图九六）相似。这似乎是发展出"冠羽"的前兆。

图一〇一为本院展品。原为干清宫中收藏。青白色玉质，满布赭沁斑。长 11.4、最宽 1.9 厘

图九九　石家河文化至商玉鹰纹笄
长 9.4 厘米
（采自 C. T. Loo, 1925）

图一〇〇　石家河文化至商玉鹰纹笄
长 9.2 厘米
逢欧滋收藏
（H. Hansford, 1969）

米。与前述的几件不同之处为，勾喙厚实，略呈方形，比起前述几件，显得笨拙。未刻鹰眼、或喙的细部，但在头顶及脑后，饰有一束尖端卷曲的长冠羽。以弦纹勾勒出清晰的翼羽。羽下另有二周弦纹，及一横穿。笄尖圆浑端正。

图一〇二者为本院另一件藏品，原亦属于清宫中物。黄玉赭斑。全长 11 厘米，最宽 1.1 厘米。较前者细瘦。鹰头后方也有冠羽，但雕琢较不明显。勾喙处颇平，疑其曾断而再磨。以浅弦纹勾勒出翼羽。笄身中段也凿一横穿。笄尖似曾受损且磨斜。

| a. 侧面 | b. 正面 | c. 侧面 | d. 背面 |

图一〇一　台北故宫博物院藏商代玉鹰纹笄
长 11.4 厘米

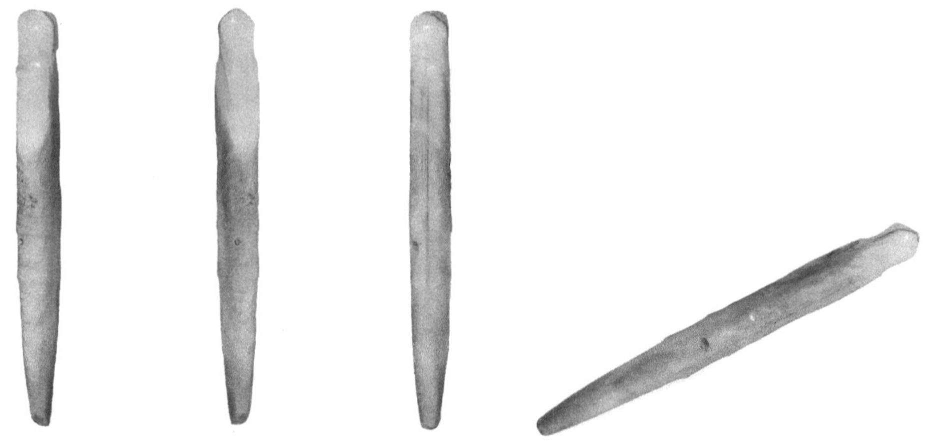

| a. 侧面 | d. 背面 | c. 侧面 | d. 正面 |

图一〇二　台北故宫博物院藏商代玉鹰纹笄
长 11 厘米

本院的两件鹰纹笄，都饰有长而尖端卷曲的冠羽，这种冠羽也是见于图八八石家河玉凤头顶，及图九一妇好玉凤后头顶（冠羽尖端已残断）。

在古代美术品上，被肯定为"凤"纹的，多具备"长尾羽""细尖喙""冠羽"三大成分。而"勾喙"似为"鹰"纹的主要标志。

但也有些精美的上古玉器，混杂了不同种属的特征，伊瑞生收藏（The Ernest Ericksson Collection）的一件，应该是最堪玩味的了。

如图一〇三所示，淡青绿玉质，长9.6厘米。弯曲如觽形。上半截所琢之鸟纹，厚实的勾喙似鹰，镂空的花冠可与妇好玉凤相媲美，长而尖端卷曲的冠羽，与妇好玉凤、石家河玉凤、故宫鹰纹笄相似。翼羽上的三道弦纹，见于本文所引的诸多鸟纹玉饰上。但是伊瑞生的这件，用弦纹勾出了鸟的眼睛、眉毛、下颌；更琢出有力的腿和爪子，扣紧在一个侧面人头的头顶，人面的特征—杏仁眼、戴圆耳环（耳饰玦？），又是目前尚未明确，到底是"山东龙山文化"或"石家河文化"的图像。

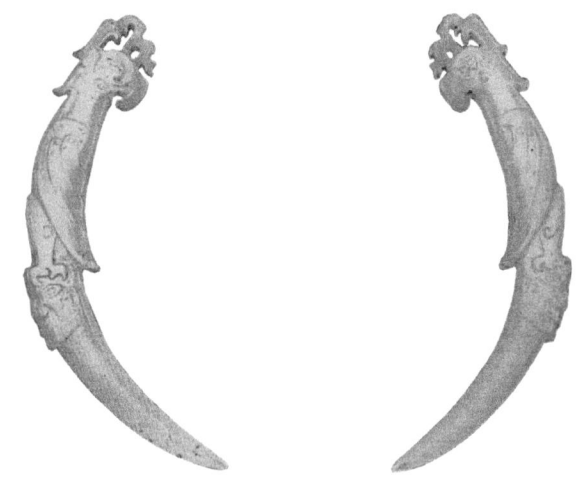

a. 正面　　　　　　　　　b. 背面
图一〇三　伊瑞生收藏新石器时代末期玉饰
长9.6厘米
（采自 Jan Wirgin，1989）

文　后　感　言

自一九九三年八月起，《故宫文物月刊》连载戴应新先生所撰，有关陕西神木石峁玉器的介绍，前后长达半年。

为了让读者更深入地了解，石峁玉器在古代文化史上的意义，我应《故宫文物月刊》主编所邀，配合撰写了六篇《也谈华西系统的玉器》。在写作过程中，既有所获，亦有所感。

中国的考古学者，真是得天独厚。在此地大物博，历史悠久的优厚条件下，太多的文化遗产供他们发挥所长，贡献所学，深入研究。所以，中国大陆拥有的"考古人口"数量，可能是世界各国之冠。

虽然受到经济水平的限制，又遭逢文化大革命十年的打击，大陆的考古界，仍是菁英辈出，做出了可观的成绩。其中以新石器时代，到历史时代早期，文化系统的建立，成就最是斐然。

找寻第一个王朝—夏朝的遗迹，一直是考古学界的重要任务。长达三十年的探索，至今已无人怀疑古代曾有夏朝，且大致肯定其年代约在公元前二一〇〇至前一六〇〇年间。目前学者们多相信山西襄汾陶寺和河南偃师二里头，为夏人的遗迹。

晋南豫西以外的地区，还有一些自新石器时代末期延续下来的文化，也与夏人有相当程度的往来。玉器是精神文明的具体表现。研究出土的玉器，不难发现当时虽呈多元化的发展，但各文化间仍有着相当程度的交流。所以，石峁一地，既可出土大量属本土风格的墨绿色牙璋、大刀，也可有外来的弦纹玉饰。这应是古代"文化交流"的成果。

今日台湾与大陆之间也有频繁的文化交流。本院刊物常主动邀请杰出的大陆学者，将研究成果刊载于此，甚至再配合相关论文，以收教化社会大众之功。

（原载于《故宫文物月刊》第130期，1994年）

论神木出土的刀形端刃玉器

张长寿

　　中国古玉中有一种极富特征的器形，其状略似后世的戈，有柄似内，有阑及齿饰，刃部不在长边而在顶端，作凹弧刃或斜刃。这种玉器的名称颇不统一，国内学者有称"玉璋""牙璋""玉立刀""珪圭"者，欧美学者称为"scepter"或"scrapter"，日本学者也有称之为"骨铲形玉器"。凌纯声先生收集研究了国内外收藏的这类玉器，认为乃是瑞圭之一的琰圭[1]。对于其用途，论者都与周礼相联系，以为是朝会时执在手中用以表示爵位等级的礼玉。夏鼐先生认为这类玉器的古名和用途目前还不清楚，所以暂时称刀形端刃器为好[2]。本文就采用了这个名称。

　　就目前的发现而论，这类玉器以陕西神木出土的为最多。戴应新于1976—1979年在神木石峁征集各类玉器127件，其中牙璋，即刀形端刃器有28件。这些刀形端刃器均为墨玉质，油黑如漆，器表有水触斑垢，形似缝，首部歧出，或内凹成月牙，柄作方形，有一孔，其中4件在柄体连接处附有齿状饰，绝大部分为素面，最长的达49厘米，其他除残断者都在30—36厘米。戴氏认为这类玉器属龙山文化，它们不是实用器，而是仿农耕工具耒耜之形状而制作的用于祈年的礼玉[3]。戴氏大概是受林巳奈夫所称"骨铲形玉器"的启发，但是，他认为神木所出的刀形端刃玉器乃仿自河姆渡文化的骨耜却是缺乏根据的，事实上河姆渡文化和神木的所谓龙山文化在文化内涵上并没有什么关系。

　　神木出土黑色的刀形端刃玉器并非自今日始，这个地区很早就曾发现大量这类玉器，并流散到国外，欧美和日本的各馆都有这类藏品。虽然绝大部分的这类藏品缺乏明确的出土地点，但也偶有指明出于何地的。大英博物馆收藏的一件刀形端刃玉器，原为猷氏（Eumorfopoulos）所藏，1937年归大英博物馆。该器为墨绿色，长36.2厘米。据詹尼斯（S. Jenyns）说，这类薄而黑色的礼玉出自陕北榆林神木[4]。《中国玉器源流考》中著录的两件刀形端刃玉器，一件为巴尔（Bahr）收藏，长32.1厘米，另一件为美国某氏收藏，长30.4厘米，两器均为灰绿色，并有土斑或隐荫，端刃歧出，无齿饰，据称均在榆林府掘出[5]。

　　萨尔蒙尼（A. Salmony）曾经详细地叙述他从榆林府的农民手中收购这类玉器的经过[6]。他说，1925年当伯希和（P. Pelliot）发表卢芹斋的这类藏品时就曾说过，北京的古董商人声称这些玉器出自榆林府[7]，而他自己则有亲身的经历。萨氏于1929年深秋作为德国科隆远东美术馆的代表到达北京，年底，一位中国古董商人建议他租一辆汽车到一个几小时路程远的农村，去会见正在来北京途中的几个榆林府的农民，他们在自己的田地里发现了玉器。萨氏听从了并会见了这些农民，他们出示36件黑玉和6件绿玉，都是刀形端刃器和刀形器，大小不等，完好的程度也各异。结果，他选购了一件最大的黑玉刀形端刃器（Invt. No. H30.7，长53.4厘米），一件最大的绿玉刀形器

（Invt.No. H30.1，长 34.5 厘米），和另外两件较小的标本，由科隆远东美术馆收藏，上述的两件玉器已经发表，但没有提及有关的这段故事[8]。至于其他的 38 件玉器就在古董商人的手中转来转去，最后通过各种途径流入欧洲和美国。由此可见，海外各博物馆收藏的这类玉器，有很多就是榆林神木这一带出土的。

我个人也会有过类似的经历。1981 年 6 月，我去陕北神木等地调查，在石峁有幸得见当地农民收藏的黑玉的刀形端刃器和刀形器，其中一件长条形穿孔黑玉刀，刃长 45、宽 9.5 厘米。陪同我调查的王先生是当地人，供职于榆林地区，在他的帮助下，我征集到当地出土的玉器 3 件。神木所出的玉器以刀形端刃器、刀形器和多孔刀形器的数量为最多，戴应新征集的玉器中，这几种约占三分之二，可见这是神木玉器中最主要的器形。此外，也有璧、璜、斧、钺等。我征集的 3 件玉器，其一为异形璧（图一，2），青绿色，略作椭圆形，外周边缘有四个齿状突出，两齿之间各有一组细齿，长径 11、短径 8.5、中孔长径 6.5、短径 5.5 厘米。这类玉器过去或称"羡璧"或"璇玑"，夏鼐先生认为应废弃不用。第二件为斧（图一，1），褐色，扁平方形，一上角磨成圆角，双面弧刃，靠近顶部有一穿孔，一面钻透，长 7.8、宽 6.5 厘米。第三件为凿（图一，3），灰褐色，有条纹，方柱形，窄刃，长 14.3 厘米。这三件玉器都经闻广先生鉴定，均是透闪石软玉[9]。

上述从神木征集或流散海外的刀形端刃玉器都不是发掘品，因此，对它们的年代也是众说纷纭。戴应新认为是龙山文化的，那志良认为是商代的[10]，罗森（J. Rawson）等认为是商代或西周的[11]，萨尔蒙尼认为是西周早期的，詹尼斯认为可能是西周早期的，罗尔（M. Loehr）认为是西周的[12]，乐提（Nott）则认为他书中收录的两件，一件是周代的，另一件是汉代的。因此，弄清这类玉器的出土情况及有关地层和共存器物，乃是判定它们年代的基础。

对神木石峁遗址有过两次调查和试掘。戴应新在 1976 年的调查中发现有灰层、灰坑、白灰居住面及墓葬等，他说，完整的陶器多得自土坑墓中，而石棺葬多数有精美玉器。他据陶器分析认为石峁遗址属于客省庄第二期文化[13]。西安半坡博物馆于 1981 年再次在石峁调查试掘，发掘出白灰居住面、灰坑和石棺葬等遗迹，认为遗址属于龙山文化，其年代与客省庄第二期文化同时，而石棺

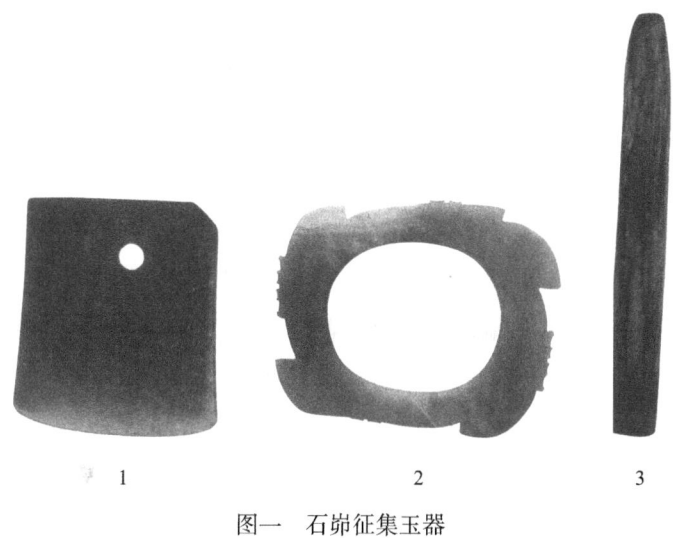

图一　石峁征集玉器
1. 斧　2. 异形璧　3. 凿

葬出土的陶器与大口遗址第二期完全相同，其年代早于偃师二里头早商文化、晚于客省庄第二期文化，石峁玉器既多出于石棺葬，其年代自应与之相同[14]。尽管戴应新和半坡博物馆对石棺葬的年代认识不一，但他们都认为石峁的玉器出自石棺葬，然而，在他们调查和试掘的石棺葬中，除出了一件绿松石珠外，没有发现其他的玉器，所以现在仍然不能确定石峁所出玉器的文化属性。此外，还有一些别的说法，萨尔蒙尼曾提到榆林府的农民对他说过发现玉器的某些细节，即他们最初发现的乃是木盒，其上有墨书汉字，木盒一触就朽成灰尘，而露出了他们意想不到的玉器。所谓木盒也许就是木棺。当然，这些传说的可靠程度有多大还可以讨论，但无论如何对于神木石峁玉器的出土情况还需要作进一步的考察。

神木所出的那种刀形端刃玉器在偃师二里头遗址也有发现。1975 年发现的一件，柄部有一穿孔，有阑及齿状突饰，顶端为凹刃，长 48 厘米，同出的还有铜爵、七孔玉刀、玉钺和玉柄形饰。这组器物可能出自墓葬，属二里头文化四期[15]。1980 年，又在一座墓葬中发现了两件刀形端刃玉器，器形与此前出土的相同，青灰色，一件柄部及器身一侧各有一穿孔，后者的穿孔镶嵌绿松石片，另一件无穿孔，器长分别为 54 和 48.1 厘米，同出的器物有陶器 5 件、玉钺、玉节和绿松石管。简报称此墓属二里头文化三期[16]。从偃师二里头遗址发现的刀形端刃玉器和共存的其他玉器可以看出它和神木石峁玉器之间的关系。偃师的刀形端刃器和七孔刀与神木所出的形制相同，而这两种器恰恰是神木玉器中最重要的器形。偃师的两件玉钺与我在神木征集的玉斧器形相同。偃师出土的绿松石管与神木石棺葬中所出的相同。由此可以推测二里头文化有可能是继承或吸收了神木石峁的玉器传统。

郑州二里冈发现的刀形端刃玉器是迄今发现最大的一件，长 66 厘米，柄上有一穿孔，有阑及齿饰，顶端斜刃[17]。其上有朱砂，推测应是墓葬中物，惜无其他同出器物。简报判定此乃商代早期的遗物，如属实，则到商代二里冈期这种玉器仍在流行。

另一个出土刀形端刃玉器较多的地点是四川广汉。1929 年在广汉中兴乡发现的一坑玉石器，总数不下三四百件，但旋即散失，现存国内者包括三件刀形端刃器在内，只有数十件。冯汉骥先生在介绍这批资料时，推测广汉玉器的年代在西周后期至春秋前期[18]。之后，由于神木石峁的报导，林巳奈夫在排比骨铲形玉器的编年时，将广汉型和神木型并列，都置于二里头型之前[19]。直到广汉三星堆第一、第二号祭祀坑的发现，这个问题才得以解决。

广汉三星堆第一、第二号祭祀坑出土的刀形端刃器在形制上有相当大的变化。第二号祭祀坑出土 12 件，只有一件为墨绿色玉质，其余均为石质，在形制上除柄上有穿孔，有阑及齿饰外，器身窄长，顶端双角歧出，形成的夹角作锐角状而不作凹弧形[20]。第一号祭祀坑所出的四种型式的刀形端刃器，其中 A、B 两型顶端几乎成了尖锐形，A 型只在顶尖有个小凹口，B 型的顶尖则镂刻成鸟形[21]。这与刀形端刃器通常顶端作凹弧形刃者迥然不同，可以说是已经蜕变成另一种器形了。然而，就在这件 B 型标本的器身两面各刻一刀形端刃器的图象，由此可见这两种器形的相对年代和演变关系。据简报，三星堆第一号祭祀坑的年代相当于殷墟文化的第一期，第二号祭祀坑的年代较第一号祭祀坑略晚，大致相当于殷墟晚期。而广汉中兴乡所出的刀形端刃器，就其器形而言，应该是比这两个祭祀坑还要早一点的。至于它们和二里头文化和商文化的关系，李学勤先生已有详细的论述[22]。

从上述刀形端刃玉器的出土情况，可以归结为以下几点：

（1）神木出土的刀形端刃玉器数量最多，年代最早，很可能是这类器形的鼻祖，它和刀形器、多孔刀形器是这个地区相当于石棺葬文化的最有特色的典型器物。

（2）二里头文化的刀形端刃玉器和神木出土者最为接近，神木玉器中最典型的器形在二里头文化中都有发现，推测二里头文化中的这类玉器直接来自神木的玉器传统。

（3）四川广汉的刀形端刃器可能是由二里头文化传播过去的，到了相当于殷墟时期时，在器形上有了较大的变化，逐渐由顶端凹弧刃变成尖刃。

（4）刀形端刃器的分布范围主要在陕西、河南、四川等地。神木玉器和我国东北地区、东南地区出玉器较多的红山文化、良渚文化在各自的典型器物上有很明显的区别，它既没有玉龙，也没有玉琮，而在红山文化和良渚文化中也不见刀形端刃器，可见它们之间在文化面貌上是各不相同的。山东海阳采集的一件墨玉刀形端刃器，其文化属性待定[23]。山东临沂出土的一件，报告待刊[24]。福建漳浦出土的一件刀形端刃石器，有柄有阑，而顶端呈凸弧形，似有残损，出土情况也不明[25]。这几件标本只好留在以后去探究。

（5）在中原地区，大概在二里冈期商文化以后，刀形端刃玉器就基本上销声匿迹了，试看妇好墓出土755件玉器，仅有一件类似的残器[26]，殷墟的其他墓葬中也未见有这类玉器。湖北黄陂钟分卫湾商墓出土的一件标志它在长江中游存在的大致时期[27]。山西侯马东周盟誓遗址出土的一件可能是其孑遗[28]，或是旧物利用。我猜想，刀形端刃玉器的消失和这个时期玉戈的大量出现有关，玉戈作为一种礼器取代了刀形端刃玉器。虽然，神木石峁曾经出过一件在器形上非常规范的玉戈，但我认为仍不应忽视三星堆祭祀坑的刀形端刃玉器在形制变化上所提供的启示。

注　释

[1] 凌纯声：《中国古代瑞圭的研究》，《"中央"研究院民族学研究所集刊》，1965 年第 20 期。

[2] 夏鼐：《商代玉器的分类、定名和用途》，《考古》1983 年第 5 期。

[3] 戴应新：《神木石峁龙山文化玉器》，《考古与文物》1988 年第 5、6 期。

[4] S. Jenyns, *Chinese Archaic Jade in the British Museum*, 1951.

[5] S. C. Nott, *Chinese Jade Throughout the Ages*, 1936.（即乐提《中国玉器源流考》）。

[6] A. Salmony, *Chinese Jade Through the Wei Dynasty*, 1963.

[7] P. Pelliot, *Jade Archaiques de Chine Appartenant a C. T. Loo*, 1925.

[8] A. Salmony, Die Stellung des Jade in der Chinesis-chen Kunst, *Chinesisch-Deutscher Almanach*, China-Institut, Frankfort, 1931. 我要特别感谢魏沙彬（Sabine Werner）教授，承他寄赠此文的复印本，并查阅了科隆远东美术馆有关这四件玉器的入藏底册。

[9] 闻广：《古玉丛谈之五——介绍三件石峁玉器》，该文即将在台湾《故宫文物月刊》上发表。

[10] Na Chih-Liang, *Chinese Jades：Archaic and Modern*, 1977.

[11] J. Rawson, J. Ayers, *Chinese Jade Throughout the Ages*, 1975.

[12] M. Loehr, *Ancient Chinese Jade*, 1975.

[13] 戴应新：《陕西神木县石峁龙山文化遗址调查》，《考古》1977 年第 3 期。

[14] 西安半坡博物馆：《陕西神木石峁遗址调查试掘简报》，《史前研究》1983 年第 2 期。

[15] 偃师县文化馆：《偃师二里头遗址出土的铜器和玉器》，《考古》1978 年第 4 期。

［16］ 中国社会科学院考古研究所二里头队：《1980 年秋河南偃师二里头遗址发掘简报》，《考古》1983 年第 3 期。

［17］ 赵新来：《郑州二里冈发现的商代玉璋》，《文物》1966 年第 1 期。

［18］ 冯汉骥、童恩正：《记广汉出土的玉石器》，《文物》1979 年第 2 期。

［19］ 林巳奈夫：《中国古代の石庖丁形玉器と骨铲形玉器》，《东方学报》第五十四册，京都，1982。

［20］ 四川省文物管理委员会、四川省文物考古研究所、广汉市文化局、文管所：《广汉三星堆遗址二号祭祀坑发掘简报》，《文物》1989 年第 5 期。

［21］ 四川省文物管理委员会、四川省文物考古研究所、四川省广汉县文化局：《广汉三星堆遗址一号祭祀坑发掘简报》，《文物》1987 年第 10 期。

［22］ 李学勤：《从广汉玉器看蜀与商文化的关系》，《巴蜀历史·民族·考古·文化》，巴蜀书社，1991 年。

［23］ 王洪明：《山东省海阳县史前遗址调查》，《考古》1985 年第 12 期。

［24］ 王永波：《牙璋新解》，《考古与文物》1988 年第 1 期图一，6；注 20。

［25］ 曾凡：《关于福建史前文化遗存的探讨》，《考古学报》1980 年第 3 期。

［26］ 中国社会科学院考古研究所：《殷墟妇好墓》，文物出版社，1980，图版八四，4。

［27］ 熊卜发：《湖北孝感地区商周古文化调查》，《考古》1988 年第 4 期。

［28］ 陶正刚、王克林：《侯马东周盟誓遗址》，《文物》1972 年第 4 期。

（原载于《南中国及邻近地区古文化研究》，香港中文大学出版社，1994 年）

石峁牙璋及其改作

——石峁龙山文化玉器研究札记

戴应新

在中国古代绚丽璀璨的玉器艺术行列中，有一种形制奇特的礼玉格外辉煌耀眼，它的形状扁平颀长，刃在一端，刃线曲折作"∧"形或内凹成弯月状，仿佛一对发达的獠牙伸向前方。长体多作亚腰形，柄端较厚，尾线平齐而方角，或稍斜直。柄体结合部有齿牙状突出的栏，近栏处柄部正中钻一圆穿。加上乌黑含蓄的质材，更增加其神秘严肃的庄重感。

自清代学者吴大澂于百年前指认它是经传记载的"牙璋"以来，收到约定俗成的效果。当代学者并对吴氏所说的功能用途加以发挥[1]，及至近年有学者才更名之为"刀形端刃器"[2]，从考古器物学的角度，应该说这个名称是科学而切贴的。然而，大概由于积重难返的作祟吧，许多同行在其有关论述中，仍称其为牙璋如故，所以本文也就沿用该旧名称呼之。

一、石峁牙璋类型简述

陕北神木县西部秃尾河畔、战国秦长城脚下的石峁龙山文化遗址，出土牙璋在至少 35 件以上，其中典藏于陕西省历史博物馆者即达 28 件之多。这是迄今在一地发现牙璋最多的一处古遗址，而且遗址范围广大，东西绵延 1 千米，遗迹现象丰富，有灰坑、灰层、石棺与瓮棺墓葬群和白灰居住面等，以及种类繁多的陶器，骨、石器与玉器伴出，从而为玉器的断代提供足够和准确的佐证，所以石峁玉器具有很高的学术价值，受到海内外学者的重视。

石峁牙璋数量大，式样也多，可以从其变化并比照其他遗址出土的同类型或相近器物，追寻其发展演进的轨迹。陕博收藏这一批，其首端大于体宽者占多数，有 18 件；两侧雕琢繁美完整的扉牙装饰者四件，占牙璋总数的七分之一；首宽与临栏处体宽基本相等者三件；窄首者亦三件。形制的变化、侧饰的繁简，反映风尚的变异和时代有早晚。

兹举例分别介绍如下：

I，宽首型十八件，首端牙刃部大于体宽，扁平长身，形体较大，两侧有对称的一对"⊓"形装饰（栏），栏与柄的夹角往往小于 90°。

a，标本（1），编号 SSY7（图二，1）。墨玉质，通体有散云状蚀沁黄斑。宽首内弧刃，体宽短，柄窄长，两侧饰微前倾，致与柄夹角大于 90°。通长 26.5、首端宽 7.49、柄末厚 0.6 厘米。

b，标本（2），编号 SSY1（图二，8）。首端刃部薄锐半透明作茶褐色。体宽长，窄方柄有沁蚀斑。栏柄夹角小于 90°。首宽大，"∧"形刃，一长牙尖残缺，一穿。通长 32、首宽 7.5、柄部厚

0.35 厘米。

c，标本（3），编号 SSY13（图一，4）。墨玉，黑中泛酱褐色。体薄色较浅并纵贯一条长弧线，乃解玉留下的锯痕。内弧刃，长牙在较厚的一侧。形体长短适中。两侧"П"形饰同前璋，柄短，末端斜出有蚕食状沁蚀。通长 29.3、首宽 7.8、柄厚 0.35 厘米。

d，标本（4），编号 SSY3（图一，8）。墨玉质，颜色油黑，柄部有白色蚀沁。体长大厚重，制作规整。弧形凹刃，两腰曲线对称自然，两侧"П"形饰较细长微后倾如展翅状，长方柄末端略外弧，一穿。通长 32、首宽 6、厚 0.8 厘米。

e，标本（5），编号 SSY2（图二，4）。墨玉质，体扁薄，色较浅呈灰褐色泛烟云状纹理。内弧形刃，一牙尖残损。一穿。长柄末端斜出。长 32.9、首宽 8、厚 0.25 厘米。

Ⅱ，雕琢多齿状侧栏型四件。特征是突出长体两侧的栏呈多齿状雕饰，有的更于栏饰前方体表

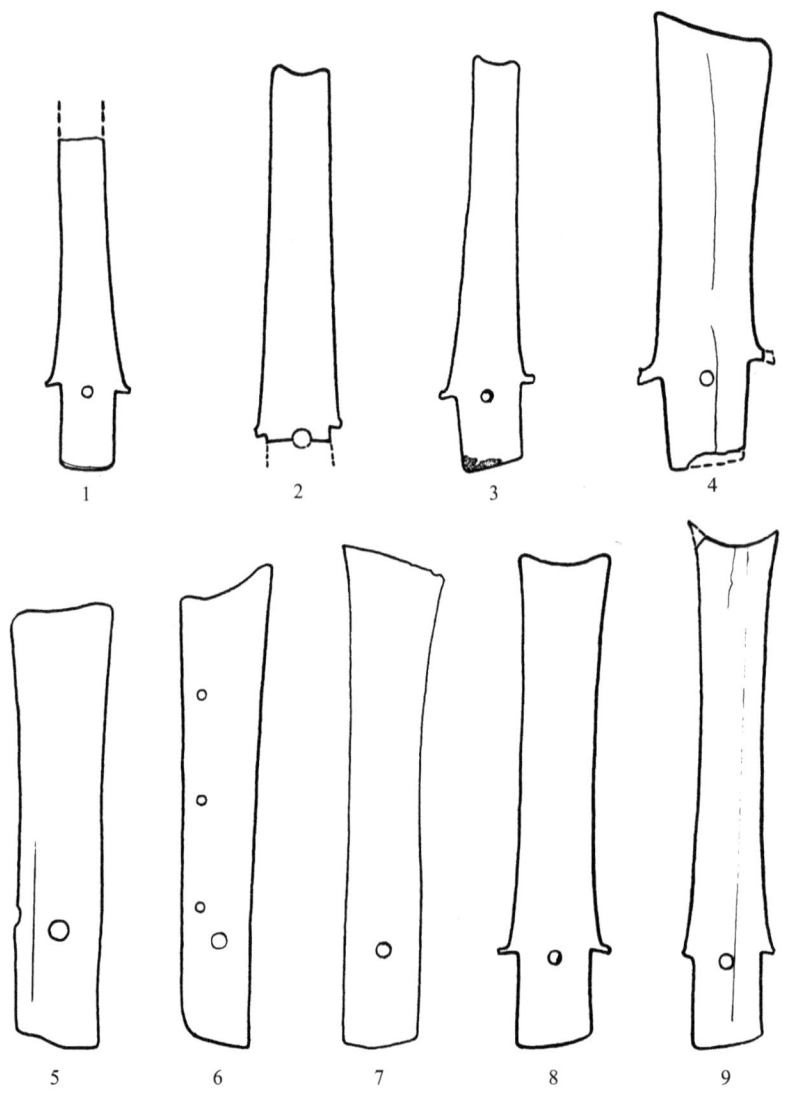

图一　陕西神木石峁出土的牙璋及凹刃铲、多孔刀、斜刃铲刀

1. 牙璋（SSY27）　2. 牙璋（SSY26）　3. 牙璋（SSY14）　4. 牙璋（SSY13）　5. 凹刃铲（SSY30）
6. 多孔刀（SSY85）　7. 斜刃铲刀（SSY29）　8. 牙璋（SSY3）　9. 牙璋（SSY5）

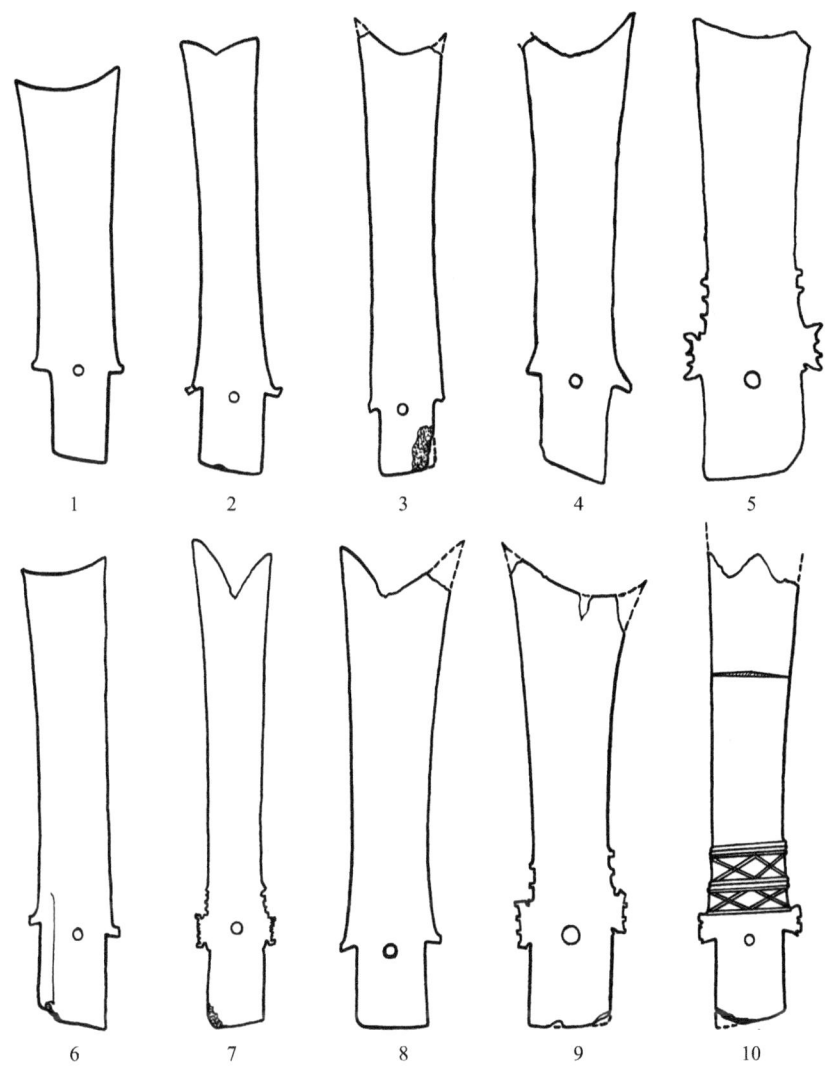

图二　陕西神木石峁出土牙璋

1. SSY7　2. SSY4　3. SSY19　4. SSY2　5. SSY15　6. SSY6　7. SSY17　8. SSY1　9. SSY18　10. SSY16

两面刻镂阴线花纹，显得富丽壮观。

a，标本（6），编号SSY15（图二，5）。墨玉有片状白色沁蚀斑痕，长体扁平宽肥，宽首内弧刃，一牙尖残缺。柄宽短近方形，杀一角。两侧雕饰作"▃"形，像水牛额部以上正视图，其向两边外撇的齿牙好像水牛的一对大盘角，中间二小齿犹如直竖的一对牛耳。该雕饰前方并有三个等距的直立小齿，构成一组完整的扉牙雕饰。通长30.6、首宽9.3、厚0.4厘米。

b，标本（7），编号SSY18（图二，9）。墨玉，宽首薄锐透茶色，内弧形刃有崩豁，一牙残缺，方柄略宽，一角残蚀。柄前两侧雕饰形象同前璋（SSY15），惟长体较前璋略窄。通长30、首宽7、厚0.4厘米。

c，标本（8），编号SSY17（图二，7）。墨玉，柄部有褐色蚀斑。体型扁平窄长而略厚，首端作叉丫形，稍薄而未开刃。柄较长，末斜出杀一角。侧饰基本形象与前二璋相同。区别仅在于此璋在其侧饰的每个齿突之间加雕一小齿。通长49、首宽7.8、厚1厘米。

d，标本（9），编号 SSY16（图二，10）。首部残断，长柄末端略外弧，一角残蚀较重。两侧饰作"♛"形，状似鸡冠，与之临界处璋体两面刻有三组横向阴线纹，两组各四条，靠侧饰根的一组为两条。三组横线纹之间，刻双线交纹，亦为阴刻。通体残长 34.5、首端残宽 7.8、柄厚 0.3 厘米。

Ⅲ，首部与临侧饰处体面宽度基本相等型三件。形体亦扁平窄长，两侧微内凹成亚腰型，柄前方的两侧装饰同Ⅰ型璋亦作"∏"形。柄部略窄于体面，而与亚腰处的宽度几乎相等。

a，标本（10），编号 SSY4（图二，2）。墨玉，首端薄锐处透茶褐色，通体布散云状白色沁蚀斑痕。刃线曲折成"∧"形，夹角较大，一侧齿状饰（栏）残失。柄末端微外弧。通长 27、宽 6.8、厚 0.3 厘米。

b，标本（11），编号 SSY5（图一，9）。墨玉，色稍浅，前半部较薄略透茶酱色，体表布白色沁斑和纵贯一条细棱线，亦乃解玉留下的痕迹。月牙形凹刃，一角（牙）残损。通长 25.3、宽 6.8、厚 0.3 厘米。

c，标本（12），编号 SSY6（图二，6）。墨玉有沁斑，弓形偏弧刃，和两侧突饰（栏）均十分规范周正，体表打磨光滑。长柄末端斜出并蚀残一角。通长 24.7、首宽 5.6、厚 0.3 厘米。

Ⅳ，窄首型三件。首端窄小，内弧的刃线甚短，致其前伸的两牙很不发达，扁平长体以与两栏（侧饰）临界处最宽。

a，标本（13），编号 SSY14（图一，3）。内弧刃，齿短小，扁平长体两腰微弧前收，一腰线稍直，另一边略倾斜，不对称。两个"∏"形侧饰向后微倾，与柄夹角小于 90°。长方形柄，末端斜出，有沁蚀。通长 32.5、宽 6.3、首宽 3.63、厚 0.6 厘米。

b，标本（14），编号 SSY27（图一，1）。墨玉，首端残断，有沁斑，两侧突饰略后翘，长柄。残璋形制同前璋，属窄首型，惟两腰边线曲度较对称。残长 25、界栏处体宽 6.7、厚 0.8 厘米。

c，标本（15），编号 SSY26（图一，2）。墨玉，窄首内弧刃，长身，两侧饰（栏）较低矮，柄自穿部断失。残长 21.5、首宽 3.4、厚 0.2 厘米。

二、外地的发现与流散国外牙璋回顾

石峁以外，广汉三星堆出土的牙璋最为注目，二十世纪二三十年代，这里多次发现玉器，流失殆尽，幸有三件牙璋保存至今，最长一件（AK4.2：23）达 56.1 厘米，"∧"形双刃，长体与柄部微有曲度，两侧饰"∏"形和鸡头形扉牙（图三，8）。另一件宽首内弧刃，柄部两侧有一曲折，末端最窄（图四，2）[3]。近年在两个祭祀坑续有新的发现，二号坑出牙璋 12 件，如标本 K2（3）：324 号璋长 68.2 厘米，首刃呈叉丫状，本体与柄之间饰 5 对扉牙（图四，8）形体与石峁 SSY17 璋近似[4]。一号坑标本 K1：01 璋为宽首"∧"形双刃，身短，柄窄长，柄身之间有三组平行线纹，两侧对应处饰较长的扉牙（图四，4），另一件柄身间亦有线刻和扉牙状侧饰，两腰前聚成尖首而豁其锋（图四，7），更有在首端琢一小鸟，身柄和侧饰与前锋无异，而于器身刻一凹刃牙璋图案，做其功能用途的标帜。还有首端作成齐头单刃，两个大獠牙不复存在（图四，5、6）[5]，或都是牙璋的异化。时代约当二里头或殷初。

有趣的是，二号坑有一小铜人与玉器伴出，值得特别注意。铜人挺身跪地作祷祝状，两臂平伸

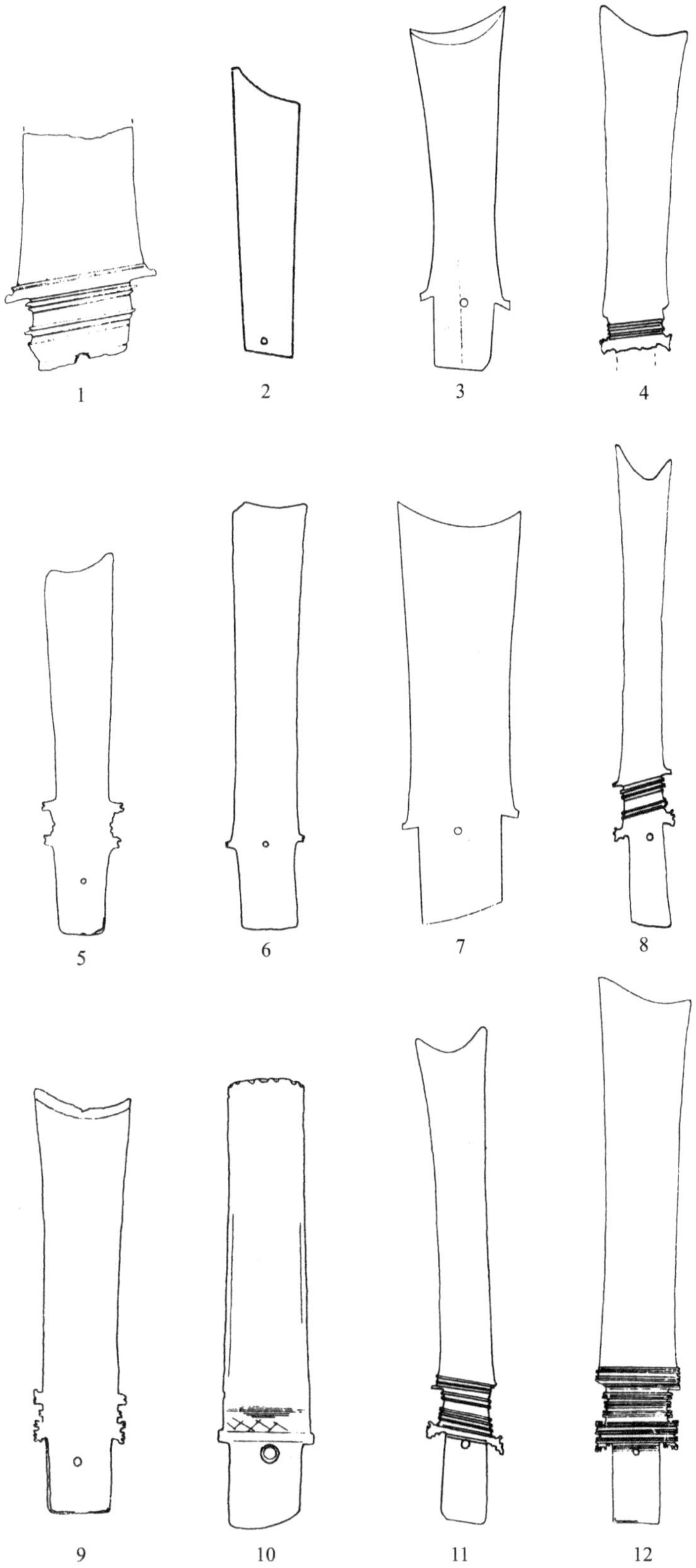

图三　出土牙璋

1、10. 越南冯原　2. 扶风上康　3. 司马台　4、8. 广汉中兴　5、9、12. 二里头　6、11. 越南 Xom Ren　7. 大范庄

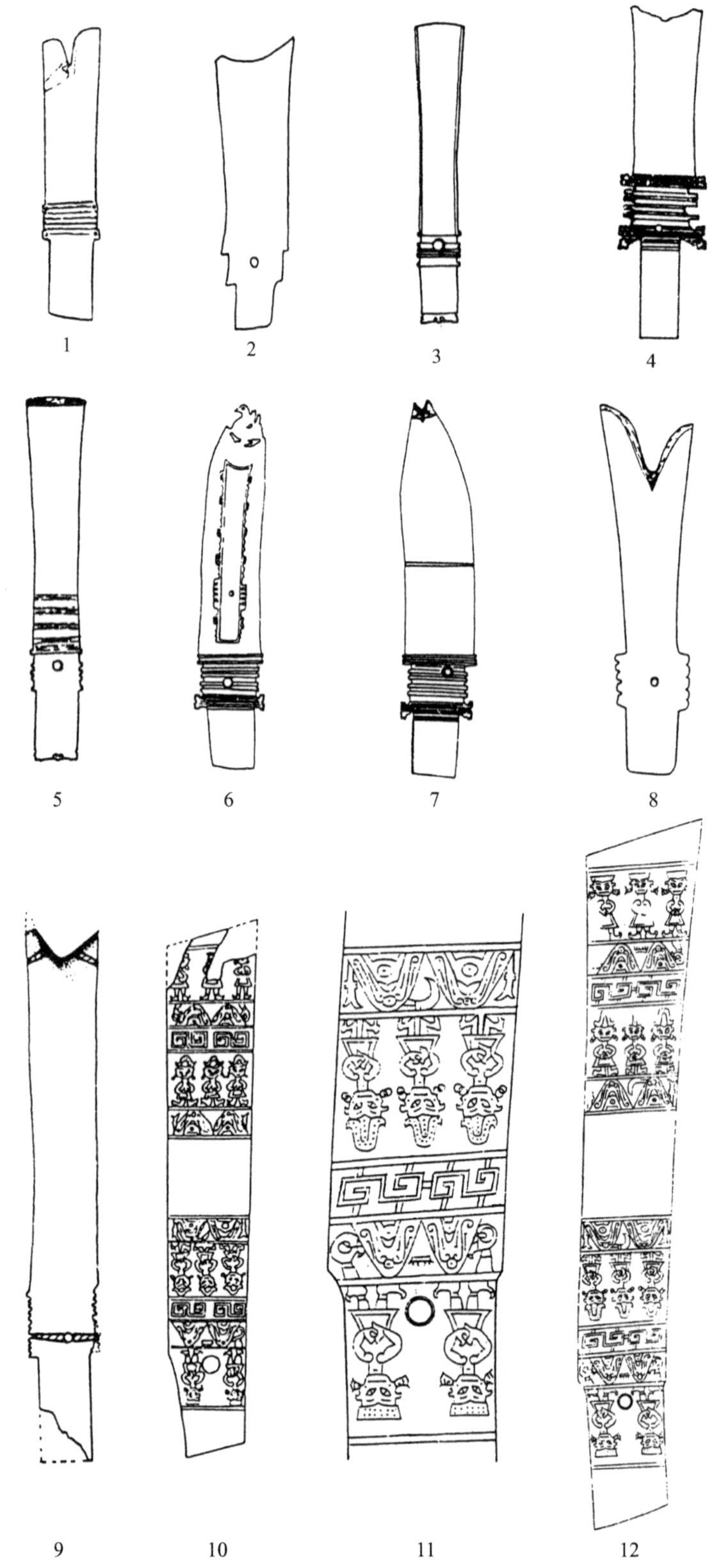

1 2 3 4

5 6 7 8

9 10 11 12

图四　四川省广汉县三星堆出土牙璋等

双手握持牙璋柄部，丫形首刃向上，指向天空，这是祭祀用璋的真实写照。同时也证明，该礼玉是不安柄的，两侧扉牙只是一种装饰，而并非为缚绳而设。

许昌大路陈村璋（图五，6）为宽首双刃微内弧，方柄，柄身间的横线刻纹和两侧扉牙饰[6]，与广汉璋（图三，8）风格雷同，时代亦相近。

漳浦眉力璋首瑞残断，较宽，柄斜出，两侧有扉牙饰（图五，10）[7]，黄陂钟分卫湾璋首特宽，内弧刃，身宽肥，柄部两腰作一曲折形如广汉（图四，2）璋[8]，时代都较晚，下限不晚于殷墟早期。

海阳司马台龙山文化遗址出土牙璋一件，墨玉质，宽首内弧刃，方柄，身柄间有"⊓"形侧饰，制作精细[9]。临沂大范庄璋[10]亦属此式，均与石峁I型璋十分近似。石门宝塔遗址璋内弧刃残一角，身柄都显短肥不协调，制作粗糙[11]，上限不到龙山晚期。

二里头二璋为青灰色玉质，宽首内弧刃，方柄，两栏均出扉牙，分别长48和52厘米（图五，2），可早到二里头时期[12]。二里冈璋斜弧形凹双刃，一牙特长，身柄间饰两对业字形扉牙，通长66厘米[13]，为商早期物。

清末民初，肆间玉器低廉，牙璋等国宝被大量贩卖海外，现多成为各大博物馆的珍藏。如美国明尼安波里斯美术馆（Minneapolis Institute of Arts）璋（6-95）与三星堆璋形状雷同，巴黎吉美特博物馆（Musee Guimef. Paris）璋（6-94）和华盛顿福瑞尔博物馆（Freen Gallery of Art）璋都与

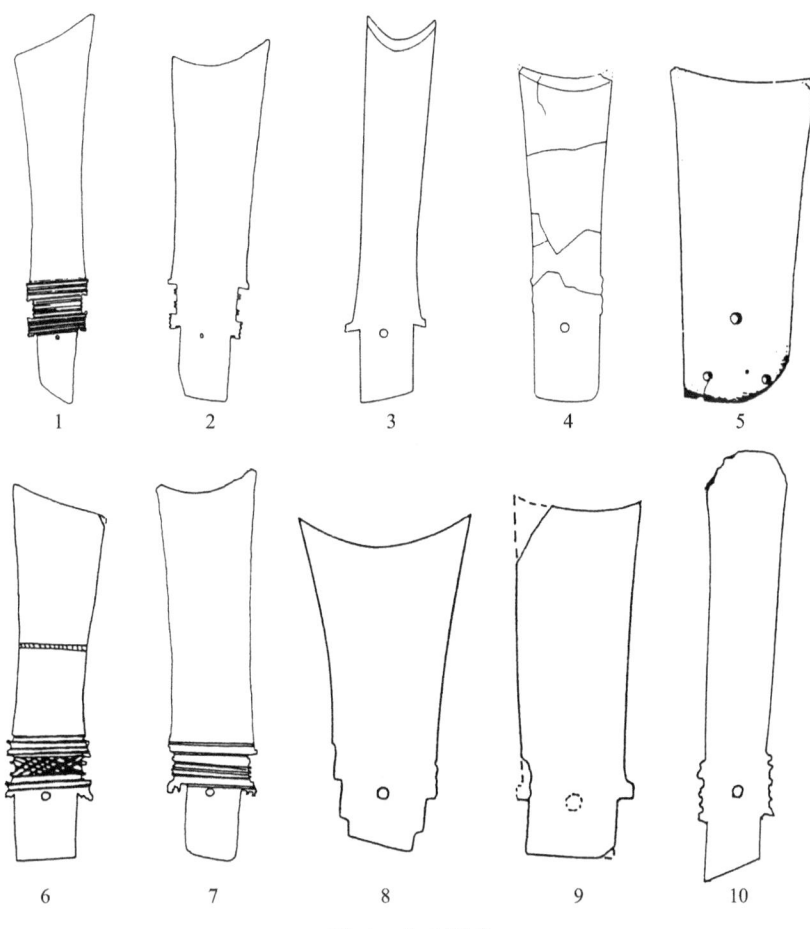

图五　出土牙璋
1. 杨庄村　2. 二里头　3. 上万家沟村　4. 大范庄　5. 广汉高骈　6. 许昌大路
7. 广汉中兴　8. 钟分卫湾　9. 石门桅岗　10. 漳蒲

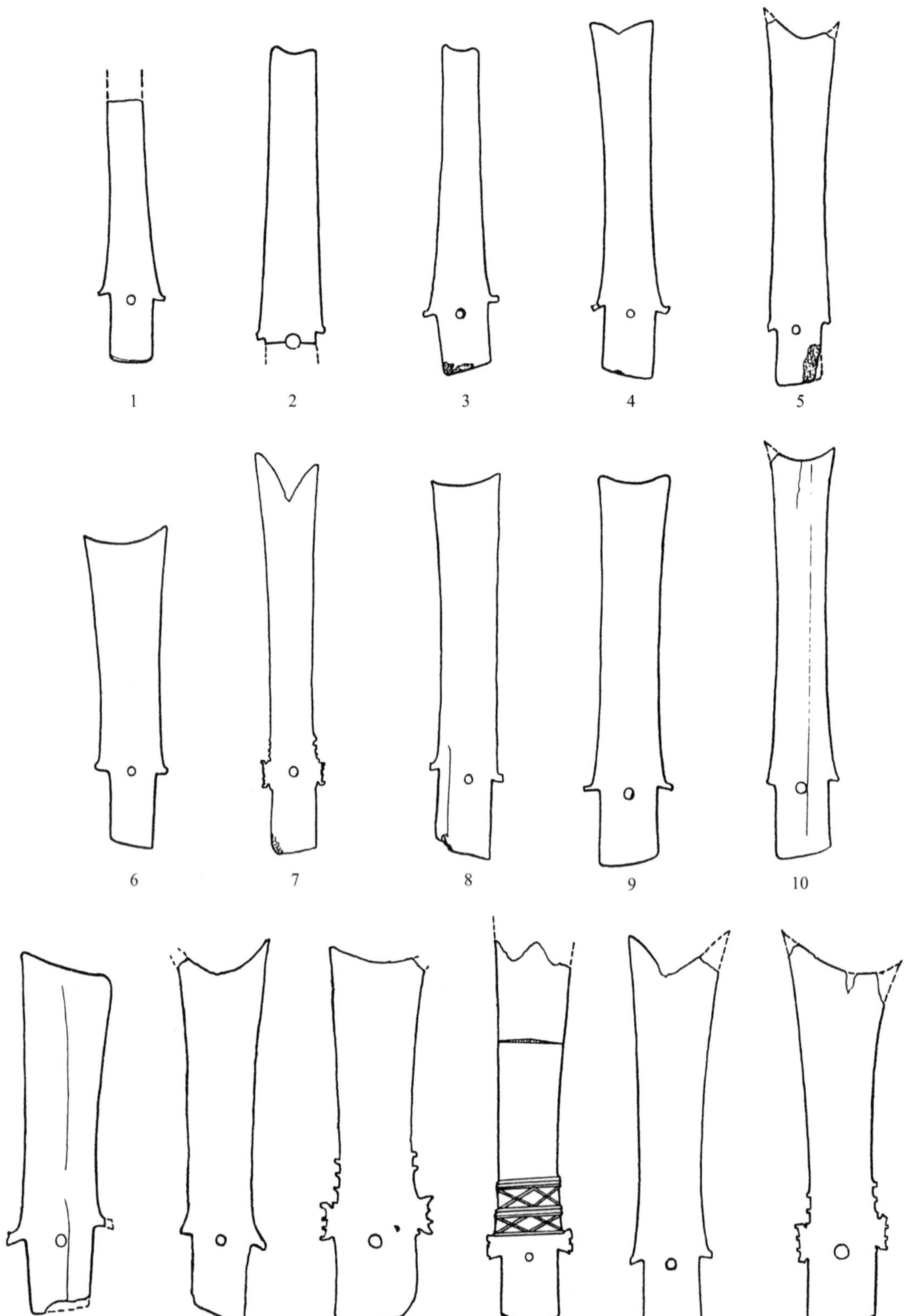

图六　陕西省神木县石峁出土牙璋

1. SSY27　2. SSY26　3. SSY14　4. SSY4　5. SSY19　6. SSY7　7. SSY17　8. SSY6
9. SSY3　10. SSY5　11. SSY13　12. SSY2　13. SSY15　14. SSY16　15. SSY1　16. SSY18

石峁I型璋契合[14]。连吴大澂的收藏也分别流入到加拿大多伦多皇家博物馆（Royal Ontario Museum）和伦敦大英博物馆（British Museum）了[15]。

考古发现，为传世与流散品提供了断代和定位的坐标。可以肯定，石峁是海外牙璋的主要来源地。同时也说明，这种礼玉盛行于新石器时代晚期的龙山时期，至商初还见其绪余，及至周代虽偶有牙璋形玉发现，如扶风上康村的"骨铲形玉器"，徒具内凹的首刃，身柄则已浑然一体，而且短小仅10.7厘米，似为佩饰或铲刀类工具[16]，已不是昔日的牙璋了。器形的变化意味着原有功能的丧失，这将在后面叙述之。

三、牙璋功能用途的探讨

牙璋虽尖利刃（不磨刃者极少），却既不能用于劈杀，因为它的两牙极易横折，不堪撞击；也不能以之铲削，因其大牙前伸，刃口与加工对象不能接触；加之体型扁薄窄长，质地脆弱，也不可以装柄横击，如戈钺之为用者，所以它断非实用的工具或武器。

当然，牙璋更不是调兵遣将的信物，如《周礼·典瑞》所说"以起军旅，以治兵守"。郑注："牙齿兵像，故以牙璋发兵，若今铜虎节"，只缘它是个完整的独立存在的东西，不像符节那样剖作两半，有榫套合，国君与领兵将帅各执其半，调军时合并以资凭证。再者，如前所述，考古资料说明，这种礼玉盛行于新石器时代晚期的龙山文化，延至早商已形式微，值阶级和国家的萌生期，氏族部落间械斗冲突虽有之，但战斗手段落后，石峁石棺中殉葬的骨镞圆钝，武器相当原始[17]。诸多因素决定战争的规模不大，不必要而且客观条件不允许酋长们去整军经武，还是如何求得塞饱肚子，维持生命要紧。

周礼作者生时，该礼玉早成陈朝古董，其解释未必符合事实，如果周礼所谓的牙璋指的就是这种玉器的话。

依据"礼神者必像其类"原则，牙璋显系仿照当时普遍使用的耒耜形状制造的，耜乃农耕劈土工具，通常采用大型哺乳动物（黄牛或水牛）的肩胛骨制成。河姆渡出土的成批骨耜长20厘米左右，多于肩臼处凿方孔，骨质轻薄者无孔而修磨成半月形，骨板正面中部琢磨浅平竖槽，两侧各凿一孔，木柄紧贴浅槽安装，方孔里穿缠藤条扎紧柄末，耜顶端做成丁字形[18]。由于长期使用，刃缘磨触，中部尤甚，于是形成两角长出的内弧或"Λ"形刃口。由于一侧的骨质厚重，磨损较慢，故长牙在较厚的一侧[19]。

古人模仿骨耜的基本特征制成的瑞玉，必然是用于农事的祀典的。"民以食为天"，祈求风调雨顺，粮食丰收，历来是人们的最大心愿。因为粮食丰歉直接关系人畜健康、种族繁衍和社会秩序的治乱。祈年活动无疑为最重大的祀事，意义犹如晚世之天子藉田，其仪必隆，难怪石峁人要耗费那么多玉材人力，攻治出如此美好奇特的礼器，给后人以永恒的纪念和惊叹！

为适应仪礼需要，牙璋作成长身方柄，以代替骨耜的木柄，而雕琢扉牙状侧饰或刻镂横线刻纹，乃是原来缠绕藤条的象征。这种艺术化的礼玉非骨耜化身而何属？而且其双齿又好像破土而出的禾苗嫩芽，长长的躯干象征其根植于丰厚的耕土中，侧饰则似其根须。以此形神兼备的瑞玉祭祀农神，是再恰当贴切不过的了。

石峁牙璋均以乌黑细腻的墨玉制作，三星堆和流散国外者亦多如此[20]。是墨玉的质料适宜作长大礼器抑或有某种寓意？比照同样是扁长的多孔刀，墨玉和青玉质者杂有之，不似牙璋那样"青一色"，《书·禹贡》："厥土黑坟"，《说文》："黑，火所熏之色也。"远古耕作方法原始，"刀耕火种"，每于耕种前放火烧荒以增加土壤肥力，历史时期在落后民族中犹可见其端倪，宋王禹偁《畲田词》序："上雒郡南六百里……皆深山穷谷。其民刀耕火种，大抵先斫山田，虽悬崖绝顶，树木尽仆，俟其干且燥，乃行火焉。火尚炽，即以种播之"。苏轼《王公仪夔州路转运使程高夔州路判官制》："三峡之民，刀耕火耘，与鹿豕杂居。"原来乌黑代表火烧过耕地颜色，粗为劈土下种具，故其礼玉要选用黑色质材为之，用心可谓良苦矣。

至于铜铭、经传记载供赏赐、朝聘、交际用璋，揆诸考石发现，窃以为就是商周遗址和墓葬中习见的玉柄形饰，妇好墓出土 33 件[21]。中小型墓也有，相当普遍，圆钝头和三角形尖头的均有。柄形饰形体扁小，多无孔，不能穿系佩戴，根据考古发掘迹象，原盛装在包袋内，其前端镶嵌的许多小玉片，非常薄碎，当为黏附于袋（唯木质的包袋才黏附得住）的装饰而不是与其本体连接的[22]。玉柄形饰既作礼玉，也可作按摩熨压用的保健医疗器具，所以要保持清洁，必须装袋，佩系于腰际。

石峁 SSY15、18、17 三璋侧饰的"♛"形扉牙，林巳奈夫先生称为业字形[23]。其状像水牛额部以上正视形，二里头出土的一件石璋侧饰也基本作此形状，只是齿突较小而基部加长，前面的二突饰增加为四个[24]。二里冈璋上饰这样的雕刻两对[25]。二里头另一璋与 SSY16 号璋鸡冠形侧饰近似[26]。广汉三星堆叉丫形首璋与 SSY17 璋情形近似，均未开刃。SSY14 号窄首璋显现衰落迹象，三星堆尖首豁锋戈形璋则是其进一步演变。

石峁Ⅰ式宽首型璋，数量最多，制作规整，体型庄重，雍容大方，薄刃内凹适度，更接近实用的骨耜，年代当较早。Ⅲ式首端与临栏体面宽度相等型璋年代稍晚，与Ⅰ式衔接，Ⅳ式窄首型最为晚出。Ⅱ式雕饰多齿扉牙型璋有早晚，SSY15 和 SSY18 二璋，宽首，体形匀称端庄，与Ⅰ式宽首型璋同时或接近。SSY16 残首，鸡冠形侧饰，约当与Ⅲ式璋同时。SSY17 璋长身叉丫形首未开刃，与Ⅳ式璋同为晚期之物。但其下限比二里头要早，在龙山末期。

四、牙璋的改作

检视石峁玉器，发现牙璋的生命仰赖于首端前伸的一对大牙，倘其中一个断失，那么它就不再配作祈年的礼器，从而失去继续使用的价值，作为牙璋的生命也就结束了。于是只好加以改造，磨制成其他各种形状，派充新的用场。但由于其原有特征未能完全磨灭，遂不难看出它被"改旧成新"的蛛丝马迹来。如：

a，多孔刀，编号 SSY85（图一，6）。墨玉质。背平直，装柄的窄端正中一穿，孔径较大，另三穿沿背边等距分布成一列，长边刃口颇厚钝，宽的一端呈"∧"形，薄锐有刃，一角特长，另一角伸出较短，犹葆牙璋首部特殊形状，惟短牙刃口磨至与背边交叉处，短小尤甚，与牙璋的一牙长，一牙稍短情态不尽合，可知短牙乃断牙的基部，磨光断茬以求美观，显系牙璋所改制。长29.8、宽 5.4、厚 0.5 厘米。

日本白鹤美术馆收藏的一件多孔刀也为牙璋改造而成，其器形和四孔分布与SSY85刀全同，靠近末端正中一穿亦较大，首端呈月牙状，与背边接连的一牙很短[27]。此刀有可能来自石峁。

这两件多孔刀若非牙璋改作，则其一端磨刃而且呈"∧"形或月牙形便成没有必要和不可理解。显然，牙璋在断失一牙后，将侧饰磨去，并使本体与柄部贯通，加大原穿孔径，沿背边另钻三穿，另一边磨薄，象征刃缘。于是残废的牙璋变成一件新生的礼器了。

石峁多孔玉刀有长54.3厘米者[28]。许多件都相当厚重，长刃颇钝不切实用，又无使用痕迹，且人的一臂之力难于挥动使用，这样的长刀也应该是礼玉。

牙璋和多孔刀两种礼玉告诉我们：龙山时石峁居民有关农事的祀典，一年至少举行两次，一在春季，祭玉为象征耒耕的牙璋，祈求播种顺利，禾苗兴旺，一在秋季，以长长的多孔刀庆祝丰收的喜悦，迎接收割时刻的到来。

b，斜刃钟刀，编号SSY29（图一，7）。墨玉扁平长条形，宽首双面斜刃，近柄端正中一穿。长35、宽7.5、厚0.3厘米。

依该器整体形状判断，乃系牙璋两牙断失后改作而成。功能切割或铲削，可用于修治兽皮和加工器物。

c，凹刃铲，编号SSY30（图一，5）。扁平长腰，一边近穿处内凹成一半弧形缺口，另一边相应处微弧出，是原牙璋侧栏处遗痕，首端略宽，刃缘稍内弧，一角仍留璋牙断痕。柄端有蚀沁，正中一穿。长24.5、宽7.5、厚0.3厘米。

此铲与SSY29铲功能相同，《古玉图考》绘写有一件名为琰玉的铲，一望而知也是牙璋的变种，凡此长柄铲，均是匠人的刮削工具，或者也可当作礼玉。废璋经此一番改造，主人已赋予以新的形象，故其功能地位也就随之转化，扮演新的角色了。

广汉高骈公社出土的内凹刃铲（图五，5），扶风上康村二号墓的长柄斜凹刃铲（图三，2），上距牙璋盛行的时代已甚遥远，质材亦属非类，它们只不过是一种普通工具，与牙璋了无关涉，换言之，就是这两件铲首端虽也与牙璋弧刃形似，辟若荷露，团而非珠，绝不是从牙璋的圣体脱胎转化而来。但边远地区发现的晚期牙璋，也有可能是古老"璋"文化的延续，为探索其去向和外传平添了珍贵资料。

注　释

[1]　冯汉骥、童恩正：《记广汉出土的玉器》，《文物》1979年第2期。

[2]　夏鼐：《商代玉器的分类、定名和用途》，《考古》1983年第5期。

[3]　冯汉骥、童恩正：《记广汉出土的玉器》，《文物》1979年第2期。

[4]　四川文管会等：《广汉三星堆遗址二号祭祀坑发掘简报》，《文物》1989年第5期。

[5]　四川文管会等：《广汉三星堆遗址一号祭祀坑发掘简报》，《文物》1987年第10期。

[6]　河南文物研究所：《许昌县大路陈村发现商代墓》，《华夏考古》1988年第1期。

[7]　曾凡：《关于福建史前文化遗存的探讨》，《考古学报》1980年第3期，图版一，8。

[8]　熊卜发：《湖北孝感地区商周古文化调查》，《考古》1988年第3期，图三，6。

[9]　王洪明：《山东海阳县史前遗址调查》，《考古》1985年第12期。

[10]　王永波：《牙璋新解》，《考古与文物》1988年第1期。

［11］王文建、龙西斌：《石门县商时期遗存调查——宝塔遗址与桅岗墓葬》，《湖南考古辑刊》，1987 年第 4 期，第 11-18 页。

［12］中国社会科学院考古研究所二里头队：《1980 年秋河南偃师二里头遗发掘简报》，《考古》1983 年第 3 期。

［13］赵新来：《郑州二里冈新发现的商代玉璋》，《文物》1966 年第 1 期。

［14］林巳奈夫：《中国古玉の研究》，吉川弘文馆刊行，1991 年，东京版，第 486 页，图 6-95，6-94；第 487 页，图 6-97。

［15］邓淑苹：《百年来古玉研究的回顾与展望》，《考古与历史文化：庆祝高去寻先生八十大寿论文集》（上），正中书局，1991 年，第 233—276 页。

［16］陕西省文物管理委员会：《陕西岐山、扶风周墓清理记》，《考古》1960 年第 8 期，图版三，9。

［17］关于石峁遗址的报导，请参见戴应新：《陕西神木县石峁龙山文化遗址调查》，《考古》1977 年第 3 期；西安半坡博物馆：《陕西神木石峁遗址调查试掘简报》，《史前研究》1983 年第 2 期。

［18］浙江省文物管理委员会、浙江博物馆：《河姆渡遗址第一期发掘报告》，《考古学报》1978 年第 1 期。

［19］戴应新：《神木石峁龙山文化玉器》，《考古与文物》1988 年第 5、6 期。

［20］同［14］，第 482—488 页，图 6-89—6-100。

［21］中国社会科学院考古研究所：《殷墟妇好墓》，北京文物出版社，1985 年。

［22］中国科学院考石研究所：《沣西发掘报告》，文物出版社，1962 年，第 127 页，图八三。

［23］同［14］，第 488 页（木）。

［24］中国社会科学院考古研究所二里头队：《1980 年秋河南偃师二里头遗址发掘简报》，《考古》1983 年第 3 期，图一〇，6；图版壹，4；石璋（VM3：4）。

［25］赵新来：《郑州二里冈新发现的商代玉璋》，《文物》1966 年第 1 期。

［26］同［24］，图一〇，5；图版壹，4；石璋（VM3：5）。

［27］同［14］，第 505 页，测图 1，石庖丁形玉器。

［28］同［19］，第 240 页，图一，1；刀（SSY82）。

（原载于《南中国及邻近地区古文化研究》，香港中文大学出版社，1994 年）

晋、陕出土东夷系玉器的启示

邓淑苹

一、前　言

1997 年秋，我曾赴太原参观晋陕豫三省古玉联展。1998 年春，又赴西安参观了许多出土的古玉。在这两次的旅行中，看到的重要古玉甚多，但最富有启发性的，是几件东夷系的玉器。

大家都知道，在新石器时代晚期时，东夷的主要地盘之一是在山东半岛[1]。东夷族大势盛，本身就是由许多支族聚合而成。长期的人口膨胀，势力扩张到某个程度，一定会与邻邦发生冲突，而与东夷集团来往最频繁、关系最紧密、斗争最激烈的，就是以黄河中上游为主要基地的华夏集团了。两大集团之间的争斗，以华夏族的首领黄帝，与东夷族的头目蚩尤，二者之间的涿鹿大战最为有名。由于"黄帝"究竟是一位伟大的政治家？还是可以传承数代的某一氏族首领的名号？尚无法确知，所以，涿鹿大战的确切年代，也难有定论。

苏秉琦先生曾对"五帝时代"提出中肯的看法，他根据《史记·五帝本纪》叙述黄帝时代的社会情况为"迁徙往来无常处，以师兵为营卫"，认为五帝时代的上限应不早于仰韶时代后期。而整个五帝时代可分为前后两期，约相当于仰韶与龙山二期的分界[2]。据此，五帝时代的第一阶段——黄帝时代，应落在仰韶后期，也就是公元前 3500 至前 2800 年内[3]。但是若依据传统的三统历，五帝时代的起讫应为公元前 2698 至前 2206 年。那么，黄帝应该在这段时期中的初期，也就是公元前两千六七百年。

总之，根据前面的分析，黄帝与蚩尤的涿鹿大战，大约就发生在公元前第四千纪的后段至第三千纪的前段，也就是公元前三千年前后。

在这个史无前例的大斗争后，东夷族群里的一些支族，逐步地向西、向南迁徙。但是，东夷族群特有的宗教信仰，以及在玉礼器上雕琢神祇祖先纹饰的传统，也跟着各支族的迁徙而传播。由于玉是美丽而不朽的物质，玉器更是先民用以沟通人神的礼器，无论其造型、花纹，或是上面所刻的符号，常都隐含了特殊的、形而上的意义。所以，由东夷系玉器的散布，与形制花纹的演变，可以追溯东夷支族的迁徙情况。

在过去，大部分的东夷系玉器，都是没有出土证据的传世器或流散品[4]。1972 年，刘敦愿教授公布了征集自山东日照两城镇的玉圭（图一，1）后[5]，学者们多据此将一些风格相近的传世器与流散品，归之为山东龙山文化，也就是以鸟为主要宗教象征的东夷族群的遗物。林已奈夫先生、巫鸿先生以及笔者，都曾撰文讨论[6]。但在 1989 年以后，江汉平原上的石家河文化玉器逐渐大量公诸于世[7]，石家河文化玉器具有浓厚的山东龙山文化的风格，但二者地理分布颇远。对此，杨建芳

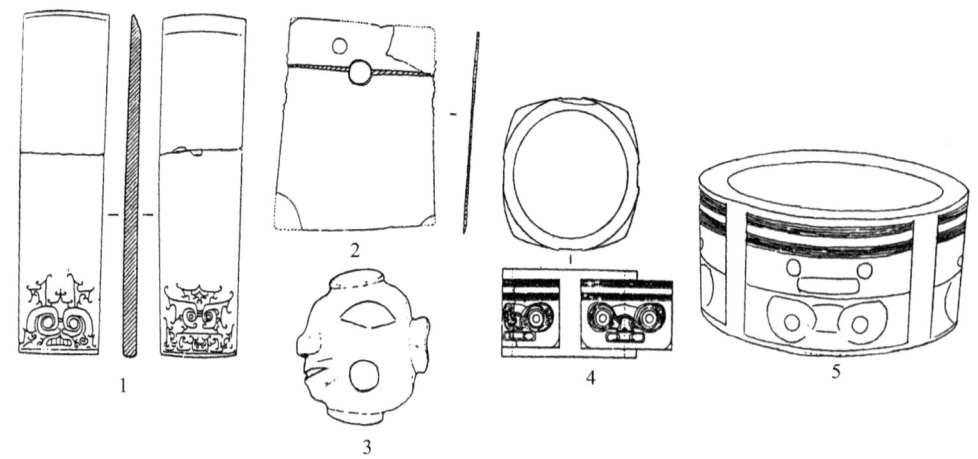

图一　出土玉器
1. 山东龙山文化玉圭（高 18 厘米，日照两城镇出土，《考古》1972 年第 4 期）
2. 山东龙山文化玉戚（高 16.7 厘米，五莲丹土出土，《故宫文物月刊》）
3. 石家河文化（？）玉神祖头像（高 4.5 厘米，石峁出土，《故宫文物月刊》）
4. 良渚文化玉琮（高 4.4 厘米，瑶山出土，《文物》1988 年第 1 期）
5. 良渚文化琮形玉镯（高 3.9 厘米，福泉山出土，《良渚文化特展》，自然科学博物馆，1997 年，图 30）

先生曾提出"移民"说，来解释这一奇特现象[8]。

1996 年秋，笔者参加在余杭举行的，庆祝良渚文化发现 60 周年的学术会议。在南京博物馆出版的论文集中，公布了征集自江苏溧阳的玉圭。由于这是一件出土于良渚文化的地盘，但具有浓厚的山东龙山文化的玉圭，对于它的文化归属，学者之间有了两派不同的意见[9]。为此，我与同行的友人，在汪遵国先生与汪青青女士的协助下，在存放该玉圭的常州博物馆中，仔细地观察了它。回台后，就将有关的资料，重加整理。为免篇幅太大，仅择有刃器为范围，撰写专文，刊于纪念刘敦愿教授的论文集[10]。在该文中，我对一些在典型的华西玉器上，出现东夷文化的神祖面纹的现象，多解释为：在东西两大族群的征战中，东夷族虏获了华夏族的玉器，如大刀、圭、戚等，再加以改刀，加雕自己族系的神组纹[11]。

之后，我于 1997 年秋与 1998 年春，分别在太原、西安看到出土的东夷系玉器。由于它们都有确切的出土地点，提供了新的思考方向。乃又撰写另一篇专文[12]。在该文中，我参考了古史传说中有关氏族迁徙的资料，提出新的解释。

本文是延续这一系列研究所撰的尝试性论文。主要是对由黄帝所主导的一场奠定华夏成为中国主流文化地位的战役——涿鹿大战后，非主流的东夷文化的流传与变迁，提出讨论。

在本文中，我侧重介绍在山西、陕西所见的东夷系玉器，除了在前述论文中讨论过的两件有刃器外，还有一件玉神祖像，与一件雕了混合三大族系风格纹饰的玉琮。它们各有不同的重要性。

二、典型东夷玉器简介

在讨论 4 件出土于晋、陕的东夷系玉器之前，要先将典型的东夷玉器上的花纹名称，略加定义。这类玉器甚多，为节省篇幅，在此仅介绍台北的故宫博物院典藏的 3 件。其中 2 件玉圭属清宫旧藏，除了原有的花纹外，还加雕了 18 世纪时，清高宗乾隆皇帝为它们所赋的诗篇，以及乾隆皇帝的玺文。在过去的出版品上，都刊出全器的图片，在本文中，我拟以线绘图的方式，还原未刻诗篇与玺文前的样子。第 3 件是近日购藏的玉戚，虽然断接且残缺，但意义重大。亦以线绘图表示。

1. 台北故宫博物院藏神祖面纹圭（图二）

器呈窄长梯形。高 24.6、最宽 7、最厚 1.2 厘米。质为不透明的黄灰色玉，柄端墨黑色，刃端赭褐色。有二圆穿。其中贴近柄端的圆穿甚小，或是用以镶嵌绿松石用的。在二穿之上的器表两面与两侧边，都琢有繁丽的花纹。

读者可以清晰地看出，花纹分为上下两节，上节为主体花纹，下节为以两排圆涡纹为边，所隔出的长方形装饰带。在右边器面的主体花纹，与两城镇圭（图一，1）的右边主体花纹相似，都是以一双古怪的、多圆圈的大眼为中心的抽象面纹。它的正上方有"介"字形的冠顶，而大眼的两侧，向左右横出似屋檐又似牛角的装饰。笔者曾论证这种具有"介字冠顶"与"牛角装饰"的面纹，为野牛神的抽象表现[13]。"介"形正中央向上升起，越高越尖，应是表现某种神秘的通天法力。在古文中，"牛"与"尤"

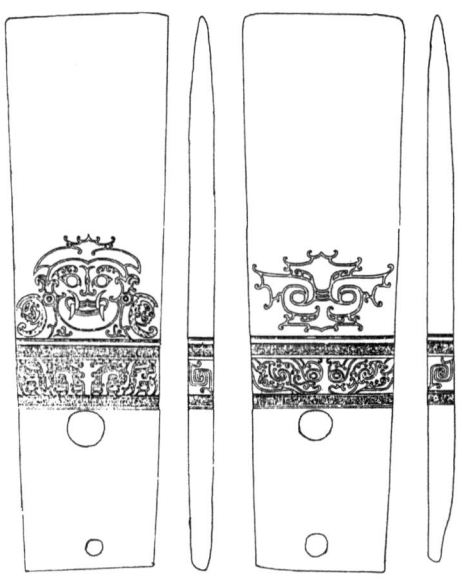

图二　山东龙山文化神祖面纹圭
（高 24.6 厘米，台北故宫博物院藏）

二字相通[14]，这一面纹很可能是"蚩尤"族信奉的神祖像。笔者在以前的论文中，称作"乙式神祖面纹"。

在左边器面的主体花纹为一具像的面纹，有轮廓线的脸庞，杏眼圆睁，有眼眶与眼珠之分，咧口吐獠牙，头戴左右两角向下弯垂的"船形帽"，戴圆耳环，两耳外侧又各有一侧面小人头，这两个小人头也有"船形帽""杏眼""圆耳环"等特征，嘴角的弯勾，或许就代表"獠牙"，他还披着一弯长发。仔细分析，这两个小人头的长发，也正构成中央大人头的长发。换句话说，中央正面的大人头与两边的小人头，许多特征颇相似，但中央大人头还多了"介字冠顶"。分析其涵义，这些具像的脸所要表达的仍是"神祖"的观念。所以，笔者在过去的论文中，称这种为"甲式神祖面纹"。更推测他是东夷文化里最重要的女性祖先。也就是最初吞了神玄之鸟所衔来上帝的卵，而受孕生了氏族始祖"少昊"的"常仪"姑娘[15]。

图三　山东龙山文化鹰纹圭
（高 30.5 厘米，台北故宫博物院藏）

2. 台北故宫博物院藏鹰纹圭（图三）

器呈窄长梯形，高 30.5、最宽 7.2、最厚 1.05 厘米。一面为牙黄泛灰色，局部赭红，另一面则灰黄部分较少，赭红部分较大，刃部墨黑色。仅有一圆穿，圆孔上方的两面及窄边上，都浅浮雕有精美繁丽的花纹。

读者可由图三看出，花纹也分为上节的主体花纹与下节的长方形饰带。在右边器表的主体花纹也为前述的"乙式神祖面纹"，或称作"蚩尤面纹"。但他的"介字冠顶"被高高推起，两侧还各插了三只婀娜多姿的长羽，尤以中间一只最像孔雀的尾羽。在左边器表的主体花纹，雕着一只向上冲飞的鹰鸟。整体构成了一个神秘的，代表有通天法力的"介"形，而不是鹰鸟自然的飞翔姿态。由此可知，这并不是在描述自然界中的鹰鸟，而是表达古人观念中的神玄之鸟—玄鸟，所以他还长了人眼，而且他的前胸也雕了一个头戴"介字冠顶"的抽象神祖面。

除了主体花纹外，下方的装饰带上，也雕有抽象面纹与卷绕的圆涡纹。

最值得注意的，在窄边上相当于装饰带的部位，在大约 1 平方厘米的面积上，雕了一个侧面的甲式神祖像。

3. 台北故宫博物院藏神祖面纹戚（图四）

其质为深浅交杂的不透明黄褐色玉，大部分已沁为灰白色。高 23.4、刃宽 22.2、最厚 0.5 厘米。器呈短宽梯形，有一圆穿，柄端平直，刃线稍斜下，且微有内凹，有严重的伤缺痕。两侧边上，各有一段长约 7 厘米的齿棱。整体而言，形制与玉质都与山东五莲丹土出土的玉戚（图一，2）很相似[16]。

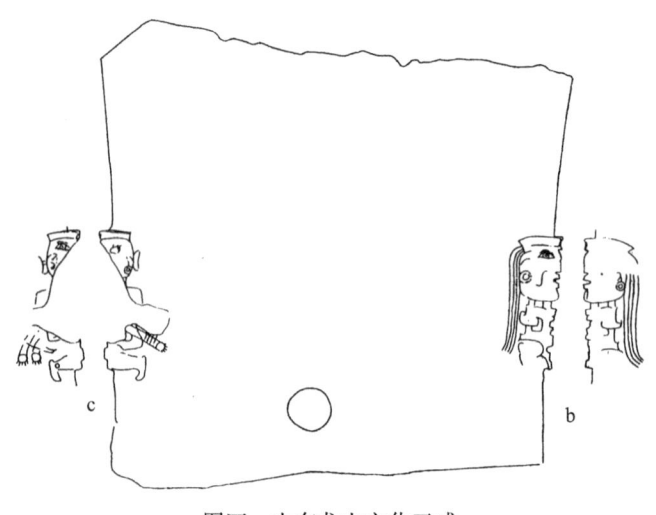

图四　山东龙山文化玉戚

（高 23.4 厘米，台北故宫博物院藏）

值得注意的是，在靠近齿棱的两面器表，又各雕琢了一个侧面的人像。全器上共有四个侧面像。若以边线为中轴，将两边拼合着看，就明显在表现，这是不同的两组人像。其中图四 b 的一组，戴着船形帽与圆耳环，披长发，正是前文所称的甲式神祖像，但还雕有简化的身躯。而神祖面像的帽边、额、鼻、嘴、下巴以及胸腹等，就正形成了凹凹凸凸的齿棱（其中一边因残断接补，眼纹已被毁）。

但是，图四 c 的一组，就有些差别了。虽然残缺了一大块，看不到鼻、口、下巴与前胸，但仍可确知戴有船形帽、圆耳环，不过没有披长发，却在耳旁的脑后部位，有一束椭长形似长髻的东西。最特别的是他有较为具像的身躯，虽已残缺，但仍保留了肩、臀、腿与脚。另外还各有一或二个长条的棒形物，或直或略弯，端部饰有长了一些短毛的圆圈。这种图像的头部，令人忆及陕北石峁出土的玉神祖像（详见下一节）。但整体观之，还无法在出土物中找到可印证的资料。

林已奈夫先生曾论证古代玉器上的齿棱，是象征"气"的图形[17]。当时只有华盛顿弗利尔博物馆藏的一把大玉刀，柄端雕有这类神祖面纹。目前又多出了相关的3件资料。除了这件故宫神祖面纹戚之外，还有下文要介绍的黎城戚与芦山峁刀。

以上3件台北故宫博物院所藏的有刃玉器，都可以在出土的器中找到可资比对资料。如两城镇圭、丹土戚等。所以归为典型东夷文化玉器。根据学者们对文献所记载的东夷诸支系的地理分布研究可知，日照两城镇以及五莲丹土都属于"淮夷"的地盘，"淮"与"隹"相通，故"淮夷"就是"鸟夷"[18]。这就解释了为何这些玉器上多出现鹰鸟或凤羽（凤应是由孔雀等抽绎而成的神灵之鸟）的花纹。而东夷族群中最强盛的为少昊族，《左传》昭公十七年记载，郯子追忆他的高祖少昊挚"以鸟名官"，"挚"与"鸷"通用，为猛禽中的鹰类。更有学者据《帝王世纪》《史记·殷本纪》等文献推论，商族的"简狄吞玄鸟之卵而生商契"的传说，应与"常仪生少昊"属同一故事的分化[19]。据此，笔者于1989年的论文中，即已推测前述玉圭上的鹰鸟，应是"帝"与"少昊挚"的综合图像。而披长发的甲式神祖，应是"常仪"[20]。

至于乙式神祖可能是代表长了牛角之蚩尤的图像，则是笔者自1995年以后提出的看法。但当时笔者无法解释为何鹰图腾与牛图腾，以二元对立的形态，共存于一批风格相近的玉器上[21]。最近，我对传说史料中所见古代氏族迁徙与融合的问题略加涉及，似乎对此一现象，可以提出较合理的解释。

何光岳先生钻研古代的氏族关系，他分析古代氏族集团的名号，依其图腾信仰而各有特色。东夷诸族以鸟为图腾，西羌诸族则以牛、羊为图腾[22]。《述异记》记载："蚩尤氏耳鬓如剑戟，头有角。"并追忆冀州的蚩尤戏是人们"头戴牛角而相抵"。由这些记载可知，蚩尤族应是以牛为主要的宗教象征。若然，牛图腾的蚩尤族应与西羌有些渊源。何先生所称的"西羌"，就是本文所称的华夏集团，本有炎帝与黄帝两大支族，其中以炎帝与蚩尤的关系最密切。炎帝曾与黄帝争战于阪泉。《帝王世纪》中载"炎帝人身牛首"，"炎帝，长于姜水，初都陈，又徙鲁"。《路史后纪四·蚩尤传》："阪泉氏蚩尤，姜姓炎帝之裔也。"这些记载导引我们相信，蚩尤与炎帝同属牛图腾，都曾由华西迁徙至华东[23]。但到了华东，被东夷同化，也吸收了鸟图腾的特征。所以有的记载称蚩尤"有翅""能飞"[24]。

少昊族的鹰鸟图像，与蚩尤族的牛头图像，成二元对立关系，分布在一圭的二面，且这一现象有相当的普及性[25]，暗示着二族间应该有特殊的关系。《逸周书·尝麦篇》记载："命蚩尤宇于少昊，以临四方。"或许，正因蚩尤曾住在少昊的地域范围内，彼此接受对方的影响，所以出现二种图腾像并列一件玉器上的现象。

三、晋、陕出土的东夷系玉器

在传世器与流散品中，存留了为数甚丰的东夷系玉器，其中一部分属典型东夷风格。如前节所述，它们多是用细腻温润不透明的牙黄或褐黄色玉料所琢治的窄长梯形的玉圭，以柔美而有韵律感的勾连弧线，雕饰鹰鸟及前述的甲、乙二式神祖面纹。但在传世器或流散品中，还有一部分玉器，纹饰母题虽相似，但花纹已较简化，雕纹的线条常较乏圆转柔美的弧线，而趋向于平直。雕琢这类花纹的玉器，其器形及玉料的色泽常属典型的华西风格。

所谓"华西风格"，是指以陕、甘为中心，扩及晋南、内蒙古西部、宁夏、青海、四川这一片广大的地域上自新石器时代晚期以来发展的玉作传统。它有别于以红山、良渚为代表的华东风格。

华西玉器的器类主要为牙璋、大刀、圭、璧、素琮等。所采用的玉料，一部分相似于今日仍在开采之新疆的和阗玉，大部分却是另一种今日已不知其蕴藏地的特殊玉料。它以深褐、灰青与墨绿为最常见，但有时浅至灰黄，也有时深至墨黑色。常见不规则的团块文理与韵律条纹，有时还夹杂似毛虫般的包裹物，质感致密坚实无半透明感，或因久埋地下，表面常有似蛛网般的浅沁斑。据闻广教授分析，此为由沉积岩变质而成的一种闪玉（Nephrite）料[26]。

本节要介绍的4件中，前2件的玉质都属于典型的华西玉料。至于后2件色泽清浅温润，略带半透明感，则为广阔的华东地区，自燕辽、海岱至江苏、湖北各地在新石器时代晚期所用玉料的特色。

1. 黎城戚（图五）

不透明的灰黄色玉质，夹杂深浅褐色团块斑。梯形，一边稍长，刃端微侈，单孔。高20.7、最宽13.1、厚0.4厘米。出土于山西东部的黎城，现藏于山西省博物馆。在器的两侧，以边线为中心，各向两面以细阴线刻绘神祖面纹，共两组不同的面纹。

其中一组的头部颇为具像，有眼、鼻、口、下巴与脸庞轮廓的描绘，还戴着船形帽、圆耳环，披长发，颈部以下还有简化的身躯。由这些特征可知，这是东夷文化中的甲式神祖，可能就是少昊族里伟大的母后——常仪。但是，与前述典型东夷玉圭上的常仪不太相像之处为：在他的帽子与头发上，以及在围绕帽与发的外面，都饰有用许多水平与垂直的短线构成的似"牛角装饰"图案，虽然他的嘴角没有象征獠牙的古怪弯勾，但在嘴角外侧及面颊处，都刻了线纹。且其五官与帽边等，也正形成凹凹凸凸的齿棱。

另一组则相似于乙式神祖面纹，仍保留了牛角装饰的整体轮廓。但纹饰的线条"已直线化"、"方格化"了。乙式神祖原来以多层环绕圆转线纹所构成的眼睛，在此也发展成两层方框，内中作双勾十字纹。这种眼纹令人思及商代时流行在大墓制度与铜器铭文中神秘的"亚"形[27]。我们若将此花纹与前述的故宫鹰纹圭上的抽象面纹相比较，就知道原本被高高推上的"介"形冠，以及插饰于两旁的鸟羽，在此处也被"直线化"、"方格化"了。

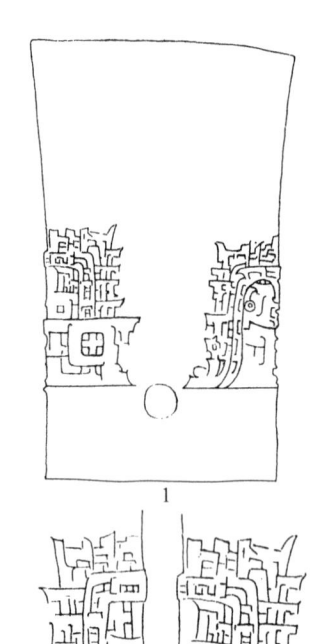
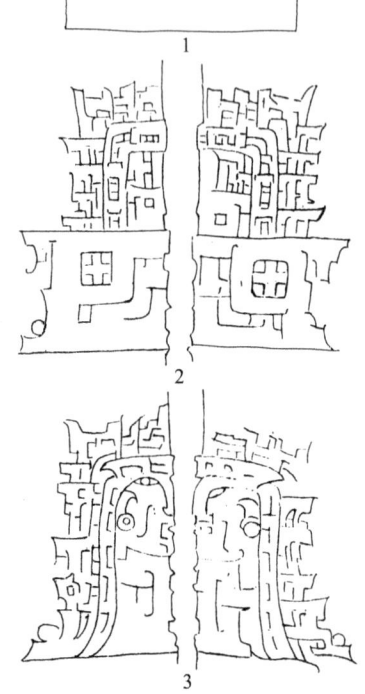

图五　山东龙山文化（？）玉戚
（高20.7厘米，黎城出土）

这是一件具有关键性的玉器。不但证明甲式与乙式两种神祖，也就是少昊族（以常仪为代表）与蚩尤族的二元并立关系的确存在；而且乙式神祖被一分为二，雕于器缘的两面，花纹逐步直线化，朝向丙式神祖面纹发展（详见下一节）。

2. 芦山峁刀（图六）

这件征集自陕北延安芦山峁的有名的大刀，曾发表于《文物》1984年第2期以及《中国文物精华》等。其玉质为不透明的深灰褐色玉，有深浅交杂的团块斑。全器成略不规则的四边形，长54.6、最宽10、厚0.4厘米。刀刃微向内凹，刀背平直，钻凿了两排各三个圆穿，外沿的一排圆穿，都已被刀背边缘破坏，可知此器在制作过程中，或曾改工。左右两侧边虽厚度相似但宽度不同，且近较窄的一端处，还钻有一小圆穿，意味着窄端即为柄端。两侧边都琢有齿棱。但直到1998年4月间，笔者于陕西历史博物馆亲自观察实物时，才发现在其柄端的浅浅齿棱，居然是甲式神祖的侧面剪影。虽然没有刻绘出眼睛、耳朵与长发，但他的帽、额、鼻、嘴、颏、颈的起伏，却显然是东夷的常仪模样，只是更远离了原来凶狠的神秘造型，而流露出娴静温柔的优美气质。

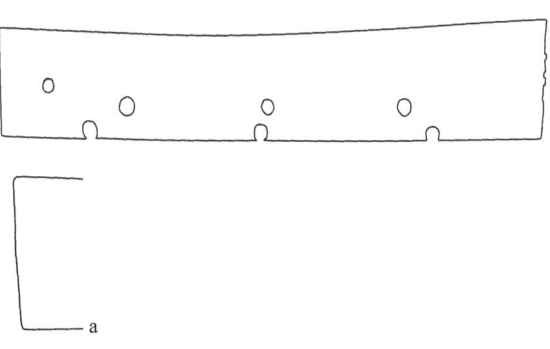

图六　中原龙山文化玉刀

（长54.6厘米，芦山峁出土。a，柄端所雕的神祖面纹）

3. 石峁玉神祖像（图一，3）

由光绪十五年（公元1889年）出版的吴大澂《古玉图考》可知，自19世纪末年以来，陕北神木一带，即陆续出土大刀、牙璋之类的古玉。本世纪初神木出土的大刀、牙璋等，大批地被转售到海外，成为欧美各博物馆的藏品。文化大革命期间神木石峁出土的玉器中，比较厚实的都被当作玉料征收，再加工出口了。直到1976年以来，戴应新先生征集并公布石峁玉器后，才引起学术界的重视[28]。

虽然戴先生所征集的主要是大刀、牙璋与长圭等色泽浓暗不透明的典型华西玉器，但其中夹杂了一些色泽清浅的东夷系玉器，如：牙璧（俗称璇玑）可能来自辽东或山东，虎头与鹰纹笄则应属湖北的石家河文化遗物[29]。最值得重视的是一件乳白色略带半透明感的玉人头[30]，高4.5厘米。但深究其涵义，仍是表现神祇祖先的共像。

正如（图一，3）所示，它是扁平的侧面头像，鹰勾鼻，口微张，头顶一长椭形小帽脑后一束略弯的椭长形似发髻的东西，头下有颈。这些部位都以柔和的圆弧面表现，口部的外缘，还有浅浅的浮雕。这种以圆柔弧面表现轮廓的手法，是石家河文化玉器的特征之一。而在其中央上方，以有力的阴线，刻绘出杏仁形的眼睛，其下方又有一圆孔。整体观之，与前文介绍图四的玉戚，残破的一边上所刻绘的人像的头部颇为神似，只是更加抽象了，大圆孔或就是耳饰的象征。

图四的玉戚是典型的东夷玉器；而前文已曾论及，石家河文化玉器具有东夷文化的风格；综合这两点考虑，这一件石峁出土的玉神祖像，应属东夷系玉器。

4. 芦山峁琮（图七）

1981 年在延安市芦山峁征集到一批玉器[31]其中有两件雕有眼纹的玉琮，一向被学者们释为良渚文化向西北方向传播的证据[32]，有的以为是良渚玉琮被带到了陕北，有的则以为该玉琮有良渚面纹的余韵，但结构松散，属退化型的玉琮[33]。这些多是仅凭出版品上的图片而归纳的印象。

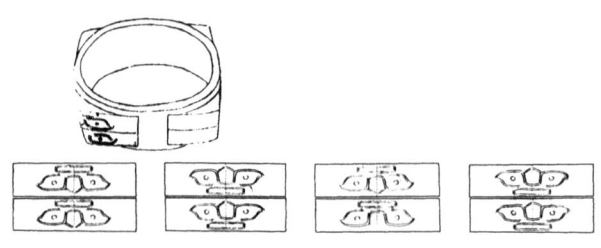

图七　龙山文化芦山峁琮

（高 4.5 厘米，芦山峁出土）

笔者于 1998 年 4 月亲自在西安观察这 2 件玉琮，才知道是《文物》1984 年第 2 期或是《中国玉器全集》（一），无论是图片或文字说明，都不足以传递正确的讯息。

这 2 件玉琮中，有一件已断为四块，在断裂处的两侧，各钻有小孔，显然是为了便于以绳索绑系固定用的。发表在《中国玉器全集》（一）图四四，但是花纹放倒了。笔者仔细观察实物，确知它是用浅黄绿色略带半透明的闪玉琢制的，四个边壁略呈圆弧面，两端有浅的射口，装饰带分上下两节，均琢简化的小眼面纹。由它的玉质、器形与花纹特征观察，应属良渚文化晚期江苏地区的玉琮。但断裂后在两侧钻小孔供绑缚固定的现象，较流行于黄河中下游[34]。

另一件玉琮，情况就比较复杂了。高 4.1、外径 7.1、孔径 6.4 厘米。正如《中国玉器全集·一》中的图四四[35]以及《东亚玉器》彩图 64[36]所显示，它是青绿色玉，局部有灰黑色块斑。四个边壁较平直，转角的轮廓较硬朗而明显，射口也较高，由这些现象来看，这应是龙山时期陕甘一带的玉琮。但是在它的器表，以四个转角为中心，向两边各形成长方形的装饰框带，每一个大装饰框带里，又分上下两个较窄的框带，全器上共有四个大框带，也就是八个窄框带。最值得重视的是，每个窄框带上，用细细的凸弦纹琢出特殊的大眼面纹。大眼的轮廓呈内方外尖且外端略弯垂状，中央的圆圈，小而不太圆，是用砣具慢慢琢出，而不是用管钻钻成的。两个大眼之间两凸弦纹琢出折角，应是象征鼻梁，下方还有以凸弦纹勾勒出的长方形，或是表现嘴巴吧！全器共有八个窄装饰框，也就共有八个面纹，且两两成组，形成四组。但有趣的是，每一组（上下两个面纹）的方向，正与其左右相邻的它组相反。换一句话说，如果我们将这件玉琮用手拿着转一圈，看到它上面雕的面纹是交替地上下颠倒出现。图七是笔者参考出版品，再根据自己观察实物时所做的记录绘制的。

雕有大眼面纹的玉琮，本是良渚文化的特产。但良渚玉琮的大眼面纹有一定的雕琢风格，或是眼睑呈外侧圆椭的卵形（反山、瑶山式，见图一，4），或外侧带尖的桃形（福泉山、寺墩式，见图一，5），而下方的短横棱多是表现鼻子。桃形眼并不一定是良渚晚期的风格，或许还有地域性，出现在较北的区域。它很可能更向北传播到苏北至山东，临朐朱封的玉冠饰上，也出现这种内方外尖的桃形眼（图八）。

图七玉琮上的面纹，用凸弦纹勾勒的手法，似桃形眼又略带变化的风格，都相似于山东龙山文化的作品。所以也归之为东夷系玉器。

图八　山东龙山文化玉冠饰
（宽 8.8 厘米，朱封出土，《考古》1994 年 1 期，
杜金鹏先生的分解图）

四、四件玉器的启示

这 4 件东夷系玉器，各有不同的特色，但它们或出土于陕西，即华夏集团的地域内；或出土于山西东部，也就是华夏集团与东夷集团的交会地带。这就给我们重大的启示，兹分别讨论于下：

（1）《尚书·吕刑》的郑玄注中记载，蚩尤为九黎君长；《国语·楚语》的韦昭注中记载，黎氏为蚩尤之徒。这些文献都说明了，蚩尤与九黎的关系密切。徐炳昶根据蚩尤的所在地与黎民的分布，认为"九黎为山东、河北、河南三省交界处的一个氏族，蚩尤为其酋长"[37]。蚩尤与黄帝大战的地点——涿鹿，地点明确，就在今日北京西方的涿鹿县。据桑秀云先生的考证，蚩尤大败后，向南逃到今日山西解县一带被杀，身首异处，被送回山东埋葬，但他的部众分散，一部分留在山西，即是《尚书·西伯戡黎》的"黎"，在今山西长治一带[38]。

出土黎城戚的黎城，就在长治县的附近。中国的地名，常有历史上的渊源。今日的黎城，或是商末时西伯所戡的黎，或因得名于黎族聚居之故。若然，就解释了为何黎城出土的玉戚上，出现东夷系的神祖面纹。而且随着时空的转移变迁，在其上的蚩尤面纹也出现新的发展，不但一分为二，由器的中央搬到边缘，且逐步直线化、方格化，朝向丙式神祖面纹发展。

图九的玉戚藏于美国圣路易博物馆，图一○的玉刀藏于美国华盛顿的沙可乐博物馆，在它们的侧边即雕了典型的丙式神祖面纹。由花纹发展的顺序观之，都较黎城戚来得晚。

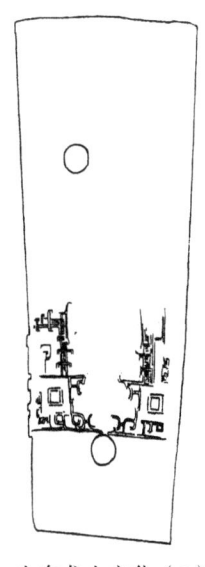

图九　山东龙山文化（？）玉戚
（高 22.9 厘米，圣路易博物馆藏）

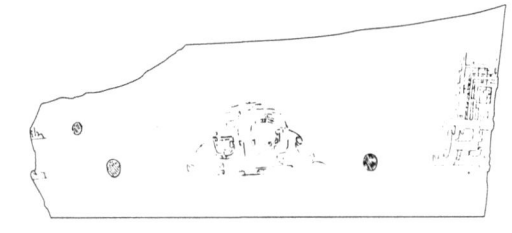

图一○　中原龙山文化（？）玉刀
（残长 48 厘米，沙可乐博物馆藏。
用林已奈夫先生与笔者的线绘图组合而成）

（2）陕西是秦族的大本营。但是他们的祖先是东方的夷人，在历史中逐步西迁而来的。

据《史记·秦本纪》所载，秦人的祖先大业，是少女吞鸟卵受孕而出生的。大业之子大费，又名柏翳（或写作伯益），非常贤能，既协助大禹治水成功，又帮忙大舜调驯鸟兽。舜乃赐姓嬴氏。由此记载可知，秦人本是东夷的鸟图腾成员之一。但是与夏人关系密切。柏翳的玄孙费昌，正当夏桀之时，去夏归商，殷商之时"嬴姓多显，遂为诸侯"。但主要的职守是为殷商保障西陲之地。但到了孟增时，又"幸于周成王"。由于秦氏世代居于西陲，且与西戎通婚，到了周孝王时，被"分土为附庸，邑之秦"，故史称"嬴秦"。

嬴秦自东向西逐步迁徙，虽然长期与西戎为伍，但仍然保持氏族的宗教信仰，相信祖先是少女吞玄鸟之卵而降生的。了解了嬴秦的历史，就明白为何在陕北会出现雕有东夷神祖像的玉刀。前文所介绍图一〇的沙可乐藏大玉刀，无论其玉质或器形，都属典型的华西玉器，但在器之正中央与左右两侧，都雕有以横横直直短阴线配以少量弧线所构成的东夷系神祖面纹。有学者观察出这类花纹，与东周时秦式玉器上以细密的横直线纹为主的装饰风格相似，可能有着前后的传承关系[39]。若然，更证明了东夷文化不但有强势的创造力，更有坚韧的延续性。

（3）前文已略提及，石家河文化玉器具有浓厚的山东龙山文化的风貌。但事实上，二者仍有差异的。

山东龙山文化多玉雕的有刃器，如圭、戚、刀等。在其上所雕的神祖像，明显的分为甲、乙二式，也就是常仪（代表少昊）与蚩尤。但是，石家河文化中，多玉雕的嵌饰器或佩饰器。且将甲、乙二式的特征，混合在一起。如图一一，1的玉嵌饰器，既有甲式神祖的杏眼、獠牙与圆耳环，又有乙式神祖的"牛角装饰"，在他的头上，戴了帽子，上方还有一个小圆凹，应是用以插嵌某种易朽的物件，极可能是"介字冠顶"或意义相同的东西。图一一，2则是另一件佩饰器，雕一侧面神祖像，有耳环、长发及象征獠牙的嘴角弯勾帽子已变为略呈三角形的尖馒头状，或许正是介字冠顶的侧面写照。图一一，3的玉鹰与图一一，4的鹰纹笄，也是石家河遗址中出土以鹰鸟为主题的玉器。

龚维英先生曾据《逸周书·尝麦篇》等资料，论证东夷族在涿鹿大战后，少昊族分裂，以少昊清为首的族人，接受招降；但以少昊挚为首的，与蚩尤遗族同时南迁[40]。杨建芳先生更据刘敦愿先生的考证[41]，以为东夷族是自淮河下游溯河而上到了河南南部，然后逾越大别山、桐柏山，进入江汉流域[42]。"挚"与"鸷"同，是凶猛的鹰鸟。少昊挚的南迁，说明了为何在石家河文化中，出现玉鹰与鹰纹笄。

桑秀云先生据《吕氏春秋·疑似篇》等考证，山西地区的黎民，又有一部分再度南迁至今日之湖北[43]。这也正合《国语·楚语下》所载"三苗复九黎三德"的记载。蚩尤与少昊挚的后人在江汉地区的再度会师，这或也解释了为何石家河玉器上出现融合甲、乙二式的神祖像。

神木石峁玉器中的两只鹰纹笄，的确是典型的石家河玉器，这一现象说明了在龙山晚期至夏代时，南北之间的交流频繁。或许与华夏族对苗蛮族多次的征伐有关[44]。石家河玉器可能是当时的战利品，被带到了陕北。若然，图一，3的石峁玉神祖像，或也是石家河玉器中较晚的作品，虽然眼睛、帽子、耳环都有了变化，但脑后的椭长形发髻还保留如图四玉戚上神祖像的特征。

（4）图七的芦山峁琮，是结合了良渚、中原龙山、齐家、山东龙山等不同的地域性文化的综合作品。这些文化的地域与起迄年代不同，但大致并存于公元前第三纪的后半。良渚文化约为公元前3200 至前 2000 年[45]，主要分布于长江下游。山东龙山文化以海岱地区为主，约当公元前 2600 至前 2000 年[46]。中原龙山文化主要分布于黄河中游，又依地区可分为数个类型，大致为公元前 2800 至前 2000 年[47]。齐家文化是公元前 2200 至前 1800 年前后分布于中原地区西部的甘肃、宁夏等地[48]。

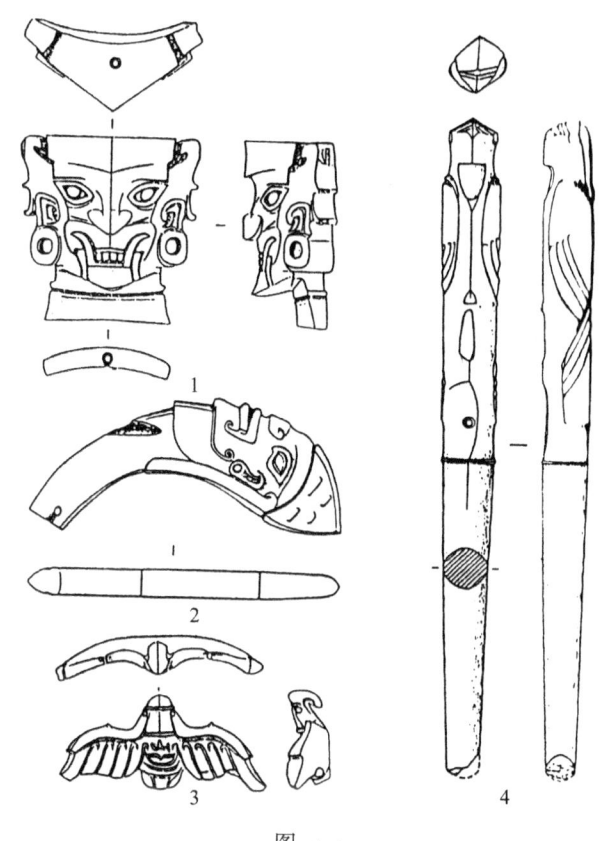

图一一

1. 石家河文化玉神祖像（高 3.7 厘米，石家河出土） 2. 石家河文化玉侧面神祖像（高 5.7 厘米，石家河出土） 3. 石家河文化玉鹰（最宽 4.2 厘米，石家河出土） 4. 石家河文化玉鹰纹笄（高 8.1 厘米，石家河出土，刘德银等：《石家河文化玉器研究》）

公元前第三纪的后半，也就是通称的龙山时期，正是华夏、东夷、苗蛮三大族系相互征伐、彼此融合最为激烈的时期。这件特殊的玉琮，它的玉质、造型属中原龙山或齐家文化[49]；花纹结构像良渚文化，但又不完全一样；细弦纹的雕琢技法，又像山东龙山文化，正是结合了华夏、苗蛮、东夷三大族系的特色于一体。它，究竟是在何时？何地？由何人雕琢？又是为何留在陕北延安芦山峁？这一谜题，就有待我们继续追踪研究了。

附记：拙文完稿于 1998 年夏季。交卷后于是年秋季，得知也有其他学者注意到芦山峁征集的玉器中，有石家河文化的玉鹰纹笄与玉虎头，见：杨建芳：《"窜三苗于三危"的考古学研究》，《东南文化》1998 年第 2 期；冈村秀典：《公元前二千年前后中国玉器之扩张》，《东亚玉器》，香港中文大学，1998。但二文中并未讨论本文（图一，3）的玉神祖头像。特此注明。

注　释

[1] 许多考古学者与历史学者都认为，东夷就是居住在山东半岛的古代氏族。但有许多迹象显示，辽河流域应是东夷氏族的老地盘之一。笔者曾依据《尚书·顾命》《说文》《尔雅》中有关"夷玉"产于医无闾山的记录，并参考《汉书·地理志》《后汉书·东夷传》，以及《周礼·秋官·司寇》郑玄注分别提到"东北夷"与"东夷"等资料，论证上古时期夷人的大本营，应在辽河流域。见拙作《由考古实例论中国崇玉文化的形成与演变》，《中国考古学与历史学之整合研究》，"中央"研究院历史语言研究所会议论文集之四，1997年，第799、800页，注5。除了笔者，还有一些学者也主张东夷族群曾居于东北辽河流域。如：何光岳：《东夷源流史》，江西教育出版社，1990年；翦伯赞：《殷族与古代勃海系诸氏族的关系》，《群众》第七卷第五期；桑秀云：《从东夷到南蛮——苗族发展史之一：三苗的起源》，《劳贞一先生九秩荣庆论文集》，简牍学会，1997年，第75页；龚维英：《论东夷族的分化及皋陶族的南徙》，《江汉考古》1989年第1期；徐喜辰：《中国通史》（第三卷），上海人民出版社，1994年，第187、188页。

[2] 苏秉琦：《中国通史·第二卷·远古时代》，上海人民出版社，1994年，第18、19页。

[3] 仰韶后期的年代为公元前3500至前2800年，是依据《新中国的考古发现和研究》，中国社会科学院考古研究所，1984年，第46页。

[4] "传世器"一词，是指已在历史上流传甚久的古物，例如故宫博物院的藏品。"流散品"一词是指本世纪中，因盗掘出土而流散于世，经买卖而进入各公私收藏的古物。20世纪中，曾有两个古物盗掘的高潮，前一次是在两次世界大战之间的十余年；后一次则是在中国改革开放后，即80年代的后半以后迄今。

[5] 刘敦愿：《记两城镇遗址发现的两件石器》，《考古》1972年第4期。

[6] 相关的论著甚多。1979年时有：林巳奈夫：《先殷式の玉器文化》，《东京国立博物馆美术志》第334号；巫鸿：《一组早期的玉石雕刻》，《美术研究》1979年第1期。1982年有：邓淑苹：《山川精英——玉器的艺术》，《中国文化新论——艺术篇》，联经出版公司。1985年有：邓淑苹：《中华五千年文物集刊·玉器篇》，第182—190页；Wu Hung, Bird motif in Eastern Yi Art, Orientations, Oct. 1986年有：邓淑苹：《古代玉器上奇异纹饰的研究》，《故宫学术季刊》第四卷第四期。

[7] 湖北省博物馆：《湖北省博物馆》，《中国の博物馆·第二期·第六卷》，讲谈社、文物出版社，1989年。

[8][42] 杨建芳：《石家河文化玉器及其相关问题》，《中华民国建国八十年中国艺术文物讨论会论文集》，台北故宫博物院，1991年。

[9] 溧阳圭发表于汪青青：《溧阳出土的良渚文化玉器珍品》，《东方文明之光——良渚文化发现60周年纪念文集》，海南国际新闻出版中心，1996年。在该书的第68页下方，记述两派学者的不同意见。

[10] 邓淑苹：《雕有神祖面纹与相关纹饰的有刃玉器》，《刘敦愿先生纪念文集》，山东大学出版社。

[11] "神祖"是近年来笔者所提出的一个名词。主要是考量先民特殊的宗教思维，他们相信最高的自然神将其法力经由某种神灵动物带到世间降生了氏族的祖先，如：《诗经·商颂》"天命玄鸟，降而生商""帝立子生商"的记载。祖先的生命既经由神物，源自上帝，而神祇、祖先、神灵动物又三位一体，可相互转型，古代玉礼器上所雕的花纹，经常隐含这三种涵义，故简称为"神祖"纹。

[12][13] 邓淑苹：《论雕有东夷系纹饰的有刃玉器（上、下）》，《故宫学术季刊》第十六卷第三、四期，1998年。

[14] 王树明：《蚩尤辩证》，《中原文物》1993年第1期。

[15] 邓淑苹：《玉石器的故事·二》，《故宫宝藏·青少年特编》，台北故宫博物院，1999年。

[16] 丹土玉器部分出版于《山东文物选集（普查部分）》，1959年。较完整地公布于杨波：《山东五莲县丹土遗址出土玉器》，《故宫文物月刊》第十四卷第二期。

[17] 〔日〕林巳奈夫：《中国古玉的钼牙》，原载于1991年吉川弘文馆出版之日文版的《中国古玉の研究》，该书由杨美莉女士翻译成中文，1997年台北艺术图书公司出版。

[18][46] 高广仁、邵望平：《海岱文化与齐鲁文明》，《早期中国古代文明》系列丛书之一，江苏教育出版社（出版中）。

［19］ 郭沫若：《卜辞通纂考释·世系篇》，东京文求堂出版，第56页；郭沫若：《先秦天道观之进展》，上海商务印书馆，1936年，第13、14页；巫鸿：《一组早期的玉石雕刻》，《美术研究》1979年第1期。

［20］ 邓淑苹：《古代玉器上奇异纹饰的研究》，《故宫学术季刊》第四卷第一期，1986年。

［21］ 邓淑苹：《蓝田山房藏玉百选》，（台北）年喜文教基金会，1995年，第29页。

［22］ 何光岳：《东夷源流史》，江西教育出版社，1990年，第2页。

［23］ 有的学者考证，蚩尤就是炎帝，涿鹿之战就是阪泉之战。见：蒋观云：《中国人种考》，引自玄珠：《中国古代神话》第三章之三，第12页；丁山：《中国古代宗教与神话考》，上海文艺出版社，1987年，第393页。

［24］ 有关文献所载蚩尤的各种属性，以桑秀云先生整理得最详尽，见桑秀云：《从东夷到苗蛮——苗族发展史之一：三苗的起源》，《劳贞一先生九秩荣庆论文集》，简牍学会，1997年。

［25］ 根据笔者的统计，至少有6件圭，都是在一面雕鹰鸟，另一面雕神祖面纹，且二者都是主体花纹。除了本文介绍的故宫鹰纹圭外，还见：美国弗利尔博物馆、上海博物馆、天津艺术馆、台北蓝田山房收藏、香港关善明收藏。至于溧阳出土圭上也有鹰纹，但不是主体花纹。详见邓淑苹：《论雕有东夷系纹饰的有刃玉器》一文，同注［12］。

［26］ 笔者于多年前即注意到华西玉器用料的特征，曾测量其比重与硬度，并将部分实物取样做X光绕射鉴定，确知其质属闪玉类。见邓淑苹：《故宫博物院藏新石器时代玉器研究之三——工具、武器及相关的礼器》，《故宫学术季刊》第八卷第一期，1990年。近年来闻广教授有深入的研究，见闻广：《中国大陆史前古玉若干特征》，《东亚玉器》，香港中文大学，1998年。

［27］ 此一资料或可提供新的思考方向，商代盛行的"亚"形，是否源自东夷文化中对神祖眼睛的描绘？

［28］ 戴应新先生征集的石峁玉器，先后公布三次：《陕西神木县石峁龙山遗址调查》，《考古》1977年第3期；《神木石峁龙山文化玉器》，《考古与文物》1988年第5、6期；《神木石峁龙山文化玉器探索（一至六）》，《故宫文物月刊》第十一卷第五—十期。其中以第三次的彩色图片最好。

［29］ 戴应新先生征集的所谓"玉蝗"与"玉鹰"，其实是两件石家河文化的鹰纹笄，笔者分别于太原与西安观察实物。其中被切成一半的，在其翅羽的上方鸟背处，还以细弦纹雕了抽象的乙式神祖面纹。

［30］ 戴应新先生称此玉人头的质地为玉髓（Chalcedony），但据笔者在西安的陕西历史博物馆陈列室观察，可能为闪玉（Nephrite）。

［31］ 姬乃军：《延安市发现的古代玉器》，《文物》1984年第2期。

［32］ 有关的论述颇多，考古资料最周详的为：黄翠梅：《传承与变异——论新石器时代晚期玉琮形制与角色之发展》，《艺术学》第十九期，1998年。《良渚文化发现六十周年纪念学术讨论会论文集》（出版中）。

［33］ 同前注，第14、17页。

［34］ 大汶口、山东龙山、陶寺等文化遗物上都见到最近的资料，见《文物》1998年第12期。

［35］ 云希正、牟永抗：《中国玉器全集·原始社会》，河北美术出版社，1992年。

［36］ 邓聪：《东亚玉器》，香港中文大学，1998年。

［37］ 徐炳昶：《中国古史的传说时代》第二章之二，《风偃集团》，国立北平研究院，史学研究所研究丛书，1943年。

［38］ 桑秀云：《从东夷到南蛮——苗族发展史之：三苗的起源》，《劳贞一先生九秩荣庆论文集》，简牍学会，1997年，第81—87页。

［39］ 杨美莉：《黄河中、上游的多孔石、玉刀——多孔刀形玉兵系列之三》，《故宫文物月刊》第十四卷第四期，1996年。

［40］ 龚维英：《论东夷族的分化及皋陶族的南徙》，《江汉考古》1989年第1期。

［41］ 刘敦愿：《云梦泽与商周之际的民族迁徙》，《江汉考古》1985年第2期；《试论古代黄淮下游与江汉地区的交通关系民族迁徙》，《纪念顾颉刚学术论文集》，巴蜀社，1990年。

［43］ 同［38］，第88页。

［44］ 黄帝与蚩尤大战以后，蚩尤迁徙，部分族人融入江汉旧族，而成为三苗的主要成员之一。颛顼、尧、舜、禹

等，都曾经讨伐三苗。分别见诸：《尚书·吕刑》《吕氏春秋·召类》《淮南子·修务训》《墨子·非攻下》诸篇。龚维英先生考证翔实，见注［38］，第67、68页。

［45］汪遵国：《良渚文化玉器综论》，《东亚玉器》，香港中文大学，1998年。

［47］中国社会科学院考古研究所：《新中国的考古发现与研究》，1984年，第69页。

［48］黄宣佩：《齐家文化玉礼器》，《东亚玉器》，香港中文大学，1998年。

［49］笔者曾有论述，论证光素直壁的玉琮为齐家或中原龙山文化的遗物。见邓淑苹：《"玉器时代"论辩刍议》，《结网集》，东大书局，1998年，第32、33页。

（原载于《考古与文物》1999年第5期）

神木新华遗址出土玉器的几个问题

孙周勇

新华遗址位于神木县西南大保当镇东北的新华村附近一个名叫"彭素圪垯"的土丘之上，距石峁遗址约 20 千米。遗址中心分布于彭素圪垯高坡上，长约 250 米，宽约 120 米，总面积约 30000 平方米。遗址周围为平缓的沙丘和坡地。由于常年水土流失严重，遗址地表上裸露着大量的陶片，并可零星采集一些细石器、骨器等遗物，在一些断崖旁边可以观察到灰坑、窑址、房址的遗迹。遗址附近有间歇性河流——野鸡河流经。野鸡河是秃尾河的一条支流，秃尾河最后汇入黄河。

1987 年，为了配合神府煤田的开发，艾有为对神木一带新石器时代遗址进行了初步的调查，当时在新华遗址采集到了两件玉环[1]。1996 年和 1999 年，为了配合国家重点工程——陕京天然气输气管线和神延铁路的建设，陕西省考古研究所先后两次对处于工程建设区的新华遗址进行了大规模考古发掘[2]。在第二次发掘中发现了一个玉器坑，出土了 32 件精美玉器。本文试以新华玉器坑 K1 出土玉器及其相关问题的探讨为出发点，进而对包括石峁玉器在内的陕北地区出土的所谓龙山时代晚期玉器所属考古学文化的性质、分布地域及玉器时代等问题提出一些粗浅看法。不妥之处，敬请方家指正。

一、玉器坑 K1 及其性质探讨

新华遗址玉器集中出土于一个鞋底形的土坑之内。该坑位于整个发掘区西北部的 T0812 东隔梁下，是在整个区域发掘基本结束，统一打掉隔梁时发现的。由于 K1 显露时，其坑口平面形状似一座墓葬，是故工地编号为 99SXM18，整理时调整编号为 99SXK1（图一）。

K1 开口于①层下，开口距地表 0.12 米，打破生土。平面形状呈长方形，两短边弧凸，两长边略向内凹成近亚腰型。坑壁未经进一步加工，显得较为粗糙，个别地方略有坍塌损毁。坑底平整光滑。坑底中央有一个小坑，圆形圜底，直径 0.18、深 0.05 米。小坑靠近底部发现有少量鸟禽类骨骼，骨质纤细脆弱。K1 东西长 1.40、南北宽 0.46—0.5、深 0.12—0.22 米。K1 内填土呈黄灰色，土质较硬，夹杂少量沙石粒及碎陶片。K1 内共埋藏有 36 件玉石器，均竖直侧立插入土中，有刃部的器物刃部朝下埋入土中，无刃部者其薄面朝下。36 件玉石器分 6 排排列，每排插置器物数量不等，多者 10 件，少者 2 件，器物与器物之间基本保持平行。K1 内出土的 36 件玉器中 1 号、3 号、6 号为同一件玉钺上残片，11 号、16 号为同一件玉铲上残片，29 号、31 号为同一件玉玦残片。经过拼对粘合后，实际出土玉器 32 件，器形有钺、铲、刀、斧、环、璋等。

总体来说，K1 内出土的玉器形制较为简单，器形不甚丰富。坑内器物以片状器为主，占总数

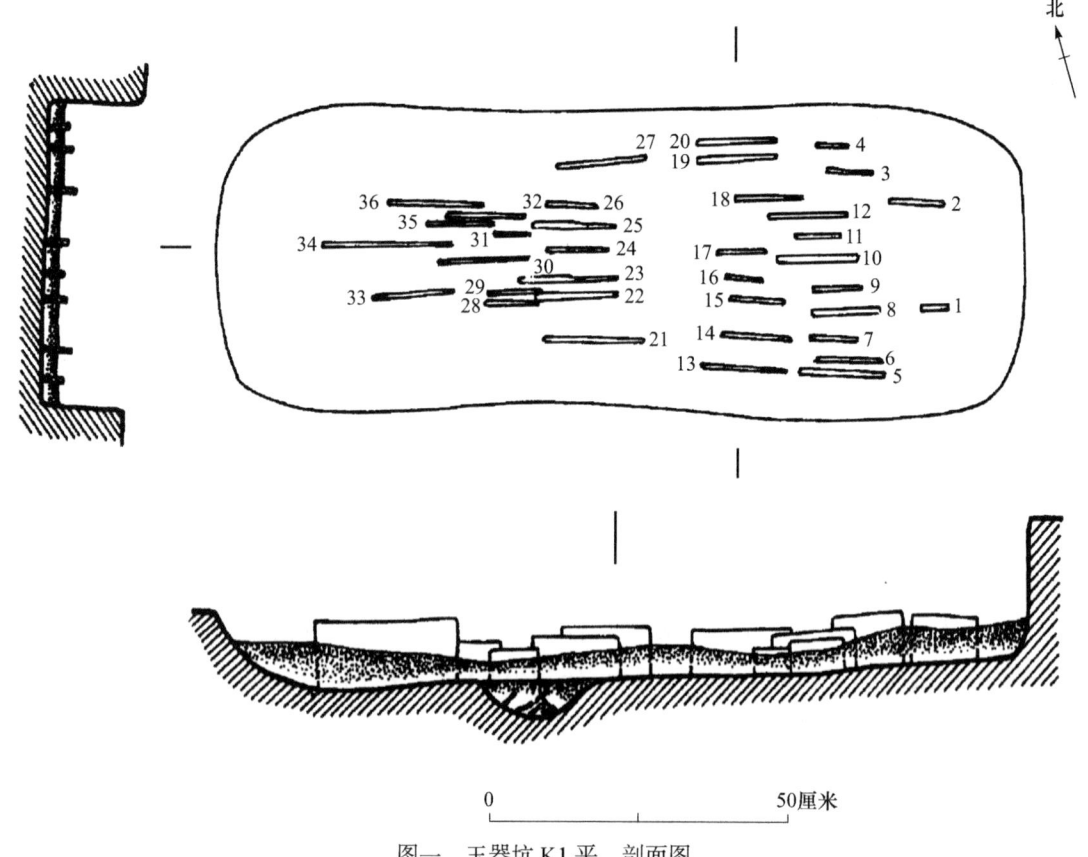

图一　玉器坑 K1 平、剖面图

1、3、6、13、14、19、24、27. 玉钺　2、9. 残片　4. 玉环　5. 玉笄形器　7、10、11、15、16、23、28、30、33—36. 玉铲
8、22. 玉璋　12、18、21、25、32. 玉刀　17、26. 玉斧　20. 玉佩饰　29、31. 玉璜

的 85% 以上，许多器物都没有明显的刃部，个别器体极薄，厚度仅仅两三毫米，显非实用器物，当已经具有了礼器的性质。K1 特殊的形制及整齐规则的玉器排列及埋葬方式，显然是经过精心布置的。K1 坑底中央埋葬鸟禽骨头的小坑，似乎与殷商时期的常见腰坑有着相似的功能或含义。这些现象都表明了 K1 作为一种文化遗迹，可能和当时某种祭祀活动有关。

在安徽凌家滩遗址[3]中同样发现了与新华遗址 K1 规模相当的处于祭坛遗迹之上的祭祀坑。在祭坛表面发现了 3 处祭祀坑和 4 处积石圈。坑内出土了泥质灰陶盆 2 件、夹砂灰陶盆 1 件，并出土了一小段较细的禽骨。将凌家滩祭祀坑与新华遗址玉器坑 K1 比较，不难发现二者在许多方面竟有惊人的相似之处，例如，二者均位于墓地之中，规模相当，埋葬深度接近（排除后期破坏因素），而且都在坑底部出土了纤细的禽骨。不同的是，凌家滩遗址祭祀坑位于规模宏大的祭坛之上，坑内埋藏有陶器，而新华 K1 与房址、灰坑、窑址等遗迹交错分布，坑内不见陶制品，而是整齐地摆放着玉器，且底部专门有一个小坑内葬鸟禽动物。此外，凌家滩祭坛上还发现了大量积石圈，在与新华遗址分布地域相当而时代较早在阿善文化中，积石现象大量出现，多被认为是物和祭祀遗迹相关[4]。因此，凌家滩遗址祭祀坑及祭坛性质的确认当不存在问题。新华遗址由于地处风沙盛行区域，水土流失严重，尚未见到祭坛类设施。但是，从相去数千里、相差千余年的不同文化圈的人类遗存在上层建筑方面表现出来的难以置信的相似之处来说，不能不使人将新华遗址玉器坑 K1 的性质与祭祀活动联系起来。

如上所言，玉器坑位于新华遗址居址与墓葬分布区内，没有相对独立的存在空间，因而将与玉器坑关系密切的遗迹综合考察就成为判断玉器坑性质的一个重要途径。对新华遗址初步研究表明，墓葬散落分布在灰坑、房址、窑址等居住遗迹里，多数打破或叠压这些居住遗迹，极少数墓葬被灰坑、房址等遗迹打破或叠压。墓葬是新华遗址中相对年代最晚的一组遗存，但其时代范围及文化特征均不超出遗址整体内涵，它仍然属于新华遗存的重要组成部分。新华遗址墓葬保持了晋西北、内蒙古中南部及陕北地区龙山晚期以来的随葬品稀少的特点，仅在2座墓葬中发现了随葬的少量玉石器。这2座有随葬品的墓葬规模较大，共发现3件随葬器物，分别为玉铲、绿松石坠饰、玉柄形器，其中玉铲无论在玉质还是器形上都和K1内玉铲相近，而出土于99SXM27的玉柄形器与中原地区二里头墓葬中常见的柄形器（二里头81YLV MM4：12）[5]如出一辙，形制几乎完全相同。二里头81M4的年代被认为属于二里头二期，新华遗址墓葬的年代应该大致与此相当，这与我们后文对玉器坑K1时代的判断基本一致。因而相比较而言，从时代来讲，可以认为新华遗址墓葬和玉器坑的关系可能更为接近。K1周围共环状分布了M6、M16、M14、M12、M8等十余座墓葬，这些墓葬要么打破居住遗迹，要么直接坐落于生土之上，不与K1直接发生关系。但仔细观察不难发现，这十余座墓葬头向基本趋于一致，在整个发掘区内形成了一个相对独立的墓群，而K1恰巧就位于该组墓群的中心位置。这种现象可能表明墓葬主人之间存在着某种或是血缘或是家族上的关联，而K1则很可能就是新华遗址主人对先祖或地神之类进行祭祀而遗留下来的文化遗迹。

那么，这种可能存在的祭祀是否是一种墓祭形式呢？20世纪80年代初期，学术界围绕先秦时期墓上建筑和墓祭的相关问题展开了热烈讨论。杨鸿勋先生认为，汉代人所说的"古不墓祭"是错误的，至迟到商代已经有墓祭[6]。杨宽先生对此却不以为然，认为先秦时期墓上建筑不可能用于祭祀，而是陵寝的"寝"是墓主灵魂的饮食起居之所[7]。显然新华遗址所见的玉器坑K1不属于墓上建筑之类，因而不同于以上所谓"墓祭"范畴。考古发掘表明，商代已经大量出现了埋葬人牲遗骸的祭祀坑，其性质已被学术界公认。既然如此，处于龙山晚期至夏代早期的新华遗存创造者在拥有了高度发达的社会文明并出现了墓葬规模及等级差别社会现象的同时，采用玉器而不用杀牲来作为祭祀也未尝不可。然而，值得注意的是，K1内埋葬的玉器中包括了相当一部分的残器、改制器、半成品，对于珍贵稀有的玉器来说，在先民的心目中占有至高地位，反复利用，长期传承，K1出现并不完整的器物也不难理解。总而言之，虽然目前的研究尚不能完全排除K1作为玉器窖藏的可能性，但有一点可以肯定的是，这些玉器显然已经脱离生产工具的范畴，具有了一般器类难以替代的神秘功能和特殊含义。

二、新华遗址出土玉器制玉工艺和玉质

新华遗址玉器集中出土于1999年发掘的玉器坑K1内，此外，在同年发掘的墓葬中也出土了3件玉石器随葬品，其中包括绿松石1件，地层及灰坑里出土残玉器4件，加上1987年采集的2件玉环，新华遗址历年来一共出土玉器39件。

新华遗址玉器玉质温润缜密，光泽灿烂，晶莹可爱，制作精美，造型别致而规范。虽然在发掘工作中未发现当时制玉的工具，但是仍然能够从残留在器物表面的一些切割及钻孔留下的摩擦痕迹

对当时的琢玉工艺及工具加以推测。新华遗址玉器琢玉工艺综合了研磨、削切、钻孔、抛光等技术。在发现的 32 件玉器中，有 7 件器物表面留下了开料时的锯割痕迹。一类为弧线形痕迹，多形成凹形波槽，波槽边缘有边棱，例如，玉钺（K1：14）在器身一面上保留着一个半弧形的棱脊，它将器表分为两个高低略有差异的平面，据此来看，此器在开料时可能使用了砣锯类工具；另一类为直线形痕迹，比如玉刀（K1：12），其刃部留下一条直线形棱脊，在放大镜下可以明显观察到分布在棱脊周围错综交杂的直线条痕，这类痕迹较为普遍，当是利用某种直线形锯在往复运动切片时，带动解玉砂类物质磨擦所致。

除开料痕迹外，还留下大量钻孔痕迹。钻孔是新华玉器中普遍采用的技术。在 32 件器物中，95% 以上都有钻孔，个别还有 2 个孔。从钻孔剖面来看，一类为单面钻，孔壁略呈斜坡状，整体呈马蹄形；一类为两面对钻，两侧均有斜坡状孔壁。从观察结果来看，单钻使用较多，且多见于胚体较薄者；两面对钻常见于胚体略厚的器物上。不论何种钻法，圆孔基本都呈现出上口较大，下口略小的现象。观察发现，钻孔当中可能使用了两种不同类型的工具。一种为管钻，孔痕上口规整，孔壁有螺旋纹状磨擦痕迹，孔底往往可见毛边或薄薄的小台阶，当为管钻未透时不再继续钻进而将底口敲开留下的。此类钻孔占大多数，形制较为规整。例如玉铲（K1：33），其柄端圆孔旁有一个圆圈，印痕不深，中间保留着尚未套取的玉芯，是管钻工艺的一个最好说明。另一种孔痕上口较大，下口细小，这种孔当是使用所谓的"桯钻"[8]或螺丝状石钻头加工而成。例如玉刀（K1：32），其侧缘上有一个半圆形孔，孔壁呈斜坡状，孔壁外围残留有直径约 1.5 厘米的同心圆纹，上大下小的孔壁及孔壁周围出现的同心圆纹就是这种工具留下的痕迹。尖状钻头在凌家滩遗址已经发现[9]，新华遗址虽未见到这种钻孔工具，但这类孔的形成当与螺纹状钻头有关。此外，新华遗址玉器中许多器物已经具有了较高的光泽度，周边光滑圆润，这表明，新华先民已经掌握了抛光技术并能熟练地应用于琢玉过程中。

对新华遗址 K1 出土玉器中的 24 个标本的成分测定表明，新华玉器玉质繁杂，包括叶蛇纹石、阳起石、透闪石、绿泥石、丝锌铝石、大理石等[10]。其中，以叶蛇纹石为主，共 11 件，占测定标本的 45% 左右，其次为阳起石—透闪石类，共 9 件，占 27.5%。按照玉石学观点，阳起石—透闪石类矿物即所谓的软玉，软玉的矿物成分主要由透闪石或偶尔由少量阳起石组成，有时也有透辉石等其他矿物杂质。透闪石无色，纯者不含铁或含铁极少，当成分中铁的含量超过 4%，则过渡为阳起石，阳起石因含铁而呈绿色或暗绿色[11]。新华遗址玉器真正属于透闪石的器物仅有 2 件，6 件为阳起石，另外 1 件包含大量阳起石和少量透闪石，其余绝大部分玉器属于蛇纹岩类玉石。据笔者肉眼观察其余未经测定玉器，蛇纹石类质地的玉石比例要远远高于已测试标本计算出的比例。蛇纹石类玉石是一种含水的镁硅酸盐，半透明或微透明，硬度 4—6 度，比重 2.2—3.6，其成分中常含有铁、锰、铝、镍、钴、铬等金属元素杂质，这些杂质的混入可使蛇纹岩呈现白、黄、淡黄、浅绿、绿、墨绿等颜色[12]是我国分布最广、利用最早的玉石材料[13]。这类玉石较为著名的产地有辽宁岫岩、甘肃酒泉、广东信宜、新疆昆仑等。对比新华遗址玉器主要化学成分中部分主要元素含量，比较接近于岫岩玉。但其产地，却不敢贸然断定与辽宁岫岩有关。学者们多倾向于石峁玉器及延安芦山峁玉器的产地就在陕北或周围一带[14]。结合陕北地区同期类似玉器出土地域不断扩大及数量增加的现状[15]将其解释为贸易或战争所得显然难圆其说。我们认为正如新华遗址出现的大量石质生产工具而现在却在遗址周围根本找不到石头产地一样，陕北地区或周围当存在着目前尚未被发现的玉料产地。

三、新华遗址出土玉器的年代问题

目前，在陕北地区大量出土早期玉器共有 3 次，包括神木石峁[16]、延安芦山峁[17]及神木新华。其中，经过正式考古发掘的仅新华遗址一处。由于玉器具有稀少珍贵的特性，一般来说，流传时间长，器形变化不大，故不宜直接从玉器本身的演变来断代。那么，借助于考古学研究方法，通过对玉器拥有者或使用者遗留下来的物质遗存的研究，就成为玉器断代的一个重要途径。因此，通过对新华遗址考古遗存特别是陶器形态变化的编年研究并借助于自然科学的测年手段，可以较为准确而且可靠地判断新华遗址玉器的年代及相关问题。

新华遗址陶器群的主要器型有鬲、斝、盉、三足瓮、罐、尊、甑、盆、豆、碗、杯等，其中空三足器发达。生产工具中除磨制的石斧、石锛、石刀、石铲等外，还有大量细石器。细石器种类丰富，数量繁多，包括石镞、刮削器、尖状器、石片等。骨器制造发达，在遗址中出土了大量的骨锥、骨镞及骨匕、骨针等，显示了这一农牧间杂地带的经济特征。此外，还发现了大量极具特征的卜骨。从文化面貌上来说，新华遗址出土的双鋬高领鬲、斝、三足瓮、盉、甗、大口尊、高圈足豆等器物，和游邀早期[18]、寨峁二期[19]、永兴店遗存[20]、朱开沟一至二段[21]部分标本、大口二期[22]、石峁遗存[23]、晋中地区 V 至 VI 期[24]同类遗存等关系密切，他们当属同一类遗存，但其在时代上和分布地域上却有着一定差异。从其相对年代来讲，新华遗存要晚于游邀早期、寨峁二期、永兴店遗存，而大致与朱开沟一、二段、大口二期文化相当。

新华遗址中与双鋬高领鬲、斝、三足瓮等伴出的有圈足罐、直口厚唇鬲、单把鬲等器物，这些器物和陶寺晚期遗存[25]显示出较强联系。虽然这类器物在出土物中所占比例不大，但从文化因素比较角度来说，新华遗址整体时代应该大致与陶寺晚期相当。新华遗址 H50 和 H14 的碳-14 测年分别为距今 4030±120 年、3940±120 年（均经树轮校正）与陶寺晚期测年基本相符或略晚[26]。一般认为，陶寺晚期的下限为公元前 1900 年[27]。结合以上已有的年代数据推断，新华遗址年代当在公元前 2100 年—前 1900 年。夏商周断代工程公布的夏代纪年范围是公元前 2070 年—前 1600 年[28]。若此，则新华遗址中玉器坑与墓葬所处的晚段遗存自然已经属于夏代早期。这样以来，新华遗址玉器的年代断定也就有了一个判断标尺。就其绝对年代来说，新华遗址玉器已属于夏代玉器范畴。

文物考古学界对神木的认识多源自于石峁玉器之精美现世。相传从 19 世纪末期开始，神木出土的玉器就逐渐流散到了海外[29]。伴随着 20 世纪 70 年代以来神木石峁玉器征集及遗址调查资料的相继公布[30]，神木石峁再次成为了世界范围内文物收藏家和玉器研究学者关注的焦点。但由于资料所限，人们对于石峁玉器的争议一直没有停息过。20 世纪 80 年代初的考古发掘和研究工作为石峁玉器的"身份"判定提供了可靠的背景资料[31]，从而使人们完全有理由把石峁玉器视为石峁考古学遗存重要组成部分[32]，这一点现在已经成为了学术界不争的事实。因而，通过对石峁遗址的考古学研究来判断玉器年代等相关问题就显得十分重要，但可惜的是，石峁遗址没有经过大规模发掘，关于其文化面貌及玉器与文化遗迹之间关系缺乏详尽的表述，因而对石峁玉器的埋葬性质、年代等相关问题一直聚讼不休。1999 年神木新华遗址的大规模考古发掘使这一问题的解决出现了转机。研究表明，新华遗存文化面貌与石峁遗址内涵基本一致，并且出土了大量精美玉器，这一发现为石峁玉器的年代及类似文化遗存定位等问题的解决提供了重要依据。

石峁遗存与新华遗存属于分布于河套地区的同一考古学文化[33]。无论从物质遗存反映的文化面貌还是遗址所处年代及分布地域上来看，石峁与新华遗存都属于同一族群所创造。作为代表该族群人社会发展程度主要标志之一的玉制品，无论从器形、玉质还是加工技艺上均表现出了较大的一致性。例如，新华与石峁发现的玉器中切割剖片现象普遍；玉质均以大量的蛇纹石、透闪石—阳起石为主，从肉眼观察，这些玉质多呈墨绿色、灰绿色；钻孔现象极为流行。石峁遗址随葬玉器的瓮棺葬，其葬具以三足瓮、盆形斝、敛口斝、双鋬鬲、折肩罐为代表[34]，用于瓮棺葬具的这些陶器是包括新华遗址在内的本地龙山晚期以来陶器遗存的典型代表。晋中地区以三足瓮的出现为标志被认为是跨入夏代纪年的信号[35]。石峁遗址玉器中出现的牙璋、玉戈等器物是二里头类型的典型器物。据此而论，石峁晚期也已经跨入了夏代纪年，石峁遗址玉器自然也可归属于夏代纪年范围之内。

石峁遗址玉器不仅种类丰富，器形精美，而且出现了牙璋、璇玑、人头雕像、动物雕像等，显然高出以片状器为大宗的新华遗址玉器一个等级。从大量精美玉器出土的现象及出现坚固的防御石城来看[36]，石峁聚落应该是龙山晚期以来内蒙古中南部、陕北地区的一个中心聚落，是一个具有凝聚力和向心结构社会集团的核心。而新华遗址聚落等级相对较低，与属于同一文化圈且基本同时的石峁聚落相比，处于从属地位。这种聚落规模及等级差异的存在表明，在包括石峁、新华、朱开沟在内的类似文化遗存分布范围内，存在着一个势力强大的社会集团。这一社会集团有着自己相对独立的生存空间和势力范围。而且在集团内部，已经开始孕育着文明起源的先声。进入夏代纪年的新华遗存、石峁晚期遗存延续了本地龙山晚期以来的文化特征，在陶器特征上丝毫见不到中原二里头文化的影子。因而表明，夏文化的影响在夏王朝建立初期远未波及到河套地区。在距今 4000 年前，包括内蒙古中南部、陕北地区在内的河套地区并未随着夏王朝的建立而成为其势力范围，反而保持着自己独立的文化传统与发展方向。生活在内蒙古中南部、陕北、晋西北的"新华文化"人群与夏王朝鼎足而立，这种状况与关中东部地区进入夏代以后的局面有类似的地方[37]。

注　释

［1］　艾有为：《神木县新石器时代遗址调查简报》，《考古与文物》1990 年第 5 期。

［2］　陕西省考古研究所：《陕西神木新华遗址 1999 年发掘简报》，《考古与文物》2002 年第 1 期。

［3］　张敬国：《含山凌家滩遗址第三次考古发掘主要收获》，《东南文化》1999 年第 5 期。

［4］　孙周勇：《大青山南麓石城聚落初步研究》，《文博》1999 年第 5 期。

［5］　中国社会科学院考古研究所二里头工作队：《1981 年河南偃师二里头墓葬发掘简报》，《考古》1984 年第 1 期。

［6］　杨鸿勋：《关于秦代以前墓上建筑的问题》，《考古》1982 年第 4 期；杨鸿勋：《〈关于秦代以前墓上建筑的问题〉要点的重申》，《考古》1983 年第 8 期。

［7］　杨宽：《先秦墓上建筑和陵寝制度》，《文物》1982 年第 1 期；杨宽：《先秦墓上建筑问题的再探讨》，《考古》1983 年第 7 期。

［8］　北京玉器厂技术研究组：《对商代琢玉工艺的一些初步看法》，《考古》1976 年第 4 期。

［9］　安徽省文物考古所：《凌家滩玉器》，文物出版社，2000 年，图版 136。

［10］ 玉器标本的化学成分测定由西北大学分析测试中心郭振琪教授完成。

［11］ 栾秉：《中国宝石和玉石》，新疆人民出版社，1989 年。

［12］ 同［11］。

［13］ 曲石：《关于我国古代玉器材料问题》，《文物》1987 年第 4 期。

［14］ 姬乃军：《延安市芦山峁出土玉器有关问题探讨》，《考古与文物》1995 年第 1 期；戴应新：《陕西神木县石峁龙山文化玉器》，《考古与文物》1988 年第 5、6 期。

［15］ 横山县陈塔、响水沐浴沟、韩岔梨树焉、高镇油坊头等出土了玉刀、玉铲、玉斧（钺）、玉环等，其时代确认为龙山晚期。据笔者观察，其玉质、玉色及器形等与新华玉器大致相同。参见韩建武、赵峰等：《陕西历史博物馆新征集文物精粹》，《陕西历史博物馆馆刊》（第 1 辑），三秦出版社，1994 年。

［16］ 戴应新：《陕西神木县石峁龙山文化遗址调查》，《考古》1977 年第 3 期；戴应星：《陕西神木县石峁龙山文化玉器》，《考古与文物》1988 年第 5、6 期。

［17］ 姬乃军：《延安市发现的古代玉器》，《文物》1984 年第 2 期。

［18］ 忻州考古队：《山西忻州市游邀遗址发掘简报》，《考古》1989 年第 4 期。

［19］ 吕智荣：《陕北、内蒙古中南部及晋北地区寨峁文化》，《史前研究》，三秦出版社，2000 年。

［20］ 内蒙古文物考古所：《准格尔旗永兴店遗址》，《内蒙古文物考古文集》（第 1 辑），中国大百科全书出版社，1994 年。

［21］ 内蒙古考古研究所：《朱开沟——青铜时代早期遗址发掘报告》，文物出版社，2000 年。

［22］ 吉发习、马耀圻：《内蒙古准格尔旗大口遗址的调查与试掘》，《考古》1979 年第 4 期。

［23］ 戴应新：《陕西神木县石峁龙山文化遗址调查》，《考古》1977 年第 3 期；西安半坡博物馆：《陕西神木石峁遗址调查试掘简报》，《史前研究》1983 年第 2 期。

［24］ 国家文物局、山西省考古研究所、吉林大学考古学系：《晋中考古》，文物出版社，1998 年。

［25］ 中国社会科学院考古研究所山西工作队、临汾地区文化局：《山西襄汾县陶寺遗址发掘简报》，《考古》1980 年第 1 期；《陶寺遗址 1983—1984 年Ⅲ区居住址发掘的主要收获》，《考古》1986 年第 9 期。

［26］ 中国社会科学院考古研究所：《中国考古学中碳十四年代数据集（1965—1991）》，文物出版社，1992 年。

［27］ 高天麟、张岱海、高炜：《龙山文化陶寺类型的年代与分期》，《史前研究》1984 年第 3 期。

［28］ 夏商周断代工程专家组：《夏商周断代工程 1996—2000 年阶段成果报告》，世界图书出版公司，2000 年。

［29］ 仅以耒形端刃器（牙璋）而言，海外收藏有被指认为陕西出自神木的单位有大英博物馆、科隆远东博物馆、哈佛大学萨克勒博物馆、波士顿美术馆等。参见王永波：《耒形端刃器的分类与分期》，《考古学报》1996 年第 1 期。

［30］ 戴应新：《陕西神木县石峁龙山文化遗址调查》，《考古》1977 年第 3 期。

［31］ 西安半坡博物馆：《陕西神木县石峁龙山文化玉器》，《考古与文物》1988 年第 5、6 期。

［32］ 戴应新：《陕西神木县石峁龙山文化玉器》，《考古与文物》1988 年第 5、6 期。

［33］ 孙周勇、张宏彦：《石峁遗存试析》，《考古与文物》2002 年第 1 期。

［34］ 西安半坡博物馆：《陕西神木石峁遗址调查试掘简报》，《史前研究》1983 年第 2 期。

［35］ 许伟：《晋中地区西周以前古遗存的编年与谱系》，《文物》1989 年第 4 期。

［36］ 据榆林地区文管会乔建军先生见告，石峁遗址周围存在着坚固的石筑围墙。虽然关于其围墙时代有不同观点且未经正式发掘，但笔者认为围墙应该就是石峁遗址外围的一种防御设施，其时代当与遗址年代相当。

［37］ 张天恩：《试论关中东部夏代文化遗存》，《文博》2000 年第 3 期。

（原载于《中原文物》2002 年第 4 期）

"一目国"玉人面考

——兼论石峁玉器与贝加尔湖周边玉资源的关系

杨伯达

陕西神木县石峁龙山文化遗址中先后出土了大批玉器，早在 20 世纪 20—30 年代出土的玉器已为欧美几家博物馆收购入藏。1949 年之后，石峁村民在耕地、修建梯田、开坡筑路时不断发现古玉，这些古玉有的被农民作为镇宅之宝加以珍藏，有的则被卖到高家堡农副产品收购站，收购站将收购到的古玉一律上交外贸部门出口换取外汇，据悉，其中一部分残器被改作材料使用。由此可知，榆林神木石峁等地出土玉器已部分流失到海外，还有被外贸部门改制者，其数量相当庞大。这一点我们在研究石峁等地出土玉器时必须注意而不应置之度外。

1976—1979 年，陕西省考古研究所戴应新研究员以现金从农民手中收购到 127 件古玉，交陕西省博物馆典藏，现为陕西历史博物馆藏品[1]。笔者有幸得以目睹其中黑玉璋等少数玉器，深感这批玉器在中国史前玉器史上占有十分重要的地位，有着较高的学术价值。《中国美术全集·工艺 9·玉器》仅刊出其"玉人头"一件（该集之二一）（本期封底），1994 年 1 月，台北故宫博物院月刊《故宫文物》（130·图一四七）再次刊出。此玉人头是我国史前玉人头像之中唯一一件侧面像，高 4.5、宽 4、厚 0.5 厘米，玉髓质，近乳白色，头顶有一椎髻，蒜头鼻，口外凸，一大耳突出于脑后，一只大眼刻于髻下，口与颚间钻一孔，其下是短颈，作工极为古拙夸张。戴应新先生评此玉人头云："雕刻手法古拙，各部比例和位置虽有失当，但形象传神，酷似今日健壮憨厚的陕北青年男子相貌，给人一种超越时空概念的亲切感和真实感，散发出浓郁的黄土乡里气息。"[2]笔者认为，他的一只大眼睛和一只大耳朵的形状及其位置都是违反常态的，十分古怪离奇。当然，古人塑造形象时难免会有一定的随意性，但也不会凭白无故地远离现实，其中必有不为我们所知的隐秘，这一秘密需要我们揭开。

一、石峁"玉人头"即"一目国"玉人面

近年，笔者为了研究我国古代玉矿分布及其玉文化板块问题，便悉心查寻学术界研究先秦文献的相关成果，同时也研读有关的古文献，而《山海经》则是首选的重要先秦文献。在《山海经》中记载了"一目国"与"一目人"[3]的古说，其《海外北经》所记"一目国"云："一目国在其东，一目中其面而居，一曰有手足。"该书并附有披发裸身的一目国人插图，可见一眉一目在鼻上（图一）。

袁珂校注案："《淮南子·坠形篇》有一目民。《大荒北经》云：'有人一目，当面中生，一曰是

1   2

图一　《山海经》所附插图

1. "一目国"人像　2. "一目国"人像头部

威姓，少昊之子，食黍。'即此。"[4]郝懿行云："此人即一目国也。"见《海外北经》[5]。珂案：《海内北经》有鬼国，亦即此，威、鬼音近。"[6]指明一目人为少昊之子，威姓，其宗姓都已疏理清楚，为"一目国"的记载稍作补充。

以上两条关于"一目"的记载当然是一种神话传说，也是违反生理的，确实是荒诞可笑，不足凭信。可是若与石峁一目玉人像对照，两者可互为对应，确有关系，可证此"一目国""一目人"的记载还是有来头的，不应是空穴来风。说明这一远古神话曾经传播到石峁文化圈，由口头代代相传，至东周始记入简牍，流传至今，而绝非后人杜撰。石峁文化玉人在创造他们的图腾神、祖先神或保护神的一目人时，理所当然地参酌他身边人（可能是酋长）的形象为一目人传说的现实模特，再将其一只眼睛放大，"中其面而居"，占了耳朵的部位，又灵活地把耳朵移到了脑后，这就是史前玉人创造形象时经常采用的随意性手法，加以变通处理。但是在夸大传说中远祖的一只眼睛时确实又是非常严肃的，这就是史前玉人创作的严肃性。这一严肃性与随意性的有机结合，则是石峁玉人的工艺的、艺术的创作原则。上面我们仅将《海外北经》的"一目国"的记载与石峁一目玉人像联系对应，说明了两者确实存在着密不可分的内在关系，进而理应承认石峁玉一目人面像也就是"一目国"人留下的一件极为珍贵的玉雕作品。

二、石峁古遗址出土玉器即"鬼"玉

既然承认石峁玉人头像是《山海经》里的"一目国""一目人"的物征，也是"鬼"部的图腾，进而也可以说石峁遗址的族属有了线索，一目国的方位及其地域也有了可靠的空间。一目国的地望究竟在何方？据《海外北经》记，一目国在无骨国之东，而无骨国位于"海外……至西北陬者（珂案）"[7]，可以肯定位于我国西北部，但其具体地区未详。再查《海内北经》"鬼国"[8]，其地在"海内西北陬以东者"，也就是北部偏东者，正合《论衡·订鬼篇》引《山海经》（今本无）所云"北方有鬼国"[9]。其全文如下：

鬼国在贰负之尸北，为物人面而一目。一曰贰负神在其东，为物人面蛇身。

珂案："（鬼国）即一目国，已见《海外北经》，《大荒北经》亦云。伊尹《四方令》云：'正西鬼亲。'《魏志·东夷传》云：'女王国北有鬼国。'则传说中此国之所在非一也。"[10] 这就是说鬼国也就是一目国。那么由石峁出土的玉一目人头像也可证其地为一目国，也就是鬼国。进而可以确认石峁出土玉器均为鬼国玉。确认其国属为鬼国，这是非常重要的。鬼国范围有多大？从上述珂案"此国之所在非一也"的解释，可想其所辖地域有北方与东北方，是极其广阔的。今又据考古发掘资料研究，石峁类型遗存的分布范围大致可以确定在阴山以南、汾河上中游以西，包括今内蒙古中南部、陕北、晋中、晋西北的广大地区[11]，正合《禹贡》冀州之北地[12]，当然远不及上述"珂案"之广，这也是考古学家与史学家的不同之处。我主张兼采二家之长，这是文物学家理应采取的正当立场而不偏不倚。我国古地名往往持续使用很长的时间，沿用几百年甚至上千年。《山海经》中的鬼国（一目国）可能是东周文人据口头传说记入简册，所以在"鬼"、"一目人"之后加上一个"国"字，实际上在史前之后期尚没有出现"国"，更不会有国的名称，故《山海经》中的"国"都是春秋战国时文人所加，不必妄信，姑且将"国"字释为"地域"即可。我们可以相信，"一目人"及"鬼"的传说可能出现于传说时代的三皇五帝时，也就是考古学上的新石器时代，至迟于其晚期还在流传。《竹书纪年》上书契："武丁高宗三十二年伐鬼方"，"三十四年王师克鬼方。"[13] 殷伐鬼方的战争持续了整整3年，可知战争之规模及其艰苦程度。从这一角度分析，也可判断"鬼"方是殷代之大国，也是殷王朝的劲敌，其实力不可低估。其丰富的文化遗产尚有待今后发掘，石峁所出文物包括玉器仅是鬼文化遗存中的很小一部分而已。殷时，鬼方地望位于今北方河套一带。《竹书纪年》、《易》等古文献均记殷灭鬼方，实际上鬼方军事主力虽然遭到了毁灭性的打击，但其一部分武装力量和部众却溃逃到北方、西方或东北方，至周时称为猃狁，恢复壮大并威胁到周的安全，终于打败周朝，杀了幽王，迫使平王迁都洛阳，平王受到鲁、郑等诸侯的保护才保住了名义上的周天子王位。打败周王的猃狁也就是鬼方的后裔，又经历了与秦国的长期较量终于失败，其残部向北逃窜。想必伊尹《四方令》所云"正西鬼亲"及《魏志·东夷传》所云"女王国北有鬼国"，可能都是《山海经》中所说的"鬼国"逃窜至东北的部众或其后裔，故其住地也会迁徙别处，这是可以理解的。总之，鬼国、鬼方、猃狁、流鬼等都是《山海经》所记的鬼国，即一目人国在不同时期其部族或政权的称谓。西汉时期，鬼方故地已为匈奴据有，匈奴失势后又为突厥所占，与中原王朝的往来受阻，但其后裔"流鬼"仍在贝加尔湖以北地区游牧，维持生存和繁衍。至唐"贞观十四年，其王遣子可也余莫貊皮更三译来朝"修好并通贡[14]，这正说明"珂案"所指出的传说中的"此国（鬼国）之所在非一也"的估计是正确的。《山海经》中的北方究竟到了何地？这也是研究"鬼"的地望时须要交待清楚的问题。据姜亮夫先生考证，"《山海经》中所涉及的地方，西到黑海，东到太平洋，南到印尼，北到西伯利亚"[15]。西伯利亚则当然包括贝加尔湖以北地区。实际上，鬼国活动、生息的地域由朔方到西伯利亚贝加尔湖以北地区，有着长达4600余年（公元前4000年？—公元640年？）的历史，这一情况往往被考古界和文物界的研究人员所忽略。

三、石峁"鬼"玉来源与贝加尔湖周边玉矿的关系

鬼方这一段历史对我们研究贝加尔湖东北外兴安岭及其西南东萨彦岭的丰富玉矿藏的被发现利用是一不可忽视的因素。在西伯利亚贝加尔湖北地活动生息的鬼国不会对上述两处玉料视而不见或漠不关心的,这就是在研究鬼国石峁文化玉器之玉料来源时不可忽略的一个重要方面。

石峁遗址的地望表明它是"鬼"的区域偏南的一部,鬼之北部可达到贝加尔湖以北。俄罗斯学者已注意到贝加尔湖周边古文化玉器与古代中国和东北亚文化的交流[16],但这个问题还未引起我国考古学界的充分关注。笔者认为,认真地研究石峁遗址玉器是解决"鬼"玉问题及其玉料来源的关键所在。石峁文化的创造者当为史前时期之"鬼"部的酋邦之一,石峁是殷代鬼方的驻地之一,其出土的126件玉器[17]确是至关重要的物证,可知石峁地区在当年确已有了相当发达的玉文化,其源头及其后续发展都是值得研究的,这为我们的玉器史研究提出了新课题。在这一新课题中,石峁玉器的材料属性及来源是不可回避的首要问题。戴应新《神木石峁龙山文化玉器探索》一文中指出:

> 省馆典藏的石峁玉器曾经西安地质学院专家鉴定,质料为墨玉、玉髓、石英岩、大理石岩、蛇纹石岩、黑耀岩、碧玉、基性超基性变质岩和酸性硅酸岩磨制而成,属软玉类,硬度在6至7度之间,可惜未作比重测定。玉料来自陕北本地、关中的蓝田、富平和附近的内蒙古、甘肃一带,但无和阗玉。

笔者亲眼所见石峁玉器不多,仅以所见之黑玉为例,则有微透明和不透明的两种。前一种对着光源来看,其端薄处可透光,呈烟褐色,质坚而泽;后一种不透明,质干而涩,类石而不是玉。前一种呈烟褐色的黑玉与四川巫山大溪文化遗址出土的黑玉人面形佩[《中国玉器全集》(1)]的玉材相同。宋人云"蜀出黑玉",故此种黑玉可能是四川土产,其产地不明,估计石峁微透明的黑玉玉料可能来自四川。可想石峁文化玉器的材料来源确实不止一处,也是多元的,已经不是"就地取材"了,而是经过长途运输方可到达石峁,这又需途经一条运送蜀玉的"玉石之路"。如果这个看法成立,似可略补戴文所言"玉料来自陕北、关中和内蒙古、甘肃一带"之缺。还有,过去在研究古玉原料来源时曾忽略了产于俄罗斯今布里亚特蒙古自治共和国东北部外兴安岭维提姆河和伊尔库茨克州东萨彦岭等两地玉矿,当今我们称其所出之玉为"俄罗斯玉"。可是退回到距今4000余年的史前时期,此地所产玉材与俄罗斯没有任何关系,自然也不能称之为"俄罗斯玉"了。那么应当称作何玉? 如果考虑到文献记载和出土玉器这两种因素的话,石峁及其以北的地区应当属于鬼部活动范围。今俄罗斯伊尔库茨克州贝加尔湖西南部支流地区已出土了距今5000年到4000年的玉器,笔者在伊尔库茨克州国家联合博物馆看到展柜中陈列的20余件青铜时代(公元前5000—前4000年)的玉器,可能因年代和文化传统的关系,与现今所见石峁文化玉器是不同的。因尚未得见者颇多,所以对其总体情况我们还不清楚,还不宜妄下断语。但足以表明其地青铜部落已经开发利用了东萨彦岭玉,同时也不能排除该部将东萨彦岭玉向南运出的可能,所以携带东萨彦岭玉南下进入"鬼"地也是意料中事。而鬼地玉器除了石峁这批之外,也还出于陕北的米脂、靖边、府谷及内蒙古准格

尔旗等地[18]。尤其延安芦山峁龙山文化遗址出土玉器的玉料来源问题，长期以来还未引起人们的关注，还没有人去认真研究。

总之，我国北方、东北方各考古学玉文化的玉料来源可能是多元的，需要考虑贝加尔湖两处玉矿所产玉料输入的问题。以当今已发现的石峁、芦山峁、内蒙古敖汉兴隆洼、辽西查海以及黑、吉两省新石器时代遗址出土的玉器为基本资料，进而探讨其玉材来源，须将东萨彦岭和外兴安岭两大玉矿及其散于河流、溪谷、坡地的次生玉子料纳入我们的视野。

今后，应查清北方各考古学文化遗址出土的玉器中有无利用来自上述两大玉矿所出的次生玉子所制的玉器。这一跨国、跨区多单位合作的研究工作是非常困难的，不是轻而易举的，但这个问题不可回避，尤其对我国北方、东北方的新石器时代各考古学文化玉器的研究上只是一个动手迟早的问题。关键是认识和条件，认识不到位、条件不具备是开展此项研究工作的最大障碍。

注　释

［1］　戴应新：《神木石峁龙山文化玉器》，《考古与文物》1988 年第 5、6 期。
［2］　戴应新：《神木石峁龙山文化玉器探索》（完结篇），《故宫文物月刊》第 130 期，第 75 页。
［3］　袁珂校注：《〈山海经〉校注》，上海古籍出版社，1986 年，第 232、435 页。
［4］　同［3］，第 435 页。
［5］　同［3］，第 436 页。
［6］　同［3］，第 436 页。
［7］　同［3］，第 229 页。
［8］　同［3］，第 311 页。
［9］　同［3］，第 232 页。
［10］　同［3］，第 311 页。
［11］　张宏彦、孙周勇：《石峁遗存试析》，《考古与文物》2002 年第 1 期。
［12］　尹世积：《禹贡集解·〈九州图〉》，商务印书馆，1960 年。
［13］　沈约注：《竹书纪年》，《影印文渊阁四库全书·史部》，（台湾）商务印书馆，第 18 页。
［14］　（宋）欧阳修、宋祁等：《新唐书》"流鬼属东夷"，中华书局，第 6209、6210 页。
［15］　姜亮夫：《楚辞今绎讲录》，北京出版社，1981 年，第 73 页。
［16］　杨伯达：《"琪"考》，《北方文物》2002 年 2 期，注［4］。
［17］　戴应新：《神木石峁龙山文化玉器探索》（一），《故宫文物月刊》第 125 期，第 45—47 页。
［18］　同［11］，第 48 页。

（原载于《考古与文物》2004 年第 2 期）

"华西系统玉器"观点形成与研究展望

邓淑苹

一、1993 年"华西系统玉器"与 1995 年 "古玉三源论"观点的提出

1980 年代以来，密集且有系统的考古发掘，在华东地区出土了大量精美的玉器，最受瞩目的有：辽西地区的兴隆洼—红山文化，太湖流域的崧泽—良渚文化。因而考古学界普遍认为史前时期只有华东地区发展了玉器文化。

笔者于 1979—1980 年，曾在欧美各博物馆考察 20 世纪前半流散的中国古玉，见到许多质地并非莹秀温润的玉刀、牙璋、大璧、大琮等。它们不但用料特殊，制作技术也很独特，常留有片切割与单向钻孔的痕迹。20 世纪 80 年代末期，读到戴应新先生发表文化大革命后在陕北神木县高家堡乡石峁村征集的玉器[1]，才了解海外流散数量庞大的刀、铲、牙璋等，主要来自黄河中上游。

台北故宫博物院于 1980 年代末期购藏了多件这类玉器，我选择其中三件委请"中央研究院"历史语言研究所的陈光祖博士，以 X 射线绕射仪分析测定质地，确定如图一这类以灰褐色为基调，带有团块与条斑的矿物，虽与一般人认知的莹秀美玉不类，但其质地确为闪玉 Nephrite（俗称软玉）[2]。

图一　台北故宫博物院藏龙山—齐家系玉刀
长 34.8 厘米

1990 年，笔者前往西安，邀请戴应新先生将他在石峁征集的 128 件玉器，撰文发表。1993 年为配合这批资料的发表，笔者也连续在六期《故宫文物月刊》上，以"也谈华西系统玉器"为题，发表我的研究心得[3]。正式提出"华西系统玉器"的概念。

"华西系统玉器"概念提出之初，甚受考古学家的怀疑，当时多认为华西地区根本没有玉器。1996 年笔者出席纪念良渚文化六十周年学术会议时，曾公开呼吁大陆考古界应尽快重视"华西系统玉器"的研究。上海博物馆的黄宣佩副馆长率先组团前往陕、甘等地考察，并发表论文[4]。与此时间相若的还有杨伯达先生也在考察甘肃境内玉器后，发表了相关报导[5]。不过由于科学考古出土的资料不多，那些征集而得的玉璧、玉琮，多被视为齐家文化遗物，由于齐家文化的绝对年代（2100—1600BC）晚于良渚文化（3200—2200BC），故学界多推断那是受到来自华东良渚文化向西北传播的余绪。[6]而且当时多认为华西玉器是粗糙、简率且光素的。

事实上清末民初时流散至欧美的华西玉器数量甚多[7]。1966 至 1975 年的"文化大革命"期间，华西玉器更遭到空前浩劫。陕北神木高家堡乡的农副公司鉴于石峁出玉绵延不绝，且数量庞

大，就与该县外贸部门联手开展收购业务，将这些玉器当作玉料改刀，雕琢小件玉饰以赚取外汇，十年内大约收购了 1500 件[8]。戴先生曾向笔者转述农副公司职工段海田的回忆，当时多优先挑选厚大者收购，厚重大刀是最受欢迎的。而在文化大革命之后被戴先生收集，又发表在《故宫文物月刊》的，多是当时淘汰不要的单薄器物。我们结合清末民初海外流散数量，以及文化大革命期间销毁数量分析，可推估公元前二千余年至一千六七百年间，在今日陕北至内蒙古一带，曾存在一个大量制作使用玉器的方国[9]。

除了陕北外，青海东部至甘肃、宁夏，在 80 年代后期，也大量盗掘流散史前玉器[10]；可以说在学术界正视华西玉器的考古学研究前，黄河中上游已经历了百余年的严重盗掘与大量流失。

事实上，在数千年的历史中，光素的华西系统玉器一直大量流传，也常被改制利用。笔者常检视

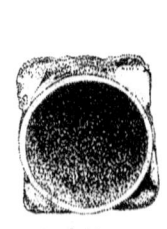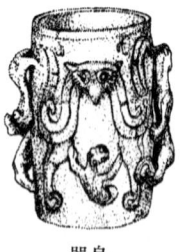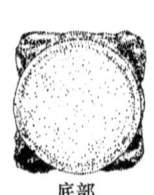

| 上口 | 器身 | 底部 |

图二　台北故宫博物院藏龙山—齐家系玉琮
（在汉代时改雕为玉筒，底部圆片可能为明清时所加）
高 7.7、宽 6.8 厘米

台北故宫博物院清宫旧藏古玉，发现不少周、汉时期玉器，是利用今日可通称为"龙山—齐家系"的玉璧、玉琮改制而成的。图二就是汉代时利用史前龙山—齐家系玉琮改制的玉筒[11]。而未经改动的华西风格光素玉琮，大量存在于各个公私立博物馆中，数量远多于良渚式雕纹玉琮[12]。图三的十九件华西风格玉琮都收藏在芝加哥美术馆（Art Institute of Chicago）[13]。经笔者核对该馆 1952 年的出版品可知[14]，最高的一件高约 18.4 厘米。

图三　芝加哥美术馆藏 19 件华西风格玉琮
最高的一件高约 18.4 厘米
（引自 *Arts of Asia*, Voi.29, No.3, May-June 1999.）

就是因为笔者有机会仔细观察大量的传世器，以及百余年内的各批流散古玉，再结合有限的考古资料加以分析，才于 1993 年提出"华西系统玉器"的说法。"华西系统玉器"除了包括黄河中上游之外，还兼及岷江流域，与他人所称的"西北玉器"是不同的。曾有学者认为用"华西系统玉器"一词涵跨如此广大的地区，值得商榷，还有待仔细分区研究，但基本上也承认此一广大地区玉器风格的确存在相当的"共性"[15]。

除了提出"华西系统玉器"的观念外，笔者又在几位前辈学者的启发下[16]，发现史前玉器风

格的地域性，与古史传说中的三大氏族集团的分布大致相合。自1994年起，撰文讨论此一看法[17]。1995年在伦敦的国际会议中，正式发表《中国古代玉器文化三源论》一文[18]。近年，此一看法逐渐得到学术界的认同。

但笔者注意从玉器风格划分的三大板块，与严文明先生以陶器划分的三系统[19]，大致扣合，只有在山东半岛上略有出入。依据严先生的划分，山东半岛与大片东南沿海属于用陶鼎的稻作农业区。但从玉器风格分析，山东半岛正是东北的夷系与江南的越系的交汇区。这或许因为陶器属生活用品，与生态环境有关；而玉器则为精神文化的表现，与氏族信仰的源头有关。

二、华西玉器的研究现状

广袤的华西地区大致可划分为三区：黄河中游、黄河上游、岷江流域[20]。在公元前5000年以来，分布于各区出土玉器的考古学文化及其年代范围大致如表一所示[21]。

表一　公元前5000年以后华西地区出土玉器的考古学文化

区域	考古学文化	年代
黄河中游（山西、豫西、陕西）	仰韶文化	约公元前5000—前3000年
	庙二文化（晋南、豫西）	约公元前3000—前2500年
	陶寺文化（晋南）	约公元前2600—前1900年
	客省庄文化（陕中南）	约公元前2600—前1900年
	大口文化寨卯类型（陕北）	约公元前2150—前1900年
黄河上游（宁夏、甘肃、青海）	仰韶文化	约公元前5000—前3000年
	宗日文化（青海）	约公元前3500—前2200年
	马家窑文化（甘、青）	约公元前2900—前2000年
	菜园文化（宁夏）	约公元前2800—前2200年
	齐家文化（甘、青、宁）	约公元前2100—前1600年
岷江流域（四川）	三星堆文化	约公元前1700—前950年

今日成都东北广汉市一处名为月亮湾的地方，在20世纪20年代曾出土大量玉器，但多流散海外，少数存留在四川博物馆及四川大学博物馆[22]。从牙璋等玉器的形制来看（图四），那批玉器的年代，大约与中原地区的二里头文化时代一致。比1986年在广汉三星堆发掘的，约属商晚期至西周早期的两个大祭祀坑中的玉器来得早[23]。但是后者中除了牙璋的造形比较对称呆滞外，部分斧、凿、圭类的质地与形制，颇相似于甘青地区同类玉器。所以笔者将岷江流域纳入"华西系统玉器"的范畴中，但本文以公元前1600年为讨论的年代下限。

20世纪90年代末至21世纪初以来，有关黄河中、上游史前玉器的研究论述逐渐增加，有的介绍博物馆的征集品，有的报导考古发掘品[24][25]。

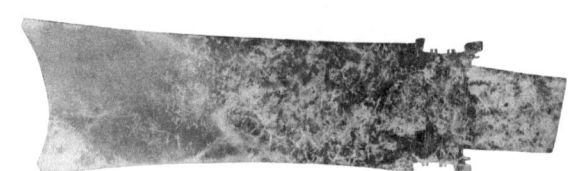

图四　广汉月亮湾出土三星文化早期牙璋
长40.4厘米
（引自《东亚玉器》）

但因地域辽阔，需要很多的人力投入研究的行列，目前研究的队伍还不够大，累积的资料也有限，对于遗址性质与出土玉器的文化归属，有时也有不一致的说法。

以晋南地区为例，过去曾将"庙底沟二期"当作仰韶文化最晚阶段，近年逐渐称之为"庙二文化"。关于其年代下限就有公元前 2600、2500、2400、2300 年四种说法[26]。而陶寺遗址一般都归为中原龙山文化陶寺类型，或直接称为陶寺文化，并认为直接从庙二文化发展而成[27]。但近年有学者将之分为庙二文化与龙山文化二个阶段[28]。

宋建忠先生对下靳出土的玉石器发表专文，认为质地属真玉的不到百分之十。器类为钺、刀、璧、环四种。因为在晋南地区找不到这类玉器的源头，所以推测可能是受到黄河下游大汶口文化、甚至江淮地区薛家岗文化的影响而产生的。认为此一玉石器传统继续向西传播到陕北与甘青。下靳的璧环类多套于手臂上，宋先生认为应该只是礼仪活动时戴的装饰品。他认为"复合环"与"凸唇环"（也就是"多璜联璧"与"凸缘璧"）可能是此区先民所创造的[29]。

陶寺的发掘较早，器类与下靳玉器相似，而多了琮、梳、笄、圭等。发掘者高炜先生注意其与红山、大汶口、良渚、薛家岗诸文化之间的关系。由于墓葬中玉琮戴于人的手腕上，因而被解释为装饰品，认为在陶寺文化中玉琮的宗教意义相对淡薄，更重在权力和财富等世俗观念的体现[30]。其他学者也有持类似的看法[31]。事实上，这是不了解在良渚文化中、晚期，玉琮也可戴于手臂或手腕上才产生的误解。（详后）

自 20 世纪 70 年代起，山西西南角的芮城清凉寺墓地先后出土为数丰富的玉器。芮城博物馆、运城盐湖博物馆以及太原的山西省博物馆都有典藏。笔者于 1997、2004 年两度前往山西省博物馆参观，图 5 石琮曾于 1997 年展出，它虽为石质，但做工精细，四个转角都琢磨成规整的圆弧形[32]。2004 年我又在该馆库房参观清凉寺玉璧与玉琮等，质地多为一种大片墨绿与宽条灰白共存的闪玉，也就是本文下节所称的"第二种闪玉"。图六是藏于芮城博物馆的玉琮，从图片上看，应该也属于这种玉料[33]。图 5、6 两件的外壁都是光素平直的。2000 年春，该地又收缴了一批，连同以前征集的，目前芮城博物馆与运城盐湖博物馆共藏 51 件玉器、6 件石斧[34]。

过去考古界曾认为芮城玉器属中原龙山文化遗物[35]，近年山西省考古研究所在芮城作了正式的发掘，确定了芮城清凉寺属于庙二文化晚期遗址，出土玉器有：钺、璧、琮、牙璧、环、联璧等。从所公布的图片可知，玉琮是青白色局部带大片灰黑斑，可能为本文下一节所称的"第一种闪玉"。值得注意的是，在其边壁上，刻有两道垂直的阴线（图七）[36]。

图五　山西芮城出土庙二文化石琮　　图六　山西芮城出土庙二文化玉琮　　图七　山西芮城出土庙二文化玉琮
（引自山西省博物馆：《河山之精英　　　　高 5、宽 6.1、孔径 6.1 厘米　　　　宽 7.3—7.5、孔径 6.2、高 4.2、射高
——晋陕豫古代玉器精华展》）　　　（引自《考古与文物》，2002 年 5 期）　　　　　　　　1 厘米
　　　　　　　　　　　　　　　　　　　　　　　　　　　　　　　　　　　　（引自《2004 中国重要考古发现》）

除了晋南的临汾盆地外，太行山西麓的黎城曾出土极为重要的玉戚二件，其中一件的二面还雕琢了神祖面像[37]（图八）。应具有极重要的意义。可惜考古学界并未对该遗址进行正式发掘。

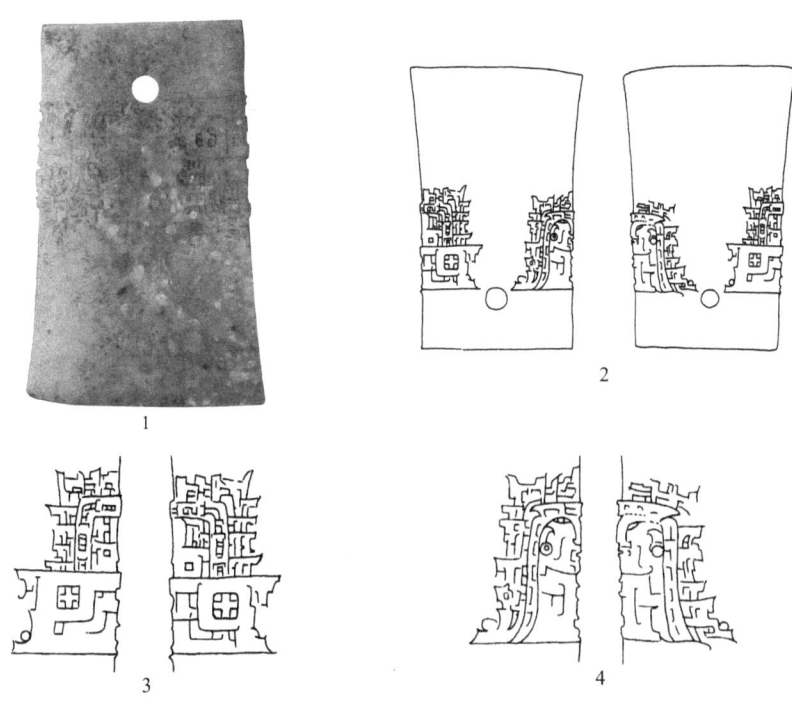

图八　山西黎城出土新石器时代晚期玉戚

高 20.7 厘米

1. 照片　2. 神祖面纹　3. 玉戚一侧的两面雕有抽象的神祖侧面像，此为将两面纹饰相对的图像

4. 玉戚另一侧的两面雕具有的神祖侧面像，帽、额鼻、嘴、下巴等形成凹凸齿棱，此为将两面纹饰相对的图像

（引自《故宫文物月刊》204 期）

与芮城一河之隔的河南省灵宝西坡近年发掘到仰韶文化中期的墓地，出土了玉钺与玉环。陕县的庙底沟遗址属于庙二文化期，出土玉璜二件。虽然河南省的大部分地区都是平原，但西端的灵宝市与陕县已在黄土高原的东缘，可归入华西地区。已有学者对灵宝西坡出土玉器作了初步研究，确定所出的玉钺已属非生产工具的礼器。其质地属硬度约 4.5—5.5 度的蛇纹石，最值得注意的是在一件玉钺上留着清晰的线切割痕（图九），是研究制作技术的重要资料[38]。

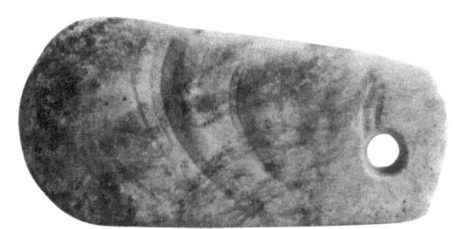

图九　灵宝西坡出土仰韶文化中期玉钺

长 12.9 厘米

（引自《中原文物》2006 年第 2 期）

陕西境内的史前玉器也有专文报导[39]。陕南汉水上游的龙岗寺与何家湾遗址，出土了仰韶文化早期的玉质斧、铲、锛、凿类，质地已是真玉中的闪玉。陕中的渭河流域散布着自仰韶文化至龙山时期客省庄文化的遗址：临潼、客省庄、武功、宝鸡等，出土的玉器多属斧、铸或管、环之类的常见器类。值得注意的两处，一为长安上泉、一为陇县王马嘴。前者在 1965 年曾同时出土一件大如草帽的玉璧，與一件高达 20.7 厘米的玉琮（图一○）[40]。后者于 1975 年出土十分气派的超大号玉刀铲[41]（图一一）。

图一〇　上泉村出土客省庄—齐家文化玉琮
高 20.7、宽 9.7 厘米，重 4 千克
（引自《故宫文物月刊》第 125 期）

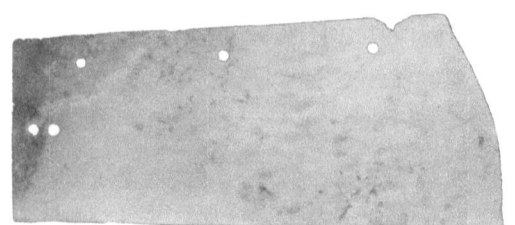

图一一　王马嘴出土客省庄—齐家文化玉刀铲
长 77.2、宽 32.5、最厚 1 厘米
（引自《中华国宝·陕西珍贵文物集成·玉器卷》）

各考古报告中器名的使用标准不太一致，我曾观察过许多华西系统的带刃器，发现有的在一件器上有两条刃线，既可用作刀，又可用作铲。这类双刃的玉器可称作"刀铲"。有的刀是最初就设计好的器形，但也有的是将长期使用过的，可能局部伤缺的玉铲或玉钺，加以剖半再钻上一排圆孔，当作刀子使用，也就变成一器双刃的"刀铲"了。

1998 年时，学界还笼统地将陕北地区的龙山时期遗址都归入客省庄文化[42]。近年来有了新的认知。前文曾提及早在清末民初曾有大批玉器从陕北流散至欧美，有关此点张长寿先生将西文资料整理得相当详尽。他请了德国教授详查科隆远东美术馆内部资料，萨尔摩尼（A. Salmony）生动地纪录 1929 年他在北京附近与来自榆林府的几个农民见面，从他们带来的 36 件黑玉、6 件绿玉的牙璋与长刀中，为科隆远东美术馆选购了四件[43]。大英博物馆的出版品中也图文对应地纪录，1937 年捐入该馆的尤默斐普鲁士（Geoge Eumorfopoulos）收藏中的一件牙璋与一件长刀，是来自中国陕北榆林府之东的神木[44]。前文也已说明文化大革命时约有 1500 件厚大玉器被当作玉料改刀，所淘汰的 128 件才被征集发表。图一二、图一三的牙璋就属这批[45]。在此笔者要说明的是，据我观察，虽然 128 件多为陕北史前先民制作的玉器，但其中也混杂了自其他地区传入的玉器，包括山东龙山文化的牙璧，长江中游石家河文化的鹰纹笄。从风格分析发现，图一四的人头像也明显不是陕北先民的作品，可能来自长江中游某个与石家河文化有关的文化。

图一二　石峁出土大口文化寨卯类型牙璋
长 32.9 厘米
（引自《故宫文物月刊》第 126 期）

图一三　石峁出土大口文化寨卯类型牙璋
长 34.5 厘米
（引自《中国出土玉器全集（14）》）

近年在神木新华发掘到一个竖插三十多片玉器的祭祀坑。通过周详的研究分析，目前将陕北、晋北、内蒙古河套地区的新石器时代龙山时期的考古学文化定名为大口文化，延安以北的陕北与内蒙古中南部可称为该文化的寨卯类型。而新华遗址大约为公元前 2150 至前 1900 年[46]。

延安芦山峁出土的玉器十分精彩，图一五是征集的七孔大刀，据发现者追忆，当初在耕地被发现时，是四把玉刀叠放一起的。这样的布局应该具有特殊的意义。这把玉刀的两侧都雕有凹凸齿棱，1998 年 4 月，笔者与刘云辉副局长一同检视实物时，才赫然发现短边上的齿棱居然雕作一个侧面人像，后文再作讨论。图一六的玉琮也出于芦山峁，笔者检视实物后，认为它可能是陕北史前居民的杰作，玉质、器形都与黄河中上游的光素玉琮相同，但四个转角以凸弦纹雕琢上下两节仿良渚式面纹，每组面纹的方向与其左右相邻的它组正相反[47]。

从这些现象可知，公元前二千余年至前一千六百年间[48]，陕北曾发展出势力强大的方国，大量制作使用玉礼器。虽然也用璧与琮，但主要是牙璋、大刀、圭、钺等[49]。综合前述资料，可将黄河中游地区史前玉器出土情况暂列为表二。

黄河上游的资料更为琐碎。谢端琚先生在 2001 年参加台北故宫博物院举办的"黄河流域史前玉器学术研讨会"，他的论文对于黄河上游史前玉器作了较周详的报导与分析。他认为早年安特生在甘肃广河半

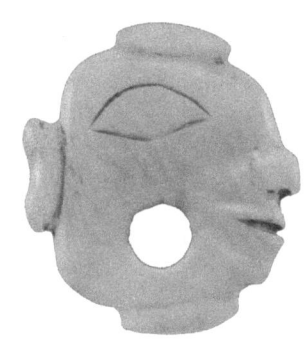

图一四　石峁出土新石器时代晚期玉人头像
高 4.5 厘米
（引自《中国出土玉器全集（14）》）

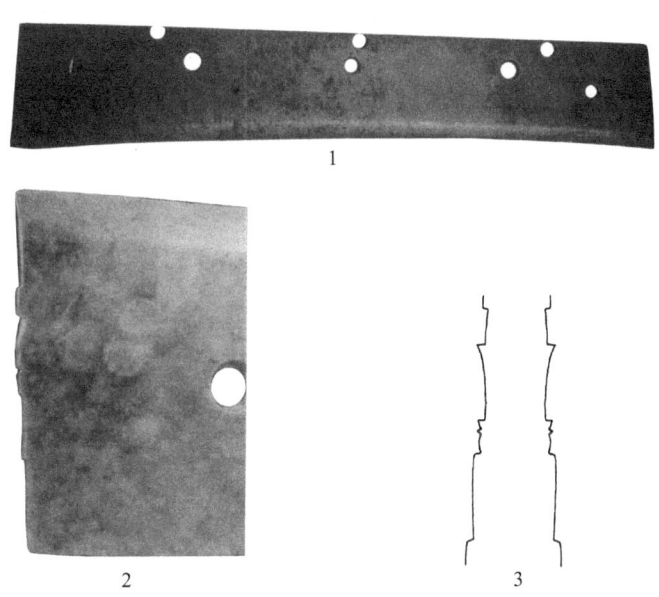

图一五　芦山峁出土大口文化寨卯类型玉刀
长 54.6 厘米
1. 照片　2. 玉刀一端雕有戴帽神祖的侧面像，帽、额鼻、嘴、下巴，形成凹凸齿棱
3. 将玉刀两面神祖侧面像相对的图像
（引自《中国出土玉器全集（14）》）

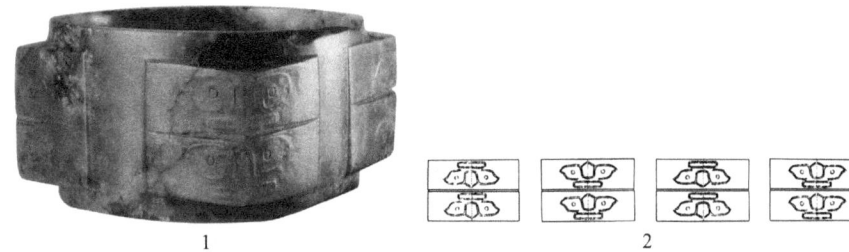

图一六　芦山峁出土大口文化寨卯类型玉琮
1. 照片　2. 纹饰线图
（引自《东亚玉器》）

表二　新石器时代晚期黄河中游地区玉器出土表

黄河中游地区	晚期早段 4800—3000BC	晚期中段 3000—2500BC	晚期晚段 2500—1600BC
山西		庙二文化（芮城清凉寺、下靳） 陶寺文化早期 工具及相关礼器：钺、刀 装饰品及相关礼器：琮、璧、双璜联璧、牙璧、凸缘璧	陶寺文化中晚期（陶寺） 黎城遗址 工具及相关礼器：钺、刀、圭、戚、神祖纹戚 装饰品及相关礼器：琮、璧、璜、联璧、梳、笄
豫西	仰韶文化中期（灵宝）钺、环	庙二文化（陕县庙底沟） 装饰品：璜	
陕中、陕南	仰韶文化早期（龙岗寺、何家湾）斧、锛、凿、铲、刀、镞	客省庄文化（上泉、王马嘴、客省庄、宝鸡等） 工具及相关礼器：锛、纺轮、刀铲 装饰品及相关礼器：笄、环、璜、琮、璧	
陕北			大口文化寨峁类型（石峁、新华、庐山峁、甘泉） 工具及相关礼器：斧、铲、钺、戚、圭、牙璋、刀、多孔刀 装饰品及相关礼器：笄、坠、琮、璧、环、璜

山瓦罐嘴采集，目前存于瑞典远东博物馆的玉器[50]，应该都属马家窑文化半山类型。根据他的统计[51]：

> 斧、锛、铲、凿等生产工具玉器，从仰韶文化直至齐家文化，历三千年始终未衰。是其主要的传统玉器。在马家窑文化半山类型、宗日文化、齐家文化时期，增添了刀和多孔刀。齐家文化时又出现了钺。这些生产工具型玉器有的可能在发展中转化了它的使用功能，如铲、钺、多孔刀，已由工具成为了礼器。

"作为装饰用的镯、笄、坠饰、珠也一直存在，马家窑文化半山类型、马厂类型、齐家文化中有了臂饰，齐家文化出现了玦。自半山类型始，珠和坠饰等除绿松石和玉质外又采用了玛瑙和水晶，玉材的使用范围进一步扩大。璧、璜、琮类玉礼器的出现是在半山类型中，宗日文化、菜园文化都有这类礼器，至齐家文化时玉礼器的比重大为增加。"[52]

他又说："齐家文化的礼器除了传统的璧、琮、璜外，新增了圭、牙璋形器等。"马家窑文化半山类型的年代约公元前2600—前2300年。根据谢端琚先生的分析，璧、璜、琮在黄河上游出现的时间应早于齐家文化，大约在半山类型及宗日、菜园等文化。他不但将青海同德宗日遗址独立为宗日文化，同时指出不远的贵德、兴海等黄河沿岸地区也有类似的遗存。

罗丰先生除了详尽地报导宁夏境内征集的出土玉器外，对于这些玉器的文化别未作十分明确的划分。但提示性地指出：固原地区的所谓齐家文化遗存与（甘肃永靖）秦魏家、大何村等典型齐家遗存有明显的区别，而认为菜园遗址可能是陕、甘、宁交界地区文化的主要源头。文中更明说："菜园、页河子遗址的发掘者有意无意不将其归入所谓齐家文化的范畴，依我的理解或许不在说明时代的差异，而在于区分实际文化中内涵。"[53]

近年来叶茂林先生对齐家文化作了较深入的研究，但是部分被谢端琚先生归为宗日文化、菜园文化的玉器，叶茂林先生多纳入齐家文化中。他指出六盘山一带的甘肃宁夏地区是齐家文化的重要区域。甘肃的定西至临夏、武威、天水一带可能是齐家文化的中心区域[54]。他认为齐家文化可能有重璧轻琮的观念，也怀疑一些素面简陋的玉器，是否有可能作为将要输出的商品而存在[55]。

综合前述资料，可暂时完成表三。为方便读者查阅，配合制作附录一"新石器时代晚末期华西地区出土玉器较重要之考古遗址与报告索引"。

表三　新石器时代晚期黄河上游地区玉器出土表

黄河上游地区	晚期早段 4800BC—3000BC	晚期中段 3000BC—2200BC	晚期晚段 2200BC—1600BC
宁夏		菜园文化（海原菜园、隆德页河子、固原店河等） 工具及相关礼器：斧、锛、凿、圭 装饰品及相关礼器：琮、璧、璜、联璧	齐家文化（固原、西吉、隆德、海原等） 工具及相关礼器：斧铲、锛凿、刀、多孔刀、钺 装饰品及相关礼器：笄、坠、镯、琮、璧、璜、围圈
甘肃	仰韶文化（秦安大地湾） 工具类：斧、锛凿 装饰品：笄、坠、镯	马家窑文化（东乡、岷县、兰州、民和、广河半山、天水师赵村、乐都柳湾） 工具及相关礼器：斧铲、锛凿、刀、多孔刀 装饰品及相关礼器：笄、坠、镯、臂饰、琮、璧、璜、联璧	齐家文化（武威、古浪、永靖、天水师赵村、广河齐家坪、静宁、庄浪等） 工具及相关礼器：斧铲、锛凿、刀、多孔刀、钺、圭、牙璋 装饰品及相关礼器：笄、坠、镯、环、琮、璧、璜、联璧
青海		宗日文化（同德、贵德、兴海） 工具及相关礼器：斧铲、锛凿、刀、多孔刀 装饰品及相关礼器：笄、坠、镯、臂饰、琮、璧、璜	齐家文化（乐都柳湾、大通上孙家寨、西宁、民和下喇家等） 工具及相关礼器：斧铲、锛凿、刀、多孔刀、钺、圭 装饰品及相关礼器：笄、坠、镯、琮、璧、璜、联璧

三、华西系统玉器未来可能的研究方向

虽然目前多数学者已能接受"华西系统玉器"的概念，但由于学界长期忽略此一课题，许多出土或征集的玉器多陈压仓库无法发表。即或台北故宫博物院有心让它们公诸于世，2001年邀请罗丰先生发表宁夏出土的五十余件玉器，其中包括了九件玉琮[56]，但笔者发现虽然大陆近年研究玉器风潮已兴，论著迭出，但直到2006年底，还没有任何大陆学者在讨论所谓"西北区"玉琮时，引述过罗丰先生的论著。

由于学术界的普遍重视，华东地区史前玉器研究就累积了较多的成绩。笔者曾撰文将学术界对红山文化与良渚文化玉器的研究现状，就三个方向作了比较分析[57]。我认为未来华西系统玉器的研究，至少也要朝这三个方向去作。

第一个方向为：玉器与墓葬、聚落群关系的研究。主要依赖考古发掘所能掌握的具体资料，研究随葬玉器的规格（器类、数量、尺寸），与墓葬规格（地点、大小、葬具等）的相对关系，更深入探索玉器在整个墓地、整个聚落群、甚至整个文化圈中所具有的文化意义。换言之，藉由玉器研究，洞悉史前社会结构。

第二个方向是针对玉器本身，包括：玉料与玉矿的研究，制作工艺的研究，以及艺术风格与宗教内涵的研究。

第三个方向是探索华西系统玉器对后世的影响，也就是从数千年的中华礼制史，看史前华西玉器的地位。

除了前述三个方向之外，还有一个非常迷人的大课题值得深入探索。那就是从华西系玉器，可看出中华大地在公元前 2600 至前 1500 年间，也就是龙山时期至夏商之交，沿海的华东诸族与高原的华西诸族间的文化交流。由于玉器的形制与纹饰充分反映先民的宇宙观与宗教信仰，特殊的纹饰可随着氏族的播迁带到新的居住地区，并与当地本土文化作适度的融合。

以上种种研究课题，都有待更多的团队，发挥潜力，努力不懈去完成。下文仅分五小节谈谈个人粗浅的研究心得。

四、对玉质的初步认识

回忆起 1979—1980 年，我在欧美各博物馆库房中，仔细观察大批在 20 世纪前半叶流散出去的中国古玉时，经常看到许多牙璋、大刀、大圭等，将它们端在手中都相当沈重，当时心中也相当激动。若要拍照，还得将古玉放在地板上，甚至自己站在椅子上，才能将长度接近一米的大刀拍摄下来[58]。但是它们的质地常是不透明且不均匀的灰褐、灰绿色，甚至带着灰蓝色调的某种矿物，若仔细检视，会发现不均匀的颜色常呈不规则的大小团块，有的还分布深深浅浅、波浪般起伏的平行色带（图一七、图一八）。而这种矿物有时深得近乎黑色，但若观察磨薄之处，还是看得出团块或波浪纹理（图一九）。这些玉器的质感与一般观念中的莹秀美玉差距太大。所以当时我实在不知道它们的质地是不是真的闪玉。

图一七　哈佛大学萨可乐博物馆
（Sackler Art Museum）藏华西系大玉刀
长 59.5、宽 10.4、厚 0.9 厘米
（引自 Max Loehr, Ancient Chinese Jades）

图一八　弗立尔博物馆藏西周"太保"玉戈
长 67.4 厘米
（引自 Orientations, May 1993, p. 86）

图一九　原萨可乐收藏（Sackler Collection），1994 年
曾委托佳士得公司拍卖大口文化寨峁类型牙璋
长 34.3 厘米
（引自 Important Chinese Works of Art from
The Arthur M. Sachler Collections）

前文已提及，我在 1987 年以后为台北故宫博物院购藏了一些这类质地的玉器，选择其中三件请陈光祖博士以 X 光绕射仪测定质地，才确定这种以灰褐色基调，带有团块与条斑的矿物确为闪玉。此一分析结果，对于我日后提出"华西系玉器"的观点很具关键性。90 年代以后我认识了地质学家闻广教授，1995 年，美国华盛顿的弗立尔博物馆（Freer Gallery of Art）请他去研究该馆的玉器，他研究这类玉质，认为它们保留了变质作用前母岩的沈积结构，而其母岩很可能是均匀细腻的白云岩。他适切地形容大小团块与波浪般色带为"布丁石"文理与"韵律条带"[59]。这就是我在后文中所称的"第三种闪玉"。近年"华西系玉器"的概念普及后，这种闪玉常被一般爱玉族直接

称为"华西玉料"或"齐家玉料"。

事实上华西玉器的用料相当多样化。除了俗称"鸳鸯玉""酒泉玉"的蛇纹石类矿物相当普遍外，据笔者统计，至少有三种闪玉大量存在于史前华西地区。

第一种闪玉以青白色为主，清亮莹润，类似大家习称"和阗玉"者。在仰韶文化早期陕南的龙岗寺遗址中就已使用（图二〇）。这类闪玉有时散布灰黑色大大小小好像虫蚁般的包裹物。（图二一），这类包裹物常深埋致密玉料的内部，所以不能误释为因玉材表面有不规则的细小裂痕，经由次生变化而造成[60]。图二一玉铲出土于新华遗址，经鉴定确知为阳起石 Actinolite[61]，属于闪玉[62]。

这种以青白色为主的闪玉，常在局部受褐铁矿（成分为带水三氧化二铁）的沁染而出现大片褐红斑，因为颜色接近红糖，所以俗称"糖料"。地质学家们多认为糖料是在山脉中形成。[63]图二二至图二五都是宁夏固原出土的玉璧等[64]，连接在褐红色部位的旁边又呈现不透明灰黄色。图二三是固原张易出土的九件玉质色泽文理大致相连的玉璧与圆片，经仔细比对，发现只有三片是完全相连（图二四）。换言之，当初的玉料应该剖切出不只九片。笔者怀疑该处可能为玉器作坊。

在华西地区，第一种闪玉不但出现的时间最早，而且使用的时间长、范围广。陕西延安芦山峁征集的玉璧（大口文化）[65]、晋南清凉寺庙二文化的玉琮（图七）、陶寺文化陶寺遗址出土玉璧、玉琮[66]，甘肃武威齐家文化遗址皇娘娘台出土玉璧[67]，青海齐家文化遗址民和喇家出土玉环、条形玉器等[68]，宁夏齐家文化遗址固原张易出土玉璧等（图二二至图二五），四川成都广汉出土宝墩文化玉璧、玉斧，三星堆文化玉矛[69]，都属于这类以青白色为基调，清亮莹润的闪玉。笔者要申明的是，虽然这些玉料外观较相似于和阗玉，但不能就此认定它们采自新疆和阗地区，甚至它们可能采自多个不同的矿区。

图二〇　龙岗寺出土仰韶文化玉铲
长 22.2 厘米
（引自《东亚玉器》）

图二一　新华出土大口文化寨峁类型玉铲
长 17 厘米
（引自《神木新华》）

图二二　固原张易出土齐家文化玉璧
（引自《故宫学术季刊》19 卷第 2 期）

图二三　固原张易出土九件玉质色泽文理
大致相连的玉璧与圆片
（引自《故宫学术季刊》19 卷第 2 期）

华西地区常见的第二种闪玉，是细腻不透明的暗草绿至蓝绿色，常被灰白色的宽带包围。由考古资料可知，在晋南的庙二文化（图六）与甘、青、宁的齐家文化中都出现这类玉料。图二六玉璧就是清末民初时被美国的洛弗氏（Berthold Laufer）在华北征集，目前藏于芝加哥的费氏博物馆（Field Museum of Natural History）[70]。图二七是宁夏隆德沙塘出土的。若只看此一单片，则不清楚这是什么东西？台北故宫博物院收藏了六片，每片长度不一，约在 22 厘米左右，宽约 16.5—18、厚约 0.78 厘米，六片可围成直径约 57.5 厘米的大围圈。不过围成后，外圈并非圆形（图二八）。

图二四　固原张易出土九件玉器中
有三件璧的色泽文理完全相连
（引自《故宫学术季刊》19 卷第 2 期）

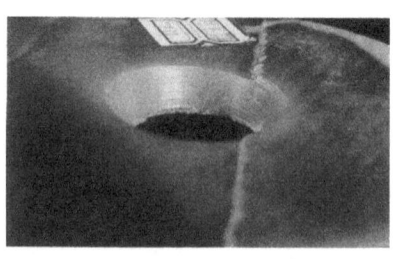

图二五　固原张易出土编号 711 的玉璧器表留着切璞痕，
孔径由大到小，最底端还有掰断的毛边，孔壁留着钻孔
的旋痕
（引自《故宫学术季刊》19 卷第 2 期）

图二六　洛弗征集，芝加哥费氏博物馆藏华西系玉璧
（引自 Berthold Laufer, Jade, A Study in Chinese Archaeology and
Religion）

图二七　隆德沙塘出土齐家文化玉围圈散片
长 25.1、宽 17.5 厘米
（引自《中国出土玉器全集（15）》）

第三种闪玉就是前文提及有明显沈积文理的玉料。它可能是使用量最大的一类。从考古资料可知，晋南襄汾陶寺文化遗址出土带有"8"字形嵌片的玉钺[71]、陕西陇县王马嘴客省庄文化遗址出土的长 77.2、宽 32.5 厘米的大型玉刀铲（图一一）[72]、陕北神木石峁大口文化遗址出土的玉刀、牙璋，甘肃庄浪齐家文化遗址出土的玉刀铲（图二九）[73]、甘肃古浪齐家文化遗址出土的玉刀[74]、青海同德宗日宗日文化遗址出土的玉刀（图三〇）[75]、青海大通孙家寨齐家文化遗址出土的玉刀（图三一）[76]。四川三星堆文化凸缘璧、牙璋等[77]。事实上，这类玉料使用的时间很长，商代、西周时还继续开探使用，图一八就是流散到美国弗立尔博物馆的，刻有"太保"铭文的大玉戈。闻广

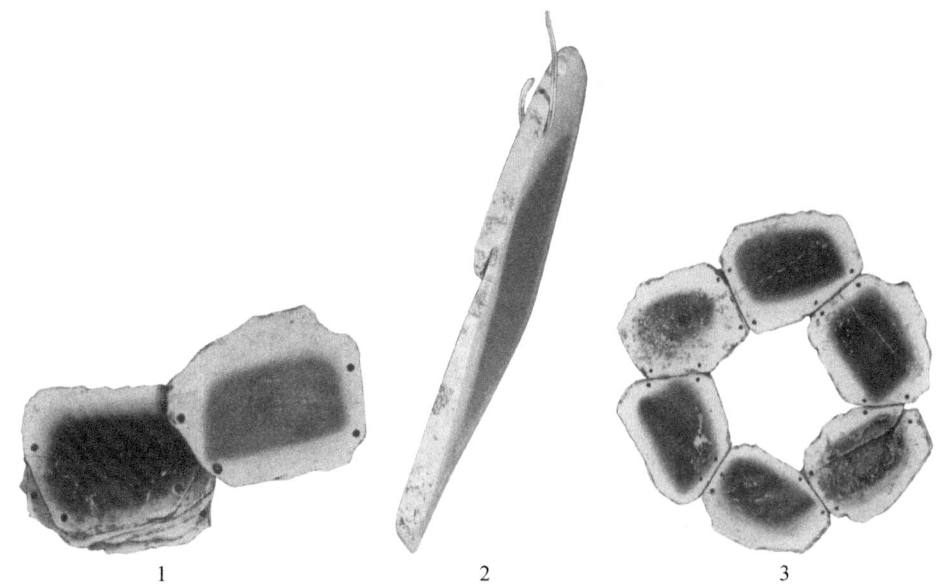

图二八　台北故宫博物院藏齐家文化玉围圈

1. 将玉围圈的六个单片叠起，文理不完全相连，可知当初应该还切割出更多片　2. 由侧面测量单片上的切痕深连 0.96 厘米，切口最宽处约 0.13 厘米。可知切割的工具在刃线之上 0.96 厘米处，厚约 0.13 厘米　3. 每片长度不一，约 22 厘米左右，可围成直径约 57.5 厘米的大围圈

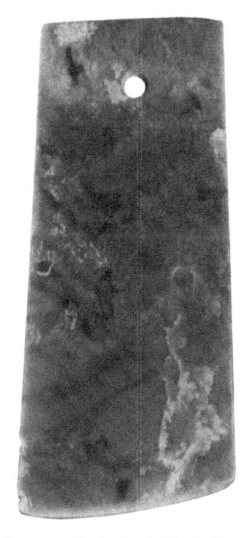

图三〇　宗日出土宗日文化玉刀
长 18.7 厘米
（引自《中国出土玉器全集（15）》）

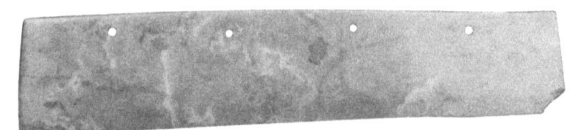

图二九　庄浪出土齐家文化玉刀铲
长 14.2、宽 6.2、厚 0.4 厘米
（引自高雄市立美术馆：《黄河文明——甘肃远古彩陶特展》）

图三一　上孙家寨出土齐家文化玉刀
长 54 厘米
（引自《中国出土玉器全集（15）》）

教授曾取样分析，确定其质地为"透闪石软玉"[78]，即本文所称的"闪玉"。商至西周时，甚至将齐家文化的带刃玉器改刀制作小件玉饰，器表上常留有牙璋等器物上的平行阴线纹。

　　以上三种闪玉，以第一种出现时间最早，仰韶早期就有使用了。第二、三两种出现的时间差不多，分别在庙二文化、宗日文化中出现，到了齐家文化时，三种闪玉都在使用。值得注意的现象是，第三种闪玉只用于制作圭、刀、牙璋之类的片状带刃器，而不用来琢制祭祀用的圆璧、方琮。可能与他们的宗教信仰有关[79]。

　　闻广教授指出，虽然第三种闪玉看起来疙疙瘩瘩的，好像不细致均匀，但从电子显微镜中观察，质量非常细致，在变质作用中发展出很多小的雏晶[80]。也正因如此，第三种玉料才能开剖出大块薄片。

由于闻广等地质学家们的分析，华西玉器的玉料研究已有些成果，但是有关玉矿的调查方面，还没有清晰的眉目。闻广教授曾对临洮地区洮河玉料做过分析测定，因洮河玉料不具备明显的沈积岩结构，尚无法完全证明洮河一带就是史前华西居民采玉料之处[81]。

但也有学者认为晋、陕地区因为被巨厚的黄土覆盖，欠缺闪玉形成的时空条件，正因玉料短缺，所以晋、陕地区史前玉器颇多改制现象，而此区的玉文化也是"无脉络可循又内容纷杂"[82]。

笔者认为是否巨厚黄土覆盖之下就没有玉矿？还有待地质界全面探勘。在此要澄清的观念是，玉料本属不易腐朽的珍贵资源，历代、各地都有用前代玉器当作玉料改制的现象。根据闻广教授的分析，只有前文所称沈积文理相当明显的所谓"第三种闪玉"，因为在变质作用中发展出很多小的雏晶，所以质量非常好，才能开剖出大块薄片，如良渚文化那样班杂结构明显的玉料，是无法切出薄片的[83]。

前文已多次说明早在清末民初曾有大批玉器从陕北神木石峁流散至欧美，芦山峁的群众也追述，20世纪40—50年代仍有古董商在芦山峁收购玉器[84]。到了1966年"文化大革命"以后，至少又有1500件石峁玉器被当作玉料改刀出售（详前）。所以至少可确定，史前时期陕北的制玉工艺相当发达，成品非常丰富。

西安地质学院专家目验了戴应新征集的石峁玉器，对质料作了推测，其中有墨玉、碧玉等，并推测玉料来自陕北本地、关中的蓝田、富平和附近的内蒙古、甘肃一带[85]。姬乃军先生也引述1937年7月6日延安出版的《新中华报》曾报导：子长一区七乡非湾村发现梅（墨？）玉，安塞县发现玉石。还纪录直到1995年时，陕北子长县内仍储藏了墨玉。

总之，晋、陕地区的玉矿分布情形有待地质界深入且全面调查。但史前晋、陕二地区都有本土的玉器雕琢工艺，陕北的制作与使用量更是大得惊人，因为所用玉料中有一种沈积结构明显的，能够被切割成薄片，所以先民也很聪明地运用此一特点而常将旧的玉器加以改刀。

五、制作技术的发展与区域性差异的存在

前文已介绍黄土高原东缘的河南灵宝西坡仰韶中期遗址中出土了礼制用的玉钺，此一新资料已突破了以往对中原地区史前玉器发展的认知。值得注意的是图九玉钺上的线切割痕，显示当时中原地区玉器制作工艺可能与华东地区有关。但是广大的华西地区主要流行用片状工具切剖玉料，为何线切割的技术只能流传到黄土高原的东缘就无法继续西进？倒是值得探索的问题。

华西地区片切割的技术随着时代早晚，片状工具的质地与厚度也有改变。20世纪早期瑞典学者安特生在甘肃广河半山瓦罐嘴采集的玉器，目前典藏于瑞典的远东博物馆中。图三二、图三三为该遗址出土的玉璧与玉琮。玉璧的尺寸不大，外径15厘米，器表一道直条切割痕，切痕的剖面明显地呈"V"形，上方开口处宽约1厘米，推估当初是用石刀之类的切割工具来开璞。图三三的玉琮，还没有发展出射口，下方还有一块伤缺，是否能算作"原始玉琮"？还值得研究。谢端琚先生认为瓦罐嘴是马家窑文化半山类型，年代比齐家文化早。从图三二、图三三呈现的原始性与朴拙性

图三二　安特生采集，瑞典远东博物馆藏
马家窑文化半山类型玉璧
径 15 厘米
（引自袁德星:《中华历史文物》）

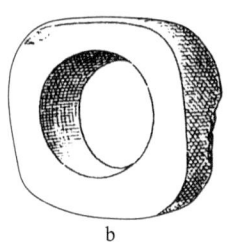

图三三　马家窑文化半山类型原始玉琮
宽约 7 厘米
（引自袁德星:《中华历史文物》）

来看，瓦罐嘴的玉器的确比较古老。

　　但到了龙山晚末期时，玉器逐渐大型化。已公布资料中有出土地点的最大玉璧直径 36 厘米（图三四），出土于宁夏隆德县沙塘乡和平村，目前藏于隆德县文管所，据报导当时与玉琮一同出土。目前宁夏境内有出土地点的最高玉琮，高 19.5 厘米（图三五），宁夏固原县河川乡店河村出土，目前藏于固原博物馆[86]。前文已提及长安上泉村曾伴随出土过大如草帽的玉璧与高 20.7 厘米的玉琮（图一〇），事实上存世的史前华西风格玉璧直径可接近 40 厘米，玉琮可达 32 厘米[87]。据笔者旅行探访典藏 20 世纪初年流散的中国古玉的欧美博物馆可知，直径达 35—40 厘米的史前华西大璧存世的至少有六七件之多。

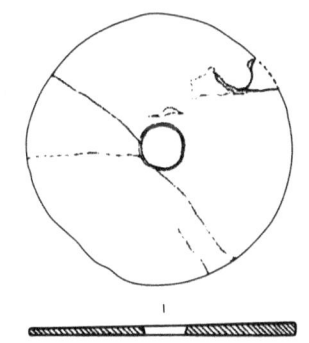

图三四　宁夏隆德县沙塘乡和平村
出土齐家文化玉璧
径 36 厘米
（引自《故宫学术季刊》19 卷第 2 期）

图三五　宁夏固原县河川乡店河村
出土齐家文化玉琮
高 19.5 厘米
（引自《故宫学术季刊》19 卷第 2 期）

　　图二七的玉围圈散片，也出土于隆德沙塘，单片的尺寸还超过图二八台北故宫博物院的藏品，由此推算它原来也是相当厚大气派的玉围圈。台北故宫博物院的玉围圈是目前已知资料中，存世最完整的一组。笔者曾详细研究它的色泽文理以及钻孔现象，确知这六片虽出自一个柱状玉料，但不是连续的六片，显然当初剖解出更多的玉片，分别由不同的琢玉者在每片玉的四角上钻孔，再随意选择大小合宜的玉片组合成圈。图二八，3 右下角的一片器表有明显的直条切割痕，图二八，2 就是该片的侧面图像。切割槽深 0.96 厘米，开口处的宽度为 0.13 厘米。由此可知，当时用来开料的片状工具在刃线之上 0.96 厘米处，厚约 0.13 厘米。

图一一是陇县王马嘴出土的大型玉刀铲。长 77.2、宽 32.5 厘米，但最厚处才 1 厘米。笔者曾见过实物，的确是件非常气派，又制作精良的大件器。陇县在陕西边境，距离隆德、固原相当近便。这些遗址虽因分属不同的省份，而被冠以不同的文化别，但时代性大致相同，像图一一、图一五那样的带刃玉器，甘肃、青海、宁夏境内也很多。

整合这些以前被忽略的零碎资料来看，隆德、固原、王马嘴一带，在龙山晚期曾经发展出相当强大的政治组织，此区可能是某个考古学文化（可能是客省庄文化、菜园文化或齐家文化？）的最高中心址。这里的统治者可能掌控了珍贵的玉矿资源，因为社会地位崇高而使用玉礼器的尺寸也较大，除了玉璧之外，玉琮、围圈也是重要的礼器。从玉器逐渐走向大型化可知，当时应该会开采山料，而且已发展出多人合作的玉作坊。

前文曾引述叶茂林先生认为甘肃的定西至临夏（东乡附近）、武威、天水一带可能是齐家文化的中心区域。但目前公布的资料显示，这一带多璧少琮，除了古浪曾出土长达 65.5 厘米玉刀外，大部分出土玉器的体积不大，制作精良者也不多。

叶茂林、罗丰二位先生分别对甘青地区与宁夏地区考古出土玉器情况有着不同的描述，前者少琮、也少大件器，后者多琮、也多大件器。前文已引述罗丰先生强调宁夏固原地区的遗存主要源头来自菜园文化，与甘肃永靖的典型齐家遗存有明显的区别。那么我们或许可作如下的二种假设：

第一种假设为：这二区本即属于不同的考古学文化，有不同的礼俗。

第二种假设为：齐家文化分布范围颇广，真正的最高中心址是固原地区，玉琮是最重要的礼器，特殊身份者才能使用大璧、大琮、大联璧（包括围圈）来祭祀天地神明。甘青境内散居较次级的齐家文化贵族，使用中、小尺寸的玉璧。至于平民就使用石璧来祭祀。由于琮在礼制上位阶高于璧，一般人不能随意使用。

前述假设是否为真？必得仰赖日后积极且有系统的发掘与研究了。

青海出土的齐家文化玉器上的切割槽，槽宽不足 0.2 厘米。有学者据以推测当时可能已有金属工具，并藉助机械原理予以快速切割[88]。笔者认为这需要发展实验考古学才能证实。

六、特殊造形玉器的萌芽与传播

一般的生产工具，如斧、铲、锛、凿、刀等，一般的装饰品，如：管、珠、坠、环、璜等，在许多地区都可以自然发展而成。但对于特殊造形，甚至具有特殊功能与意义的玉器，就未必处处都有。璧、琮、牙璋、联璧，这四种玉器比较特殊，所以对于它们的萌芽与流传，就有较多的讨论。也有学者将多孔大刀也纳入此一思考范围，但笔者认为刀子是日常生活用具，基本上各处都有。是否能发展出玉质的多孔长刀，可能与该地蕴藏的玉料能否剖解出大型薄片有关。

由目前考古资料看，中华大地上最早出现圆形玉璧的地区应该是黑龙江、吉林境内，该区的小南山、腰井子、洮南等遗址，时代在公元前5500—前4000年[89]。此区的环璧形玉器应是辽西的红山文化玉璧的前身[90]。玉璧在江南地区出现较晚，公元前三千多年时崧泽文化、凌家滩文化中才出现玉璧。

良渚文化早期张陵山墓葬中出土一件琮形镯，在圆筒形玉镯外壁，浅浮雕四个刻有面纹的长方形装饰片[91]。到良渚中期时，才发展出真正的外方内圆的玉琮。考古学界对良渚文化年代的看法向有争议，若按照目前多数人沿用的年代资料，良渚中期大约为公元前2900—前2500年[92]。基本上稍早于华西的庙二晚期或半山类型。

玉璧的造形简单，东北与江南玉璧的形制，自始就有区别。前者将外缘与孔缘处都加以磨薄，而后者没有此一现象。所以没有人认为后者是受前者的传播影响而发生的。在此前提下，华西地区自己发展出玉璧，也非绝不可能。

但玉琮的造形就很特殊了，连乾隆皇帝都曾感叹不知道这种玉器是作何用途。新石器时代各地出土的玉琮，除了纹饰有无与繁简的差别外，基本形制相当一致，但器物的尺寸却可以差距很大。从考古资料看，史前的江南与华西都曾大量制作璧与琮，璧的数量尤其惊人。（虽然目前考古发掘的华西玉琮不多，但经过数千年的淘汰销毁，迄今各公私立博物馆中，华西式玉琮的数量一般都超过良渚式玉琮的数量，详注［12］）二者在日常生活中都没有实际功能，在尚未大量使用金属的时代，先民不但要开采运输沉重的玉矿，还要以石沙配合植物纤维、石板等工具，用线切割、片切割或原始砣具等朴拙的方法，将既硬又韧的闪玉等岩石琢磨成圆璧或方琮，不但需要高明的技术，更需要漫长的时间。

所以能制作大量璧与琮的考古学文化，当时的社会组织必然已有相当程度的分化，技术分工达于某种程度，才能保持一大批人专业地制作玉器。而璧与琮一定具备了特殊形而上的意义，而其意义是整个社会里的各个阶层成员都接受的，尤其是统治者深信不疑的，才能驱使先民发挥最大的耐心与毅力，经年累月地制作出如此多没有实用功能的璧与琮。结合各种现象，我们推测璧与琮可能早在新石器时代晚期，就发展成有组配关系的祭祀天地的礼器[93]。

由于迄今考古发掘资料中，华西地区璧与琮出现的年代较华东晚，所以学者们多认为这是良渚文化向西传播的结果。虽然在山东、山西等地，出土了一些可能是中介型的玉琮，但资料零星且不成系统。前文已提及因为陶寺玉琮出于人的手腕上，有的学者认为玉琮已改变了角色或功能，只用作装饰品或财富的象征。

事实上，考古学家依据出土现象认为良渚中期瑶山墓葬中，成排的雕纹玉琮多是直接套在墓主人手臂上，且常在一只手臂上连续套好几个琮[94]。到了良渚晚期，如普安桥、新地里墓葬中，仍有墓主人手腕戴玉琮的实例，而且纹饰方向与墓主的头向相反。有学者推测墓主人是戴给自己看的，称之为"自赏性"[95]。但我倒怀疑，良渚的宗教人物是否在祈祷时将手臂高举，注视着玉琮上雕琢的面纹，与神对话。姑不论此一假设是否正确，但确定陶寺文化与良渚文化居民都将玉琮戴于手腕，不能因此推测黄河中上游的玉琮只用作装饰品或财富的象征。

事实上华西地区的史前考古还有待更积极地展开，无法预估日后是否会有新的资料修改目前的纪录？笔者以为虽不能排除"传播"的可能，但或许因为古老的天圆地方的宇宙观，原即是中华大地原始文明的底层，文明发展到某个阶段，各文化间相互作用，讯息交流，自然产生相似的文化面貌[96]。而华西居民大量制造玉琮，却保持光素，是因为它们有自己的宗教思想与审美观。

像图四、图一二、图一三那样造形奇特的玉器，是否就是古代文献中所称的"璋"或"牙璋"？似乎是学术界暂时无法解开的谜题。在此我们只暂时沿用此一约定俗成的器名。迄今在山东境内有四个地点出土牙璋，其中二处在居住区之外的山上（沂南罗圈峪村、五莲石场乡上万家沟），被认为是祭祀坑。另二处虽有文化遗存，但牙璋都是在农田改造之类活动时意外出土（临沂大范庄、海阳司马台）[97]。有关的论文不少，经分析罗圈峪村（出土尚完整的三件）与大范庄（出土二件）的年代都可能跨入大汶口文化晚末期，故学者定其年代上限为公元前 2700 年[98]。图三六、图三七两件石质的，被认为是最原始的牙璋，笔者注意到它们的刃部都是双面刃，而罗圈峪村出土的另二件石牙璋，刃线虽已呈浅凹弧，但也是双面对磨成刃的。图三八玉牙璋出于大范庄，浅凹弧的刃部虽是双面对磨，但已明显地偏向一边。图三九司马台出土的玉牙璋的浅凹弧刃部就完全发展

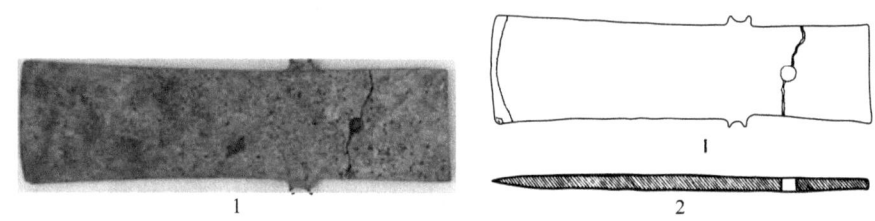

图三六　山东沂南罗圈峪村出土大汶口文化末期至山东龙山文化前期石牙璋（YL10）
长 24.8、刃宽 7.2、柄宽 6.4、厚 0.6—1 厘米
1. 照片　2. 线图
（引自《故宫文物月刊》第 79 期）

图三七　临沂大范庄出土大汶口文化末期至山东龙山文化前期石牙璋
长 27.5、刃宽 8、柄宽 5.9、厚 0.6—1 厘米
1. 照片　2. 线图
（引自《故宫文物月刊》第 135 期）

图三八　临沂大范庄出土大汶口文化末期至山东龙山文化前期玉牙璋
长 32.9、刃宽 9.8、柄宽 6.2、厚 0.6—1 厘米
1. 照片　2. 线图
（引自《故宫文物月刊》第 135 期）

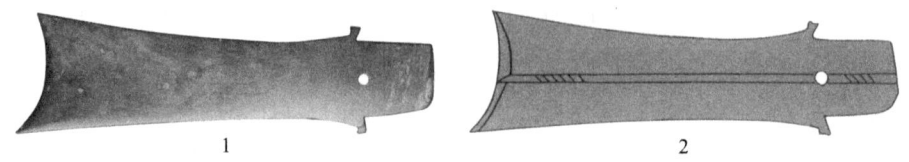

图三九　海阳司马台出土山东龙山文化前期玉牙璋
长 27.5、刃宽 7.6、柄宽 4.4、厚 0.4—0.5 厘米
1. 照片　2. 线图
（引自《故宫文物月刊》第 135 期）

成单面刃，一面磨斜，而另一面完全保持平整。由于该遗址为山东龙山文化前期，故司马台牙璋的年代订为公元前 2600—前 2300 年。

不过不知何故，山东地区的牙璋并未形成大的制作风潮，而陕北却大量制作，且发展出复杂多变化的凹凸齿棱与各种平行或交叉的阴线纹（图一二、一三）。山东与陕北的地理位置相距甚远，中间地带目前也还没有足够的资料证明这种传播关系。

牙璋的造形奇特，但据笔者的检视，不少牙璋在弯弧形的刃部上，还留着相当明显的因为使用而造成的伤缺。如图四〇a就是台北故宫博物院所藏一件龙山时期牙璋，它的刃部中段有着连续的大小伤缺（图四〇b）[99]。虽然颇多学者认为牙璋是模仿农具中的"耜"，但它的形制与戈相似，只是头端不同，所以也可能如图四〇c那般，绑缚木柄，成为砍杀敌人的兵器。

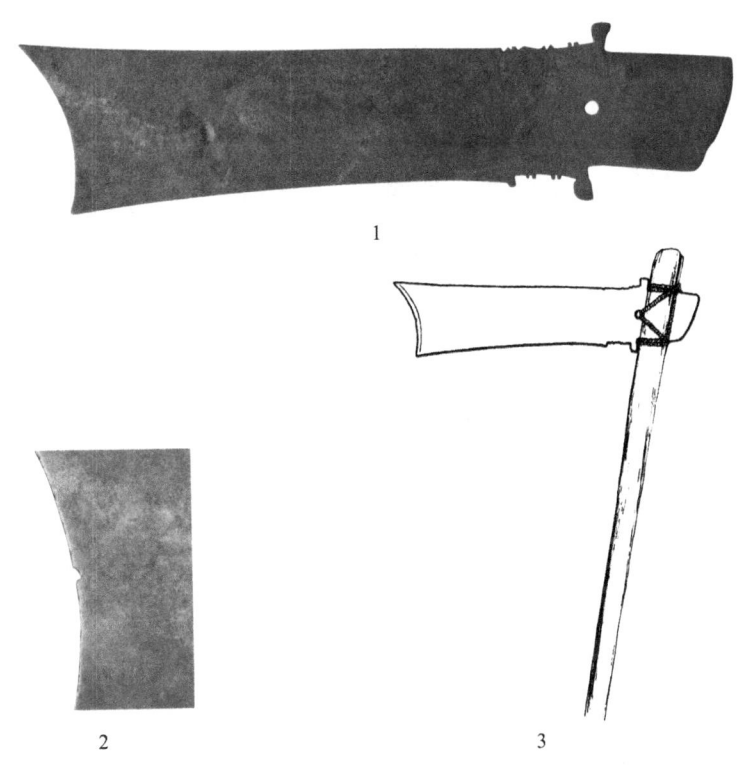

图四〇　台北故宫博物院藏龙山—齐家系牙璋
长 38.1 厘米
1. 整器照片　2. 玉牙璋刃线中段照片　3. 牙璋加装木柄想像图

目前的资料显示，陕北多牙璋、长圭、大刀之类的条状带刃器，但也征集到璧与琮。甘青宁较多璧与琮，也见圭、刀等。盗掘流散品中曾有传出于甘青地区的牙璋，但正式的报导只见到甘肃积石山、银川齐家文化中出有牙璋[100]。晋南的陶寺、陕北的石峁，都有玉戈的萌芽迹象，玉戈是下一个阶段最重要的玉礼器之一。

在众多的玉器类别中，联璧（包括"围圈"）可算是华西玉器中的独特器类。联璧出现于马家窑文化半山类型（瓦罐嘴）与庙二文化（芮城、下靳）中，在客省庄文化、齐家文化中，有越来越流行，也越来越大的趋势，几乎晋、陕、甘、宁、青都有出土。小型联璧可当手镯配戴，但不少体积壮硕者，实在想不通作何用途？

过去曾有人怀疑"联璧"的出现是因为玉料不够制作完整的玉璧，就只好"小料大作"用玉璜连接出完整的玉璧。现在已发现许多体积壮硕的联璧，它们的单片就足够制作一件玉璧，自然否定了这种假设。可能为了求大，最大型的联璧的单片常保留原来玉矿的边皮而不加以切磨，所以连接后周边并非正圆形，这样的可称为"玉围圈"（图二七、图二八）。

宏观地分析华西居民的美学表现，或可洞悉华西先民偏好制作联璧的行为，可能隐含着特殊的哲学思想。这儿陶器艺术的极致，就是马家窑文化彩陶上那种没有起始、也没有终结，勾连回转，令人目眩神迷的图案（图四一、图四二）。再看看联璧，不也是等分单元，无始无终，回环旋绕的设计吗？或许这样的"连续"设计，蕴含了华西先民追求生生不息的"永恒"意念呢！

图四一　甘肃舟曲县出土马家窑文化马家窑类型波折纹彩陶壶
1. 正视图　2. 从上端观看彩陶壶纹饰结构相似于联璧
高 26.4 厘米
（引自高雄市立美术馆，《黄河文明——甘肃远古彩陶特展》）

图四二　甘肃兰州出土马家窑文化马厂类型圆圈纲纹彩陶罐
高 13.5 厘米
（引自高雄市立美术馆，《黄河文明——甘肃远古彩陶特展》）

七、东夷系神祖纹的西渐透露氏族播迁的讯息

龙山时期中华大地上各区域性文化彼此之间交流频繁，这已是考古学界的共识。前文曾提及神木石峁出土山东龙山文化的牙璧、石家河文化的鹰纹笄等。近日在晋南陶寺遗址也出土了石家河文化的抽象与具像的玉雕神面[101]。这些都是直接将其他文化的玉器搬离原作地，最后留在陕北或晋南。造成的原因可能是战争掠夺、商业贸易，或是人群的迁徙。

但是黎城出土玉戚（图八），以及芦山峁出土玉刀与玉琮（图一五、图一六）就不是那么单纯了。它们都是在一件玉器上呈现二种或三种文化因素，这样的玉器我称之为"文化综合体"。

前文已分析图一五玉琮的质地与器形都是典型的华西玉琮。但在四面器表雕琢了仿良渚式的面纹，眼睑的轮廓不像良渚中期的"卵形眼"，比较接近良渚晚期在福泉山或寺墩出土玉琮上面的"桃形眼"，但又非浅浮雕整块眼睑，而是用凸弦纹勾边，在龙山时期这种凸弦纹流行于石家河文化与山东龙山文化中。所以这件玉琮正是结合了多种文化、不同风格于一体的"文化综合体"。

由于山东日照两城镇出土的玉圭[102]，与台北故宫博物院所藏玉圭的纹饰结构相同，证明台北故宫博物院所藏的玉圭也是山东龙山文化的遗物（图四三，1），在这件玉圭的两面分别雕琢了抽象与具象的面纹。具象面纹的特征是有清楚的脸庞轮廓线、人眼、戴圆耳环、戴船形帽，留着长发；中央正面面纹（最宽处4厘米）双颊旁的长发被两个小的，造形相同的侧面面纹（最长处1.9厘米）所遮。图四三，2就是两个侧面面纹。笔者曾撰文考证抽象与具象的面纹都是东夷氏族信奉的神祖，长发戴帽者可能是传说的氏族女性祖先常仪（嫦娥）[103]。

图四三　台北故宫博物院藏山东龙山文化玉圭
长 24.6 厘米
（四面人线绘图）
1. 线图　2. 玉圭一面上雕琢的吐獠牙神祖两侧的长发带帽神头

但是我们发现这样的东夷神祖面纹却出现在典型的华西系带刃玉器上。黎城玉戚的质地是前述第三种闪玉，迄今我还没有在大汶口或山东龙山文化出土器中看过这种玉质的器物。在黎城玉戚的左右两边，分别雕琢了抽象与具象的东夷式神祖面纹，但线条比较方正平直。观者可明显地看出神祖的帽、额鼻、嘴、下巴等正好形成凹凹凸凸的齿棱。若以器边为中心将两面的花纹左右平展，就成为图八，3、4的样子。图一五芦山峁出土大玉刀的两侧也有凹凸齿棱，较短的一边雕作戴帽神祖的侧面轮廓线，帽、额鼻、嘴、下巴等形成凹凸齿棱，若以器边为中心将两面的花纹左右平展，就成为图一五，3的样子。因此，我们可以推测大刀右侧凹凸齿棱可能是抽象神祖的额、鼻、嘴的轮廓线了。

除了这几件出土器外，早年流散到欧美的玉器中也有不少极富研究价值的。图四四是哈佛大学萨可乐博物馆（Arthur M. Sackler Museum）收藏的一件[104]，由其黄绿莹透的玉质，宽短厚实的器形，可知属于山东龙山文化玉钺[105]。在其器表用浅阴线刻画抽象神祖面纹，结构与朱封出土的镂空玉饰（图四五）非常相似，左右两侧线条作下垂状，比图四三玉圭上抽象面纹更为柔美，但眼睛已不作漩涡眼，而较相似于良渚晚期的"桃形眼"。

值得注意的是图四六玉刀，1980年笔者第一次上手仔细观察实物时，它还与萨可乐收藏的其他玉器一起寄存在纽约的大都会博物馆（The Metropolitan Museum of Art）中[106]。当时我纪录了

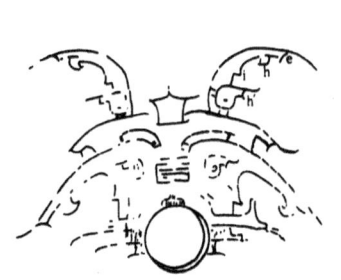

图四四　哈佛大学萨可乐博物馆藏山东龙山文化
刻有抽象神祖面纹的玉钺（该馆编号 1943.50.84）
长 12.7 厘米
（引自林巳奈夫：《中国古玉的钅且牙》,《中国古玉的研究》）

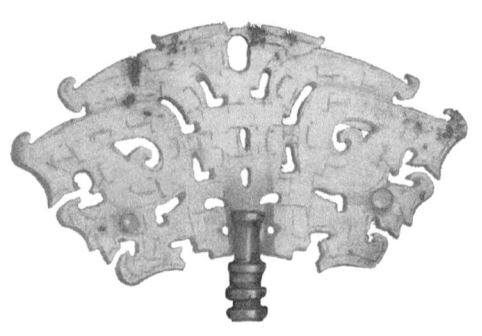

图四五　朱封出土山东龙山文化镂空抽象
神祖面纹玉饰
宽 9 厘米
（引自杨晓能：《中国考古的黄金时代》）

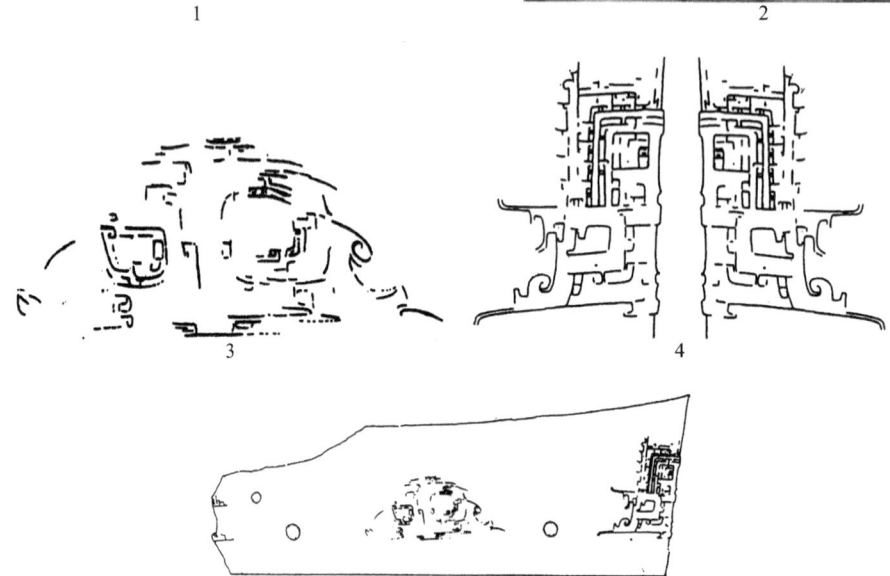

图四六　华盛顿沙可乐美术馆藏雕有东夷式神祖纹的大口文化或齐家文化玉刀
残长 48 厘米（该馆编号 1987.450）
1. 整器照片（引自 Thomas Lawton and others, Asian Art in the Arthur M.Sackler Gallery, The Inaugural Gift）
2. 玉刀中部器表浅浮雕抽象神祖面纹（引自 Arsenal Orientalis X, 1975）　3. 玉刀中部器表浅浮雕抽象神祖面纹线绘图
4. 玉刀一端的两面均浅浮雕抽象神祖面纹，将两面花纹相对的图像（引自林巳奈夫：《中国古玉的钅且牙》,《中国古玉的研究》）
5. 玉刀中央及侧边各浅浮雕神祖面纹，左侧边已断，残留一些纹饰

它的器形与纹饰的关系。在它的中央器表浅浮雕了与图四四、图四五相似的面纹，在玉刀的两端都雕有纹饰，但较窄的一端已残破，较宽一端的两面器表都浅浮雕了抽象神祖面纹，结构颇相似于黎城玉器（图八，3）。

图四七是收藏在弗立尔博物馆的大玉刀，1980、1992 年我两度仔细观察实物。确知两面花纹基本相同。在较窄一端边缘的两面雕琢了具象的长发戴帽神祖面纹，帽缘、额鼻、嘴、下巴等形成凹凸齿棱。此外，还在器表刻绘两组花纹，在野猪鼻端之前的，也是长发戴帽的神祖像。

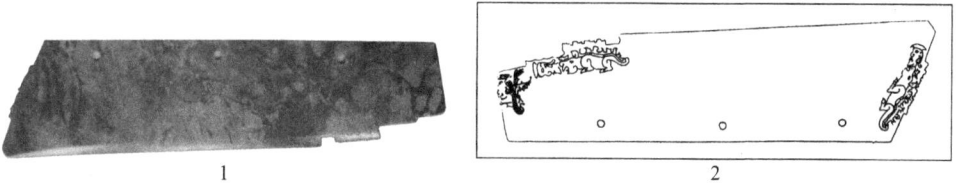

图四七　弗立尔美术馆藏雕有东夷式神祖纹的大口文化或齐家文化玉刀（该馆编号 1918.1）

长 75 厘米

1. 整器照片　2. 线图

（引自袁德星：《中国历史文物》）

图四六、图四七两件玉刀的质地都是本文所称华西第三种闪玉，而器形也与图三〇、图三一出土的宗日文化、齐家文化玉刀相似。那么为什么上面刻绘着东夷式的神祖纹呢？笔者曾推测这是东夷族系在向西迁徙时，始终带着虔诚的宗教热诚，一面与在地文化充分融合，一面仍将自己信奉的神祖像雕琢在新的玉器上[107]。

八、从自然生态看不同风味的东与西

华西地区范围广大，还有待日后更多正式的、系统的考古发掘，建立各地区玉器文化发展的脉络。虽然前文已提及各地区流行的器类略有差异，但整体风格呈现相当的共性。因为它们多光素平整，加上玉料致密易于解剖成片，历代多当作玉材改刀。即或如此，从残存的资料仍可发现华西玉器不乏质美工精，端正秀丽、气势磅礴的作品。因为过去缺乏系统的研究，导致许多人误以为华西玉器多是粗糙、拙劣且简陋。

台北故宫博物院典藏许多史前玉器，我也常需筹办各式展览及负责相关的出版品。每当我面对各种史前玉器时，我会从它们的形制、花纹、符号等，试着去体察先民雕琢它们时的心境。因为"物"是人创造的，古人生活在不同的环境，酝酿了不同的思维，发展了不同的宗教思想与艺术品味，也就制作出不同的器用。

当我们面对东亚的自然地图时，会发现华东的沿海平原区与华西的高原峻岭区的分界线并不是南北垂直的，而是大约 30° 的东北—西南的走向。太行山正是这条分界线的中段。华东与华西虽因生业不同而制作不一样的实用陶器、石器，但用来祭祀神明祖先的玉器，却是异中有同，同中有异。

华东的史前玉器上多雕琢各式动物纹样，传说与祖先生命来源有关的"玄鸟"主题更因南北生态差异而造形有所不同。北方（以红山文化为主）多鹰鸮类，南方（以良渚文化为主）则多燕鸠类。但华西地区的先民，只在陶器上装饰具象或抽象的动物花纹，却不将活泼的生物图像带入玉器创作的领域。

若进一步统计华西玉器玉料与器类的关系，会发现杂色斑驳、沉积结构明显的所谓"第三种闪玉"只用来制作带刃器，不用来制作最重要的通神礼器——璧与琮。这些现象暗示：可能在华西先民的思维中，天人交流时，富含精气的纯净美玉最能发挥强大的感应力。唯有选择简单光素的几何造形，才能不破坏美玉的纯净质感。或因基于此种信念，连最高级的大型祭器——璧、琮（可能包括大围圈），器表可以抛磨光润，边角可以琢磨规整，但仍保持质朴无华的纯净风格。只有在象征人间统治者身份地位的瑞器，如大刀、牙璋等，器表才刻画平行或交叉的阴线纹。

高旱的崇山大岳与湿润的湖泊海洋，是华西、华东在自然生态上最大的不同，因而孕育出不同的艺术传统，二区的玉器在制作技法及作品风格上都有明显的差异。华东流行线切割技法、象生母题发达，具神秘象征意义的耳饰玦广布。华西玉器却是片切割技术普及、多光素的几何造形、晚期更崇尚体大厚重的雄浑气势[108]。

如果考古发掘无法探索出玉琮与牙璋在华西地区的本土发源，那么更需研究新石器时代晚期华西的社会结构与文化内涵，探索为何这些器类在华西能如此的蓬勃发展？而令中原地区能后来居上地成为中国文明起源地。从宏观的角度观察，夏商周三代主要承袭华西玉器传统。

二里头遗址出土的大刀、牙璋，明显属华西风格。殷墟安阳小屯丙组坛祀建筑基址下埋有一苍璧、一白璧的现象[109]，令人联想到齐家文化喇家遗址在屋内墙边地面平置似有祭祀意味的二件玉璧[110]。我曾仔细观察小屯丙组基址下的两件玉璧，确知所谓"苍璧"者，是一件典型的华西玉璧，可能为马家窑、客省庄、齐家等文化的遗物。而那件"白璧"，则是典型商代的牙黄色凸缘璧，器表还琢有同心圆。自夏代起玉戈成为重要的标示身份的瑞器，商周时流行的扇形璜也明显属于华西系，有些扇形璜根本是齐家系联璧的散片，在商、周时加雕花纹，西周时组玉佩上玉璜的数目多寡更是佩戴者身份的象征。

因为辽西地区红山文化高度发达，因此有学者推论吉林、黑龙江的史前玉器为红山文化的外延区与波及区[111]。但后来的研究显示吉黑地区史前玉器的起源不晚于辽西，某些器类还传播至辽西，成为后者玉器文化蓬勃发展的源头之一[112]。由于江南太湖地区良渚文化玉雕高度发展，很容易直观地推论该区属原生型玉文化，江淮巢湖地区属次生型玉文化[113]。但考古学家整体分析各种迹象后，多推论江淮宁镇地区（北阴阳营文化、凌家滩文化）较先发展玉雕技术，东传影响太湖地区，崧泽文化晚期以后，太湖地区的玉雕技术才逐渐进步发展[114]。看来史前玉器文化的发展轨迹较为复杂，并不像陶器那样容易排出清晰的谱系。

郭大顺先生指出公元前三千年前后，红山文化与良渚文化都发生了"突变"，使得玉器作为这两支考古文化最具代表性的因素，在社会文化总体发展水平上超越同时期相邻诸文化，使得这两支考古文化的"个性化"得到最充分的发展。但是产生"突变"的原因可能并不单一，是宗教改革导致神权独占的作用，还是交流形式变化如由吸收到碰撞引出的后果，或兼而有之，即神权的普及使文化间的交流频繁而层次更高，都尚待进一步的研究[115]。

如果说公元前3000年前后，华东考古文化的突变导致红山、良渚玉器文化高度发展，那么值得日后学术界深入探索的另一个课题或是：公元前2000年前后，究竟是什么原因导致黄河上、中游考古文化产生突变，当陶器上充满活力的彩绘逐渐消失时，玉器的制作却蒸蒸日上，不但数量惊人，且体积增大。大璧、大琮、大圭、大刀、大联璧以及牙璋等，建构起黄土高原上特殊的宗教信仰，刚劲质朴的玉礼器群与金属器用等，让这儿的社会高度发展，逐渐步入文明时期，产生了国家。

注　释

[1] 戴应新：《陕西神木县石峁龙山文化遗址调查》；《神木石峁龙山文化玉器》。

[2] 邓淑苹：《故宫博物院藏新石器时代玉器研究之三——工具、武器及相关的礼器》。

[3] 戴应新：《神木石峁龙山文化玉器探索（一——六）》；邓淑苹：《也谈华西系统玉器（一）至（六）》。

[4] 黄宣佩：《齐家文化玉礼器》。

[5] 杨伯达：《甘肃齐家玉文化初探》。

[6] 杨伯达：《甘肃齐家玉文化初探》；黄宣佩：《齐家文化玉礼器》；黄翠梅：《传承与变异——论新石器时代晚期玉琮形制与角色之发展》；冈村秀典：《龙山文化后期玉器的传播》。

[7] 1979—1980年笔者曾在欧美探访多所收藏中国古物的重要博物馆，在每所博物馆库房中，仔细检视，并详加记录。但仅就牙璋一项做过初步统计，发表为邓淑苹：《"牙璋"研究》。

[8] 戴应新：《我与石峁龙山文化玉器》。

[9] 石峁玉器的年代向有争议，近年因神木新华遗址的发掘，才有了断代的依据。根据：陕西省考古研究所、榆林市文物保护研究所：《神木新华》。新华遗存年代为公元前2150—前1900年。新华遗址发掘者认为石峁玉器年代与之相当。见孙周勇：《陕西神木县新华遗址出土玉器初步研究》；孙周勇、乔建军：《石峁玉器年代的考古学检视》。但综合其他考古资料（如二里头、广汉等）笔者认为石峁玉器的下限可能还晚至公元前1600年。

[10] 20世纪80年代晚期，笔者为台北故宫博物院执行购藏公务，即发现大量华西风格玉器流散肆间。台湾也有人在20世纪80年代晚期，多次出入甘肃，购藏了大批史前玉器。

[11] 邓淑苹：《古玉后雕的新认知》。

[12] 以台北故宫博物院玉器库典藏的清宫旧藏为例（不包括珍玩库中多宝格里的玉器），良渚文化玉璧只有2件，但史前华西系玉璧至少46件。良渚文化玉琮只有8件，但史前华西系玉琮约30多件。笔者了解欧美多间收藏中国古玉的博物馆中，华西系璧与琮的数量也常远多于良渚文化的璧与琮。

[13] Elinor Pearlstein, "Ancient Chinese Jades, The Sonnenschein Legacy," pp.98-110.

[14] Alfred Salmony, Ph. D., "Archaic Chinese Jades."

[15] 叶茂林：《黄河上游新石器时代玉器初步研究》。

[16] 给笔者启发的论文有：牟永抗、吴汝祚：《试谈玉器时代——中华文明起源的探索》；牟永抗、吴汝祚：《试论玉器时代——中国文明时代产生的一个重要标志》。Hong Wu, "A Great Beginning-Ancient Chinese Jades and the Origin of Ritual Art." 邵望平：《禹贡·九州》的考古学研究》；邵望平：《海岱系古玉略说》；饶宗颐：《红山玉器猪龙与狶韦、陈宝》。文中有关"璧毋间之珣玗琪""夷玉"就是兴隆洼——红山系玉器的说法。以及刘起釪：《古史续辨》。

[17] 邓淑苹：《古玉的认识与赏析——由高雄市立美术馆展览谈起》；《由蓝田山房藏玉论中国古代玉器文化的特质》。

[18] 该会议论文延至1997年出版。"A Theory of the Three Origins of Jade Culture in Ancient China," pp.9-25. 但中文发表为《中国古代玉器文化三源论》，《中华文物学会1995年刊》。

[19] 严文明：《中国古代文化三系统说》。

[20] 今日有的地理学者将宁夏归为黄河中游，但从史前考古学观点分析，该区与黄河上游属于同一个文化区。

[21] 年代范围大致依据中国社会科学出版社出版的《中国考古学·夏商卷》。陕西省考古研究所：《神木新华》。谢端琚：《黄河上游史前文化玉器研究》。不过在许新国：《青海考古的回顾与展望》一文，将马家窑文化订为公元前3000—前2000年，宗日文化订为公元前3600—前2000年。略有出入。庙二文化的年代有四家之

说，本文选择较常见的一说。

［22］ D. S. Dye, "Some Ancient Circles, Squares, Angles and Curves in Earth and in Stone in Szechwan, China," D. C. Graham, "A Preliminary Report of the Hanchow Excavation"; 高大伦、邢进原：《四川两处博物馆藏三星堆玉石器的新认识》。

［23］〔日〕林巳奈夫：《中国古代石庖丁形玉器与骨铲形玉器》。

［24］ 黄河中游地区的相关论文，依出版年代为序有：戴应新：《陕西神木县石峁龙山文化遗址调查》、《神木石峁龙山文化玉器》、戴应新：《神木石峁龙山文化玉器探索（一——六）》；邓淑苹：《也谈华西系统玉器（一——六）》；邓淑苹：《"牙璋"研究》；王克林：《论玉璋起源演变与功能》；张长寿：《论神木出土的刀形端刃玉器》；杨泓：《中国古代刀形端刃玉器初析》；戴应新：《石峁牙璋及其改作——石峁龙山文化玉器研究记记》；〔日〕冈村秀典著，姜宝莲译：《中国史前时期玉器的生产与流通》；姬乃军：《延安市芦山峁出土玉器有关问题探讨》；〔日〕冈村秀典：《西元前二千年前后中国玉器之扩张》；杨亚长：《陕西史前玉器的发现与初步研究》；高炜：《陶寺文化玉器及相关问题》；邓淑苹：《晋陕出土的东夷系玉器的启示》；刘永生、李勇：《山西黎城神面纹玉戚》；杨美莉：《院藏黄河上中游玉琮的研究》；杨美莉：《黄河上中游的玉围圈》；〔日〕冈村秀典：《陕晋地区龙山文化的玉器》；邓淑苹：《故宫八件旧藏玉圭的再思》；高炜：《龙山时期玉骨组合头饰的复原研究》；杨美莉：《由器类组合看齐家文化玉器在渭河流域的流通》；魏京武：《龙冈寺遗址出土的仰韶文化玉质生产工具》；高炜：《龙山时代中原玉器上看到的二种文化现象》；孙周勇：《陕西神木县新华遗址出土玉器初步研究》；孙周勇：《神木新华遗址出土玉器的几个问题》；宋建忠：《山西临汾下靳墓地玉石器分析》；孙周勇、乔建军：《石峁玉器年代的考古学检视》；戴应新：《我与石峁龙山文化玉器》；孙周勇：《神木新华遗址出土玉器的几个问题——兼论石峁玉器的时代》；李健民：《陶寺遗址出土的玉石钺》；陶正刚等：《山西芮城县坡头遗址出土玉器与良渚文化关系的研究》；赵春青：《试论中原地区新石器时代玉器的分期》；刘云辉：《陕西地区出土玉器概述》；宋建忠等：《山西地区出土玉器概述》；马萧林、李新伟、杨海清：《灵宝西坡仰韶文化墓地出土玉器初步研究》。

［25］ 黄河上游地区的相关论文，依出版年代为序有：吴平：《齐家文化玉石器》；杨伯达：《甘肃齐家玉文化初探》；叶茂林：《齐家文化的玉石器》；叶茂林：《黄河上游新石器时代玉器初步研究》；黄宣佩：《齐家文化玉礼器》；阎亚林：《甘青宁地区史前玉器初步研究——以齐家文化为中心》；罗丰：《黄河中游新石器时代的玉器——以馆藏宁夏地区玉器为中心》；谢端琚：《黄河上游史前文化玉器研究》；叶茂林：《齐家文化玉器的几个问题》；叶茂林：《从青海喇家遗址出土资料再论齐家文化玉器》；周述蓉等：《从齐家文化玉器的玉质、次生变化及工艺制作技术看齐家文化的玉文化与科学技术》；李天铭、刘志华：《甘肃省博物馆藏齐家文化玉器》；叶茂林等：《青海民和县喇家遗址出土齐家文化玉器》；刘志华、孙玮：《武威皇娘娘台出土的齐家文化玉石器》；王国道等：《青海齐家文化玉器研究》；叶茂林：《甘肃、青海、宁夏、新疆地区出土玉器概述》；叶茂林：《齐家文化玉器研究》（出版中）。

［26］ 分别见：2003 年出版的《中国考古学·夏商卷》；赵春青：《试论中原地区新石器时代玉器的分期》。宋建忠：《山西临汾下靳墓地玉石器分析》。以及山西省考古研究所、运城市文物局、芮城县文物局：《山西芮城清凉寺新石器时代墓地》。

［27］ 如发掘者高炜的意见，见其 1998、2002 年论著，详注［24］。以及 2003 年出版的《中国考古学·夏商卷》，第 59 页。

［28］ 宋建忠：《山西临汾下靳墓地玉石器分析》；赵春青：《试论中原地区新石器时代玉器的分期》。

［29］ 宋建忠：《山西临汾下靳墓地玉石器分析》。

［30］ 高炜：《陶寺文化玉器及相关问题》；高炜：《龙山时期玉骨组合头饰的复原研究》。

［31］ 黄翠梅：《传承兴变异——论新石器时代晚期玉琮形制与角色之发展》；黄建秋：《良渚文化分布区以外的玉琮研究》。

［32］ 山西省博物馆：《河山之精英——晋陕豫古代玉器精华展》。

［33］ 山西省考古研究所、芮城县博物馆：《山西芮城清凉寺墓地玉器》。

［34］ 陶正刚等：《山西芮城县坡头遗址出土玉器与良渚文化关系的研究》。

［35］ 高炜：《龙山时期玉骨组合头饰的复原研究》。

［36］ 山西省考古研究所、运城市文物局、芮城县文物局：《山西芮城清凉寺新石器时代墓地》；薛新民：《山西芮城清凉寺庙底沟二期墓地》。

［37］ 刘永生、李勇：《山西黎城神面纹玉戚》。

［38］ 马萧林、李新伟、杨海清：《灵宝西坡仰韶文化墓地出土玉器初步研究》。

［39］ 杨亚长：《陕西史前玉器的发现与初步研究》。

［40］ 戴应新：《从上泉玉琮说起》。

［41］ 肖琦：《陇县博物馆收藏的玉璋》。

［42］ 杨亚长：《陕西史前玉器的发现与初步研究》。

［43］ 张长寿：《论神木出土的刀形端刃器》。他从 1925 年伯希和（P. Pelliot）的纪录，乐提（S. C. Nott）1936 年的论著，以及萨尔摩尼（A. Salmony）1931 年德文、1963 年英文论著等，作了综合介绍。不过在该文中称牙璋为"刀形端刃器"。

［44］ Soame Jenyne, Chinese Archaic Jades in the British Museum. plate XIV.

［45］ 同注［1］、［3］。

［46］ 陕西省考古研究所、榆林市文物保护研究所：《神木新华》第六章。

［47］ 邓淑苹：《晋陕出土的东夷系玉器的启示》。

［48］ 从图一三等齿棱比较复杂，器表又刻了平行或交叉线纹的牙璋来看，石峁的年代下限可到公元前 1600 年。

［49］ 据戴应新先生追忆，石峁也有玉璧与石琮，但他因故没有征集。他又记载陕北的米脂、靖边、府谷，内蒙古的准格尔旗都有发现与石峁类似的玉器。见《神木石峁龙山文化玉器探索（一）》。

［50］ J. G. Andersson, Researches into the Prehistory of the Chinese, No.15.

［51］ 谢端琚：《黄河上游史前文化玉器研究》，第 10、18、19 页。

［52］ 文中引用阎亚林 1999 硕士论文纪录甘肃武威海藏寺齐家文化遗址出土一件耳饰玦。笔者认为在新石器时代时玉玦流行于华东，未曾流行于华西。迄今海藏寺出土玦还是孤证，不排除是华东地区玉器经贸易等管道流传而来。

［53］ 罗丰：《黄河中游新石器时代的玉器——以馆藏宁夏地区玉器为中心》。

［54］ 叶茂林：《从青海喇家遗址出土资料再论齐家文化玉器》。

［55］ 叶茂林：《齐家文化玉器的几个问题》；叶茂林：《齐家文化玉器研究》。

［56］ 罗丰：《黄河中游新石器时代的玉器——以馆藏宁夏地区玉器为中心》。

［57］ 邓淑苹：《红山文化玉器与良渚文化玉器学术研究的比较与省思》。

［58］ 据笔者的探访可知，最长的一把玉刀在芝加哥美术馆（The Art Institute of Chicago），长 101.9 厘米。图片发表于 Elinor Pearlstein, "The Chinese Collections at The Art Institute of Chicato: Foundations of Scholarly Taste," 42.

［59］ 闻广：《中国大陆史前古玉若干特征》，第 220 页。钱宪和教授也有类似的研究，见其《古玉之矿物学研究》，第 227 页。

［60］ 台湾大学地质系钱宪和教授曾如此推测，笔者甚为反对。

［61］ 同注［44］，该玉铲编号 99K1：23，质地鉴定见第 369 页。

［62］ 闪玉 Nephrite 是阳起石 Actinolite 兴透闪石 Tremolite 以任何比例构成的固溶体 Solid Solution。

［63］ 杨伯达等：《中国和阗玉》，第 63、64 页；杨汉臣等：《新疆宝石与玉石》，第 89 页。

［64］ 罗丰：《黄河中游新石器时代的玉器——以馆藏宁夏地区玉器为中心》。

［65］ 图片效果最好的是：邓聪：《东亚玉器》，彩图 66。

［66］ 《中国出土玉器全集（3）》，第 36、41 页。

［67］《中国出土玉器全集（15）》，第1页。

［68］《中国出土玉器全集（15）》，第145、167页。

［69］《中国出土玉器全集（13）》，第8、14、96页。

［70］ Berthold Laufer, Jade, A Study in Chinese Archaeology and Religion，只有原版书才有此彩图。

［71］《中国出土玉器全集（3）》，第30页。

［72］ 王马嘴出土的大型玉刀铲是非常壮观的一件玉器，1998年我在陕西省博物馆看过实物。彩图见王长启主编，《中华国宝——陕西珍贵文物集成·玉器卷》，第11页。该书中称之为"五孔玉璋"。

［73］ 高雄市立美术馆：《黄河文明——甘肃远古彩陶特展》。

［74］《中国出土玉器全集（15）》，图39。

［75］ 宗日玉刀彩图见《中国出土玉器全集（15）》，图151。谢端琚先生认为属宗日文化，见谢端琚：《黄河上游史前文化玉器研究》。叶茂林先生归入齐家文化。见叶茂林：《甘肃、青海、宁夏、新疆地区出土玉器概述》。

［76］《中国出土玉器全集（15）》，图150。

［77］《中国出土玉器全集（13）》，图26、图30。

［78］ 闻广：《中国大陆史前古玉若干特征》，第24—29页。彩图公布于 Thomas Lawton, "An Asian Art Legacy"，p.86.

［79］ 广汉三星堆1986年发掘的大祭祀坑中，有用第三类玉料制作的凸缘璧。此二祭祀坑的年代已晚于本文设定讨论的年代下限1600BC。也有学者认为凸缘璧是装饰用品，而非礼制上的玉璧。

［80］ 闻广：《中国大陆史前古玉若干特征》，第221页中仔细地描述了电子显微镜下看到的雏晶群，并对变质作用的二阶段作了合理的推测。

［81］ 承蒙闻教授口头告知。但我从照片观察，洮河玉料的颜色分布（灰白色围绕深的蓝绿色）倒相似于本文所称的第二种闪玉。

［82］ 黄翠梅、叶贵玉：《自然环境与玉矿资源——以新石器时代晋陕地区的玉器发展为例》。

［83］ 有沉积文理的华西系带刃器在商周时持续被改刀利用，笔者所见最薄的一件是在山西侯马祭祀坑出土的，可形容为："薄如纸。"

［84］ 姬乃军：《延安市芦山峁出土玉器有关问题探讨》，第29页。

［85］ 戴应新：《神木石峁龙山文化玉器探索（一）》，第47、48页。列出的矿物有：墨玉、玉髓、石英岩、大理岩、蛇纹岩、黑曜岩、碧玉等。

［86］ 罗丰：《黄河中游新石器时代的玉器——以馆藏宁夏地区玉器为中心》，第35—68页。但该文第45页记录该玉琮出于隆德县沙塘乡，现藏于固原博物馆。笔者怀疑此处可能是误记。因为图片说明是记录固原县河川乡店河村出土。如果出于隆德县，应该藏于该县的文管所。

［87］ 两件都藏于台北故宫博物院。

［88］ 王国道等：《青海齐家文化玉器研究》，第263页。

［89］ 周晓晶：《吉黑地区新石器时代玉器探究》；刘国祥：《中国东北地区史前玉器发展阶段初论》。

［90］ 周晓晶最先提出这个看法，同前注。

［91］ 许多学者直接称之为"玉琮"，但我认为黄宣佩先生称之为"琮式镯"是比较合理的。见黄宣佩：《齐家文化玉礼器》。良渚早期赵陵山77号墓出土一件内圆外方筒形器，也有人称之为"玉琮"，但没有射口。

［92］ 栾丰实先生认为良渚文化年代为公元前3500—前2500年。若然，良渚中期应该更早些。栾丰实：《再论良渚文化的年代》。

［93］ 过去大家都认为直到《周礼》一书编撰的战国时代，才将玉璧、玉琮组配成象征圆与方，用以祭祀天地的礼器。但近年来的考古资料显示，良渚文化晚期时，璧与琮的组配关系可能已经形成。因为在良渚晚期时，只有这两种玉器上才能刻画以鸟、日、柱子、祭坛等元素组成的通神密码。而在华西地区，陕西长安上泉村、甘肃静宁治平乡、甘肃天水师赵村等处，也有璧与琮成组出土的情况。笔者出版较多相关论述，较晚近的一篇为《刻有天象符号的良渚玉器研究》。

［94］ 瑶山等墓葬报告整理工作的参与者方向明先生的意见。

［95］ 蒋卫东：《神圣与世俗——关于良渚文化玉器功能的若干思考》，第 142 页。

［96］ 有关"原始文明底层"与"相互作用圈"的观念，见于张光直：《中国古代文明的环太平洋的底层》；张光直：《中国相互作用圈与文明的形成》。

［97］ 四处遗址虽各有简报，但图片等资料丰富翔实的为王永波：《关于刀形端刃器的几个问题》；于秋伟：《山东沂南新发现的牙璋和玉器》。

［98］ 邵望平、高广仁：《从海岱系玉礼器的特征看三代礼制的多元一统性》；栾丰实：《海岱地区史前祭祀遗存二题》。

［99］ 台北故宫博物院收藏二件牙璋，图四〇者只能确定属龙山时期，但尚不能断定它的地域性与文化别，彩图发表于邓淑苹：《曙光中的天人对话》。但另一件则明显地属于四川广汉月亮湾类型，年代下限可暂定为公元前 1600 年，在其刃部出了一块伤缺外，基本上没有明显的使用痕。发表于邓淑苹：《由院藏三星堆文化牙璋谈起》，以及邓淑苹：《曙光中的天人对话》。

［100］ 阎亚林：《甘青宁地区史前玉器初步研究——以齐家文化为中心》。

［101］ 抽象的玉神面见中国社会科学院考古研究所山西队等：《陶寺城址发现陶寺文化中期墓葬》，图三。具像玉神面见中国文物资讯网 2006 年 10 月 9 日。

［102］ 该件玉圭系早年刘敦愿教授征集，发表于刘敦愿：《记两城镇发现的两件石器》。

［103］ 邓淑苹：《雕离神祖面纹与相关纹饰的有刃玉器》；《论雕有东夷系纹饰的有刃玉器》。

［104］ 图四二玉钺原为美国哈佛大学福格博物馆（Fogg Art Museum）典藏之温索普收藏 Grenville L. Winthrop Collection 中的一件，1975 年发表于 Max Loehr, assisted by Louisa G. Fitzgerald Huber, Ancient Chinese Jades. 后因美国的大收藏家 Arthur M. Sackler 出资在哈佛大学建立萨可乐博物馆（Arthur M. Sackler Museum），原典藏于福格博物馆中包括温索普收藏的亚洲艺术品，已拨交至 Arthur M. Sackler Museum。因 Arthur M. Sackler 又分别捐资给北京大学与华盛顿，分别兴建赛克勒考古与艺术博物馆（Arthur M. Sackler Museum of Art and Archeology），与萨可乐博物馆（Arthur M. Sackler Gallery）。为分辨三家博物馆，只能将其中文名略作区别。

［105］ 相似于山东日照大孤堆出土玉钺（目前典藏于台北的"中央"研究院历史语言研究所）以及山东临朐朱封出土玉钺。

［106］ 20 世纪 80 年代时寄存于大都会博物馆的沙氏收藏，日后典藏于华盛顿的萨可乐博物馆（Arthur M. Sackler Gallery）中，注［104］中已说明华盛顿的萨可乐博物馆（Arthur M. Sackler Gallery）成立情况。

［107］ 同注［103］。

［108］ 注［52］中已说明海藏寺齐家文化遗址出土玦还是孤证，可能自华东地区流传而来。

［109］ 石璋如：《殷代坛祀遗迹》。

［110］ 叶茂林：《齐家文化玉器的几个问题》。

［111］ 孙守道：《中国史前东北玉文化试论》。

［112］ 同注［89］、［90］。笔者在《试论红山系玉器》一文中作了综述。

［113］ 黄翠梅：《中国新石器时代玉器文化谱系初探》。

［114］ 张敏：《勾容城头山遗址出土的史前玉器及相关问题的讨论》，第 180—187 页；蒋卫东：《神圣与世俗——关于良渚文化玉器功能的若干思考》，第 138 页。

［115］ 郭大顺：《从史前玉文化研究成果看中国史前史——为庆祝杨伯达先生八十诞辰而作》。

引 用 书 目

《庙底沟与三里桥》，中国科学院考古研究所，1959 年。

《中国考古学·夏商卷》，中国社会科学出版社，2003 年。

北京大学考古实习队、固原博物馆：《隆德页河子新石器时代遗址发掘报告》，《考古学研究·三》，科学出版社，1999 年。

戴应新：《从上泉玉琮说起》，《文博》1993 年增刊第 2 号。

戴应新：《陕西神木县石峁龙山文化遗址调查》，《考古》1977 年 3 期，第 154—157 页。

戴应新：《神木石峁龙山文化玉器》，《考古与文物》1988 年第 5、6 期合刊，第 239—261 页。

戴应新：《神木石峁龙山文化玉器探索（一）至（六）》，《故宫文物月刊》，第 11 卷第 5 至第 10 期，1993 年 8 月至 1994 年 1 月，第 44—55 页，第 46—61 页，第 78—85 页，第 44—51 页，第 26—35 页，第 68—79 页。

戴应新：《石峁牙璋及其改作——石峁龙山文化玉器研究札记》，《南中国及其邻近地区古文化研究》，香港中文大学出版社，1994 年，第 79—86 页。

戴应新：《我与石峁龙山文化玉器》，《中国玉文化玉学论丛续编》，紫禁城出版社，2004 年，第 228—239 页。

邓淑苹：《"牙璋"研究》，《南中国及其邻近地区古文化研究》，香港中文大学出版社，1994 年，第 37—50 页。

邓淑苹：《雕有神祖面纹与相关纹饰的有刃玉器》，《刘敦愿先生纪念论文集》，济南：山东大学，1998 年，第 134—163 页。

邓淑苹：《古玉的认识与赏析——由高雄市立美术馆展览谈起》，《故宫文物月刊》第 12 卷第 9 期，1994 年 12 月，第 38—65 页。

邓淑苹：《古玉后雕的新认知》，《故宫文物月刊》15 卷 7 期，1997 年 10 月，第 98—107 页。

邓淑苹：《故宫八件旧藏玉圭的再思》，《故宫学术季刊》，第 19 卷第 2 期，2001 年冬季，第 115—149 页。

邓淑苹：《故宫博物院藏新石器时代玉器研究之三——工具、武器及相关的礼器》，《故宫学术季刊》第 8 卷第 1 期，1990 年，第 19—94 页。

邓淑苹：《红山文化玉器与良渚文化玉器学术研究的比较与省思》，《红山文化研究——2004 年红山文化国际学术研讨会论文集》，文物出版社，2006 年，第 399—422 页。

邓淑苹：《晋陕出土的东夷系玉器的启示》，《考古与文物》1999 年 5 期，第 15—27 页。

邓淑苹：《刻有天象符号的良渚玉器研究》，《石璋如院士百岁祝寿论文集——考古·历史·文化》，（台北）南天书局，2002 年，第 123—145 页。

邓淑苹：《论雕有东夷系纹饰的有刃玉器》，《故宫学术季刊》第 16 卷第 3 期，1999 年春季，第 1—34 页。

邓淑苹：《试论红山系玉器》，《新世纪的考古学——文化、区为、生态的多元互动》，紫禁城出版社，2006 年，第 353—418 页。

邓淑苹：《曙光中的天人对话》，《故宫文物月刊》第 271 期，2005 年 10 月，第 68—87 页。

邓淑苹：《也谈华西系统玉器（一）至（六）》，《故宫文物月刊》，第 11 卷第 5 至第 10 期，1993 年 8 月至 1994 年 1 月，第 56—65 页，第 62—71 页，第 86—93 页，第 52—63 页，第 36—45 页，第 80—91 页。

邓淑苹：《由蓝田山房藏玉论中国古代玉器文化的特质》，《蓝田山房藏玉百选》，年喜文教基金会，1995 年，第 17—66 页。

邓淑苹：《由院藏三星堆文化牙璋谈起》，《故宫文物月刊》17 卷 2 期，1999 年 5 月，第 46—55 页。

甘肃省博物馆：《甘肃省文物考古工作三十年》，《文物考古工作三十年 1949-1979》，文物出版社，1979 年。

甘肃省文物工作队等：《甘肃东乡林家遗址发掘报告》，《考古学集刊》第 4 集，中国社会科学出版社，1984 年。

冈村秀典：《龙山文化后期玉器的传播》，《史林》1999 年第 82 卷第 2 号。

冈村秀典：《陕晋地区龙山文化的玉器》，《故宫学术季刊》2001 年第 19 卷第 2 期，第 105—114 页。

冈村秀典：《西元前二千年前后中国玉器之扩张》，《东亚玉器》，香港中文大学出版社，1998 年，第 79—85 页。

冈村秀典著，姜宝莲译：《中国史前时期玉器的生产与流通》，《考古与文物》1995 年第 6 期，第 78—87 页。

高大伦，邢进原：《四川两处博物馆藏三星堆玉石器的新认识》，《东亚玉器》，香港中文大学，1998 年，第 25—29 页。

高炜：《龙山时代中原玉器上看到的二种文化现象》，《玉魄国魂——中国古代玉器与传统文化学术讨论会文集》，燕山出版社，2002年，第39—44页。

高炜：《龙山时期玉骨组合头饰的复原研究》，《海峡两岸古玉学会议论文专辑》，台北：台湾大学理学院地质系，2001年，第321—328页。

高炜：《陶寺文化玉器及相关问题》，《东亚玉器》，香港中文大学出版社，1998年，第192—200页。

高雄市立美术馆：《黄河文明——甘肃远古彩陶特展》，高雄市立美术馆，2000年。

格桑本、陈洪海主编：《宗日遗址文物精粹论述选集》，四川科学技术出版社，1999年。

古方主编：《考古出土玉器全集》，第13、15册，科学出版社，2005年。

郭大顺：《从史前玉文化研究成果看中国史前史——为庆祝杨伯达先生八十诞辰而作》，《如玉人生——庆祝杨伯达先生八十华诞文集》，科学出版社，2006年，第1—12页。

韩建武等：《陕西历史博物馆新征集文物经萃》，《陕西历史博物馆馆刊》第一辑，三秦出版社，1994年。

黄翠梅：《传承与变异——论新石器时代晚期玉琮形制与角色之发展》，《良渚文化研究——纪念良渚文化发现六十周年国际学术讨论会文集》，科学出版社，1999年，第215—226页。

黄翠梅：《中国新石器时代玉器文化谱系初探》，《史评集刊》，创刊号，（台南）台南艺术学院，2002年，第1—30页。

黄翠梅、叶贵玉：《自然环境与玉矿资源——以新石器时代晋陕地区的玉器发展为例》，许倬云、张忠培主编，杨晶助理主编：《新世纪的考古学——文化、区为、生态的多元互动》，紫禁城出版社，2006年，第442—470页。

黄建秋：《良渚文化分布区以外的玉琮研究》，《浙江省文物考古研究所学刊·第八辑·纪念良渚遗址发现七十周年学术研讨会文集》，科学出版社，2006年，第123—140页。

黄宣佩：《齐家文化玉礼器》，《东亚玉器》，香港中文大学，1998年，第184—191页。

姬乃军：《延安市芦山峁出土玉器有关问题探讨》，《考古与文物》1995年第1期，第22—29页。

江章华等编：《中国出土玉器全集·13》，科学出版社，2005年。

蒋卫东：《神圣与世俗——关于良渚文化玉器功能的若干思考》，《浙江省文物考古研究所学刊·第六辑·第二届中国古代玉器与传统文化学术讨论会专辑》，杭州出版社，2004年，第138—146页。

李健民：《陶寺遗址出土的玉石钺》，《中国玉文化玉学论丛三编》，紫禁城出版社，2005年，第127—131页。

李天铭、刘志华：《甘肃省博物馆藏齐家文化玉器》，《中国出土玉器鉴定与研究》，紫禁城出版社，2001年，第298—303页。

林巳奈夫：《中国古代石庖丁形玉器与骨铲形玉器》，《东方学报》第五十四册，收入林氏的《中国古玉的研究》（日文），东京：吉川弘文馆，1991年，第433—514页。

刘敦愿：《记两城镇发现的两件石器》，《考古》1972年第4期，第56—57页。

刘国祥：《中国东北地区史前玉器发展阶段初论》，《东北文物考古论集》，科学出版社，2004年，第351—364页。

刘起釪：《古史续辨》，中国社会科学出版社，1991年。

刘永生、李勇：《山西黎城神面纹玉戚》《故宫文物月刊》总号204，2000年3月，第80—89页。

刘云辉：《陕西地区出土玉器概述》，古方主编《中国出土玉器全集》，科学出版社，2005年，第1—4页。

刘云辉：《中国出土玉器全集·14》，科学出版社，2005年。

刘志华、孙璋：《武威皇娘娘台出土的齐家文化玉石器》，《故宫文物月刊》第21卷第8期，2003年11月，第88—103页。

栾丰实：《海岱地区史前祭祀遗存二题》，《浙江省文物考古研究所学刊·第八辑·纪念良渚遗址发现七十周年学术研讨会文集》，科学出版社，2006年，第84—91页。

栾丰实：《再论良渚文化的年代》，《故宫学术季刊》，第20卷第4期，2003年，第15—44页。

罗丰：《黄河中游新石器时代的玉器——以馆藏宁夏地区玉器为中心》，《故宫学术季刊》第19卷第2期，2000年，第35—68页。

马萧林、李新伟、杨海清：《灵宝西坡仰韶文化墓地出土玉器初步研究》，《中原文物》2006年第2期。

牟永抗，吴汝祚：《试论玉器时代——中国文明时代产生的一个重要标志》，《考古学文化论集（四）》，文物出版社，
　　1997年，第164—187页。

牟永抗，吴汝祚：《试谈玉器时代——中华文明起源的探索》，《中国文物报》，第42期第3版，1990年11月1日。

宁夏回族自治区文化厅、文管会编印：《文物普查资料汇编》内部资料，1986年。

钱宪和：《古玉之矿物学研究》，《东亚玉器》，香港中文大学出版社，1998年，第222—235页。

青海省文物管理处考古队、中国社会科学院考古研究所：《青海柳湾——乐都柳湾原始社会墓地》，文物出版社，
　　1984年。

饶宗颐：《红山玉器猪龙与豨韦、陈宝》，《辽海文物学刊》1989年第1期。

山西省博物馆：《河山之精英——晋陕豫古代玉器精华展》，山西省博物馆，1997年。

山西省考古研究所、芮城县博物馆：《山西芮城清凉寺墓地玉器》，《考古与文物》2002年5期，第3—6页。

山西省考古研究所、运城市文物局、芮城县文物局：《山西芮城清凉寺新石器时代墓地》，《文物》2006年第3期。

陕西省考古研究所、榆林市文物保护研究所：《神木新华》，科学出版社，2005年。

陕西省考古研究所：《龙岗寺》，文物出版社，1990年。

陕西省考古研究所等：《姜寨》，文物出版社，1988年。

陕西省考古研究所等：《陕南考古报告集》，三秦出版社，1994年。

邵望平：《〈禹贡〉九州的考古学研究》，《九州学刊》1987年第2卷第1期，第9—18页。

邵望平：《海岱系古玉略说》，《中国考古学论丛》，科学出版社，1993年，第131—138页。

邵望平、高广仁：《从海岱系玉礼器的特征看三代礼制的多元一统性》，《浙江省文物考古研究所学刊·第六辑·第
　　二届中国古代玉器与传统文化学术讨论会专辑》，杭州，杭州出版社，2004年，第22—38页。

石璋如：《殷代坛祀遗迹》，《中央研究院历史语言研究所集刊》第51本第3分，1980年，第413—463页。

宋建忠：《山西临汾下靳墓地玉石器分析》，《古代文明·2》，文物出版社，2003年，第121—137页。

宋建忠等：《山西地区出土玉器概述》，《中国出土玉器全集》，科学出版社，2005年，第1—4页。

孙守道：《中国史前东北玉文化试论》，《东亚玉器》，香港中文大学出版社，1998年，第102—119页。

孙周勇：《陕西神木县新华遗址出土玉器初步研究》，《故宫文物月刊》，第19卷第11期，2002年2月，第90—113页。

孙周勇：《神木新华遗址出土玉器的几个问题》，《中原文物》2002年第5期，第37—42页。

孙周勇：《神木新华遗址出土玉器的几个问题——兼论石峁玉器的时代》，《中国玉文化玉学论丛续编》，紫禁城出版
　　社，2004年，第109—123页。

孙周勇、乔建军：《石峁玉器年代的考古学检视》，《浙江省文物考古研究所学刊》第六辑，第二届中国古代玉器与
　　传统文化学术讨论会专辑，2004年，第154—164页。

陶正刚等：《山西芮城县坡头遗址出土器与良渚文化关系的研究》，《中国玉文化玉学论丛三编》，紫禁城出版社，
　　2005年，第417—425页。

王国道等：《青海齐家文化玉器研究》，《中国玉文化玉学论丛续编》，紫禁城出版社，2004年，第240—265页。

王克林：《论玉璋起源演变与功能》，《南中国及其邻近地区古文化研究》，香港中文大学出版社，1994年，第51—
　　58页。

王永波：《关于刀形端刃器的几个问题》，《故宫文物月刊》，总号135，1994年6月，第14—31页。

王长启主编：《中华国宝——陕西珍贵文物集成·玉器卷》，陕西人民教育出版社，1999年。

魏京武：《龙冈寺遗址出土的仰韶文化玉质生产工具》，《海峡两岸古玉学会议论文专辑》，（台北）台湾大学理学院
　　地质系，2001年，第129—136页。

闻广：《记召公太保二玉戈——古玉续谈（二）》，《故宫文物月刊》第18卷第4期，2000年7月，第24—29页。

闻广：《中国大陆史前古玉若干特征》，《东亚玉器》，香港中文大学出版社，1998年，第217—221页。

吴平：《齐家文化玉石器》，《青海文物》1996年第10期。

肖琦：《陇县博物馆收藏的玉璋》，《文博》1993年增刊第2号。

谢端琚：《黄河上游史前文化玉器研究》，《故宫学术季刊》第 19 卷第 2 期，2001 年，第 1—34 页。

许新国：《青海考古的回顾与展望》，《考古》2002 年第 12 期，第 3—11 页。

薛新民：《山西芮城清凉寺庙底沟二期墓地》，《2004 中国重要考古发现》，文物出版社，2005 年，第 16—20 页。

严文明：《中国古代文化三系统说》，《日本中国考古学会会报》1994 年第四号。

阎亚林：《甘青宁地区史前玉器初步研究——以齐家文化为中心》，北京大学考古系硕士论文，1999 年。

杨伯达：《甘肃齐家玉文化初探》，《陇右文博》1997 年第 1 期，第 10—18 页。

杨伯达等：《中国和阗玉》，新疆人民出版社，1993 年。

杨汉臣等：《新疆宝石与玉石》，新疆人民出版社，1985 年。

杨泓：《中国古代刀形端刃玉器初析》，《南中国及其邻近地区古文化研究》，香港中文大学出版社，1994 年，第 65—68 页。

杨美莉：《黄河上中游的玉围圈》，《故宫学术季刊》，第 19 卷第 2 期，2001 年冬季，第 69—104 页。

杨美莉：《由器类组合看齐家文化玉器在渭河流域的流通》，《海峡两岸古玉学会议论文专辑》，（台北）台湾大学理学院地质系，2001 年，第 437—448 页。

杨美莉：《院藏黄河上中游玉琮的研究》，《故宫学术季刊》，第 18 卷第 1 期，2000 年秋季，第 13—66 页。

杨亚长：《陕西史前玉器的发现与初步研究》，《东亚玉器》，香港中文大学出版社，1998 年，第 208—215 页。

叶茂林：《从青海喇家遗址出土资料再论齐家文化玉器》，《海峡两岸古玉学会议论文专辑》，（台北）台湾大学理学院地质系，2001 年，第 397—404 页。

叶茂林：《甘肃、青海、宁夏、新疆地区出土玉器概述》，《中国出土玉器全集 15》，科学出版社，2005 年，第 1—4 页。

叶茂林：《黄河上游新石器时代玉器初步研究》，《东亚玉器》，香港中文大学出版社，1998 年，第 180—183 页。

叶茂林：《齐家文化的玉石器》，《考古求知集》，中国社会科学出版社，1997 年，第 251—261 页。

叶茂林：《齐家文化玉器的几个问题》，《四川大学考古专业创建四十周年暨冯汉骥教授百年诞辰纪念文集》，四川大学出版社，2001 年，第 190—194 页。

叶茂林：《齐家文化玉器研究》，第三届中国古代玉器与传统文化研讨会论文（出版中）。

叶茂林等：《青海民和县喇家遗址出土齐家文化玉器》，《考古》2002 年第 12 期，第 12—28 页。

于秋伟：《山东沂南新发现的牙璋和玉器》，《故宫文物月刊》，总号 179，1998 年 2 月，第 78—85 页。

张光直：《中国古代文明的环太平洋的底层》，《辽海文物学刊》1989 年 2 期。

张光直：《中国相互作用圈与文明的形成》，《庆祝苏秉琦考古五十五年论文集》，文物出版社，1989 年，第 1—23 页。

张敏：《勾容城头山遗址出土的史前玉器及相关问题的讨论》，《玉魄国魂——中国古代玉器与传统文化学术讨论会文集》，燕山出版社，2002 年，第 180—187 页。

张长寿：《论神木出土的刀形端刃玉器》，《南中国及其邻近地区古文化研究》，香港中文大学出版社，1994 年，第 59—64 页。

赵春青：《试论中原地区新石器时代玉器的分期》，《中国玉文化玉学论丛三编》，紫禁城出版社，2005 年，第 279—319 页。

中国科学院考古研究所：《沣西发掘报告》，文物出版社，1962 年。

中国科学院考古研究所：《武功发掘报告》，文物出版社，1988 年。

中国社会科学院考古研究所：《师赵村与西山坪》，中国大百科全书出版社，1999 年。

中国社会科学院考古研究所山西队等：《陶寺城址发现陶寺文化中期墓葬》，《考古》2003 年 9 期，第 3—6 页。

周述蓉等：《从齐家文化玉器的玉质、次生变化及工艺制作技术看齐家文化的玉文化与科学技术》，《海峡两岸古玉学会议论文专辑》，（台北）台湾大学理学院地质系，2001 年，第 405—420 页。

周晓晶：《吉黑地区新石器时代玉器探究》，《北方文物》2000 年第 4 期，第 1—6 页。

Andersson, J. G. "Researches into the Prehistory of the Chinese." Bulletin of Museum of Far Eastern Antiquities, No.15, 1943.

Dye, D. S. "Some Ancient Circles, Squares, Angles and Curves in Earth and in Stone in Szechwan." China, Journal of the West China Border Research Society. Vol. IV, 1930: 31, 97-104.

Graham, D. C. "A Preliminary Report of the Hanchow Excavation." Journal of the West China Border Research Society. Vol. VI, 1933: 34,114-128.

Jenyne, Soame. Chinese Archaic Jades in the British Museum. London: Lund Humphries, 1951.

Laufer, Berthold. Jade, A Study in Chinese Archaeology and Religion, Chicago: Field Museum of Natural History, 1912.

Lawton, Thomas. "An Asian Art Legacy." Orientations, 1993: 76-86.

Loehr, Max. assisted by Louisa G. Fitzgerald Huber, Ancient Chinese Jades, Fogg Art Museum,Harvard University, 1975.

Pearlstein, Elinor. "Ancient Chinese Jades, The Sonnenschein Legacy." Arts of Asia, 1999, Vol.29, No.3, 98-110.

Pearlstein, Elinor. "The Chinese Collections at The Art Institute of Chicato: Foundations of Scholarly Taste." Orientations 1993: 36-47.

Salmony Alfred. "Archaic Chinese Jades." PH. D. The Art Institute of Chicago, 1952.

Teng, Shu-p'ing. "A Theory of the Three Origins of Jade Culture in Ancient China." Chinese Jades, Colloquies on Art & Archaeology in Asia no. 18 Edited by Rosemary E. Scott Percival David Foundation. London: London University, 1997: 9-25.

Wu, Hong. "A Great Beginning–Ancient Chinese Jades and the Origin of Ritual Art." Chinese Jades from the Mu-Fei Collection. London: Bluett & Sons, 1990.

附表一　新石器时代晚末期华西地区出土玉器较重要之考古遗址与报告索引

编号	简称	遗址全名	考古报告	出土玉器
1	黎城	山西黎城	刘永生、李勇：《山西黎城神面纹玉戚》，《故宫文物月刊》总204号，2000年3月；《中国出土玉器全集（3）》	玉戚2件
2	下靳	山西临汾下靳	下靳考古队：《山西临汾下靳墓地发掘简报》，《文物》1988年第12期；山西省临汾行署文化局、中国社会科学院考古研究所山西工作队：《山西临汾下靳村陶寺文化墓地发掘报告》，《考古学报》1999年第4期	钺、刀、璧、环
3	陶寺	山西襄汾陶寺	中国社会科学院考古研究所山西工作队等：《1978-1980年山西襄汾陶寺墓地发掘报告》，《考古》1983年第1期	钺、刀、璧、环、琮、梳、笄、圭等
4	芮城	山西芮城清凉寺（曾称为"坡头"）	山西省考古研究所、运城市文物局、芮城县文物局：《山西芮城清凉寺新石器时代墓地》，《文物》2006年第3期；陶正刚等：《山西芮城县坡头遗址出土玉器与良渚文化关系的研究》，《中国玉文化玉学论丛（三编）》；山西省考古研究所、芮城县博物馆：《山西芮城清凉寺墓地玉器》，《考古与文物》2002年第5期	钺、璧、琮、牙璧、环、联璧等
5	陕县	河南陕县庙底沟	《庙底沟与三里桥》	玉璜2件
6	灵宝	河南灵宝	《河南灵宝西坡遗址——仰韶文化中期墓地与壕沟》，《2005中国重要考古发现》；马萧林等：《灵宝西坡仰韶文化墓地出土玉器初步研究》，《中原文物》2006年第2期	钺、环
7	新华	陕西神木新华	陕西省考古研究所、榆林市文物保护研究所：《神木新华》。	大口文化寨卯类型38件：钺、铲、刀、斧、环、璜等
8	石峁	陕西神木石峁	戴应新：《神木石峁龙山文化玉器》，《考古与文物》1988年第5、6期合刊；戴应新：《神木石峁龙山文化玉器探索（一——六）》，《故宫文物月刊》11卷第5—10期	大口文化寨卯类型120多件玉器：斧、铲、钺、戚、圭、牙璋、刀、琮、璧、璜等

续表

编号	简称	遗址全名	考古报告	出土玉器
9	横山	陕西横山县	韩建武等：《陕西历史博物馆新征集文物经萃》，《陕西历史博物馆馆刊》（第一辑）	大口文化寨峁类型玉斧1件、玉铲3件、玉环1件
10	芦山峁	陕西延安芦山峁	姬乃军：《延安市发现的古代玉器》，《文物》1984年第2期；《延安市芦山峁出土玉器有关问题探讨》，《考古与文物》1995年第1期	大口文化寨峁类型玉器28件。琮2件、璧3件、斧2件、铲3件、大刀1件及璜、镯、簪等
11	甘泉等地	陕西甘泉县、黄龙县、富县等	姬乃军：《延安市芦山峁出土玉器有关问题探讨》，《考古与文物》1995年第1期；《中国出土玉器全集（14）》	许多遗址都出过玉器，甘泉出土的联璜玉璧已发表
12	临潼	陕西临潼邓家庄	临潼县博物馆：《临潼原头、邓家庄遗址勘查记》，《考古与文物》1982年第1期	仰韶中期墨玉笄
12	临潼	陕西临潼康家	陕西省考古研究所康家考古队：《陕西临潼康家遗址发掘简报》，《考古与文物》1988年第5、6期合刊；《陕西临潼县康家遗址1987年发掘简报》，《考古与文物》1992年第4期	大口文化寨峁类型玉器5件：锛、璧、圭
12	姜寨	陕西临潼姜寨	陕西省考古研究所等：《姜寨》；《中国出土玉器全集（14）》	玉笄
13	上泉	陕西长安上泉	戴应新：《从上泉玉琮说起》，《文博》1993年增刊	玉琮、玉璧（大如草帽）
13	客省庄	陕西长安客省庄	中国科学院考古研究所：《沣西发掘报告》	龙山期玉璜5件
14	兴平	陕西兴平侯家村	巩启明：《近年来陕西史前考古的新收获》，《考古与文物》，1997年第4期	玉璧2件
15	武功	陕西武功浒西庄	中国科学院考古研究所：《武功发掘报告》	龙山期小玉管
15	武功	陕西武功游凤	《中国出土玉器全集（14）》	玉笄
16	宝鸡	陕西宝鸡石嘴头	西北大学历史系考古专业82级实习队：《宝鸡石嘴头东区发掘报告》，《考古学报》1987年第2期	龙山晚期玉器5件：斧、锛、纺轮、璧
16	宝鸡	陕西宝鸡北首岭	中国科学院考古研究所：《宝鸡北首岭》	仰韶早期玉管
16	宝鸡	陕西长安县花楼子	郑洪春、穆海亭：《陕西长安县花园村客省庄二期文化遗址发掘》，《考古与文物》1988年第5、6期合刊	仰韶晚期玉璜4件、玉簪2件
17	王马嘴	陕西陇县王马嘴	肖琦：《陇县博物馆收藏的玉璋》，《文博》1993增刊；王长启：《中华国宝——陕西珍贵文物集成·玉器卷》	大刀铲
18	何家湾	陕西西乡何家湾	陕西省考古研究所等：《陕南考古报告集》	斧、锛、刮削器
19	龙岗寺	陕西南郑龙岗寺	陕西省考古研究所：《龙岗寺》	斧、锛、凿、铲、刀、镞
20	海原	宁夏海原菜园村瓦罐嘴	宁夏文物考古所、中国历史博物馆考古部：《宁夏海原县菜园村遗址、墓地发掘报告》，《文物》1988年第6期；罗丰：《黄河中游新石器时代的玉器——以馆藏宁夏地区玉器为中心》，《故宫学术季刊》2001年19卷第2期	玉斧、凿、环、琮等
20	海原	宁夏海原山门	宁夏回族自治区文化厅、文管会：《文物普查资料汇编》	璧与琮（部分可能为菜园文化）

续表

编号	简称	遗址全名	考古报告	出土玉器
21	固原	宁夏固原张易	罗丰：《黄河中游新石器时代的玉器——以馆藏宁夏地区玉器为中心》，《故宫学术季刊》2001年19卷第2期	璧、琮、环、芯
21	固原	宁夏固原河川乡	宁夏回族自治区文化厅、文管会编印：《文物普查资料汇编》	玉圭（可能为菜园文化）、凿
21	固原	宁夏固原官厅乡、彭堡乡	罗丰：《黄河中游新石器时代的玉器——以馆藏宁夏地区玉器为中心》，《故宫学术季刊》2001年19卷第2期	玉斧、凿
22	西吉	宁夏西吉县沙沟乡、兴隆镇、白厓乡等	宁夏回族自治区文化厅、文管会：《文物普查资料汇编》；罗丰：《黄河中游新石器时代的玉器——以馆藏宁夏地区玉器为中心》，《故宫学术季刊》2001年19卷第2期	玉琮、玉斧、圭、铲、磨棒、研磨器、玉纺轮（部分可能为菜园文化）
23	隆德	宁夏隆德页河子	北京大学考古实习队、固原博物馆：《隆德页河子新石器时代遗址发掘报告》，《考古学研究（三）》；罗丰：《黄河中游新石器时代的玉器——以馆藏宁夏地区玉器为中心》，《故宫学术季刊》2001年19卷第2期	玉璧、斧、凿
23	隆德	宁夏隆德沙塘和平乡	罗丰：《黄河中游新石器时代的玉器——以馆藏宁夏地区玉器为中心》，《故宫学术季刊》2001年19卷第2期	玉斧、一批玉器
23	隆德	宁夏隆德沙塘	罗丰：《黄河中游新石器时代的玉器——以馆藏宁夏地区玉器为中心》，《故宫学术季刊》2001年19卷第2期	璧、联璧、围圈片
23	隆德	宁夏隆德奠安	阎亚林：《甘青宁地区史前玉器初步研究——以齐家文化为中心》	琮
24	静宁	甘肃静宁治平乡后柳河村	杨伯达：《甘肃齐家玉文化初探》，《陇右文博》1997年第1期；《中国出土玉器全集（15）》	玉琮有平行瓦纹
25	庄浪	甘肃庄浪县	高雄市立美术馆：《黄河文明——甘肃远古彩陶特展》。	玉刀铲
26	大地湾	甘肃秦安大地湾	甘肃省博物馆考古队：《甘肃秦安大地湾第九区发掘简报》，《文物》1993年第11期；《秦安大地湾405号新石器时代房屋遗址》，《文物》1983年11期	仰韶文化玉器15件：锛、凿、笄、镯、坠
27	天水	甘肃天水师赵村	中国社会科学院考古研究所：《师赵村与西山坪》	齐家文化13件：璧、琮、璜、环
28	定西	甘肃定西	叶茂林：《甘肃、青海、宁夏、新疆地区出土玉器概述》，《中国出土玉器全集（15）》；《中国出土玉器全集（15）》	锛、环、璧
29	东乡	甘肃东乡林家	甘肃省文物工作队等：《甘肃东乡林家遗址发掘报告》，《考古学集刊》（第4集）	马家窑类型玉斧、锛
30	广河瓦罐嘴	甘肃广河半山瓦罐嘴	J. G. Andersson, "Researches into the prehistory of the Chinese," B. M. F. E. A. No.15	半山类型璧、琮、联璧、斧、铲、锛、凿
30	广河齐家坪	甘肃广河齐家坪	甘肃省博物馆：《甘肃省文物考古工作三十年》，《文物考古工作三十年（1949-1979）》；《中国出土玉器全集（15）》	齐家文化璧、琮
31	岷县	甘肃岷县	杨益民：《甘肃岷县山那新石器时代遗址调查简报》，《考古与文物》1983年第5期	马家窑类型玉铲、斧
32	积石山	甘肃积石山银川乡	阎亚林：《甘青宁地区史前玉器初步研究——以齐家文化为中心》	牙璋1件
32	积石山	甘肃积石山新庄坪	甘肃省博物馆：《甘肃积石山县新庄坪齐家文化遗址调查》，《考古》1996年第11期	齐家文化玉石璧
33	永靖	甘肃永靖秦魏家	中国科学院考古研究所甘肃工作队：《甘肃永靖秦魏家齐家文化墓地》，《考古学报》1975年第2期	玉石璧5件

续表

编号	简称	遗址全名	考古报告	出土玉器
34	古浪	甘肃古浪县峡口	《中国出土玉器全集（15）》	长 65.5 厘米玉刀
35	皇娘娘台	甘肃武威皇娘娘台	甘肃省博物馆：《武威皇娘娘台遗址发掘报告》，《考古学报》，1960 年第 2 期；刘志华、孙玮：《武威皇娘娘台出土的齐家文化玉石器》，《故宫文物月刊》2003 年 21 卷第 8 期	玉石璧 264 件，另有璜、铲、锛、芯
35	海藏寺	甘肃武威海藏寺	梁晓英等：《武威新石器时代晚期玉石器作坊遗址》，《中国文物报》1993 年 5 月 30 日	37 件齐家文化玉璧，8 件镯、斧、锛、凿、刀、半成品、原玉材 161 件、石璧 46 件
35	海藏寺	甘肃武威海藏寺	阎亚林：《甘青宁地区史前玉器初步研究——以齐家文化为中心》	玦 1 件
36	民和	青海民和喇家	中国社会科学院考古研究所甘青工作队：《青海民和县喇家遗址 2000 年发掘简报》，《考古》2002 年第 12 期；《中国出土玉器全集（15）》	斧、璧、环、刀、凿、铲、锛、纺轮、琮芯、璧芯、玉片
36	民和	青海民和中川旱台	刘小何等：《民和县官亭、中川古文化遗址调查》，《青海考古学会会刊》1982 年第 4 期	齐家文化玉璧、玉料
37	互助总寨	青海互助总寨	青海省文物考古队：《青海互助土族自治县总寨马厂、齐家、辛店文化墓葬》，《考古》1986 年第 4 期	齐家文化玉斧
38	柳湾	青海乐都柳湾	青海省文物管理处考古队、中国社会科学院考古研究所：《青海柳湾——乐都柳湾原始社会墓地》	半山类型玉锛、马厂类型斧、锛，齐家文化璧、斧、锛、凿、芯等
38	乐都	青海乐都白崖子	《中国出土玉器全集（15）》	斧
39	平安东村	青海平安东村	任晓燕：《平安县东村古墓葬及窑址发掘简报》，《青海文物》1994 年第 8 期	齐家文化玉璧、凿
40	西宁	青海西宁沈那	王武：《西宁小桥沈那齐家文化遗址》，《中国考古学年鉴（1992）》；吴平：《西宁沈那遗址》，《中国考古学年鉴（1994）》；《中国出土玉器全集（15）》	多件齐家文化玉器：璧、环、锛、凿、芯
41	尖絮直岗拉卡乡	青海尖絮直岗拉卡乡砂石料厂	胡晓军：《尖絮县直岗拉卡乡齐家文化遗址发掘简报》，《青海文物》1996 年第 10 期	齐家文化玉石璧
42	上孙家寨	青海大通上孙家寨	青海省文物处、青海省考古研究所：《青海文物》，文物出版社，1994 年	齐家文化玉刀 4 件
43	宗日	青海同德县宗日	青海省文物管理处、海南州民族博物馆：《青海同德县宗日遗址发掘简报》，《考古》1998 年第 5 期；格桑本、陈洪海：《宗日遗址文物精粹论述选集》；《中国出土玉器全集（15）》	宗日文化玉器：璧、刀、凿、铲等
44	广汉月亮湾	四川广汉月亮湾	D. S. Dye, "Some Ancient Circles, Squares, Angles and Curves in Earth and in Stone in Szechwan, China," Journal of the West China Border Research Society. Vol. IV, 1930-31; D. C. Graham, "A Preliminary Report of the Hanchow Excavation," Journal of the West China Border Research Society. Vol.VI, 1933-34；高大伦、邢进原：《四川两处博物馆藏三星堆玉石器的新认识》，《东亚玉器》	玉斧、钺、璧、琮、凸缘璧、牙璋等，分别藏于四川大学博物馆及四川博物馆

（原载于《故宫学术季刊》2007 年第 25 卷第 2 期）

陕西历史博物馆藏石峁玉器赏析

高　嵘

中国素有"玉石之国"的美誉。作为集天地之灵气、凝日月之光华、孕万物之风采的自然界精英，玉首先是作为一种超凡脱俗的美物而受到世人的钟爱。中国文化学上的玉，内涵较宽。汉许慎在《说文解字》中说，玉，石之美兼五德者。所谓五德，即指玉的五个特性。凡具坚韧的质地、晶莹的光泽、绚丽的色彩、致密而透明的组织、舒扬致远的声音的美石，都被认为是玉。石峁遗址，位于陕北神木县高家堡东二千米的石峁村，该遗址的时代大体相当于龙山文化—夏时期。当地农民在耕作、筑路时，不时发现玉器，经考古工作者收集整理的就有一百三十二件，是目前早期玉器发现量较多的一处。据统计，石峁玉器的出土量大约有两千件，其中一百二十六件收藏于陕西历史博物馆，多数是与祭祀、崇拜有关的礼器，少数可能具有佩饰功能。现介绍馆藏石峁玉器几件进行赏析。

（一）玉刀

（1）四孔青玉刀：长55厘米，宽4厘米，厚0.2厘米（图一）。

（2）五孔墨玉刀：长71厘米，宽11.5厘米（图二）。

图一　四孔青玉刀　　　　　　　　图二　五孔墨玉刀

石峁遗址出土的玉刀近四十件，分宽短型、中长型、窄长型三种形制，均作扁平长条形，两端不对称，刃在较长的一边，背平直稍厚，近背处和安柄的一端钻孔以穿绳捆绑于木柄上，靠近刀背处一般有二至五个穿孔，体愈长则孔愈多。凡三孔以上刀，在窄端正中的孔径较大。磨制规范，抛光精细，莹润可爱。玉刀是由新石器时代的石刀发展演变而来。最初是收割工具，与同时期的斧、锛、镰、铲一样，为生产工具。随着时代的发展变化成为玉制品，其用途也发生了变化，主要作为仪仗、礼仪中的标志出现。石峁出土的玉刀最长的达71厘米，且宽大体薄，质地硬脆，是无法作为实用工具的，有学者认为这种大孔是系璎珞之类装饰物用的。此类体窄长刃的多孔刀是收割谷物或割草用器，从孔径大小与排列方位可知，其所安装的木柄为曲尺形，与今日关中的镰床相似。不过，长在半米左右者再加上木柄及绑索的重量，人的一臂之力难以挥动自如，当是收割祭典的礼玉。长度适中的刀虽能切合实用，有的刃部且有崩伤的使用的痕迹，但因玉料贵重，磨制工艺难度大，既为实用器又为礼器，具有双重功能。

这种多孔玉刀在新石器晚期遗址中较为常见。在距今五千年至六千年间的江苏北阴阳营青莲岗文化遗址、安徽潜山薛家岗文化遗址，及其后的山东龙山文化遗址、河南偃师二里头遗址均有出土。从时间上看，多孔刀始于五千年前的石器时代，止于被认为是夏文化或夏至商初的二里头文化，历时两千余年。从地域上看，主要出土于长江下游和黄河中下游地区。从所用的材质上看，有石有玉，先石后玉，其表面除光素无纹者外，亦有彩绘和阴线刻纹者。

（二）墨玉牙璋

（1）长48.3厘米，宽8.2厘米。墨玉质。体细长，首端为一对歧锋，柄体结合部两侧有突起的齿形雕饰（图三）。

（2）长32.2厘米，宽6.5厘米。墨玉质，形状似铲，凹弧形刃。体扁平，窄方柄，柄上有一穿孔，柄身结合处有突齿。此类器物在石峁遗址发现最多（图四）。

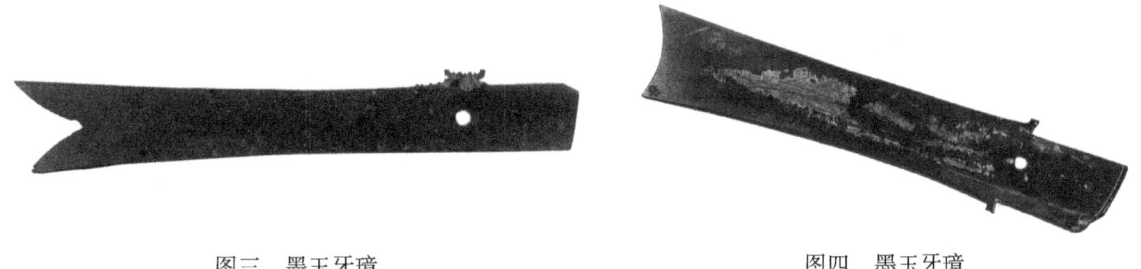

图三　墨玉牙璋　　　　　　　　　　　　　　　图四　墨玉牙璋

牙璋是祭祀典礼仪式中用的礼玉。在陕北神木石峁遗址出土的诸多玉器中，以墨玉质地、体长而首端两歧的牙璋尤为引人注目。

关于这种首端凹刃如长出的獠牙、柄体结合部两侧有突齿的玉器的命名有诸多争议。清末的吴大澂在所著的《古玉图考》中最早将其与"牙璋"相联系。《周礼·典瑞》云："牙璋以起军旅，以治兵守。"郑玄注："牙齿兵象，故以牙璋发兵，若今以铜虎符发兵。"吴大澂以此为据，认为此类玉器即古文献中的牙璋。这种观点长期以来在学界受到广泛认同。夏鼐先生曾对此提出异议，主张在没有证据证明这种玉器就是古人所称的"牙璋"以前，可以其形制称之为"刀形端刃器"。多数学者认为它是从新石器时期人们使用的农耕工具——骨耜演化而成。浙江余姚河姆渡遗址出土的七十九件骨耜和牙璋的形状十分近似。牙璋首端发达的一对歧锋，有刃且不对称，一牙较长大，皆是骨耜特有的形状。古人仿此农具制作瑞玉，必然是用于农事的祀典，盖为希冀丰收的祈年礼器。为了适应仪礼需要而加长器身，作方柄以便握持。有的加琢侧饰，以隆其仪。广汉三星堆二号坑出土的一件小铜人，挺身跪地，两臂平伸擎持一首端开叉、双齿朝天的牙璋作祷祝状，是牙璋作为祭祀礼器的生动写照。

牙璋盛行时期约在新石器晚期至商晚期。石峁遗址最具代表性的器物是牙璋，石峁牙璋最多，年代最古，堪为牙璋文化的发源地。

（三）玉鹰

长6.5厘米，腹径1.6厘米。青白玉，青绿色。长条状，立鹰形，喙部弯曲成钩状，眼睛呈外凸椭圆形，头后部雕出较短的卷冠，冠毛下和翅膀之间有刻纹，并向后折叠于翼中，右翼重叠左翼之上。翼羽毛以阳线纹来表现，羽毛末端呈卷曲的涡头状。足部阴刻出利爪，尾翼用阳线表现。翼端稍稍隆起，并有从前至后贯通的细孔，基部变薄呈凿刃状（图五）。

石峁遗址共出土两件玉鹰，台湾邓淑萍先生认为玉鹰应属笄（簪）或笄的上半截（可称笄首），下端或曾接有其他质料的长柄。这两件玉鹰身上的细阳纹也称弦纹，同类的玉鹰也出土于石家河文

化和殷墟遗址中。石家河文化属长江中游新石器时代末期的文化，石家河文化玉器主要出土于湖北钟祥、六合、天门石家镇罗家柏岭、石河镇肖家屋脊、江陵枣林岗等几处遗址，绝大多数出土于瓮棺之中。这些玉器多是小型、片状，以神灵头像、人头像以及蝉、虎、龙、凤、鹰、鹿等各类动物形象最具特色。石家河文化玉鹰出土于湖北钟祥一座瓮棺中。而出土于河南安阳小屯殷墟晚期第331号墓者，应是石家河文化玉器的流传，或许属于当时的"古董"。

石峁遗址范围广，遗迹丰富，出土玉器数量之大、器类之多、制作之精美，令人惊奇。发现者根据陶器中的斝、鬲、双耳罐等器物，认为它与关中客省庄二期文化关系密切，当属龙山文化。也有学者认为其已属于夏纪年。所以将石峁玉器归入史前龙山时期晚期至夏代一个较长时期还是客观可信的。由诸多现象归纳可知，新石器时代晚期，以弦纹技法和鹰鸟为主题的玉器主要流行于华东到长江中游这一新月形地区，那么石峁

图五　玉鹰

地区征集到的这两件饰有弦纹的鹰形笄首，可能为传自华东或华中的外来器物。

（四）玉雕人头像

长4.5厘米，宽4.1厘米，厚0.5厘米。玉髓质，扁平片状，双面平雕人首侧面像，是石峁遗址中首次发现剪影式侧面造型的玉雕人头像（图六）。顶盘高髻，团脸鼓腮，鹰钩鼻，半张口，下唇稍长，阴线刻出橄榄形目纹，耳轮偏后，细颈，面颊透钻一圆孔。雕刻手法古拙，各部比例虽有失当，但形象传神，酷似今天陕北壮年男子相貌，表现出他的健美与憨厚。玉人面部造型奇特，工艺朴拙，充满了神秘与稚趣，很可能是神木石峁先民崇拜的神灵祖先形象。

玉人形象出现于新石器时代，如山东滕县大汶口遗址的玉雕人面像，四川巫山大溪遗址64号墓的双面石雕人面像，安徽含山长岗乡凌家滩1号墓的玉人以及陕西神木县石峁遗址出土的玉人头像。史前玉器在人面纹大量运用的背后，存在着一个极其广阔、极其深刻的人面图形崇拜，这表现的是当时的时代特征——氏族、祖先崇拜。正是这种大规模的氏族与祖先崇拜与玉雕器物相结合，造就了这一艺术现象。其时，有的人面纹同兽面并无差异，显示出与宗教巫术的内在联系。商周时期玉人也多为此种寓意，例如商代玉人头上有角，可能属于被崇拜的人格神、图腾崇拜或祖先崇拜。

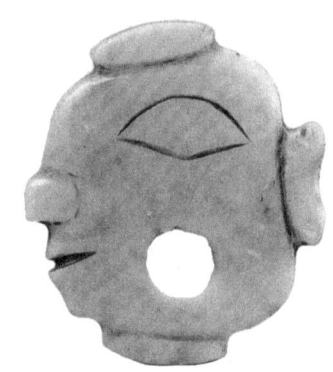

图六　玉雕人头像

（五）牙璧

内径3.45厘米，厚0.4厘米。质乳白晶亮杂红晕彩或白色泛紫红晕，环状，外缘薄刃三齿作等

距离分布，其间各有二缺刻（图七）。《古玉图考》著录牙璧3件，称为"璇玑"，以为是天文仪器。今夏鼐先生已特为正名，指出乃为璧类，定名牙璧，并根据考古发现探其流变，绘出牙璧谱系图。

《周礼》说苍璧为祭天礼器。小牙璧则可供佩戴，薄锐的外缘有切割功能。

（六）钺

长10.7厘米，宽9.7厘米，厚0.5厘米。青玉，体扁薄，平背斜直，两腰内束，正刃外弧，两角微侈（图八）。钺是由作为复合生产工具带柄穿孔石斧发展而来的，但后来变成制作精致、没有使用价值的礼器。作为陪葬用品，玉钺成为那些特权显贵的权杖，表示其拥有军事的统帅权，作为军事首领的象征物。到了奴隶社会，玉钺就为青铜钺所替代。文献记载"汤自把钺，以伐昆吾，遂伐桀"；"（商王）赐（文王）弓矢、斧钺。使得征伐，为西伯"。这就是钺象征军事统帅之权的记载。

图七　牙璧

图八　钺

石峁遗址出土玉器，玉质以蛇纹石、透闪石—阳起石为主，呈现墨绿、灰绿、白色等色泽。器形硕大壮伟、古朴高雅，足以证明辨矿选料、设计构图、解剖碾琢、钻孔抛光等攻玉技术已有相当高的造诣，显然高出以片状器为大宗的新华玉器一个档次，充分显示了我们祖先非凡的智慧与创造力。例如钻孔，凡器厚在0.3厘米以上者，必从两面起钻，孔径对接处往往留下小小的台面；而更薄些的器物，则从一面钻入，待将穿透时，从另一方面敲开，于是在孔径周围留下细小炸裂纹，工艺比较进步。石峁玉器是龙山文化—夏代一个边远部族的遗物，从大量精美玉器出土的表象及遗址周围出现坚固防御石城来看，石峁遗址应该是龙山晚期以来内蒙古中南部、陕北地区的一个中心聚落，是一个具有凝聚力和向心结构社会集团的核心。因此石峁玉器最大的特点，是它的外来文化成分浓郁，对我国的玉器文化有着深远的影响，是中国早期玉器重要的研究资料。

（原载于《文博》2009年第4期）

石峁玉器的年代及相关问题

王炜林　孙周勇

随着 20 世纪 70 年代中期以来神木石峁遗址调查资料的相继刊布[1]，人们逐渐开始重新检视海外各学术机构和博物馆收藏的中国古玉，将许多重要藏品特别是风格独特的墨绿色牙璋类器物的产地追溯到了石峁遗址。据称大英博物馆、科隆远东博物馆、哈佛大学赛克勒博物馆、波士顿美术馆、芝加哥美术馆、白鹤美术馆、伦敦大学亚非学院等机构都收藏有出土于石峁遗址的牙璋或风格类似的器物[2]。有学者甚至认为海外各博物馆、美术馆收藏的牙璋类玉器，都源于这一地区[3]。石峁玉器成为世界范围内关注的焦点。但遗憾的是，由于石峁遗址未经过大规模考古发掘，玉器与其他文化遗存之间的关系并不明朗，因而其埋藏性质、年代及文化背景等问题一直聚讼不休。

一、石峁玉器的研究历程

石峁遗址位于陕西省榆林市神木市高家堡镇洞川沟附近的山梁上，面积约 90 万平方米。1976 年 1 月，戴应新根据公社提供的线索发现了石峁遗址，并于同年 9 月作了复查，征集到了一批极具特色的陶器和百余件精美的玉器[4]。调查者认为石峁采集的玉器有两种可能，一种是它和陶器属于同一文化遗存，是新石器时代遗物；另外一种可能是它与陶器属于不同时代的文化遗存，属于殷文化遗物[5]。

1981 年，西安半坡博物馆在石峁遗址发掘了 84 平方米，发现房址、灰坑、石棺葬、瓮棺等遗迹并出土了一些有确切文化层位关系的遗物[6]，从而使人们第一次较为可靠地建立起这些文化遗存与以往征集玉器的关系。发掘者认为，从出土陶器来看，石峁遗址存在着两种不同时期的文化类型：遗址本身包括房屋遗迹当与客省庄二期文化同时；石棺葬（早年征集玉器据传多出于其中）年代晚于石峁龙山文化，石峁玉器的年代与石棺葬同时，与大口二期文化时代相当。这次发掘的 4 座石棺葬墓虽未有大量玉器出土，但随葬的相当于大口二期的陶器却为石峁玉器的科学定位奠定了基础，并佐证了石峁玉器属于石峁新石器遗存的一部分。

1988 年，戴应新以《神木石峁龙山文化玉器》为题公布了石峁征集的 126 件玉器的名称、尺寸及质地等重要信息，并将其年代重新修订。"石峁玉器多出于墓葬，也有遗址内偶尔发现的，其时代应与遗址同时，即与陶器一样也是龙山文化的遗存。以前我们认为葬玉墓可能晚些，或许接近商代，但经多次调查和试掘，迄未发现晚于龙山时期的陶器，所以我们现在认为：石峁玉器和陶器都是龙山时期的，石峁遗址是一处规模宏大、遗存丰富的龙山文化遗址。"[7] 1993 年，戴应新又在台北《故宫文物月刊》上对这批玉器进行了更为全面的报道，公布了大多数器物的照片及线图，并对个别器物定名进行了更正[8]。

此后，关于石峁玉器的年代问题出现了多种不同观点，有龙山说、夏代说、商代说等多种。杨亚长认为石峁玉器属于龙山晚期范畴，并指出龙山文化晚期陕北地区玉器的制作和使用已经相当普遍[9]。裴安平认为石峁玉器年代应与龙山晚期相当，或接近二里头早期[10]。叶茂林谈到齐家文化玉器时说，石峁玉器以璋为代表性器物，而齐家文化尤缺玉璋，据此怀疑石峁玉器的年代要明显晚于齐家文化，而不大可能是龙山时期，很有可能石峁玉器的年代要晚至商代[11]。陈志达认为，石峁玉器可能是夏时期居住在西北地区某族所创作，或为夏代和夏代某方国的遗物[12]。

除了从宏观角度来探讨石峁玉器的年代外，许多学者还集中分析了人头雕像、玉鹰、虎头及牙璋等器物。冈村秀典从玉器分配流通角度探讨了石峁玉鹰纹笄和玉虎头。他认为石家河文化的玉鹰纹笄和玉虎头是被中原统治者以政治的或礼仪的目的分配给了陕北的酋长们的一种象征身份或权力的东西，石峁遗址（包括玉器）的年代大致开始于客省庄二期文化，其下限已经进入二里头文化时期[13]。邓淑苹认为石峁玉人头像属于东夷系玉器，但其具有石家河文化玉器的风格：2件玉鹰笄属于典型的石家河文化玉器，并推测在龙山晚期至夏代时，南北之间的交流频繁，石家河玉器可能作为战利品被带到了陕北[14]。关于石峁出土牙璋的探讨更为热烈。李学勤在谈到香港大湾新出土牙璋时说，牙璋最北的出土地点是在陕北的神木石峁，文中列举了古特曼收藏的6件出自神木的玉璋的年代在龙山晚期以至较后时期，并说陕北神木一带地区发现的牙璋形态并不单纯，可能还有年代的区分，有待将来进一步探讨[15]。邓淑苹认为石峁出土的牙璋属于龙山文化至龙山文化晚期（公元前2400—前1900年）[16]。李伯谦认为石峁牙璋非科学发掘出土，有的形制又接近夏文化的二里头遗址出土的牙璋造型，因此是否早到龙山时代，在学术界尚无统一意见，不过从牙璋形制的逻辑与发展关系来看，晚于大范庄和海阳司马台的牙璋，大概是不会有什么问题的[17]。王永波通过对耜形端刃器的类型分析，认为石峁耜形端刃器包括多种类型，表明其年代跨度较长（龙山晚期至夏商），并说，这批玉器也可能出自某种特殊性质的遗迹单位，其年代上限可能要早到龙山晚期和夏代前期，或者说石峁玉器中的某些标本还保持着龙山晚期玉器的造型风格；下限至少可以到商代早、中期[18]。张长寿认为神木出土的刀形端刃器和刀形器是这一地区相当于石棺葬文化的最有特色的典型器物，二里头文化的刀形端刃器当直接来自神木的玉器传统。海外学者关于出土于神木或器物风格类似石峁牙璋之年代亦众说纷纭，有商代、西周、汉代等多种。

另外，还有学者对石峁玉器的埋藏性质及出土背景等提出了质疑。张长寿认为，"尽管戴应新和半坡博物馆对石棺葬的年代认识不一，但他们都认为石峁的玉器出自石棺葬，然而，在调查和试掘的石棺葬中，除出土了1件绿松石外，没有发现其他的玉器，所以现在仍然不能确定石峁所出玉器的文化属性……无论如何对于神木石峁玉器的出土情况需要作进一步的考察"[19]。王巍认为由于石峁玉器缺乏年代明确的共存器物，关于石峁玉器的年代还有待通过今后的发掘和研究来解决，并提出以石峁玉器为代表的文化遗存极有可能也是商文化玉器的重要渊源之一[20]。

石峁玉器的年代及内涵引起了学界的极大兴趣。关于石峁玉器及内涵，虽存在多种观点，但缺乏从考古学角度出发的系统论述，更没有从文化背景及遗物特征对其展开讨论的前例。

二、石峁玉器的埋藏性质与年代问题

石峁玉器共有三批已经公布的资料：其一是 1976 年戴应新征集的 126 件，包括牙璋、刀、铲、斧、钺、璧、璜、人头像、玉蚕、玉鹰及虎头等[21]；其二是 1981 年半坡博物馆试掘时采集到的 4 件，包括锛、铲、凿等；其三为 1981 年张长寿调查时征集到的玉器 3 件，包括钺（斧）、异形璧、凿各 1 件[22]（图一—图四）。此外，2002 年我们在榆林市文管会目验新近征集的石峁玉器若干，主要为铲、璧等[23]。如果不计入海外收藏的已经确认或推测可能出自石峁的玉器（主要为牙璋类），目前国内收藏共计不下 150 件。据称神木一私人收藏家手中还有大量石峁玉器。这一数字随着各种生产活动的进行还在不断增加，但其数量仍然远远小于石峁玉器在文化大革命时期的流散数量。据称当年被当作玉料卖到高家堡农副公司的玉器总计有两大筐，不下四五百件。从萨尔蒙尼收购榆林府农民手中的玉器[24]，到大英博物馆 1937 年收藏的明确注明出土于神木一带的牙璋，以及发现于欧美、日本各大博物馆、美术馆的数量众多的类似石峁风格的牙璋，究竟有多少石峁玉器流散民间和流失海外，恐怕是难以准确统计的。

在探讨石峁玉器时代之前，关于其埋藏性质及出土位置的确认是不容回避的。据早年石峁玉器征集者戴应新询问当事人，玉器出土于石棺墓之中。然而，20 世纪 80 年代初半坡博物馆对石峁遗址小面积的考古发掘工作中，虽然发现了 4 座石棺葬，但石棺葬墓里并没有出土玉器。这种状况引起了学界对石峁玉器的埋藏性质及出土状况的质疑。戴应新甚至还曾怀疑石棺墓非新石器时代遗存。事实上，陕北地区的石棺葬具有深刻的历史渊源和文化传统，与陕北属于同一文化圈的内蒙古中南部一带早在相当于庙底沟二期时代（阿善文化）就已经大量使用石棺作为葬具[25]。石棺不仅用来埋葬儿童，成年人也采用这种方式，只不过墓葬规模略大而已。

1981 年半坡博物馆对石峁遗址的考古调查和试掘工作肯定了石棺墓葬并非独立于遗址其他时期遗存，它属于与遗址主体内涵一致的龙山晚期遗存[26]。从考古发现的角度来说，包括石峁玉器的调查者、发掘者及玉器的发现者都证实石峁玉器出自石棺葬之内。半坡博物馆试掘范围内没有发现保存完好的石棺葬，不能作为否认 70 年代征集的玉器出自石棺葬的依据。考古调查及发掘表明，石峁遗址文化内涵单纯，不见早于或者晚于龙山时代的其他遗存，这一点为从考古学角度确认玉器的归属提供了佐证。当然，在无法避免考古发现自身局限性的情况下，也不排除部分玉器出自其他遗迹的可能性。但无论如何，没有理由怀疑石峁玉器与遗址整体文化性质和时代的一致性。石峁玉器与石峁龙山晚期遗存密切相关，这一点已是学界不争的事实，也是从考古学角度检视玉器时空框架的基础。

有鉴于此，通过对石峁遗存特别是石棺葬及其随葬器物的研究，就可以从考古学角度对玉器年代问题形成一个较为客观的认识。以往研究表明，石峁遗存存在着两组时代略有早晚的文化遗物[27]。早段以 H1 组为代表，包括单把鬲、敛口盉、敛口斝、双鋬鬲、折肩罐、双耳罐、单耳罐等，其年代接近于寨峁二期遗存[28]，属于龙山晚期。晚段以石棺墓 M2 为代表，包括三足瓮、盆形斝、折腹尊等，时代当晚于龙山晚期。

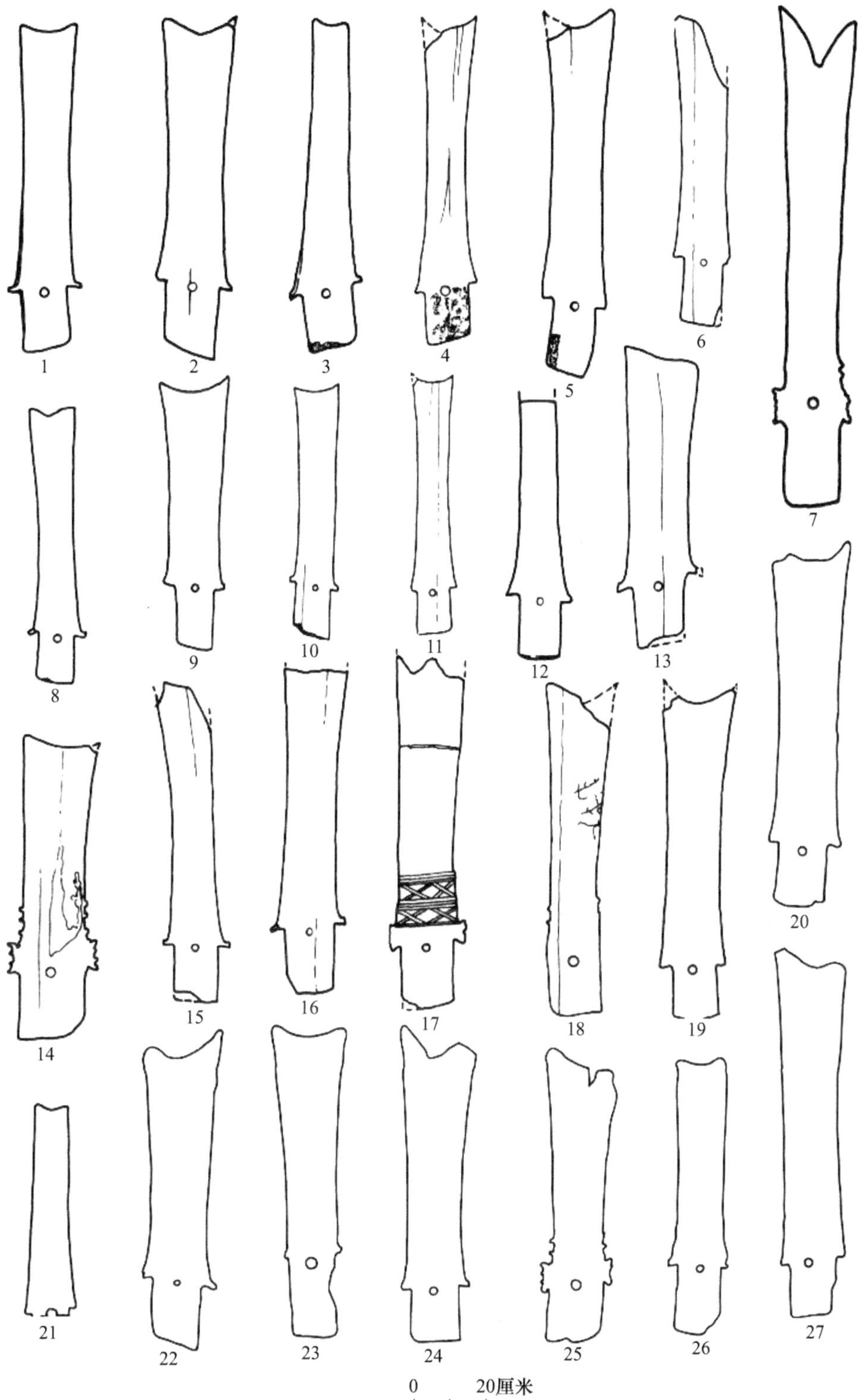

图一　石峁遗址征集玉器——牙璋

1. SSY3　2. SSY12　3. SSY14　4. SSY21　5. SSY20　6. SSY25　7. SSY17　8. SSY4　9. SSY7　10. SSY6　11. SSY5
12. SSY27　13. SSY13　14. SSY15　15. SSY23　16. SSY24　17. SSY16　18. SSY22　19. SSY8　20. SSY9　21. SSY26
22. SSY2　23. SSY11　24. SSY1　25. SSY18　26. SSY10　27. SSY19

[资料来源于戴应新：《神木石峁龙山文化玉器探索（一——六）》，《故宫文物月刊》（第 125—130 期、
《陕西神木县石峁龙山文化遗址调查》及西安半坡博物馆：《陕西神木石峁遗址调查试掘简报》]

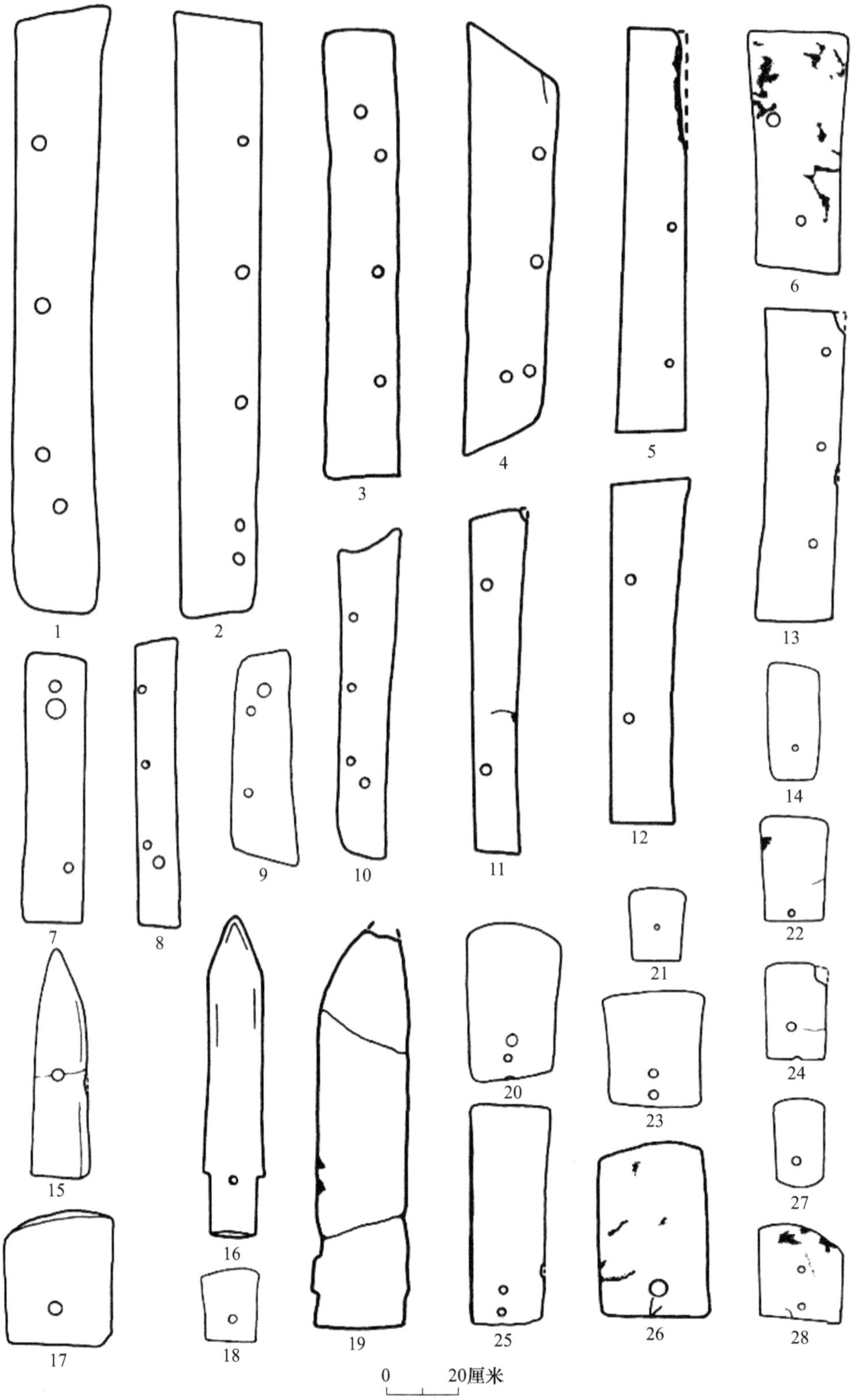

图二　石峁遗址征集玉器——玉刀、玉斧、玉戈、玉钺

1—13. 玉刀（SSY83、SSY82、SSY84、SSY86、SSY92、SSY97、SSY91、SSY87、SSY89、SSY85、SSY95、SSY93、SSY90）
14、25. 玉斧（SSY61、SSY44）　15、16、19. 玉戈（SSY120、SSY121、SSY118）　17、18、20—24、26—28. 玉钺（SSY49、
SSY51、SSY48、SSY64、SSY52、SSY46、SSY58、SSY53、SSY63、SSY47）

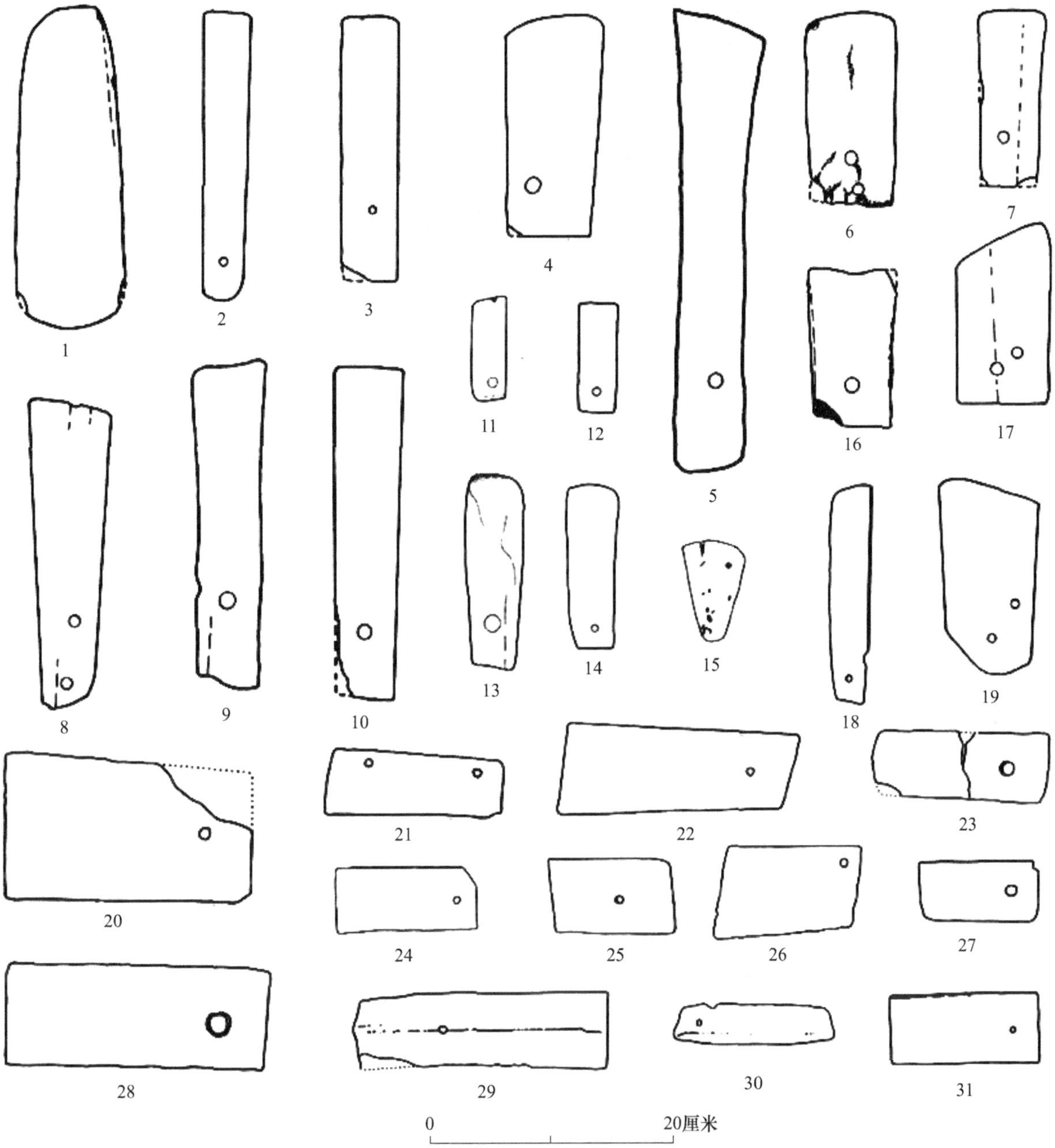

图三　石峁遗址征集玉器——玉铲、玉圭、切刀、镰刀、玉片等

1、4—7、9、14—17、19. 玉铲（SSY79、SSY59、SSY29、SSY68、SSY104、SSY30、SSY71、SSY76、SSY67、SSY70、SSY50）2、3、8、10—13、18. 玉圭（SSY78、SSY101、SSY77、SSY100、SSY60、SSY108、SSY75、SSY110）
20、26、28. 切刀（SSY102、SSY117、SSY103）21—24、29. 镰刀（SSY105、SSY98、SSY115、SSY57、SSY116）
25、27、31. 刀形玉片（SSY66、SSY107、SSY106）30. 梭形器（SSY99）

　　下文重点对出土玉器的石棺墓（石峁晚段）葬具及随葬陶器进行类型学分析。石峁遗址出土玉器的石棺（瓮棺）葬，其葬具以三足瓮、盆形斝、敛口罍、双鋬鬲、折肩罐为代表。用作葬具的这些陶器是包括新华遗址在内的本地龙山晚期至夏代早期的典型器物。以保存较好且出土有陶质葬具和随葬品的81M2为例。石棺墓81M2，上覆石棺板，其下为袋足瓮和罐（缸）套扣而成。距地表深90厘米，长190、宽80、自深180厘米。随葬陶斝2、陶罐2、石刀1及绿松石1。M2:1三足

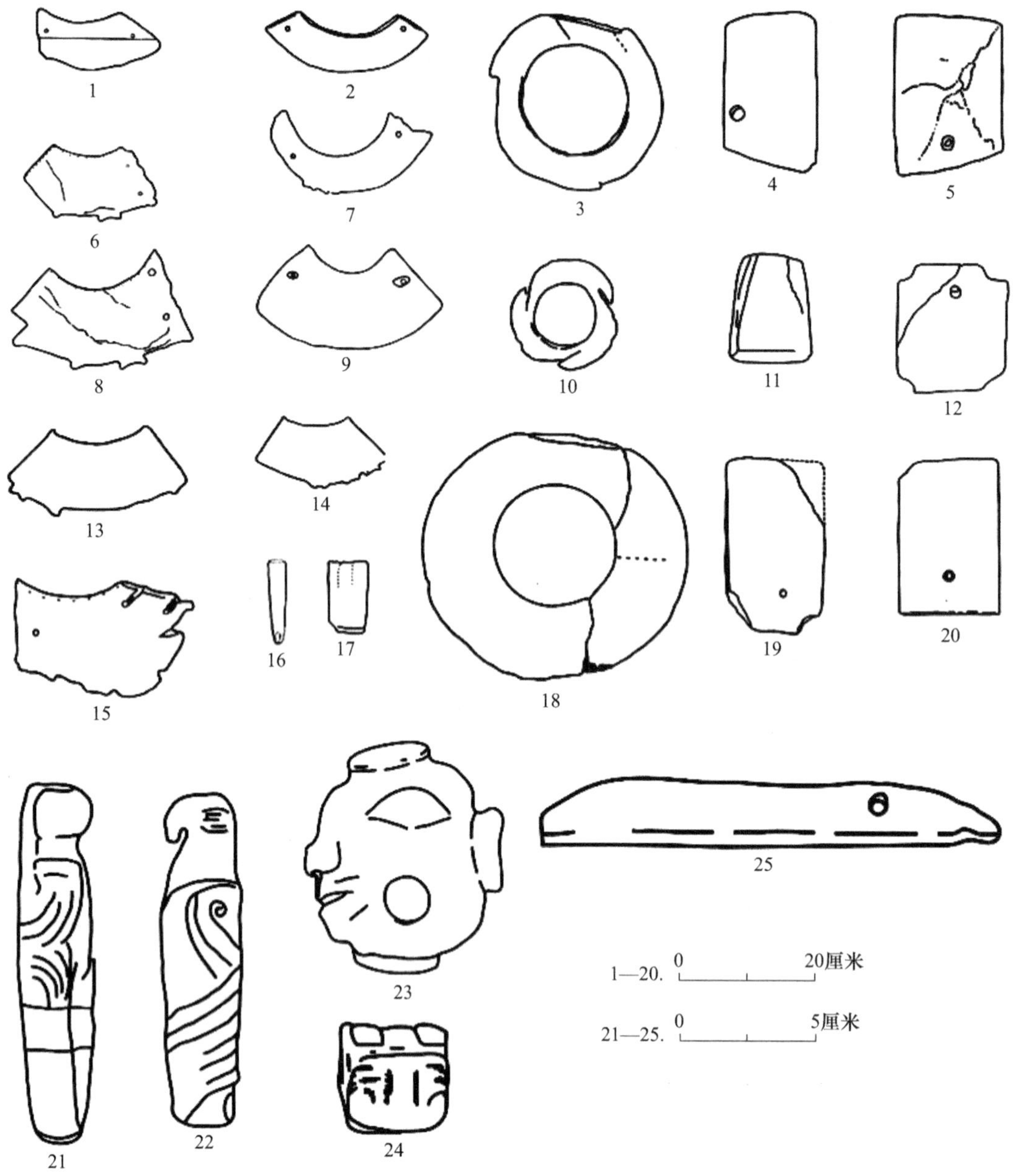

图四　石峁遗址征集玉器——玉璜、牙璧、锄形器、玉锛、玉蚕、玉鹰、玉人头等

1、2、6—9、13—15. 玉璜及璜形器（SSY34、SSY32、SSY40、SSY33、SSY39、SSY31、SSY35、SSY36、SSY38）

3、10. 牙璧（SSY43、SSY42）　4、5、19. 锄形器（SSY56、SSY55、SSY65）　11、17. 玉锛（半坡博物馆 81 采：88、半坡博物馆 81 采：89）　12. 琮形片状铲（系玉琮改制而成，原称十字形器）（SSY54）　16. 玉棒（半坡博物馆 81 采：91）

18. 玉璧（SSY41）　20. 玉钺（SSY56）　21. 玉蝗（SSY125）　22. 玉鹰（SSY126）　23. 玉人头（SSY122）　24. 玉虎头（SSY124）　25. 玉蚕（SSY123）

瓮，敛口圜底，腹部与袋足之间有明显折棱，其形态与朱开沟二段 W2006：1 三足瓮作风一致，器形高大稳重，二者应该处于相同的发展阶段。M2 出土的陶鬲口部均呈盆形，不同于朱开沟二段常见的敛口鬲。其中 M2：7 鬲，直口，口沿下有三道弦纹和一圈附加堆纹，三袋足模制，上腹部附两耳；M2：4 鬲直口，平沿，无耳，高裆。从时代上来看，盆形鬲在形态上要晚于敛口鬲，这一点在游邀遗址[29]、晋中杏花村四期[30]可得到证实。从鬲类器物的形态演化来讲，石峁 M2 的相对年

代不会晚于朱开沟二段。朱开沟二段被认为已经进入夏代纪年[31]。所以，M2 组盆形斝所代表的整体年代要晚于石峁 H1 组即龙山晚期。又之，晋中地区以三足瓮的出现为标志被认为是跨入夏代纪年的信号[32]。

综上所述，我们认为石峁 M2 的年代不仅晚于 H1 组，而且可能已进入了夏的纪年范围。需要说明的是，就其绝对年代而言，无论从器物组合还是从形态演化的角度来看，M2 组仍然早于游邀晚期所代表的夏代遗存。如果上述推断不错的话，则石峁 M2 组当为陕北地区最早进入夏纪年的遗存之一。考虑到地域差异和文化发展的不平衡性，石峁遗存的整体年代应该不早于客省庄二期文化，晚期因素已进入夏纪年范围。换句话说，出土玉器的石棺葬类遗迹多已进入夏代纪年范畴。因此，就其绝对年代而言，石峁玉器当属于夏代遗物，考虑到本地龙山遗存的滞后性及文化面貌的连续性，将其放置于龙山晚期至夏代早期之间更为符合实际情况。若此，则石峁玉器的上限可至龙山晚期，其下限绝不能晚至商代以后。许多研究玉器的学者从石峁玉器中牙璋、玉戈等器物特征是二里头类型典型器物及玉器形态的变化得出的结论也支持这一观点。近年来，距石峁遗址西北约 30 千米之外新华遗址的发掘为上述论断提供了新的材料。

三、神木新华遗址出土玉器与石峁玉器的比较分析

1996 至 1999 年，陕西省考古研究院先后两次对新华遗址进行了大规模发掘，其中，玉器坑 K1 出土了 36 件精美玉器[33]。此外，探方 99T0111 ②层出土玉璜 1 件，99H158 出土玉环 1 件，墓葬 99M27 出土柄形器 1 件，99M26 出土绿松石坠饰 1 件。新华遗存在文化面貌上与石峁遗址内涵一致，且都出土了大量精美玉器。新华玉器的出土为石峁玉器年代问题的解决提供了新的依据。

新华玉器集中出土于一个鞋底型土坑 K1 之内。K1 平面形状呈长方形，两短边弧凸，两长边略向内凹成近亚腰型。东西长 1.4、南北宽 0.46—0.5、残深 0.12—0.22 米。坑底平整光滑，中央有 1 个圆形圜底小坑，小坑靠近底部发现少量鸟禽类骨骼。K1 内共埋有 36 件玉、石器，分 6 排竖直侧立插入土中，器物之间基本平行。每排插置器物数量不等，多者 10 件，少者 2 件。有刃器物刃部朝下，无刃者体薄一侧朝下。经拼对后，实际出土玉器 32 件。器形有钺、铲、刀、斧、环、璜、璋等。K1 出土的玉器形制简单，以片状器为主（占总数 85%），许多器物没有明显刃部，个别器体极薄，厚度仅两、三毫米。

新华遗址的分期表明，玉器坑 K1 属于新华晚期遗存。从文化面貌上来说，新华晚期遗存所见的双鋬高领鬲、斝、三足瓮、盉、甗、大口尊、圈足豆等器物，和石峁遗存、游邀早期[34]、寨峁二期[35]、永兴店遗存[36]、朱开沟一、二段[37]、大口二期[38] 及晋中 V、VI 期[39] 同类遗存关系密切。从相对年代来讲，新华遗存要晚于游邀早期及永兴店遗存，而大致与朱开沟一、二段、石峁（晚段）M2 组及大口二期文化相当。新华文化晚期遗存中与双鋬高领鬲、斝、三足瓮等伴出的圈足罐、直口厚唇鬲、单把鬲等器物，与陶寺晚期遗存[40] 显示出较强联系。从文化因素角度来说，新华遗存的整体时代与陶寺晚期相当或略晚。新华晚期遗存中所见的瓮形斝、口沿掐印花边的陶罐等都暗示着其与关中夏代前期遗存的密切关系[41]，其中瓮形斝属于客省庄文化最晚阶段[42]，年代在公元前 2000—前 1900 年之间[43]。新华 H50 和 H14 的 [14]C 测年分别为距今 4030±120、3940±120

年，与陶寺晚期测年基本相符或略晚[44]。一般认为，陶寺晚期的下限为公元前 1900 年[45]。结合以上年代数据，新华遗存年代当在公元前 2150—前 1900 年之间。夏商周断代工程年表将夏代起始年代暂定为公元前 2070 年。若此，新华晚期遗存无疑已经进入夏代纪年[46]。新华玉器亦当在这一年代框架之内。

新华晚期 M27 出土的 1 件玉柄形器（M27：1），更具有夏代玉器的典型特征[47]。柄形器最早出现于夏文化二里头时期[48]。新华 M27 出土的这件柄形器，整器呈长条形，素面，器身较长，器柄扁平，剖面呈扁长方形，其形制特征与二里头遗址早期柄形器无异。考虑到本地龙山遗存面貌上可能存在的滞后性，在中原地区进入国家形态的情况下，河套地区的龙山文化仍然一脉相承，其社会性质并未发生剧烈改变。因此，虽就绝对年代而言，新华玉器已经进入夏代范畴，但就其相对年代及性质而言，仍然属于龙山文化遗物，笔者以为可以将其笼统地断定为龙山晚期至夏代之间遗物，当无大错。

从文化特征及分布地域上来说，新华遗存与石峁遗存属于同一族群创造的物质文化。作为代表该族群社会发展程度主要标志之一的玉制品，在器形、玉质及工艺上都表现出了较大的一致性。就器形而言，二者均以片状器物为大宗，共有的典型器物有刀、铲、圭、斧、璜等。就工艺而言，剖片现象普遍；钻孔流行，其中以实心单钻为多，多见于胚体较薄者，对钻常见于胚体略厚的器物上；无管钻实例；器物改制现象普遍。石峁玉刀钻孔多在 3—5 个，其他铲类、钺、斧等多有 1 个钻孔，均系单钻或对钻。新华玉器的钻孔现象与之类似，一类为单面钻，孔壁呈马蹄形；一类对钻，两面有斜坡状孔壁。新华遗址和石峁遗址均发现了玉琮改制的玉铲（新华 K1：10、石峁 SSY54），石峁还见有牙璋改制而成的石刀（SSY29、SSY30）和玉环改制的玉璜（SSY39、SSY40）。就玉质而言，石峁和新华玉器均以大量的蛇纹石、透闪石、阳起石为主，从肉眼观察，蛇纹石玉器多呈墨绿色和灰绿色，尤以茶褐色带黑点为典型特征，在阳光照射下其薄处显示出浓烟色，厚处呈黑色；透闪石、阳起石质地的玉器多呈黄绿色，内泛云彩形黄斑。这三类极具特征的玉器的颜色成为除器形之外，石峁玉器和新华玉器最为直观的特征。

另外一个值得注意的现象是，石峁和新华玉器中半成品较多，许多玉刀、玉铲、玉圭系由其他器形较大的同类器物改制而成，多数没有开刃，周边还保留着片状工具的切割痕迹。这一点，一方面暗示着玉器在石峁及新华人群心目中的崇高地位，反映了玉器作为稀有资源被重复利用的实际情况；另一方面也暗示着石峁和新华遗址的先民可能从事着与玉石器制造或再加工相关的工作，而这两处遗址显然已经成为了河套地区玉器消费和流通的中心。

新华玉器和石峁玉器比较结果表明，若不考虑石峁遗址所出的 28 件牙璋和人头像等若干器物，则很难将二遗址出土的刀、钺、铲等片装器物从形制、玉质玉色及工艺方面区分出来。尽管我们无意强调二者的相似之处，但这种类似石峁风格的玉器分布范围的横向拓展，却传递着一个非常重要的信息，即龙山晚期以来河套地区玉器传统的客观存在。从考古类型学及文化谱系的角度来看，河套地区南部一带龙山时代晚期遗存与夏代早期遗存之间没有明显、剧烈的嬗变，属于同一支考古学文化[49]，其文化面貌不同于中原地区和周边其他同期遗存而独具特色，但同时又吸收和融合许多外来因素，其突出特征之一就是高度发达的玉器文化。

四、余　论

石峁作为河套地区集中出土玉器数量最多、影响最为广泛的遗址，其精美的器型及精湛的工艺技术都达到了同期文化的最高水平。在中原地区经历着社会转型而迈入国家形态的时刻，相对封闭的河套地区仍然保留着本地龙山时代早、中期以来的文化传统及发展脉络，并使这种局面保持了相当长的一段时期。石峁遗址规模庞大，外围建筑有坚固的石围墙防御体系。它无疑是这一地区的中心聚落。以数量众多的牙璋为代表的已经脱离社会生产范畴的石峁玉礼器，有力地表明了社会等级的存在和权力的相对集中。作为具有凝聚力的中心聚落，从大量出土的脱离生产范畴的玉礼器来看，以石峁、新华遗址所代表的人群在一定范围内不仅承担了重要的社会功能，而且在从部落走向国家形态的过程中可能行使着类似酋邦的政治职能。

近年来，类石峁玉器在榆林地区其他遗址多有发现，如横山陈塔、响水沐浴沟、韩岔梨树焉、高镇油坊头等，器形有玉刀、玉铲、玉斧（钺）、玉环等，其时代均被认为是龙山晚期[50]。据我们观察，上述玉器之玉质、玉色及器形与新华、石峁玉器基本相同。据说榆林米脂、靖边也发现石峁风格的玉刀[51]。这些考古调查再次表明了龙山时代晚期至夏代在陕北地区乃至河套地区范围内所形成的一个高度发达玉器的消费中心。以至于有学者认为，石峁玉器可能为居住西北地区某族创作，或为夏代和夏代某方国的遗物。

另外值得注意的是，在陕北地区集中出土的三批早期玉器中，除神木石峁和新华之外，延安芦山峁玉器也不容忽视[52]。从芦山峁玉器的器形和遗址内涵来看，多数学者倾向于是龙山时代遗物，其在文化面貌上更多呈现出与关中地区同类遗存的联系。如何认识芦山峁玉器及其与石峁、新华玉器之间的关系仍是一个值得认真考虑的问题。

注　释

［1］ 戴应新：《陕西神木县石峁龙山文化遗址调查》，《考古》1977年第3期。

［2］ 王永波：《耜形端刃器的分类与分期》，《考古学报》1996年第1期；邓淑苹：《牙璋研究》，《南中国及邻近地区古文化研究》，香港中文大学出版社，1994年。

［3］ 李学勤：《蜀国的璋、礨》，《比较考古学随笔》，中华书局，1991年，第72—82页。

［4］ 此次调查征集玉器127件，其中，编号SSY45号玉戚证实非石峁出土，故实际为126件，见戴应新：《神木石峁龙山文化玉器探索（一）》，《故宫文物月刊》（第125期），1993年8月。

［5］ 戴应新：《陕西神木县石峁龙山文化遗址调查》，《考古》1977年第3期。

［6］ 西安半坡博物馆：《陕西神木石峁遗址调查试掘简报》，《史前研究》1983年第2期。

［7］ 戴应新：《神木石峁龙山文化玉器》，《考古与文物》1988年第5、6期。

［8］ 戴应新：《神木石峁龙山文化玉器探索（一——六）》，《故宫文物月刊》（第125—130期），1993年8月—1994年1月。

［9］ 杨亚长：《陕西史前玉器的发现和初步研究》，《东亚玉器》，香港商务印书馆，1998年。

［10］ 裴安平：《中原商代牙璋南下沿海的路线和意义》，《南中国及邻近地区古文化研究》，香港中文大学出版社，1994年。

［11］ 叶茂林：《黄河上游新石器时代玉器初步研究》，《东亚玉器》，香港商务印书馆，1998年。

［12］ 陈志达：《夏商玉器综述》，《中国玉器全集》，河北美术出版社，1993 年。

［13］ 冈村秀典：《公元前两千年前后中国玉器之扩张》，《东亚玉器》，香港商务印书馆，1998 年。

［14］ 邓淑苹：《晋、陕出土东夷系玉器的启示》，《考古与文物》1999 年第 5 期；邓淑苹：《也谈华西系统的玉器（六）：饰有弦纹的玉器》，《故宫文物月刊》（第 130 期），1994 年 1 月；杨建芳：《"窜三苗于三危"的考古学研究》，《东南文化》1998 年第 2 期。

［15］ 李学勤：《论香港大湾新出牙璋及有关问题》，《走出疑古时代》，辽宁大学出版社，1997 年，第 125—134 页。

［16］ 邓淑苹：《牙璋研究》，《南中国及邻近地区古文化研究》，香港中文大学出版社，1994 年。

［17］ 李伯谦：《香港南丫岛出土的牙璋的时代和意义》，《南中国及邻近地区古文化研究》，香港中文大学出版社，1994 年。

［18］ 王永波：《耜形端刃器的分类与分期》，《考古学报》1996 年第 1 期。

［19］ 张长寿：《论神木石峁出土的刀形端刃器》，《南中国及邻近地区古文化研究》，香港中文大学出版社，1994 年。

［20］ 王巍：《商文化玉器渊源探索》，《考古》1989 年第 9 期。

［21］ 戴应新称，当年在石峁见到而因故未能征集的礼器计有（石）琮和玉璧。琮为灰白色，素面无纹饰，边长 7、高 5、孔径 4 厘米。残玉璧 3、4 件，淡绿色，外径约 15、孔径 6—7 厘米。另外还见有玉杵、玉环、小玉刀等。参见戴应新：《神木石峁龙山文化玉器探索（一）》，《故宫文物月刊》（第 125 期），1993 年 8 月。

［22］ 张长寿：《论神木石峁出土的刀形端刃器》，《南中国及邻近地区古文化研究》，香港中文大学出版社，1994 年。

［23］ 现藏榆林市文物保护研究所。

［24］ 萨尔蒙尼曾经详细叙述他从榆林府农民手里收购玉器的经过。参见 Alfred Salmony. Chinese Jade Through the Wei Dynasty. New York: Ronald Press, 1963.

［25］ 内蒙古文物考古研究所：《准格尔旗寨子上遗址发掘简报》，《内蒙古文物考古文集（第一辑）》，中国大百科全书出版社，1994 年。

［26］ 西安半坡博物馆：《陕西神木石峁遗址调查试掘简报》，《史前研究》1983 年第 2 期。

［27］ 张宏彦、孙周勇：《石峁遗存试析》，《考古与文物》2002 年第 1 期。

［28］ 陕西省考古研究所：《陕西神木县寨峁遗址发掘简报》，《考古与文物》2002 年第 3 期。

［29］ 忻州考古队：《山西忻州市游邀遗址发掘简报》，《考古》1989 年第 4 期。

［30］ 国家文物局、山西省考古研究所、吉林大学考古学系：《晋中考古》，文物出版社，1998 年。

［31］ 内蒙古自治区文物考古研究所、鄂尔多斯博物馆：《朱开沟——青铜时代早期遗址发掘报告》，文物出版社，2000 年。

［32］ 许伟：《晋中地区西周以前古遗存的编年与谱系》，《文物》1989 年第 4 期。

［33］ 陕西省考古研究所：《陕西神木新华遗址 1999 年发掘简报》，《考古与文物》2002 年第 1 期。

［34］ 同［29］。

［35］ 吕智荣：《陕北、内蒙古中南部及晋北地区寨峁文化》，《史前研究》，三秦出版社，2000 年。

［36］ 内蒙古文物考古所：《准格尔旗永兴店遗址》，《内蒙古文物考古文集（第一辑）》，中国大百科全书出版社，1994 年。

［37］ 同［31］。

［38］ 吉发习、马耀圻：《内蒙古准格尔旗大口遗址的调查与试掘》，《考古》1979 年第 4 期。

［39］ 同［30］。

［40］ 中国社会科学院考古研究所山西工作队、临汾地区文化局：《山西襄汾县陶寺遗址发掘简报》，《考古》1980 年第 1 期；中国社会科学院考古研究所山西工作队、山西省临汾地区文化局：《陶寺遗址 1983—1984 年Ⅲ区居住址发掘的主要收获》，《考古》1986 年第 9 期。

［41］ 北京大学考古学系、宝鸡市考古工作队：《陕西麟游县蔡家河遗址龙山遗存发掘报告》，《考古与文物》2000 年第 6 期。

［42］ 陕西省考古研究所康家考古队：《陕西临潼康家遗址发掘简报》，《考古与文物》1988 第 5、6 期；陕西省考古研究所康家考古队：《陕西省临潼县康家遗址 1987 年发掘简报》，《考古与文物》1992 年第 4 期。

［43］ 秦小丽：《试论客省庄文化的分期》，《考古》1995 年第 3 期。

［44］ 中国社会科学院考古研究所：《中国考古学中碳十四年代数据集（1965—1991）》，文物出版社，1992 年。

［45］ 高天麟、张岱海、高炜：《龙山文化陶寺类型的年代与分期》，《史前研究》1984 年第 3 期。

［46］ 孙周勇：《神木新华遗址出土玉器的几个问题》，《中原文物》2002 年第 5 期。

［47］ 陕西省考古研究所、榆林市文物保护研究所：《神木新华》，科学出版社，2005 年。

［48］ 曹楠：《三代时期出土柄形玉器研究》，《考古学报》2008 年第 2 期。

［49］ 孙周勇：《新华文化述论》，《考古与文物》2005 年第 3 期。

［50］ 韩建武、赵峰、朱天舒：《陕西历史博物馆新征集文物精粹》，《陕西历史博物馆馆刊（第一辑）》，三秦出版社，1994 年。

［51］ 戴应新：《神木石峁龙山文化玉器探索（三）：刀形边刃器—多孔刀》，《故宫文物月刊》（第 127 期），1993 年 10 月。

［52］ 姬乃军：《延安市发现的古代玉器》，《文物》1984 年第 2 期。

（原载于《考古与文物》2011 年第 4 期）

论陕北地区发现的玉器

张　锟

自 1976 年以来，考古工作者在陕北的榆林地区和延安地区陆续征集和发掘了数量较多的玉器[1]，这些发现使考古学界逐步认识到陕北地区的古代先民在历史上的一段时间内，曾经比较广泛地制造和使用玉器。陕北玉器在为学术界所了解之前，早已有大量发现，其为人所知至少可上溯至清代。此后，这一地区不断有玉器出土，主要为当地居民于生产活动中偶然所得，但其中大部分已散失。目前所见陕北玉器大部分为征集所得，已失去原始的层位关系，且无共存的陶器，因此无法直接判断其年代及性质；经科学发掘所得的玉器基本不与陶器共存，在判断其具体年代方面也存在一定困难。因此，对这些玉器的时代及性质等问题的探讨，在很大程度上依赖于本地区考古学文化研究的不断深入和与周围地区文化的比较。20 世纪 90 年代以来，随着陕北地区考古工作规模的不断扩大，考古资料不断增多，相关研究也日益深入，本地区自新石器时代末期至青铜时代早期的考古学文化序列逐步建立，谱系关系日益清晰。相关的考古发现和研究成果的取得，为正确认识陕北玉器提供了较为坚实的基础。本文在对陕北玉器资料进行整理的基础上，利用已有的研究成果，对这些玉器的年代、与周邻文化的关系及出现的时代背景等问题略作探讨，希望能够推动对这类重要遗存的研究。

一、陕北玉器的概况

目前，陕北发现玉器的遗址主要分布于延安、甘泉、黄龙、富县、吴旗、安塞、子长、宜川、米脂、靖边、横山及神木等县市，重要遗址有延安芦山峁、神木石峁和新华遗址。石峁和新华遗址经过正式发掘，尤其是新华遗址发掘规模较大。新华遗址在 1999 年的发掘中发现了一处玉器坑，共出土了 32 件玉器，提供了难得的玉器组合资料，具有重要的学术价值。

上述遗址发现的玉器种类包括琮、璧、璜、瑗、环、镯、铲、钺、刀、戚、戈、圭、璋、柄形器、笄及玉雕艺术品等，其中除环、镯、笄、玉雕艺术品等少数几类之外，其余器类均非日常生活中的实用器，应为玉礼器及仪仗用具。由于不同学者对不同种类玉器的命名存在差异，加上发表的玉器图版较少，因此根据已发表的相关报告及论文很难确切统计各类玉器的具体数量。下面择其要者述之。

琮，见于延安芦山峁遗址，共 2 件，征集所得。这两件玉琮形制、大小相似。其中一件四角琢成三角形，中部装饰直线纹，直线上下分别饰有兽面纹；另一件表面饰有数道凸直线纹，四角上下装饰简化兽面纹（图一）。

璧，数量较少，见于芦山峁和石峁遗址。石峁遗址出有两件被称为"异形璧"的玉器（编号为SSY42、SSY43），周边饰三个齿状突出，属于"牙璧"（图二）。同类器在芦山峁遗址也发现1件。

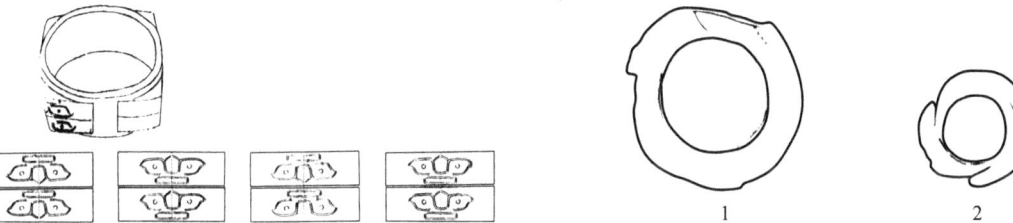

图一　延安芦山峁遗址玉琮
（采自邓淑苹：《晋、陕出土东夷系玉器的启示》，
《考古与文物》1999年第5期）

图二　神木石峁遗址玉璧
（采自王炜林、孙周勇：《石峁玉器的年代及相关问题》，
《考古与文物》2011年第4期）

牙璋，数量较多，主要见于神木石峁遗址，其他遗址未见。石峁遗址发现的牙璋可分为两类，一类在阑上及阑前有齿牙装饰，数量较少，另一类则无齿牙装饰，数量相对较多。这些牙璋长度大多在30厘米以上，最长的约49厘米（图三）。另据学者考证，20世纪30年代发现于陕北榆林的6件牙璋也应出于石峁遗址[2]。

刀，数量较多，可统计的将近60件。形制大多为不规则的长方形或梯形，根据刀的尺寸及整体形态，有学者将其分为宽短形、中长形和窄长形三类。一些刀在刀身与刃部之间有一道因切割而形成的棱脊，常见于宽短形和中长形刀。绝大多数玉刀在刀身有一个或多个钻孔，单面钻或对钻而成（图四）。有些刀有锐利的刃部，有的则没有明显刃部或刃部圆钝，无明显刃部的似乎为刀胚或半成品。最具特色的为窄长形玉刀，刀身呈不规则梯形，有多个钻孔，刃部稍长于背部，微凹，较为锋利，最长的一件约55厘米。延安芦山峁遗址出土一件七孔刀，长54.6、宽10、厚0.4厘米，在刀身的两侧边上饰有齿状突起。据发现者描述，出土时共有4件玉刀叠放在一起。

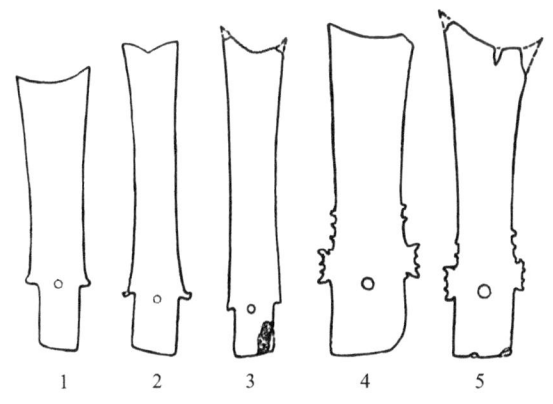

图三　神木石峁遗址出土牙璋
（采自戴应新：《石峁牙璋及其改作——石峁龙山文化玉器研究札记》，《南中国及邻近地区古文化研究》，香港中文大学出版社，1994年）

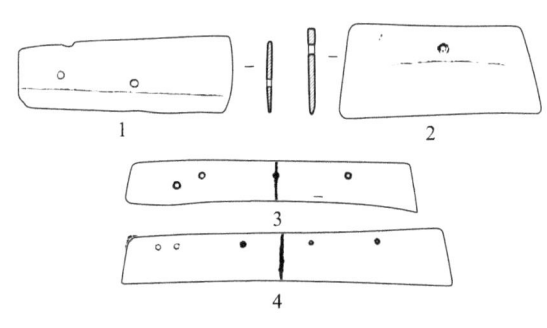

图四　玉刀
1、2. 神木新华遗址（99K1：12、99K1：18）
3、4. 石峁遗址（SSY83、SSY82）

铲，数量较多，主要见于新华遗址，石峁和芦山峁遗址也有少量发现。形制为长方形或梯形，器身扁薄窄长，多有单面或双面刃，以直背直刃为主，少量为弧刃，近背部有1—2个穿孔

（图五）。新华遗址出土了1件大型玉铲（99K1∶34），长36、顶宽11、刃宽12.1、厚0.4厘米，直背直刃，上部有1个单面钻穿孔。

钺，数量较多，主要见于神木新华和石峁遗址。器身多呈梯形，少量为长方形，长度一般不超过20厘米，多直背，近背部有1—2个钻孔（图六）。根据刃部形态的不同，又可细分为直刃、弧刃和斜刃三种。

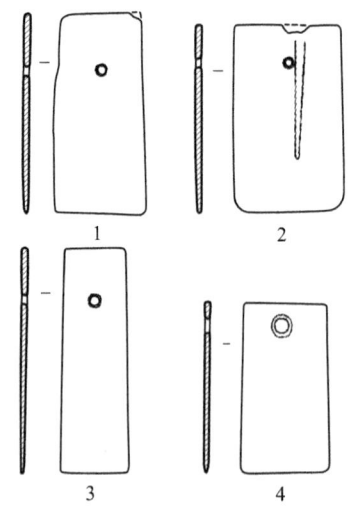

图五　神木新华遗址出土玉铲

1. 99K1∶30　2. 99K1∶33　3. 99K1∶36　4. 99K1∶35

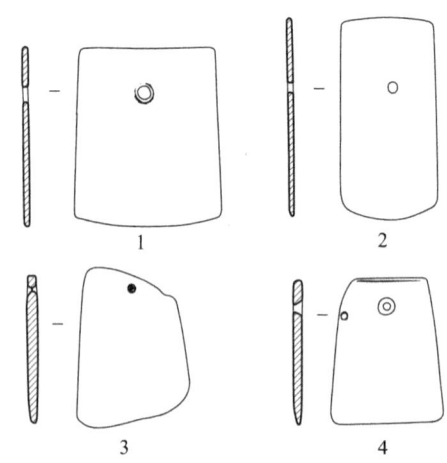

图六　神木新华遗址出土玉钺

1. 99K1∶24　2. 99K1∶14　3. 99K1∶17　4. 99K1∶26

戈，数量较少，仅于石峁遗址发现3件（编号分别为SSY118、SSY120、SSY121）。SSY118长36.5、宽9厘米，有阑，方内较短，无穿，单刃长援；SSY120长21、宽5.5厘米，无阑，援单刃，正中有一穿孔，援内无明显分界，末端有一穿；SSY121长29.4、宽6厘米，方内略窄，与援有明显分界，一穿，双刃长援，有锋（图七）。

戚，仅于石峁遗址发现1件。器身较窄长，长14.2、宽9.7、厚0.6厘米，弧刃，刃角外翘，直背，柄部有大小两个钻孔，器身两侧有齿牙装饰（图八，1）。

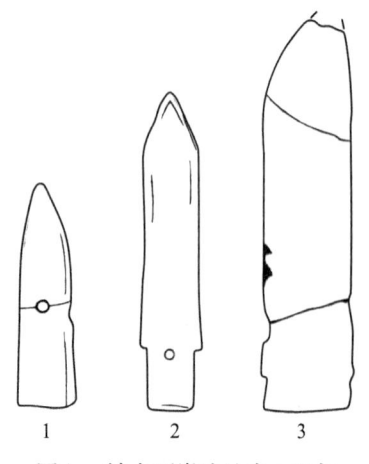

图七　神木石峁遗址出土玉戈

1. SSY120　2. SSY121　3. SSY118

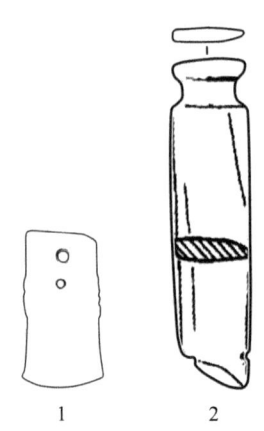

图八　玉戚、柄形器

1. 戚（神木石峁遗址 SSY45）

2. 柄形器（神木新华遗址 99M27∶1）

柄形器，仅于新华遗址发现 1 件，为墓葬中的随葬品。器体为长条形，长 9.8、宽 2.1、厚 0.6 厘米，截面近椭圆形，两端有凹槽（图八，2）。

此外，比较重要的器类还有圭、瑗、璜、环、玉雕艺术品及绿松石饰品等，兹不赘述。

陕北玉器绝大部分彼此之间没有明确的共存关系，只有新华遗址玉器坑 99K1 的发现提供了这方面的某些线索。新华玉器坑共出土玉器 36 件，其中有些属同一件玉器的残片，所以实际上出土玉器 32 件。可辨器形的共 28 件，以铲、钺、刀三类为主，另有圭、璜等器类，大部分均见于石峁和芦山峁遗址，并且形制接近。石峁遗址发现了数量较多的玉刀，根据戴应新先生提供的玉器统计表，除窄长形刀外，其余玉刀均属宽短形与中长形，从图版上观察，其形制与新华玉器坑的玉刀相近。新华玉器坑出土的刀中，包括了宽短形与中长形两种，据此可推断这两种玉刀关系密切，时代应接近。玉器坑中所出的一件钺（99K1：15）与石峁遗址中发现的一件钺形制几乎完全相同；铲也与石峁和芦山峁遗址中发现的同类器相近。因此，根据新华玉器坑提供的玉器共存关系，可初步将陕北玉器中的宽短形及中长形刀、铲、钺、圭等器类归并为时代相近的一组，这几类玉器的数量占据了目前所见本地玉器中的大部分。其余器类的组合情况，单纯依据新华玉器坑所提供的资料则不易作出判断。

关于制作玉器的原料，只有新华遗址的玉器进行了正式检测。依据检测报告，在被检测的 24 件玉器中，9 件属软玉，12 件属蛇纹石类玉石，1 件主要成分为大理石，1 件为云母类矿物，1 件为绿泥石类矿物。据学者的考证，陕北以及邻近的山西地区有出产玉石的报道，文献中也有相关的记载，因此陕北玉器的制作很可能大部为就地取材或取之于相邻近的山西地区。所以，上述的检测结果在其他遗址发现的玉器中也应具有某种代表性。

二、陕北玉器的年代

迄今为止，关于陕北玉器的年代问题仍存在着不同意见。戴应新先生认为石峁遗址的玉器属龙山文化，大致与客省庄二期文化同时，姬乃军先生也持有相同意见。1981 年，西安半坡博物馆对石峁遗址进行试掘后，认为该遗址存在着两类时代不同的遗存，而石峁玉器与以 M2 为代表的石棺葬同时，相当于大口二期文化。夏鼐先生曾将石峁遗址出土的一件牙璧的时代定为龙山文化或早商时期[3]。神木遗址发掘后，孙周勇先生据新华玉器坑的材料，认为陕北玉器的年代已进入夏代纪年[4]。这些学者大都注意将玉器与遗址所代表的考古学文化联系起来探讨，所提出的观点都各有其合理之处，并为进一步的研究奠定了基础。

神木新华遗址的发掘及玉器坑的发现，为研究陕北玉器的年代提供了重要的基点，玉器坑与新华遗址的其他遗存属同一文化得到确认。新华遗存的年代被推定在公元前 2150—前 1900 年之间，这个年代大致相当于龙山时代末期[5]。此外，据发掘者的描述，曾在新华遗址中采集到一种高直领鬲，领外有对称的双錾[6]。此类高领鬲在晋北、晋中地区晚于龙山时代的遗存中比较常见，一般有较高的实足根，实足根上常常有横向和竖向的沟槽。包含这种陶鬲的晋中白燕四期遗存的年代被定为相当于二里头文化的三、四期，那么新华遗存的年代就也有可能晚至这一时期。实际上，从白燕四期遗存中包含的来自中原文化系统的陶鬲来看，其年代仍有进一步讨论的必要。与白燕四期一段陶鬲 H948：1 形态相近的鬲，主要见于二里头文化的四期，二段的 H157：3 鬲明显属商文化系统，从其口沿内侧已起榫的特征看，年代不会早于二里冈下层第一期。从白燕四期一段、二段包含的高领鬲来看，二者之间年代衔接紧密。因此，白燕四期一段的年代不会早于二里头四期，大致相当于二里头四期或稍晚，二段的年代大致相当于早商早期。据此，新华遗存的年代下限还有可能进一步下延。无独有偶，内蒙古朱开沟遗址也曾发现过少量高实足根袋足鬲，足根上有横向和竖向沟槽[7]。朱开沟遗址出土遗存中，除以蛇纹鬲、带纽罐等器物为代表的遗存外，其余均见于新华遗址，二者应为同一文化的不同遗址，这从另一个角度证明新华遗存的年代下限有可能延后至二里头四期或稍晚。

根据上述分析，我们实际上扩大了新华玉器坑为代表的大部分陕北玉器的年代范围，其他器类的年代也不会超出这个范围。随之而来的问题是，在这样的年代范围内，陕北玉器是连续发展的还是仅仅集中于某一个时段。之所以有这样的疑问，主要基于如下考虑：首先，本地区自半坡文化开始至龙山时代晚期之前，并没有形成用玉的文化传统，现有的考古记录也不支持这种传统的存在；其次，本地古文化在长期的发展中，并没有表现出发展上的优势或中心地位；再次，从龙山时代晚期至青铜时代早期，与本地区文化联系最为密切的内蒙古中南部、晋北、晋中、冀北的同时期遗存中还没有发现数量如此集中的玉器；此外，以新华玉器坑为代表的陕北玉器的大部分体现出了时代较为集中的特点。因为有这四点考虑，在大致框定了陕北玉器的年代范围后，我们有必要对其年代作更进一步的考察。同时，也正是基于上述考虑，笔者以为，在陕北地区的这一时段内，玉器的集中出现是一种比较突兀的文化现象，颇有些出人意料的意味。因此，玉器这一类因素对本地区来说，应该属于一种外来的文化因素。我们有必要在更大的范围内进行文化间的文化因素分析与比较，利用其他文化的分期成果来进行交叉断代，而仅仅依靠对本地文化的研究很难更精确地判定陕北玉器的年代。

事实上，已有学者注意到陕北龙山时代晚期遗存与晋南陶寺文化晚期遗存的联系[8]。在新华遗存中，直口肥袋足鬲、圈足罐为陶寺文化的典型器物，新华遗址中发现的扁口罐，也明显受到陶寺文化的影响。陶寺文化也是周邻文化中发现玉器相对较多的，如果将陶寺文化中发现的玉器与陕北玉器做一个对比，就会发现玉器所体现出来的两地之间的文化联系要比陶器明显得多。陶寺文化中发现的玉器诸如琮、璧、瑗、璜、环、镯、圭、铲、钺、笄等器类，均可在陕北玉器中找到相同器类，并且大部形制相似，新华玉器坑中所出的钺、中长形石刀、长方形的铲也与陶寺文化的同类玉、石器形制相近[9]。根据这种比较及新华玉器坑所提供的资料，我们可将陕北玉器中的琮、璧、璜、瑗、环、笄等器类同样归入以玉器坑为代表的玉器组合。目前所见陶寺文化的玉器分属陶寺文化的不同时期，但是鉴于陕北所见的陶寺文化因素主要集中于陶寺文化的晚段，因此我们倾向于将上述归并的玉器组合的时代推定在陶寺文化的晚段。除此之外，陕北玉器中的其他器类，包括窄长形多孔玉刀、戚、牙璋、戈、柄形器、绿松石器，不见于陶寺文化。然而，在更加遥远的中原地区的二里头文化中，这些玉器是二里头文化晚期的常见器类。二里头文化的玉器，目前主要见于二里头遗址，大部分出于墓葬中，以二里头三期最为繁盛[10]。据戴应新先生的统计，神木石峁遗址发现了 28 件牙璋，15 件多孔玉刀，从提供的图版上观察，与二里头遗址的牙璋及多孔玉刀非常相似，芦山峁遗址出土的一件七孔玉刀，刀身两侧饰齿状突起，与二里头遗址属二里头文化四期的ⅦKM7：3[11]、87YLⅥM57：9[12] 这两件玉刀如出一辙；石峁遗址的玉戚，器身窄长，弧形刃，刀角外翘，器身两侧饰齿状突起，与属二里头四期的ⅦKM7：2基本相同[13]；陕北所见的戈也与二里头遗址的同类器形相似，此外，玉柄形器及绿松石器也主要见于二里头文化的晚期。这样，我们就在陕北玉器中归纳出另一个玉器组合，包括牙璋、多孔刀、戚、戈、柄形器及绿松石饰品，其时代也较为集中，由于相似器形及器类多见于二里头文化四期，因此其年代不会早于这一阶段，大体相当于夏代末期至商代早期。

另外，陕北玉器中还有少量的玉雕艺术品，如玉蝉、虎、蝗、螳螂及玉人面，根据目前的资料，对其文化属性和时代还不宜妄下论断，只能暂付阙疑。

综上所述，目前所见陕北玉器中的绝大部分可分为两组，一组的时代集中于龙山时代晚期，另一组的时代集中于二里头文化晚段至商代早期，二者之间有较长的时间间隔。以往学者在论述陕北玉器时，多将其作为一个整体来讨论，看来已有修正的必要。

三、陕北玉器出现的背景

陕北玉器中时代相异的两组，其间看不出演变的痕迹，说明二者之间确实存在较长的时间距离，同时也是它们实际上来自于不同文化体的反映。这种情形和前文所提到的本地区缺乏用玉的文化传统遥相呼应，外来的文化因素在本地区的文化进程中只能存在一段时期，而无法长期延续，表现为在不同阶段昙花一现式的兴盛，随后又归于沉寂，无法融入本地传统，发展成一脉相承的玉器文化。这种文化特色，究竟是在怎样的时代背景下形成的，值得我们作进一步的探讨。

在相当于龙山时代末期的陶寺文化晚段，从陶器、玉器等方面反映出来的情况看，晋南与陕北的文化联系是较为密切的。同时，在晋中、晋北的同期遗存中，也发现了陶寺文化晚期的因素，说明其间也应存在着文化交流的通道。然而，目前在晋中、晋北的同期文化中，却没有发现过像陕北那样集中出土的玉器，并且这一地区所见的陶寺文化晚期因素要明显少于相邻的陕北地区。因此，笔者以为晋陕两地的文化联系不同于一般意义上的文化交流，很可能伴随着较大规模的人群移动，只有人群的移动才会造成异乎寻常的文化因素的播迁，尤其是由特殊器物所反映出来的观念形态的流动，而玉器正属于这一类特殊器物。实际上，近年来在陶寺遗址进行的考古发掘也为这方面的探讨提供了重要线索。近年的发掘发现了陶寺文化的城址，时代属陶寺文化的早中期。据发掘者的研究，陶寺城址在陶寺文化晚期遭到大规模的破坏而废弃，各道城垣普遍被晚期遗存叠压或打破，此外，早中期的墓地也普遍遭到严重捣毁，这很可能是一场有意识地、出于某种仇恨目的的大规模毁城行为。这种情景反映了陶寺文化的中晚期，陶寺文化所代表的社会集团内部发生了剧烈的震荡，造成其文化发展的成果大量被毁灭，动荡也使得陶寺古国由盛转衰，社会各阶层分崩离析，从而引起部分群体成员的移动。而大致与此同时或稍晚，以玉器为代表的陶寺文化因素较多地出现于陕北地区，这二者应存在某种联系，很可能即为这种人群移动在文化上的反映。随着材料的增多，其具体过程将会日益清晰。至于为何选择渡黄河而不是向其他方向流动，则应从当时大范围内的文化格局出发来考虑，本文不作探讨。

同理，陕北地区玉器中所见的来自二里头文化的因素，也应反映了外来人群的移入，而且是来自更为遥远的中原地区的人群。晋南地区在陶寺文化之后，被二里头文化的东下冯类型占据。根据目前的资料，东下冯类型中也没有集中的玉器发现。因此，我们只能推定这组因素是直接来自于二里头文化的中心区，并且不是一般的文化交流，而是伴随着人群流动的直接的文化移植。否则，我们很难解释这种文化因素的迁移为什么绕过晋南而指向陕北。既然不是一般意义上的文化交流，那么就意味着必定有一种巨大的社会变动发生，才会促使来自"天下之中"的一部分人群向遥远的北方迁移。二里头晚期前后，中原地区发生的能够称得上重大社会变动的事件，恐怕也只有夏商之际的王朝更替了。前文曾论及新华遗存的年代下限可能延至二里头四期或更晚，陕北玉器中来自二里头文化的因素多与二里头四期近似，正与中原地区夏商王朝更替的时间相吻合。这恐怕不是偶然的巧合，而是中原地区巨大社会变动的余波所及。二里头文化因素随人群移动而向周边地区迁移的现象，并非孤例，远在西南的成都平原青铜文化中也有类似于陕北地区的发现。成都平原三星堆文化中存在的某些器类如封口袋足盉、豆、兽面纹青铜牌饰等一般被认为是来自于二里头文化，孙华先生认为其反映了二里头族群向这一地区的迁徙[14]。三星堆遗址器物坑中出土众多玉器中的牙璋、戈等器类尽管在年代上与二里头文化存在较大距离，但其形制一望可知应与二里头文化的同类因素存在文化上的渊源关系。尽管关于三星堆文化的年代及三星堆器物坑的时代与文化归属仍存争论，但笔者倾向于认为二里头文化因素在陕北和成都平原的出现应为同一过程的不同方面。

四、小　结

本文在对陕北玉器资料进行归纳与梳理的基础上，结合相关考古学文化中文化因素的比较分析，重点对这批玉器的年代及出现的时代背景进行了初步探讨。根据我们的分析，陕北地区的玉器并没有形成诸如红山文化和良渚文化玉器那样严整的体系，缺乏清晰的发展脉络，始终表现为对外来文化因素的被动接受，在这个意义上，似乎不应将陕北地区视为中国上古玉器文化的一个中心。此外，陕北玉器中所反映出来的本地与中原文化系统及族群的联系，不仅与当时更大范围内的政治与文化格局变动密切相关，而且也为在其后的历史阶段中，本地不同古代族群及文化的迁徙和融合提供了重要的背景。通过陕北玉器，可以将当时及其后不同的文化集团联系在一起，进而探讨长城地带与中原地区的文化互动，其重要地位可见一斑，我们也期待着更多的学者关注这一问题。

注　释

［1］　戴应新：《神木石峁龙山文化玉器》，《考古与文物》1988年第5、6期；西安半坡博物馆：《陕西神木石峁遗址调查试掘简报》，《史前研究》1983年第2期；姬乃军：《延安市发现的古代玉器》，《文物》1984年第2期；韩建武、赵峰、朱天舒：《陕西历史博物馆新征集文物精萃》，《陕西历史博物馆馆刊》（第一辑），三秦出版社，1994年；姬乃军：《延安市芦山峁出土玉器有关问题探讨》，《考古与文物》1995年第1期；艾有为：《神木县新石器时代遗址调查简报》，《考古与文物》1990年第5期；陕西省考古研究所、榆林市文物保护研究所：《神木新华》，科学出版社，2005年。后文涉及上述文献中的玉器资料，不再另注。

［2］　李学勤：《论香港大湾新出牙璋及有关问题》，《南方文物》1992年第1期。

［3］　夏鼐：《商代玉器的分类、定名和用途》，《考古》1983年第5期。

［4］　孙周勇：《神木新华遗址出土玉器的几个问题》，《中原文物》2002年第5期；王炜林、孙周勇：《石峁玉器的

年代及相关问题》,《考古与文物》2011 年第 4 期。

［5］ 陕西省考古研究所、榆林市文物保护研究所:《神木新华》,科学出版社,2005 年。

［6］ 陕西省考古研究所、榆林市文物保护研究所:《神木新华》,科学出版社,2005 年。

［7］ 内蒙古自治区文物考古研究所、鄂尔多斯博物馆:《朱开沟——青铜时代早期遗址发掘报告》,文物出版社,
　　　 2000 年。

［8］ 同［4］。

［9］ 中国社会科学院考古研究所山西工作队、临汾地区文化局:《山西襄汾县陶寺遗址发掘简报》,《考古》1980 年
　　　 第 1 期;中国社会科学院考古研究所山西工作队、临汾地区文化局:《1978—1980 年山西襄汾陶寺墓地发掘简
　　　 报》,《考古》1983 年第 6 期;中国社会科学院考古研究所山西队、山西省考古研究所、临汾市文物局:《陶寺
　　　 城址发现陶寺文化中期墓葬》,《考古》2003 年第 9 期;王晓毅、严志斌:《陶寺中期墓地被盗墓葬抢救性发掘
　　　 纪要》,《中原文物》2006 年第 5 期。

［10］ 陈雪香:《二里头遗址墓葬出土玉器探析》,《中原文物》2003 年第 3 期。

［11］ 中国社会科学院考古研究所:《偃师二里头——1959 年—1978 年考古发掘报告》,大百科全书出版社,1999 年。

［12］ 中国社会科学院考古研究所二里头工作队:《1987 年偃师二里头遗址墓葬发掘简报》,《考古》1992 年第 4 期。

［13］ 同［11］。

［14］ 孙华:《试论三星堆文化》,《四川盆地的青铜时代》,科学出版社,2000 年。

（原载于《文物世界》2012 年第 2 期）

石峁文化玉刀

王长启

图一　玉刀

20 世纪 70 年代有两位陕北人到我工作的单位上交玉器，即玉刀（图一）。长 17.7、宽 4.5 厘米；片状呈梯形，两侧短边略斜，边长有刃；背面较短，整体很薄，刃部两面磨成；近刀背处有三孔，间距相等，孔为一端大，另一端小的马蹄状。当时两位陕北人称自己是由神木高家公社石峁来的，玉刀在"铜川"拾到的，可能属文物，在那里挖了很多，到西安办事顺便带来一件，看能否卖钱。我认真看后，认为是一件有价值的历史文物，时代很早。当时我感到疑惑，就问："神木距'铜川'很远，你们怎么在铜川挖出。"他却说："我们家距'铜川'很近。"我接着又说："你们回去及时给当地文化部门汇报，将拾到的其他玉器上交给他们，他们会奖励你们的……"我面对这件玉刀便产生很多疑问：神木离"铜川"很远，怎么能说距"铜川"近，在那里挖到很多玉器，我从来没有听说"铜川"出土古老玉器，就是陕北地区，也不可能有古老的玉器啊！如果真在"铜川"能挖到此类玉器，那里一定是遗址区域。这件玉刀具体是什么时代？我带着疑问无可奈何地将此玉刀入库，并记上"铜川"征集。后来看到石峁出土玉器的报导[1]，才知道这玉刀是石峁出土的玉器。石峁附近有称洞川沟的地方，当时出售这件玉刀的两位陕北人所说的"铜川"就是洞川沟，是我没听准确，误把洞川沟听成铜川了。从此我对石峁玉器产生了浓厚的兴趣。

随着陕西省考古研究院关于陕西省神木征集的龙山文化玉器、龙山文化遗址、石峁龙山文化玉器及周围的新华遗址、延安地区芦山峁遗址、寨峁遗址、内蒙古朱开沟遗址、准格尔旗大口文化遗址、山西省忻州游邀遗址等考古调查发掘报告的发表，基本理清了石峁遗址及玉器的文化内涵、性质、时代。特别是 2011 年陕西省考古研究院与当地文物考古部门对石峁遗址进行了系统的考古调查，有很多重要的发现。石峁遗址外围的石砌城墙的发现更为重要，"初步判断石墙与石峁遗址的年代一致，石峁遗址属龙山晚期至夏代早期之间的一个超大型中心聚落"[2]。

1976 年陕西省考古研究所在石峁遗址中发现丰富多彩的精致玉器，共征集 126 件，有刀、璋、铲、斧、钺、璧、璜、人头像、玉蚕、玉鹰、虎头等。此后，在此又有新的发现。1949 年前外国人还在当地农民手里收购了很多玉器，目前在一些欧美、日本的博物馆、美术馆中就收藏有石峁遗址出土的玉器，其已成为世界考古界关注的焦点。

石峁玉器与石峁遗址考古发掘报告、论文发表后，使我们对此有了进一步的认识。出土的陶器丰富，其主要有鬲、斝、盉、袋足瓮、缸、盆、碗等。依据陶器类型学把石峁遗址与周围遗址出土时代清楚的同类器进行对比：例如，内蒙古准格尔旗大口文化。"大口二期面貌与石峁遗存接近，文化内容丰富，出土袋足瓮、鬲……三足器较多，认为大口二期文化的年代相对要早于偃师二里头早商文化，晚于客省庄二期文化。"另外还与其他遗址的遗存进行对比研究，"石峁遗存的整体年代应该稍晚或相当于关中地区的客省庄二期文化晚段，部分因素已进入夏纪年范围"[3]。同时，对距石峁村不远的新华遗址出土的玉器进行研究，"就其绝对年代来说，新华遗址玉器已属于夏代玉器范畴"。经过对神木新华遗址的考古发掘并对周围遗址的调查对比，"研究表明，新华遗存文化面貌与石峁遗址内涵基本一致，并且出土了大量的精美玉器，这一发现为石峁玉器的年代及类似文化遗存定位等问题的解决提供了重要依据"。石峁遗址"从大量精美玉器出土的现象及出现坚固的防御石城来看，石峁聚落应该是龙山晚期以来内蒙古中南部，陕北地区的一个中心聚落。"[4]总之，石峁文化的玉器数量之多、器形之精，是新石器时代文化的重大发现，了解清楚玉器品种、具体年代、产生原因及内涵，有着深刻的意义。

1976年在高家堡石峁征集的一批玉器中，多孔刀就有15件，最长的达54.6厘米，最短的长19.5厘米，孔应是安装在木柄上便于绳索捆绑固定用的。制作精美，极薄，不属实用器，应属玉礼器，或是仪仗用器。玉刀是在原生产工具石刀的基础上发展起来的。在史前时期距今5000年左右，在国内新石器遗址中普遍出现玉器，从考古发掘资料得知，形成八个文化中心区域[5]。多数区域出土有玉刀，玉礼器的出现与形成发展是建立在社会分化基础上的。这段时期由仰韶晚期至龙山晚期，经过学者们的研究认为，石峁遗址文化应属龙山文化晚期，三孔玉刀也应属龙山文化晚期的玉礼器。

玉牙璋属玉礼器，又称刀形瑞刃器。玉礼器包括圭、璧、琮、璜、璋五瑞（或五玉），还有玉琥，合称为六瑞（或六器）。《春官·大宗伯》："以玉作六器，以礼天地四方，以苍璧礼天，以黄琮礼地，以青圭礼东方，以赤璋礼南方，以白琥礼西方，以玄璜礼北方。"历史文献中多有记载，《春官·典瑞》："牙璋以起军旅，惟治兵守。"《说文》："璋，剡上为圭，半圭为璋。"《诗·大雅·板》："如璋如圭。"孔氏疏"半圭为璋，合二璋则成圭，以喻民合君心。"1976年在陕北神木石峁村征集的玉器中，玉牙璋多达28件，其中较为精美的一件（图二），长34.5、首端宽7.9、厚0.3厘米。玉质深绿色，片体，整体似剑，分体与柄。体首端出歧，两牙，有一残缺（原可能为三牙），内凹有刃，两侧边略斜。柄作长方形，正中有一穿孔，末端斜形，柄与体交接处两侧有突出的牙齿。体近柄处阴刻三组平行线，与柄相交的一组仅有两道平行阴刻线，其余两组为四道平行阴刻线，其间有两组双交叉线。28件牙璋造型略有差异，体首端有的出对应两牙，有的内凹成月形，柄部都有一穿孔，形如铲。这类牙璋在世界各地博物馆收藏中多源于这一地区（指神木地区）[6]。在其遗址不远的新华遗址，也出土一批玉器，其中有玉璋，时代相同。关于牙璋，别的遗址还有出土：四川广汉中兴乡出土三件；二里冈出土一件；二里头出土两件；山西省侯马牛村出土一件；福建漳浦眉力出土一件，首端齿牙断失……[7]在香港大湾也出土有牙璋。李学勤先生说："牙璋最北的出土地点是陕北神木石峁……"[8]看来在新石器时代遗址出土玉牙璋的地区较多，但是石峁地区出土的最多，说明使用玉牙璋礼器盛行，即石峁龙山文化时期为玉璋的盛行期。

图二　牙璋

关于玉璋，学者郭宝钧、夏鼐、凌纯声、冯汉骥、童恩正等及日本、欧美学者都进行过研究，并发表论文。郭宝钧认为，新石器时代石斧为后世圭璋之始祖，正刃者后世演为圭，偏刃者演为璋，圆刃者或称为碗圭，缺刃经重磨两角突出者或称为剡圭[9]。说具体点，"玉璋是流行于新石器晚期至商周时期，是一种象征征伐的仪仗器，分布地域非常广阔。一端作凹刃或歧峰，柄部位往往有扉棱便于绑缚，是由偏刃状玉斧演变而来的"[10]。从考古发掘资料与文献记载得知玉斧在很多新石器遗址出土，是王权的象征。斧形玉器流行的年代，大约是从新石器时代晚期至商、西周时期，即距今6000—2800年。玉斧也属玉礼器，璋、圭、戈就是由此演变而来。这时正是新石器时代晚期，随着社会经济的发展和生产力的进步，社会制度体系发生急剧变化，各氏族内部贫富分化加剧，阶级开始形成，各部落为争夺财产常常展开大规模的兼并战争。部落酋长操有大权，即神、财大权。有的学者认为牙璋来源农耕工具耒耜，是仿耒耜的形状而制作的瑞玉。当时农业是主要经济，为了丰收以玉璋作为瑞玉祭祀天地的器物。上述对玉璋看法都是有一定的理由。

石峁玉器品种丰富，从考古发掘资料中得知，在其他新石器时代或稍晚的遗址中也出土了很多玉器，主要部分是礼器，这段时期称为"玉器时代"。玉礼器是传统礼制制度中最能反映社会观念和价值形态，对它的进一步研究，能认识当时社会政治、经济及其文化内涵，揭示社会原貌。

注　释

［1］ 戴应新：《陕西神木县龙山文化遗址调查》，《考古》1977年第3期。

［2］ 见陕西省考古研究院2011年《考古年报》。

［3］ 张宏彦、孙周勇：《石峁遗存试析》，《考古与文物》2002年第1期。

［4］ 孙周勇：《神木新华遗址出土玉器的几个问题》，《中原文物》2002年第5期。

［5］ 何宏波：《史前玉礼的形成和初步发展》，《中国玉文化玉学论丛（续编）》，紫禁城出版社，2004年。

［6］ 王炜林、孙周勇：《石峁玉器的年代及相关问题》，《考古与文物》2011年第4期。

［7］ 戴应新：《神木石峁龙山文化玉器》，《考古与文物》1988年第5、6期。

［8］ 李学勤：《论香港大湾新出牙璋及相关问题》，《走出疑古时代》，辽宁大学出版社，1997年，第125—134页。

［9］ 郭宝钧：《古玉新诠》，《历史语言研究所集刊》第20本，下册，商务印书馆，1949年。

［10］ 董洋：《神权的象征——浅谈古玉中的斧形玉器》，《中国玉文化玉学论丛（三编）》，紫禁城出版社，2005年。

（原载于《收藏界》2012年第6期）

关于石峁玉器出土背景的几个问题

孙周勇 邵 晶

一、石峁遗址踏查之补缀

1975年12月，陕西省考古研究所戴应新来到神木县高家堡公社石峁大队，根据公社提供的线索发现了石峁遗址，并于次年9月做了复查，征集到玉器、陶器、石器等一批遗物[1]。而后，又专门就石峁遗址征集玉器撰文介绍[2]。2011—2013年，由陕西省考古研究院、榆林市文物考古勘探工作队、神木县文体局联合组成的考古队，在考古调查、勘探及发掘之余，对1976年戴应新先生调查所获玉器的出土背景及当年情况作了进一步核实和访谈。下面将着重介绍石峁考古队三年来访谈和调查所掌握的一些情况。

神木市高家堡为明长城沿线一处重要营堡，处于山西去往宁夏、河套进入关中的交通要冲，久聚成镇。虽然现今的高家堡镇较为冷清，除去每月定期的几次集市外，难见其华。20世纪七八十年代，高家堡镇乃榆林地区重镇之一，镇上明堡内的商铺、街店至今方留，其当日之繁华可窥一斑。石峁遗址位于黄土梁峁之上，高家堡镇处在山下的河川平地上，两地紧邻，仅一路之隔。

戴氏调查简报中称"从石峁小学登上峁顶"，行至"牛家梁"，这一带地表文化遗存极为丰富。文中所指的"石峁小学"今已废弃，犹存三孔石匝窑洞，坐北向南，位于皇城台南部山坡近底部。"峁顶"即为皇城台所在山峁顶部，简报所谓"牛家梁"应为"牛沙塌"之误。牛沙塌为现石峁行政村一部分，位于皇城台北部1千米处。戴氏调查首次给石峁遗址划定了一个大致范围，但囿于条件限制，戴氏将"石峁遗址"周边的石墙误作战国秦长城。此后多家文博单位都对石峁遗址进行过复查，均处于"摸象"阶段，未能将石墙与石峁遗址有所联系。在2011年系统考古调查之前，笔者也多次赴石峁遗址考察，意识到石峁遗址所见的石墙，很可能就是石峁龙山遗址的一部分，并指出"石峁遗址外围建筑有坚固的石围墙防御体系"，肯定了石墙与石峁遗址的内在关系[3]。

2011年石峁遗址考古工作启动以来，通过区域系统调查、遥感影像分析、全覆盖式钻探、重点发掘等工作，确认了皇城台为石峁遗址的中心区域，面积20余万平方米，依据山梁走势围绕皇城台的石墙构成"内城"，面积210万平方米，内城东南再行扩筑半圈弧形石墙是为"外城"，面积190万平方米（图一）。戴应新先生当年判定的石峁遗址范围当仅为"皇城台"区域。据目前的考古调查成果来看，皇城台、内城、外城应有绝对年代上的先后建造顺序，但在公元前两千年前后作为城址的有机组成部分共同使用过。上述三个层次的石墙构成了相对封闭的独立空间，是石峁古城的主要组成部分[4]。另据2013年调查勘探，石峁城址外围还存在祭坛一类的石砌建筑。

1976年调查工作开始之前，石峁遗址已有数量可观的玉器陆续被当地耕翻出土，农户一般都

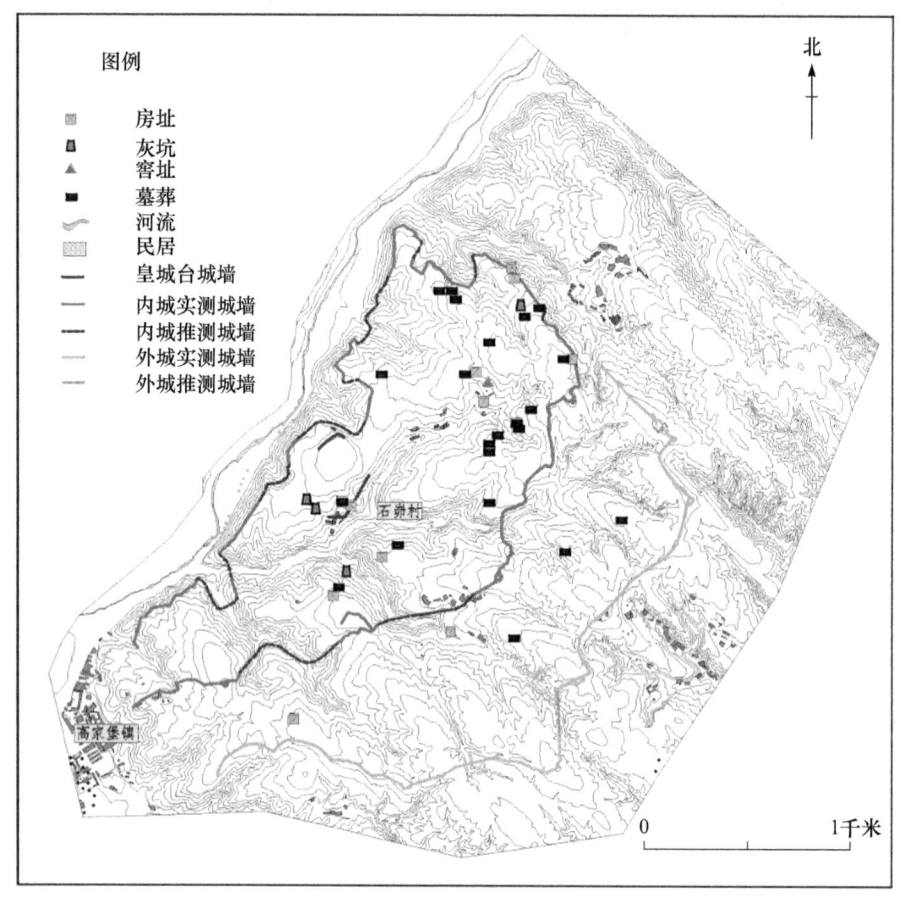

图一　石峁城址石砌城垣分布图

会以极低的价格交给镇上的回收站，择其质料厚实温润者充作玉料转往北京玉器商店外销，再由北京将销款返回，农户得益不仅价格低而且周期长。戴氏去后，与镇文化站工作人员商定后公开征集包括玉器在内的石峁遗址出土器物，以成倍的价格付现，收效迅速，四里八乡持有古物者争相售卖。据戴氏记述，当年高家堡农副公司职员段海田回忆自 1966 年至 1976 年十年间经过他收购的玉器数量在 1500 件以上[5]；而戴应新先生当年采集的玉器也仅是其目验数量的一部分，大部分小件玉器或略有残损者没有收集[6]。

　　戴应新先生 1976 年征集的器物，多以片状玉器为主。目前所见石峁玉器，一个显著的特点就是以器身较薄的片状器为主，器形包括牙璋、刀、铲、牙璧、环、斧、钺、璜等，还有部分鹰、鸟、蚕等以动物为原型的玉器，少见琮类器身厚实的器物，更缺少块状玉料，这与当地回收站拣选玉器作玉料外销的做法有很大关系。一次偶然的机会，笔者得识当地文化学者高先生，了解到其实早年发现的玉料为数不少，因其作为现代玉料外销更为方便快捷，是故大量流散。根据高先生讲述，20 世纪 70 年代曾在石峁村农户家中见到四根方柱状绿色玉料，长五六十厘米，横截面边长 15厘米左右，还生动地讲述道，因其质地寒凉，村民将这些玉料竖直埋入米缸内，以防虫坏。神木本地多有关注石峁玉器的团体和个人，例如神木龙山文化研究会收藏的石峁玉器中就有为数不少的玉琮，此类器物器身较低矮，高度一般不超过 8 厘米，器壁较厚，多在器身外侧有阴刻的线条装饰（图二）；亦见到以玉琮改制的玉铲，其做法与新华玉器 99K1：10 玉铲相类。2012 年 7 月，笔者在石峁村王姓村民家中见到此类玉琮一残角。除126件玉器外，还有一些石器和较为完整的陶器。这批器物数量丰富、类型多样，是学界研究讨论遗址年代及文化性质的重要材料。但有必要指出的是，这批材料可能并不单纯，即有少量器物并非石峁遗址出土。文物普查资料显示，高家堡镇周边多有古代遗址和墓葬分布，包括龙山、商周及汉代时期，戴先生承诺的优厚收益，自然也就吸引了石峁村以外的农户前来上交文物。戴先生撰文认为时代不属龙山时期的玉戈以及后被有学者认为属商周时期的陶鬲[7]当是由上述原因所辑录。

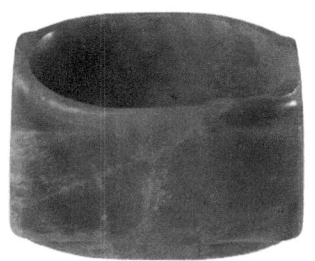 

图二　神木龙山文化研究会入藏石峁玉琮

近年来，神木当地至少有两位民间人士专门从事石峁出土文物的征集。据笔者目验并粗略估计，神木龙山文化研究会收集的石峁玉器当在五六百件以上，陶器有百余件，大部分形制精美，保存良好；另外一位神木的张姓收藏家的藏品中，可以辨识为属于石峁遗址出土玉器其数量也相当可观[8]，除部分流散外，目前留在其手中还有数百余件之多，以刀、铲、牙璧等居多，还有少量玉料及半成品。除1976年征集125件之外，中国社会科学院考古研究所张长寿[9]、陕西省考古研究所（院）吕智荣[10]、榆林市文物考古研究所、绥德县博物馆、榆林上郡博物馆等机构共有收藏百余件，林林总总，加上早年流失海外玉器，石峁玉器总数量粗略估计3000—4000件应该不出其右。

二、大型土坑墓应是玉器出土的主要地点之一

石峁玉器的出土地点，长期以来未见确证。学界论述时均依戴氏1976年调查简报中所言"由于（石）棺内的容积有限，所以随葬的陶器少见，而多数有精致的玉器，如璜、璇玑等""据调查，玉器多出于石板棺墓内"[11]。1981年西安半坡博物馆试掘简报亦持此说[12]。两次调查和试掘所获有关玉器出土信息何以得知，如今已难溯查[13]。然而，玉器出于石棺墓内并不符合实际情况。

第一，未闻石棺墓内出土玉器。近些年来（特别是20世纪90年代以来）由于各种原因，石峁遗址玉器多有面世。诚然，内中不乏滥竽充数者，但较多玉器具有明显的"石峁特征"，神木龙山文化研究会藏玉可为代表[14]。笔者多有机会揣摩观察该会收藏玉器，收藏者并常告以近些年来石峁玉器的出土情况。据笔者统计，该会入藏石峁玉器数量不下500件，以刀铲类和环（璧）琮类为大宗，兼有少量的鸟佩、人头佩、柄形器。这批玉器大多数可见清晰的线切或片切痕迹，常见二次加工及改制现象，多钻孔。玉色以青、白、褐、黑为主，透光度高，内中常见整齐有序的黑色或茶色小斑点。以上特征与以往石峁玉器的整体特征一致。尽管如此，我们还是不能排除类似新华遗址一类次级聚落出土具有石峁风格的玉器的可能。

值得一提的是，收藏者胡氏注重于收集这些玉器的出土信息，如墓葬形制、出土位置、共存器物等。据胡氏面告，神木龙山文化研究会在收藏石峁玉器的二十余年中，未曾听闻石棺墓内出土过玉器。胡氏所言得到石峁村多位村民的证实。石峁村民杭氏，20世纪50年代生人，自家窑洞东南方向的黄土断崖上暴露石棺墓葬7座，均被其掏挖。据杭氏讲述，夏秋农耕时节，石峁村周边的山峁上经常能犁出石棺，一般都被发现它的村民掏挖，石棺内除一具人骨架外，别无他物。石峁村民袁氏，20世纪60年代生人，据其讲述，他小时候（约20世纪70年代初）打柴草时，曾在黄土断崖上发现玉铲两件，伴有人骨出土，可能为一座竖穴土坑墓。

图三　石峁遗址发现的未经盗扰的石棺葬

第二，2011—2013年度考古发掘清理的石棺葬内未见玉器随葬，石棺葬可能专为入殓早夭的青少年墓葬。自2011年启动石峁遗址考古工作以来，考古队发现的石棺葬总数不下二十座，绝大多数已遭盗掘，但一般都残存石板和少量骨殖（图三）。石板有盖板、侧板和底板之分，共同围成棺匣，发现时石棺长度均不可知，但宽度基本都有保留，一般在40厘米左右，可谓仅以容身。西北大学文化遗产学院陈靓博士初步鉴定结果表明，石棺葬内出土的人骨多为年龄约十几岁的少年，未见成人骨骼。目前所发现石棺葬未发现玉器随葬现象。

第三，大型土坑墓应是玉器出土的主要地点之一。前文有述，神木龙山文化研究会会长胡文高先生关注石峁遗址十余年，对石峁玉器的出土状况多有了解。据胡氏讲述，在皇城台周边和一号祭坛附近都有出土玉器的大型土坑墓，经确认，与皇城台隔沟相望的韩家圪旦地点曾出土三牙玉环一件（图四）。该地点在2013年度的大遗址勘探工作中被确定为韩家圪旦墓地，共发现大型土坑墓8座，其中，最大的一座墓室面积15平方米左右，深逾8米。调查过程中，胡氏新近入藏一组两件玉环确定为一号祭坛附近的一座大型土坑墓内出土（图五）。结合陶寺遗址[15]、下靳村、清凉寺等墓地发掘情况来看，出土陶寺文化玉器的地点多为中大型墓葬，我们倾向于石峁中型及大型土坑墓亦当为玉器出土地点之一。

图四　据传韩家圪旦土坑墓出土玉牙环

图五　据传祭坛周边土坑墓出土玉环

三、祭坛或祭祀坑系石峁玉器出土地点之一

2012 年对石峁城址城垣走向展开专题调查时，我们在外城三号门址外东南方向的开阔坡地上，发现了一处石堆遗迹，周围散落一些绳纹和篮纹灰陶片以及细小的石片、石叶等燧石制品。因周边再无石块堆积，此处尤为显见。石堆东南部遭清代坟茔破坏，复原形状略呈覆斗，底部边长约 30、高约 6 米。

2013 年初，我们对此石堆遗迹展开复查，在其顶部采集玉铲一件。还通过航空摄影、考古勘探等方式对该遗迹进行详细了解。该遗迹为三层层阶结构，自下而上逐渐缩小，最底部似为圆角方形石构建筑，中间为直角方形的石建结构，顶部为一圆丘形土包，调查发现的玉铲即于顶部土包上出土。在该遗迹周边钻探时，还发现三个活土坑，形状均不规则，内有石块、骨块等填埋物。据上述情况推断，该石堆遗迹可能为一处祭坛，暂名为"石峁城址一号祭坛"。另据我们调查了解，戴氏征集 126 件玉器中有很大一部分来自现在发掘的外城东门东北约 300 米处，当地村民介绍，大规模平整土地之前，此处也存在类似一号祭坛的"高堆"，此则进一步说明了石峁玉器的另一出土地点或为祭坛类设施。

在距离石峁遗址约 20 千米的新华遗址中，36 件玉器集中出土于一长方形坑 K1 内。该坑东西长1.4、南北宽 0.46—0.5、深 0.12—0.22 米，坑壁未经进一步加工，显得较为粗糙，个别地方略有坍塌损毁。坑底平整光滑。坑底中央有一个小坑，圆形圜底，直径 0.18、深 0.05 米。小坑靠近底部发现有少量鸟禽类骨骼，骨质纤细脆弱。K1 内共埋藏有 36 件玉石器，均竖直侧立插入土中，有刃部的器物刃部朝下埋入土中，无刃部者其薄面朝下。36 件玉石器分 6 排排列，每排插置器物数量不等，多者 10 件，少者 2 件。器物与器物之间基本保持平行，器形有钺、铲、刀、斧、环、璋等。虽然尚不能完全排除 K1 作为玉器窖藏的可能性，笔者认为该坑已经具备了祭祀祖先或自然神的神秘功能和特殊含义[16]。

目前的研究认为，新华遗址与石峁遗址属同一族群所遗留的物质文化遗存，而从现有的考古发现来看，石峁遗址的聚落等级明显高于新华遗址。故此，我们有理由相信，石峁遗址同样存在类似新华遗址的玉器坑等与玉器相关的遗迹。

四、石砌门址方围系石峁玉器出土的重要地点之一

石砌门址方围的城墙墙体和倒塌堆积系玉器出土的重要地点之一。

2012—2013 年度，石峁外城东门的发掘清理中共出土玉器 21 件，其中玉铲 11 件、玉璋 4 件、玉璜 3 件、玉刀 2 件、玉锛 1 件。除少数玉器遭现代扰动外，大多数器物出土位置明确。可分为以下两类：①石砌城墙墙体之内，平行放置于错缝平砌的石片之间或石墙方围倒塌堆积之内（原当为墙内遗物）；②早晚两期活动层面之间的垫土内。

连续两年的发掘表明，石峁古城外城东门遗址的地层关系非常清晰，门道、墩台和周边城墙以及马面、角台附近的地层堆积相一致，普遍存在上、下两层地面（图六）。上层地面及其上层堆积

内出土的遗物较为丰富，可见主要陶器有细绳纹高领鬲、花边单把罐、篮纹圈足罐、大口尊等；上层地面和下层地面之间间隔一层厚约 40 厘米的混杂土层（编号④层），内含不少碎陶片，纹饰多见绳纹和篮纹，器形主要有鬲、豆、罐等（图七）。下层地面以下是一层厚约 30 厘米的黑褐色硬土，东门址的主体建筑及相关设施均修建于在该层之上，石墙主体基槽亦掏挖其上。根据上述地层关系并参考出土陶片和测年数据，我们将外城东门址主体建筑及下层地面等遗迹确认为早期遗迹，而将下层地面以上的包含垫土和上层地面等遗迹定为晚期遗存。[14]C 年代测年表明，早期遗迹的年代约为公元前 2300—前 2200 年，晚期落在公元前 2000—前 1900 年之间（夏商周断代工程年表将夏代开始的时间定在公元前 2070 年）[17]。

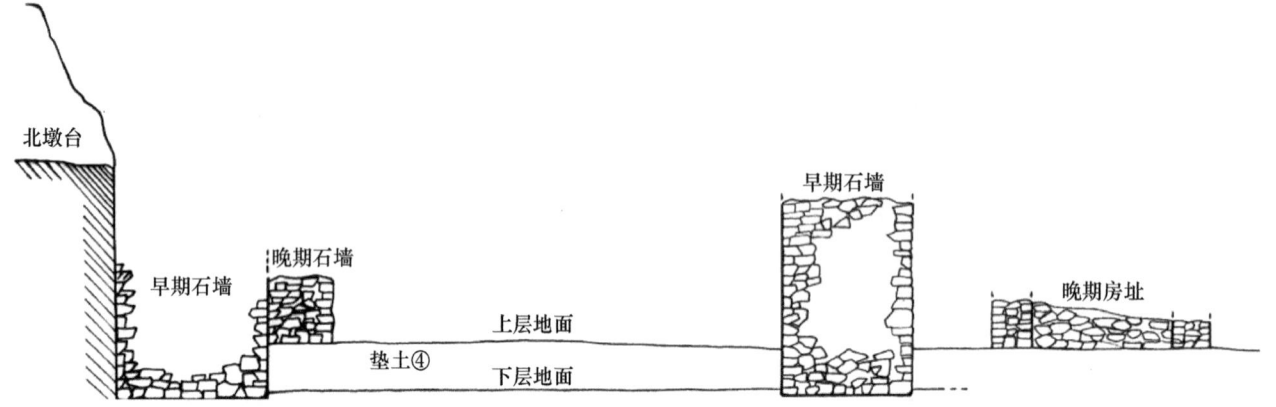

图六　石峁遗址外城东门层位示意图

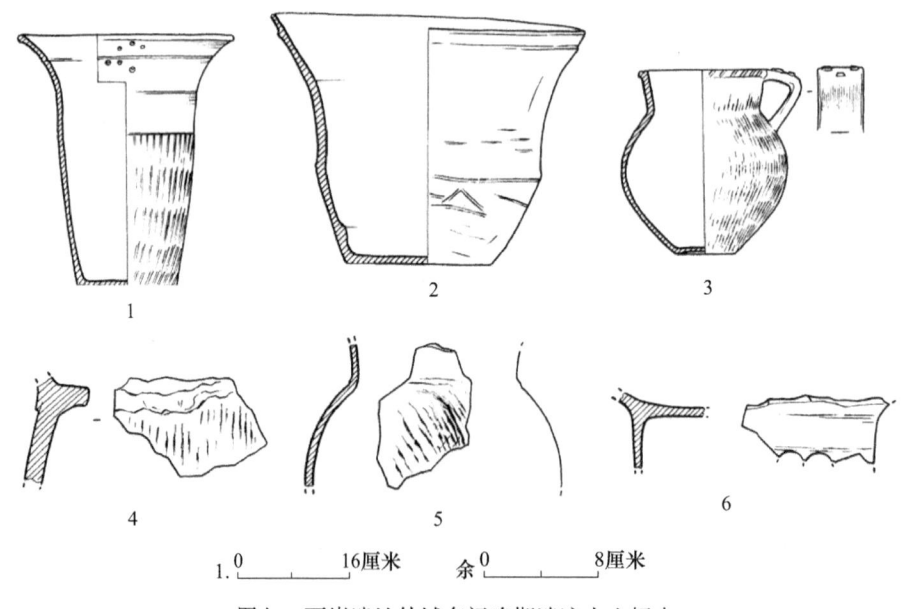

图七　石峁遗址外城东门晚期遗迹出土标本

2012—2013 年度发掘石峁外城东门址一带出土了一批玉器，为我们了解石峁玉器的埋藏情况提供了重要线索。部分玉器出土情况列举如下：

（1）外城之外瓮城系早期遗迹，其北部墙体的倾斜墙体内发现玉铲一件，出土时平放于修砌墙体的石块与石块之间，据底部墙基高约 40 厘米（图八）。

（2）外城东门址之北墩台与北城墙（外城东门2013Q1）外侧交角处发现玉铲一件，编号2013Q1：1，出土时平放于整体垮塌的墙体石块之间，据倒塌叠砌的情况推测，这些石块原应为与北墩台相交的北城墙靠上部分的墙体（图九）。

（3）外城东门址之北墩台东侧墙根处发现玉璜一件，系有牙玉环改制，编号北墩台东④：1，出土于上下两层地面之间的垫土内（图一〇）。

图八　外城东门址外瓮城北墙：1 玉铲
出土状况

图九　外城东门址之北墩台与北城墙外侧交角处
发现玉铲（2013Q1：1）

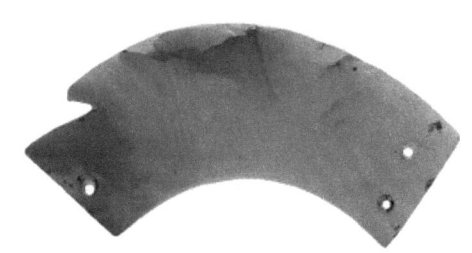

图一〇　北墩台东④：1 玉璜

（4）北城墙（2013Q1）外侧的黑色玉璋出土层位同样属于上述情况，位于④层垫土上部，紧贴上层地面，发现时被砸碎为很多小碎片，经拼对应为两个个体。

简单对比，不难发现发掘出土的玉器，早期均为铲类薄片状器，晚期出现了带牙的璧璜、带繁密小齿的牙璋。上述对于玉器的埋藏方式到底是何特殊意义，目前还难有确论。笔者推测，将与其埋置于石墙墙体或城门周边地层之间的做法不排除修建者对于石墙、对于奠基的重视有关[18]，是石峁统治者建设精神屏障的一部分。

通过 2012—2013 年的考古工作，我们对石峁玉器考古埋藏学背景有了粗线条的认识，主要包括大型土坑墓、祭坛或祭祀坑、石砌城门周边三种情况，前两类在已知的发掘中有所了解，第三种情况属首次发现，增添了我国史前玉器出土的背景，对于隐藏其后的深层次含义还待进一步研释。另外，与玉器共存的陶器标本和一批系统的测年数据是以石峁为代表陕北史前玉器年代的又一佐证。

注　释

［1］　戴应新：《陕西神木县石峁龙山文化遗址调查》，《考古》1977 年第 3 期。本次征集玉器 127 件，其中 1 件属于殷商时期遗物，故依戴应新先生叙述，实际属于石峁遗址的玉器共 126 件，见戴应新：《神木石峁龙山文化玉器探索（一）》，《故宫文物月刊》（第 125 期），1993 年 8 月。

［2］　戴应新：《神木石峁龙山文化玉器》，《考古与文物》1988 年第 5、6 期；戴应新：《神木石峁龙山文化玉器探索（一至五）》，《故宫文物月刊》（第 125—130 期），1993 年 8—12 月。

［3］ 王炜林、孙周勇：《石峁玉器的年代及相关问题》，《考古与文物》2011年第4期。

［4］ 陕西省考古研究院、榆林市文物考古勘探工作队、神木县文体局：《陕西神木县石峁遗址》，《考古》2013年第7期。

［5］ 戴应新：《我与石峁龙山文化玉器》，《中国玉文化玉学论丛（续编）》，紫禁城出版社，2004年。

［6］ 笔者2013年8月与戴应新先生谈话。

［7］ 阎宏东：《神木石峁遗址陶器分析》，《文博》2010年第6期。

［8］ 据2014年3月笔者与该收藏者交流，20世纪90年代以来经他征集的石峁玉器在数千件以上，由于大部分已经流失，无法核实。

［9］ 张长寿：《论神木石峁出土的刀形端刃器》，《南中国及邻近地区古文化研究》，香港中文大学出版社，1994年；闻广：《介绍三件石峁玉器》，《故宫文物月刊》（第131期）1994年第2期。

［10］ 吕智荣：《陕西神木县石峁遗址发现细石器》，《文博》1989年第2期。

［11］ 戴应新：《陕西神木县石峁龙山文化遗址调查》，《考古》1977年第3期。

［12］ 西安半坡博物馆：《陕西神木石峁遗址调查试掘简报》，《史前研究》1983年第2期。

［13］ 笔者先前以为此现象可能受到红山文化积石冢砌石墓、石板墓出土精美玉器的影响，但仔细翻阅红山文化积石冢发掘材料，方知第一座出土玉环的砌石墓，是在1981年4月发现并清理的，晚于戴氏之调查。参见辽宁省文物考古研究所：《牛河梁：红山文化遗址发掘报告（1983—2003年度）》，文物出版社，2012年。

［14］ 胡文高、魏佩：《我的收藏经历和石峁玉器》，《收藏界》2013年第8期。

［15］ 高炜：《陶寺文化玉器及相关问题》，《东亚玉器》，香港中文大学出版社，1998年；山西省临汾行署文化局、中国社会科学院考古研究所山西工作队：《山西临汾下靳村陶寺文化墓地发掘报告》，《考古学报》1999年第4期；山西省考古研究所、运城市文物局、芮城县文物局：《山西芮城清凉寺新石器时代墓地》，《文物》2006年第3期。

［16］ 孙周勇：《神木新华遗址出土玉器的几个问题》，《中原文物》2002年第5期；陕西省考古研究所、榆林市文物保护研究所编著：《神木新华》，科学出版社，2005年。

［17］ 测年数据由北京大学考古文博学院提供，谨此致谢。

［18］ 叶舒宪关于石峁城址外城东门与文献记载的玉门、瑶台关系的论证颇有新意。参见叶舒宪：《从石峁建筑用玉新发现看夏代的瑶台玉门神话——大传统新知识重解小传统》，《百色学院学报》2013年第4期。

［原载于《玉魂国魄——中国古代玉器与传统文化学术讨论会文集（六）》，

浙江古籍出版社，2014年］

从石峁建筑用玉新发现看夏代的瑶台玉门神话
——大传统新知识重解小传统

叶舒宪

一、玉门瑶台：是神话还是历史？

玉门和璇室、瑶台一类神话建筑物名称，是古代有关夏代神话传说中的常见母题，围绕此类文学性的名目，注释家们感到扑朔迷离，云山雾罩，自古以来一直没有得到认真的研究和实际的说明。2012年中国十大考古发现之一的陕西神木县高家堡镇石峁遗址龙山文化古城（图一、图二），石砌的城墙体中插入玉器于石缝中的现象，异常引人注目[1]。据这一座早于夏代系年的北方石城用玉现象，再度透露出文学描写中潜隐的真实历史信息，能够为求证"神话历史"可信性的学术研究，提供鲜活的考古学例证，让今日学人有幸看到历朝历代的古人都没有看到的建筑用玉实物景象。

图一　陕西神木石峁遗址龙山文化石城

图二　石峁石城的东门发掘现场

要阐明建筑用玉的史前文化现象，必须诉诸信仰观念层面的深度发掘，找到驱动和支持此类特殊性行为的主观原因。这就意味着探索先民的精神世界奥秘。宗教学研究表明，北亚地区史前宗教的主流形式是萨满教，萨满教相信宇宙万物中充满无数的神灵鬼怪，其中的善神可以服务于人类，驱逐和防御恶神恶鬼及各种怪物精灵。驱魔辟邪的主要责任者是部落中的宗教领袖，即具有出神、通神、跳神、招神能力的萨满巫师们。在现存在北方部落社会的萨满身上，可以间接地窥测到史前社会中同类宗教神职人员的存在，以及萨满教信仰支配下的社会行为，包括建筑奠基仪式、辟邪和净化的神话观等。

中央民族大学在 21 世纪启动"萨满文化丛书"项目，由赵志忠教授主持，共计 7 种少数民族萨满教信仰习俗调查，分别是《赫哲族萨满文化遗存调查》《鄂温克族萨满文化遗存调查》《鄂伦春族萨满文化遗存调查》《达斡尔族萨满文化遗存调查》《维吾尔族萨满文化遗存调查》《满族萨满文化遗存调查》《锡伯族萨满文化遗存调查》。赵志忠教授在"序言"中指出：

> 萨满文化是一种世界范围的宗教文化。中国北方少数民族，不论是古代民族还是现代民族，曾经一直信仰萨满教，这一点，在中国的二十五史中有较多的记载。"萨满"一词早在宋代（12 世纪）的《三朝北盟会编》中就有记载，并且是我国满族先人女真族的语言，原文记作"珊蛮"，专称女萨满，其义为"智者"。西方人知道萨满及萨满教已经是清代康熙年间（17 世纪）了，是由俄国传教士把有关萨满教的信息从中国带到西方，传向世界的。

可以说，中国古代民族的历史文化与现代民族的历史文化是一脉相承的，而代表北方民族宗教信仰的萨满文化更是如此。中国古代众多的北方民族信仰萨满教由来已久[2]。

那么萨满教在中国的历史到底有多么悠久？解答这样的问题，我们靠汉字书写的文献记载是远远不够的，因为汉字的年代界限就成为我们认知的年代界限，怎样突破文字提供的小传统知识牢房的限制呢？少数民族的社会大多属于无文字社会，其口传文化必定渊源深厚，其仪式性的讲唱歌舞，也应视为前文字时代的大传统文化在当今的遗留形态。不过口传的内容和形式，其发源的根脉在史前时期，但是具体年代却无法说清，因为无从求证。唯有出土的文物能够提供较为切实的证据，说明某种信仰和观念是否在某个时期存在过。

二、石峁石头城：用玉器辟邪的史前建筑

对于 4000 年以前的北方中国，需要什么样的出土物来求证宗教神话观念的存在？那个时候青铜器生产还处在萌芽期，个别地方有零散的发现，尚不足以形成宗教礼器的体系；目前看来最有效的史前文物主要是史前玉器。目前学界已经公认，远古玉器不是常人所有的日常生活用品，与史前玉器伴随共生的是巫师或萨满教仪式行为，玉器自然地承载着、体现着神话观念意义和宗教仪式法器的功能。石峁遗址在近 80 年的时间里，虽然没有经过大规模考古发掘，却以民间传播的方式向外输出了大量的史前玉器，据估计有数千件之多（图三、图四）。这样大批量的史前玉器的集中存在，远远超过西辽河流域的红山文化玉器发现的数量。从现存陕西省历史博物馆的石峁玉器看，以数十厘米长的玉璋和玉刀为大件，以玉人头像和玉璧、玉璜、玉琮、玉璇玑等为小件。4000 多年前的石峁玉器使用场合情况是怎样的？过去缺乏足够的正式发掘资料，难以推究。如今终于发现城墙建筑用玉的实况，使得古玉应用的现实语境得以相对地复原出来，这就给研究者提供出前所未有的重要信息：玉器用于建筑物，这恰好对应着自古相传的夏代神话建筑"玉台""瑶台""璇室""玉门"等？看来古书上记录的远古神话传说，并不是凭空虚构出的文学幻想，而是以 4000 年以前古人真实的建筑用玉现象为原型，被后人夸张再造为纯粹的玉质建筑的。瑶台、璇室、琼室一类建筑命名，从用字的偏旁上看，就暗示出玉石神话的意味，只是其中的究竟，古人

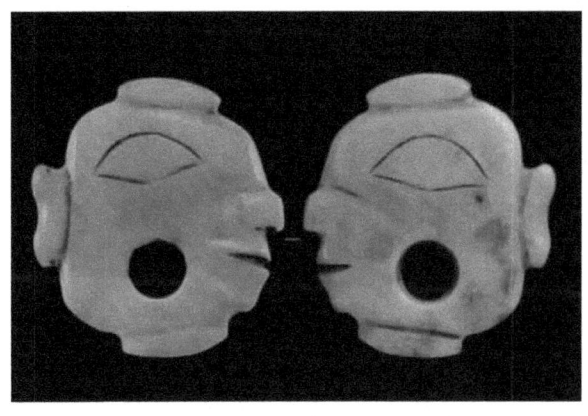

图三 石峁遗址采集玉雕人面像
（现存陕西历史博物馆）

图四 石峁遗址采集玉刀
（现存陕西历史博物馆）

无从求证，唯有当作子虚乌有的幻景。如今，玉器建筑物的真相终于显露出来，那就是用玉器行使精神防御功能的宗教性建筑，是史前北方先民辟邪驱魔精神需要的特殊产物，为求证玉质建筑物的千古谜团打开了一道门径。

修筑城池的行为目的显然是为了防御外敌。需要抵御的外敌，可以是现实存在的敌人，也可以是精神存在的敌人，即想象中的幽魂、邪灵、恶灵、污秽等超自然存在。看看西汉史官司马迁记载的2000年前秦始皇修长城的直接动机，竟是听从一位叫卢生的燕国萨满巫师的一句告诫性谶语"亡秦者胡也"，为的是防御对秦帝国构成实际威胁的外敌——北方胡人。《史记·秦始皇本纪》云：

> 三十二年，始皇之碣石，使燕人卢生求羡门、高誓。刻碣石门。坏城郭，决通堤防，其词曰：……
>
> 因使韩终、侯公、石生求仙人不死之药。始皇巡北边，从上郡入。燕人卢生使入海还，以鬼神事，因奏录图书，曰"亡秦者胡也"。始皇乃使将军蒙恬发兵三十万人北击胡，略去河南地。三十三年……西北斥逐匈奴……三十四年……适治狱吏不直者，筑长城及南越地。

秦始皇巡视北方边境的地点上郡，就是今日的陕西榆林地区神木市所在，有榆林市内的上郡博物馆为证。这里也是4000年前中原华夏文明萌生之际的北方边地。石峁古城的特殊地理位置留下一个难解之谜：河套地区这一座巨大的石城究竟属于中原文化一方的防御性建筑，还是属于北方部族联盟南下中原的桥头堡建筑呢？对此疑问，目前的有限材料还不易得出合理的解释。但有一点是明确的：石峁建城用玉的现象充分体现出史前宗教的辟邪和净化神话观念，肯定和当时社会中的神职人员仪式活动密切有关。此类玉石神话后来成为华夏文明的伴生信仰，一直到曹雪芹笔下的贾宝玉之通灵宝玉，仍然把辟邪作为玉器的第一功能。当年秦始皇在北方边地遇到的卢生，既然是"以鬼神事"来伺候皇帝的，其身份当属于神职人员。《汉语大词典》有"卢生"一条云："卢生，秦时燕方士。相传为始皇入海求神仙药不获而遁。"按照巫医不分的古代通则，神仙药方面的相关知识，既是当时秘传的医学知识，同时也是某种神话学知识，最高统治者的消费需求，能够在相当程度上拉动此类秘传知识的普及流行。"以鬼神事"为职业特色的地方性的萨满巫师们，在史书中获得的另一个官方称谓是"方士"。"士"作为一个阶层，曾特指官方知识分子。"方士"之名的出现表明，由于统治者与民间秘传知识人的合作关系，则把民间的秘传知识人，也提升纳入到"士"的行列。

三、三重证据：萨满教驱魔辟邪神话的今昔

在中国北方广大地区，萨满教既然是古今一脉相承的，那么古代文物遗迹所体现出的某种宗教功用性质，就完全可以利用现存的活态信仰礼俗去参照和参证，得到合理的语境还原性的解释。辟邪驱魔术就是这样。下面举出文学人类学研究认定的第三重证据：黄任远、黄永刚在《赫哲族萨满文化遗存调查》中记录的赫哲族语萨满《驱魔歌》，其中文意译的全文如下：

> 帮助治病的护身神，
> 帮助打仗的护身神，
> 帮助领路的鹰神，
> 帮助降敌的鲸鱼神，
> 帮助渔猎的熊神，
> 帮助打仗的鳇鱼神，
> 帮助打仗的豹神，
> 帮助打猎的虎神，
> 帮助护身的猫神，
> 以上诸位神灵，
> 请帮助协助查寻，
> 请帮助前往追踪，
> 此处没有再寻找别处，
> 也许被过路的怪兽带走，
> 或许被过路的闲神拖走，
> 这里没有去寻找别处，
> 说不定被鬼怪骗走，
> 有可能叫某神领走，
> 哪有就到哪找，
> 应该搏击就搏击，
> 请诸位神灵都显示本领。

萨满教认为人类生活的环境中潜伏着多种多样的精神威胁，所谓"闲神"和"鬼怪"，还有化身为动物的神或精灵，都可能给人类带来灾害和瘟疫，必须有针对性的防御辟邪措施。"萨满认为神杖和神刀、神枪、神棒一样，都有神力，都能起到消灾祛病、镇邪驱魔的作用。"由此或许能够推测出：这就是石峁城墙里为什么会有玉刀、玉铲一类武器、工具的真实动机吧。"应该搏击就搏

击"这样直白的说法，清楚地表明唯有借助各种神力才能有效驱邪驱魔的想法。把玉器视为神灵化身物，则建筑用玉与人体佩玉的神话原理就能够显出逻辑上的一致性。就是在当代中国的民间信仰中，佩玉护身的信念依然随处可见，丝毫不比《红楼梦》的时代有所减弱。人养玉、玉养人的说法则流行在玉器收藏界和中医学界。

找到玉器所承载的文化功能观念，复原出数千年传承不衰的玉石神话信仰，史前建筑用玉的现象就不难理解了。文献中关于夏代帝王滥用玉材的说法，也就隐约透露出真实性的影子。夏王朝作为历史上第一个在中原地区建立起统治权的国家，其玉石材料供应问题也就自然提上研究的议程[3]。《淮南子·本经训》云："晚世之时，帝有桀纣，为琁室、瑶台、象廊、玉床。"高诱注："琁、瑶，石之似玉，以饰室台也。用象牙饰廊殿，以玉为床。言淫役也。琁或作旋，瑶或作摇，言室施机关，可转旋也；台可摇动，极土木之巧也。"上古时代想象中的瑶台，本指传说中的神灵居处。具体位置就在具有神话的宇宙山性质的昆仑山上。屈原《楚辞·离骚》：云："望瑶台之偃蹇兮，见有娀之佚女。"游国恩《离骚纂义》引徐焕龙曰："瑶台，砌玉为台。"《淮南子·本经训》："晚世之时，帝有桀纣，为琁室瑶台，象廊玉床。"《旧唐书·后妃传上·太宗贤妃徐氏》："是以卑宫菲食，圣主之所安；金屋瑶台，骄主之为丽。"明李梦阳《去妇词》："瑶台筑就犹嫌恶，金屋装成不论钱。"后代文人这些对瑶台的追忆性描述，都是形容统治者奢华的，玉器辟邪的意蕴早已经荡然无存。唯有从观念形态上恢复出史前玉教信仰的真实，瑶台玉门类玉质建筑物的原初真相，才能够从文学虚幻的迷障中显露出来，并真正得到理性的关照。

晋王嘉《拾遗记·昆仑山》云："傍有瑶台十二，各广千步，皆五色玉为台基。"此处想象的瑶台是以五色玉为台基，略同于"砌玉为台"的说法，即直接用玉材做建筑。明贾仲名《金安寿》第四折中人物台词说："你如今上丹霄、赴绛阙、步瑶台。比红尘中别是一重境界。"元本高明《琵琶记·牛相奉旨招婿》有唱词云："小娘子是瑶台阆苑神仙，蔡状元是天禄石渠贵客。"这些话语都把瑶台从夏代的现实建筑物，幻化为神话仙境中的神灵世界建筑物。

根据文学人类学研究新近划分的大、小传统和N级编码理论，上古经典文献中的玉质建筑物叙事，可以作为三级编码来审视，而有关玉石通灵通神的神话信仰，作为史前文化大传统的一级编码，早就潜含在史前玉器的形制类型中；作为二级编码，则表现在以玉为偏旁或结构要素的汉字之中。《竹书纪年》和《淮南子》一类上古经典叙事中的玉质建筑物"玉门""璇室""瑶台"等等，只不过是对逝去的文化大传统的某种变形夸张的记忆符号。由于史前文化语境和精神信仰方面的信息在后世历史时期湮没无闻，所以这一类玉质建筑物的文化真相就永久地遭遇到历史的尘封状态，直到有朝一日新的考古发掘给出明确的实物证明。

石峁遗址的出土文物除了批量的玉器以外，还有一种可能也和辟邪神话相关的大型石雕人头像。目前能够看到的，有榆林学院陕北历史文化博物馆藏的一件（图五），榆林上郡博物馆藏的2件（图六、图七），还有当地收藏家收集的出自石峁遗址的石雕人头像约17件。罗宏才等人的调研报告，判断为石峁巫觋集团宗教法事用具[4]。其更加确切的意义指向，或许还是和建筑用玉现象同样的辟邪神话。因为来自第三重证据的石头神偶，在现存的萨满教社会中依然发挥着驱魔治病的宗教功用。如上文提到的赫哲族部落中的石头神偶，又称"镇妖石"或"石头公公""石头婆婆"等。被供在木制小庙内，是萨满"治病时求助石头公公捕捉鬼怪时用的"。现存的萨满教仪式上石头神

图五　石峁遗址采集石雕人面像
（摄于榆林学院陕北历史文化博物馆）

图六　石峁遗址采集石雕人面像
（现藏于榆林上郡博物馆）

图七　石峁遗址采集石雕人面像
（现藏于榆林上郡博物馆）

偶也是雕琢为人头像的形式，尚且能够行使"捕捉鬼怪"的功能，4000 年前的石峁遗址石头人像的文化功能，大体上可归属于同类宗教现象，和建筑用玉现象相互呼应，产生出强大的驱邪避鬼的防御性力量，目的就是维系石峁城池及其建造者、统治者的现实安全与精神安全。

四、余论：判断夏代存在与否的新线索

分析心理学派的宗师荣格有一个名言：梦是个人的神话，神话是集体的梦。这话可以和《红楼梦》的名言对观："假作真来真亦假。"一个世纪以来，在西方的科学实证观念支配下，周代以前的国史记录被质疑为神话：夏禹夏启开创的夏代被视为子虚乌有的文学想象。20 世纪末，在美国召开过一次专题研讨会，中外学者就夏代是否存在争论得面红耳赤，结果还是公说公有理，婆说婆有理，不欢而散。直到今日，国际权威的"剑桥中国古代史"第一卷先秦史仍不承认夏代存在。中国的历史学和考古学人士则为寻找和证明夏代的真实性，一代一代地殚精竭虑。迄今为止，夏代文字的影子尚未找到，却隐约看到能说明夏代神话梦想真实性的出土遗址和实物。2009 年，我在《玉的叙事与夏代神话历史》一文[5]中提出，判断一个古城遗址是否与夏代都城有所关联，一个非常重要而直接的指标就是看其出土玉礼器的情况，即玉器的规模性和体系化存在。像河南偃师二里头遗址虽发掘出宫殿建筑和一定数量的玉礼器和青铜器，但是其第一期文化层没有玉器也没有铜器，其年代也不足 3900 年，说明那里不是夏王朝初期的建都之地。二里头遗址二、三期以后出现的玉礼器和铜器很可能是受外来文化影响所致。究竟受到何方文化的影响呢？现在看来，石峁古城的年代和位置表明，它是迄今为止在年代数据上最接近夏朝初始年代并且有大批量玉礼器生产和使用的古城。史书说夏代五百年基业毁在一位名叫桀的君王。灭国的原因无非是骄奢淫逸和腐败，一个致命的腐败工程是夏桀不惜工本地修筑瑶台、玉门一类神话建筑。如今，新史学的修辞解读技术告诉我们，在胜者为王败者为贼是一切正统史书必须遵循的权力叙事逻辑。如果我们不再轻信夏桀因奢侈腐败而亡国的说法，那么十分接近玉门瑶台真相的 4000 年前建筑用玉现象的横空出世，将为我们重新寻找夏代神话历史的学术探求，带来怎样的启迪和怎样的契机呢？

注　释

[1] 王炜林、孙周勇、邵晶等：《2012 年神木石峁遗址考古工作主要收获》，《中国文物报》2012 年 12 月 21 日第 8 版。

[2] 黄任远、黄永刚：《赫哲族萨满文化遗存调查》，民族出版社，2009 年，序言，第 1 页。

[3] 参看三篇拙文：《"丝绸之路"前身为"玉石之路"》，《中国社会科学报》2013 年 3 月 8 日；《三星堆与西南玉石之路——夏桀伐岷山与巴蜀神话历史》，《民族艺术》2011 年第 4 期；《西玉东输与华夏文明的形成》，《丝绸之路》（理论版）2013 年第 6 期。

[4] 戴应新：《神木石峁龙山文化玉器》，《考古与文物》1988 年第 5、6 期；罗宏才：《陕西神木石峁遗址石雕像群组的调查与研究》，《从中亚到长安》，上海大学出版社，2011 年，第 3—50 页。

[5] 叶舒宪：《玉的叙事：夏代神话历史的人类学解读》，《中国社会科学报》2009 年第 1 期。

参 考 书 目

（汉）司马迁：《史记》，中华书局，1982 年。

黄任远、黄永刚：《赫哲族萨满文化遗存调查》，民族出版社，2009 年。

刘文典撰，冯逸、乔华点校：《淮南鸿烈集解》，中华书局，1989 年。

（原载于《百色学院学报》2013 年第 4 期）

玉文化先统一中国说：石峁玉器新发现及其文明史意义

叶舒宪

2012 年 5 月，中国社会科学院重大项目"中华文明探源的神话学研究"即将结项之际，笔者到陕西神木石峁遗址调研龙山文化玉器的发现情况。2012 年底，陕西省考古研究院发布神木县石峁遗址发掘信息，一座 4000 多年前的石头古城重现天日，石城面积达 400 万平方米[1]。媒体用"石破天惊"和"改写中国文明史"来形容这次考古发现的意义。2013 年 4 月笔者和中国收藏家协会学术研究部的同仁第二次到石峁遗址考察，并对考古队成员和当地玉器收藏家作初步访谈。本文是这两次考察结果的初步思考，以求抛砖引玉之效。

一、玉门瑶台露真容：石峁石城的避邪神话景观

石峁古城的重现天日，伴随着诸多出人意外的震惊之处，即让现代人感到不可思议的系列文化现象。这些现象启发探索者去思考：石峁古城的建城者是什么人？是何种神话观念要素驱使他们做出奇异行为？

第一个震惊是年代的发现。石峁出古玉的名声已经几十年了，但是当地民间大量玉器不断外流，外界和学界却弄不大清楚其具体出处。20 世纪 70 年代，一位考古专业人士通过石峁村干部动员，一次就从村民手中采集到玉器 120 多件[2]。石峁村周边乱石嶙峋的山岗上分布着若隐若现的石砌城墙，人们司空见惯，一直以为是明长城的残破遗存。这次发掘采样石头城墙中的建筑木料，根据 ^{14}C 检测获知，这些暴露在山梁上的干打垒式古城残留，既不是什么明长城，也不是秦汉长城，而是距今 4300—4000 年间建造和使用的地方政权之王城（图一）。

紧接着而来的第二个震惊是古城面积的发现。根据现有城墙残迹的面积测算，石峁石城超过 400 万平方米，比已知的陶寺古城和良渚古城都大得多，于是乎，当下便获得"中国史前最大的古城"之美称。

第三个震惊是这座古城居然有类似北京和紫禁城的环套结构设计：即外城套着内城，内城之中还有一个被当地百姓叫作皇城台的建筑群。这意味着，国人所熟悉的历代帝王都城建筑格局早在中原文明崛起以前就诞生在北方的河套地区了！如果说石峁古城的外城相当于北京城，内城则相当于紫禁城，皇城台相当于故宫中央的太和殿等建筑群。其建筑结构中隐喻的天人合一风水意蕴和神圣王权意蕴，只有亲自到现场去体认山川环抱之气势，才好获得真切的领会（图二）[3]。

第四个让人惊悚的发现是：城墙附近有两处集中埋放人头的遗迹，每处都是 24 个人头：一处位于外瓮城南北向长墙的外侧；一处位于门道入口处，靠近北墩台。这两处人头骨摆放方式似有一定规律，但没有明显的挖坑放置迹象。经初步鉴定，这些头骨以年轻女性居多，部分头骨有明显的砍斫痕迹，个别枕骨和下颌部位有灼烧迹象。这两处集中发现的头骨可能与城墙修建时的奠基活动或祭祀活动有关[4]。

图一　石峁龙山文化石城一角
（2013 年 4 月摄于石峁城东门）

图二　石峁古城选址的风水学背景
（作者摄于石峁城东门）

石峁遗址先民建造城池为什么要用砍伐人头的行为作为奠基典礼的组成部分？目前正式发掘清理的只是位于古城地势最高处的一座东城门，就发现有 48 位牺牲者。全城（外城墙现存长度约 4200 米，内城墙现存长度约 5700 米，合计长度将近 10 千米）之下又将有多少被砍伐的人头呢？这 48 个骷髅如果多为年轻女子之头，那又诉说着史前古城埋藏着怎样的父权制社会暴力之历史秘密[5]？

第五大震惊是玉器出土的位置：以往出土古玉大多在墓葬、房址、灰坑、祭祀坑或祭坛等处。2012 年的发掘却在高出地面的东城门照壁墙体里面发现多件玉铲，在倒塌的城门北墩台散水堆积中发现一件玉璜。这意味着石峁石城的建城者将琢磨好的玉器成品穿插在筑城时垒砌石块的缝隙之中（图三）。建筑本身用玉的情况，在迄今的史前考古报告中很少出现。而在商代建筑基址则有零星的发现。大家都知道优质玉料本身的稀有性，使得玉器成为社会中的顶级奢侈品。与石峁遗址相距不远的内蒙古伊克昭盟伊金霍洛旗朱开沟遗址是一处龙山时代晚期至夏商时期的遗存，那里只有高等级墓葬中才能见到零星的玉器和绿松石饰品。对比之下，石峁古城的年代始于龙山中晚期，结束于夏代，持续的时间约三百年，远不如朱开沟遗址的八百年。为什么玉器在朱开沟那里难得一见，而石峁这里不仅墓葬中有玉器随葬，连建城都使用玉器呢？

遗址的级别当然是解答的关键。朱开沟只是一般的史前聚落，遗址总面积 50 万平方米，只是石峁遗址的八分之一。石峁古城的规模和建城所需劳动力数量足以说明，这里不仅是河套地区的史前政治军事文化中心，而且是整个北方最显赫的聚落中心和地方政权所在，其武力征服和威慑的范围以及所能够获取的自然资源和战略资源的数量规模，都不是一般的史前聚落所能比拟的。石峁玉器以大件的玉璋、玉刀（图四）为代表，所耗费的玉材数量非同一般。即使当地没有玉石矿藏的原材料供应，石峁王国的统治者也能够在一个较为广大的地域范围内调动和运送玉石，保证玉礼器奢

图三　出土于石峁石城东门照壁等倒塌墙体内的玉器

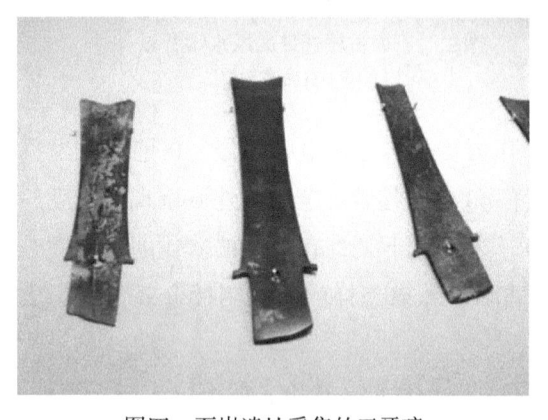

图四　石峁遗址采集的玉牙璋
（摄于陕西历史博物馆）

侈品的生产和使用。这就使得建筑用玉这样罕见的现象得以发生在四千年前。

研究中国神话的学人都熟悉古文献中一再讲到的瑶台、玉门之类神话建筑，从命名上就不难看出此类神话建筑物肯定和玉石材料有关，而且由此直接催生出中国人有关玉宇琼楼的天界梦想。自儒家圣人推出"不语怪力乱神"的道德禁忌，几千年来没有多少人把瑶台、玉门等玉质建筑当作现实的存在，无非是诗词幻景中描绘的缥缈仙界而已。值得注意的是，古人对夏代统治者的历史记忆中有明确的玉器宝物和修筑瑶台、玉门之类奢华建筑的信息。

《山海经·海外西经》讲到夏后启有乘龙升天的本领，其标志物是左手操翳，右手操（玉）环，身佩玉璜。在晋代郭璞所作《山海经图赞》中，统治者凭借玉礼器通天的母题再度得到强调："筮御飞龙，果舞九代。云融是挥，玉璜是佩。对扬帝德，禀天灵海。"玉器为什么会和通天通神的母题结合在一起？《竹书纪年》卷上也讲到夏启举行礼仪活动的一个特殊场所是玉石装饰的高台："帝启，元年癸亥，帝即位于夏邑……大飨诸侯于璇台。""璇台"亦作"璿台"或"琁台"，不论是璇字还是琁字，本义皆为美玉。看来夏代君王的升天通神本领与其拥有的神秘玉器存在某种相关性。《文选》王元长《曲水诗序》云："至如夏后二龙，载驱璇台之上。"李善注引《易·归藏》曰："昔者夏后启筮享神于晋之墟，作为璇台于水之阳。"[6]

修筑璇台的夏启是夏代第一位统治者，修筑玉门的夏桀则是最后一位夏代统治者。笔者在《玉石神话与夏代神话历史》[7]《三星堆与西南玉石之路——夏桀伐岷山神话解》[8]等文中已经论述到夏代统治者与玉礼器和建筑用玉的特殊关联性，并引用五处古籍记载——《汲冢古文》说："夏桀作倾宫、瑶台，殚百姓之财。"《晏子春秋·谏下十八》云："及夏之衰也，其王桀背弃德行，为璇室、玉门。"《竹书纪年》云："桀倾宫，饰瑶台，作琼室，立玉门。"[9]《淮南子·本经训》云："晚世之时，帝有桀纣，为璇室、瑶台、象廊、玉床。"高诱注："璇、瑶，石之似玉，以饰室台也。用象牙饰廊殿，以玉为床。言淫役也。璇或作旋，瑶或作摇，言室施机关，可转旋也；台可摇动，极土木之巧也。"[10]张衡《东京赋》云："必以肆奢为贤，则是黄帝合宫，有虞总期，固不如夏癸之瑶台，殷辛之琼室也。""从表层叙事看，夏桀因为宠幸妹喜或琬琰而亡国，以及因为滥用民力建造玉质宫殿而亡国，说的是两件事；但是从深层的隐喻意义看，两件事也是一件事。因为如前文所分析的，琬琰就是蜀山之玉的人格化、女性化联想的产物。以上五条记载中，桀以玉材营造的建筑有倾宫、瑶台、璇室（璇室）、琼室、玉门、玉床。花样虽多，却都突出一点：玉。"[11]

以往的研究者们即使发挥想象力也难以弄清夏代玉材建筑是怎样的建筑，为什么会给后人留下如此深远的印象，古书中的瑶台、璇室、玉门永远是难解的哑谜。如今有了比夏代纪年还早的石峁古城作为实物证据，是否可以让人明白，玉质建筑不是古人凭空想象的臆造或杜撰，而是以穿插或装点着玉器的建筑作为原型被神话化再造的结果。原来史前石峁人在石头建筑中穿插玉器，不是作为建材用，而是为满足避邪神话功能用的。此种行为的根源在于以玉石为神圣物的信仰和观念。

石峁考古队邵晶介绍说，目前还没有展开对石峁古城的大规模发掘，只对石城东门旁的一段墙体垮塌做清理，就在墙体中发现 6 件玉器。这证实了当地老乡一再陈述的，采集的玉器常常出在残垣断壁中。史前人建城用玉器的现象耐人寻味，城墙上的玉器和城下的女性头骨足以营造出一种强大的精神信仰气场，用今人容易理解和接受的语词可称之为"避邪神话"。玉器能够避邪防灾、护身防病，在中国民间是家喻户晓的常识。有曹雪芹笔下主人公贾宝玉的通灵宝玉为证。玉之所以能够为"宝"，关键就在于"通灵"。从民间信仰角度看，通灵即通神。这是玉石神话信仰或玉的宗教之最基本教义。有了这样的史前观念大背景，再看把琢磨好的玉器放进城墙内部的做法，百思不得其解的困惑就可逐渐打消。对于一切外来入侵者，石峁古城不只是一座物质的建筑屏障，更是一座符合史前信仰的巨大精神屏障：地下的人头和地上的玉器组合起来，贯通天地之气，沟通人鬼神三界。对于城内的居住者而言，还会有比这更加强大有力的精神安全保障吗？

关于人头与玉器的灵力交感互动，有三千多年前留下的甲骨卜辞材料可引为旁证。王平、顾彬《甲骨文与殷商人祭》一书从商代后期的卜辞文字中归纳出殷商国家人祭礼仪的多种方式，其中第一种称为"斩人牲首法"："商代最常见的杀人祭神方式，伐字所代表的：用戈架在人之颈上。伐字作动词指屠杀人牲，还作名词指被斩首之牺牲者，或指祭祀礼仪的名称。《甲骨文合集》6016 正：'戊戌卜，争，贞王归奏玉其伐。'该句卜辞意谓戊戌日占卜，贞人争贞问王返回献玉时是否应该砍下人牲的头用来祭祀。"[12]

要追问殷商国家砍伐人头仪式行为之观念动机，从人类学和原始宗教研究提出的"马纳"（Mana 的音译，意译则为"灵力"）概念中可以获得初步的解答线索。人头能够集中地代表灵力、魔力的聚集处[13]，其强大的避邪功能早已为史前社会所惯用，在现存的原住民社会也是常见的。据台北帝国大学土俗·人种学研究室的调查报告，泰雅族的 Məkatashek 氏族男人有一种风俗，他们剪下妻子的部分头发，缠绕于刀柄上[14]。按照译注者杨南郡添加的注释："通常剪下一束敌首的头发，缀系于刀鞘末端，用于避邪。这支氏族的做法特别，借用妻的头发。按原始人相信头颅（包括头发）有灵力，借用灵力驱邪。"[15]

玉器"通灵"或"通神"的信念同样来自玉石中蕴含"马纳"即灵力的想象。这是我们探寻中国神话发生根源所找到的第一重要的支配性想象。惟其如此，才能够将玉教视为华夏文明先于"中国"而出现的"国教"。就四千年前的东亚而言，哪里出现玉礼器生产，哪里就埋下了中国统一的神话信仰种子。到了周代，虽然后起的金属神话显得后来居上，青铜礼器生产之规模已经凌驾到玉器生产之上，但是古老的玉石神话信念却丝毫未减。表现之一是《国语》书中关于"玉帛为二精"的金言；表现之二是秦始皇选择统一中国的至高神权象征物，传国玉玺一旦当选，就成为历代帝王遵循效法的对象，直到大清王朝的末代皇帝。

二、玉（兵）器功能：多重证据看避邪神话与建筑巫术

探讨避邪神话的观念与实践，有中国文学人类学研究会首任会长萧兵先生的专著《避邪趣谈》[16]。这里要引述和论证的，是史前发生的玉石避邪神话衍生为后代的金属避邪神话的情况。就建筑物的神圣性建构而言，即从建筑巫术用玉石到建筑巫术用金属和钱币。

据人类学的田野调查材料，"广西武鸣县西北部和马山县东部的壮族群众认为恶鬼虽然很厉害，但如果人们能及时做好预防工作，一般还是可以避免受到恶鬼的侵袭或最低限度地减少损失的。该地区的壮族群众在日常生活中，为了防止鬼生事扰人，在举办婚事、丧事和建筑住宅、猪圈、牛栏时，都讲究选择吉日，采取避邪方法，还立下许多禁忌。如在建筑住宅时，必须在房基的四角各放下几枚硬币，意思是向地鬼买地。同时，房屋的内外大门不能串在一条直线上（即不能正相对），需稍微歪过一边，据说鬼行走的路线是直的，不会走弯路……另外，平常在房屋内的墙隙间放置一些鸡蛋壳，也可使恶鬼惧怕，不再前来生事扰人"[17]。这一则民俗资料给出的启迪是：石峁古城门下埋藏的人头，是否即相当于房基下的硬币，是向地鬼买地用的贵重牺牲品？石峁城墙石缝中的玉器，就相当于壮族房屋墙隙间有意放置的鸡蛋壳，为的是借助玉器蕴含的神力，威慑一切妖魔鬼怪魑魅魍魉？

用人牲、玉器或人牲加玉器给建筑物奠基的现象，早自五千多年前的仰韶文化和红山文化就已露出苗头，到龙山文化和夏商两代一直延续为建筑巫术仪式礼俗。有关红山文化的情况，见于辽宁省喀左县东山嘴建筑群遗址。在遗址南部石圈形台址东北侧，距地表深约80厘米发现一具完整人骨架。在遗址中央方形建筑基址南墙基内侧出土一件双龙首玉璜；在东墙基外侧土层中出土一件绿松石鸮[18]。有关龙山文化建筑仪式情况，宋镇豪《中国上古时代的建筑营造仪式》一文有如下描述："如河南安阳后冈和汤阴白营两处聚落遗址，许多房址的居住面下、墙基下、泥墙中或柱洞下，都发现了用幼童、兽类、大蚌壳和别的物品奠基的。后冈发现的39座房址，有15座共埋置幼童26人，少者1人，多者4人。还有一些房址单用河蚌奠基，但不少房址兼用几种祭品奠基。举例说，F25房址，中部房基下有五层叠压的河蚌，东墙基内埋置幼童1个。F28的居住面垫土中埋入一把蚌镰，东墙内侧斜立一件穿孔蚌，东墙外房基垫土中埋置幼童1个。均是几种祭品兼用。F5房址，三个大河蚌环散水面而埋置，西墙侧另有一个小兽坑，此虽未用人奠基，亦是畜、蚌并用。后冈的奠基人牲在房外或散水下者一般头向均朝房屋，在墙基或泥墙中者则与墙平行。白营发现龙山晚期房址46座，有10座埋置幼童12人，少者1人，多者2人。奠基情况与后冈略有不同，一是用人奠基则

不再用其他祭品，反之亦然，只有极个别例外。"[19]相比之下，已发现的石峁遗址奠基巫术仪式所用人牲的数量更多，两处均为同一数量即24个头骨，人牲的身份不是幼童而以青年女子为主。24这个数字吻合天文历法中的24节气，又是十二地支的倍数，肯定不是偶然巧合。石峁建筑用玉器的作用，大致相当于中原龙山文化的河蚌。用河蚌做成的蚌镰和用玉石做成的玉铲一样，都可以充当避邪驱鬼的工具或武器。用蚌用玉的差别原因在于玉料供应的有无。在这方面，石峁遗址有充足的玉料供应，而中原龙山文化则相对匮乏。

至于商代建筑巫术情况近年来也有较为系统的研究报告问世，人牲加玉石的情况再度呈现。如宋镇豪新著《商代社会生活与礼俗》指出："安阳洹北商城近年发现的宫室基址群，呈成排分布，方向均北偏东13°，与当地太阳南北纬度方向一致。在南北中轴线南段发掘的一号'回'字形大型宫室基址，在基址夯土中及庭院内外发现40余处祭祀遗存，普遍发现羊、猪、犬等祭牲，如主殿正室台基夯土中有一殉狗坑，似属奠基遗存。门塾内外发现的20余处祭祀坑，均是压在路土之下，打破基址的基槽，也属于建筑过程中的祭祀遗存，有人祭坑和属于酒祭或血祭之类特殊祭祀仪式的方形'空坑'，人祭坑中的人牲年龄仅14—15岁，伴出玉器等细小饰品。在靠近庭院的2号门道处有一个长方形人祭坑，里面埋着一具被砍去半个头颅的人架，似属于安门仪式的遗存。主殿台阶前10多个祭祀坑，有的埋人，一坑一人，有4个坑内同出玉柄形饰。"[20]2012年通过答辩的山东大学杨谦硕士论文《商代中原地区建筑类祭祀研究》结合古文字和文献材料，试图划分出三种建筑仪式类型，即"奠"祭、祀墙和祀门，三种仪式中仅有祀门仪式使用玉器。该文还分析祭祀牺牲有人牲、动物牺牲、器物和植物四种，使用了斩首、劈砍、土埋和毁器等处理方式，体现出建筑祭仪与其他商代祭祀的差异。有关商代城墙，该文指出偃师商城、洹北商城、郑州望京楼城址、辉县孟庄四个遗址的城墙中发现建筑类祭祀遗存。祭祀遗存均位于护坡底部或基槽夯土中。不过建筑祭祀用玉的案例目前仅有洹北商城一例。

在古人的信仰世界中，建筑绝不只是一种工程技术的产物，同时也是神圣性的营造过程。建筑巫术现象之所以在考古报告中频繁出现，这和华夏远古社会神话宇宙观支配的吉凶祸福观密切联系在一起。以距今约两千多年的出土《秦简日书》为例，尚可清楚地体认古人观念世界中对一年四季的建筑行为之种种顾忌。以下引用吴小强对秦简记录的现代汉语译文：

> 春季三月，上帝在申日修造房室，在卯日攻击人，在辰日屠杀生灵，以庚辛日为四废日。
>
> 夏季三月，上帝在寅日修造房室，在午日攻击人，在未日屠杀生灵，以壬癸日为四废日。
>
> 秋季三月，上帝在巳日修造房室，在酉日攻击人，在戌日屠杀生灵，以甲乙日为四废日。
>
> 冬季三月，上帝在辰日修造房室，在子日攻击人，在丑日屠杀生灵，以丙丁日为四废日。
>
> 春季三月，不要建造面朝东方的房子。
>
> 夏季三月，不要建造面朝南方的房子。

秋季三月，不要建造面朝西方的房子。

冬季三月，不要建造面朝北方的房子。要是不按照这种规定去做，是非常凶险的，一定会有人死去。

建造面朝北向的门，应在七月、八月、九月进行，具体日子是丙午日、丁酉日、丙申日，并修筑家院围墙。献祭神灵的牺牲是红色的。

建造面朝南向的门，应在正月、二月、三月进行，其具体日子是癸酉日、壬辰日、壬午日，并修筑家院围墙。用来献祭神灵的牺牲是黑色的。

建造面朝东向的门，应在十月、十一月、十二月进行，其具体日子是辛酉日、庚午日、庚辰日，并修筑家院围墙。用来献祭神灵的牺牲是白色的。

建造面朝西向的门，应在四月、五月、六月进行，其具体日子是乙未日、甲午日、甲辰日，并修筑家院围墙。用来献祭神灵的牺牲是青色的。

凡是上帝修造房室的日子，都不能修建房子。如果在上帝"为室日"建大内室，大官就会死；建右边房宅，大儿子媳妇就会死；建左边宅房，二儿子媳妇就要死；修筑外墙，孙子、儿子就要死；修筑北边围墙，家里的牛、羊会死光。在上帝屠杀生灵的"杀日"，不要宰杀六畜，不能够在这一天娶媳妇、嫁女儿、祭祷神灵，卖出货物。在上帝的"四废日"，不能够改建或盖房子[21]。

如果把《秦简日书》作为出土文献即"二重证据"，那么还可以同时参照"三重证据"即人类学民族志材料。先看台湾布农族的神鬼观：布农族认为横死者的灵魂虽能升天，但不会到asangqanitu（冥府）。他们是徘徊在宇宙间的鬼灵，不是出来吓人就是会给人们灾祸[22]。建筑当然要考虑防御此类灵鬼的攻击。布农族巫师多为女性，经常戴着以丝线串着竹环的项链。她们举行占卜的方式"通常是将玉石放置瓢上以判断吉凶"[23]。占卜即祈求神意，占卜用玉石和龟甲，是因为这两种物质皆被神化。部落中通常因家人频频死亡、横死或自杀、耕地离家太远等因素而迁居。此前要寻觅筑屋地点，选定后盖间小屋，于该处夜宿一晚，梦吉则整地，再梦吉即可堆砌石墙并宰猪庆祝。梦兆和占卜一样，是获取神意的又一种方式。有此超自然的启示，方可从事立柱、覆盖屋顶等工事。新居落成之后，先将旧居的粟谷搬运过来，接着宰猪以祈求家宅平安、无病无灾。

还有报告说，达启觅加蕃通常会因为蜜蜂或鼹鼠进入屋内、屋内长出菇蕈、幼儿在屋内遭火烧死、母亲误踩死幼儿或是农作物年年歉收等因素而迁居。此外，房屋老旧、年内有三位家人死亡或是横死者亦会迁居，以避免再遭不测。迁居前先选地盖小屋，卜梦，梦吉则开始整地。整地时，若是锄柄脱落、折断，或有蛇出现等事发生都得立即停工，以免发生意外。建材仰赖亲戚们协助搬运，但若遇亲戚生病或人手不足时，可请邻居前来协助。房屋竣工后饮酒庆祝。东家须准备酒六瓮，并宰杀猪牛宴请宾客。新居落成，要先将旧居的粟搬运过来，并以猪肩骨挥拨，祈祷丰收。宰杀牛猪时忌讳使用刀刃，仅能使用竹矛，避免将来粟谷歉收[24]。以上是日本人类学家在东埔社所做的调查报告。下面再看云南哈尼族的辟邪术："哈尼族的驱邪和避邪是利用一定的物品来达到防止鬼怪和敌者冒犯的。最早的避邪物，都是生产工具或认为可以抵御鬼神的自然物。如在门头上悬挂黄泡刺、艾蒿、断锯片、蜂窝、鸡蛋壳、烂草鞋、破犁头、黑蛇头壳等，目的是想以这些东西阻止鬼神或邪恶侵入宅内作祟。在哈尼族的避邪物中，金属器皿认为可以抵御鬼神，如铜矛、剑这些东西锋利无比，夜里睡觉时压于枕下，或悬挂门头，皆可以达避邪驱鬼之目的。"[25]

民族志材料的旁证表明，石峁出土的大量玉兵器和玉工具包括玉器残件在内，在当时都可能发挥类似的驱邪避鬼功能。尤其是史前玉文化中常见的玉兵器，以往的学界争论在于其用途方面：即玉兵器究竟是作为实战武器使用还是作为仪仗用途的礼器？现在看来，玉兵器的产生是以实用性玉工具为基础的[26]，但玉兵器本身却不是实战武器，而是神话想象的强大武器，即驱鬼避邪类神话信仰所催生的精神武器。由此看，龙山文化以来的建筑巫术活动，目的无非是针对两类防御对象：一类是实际的外来攻击者，异族武装之敌人；另一类是虚幻的神话想象的攻击者——鬼怪游魂之类。

《周礼》中规定的六种玉礼器之一的圭，从其方形尖顶玉片的外形看就和玉戈玉矛一类兵器有着渊源承继关联。钟敬文主编《中国民俗史（先秦卷）》依据《周礼·玉人》所言"大圭长三尺，杼上，终葵首，天子服之"，郑注："终葵，锥也"，认为终葵为巫师所戴方形尖顶面具，亦为方形尖顶的玉片或石片——圭，两者皆当与驱鬼有关[27]。随着玉器时代的结束和青铜时代的到来，避邪驱鬼之器自然会从玉器转移到金属器。

玉器时代说是中国学界针对新石器时代中后期的情况提出的，国际上常用的名称是铜石并用时代。柴尔德《考古学导论》在讨论考古学时代划分标准问题时，认为应该坚持通用的五个时代划分（旧石器时代、中石器时代、新石器时代、青铜时代和铁器时代），而不宜轻易添加其他的时代划分。柴尔德还对意大利史前学家提出的铜石并用时代说提出质疑，认为在所有地方的青铜时代初期都有类似的现象，即当时金属非常昂贵，仅为社会中少数人所占有，所以一般工具制造仍然沿用石器："土耳其的学者们被德国的发掘者引入歧途，不幸使用了'铜石并用''铜器'和'青铜器'时代来标志安纳托利亚（Anatolian）史前史的连续阶段，实际上他们所说的'铜器时代'无论类型和时代都等同于爱琴海沿岸和叙利亚—巴勒斯坦的'早期青铜器时代'。至于在其以前的'铜石并用'好像是和希腊的新石器时代排列相类似，或许与爱琴海的早期青铜器时代相一致，这样一来'铜石并用'和'铜器时代'是应该废弃的。至于中石器时代已经确立了，不能轻易地废掉。因而研究者必须全力地使用五个时代的分期。"[28]

不过，柴尔德本人在实际上并未遵守他提出的原则，在《欧洲文明的曙光》等书中，他又回到铜石并用时代的划分。如他提到铜石并用时代的欧洲西部伊比利亚半岛遗址出土珍贵材料，黄金，象牙、硬玉、黑玉、绿松石等[29]。在讲述特洛伊遗址二期的青铜文化层时，他提到与铜器同时出土的有精致的石器和玉器情况："最精致的石制武器是产自珍宝 L 期的磨制与装饰精美的绿玉斧，斧柄末端装有水晶球。它们一定是权威的象征。"[30]他还注意到，除了金银外，水晶、青金石、玛瑙和象牙也是特洛伊人的杰作。作为玉石奢侈品的青金石，其出产地在中亚阿富汗，主要消费地是苏美尔、埃及、巴比伦等最早的文明城市，经过土耳其的特洛伊传入迈锡尼和希腊。运送青金石的数千千米路线乃是欧亚大陆最早出现的玉石之路[31]。在《历史发生了什么》一书中，柴尔德讨论世界最早的城市文明之发生——"美索不达米亚的城市革命"，注意到早期城市兴起以神庙建筑的奢侈品为中心形象，还特别提示建造神庙所用的珍贵材料及所需的大量劳动力："矗立纪念性神庙和人工塔山、生产砖块和高脚杯状陶钉、（从叙利亚或伊朗山区）进口松木，以及用天青石（即青金石——引者注）、银、铅和铜装饰神龛，表明存在可观的劳动力——巨大的人口。就其规模而言，社群已经从村落扩大为城市。同时，它也变得越来越富裕。"[32]

在这里，柴尔德强调伴随城市文明而来的规模性利用贵金属材料，以及对当时人同样珍贵的非金属的石料——青金石（天青石）。至于加工这些在史前社会中没有也不需要的珍贵材料之特殊工匠集团的性质，柴尔德作出精辟的推测性判断，认为他们不是普通意义上的手工业工人，而是一批带有宗教热情的人士，甚至是以为神献身的精神而不计报酬地投入建造的神圣工程。这样看来，催生早期城市文明的神庙建造者，不宜简单视为一般的手艺人。从史前部落到文明城邦，社会的财富和劳动力是围绕着祭拜神灵的目的而逐渐集中起来的。神话想象中的天神们，无形中成为驱动历史前行的动力源头。这对于认识中国史前玉器生产与文明起源的关系，具有借鉴意义。

文明城邦的建立与跨地区的商品贸易密切相关，为了修筑神庙而需要大量的贵重材料，其中多半是本土所缺乏的，要依靠远程贸易来大量进口。"大约公元前3000年前，红铜或青铜、建筑木材、至少用于制作手推磨和门墩的石头，已经成为城市居民的生活必需品。对神祇而言，金、银、铅、天青石和其他贵重的物品都是生活必需品。的确，这些材料在遗存中大量出现，则表明进口贸易在当时是相当普遍的；而且从杰姆代特奈斯尔文化阶段起，进口物品在墓葬中也很常见。红铜主要来自波斯湾的阿曼，也可能来自东部山地；锡矿来自伊朗东部的德兰吉亚纳（Drangiana）、叙利亚、小亚细亚，甚或来自欧洲；陶鲁斯山（Taurus Mountains）是银和铅的主要产地；来自山区也有可能来自叙利亚沿海的木材运达东北部地区；最优质石料来自阿曼，天青石来自阿富汗东北的巴达克善（Badakshan），珍珠母来自波斯湾，贝壳来自印度半岛。贸易是如此广泛、如此活跃，产自印度河流域的商品——印章、护身符、珠子，甚至陶坯也被运来了！"[33]在讲到近东的史前文化哈拉夫文化时，柴尔德特意说明魔力的观念如何支配当时人们的生产和消费行为：雕刻的护身符不仅逼真实用，而且也同样具有魔力。印章的作用也是如此。在黏土上盖印章，应看作是传递魔力的行为[34]。讲到冶金术的发明，同样涉及辟邪仪式的背景[35]。印章、串珠和护身符等物品生产与史前中国玉器生产有着异曲同工的观念基础，即避邪神话。

玉石、印章和护身符等能够承载避邪的神力，因为这些物质在信仰中代表着神。如古埃及神话信仰认为的，天神，即天空女神，又叫绿松石女神。绿松石的天蓝色恰好类比蓝天。中国的青绿色玉石也是如此，所谓"苍璧礼天"之说即是来自颜色类比的神话认识。哈托尔女神有时被说成Re神的母亲，表现为一只母牛，在两只牛角之间顶着太阳盘，也有些材料称她为Re神的女儿或神的眼睛。她的名字意思是"荷鲁斯的神庙"（Huwt-Hor），这个名称强调的是她作为"天空夫人"（Lady of the sky），因为荷鲁斯是天空之主[36]。对她的崇拜不仅仅是埃及人，也有希腊人，并同他们的爱神阿佛洛狄忒相联系。在拜布罗斯，她还被奉为"拜布罗斯夫人"。在西奈半岛，为古代世界提供绿松石的地方，她被供奉在她的庙宇中，奉为"绿松石女神"（mistress of turquoise）[37]。

人类学家昆兹《宝石的巫术与护身符》一书引述一则古埃及故事，表明绿松石在当时的神奇价值：法老为了解除精神压力，让二十名盛装美女划船在宫廷的湖中荡舟。其中一位美女在划桨时不小心将头上戴着的一个精美绿松石头饰掉进水里，她为此懊悔不已。一位名叫Zazamankh的宫廷巫师有能力通过他的法术对此做出补救。他口中念诵一段法力强大的咒语，那绿松石竟然从水底升起来，漂浮到水面上，这使得美女将它捡起来，重新戴到自己头上[38]。这个古埃及的首饰故事表明，对于现代人而言的装饰品，在远古时不仅是装饰，其承载的美学价值和身份等级意义是派生的，其巫术魔法价值，才是原初的和原生的。古埃及人确信不同种类的宝石都具有特殊的护身保佑作用，他们将这些美石组合到自己的项链上，以便获得抵御外来邪魔侵袭的神力。通常的美石有翡翠、红玉髓、天青石、玛瑙、紫水晶、绿宝石、半宝石、金珠、银珠、琉璃珠、陶珠等，为了增强这些首饰的辟邪神力，还要将小型的神像和神圣动物像加在各种宝石之间。即使在木乃伊和木乃伊棺木上，也会模拟性地绘制出装饰有此类珍贵玉石、花卉等图像的项链或项圈作为护符[39]。中国史前玉器中的玉人形象，石峁玉器中较为少见的玉人头像（图五、图六），曾有玉学专家解说为想象中的"一目国"形象[40]，是否也能够从承载神力或祖灵的意义上重新解说呢？还有，榆林地区收藏家收集的出自石峁遗址的石雕人头像（已公开发表的 17 件），已有学者参照批量出现的牙璋等玉礼器情况，判断为石峁巫觋集团宗教法事用具[41]。目前根据新发现的石峁石城建筑用玉器和埋人头现象，用避邪神话解释这一批石雕人头像，似比泛泛归之为巫觋用品能够更加明确其精神屏障功用。

图五　石峁遗址采集白玉人头像
（现存陕西历史博物馆）

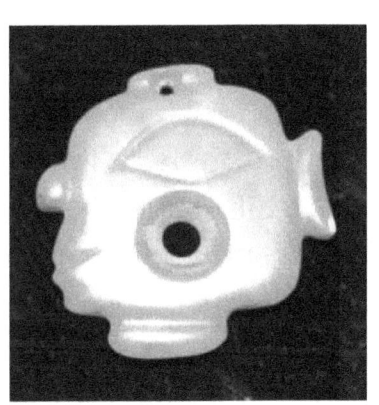

图六　神木收藏家的白玉人头像
（2013 年摄于神木）

三、石峁玉器：玉教信仰是史前中国的统一要素

玉文化是物质与精神的统一体。催生玉文化的精神因素是玉石神话信仰，可简称为玉教。出土的史前玉器成为佐证玉教传播范围的生动物证。考古发现表明：距今 4000 年以前，位于陕西榆林神木市的石峁文化与位于广东韶关的石峡文化[42]不约而同地产生出批量生产和使用玉质礼器的文化现象。将两地在东亚地图上标出并在二者之间划一条联线，便呈现出依据考古新知识重新开始思考中华文明发生的学术契机：石峁遗址在黄河流域北端的河套地区，石峡遗址在接近中国版图最南端的邻近珠江水系地区，二者间的直线距离约 1800 千米。从气候、温差、降雨量、地理地形、动植物和农作物、生活方式等各方面看，石峁和石峡在自然生态与文化习俗上都相差很大，甚至毫无可比性。可是面对类似的玉礼器，我们必须发问：是什么因素导致史前文化在如此广大的范围里呈现出惊人的雷同现象。从石峁向西约 700 千米，有甘肃武威皇娘娘台齐家文化遗址，那是河西走廊的腹地；从石峁向西南约 700 千米，有青海民和喇家遗址，那里是黄河上游地区，这两个地方同样发掘出距今约 4000 年的史前玉礼器文化，以玉璧玉琮玉刀为主要器形。那么，西北地区的齐家文化与陕北龙山文化在时间和空间上的密切关联意味着什么？齐家文化玉器的玉料来源大体上明

确，主要是就地取材的祁连玉外加上少量来自新疆的和田玉（这一点目前还有争议）；石峁玉器的来源问题尚未解决，有就地取材说和外来输入说，两种观点都还有待深入论证。如果经验观察表明石峁玉器与齐家文化玉器具有同源性的看法能够得到证明，则西玉东输的玉石之路黄河道路线图就会呼之欲出，石峁遗址成为连接史前西北玉文化与中原文明发生期夏代玉文化的最重要的节点或中转站。这样的推断同华夏神话资料中提供的古老文明史信息有对应之处：第一是古书《管子》说的"尧舜北用禺氏之玉而王天下"，究竟反映的是神话想象还是历史记忆？第二是《穆天子传》描述的西周帝王穆天子赴西方昆仑山会见西王母之前，为什么会绕远先到河套地区拜会主持玉礼器仪式祭拜黄河之神的地方豪强河宗氏？第三是东周时期北方赵国方面流传的和田玉经过河套地区和山西北部进入中原的运输路线。

综上所述，石峁文化作为中国史前最大的石头城和批量使用玉礼器的河套地区玉文化据点，给上述文献记录的三类信息提供出极佳的重新求解之实证材料，使之从以前的"死无对证"悬疑状态一下子变得柳暗花明，水落石出。石峁古城和玉器的存在将在何种意义上改写中国文明发生史，这在很大程度上取决于史前玉石之路的具体路线图研究。依照我们已经认识到的每一种古代玉器都蕴含着一种神话观，石峁玉器中至少有四类玉器可以给出明确的神话传播路线。

第一类玉璧玉琮类：良渚文化—陶寺文化—石峁文化—齐家文化。

过去对齐家文化玉琮的起源一直无解，因为良渚文化距离齐家文化过于遥远，缺乏中间过渡区。现在看，石峁玉器可能充当东玉西传的二传手。

第二类玉璋：石峁文化—偃师二里头—山东龙山文化—四川广汉三星堆—广东增城、广东东莞。

第三类玉璇玑：山西芮城清凉寺—石峁文化—山东龙山文化—辽东半岛新石器文化。

早在20世纪70年代采集的石峁玉器中就有玉璇玑，如今本地收藏家的石峁古玉中玉璇玑占有相当比例。华夏出土玉璇玑年代最早的地点芮城清凉寺，和石峁一样都临近黄河，这是否意味着史前玉石之路黄河道的存在呢？值得深究。

第四类玉人头像及玉鹰：石峁文化—石家河文化—禹州瓦店。

以上四类玉器的传播路线，合起来构成两纵两横的交叉网格，将玉文化先于武力和政治而统一中国的轮廓和盘托出！更加值得关注的是石峁玉器与西北齐家文化玉器的文化联系，这将从实证方面解决西北玉矿资源输入中原文明的时间和路线问题，从而将河西走廊西端的新疆与中原文明紧密联系为一个统一体，笔者称之为资源依赖的文化共同体。它将辅助说明为什么华夏文明数千年来以中原为基础和中心，却从来也不能忽视西域和新疆！这就给玉文化先统一中国说提供出又一生动而真切的支持性案例。

我们将考察华夏文明发生的时间坐标向前推数百年至一千年，即距今5000—4000年前，是山西芮城清凉寺遗址的庙底沟二期文化和山西襄汾陶寺文化率先呈现出玉琮玉璧为代表的中原文化玉礼器体系组合的情况。其玉文化观念的起源和玉料来源问题均悬而未决。好像是在此前两千年的仰韶文化传统中没有出现过的玉礼器，突然间降临到中原地区黄河北岸的史前聚落，随后数百年间向北影响到石峁遗址玉器，向南影响到中原"王都"二里头文化的玉器生产。与芮城清凉寺出土玉器同时，或比陶寺玉器更早的史前玉文化高峰，分别出现在北方西辽河流域的红山文化和南方长江下游的凌家滩文化及环太湖的良渚文化。笔者用"高峰"一词的根据，是2007年凌家滩一座顶级墓葬的随葬玉石器多达 300 件的奢侈奇观。到距今四千年前后的文明诞生期，迄今再也没有发现比 300 件更多的随葬玉器。直到殷墟妇好墓所代表的殷商晚期王者级别墓葬，才能有效突破这个数字。

玉器生产无疑是史前社会中的奢侈品生产，批量出产玉礼器的条件至少有三：一是要有玉石承载神力、灵力的相关神话观念和信仰、崇拜；二是需要有足够的玉石原材料供应；三是掌握切瑳琢磨加工技术的专业人员。前一个条件是精神和意识形态的。第二个条件是物质的，它意味着玉文化出现的两种选择：要么是就地取材，因地制宜，要么是外来输入玉石材料。后者又暗示着史前奢侈品生产物资开采贸易运输等一系列事项。第三个条件是社会的，意味着史前聚落社会中出现阶级分化和社会分工。

华夏的史前先民为什么会在不同地域中不约而同地生产和使用非实用亦非装饰性的玉礼器？这主要不是一个纯粹的技术问题，而是观念或意识形态的问题：是什么因素驱动玉礼器的生产和使用？目前所能够得出的推断是神话学和宗教学的：有关玉石的神话信仰的形成和传播，使得诸多史前社会相继受到影响，先后接纳此类神话信念，带动各地的玉器生产，从一开始的星星之火逐渐走向燎原之势，最终统一了华夏文明的大部分地域。

对石峁建筑用玉的新认识是：玉器承载灵力的观念及其辟邪禳敌的宗教护卫功能。结合公元前两千年之际各地古城、古国大面积崛起的背景，玉兵器和玉礼器相当于一种精神盾牌的重大神话性功能，使之能够和新兴的青铜器同步发展，并以金玉组合和金声玉振的新形式开启夏商周礼乐文明之先河。玉兵文化并未因为青铜兵器的出现而消失，而是和实用性的青铜兵器同步发展，在商周两代达到鼎盛期。这和玉教信念的持续传承密切相关，即相信借助玉石中蕴藏的神秘灵力，可达到精神上的辟邪镇宅和护身保卫作用。

在结束本文之前，略提示下一步的研究方向：玉石之路黄河段的求证问题。石峁玉器已经引起广泛关注，但不应孤立地看待石峁。根据已有的考古发现，与石峁隔黄河相望的两岸多地都有史前玉器发现的报道。如山西省柳林县出土长达 36 厘米的三孔玉器（现存柳林县文物旅游管理所）[43]。黄河西岸的陕北地区，已经发掘的朱开沟文化，虽然目前仅有较为零星的玉器发现[44]，但是石峁以北的府谷县和以南的新华遗址，均有史前玉器。后者在一个祭祀坑中就发现 32 件玉器。神木以南的佳县石摞摞山龙山文化遗址出土玉器，少量标本见于榆林学院陕北历史文化博物馆；孙周勇经过调研后指出："府谷县愣乡出土玉铲、玉刀（现存府谷县文管所），此外还有横山陈塔、响水沐浴沟、韩岔梨树焉、高镇油坊头等出土了玉刀、玉铲、玉斧（钺）、玉环等，其时代确认为龙山晚期。据笔者观察，其玉质、玉色及器形等与新华玉器大致相同。"[45] 又据马明志的研究，包括石峁陶器和朱开沟陶器在内的河套地区史前陶器中，有部分属于齐家文化的产品[46]。这个有关陶器类型归属的认识，间接预示着从陕甘宁大背景上审视石峁玉器的研究前景，凸显齐家文化与陕西龙山文化的关联和互动。

就石峁当地的史前文化遗址看，神木市境内就还有多处，其中不仅有龙山文化遗址（图七、图八），而且还有早于龙山文化时期的仰韶文化遗址。这说明河套地区的史前社会文化传承有序[47]。当地先于龙山文化的仰韶文化没有玉礼器生产传统，而龙山时期的玉器显然是受到外来玉文化影响的结果。从年代顺序看玉文化传播路线，一个大体上的推测是：从芮城清凉寺玉器和陶寺玉器到石

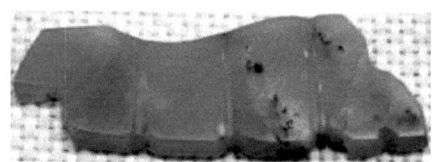

图七　石峁遗址出土玉蚕
（摄于榆林学院陕北历史文化博物馆，除此以外，
榆林市尚古博物馆和上郡博物馆也收藏有少量的史前玉器）

图八　石峁遗址出土石雕人头像
（摄于榆林学院陕北历史文化博物馆）

峁玉器，再到西北齐家文化玉器。这就是说，石峁遗址位于黄河中游的特殊位置，使之有可能同时充当"东玉西传"（玉文化传播）和"西玉东输"（玉料传播）的中转站。

关于陕北史前玉器的玉料来源问题，目前公开发表的主要有两种不同观点。一是就地取材说，以姬乃军[48]、孙周勇等人为代表。后者对新华遗址出土玉器的24个标本检测分析认为，新华玉器玉质繁杂，包括叶蛇纹石、阳起石、透闪石、绿泥石、大理石等，其中以叶蛇纹石为主，其次为阳起石－透闪石类。"对比新华遗址玉器主要化学成分中部分主要元素含量，比较接近于岫岩玉。但其产地，却不敢贸然断定与辽宁岫岩有关。学者们多倾向于石峁玉器及延安芦山峁玉器的产地就在陕北或周围一带。结合陕北地区同期类似玉器出土地域不断扩大及数量增加的现状，将其解释为贸易或战争所得显然难圆其说。我们认为，正如新华遗址出现的大量石质生产工具而现在却在遗址周围根本找不到石头产地一样，陕北地区或周围当存在着目前尚未被发现的玉料产地。"[49]

二是认为石峁玉器材料是外来输入的。对于具体的玉料输入源头，有人推测部分是来自辽宁岫岩玉，部分是来自贝加尔湖地区。也有人认为来自甘青地区的西北系玉矿可能性更大。就目前情况看，只要没有发现陕北本地玉矿资源的存在，外来输入说就成为理所当然的选择。考古学界关于玉石之路的讨论已有数十年，石峁古城及玉器对于求证西玉东输的又一条北方路线，有着怎样的启迪意义呢？

四、结论：玉文化先统一中国说

玉石神话信仰作为精神文化要素，先于秦始皇的武力征服约两千年，就开始了统一中国的历程。从距今8000年到距今5000年，玉文化用了三千年时间由北向南传播，主要覆盖到中国东半部，随后向西传播，在距今4900—4500年时进入中原，形成黄河以东晋南地区的玉礼器体系。这一史前信仰文化的传播过程可概括为"东玉西传"。接下来是继续向西北地区的传播。约距今4000年前后，位于新疆昆仑山的和田玉开始输入中原，并且一直延续至今。这种西部优质玉石资源的东传，可称为"西玉东输"。石峁遗址及其玉器的新发现，给东玉西传和西玉东输这两种双向运动同时找到新的传播交汇站点，成为考察玉石神话信仰率先统一中国历程的实证性前沿个案。其意义首先在于提示"玉石之路黄河段"的存在可能性，预示着中国东部与西部之间又一条重要文化交通路线，比德国人李希霍芬 1877 年提出的"丝绸之路"要早一倍之久，而且对华夏文明形成起到更关键的作用。石峁古城建筑用玉器的新发现，一方面验证了古书上关于夏代帝王修筑玉门瑶台之类神话建筑记载的可信性；另一方面也验证了中国人信仰玉石避邪驱魔功能的史前渊源之深厚。

附记：国家社科基金重大招标项目"中国文学人类学理论与方法研究"（10&ZD100）阶段性成果。

注　释

［1］　王炜林、孙周勇、邵晶等：《2012 年神木石峁遗址考古工作主要收获》，《中国文物报》2012 年 12 月 21 日第 8 版。

［2］　戴应新：《我与石峁龙山文化玉器》，《中国玉文化玉学论丛（续编）》，紫禁城出版社，2004 年，第 228—239 页。这批玉器如今藏在陕西历史博物馆，有一小部分作为展品常年展出。

［3］　戴应新《陕西神木县石峁龙山文化遗址调查》描述的地理位置是："石峁遗址属高家堡公社石峁队，西距高家堡 1.5 千米，东北距县城 60 千米，北距长城 10 千米。榆林到府谷的公路沿着洞川沟从遗址山脚下经过。"见《考古》1977 年第 3 期。

［4］　王炜林、孙周勇、邵晶等：《2012 年神木石峁遗址考古工作主要收获》，《中国文物报》2012 年 12 月 21 日第 8 版。

［5］　石峁遗址墓葬的报告尚未发布，但与石峁遗址处在同一地区的朱开沟遗址第三期墓葬，发现多处异性双人或三人合葬景象：一位男性葬于木棺内，棺外陪葬一位或两位女性。考古工作者推测唯有男性家长享有同穴合葬的权力，陪葬者或许为妾。墓葬形式表明四千年前河套地区父权制社会的确立。参看内蒙古自治区文物考古研究所、鄂尔多斯博物馆：《朱开沟——青铜时代早期遗址发掘报告》，文物出版社，2000 年，第 230 页。

［6］　方诗铭、王修龄：《今本竹书纪年疏证》卷上，《古本竹书纪年辑证》（修订本），上海古籍出版社，2005 年，第 213 页；叶舒宪：《玉石神话与中华认同的形成》，《文学评论》2013 年第 2 期。

［7］　叶舒宪：《玉的叙事：夏代神话历史的人类学解读》，《中国社会科学报》2009 年第 1 期。

［8］　叶舒宪：《三星堆与西南玉石之路——夏桀伐岷山与巴蜀神话历史》，《民族艺术》2011 年第 4 期。

［9］　《太平御览》卷八二皇王部引《纪年》。

［10］　刘文典撰，冯逸、乔华点校：《淮南鸿烈集解》，中华书局，1989 年，第 256 页。

［11］　叶舒宪：《中华文明探源的神话学研究》，社会科学文献出版社，2015 年。

［12］　王平、〔德〕顾彬：《甲骨文与殷商人祭》，大象出版社，2007 年，第 81 页。

［13］　叶舒宪：《诗经的文化阐释》，第七章第七节"颂仪原始：猎头与祭首"，湖北人民出版社，1994 年，第 515—529 页。

［14］［15］台北帝国大学土俗·人种学研究室调查，杨南郡译注：《台湾原住民族系统所属之研究》第一册本文篇（1935 年），行政院原住民族委员会、南天书局有限公司共同出版，2011 年，第 72 页；第 72 页注释 84。

［16］　萧兵：《避邪趣谈》，上海古籍出版社，2003 年。

［17］　吕大吉、何耀华总主编：《中国各民族原始宗教资料集成：土家族卷、瑶族卷、壮族卷、黎族卷》，中国社会科学出版社，1998 年，第 622 页。

［18］　郭大顺、张克举：《辽宁省喀左县东山嘴红山文化建筑群址发掘简报》，《文物》1984 年第 11 期。

［19］　宋镇豪：《中国上古时代的建筑营造仪式》，《中原文物》1990 年第 3 期。

［20］　宋镇豪：《商代社会生活与礼俗》，中国社会科学出版社，2010 年，第 45 页。

［21］ 吴小强：《秦简日书集释》，岳麓书院，2000年，第78、79页。

［22］［23］台湾总督府临时台湾旧惯习调查会：《番族惯习调查报告书》第六册布农族，（台北）"中央研究院"民族学研究所编译，2008年，第62、63页。

［24］ 台湾总督府临时台湾旧惯习调查会：《番族惯习调查报告书》第六册布农族，（台北）"中央研究院"民族学研究所编译，2008年，第105页。

［25］ 吕大吉、何耀华总主编：《中国各民族原始宗教资料集成：傣族卷·哈尼族卷·景颇族卷·孟－高棉语族群体卷·普米族卷·珞巴族卷·阿昌族卷》，中国社会科学出版社，1999年，第306页。

［26］ 叶舒宪：《戈文化的源流与华夏文明发生》，《民族艺术》2013年第1期。

［27］ 钟敬文主编：《中国民俗史（先秦卷）》，人民出版社，2008年，第378页。

［28］〔英〕戈登·柴尔德著，安志敏、安家瑗译，陈淳审校：《考古学导论》，上海三联书店，2008年，第25页。

［29］［30］〔英〕戈登·柴尔德著，陈淳、陈洪波译：《欧洲文明的曙光》，上海三联书店，2008年，第110、116页；第52页。

［31］ 叶舒宪：《苏美尔青金石神话研究——文明探源的神话学视野》，《中南民族大学学报（人文社会科学版）》2011年第4期；叶舒宪：《金枝玉叶——比较神话学的中国视角》，复旦大学出版社，2012年，第164—182页。

［32］—［35］〔英〕戈登·柴尔德著，李宁利译，陈淳审校：《历史发生了什么》，上海三联书店，2008年，第61、66、77、78、81页。

［36］ Fergus Fleming, Alan Lothian. The Way to Eternity: Egyptian Myth. London: Duncan Baird Publishers, 1997: 60.

［37］［38］George Frederick Kunz. The Magic of Jewels and Charms. New York: Dover, 1997: 282、316.

［39］ George Frederick Kunz. The Magic of Jewels and Charms. New York: Dover, 1997: 317.

［40］ 杨伯达：《"一目国"玉人面考——兼论石峁玉器与贝加尔湖周边玉资源的关系》，《巫玉之光：中国史前玉文化论考》，上海古籍出版社，2005年，第150、151页。

［41］ 戴应新：《神木石峁龙山文化玉器》，《考古与文物》1988年第5、6期；罗宏才：《陕西神木石峁遗址石雕像群组的调查与研究》，《从中亚到长安》，上海大学出版社，2011年，第3—50页。

［42］ 苏秉琦：《石峡文化初论》，《文物》1978年第7期；吴汝祚：《试论石峡文化与海岱、太湖史前文化地区的关系》，《曲江文物考古五十年》，中国评论学术出版社，2008年，第177—183页。

［43］ 图版见古方主编：《中国出土玉器全集·山西卷》，科学出版社，2005年。

［44］ 内蒙古自治区文物考古研究所、鄂尔多斯博物馆：《朱开沟——青铜时代早期遗址发掘报告》，文物出版社，2000年，第120页及图版三五。

［45］ 孙周勇：《神木新华遗址出土玉器的几个问题》，《中原文物》2002年第5期，第42页注释45；参见韩建武、赵峰、朱天舒：《陕西历史博物馆新征集文物精粹》，《陕西历史博物馆馆刊》（第1辑），三秦出版社，1994年。

［46］ 马明志：《河套地区齐家文化遗存的界定及其意义——兼论西部文化东进与北方边地文化的聚合历程》，《文博》2009年第5期。

［47］ 艾有为：《神木县新石器时代遗址调查简报》，《考古与文物》1990年第5期。

［48］ 姬乃军：《延安市芦山峁出土玉器有关问题探讨》，《考古与文物》1995年第1期。

［49］ 孙周勇：《神木新华遗址出土玉器的几个问题》，《中原文物》2002年第5期。

（原载于《民族艺术》2013年第4期）

玉石之路与华夏文明的资源依赖
——石峁玉器新发现的历史重建意义

叶舒宪

一、寻找夏文化：重建神圣符号物叙事链

从 20 世纪末的"夏商周断代工程"到新世纪以来的"中华文明探源工程"，伴随着考古新发现，重建国家早期历史脉络的重大学术研究不断取得引人注目的成果，同时也形成若干疑难点，其中最难获得突破的难点之一是，如何认识夏文化的源流与都城所在，找出中原国家形成的雏形。在启动中国社会科学院重大项目"中华文明探源的神话学研究"（2009—2012）前夕，笔者完成的前期准备性工作是 2008 年出版的《河西走廊——西部神话与华夏源流》一书。该书从神话历史视角审视玉文化从周边向中原的运动，初步探讨晋南的陶寺文化、西北的齐家文化和中原二里头文化三者的关联，希望从中窥测到奠定四千年来西玉东输文化现象的玉石之路的形成线索，找出文明诞生前夜西北文化与中原文化互动的主要脉络。当时未能解决的两个困惑是：中原地区的庙底沟二期文化玉礼器萌芽（山西芮城清凉寺墓地）和陶寺文化玉礼器体系（玉璇玑、玉璧、玉琮组合）是如何西传并影响到齐家文化玉器生产的？齐家文化玉器又是通过怎样的路径和中原二里头文化玉器发生关系的？

现在，时隔五年，陕北的石峁古城（图一）及其玉礼器体系的情况首次得到年代学的证明，无异于给以上的两种联系找到关键的时空中介点。简言之，距今 5000 年至 4300 年之际在黄河东岸谷地缓慢形成的玉礼器文化，在山西襄汾陶寺文化衰亡后转移或传播到黄河西岸并北上，在河套地区的石峁遗址获得空前的发扬光大，于 4300 年前形成以大件的玉璋和玉刀为主导器形的玉礼器新体系，用于城墙建筑的辟邪防御，并再度向西北和南方传播，直接影响到后来的齐家文化玉器（4000 年前）与二里头文化玉器（3800 年前）。

从理论上看，阐发中华文明起源的难点，在于寻找从龙山文化到夏文化的过渡转移契机和进程，这也就意味着寻找到使得中华文化地理版图从新石器时代多中心分立格局（所谓"满天星斗"说）到

图一　陕西神木石峁遗址龙山文化古城之东门
（2013 年 4 月摄于考古工地）

有史以来的一元中心格局（华夏国家）的转换及其动因，即从多地域的地方性政权到一个具有充分统治力和号召力的中原国家政权雏形样态，这种雏形样态虽然在距今 4000 年之际仍然只是"小荷才露尖尖角"的萌芽期，却给后来的商周国家奠定了基本的中原区辐射周边地域的四方一心格局，体现为《山海经》中的五方空间的同心方式国家地理展开模式，又体现为《禹贡》等典籍所载的五服制的、职贡图的范式模型。如果说，青铜时代黄河流域商周国家建构其政权和意识形态所必须的青铜器生产，及其所需要的铜矿资源依赖问题，已经引起中国早期文明研究的充分注意，那么，探讨四千年前早于商周青铜开采和生产的中原政权主导性资源依赖的情况，就不能诉诸文献记载，只能以考古新发现的实物为依据，把目光聚焦到先于青铜礼器数千年就形成华夏礼乐文化之源的玉礼器生产和使用情况上来，这方面尚未引起研究者的足够关注。原因是华夏玉文化发展史的史前阶段，玉器生产的玉料取材从多点开花的各地区地方玉矿资源，转移和集中到一点独大的新疆和田玉资源，其过程和完成时间问题，学界一直没有得出较为确切的新认识，尚处在自说自话和众说纷纭的状态。

笔者将史前用玉的多点开花格局向中原国家用玉的一点独大格局之转变过程，概括为先有"北玉南传""东玉西传"后有"西玉东输"的两阶段过程。前一阶段在距今四千年前基本完成，以玉礼器文化自东向西传播，进入河西走廊为标志；后一阶段则以距今四千年为开端，通过齐家文化和中原龙山文化的互动，将西北地区的新疆和田玉及甘青地区的祁连玉源源不断地输送中原。两大阶段的交汇点就在距今四千年之际，这也正是夏文化发展为华夏第一王朝的年代。为了求证这一资源大转移的过程，仅靠齐家文化和二里头文化的资料都显得捉襟见肘。结合陕西神木石峁遗址玉器新发现，上海交通大学联合中国收藏家协会学术研究部，于 2013 年 6 月在陕西榆林召开"中国玉石之路与玉兵文化研讨会"，通过对陕北地区龙山文化玉器、玉料的实物观摩和现场讨论，与会专家达成基本一致的认识：在龙山文化晚期和齐家文化时代，即距今 4000 年前后，真正开启西玉东输的华夏国家资源供应模式，河套地区的古代方国政权起到重要的中转作用。而且一旦形成就推展到商周以后的历朝历代，和田玉输入中原的过程从上古甚至一直延续至今日，其间发生变化的只是运送的规模和具体输送路线。

2012 年以来的考古新发掘情况表明，陕西神木石峁遗址史前石城及其建筑用玉现象，昭示出以石峁遗址为代表的河套地区龙山文化聚落社会，她以其强大的地方性方国政权统治形式，在距今4300 年至 4000 年之际，大批量地生产和使用玉礼器玉兵器，在当地迄今没有找到玉料矿藏资源的条件下，面积达 400 万平米的石峁古城政权很可能同时充当着史前时期东玉西传（玉教观念和玉文化的传播）与西玉东输（玉石资源的传播）的双重中介作用，石峁玉器群在今日的重现天日，对考察华夏文明发生期的玉石资源依赖与具体运输路线图，其意义非同小可。

二、《管子》"尧舜北用禹氏之玉而王天下"解

华夏国家形成期的资源依赖情况，在先秦文献中有重要线索提示。如《管子》一书中向统治者提出的政治经济话语，就有反映远古时期中原王朝政权之资源依赖的说法。《管子·揆度第七十八》：

齐桓公问于管子曰："自燧人以来，其大会可得而闻乎？"管子对曰："燧人以来，未有不以轻重为天下也。共工之王，水处什之七，陆处什之三，乘天势以隘制天下。至于黄帝之王，谨逃其爪牙，不利其器，烧山林，破增薮，焚沛泽，逐禽兽，实以益人，然后天下可得而牧也。至于尧舜之王，所以化海内者，北用禺氏之玉，南贵江汉之珠，其胜禽兽之仇，以大夫随之。"

管子明确说到尧舜王权建立的首要条件是"北用禺氏之玉"。此话值得注意者有二：其一是表明玉料来自北方；其二是表明掌握玉矿资源的人群是外族的禺氏之人。所谓"禺氏"何许人也？王国维和日本的江上波夫等以为就是游牧在北方草原与河西地区的大月氏，徐中舒以为是有虞氏，相当于印欧人种。至于尧、舜圣王通过什么途径得到禺氏掌控的北方玉料，不得而知。如今参照石峁玉器大量使用的情况判断，玉料或许是通过黄河水路自北向南运送到中原地区的，河套地区史前玉器的批量发现为此提供了新线索。但是玉料的原产地未必出自北方，而是出自西北方，即祁连山 – 昆仑山一线。禺氏活跃在整个北方和西北地区，所以中原人和东方的齐国人印象中的玉料是来自北方的，并不知道其究竟原来出自西方。《管子》书中同一篇再次说到玉矿：

桓公问管子曰："吾闻海内玉币有七策，可得而闻乎？"管子对曰："阴山之礝碈，一策也；燕之紫山白金，一策也；发、朝鲜之文皮，一策也；汝、汉水之右衢黄金，一策也；江阳之珠，一策也；秦明山之曾青，一策也；禺氏边山之玉，一策也。此谓以寡为多，以狭为广。天下之数尽于轻重矣。"

管子所说的边山之玉，是作为当时国家重要战略资源而提及的。边山具体的地理距离，下文有所交代："珠起于赤野之末光，黄金起于汝汉水之右衢，玉起于禺氏之边山。此度去周七千八百里，其途远，其至厄。故先王度用其重而因之，珠玉为上币，黄金为中币，刀布为下币。先王高下中币，利下上之用。"在《轻重甲》篇中又一次提及玉矿，表明尧舜时代获得北方玉料的方式之一，是靠朝贡的交换方式：

禺氏不朝，请以白璧为币乎？昆仑之虚不朝，请以璆琳、琅玕为币乎？故夫握而不见于手，含而不见于口，而辟千金者，珠也；然后，八千里之吴越可得而朝也。一豹之皮，容金而金也；然后，八千里之发、朝鲜可得而朝也。怀而不见于抱，挟而不见于掖，而辟千金者，白璧也；然后，八千里之禺氏可得而朝也。

从珠玉资源的输送方向看：边缘性的资源对中央政权的供给是多方向运动的：玉石，自北而南；珠，自南而北。两种资源供给路线图大致勾勒出早期华夏国家的地域控制范围。即北至边山，南抵江汉。石峁玉器的生产和使用的具体地理位置，表明这个权倾一时的巨大方国，正是处在中原王朝以北的稍远地区，使得"尧舜北用禺氏之玉"的判断得以落实到4300年前的河套地区北方豪强势力。虽然其距离中原的里程远没有"八千里"之遥，所谓"八千里"之说，一定包括禺氏从新疆昆仑山向东输送玉石的全程距离吧。

在当今国际考古学界，受到沃勒斯坦的世界体系理论（world-system theory）影响，学者们开始关注大范围空间系统中的文化相互作用关系："关注区域之间的一种劳动分工，其中周边区域为核心区域提供原料，而核心区域则在政治上和经济上占主导地位，所有地区的经济和政治发展受制于它们在该系统中作用变化的影响。菲利普·科尔认为，古代的世界系统很可能仅在表面上类似现代的世界系统。特别是他声称，核心和周边的等级关系很可能远不如现代的稳定，而政治力量在调节这种等级关系上，可能发挥着更显著的作用。个人和群体的迁徙也再次被讨论。而最重要的是意识到，社会与相邻的社会而言，就像它们与自然环境的关系一样，并非一种封闭的系统，一个社会或文化的发展很可能受制于它所置身其中的一个较大社会网络，或受其影响。人们也日益意识到，也值得对主导这些进程的规则本身进行科学的考察。"华夏文明起源期形成的数千千米资源供应链，充分表明这个文明国家不可或缺的战略资源出自边缘地区，对此资源的需求却不是出自边地，而出自中原核心地区。这种资源依赖格局还能够说明：这一文明国家为什么直到今日都一定要把河西走廊以西地区的不同民族视为统一的文化共同体成员，将新疆的广大地区看成统一国土的不可分割的组成部分。

三、华夏文明之黄河摇篮说的更新

在关于文明起源的理论中，有所谓"大河流域"说。如美国学者刘易斯·芒福德的经典著作《技术与文明》一书指出：

> 文明总是沿着大河的流域在发展：黄河、底格里斯河、尼罗河、幼发拉底河、莱茵河、多瑙河以及泰晤士河。也许海洋两端的文明算是某种例外，在那里海洋代替了河流。各种早期的技术就在这种原始的流域背景下发展着。

从世界最古老的五大文明古国情况看，芒福德列举的几大河流还应该加上印度河，这样即可完满地将每一个古文明的发生落实到一条母亲河的孕育。依次分别是：底格里斯河、幼发拉底河流域（合称两河流域）孕育的苏美尔文明和巴比伦文明；尼罗河流域孕育的古埃及文明；印度河流域孕育的印度文明；黄河流域孕育的华夏文明。由于大河流域与文明古国发生的对应性十分醒目，以至于美国历史学家魏特夫在20世纪中期提出一种新的文明起源理论：挑战—应战模式下的水利灌溉说。即每一文明古国的起源都遵循着人类应对大河泛滥的环境挑战需求，通过人工建设水利设施而实现灌溉农业，在此基础上孕育出伟大的城市文明。仔细地而不是笼统地辨析华夏文明起源与黄河的关系，我们看到华夏文明初始期根本没有也不可能有利用黄河之水利建立大规模灌溉农业的情况。黄土地的生态特性选择的唯一本土性粮食作物是耐干旱的小米，这样在外来输入的小麦进入黄河中游地区以前，也就不需要什么灌溉农业。这个事实意味着华夏文明起源的黄河摇篮说需要重新界定理论方向：黄河不是作为集约化农耕生产的水利灌溉条件而发挥拉动文明起源之作用的，穿越整个黄土高原区的黄河，作为东亚地区最大的河流之一，主要是作为中原文明所依赖的外地资源的水路运输渠道而拉动文明起源的。仅此一个微妙的区别，就让我们不能认同魏特夫的水利说文明起源的普世论调，需要提出符合国情的中国人自己的华夏起源观。玉石之路黄河段的研究课题，将会带来研究格局的更新与文化观念的更新。从《尚书·禹贡》到《水经注》，华夏九州大地上的河流怎样从文明起源期就承担远距离的资源调配作用，值得结合考古新发现情况做出全盘的考量。

东亚在青铜时代到来之前，是不是先有一个玉器时代作为铺垫呢？铜矿和其他金属矿石起初被先民发现之际，其实也都是某种特殊石头。据此可以说冶金术的起源确实以石器时代切磋琢磨的攻玉实践为前身。如果要在漫长无比的石器时代中划分出早段无玉时代和晚段有玉时代，那么原有的旧石器时代和新石器时代的划分就不够用了，需要在新石器时代中期至青铜时代初期之间，重新划分出一个玉器时代。对于华夏文明的特殊文化基因而言，玉器时代的孕育作用至关重要。问题在于阐明玉器从石器中被筛选而出的观念因素是什么。刘易斯·芒福德的说法是：

> 在挖掘、采石和采矿之间并没有明显的分界。发现石英的露天岩层，也同样可能展现黄金；黏土河岸的河流中也可能闪现一颗或两颗金粒。它们对于原始人之所以可贵，不仅是因为其稀有，而且是因为它们柔软，能延展，不易氧化，不用火就能加工。在所谓的金属时代到来之前，人们应用的是黄金、琥珀和玉石。它们受人珍重主要不是因为能制作什么，而是因为它们的稀有及奇异的性质。人们对这些稀有物质的追求与扩大食物来源或感官的舒适毫无关系：因为在发明资本主义和批量生产之前很久，人类就已经不仅能满足生存需求，而且有更多的精力了。

难道仅仅由于"稀有和奇异"就能被人珍视甚至推崇备至吗？看来至少还需要从史前信仰观念上说明问题，那就要落实到玉石神话的形成和传播。有关夏代的历史记忆中充满着各位统治者与崇玉、佩玉和用玉的传说。从鲧生禹和涂山氏生启的方式看，是石中生出玉的现象之神话拟人化；从禹之玉圭和启之玉璜，到夏桀之玉门、瑶台，可以说整个有关夏代的想象都离不开玉的神话信仰，这或许并非空穴来风。国人都熟悉瑶台是华夏神话中的专名，特指掌管不死仙药的女神西王母的居所，又称瑶池。夏桀建瑶台，莫非要在人间营造一个模仿昆仑山的神仙永生世界？石峁石城发掘出4000年前建筑用玉景观，让争议夏代是否存在的双方人士都会有新的思考：肯定夏代存在的一方需要探讨石峁建城用玉与夏代玉文化的关系；否认夏代存在的一方则可思索相当于夏代纪年的石峁城之民族属性与文化归属，还有其玉料的来龙去脉；甚至从河套地区的方国政权统治势力及辐射规模，重新审视中原文明崛起的外来影响要素，尤其是北方草原游牧文化带的形成及其与中原农业文明的冲突、互动及融合。

四、石峁玉器解读：通神、避邪的玉教神话观

笔者去年夏以来三次走访石峁的龙山文化古城遗址，从考古现场得知，有中国史前最大城市之称的石峁城有400万平米，2012年发掘清理的只是该石城的一座东门，在垮塌的墙体中发掘出六件玉器，分别是玉铲、玉璜和玉璜残件。陕西当地学者有人将石峁古城看作黄帝集团的遗址。其文章在《光明日报》刊登并引起争论。不过，从石峁城墙中木料取样的 ^{14}C 测年结果看，建城和使用的年代在距今4300—4000年。约相当于夏代早期及更早些的传说时代即唐尧虞舜时代，与自古相传的黄帝5000年说，尚有近千年的差距。根据以往研究经验，不宜轻易将史前考古遗址同传说的

某一位古帝王直接挂钩，因为此类挂钩来自主观猜测，容易引起持久的争议，很难证实，除非有考古发现的文字记录或其他较确实的符号系统证明。就连河南二里头遗址是不是夏代都城所在，至今还有争议，更不用说石峁遗址是不是黄帝群团的遗迹了。

目前更需要学界关注和解释的是：相当于夏代的四千多年前的古城墙建筑用玉现象意味着什么？这一现象和古书记载中有关夏代帝王的事迹有没有对应点？如果有，又该做出何种联系和因果解释。石峁当地出古玉的名声已有半个多世纪。陕北民间一直有大量玉器外流，学界却弄不大清楚具体出处。20 世纪 70 年代，陕西省考古研究所的戴应新先生到当地调研时，曾经通过村干部动员，一次就从石峁村民手中采集到玉器 126 件。当地农民的一个说法就是玉器来自石墙的墙体。为了获取古玉，许多墙体遭到盗掘和破坏，现在残存的城墙已经十分破败和零碎。由于这一带地区本来就是明代长城分布的地区，人们也就一直以为这些藏玉的石城属于明长城残部。现在终于真相大白：这些残垣断壁是史前时期的龙山文化先民修筑和使用的。该城在距今约 4000 年时被废弃后，并没有发现商代及其以后的建筑和遗物。这意味着石峁古城代表的是一种失落的文化。石峁的玉器生产和使用并没有在当地的后世文化中传承下来，而是传播到其他地域。可能的传播方向一是向西，进入宁夏甘肃青海地区，成为齐家文化玉器的源头之一；二是向南，成为延安和关中等地龙山文化玉器的源头，并辗转而波及影响到河洛地区二里头文化玉器及商代玉器。二里头遗址高等级墓葬出土的玉刀玉璋组合（图二），从形制和墨玉用料看，均与石峁玉刀玉璋如出一辙（图三），或可作为文化关联的很好物证。

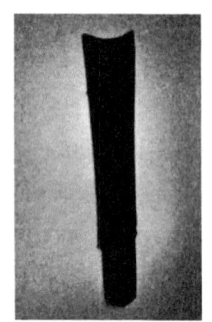 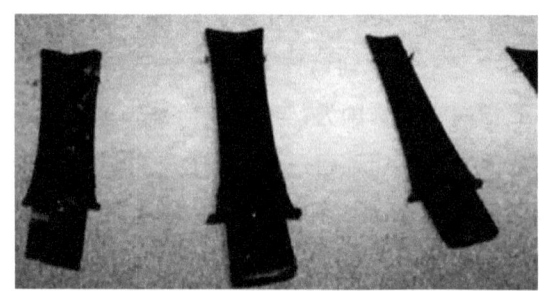

图二　二里头遗址出土墨玉璋　　　　　　　　　图三　石峁遗址采集墨玉璋
（2012 年摄于中国国家博物馆玉器馆）　　　　　（2011 年摄于陕西历史博物馆）

2012 年夏通过答辩的山东大学杨谦的硕士论文《商代中原地区建筑类祭祀研究》，将商代建筑仪式划分为三类：奠祭、祀墙和祀门。三种仪式中仅有祀门仪式使用玉器。如今看来，建筑仪式用玉的传统也是殷商人继承的史前文化传统。石峁古城还有一个让人惊悚的发现：城墙东门路面下和墙基外侧有两处集中埋放人头的遗迹，每处都是 24 个人头。头骨以年轻女性居多，部分头骨有明显的砍斫痕迹。先民建造城池用砍人头的行为作为奠基礼，这和建筑用玉的辟邪目的是一致的。2012 年发掘清理的只是古城地势最高处的一座东城门，就发现两处 48 位牺牲者的头颅。2013 年 6 月笔者再度考察时，人头坑的数量已经增加到 4 个，开始发掘的东门北侧城墙基址下方，延墙体伸展的方向有新发现的两个人头坑，大坑中依然有 24 个人头（图四），小坑中则发掘出 6 个人头。奠基用人头数量已经达到 78 个之多。照此推测，全城（外城墙现存长度约 4200 米，内城墙现存长度约 5700 米，合计长度将近 10 千米）之下不知有多少被砍的人头？这 78 个骷髅多为年轻女子之头，她们和石峁建城者和统治者有怎样的关系？是敌对一方的俘虏被残杀，还是同族的自愿牺牲者行为？这一切还都是谜。

辟邪的"辟"字，下方加上玉字就是代表玉礼器的"璧"，可象征精神上的通神、防御和保佑；下方加上土字就是代表城墙的"壁"，代表现实的防御和保护。辟邪需要人头祭祀的情况，在中原龙山文化的建筑仪式遗迹中多有发现，但从来没有发现使用这么多人头的。辟邪用玉用金（金属）的情况，在华夏周边的少数民族建筑奠基礼上至今还能见到。联系到石峁遗址出土的玉雕人头像（图五），以及石雕巨型人面像（图六）等，四千年前先民用玉的辟邪神话功能将呈现得十分明显。有关史前时代的石雕或陶塑人头人面等，萧兵先生均从辟邪意义上去理解。他写道：

图四　石峁城基下的祭祀人头坑
（2013 年 6 月摄于工地）

> 李水城《从大溪出土石雕人面谈几个问题》认为，它（即玉雕人面）确实可能是一种"护身符性质的形象化灵物"。它出现在一座儿童墓中，我们觉得就更可能是辟邪护身的"佩饰"，就好像后来的贾宝玉佩戴"通灵宝玉"，一般孩子戴"金锁"项圈、虎面佩饰一样——至于那人面所"属"还难于认定，只是可以肯定，无论是祖灵或人神造像，抑或猎获的"敌枭"造像，都具有辟除邪恶的功能。

图五　石峁遗址采集玉人头像
（陕西历史博物馆藏）

图六　石峁遗址出土石雕人头像
（榆林学院陕北历史文化博物馆藏）

结合石峁建城用玉器于墙壁中的情况看，《红楼梦》等文学作品表现的玉器能够辟邪护身的观念，后世普及流行于民间，其源头显然来自史前大传统的玉石神话信仰。玉器或玉质建筑物的想象，其观念原型即神话中的神仙所居之地。《穆天子传》卷三云：

> 天子宾于西王母，天子觞西王母于瑶池之上。西王母为天子谣曰："白云在天，山陵自出。道里悠远，山川间之。将子无死，尚能复来。"天子答之曰："予归东土，和治诸夏。万民平均，吾顾见汝。比及三年，将复而野。"

后世文学有关瑶池或瑶台的想象再造，总是和玉界仙境联系在一起。如"仙宫莫非也寂寞，子夜乘风下瑶台""若非群玉山头见，会向瑶台月下逢""飞雪漫天传圣讯，速邀芳客赴瑶台""瑶台休更觅，只此即神仙"，等等，皆是其例。夏代帝王用美玉砌成的楼台，从命名上看就是模拟昆仑山玉界的。除了瑶台之外，还有所谓"璇室"，特指饰有璇玉的宫室。"璇"通"旋"故又写作"旋室"。有一种说法认为，指装有旋转机关的宫室。《淮南子·墬形训》："倾宫、旋室、县圃、凉风、樊桐，在昆仑阊阖之中。"高诱注："旋室，以旋玉饰室也。一说，室旋机关可转旋，故曰旋室。"从石峁玉器中多见的玉璇玑的现象看，璇室的原型或许和玉璇玑本身的神话宇宙论意蕴有关，值得进一步探究。在有关夏代玉质建筑物的三种名目中，唯有"玉门"一项成为华夏文明史上著名的河西走廊地名和关口名，而且其地点就在向中原输送和田玉的玉石之路枢纽上。

玉门关遗址位于甘肃省敦煌市城西北 80 千米的戈壁滩上，一名小方盘城，是长城西端重要关口。现存的玉门关城垣完整，总体呈方形，东西长 24、南北宽 26.4 米，残垣高 9.7 米，全为黄胶土筑成，面积 633 平方米，西墙、北墙各开一门，城北坡下有东西大车道，是历史上中原和西域诸国来往及邮驿之路。玉门关为什么叫玉门关的问题，民间文学的叙事给出更加贴近上古信仰的解释：玉门关原来不叫玉门，而叫小方盘城。由于和田玉大量输入中原，数千里路上的主要运载工具是骆驼。骆驼队一旦进入小方盘城就卧地害病，这使押运玉石的官员十分恼火。有一位回鹘老人说：骆驼害病是由于被运送的玉石在作怪，需要为之祈祷和安抚。具体做法是在小方盘城的城门上砌一圈玉石。玉石进关时见到城上有光泽，以为仍在和田故土，就不作怪了。官员听从回鹘老人的劝说，在小方盘城城门上方砌了一圈晶莹光润的玉石，小方盘城也就改名叫玉门关了。

根据原始信仰的万物有灵观念，草木石头等自然物都是像人一样的有灵之活物。玉石通灵的观念直接源于玉石通神的观念与长期祭祀实践。具体而言，这一套玉教信仰观念的核心在于如下几点：其一，神灵高高在上，看不到也摸不到。其二，世间稀有的玉石，即代表着下到凡间的神灵，使得遥不可及的神灵变得具体而实在。其三，玉石之所以能够代表神灵，主要因为玉石的颜色和半透明性，近似天空之体。于是先民在想象中将玉类比于天和天神。其四，用玉石于祭祀礼仪活动，就好比信仰者直接感触到超自然存在，实现人神沟通和天人沟通。其五，最初的玉教形式就是石头崇拜和石头祭祀。祭祀玉石如神在：如羌族的白石崇拜。其六，用玉石作材料，制作出象征圆天的玉礼器——玉璧，专门用于祭祀仪式。看《尚书·顾命》篇的周公祭祀、《穆天子传》的穆天子与河宗氏祭祀黄河，《山海经》五藏山经的山川祭祀情况，可知华夏祭礼文化在西周时期已经完成改造升级，即以玉璧为主体的玉礼器体系。

石峁城东门山墙体中发现玉器，表明那也是四千年前古人心目中的一座"玉门"。最有参照意义的解读旁证，出自云南兰坪河西一带普米族在建筑奠基仪式上演唱的《祭中柱》歌，其歌词云：

我们寻找一个藏金埋玉的地方

打上地基的围栏

挖了第一锄基槽

埋下了第一个基石

普米族的建筑选址讲究"藏金埋玉"之地，这样的祭祀歌词听起来像是文学性的夸张或夸饰，但是如此措辞中带出的宗教信仰意蕴不在于炫富和奢侈，而是具有祈祷和辟邪的双重作用，那就是借助于金与玉的通神作用实现辟邪驱魔之法力。可以和四千年前石峁建城者的辟邪行为——墙体中藏玉和墙基下埋人头，相提并论，相互对照和诠释。

陕西礼泉县流传的唐太宗李世民修建陵墓选址的民间传说，也有先选风水宝地，然后埋下一枚玉钱，压石为记的细节。玉钱自汉朝起就有生产和使用。但是玉钱并不能用作在市面上流通的货币，而是用于宗教性或准宗教性的祈祷祭祀场合。建筑必须先破土，才能动工，用人做牺牲和用玉钱埋到地下，此类行为都潜含有向地鬼买地谢罪的宗教意图。玉和人头一样，具有强烈的辟邪神话意蕴。此类民间口碑资料虽然产生年代较晚，但是其中体现的玉器通神通灵作用，依然可以作为第三重证据，给玉教观念支配下的华夏文化文本解读，带来必要的启迪。

参 考 书 目

戴应新：《陕西神木县石峁龙山文化遗址调查》，《考古》1977 年第 3 期。

戴应新：《我与石峁龙山文化玉器》，《中国玉文化玉学论丛（续编）》，紫禁城出版社，2004 年。

郭沫若：《管子集校》，《郭沫若全集·历史编》第 3 卷，人民出版社，1984 年。

和顺昌（讲述）：《祭中柱》云南普米族歌谣集成，采自"中国口头文学遗产数据库"，中国民间文艺家协会与汉王科技公司，2013 年。

唐光玉：《丝路的传说》，新华出版社，1986 年。

王国维：《月氏未西徙大夏时故地考》，《王国维全集：第十四卷》，浙江教育出版社，2010 年。

萧兵：《避邪趣谈》，上海古籍出版社，2003 年。

徐中舒：《先秦史论稿》，巴蜀书社，1997 年。

叶舒宪：《"丝绸之路"前身为"玉石之路"》，《中国社会科学报》2013 年 3 月 8 日。

叶舒宪：《关于石峁与齐家文化的关系》，《文博》2009 年第 5 期。

叶舒宪：《河西走廊：西部神话与华夏源流》，教育出版社，2008 年。

叶舒宪：《黄河水道与玉器时代的齐家古国》，《丝绸之路》2012 年第 17 期。

叶舒宪：《神木、神煤与神玉》，《能源评论》2013 年第 4 期。

叶舒宪：《文化传播：从草原文明到华夏文明》，《内蒙古社会科学》2013 年第 1 期。

叶舒宪：《西玉东输与北玉南调》，《能源评论》2012 年第 9 期。

叶舒宪：《西玉东输与华夏文明的形成》，《丝绸之路（理论版）》2013 年第 6 期。

叶舒宪：《玉石神话与中华认同的形成——文化大传统视角的探索发现》，《文学评论》2013 年第 2 期。

叶舒宪：《玉石之路大传统与丝绸之路小传统》，《能源评论》2012 年第 11 期。

叶舒宪：《中国玉器起源的神话学分析——以兴隆洼文化玉玦为例》，《民族艺术》2012 年第 3 期。

叶舒宪：《重建"玉石之路"》，《文汇读书周报》2013 年 5 月 17 日。

〔加拿大〕布鲁斯·G. 特里格著，陈淳译：《考古学思想史》，中国人民大学出版社，2010 年。

〔美〕刘易斯·芒福德：《技术与文明》，中国建筑工业出版社，2009 年。

〔日〕江上波夫：《月氏和玉》，《亚洲文化史研究·论考篇》，东京大学东洋文化研究所，1967 年。

〔日〕梅原末治著，胡厚宣译：《中国青铜器时代考》，商务印书馆，1936 年。

〔以〕吉迪著，余静译：《中国北方边疆地区的史前社会》，中国社会科学出版社，2012 年。

[原载于《上海交通大学学报（哲学社会科学版）》2013 年第 6 期]

石峁璧形玉器赏析

曹丽丽

　　石峁遗址位于陕西省榆林市神木市高家堡镇秃尾河支流洞川沟内石峁村两侧的山梁上，三面环沟，平面呈不规则形，总面积超过 4000 余万平方米。城址最早建于龙山中晚期，兴盛于龙山晚期，夏时期毁弃，是迄今为止中国规模最大的史前城址。2006 年石峁遗址被国务院公布为第六批全国重点文物保护单位，2012 年入选"全国十大考古新发现"。

　　石峁遗址是我国北方地区一个重要的玉文化区域中心，出土了大量精美的玉器。在 2012 年石峁遗址的发掘过程中，出土了玉铲、玉璜等 6 件完整玉器，有力证明了石峁玉器确实存在。根据已发表的资料得知，美国、德国、俄罗斯等国收藏石峁玉器达数百件之多；陕西历史博物馆收藏 127件；西安半坡博物馆收藏 4 件；榆林上郡博物馆、神木收藏家胡文高先生收藏 400 余件，榆林市国有收藏单位收藏 200 余件。石峁文化璧形玉器是石峁玉器中很重要的一个类型，有器薄、打磨光滑、开片及钻孔技术成熟、残器改制等特点，玉质属软玉，硬度在 5.5—6 之间。现将榆林民办博物馆及胡文高先生收藏的璧形器与读者共赏，敬请指正：

　　台湾邓淑萍著《古玉图考导读》再次将吴大徵的《古玉图考》中外缘有齿棱的璇玑纠正为牙璧，故笔者把这类型器都称之为牙璧。石峁玉器中的牙璧不仅形式多样，而且数量也较多，仅在胡文高先生收藏的 40 多件牙璧中，形状就几乎没有完全一样的，真可谓是千姿百态。石峁文化璧形器应属玉礼器或者配饰。

　　玉璧是一种中央有穿孔的扁平状圆形器，为我国传统的玉礼器之一。《尔雅·释器》载："肉倍好谓之璧，好倍肉谓之瑗，肉好若一谓之环。"根据中央孔径的大小把这种片状圆形玉器分为璧、瑗、环三种。从近年考古出土的实物看，古人在制作玉器时，对于玉璧的内外径与器体的比例并没有严格的规定，因此今天我们习惯上把宽边小孔的圆状器统称作璧，而窄边大口径的称为环，一般不再用"瑗"这一名称。

　　据悉，在 2013 年神木石峁遗址的科学考古发掘中又有新的收获和惊喜，用陕西省考古研究院、石峁遗址考古队队长孙周勇的话讲："目前的发现仅仅是冰山一角，好戏才刚刚开始……"

　　牙璧：新石器时期。直径 12.2 厘米。青玉质，呈白、绿、黑三种颜色，可谓色彩斑斓。扁平圆形，中穿孔，单面钻孔，孔周琢磨平滑。肉边有三个齿状突出，各齿间有三条不等的边，边缘磨成刃状。整件玉器打磨光滑，玉质温润。胡文高先生藏品（图一）。

　　牙璧：新石器时期。直径 15.8 厘米。白玉质，褐色沁。扁平近似椭圆形，中穿孔，单面钻孔。肉部较厚至缘渐薄，有一条裂缝，缘凹凸呈椭圆形，有不规则齿牙。玉质莹润，沁色自然，造型独特。胡文高先生藏品（图二）。

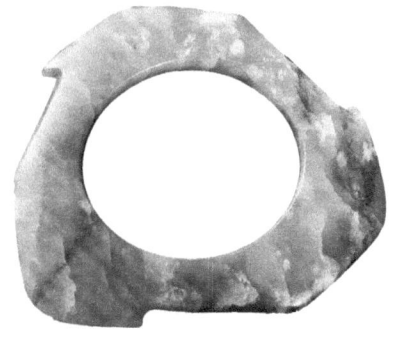

图一　牙璧（一）

图二　牙璧（二）

高领牙璧：夏代至商代。石英岩质。通高 6.9 厘米，筒径 6.5—6.7 厘米。体呈筒状，腹部中央外扩凸出一周呈牙璧状，内缘较厚至外缘逐渐变薄，外缘斜出三个同方向回旋的牙；筒孔略大，一端残一豁口，上下各突出四个支牙（上下各残缺两支牙），两两相对，用作支撑整件器物。器物外表琢磨光滑，制作工艺技术成熟。该件玉器属神木石峁文化类型的佩饰，是目前榆林市境内出土唯一一件，功能与用途有待进一步的研究与考证。榆林市境内征集。榆林上郡博物馆藏品（图三）。

牙璧：新石器时期。直径 13.5 厘米。青玉质，白、黄色沁。扁平圆形，中穿孔，单面钻孔，一面斜坡状，另一面平整，有刃感。肉部有明显开片时留下的痕迹，薄厚不均匀，最薄的地方用薄如纸来形容一点都不为过。边缘有不规则形的齿牙。玉质温润，沁色自然，深入肌里。胡文高先生藏品（图四）。

图三　高领牙璧

图四　牙璧（三）

牙璧：新石器时期。直径 12.3 厘米。青玉质，有土沁、朱砂沁。扁平圆形，好大于肉，肉相对较厚，有裂缝一条。边缘有三组齿牙，其中两组为六个，一组为七个。这些数字究竟有什么意义还有待研究。玉质莹润，造型古朴，充满神秘感。胡文高先生藏品（图五）。

玉璧：新石器时期。直径 10.6 厘米。白玉质，褐色斑，稍沁。扁平圆形，中穿孔。好小于肉，单面钻。器薄如纸，肉部一面完全是仅用开片平整，可看到开片留下的刀痕，不曾琢磨。另一面琢磨光滑。整体光素古朴，玉质润泽。胡文高先生藏品（图六）。

玉璧：新石器时期。直径 15.3 厘米。玉质呈碧绿色，隐见褐色斑。扁平圆形，中穿孔。好小于肉，单面钻孔。器薄如纸，肉部可看到开片痕迹。有小裂缝及一小豁口。此件玉璧整体琢磨光滑，玉质润泽，能看出石峁玉器精准和高超的制玉技术。胡文高先生藏品（图七）。

| 图五　牙璧（四） | 图六　玉璧（一） | 图七　玉璧（二） |

高领玉璧：夏代至商代。外径10.2、内径7.5、高1.4厘米。乳黄色，有黑色斑点。圆环形，孔周两面均有凸起的领。肉部由内向外逐渐变薄。整器做工精细，肉部有一条细裂缝，已黏合，不影响器物的美观。神木石峁征集。胡文高先生藏品（图八）。

玉璧：新石器时期。鸡骨白。外径10.5、孔径6.3厘米。扁平圆形，中央单面钻孔，孔周经琢磨。好大于肉，肉部由内厚外薄，缘呈刃状。神木石峁征集。榆林上郡博物馆藏品（图九）。

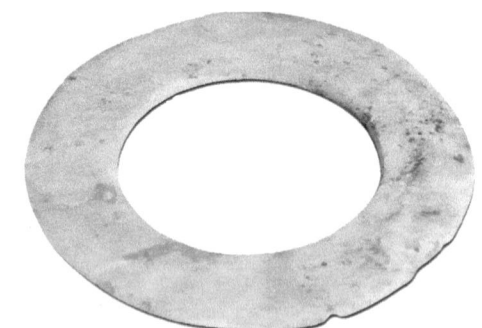

| 图八　高领玉璧 | 图九　玉璧（三） |

玉璧：新石器时期。直径11.2厘米。青白色，褐色杂质，一边有沁色。扁平圆形，中央单面钻孔，好与肉基本相等，肉薄厚均匀。整器打磨平整，玉质光洁润泽。胡文高先生藏品（图一〇，2）。

玉环：新石器时期。直径8.3厘米。青玉质，有玻璃光泽感。扁平环形，中央单面钻孔。肉部中央厚两边渐薄，原残为两段，两端各钻一小孔便于相接，单面钻孔，孔成蹄形。后其中一段又残为二，已黏合。此件器物体现了古人珍惜玉石的真实情况。胡文高先生藏品（图一〇，1）。

玉环：新石器时期。翠绿色，黑色杂质。直径12.1、厚0.5厘米。扁状圆形，中央单面钻孔。肉部中间厚边缘薄，有较少的黄色沁，肉部有一条细裂缝。玉质细腻，琢磨光滑，沁色自然。神木石峁征集。榆林尚古博物馆藏品（图一〇，3）。

双璜联璧：新石器时期。外径10.2厘米，重0.06千克。鸡骨白玉。原由两块玉璜联成璧，现残为四块，每块玉璜两端穿一至两孔，以便相连，单面钻孔呈斜坡状，上孔较大，下孔较小。神木石峁征集。榆林上郡博物馆藏品（图一一，1）。

双璜联璧：新石器时期。外径15.2、内径6厘米。此联璜璧原为一块下璜横切为二，变成两块璜并联成璧。石质、玉质并存，石质发黑、白、青翠色。玉质为青、白色，油脂光泽，受沁较

图一〇　玉璧及玉环

1、3. 玉环　2. 玉璧

图一一　双璜联璧

少。每块玉璜两端各穿一孔以便相连，钻孔呈斜坡状，因钻时没有穿透，形成上孔较大，下孔较小的形状。联璜璧整体感觉似一幅漂亮的山水画，赏心悦目。榆林市境内征集。榆林上郡博物馆藏品（图一一，2）。

（原载于《收藏界》2013 年第 8 期）

石峁玉石雕人头像

高　功

　　陕西神木石峁遗址出土了不少新石器时期的玉、石雕人头像，其中玉雕人头像的出现尤其令人称奇。这些粗犷、古拙的玉、石雕人头像，反映出古人由于缺乏对大自然的了解，以及对各种自然现象理解肤浅，凭着原始的认识和想象用人工制造出玉、石雕人头像，表达对生命的尊重和神灵的敬畏，以期达到征服自然、祈求平安生存的目的。从考古发掘的资料证实，玉、石雕头像是原始先民们用于宗教活动、祭祀仪式或巫术活动中所用的器具。原始的巫术信仰早在旧石器时代就已经出现，远古先民们信仰"万物有灵"，即一切事物皆有灵魂，特别是人。玉石雕人头像即是古人心目中"神和灵魂"的寄托或化身，陈设在祭台或广场中央，供人们祭拜、祈福，祈求达到神灵保佑的目的。

一、玉雕人头像

　　玉在古代被视为山之精髓的美石，光泽温润，晶莹剔透，有超自然的能力，是瑞祥之物。在古人眼里，以玉雕琢成的人头像对邪恶的东西更具有威慑的力量。

　　陕西历史博物馆收藏的玉雕侧面人头像（图一），1976 年征集于石峁遗址，新石器时代，距今 4000 多年。高 4.5、宽 4.1、厚 0.4 厘米。片状，玉质呈青色，局部有褐色侵蚀、半透明，双面平雕；玉雕人头像圆脸，五官比例准确，目光平视；鼓腮，口微张，颔下有细颈；面颊部透钻一圆孔，可能用于系佩；鹰钩形高鼻，阴刻橄榄形大眼；脑后有凸出的大耳，头顶有一凸起的发髻；形象古拙传神，憨态可掬。从玉人头面部的形象看，与中原地区的人不同，可能是以陕北地区质朴、健壮、憨厚的男性为蓝本雕琢而成。

　　无独有偶，30 多年后，神木收藏家胡文高先生也收藏到一个石峁玉雕人头像（图二），其形状及尺寸与陕西历史博物馆收藏的玉雕人头像极为相似。玉质呈微黄色，半透明，双面平雕，片状；玉雕人头像方脸、鹰钩形鼻隆起、橄榄形大眼，鼓腮，口微张，颔下有细颈，面颊部透钻一圆孔；脑后有凸出的耳，顶有一束凸起的发髻，发髻中部有一小孔，可能供系佩用。此玉雕人头像与陕西历史博物馆的区别较大，玉表面及所有的阴刻线都经过仔细打磨，手感莹润光滑；玉雕人头形象稳重矜持，妩媚强健，雕刻手法古拙，各部比例虽有失当，但形象传神，其面容似为一北方女子的形象。

　　玉雕人头像是陕西省新石器时代遗址中首次发现的以人为雕刻对象的玉器，在陕西省境内属首次，但类似的玉雕人头像在全国史前遗址中并非鲜见。如山东滕县大口的玉雕人面像，甘肃永昌鸳

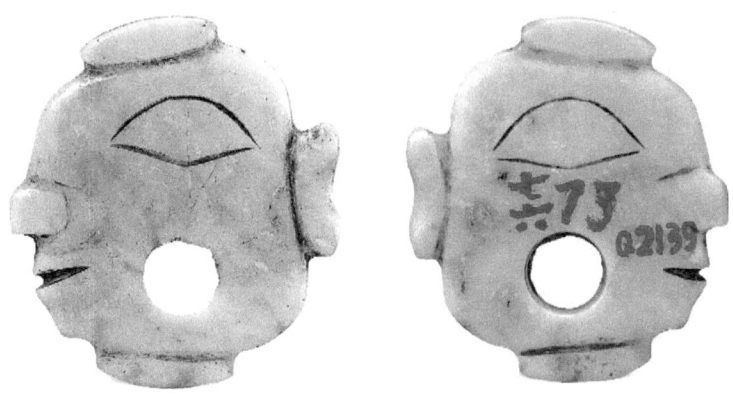

图一　玉雕人头像

（高 4.5、宽 4.1、厚 0.4 厘米，陕西历史博物馆收藏）

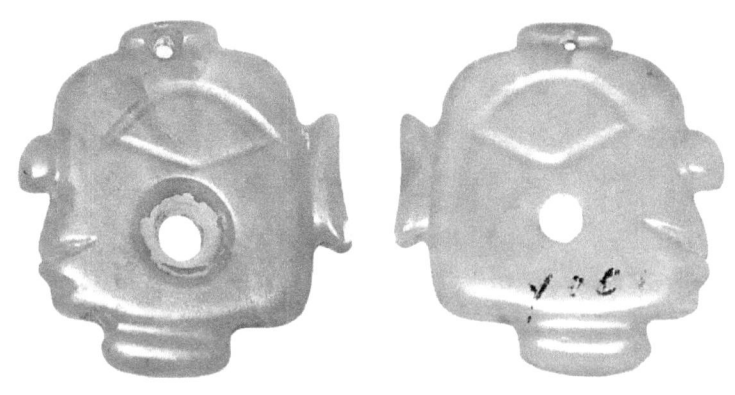

图二　玉雕人头像

（胡文高先生收藏）

鸯池 51 号墓石质雕人面像，四川巫山大溪遗址 64 号墓双面石雕人面像，安徽含山长岗乡凌家滩 1 号墓玉人等。

二、石雕人头像

石峁遗址出的石雕人头像远多于玉雕人头像，粗略估计有 20 多个。这些石雕人头像都是用整块的岩石雕凿而成，大小不等，最大的有几十厘米。从外形来看，大都造型粗砺、简练、稚拙，具有典型的山地草原民族的文化气息，追求人死后灵魂不灭；从雕琢的粗略及数量看，可以推断石雕人头像的出现应当在玉雕人头像之前。

陈列在榆林陕北历史文化博物馆的石雕人头像（图三），是 2009 年征集到该馆的镇馆之宝，已展出 4 年，应是一件新石器时期的祖先崇拜物。石雕人头像质地为砂石料，呈浅黄褐色，长 60、高 50、宽 25 厘米，为单面高浮雕，品相完好，为人的正面脸部形象；整体上至眉骨平顶，下沿与下巴齐平；面部形象为鹰勾形隆鼻、与双眉相连；半张口，呈微笑状，两颊颧骨稍微凸出；扁方脸和大眼睛较为夸张，采用的是高浮雕的雕刻方式，其雕刻手法简单、朴拙。石雕人头像反映了陕北先民敬畏和祈求祖先、神灵护佑的原始朴素观念。这件难得的高浮雕艺术品，在我国石雕艺术史上有着极其重要的地位。

收藏于榆林上郡博物馆的一件石雕人头像（图四），高26、宽28厘米；砂石料质地，黄褐色；石雕人头像为三角形，平顶齐眉，眉与隆鼻连为一体；阔嘴无颈，两腮外鼓，下巴与底部平齐；柳叶形大眼延伸至耳后，造型极为夸张；立体高浮雕，雕刻手法简约、粗犷。从石雕人头像的面容看，似以北方游牧民族男子的形象为蓝本，双眼倒竖、强悍健壮。

图三　石雕人头像
（长60、高50、宽25厘米，榆林陕北历史文化博物馆收藏）

图四　石雕人头像
（高26、宽28厘米，榆林上郡博物馆收藏）

三、结　　语

在2012年石峁遗址的考古发掘中，共出土了6件完整的玉器以及石雕人头像等遗存物。这次考古发掘终于为散落在海内外的石峁玉器、石器以及陶器找到了"家"，具有十分重要的意义，为收藏在海内外博物馆及收藏家手中的大量石峁玉器、石器以及陶器定了性。本文刊出的玉雕人头像和石雕人头像，与考古发掘出土的器物无论在器型上，还是在质地及雕琢手法上，都如出一辙。石峁遗址出土的大量文物，与同时期的其他文化有很大的不同，显然是新石器时期的又一种文化现象。因此，将其定义为石峁文化，对于探讨和研究我国的史前文明具有重要的意义。

（原载于《收藏界》2013年第8期）

溯源追本　玉出石峁

高　功

　　早在 20 世纪 20 年代，外国人就在石峁遗址搜集到数量众多的玉器：大英博物馆、科隆远东博物馆、哈佛大学赛克勒博物馆、波士顿美术馆、芝加哥美术馆、白鹤美术馆、伦敦大学亚非美术馆等许多著名博物馆均收藏有石峁玉器。20 世纪 70 年代，陕西的考古人员在石峁征集到 127 件玉器，有刀、镰、斧、钺、铲、璇玑、璜、牙璋、玉蚕、玉鹰、虎头、人面形雕像等，被陕西历史博物馆收藏。采集的磨制玉器十分精细，颇具特色，其原料主要为墨玉和玉髓。尤其以玉人头像价值最高，雕工极其精美，是我国新石器时期少有的以人为雕刻对象的玉器。近年来，不断有石峁玉器出现，有许多流散在民间收藏家的手中。据有人粗略估计，存世的石峁玉器在 4000 多件以上。然而，因为没有在石峁遗址发掘上发现过石峁玉器，缺乏关键依据，石峁玉器虽然世界闻名，但是对其出处一直无法确定，对其有 4000 年的历史也一直争议不断。

　　2012 年 5 月至 11 月，陕西省考古研究院与榆林市文物勘探工作队、神木县文体局联合组队，对陕西神木石峁遗址重点发掘。发掘证实，石峁遗址是迄今为止中国规模最大的史前城址。尤其引人注目的是，首次通过考古发现 7 件玉器，其中完整的 6 件，种类为玉铲、玉刀、玉璜等，最长的玉铲有 18 厘米长（图一）。如前所述，石峁玉器世界闻名，但是一直没有"正名"，这是因为没有

图一　2012 年石峁遗址出土玉器

在石峁遗址考古发掘中发现过石峁玉器，缺乏关键依据。此次考古挖掘中发掘出玉器，这是一个非常重要的考古收获，证明石峁玉器确实存在，并且有 4000 年历史，这就为流散在海内外的 4000 余件石峁玉器找到了"家"，散落在各地的石峁玉器也因此"正名"。

为了早日揭开蒙在石峁遗址上的神奇面纱，研究和探讨石峁玉器这一新的玉种，让读者了解和鉴赏石峁玉器，本刊编辑和记者先后到陕西历史博物馆、神木博物馆、榆林陕北历史文化博物馆、榆林上郡博物馆、神木石峁遗址，以及收藏家胡文高的玉器藏品室，拍摄玉器照片，采写稿件，编辑刊出这期"石峁文化玉器专题"，以飨读者。

（原载于《收藏界》2013 年第 8 期）

石峁人面纹琮式玉镯的介绍及其相关问题探讨

韩 康

2013 年 6 月中旬在榆林市举办的"玉石之路与玉兵文化研讨会"上，收藏家胡文高先生带来了 80 件藏品以供与会者观摩，引起了各位专家学者、与会嘉宾们的广泛关注和热烈讨论。其间最为引人瞩目的则是一件琮式玉镯，据胡先生本人称，这件玉器是他由石峁遗址征集而来。由于种种原因，目前公诸于世的诸多所谓石峁玉器中有近 95% 以上都不是经过正式考古发掘所得，本件器物也不例外。不过从器型、玉质、打磨方式等方面综合观察来看，该器划入石峁玉器范围之类也无不可，故在没有进一步资料出现之前，本文暂将其划入石峁玉器之列。

该琮式玉镯整体呈圆形，但不甚规整，表面打磨光洁，内外没有切割毛茬可寻；内壁较圆，明显为管钻掏心，外壁圆中略方，应为方形玉胚切削打磨而成，致使该器四周内外壁之间厚薄不均，大约 0.4 厘米；高约 1.5 厘米，其整体直径约 7.5 厘米；由于上下平面的直径略有出入，上大下小，故而整器纵切面略呈倒梯形；青白玉质，多处有淡黄色沁，故整体光色略泛黄，局部有鸡骨白沁，内壁有近三分之一处有土沁和植物根沁（图一、图二）；其外壁四个略方形转角处刻有类似良渚文化的兽面纹和条形卷云纹组合四组，每组纹饰之间以一道宽约 1 厘米的削地凹槽带间隔，整个纹饰刻划得浅淡而纤细，多处现已模糊不清，若不借助工具细看是很难辨清纹饰内容的。每组纹饰均以三条阴刻直线将外壁划为上下两个纹饰区，靠近上下边缘处的两条线刻划较深，劲利而流畅，但不甚严谨，有歧出现象，且与上下边缘并不平行，辨其痕迹，应为绳切。上部纹饰区刻一兽面纹，眼形为杏眼，由上下两道弧线对接而成，眼中有圆形瞳孔，管钻而成，直径不足 0.2 厘米，两眼之间为一阳起条形带，四角圆转；下部纹饰为一道以卷云纹为主体的伴以成组直线和弧线的阴线刻条形带，宽约 0.2 厘米，长度贯穿该组纹饰区，线条浅淡柔和，且较为顺畅（图三、图四）。

图一　石峁琮式玉镯Ⅰ型
（胡文高先生藏）

图二　石峁Ⅰ型琮式玉镯局部（一）

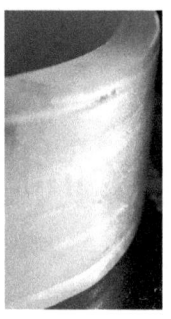

图三　石峁Ⅰ型琮式玉镯局部（二）

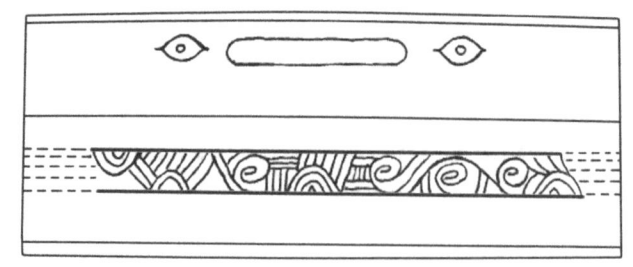

图四　石峁Ⅰ型琮式玉镯纹饰示意图
（笔者绘）

正是由于该琮式玉镯与良渚玉琮有着很大的相似之处，且同样也琢刻有与良渚兽面纹类似的纹饰，所以引起了与会专家学者们的关注。会下讨论期间多数专家学者一致认定该琮式玉镯应该是由一件完整的良渚玉琮切割改制而成，并确认这是石峁文化受良渚文化影响的一件有力证据。同时他们还确认这批玉器中的另外一件琮式玉镯也是由良渚文化玉镯改制而成的，这件玉镯的外侧面管钻有八个圆形眼状纹饰，浅淡而简洁，如果没有良渚文化兽面纹作为前导，我们是很难将它与兽面纹联系起来的（图五—图七）。当然，这一观点只是与会专家学者们的一些会下讨论结果，目前并未见到成文公诸于世。但是本次与会的专家学者多数都是在三代之前玉器方面研究的文博专家，或者是史前考古发掘第一线的考古专家，自然对于这一观点的定性意义当是非同小可。追本溯源，学术界关于陕北出土玉器（包括延安芦山峁出土和征集的一批玉器）中某些器物来源于东方或东南方诸文化等相关观点早已做出了诸多的探讨，诸如日本的林巳奈夫、美国的巫鸿、中国台湾的邓淑萍、大陆的杨建芳等。其中邓淑萍先生在 1998 年撰写的《晋、陕出土东夷系玉器的启示》一文中，就

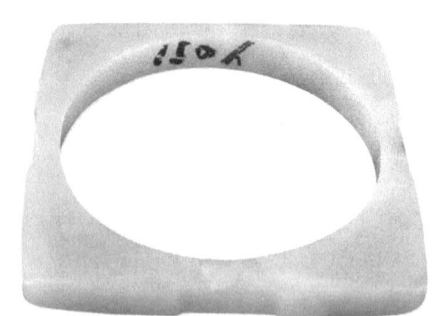

图五　石峁Ⅱ型琮式玉镯
（胡文高先生藏）

将石峁出土的那件著名的侧面玉人头像（图八）归属到了东夷系玉器当中，在该文的"启示 3"的结尾部分作者甚至认为"石峁玉神祖像，或也是石家河玉器中较晚的作品"。当然，对于上述观点的对与错并不在本文讨论的问题范围之内，笔者在此之所以将其引述出来，只是为了说明目前学术界已经存在的一种思想倾向，而笔者认为这种思想倾向可能是影响本次与会专家学者们对这件琮式玉镯本源轻下断言的根源所在。另外，通过正式发掘所得以及征集所得的石峁玉器中，大多器型薄而光洁，绝少有纹饰出现者，因此这件纹饰精美

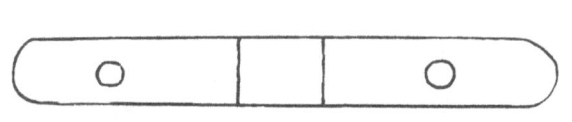

图六　石峁Ⅱ型琮式玉镯正侧面示意图
（笔者绘）

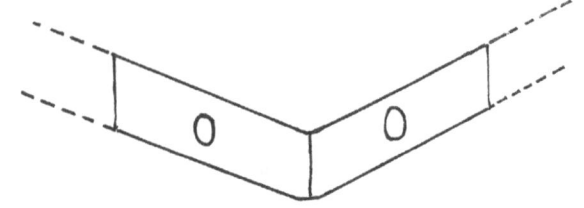

图七　石峁Ⅱ型琮式玉镯斜侧面示意图
（笔者绘）

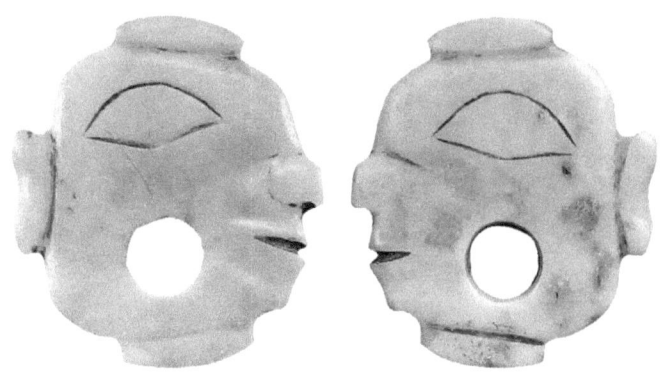

图八　石峁玉人面（陕西历史博物馆藏）

（图片来源：《中国出土玉器全集·14·陕西》）

的琮式玉镯的出现，在没有标准器的参考之下，令平时治学严谨的专家学者们的思维偏向"外来改制"说，似乎也在情理之中。

　　本文接下来所要讨论的问题是该件琮式玉镯是否由良渚玉琮切削改制而成。首先从纹饰特征上来加以比较分析。从纹饰特征来看，该琮式玉镯的人面纹中似乎是鼻梁的横条带和两个圆形的眼睛组合和条形带中的卷云纹与直线、弧线形成的组合纹饰，与良渚文化的兽面纹及其内部填充纹饰确有几分相像之处（图九），但是如果仔细比较的话，它们之间还是具有显著的区别的，主要是在纹饰的组合方式上。在良渚文化的兽面纹中，在表现复杂眼睛时往往两眼之间有一条形带相连接（图一〇），在表现简单眼睛（所谓简单眼睛即只有眼眶和瞳孔两部分的简单线条组合或者只有一个圆形的眼珠）时往往略去两眼之间相连接的条形带，这就形成了只有上部两个分立的眼睛和眼睛下部条形嘴组合而成的一组简单的兽面纹（图一一）。而石峁这件琮式玉镯的兽面纹在两只简单的眼睛之间，有一条并不相连的条形带，其下部却没有表示嘴的那道条形带（图一二），这种组合方式笔者在大量的良渚文化出土玉器中目前还未发现一件。也许观察仔细者会问，该人面像下方之条形纹饰带不就是良渚兽面纹上的那张嘴吗？这个问题问得很好，但是不要忘记，它们两者之间还有一道用于分区的阴刻线存在，这在良渚文化兽面纹中是看不到的。因为在良渚文化中，眼睛、鼻子、嘴是组成兽面纹的三大要素，即使是最为简略的兽面纹，眼睛和嘴都是一个不可分割的整体，这在良渚文化中定是具有着神圣和固有且特定的文化意义在内。但是在这件石峁琮式玉镯上，这几大元素却被一分为二，姑且跳过它们之间的一道阴刻线不论，就从下部条形纹饰带贯穿整个纹饰单元以及它的装饰繁复和上部人面纹简洁单一的对比来看，很显然，上下两组纹饰已不再是个整体，而分裂为两个独立的个体，也就是说，在这组看似良渚文化兽面纹的图案中已不再具有良渚文化原有的文化内涵。进一步推断，我们也不应该将这组纹饰命名为兽面纹，或许我们应该将上部纹饰命名为人面纹，下部命名为条形纹饰带或卷云纹与直线、弧线组合条形带。这也是笔者在本文题目中称人面纹而不称兽面纹的原因，这方面相关的详细论述将在本文论述的最后一部分展开。由上述可知，该琮式玉镯上的纹饰打破了良渚文化兽面纹的固有组合形式，显然已不具备或偏离了良渚文化赋予兽面纹图案原有的文化内涵。诚然，该组纹饰并非出自良渚文化人群之手，充其量是受到了以往良渚文化的影响而已。关于受到良渚文化的影响方面，则是肯定的，因为这里的人面纹布局还是具备良渚文化兽面纹的某些因素在内的，尤其是那道条形纹饰带中的卷云纹和直线、弧线的组合，显然受到了良渚文

图九　余杭良渚反山 12 号墓中出土的
玉琮（编号为 M12∶98）
（图片来源：《中国出土玉器全集·8·浙江》）

图一〇　浙江余杭反山 12 号墓出土
（浙江省文物考古研究所藏）
（图片来源：《中国出土玉器全集·8·浙江》）

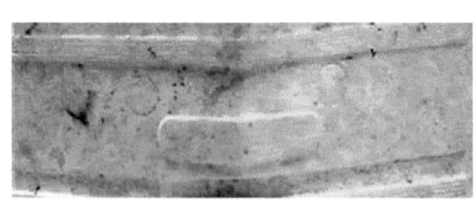

图一一　浙江余杭反山 14 号墓出土
（浙江省文物考古研究所藏）
（图片来源：《中国出土玉器全集·8·浙江》）

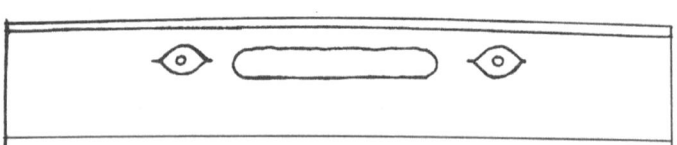

图一二　石峁I型琮式玉镯人面纹示意图
（笔者绘）

化的影响，只是良渚文化往往将这些纹饰作为主体图案的填充部分来处理，而在这里却形成了独立的纹饰个体，且更加圆转、顺畅。

其次从工艺特征上来加以比较分析。良渚文化玉器在线条的琢制上是有着极其显著的个性特征的，"细曲线纹是由短而细的线条错落连接而成，其直线纹是由笔直的阴线构成"[1]。"良渚玉器的弧线是由短而细的线条错落连接的。——在放大镜下观察，可以明显地体会，不仅是弧线，就是直线也是断断续续地连接，整个线条并不划一整齐，如能正确地判断这种如松如紧、如断如连的线条，那就基本上掌握了良渚玉器的加工工艺了。"[2]许多专家学者对此已作出了颇为详尽的论述。除此而外，良渚玉器的卷云纹往往圆中见方（图一三）。而本件琮式玉镯上的弧线和卷云纹却较为圆转而流畅，短而细的线条错落连接现象在这里几乎不见，且卷云纹不见方折迹象（图一四）。再者，"良渚文化玉器的圆，加工方式有两种：一是直接用管钻钻圆；二是用弧线连接"[3]。"一般来

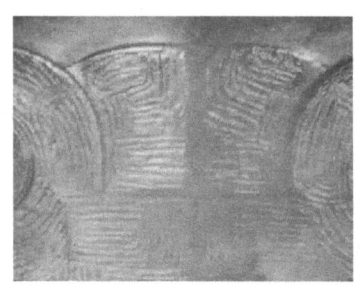

图一三　良渚文化玉器上的卷云纹
［图片来源：陈莺、陈逸民：《良渚玉器的工艺特征（上）》，《文物鉴定与鉴赏》2011 年第 8 期］

图一四　石峁I型琮式玉镯条形卷云纹示意图
（笔者绘）

说，比较小的圆往往用弧线连接工艺制成，而稍大的圆则用管钻工艺钻成。"[4]出现这种现象的原因可能是在当时较小的管形工具在自然界难以找到或难以制造出来。而石峁这件琮式玉镯上人面纹眼睛中的瞳孔却是用管钻技法钻出来的，圆形极其规整，孔径则不足0.2厘米，这在良渚文化玉器的圆形纹饰中是绝难找到的，相对而言，这无疑是一个工艺技术上的巨大进步。由此可见，从工艺特征角度出发，该琮式玉镯也不可能是由良渚文化玉器改制而来的。

最后让我们再来探讨一下有关人面像的问题。前文提到，笔者将该琮式玉镯上的纹饰命名为人面纹而非兽面纹，是考虑到石峁遗址中曾出土过一批石雕人像。从现有的十几件实物观察，石峁遗址的石雕人像多数形体较小，利用原石结构缘形琢磨，略近大意，很少精雕细琢，材质为当地极易风化的砂岩，其面目特征大多刻划简括，纯朴而自然。与良渚文化所谓的兽面纹相比，多了几份人性而却少了几份神性。也就是说良渚文化所谓的兽面纹带有人兽结合的成分，且纹饰发展水平较高，而石峁人面纹并无兽的特征，纹饰发展水平也相对简朴。到目前为止，石峁遗址中尚未发现人兽交融的相关纹饰或雕刻作品，其所表现的都是单纯的人的形象。正如罗宏才先生研究认为，石峁石雕人像"察其文化属性，虽与河套地区内蒙古、陕西、山西结合部有密切关系，但更多地却表现出一种集群式聚集、个性浓郁的地域性特质"[5]。这一分析从侧面反映出，石峁人群在人像雕凿和与人像相关的信仰方面已形成了一套比较成熟的相对独立的体系。因此，笔者认为这件琮式玉镯上的人面纹虽然采用了良渚文化兽面纹的某些构成因素，但在布局上却打破了原有的规律，去除了原有的兽的特征，延续了其石雕人像的简约风格，重点突出了人面的双眼，体现了石峁人像雕凿和崇拜的本质。

综上所述，本文的这件琮式玉镯无论从纹饰特征还是从工艺特征上来看，其与良渚文化玉琮之间都存在着较大的差异，因此该琮式玉镯并非由良渚文化玉琮切削改制而成。观其特征，该琮式玉镯应该完全由石峁人群制造产生，但同时又间接地受到了良渚文化玉器造型及装饰的某些影响。

注　释

［1］ 杨伯达：《传世古玉的辨伪的科学方法》，《传世古玉辨伪与鉴考》，紫禁城出版社，1998年。
［2］ 陈莺、陈逸民：《良渚玉器的工艺特征（上）》，《文物鉴定与鉴赏》2011年第8期。
［3］ 同［2］。
［4］ 同［2］。
［5］ 罗宏才：《陕西神木石峁遗址石雕像群组的调查与研究》，《从中亚到长安》，上海大学出版社，2011年。

（原载于《收藏界》2013年第9期）

陕北龙山文化至夏代玉器初探（上）

韩建武

龙山文化晚期，中国社会发生了重大变化，各主要文化区域出现了大型的城垣，其中最重要的是良渚、陶寺及石峁三大古城。这是相较以往的中心聚落的进一步发展，说明中国社会已进入了早期国家阶段，迈入了文明的门槛。陕西历史博物馆收藏的陕北出土的早期玉器，除石峁遗址以外，还有延安芦山峁及横山出土的一些玉器。这些玉器多属征集品，面貌复杂，由于其玉质、工艺、器形等方面的一致性，可将之归为同一时期同一文化面貌。

一、陕北出土的早期玉器

1. 神木石峁遗址出土玉器

1976 年经戴应新先生之手征集入藏陕西历史博物馆的石峁玉器共 126 件，计有牙璋、圭、斧、钺、戚、戈、刀、璧、牙璧以及玉雕人头像、玉虎头、玉鹰形笄等十几类，其中以牙璋、刀、戈、钺等最具特色[1]。

玉刀近 40 件，分宽短型、中长型、窄长型三种形制，靠近刀背处一般有 2—5 个穿孔（图一—图三）。玉刀是由新石器时代的石刀发展演变而来，最初是收割工具，与同时期的斧、锛、镰、铲一样为生产工具，随着时代的发展变化成为玉制品，其用途也发生了变化，主要作为仪仗及礼仪中的标志出现。石峁出土的玉刀最长的达 71 厘米，且宽大体薄，质地硬脆，是无法作为实用工具的，应是仿工具或武器的非实用玉器。玉刀上的穿孔，应是供玉刀柄扎结时穿系捆结用的，其中一些玉刀有一穿孔，孔径较大，位置靠近刀的一端，不同于其他有序排列的孔，有学者认为这种大孔是系缨络之类装饰物用的。

图一　三孔玉刀（一）

图二　四孔玉刀

图三　五孔玉刀

牙璋，多为墨玉质。有一件体细长，首端为一对歧峰，柄体结合部两侧有突起的齿形雕饰，其余形状似铲，凹弧形刃。体扁平，窄方柄，柄上有一穿孔，柄身结合处有突齿。石峁玉璋有 28 件之多，可称石峁玉器的代表器物，被认为是此类器物的鼻祖（图四—图六）。

图四　玉牙璋（一）

图五　玉牙璋（二）

图六　玉牙璋（三）

钺 5 件，体扁平，器身宽短，平直背双面斜刃或弧刃，一穿或二穿（图七）。

牙璧 2 件，环状，乳白色，有玻璃质的透明感。周边有三个齿状突出，各齿间距相等（图八）。

璜 10 件，扇面形，长约圆环的三分之一，两端各穿一孔或一端穿两孔；有的外缘有齿突饰；尚有无孔的，似为半成品。

另外还有斧（图九）、铲、环、圭、戈等及人头像、虎头、玉鹰等艺术品。

  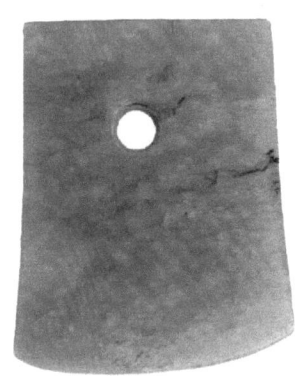

图七　玉钺　　　　　　　　图八　玉牙璧　　　　　　　图九　玉斧

2. 横山出土玉器

这批玉器 1993 年由横山县公安局送交，为该县公安局在 1991 年打击盗掘文物专项斗争中收缴。共 6 件，主要有铲、斧、玉环等。

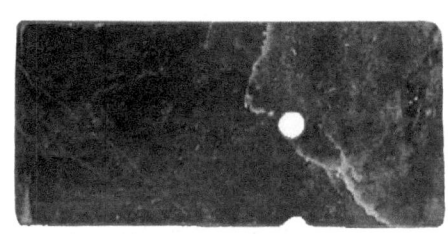

图一〇　青玉铲

青玉铲（图一〇）：长 13.4、宽 6.5 厘米。长方形，上部有孔一端大，一端小。底呈弧形有刃，两侧的一面有一下凹半圆。

墨玉铲（图一一）：长 16、宽 11 厘米。质青黑色带褐斑，长方形，上部有孔，顶部有刃。

玉环（图一二）：直径 12.5、孔径 6 厘米。片状，青玉质，光素无纹。

碧玉斧（图一三）：长12、上宽6.8、下宽7.9、孔径1.2厘米。长方形，上窄下宽，宽端磨有刃，窄端有孔，孔为马蹄形，一端大，一端小。色彩碧绿，苍翠欲滴，有透明感。

黑玉铲（图一四）：长12.2、宽6.3厘米。玉质黑中透青，底呈弧形，有刃，刃一端尖，一端圆，无孔。

图一一　墨玉铲（一）　　　　图一二　玉环（一）　　　　图一三　碧玉斧　　　图一四　墨玉铲（二）

玉铲（图一五）：长12.5、宽3.1厘米，玉色青白，长方形，片状，上端有孔，一端大，一端小，三面有刃。

图一五　玉铲（一）

这6件玉器据说有出土于横山响水沐浴沟，有出土于横山陈塔或高镇油房头或韩岔梨树塌，虽不可确指，但上述6件器物出土于不同地点或当可信，说明横山此时期古文化遗址分布的密集。

3. 延安芦山峁出土玉器

芦山峁遗址位于延安市宝塔区芦山峁村西，分布面积24万平方米。遗址内发现有多处白灰居住面，出土玉璧、玉铲、玉璜、玉环、玉钺、七孔玉刀等大批精美玉器，数量30件以上，多是1965年、1967年前后在该村的垴畔山和与之相连的小峁马家坬的向阳山坡上出土的。出土地点较高，大都位于山巅附近[2]。陕西历史博物馆收藏有其中的6件。

玉璜（图一六）：长6.7、宽4.3、厚0.3厘米。淡青色，器作扇形，外缘有齿突，中间钻孔，上大下小，为单面钻，最大径1.2厘米。体表光滑，当由一环璧断截而成。

玉璜（图一七）：长5.8、厚0.35厘米。淡青色，扇形，体窄，一头钻一孔，另一头为两孔。

玉环（图一八）：外径6.4厘米，圆形，形制规整，出自一个盛尸骨的陶罐中。

玉铲（图一九）：长12.9、最宽处5.5、最窄处4.7厘米。刃部一面磨制，一孔未凿通。另一孔正面孔径1.1、背面0.7厘米，青玉质间有黄白斑。

玉环（图二〇）：直径11.5、孔径6.2、厚0.2—0.35厘米。色碧绿，有灰白色纹斑。

玉环（图二一）：直径8.9、孔径5.6厘米。色青绿，有黄白色斑，外沿两面磨制，内沿厚0.3厘米。

图一六　玉璜（一）

图一七　玉璜（二）

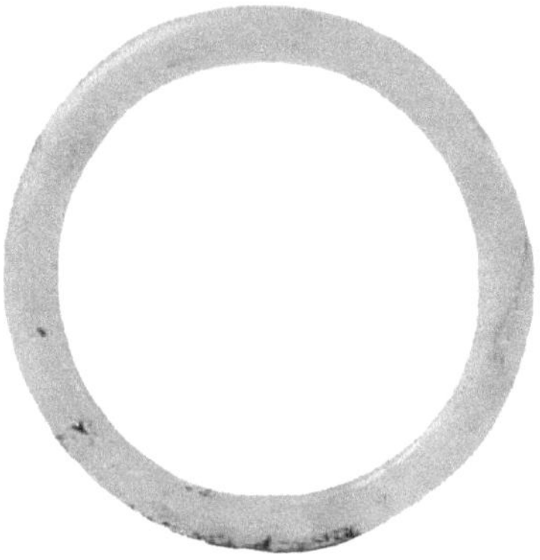

图一八　玉环（二）

图一九　玉铲（二）

图二〇　玉环（三）

图二一　玉环（四）

二、玉器的文化范畴

这三批玉器所反映的内涵基本一致，应属同一文化范畴。

第一，从玉质上看，石峁玉器有黑色、褐色、豆绿色、青色、茶色、黄白色和白色等。横山出土的墨玉铲和石峁玉牙璋、玉刀的玉色一致，而墨玉是石峁玉器最典型的类别；横山青玉铲的玉色与芦山峁的玉铲一致，而芦山峁出土的玉环和石峁出土的玉牙璧的玉质简直就无二致。芦山峁的三孔玉钺与石峁的玉钺（图二二），芦山峁的两孔玉刀与石峁的三孔玉刀（图二三）玉色也无区别。

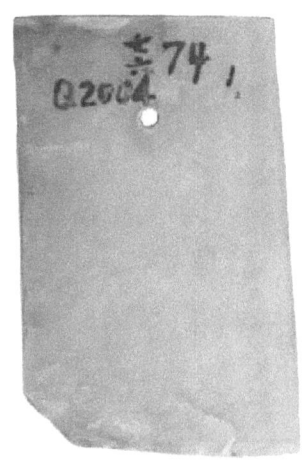

图二二　玉钺

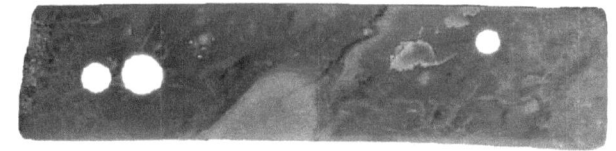

图二三　三孔玉刀（二）

第二，从器物种类上说，横山因是零星征集，种类较少，但其类别在石峁和芦山峁遗址中均能见到。芦山峁发现玉璜有 5 件，而石峁遗址此类遗物达 10 件；芦山峁和石峁均见有玉牙璧，而有孔玉刀更是芦山峁遗址和石峁遗址的共性遗物，两地也均发现虎形装饰品。但石峁遗址的典型器物牙璋却未在芦山峁遗址中见到，可能反映了石峁遗址的复杂性和延续的长久性或其地位的重要性。因为牙璋是重要的祭祀器物，非一般中心聚落所能拥有。

图二四　玉铲（三）

第三，从工艺上看，三地器物使用研磨、钻孔、抛光等工艺，横山及芦山峁玉器以片状为主，石峁玉器相对而言，工艺更复杂；钻孔技术均为单面钻和两面钻。单面钻，孔壁略呈斜坡状，剖面呈马蹄形，有时待将透穿时，从另一面敲开，在孔径周围会留有细小炸裂纹（图二四）。一类两面对钻，用于较厚器物，两面均有斜坡状孔壁，孔径对接处往往留有小的台面。单面钻可能用管钻，双面钻孔痕一般上口较大，下口细，可能用的是桯钻。开料大多有锯割痕迹，这在芦山峁，尤其是石峁遗址中得到了体现。其开料非常薄，达到了很高的水平。

注　释

［1］　戴应新：《我与石峁龙山文化玉器》，《中国玉文化玉学论丛（续编）》，紫禁城出版社，2004 年；戴应新：《神木石峁龙山文化玉器》，《考古与文物》1988 年第 5、6 期。

［2］　姬乃军：《延安市发现的古代玉器》，《文物》1984 年第 2 期；姬乃军：《延安市芦山峁出土玉器有关问题探讨》，《考古与文物》1995 年第 1 期；董智安主编：《延安文物大观》，陕西旅游出版社，2006 年。

（原载于《收藏界》2013 年第 10 期）

陕北龙山文化至夏代玉器初探（下）

韩建武

三、玉器的年代

这三批玉器种类繁杂而且多属征集品，缺乏地层关系和可靠的共存遗物，所以其年代和文化性质等一直是学术界争论的问题。一般认为其属龙山文化玉器。石峁出土陶器与客省庄第二期文化关系密切，因此石峁遗址应属于客省庄第二期文化，亦即陕西龙山文化，它的年代也比较接近于客省庄第二期文化[3]。芦山峁遗址有专家认为属龙山晚期文化[4]。

1999 年，陕西省考古研究所为配合国家重点工程——陕京天然气输气管线和神延铁路的建设，对神木县西南大保当镇新华遗址进行了发掘，遗址中发现了一个玉器坑，出土了 32 件精美玉器，新华遗址距石峁遗址 20 余千米，据 [14]C 测年，新华遗存年代当在公元前 2100—前 1900 年之间。若此，则新华遗存玉器坑与墓葬所处的晚期遗存自然已经属于夏代早期纪年范围之内。孙周勇先生认为新华文化面貌与石峁遗址内涵基本一致，石峁玉器自然也可归属于夏代纪年范围之内[5]。2012年陕西省考古院对石峁遗址的考古发掘，确认了体量巨大、结构复杂、构筑技术成熟的门址、石城墙的遗迹，结合地层和出土物，初步认定石峁城址最早修建于龙山中期，兴盛于龙山晚期，夏早期毁弃。结论自然是可信的，但仅以年代进入夏纪年来分析问题，是不能令人信服的。是否进入夏文化，要以生产力水平和社会结构去分析，就石峁玉器而言，要看其玉器风格及制作水平是否和夏文化相似。因为即使进入夏代，仍有部分民族仍处于原始社会阶段。玉器不像陶器，具有稀少珍贵的特性，所以流传时间长，很多前代器物后世仍在使用。另外，玉器器形变化相较陶器等变化也不大，这些都为断代带来了困难。但即使如此，我们仍可以看到石峁玉器和芦山峁玉器在雕琢技法上有的简朴原始，有的繁杂成熟，器形、器类、装饰上也差异较大，说明这两地玉器，尤其是石峁玉器在时间跨度上是很大的，其最晚器物确已属夏文化。

第一，芦山峁玉器发现玉璜即有 5 件之多，所占比例相当高。石峁玉器最大的特点是玉礼器品种齐全，计有璋、圭、斧、钺、戚、戈、刀、牙璧等等，已经初步具有《周礼》中的夏商时代"玉礼器"的种类。石峁出土的玉璋形体细长、扁薄，刃部凹叉形。《周礼·典瑞》中有："牙璋以起军旅，以治兵守。"郑玄注："牙齿，兵象，故以牙璋发兵，若今时以铜虎符发兵。"因两个牙璋无法像虎符那样能验证王令的真假，所以牙璋可能是仪仗用物。目前出土牙璋的遗址多达 14 处，但主要集中于三处：一是陕北神木石峁；二是河南中部包括偃师、郑州、新郑、许昌等地；三是四川广汉三星堆。偃师、新郑出土者被认为是夏文化的二里头期。广汉三星堆出土者，有较早于二里头期，也有较晚的殷商晚期。根据各地出土的牙璋可以看出，龙山晚期个别牙璋出现细齿牙纹，但细牙数很少；二里头文化牙璋齿牙细小密集，长短不一，左右不对称；商晚期到西周，牙璋的牙由尖齿状变为长条形，齿牙间距增大，左右对称。石峁出土牙璋早晚不一，其中有的已具有夏文化特点。其中可能为叶腊石的大牙璋（图二五），甚至和四川广汉三星堆出土的商代牙璋近似。

图二五　玉牙璋（四）

玉戈也是二里头文化的典型器物。它形制的演变可以分为两个阶段，第一阶段包括二里头文化期和早商二里冈期，此期玉戈的特点为尺寸普遍较大，戈援部略有弧度，直内，多数无中脊；第二阶段为商代晚期至西周时期，西周以后玉戈趋于消亡。石峁遗址出土的玉戈（图二六）形制即具有二里头文化期和早商二里冈期的特点。

第二，二里头文化期器物具有大、长、薄的特点，且纹饰多雕在器物的两端，纹饰多以阴线刻成，刀、戈等多刻有数道平行的直线纹。石峁玉器上直线纹装饰除墨玉大牙璋（图二七）外，另有一件玉璋特征也很明显，墨玉质，长柄末端略外弧，两侧雕出齿棱，与之临界处阴刻三组横向线纹，三组横线之间再阴刻双线斜线（图二八）。台湾邓淑萍女士在谈到石峁玉器的时代时也指出"刻饰繁复的线纹，为二里头遗址出土玉器的一大特征"，其观点也倾向于石峁玉器已进入夏文化纪年[6]。而芦山峁遗址出土的著名的七孔玉刀两侧也均雕出齿棱，至于器物大、长、薄的特点就更不用多言了。

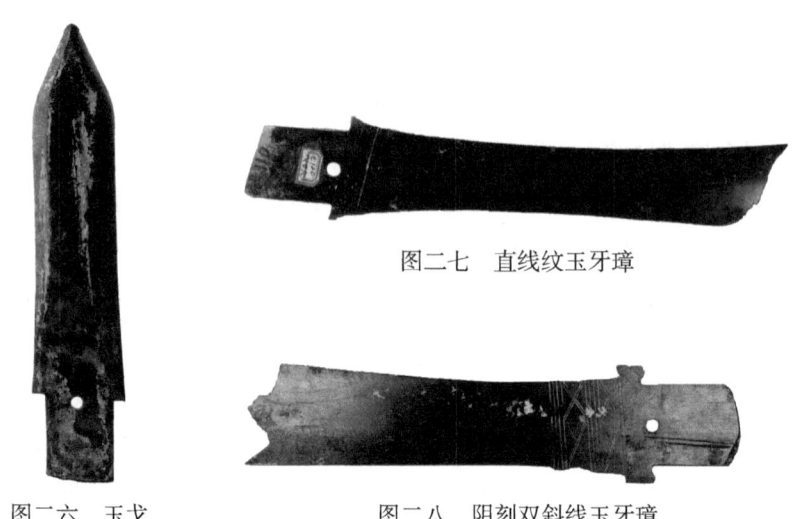

图二六　玉戈　　　图二七　直线纹玉牙璋

图二八　阴刻双斜线玉牙璋

第三，横山出土的玉器加工工艺简单，较原始，当属龙山文化晚期。石峁和芦山峁玉器的加工工艺有的简单，有的复杂。但硕大的玉刀、牙璋和玉戈形制规范，边缘整齐，齿牙规整，尤其是细阴线整齐划一，具有较高的水平。芦山峁出土的玉笄色澄碧，前端有锥状尖，根部扁圆，有精细螺纹，又有一小孔，做工非常精美。石峁玉器最令人惊异的是切割技术。石峁玉刀上常见开料时的锯割痕迹，一类为弧线形痕迹，多形成凹形波槽，将刀面分为两个高低略有差异的平面（图二九）；另一类是直线形棱脊，周围有错综交杂的直线条痕，这是直线形锯带动解玉砂类物质摩擦所致（图三〇）。另外有些璋可用"薄如纸"来形容，开料非常薄，达到很高的水平，现存规格长 21 厘米×3.4 厘米的牙璋仅重 35 克，规格 25 厘米×6.8 厘米的牙璋仅重 60 克，32 厘米×8 厘米的牙璋仅重 80 克，32 厘米 ×7.5 厘米的牙璋重 85 克。戴应新先生还见有一类璋，厚度只有 0.15—0.25 厘米。他认为是"半面璋"，即将完整的一件牙璋作纵向切剖使之成二者[7]。将如此大的玉器切割得如此薄，是需要高超的水平的。美国大都会博物馆孙志新先生认为这当是金属工具所为。

第四，石峁玉器种类丰富，还出现了人头雕像等艺术品，这和陕西地区发现的以片状玉器为主的早期文化相比，具有先进性。其中一件被认为是玉蚕的艺术品，经观察，我们认为应为玉鱼，而玉鱼出现也较晚（图三一）。

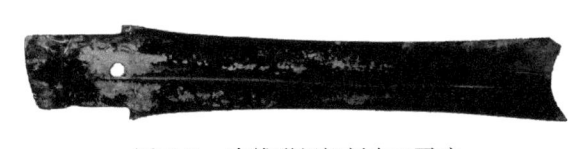

图三〇　直线形钜切割痕玉牙璋

图二九　玉铲（四）

图三一　玉鱼

综上所述，陕北出土的早期玉器，横山玉器时代大体属龙山文化晚期。芦山峁、石峁玉器，尤其是石峁玉器，它是一个较长过程的累积，其下限到了夏文化，甚至商文化。陕北李家崖曾出土有石像，李家崖文化时代在殷墟二期至西周中期，其中心分布地区在陕晋交界的黄河两岸高原山地，被认为属鬼方文化[8]，这种石像石峁也有出土，它们当有传承关系。

四、外来文化对陕北玉器的影响

1. 玉料来源

石峁玉器经专家目检鉴定，质料为墨玉、玉髓、石英岩、大理石岩、蛇纹石岩、黑耀岩、碧玉、基性超基性变质岩和硅酸岩等软玉磨制而成。这三地玉器玉料当为外来品，时人大量输入过来的当多为原料。玉料因来源不易，当时相当珍贵，这从石峁玉器多见改制品这一点也可以看出。

2. 与石家河文化的关系

石峁遗址共出土两件玉鹰（图三二、图三三），这两件玉鹰身上的细阳纹也称弦纹，同类的玉鹰也出土于石家河文化和殷墟遗址中。石家河文化属长江中游的新石器时代末期的文化，石家河文化玉器主要出土于湖北钟祥、六合、天门石家镇罗家柏岭、石河镇肖家屋脊、江陵枣林岗等几处遗址，绝大多数出土于瓮棺之中。这些玉器多是小型、片状，以神灵头像、人头像以及蝉、虎、龙、凤、鹰、鹿等各类动物形象最具特色。石家河文化玉鹰出土于湖北钟祥一座瓮棺中。石峁遗址共出

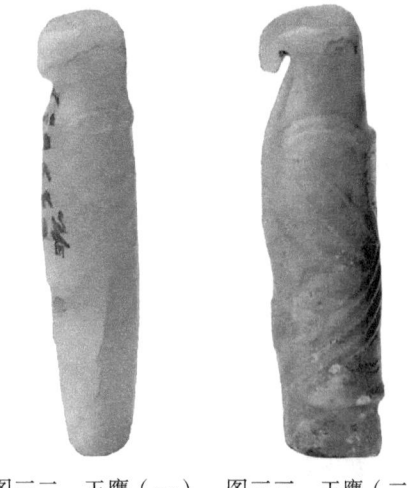

土两件玉鹰，邓淑萍女士认为玉鹰应属笄（簪）或笄的上半截（可称笄首），下端或曾接有其他质料的长柄，这两件玉鹰身上的细阳纹也称弦纹，它们和石家河文化出土的玉鹰酷似，应是石家河文化玉器的流传[9]。

玉虎也是石家河文化玉器的典型器物，共有20多件，石峁出土的玉虎（图三四）应该也是从石家河文化传过来的。其用途除了作佩饰外，可能还有辟邪的作用。石家河文化玉虎在陕西泾阳高家堡戈国墓也出土有两件（图三五、图三六），这一方面说明石家河文化对后世影响深远，另一方面对解决石峁的时代也提供了一些线索[10]。

图三二　玉鹰（一）　图三三　玉鹰（二）

图三四　玉虎头（一）

图三五　玉虎头（二）

图三六　玉虎头（三）

3. 与良渚文化的关系

芦山峁出土一神兽纹玉琮，青绿色，兼有墨绿色斑纹，体分饰神兽，为典型的良渚文化器物。石峁遗址出土的一件玉器，戴应新先生称其为玉尺形器，认为它与测度工具的尺有关，实际上石峁玉器中的玉尺形器和所谓的"十"字形器及部分玉料半成品[11]，都是玉琮改制的玉刀（图三七），而这种高体玉琮为典型的良渚文化器物。石峁玉器中的改型器还有很多，玉圭也有用高体玉琮改制的（图三八），这些都说明石峁文化与良渚文化的关系是很密切的。良渚文化崛起于长江下游太湖流域，距今5200—4000年，石峁玉器中良渚器物出现，说明石峁人曾大量输入良渚文化器物，有

图三七　玉琮改制的玉刀

图三八　玉琮改制的玉圭

的物品直接使用，有的因不合自己的文化传统，如高体玉琮，就改制成别的玉器，其对外交流的频繁与深广可能超出我们的想象。

<h2 align="center">注　释</h2>

［3］　戴应新：《神木石峁龙山文化玉器》，《考古与文物》1988年第5、6期。

［4］　姬乃军：《延安市芦山峁出土玉器有关问题探讨》，《考古与文物》1995年第1期。

［5］　孙周勇：《神木新华遗址出土玉器的几个问题——兼论石峁玉器的时代》，《中国玉文化玉学论丛（续编）》，紫禁城出版社，2004年。

［6］　邓淑萍：《也谈华西系统的玉器（五）：饰有线纹的礼器》，《故宫文物月刊》第129期，1993年。

［7］　戴应新：《再谈石峁玉器》，《陕西历史博物馆馆刊》（第9辑），三秦出版社，2002年。

［8］　吕智荣：《鬼方古城址中出土的一尊石雕人像》，《美术杂志》1987年第11期。

［9］　邓淑萍：《也淡华西系统的玉器（六）：饰有弦纹的玉器》，《故宫文物月刊》第130期，1994年1月。

［10］　陕西省考古研究所：《高家堡戈国墓》，三秦出版社，1995年。

［11］　戴应新：《神木石峁龙山文化玉器探索——完结篇》，《故宫文物月刊》第130期，1993年12月。

（原载于《收藏界》2013年第11期）

从石峁到喇家
——史前西部玉器新发现的文化史意义

叶舒宪

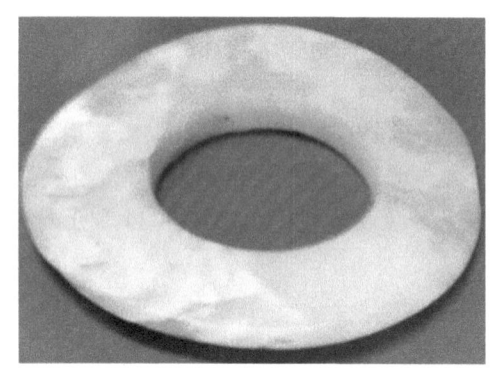

山西陶寺遗址出土的玉璧

关于华夏文明的远古辉煌，过去的国学研究是紧跟着文献记载亦步亦趋——先看孔孟等圣人留下的经典是怎么说的，再看左丘明和司马迁等早期史官又是怎样记述的。如今世风大变，我们处在一个考古大发现层出不穷且日新月异的时代，古史研究者需要以高度的敏感紧紧跟随新发掘的遗址及文物，展开前沿式的追踪探索。唯文献马首是瞻的学问格局就此走向终结，而"格物致知"式的古老问学方式获得重新理解和再造的契机。

近年来，笔者曾先后两次到青海民和喇家遗址，三次到陕西神木石峁遗址调研，为的是解开一个文献知识中根本没有涉及的难题：史前玉文化的传播是在何时、以何种方式完成对中国多数地区的覆盖？换言之，从8000年前的兴隆洼文化玉器出现，到4000年前玉礼器的生产和使用波及河西走廊地区和广东珠江流域，中国版图的大半已经被玉文化及其崇拜观念率先统一了。现在需要梳理和求证的是具体的过程：5000年前先覆盖中国北方西辽河地区、南方长江下游地区的史前玉文化，是怎样随后覆盖到中原地区，又最后覆盖到黄河上游地区及珠江流域的？今年5月去广东韶关考察石峡文化，7月再去青海考察喇家遗址，对这个问题有了初步的推测性答案：玉文化传播大体沿着河流行进，河水流向一方面充当着史前部落迁徙的指路标记；河水的流动又能担当起水陆运输玉石原料的交通功能。对于中原地区最早出现的玉礼器生产而言，山西芮城清凉寺的庙底沟二期文化墓地是在约5000年前率先揭开中原玉文化序幕之地，该地南距黄河不远；随后是山西襄汾陶寺文化，在4500年前继承着晋南玉文化发展，并且出现王城规模的大聚落，该地虽然不在黄河边，却也西距黄河不远。较难辨识的是从晋南陶寺玉器到西北地区齐家文化玉器的传播路径，这也相当于中原玉文化拓展到西北玉文化的传播过程。陕北石峁遗址龙山文化城池和玉器的新发现，恰好填补了这个文化传播轨迹的空白点：原来中原玉文化是从河东先到河西，再沿着黄河北上河套地区，在距今4300年之际催生出史前中国北方最大的石城和建城用玉器的现象。这一时期河南和陕西关中地区的龙山文化虽然也在发展，但是因为玉料的匮乏并没有形成繁荣的中原玉文化景观；等到距今4000年之际石峁古城衰落和废弃时，玉文化又再度沿着黄河或黄河支流向西传播，那个时期恰好是齐家文化在西北崛起之际，齐家文化的玉礼器生产如同多米诺骨牌的最后一张牌那样，标示出中国史前玉文化传播的后发地域。

这次从石峁到喇家的考察，自然将如下问题带到青海、甘肃交界处的积石山：距今4000年出现在黄河边上的喇家遗址玉文化景观，是否意味着这里是开启西北地区玉文化的先河？是否标志着史前玉文化千年大传播运动的"东玉西传"过程之终结？对此如果能够给出肯定的答案，则意味着喇家遗址考古发现的双重意义：一方面，长达4000年之久的史前玉文化传播至此宣告大体完成，从兴隆洼文化到红山文化，再到大汶口文化、凌家滩文化、良渚文化、陶寺文化、石家河文化、石峡文化等，最后到齐家文化；另一方面，齐家文化本地的玉器生产之数百年历程由此开启，从距今4000—3600年，用数百年时间覆盖了除新疆以外的整个西北地区。随后则又影响到商周两代的玉文化发展，成为史前各地玉文化之中同中原文明关系最密切的一个。要寻觅夏文化的玉器之来龙去脉，目前没有比齐家玉器更接近者。齐家玉器与二里头玉器的关系研究，当为此打开窗口。

7月13日，到定西参观国内目前收藏齐家文化玉器最多的博物馆——众甫博物馆；7月14日，在喇家村请教考古队的叶茂林先生，确认有关喇家遗址的年代，他回答说就是距今约4000年之际，相当于齐家文化的早期。喇家遗址发现随葬玉器最多的一座墓，共出土玉器15件；后来的武威黄娘娘台齐家文化墓地随葬玉器数量大大增加，最多的一座墓有80多件玉石璧出土。不知能否从玉礼器使用的数量变化关系上，看出齐家文化玉器逐渐发展繁荣的演变轨迹？

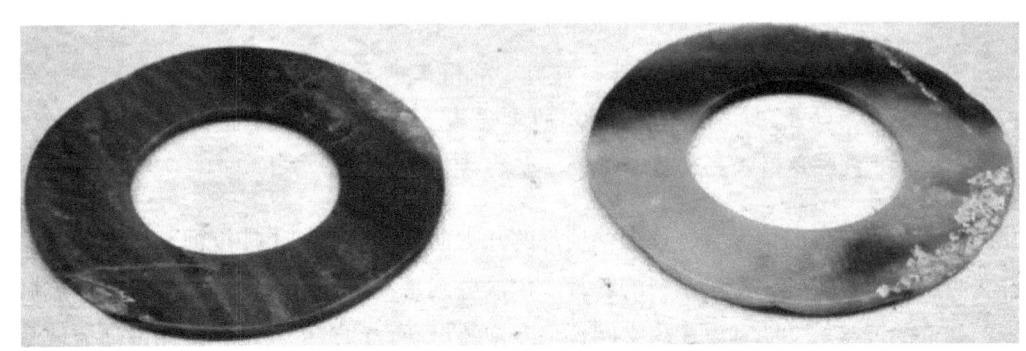

石峁遗址采集的玉璧

7月14日这一天的天气预报有中雨，我们一行在喇家村享用过考古队驻地的午餐之后，即要告别喇家村，驱车三个半小时返回兰州中川机场，搭乘当晚的航班飞往上海。依依话别之际，叶茂林先生特别建议我们再多走一点路，到黄河边上的大河家渡口看看山川形势。这一建议对我们理解喇家遗址的地理位置大有益处：我们不仅目睹了雨季中滚滚激荡的黄河上游之水，依稀想见喇家遗址当年遭遇大地震后又被泛滥的黄河洪水淹没的情况；遥望着河水对面的积石山，回想当年大禹治水开始的地方——"导河积石"。

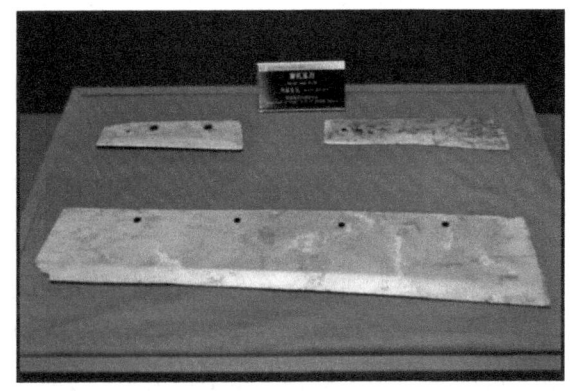

喇家遗址出土的穿孔大玉刀

把石峁遗址所在的河套地区和喇家遗址所在的积石山地区联系起来看，积石山也有可能是古人想象中的神山昆仑，因为它大致符合所谓"河出昆仑"和"玉出昆岗"的地理条件。在齐家文

石峁城墙下的 24 个奠基人头

化沟通西域与中原的交通作用下，中原王权第一次认识并得到新疆的和田玉，有关昆仑山的想象才开始进一步向西移动，越过整个祁连山到达塔里木盆地南边的昆仑山。

2012 年以来的考古发掘情况表明，石峁遗址史前石城及其建筑用玉现象，昭示出以石峁为代表的河套地区龙山文化聚落社会，它以其强大的地方性方国政权统治形式，在距今 4300—4000 年之际，大批量地生产和使用玉礼器、玉兵器，在当地迄今没有找到玉料矿藏资源的条件下，面积达 400 万平米的石峁古城政权很可能同时充当着史前时期"东玉西传"（玉教观念和玉文化的传播）与"西玉东输"（玉石资源的传播）的双重中介作用，石峁玉器群在今日的重现天日，对考察华夏文明发生期的玉石资源依赖与具体运输路线图，意义非同小可。

在关于世界文明起源的理论中，有所谓"大河流域"说。如美国学者刘易斯·芒福德的经典著作《技术与文明》一书指出：

> 文明总是沿着大河的流域在发展：黄河、底格里斯河、尼罗河、幼发拉底河、莱茵河、多瑙河以及泰晤士河。也许海洋两端的文明算是某种例外，在那里海洋代替了河流。各种早期的技术就在这种原始的流域背景下发展着。

从世界几大文明古国的情况看，芒福德列举的几大河流还应该加上印度河，这样即可完满地将每一个古文明的发生落实到一条母亲河的孕育。依次分别是：底格里斯河、幼发拉底河流域（合称两河流域）孕育的苏美尔文明和巴比伦文明；尼罗河流域孕育的古埃及文明；印度河流域孕育的印度文明；黄河流域孕育的华夏文明。由于大河流域与文明古国发生的对应性十分明显，以至于美国理论家魏特夫在 20 世纪提出一种新的文明起源理论，即"水利灌溉说"。魏特夫认为每一文明古国的起源都遵循着人类应对大河泛滥的环境挑战需求，通过人工建设水利设施而实现灌溉农业，在此基础上孕育出伟大的城市文明。如果仔细地辨析华夏文明起源与黄河的关系，可以看到华夏文明初始期并没有利用黄河之水利建立大规模灌溉农业的情况。黄土地的生态特性选择的唯一本土性粮食作物是耐干旱的小米，这样在外来输入的小麦进入黄河中游地区以前，也就不需要什么灌溉农业。这个事实意味着华夏文明起源的"黄河摇篮说"需要重新界定理论方向：黄河不是作为集约化农耕生产的水利灌溉条件而发挥拉动文明起源之作用的，穿越整个黄土高原区的黄河，作为东亚地区的第二条大河，主要是作为中原文明所依赖的外地资源的水路运输渠道而拉动文明起源的。

石峁遗址出土的穿孔大玉刀

仅此一个微妙的区别，就让我们不能认同魏特夫的"水利灌溉说"文明起源的普世论调，需要提出符合国情的中国人自己的华夏文明起源论。玉石之路黄河段的研究课题，将会带来研究格局的更新与文化观念的更新。从《尚书·禹贡》到《水经注》，华夏九州大地上的河流怎样从文明起源期就承担远距离的资源调配之运输作用，各地史前文化怎样从满天星状态过渡到中原独大状态，需要结合考古新发现的玉料资源供给情况做出全局式的考量。从石峁看到喇家，只要二者之间再发现一两个中介环节的玉文化遗址，相信"母亲河"提供新的证明这一天就为期不远了。

石峁龙山文化古城东门发掘现场

（原载于《丝绸之路》2013 年第 19 期）

时代巅峰　冰山一角

——夏时期玉器一瞥

朱乃诚

夏王朝的诞生开创了中国历史发展的新纪元，同时也引导着中华古老的玉文化在经历了4000多年的发展之后进入了一个新时代。

据文献记载，夏王朝时期的年代大致在公元前21世纪至公元前16世纪。考古发现的这个时间段内的玉器，有中原地区的二里头文化玉器、王湾三期文化晚期玉器、陶寺文化中晚期玉器，关中与秦岭南侧地区的客省庄二期文化晚期与二里头文化时期玉器，陕北延安芦山峁与神木新华、石峁玉器，海岱地区的龙山文化晚期玉器，辽西地区的夏家店下层文化早中期玉器，以及黄河上游地区的齐家文化玉器、长江中游地区的石家河文化晚期玉器、太湖东侧的广富林文化玉器、浙江西南部的好川文化遗存的玉器等，大约有800多件[1]。

"玉魂国魄——玉器·玉文化·夏代中国文明展"展出的玉器，主要有二里头文化的二里头遗址与花地嘴遗址[2]、陶寺文化的陶寺遗址、龙山文化的西朱封遗址、夏家店下层文化的大甸子遗址以及陕北延安芦山峁、神木新华与石峁遗址的玉器。这些玉器的主体部分，尤其是陶寺文化中晚期、陕北芦山峁、新华、石峁以及二里头文化玉器，是夏王朝时期有关部族在中原及其周边地区活动的遗存。这些玉器自然是探索夏王朝有关史实的重要素材。

本文概述与展览内容有关的夏时期玉器的发现状况与特点，并对一些具有时代特征意义的玉器器类进行研究，探索一些重要玉器所折射的史影。

一、二里头文化玉器

二里头文化玉器是认识夏时期玉器的基础。

考古发现的二里头文化玉器约有120多件，出自16处遗址，分别是河南偃师二里头[3]、新密新砦[4]、郑州大师姑[5]、巩义花地嘴[6]、淅川下王岗[7]、登封王城岗[8]、焦作大司马[9]、郑州大河村[10]、洛阳矬李[11]、西平上坡[12]、新安太涧[13]、荥阳西史村[14]、郑州洛达庙[15]、渑池郑窑[16]、山西垣曲古城南关[17]、襄汾大柴[18]等地点，在山西夏县东下冯遗址也出土了石质柄形器、石磬、绿松石珠与绿松石片[19]。在这些遗址中，以二里头遗址出土的玉器最多，有90多件，其中在二里头遗址的25座墓葬中出土了56件玉器，另外还有数件绿松石片镶嵌的器物，如绿松石龙形器、绿松石铜牌饰、绿松石圆形铜器[20]以及数以千计的绿松石片。

（一）二里头文化玉器的主要器类

以上 16 处遗址出土的 120 多件二里头文化玉器的器类，分别是戚、钺、牙璋、戈、铲、刀、柄形器、铃舌、玉璧、琮、玉笄笄首、圆箍形器、璜、环、玦、坠饰、月牙形器、板、管、杯、锛、凿、镞、纺轮以及各种饰件，包括尖状饰、方柱形器、钻孔玉饰、蚕形饰等[21]。其中最为醒目的是一批新颖器型的出现，如玉戈、多边刃的戚、带扉牙玉石钺、长条形玉钺、牙璋、凸缘璧、柄形器以及铃舌、月牙形器等。这些玉器的流行，成为了一个时代的标志。

1. 玉戈

二里头遗址发现的玉戈有 3 件，分别出自 72YLⅢKM1、75YLⅥKM3、87YLⅥM57 三座贵族墓。其中第一座墓被破坏，后两座墓保存基本完好，并且是迄今在二里头遗址以及二里头文化中发现的随葬品最为丰富的两座墓。

75YLⅥKM3∶11 玉戈为青玉，形制为直内，在内的前部正中单面穿一孔，有安装柲的痕迹。在援的后部有五组平行浅刻细直线纹，中间三组，每组 3 根，两边两组，每组 6 根，十分纤细，犹似暗纹。在墓中，这件玉戈横置于人骨胸部，可知其柲与戈体呈近于垂直的安装方式[22]。其玉器组合是玉戚、钺、戈、柄形器。

87YLⅥM57∶21 玉戈为淡青色，形制为直内，内较长，在内的前部正中单面穿一孔，在此孔旁还有一个钻而未透的孔臼。在援的后部有五组平行浅刻细直线纹，第一组 5 根，第二、三组各 4 根，第四、五组各 3 根，亦较为纤细。在第三、四组浅刻细直线纹相应的棱上分别有两组扉牙。这件玉戈在墓葬中不是横置的，而是内部朝向人头方向，锋部朝向脚端方向，并且置于墓室的东侧一边。在玉戈旁有月牙形玉器，可能是玉戈内端对应木柲上另一侧的装饰部件[23]。其玉器组合为玉戈、刀、柄形器与玉笄形器。

72YLⅢKM1∶2 玉戈（图一）为鸡骨白玉。形制为短内，等腰形长援，正中尖锋。在一面的援内分界处有一道蓝黑细线。内部穿一孔，此孔偏于一侧。两边双面刃，锋部较长，中间起脊。在援部的一面有粗细两种布纹痕迹。长 21.9、援宽 4.7、内宽 3.8 厘米[24]。整个形制犹似矛头[25]。其玉器的组合为钺、戈、刀、柄形器以及圆箍形器与板等。

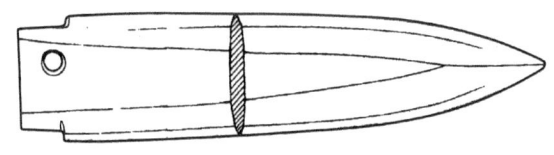

图一 二里头 72YLⅢKM1∶2 玉戈

二里头遗址出土的 3 件玉戈，形制略有区别，年代也应有早晚之分。其中 75YLⅥKM3∶11 玉戈为二里头文化三期，87YLⅥM57∶21 玉戈为二里头文化四期，这两者的年代关系已经明确。72YLⅢKM1∶2 玉戈推测为二里头文化三期，其与 75YLⅥKM3∶11 玉戈的年代关系不明。从形制分析，87YLⅥM57∶21 玉戈的内最长，72YLⅢKM1∶2 玉戈的内最短，内上的穿孔偏于一侧。75YLⅥKM3∶11 玉戈的内与援交界处的阑的形式是斜角，安装柲之后，戈体呈略微下弯的斜角。72YLⅢKM1∶2 玉戈的形制似更为原始些，应早于 75YLⅥKM3∶11 玉戈。这 3 件玉戈中 72YLⅢKM1∶2 玉戈最早，75YLⅥKM3∶11 玉戈居中，87YLⅥM57∶21 玉戈最晚。

这 3 件玉戈所表现的形制演变特点，大致是内由短至长，援体由两边对称至略偏斜一侧，刃与援的边界由不分明至分明，援体由素面至在援后部施刻细线纹，器体由小至大。

至于玉戈的原始，可以依据 72YLⅢKM1∶2 玉戈的形制追溯到石峁的玉戈。而从其使用功能分析，应与武器类器具有关。75YLⅥKM3∶11 玉戈与铜戈共存，与之共存的铜戈（75YLⅥKM3∶2）的形制已相当成熟[26]。据此推测，在二里头文化三期之前应有形制较 75YLⅥKM3∶2 铜戈更为原始的铜戈。铜戈的起源可能是仿玉戈而产生的。

2. 玉凸缘璧

二里头文化的玉凸缘璧（图二），目前仅发现 1 件残件，出自郑州洛达庙遗址（T22∶10）。仅保存约全器的八分之一，残长 4.5、宽 2.5、厚 0.7、凸缘宽 2.4 厘米[27]。复原外径约 12、内径 6.4 厘米。

这种凸缘璧，孔很大，其使用功能应是穿戴于手腕或小手臂上，犹如陶寺文化中发现的穿戴于手腕上的大孔玉璧。而凸缘的产生，亦是便于这类玉器穿戴在手腕上而避免磨损腕部皮肤，以增加穿戴的舒适感。凸缘璧起源于陶寺文化，与陶寺文化盛行穿戴玉璧有关。

3. 圆弧刃玉戚

二里头遗址发现的圆弧刃玉戚有 5 件。其中 3 件出自墓葬，为完整器，2 件出自地层中和灰坑内，为残件。3 件完整的玉戚分别出自 75YLⅥKM3、75YLⅧKM5、84YLⅥM11 三座墓葬。

75YLⅥKM3∶13 玉戚（图三）与前述的 75YLⅥKM3∶11 玉戈共存，属二里头文化三期。这件玉戚为青玉，形制为圆弧形首部，圆弧形刃，并由 4 个弧边刃组成，斜直边，边棱上各有两组扉棱 6 个牙，在器身中部穿一大孔。器体最宽处在两个刃角之间，为 9.1 厘米，孔径 5.2、厚 0.6 厘米[28]。

75YLⅧKM5∶1 玉戚（图四）为青玉，形制与 75YLⅥKM3∶13 玉戚基本相同。刃宽约 10、厚 0.6 厘米[29]。这件玉戚所属的墓葬已被破坏，共出的还有一对绿松石片组成的兽眼。属二里头文化三期。

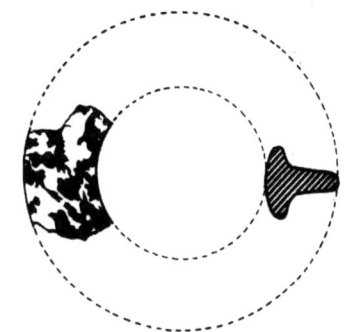 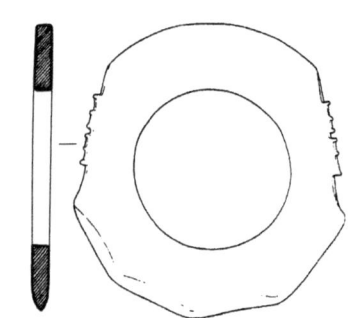 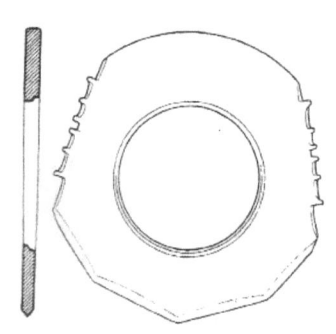

图二　洛达庙 T22∶10 玉凸缘璧　　图三　二里头 75YLⅥKM3∶13 玉戚　　图四　二里头 75YLⅧKM5∶1 玉戚

84YLⅥM11∶5 玉戚为乳白与淡绿色相间。形制与 75YLⅧKM5∶1 玉戚基本相同，唯圆弧形刃为四直边形，中孔略小些，扉牙更为凸出[30]。这件玉戚所属的墓葬保存较好，随葬品较丰富，玉器的组合是玉戚、圭（钺）、刀、柄形器。属二里头文化四期。

二里头文化 3 件完整的玉戚，75YLⅥKM3：13 与 75YLⅧKM5：1 两件属二里头文化三期，早于 84YLⅥM11：5 玉戚。这 3 件玉戚所表现的形制演变特点体现在三个方面：一是由 4 个弧边刃组成的圆弧形刃向四直边刃演变；二是扉牙逐渐凸出；三是中孔由大而小。这种玉戚的早期形式，是两边棱上不带扉牙的玉戚，如巩义花地嘴遗址出土的玉戚。而后期形式，是殷墟 M54：359 玉戚（图五），器大而薄，中孔更小[31]。

从殷墟 M54：359 玉戚的圆弧首部与戚身有明显的分界线现象分析，这类玉戚的确是将圆弧形首部插入木柲中使用的。玉戚上的大圆孔既用于绑缚木柲，又作为一种视觉效果而发挥作用。由此表明，这类玉戚都是仪仗用具。

4. 带扉牙玉钺

带扉牙玉钺也是二里头文化开始出现的新器型。这种带扉牙玉钺应是在犹如二里头 80YLV M3：3 玉钺（图六）[32] 的那种斜直边棱玉石钺的基础上发展产生的。目前发现有 3 件，分别是 75YLⅦKM7：2、81YLVM6：1、82YLⅨM4：3，形制都呈"风"字形。

75YLⅦKM7：2 玉钺长 11.2、刃宽 6.8、厚 0.6 厘米（图七）[33]，为长"风"字形，平首，刃近平，刃角外侈，两边棱上各有两组扉棱 6 个牙。在接近背部的中央，单面穿一孔。此孔的位置在牙的上端，孔径较小，其作用是便于安装加固钺的木柲。这件玉钺是 1975 年夏发现于二里头遗址，一起发现的还有 1 件铜爵、大牙璋、大型七孔玉刀、玉柄形器、数十个小绿松石等，推测出自同一座墓中。属二里头文化四期。其玉钺、刀、璋、柄形器的组合是二里头文化玉器组合发展至成熟阶段的代表。

图五　殷墟 M54：359 玉戚　　　图六　二里头 80YLVM3：3 玉钺　　　图七　二里头 75YLⅦKM7：2 玉钺

82YLⅨM4：3 玉钺为象牙黄色，长"风"字形，平首，已残。整个形制与 75YLⅦKM7：2 玉钺接近，只是略为矮短且宽一些[34]。这件玉钺所属的墓葬已被扰乱，出土的随葬品还有铜铃与玉舌、2 件绿松石饰等。属二里头文化二期。

81YLVM6：1 玉钺，为近方形的矮"风"字形。弧形刃，并分为 4 个小凹形弧刃，尤似玉戚的四弧边刃。刃角外侈。中部穿孔。在略呈弧形边棱上各有两组扉棱 6 个牙。穿孔的上部边缘分别斜上至石钺边棱的扉牙上部，有清晰的摩擦斜条带纹，是绑缚木柲的痕迹。据此痕迹很容易复原这件大石钺安装木柲的方式。但在穿孔的下部边缘斜下至玉钺边棱的扉牙下部，也有清晰的摩擦斜条带纹，亦是绑缚的痕迹，表明这件玉钺绑缚木柲的方式较为复杂，目前仅见此一例[35]。该器较为厚重，是已发现的二里头文化玉兵器中最为厚重的一件，似有"王"者气度。玉钺上的大圆孔既用于绑缚木柲，又可作为一种装饰，表明这件大玉钺可能也是仪仗用具。属二里头文化四期。从这件大玉钺的年代与形制特点分析，这种平首、带扉牙、四弧边刃玉钺，大致是吸收圆弧形首玉戚与长"风"字形带扉牙玉钺的形制而产生的。

以上 3 件带扉牙玉钺，82YLⅨM4∶3 玉钺最早，表明玉兵器上的扉棱齿牙装饰在二里头文化二期已开始出现。75YLⅦKM7∶2 玉钺与 81YLⅤM6∶1 玉钺较晚，都是二里头文化四期。其中 75YLⅦKM7∶2 玉钺的形制显然是 82YLⅨM4∶3 玉钺的进一步发展，器身变得更长一些，扉棱齿牙间的间距拉长，齿牙外形已基本相同，显示扉牙越来越形制化。

依据二里头遗址 82YLⅨM4∶3 玉钺的形制，可以确定 1963 年在山西黎城县后庄村出土的 2 件玉钺[36]，也属二里头文化玉器。其中黎城 2 号玉钺（图八），长 17.2、刃宽 10.5、厚 0.3 厘米。两侧边棱上，一边有一组扉棱，横视呈冠形，即该扉棱中部凸出一牙，两侧为凸出的肩部，粗看似 3 个齿牙；另一边有三组扉棱，中间一组扉棱亦是横视呈冠形，两侧的两组扉棱呈对称的凹凸形[37]。这种以左右扉牙辅拱中间扉牙的形式，在张家坡西周玉钺上还能见到。这件玉钺的扉牙，似是二里头 82YLⅨM4∶3 玉钺两边棱上扉牙的原初形态，所以其年代不会晚于 82YLⅨM4∶3 玉钺所属的二里头文化二期。

黎城 1 号玉钺（图九），长 20.6、刃宽 13.1、厚 0.4 厘米。在钺的两侧边棱上有凹凸的扉牙，与这些扉牙相接的钺的两面上分别以细阴线刻有两个侧面人首的形像，人首冠部朝向刃部[38]。人首图案不是十分清晰，保留的刻纹形式犹似马赛克拼接组合，或许其上原贴附有绿松石片。这不是十分清晰的刻纹可能是为贴附绿松石片而事先刻绘的图样。推测二里头文化中绿松石龙形器（图一〇）[39]、嵌绿松石铜牌饰上以绿松石片拼接的兽面图案，或许事先都刻绘或绘制图样，然后按照图样制作相应的绿松石片，进行拼黏。

黎城 1 号玉钺上的人首纹，邓淑苹已做了详尽的分析与解读[40]。笔者分析其年代，可能在二

图八　黎城 2 号玉钺　　　　图九　黎城 1 号玉钺　　　　图一〇　二里头 02VM3
绿松石龙形器

里头文化一期。因为在陶寺文化晚期与二里头文化新砦期的玉钺、玉戚上还没有出现如黎城玉钺那样规范的长"风"字形玉钺和玉钺两侧边棱上的扉牙装饰，表明其年代不会早至二里头文化新砦期；而二里头文化二、三、四期的玉钺或玉戚上的两组扉棱6个齿牙都是十分规范的，黎城2件玉钺上的扉棱齿牙装饰，可能是二里头文化二、三、四期玉钺或玉戚上扉棱齿牙装饰的原始形态。所以，推定黎城玉钺的年代大约在公元前1750—前1680年之间。

5. 长条形玉钺

二里头遗址发现的扁平长条形玉钺有3件，分别是72YLⅢKM1∶3、80YLⅢM2∶5（图一一）[41]、84YLⅥM11∶3（图一二）[42]。这3件长条形玉钺，曾被称为玉铲。自从器身饰有菱形云雷纹装饰的80YLⅢM2∶5长条形玉钺被发现之后，大家又将这种玉器称之为玉圭，即平首玉圭，并笃信不疑。但是，一直不明其使用方式。从墓葬平面图上可以看出，84YLⅥM11∶3长条形玉钺在墓中横置于小腿部[43]，表明其安装木柲的方式是与器身呈垂直的。而72YLⅢKM1∶3长条形玉钺与80YLⅢM2∶5长条形玉钺的器表遗留的痕迹，清晰地表明它们安装木柲的方式都是与长条形玉钺呈垂直的，它们都是作为钺使用的，不可能是圭。而从72YLⅢKM1∶3与80YLⅢM2∶5长条形玉钺上有纹饰等现象分析，它们是作为仪仗钺使用的。

迄今在二里头遗址中没有发现玉圭[44]。

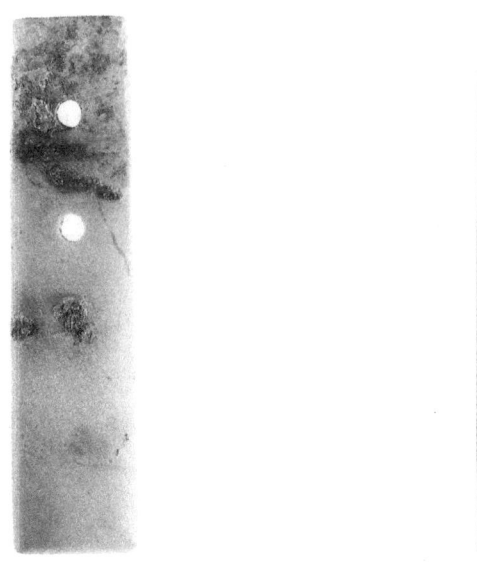

图一一　二里头80YLⅢM2∶5玉钺　　　图一二　二里头84YLⅥM11∶3玉钺

6. 玉刀

二里头文化发现的玉刀有5件，分别是72YLⅢKM1∶1玉刀、75YLⅦKM7∶3玉刀、82YLⅨM5∶1玉刀、87YLⅥM57∶9玉刀以及84YLⅥM11∶4玉刀。其中84YLⅥM11∶4玉刀形制较小，有端刃与边刃，为双刃玉刀。

72YLⅢKM1∶1玉刀（图一三），石质，灰褐色。形制为扁平长条梯形，直背，直刃，两侧为等腰斜边。背长 46.5、刃长 52.3 厘米，刃长而薄，两侧分别宽 10、9.8 厘米。背部有三个单面穿孔[45]。出土时表面沾有朱砂。属二里头文化三期。

75YLⅦKM7：3 玉刀（图一四）为扁平梯形。平背，直刃，刃圆钝。两侧为斜边，斜边中部有两组扉棱 6 个齿牙。在器身中部以上至刀背的二分之一处，有一排七个穿孔。长 60.4—65、宽 9.5、厚 0.1—0.4 厘米。在玉刀正面两端饰网格纹，一端有两组，共四组，并在下部施两道长直线，将四组网格纹相连接，形成了与玉刀形制接近的扁平长条梯形刀纹[46]。属二里头文化四期。

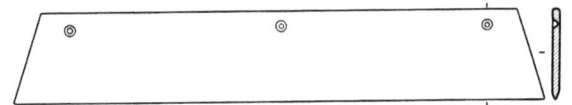
图一三　二里头 72YLⅢKM1：1 玉刀

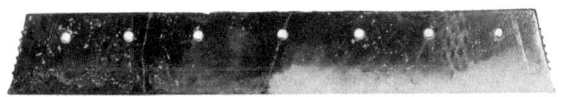
图一四　二里头 75YLⅦKM7：3 玉刀

从这件玉刀两端的网格纹被磨光局部的现象分析，现在见到的这件玉刀的形制是在原件上改制的。玉刀原件上一面有四组网格纹，改制后加刻扁平长条梯形刀纹的两斜边线和表示刃部的横直线，形成刀形纹饰，并且补刻局部网格纹，在玉刀的另一面也施刻双线平行刀形纹[47]。改制的目的，大概是为了制作玉刀两侧边棱上的扉牙。由刻有四组网格纹的原件到改制成这件玉刀，其经历的时间很短，都在二里头文化第四期内。

这件玉刀上的网格纹很有特色，由纤细的线条组成，三根纤细的线条为一个单元线，或竖直、或斜向交叉组成网格纹等纹饰，其风格犹似暗纹。这种纹饰及其工艺流行的时间很短，仅仅限于二里头文化四期之内。所以，依据这一纹饰的特点，可以判断其他施刻这类纹饰的玉器的制作年代。如四川广汉三星堆一号祭祀坑 K1：81、K1：97 玉璋[48]、湖南石门桅岗 M1：07 玉璋[49]等玉器，其原件的制作都是在二里头文化四期。石门桅岗 M1：07 玉璋长 48、宽 8.1、厚 0.8—1 厘米。这类玉器还可能是改制成二里头 75YLⅦKM7：3 玉刀的原器型。

87YLⅥM57：9 玉刀为豆青色。形制为扁平长条梯形，直背，直刃。两侧斜边上各有两组扉棱 4 个齿牙。在刀背处穿三孔，在刀正面的刀刃内缘、两斜边棱的内缘磨成凹弧浅槽，形成与玉刀三边平行的减地凸出的刀形纹饰。这种风格的纹饰，大概是 75YLⅦKM7：3 玉刀上细刻线表现的刀形纹饰的进一步发展。这件玉刀所属的墓葬保存较为完整[50]。属二里头文化四期。

82YLⅨM5：1 玉刀，形制为扁平短条梯形，近平背，刃略外弧，双面刃，两侧斜边上各有一组扉棱 2 个齿牙，在器身中上部穿三孔，都为两面穿。这件玉刀器身较短，较为厚重，刃略弧，犹似钺[51]。属二里头文化三期。

上述二里头文化 4 件大型扁平长条梯形玉刀中，以 72YLⅢKM1：1 玉刀与 82YLⅨM5：1 玉刀较早，属二里头文化三期，75YLⅦKM7：3 玉刀与 87YLⅥM57：9 玉刀较晚，属二里头文化四期。这 4 件玉刀年代早晚关系的确立，可让研究者据其形制分析这种扁平长条梯形玉刀形制的演变。如玉刀两侧斜边的装饰由光素向扉牙演变，或由一组扉棱 2 个齿牙向两组扉棱多个齿牙演变；超长玉刀由薄向厚演变。玉刀刀面上施刻纤细的以三条线为一单元线条组成的网格纹与刀形纹饰，以及减地凸出的刀形纹饰都是二里头文化四期的特征。

依据这种玉刀在背部穿多个孔以及 87YLVIM57：9 玉刀在墓中呈长条竖置的现象推测，二里头文化扁平长条梯形玉刀的使用方式大概是在玉刀背上安装木柲，即将刀背插入带槽的木柲中，利用玉刀背的穿孔加固木柲，犹如山西临汾下靳村 M358 出土的大玉刀。由于这种扁平长条梯形玉刀的器身较薄，有的刃部圆钝，不具有实用功能，所以应是仪仗中使用的器具。

7. 玉柄形器

二里头文化出土的玉柄形器是数量最多的一种礼仪用玉器，约有 25 件。其中墓葬中出土的有 18 件，大都是一墓随葬 1 件，仅 84YLⅥM11 随葬有 3 件，大概是象征墓主身份的携挂物，或许还具有辟邪的含义。二里头文化玉柄形器的基本形制是扁长方形的首部、束颈、长条形的器身，大致可分为扁薄的长条形、略微厚一些的扁长柱形、扁方棱的长条形等几种。个别有榫头或在尾部穿孔，极精致者，雕刻人面与兽面纹饰等。这几种形制的玉柄形器在二里头文化二期、三期、四期中都有发现。

二里头文化玉柄形器的前身，大概与湖北天门石家河肖家屋脊 W6：30 玉柄形器（图一五）有关[52]。但这种器形在二里头文化时期渐臻完善，并且一直影响至西周。其中，以 75YLⅤKM4：1 方柱形人面玉柄形器最为精致。

二里头 75YLⅤKM4：1 玉柄形器（图一六）为青玉，形制为横断面近方形的四棱柱，在首部横穿一孔，顶部穿一孔，尾部横穿一孔，三孔贯通。通长 17.1 厘米。由上而下分六节[53]。第一节为首部和颈部。首部扁平，束颈。在第一、三、五节上分别饰花瓣纹，在第二、四节上饰人面纹，在第六节上饰兽面纹。在节与节之间，器身束腰；在首与颈之间，以及在每节的上下边与束腰中段起棱，都为减地形成的细而凸的棱。在第一、三、五节上的花瓣纹亦是以减地形成的花瓣边棱。这种细而凸、十分规整的减地细凸棱，是自石家河文化晚期玉器上减地阳纹制作工艺发展至二里头文化而日臻完善的代表作品。第二、四节上的人面纹，以角棱为中轴，以两个侧视人面组成一个完整人面，一周形成两个人面纹。第二、四节上的人面纹，方向互错，使得整器的纹饰组合十分匀称协调。人面纹以减地阳细线雕出鼻梁与鼻凸、眼眶（睑）与圆睛、阔嘴及嘴角上翘。这种人面纹的眼纹，是自石家河文化晚期人面纹的梭形眼纹向郑州商城时期人面或兽面纹的"臣"字形眼纹发展的中间形态。第六节上的兽面纹以减地浅浮雕方式形成兽耳、凸吻，并阴刻双目，与石家河文化晚期的虎首纹饰接近。整个器形凹凸有致，见棱见角，节节分明，庄重雅致，是二里头文化玉器制作工艺的杰作。

8. 牙璋

二里头文化发现的牙璋有 7 件，5 件完整或拼黏完整，其中 4 件出自二里头遗址的墓葬中，分别是 73YLⅢKM6：8、75YLⅦKM7：5、80YLⅤM3：4、80YLⅤM3：5，1 件（花地嘴 T17H40：1）出自巩义花地嘴遗址一座灰坑（祭祀坑）内。

73YLⅢKM6：8 牙璋（图一七）为青砂石。形制为双重阑，双扉棱 4 齿牙，器身两侧边斜直，宽凹弧形刃。在内的中部有一小穿孔，在双重阑之间的边棱上亦呈锯齿形。出土时表面有朱砂痕，印有席纹。长 49.5、刃宽 8.7、内端宽 6.8、阑宽（包括扉棱齿牙）9.7—10.8 厘米。

75YLⅦKM7：5 牙璋（图一八），形体窄长。直边的长方形内，双重阑，多扉棱，器身两侧边

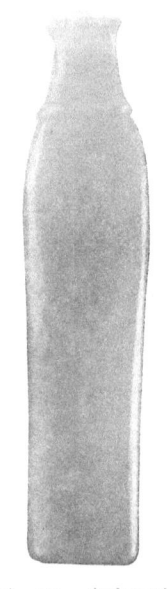  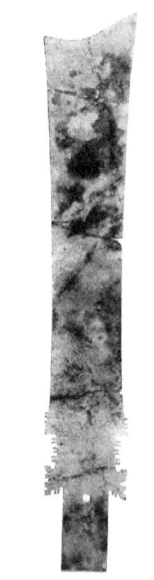

图一五　肖家屋脊　　　图一六　二里头　　　　图一七　二里头　　　　图一八　二里头
W6：30 玉柄形器　　75YLⅤKM4：1　　73YLⅢKM6：8 牙璋　　75YLⅦKM7：5 牙璋
　　　　　　　　　　　玉柄形器

略内弧，宽弧形刃，刃部的宽度为整器的最宽处。内部接近阑处穿一孔。在双重阑上（包括扉棱）以及双重阑之间的柄上，接近下阑部的内上，施刻密集的凹凸弦纹。在上阑两侧各有三组扉棱，其中下部扉棱不分齿牙，上部两个扉棱 4 个齿牙。在双阑之间的柄部两侧形成各有三组扉棱 6 个齿牙。在下阑两侧分别形成由两个小扉棱、每个小扉棱 4 个齿牙组成的一个多齿牙的大扉棱，还在大扉棱的下部朝下出 2 个齿牙。这些扉棱与齿牙，左右两两相对，排列密集而工整，显示了极高的工艺技术。长 48 厘米[54]。属二里头文化四期。

80YLⅤM3：4 牙璋，形体较为宽大，青灰色，表面涂一层朱红色颜料。形制为直边的长方形内、双重阑，器身两侧边略内弧，宽弧形刃，刃部的宽度为整器的最宽处，在内部接近阑处穿一孔。在下阑两侧分别形成由 4 个齿牙组成的扉棱，扉棱下部朝下出一齿牙。双阑之间的柄的两侧分别有两组扉棱 4 个齿牙。在上阑两侧略微凸出形成一扉牙。长 54 厘米。在器身上部的一侧边上有一小孔，镶嵌一圆形绿松石片。这是目前发现的二里头文化牙璋中体量最大的一件。

80YLⅤM3：5 牙璋与 80YLⅤM3：4 牙璋同出一墓，形制基本相同，都属二里头文化四期。此件唯形体略小一点，亦为青灰色，表面涂一层朱红色颜料，其双重阑与柄部的扉牙略有区别。在下阑的两侧边分别为由两组小扉棱组成的一个大扉棱，两组小扉棱中，下部小扉棱有 3 个齿牙，并且向下凸出，凸出面上有 2 个短小齿牙；上部小扉棱有 2 个齿牙。在柄两侧边分别有一组扉棱 2 个齿牙。在上阑两侧边分别有一组扉棱 2 个齿牙，上部的齿牙还向上凸出。长 48.1 厘米。从这件牙璋的双阑及柄部的扉牙装饰比 80YLⅤM3：4 牙璋略微复杂些等现象推测，这件牙璋的制作，比 80YLⅤM3：4 牙璋略微晚一点。

花地嘴 T17H40：1 牙璋，呈褐色。形制为长条形的长方形内，内正中穿一孔，浅凹形端刃，两侧边从刃角斜弧形往下，并在下部形成由上而下逐步斜凸的阑角。阑角上刻 5 道凹槽，刃部略宽于器身。长 30 厘米[55]。这件牙璋属二里头文化新砦期。

以上5件二里头文化牙璋，以花地嘴T17H40：1牙璋最早，二里头73YLⅢKM6：8牙璋居中，其他3件最晚。依据它们之间的这一年代关系以及形制特征，可以看出二里头文化牙璋的特征以及形制演变有以下这些规律：

第一，器形由小而大。如花地嘴新砦期牙璋长仅30厘米，二里头文化三、四期牙璋的长度在48—54厘米。

第二，牙璋的刃部都是凹弧形，由平凹至浅凹或深凹。

第三，阑部由不凸出至逐渐鲜明，由阑角至双重阑。

第四，扉牙由不明显、弱小至发达，由单一至繁杂。

由牙璋的阑角至双重阑的形制演变规律看，新砦期牙璋至二里头三期牙璋之间还有缺环。

至于牙璋的使用方式，依据73YLⅢKM6：8牙璋以及80YLVM3：4牙璋与80YLVM3：5牙璋在墓中出土状况，可推知一二。

73YLⅢKM6：8牙璋在墓中大致呈内部朝向人首方向、刃部朝向脚端方向平置[56]，可知其木柲是与牙璋呈竖向安装使用的。内上小孔的作用是用以加固木柲。

80YLVM3：4与80YLVM3：5两件牙璋出自同一座墓。这两件牙璋在墓中也是顺着人骨架的方向平置在墓的中轴位置。但一件刃部朝向人首方向，另一件刃部朝向脚端方向（图一九）[57]。这一现象也证实其木柲是与牙璋呈竖向安装的。两件牙璋的内正好平面相交，间隔不足2厘米，说明木柲与内相接合部分的宽度与内的宽度大体相当。至于木柲的长度，内以下部分的长度可能不会超过20厘米。因为在80YLVM3：5牙璋内以外的20厘米处有一陶罐，故内以外木柲的长度不会超出这一距离。

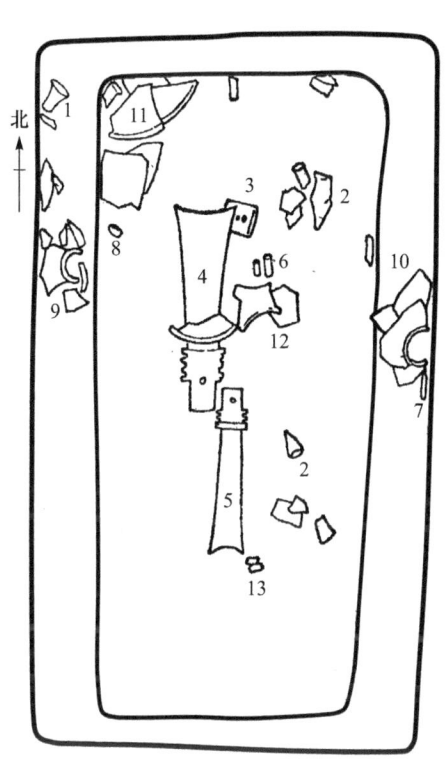

图一九　二里头80YLVM3平面图

图二〇　三星堆K2③：325铜持璋小人像

牙璋安装木柲的方式以及短款木柲的形式，与三星堆祭祀坑出土的铜持璋小人像（K2③：325）（图二〇）两手平伸执璋的形态相互印证[58]。

9. 二里头文化的其他玉器

二里头文化发现的其他玉器，有玉琮、小玉璧、杯、璜、锛、凿、圆箍形器、环、板、铃舌、各种坠饰、穿双孔的笄首、鹰笄首、镞、纺轮、管、玉玦、玉片等。其中有些玉器是早期玉器在二里头文化中的继续使用，如鹰笄首、圆箍形器、琮与璜残件等；有些是小型工具和小装饰品，如玉锛、凿、纺轮、环、小玉璧、管、坠饰等。但这些都不是二里头文化特色的玉器。玉杯、玉板，因形制特别，为二里头文化之前所不见，较为重要。

玉杯1件，出自郑州大师姑遗址H70，为浅褐色，大部已残。形制为平底，斜直壁，方唇。器表磨光，内壁稍粗糙。内径6.4、口边长5.2、底边长4.4厘米[59]。这件玉杯表现了玉器制作的掏膛工艺，以往通常认为殷墟时期玉器制作才出现掏膛工艺。这件玉杯的发现，似改变了这一认识。

玉板1件，出自二里头遗址72YLⅢKM1墓葬中，征集品。玉板为长方形，三边为圆边，一边为残边，但磨平。玉板面中部微凸起，上面有2个穿孔。长边12.6、短边10、厚1厘米[60]。属二里头文化三期。这件玉板大概是残件再利用，其使用功能与作用不明。

此外，绿松石龙形器、嵌绿松石铜牌饰（二里头81YLVM4：5），以及各种绿松石管状珠（二里头85YLⅥM14）、绿松石片镶嵌装饰器物也是二里头文化玉器的一大特色。

（二）二里头文化玉器的时代特征

依据前面对二里头文化玉器器类的分析阐述，二里头文化玉器的时代特征可以归纳为以下几点：

第一，延用以往的一些玉器器类。如玉琮、玉璧、玉环、玉璜、长条形玉钺、扁平长方形玉钺、玉锛、玉凿、圆箍形器、鹰笄首等。这些玉器的文化传统，有的属良渚文化，有的属石家河文化晚期，有的属陶寺文化。

第二，在前一阶段出现的玉器器类的基础上，出现了一批新颖的玉器器类，发展成为具有时代特征的二里头文化玉器的重要组成部分。如玉戈与月牙形、带扉牙玉钺、大孔带扉牙圆弧形刃玉钺、扁平长条梯形大玉刀、扉牙发达的牙璋、玉杯、柄形器、玉铃舌、绿松石片镶嵌组合器物等。这些玉器的前身，以陶寺文化的玉器为主，也有石家河文化晚期的玉器。所以，具有二里头文化时代特征的玉器群，主要是在陶寺文化玉器和石家河文化晚期玉器的基础上发展形成的。

第三，新型的大型玉器出现，以象征武器的仪仗用具为主，如玉戈、大玉刀、玉戚与玉钺等。扉牙发达的牙璋出自墓中，也是仪仗用具。大型仪仗类玉器的出现，是二里头文化玉器最基本的时代特征。而这些仪仗类玉器大都是从二里头文化三期开始出现的，所以也可以认为仪仗类玉器是二里头文化三、四期玉器的最主要特征。

第四，玉器制作的掏膛工艺出现。如郑州大师姑玉杯所表现的玉器制作的掏膛工艺，尚不见于二里头文化之前的玉器。

第五，产生了一批具有时代特征的玉器纹饰。如细而凸的减地细阳纹线条、极为规整的凹凸弦纹、以纤细的三条线为单元的线条纹及其组成的网格纹、密集的凹凸细线纹、人面纹饰中眼睛纹逐渐向"臣"字形演变、云雷纹以及扉棱齿牙装饰的兴起。这些具有时代特征的玉器纹饰，主要体现在牙璋、玉钺、带扉牙的扁平长条梯形玉刀、玉柄形器上。尤以刻有人面纹的二里头75YLVKM4：1玉柄形器最具代表。

这些具有二里头文化时代特征的玉器纹饰，除纤细三条线为单元的线条纹及其组成的网格纹之外，大都是石家河文化晚期玉器纹饰的进一步发展。由此表明了两个重要现象：

一是石家河文化晚期的玉器制作工艺是二里头文化玉器制作工艺的主要源头。

二是二里头文化玉器纹饰中的纤细三条线为单元的线条纹及其组成的网格纹，是二里头文化玉器纹饰最显著的特征。依据这一特征，可以判定出自二里头文化之外的其他考古学文化和单位或传世的具有这种纹饰特点的玉器的时代与考古学文化属性。

第六，二里头文化玉器的组合，以玉柄形器配其他各种仪仗类玉器为基本特点。这种玉器组合主要体现在二里头文化的墓葬中。

二里头文化玉器的以上这些特点，是中原地区在公元前1850—前1530年之间玉器的基本特点，而且反映的主要是二里头文化三、四期，即公元前1610—前1530年之间的玉器的基本特点[61]。

需要指出，前面介绍的这些二里头文化的玉器，以二里头遗址墓葬中出土的最具代表性。这些墓葬虽然有较多的随葬品，但规模不大，墓主的社会地位并不是很高，出土的玉器以仪仗类玉器为主要特色也表明了这些墓主的身份大都是普通贵族如高等级侍从一类，而不是高等级的贵族。据此现象，可以认为二里头文化高等级的玉器，即"王"者使用的王室玉器，还没有发现或是还没有被识别。由此可以推想，现在所认识的二里头文化玉器，仅仅是那个时期大批高档玉器的冰山一角。

二里头文化王室玉器的发现，将会极大地充实我们对二里头文化玉器特点的认识。

二、陶寺文化玉器

陶寺文化玉器是二里头文化玉器的主要源头之一。

目前发现的陶寺文化玉器主要有三宗资料，分别出自山西襄汾陶寺遗址、临汾下靳村墓地和芮城清凉寺墓地。

1978—1985年在陶寺遗址发掘的1300多座墓葬中，在200多座墓中出土随葬玉石器共800多件（组）。这些资料大都尚待公布[62]。据主持发掘者之一高炜介绍，其中闪玉器类有钺、钺形器、圭、璧、多璜联缀组合璧（以下简称多璜联璧）、环、璜、琮、双孔刀、梳、玉骨组合头饰、项饰、臂环、指环、头部零散饰件等，半玉器类有钺、复合璧、铲和珠饰。这些器类，除玉璜外，都有假玉制品或石制品[63]。

1999年以来开展的对陶寺遗址的第二阶段发掘，又发现了一批玉器，最为重要的出自三座墓葬。如2001年在陶寺大城城址北侧发现的M11中小型墓中出土的铜齿轮形器与玉璧组合件和玉牙璧[64]；2002年在陶寺中期小城内西北部发现的一座大型墓葬中出土的一批玉钺、玉兽面、玉琮、带扉牙璜形玉佩等一批玉器[65]；2005年春在陶寺墓地ⅡM26墓中出土的覆盖在陶壶口部的玉璧和探方中出土的牙璧等[66]。

下靳村墓地约有6000多平方米，1998年发掘清理了被破坏剩余的533座墓葬，在小部分墓葬中出土了一批玉器。器类主要有玉钺、双孔刀、双孔双刃刀铲、璧、多璜联璧、环、璜、管状饰、柱状饰、圆形饰、锛、笄、牙璧、圭形器以及贴附绿松石片腕饰等[67]。

2003—2005年间，清凉寺墓地发掘350多座墓，出土了一大批玉石器等随葬品，有玉璧、多璜联璧、方形璧、玉环、玉琮、双孔石刀、三孔石刀、五孔石刀、七孔石刀、九孔石刀、单孔石钺、双孔石钺、双孔石板、凸缘六边形玉器、牙璧以及玉虎头饰。M79随葬品中还有朱绘小口高领陶罐、陶盆及鳄鱼骨板等[68]。

关于清凉寺墓地的文化属性与年代，发掘者最初主张为庙底沟二期文化，约为公元前 2500—前 2300 年[69]。后来改变看法，记为上起庙底沟二期文化晚期，下迄龙山文化晚期，年代在公元前 2300—前 1900 年[70]。笔者分析后认为，清凉寺 M79 出土的朱绘小口高领陶罐明显属陶寺文化风格，清凉寺 M146：9 彩绘陶瓶的彩绘风格也是陶寺文化的彩绘风格。一些墓葬中出土的玉石器中的双孔石刀、双孔双刃刀铲、素面短琮、大量的多璜联璧等，与陶寺墓地、下靳村墓地出土的同类器物相同；清凉寺 M79 墓中出土的鳄鱼骨板也见于陶寺墓葬中。大量相同的文化遗存清晰地表明清凉寺墓地的文化属性是陶寺文化。

陶寺、下靳村、清凉寺三处遗址与墓地出土的这些玉石器，按照陶寺遗址陶寺文化的分期，可分为早、中、晚三期。陶寺文化早期的年代在公元前 2450—前 2150 年之间[71]。陶寺文化晚期年代的下限，大致不会晚于二里头文化新砦期，即大致不晚于公元前 1850 年[72]。于是可以初步确定陶寺文化中晚期的年代大致在公元前 2150—前 1850 年这 300 年之间。中期与晚期大致各经历了 150 年。

（一）陶寺文化玉器的主要器类

在陶寺、下靳村、清凉寺三处遗址与墓地中出土的这批玉石器中，以陶寺遗址 2002 年发掘的 ⅡM22 大型墓葬中出土的一批玉器的级别最高，可以明确是出自"王"级大墓中的玉器，也是目前中原地区发现的夏王朝形成时期档次最高的一批玉器。

可惜的是该墓在陶寺文化晚期偏早时被破坏。尤其是墓室正中的棺室被捣毁，棺内的贴身随葬玉器情况已不清楚，残留有绿松石饰件、玉钺碎块、小玉璜、木柄、子安贝等 46 件，以及遗留在扰坑内的玉钺、玉钺残块、白玉管、天河石和绿松石片等 20 件。在棺室四周的未扰动部分及壁龛内出土随葬品 72 件（组），包括彩绘陶器 8 件、玉石器 18 件（组）、骨镞 8 组、漆木器 25 件、红彩草编物 2 件以及猪 10 头、公猪下颌 1 件。其中 18 件（组）玉石器，分别是置于棺室南侧与墓室南壁之间的 4 把青石大厨刀、墓室东壁列于公猪下颌两侧的 6 件带彩漆柄的玉石钺、南 1 龛中漆木盒内的 2 件玉钺和 1 件玉琮、北 1 龛中彩漆箱顶上的 1 组 2 件玉兽面和 3 件玉璜、北 2 龛中盖在 1 件彩绘折肩罐口上的 1 件玉璧。这 18 件（组）玉石器，除 4 把青石大厨刀外，14 件（组）玉器质地上乘，制作精致，是目前所知夏王朝形成时期高档次玉器的代表。

下面选择陶寺、下靳村、清凉寺三处遗址与墓地出土的几种有代表性的玉石器类进行分析，以窥探陶寺文化玉石器器类与形制方面的基本特征。

1. 玉璧

陶寺文化的玉璧，数量很多。从已公布的资料看，陶寺文化玉璧主要有三种出土现象：

一种是将玉璧覆盖在彩绘折肩陶罐上。如陶寺 2002ⅡM22：18 玉璧[73]、2005ⅡM26 墓中出土的玉璧。

另一种是墓主的贴身随葬品。如清凉寺 M79 在人骨架胸腹部放置数件玉璧（图二一）[74]。其中 M79：2 玉璧为豆青色，表面受沁严重，绝大部分青中透白。内缘厚而外缘薄，且有多处缺口，直径18.3—18.5、孔径6.8、厚0.1—0.5厘米[75]。

第三种将玉璧穿戴在手腕上或手臂上。如下靳村M8、M13、M47、M70，在墓主的右手腕或右手臂上穿戴1件玉璧。有的在一个手腕上穿戴2件玉璧，如清凉寺M61，在墓主右手臂上穿戴2件玉璧；清凉寺M79，在墓主左手臂上穿戴2件玉璧。

在陶寺文化中，在手腕或手臂上穿戴玉璧的风气相当兴盛，以至于个别的如陶寺M11墓主在手腕上穿戴玉璧与铜齿轮形器叠加的装饰，可谓"金玉璧环"。甚至还出现了在手腕部穿戴贴附绿松石片手镯或大型镶绿松石腕饰，如下靳村M76（图二二）、M136[76]。

陶寺文化玉璧的形制大致有五大类。

第一类是一个整体的圆形玉璧。如陶寺2002ⅢM22：18玉璧，玉质为黄色，质地上乘[77]。又如在陶寺采集的一件玉璧（MDC：9），为碧绿色，半透明，一面存有三道切割痕迹。外径13.2、孔径6.8、孔边缘厚0.25、外缘厚0.2厘米[78]。又如陶寺M1423：1玉璧，乳白色间褐色，大部分半透明，外径12.5、孔径6.2厘米，孔边缘为直边，厚0.2厘米，外缘极薄，厚不足0.1厘米，真可谓薄如纸[79]。这是目前发掘出土的最薄的陶寺文化玉璧，也是目前所见陶寺文化中最为精致的玉璧，表现了极为高超的玉器制作工艺。

第二类是多璜联璧，有二璜联缀组合或多璜联缀组合。如清凉寺M155：2（图二三），由两个对开的玉璜联缀组合而成[80]，联缀的两璜之间的结合，严丝合缝，表明其最初对联缀的璜的设计相当精确。多璜联缀组合玉璧，有三璜、四璜，甚至有五璜、六璜联缀组合而成的。如下靳村M8：4为四璜联缀组合玉璧[81]，陶寺M3033：8：1-5为五璜联缀组合玉璧，下靳村M40：2为六璜联缀组合玉璧，残存五璜[82]。

第三类是方形玉璧。如清凉寺M150：3方形玉璧（图二四），平面为长方形，中心有大圆孔，近一角处有一小孔[83]。

第四类是玉牙璧。如清凉寺M100：7（图二五），平面为方形，由中心孔向边缘逐渐变薄，四角牙旋向同一方向[84]。

第五类是清凉寺M146：3凸缘六边形玉器（图二六），外形为不等边的六边形，中孔为管钻。三个短边近直，另三个长边略

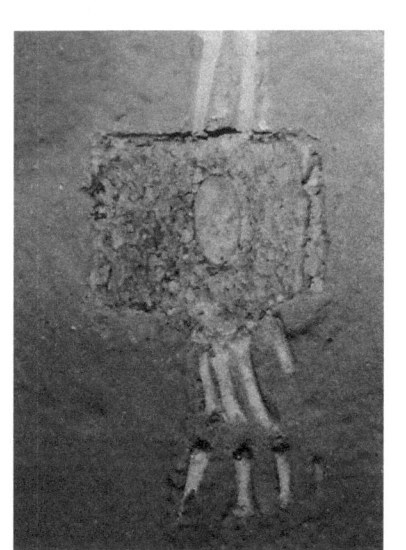

图二二 下靳村M76镶绿松石腕饰

北

图二一 清凉寺M79平面图

1—3、5、7—9.玉璧 4、6、14.联缀复合玉璧 10.双孔石钺 11.长方形石器 12.陶罐 13.陶盆 15.三孔石刀 16.单孔石钺 17.石料

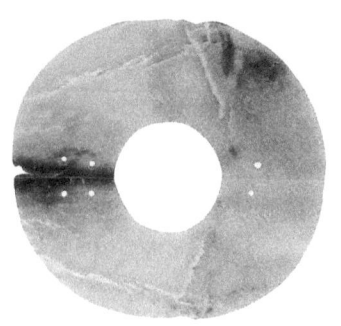

图二三　清凉寺 M155：2 二璜联璧

图二四　清凉寺 M150：3 方形玉璧

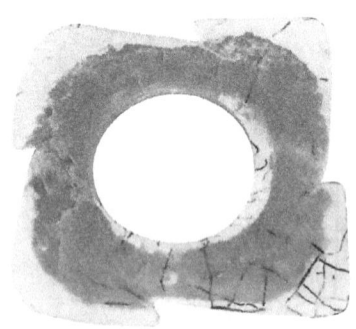

图二五　清凉寺 M100：7 玉牙璧

图二六　清凉寺 M146：3 凸缘六边形玉器

弧，直边与弧边相间。孔径 6.7、凸缘高 3.5 厘米。应属于腕部装饰的璧环类玉器[85]。其平面制作成六边形，可能是受玉料限制所为。而凸缘的形制，是手镯类装饰的特点。这件凸缘六边形玉器是将手镯类装饰与璧环类装饰相结合的产物，表现了陶寺文化盛行手腕装饰的社会风气。这大概是目前所见的年代最早的凸缘璧之一。

陶寺文化中手腕或手臂穿戴玉璧的风气相当兴盛，那些孔径较大的各类玉璧大都与作为腕部装饰有关。也正因如此，那种节省原料、制作简便的多璜联缀组合玉璧应运而生。然而，在手腕部穿戴直径 10 多厘米的玉璧后，手部的活动很不方便，所以推测这类穿戴在手腕的玉璧，除了装饰作用外，必然还存在着某种实际作用，或许与防护手腕被砍伤有关。如是推测，那么这种手腕部穿戴玉璧的兴盛，应与手持石刀类武器互相搏杀的社会背景有关。"金玉璧环"的出现，无疑是为了加固护腕的功能。由此进一步推测，陶寺 M11 的铜齿轮形器应是陶寺文化铸造的，而不是源自域外的一件装饰品，其含砷的铜矿应出自陶寺文化所涉足的范围。这类铜齿轮形器在陶寺文化中晚期出现，是与陶寺文化中晚期社会发展的特点相适应的。

2. 玉琮

陶寺文化的玉琮，数量不多。在陶寺遗址出土 14 件，一墓出 1 件。在公布的清凉寺墓地资料中，M52 墓葬出土 1 件。这十多件玉琮都是矮体玉琮。这些玉琮的出土现象有三种。第一种是套在手腕上。如清凉寺 M52：1 玉琮套在墓主的左手上。陶寺墓地中，有的将玉琮套在右臂上[86]。第二种是将玉琮平置在臂上或平置在胸腹间，主要见于陶寺墓地。这种玉琮的使用方式，可能也是套在手腕或手臂上，只是随葬时放入墓室内。第三种是出自墓室壁龛的漆木盒内，如陶寺

2002ⅢM22：129玉琮。

陶寺十多件玉琮的形制，大致可以分为四类。

第一类为方形短射、角部有刻纹的玉琮。如陶寺M3168：7玉琮，为滑石质地，呈黄褐间黑褐色，器表光滑。四个角面的分界清晰，角部刻横向窄槽线三道，这种玉琮的纹饰与广富林文化的玉琮接近，是良渚文化玉琮的后续发展形式。

第二类为方形短射光素玉琮。如清凉寺M52：1玉琮（图二七），玉质湿润，呈乳白色间灰蓝色和浅褐色。射部较低，四个侧面较平整，每一面的中部各有两条竖向凹槽，以此保留了玉琮四个角面的特征[87]。

这类方形短射光素玉琮，有的极矮小，通高不足2厘米，射部不明显，四个角面没有分界线，成为四个光素侧边。如陶寺M1699：1玉琮，高仅2厘米，仅在玉琮的一端有极短的射部，另一端没有射部。没有射部的这一端可能经裁截，表现了陶寺文化玉料短缺的现象。

第三类为圆形有刻纹玉琮。如陶寺M1267：2玉琮（图二八），为闪玉，呈豆青间白色，局部受沁。圆筒状，在侧面上竖向刻八道窄槽线，形成四个（角）面，四个（角）面上各刻横向的三道窄槽线。出土时，套在墓主右臂上[88]。

第四类为方形无射光素玉琮。如2002ⅢM22：129玉琮（图二九），呈豆青色。边长5.2、高2.8、孔径4.4厘米。孔壁最薄处0.4厘米。这件玉琮光素无纹，抛光极好，为假玉材质，可能是当时认为的最好的玉质[89]。这件玉琮的孔径只有4.4厘米，似不属于穿戴在手腕或手臂上的装饰玉琮。何驽推测其是作为测量日影的圭尺上的游标[90]，可备一说。

图二七　清凉寺M52：1玉琮　　　图二八　陶寺M1267：2玉琮　　　图二九　陶寺2002ⅢM22：129玉琮

陶寺文化玉琮为良渚文化玉琮的延续与发展，其使用功能主要作为镯类穿戴在手腕或手臂上，与陶寺文化大孔玉璧的功能大致相同，是陶寺文化兴盛手腕装饰、护腕器物的体现。而个别玉琮如果具有测量日影的圭尺上的游标作用，那么《礼记》中所记载的"黄琮礼地"的现象，或许在陶寺文化中期即夏王朝形成时期存在过。

3. 玉璜形饰

陶寺文化中的玉璜大都是由玉璧改制的，且大多是作为联缀组合玉璧的组合件，所以在玉璜的两端通常有两个小孔。目前尚没有发现作为佩戴在项下或胸前的玉璜装饰品，所以称之为玉璜形饰。

除了作为联缀组合玉璧的玉璜形饰外，还有另外一种装饰性玉璜形饰，即陶寺2002ⅢM22大墓出土的 3 件璜形玉佩。这 3 件璜形玉佩的形制、大小以及玉料都相同，可谓一模一样。大概是制作成一件较厚的璜形玉佩后再剖成三件，表明其制作工艺中的剖切工艺十分高超。璜形玉佩长 8.9、宽 2.7、厚 0.26 厘米。一端（首部）有一穿孔，在其外缘有 4 个扉牙，最后一个扉牙的末尾属整器的尾部，尾部有一十分工整的扉牙凹口，似尾部的横断面亦形成扉牙形式。从这 3 件璜形玉佩的造型看，其尾部的扉牙形式与外缘上的 4 个扉牙形式略有区别，其凹口也较深，其尾部的扉牙应是在外缘上的 4 个扉牙形成之后加工形成的。由此推测，这 3 件璜形玉佩原本是一件带扉牙玉璧的局部，这件带扉牙玉璧残断后，拣其局部，经整治穿孔，并将尾部制作成扉牙形式，然后一剖为三。由此推测，在陶寺文化中期应存在着一种厚 0.8、直径约 12 厘米的带扉牙的玉璧。这种带扉牙玉璧的使用方式，可能也是穿戴在手腕上或手臂上。这种带扉牙玉璧的出现，可以证实陶寺文化晚期铜齿轮形器是仿带扉牙的玉璧，铜齿轮形器上的 29 个齿牙只是一种装饰风格。

通过以上对陶寺 2002ⅡM22 璜形玉佩的分析，我们期待着陶寺文化中期带扉牙玉璧的发现。

陶寺 2002ⅡM22 的 3 件璜形玉佩在墓中与 2 件玉兽面一起置于一件存放 3 件彩绘漆瓢形器的彩漆大箱箱顶面上，3 件璜形玉佩与 2 件玉兽面有无平面组合装饰关系，目前尚不清楚。

4. 玉兽面

发现 2 件，即在陶寺 2002ⅡM22 大墓内与 3 件璜形玉佩一起出土的 2 件（2002ⅡM22：135）。这 2 件玉兽面的大小、形式都相同，也可谓一模一样。大概是制成后一剖为二，所以一面有纹饰，一面光素无纹。形制为凸出的吻部，镂孔的眼部，面部两颊外伸呈三角形两翼，翼尖角内勾，顶部呈 "介" 字形冠，周边及眼眶、鼻梁、额中以减地法形成棱边，背面为平面。整个玉兽面的形制图案，可与新砦遗址出土的陶器盖上刻划、填朱的龙首纹图案作对比分析（图三〇）[91]，或许是陶寺文化中期的一种龙首形象。

陶寺 2002ⅡM22：135 玉兽面与湖北钟祥六合、天门石家河肖家屋脊瓮棺中出土的玉兽面的形制接近。其中六合 W9：1 玉兽面（图三一）的形制[92]，较陶寺 2002ⅡM22：135 玉兽面的形制简略些；肖家屋脊 W6：60 玉兽面（图三二）的形制[93]，较六合 W9：1 玉兽面的形制更简略些，并且最厚，厚 0.7 厘米。这 3 件玉兽面，大概是由简至繁演变的，即由肖家屋脊 W6：60 玉兽面→六合 W9：1 玉兽面→陶寺 2002ⅡM22：135 玉兽面[94]。

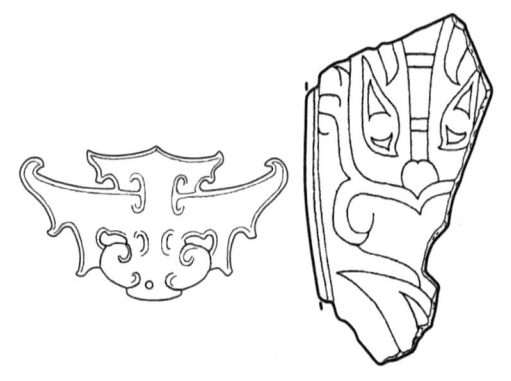

图三〇　陶寺 2002ⅡM22：135
玉兽面和新砦 99T1M24：1 龙首纹图案

图三一　六合
W9：1 玉兽面

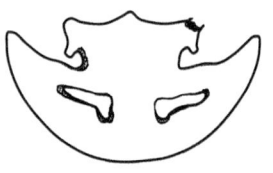

图三二　肖家屋脊
W6：60 玉兽面

玉兽面的这种演变现象表明，陶寺文化中期的玉器，接受了长江中游地区石家河文化晚期玉器的影响。至于陶寺2002ⅡM22：135玉兽面是陶寺文化时期制作的，还是石家河文化晚期制作之后来到了陶寺遗址的，目前尚难分析。但是，陶寺玉兽面正面上的减地棱边的制作风格，应是代表了陶寺文化中期阶段即夏王朝形成时期玉器制作的一种工艺与时尚。

5. 玉虎头

玉虎头发现1件，出自清凉寺墓地M87墓葬中，宽2、高1厘米[95]。为圆雕作品，雕出鼻、眼、耳的特征。在虎头正中，上下贯通穿一孔，在虎头面颊两侧，分别斜穿一小孔。这类玉虎头，在石家河文化晚期发现有十多件。陶寺文化的玉虎头应是来自石家河文化晚期的作品。

6. 玉石钺

陶寺文化中发现的玉石钺，初略统计在200件以上。如陶寺遗址第一阶段发现了近百件，第二阶段发掘仅在2002ⅡM22大墓中就出有10件；下靳村墓地在1998年3、4月发掘中发现了29件，在1998年5月至11月发掘的398座墓葬中可能出土了数十件；清凉寺墓地发掘的300多座墓葬中亦可能出土了数十件。这些玉石钺，以假玉的石钺为主，以陶寺2002ⅡM22大墓中出土的玉钺最为精致。依据这些玉石钺的形制特点，大致可以分为七类。

第一类，犹似平首圭的扁平长条形玉钺。如陶寺2002ⅡM22：128玉钺（原称为玉戚）（图三三），呈褐色，平刃，刃略宽于器身。在柄端有两个穿孔。接近背的一孔略偏中轴，是为绑缚木柲的孔；另一孔接近钺的中断，在中轴位置上，是为装饰孔[96]。这件玉钺形制规整，与曾被认作玉圭的二里头遗址出土的72YLⅢKM1：3、80YLⅢM2：5长条形玉钺形制相同，应是二里头文化长条形玉钺的前身器型，是目前所知夏时期玉器中年代最早的长条形双孔玉钺。这件玉钺有装饰孔，又是褐色，抛光很好，并且置于墓龛中的漆木盒内，在当时是一件十分珍贵的随葬物品。其除了作为钺之外，或许还有其他的用途。

第二类，长条形窄刃钺。其特点是刃部不及器身宽。如陶寺2002ⅡM22：2玉钺（图三四），长条形，一侧边由柄端向刃角斜收，形成斜弧形窄刃。端部穿一孔，穿孔之上至背残留有大块漆痕，出土时带漆木柄[97]。出土现象表明这类玉钺安装木柲的方式都是木柲与钺身大致垂直，靠近端部的一孔，是为了便于用绳索将玉钺加固在木柲上。这种长条形窄刃钺形制的进一步发展，可能与玉戈的起源有关。

第三类，扁薄的铲形钺。如陶寺2002ⅡM22：6玉钺（图三五），扁平，器身较宽，刃宽于器身，两侧略呈斜边，平刃或略呈弧刃，端部正中有一穿孔[98]。这类玉钺有用大型玉石器如玉刀残件改制的。如陶寺M3168：10玉钺，在器身上有"8"字形穿孔，并且取原件玉器其他部位的玉料制成"8"字形，填补这个"8"字形穿孔[99]。

这种由大玉刀改制的玉钺，通常由两个刃，即边刃与端刃，边刃是原玉刀的刃部，端刃是改制成玉钺后形成的玉钺的刃部，如下靳村M51：6玉钺（图三六）[100]。目前在陶寺文化中已发现多件由大玉刀改制的玉钺。这种改制行为在当时时常发生，导致在陶寺文化中产生了一种新器型。这种大件玉器残断后改制成小件玉器，表明当时对玉石器使用的需求很大，以及玉石料十分稀有。

  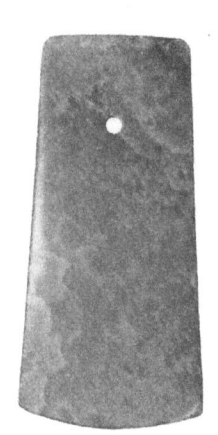

图三三　陶寺2002ⅡM22：128 玉钺　　　图三四　陶寺2002ⅡM22：2 玉钺　　　图三五　陶寺2002ⅡM22：6 玉钺

第四类，扁平梯形或接近方形玉石钺。如陶寺 M3073：26 玉钺[101]、陶寺 M3100：2 玉钺、陶寺 M3002：4 玉钺、下靳村 M97：1 玉钺[102]、清凉寺 M61：4 石钺等[103]。其中陶寺 M3073：26 玉钺的一侧有一较大的穿孔，表明这件玉钺是由玉刀改制的。陶寺 M3100：2 玉钺在一侧边有两个较大的穿孔，表明这件玉钺也是由玉刀改制的。值得注意的是，在这件玉钺端部的两侧角边，各有一个小孔，一个小孔完整，另一小孔已残缺一半，且两小孔不在一条直线上。其缘由不明。清凉寺 M61：4 石钺的一侧边有三个楔形凹槽，可能也是一件改制的作品，三个楔形凹槽大概是原件器物上的制作特征保留在了改制的这件石钺上。陶寺 M3002：4 玉钺，有两个孔，双孔位置规范，位于柄端的孔是绑缚木柲的孔，位于玉钺中部的孔是装饰孔。这个装饰孔位于中部偏上，是一种较为原始的装饰孔形制。这件双孔玉钺表明，陶寺文化早期已在玉兵器上镶嵌绿松石之类的饰品。

第五类，出内状的玉钺。如陶寺 M3015：2 玉钺，在端部两侧切割内收，形成内部，但内部两边尚不对称，是一种极为原始的带内的玉钺。又如下靳村遗址采集的0024玉钺（图三七），为长内，内长达全器长的三分之一[104]，内部两侧打制，尚未磨平，表现出原始内的性状。

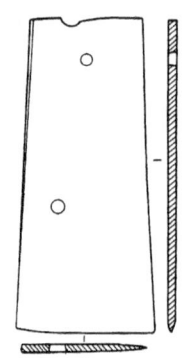 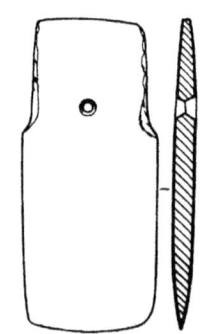

图三六　下靳村 M51：6 玉钺　　　　　　　图三七　下靳村 0024 玉钺

第六类，横向双孔石钺。目前仅公布清凉寺 M79：10 石钺 1 件。为扁薄的斜长方形，斜刃，柄端横向并列穿两个较大的孔。除刃部外，其余三边亦极薄，似刃[105]。从斜刃、柄端横向并列两孔的形制推测，这件石钺可能是由石刀改制的，其双孔可能是石刀的原孔，也可能是原来就制成这样的，为短刀形的钺。

值得注意的是，与这件石钺同出的有一件穿双孔的扁平长条形石器，出土时位于这件石钺的顶端约 4 厘米处[106]。扁平长条形石器长 18.4、宽 6.2 厘米，其长度与石钺顶端的宽度相当。扁平长条形石器上的双孔间距略大于石钺端部的双孔间距，但在石钺端部的双孔内与扁平长条形石器上的双孔内都涂朱红色。这件扁平长条形石器可能是 M79：10 石钺安装木柲的附件，可能是安装在与石钺柄端插入木柲之后的相对应的木柲的另一侧。由此推测，这就是新发现的陶寺文化玉石钺安装木柲的又一种方式。

第七类，三孔玉钺。如陶寺 M3196：2 玉钺，三孔呈倒三角形布置，接近背部与斜向的背部平行并列穿两孔，是绑缚木柲的孔，接近中部穿一孔。

除以上七类玉石钺外，陶寺文化中还有一种在端部两侧有凹口的玉石钺[107]。在柄端部两侧制作成小凹口的目的，大概是便于将玉石钺捆绑在木柲上。清凉寺 M79：16 石钺上遗留有从圆孔至两侧凹口的装饰绑缚木柲绳索的朱红色涂料[108]。但这种形制的玉石钺在陶寺文化中较为少见，大概其安柄方式不被广泛接受，故而没有流传。

陶寺文化玉石钺表现出浓厚的玉石器改制之风，是陶寺文化玉石器制作的一个显著的特点。

7. 玉石刀

陶寺文化的玉石刀，数量较多，根据其形制特征，大致可以分为四类。

第一类，小窄长条形双孔玉石刀。如陶寺 M3168：8 双孔玉刀，平背，刀头一端略宽，刀尾一端略窄，刃微斜，在接近背部的两端各穿一孔，以便绑缚木柲。又如清凉寺 M146：4 双孔石刀（图三八），长 24.8—25.4、宽 6.1—7.3、最厚处 1 厘米。平背，穿两孔。刃略微凹斜，是长期使用所致。在刀的一面，从穿孔上边缘至刀背角尖以下约 1 厘米处，有呈长斜角形的涂朱痕迹，应是装饰绳索绑缚的痕迹[109]。这种涂朱痕迹表明，这种玉石刀的木柲安装方式是将玉石刀的刀背嵌入木柲中，用绳索通过玉石刀上的穿孔斜向与玉石刀两端的木柲绑缚。依照这种方式安装木柲，木柲的首端自然会长出玉石刀的首端，表明其作用主要是砍伐功能，但玉石刀的形体较小，砍伐功能较弱。

第二类，窄长条形双孔斜刃玉石刀。如下靳村 M358 出土的玉刀（图三九），背长 32.6、刃长 33.8 厘米，两侧边斜直，刀首一端宽 6.9 厘米，刀尾一端略窄，形成斜刃。在接近刀背的两端各穿一孔。在刀背处还留有细长条朱红色，是安装木柲的痕迹[110]。这类玉石刀与第一类玉石刀的形制接近，只是更长些，而且一端宽，一端窄，宽的一端是刀头，窄的一端为刀尾，安装木柲之后利于砍伐。这种长条形斜刃玉石刀的形制，是在长期使用过程中在既有的经验基础上产生的。

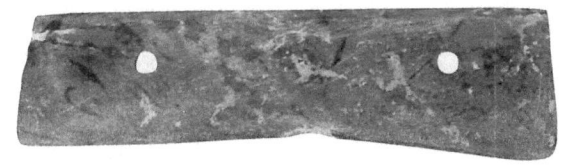 

图三八　清凉寺 M146：4 双孔石刀　　　　　　图三九　下靳村 M358 玉刀

第三类，不规则梯形的多孔大头石刀。如清凉寺 M79：15 三孔石刀，长 27、宽 10—14、厚 0.3—0.8、孔径 2—2.6 厘米[111]。清凉寺 M61：3 五孔石刀（图四〇），长 24.5、宽 11.5、厚 0.2—

1、孔径 1.7—2.23 厘米[112]。这类石刀的主要特点是刀头宽大，刀尾窄，斜刃，刀背穿孔多而密集，有三孔、五孔、七孔等。刀背上穿较多的孔，是为了加固石刀与木柲的绑缚效果。这种多孔大头刀，形体较大，刀体与木柲绑缚结实稳当，砍伐功能较强，应是当时的一种用于搏杀砍伐的武器。这类多孔大头石刀，以清凉寺墓地发现较多，基本都是石质。由此表明争斗搏杀的社会现象是清凉寺墓地的主要社会背景之一，同时也表明清凉寺墓地的社会级别不可能太高。此外，陶寺 M3100：2 玉钺的侧边上有多余的双孔等，可能是大头玉石刀的改制品。

第四类，双刃铲形刀。如陶寺 M3015：49 石刀（图四一），长 25、宽 4.4—6.8 厘米。刀尾宽，刀首窄，在刀首、刀尾两侧以及下缘都磨出双面刃，刀背处有双孔[113]。这件石刀有三边刃，但刀背有双孔安装木柲，其使用时，两侧刃不能同时发挥作用，是端刃与一侧的刀刃发挥作用，所以称之为双刃铲形刀。推测这件石刀可能是由大石刀改制的作品。这种双刃铲形刀，在二里头文化中亦发现有 1 件（二里头 84YLⅥM11：4 玉刀），而陶寺文化的双刃铲形刀是年代最早的。所以，这种双刃铲形刀可能是陶寺文化产生的一种新器型。其产生可能与在将玉石刀改制为长条形玉石钺、刀过程中受启发有关。

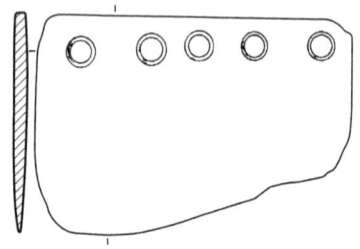
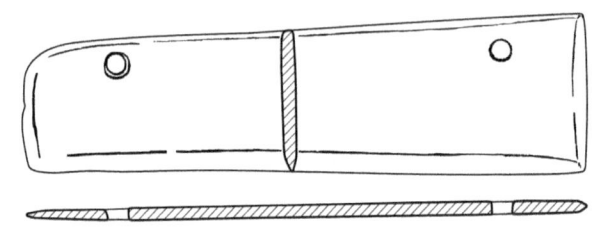

图四〇　清凉寺 M61：3 五孔石刀　　　　　图四一　陶寺 M3015：49 石刀

第五类，大型玉石刀。这种大型玉石刀，目前在陶寺文化中尚没有发现完整器型，但根据陶寺 M3168：10 玉钺、下靳村 M51：6 黑色玉钺[114]都有作为钺的端刃和作为刀的长边刃，以及都是由大型玉刀改制的现象判断，当时应有一种长三四十厘米以上的大型玉刀。如改制为陶寺 M3168：10 玉钺的原玉刀的长度可能在 32 厘米以上[115]。

以上五类玉石刀，后四类都是陶寺文化出现的新器型。

8. 玉圭

陶寺文化发现的玉圭有 2 件，都是尖首圭。如陶寺 M1700：3 玉圭，为软玉，呈乳白色。陶寺 M3032：2 玉圭，为阳起石软玉，呈黑褐色，间有豆青色纹理，一面抛光，一面保留着剖切面的痕迹。圭首中部凸出一尖，形成极低矮的三角形圭首。玉圭的三个边缘极薄，呈半透明状。在器身下部的三分之一处有一穿孔。这件玉圭的尖首只是初具其形，其形制十分原始，可能是陶寺文化早期开始在具有特殊身份的贵族中使用的一种用具。至于具体的使用方式，待考。而这种器型的后续发展以及与后来（西周时期）出现的尖首玉圭之间的形制关系，尚待研究。

9. 玉石笄

目前公布的陶寺文化玉石笄仅下靳村 M40：1 石笄（图四二）1 件。为大理岩，断面呈橄榄形。

长 20、宽 2.3、厚 0.8 厘米。顶端平直，较宽厚，并向笄尖收窄减薄。笄尖呈扁圆锋，上部有一穿孔，孔径 1.1 厘米[116]。这件石斧出自人头骨顶部，属笄无疑。

10. 玉骨组合头饰

陶寺文化中的玉骨组合头饰，以骨笄为主干，以小玉璧、弯弧形玉片、绿松石小片为组合构件，以条形玉坠作为垂挂件组成。如陶寺 M2023 墓葬中出土的 1 件（图四三）[117]。在陶寺墓地中有 25 座墓出土有这类玉骨组合头饰。高炜根据陶寺墓葬内这种出自头部已散乱的玉骨组合头饰部件分析，复原了 8 件玉骨组合头饰[118]。在下靳村 M76 与 M136 墓葬中，在人头骨顶端有玉骨组合头饰的组合件，如骨笄、条形或柱状玉坠饰、小玉环等[119]。这种玉骨组合头饰中的玉构件如小玉璧（环），有的是延用了红山文化晚期的玉器。如陶寺 M2036 墓葬中出土的玉骨组合头饰中的玉环，系红山文化晚期的小玉璧[120]。这种陶寺文化延用红山文化晚期玉器的现象，可能不限于一二例。

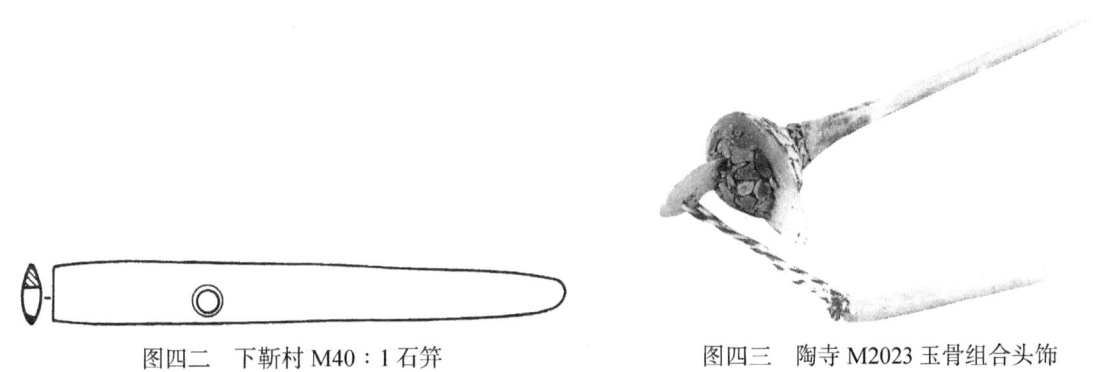

图四二　下靳村 M40：1 石笄　　　　　　图四三　陶寺 M2023 玉骨组合头饰

11. 玉圆箍形器

陶寺文化的玉圆箍形器，主要发现于陶寺遗址，如陶寺 M1449：2 玉圆箍形器。这种圆筒状箍形器，在陶寺文化中发现很少。

12. 绿松石片贴附腕饰

陶寺文化中出现了较多的绿松石片镶嵌、贴附装饰工艺和绿松石珠装饰件。如下靳村 M13，在人骨右肩附近有一些绿松石碎粒，绿松石周围有漆皮裂痕[121]；下靳村 M47，在人头骨和左肩胛骨上有镶嵌绿松石的饰物[122]。在陶寺 2002ⅡM22 出土了 1 件绿松石管状珠。其中最为重要的是下靳村 M76：8 绿松石腕饰与 M136：3 镶绿松石手镯。下靳村 M76：8 绿松石腕饰，为宽环带状，在黑色胶状物上贴附经加工的小绿松石片，并在中部等距离镶嵌 3 个白色石贝。周长 30、宽 9 厘米[123]。下靳村 M136：3 手镯，在黑色底上贴附经加工的小绿松石片。外径 9.5、内径 5.3 厘米[124]。这种绿松石片贴附腕饰与手镯的出现，再次表现了陶寺文化盛行腕部装饰的社会风气。此外，陶寺 2002ⅡM22 大墓被捣毁的棺室内遗留有天河石和绿松石片、绿松石饰件等，估计该墓中置于棺室或与墓主贴身的绿松石制品异常精美，可惜已被捣毁。

13. 玉梳形器

陶寺文化玉梳形器，发现不多，目前仅见于陶寺遗址。如陶寺 M1267：1 玉梳，为扁平长方形，齿端稍宽，薄刃，有 11 齿，齿槽短浅。这种玉梳形器的使用方式与功能，目前尚不明了。

除以上介绍的 13 种玉石器外，陶寺文化的玉器还有玉环、玉指环及各种几何形状的组合饰件等。

（二）陶寺文化玉器的文化传统与时代特征

陶寺文化玉器的文化传统大概有五种。

第一，红山文化晚期玉器的传统。如玉骨组合头饰中的小玉璧。或许还有其他玉器，如方形玉璧等，尚待识别。

第二，良渚文化与广富林文化玉器的传统。如方柱体的刻纹滑石琮。其他各种玉琮都应是良渚文化玉琮在中原地区的繁衍发展。还有玉璧，主要是那种完整而较厚重的圆形大玉璧，亦是良渚文化的传统。

第三，石家河文化晚期玉器的传统。如玉兽面、玉虎头。而玉璧、玉璜上的扉牙装饰，也可能与石家河文化晚期玉器有关。

第四，大汶口文化玉器的传统。如玉牙璧等。

第五，陶寺文化传统的玉器。这类玉器的种类与数量，在陶寺文化玉器中占有绝对的优势。如多璜联缀组合玉璧、带扉牙玉璧、"金玉璧环"、边缘厚不足 0.1 厘米的极薄玉璧、无射部的方形光素短琮、扁平长条形双孔玉钺与双刃玉钺、由大玉刀改制的各种形制的玉钺、侧边有楔形凹槽的玉石钺、出内的玉石钺、横向双孔石钺、端部两侧有楔形凹口的玉石钺、窄长条形斜刃石刀、多孔大头石刀、双刃铲形刀、大玉刀、尖首玉圭、玉骨组合头饰、玉梳形器以及绿松石片贴附腕饰与手镯等。

其中扁平近方形的玉钺、绿松石管状珠、绿松石片镶嵌贴附工艺与饰品，在海岱地区的龙山文化晚期也有发现。他们两者之间是何种关系，尚待研究。就目前的发现状况分析，陶寺文化中的这类遗存在公元前 2000 年前就已经出现，而龙山文化晚期的这类文化遗存的年代接近公元前 1800 年。陶寺文化这类遗存的年代早于龙山文化晚期的这类遗存。

在陶寺文化传统的玉器中，有一种黑色或褐色玉材的玉器，虽然数量不多，但特别醒目。如陶寺 2002ⅡM22：128 玉钺、陶寺 M3032：2 玉圭、陶寺采集的 DMC：10 黑玉环（璧）[125]、下靳村采集的 0025 褐色玉石钺[126]、下靳村 M51：6 玉钺等，有的属陶寺文化早期。这种材质制作成的玉钺、玉圭、玉环（璧）等，在同时期的龙山文化、广富林文化、石家河文化晚期玉器中不见，所以这种黑色或褐色玉料的产地应是在陶寺文化涉足的范围内。

陶寺文化玉器中存在的五种文化传统，反映了三种不同的文化现象。

第一种文化现象是陶寺文化使用了传世的玉器，如红山文化的玉器。这并不是红山文化玉器对陶寺文化玉器直接影响的结果，而是陶寺文化使用了已经过辗转流传了很长时间之后的红山文化玉器。

第二种文化现象是陶寺文化吸收了同时期的其他文化的玉器或是玉器制造工艺。如良渚文化、石家河文化晚期玉器对陶寺文化玉器的影响。

第三种文化现象是陶寺文化创造了许多玉石器的器型与种类，即上述的第五种文化传统的玉石器。这些玉石器器型与种类的产生，与陶寺文化的社会特征密切相关，既反映了当时奢侈之风与权威之欲开始滋长，一些精致的装饰仪仗类玉器出现，如精致的扁平长条形玉钺、玉圭、绿松石片贴附腕饰、极薄的玉璧、带扉牙玉璧、"金玉璧环"、玉质极佳的玉琮等，也反映了当时争斗搏杀之势开始蔓延，一些粗制的武器类玉石器出现，如各种玉石钺、多孔大头石刀等。由于这方面的原因，对玉石原料的需求很大，而且耗损严重，所以改制玉石器的风气在这一时期开始兴盛。玉璋、玉戈等对后世影响极大的玉器中的重器，大概就是在陶寺文化这一特定的社会发展进程中及其盛行玉石器改制之风中产生的。

陶寺文化中第五种文化传统的玉器，即陶寺文化传统玉器，是陶寺文化玉器的代表，也是中原地区一个新时代诞生反映在玉器上的时代新风。这种时代新风在被捣毁的陶寺2002ⅢM22大墓出土玉器中得到了集中的体现。

三、陕北地区芦山峁、新华与石峁玉器

陕北地区已在多处遗址发现了公元前2000年前后的玉器，如延安芦山峁、神木石峁与新华，以及横山陈塔、响水沐浴沟、韩岔梨树焉、高镇油坊头遗址等[127]。其中以芦山峁、新华、石峁的玉器数量较多，而且与陶寺文化玉器有着密切的联系，是认识夏时期玉器不可忽略的三批重要资料。

（一）芦山峁玉器

1965年以来在延安芦山峁村的墒畔山、小峁、马家城的向阳山坡上出土了20多件玉器。玉器器类有玉璧、牙璧、三璜联缀组合玉璧、玉镯、玉环、玉钺、玉铲、玉锛、大玉刀、穿孔玉饰、玉笄以及小玉璜、残玉片等[128]。这批玉器具有几种文化传统，但都是陶寺文化玉器播及延安地区所致，而且是目前在陕北地区发现的公元前2000年前后玉器中最精致的一批，对于研究陶寺文化玉器与陕北地区公元前2000年前后玉器的关系等问题，意义重大。兹分析如下：

玉璧是良渚文化玉器的传统。芦山峁玉璧的形制与晋南陶寺文化玉璧的形制基本相同，其用途不出陶寺文化各种玉璧使用方式的范围。

1件异形牙璧（芦山峁18号），是在玉璧边缘四等分处分别雕刻出四个长条凹口，四个凹口两两对称。这种形制的牙璧尚不见于晋南陶寺文化，丰富了牙璧的形制。1件玉饰，呈弧边梯形，外缘有凹凸牙，正中穿一孔，应是利用残断牙璧改制的饰件[129]。

玉琮也是良渚文化玉器的传统，但芦山峁两件玉琮可能制作于两个不同的时期。

1件玉琮（芦山峁38号玉琮）断为四块，在断茬处穿孔联缀后继续使用。这与陶寺文化中多璜联缀组合玉璧的使用风格相同。这件玉琮两节，横断面为弧边方形圆孔。外径7、孔径6、高4.4厘米，两端有射。角面上为简化的人面纹，并可看出已被极度磨损而存留的阴刻细密卷云纹的地纹[130]。这是一件典型的良渚文化中期的玉琮，其制作年代在公元前 2600 年以前，后辗转来到了延安芦山峁。其使用方式，大概是穿戴在手腕或手臂上。这件玉琮至少使用了 600 多年。

另 1 件玉琮（芦山峁 17 号玉琮），外方内圆，两端有射，外径 7.1、孔径 6.4、高 4.4 厘米。初看这件玉琮，似与良渚文化中晚期的兽面玉琮相同，但琢磨细部，有明显的区别。主要体现在三个方面：

一是分节横凹槽有明显区别。这件玉琮也是两节，即在四个角面的中部横向有一道凹槽，以此分作上下两节、八个角面。但这一分节横凹槽，位于角棱处的较宽，位于角面两侧的较窄，而且凹槽呈楔状。这与良渚文化中晚期玉琮上常见的分节横凹槽、角棱处与角面两侧同宽的现象不一致。

二是角面上的兽面纹形制有明显区别。这件玉琮八个角面上的兽面纹，是以内外两边减地形成阳线条（凸棱）构成眼睑边框，并且形成"凹"口的鼻梁纹。这与良渚文化中晚期玉琮上常见的在外边缘减地形成凸出的整个椭圆形眼睑和桥形鼻梁，并在其内阴刻线纹的方式不同。

三是四个角棱的兽面纹以角棱两两相对，一正一反，其中两个角棱的兽面纹呈倒置状。这与良渚文化中晚期玉琮上常见的角棱兽面纹不存在倒置的现象不一致[131]。

在玉琮的角面上饰刻纹繁缛的兽面纹，是良渚文化中晚期玉琮纹饰的风格之一[132]。芦山峁 17 号玉琮上的兽面纹，貌似为良渚文化中晚期玉琮的风格，但又存在着明显区别，说明这件玉琮是仿照良渚文化中晚期玉琮制作的，应是良渚文化末期或末期之后制作的，制作时已不了解玉琮上兽面纹的原本含义，只是模仿做纹饰，并有意将玉琮一对角棱及角面上的兽面纹倒置，形成四个角面的兽面纹一正一反，以取别致。这件玉琮上的兽面纹应是良渚文化玉琮上兽面纹演变至末尾而衍生的另外一种形式。如是分析，这件玉琮上兽面纹的制作年代，大致在良渚文化末期至广富林文化时期，即公元前 2100—前 1900 年之间制作。至于是在良渚文化分布的太湖地区还在是陶寺文化分布的中原地区制作的，或是在龙山文化分布的海岱地区以及石家河文化晚期分布的江汉地区制作的，有待深入研究。

芦山峁 17 号玉琮，如不是早年出土，即如是传世品，很难接受其是公元前 2000 年前后的作品。所以，今后对这类纹饰特征的玉琮的发现，要特别注意。

芦山峁 27 号玉笄玉质上乘，呈青绿色，无杂质。长圆柱体。玉端断面呈扁圆状。首部为片状，两侧有扉牙，顶呈一级台级状。颈首间一凸出宽棱，其上刻竖向凹槽线。中央穿一弯水滴形孔。笄尾为尖锥形，其上有弯勾刻纹。

芦山峁出土的玉钺、玉铲（？）、三璜联缀组合玉璧、七孔大玉刀等，都承继了陶寺文化玉器传统。

其中芦山峁三孔玉钺，两孔接近背部，横向并列，一孔接近玉钺中央，与陶寺第七类玉钺M3196∶2 玉钺的三孔布置方式相同，而芦山峁三孔玉钺更精致些。这是一件十分典型的"黄钺"，玉质呈姜黄色。其端部横向并列两孔是为了绑缚木柲，在玉钺的端部还保留着玉钺端部嵌入木柲中的痕迹，横向并列两孔的上缘也有因穿绳索绑缚而磨光的现象。在中部的穿孔，可能是为镶嵌绿松石而备的。

芦山峁长条形单孔玉钺曾被称为玉铲，黄褐色，长 31.4 厘米，平刃，刃宽 9 厘米，平顶，顶宽 7 厘米，两侧边为斜直边。在端部穿一孔，孔径 0.1 厘米[133]。这件玉钺十分精致，与 2002ⅡM22

褐色双孔玉钺的形制接近。

芦山峁双孔玉铲为黄褐色，有米黄色斑纹，呈扁平长条形。长39.5、两端宽6厘米，中部略凹斜，宽5.5、厚0.6厘米。在一端穿一大孔，另一端穿一小孔。小孔端及两侧边的外缘均磨薄成圆钝刀状。小孔这一端的圆钝刃厚0.2厘米。这件玉器，目前称为玉铲，但使用方式不明。

芦山峁七孔玉刀，为黄绿色，长54.5、宽10、厚0.4厘米，刀头略宽，刀尾略窄，刀刃呈中部略凹的斜刃。这件玉刀的发现，证实陶寺文化中存在着前述的第五类玉石刀。这件玉刀的最大特点，除了形体硕大外，主要是七个穿孔和两边侧上的扉牙。七个穿孔分三种方式。在接近这件大玉刀的刀背处，约等距离穿三孔，最大孔径1.8厘米；在刀背缘上亦有三个较大的孔，这三孔已切开刀背缘，呈不封边的孔；在刀尾一端的正中穿一小孔。玉刀的七个穿孔，尤其是刀背上的六个较大的穿孔，其作用与含意，令人费解，曾产生很多看法。但是从这七个孔的位置分析，应与这件玉刀安装木柲的方式有关，是一种新颖的大玉刀木柲安装方式。其中刀背外缘三个不封边的孔，是原刀背内侧的三个圆孔，原大玉刀安装木柲时使用，但在使用过程中，沿孔外侧断裂，于是修整后再在内侧穿三孔，故刀背外缘留下了三个不封边的孔。而刀尾端部所穿一小孔，可能是在刀背内侧第二次穿三孔时所为，大概是吸取第一次以三孔安装大玉刀木柲不够牢固的经验，故在刀尾端穿一小孔，使木柲在接近尾端时斜向加宽至玉刀尾端的宽度。即用三个圆孔在刀背上绑缚木柲，用一个小孔在刀尾处绑缚木柲，利用刀尾端小孔绑缚刀尾处的木柲，加固了刀体与木柲的绑缚力度，以便使用时更加自如。

在陕北玉石刀中，有许多类似这件大玉刀的穿孔布置方式，既在刀背一侧穿孔，又在刀尾端正中穿孔。以往不解这种似不合规律的穿孔的作用与含意，现在可以明确，这种穿孔布置方式，是在不断实践、总结大玉刀安装木柲的方法及使用效果过程中发明的一种新的玉石刀安装木柲的方法。这种大玉刀上的穿孔布置方式具有时代与地域特征的意义。北京故宫博物院等单位收藏的一大批传世的这种穿孔布置的大玉刀，可以据此确定其大致的年代与制作地域。

芦山峁七孔玉刀两侧斜边上的扉牙，分别有上下两个。经邓淑苹观察，其中刀尾端一侧边上的扉牙及略弧的侧边，似剪影式的具有帽、额、鼻、嘴、颏、颈特征的侧视人面形象[134]。这是目前所见年代最早的在两侧边上饰扉牙装饰的大玉刀。但是大玉刀两侧边上的扉牙装饰尤其是刀尾侧边上的扉牙装饰，与大玉刀安装木柲，尤其是利用刀尾端穿孔安装木柲后的使用方式相龃。所以推测这件大玉刀两侧的扉牙装饰，可能是在这件大玉刀第二次改制加工时所为，此时的大玉刀刀尾穿孔可能已失去了作用。也就是说在玉石刀尾端穿孔以加固安装木柲的绑缚力度的方式，仅仅流行了很短的一段时间就被淘汰了，所以这种大玉刀的穿孔布置现象在已发现的二里头文化三、四期大玉石刀中不复见。依据这件大玉刀在刀尾端穿孔以及大玉刀两侧边上的扉牙装饰等特点，可以更准确地判断传世的或出土单位年代不明、具有这种穿孔布置方式特点的其他玉刀的年代问题。

如此分析，这件大玉刀可能经历了三次制作三次使用。大玉刀刀背缘上的不封闭的三个穿孔是第一次制作的，那时大玉刀的宽度，比现在的宽度约宽出2厘米，达到12厘米。大玉刀刀背内侧的三个穿孔及刀尾端的一个小穿孔是第二次加工改制的，大玉刀两侧边棱上的扉牙是第三次加工的。其中第二次制作的时间大概在陶寺文化晚期之后，因为在陶寺文化晚期还没有出现在玉刀尾端中部穿小孔的现象。第三次制作的时间大概在二里头文化新砦期之后，因为在二里头文化新砦期没有见到带扉牙装饰的玉钺、玉刀，或许与黎城带扉牙的玉钺同时，都属二里头文化一期。

芦山峁七孔玉刀经历了三次制作三次使用的分析结果若能成立，就破解了二里头文化三、四期大玉刀前身器型的形制与演变特征问题，即由陶寺第二类与第五类大玉刀演变为芦山峁尾端穿孔的七孔玉刀（实际使用四孔），最后演变为二里头文化三、四期玉刀；同时还破解了石峁的尾端穿孔大玉刀的相对年代问题，其应晚于陶寺文化晚期，早于二里头文化二期。

以上分析表明，芦山峁 20 多件玉器，存在着多种文化传统，其中以陶寺文化传统为主，也有二里头文化的风格，都不是当地制作的，是陶寺文化与二里头文化波及陕北延安一带的结果。至于何时波及到这里，涉及芦山峁这批玉器的年代问题。

芦山峁 20 多件玉器的年代相当复杂，有的制作于公元前 2600 年以前的太湖地区，有的制作于公元前 2100—前 1900 年之间。其中玉笄、24 号双孔玉铲以及七孔大玉刀的最初制作，可能是在公元前 1850 年前的陶寺文化，而七孔大玉刀的最后制作可能在二里头文化一期，即公元前 1700 年前后。如果说这批玉器可能曾经历了同时使用时期，那么它们的埋藏年代大致在二里头文化一期或之后。但是这批玉器是分先后埋藏的，即有的可能是在陶寺文化晚期埋藏的，有的可能是在二里头文化新砦期埋藏的，有的则是在二里头文化一期埋藏的或二里头文化一期之后埋藏的。由此推测，陶寺文化与二里头遗存波及延安一带的年代，大致应在陶寺文化晚期至二里头文化二期之前，即大约在公元前 2000 年之后至公元前 1680 年之前。

芦山峁玉器中的玉笄、玉牙璧、三孔玉钺、玉璧、双孔玉铲以及七孔大玉刀等，分别出自几个地点，但它们是继陶寺 2002ⅡM22 大墓玉器之后，又一批玉质上乘、制作精致、十分厚重的高档玉器，其使用者的社会地位，有的可能与陶寺 2002ⅡM22 "王墓"墓主的地位接近，是目前发现的夏王朝前期最为精致的玉器。至于其是因何种原因、何种事件，使它们波及延安一带，值得深入研究。

（二）新华玉器

神木新华遗址发现的玉器约有 35 件。其中在 1987 年调查中发现 2 件玉璧[135]。在 1999 年的第二次发掘中，发现残断的小件玉环与玉璜及一座祭祀坑中出土的 32 件玉器，在 99M26 墓葬中出土 1 件绿松石坠饰和 1 件石铲形器，在 99M27 墓葬中出土 1 件玉柄形器[136]。

新华 99K1 祭祀坑出土的 32 件玉石器器类简单，有钺、铲、刀、玦、璜等，以钺为主。那些被称为玉铲者大多应称为钺。许多玉器经过改制，有的由钺改制为刀，如 99K1：12 玉刀、99K1：25 玉刀、99K1：32 玉刀等，一侧边上都有半个孔，可能为玉钺改制所致；有的可能是由大玉刀改制为钺，如 99K1：21 玉钺，在尾端有一大穿孔外，在器身中部一侧另有一小穿孔，此小穿孔可能是原玉刀上的穿孔；也有的由大钺改为小钺，如 99K1：23 除在尾端正中有一穿孔外，在一侧边有小半个大圆孔，侧边上的小半个大圆孔可能是原来一件大钺上的穿孔。另外还有由玉琮改制的玉器，如 99K1：2 残玉器，保留了玉琮一侧面的刻纹，该玉琮原件的宽不小于 6.4 厘米[137]；99K1：10 玉钺也是由玉琮改制的，两端还保留了玉琮上下两边的射口原形。这批玉器，除玉玦、玉璜外，大多为长方形片状，而且刃部圆钝，绝大多数不是实用器。结合许多玉器都是改制品的情况，不排除其是专门为祭祀而制作的。

这批玉器大多属叶蛇纹石，部分为阳起石，少量为透闪石。其中 99K1：36 玉钺是最精致的一件。99K1：36 玉钺为阳起石，呈偏黄的青绿色，局部呈褐色，抛光极佳，有玻璃光泽。片状长条形，长 18.3、宽 5.2、厚 0.35 厘米。直背，直刃，刃部薄于器身，刃未开。端部单面穿一孔，孔径 1.15 厘米。这件玉钺的形制与陶寺 2002ⅢM22 大墓中盛于漆木盒内的玉钺相同，但玉质更好，器身更薄，抛光更光泽，制作更为精致，是同类玉钺中品相最好的一件。这件精致的玉钺，是神木新华所属的陕北地区制作，还是由陶寺文化分布区制作后传播到陕北地区，有待进一步分析。

关于新华 99K1 祭祀坑及其玉器的年代，原认为属龙山文化晚期至夏代早期纪年范围内，并将新华 99K1 祭祀坑及其玉器归入新华遗址瓮棺所属的新华晚期[138]。然而，目前所依据的分析判断的资料较少。因为该祭祀坑的层位简单，表土层下即是祭祀坑，祭祀坑又打破了生土，故层位上无从判断其年代，况且祭祀坑内又没有出土陶器、陶片可供分析。但是，我们通过对新华玉器的分析，可以确定新华 99K1 祭祀坑及其玉器年代的下限在二里头文化二、三期阶段。简要论证如下：

第一，新华 99K1：36 玉钺比陶寺 2002ⅢM22 漆木盒内玉钺更为精致，故 99K1 祭祀坑应晚于陶寺文化中期。

第二，新华 99K1：2 玉残器原件的玉琮刻纹表明，这件玉琮原属陶寺文化晚期阶段。99K1：2 玉残器由这件玉琮改制，所以应晚于这件玉琮的年代，故 99K1 祭祀坑还应晚于陶寺文化晚期。

第三，新华遗址 99M27 墓葬出土的 1 件玉柄形器（图四四），乳白色，呈长条形，器身较长，长 9.8、宽 2.1、厚 0.6 厘米。形制为扁首，束颈，下端为斜边。在颈与器身相交处起一道小凸棱[139]，与二里头遗址 82YLⅨM8：8（82YLⅨ采）玉柄形器的形制相同。以上表明，新华 99M27：1 玉柄形器与二里头 82YLⅨ采玉柄形器的年代相当，属二里头文化三期阶段；在二里头文化二期也有玉柄形器，或许新华 99M27：1 玉柄形器的年代可以早到二里头文化二期。而新华 99M27 墓葬的年代不可能早于墓中的玉柄形器，所以可以将新华 99M27 墓葬的年代推定在二里头文化二、三期阶段。

第四，新华 99M27 墓葬为竖穴土坑墓。在 1999 年发掘新华遗址时发现了 68 座竖穴土坑墓。这些墓葬位于同一区域，墓葬的形制、葬式基本相同，是一批年代大致同时期的墓葬。这批墓葬仅出土了 3 件随葬品，除 99M27：1 玉柄形器外，还有 99M26 墓葬出土的 1 件绿松石坠饰和 1 件石铲（钺）[140]。石铲的形制为扁薄长方形，无刃，在一端残有两个单面穿孔，在石铲的一面可观察到切割痕迹。其中一个穿孔位于石铲的一角，可知这件石铲也是改制品，可能是由大石刀改制的。这件石铲的形制与 99K1 祭祀坑中的玉石铲（钺）形制相同，所以《神木新华》一书中明确说明这批竖穴土坑墓与 99K1 祭祀坑基本为同期遗存。

新华 99K1 祭祀坑的玉铲与 99M26 墓葬中的石铲形制相同，改制的方式也相同，而 99K1 祭祀坑又位于这批墓葬之中。由此表明，99K1 祭祀坑的年代与 99M26 墓葬及 68 座竖穴土坑墓的年代大致相同。

第五，新华 99M27 墓葬出土的玉柄形器表明，其年代相当于二里头文化二、三期阶段。新华 99M26 墓葬出土的绿松石制品也是二里头文化二、三期

图四四　新华 99M27：1 玉柄形器

常见的饰品，该墓的石铲又与新华99K1祭祀坑的玉石铲属同时期产品。由此表明，新华99K1祭祀坑及其玉器的年代在二里头文化二、三期阶段，新华遗址竖穴土坑墓的年代也都属这一时期。

第六，新华遗址的文化遗存，曾被分为早晚两段[141]，其实应分为早、中、晚三段。早段大约处于客省庄二期文化晚期。中段以瓮棺以及高领鬲、三足瓮、花边罐为代表，即原发掘报告所称的晚段的主体部分，其年代的下限与陶寺文化晚期年代的下限相当。晚段以竖穴土坑墓、K1祭祀坑为代表，年代大致在二里头文化新砦期至三期之间。

至此，我们可以确定新华99K1祭祀坑及其玉器以及新华99M26、99M27两座墓出土玉石器的年代，晚于陶寺文化晚期，大致在二里头文化新砦期至二、三期之间。二里头文化二、三期之交的年代，大体在公元前1610年。如果以二里头文化二、三期之交为下限，于是以新华99K1祭祀坑玉器为代表的新华玉器的年代可定在公元前1850—前1610年之间。

新华玉器的发现以及年代的确定，为神木石峁玉器的年代等问题的分析奠定了基础。

（三）石峁玉器

陕北神木石峁一带出土玉刀、牙璋等玉器，可以追溯到很早。北京故宫博物院珍藏的清宫旧藏玉刀、牙璋等玉器中，有一批可能即源自神木一带[142]。20世纪初至30年代，神木一带有大量牙璋等玉器流出海外。1925年伯希和曾记录，他听北京古董商说这类玉器出自榆林府[143]。1965年凌纯声收集研究了海内外收藏的牙璋[144]。1994年邓淑苹对流失海外牙璋的资料进行了系统收集与分析[145]。

1976年1月戴应新发现神木石峁遗址出土，9月复查时征集了一大批玉石器，1977年刊发这次调查收获后[146]，引起了各方研究者的注意。1979年、1981年中国社会科学院考古研究所戴应新、张长寿又分别调查了石峁遗址并征集了一批玉器，其中戴应新于1976—1979年期间在石峁遗址征集的玉器共126件，张长寿征集3件。半坡博物馆于1981年8月对石峁遗址进行了调查试掘，采集到4件玉器，并在M2墓葬的瓮棺中出土了1件石刀、1件绿松石珠等[147]。1986年陕西省考古研究所吕智荣调查石峁遗址，征集到几件玉器[148]。《考古与文物》于1988年组织陕西省考古研究所成立三十周年纪念专号时刊发戴应新对石峁玉器的征集情况及研究专文[149]。1992年，邓淑苹以极大的热情，组织戴应新撰文并配上她自己的研究认识在《故宫文物月刊》连续6期刊发专文介绍、研究这批玉器以及与此有联系的早年流失海外的玉器等有关问题[150]。1994年邓聪组织专题学术会议，研究讨论牙璋问题[151]，掀起了石峁玉器研究的一股热潮。陈志达、张长寿、李伯谦、裴安平、王永波、李学勤、杨建芳、杨亚长、冈村秀典、叶茂林以及王炜林、孙周勇等先后对石峁玉器展开了讨论[152]。2011年对石峁遗址调查确认石峁城址，面积达400多万平方米。2012年以来对石峁城址开展有规划的发掘，又发现十多件玉器[153]。

1976年至今，考古调查征集与发掘出土的石峁玉器有140多件。而2012年以来考古发掘出土的十来件玉器，有出土层位，十分重要，其中7件在这次展览上展出。

1. 石峁玉器的器类

石峁遗址经考古征集与发掘出土的140多件玉器的器类，有牙璋、刀、钺、戈、凿、锛、斧、铲、璜、璧、牙璧、鹰笄首、虎头、人头、蚕形器以及绿松石管状珠等。其中以牙璋、刀、钺的数量最多。

（1）牙璋

石峁发现的牙璋有 30 件，大多为墨玉。其基本形制为长条形片状，首部为月牙形端刃，阑部两侧出扉牙，两侧边由刃角至阑部略呈弧线，下部为柄，柄部或接近阑部正中穿一孔，长在 24—50 厘米之间不等。根据阑部的扉牙和端刃形状，可以分为以下五类：

第一类，阑部有阑角，但没有出牙。与郑州巩义花地嘴 T17H40∶1 牙璋的形制接近。

第二类，阑部两侧边分别出一短小扉牙。如石峁 SSY7 号牙璋（图四五），体宽短，长 26.5、刃宽 7.49、柄端厚 0.6 厘米。阑部两侧边扉牙短小[154]。石峁牙璋中绝大多数为这一类，但出牙的长度有长短之分。

第三类，阑部两侧边分别出一扉棱 4 小牙，在阑部以上的器身两侧边另有扉牙。如石峁 SSY15 号牙璋（图四六），长 30.6 厘米，刃部一角残，宽 9.3、厚 0.4 厘米，阑部两侧边分别出一扉棱，扉棱上有 4 个小牙，在阑部以上器身两侧出 3 个小牙，其中一侧残缺 1 小牙[155]。石峁遗址发现的这类牙璋有 3 件。

第四类，阑部风格与第三类相同，但端刃呈“Y”字形。如石峁 SSY17 号牙璋（图四七），体窄长，长 49、首部刃宽 7.8 厘米。阑部两侧边分别出一扉棱，扉棱上有 4 个小牙，在 4 个小牙之间还有 3 个更小一点的牙。在阑部以上器身两侧边另有 4 个小牙。端刃呈“Y”字形，刃角锐尖[156]。石峁遗址发现的这类牙璋仅 1 件。

第五类，阑部风格与第三类接近，但在阑部以上的器身上饰平行的凹凸棱线纹和斜线网格纹。如 SSY16 号牙璋（图四八），首部残，柄部一角残，两侧边缘很薄。阑部两侧边分别出一扉牙。阑部以上的两面都饰两组由阴刻双斜线组成的网格纹，在两组网格纹之间和上面一组网格纹的上缘阴刻四道平行线。在下面一组网格纹的下缘与阑部接合处阴刻两道平形线。牙璋两面的纹饰相同，上下三组平行线纹在侧边上相接[157]。石峁遗址发现的这类牙璋仅 1 件。

图四五　石峁 SSY7 号牙璋　　图四六　石峁 SSY15 号牙璋　　图四七　石峁 SSY17 号牙璋　　图四八　石峁 SSY16 号牙璋

以上五类牙璋，从形制角度分析，第一类最早，其次为第二类，再次为第三、四类，最后是第五类。第五类牙璋上的平行凹凸棱线纹及斜线网格纹的制作工艺较高，其风格与二里头文化四期牙璋的风格接近。这些牙璋的制作年代很容易确定，因为这些牙璋的形制可以与巩义花地嘴遗址及二里头遗址出土的牙璋做对比分析，其年代应在二里头文化新砦期至三期之前，即在公元前1850—前1610年之间。

关于这些牙璋的用途，从其形制为竖置的以及三星堆出土的手持牙璋的铜人像可知，是双手平持、端刃向上的仪仗用具；而从其都为黑色分析，可能大多与祭祀活动有关。其年代又晚于石峁遗址的石棺墓，所以在石峁遗址的石棺墓中是不会发现牙璋的。

（2）玉刀

石峁玉器中的玉刀有十多件，基本形制为长条形片状，刀头略宽，刀尾略窄，刀头的侧边通常斜直。刀背平直，刀刃略凹斜。刀背内侧穿一孔或三孔以绑缚木柲，刀尾端亦穿一孔，加固对木柲的绑缚力度。有长短之分。可分为以下几类：

第一类，石峁SSY93号玉刀（图四九），长31、刀头宽5、厚0.15厘米，在刀背内侧穿两孔[158]。

第二类，石峁SSY89号玉刀（图五〇），长19.5、刀头最宽处6.5、厚0.2厘米，在刀背内侧穿两孔，刀尾端中部穿一孔[159]。

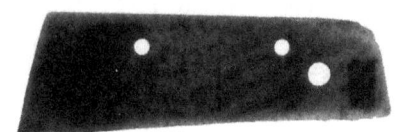

图四九　石峁SSY93号玉刀　　　　　　　　图五〇　石峁SSY89号玉刀

第三类，石峁SSY83号玉刀（图五一），长54.3、宽8.8、厚0.3厘米，在刀背内侧穿三孔，刀尾端中部穿一孔[160]。

第四类，石峁SSY82号玉刀（图五二），长54.6、宽9、厚0.4厘米，在刀背内侧穿五孔，其中接近刀尾端处两孔相距较近，是又一种在刀尾端多穿一孔以增加绑缚木柄力度的方式[161]。

图五一　石峁SSY83号玉刀　　　　　　　　图五二　石峁SSY82号玉刀

第五类，石峁SSY91号玉刀（图五三），长24.5、宽5.6、厚0.4厘米，在刀背上端穿一孔，在刀尾下端中部竖向穿两孔，这种穿孔布置方式绑缚木柄，较为少见[162]。

第六类，石峁SSY85号玉刀（图五四），长29.8、宽5.4、厚0.5厘米，刀头为不规则凹弧形，两侧边略斜弧，显示由牙璋改制的特点，刀背内侧穿三孔，刀尾端中部穿一孔[163]。

其中石峁SSY93号玉刀与山西临汾下靳村M358墓葬出土玉刀相同，而刀尾中部穿一孔的石峁SSY83号大玉刀的穿孔布置方式与芦山峁大玉刀的相同，说明石峁这类玉刀与陶寺文化窄长条形双孔斜刃玉石刀、二里头文化新砦期阶段的大玉刀有联系。所以，石峁十多件玉刀的制作年代分属两个时期，分别为陶寺文化时期和二里头文化新砦期至二期。

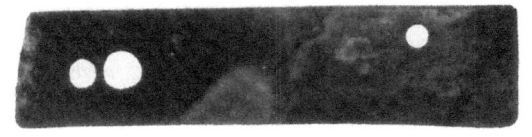

图五三　石峁 SSY91 号玉刀

图五四　石峁 SSY85 号玉刀

（3）玉钺与玉铲

石峁玉器中的玉钺以及短长方形的玉铲，数量很多，有 30 多件。其中刃部略有弧度的称为钺，刃平直的称为铲，但其功能可能与钺相同，是仪仗钺。这类玉钺与玉铲，有的在端部穿一孔，有的穿两孔，有的为改制品。如石峁 SSY110 号玉铲是由玉钺剖成两半改制的[164]。石峁 SSY54 号玉铲[165]、石峁 SSY81 号玉铲[166] 是由玉琮改制的。据王炜林、孙周勇分析，石峁这类玉钺与玉铲的形制以及玉质，与新华 99K1 祭祀坑出土的玉钺、玉铲等相同[167]。因此，它们的年代应相当。

另外，2012 年在石峁石城墙内出土了几件玉铲，如石峁城址东门外瓮城北墙倒塌墙体中出土的玉铲[168]。这些玉铲的年代应与石峁城址早期同时。

所以，石峁玉钺、玉铲的年代分属两个时期，分别为陶寺文化晚期（大口二期文化时期）及其之后的公元前 1850—前 1610 年之间。

（4）窄长条形玉铲

石峁玉器中窄长条形玉铲有 6 件，形制为扁薄窄长条形，通常在尾端中部穿一孔，端刃。大致分为两类：

第一类是上下等宽的标准扁薄窄长条形。如石峁 SSY78 号玉铲，长 21.5、宽 6.5、厚 0.2 厘米，端刃，一侧边亦磨薄成刃[169]。石峁 SSY100 号玉铲，长 25、宽 5.4、厚 0.3 厘米，端刃为钝刃[170]。戴应新将这类玉器称为玉圭。

第二类是端刃宽于器身的扁薄窄长条形。如石峁 SSY29 号玉铲（图五五），长 35、刃宽 7.5、厚 0.2 厘米，两侧边略内弧[171]。石峁 SSY77 号玉铲（图五六），长 23、刃宽 6.4、厚 0.2 厘米，两侧边由刃部往下斜直内收[172]。这类玉铲都是由牙璋改制的。

图五五　石峁 SSY29 号玉铲

图五六　石峁 SSY77 号玉铲

第二类窄长条形玉铲，是由牙璋改制的，即牙璋残断后，略作修整，仍保留了牙璋的内弧形端刃的形制，其功能可能仍然作为牙璋来使用，是祭祀用玉器。第一类窄长条形玉铲，被称为玉圭，其使用功能可能与由牙璋改制的第二类窄长条形玉铲相同。

这些窄条形玉铲，因有的为牙璋改制的，所以其年代应与牙璋的年代相当或略晚，也在公元前1850—前1610年之间。

（5）玉戈

石峁玉戈有3件。其中石峁SSY120号玉戈，长21、宽5.5、厚0.2厘米，锋部呈近等腰三角形的正尖锋。援与内之间没有明显的分界，即没有明显的阑。在戈身中部穿一孔，在内部穿一极小的孔[173]。此戈中部的穿孔，可能是镶嵌绿松石一类饰品的装饰孔，木柲可能安装在戈的尾端小孔之后。

石峁SSY118号玉戈，长36.5、宽9厘米，较厚，内末厚达1厘米。锋部偏一侧，有阑，内较短[174]。

石峁SSY121号玉戈，长29.4、宽6、厚0.6厘米，最宽处在援末阑部。锋部为正三角形尖锋，上下援边微内弧，内为规范的长方形，内与阑的分界清晰[175]。

石峁3件玉戈的形制以SSY120号玉戈最为原始，以SSY121号玉戈较为进步，并且与二里头文化三期玉戈的形制接近而略显原始些。由此判断，石峁玉戈的年代应在二里头文化三期之前，推测在二里头文化新砦期至二里头文化二期之间，大约在公元前1850—前1610年之间。其中石峁SSY120号玉戈是目前发现的年代最早、形制最原始的玉戈。依据这件玉戈的形制，可以探索玉戈的起源。而这件玉戈中部的穿孔现象，似表明在玉兵器上镶嵌绿松石等装饰之风在二里头文化新砦期已经出现。

（6）玉璧与牙璧

玉璧有1件（石峁SSY41号），为素面，外缘局部残缺[176]。

牙璧3件。2件为三牙璧，呈璇玑形牙。石峁SSY42号牙璧，外径6.1、孔径3.45、孔缘厚0.4厘米，外缘磨薄成刃[177]。石峁SSY43号牙璧，外缘局部残损。外径10、孔径5.7、厚0.4厘米[178]。

另1件为异形牙璧，系1981年6月征集。形制较为特别，为椭圆形，外缘作四大牙间四组扉牙。四组扉牙中两组为两个扉棱6个齿牙，另两组为一个扉棱3个齿牙，两两相对。长径11、短径8.5、孔长径6.5、孔短径5.5厘米[179]。

这4件玉璧与牙璧，大概都是穿戴在手腕或手臂上的，其文化属性与年代与陶寺文化玉璧、牙璧有关。其中1981年6月征集的牙璧有扉棱齿牙装饰，其年代大致在二里头文化新砦期至二期之间，即在公元前1850—前1610年之间。

（7）玉璜

石峁玉器中的玉璜有十多件，大都是玉璧残断后的改制品，其中1件是牙璧的改制品。

（8）玉蚕、玉鹰与玉虎

石峁玉器中玉蚕与玉虎各1件，玉鹰2件。玉鹰与玉虎都是石家河文化晚期玉器作品。其中玉鹰为鹰笄首，1件被剖开，下端被截去，为改制品[180]。这种鹰笄首在石家河文化玉器中有成系列的形制演变模式[181]。石峁玉器中的石家河文化晚期的玉鹰与玉虎，显然是通过中原地区传至陕北的。

（9）玉人头

玉人头 1 件（图五七），呈侧视人头像，高 4.5、宽 4.1、厚 0.5 厘米。阴刻梭形眼眶，没有睛，以减地浅浮雕方式雕刻出头顶上凸出的发髻装饰、凸鼻与微启唇的嘴以及下颌和脑后似象征耳部或脑后发髻装饰，面颊上穿一孔，束颈[182]。这件人头像形态别致，尚不见于早期玉雕作品中。其中眼眶内无睛、阴刻眼眶似与浅浮雕的鼻嘴的风格不同。由此推测，这是一件眼部雕刻尚未完工的作品。在湖北天门罗家柏岭遗址发现的一件侧视玉人头像（罗家柏岭 T20③B：16）（图五八），总体风格与石峁玉人头不同，为高冠，冠上有一孔，长脸，但其梭形眼、大鼻突、嘴唇微启的特征以及减地浅浮雕的风格[183]，似可与石峁玉人头作对比分析。

（10）绿松石管状珠

石峁遗址发现的绿松石制品很少。在 1981 年发掘的 M2 墓葬中出土了 1 枚绿松石管状珠（图五九），长 3.5、宽 2.3、厚 0.9 厘米，穿孔略呈弯形[184]，出自死者的下颌骨下方，是佩戴的坠饰。这是在陕北地区见到的年代较早的大颗粒绿松石制品，可能与陶寺文化有关。

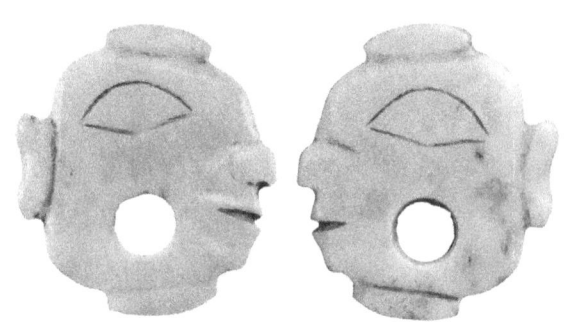

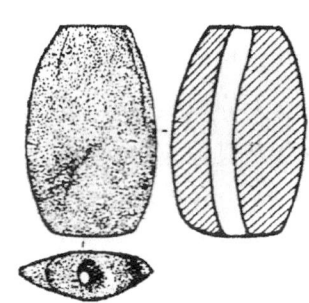

图五七　石峁玉人头　　　　　　图五八　罗家柏岭　　　图五九　石峁 M2：8
　　　　　　　　　　　　　　　T20③B：16 玉人头像　　　绿松石管状珠

2. 石峁玉器的年代

石峁玉器的年代问题相当复杂，已有许多研究者讨论过，提出了多种看法。笔者在前面介绍分析石峁各类玉器时，也作了一些阐述。综合前面的认识分析，笔者认为石峁玉器的年代，除去那些玉鹰、玉虎等已确认为江汉地区石家河文化晚期作品外，其主体部分分属两个时期，即陶寺文化晚期（大口二期文化阶段）和其后的二里头文化新砦期至二里头文化二期阶段，即大约在公元前 2000—前 1850 年以及公元前 1850—前 1610 年的两个时期。

对这一认识，下面再阐述三点：

第一，在 1981 年发掘的 M2 石棺墓及其瓮棺随葬品中有一件双孔石刀[185]，形制与石峁第一类玉刀接近而显原始，由此表明石峁玉器中玉刀的年代不会早于 1981M2 的年代，最早只能与此同时。

石峁 1981M2 瓮棺葬具三足陶瓮是大口二期文化的典型器物。2012 年在石峁城址内的后阳湾地点发掘的瓮棺葬具 W2 陶鬲与 W1 三足陶瓮，也是大口二期文化的典型器物。这些石棺墓、瓮棺等遗存是石峁城址早期的。在石峁城址东门外瓮城北墙内出有玉铲，表明在石峁城址的早期存在有玉器。早年在石峁遗址征集的玉器中有一部分应是属于这一时期的。除玉铲、玉刀外，应还有牙璧，但这一阶段不见牙璋。

第二，大口二期文化的年代与陶寺文化晚期相当，在陶寺文化晚期中也存在着大口二期文化的文化因素，所以在石峁城址的早期有可能出现陶寺文化晚期遗存与大口二期文化共存的现象。如石峁 M2 墓葬的葬具陶器是大口二期文化的风格，而随葬的石刀、绿松石管状珠则是陶寺文化晚期的风格。陶寺文化晚期的年代大约在公元前 2000—前 1850 年之间，由此可以确定石峁玉器中与石峁城址早期同时的这批玉器的年代大约在公元前 2000—前 1850 年之间，同时也佐证了石峁城址早期的年代应在这个年代范围之内。

第三，新华 K1 祭祀坑的年代晚于新华瓮棺及其三足陶瓮等遗存，即晚于大口二期文化。而石峁牙璋、玉戈的形制已明确其年代在二里头文化新砦期至二里头文化三期之前。新华 K1 祭祀坑与石峁牙璋、玉戈这两个方面的现象正好可以互证。由此可以确定，石峁玉器中的大部分玉器，是属于二里头文化新砦期至二里头文化二期之间的。这部分玉器大概属石峁城址晚期。这也表明石峁城址晚期的年代可能在公元前 1850—前 1610 年前后。

3. 石峁玉器的文化传统及有关问题

石峁玉器中属石峁城址早期的玉器，目前可以确认的主要是玉铲、玉牙璧、玉璜等，其中玉璜是由玉璧或玉牙璧改制的。所以讨论这一时期玉器的文化传统，主要是玉铲与玉璧、玉牙璧。

石峁城墙中出土的玉铲，形制简单，其中 1 件玉铲的穿孔偏于一侧[186]，似表明这件玉铲是由玉刀或其他玉器改制的。对这类玉铲的文化传统，目前尚难分析，主要原因是在大口二期文化之前的当地文化中很少发现这类玉铲。所以，其文化传统有可能是当地的也可能是外来的，但是对这些玉铲的改制，显然是在当地进行的，当地缺少玉料以及缺少制作技术力量，故进行简易的改制，以满足当时的祭祀等有关活动对这类玉铲的需求。

玉璧与玉牙璧在陕北地区是在石峁城址早期才开始出现的，而在晋西南陶寺文化中期就已经在使用，是陶寺文化吸收良渚文化玉器、大汶口文化玉器的传统而发展使用的玉器。所以，石峁城址早期玉璧、玉牙璧的文化传统首先要追溯到陶寺文化。

石峁玉器大部分属石峁城址晚期，牙璋、大玉刀、窄长条形玉铲、玉戈等石峁玉器中很有特色的部分都属这一时期。这些玉器的文化传统，显然不是石峁城址当地的。这些玉器主要与二里头文化新砦期至二期玉器有联系，如牙璋、大玉刀、窄长条形玉铲、玉戈等，所以这些玉器的文化传统是二里头文化，应是二里头文化传播到陕北神木石峁一带的重要证据。

至于这种文化传播是以何种方式进行的，是石峁一带接受了二里头文化的影响而在石峁一带制作的具有二里头文化风格的玉器，还是由二里头文化制作的玉器传到石峁一带，或部分又经石峁一带改制的，要根据牙璋、玉戈、大玉刀那些完整玉器在石峁一带的出土现象来分析。如果不同形制所表明的不同时期制作的牙璋出自不同的有年代早晚关系的考古学单位中，那么这种文化传播是渐进的，石峁地区有可能在吸收外来牙璋的同时也制作这类玉器。如果不同形制的牙璋出自同一个考古学单位中，那么这种文化传播是一次性或批次性的，而且可以以形制最晚的牙璋来确定其文化传播的年代。从石峁一带发现的由牙璋改制为简易牙璋等玉器的这种现象分析，这些牙璋是外来的，而改制牙璋是在当地进行的，但限于技术水平等原因，只能改制为简易的牙璋以供使用，而不求精致了。所以，那些改制的牙璋等玉器都显得极为粗制，形制简单。

前述分析的石峁城址早晚两期的年代约在公元前2000—前1610年前后，正当夏王朝时期，所以石峁城址是夏时期的城址。石峁玉器表现的与中原地区陶寺文化、二里头文化的联系，应是夏王朝时期发生的某种重要史实的结果。

四、西朱封龙山文化玉器

目前发现的龙山文化玉器有六七十件，其中以西朱封两座大墓出土的玉器最为精致，并且有一批陶器共存，可以用以明确当时高等级贵族使用玉器的状况以及具体的年代问题，十分重要。

（一）西朱封大墓出土的玉器

西朱封遗址在1987年清理一座大型木椁墓，1989年清理两座大型木椁墓。1987年清理的大型木椁墓出土的玉器仅1件坠饰、1件小玉管。1989年清理的两座大型木椁墓（M202、M203）出土玉器较多。

西朱封M202是一座一棺一椁大型木椁墓，部分被破坏。随葬的玉器与绿松石饰置于棺内，石器、骨器和一部分陶器放置在棺、椁之间，部分精致的陶器如蛋壳陶杯、黑陶罍、鳄鱼骨板置于棺椁之间的彩绘器皿内，部分陶器置于二层台上。出土的玉器有玉钺2件、玉刀1件、组合玉笄1件、单体玉笄1件、绿松石管状珠坠饰4件、绿松石串饰1组（18枚），以及在头骨左侧发现有980多件绿松石薄片。

西朱封M203是一座一棺重椁大型木椁墓，亦部分被破坏。随葬的玉器与绿松石管状珠以及绿松石片置于棺内。一部分陶器放在棺与内椁之间，有的置于彩绘木制器皿内；另一部分陶器放在内、外椁之间。石镞与骨镞置于内椁顶部盖板之上。出土的玉器有玉钺3件、玉环1件、绿松石管状珠5件、绿松石片95片。

西朱封两座大墓出土的玉器数量不多，但十分精致。

1. 玉钺

西朱封玉钺共5件，都为扁平长方形，略有区别。其中西朱封M203∶16玉钺，呈浅绿色，近方形，刃微斜。在中轴线上穿双孔，一孔位于玉钺中央；另一孔接近背部，并在该孔的下部孔缘两侧至玉钺两侧边有斜向或略微弧斜的细密的摩擦痕，是利用该孔将玉钺与木柲绑缚加固的痕迹。由此也表明位于玉钺中央的穿孔为装饰孔，可能用于镶嵌绿松石装饰。

西朱封M202、M203两座大墓5件玉钺的形制是龙山文化玉钺的基本形制。1936年在两城镇大孤堆M2墓葬中出土的1件双孔玉钺（图六〇），形制与西朱封M203∶16玉钺接近，但玉质更好，是目前所见龙山文化玉钺中玉质与制作、抛光最好的一件[187]。而1998年在昌乐县袁家庄墓葬中出土的1件玉钺（图六一），玉质与形制都较为独特，其玉质为乳白色，形制为扁平长条形，背部两角被修整过，形成内。内的外侧有大半个穿孔，在柄端中央穿一大孔。长19.7、宽7、厚1.1厘米[188]。这件玉钺内的形制或许反映了又一种绑缚木柲的方式。

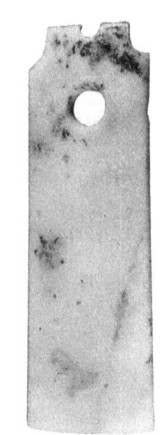

图六〇　两城镇大孤堆 1936M2
双孔玉钺（邓淑苹提供）

图六一　袁家庄玉钺

2. 玉刀

西朱封玉刀（M202：6）1件，墨绿色，呈长方形梯形。刀头略宽于刀尾，在接近刀背处等距离穿3孔，在刀尾中部穿1孔。玉刀上的这种穿孔布局方式，表现了其特殊的木质刀柄的安装方式，或许与1963年征集的两城镇遗址采集的1件玉刀、丹土遗址出土的1件大玉刀以及陕北石峁遗址第二、三、四、六类玉刀安装木柲的方式有联系。

3. 玉环

西朱封玉环（M203：18）1件，呈半透明的乳白色。这种玉环在龙山文化中不多见。

4. 玉笄

西朱封玉笄有2件（组）。

一件为组合式玉笄，曾被称为头冠饰，由笄杆（M202：2）与笄花（M202：1）组成。笄花呈乳白色，为扁平扇形，形似玉佩，镂孔透雕，玲珑剔透。镂孔形状及布局以上下3个穿孔为中轴，基本上左右对称。边缘呈现有规则的扉牙，顶端呈三层级弧形冠状，两面均镶嵌绿松石，现各保存2枚。在这件玉笄花的正面有十分流畅而纤细的短弧线刻纹，与镂孔组成造型活泼的几何形纹样，而在这件玉笄的周围发现了大量的绿松石小细片，推测在这件玉笄花上按一定的造型图案贴满了各种形状的小绿松石片。笄杆呈褐色，形似玉笄，断面略呈扁圆形，通体由两组竹节状节、三组凸棱状节组成，下端笄尾呈尖锥状，上端笄首开凹槽口，以便套插笄花，在套插笄杆首两侧的笄花上穿小孔，以绑缚加固笄杆与笄花。这套组合式玉笄，造型别致，玉质纯洁，色彩高雅，制作精工，是夏时期玉雕工艺中的极品。

另一件玉笄（M202：3）（图六二），呈半透明乳白色，形制特殊，笄杆上端、笄首下部雕成卷云形，在卷云形体的侧面与下端另一侧面各浮雕一人面像，在笄杆上亦浮雕一人面像。这件玉笄的造型，构思巧妙，亦是夏时期

图六二　西朱封
M202：3人面纹玉笄

玉雕工艺中的极品。

5. 绿松石管状珠

西朱封两座大墓出土的绿松石管状珠有 9 枚，形体较大，最大的一件长 4 厘米，形状各不相同。有的可能作为附件的装饰品，有的可能为单体的垂挂装饰品。

（二）西朱封两组玉器的年代

西朱封两组玉器的年代，可以从玉器的形制特征以及与玉器共存的陶器的特征这两个方面进行分析。简要阐述如下：

西朱封 M202、M203 两座大墓出土的玉器十分精致，尤其是 M202 出土的 2 件玉笄，是至今所见夏时期玉器中最精致的玉雕作品，其年代不会早于陕西延安芦山峁玉笄的年代。前述分析芦山峁玉笄可能制作于公元前 2000 年前后。据此推测，西朱封两组玉器的年代大致在公元前 2000—前 1800 年之间。

西朱封 M202、M203 两座大墓出土了一批陶器，有十分精致的蛋壳陶杯以及具有时代特征的陶盒、"V" 字形足的陶鼎、袋形足趋于消失的袋状陶鬶等。这两座大墓出土的陶器都属龙山文化晚期。主持西朱封两座大墓发掘的韩榕认为：这两座大墓的陶器，"与胶县三里河第二期文化中的晚期墓 M2100 出土的同类器物非常相似，因此，这两座墓葬应属龙山文化的晚期，亦即目前对两城类型分期中的第四期"[189]。

龙山文化两城类型第四期的年代是多少？

依据吴汝祚与杜在忠的分析，龙山文化两城类型第四期的代表性遗存有诸城呈子 M81，胶县三里河 M102、M106、M134、M2100 以及潍坊姚官庄部分遗存等[190]。这批遗存有一个 ^{14}C 测年数据，即胶县三里河 M134 人骨的测年数据（ZK-0364）为 3480±100，经高精度树轮表校正，为公元前 1872—前 1530 年。对这个测年数据，一些研究者在探讨龙山文化年代时，因其测年数据晚于公元前 2000 年而不用[191]。然而，胶县三里河 M134 人骨样品的 ^{14}C 测年数据却与三里河龙山文化墓葬分为早、中、晚三期的相对年代及其 ^{14}C 测年数据的早晚关系相符[192]。

据此推定，西朱封 M202、M203 两座大墓的年代在公元前 1800 年前后。这两座大墓中出土的玉笄、抛光很好的扁平近方形的双孔玉钺以及两城镇大孤堆 M2 墓葬出土的双孔玉钺等精致的玉器是公元前 1800 年前后的代表性作品。

（三）龙山文化晚期玉器的有关问题

龙山文化晚期大墓中随葬高品质的玉器并没有形成一种社会风气，在泗水尹家城遗址发现的五座龙山文化晚期大墓，有的墓葬规格不亚于西朱封大墓，随葬品相当丰富，却无一例外的都不随葬玉器[193]。这似乎从一个侧面说明龙山文化晚期那些精致的高品质玉器，是由海岱以外地区传入的。至于传入的原因与路线，有待今后的发现与研究。其中西朱封 2 件精美玉笄在海岱东部地区的出现，或许与夏时期中原与海岱两地的某部族之间建立联盟或联姻等事件有关。

迄今为止在海岱地区采集或征集的所谓的龙山文化玉器，许多实际上不是龙山文化制作的，并且大多是在龙山文化之后从其他地区传来的，如玉石牙璋、带扉牙的玉钺、尾端穿孔的大玉刀以及兽面纹玉锛等[194]。

五、夏家店下层文化玉器

考古发现的夏家店下层文化玉器，已有百余件[195]，分别出自十多处遗址。如内蒙古敖汉旗大甸子遗址[196]、赤峰二道井子遗址[197]、赤峰西道村点将台遗址[198]、赤峰陈家营遗址[199]、吉林库仑旗西梁墓地[200]、辽宁北票丰下遗址[201]、兴城仙灵寺遗址[202]、朝阳热电厂遗址[203]。另外在调查的内蒙古奈曼旗五间房遗址、西南城子梁遗址、后岗梁遗址、东北梁墓地也发现有夏家店下层文化玉器[204]。而其中公布玉器资料的仅有大甸子墓地、西梁墓地、丰下遗址、陈家营遗址等几处，以大甸子墓葬中出土的为主。

（一）夏家店下层文化玉器的器类与特点

夏家店下层文化玉器器类主要有玉斧、钺、斜口筒形器、玉雕斜口短筒形器、弯板状玉臂饰、环、镯、琮、笄以及各种坠饰，如玦形坠、璧形坠、牙璧形坠、弧形坠、弯条形坠、片状弧形坠、璜形坠、矩形坠、楔形坠、勾云形坠、鸟形坠、钩形坠、蝉形坠、鳖形坠、璇玑形坠、直条形坠、有齿直条形坠、圆柱形坠，还有玉珠与红玛瑙珠等。另外，几件早年征集的玉雕人兽像、玉龙等，也都是夏家店下层文化玉器。

目前发现的夏家店下层文化玉器，除几件精致的作品外，都不是夏家店下层文化自身创新制作的。

如玦形坠、玦形珠等是兴隆洼文化玉器在夏家店下层文化中的使用。夏家店下层文化居民应是破坏了不少兴隆洼文化墓葬而获得兴隆洼文化玉器。

大甸子 M833：2 斜口筒形器、大甸子 M853：13 穿双孔的璧形坠、勾云形坠饰、大甸子 M383：6 鸟形坠饰等是红山文化玉器在夏家店下层文化中的使用。这类玉器原本是红山文化的礼仪用玉器，而夏家店下层文化则是将这些玉器作为普通的装饰品来使用。夏家店下层文化居民自然也是破坏了不少红山文化的墓葬等遗迹而获得红山文化玉器的。

大甸子 M308：1 玉钩形器则是夏家店下层文化改制红山文化玉器而形成的具有红山文化玉器余韵的夏家店下层文化的新作品[205]。由于这类玉器是截取红山文化玉器的局部而改制的作品，保留了红山文化玉器的局部特征，所以很容易将之误判为红山文化玉器。这类玉器属于夏家店下层文化制作的保留有红山文化玉器特征的玉器，反映了红山文化玉器传统的延续。这种现象，在夏家店下层文化玉器中不会是孤立的现象，有待辨识。

大甸子 M454：27 玉牙璧形坠是改制残牙璧的结果。辽西地区在夏家店下层文化之前已经流行牙璧，夏家店下层文化改制残缺的牙璧作为坠饰，在情理之中。

大甸子 M1257：4 玉蝉形坠原本是石家河文化晚期的作品，在传入夏家店下层文化使用过程中，可能又进行了加工，如磨平、穿孔等。

扁平长条圭形玉钺可能与二里头文化同类玉钺有关，大概是受二里头文化影响的结果。夏家店下层文化中使用贝作为装饰，可能也与二里头文化的影响有关，但使用方式不同。二里头文化中将贝作为项饰，在夏家店下层文化中则发展作为头饰与衣饰。

此外，玉笄（图六三）也可能与石家河文化晚期及二里头文化玉笄有关。而玉琮[206]大概是经过中原地区辗转流入的。

夏家店下层文化确实产生了一批形制新颖、制作精致的玉器。如大甸子墓地出土的玉雕斜口短筒形器、大甸子 M810：1 算珠形玉珠等，还有使用玉珠、红玛瑙珠、白石珠以及间杂各种小型条状、环状玉坠饰而串缀的项链等。

其中大甸子 M458：2 玉雕斜口短筒形器最为精致。《大甸子》报告称其为玉臂饰。断面，呈椭圆形。一端接近平口，另一端为斜口，形成了宽窄不一的带状环。平口端的环口略小，长径 6、短径 4.8 厘米。斜口端的环口略大。

这件玉雕斜口短筒形器，外表满施纹饰。在两端分别以"人"字纹组成一周的窄条带纹，作为边框带。主题纹饰施于宽带状环面处，以减地浅浮雕方式雕刻成瓦沟形弧旋勾云纹，间以不规则的三角或弧形镂孔，在瓦沟形弧旋勾云纹之间以成组的单线刻纹补白。在主题纹饰的相对面，即最窄处环面上，饰简单的弧形瓦沟纹，为副题纹饰。在主题纹饰与副题纹饰之间，分别饰斜线交叉的网格纹，为辅助纹饰。

这件玉雕斜口短筒形器是改制红山文化斜口筒形器的作品[207]。瓦沟形弧旋勾云纹间以不规则的三角或弧形镂孔，与红山文化兽面形玉佩有联系，是红山文化兽面形玉佩上瓦沟纹的发展与延续；而网格纹是辽西地区在夏家店下层文化时期出现的纹饰，"人"字形边纹则是辽西地区夏家店下层文化最先在玉器上使用的装饰纹饰。据此可以认为，这件玉雕斜口短筒形器是在继承红山文化玉器传统的基础上由夏家店下层文化改制并创新的一件玉雕精品。

大甸子玉雕斜口短筒形器，出土单位明确，纹饰特征鲜明，是夏家店下层文化的一件精工玉雕作品，代表了夏家店下层文化玉器制作工艺的水平。其纹饰中新出现的网格纹与"人"字形纹，应是一种具有时代特征的纹饰。

据此特征，可以判断北京故宫博物院 1963 年入藏的一件大型玉雕人兽像（图六四）[208]以及早年出土征集、现藏中国国家博物馆的三星他拉"C"形玉龙等玉雕精品（图六五）[209]，都是夏家店下层文化的作品。

北京故宫博物院藏玉雕人兽像上的连弧瓦沟形勾云纹具有红山文化玉器的文化传统，但饰于玉人的手臂上、后背及脑后颈背处以及兽首的额部、鼻梁上、颚下部位的网格纹，刻纹较粗较深，十分醒目，与大甸子玉雕斜口短筒形器上的网格纹的风格相同，年代应该接近。另外，玉雕人表现的穿窄袖衣的特征，与商代晚期殷墟出土的玉石雕人像中的窄袖衣特征接近（图六六）[210]。这件玉雕人兽像应与大甸子玉雕斜口短筒形器的年代同时，属夏家店下层文化[211]。这是迄今发现的年代最早的表现人穿衣及其衣着特征的玉雕作品。

关于三星他拉"C"形玉龙，笔者已经考证是夏家店下层文化的作品[212]。如果将三星他拉"C"形玉龙与北京故宫博物院藏玉雕人兽像进行对比分析，可以发现在三星他拉"C"形玉龙的额部、鼻梁上、颚下部位施刻网格纹的风格，与北京故宫博物院藏玉雕人兽像的兽首额部、鼻梁上、颚下部位施刻网格纹的风格是相同的。据故宫博物院藏玉雕人兽像的兽首特征，还可以推测三星他

图六三　大甸子 M371：31 玉笄

图六四　故宫博物院藏　　　图六五　三星他拉"C"形玉龙　　　　图六六　侯家庄 M1004 与
　　玉雕人兽像　　　　　　　　　　　　　　　　　　　　　M1217 墓葬跪坐石人雕像线图

拉"C"形玉龙的原形，大概是故宫博物院藏玉雕人兽像中的牛形象，"C"形玉龙颈背上的飞鬣，表示的是侧视的牛角[213]。

三星他拉"C"形玉龙的年代，应与大甸子玉雕斜口短筒形器、北京故宫博物院藏玉雕人兽像相同。大甸子玉雕斜口短筒形器出自夏家店下层文化的墓葬中，并且具有时代特征的网格纹与"人"字形纹。这足以证明它们都是确切无疑的夏家店下层文化的作品。

大甸子 M458:2 玉雕斜口短筒形器所证实的北京故宫博物院藏大型人兽玉雕像与三星他拉"C"形玉龙的制作年代与夏家店下层文化有关，这三件玉器都表现了十分大气的北方民族的玉雕风格以及公元前 2000 年前后的玉雕工艺的特征，还表现了夏家店下层文化玉器制作工艺的技术水平。

由此看来，大甸子墓地已经发现的这些玉器仅是夏家店下层文化玉器的初步显现。这自然与大甸子墓地在当时的社会结构中并没有处于高层的地位有关。

据以上分析，笔者认为目前对夏家店下层文化玉器的发现与认识，仅仅是冰山一角。

（二）夏家店下层文化玉器对商周玉文化的影响

夏家店下层文化玉器的年代，大约在公元前 2000—前 1400 年之间。从年代角度分析，部分已进入商王朝时期。而从玉器形制以及使用方式看，可能对商周玉文化产生一定的影响，如凸缘环状玉镯、玉雕人兽像、红玛瑙珠等。

大甸子 M453:8 凸缘玉环状玉镯，在外表中部有一匝凸棱。与殷墟妇好墓出土的外表中部有一匝凸棱的玉镯（M5:1042）[214]、张家坡西周墓出土的外表有三匝凸棱的玉镯（M58:3、M58:6）[215]，在形制方面可能有联系。殷墟发现了许多穿衣玉石雕人像和各种形态的玉牛，北京故宫博物院藏玉雕人兽像可能开启了商代玉雕穿衣人像与圆雕玉牛的先河。

算珠形红玛瑙珠在妇好墓中有发现[216]，西周一些大型墓中都有出土。据黄翠梅分析[217]，大甸子墓地出土的红玛瑙珠是我国天水以东地区年代最早的发现。

妇好墓出土的算珠形红玛瑙珠的穿孔为两面穿，穿孔的形状呈漏斗形，大概是先在两面琢制，琢制到一定程度后再打穿[218]。其形制与穿孔形式可能与大甸子红玛瑙珠一样。推测妇好墓中的红玛瑙珠可能与夏家店下层文化有关，即不排除妇好墓的算珠形红玛瑙珠源自夏家店下层文化。夏家店下层文化的红玛瑙珠应是其自身制作的，这是其流行头饰、串缀项饰的社会习俗的缘故。由此推测，在夏家店下层文化分布区域或邻近区域应有红玛瑙矿源。

此外，夏家店下层文化中的石杯（M1011：1）[219]等石容器的制作对妇好墓出土的石、石豆、石盂、石罐、石罍、石瓶以及玉簋的制作，可能也产生了影响。商代晚期玉器制作中的掏膛工艺可能与夏家店下层文化有关。

夏家店下层文化对商周玉文化的影响，最重要的是装饰之风的影响。夏家店下层文化开启了我国古代使用玉珠、红玛瑙珠、间缀小型玉挂件、串缀大型项链的风气，开启了使用绿松石珠、贝等串缀头饰的风气。夏家店下层文化的玉器，除玉斧、钺外，都是用于人体的坠饰、挂件、臂饰等饰物。这种装饰风格与中原地区二里头文化玉器的使用风格形成鲜明对比，对商周时期的装饰风格却产生了重要影响。尤其是西周的组玉佩、各种材质的珠、坠饰等串缀的项饰、头饰等装饰形式的流行，可能与夏家店下层文化这种北方民族盛行头饰、项饰与衣饰的风气有关。在商周文化发展过程中，接纳了许多北方民族的文化因素，并且融洽无间。

六、牙璋的起源与流布所反映的夏史史迹

牙璋是夏时期产生的一种时代特征十分鲜明的玉器，其形制规范，细部特征富于变化，使用方式明确，而且分布范围较广，是夏时期各种玉器中最为典型的一种玉器器类。因此，牙璋也是通过对夏时期玉器研究以求探索夏史史迹的最为重要的对象之一。

下面从牙璋的角度探索夏史史迹，主要是以前述对二里头遗址、花地嘴遗址、石峁遗址玉石牙璋的分析阐述为基础，对玉石牙璋的分布与出土情况等所反映的现象进行探索。当然，这种探索仅仅是提出与夏史史迹有关的一些问题与线索。

（一）牙璋的形制特征、分布、演变与年代

牙璋的基本形制是扁平长条形，上端通常宽于下端，上端磨出凹弧形（月牙形）刃部，下端为柄部，即内，插入或绑缚在木柄上，内上穿一孔以便于绑缚。其使用方式，依据二里头遗址80YLVM3墓葬中2件牙璋的出土形式以及三星堆遗址出土的执璋铜人，可知牙璋的木柄是与牙璋呈纵向安装的，并且比较短，使用者双手平执牙璋的柄，端刃朝上。通常是作为仪仗使用的。也许还有另外一种使用方式，即端刃向上，将柄部朝下插在某种依托物上，作为祭器使用。

目前发现的玉石牙璋近百件。主要分布在中原地区、陕北与陕南地区、山东东部地区、川西成都平原地区，湖北、湖南以及福建、广东沿海和香港也有零星发现，在越南北部发现有2件[220]。依据这些牙璋的端刃形状、阑部以及阑部两侧扉牙的形态特征，可将它们分为以下九型：

Ⅰ型，以花地嘴T17H40：1牙璋为代表，为无阑无扉牙的简单型。但出现阑角，使得内部分明，在阑角上刻五道浅凹槽。这种在阑角上刻浅凹槽是阑部两侧出扉牙的先兆。这类牙璋还见于石峁遗址。

Ⅱ型，以石峁SSY7号牙璋为代表，阑部两侧边分别出一短小扉牙。这类牙璋分布很广，在中

国陕北、山东东部、秦岭南侧丹江上游、河南西南部、湖北、湖南以及香港，越南北部都有分布，其中以石峁遗址发现的最多，约20件，其次是山东东部，有4件。

Ⅲ型，以山东临沂大范庄采集的无阑的牙璋（图六七）为代表，为无阑有扉牙的简单型，在内以上的两侧边出现由4个小牙组成的扉棱[221]。沂南罗圈峪村发现的2件二齿牙牙璋也属此型[222]。其形制简略，似较为原始，但其由4个小牙组成的扉棱形式与花地嘴T17H40：1牙璋的阑角侧边上刻四道浅凹槽有明显区别。这类牙璋与金沙遗址出土的微型三齿牙阑牙璋的形式[223]似有关系。推测大范庄四牙牙璋可能是一种多齿牙璋的简化形式，年代可能与Ⅳ型牙璋接近。

Ⅳ型，以石峁SSY15号牙璋为代表，为单阑多扉牙型。其刃部，有的呈"Y"字形，如石峁SSY17号玉璋。

Ⅴ型，以二里头73YLⅢKM6：8玉石牙璋为代表，为双阑简单型。这类牙璋除二里头遗址外，还见于四川三星堆遗址、福建与广东沿海等地。三星堆的这类牙璋有端刃呈"Y"字形的[224]。

Ⅵ型，以二里头80YLⅤM3：4、80YLⅤM3：5两件牙璋为代表，为双阑复杂型，阑部扉牙形式多变。

Ⅶ型，以二里头75YLⅧKM7：5牙璋为代表，为双阑多牙密集刻纹型，在阑部及双阑之间施刻密集的平行凹凸纹。这类牙璋的分布除二里头遗址及其附近的中原地区外，还见于成都平原、越南北部等地。

Ⅷ型，以三星堆遗址二号祭祀坑K2③：202-2牙璋（图六八）为代表，为双阑卷云型[225]。双阑之间的阑部近方形，双阑四角呈卷云，端刃呈"Y"字形。这类牙璋目前仅见于成都平原。

Ⅸ型，以三星堆遗址一号祭祀坑K1：151牙璋（图六九）[226]与K1：235-5牙璋（图七〇）[227]为代表，为戈形，刃为尖锋，或尖锋开叉，或开叉锋内有鸟禽、走兽[228]类装饰，阑部大都有平行的凹凸纹等装饰。这类牙璋目前仅见于成都平原。

以上九型牙璋的制作年代及其演变，大致是从第Ⅰ型至第Ⅸ型的顺序排列，第Ⅰ型最早，第Ⅸ型最晚，其中不排除个别两型之间有并行的年代与演变关系。

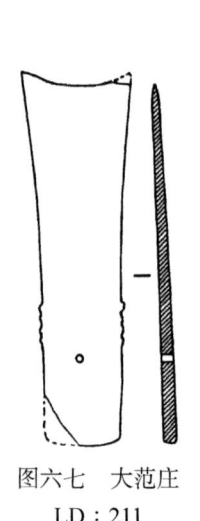

图六七　大范庄
LD：211
牙璋

图六八　三星堆 K2
③：202-2 牙璋

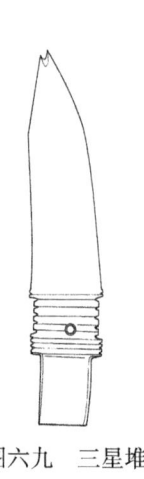

图六九　三星堆
K1：151
戈形牙璋

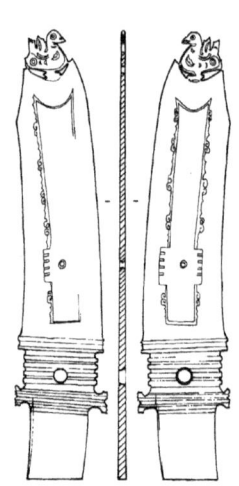

图七〇　三星堆
K1：235-5
戈形牙璋

根据花地嘴 T17H40∶1 牙璋、二里头遗址 4 件牙璋、三星堆遗址一号与二号祭祀坑出土牙璋的年代信息，以及Ⅰ型牙璋至Ⅸ型牙璋形制演变所表明的相对年代关系，推算这九型牙璋的制作年代如下：

Ⅰ型牙璋属二里头文化新砦期，年代大约在公元前 1850—前 1750 年之间。

Ⅱ型牙璋的年代略晚于Ⅰ型牙璋。依据Ⅰ型牙璋的年代下限以及Ⅱ型牙璋与Ⅳ型牙璋的相对年代关系，推定其年代在二里头文化一期，大约在公元前 1750—前 1680 年之间。

Ⅲ型与Ⅳ型牙璋早于Ⅴ与Ⅵ型牙璋，应在二里头文化三期之前，即不晚于公元前 1610 年。其相对年代晚于Ⅱ型牙璋，可能在二里头文化二期，年代大约在公元前 1680—前 1610 年之间。

Ⅴ与Ⅵ型牙璋属二里头文化三期，年代大约在公元前 1610—前 1560 年之间。

Ⅶ型牙璋属二里头文化四期，年代大约在公元前 1560—前 1530 年之间。

Ⅷ型牙璋仅见于三星堆遗址，晚于Ⅶ型牙璋，应晚于二里头文化四期，年代在公元前 1530 年之后。

Ⅸ型牙璋目前仅见于三星堆遗址一号祭祀坑与金沙遗址，年代似在商代晚期。值得注意的是，在三星堆二号祭祀坑中不见Ⅸ型牙璋，却有Ⅷ型牙璋。按Ⅷ型牙璋与Ⅳ型牙璋形制演变表明的相对年代关系，说明三星堆二号祭祀坑似早于一号祭祀坑。如果Ⅸ型牙璋最早见于成都平原地区，而在中原地区商代晚期遗存中又不见，那么Ⅸ型牙璋应是在三星堆文化时期在成都平原地区制作的，其制作年代也许在商代晚期之后。

Ⅸ型牙璋的出现，标志着那种上端宽于下端、端刃、阑部富于装饰的扁平长条形牙璋发展历程的终结。牙璋的形制演变开始了戈形璋的新时代，戈形璋由此盛行。至于后来还衍生出"半圭为璋"的新形制，与最初的牙璋已没有联系了。

（二）牙璋探源

探索牙璋的源头，自然是以目前认识到的年代最早的牙璋为起点进行，即以上述Ⅰ型牙璋为基点进行。

前面对牙璋形制的简略分析表明，牙璋上最富于变化的部位是阑部、扉牙以及端刃的刃部。这种局部形制的变化应是与使用方式及装饰意图有关。

Ⅰ型牙璋还没有扉牙，只是在阑角侧边上刻五道浅凹槽。施刻这五道浅凹槽的目的是什么？应是与绑缚牙璋的木柄有关，即将牙璋的内插入木柄中或贴附在木柄上，通过内上的穿孔（或许包括木柄上与此相同部位的穿孔），用绳索利用阑角使牙璋与木柄绑缚固定，阑角上施刻浅凹槽，有利于绳索绑缚。在牙璋阑角上施刻浅凹槽，必定是在牙璋安装木柄使用过程中发明的。而Ⅱ型牙璋单阑上单牙的出现，是为了更便于绳索绑缚木柄而发明的。由于牙璋阑上的单牙是为了绑缚木柄，在实际的绑缚使用过程中，因牙细小，很容易使其折断，所以已发现的Ⅱ型牙璋，许多牙璋阑上的单牙已残缺。至于Ⅳ型及其之后各型牙璋，阑部及扉牙变化大并且逐步复杂，这是装饰意图及其发展的结果。

由此推测，比花地嘴 T17H40∶1 牙璋即上述Ⅰ型牙璋更早的牙璋，应是阑角上不施刻浅凹槽或没有阑角的、内与璋体没有明显分界的牙璋，但同样是与牙璋呈纵向安装木柄。

按此推测分析，再检视传世品，北京故宫博物院藏品中的 2 件牙璋，很能说明牙璋的原始形态。

一件是故宫博物院藏品新 150246 号牙璋（图七一），为内部没有明显分界的牙璋，长 18.2 厘米[229]，如果其安装木柄的方式是与牙璋呈纵向进行的，而且是端刃向上使用的，那么这可能是比花地嘴 T17H40：1 牙璋更早的牙璋。可惜这是一件传世品，年代不明，也不能明确其是否经过改制。

另一件是新 74869 号牙璋（图七二），因其有阑角，内部分界清晰，内部的穿孔位于内的顶端正中。沿穿孔边缘两侧向阑角形成凹弧形玉质色彩的分界线（带）。其下部即内部为墨绿色，其上部璋体为浅绿色，长 31.8 厘米[230]。这件牙璋上的玉质色彩变化的现象可能反映了这件牙璋的安柄方式，是与牙璋呈纵向安装的，其木柄的上端正好处于阑角与穿孔处，于是形成了牙璋上安装木柄部位与上部璋体色彩不一致的现象。也就是说，这件牙璋上内部与其上端玉表面色彩不一致的原因，可能与安装木质柄有关。值得注意的是，这件牙璋的端刃是平刃，而其形制明显要比花地嘴 T17H40：1 牙璋原始。可惜这也是一件传世品。

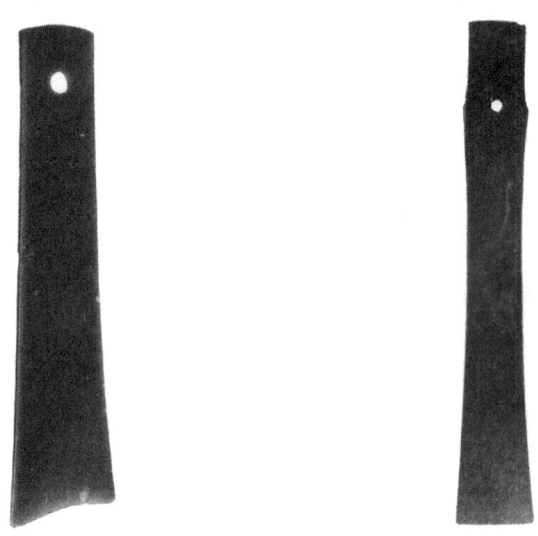

图七一　故宫博物院新 150246 号牙璋　　　图七二　故宫博物院新 74869 号牙璋

至此，可以推论原始牙璋的形态，可能是扁平窄长条形，没有阑，没有扉牙，下端穿一孔，上端刃部或微凹弧刃或平刃。

按照这一推论，那么延安芦山峁双孔玉铲的形制与原始牙璋的形制可能有联系。以往将这件玉器的穿大孔一端作为上端，称为铲，显然不合铲的使用方式。这件玉器应是大孔端朝下，或纵向安装木柄，竖直使用。其使用方式与功能可能与牙璋相同。

而从芦山峁双孔玉铲的形制看，似乎与平首圭更接近些。于是我们推测，玉牙璋与玉平首圭可能是同源的。至于产生的年代，应早于二里头文化新砦期，大概在陶寺文化晚期，约公元前 2000—前 1850 年之间。由此推测，玉牙璋起源于陶寺文化。

至于在玉牙璋之前是否存在过象牙或木质的牙璋。从陶寺遗址发现大批木盆、木案、木仓形器、大木勺以及漆木盒等木质器皿的现象分析，当时制作木质器物相当普遍，所以漆木牙璋的产生不是没有这种可能。而上海青浦福泉山吴家场 M207 墓葬出土的片状象牙权杖，上端宽、下端窄，长达 77 厘米和 1 米左右，器表雕刻 10 组神像兽面纹[231]，其使用方式或许与后来在中原地区发生的玉牙璋有联系。

（三）牙璋的流传与分布所反映的夏史史迹

玉牙璋大概是在陶寺文化晚期兴起的，即大约在公元前 2000—前 1850 年之间兴起的，但主要流行于二里头文化时期，即公元前 1850—前 1530 年之间。牙璋起源与主要流行的年代及地域表明，牙璋是夏时期兴起、流传的器物，是夏部族活动使用的一种特殊的用具。

牙璋的使用功能，据花地嘴遗址 2 件玉牙璋出自祭祀坑内的现象分析，其主要是作为祭祀活动的祭器使用的。而二里头文化三、四期 4 件牙璋都是墓葬的随葬品，在墓中与牙璋一起随葬的还有玉钺、玉刀等，可知其是作为仪仗用具使用的。牙璋的这两种出土现象表明，玉牙璋的使用功能，开始是作为一种祭器，是在祭祀活动仪式中使用的，其使用方式的发展，增加了使用功能，在后来又作为仪仗用具在各种仪式活动中使用。

由此可以明确，玉牙璋是夏部族发明的在祭祀活动与其他仪式活动中使用的祭器与仪仗用具。

如果遵从"神不歆非类，民不祀非族"（《左传·僖公》）的原则，那么不同形式的牙璋的分布情况，可能反映了夏史的某些史迹。其中以下三方面的现象特别重要：

第一，陕北石峁遗址发现牙璋，数量很多，已发现有 30 件。既有 I 型牙璋，也有 II 型、IV 型牙璋。这 I 型、II 型、IV 型牙璋的制作年代是有区别的。这些牙璋是在石峁一带当地制作的，还是由其他地区传入的，目前不清楚。但是，如果这三种形式的牙璋在石峁遗址上的某种考古学单位中共存，并且有较多的共存现象，那么其很可能是由其他地区传入的。即在 IV 型牙璋流行时期传入的，才有较多的可能使 I 型、II 型、IV 型牙璋在石峁遗址内共存。石峁遗址牙璋的埋藏年代也应在 IV 型牙璋的流行时期。

第二，山东东部地区发现的牙璋有 8 件，为 II 型与 III 型牙璋，分别发现于四处地点。关于它们的埋藏年代，其中两处地点可以明确年代较晚，即海阳司马台、沂南罗圈峪村，可能在商代晚期及其之后[232]。山东地区缺乏制作牙璋的文化传统，在西朱封三座大墓及泗水尹家城大墓中都不见早期形式牙璋或牙璋原形的踪影。山东东部地区发现的牙璋应是由其他地区传入的。传入的年代应在西朱封大墓之后，即龙山文化晚期之后，大约在公元前 1800 年之后。

陕北石峁与山东东部发现的牙璋，都不见二里头遗址第三期的 V 型与 VI 型牙璋。这似乎表明，这两地牙璋的传入年代都不可能在 V 型与 VI 型牙璋流行的年代，即不会在二里头文化三期。

第三，二里头文化三期的开始年代大体为公元前 1610 年，即公元前 1600 年前后，这个年代大致是夏商分界的年代。

然而，在二里头文化二期与三期之间，文化面貌却表现出一贯连续的发展、持续繁荣的景象，如陶器、铜器、玉器、绿松石制品，乃至宫殿、宫城、手工业作坊等，丝毫看不出夏商两个王朝更替的兴废现象[233]。其中二里头文化三、四期发现的 V 型、VI 型、VIII 型牙璋，展示了牙璋继续盛兴发展所表明的二里头遗址作为夏都继续存在并发展的景观。

以上三方面的现象，共同反映了一个夏史史实问题，即"汤作夏社"。

汤作夏社，史有明确记载。如《史记·殷本纪》："汤既胜夏，欲迁其社，不可，作夏社。"

夏社问题，在以文献为主要素材的传统史学中的探索，已成为历史悬案，但我们从考古学角度通过对牙璋的研究却看到了一点线索。

对"夏社"的理解，可能不应仅仅是作为一处社稷建筑来看待，更不能作为一篇《夏社》来简单理解，而可能是保留了包括夏社在内的原来的夏都，是商王汤所施行的对战败的夏人采取的一种宽大怀柔的政策。所以，《吕氏春秋·慎大览·慎大》记载了"汤立为天子，夏民大说，如得慈亲，朝不易位，农不去畴，商不变肆，亲邦如夏"。周承殷制，后来武王伐纣灭商后，对战败的商人也采取了宽大怀柔的政策，但方式有所改变。只是后来发生了"牧平三监叛乱"，使得以后的王朝更替，吸取经验教训，不再采用这种对前朝宽大怀柔的政策。

二里头遗址三、四期牙璋的继续发展与流行，宫城、宫殿等大型建筑的增建等反映的二里头文化在三、四期的繁荣景象以及其所处的年代，表明二里头遗址三、四期可能是作为夏都的延续，是为夏社，是汤作夏社使然。

石峁一带的牙璋，大概是汤作夏社之前，伴随着夏部族的败师逃窜西北而传播到那里。山东东部牙璋的出现可能是夏王朝之后部分夏人东迁的结果。而三星堆大批形制新颖的牙璋的出现，可能是夏社被废之后，夏部族的一支辗转西迁的结果，这大概是传统史学中"禹出西羌"传说的史实背景。

至于其他地区发现的各种形式的玉石牙璋，也都可能与夏部族在夏王朝之后或夏社被废之后四处流窜的史迹有关。如湖南石门桅岗 M1 出土了Ⅱ型牙璋（图七三）[234]，其制作年代较早，但与其共存的有制作于二里头文化四期的网格纹玉璋（图七四）[235]。这两件玉器制作于两个时期，却在长江以南的湖南石门共存，表明它们是在二里头文化四期之后一起由中原地区传出来的。

图七三　桅岗 M1：04 牙璋　　　　　　图七四　桅岗 M1：07 牙璋

如果上述对牙璋的研究所揭示的"汤作夏社"等夏史史迹的推测能够成立，那么对王湾三期文化晚期阶段的一些城址，如登封王城岗、新密古城寨等，以及对汤都西亳、河南地区的先商文化遗存等与此有关联的一系列问题，都需要重新认识。

夏史茫茫，有待求证。

七、结语——时代巅峰、冰山一角

夏文化的探索已有60多年了，但是玉器一直未被重视过，长期处于边缘化的研究状态。然而，玉器，尤其是那些造型别致、制作精工、使用方式特殊、含意丰富、形制与文化内涵厚重的玉器，是当时社会上层贵族使用的一种特殊的用品，是探索夏史的重要素材。

夏王朝的创立、夏文化的发展，开创了玉器制造工艺的新天地，玉器的文化内涵更为深邃，从而使得夏时期的玉器成为我国自玉器起源以来所达到的一个时代高峰。但是，目前考古发现的夏时期玉器以及对发现的这些玉器的认识，尤其是对这些玉器使用功能的认识，却处于冰山一角。

从玉器的器型、质地、制造工艺的角度看，陶寺文化中期2002ⅡM22大墓出土的玉器、芦山峁发现的玉器、西朱封两座大墓出土的玉器，以及新华与石峁玉器中的个别精品，是目前所见到的代表了夏时期玉器制造工艺最高水平的玉器，有的可能是夏王朝前期王室使用的玉器或是与夏王朝王室有关的玉器。但是长期以来研究者不将这些遗址的重要发现与夏王朝甚至夏时期联系起来进行研究。而目前在二里头遗址上已经发现的那些玉器，都不是当时王室使用的玉器。夏王朝后期王室使用的玉器，或许还没有发现，或许已发现于二里头文化之后的其他文化遗存中而尚未被识别出来。由于这两方面的原因，长期以来对夏王朝王室使用玉器的认识一片空白。

二里头文化三、四期的玉器，可能是汤作夏社时期的玉器。目前发现的这些玉器，个别是夏王朝时期玉器的延用，如二里头三期的75YLVKM4∶1玉柄形器等那种质地很好、十分精致的玉器，而大部分玉器如牙璋、玉戈、大玉刀、玉戚、玉石钺等，则是夏社时期的仪仗用品，所以玉器的质地较差，甚至是以石代玉。

玉牙璋、玉圭、玉戈是夏时期创作发明的三种形制特殊的玉器，是因夏王朝创立对玉器形制的需求而兴起的。这三种玉器的产生，是一个新时代已降临的标志，它们的起源都要追溯到陶寺文化。其中玉牙璋伴随着夏王朝的覆灭、夏部族的散布而流传四方，并伴随着夏社的消失而逐渐退出历史舞台。

玉圭在夏时期的使用功能与作用尚待揭示，其中平首圭可能与玉牙璋同源。而二里头文化，尤其是二里头文化三、四期，即汤作夏社时期，至今尚未发现玉圭。

玉戈从诞生之日起就是一种仪仗用具，后被铜戈仿制。因铜戈范很容易控制铜戈造型，所以铜戈造型规范，并反过来影响玉戈的造型。

二里头文化三、四期的牙璋、玉戈、铜戈以及玉钺、大玉刀、绿松石铜牌饰等，甚至是宫殿、宫城等，都是在夏王朝旧都上出现的一种文化复兴现象。由此可以推想，原夏都是何样的一种繁荣景象。

而牙璋、玉戈、玉圭以及形制特殊的大玉刀兴起于陶寺文化，陶寺文化中晚期的年代又跨夏王朝前期，陶寺遗址的地理位置又在传说中的"夏墟"范围内，并且是目前所在夏王朝前期、"夏墟"地域内发现的档次级别最高的文化遗存，加上其崇尚黑色的器物风格，这一切似乎都无不指认陶寺文化中晚期阶段的陶寺遗址可能曾经经历了夏王朝前期某一夏都的辉煌。

本展览展示的仅仅是夏时期玉器这一中华玉文化发展过程中第一座时代高峰的冰山一角。

附记：本文是中华玉文化中心主任张忠培先生、杨晶女士为"玉魂国魄——玉器·玉文化·夏代中国文明展"而专门安排的写作任务。在撰写过程中，邓淑苹研究员、黄翠梅教授提供了大量很有价值的资料，并提出了建议和意见。良渚博物院以及中国社会科学院考古研究所的高炜先生、韩榕先生、刘晋祥先生、郑光先生、杜金鹏先生，香港中文大学中国考古艺术研究中心的邓聪先生等亦给予了大力支持。铭此，谨志感谢之忱。

注　释

[1] 本文论述的夏时期玉器，有些是石质的，其中许多没有做过质地鉴定。本文采用原资料公布时对其质地的认识，基本上取"玉器"这一名词广义上的含义。

[2] 展览展出的花地嘴遗址的玉器属新砦期。关于新砦期的文化归属目前有几种不同的意见，或归入王湾三期文化，或归入二里头文化，或单独命名为新砦文化。本文将新砦期归入二里头文化一并叙述。

[3] a. 中国社会科学院考古研究所：《偃师二里头——1959年—1978年考古发掘报告》，中国大百科全书出版社，1999年；b. 中国社会科学院考古研究所二里头队：《1980年秋河南偃师二里头遗址发掘简报》，《考古》1983年第3期；c. 中国社会科学院考古研究所二里头工作队：《1981年河南偃师二里头墓葬发掘简报》，《考古》1984年第1期；d. 中国社会科学院考古研究所二里头队：《1982年秋偃师二里头遗址九区发掘简报》，《考古》1985年第12期；e. 中国社会科学院考古研究所二里头工作队：《1984年秋河南偃师二里头遗址发现的几座墓葬》，《考古》1986年第4期；f. 中国社会科学院考古研究所二里头工作队：《河南偃师二里头遗址发现新的铜器》，《考古》1991年第12期；g. 许宏、陈国梁、赵海涛：《二里头遗址聚落形态的初步考察》，《考古》2004年第11期；h. 中国社会科学院考古研究所二里头工作队：《河南偃师市二里头遗址中心区的考古新发现》，《考古》2005年第7期。

[4] a. 中国社会科学院考古研究所河南二队：《河南密县新砦遗址的试掘》，《考古》1981年第5期；b. 北京大学古代文明研究中心、郑州市文物考古研究所：《河南省新密市新砦遗址2000年发掘简报》，《文物》2004年第3期；c. 北京大学震旦古代文明研究中心、郑州市文物考古研究院：《新密新砦——1999—2000年田野考古发掘报告》，文物出版社，2008年，第434页，图三一三，玉琮。

[5] 郑州市文物考古研究所：《郑州大师姑（2002—2003）》，科学出版社，2004年，第96、306页。

[6] a. 郑州市文物考古研究所、北京大学考古文博学院：《河南巩义市花地嘴遗址"新砦期"遗存》，《考古》2005年第6期；b. 顾万发：《花地嘴遗址聚落问题的初步研究》，《中国聚落考古的理论与实践（第一辑）——纪念新砦遗址发掘30周年学术研讨会论文集》，科学出版社，2010年。

[7] 河南省文物研究所、长江流域规划办公室考古队河南分队：《淅川下王岗》，文物出版社，1989年，第285页。

[8] 河南省文物研究所、中国历史博物馆考古部：《登封王城岗与阳城》，文物出版社，1992年，第143页。

[9] 中国社会科学院考古研究所河南一队、焦作市文物工作队：《河南焦作地区的考古调查》，《考古》1996年第11期。

[10] 郑州市文物考古研究所：《1982、1985年河南郑州市大河村遗址发掘》，《考古学集刊》（第11集），中国大百科全书出版社，1997年，第76页。

[11] 洛阳博物馆：《洛阳矬李遗址试掘简报》，《考古》1978年第1期。

[12] 河南省文物考古研究所、驻马店市文物工作队、西平县文物管理所：《河南西平县上坡遗址发掘简报》，《考古》2004年第4期。

[13] 洛阳市文物工作队、新安县文物保护管理所：《河南新安县太涧遗址发掘简报——黄河小浪底水库淹没区考古发掘简报之一》，《考古与文物》1998年第1期。

[14] 郑州市博物馆：《河南荥阳西史村遗址试掘简报》，《文物资料丛刊》（第5集），文物出版社，1981年。

[15] 河南省文物研究所：《郑州洛达庙遗址发掘报告》，《华夏考古》1989 年第 4 期。

[16] 河南省文物研究所、渑池县文化馆：《渑池县郑窑遗址发掘报告》，《华夏考古》1987 年第 2 期。

[17] 中国历史博物馆、山西省考古研究所：《1988—1989 年山西垣曲古城南关商代城址发掘简报》，《文物》1997 年第 10 期。

[18] 中国社会科学院考古研究所山西工作队：《山西襄汾县大柴遗址发掘简报》，《考古》1987 年第 7 期。

[19] a. 中国社会科学院考古研究所、中国历史博物馆、山西省考古研究所：《夏县东下冯》，文物出版社，1988 年，第 66、99 页；b. 东下冯考古队：《山西夏县东下冯遗址东区、中区发掘简报》，《考古》1980 年第 2 期。

[20] 中国社会科学院考古研究所：《偃师二里头——1959 年—1978 年考古发掘报告》，中国大百科全书出版社，1999 年，第 255 页。

[21] 郝炎峰：《二里头文化玉器的考古学研究》，《中国早期青铜文化——二里头文化专题研究》，科学出版社，2008 年。

[22] 中国科学院考古研究所二里头工作队：《偃师二里头遗址新发现的铜器和玉器》，《考古》1976 年第 4 期。

[23] 中国社会科学院考古研究所二里头工作队：《1987 偃师二里头遗址墓葬发掘简报》，《考古》1992 年第 4 期。

[24] 中国社会科学院考古研究所：《偃师二里头——1959 年—1978 年考古发掘报告》，中国大百科全书出版社，1999 年，第 250 页，图 162.4。

[25] 中国社会科学院考古研究所二里头工作队：《河南偃师二里头遗址三、八区发掘简报》，《考古》1975 年第 5 期。

[26] 同 [2]，第 249 页，图 161.1。

[27] 河南省文物研究所：《郑州洛达庙遗址发掘报告》，《华夏考古》1989 年第 4 期，第 74 页，图三一，1。

[28] a. 中国科学院考古研究所二里头工作队：《偃师二里头遗址新发现的铜器和玉器》，《考古》1976 年第 4 期；b. 中国社会科学院考古研究所：《偃师二里头——1959 年—1978 年考古发掘报告》，中国大百科全书出版社，1999 年，第 251 页，图 163.2。

[29] a. 同 [1] a；b. 同 [1] b，第 251 页，图 163.1。

[30] 中国科学院考古研究所二里头工作队：《1984 年秋河南偃师二里头遗址发现的几座墓葬》，《考古》1986 年第 4 期，第 323 页，图九，2。

[31] a. 中国社会科学院考古研究所：《安阳殷墟花园庄东地商代墓葬》，科学出版社，2007 年，图版四五，2；b. 中国社会科学院考古研究所所：《考古中华——中国社会科学院考古研究所成立六十年成果荟萃》，科学出版社，2010 年，第 167 页下图。

[32] a. 中国社会科学院考古研究所二里头队：《1980 年秋河南偃师二里头遗址发掘简报》，《考古》1983 年第 3 期，第 204 页，图一〇，1。这件玉钺（80YLVM3：3）呈乳白色，平面为近方形的梯形，两面刃，穿两孔，位于中部的一孔用圆绿松石嵌平。刃宽 9.4 厘米。在墓中的玉器组合，有玉钺、2 件牙璋、玉笄首和 2 枚绿松石管状珠。属二里头文化三期；b. 邓聪编：《东亚玉器》（第三册），香港中文大学出版社，1998 年，第 265 号玉钺。

[33] a. 偃师县文化馆：《二里头遗址出土的铜器和玉器》，《考古》1978 年第 4 期，第 270 页，图一，1；b. 同 [1] b，第 261 号玉钺。

[34] 中国社会科学院考古研究所二里头队：《1982 年秋偃师二里头遗址九区发掘简报》，《考古》1985 年第 12 期，第 1092 页，图八，4。

[35] 中国社会科学院考古研究所二里头工作队：《1981 年河南偃师二里头墓葬发掘简报》，《考古》1984 年第 1 期。

[36] 刘永生、李勇：《山西黎城神面纹玉戚》，《故宫文物月刊》2000 年第 17 卷第 12 期。

[37] 古方主编：《中国出土玉器全集·3·山西》，科学出版社，2005 年，第 51 页。

[38] 同 [3]，第 50 页。

[39] 中国社会科学院考古研究所二里头工作队：《河南偃师市二里头遗址中心区的考古新发现》，《考古》2005 年

第 7 期，图版陆。

［40］a. 邓淑苹：《晋、陕出土东夷系玉器的启示》，《考古与文物》1999 年第 5 期；b. 邓淑苹：《论雕有东夷系纹饰的有刃玉器》，《故宫学术季刊》1999 年第 16 卷第 3、4 期。

［41］a. 中国社会科学院考古研究所二里头队：《1980 年秋河南偃师二里头遗址发掘简报》，《考古》1983 年第 3 期，第 204 页，图一〇，7；b. 邓聪编：《东亚玉器》（第三册），香港中文大学出版社，1998 年，第 262 号。

［42］a. 中国社会科学院考古研究所二里头工作队：《1984 年秋河南偃师二里头遗址发现的几座墓葬》，《考古》1986 年第 4 期，第 323 页，图九，6；b. 同［2］b，第 263 号。

［43］同［3］a，第 319 页，图三右。

［44］朱乃诚：《关于夏时期玉圭的若干问题》，待刊稿。

［45］a. 中国社会科学院考古研究所二里头工作队：《河南偃师二里头遗址三、八区发掘简报》，《考古》1975 年第 5 期；b. 中国社会科学院考古研究所：《偃师二里头——1959 年—1978 年考古发掘报告》，中国大百科全书出版社，1999 年，第 250 页，图 162.1。

［46］邓聪编：《东亚玉器》（第三册），香港中文大学出版社，1998 年，第 267 号。

［47］古方主编：《中国出土玉器全集·5·河南》，科学出版社，2005 年，第 14 页。

［48］四川省文物考古研究所：《三星堆祭祀坑》，文物出版社，1999 年，第 64 页，图三五。这件玉璋长 162、宽 22—225、厚 1.8 厘米。

［49］a. 王文建、龙西斌：《石门县商时期遗存调查——宝塔遗址与桅岗墓葬》，《湖南考古辑刊》（第 4 辑），岳麓书社，1987 年，第 17 页，图八，1；b. 香港中文大学中国考古艺术研究中心：《南中国及邻近地区古文化研究》，香港中文大学出版社，1994 年，彩版 10.1。

［50］中国社会科学院考古研究所二里头工作队：《1987 年偃师二里头遗址墓葬发掘简报》，《考古》1992 年第 4 期。

［51］中国社会科学院考古研究所二里头队：《1982 年秋偃师二里头遗址九区发掘简报》，《考古》1985 年第 12 期。

［52］荆州博物馆：《石家河文化玉器》，文物出版社，2008 年，第 126 页。

［53］中国社会科学院考古研究所：《偃师二里头——1959 年—1978 年考古发掘报告》，中国大百科全书出版社，1999 年，第 257 页，图 168.1，图版 125.15。

［54］古方主编：《中国出土玉器全集·5·河南》，科学出版社，2005 年，第 12 页。

［55］郑州市文物考古研究所、北京大学考古文博学院：《河南巩义市花地嘴遗址“新砦期”遗存》，《考古》2005 年第 6 期，第 4 页，图二。

［56］中国社会科学院考古研究所：《偃师二里头——1959 年—1978 年考古发掘报告》，中国大百科全书出版社，1999 年，图版 116.2。

［57］中国社会科学院考古研究所二里头队：《1980 年秋河南偃师二里头遗址发掘简报》，《考古》1983 年第 3 期，第 202 页，图七。

［58］四川省文物考古研究所：《三星堆祭祀坑》，文物出版社，1999 年，第 285 页，图一五八。

［59］郑州市文物考古研究所：《郑州大师姑（2000—2003）》，科学出版社，2004 年，第 88 页，图五五，彩版一二，2。

［60］中国社会科学院考古研究所二里头工作队：《河南偃师二里头遗址三、八区发掘简报》，《考古》1975 年第 5 期，第 305 页，图四，9。

［61］本文标记的二里头文化各期的年代，主要依据仇士华、蔡莲珍、张雪莲：《关于二里头文化的年代问题》（《二里头遗址与二里头文化研究》，科学出版社，2006 年）及张雪莲、仇士华、蔡莲珍等：《新砦—二里头—二里冈文化考古年代序列的建立与完善》（《考古》2007 年第 8 期）两文公布的研究成果。

［62］a. 中国社会科学院考古研究所山西工作队、临汾地区文化局：《山西襄汾县陶寺遗址发掘简报》，《考古》1980 年第 1 期；b. 中国社会科学院考古研究所山西工作队、临汾地区文化局：《1978—1980 年山西襄汾陶寺墓地发掘简报》，《考古》1983 年第 1 期；c. 中国社会科学院考古研究所山西工作队、临汾地区文化局：《山

西襄汾陶寺遗址首次发现铜器》,《考古》1984 年第 12 期；d. 中国社会科学院考古研究所山西工作队、山西省临汾地区文化局：《陶寺遗址 1983—1984 年Ⅲ区居住址发掘的主要收获》,《考古》1986 年第 9 期。

[63] 高炜：《陶寺文化玉器及相关问题》,《东亚玉器》, 香港中文大学出版社, 1998 年。

[64] 梁星彭、严志斌：《山西襄汾陶寺文化城址》,《2001 年中国重要考古发现》, 文物出版社, 2002 年。

[65] 中国社会科学院考古研究所山西队、山西省考古研究所、临汾市文物局：《陶寺城址发现陶寺文化中期墓葬》,《考古》2003 年第 9 期。

[66] 王晓毅、严志斌：《山西抢救性发掘陶寺墓地被盗墓葬》,《中国文物报》2005 年 11 月 9 日。

[67] a. 山西省临汾行署文化局、中国社会科学院考古研究所山西工作队：《山西临汾下靳村陶寺文化墓地发掘报告》,《考古学报》1999 年第 4 期；b. 下靳考古队：《山西临汾下靳墓地发掘简报》,《文物》1998 年第 12 期。

[68] 山西省考古研究所、运城市文物局、芮城县文物局：《山西芮城清凉寺新石器时代墓地》,《文物》2006 年第 3 期。

[69] 王晓毅、薛新明：《有关清凉寺墓地的几个问题》,《文物》2006 年第 3 期。

[70] 山西省考古研究所、山西运城市文物局、芮城县文物旅游局：《山西芮城清凉寺史前墓地》,《考古学报》2011 年第 4 期。

[71] 关于陶寺文化早期的年代, 主要存在着三种意见。第一种意见是陶寺遗址第一阶段发掘主持者高天麟、张岱海、高炜先生在 1984 年提出的, 认为在距今 4415±130 年（ZK-1098）至距今 4290±130 年（ZK-1099）（见高天麟、张岱海、高炜：《龙山文化陶寺类型的年代与分期》,《史前研究》1984 年第 3 期）。第二种意见是笔者于 1998 年依据高天麟等先生对陶寺年代数据的分析, 引用高精度树轮校正年代表校正这两个测年数据, 为距今 4434 年至距今 4228 年和距今 4401 年至距今 4090 年, 认为陶寺文化早期的年代在距今 4400 年至距今 4100 年（公元前 2450—前 2150 年）之间（见朱乃诚：《良渚的蛇纹陶片和陶寺的彩绘龙盘——兼论良渚文化北上中原的性质》,《东南文化》1998 年第 2 期, 注 15）。第三种意见是何驽于 2004 年提出的, 他同样引用这些测年数据（但没有使用高精度树轮校正年代表）, 以减去 130 年的误差方式, 将陶寺文化早期的年代推定在公元前 2300—前 2100 年 [见何驽：《陶寺文化谱系研究综论》,《古代文明》（第 3 卷）, 文物出版社, 2004 年]。这里使用的是笔者 1998 年的观点。

[72] 关于陶寺文化晚期年代的下限, 高天麟等先生在 20 世纪 80 年代认为在二里头文化开始之前, 当时认识的二里头文化起始年代约在公元前 1900 年。现在明确在二里头文化一期之前还有新砦期, 新砦期的年代上限约在公元前 1850 年, 所以以陶寺文化晚期年代的下限可能在公元前 1850 年左右。

[73] a. 中国社会科学院考古研究所山西队、山西省考古研究所、临汾市文物局：《陶寺城址发现陶寺文化中期墓葬》,《考古》2003 年第 9 期, 第 773 页, 图六；b. 古方主编：《中国出土玉器全集·3·山西》, 科学出版社, 2005 年, 第 46 页。

[74] 山西省考古研究所、运城市文物局、芮城县文物局：《山西芮城清凉寺新石器时代墓地》,《文物》2006 年第 3 期, 第 6 页, 图四；第 10 页, 图一〇。

[75] 同 [4], 第 6 页, 图四, 2；图七, 6。

[76] 下靳考古队：《山西临汾下靳墓地发掘简报》,《文物》1998 年第 12 期, 第 9 页, 图一〇、图一一。

[77] a. 中国社会科学院考古研究所山西队、山西省考古研究所、临汾市文物局：《陶寺城址发现陶寺文化中期墓葬》,《考古》2003 年第 9 期, 第 773 页, 图六；b. 古方主编：《中国出土玉器全集·3·山西》, 科学出版社, 2005 年, 第 46 页。

[78] 同 [2] b, 第 36 页。

[79] 同 [2] b, 第 35 页。

[80] 山西省考古研究所、运城市文物局、芮城县文物局：《山西芮城清凉寺新石器时代墓地》,《文物》2006 年第 3 期, 第 12 页, 图二一。

[81] 山西省临汾行署文化局、中国社会科学院考古研究所山西工作队：《山西临汾下靳村陶寺文化墓地发掘报

告》，《考古学报》1999 年第 4 期，第 477 页，图一九，7。

［82］ 山西省临汾行署文化局、中国社会科学院考古研究所山西工作队：《山西临汾下靳村陶寺文化墓地发掘报告》，《考古学报》1999 年第 4 期，第 477 页，图一九，1。

［83］ a. 山西省考古研究所、运城市文物局、芮城县文物局：《山西芮城清凉寺新石器时代墓地》，《文物》2006 年第 3 期，第 12 页，图二○；b. 古方主编：《中国出土玉器全集·3·山西》，科学出版社，2005 年，第 4 页。

［84］ a. 同［2］a，第 11 页，图一九；b. 同［2］b，第 3 页。

［85］ a 同［2］a，第 11 页，图一七；b. 同［2］b，第 1 页。

［86］ 高炜：《陶寺文化玉器及相关问题》，《东亚玉器》，香港中文大学出版社，1998 年。

［87］ a. 山西省考古研究所、运城市文物局、芮城县文物局：《山西芮城清凉寺新石器时代墓地》，《文物》2006 年第 3 期，第 11 页，图一四；b. 古方主编：《中国出土玉器全集·3·山西》，科学出版社，2005 年，第 2 页。

［88］ 古方主编：《中国出土玉器全集·3·山西》，科学出版社，2005 年，第 25 页。

［89］ a. 中国社会科学院考古研究所山西队、山西省考古研究所、临汾市文物局：《陶寺城址发现陶寺文化中期墓葬》，《考古》2003 年第 9 期，第 5 页，图四；b. 同［1］，第 41 页。

［90］ 何驽：《山西襄汾陶寺城址中期王级大墓ⅡM22 出土漆杆"圭尺"功能试探》，《自然科学史研究》2009 年第 28 卷第 3 期。

［91］ 顾万发：《试论新砦陶器盖上的饕餮纹》，《华夏考古》2000 年第 4 期，第 76 页，图一，1。

［92］ 荆州博物馆：《石家河文化玉器》，文物出版社，2008 年，第 94 页。

［93］ 同［2］，第 89 页。

［94］ 笔者曾将这 3 件玉兽面的形制演变解释为由繁至简，即陶寺 2002ⅡM22：135 玉兽面→六合 W9：1 玉兽面→肖家屋脊 W6：60 玉兽面。当时主要考虑肖家屋脊 W6 瓮棺的形制属年代较晚的器型，但没有考虑到肖家屋脊 W6 瓮棺中的玉器可以是在瓮棺葬具之前若干年就已制作了，W6 瓮棺时期只是使用以往的玉器这一现象。见朱乃诚：《论肖家屋脊玉盘龙的年代及有关问题》，《文物》2008 年第 7 期。现更改此认识。

［95］ 古方主编：《中国出土玉器全集·3·山西》，科学出版社，2005 年，第 11 页。

［96］ a. 中国社会科学院考古研究所山西队、山西省考古研究所、临汾市文物局：《陶寺城址发现陶寺文化中期墓葬》，《考古》2003 年第 9 期，第 5 页，图七，左；b. 古方主编：《中国出土玉器全集·3·山西》，科学出版社，2005 年，第 45 页。

［97］ 同［1］a，第 5 页，图七，右。

［98］ 同［1］a，第 6 页，图八，左。

［99］ 陶寺 M3168：10 玉钺属改制的作品，黄翠梅教授有专门的研究认识。见黄翠梅、叶贵玉：《自然环境与玉矿资源——以新石器时代晋陕地区的玉器发展为例》，《新世纪的考古学——文化、区位、生态的多元互动》，紫禁城出版社，2006 年。

［100］ 山西省临汾行署文化局、中国社会科学院考古研究所山西工作队：《山西临汾下靳村陶寺文化墓地发掘报告》，《考古学报》1999 年第 4 期，第 474 页，图一八，12。

［101］ 古方主编：《中国出土玉器全集·3·山西》，科学出版社，2005 年，第 29 页。

［102］ 下靳考古队：《山西临汾下靳墓地发掘简报》，《文物》1998 年第 12 期，彩色插页壹，2。

［103］ 山西省考古研究所、运城市文物局、芮城县文物局：《山西芮城清凉寺新石器时代墓地》，《文物》2006 年第 3 期，第 7 页，图五 2。

［104］ 同［1］，第 471 页，图一六，14。

［105］ 同［4］，第 8 页，图七，10。

［106］ 同［4］，第 6 页，图四。

［107］ 古方主编：《中国出土玉器全集·3·山西》，科学出版社，2005 年，第 28 页。

［108］ 山西省考古研究所、运城市文物局、芮城县文物局：《山西芮城清凉寺新石器时代墓地》，《文物》2006 年第

3 期，第 8 页，图七 5。

[109]　同［2］，第 12 页，图二五。

[110]　同［1］，第 20 页。

[111]　同［2］，第 8 页，图七，8。

[112]　同［2］，第 7 页，图五，3。

[113]　中国社会科学院考古研究所山西工作队、临汾地区文化局：《1978—1980 年山西襄汾陶寺墓地发掘简报》，《考古》1983 年第 1 期，第 38 页，图一〇，9。

[114]　山西省临汾行署文化局、中国社会科学院考古研究所山西工作队：《山西临汾下靳村陶寺文化墓地发掘报告》，《考古学报》1999 年第 4 期，第 474 页，图一八，12。

[115]　黄翠梅、叶贵玉：《自然环境与玉矿资源——以新石器时代晋陕地区的玉器发展为例》，《新世纪的考古学——文化、区位、生态的多元互动》，紫禁城出版社，2006 年，第 464 页。

[116]　山西省临汾行署文化局、中国社会科学院考古研究所山西工作队：《山西临汾下靳村陶寺文化墓地发掘报告》，《考古学报》1999 年第 4 期，第 473 页，图一七，1。

[117]　古方主编：《中国出土玉器全集·3·山西》，科学出版社，2005 年，第 40 页。

[118]　高炜：《龙山时代玉骨组合头饰的复原研究》，《海峡两岸古玉学会议论文专辑》，台湾大学理学院地质科学系，2001 年。

[119]　下靳考古队：《山西临汾下靳墓地发掘简报》，《文物》1998 年第 12 期，第 9 页，图一〇、图一一。

[120]　郭大顺、洪殿旭主编：《红山文化玉器鉴赏》，文物出版社，2010 年，第 67 页 35 号玉璧。

[121]　同［1］，第 464 页，图七。

[122]　同［4］，第 7 页，图六。

[123]　同［4］，封 2。笔者于 2012 年 12 月 20 日拍摄于山西博物院展厅。

[124]　同［4］，第 12 页，图一八。

[125]　古方主编：《中国出土玉器全集·3·山西》，科学出版社，2005 年，第 37 页。

[126]　山西省临汾行署文化局、中国社会科学院考古研究所山西工作队：《山西临汾下靳村陶寺文化墓地发掘报告》，《考古学报》1999 年第 4 期，第 471 页，图一六，13。

[127]　在横山县诸遗址中出土的玉器有玉刀、玉铲、玉斧（钺）、玉环等。见韩建武、赵峰、朱天舒：《陕西历史博物馆新征集文物精粹》，《陕西历史博物馆馆刊》（第一辑），三秦出版社，1994 年。

[128]　a. 姬乃军：《延安市发现的古代玉器》，《文物》1984 年第 2 期；b. 姬乃军：《延安市芦山峁出土玉器有关问题探讨》，《考古与文物》1995 年第 1 期。

[129]　姬乃军：《延安市发现的古代玉器》，《文物》1984 年第 2 期，第 85 页，图六。

[130]　古方主编：《中国出土玉器全集·14·陕西》，科学出版社，2005 年，第 22 页。

[131]　这件玉琮四个角棱的兽面纹呈一正一反，一对角棱上兽面纹倒置的现象，邓淑苹在 1998 年春观摩这件玉琮后就已撰文指明。见邓淑苹：《晋、陕出土东夷系玉器的启示》，《考古与文物》1999 年第 5 期；邓淑苹：《史前至夏时期璧、琮时空分布的检视与再思》，《玉魂国魄——中国古代玉器与传统文化学术讨论会文集》（四），浙江古籍出版社，2010 年。

[132]　朱乃诚：《良渚文化玉器纹饰研究》，《苏秉琦与当代中国考古学》，科学出版社，2001 年。

[133]　姬乃军：《延安市芦山峁出土玉器有关问题探讨》，《考古与文物》1895 年第 1 期，第 24 页，图一，1。

[134]　邓淑苹：《晋、陕出土东夷系玉器的启示》，《考古与文物》1999 年第 5 期。

[135]　艾有为：《神木县新石器时代遗址调查简报》，《考古与文物》1990 年第 5 期。

[136]　陕西省考古研究所、榆林市文物保护研究所：《神木新华》，科学出版社，2005 年。

[137]　同［1］，第 119 页，图一六六，2。

[138]　同［1］，第 267—277 页。

［139］ 同［1］，图版六〇，1。

［140］ 陕西省考古研究所、榆林市文物保护研究所：《神木新华》，科学出版社，2005年，第264页第一段，图版六〇，2。

［141］ 同［1］，第269—272页。

［142］ 故宫博物院藏品大系编辑委员会：《故宫博物院藏品大系·玉器编1·新石器时代》，紫禁城出版社，2011年，第164—179号。

［143］ P Pelliot. Jade Archaigiques de Chine Appatenanrea C. T. Loo, 1925。转引自张长寿：《论神木出土的刀形端刃玉器》，《南中国及邻近地区古文化研究》，香港中文大学出版社，1994年。

［144］ 凌纯声：《中国古代瑞圭的研究》，《中央研究院民族学研究所集刊》（第20期），中华民国出版社，1965年。

［145］ 邓淑苹：《"牙璋"研究》，《南中国及邻近地区古文化研究》，香港中文大学出版社，1994年。

［146］ 戴应新：《陕西神木县石峁龙山文化遗址调查》，《考古》1977年第3期。

［147］ 西安半坡博物馆：《陕西神木石峁遗址出土调查试掘简报》，《史前研究》1983年第2期。

［148］ 吕智荣：《陕西神木县石峁遗址发现细石器》，《文博》1989年第2期。

［149］ 戴应新：《神木石峁龙山文化玉器》，《考古与文物》1988年第5、6期。

［150］ a.戴应新：《神木石峁龙山文化玉器探索（一—六）》，《故宫文物月刊》（第125—130期），1993年8月—1994年1月，图一—图六；b.邓淑苹：《也谈华西系统的玉器》，《故宫文物月刊》（第125—130期），1993年8月—1994年1月，图一—图六。

［151］ 香港中文大学中国考古艺术研究中心：《南中国及邻近地区古文化研究》，香港中文大学出版社，1994年。

［152］ 王炜林、孙周勇：《石峁玉器的年代及相关问题》，《考古与文物》2011年第4期。

［153］ a.陕西省考古研究院、榆林市文物考古勘探工作队、神木县文体局：《陕西神木县石峁遗址》，《考古》2013年第7期；b.陕西省考古研究院：《2012年陕西省考古研究院考古发掘新收获》，《考古与文物》2013年第2期。

［154］ 戴应新：《石峁牙璋及其改作——石峁龙山文化玉器研究札记》，《南中国及邻近地区古文化研究》，香港中文大学出版社，1994年，彩版8.1。

［155］ a.戴应新：《石峁牙璋及其改作——石峁龙山文化玉器研究札记》，《南中国及邻近地区古文化研究》，香港中文大学出版社，1994年，彩版8.4；b.古方主编：《中国出土玉器全集·14·陕西》，科学出版社，2005年，第18页。

［156］ a.同［1］a，彩版8.6；b.同［1］b，第17页。

［157］ a.同［1］a，彩版8.9；b.同［1］b，第19页。

［158］ 戴应新：《神木石峁龙山文化玉器探索（三）：刀形边刃器—多孔刀》，《故宫文物月刊》（第127期），1993年10月，图六四。

［159］ 同［1］，图六〇。

［160］ 同［1］，图六六。

［161］ 同［1］，图六七。

［162］ 同［1］，图六一。

［163］ 戴应新：《神木石峁龙山文化玉器探索（三）：刀形边刃器—多孔刀》，《故宫文物月刊》第127期，1993年10月，图六三。

［164］ 戴应新：《神木石峁龙山文化玉器探索（五）：长柄铲与锸形板铲、圭》，《故宫文物月刊》第129期，1993年12月，图一〇四。

［165］ 戴应新：《神木石峁龙山文化玉器探索（六）：完结篇》，《故宫文物月刊》第130期，1994年1月，图一四五。

［166］ 同［3］，图一四四。

［167］ 王炜林、孙周勇：《石峁玉器的年代及相关问题》，《考古与文物》2011 年第 4 期。

［168］ 陕西省考古研究院、榆林市文物考古勘探工作队、神木县文体局：《陕西神木县石峁遗址》，《考古》2013 年第 7 期，第 29 页，图七。

［169］ 同［2］，图一〇〇。

［170］ 同［2］，图一〇三。

［171］ 同［2］，图八八。

［172］ 同［2］，图一〇一。

［173］ 戴应新：《神木石峁龙山文化玉器探索（四）：戈、斧、钺》，《故宫文物月刊》第 128 期，1993 年 11 月，图七四。

［174］ 同［1］，图七三。

［175］ 同［1］，图七五。

［176］ 戴应新：《神木石峁龙山文化玉器探索（六）：完结篇》，《故宫文物月刊》第 130 期，1994 年 1 月，图一二八。

［177］ 同［4］，图一三一。

［178］ 同［4］，图一三二。

［179］ a. 张长寿：《论神木出土的刀形端刃玉器》，《南中国及邻近地区古文化研究》，香港中文大学出版社，1994 年；b. 闻广：《介绍三件石峁玉器：古玉丛谈（五）》，《故宫文物月刊》第 131 期，1994 年 2 月。

［180］ 古方主编：《中国出土玉器全集·14·陕西》，科学出版社，2005 年，第 24 页。

［181］ 朱乃诚：《企立鹰笄首的年代、形制演变和文化传统》，《故宫文物月刊》第 358 期，2013 年 1 月。

［182］ 同［1］，第 15 页。

［183］ 荆州博物馆：《石家河文化玉器》，文物出版社，2008 年，第 41 页，第 14 号人头像。

［184］ 西安半坡博物馆：《陕西神木石峁遗址出土调查试掘简报》，《史前研究》1983 年第 2 期，第 99 页，图九，1。

［185］ 西安半坡博物馆：《陕西神木石峁遗址出土调查试掘简报》，《史前研究》1983 年第 2 期，第 94 页，图二，B，3；第 99 页，图八，8，图版陆，1。这些图上所标的这件石刀的标本号，前后不一致，有误。

［186］ 陕西省考古研究院、榆林市文物考古勘探工作队、神木县文体局：《陕西神木县石峁遗址》，《考古》2013 年第 7 期，第 20 页，图六。

［187］ a. 邓淑苹：《圭璧考》，《故宫季刊》11 卷 3 期，1977 年，图三，1；b. 杜正胜主编：《来自碧落与黄泉——历史语言研究所文物精选》，“中央研究院”历史语言研究所，1998 年。

［188］ 古方主编：《中国出土玉器全集·4·山东》，科学出版社，2005 年，第 17 页。

［189］ 中国社会科学院考古研究所山东工作队：《山东临朐朱封龙山文化墓葬》，《考古》1990 年第 7 期，第 594 页。

［190］ 吴汝祚、杜在忠：《两城类型分期问题初探》，《考古学报》1984 年第 1 期。

［191］ 中国社会科学院考古研究所：《中国考古学·新石器时代卷》，中国社会科学出版社，2010 年，第 601 页。

［192］ 三里河龙山文化墓葬分为早、中、晚三期。早期 M214 人骨样品（ZK-0369）的测年数据为公元前 2559—前 2050 年（已经过高精度树轮表校正，下同），中期 M2124 人骨样品（ZK-0363）的测年数据为公元前 2032—前 1777 年，晚期 M134 人骨样品（ZK-0364）的测年数据为公元前 1872—前 1530 年。这三座墓葬的考古学分期的早晚关系与测定的墓中人骨样品的年代数据的早晚关系相符。

［193］ 山东大学历史系考古专业教研室：《泗水尹家城》，文物出版社，1990 年。

［194］ 朱乃诚：《关于夏时期玉圭的若干问题》，待刊稿。

［195］ 朱乃诚：《夏家店下层文化玉器概论》，待刊稿。

［196］ 中国社会科学院考古研究所：《大甸子——夏家店下层文化遗址与墓地发掘报告》，科学出版社，1996 年。

［197］ 内蒙古自治区文物考古研究所：《内蒙古赤峰市二道井子遗址的发掘》，《考古》2010 年第 8 期。

［198］ 田广林：《夏家店下层文化时期西辽河地区的社会发展形态》，《考古》2006 年第 3 期。

［199］ 内蒙古自治区文物考古研究所：《赤峰市陈家营遗址发掘报告》，《内蒙古文物考古文集》（第四辑），科学出版社，2013年。

［200］ 吉林省文物工作队李殿福：《吉林省库仑、奈曼两旗夏家店下层文化遗址分布与内涵》，《文物资料丛刊》（第7辑），文物出版社，1983年。

［201］ 辽宁省文物干部培训班：《辽宁北票县丰下遗址1972年春发掘简报》，《考古》1976年第3期。

［202］ 高美璇：《兴城县仙灵寺夏家店下层文化遗址》，《中国考古学年鉴·1985》，文物出版社，1985年。

［203］ 何贤武：《朝阳热电厂夏家店下层文化遗址》，《中国考古学年鉴·1988》，文物出版社，1989年。

［204］ 同［8］，表一、表二。

［205］ 朱乃诚：《夏家店下层文化玉器七题》，待刊稿。

［206］ 内蒙古自治区文物考古研究所：《赤峰市陈家营遗址发掘报告》，《内蒙古文物考古文集》（第四辑），科学出版社，2013年，第351页，图四六。

［207］ 邓淑苹：《红山系玉器研究的再思》，《红山文化学术研讨会论文集》，辽宁人民出版社，2013年。

［208］ 孙守道：《红山文化玉祖神考》，《中国文物世界》1998年第159期。

［209］ 中国玉器全集编辑委员会：《中国玉器全集·1·原始社会》，河北美术出版社，1993年，第26页。

［210］ 梁思永未完稿，高去寻辑补：《侯家庄》（第五本），1004号大墓，历史语言研究所，1970年，第41页。

［211］ 朱乃诚：《故宫博物院藏大型玉雕人兽像考略》，待刊稿。

［212］ a.朱乃诚：《红山文化兽面玦形玉饰研究》，《考古学报》2008年第1期；b.朱乃诚：《论三星他拉玉龙的年代》，《中国社会科学院古代文明研究中心通讯》第15期，2008年1月。

［213］ 朱乃诚：《再论三星他拉玉龙的年代》，待刊稿。

［214］ a.中国社会科学院考古研究所：《殷墟妇好墓》，文物出版社，1980年，图版一四九，1；b.中国社会科学院考古研究所、深圳博物馆：《玉石之魂——中国社会科学院考古研究所发掘出土商周玉器精品》，文物出版社，2013年，第63页。

［215］ a.中国社会科学院考古研究所：《张家坡西周墓地》，中国大百科全书出版社，1999年，第265页，图202，8；b.同［2］b，第109页。

［216］ 同［2］a，彩版三六，2。

［217］ 黄翠梅：《文化·记忆·传记——新石器时代至西周时期的玉璜及串饰》，《东亚考古的新发现》，"中央研究院"历史语言研究所，2013年。

［218］ 同［2］a，彩版三六，2。

［219］ 中国社会科学院考古研究所：《大甸子——夏家店下层文化遗址与墓地发掘报告》，科学出版社，1996年，图版四九，4。

［220］ 香港中文大学中国考古艺术研究中心：《南中国及邻近地区古文化研究》，香港中文大学出版社，1994年。

［221］ a.冯沂：《山东临沂市大范庄遗址调查》，《华夏考古》2004年第1期，第7页，图四，3；b.栾丰实：《海岱地区史前祭祀遗存二题》，《浙江省文物考古研究所学刊（第八辑）：纪念良渚遗址发现七十周年学术研讨会文集》，科学出版社，2006年，第89页，图三，2。

［222］ 山东省博物馆于秋伟、赵文俊：《山东沂南县发现一组玉、石器》，《考古》1998年第3期，第90页，图一，2、3。

［223］ 古方主编：《中国出土玉器全集·13·四川重庆》，科学出版社，2005年，第73页。

［224］ 同［3］，第29页。

［225］ a.四川省文物考古研究所编：《三星堆祭祀坑》，文物出版社，1999年，第363页，图二〇〇，2；b.同［3］，第30页。

［226］ 同［5］a，第68页，图三七，1。

［227］ a.同［5］a，第81页，图四一，1；b.同［3］，第18页。

［228］同［3］，第 77 页。

［229］故宫博物院藏品大系编辑委员会：《故宫博物院藏品大系·玉器编 1·新石器时代》，紫禁城出版社，2011年，第 176 页，第 169 号。

［230］同［1］，第 175 页，第 166 号。

［231］陈杰：《福泉山遗址吴家场墓地的新发现与认识》，《中国社会科学院古代文明研究中心通讯》第 23 期，2012 年 8 月。

［232］司马台遗址发现的 1 件黑色玉璋，同出的有 1 件牙璧、1 件凸缘璧，在凸缘璧的凸缘外表施有平行弦纹（见王洪明：《山东省海阳县史前遗址调查》，《考古》1985 年第 12 期），其特征与殷墟妇好墓出土的凸缘璧接近，据此可推测牙璋的埋藏年代在龙山文化之后。沂南罗圈峪村 4 件石璋发现于山坡裂隙中，同时发现的十多件玉石器中有石矛（见山东省博物馆于秋伟、赵文俊：《山东沂南县发现一组玉、石器》，《考古》1998年第 3 期），表明其埋藏年代较晚。

［233］a. 许宏、陈国梁、赵海涛：《二里头遗址聚落形态的初步考察》，《考古》2004 年第 11 期；b. 许宏：《二里头 1 号宫殿基址使用年代刍议》，《二里头遗址与二里头文化研究》，科学出版社，2006 年。

［234］a. 王文建、龙西斌：《石门商时期遗存》，《湖南考古辑刊》（第 4 辑），岳麓书社，1987 年，第 17 页，图八，2；b. 香港中文大学中国考古艺术研究中心：《南中国及邻近地区古文化研究》，香港中文大学出版社，1994年，彩版 10.3。

［235］a. 同［1］a，第 17 页，图八，1；b. 同［1］b，彩版 10.1。玉璋长 48、宽 81、厚 0.8—1 厘米，在两端饰纤细线条组成的网格纹。

（原载于《玉魂国魄——玉器·玉文化·夏代中国文明展》，浙江古籍出版社，2013 年）

石峁遗址的城与玉
——中华文明探源视野中的文化思考

朱　鸿

陕西省文物工作者日前在陕西神木石峁遗址的一处城址，发现了城墙马面和角楼，这是我国目前发现最早的土石结构城防设施实物，距今已有 4000 多年。

石峁遗址，位于陕西省神木县高家堡镇石峁村，是一处面积超过 4 平方千米的超大型史前石城遗址，也是我国已发现的史前时期规模最大的城址。石峁遗址属于新石器时代，属略晚的龙山文化。经 ^{14}C 测年并辅以其他方法，断其距今有 4000 年至 4300 年。本报邀请陕西省作家协会副主席、陕西师范大学教授朱鸿，对石峁遗址进行解读。

【石峁城】

石峁城属于尧世的聚落？

希腊神话、希伯来神话和中国神话都显示人类曾经深陷一场浩瀚的洪水之中。这些洪水是否发生在同一个时代有待确认，不过中国神话所透露的洪水，当在女娲时代，也许它还一直有所延续。治水的大禹说："洪水滔天，浩浩怀山襄陵，下民昏垫。"（《尚书·益稷》）多年以后，孟子对尧世的洪水也有所论，他说："当尧之时，天下犹未平，洪水横流，泛滥于天下。"（《孟子卷之三·滕文公章句上》）尧很为民忧虑，并命鲧治水，不成，由舜推荐大禹治水。

问题是，面对如此深广的洪水，民将居于何地？只能是住在山顶。对此，清学者崔述早就有论，他说："洪水之患，山居者多。"治水也是先随山而导，再循水而导。（《崔东壁遗书·夏考信录》）

石峁山海拔 1300 米，远远高出河北唐县、山西临汾，也远远高出洛阳和西安，显然是安全的。从这个角度来看，判断石峁城由尧世之民营造、是尧世的聚落，至少是符合前提条件的。

石峁城是幽都吗？是陪都吗？

尧世的幽都并非幽州，不是北方的一个区域，相反，它是一个具体的聚落，不过它是一个特殊的聚落。

河套之中千米左右的土山颇多，谓之幽陵，其中一个幽陵，东西略长，可以筑城于山顶，就是石峁城。

尧为天子，命羲仲住在旸谷，以定仲春，命羲叔住在南交，以定仲夏，命和仲住在昧谷，以定仲秋，命和叔住在幽都，以定仲冬。（《史记卷一·五帝本纪第一》）北方为幽，谷梁赤说："民所聚曰都。"幽都当为筑于一个非凡幽陵之上的都邑，应是石峁城。

那么幽都有何功能呢？

它是尧世在北方的政令重镇。这一带民多杂居，不过以北狄为主。尧通过所派大员在此传播德行，指导其民按季农耕牧养，使北狄安妥地生活在他的统治之下或影响之下。

它是尧世在北方的观天中心。当此之时，农耕渐兴，没有历法无以播种收获，不测日月星宿之运便无以制定历法。和叔住在幽都，便根据冬至黄昏昴星的出现来确认仲冬。舜曾经巡狩四方，以矫正季月日。至北方，也许他就是在幽都观天的。这里的崇台，就是在石峁城中央的今之农民呼为皇城台的地方，也许它就是置放浑天仪的地方。

它是禘天祀神之处。在石峁城所发掘的人头骨，就是某种大祭仪式的遗存，不过大祭显然不唯此。也许更多大祭仪式之遗存将渐渐发掘出来。

我有一个大胆的猜想，石峁城是尧帝的陪都，当然这一猜想并无任何文字记录佐证。不过尧都在平阳，今之临汾一带，其海拔400米左右，在陶寺遗址，今之山西襄汾一带，海拔500米至600米之间。一般推断，当时浩瀚的洪水显然会淹没它，然而尧帝完全可以在洪水成灾之前迁都。深山不能去，因为祖先是从深山走出来的。只能去浅山，土山，以便农耕，不过海拔要合适，太低有水患，太险不宜生活。也许幽陵、幽都的石峁城最好。

把石峁遗址及其器物与陶寺遗址及其器物进行比较，可以为这种猜想增加理性成分。考古学家何努认为陶寺遗址当在4500至4200年前，显然陶寺早，石峁晚。石峁与陶寺相似处颇多，都是东西长、南北窄，都是圆角长方形的，房子之间都有道路，不同的地方在于陶寺半地穴式房屋和窑洞居多，石峁在山顶，房子尽在地面。彼此都有陶器，其陶鬲有三足，甚为相像。彼此都有石器，所异者石峁有石刻人头像。彼此都有玉器，其玉璧相像之极，所异者石峁玉器更繁。彼此都有铜齿轮形器，所异者石峁的铜齿轮形器是六铜二玉八组合，出于墓葬，戴之手腕。

石峁之于陶寺，在文化上不仅仅有关联，也许还有继承。石峁的玉器尤其多，而且精致。特别重要的是，石峁是山顶的一个石城，其石墙都起于地面。

【石峁玉】

2012年的考古报告显示，在石峁城的石墙之间发现6件玉器，包括玉铲、玉璜，这证实了石峁玉的存在。实际上石峁玉早就流传于天下了。陕西省神木县文体事业局提供了石峁玉在世界上的流传版图：海外4000余件，胡文高收藏200余件，现在展示于神木县博物馆；有考古专家从石峁村农民处征集127件，现藏于陕西省历史博物馆。然而还不止这些，我从石峁遗址周边农民那里获悉，还有一些石峁玉在农民手上。

那么石峁玉有何用？它们是在什么地方制作？从哪里来的？

玉文化：中华文明的基因与重要特点

玉文化表明中国人有根深蒂固的拜玉心理，以玉为贵，以玉为宝，甚至以玉为保佑。拜玉心理几乎就是一种含蓄的拜玉主义。

在世界范围，人类对玉的发现是不约而同的，就仿佛不约而同地发现了火，不约而同地操起了语言。

人类对玉的发现，在于它对人类的价值。其质地坚硬，可以成为劳动的工具，有使用价值；其五色闪烁，温润柔和，可以欣赏，有审美价值；其融于石头之中，鲜见稀罕，不易得，可以为奇，有收藏价值。经过漫长的旧石器时代，人类艰苦的生存斗争，渐渐发现了玉的价值。当然，这都是玉的基本价值，其玉多处于自然状态。

到了新石器时代，击玉、磨玉、用工具雕刻玉，给处于自然状态的玉打上人类意志的印记，便产生了玉文化，历史也就开始了。玉石成为玉器，是一个质的变化。

玉文化的奇幻和丰富是自新石器时代以来一层一层沉积的。在中华文明起源阶段，玉尤其显示了它的伟大。

古人眼中，玉是神器。神话女娲炼五色石补天，实际上反映了一个以玉禘上帝和百神，以盼洪水平息的仪式。先贤说"夫玉亦神物也……"（《越绝书》），指玉器可以禘上帝和百神。先贤还说："巫以玉事神。"（《说文解字·玉部》）就是指要让神与人类沟通，让神喜欢人类，帮助人类，巫会用人类的玉器奉献给神。以此分析，也许女娲就是巫。舜耕历山，在河际之岩得玉历，从而知天命在他（《搜神记》）。周穆王西行会西王母，穿正装，面西沉璧于河，河神接受了。周景王想立子朝为太子，子朝持成周的宝圭沉于河，河神不敢受，圭自水出，津人从河上得到了。孔子修史而成，向北辰而拜，以告天。天起白雾，赤虹自上而下，化为黄玉，并刻有文字（《搜神记》）。秦始皇二十八年，渡江往湘水沉璧禘江神，江神未受。秦始皇三十六年，公元前211年，有人持此璧在华阴平舒道送使者，说："为吾遗滈池君。"又说："今年祖龙死。"江神送滈池之神，滈池之神即周武王。

玉是国器。这里有两个意思：其一，玉是权力的象征；其二，玉是礼乐法度的元素。黄帝迁徙往来，日理万机，然而会研究玉。"时播百谷草木，淳化鸟兽虫蛾，旁罗日月星辰水波土石金玉，劳勤心力耳目，节用水火材物。"（《史记卷一·五帝本纪第一》）"禹亲把天之瑞令，以征有苗。"（《墨子·非攻下》）尧世虽然还不是国家，然而在这个社会，国家的形态已经渐渐孕育。舜摄政，收集五瑞，把不同的玉圭颁给不同级别大员，以示级别。大禹治水成功，尧以玉圭赐之，以构筑一种君臣关系。多年以后，孔子颂尧曰："焕乎！其有文章。"指用包括玉在内的国器而形成的礼乐法度统治，一片光明。玉为符号，是象征。大禹曾经征伐有苗，带兵的信物便是天子所授之玉器（《墨子·非攻下》）。夏启为国家元首，其乘龙飞天，所带玉环玉璜，当然是国器（《山海经·海外西经》）。商把九鼎与玉同置，所以周武王代商纣王以后命令南宫和史佚要抬出九鼎和玉以展示。周襄王以晋文公杀篡位的叔带，送他返都，赐晋文公圭、鬯、弓、矢，并做诸侯之首领。

玉是福器，指所占玉器越多，越豪华，越奢侈，越有福，而且生要带来，死要带去。夏桀的宫殿有瑶台、琼室和玉门，"筑倾宫，饰瑶台，作琼室，立玉门。"（《竹书纪年》）足见对玉的痴迷。这在商代也有体现，安阳殷墟妇好墓出土玉器755件，便是明证。商纣王身穿天智玉，登上鹿台，焚于数千件玉器之中，知玉为宝贵，想尽可能地保存其躯（《逸周书·世俘》，见叶舒宪《金枝玉叶》）。

玉是礼器。周代素有明德的传统，敬老、慈少、礼下贤者，遂以礼治国。礼器颇多。玉器深为君子所爱。孔子说："夫昔者，君子比德于玉焉。"（《礼记》）指的便是这个时代。公侯伯子男，不同的爵位佩不同的玉器，不同的玉器有不同的响声，以提示行动的轻重缓急。所谓"改玉改行"，指的就是玉器规定的一种礼。

玉是配饰。几千年下来，玉变成了配饰，男女老少都可以挂在身上。刘禹锡有诗："旧时王谢堂前燕，飞入寻常百姓家。"以此反映玉的垂直而下显然也不无情理。

玉石之路的困惑

目前的考古发掘证实，石峁遗址 200 里内外不出玉，那么这里的玉器从哪里来呢？

玉石之路久是困惑。

新石器时代各文化城之间应该不存在线性的玉器输送途径。5000 至 6000 年前辽河流域红山文化之玉，主体在 5500 年以前太湖流域良渚文化之玉，4000 年至 4300 年以前，黄河流域石峁遗址之玉。不同文化域之间发现有彼此的玉器是可能的，不过这往往是偶然的，通婚、贸易、战争、会盟，彼此会有玉器的交流，然而这不能形成玉石之路。

也许在悠久的中华文明起源的阶段，只有一条玉石之路，这就是"边玉中输"。"中"指移动在黄河流域、以黄河中下游为主的中土、中原、权力中心，包括今之河南、陕西和山西，这一带新石器时代遗址最多。"边"指这一带以外更广阔的地方。

从昆仑山入玉门关，再到中土或中原的玉石之路为西玉东输，实际上西玉东输也是边玉中输，只不过它玉优、玉多，影响甚广，遂为边玉东输之路的一条著名之路。然而先有边玉中输之路，后有西玉东输之路。依杨伯达的研究，到商晚期，和田玉到安阳，边玉中输培育了拜玉心理，发生了玉文化，从而导致了西玉东输。西玉东输是边玉东输的扩广和发展，其后来居上，几乎湮没边玉中输之路。不过边玉中输反映政治关系、反映天子与诸牧的关系，西玉东输表现为经济关系、贸易关系，当然由此也推动了科学技术和宗教信息的交流。

边玉中输的玉石之路，从黄帝时代发轫，尧世得以形成。大禹治水之时，划天下为九州，九州皆有赋贡，凡出玉的都要送过来。有规律的边玉中输，就是这样形成的，玉石之路也是这样形成的。

我认为，黄河水道显然是一条坚实的玉石之路，它承担着边玉中输的任务。所谓治国，就是以治水而立国，并把九州通过水道与黄河连接起来，从而把赋贡送到国都：平阳、蒲坂、夏王城、夏台、安阳、丰镐、洛邑。

大禹所划天下为九州，皆以水道通于黄河。冀州，孔安国曰："尧所都也。"赋贡从渤海绕碣石山运入黄河。兖州，赋贡由济水和漯水，运入黄河。青州，赋贡由汶水到济水，再运入黄河，贡品多，其中有怪石，其似玉。徐州，赋贡由淮水和泗水，运黄河。扬州，赋贡由长江和东海到淮水、泗水，再运入黄河，贡品多，其中有瑶、琨，皆为美玉。荆州，赋贡由长江、沱水、涔水、汉水，统统向北，经过一段陆路，进洛水，再运入黄河。贡品多，其中有砺、砥，皆是磨石。豫州，赋贡由洛水运入黄河，贡品多，其中有磬、错，攻玉之台也。梁州，赋贡由潜水走，经过一段陆路，进沔水，转渭水，再运入黄河。贡品多，其中有璆，美玉也，还有砮。雍州，赋贡由渭水运入黄河。贡品多，其中有璆、琳，皆美玉也，还有琅玕。这一条水道可以到今之甘肃和青海。

先贤说："古之王者，择天下之中而立国。"（《吕氏春秋·慎势》）黄河中下游就在天下之中，遂有五帝及夏商周于斯立国，从而创造中华文明。这里不仅仅有黄土，有利于农耕，还因为黄河水道连接着九州，可以令行天下，兵镇御内。黄河水道显然是天下交通的枢纽，由水道编织的交通网络尽结黄河。黄河就是秦之直路，今之高速公路和高铁。涅洮窟野汾渭流沁汶，皆是国道。边玉中输，黄河水道也是天赐的玉石之路。从商晚期开始的西玉东输，也许在很多时候，也沿水道而来。河出昆仑，是指黄河连着昆仑玉，或就指昆仑山玉以黄河为输送渠道。

在我看来，石峁玉从黄河而来，由黄河转秃尾河，登石峁山；也会由秃尾河顺流而下，登石峁山；也可能由贝加尔湖进窟野河入黄河，转入秃尾河，登石峁山。

（原载于《光明日报》2013 年 8 月 14 日第 5 版）

特洛伊的黄金与石峁的玉器

——《伊利亚特》和《穆天子传》的历史信息

叶舒宪

一、文字对历史：有记录也有阉割

把文学当作想象和虚构的文字文本世界，从中寻找语言艺术的审美成分和思想教育的成分，这是当今多数文学从业者的基本立场；这种立场源于西方人文学科传统所建构的文史哲分科式教育制度。随着西学东渐，这在我国知识分子中已经成为制度化的习惯，大家从中小学语文课堂上受到了此类教育同化，会觉得这是天经地义的划分。不过，文史哲不分家的说法依然会以某种理想化的假设而存在，尽管大部分从业者根本无法做到。

文化人类学家发现，在每一个无文字的族群社会里都有文学存在，却没有史书写作的可能。其口传文学发挥着记载和传承族群文化记忆的功能。换言之，他们的文学就是他们的历史和哲学。人类学家的研究范式终于给当代人文社会科学带来一场深刻变革，我们称之为"人类学转向"。在转向之前，研究历史必须诉诸文字记录；在转向之后，历史的观念得到扩大，同时包括文字和文字外之物。人类学通过口传叙事和物的叙事来重建无文字社会历史文化的做法，让只依靠文字叙事研究历史的从业者觉悟到：文字的使用对于历史来说，好比一把双刃剑，一方面是选择性地记录和保留，另一方面则是筛除和阉割——让没有得到记录的历史事物和事件大量流失和遗忘。当人们站在成都平原的三星堆博物馆中观看高达 2.62 米的青铜立人像时，最大的感触就是 3000 多年前巴蜀文明古老文物的宏伟辉煌与文字记载的极度贫乏。那种认为文字以外无历史的传统观念，在此会显得狭隘和不合时宜。

人类学转向之后，在文学专业和史学专业中同时出现了反叛学科专业划分之藩篱的倾向，表现为新历史主义学派和文化史学派的异军突起。新史学研究潮流自 20 世纪后期以来，成为当今最具活力的人文学术创新趋势。其基本的文献解读策略是，通过对文字记录的有限性符号世界做解码式的细读，能够相对复原出被文字切割掉和遗忘掉的历史文化内容。简言之，即在文字中解析出文字所没有记录下来的东西，再辅之以图像叙事、物的叙事，重建失落的历史世界之丰富生动的面影。

与上述潮流相呼应，近 30 年来，国内的文学人类学研究一派，希望走出文学专业的制度限制，超越文本中心主义和中原中心主义的学术窠臼，倡导打破学科的新研究范式——"四重证据法"、"神话历史"和"大传统"。本文即可作为这种研究新范式的对照性试验：将中国和希腊的两部早期文学作品——《伊里亚特》和《穆天子传》，解读为承载重要历史信息的研究案例，用出土文物和文字叙事相互对证对勘的方式，探寻中西文明核心价值观的本源。

二、从神话发现历史：《伊里亚特》与《穆天子传》

世界的四大文明古国中，最早出现的苏美尔—巴比伦文明和埃及文明均属于地中海文明，其发展的最终结晶是作为西方文明之始的克里特—迈锡尼和希腊文明。稍晚出现的两大文明分别是南亚的印度文明和东亚的华夏文明。

从全球视野看，文明城市的起源要素之一是所谓"王宫经济"（布罗代尔语），即在满足社会群体的基本生存需要之后，对社会统治阶层所认同的某些宝物的追求与积累，使得权力与财富同步促进经济贸易活动。由于早期的文明城市多以神庙为中心，政权的建构以神权为基石，社会统治活动体现为祭政合一的特征，所以由神话信仰驱动的宗教奢侈品生产，催生发达的手工业和运输贸易活动，成为文明演进的重要拉动力。神话宝物的生产所需要的特殊物质资源——黑曜石、青金石、绿松石、半宝石、各种玉石乃至雪花石膏和大理石，率先登场。其中有少部分原料是就地取材的，多数则需要跨国、跨地域地开采交易和运输、贸易。如古埃及文明在西奈半岛大量开采绿松石矿；苏美尔文明从远在中亚的阿富汗山区进口青金石原料；华夏文明则从远在新疆昆仑山地区的和田索取和田玉材料。从王权国家所在地到玉石原料产地之间，往往相距甚远，长达数千千米。玉石神话与玉石崇拜所拉动的生产和运输行为，构成新石器时代后期最重要的经济变化和社会变革，随后引出的是对铜矿石、锡矿石、金矿石、银矿石等金属矿石的新认识。从神话化的玉石崇拜到神话化的金属崇拜，其实是一脉相承的人类精神活动。由其催生的冶金生产终于把人类从史前期的石器社会引入文明国家的门槛。从文化的连续性上看，青铜时代取代石器时代，只是由于人类从长期开采使用石器的经验中新发现有一部分特殊石头是可以冶炼融化的。女娲炼石补天的神话显然是在这一新发现的冶铸技术基础上产生的。

西方考古学界曾经在石器时代到青铜时代之间划分出一个过渡性的"铜石并用时代"，大致相当于中国学者所提出的"玉器时代"。华夏神话中有黄帝之时"以玉为兵"的文化记忆，并非偶然。要弄清楚公元前 2000 年的地中海文明和东亚文明起源情况，这些区分性概念的有效性毋庸置疑。或许还应该加上一个"资源依赖"的概念。其关键点在于说明，伴随着青铜时代的到来，地中海文明起源期的资源依赖如何从各种玉石材料过渡转移到新兴的金属材料。尤其是对晚出的希腊文明而言，当其各个主要城邦在希腊半岛崛起之时，整个地中海文明早已完成了从铜石并用时代到青铜时代的过渡。希腊神话的历史溯源以远古"黄金时代"为开篇，以"白银时代"、"青铜时代"和"黑铁时代"的循环运行为特色，这就充分表明冶金生产所需要的各种金属之价值，在物以稀为贵的估价原则下排列出明确的高下贵贱次序，并象征性地投射为神话历史观。以上情况表明，中西神话折射着文明初期丰富的历史文化信息，需要结合考古新发现的实物证据，给予前无古人的重新梳理和诠释。

根据赫西俄德的《工作与时日》，5 个时代的人类都是天神宙斯创造出来的，黄金种族的人住在天神世界，像神灵一样过着无忧无虑的生活。第二代人即白银种族享有一百年的童年期，但是成人经历非常短暂，他们有了忧伤，不能避免犯罪和彼此伤害。第三代人即青铜种族，属于强悍可怕的暴力一代，"他们的盔甲和兵器由青铜打造，房屋是青铜的，所用工具也是青铜的，那时还没有黑铁。"［1:6］赫西俄德在此非常明确地把握住先青铜后黑铁的冶金生产发展程序，但是他把黄金和白银看成先于青铜而出现的冶金种类，这显然不是他个人的臆造，而是沿袭着地中海文明中东方古国的黄金时代神话，其金、银、铜的先后排序毕竟不像先铜后铁的排序那样确切。如今的考古学证据能够表明，金银铜三者几乎是在同一个时期得到开采和冶炼的。伯恩斯坦在《黄金简史》中指出：早在公元前4000年的时候，古埃及人便铸造金条作为货币。在每一块金条上，刻有法老美尼斯的名字。古埃及人甚至制定了黄金与白银的交换比率：10：1。此外，近东的文明古国如亚述和巴比伦，制作出重量更加规范的金条。在较重（约30磅）的金条上雕饰雄狮图案，在较轻（约15磅）的金条上雕饰母鸭的图案。雄狮与母鸭有助于清晰地显示金块的价值［2:25-26］。

与黄金白银在地中海文明出现的年代相比，赫西俄德生活的时代是公元前9世纪。在他用希腊文记述黄金时代白银时代的神话历史之时，这两种贵金属在地中海文明中早已经被应用了3千年。希腊当地有银矿、铅矿，而没有金矿和铜矿，其银矿的开采时间早至公元前2000年［3:437］。荷马史诗中歌颂黄金和青铜的频率，大大超出歌颂银子的频率，从本地物产资源的丰富和匮乏这一点，其原因似不难找到。从宙斯的"青铜铺地的房宫"［4:380］、"黄金铺地的宫房"［4:38］，到天后赫拉的黄金宝座，[1]再到爱与美之神阿佛洛狄忒被称为"金色的阿佛洛狄忒"，以及宙斯的金杯、赫拉的金杯，希腊神话所想象之天神世界突出呈现金属崇拜的观念。古埃及神话把神称作"青金石和绿松石之神"［5:48］，苏美尔神话把天神世界设想为"青金石码头"［6:58］，对比之下，华夏文明的始祖神黄帝在《山海经》中被描绘为在昆仑玉山世界中吃玉膏；另一位与昆仑密切联系的女神西王母，则以头戴玉胜、掌管不死药和献白玉环为突出特征。简言之，玉石在华夏象征神灵和永生，金属制品在希腊史诗中被称作"永不败坏的"［4:46］和"永恒的"［4:36］。金属装饰和武器，除了其实用价值，还承载着信仰的力量，成为沟通神界与人间的神圣物质符号。请看《伊里亚特》第二卷所描写的战神雅典娜和她的无敌神盾之呈现，如何给希腊军队带来战斗力：

　　首领们，这些宙斯哺育的王者，和阿伽门农一起

　　四处奔跑，整顿队伍。灰眼睛的雅典娜活跃在

　　他们中间，带着那面埃吉斯（盾牌），贵重的、永恒的、永不败坏的珍宝，边沿飘舞着一百条金质的流苏，

　　流苏织工精致，每条都抵得上一百头牛的换价。

　　挟着埃吉斯的闪光，女神穿行在阿开亚人的队伍，

　　督促他们前进，在每一个战士的心里

　　激发起连续战斗的勇气和力量。

　　战勇们雄赳赳地向前迈进，气势不凡的

　　青铜甲械闪着耀眼的光芒，穿过气空，直指苍穹［4:46］。

在这段描写中，两种金属——黄金与青铜的出现都突出其"闪光"的特色。希腊人对金属物质属性的艳羡之情，溢于言表。再看《伊里亚特》第五卷描写天后赫拉亲驾战车的情境：

　　其时，赫拉，神界的女王，强有力的克罗诺斯的

女儿，前往整套系戴金笼辔的骏马，

而赫蓓则出手迅捷，把滚圆的轮子装上马车，每个车轮由八根条辐支撑，青铜铸就，一边一个，装在铁制的轴干上。

轮缘取料永不败坏的黄金，外沿镶着

青铜，一轮坚实的滚圈——看了让人惊赞不已。

银质的轮毂围转在车的两边，

车身上紧贴着一片片黄金和

白银，由两根杆条拱围，

车辕闪着纯银的光亮；在它的尽头

赫蓓绑上华丽的金轭架，

系牢了灿烂的金胸带；赫拉牵过捷蹄的骏马，套入

轭架，带着狂烈的渴望，渴望投入战斗，冲入杀声震天的疆场［4:143］。

希腊人不惜背井离乡，跨海苦战特洛伊，主要为的是什么呢？这一点在主人公阿基琉斯的如下话语中已经表露无遗：

从这里，我要带回的东西更多，

有黄金、灰铁、束腰秀美的女子和绛红的青铜

全都得之于配获［4:248］。

希腊军队的主将把四种财富并列在一起陈述，其中三种是金属，一种是女人。而在一般人心目中，特洛伊大战的目标只有一个：美女海伦。阿基琉斯表示吸引自己的三种金属，分别与希腊神话四个时代的黄金、青铜和黑铁相吻合对应，唯独没有提到的是白银。考古发掘表明，希腊本地有丰富的银矿，所以希腊军队对外征战不以获取白银为目的。在希腊人心目中，特洛伊以黄金之城而闻名于世。攻打该城的战争能够持续10年而不停歇，"王宫经济"的财富之争才是目标所在。《伊里亚特》第10卷写到：

特洛伊人里有个多隆（Δολων），神样的使者

欧墨得斯之子，其父拥有大量的黄金（πολύχρυσος）和青铜（πολύχαλκος）。

此人长相丑陋，但腿脚轻捷［4:267］[2]。

《伊里亚特》第6卷描述特洛伊将领阿德瑞斯托斯在战斗中被希腊的墨奈劳斯擒获，为乞求活命，向希腊人告饶的话：

"活捉我，阿特柔斯之子，收取足份的赎偿。

家父殷实富有，财宝堆积在他的居家，

有青铜、黄金和艰工冶铸的灰铁——

他会用难以数计的赎礼欢悦你们的心房，

假如听说我还活着，在阿开亚人的船旁。"［4:154］

阿德瑞斯托斯的话语透露出的经济信息是：特洛伊方面一个殷实富有的家庭所拥有的财宝仍然是以三种金属物质为代表的：青铜、黄金和灰铁。希腊人通过战争可以从特洛伊方面大量获取此类金属财富。而希腊人以获取赎金的形式得到金属，也一再地被荷马所表现。史诗第18卷，特

洛伊主将赫克托耳对普鲁达马斯讲的话,又一次验证"王宫经济"如何体现为"普里阿摩斯的黄金和青铜":

> 听罢这番话,头盔闪亮的赫克托耳恶狠狠地盯着他,
>
> 嚷道:"普鲁达马斯,你的话使我厌烦——
>
> 你再次催我们回撤,要我们缩挤在城区;
>
> 在高墙的樊笼里,你难道还没有蹲够吗?
>
> 从前,人们到处议论纷纷,议说普里阿摩斯的城,
>
> 说这是个富藏黄金和青铜的去处。但
>
> 现在,由于宙斯的愤怒,房居里丰盈的
>
> 财富已被掏扫一空;大量的库藏已被变卖,
>
> 运往弗鲁吉亚和美丽的迈俄尼亚〔4:509〕。

通过荷马的转述,特洛伊人的口中一再表示他们的城市是黄金和青铜堆积之地。神话的特洛伊就此成为西方人家喻户晓的远古财富之象征地。1868 年夏,一位熟读荷马史诗的德国商人谢里曼(Heinrich Schliemann),因为坚信荷马所描述的特洛伊城就是真实存在的金属财富之城,带着他的希腊妻子索菲亚,来到土耳其海岸一带亲自发掘,终于找到了特洛伊城及其埋藏着的黄金和青铜,并且由此揭开西方考古学的新纪元。

特洛伊大战接近尾声时,特洛伊军队的主将赫克托尔被阿基琉斯所伤,奄奄一息之际,他向阿基琉斯哀求道:

> "求你了,看在你的生命和膝盖的份上,还有你的双亲,
>
> 别让犬狗食我,在阿开亚人的船边傍临。
>
> 你可收取大量的青铜黄金,我们的库藏丰盈,
>
> 这些个财礼,家父和尊贵的母亲自会给你,
>
> 赎还我的遗体,让人带回家院,让特洛伊人
>
> 和他们的婚妻,在我死后,使我得享火焚的礼仪。"〔4:605〕

每当两军交战之际,来犯的希腊人都可以从特洛伊人那里获取金属作为赎礼,而没有出现相反的情况,即特洛伊一方不能从希腊人方面获得金属。这样的一边倒情形清楚地说明早期希腊文明的资源依赖情况。位于爱琴海对面的特洛伊,由于处在西亚和北非通往南欧的交通要冲,成为大陆矿产资源和商品财富的运输中转地、集散地。荷马的文学描绘中透露出希腊联军不惜代价跨海攻打特洛伊的真实目的,以及古希腊人关于从东方进口黄金等贵金属的文化记忆。这里暗示出特洛伊大战起因之谜:究竟是为了海伦?还是为了黄金?

在《伊里亚特》第 9 卷 136 行,阿伽门农王说:神祇允许我们荡毁普里阿摩斯丰足的城堡,让阿基琉斯尽情装载,填满他的船只,用黄金还有青铜。还让他亲自挑选 20 名特洛伊女子,色貌仅仅次于海伦〔6:196〕。荷马的这个叙述给出的答案是双重的:战争起因既为金属也为美女。如果要在二者之间分清楚主次关系的话,那么后世读者根据叙事情节得出的主因无疑是海伦;而考古发现的特洛伊城及其黄金则指向潜隐于文学表象背后的金属宝藏。

《伊里亚特》第 2 卷 229 行,狂人塞耳西忒斯咒骂阿伽门农王说:"阿特柔斯之子,我不知道你

还需要什么？有何缺欠？你的营棚里满堆青铜，成群的美女充塞在你棚间。或许，你还要更多的黄金？别急，驯马的特洛伊人，他们的某个儿子，会从伊利昂把黄金当作赎礼送来！"［4:38］俗话说，狂人之言，圣人择焉。荷马假借狂人塞耳西忒斯之口，发出画龙点睛式的预言，暗中提示战争的主因还是为夺取黄金。史诗结尾处，大战终于结束，一个场景是：特洛伊的老国王普里阿摩斯称了12塔兰同黄金外加2只铜鼎4口锅，前往阿基琉斯营地赎回儿子赫克托耳的尸体。将这个场景看成作品中的"内证"，可彰显战争的真实目的。战争制造的是杀戮和死亡，荷马则按照一切传奇文学的套路变奏出爱与死的相关主题。

综上所述，特洛伊是以"东方黄金之城"的美名让希腊人垂涎欲滴。荷马通过口传讲唱方式留下早期希腊族群的珍贵文化记忆：3000多年前在土耳其海岸发生的这场国族之间的惨烈大战，不是文学家的虚构，其表面的起因是为争夺一美女，实际上则是为了掠夺黄金和青铜等金属资源。若将克里特和迈锡尼文明也合并进来考虑，青铜时代早在4000多年前就在地中海崛起了。在这1000多年的征战中，不知卷入了多少醉卧沙场的冤魂及相关的女性，他们连一个名字也无法流传下来。唯有在"王宫经济"驱动下的贵金属争夺战，依然不变地在延续。

谢里曼，这位文学爱好者受历史情结驱使，要从文学"小书"《伊里亚特》中找出文明史"大书"的线索，他从古希腊人描写的东方名城出发，到爱琴海东岸的大地上去探查，结果他成功地找到了特洛伊城遗址，发掘出"普里阿摩斯的宝藏"，开启了世界考古学的"黄金时代"。无独有偶，中国文学史上一部在晋代出自地下的竹简小书《穆天子传》，也被当代学人解读为西周时代帝王的一次跨地区跨民族的远游实录。通过对照不难发现，早期希腊文明统治者追求的神圣物质黄金青铜，在中国帝王这里变成了出产于西域昆仑山的美玉。如果说希腊文明早期的财富追求是以暴力和战争形式展开的，那么华夏帝王的财富之路则体现为"化干戈为玉帛"的和平交往理念。这个理念被后来的儒家推崇备至，成为中国模式在精神方面的最佳楷模和标杆。

在现代学者顾实看来，《穆天子传》这部作品不仅包含着真实的历史记录，而且还可以从其叙事中，考证出中原华夏文明与中亚地区远古交通的具体路线图。顾实为此花费20年工夫，撰成《穆天子传西征讲疏》（1931）一书，希望"斟酌古今中外史志图籍"，全面落实作品中提到的各种冷僻地名［7:1］。不过，书斋型学者顾实毕竟不是谢里曼，他既没有通过田野考察验证古书的亲身实践，也没有注意从出土实物即第四重证据意义上权衡判断《穆天子传》文学描写的神圣物质的真实可信性，反而沉陷在对亦真亦幻的神话地理之训诂考证中。2008年，笔者提出《穆天子传》是以中国上古帝王为主角的"昆仑玉乡朝圣史诗"。那既不是一般意义上的巡狩、封禅，也不是寻常的旅游、探险，而是西周帝王对华夏版图以西的西部边地所特有的神玉源头的一种朝圣之旅［8］。这些认识经过修订，成为《河西走廊——西部神话与华夏源流》一书主题，连带阐发的还有以昆仑玉山想象人格化为表现的西王母神话形成等问题。随后笔者又先后发表《黄河水道与玉器时代的齐家古国》［8］、《西玉东输与华夏文明的形成》［9］等论文，聚焦西玉东输现象及《穆天子传》所显示的沿黄河而向西域的路线图。《河西走廊——西部神话与华夏源流》一书将《穆天子传》前三卷讲述的穆王西征过程作为一个整体故事，揭示其叙事主干以玉神话及玉礼仪为轴心。

如第一卷，讲穆天子北出边塞，先到达晋陕蒙三省区交界接近河套地区的"河宗之邦"。天子向该地邦主河宗伯夭赠送玉璧，让他将此玉璧往西方向沉入黄河，以祭献河神。河宗告诉天子：昆仑山有高原 4 处，清泉 70 处。那里特产珍稀绝伦的宝玉。你应该去昆仑之丘，看看那里的宝玉。天子接受建议，向西进发。在黄之山观看图典，了解到"天子之宝器"包括"玉果、璇珠、烛银、黄金之膏"[10:4]。这一卷不妨视为穆天子西征的序曲：始于以玉璧献祭河神的礼仪，引出穆天子对西方的昆仑美玉的探索欲望。二事之间的联系就在于"河出昆仑"的信念。

又如《穆天子传》第二卷讲天子西征之过程，可概括出 4 个与宝玉相关的情节单元：

单元之一，吉日辛酉，天子登昆仑，观黄帝之宫。祭拜昆仑山。随后再度北征，住在珠泽。当地人献上白玉。

单元之二，天子在昆仑一带，以守黄帝之宫，南司赤水而北守春山之宝。还向当地人赏赐黄金之环、朱带、贝饰等。天子在这里得到珍稀宝物——玉荣枝斯之英。他高兴得一连 5 天在春山流连[10:9]。

单元之三，离开昆仑后继续西行，至赤乌。赤乌之人献酒和马、羊、牛。穆天子说赤乌人与周人同宗，并"贿用周室之璧"。赤乌酋长向周天子介绍本地名山，宝玉之所在，嘉谷生长，草木硕美。并且献上美女二人。天子感叹："赤乌氏，美人之地也，宝玉之所在也！"[10:10]

单元之四，癸巳日，天子来到"群玉之山"，容成氏之所守。天子于是取玉三乘，玉器服物，于是载玉万只[10:11-12]。

以上 4 个单元，地点从昆仑山到群玉之山，几乎全部笼罩在玉石神话想象的神仙世界之中。每个单元都围绕着穆天子获得美玉的事件展开。先是在珠泽得到白玉；接着在人间仙境的悬圃得到"玉荣枝斯之英"；随后又在赤乌的良山得到美人加宝玉；最后在群玉之山获得巨大数量的美玉——"载玉万只"。从这些内容看，可以把穆王西征的探求目标锁定为获取大量的美玉。值得注意的是，古人对不同产地的玉料，有着非凡的鉴别能力。叙述者对每一地方的玉产，都会给予不同的名目，使之个性鲜明，决不随意混同或马虎从事。中原王朝对于西域美玉的艳羡赞叹之情，早已随着叙事的进展而溢于言表。正是在这样的玉神话背景的铺垫之下，上演了在美玉仙境之中发生的穆王与西王母对酒当歌一幕剧：穆天子手捧白色玉圭和黑色玉璧，晋见西王母，献上的中原礼物是精美的丝绸织品共 400 纯。"化干戈为玉帛"的和平交往理念，在此和《伊里亚特》描写希腊人以战争夺取资源的情况，形成鲜明对照。同样是"王宫经济"需求所拉动的远距离出征，希腊人以暴力形式追求异邦的金属财富，大动干戈；华夏人以和平友好的方式与西域地方政权互通有无，各取所需，以帛易玉。

希腊人与特洛伊人之间的空间距离，远没有中原文明与新疆昆仑山地区之间的距离大。从族群与文化差异上看，情况也是如此。希腊神话中的太阳神阿波罗，同样是特洛伊城的保护神，雅典娜才是希腊联军背后的庇护和保佑者。对照之下，中原文明信奉玉石神话，所以会到 7800 里之外的西域去寻找世上最佳玉石资源。同样的玉石，对于昆仑当地人而言根本不是生活必需的物质。换言之，中原文明受到玉石神话观支配，将求取最佳玉矿资源作为国家政权的重要标志物。周天子这次出行历时 2 年多，从西域获得美玉矿石数量无数（仅一次就"载玉万只"），所赏赐西域之人的玉璧玉佩总共 4 只。敬赠给西王母的丝织品数量则较多。这种赠礼式的贸易情况可以说明，西域出产玉石原料，却没有琢玉攻玉的文化传统；中原王朝有着玉文化的悠久崇拜和玉礼器加工技术，玉璧玉佩作为中原帝国的礼器，具有高度的文化附加值，非天然状态的玉料矿藏所能够比拟。李吟屏《和田考古记》指出："和田自古以产美玉著称，但玉雕业出现较晚。这个采集于墨玉县库木拉巴特沙漠遗址的实心软玉瓶时代大约为唐代，是截至目前发现的和田最早的玉雕产品。"
［11:2］和田当地迄今尚未发现唐代之前的玉制器物，说明当地本无玉崇拜传统，也就没有神话信念所驱动的玉器生产。各地的"王宫经济"会因为神话信仰对象的差异，表现为截然不同的目标物，彰显为不同的文化符号。

《河西走廊》一书的结论是："和田美玉是被华夏的玉文化传统所发现的。据现有考古材料判断，东亚玉文化传统始于内蒙古东部辽宁西部的兴隆洼文化，其所制作的珠、管、玦一类玉佩早自八千年前就已经相当成熟，其形制也和夏商周三代以来的基本一致。不过其所使用的玉料不是出自西域而是被称作地方玉的辽宁岫玉，在硬度和密度等物理条件方面逊色于和田玉。古书中称之为'夷玉'。据出土的玉器材料分析，华夏文化使用和田玉的时间早在龙山文化到夏商之际，相当于 5000—4000 年前左右（也有个别观点认为仰韶文化玉器中已经有和田玉）。从河西走廊以西的新疆地区到中原地区，在发现和输送和田玉方面，有一个起到重要的中介作用的史前文化，那就是分布在河西走廊东面的齐家文化。那是继北方的兴隆洼文化和红山文化、南方的良渚文化和石家河文化之后，在四千多年前大量使用玉器的一个西部文化，也是将和田美玉的重大发现传播到中原王朝的中介者，其族属当为氐羌—西戎人的部落先祖，也就是中原汉文化圈之外的少数民族。"
［12:47-48］后来的讨论，将这些少数民族归结到史料中所称的"尧舜北用禺氏之玉而王天下"的
"禺氏"［13］，或包括阿尔泰语系民族及印欧语系民族，大月氏，塞种人，斯基泰人[3]等。

三、神话考古揭示中西文化核心价值的原型

中西神话各自表达的远古时代记忆，既然是以玉器时代和黄金时代为物质分野的，那么，由神话信仰到王权国家的意识形态建构，各自的神圣化物质符号就奠定了特定文化传统之核心价值观的原型。迈克尔·伍德的专著《寻找特洛伊之战》，充分揭示出特洛伊城如何从文学想象的存在，经过谢里曼前后几代考古学家的不懈努力探查、发掘和验证，终于变成真实存在的历史之城。引导谢里曼找到特洛伊的先驱人物，是另一位研究荷马史诗的英国人、业余考古学家法兰克·卡尔维特（Frank Calvert）。他在 1864 年就在伦敦考古学院的报纸上撰文，认为一座叫作西斯里刻（Hisarlik）的小山就是特洛伊的所在。为了尝试进行发掘，他干脆从当地人那里买下这块地。他甚至探挖出山脚下露出的石墙，看到后来被称为特洛伊文化层第六期的山地遗址。不过这一伟大的考古发现与他失之交臂，因为他误判这些遗址和石墙属于荷马之后的古典时期。他还缺乏大规模发掘所需的经费［14:42-46］。就这样，此项伟大发现的荣耀留给了后来的业余考古学家谢里曼。

1873 年 5 月 31 日，在多风的特洛伊的高地上，海因里希·谢里曼在他的日记中这样写道："在地下 8 到 9 米深处，我揭示出了斯凯亚城门附近蜿蜒的特洛伊城墙，在毗连城墙的普里阿姆王宫的一个房间里，我发现了一只铜箱子，箱子中……装满了很大的银花瓶和金银杯盏。为使这些财宝不致引起雇工的贪欲，我只得掏取财宝，把它们藏起来（藏在他妻子的披肩里），尽快地把它们送走，快得连我自己都既不知道它们的数量，也没法描述它们的形状。"［15:1-2］发现这笔宝藏的考古发掘早在 3 年前就已开始，它揭开了古代历史上全新的、也是引人入胜的一章。后来的调查表明，这批宝藏，还有房屋和城墙，都不是普里阿姆的，而是比他早 1000 年的另一个人的；宝藏的

发现地也不是特洛伊人房屋中的一个房间，而是城墙本身的一个藏宝点。然而，尽管谢里曼犯了很多错误，在考古上也是个业余涉猎者，他仍然是一个先行者，新考古学的奠基者。正是这门考古学的产生，使我们关于希腊文明起源的观念发生了革命性的变化。他是以一种新的精神开始工作的，他的热情也不只是金银财宝，而是要寻找证据，以证明荷马所描写的特洛伊战争是一个历史事实。而这一点，现在已经被人们普遍接受了［15:1-2］。

当代美国考古学理论家保罗·麦克金德里克的上述描述，简洁而生动地再现出一百多年前发现特洛伊的过程及其文化史意义，并对业余考古学家谢里曼的学术得失作出了公允评价。被谢里曼当作"普里阿摩斯王宫珍宝"的那批金器，后来辗转收藏在德国柏林的国家博物馆中，在第二次世界大战的攻克柏林之后，不知去向。直到20世纪后期才又出现在俄国莫斯科的博物馆中。[4]

后来的考古发掘和研究证明，特洛伊遗址共有9个文化堆积层，细分则为46层，贯穿于新石器时代末期直到希腊古典时代的全过程。有关文化地层考辨识的原则，麦克金德里克有细致的说明："如果对人工制品特别注意的话，人们可以根据这些东西被发现的地层和位置建立起它们相对的年代次序。一般来说，石制品比铜制品早，铜制品比青铜品早，青铜制品又比铁制品早。雕花陶器通常比彩绘陶器早。发现于不同位置的相似的器物，可以根据相应的地层确定它们的共时性。但在史前考古中，由于大多数遗址后来都有人居住，而这些人又不知道书写技术，要想确定它们的绝对年代，就更加困难一些。通常人们需要把在特洛伊这类没有文献记载的地方发现的文物，和那些已经发展到比较高级阶段的地区，如小亚细亚内的赫梯，或者埃及的文物进行对比。由于从很早以来它们就已经保存有年代可靠的文献，这种比较可以确定文物之间的年代关系。在没有文字的地方，陶器就相当重要。例如，人们发现，特洛伊第二期的一块陶片与希腊大陆阿哥利德地区一个叫阿西奈的地方的陶片在质地和装饰风格上十分接近，而这种陶片上的万字符印章又和埃及第五王朝的某些文物完全一样。根据文献，埃及第五王朝的年代是公元前2500年到公元前2350年，因此，这块陶片被发现的特洛伊第二期地层的年代也应与此相当。这个过程当然十分复杂，但一旦这个年代被准确地认定，所有在这个地层之上的器物，就肯定比这个年代晚。根据地层堆积的厚度，人们可以确定它延续时间的大致范围。现在多数学者所接受的特洛伊年代体系如下：第一期是公元前3000年到公元前2700年，第二期是公元前2700年到公元前2400年，第三到第五期是公元前2400年到公元前1900年，第六期地层较厚，为公元前1900年到公元前1300年。但这些年代还没有把我们带到普里阿姆的城市陷落的年代。根据希腊文献传统，这个年代应是公元前1184年，可是布列根有理由相信，它应当比这个年代早50年。"［15:11-12］经过这样深入的考古学辨识，荷马描写的神话般的特洛伊不仅得到了实际的证明，而且由此揭开了鲜为人知的历史，让今人得以洞察比荷马还要早3千年的特洛伊文化大传统的存在。这就足以使考古人告知文献作业的古典学家们，从谢里曼到布列根前后90年的特洛伊考古研究，所取得的成果是把它从一个浪漫而又引人入胜的寻宝场所，从一个荷马的冒险故事，变成一个传承有序的定居城市3千年无文字的历史，眼见为实的古老城池取代了文学虚构的浪漫故事。从学术的观点来说，没有比这更加令人激动的知识创新了。

回顾这一发现的始末，最关键的因素就是谢里曼偏执般地坚信荷马述说的大小事件都是真实发生的。当他踏上这块土地，曾经沿着卡拉曼德斯河一路搜寻。"希望找出《伊利亚特》描写的阿基琉斯绕城墙三圈穷追赫克托耳进行复仇的地方，他也试图寻找宙斯在埃达山上向城市眺望时可能站立的位置。如果荷马进行了这些描写，这些地方就一定是真的，而唯一可能的地方就是西斯里刻。"［16:33］后续的考古发现能够在此确认出 9 个文化地层，是始作俑者卡尔维特和谢里曼们万万没有料到的。如今比较接近荷马描述的希腊人攻城大战年代的地层，属于第六层至第七层：

特洛伊 6　公元前 1700—前 1250 年

在青铜时代的中期，城市又一次被重建。城市的中心部分是一个大卫城……在特洛伊发现的黑灰色米诺斯陶罐可能是从克里特岛或古希腊的别的地方卖到这里来的。不能忽视的是，站在特洛伊城墙上，可以俯瞰整个博斯普鲁斯海峡。这个城市的统治者可能控制了大多数经由海峡的船只，对所有过往船只都收取费用，这同美丽的海伦一样成为那么多外国人试图攻打并试图控制这个城市的原因。

特洛伊 7A　公元前 1250—前 1180 年

这个地层是在一次地震后重建的，也是前面一个地层的直接延续。人们重建了一部分的护城墙，并在东段重建了一道新墙。

通向城南和主要城门的大路地下有一条管道，把上城的雨水带到城市中心区来。沿着这条道路而建的房子没有上一个地质层发现的房子那么漂亮。它们紧紧地挨在一起，可能说明人们从周围的乡村都搬到城里来，以逃避经常前来骚扰的强盗。

几乎每座房子的地下，都埋着巨大的有着沉重石头盖子的储藏罐。这些罐子是紧急时刻用来储存谷物、橄榄油和酒的。这是一个经常受到威胁的城市，这也是为什么在这个地层经常找到矛和箭头还有人们尸体的原因。许多未被掩埋的尸体说明了城市受到过暴力入侵。再加上特洛伊的这个地层也是被火灾毁灭的，这就足以证明 7A 就是荷马所描述的城市［16:109-110］。

考古学新发现甚至能够回答荷马时代的一个难题：为什么希腊对青铜如此看重？原来希腊需要从地中海沿岸进口大量铜矿资源，正像希腊需要外来进口的黄金一样。布罗代尔的新史学大著《地中海考古》中，专门设置一节题为"自公元前 2000 年起，青铜促进了交流"。其中写道：

1960 年，在土耳其海岸的盖利多尼亚，海下考古学家们在一艘约公元前 1200 年航行经过此地的船只上发现了装载的 40 块"牛皮"形铜锭，上面印有塞浦路斯铸造者的标记［17:86］。

和验证《伊里亚特》叙事可信性的特洛伊城考古发现相类似，近年在中国也发现了可以验证《穆天子传》帝王西征路线的史前城池，那就是出土批量规模玉礼器的 4 千年前古城遗址——陕西神木县高家堡镇石峁遗址。这些发现让我们将荷马史诗和《穆天子传》视为记录下来的"小书"，将其背后没有得到记录的文明发生历程作为"大书"。准此，文学作品小书的深度解读，能够有助于揭开一个未知的历史天地。作为西方文明源头与动力的"黄金神话"，[5]与华夏文明源头动力的"玉教神话"对照起来看，可谓别开生面，奠定其各自后世文学"小书"的深层结构。

玉教神话作为华夏文明的原型编码，有着重要的历史信息提示作用：周人是在与商人的对抗中后来居上获得中原统治权的。被商人推翻的前朝统治者即夏人，一直是周人所认同的文化之根。周穆王去西域的路线为什么要绕道北上河套地区？或许是先于西周而早已经存在一条与黄河相关的玉石运输之路，早期利用这条运输线的应当是兴起于黄河上游的夏人。殷商甲骨文反映商族人将黄河视为本族的"高祖"，早于商族人的夏族人大概也是如此。二者分别源自黄河上游和中下游，又在中原地区相遇。商人居河东，夏人来自河西。有《尚书·禹贡》说夏禹"导河积石（山）"为证。西周统治者关注的河宗氏统领下的黄河流域北端河套地区，很可能早在夏商代时候就是发挥重要玉石资源转运作用的战略要地。古文献中说"（殷）高宗伐鬼方，三年不克"。这和希腊联军攻伐特洛伊十年不克形成对比。殷商的高宗指 3300 年前的商王武丁，其北上攻战鬼方的目的是什么，如今不得而知，但这至少透露出北方河套地区有一个强大到让中原王朝感到威胁的地方豪强政权。那么，比商代稍早的河套地区在距今 4000 年前能否找到一个像特洛伊古城那样的真实存在的防御性城池呢？

这样的问题其实也无异于追问：先于殷商而存在的第一王朝夏朝的文化源流是怎样的？ 2012 年底，陕西省考古研究院发布神木县石峁遗址发掘信息，一座 4000 多年前的石头古城重现天日，石城面积达 400 万平方米，被称为中国史前最大的城池。城墙修筑用石块当砖，在石块之间的缝隙中居然插有玉器 [18]。有人惊叹这或许就是期待中的"东亚的特洛伊"大发现。谢里曼在土耳其发掘的特洛伊城以出土史前金器而闻名于世，石峁古城则以批量的玉器让人刮目相看。据估算，数十年来从该遗址附近先后盗掘、采集并流传到世界各地的古玉器约有 4000 件之多。陕西历史博物馆常年展出其中一批大件的玉璋和玉刀，颜色接近墨色或墨绿色；而最近新发掘出土的 6 件则呈现为晶莹剔透的淡青色。

除了在建筑物中夹杂通灵的玉器，用来增强防御性的避邪用精神气场，石峁古城的建造者还在城门一带的地基下面埋放成组的人头，目前发现几处多是以 24 个人头为一组：

一处位于外瓮城南北向长墙的外侧；一处位于门道入口处，靠近北墩台。这两处人头骨摆放方式似有一定规律，但没有明显的挖坑放置迹象。经初步鉴定，这些头骨以年轻女性居多，部分头骨有明显的砍斫痕迹，个别枕骨和下颌部位有灼烧迹象。这两处集中发现的头骨可能与城墙修建时的奠基活动或祭祀活动有关 [18]。

祭祀和牺牲是远古社会最重要的宗教活动。那时开启的历史讲述必然涉及人神关系，是典型的神话历史。《伊里亚特》明确记录着希腊和特洛伊两方面的祭司活动。如第一卷讲到特洛伊城阿波罗神庙的祭司克鲁塞斯，荷马称他为"远射手阿波罗的祭司"，他打算赎回被希腊军队俘获的女儿，带着难以数计的财礼，手握黄金节杖，杖上系着远射手阿波罗的条带。希腊人亵渎阿波罗神的结果，是一批希腊士兵惨遭天神无情地射杀。荷马也许很清楚黄金和条带作为通神的标记，所以他只是描述就够了，没有解释。这和中国方面以玉器作为通神标记，在信仰的人神关系作用方面大同小异。

《穆天子传》叙述天子亲自参与祭祀黄河之神的仪式行为，也有祭司一类神职人员出场，如有祝官辅佐这盛大的仪式典礼，将牛马豕羊等作为祭献牺牲沉入河底。比周穆王早 1000 多年的石峁遗址建城者，要用人间的少女作为奠基典礼的牺牲者，其虔诚和贵重的程度显然大大超过牛马豕羊。48 个骷髅如果多为被砍伐的少女之头，其间隐含着文明起源期怎样残酷的父权制社会暴力和宗教暴力？用信神者阿基琉斯对雅典娜女神所表示的话来说："谁个服从神的意志，神明也会倾听他的心想。"[4:10] 以服从神意的名义举行人祭，用活人充当神的祭品，无非是渴求从神那里获得更多的保护和精神安慰。

德国人类学家瓦尔特·伯克特在《人科杀戮者——古希腊献祭仪式和神话的人类学》一书中便

主要依据荷马史诗和希腊悲剧，专门研究仪式性杀戮问题。该书第一章第七节题为"仪式杀戮的性别化：处女祭献，阳具祭仪"，其中有如下一段分析：

人类放弃爱情是为了杀戮：这是最常见的、宗教仪式中对"处女"的屠杀，这是一个团体中幸福结合和破坏冲突的源泉。处女祭祀时，所有的矛盾——年老者的嫉妒，青年人的努力——都释放了。一个不可弥补的行为将色情游戏变为战争的愤怒。绝望的"寻找"变成"捕猎"。在准备阶段，处女祭献是放弃性欲的最有力表达。它出现在战争开始，出现在农业祭祀制度，也就是丰收节前。在狩猎神话中，祭献的处女成为猎物的新娘，不管猎物是熊、野牛还是鲸鱼；在农业神话中，为了确保粮食的丰收，她和种子一起被埋入土中。在任何情况下，作为准备活动，处女祭献处在对照地位，是为提供食物的主祭祀提供平衡。这是一个为得到而给予的仪式：在主祭献中，满足来自"被肢解的动物"（希腊文），来自切割和吃；然而，在准备过程中，预期的自我否定需要其他毁灭形式，如淹死在水中或吊死在树上［19:64］。

正在发掘清理中的石峁古城，另一个让现代人迷惑的现象是玉器出土的位置：以往出土古玉大多在墓葬、房址、灰坑、祭祀坑或祭坛等处，2012年的发掘却在高出地面的东城门照壁墙体里面发现多件玉铲，在倒塌的城门北墩台散水堆积中发现一件玉璜。这意味着石峁石城的建城者将琢磨好的玉器成品特意放置在城墙石块之间。其避邪防御的精神意图，需要重建当时人的鬼神信仰世界，才容易理解。墙壁的"壁"字与"玉璧"的"璧"字，分享着一个辟邪的"辟"字作为共有的偏旁，其间隐藏着怎样的辟邪气场营造秘密呢？简言之，修造石头的墙壁（城墙），是树立起高大坚实的物质防御体，抵挡外来者的入侵；使用通灵的玉器，是树立起无形的精神屏障，抵御精神信仰世界中敌对者的侵袭。这类敌对者不仅种类繁多，而且破坏力强大，是古人不得不防的。仅以2300年前的秦简《日书》为例，其中提到的各种魑魅魍魉就有阳鬼、凶鬼、饿鬼、游鬼、厉鬼、暴鬼、丘鬼、刺鬼、夭鬼等数十种名目。时代若是再向前推两千年，其想象中的神鬼支配人生的作用还会倍增。由此出发再看史前玉器生产的目的，可有效避免以今度古的误区。

石峁城的位置不像特洛伊城那样处在水路交通的要冲，它是华夏文明诞生前夜整个北方最显赫的地方政权所在，其所动员的人力资源和武力威慑的范围，所能够获取的战略资源的数量规模，都不是一般的史前聚落所能比拟的。石峁玉器以大件的玉璋、玉刀为代表，所需的玉材供应是相当可观的。当地迄今也没有发现出产玉矿原料，但石峁城的统治者能在较为广大的地域范围调动玉石，保证玉礼器奢侈品的批量生产和使用，这就使得建筑用玉这样罕见的现象得以真实地发生在夏商周三代之前。我们由此获得解读夏桀修筑瑶台玉门传说的灵感，再度从神话夸张中隐约看出历史的真切影像。

四、结论：从大传统认识核心价值由来之根

《伊里亚特》和《穆天子传》在中西学术传统中被误读的时间太久太久，如今许多被学科本位观念束缚的人很难理解：文学中怎么会有历史的真实呢？

昔日被当作虚构的传奇故事在文学课堂上讲述的东西，如今通过地下出土的遗址和实物，终于被证明或部分证明是可信的，是曾经发生过而又被后人忘却的。文学表现尽管不是历史事件的实

录，但毕竟可能承载着极其珍贵的远古文化记忆。本文试图通过《伊里亚特》和《穆天子传》的文学人类学式解读，一方面给出多重证据法在比较文学研究中应用的实例，另一方面也努力再现文学外观下的历史真相，并揭示出中西文明价值观的溯源性新视野——从前文字时代的大传统新知识出发，反观和透视文字书写小传统的所以然。两部作品的可比性首先在于，它们都深深地蕴含着早期文明的统治阶层意识，真切反映出中西"王宫经济"所需求的核心物质。早期西方拜金主义价值观由来久远，荷马史诗中保留着古希腊人通过对外战争夺取黄金的深远记忆；中国人崇玉爱玉同样来自大传统的长久积淀，夏商周历代统治者以玉为至高价值的做法，直接影响到秦始皇采用传国玉玺象征大一统帝国权力。从《伊里亚特》到《哥伦布日记》，再到黄金成为全球金融的硬通货，每天随着资本市场涨涨跌跌，西方文明的核心价值一线贯穿，不曾改变。但拜金主义导致的人性异化，有目共睹。从《穆天子传》到《红楼梦》，再到 2008 年北京奥运会金镶玉奖牌设计，中国文化的核心价值也是三千年不变地延续至今。中国人崇尚的人格叫"君子温润如玉"，或"冰清玉洁"；中国人讲的和平理念叫作"化干戈为玉帛"。面对地球村时代的到来，资源竞争日益加剧，暴力冲突不断升级。玉帛化干戈的精神遗产一旦普及世界，将是中国文化对人类的最大贡献。

附记：本文系国家社科基金重大招标项目"中国文学人类学理论与方法研究"（编号 10 & ZD100）阶段性成果。

注　释

[1]〔古希腊〕荷马：《伊利亚特》第 1 卷 611 行；第 15 卷 5 行等，陈中梅译，译林出版社，2000 年。

[2]〔古希腊〕荷马：《伊利亚特》第 10 卷 314、315 行。陈中梅译本按照英译本，将"青铜"放在"黄金"之前。现据希腊文原本改正。

[3] 关于欧亚大陆腹地史前期印欧人的活动情况，请参看 John V. Day：《印欧人的起源》（In-do-European Origins: The Anthropological Evidence, 2001）一书。还可参看印欧人形成之前更加久远的人类文化背景：Steven Mithen：《冰河期之后：全球人类史 20000—5000BC》（After the Ice: A Global Human History 20000-5000BC, 2003）。

[4] 参见：Robert Payne, The Gold of Troy. London: Robert Hale Limited, 1959, pp. 92-125; Vladimir Tolstikov and Mikhail Treister, The Gold of Troy: Searching for Homer's Fabled City. New York: Harry N. Abrams, 1996。

[5] 黄金神话拉动西方文明起源的情况，可以特别参看两部书：《特洛伊的黄金》（Robert Payne, The Gold of Troy. London: Robert Hale Limited, 1959）和《阿伽门农王之墓》（Cathy Gere, The Tomb of Agamemnon. London: Profile Books, 2006）。

参 考 书 目

（晋）郭璞注：《穆天子传》，《丛书集成初编本》，商务印书馆，1937 年。

顾实：《穆天子传西征讲疏》，中国书店，1990 年。

李吟屏：《和田考古记》，新疆人民出版社，2006 年。

王炜林、孙周勇、邵晶等：《2012 年神木石峁遗址考古工作主要收获》，《中国文物报》2012 年 12 月 21 日第 8 版。

叶舒宪：《河西走廊：西部神话与华夏源流》，云南教育出版社，2008 年。

叶舒宪：《黄河水道与玉器时代的齐家古国》，《丝绸之路》2012年第17期。

叶舒宪：《西玉东输与华夏文明的形成》，《光明日报》2013年8月31日。

叶舒宪：《玉文化先统一中国说》，《民族艺术》2013年第4期。

Burkert, Walter. Homo Necans: The Anthropology of Ancient Greek Sacrificial Ritual and Myth. Berkeley: University of California Press, 1983.

Kramer, S. N. *Sumerian Mythology*. Philadelphia: The America Philosophical Society, 1944.

Wood, Michael. *In Search of the Trojan War*. London: Guild Publishing, 1985.

〔法〕布罗代尔：《地中海考古》，蒋明炜等译，社会科学文献出版社，2005年。

〔古希腊〕荷马：《伊利亚特》，陈中梅译，译林出版社，2000年。

〔古希腊〕赫西俄德：《工作与时日》，张竹明等译，商务印书馆，1991年。

〔美〕保罗·麦克金德里克：《会说话的希腊石头》，晏绍祥译，浙江人民出版社，2000年。

〔美〕彼德·L·伯恩斯坦：《黄金简史》，黄磊译，上海财经大学出版社，2008年。

〔美〕克拉莫尔：《苏美尔神话》，叶舒宪、金立江译，陕西师范大学出版社，2013年。

〔英〕彼得·詹姆斯等：《世界古代发明》，颜可维译，世界知识出版社，1999年。

〔英〕尼克·麦克卡提：《特洛伊传奇》，裴琳译，浙江教育出版社，2006年。

（原载于《中国比较文学》2014年第3期）

石峁遗址的发现与中华文明探源的进路
——关于中国玉石之路与玉兵文化研讨会的再思考

杨　骊

2012 年公布的中国考古十大新发现中，一个中国史前最大的城市遗址——石峁遗址（位于陕西省神木县）聚焦了全世界的目光。宏伟壮观的石砌城墙与数量众多的石峁玉器，显示了石峁遗址在史前文明版图中举足轻重的地位。不少专家惊呼，随着考古发掘和研究的深入，这一石破天惊的发现很可能改写中华文明史。以此为缘起，2013 年 6 月，以"探寻中国梦的缘起，重现失落的远古文明"为宗旨的中国玉石之路与玉兵文化研讨会在陕西省榆林市召开，来自考古学界、收藏界、文学界、文学人类学界的专家学者参加了会议。围绕会议宗旨，与会学者就"石峁古城的发掘与石峁玉器""玉石之路与沿线玉矿考察""玉兵文化对中华文明的影响""研究玉石之路的意义与方法"等问题展开讨论，为中华文明探源研究提供了新的理论视野和研究亮点。

此次研讨会以石峁古城的发掘与石峁玉器研究为契机，开启了考古学与文学人类学的跨学科对话，在学术史上有着特殊的意义。本文将就该会议的核心议题进行评述和再思考，试图从石峁遗址的发现出发，结合对玉石之路、玉石文明的考察，在考古学和文学人类学相结合的视域勾勒出中华文明探源的一种进路。

一、石峁遗址与中华文明探源

研讨会上，陕西省考古研究院的孙周勇先生介绍了石峁遗址的发掘情况。他指出，石峁遗址地处黄土高原北部，毛乌素沙漠南缘。2012 年首次确认了石峁城址由"皇城台"、内城和外城三个层次构成，城内面积在 400 万平方米以上。2012 年重点发掘了外城东门址，揭示出一座体量巨大、结构复杂、筑造技术先进的城门遗址。这表明石峁遗址系目前国内所见规模最大的龙山时期至夏阶段城址。它的发现为研究中国文明起源形成的多元性和发展过程提供了全新的研究资料，对进一步理解"古文化、古城、古国"框架下的中国早期文明格局具有重要意义[1]。

宝墩古城（面积约 276 万平方米）、陶寺古城（面积约 280 万平方米）、良渚古城（面积约 300 万平方米）的发现曾刷新了人们对史前文明的认识，而石峁古城后来居上，成为史前最大的城址，这对于中华文明探源有着不可估量的意义。但是，面对一个 4300 年前的无文字文明，太多的谜题难以破解：石峁遗址如此庞大的建筑规模和面积，其归属却难以确定。石峁遗址处于北部塞外游牧文明和塞内农耕文明的交汇地带，位于西北齐家文化和中原陶寺文化的中介点，它对于早期文明的交流与传播有何作用？截至笔者撰写此文，石峁遗址已经陆续发现了 80 多个或集中或分散的头骨（其中年轻女性较多），被较为集中地掩埋在城门或城墙附近。加之石峁遗址极其奢侈的建筑用玉，其中包含了 4300 年前先民怎样的文化观念和信仰体系？对于这一系列问题，考古学界和历史学界做出的解答相对受到学科的局限。长期以来，历史学界拘囿于中国这个文献大国的传统，尚未摸索出解读无文字文明的有效方法；而作为历史学附庸的中国考古学，则仅限于做历史学的材料提供者。从此次会议可以看出，考古学在缺乏民族志材料和历史文献的情况下，在推断由文化决定的信仰和行为方面较为薄弱；而文学研究又容易陷入难以实证的想象性假说。换句话说，在中华文明探源的重大课题研究中，实证性的考古学证据需要跨学科的文化阐释，尤其需要能够兼顾实证与阐释的方法论。

著名作家朱鸿先生根据洪水神话传说，推测石峁可能是尧世时代的幽都。他根据石峁居高地的特殊地理位置，对照汉字"尧"中潜含的"高"之意义，提示重新审视陕北史前文化的新观点[2]。朱鸿从文学出发，借助神话和民间传说做出的大胆推测，倒是正应了李济先生的话：要预备写一部中国上古史，我们不仅需要科学家，也需要文学家，"不但要参照铁的事实，也需要若干活的想象。"但假说毕竟不能代替实证，此前沈长云先生也曾在《光明日报》发文称石峁遗址为黄帝部落存在的证明。但陈民镇先生却不赞成将考古遗址与神话传说人物直接挂钩，指出假说容易，求证却难。笔者认为，要想说明石峁与尧文化的关系，至少还需要两个方面的求证：其一是用人类学田野调查考察榆林和神木县当地民间与尧有关的信仰和传说；其二是用考古学证据充分论证石峁遗址与陶寺遗址的关联。因为陶寺遗址比邻尧庙，而且襄汾当地流行尧舜传说，被考古界部分学者认为属于尧文化范围。

在会上，从石峁遗址的文化解读到中华文明探源的进路，历史人类学和文学人类学界提出的观点引起了较大关注。关于中华文明的起源问题，美国哈佛大学人类学系张光直先生的弟子、台湾中研院王明珂教授在《中国新石器时代晚期玉石文化及其人类生态意义》中，从文化认同的维度来分析华夏认同与资源竞争的关系。他认为以石峁为代表的玉石文化是人群走向阶序化、集中化的征兆。资源的缺乏导致人群之间冲突增加，防卫性建筑开始出现，在公元前 2000 年左右出现了夏商等核心政权，而石峁和其他很多文明则消亡了。华夏文明认同形成的过程是一个"月渐明，星渐稀"的过程[3]。检视关于"中国文明起源"的探讨，主要有两种不同观点：其一是古老却至今影响颇大的"中原核心说"，其二是苏秉琦的"满天星斗说"，其后费孝通发展出关于多民族国家文化的"多元一体说"。中国文学人类学研究会会长、上海交大和中国社科院叶舒宪教授从石峁玉器研究出发，对"多元一体"之"体"进行了更深入的研究，旨在从理论上和实证材料上说明，原来文明的多元和多源，是怎样变成一体的。他认为玉石神话信仰作为一种精神文化元素，早在公元前 2000 年左右就先从精神文化领域统一了中国。他列举了四类玉器（玉璋、玉璧、玉琮、玉人头像）的史前传播分布路线，说明华夏史前先民在不同地域不约而同地生产和使用玉礼器，其现象背后是共同的玉石神话信仰。有学者根据世界闪玉矿与辉玉矿的分布，指出全球有东亚、中美洲和南太平洋岛屿三大产玉带，东亚的华人、中美洲的古印第安人和新西兰的毛利人，形成环太平洋著名的三大玉文化板块。而其中起源最古老、范围最广、延续最久远的东亚闪玉文化圈中，中华民族恰是这一玉文化引擎的启动者。玉石被称为"玉魂国魄"，早在 2000 年初，人类学家费孝通先生倡议国家重视对玉文化的研究，他认为："中华民族还有什么好的精神和优秀传统，能贡献给未来的世界？……在纷繁的、独具特色的中国文化中，我想到了中国古代的玉器。玉器在中国的历史上曾经占有很重要的地位，这种现象是西方所没有的，或者说是很少见的。我们考古学界是否可以将对玉器的研究作为切入点，从更深刻的层面上阐述玉器在中国文化中所包含的意义，把考古学的研究同精神文明的研究结合起来。"进入21世纪，国内的文学人类学界继承费先生的宏愿，大力推进中国玉文化研究，本次会议就是明证。

中国文学人类学研究会副会长、上海交大和四川大学徐新建教授则从文学人类学文化表述的角度，对中华文明探源的关键词进行了反思。他指出，西学"文明"、"史前"这两个概念对于汉语世界的历史表述既有敞亮，又有遮蔽。"史前"这一术语以文字的出现为标志，将人类历史一分为二，并以文字为中心，凸显了"文明"的核心地位[4]。套用西学概念进行中华文明探源，的确会造成对中华文明独特性的遮蔽。哈佛大学人类学系主任张光直先生在《中国青铜时代》中就曾反思过西方考古学的三时期说（即石器时代、铜器时代、铁器时代）。他引用东汉袁康的《越绝书》中风胡子对古史的分期，指出："把古史分为石、玉、铜、铁四个阶段……将这四个阶段的进展变化与政治力量相合……很正确地将中国古代文明演进的经过的本质变化撮要出来了。"而西方考古学的三时期说中间缺了一个玉器时代，其原因是玉在西方的重要性不如中国。"玉器时代在中国正好代表从石器到铜器的转变，亦即从原始社会到国家城市社会中间的转变阶段，而这种转变在中国社会史上有它自己的特征。"虽然玉器时代之说在目前还争议颇大，但中国学界对此的研究，可能会对世界文明进程的划分贡献出独特的中国经验。

四川大学文学人类学专业杨骊博士则从方法论角度进行论述，呼吁考古学与文学人类学的对话。她以文学人类学界近年来提倡的多重证据法为例，主张在中华文明探源中，不仅要继承当年王国维提出的二重证据法（传世文献为第一重证据，地下文献为第二重证据），更要通过人类学的第三重证据和考古学的第四重证据之间的互证互释，实现科学实证与人文阐释的融合[5]。其实，利用多重证据实现科学实证与人文阐释的融合，在国外的文明探源研究中早已不乏成功个案。法国神话学家乔治·杜梅齐尔曾以比较神话学方法，从神话语言中寻找关于历史叙事的真实性要素，从印欧神话研究中发现了印度历史上的三大种姓与古罗马的主神朱庇特、战神马尔斯、民众之神基林努斯之间的对应关系，进而推论出古印欧社会的"三功能"结构，从而通过比较神话学研究得出关于古代印欧文化的假说。如果说杜梅齐尔关于印欧文化的假设还停留在第三重证据的阶段，John V. Day 所写的《印欧人的起源：人类学证据》则是多重证据相结合的知识考古典范。书从语言、词汇、音韵、文本、古代艺术品、皮纹、颅腔、基因等证据入手，尤其运用了第四重证据的实证功能，对印欧文化的起源进行了翔实的论证。此外，以金芭塔丝为代表的神话考古学范式也与多重证据法有异曲同工之妙。在《活着的女神》中，金芭塔丝主要立足于史前考古发掘的女性雕像及相关图像，结合人类学、民族学所提供的仪式性证据以及神话学证据，由此来研究古欧洲文化中的女神崇拜在欧洲民族精神生活中的重要意义和在实际社会生活中的文化功能。这一研究范式显然是对杜梅齐尔的比较神话学的一大推进，值得中国学界借鉴。

二、玉石文化研究与重估大传统

石峁遗址的发现不仅为中华文明探源提供了新的入口，也为"玉石之路"、玉石文化的研究提供了必要的证据。早在石峁遗址发掘之前，流传在外的石峁玉器就非常出名。陕西省考古研究院院长王炜林指出："20 世纪 70 年代，就有考古人员在石峁征集到 127 件玉器。其中不少被陕西省博物馆收藏。目前，流失在世界各地的石峁玉器有 4000 件左右。"神木县石峁文化收藏研究会会长胡文高先生先后收藏有石峁玉器 500 余件，他在会议上介绍了自己 15 年来收集石峁玉器的经过，并指出石峁玉器具有如下特点：数量多、尺寸大；用料较杂，其中有和田玉、岫岩玉；器形较齐全，从礼器到生活用品都有；制作工艺精湛[6]。由此可见，石峁玉器的数量、尺寸、器形和工艺表明其处于玉文化的成熟阶段，而其复杂的玉器用料似乎又暗示着不同地区之间的文化交流。

以石峁玉器为起点，与会学者展开了关于玉石之路的讨论。会议对玉石之路的研究从理论论证和实地考察两方面进行，对以往玉石之路的研究有了一定的推进，也留下大量有待推进的研究空缺。玉石之路的命题最早于 1989 年提出，杨伯达在《中国古代玉器面面观》一文中，根据丝绸之路和出土玉器勾勒出新疆和阗到安阳的玉石之路，其后又有臧振、张如柏、古方等学者设想出多条"玉石之路"路线。然而，多条"玉石之路"的假想如何得以证实？21 世纪初，有学者和研究团体从科技考古、地质考古等路径进行实证[7]，然而因为科技测试方法的缺憾和相关玉石数据的积累不够，结果未能取得突破性进展。从 20 世纪末中国学者提出"玉石之路"的命题以来，这是国内学界第一次以"玉石之路"为主题的研讨会，把玉石之路研究提升到一个文化战略高度，反映了中国人文学界日益强烈的文化自觉意识。其意义正如会议发起人之一叶舒宪先生所言，殖民列强代表李希霍芬于 1877 年命名的"丝绸之路"，是在对玉石之路的存在完全不知情的知识空缺条件下，出于欧洲人视角的一厢情愿式命名。时至今日，如何穿透小传统的丝绸之路说的遮蔽，探究玉石之路大传统的真相，成为摆在后殖民时代中国本土学人面前的紧迫课题。联系文学人类学学界近年来提出的重估大传统之说[8]，对玉石之路的研究，其实质就是超越李希霍芬根据文献知识所做出的丝绸之路的小传统知识命题，回归更为久远的玉石文化大传统研究，进而深入到中华文明起源的文化价值观研究。因为"玉石之路"不仅是玉石物资的传送通道，更是文化传播和信仰交流的见证，跟意识形态的建构有着密切的关系。

在对玉石之路的论证中，叶舒宪认为石峁遗址的发现，提示着"玉石之路黄河段"的存在，即玉石之路应包括陆路和水路两部分，而早期玉石是通过黄河水道来运载的，这与古人心目中的"河出昆仑"、"玉出昆仑"等神话地理观是相符的。叶舒宪早前已经在《玉石之路黄河段刍议》《黄河水道与玉器时代的齐家古国》等文中指出过黄河水道与玉石之路的联系，可惜并未引起更多的关注。石峁遗址的发掘，恰为玉石之路黄河水道的假说，提供了一个较有力的实证[9]。笔者梳理以往的玉石之路研究，多数是根据文献记载、考古资料、矿产资源以及民族迁徙路线等线索进行推断，却对玉石之路（"玉出昆冈"）与黄河水道（"河出昆仑"）的神话性重合视而不见。叶舒宪从文学人类学神话历史的研究角度切入，从神话叙事和神话思维中探寻和解读出重要的历史信息，不啻为玉石之路研究推开了一扇窗户。中国社会科学院人类学与民族学研究所易华研究员在《从齐家到二里头："玉石之路"佐证》中，赞同叶舒宪所倡导的"玉石之路"研究，并从青铜、小麦、羊、牛、卜骨、陶器六方面对"玉石之路"进行补充论证[10]。易华的补充论证呈现出文化交流演变的立体性，提示了玉石之路论证的多重维度。中国社会科学院考古研究所李健民研究员在《殷商时期玉石仪仗用具所反映的中原与周边地区的文化交流》一文中，通过比较殷墟妇好墓、广汉三星堆祭祀坑以及新干大洋洲商墓的玉石仪仗，揭示了三者所含玉石仪仗用具显示出的中原与周边地区的文化交流[11]。此文从另一个重要侧面证实了中原与周边玉文化的交互影响。

围绕着玉石之路的实证考察，与会学者就玉石之路的甘肃路段提供了田野考察和考古报告。甘肃省文物考古研究所的王辉所长介绍了甘肃肃北马鬃山玉矿发掘的新情况。马鬃山玉矿遗址发现古矿坑百余处，初步判断遗址的年代储备为战国至汉代，是我国目前发现的年代最早的古代玉矿遗址[12]。中国收藏家协会常务理事古方先生通过对马衔山周边地区博物馆和民间收藏界史前玉器的调查，认为其玉料存在着一致性，可以肯定该地点的玉料是齐家文化玉器原料来源之一[13]。兰州市作家协会副主席冯玉雷先生则以田野考察报告的形式，介绍了他和叶舒宪考察甘肃定西、静宁等地的经过，进而推测静宁可能是齐家时代西玉东输的重要集散地[14]。笔者发现，除了考古界，收藏界、文学界、文学人类学界也加入了玉石之路的实地考察，并从各自的学术积累出发，为玉石之路的实证提供了新鲜的材料。然而，玉石之路贯穿中国东西南北，多条路线和大量节点有待学界进行踏勘和考察，玉石之路的实地调研需要历史学、考古学、地质学、矿物学、民族学、人类学等多学科交叉合作。对此，文学人类学所擅长的田野调查可以发挥用武之地，可以通过对相关的民间口传文学和民族文化走廊的研究为玉石之路的实证提供更多的人类学材料。

玉石文化对中华文明的影响源远流长，与会学者的研究则聚焦于以玉戈和玉钺为代表的玉兵文化。中国社会科学院考古研究所许宏研究员在《中原青铜时代伊始玉兵器的演变态势》中指出，在中原青铜时代伊始的二里头时代，青铜礼兵器渗入并局部替代既有的玉礼器，形成"金玉共振"的局面。二里头都城中出土的玉石钺，和迄今所知中国最早的青铜钺，应是已出现的王权的一个重要象征[15]。纽约大都会博物馆孙志新先生在《良渚文化的玉钺》中考察了玉钺的发展史。他认为钺最早应当源于普通的石质武器和砍砸工具，而到了青铜时代和帝国时代早期则为王权与军权的象征[16]。中国社会科学院考古研究所王仁湘研究员在《论玉兵之戈》中，通过分析玉戈从工具到权杖的过程，对"戈与王"进行了文字学解析，认为钺通过玉化的途径完成了王权的符号化，以玉戈为代表的玉兵可以看作是早期文明时代的一个重要标志[17]。此外，山西省考古研究所吉琨璋先生、《中国考古学》曹楠副编审、陕西省文物局刘云辉副局长则分别用类型学和统计学的方式，梳理了玉戈从新石器时代的仰韶晚期到龙山晚期兴起，及至夏商周三代的兴盛到东周以降式微的演变轨迹。成都金沙遗址博物馆馆长助理王方女士介绍了三星堆和金沙遗址中出土的数量巨大、种类丰富、器形多样的玉兵器[18]。

然而，"国之大事，在祀与戎"，玉石做成的兵器变成神圣的祭器，把"祀与戎"合二为一，这背后蕴含着怎样意味深长的民族文化心理和符号内涵？叶舒宪通过对石峁建筑用玉以及多人头颅坑的现象，用文学人类学多重证据法演绎论证了华夏先民使用玉兵器的文化心理。他通过人类学田野调查的第三重证据和考古学发掘类似情况的第四重证据证明：玉石兵器加上人牲用于建筑中，其实根植于先民的避邪观念，是一种建筑巫术的表现。玉兵器本身不是实战武器，而是神话想象的强大武器，即驱鬼避邪类神话信仰所催生的精神武器。笔者注意到，叶舒宪此前在《红山文化玉蛇耳坠与〈山海经〉珥蛇神话》一文中，也曾用文学人类学多重证据法求证天人合一神话的"大传统"，通过分析玉玦起源的神话学意义，来探讨整个东亚玉文化起源的神话观念基础。

从叶舒宪近年来对玉文化的研究路径，可以看出在玉石文化研究领域，文学人类学界与考古学界的迥异之处是：文学人类学更侧重文化研究，他们借鉴了国外神话历史模式，从人类神话思维法则出发，去探究玉石信仰背后的文化大传统，试图重建一条贯穿史前与文明时代的文化通道。此次研讨会汇集了中国考古学界的"各路诸侯"，其中有不少学者专家都主持和参与过当代国内重大遗址的发掘，他们为中华文明探源的研究提供了极其丰富的材料和证据。不过，目前考古界的多数研究还在遵循傅斯年当年在史语所提出的"证而不疏"的原则。对此，费孝通先生提出过中肯的意见："20世纪二三十年代，傅斯年根据胡适的思想，在我国的考古学界，提出考古学要实事求是，以资料为主，资料以外的事不要多讲的主张，这在当时是必要的和十分及时的。然而，我们已经进入21世纪，时过境迁，中国社会已经发生了翻天覆地的变化，当今的考古研究，应当更加注意文化的意义，因为文化的意义在当代，已经成为世界性的大问题。"这也许意味着，在玉石文化的研究中，我们一方面要借助于科学实证的手段与方法，在史料的鉴别与考证上力求真确；另一方面，在对史实的阐释与逻辑的疏通上，则应具备人文艺术的视野与思路。从人类学物质文化研究的原理来看，物质文化不仅研究物质客体本身，还要研究物质背后人的行为，更要研究人的认知问题。换句话说，物质文化是关于物质客体的文化表述（the representation of culture in material objects）的研究。从物质文化研究入手，研究无文字之"物"所承载的人类文化思维与认知，正是文学人类学界超越文字表述的文化小传统，重估文化大传统的研究策略之一。作为中华文化探源的重要一环，玉石文化可以说是一部中华民族的"物的民族志"，从考古学和文学人类学结合的视野深入解读这部民族志，也许会揭示出研究中华文明发生的特殊奥秘和核心价值的一条路径。

附记：本文为2010年国家社会科学基金重大项目"中国文学人类学理论与方法研究"（10 & ZD100）；2011年教育部人文社会科学研究青年基金项目"在实证与阐释之间：文学人类学多重证据法的理论与实践"（11YJCZH209）阶段性成果。

注　释

［1］　引自孙周勇的会议发言：《陕西神木石峁遗址考古新发现》。同题报告在2013年8月上海举行的世界考古大会上引起更大范围的关注。在该会议上石峁遗址入选世界重大田野考古发现。

［2］　引自朱鸿会议发言：《中华文明探源视野中的石峁城玉之观察》，该文后以《石峁遗址的城与玉——中华文明探源视野中的文化思考》为题，发表于2013年8月14日《光明日报》。

［3］　引自王明珂会议发言：《中国新石器时代晚期玉石文化及其人类生态意义》。

［4］　引自徐新建会议发言：《"史前"和"文明"的表述意义与局限》。

［5］　引自杨骊会议发言：《实证与阐释：考古学与文学人类学的对话》。

［6］　引自胡文高会议发言：《石峁玉器的特征》。此文后易名为《我的收藏经历和石峁玉器》，发表于《收藏界》2013年8期。

［7］ 关于玉石之路科技考古与地质考古的相关情况梳理，参见唐启翠发表于《上海交通大学学报》2013 年第 6 期的《"玉石之路"研究综述》。这一系列科技和地质考古中影响最大的一次是 2002 年 6 月，中国社会科学院考古研究所和中央电视台记者联合进行了首次大规模、全方位的"玉石之路"科考。此次科考成果可参见梵人、何昊、王志安编著：《玉石之路——遗失在古墓中的历史》（中国文联出版公司，2004 年）和骆汉城等编著：《玉石之路探源》（华夏出版社，2005 年）二著及相关文章。

［8］ 自 2010 年始，文学人类学学界对雷德菲尔德的大小传统理论提出了反转性的重估，把文化传统分为大传统（前文字和无文字传统）、小传统（文字传统），提出要超越对以文字为标识的文化小传统研究，借助口传文化、实物和图像等非文字材料，来达到对从无文字时期延续下来的文化大传统研究。参见叶舒宪、郑杭生、徐新建、彭兆荣、徐杰舜：《"原生态"引起的一场论战——传统是什么？》，《光明日报》2010 年 8 月 9 日。

［9］ 参见叶舒宪：《玉石之路黄河段刍议》，《首届全国玉器收藏文化研讨会论文集》（未出版），2012 年 11 月；《黄河水道与玉器时代的齐家古国》，《丝绸之路》2012 年第 17 期。

［10］ 引自易华会议发言：《从齐家到二里头："玉石之路"佐证》。

［11］ 引自李健民会议发言：《殷商时期玉石仪仗用具所反映的中原与周边地区的文化交流》。

［12］ 引自王辉会议发言：《甘肃马鬃山古代玉矿新发现》。

［13］ 引自古方会议发言：《甘肃临洮马衔山玉矿调查》。

［14］ 引自冯玉雷会议发言：《寻访玉石之路》。

［15］ 引自许宏会议发言：《中原青铜时代伊始玉兵器的演变态势》。

［16］ 引自孙志新会议发言：《良渚文化的玉钺》。

［17］ 引自王仁湘会议发言：《论玉兵之戈》。

［18］ 参见吉琨璋会议发言：《由兵入礼的华丽嬗变——先秦玉戈演变考察》、曹楠会议发言：《考古发现的三代时期玉质兵器综述》、刘云辉会议发言：《东周—汉代玉兵述评》、王方会议发言：《古蜀国出土玉兵器及其意义》。

参 考 书 目

陈方莹：《神木石峁遗址或改写中华文明史》，《西部时报》2013 年 1 月 22 日第 3 版。

陈民镇：《不要把考古与传说轻易挂钩》，《光明日报》2013 年 4 月 15 日第 15 版。

费孝通：《中国古代玉器和传统文化》，《群言》2001 年第 8 期。

古方：《对玉石之路形成时间和路线的一些认识［EB/OL］（2006-11-14）［2013-07-03］http://www.chinajades.cc/asp_club/read_zj_paper.asp?zj_name=&id=149.

黄翠梅，叶贵玉：《从玉石到玉器——环太平洋地区玉文化之起源与传布》，《玉文化论丛 4——红山文化专号》，众志美术出版社，2011 年。

李济：《再谈中国上古史的重建问题》，河北教育出版社，2000 年。

沈长云：《石峁古城是黄帝部族居邑》，《光明日报》2013 年 3 月 25 日第 15 版。

杨伯达：《中国古代玉器面面观》，《故宫博物院院刊》1989 年第 1 期。

叶舒宪：《红山文化玉蛇耳坠与〈山海经〉珥蛇神话——四重证据求证天人合一神话"大传统"》，《西南民族大学学报（人文社会科学版）》2012 年第 12 期。

叶舒宪：《西玉东输与华夏文明的形成》，《光明日报》2013 年 7 月 25 日第 11 版。

叶舒宪：《玉文化先统一中国说：石峁玉器新发现及其文明史意义》，《民族艺术》2013 年第 4 期。

叶舒宪：《怎样从大传统重解小传统——玉石之路、祖灵牌位和车马升天意象》，《思想战线》2013 年第 5 期。

臧振：《玉石之路初探》，《人文杂志》1994 年第 2 期。

张光直：《中国青铜时代（二）》，三联书店，1990 年。

张如柏：《中国古代玉石之路初探》，《中国宝玉石》1995 年第 3 期。

赵建兰：《陕西石峁遗址新发现 80 多个头骨》，《中国文化报》2013 年 12 月 5 日第 3 版。

Day, John V. Indo-European Origins: The Anthropological Evidence. Washington: The Institute for the Study of Man, 2001.

George W. Slocking, Jr., ed. Object and Others: Essays on Museums and Material Culture. Wisconsin: University of Wisconsin Press, 1985.

〔法〕迪迪耶·埃里邦：《神话与史诗：乔治·杜梅齐尔传》，孟华，译. 北京大学出版社，2005 年。

〔美〕金芭塔丝：《活着的女神》，叶舒宪，等，译. 广西师大出版社，2008 年。

（原载于《中国比较文学》2014 年第 3 期）

二里头牙璋（VM3：4）在南中国的波及

——中国早期国家政治制度起源和扩散

邓　聪　王　方

一、原生国家向竞争国家的波及

国家并不是普世共有的现象。众所共知，过去非洲和大洋洲并没有出现过国家。阿富汗、印度和东南亚一些地方，部落社会一直持续到近代。国家政治制度主要包括中央集权、固定领土范围内有效军事力量的垄断等。政治制度对国家形成，有着决定性的意义。在东亚地区，中国在很早时期就已进入国家形成的阶段。

人类学家和考古学家把国家形成分为"原生"和"竞争"两类。原生国家形成，是指国家在部落社会中首次出现。竞争国家的形成，则是自第一个国家出现后的仿效追随。原生国家形成后，由于政治社会结构比部落社会更为严密，更为强大，而不断向四周扩散，占领邻近部落社会。一些不甘被征服的部落，只能起而仿效国家政治制度，形成次生型的"竞争"国家[1]。

近半世纪以来，对我国早期国家起源的探索，河南偃师二里头遗址成了万众瞩目的焦点。二里头遗址考古重大发现不绝如缕。这里很可能是中国王朝国家文化孕育的原生地。二里头原生型国家首次出现，改变了东亚大陆国家政治文化的格局。

许宏总结二里头文化为"最早中国"代表。二里头遗址被称为"华夏第一王都"。他把这里高度发达和复杂的文明因素概括为：①最早城市干道网；②最早的宫城；③最早中轴线布局的宫殿建筑群；④最早青铜礼乐器群；⑤最早青铜近战兵器；⑥最早的青铜铸造作坊；⑦最早绿松石器作坊；⑧最早使用双轮车[2]。

以上第1—3项是王国政治上中央集权具体的表现，4—8项与国家统治军事和权力的象征相关。

近年历史学尤其是古代史研究的新动向，就是对历史上社会礼仪研究格外重视。历史研究从过去马克思主义重视的国家阶级对立、斗争，逐渐转向为对国家礼仪积极的探索。由礼仪产生的社会共同感受，甚至可以说在管治与被管治间，塑造出一种相互依赖的信仰幻觉[3]。古代国家王朝中朝廷礼仪的形成，更成为学术界热切关注的焦点。

最近，日本京都大学冈村秀典通过二里头遗址的探索，认为其中成熟宫廷仪礼是中国文明起源最重要的指标。二里头文化的青铜器和玉石礼器是宫廷礼仪最重要的象征。二里头玉器中的玉璋，作为瑞玉的一种，更成为宫廷礼仪核心之一[4]。我们认为二里头时代的玉器和青铜器等的意义，更是超越宫廷仪礼的概念，是国家政治制度的物质象征，也是国家政治制度起源研究的重要对象。

本文通过对二里头遗址 VM3：4 牙璋形制的考察，从器物细部的特征探索牙璋在南中国的扩散。我们尝试论证 VM3：4 与金沙遗址出土最早的石璋，很可能就是来源于相同模式的牙璋。

二里头时代牙璋是国家政治制度一种物质的象征。探索原生型二里头国家向次生型金沙"竞争"国家的波及，其中对牙璋深入研究，可能起着关键作用。

二、二里头 VM3：4 牙璋特征

有关牙璋描述反映不同时期牙璋形态上出现颇大的变化。这里尝试以二里头 VM3：4 的牙璋，说明各细部的命名。牙璋从上而下，分本体、扉牙和柄部三部分。这里对"扉牙"命名，略作讨论（图一）。

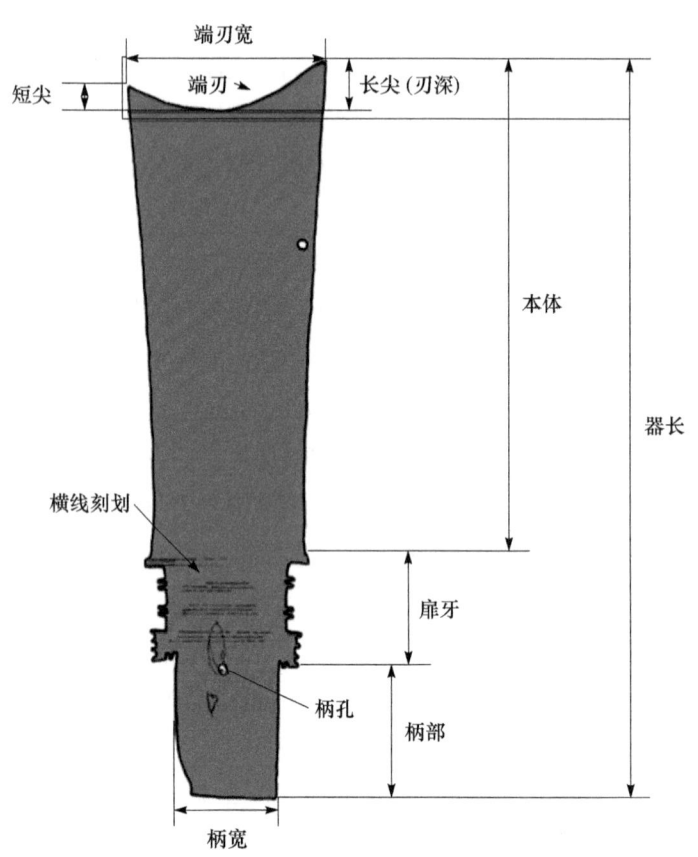

图一　二里头 VM3：4 牙璋细部名称

学术界对牙璋柄部上方两侧沿旁凸出的部分，一般采用"阑"或者"扉牙"的称谓。李学勤区分牙璋为有阑、无阑和两处阑等的类型[5]。其中，前后阑之间的凸起称为"齿"。如二里头 VM3：4 牙璋，两阑中排列两组小齿，前阑和后阑形态和性质的差别很明显。另一方面，郑光把阑和扉牙互换使用[6]。然而，他又认为："相当前阑处作向体侧张嘴的兽头形"。如此，阑又是"张嘴兽头形饰"。综上，阑与扉牙所指大致接近，如果把这些凸起的缘饰作为一个整体考虑的话，所谓前后阑与列齿等，就不应被孤立去考虑。如郑光先生命名张嘴兽头饰，不仅兽头部分，也可能是显示其身体及尾部。这是本文中不用阑而改用扉牙的原因。因此，笔者主张把牙璋侧缘凸起的装饰，都称为"扉牙"。不同类型扉牙，可作不同命名。

二里头遗址迄今出土共四件牙璋，属于二里头文化中第三至四期（图二）。

（1）ⅢKM6：8 牙璋，第三期文化遗存。

（2）VM3：4、VM3：5 两件牙璋，第三期文化遗存。

（3）ⅦKM7：5 牙璋，第四期文化遗存。

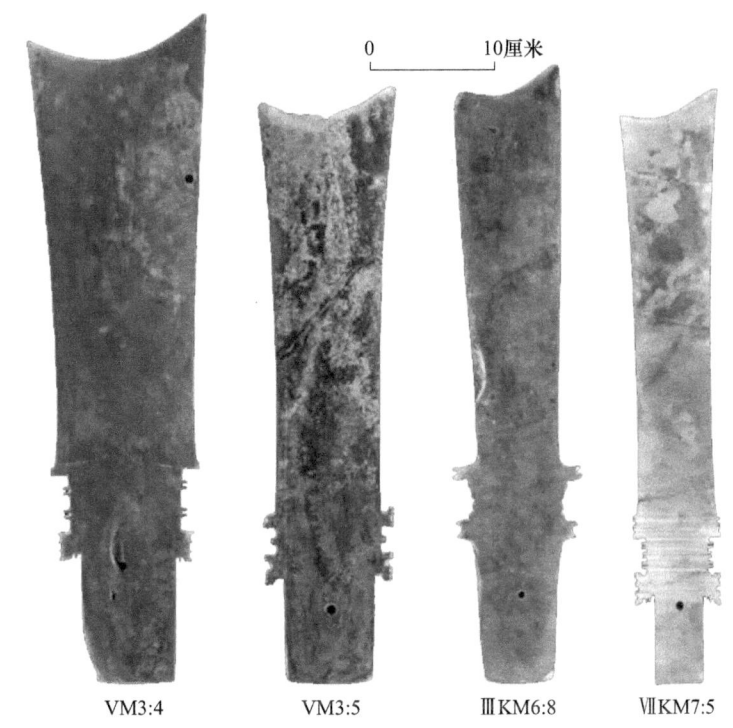

VM3:4 　　VM3:5 　　ⅢKM6:8 　　ⅦKM7:5

图二　二里头遗址出土的牙璋

以下仅就本文讨论核心 VM3：4 牙璋，作简略的介绍。VM3 墓葬是 1980 年在二里头Ⅲ区发现的，位于圪垱头村公坟之南，附近地势高亢，西距一号宫殿遗迹约 350 米。VM3 墓南北长 2.1 米、东西宽 1.3、深 1.2—3 米，可能存在二层台，曾发现红漆皮木棺痕迹。墓的中央位置放置一对牙璋，上下对向，随葬品中一对绿松石管的周围，可能是接近人头附近的位置[7]。如此则 VM3：4 牙璋正压在墓主上肢的位置，一同出土玉器和陶器等相当精美和丰富（图三）。

VM3：4 牙璋长 54、宽 14.9 厘米，是迄今发现二里头遗址四件牙璋中，体积最硕大的一件。据原报告的介绍，VM3：4 牙璋"青灰色，通体磨光。柄与器身一侧各钻一圆孔，器身一侧的圆孔嵌一绿松石片。两面磨刃，凹刃，两阑均出扉牙"。

郑光指出 VM3：4 牙璋："从刃端往首端看，整体呈宽度递减的三段，分成体、扉牙、柄三部分，侧呈三台阶。有两处阑，前阑简单，微后倾，后阑与神木齿把形饰极似。唯把饰靠柄多出一齿，侧看似张嘴的兽头，开启了二里头三期玉璋之张嘴兽头状饰的先河。两阑间夹两组小齿，组各二齿。"[8]

2005 年冬天，笔者邓聪曾经对二里头 VM3：4 牙璋初步观察，指出牙璋扉牙间有刻划纹[9]。

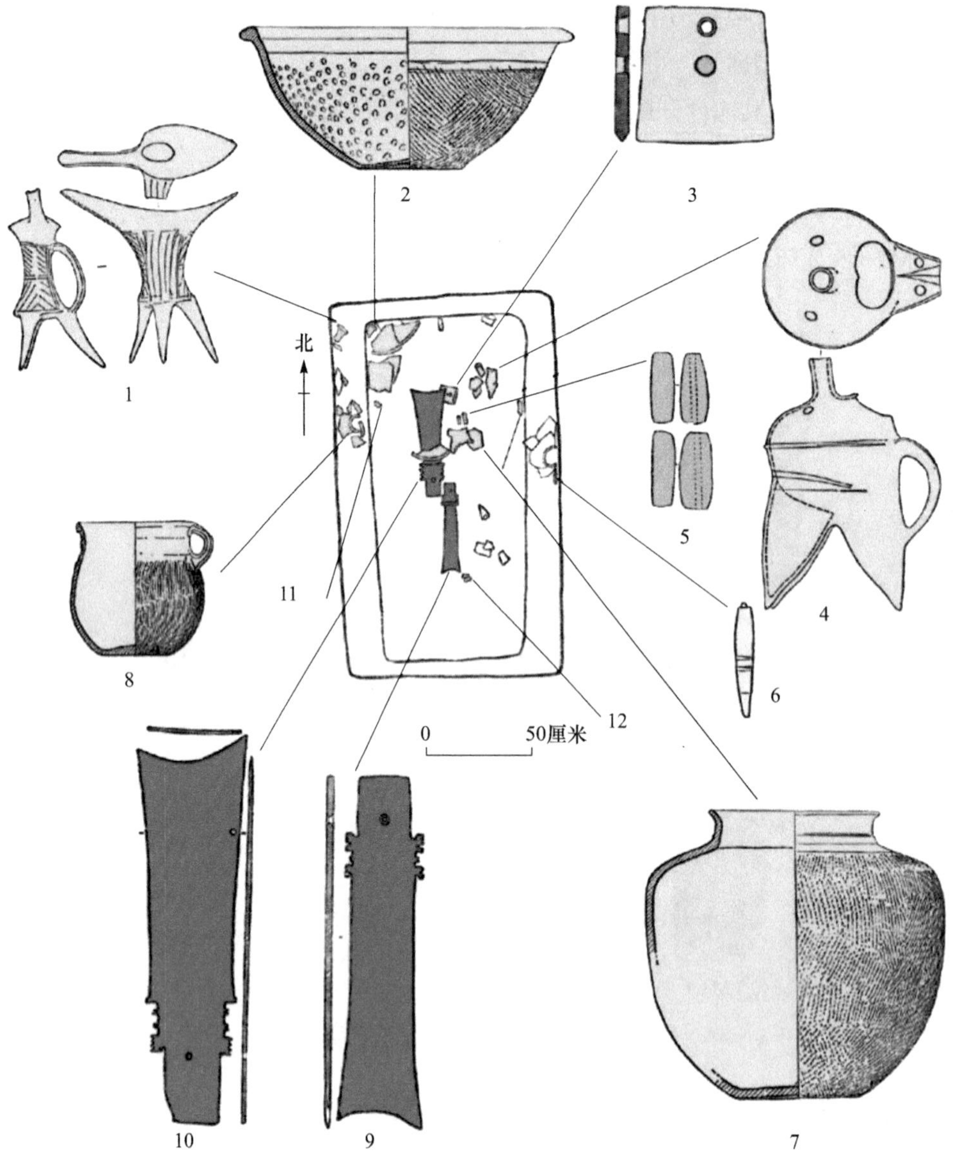

图三　二里头遗址 VM3 墓葬及遗物分布平面图

1. 陶爵杯（VM3：7a）1/6　2. 陶盆（VM3：11）1/6　3. 玉钺（VM3：3）1/4　4. 陶盉（VM3：8）1/6
5. 绿松石管（VM3：6）1/4　6. 玉尖状饰（VM3：7b）1/4　7. 陶罐（VM3：10）1/6　8. 单耳陶罐（VM3：9）1/6
9. 玉璋（VM3：5）1/8　10. 玉璋（VM3：4）1/8　11. 圆陶片　12. 人骨

2014 年 6 月我们在中国社会科学院考古研究所内，再一次记录了 VM3：4 牙璋各部位的细节。这件牙璋从本体向扉牙、柄部有明显收窄，形成本体与扉牙、柄部间台阶状构造。牙璋扉牙的部分，可分两方面讨论（图四、图五）。

（一）扉牙间的阴刻直线纹

VM3：4 牙璋的 A、B 两面，在两侧扉牙间有几组横的阴刻直线纹。一方面因原来刻划就非常浅，再加上埋葬过程中牙璋上覆盖朱砂和杂质的影响，刻划纹的识别并不容易。2014 年 5 月，我们仔细再从该牙璋 A、B 的两面，辨识出几组阴刻直线纹，单条刻线直径粗约 0.5 毫米。

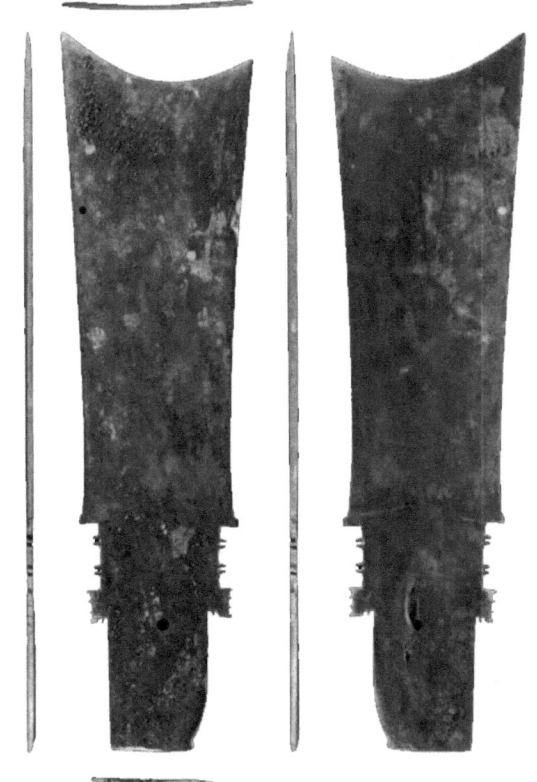

图四 二里头遗址 VM3∶4 牙璋

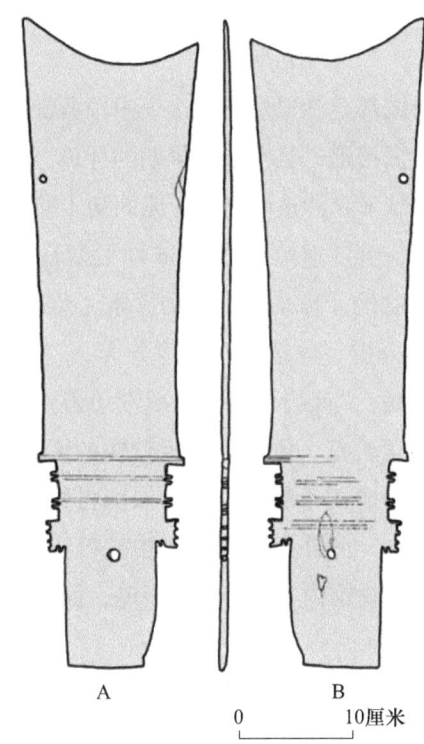

图五 二里头遗址 VM3∶4 牙璋实测图

A、B 面均可见横向直线组合阴刻直线纹，直线若断若续，原来纹样未能完全辨别。A 面是两条直线为一组，分为三组共六条阴刻；B 面则三条直线一组，分为四组。每组直刻间相间隔约 1 厘米（图六，下）。

（二）牙璋扉牙的形制

牙璋长短尖两侧扉牙长分别为 8.19 和 7.5 厘米。长尖一侧的扉牙略大，两者厚度及形态上相约。长短尖两侧兽头部分的长度，分别为 2.49 和 2.25 厘米，大小略有差别。郑光所指后阑即兽头的部位，本为长方形，笔者称之为长方形兽头。兽头中间位置有一对小齿，前方张嘴。兽身由两对小齿组成，小齿高度明显比头为矮。最后似阑状部位，可能是兽尾部的代表（图六，上）。

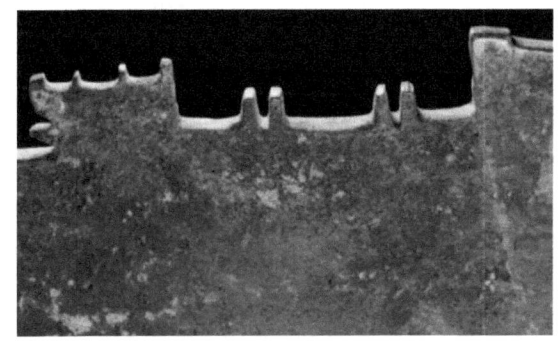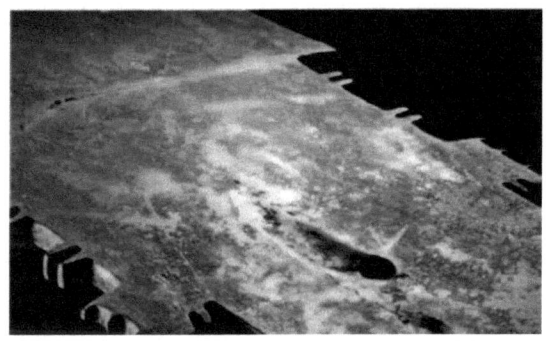

图六 二里头遗址 VM3∶4 牙璋：龙形扉牙（上）、扉牙间刻划直线纹（下）

三、金沙大型石璋制作工艺

四川成都金沙遗址出土迄今中国所知数量最多、体积最硕大的牙璋玉石器，估计总数量超数百件以上。据报道，其中金沙早期的牙璋，均为石质，晚期玉牙璋比较普遍。有关金沙遗址牙璋综合研究，张擎《金沙遗址出土牙璋的初步研究》一文有比较全面系统的论述[10]。

据悉，金沙遗址共出土 66 件大型石质的牙璋，以第三号祭祀遗迹内的发现最为集中，对金沙以至四川盆地牙璋来源问题的探索，意味深远（图七）。2006 年张擎曾对金沙 28 件大型石璋，做了初步的分析。他把金沙石璋分为 A、B 型。A 型凹弧形，仅 1 件。B 型斜弧形，16 件。指出 B 型的特征是："首端外阔；变形带角兽式阑，与大型玉璋 DI 式阑部相近，器体瘦长。主阑为简化的变形带角兽首，阑间有两组较矮的齿突，除极个别者外，主阑和附阑均有阴刻弦纹，弦纹上有涂抹朱砂，磨制十分粗糙，多保留自然断面、切割面或打击时留下的疤痕，很多器物的背面还凹凸不平。"[11] 此外，他把 B 型中按兽头张嘴的差别等因素，再分 BI 和 BII 式。以下就 2014 年 6 月间在金沙博物馆内考察的几件石璋，简略分析。

图七　金沙遗址石璋的出土（左）及近摄（右）

第一件 2001CQJ C261 石璋，长 48.8、歧尖宽 10.2 厘米。石璋本体中部收窄，宽 8.8 厘米，柄部长 8 厘米、宽 6.2 厘米。歧尖两侧是牙璋最宽部分，本体向下收窄，到柄部呈台阶状的收束。柄底部呈圆弧边。这件牙璋 A、B 两面经过全面研磨成平面，A 面全体保留几组先加工的技术痕迹（图八、图九）。

第一组加工痕迹见于牙璋本体中部，保留较大面积的粗磨面。粗磨方向沿牙璋纵向推磨，可见有较多粗糙线状痕。磨面未见进一步的细致研磨。

第二组加工技术的痕迹是主要从牙璋边缘向中间的加击。根据加击面大小明显的差异，可以区分沿边及全体打制两种，是一种减薄的加工。从目前情况所见，扉牙部位是牙璋最厚的位置。在沿边仔细的加工中，可看到保留清楚的打击点。石璋原来素材可能是大型石片，打制技术是重要角色。

第三组加工技术痕迹是 A 面上部刃沿的研磨，沿歧尖向刃内沿斜向加工。刃深约 1 厘米，刃部研磨是在歧尖周围加击后才形成的。

B 面石璋全体基本是粗磨的平面，刃部研磨比较细致。在扉牙两侧，有若干细致减薄的加击。

图八　金沙遗址 C261 石璋

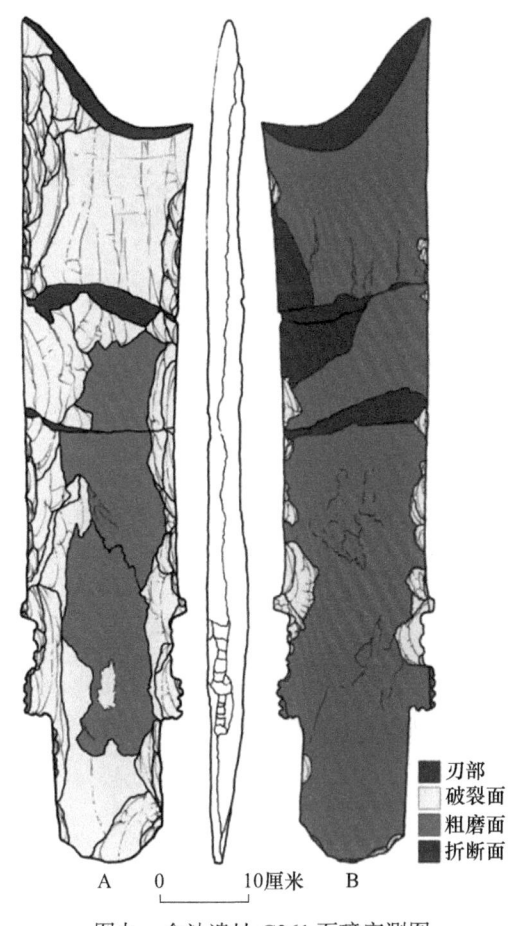

刃部
破裂面
粗磨面
折断面

A　0　　　10厘米　B

图九　金沙遗址 C261 石璋实测图

C261 两侧的扉牙大小相约，长约 6.8 厘米，均经过粗磨后，再从两侧直接细致加击。扉牙由三部分构成，前端是长方形兽头，头上锉有两对小齿，前方有明显齿裂，兽中间部两对小齿。小齿较兽头为矮，兽尾部为阑饰的形状。

C261 石璋制作技术粗放，从器身的本体两面粗磨面的形态判断，必定是一件半制成品。在决定器身厚度适合全体粗磨阶段前，初步制作出两侧的扉牙，完成扉牙兽头、身和尾的雏形。到此阶段后，工匠对石璋两面粗磨施工。其后在 A 面进行大幅度加击减薄器身。最后完成歧尖的刃部加工。此外，石璋 B 面两扉牙间的平面十分粗糙，难以进行浅刻直线纹的加工。

第二件 2001CQJ 编号 C260，长约 50 厘米，歧尖两尖端均折断，残宽 9 厘米，估计歧尖位置是牙璋最宽处。石璋本体两侧向下略收束，扉牙外凸，至柄部明显收束，呈台阶的形状。A、B 两面处于不同的制作阶段，A 面加工尚未完成，而 B 面则已进入最后细致的修饰（图一〇、图一一）。

A 面全体可区分为几组先后加工技术的痕迹。

第一组加工痕迹，牙璋原来素材可能是一件大型石片，如 A 面尖端一边及扉牙的位置，尚可见前一阶段的破裂面，估计都是石片素材阶段的痕迹。

第二组加工痕迹，打制成形的长方形毛坯完成后，工匠预计歧尖、扉牙、柄部的位置，以打制和磨制技术制作出扉牙的雏形。

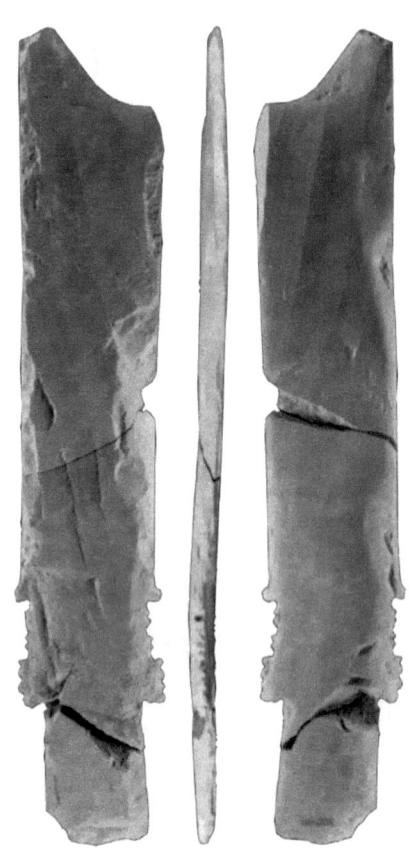

图一〇　金沙遗址 C260 石璋

图一一　金沙遗址 C260 石璋实测图

■ 刃部
□ 破裂面
▨ 粗磨面
▧ 细磨面
■ 折断面

A　　　　　　　　　B
0　　　　　　　10厘米

第三组加工痕迹是 A 面牙璋全体粗磨的平面，表面上粗磨线状痕明显，研磨方向是器身横向水平的运动。这样，工匠可能是使用了一些直径约 60—70 厘米或以上大型砺石，把牙璋放置在砺石上直接研磨。

第四组加工痕迹是从石璋 A 面沿边局部打击，对器身外沿厚度调整，其中柄部周围及本体上沿左边，都有明显后来加工痕迹。

第五组加工痕迹是歧尖部位造尖磨刃的研磨加工，估计也是 A 面粗磨平后制作的刃部。歧尖两侧刃沿完成后破损。

石璋 B 面全体经细致的研磨，比 A 面粗磨的表面细腻。B 面全体仍未研磨均匀。从研磨方向来说，B 面细致研磨运动的方向，是沿器身纵向进行。A、B 两面不同砺石研磨的痕迹，精粗区别明显。在 B 面本体右侧边沿上，尚可以看到前一阶段修整破裂面局部的残存。细致研磨完成后，未见如 A 面的打击减薄等加工。这样，我们可以推测，精细表面研磨加工阶段后，一般就不采用打制技术。

其次，B 面在精致研磨出平面后，在扉牙间位置上，进行横向刻划加工。阴刻直线纹非常浅，估计在 0.5 毫米以下，不容易识别。扉牙间的横向阴刻直线纹分为三和两条的组合，各有三组，即由六组横向阴刻直线纹组成（图一二）。

C260 扉牙方面，长方形兽头制作相当精致，头上方两个小齿，前方有张嘴口裂。兽身位置由两组较矮小齿组成，尾部是单阑的凸起形态。扉牙全身长 3.7 厘米，长方形兽头长 1.5 厘米。

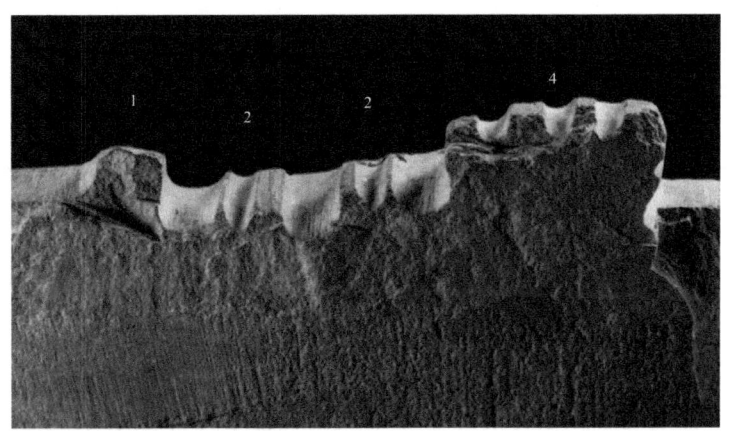

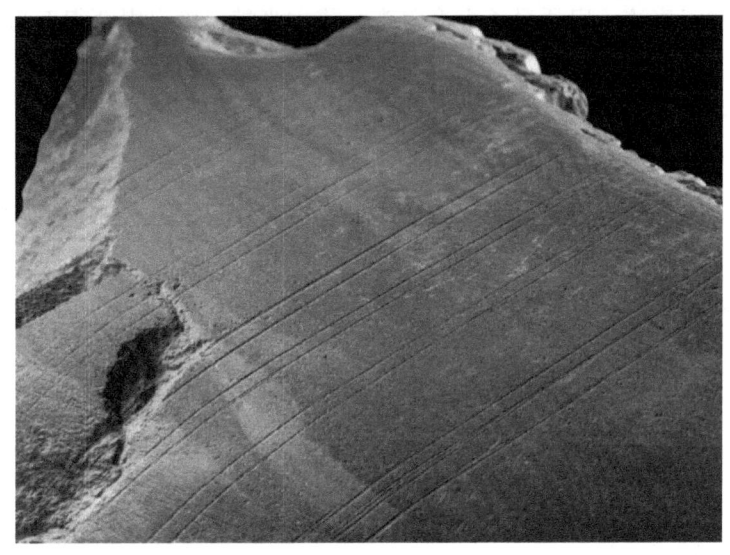

图一二　金沙遗址 C260 牙璋：龙形扉牙（上）、扉牙间刻划线纹（下）

2001CQJC258 石璋，残存，断裂为上下两端。璋本体中间有若干缺失。A 面本体上部，可见较多横向粗糙研磨痕迹，边沿尚保留有一些原素材加工破裂面。在完成初步研磨后，在歧尖刃部加工。自本体以下的扉牙至柄部，均基本上保留原素材的破裂面，在右边尚可见若干打击的二次加工。柄部的宽度明显收窄。扉牙方面未有经过研磨，估计在石璋打制毛坯成形后，在器身对应位置，以条状的砺石，研磨出扉牙。

B 面除柄部表面粗糙，其余部分被精致研磨光滑，推磨方向为纵向运动。长尖一侧可见原毛坯阶段的破裂痕，未能完全磨平。两扉牙间位置有横向阴刻直线纹，分三条和两条横线组合。阴刻三条横线的组合共四组、两条横线的共三组，合共七组。

2001CQJC267 石璋，残存，断裂为上、中、下三段，歧尖和柄底部缺失。A 面石璋经全面精致研磨后，又初步制作出歧突和刃沿。之后，工匠从器身左右沿边做了较大幅度的打制加工，特别是扉牙的周围，几乎原来研磨形成器身的表面，都被剥落。至于石璋本体部分，石璋沿边有连续的加工。长尖部分折断。B 面石璋全面被精致研磨，本体左边残留前阶段的破裂痕，未能完全磨去。细磨运动的方向，是纵向运动的方式。扉牙残缺，仍可见横向阴刻直线纹，残留三线一组和两线一组的组合，另一阴刻直线纹组合不明。扉牙方面，兽头部分缺失，其余两对小齿和阑状尾部的组合残存。

金沙博物馆展厅展示的 C262 牙璋，长 52、宽 10.63、厚 1.6 厘米。过去曾发表过这件石璋的线图，被认为是祭祀区内出土同类器物中"做得最好的一件"。估计此牙璋 A 面较为粗糙。展厅展示石璋的 B 面为精致的研磨面，表面并不完全均匀，本体两侧可见前阶段打击的修整痕迹，未能完全被磨却。扉牙方面，长方形兽头，中间有三个小齿，较为特殊。兽身部分由两对双齿组合，尾部如阑状的结构。两扉牙间有三条和两条横向阴刻直线纹的组合纹饰。三条横线的组合有三组，两条横线的组合有五组，合共八组。

又同展出的 C263 的石璋一件，长 53.8、宽 11.06、厚 1.44 厘米。展示的 A 面石器全面磨平后，工匠又从右边一侧沿边加工，特别是在扉牙位置，进行较细致的加击。A 面左边扉牙上，可以看到长条状研磨加工痕迹。扉牙呈长方形兽头，前方张嘴，兽身由两组双齿组合，最后尾部有阑状的结构。

总结以上几件大型石璋分析，可以初步复原金沙石璋制作的几个步骤。

第一，石璋素材：

大部分石璋的 A 面保留有较多原素材或毛坯阶段的破裂面。如 C261A 面的上部，所见一些比较大型的破裂面，可能是原石片的主剥离面。另一方面如 C258A 面扉牙以至柄部，都全是由破裂面组成。因此，我们估计最初石璋是采用了一些大型石片素材制作，再加工成长方形石璋的毛坯，广泛应用了两面打击技术。

第二，石璋毛坯：

石片由两面加工而成长方形石璋毛坯。毛坯成型后，工匠要预定石璋歧尖和柄部位置，用打制和磨制技术对毛坯的两侧边缘细致加工。

第三，扉牙的制作：

长方毛坯成型后，主要是以打制技术控制毛坯厚度和边沿形状。在两面加工完成后，改用打制和条状砺石研磨，制作出扉牙兽头、身和尾三部分雏形。

第四，器身两面磨平，由粗磨逐渐到细磨，可以分为两阶段：

第一阶段，粗磨。在石璋 B 面进行横向运动粗磨磨平工序。在粗磨阶段后，也常见以打击法减薄或调整石璋形状。

第二阶段，细磨。通常在石璋 A 面进行纵向运动细磨磨平工序。在细磨阶段后，一般不再对石璋加击调整。

以上 C261、C260、C258、C267 四者，A、B 面粗磨和细磨都有同样的倾向，估计是当时一种较为成熟施工的工艺。

第五，歧尖造尖磨刃和扉牙间阴刻直线纹：

石璋本体在粗磨和细磨完成后，会再进行造尖磨刃和刻划两个工序。造尖磨刃加工痕迹，均叠压打破在本体研磨的痕迹之上。歧尖一般都是石璋最宽的位置，要研磨掉数厘米以上尖端及制作刃部。现今所见，主要是用砺石研磨完成造尖磨刃的加工。

刻划方面，主要是在牙璋两扉牙间，以横向直线三条或者两条组合成。阴刻直线纹均甚浅，并不明显，浅刻是其制作的特色。迄今并未见到金沙两面精致研磨和两面刻画线纹的石质牙璋。

以上，单面研磨精致牙璋，在最后于扉牙上刻画阴刻直线纹组合之后，就是所见金沙石璋制作完成的面貌。

四、二里头 VM3：4 牙璋去向

二里头文化是东亚地区最早先进文明的核心文化，对其周边以至东亚远距离地区文化，曾产生强力的冲击和影响。二里头文化扩散过程，被视为华夏国家由多元向一体的转型，是日后帝国的雏形。学术界对二里头文化因素波及范围的考察，其中尤以政治礼制化身牙璋的扩散，成为论证的焦点。

许宏曾指出，"进入二里头时代，玉璋又从中原地区向长江中上游，甚至岭南一带传播"[12]。本文以二里头 VM3：4 牙璋作为研究个案，希望通过 VM3：4 牙璋特征，论证二里头牙璋向南中国波及过程和具体的实态。

要论证二里头 VM3：4 牙璋扩散的历史，需要考虑以下几方面的问题。

其一，如何辨识 VM3：4 牙璋的特征如"指纹特质"，以重建 VM3：4 牙璋系统的传播等问题。

其二，如何认识黄河流域龙山文化阶段和二里头 VM3：4 牙璋间传承关系等问题。

其三，如何论证二里头 VM3：4 牙璋对南中国地区牙璋产生的影响，尤其是探索南中国地区在接受 VM3：4 牙璋体系过程中的变化。

这样，首先是抽出二里头 VM3：4 牙璋的属性和特征。其次，涉及山东至陕西龙山文化、新砦文化阶段牙璋体系的对比。还有，如何以金沙遗址早期的石璋，论证 VM3：4 牙璋在四川盆地的波及。最后，东南地区福建、广东、香港牙璋资料与 VM3：4 牙璋体系间发展变化。如果要论证二里头牙璋对中国早期国家政治制度形成的重要性，以上不同时、空牙璋的属性和特征的精确对比分析，无疑是探索此问题最重要的基础。

第一，从二里头遗址三、四期共出土四件牙璋，各牙璋有自身鲜明特征，也有共同的文化因素。本文并不准备把二里头遗址出土所有牙璋详细讨论，仅就 VM3：4 牙璋的特色分析如下。

（1）牙璋巨大化。VM3：4 牙璋长 54 厘米之多，对比龙山文化、新砦文化阶段仅长 20—30 厘米牙璋，则 VM3：4 牙璋巨大，变化明显，也是二里头文化时期牙璋的共同特征。

（2）威慑形制与繁缛纹饰。VM3：4 牙璋上部刃端，为器物最宽位置，长短尖区别明显，甚具威慑作用。此璋本体与扉牙、柄部明显分为三级台阶形式，两面扉牙间上均有多重精细浅刻的纹饰。

（3）扉牙龙形化。近年我们从二里头遗址出土绿松石龙形器、龙铜牌饰以及诸多陶器上龙纹的发现，使人推测 VM3：4 扉牙过去所谓"张嘴兽头饰"就是龙的侧面象征，是牙璋龙化一种宗教神力的添加。VM3：4 扉牙的龙形，是以长方形张嘴龙头为特色，头上有两处小齿，身体部分由两组成对小齿构成，尾部则是单阑的形式。如果从扉牙上端齿尖突起计算，则为头 4/ 身 2—2/ 尾 1 式齿突，共九个小齿。

从东亚史前牙璋变化来说，总的倾向是由小而大，形制上由简而繁，再回归为简，而其中变化最明显的，应该就是扉牙的形态。牙璋扉牙的形制成为东亚牙璋体系区分最有效的属性之一。二里头 VM3：4 牙璋长方形张嘴兽头，4/2—2/1 齿突的形式，是此模式牙璋最重要的特征，也是本文前述的"指纹特征"。

第二，VM3∶4牙璋与黄河流域龙山式牙璋的关系探索。首先，山东方面出土的龙山式牙璋，被视为东亚地区最早牙璋的起源地。山东是二里头牙璋文化因素的渊源。目前尚未见二里头时代牙璋向山东的回溯扩散。我们近年与山东大学栾丰实、王强系统全面整理山东地区出土的牙璋[13]。山东牙璋中如早期罗圈峪村遗址YL∶12牙璋，显示连齿式扉牙，下大上小的齿突，在风格上与VM3∶4牙璋扉牙有一定的相似。另一方面，罗圈峪遗址YL∶11、大范庄L∶211、司马台等牙璋在歧尖风格、本体与柄部伸延台阶状构造等方面，都与VM3∶4牙璋有着渊源的关系。然而很明显，二里头的VM3∶4与山东地区牙璋，并没有直接渊源的关系。

中原地区迄今发现早于VM3∶4的牙璋，目前仅在河南省花地嘴遗址出土过两件牙璋，其中一件完整，另一件仅残存扉牙及柄部[14]。花地嘴T17H40∶1牙璋，通体长30厘米，整体风格仍具有龙山式牙璋的特色，扉牙列齿由高低倾斜的排列，看不出与二里头VM3∶4牙璋有较多的关系。

近几年陕西省石峁遗址发现规模宏大的龙山文化晚期城址，备受学术界瞩目。石峁城址周围发掘出土20多件玉器，其中就发现了两件玉牙璋，年代被推测为龙山晚期至夏代之间[15]。石峁牙璋风格与二里头文化牙璋显示有一定直接关系。早在1975年，戴应新在石峁采集一批牙璋，多达35件之多。其中被分类为雕琢多齿状侧阑型的牙璋共有四件。这些牙璋在扉牙和刻划纹饰上，均与二里头VM3∶4牙璋有一定的相似。在扉牙方面，如石峁SSY15牙璋，研究者指出，扉牙"像水牛额部以上正视图，其向两边外撇的齿牙好像水牛的一对大盘角，中间二小齿犹如直竖的一对牛耳。该雕饰前方并有三个等距的直立小齿，构成一组完整的扉牙雕饰，SSY15牙璋通长30.6、首宽9.3、厚0.4厘米"[16]。这种石峁牙璋被形容为水牛角的扉牙，确是和二里头VM3∶4的牙璋有一定的相似。林巳奈夫曾把这些扉牙都称作"业字形鉏牙"[17]。

石峁出土牙璋中SSY16、17、18都有这种"业字形鉏牙"。当然石峁与二里头之间相似的扉牙，形态上也存在较大的差异。石峁方面牙璋扉牙整体形状弯曲，两端角尖翘曲向上。而二里头长方形张嘴兽头，只是头上有垂直排列的小齿。从扉牙特征考虑，石峁这种"业字形鉏牙"，肯定是二里头VM3∶4牙璋扉牙的前身。在巴黎吉美博物馆、美国明尼苏达博物馆收藏有与二里头VM3∶4牙璋扉牙十分相似的玉器，其风格又具备西北地区出土玉器的特征[18]。我们估计，二里头VM3∶4牙璋扉牙的特征，有可能是起源于西北地区龙山文化晚期至夏代的初期。然而，迄今石峁牙璋绝大部分都是长30厘米左右，这和VM3∶4牙璋50多厘米长的硕大体型，有着明显的差距。总之，我们认为二里头VM3∶4牙璋有些因素是来源于石峁龙山牙璋，但似乎两者间仍然有着空白。石峁牙璋同样也不是二里头牙璋直接的渊源（图一三）。

第三，二里头VM3∶4牙璋对南中国的影响，这里分为西南四川盆地和东南闽粤沿海两方面探索。

VM3∶4牙璋是二里头第三期文化的遗物，可以肯定比现今所知南中国地区发现的牙璋为早。

四川盆地三星堆、金沙出土的牙璋，其渊源于二里头文化是学术界公认的事实。然而，二里头牙璋玉器具体对四川盆地影响过程，此方面研究基本上是空白的。

张擎曾经指出，三星堆和金沙遗址出土牙璋数量巨大，前者有数百件之多，而后者也有96件。金沙遗址的大型玉璋、小型玉璋、璋形器是承袭三星堆遗址而来。

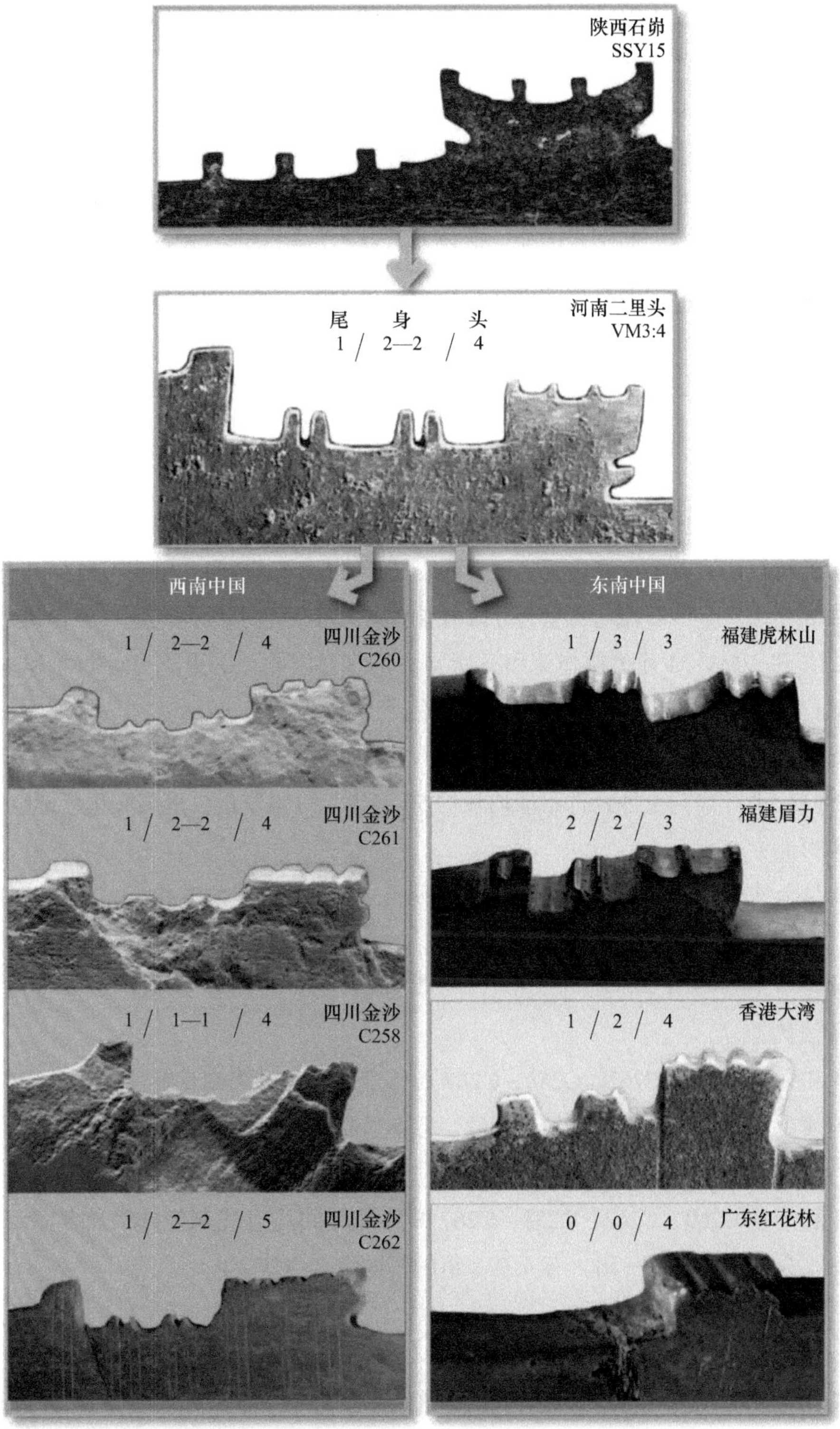

陕西石峁
SSY15

尾　身　头
1 / 2—2 / 4

河南二里头
VM3:4

西南中国

1 / 2—2 / 4　四川金沙 C260

1 / 2—2 / 4　四川金沙 C261

1 / 1—1 / 4　四川金沙 C258

1 / 2—2 / 5　四川金沙 C262

东南中国

1 / 3 / 3　福建虎林山

2 / 2 / 3　福建眉力

1 / 2 / 4　香港大湾

0 / 0 / 4　广东红花林

图一三　二里头 VM3：4 牙璋扉牙源流体系图

　　成都金沙考古工作者既然承认金沙遗址的牙璋和璋形器，承袭三星堆而来。那么，又为什么金沙遗址存在一个大量使用石璋的阶段呢？金沙遗址出土大量的石璋，但不见于三星堆遗址。一些学者认为，金沙遗址大量使用石璋的年代，是在殷墟一、二期，而这时还处于三星堆方国时期。金沙遗址大规模使用玉璋时代，大致在殷墟三期至西周早期，其时三星堆方国已经消亡。这就是随三星堆古国消亡后，金沙地区才出现玉制牙璋等礼器的先后交替过程[19]。

然而，对金沙石璋年代的认识，近年也有一些新的发展。王方指出："金沙石璋主要集中出土于祭祀活动场所，一部分为机械施工时出土的采集品，另以三号祭祀遗址内最为集中。发现有石璧、石璋的半成品与石饼形器等成片堆积的情况。堆积面东西长 19、南北宽 14 米，面积近 300 平方米。石璋大多只器身部分，而少有柄部，放置在石璧旁边或下部，摆放并无规律，……从祭祀区现有遗迹现象分析，采集品中的石璋其年代范围也应该是第一阶段的遗留品，推测相当于商代早期至殷墟二期"[20]。

金沙出土大量石璋时代属于遗址中的第一阶段，年代上是否能达到商代早期或者更早，有待今后深入的研究。目前金沙 60 多件石璋具体内容尚未公布。本文中只介绍了其中四件，并涉及展览厅中的两件，合六件石璋，这是否可以反映金沙 60 多件石璋普遍的特征，尚待日后的分析。然而，从目前分析金沙六件石璋内涵所见，石璋有着极其统一的内在风格，无疑是同一时期遗物。这六件石牙璋所展示的特征，让人惊讶的发现是，金沙石璋毫无疑问是按照二里头 VM3∶4 牙璋模式的复制品。这里需要指出，金沙石璋与二里头牙璋在制作技术上是否相同的问题，目前难以回答。因为现今我们对二里头 VM3∶4 牙璋制作流程，所知并不多。因此，二里头 VM3∶4 和本文所论六件金沙石璋的对比，目前只能在形制和风格方面讨论。

（1）巨大体型：

二里头 VM3∶4 牙璋与金沙六件石璋均长约 50 厘米，可视作是二里头文化牙璋巨大化的表现。

（2）牙璋形制：

VM3∶4 与金沙六件石璋均为本体、扉牙、柄部三者呈台阶状的变化，尤其是柄部的宽度明显收束。并且，两者本体最宽处也都是歧尖的位置。歧尖方面，金沙的石璋显得更为发达，具备威慑的作用。

（3）锯片浅刻：

VM3∶4 和金沙 C260、C262、C258、C267 四件扉牙间都有阴刻直线纹。这种浅刻可能用一些刃部薄于 1 毫米的石锯加工而成，浅刻刻成后，亦不显眼。

（4）横线组合：

VM3∶4 和金沙 C260、C262、C258、C267 的两扉牙间均有浅刻横线纹饰组合，风格比较一致，均由 3 或 2 条横线组合成一组，有 4 至 8 组的不同组合方式。

（5）扉牙龙化：

VM3∶4 和金沙六件石璋均长方形兽头，基本上都张嘴表示，由头、身、尾三部分组成。VM3∶4 与金沙 C260、C261 的龙形设计基本一致，从扉牙齿突计算，龙全体均为 4（头）2—2（身）1（尾）共九处齿突。C258 则为 4/1—1/1，而 C262 则为 5/2—2/1。

以上主要为 VM3∶4 与金沙六件石璋相似的特征。VM3∶4 是从墓葬出土，而金沙的石璋则出自祭祀坑。两者从形态和一些技术上，有着相同的工艺传统。当然整体制作上 VM3∶4 比金沙石璋都要精致准确。然而金沙石璋上一些技术粗放的现象，如石璋一般并非全面磨平、刻划纹仅在石璋一侧施工、较多打击修整痕迹等，这些都很可能与金沙本身当时特殊社会背景及文化相关，并非是金沙石璋制作者工艺技术高低的反映，是不为并不是不能的问题。这方面可能关系到牙璋制作使用的社会背景，二里头和金沙之间存在一些差异，目前尚未能确切地认识。

然而，VM3∶4和C260、C261间扉牙形态及牙璋整体风格显示，我们可以推断按VM3∶4模型复制，金沙当地工匠制作出的石璋，其风格与二里头三期牙璋是基本相同的。因为VM3∶4模式（4/2—2/1）牙璋在中原地区二里头三期以后，也未见直接的复制品。中原地区二里头VM3∶4牙璋比二里头第四期牙璋、望京楼牙璋、大路陈村牙璋在年代上为早。同样，从类型学考察，我们估计金沙石璋年代上，应比月亮湾及三星堆所出土牙璋都要早。金沙石牙璋类型在东南亚越南也没有发现过。我们认为金沙石质牙璋可能是四川盆地迄今所发现牙璋中最早的类型。其年代是否上溯到商代早期或者更早，有待今后田野考古工作的论证。

另一方面，二里头VM3∶4牙璋在东南中国的传播，可以在与福建和广东、香港地区的对比中有所认识。

2001年福建漳州虎林山墓地发掘，从M13和M19两座大墓中，均出土牙璋。其中M13牙璋为石质，长51.4、宽13.8、厚1.5厘米，形体硕大，可以和二里头VM3∶5牙璋媲美[21]。然而，虎林山M13石璋细部特征所显示，与二里头VM3∶4牙璋存在一定的差异。这包括如M13牙璋扉牙，所显示3/3/1的特征。兽头既没有张嘴表示，形状亦非长方形，中间身体部，却有三个一组的齿尖，尾部也是单阑状。如果仅从扉牙形态考察，虎林山扉牙也是继承了二里头VM3∶4扉牙区分三段的传统，只是头、身、尾上形态的变化较大。此外福建眉力出土一件牙璋，扉牙的结构也是3/2/2形式，同样可以视为二里头VM3∶4的变种，但两者在文化传承上有着一脉相承的关系。

最后，1990年我们在香港南丫岛大湾遗址发掘出商代的牙璋，虽然此牙璋形体略小，仅长21.8、宽4.6厘米[22]。大湾牙璋其中一侧扉牙兽头为长方形兽头形，其上有两处小齿，没有张嘴，两侧扉牙分别是4/2/1和3/2/1的构造。另一点可注意的是，大湾牙璋本体上有浅刻纹和菱格纹。广东地区增城红花林遗址曾采集过一件小件牙璋，长21、宽6厘米，扉牙上仅有一长方形兽头，其上有两齿，无身和尾，扉牙构造是4/0/0[23]。

从以上分析可见，二里头VM3∶4牙璋在南中国曾产生过重要的影响，在西南金沙所见影响是直接的，对东南地区大湾、虎林山则是间接的波及。南中国所显示二里头牙璋特征的承传关系，十分明显。

五、早期的国家政治与牙璋

有关东亚地区早期国家政治制度与牙璋的关系，我们概括以下五点：

（1）二里头遗址作为"中国第一王都"，具有成熟的宫廷仪礼，是东亚早期原生国家的典范。

（2）近半世纪以来，有关夏商阶段牙璋的研究，取得了巨大的成果。然而无可否认，过去学界对牙璋集中在年代、类型学对比等的研究。本文另辟蹊径，重视牙璋细部的分析。我们认为，牙璋局部特征的辨识，对牙璋体系的论证，具有决定性的作用。本文希望为牙璋研究方法论提供一个新的视角。

（3）本文以二里头文化第三期VM3∶4牙璋作个案分析，考察VM3∶4牙璋的属性和特征，建立东亚地区 VM3：4 牙璋的模式，反映广域王权政治制度在东亚数千千米范围内的波及，二里头政权成为此广域政治文化领导的象征。

（4）通过二里头 VM3：4 牙璋与金沙石璋对比，辨别两者间的异同，论证金沙石璋是 VM3：4 牙璋的仿制模式，折射中原夏商王朝政制与地方首领间关系的确立。

（5）二里头牙璋在南中国地区的复制，可被视为原生国家向次生国家波及的一种表现。政治制度是国家形成的必要条件，其出现并非理所当然。牙璋可被视为东亚地区国家政治制度形成的一种物质标志。

二里头国家政治制度的扩散，在黄河流域以南如此广袤范围，包括中原以至于长江流域，甚至珠江、越南北部，都有很明确的波及。论者有谓，二里头遗址就是夏代晚期的王都。我们相信从二里头牙璋等实物，足以论证夏王朝政治理念的实践，这也是东亚广域国家起源的关键。今后除了寻找夏王朝同时期的文字证据以外，考古遗迹和实物对夏王朝实证，同样具有科学性意义和决定性作用。

附记：本文在二里头遗址、金沙遗址等相关资料搜集期间，承蒙中国社会科学院考古研究所王巍、巩文、许宏、杜金鹏、朱乃诚、赵海涛，四川考古博物院、四川省考古文物研究所、金沙博物馆王毅、江章华、朱章义、张擎，福建博物院文物考古研究所陈兆善等亲切指导和协助，谨对以上单位及学者，致以衷心谢忱。

注　释

［1］　弗朗西斯·福山（Francis Fukuyama）（毛俊杰译）：《政治秩序的起源——从前人类时代到法国大革命》（The Origins of Political Order: from Prehuman Times to The French Revolution），广西师范大学出版社，2012 年，第 80—81 页。

［2］　许宏：《最早的中国》，科学出版社，2009 年，第 15、16 页。

［3］　大津透：《はじめに》，《日本歴史. 第 1 卷·原始·古代 1》，岩波书店，2013 年，第 8—11 页。

［4］　冈村秀典：《中国最古の宫廷儀礼をする》，《中夏文明の诞生》，讲谈社，2012 年，第 96—105 页。

［5］　李学勤：《试论牙璋及其文化背景》，《南中国及邻近地区古文化研究》，香港中文大学出版社，1994 年，第 5—7 页。

［6］［8］郑光：《略论牙璋》，《南中国及邻近地区古文化研究》，香港中文大学出版社，1994 年，第 9—17 页。

［7］　杨国忠、刘忠伏：《1980 年秋河南偃师二里头遗址发掘简报》，《考古》1983 年第 3 期。

［9］　邓聪、许宏、杜金鹏：《二里头文化玉工艺相关问题试释》，《科技考古》（二），科学出版社，2007 年，第 120—132 页。

［10］［11］［19］张擎：《金沙遗址出土牙璋的初步研究》，《中国玉文化玉学论丛》，紫禁城出版社，2006 年，第 516—519 页。

［12］　许宏：《最早的中国》，科学出版社，2009 年。

［13］　邓聪、栾丰实、王强：《东亚最早的牙璋——山东龙山式牙璋初论》，《玉润东方》，文物出版社，2014 年，第 51—62 页。

［14］　顾万发、张松林：《论花地嘴遗址所出墨玉璋》，《商都文明》2007 年第 4 期；又见《郑州文物考古与研究》（二），科学出版社，2010 年。

［15］ 刘修兵、刘黎雨：《石峁遗址：探寻中华文明起源的窗口》，《中国文物报》2014 年 7 月 15 日。

［16］ 戴应新：《石峁牙璋及其改作——石峁龙山文化玉器研究札记》，《南中国及邻近地区古文化研究》，香港中文大学出版社，1994 年，第 79—86 页。

［17］ 林巳奈夫：《ワ字形側飾付細長型》，《中国古玉の研究》（第六章：中国古代の石庖丁形玉器と骨鏟形玉器・骨鏟形玉器の編年・龙山晚期），吉川弘文館，1991 年，第 488 页。

［18］ 林巳奈夫：《复合ワ字形鉏牙》，《中国古玉の研究》（第五章：中国古玉の鉏牙・復合ワ字形、业字形、雞頭形鉏牙），吉川弘文館，1991 年，第 384、385 页。

［20］ 王方：《成都金沙遗址Ⅰ区"梅苑"一期发掘简报》，《文物》2004 年第 4 期；王方：《试论成都平原古蜀文化时期的石器制作技术》，2014 年 3 月《夏商周方国文明国际学术研讨会论文集》，待刊。

［21］ 陈兆善、杨丽华主编：《虎林山遗址——福建漳州商周遗址发掘报告之一》，海潮摄影艺术出版社，2003 年。

［22］ 邓聪：《香港大湾出土商代牙璋串饰初论》，《文物》1994 年第 12 期。

［23］ 香港历史博物馆专题展览《岭南印记：粤港澳考古成果展》。

（原载于《中国国家博物馆馆刊》2015 年 5 月 15 日）

浅论神木石峁龙山文化玉器

夏一博

石峁遗址位于陕西神木县城西南 40 余千米处的高家堡镇，海拔在 1100—1300 米。2011 年陕西省考古研究院等单位对石峁遗址进行了考古调查和发掘，发现一座面积达 400 平方米的龙山石城，是近年来中国史前田野考古重要发现之一，"为研究中国文明起源的多样性和发展过程提供了全新资料"。

其实，除了规模巨大的古城外，历史上神木石峁遗址还出土过大量玉器，这些玉器数量之大、种类之多、造型之精美丝毫不逊色于红山和良渚文化玉器，是研究中国古代文明起源的重要资料。

戴应新、邓淑苹、张长寿等为代表的学者对石峁玉器的种类和特征进行过梳理，对其中较典型的刀形端刃器、玉刀、璧形玉器等进行过专题研究，使我们对石峁玉器有了大致的了解。

一、神木石峁龙山文化玉器的发现

神木石峁遗址出土玉器的历史，可上溯至清末，但由于历史原因，其数量尚无完整详细的统计。

抗战时期，榆林刀兔人马某购得玉刀 4 件，贩至包头卖给了外国人。解放后，据高家堡段海田先生回忆，自 1966 年到 1975 年止，前后有 10 年时间，先后收购上交北京的玉器保守估计至少有 1500 件之多。1976 年至 1979 年间戴应新先生在神木石峁遗址进行考古调查和试掘时征集到 126 件，包括牙璋、刀、铲、斧、钺、璧、璜、人头像、玉蚕、玉鹰及虎头等。其中，戴应新先生在房址附近的石棺葬中发现了一件玉璜。1981 年西安半坡博物馆试掘时采集到 4 件，包括锛、铲、凿等。1981 年张长寿调查时征集到玉器 3 件，包括钺（斧）、牙璧、凿各 1 件。2002 年，榆林市文管会征集到石峁玉器若干，主要为铲、璧等。另有中国社科院考古研究所征集的 3 件，绥德博物馆征集的 20 多件及榆林的个人收藏。2012 年，石峁考古队在外城东门址内发现了玉铲、玉璜等。总的来说，神木石峁玉器的出土量大约有 2000 件。

二、神木石峁龙山文化玉器的种类和造型特征

从现有资料看，石峁玉器多数是与祭祀、崇拜有关的礼器，少数为工具和可能具有佩饰功能的装饰玉。大致分为礼器、工具和装饰玉三大类。

礼器主要有牙璋、钺、戈、圭、璧等。其中的牙璋、钺、戈都属于仪仗类兵礼器。

牙璋在石峁遗址出土很多，仅陕西省博物馆和其他学术机关收藏的石峁玉璋至少在 35 件，是石峁玉器中最主要的器形。这些牙璋均为墨玉质地，一般尺寸较大。其中陕西省神木县石峁遗址出土的第 25 号玉璋（图一），墨玉，油黑如漆，唯刀口薄处色呈深茶色，器表有白色蚀斑。长体扁平肥宽，柄近似方形，首端呈内弧刃。一尖残失，两侧雕出齿饰，像水牛头上部正视轮廓，该齿前方还雕有三个等距离的直立小齿。通体抛光。收藏于陕西省博物馆的一件石峁牙璋（图二），墨玉油黑如漆。扁体长条，首部残断。长柄末端略外弧，一角残失，两侧雕出齿棱，形似鸡冠，与之临界处阴刻三组横向线纹，三组横线之间再阴刻双线斜纹。通体抛光。有的石峁牙璋体形巨大，长度甚至接近 50 厘米。现藏于陕西省历史博物馆的一件牙璋（图三），墨玉，青灰色，柄部有褐色蚀斑。体呈扁平而略厚，首端呈叉形，稍薄但未开刃。长柄，一角微残，两侧雕出齿棱，如同水牛头上部正视轮廓，齿棱前方又雕出两小齿。通体抛光。

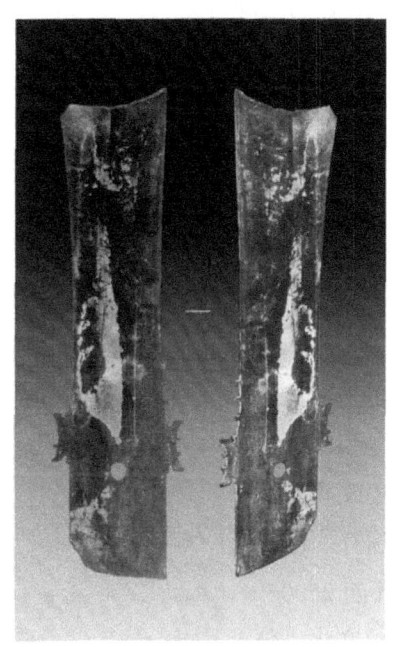

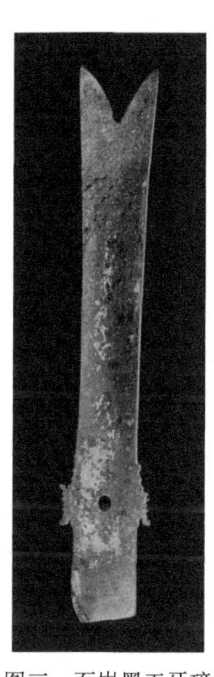

图一　石峁墨玉牙璋
（长 30.6 厘米　宽 9.3 厘米
厚 0.4 厘米）

图二　石峁墨玉牙璋
（残长 34.5 厘米　首端残宽 7.8 厘米
柄厚 0.3 厘米）

图三　石峁墨玉牙璋
（长 49 厘米　宽 7.8 厘米
厚 1 厘米）

石峁玉器中，玉戈皆为直内戈。玉钺数量较多，尺寸较大。玉圭的数量也较多。

工具类主要有刀、镰、斧、铲、锛等。

石峁玉刀分多孔刀、切刀和镰刀三种。多孔刀共出土十余件，均作长条形，刃在较长的一边，背平直稍厚，近背处和安柄的地方钻孔以穿绳捆绑，有二孔、三孔、四孔、五孔之分。切刀一般宽短，刃在一边，和现代厨刀相似，是炊具或切草工具。镰刀即短型多孔刀，二穿或一穿，用手握持使用，以收割谷穗或刮治兽皮。

石峁玉斧有带柄斧和手斧之分。

石峁玉铲分长柄形铲和耑形铲两种。耑形铲又称板铲，可安直柄作铲，也可装横柄作刀，具刀与铲的两种功能。

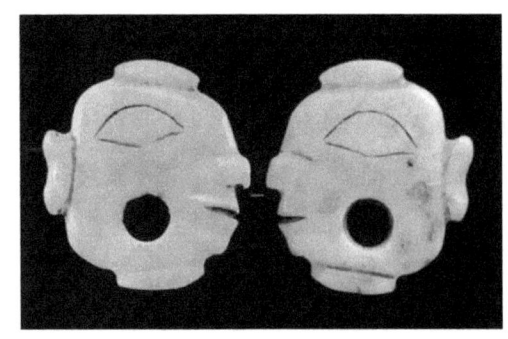

图四　石峁玉人头像

（高 4.5 厘米　宽 4.1 厘米　厚 0.5 厘米）

锛为治木工具。

石峁玉器中的装饰玉主要有牙璧、璜、笄等，还有一些人物、动物题材的玉雕件，以片雕为主。其中石峁遗址出土的一件人头像（图四），玉髓质，白色，具有蜡脂光泽。以剪影手法琢出头上有椭圆形发髻的人首侧面形象，双面平雕侧面像。头顶盘束高髻，圆团脸，鹰钩大鼻，半张口，腮部鼓出。阴线刻出橄榄形目纹，脑后有外凸的弧形耳朵，面颊透钻一圆孔，细颈。

动物形玉雕多简洁传神，有玉蚕、玉蝗等。遗址出土的一件鹰形玉笄（图五），青白玉，青绿色。长条状，立鹰形，从上至下劈开，仅存左半面。喙部弯曲成钩状，眼睛呈外凸椭圆形，头后部雕出较短的卷冠，冠毛下和翅膀之间有刻纹，并向后折叠于翼中，右翼重叠左翼之上。翼羽毛以阳线纹来表现，羽毛末端呈卷曲的涡头状。足部阴刻出利爪，尾翼亦用阳线来表现。翼端稍稍隆起，并有从前至后贯通的细孔，基部变薄呈凿刃状。

石峁所出玉器具有数量大、种类多、造型精美的特点。其玉质以蛇纹石、透闪石—阳起石为主，呈现墨绿、灰绿、白色等色泽。器形硕大壮伟、古朴高雅。就其钻孔来说，对于厚 0.3 厘米以上者，必从两面起钻，孔径对接处往往留下小小的台面；更薄些的器物，则从一面钻入，待将穿透时，从另一面敲开，在孔径周围留下细小炸裂纹，工艺比较先进。石峁玉器辨矿选料、设计构图、解剖碾磨、钻孔抛光等都已有相当高的造诣。

石峁遗址出土玉器虽然数量较多，但由于历史原因，这些玉器多为采集品和征集品，失去了出土单位、位置、组合及使用者身份等基本信息，为深入研究增加了难度。但是石峁遗址属于龙山文化的一个类型——陕西龙山文化。龙山文化泛指中国黄河中、下游地区约当新石器时代晚期的一类文化遗存，除陕西龙山文化外，另外还包括山东龙山文化（或称典型龙山文化，公元前 2500—前 2000 年）、庙底沟二期文化（公元前 2900—前 2800 年）、河南龙山文化（公元前 2600—前 2000 年）、龙山文化陶寺类型（公元前 2500—前 1900 年）。陕西龙山文化也称客省庄二期文化，年代当公元前 2300—前 2000 年。从现有考古资料看，各型龙山文化的总体面貌是较为相近的，在玉器的使用等方面可以为我们的研究提供借鉴。神木石峁出土的玉器虽然丧失了大量文化信息，我们却可以从其他类型龙山文化玉器中发掘出其中体现的文明因素，与规模宏大的石峁龙山古城相映证。中国玉文化绵延八千年，龙山玉器在中国文明起源中的作用不容小觑。龙山玉器使用中体现的等级、宗教等礼的因素，是中国进入文明社会的标志之一，这些文化制度又直接成为夏文化的重要元素，为夏商文明奠定了基础。

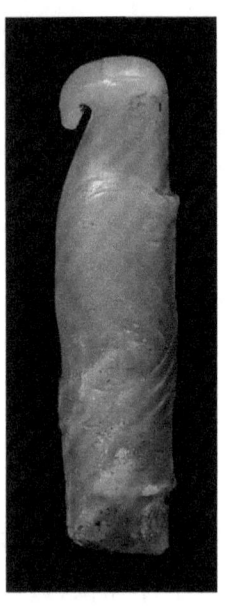

图五　石峁
玉鹰形玉笄

（长 6.5 厘米）

（原载于《文物天地》2015 年第 8 期）

石峁遗址出土玉器补遗

韩建武

　　龙山文化晚期，中国社会发生了重大变化，各主要文化普遍出现了大型的城垣，其中最重要的是良渚、陶寺及石峁三大古城，这是相较以往的中心聚落的进一步发展，说明中国社会已进入了早期国家，迈入了文明的门槛。石峁是陕北神木县高家堡的一个小山村，居黄河支流秃尾河岸，北临长城，遗址所在区域属于低山丘陵区，以黄土梁峁剥蚀山丘、沙漠、滩地为主。

　　陕北神木石峁一带出土玉刀、玉璋等玉器，可以追溯到很早。北京故宫博物院收藏的玉刀、玉璋有一批可能就源自神木一带。19世纪末到20世纪初，神木一带大量玉璋流出海外。1976—1979年陕西省考古研究所的戴应新先生对石峁遗址进行了调查并作了小规模的试掘。据戴应新先生统计，仅20世纪六七十年代石峁玉器的出土量当在2000件左右，其中绝大部分由高家堡农副产品收购站上交外贸部门加工出口了。由于其着眼点在于卖玉料，故只择莹润、色美、厚大、精致的收购，质差、粗黑或薄小者不收，由卖玉者带了回去。戴先生追踪这条线索，多次到石峁调查并征集玉器百余件，计有牙璋、圭、斧、钺、戚、戈、刀、璧、牙璧以及玉雕人头像、玉虎头、玉鹰形笄等十几类，其中以牙璋、刀、戈、钺、牙璧等最具特色。《考古与文物》1988年第5、6期刊发戴应新先生对石峁玉器的征集情况及研究专文，1992年台湾学者邓淑苹组织戴先生并配上自己的研究认识在《故宫文物月刊》第124—130期连续7期刊发专文介绍，提到共征集玉器126件。但有部分藏品未公布详细资料，且个别数据有误，现补释如下，以方便大家研究。

　　（1）玉刀：残长26、宽11厘米，重175克。墨玉质，一端有刃，宽大体薄（图一）。石峁玉刀近40件，戴应新先生将其分为宽短型、中长型、窄长型三种形制，这些玉刀在靠近刀背处一般有2—5个穿孔。但此刀与其他玉刀不同，应属宽长形。玉刀是由新石器时代的石刀发展演变而来，最初是收割工具，与同时期的斧、锛、镰、铲一样为生产工具。随着时代的发展变化而多用玉制成，其用途也发生变化，主要作为仪仗、礼仪中的标志出现。像这类刀宽大体薄，质地硬脆，是无法作为实用工具的，应是仿工具或武器的非实用玉器。玉刀上的穿孔，应是供与柄扎结时穿系捆结用。其中一些玉刀有一穿孔，孔径较大，位置靠近刀背的一端，不同于其他有序排列的孔，有学者认为这种大孔是系璎珞之类装饰物用。

　　（2）玉刀：长16、宽7.2厘米，重175克。青色，有黑色条斑，平面呈长条梯形，一边有刃，为双面刃。一面留有明显的线切割痕，一孔（图二）。

　　（3）玉铲：长8.0、宽3.8厘米。玉呈淡绿偏黄色，微透明，长方形片状，刃略呈弧形，单面刃，背

图一

部较平直，有一孔，通体抛磨光亮。玉铲形制较玉钺窄，较玉斧薄，多碾制精细，该玉铲刃口没有残损，属仪仗器（图三）。

图二　　　　　　　　　　　　　　　图三

（4）窄条形玉铲：长18、宽4厘米，重50克。墨玉，扁薄，窄长条形，尾端中部和中部各有一孔，刃部有磕伤。一面有明显的切割痕（图四）。

（5）玉刀：长13、宽7.0厘米。灰白色，近似大理石质，近似扁体，一面有刃，双面开刃，背平直，体有喇叭形孔，通体碾磨光滑。玉铲脱胎于石铲，新石器时代晚期的良渚文化、齐家文化、龙山文化遗址中均有发现，商代较少见，以后消失。属仪仗器，与玉钺功能一样（图五）。

图四　　　　　　　　　　　　　　　图五

（6）玉钺：长10、宽7.2厘米，重60克。墨绿色不透明，体厚，近似直背，两孔，刃部残缺。玉钺主要是一种征伐权力的象征，在进行祭祀或举行重要礼仪活动时使用（图六）。

（7）玉铲：长10、宽4厘米，重40克，墨绿色不透明，玉质不纯，长条形，一端略呈弧形，一端残断，体厚，应为玉琮或其他类器物改制而成的玉铲（图七）。

（8）玉铲：长11、宽4厘米。淡黄色，微透明，长方形片状，刃平直，背部残缺，背端部有一单面钻孔，通体抛磨光亮（图八）。

图六　　　　　　　　　　图七　　　　　　　　　　图八

戴应新先生调查试掘中，在石峁遗址发现有白灰面房址、灰坑、石棺葬和瓦棺葬等遗迹。出土陶器以灰陶和外表磨光的黑灰陶为主，器形有鼎、鬲、釜、斝、三足瓮、罐等（图九—图一二），与关中客省庄二期文化晚期类似。2011年陕西省考古研究院对石峁遗址进行了区域系统调查，发现该遗址是一处规模宏大的石城址，发现城址包括皇城台、内城、外城三座基本完整并相对独立的石构城址，共400万平方米。2012年陕西省考古院对石峁遗址的考古发掘，确认了体量巨大、结构复杂、构筑技术成熟的门址、石城墙的遗迹，发掘过程中出土玉器多件，结合地层和出土物，初步认定石峁城址最早修建于龙山中期，兴盛于龙山晚期，夏早期毁弃。石峁遗址已到夏代这一点也在神木新华遗址得到了印证，1999年，陕西省考古研究所为配合国家重点工程——陕京天然气输气管线和神延铁路的建设，对神木县西南大保当镇新华遗址进行了发掘，遗址中发现了一个玉器坑，出土了32件精美玉器，新华遗址距石峁遗址20余千米，据^{14}C测年，新华遗存年代当在公元前2100—1900年之间。若此，则新华遗存玉器坑与墓葬所处的晚段遗存自然已经属于夏代早期纪年范围之内。陕西历史博物馆也藏有两件新华遗址出土的玉璧（图一三、图一四），也表明新华遗址与石峁遗址关系非常密切。石峁玉器在雕琢技法上有的简朴原始（图一五），有的繁杂成熟（图一六），器形、器类、装饰上也差异较大，说明石峁玉器在时间跨度上是很长的，其最晚器物确已属夏文化。

图九   图一〇   图一一

图一二   图一三   图一四

对于石峁玉器，我们检测了其中三件标本，并承蒙秦俑博物馆夏寅先生解谱，玉铲（图一七），应为蛇纹石为主的岫玉，拉曼峰1048、686、642、520、378、231。玉璜（图一八），应以透闪石为主的软玉，拉曼峰1054、667、224。玉刀（图一九），应以透闪石为主的软玉，拉曼峰1054、

图一五

667、224。与石峁同时期的新华遗址，经西北大学分析测试中心对24个标本成分测定表明，包括叶蛇纹石、阳起石、透闪石、绿泥石、丝锌铝石、大理石等。有专家认为正如新华遗址出现大量的石质生产工具而现在遗址周围却根本找不到石头产地一样，陕北地区或周围当存在着目前尚未被发现的玉料产地。其实现在越来越多的证据表明，陕北早期玉器、玉料当为外来品，时人大量输入过来的当多为原料。玉料因来源不易，当时相当珍贵，这从石峁玉器多见改制品这一点也可以看出。

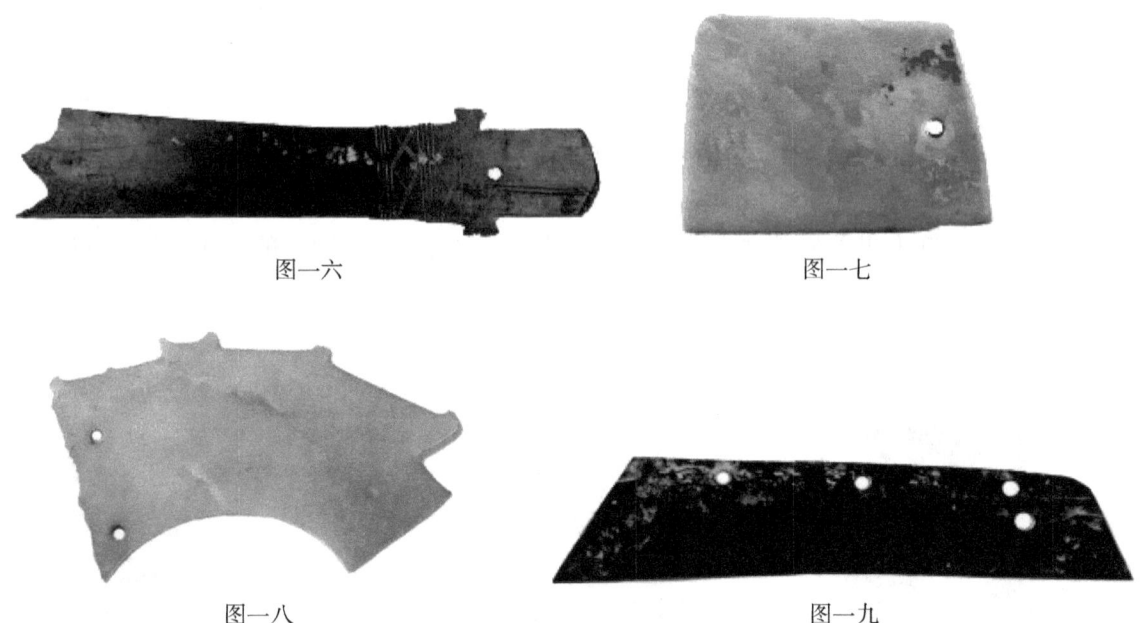

图一六　　　　　　　　　　　图一七

图一八　　　　　　　　　　　图一九

2014年陕西省考古研究所又发掘了石峁内城韩家圪旦遗址，出土有玉铜齿环组合，与山西陶寺出土的遗物颇为类似。同属陕北的芦山峁遗址位于延安市宝塔区芦山峁村西，出土玉璧（图二〇）、玉铲、玉璜（图二一）、玉环、玉钺、七孔玉刀等大批精美玉器，数量30件以上，陕西历史博物馆藏有8件，这些玉器朱乃诚先生认为大部分属陶寺文化，其不是当地制作，是陶寺文化传播到陕北延安一带的结果。陶寺文化的遗物在陕西历史博物馆还有收藏，1974年陕西长武农村公司工艺品门市部拣选的玉牙璧等（图二二），说明陶寺文化在陕西关中地区也影响广泛。所以石峁遗址与陶寺文化交流的频繁与深广是自然而然的事。石峁遗址还出土大量石人像，陕北李家崖也曾出土有石像，李家崖文化时代在殷墟二期至西周中期，其中心分布地区在陕晋交界的黄河两岸高原山地，被认为属鬼方文化，他们当有传承关系，这说明石峁遗址与草原文化的联系与交流也是没有障碍的。郭静云先生甚至认为石峁遗址与东北地区下家店文化类似，石峁遗址应是军用的石城，显示青铜时代亚洲南草原的族群流动，是掠夺族群的城邦，在欧亚草原早期文明也里可温文化和夏家店下层的文化间，补充了关键的中心环节，甚或可为陶寺文化毁灭者的来源提供了线索。石峁遗址共出土两件玉鹰（图二三），玉鹰应属笄（簪）或笄的上半截（可称笄首），下端或曾接有其他质料的长柄，这两件玉鹰身上的细阳纹也称弦纹。它们和石家河文化出土的玉鹰酷似，应是石家河文化玉器的流传。玉峁玉器中的玉尺形器和所谓的十字形器及部分玉料半成品，都是玉琮改制的玉刀，而这种高体玉琮为典型的良渚文化器物。这些都说明石峁文化与良渚文化的关系是很密切的。而石峁遗址的典型器物玉璋、玉刀则主要是二里头文化的风格。石峁地区自古就是农牧交错带，它在不同时期均与其他文化有非常密切的交往，其多种文化交会融合所形成独特的面貌（图二四、图二五），被称为"中国史前文明天空中一颗耀眼的超新星"。

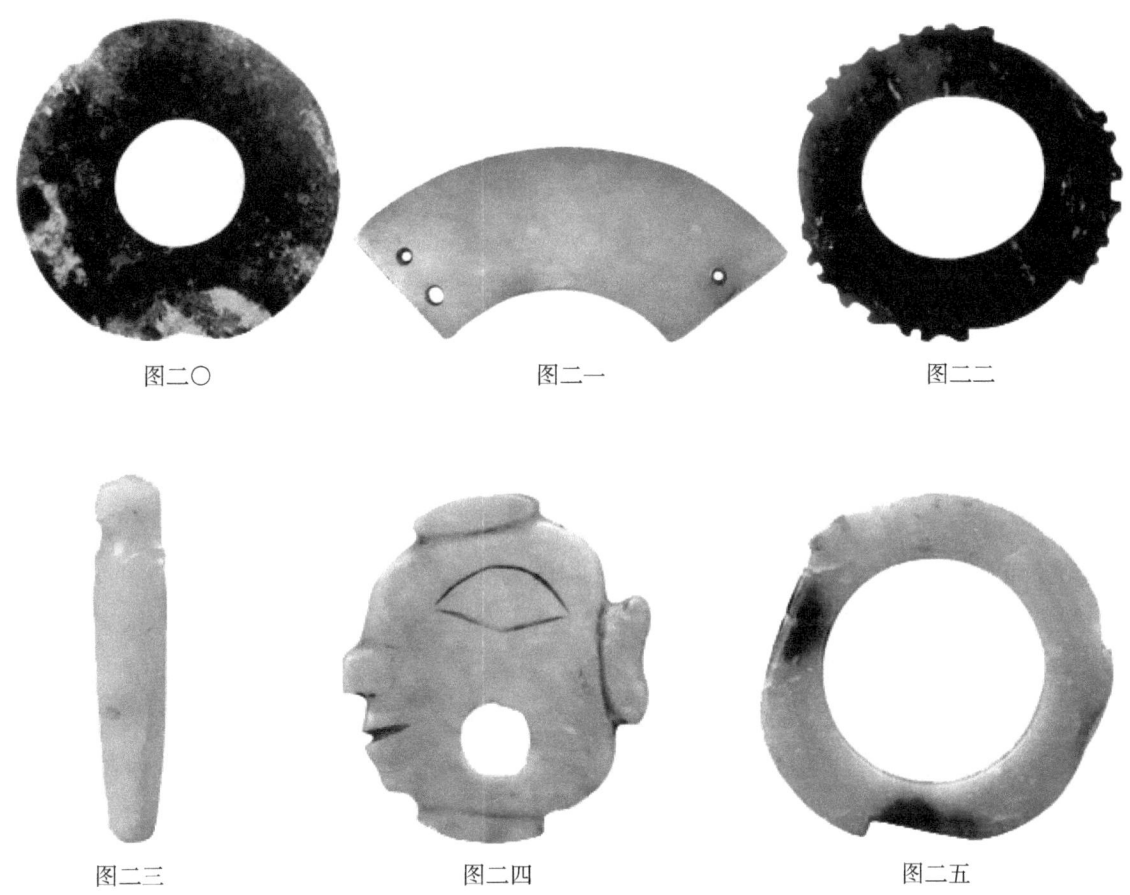

图二〇　　　　　　　图二一　　　　　　　图二二

图二三　　　　　　　图二四　　　　　　　图二五

（原载于《收藏家》2016 年第 2 期）

浅议石峁文化玉人头与眼睛崇拜

胡中亚

伴随石峁文化古城和石峁文化玉器的发现，石峁城址所代表的北方区域文明越来越受到学界关注，对于石峁玉器，尤其是其年代、性质、文化背景等讨论尤为多见[1]。本文试以石峁玉人头为切入点，讨论玉人头背后所代表的石峁文化社会上层文化交往和精神信仰，以管窥豹，以期更为全面地理解石峁文化和社会。

一、玉人头概况

1889 年，吴大澂《古玉图考》即著录有陕北神木一带出土有牙璋、大刀等玉器[2]。20 世纪初神木出土的牙璋等玉器被大批转售海外，被大英博物馆等欧美各大博物馆收藏。直到 1976 年，戴应新先生公布陕北征集玉器资料以后[3]，源自石峁的大批玉器才逐渐为人们所认识。随着近年石峁古城考古发掘工作的开展以及重大考古发现的问世[4]，石峁文化玉器也越来越受到学术界的重视。

戴应新先生 1976 年从石峁征集 126 件玉器，其中的一部分后入藏陕西历史博物馆，包括牙璋、刀、铲、斧、钺、璧、璜、人头像、玉蚕、玉鹰、虎头等种类[5]，其中尤以玉人头像最引人注目。

陕西历史博物馆藏石峁玉人头像，高 4.5、宽 4、厚 0.5 厘米。玉髓质[6]，近乳白色，玉面圆润光滑，有蜡质光泽，色泽柔和淡雅，局部因长期埋藏有褐色浸斑。头像整体扁平，以浅浮雕和阴线雕刻相结合，呈侧面剪影式双面形象。头像面容安详，神态自然，圆脸，腮帮微鼓，五官简明而形象。头顶有一椭圆形发髻或小冠，鹰钩鼻，口外凸而微张，似微笑状，正反两面各有一只橄榄形无珠大眼，大耳突出于脑后，下颌微收，其下为细短颈。面颊正中还钻有一圆孔，一面孔径 1.1 厘米，另一面孔径 1 厘米，为单面钻孔，可能系佩戴所用。单面头像整体轮廓清晰，五官比例相对协调，但双目较为突出。双目为橄榄形，阴线雕刻，刀痕明显，线条流畅，有眼无珠，显得较为夸张（图一，1）。整个玉人头雕像造型逼真，生动传神，正如其征集者戴应新先生评述："雕刻手法古拙，各部比例和位置虽有失当，但形象传神，酷似今日健壮憨厚的陕北青年男子相貌，给人一种超越时空概念的亲切感和真实感，散发出浓郁的黄土乡里气息。"[7]

据悉神木胡文高先生也收藏有一件玉人头，可能也出自石峁遗址。玉人头玉质微黄，方脸、鹰钩鼻、橄榄形大眼、鼓腮、凸耳束髻、面颊穿孔，整体造型、尺寸与陕西历史博物馆所藏玉人头极为相似（图一，2）[8]。所不同的是发髻正中还有一单面穿孔，而且面颊正中单面穿孔两面的孔径也差别明显，穿孔呈上大下小的圆台体，显然系单面管钻所致[9]，但陕西历史博物馆所藏玉人头穿孔两面的孔径大小则基本相同。

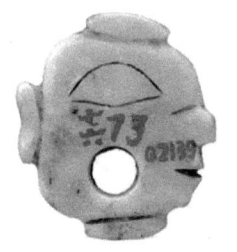

图一　石峁文化玉人头
1. 陕西历史博物馆藏　2. 胡文高先生收藏

二、"一目国"与东夷遐想

凭借独特的造型，石峁玉人头甫一发表即引起学术界关注，学者们围绕玉人头的文化归属、文化性质及其族属等问题展开讨论。

杨伯达先生认为石峁玉人头表现的"一目"造型或与《山海经》所载的"一目国""鬼国"有关[10]。《山海经·海外北经》记载："一目国在其东，一目中其面而居。"[11]；《山海经·大荒北经》云："有人一目，当面中生。一曰是威姓，少昊之子，食黍"[12]（鬼、威音近，当为一国）；《山海经·海内北经》所载"鬼国"："鬼国在贰负之尸北，为物人面而一目"[13]。据马昌仪对《山海经》的解说，"一目民图有二形：其一，一目为纵目、直目，此说未见于经文。如蒋应镐绘图本、成或因绘图本"（图二，1、2）；"其二，一目为横目，如吴任臣康熙图本、汪绂图本、《边裔典》"[14]（图二，3—5）"鬼国即一目国，其人人面，一只眼睛生在脸中央。今见三幅鬼国图，其一目都是横目。有二形，其一，人形，如蒋应镐绘图本、成或因绘图本"（图二，6、7）；"其二，人面蛇，如《边裔典》"[15]（图二，8）。

《山海经》有关"一目"的著录具有浓厚的神话传说色彩，但杨伯达先生认为"若与石峁一目玉人相对照，两者可互为对应，确有关系，可能'一目国''一目人'的记载还是有来头的，不应是空穴来风"。而"一目国""鬼国"冀州之北的地望正与石峁文化分布地域相吻合。他还进一步探讨了石峁文化玉器与贝加尔湖周围玉矿的关系。杨先生关于石峁文化玉料来源的讨论的确很有创见，但是将玉人头的艺术形象解读为"一目"并将石峁文化视为《山海经》中所载"一目国"的观点则值得商榷。

事实上，石峁玉人头为侧面剪影式双面雕刻，人像以鼻嘴侧缘为轴线呈双面对称式构造，正反两面各有一只橄榄形大眼，这种侧面表现人物头像的艺术形式在绘画、剪纸等平面艺术中极为常见。石峁玉人头所刻画的"单眼"实质应为对称双眼形象。

石峁遗址发现的大量其他材质的人像艺术形式也为双眼形象提供了佐证。2009 年，罗宏才先生对石峁遗址进行考察，发现私人收藏及调查所得石雕人头像 17 件，皆为双眼造型[16]（图三，1、2）。自 2012 年石峁遗址正式发掘以来，在皇城台发现的阴刻人面像，双眼尤为清晰（图三，3）。在皇城台护墙内还曾发现有石质菱形眼纹雕塑，砂岩质地，制作规整，其中较大的一组有两只，两眼大小相若，宽约 30 厘米，高约 18 厘米，间距约 28 厘米（图三，4）。另外一组残存一只，宽 33厘米，高 15 厘米，可能因墙体坍塌遭到破坏，当初应该也为双眼构造。皇城台新近的考古发现显

图二　《山海经》不同版本所载一目国、鬼国人像

1—5. 一目国人像［（明）蒋应镐绘图本、（清）成或因绘图本、（清）吴任臣康熙图本、（清）汪绂图本、（清）《边裔典》］　6—8. 鬼国人像［（清）蒋应镐绘图本、（清）成或因绘图本、（清）《边裔典》］

图三　石峁文化石雕人头像、双眼石雕

1. 石峁遗址出土石雕人头像　2. 石峁石雕人头像（陕北历史文化博物馆藏）
3. 石峁外瓮城出土双眼石雕（2016③：2）　4. 石峁城墙出土双眼石雕

示，在大台基南护墙中有人像主题的石雕，无一例外刻画的都是双眼造型，很显然这些双眼人像并非"一目"，因此石峁文化也应与《山海经》所载的"一目国"无涉。

尽管石峁文化玉人头目前仅发现2件，但类似的玉人头像在海岱地区的龙山文化和江汉平原的后石家河文化中则十分常见。邓淑萍先生据此认为石峁玉人头这类人像应为"神祖面纹"，属"东夷系玉器"[17]，甚至有学者认为这种玉人（神）形象应是文献所载东夷少皞族的重与句芒[18]。

人（神）像是海岱地区龙山文化玉器的重要母题之一，在两城镇遗址出土的玉圭（图四，1）和台北故宫博物院所藏的玉圭（图四，2）、玉戚（图四，3）上都有发现，其中台北故宫博物院玉戚上刻画的神祖面纹与石峁文化玉人头的形象尤为相似。玉戚为黄褐色玉，呈短宽梯形，高23.4、

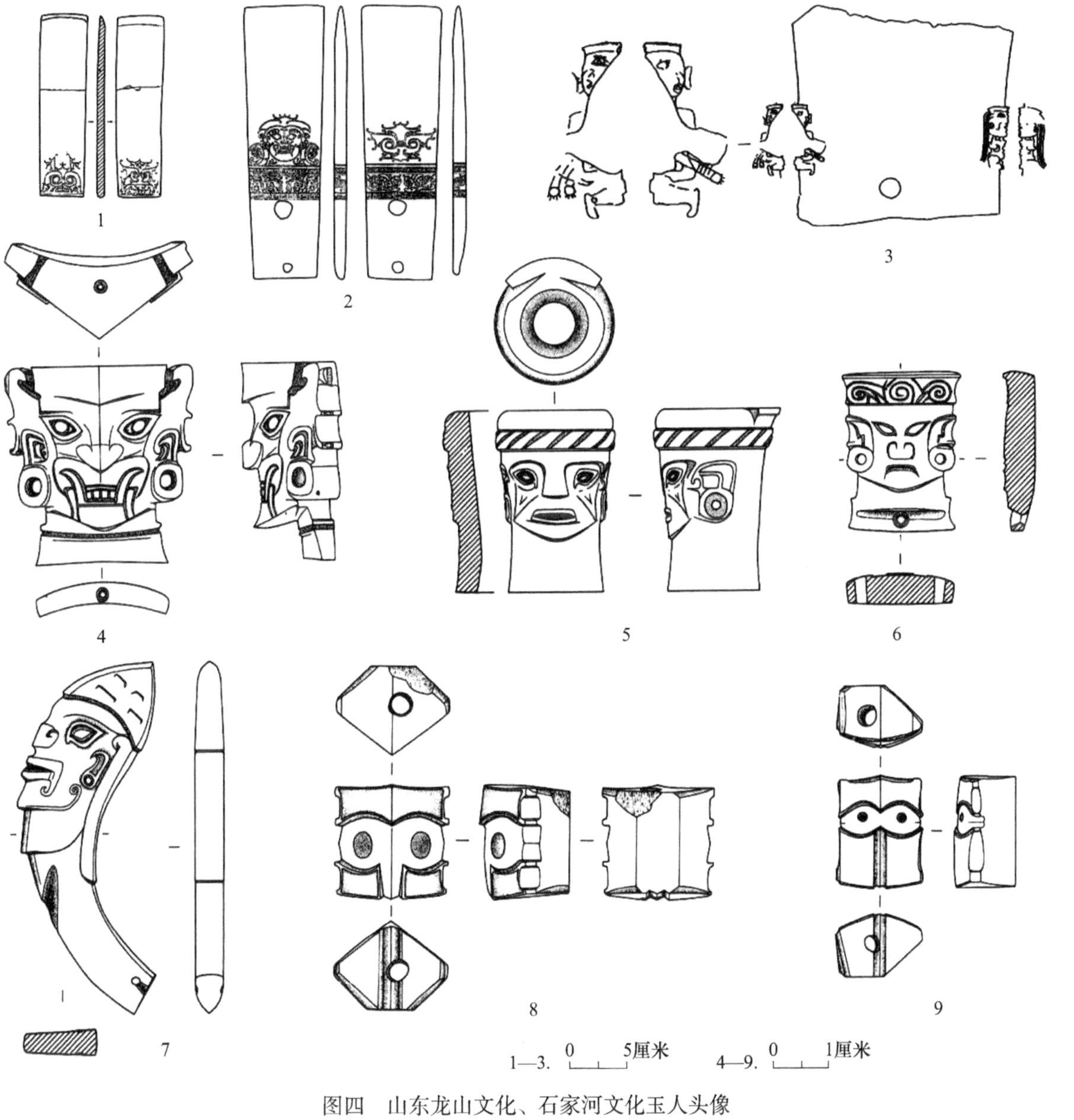

图四　山东龙山文化、石家河文化玉人头像
1. 两城镇遗址出土玉圭　2、3. 台北故宫博物院藏山东龙山文化玉圭、玉戚
4—9. 后石家河文化玉人头像（肖家屋脊 W6：32、W7：4、W6：14、W6：17、W6：9、W6：38）

厚 0.5、刃宽 22.2 厘米。下部有一圆穿，柄端平直，刃线微有内凹，两侧各有一段长约 7 厘米的齿棱，略有残损。近齿棱的两面各雕琢一侧面人像，四个侧面人像若以边线为中轴，拼合来看明显代表两组不同的人像。左侧一组跪坐式人像略有残破，鼻、口、下巴与前胸不存，头部保存较好。人像头顶戴船形帽，不见长发或发髻；两侧各刻一只椭圆形大眼，两三短线所示睫毛清晰可见；长耳位于脑后，耳下方坠有圆环，或为耳环或耳珰。

类似的人（神）像在后石家河文化中也十分常见，在天门肖家屋脊、罗家柏岭、谭家岭遗址，荆州枣林岗等遗址皆有出土，总计 20 余件，据其形式与特点可分为三类[19]。

第一类，立体圆雕或浮雕人像。如肖家屋脊 W6 : 32，人像横切面呈三棱状，以棱线为中轴布局。人像头戴浅冠，头两侧饰弯角及扉棱。人面刻画有梭形双眼，外凸宽鼻头，口部微张，四齿外露，有獠牙一对，耳下部呈圆形穿孔，似耳环。自头顶至颈部有一纵向穿孔，为系配所用（图四，4）。肖家屋脊 W7 : 4，圆管形浮雕，以箍束发并在脑后挽结。浅浮雕五官，耳饰圆形耳环（图四，5）。

第二类，片状正面人像。此类人像数量较多，皆在长方形玉片正面雕刻人像，反面素光无修饰。如肖家屋脊 W6 : 14，人像头戴平顶浅冠，冠前饰有涡形云纹。人面有梭形眼，宽鼻，口紧闭，戴环形耳环（图四，6）。

第三类，片状侧面人像。此类人像数量较少。肖家屋脊 W6 : 17 保存较好，采用浅浮雕技法将人像刻于璜形玉器之上。人像以璜形器凸缘为中轴，左、右人面分雕在玉璜两面。人像头戴尖冠，披长发，橄榄形大眼，短鼻，口微张，戴环形耳饰（图四，7）。

据此来看，石家河片状侧面人像、台北故宫博物院藏玉圭"神祖面纹"人像的艺术表现形式与石峁文化玉人头非常相似，而且人像头戴浅冠，梭形或橄榄形双眼、凸鼻、阔耳、短颈的特征也与石峁文化玉人头如出一辙，这三种艺术形象之间可能有着共同的文化渊源。石家河文化的肖家屋脊 W6 : 9、W6 : 38 柱状半浮雕玉人像，采用减地手法刻画双眼，眼窝深凹（图四，8、9）。后石家河文化双眼玉雕与石峁皇城台双眼石雕造型十分相近，暗示着一南一北两地间的玉文化交流。值得注意的是，龙山文化"神祖面纹"、石家河文化人像一般耳下坠有圆形耳环（或耳珰），但石峁文化玉人头却不见这一特征，或许玉人像面颊中部的圆形穿孔就是由环形耳环演变而来的。

三、眼睛崇拜

石峁玉人头强调眼睛形象的夸张表现手法以及石峁遗址双眼石雕的发现都提供了丰富的可供比较的实物材料。这种着重刻画"双眼"的艺术形式也普遍存在于中国以及世界其他地区。

在距今 8000 至 9000 年的贾湖文化墓地中，有将绿松石放置在尸体双眼之上的"幎目"现象（图五，1）。距今 5000 至 6000 年的红山文化女神像的双眼特意用碧绿圆玉片镶嵌而成（图五，2）。及至青铜时代，青铜器上的饕餮纹刻意突出眼睛，最简者仅保留双眼代替整个面部[20]。集中发现纵目状双眼的青铜人像面具（图五，3）以及菱形青铜眼睛（图五，4）的三星堆文化，很可能已经有了"眼睛崇拜"理念[21]。在中国不同时期的岩画[22]、彩陶、玉器等诸多人像艺术上都存在众多对"眼睛"母题的特殊强调[23]。

图五　世界各文化中的"眼睛崇拜"

1. 贾湖文化绿松石瞑目（公元前 7000—前5800 年）　2. 红山文化玉睛女神陶头像（公元前 4000—前3000 年）　3. 三星堆文化青铜头像（公元前 2000—前1000 年）　4. 三星堆文化青铜菱形眼睛（公元前 2000—前1000 年）　5. 前陶新石器时代耶利哥遗址贝壳瞑目（公元前 7300—前6000 年）　6. 乌鲁克文化晚期"眼庙"遗址双眼陶塑（公元前 3300—前3100 年）　7. 埃及第三中间期"荷鲁斯之眼"（公元前 1077—前664 年）　8. 土耳其阿恰纳丘菱形金眼睛（公元前 1500—前1200 年）

　　从世界范围来看，突出表达"眼睛"的艺术形式，涉及的时空范围尤为广泛。在中东地区距今7000 至 9000 年的前陶新石器时代晚期，在耶利哥（Jericho）、艾因·格扎尔（Ain Ghazal）等遗址发现的大量泥灰、石膏塑像着重刻画眼睛，一些墓葬中的尸体眼眶处放有贝壳[24]（图五，5）。在叙利亚东北部的布拉克土丘（Tell Brak）还发现有乌鲁克文化晚期（距今 5100 至 5300 年）的大量大小不一、形状各异的"眼睛"或"瞳孔"状雕塑[25]（图五，6），该遗址也因此被命名为"眼庙（Eye Temple）"。在古埃及，鹰神荷鲁斯（Horus）也常以眼睛形象出现（图五，7），"荷鲁斯之眼（Eye of Horus）"被视作太阳的象征，是幸福与健康的源泉[26]。荷鲁斯之眼及其简化图案广泛见于古埃及的遗迹遗物中，并传承至今，在西方的医学处方上时常可以见到。简化的眼睛形象在世界很多地区都有发现（图五，8）。

　　上述不同区域、不同时代人面艺术形象对于眼睛的突出强调，已经具有一定的象征意义，尤其是简化或抽象化的眼睛成为一种文化"符号"。眼睛作为人类的视觉器官，在面部占据着重要的位置，面部的其他器官甚或整个生命体的活动，都有赖于眼睛获取到的信息而进行，或许眼睛这种具有"统领"性质的生物特性逐渐被人类赋予独特的文化含义，使其成为震慑力的化身。贡布里希（Ernest Grombrich）指出，"在原始艺术里，眼睛是一种普遍性形象。它具有让人恐惧、尊神压邪的功能"[27]。神秘莫测的眼睛因此也成为古人图腾信仰与崇拜对象的重要组成部分。

　　在中国古代文献中也有诸多关于眼睛崇拜的描述，诸如"尧、舜叁牟（眸）""仓颉四目"、项羽"重瞳""仙人目瞳皆方"等[28]。宗教中普遍存在通过增加眼睛数目而突出强调眼睛特征的人物，如古印度的神灵因陀罗（Indra）和伐楼那（Varuna）皆有"千眼"，佛教千手千眼的观音形象等。在古希腊神话中，"千里眼"宙斯（Zeus）、"百眼巨人"阿尔戈斯（Argus）、"独眼巨人"（Cyclops）等神灵的眼睛也十分特殊。民族学材料显示，太平洋西岸的夸扣特尔人（Kwakiutl）使用"赫韦赫韦（XweXwe）"面具，萨利什人（Salish）使用"斯瓦希威（Swaihwe）"面具，以及亚马孙河流域的图卡诺人（Tucano）、北美地区的原始印第安梅诺米尼人（Menomini）等都使用突出眼睛特征的面具，"这些面具上眼睛的特殊形式表明它们具有超人的视力"[29]。

这些世界范围内不同区域对眼睛艺术形式的突出表达具有明显一致性，德国哲学家恩斯特·卡西尔（Ernst Cassirer）曾把这类原始思维中的"相似律""类比律"称为"类比魔法"[30]。这种对于眼睛独特魅力的艺术再现，以及眼睛背后所承载寄托的不同符号象征表达显然是原始信仰、巫术、宗教的通用表现形式，是一种原始的"眼睛图腾崇拜"。石峁文化玉人头夸张而突出的眼睛以及双眼石雕的发现很可能是当时石峁文化先民"眼睛崇拜"的重要表征。

四、结　语

石峁遗址因出土大量精美玉器而享誉海内外，现藏陕西历史博物馆的玉人头即为其典型代表。类似的玉人头像在陕西神木也有发现，两件人像头戴方冠，方脸凸鼻，阔耳束髻，面颊穿孔，夸张的橄榄形大眼尤为突出。玉人头以侧缘为轴线，两面各刻一目而构成双目，是典型侧面剪影式艺术表现形式。因此石峁玉人头并非"一目"，更与《山海经》所载"一目国"无涉。

从考古学文化面貌来看，石峁玉人头与海岱地区龙山文化、江汉地区后石家河文化关系紧密，石峁文化遗址还出土有龙山文化风格的玉璇玑、玉牙璋以及后石家河文化常见的玉鹰形笄、玉虎等。这些玉器的发现表明石峁城址在当时已经有了频繁的上层文化交流和跨区域文化互动。

石峁文化玉人头夸张的眼睛以及石雕双眼反映了石峁文化先民可能存在眼睛崇拜。近年来，在石峁城址还发现有大量的陶鹰、口弦琴、石刻符号、卜骨等自然崇拜或是原始信仰的证据[31]，因此石峁文化很可能是一个多种信仰体系或"泛灵论"的社会，而眼睛崇拜只是石峁文化先民原始信仰和世界观、宇宙观的一部分。这种多元信仰与良渚社会神人兽面纹所表现出高度一致的精神信仰显然不同[32]，关于石峁文化精神信仰的探索与对比研究有待今后进一步开展。

注　释

［1］ 王炜林、孙周勇：《石峁玉器的年代及相关问题》，《考古与文物》2011 年第 4 期。

［2］ 邓淑苹：《〈古玉图考〉导读》，艺术图书公司，1992 年，第 25—27 页。

［3］ 戴应新：《陕西神木县石峁龙山文化遗址调查》，《考古》1997 年第 3 期。

［4］ 陕西省考古研究院：《发现石峁古城》，文物出版社，2016 年。

［5］ a. 戴应新：《神木石峁龙山文化玉器探索（一—六）》，《故宫文物月刊》第 125—130 期；b. 高嵘：《陕西历史博物馆藏石峁玉器赏析》，《文博》2009 年第 4 期。

［6］ 据台北故宫博物院邓淑苹女士观察认为可能属闪玉，见邓淑苹：《晋、陕出土东夷系玉器的启示》，《考古与文物》1999 年第 5 期。

［7］ 戴应新：《神木石峁龙山文化玉器探索（六）》，《故宫文物月刊》第 130 期。

［8］ 高功：《石峁玉人头雕像》，《收藏界》2013 年第 8 期。

［9］ 邓聪：《东亚史前玉器管钻技术试释》，《史前琢玉工艺技术》，台湾博物馆，2003 年，第 145—156 页。

［10］ 杨伯达：《"一目国"玉人面考——兼论石峁玉器与贝加尔湖周边玉资源的关系》，《考古与文物》2004 年第 2 期。

［11］ 马昌仪：《古本山海经图说（增订珍藏本）》，广西师范大学出版社，2007年，第798页。

［12］ 马昌仪：《古本山海经图说（增订珍藏本）》，广西师范大学出版社，2007年，第1056页。

［13］ 马昌仪：《古本山海经图说（增订珍藏本）》，广西师范大学出版社，2007年，第912页。

［14］ 马昌仪：《古本山海经图说（增订珍藏本）》，广西师范大学出版社，2007年，第798、799页。

［15］ 马昌仪：《古本山海经图说（增订珍藏本）》，广西师范大学出版社，2007年，第912、913页。

［16］ 罗宏才：《陕西神木石峁遗址石雕像群组的调查与研究》，《从中亚到长安》，上海大学出版社，2011年，第3—50页。

［17］ 邓淑萍：《新石器时代神组面纹研究》，《玉魂国魄——中国古代玉器与传统文化学术讨论会文集（五）》，浙江古籍出版社，2012年，第230—274页。

［18］ 孙庆伟：《鼏宅禹迹：夏代信史的考古学重建》，生活·读书·新知三联书店，2018年，第420—429页。

［19］ 荆州博物馆：《石家河文化玉器》，文物出版社，2008年，第1—24页。

［20］ 艾兰：《早期中国历史、思想与文化》，商务印书馆，2011年，第202—216页。

［21］ 王仁湘：《三星堆青铜立人冠式的解读与复原——兼说古蜀人的眼睛崇拜》，《四川文物》2004年第4期。

［22］ 李东风：《岩画中的眼睛崇拜——以赤峰地区人面像岩画为例》，《岩画学论丛（第1辑）》，中央民族大学出版社，2014年，第152—161页。

［23］ 王仁湘：《中国史前"旋目"神面图像认读》，《文物》2000年第3期。

［24］ 吕红亮：《"再造"眼睛：史前眼睛信仰的探索》，《东南考古研究（第四辑）》，厦门大学出版社，2009年，第185—193页。

［25］ 拱玉书：《西亚考古史（1842—1939）》，文物出版社，2002年，第155、156页。

［26］〔英〕萨拉·巴特利特著：《符号中的历史——浓缩人类文明的100个象征符号》，北京联合出版公司，2016年，第84、85页。

［27］ 转引自艾兰：《早期中国历史、思想与文化》，商务印书馆，2011年，第209页。

［28］ 夏奇艳：《原始艺术中眼睛形象的意义》，《中华文化论坛》2016年第4期。

［29］〔法〕列维·施特劳斯著，知寒等译：《面具的奥秘》，上海文艺出版社，1992年，第131页。

［30］〔德〕恩斯特·卡西尔著，于晓译：《语言与神话》，生活·读书·新知三联书店，1988年，第110页。

［31］ 孙周勇等：《石峁遗址：2017年考古纪事》，《中国文物报》2018年6月1日。

［32］ 赵辉：《良渚的国家形态》，《中国文化遗产》2017年第3期。

（原载于《文博》2020年第4期）

试论陕北和晋南的龙山时代玉器

——以石峁、碧村和陶寺为例

栾丰实

最近几年陕北神木石峁古城址的考古发现和年代的确认，是中国考古学的重大收获。石峁以皇城台为核心的内城和外城，面积达 400 万平方米，规模宏大的石砌城墙，结构严整的内外城门，特别是在以土木建筑为主的中国，出现这样一座难以想象的、宏大规模的石建筑城址，真可谓石破天惊，立即引起学术界的极大关注。

随着发掘工作的全面开展，新的考古发现层出不穷。如各种图案的石雕作品、青铜器和铸造青铜器的石范、建筑用的板瓦、大型陶塑鹰鸟、成千上万的骨针、至今还可以演奏的口簧、数量庞大的山羊绵羊骨骼以及有确凿地点和出土层位的玉器等。

石峁遗址的玉器发现较早，相传民国时期就有出土，并流传到国外为各大博物馆所收藏。20世纪 70 年代，陕西省考古研究所在石峁地区的调查中，征集到一批玉器，资料逐渐公布之后，石峁遗址的性质、年代和价值就开始受到各方重视。

一、石峁玉器

传出于石峁遗址的玉器数量很多，其主体部分主要有两批。一是考古业务人员从石峁调查征集所得，包括：1976 年陕西省考古研究所戴应新先生在高家堡征集到的一批，共 126 件，经现场调查认为出自石峁遗址[1]；中国社会科学院考古研究所张长寿先生在石峁征集的几件[2]；另外原中国历史博物馆和西安半坡博物馆等征集所得[3]。二是近几年在石峁遗址发掘出土的一小部分[4]。此外，随着近些年的古玉热，当地的私人收藏家手里也有不少传出自石峁遗址的玉器[5]。本文的讨论主要依据前两批资料。

石峁龙山文化玉器中，数量最多的是牙璋、玉钺和玉刀，其次为璧环、玉圭、玉琮等[6]（图一）。

1. 玉钺

石峁玉器中有一定数量的玉钺，原来发表的文章中称之为玉铲的玉器，基本上都可以归入钺的范畴。此外，还有一些玉器，如一部分称为切刀、镰刀、刀形玉片的玉器，有可能也是玉钺[7]。石峁玉钺的基本形制为平面近长方形，可以分为两型：A 型的器身较长，长宽比为 2 : 1 左右（图一，3、4）；B 型则为短体钺，长宽比为 1 : 1 左右（图一，5、6）。背部正中均有孔，有的为双孔，刃部多数较直，或微外弧。这两种形制的玉石钺是整个黄河流域龙山时代最为流行的款式，黄河中游

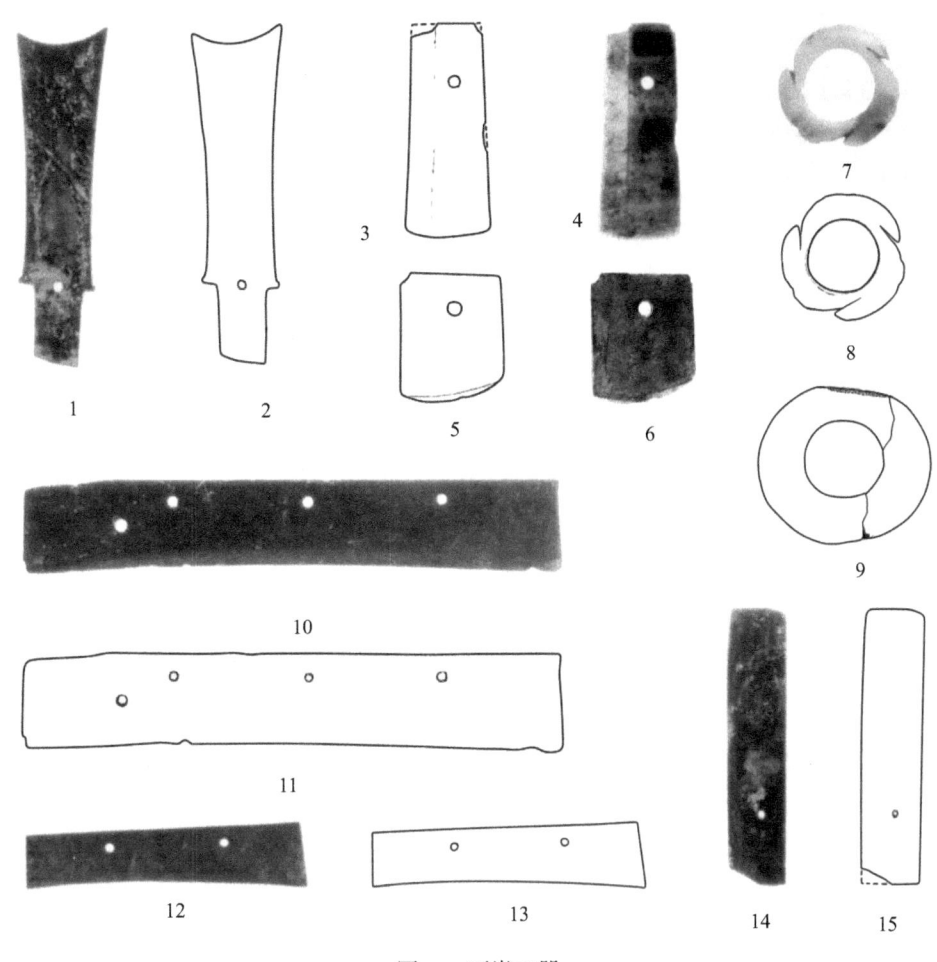

图一　石峁玉器

1、2. 牙璋（7号）　3、4. A型钺（104号）　5、6. B型钺（49号）　7、8. 牙璧（42号）　9. 璧（41号）
10、11. A型（83号）　12、13. B型刀（93号）　14、15. 圭（101号）

的陶寺文化和下游的大汶口—龙山文化都有较多发现。

2. 牙璋

这是一种较为特殊的器形。前端的刃部内凹，刃部两侧的角尖一长一短，器体窄长，器体与柄相接的栏部两侧有外凸的扉齿，尾端有柄（或称为内），柄的近栏一端皆有小圆孔。依栏部两侧扉齿的复杂程度可以分为A、B两型。

A型牙璋的扉齿较为简单，仅在璋体与柄的交界处向外伸出一个扉齿（图一，1、2）。这一类璋石峁发现较多，在戴应新先生公布的资料中有21件，其中长度在30厘米以上的有15件，30厘米以下的为6件，最长的接近40厘米，最短的只有24.7厘米。

B型牙璋的扉齿制作得十分复杂，伸出的多个细小齿牙排列规则，错落有致，并两侧对称，之间或划细线相连，形制类似于二里头遗址出土的大型牙璋。这一类牙璋的刃部多内凹较甚，有的呈深"V"字形，并且牙璋的体量明显大于A型，长度均超过30厘米，最大的一件约为50厘米。其时代应晚于龙山时期。

3. 玉刀

数量较多，将近 20 件，在石峁玉器中的数量仅次于牙璋，个体均相对较大，背部穿孔，孔的数量不一，但规律十分清楚。可分为两型。

A 型为多孔玉刀。这一类玉刀的个体多较宽较长，长度均超过 30 厘米，最长的一件超过 50 厘米，是名副其实的"大玉刀"。玉刀的背部多穿三孔，不少一端中部另加一孔，形成所谓"3＋1"的布孔格局（图一，10、11）。其中蕴涵的意义虽然目前尚不明了，但从黄河下游到中上游地区，普遍流行这种格局的布孔，应该具有为我们目前尚不知悉的特定内涵。这就像大汶口—龙山文化时期的龟甲器，无论是实体龟，还是玉龟和陶龟，在背甲的一端均钻有成方形排列的四个小孔，其内涵和意义为我们所不解。

B 型为双孔玉刀。这一类玉刀相对较窄较短，近背部一侧穿双孔，长度多在 20 厘米左右（图一，12、13），形制同于遗址中发现的一般石刀，但体量要大出一倍有余。

4. 璧环类

石峁玉器中的璧环类玉器数量较少，有普通型玉璧和牙璧的区别。普通型璧有大孔和小孔的区别，或可分别为璧（图一，9）和环。发现的牙璧主要为三牙（图一，7、8），中部的圆孔较大，边肉较窄，或在牙与牙之间有不明显的扉齿，扉齿的型式和结构，也是判定牙璧时代的依据之一。发现的一件五牙璧，平面形状介于椭圆形和圆角长方形之间，四个大牙一个小牙，大牙之间有排列规整的成组扉齿，故其时代可能略晚一些。

5. 玉圭

石峁玉器中有一定数量玉圭，平面呈窄长条形，一端有小圆孔，另一端有磨制的刃（图一，14、15），或认为是窄型钺。

除了以上的五类，石峁玉器中还有少量其他玉器器形，如琮、璜、锛、玉棒及人头、鸟、虎、蚕等玉雕艺术品。因为石峁玉器为征集所得，经过人为的筛选，故其数量的多少和比例不太具备统计意义。

分析石峁玉器的材质、制作工艺和器物造型等，可将其特征归纳如下。

玉料的产地和来源尚不明确，从目前的情况看，产地可能比较分散，即来自不同的地区。既有当地所产，如非闪石玉多产自本地，也有来自外地，如西北和东北等不同地区。

玉器的开料工艺主要采用了片切割技术。片状玉器占绝大多数，许多大型器物的器体也很薄。既与玉料的缺乏有关，也与具有先进的玉器加工技术密切相连。

如果认为联璜璧是晋南地区率先发明出来的，那么，石峁所在的陕北地区，缺乏当地区域文化所特有玉器文化内涵及代表性器类。石峁玉器主要的器形有五大类，即玉钺、牙璋、多孔大玉刀、包括牙璧在内的玉璧和玉圭，此外还有琮、璜、镯等。这五类玉器应该是石峁龙山文化时期玉器的主要器类，其中数量最多的是前三类，即玉钺、牙璋和玉刀。石峁玉器的基本器类也是后来二里头文化玉器的基本组合。

二、碧 村 玉 器

位于黄河东侧并且距离石峁不远的山西兴县碧村遗址，近年来也发现一定数量的玉器，虽然多数玉器不是科学发掘品，但在近年来碧村小玉梁遗址的发掘中发现一部分相同的玉器残件，证明这些玉器应出自小玉梁遗址之内。坐落在小玉梁顶部的遗址，是一处周围有石墙环绕的城址，面积约 4000 平方米，墙内分布着成组的石砌建筑，所以这是一处比较重要的龙山文化晚期聚落遗址[8]。从规模和建筑结构来看，碧村城址的等级显然不如石峁高，但由于石墙和成组石建筑的存在，并出土数量可观的玉器，表明这不是一处普通聚落，应是一处等级略低、规模稍小的中心聚落，有可能是石峁城址势力范围之内的二级聚落或派驻东方机构的城堡。

目前公布的碧村玉器主要有六类，即璧环、玉钺、玉刀、玉琮、玉圭和玉璜[9]，其中以璧环类玉器数量较多（图二）。

璧环类玉器大约有三大类：A 型为普通的璧环，有大孔和小孔之分（图二，1、2），小孔一般称为璧，大孔名之环，这也只是一个大概的区分。B 型为联璜璧（图二，3、4），这种璧是晋南地区的特色，分布较为普遍，向西可以延伸到陕北和甘青地区。C 型为牙璧（图二，5—7），这类特殊的璧近些年在山西的许多遗址都有发现，如陶寺、下靳、清凉寺等，陕北的一些遗址也有发现，这是一种典型的外来玉器门类。碧村的牙璧有三牙和四牙的区别：三牙璧的形制较为复杂，在牙和

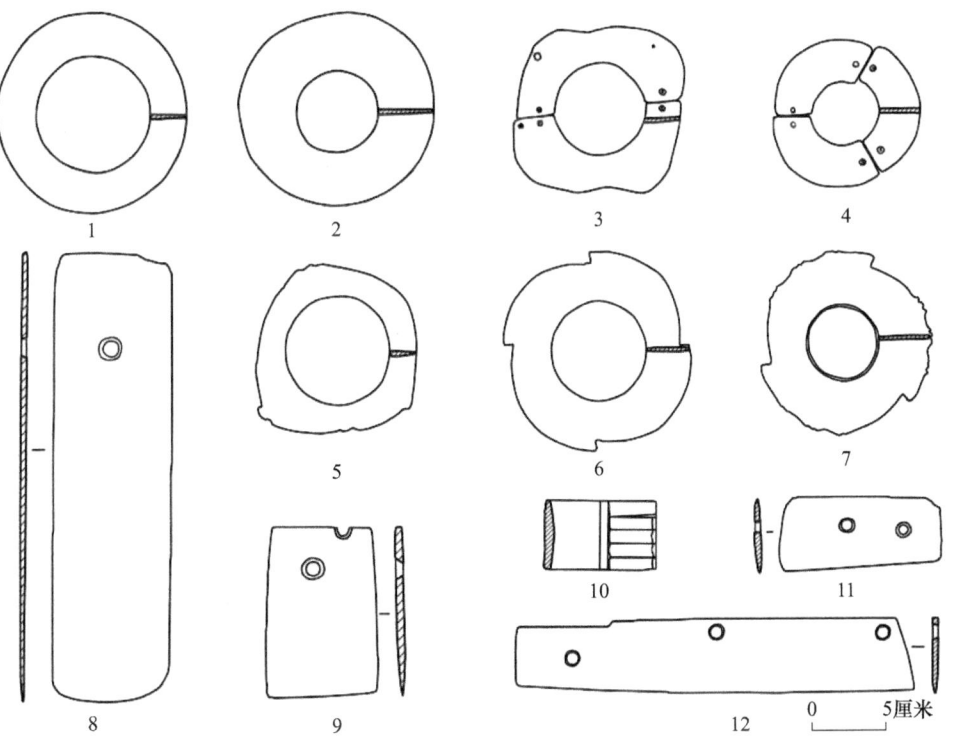

图二　碧村玉器

1、2. A 型璧（A024、A025）　3、4. B 型璧（A015、A006）　5—7. C 型璧（A001、A004、A003）
8. A 型钺（017）　9. B 型钺（A016）　10. 琮（A011）　11. 双孔刀（A014）　12. 多孔刀（B006）

牙之间增加了规整的成组齿状突起，这一类璧的年代相对较晚一些；四牙璧的形制较为简单，是常规形态；另有一种三牙璧，实际上只是在璧环的周边做出三组微突的扉齿，这种形制的牙璧产生较早，最早见于仰韶时代晚期即大汶口文化中期阶段，可能沿用的时间较长。

碧村的玉钺，平面形状为长方形或接近长方形，刃部平直或微弧，可分为两类：A型为窄长型，长度是宽度的两倍以上（图二，8）；B型是宽短型，长宽比在1.5以下（图二，9）。这两类钺长宽比例悬殊，可能具有不同的用途。这也是陶寺、清凉寺、下靳和石峁玉石钺的基本形态，黄河中下游地区龙山时代普遍存在着这两种基本形制的玉石钺。

碧村的玉刀有多孔和双孔两类。发现的一件多孔玉刀为三孔，个体较长较大（图二，12），与石峁的同类器相同。双孔刀较之多孔刀要短小（图二，11），多见于陶寺等晋南的遗址，石峁也有发现。

琮的数量不多。碧村发现的玉琮纹样简单，琮的表面或有平行的凹槽，为典型的龙山式样（图二，10）；或为素面，可能时代更晚一些。

三、陶寺和清凉寺玉器

与石峁、碧村地域相邻、时代大体相当和略早的是陶寺文化。陶寺文化因襄汾陶寺遗址的多次发掘而得名，陶寺遗址的早期为庙底沟二期文化晚期，中晚期为陶寺文化，绝对年代约在公元前2600—前2000年[10]。陶寺文化主要分布于以临汾盆地为中心的晋南地区。经过发掘的陶寺文化遗址较多，其中出土玉器较多的是陶寺和芮城清凉寺遗址，临汾下靳尽管发掘了大量墓葬，但可能是遗址级别的原因，出土玉器数量较少[11]。

陶寺遗址位于汾河流域的襄汾陶寺村南，遗址总面积超过300万平方米。1978年以来，中国社会科学院考古研究所山西队进行过多次发掘[12]，发现一系列事关中国文明产生的重大考古发现，如规模宏伟的龙山文化内外城址和大型建筑遗迹[13]，数量庞大、等级分明的大型墓地，祭祀和天文遗存等。不少学者将陶寺与古史传说中的帝尧相联系，认为陶寺龙山城址是中原地区最早的王国之都，而这个都城就是"尧都平阳"之平阳[14]。同时，陶寺也是晋南甚至中原地区出土玉器数量最多的遗址（图三），累计达到100多件。陶寺玉器基本上出自墓葬之中，像中期被盗的M22，劫后之余还有数十件之多[15]。

陶寺玉器中数量最多的是璧环类，粗分有四类，即普通型璧环（图三，4）、联璜璧（报告称为复合璧）、近方形璧（图三，10）和牙璧。其中最具特色的是联璜璧，即由2—6件（其中以4件者最多）璜形器缀合起来，形成一个完整的璧（图三，9）。陶寺的牙璧数量不多，目前只发现2件。一件是造型简单的三牙璧，没有多余的装饰（图三，6）。另一件形状介于圆形和方形之间，在四个圆角的位置各有一组相同的扉齿，每组三对六齿，中间一对略为短小，每对两端各有一齿（图三，7）。这种规整的扉齿装饰，通常出现得略晚。

其次是钺，多数称为铲的器物应该归入钺类。其基本形制为长方形和近似长方形的梯形，直刃或微弧刃，单孔居多，亦有双孔和多孔者，钺孔多为对钻而成。钺的形态可分为长体和短体两类（图三，1、2）。长体钺长度是宽度的两倍以上，短体钺的长宽比在1.5以下。陶寺的玉钺胎体极

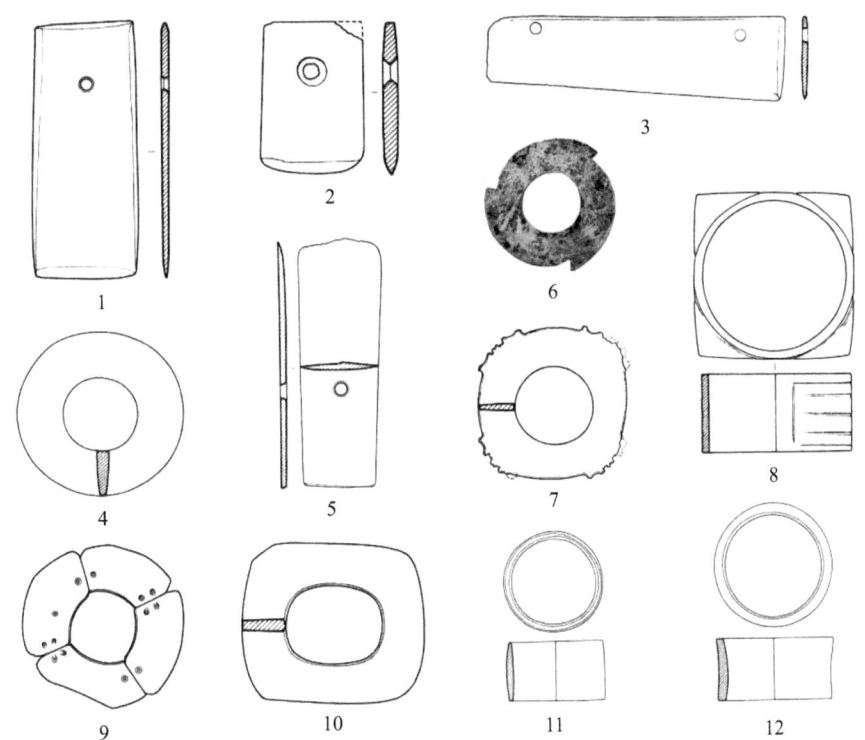

图三　陶寺玉器

1、2. 钺（M3015：A56、M1364：1）　3. 双孔刀（M3015：49）　4. 璧（M3111：2）　5. 圭（M3032：2）
6、7. 牙璧（T7464③：7、M1365：4）　8. 琮（M3168：2）　9. 联璜璧（M1466：1—4）
10. 方形璧（M3152：2）　11、12. 镯（M1449：2、M2117：1）

薄，最薄的只有 3—4 毫米。

刀的数量不多，只有双孔刀一种。平面为一端略窄的长方形，长度在 20 厘米左右（图三，3）。这种刀比相同形制的实用石刀工具要长出一倍左右，并且多在墓葬出土，故似不具实用功能，并且出土时多与钺、璧等共存，具有礼器性质。陶寺遗址未发现这一时期其他地区有一定数量的宽体多孔大刀。

琮在陶寺遗址数量也不多，形制或为典型的龙山式样（图三，8），有的进一步简化为方筒或圆筒形器。

其他还有璜、圭（图三，5）、镯（图三，11、12）、笄、梳、坠饰等。其中由玉笄或骨笄、玉环、坠饰和绿松石做成的组合头饰极具特色，目前未见于其他遗址。

清凉寺墓地位于晋西南中条山南麓的芮城县东北隅，发现庙底沟二期文化晚期墓葬 189 座（即报告的第二期墓葬），龙山文化时期墓葬 149 座（即报告的第三、四期墓葬）[16]。清凉寺墓地的随葬品主要是玉石器，但数量较少，平均每墓不到 1 件，其中闪石玉更少。属于庙底沟二期文化晚期的第二期墓葬，共出土玉石器 150 多件，仅有 1 件璜为闪石玉。属龙山文化的第三期墓葬，因为受到盗扰，只有 80 多件玉石器，其中闪石玉为 21 件，数量略多。第四期 44 座墓葬仅出土 7 件玉石器，其中有 1 件联璜璧的一段为闪石玉[17]。

清凉寺的玉石器器形有各种璧环、钺、刀、琮、璜、镯等，前三类数量较多。

璧环类在清凉寺玉石器中，数量最多，种类丰富。除了普通的璧和环，还有联璜璧、方形璧、牙璧、有领璧等。联璜璧少则两段，多者可到八段，这一类璧在清凉寺的广泛使用，构成了当地玉石器的显著特色。而方形璧、有领璧和牙璧的发现，为晋南与东方的文化联系提供了新的证据。

此外，清凉寺还发现为数不少的长方形牌式玉石器，显著位置穿一到三孔，其中以一孔最多，两孔次之，三孔很少。这种长方形牌式玉石器在海岱地区大汶口、花厅、尉迟寺等遗址的大汶口文化遗存中均有发现，以两孔居多，也有其他孔数者，与同时存在的连璧不同。这一类器物的存在或许也在一定程度上体现了东西方史前文化的交流。

钺的形制大体有三类，一为器体较长的长方形；二为器体较短的长方形；三为器体较宽，形状介于长方形和梯形之间。清凉寺的玉石钺有一个显著特点，就是相当多的钺在一侧长边做出三个由外向内逐渐变浅的"V"字形豁口，这一做法极为罕见，当有特殊的文化含义。

刀的数量也比较多，器体较宽，背部有3、5、7、9个奇数孔，其中以3孔和5孔的数量较多。这种布设孔的方式与江淮地区薛家岗文化等有一定共同之处，但刀的整体形制和制作精细程度又相差较大。

清凉寺与陶寺的玉石器之间，既有联系，也存在较大差别。

两遗址的共同点是：玉石器中闪石玉的比例均不高，清凉寺338座墓葬共出土闪石玉23件，平均14.7座墓葬出土1件，陶寺在1309座墓葬中，出土闪石玉98件，平均13.4座墓葬出土1件，两遗址墓葬闪石玉的出土概率和平均数相仿[18]；均以璧环类玉石器数量最多，并且均有各种不同形制的璧环，特别是联璜璧的形制相同，数量较多，两者之间当有传承关系；都存在形制相同的长短两类长方形钺；都出土少量形制和纹饰相同的琮和璜等器物。

两遗址的差别是：清凉寺玉石器的制作技术和工艺远逊于陶寺遗址，表现为清凉寺的玉石器整体上较为粗糙，器体厚重，而陶寺的玉石器多较为精致，玉器的器体甚薄而外表光洁明亮；陶寺的玉石钺的数量较多，清凉寺到龙山文化时期则基本不见钺类器形；清凉寺的宽体多孔石刀不见于陶寺，而陶寺的双孔玉石刀则极少见于清凉寺；此外，陶寺的玉石圭、梳、绿松石镶嵌的手镯和精美的头饰等也不见于清凉寺。所以，两遗址的玉石器之间虽然有密切联系，但差别也十分明显，可能与两者的存续时代、文化性质和人群以及遗址的等级不同有关。

四、相关问题的讨论

正如上文所说，以陶寺为代表的晋南龙山期文化、碧村和以石峁为代表的陕北晋西龙山期文化，它们的玉器之间具有较大的同质性和相似性，换言之，三地之间玉器文化的主体因素是基本一致的。

从玉器的器类来看，三地玉器的公约数是璧环类、钺、刀以及少量的圭和琮。

三地的璧环类玉器，均有普通型璧环、联璜璧、方形璧、有领璧和牙璧（图四）。特别是结构复杂、制作费力的联璜璧和形制特殊、附加齿牙的牙璧，将三地玉器文化紧密地联系在了一起。这两类特殊的璧类玉石器，在以发达的玉器而享誉中国新石器时代的红山、凌家滩和良渚文化之中，均了无所见。

联璜璧环是最具本地特色的玉石器，应该是在玉器文化传入晋南之后的浸润过程中创造出来的新形态璧环，其产生、发展和对外扩散的趋势也比较清楚（图四，12—15）。联璜璧环的产生与缺

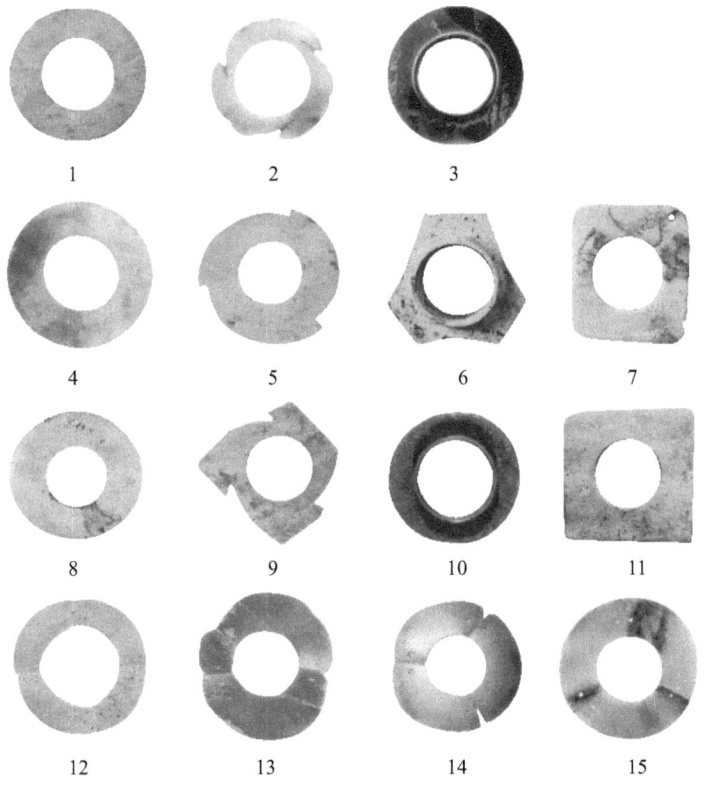

图四 各类玉石璧的比较

1. 新华采 2. 石峁（42号） 3. 有领璧（石峁采） 4、5. 陶寺（M1423：1、T7464③：7）
6、7. 清凉寺（M146：3、M150：3） 8. 傅家墓葬 9. 丹土采 10. 司马台采 11. 杭头（M8：16）
12—15. 联璜璧（清凉寺M159：1、陶寺M3021：2、碧村采、石峁采）

乏玉石原料及制作技术落后等密切相关。在属于庙底沟二期文化晚期的清凉寺二期墓葬中，可供观察的玉石璧共71件，其中：普通型璧共32件[19]；进入墓葬之前碎裂并钻孔缀合的23件，有一件碎裂为六段后还进行了钻孔缀合（如M82：12；第三期的M147：1，破碎得超过了七段又进行了钻孔缀合），可见玉石璧在当时社会之珍贵；联璜璧为16件。联璜璧的出现可能有两种途径：一是开始时或许是将不同的残璧钻孔缀合成一个完整的璧，使其具有璧的形态和功能；二是最初取材时就有计划地分段制作，最后缀合起来，成为一种新的类型，但是其功能是相同的。后来逐渐演变为具有区域特色的一类玉石器，甚至可能成为了当地的一种时尚，得到人们的认同和追求。所以，从清凉寺第二期庙底沟二期文化墓葬中开始出现的联璜璧，很快就传播到中条山以北的陶寺文化，并被碧村和石峁甚至更远的甘青地区史前文化所接受，影响所及包括了差不多整个西北地区。

牙璧最初称为璇玑、璿玑，或认为是一种天文仪器。后来在夏鼐先生的提议下改称牙璧[20]，其在晋南及陕北的出现则纯属外来。牙璧起源于辽东半岛南部小珠山中层文化的吴家村期和海岱地区的大汶口文化中期。这一时期的牙璧只是在璧的外缘有三组突出的扉齿，如邹城野店M31[21]和平阴周河M4[22]所出者，碧村的第三种牙璧还有这一时期的遗风。大汶口文化晚期开始，出现了在璧的周缘刻出同向旋转的牙，以三牙者最多，其他如两牙、四牙甚至五牙只是偶尔见到。龙山文化时期，牙璧的数量明显增多，形制也渐趋复杂，在牙与牙之间璧的外缘，出现由不规则到规则的成组扉齿[23]。大约也是在这个时期，牙璧随着东方史前文化的外传，向西呈扇形扩散到黄河中游的晋南陕北（图四，2、5、9）、豫西和长江流域的鄂西北及汉东平原等地区。

玉钺是史前时期最重要的玉礼器之一，一般认为钺最初是从斧、铲类工具中演化出来的，主要功能是用于战争的武器。随着社会分层的发展和威权的出现，便逐渐赋予了这种最早的武器以新的礼仪功能，即作为军事权力的象征而流传下来，到商周时期依然如此。甲骨文和金文中的"王"字，其实就是去掉大部分长柄后钺的象形。在中国早期玉器文化中，东北南部燕辽地区的兴隆洼—红山系文化基本没有钺类器物，长江下游环太湖地区的凌家滩文化和崧泽—良渚文化则流行宽短的大孔弧刃钺，即所谓"风"字形钺。而地处东方海岱地区的大汶口—龙山文化系统，则盛行近似长方形的直刃（或微弧刃）钺，并有长、短两类。由前几节的分述可知，陶寺、碧村和石峁出土的玉钺，均为近似长方形的长、短两类钺。风格上与东方大汶口—龙山文化的海岱系玉钺完全一致（图五，1—6）。因为这种玉钺在当地没有清楚的传承谱系和来源，而晋陕玉器中又确实有来自东方的牙璧等玉器，故可以认为这两种形制的玉钺也应是来自东方，至少是其理念和礼制思想是来自东方史前文化。

玉圭大约是钺的一种变体，形制变得极为窄长，前端有刃，偏锋，后端或有孔。玉圭的数量不多，但也有像两城镇遗址出土的那种高等级玉圭，用闪石玉做成，后端刻有复杂而神秘的神徽图像，充分表明此类器物的重要性（图五，7）。同样形制的圭在陶寺和石峁也有发现（图五，9—11），似乎在当地前身文化中也找不到来源。

玉刀是陶寺、碧村和石峁三地共同拥有的另外一种器形。玉刀有两大类，双孔玉刀在陶寺、碧村和石峁均有发现（图六，8、9）。这种长方形双孔玉刀与农业工具中的石刀在形制上别无二致，但是大小不同，实用的长方形石刀长度多在10厘米左右，而此类玉石刀的长度多在20厘米以上。并且黄河中游自仰韶文化以来，石刀多为单孔，双孔少见，而黄河下游的海岱地区，大汶口—龙山文化时期最流行的农具就是长方形双孔石刀（图六，7）。由于这种刀的原型是农具，就陶寺、碧村和石峁三地的社会经济形态而言，不应该首先产生于史前农业不发达的北方地区。

需要进一步讨论的是另外一种多孔大刀。清凉寺的宽体多孔大刀数量较多，均为石质，且形制不甚规则，有3、5、7、9孔之多种，可能与江淮地区的薛家岗文化有关。但是这种多孔大刀并不见于陶寺、碧村和石峁，所以其不属于晋陕地区龙山玉石器文化基本内涵的构成部分。

除了双孔刀之外，石峁和碧村还发现一种形体更大的多孔玉刀。器体较长，多在30厘米以上，器身略宽，多为四孔，孔的排列方式为"3+1"的程式化格式，即刀的背部等距分布着三孔，一端中部有一孔（多在略窄的一端），是为基本型式（图六，6）。在此基础上，孔的数量亦有或少或多的现象。这种"3+1"排列方式的四孔大刀，系东方海岱系玉器文化的首创。大汶口文化早期，就出现三孔大刀，到中晚期之际，标准型式的"3+1"孔玉刀，见之于近几年发掘的章丘焦家遗址的大型墓葬，并且背部三孔内各填一玉塞（图六，5）。此类大型玉刀一直延续到龙山文化时期，如丹土、两城镇、西朱封等遗址均有发现。所以，多孔大玉刀的渊源也在东方海岱系玉器文化之中。

琮是良渚文化玉器中最重要也最具代表性的器类，是礼仪用玉中的重器，一般认为其功能是与神灵沟通的法器，故玉琮表面刻画的复杂神徽图案尤为重要。良渚文化衰落之后，玉琮在其分布区域以外地区被保存下来，形制和图案也不断简化。各地发现的玉石琮纹样简单，或直接为素面，但其皆脱胎于良渚文化，到龙山文化晚期，这些已远离其产生地的琮与良渚时期相比，除了形制和结

图五　玉石钺和圭的比较

1. 大汶口（M117：8）　2. 陶寺（02M22：6）　3. 新华（99K1：27）　4. 西朱封（M1203：16）　5. 陶寺（M3031：10）

6. 新华（99K1：24）　7. 两城镇采　8. 袁家庄墓葬　9、10. 陶寺（M3032：2、02M22：128）　11. 石峁（101号）

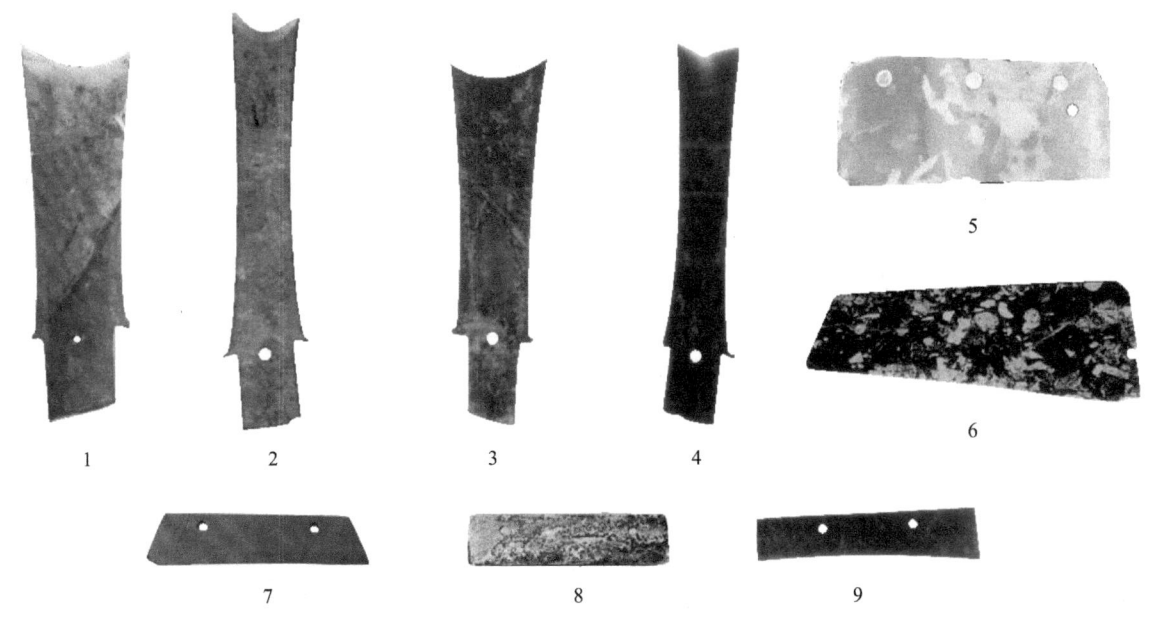

图六　牙璋和刀的比较

1. 大范庄　2. 上万家沟　3、4. 石峁（7号、3号）　5. 焦家（M152：8）　6. 芦山峁

7. 莒县马鬐山　8. 陶寺（M3168：8）　9. 石峁（93号）

构的局部改变，寄托玉琮之灵魂的神徽图案却完全丢失，所以此琮非彼琮，玉石琮的内涵和功能已完全不可同日而语，远方的这些玉石琮只是徒有其外形而已。海岱地区丹土等遗址出土的大汶口和龙山文化之交的玉琮，已经具备了龙山式玉琮的基本特征。而这种龙山式玉琮又随着东方海岱系玉

器文化的西渐而进入中原地区，清凉寺和陶寺都有发现（图七，1、4、7）。甚至扩散到了更为遥远的西北地区。

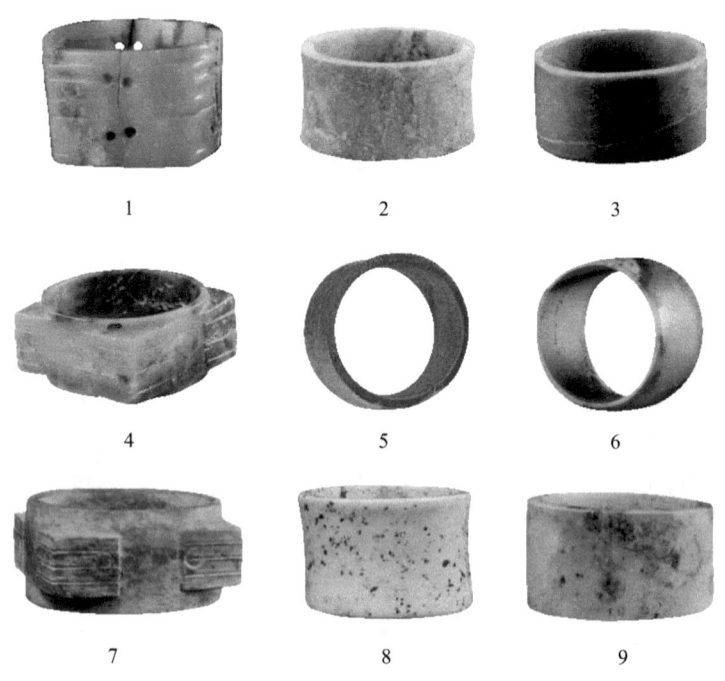

图七　玉石琮和镯的比较

1. 芦山峁采　2、3. 石峁采　4—6. 陶寺（M3168：7、M2117：1、M1449：2）　7. 丹土采　8、9. 前寨墓葬

筒形玉镯的体量较大，用料较多，一个玉镯可以分解成若干个较窄的环状镯，所以可以说是装饰玉中的大件玉器。黄河下游地区的大汶口文化中晚期，十分流行筒形玉镯（或称之为臂钏），在许多遗址的墓葬中都有发现。筒形玉镯有两种基本形制，一种是直壁，另一种是束腰，两者同时共存。大汶口中期数量最多的是较矮的筒形镯，高度多在1.5—3厘米；到大汶口晚期，镯体升高，高度一般在3.5—5厘米（图七，8、9）。晋南的清凉寺、陶寺、下靳遗址这两种形制的筒形镯均有发现，但数量甚少。如清凉寺仅发现3件，其中2件只残存一小段，下靳公布的只有1件矮直壁镯。再如陶寺，1000多座墓葬共发现5件，多用闪石玉做成（图七，5、6）。陕北的石峁遗址也不多，从民间的收藏品看，两种形制的镯均有（图七，2、3）。

接下来讨论牙璋的问题。龙山和二里头文化甚至到商代时期，中原地区还有一类比较重要的玉器，即牙璋。牙璋的造型更为复杂，体量也比较大，学界同仁均认为应是先产生自一个地区，然后传播和扩散到各个不同区域。除了黄河流域之外，牙璋还广布于长江流域，甚至向南越过南岭传播、扩散到香港最南边的南丫岛和越南北部的红河流域。石峁玉器中有相当数量的牙璋，后来的考古发掘表明这些牙璋应该为石峁遗址所出（图六，3、4）。那么，石峁的牙璋是自身所创造，还是来自于外地，而这个外地又是何处？

牙璋最早产生于海岱地区大汶口文化晚期[24]（图六，1、2），应该是和长方形直刃钺、牙璧、多孔大玉刀等一起传播到中原地区，并进一步到达陕北的石峁一带。现在的问题是，迄今为止在晋南和碧村一带尚未发现牙璋的踪迹。牙璋在龙山文化时期主要是一种祭祀天地和山川的礼仪重器，尚未用于墓葬的随葬品。海岱地区出土牙璋的四个地点，有两处位于远离遗址的山坳尽头，埋藏于荒郊野外的山坡上[25]。所以目前在晋南等地尚未发现也是可以理解的，相信以后会有所突破。

除了上述基本的玉礼器之外，还有一类制作玉器的技术和工艺，即镶嵌和粘贴绿松石等玉片、玉塞。清凉寺、陶寺、下靳和石峁等遗址都发现有在玉器上镶嵌绿松石的做法。下靳和陶寺遗址还有用碎小的绿松石薄片镶嵌的手镯（图八，3），陶寺有多件使用玉笄、玉环、玉坠等和绿松石薄片粘贴技术搭配做成的组合式头部装饰，其他遗址也有在玉器上镶嵌绿松石的现象。镶嵌或者粘贴绿松石的技术和工艺最早产生于裴李岗文化的贾湖遗址。后来在东方大汶口文化中得到继承和发展，如在骨雕筒、骨环以及玉钺等玉器上镶嵌绿松石圆饼，在有机质小物件上粘贴绿松石薄片等。到龙山文化时期，开始镶嵌或粘贴大件器物，如西朱封龙山大墓中，在墓主头部一侧发现980多件绿松

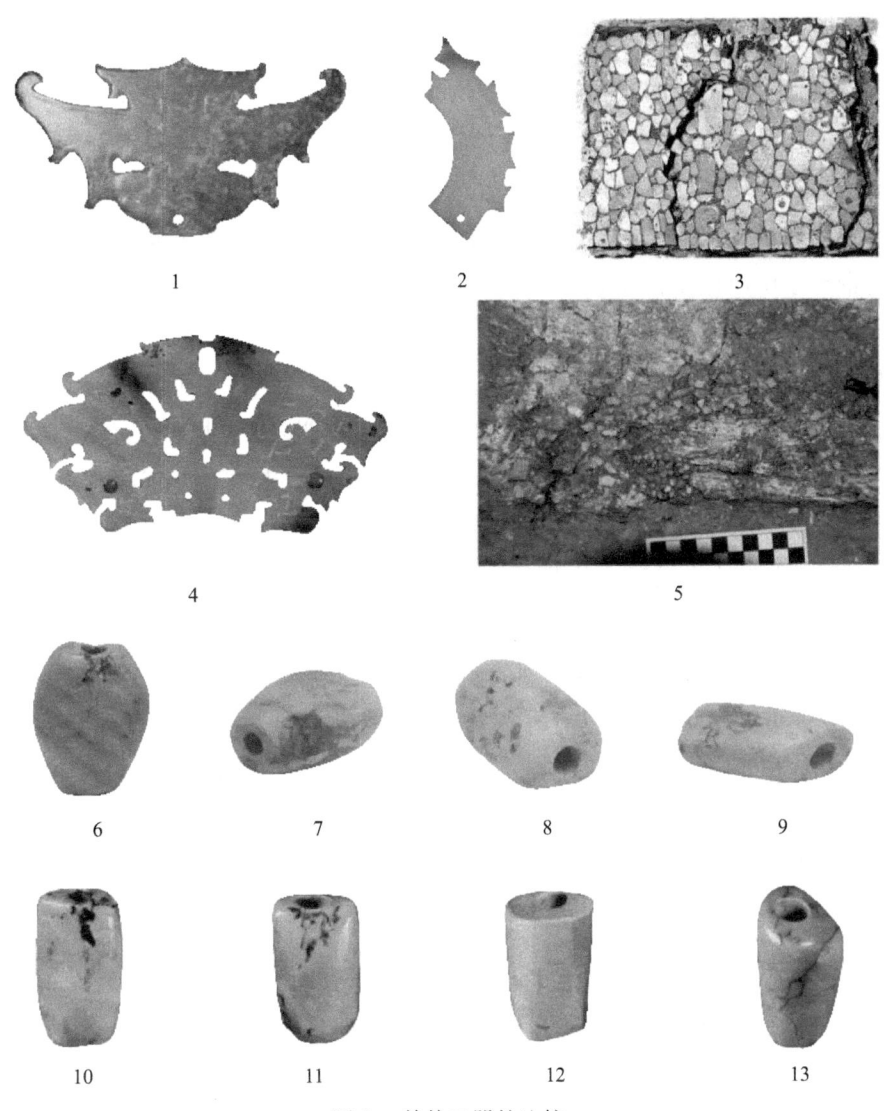

图八　其他玉器的比较

1—3. 陶寺（02M22∶135、02M22∶131、M2002∶3）　4. 西朱封（M2002∶1）　5. 两城镇（M33∶38）
6—9. 陶寺（M26∶3、02M22∶52、02M22∶82、02M22∶87）　10—13. 西朱封（M202∶9、M202∶10、M202∶4、M202∶22）

石薄片，应该是粘贴在有机质物件之上。两城镇遗址最大的 M33，男性墓主左前臂处散落有 210 多件绿松石薄片，整体构成一个鸟形（或认为是龙形），也是把绿松石薄片粘贴在一件有机质物品之上（图八，5）。晋南和陕北地区龙山时期的这一传统工艺和技术，应该是和前述其他重要玉器类别一起，来自东方海岱系玉器文化。

陶寺遗址还发现透雕的有冠玉质神人徽像和类似的玉佩（图八，1、2）。这种玉器多认为与长江中游的后石家河文化关系密切。实际上海岱地区龙山文化中也存在许多类似或更为复杂的图案，如西朱封的玉冠饰（图八，4），两城镇玉圭上的纤细兽面或神徽刻纹，以及一些薄胎黑陶片上的同类纹饰等。学界多认为黄河中下游和长江中游地区的新石器文化之间存在着密切的文化联系，如海岱系文化中刻有图像的大口尊、白陶鬶和玉牙璧等在石家河遗址的出现等。此外，陶寺墓地出土的部分形制不甚规则的穿孔绿松石管状饰品（图八，6—9），与大汶口—龙山文化的同类绿松石管，从形制到钻孔方式基本一致（图八，10—13）。

海岱地区大汶口—龙山文化系统与晋南地区史前文化之间，一直存在着密切的文化联系。陶寺遗址发掘报告的作者，曾从陶器和彩绘图案两个方面详细分析了陶寺遗址早期遗存中来自大汶口文化的文化因素。认为"陶寺文化早期陶器中蕴含的大汶口文化因素，包括相似器形 10 种以上；上述器形在陶寺早期演变出的新式样约七八种；上述器形基础上衍生出来的新器形 10 余种，三项合计不少于 30 种"[26]。在这样的历史文化背景下，东方海岱系玉器文化随着区域文化交流的大潮被一起带到了中原地区，并进一步向更远的区域扩散，不仅是完全可能的，而且也很容易理解。

关于陶寺玉器和石峁玉器之间的关系，包括碧村、石峁、新华、芦山峁等遗址在内的陕北龙山期玉器，应直接来自以陶寺龙山城址为中心的晋南地区。长期以来，居住在超大型中心聚落的陶寺社会上层，在思想、文化和行为上接受了一部分东方先进的礼制文化，玉器和陶器等是其重要载体，这从上述陶寺发掘报告的论述中可以得到证明。但石峁和陶寺的关系则与其不同。陶寺是以农耕文化为主的部族，与东方大汶口—龙山文化系统有着相同的经济和文化生态，比较容易互相接受对方的文化成就和思想观念。而石峁所在的北方地区为农牧交会区，经济形态或以游牧业为主，人群的流动性较大，相互之间具有频繁而剧烈的侵略性。在社会分层获得较快发展的历史时期，这一地区很快冒出大量主要用于防御的大大小小石城址，就是当时社会矛盾激化、相互之间争斗频仍的社会现实的反映和体现。所以，当石峁人南下与陶寺发生冲突并取得胜利之后，捣毁城墙，烧毁建筑，俘虏人员，并把陶寺等中心聚落地上地下的贵重物品劫掠一空。这些玉器应该是作为征服敌对势力的战利品带回自己的根据地，很大程度上具有象征意义。可是石峁人并不明了或者也不想明了这些玉器的性质、功能和含义，似乎也没有或不想接受陶寺农耕社会和文化的礼制。于是就出现了将玉器随意弃置的现象，墙内和墙外、地面等多处可见。这可能是最早，但未见于文献记载的北方游牧部族的大规模南下，并开启了此后数千年间北方民族不断南下征战的历史。

注　释

[1]　戴应新：《陕西神木县石峁龙山文化遗址调查》，《考古》1977 年第 3 期；戴应新：《神木石峁龙山文化玉器》，《考古与文物》1988 年第 5、6 期。

［２］　张长寿：《论神木出土的刀形端刃玉器》，《南中国及邻近地区古文化研究》，香港中文大学出版社，1994 年，第 59—62 页，图版 9，1、2。

［３］　戴应新：《神木石峁龙山文化玉器探索（一）》，《故宫文物月刊（台北）》1993 年第 5 期。

［４］　陕西省考古研究院等：《发现石峁古城》，文物出版社，2016 年。

［５］　神木市石峁文化研究会：《石峁玉器》，文物出版社，2018 年。仅此书就收录石峁玉器 259 件组。

［６］　戴应新：《神木石峁龙山文化玉器探索》，《故宫文物月刊（台北）》，1993 年第 5—11 期。早年调查所得的绝大多数石峁玉器见于此系列文章之中。

［７］　石峁玉器资料发表得比较详细，但一缺憾是线图只画了一个轮廓，没有剖面，所以仅凭照片无法断定是刀还是钺。如编号为 102 的一号切刀，编号为 57 的四号镰刀，编号为 65 的锄，编号为 54、55 的锄形器，均有可能为玉钺。

［８］　山西省考古研究所等：《2015 年山西兴县碧村遗址发掘简报》，《考古与文物》2016 年第 4 期；王晓毅、张光辉：《兴县碧村龙山时代遗存初探》，《考古与文物》2016 年第 4 期；山西省考古研究所等：《2016 年山西兴县碧村遗址发掘简报》，《中原文物》2017 年第 6 期。

［９］　王晓毅：《山西吕梁兴县碧村遗址出土玉器管窥》，《故宫博物院院刊》2018 年第 3 期。

［10］　中国社会科学院考古研究所：《中国考古学·新石器时代考古卷》，中国社会科学出版社，2010 年，第 567、568 页。如果按“中华文明探源工程”以来新的测年数据，新石器时代末期龙山文化的绝对年代普遍较之前的数据后退 200—300 年，如是，陶寺文化的绝对年代大约在公元前 2400（2300）—前 1800（1700）年前后。

［11］　山西省临汾行署文化局等：《山西临汾下靳村陶寺文化墓地发掘报告》，《考古学报》1999 年第 4 期；宋建忠：《山西临汾下靳墓地玉石器分析》，《古代文明（第 2 卷）》，文物出版社，2003 年，第 120—137 页；栾丰实：《简论晋南地区龙山时代的玉器》，《文物》2010 年第 3 期。

［12］　中国社会科学院考古研究所等：《襄汾陶寺——1978—1985 年考古发掘报告》，文物出版社，2015 年。

［13］　中国社会科学院考古研究所山西工作队等：《山西襄汾县陶城址祭祀区大型建筑基址 2003 年发掘简报》，《考古》2004 年第 7 期。

［14］　李伯谦：《略论陶寺遗址在中国古代文明演进中的地位》，《帝尧之都中华之源——尧文化暨德廉思想研讨会文集》，中国社会科学出版社，2015 年；李伯谦：《陶寺遗址——中原地区最早出现的王国都城所在地》，《华夏文明》2016 年第 8 期；高炜：《陶寺文化玉器及相关问题》，《东亚玉器（第 1 册）》，香港中文大学中国考古艺术研究中心，1998 年，第 192—220 页。

［15］　中国社会科学院考古研究所山西队等：《陶寺城址发现陶寺文化中期墓葬》，《考古》2003 年第 9 期；王晓毅、严志斌：《陶寺中期墓地被盗墓葬抢救性发掘纪要》，《中原文物》2006 年第 5 期；中国社会科学院考古研究所山西队等：《2004—2005 年山西襄汾陶寺遗址发掘新进展》，《中国社会科学院古代文明研究中心通讯》2005 年第 10 期。

［16］　山西省考古研究所等：《清凉寺史前墓地》，文物出版社，2016 年。

［17］　员雪梅、赵朝洪：《玉石器用料研究》，《清凉寺史前墓地》，文物出版社，2016 年。

［18］　清凉寺墓地三期中型及以上墓葬较多，但墓葬下葬不久即被全部盗扰，墓内的部分玉器可能被盗扰者拿走，故数量偏少。

［19］　其中包括一定数量出土时已经碎裂，但并未做钻孔缀合的工作，故可以看作是埋入墓葬之后被压裂而破碎。

［20］　夏鼐：《所谓玉璇玑不会是天文仪器》，《考古学报》1984 年第 4 期。

［21］　山东省博物馆等：《邹县野店》，文物出版社，1985 年。

［22］　平阴周河遗址考古队：《山东平阴县周河遗址大汶口文化墓葬的发掘》，《考古》2014 年第 3 期。

［23］　栾丰实：《牙璧研究》，《文物》2005 年第 7 期。

［24］　邓聪、栾丰实、王强：《东亚最早的牙璋——山东龙山式牙璋初论》，《玉润东方——大汶口—龙山·良渚玉

器文化展》，文物出版社，2014 年；李伯谦：《再识牙璋》，《华夏文明》2017 年第 2 期。

［25］ 栾丰实：《再论海岱地区的史前牙璋》，《中原文物》2020 年第 4 期。

［26］ 中国社会科学院考古研究所等：《襄汾陶寺——1978—1985 年考古发掘报告》，文物出版社，2015 年，第 1092—1097 页。

（原载于《中原文物》2021 年第 2 期）

二里头绿松石龙的源流
——兼论石峁遗址皇城台大台基石护墙的年代

朱乃诚

2002 年发掘出土、2004 年清理揭示的二里头文化二期的绿松石龙，清晰地展示了夏文化"龙"文化遗存的崭新风貌。2018 年以来在石峁遗址皇城台大台基发现的石雕龙，则表现出与二里头绿松石龙有着十分密切的联系。

石峁遗址皇城台及其大台基，体量恢宏、结构复杂，大台基石护墙上还发现了包括石雕龙在内的 70 多件石雕作品，体现了十分丰富而庞杂的文化内涵。这一系列的重大发现，刷新学术界对陕北河套一带早期文化的认知。

分析具有夏文化特征的二里头绿松石龙与石峁遗址皇城台大台基石雕龙的关系，是认识中原核心地区以二里头文化为代表的夏文化与陕北河套一带石峁遗址皇城台文化遗存之间关系的一个重要契机。

本文主要通过对二里头绿松石龙源流的探索，分析二里头绿松石龙和石峁遗址皇城台石雕龙的关系问题，同时还分析石峁遗址皇城台大台基石雕龙及石护墙的年代。

一、二里头绿松石龙的主要特征

二里头绿松石龙发现于二里头遗址二期 3 号宫殿建筑基址庭院内的一座墓葬中。绿松石龙由 2000 余片各种形状的绿松石片组合而成，原应粘在某种有机物上，和这件有机物一起称为绿松石龙形器（二里头 02VM3：5）[1]。绿松石龙长 64.5 厘米，中部最宽处 4 厘米。龙首部较大，为四边梯形，长 11 厘米，宽 13.6—15.6 厘米，由绿松石片粘嵌拼合成有层次的浅浮雕状。龙头略呈椭圆形，凸出于四边梯形框，两侧有卷曲弧线表现的鬓。吻部略突出，两侧旁有前伸的圆弧状凸，因绿松石片塌陷而漫漶不清。以 3 节半圆形青、白玉柱组成额面中脊和鼻梁，鼻端为整块的蒜头状绿松石，硕大醒目。在鼻梁玉柱和鼻端蒜头状绿松石根部均雕有平行凸弦纹。眼为梭形，眼眶内另嵌绿松石为眼角，以弧凸面的圆饼形白玉为睛，形象而有神[2]（图一）。龙身呈波状曲伏，中脊微凸，两侧下斜，从颈部至尾部以中脊线为中轴，将绿松石片粘嵌呈 12 个依次排列的菱形纹，象征着龙鳞纹。龙尾内蜷。在龙身中部有铜铃和铜铃内的玉质铃舌。另在龙尾外 3.6 厘米处有一横向的由绿松石片粘嵌呈小型龙的条形饰，长约 17 厘米[3]（图二）。

二里头绿松石龙的形态所表现的主要特征，有如下诸点。

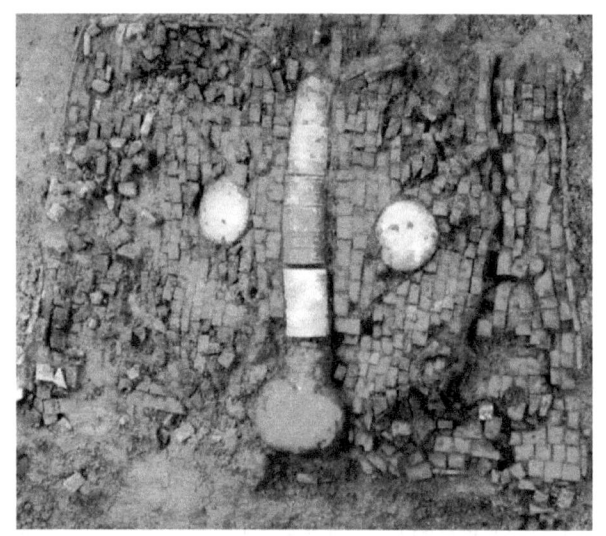

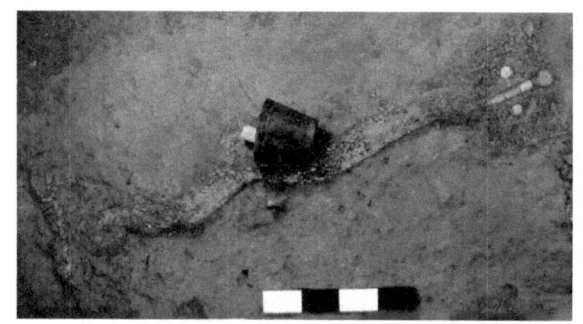

图一　二里头 02VM3：5 绿松石龙头部　　　　　图二　二里头 02VM3：5 绿松石龙形器

（1）龙头较大，呈椭圆形，而且略微突出于四边梯形框，呈浮雕状；

（2）龙头两侧旁表现有鬣；

（3）吻部略突出，吻部两侧旁有前伸的圆弧状凸；

（4）以 3 节半圆形青、白玉柱组成鼻梁，并形成额面中脊；

（5）鼻凸呈蒜头状；

（6）眼为梭形，有圆睛；

（7）龙身呈长条波状曲伏；

（8）龙身以中脊线为中轴有 12 个依次排列的菱形纹；

（9）龙尾内蜷；

（10）龙身中部有实用的铜铃和铃舌。

由于二里头绿松石龙出自二里头二期宫殿建筑基址内，二里头二期宫殿建筑基址可能是夏文化、夏王朝，甚至是夏王室的文化遗存，所以二里头绿松石龙自然也可能属夏王朝甚至是夏王室的文化遗存。

二、二里头绿松石龙的流变

二里头绿松石龙的流变，依据目前的考古发现，可知存在着两种演变途径。

一种演变途径是作为一种器物形制的演变，即绿松石龙形器这一器物的演变。如二里头等遗址发现的绿松石铜牌饰所表现的演变形式[4]，即由二里头二期的 02VM3：5 绿松石龙形器演变为二里头二期晚段的 81VM4：5 绿松石铜牌饰（图三）[5]、再演变为二里头四期的 84VIM11：7 绿松石铜牌饰（图四）[6]，以及同样是二里头四期的 87VIM57：4 绿松石铜牌饰（图五）[7]。二里头遗址绿松石铜牌饰都出自墓葬中，而且都与绿松石龙形器一样，有铜铃伴出，表明二里头遗址出土的绿松石铜牌饰的使用功能应与绿松石龙形器相同。

图三　二里头 81VM4：5
绿松石铜牌饰

图四　二里头 84VIM11：7
绿松石铜牌饰

图五　二里头 87VIM57：4
绿松石铜牌饰

二里头遗址绿松石铜牌饰的进一步演变形式，可能是四川广汉三星堆遗址发现的属商时期的仓包包 87GSZJ：36 绿松石铜牌饰（图六）[8] 和仓包包 87GSZJ：16 镂空铜牌饰（图七）[9]。

图六　仓包包 87GSZJ：36 绿松石铜牌饰

图七　仓包包 87GSZJ：16 镂空铜牌饰

另一种演变途径是龙图案形态的演变。如二里头遗址发现的陶器上的龙图案、商代晚期青铜器上的龙纹饰与骨雕作品上的龙图案所表现的演变形式。即由二里头二期的 02VM3：5 绿松石龙演变为二里头中期（二里头遗址最初分为早中晚三期中的中期）的陶透底器上的一首双身龙纹饰（图八）[10]；演变至商代晚期，有龙头部带龙角的蟠龙，如殷墟妇好墓 M5：777 铜盘内的蟠龙（图九）[11]，又如 1934 年、1935 年发掘殷墟侯家庄西北冈 M1001 大墓出土的骨匕上雕刻的龙图案（图一〇）[12]。二里头陶透底器上的龙纹饰，龙头较大，与二里头二期的 02VM3：5 绿松石龙的龙头形态接近，额部有菱形纹。二里头陶透底器上的一首双身龙、妇好墓 M5：777 铜盘内的蟠

图八　二里头陶透底器一首双身龙纹饰

图九　妇好墓 M5：777 蟠龙纹铜盘

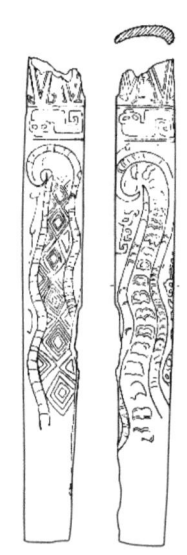

图一〇　西北冈 M1001 大墓骨匕

龙、西北冈 M1001 大墓骨匕上的龙纹饰，在龙身躯上都有以中脊线为中轴从颈部至尾部的菱形纹，与二里头二期的 02VM3：5 绿松石龙身躯上的菱形纹相同，显示了这些不同时期龙图案的演变状况。其中西北冈 M1001 大墓骨匕上龙纹饰与二里头二期 02VM3：5 绿松石龙的身躯形态相同，龙尾后小龙纹饰条带也相同，或许西北冈 M1001 大墓骨匕原本是商代晚期之前的作品。

商周时期青铜器、玉器、骨器上的龙纹饰，不胜枚举。其中龙身躯上带有菱形纹的龙纹饰，其源头恐怕都要追溯至二里头二期的 02VM3：5 绿松石龙。

三、二里头绿松石龙的渊源

依据目前考古发现与公布的资料，探索二里头绿松石龙渊源的分析对象，主要有河南新密新砦遗址出土的陶器盖上刻画的龙纹饰、陕神木石峁遗址皇城台大台基石护墙石块上的石雕龙、山西襄汾陶寺遗址大墓中出土的彩绘陶盘内表的彩绘龙。下面将这四个方面的龙图案形态进行循环对比分析。

（一）二里头绿松石龙与新砦龙纹饰的对比分析

新砦陶器盖上刻画的龙纹饰，以双阴线刻画，仅残存龙首大部和龙尾一角[13]（图一一）。

龙首主体为近方圆形；鼻凸呈蒜头状；长条形鼻梁，鼻梁上刻四条两行平行阴线，将鼻梁分为三节；两眼为近"臣"字形纵目；龙首侧旁有几道弧线构成的装饰，似鬃；吻部略前凸，吻部两侧有双阴线组成的前伸内弯勾。在龙首前有另一条龙纹饰尾翼的一侧尾端部分，根据残存尾翼的特征，可知该龙纹饰的龙尾翼呈双花瓣对称的"Y"形鱼尾状。王青先生曾仔细分析残缺的新砦龙纹饰，并对龙图案进行了复原[14]（图一二）。该龙纹饰陶器盖残片的年代属新砦遗址二期晚段，即新砦期晚段。

将新砦龙纹饰（图一一）与二里头绿松石龙（图一、图二）进行对比，可以发现新砦龙纹饰的龙首特征与二里头绿松石龙几乎相同，尤其是新砦龙纹饰头部刻画的蒜头状鼻凸与三节鼻梁的特征，

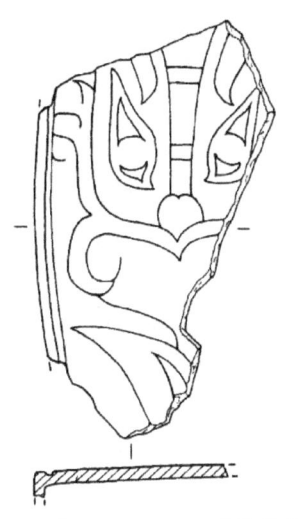

图一一　新砦 99T1H24∶1 陶器盖龙纹饰

图一二　王青复原的新砦 99T1H24∶1 龙纹饰

与二里头绿松石龙头部以蒜头状绿松石组成的鼻凸及以 3 节半圆形青白玉柱组成的鼻梁特征完全相同。二里头绿松石龙首的双眼为梭形而不是近"臣"字形，这可能与使用绿松石片镶嵌不易做成"臣"字形眼有关。而新砦龙纹饰的龙尾则与二里头绿松石龙完全不同，分属两种不同形式的龙尾。

新砦龙纹饰的年代略早于二里头绿松石龙，依据两者的龙首特征相同，可以认为二里头绿松石龙的龙首是由新砦龙纹饰演变而来。

然而，从新砦龙纹饰的龙首鼻凸与鼻梁特征来看，其可能是模仿类似于二里头绿松石龙的龙首鼻凸与鼻梁的实物而刻画的。这现象提示了在新砦期晚段应存在有类似于二里头绿松石龙龙首特征的实体作品。

（二）二里头绿松石龙与石峁皇城台大台基石护墙上石雕龙的对比分析

石峁皇城台大台基石护墙上的石雕龙，目前发现有两件，即皇城台大台基 8 号与 24 号石雕。

皇城台大台基 8 号石雕位于大台基南护墙中部偏下，距地面 0.5 米。石雕呈窄长条形，青灰色砂岩，长 130 厘米，高 17 厘米。其上以减地浅浮雕的方式施刻两条尾相抵、头朝外、形态相同的龙，雕纹高 0.57—0.67 厘米。龙首硕大呈弧方盾形，梭形眼，吻部弧凸，鼻梁细长，躯体略肥硕，呈长条波状曲伏，尾部收尖上翘。龙身躯两侧雕刻错落有致的弧形短弯钩，形成斑块龙鳞纹[15]（图一三）。

皇城台大台基 24 号石雕出土于大台基南护墙东段墙体的倒塌堆积中的第③层，位于 8 号石雕东南约 1 米处。石雕为窄长条形，青黄色砂岩，长 179 厘米，高 14 厘米，厚 14 厘米。其上以减地浅浮雕的方式施刻人面与龙。整个画面以中部正视人面为中心，左右对称。正视人面两侧分别为龙，龙首相向，朝向正视的人面，龙尾外侧为侧视人头像。整体构图规整严谨，浮雕高 0.38—0.72 厘米。两条龙的图案结构相同。龙首近方形，水滴状眼，睛描黑；吻部前凸，前凸吻部的两侧呈内弯勾状；眼上端两侧呈半卷云状；龙首后端呈"山"字形，似为龙首冠等装饰；龙身躯呈宽体"Y"字形；尾部连接龙身躯末端宽体"Y"字形的分叉处，呈两条宽带平伸，并在尾尖向外侧弯钩；整个龙身躯与龙尾形成两节分叉的"Y"字形鱼尾状[16]（图一四）。

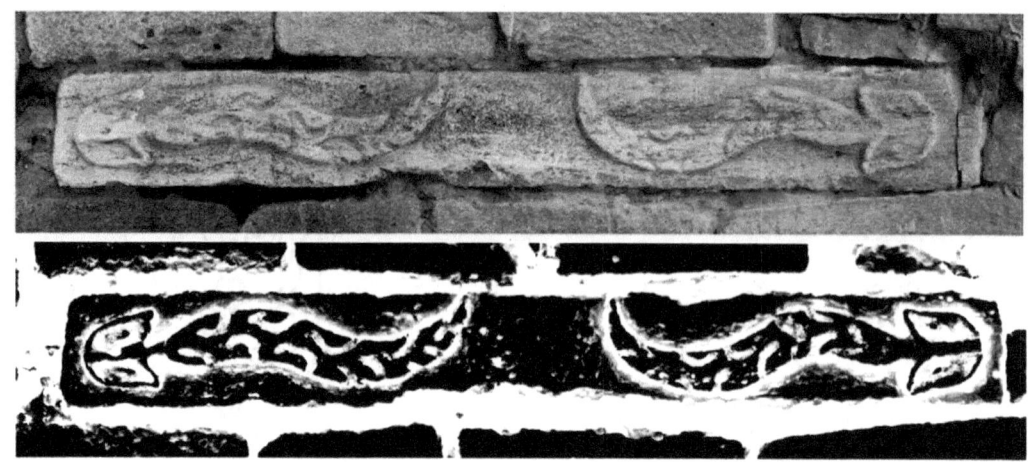

图一三　皇城台大台基 8 号石雕龙及拓片

图一四　皇城台大台基 24 号石雕龙及拓片

皇城台大台基 8 号与 24 号石雕龙，形制不同，属两种龙图案。

将皇城台大台基 8 号石雕龙（图一三）与二里头绿松石龙（图一、图二）进行对比，可以发现，两者的龙首部的形状和弯曲状的身躯有相同的特点，其余特征区别较为明显。

将皇城台大台基 24 号石雕龙（图一四）与二里头绿松石龙（图一、图二）进行对比，可以发现，皇城台大台基 24 号石雕龙的龙首吻部突出及吻部两侧有内弯勾状形态的特征，与二里头绿松石龙的龙首吻部微凸及吻部两侧旁有前伸的圆弧状凸的特征接近，两者的其余特征区别较为明显。皇城台大台基 24 号石雕龙吻部突出及吻部两侧有内弯勾状的特征还与二里头二期晚段 81VM4：5绿松石铜牌饰（图三）的龙首吻部及吻部两侧有内弯勾状的特征相同。二里头二期晚段 81VM4：5绿松石铜牌饰是由二里头绿松石龙形器演变而来的。这连环的相同特征现象显示，皇城台大台基24 号石雕龙与二里头绿松石龙的吻部及吻部两侧的特征存在着联系。

通过对比分析说明，二里头绿松石龙兼具皇城台大台基 8 号与 24 号石雕龙两种龙形态的部分特征，而整体上又分别与两种石雕龙存在明显的区别。这显示皇城台大台基 8 号、24 号石雕龙可能同时与二里头绿松石龙存在着形态上的早晚演变关系。

由于二里头绿松石龙与商代的龙图案存在着早晚演变关系，而皇城台大台基 8 号、24 号石雕龙与商代的龙图案不存在直接的演变关系，由此表明皇城台大台基 8 号与 24 号石雕龙要早于二里头绿松石龙。

（三）新砦龙纹饰与皇城台大台基石护墙石雕龙的对比分析

将新砦陶器盖上的龙纹饰与皇城台大台基石护墙两种石雕龙图案进行对比，可以发现，新砦龙纹饰（图一一）与皇城台大台基 24 号石雕龙图案（图一四）十分接近，而与皇城台大台基 8 号石雕龙图案（图一三）的区别较为明显。

新砦龙纹饰（图一一）与皇城台大台基 24 号石雕龙（图一四）十分接近的现象主要表现在龙首与龙尾部分。如两者的龙头都是近方形，吻部都前凸，吻部两侧都有前伸的内弯勾。又如两者的龙尾都是呈分叉的"Y"形鱼尾状。至于龙的身躯，由于新砦龙纹饰是残件，仅存龙首的大部分和龙尾的一角，不可详知其身躯的形态，无从将新砦龙纹饰的身躯与皇城台大台基 24 号石雕龙进行对比分析。如果参照皇城台大台基 24 号石雕龙的形态，可知王青先生对新砦龙纹饰的复原（图一二），缺失了龙的身躯，这是受发现局限所致。现依据皇城台大台基 24 号石雕龙的形态，推测新砦龙纹饰应有龙的身躯，其形态可能与皇城台大台基 24 号石雕龙的龙身躯形态接近。

依据新砦龙纹饰与皇城台大台基 24 号石雕龙图案较为接近的现象，可以确定皇城台大台基 24 号石雕龙的年代与新砦期晚段接近；依据新砦龙纹饰比皇城台大台基 24 号石雕龙图案更接近二里头绿松石龙的现象，可以确定新砦龙纹饰的年代应晚于皇城台大台基 24 号石雕龙。据此可以推定皇城台大台基 24 号石雕龙的年代在新砦期早段范围内。

皇城台大台基 8 号石雕龙的形态与新砦龙纹饰区别明显。但皇城台大台基 8 号与 24 号石雕龙同时垒砌在皇城台大台基南护墙上，两者的年代可能接近。皇城台大台基 8 号石雕龙的龙头形态、弯曲长条形的身躯又与二里头绿松石龙接近。据此推测皇城台大台基 8 号石雕龙的年代与皇城台大台基 24 号石雕龙一样，也在新砦期早段范围内。

（四）二里头绿松石龙、新砦龙纹饰、皇城台石雕龙与陶寺彩绘龙的对比分析

陶寺遗址发现的彩绘龙绘于陶盘内表，已发现 4 件彩绘龙陶盘，都出自大墓中，分别为陶寺 M3072：6（图一五）[17]、M3073：30（图一六）[18]、M3016：9（图一七）[19]、M2001：74（图一八）[20]。陶寺 4 件彩绘龙的形态，都呈蟠卷状，龙首在外，龙尾蟠卷在中心。4 件彩绘龙的形态大致相同，但细部特征和纹样有区别。目前将陶寺 4 件彩绘龙陶盘都作为陶寺文化的早期，年代大致在公元前 2150 年前。

图一五　陶寺 M3072：6 彩绘龙陶盘

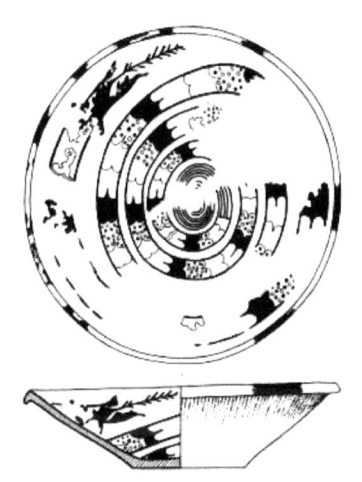

图一六　陶寺 M3073：30 彩绘龙陶盘

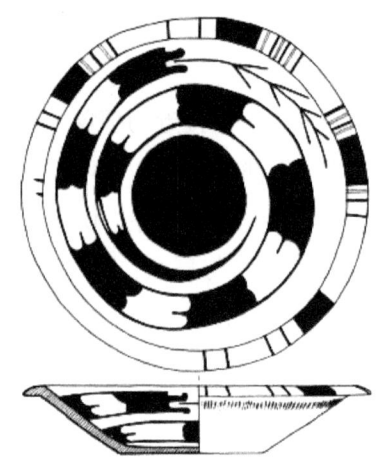

图一七　陶寺 M3016：9 彩绘龙陶盘　　　　　　　图一八　寺 M2001：74 彩绘龙陶盘

　　将二里头绿松石龙、新砦龙纹饰、皇城台大台基 8 号、24 号石雕龙与陶寺彩绘龙进行对比分析，不难看出它们之间的区别十分明显，几乎没有相同之处。这或许是它们分属不同的文化传统或文化谱系，或许它们之间的年代相隔分别达 300 多年与 400 多年之久有关，目前尚未发现连接它们的中间环节的龙形态。

　　（五）二里头绿松石龙的渊源

　　根据以上对二里头绿松石龙、新砦龙纹饰、皇城台大台基 8 号、24 号石雕龙及陶寺彩绘龙的循环对比分析，笔者认为，依据目前的考古发现资料可以明确：二里头绿松石龙的渊源是石峁皇城台大台基 8 号与 24 号石雕龙。在向二里头绿松石龙的演变过程中，可能分别吸取了皇城台大台基 8 号石雕龙的龙首与龙身躯的特征以及皇城台大台基 24 号石雕龙与新砦龙纹饰的龙首特征，最终演变形成二里头绿松石龙的形态。

四、石峁皇城台大台基石护墙的年代

　　前述分析表明，石峁皇城台大台基石护墙上石雕龙的年代在新砦期早段，其是蕴含着夏王室文化内涵的二里头绿松石龙形态的源头，据此推测皇城台大台基石护墙上石雕龙的作用也与夏王室文化有关。

　　然而，皇城台大台基南侧石护墙的垒砌，是在石雕龙作品原作用被废弃之后进行的，由此可以确定皇城台大台基南侧使用石雕龙石块垒砌石护墙的年代不会早于新砦期，可能在新砦期早段之后。

五、余　论

　　石峁皇城台大台基石护墙上的石雕龙，与二里头二期宫殿内的绿松石龙，在形态上具有渊源关系，凸显了皇城台大台基的重要地位、作用与性质，以及对于探索夏时期文化遗存的重要意义。

二里头绿松石龙形器可能属夏王朝甚至是夏王室的文化遗存。如果这一点能够被确认，那么作为二里头绿松石龙直接前身的新砦陶器盖上的龙纹饰，以及年代在新砦期早段，并且是二里头绿松石龙渊源的石峁皇城台大台基石护墙上的石雕龙，自然应与夏王朝甚至是夏王室文化遗存有着密切的关系。

然而，石峁皇城台大台基石护墙上的石雕龙的使用，却没有像二里头绿松石龙形器那样作为一件特殊的作品受到应有的重视，而是作为一件普通的垒砌大台基石护墙的石块杂乱地垒砌使用，完全丧失了可能与夏王朝甚至是夏王室文化遗存有着密切关系的这类特殊龙图案的作用与意义。这表明皇城台大台基石护墙不属于夏王朝、夏王室的文化遗存。

附记：本文曾于 2020 年 10 月 19 日在洛阳"第三届世界古都论坛"作演讲。本文是"河南省特色骨干学科群信阳师范学院炎黄学学科群招标课题"（项目编号：YHXXKQ-202001）成果。

注　释

[1]　许宏、李志鹏、赵海涛：《河南偃师二里头遗址发现大型绿松石龙形器》，《中国文物报》2005 年 1 月 21 日；李存信：《二里头墓葬龙形器饰物的清理与保护》，《中国文物报》2005 年 5 月 6 日；中国社会科学院考古研究所二里头工作队：《河南偃师市二里头遗址中心区的考古新发现》，《考古》2005 年第 7 期。

[2]　中国社会科学院考古研究所二里头工作队：《河南偃师市二里头遗址中心区的考古新发现》，《考古》2005 年第 7 期。

[3]　中国社会科学院考古研究所二里头工作队：《河南偃师市二里头遗址中心区的考古新发现》，《考古》2005 年第 7 期。

[4]　朱乃诚：《二里头文化"龙"遗存研究》，《中原文物》2006 年第 4 期。

[5]　中国社会科学院考古研究所二里头工作队：《1981 年河南偃师二里头墓葬发掘简报》，《考古》1984 年第 1 期。

[6]　中国社会科学院考古研究所二里头工作队：《1984 年秋河南偃师二里头遗址发现的几座墓葬》，《考古》1986 年第 4 期。

[7]　中国社会科学院考古研究所二里头工作队：《1987 年偃师二里头遗址墓葬发掘简报》，《考古》1992 年第 4 期。

[8]　四川省文物考古研究所三星堆工作站、广汉市文物管理所：《三星堆遗址真武仓包包祭祀坑调查简报》，《四川考古报告集》，文物出版社，1998 年，第 78—90 页，图三，2。图片系陈德安先生提供，谨记谢忱。

[9]　四川省文物考古研究所三星堆工作站、广汉市文物管理所：《三星堆遗址真武仓包包祭祀坑调查简报》，《四川考古报告集》，文物出版社，1998 年，第 78—90 页，图三，1。图片系由笔者于 2019 年 8 月 20 日参观三星堆遗址博物馆藏品时经朱亚蓉馆长允许拍摄使用，谨记谢忱。

[10]　中国科学院考古研究所洛阳发掘队：《河南偃师二里头遗址发掘简报》，《考古》1965 年第 5 期。图片系由许宏先生提供，谨记谢忱。

[11]　中国社会科学院考古研究所：《殷墟妇好墓》，文物出版社，1980 年，第 34，图二二。

[12]　中国社会科学院考古研究所：《殷墟的发现与研究》，文物出版社，1994 年，第 388 页，图二五一，2。

[13]　顾万发：《试论新砦陶器盖上的饕餮纹》，《华夏考古》2000 年第 4 期。

[14]　王青：《浅议新砦残器盖纹饰的复原》，《中原文物》2002 年第 1 期。

[15]　陕西省考古研究院、榆林市文物考古勘探工作队、神木市石峁遗址管理处：《陕西神木市石峁遗址皇城台大台基遗迹》，《考古》2020 年第 7 期。

[16]　陕西省考古研究院、榆林市文物考古勘探工作队、神木市石峁遗址管理处：《石峁遗址皇城台地点 2016—

2019 年度考古新发现》，《考古与文物》2020 年第 4 期。

［17］ 中国社会科学院考古研究所、山西省临汾市文物局：《襄汾陶寺——1978—1985 年考古发掘报告》，文物出版社，2015 年，第 616 页，图 4，119。

［18］ 中国社会科学院考古研究所、山西省临汾市文物局：《襄汾陶寺——1978—1985 年考古发掘报告》，文物出版社，2015 年，第 618 页，图 4，121。

［19］ 中国社会科学院考古研究所、山西省临汾市文物局：《襄汾陶寺——1978—1985 年考古发掘报告》，文物出版社，2005 年，第 614 页，图 4，118。

［20］ 中国社会科学院考古研究所、山西省临汾市文物局：《襄汾陶寺——1978—1985 年考古发掘报告》，文物出版社，2015 年，第 617 页，图 4，120。

（原载于《中原文物》2021 年第 2 期）

石峁遗址研究资料汇编

（1977～2023）

（第2册）

陕西省考古研究院
神木市石峁遗址管理处 编

科学出版社

北京

内 容 简 介

本书为石峁遗址研究资料汇编，收录调查简报和发掘简报 22 篇，追忆与访谈和纪要与纪事 15 篇，考古学文化研究相关论文 11 篇，聚落与社会研究相关论文 19 篇，族属与体质人类学研究相关论文 18 篇，文化交流研究相关论文 8 篇，环境与生业研究相关论文 12 篇，建筑研究相关论文 13 篇，玉石器研究相关论文 38 篇，石雕研究相关论文 6 篇，音乐文物研究论文 7 篇，科技考古研究论文 11 篇以及争鸣与讨论相关论文 6 篇，共 186 篇。

本书可供考古学、文物学等相关专业的科研院所研究人员及高校院校的师生参考、阅读。

图书在版编目（CIP）数据

石峁遗址研究资料汇编：1977～2023：全 4 册 / 陕西省考古研究院，神木市石峁遗址管理处编. -- 北京：科学出版社，2024. 9. -- ISBN 978-7-03-079556-4

Ⅰ. K871.13

中国国家版本馆 CIP 数据核字第 20247AX278 号

责任编辑：孙　莉　王　蕾 / 责任校对：邹慧卿
责任印制：赵　博 / 封面设计：张　放

科学出版社 出版
北京东黄城根北街 16 号
邮政编码：100717
http://www.sciencep.com
北京中科印刷有限公司印刷
科学出版社发行　各地新华书店经销

*

2024 年 9 月第 一 版　开本：889×1194　1/16
2024 年 9 月第一次印刷　印张：118 3/4
字数：3 300 000

定价：980.00 元（全四册）

目　录

二、聚落与社会研究

陕北新石器时代石城聚落的发现与初步研究

王炜林　马明志

自从 20 世纪 80 年代在包头的阿善遗址发现新石器时代石城址以来，内蒙古中南部地区迄今发现的这类石城址已达 20 余座，经过几代学者的努力，目前学界已经对分布于内蒙古中南部的石城址有了比较明晰的认识[1]。相比之下，与内蒙古中南部毗邻的陕北地区，尽管很早也发现了石城址，但由于种种原因，关于这类遗存的研究却是步履蹒跚。近年来，随着西部大开发步伐的加快，各种基础设施在陕北如火如荼地建设着，这种局面在对文物保护工作构成挑战的同时，大量的考古新发现也为我们考古工作者对这块古老土地上的古代文化研究带来了前所未有的机遇，这些有利的条件，再加上国家文物局"河套地区先秦两汉时期的文化、生业与环境研究"课题项目的开展，使我们有机会面对并有可能着手研究广泛分布在陕北地区的史前石城址。

一、陕北新石器时代石城聚落的发现状况

近年来，在陕北发现的史前石城址已有 20 余座，均位于榆林地区的黄土高原梁峁沟壑区，已开展工作的主要有吴堡后寨子峁、关胡疙瘩、佳县石摞摞山、横山瓦窑渠、金山寨、神木寨峁和子洲老山峁等遗址。现对后寨子峁、关胡疙瘩和金山寨遗址作扼要介绍。

1. 后寨子峁遗址

位于吴堡县辛家沟乡李家河村西北，东距黄河主流约 13 千米，距吴堡县城约 15 千米。遗址坐落于三座相互连接、平面略呈"人"字形的山峁上，当地人称"后寨子峁"。后寨子峁西侧有一条名为清河沟的小河，河水自西北向东南汇入黄河。2004 年至 2005 年，陕西省考古研究所对遗址进行了调查、勘探与发掘，发掘面积 3000 平方米。考古资料显示，该遗址的面积约为 21 万平方米，共发现房址 96 座、灰坑 15 余座，并发现有 2 段石墙及墙外壕沟。

在三座山梁相连接的比较平缓的鞍部，发现有 2 段石墙和壕沟截然将三座山峁分割为三部分（依次将遗址分为三个区，图一），石墙（图二）靠壕沟壁而建，类似壕沟壁的护坡。其中 1、3 号山梁之间的壕沟两侧各有一处对称的石台阶门址（图三），分别从壕沟底部通向 1、3 号山梁，壕沟底部有多层踩踏路面通往一条下山的石台阶道路（图四），表明这两座山梁上居住的先民们共同使

图一　后寨子峁遗址地貌俯瞰

图二　后寨子峁遗址 2 号山梁石墙及壕沟

图三　后寨子峁遗址 1 号山梁石墙及石台阶

用这条壕沟和石道路作为下山的通道。2、3 号山梁之间的石墙和壕沟与前者相类似，在两条壕沟的北端设一土台阶将 2、3 号山梁相连，壕沟底部的踩踏面通往下山的方向，表明 2、3 号山梁的先民们共用此台阶和壕沟底部作为下山通道。这种靠道路相连的层位关系为这三座山梁上遗存的同时性提供了证据，从而进一步证明它们具有密切的社会关系。1、2 号山梁三面是陡坡和断崖，仅后部与 3 号山梁相连，所以壕沟和石墙又将 1、2 号山梁分割为两座相对独立的"台城"。3 号山梁前部分别与 1、2 号山梁以壕沟相隔，仅有后面很窄的马鞍部与它山相连，我们推断此处可能也有壕沟与它山相隔，故 3 号山梁也可能是一座相对独立的"台城"。石墙用河沟两侧断崖上采来的砂质石块单层错缝砌成，墙体外侧平齐而内侧凹凸不平，最底层的石条横置以加宽墙基的受力面，墙基底部和墙体内侧垫有层层砸实的黄土。石墙残高 0.5—4 米，残长 35—50 米。

房址按平面形制分大致有"凸"字形、"吕"字形和刀把形等。"凸"字形房址由主室和门道组成，主室平面多为圆角方形或圆形，面积 8—10 平方米，主室地面和墙群一般抹一层白灰面，主室中央有圆形或圆角方形的火塘，这类房址占所发现房址总数的 60% 以上。"吕"字形房屋面积较大，25—40 平方米，建造也最为考究，后室地面、墙裙多饰抹白灰，墙裙底部涂有一周 5—10 厘米宽的红色彩绘，地面中央的火塘周边也绘饰黑彩，前室多选用极为平整的大块石板铺地，以石块砌墙，有的墙内立壁柱，这种房址在三座山梁上各发现 1—3 座，数量较少，结构复杂且装饰华美，有学者认为这类房址已经具备了

图四　后寨子峁遗址石台阶道路

前堂后室布局的雏形，但其规模尚未与其他房址形成悬殊的差异；"吕"字形房址两侧往往有数座相对较小的"凸"字形房址与之形成明显的组群。如 3 号山梁上的 F3002、F3003 与 F3006 之间相距很近，而且有共用的院落（坪），门前有土坯铺设的道路相连，这种明显的组群关系可能代表一个包含不同辈份的、由二三个核心家庭组成的大家庭，其中，F3003 为结构复杂的"吕"字形房址（图五），F3002 与 F3006 为单室的"凸"字形房址，表明 F3003 的主人可能是这个大家庭中地位较高者。2 号山梁东北坡的 10 余座房址整齐地成排沿山坡分布，门向呈现出放射状（图六），可以将它们划分为数个类似于 F3002、F3003 与 F3006 所代表的组群，每个组群之间似乎看不出明显的贫富分化和等级差异。房屋的建造方式可分为窑洞式、半地穴式和二者结合的复合式。

图五　后寨子峁遗址"吕"字形房址 F3003

图六　后寨子峁遗址成排分布的房址（东南—西北）

2 号山梁顶部有一处小型的圆锥形石包，石块下以石板立围出圆角长方形的范围，石板外围用土加固。在石板围成的小坑内出土一些陶片，其时代均为龙山时代。由于该遗迹位于山梁最高处，又不具备房址的的特征，故推断其可能是与祭祀有关的遗迹。与遗址相关的墓地尚未发现。

出土器物主要有陶器、石器和骨器。陶器以夹砂陶为主，泥质陶其实也夹有少量细砂；陶色以灰陶为主，红褐陶次之；纹饰以篮纹最多，绳纹次之，附加堆纹再次之，并有少量压印方格纹、篦点纹和指甲纹，少量为素面陶，彩陶很少见；器形主要有喇叭口尖底瓶（圜底瓶）、喇叭口折肩平底瓶、斜腹碗（盆）、大型直壁缸、高颈壶、深腹罐、喇叭小口鼓腹罐等（图七），不见三足器，文

图七 后寨子峁遗址出土的陶器

化面貌大体与小官道遗址、阿善三期类型较为接近，时代约集中于阿善文化三期至庙底沟文化二期。出土石器以磨制为主，器形主要有斧、刀、凿等，并有少量打制细石器，暗示出该地区当时农、牧兼营的生产方式[2]。

2. 关胡疙瘩遗址

位于吴堡县宋家川镇王家川村，由前后相连的4座山梁组成，面积约10万平方米。该遗址南端为黄河断崖，西侧为清河沟，东侧为落阳沟，仅北端有马鞍形部分与它山相连（图八）。在遗址北端发现两道平行的石墙，将遗址与它山隔开。石墙仅建于地势较平缓处，断崖环绕的地段则借用天险而未建石墙，利用石墙和断崖组成一个完整的防御空间。石墙的建造方式有两种，一种是依凭山体土崖而建的护坡形制，带有一定斜度，墙体外壁平整，内壁参差不齐，另一种是从地面垂直起建的独立墙体，这种墙体两侧壁面都较平齐。残存最长的石墙长约300米，保存最高处约4米。

图八 关胡疙瘩遗址地貌（北—南）

城址内目前发现的40余座房址以组或排为单位分布于4座山梁上。房址的建筑方式有半地穴式、窑洞式和复合式，平面形制多为单间的凸字形，面积10—15平方米，而最大一座三进间的房址面积为50余平方米，似乎显示出部族内部一定程度的等级分化，但并不悬殊。房屋主室多以白灰涂抹地面和墙裙，庭院多以石板砌墙或铺设地面。出土陶器主要有单耳釜形斝（图九）、高柄豆、单耳罐（图一〇）、斝式鬲、盉等，从这些器物初步分析，关胡疙瘩遗址的时代大约为龙山文化中晚期，叠压石墙的地层与遗址时代基本相同，故石墙的建造年代当不晚于龙山文化中晚期。

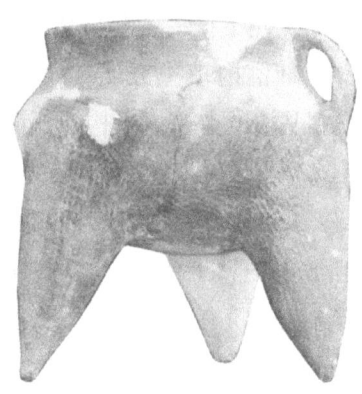

图九　关胡疙瘩 F1001 出土的陶斝

图一〇　关胡疙瘩遗址出土的陶单耳罐

3. 金山寨遗址

面积约 13 万平方米，位于横山县石湾镇高川村名为金山寨的山峁上，北距大理河约 1 千米，地处大理河支流——曾家焉河东侧，四面为深沟断崖，仅东南角有宽约 30 米的鞍形缓坡与它山相连，地势非常险要。遗址北部、东部和东南部地势较缓的山坡外围处有一道护坡式石墙，平面走向略呈"U"形，残存长度约 400、残高 1—3 米，试掘部分最大高度近 4 米。石墙地势险峻的断崖地段充分利用天险而未建石墙。

过去曾对金山寨遗址进行过多次考古调查，已确认房址 30 余座，还发现了许多"积石堆"，这种遗迹在石摞摞山、崖窑坪等遗址亦多有发现，在金山寨共发现这种积石堆 16 座，多沿遗址山坡的等高线分布，大多成组成排分布。2005 年 7—10 月我们对金山寨遗址进行了测绘和试掘，共发掘房址 3 座、灰坑 3 座，解剖石墙 2 处，出土了一定数量的陶器、石（玉）器、骨器和 1 块卜骨。

石墙内沿山坡分布有大量房址，已发掘的三座房屋按平面形制可分为"吕"字形和"凸"字形，按建造方式可分为半地穴式和窑洞式，另外还有大量未发掘的地面式房屋建筑遗存。F1 为"凸"字形半地穴式，主室略呈圆角方形，北部残缺，复原面积约 10 平方米；四壁筑有高约 0.5 米的矮石墙，南侧矮石墙顶部较为平整并与向外延伸的土台面连接成较宽敞的平台，可能具有床榻或储存间的作用，该台面再向外是土墙，墙基内有柱洞，所以 F1 是石墙、土墙相结合的房屋建筑。F2 与 F1 在形制、建造方式和建筑材料方面基本相同，所不同的是 F2 以白灰抹饰地面和矮石墙的壁面，而 F1 未用白灰装饰。F3 平面呈"吕"字形，前室破坏严重，后室呈圆角方形且残存少许生土顶部，应是穹庐顶或拱形顶，顶部以上至今尚保留厚约 4 米的生土；后室建造方式为窑洞式，前室和过道处有柱洞，可能是半地穴式建筑。通过解剖"积石堆"得知，它们多为地面式房址，平面多为方形或长方形，面积 10—15 平方米，房址的石墙从地面垂直起建，由于坍塌，房屋顶部形制目前尚无法得知，不过后寨子峁遗址许多房址门洞顶部石块平垒于木板或石条上，可知当时的先民很可能尚未掌握用石块券顶的技术，屋顶很可能是用木料搭建而成的。三座房址的出土陶器主要有喇叭口圈底瓶、篮纹深腹罐、绳纹缸、单耳罐和斝足，时代约为庙底沟二期至龙山早期。

解剖表明，金山寨遗址的外围石墙结构（图一一）非常复杂，筑墙过程大概可以分为六步。第一步，将坡度不同的山坡修成接近垂直的断崖，被水冲刷形成的沟壑则用土铺垫砸实，使断崖拥有连续平整的断面；第二步，在断崖外包筑一道宽约 1 米的夯土墙（实为断崖的夯土包边）；第三步，

图一一　金山寨遗址石墙剖面

在夯土墙体底部外侧下挖一条与墙体平行、深3—4米的基槽，在基槽内填土夯实，作为石墙的墙基；第四步，在基槽的夯土之上构建石墙，石墙紧靠夯土墙而建，墙体内外共3、4层，上窄下宽，残高3.9米，厚0.6—1米；第五步，在石墙底部外侧，层层夯打形成护坡土台面，宽3—4米，有的地段则在护坡土之上筑有与墙体垂直、起护卫墙体作用的小型石护墩，类似后代城墙的"马面"；第六步，在护坡土台面最外端临近山体边缘处加固第二道夯土墙（断崖的包边），此夯土墙顶部与护坡土台面基本持平，以使石墙及相关设施免受水土流失，墙体宽约1米，残高2米。

二、石城聚落的年代

陕北新石器时代石城聚落址的时代主要集中于庙底沟二期文化和龙山时代，上限似乎可以追溯到仰韶晚期，下限则一直延续到龙山中晚期甚至商代。

后寨子峁遗址出土陶器主要有喇叭口尖底瓶（圜底瓶）、喇叭口折肩平底瓶、斜腹碗（盆）、大直壁缸、高颈壶、深腹罐和小喇叭口鼓腹罐等，不见三足器，文化面貌大体与小官道遗址、阿善三期类型较为接近，时代约集中于阿善文化三期至庙底沟二期。石墙外的壕沟底部和石墙内夹杂的陶片时代均相当于庙底沟二期，而壕沟内的地层堆积又叠压石墙，故石墙和壕沟的建造年代当不晚于庙底沟二期甚或稍早，应该与聚落内房址的建造年代大体相当。

关胡疙瘩遗址的整体时代大约为龙山文化中晚期。房址内出土陶器主要有单耳釜形斝、高柄豆、单耳罐、斝式鬲、盉等，在4号山梁发现一座可能是门房的小房址打破了叠压在墙体外侧的灰土层，该房屋的时代约为龙山文化中晚期，而叠压石墙的灰土层内出土的陶片也为龙山文化中晚期，所以石墙的建造年代当不晚于该房址的时代，约为龙山文化中晚期。

金山寨遗址房屋和石墙基槽内出土陶器主要有喇叭口圜底瓶、篮纹深腹罐、绳纹缸、单耳罐和斝足，时代均为庙底沟文化二期至龙山文化早期，所以它们的建造年代大体相同，考虑到石墙的建造应该在人们定居之后，加之工程量巨大，非短期内可建成，故推断石墙的建成年代可能稍晚于遗址的初建年代，但不会晚于龙山文化早期。

另外，与金山寨遗址同位于大理河流域的横山魏家楼、子洲老山峁和窟野河流域的神木寨峁等遗址均有石墙遗迹。魏家楼与老山峁遗址的石墙建造年代均为龙山早期。寨峁遗址的文化可分为两期，一期相当于庙底沟文化二期或阿善文化三期，二期略早于大口文化[3]，相当于龙山文化中晚期，所以该遗址的石墙建造年代当不晚于寨峁文化二期遗存[4]，距今4200—4100年。这种史前的石城址在陕北地区一直延续到商代，清涧李家崖商代石城聚落址便是其中保存较好的一处。

从分布范围看，陕北发现的史前石城址主要位于榆林的黄土高原梁峁沟壑区，延安北部子长、志丹、安塞、吴旗等临近榆林市的地区也很可能有类似的石城址，由于开展的工作很少，资料也相对贫乏，目前还无法对陕北史前石城址进行全面、准确的和有根据的分区。

三、对有关问题的认识

尽管目前有关陕北地区史前石城的考古发现还很有限，但这些资料仍然向我们展示了有关这类遗存研究的一些重要信息。

1. 扩展了该类遗存的空间分布范围

由于陕北地区新石器时代石城址的发现和研究起步较晚，学界以前所接触的北方地区史前石城址资料仅限于赤峰地区以及内蒙古中南部地区的凉城岱海、包头大青山南麓和南流黄河沿岸地带[5]。陕北地区史前石城址的发现，使该类遗存的分布范围扩展到了陕北的广阔区域，大大丰富了北方地区史前石城址研究的资料。

2. 陕北地区很可能是北方史前石城址的重要发祥地之一

从调查及试掘情况看，陕北北部地区石墙聚落不仅分布密度大，而且时代相对较早，延续时间也相对较长，最早可能到仰韶文化晚期，下限则延续至商代，如清涧李家崖商代城址。从地理位置看，陕北地处我国农牧业交错地带，是中原史前文化北上和北方史前文化南下的重要咽喉地域，也是中原与北方史前文化的碰撞、交融点，复杂的自然和人文因素促使了古代人群在此互相竞争，筑城据险便成为当时人们重要的防御手段。所以，该地区很可能是这类遗存的重要发祥地。

3. 石城址的性质与功能

调查发现的石墙聚落在选址上基本遵循居高求险的规律，大部分石城址虽然没有高出地面的石墙，但在地势不够险要处挖设壕沟，壕沟壁面以石墙加固，与天然的断崖绝壁结合为所谓"台城"形制，因地制宜地构建出相对封闭的防御体系。尽管石墙可能还兼负着防止水土流失对居址破坏的作用，但它们恰恰多建在地势较缓不便防御、同时水土流失相对较轻的地带，而地势险要便于防守且水土流失严重的陡坡断崖地带反而不建石墙。由此可以认定，这些石墙设施的主要作用在于防御。值得注意的是，城址内沿山坡分布着一些小规模的单层石墙，高度一般不超过 2 米，长约 15 米，石墙之上的小台地上一般有规律地分布着数座房址，这类小型石墙主要是用来为房屋提供门前院落平台的，使山坡改造的院落台地更加坚固并可减轻水土流失之害，它与今天陕北地区民居前的石护坡具有相同的功能，是适应和改造自然地势的产物。

4. 筑城技术较为成熟

后寨子峁、金山寨和关胡疙瘩等遗址石墙的解剖展示了史前时期该地区先进的筑城技术，同时表明在此之前这种技术可能经历了一段发展过程，这将启发我们寻找这种遗存的源头和传播路线。

5. 石城址聚落内部的社会组织尚未出现悬殊分化的迹象

后寨子峁和关胡疙瘩等石城聚落内部的房址分布有较为明显的组群关系，2、3 座房址门向相同，且共用一个院落，有的房址之间还有土坯路面相连接，每座房址可能代表一个核心家庭，而组群可能代表 2、3 个核心家庭组成的、包含不同辈分人群的大家庭。大部分房址沿山坡的等高线成排分布，可能代表更高级别的社会单位，但有学者认为这也可能是合理利用地貌的原因，不一定代表一级社会单位；后寨子峁的三座山峁之间以壕沟石墙相隔，反映出其间存在的亲疏关系，每座山峁可能代表一个关系相对密切的社会单元，整个遗址所在的三座山峁则可能代表一个部族。房址之间有形制和规模的差异，但尚未形成悬殊的等级差异。这些都表明石城主要是部族内部作为平等的整体对付外来力量侵袭的集体防御设施。

6. 石城聚落和无城聚落之间的关系有待进一步研究

在该地区还存在着一定数量的无城聚落，规模明显小于石城聚落，它们往往与石城聚落时代相同且空间相邻，好像是石城聚落的卫星聚落，后寨子峁、关胡疙瘩和金山寨等石城址附近均有这种无城聚落分布。内蒙古中南部的史前遗址也存在这种现象，有学者认为它们之间是中心聚落与普通聚落的关系，作为中心聚落的石城聚落级别可能高于无城的普通聚落。但一个客观的事实是，这一地域的史前聚落无论是同一聚落内部还是聚落之间的社会分化均不够明显，在文明形成过程中始终没有形成大型的中心聚落。所以，韩建业将其称为中国文明形成模式中的"北方模式"[6]，为研究这方面的课题提供更为广阔的思路。

7. 史前石城址的出现似乎孕育着某些文明的因素

在史前时期，对于规模如此庞大的筑城工程，绝非短时期内能完成的，更不会是一种随机的个体行为，它应该是在有组织背景下进行的脱离生活资料生产并具有较高专业技术的集体行为，表明当时的部族内部在一定程度上出现了有效的社会公共组织，同时也暗示了加强城防建设成为一种必要甚至成为急务、要务，反映了新石器时代晚期掠夺战争加剧的社会背景。这些将对研究中国北方地区文明起源问题有一定的启发作用。

注　释

［1］ 严文明：《龙山时代城址的初步研究》，《农业发生与文明起源》，科学出版社，2000 年；田广金：《内蒙古长城地带石城聚落址及相关诸问题》，《纪念城子崖遗址发掘 60 周年国际学术讨论会文集》，齐鲁书社，1993 年，第 119—135 页；魏坚等：《内蒙古中南部新石器时代石城址初步研究》，《文物》1999 年第 2 期；魏峻：《内蒙古史前石城址研究》，《考古学研究》第二辑，北京大学出版社，1994 年。

［2］ 王炜林等：《陕西吴堡后寨子峁新石器时代遗址》，《2004 中国重要考古发现》，文物出版社，2005 年；王炜林等：《陕西吴堡县后寨子峁遗址发现庙底沟二期至龙山早期遗存》，《中国文物报》2005 年 9 月 21 日。

［3］ 吉发习等：《内蒙古准格尔旗大口遗址的调查和试掘》，《考古》1979 年第 4 期。

［4］ 陕西省考古研究所：《陕西神木县寨峁遗址发掘简报》，《考古与文物》2002 年第 3 期。

［5］ 田广金：《内蒙古长城地带石城聚落址及相关诸问题》，《纪念城子崖遗址发掘 60 周年国际学术讨论会文集》、齐鲁书社，1993 年。

［6］ 韩建业：《中国北方地区新石器时代文化研究》，文物出版社，2003 年。

（原载于《中国社会科学院古代文明研究中心通讯》2006 年第 11 期）

早期中国"月明星稀的历程"

王明珂

一、石峁遗址与华夏边缘

2013 年 6 月中旬，我因参加一场学术会议而有幸探访了位于陕北神木县的石峁遗址。这个 2011 年始经系统发掘的考古遗址，其全貌尚未完整揭露，然而因有据称是迄今在中国发现的规模最大的史前考古城址，以及出土数量庞大的玉器，而受到学界与公众的深度关注。这个遗址居于长城地带的特殊地理位置，距今 4300—4000（或 3800）年的存在年代，以及当时本地与整个华北先民的人类生态，都是让我感兴趣的原因。

在《华夏边缘：历史记忆与族群认同》一书中，我曾以"华夏边缘"的形成及变迁来说明中国人的形成过程。关于"华夏边缘"最早的出现，我提及的一个关键因素，那便是距今约 4500 年之后延续千年的气候变迁对华北地区人类生态的影响。在气候干冷化的影响下，内蒙古中南部先是出现部分有石墙防护的聚落，这显示人群间的资源竞争关系趋于紧张。到了距今 4000 年前后，绝大多数农业聚落（包括有石墙的聚落）都被人们废弃，此后人类活动遗迹绝少。到了春秋战国时期，出现在内蒙古中南部及陕北地区的是游牧或农牧混合经济人群。在青海河湟地区，距今约 3700 年以后本地辛店、卡约文化人群放弃过去齐家文化人群那种长期定居、农业、养猪为主的经济生活，而多饲养马、牛、羊，以此过着经常移动的游牧或半游牧生活。在东北西辽河流域，距今约 3500 年之后各地农业聚落与人类活动也都有减少的趋势，到了距今 2900 年前后出现了夏家店上层文化以畜牧为主的混合经济人群。在陕、晋、冀三省北方山岳地带，与此同时及略晚的人类生态发生变化，距今 3000—2400 年的西周至战国时期，北方农牧混合经济人群一波一波地南移，以向南争夺农牧资源。在如此背景下，周王朝及各诸侯国贵族以"华夏认同"来凝聚有族群意义的群体，以此维护及扩张共同的生存资源，同时将较依赖畜牧、常迁徙的人群视为非我族类（戎狄），此即最早出现的"华夏边缘"，也就是"华夏"主观认同上的我族边缘。

以石墙防护的石峁古城遗址地理位置及被废弃的年代，均与上述内蒙古中南部古聚落的时空框架相近，因此它与后者应是在同一人类生态变化下被弃置。此后要到距今 3400 年前后，陕北地区才出现农业生产较松散、较依赖牲畜且有武装倾向的李家崖文化人群。内蒙古中南部及陕北距今 4000 年左右的人类生态变迁，又与西北甘青地区的齐家文化以及辽河地区的夏家店下层文化人群所经历的十分相似；在这些考古文化陨落之后，继之而生的都是人群聚落规模较小、较多流动、较依赖草食性动物的人类生态体系。且两者之间，如齐家文化与辛店、卡约文化之间，夏家店下层文化与上层文化之间，石峁类型文化与李家崖文化之间，似乎都有一段考古文化上人类活动空白或较疏散的时期。

《华夏边缘：历史记忆与族群认同》

2013年石峁遗址考古发掘现场

二、满天星斗之后

　　事实上，中原北方边缘的新石器时代晚期至铜石并用时期古文化的陨落，也发生在中原周边的其他地区。当新石器时代晚期，东亚大陆多处皆有以农业为基础的古文明出现。著名考古学家苏秉琦先生称此现象为"满天星斗"，并以此主张中国文明起源的多中心起源说。另一著名考古学家俞伟超先生，则曾注意到在距今约4000年前后，许多中原之外新石器晚期及铜石并用时期灿烂一时的古文化都有突然夭折的现象。这些距今4000年前后或更早一些，经历消亡或重大变迁的中原之外的考古文化约有：长江下游距今5300—4000年的良渚文化，长江中游距今4600—4000年的石家河文化，长江中上游成都平原距今4500—4000年的宝墩文化，以及前面提及的黄河上游甘青地区齐家文化，与辽河流域由红山文化（距今6500—5000年）、小河沿文化（距今5000—4000年）到夏家店下层（距今4000—3500年）的一序列区域考古学文化。

　　相对于这些中原周边地区考古文化的陨落，同一时期（距今4000—3500年前后）中原地区人类社会却持续向政治集中化、社会阶序化发展，而最后出现商王朝这样的庞大政治体与复杂社会。因此，面对前述这些迈向复杂化社会的进程中有失败亦有成功的考古文化案例，我过去提出的"华夏边缘"思考框架显然已有不足，而必须在更大的"人类复杂社会的形成过程"学术视野下探讨其意义；对于理解"中国"的形成来说，这也是探索"中国"世界之核心成为核心、边缘成为边缘的"月明星稀的历程"。

三、月明星稀的历程

上述这些中原周边新石器时代晚期至铜石并用时期的考古文化对应的人群社会究竟发生了何种变化？为何他们未能如同一时期中原地区自二里头文化至商文化之政治社会发展？我们或应探究一些更基本的问题：这些古文化的人群，他们的人类生态如何？他们是否经历了某些共同的人类生态因素变化，因而在同一时段内先后衰亡？在他们衰亡之后，继之而起的本地人群社会又在何种人类生态之中？

人类生态是指一人群的环境、经济生业与社会（社会组织与群体认同）三方共构的生物社会体系。环境包括自然环境与人们对环境的修饰、改造，以及人为界定的领域与边界；经济生业，指人们利用环境以获得生存资源的种种生计手段，如渔猎、农耕、游牧、贸易等等；社会结群，则为人们为了在特定环境中行其经济生业，以及为保护、分配、竞争领域和生存资源，而在群体中建构的种种社会组织（如家庭、部落、国家），以及相关的人群认同与区分（如性别、年龄、贵贱，以及由家庭到民族的广义"族群"等）。

根据我们对人类生态的理解，可以说，重建史前时期人类生态所需的考古材料涉及环境、聚落形态、生产方式、交换与贸易、社会分工、社会阶序、社会组织、亲属关系、族群认同与政治体系等等。因此以目前所见之相关考古材料来看，我们尚难以完整重现上述各考古文化所对应人群的人类生态。况且，有些人类生态信息难以从考古发掘材料的分析中呈现出来。我并非考古学者，只因长期从事"华夏边缘"与"华夏文明"之研究，经常学习、引用考古学者的研究成果。发生在距今4000—3500年东亚大陆上的"月明星稀的历程"是考古学上的重大议题，并值得考古学之外的多学科，如古气候与环境科学、社会人类学、历史学、语言学等学者们共同关注。以下我只是借众考古学者已有的发掘与研究成果，勾勒出一个概略的图像。

对于距今约4000年前后许多中原之外的古文化突然夭折的现象，俞伟超先生认为气候变迁可能是造成此普遍性考古文化面貌变迁或中断的原因之一。他的这个见解十分重要，并仍为解释这些考古学现象的主流意见。例如，关于长江下游良渚文化人群所建构的阶序化社会在距今约4000年时逐渐崩溃，许多学者认为气候变化带来的海平面上升以及因此产生的大洪水为主要原因。继之而起的马桥文化、湖熟文化人群，采取较松散、粗放的农业与采集、渔猎等多元、分散、移动的生计手段。根据一项研究，良渚文化居民之肉类获取原以家畜饲养为主，渔猎活动为辅，然而到了距今4000年左右的马桥文化时，人们转以渔猎为获得肉食的主要生业，家畜饲养反居于辅助地位。环境考古研究显示，此时太湖流域的水域与森林草地面积明显扩大，如此当时先民可能容易依赖渔猎来获得生活资源。以这个例子来看，或由于自然环境资源变得较丰富，许多聚落人群反而得以采取较松散、粗放的农业，以及采集、渔猎等移动的及"由手到口"的生计手段，来逃离权力集中化、社会阶序化的政治与人类生态体系。人类生态并非单线演化及不可逆；中国历史上当战乱或饥荒发生时，常有许多人相偕逃入大泽之野，以渔猎自食。

我们再看看齐家文化的情况。黄河上游齐家文化的阶序化、集中化社会政治形态在距今3700年前后消亡，继之而起的是辛店文化与卡约文化。辛店文化人群留下的大多是墓葬与窖穴，房屋居址很少。他们的陶器较齐家文化人群的陶器要小得多。虽然他们仍养猪，但猪在人类经济生活中的地位已大不如羊，这些都让辛店文化人群较齐家文化人群便于移动。在卡约文化遗存中房屋、居址几乎完全消失，人们喜爱随身饰品，墓葬中殉葬动物以马、牛、羊为主，猪十分罕见。此反映的人类生态变化可能是：在河湟地区，在农业生产受气候打击，而统治阶层对人们的剥削更加剧时，一些穷苦的农牧混合经济人群发现他们能完全依赖马、牛、羊过着经常移动的生活，甚至能迁到较高海拔的地区从事游牧，以此脱离谷地那些剥削他们的人，于是以农业为主的齐家文化生活方式，以

青藏高原东缘松潘草地

新疆巴里坤

内蒙古新巴尔虎右旗

及其阶序化、集中化政治社会体系，逐渐瓦解。

辽河流域红山文化的复杂化、阶序化、集中化人类生态结束后，继起的小河沿文化时期（距今约 5000 年）农业粗放，人类活动遗迹大幅减少；辽宁大学生态环境史研究中心滕海键教授将这样的变化归因于距今 5000—4700 的气候趋向干冷，人类生存环境恶化。到了距今 4000 年左右夏家店下层文化兴起，该文化晚期聚落与人口有相当程度的扩增，社会阶序化，资源竞争激烈，人们建造防护性石城。这样的阶序化、集中化社会在距今 3500 年左右衰亡。我曾以发生在距今约 3500 年前后的一波干冷化气候与环境变迁，来解释夏家店下层文化的结束；北京大学城市与环境学院历史地理研究中心韩茂莉教授的研究也证实这时期（距今 4200—3200 年）的降温与干旱。夏家店下层文化结束后的一段时期，本地人类活动减少、分散，经此时期之后，大约从西周中期到战国时期，辽西地区人群找到了新的适应方式：一方面畜养更多的动物，另一方面向南方争夺较适于农牧之地。当时人的活动所留下的便是"夏家店上层文化"遗存。

在长江中游地区，石家河文化时期出现的以"城"为中心的集中化、阶序化政治社会体系，在距今 4000 年左右衰落。湖北省文物考古研究所王红星研究员的研究指出，石家河文化晚期遗址明显减少，此文化结束以后，二里头文化一、二期阶段（距今 4100—3600 年）整个两湖盆地都不见人类居址，要到二里头文化晚期至早商阶段（距今 3600—3300 年）才再有人类居址。他以暖期与洪水期来解释石家河文化晚期遗址明显减少及此文化的衰亡。关于石家河文化的结束，中山大学人类学系郭立新教授认为"此与生态环境恶化、社会内部矛盾激化以及外部强敌入侵有关"。

成都平原的史前文化发展是个特殊的例子。宝墩文化虽在距今 4000 年前后结束，但本地复杂化社会及其部分文化因素在随后的三星堆文化中有延续性发展。三星堆文化之后则是以金沙遗址为代表的十二桥文化，以及以商业街船棺葬为代表的蜀王国文化。因此，如北京大学考古文博学院孙华教授所言，由宝墩文化时期至于秦灭蜀之前，本地青铜文化的传统主流没有中断与转移。也就是说，它们所代表的集中化、阶序化政治社会体系大致是有延续性发展。后来让这个文化与文明传统中断并被遗忘的是，巴蜀入于秦汉政治与文化版图过程中的军事征服与教化。

以上我以自己所见的考古学研究成果，简略勾勒中原周边人类文明初期由"满天星斗"到"星

四川松潘小姓沟

四川甘孜藏族自治州丹巴县巴底乡

渐稀"的过程。这只是个粗略且不全的图像，每一区域考古文明的陨落都尚有许多问题待探索和解答。至于"月"的出现，也就是中原地区自新石器时代晚期至商、周时期的持续性社会变迁，此方面已经许多考古学者的长期研究、梳理，其各阶段面貌大致明朗。特别是，二里头遗址的发掘至今已进入第 55 个年头，经由最早对此进行调查研究的徐旭生先生至今日许宏等考古学者的努力，在此中国地区早期人类复杂化社会进程逐渐清晰。"月明星稀的历程"，只是强调中国有以上这些中原周边地区大约同时或先后夭折的古文明，而又有在中原地区延续发展成商周国家文明的案例，将它们联结在一起考虑其兴灭变化，能让我们更进一步探索人类早期复杂社会发展进程此一重大课题。在此探索中，许多问题都值得多学科共同关怀、思考。譬如，因于近年来我对青藏高原东缘羌、藏、彝族社会、认同与记忆的研究，我认为，人类走出人群血缘与空间认同合一的聚落，开始在广大地域空间中建立及拓展纯粹以家族血缘记忆彼此联系的聚落与城邦网络，应是人类走向复杂化社会的一项重要因素。

"月明星稀的历程"，此一称法也强调距今4000—3500年，这500年间各地人类生态变化在造成"中国"此种人类生态体系的核心与边缘上的重要性。然而以"月明星稀"为喻，并非对中原"核心"的歌颂。若我们对于人类文明有些反思性理解，当知文明演进的"成功"并不意味着人们从此过得更好，而"失败"也不表示人们从此落入悲惨世界。"月明星稀"喻示的另一意义是，星星并未消失，它们只是为月光所掩盖。这对我们的启示为，即使到了秦汉帝国时期，甚至晚至近代，中原周边各区域之特殊人类生态或有变迁但一直存在，它们只是被中原帝国文明的光环所遮掩、在中原文化中心主义下被忽视。许多学者都曾指出，在多元区域文化与中原文化之互动中产生之文化"共性"，逐渐缔造多元一体的中国文明。但我认为中国的"多元一体"从来都不是一种静态结构，而是核心与边缘各元之间的"差异、差距"造成的动态复合体。各地潜藏及常为我们忽略的区域性人类生态，以及因此造成中原与其周边地区间的政治经济互动，便是推动整个中国历史上各区域人群间多元一体关系的动力。此一方面，我们仍期待许多深入的研究。

（原载于《大众考古》2014年第7期）

陶寺、石峁与二里头

——中原及北方早期国家的形成

戴向明

一

　　国家起源问题是全世界考古学都非常关注的一个重点课题。近些年中国考古学对国家起源的探讨似乎被遮蔽在文明起源探索的热潮之中，甚至很多人秉承"国家是文明社会的概括"之理念而将两者相等同。传统上人们认为夏是中国历史上第一个王朝国家，具体到考古遗存上，二里头文化即是夏文化，那么二里头所代表的社会组织就是最早的国家。后来又有学者认为二里头文化只是晚期的夏文化，早期夏文化则要上溯到河南龙山文化的晚期，于是就有了王城岗为禹都阳城、新砦为后羿代夏之所居的说法。但对于王城岗、新砦等河南龙山文化的城址和大型聚落是否已经形成早期国家社会组织了，或者这样的社会同二里头代表的国家社会有何不同，则缺乏明确的说明和论证。

　　在探讨中国早期文明或社会发展阶段的过程中，苏秉琦率先提出了国家起源、形成与发展的三部曲：从古国、方国到帝国[1]，这一学说得到了人们普遍的赞同和推崇。稍后严文明、张忠培等又进一步将其发展为"古国—王国—帝国"的理论模式[2]。在这些著名学者的影响下，很多人都将公元前3000年前到二里头文化出现之前的复杂社会组织称为"古国"（也有人称为"邦国"），或认为古国即与西方社会进化论中的"酋邦"大体相对应；总之，是将这种社会同早期简单的氏族部落和其后夏商周这样的广域王权国家相区别开来。这一理论模式的提出和广泛应用为中国早期历史的阶段性变化梳理出了一个较为清晰的线索，对于认识各地区史前社会的发展无疑具有积极意义和极大的推动作用。但与此同时，很少有人进一步深究那些"古国"社会之间的巨大差异，以及早期国家的起源问题。有些只是笼统提到国家的起源应追溯到史前晚期，即某些复杂的大型聚落或城址可能已经属于国家形态的社会组织了，但对于什么是国家、国家与"古国"有无区别及什么样的区别、究竟在哪个阶段有哪些史前聚落（群）最早演化成了国家组织，则往往缺乏严格的定义、周密的论证和系统的表述。比如，山东的大汶口和龙山，长江下游的东山村、凌家滩与良渚，中原的西坡、大地湾与陶寺，各地区这些前后不同时期的大型中心聚落所反映出的社会结构有何区别，我们是笼统地将它们都称为"古国"、还是可以区别出不同类型或发展程度不同的"古国"（或酋邦），这些史前末期的区域集团有无已经超越了古国或酋邦而发展成真正的国家社会了等等。

　　迄今为止关于古代国家还没有一个被普遍采纳的标准定义，但无论是在史学界还是考古学界，人们对"国家"含义的理解实际上并无大的分歧。尤其是在西方学术界，几十年来经过大量而深入的讨论分析，人们对于"酋邦""国家"这样的重要概念及其所指向的具体社会形态大体形成了基本一致的认识（除了有人不喜欢使用"酋邦"来定义某种复杂社会组织，而采用其他理论模式或途径来表述其社会进化论）。作为复杂的区域社会组织，酋邦（特别是复杂酋邦）与国家在政治、经济和意识形态领域拥有许多共同或相似的特征，两者本质的区别主要在于社会政治结构方面。酋邦是在一个最高首领（酋长）控制之下的地域集团，围绕权力核心形成的贵族阶层与普通民众存在着明显的经济和社会地位的差异；而国家除了具有上述特征，不同之处是在最高统治者之下还形成了一整套分层与分工的官僚管理系统，以及维护国家统治的司法体系和常备军队等。具体到考古遗存上，国家应比酋邦拥有更复杂的多层级的聚落系统（多层行政管理等级），规模更大、结构更复杂的中心都邑和多功能的高级建筑群，包括宫殿、庙宇，以及王陵等[3]。

这里需要强调的是，我们要探讨人类社会进化过程中具有普遍意义的阶段性变化，就需要有可以比较和交流的明确的概念、理论模式和认知系统。比较上述中、西方学者提出的不同理论模式，笔者认为我国学者提出的社会发展模式中的"古国"即与西方进化论中的"酋邦"大体相当，而"王国"则无疑属于早期国家社会了。

二

前面提到，过去学术界普遍将夏看作是中国历史上最早的王朝国家，之前属于史事不清的古史传说时代。在考古学上，近些年来二里头文化为夏文化[4]、二里头遗址为夏代都邑的看法逐渐得到了多数学者的认同。二里头被视为夏代的王都，不仅是其地望与史书记载相符，而且从考古发现看它也具备了早期国家都邑的基本特征：聚落繁荣期的总面积达到约300万平方米，是中原同时期唯一一处特大型聚落，并且与周围的其他聚落一起共同构成了四层聚落等级[5]，形成了一种多层级的、金字塔形的社会结构系统；有成组的宫殿建筑并出现了面积逾10万平方米的宫城，宫城周围还有许多大小不等的夯土基址，显示了布局有序、地位和功能有别的不同等级上层建筑的特征；宫城附近有铸铜作坊和绿松石作坊，表明社会上层对高端手工业专业化生产的控制与管理；遗址内已发现的随葬铜礼器和玉器的零散的贵族墓葬、宫城北面的大型祭祀区等，使我们相信这里应存在更高级的贵族大墓和国家操控的祭祀行为。但所有这些都是在二里头二期之后逐渐出现或形成的。一期聚落面积只有约100万平方米，且遗迹分布呈现较松散的状态，尚无大型建筑、高等级墓葬等高规格遗存的发现[6]。因此不能笼统地将整个二里头一期至四期聚落都视为王国都邑，其间实际上经历了很大的变化。根据现有的考古发现，只能认为二里头发展成国家都邑、二里头代表的夏人集团进入王朝国家是在二里头二期之后[7]。此前的二里头一期聚落很可能已经兴起为一处大型区域中心，但还没有完成从"古国"（或酋邦）向王国的转变。然而无论如何，二里头作为夏王朝中心都邑的确认是探索中国早期国家起源的一块重要基石。

在这样一个基点确立之后，一些学者把探索国家起源的目光投向了更早的龙山时代。对于龙山时代所处的社会发展阶段，有人认为那些城址或大型聚落所代表的区域团体属于"万国林立"的"古国"或"邦国"，也有人称之为"酋邦"，还有学者认为陶寺、王湾三期文化等已经进入"王国"阶段了[8]。不管怎样，多数学者表达的只是一种笼统的认识，而缺乏对不同个案详加辨别的具体分析。

在整个中原文化区，根据已知的考古资料，早于二里头而形成国家社会的只有晋南临汾盆地内陶寺"中期大城"所代表的区域集团，对此笔者曾有过专门的论述[9]。陶寺早期聚落规模不是很大，只有数十万平方米，它所统辖的聚落群的范围大概也只限于塔儿山周围；遗址内大型建筑的情况尚不清楚，而墓地布局显示高级贵族仍然受制于强烈的血缘族群关系。因此尽管陶寺早期墓葬展现了多层次的等级结构和明显的贫富与身份地位的差异，但其社会形态应当还没有超出一个复杂酋邦的范畴。陶寺中期聚落则发生了极大的变化，聚落总面积急剧扩大到了约400万平方米，而且主体部分环绕有大型防御设施，其内面积达到280万平方米；宏观聚落格局显示陶寺所整合的地域范围很可能覆盖了临汾盆地的大部，并且拥有比早期层级更多、结构更复杂的聚落控制系统；聚落内有集中分布的"宫殿"建筑区，南部高处"小城"内则有以结构复杂的大墓ⅡM22为核心的较独立的"王族墓区"，其旁边还有一处大型祭祀建筑基址（ⅡFJT1），而石器等手工业生产和分配也显露出了集中控制与管理的迹象[10]。所有这些发现都表明陶寺中期聚落较早期有了飞跃性的发展，具有很多与二里头相似之处，具备了早期国家的基本特征。陶寺晚期的年代下限当进入到了二里头一期，此时的陶寺似乎因外力的暴力冲击而出现了许多衰败迹象，对其整体的聚落形态和社会状况、与周边其他大型聚落关系等方面的评估还需更多的考古资料，相信假以时日有关的问题会逐渐明朗起来。总之，我们讨论陶寺遗址的社会性质，同样应该将不同时段的变化做动态的分析。

　　超出中原之外，在与之毗邻的黄河中游范围内，于史前的末期就已进入早期国家的，可能还有最近两年新发现的陕西神木石峁城址。石峁雄踞在陕北黄土高原，文化地理上属于北方文化区。这一文化区内的陕北、晋中北、冀西北，有人习惯称之为"三北地区"，实际上还应包括内蒙古的中南部。这一地区在仰韶时代可算作中原文化区向北延伸的地带，到龙山时代自身的特色逐渐增强而发展成为一个相对独立的区域。在这一广大的地理范围内，龙山时期的文化面貌呈现出很强的共性，或统称之为"三北龙山文化"，或有"游邀文化""老虎山文化""永兴店文化""大口一期文化"等不同的称谓[11]，但所指都应属于同一文化共同体。多年来，在这个文化区域内的内蒙古中南部、陕北等地发现了很多石城址，也有一些面积较大的聚落，但总体看规模都不是很大；从已经发掘过的遗址观察，也没有发现明显的贫富和社会等级分化的现象，因此以前人们普遍认为龙山时期在这个广袤的北方文化区内没有形成高度复杂的社会系统。

　　然而石峁城址的发现犹如石破天惊，彻底改变了人们以往的认识。石峁城址由内、外两道石砌城墙构成，外城墙只见于遗址的东、南部。内城的面积约210万平方米，内、外城之间的面积约190万平方米，整个城址的总面积超过400万平方米。城内靠近西墙的中心部位还有一处石砌护坡包裹起来的高台，当地俗称"皇城台"，台顶面积约8余万平方米，上面似有大型建筑。在"皇城台"和内、外两道城墙上都发现有城门，此外在内、外城墙上还有墩台，外城墙有马面、角楼等建筑设施。经调查在城内发现有多处集中分布的居住址、墓葬和陶窑等遗迹，其中多数位于内城里面。2012年考古队集中发掘了位于外城东北部的一座城门遗迹"东门址"，门道宽约9米，两侧各有一座高大的包石夯土墩台，墩台内侧壁各有两处"门塾"建筑，门址内外还各有形似"瓮城"的建筑，从而使得整个通道呈曲尺形；以上所有这些设施实际上构成了一组大型建筑，总面积约2500平方米。外瓮城的石墙内发现有几件玉铲和玉璜，内瓮城墙体表面及其倒塌堆积中发现有很多成片分布的"壁画"残块。另外，在外瓮城墙外侧和城门门道入口处各发现一处集中埋置人头骨的遗迹，每处分别埋有 24 个以年轻女性为主的人头骨，推测与建城时的奠基或祭祀活动有关。此处门址及城墙上的马面、角楼等复杂的结构和先进的建筑技术已显示出了后世历史时期城墙（门）建筑固有的许多特征，而为史前时期所罕见。发掘表明东门址经历了两次修建过程，根据这里的出土物和城内其他地点出土的遗物判断，发掘者认为东门址和城墙与遗址主体年代一致，大约在龙山文化晚期到夏代早期之间[12]。

在近两年的勘察和发掘之前，早年对石峁遗址曾有过调查和小规模的试掘，而最引人注目的则是大量石峁玉器的面世。这些玉器通过各种途径和方式、在不同时期流散到了社会各色人等的手里[13]。最早引起学术界关注的是 20 世纪 70 年代戴应新先生征集并发表的一批石峁玉器[14]。这些玉器种类繁多，主要有玉刀、铲、斧、钺、戚、戈、牙璋、圭、璜、璧、璇玑（牙璧）、人头雕像以及蚕、蝗、鹰、虎头等玉饰件，其中以玉兵礼器为多。对这些玉器的年代曾有过不同的看法，但近两年的发掘出土了一些与往日所见相同的器物，现在可以初步确定石峁所出玉器与上述城址的年代应是一致的。根据考古人员的调查和发掘可知，石峁玉器有一些出在城墙里，应属于建城时有意放置，可能同某种特殊的信仰和仪式有关；还有很多流散的玉器是从墓葬中盗掘出去的，与陶寺及其他同时期的龙山文化遗址相比照，可以断定那些随葬玉器的应属贵族墓葬。石峁玉器与晋南陶寺、清凉寺大墓[15]中所出土的玉器在种类、形制等方面有一些相似之处，但石峁玉器的种类、数量却又远多于陶寺和清凉寺，而且像玉刀、铲、牙璋等器物体型既大而又非常的扁薄，具有鲜明的自身风格和技术传统。石峁玉器的使用规模和功能用途的广泛性似都超越陶寺，显示了该遗址不同凡响的特点；单从这一点判断，石峁城址的规格就不会低于陶寺。

石峁的考古工作才刚刚开始，目前有关该聚落内部的结构与设施、周围聚落的分布状况和层级结构等方面都还不太清楚。但是，从已经了解的情况看，石峁规模宏大、结构复杂的城址及大型建筑，精美的玉器及其出土背景等方面，都表现出许多与陶寺中晚期聚落相似之处，甚至显露出比陶寺更加恢宏的气势，当无可争议地拥有"在北方文化圈中的核心地位"[16]。种种迹象表明，石峁很有可能是在龙山时代晚期至二里头初期崛起于陕北高原上的一个早期国家的都邑性聚落。其建城的年代或许略晚于陶寺中期，而与陶寺晚期和二里头早期并存（两者的年代当有部分重合）。

综上可见，在整个黄河中游地区，陶寺、石峁和二里头所代表的区域集团，应是现在所能辨识出的、先后兴起的三个早期国家。

三

下面简单谈谈这三个早期国家兴起的背景。

对中原地区史前社会发展演变的历程，笔者曾撰文做过系统的讨论分析，其中就涉及陶寺和二里头国家形成的背景与动因[17]。下面做一些补充论证。

中原地区复杂社会的形成起始于仰韶中期，从那时起各地都出现了许多大小不同的聚落群（聚落群的地域范围一般在数十到二三百平方千米之间），很多群落内都可分成二、三层聚落等级，并至少有一个较大的中心聚落，河南灵宝西坡遗址的发掘表明至仰韶中晚期之际已出现了明显的社会等级分化[18]。从已掌握的资料观察，仰韶中期中原文化与社会发展的中心应在晋南豫西和陕西关中东部一带，到仰韶晚期这里发展的势头有所减弱，但到庙底沟二期晋南豫西重又成为中原最发达的区域。尤其是晋南，在临汾盆地和运城盆地内，庙底沟二期的聚落数量多、分布密集；到该期的晚段，终于在临汾盆地孕育出了高度发达的陶寺集团。陶寺早期聚落的大型防护设施、大型建筑、特别是多层次的墓葬等级，都展现出了这个时期中原所见最复杂的聚落结构和社会形态。到龙山时期，晋南出现了几处特大型聚落，其中陶寺和我们近年在运城盆地北部发掘的绛县周家庄遗址[19]的总面积都在400万平方米以上，而陶寺中期"大城"和周家庄环壕内所包围起来的聚落主体都有近300万平方米；此外，位于临汾盆地南部曲沃、翼城交界处的方成—南石遗址也达二三百万平方米[20]，还有在运城中条山南麓的芮城县寺里—坡头遗址的面积也有约200万平方米[21]，该遗址内还有一处等级较高的清凉寺墓地[22]。像这样面积达二三百万平方米以上的龙山期特大型聚落，目前在整个中原地区只见于晋南。在龙山时期文化同样很发达的河南境内，已发现大小城址十几座，但大多面积只有数万到数十万平方米，最大的新砦遗址也不过100万平方米[23]；而在陕西的关中地区，已知的龙山时期聚落更是乏善可陈。综合考察中原各区域这些大型聚落和城址，包括遗址的规模、所在群落中聚落的层级以及中心聚落内部的结构和内涵等方面，我们认为只有陶寺集团率先发展出了早期国家社会。从以上的梳理可以看出，晋南在龙山时代令人惊异的表现，是与这里自仰韶中期、特别是庙底沟二期以来长期奠定的深厚的文化和社会基础有着密切关系的。

晋南在龙山时期社会变化的一个突出特点，就是围绕陶寺、周家庄、寺里—坡头等这样的特大型聚落，很可能形成了几个大型区域集团；这些大型区域组织应是在整合了若干早期较小的地域团体的基础上形成的，覆盖范围多在1000余平方千米以上。而陶寺无疑也是在强力吸附了许多临近聚落的人口而不断发展壮大、将周围一些较小的聚落群整合成一个庞大的区域组织、并在同晋南其他大集团的对抗竞争中而崛起为一个早期国家的；而晋南其他大型集团，从目前所知资料看，似乎都还没有超越类似"复杂酋邦"这样的社会形态。

那么在众多剧烈竞争的集团当中，陶寺何以会率先发展出最复杂的国家形态的社会呢？这恐怕与其所处的独特的地理位置和文化与社会环境有关。在龙山时代，从中原的西北部到北方地区形成了一个范围广大的"鬲文化圈"，而与东部的"鼎文化圈"相区别。在这个鬲文化圈内，可以划分出陕西关中的客省庄文化、晋西南豫西的三里桥类型、晋南的陶寺类型，以及北方地区的"三北龙山文化"（该文化还可以进一步分出几个类型）。在这个文化圈中有两个陶鬲起源中心，其中客省庄文化是高体单把鬲的发源地，而"三北龙山文化"则是双鋬鬲和矮体单把鬲的发源地（具体起源地有不同认识，这里暂不讨论）。客省庄文化东进、北上，北方龙山文化南下，促成了三里桥和陶寺类型的形成；鉴于这两个类型有很多的共性，笔者曾提出可以将它们合称为"陶寺—三里桥文化"[24]。该文化延续了很多本地区庙底沟二期文化的因素，同时也受到了来自中原腹地王湾三期文化的一些影响，就其整体面貌而言仍然属于中原文化区。这样，从文化地理的角度看，临汾盆地就处于中原文化区的北部边沿，与晋中及其以北的北方文化区直接对峙。这种文化上的分野在不同社会群体的认同、彼此的交流、对抗和竞争等互动关系中也当有实际的社会意义。事实上，陶寺早期文化面貌的变化，很可能就是受到包括北方等外来文化影响的结果，而其中大型贵族墓葬的形制、随葬品等所体现出的礼制特征则有来自东方大汶口文化的影子；到陶寺中晚期，陶寺更是直接受北方龙山文化的冲击而出现了鬲、罐形斝、甗等整套的炊器，当然还有通过南边三里桥类型所传递过来的中原龙山文化的影响，而玉器等高端手工业产品的种类也更加丰富，其整体文化面貌与早期相比有非常大的改变，如果没有外来文化的强力冲击，这种情况是很难自动发生的。可以说，陶寺所在的临汾盆地正处于中原和北方两大文化圈相交界、彼此抗衡和挤压的风口浪尖上，这种压迫性的环境、区域内外不同集团间的互动与竞争无疑极大刺激和促进了陶寺集团内部结构的复杂化。

综合上述分析，可以说，正是本地区自身深厚的文化传统同各种外来刺激和影响的结合，以及区域内外各种社会集团间的激烈竞争，促成了陶寺国家的诞生。

陶寺国家兴起之后，其强大的集群势力必然也会对外产生一定的冲击，其中对北方，尤其是陕北的影响比较明显，在神木新华遗址就有一些肥足鬲等富有陶寺特点的因素[25]。陕北除了与晋南的陶寺类型相临近，其南边还直接面对陕西中部的客省庄文化，同时也受到其西南齐家文化的一些冲击，因此这里也是中原和西北两大文化区交汇影响的地方。北方地区在仰韶时代主要受中原文化影响，仰韶晚期始自身特色逐渐增强，在历经庙底沟二期形成的"阿善三期文化"之后，终于在龙山时代兴起了可以同中原分庭抗礼的"三北龙山文化"。现在看来，这种独立的文化传统的养成，也为石峁集团的勃兴奠定了坚实的社会基础。此后的数千年间，在广大的北方地区不断崛起的诸民族集团持续不断地南下冲击中原王朝，比如先秦时期的戎狄、秦汉以降的匈奴、鲜卑、唐代的突厥等；可以说，中原与北方诸民族此消彼长的冲突、碰撞与融合，几乎贯穿了古代中国历史的始终。而出乎以前人们想象的是，这种局面竟始于史前末期的龙山时代。石峁集团的兴起应会对陶寺集团构成极大的挑战与威胁；虽然目前还不能确定陶寺晚期的衰落是否与石峁的南下冲击有关，但这种可能性是存在的。

除了这种大的区域间抗衡的催发作用，另外我们还应看到，像陶寺一样，石峁集团的崛起首先也应是北方地区内部各集团间激烈竞争的结果。从庙底沟二期到龙山早期，内蒙古中南部到陕北一带的"阿善三期文化"和"老虎山文化"相继出现了很多带有石围墙的聚落，人们一般称之为"石城址"，较为集中地分布在包头以东大青山南麓、乌兰察布的岱海和黄旗海附近以及鄂尔多斯到陕北一带[26]。每一处集中分布的石城址及其附近的聚落所构成的聚落群可能都代表了一个社会集团，同时期的不同集团间就可能存在对抗与竞争的关系。起初这些区域组织的规模大概都不是很大，群体内也缺乏大型中心聚落，聚落内部也不见明显的等级分化现象，表现出的是一种"聚落联合体"的形式。但到了龙山晚期及稍后，随着神木石峁大型城址的出现，明确表明在陕北一带聚合起了一个势力强大、有着大型都邑的范围广大的社会集团。

目前我们对整个北方史前时期的经济形态还不是很了解，但这里自仰韶以来就一直存在许多稳定的定居村落，其中不同区域在不同时期有着兴衰交替的波动，这当与气候、环境的变化有直接的关系[27]。而包括陕北和内蒙古鄂尔多斯在内的南流黄河两岸则属于比较稳定的区域，这一带的聚落遗址一直持续不断地出现，直到龙山晚期耸立起了巨大的石峁城址。这些遗址里面出土遗存所反映的居住、生活和生产状况，包括陶器等生活用具、石器和骨器等生产工具，都与中原同时期的遗址在类别和性质上没有根本的区别。即使现在我们还无法完全搞清北方地区在不同时期生业结构和各种经济类型所占的比重，但可以初步判断农业生产始终是其生业经济的重要组成部分。

北方地区特别是长城沿线属于气候变化的敏感地带，也是历史上的农牧交错带，这里土壤的肥沃性、水热状况等方面都远不如中原地区，而且易受气候波动的影响，其农业生产的条件比起中原来是差很多的。根据已知的研究，距今 4000 年左右全球气候趋于冷干，但受局地气候差异的影响，在这段时间里陕北等地却显示出相对温湿的特征[28]，河套及邻近地区的降雨量也处于一个相对较高的时期[29]，这大概为本区域农业生产的发展、养活更多的人口、孕育出石峁这样的大型聚落提供了相对较好的自然环境；但与此同时，气温却又处于持续下降的过程中[30]，这又会对农业产生不利的影响。这种干湿冷暖的强烈反差和气候易于波动的特点，肯定会造成农业等经济生产的不稳定，使得本地区的人民时常会面对资源紧张、食物不足等方面的生存压力，从而会加剧各社会群体间因对土地、食物等资源的争夺而形成的紧张关系。在这种激烈的竞争中，不同群体间势必会出现以大并小的局面，最终形成了像石峁那样特大聚落所代表的、很可能是覆盖范围很广的区域集团。为了有效处理内部事务、协调集团内不同群体间的利益关系并应对外部力量的挑战，对整合这种大型集团起到领导作用的上层精英就会组织起复杂的社会控制和管理体系，这同时也保障了集团内统治者利益的最大化并享有无上的尊崇和荣耀。石峁国家应该就是在这样的过程中孕育出来的。

陶寺、石峁两大集团在龙山时代先后兴起，并且都延续到了二里头初期，其后随着这两大集团的衰落，位于中原腹地的二里头则发展成了一个国家社会的大型都邑。我们现在还不清楚它们之间的兴衰交替是否有着直接的关联、是否二里头的成长壮大也受到了北面陶寺的刺激和影响，但可以肯定的是，二里头也是在中原腹地龙山时代各区域集团不断争斗的过程中崛起的，而从其文化因素的构成看，更多地与东邻地区文化和社会集团的冲击有关。

二里头文化的中心区域在洛阳盆地及东到郑州之间的环嵩山地区。这里自仰韶晚期的秦王寨类型开始就形成了独具特色的文化传统，但直到庙底沟二期阶段，尽管可能也出现了一些区域性的社会组织，却没有像与之毗邻的晋南那样发展出高度复杂的社会系统。到龙山时代，随着王湾三期文化的兴起，此前沉寂的局面为之一变，在中原大地上涌现出了许多的城址。但这些城址的规模都不是很大，其中较大的如登封王城岗不过 30 余万平方米[31]；到龙山末期出现的新密新砦遗址总面积约 100 万平方米，但"城墙"内面积也不过 70 万平方米[32]。这些城址中有些出现了大型建筑基址，但目前还都缺乏多功能的高级建筑群、高级贵族大墓的发现。总之，无论是这些城址的规模以及它们所能整合的聚落群的范围、还是城址内涵等方面，都无法同晋南陶寺等特大型聚落相比，都还没有超越"酋邦"（或"古国"）的范畴而跨入早期国家社会[33]。另一方面还应看到，这些大小不同的城址及其他大型聚落所整合起来的众多的社会集团，彼此间可能会经常处于对抗与竞争的状态中，但有时为了共同应对外部力量也会形成联盟。正是在这种长期不断的竞争与合作的过程中，到龙山末期和二里头一期，形成了郑州地区的新砦集团与洛阳盆地的二里头集团东西对峙的局面。

龙山晚期，由于受豫东、北等地文化的冲击，嵩山东部郑州地区出现了"新砦期"遗存，该类遗存既有许多来自造律台等东方文化的新因素，同时也保留了更多王湾三期文化的传统，可以归属为王湾三期文化晚期的一个地方类型；该类型应包括新砦二、三期所代表的遗存的总和，年代跨越了龙山末期到二里头一期阶段[34]。新砦很可能是来自东方的上层统治者统辖当地人而建立的一个大型聚落，该集团兴起后又向西扩展，在嵩山北部留下了一个出有许多高等级玉器的巩义花地嘴遗址[35]。但花地嘴似乎到新砦二期的晚段就中断了，与此同时在洛阳盆地的偃师却开始出现了与新砦同等规模的二里头一期聚落。二里头文化一期遗存的形成并非直接承自本地的王湾三期文化，尽管也保留了后者的一些内容，但其文化的主体则是来源于东面的"新砦类型"，同时又吸收了周边文化的一些因素、并进一步综合创新而形成[36]。二里头文化这种脱胎换骨的变化、二里头聚落的建立，即使现在还不敢确定是由西进的新砦类型的一支人群分离并独立发展的结果，但至少可以推断，二里头是外来集团与本地集团在激烈的角逐中经过征服、兼并、融合而创建起来的。此后，这个新生的文化与社会集团迅速地发展壮大，到二里头二期终于孕育出了一个高度复杂的、势力空前强盛的早期国家，并最终将与其对峙的东面的新砦集团覆盖消融。

总结上述分析，在包括中原和北方地区在内的整个黄河中游，从龙山时代到二里头时代，陶寺、石峁和二里头是目前考古所发现的三个规模最大、结构最复杂、内涵最丰富的特大型聚落，它们所整合的区域集团应代表了三个连续兴起的国家社会。这三个早期国家兴起的背景有一些共同之处。其一，它们所在的地区都有着长期稳定发展的深厚的文化传统：陶寺所依托的是晋南的庙底沟二期文化，石峁依托的是陕北和内蒙古中南部一带的阿善三期文化和"老虎山文化"，二里头依托的是郑—洛地区的王湾三期文化；其二，三者兴起之前所在的区域都属于各自文化或社会势力角逐的边缘地带：陶寺所在的临汾盆地位于庙底沟二期文化的北部边缘区，石峁所在榆林地区则处于龙山前期"永兴店类型"的南部边缘地带[37]，而二里头所在的洛阳盆地近于王湾三期文化的西北边区且尚无一处龙山城址发现，这样的情形为几个新兴集团的发展提供了相对稳定的环境，使得它们较容易地做大做强；其三，三者的兴起又都与外来文化的强力刺激或集团势力的直接冲击关系密切：陶寺早、中期两次文化面貌的巨变都应受到了北方及其他外来文化的强烈影响，石峁的兴起也与其北面"老虎山文化"的南下有直接关系，而二里头的兴起则是东来的一群人与洛阳盆地土著人群直接碰撞、融合的结果；其四，它们在兴起的过程中区域聚落数量或规模及其反映的人口规模都有明显的增长趋势，这从临汾盆地[38]、运城盆地[39]和洛阳盆地[40]的区域系统调查都能得到反映，只有陕北及附近地区的情况还不是很清楚。即便现在还不能确定是否人口的增长直接导致了资源紧张、压力增大而促成了大型区域政体的发展，但陶寺、石峁和二里头出现的人口向中心都邑集中的"核心化"以及同时期大型聚落的增多、聚落总规模的扩大，都应与人口增长有直接关系，这至少是复杂的国家组织形成的一个重要基础；其五，三者兴起之初都面对着周边其他集团的强力抗衡与竞争，尔后才脱颖而出成为统领一方的国家政体的：如陶寺经由早期聚落与其他同等集团的竞争而发展起了中期"大城"，二里头一期聚落与新砦之间经过抗衡而孕育出了二里头国家都邑，而石峁很可能也经历了这样一种与他者竞争之后由小到大的发展过程。

概括地说，陶寺、石峁、二里头的崛起都是在各种外来势力与本地势力发生冲撞、本区域各新兴集团间经过剧烈角逐，由小集团的竞争与合作而演化出大集团的过程中实现的。可以说，各种势力和不同社会集团间的激烈碰撞与竞争乃是这几个早期国家形成的最为关键的因素，其中战争很可能起到了最重要的催化作用。

附记：本文为国家科技支撑项目"中华文明探源及其相关文化保护技术研究"之"中华文明起源过程中区域聚落与居民研究"（2013 BAK08B05），以及国家社科基金重大项目"环境考古与古代人地关系研究"（批准号：11&ZD183）之子课题"考古学文化区系类型形成与演化的环境基础研究"之研究成果。

注　释

［1］ 苏秉琦：《中国考古学的黄金时代即将到来——纪念北京大学创设考古专业四十年》，《中国文物报》1992 年 12 月 27 日；《北京大学"迎接二十一世纪考古学"国际学术讨论会上的讲话（提纲）》（1993 年）和《国家起源与民族文化传统（提纲）》（1994 年），《华人·龙的传人·中国人——考古寻根记》，辽宁大学出版社，1994 年。

［2］ 严文明：《黄河流域文明的发祥与发展》，《华夏考古》1997 年第 1 期；张忠培：《中国古代的文化与文明》，《考古与文物》2001 年第 1 期。

［3］ 相关概念的出处和讨论可参见戴向明：《中原地区龙山时代社会复杂化的进程》，《考古学研究（十）》，科学出版社，2012 年。

［4］ 邹衡：《试论夏文化》，《夏商周考古学论文集》，文物出版社，1980 年。

［5］ 刘莉著，陈星灿等译：《中国新石器时代：迈向早期国家之路》，文物出版社，2007 年。

［6］ 有关二里头遗址的相关资料参见中国社会科学院考古研究所：《偃师二里头》，中国大百科全书出版社，1999 年；杜金鹏、许宏：《偃师二里头遗址研究》，科学出版社，2005 年。

［7］ 许宏：《二里头文化聚落动态扫描》，《早期夏文化与先商文化研究论文集》，科学出版社，2012 年。

［8］ 李伯谦：《中国古代文明进程的三个阶段》，《文明探源与三代考古论集》，文物出版社，2011 年。

［9］ 戴向明：《中原地区龙山时代社会复杂化的进程》，《考古学研究（十）》，科学出版社，2012 年。

［10］ 陶寺遗址的考古资料数量多且分散，相关资料出处可参见前引戴向明文中的注释。

［11］ 韩建业：《中国北方地区新石器时代文化研究》，文物出版社，2003 年。

［12］ 陕西省考古研究院等：《陕西神木县石峁遗址》，《考古》2013 年第 7 期。

［13］ 王炜林、孙周勇：《石峁玉器的年代及相关问题》，《考古与文物》2011 年第 4 期。

［14］ 戴应新：《陕西神木县石峁龙山文化遗址调查》，《考古》1977 年第 3 期；《神木石峁龙山文化玉器》，《考古与文物》1988 年第 5、6 期。

［15］ 山西省考古研究所等：《山西芮城清凉寺史前墓地》，《考古学报》2011 年第 4 期。

［16］ 陕西省考古研究院等：《陕西神木县石峁遗址》，《考古》2013 年第 7 期。

［17］ 戴向明：《中原地区龙山时代社会复杂化的进程》，《考古学研究（十）》，科学出版社，2012 年。

［18］ 中国社会科学院考古研究所、河南省文物考古研究所：《灵宝西坡墓地》，文物出版社，2010 年。

［19］ 中国国家博物馆田野考古研究中心等：《山西绛县周家庄遗址 2007—2012 年勘查与发掘简报》，《考古》2015 年第 5 期。

［20］ 何驽：《2010 年陶寺遗址群聚落形态考古新进展》，《中国社会科学院古代文明研究中心通讯》第 21 期，2011 年；中国社会科学院考古研究所山西工作队等：《山西曲沃县方城遗址发掘简报》，《考古》1988 年第 4 期；山西省考古研究所：《山西翼城南石遗址调查、试掘报告》，《三晋考古（二）》，山西人民出版社，1996 年。

［21］ 山西省考古研究所等：《山西芮城寺里—坡头遗址调查报告》，《古代文明》第 3 卷，文物出版社，2004 年。

［22］ 山西省考古研究所等：《山西芮城清凉寺史前墓地》，《考古学报》2011 年第 4 期。

［23］ 北京大学震旦古代文明研究中心、郑州市文物考古研究院：《新密新砦——1999—2000 年田野考古发掘报告》，文物出版社，2008 年。

［24］ 戴向明：《黄河流域新石器时代文化格局之演变》，《考古学报》1998 年第 4 期。

［25］ 陕西省考古研究所等：《神木新华》，科学出版社，2005 年。

［26］ 韩建业《中国北方地区新石器时代文化研究》，文物出版社，2003 年。

［27］ 韩建业：《中国北方地区新石器时代文化研究》，文物出版社，2003 年。

［28］ 贾鑫、王琳等：《中全新世关中陕北陇东地区文化演变及环境驱动力》，《兰州大学学报》（自然科学版）2008 年第 6 期。

［29］ 史培军等：《10000 年来河套及邻近地区在几种时间尺度上的降水变化》，《黄河流域环境演变与运行规律研究

文集》，地质出版社，1991年。

［30］ 张兰生、史培军、方修琦：《中国北方农牧交错带（鄂尔多斯地区）全新世环境演变及未来百年预测》，《中国北方农牧交错带全新世环境演变及预测》，地质出版社，1992年。

［31］ 北京大学考古文博学院、河南省文物考古研究所：《登封王城岗考古发现与研究（2002—2005）》，大象出版社，2007年。

［32］ 北京大学震旦古代文明研究中心、郑州市文物考古研究院：《新密新砦——1999—2000年田野考古发掘报告》，文物出版社，2008年；赵春青、张松林等：《河南新密新砦遗址发现城墙和大型建筑》，《中国文物报》2004年3月3日。

［33］ 戴向明：《中原地区龙山时代社会复杂化的进程》，《考古学研究（十）》，科学出版社，2012年。

［34］ 戴向明：《中原龙山到二里头时期文化与社会发展阶段的两个问题》，《庆祝张忠培先生八十岁论文集》，科学出版社，2014年。

［35］ 郑州市文物考古研究所、北京大学考古文博学院：《河南巩义市花地嘴遗址"新砦期"遗存》，《考古》2005年第6期。

［36］ 韩建业：《论二里头青铜文明的兴起》，《中国历史文物》2009年第1期。

［37］ 韩建业：《中国北方地区新石器时代文化研究》，文物出版社，2003年。

［38］ 何驽：《2010年陶寺遗址群聚落形态考古新进展》，《中国社会科学院古代文明研究中心通讯》2011年第21期。

［39］ 中国国家博物馆田野考古研究中心、山西省考古研究所等：《运城盆地东部聚落考古调查与研究》，文物出版社，2011年。

［40］ 中国社会科学院考古研究所二里头工作队：《河南洛阳盆地2001—2003年考古调查简报》，《偃师二里头遗址研究》，科学出版社，2005年。

（原载于《夏商都邑与文化（二）：纪念二里头遗址发现55周年学术研讨会论文集》，中国社会科学出版社，2014年）

从石峁遗址谈"共生社会的形成"

郭静云

陕北神木石峁遗址的发掘资料尚未完整公布,其地层、年代、分期、遗址布局、各部分之间的关系还难以确定,但基本可知这是文化混杂的遗址,既包含本地长居的农耕和渔猎族群的聚落,也包含有数波来自草原的流动的游战族群。这种生活方式不同的族群的"共生"现象,在距今4000余年前的南草原地带(即欧亚大草原南缘)颇为普遍,从铜石并用时代的阿凡纳谢沃(Afanasievo)文化直至青铜时代的安德罗诺沃(Andronovo)文化都有,形成了以米努辛斯克盆地为中心发展起来的大文化体系。

这种"共生"现象起因于游战生活方式的形成。由于气候变冷,在亚洲大草原地带,原本南缘就很脆弱的少量农耕衰退,采集狩猎者赖以维生的食物资源亦变少,一些原本以游猎为主兼少量农耕的族群转变到以掠夺维生,努力发展战争技术而成为专门的游战族群。游战族群逐渐发展出军力政权,以游战掠夺或远程贸易营生。他们在历史上发展青铜兵器技术,并逐渐掌握驯马交通技术。

我们不能以为游战族群只是不停的流动,不定居,更不会建城。正好相反,他们因以战争维生,一定需要有掠夺后回来的保护区,也需要在活动范围中建筑几个据点。换言之,他们的生活方式是部分流动,同时亦有定居点或根据地。所以,在从里海到渤海及日本海的广大区域内,在亚洲草原丘陵地带出现了非常多的大、中、小型城池,它们均属于军城,作为掠夺、游战族群的城邦和堡垒。这类族团甚多,但是他们自己不耕地,不养猪、鸡等,不生产定居生活族群的产物,所以其日常所需严重依赖农耕和畜牧的定居聚落,尤其是在建城时,需要与本地原居的农耕或放牧族群建立"共生"关系。

在此要说明的是,这种"游战"族团未必有血缘关系,往往依据某种势力或凭首领感召而混杂组合为一群,群体分合变化纷繁。从青铜时代早期以来,这类族群组团结合很多,他们不仅依靠掠夺农耕或牧业生产者维生,彼此之间也互相竞争,不断互斗和战争。尤其是在选择栖息地点方面,每一游战族团都会追求尽可能占据有利之处。

这种"有利之处"有几个指标,其中最关键的有二:便于建堡垒的破碎地形(陡峭山丘与山谷),包括能用作瞭望塔的地点;周围一定有定居的以农耕和饲养家畜为生的聚落,能提供部分食物来源。因为当时掠夺族群不少,所以本地农耕聚落也面对必须接受这种共生关系的局面,以免被众多游战族群不断轮番地抢劫,而是专养一群强人以保护自己,或许还可以从固定庇护人的强大与获胜中获得额外收益。

石峁所在地点和其他一切条件都完全符合游战族团栖息所需,甚至可以说是一种理想的选择。其地点恰好在鄂尔多斯草原与黄土高原交界带,南下掠夺路线于此开始。当时生态条件比现在好,故周边亦有农耕、畜牧和渔猎聚落存在，山上可狩猎野兽。因破碎地形而形成的诸多陡深沟壁等自然障碍成为修建坚固堡垒的自然基础，使工程量大大减少，坚固堡垒的修建成为保护自身安全并存放战利品的据点。因此当时这应该是很多族群都希望掌握的地点，应该有很多不同的族群先后占据过石峁军城，屡被沿袭使用且不断地补建（这从石峁群城的建墙技术不同且明显可见多次补建的痕迹可以看出）。所以它并不是一个大族群的大聚落，而是很多族群在某段时间掌握，互相纷斗或被竞争驱赶的中转站和据点。

简言之，在青铜时代早期，亚洲草原南部与山丘交界之地构成了一个大的文化体系，这是一个定居与流动、农耕与游战"共生"的地带，是游战生活方式的发祥地。石峁遗址的地点恰好在鄂尔多斯草原与黄土高原破碎的蚀沟梁峁地形交界之区，是族群流动、互斗和掠夺并存放战利品最频繁的地带。游战生活方式的发展，到了殷周时期，生计逐渐转换为以远程贸易为主。黄河水系从北往南下来的部分会有游战族群短期的据点，但是到了后期随着贸易的发展，成为草原与殷周贸易的联接地带（如马匹贸易），从事远程贸易的族群与本地农耕、畜牧居民"共生"（以陕北清涧县的李家涯、辛庄遗址为例）；而黄河水系"几"字形的上段北游是游战族群栖息、安排较常用据点的地带（以神木县石峁群城为例）。也就是说，在共生社会中掌握权力的族群，在不同的地带和历史阶段中，或是以远程贸易为生计的贵族，或是以战争掠夺为生计的贵族。

（原载于《中国文物报》2015年9月25日第6版）

石峁是座什么城?

孙周勇　邵　晶

石峁遗址位于陕西省神木县高家堡镇，地处黄土高原北部的黄河西岸，毛乌素沙漠东南缘。经过2011—2015五个年度的区域系统考古调查和重点考古发掘，发现了由"皇城台"、内城和外城构成的石峁城址，揭露了外城东门址、韩家圪旦贵族墓葬区、樊庄子"祭坛"等重要遗迹。上述工作为探讨石峁城址的兴废年代、聚落结构与布局、文化性质等问题提供了重要资料。

^{14}C系列测年及大量器物标本显示，石峁城址兴盛时代不晚于公元前2300年，大致废弃于公元前1800年前后，面积达400万平方米以上，系国内已知规模最大的龙山时期至夏阶段城址。种种迹象表明，石峁城址的社会功能不同于一般原始聚落，已经跨入了早期城市滥觞阶段作为统治权力象征的邦国都邑的行列之中。石峁遗址的考古发现为正在进行的"中华文明探源工程"输入了新鲜血液，对于重新描绘公元前2300年华夏沃土上"万邦林立"的社会图景具有重要启示意义。

一

"皇城台"为高等级建筑的核心分布区，周边以堑山砌筑的护坡石墙包裹。台顶分布有成组的宫殿建筑基址，北侧有池苑遗址。2015年调查发现其北部尚有多达9级的护坡石墙，垂直高差约70米。通向皇城台的门道位于台体东北部，面向内外城墙。20世纪70年代仍可见自台底通往台顶的石砌踏步，今尚可辨其两侧对称分布的"墩台"等石构建筑。

皇城台的功能相当于后世城址中的"宫城"，布局有序、坚固雄厚、巍峨壮丽，大型宫室云集、建筑考究、装饰华丽，是整个城址的中心和贵族居住区，也是宫庙基址、祭祀等礼仪性建筑所在。皇城台的修建倾注了建设及使用者的大量精力，在追求本体固若金汤的同时，保持其威仪感和震慑力似乎显得更为重要。

内城将"皇城台"包围其中，城墙依山势大致呈东北—西南向分布，面积约210万平方米；外城是利用内城东南部墙体向东南方向再行扩筑的一道弧形石墙形成的封闭空间，城内面积约190万平方米，内外城城墙总长度约10千米，宽度在2.5米以上。

石峁城内以天然沟壑为界区分的16个相对独立的地理小单元（梁峁）上均分布着居址、墓葬等龙山时期至夏阶段的文化遗存。这种"大聚居、小分散"的居住形态，暗示着遗址内部囊括了众多小规模血亲集团，当是统一的政治秩序得以建立以及由此所造成的结果。

五年以来，石峁遗址的考古发掘工作主要集中于外城东门址。东门址体量巨大、结构复杂、筑造技术先进，包含内外两重瓮城、砌石夯土墩台、门塾、马面等城防设施，出土了玉铲、玉钺、玉璜、牙璋、陶器和石雕头像等重要遗物。

外城东门址是中国目前所见最早的结构清晰、设计精巧、保存完好、装饰华丽的城门遗迹，被誉为"华夏第一门"。即使在四千年后的今天，经过风雨剥蚀仍然让人感觉到气势恢宏、威严高大、庄严肃穆。作为石峁城址的制高点，坚固雄厚的外城东门既是控制交通、外防内守的实体屏障，也是石峁统治者构建的精神屏障。

二

第三次全国文物普查资料表明，石峁遗址所在的榆林地区共发现遗址 13881 处，其中仅新石器时代遗址数量就达 4446 处，占已知古代遗址总数的 32% 左右。在这 4446 处新石器时代遗址中，面积在 1 万平方米以下者 2982 处；1 万—50 万平方米之间者 1452 处；50 万—100 万平方米之间者 11 处；100 万平方米以上者仅石峁遗址 1 处。虽然目前尚不能确认该区域仰韶和龙山时期遗址的各自数量，但仅从这一初步统计所反映的趋势来看，遗址分布高度密集，暗示着该区域新石器时代晚期人口的急剧膨胀。

面积超过 400 万平方米的石峁遗址是公元前 2300 年该地区乃至整个中国北方唯一一处特大型中心聚落，与周围其他中小型聚落共同构成了四级聚落结构。从空间分布形态来看，处于第二等级的聚落（50 万—100 万平方米）多是次级中心，周边散布着数量不等的面积在 1 万—50 万平方米之间的中小型遗址。正是这种多层级的聚落结构系统，"聚邑成都"，形成了以石峁为顶端的金字塔形社会结构，奠定了王权国家——石峁的政治、经济及人力资源基础。

考古资料显示，仰韶文化晚期至夏阶段（约公元前 2800 至公元前 1800 年）的北方地区经历了财富高度集中、高等级聚落涌现、大型宫室、祭坛及公共设施形成的过程。该过程中，聚落规模差异逐步加大，聚落等级化趋势明显；防御需求越来越强烈，环壕、城垣等防御设施成为聚落构成的重要组成部分；祭祀、占卜等现象日益常态化，成为凝聚聚落人群的核心手段之一；大型宫室、祭坛、王陵等反映社会公共权力的设施形成；个人财富不均、城乡分化初现，开启了早期城市化道路，迈开了走向早期国家的步伐。进入公元前 2300 年后，陕西北部、内蒙古中南部及晋西北地区中小型聚落数量暴增，中心聚落与小型聚落规模相差悬殊，每个（次）中心聚落的控制区域面积或在数百平方千米上下，使得区域内背景复杂的不同人群得以整合，最终形成了石峁遗址为代表的早期王权国家。

三

关于石峁遗址性质的认定从其横空出世之日起就引起了历史学界及社会公众的高度关注。先秦史学者沈长云先生率先发声，从古代文献及历史地理角度纵横捭阖、旁征博引，提出石峁古城是黄帝部族居邑。此说一出，学界瞩目。

作为主持石峁遗址考古发掘的考古工作者，面对史学界关于石峁遗址族属与性质的快速反应，促使笔者也不得不回过头来审视与之相关的问题。考古学注重实物资料的积累与分析，在没有获得充分内证性材料支持的情况下，一般不倾向于探讨考古学文化或某一遗址其背后的族群，或者与上古历史人物的对照匹配。这也是考古学本身为人诟病的"见物不见人"的短板，但未尝不失为一种审慎的态度。基于这种立场，我们觉得还是应当立足于对石峁遗址本身进行客观介绍，避免对之做出考古学之外的任何解释。

作为龙山晚期最大城址，鉴于其宏大的建筑规模、复杂的城防设施、数量庞大的精美玉器、农牧交错的地理区位以及其处于临界史前和历史时期的关键时间节点等因素，石峁遗址从确立其规模及城址结构开始，学者们就试图从各个角度进行解读。

从考古学文化的分布来说，以石峁、新华、大口二期为代表的龙山晚期文化遗存有着深厚的区域文化渊源和传统，其分布范围大致在今内蒙古中南部、陕西北部及山西西北一带。这一区域的考古学文化面貌自公元前2800年以来呈现出高度的一致性，有着类似的居住形态、生活用器及丧葬习俗，暗示着考古学文化背后人群的一致性。

从考古学文化面貌来说，以石峁遗址为代表的考古学文化与陶寺遗址中晚期文化遗存有着密切的关系，尤其体现在直口肥足鬲、单把方格纹鬲、圈足瓮、粗柄豆、铜齿轮形器等器物上。除此之外，二者均见几何纹壁画、大型墓葬都有侧置壁龛盛放随葬品等现象。这些不见于其他同期遗址的典型器物或现象都暗示着二者有着千丝万缕的联系。陶寺遗址早期与中晚期文化面貌迥异，以中晚期为代表的陶寺遗存的分布范围不出临汾盆地。陶寺都邑的兴衰是否和石峁人群的南下存在联系，值得我们深思。

我们认识到，石峁遗址虽然发现于20世纪70年代，但学界真正了解遗址规模及文化内涵仅仅起步于五年前的一次系统区域考古调查及随后持续开展的发掘工作。石砌城垣长度达10千米左右、宽度不小于2.5米，若以残存最高处5米计算，总用石料量12.5万立方米，其动用的劳动力资源远非本聚落人群可以承担。石峁城址的石砌墙垣不仅是出于守卫上的需要而构筑的防御性设施，更具有神权或王权的象征意义，它的出现暗示着在公共权力督导下修建公共设施等活动已经成为石峁这一北方地区早期都邑性聚落的重要特征。如果说城墙体量反映的城址规模是推断资源集中、人力控制和行政组织的尺度，石峁遗址无疑已经具有了早期城市的必要因素及特征，与其周边数以千计的中小型聚落正是早期国家形态下所谓"国"和"野"的具象体现。因此，我们有理由相信石峁遗址的统治者掌握了操控公共权力及控制祭祀权力的可能，具备了早期王国都邑的必要条件。有鉴于此，我们将石峁遗址的性质定义为"公元前2300年中国北方区域政体的中心"，它具备了集约人口、集约经济、聚敛高等级物质文化的空间地域系统，是4300年前大河套地区社会的政治、经济、文化及统治权力中心，也是不同于仰韶时代的维护社会新秩序的礼制与宗教中心。

（原载于《光明日报》2015年10月12日第16版）

读石峁古城　看文明亮点

卜　工

　　石峁古城给人最深刻的印象是当时社会的动员能力强大、组织能力高超、规划设计能力大手笔，而这一切又与文明的程度息息相关。鬼斧神工般的杰作是怎样建造的？究竟是何种力量才能保障宏基伟业的完成？

　　以前只知道陕西神木石峁古城的考古调查与发掘取得震惊学界的重要成果，但是，真的来到现场一睹古城的雄姿和风采，收获却完全超出预料。高大壮观的门楼，精心整治的城墙垒石，独具匠心的马面设计，杀戮祭祀的威严铁血，无不令人震撼和感叹，虔诚敬仰和怀古探秘之情油然而生。

一、无字天书的巨大能量

　　目前，石峁古城还是本无字天书。但不论将来是否发现文字，都不能撼动其作为中国古代文明交响曲中华彩乐章的重要地位。当然，要真的读懂这座神秘莫测、惊世骇俗的城池，还需要假以时日。该城规模之宏大，设计之精妙，功能之齐全，施工之精细，是考古发现的同时期遗存所仅见者，乃至于，最初的发现者甚至担心该城年代推定的正确性。这个伟大发现和鼓舞人心的重要成果同样使许多观摩学习和参观览胜者错愕，不是因为它来得突然、让人措手不及，也不是由于人们对中国古代文明的高度缺乏心理准备而应接不暇。关键的问题是：它出现在名不见经传的陕北地区，就必然启发人们思考；而且，它比以往考古发现的同期古城更具可视性，极容易引发人们对中国古代文明进程、道路与特色产生进一步的联想。

　　石峁古城给人最深刻的印象是当时社会的动员能力强大、组织能力高超、规划设计能力大手笔，而这一切又与文明的程度息息相关。鬼斧神工般的杰作是怎样建造的？究竟是何种力量才能保障宏基伟业的完成？这就不能不使人联想到早期中国社会组织的构架。

　　那个时候，社会的基本细胞是家族组织，以家族联盟为基础的有特色、多层次的联盟制度将数以万计的家族组织起来。家族联盟构筑村落，属于基层联盟；基层联盟组成古老小国，属于中小型联盟；古国联盟构成考古学文化的人们共同体，或称国家大联盟；不同考古学文化的联合结盟组成超大型联盟集团。早期中国的考古学文化实际上是古国联盟的文化。

　　先秦文献提到的黄帝、炎帝、蚩尤、共工，以及夏、商、周王朝都属于超大型联盟集团。在中国古代的历史长河中，联合结盟的策略被发挥到极致，人们耳熟能详的"三家分晋""合纵连横"，脍炙人口的赤壁之战，都说明联合结盟是中国智慧的重要内容、是政治艺术的精髓所在、是文化底蕴的自然结晶。在世界风云变幻莫测的时代，深度考察和总结中国古代联合结盟的实例与经验，显然是考古界特殊的贡献。

二、联盟集团的杰出造化

先秦文献表明，当时的结盟制度存有多种不同类型，存在规模与层级的区别。商汤灭夏、武王伐纣都举行过大型盟会，齐桓公"九合诸侯，一匡天下"。公元前632—前505年间，晋国主持八国以上的多国盟有17次，六七年一次。不仅诸侯国之间的多国盟，某诸侯国内盟誓的次数也都详细地记录于《左传》。20世纪70年代，考古工作者在山西侯马、河南温县等地发掘出当时的盟誓遗址，发现了大量的盟书及相关遗存。研究表明，早期中国的盟誓遗存连绵不绝，特征鲜明，而且分布广泛。石峁古城的壮观场景足证当时联盟制度必定存在，否则，如此宏伟的城池怎能横空出世！

考古工作者曾就龙山时期河南登封王城岗城址做过实验考古研究，可以推算建造该城耗时用工的总量。石峁古城的规模以及建设的复杂程度都远远超过王城岗，而且其整体的布局、虔诚的仪式都表现出庄严肃穆的古礼，具有强大的威慑力和感召力。石峁古城可能正处于联盟体系的金字塔顶端，因此，才能释放出如此超乎想象的巨大能量。若然，石峁古城极有可能是联盟集团高层的驻地或总部，而非某一古国之都城。

发掘资料显示出这里的玉器来源具有多样性，不同考古学文化因素的参与性与以往的发现大相径庭，无疑是以上认识的最好注脚。

三、古城主人的神秘身份

接下来，人们自然会思考石峁古城的主人究竟是何方神圣。果真是黄帝或其集团吗？

第一，简单地讲，如果这种推测成立，中国古史的年代体系就得重新编排了。因为没有史料和通史教材说黄帝活动的年代如此贴近夏代。目前，学术界基本认可夏代始于公元前2100年左右，石峁古城早期的 ^{14}C 测年约为公元前2300年前后。所以，该城年代只与五帝晚期接近，而与黄帝无涉。

第二，倘若坚信《史记》正确，那么，黄帝"东至于海，登丸山，及岱宗。西至于空桐，登鸡头。南至于江，登熊、湘"的足迹与石峁古城遗存分布倾向差距明显，有的甚至南辕北辙，又怎能自圆其说呢？

第三，"尧都陶寺"说，这是石峁古城黄帝居邑说难以逾越的障碍。山西襄汾陶寺遗址是唐尧之都的认识提出后，有些研究者曾质疑这种提法过于笼统，文字方面的证据显得薄弱。因为陶寺遗址有三个时期的遗存，至少存在两种以上性质完全不同的考古学文化。唐尧的地望史无争议，究竟哪种遗存与帝尧有关是研究的核心与关注的焦点。该遗址的考古报告虽尚未刊出，但早年发表的资料显示出大致的线索。其中，该遗址大型墓葬为代表的陶寺早期遗存最为重要，文化特征也最为鲜明。那就是釜形斝确系该文化领军的标型器，属于庙底沟二期文化最辉煌和最晚的阶段。拙文《关于庙底沟二期文化的几个问题》（《文物》1990年第2期）曾指出该文化与东方的关系极其密切，颇具特色的釜形斝即受东方大汶口文化中晚期陶鬶的影响而产生。这种推测与尧来自东方、后封于唐地的记载吻合。再者，《史记·五帝本纪》记载帝尧的父亲是"帝喾高辛者，黄帝之曾孙也"，"至高辛即帝位"，《集解》也说"都亳，今河南偃师是"。无独有偶，那里正发现有庙底沟二期文化的存在，其釜形斝的形态恰恰具有早于陶寺早期的特征。若依庙底沟二期文化公元前2870年的 ^{14}C 测年推算，陶寺早期当不晚于公元前2500年。尧都陶寺，当然不是此类遗存。陶寺中期遗存与石峁早期文化性质相同，年代大体相当，都以双鋬耳袋足鬲为主要特征，且形态基本相同。黄帝若安营扎寨于石峁古城早期，其年代将晚于陶寺早期代表的帝尧，这种世系颠倒的情况显然与文献记载相悖，与历史事实相抵牾，不可能为学术界接受。所以，黄帝或其集团与考古学文化的对应年代应该至少在距今五千年前。

再说说石峁古城的陶鬲。石峁古城早期遗存和陶寺中期均以双鋬耳袋足陶鬲为文化的排头兵，是土生土长的分布于黄土高原及其山前地带的土著遗存，非帝尧、更非黄帝之遗存，其源流与走向《晋中地区西周以前古遗存的编年与谱系》（许伟，《文物》1989年第4期）曾有详论，这类遗存与先商文化渊源极深，但始终坚守自身传统。陶寺中期只是其南面的支系。石峁古城才是其中心的都会。

四、黄土高原的文明星斗

过去，这类陶鬲的遗存在河北太行山东麓，河南的北部，山西的许多地区，陕北和内蒙古中南部等地多有发现，资料发表的也相对充分。其年代分期，发展序列和谱系关系逐步清晰。在山西晋中地区更有其从龙山、夏代、早商直到殷墟时期连绵不断、自成体系、长期发展的翔实证据。今天，当高度发达的石峁古城重见天日，人们自然有条件将这类文化遗存有机地联系在一起思考，并能够从文化的整体性方面揭示其所代表的文化大系不仅仅具有独立分布的广袤空间，而且拥有超强族群集团的实力，足以与山东地区以陶鬶代表的大汶口—龙山文化大系相媲美，相呼应，是早期中国龙山时期西部文化的中流砥柱。

值得重视的是，在夏商周三代文明的进程中，陶鬲大系的重要作用和杰出贡献彪炳史册。例如，有戎氏、有鬲氏都与这个超强集团具有文化上的亲缘关系，甚至就是其重要的组成部分。《史记·夏本纪》："帝相崩，子帝少康立"，《索隐》："有夏之臣靡，自有鬲收二国之烬以灭浞，而立少康。"河南偃师二里头遗址早期遗存的陶鬲支持此说。《史记·殷本纪》说简狄，"有戎之女"，吞卵生商。也正与晋中地区陶鬲发展线索基本吻合。如此等等，不一而足。由此可见，双鋬耳袋足陶鬲的文化大系拥有石峁古城这等规模的城池，完全是历史的必然。只不过，由于沧海桑田的变化，曾经辉煌一时的宏基伟业早已被历史尘封，鲜为当代的人们所知罢了。

石峁古城的雄伟壮观映射出其文明的辉煌与高度。陕北和内蒙古中南部地区并非传统意义的文明中心。当人们伫立在石峁古城之上，环顾大好河山的秀美景观，自然会感悟苏秉琦先生关于中国古代文明起源"满天星斗"说的魅力。此时，星星之火已然汇成众多熊熊燃烧的火炬，照亮早期中国的广袤大地。石峁古城的进一步发掘，必将为中国古代文明起源重大课题的研究注入新鲜血液，值得期待！

（原载于《光明日报》2015年12月2日第10版）

公元前第三千纪北方地区社会复杂化过程考察

——以榆林地区考古资料为中心

孙周勇

20 世纪 80 年代开展的第二次全国文物普查（简称"二普"），提供了一个榆林地区史前遗址分布及数量的大致状况。在总面积约 4.3 万平方千米的榆林地区共调查确认了 820 处史前遗址，其中 125 处属于仰韶遗址，695 处属于龙山遗址[1]，龙山遗址的数量是仰韶遗址近 6 倍。第三次全国文物普查（简称"三普"）在榆林地区发现遗址 13881 处，其中新石器时代遗址数量达 4446 处，占已知古代遗址总数的 32% 左右。根据目前考古调查及发掘情况来说，榆林地区相当于半坡及庙底沟时期的遗址数量非常稀少，至今还没有正式发掘一处。是故，暂且认为榆林地区调查发现的大部分所谓"新石器时代遗址"集中在仰韶晚期及龙山时期，这与环境考古学研究认为的"全新世最适宜期出现在 5000—4100aBP 期间"结论不谋而合[2]。

如果再将该地区发现的商周时期遗址数量与新石器晚期以后遗址的数量做一比较，其数量悬殊更加显而易见。二普发现的商周（西周）时期的遗址数量 40 余处，三普数量有显著增加，总数约 136 处。相较于仰韶晚期及龙山时期遗址数量来说，商周时期遗址数量锐减，其总数不足新石器遗址总数的三十分之一。从这一统计所反映的趋势来看，公元前 3000 年以来的千余年之间，榆林地区遗址数量达到了峰值，人口急剧膨胀；公元前 1800 年之后的千余年间，遗址数量大幅减少，人口密度减少，该地区进入了文化衰落期。本文讨论的时间区间为公元前 3000—前 1800 年之间。

3000BC—1800BC 之间处于中原地区庙底沟二期文化至龙山时代，是中国早期文明形成的关键阶段。距今约 3000 年前后，在中原地区进入庙底沟二期文化阶段时，北方地区史前遗存的文化面貌保持了仰韶晚期的文化传统，表现出了与中原腹地及其周邻区域的巨大差异[3]。本文通过榆林地区发现的相当于庙底沟二期文化至龙山时代遗址的聚落特征、规模布局、居住形态、人地关系等问题的系统分析，探讨了公元前三千纪前后北方地区区域政体中心的形成及社会复杂化的过程。

需要说明的是，本文所称"北方地区"是指以内蒙古中南部、陕西北部及山西西北部为中心的河套地区，大体涵盖了鄂尔多斯高原、毛乌素沙地、河套平原、晋陕高原等地理单元，西、北以黄河、东以太行山、南以自然山系及河流为天然屏障。内蒙古中南部是指黄河南流区域两岸（其中以右岸的准格尔旗、伊金霍洛旗为主），陕北地区则包括了白于山以北、无定河流域及绥德以北区域；晋西北地区包括了太行山以西沿黄河东岸西北部。关于内蒙古中南部、陕西北部、晋西北区域史前考古学文化编年与谱系，特别是文化命名，有数十种观点，兹不一一列举。本文采用《中国考古学（新石器卷）》编年体系及文化命名（表一）。

表一　北方地区仰韶晚期及龙山时代分期表

田广金分期[4]		韩建业分期[5]	魏峻分期[6]	《中国考古学（新石器时代卷）》分期[7]
海生不浪文化 3800BC—3000BC		海生不浪类型 3500BC—3000BC	海生不浪文化 3700BC—3000BC	海生不浪文化 3300BC—2800BC
空白期 3000BC—2800BC		阿善三期类型 3000BC—2500BC	阿善三期文化 3000BC—2500BC	阿善文化 2800BC—2500BC
老虎山文化 2800BC—2300BC	老虎山文化	永兴店类型 2500BC—2200BC	老虎山文化 2500BC—2000BC	老虎山文化 2500BC—2300BC
朱开沟文化 2200BC—1500BC		白草塔类型 2200BC—1900BC		大口一期文化 2000BC 前后

一、公元前 3000—前 2800 年聚落形态

北方地区进入仰韶时代晚期的步调较中原地区晚数百年，一直延续至相当于中原地区庙底沟二期文化阶段才结束[8]，因此这类处于庙底沟二期阶段的遗存多被归入仰韶晚期范畴之内来考虑[9]。从文化渊源上来说，榆林地区相当于"庙底沟二期"阶段文化遗存，更多的延续了仰韶晚期海生不浪文化的传统，特别是在文化面貌及器物特征上（如尖底瓶、圆腹罐、折腹钵等器物仍然常见）。笔者同意将 3000BC—2500BC 之间的内蒙古中南部、陕西北部、晋西北这一相对封闭区域的文化遗存仍称为"仰韶晚期"，包括了"海生不浪文化"[10]晚期及"阿善文化"[11]（又被称为"阿善三期文化"[12]）两个阶段。

海生不浪文化时期（晚段）年代在公元前 3000—前 2800 年左右，榆林地区可以靖边五庄果墚（一期）[13]、横山杨界沙[14]等遗址为代表，遗址数量较多，规模多在 1 万—30 万平方米，遗址多分布在靠近河流的平缓山丘上，周边不设防，未出现石砌城垣、环壕等防御设施，聚落之间对资源获取的压力尚未形成竞争关系。虽然聚落之间有了等级差异，但其规模差异并不悬殊，不见大型公共设施，不容易看出像中原腹地那样中心聚落与一般聚落的差别及突出的贫富分化现象。家庭观念突出，房屋规模大致相当，结构相似，多数向阳分布，没有中心房址。房屋形制包括窑洞及半地穴式。基本不见占卜、祭祀等遗迹及遗物。墓葬少见，但多见乱葬坑（死者多被埋葬于废弃窖穴）。以下以五庄果墚遗址为例加以说明。

五庄果墚遗址位于于山峁之上，面积约 30 万平方米。文化内涵分为两期，第一期相当于海生不浪文化时期（图一），第二期相当于阿善文化时期[15]。遗址周围环境以草原为主，整个地区气候适宜农作物的生长，经济形态以农为主，狩猎、捕鱼为辅[16]。

五庄果墚遗址未见壕沟或者墙垣等防御性设施。房址分为窑洞和半地穴式两类（图二，1—3）。窑洞房址多为前、后两个居室，前室为半地穴式，后室为窑洞，窑洞内面积 10 余平方米。半地穴

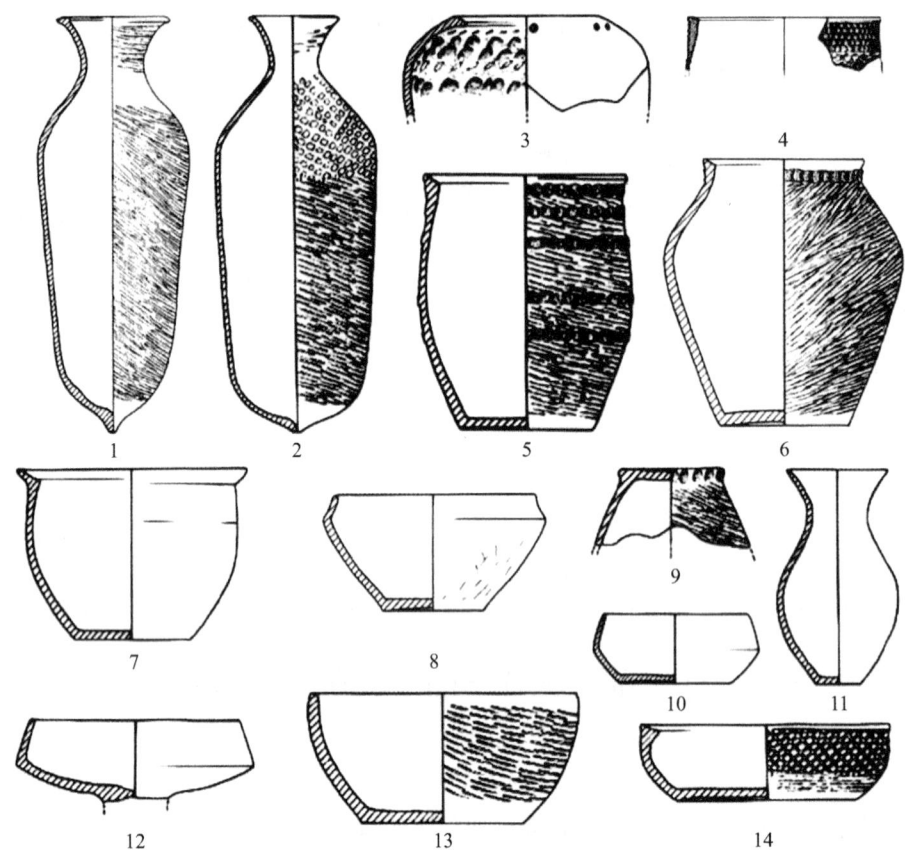

图一　海生不浪文化（晚期）典型器物
（1、5、8 为五庄果墚遗址出土；余为杨界沙遗址出土）

式房址多为圆角方形。五庄果墚居民对居址的选择以"因地制宜"为原则，在墚坡地带多堑崖形成断面，修葺后室为窑洞的"吕"字型复合房址；在昂顶等平缓的地方，则下挖半地穴结构，其上起建屋顶。

该遗址未发现竖穴土坑墓葬。但引人注目的是，在 A 地点发现了一座圆形筒状乱葬坑 H1，坑内埋葬着未成年及成年人个体 22 具，分为 4 层，每一层有数量不等的动物及人骨，以人骨为多，多者达 12 具，少者也有三四具（图二，4）。死者成组别排列，每组既有成年人，也有未成年人，成组分布的人骨之间还发现完整的动物骨架，包括家猪等动物[17]。从其分布状况及埋葬形态来看，成层分布的每组个体可能代表了一个独立的家庭单位，而死者周边的家畜或为其家庭财产。AH1 这种集中埋葬的现象暗示着五庄果墚遗址或许发生过灾难性的事件。结合内蒙古中南部地区其他同期遗存发现的集体死亡现象[18]，推测距今 3000 年前后北方地区曾经发生过大规模的瘟疫事件，可能正是这一事件导致了该区域仰韶时期聚落数量的下降及人口锐减，从而导致了文化发展的迟滞。

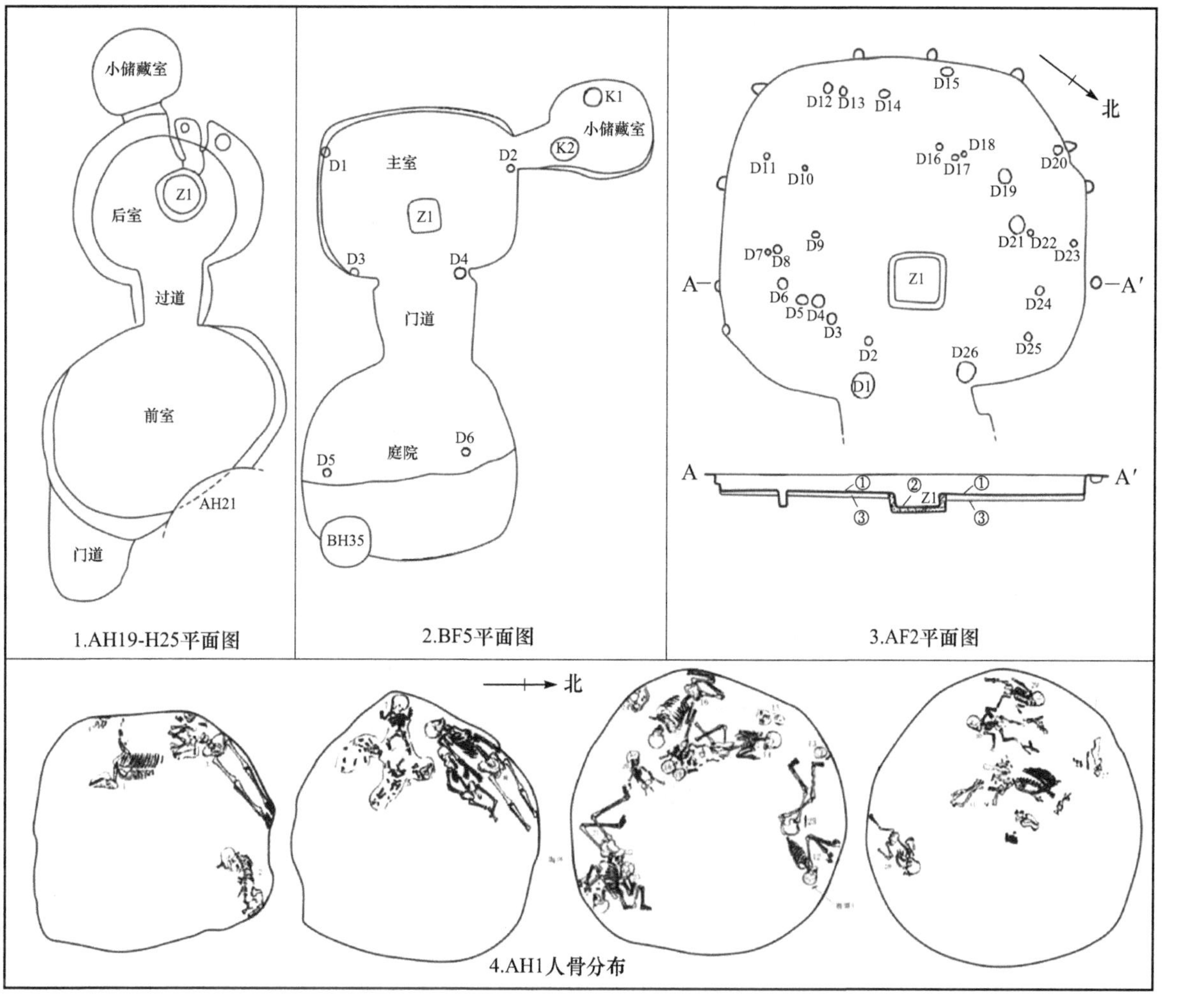

1.AH19-H25平面图   2.BF5平面图   3.AF2平面图

4.AH1人骨分布

图二　海生不浪文化晚期房址结构及灰坑葬
（均采自五庄果墚遗址）

二、公元前 2800—前 2500 年聚落形态

阿善文化的年代在公元前2800—前2500之间，榆林地区可以吴堡后寨子峁（一期）[19]、府谷郑则峁（一期）[20]、神木寨峁（一期）[21]、靖边五庄果墚（二期）、横山大古界[22]、金山寨[23]等遗址为代表。从陶器特征来看，可分为早晚两段，早段包括五庄果墚二期、后寨子峁一期、大古界等遗存；晚段包括郑则峁一期、寨峁一期等遗存（图三）。遗址规模较前期没有明显变化，仍未出现大型中心聚落，但地域性中心聚落已逐步显现，社会凝聚力增强。聚落周边开始出现了设防现象，暗示着人们生存压力加剧及社会复杂化倾向显著，对资源控制与防御需求强烈。居址形态依然延续了前期形制，规模相类，财富趋于平均，人群之间没有明显阶层化现象。聚落内部房址布局展现出向心特征（图四），不见大型公共设施，卜骨等指示祭祀的遗物出现。竖穴土坑墓葬不见，死者葬于废弃窖穴常见。总体来看，这一时期遗址数量较前期似有明显减少趋势，人口的锐减或与前期发生的灾难性事件有关。以下以后寨子峁遗址为例加以说明。

后寨子峁遗址由三座相连接的山峁构成，山峁间以堑壕和石墙分割，有台阶作为通道，面积约

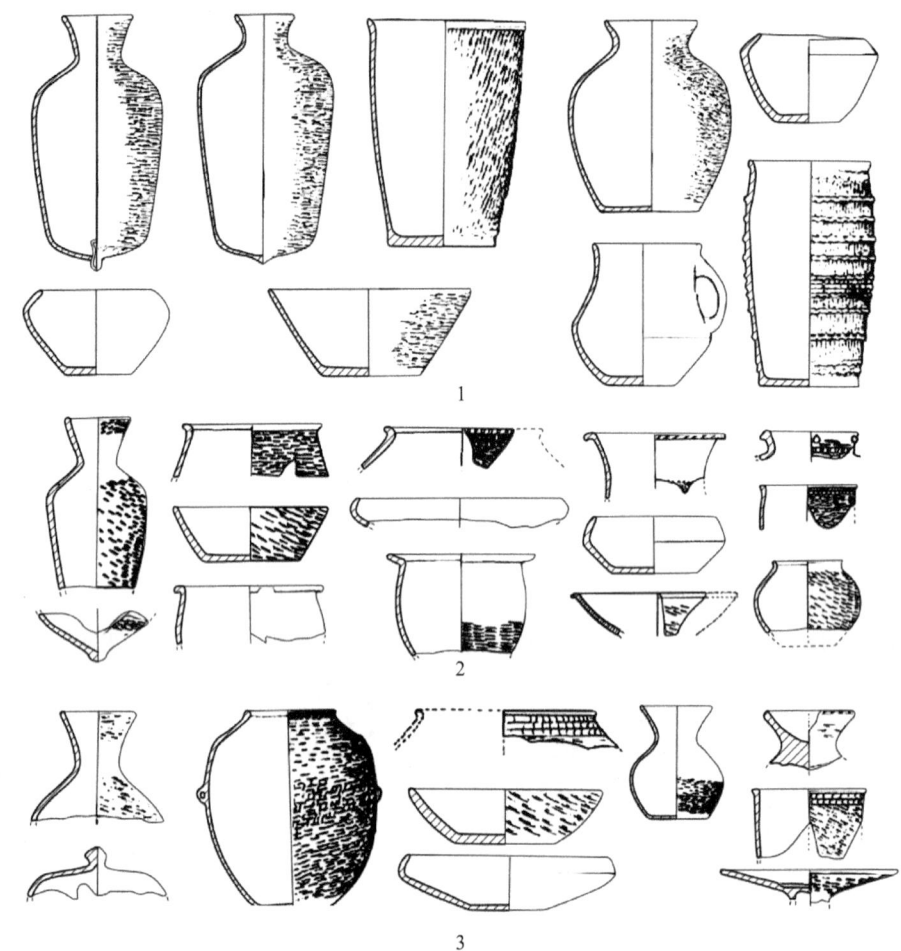

图三　阿善文化时期典型陶器

1. 后寨子峁遗址出土陶器　2. 寨峁一期出土陶器　3. 郑则峁一期出土陶器

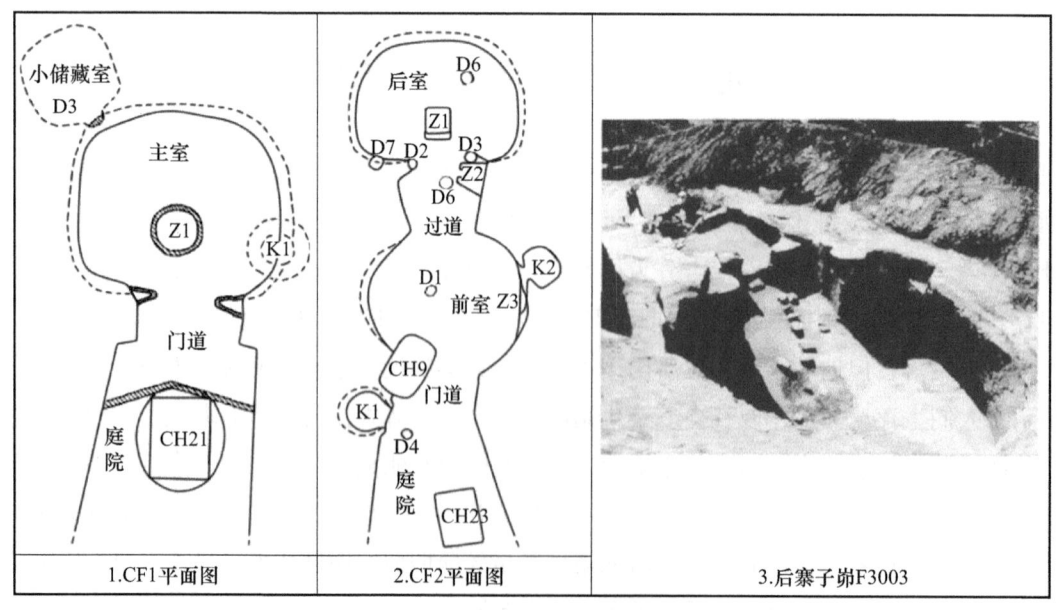

图四　阿善文化时期房屋形制

（1、2 采自五庄果墚遗址　3 采自后寨子峁遗址）

21 万平方米[24]。每个山峁上沿山体等高线成排分布着房址，以两三座房屋形成组别，显示出该聚落居民之间亲疏不同的社会结构关系。房屋分地面式及窑洞两种，以利用断崖修葺的窑洞为主。房屋之间排、组关系清晰，整个聚落内部呈现出区、排、组以及单个房址四个层级的组合关系，反映了聚落内部不同级别的以血亲为纽带的家庭、家族之间的社会关系。后寨子峁遗址三处独立山峁间以下挖壕沟与砌垒的石墙为周界构建了相互依赖并相对独立的防御空间，成为榆林地区已知最早的防御性聚落，这一聚落形态的巨变或许与环境趋于干冷、资源获取难度增大、生存压力加剧有关。

三、公元前 2500—前 2300 年聚落形态

如果以空三足器的出现为标志区分的话[25]，以寨山 F3 为代表的遗存既包含了尖底瓶向平底瓶过渡阶段的圜底瓶、三足瓮前身圜底缸等器物，又新出现了陶斝等三足器类，暗示着炊煮方式及生活形态的转变，可视为本区域仰韶时代的结束及龙山时代的到来。榆林地区以吴堡后寨子峁（二期）、榆林寨峁梁[26]、佳县石摞摞山[27]、横山寨山[28]、王阳畔[29]等遗址为代表。以寨山 F3 为代表的遗存属于早期阶段；寨峁梁、石摞摞山二期等遗存中，尖底瓶基本消失，圜底器盛行，代表了该期遗存的晚段（图五）。这类遗存的年代与内蒙古凉城老虎山、西白玉、大庙坡等遗址为代表的"老虎山文化"早期遗存相当[30]。

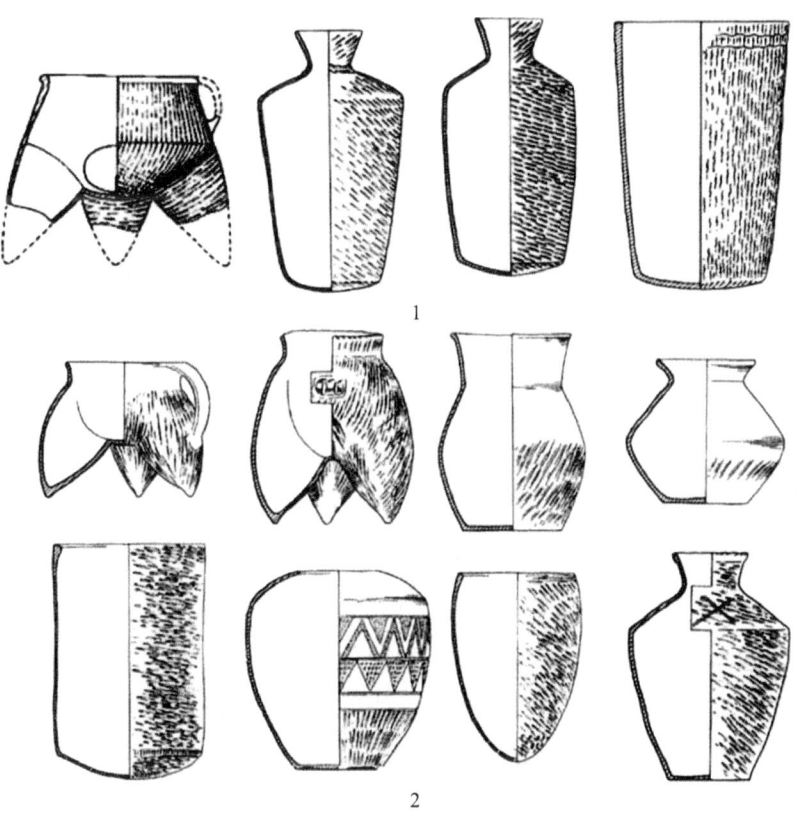

图五　龙山早期典型器物
1. 寨山遗址 F3 出土陶器　2. 寨峁梁遗址出土陶器

这一时期遗址规模之间差异逐渐显著，但多集中在1万—80万平方米，50万平方米之上的遗址数量显著增多，地方性中心聚落初步形成。普通村落外围修建石砌城垣等防御设施，并有遍地开花之势，反映出这一时期小型聚落的防御诉求较前期加强，聚落之间资源获取竞争加剧。未见大型公共设施，房屋形态及规模大致相当，结构相似，个别聚落内部出新现了大型中心房址（图六）。卜骨等用于占卜祭祀的遗物数量显著增加。墓葬少见。以下以寨峁梁遗址为例加以说明。

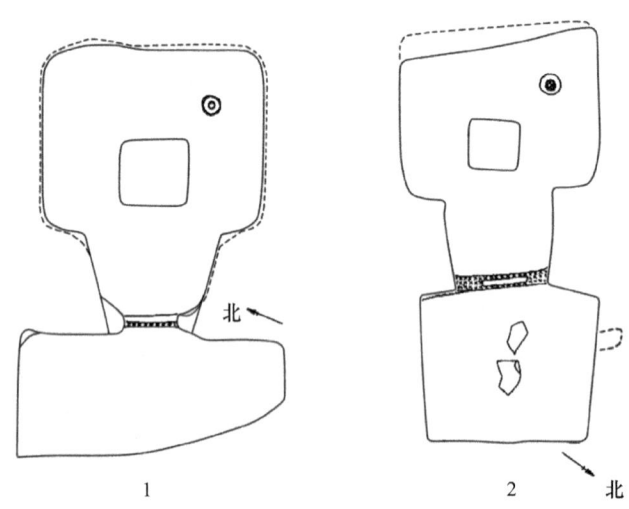

图六　龙山早期房屋形制与结构
1. 寨峁梁 F42　2. 寨峁梁 F53-54

寨峁梁遗址是北方地区保存较好、揭露最为完整的龙山早期小型石城聚落，面积约3万平方米。该遗址除东南侧马鞍部与其他山峁相连外，东、西、北三侧均临深沟，南侧山体马鞍部和西侧山坡处修建石墙，残长约200米。天然沟壑与石墙为周界形成了较为封闭的防御空间。

从保存较好者来看，寨峁梁房址为前后相接的直线联套式结构，其后室为窑洞。房址沿等高线绕山体东、北、西三侧呈圆弧状排列，高低错落，大致可分为四至五排，成组分布规律明显，门道均开向山坡低处，呈现出"凝聚而不向心"的平面布局。寨峁梁遗址成组分布的房址，揭示了一个带有家族观念的、血亲关系密切的小型村落。卜骨数量较多，只灼不钻，表明祭祀活动日益世俗化。

寨峁梁与石峁遗址同属秃尾河流域，直线距离约20千米，从秃尾河流域史前石城调查资料来看，寨峁梁遗址属于次级小型村落。若以石峁城址作为黄土高原北部早期都邑出现的标志，寨峁梁则处于这一都邑形成过程的早期孕育阶段，展现了区域社会复杂化及阶层化的两个极端。

石砌城垣的普遍出现暗示着生存压力与竞争格局已经成为公元前2500年以来一个大趋势。这一时期大量涌现的石城聚落多选择在三面被深沟陡坡环卫的山顶上，采用堑山成障的方法，并在削堑的土崖外包筑石壁，使山坡更加陡峭险峻，以形成相对封闭的空间。有些城址虽然规模不大，但较周边区域及内蒙古中南部地区龙山时期石城而言，建筑结构复杂、功能完善；其修建城址（环壕及石墙）所需的劳力资源显然超出了城内人口之负担，暗示着地域性社会组织不仅初现端倪，而且具备了筹措更大范围劳力资源的能力，也反映了聚落之间凝聚力增强，支配与被支配关系成为约束层级化聚落之间的普遍法则。聚落之间竞争日趋显著及社会复杂化倾向的加剧，奠定了公元前2300年前后中心都邑石峁形成的社会基础。

四、公元前2300—前1800年聚落形态

以神木寨峁（二期）[31]、新华[32]、神圪垯梁[33]、木柱柱梁[34]、石峁[35]、府谷郑则峁（二期）[36]、寨山等遗址为代表。大致可以分为早、晚两段：以寨峁二期、郑则峁（二期）、新华（早期）、石峁（早期）等遗存为代表早段遗存，年代在距今2300BC—2100BC之间；以新华晚期、石峁（晚期）、木柱柱梁、神圪垯梁等遗存为代表的晚段遗存，年代在距今2100BC—1800BC之间（图七、图八）。该期遗址面积及规模出现了高度分化，区域性中心聚落涌现，400万平方米以上的超大型区域中心都邑——石峁出现。遗址设防现象普遍，小型聚落发现环壕及石砌城垣类防御设施，中型聚落多见石砌城垣，大型遗址如石峁出现了环套结构的多重石砌城垣、宫城及祭坛等具有早期王国特征的高级设施。祭祀作为一个重要内容，不仅见于小型遗址，更常见于大型都邑。中、大型聚落内部功能区划明显，防御设施结构复杂、功能完善，杀戮奠基及宗教仪式等行为出现。

纵观这一时期中小型聚落内的房址结构，不难发现房址结构多种多样，包括了窑洞、半地穴式、石砌房址及地面式等多种。自仰韶晚期以来的窑洞房址数量逐步减少，这与龙山晚期古人对聚落选址多在较为平缓并靠近河流的做法密切相关；同时半地穴式及地面式居址数量显著增加（图九）。这种居址构建方式的转换反映人们能够更好地利用自然环境及周边地质资源，如在石料资源丰富的

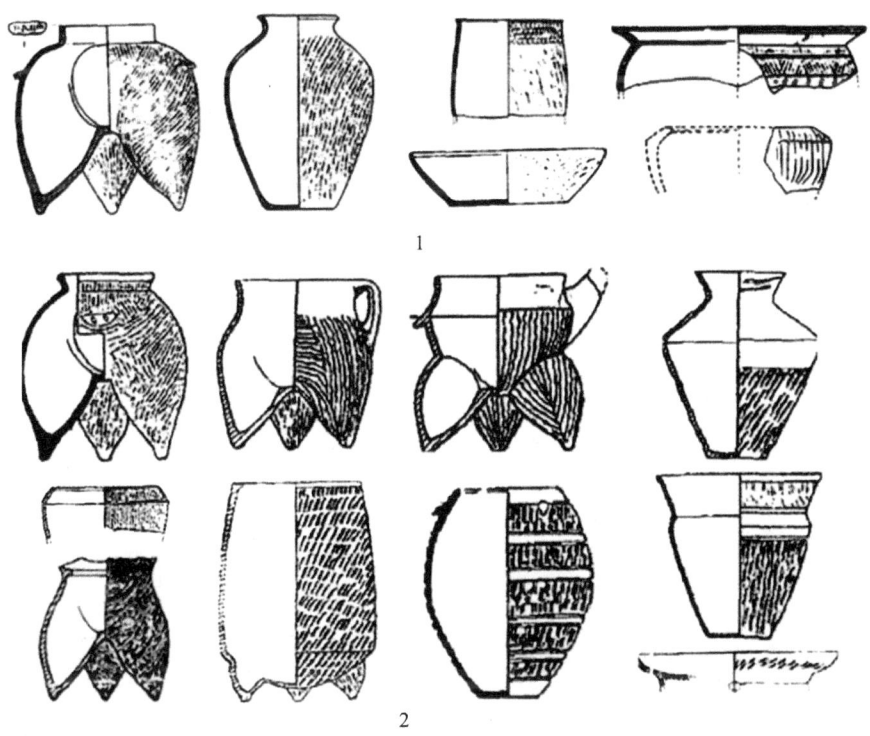

图七　龙山晚期早段典型器物
1. 郑则峁二期陶器　2. 寨峁二期陶器

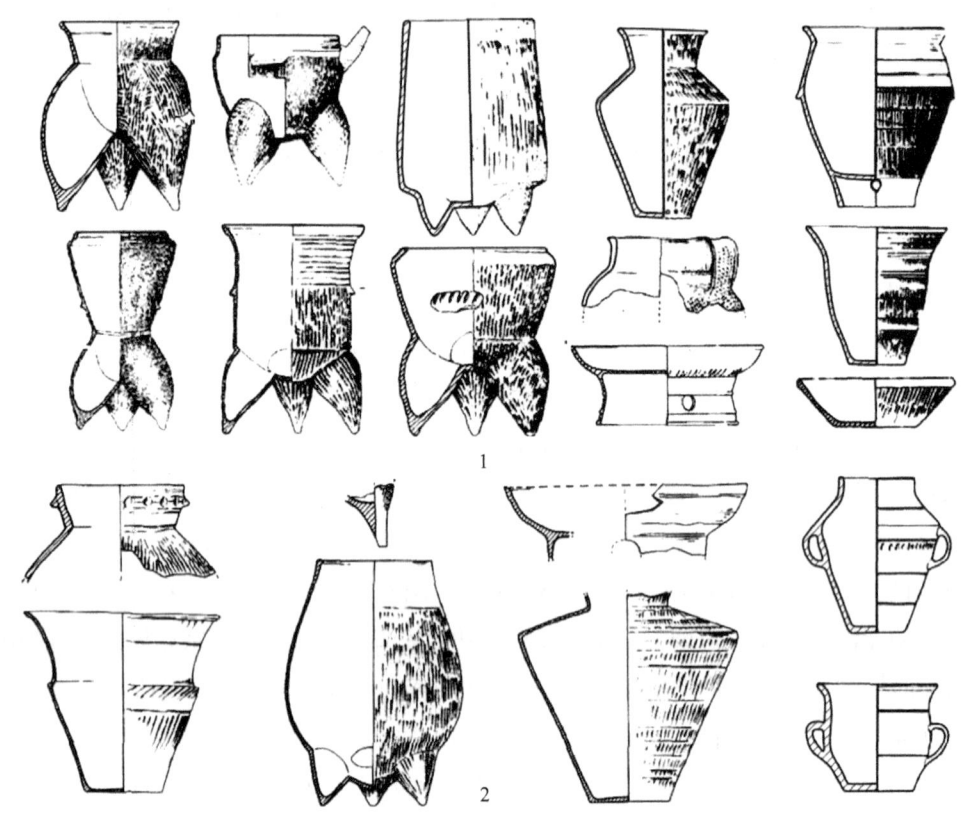

图八　龙山晚期晚段典型器物
1. 新华遗址出土陶器　2. 石峁遗址出土陶器

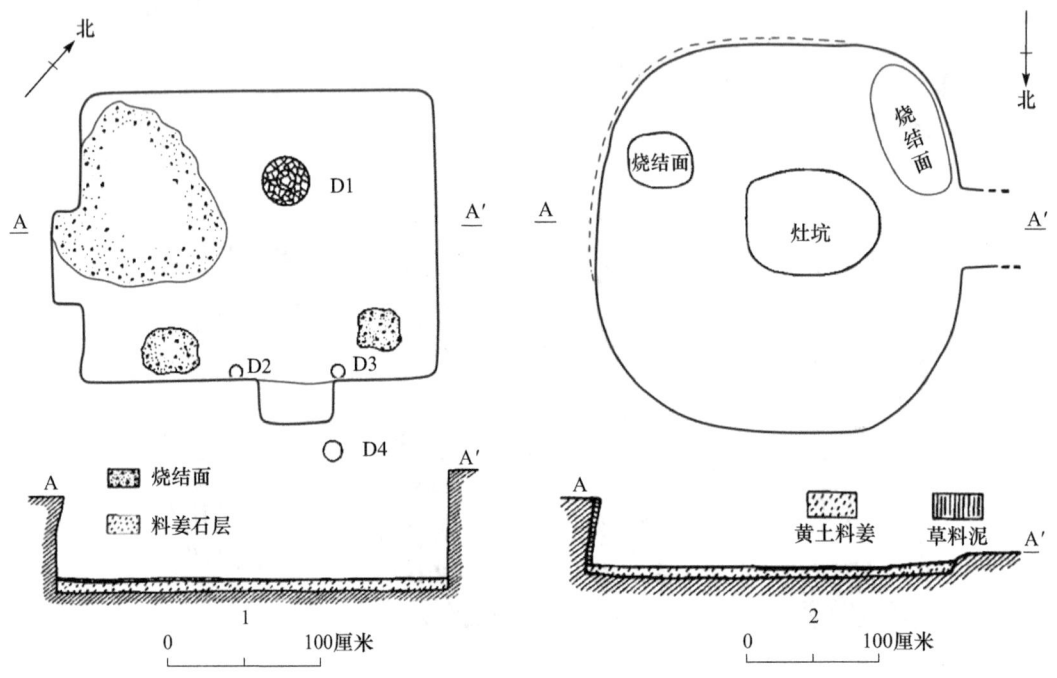

图九　龙山晚期房屋形制（均采自新华遗址）
1. 99F3 平、剖面图　2. 99F9 平、剖面图

区域，石砌的房址则成为一个重要选项，人与自然之间由被动适应变为主动的改造利用。墓葬规模差异明显，最小者仅可容身，面积不足 1 平方米；大者达 10 余平方米，棺外殉人，且有丰厚随葬品及木棺等葬具。墓葬体量相差悬殊，随葬品多寡不均。墓葬规模的巨大差异显示出死者（或其亲属）动用社会资源的能力不同，更为直接地体现出死者生前社会经济地位的巨大差异。玉器、铜器等体现身份等级及财富的随葬品出现。中小型聚落以木柱柱梁及新华遗址为例，大型聚落以石峁为例。

木柱柱梁遗址东距石峁遗址约 20 千米，面积约 5 万平方米，属于北方地区首次发现的一处小型的环壕聚落。环壕周长约 562 米，壕内面积约 1.7 万平方米。房址多圆角方形半地穴式单间结构，没有窑洞。距离木柱柱梁遗址西约 3 千米之外的新华遗址是另外一处重要的全面揭露的小型聚落，位于平缓沙丘顶部，但并没有类似环壕类防御设施，所见的房址仍以半地穴为主，还出现了少量地面式建筑。

木柱柱梁及新华遗址是榆林地区龙山晚期小型遗址的典型代表，分别代表了设防与不设防两种聚落布局形态。发现于房址及废弃窖穴之内带有烧灼痕迹的卜骨及祭祀坑（如新华遗址 99K1，图一○，1），表明祭祀活动已经成为这一时期包括中小聚落在内的普遍现象[37]。

这一时期的墓葬保持了晋西北、内蒙古中南部及陕北地区龙山晚期以来的随葬品稀少的特点，多数墓葬规模较小，仅可容身（图一○，2、3）；中、大型墓葬出现，并且规模略大者多埋葬两人，一人居中显系墓主人，另外一人多侧身屈肢，或为殉葬者。暗示着财富不均现象日益凸出，等级差异逐渐明显[38]。

石峁遗址形成于公元前 2300 年前后，废弃于公元前 1800 年前后，面积达 400 万平方米以上，

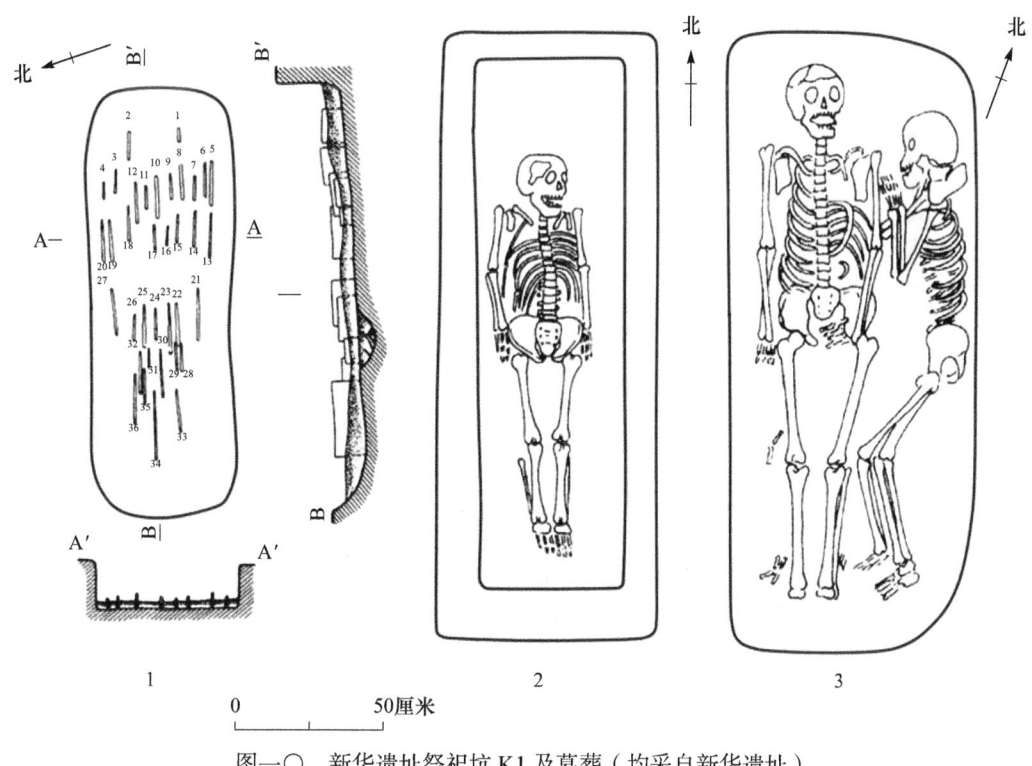

图一○　新华遗址祭祀坑 K1 及墓葬（均采自新华遗址）

1. 99K1 平、剖面图　2. 99M30 平、剖面图　3. 99M61

由"皇城台"、内城和外城构成，系已知规模最大的龙山时期至二里头早期阶段城址。"皇城台"为大型宫殿及高等级建筑的核心分布区；内城将"皇城台"包围其中，城墙依山势大致呈东北—西南向分布，面积约 210 万平方米，城内分布着大量居址、墓地、窑址等遗迹；外城是利用内城东南部墙体向东南方向再行扩筑的一道弧形石墙形成的封闭空间，城内面积约 190 万平方米，城内亦分布有一些居址和墓地。内、外城城墙总长度约 10 千米，宽度在 2.5 米以上。

石峁遗址防御设施复杂先进，大型宫室建筑及公共设施制度化，藏玉于墙、杀戮奠基及祭坛等祭祀宗教活动等盛行，成为凝聚中小型聚落核心手段。石峁遗址的形成，终结了北方地区复杂纷争的割据局面，促成了距今 4000 年前后地处华夏北缘最为重要的一支政治势力的孕育发展。种种迹象表明，石峁城址的社会功能不同于一般原始聚落，已经跨入了早期城市滥觞时期作为统治权力象征的邦国都邑的行列之中，它具备了集约人口、集约经济、聚敛高等级物质文化的空间地域系统，是距今 4300 年前后北方社会的政治、经济、文化及宗教中心，也是不同于仰韶时代的维护社会新秩序的礼制与宗教中心[39]。

五、结 语

三普资料提供的榆林地区 4446 处新石器时代遗址中，面积在 1 万平方米以下者 2982 处；1 万—50 万平方米之间者 1452 处；50 万—100 万平方米之间者 11 处；100 万平方米以上者仅石峁遗址 1 处（图一一）。面积超过 400 万平方米的石峁遗址是公元前 2000 前后榆林地区乃至整个北方地区唯一一处特大型中心聚落，它与周围其他中小型聚落共同构成了四级聚落结构。从空间分布形态来说，处于第二等级的聚落（50 万—100 万平方米）多是地域性中心，周边散布着数量不等的面积在 50 万平方米以下的中小型遗址。据不完全统计，陕北地区龙山时代石城聚落的数量有七八十处。仅在石峁遗址所在的秃尾河流域调查并确认的石城聚落不下 10 处，包括桃柳沟、庙石擂子、石擂子、石瓠、寨合峁、虎头峁、薛家会、高家川、寨峁梁、白兴庄等，此外还有大量没有防御设施的小型聚落。正是这种多层级的聚落系统，"聚邑成都"，形成了以石峁为区域核心的金字塔形社会结构，奠定了王权国家——石峁的政治、经济、宗教及社会基础。

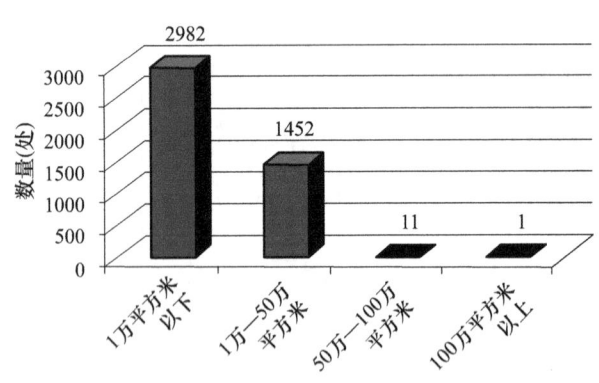

图一一　榆林地区新石器时期遗址数量与面积统计图

公元前 2300 年后，陕西北部、内蒙古中南部及晋西北地区中小型聚落数量暴增，中心聚落与小型聚落规模相差悬殊，每个（次）中心聚落的控制区域面积或在数百平方千米上下，使得区域内背景复杂的不同人群得以整合。这些众星拱月般环绕在石峁遗址周边的"卫星村落或次级中心"，改变了仰韶晚期及龙山早、中期所见的多中心、对抗式聚落分布形态，并逐渐向单中心、凝聚式的形态演变，最终形成了石峁遗址为代表的早期王权国家。

公元前 3000 至公元前 1800 年之间的北方地区经历了财富高度集中、高等级聚落涌现、大型宫室、祭坛及公共设施形成的过程。聚落规模差异逐步加大,等级化趋势明显。防御需求越来越强烈,环壕、城垣等防御设施成为聚落构成的重要组成部分。祭祀、占卜等现象日益常态化,成为凝聚聚落人群的核心手段之一。大型宫室、祭坛等反映社会公共权力的设施形成。个人财富不均、城乡分化初现,迈开了走向早期国家的步伐。

进入第二千纪早期,北方地区考古学文化仍然延续了本地龙山晚期以来的文化特征,陶器面貌上丝毫见不到中原二里头文化的影子。因而可以认为,夏文化的影响在夏王朝建立初期远未波及北方地区,包括内蒙古中南部、陕北地区在内的河套地区并未随着夏王朝建立而成为其势力范围,反而保持着自己独立的文化传统与发展轨迹[40]。生活在内蒙古中南部、陕北、晋西北的以石峁遗址为核心的人群与夏王朝鼎足而立,形成了华夏沃土上"万邦林立"的社会图景。

附记:本文系国家自然科学基金面上项目"河套地区5-4ka的气候变化与人类适应研究"(41571190)阶段性成果之一。

注 释

[1] 国家文物局:《中国文物地图集(陕西分册)》,西安地图出版社,1998年。

[2] 王璞瑜、孙湘君:《内蒙古察素齐泥炭剖面全新世古环境变迁的初步研究》,《科学通报》1997年第3期。

[3] 孙周勇:《河套地区史前考古学史初步研究》,《文博》2002年第6期。

[4] a. 田广金:《内蒙古中南部仰韶时代文化遗存研究、内蒙古中南部龙山时代文化遗存研究》,《内蒙古中南部原始文化研究文集》,海洋出版社,1991年;b. 田广金:《试论内蒙古中南部史前考古》,《考古学报》1997年第2期。

[5] 韩建业:《中国北方地区新石器时代文化研究》,文物出版社,2003年。

[6] 魏峻:《内蒙古中南部考古学文化演变的环境学透视》,《华夏考古》2005年第1期。

[7] 中国社会科学院考古研究所:《中国考古学(新石器时代卷)》,中国社会科学出版社,2010年。

[8] a. 陕西省考古研究院史前研究部:《陕西史前考古的发现与研究》,《考古与文物》2008年第6期;b. 许永杰:《黄土高原仰韶晚期遗存的谱系》,科学出版社,2007年。

[9] 同[5]。

[10] 关于海生不浪文化的年代,学界尚未达成共识,但多数学者倾向于其年代在3500BC—3000BC。a. 戴向明:《"海生不浪类型"文化过程论》,《古代文明》(第7卷),文物出版社,2008年;b. 崔璇:《海生不浪文化述论》,《内蒙古社会科学》1990年第5期;c. 魏坚、计红:《试论海生不浪类型》,《内蒙古文物考古》1995年第1期。

[11] a. 崔璇:《阿善文化述论》,《中国考古学会第八次年会论文集》,文物出版社,1996;b. 魏坚:《试论阿善文化》,《青果集——吉林大学考古系建系十周年纪念文集》,知识出版社,1998年。

[12] 内蒙古社会科学院蒙古史研究所、包头市文物管理所:《内蒙古包头市阿善遗址发掘简报》,《考古》1984年第2期。

[13] 陕西省考古研究院等:《陕西靖边五庄果墚遗址发掘简报》,《考古与文物》2011年第6期。关于榆林地区仰韶晚期遗存的年代,目前只有五庄果墚A区H3中出土的一件猫骨经过测年,距今4959—5048年之间(测试单位为西安加速器质谱中心,实验室编号XA8399)。

[14] a. 陕西省考古研究院等:《陕西横山杨界沙遗址发掘简报》,《考古与文物》2011年第6期;b. 胡松梅、孙周

勇等：《陕北横山杨界沙遗址动物遗存研究》，《人类学学报》2013年第1期。

［15］ 史君：《陕西靖边五庄果墚遗址新石器遗存研究》，《西北大学文化遗产学院》2012年。

［16］ 管理等：《陕北靖边五庄果墚动物骨的C和N稳定同位素分析》，《第四纪研究》2008年第6期。

［17］ 胡松梅、孙周勇：《陕北靖边五庄果墚动物遗存及古环境分析》，《考古与文物》2005年第6期。

［18］ 魏坚：《庙子沟与大坝沟有关问题试析》，《内蒙古中南部原始文化研究文集》，海洋出版社，1991年。庙子沟遗址中就发现多例数个个体（包括成年人及未成年人）被埋葬于灰坑的现象，很可能死者属于同一家庭单位。

［19］ 王炜林、马明志：《榆林吴堡后寨子峁史前城址》，《留住文明I——陕西省十二五期间基本建设考古重要发现》，三秦出版社，2011年。

［20］ a. 陕西省考古研究所陕北考古队、榆林地区文管会：《陕西府谷县郑则峁遗址考古发掘简报》，《考古与文物》2000年第6期；b. 吕智荣：《郑则峁一期遗存的相关问题初探》，《内蒙古文物考古》2001年第2期。

［21］ 陕西省考古研究所：《陕西神木县寨峁遗址发掘简报》，《考古与文物》2002年第3期。

［22］ 孙周勇、杨利平等：《榆林横山仰韶晚期遗址群》，《留住文明I——陕西省十二五期间基本建设考古重要发现》，三秦出版社，2011年。

［23］ 王炜林、马明志：《陕北新石器时代石城聚落的发现与初步研究》，《中国社会科学院古代文明研究通讯》2006年第11期。

［24］ 同［19］。

［25］ 卜工：《关于庙底沟二期的几个问题》，《文物》1990年第2期。

［26］ 孙周勇、邵晶等：《陕西榆林寨峁梁龙山遗址发掘获重要收获》，《中国文物报》2015年11月6日。

［27］ 陕西省考古研究院：《陕西佳县石摞摞山遗址龙山遗存发掘简报》，《考古与文物》2016年第4期。

［28］ 陕西省考古研究院、榆林市文物保护研究所：《陕西横山县瓦窑渠寨山遗址发掘简报》，《考古与文物》2009年第5期。

［29］ 同［22］。

［30］ 内蒙古文物考古研究所：《老虎山遗址发掘简报集》，《岱海考古（一）》，科学出版社，2009年。

［31］ 同［21］。

［32］ 陕西省考古研究院、榆林地区文物保护所：《神木新华》，科学出版社，2005年。

［33］ 陕西省考古研究院：《陕西神木县神圪垯梁遗址发掘简报》，《考古与文物》2016年第4期。

［34］ 陕西省考古研究院：《陕西神木县木柱柱梁遗址考古发掘简报》，《考古与文物》2015年第6期。

［35］ 陕西省考古研究院、榆林地区文物考古勘探工作队、神木县文体局：《陕西神木石峁遗址》，《考古》2012年第7期。

［36］ 同［20］a。

［37］ 孙周勇：《神木新华遗址出土玉器的几个问题》，《中原文物》2002年第6期。

［38］ 类似墓葬有朱开沟M4050、M3039、M1012等，神疙瘩梁M7，石峁遗址韩家圪旦地点M1等中大型墓葬。

［39］ 孙周勇、邵晶：《石峁是座什么城？》，《光明日报》2015年10月12日，第16版。

［40］ 孙周勇：《新华文化述论》，《考古与文物》2005年第3期。

（原载于《考古与文物》2016年第4期）

北方地区龙山时代的聚落与社会

戴向明

本文所讲的北方地区包括陕北、晋中北、冀西北和内蒙古中南部，这个地区在新石器时代晚期逐步形成了一个单独的文化圈。该文化圈的中心舞台当在陕北、晋中北的黄河两岸到内蒙古的中南部，亦即黄河几字形河套地区的东半部。有关仰韶时代北方地区聚落与社会的特征已在先前发表的论文中有所涉及[1]，这里集中讨论龙山时代本地区聚落的特点及其反映的社会演变情况。

相当于中原的庙底沟二期文化阶段前后，北方地区先后形成了两种独具特色的文化遗存，一是西部河套地区的"阿善文化"，年代跨越仰韶晚期末段到庙底沟二期[2]；二是东部岱海、黄旗海到河套地区的"老虎山文化"[3]，年代相当于庙底沟二期晚段到龙山初期，并与晋南陶寺龙山遗存的早中期（中期偏早）年代大体接近。其后老虎山文化扩展到了北方地区的大部，也就是以近些年发现的神木石峁、新华等龙山期遗存为代表的考古学文化（详见后文）。韩建业将北方地区庙底沟二期之后的龙山遗存统称为"老虎山文化"，并分前、后两期[4]，这一分期方案为本文所采纳。

这样，根据北方不同区域文化消长和聚落演变的过程，可以将这里广义龙山时代社会的发展分为庙底沟二期、龙山前期、龙山后期三个阶段。

一、庙底沟二期

庙底沟二期，与中原临近的陕北、晋中北等地存在一些此期的遗址，但数量较少、分布零散，尚看不出彼此的相互关系和群落的构成情况。更往北的内蒙古中南部则有较多的发现。其中西部的河套地区持续了仰韶中晚期以来的发展趋势，发现有较多"阿善文化"的遗址；而东部的岱海地区在经过一段的衰落之后又再次兴起，出现了一些"老虎山文化"的遗址。前者年代偏早，后者年代偏晚，两者可能有部分时段交错并存。岱海地区的老虎山文化可分早、晚两大期，而多数聚落形成于晚期即龙山前期，故放在后面再详加分析。这里只讨论河套地区阿善文化的聚落。

在包头以东的河套东部，沿大青山南麓山前台地一字排开分布着多处遗址，其中阿善、西园、莎木佳、黑麻板、威俊等地都存在有石围墙的聚落，有人称之为"石城址"。相邻遗址间的距离多在四五千米，每个遗址都有两三处聚落相伴共生（图一）。这些遗址规模都不大，每个地点的总面积大者不过四五万平方米，小者一万平方米左右，每个地点内单个聚落的面积就更小一些。在这些被石墙包围的聚落中，多数都发现有石墙房址，房址的面积一般在20—30平方米，较大者40—50平方米，个别也有更小一点或更大一点的；此外在莎木佳还见有200余平方米的特殊石砌建筑，似是公共集会的场所。从保存较完整的威俊等地点看，聚落内存在数座房址分片集中成组分布的现象，似是以大家庭或家族为单位的居住形态；而且威俊第三地点较大的房屋集中分布在"中轴线"上，其他小房屋则分组居其两侧，很像是不同家族间地位高低、主从关系的反映（图二）。另外，几乎每个地点都有形态各异、状似"祭坛"式的建筑。其中以阿善西台地一处规模最大，在台地南端一道南北长 80、东西宽 30 米的高岗上，存在一组地面石砌建筑群，中心是一座底径 8.8、存高 2.1 米的大石堆，紧邻其北面则是一排 16 座南北一线排列的小型圆锥形石堆，每个底径 1.4—1.6 米、高 0.35—0.55 米（北端西侧还有一个更小的）；这组石堆所在岗梁的东、西、南三面边缘都环绕有石砌矮墙（南端墙外还有两道石砌护坡），状似蝌蚪形并朝北呈扇形敞开（图三）。其他几处地点的"祭坛"多是带有石圈的方形、长方形或圆形的土台或土丘[5]。

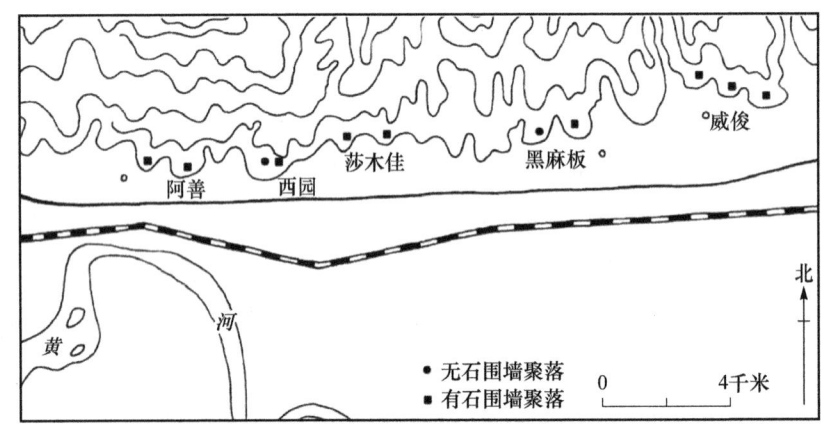

图一　大青山南麓阿善文化聚落的分布
（引自韩建业，2003 年）

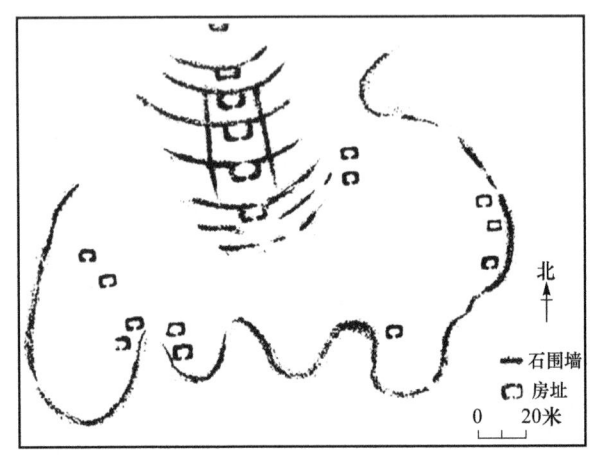

图二　包头威俊遗址第三台地遗址的分布
（引自韩建业，2003 年）

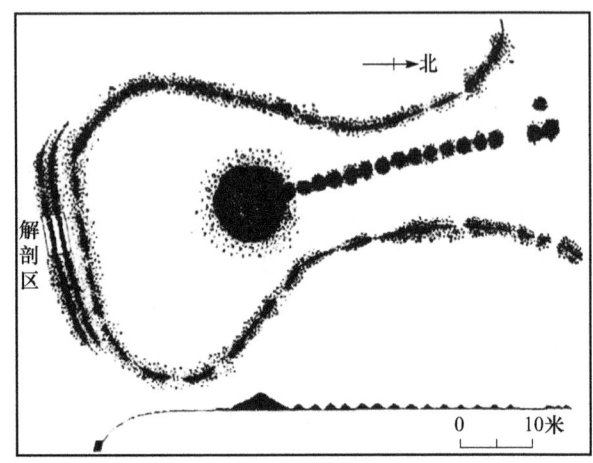

图三　包头阿善遗址"祭坛"平剖面图
（引自包头市文物管理所，1986 年）

上述聚落皆坐落于黄河北岸山前高台地上，下临土默川平原，高差数十至上百米，地势险峻，又多以石墙环绕，且几乎每个地点都是双生或多处聚落相互依靠而成犄角之势，这些都表明注重防御是聚落选址和建设最为重要的因素，也因此反映不同社会群体间存在剧烈的竞争、冲突乃至较大规模的"战争"。这些冲突和战争既可能发生在本地与外地聚落群之间，也可能存在于本地不同群体之间。就是说上述各地点相互间既会有联合，又不能完全排除彼此间的对抗和冲突。从各地点的规模和内部设施尚看不出聚落间的等级分化和主从关系。威俊等地点的房屋大小和布局显示聚落内部可能已有一定程度的等级分化，但并不很显著。此外，如果那些大小、形态各样的"祭坛"确与祭祀和典礼有关，那么本地区族众浓厚的宗教意识就会影响到社会生活与活动的各方面，包括公共权力的形成、展示、维持和运作。

在鄂尔多斯东部的南流黄河两岸较集中地分布着另一群遗址，现已发现十来处。与包头东部的遗址相似，大多也位于黄河岸边或附近地域的险峻之处，其中准格尔旗的白草塔、小沙湾、寨子塔，清水河县的马路塔等地也发现有石围墙残迹[6]。这些遗址的面积也都在数万平方米之内，规模较小；因资料有限，聚落内部的情况大多不详，只知有大小不等的半地穴式和地面石砌的房子，估计其居住形态也与包头地区相近，只是少见"祭坛"等宗教性遗迹（或许与保存状况有关）。这里的文化面貌与包头地区的非常相似，同属阿善文化，聚落形态也有很多相像之处，说明两地间应有较密切的交流互动关系，除了一般的交往，两个群体间还可能为利益和资源而展开激烈的对抗和争夺。

综合上述情形，尽管这里众多石城址的出现反映社会群体间紧张关系加剧，聚落内部也有了初步的等级高低之分，但至少现有资料还不足以说明各聚落间已经形成了主从结构的区域政体，每个聚落群形成的可能仍是类似"部落"或"部落联盟"那样的组织。

二、龙 山 前 期

龙山时期在广大的北方，老虎山文化的后继者扩展到了"三北"的大部分地区，较为集中地分布在晋中北、陕北、内蒙古的鄂尔多斯和冀西北等地，这些地方的文化面貌尽管各有特色，但同时又有高度的一致性，形成了一个大的考古学文化圈，此前分别有"游邀文化""永兴店文化""大口一期文化""老虎山文化"等不同的称谓，但所指实属同一文化共同体，只是还可以进一步分为不同的地方类型，并且分别受到了附近中原其他文化不同程度的影响[7]。

龙山时期的北方可分前、后两个时期来考察[8]。龙山前期晋中北、陕北等地发现的遗址数量仍然有限，聚落内部结构和聚落间的关系都不甚清楚；内蒙古中南部原包头东部聚落群此时已然衰落消亡，鄂尔多斯东部黄河两岸则持续繁荣，同时东边岱海地区的老虎山文化聚落兴旺发达起来。其中以岱海周边的聚落群发现最充分，遗址保存状况好并有几处经过了大面积揭露，下面就以这里为重点进行分析。

凉城县岱海周围较密集地分布着多处"老虎山文化"的遗址，现已发现 16 处，其中的老虎山、西白玉、板城、大庙坡等地有石墙环绕（图四）[9]。这些聚落的选址同样是在高岗山坡上，尤以岱海北岸阳坡居多，相邻遗址间距多在 3、5 千米或更近，大有彼此相守之势。遗址的规模都不很大，确切所知者皆在数万至 10 万平方米左右；有的稍大，如园子沟和老虎山遗址，但皆由两三处相互隔离的居住区组成，实际的居址面积加起来也不过数万平方米，其他的就更小一些。园子沟遗址由三个彼此相连的坡状台地组成，台地之间有宽浅的沟谷相隔，但并无交通上的障碍；每个台地上有40—50 座的房子，形成三处相对独立的聚居区，每处居住区的实际面积不过 1 万平方米左右。老虎山遗址亦是中部有冲沟将其一分为二，房子就分布在两侧的山坡上，每面坡分别发现有 40 和 30

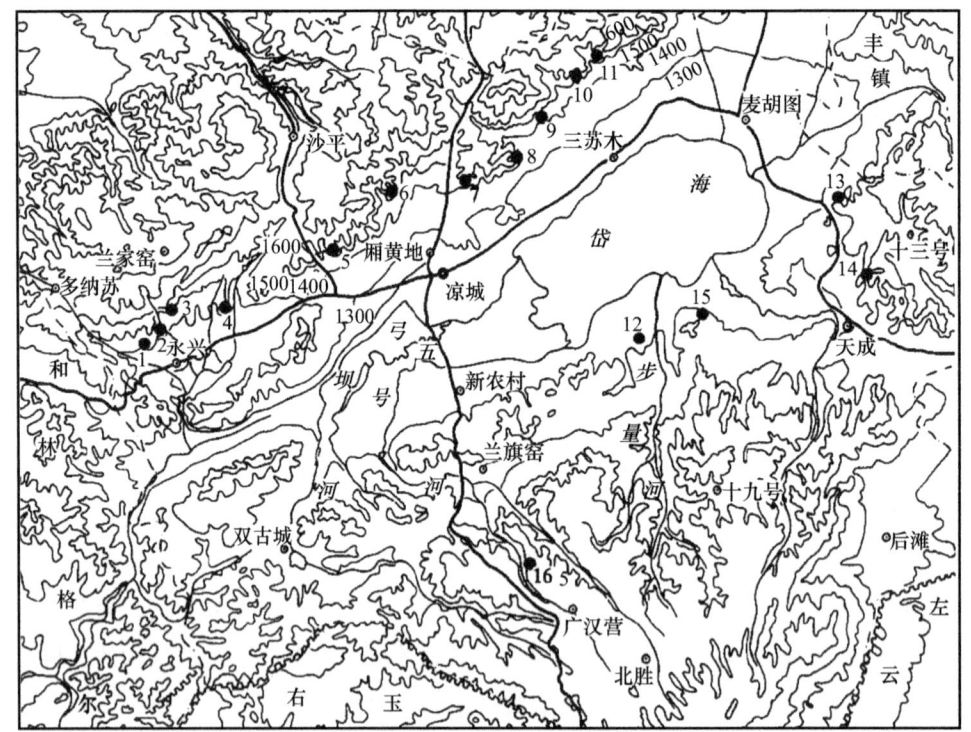

图四　凉城县岱海周围老虎山文化聚落的分布

（引自韩建业，2003 年）

1. 西白玉　2. 面坡　3. 老虎山　4. 板城　5. 窑子坡　6. 杏树贝　7. 白坡山　8. 园子沟
9. 合同窑　10. 大庙坡　11. 武家坡　12. 狐子山　13. 黄土坡　14. 砚王沟　15. 石虎山　16. 界牌沟

座左右的房子，其规模与园子沟的非常接近。

　　从保存较好、揭露较充分的园子沟、老虎山等遗址可知聚落内部的结构与布局。园子沟既有单间地穴式房屋，也有分里外间的窑洞式建筑，两者面积多在 10—20 平方米。双间房子的里间与单间房子相似，一般呈方形或长方形，中间有一个很大的火塘，地面和四周墙壁常抹有白灰面，少见物品，应是供休息睡卧用的主室；外间则在边角之处常见烧灶，有的还带窖穴，也常见陶器等生活用具和石、骨器等生产工具，应是炊事、起居、存放物品之处，反映了一般小家庭（或称核心家庭）的居住与生活场景。园子沟存在两三座房子相连接共用一个院落的情况；而两三处或三四处房子毗邻成组的现象在各聚落更是一般的常态，较大者如园子沟 F2015—F2017、F2026 一组，F3027—F3030 一组等，这样的房屋组显然就是规模不等的血缘大家庭的居住单元，也应是聚落中具有一定独立性的最基层的社群组织。往上则可见成排或成片分布的房子构成的房屋群，每群少者五六座，多者十来座房屋（或包括数个房屋组），如上述园子沟两组房子所在的房屋排或群各自都有十座左右的房子（图五），代表的应是较大的家族公社；同一群里的房屋门向基本一致，不同房屋群可能会因所在地形不同而门向有别。有些房屋群房子的数量较多、排列紧密，应是历史悠久的老家族；有些群房子数目较少、分布松散，可能是从前者分离出去而尚未获得充分发展的家族。即便考虑到分期的因素，每个居住区（即每个山坡台地）在其规模最大的时期大概也有四五处以上这样的房屋群，从而共同构成更高层级的氏族公社。那么，像老虎山、园子沟这样的聚落就可能是包括两三个有亲缘关系的氏族共同合成的类似胞族或部落那样的组织，当然较小的聚落如西白玉、板

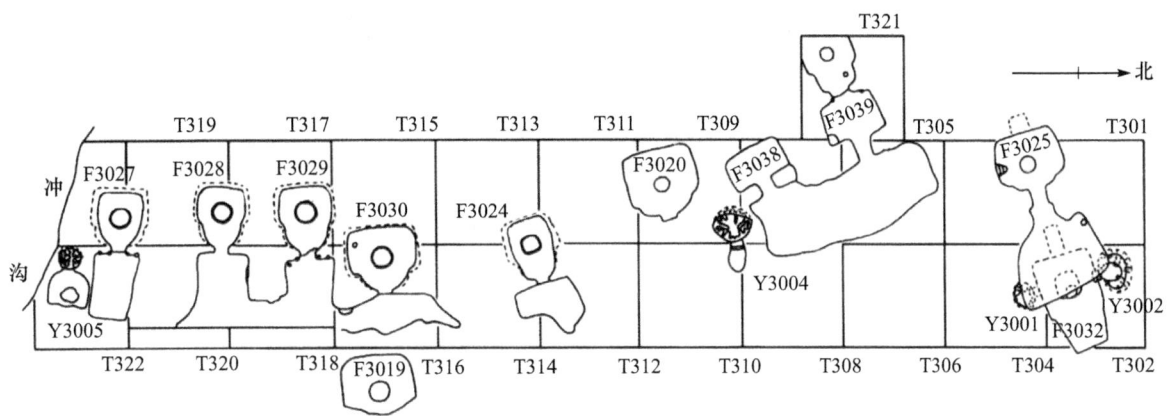

图五　凉城县园子沟遗址Ⅲ区的一组房屋遗迹
（引自内蒙古文物考古研究所，2000 年）

城等可能只有一个氏族公社。在各聚落中，集中成排或成片分布的房屋群显明而突出，说明家族公社这级组织在日常生产和生活各方面可能经常发挥着重要的支配作用；当然对重大事务起决定作用的应当还是独立居于各台地的氏族或统领整个聚落的更高一级组织。另外，因各聚落间看不出明显的地位高低和主从关系，那么他们很可能就像前期包头和鄂尔多斯东部两个聚落群那样，彼此间既会形成联盟，但也不能完全排除时而存在的内部的竞争和对抗，特别是如果存在不同聚落间的某种组合的话。

在同一聚落内，如园子沟和老虎山所见，不同房屋群之间房子的规模、结构会略有差异，个别房屋群的房子较其他群略大，也较精致，如园子沟的 F2019—F2021 一群、老虎山的 F14—F19 一群等[10]。这似乎是不同家族间社会地位高低的一种体现，与前述包头区威俊遗址所见情形相似，反映了初步的等级或贫富分化，但分化并不明显，似乎还未达到差别悬殊的不同社会阶层的程度。此外，这些遗址都未见大型公共墓地，只在老虎山等地发现有极少量普通墓葬埋葬在房屋附近，总的埋葬情况如何、墓地所能反映的社会结构如何都还无从谈起。

岱海的老虎山文化遗存可分为早、晚两期。早期遗址数量少，只发现于园子沟、老虎山、西白玉等几处，每个遗址内早期房屋的数量较少、房子的规模也较小（一般在 10 平方米左右及以下）。晚期遗存则几乎存在于已知的每个遗址中，房屋数量明显增加，扩展至各聚落居址的最大范围并形成多处房屋群，房子的规模也相对大了一些。这些都说明岱海周围的老虎山文化聚落在早期（大致属于庙底沟二期末段）并不发达，到了晚期（约相当于龙山早期）才发展繁荣起来。但即便如此在这偏狭之地最终也没能孕育出高度复杂的社会系统，整个北方地区史前社会发展的高峰还是稍后出现在晋陕高原的黄河两岸，特别是陕北的榆林地区。

三、龙 山 后 期

龙山后期，岱海聚落群消失，晋中北和冀西北张家口地区遗址的数量有显著的增长[11]；鄂尔多斯东部黄河沿岸的聚落有所减少，相反与之相邻的陕北榆林地区遗址的数量却有明显的增加（多为近年发现，以前见诸报道的不多，大概与考古工作不足有关）[12]。这种此消彼长的变化很可能与公元前 2000 年前后气候趋于凉干导致局部环境恶化、人群大规模迁徙有关。而彻底改变人们对北方龙山时期社会发展水平认识的是近年神木石峁遗址的惊人发现。

石峁遗址雄踞在陕北黄土高原广阔的梁峁之上，南傍秃尾河，西临洞川沟，四周有绵长的石墙环绕。其中东、南两面有内、外两道城墙。内城面积约 210 万平方米，内、外城之间的面积约 190 万平方米，整个城址的总面积超过 400 万平方米。城内中部偏西有一处高台，当地俗称"皇城台"，台顶面积约 8 万余平方米，台上似有大型建筑，其外侧有高耸的阶梯状的石砌护坡，状似"台城"，有可能是掌控城址的核心区域。经调查在城内发现有多处集中分布的居住址、墓葬和陶窑等遗迹，其中多数位于内城里面（图六）。石峁城址内、外两道城墙上都发现有城门，城门两侧有墩台，外城墙还有马面、角楼等设施。近年考古队集中发掘了位于外城东北部的一座城门"东门址"及其附近的城墙、马面、角楼等遗迹。"东门址"门道宽约 9 米，两侧各有一座高大的包石夯土墩台，墩台贴近门道一侧各有两处"门塾"，门址内外还各有形似"瓮城"的建筑，从而使得整个城门通道呈曲尺形。两座墩台皆外包石墙、内筑夯土，北墩台长 16、宽 14、存高 6.7 米，南墩台长 17、宽 11、存高 5.6 米。以上这些设施实际上构成了一组大型城门建筑，总面积约 2500 平方米（图七）。外瓮城的石墙内发现有几件玉铲和玉璜，内瓮城墙体表面及其倒塌堆积中发现有很多成片分布的"壁画"残块。另外，在城门内外及附近的城墙边上发现了数处集中埋置人头骨的遗迹，其中城门内外的两个坑中分别埋有 20 余个以年轻女性为主的人头骨，应与建城时的奠基或祭祀活动有关（图八）。发掘表明东门址经历了两次修建过程，根据出土遗物判断，发掘者认为城址的建造和使用

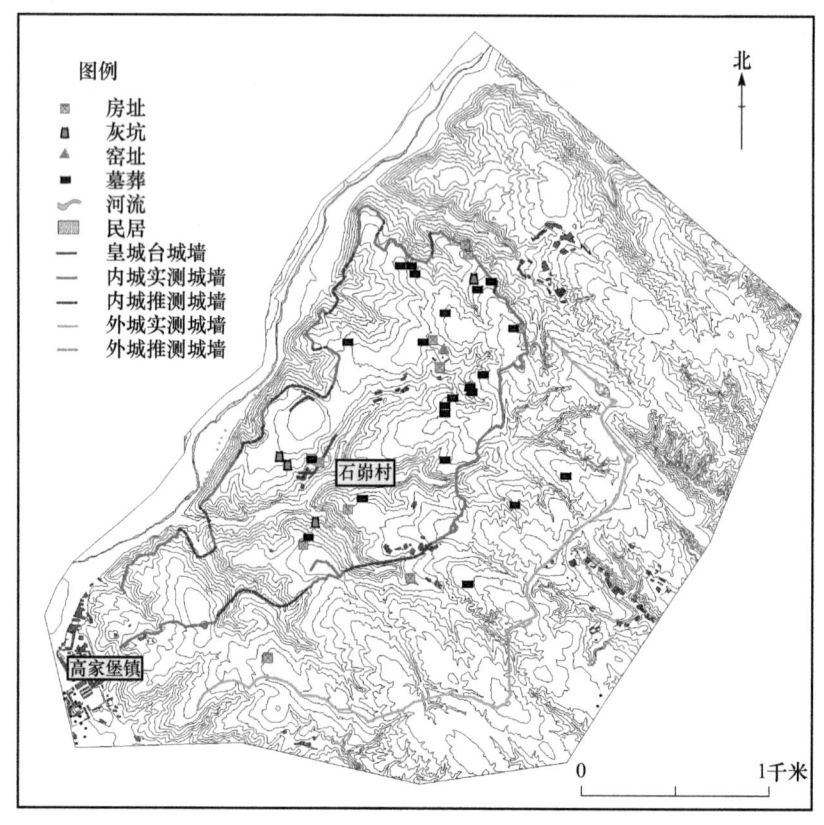

图六　神木石峁城址遗迹分布示意图
（引自陕西省考古研究院等，2013 年）

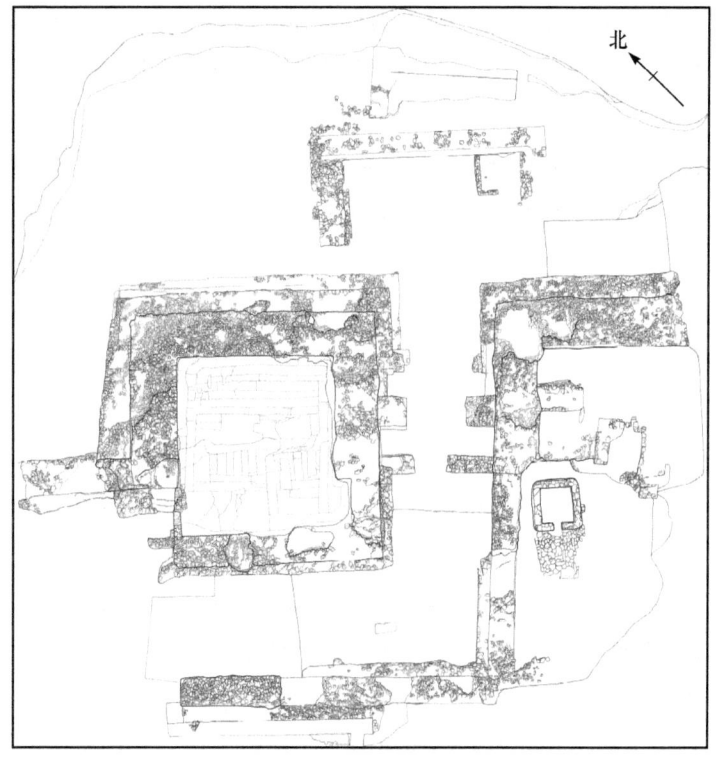

图七 石峁东门址平面图
（引自陕西省考古研究院等，2013 年）

大约在龙山晚期到夏代早期之间[13]。这个年代与
中原"新砦期"（准确说是新砦遗址第一至三期）
和陶寺晚期约略相当。

　　石峁遗址最早为世人所知，始自 20 世纪 70
年代戴应新先生专门的调查，其中最引人注目的
是征集并发表了大量富有特色的石峁玉器[14]。这
些玉器种类繁多，主要有钺、牙璋、刀、铲、斧、
戚、戈、圭、璧、璇玑（牙璧）、璜、人头雕像以
及蚕、蝗、鹰、虎头等肖形玉饰件，其中以端刃
器为多，应属于玉兵礼器。近年的发掘出土了一
些与往日征集所见相同的器物，可以初步确定石

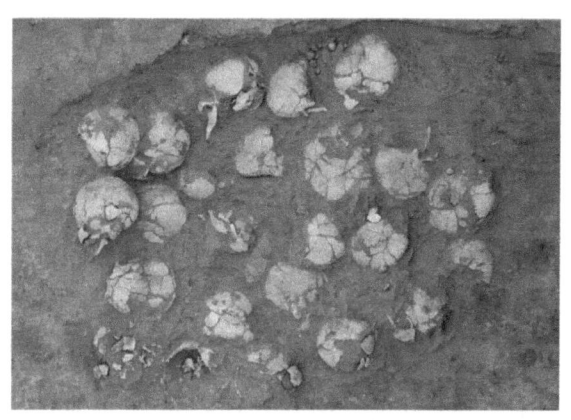

图八 石峁东门址人头骨坑 K1
（引自陕西省考古研究院等，2013 年）

峁所出玉器与上述城址的年代应是一致的。根据近年的调查和发掘可知，石峁玉器有一些夹在石城
墙的缝隙里，应是建城时有意放置进去的，可能同某种特殊的信仰和仪式有关；还有很多流散的
玉器是从墓葬中盗掘出去的，应属于贵族墓葬的陪葬品。石峁玉器与晋南陶寺[15]、下靳[16]、清凉
寺[17]贵族墓葬所出玉器在种类、形制等方面有许多相似的地方，但石峁玉器的种类、数量又远多
于陶寺和清凉寺等晋南大遗址；石峁玉器与西北齐家文化玉器也颇多相似之处，同长江下游的良渚
文化玉器也有不少的渊源关系。石峁玉器几乎成为中国史前玉器的集大成者。但另一方面，石峁玉
器又具有鲜明的自身风格和技术传统，比如大量体型扁薄的端刃器独具特色，尤以众多的牙璋最为

引人注目；肖形玉器也是别具一格；另一特点则是玉器的改制和再利用率很高[18]。正如我们曾经指出的，石峁玉器的使用规模和功能用途的广泛性似都超越陶寺之上，显示了该遗址不同凡响的特点；单从这一点判断，石峁城址的规格就不会低于陶寺[19]。

石峁城址庞大的规模，东门址复杂的结构及形似瓮城、马面、角楼等先进的设施开创了后世历史时期城址建造的先河，在史前时期已有的发现中独树一帜，其背后则透露出强大的社会动员能力和组织力量。而那些触目惊心的暴力杀戮现象当指向不同族群间惨烈的争斗与战争。如果我们稍作一点并非不着边际的想象，甚至可以推测石峁建城时很可能将俘获的敌对族群的女性斩首灭杀以祭祀或奠基，而驱使男俘去做筑城的苦役；如此既能从根本上消灭或削弱敌对的族群，又增加了筑城所需大量的劳力，可谓一举两得。随着石峁城的建立，可以想见城内有彩绘壁画装饰的华丽的大型建筑和贵族墓葬，美玉成为祭祀典礼的神器和高级身份的象征，而高插在石峁城头的所谓"文明"旗帜也在猎杀异族头颅的腥风血雨中猎猎飘扬起来！

20 世纪 80 年代在石峁遗址曾有过小规模的试掘，发现了几座普通的小房子和墓葬[20]。近几年在石峁城内几处地点做了规模不等的发掘。其中在靠近内城墙中段西侧的韩家圪旦揭露出房址 42 座、墓葬 41 座，多组打破关系表明墓葬晚于房址，即这一带较早时期为居址，废弃后变成了一片墓地。房子多为里外间的窑洞式建筑，房内多有窖穴，从公布的照片可见数间相邻的房屋为一组，两组（或更多）房屋成排或成片分布构成房屋群的现象，与前期岱海的老虎山、园子沟遗址仍有相似之处，这大概也是大家庭、家族等不同层级社群组织的居住形态。墓葬有竖穴土坑墓和石棺墓两类，所见石棺墓主要是青少年或孩童的小墓，土坑墓可分大中小三种（最大的 M1 长 4、宽 3、深 6 米），多东西向，大中型墓一般有棺，棺外有 1—2 个殉人，多带壁龛，但随葬品似多已被盗无存[21]。这里墓葬的规模、结构、殉人等显示了社会等级的分化，而且似乎也是大中小墓混在同一墓区里，与晋南陶寺、清凉寺等墓地所见类似。

此外还在内城里面的呼家洼和后阳湾一南一北两个地点发掘清理了暴露在断崖剖面上的一些遗迹[22]。呼家洼发现 4 座似成排分布的房址，对其中一座残房子进行了清理，出土了几件有晚期阶段特征的器物。在后阳湾两处断崖剖面上发现有房址和墓葬等遗迹现象，并且都是房子叠压或打破墓葬，与韩家圪旦所见情形正相反。墓葬基本都是东西向，包括 3 个瓮棺和 2 座竖穴土坑墓，其中 2012M1 较大，长 3.05、宽 1.6、深 2.95 米，被盗扰，残余棺板灰、青年女性殉人 1 具和 3 个猪下颌骨。房址中有 2 座边长 3 米多的方形地穴式小房子，但二号剖面的一处房址白灰面长度超过 10 米，乃是同时期比较少见的大型房子。因此后阳湾早晚两期的墓葬和房子似乎也都显示了不同社会等级的差异，与晋南陶寺相似，而明显有别于前期的老虎山文化聚落。

近些年在石峁邻近地区也陆续发现和发掘了几处遗址。举其要者，其中有榆林市榆阳区的寨峁梁和神木的神圪垯梁遗址。寨峁梁揭露出 60 多座窑洞式房子，年代似乎从龙山前期一直延续到后期；神圪达梁发现有 6 座半地穴式小型房址、15 座墓葬，墓葬似略有大小之分，年代似属龙山后期，但两个遗址的详情尚未见报道[23]。另有神木县的木柱柱梁遗址[24]。该遗址为一处龙山后期环壕聚落，面积只有 1.7 万平方米，发掘 3600 平方米，共发现房址 52 座、墓葬 8 座、灶（陶窑）6 座、灰坑 200 余个，还有数条壕沟。房子似乎都是些 10 平方米左右的小房子，墓葬也是些小墓。从发表的遗址平面图看，房子似分片成组分布，每组一般有 10 多座房子，考虑到该遗址还能进一步分期，那么同时期里每组房子的实际数目也许更少一点；每组房屋附近和周围都有一些窖穴和灰坑；房子的朝向并不统一，有的房屋组多数门向朝南或朝北，也有朝向东、西的，还有的似乎存在集中辐辏向心的迹象。环壕之内至少有三四组房屋，壕外西北部还有一或两组。每组房屋像是不同家族的聚居区，那么整个聚落就应是一个较大的氏族（或称宗族）组织。每组房屋内似还有少数几座房子聚集成更小单位的迹象，只是这种现象并不很明显而不易分辨出来。总的来看，这种小聚落的内部结构亦与前期类似，家族仍是聚落中基本的社群单位，而聚落内不见明显的等级分化现象。

20 世纪 90 年代后期发掘的神木新华遗址，面积约 3 万平方米，两次发掘 3300 余平方米，共发现房址 35 座、墓葬 91 座（含瓮棺 13 座）、陶窑 5 座及大量灰坑[25]。房址也多为 10 平方米左右的小房子，周围多灰坑，一些房址间有打破关系，虽然没有明显的排列规律，但似可看出少数房屋相对临近成组的现象。墓葬中除少量儿童瓮棺葬，共有 78 座竖穴土坑墓（75 座成年人墓、3 座小孩墓），这些墓葬有很多打破偏早的房子和灰坑，只极少数相反，说明墓地也主要是在生活区废弃后形成的；多数墓朝向西北，墓葬的排列较凌乱，但在 1999 年的发掘区内至少可以看出东部、西北部和西南部似各有一群墓，每群已揭露出十几到二十几座，其中东群墓葬排列较集中紧凑，其次为西北群墓葬大致呈南北长条形松散地分布，而西南一群则显得很零散，这些或许就是不同家族的墓区；所见基本都是普通人的小墓，皆无葬具，也几乎都没有随葬品。另外在西北墓区旁边揭露出一个"祭祀坑"（99K1），略呈长方形，东西长 1.4、南北宽 0.46—0.5、深 0.12—0.22 米，坑内埋藏有 36 件玉石器，分 6 排两组竖直插入土中，每组内交错排列，每排器物数量不等，器物刃部皆朝下，器形有钺、铲、刀、玦、璜等，其中有些是来自同一件玉器的残片，此坑应当与墓地直接相关（图九）。新华遗址规模并不大，所见房子、墓葬等遗迹亦是普通人所有，并无等级分化的迹象，但在墓地中却有这样一个非常特别的祭祀坑，所用玉器皆可在石峁玉器中找到同类者。非但如此，类似的玉器在榆林地区多处遗址都可见到，它们的玉质、玉色、器形及制作工艺等方面均与石峁玉器相同或相近[26]。这一方面说明基于某种原始宗教或观念信仰的、以玉器为媒介的祭祀活动，在石峁集团的各级聚落中可能是一种比较常见的现象，而作为标榜身份地位的随葬玉器也可能会出现在其他等级较高的聚落中；另一方面还说明，在石峁集团中可能存在着少数制玉中心，并存在着由中心统一控制的玉器生产和再分配系统。像新华这种小聚落中的玉器应是来自石峁或某一次中心聚落的馈赠、赏赐，或者其他方式的分配或交换。

图九　神木新华遗址祭祀坑 99K1
（引自陕西省考古研究所等，2005 年）

石峁及周边地区大规模系统的考古工作才开始不久，对于该聚落内部结构与设施、周围聚落分布状况和层级结构等方面的了解尚需大量的考古发掘、调查和研究。不过，从已知的情况看，石峁拥有规模宏大、结构复杂的城址及大型建筑，城内有多处居址与墓地，大小不同等级的墓葬；聚落间有不同的层级结构[27]，并有大量精美的玉器及上下垂直的再分配系统，石峁聚落群在很多方面都表现出与陶寺中晚期聚落群相似之处；石峁甚至显露出比陶寺更加恢弘的气势，当无可争议地拥有"在北方文化圈中的核心地位"[28]。种种迹象表明，石峁很有可能是在龙山时代晚期至二里头早期崛起于晋陕高原上的一个早期国家的都邑性聚落。与中原早期国家形成过程相比，石峁集团的兴起有可能是在较短促的时间内完成的，但是也展示了相近的社会组织结构、等级秩序和权力形态；尤其是触目惊心的暴力杀戮现象喻示着比中原更加惨烈的群体间的对抗和战争，从中也可看到权力是如何与武力相联系的。

四、结　语

北方地区地域广袤，环境多样，有高原、山地、丘陵、盆地等地形。在这些不同的地理单元中，不同时期的文化和社会呈现此起彼伏的发展过程。仰韶时代北方地区直接受中原的辐射和影响，文化面貌与中原趋近，即便到自身特色较浓厚的仰韶晚期也仍同中原有扯不断的关系。但与此同时北方地区社会复杂化的进程却长期滞后于中原，据现有资料，从有定居农业聚落开始的仰韶早期直到龙山前期，一直都没有发展起复杂的区域社会组织。北方地区处于高纬度、高海拔的黄土高原的北部，北连蒙古高原，水热状况都比中原差很多，生存环境相对恶劣，地广人稀，无论是人口增长还是财富的积累都较缓慢，人群之间的互动关系也相对较弱，这些大概是造成本地区社会发展长期滞后的主要原因。

但另一方面，北方地区资源的相对贫乏也会经常导致不同社会群体间的竞争和冲突。从庙底沟二期到龙山前期，先后兴起的阿善文化和老虎山文化，很多聚落都有石头城墙环护，明显是为了对付来自外部的威胁。但同时各遗址规模与分布格局、内部设施和出土物等方面都表明，无论是聚落内部还是各聚落之间都没有出现明显的主、次之分或上下高低的层级关系，各聚落群所形成的很可能是一种像部落或"部落联盟"那样的利益与共、互相联守的松散的区域组织，尚未出现统一的政治实体。聚落内部尽管已见初步的社会地位或贫富的差异，但也未像中原尤其是晋南那样有明显的社会阶层的分化，而较大的家族仍是聚落中发挥重要作用的基本社会单元。总之，聚落内部的组织与管理、不同群体间的互动和竞争都长期保持着较低水平的运作状态。

到了龙山后期，或许因为环境的进一步恶化导致北部人群南迁，原有的大青山南麓和岱海聚落群先后消失，而陕北到晋中一线聚落则有明显的增长，以石峁城的兴起为标志，这一带社会的复杂化似乎出现了跳跃式的发展。石峁超大的城址，城内宏伟的建筑、大型墓葬，以及大量精美的玉器，周围不同层级的聚落结构，无不指向一个高度复杂的社会系统。石峁很可能是紧接陶寺之后（部分时段与之并行）雄起于北方黄土高原上的一个早期国家社会[29]。与晋南相似，陕北地区也应经历了由小集团竞争而整合成大型区域政体的过程，只是这一过程相对短促，现在还不能看得很清楚。由于人群迁徙、聚合而导致人口在较短时期内快速增加，并由此进一步导致群体间竞争关系加剧，应是造成这种社会演变的主要因素。石峁城址及周边聚落的防御性设施和暴力杀戮现象表明，龙山时代北方地区社会演进和国家形成机制与中原类同，战争与武力是获取和强化社会权力、催生国家形成的最重要的原动力[30]。

另一方面我们还应看到，中原地区史前社会的发展经历了类似"游群—氏族部落—酋邦—国家"这样一种"经典"进化模式，中原的一个显著特点是每个阶段的每种社会形态都经过了长期而充分的发展；尤需指出的是，中原从仰韶中晚期直到龙山时代早期（庙底沟二期），类似酋邦（或称古国）那样的复杂社会组织也走过了漫长的发展历程，直到龙山时代晚期才孕育出以陶寺中晚期都邑性聚落为代表的早期国家。比照起来，北方地区社会复杂化的发展进程长期处于滞后状态，可能直到龙山后期才出现复杂的区域社会组织，并很快在环境改变、外部刺激和内部积蓄与调整之后，于短促时间内跃进到了以石峁大城为代表的国家社会。显而易见，虽然到龙山时代晚期中原与北方社会的发展有互动趋近之现象，但就长时段的整体而言，中原与北方社会演化的轨迹还是有较大区别的。我们可分别称之为多元社会进化过程中的"中原模式"和"北方模式"。

注　释

［1］　戴向明：《中原地区早期复杂社会的形成与初步发展》，《考古学研究（九）》，文物出版社，2012 年。

［2］　张忠培、关强：《"河套地区"新石器时代遗存的研究》，《江汉考古》1990 年第 1 期。

［3］　田广金：《内蒙古中南部龙山时代文化遗存研究》，《内蒙古中南部原始文化研究文集》，海洋出版社，1991 年。

［4］　韩建业：《中国北方地区新石器时代文化研究》，文物出版社，2003 年。

［5］　a. 包头市文物管理所：《内蒙古大青山西段新石器时代遗址》，《考古》1986 年第 6 期；b. 同［4］。

［6］　a. 内蒙古文物考古研究所：《内蒙古文物考古文集（第二辑）》，中国大百科全书出版社，1994 年；b. 内蒙古文物考古研究所：《内蒙古文物考古文集（第一辑）》，中国大百科全书出版社，1997 年；c. 同［4］（该书的"仰韶四期遗址"属于本期聚落）。

［7］　同［4］。

［8］　a. 同［4］；b. 孙周勇：《新华文化述论》，《考古与文物》2005 年第 3 期。韩著中的龙山前、后期即大体相当于孙文中"新华文化"的早、晚段。

［9］　a. 内蒙古文物考古研究所：《老虎山文化遗址发掘报告集》，《岱海考古（一）》，科学出版社，2000 年；b. 同［4］。

［10］　同［4］。

［11］　山西省考古研究所、中国国家博物馆田野考古研究中心、忻州市文物管理处：《滹沱河上游先秦遗存调查报告》，科学出版社，2012 年。该区域多数龙山时期遗址应属于龙山后期，并与二里头时期遗址相连而共同构成一个较稳定的发展期。

［12］　同［8］。

［13］　陕西省考古研究院等：《陕西神木县石峁遗址》，《考古》2013 年第 7 期。

［14］　a. 戴应新：《陕西神木县石峁龙山文化遗址调查》，《考古》1977 年第 3 期；b. 戴应新：《神木石峁龙山文化玉器》，《考古与文物》1988 年第 5、6 期。

［15］　a. 中国社会科学院考古研究所等：《襄汾陶寺——1978—1985 年考古发掘报告》，文物出版社，2015 年；b. 中国社会科学院考古研究所山西队等：《陶寺城址发现陶寺文化中期墓葬》，《考古》2003 年第 9 期。

［16］　a. 山西省临汾行署文化局、中国社会科学院考古研究所山西工作队：《山西临汾下靳村陶寺文化墓地发掘报告》，《考古学报》1999 年第 4 期；b. 下靳考古队：《山西临汾下靳墓地发掘简报》，《文物》1998 年第 12 期。

［17］　山西省考古研究所等：《山西芮城清凉寺史前墓地》，《考古学报》2011 年第 4 期。

［18］　王炜林、孙周勇：《石峁玉器的年代及相关问题》，《考古与文物》2011 年第 4 期。

［19］　戴向明：《陶寺、石峁与二里头——中原及北方早期国家的形成》，《夏商都邑与文化（二）——纪念二里头遗址发现 55 周年学术研讨会论文集》，中国社会科学出版社，2014 年。

［20］　西安半坡博物馆：《陕西神木石峁遗址调查试掘简报》，《史前研究》1983 年第 2 期。

［21］　陕西省考古研究院：《2014 年陕西省考古研究院考古调查发掘新收获》，《考古与文物》2015 年第 2 期。

［22］　陕西省考古研究院、榆林市文物考古勘探工作队等：《陕西神木县石峁遗址后阳湾、呼家洼地点试掘简报》，

《考古》2015 年第 5 期。

［23］ 同［21］。

［24］ 陕西省考古研究院：《陕西神木县木柱柱梁遗址发掘简报》，《考古与文物》2015 年第 5 期。

［25］ 陕西省考古研究所、榆林市文物保护研究所：《神木新华》，科学出版社，2005 年。

［26］ a. 孙周勇：《新华文化述论》，《考古与文物》2005 年第 3 期；b. 王炜林、孙周勇：《石峁玉器的年代及相关问题》，《考古与文物》2011 年第 4 期。

［27］ 孙周勇、邵晶：《石峁是座什么城？》，《光明日报》2015 年 10 月 12 日第 16 版。

［28］ 同［13］。

［29］ 同［19］。

［30］ 戴向明：《中原地区龙山时代社会复杂化的进程》，《考古学研究（十）》，科学出版社，2012 年。

（原载于《考古与文物》2016 年第 4 期）

陕北地区龙山至夏时期的聚落与社会初论

王炜林　郭小宁

内蒙古中南部、晋中和陕北地区（南流黄河两岸）广泛分布着以双錾鬲、三足瓮、折肩罐、盉（斝）、豆等为代表的遗存[1]，此类遗存最早在内蒙古自治区准格尔旗大口遗址被确认，故称为大口文化。2005 年出版的《神木新华》首次确认了陕北地区的这类文化遗存，并明确了其文化内涵，指出该文化年代跨度在龙山晚期至夏代早期[2]。大口文化的双錾鬲最具文化特征，可分为正装双錾鬲和侧装双錾鬲，张忠培曾对此进行过系统研究[3]。晋中地区以侧装双錾鬲为主，以杏花文化最为明显，不同时期的鬲多为侧装双錾鬲，正装双錾鬲（游邀 H193：2、H192：21）仅在宽平裆鬲阶段少量存在。陕北和内蒙古中南部，已发现的这一时期遗存均存在数量较多的正装錾手鬲。这些发现表明，正装錾手鬲主要分布于黄河西岸，侧装錾手鬲主要分布于黄河东岸。

在流行正、侧装錾手鬲的这一区域，已发掘的龙山及夏时期的遗址有陕西神木新华、石峁[4]、神圪垯梁[5]、寨峁[6]、木柱柱梁[7]，内蒙古准格尔旗大口、准格尔旗白草塔[8]、鄂尔多斯朱开沟[9]，和山西襄汾陶寺[10]等，这些遗址出土器物组合和特征基本相同（图一）。

一、考古发现与研究

陕西省北部（本文所说的陕北地区主要指陕北北部的榆林地区）向北与内蒙古河套地区相接，向东与晋中比邻，地处我国北方的农牧业交错地带，生态与文化多样性一直是该区域的重要主题，这里也是中原地区古文化的北部边缘。近年来，在陕北地区的神木新华、石峁、神圪垯梁、木柱柱梁等遗址，发现了大量的龙山至夏（公元前 2070—前 1600 年）时期灰坑、房址及墓葬等遗存，这些发现对认识陕北地区这一时期古代居民所处的环境及其聚落与社会提供了支撑。

新华遗址位于神木县大保当镇东北新华村附近的彭素圪塔的南坡上，面积约 3 万平方米。1996年和 1999 年，陕西省考古研究院对该遗址进行了两次发掘。发现灰坑 189 个、墓葬 91 座、房址35 座、窑址 5 座、祭祀坑 1 个。91 座墓葬中，瓮棺葬 13 座、竖穴土坑墓 78 座。瓮棺葬是安置小孩的墓葬，葬具有圈足罐、斝、折肩罐、尊等，无随葬品。78 座竖穴土坑墓多散落分布在居住址中。随葬品少见，仅 2 座随葬有少量玉石器。除 99M61 女性为侧身屈肢外，其他皆为仰身直肢。此外，在墓地附近发现有一玉器坑，内有成排排列的玉器 36 件。发现房址 35 座，均为单间结构的半地穴式建筑，门向大多朝西或南。新华遗址资料丰富，尤其是其玉器坑的发现与确认，首次从考古学上为广泛流行于这一地区的"石峁玉器"提供了年代依据。

石峁遗址位于神木县高家堡镇石峁村及周边区域，城内面积达 400 多万平方米。2011 年至今，

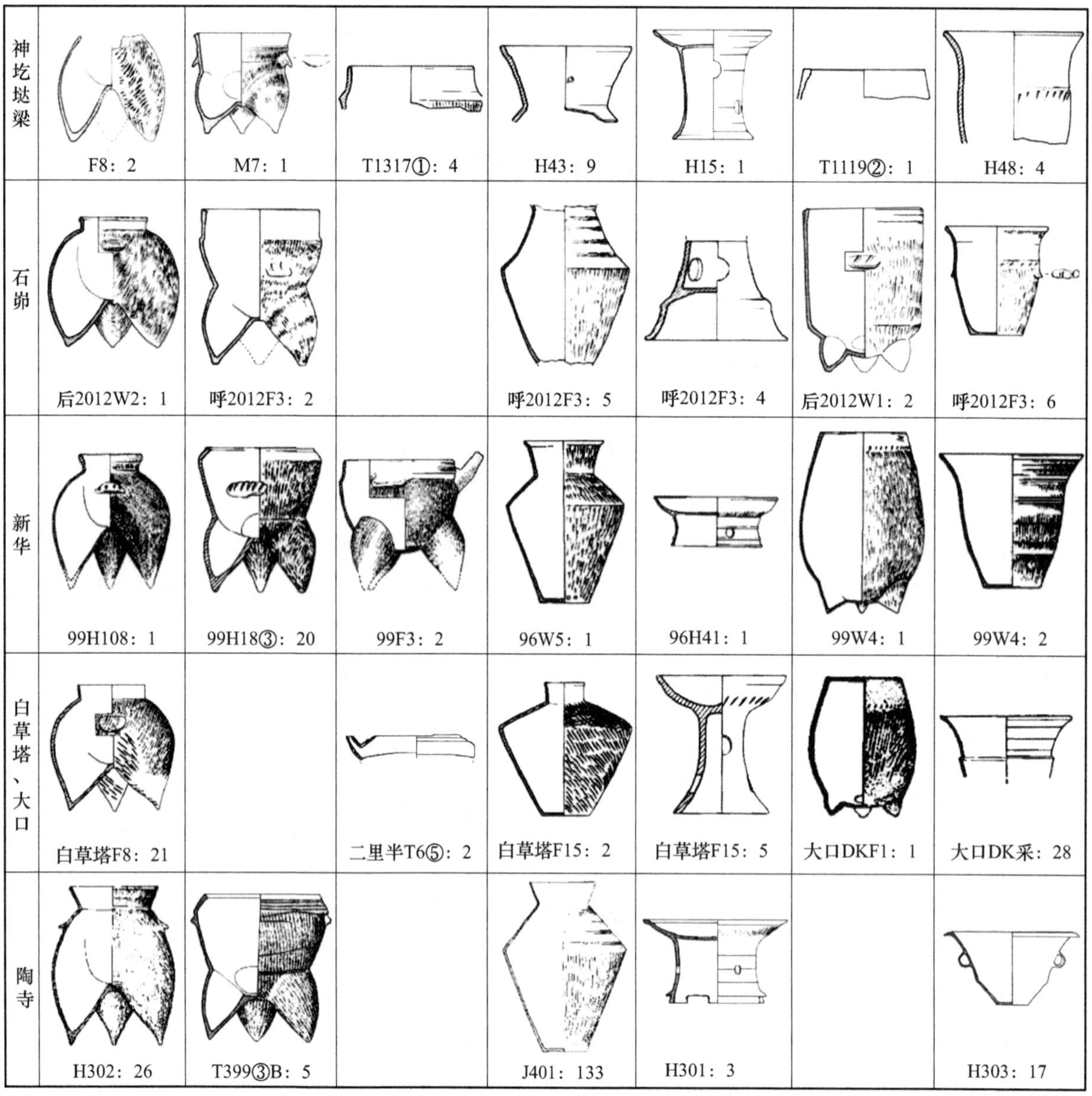

神圪垯梁	F8：2	M7：1	T1317①：4	H43：9	H15：1	T1119②：1	H48：4
石峁	后2012W2：1	呼2012F3：2	呼2012F3：5	呼2012F3：4	后2012W1：2	呼2012F3：6
新华	99H108：1	99H18③：20	99F3：2	96W5：1	96H41：1	99W4：1	99W4：2
白草塔、大口	白草塔F8：21		二里半T6⑤：2	白草塔F15：2	白草塔F15：5	大口DKF1：1	大口DK采：28
陶寺	H302：26	T399③B：5		J401：133	H301：3		H303：17

图一　神圪垯梁、新华、石峁、大口二期、陶寺晚期等出土陶器

通过考古调查及发掘，基本可以确认，石峁城址由"皇城台"、内城、外城三部分构成[11]。2012年，在后阳湾清理了2座方形地穴式白灰面房址。2013年，在后阳湾地点发掘了一批墓葬[12]，均为竖穴土坑墓，有壁龛，部分残留有"殉人"痕迹，因破坏严重，未发现随葬品，从墓葬形制和其他因素判断，这批墓葬与神圪垯梁、新华遗址为同一时期。石峁遗址发现的石城及墓葬等为该地区这一时期聚落与社会等级化研究提供了条件。

神圪垯梁遗址位于神木县大保当镇野鸡河村六组的神圪垯梁南部缓坡上，面积约4万平方米。2013—2014年，在该遗址发掘灰坑101个、房址20座、陶窑5座、壕沟3条、墓葬28座、夯土台1座。发掘的28座墓葬，均为竖穴土坑墓，基本为单人仰身直肢葬且多无随葬品，仅在1座墓中发现有陶器随葬，该墓也是唯一的成年男女合葬墓（M7，从女的摆放姿势看，可能是殉人），有1座墓随葬1头猪。整个墓地的墓葬排列无规则，墓向不一，墓地和居住区无明显分区和分界。20座房址，多为半地穴式，仅 2 座为地面式，房址地面未用白灰面处理，房址无朝向规律和排列规律。神圪垯梁墓地的发现，尤其是有殉人大墓的发现，提供了从墓葬制度等方面认识该地区龙山时代晚期社会的视角。

木柱柱梁遗址位于神木县大保当镇野鸡河村南约 3 千米的木柱柱梁北部缓坡上，与神圪垯梁遗址相距约 2 千米。2011—2012 年的发掘表明，这是一处龙山时代晚期的环壕聚落，共发现房址 52 座、灰坑 222 个、墓葬 8 座、灶（陶窑）6 座、沟 8 条。环壕保存较好，壕内面积约 1.7 万平方米，房址、灰坑等大多分布于环壕内。房址多为半地穴式，多圆角方形，地面用细沙土处理。7 座墓葬为竖穴土坑墓，无葬具，无随葬品，葬式为仰身直肢。木柱柱梁环壕聚落是陕北地区首次发现的环壕聚落，为研究这一时期的聚落形态提供了资料。

寨峁遗址位于神木县店塔乡寨峁村南部，1991 年和 1993 年对该遗址进行了发掘。寨峁遗址第二期为龙山晚期，简报发表的 2 座墓葬，均为竖穴土坑墓。发掘的十几座墓葬，葬式以仰身直肢为主，兼有少量俯身直肢，墓葬较小，宽度均在 50 厘米左右，其中绝大多数无随葬品，仅一座随葬有 8 个猪下颌骨[13]。该遗址发现了一道石城墙，但该遗址的布局与规模等情况不明。寨峁二期的房址有两类，一类为常见的半地穴式，另一类带有石垒墙体且地面有白灰面痕迹。寨峁二期遗存丰富，为研究龙山至夏时期的石城聚落、墓葬制度等提供了难得的资料。

二、聚 落 研 究

新华、石峁、木柱柱梁、神圪垯梁、寨峁等遗址的发现与发掘，为陕北地区龙山至夏时期的聚落研究提供了条件。

1. 聚落分类

从已有的调查资料看，陕北地区的聚落可以分为两大类，一类是石墙聚落（即石城址），另一类是无城聚落[14]。

石城址多处于黄土地貌中的梁峁顶部，利用自然地势，在相对平缓处筑石墙，险要处或用石墙，或直接利用地势，形成封闭聚落。此类聚落，规模不一，大的如石峁，面积在 400 万平方米以上，小的如寨峁遗址，面积在 17 万余平方米。

无城聚落，多分布于平缓的毛乌素沙漠边缘地带，地表往往有流沙，聚落也往往坐落于沙层之上。新华、神圪垯梁、木柱柱梁等即是此类聚落。他们的特点是面积较小，都在 10 万平方米以下。

石城址有石墙和险要地势作为防御，无城聚落比较简单，或者使用环壕，或者根本不设防。

2. 聚落等级

聚落等级往往与聚落规模成正比。国家博物馆和山西省考古研究所对在运城盆地东部调查中发现的 84 个龙山时期聚落进行了等级划分[15]，依遗址面积不同分为三个等级：第一级，面积在百万平方米以上；第二级，30 万—100 万平方米；第三级，30 万平方米以下。参考以上的聚落等级划分，可以对陕北地区大口文化时期的遗址进行区分。

第一级：在陕北地区，目前遗址面积明确超过 100 万的，暂时只有石峁遗址 1 个，面积在 400 万平方米以上。

第二级：面积在 30 万—100 万平方米的遗址，暂无明确发表资料。

第三级：面积在 30 万平方米以下的遗址，发现较多，其中新华、木柱柱梁、神圪垯梁、寨峁遗址等均在此范围。

此外，石峁遗址不仅规模宏大，而且在城内发现有一片大型墓葬区，其中多数墓葬为成人男女合葬，有壁龛、葬具等，而三级遗址神圪垯梁仅有一座成人合葬墓，这可能也是识别不同级别聚落的一个重要因素。成规模、高等级墓地的发现，在陕北地区龙山至夏时期尚是首次，也是迄今发现唯一的一处。同时，石峁遗址的多重石城，石墙内外发现的玉器、石墙上设置马面、外围布有祭坛等特征，也充分体现了在聚落等级方面，该遗址不仅居于第一级聚落，而且高于同时期、同区域其他遗址，它无疑是龙山晚期及夏时期陕北乃至河套地区的中心聚落。

三、墓葬研究

前述 5 个遗址，均发掘了一定数量的墓葬，这批墓葬材料为研究这一时期墓葬的相关问题提供了条件。

1. 墓葬分类和分级

通过对比、分析，依规模不同可以把墓葬分为三类：大型墓，墓坑宽度在 2 米以上；中型墓，墓坑宽度在 1—2 米；小型墓，墓坑宽在 1 米以下。从已发现的墓葬看，小型墓居多，其次是中型墓，大型墓最少（表一）。从表一可以看出，小型墓占墓葬总数的 87.6%。

表一　神圪垯梁、新华、木柱柱梁墓葬分类

分类 \ 遗址	竖穴土坑墓			瓮棺墓	石棺墓	合计
	大型墓	中型墓	小型墓			
神圪垯梁	1	2	28			31
新华			78	13		91
木柱柱梁			7			7
总计	1	2	113	13		129
占比（%）	0.77	1.55	87.6	10.08		100

依葬具不同可分为四类：木质葬具，一般为大、中型墓所有；瓮棺墓，只葬小孩；无葬具，多为中、小型墓；石棺墓，墓葬规模偏小。

以上分类为单一标准的分类，若同时考虑墓葬规模、随葬品、特殊葬俗等因素，并参考遗址的等级划分，可以把墓葬分为四个等级：第一级，王（最高头领）或者宗教最高首领，此类墓葬暂无发现，但石峁城址的发现说明此类墓葬必然存在；第二级，高等级贵族，石峁的贵族墓地即是此类型，不仅墓葬规模大，而且有陶器、玉器随葬品、有成年女性陪葬等；第三级，地方头领，神圪垯梁的 M7 是此类典型，大型墓葬，有成年女性陪葬、有陶器随葬品，无玉器等；第四级，平民墓，大量发现，无随葬品。

2. 葬俗与葬仪

从神圪垯梁、新华、木柱柱梁已发掘的 129 座墓葬看，新华遗址数量最多，达 91 座，其中竖穴土坑墓 78 座，这些墓葬绝大部分无随葬品（99M26 随葬有 1 件石铲、1 件绿松石坠，为小型墓）[16]。其次是神圪垯梁遗址，共发掘 31 座，均为竖穴土坑墓，其中 28 座小型墓，2 座中型墓，1 座大型墓，这些墓葬仅大型墓 M7 有随葬品。依此似可认为，大型墓均有随葬品，中小型墓多无随葬品。

从墓葬形制看，多为竖穴土坑墓。流行单人仰身直肢葬，有极少量的合葬墓，合葬多为成年女性与小孩。

从葬具形式看，分为四类：成人以无葬具的墓葬最多，其次是石棺和木棺。小孩墓葬的葬具基本为三足瓮、斝、尊、折肩罐等[17]。木棺多为大型墓所有，木棺不是用木板制作，而是用多个木头捆绑制作。

从随葬品看，这一时期的墓葬普遍无随葬品，已发现的有随葬品的墓葬多为大型墓，随葬品为陶器，置于壁龛中，这些陶器无使用痕迹，应为专门埋葬而烧制的。除此外，存在随葬猪的习俗，这在神圪垯梁和寨峁遗址均有发现。成年男女合葬仅见于大型墓，应当代表了特殊的社会地位。

此外，大型墓存在特殊葬仪。如神圪垯梁 M7 存在女性合葬、墓主身上洒朱砂、使用防腐的紫草科植物等。这些葬仪说明，大型墓不仅规模上异于中、小型墓葬，同时在丧葬仪式方面，显得更为隆重和特殊。

3. 墓地设置

在石峁后阳湾地点发掘了龙山晚期的墓地，分布有大、中型竖穴土坑墓、瓮棺墓、石棺墓等，其中竖穴土坑墓 2012M1、2012M2 均为东西向，排列有序。神圪垯梁遗址发现的 28 座墓葬，头向、墓葬排列等没有一定的规律，整个墓葬位于山梁的南坡，大墓 M7 位置偏高，小型墓均分布在坡底平缓处。新华遗址的瓮棺葬和土坑葬，墓向多为向北或西北，瓮棺位于相对高的沙梁上。

不同遗址均有专门墓地，但在墓葬的排列、放置等方面，高等级聚落有较严格的规定，小型聚落较为随意。

4. 墓主的性别、年龄等

木柱柱梁遗址发表了对人骨的研究资料[18]，7 座墓葬中，1 名为女性，其他墓主为男性，男性占比为 85.71%。新华遗址有人骨、可鉴定性别和年龄的墓葬共 38 座，其中女性 21 例、男性 17 例，男性占比为 44.74%。石峁遗址发现的 2 座墓葬（2012M1、2012M2），M1 墓主不清，殉人为女性，M2 不清。神圪垯梁遗址 2013 年发掘的 11 座墓葬，3 座墓主为幼儿或儿童，其余 8 座中，3 座为合葬（1 女和 1 儿童、1 男 1 女、1 男和 1 殉葬女），5 座为单人葬，均为女性。

观察以上数据，新华、神圪垯梁遗址的单人葬墓葬中，女性比例比男性高，而木柱柱梁遗址则是男性比例大。合葬墓为成年男女或者成年女性与小孩合葬。成人合葬墓中，居主导地位的均为男性。

5. 关于石棺葬

在榆林地区发现的石棺数量不少，但没有发现可确定年代的特征物，这对判定石棺墓的年代造成了困扰。榆林发现的石棺墓，其周围多发现龙山晚期文化遗存，故暂可认为石棺墓年代为龙山晚期，属大口文化墓葬的一种葬具。

从已有的发现看，陕北地区龙山至夏时期的石棺墓主要分布在榆林东及东北部的多山地区，这个区域位于边地半月形文化传播带上[19]。

6. 社会等级

墓葬是由活着的人建造的，就像作为死者的象征或用于埋葬死者一样，它也被人们用来表示和影响与其他活人之间的关系。但是，在死者的地位和等级与其他遗体被安置的方式以及安放的随葬品之间仍然有着密切的关系[20]。神圪垯梁的墓葬，以是否有随葬品可以分为两大类，一类有随葬品，一类没有，两者在墓葬规模、藏具、随葬品、合葬等方面对比明显。这两类墓葬的差异表明，在当时的社会中存在财富、地位有很大差别的两群人，这两群人构成了当时社会的主要阶层。一、二、三类墓葬属于第一阶层（上层），第四类墓葬属于第二阶层（下层），这是早期社会出现阶层分化的明显表现。第一阶层所属的三类墓葬代表着社会上层，随着资料的进一步丰富，透过第一阶层的进一步详细划分可以窥视社会的组织结构演化到了何等程度。总而言之，就目前的墓葬研究，可以认为当时社会的组成是一个有庞大底层的、初步形成的金字塔结构。

四、相 关 问 题

1. 生业模式和人地关系

陕北地区龙山至夏时期的植物遗存资料较少，本文仅以木柱柱梁和神圪垯梁为例说明。榆林火石梁遗址出土了较多动物遗存，其年代与新华同时，且对动物遗存做过详细、系统的研究[21]，同时结合新华、木柱柱梁、神圪垯梁等遗址的动物遗存鉴定结果，试对这一时期的生业模式进行初步讨论。

木柱柱梁遗址共计出土10745粒炭化植物遗存，主要是两种农作物，计7241粒。其中，粟4289粒，占出土农作物总数的59.2%，出土概率为68.91%；黍2952粒，占出土农作物总数的40.8%，出土概率为67.36%。出土豆科种子，计2123粒。藜科种子1044粒，出土概率达55.44%。可以看出，农作物占植物总数67.39%、豆科占比为19.76%、藜科占比9.72%。

神圪垯梁遗址出土575粒炭化植物遗存，其中农作物共418粒，豆科种子53粒，藜科种子63粒，分别占比为72.69%、9.22%、10.96%。

木柱柱梁遗址出土了大量动物骨，以H95、H80、H83等单位出土动物骨为例（表二）：

表二　木柱柱梁部分单位动物鉴定统计

	家猪	黄牛	绵羊	羊	山羊	梅花鹿	狗	野猪	马	草兔	合计
H95①	3	8	8	3							22
H95②	1	3	2	1	1	1					9
H80①	2		2								4
H80②	1	2	4	1	1						9
H80③	3	3	6		4		3	2		1	22
H83	1	4	11	10	2		2			1	31
合计	11	20	33	15	8	1	5	2	1	1	97
百分比（%）	11.34	20.62	34.02	15.46	8.25	1.03	5.16	2.06	1.03	1.03	100

从上表可以看出，家养动物牛和羊所占比例达 77.32%，家猪数量为 11.34%，野生动物所占比例极低，如梅花鹿、野猪、草兔等。火石梁遗址牛和羊数量偏多，存在较多的家猪，野生动物较少。新华遗址，以草食动物的偶蹄类为主，有猪、牛、羊、鹿等。

参照木柱柱梁、神圪垯梁浮选结果和木柱柱梁、火石梁、新华等遗址的动物遗存分析，可以认为，当时的食物来源以粟、黍等农作物为主，同时兼有畜牧，此外还有一定的狩猎采集，三种经济形态互相补充。这种形态是对农牧交错带脆弱气候条件、生态条件的人为选择，是适应自然环境、适应资源限制的体现。

2. 石峁遗址性质的探讨

石峁遗址最早以玉器闻名[22]，2011 年开始，陕西省考古研究院对其进行了持续的考古调查和发掘，确定了遗址的范围和结构，认为石峁是由"皇城台"、内城和外城组成的面积达 400 万平方米以上的城址[23]。在调查基础上，进行了相关发掘，发现了一批龙山晚期墓葬、瓮棺及陶器、玉器等。

石峁遗址、新华遗址、神圪垯梁等遗址的陶器组合均以双鋬鬲、斝（盉）、三足瓮、折肩罐、尊等为主，各类器物的特征相近（图一）。从聚落规模看，石峁遗址远远大于新华、神圪垯梁遗址，但在大型墓葬、出土玉器等与礼仪或信仰、权力相关的部分，三个遗址却有许多相同或相似的特点。

石峁遗址发现的玉器种类多样，有牙璋、刀、铲、斧、钺、璧、璜、人头像、蚕、鹰、虎头、凿等[24]，既有礼器性质的牙璋、璧、璜等，也有工具类型的刀、铲、斧、钺等，还有似装饰类型的玉蚕、鹰、虎头等。新华遗址的玉器主要集中在一个祭祀坑中，种类有钺、铲、刀、斧、环、璜、璋等，制作精美，类型与石峁出土玉器基本相同。这种情况表明，两个遗址玉器的功用存在一定的相似性。

玉器，从公元前 6000 年的装饰品或实用工具，发展到公元前 2000 年左右的与原始宗教等活动有关的礼玉，它在中国先民的生活中一直扮演着重要的角色，尤其是在早期宗教中所展现的不可或缺的作用。

祭祀，作为宗教的早期形式，通过献祭等手段取悦或讨好超自然的存在。新华遗址面积仅 3 万平方米，却发现了埋藏有32件完整玉器的玉器坑，其中最薄的仅两三毫米。这些玉器作为整个遗址仅完整保留的遗物，与遗址发现的其他遗存形成鲜明对比。这类珍贵的器物，应与讨好超自然存在而获得造福于当时人群的祭品有关。石峁玉器更为突出，性质应与新华玉器相同。

新华遗址和石峁遗址均有大量玉器，说明两者存在同样的取悦于超自然存在的祭品或者仪式。神圪垯梁遗址和石峁遗址都有大型墓葬，墓葬都有成年女性合葬、涂朱砂、壁龛等埋葬习俗，说明两者在大型墓所代表的人群特征方面具有一致性。另一方面，石峁遗址发现的大型墓葬远较神圪垯梁遗址要多，说明同样等级、地位的人，在石峁存在更多。石峁发现的玉器，也较新华遗址多，说明同样的仪式，在石峁出现的次数更多、规模更大。

石峁遗址发现的玉器，多置于石墙中。从现场观察，玉器放置存在三类形态，一是置于墙中，应是与城墙修建年代同时，二是从城外插入墙中，年代晚于城墙修建年代，与城墙使用年代相同，三是从城墙内插入墙中，年代与第二类情况一样。若把石峁比作伊斯兰圣城麦加，如果石峁是龙山晚期前后内蒙古中南部、陕西北部、晋中这一区域的朝圣中心，那么以上三种情形就可以得到合理的解释。在城墙建设中，朝拜的人群可以把玉器放置于墙中；从城墙内侧塞入的玉器，应是进入城内的人供奉的；从墙外置入的玉器，应是到此地朝拜时把心爱、珍贵的玉器置入墙内。不管是从墙内侧还是从墙外侧放入的玉器，均在事后抹平掩盖。而新华存在的较多数量玉器，说明周围人群具有获取玉器的权利和能力，这样才可以有朝圣时的祭品。

综合所述，大口文化时期，社会分化明显，聚落内的人群有等级划分。不同聚落之间，拥有可支配资源等也有分化，说明聚落也有等级。含有随葬品、殉人等的大型墓葬在大聚落和小型聚落均有发现，玉器存在于不同规模的聚落，都说明不同聚落的上层人群具有相同的特征。这类人群普遍存在或作用于各个聚落，但在分布的数量和地位层级上，石峁遗址更加突出。在石峁近些年的考古工作中，并没有发现大量的武器或者与战争相关的遗迹，反而发现城墙中的玉器、有殉人的大型墓葬、人头坑等遗迹，还有牙璋、马面处的石雕人面像、"皇城台"石墙上装饰着的"另类"石雕人面像，无不说明在这一时期，宗教在社会管理中的主导作用。这种作用不仅在于聚落内部，还在广大范围内起着集中统御其他势力的作用。从这个意义上说，石峁既是宗教的中心又是世俗权力的中心，既是大巫师的聚居地，也是头领或者王的居所，两种权力在石峁体现出一种紧密的结合。

3. 王权与神权

神圪垯梁和石峁遗址的墓葬反映的社会阶段可能处于王权尚未真正确立、神权势力强大的时期。王的地位和人格尚未神化，还是为宗教服务的人，而不是宗教服务的对象。这些墓可能是宗教祭司集团的成员而非王。

五、结　语

龙山晚期及夏时期，陕北地区作为晋陕高原、内蒙古中南部的中心，生业模式上以粟、黍等农作物为主。墓葬等级分化明显，高等级墓葬有专门的墓地，墓葬排列有序、墓内有殉人、随葬品、木棺等，一般墓葬无随葬品、无葬具，显示此时期社会分化明显。玉器、牙璋、石雕人面像等的发现，说明祭祀或者宗教在社会中的重要作用。石峁作为这一区域唯一超大型聚落，拥有规模宏大的石城、大量精美的玉器、数量较多的大型墓葬等，这些无不彰显其中心地位。

按照"基层联盟、中小型联盟、国家大联盟、超大型联盟集团"的社会组织观点[25]，石峁遗址精心筑造的石墙、出土的精美玉器、发现的石雕人面像等说明其作为联盟集团高层的中心，而中心作用的巩固不是依靠武力，而是通过神权，神权模式是大口文化时期国家形态的基本模式。

附记：本文为科技部"中华文明探源过程中区域聚落与文明研究"（课题编号：2013BAK08B05）之"以石峁为中心的陕北地区聚落形态研究"成果之一。文中植物遗存由北京市文物研究所尹达鉴定，动物遗存由陕西省考古研究院胡松梅、杨苗苗鉴定，在此表示感谢！

注　释

［1］ 吉发习、马耀圻：《内蒙古准格尔旗大口遗址的调查与试掘》，《考古》1979 年第 4 期。

［2］ 陕西省考古研究所：《神木新华》，科学出版社，2005 年。

［3］ 张忠培：《滹沱河上游和桑干河流域的正装双鋬鬲》，《新世纪的考古学：文化、区位、生态的多元互动》，台北"中央研究院"历史语言所，2003 年；张忠培：《杏花文化的侧装双鋬手陶鬲》，《故宫博物院院刊》2004 年第 4 期。

［4］ 陕西省考古研究院等：《陕西神木县石峁遗址后阳湾、呼家洼地点试掘简报》，《考古》2015 年第 5 期。

［5］ 陕西省考古研究院等：《陕西神木县神圪垯梁遗址发掘简报》，《考古与文物》2016 年第 4 期。

［6］ 陕西省考古研究院：《陕西神木县寨峁遗址发掘简报》，《考古与文物》2002 年第 3 期。

［7］ 陕西省考古研究院：《陕西神木县木柱柱梁遗址发掘简报》，《考古与文物》2015 年第 5 期。

［8］ 内蒙古文物考古研究所：《准格尔旗白草塔遗址》，《内蒙古文物考古文集（第一辑）》，中国大百科全书出版社，1994 年。

［9］ 内蒙古自治区文物考古研究所、鄂尔多斯博物馆：《朱开沟——青铜时代早期遗址发掘报告》，文物出版社，2000 年。

［10］ 中国社会科学院考古研究所等：《襄汾陶寺：1978—1985 年考古发掘报告（第一册）》，文物出版社，2015 年。

［11］ 陕西省考古研究院等：《陕西神木县石峁遗址》，《考古》2013 年第 7 期。

［12］ 同［4］。

［13］ 报告正在整理，相关信息经发掘者吕智荣允许后发表。

［14］ 王炜林、马明志：《陕北新石器时代石城聚落的发现与初步研究》，《中国社会科学院古代文明研究中心通讯》2006 年第 11 期。

［15］ 中国国家博物馆田野考古研究中心等：《运城盆地东部聚落考古调查与研究》，文物出版社，2011 年。

［16］ 陕西省考古研究所：《神木新华》，科学出版社，2005 年，第 316 页。

［17］ 同［15］。

［18］ 陈靓、郭小宁、洪秀媛、王炜林：《陕西神木木柱柱梁新石器遗址人骨研究》，《考古与文物》2015 年第 5 期。

［19］ 童恩正：《试论我国从东北至西南的边地半月形文化传播带》，《文物与考古论集》，文物出版社，1987 年。

［20］ 〔英〕科林·伦福儒、保罗·巴恩著，中国社会科学院考古研究所译：《考古学：理论、方法与实践》，文物出版社，2004 年。

［21］ 胡松梅、张鹏程、袁明：《榆林火石梁遗址动物遗存研究》，《人类学学报》2008 年第 3 期。

［22］ 西安半坡博物馆：《陕西神木石峁遗址调查试掘简报》，《史前研究》1983 年第 2 期；戴应新：《神木石峁龙山

玉器》,《考古与文物》1988 年第 5、6 期；戴应新:《神木石峁龙山文化玉器探索（一—六）》,《故宫文物月刊（125-130）》1993 年第 8—12 期。

［23］ 陕西省考古研究院等:《陕西神木县石峁遗址》,《考古》2013 年第 7 期。

［24］ 戴应新:《神木石峁龙山文化玉器探索（一）》,《故宫文物月刊（125）》1993 年第 8 期；张长寿:《论神木石峁出土的刀形端刃器》,《南中国及邻近地区古文化研究》,香港中文大学出版社,1994 年。

［25］ 卜工:《读石峁古城，看文明亮点》,《光明日报》2015 年 12 月 2 日第 10 版。

（原载于《考古与文物》2016 年第 4 期）

石峁与二里头：中国中原地区青铜铸造起源的新视角

J. Rawson 著

陈禹来 译

石峁遗址地处中国陕北黄土高原北部边缘，是一座大型石砌堡垒遗址。过去五年对这一遗址的发掘彻底改变了我们对于一系列关键事件的认识，这些事件催生了中原地区二里头遗址的早期青铜铸造。2016 年 8 月在陕北神木举办的"早期石城和文明化进程——中国陕西神木石峁遗址国际学术研讨会"从多角度探讨了这一重大发现。

石峁遗址位于鄂尔多斯高原东南的黄土高原山峁上，占地约 400 公顷。城圈结构由内城和外城构成，且建造有多座城门，城址中央有一座具有"宗教仪式"或"宫殿"性质的大型建筑（图一）。主持遗址发掘工作的陕西省考古研究院孙周勇认定石峁遗址为城址。祭祀坑中头骨的放射性碳测年结果显示为公元前 2300 年至前 1800 年（图二），遗址出土了新石器时代龙山时期用于蒸、煮粟的三足陶器，与测年结果相一致。

尽管区域内的石砌城墙与玉器已被发现几十年，但直到最近才进行了全面探索。石峁是区域内超大型中心遗址，并非孤立存在，在其附近还发现了众多遗址，其中有城墙的有 11 处、无城墙的有 190 余处（陕西省考古研究院等，2016）。考古发现显示有城墙的聚落分布横跨黄河两岸，北达榆林、南至山西吕梁（王晓毅和张光辉，2016：fig. 9）。

石峁遗址具有双重意义：其一，标志着一个从未被认识的、具有众多独特考古学文化内涵的新石器时代聚落的发现，规模宏大的石砌建筑暗示当时社会环境中存在激烈竞争甚至是浓厚的敌对氛

图一　石峁的主要城墙之一（照片来自作者）

图二　石峁人头坑细节（照片来自作者）

围，发掘出土了与北方草原风格相似的铜刀、箭镞和装饰品，以及与新石器时代中原地区文化联系密切的玉器和龙山陶器。其二，以石峁为中心的泛石城区域显然是连接北方草原（今内蒙古及更北区域）人群与更为著名的陶寺和二里头大型遗址（被认为是开启中国青铜时代的核心区域）的重要纽带。

气候剧变对上述跨区域的联系与互动有重要影响。公元前第四至三千纪，该区域聚落数量大幅增加表明气候环境适宜，可能伴随北方人群南下带来了驯化的绵羊、山羊等家畜（胡松梅等，2008）。气候干冷导致该区域后石峁时期的青铜时代遗址人口数量骤降（Zhang et al. 1999；Liu et al. 2014；Peng et al. 2015），更南边的陶寺（中国社会科学院考古研究所等，2015：vol. 4，pls 39-53）和二里头出土了与石峁联系密切的铜器和玉器，暗示石峁或泛石城区域的人群迁徙至此带来了铜器和玉器。

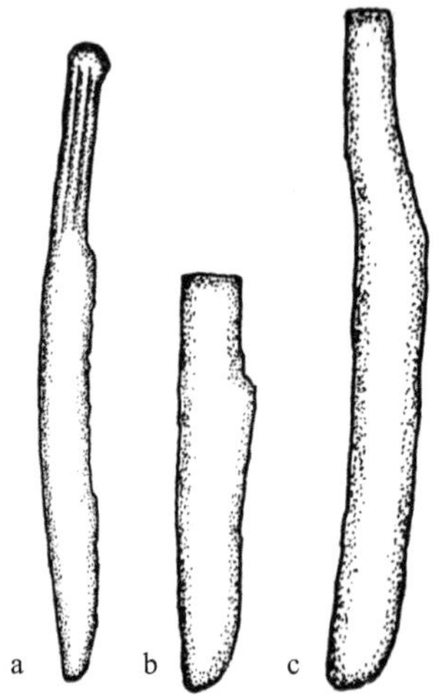

众所周知，在中原地区早期青铜铸造中心——二里头遗址发现有一件草原风格的单刃铜刀（Mei，2009），可与俄罗斯阿尔泰地区 Elunino 文化的一件铜刀以及石峁的同类器物相比较（图三）。二里头玉璋（图四，左侧）是石峁类似玉器的仿制品，其中一个显著特征尚未被关注，即许多二里头玉器具有小扉牙（图四）。这类玉器一直被认为是二里头文化——中原传统的主要产品（国家文物局，2009：156-57），然而整齐的扉牙是石峁的标志性特征，亦发现于西伯利亚南部叶尼塞河谷的类似青铜装饰品上（图五，a、b），其相似性可能是北方草原与黄土高原北部跨文化交流的结果，而非直接作用的结果。陶寺遗址出土过一件类似装饰品（图五，c），一直让考古学家感到困惑，现在可以认为是石峁装饰品的一个类型，甚至可能由石峁南下的人群带来。中原地区早期并不流行青铜质地的人体装饰品，更偏爱玉质装饰品。因此，在二里头及以后的商代遗址中，青铜装饰品并未被采用便不足为奇，取而代之的是从青铜上继承了小扉牙这一元素来增强礼玉效果（图四）。

图三　三把单刃刀线图
a. Elunio 文化，2000—1800BC，俄罗斯阿尔泰，长约220mm；b. 石峁，2000—1800BC，长约100mm；c. 二里头，1700—1600BC，长约255mm（John Rawson 绘制）

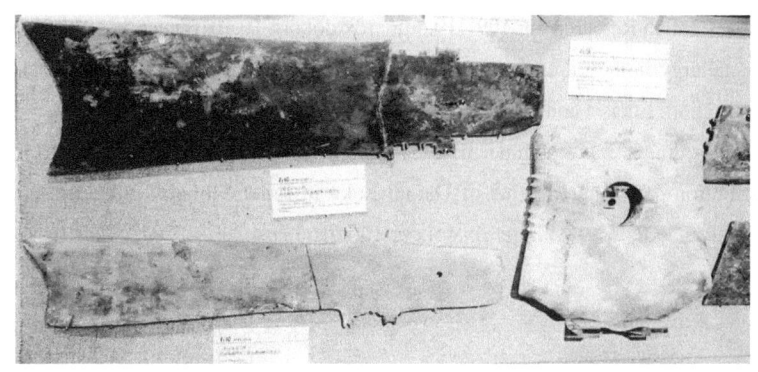

图四　一组二里头出土的玉器

都有小扉牙。左侧，两件璋；中间，一件钺；右侧，两件收割刀的边缘。
中国社会科学院考古研究所，北京（照片来自作者）

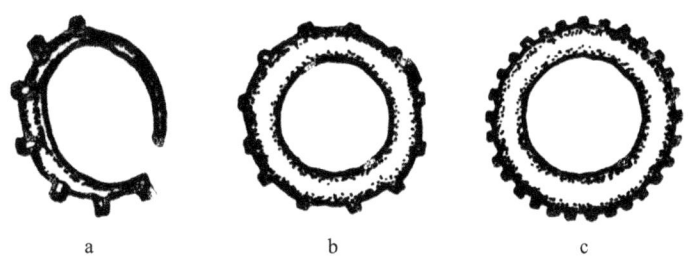

图五　三件青铜饰品线图

a. Karasuk 文化，1400-1200BC，直径约 100mm，Abakan 博物馆；b. 石峁，2000-1800BC，
直径约 120mm，神木私人博物馆；c. 山西陶寺出土，直径约 125mm（John Rawson 绘制）

上述比较研究将草原、石峁、陶寺和二里头联系在一起，使得我们认识到二里头获得青铜技术的途径之一是由气候剧变引发的，气候剧变促使人口南迁、石峁人口增长，气候转为干冷导致农业活动困难，引发使用青铜的人群南迁，先至陶寺、后至二里头。长期以来普遍认为，青铜在北方草原更早的使用必定促进了中国青铜生产与使用进程，如今石峁的考古发现为青铜革命最可能的来源之一提供了直接性证据。

附记：此次石峁之行由陕西省考古研究院组织，作者在此感谢参观石峁的邀请以及孙周勇与其团队的工作。感谢唐小佳在石峁之行中的陪伴。参观 Abakan Museum 由 Yuri Esin 组织。

参 考 文 献

国家文物局. 2009. 早期中国——中华文明起源. 北京：文物出版社.

胡松梅，张鹏程，袁明. 2008. 榆林火石梁遗址动物遗存研究. 人类学学报，3：232-248.

陕西省考古研究院，等. 2016. 发现石峁古城. 北京：文物出版社.

王晓毅，张光辉. 2016. 兴县碧村龙山时代遗存初探. 考古与文物，4：80-87.

张在明主编. 1999. 中国文物地图集：陕西分册. 西安：西安地图出版社.

中国社会科学院考古研究所，等. 2015. 襄汾陶寺——1978—1985 年发掘报告. 北京：文物出版社.

Liu B, H Jin, L Sun, et al. 2014. Holocene moisture change revealed by the Rb/Sr ratio of aeolian deposits in the southeastern

Mu Us Desert, China. Aeolian Research 13: 109-119. http://dx.doi.org/10.1016/j.aeolia.2014.03.006

Mei, J. J. 2009. Early metallurgy in the Eurasian Steppe and China: some challenging issues, in J. J. Mei & T. Rehren (ed.) Metallurgy and Civilization: Eurasia and Beyond: 9-16. London: Archetype.

Peng, Y. J., J. Xiao, T. Nakamura, B. Liu &Y. Inouchi. 2015. Holocene East Asian monsoonal precipitation pattern revealed by grain-size distribution of core sediments of Daihai Lake in Inner Mongolia of north-central China. Earth and Planetary, Science Letters 233: 467-479. http://dx.doi.org/10.1016/j.epsl.2005.02.022.

［原载于 Antiqutiy, volume91 (355), 2018］

当边缘成为中心：黄土高地石峁国家的初步研究

张　莉　孙周勇　邵　晶　李　旻著
张　莉译

近年来，青铜时代石峁遗址一系列"石破天惊"的考古发现，从根本上挑战了古代中国何为"边缘"、何为"中心"的传统认知。石峁遗址坐落于陕西省北部黄土高原的丘陵山峁之上，其位置远在中原以北且临近草原地区，这也解释了为什么石峁及其周围区域在传统上被定义为"北方地区"的一部分，并被视作中原与草原交流的中间地带（相关定义参见林沄，1986）。历史时期建造的长城在周边绵延，这一范围也因此被称为"长城地带"，而长城本身则被作为历史时期中国和内亚间生态和文化互动交流关键区域的地标（Di Cosmo，2002）。将该区域定义为"北方地区"或"长城沿线地带"也隐含了一种传统印象，那就是将石峁及其周边的黄土高地划入边疆地带，并将其作为"中心"（也就是中原地区）以外的"边缘"。追根溯源，这种认知是中原中心主义的产物，并根植在以中原地区为叙事中心的文献编史主义传统（von Falkenhausen，1993）[1]。此外，由于石峁所在地区与草原接壤，这一区域常在中国文献体系中被描述为"蛮夷之地"（Linduff，1995）。因此，在被奉为"文明"中心的中原视角下，较之于其他被视作中原以外的"边缘地区"，石峁及其周边地区被贬低得甚至更为严重。受中国传统文献和史学观的影响（von Falkenhausen，1993），这种文献编史主义驱动下的偏见不仅见于历史时期，更是被直接投映于史前阶段。例如，早年关于黄土高地的研究少有社会复杂化的相关探索，而多见对交流互动或牧业等流动生计的考古学观察，又或是将该区域视为草原与农耕区交流的中间地带，而少见立足于该区域自身视角的探讨。总体而言，无论是先前的考古实证还是文本书写，社会等级分化、城市中心或是早期国家的出现、发展等文明化进程的相关探讨都少见石峁及其周边区域的踪影。

然而，石峁大型史前城址的发掘（孙周勇等，2013），从根本上挑战了传统观点中关于"边缘"地区的认知。石峁城址的始建年代可以追溯到公元前三千纪晚期，其巅峰时期的面积超过了400万平方米（孙周勇等，2013，2016），不仅是古代中国同时期最大城址，更是当时全球最大的中心城市之一。石峁的城墙和宫殿中心区域主要以石质建材构建，这与同时期中原地区以夯土为主的建筑技术形成鲜明对比，而石峁大规模石材修葺所需的劳动量更是远超中原地区同时期夯土城址。此外，最新研究表明，以石峁遗址为中心的政权存在四个层级的聚落等级体系（孙周勇，2016），石峁及其相关遗址聚落等级结构的出现远早于中原地区的二里头政体，而后者则被视为中国最早的国家阶段社会（关于二里头国家的讨论参见 Liu & Chen，2003；许宏，2009；相反观点参见 Campbell，2009，2014）。在拥有强大政治网络的同时，石峁国家还是高价值奢侈品和威望物品的经济交流中心。更加引人注目的是，尤其是考虑到黄土高地在传统观点中被视为"边缘地区"，一系列作为中原地区青铜时代文明的关键物化符号实际上始创于石峁（Li，2016，2017）。

针对基于中原中心论的传统偏见，本文就石峁城址及石峁国家进行探索，并对其经济和政治网络开展分析。通过和中原地区政权的对比可明确得知，在文献体系与传统视角中长期被贬低为"边缘"的黄土高地，在公元前2000年左右实为古代中国的"中心"之一。这一现象也再次表明以考古实证重新审视中国古代文化景观的必要性，以及通过考古材料独立书写中国宏观历史的重要价值。

一、石峁城邑和石峁国家

石峁古城坐落于黄河支流秃尾河岸的山峁上，其年代为公元前2300年至公元前1800年（孙周勇等，2013）。石峁城宏伟的石构建筑主要由三部分组成，分别为皇城台、内城墙及外城墙（见图一）。

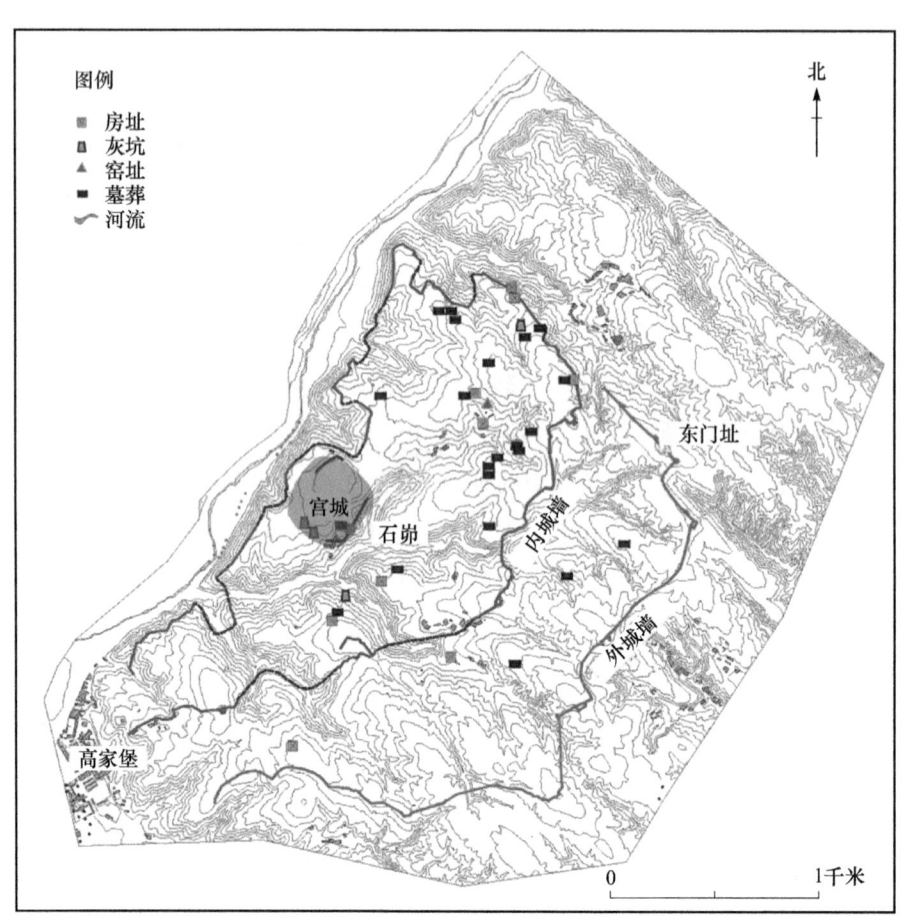

图一　石峁遗址平面布局图（改自孙周勇等，2016，图2）

三大主体建筑中，皇城台的营建年代最早，其始建年代或可追溯至公元前2300年（邵晶，2016）。皇城台所在地原本是一座黄土丘陵，通过堑山筑阶的方式改建，形成11阶层层叠叠、逐层缩小的阶梯状金字塔（图二；孙周勇等，2017）。皇城台阶梯状金字塔最底部平台的面积达到24万平方米，顶部平台占地8万平方米，每阶平台四周皆以石墙护坡加固（图二，a、c、d）。皇城台入口处则构建了高度复杂的瓮城（孙周勇等，2017），其设计表明瓮城的修筑旨在提供防御并对能够进入皇城台的人群进行严密限制。皇城台门址外见有大型开放广场，这里或为举行宗教仪式和政治集会的场所。大规模夯土宫殿坐落于皇城台顶部，相关建筑遗存见有大型柱础石与瓦；此外，皇城台顶部与周边堆积还分别见有一处大型蓄水池和大量陶器等日常垃圾（孙周勇等，2017）。这些极其复杂的建筑和相关大规模劳动力投入，都表明皇城台与当时的统治精英密切相关（国庆华等，2016；孙周勇等，2017）。另外，皇城台东护墙北段的弃置堆积中，还见有骨针等手工业生产制作相关发现（孙周勇和邵晶，2017；孙周勇等，2017）。

现有考古发现表明皇城台具有多重功能，不仅作为石峁顶级贵族的居住生活空间，同时还存在骨器类手工业加工制造场所，而这种空间布局也表明皇城台的骨针等手工业制作很可能受到石峁统治者的直接控制。此外，这座至少70米高的阶梯状金字塔非常醒目（图二，d；孙周勇等，2017），不论是在聚落内部还是周边，亦或是遗址附近的乡村地带，都能在目之所及内见证皇城台的宏伟。由是，皇城台能够向石峁相关民众施加持续且压倒性的视觉震慑，不断提醒相关人群铭记位居高处的统治贵族的权力，并使得该阶梯状金字塔形制的建筑在实际上成为了"社会金字塔"的具象表现。皇城台的护墙上还大量使用眼睛类石刻以及人面石雕，这可能旨在赋予皇城台特殊的宗教力量，并进一步强化其广大受众的整体视觉印象。

图二　石峁皇城台及其相关发现

a. 第二、三层石质护墙局部；b. 眼睛类石刻；c. 发掘中的石质护坡；d. 皇城台发掘前照片（孙周勇和邵晶供图）

皇城台周边发现有居址、墓葬、陶窑以及见有日常生活类垃圾的灰坑（图一；孙周勇等，2015，2016）。这些遗迹的年代最早可追溯到皇城台始建之时，下限则可至石峁遗址最后阶段（邵晶，2016；孙周勇等，2016）。除了令人惊叹的大规模纪念性建筑和防御类设施之外，这些日常生活类的考古发现也表明，石峁城邑在其使用期间也持续地作为居住性聚落存在。皇城台之外的房屋多为窑洞式或地穴/半地穴式，与皇城台上建筑相比在规模和技术方面都相形见绌。整体而言，石峁居住空间表现出明显的等级差异。此外，鳄鱼骨板等高价值物品也见于皇城台之外的居住址，这暗示着皇城台之外石峁居民虽不如居于皇城台的顶级贵族，但也拥有较高的社会地位，或者至少相对富裕。石峁遗址的每处居住类遗存都见有与之相连的小型墓地，整体表现出"居葬合一"的结构。与石峁形成鲜明对比的是，中原地区大致同时期的陶寺遗址则是"居葬分离"，墓葬为大型公共集中墓地的形式，单个墓地的墓葬总数在上万座以上（孙周勇等，2015，2016；关于陶寺墓地，参见ZKKS和山西省，2015年）。石峁这种居住空间与丧葬空间的紧密联系，加之不见公共墓地，暗示石峁居民由不同的族群构成，这些族群可能在每个紧凑的住房和墓地的"居葬合一"空间内通过亲缘关系系连在一起（孙周勇等，2013）。

皇城台及其周围区域筑有石墙，环绕范围达210万平方米，石墙建造年代晚于皇城台（邵晶，2016）。这道城墙划定了石峁聚落的边界，并发挥了显著的防御功能。

公元前2100年左右，石峁进一步出现了外城墙的修筑（邵晶，2016）。新筑城墙使得原有石墙变为内城墙，并标志着石峁古城的最大边界，也就是在内城的基础上进一步将190万平方米的范围明确划入石峁城（孙周勇等，2013）。与内墙相比，外城的设计明显更为复杂，并精心规划和建造有瓮城与马面，这无疑体现出公元前2100年前后石峁对防御功能更高程度的重视。外城墙共有四处门址，其中东门最为宏伟，筑有构造异常复杂、防护严密且视觉震撼的瓮城（见图三）。在东门两侧，分别矗立着两座墩台，总面积达2500平方米（孙周勇等，2013）。东门入口处设有一处石葺U形门障，长33米，其修建完全阻挡了正面直接通行，并将两侧入口限制为仅4米多宽的通道。东门内侧修建了L形石质门档，将进入东门后的通行空间进一步收缩。该门档与东门南墩台相连，其设置能够迫使所有进入大门的人员，必须沿着门档和墩台之间的狭窄走廊前进。这种防御严密的墩台设计不仅能够对外来攻击等战争冲突形成有效防御，还会迫使非战争状态下进入石峁城的人员也不得不接受层层盘查，使得日常通行复杂化。除了这些物理障碍外，在石峁遗址的晚期阶段，L形石墙上还绘制了几何形图案组成的壁画（孙周勇和邵晶，2016a），这些图案可能旨在对入城人员的活动施加宗教或礼仪性控制。除了设有层层防御的门址，石峁东门址两边的外城墙还建造有一系列彼此间距约40米的马面（见图三，d；孙周勇和邵晶，2016b）。石峁发现有诸多骨镞，而马面间的距离则可能是由同时期弓箭的有效射程所决定的（孙周勇和邵晶，2016b；有关同类弓箭有效射程研究，请参见Cattelain，2006）。石峁外城墙复杂精密的防御工事同内城设计相对简单的门址及其不见马面的情况形成鲜明对比，暗示着暴力和冲突在公元前2100年前后显著加剧。

石峁遗址的石构建筑，包括城墙、门址和皇城台，都具有两个独特特征，分别是藏玉于墙和活人献祭。考古发现表明，玉制品，如玉钺和玉璋，经常被放置于构成石峁城址宏伟纪念性建筑的石块和地层之间（可见图四，a、b；孙周勇等，2013，2017）。自20世纪初以来，石峁遗址的建筑类遗存已见有至少数千件玉器（戴应新，1993）；毫无疑问，数量更为巨大的玉器仍镶嵌和隐藏于石峁未被扰动的建筑构件间。让人扼腕的是，由于石峁玉器长期以来都是盗墓者和古玩商的垂涎对象，相当多的玉器在早年就流失于国内私人藏家或海外博物馆，永远无法再通过考古工作揭示其具体的出土背景（王炜林和孙周勇，2011）。石峁营建活动的另一特征是大规模活人献祭，仅在东门外侧门道的一个祭祀坑内就见有六个被斩首人头（图四，c；孙周勇等，2013；陈靓等，2016）。另外，皇城台等石峁其他宏伟纪念性建筑的营建和使用过程也伴有大规模人头祭祀行为（孙周勇等，2017）。建筑中的玉器和活人献祭可能旨在赋予石峁城墙仪式与宗教的神圣力量（Li，2016，

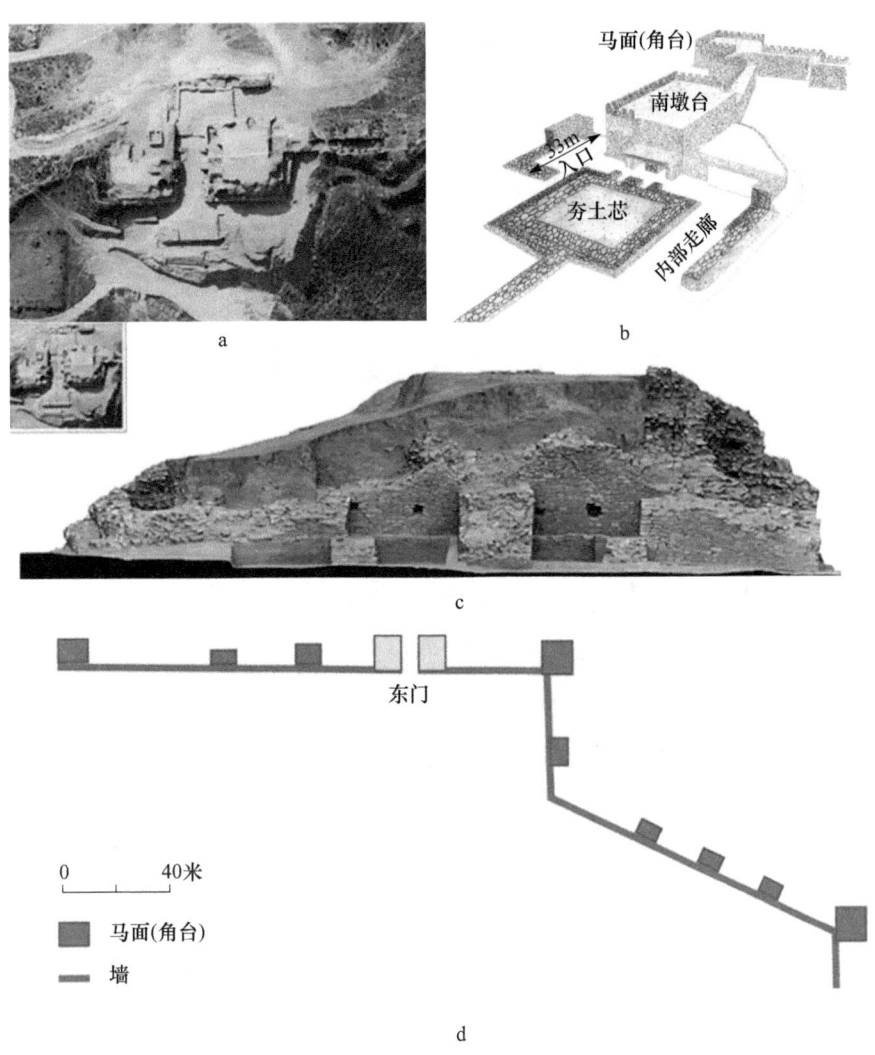

图三　东门址和外城马面
a. 东门的鸟瞰图　b. 东门的重建模型　c. 北部墩台的横截面　d. 东门附近马面的分布状况

2017），强化其作为宏伟纪念中心的地位，增强墙壁的防御效力，并使石峁在各个方面都成为权力的物化象征。

从各角度而言，石峁所有的纪念性建筑都共同表明，石峁聚落布局的背后有着精心的规划和统筹，该规划在城邑建设时通盘考虑并全面整合了政治、宗教和军事功能与需求。

石峁城邑是大型而人口密集的国家的中心聚落。正如陶器传统和聚落体系所反映的那样，这个以石峁为中心的国家横跨了至少430万公顷的区域，其范围北到阴山、东到吕梁山、南至白云山（孙周勇，2016；孙周勇和邵晶，2017）。石峁国家是跨多个区域和地理单元的政治实体，其范围主要位于黄土高原，也包括鄂尔多斯高原、毛乌素沙漠与河套地区。其中，最新研究表明，位于鄂尔多斯高原的朱开沟遗址也是石峁国家的一部分（有关朱开沟发现的英文摘要，参见 Linduff，1995）。一方面，鄂尔多斯地区的陶器传统与石峁相似（戴向明，2016，孙周勇和邵晶，2017）；另一方面，东门外门道出土人头骨的体质人类学分析表明，这些被献祭的牺牲可能与朱开沟人群有关（陈靓等，2016），暗示了他们或许是在石峁国家扩张期间被作为俘虏带至石峁中心聚落。以石峁遗

图四　石峁建筑特征
a、b. 藏玉于墙的实例（参考 Sun 等，2013 年：图5；照片由孙周勇和邵晶提供）；
c. 人头祭祀坑（参考孙周勇和邵晶，2016a：3）

址为中心开展了一系列区域系统调查，仅是在秃尾河流域进行的区域调查就发现了 200 多个聚落，其中超过 10 个遗址外围见有石墙（孙周勇，2016）。总体而言，石峁国家仅是其核心区域就可能存在着超过 4000 个聚落，而这些聚落共同构成了石峁国家达到了四个层级的聚落等级体系（孙周勇，2016）。现有考古材料表明，这些聚落的结构布局与石峁遗址颇为相似，其中最突出的表现是各聚落的核心位置都有一处类似于石峁皇城台的大型中心区（赵辉，2016；孙周勇等，2017；具体请见，王晓毅等，2016；张天恩和丁岩，2016）。此外，在建筑和非墓葬遗迹中使用玉器的方式，同样见于碧村、石摞摞山以及神木新华（陕西省和榆林市，2005；王晓毅等，2016；张天恩和丁岩，2016），同样表现出和石峁中心聚落的一致性。有可能在石峁国家下辖的聚落中，在非墓葬类情境下使用玉器成为了一种惯例，但这一推测需要进一步的发掘和研究来确认。

二、作为政治和经济中心的石峁

以石峁为中心的国家是当时中国领土范围内面积最大，并在政治和经济层面首屈一指的政治集团。石峁国家的政治力量在公元前约 2000 年达到第一个高峰，并集中体现在以陶寺为中心的政治体的颠覆上。陶寺遗址（公元前 2300 年至公元前 1900 年）位于山西省南部的晋南盆地，其所在区域属中原范围。陶寺聚落的外圈夯土城墙环绕了约 280 万平方米的区域（严志斌和何努，2005），这也使得陶寺成为中原地区同时期城址中面积最大者。墓葬是陶寺精英阶层高度发达的物质文化的重要载体，其中高等级贵族的墓室体量较大，反映了较高的劳动力投入，并随葬有大量高价值的奢侈品和威望物品（中国社会科学院考古所，山西省临汾市文物局，2015）。陶寺遗址所位于的晋南，也是整个中原范围内人口最稠密的地区（Liu & Chen，2012；Li，2016，2017）。简而言之，陶寺及其附属聚落共同构成了公元前三千纪晚期中原地区最重要的政治实体。然而，陶寺都邑在陶寺文化晚期（公元前 2000 年至公元前 1900 年）出现了政治骚乱并伴随着可怖的暴力活动：一方面，陶寺外城墙被攻破；另一方面，中心宫殿区见有大量非正常死亡的个体，被杀戮的人数高达五十人左右（严志斌和何努，2005）。此外，陶寺都邑先前的宫殿也在这一阶段被摧毁，原是陶寺文化早中期的宫殿区也在晚期被改造为手工生产区域，陶寺早中期最高统治者的墓葬也恰在此时被有针对性地损毁，其尸体被从墓室中拖出（何努等，2003；严志斌和何努，2005），可能存在类似鞭尸的行为。自此，陶寺的丧葬传统见有突然的转变（严志斌和何努，2005），全新的丧葬习俗表明陶寺居民的人口来源出现了重大变化。晋南盆地原有的陶器传统式微，并转向石峁陶器传统（Li，2016，2017）。这一系列事件发生的同时，动物考古学证据也表明，陶寺的肉食消费习惯也从原来的猪优位转向对羊类的偏好，而后者恰是黄土高原的肉食消费传统（Brunson，2011）。综上，诸多考古实证共同揭示，晋南地区于陶寺文化晚期在政治层面出现了根本性的巨变（韩建业，2007；Li，2016，2017），原陶寺政权被暴力推翻，陶寺聚落及其所在地被石峁不断扩张的政治网络殖民并成为其附属地。

石峁政治力量持续扩张，并在公元前 1900 年左右达到顶峰，这印证于洛阳盆地花地嘴遗址的考古记录。洛阳盆地位于黄土高地以南，较之于陶寺所在的晋南地区，距离黄土高原更为偏南；在文献系统中，洛阳盆地向来被认为是中原地区的核心区域。花地嘴遗址位于洛阳盆地东北部洛汭地区的山峁之上，从该遗址可以俯瞰伊洛河和黄河交汇处的壮丽景观（顾万发和张松林，2005；Li，2016，2017）。花地嘴遗址所在位置扼守从北部进入洛阳盆地的唯一河流入口，其战略位置对于洛阳盆地以北人群而言尤为关键。考古材料表明，花地嘴遗址曾进行了大规模宴飨活动，并伴随有活人祭祀、动物献祭以及仪式庆典和盟誓等（张莉，2012）。器物规格和消费模式等都表明这些活动同高等级贵族密切相关（张莉，2012）。参与花地嘴宴飨等活动的人群来源广泛，其中来自黄土高地的群体尤为引人注目。黄土高地人群的出现见证于花地嘴遗址的一系列考古发现，这些考古实证表明花地嘴的宴飨、盟誓等活动存在明显的石峁特征，分别包括石峁陶器传统的炊器和饮食器、对羊类的肉食消费偏好以及肩胛骨占卜（张莉，2012）。最为重要的是，玉璋作为石峁的核心玉器符号，也见于花地嘴的仪式活动（顾万发和张松林，2005；Li，2016，2017）。这一系列石峁的核心特征，能够在洛阳盆地洛汭地区这一关键地理节点的出现，背后蕴含着重大社会意义，说明黄土高地的精英文化和统治阶层深度参与了花地嘴遗址的宴飨和盟誓等活动，并扮演了重要角色（张莉，2012）。总体而言，黄土高原贵族在花地嘴遗址的出现，背后可能反映出石峁国家的政治力量已深入中原核心区。

此外，石峁也是一个宏大的贸易交流网络的经济中心。石峁遗址出土的玉器来源广泛，其源头可分别追溯至东部沿海、额济纳河交流区（相关定义参见 Jaang，2015）以及南方的长江流域等（戴应新，1993；邓淑苹，1993；王炜林和孙周勇，2011；Li，2016，2017）。考虑到石峁所用玉器数目之大、体量之巨，石峁与玉器各产地间的贸易和交流规模应当是相当可观的。仅以额济纳河交流区为例，以往考古工作在这一区域发现了数个玉器作坊或制玉类遗存，其玉器产品在风格和技术上与石峁遗址所用玉器一致（王玉妹，2012；叶舒宪，2013）。这些玉器的原材料来自于额济纳河交流区本地丰富的玉矿（叶舒宪，2013）。与此同时，黄河上游地区的考古遗址多处可见具有额济纳河交流区文化特征的遗物或墓地（陈小三，2012），表明黄河是连接额济纳河交流区和黄土高地的主要路线之一（Jaang，2015），而这些具有额济纳河交流区文化因素的遗址可能是石峁和额济纳河交流区之间互动的中转站。石峁对外来奢侈品的需求不仅刺激了周边地区的生产、贸易和互动，可能也进一步促进了广袤的青铜时代交流网络。海贝和铜制品在整个欧亚大陆青铜时代交流网络中都被赋予了极高的价值（Peng & Zhu，1995；Jaang，2011，2015），而这两种高价值物品也同样出现于石峁，进一步证明石峁经济网络覆盖范围之辽阔。

三、讨论：公元前两千年前后黄土高地和中原地区的对比

青铜时代石峁遗址的考古发现对传统认知中基于文献的叙事提出了根本性挑战。以文献为中心的观点长期认为中国文明起源于中原地区，然后由中原传播到其他区域。然而，考古实证显示，单单是石峁在其单体聚落建设中所需要投入的劳动力，就远超中原地区任何一处同时期遗址。虽然石峁所用石料来自当地砂岩（国庆华等，2016），但这些石材的开采、运输、加工及其在建筑中的使用毫无疑问需要大规模且高度复杂的规划、监督与人力。以往分析表明，以内蒙古三座店遗址（公元前2000年至公元前1200年）为代表的石质防御工事，其构造所需的劳动力明显高于夯筑的同类建筑（Shelach et al. 2011），而中原地区传统的筑城技术就是夯土。相较而言，三座店城址使用石材未经加工（Shelach et al. 2011），而石峁城墙与皇城台等防御工事所用石料则可见精心修整（图五），这势必会显著增加石峁城址建设中的人力投入。此外，石峁建筑还大量使用了纴木技术，将大型整株原木插入墙体以进行加固（图二，a；国庆华等，2016），这种复杂的建筑方式未见于同时期中国黄土高地以外的任何聚落。大规模获取、运输和安装这些体量巨大的原木，显然会进一步增加建筑所需劳动力。石峁石墙在长度和体积方面也明显强于陶寺或稍晚阶段二里头聚落所见的夯土墙。以上各方面证据都表明，石峁城址建造所需的劳动力和人口都显著高于当时中国其他任何一座聚落。而石峁有能力聚集并管理大规模劳动力，也说明黄土高地存在着比中原地区更为复杂的社会组织和政治机制。

更为引人注目的是，以石峁为中心的政体不仅规模宏大，其相关聚落系统也反映了高度的社会复杂化。作为有着众多聚落、分布跨多个地理单元的政治实体，石峁国家的聚落等级体系比中原地区二里头政权（公元前1900年至公元前1550年）更早达到四个层级，而二里头则长期被认为是中国第一个国家阶段的社会（许宏，2009）。二里头国家在其鼎盛时期，最远控制范围距二里头

图五　石峁石墙所用石材的加工情况示例

都邑也不过500千米（Liu，2004），而石峁国家在吞并陶寺后的统辖范畴就已经达到了这个数值。管理分布在如此辽阔范围内的大量聚落及人口，需要高度复杂的治理体系和政治制度。

考古实证表明，以石峁城址为中心的黄土高地，是高价值物品流通和贸易的经济中心，而远非先前观点中仅能被动地作为草原和中原交流互动的中间地带（例如中原中心论体系所描绘的情况）。通过获取冶金知识并参与铜器生产，石峁奠定了黄河中游冶金相关文化传统的基础，那就是将青铜器生产与本地统治文化相融合，根据该地区顶层贵族的审美习俗及其出于政权合法性对"威望财"的需求，对冶金生产进行相应调整。而二里头冶金体系则是对石峁创立的这一传统的延续与发展（Jaang，2015）。石峁皇城台附近见有骨针生产整个操作链各阶段的相关遗存（孙周勇等，2017），这一发现表明石峁存在附庸于统治阶层的生产专业化。这种统治贵族附属的专业化生产也见于二里头遗址，并一直被认为是二里头经济的核心特征（许宏，2009），而最新考古发现表明这种经济制度实为石峁所开创，这也可能是二里头在经济生产领域效仿石峁模式的另一实例。

此外，一系列与中原地区青铜时代文明相关的核心符号，实际上也是来自于黄土高地的发明创造（Li，2016，2017）。例如，作为政治和宗教权力核心象征的玉璋就起源于石峁，之后随即在非常广阔的空间被诸多社会所仿效，其使用范围涵盖中原地区、并延伸至中国东海岸、四川盆地和南部海岸，甚至远波越南北部（邓聪，1997；孙庆伟，2008；Li，2017）。

石峁国家的遗产对中原地区政权形成的冲击和影响是深刻而悠远的。位于中原的陶寺和二里头的政治制度与经济组织具体是如何受到石峁影响或对其形成回应的呢？这是今后发掘与研究亟需进一步解决的问题。

四、总　结

高原和山地等高地区域是在全球范围备受关注的地貌单元（Glatz & Casana，2016），然而，以往关于中国文明起源的研究，因其多基于文本叙事且以中原为中心，相关探索多局限于平原地区的视角，而长期忽视了黄土高原在中国青铜时代曾作为中心区域的可能[2]。来自石峁的最新考古实证突破了先前对黄土高地在文明化进程中地位的偏见，以及对中国文明形成模式的局限性认知。石峁的考古发现提供了黄土高原社会政治组织形态及其发展演变的本地"我者"视角，并就公元前三千纪晚期到公元前两千纪早期古代中国的政治和文化景观，颠覆了传统观念中基于中原中心论的阐释。以上对以石峁为中心的黄土高地最新考古发现的分析和比较，揭示出一个高度复杂的国家阶段社会，是当时中国范围内的政治和经济腹心地带，可能也是当时诸多政治体中最为强大者。考古实证表明，以往传统认知中将黄土高原作为边缘地区，或仅将其视作中原和草原间的被动接触地带，与当时的实际情况大相径庭。鉴于山地和高原的中心性和主体性，应慎用"北方地带"和"长城区域"这样的术语，这些术语隐含了以中原为中心的视角，并会在无意识中将石峁所在的黄土高原边缘化；与先前的文献体系相反，考古实证提示我们应该从石峁所属的山地与高原世界的视角来重新审视中原地区。

注　释

[1] 本研究自前言伊始，即明确指出石峁考古从根本上挑战了"文献编史主义传统"和"中原中心主义"，并在全

文多次强调：对石峁考古成果的充分解读需要以石峁所在的黄土高原为中心，构建立足于该区域自身视角的讨论。然而，以上这些内容作为本文的核心思想，在哈克等对中国早期文明研究的全盘否定和横加指责中全部被忽略；更让人不可思议的是，哈克等在其文章中，一方面对我们的核心观点视而不见（仅在批判我们的研究时进行引用，但哈克等批判的内容根本不是我们原文的本意），另一方面更是将我们以上这些核心观点占为己有、并作为其首次提出的"高见"。具有讽刺意味的是，哈文三位作者中，非常可能恰有我们石峁文章投至 *Antiquity* 时的审稿人，在其审稿意见中，这位审稿人曾明确承认本文的主体观点之一是对中原中心论的挑战，并进而指出："这篇文章毫无在 *Antiquity* 发表的价值。"且不论哈克等在其文章中对中国早期文明研究的刻意扭曲和不实批判，这种存在严重学术不端隐患的文章能够登堂入室，并得到《当代人类学》这种权威杂志的背书与支持，着实令人匪夷所思。

[2] 本文就黄土高原和中原地区所开展的对比研究，其学术理念来自于新旧大陆考古、历史与政治研究中对"山地区"和"平原区"两大地貌单元和人文社会景观的比较与反思，正如本段第一句话所指出，这种对比研究本质上是要回应全球范围近年来对"高原和山地等高地区域"的日益关注，最终目标在于基于中国考古工作的突破，就法国年鉴学派创始人布鲁戴尔所提出的"文明不上山"理论，在全球范围形成有力回应和批判，引领学界和大众由中国考古材料出发，重新思考高原和山地等非平原区的重要价值，彰显基于考古实证材料书写宏观历史的意义。本研究着墨颇多的核心内容，哈克等人在其文中不仅故意忽略，更是将我们立足于中国考古材料、对高原和山地重要性的强调，以无中生有、断章取义的方式构陷为"单线条主义"。

参 考 文 献

博凯龄. 2011. 中国新石器时代晚期动物利用的变化个案研究. 三代考古，4：146-158.

陈靓，熊建雪，邵晶等. 2016. 陕西神木石峁城址祭祀坑出土头骨研究. 考古与文物，4：134-142.

陈小三. 2012. 河西走廊及其邻近地区青铜时代遗存研究. 吉林大学博士学位论文.

戴向明. 2016. 北方地区龙山时代的聚落与社会. 考古与文物，4：60-69.

戴应新. 1993. 神木石峁龙山文化与其探索. 故宫文物月刊，5：44-55.

邓聪. 1997. 东亚先秦牙璋诸问题. 中国文化研究所学报：325-332.

邓淑苹. 1993. 也谈华西系统的玉器. 故宫文物月刊，6：60-71.

付宁. 2007. 史前至12世纪中国北方地区的东西文化交流. 内蒙古大学博士学位论文.

顾万发，张松林. 2005. 河南巩义市花地嘴遗址"新砦期"遗存. 考古，6：3-6.

国庆华，孙周勇，邵晶. 2016. 石峁外城东门址和早期城建技术. 考古与文物，4：88-101.

韩建业. 2007. 老虎山文化的扩张与对外影响. 中原文物，1：20-26.

何弩，严志斌，宋建忠. 2003. 陶寺城址发现陶寺文化中期墓葬. 考古：771-774.

陕西省文化考古所，榆林市文物保护研究所. 2005. 神木新华. 北京：考古学出版社.

邵晶. 2016. 试论石峁城址的年代及修建过程. 考古与文物，4：102-108.

孙庆伟. 2008. 周代用玉制度研究. 上海：古籍出版社.

孙周勇. 2016. 公元前第三千纪北方地区社会复杂化过程考察. 考古与文物，4：70-79.

孙周勇，邵晶. 2016a. 瓮城溯源：以石峁遗址外城东门址为中心. 文物，2：50-56.

孙周勇，邵晶. 2016b. 马面溯源：以石峁遗址外城东门址为中心. 考古，6：82-89.

孙周勇，邵晶. 2017. 石峁城：秃尾河畔神秘古城. 中国国家地理，10：142-151.

孙周勇，邵晶，邵安定等. 2013. 陕西神木县石峁遗址. 考古，7：15-24.

孙周勇，邵晶，邵安定等. 2015. 陕西神木县石峁遗址后阳湾、呼家洼地点试掘简报. 考古，5：60-71.

孙周勇，邵晶，邵安定等. 2016. 陕西神木县石峁遗址韩家圪旦地点发掘简报. 考古与文物，4：14-24.

孙周勇，邵晶，邸楠等. 2017. 陕西神木县石峁城址皇城台地点. 考古，7：46-56.

王炜林，孙周勇．2011．石峁玉器的年代及相关问题．考古与文物，4：40-49.

王晓毅，海金乐，张光辉等．2016．2015 年山西兴县碧村遗址发掘简报．考古与文物，4：25-33.

王玉妹．2012．齐家文化玉器的考古学研究．吉林大学硕士学位论文．

许宏．2009．最早的中国．北京：科学出版社．

严志斌，何驽．2005．山西襄汾陶寺城址 2002 年发掘报告．考古学报，3：307-346.

杨建华，曹建恩．2007．略论中国北方地区古代游牧民族文化发展模式．吉林大学社会科学学报，5：140-146.

叶舒宪．2013．玉石之路与华夏文明的资源依赖．上海交通大学学报，6：18-26.

张莉．2012．从龙山到二里头：以嵩山南北为中心．北京大学博士学位论文．

张天恩，丁岩．2016．石摞摞山龙山古城及相关问题浅论．考古与文物，4：45-51.

赵辉．2016．陕西神木石峁遗址考古发掘研究的进展及学术意义．中国文物报，2016-8-23：3.

中国社会科学院考古所，山西省临汾市文物局．2015．襄汾陶寺．北京：文物出版社．

Campbell R. 2009. Towards a networks and boundaries approach to early complex polities: the late Shang case. Current Anthropology, 50: 821-848.

Campbell R. 2014. Archaeology of the Chinese Bronze Age: from Erlitou to Anyang. Los Angeles (CA): Cotsen Institute of Archaeology.

Cattelain P. 2006. Apparition et évolution de l'arc et des pointes de flèches dans la Préhistoire européenne (Paléo-, Méso-, Néolitique), in P. Bellintani (ed.) Catene Operative Dell' Arco Preistorico: 45-66. Trento: Giunta della Provincia Autonoma di Trento.

Di Cosmo N. 2002. Ancient China and its enemies. Cambridge: Cambridge University Press.

Glatz C, J Casana. 2016. Of highland-lowland borderlands: local societies and foreign power in the Zagros-Mesopotamian interface. Journal of Anthropological Archaeology, 44: 127-147.

Jaang L. 2011. Long-distance interactions as reflected in the earliest Chinese bronze mirrors, in L. von Falkenhausen (ed.) Beyond the Surface: the Lloyd Cotsen Study Collection of Chinese Bronze Mirrors, volume II, studies: 34-49. Los Angeles (CA): Cotsen Institute of Archaeology.

Jaang L. 2015. The landscape of China's participation in the Bronze Age Eurasian network. Journal of World Prehistory, 28: 179-213.

Li M. 2016. Settling on the ruins of Xia: Archaeology of social memory in early China, in G. Emberling (ed.) Social Theory in Archaeology and Ancient History: 291-327. Cambridge: Cambridge University Press.

Li M. 2017. Chong fan Xiaxu. 考古学报，287-316.

Lin Y. 1986. A re-examination of the relationship between bronzes of the Shang culture and of the Northern Zone, in K. C. Chang (ed.) Studies of Shang Archaeology: 237-73. New Haven (CT): Yale University Press.

Linduff K. 1995. Zhukaigou, steppe culture and the rise of Chinese civilization. Antiquity, 59: 133-145.

Liu L. 2004. The Chinese Neolithic: Trajectories to Early States. Cambridge: Cambridge University Press.

Liu L, X Chen. 2003. State Formation in Early China. London: Duckworth.

Liu L, X Chen. 2012. The Archaeology of China: From the Late Paleolithic to the Early Bronze Age. Cambridge: Cambridge University Press.

Peng K, Y Zhu. 1995. New Research on the Origin of Cowries in Ancient China. Sino-Platonic Papers, 68: 1-21.

Shelach G, K Raphael, Y Jaffee. 2011. Sanzuodian: the structure, function and social significance of the earliest stone fortified sites in China. Antiquity, 85: 11-26.

von Falkenhausen L. 1993. On the historiographical orientation of Chinese archaeology. Antiquity, 67: 839-849.

［原载于 Antiqutiy, volume92 (364), 2018］

中国黄土高原北部最早的新石器时代城市中心：石峁的兴衰

孙周勇　邵　晶　刘　莉　崔建新　Michael F. Bonomo
国庆华　吴小红　王佳静 著
宗天宇 译

一、引　言

城市化的起源一直是世界考古学界经久不衰的研究课题（Childe，1950；Smith，2009；Marcus and Sabloff，2008a）。学界的研究重点主要集中在中国文明核心地区——中原地区早期王朝都城的起源和地区（张光直，1985；Falkenhausen，2008；Wheatley，1971）。然而，中国其他地区的新发现表明，新石器时代的早期城市化也可能在周边地区发展起来，例如黄土高原南部的陶寺遗址（He，2013）和长江下游的良渚遗址（王宁远等，2015；郭明建，2014）。这两个遗址都是多等级聚落系统中的区域中心，每个遗址都由大型夯土围护，并与祭祀建筑、高等级墓葬和丰富的高等级器物相关联。我们近期的跨学科调查与上述发现相一致，揭示了一个意想不到的史前复合聚落系统，该系统发展于黄土高原至鄂尔多斯的过渡地带（以下简称黄土高原北部），这一地区以前被认为是中华文明的边沿。许多聚落都是建在山顶上的石筑堡垒，而这一系统的主要中心是位于陕北石峁的一座巨大的石城遗址。这些新发现为中国考古学的城市化研究带来了挑战和机遇。一方面，城市化起源研究的时空范围需要扩展到新石器时代的更广阔区域，受美索不达米亚城市中心概念影响的城市概念可能需要修正。另一方面，这些早期遗址所揭示的考古数据将丰富我们对中国古代城市化进程的因果关系和变化的认识。

在本文中，我们将研究石峁遗址的主要物质成分及其周围的自然环境和社会环境。该聚落系统的出现以及石峁作为区域中心的崛起显示了早期城市图景的许多特征，这些图景通常具有祭祀、政治和经济功能（Smith，2014）。因此，石峁遗址的案例研究展示了中华文明北部边疆城市化的独特轨迹。

二、石峁的发现

石峁遗址位于陕西省榆林市神木县西南约 40 千米处的高家堡镇。自 20 世纪 70 年代以来，该遗址就因与玉器有关而闻名于世（戴应新，1977）。据估计，世界各地的博物馆和私人收藏中约有三四千件玉器可能来自石峁（王炜林和孙周勇，2011）。20 世纪 70 年代和 80 年代，石峁遗址展开了小规模的发掘工作，旨在厘清石峁遗址与玉器之间的关系（西安半坡博物馆，1988）。然而，无论是所收集玉器的确切出处，还是石峁遗址的规模，都没有得到明确。屹立千年的石墙被认为是历史时期修建的长城的一部分。从 20 世纪 90 年代开始，关于石峁城墙中出土玉器的传言在当地村庄流传开来，导致掠夺活动升级，对遗址造成了严重破坏。

为了更好地保护遗址并了解其历史意义，陕西省考古研究院自 2011 年起对石峁及其周边地区进行了系统的调查和发掘，逐渐揭示了这一巨大遗址的身份。石峁遗址目前被认定为中国最大的新石器时代石城聚落，年代为公元前 2300—前 1800 年。调查和发掘出土了大量文物，包括玉器、陶器、工具和石雕，以及壁画和祭祀遗物。此外，还采用了科学方法来复原建筑和分析文物。

三、自 然 环 境

如今的石峁遗址位于洞川沟和黄河一级支流秃尾河交汇处附近的山峁上。由于地处黄土高原向毛乌素沙漠的过渡地带，这里的地貌呈现出黄土山脊、侵蚀丘陵和沙漠低洼地等多种特征，平均海拔为 1100—1300 米。

该地区的气候主要受东亚季风系统的影响，该系统由来自欧亚大陆和太平洋的不同热力形成。夏季，该地区主要受来自太平洋西部的东亚夏季季风（EASM）影响，该季风带来的降雨对旱地农业至关重要。冬季，该地区主要受西伯利亚高压的影响，冷空气频繁南下，造成寒冷干燥的西北风，被称为东亚冬季季风（EAWM）（Li et al.，2011）。如今，该地区的年平均气温为 5.5—8.0℃，年平均降水量从西北部的 150 毫米到东南部的 450 毫米不等。植被以蒿属、柳属和沙棘类为主（Huang et al.，2009）。鄂尔多斯位于 EASM 系统北部边界的边缘农业区，是南部农业民族与北部牧业民族的过渡地带，这两个民族之间的冲突是历史时期该地区历史的特点（Di Cosmo，2002）。

根据毛乌素沙漠中方滩（FT）、滴哨沟（DSG）、巴哈尔淖尔湖（BHN）和锦界（JJ）等四个年代较早的地质剖面所产生的多代用数据，可以重建石峁地区的古环境背景。这些解释基于对风化沉积物的粒度分析、花粉记录、古沉积发育以及古岩溶碳酸盐沉积物中的碳和氧同位素特征等信息（Hu et al.，2011；Li et al.，2000b；Liu et al.，2014；Guo et al.，2007；Miao et al.，2016）。根据这些研究，在公元前四千纪中期，鄂尔多斯地区的气候总体上较为干燥和凉爽，间歇性地较为温暖和潮湿。树木花粉浓度高、总生物量增加、风化沉积物平均粒度低、古土壤发育良好以及湖泊水位升高等证据共同表明，EASM 强而 EAWM 弱。这些条件随着公元前 1800—前 1700 年的寒冷、干旱而结束。公元前 1800—前 1700 年，EAWM 开始加强，森林面积减少，草原面积突然扩大。到公元前 1700 年，巴哈尔淖尔湖已完全干涸。

公元前三千纪至公元前二千纪早期的大部分时间里，气候相对温暖湿润，这为石峁人群的繁衍生息提供了环境背景。而大约公元前 1800 年的气候恶化则与石峁的衰落相吻合。

四、区域遗址和人口

在陕北黄土高原上发现了大量新石器时代遗址，年代可追溯到仰韶（公元前 4900—前 3000

年）和龙山（公元前 3000—前 2000/ 前 1900 年）时期。20 世纪 80 年代末在全省范围内开展了初步区域调查项目，根据所收集到的数据来看，在榆林地区（面积为 43578 平方千米）确定了 820 处新石器时代遗址，其中 125 处属于仰韶文化，695 处属于龙山文化。龙山文化遗址数量达到了仰韶文化遗址的五倍多，这表明龙山时期的人口增长速度非常快。然而，在青铜时代早期（约公元前 1900 年—前 1000 年），仅发现了 47 处遗址（占龙山文化遗址的 6.8%），这表明龙山文化的人口急剧下降（张在明等，1999）。最近的一项全国性调查项目报告了榆林地区的 4446 处新石器时代遗址。其中，面积小于 1 公顷的遗址有 1452 处，1—49 公顷的遗址有 1452 处，50—100 公顷的遗址仅 11 处，而石峁遗址是唯一一个面积大于 100 公顷的遗址。虽然这些新石器时代遗址的确切年代目前还无法确定，但绝大多数聚落都属于龙山文化，这与之前的调查相吻合。此次调查还发现，龙山时期之后人口急剧下降，仅发现了 136 处青铜时代早期遗址（孙周勇和邵晶，2015）。很明显，在公元前第三千纪，该地区的人口数量极高，当时的气候相对温暖湿润。公元前 2600 年左右，在毛乌素沙漠东部地区，紧接着一段强烈的干旱期之后，发现了一次快速的沙漠化事件。这为明显的人口增长提供了佐证，这一事件可能与该地区大量人口无节制地使用植被作为燃料直接相关（Miao et al.，2016）。

陕北也是新石器时代石城聚落集中分布的地区，这些石城多为龙山时期的产物。已记录的此类遗址超过 70 处，但除寨峁、石摞摞山、后寨子峁、关胡疙瘩和大理河流域的几处遗址外，很少有其他遗址被正式发表（Liu and Chen，2012；王炜林和马明志，2006）。最近沿秃尾河流域进行的调查发现了包括石峁在内的 11 处有墙和 193 处无墙龙山聚落。这些遗址规模大小不一，共同构成了以石峁为主要中心的聚落等级体系（图一）。石峁遗址出现在这一区域性建设过程的后期阶段，与该地区的大多数其他龙山聚落一起，随着寒冷和干旱期的到来而消失。

公元前第三千纪期间，黄土高原北部人口的迅速增长不可能仅仅是当地的现象，相反，它还归因于从其他地区迁入的人口，包括来自欧亚草原的牧民。在榆林火石梁遗址（公元前 2150—前 1900 年），驯化的绵羊 / 山羊和牛的骨骼在动物群中占主导地位（在 NISP 中占 68%，可鉴定表本数）（胡松梅等，2008）。这些牧业动物是在公元前三千纪后半段通过草原传入中国的（Liu and Chen，2012）。这些动物可能是随着牧民一起迁徙的。

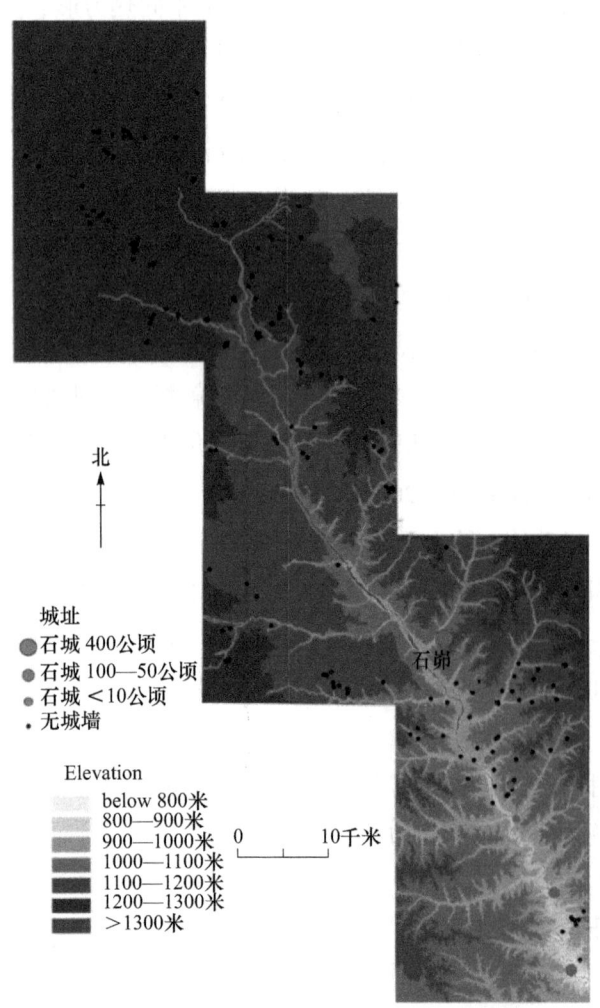

图一　秃尾河流域龙山时期遗址分布

五、石 峁 遗 址

石峁遗址由三个部分组成：皇城台（当地名称，意为"国王的宫殿台地"）、内城墙和外城墙（或西城墙和东城墙）。整个城址占地面积大于 400 公顷。此外，在石峁围墙周围还建有附属建筑，其中一个已被确定为祭坛，下文将进一步讨论（图二）。

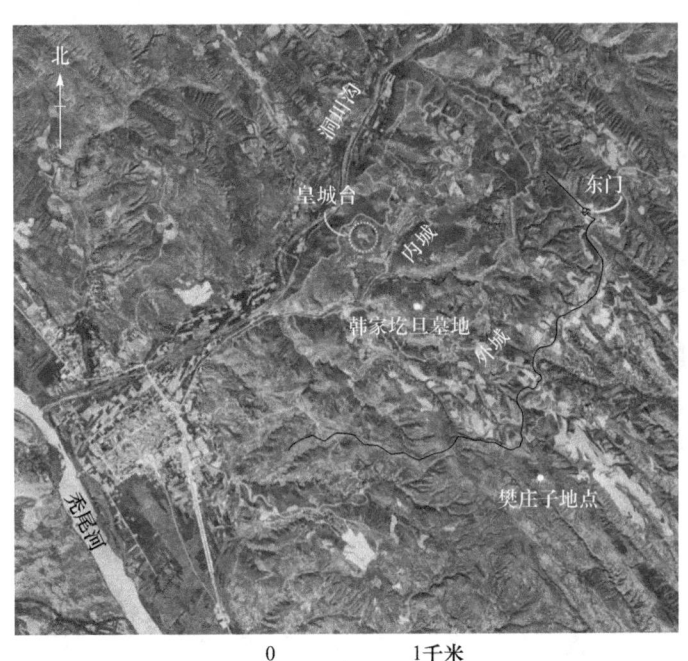

图二　石峁遗址布局

皇城台位于内城中心附近，它是一个层层叠叠的金字塔形土丘，顶部是残高 3—7 米的石墙（图三，1）。皇城台顶部面积超过 8 公顷，发现了一个夯土建筑基址（1500 平方米）和一个方形水池群（300 平方米）。出土了一些特殊物品，包括石人头和鳄鱼皮残片，鳄鱼皮在古代通常被用来制作祭祀用具——鼍鼓（Liu，1996）。作为栖息于热带和亚热带水域的动物，鳄鱼并非黄土高原的原生动物，而鳄鱼皮很可能是石峁精英阶层通过远距离贸易获得的珍贵物品。这些皇城台出土高等级遗迹和遗物表明，该地点可能与上层社会的高级祭祀活动有关。

椭圆形的内城墙是依照东北—西南方向的自然地形修建的，它占地约 210 公顷，残墙长 5700米。外城墙是内城墙的新月形延伸，占地面积大于 190 公顷，现存城墙长 4200 米。大部分石墙修建在山脊上，残余宽度平均为 2.5 米，残余高度高于地面 1 米。此外，在所有三座城墙中都发现了大门。内城和外城都有防御建筑，包括垛口、堡垒和角楼。内城和外城的城墙总长度约为 10 千米。如果城墙平均宽度为 2.5 米，高度为 5 米，那么用于筑城的石料总量约为 125000 立方米。估算建造石城所需的劳动力对于解释社会复杂程度非常重要（Shelach et al.，2011；Kim，2013）。然而，目前对石峁的研究仅提供了这方面的初步信息。在一个修复项目中，东门部分受损的城墙得到了重建。工人们使用现代铁制工具和现场的石头、黏土和水。总共使用了 169 人 / 天（每天 8 小时），

图三　石峁遗址建筑特色和文物

1. 皇城台残垣　2. 人颅骨坑　3. 插在东门墙中的玉铲　4. 壁画　5. 东门发现的玉器
6. 皇城台石墙上的菱形石刻　7. 在一座墓葬中发现的带有玉环和金属臂环的人臂骨　8. 石制人头像　9. 石峁陶器

建造了 208.5 立方米的石结构。根据这一项目，每人每天的施工量为 1.2 立方米。据此计算，建造石峁城墙总共需要 100719.4 天 / 人。如果每天有 200 人施工，则需要 503.6 天。然而，这一计算方法并未考虑从山下运输石块或使用石器而非铁器的人工成本，这些支出肯定会使总人工成本成倍增加。要了解建造石峁石城的劳动力规模，还需要进一步的研究和实验。

在樊庄子村发现了一座祭坛，位于外城墙东南约 300 米处。祭坛的中心是一个三层石砌结构，中间是一个圆丘（高 8 米），周围是一个两层方形地基（面积 154 平方米）。整个祭坛由一个新月形的石质围墙（面积达 1000 平方米）围成。

在遗址的地表上发现了龙山时期的陶器碎片，城墙内的密度较高，但城墙外几乎没有。调查还在遗址中发现了八处居住区和六处墓地，其中大部分位于内城。人口显然居住在石城区域内，尤其集中在内城区域。对内城墙内的后阳湾和呼家洼地点的发掘证实了这一观点，发掘出土了居址和墓葬（孙周勇等，2015）。

在皇城台地区发现的陶器与内蒙古中南部老虎山文化的陶器在类型上具有相似性，可追溯到公元前 2500—前 2300 年（内蒙古文物考古研究所，2000）。这种相似性表明，皇城台的建造时间很可能不晚于公元前 2300 年。

在东门入口处的发掘揭示了两层地面，中间被一层 0.4 米的混合土层隔开，这层土层与重建有关。下层和上层的遗物显示出该地区新石器时代晚期陶器的典型特征（图三，9），分别代表了遗址的早期和晚期阶段。来自早期阶段 F1 房址内，一根圆木的放射性碳测年结果为公元前 2200—前 2040 年（BA121536）；来自晚期阶段 F6 号房屋的石灰地面的测年结果为公元前 1940—前 1780 年（BA121534）（表一）。地层学、陶器类型学和放射性碳测年分析的综合数据表明，石峁的建造始于皇城台，时间大约在公元前 2300 年或更早，内城和外城是随后建造的。整个遗址使用的时间超过 500 年，在公元前 1800 年左右被遗弃之前，东门地区曾经历过偶发性的重建。

表一　石峁 AMS 放射性测年

实验室 #	样品	材料	放射性测年（BP）		校准后日期（cal BCE）	
			日期	±	1σ（68%）	2σ（95%）
Beta410057	HJGD001	人骨胶原	3510	30	1885-1865	1915-1745
					1850-1770	
BA121536	F1：1	木	3730	25	2200（24.0%）2160	2210（95.4%）2030
					2150（14.1%）2120	
					2090（30.2%）2040	
BA121534	F6：1	石灰层	3545	30	1940（49.5%）1870	1970（95.4%）1760
					1850（11.1%）1820	
					1800（7.6%）1780	

六、东门、防御设施及文物

考古学家发掘了位于外城东北部的石峁石城正门，即东门。东门占地 2500 平方米，位于整个遗址的最高点，可以俯瞰周围地区的广阔景色。该城门由一系列防御设施组成，包括一座带门塾的垛口式城门、两座墩台、带有马面的护墙和一座角台，所有这些设施由一个宽 9 米、长 45 米的 L 形门道连接（图四、图五）。根据建筑结构的重建，东门东侧还有一个由重叠的幕墙组成的小型栅栏门尚未发掘（图六；东门重建情况见附注）。

走近东门，首先映入眼帘的是一个近似 U 形的防御建筑，它在门前起着屏障的作用，在两侧形成两条通往入口的通道。城墙已被废弃并重建，早期城墙废弃后，晚期在东南角加建了一座方形石屋（F8）。在倒塌的墙体中发现了玉铲、玉璜和刻有阴刻线条的石人头像碎片。

两座长方形墩台位于门道两侧，残余高度为 5—7 米，面积分别为 224 平方米和 187 平方米。每座墩台都以夯土为核心，内衬石墙（主墙），并由附加墙（保护墙，与主墙相连）进一步加固。南侧的墩台倒塌后，在西边又修葺了一道矮墙和一个带石屋的"庭院"（F7；10 平方米）。

门道两侧还有两对门塾，由三对垂直于主墙的矮墙表示。门道内侧有一道 L 形墙，短的有

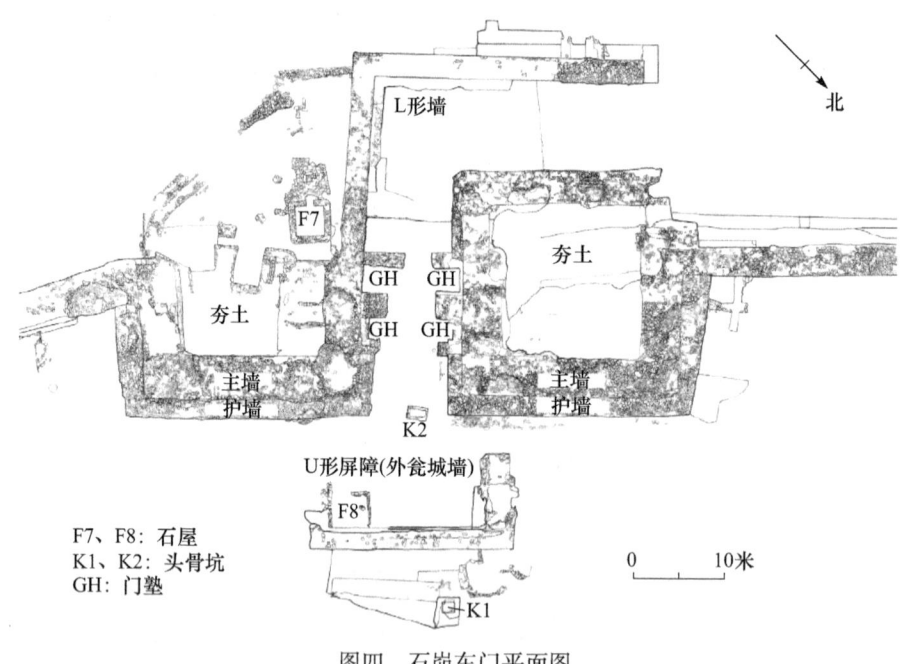

F7、F8：石屋
K1、K2：头骨坑
GH：门墩

0　　　10米

图四　石峁东门平面图

图五　石峁东门航拍图
A：U形屏障（外瓮城墙）；B：城门楼；C：L型墙；D：墩台；E：角台

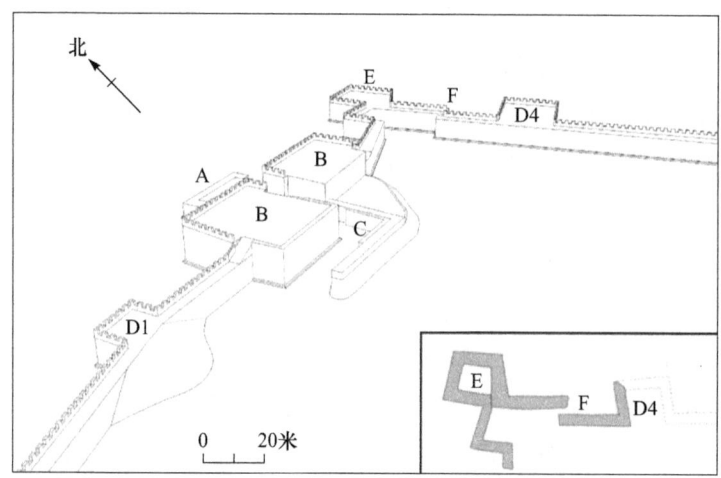

0　　20米

图六　石峁东门复原
A：U形屏障（外瓮城墙）；B：墩台，左边的墩台上有沿墙的城垛，也连接着马面（D1）；
C：L形屏障；D：马面，左边的马面（D1）有一个从地面向上延伸的斜坡；E：角台；
F：小门。插入图显示了与角台和马面相关的小门的平面视图（D4）

19 米，长的有 32 米。后期在 L 形墙上加建了加固石墙。

在东门附近发现了七个长方形马面，间距 30—40 米。马面是城墙的外部凸出部分，用于攻击敌军靠近城门和相邻马面的侧翼，其间距反映了武器的有效射程（Keeley et al.，2007）。

这些特征都表明了东门的主要防御功能。它们为防御者提供了保护、高度和掩护。城门上 U 形和 L 形结构的组合形成了复杂的垛口，迫使进攻方将侧翼和后方暴露在防守方的火力之下（Keeley et al.，2007）。

这些阻碍是中国最早的此类防御建筑的例子，可被视为中国王朝时期广泛使用的"瓮城"的原型。石峁遗址大量的防御措施是中国同时期任何其他遗址所无法比拟的，比夏家店下层文化（公元前 1900—前 1500 年）已知最早的堡垒（张亚强和郭治中，2006）还要早几百年。

石峁遗址出土了大量箭镞，进一步证明了该遗址的防御功能。例如，最近在皇城台的发掘出土了许多工具，包括 432 件针、134 件锥、57 件镞、13 件斧、9 件铲、9 件刀和 1 件凿。在这些出土文物中，镞的数量占第三位。

七、仪式和象征功能

仪式活动似乎在石峁发挥了重要作用，这可以从人头骨坑、大量玉器、铜 / 青铜器以及围墙上的拟人石雕中看出。

1. 人类头骨坑

在东门地区发现了 6 个埋有人类头骨的坑，均位于东门建筑下的地层中。K1 和 K2 分别位于 U 形屏障外侧和北墩台附近的门道入口处，各出土了 24 个人类头骨（图四）。在北端石砌城墙的墙体基础之下还发现了另外 4 处，每个坑中埋藏头骨数量 1 到 16 个不等（图三，2）。初步分析表明，这些头骨以年轻女性居多，部分头骨上有明显的砍斫痕迹，个别枕骨和下颌骨部位有灼烧痕迹。

在中国古代的大型公共建筑中，使用人和动物作为祭品的历史由来已久，根据商代晚期（公元前 1250—前 1046 年）都城殷墟出土的甲骨文有载，"斩人牲首"是祭祀仪式的一部分（王平和顾彬，2007）。与殷墟大型建筑相关的人类和动物祭祀墓葬的出现也证实了这一习俗（Chang，1980）。文献还记载，秦德公（公元前 677—前 676 年）曾下令"磔狗邑四门，以御蛊灾"（司马迁，1982）。石峁头骨坑比商代的人祭早了约 1000 年。这些坑均位于早期地面之下或石墙墙体之下，这表明在最初建造城墙之前就已经进行了某些祭祀活动，这种做法可能被认为是保护居住区免受邪灵侵扰的一种方式。

2. 玉器

玉器是石峁出土文物的主要组成部分。鉴于以前发现的石峁玉器主要来自私人收藏，没有明确的出处，最近的调查和发掘提供了急需的背景信息。遗址中玉器出土地点可归纳为三类：第一类是大型土坑墓葬，2013 年在内城韩家圪旦墓地的发掘中发现了 8 座大型墓葬，最大的一座墓葬面积大于 10 平方米，深度达 6 米，虽然墓葬已被洗劫一空，但仍保留了许多文物，包括一只玉鸟和一个玉管。第二类为祭坛及祭祀坑等遗迹，在樊庄子祭坛中就发现了一件玉铲。东城门的城墙墙体和倒塌堆积系石峁玉器的第三类出土地点，东门发掘出土了 21 件各类玉器，这些玉器大多出土于城墙墙体平砌的石块之间或石墙方围倒塌堆积之内，以及早晚两期活动面之间的垫土中（图三，3、5）。

在中国许多新石器时代遗址中都发现了与贵族墓葬相关或埋藏在祭祀建筑中的玉器，但在石峁遗址的石墙上镶嵌玉器是独一无二的，以前在考古记录中从未见过。不过，古代文献可能提供了一些线索。例如，战国时期（公元前 475—前 221 年）《竹书纪年》和《晏子春秋》都记载，夏朝的桀王用玉器装饰瑶台、建造宫室和玉门（李民等，1990；吴则虞，1962）。在城墙上镶嵌玉器的石峁东门可能就是这些历史文献中描述的玉器装饰建筑的起源。与使用人头骨坑的做法类似，在石门和石墙上镶嵌具有宗教效力的玉石的做法可能与驱散邪灵、加强石峁统治者抵御人类和自然敌人的力量的思想有关。东门的灵性方面需要进一步研究，以了解战争与超自然机构之间的关系（Walker，2009）。

人们早就认识到，许多石峁玉器在形式和材质上与中国其他地区的玉器有相似之处，尤其是牙璋（王炜林和孙周勇，2011；邓聪，1994；邓淑苹，1999）。牙璋是一种仪式性武器，或许代表了一种男性主导的武士精神，这种精神将崇高的社会地位与战争联系在一起（Underhill，1989）。在石峁和其他地区出现的许多相似玉器也表明，石峁的精英们在一个非常广阔的区域内积极参与了与邻近政体共享的仪式性价值体系。

3. 铜 / 青铜器

神木当地一位收藏家收藏了从石峁被盗大型墓葬中出土的金属器。在这些物品中，有一套来自韩家圪旦墓地的 2 只玉臂环和 6 只金属手环，它们与墓主人的臂骨一起被收藏起来（图三，7）。臂骨的骨胶原经 AMS 放射性碳测定为公元前 1800 年左右（Beta-410057；68% 的概率：公元前 1885—前 1865 年，公元前 1850—前 1770 年）（表一），表明该墓葬为石峁文化晚期墓葬。使用布鲁克 Tracer Ⅲ-SD 手持式 pXRF 光谱仪对 9 件金属手环（图七，1—9；1—3、7—9 出土于韩家圪旦墓葬）进行了非破坏性成分分析，并使用自定义校准进行了定量（详见参考文献）。在石峁组合中确定了三种金属成分：含有少量杂质的非合金铜（样品编号 1—3、5、8、9）、砷青铜（样品编号 4）和锡青铜（样品编号 6 和 7）。六件非合金铜手环中的五件（样品编号 1—3、8、9）和一件锡青铜（样品编号 7）是从韩家圪旦墓葬中出土的。除砷外其他杂质（主要是铁、锌、银、锑、铅和铋）的含量一般较低（每种元素少于 0.3wt%），除了 7 号样品中的铅（1.39wt% Pb）和 3 号样品中的铋（0.72wt% Bi）。在六件金属器（样本编号 2—4、6—8）中发现了微量汞，这可能是部分附着在文物表面的纺织品上的红色朱砂颜料造成的污染。在墓葬中撒朱砂是中国新石器时代和青铜时代的一种丧葬传统，尤其与社会地位高的人有关（方辉，2015）。

近期在皇城台的发掘出土了铸造青铜刀的石模，表明石峁很可能从事过金属铸造（赵景辉和高奇发，2016）。然而，目前还不清楚除刀以外的金属制品是否也是在石峁生产的。

4. 石雕头像

据说在皇城台地区发现的 20 多座石雕像是当地人多年来收集的（罗宏才，2011）。这些石雕是

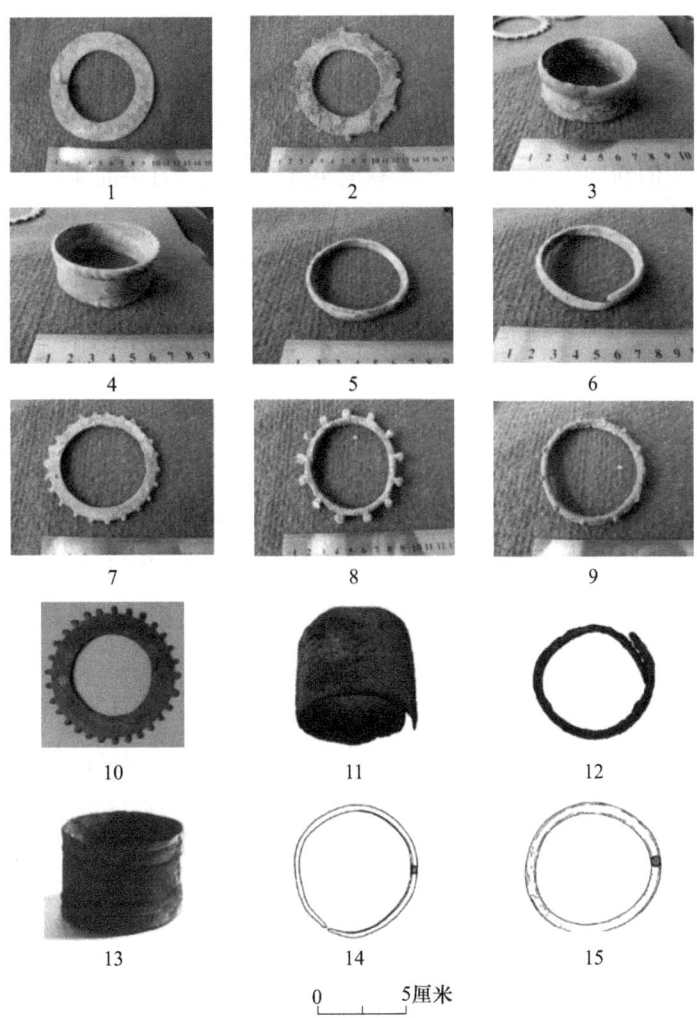

图七　石峁铜／青铜手环与其他遗址的对比

1—9. 石峁样品编号1—9　10. 陶寺　11、12. 磨沟　13—15. 朱开沟（10—13 不按比例）
类型：1. "玉环"形环　2、7—10. 齿状铜环　3、4、11、13. 宽臂环　5、6、12、14、15. 环形

单面雕刻有人形图像的砂岩块，大多数雕刻的是面部，但也有一些雕刻的是整个或部分人体。近期的发掘工作从东门两个墩台之间倒塌的石墙中发现了一个石雕头像。这是一个长方形的石块（长24、宽13、高20厘米），上面有一个浅浮雕的人脸（图三，8），可能是用来装饰墩台墙壁的。在皇城台的外墙上还发现了菱形石雕，以类似人眼的图案排列成人脸（图三，6）。这些发现表明，皇城台和东门的石墙上都有拟人和／或几何雕刻，这些石雕被放置在石墙的外侧，可能是强大的神灵或石峁世界保护神的形象。

　　石人像在黄河地区的新石器时代遗址中极为罕见。有学者认为，石峁石人像与西伯利亚南部的奥库涅夫文化和新疆的切木尔切克文化（Shamirshak）中的石人像有某些相似之处（郭物，2013）。要确定石峁与这些遥远文化之间的假定关系，还需要更多证据。

5. 彩绘壁画

　　对城门内L形墙体的发掘揭示了近200块壁画碎片，这些碎片描绘了红、黄、绿、黑四种颜色的几何图案。根据化学分析，这些颜色分别由赤铁矿、黄铁矿、海绿石和炭黑组成（邵安定等，2015）。所有颜料都是用刷子状工具涂抹在一层碳酸钙制成的白灰层上。最大的一块每边长约0.3米（图三，4）。在新石器时代，赤铁矿和炭黑通常被用来绘制陶器，但使用黄铁矿和海绿石作为颜料被认为是历史上较晚的创新，分别可追溯到春秋时期（公元前771—前476年）和东汉时期（公元前25—220年）（邵安定等，2015）。在石峁建筑上出现如此大规模的用刷绘制的多彩壁画是史无前例的，这些壁画与正门的其他显著特点一起，会给观者留下深刻的视觉印象，并增强城堡的象征性权力。

八、石峁的城市图景

石峁显然是一个高层次的复杂社会，它拥有一个强大的精英统治集团，统治着黄土高原北部的大片地区。如上所述，它的许多物质成分在中国新石器时代是绝无仅有的。我们可以从三个方面来评价石峁的重要性：它在该地区的社会政治作用、它与其他地区中心的关系以及它对我们了解中国早期城市化的贡献。

石峁部落的出现并非孤立事件。聚落数据和气候记录表明，在相对湿润和温暖的气候条件下，黄土高原北部从仰韶时期到龙山时期出现了快速的人口增长，这一发展的特点是龙山时期在全区范围内修建了石城。在榆林地区，最早的石城出现在公元前2800—前2500年，大型遗址面积约为21公顷。公元前2500年—前2300年期间，聚落等级差异变得更加明显，最大的石城遗址面积达80公顷，更多的聚落（包括一些小型聚落）修建了石质围墙。公元前2300—前1800年间，聚落等级的增加和石砌围墙的建造达到了顶峰，石峁成为主要的地区中心。这一过程表明，由于人口压力增大导致的资源竞争，族群间的矛盾逐渐激化（孙周勇，2016）。公元前2800—前2300年期间陕北地区石城的发展可与内蒙古的老虎山文化（公元前2500—前2300年）和夏家店下层文化（公元前2000—前1200年）相媲美。这些文化的特点是聚落周围有大量的防御性石墙，表明族群间存在冲突，但没有发现单一的大型区域中心（Shelach et al.，2011）。然而，石峁的崛起将这一社会体系与老虎山和夏家店下层的社会体系区分开来。在秃尾河流域，少数有围墙的聚落与大量无围墙的小村落紧密相连，这表明这些围墙可能为邻近地区的居民提供保护。在这种情况下，石峁成为一个主要的区域中心，标志着该地区的人口整合和政治中心化进程。

石峁城的建造很可能是秃尾河流域以外地区众多人口的集体努力。建造这一大型防御工事需要高强度的能源消耗和复杂的组织管理，这表明当时存在一个强大的精英群体，能够调动大量人口的积极性。建造过程中的各种仪式活动也是一大亮点，在开始修建城墙之前要进行人祭，在修建过程中要在城墙上放置大量的玉器和石雕像。显然，石峁的核心作用是为其居民提供身体和心理上的保护，以抵御外来者。

石峁显然参与了远距离交换，或将金属器皿、玉器、鳄鱼皮和朱砂等异域名贵物品作为贡品进贡，以供丧葬之用。

石峁出土的金属手环大致可分为四种类型：宽臂环、齿状、环状和"玉环"状（图七）。在距石峁东南约300千米的陶寺出土了与石峁相似的铜齿轮形器（国家文物局，2002）；而在北约200

千米的内蒙古朱开沟（内蒙古自治区文物考古研究所和鄂尔多斯博物馆，2000）和西南约 700 千米的甘肃磨沟（Mei et al.，2015）（器物见图七）则发现了铜 / 青铜宽臂环和环状手环。所有这些金属制品都可追溯到公元前二千年早期，很可能与石峁出土的金属制品同时代。显然，石峁的金属手环与东南部、北部和西部的金属手环在风格上有相似之处。

尽管在风格上与北部的内蒙古和西部的甘肃的手环有多种相似之处，但石峁的金属组合在成分上与中原地区早期的铜基金属更为接近。石峁的非合金铜和砷青铜手镯在成分上与山西南部中条山附近东下冯遗址出土的含砷非合金铜集合体相似（Li，2011），而较小程度上与二里头和陶寺出土的砷青铜合金相似（赵春燕等，2009；高江涛和何努，2014）。相反，石峁以北的内蒙古考古遗址中几乎没有含砷合金（Wang et al.，2013；李延祥等，2003；李秀辉等，2000a）。相对于石峁青铜合金和中原青铜合金，朱开沟和磨沟出土的青铜合金通常含有较多的银、铅和锡，而砷含量较少（李秀辉等，2000a）。锡青铜合金则与已报道的二里头三、四期锡青铜器相似（An，1982）。

据推测，中条山的铜矿是二里头青铜工业的重要矿石来源（Li，2011；Liu and Chen，2003）。中条山的铜、砷和锡矿（Qiu et al.，2015；Zhao and Zhen，2006）也代表了在石峁观测到的所有合金成分的可行来源。如果赵景辉和高奇发（2016）公布最近在石峁发现的石铸模具可以用来推断手环和刀的生产，那么石峁的冶金生产网络结构就有可能与后来的二里头国家类似，后者的矿石采购和冶炼都发生在其政治领域的外围，但铸造仍然高度集中在城市中心（Liu and Chen，2003）。它还可能确定了石峁是陶寺发现的砷青铜齿轮形器的来源（高江涛和何努，2014）。这不仅是迄今为止已知的仅有的两个报道了铜齿轮形器的遗址，而且目前也没有考古证据表明陶寺是一个冶金生产地，这些关联将在今后专门关注石峁冶金研究的出版物中进行更详细的讨论。

石峁玉器的颜色和形态各异，表明它们的来源多种多样。黄土高原北部地区缺乏玉石的天然来源（黄翠梅和叶贵玉，2006），而且在石峁没有发现玉石加工的证据。因此，石峁玉器很可能来自其他地方。例如，一些石峁牙璋和牙璧与山东龙山文化中的玉器相似，而一些石峁人形和兽形玉器的来源可以追溯到湖北石家河文化（邓淑苹，1999；安志敏，1998；冈村秀典，1998）。鼍鼓的遗存，以及鳄鱼骨板，以前仅在山东和山西的陶寺、清凉寺遗址的新石器时代高等级墓葬中发现过（Liu，1996；薛新明和杨林中，2011）。朱砂也是该地区的外来物，其主要产地在中国南方（方辉，2015）。

所有这些物品可能都是在黄土高原和其他地区之间流通的名贵物品，石峁可能在大片区域的政治和精神世界中扮演了核心角色，并建立了广泛的贸易网络和 / 或朝贡系统，连接了四面八方的偏远地区。

石峁并非鄂尔多斯和黄土高原上唯一的地区中心。鉴于该遗址存在坚固的防御设施，石峁似乎也有同样强大的竞争对手。在这一地区发现了石城聚落群，如黄河东北弯的清水河地区和黄河以北大青山南麓的石城聚落群（Liu and Chen，2012），以及山西北部黄河以东渭河流域的碧村和其他几个遗址（张光辉等，2015）。然而，这些地区的石城遗址规模较小，很可能无法与石峁竞争。与石峁同时代并可与之媲美的大型城墙聚落只有山西南部的一个主要区域中心陶寺（面积 300 公顷，公元前 2300—前 1900 年）（He，2013）。石峁遗址和陶寺遗址在物质文化方面有一些相似之处，包括玉器和金属手环的风格相似、鳄鱼骨板的存在、高等级墓葬中朱砂的使用以及几何形装饰的器物。

这两个遗址还显示了对人类施暴和破坏建筑的证据，这两个地区中心可能有着复杂的关系，涉及贸易和掠夺。有人认为，陶寺宫殿建筑和精英墓葬的暴力拆毁可能是石峁人所为（孙周勇和邵晶，2015；徐峰，2014）。

石峁人是谁？如果不对人类遗骸进行基因分析，就无法正确回答这个问题。然而，根据考古资料，石峁和黄土高原北部的物质文化反映了多种传统的结合。石峁代表了中国北部边疆新兴的农牧传统，石峁的猪、绵羊／山羊和牛等动物遗存就是证明（Owlett，2017）。

公元前三千纪晚期至公元前二千纪早期是中国史前史的关键时期，这一时期见证了一个重大的社会转型，即从以地区性新石器时代政体之间的激烈竞争为特征的时代到中原地区首个中央集权的青铜时代国家——二里头文化（公元前1900—前1500年）的形成（Liu and Chen，2012）。石峁在这一过渡时期出现，与二里头国家的初始阶段重叠。石峁位于中原文明的边缘地带，目前几乎没有直接证据显示其与二里头文化之间存在紧密联系。石峁的崛起，似乎更多是黄土高原北部各族群间竞争加剧和政治整合的产物，其衰落可能部分归因于气候的突变抑制了地区社会的发展。然而，石峁的灭亡并不是这个伟大政体的终结，它的文化遗产和社会组织模式被后继的青铜时代文化所吸收，这些文化后来成为中原王朝的强大对手（Di Cosmo，2002）。

最初的城市化通常有三个相互关联的主要因素：防御、经济和宗教（Marcus and Sabloff，2008b）。石峁的崛起显然与地区性聚落模式所暗示的城邦间战争情景有关。随着石峁在发展过程中逐渐确立其政治和军事上的首要地位，其规模和复杂性也不断增加，功能也随之扩大。从城市图景的角度来看，可以从礼制、政治、经济和社会活动四个相互关联的方面对石峁进行评估（Smith，2014）。石峁的内部城市图景显示出明显的礼制和政治权威，体现在其象征性和纪念性建筑以及精英阶层的存在。其社会图景表现为两种形式的区域间关系。一方面，区域图景的特征是广泛的防御工事，具有等级和军事性质；另一方面，石峁参与了区域间的社会网络，通过这些网络，名贵物品得以流通。目前，我们还没有足够的数据来讨论它的经济功能，而这些方面应该是未来研究的一个很有前景的途径。

九、结　论

要全面了解中国城市化的形成时期，就必须将中原王朝早期核心区域以外的地区纳入其中。石峁遗址的发现揭示了中国城市化的独特轨迹。与中国其他地区农耕民族建立的新石器时代复合社会相平行，石峁在黄土高原北部地区农牧民的精神和政治世界中扮演着核心角色。作为一个城市中心，石峁具有最明显的防御和战争特征。以冲突为导向的社会关系开创了这一地区的政治格局，在此后的数千年中，农、牧民之间的战争时有发生。

这个曾经以石峁为中心的强大王国在古代文字记录中完全不为人知。因此，它的发现也对中国考古界提出了挑战，因为考古界长期以来一直受到公认的史学取向的影响（Falkenhausen，1993）。这种情况与最近在长江下游地区发现的良渚文化和辽河流域发现的红山文化所暗示的情况类似，这两种文化都显示了新石器时代社会的发展，具有很高的复杂性，但在古籍中却完全没有记载（Liu and Chen，2012）。考古学在重建过去、克服古籍局限性方面具有巨大潜力，未来的研究必将为我们提供更全面的信息，让我们了解这一伟大创举背后的人类活动，并帮助我们重新评估中国王朝文明前夜更广阔区域内的社会政治变迁。

　　附记：本项目得到了中国国家自然科学基金的三项资助：①距今5000—4000年前鄂尔多斯地区的气候变化与人类适应（批准号41571190，崔建新和孙周勇）；②中国文明起源中的区域定居模式与人口（批准号2013BAK08B05，孙周勇）；③放射性碳测年项目（批准号2013BAK08B01，吴小红）。该项目还得到了中国博士后科研基金（批准号2015M572518，孙周勇）以及斯坦福大学Min Kwaan中国考古基金的支持。我们感谢J. Paul Getty博物馆的Arlen Heginbotham（装饰艺术与雕塑保护部）以及美国西北大学/芝加哥艺术学院艺术科学研究中心的Dr. Marc Walton和Dr. Monica Ganio提供铜合金参考标准，用于创建定制的pXRF校准。我们还感谢Dr. Thomas Bartlett编辑本文的早期版本。

参 考 文 献

安志敏. 1998. 牙璧试析 // 邓聪. 东亚玉器. 香港：香港中文大学中国考古艺术研究中心，37-44.

戴应新. 1977. 陕西神木县石峁龙山文化遗址调查. 考古，3：154-157，172.

邓聪. 1994. 香港大湾出土商代牙璋串饰初论. 文物，12：54-63.

邓淑苹. 1999. 晋、陕出土东夷系玉器的启示. 考古与文物，5：15-27.

方辉. 2015. 论史前及夏时期的朱砂葬——兼论帝尧与丹朱传说. 文史哲，2：56-72.

冈村秀典，1998. 公元前两千年前后中国玉器之扩张 // 邓聪. 东亚玉器. 香港：香港中文大学中国考古艺术研究中心，79-85.

高江涛，何努. 2014. 陶寺遗址出土铜器初探. 南方文物，1：91-95.

郭明建. 2014. 良渚文化宏观聚落研究. 考古学报，1：1-31.

郭物. 2013. 从石峁遗址的石人看龙山时代中国北方同欧亚草原的交流. 中国文物报：6.

国家文物局. 2002. 2001中国重要考古发现. 北京：文物出版社.

胡松梅，张鹏程，袁明. 2008. 榆林火石梁遗址动物遗存研究. 人类学学报，3：232-248.

黄翠梅，叶贵玉. 2006. 自然环境与玉矿资源——以新石器时代晋陕地区的玉器发展为例 // 许倬云，张忠培. 新世纪的考古学. 北京：紫禁城出版社，442-470.

李民，杨择令，孙顺霖等. 1990. 古本竹书纪年译注. 郑州：中州古籍出版社.

李秀辉，韩汝玢. 2000. 朱开沟遗址出土铜器的金相学研究 // 内蒙古自治区文物考古研究所，鄂尔多斯博物馆编. 朱开沟：青铜时代早期遗址发掘报告. 北京：文物出版社.

李延祥，贾海新，朱延平. 2003. 大甸子墓地出土铜器初步研究. 文物，7：78-84.

罗宏才. 2011. 陕西神木石峁遗址石雕像群组的调查与研究 // 罗宏才. 从中亚到长安. 上海：上海大学出版社，4-50.

内蒙古文物考古研究所. 2000. 岱海考古（I）——老虎山文化遗址发掘报告集. 北京：科学出版社.

内蒙古自治区文物考古研究所，鄂尔多斯博物馆. 2000. 朱开沟：青铜时代早期遗址发掘报告. 北京：文物出版社.

邵安定，付倩丽，孙周勇等. 2015. 陕西神木县石峁遗址出土壁画制作材料及工艺研究. 考古，6：109-120.

司马迁. 1982. 史记. 北京：中华书局，14：509.

孙周勇. 2016. 公元前第三千纪北方地区社会复杂化过程考察——以榆林地区考古资料为中心. 考古与文物，4：70-79.

孙周勇，邵晶. 2015. 石峁是座什么城？光明日报：16.

孙周勇，邵晶，邵安定等. 2015. 陕西神木石峁遗址后阳湾、呼家洼地点试掘简报. 考古，5：60-71.

王宁远，刘斌，闫凯凯等. 2015. 杭州市良渚古城外郭的探查与美人地和扁担山的发掘. 考古，1：14-29.

王平，顾彬. 2007. 甲骨文与殷商人祭. 郑州：大象出版社.

王炜林，马明志. 2006. 陕北新石器时代石城聚落的发现与初步研究. 中国社会科学院古代文明研究中心通讯，11：34-44.

王炜林，孙周勇. 2011. 石峁玉器的年代及相关问题. 考古与文物，4：40-49.

西安半坡博物馆. 1988. 陕西神木石峁遗址调查试掘简报. 史前研究，2：92-100.

吴则虞. 1962. 晏子春秋集释. 北京：中华书局.

徐峰. 2014. 石峁与陶寺考古发现的初步比较. 文博，1：18-22+69.

薛新明，杨林中. 2011. 山西芮城清凉寺史前墓地. 考古学报，4：525-560+580-592.

张光辉，海金乐，王晓毅. 2015. 山西兴县碧村发现龙山石城及大型石砌房址. 中国文物报：8.

张光直. 1985. 关于中国初期“城市”这个概念，文物，2：61-67.

张亚强，郭治中. 2006. 赤峰市松山区三座店遗址 2005 年度发掘简报. 内蒙古文物考古，1：1-8.

张在明，徐进，秦建明. 1999. 中国文物地图集：陕西分册. 西安：西安地图出版社.

赵春燕，杜金鹏，许宏等. 2009. 偃师二里头出土铜器的化学组成分析 // 科技部社会发展科技司，国家文物局博物馆与社会文物司. 中华文明探源工程文集：技术与经济卷 I. 北京：科学出版社.

赵景辉，高奇发. 2016. 石峁遗址发现石模具中国青铜技术或源于欧亚草原. 陕西广播电视台，https:// kknews.cc/ zh-sg/culture/e35yey.html (Aug. 28).

An Z. 1982. Some problems concerning China's early copper and bronze artifacts (Murray, J. K., trans.). Early China 8P: 53-75.

Chang K.-C. 1980. Shang Civilization. Yale University Press.

Childe V. G. 1950. The urban revolution. Town Plann. Rev., 21: 3-17.

Di Cosmo N. 2002. Ancient China and its Enemies. Cambridge University Press.

Falkenhausen L. v. 1993. On the historiographical orientation of Chinese archaeology. Antiquity, 67: 839-849.

Falkenhausen L. v. 2008. Stages in the development of "cities" in pre-imperial China. In: Marcus, J., Sablof, J. A. (Eds.), The Ancient City: New Perspectives on Urbanism in the Old and New World. A School for Advanced Reserch Resident Scholar Book: 209-228.

Guo L, Feng Z, Li X, et al. 2007. Holocene climatic and environmental changes recorded in Baahar Nuur Lake core in the Ordos Plateau, Inner Mongolia of China. Chin. Sci. Bull, 52: 959-966.

He N. 2013. The Longshan period site of Taosi in southern Shanxi province. In: Underhill A. P. (Ed.), A Companion to Chinese Archaeology. Wiley-Blackwell: 255-277.

Hu K, Mo D, Wang H, et al. 2011. Environmental changes and human activities on both sides of Sarah Wusu River, in Song (Xixia) and Yuan Dynasty. Acta Sci. Nat. Univ. Pekin, 47: 466-474.

Huang Y, Wang N-A, He T, et al. 2009. Historical desertification of the Mu Us Desert, Northern China: A multidisciplinary study. Geomorphology, 110: 108-117.

Keeley L H, Fontana M, Quick R. 2007. Baffles and bastions: The universal features of fortifications. J. Archaeol. Res., 15: 55-95.

Kim N. 2013. Lasting monuments and durable institutions: Labor, urbanism and statehood in northern Vietnam and beyond. J. Archaeol. Res., 21: 217-267.

Li J. 2011. Investigation and study on early copper mining and smelting sites in the south of Shanxi Province, Centural China, School of Metallurgical and Ecological Engineering. Beijing University of Science and Technology.

Li X, Zhou W, An Z, et al. 2000b. The palaeovegetation record of monsoon evolution in the desert-loess transition zone for the last 13 ka BP. Acta Bot. Sin., 42: 868-872.

Li S-H, Sun J, Li B. 2011. Holocene environmental changes in central Inner Mongolia revealed by luminescence dating of sediments from the Sala Us River valley. The Holocene, 22: 397-404.

Liu B, Jin H, Sun L, et al. 2014. Holocene moisture change revealed by the Rb/Sr ratio of aeolian deposits in the southeastern Mu Us Desert, China. Aeolian Res., 13: 109-119.

Liu L, 1996. Mortuary ritual and social hierarchy in the Longshan culture. Early China, 21: 1-46.

Liu L, Chen X. 2003. State Formation in Early China. Duckworth.

Liu L, Chen X. 2012. The Archaeology of China: From the Late Palaeolithic to the Early Bronze Age. Cambridge University Press.

Marcus J, Sabloff J A. 2008a. The ancient city: New prespectives on urbanism in the old and new world. School for Advanced Research.

Marcus J, Sabloff J A. 2008b. Introduction. In: Marcus J, Sabloff J A. (Eds.), The ancient city: New prespectives on Urbanism in the old and new world. School for Advanced Research: 3-26.

Mei J, Wang P, Chen K, et al. 2015. Archaeometallurgical studies in China: some recent developments and challenging issues. J. Archaeol. Sci., 56: 221-232.

Miao Y, Jin H, Cui J. 2016. Human activity accelerating the rapid desertification of the Mu Us Sandy Lands, North China. Sci. Report., 6: 23003.

Owlett T E, Hu S, Sun Z, et al. 2018. Food between the country and the city: The politics of food production at Shimao and Zhaimaoliang in the Ordos Region, northern China. Archaeological Research in Asia, 14: 46-60.

Qiu Z, Fan H, Liu X, et al. 2015. Fluid inclusion and carbon-oxygen isotope studies of the Hujiayu Cu deposit, Zhongtiao Mountains, China: implications for syn-metamorphic copper remobilization. Acta Geol. Sin., 89: 726-745.

Shelach G, Raphael K, Jaffe Y. 2011. Sanzuodian: The structure, function and social significance of the earliest stone fortified sites in China. Antiquity, 85: 11-26.

Smith M E. 2009. V. Gordon childe and the urban revolution: A historical perspective on a revolution in urban studies. Town Plann. Rev., 80: 3-29.

Smith M L. 2014. The archaeology of urban landscapes. Annu. Rev. Anthropol., 43, 307-323.

Underhill A. 1989. Warfare during the Chinese Neolithic period: a review of the evidence. In: Tkaczuk, D. C., Vivian, B. C. (Eds.), Conflict: Current Archaeological Perspectives. Archaeological Association of the University of Calgary: 229-237.

Walker W. 2009. Warfare and the practice of supernatural agents. In: Nielsen, A., Walker, W. (Eds.), Warfare in Cultural Practice. University of Arizona Press: 109-135.

Wang Y, Mei J, Chen K, Cao J, Sun J. 2013. A preliminary scientific research on copper artifacts unearthed from the site of Erdaojingzi, Chifeng City, Inner Mongolia. Bianjiang Kaogu Yanjiu 13. Science Press: 284-292.

Wheatley P. 1971. The Pivot of the Four Quarters: A preliminary Enquiry Into the Origins and Character of the Ancient Chinese City. Aldine Publishing Company, Chicago.

Zhao Y, Zhen Y. 2006. Genetic Model for Metamorphosed Exhalative-sedimentary Copper Deposits of the Hujiayu-Bizigou-Type in the Zhongtiao Region. J. Guilin Univ. Technol. 26, 310-319.

（原载于 Archaeological Research in Asia, volume14, 2018）

龙山时代河套与晋南的文化交融

王晓毅

本文所称"河套"是指以晋陕高原为中心的内蒙古中南部、陕北、晋中北以及冀西北地区。对于该研究区域，苏秉琦先生曾在 20 世纪 80 年代提出"三北"地带、"北方古文化"的命名[1]，部分学者也在延续使用[2]。本文所称"晋南"指目前行政区划上的山西临汾、运城两市。

河套与晋南两个地区的考古工作均开始于 20 世纪 20 年代，所不同的是，晋南作为中原腹地，与陕西的关中，河南的伊洛、河济地区一样，一直是中国考古学最为关注的区域，其考古学文化谱系和发展脉络清晰[3]；而河套地区直到 20 世纪 80 年代以后才迎来该区域田野考古工作和学术研究的大发展[4]。20 世纪 80 年代在内蒙古中南部地区先后对大青山西段[5]、岱海周围[6]进行了重点考古调查，并对重要遗址进行了发掘[7]，基本建立起该区域的史前文化谱系[8]，并进行了聚落、环境方面的相关研究[9]。为系统梳理以太原盆地为主的晋中地区的文化面貌，1980 年夏，由国家文物局、吉林大学、山西省考古研究所合作组成晋中考古队进行专项调查[10]，并先后对太谷白燕[11]、汾阳杏花村[12]、忻州游邀[13]等遗址重点发掘，基本厘清了晋中地区的文化谱系[14]。与此同时，对河北蔚县[15]、张家口市[16]也进行了考古调查和部分遗址的发掘，并初步梳理了张家口地区的文化谱系[17]。陕北地区该阶段主要调查了榆林地区的无定河和窟野河流域[18]，并重点发掘了绥德小官道[19]、府谷郑则峁[20]等遗址，对该地区的新石器文化有了初步认识。对于河套地区的综合研究，该阶段主要集中于对龙山文化遗存的探讨[21]。进入 21 世纪以来，国家文物局启动了"河套地区先秦两汉时期人类生业、文化与环境研究"，山西、陕西、内蒙古三省在该地区开展了一系列区域考古调查，取得了丰硕的成果。近年来，国家文物局又启动"河套地区聚落与社会研究"区域考古重大课题，陕西省考古研究院在陕北秃尾河流域进行了详细的田野调查，又对石峁[22]、寨峁梁[23]、神圪垯梁[24]、石摞摞山[25]等遗址进行了发掘。山西省考古研究所以兴县碧村遗址[26]为中心，先后对该遗址及其周边的蔚汾河流域开展了系统调查，取得重要收获。结合 20 世纪 80 年代内蒙古岱海、大青山南麓和晋中地区的考古发现，学术界已经基本梳理清楚了河套地区史前文化的滥觞到繁荣的过程，以及在这个过程中聚落结构的变迁[27]。

一、龙山时代之前的相互影响

韩建业先生曾主张用老虎山文化来涵盖北方地区大部分龙山遗存[28]；关于晋南，目前多数学者认为其龙山文化主要是陶寺类型和三里桥类型。根据目前公布的有关河套及晋南地区这三种龙山时代不同文化类型的测年数据，本文所称的龙山时代的绝对年代在距今 4500 年至 3900 年之间，相对年代在庙底沟二期文化结束至夏文化崛起之间。

就河套地区新石器时代的文化格局和对外关系而言，仰韶文化时期该地区主要处于接受外来影响的自我积淀时期，龙山时代主要处于向外影响的变革时期[29]。与之关系最为密切的，是晋南的文化。

仰韶文化中期，河套地区受到晋南的强烈影响。以晋南为起源地的庙底沟文化[30]，在其繁盛阶段对外辐射，河套地区作为其北邻区域首当其冲，已有学者提出庙底沟文化由晋南北进的两条通道[31]。以玫瑰花瓣纹组成图案的彩陶盆、钵、宽带黑彩纹敛口钵和双唇口尖底瓶组成的庙底沟文化典型因素在北进过程中与当地原有文化融合[32]，促进了河套地区文化的统一性。

但到了仰韶文化晚期阶段，仰韶文化的核心势力范围内缩，河套地区逐渐形成具有地方特色的区域文化，并逐步开始对周边文化施加影响[33]。自此之后该地区的文化序列相对完整，依次为海生不浪文化（3300BC—2800BC）—阿善文化（2800BC—2500BC）—老虎山文化[34]（BC2500—2300BC）—新华文化[35]（2300BC—1800BC）。其中，阿善文化相当于晋南的庙底沟二期文化。老虎山文化也可以称为龙山时代前期或早期，与陶寺文化早期相当。新华文化为龙山时代后期，与陶寺文化中、晚期年代相近，以公元前2100年为界，早段相当于龙山中期，晚段相当于龙山晚期至二里头文化早期。

河套地区阿善文化时期的陶器以底尖呈"钮状凸出"的尖底瓶和新出现的斝式鬲[36]最具特色，有别于晋南庙底沟二期文化时期的小口高领平底瓶和釜形斝。在该阶段河套地区对晋南几乎没有影响，相反，临近晋南的晋中地区发现有庙底沟二期文化的典型器釜形斝、釜灶、盆形鼎等，明显是晋南对晋中的影响更大一些。

二、陶器、石器及铜器所反映的文化互动

进入龙山时代，河套地区以鬲、斝、甗、蛋形瓮为主的袋足器南下，对晋南陶寺文化产生重大影响。也许是发生在公元前2300年前后的降温事件[37]的推动，龙山前期老虎山文化向南迁徙，以单把斝式鬲、双鋬鬲、带腰隔陶甗为代表的鬲文化因素传播到晋南地区，对陶寺文明的出现起了很大作用[38]，尤其是在陶寺中期新出现的鬲类炊器与本地特有的釜灶并存，显然是北方因素南下带来的结果。此外，河套地区龙山时期常见的卜骨、细石器镞在晋南也有发现，例如在陶寺墓地24座墓中出土了细石器镞329件，其中M3015有120件[39]。可见，以双鋬鬲、卜骨、细石器镞为代表的老虎山文化南下[40]促进了陶寺中期文化的形成，导致以釜灶为主要炊器的陶寺早期文化传统发生了变化。

龙山后期，河套地区以石峁、新华、碧村相关遗存为代表，也被叫做新华文化，其陶器群中的典型器物如单把鬲、双鋬鬲、敛口斝、折肩罐等在陶寺晚期文化中成为常见器类，而陶寺晚期典型器矮领肥足鬲、圈足罐、圈足盘，以及受东方、南方文化影响的鬶形器、陶簋也在新华文化中出现（图一）。

铜器在石峁遗址和陶寺遗址均有发现，只是前者的数量和种类要明显多于后者，二者共有的齿轮形器，陶寺发现1件，但石峁发现了5件。由此可见，龙山后期河套地区对晋南陶寺文化仍有较大影响，但陶寺文化的某些因素也渗透进新华文化，二者文化间发生了一定的融合。

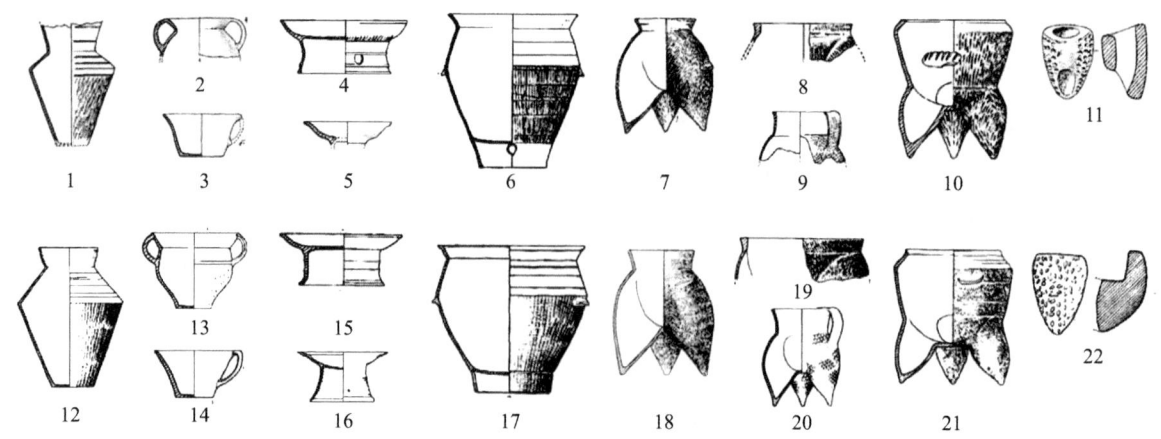

图一　河套与晋南龙山后期陶器对比

1、12. 折肩壶（96W4∶1、02IH6∶35）　2、13. 双耳罐（99H80∶7、H7∶1）　3、14. 单耳杯（99H21∶8、T3④∶2）
4、15. 圈足盘（96H41∶1、H8∶1）　5、16. 浅盘豆（99H21∶6、02IH6∶37）　6、17. 圈足罐（99W2∶1、02IH34∶21）
7、18. 双錾鬲（99H50∶1、F1∶1）　8、19. 直口肥足鬲（96 采∶1、H2∶9）　9、20. 单把鬲（99F17∶5、99ⅡH22∶9）
10、21. 敛口斝（96H18③∶20、F1∶4）　11、22. 陶垫（96H18③∶49、80ⅣT404∶4E∶5）
（1—11 神木新华出土　12、16、17、20、22 陶寺出土　13—15 东许出土　18、21 西阳呈出土　19 南石出土）

三、玉器所反映的文化交流

　　河套地区龙山玉器在黄河西岸以榆林、延安地区陕北新华[41]、石峁[42]、芦山峁[43]为代表，黄河东岸以兴县碧村为代表[44]。晋南地区则以陶寺[45]、清凉寺[46]及下靳[47]为代表。

　　河套地区出土玉器的遗址规模大小不一，性质也不尽相同。规模最大的是石峁古城，达四百多万平方米，是都邑级别的聚落。芦山峁、碧村的面积近百万平米，也是当地的中心聚落。神木县西南大保当"彭素圪垯"南坡的新华遗址，面积约 3 万平方米，为龙山晚期的一处小型聚落，在祭祀坑 K1 内出土玉器 36 件，以片状的刀、钺为主。从几万平方米、数十万平方米乃至数百万平方米的遗址均有发现玉器的情况，可见玉器并非为大型遗址专有，而是各级社群追逐的对象，更是社群内部分化的表现，在各级遗址中都可能存在有实力使用玉器的上层群体。根据石峁、新华、碧村等遗址发掘情况，玉器出土状况较复杂，表明其用玉习俗的复杂内容。这些玉器或见于墓葬，如碧村 M7；或出于祭祀坑如新华 K1；石峁外城东门址发现的部分玉器或"藏"于墙体内，或位于上下两层地面之间的垫土中，或位于墙根附近[48]；另外，一些灰坑内也发现有部分玉器残件如碧村 H24、H34 等，属于废弃的生活残件。从出土背景来看，这些玉器主要用于随葬和祭祀。而晋南地区龙山时期玉器多出土于墓葬。

　　玉璧在两地都比较常见，但河套地区较少见方形璧和小孔璧，与晋南略有区别。方形璧流行于山东龙山文化，而小孔璧是良渚文化的典型器类，这两者后来成为齐家文化的特色器类，处于中间地带的晋南应起到了一定的传递作用（图二）。

　　河套玉刀多方形和长条形，流行穿孔，有双孔和多孔之分。双孔玉刀穿孔位于近背部，刀身呈长方形。多孔玉刀近背部一般置有数孔，尾端中部或有穿孔，多呈长条形，弧刃，这类玉刀源于东面的薛家岗文化，逐渐向西波及，齐家文化发现的大量多孔玉刀即与之有关。晋南陶寺、清凉寺多条形双孔石刀，还有一些梯形石刀。

图二　河套与晋南玉璧对比

1. 芦山峁　2. 碧村 A006　3、4. 石峁　5—8. 陶寺（M1361：8、M3033：8、2005JXTⅢ7464：7、M1365：4）

　　河套及晋南的玉钺主要有上窄下宽的梯形玉钺、上下等宽的条形玉钺，这类玉钺通常在顶部中央置一穿孔，部分在边缘置另一穿孔。所不同的是陶寺玉钺除单孔和双孔外，还有个别柄端附近置三孔者。晋南如陶寺玉钺多随葬于男性墓葬，横置于肱骨附近，而河套如新华玉钺出土于祭祀坑中。

　　河套及晋南出土玉琮多为方形矮体，短射，内圆外方，中孔圆形，外侧为方形或圆角方形，基本不见齐家文化的高体琮（图三）。

　　总的来看，河套地区龙山玉器主要特点是片状器物为大宗，且器物改制现象普遍[49]，而陶寺中期大墓也出土了与石峁类玉器种类、形制相近的玉器，只是没有发现后者的牙璋类玉器。表明这一时期的黄河中游地区，对玉器这类稀缺资源已经形成了较为一致的文化认知，这一文化认同的范围远远超出以陶器为代表的区域界线，其规格较陶器更加珍贵，是史前时期中上层社会互动及区域物质文化交流的写照。

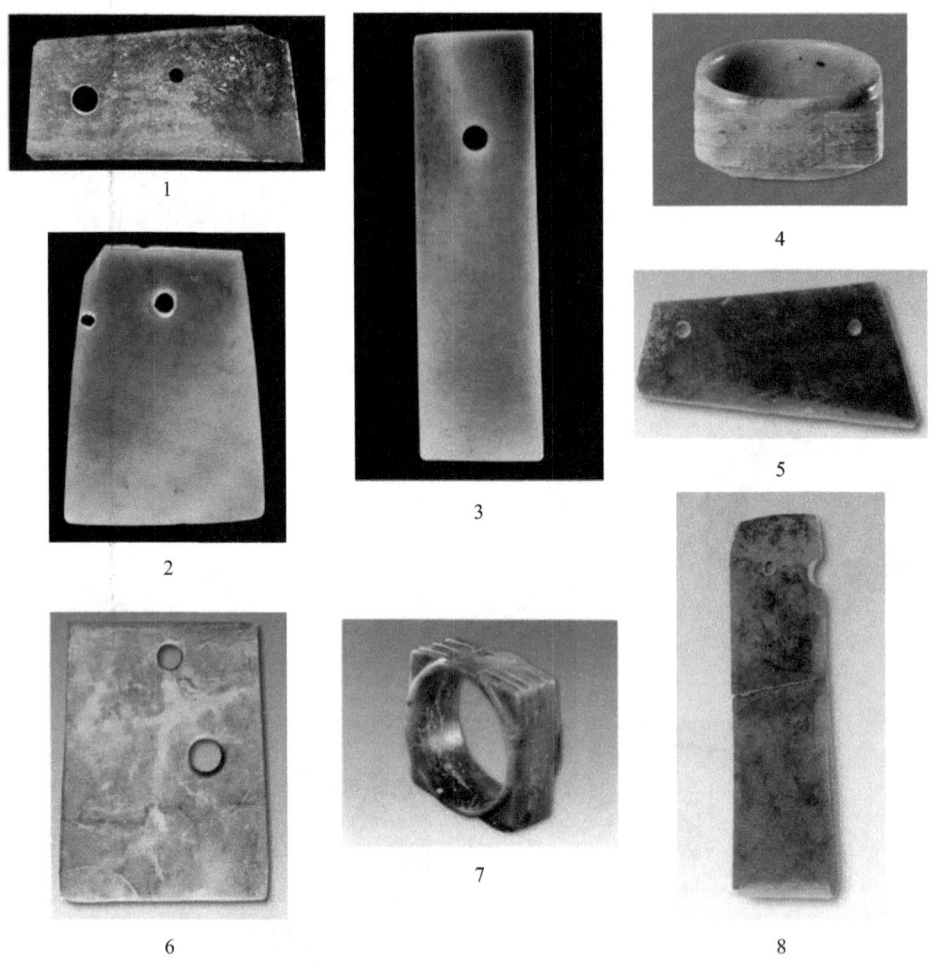

图三　河套与晋南玉器对比

1、5. 双孔玉刀（新华 99K1：121、陶寺 M3151：2）　2、6. 梯形玉钺（新华 99K1：3、陶寺 M3168：10）

3、8. 条形玉钺（新华 99K1：6、陶寺 M3172：2）　4、7. 玉琮（石峁、陶寺 M1267：2）

四、葬俗所反映的文化渗透

河套地区史前时期以土坑竖穴墓为主，在龙山时代还存在部分瓮棺葬与石棺葬，而后两种葬制从龙山中期一直延续到二里冈上层文化时期，影响到晋南地区的陶寺文化和关中地区的客省庄二期文化。

瓮棺葬的繁盛期是在仰韶文化的早、中期，以儿童葬为主，少量成人葬，分布地域主要在黄河流域和长江流域[50]。但是从仰韶文化晚期以来，晋南的瓮棺葬仅在个别高等级的聚落遗址有发现，如绛县周家庄[51]。相反，河套地区则在多处遗址均有发现，而且以最具地方特色的陶制品鬲、三足瓮、甗、斝、大口尊、折肩罐等作为组合葬具。年代较早的是石峁后阳湾的 3 座瓮棺葬[52]，为石峁遗址 B 段[53]，相当于龙山中期。其次是汾阳峪道河[54]、大口遗址二期[55]、石峁[56]、新华[57]等遗址的瓮棺葬年代多是龙山中、晚期阶段的，朱开沟遗址的瓮棺葬则从龙山晚期遗址延续到二里冈上层文化时期[58]。

晋南绛县周家庄遗址瓮棺葬清理 108 座，葬具主要为鋬手鬲、折肩罐等，从陶鬲形制来看，有少数为陶寺文化中期，但多数瓮棺葬为陶寺文化晚期。白水下河遗址客省庄文化二期的瓮棺葬具为瓮、鬲、斝、折肩罐等，虽然葬具种类与河套地区相同，但具体形制方面略有差异，以铲状实足根的三足瓮、单耳罐形斝等器类为例，则更具当地特色。由此可以看出，河套地区瓮棺葬制南下的过程中，选择了规模等级较高的聚落作为其势力渗透基点，与此同时也融合了当地的文化特色。

石棺葬指用数块板岩插立在挖好的长方形土坑四壁，底部铺或不铺石板均可，墓顶用数块石板封盖，即用石板组成一个石棺葬具；也有将用石块垒砌的墓穴称作石棺葬。河套地区龙山阶段出现了一些石棺葬。石峁遗址目前发表的石棺葬6座，其中韩家圪旦地点的两座均为年轻女性，尤其是M17保存相对较好，竖穴土坑内置石棺，四周由石板围搭而成。石板有明显的人为加工痕迹，边缘打琢齐整，薄厚均匀，填土中出土残卜骨一件[59]。石峁遗址1981年调查试掘时发现4座石棺葬，均未辨别墓主性别，但M2形制较特殊，在石椁板下为瓮棺葬，随葬品6件[60]。据发掘者所言，石峁石棺葬内多数有精美的玉器[61]。此外，在吴堡县关胡疙瘩也发现了龙山晚期的石棺葬[62]。朱开沟遗址共清理石棺葬4座[63]，无随葬品，保存状况均不太好，但都有发现未经进一步加工的石板，其中属于第二段即龙山晚期的3座石棺葬墓主均为成年女性，另1座是第五段即相当于商代二里冈文化时期，墓主为成年男性。河套地区龙山晚期石棺葬虽然发表资料不多，但在都邑型聚落石峁和普通聚落朱开沟中均有发现，可见其分布相对较广，为这个时段一种常见葬俗，且似乎以用作女性为多。

晋南陶寺墓地发现有石块的竖穴土坑墓葬4座[64]，均为陶寺晚期，其中M3343和M2336为成年女性，M3343在墓底的头端和足端各放大小不等的卵石5块，两侧壁发现壁龛两组，墓上方有埋葬羊骨架的祭祀坑。M2336是在下肢骨上压着一块大卵石，再往上埋有一只羊骨架。所以，这两座墓均有使用动物牺牲的特点。其余两座M3288和M3318为男性，M3288在两侧壁和足端堆砌长方形石块，M3318在尸骨上方压一大石块，随葬有猪下颌骨。

晋南地区仅在都邑型聚落陶寺零星发现了石棺葬，和河套地区的形制上有明显差异，河套地区使用石板插立于四壁，而陶寺可能因囿于地理环境欠缺板岩石材，使用的是长方形石块或鹅卵石垒砌，其垒砌方式很可能是借鉴了河套地区龙山时期常见的石砌房屋和石砌围墙的建构方式。陶寺的2座女性墓中以动物牺牲进行了祭祀，也是本地的独特性。

在河套地区，石棺葬是一种普遍的葬俗，并与瓮棺葬制共存。同时期的晋南，这两种墓葬仅在大型聚落发现，当意味着是源自河套地区葬制的影响。

至于河套地区石棺葬俗的发生，已有研究者提出石棺葬较早出现在辽西的红山文化和西北黄河上游的马家窑文化，二者各自独立起源，在当地亦非主流葬俗。此外，约商周之际，典型石棺葬在川西北的岷江上游地区成为流行葬俗[65]。黄河下游的北辛文化和大汶口文化也有一定数量的石棺葬，如江苏灌云大伊山遗址清理的62座墓葬中61座为北辛文化至大汶口文化早期的石棺葬，在可辨性别的4座墓中女性3例、男性1例[66]。在年代上，岷江上游晚，不是河套这种葬俗的来源；北辛文化的太早，难以和河套地区的建立关联。而与河套地区者年代相当的晋南地区，如以上分析，受河套地区影响的可能性更大。所以，河套地区石棺葬制应是在东北或西北文化影响下发生的。

五、结　语

　　通过以上陶器群、铜器、玉器等遗物，以及葬俗的比较分析，可以获知河套与晋南地区文化关系的大势：老虎山文化南下带来了陶寺早期文化的变革与陶寺中期文化的形成。新华文化阶段以石峁都邑聚落为核心的河套文明向南方的强势扩张，导致了曾经繁盛的陶寺中期文化的重大变化。同时，新华文化也吸收了陶寺文化中的某些先进技术，如将中原地区发达的版筑技术应用于石峁石城内的夯土台基类的建筑遗存中。陶寺晚期，陶寺等遗址所见的暴力场景，如陶寺和清凉寺等遗址上的对于中期墓葬的毁墓现象，以及大量受伤人骨等，暗示当时可能发生过大的战争。陶寺晚期遗址上发现的石棺葬，以及周家庄陶寺中期出现的瓮棺葬在陶寺晚期数量猛增，从葬制方面进一步反映了河套文明对陶寺文明的渗透，而周家庄很可能是河套文明南向扩张的一个据点。

　　在对这个宏观进程把握的基础上，我们开始触及到在中国史前文化多元格局中，河套地区史前文化和社会的独特地位的重要问题，开始思考当地社会文明化进程的具体方式、特点等一系列重要问题。例如，这个地区内大型聚落、中型和小型聚落中，都有一个类似皇城台的高级核心区域，只是因聚落不同，其核心区的大小各异，在小型聚落里，也许只是众多窑洞簇拥的一座石砌建筑院落而已，在石峁、碧村、白崖沟等遗址表现得极为明显，似乎意味着聚落的建造依据了统一的设计蓝图，呈现出某种模式化的特点，其背后应当有其社会组织结构等更深刻的原因。但这种贯彻在大小聚落中的一致性，至今在其他文明区内尚未发现。

　　龙山时代正好是中国早期文明形成的关键时期。在以往有关中国文明形成过程的宏观思考中，来自北方的作用始终受到相对忽视[67]。但石峁古城、碧村石城所显示的龙山时代北方社会的发展程度和大量文化因素的比较分析，已然在相当程度上颠覆了传统认识，极大丰富了中国文明形成过程中的细节。

　　附记：本文是国家文物局"十三五"重点项目"河套地区聚落与社会研究"阶段性成果。

注　释

［1］　苏秉琦：《谈"晋文化"考古》，《文物与考古论集》，文物出版社，1986年，第46页。

［2］　韩建业：《中国北方地区新石器时代文化研究》，文物出版社，2003年；许永杰、卜工：《三北地区龙山文化研究》，《辽海文物学刊》1992年第1期。

［3］　王小娟：《晋南地区新石器末期考古学文化》，《中原文物》2017年第2期。

［4］　孙周勇：《河套地区史前考古学史初步研究》，《文博》2002年第6期；韩建业：《中国北方地区新石器时代文化研究》，文物出版社，2003年，第1—9页。

［5］　包头市文物管理所：《内蒙古大青山西段新石器时代遗址》，《考古》1986年第6期。

［6］　乌盟文物站凉城文物普查队：《内蒙古凉城县岱海周围古遗址调查》，《考古》1989年第2期；田广金：《内蒙古岱海地区仰韶时代文化遗址的调查》，《内蒙古中南部原始文化研究文集》，海洋出版社，1991年。

［7］　内蒙古文物考古研究所：《岱海考古（一）：老虎山文化遗址发掘报告集》，科学出版社，2000年；内蒙古文物

考古研究所、日本京都中国考古学研究会：《岱海考古（二）——中日岱海地区考察研究报告集》，科学出版社，2001年；内蒙古文物考古研究所、北京大学中国考古学研究中心"聚落演变与早期文明"课题组：《岱海考古（三）——仰韶文化遗址发掘报告集》，科学出版社，2003年。

[8] 魏坚、崔璇：《内蒙古中南部原始文化的发现与研究》，《内蒙古文物考古文集（第一辑）》，中国大百科全书出版社，1994年；田广金：《论内蒙古中南部史前考古》，《考古学报》1997年第2期；严文明：《内蒙古中南部原始文化的有关问题》，《内蒙古中南部原始文化研究文集》，海洋出版社，1991年。

[9] 魏坚、曹建恩：《内蒙古中南部新石器时代石城址初步研究》，《文物》1999年第2期；田广金、史培军：《内蒙古中南部原始文化的环境考古研究》，《内蒙古中南部原始文化研究文集》，海洋出版社，1991年。

[10] 国家文物局、山西省考古研究所、吉林大学考古学系：《晋中考古》，文物出版社，1998年。

[11] 晋中考古队：《山西太谷白燕遗址第一地点发掘简报》，《文物》1989年第3期；晋中考古队：《山西太谷白燕遗址第二、三、四地点发掘简报》，《文物》1989年第3期。

[12] 晋中考古队：《山西汾阳孝义两县考古调查和杏花村遗址的发掘》，《文物》1989年第4期。

[13] 吉林大学边疆考古研究中心、山西省考古研究所、忻州地区文物管理处忻州考古队：《忻州游邀考古》，科学出版社，2004年。

[14] 许伟：《晋中地区西周以前古遗存的编年与谱系》，《文物》1989年第4期。

[15] 张家口考古队：《一九七九年蔚县新石器时代考古的主要收获》，《考古》1981年第2期；张家口考古队：《蔚县考古纪要》，《考古与文物》1982年第4期。

[16] 陶宗冶：《河北张家口市考古调查简报》，《考古与文物》1985年第6期；张忠培：《论蔚县周以前的古代遗存》，《中国原始文化论集》，文物出版社，1989年。

[17] 华泉：《张家口地区新石器时代和青铜时代考古研究学术讨论会侧记》，《史学集刊》1982年第4期。

[18] 吕智荣：《无定河流域考古调查简报》，《史前研究》1988（辑刊）；巩启明、吕智荣：《榆林地区新石器时代文化遗存》，《中国考古学会第八次年会论文集（1991）》，文物出版社，1996年。

[19] 陕西省考古研究所陕北考古队：《陕西绥德小官道龙山文化遗址的发掘》，《考古与文物》1983年第5期。

[20] 陕西省考古研究所陕北考古队、榆林地区文管会：《陕西府谷县郑则峁遗址发掘简报》，《考古与文物》2000年第6期。

[21] 杨杰：《晋陕冀北部及内蒙古中南部龙山时代考古学文化初探》，《内蒙古中南部原始文化研究文集》，海洋出版社，1991年；许永杰、卜工：《三北地区龙山文化研究》，《辽海文物学刊》1992年第1期；吕智荣：《陕晋北部及内蒙古中南部地区龙山时代晚期遗存》，《考古与文物》2002年第3期。

[22] 陕西省考古研究院、榆林市文物考古勘探工作队、神木县文体局：《陕西神木县石峁遗址》，《考古》2013年第7期；陕西省考古研究院、榆林市文物考古勘探工作队、神木县文体局：《陕西神木县石峁遗址后阳湾、呼家洼地点试掘简报》，《考古》2015年第5期；陕西省考古研究院、榆林市文物考古勘探工作队、神木县文体广电局：《陕西神木县石峁遗址韩家圪旦地点发掘简报》，《考古与文物》2016年第4期。

[23] 孙周勇、邵晶等：《陕西榆林寨峁梁龙山遗址发掘获重要收获》，《中国文物报》2015年11月6日第8期。

[24] 陕西省考古研究院、榆林市文物考古勘探工作队、神木县文体广电局：《陕西神木县神圪垯梁遗址发掘简报》，《考古与文物》2016年第4期。

[25] 陕西省考古研究院：《陕西佳县石摞摞山遗址龙山遗存发掘简报》，《考古与文物》2016年第4期。

[26] 山西省考古研究所、兴县文物旅游局：《2015年山西兴县碧村遗址发掘简报》，《考古与文物》2016年第4期。

[27] 韩建业：《中国北方地区新石器时代文化研究》，文物出版社，2003年；孙周勇：《公元前第三千纪北方地区社会复杂化过程考察——以榆林地区考古资料为中心》，《考古与文物》2016年第4期；王炜林、郭小宁：《陕北地区龙山至夏时期的聚落与社会初论》，《考古与文物》2016年第4期；戴向明：《北方地区龙山时代的聚落与社会》，《考古与文物》2016年第4期。

[28] 韩建业：《中国北方地区新石器时代文化研究》，文物出版社，2003年，第127页。

［29］　韩建业：《中国北方地区新石器时代文化研究》，文物出版社，2003 年，第 155 页。

［30］　宋建忠、薛新民：《北橄遗存分析——兼论庙底沟文化的渊源》，《考古与文物》2002 年第 5 期。

［31］　宋建忠：《史前时期晋南和北方地区考古学文化的交流与融合》，《鹿鸣集：李济先生发掘西阴遗址八十周年·山西省考古研究所侯马工作站成立五十周年纪念文集》，科学出版社，2009 年。

［32］　韩建业：《庙底沟时代与"早期中国"》，《考古》2012 年第 3 期。

［33］　韩建业：《老虎山文化的扩张与对外影响》，《中原文物》2007 年第 1 期。

［34］　中国社会科学院考古研究所：《中国考古学·新石器时代卷》，中国社会科学出版社，2010 年。

［35］　孙周勇：《新华文化述论》，《考古与文物》2005 年第 3 期；孙周勇：《公元前第三千纪北方地区社会复杂化过程考察——以榆林地区考古资料为中心》，《考古与文物》2016 年第 4 期。

［36］　史君：《陕西靖边五庄果墚遗址新石器时代遗存研究》，西北大学硕士学位论文 2012 年，第 28 页（BH2∶1）。

［37］　田广金、唐晓峰：《岱海地区距今 7000—2000 年间人地关系演变研究》，《岱海考古（二）——中日岱海地区考察研究报告集》，科学出版社，2001 年，第 330 页。

［38］　田广金、郭素新：《大青山下斝与瓮》，《苏秉琦与当代中国考古学》，科学出版社，2001 年，第 100 页。

［39］　中国社会科学院考古研究所、山西省临汾市文物局：《襄汾陶寺——1978—1985 年发掘报告（第二册）》，文物出版社，2015 年，第 737 页。

［40］　同［33］。

［41］　陕西省考古研究所、榆林市文物保护研究所：《神木新华》，科学出版社，2005 年，第 114—123 页；中华玉文化工作委员会中华玉文化中心：《玉魄国魂——玉器、玉文化、夏代中国文明展》，浙江古籍出版社，2013 年，第 136—161 页。

［42］　戴应新：《神木石峁龙山文化玉器探索》，《故宫文物月刊》1992 年，第 124—130 页；高嵘：《陕西历史博物馆藏石峁玉器赏析》，《文博》2009 年第 4 期；韩建武：《石峁遗址出土玉器补遗》，《收藏家》2016 年第 2 期；陕西省考古研究院等：《发现石峁古城》，文物出版社，2016 年，第 238 页；中华玉文化工作委员会中华玉文化中心：《玉魄国魂——玉器、玉文化、夏代中国文明展》，浙江古籍出版社，2013 年，第 64—223 页。

［43］　中华玉文化工作委员会中华玉文化中心：《玉魄国魂——玉器、玉文化、夏代中国文明展》，浙江古籍出版社，2013 年，第 102—121 页。

［44］　马昇、张光辉：《碧村遗址玉器及相关问题分析》，《2015 中国·广河——齐家文化与华夏文明国际研讨会论文集》，文物出版社，2016 年。

［45］　中国社会科学院考古研究所、山西省临汾市文物局：《襄汾陶寺——1978—1985 年发掘报告》，文物出版社，2015 年，第 667—795 页；中华玉文化工作委员会中华玉文化中心：《玉魄国魂——玉器、玉文化、夏代中国文明展》，浙江古籍出版社，2013 年，第 70—93 页；山西省考古研究所、山西博物院：《山西"十二五"考古重要发现出土文物》，山西人民出版社，2016 年，第 48 页。

［46］　山西省考古研究所：《清凉寺墓地发掘简报》，《考古学报》2011 年第 4 期。

［47］　山西省考古研究所：《山西临汾下靳墓地发掘简报》，《文物》1998 年第 12 期；中国社会科学院考古研究所：《山西临汾下靳村陶寺文化墓地发掘报告》，《考古学报》1999 年第 4 期。

［48］　孙周勇、邵晶：《关于石峁玉器出土背景的几个问题》，《玉魄国魂——中国古代玉器与传统文化学术讨论会文集（6）》，浙江古籍出版社，2014 年。

［49］　孙周勇：《神木新华遗址出土玉器的几个问题》，《中原文物》2002 年第 5 期；王炜林、孙周勇：《石峁玉器的年代及相关问题》，《考古与文物》2011 年第 4 期。

［50］　许宏：《略论我国史前时期瓮棺葬》，《考古》1989 年第 4 期。

［51］　中国国家博物馆田野考古研究中心、山西省考古研究所、运城市文物保护研究所：《山西绛县周家庄遗址居址与墓地 2007—2012 年的发掘》，《考古》2015 年第 5 期。

［52］　陕西省考古研究院、榆林市文物考古勘探工作队、神木县文体局：《陕西神木县石峁遗址后阳湾、呼家洼地

点试掘简报》,《考古》2015 年第 5 期。

[53] 邵晶:《试论石峁城址的年代及修建过程》,《考古与文物》2016 年第 4 期。

[54] 山西省考古研究所:《山西汾阳县峪道河遗址调查》,《考古》1983 年第 11 期。

[55] 吉发习、马耀圻:《内蒙古准格尔旗大口遗址的调查与试掘》,《考古》1979 年第 4 期。

[56] 西安半坡博物馆:《陕西神木石峁遗址调查试掘简报》,《史前研究》1983 年第 2 期。

[57] 陕西省考古研究所、榆林市文物保护研究所:《神木新华》,科学出版社,2005 年。

[58] 内蒙古自治区文物考古研究所、鄂尔多斯博物馆:《朱开沟:青铜时代早期遗址发掘报告》,文物出版社,2000 年。

[59] 同 [24]。

[60] 同 [56]。

[61] 戴应新:《陕西神木县石峁龙山文化遗址调查》,《考古》1977 年第 3 期;魏世刚:《夏文化的遗踪——神木石峁遗址发掘记》,《三秦 60 年重大考古亲历记》,三秦出版社,2010 年,第 194 页。

[62] 王炜林等:《吴堡县关胡疙瘩新石器时代遗址》,《中国考古学年鉴(2006)》,文物出版社,2007 年。

[63] 同 [58]。

[64] 中国社会科学院考古研究所、山西省临汾市文物局:《襄汾陶寺——1978—1985 年发掘报告》,文物出版社,2015 年。

[65] 李水城:《石棺葬的起源与扩散——以中国为例》,《四川文物》2011 年第 6 期。

[66] 连云港市博物馆:《江苏灌云大伊山新石器时代遗址第一次发掘报告》,《东南文化》1988 年第 2 期;南京博物院、连云港市博物馆、灌云县博物馆:《江苏灌云大伊山遗址 1986 年的发掘》,《文物》1991 年第 7 期。

[67] 赵辉:《以中原为中心的历史趋势的形成》,《文物》2000 年第 1 期;赵辉:《中国的史前基础——再论以中原为中心的历史趋势》,《文物》2006 年第 8 期。

（原载于《中原文物》2018 年第 1 期）

石峁：文化坐标与文明维度

韩建业

近年石峁古城的重大发现令人震惊[1]。有人也许会问，气候干旱、沟壑纵横的陕北北部黄土丘陵地区，4000 年前怎么会出现这样一座面积 400 万平方米的庞大古城？怎么会拥有如此高规格的建筑和精美的石雕玉器？它的文化根源在哪里？和周围地区有着怎样的互动关系？它达到了什么样的文明水平？在早期中国文明化进程中处于何种地位？本文拟就这些问题进行简略讨论。

一、源于中原而面向欧亚

考古学上考察人类物质遗存的文化属性，最常见的是通过陶器，因为陶器普通、易碎，变化敏感，又往往反映人们的文化习俗。石峁遗址所出陶器以双鋬鬲和敛口甗两种炊器最为典型。鬲是山西中部至内蒙古中南部一带发明的最具"中国"特色的陶质炊器之一，和斝相比有着硕大的三空足，食物完全盛放于三足内，能保证炊煮食物的时候有着最大的受热面积，高效节能，很适合半干旱的内蒙古中南部、山西中北部、陕北、河北西北部——狭义"北方地区"的农业人群使用。甗虽然最早源自长江下游地区，但传至北方地区后由三实足变为三空足，下可煮上能蒸，更加方便高效。我们曾将石峁这类狭义"北方地区"以农业为主的龙山遗存，统称为老虎山文化[2]。老虎山文化有不少地方性差别，可以分为若干地方类型，或者若干"亚文化"[3]；石峁所代表的陕北地区遗存有一定特色，如三足瓮出现最早且发达，可称之为老虎山文化石峁类型，当然称石峁文化也未尝不可[4]。发掘者将石峁古城主体遗存分为早、晚两期，早期流行宽裆的斝式鬲，晚期变为尖角裆的典型鬲，新出三足瓮、盉等陶器，绝对年代分别在大约公元前 2300—前 2100 年和公元前 2100—前 1800 年[5]，大致相当于我们划分的老虎山文化前期晚段和后期。

老虎山文化的前身是广义中原地区的仰韶文化。大约公元前 4500 多年的全新世中期气候适宜期，北方黄土丘陵地区的水热条件比现在好很多，地貌也应该比现在平整许多，比较适合发展旱作农业。仰韶文化后岗类型人群从太行山以东地区西北向迁徙，仰韶文化半坡类型人群从关中地区东北向迁徙，二者先后到达北方地区并碰撞融合[6]，形成具有一定特色的仰韶文化，延续发展了约两千年。到大约公元前 2500 年的龙山时代，陶斝从山西南部进入北方地区而特化为鬲，陶甗也自河北平原后岗二期文化传播而来，面貌一新的老虎山文化由此形成。可见包括石峁在内的老虎山文化源于中原，发展过程中又深受中原影响。但另一方面，老虎山文化却又是适应北方地区自然环境而形成的自具特色的文化，其主要文化基础是仰韶文化阿善类型、白燕类型等[7]。另外，北方地区内部的文化交融也是老虎山文化形成的重要原因，如白灰面窑洞式建筑从陕北和山西中部扩展至内蒙古中南部、山西北部、河北西北部等地，石城从鄂尔多斯、陕北地区扩展至山西中北部、岱海地区、河北西北部等。

石峁的玉器、兽面纹石雕的文化来源也应该在中原，更早的源头当在东方。石峁及其附近的神木新华等遗址发现的大量刀、钺、璧、环等玉器[8]，在陕北北部地区没有任何渊源，而和稍早的晋南陶寺文化的玉器近似，理应来自陶寺文化[9]。由于陕北南部的延安芦山峁遗址也有和陶寺类似的陶器和玉器[10]，也应该属于陶寺文化的势力范围，因此石峁玉器更可能是通过陕北南部地区传播而来。再进一步来说，陶寺文化的玉器也并非中原地区原创文化因素，而是源自东方地区的大汶口文化和良渚文化。石峁晚期还有较多玉牙璋，不见于陶寺，或来自海岱龙山文化[11]。当然，石峁遗址在墙体等处插玉器的现象，表明玉器的主要功能已经转变为给祖先神灵的奉献物[12]，这种情况并不见于陶寺文化、大汶口文化和良渚文化，表明用玉观念已发生很大变化，但由此并不能否定石峁玉器从文化上源自中原和东方的事实。石峁遗址所出兽面纹石雕，虽有粗犷雄浑的自身特色，但基本和江汉地区肖家屋脊文化的玉雕图案近似，主要源头都当在海岱龙山文化，更早还可追溯至良渚文化。

石峁的部分石人面形象、铜器以及羊、牛等家畜，则体现与欧亚草原的联系。石峁发现的一些人面雕塑[13]，与广义阿尔泰地区奥库涅夫文化（Okunev）、卡拉库尔文化（Karakol）、切木尔切克文化的石雕人面形象近似，类似的心形或"水滴状"人面形象还广见于阿尔泰山、天山、贺兰山、阴山等地区岩画之上[14]，暗示这个时候包括石峁在内的狭义北方地区和欧亚草原地带可能存在广泛的文化联系[15]。有人认为这类"水滴状"人面形象，源头在中国东北地区更早的兴隆洼—红山文化[16]。神木石峁晚期的环首刀范，刀柄位置见有塞伊玛·图尔宾诺（Seima-Turbino）式的 X 形花纹，年代约在公元前 1800 年[17]，杰西卡·罗森认为其具体和阿尔泰地区艾鲁尼诺文化（Elunino）的青铜刀有关[18]。另外，神木石峁等老虎山文化后期遗存中，还发现大量绵羊、山羊、黄牛等家养动物的骨骼[19]。绵羊、山羊、黄牛有来自甘青地区和阿尔泰地区两种可能，进一步说明此时欧亚草原畜牧文化和中国北方地区农业文化之间开始出现文化交流，形成半农半牧性质的生业形态，为狭义北方地区晚商以后成为畜牧文化区奠定了基础。

二、邦国文明与北方模式

石峁石城 400 多万平方米的庞大体量，雄伟高大的皇城台，宏大复杂的城门，讲究的城墙砌筑技术，精美的玉器和石雕以及铜器等，都显示出存在强大的社会组织能力和一定的社会分工，社会复杂化程度较高。作为古城核心的皇城台出土 60 多件包含符号、人面、动物、"神面""神兽"等题材的石雕，以及保留在原地的神面纹圆形石柱，营造出庄严恐怖的气氛；所出 20 多件骨质口簧，或为祭祀祖先神祇时鼓奏之用，此外还有 20 多件大型陶鹰、卜骨等，都凸显出皇城台极端神圣的宗教建筑性质。石峁古城至少应该是陕北石峁类型的宗教和政治中心[20]，甚至不排除对老虎山文化其他类型有一定统摄力，当已经迈入早期国家[21]或初级文明阶段。但石峁最多也只是北方至晋南地区的区域中心，石峁的统治者最多只在北方至晋南地区具有区域王权，而不具有统摄早期中国大部地区的广幅王权。关于中国国家或文明进程，苏秉琦曾提出"古国—方国—帝国"三阶段说[22]，严文明称其为"古国—王国—帝国"[23]，王震中修正为"邦国—王国—帝国"[24]。石峁显然属于古国文明或邦国文明范畴。

石峁和东方地区的良渚文化、龙山文化等，都进入邦国文明阶段，但仍存在较大差别。最明显的是，石峁现已发现的墓葬，随葬品普遍比较贫乏，少数面积10余平方米的有殉人的大型墓葬，也仅随葬为数不多的玉器、彩绘陶等[25]，或许这还是受到陶寺文化影响的结果，阔大的墓室和殉人着意强调墓主人高贵的社会地位，但随葬品的数量与其地位不甚相称，属于"重贵轻富"性质。而东方良渚文化、龙山文化的大型墓葬或棺椁成套，或随葬大量美玉美陶等，"富贵并重"。此外，石峁多处青年女性人头坑的发现，透露出石峁人残酷对待战俘的一面。我曾经提出，北方地区从约公元前3500年进入铜石并用时代以来，尤其自龙山时代的老虎山文化以来，石城猛增，战争频繁，父系家族凸现，显示和东方地区一样开始了社会变革，但贫富分化和社会分工不如东方沿海和长江中下游地区显著，墓葬少见随葬品，绝大多数石城不过是御敌之普通石围聚落[26]，我曾将这种长期延续的社会发展和文明化方式，简单概括为"北方模式"，以与"东方模式"和"中原模式"相别[27]。石峁石城聚落的新发现，让我们看到了一个更加复杂的北方。

三、南下中原和重塑文明

前期老虎山文化和周围地区文化基本是和平共处的局面，到后期却发生很大变化。可能是由于公元前2000年前后干冷气候事件的影响，后期老虎山文化向南强烈扩张影响。老虎山文化的南下，造成临汾盆地文化格局的巨变[28]，原本有鬶无鬲的临汾盆地出现大量双鋬陶鬲，陶寺文化也就因此而变为陶寺晚期文化，还出现了大城被毁、暴力屠杀、疯狂毁墓等现象[29]，说明北方和晋西南之间发生了激烈的冲突战争[30]。石峁古城与陶寺古城都是三四百万平方米的特大聚落，二者或有短期共存，但基本态势是石峁兴而陶寺废，这一北一南，一兴一废之间，理当存在一定的逻辑关系。我曾从老虎山文化南下临汾与"稷放丹朱"、陶寺晚期文化的西北向迁移与不窋"自窜于戎狄之间"等方面，论证推测石峁类型可能属于黄帝后裔北狄的文化遗存[31]，而皇城台或者就是祭祀黄帝的圣台，石峁古城就是中华圣城之一。

包括石峁在内的老虎山文化的南下，阻断了晋南陶寺文化的文明步伐，为接下来豫中、豫西地区成为中原地区文明核心区创造了客观条件；老虎山文化的陶鬲、细石器镞和卜骨等，还进一步渗透进后岗二期文化、王湾三期文化等当中[32]，由此途径进入中原的或许还有小麦、羊、青铜器等源自西方的因素，给中原等地输送新鲜血液的同时也带来一定的压力，稍后王湾三期文化向豫南和江汉地区的剧烈扩张影响或所谓"禹征三苗"事件[33]，当可视为是来自北方压力的余波，而"禹征三苗"是夏王朝建立前最重要的政治统一事件之一。再往后，主要在王湾三期文化基础上发展起来的二里头文化——晚期夏文化，已经进入王国文明阶段。因此，石峁古城不仅是中华文明主根脉的重要组成部分，而且石峁及其老虎山文化对早期中国向成熟的王国文明的迈进，对于重塑早期中国文明，也做出了非常重要的贡献。

附记：本文是国家社科基金重大项目"欧亚视野下的早期中国文明化进程研究"（项目编号：

18ZDA172）阶段性成果。

<h1 style="text-align:center">注　释</h1>

［1］ 陕西省考古研究院等：《陕西神木县石峁遗址》，《考古》2013 年第 7 期，第 15—24 页；陕西省考古研究院等：《陕西神木县石峁遗址后阳湾、呼家洼地点试掘简报》，《考古》2015 年第 5 期，第 60—71 页；陕西省考古研究院等：《发现石峁古城》，文物出版社，2016 年；陕西省考古研究院等：《陕西神木县石峁遗址韩家圪旦地点发掘简报》，《考古与文物》2016 年第 4 期，第 14—24 页；陕西省考古研究院等：《陕西神木县石峁城址皇城台地点》，《考古》2017 年第 7 期，第 46—56 页；陕西省考古研究院等：《陕西神木石峁遗址皇城台地点考古取得重要收获》，《中国文物报》2019 年 1 月 11 日，第 8 版；孙周勇、邵晶、邸楠等：《石峁遗址 2018 年考古纪事》，《中国文物报》2019 年 8 月 23 日，第 5 版；李政：《石峁遗址：石破天惊的新发现不断颠覆传统认知》，《中国文物报》2019 年 9 月 27 日，第 5 版。

［2］ 内蒙古文物考古研究所：《岱海考古（一）——老虎山文化遗址发掘报告集》，科学出版社，2000 年；韩建业：《中国北方地区新石器时代文化研究》，文物出版社，2003 年。

［3］ 田广金最早提出"老虎山文化"的名称，但仅用以指称内蒙古中南部龙山遗存（田广金：《论内蒙古中南部史前考古》，《考古学报》1997 年第 2 期，第 121—146 页）；魏坚称鄂尔多斯地区龙山遗存为永兴店文化（魏坚：《试论永兴店文化》，《文物》2000 年第 9 期，第 64—68 页）；张忠培称晋中龙山遗存为杏花文化（张忠培：《杏花文化的侧装双鋬手陶鬲》，《故宫博物院院刊》2004 年第 4 期，第 6—50 页）。

［4］ 张宏彦、孙周勇：《石峁遗存试析》，《考古与文物》2002 年第 1 期，第 56—61 页；巩启明：《新世纪陕西史前考古的重要收获（下）》，《文博》2018 年第 5 期，第 31—50 页。

［5］ 邵晶：《试论石峁城址的年代及修建过程》，《考古与文物》2016 年第 4 期，第 102—108 页。

［6］ 张忠培、关强：《"河套地区"新石器时代遗存的研究》，《江汉考古》1990 年第 1 期，第 17—32 页；严文明：《内蒙古中南部原始文化的有关问题》，《内蒙古中南部原始文化研究文集》，海洋出版社，1991 年，第 3—12 页；田广金：《论内蒙古中南部史前考古》，《考古学报》1997 年第 2 期，第 121—145 页。

［7］ 韩建业：《中国北方地区新石器时代文化研究》，文物出版社，2003 年。

［8］ 陕西省考古研究所、榆林市文物保护研究所：《神木新华》，科学出版社，2005 年；王炜林、孙周勇：《石峁玉器的年代及相关问题》，《江汉考古》2011 年第 4 期，第 40—49 页。

［9］ 韩建业：《中国西北地区先秦时期的自然环境与文化发展》，文物出版社，2008 年，第 204 页。

［10］ 陕西省考古研究院、西北大学文化遗产学院、延安市文物研究所：《陕西延安芦山峁遗址发掘取得重要收获》，《中国文物报》2018 年 11 月 16 日。

［11］ 李伯谦：《香港南丫岛出土的牙璋的时代和意义》，《中国青铜文化结构体系研究》，科学出版社，1998 年，第 254—259 页。

［12］ 何驽：《华西系玉器背景下的陶寺文化玉石礼器研究》，《南方文物》2018 年第 2 期，第 36—50 页。

［13］ 陕西省考古研究院等：《陕西神木县石峁遗址》，《考古》2013 年第 7 期，第 15—24 页；陕西省考古研究院等：《发现石峁古城》，文物出版社，2016 年，第 122 页。

［14］ 韩建业：《略论新疆地区四千年前的萨满式人物形象——兼论康家石门子岩画的年代》，《西域研究》2018 年第 3 期，第 76—82 页。

［15］ 郭物：《从石峁遗址的石人看龙山时代中国北方同欧亚草原的交流》，《中国文物报》2013 年 8 月 2 日。

［16］ 只是公元前 2500 年前后红山文化早就衰亡，人形雕塑传统也已消失，如何却在龙山时代出现于其东的阿尔泰山、阴山等地区，仍然不得其解。参见肖波、A. л. 扎伊卡：《亚洲北部地区"水珠形"眼睛人面像岩画年代研究》，《北方文物》2017 年第 1 期，第 24—34 页。

［17］　陕西省考古研究院等：《陕西神木县石峁城址皇城台地点》，《考古》2017 年第 7 期，第 46—56 页。

［18］　J. Rawson. Shimao and Erlitou: New perspectives on the origins of the bronze industry in Central China. Antiquity, 91(355), 2017: 1-5.

［19］　胡松梅、杨苗苗、孙周勇等：《2012—2103 年度陕西神木石峁遗址出土动物遗存研究》，《考古与文物》2016 年第 4 期，第 109—121 页；杨苗苗、胡松梅、郭小宁等：《陕西省神木县木柱柱梁遗址羊骨研究》，《农业考古》2017 年第 3 期，第 13—18 页。

［20］　石峁聚落的中心地位是早就知道的，但没有想到这个遗址的规模会如此巨大。我以前这样说过："石峁聚落面积达 90 万平方米，防卫设施完备并发现珍贵玉器，极可能就是陕北超级聚落群的中心。"韩建业：《中国北方地区新石器时代文化研究》，文物出版社，2003 年，第 254 页。

［21］　戴向明：《陶寺、石峁与二里头——中原及北方早期国家的形成》，《夏商都邑与文化》（二），中国社会科学出版社，2014 年，第 46—60 页；孙周勇、邵晶：《石峁：过去、现在与未来》，《发现石峁古城》，文物出版社，2016 年，第 9—23 页。

［22］　苏秉琦：《迎接中国考古学的新世纪》，《华人·龙的传人·中国人——考古寻根记》，辽宁大学出版社，1994 年，第 236—251 页。

［23］　严文明：《黄河流域文明的发祥与发展》，《华夏考古》1997 年第 1 期，第 49—54 页。

［24］　王震中：《邦国、王国与帝国：先秦国家形态的演进》，《河南大学学报》（社会科学版）2003 年第 4 期，第 28—32 页。

［25］　如石峁遗址的韩家圪旦地点大墓 M1、神木神圪垯梁遗址大墓 M7。见陕西省考古研究院等：《发现石峁古城》，文物出版社，2016 年，第 69 页；陕西省考古研究院等：《陕西神木县神圪垯梁遗址发掘简报》，《考古与文物》2016 年第 4 期，第 34—44 页。

［26］　我曾认为北方地区龙山时代前后的带状分布的石城，可能与对抗更北方游猎采集人群的侵扰有关。最近石峁遗址发现的石人面像、铜刀（范）等又显示其与北方欧亚草原可能存在联系，石城的出现就更不能排除对抗欧亚草原人群的可能性。见韩建业：《试论作为长城"原型"的北方早期石城带》，《华夏考古》2008 年第 1 期，第 48—53 页。

［27］　韩建业：《略论中国铜石并用时代社会发展的一般趋势和不同模式》，《古代文明》第 2 卷，2003 年，第 84—96 页。

［28］　韩建业：《晋西南豫西西部庙底沟二期——龙山时代文化的分期与谱系》，《考古学报》2006 年第 2 期，第 179—204 页。

［29］　中国社会科学院考古研究所山西队、山西省考古研究所等：《山西襄汾陶寺城址 2002 年发掘报告》，《考古学报》2005 年第 3 期，第 307—346 页；高江涛：《试析陶寺遗址的"毁墓"现象》，《三代考古》（七），科学出版社，2017 年，第 345—354 页。

［30］　韩建业：《唐伐西夏与稷放丹朱》，《北京大学学报》（哲学社会科学版）2001 年第 3 期，第 119—123 页。

［31］　韩建业：《"石峁人"或属北狄先民》，《中国社会科学报》2018 年 12 月 27 日；韩建业：《石峁人群族属探索》，《文物春秋》2019 年第 4 期，第 13—17 页。

［32］　韩建业：《老虎山文化的扩张与对外影响》，《中原文物》2007 年第 1 期，第 17—23 页。

［33］　杨新改、韩建业：《禹征三苗探索》，《中原文物》1995 年第 2 期，第 46—55 页。

（原载于《中华文化论坛》2019 年第 6 期）

石峁遗址文化环境初步分析
——河套地区龙山时代至青铜时代的文化格局

马明志

龙山时代的内蒙古中南部、陕西北部及晋西北地区突现一批石城聚落遗址。据目前初步掌握的资料，河套地区三省区石城数量超过 200 座，主要集中在黄河两岸地区。这些石城中规模最大、规格最高、文化内涵最为丰富的，当数陕西神木石峁遗址。关于石峁遗址的年代、文化属性和人群族属，学界已经展开了热烈的讨论。本文通过对石峁遗址早年和近年来发现的陶器分组，初步探讨石峁遗址所处时代河套地区的文化谱系关系和文化格局。

一、石峁 A 组陶器

该组陶器以 1976 年采集的单把斝（斝式鬲）为代表，另外还有素面单把罐和高领罐等（图一）。

石峁 A 组的单把斝式鬲[1]（图一，1）与杏花村 H118：10 的单把斝式鬲[2]形制非常接近，器身与三足分别制作后接制而成，器身为单把浅腹圜底釜，三足瘦高且未连接。杏花村 H118 的单把和侧装双鋬斝式鬲均为宽弧裆，也是器身与三足分别制作后再接制而成。根据《晋中考古》的分期以及张忠培、许伟的研究成果，陶鬲的演变历程中，裆部由早到晚依次的演变逻辑是：弧裆—平裆—尖角裆，宽弧裆斝式鬲在陶鬲的演变逻辑中处于最早的阶段[3]，其年代为略晚于庙底沟二期文化的龙山时代早期。张忠培、杨晶、王立新对客省庄文化单把鬲的研究也得出了相同的结论[4]。所以，石峁单把斝式鬲的年代大体也在这一阶段，即宽弧裆阶段。此外，A 组的单把罐、高领罐与甘泉史家湾遗址一期[5]同类器的形制酷似，二者的年代也应相当。史家湾史前遗存的年代为庙底沟二期文化末期或略晚，与杏花村 H118 大体处于同一发展阶段。因而，石峁 A 组的单把罐、高领罐的年代也大体在庙底沟二期文化末期至龙山早期阶段，而与该组的单把斝式鬲时代相当。

近年公布的石峁遗址韩家圪旦、后阳湾及呼家洼发掘资料[6]，丰富了 A 组陶器的内涵。代表性的器物为双鋬鬲。其中，后阳湾 2012W3：1 这件陶鬲也是宽弧裆，与杏花村 H118 及永兴店文化早期的双鋬鬲裆部形态接近，应该属于同一阶段。

A 组陶器是石峁遗址迄今发现的最早的一期遗存，相当于紧随庙底沟二期文化阶段之后的龙山时代早期。这一时期前后，陕北北部的同期遗存还有横山瓦窑渠[7]、佳县石摞摞山[8]、吴堡高家梁[9]、关胡圪垯[10]和延安大砭沟[11]等遗址发现的标本。如果要将这一时期陕北北部的这些遗存与周边地区的其他文化发展阶段相比，则相当于杏花文化[12]、永兴店文化[13]、老虎山文化[14]以及客省庄文化（即客省庄二期文化，下同）的早期阶段，这样就会对石峁A组遗存的年代刻度树立大家所熟知的参照标尺。由于陕北地区属于这一阶段的发掘资料相对匮乏，所以这一年代刻度还只是粗线条的，将来随着田野发掘资料的丰富，更细致的分期和谱系研究将是必然的要求。

需要强调的是，有学者认为陕北和晋中的单把斝式鬲并非来自客省庄文化，而是庙底沟二期文化釜形斝与陕北地区已经盛行的单把罐融合的产物[15]。很多学者将A组的单把斝式鬲归入客省庄文化的范畴。其实，这类器物遍布晋中至陕北地区，目前所知主要有汾阳杏花村、神木石峁、吴堡关胡圪垯和横山瓦窑渠等地，它的器身为浅腹圜底釜形，与客省庄文化深腹罐形釜的形制差别明显。之所以它会被很多学者认为是客省庄文化的因素，主要是缘于该器类附着了单把的缘故。单把风格除客省庄文化之外，在老虎山文化以及陕北北部庙底沟文化二期阶段的其他文化中大量存在。这种单把风格很可能与常山下层遗存、菜园文化等陇山—六盘山附近仰韶晚期之后盛行单把、双把和多把的风格密切相关，表明陕北北部、河套地区均与陇山—六盘山附近的仰韶晚期至庙底沟二期阶段的遗存之间存在着极其密切的联系，张忠培和孙祖初早就对此有过宏观性的论述和分析[16]。可以这样理解，陕北地区出现的单把斝式鬲可能源自北渐的庙底沟二期文化的浅腹圜底釜形斝与当地已然存在着的单把风格的融合，这个融合过程恰似客省庄文化的深腹单把斝式鬲首先在关中西部的形成状况，而且二者的形成时间大体同时，都在龙山时代早期，它们的形成过程应该是各自独立的。所不同的是，陕北的单把斝式鬲是当地的单把风格与来自庙底沟二期文化的浅腹釜形斝的简单结合，而客省庄文化的单把斝式鬲则是当地单把罐、釜灶与庙底沟二期文化釜形斝的空三足的深度融合、改造[17]。由此，我们认为陕北龙山早期的单把斝式鬲与客省庄文化的单把斝式鬲

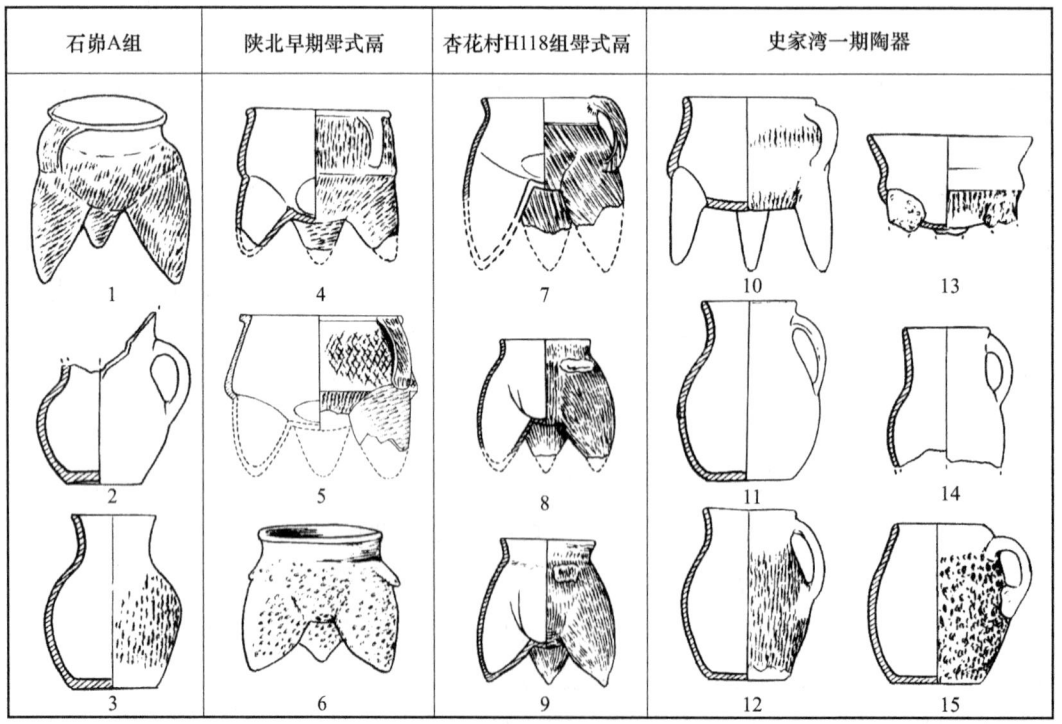

图一　石峁A组陶器与同时期相关遗存比较图[18]

1—3. 石峁1976年采　4、5. 横山瓦窑渠寨山F3出土　6. 尹达在延安大砭沟采集

7—9. 汾阳杏花村H118出土　10—15. 甘泉史家湾出土

之间在源头上可能都与仰韶晚期以来陇山—六盘山一带盛行的单把风格有关，但两地的单把斝式鬲均是在庙底沟二期文化的扩张影响下独自发端的，并非来自相互之间的文化传播。目前，由于缺乏发掘资料和明确的器类组合，暂时不能对石峁 A 组的器类组合及文化谱系做出准确的判断，但它与横山瓦窑渠、吴堡关胡圪垯等遗址的单把斝式鬲遗存有可能代表着龙山时代早期的一个地域类型，并与晋中地区侧装双鋬鬲代表的杏花文化存在着密切的交往关系。

二、石峁 B 组陶器

石峁 B 组陶器以 1981 年试掘的 H1、W1 和 M2 为代表，另外还有屡次采集的一些陶器。这组陶器的器类主要有正装双鋬鬲、敛口甗、空三足瓮、大口尊、高领折肩罐、盆形斝、盆形盉、圈足盘和圈足罐等（图二）。

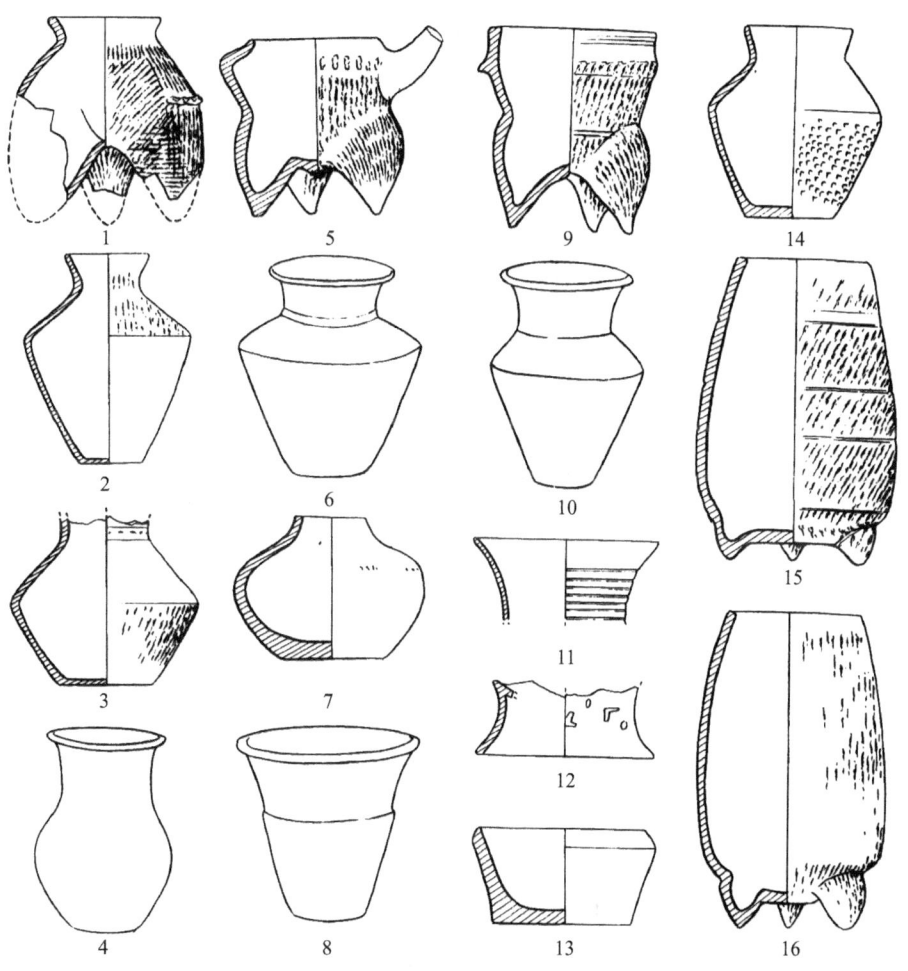

图二　石峁 B 组陶器

1. 鬲（1981TG1H1：10）　2. 折肩罐（1981W1：2）　3. 折肩罐（1981 采）　4. 高领壶（1976 采）　5. 盉（1981H1：4）
6. 折肩罐（1976 采）　7. 壶（1981M2：6）　8. 大口尊（1976 年采）　9. 斝（1981M2：7）　10. 折肩罐（1976 采）
11. 罐口（1981TG1H1：12）　12. 圈足（1981TG1H1：9）　13. 碗（1981TG1H1：1）　14. 折肩罐（1981 采：16）
15. 三足瓮（1981 采：4）　16. 三足瓮（1981M2：1）

以往，学者多将石峁 H1 和 M2 作为谱系相异的早晚两期遗存看待，或将石峁 H1 遗存与石峁 A 组陶器及杏花村 H118 的单把鬲式鬲归为同时期的一组遗存看待，我们不同意这样的观点。据 1981 年石峁遗址的发掘简报，石峁 H1 出土的陶器有正装双鋬鬲、敛口盉、大口尊、碗和豆，M2 只出土了盆形斝、空三足瓮和小口罐，而 W1 仅出土了 2 件高领折肩罐。由于发掘资料的偶然性，三个单位的器类组合并不完整。然而，我们认为这三个单位的年代基本相同，均属于夏纪年前夕，且文化属性相同，均属于大口文化（即大口二期文化[19]，下同）。首先，H1 的正装双鋬鬲的裆部为尖角裆，比寨峁二期的窄平裆鬲略显成熟，而领部低于夏代初期的新华遗址陶鬲，特别是低于新华晚段，基本属于陶鬲的尖角裆阶段，此类陶鬲在张忠培对陶鬲裆部的排序中晚于宽弧裆和平裆阶段，并略早于夏纪年阶段的高锥足跟高领的尖角裆鬲，属于龙山时代最晚阶段。H1 陶鬲的双鋬手为正装，这与河套地区的永兴店文化及大口文化的陶鬲的双鋬手完全相同，而有别于晋中杏花文化的侧装双鋬鬲[20]。我们知道，大口文化是继永兴店文化发展而来的后续文化[21]，二者的区别主要在于大口文化中新出现了空三足瓮、三足盆形盉、盆形斝和圈足罐等新器类，此外，大口文化的双鋬鬲的形态更加成熟。以此标准衡量，则寨峁二期、新华遗址以及石峁 H1、M2 和 W1 均应该归属于大口文化。大口文化的年代上限为龙山时代最晚期，下限已经进入夏纪年阶段，期间经历了几个发展阶段。石峁 B 组略晚于寨峁二期而略早于新华遗址所代表的夏纪年之初，处于夏纪年的门槛之前。M2 的三足瓮下腹与圜底之间存在明显的一道折棱，与寨峁二期的三足瓮相似，但石峁 M2 的三足瓮口部未见内折沿，可能暗示其年代略晚于寨峁二期。W1 的折肩罐领部较低，器身较矮胖，与寨峁二期的折肩罐非常接近，略早于新华遗址。

由此可见，H1、W1 及 M2 同属于大口文化，三者年代上基本相当或略有早晚，属于同一文化遗存在年代上的微小差异。由于 B 组遗存各单位的组合不够完整，要想完全判断其细微的早晚关系，目前的资料还略显薄弱，而且石峁遗址还有一些采集的陶器也应属于 B 组的范畴，但时代略晚，可能已进入二里头文化阶段，表明石峁 B 组代表的遗存仍有分段的可能。然而将试掘所得的这三个单位作为同一文化的大体同时的遗存而划归为一组，有助于我们将其与年代较早、谱系大致相同的 A 组遗存作发展阶段上的分割。

鉴于前文已经详细论述了石峁 A 组单把鬲式鬲为龙山时代早期，而 B 组属于夏纪年前夕的龙山时代晚期，所以我们认为石峁 A 组明显早于 B 组，它们之间甚至还存在着平裆鬲阶段的年代缺环。

三、石峁 C 组陶器

石峁遗址中多次采集到以双耳和单耳为特征的陶器，我们将其归为石峁 C 组陶器，这些陶器的器类主要有双大耳罐、单耳罐、双耳尊、双耳杯、双耳折肩罐等（图三），而在朱开沟、新华及白敖包墓地还有相当数量的单把鬲[22]。

以前，很多学者将此类陶器与客省庄文化相联系，认为是客省庄文化向北传播的结果，并将其年代置于大口文化之前。然而，朱开沟、白敖包遗址的发掘资料表明，这些器类在年代上属于龙山时代末期至夏纪年阶段，与分布于河套地区东南部的大口文化年代相同。

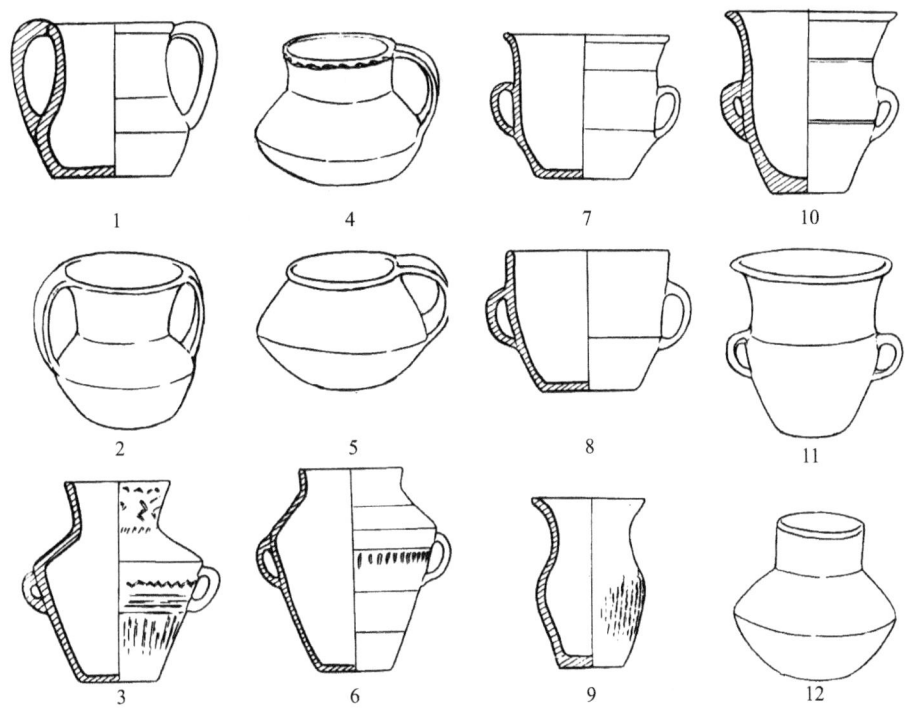

图三　石峁 C 组陶器

1. 双耳罐（1981 采∶11）　2、4—8、11、12. 陶器（1976 年采）
3. 双耳折肩罐（1981 采∶12）　9. 罐（1981 采∶20）　10. 双耳尊（1981 采∶9）

关于石峁 C 组陶器的性质，学者的观点也并不一致，除将其归属于客省庄文化之外，还有其他一些观点。

赵菊梅认为，朱开沟居址的居民生前使用的文化为 A 类遗存（即大口文化），但这些居民的墓葬随葬品均为具有齐家文化特征的陶器，与居址中以大口文化为主体的文化面貌几乎截然分开，表现了同一文化中既有联系又有区别的两种遗存面貌[23]。

笔者则从陶器、墓葬、生业形态和文化格局等角度出发，认为齐家文化这时出现了移民河套的浪潮，排除了客省庄文化直接进驻河套地区的可能性，并认为在河套地区大口文化与齐家文化相邻而居，甚至在河套南部形成二者交错和融合的态势[24]。

总体而言，河套地区出现的以白敖包墓地及朱开沟墓地一至四段为代表的遗存均互见大口文化和齐家文化的陶器，所以二者年代相当，约为龙山时代晚期至二里头文化时期，进而表明石峁 C 组的年代也大体与之相当。

石峁 C 组遗存中，单耳罐、双耳罐显然是齐家文化的代表器类，然而，大口尊属于大口文化的代表器类，而在大口尊和折肩罐上附着双耳的综合特征，则表现了齐家文化双耳风格与河套地区土著的大口文化之间的文化融合。由于考古工作的区域局限性，我们尚未完全掌握东进的齐家文化和土著的大口文化在河套地区各自的具体分布地域，但是，河套东南部的鄂尔多斯地区显然是二者的交汇地带。在这交汇地带，两种文化因素虽共存于同一聚落体系之中，但分别存在于居址和墓葬这两类不同的功能区当中，这也是很多的文化交错地区普遍存在的现象。我们可以将交错地区的文化看作区域和内涵双层面的"过渡类型"，但目的却是为了显示这样的思想：即过渡类型中的每组文化因素都应该有属于自己单纯面貌的分布中心区，这是隐藏在"过渡类型"现象背后的真正文化背景。我们显然应该从这样的视角去看待石峁C组陶器，即它是融入大口文化之中的齐家文化因素，但土著的大口文化和外来的齐家文化在河套地区可能有各自的中心区域，而朱开沟、石峁等遗址只是二者交汇地带的过渡性质的遗存。

四、河套地区龙山时代至青铜时代的文化环境变迁与石峁遗址的文化定格

1. 龙山时代晚期

广泛分布于河套腹地的是继承了阿善（三期）文化[25]而兴起的永兴店文化，以正装双鋬手袋足鬲为代表[26]。晋中地区则是杏花村文化（即杏花村遗址第四期遗存为代表的文化）的领地，以侧装双鋬手袋足鬲为代表[27]，陕北北部此时也属于这一文化的分布地带[28]。河套东北部的岱海、凉城一带被新兴的老虎山文化占据着[29]，以矮体单把鬲为代表。而晋北地区如忻州盆地、大同盆地等区域则是游邀遗址早、中期为代表的遗存的地盘，经历了由侧装双鋬手鬲到正装双鋬手鬲的转变[30]。这一时期，是河套及左近地区所代表的北方地区文化格局最为稳定的时期，其中晋中、陕北率先接受来自晋西南的庙底沟二期文化釜形斝的启发发明了双鋬手（斝式）鬲，并对老虎山文化、永兴店文化以及游邀中期遗存空袋足三足器的产生具有启发和刺激作用[31]。而游邀中期正装双鋬手袋足鬲将是后来游邀晚期、庙湾、西岔文化双鋬手高领（筒腹）袋足鬲的鼻祖，可以算作"游邀中期—西岔文化系统"形成的第一期遗存。

2. 二里头文化一、二期阶段

这一时期即迈入夏纪年的门槛阶段，这一地区的文化格局开始发生着剧烈的变化。首先是河套地区的永兴店文化转变为大口文化（即大口二期文化）[32]，以空三足瓮为代表的新器类、以圈足罐、圈足盘、背壶等为代表的外来器类的出现，以及具有指征意义的双鋬手袋足鬲向着高领、高锥足跟等特征的演变，标志着这一区域迈入夏纪年的门槛[33]。然而此时，大口文化的分布区域已经向东南退缩至河套南部并占据了以前由杏花村文化占据的陕北北部。

此时，晋中地区原来发达的杏花村文化侧装双鋬手鬲则演变为大部分不带有双鋬手的高领鬲，以杏花村H313[34]等单位为代表，这可能与来自太行山东麓的先商文化系统——如下七垣文化[35]的影响有关，晋中地区原来由土著的杏花村文化单独占据的局面开始动摇。河套东北的岱海、凉城一带原来兴盛一时的老虎山文化此时突然消失[36]，在这一区域形成了一段"文化空白期"。据《忻州游邀考古》结语介绍，晋北地区（忻州、大同等地）此时依然普遍可以看到游邀晚期遗存的踪迹[37]。可见，游邀晚期在继承游邀中期遗存的基础上，还基本坚守着其祖辈留下的传统领地。

而在伊金霍洛旗白敖包墓地[38]、朱开沟墓地[39]和神木石峁遗址[40]等地出现了含有大量双耳罐、大三耳罐、单耳罐、双耳尊、双耳高领折肩罐和单把鬲等器类的齐家文化的遗存[41]，并在这

里经历了一个较长的发展历程[42]。以目前的极为有限的资料分析，这批齐家文化遗存可能占据了河套的西北部及陕北西部直至阿拉善左旗一带的广袤区域[43]，与大口文化在河套及陕北北部分区而居，在接触地带形成犬牙交错的分布态势[44]。概而言之，这一阶段，河套地区发生了齐家文化的进驻事件，压缩和改变了大口文化的传统领地。

河套地区目前已发现的齐家文化遗存主要位于陕北最北端的神木以及河套地区的伊金霍洛旗等地（图四），代表地点有伊金霍洛旗朱开沟墓地[45]、白敖包墓地[46]和神木石峁遗址[47]。另外，在河套地区以西的内蒙古阿拉善左旗曾两次发现类似遗存[48]。这些发现成为研究河套地区齐家文化遗存的珍贵资料。

图四　河套地区齐家文化遗存的主要陶器器类

1. 双耳罐（M4006）　2. 双大耳罐（M1051:2）　3. 三大耳罐（M1048:2）　4. 双耳筒状罐（M2020:1）

5. 双耳尊（M14:1）　6、7. 单耳罐（M1015:1、M6001:1）　8. 单耳碗（M59:4）　9. 壶形罐（M3025:1）

10. 高领罐（M1051:7）　11、12. 折肩罐（M16:7、M25:5）　13. 单把鬲（M33:2）　14. 花边口沿鬲（M63:1）

15. 盉（M11:4）　16. 双耳折肩罐（M4060:4）　17、18. 豆（M31:2、M24:3）　19. 花边口沿罐（M6018:4）

20. 斝（M14:3）

（5、8、11—15、17—18、20为白敖包墓地出土，余为朱开沟遗址出土）

1958 年，内蒙古阿拉善左旗白音浩特镇的鹿图山遗址两次发现以双耳罐、大双耳罐、盏、单把鬲为代表的一批遗存，发现者认为其性质属于齐家文化。本次发现表明齐家文化的北界已经达到贺兰山北端的内蒙古中南部以西。

1976 年、1981 年，陕西神木县石峁遗址发现一批双耳罐、单耳罐、双耳大口尊、双耳杯、单耳碗等器类，发现者将其归入客省庄文化系统。

1977—1984 年，内蒙古自治区文物考古研究所等单位对伊克昭盟（今鄂尔多斯市）伊金霍洛旗朱开沟遗址先后进行了四次发掘，发现大批齐家文化墓葬，但发掘者将这批遗存与该遗址的其他多种不同时期、不同谱系的文化一起命名为"朱开沟文化"，同时认为其一至四段墓葬可能是齐家文化的直接介入。

1986 年、1989 年，内蒙古文物考古研究所等单位先后对伊金霍洛旗白敖包墓地及遗址进行了两次清理发掘，共发掘墓葬 69 座（其中瓮棺葬 1 座、偏洞室墓 30 座、余为竖穴土坑墓）、灰坑 48 座、房址 3 座，出土陶器 240 余件，绿松石料珠等装饰品 10 余件。这是一处比较单纯的齐家文化居址及墓地，虽然发掘者当年将其归入"朱开沟文化"。

墓葬形制、葬式、随葬品、墓葬排列等因素往往是一个文化最为顽固的载体，最能反映文化的核心因素和稳定基因，甚至在较大程度上代表一个文化的族属，是确认文化性质极为重要的组成领域。河套地区已经大规模发掘的朱开沟墓地一至四段和白敖包墓地，其墓葬特征即显示出强烈的齐家文化特征，具体表现在以下多个层面：

（1）白敖包墓地有较大数量的偏洞室墓（图五，1、2），其比例将近所发掘墓葬的一半，与宁夏固原店河、甘肃临潭磨沟[49]等齐家文化核心区流行的以偏洞室墓为主要形制的墓葬特征非常接近。

（2）朱开沟墓地一至四段中存在一定比例的圆坑墓，这在天水师赵村和西山坪七期的墓葬中也非常流行。另外，圆坑墓也是甘青宁地区自马家窑文化以来非常流行的一种较为稳定的区域性文化因素，在宁夏海原菜园文化墓葬形制中也占有绝对主导地位。所以，朱开沟墓地一至四段墓葬中的圆坑墓应该是随着齐家文化东进带来的西北核心文化区的典型因素。

（3）大型竖穴土圹墓往往有棺椁作为葬具，小型墓葬或无葬具，或在人骨之下铺垫石板（图五，3），这也是齐家文化的重要特征。

（4）朱开沟墓地一至四段墓葬中的竖穴土坑墓多有壁龛或地坑放置随葬品，有的壁龛还以石板封门（图五，4）。这些特征在甘肃临潭磨沟齐家文化墓葬中非常普遍，应是来自齐家文化的重要因素。

（5）大型墓葬的被葬者有主次位置与葬式之分，墓主人往往是男性，仰身直肢，位置居中或有棺椁葬具，而陪葬者常侧身屈肢面向男性墓主（如朱开沟 M3024 等一批大型墓葬）。

（6）小型墓葬常见屈肢葬，而乱骨及残骨现象较为常见，这些特征也在西北地区仰韶晚期至齐家文化阶段的遗存中经常见到。

（7）偏洞室墓常见多人多次合葬现象，早葬者的骨骼常见被推挤的现象（图五，2），而在甘肃临潭磨沟齐家文化墓地中此类现象更为普遍。

（8）厚葬之风盛行。墓葬中大量随葬陶器以及猪、羊、牛下颌骨随葬甚至完整狗骨架。与之形

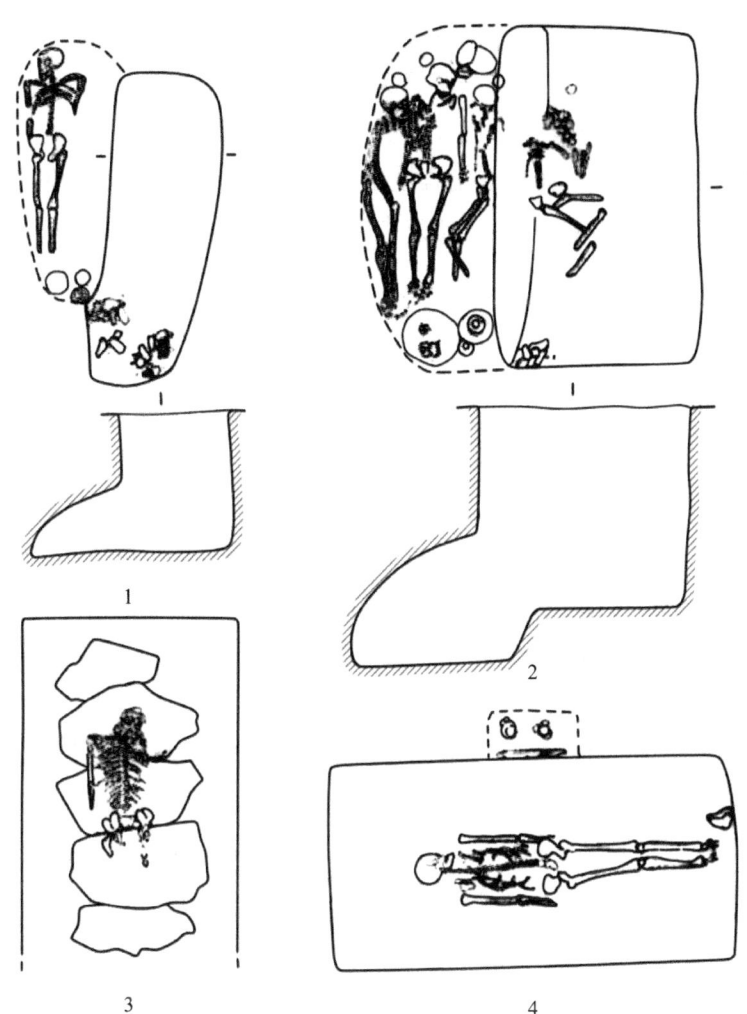

图五　河套地区齐家文化部分墓葬形制

1、2. 偏洞室墓（白敖包 M67、M41） 3. 铺垫石板的墓葬（朱开沟 M1012）

4. 带有壁龛和石板的墓葬（朱开沟 M1036）

成鲜明对比的是，有些墓葬（特别是小型墓葬）既无葬具和随葬器物，又无动物肢体，显示出较大的贫富分化现象。这样的反差同样常见于齐家文化的墓葬中。

（9）常见料珠串饰、指环、臂钏、项饰、耳环、海贝等装饰品，这是齐家文化墓葬的典型特征之一。

（10）朱开沟、白敖包墓地的墓葬均划分为不同的区，各区内行列分布有序，很少有打破关系，体现了极强的规划性，这种特征在甘肃临潭磨沟以及甘青宁地区其他众多齐家文化墓地中表现得更为强烈。

齐家文化遗存在河套地区出现的年代大致为龙山时代末期，它的出现改变了河套地区原有的文化格局。齐家文化占据了河套腹地而成为来自西部文化区的"客家"文化，当地的大口文化则失去（或放弃）了其前身——永兴店文化在河套腹地占据的传统区域，并向南迁徙至鄂尔多斯南缘及陕北北部地区，二者在河套地区长期南北相邻而居。齐家文化在河套地区的出现并非孤立事件，它属于仰韶晚期至夏商时期西部文化长期东进历程中的一个片段和组成部分。西部文化的东进浪潮使得西部羌系诸文化源源不断地进驻河套及北方地区，使得这一区域成为西部文化向东部推进的稳定前沿。这一文化东进事件是仰韶晚期之后北方地区的主要潮流，不但丰富了北方地区的文化内涵，同时也为西部文化核心区反馈了北方地区的文化因素，加速了北方文化带的形成和边缘地带人群的聚合步伐，从而在一定程度上影响着中国早期的文化格局和历史进程。鉴于此，本文认为在今后的北方地区早期考古研究中，应该充分重视西部文化东迁潮流的重要性和影响力。

3. 二里头文化三期阶段

以目前的考古资料看，河套和陕北北部的文化格局几乎难以得知，由于考古发现的局限性和其他因素，大口文化和齐家文化在此时的踪迹难以确定。但是，有学者认为晚商时期的李家崖文化应该是大口文化的后裔[50]，所以介于这两者之间的过渡性遗存就有可能依然存在于这一区域，在陕西关中地区西部的礼泉县朱马嘴、千阳县望鲁台等遗址发现的数件双鋬手高领袋足鬲被认为是这一阶段的遗存[51]，笔者以为它们应当是新华遗址[52]所代表的大口文化的后裔，可能是大口文化发展至二里头三期阶段向关中北部传播的结果，而近年在榆林市北郊火石梁和园西海子[53]以及府谷清水川电厂[54]新发现的遗存也应是大口文化的后裔，表明这一文化在当地并未中断。另外，根据白敖包墓地、朱开沟齐家文化墓葬的分期，齐家文化此时依然在当地存续。据此，我们估计河套地区此时的文化格局基本沿袭了上一阶段的模式，即大口文化和齐家文化在河套和陕北地区分区相邻而居。凉城、岱海地区此时依然基本是一个"文化空白期"。需要关注的是，晋中地区的文化继续向着先商文化面貌靠拢的趋势更加明显，证据是白燕四期一段出现了一批具有先商文化风格的小型侈沿陶鬲，除此之外，白燕四期一段的袋足鬲在承袭了北部游邀晚期袋足鬲器身形态的基础上，可能由于受到先商文化系统无鋬手鬲的影响而没有附加双鋬手，这是游邀晚期双鋬手高领袋足鬲向南部传播过程中由于受到先商系统的影响而形成的一个特征鲜明分支形态，这一"先商化"趋势在此后几个阶段表现得更为显著。游邀类型的细高锥足跟肥袋足鬲形态的介入和先商系无鋬手鬲的影响，彻底终结了晋中地区龙山时代杏花村文化侧装双鋬手鬲的传统。与此同时，晋北地区（如忻州、大同等地）由于缺乏考古发现而难以得知此阶段的文化面貌，但如前文所述，这一地区依然应是游邀晚期带有双鋬手高领袋足鬲遗存的腹地，这是游邀晚期双鋬手袋足鬲的又一支系，属直系继承的一支，其鬲的形态大体可以用白燕四期一段的袋足鬲加上双鋬手来暂作推断性预测，这是"游邀中期—西岔文化系统"形成的第三阶段。总体而言，这一阶段可能基本沿袭了前一阶段的文化格局，只是晋北和陕北地区因缺乏考古资料的发现而难以直观展现当地的文化面貌。而大口文化高领袋足鬲在文化相对"空虚"的关中西部地区的出现，则表明这类遗存可能已经对陕北南部形成了新的占领。

4. 二里头四期阶段

河套地区的套内东北部直到套外的岱海、凉城一带被新兴的以蛇纹袋足鬲、瓿、三足瓮、扳钮罐为代表的朱开沟文化所占领[55]，河套南部及陕北地区可能还是大口文化第二期后裔与晚期齐家文化的领地。关中西部的"望鲁台—乔家堡"类型[56]中发现的柱足花边筒腹鬲可能是前一阶段朱马嘴那种南渐的大口文化高领袋足鬲演变而成的后裔，而陕北地区极有可能是这类遗存的主要分布地域，这类遗存当是沿着榆林火石梁、园西海子那种夏代大口文化第一期后裔演变而来的。此时这一地区尚未发现新兴的朱开沟文化的迹象，晚期齐家文化存在的空间依然存在，朱开沟、白敖包墓地及石峁遗址中均具有这一时期齐家文化的遗存[57]。晋中地区此时除了承袭白燕四期一段那种不带双鋬手的高领袋足鬲之外，在先商系文化的影响下甚至出现了器身形态介于高领袋足鬲与商式翻沿鬲之间的"中间型"鬲（白燕第一地点H157：2）。而娄烦庙湾双鋬手高足跟高领袋足鬲的出现，为我们关于晋北地区是双鋬手高领袋足鬲腹地的推断提供了旁证，庙湾双鋬手鬲应该是晋北双鋬手袋足鬲向南传播的个例，它与游邀晚期双鋬手高领袋足鬲之间形成了"隔代"的直系演变关系。这是"游邀中期—西岔文化系统"形成的第四阶段。可以说，朱开沟文化的兴起改变了河套东北部至岱海一带的文化格局，晋中地区继续着"先商化"的趋势，但其余地区这一阶段基本上还是延续了上一阶段的文化格局。

5. 二里冈时期至殷墟早期阶段

整个河套腹地至岱海地区乃至晋北北端都成为以蛇纹鬲为代表的朱开沟文化的领地，是朱开沟文化最为兴盛的阶段，甚至陕北北部的神木、佳县、横山在二里冈上层阶段也出现了朱开沟文化遗存[58]。陕北地区此时应该还存在着连接大口文化后裔与李家崖文化的过渡性遗存，但该过渡性遗存在朱开沟文化向南扩张的不利形势下，其领地可能向陕北北部以南和晋陕黄河两岸地区退缩，目前尚未发现此类遗存，有待今后的考古发现。晋中地区以白燕五期[59]为代表彻底向着商文化面貌演变，原来土著的高领袋足鬲几乎绝迹，鬲的形态均为小型体的商式鬲和带有浓厚商式鬲风格的形体高大的"中间型"鬲，其中以后者数量最多，显示出前一期文化在此时进一步"商化"过程中的自然过渡。晋北地区依然缺乏这一阶段遗存的发现，我们无法确知介于庙湾双鋬鬲与西岔文化筒腹袋足鬲之间过渡阶段陶鬲的形态。但是值得关注的是，位于太行山东侧拒马河流域的塔照二期文化中存在大量的筒腹袋足鬲[60]，这为我们了解晋北地区这一阶段筒腹袋足鬲的形态提供了极为重要的参照。塔照二期文化的年代相当于二里冈上层稍后至殷墟二期阶段，这里此前根本没有高领袋足鬲演变为筒腹袋足鬲的谱系基础，然而，二里冈上层之后的塔照二期到塔照三期文化（即张家园上层文化[61]）中，突然在原先具有浓厚商文化因素的遗存中新出现了筒腹袋足鬲，而且数量急剧增加，甚至代替原有的商文化因素和以小口鼓腹罐形鬲为代表的土著因素而成为当地的主体文化因素。《镇江营与塔照》报告也认为，这种高领鬲（筒腹袋足鬲）属于北方长城沿线一种"外来的新文化因素"[62]。笔者赞同这种认识，进而认为塔照二、三期这种"外来因素"应该主要来自晋北地区从龙山时代延续下来的文化系统，即来自"游邀中期—游邀晚期—庙湾双鋬手高领袋足鬲—西岔文化"系统中的高领袋足鬲—筒腹袋足鬲因素，是晋北袋足鬲系统发展至二里冈阶段后沿桑干河等穿越太行山脉的河流扩张至冀西北和京津地区的。由于塔照二期文化还保留有一定比例的从塔照一期（笔者以为是含有大坨头文化和先商文化岳各庄类型的因素）继承来的文化因素和商文化因素，受其影响，从晋北传播至此的筒腹袋足鬲普遍不带有双鋬手，并可能以领部附加的花边泥条代替了双鋬手的作用，当然这种泥条花边的作风也许还与花边鬲发达的李家崖文化前身的影响有所关联，有待今后进一步探讨。总体而言，塔照二期筒腹袋足鬲的突然出现应是晋北这一传统向东扩张的结果，它可以暂时作为晋北地区这一阶段高领袋足鬲器身形态的支系参照。这是"游邀中期—西岔文化系统"形成的第五阶段，这时该系统的袋足鬲已基本完成了由高领向曲筒腹形态的转变。这一阶段的前期是商文化系统在北方地区的空前扩张和北方袋足鬲系统的偏安一隅；而后期（特别是二里冈上层稍后）则是蛇纹鬲代表的朱开沟文化和高领袋足鬲（或筒腹袋足鬲）代表的"前西岔文化"的全面扩张，同时伴随着商文化在北方地区的急剧退缩。

6. 晚商至早周阶段

这一时期，曾经独占河套腹地至凉城、岱海一带并扩张至陕北北部的朱开沟文化的直系后裔有向南迁徙至鄂尔多斯高原南部和陕北北部的迹象[63]，我们近年在神木、榆林、横山、佳县、子洲、安塞、志丹、吴起等地均发现了该文化的遗存，而河套腹地此时基本不见晚期朱开沟文化遗存的踪迹了。与此同时，南迁的朱开沟文化可能将此时的李家崖文化进一步逼向了晋、陕高原黄河两岸狭长的山地之中，李家崖遗址和近来在清涧等地发现的大量李家崖文化石城址[64]，可能暗示了李家崖文化在晚期朱开沟文化和杏花村墓地遗存的夹缝中被动防御的历史背景。晋中地区依然继续着早期以来和商文化关系密切的趋势，以杏花村墓地为代表，商文化和中间型陶鬲普遍小型化，与李家崖文化柱足跟筒腹袋足鬲、朱开沟文化高领袋足蛇纹鬲、西岔文化高锥足双鋬手筒腹袋足鬲形成最为明显的反差，与北方诸袋足鬲文化大相异趣，俨然属于商文化圈的一个地方类型。在河套东北的清水河县一带，朱开沟文化南迁后其领地被西岔文化占据，同时，太行山东麓的塔照三期遗存筒腹袋足鬲的蓬勃发展态势表明，这类源于晋北地区的北方系古老土著文化东渐后逐步对这一地区形成了主导作用，甚至排斥了商文化因素在这里的影响。另外，陕西长武碾子坡晚商时期的墓葬中也发现了带有发达双鋬手的高领袋足鬲[65]，应该是西岔文化经河套腹地和陕北地区传播到关中西北边缘的文化因素，由于受到碾子坡文化矮体袋足鬲的影响而体型较矮，且锥足跟不够发达，这一传播个例表明，作为传播路径的河套腹地和陕北地区可能也存在西岔文化的因素乃至领地。这一阶段，完成了"游邀中期—西岔文化系统"袋足鬲由束腰曲筒腹到直筒腹的转变，袋足趋瘦。总体来看，西岔文化、塔照三期遗存以及碾子坡双鋬手高领袋足鬲对内蒙古中南部、冀西北、京津地区的移民占领和文化传播事件，表明渊源古老的西岔文化系统在这一时期随着商文化势力在北方的总体衰退和朱开沟文化的南迁而空前强盛，地域已经超越了晋北腹地的传统领域（图六）。

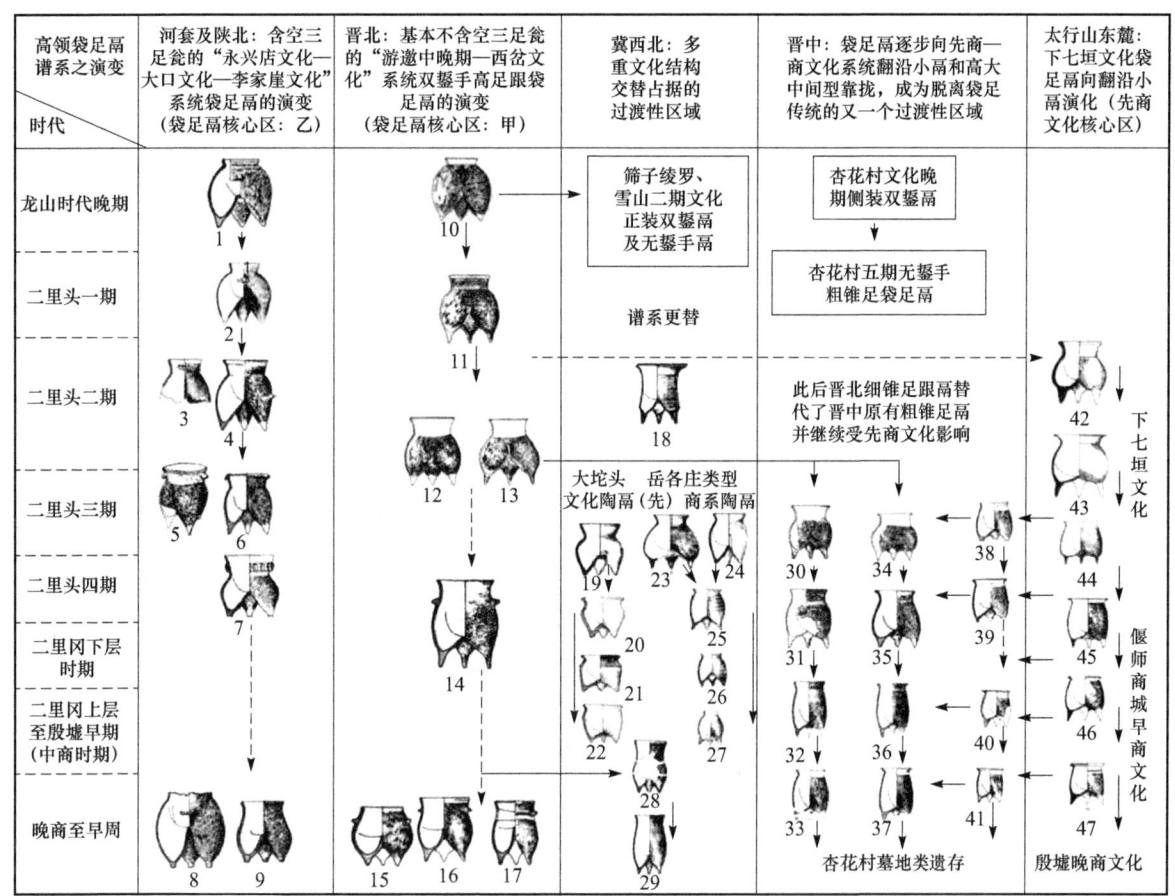

图六　西岔文化系统形成过程中周边区域陶鬲谱系演变历程示意图

1—4、7. 新华（99W3：1、96H27：1、99F3：3. 99H15②：9、99H101：3） 5、6. 朱巴嘴出土　8. 朱开沟（M3002：1）
9、10. 高红（H1：5、H1：1） 11—16. 游邀（H129：2、H193：2、H2：55、H129：4、H129：1、H129：6） 17. 庙湾
（LM011） 18、19. 西岔（H11：2、H43：1） 20、21. 杏花村（H7：3、04） 22—25. 白燕（H158：10、H98：176、
T127③⑩：2、H157：2） 26. 雪山（H66：7） 27. 贾家营（H2：33） 28、35、38. 三关（YSGM2015：1、YSGH2022：26、
YSGM2008：1） 29—31、34、36、37、41、42. 塔照（FIH92：15、FIM11：3、FIH92：25、FIH54：11、FIH113：1、
FT019、FTT3011④：1） 32、43. 镇江营（FZH1036：2、FZH1278：1） 33、39. 前堡（YPTC1②：6、YQ03）
40. 庄窠（YZT20⑥：1） 44. 巩固庄（01） 45. 界段营（H8：35） 46. 涧沟（T3③a：226） 47. 何庄（H6：1）
（注："↓"演变关系；"→"传播关系；"↔"时代相当且形态相近）

五、结　语

本文将石峁遗址迄今所见的陶器划分为四组遗存，并且对每组遗存的年代、内涵及谱系归属进行了初步剖析。下面让我们在总结性地回顾一下各阶段的核心内容。

石峁A组陶器的年代为略晚于庙底沟二期文化的龙山时代早期，是石峁遗址的第一期遗存。它与客省庄文化早期可能共同受到陇山—六盘山附近盛行单把、双把和多把的陶器风格的深刻影响，但石峁A组陶器代表的遗存可能属于陕北北部的土著遗存受庙底沟二期文化影响而单独发端的一类遗存，它和客省庄文化早期应该是各自演变、并行发展的遗存。石峁A组代表的龙山早期的遗存形成之后，与晋中地区的杏花文化关系密切，使得陕北北部盛行的单把斝式鬲和晋中杏花文化的侧装双鋬斝式鬲在两地大量交流、互见，两大文化区域连成一片。由于这一阶段石峁等遗址还出土了宽弧裆正装双鋬鬲，我们将陕北北部这一时期的遗存划归永兴店文化的范畴。位于河套地区的以正装双鋬斝式鬲为代表的永兴店文化和岱海地区以矮体单把斝式鬲为代表的老虎山文化中期分属于相对独立的两支文化遗存，它们与晋中、陕北南部的杏花文化形成相邻而居的文化态势。

石峁 B 组陶器年代为龙山时代晚期至二里头文化阶段，它是继承了河套地区永兴店文化主体而形成的一种新的考古学文化。同时，石峁 C 组陶器与 B 组陶器存续时间相当，并且经常在同一聚落系统内共存，即 B 组陶器主要在居址中使用，而 C 组陶器主要集中出现在同一聚落周边具有齐家文化特征的墓葬中。我们以为这种特殊的文化现象背后，可能隐藏了这样一个事实：即龙山时代晚期至二里头文化阶段，以河套地区土著的 B 组陶器为代表的大口文化和以 C 组陶器为代表的齐家文化在河套地区东南部一带形成了交汇格局和文化融合，而且二者在河套地区可能各有自己的分布中心区域，这是今后应该重点关注的一个问题。此外，以正装双鋬鬲为代表的大口文化进驻陕北北部，替代了此前占领陕北的以侧装双鋬鬲为代表的杏花文化，也表明陕北北部在龙山时代晚期阶段发生了文化谱系的剧变。石峁 B、C 组陶器共同属于该遗址的第二期遗存，但仍有进一步分期的可能。

本文将石峁遗址迄今所见的陶器划分为三组遗存和两个阶段，并尝试将每组遗存置于河套附近地区的宏观文化格局中进行定位，这将有助于我们更加客观、准确地判断石峁遗址众多遗存的复杂性，有利于今后工作和研究的开展。

最后需要补充一点，石峁城址核心族群的后裔很可能是商代李家崖文化和西岔文化。学界一般认为，李家崖文化是商代的鬼方、西周的猃狁，也是东周之后北翟的祖先。笔者认为，与李家崖文化毗邻的朱开沟文化蛇纹器遗存，则很可能属于商周时期的西落鬼戎。限于篇幅，这里不再展开讨论。

注　释

［1］　戴应新：《陕西神木县石峁龙山文化遗址调查》，《考古》1977 年第 3 期，图版壹，3。

［2］　国家文物局、山西省考古研究所、吉林大学考古学系：《晋中考古》，文物出版社，1999 年，第 119—158 页，图一○六：1。

［3］　张忠培：《杏花文化的侧装双鋬手陶鬲》，《故宫博物院院刊》2004 年第 4 期，第 6—50 页；许伟：《晋中地区西周以前古遗存的编年与谱系》，《文物》1989 年第 4 期。

［4］　张忠培：《客省庄文化及其相关诸问题》，《考古与文物》1980 年第 4 期；王立新：《单把鬲谱系研究》，《青果集》，知识出版社，1993 年；张忠培、杨晶：《客省庄与三里桥文化的单把鬲及其相关问题》，《宿白先生八秩华诞纪念文集》，文物出版社，2002 年。

［5］　陕西省考古研究所、延安地区文管会、甘泉县文管所：《陕北甘泉县史家湾遗址》，《文物》1992 年第 11 期。

［6］　陕西省考古研究院、榆林市文物考古勘探工作队、神木县文体局：《陕西神木县石峁遗址后阳湾、呼家洼地点试掘简报》，《考古》2015 年第 5 期。

［7］　陕西省考古研究院、榆林市文物保护研究所、横山县博物馆：《陕西横山县瓦窑渠寨山遗址发掘简报》，《考古与文物》2009 年第 5 期。

［8］　陕西省考古研究院 2004 年年报。

［9］ 陕西省考古研究院 2006 年年报。

［10］ 陕西省考古研究院 2006 年年报。

［11］ 尹达：《新石器时代》，生活·读书·新知三联书店，1979 年，图版三之一。

［12］ "杏花文化"指汾阳杏花村遗址第四期遗存代表的考古学文化，首先由张忠培提出，参阅张忠培：《杏花文化的侧装双鋬手陶鬲》，《故宫博物院院刊》2004 年第 4 期。杏花村遗址第四期遗存资料见国家文物局、山西省考古研究所、吉林大学考古学系：《晋中考古》，文物出版社，1999 年。

［13］ 内蒙古文物考古研究所：《准格尔旗永兴店遗址》，《内蒙古文物考古文集》第一辑，中国大百科全书出版社，1994 年，第 235—245 页。

［14］ 内蒙古文物考古研究所：《岱海考古（一）——老虎山文化遗址发掘报告集》，科学出版社，2000 年，第 277—359 页。

［15］ 王炜林、马明志：《陕北北部西周中期以前的文化序列、谱系与格局》，待刊。

［16］ 本图为王炜林、马明志先生提供，参见王炜林、马明志：《陕北北部西周以前的文化序列与编年》，待刊。

［17］ 张忠培、孙祖初：《陕西史前文化的谱系研究与周文明的形成》，《远望集》（上），陕西人民美术出版社，1998 年。

［18］ 王炜林、马明志：《陕北北部西周以前的文化序列与编年》，待刊。

［19］ 吉发习、马耀圻：《内蒙古准格尔旗大口遗址的调查与试掘》，《考古》1979 年第 4 期。

［20］ 关于陶鬲双鋬手的"正装"与"侧装"之区别，详见张忠培：《杏花文化的侧装双鋬手陶鬲》，《故宫博物院院刊》2004 年第 4 期。

［21］ 魏坚、崔璇：《内蒙古中南部原始文化的发现与研究》，《内蒙古文物考古文物》第一辑，中国大百科全书出版社，1994 年，第 125—143 页。

［22］ 内蒙古文物考古研究所等：《伊金霍洛旗白敖包墓地发掘简报》，《内蒙古文物考古文集》第二辑，中国大百科全书出版社，1997 年，第 327—337 页。

［23］ 赵菊梅：《晋陕高原夏商时期考古学文化格局研究》，《公元前 2 千纪的晋陕高原与燕山南北》，科学出版社，2008 年。

［24］ 马明志：《河套地区齐家文化遗存的界定及其意义——兼论西部文化东进与北方边地文化的聚合历程》，《文博》2009 年第 5 期。

［25］ 内蒙古社会科学院蒙古史研究所、包头市文物管理所：《内蒙古包头市阿善遗址发掘简报》、《考古》1984 年第 2 期；崔璇、魏坚：《内蒙古中南部原始文化的发现与研究》，《内蒙古文物考古文集》第一辑，中国大百科全书出版社，1994 年，第 125—143 页。

［26］ 张忠培：《杏花文化的侧装双鋬手陶鬲》，《故宫博物院院刊》2004 年第 4 期。

［27］ 张忠培、杨晶：《客省庄与三里桥文化的单把鬲及其相关问题》，《宿白先生八秩华诞纪念文集》，文物出版社，2002 年；张忠培：《杏花文化的侧装双鋬手陶鬲》，《故宫博物院院刊》2004 年第 4 期。

［28］ 王炜林、马明志：《陕北北部西周中期以前的文化序列与谱系》，待刊。

［29］ 内蒙古文物考古研究所：《岱海考古（一）——老虎山文化遗址发掘报告集》，第 277—359 页；崔璇、魏坚：《内蒙古中南部原始文化的发现与研究》，《内蒙古古文物考古文物》第一辑，中国大百科全书出版社，1994 年，第 125—143 页。

［30］ 吉林大学边疆考古中心、山西省考古研究所、忻州地区文物管理所、忻州考古队：《忻州游邀考古》，科学出版社，2004 年。

［31］ 张忠培：《黄河流域空三足器的兴起》，《华夏考古》1997 年第 1 期。

［32］ 吉发习、马耀圻：《内蒙古准格尔旗大口遗址的调查与试掘》，《考古》1979 年第 4 期；崔璇、魏坚：《内蒙古中南部原始文化的发现与研究》，《内蒙古文物考古文集》第一辑，中国大百科全书出版社，1994 年，第 125—143 页。

［33］ 许伟:《晋中地区西周以前古遗存的编年与谱系》,《文物》1989 年第 4 期。

［34］ 国家文物局、山西省考古研究所、吉林大学考古系:《晋中考古》, 文物出版社, 1998 年, 第 55 页, 图四一:14 双鋬手鬲。

［35］ 河北省文物管理处:《磁县下七垣遗址发掘报告》,《考古学报》1979 年第 2 期, 第 273—278 页; 邹衡:《试论夏文化》,《夏商周考古学论文集》, 文物出版社, 1980 年。李伯谦:《先商文化探索》,《庆祝苏秉琦考古五十五年论文集》, 文物出版社, 1989 年; 邹衡:《试论夏文化》,《夏商周考古学论文集》, 文物出版社, 1980 年。

［36］ 内蒙古文物考古研究所:《岱海考古（一）——老虎山文化遗址发掘报告集》, 科学出版社, 2000 年。

［37］ 吉林大学边疆考古中心、山西省考古研究所、忻州地区文物管理所等:《忻州游邀考古》, 科学出版社, 2004 年。

［38］ 内蒙古文物考古研究所、伊金霍洛旗文物管理所、鄂尔多斯市博物馆:《伊金霍洛旗白敖包墓地发掘简报》,《内蒙古文物考古文集》第二辑, 中国大百科全书出版社, 1997 年, 第 327—337 页。

［39］ 内蒙古文物考古研究所:《内蒙古朱开沟遗址》,《考古学报》1988 年第 3 期; 内蒙古自治区文物考古研究所:《朱开沟——青铜时代早期遗址发掘报告》, 文物出版社, 2000 年。

［40］ 戴应新:《陕西神木县石峁龙山文化遗址调查》,《考古》1977 年第 3 期; 西安半坡博物馆:《陕西神木石峁遗址调查试掘简报》,《史前研究》1983 年第 2 期。

［41］ 内蒙古文物考古研究所、伊金霍洛旗文物管理所、鄂尔多斯市博物馆:《伊金霍洛旗白敖包墓地发掘简报》,《内蒙古文物考古文集》第二辑, 中国大百科全书出版社, 1997 年, 第 327—337 页; 内蒙古文物考古研究所:《内蒙古朱开沟遗址》,《考古学报》1988 年第 3 期; 内蒙古自治区文物考古研究所:《朱开沟——青铜时代早期遗址发掘报告》, 文物出版社, 2000 年。

［42］ 白敖包墓地、朱开沟墓地中齐家文化墓葬的分期和年代均相当于整个夏纪年阶段。另见马明志:《河套及陕北北部的齐家文化遗存》, 待刊。

［43］ 定边、靖边、吴起、志丹一带发现有齐家文化的大双耳罐等器物（第三次全国文物普查资料）, 阿拉善左旗白音浩特镇曾经两次发现齐家文化遗存, 参见齐勇贺:《内蒙古白音浩特发现的齐家文化遗物》,《考古》1962 年第 1 期, 第 22 页。《中国考古学·夏商卷》和乌恩岳斯图的《朱开沟文化研究》均认为河套地区此类遗存应该属于齐家文化遗存。另外,《朱开沟——青铜时代早期遗址发掘报告》结语也认同齐家文化遗存对河套地区的直接介入, 可惜的是又将这类齐家文化遗存混同于内涵杂陈的所谓"朱开沟文化"之中, 抹杀了河套地区这一阶段文化谱系多样性和各文化多元独立分布的格局背景。

［44］ 马明志:《河套地区齐家文化遗存的界定及其意义——兼论西部文化东进与北方边地文化的聚合历程》,《文博》2009 年第 5 期。

［45］ 戴应新:《陕西神木县石峁龙山文化遗址调查》,《考古》1977 年第 3 期, 图版壹, 3。

［46］ 内蒙古文物考古研究所等:《伊金霍洛旗白敖包墓地发掘简报》,《内蒙古文物考古文集》第二辑, 中国大百科全书出版社, 1997 年, 第 327—337 页。

［47］ 戴应新:《陕西神木县石峁龙山文化遗址调查》,《考古》1977 年 3 月; 西安半坡博物馆:《陕西神木石峁遗址调查试掘简报》,《史前研究》1983 年第 2 期。

［48］ 齐勇贺:《内蒙古白音浩特发现的齐家文化遗物》,《考古》1962 年第 1 期。

［49］ 甘肃省文物考古研究所、西北大学文化遗产与考古学研究中心:《甘肃临潭县磨沟齐家文化墓地》,《考古》2009 年 7 期。

［50］ 崔璿:《河套地区东周以前含袋足器诸器群及相关问题》,《中国考古学会第七次年会论文集》, 文物出版社, 1989 年。

［51］ 张天恩:《关中西部夏代文化遗存的探索》,《考古与文物》2000 年第 3 期; 张天恩:《渭水流域夏商时期考古学文化的构架特点》,《关中商代文化研究》, 文物出版社, 2004 年。

［52］陕西省考古研究所：《陕西神木新华遗址 1999 年发掘简报》，《考古与文物》2002 年第 1 期；陕西省考古研究所、榆林市文物保护研究所：《神木新华》，科学出版社，2005 年，第 270 页。

［53］陕西省考古研究院 2006 年试掘资料。

［54］陕西省考古研究院 2004 年试掘资料。

［55］吕智荣认为以蛇纹鬲为代表的朱开沟文化出现的年代上限当不早于二里头文化四期阶段，笔者基本赞同这一认识。参见吕智荣：《朱开沟文化相关问题研究》，《华夏考古》2002 年第 1 期。

［56］张天恩：《关中西部夏代文化遗存的探索》，《考古与文物》2000 年第 3 期；张天恩：《渭水流域夏商时期考古学文化的构架特点》，《关中商代文化研究》，第 272 页。

［57］内蒙古文物考古研究所、伊金霍洛旗文物管理所、鄂尔多斯市博物馆：《伊金霍洛旗白敖包墓地发掘简报》，《内蒙古文物考古文集》第二辑，中国大百科全书出版社，1997 年，第 327—337 页；内蒙古文物考古研究所：《内蒙古朱开沟遗址》，《考古学报》1988 年第 3 期；内蒙古自治区文物考古研究所：《朱开沟——青铜时代早期遗址发掘报告》，文物出版社，2000 年第 116—271 页。

［58］吕智荣：《朱开沟文化相关问题研究》，《华夏考古》2002 年第 1 期。另外，陕西省考古研究院于 2003 年发掘的佳县石摞摞山遗址也有相当于二里冈阶段的蛇纹鬲遗存，资料待刊。

［59］晋中考古队：《山西太谷白燕遗址第一地点发掘简报》，《文物》1989 年第 3 期。

［60］北京市文物研究所：《镇江营与塔照——拒马河流域先秦考古文化的类型与谱系》，中国大百科全书出版社，1999 年，第 178—186 页。

［61］北京市文物研究所：《镇江营与塔照——拒马河流域先秦考古文化的类型与谱系》，中国大百科全书出版社，1999 年，第 178—186 页。

［62］北京市文物研究所：《镇江营与塔照——拒马河流域先秦考古文化的类型与谱系》，第 178—186 页。

［63］马明志：《朱开沟文化的流布及相关问题研究》，《西部考古》（第四辑），三秦出版社，2009 年。

［64］第三次全国文物普查资料。

［65］中国社会科学院考古研究所泾渭工作队：《陕西长武碾子坡先周文化遗址发掘纪略》，《考古学集刊》第 6 集，中国社会科学出版社，1988 年，第 128—142 页。

（原载于《中华文化论坛》2019 年第 6 期）

中国北方早期石城兴起的历史背景
——涿鹿之战再探索

韩建业

　　本文所说北方是小北方的概念，也就是苏秉琦所说"北方古文化"中的"北方"[1]，比"河套地区"的范围要大一些，具体指陕北、陇东、内蒙古中南部、晋中北、冀西北地区。北方地区长城沿线在龙山时代有很多石城，著名的如石峁、后城咀、碧村等，而石城最早出现的年代则可早到庙底沟二期之初。关于北方早期石城的兴起背景，最有启发性的认识就是苏秉琦提出的"长城原型"说[2]。笔者曾对这一说法做过进一步的阐发，认为北方石城带的重要功能之一是为了防御北方民族的南侵[3]，但到底是哪些"北方民族"，并没有说清楚。随着近些年考古新资料的增多，以及相关研究的进展，有必要对北方早期石城兴起的历史背景做进一步的讨论和反思。

一

　　北方早期石城发现不少，但见诸报道并能说清楚年代者并不多。城址始建年代的确定本来就是一件很复杂的事情，需要通过解剖城墙城壕并结合城内遗存综合判断，需要有清楚的地层学证据和足以说明年代的陶器等遗存的发现。目前大部分北方石城的考古工作有限，初步来看，最早的一批石城应当修建于庙底沟二期之初（图一）。

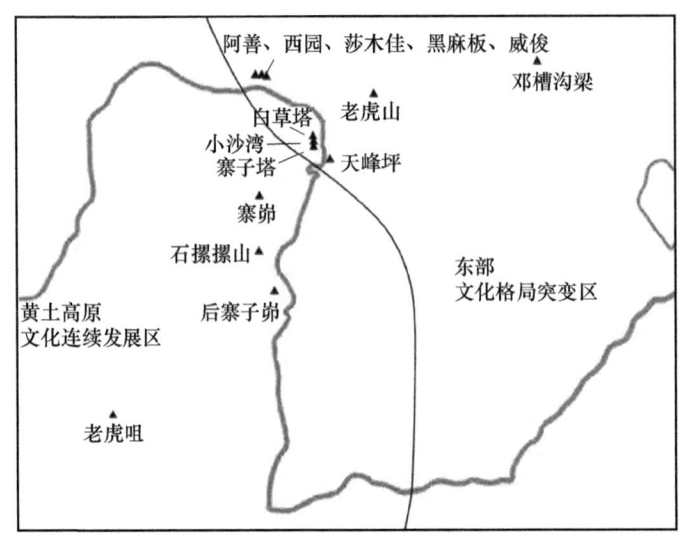

图一　中国北方地区庙底沟二期石城分布图

陕北明确始建于庙底沟二期的石城址——吴堡后寨子峁遗址，位于三座相连的山梁上，总面积约21万平方米。山梁三面陡峭，易守难攻，因此山梁部位的石墙比较简单，也没有壕沟，而是重点在连接山梁的容易通行的马鞍部位修筑了几段石墙、壕沟和石台阶，军事防御性质很明显[4]。从发表的几件陶器看，有底部退化为小纽的喇叭口尖底瓶，也有横篮纹小口折肩罐，应当代表早、晚两段，都属于庙底沟二期阶段。发掘者认为它是"北方地区最早出现的防御性城址"[5]，应该是可信的。

佳县石摞摞山和神木寨峁石城址除了庙底沟二期遗存，还有更晚的龙山时代遗存，但石城的初建年代可能在庙底沟二期。石摞摞山遗址面积约15万平方米，分内、外城，外城石墙大致环绕成不规则三角形，面积约6万平方米，内城约3000平方米。外城墙是在夯土基础上垒砌厚约1米的石墙，局部有宽约10、深约7米的城壕，发现有城门和瓮城结构，防御功能明显。该城址第一期属于庙底沟二期阶段，出土了小口折肩罐、口部箍多周附加堆纹的深腹罐等陶器。发掘者认为该城兴建于庙底沟二期晚段[6]。寨峁遗址面积约17万平方米，中南部有一道石墙，石墙以南为三面临崖的遗址主体区[7]。该遗址第一期流行横篮纹，属于庙底沟二期。

内蒙古中南部准格尔地区明确始建于庙底沟二期的石城址有小沙湾和寨子塔。小沙湾遗址面积仅有4000平方米，在南部以两道宽3—4米的石墙隔出一个三面悬崖峭壁的小空间，所出陶器均属庙底沟二期早段，有底部带小纽的小口尖底瓶、口部箍多周附加堆纹的罐等，流行横篮纹，可见这是一处庙底沟二期早段的石城址[8]。寨子塔遗址面积近5万平方米，在临悬崖陡坡的三面建有不连续的石墙，在北侧方便与外界相通处建有两道石墙构成瓮城，墙前面都有宽约20米的壕沟，仅在中轴位置留出通道，内、外城门错位，内墙里侧还有一道短石墙围出瞭望台类的设施，军事防御功能十分明显（图二）。寨子塔石城最早的遗存属于庙底沟二期，之后是龙山时代遗存，由于叠压城墙和被城墙叠压的文化层都属于庙底沟二期，所以石城的始建年代当在庙底沟二期[9]。在准格尔还有一处白草塔遗址，面积近3万平方米，遗址中部有一道宽近1米的石墙，石墙以北的居址区三面临悬崖[10]。该遗址第一期为仰韶文化晚期遗存，第二期为庙底沟二期遗存。由于石墙外叠压石墙的第2层堆积中出土仰韶晚期的陶片，发掘者因此判断石墙建于仰韶晚期，但第2层也存在因扰动而混入早期陶片的可能性。目前在北方地区发现的石城均不早于庙底沟二期，因此白草塔的石墙始建于庙底沟二期的可能性更大。

在包头以东大青山南麓的阿善、西园、莎木佳、黑麻板、威俊等遗址，也都曾发现建有石围墙的庙底沟二期石城[11]，面积小的仅有数千平方米，最大的阿善约5万平方米，墙基宽多不足1米。这

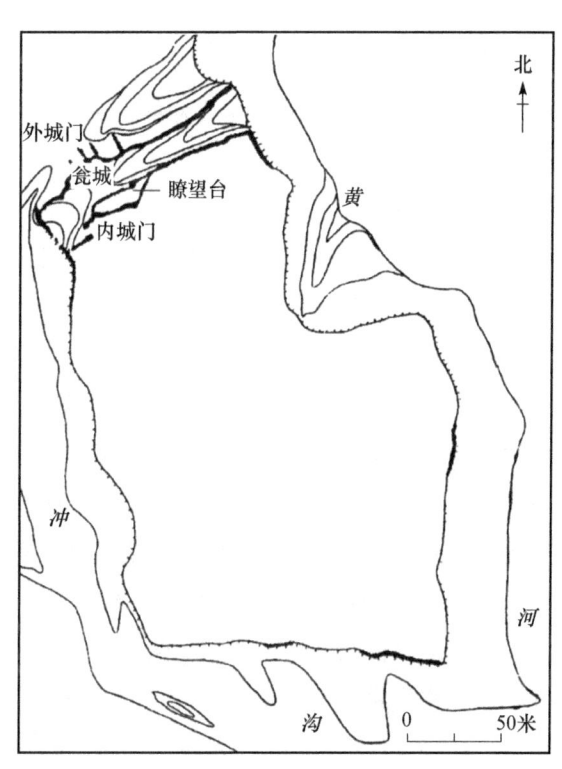

图二　寨子塔石城平面图

些石城址里面基本都有石墙房屋，应当和石城墙同时，房屋所出陶器流行横篮纹，有小口瓮、口外箍多周附加堆纹缸、小口罐、折腹盆、折腹豆等，属于阿善三期或庙底沟二期。

凉城老虎山石城位于岱海盆地西北部的山坡高处，面积约 13 万平方米，石墙宽约 1 米。如果有瓮城的话，理应建在下部平缓易通行之处，可惜下部城墙破坏殆尽，情况不明。我们曾将该城址遗存分为两期，认为第一期和同在岱海盆地北侧的园子沟遗址第一期同时，均属于龙山时代前期早段，推测年代上限距今约 4500 年[12]。仔细分析，老虎山第一期的 F6、F7 等只是单间房屋，平面圆角方形，火塘不甚规整且表面铺垫料姜石和石块；而园子沟第一期早段的 F3042、F3044 分主室和外间两部分，主室"凸"字形，圆形火塘规整干净。两者有明显差别。老虎山 F6、F7 开口于 II 区第 3 层下，可能与其大致同时的各区的第 4 层陶器流行横篮纹[13]，和寨子塔第一阶段遗存接近；而园子沟 F3042 则以斜篮纹为主，和寨子塔第二阶段遗存接近。园子沟 F3042 所出高领罐直领鼓肩，也是和寨子塔第二阶段同类器近似，而与第一阶段弧领鼓腹的高领罐有别。所以老虎山第一期很有可能早于园子沟第一期[14]，到庙底沟二期阶段。

晋中北的偏关天峰坪城址的始建年代也可能在庙底沟二期。该城址面积约 3 万平方米，是在一个台地边缘砌筑石墙，内有石墙房屋，已见诸报道的横篮纹折肩罐、折腹盆等和准格尔、包头地区庙底沟二期遗存类似。在冀西北的崇礼邓槽沟梁也发现有带瓮城的石城，防御功能显著，所出陶器和老虎山遗存近似，不排除该城始建于庙底沟二期的可能性。此外，调查发现陇东的镇原老虎咀遗址也有庙底沟二期的石城遗迹。

二

北方地区早期石城兴起之时正好是庙底沟二期之初。在仰韶晚期向庙底沟二期转变之际，黄土高原大部地区文化仍然连续发展，而内蒙古中南部、河北大部和豫中地区的文化面貌则发生了突变。

黄土高原大部地区指的是关中、晋中南、甘肃中东部和陕北地区。除陕北外，其他地区从仰韶中期到仰韶晚期再到仰韶末期的庙底沟二期，文化稳定连续发展。虽然晋、陕、豫交界区进入仰韶晚期的时间要滞后于周边区域[15]，但从仰韶晚期进入庙底沟二期却步调一致。关中和晋南豫西在仰韶晚期分别为半坡晚期类型和西王类型，之后都发展为庙底沟二期类型[16]。晋中仰韶晚期为义井类型，后发展为白燕类型[17]。甘肃中东部仰韶晚期为大地湾类型[18]，后发展为常山类型。以晋南地区为例，瓶、罐、瓮、钵、盆等仰韶文化的代表性陶器前后相承，只是绳纹、彩陶和素面陶减少，横篮纹、附加堆纹越来越流行，常见在深腹盆中腹饰篦点纹者，肩部带鋬的器物减少；仰韶晚期的喇叭口小口尖底瓶至庙底沟二期早段时变得矮胖钝底，卷沿盆减少而无沿盆增加，新出擂钵等（图三）[19]；庙底沟二期晚段率先出现陶斝[20]。

陕北地区仰韶中期和仰韶晚期偏早的遗存很少，到仰韶晚期晚段突然增多，很可能存在一个从陇东、关中等地移民至此的过程。陕北仰韶晚期遗存以靖边庙梁早段遗存为代表[21]，可暂称庙梁类型。庙梁类型的陶器和半坡晚期类型、大地湾类型有较多相似之处，但少见半坡晚期类型肩部带双鋬的罐，不见海生不浪类型的小口大鼓腹双耳罐，普通房屋则基本都是前后室白灰面窑洞式建

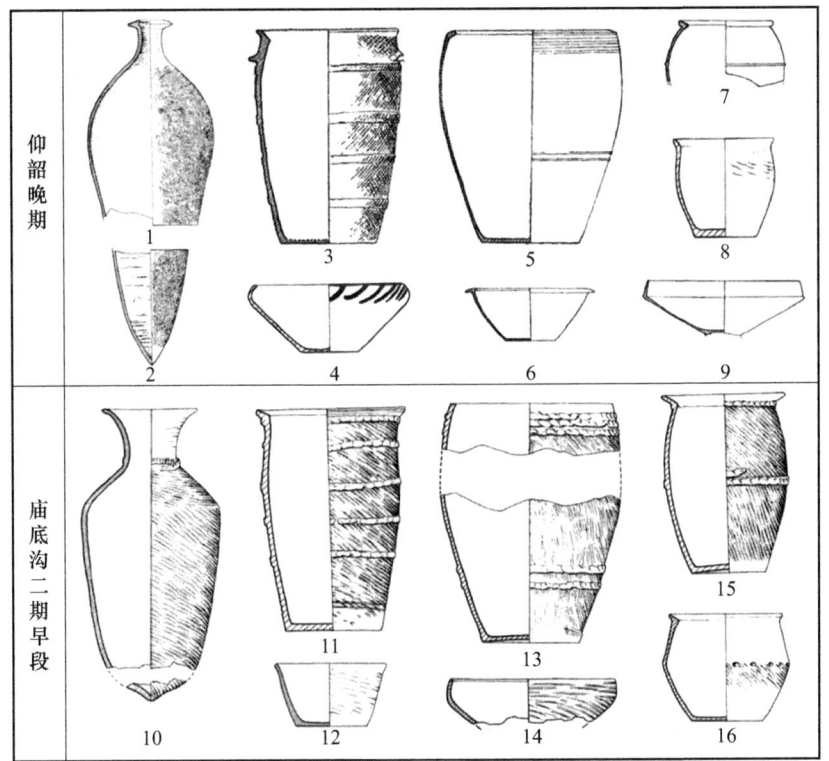

图三 晋南地区仰韶晚期和庙底沟二期早段陶器比较

1、2. 小口尖底瓶（上亳 H7：1、3） 3. 深腹罐（西王村 M2：1） 4. 钵（古城东关 IH76：2） 5. 瓮（西王村 H4：2：17）
6. 盆（西王村 H4：2：7） 7. 弧腹罐（西王村 H29：2：14） 8. 深腹盆（古城东关 IH56：117） 9. 豆（西王村 H4：2：14）
10. 小口尖底瓶（陶寺 H372：17） 11. 深腹罐（陶寺 H356：14） 12. 盆（陶寺 H3422：32） 13. 瓮（陶寺 H359：1）
14. 钵（陶寺 H347：22） 15. 弧腹罐（陶寺 H355：4） 16. 深腹盆（陶寺 H358：1）

筑，类似房屋还见于陇东的宁县阳坬遗址[22]。陕北中北部庙底沟二期遗存和内蒙古中南部包头至
鄂尔多斯地区同时期文化面貌基本相同，可称仰韶文化阿善三期类型，陶器和庙梁类型一脉相承，
普通房屋仍然主要是前后室白灰面窑洞式建筑，出现石墙房屋。陕北阿善三期类型的遗址数量比仰
韶晚期又有大幅度增加[23]，并且在靖边高家沟等地出现了大规模聚落群。从横山杨界沙[24]、靖边
五庄果墚[25]、吴堡后寨子峁、神木寨峁、府谷郑则峁[26]等遗址发表陶器看，从绳纹为主逐渐转变
为流行横篮纹，常见口沿外箍多周附加堆纹的罐、瓮、缸和上腹素面压光的深腹盆（尊），有的深
腹盆中腹饰箆点纹（图四）。从器物来看，可分早、晚两段，早段的胖直腹钝底或底部带退化小纽
的喇叭口小口尖底瓶，到晚段变为小口平底罐；早段还有少量双腹器，晚段开始出现可能源于晋南
的陶斝[27]。

内蒙古中南部庙底沟二期的阿善三期类型和仰韶晚期的海生不浪类型总体面貌相差甚大。就包
头和鄂尔多斯地区来说，阿善三期类型陶器虽然与海生不浪类型存在一定的继承关系，比如阿善三
期类型的敛口双耳瓮应该和海生不浪类型的小口大鼓腹双耳罐有承袭关系，两者也都以半地穴式房
屋为主，但整体上二者之间缺乏连续演化的中间环节：阿善三期类型流行横篮纹和方格纹，不见彩
陶，而海生不浪类型流行绳纹和彩陶[28]；阿善三期类型大部分陶器都和海生不浪类型有显著差异，
而与陕北同期遗存面貌基本相同（图五），并且新出现石墙房屋。岱海地区的老虎山第一期至少可
以早到阿善三期类型的晚段，陶器主要分两系，即与阿善三期类型基本相同的横篮纹灰陶系和极具

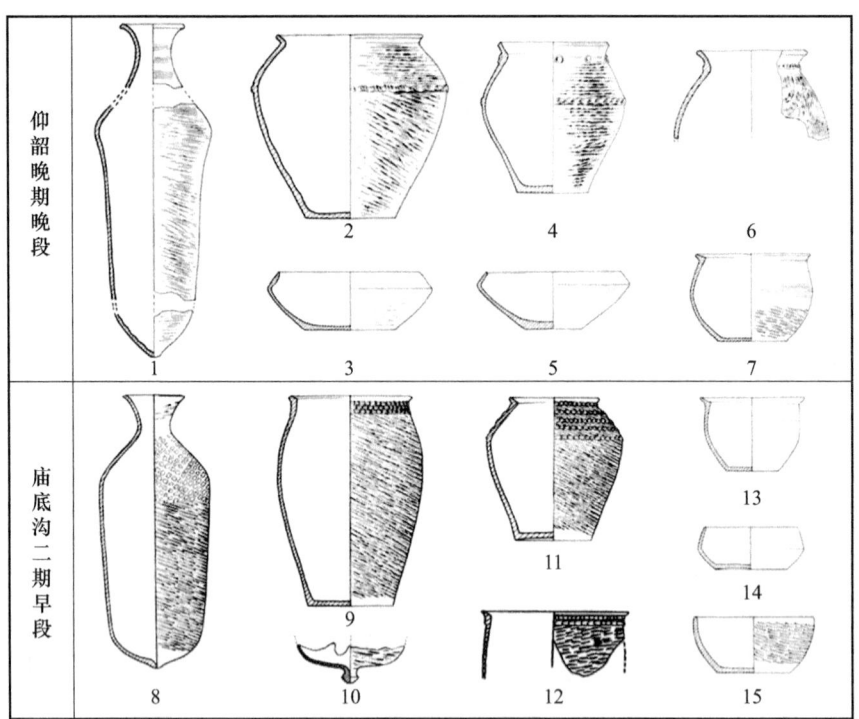

图四　陕北地区仰韶晚期晚段和庙底沟二期早段陶器比较

1. 小口尖底瓶（庙梁 H41：9）　2. 瓮（庙梁 H8：1）　3、5. 钵（庙梁 H41：1、H41：2）　4、6. 鼓腹罐（庙梁 H8：2、F25：10）　7. 盆（庙梁 H27：1）　8. 小口尖底瓶（杨界沙 AH19：39）　9. 缸（杨界沙 CH18：24）　10. 小口尖底瓶（郑则峁乙 T60⑤：1）　11. 鼓腹罐（杨界沙 CH45：36）　12. 缸（寨峁 AF7：1）　13、15. 盆（杨界沙 AH12：5、BH4：2）　14. 钵（杨界沙 CH22：6）

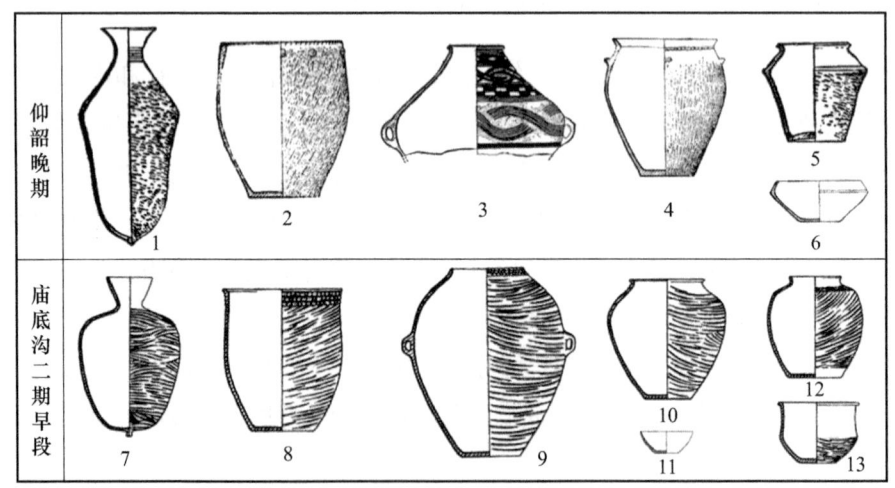

图五　鄂尔多斯地区仰韶晚期和庙底沟二期早段陶器比较

1. 小口尖底瓶（张家圪旦 H1）　2. 缸（张家圪旦 H1）　3. 小口双耳鼓腹罐（张家圪旦 H1）　4. 鼓肩罐（张家圪旦 H1）　5. 折肩罐（张家圪旦 H1）　6. 钵（张家圪旦 H1）　7. 小口尖底瓶（小沙湾 F4：8）　8. 缸（小沙湾 F4：9）　9. 小口瓮（小沙湾 F4：11）　10. 鼓肩罐（小沙湾 F4：10）　11. 钵（小沙湾 F4：21）　12. 鼓肩罐（小沙湾 F4：4）　13. 折腹盆（小沙湾 T20②：1）

地方特色的素面红褐陶系。横篮纹灰陶系肯定来自陕北和鄂尔多斯，而素面红褐陶系则为当地海生不浪类型传统（图六）[29]。先前我们将老虎山第一期定在龙山之初，认为其与当地海生不浪类型之间有着一段“空白”期，但也一直疑惑海生不浪类型因素通过何种方式能传承下来？现在看来，二

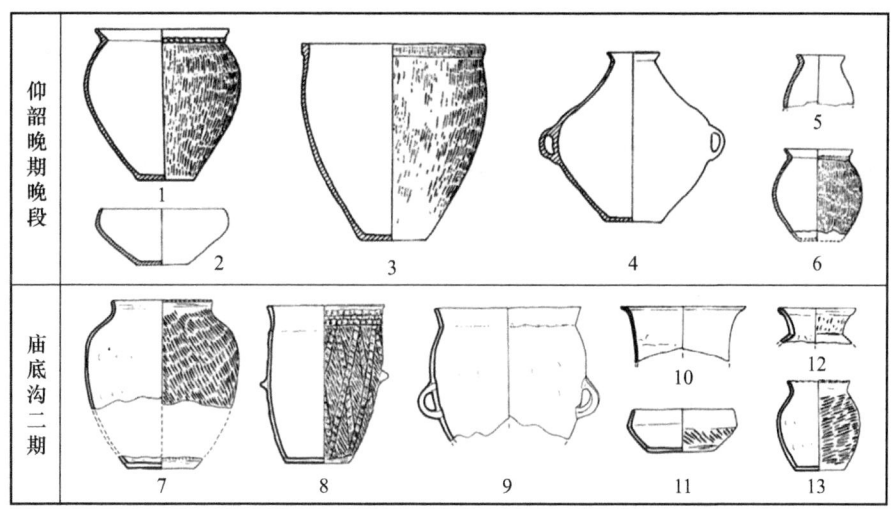

图六　岱海地区仰韶晚期晚段和庙底沟二期陶器比较

1. 鼓肩罐（王墓山坡上 F10：5）　2. 钵（王墓山坡上 F10：9）　3. 缸（王墓山坡上 F10：2）　4. 小口双耳鼓腹罐（王墓山坡上 F10：3）　5. 素面夹砂罐（王墓山坡上 F10：11）　6. 小罐（王墓山坡上 F10：19）　7. 鼓肩罐（老虎山 T513④：9）　8. 缸（老虎山 F7：1）　9. 素面夹砂罐（老虎山 F6：3）　10. 深腹盆（老虎山 T511④：15）　11. 钵（老虎山 T510④：23）　12. 高领罐（老虎山 T511④：24）　13. 小罐（老虎山 T621④：16）

者之间并不见得存在"空白"期，很可能只是阿善三期类型扩张到岱海地区后，和当地海生不浪类型发生了融合。稍后的园子沟一期前后室白灰面窑洞式建筑，更是直接来源于陕北地区。黄旗海地区察右前旗庙子沟遗址的灾难现场，一般被认为是瘟疫所致[30]，但也不排除是战争原因，该地区此后文化长期中断。此外，晋西北地区天峰坪早期遗存属于阿善三期类型，来源自然应该在陕北和内蒙古中南部，而当地仰韶晚期为海生不浪类型遗存[31]，文化突变的情况和准格尔地区一样。

冀西北地区的张家口贾家营遗址有明确的老虎山文化前期遗存[32]，邓槽沟梁城址也被认为属于老虎山文化，上限有可能早到庙底沟二期。当地蔚县三关第三期[33]、阳原姜家梁墓地等仰韶晚期遗存[34]则属于雪山一期文化。雪山一期文化和海生不浪类型有很多接近之处，与老虎山文化或者阿善三期类型则有根本性差异。再放大到北京和冀中地区，曾经也是雪山一期文化的分布区[35]，但庙底沟二期阶段则一片"空白"。冀南豫北地区庙底沟二期早段以辉县孟庄仰韶文化遗存为代表[36]，流行花边篮纹附加堆纹深腹罐、深腹盆、双腹盆、高领罐、豆、杯、壶等陶器，与晋南庙底沟二期类型偏早阶段遗存面貌接近，尤其是上腹素面、中腹饰篦点纹的篮纹罐在陕北、内蒙古中南部和晋南都比较常见。这类遗存当然也继承了当地仰韶晚期大司空类型的部分因素[37]，甚至还有秦王寨类型因素（图七），但整体上以来自西部的文化因素占据主体，文化格局也是发生了剧烈变化。

豫中地区庙底沟二期的郑州大河村五期（"龙山文化早期"）遗存，虽然继承了大河村四期的高领罐、杯、壶等，但整体上差异甚大，新出篮纹和绳纹深腹罐、附加堆纹敛口鼎、双腹盆等陶器（图八）[38]，显然是接受了来自黄土高原地区的强烈影响。此时，郑州地区聚落数量骤减，双槐树等大型聚落全面衰落，文化格局发生了根本性变化。

此外，海岱地区庙底沟二期之初当大汶口文化中期向晚期过渡之际，当时发生的主要变化之一就是横篮纹的数量显著增加，也当与来自黄土高原的影响有关。

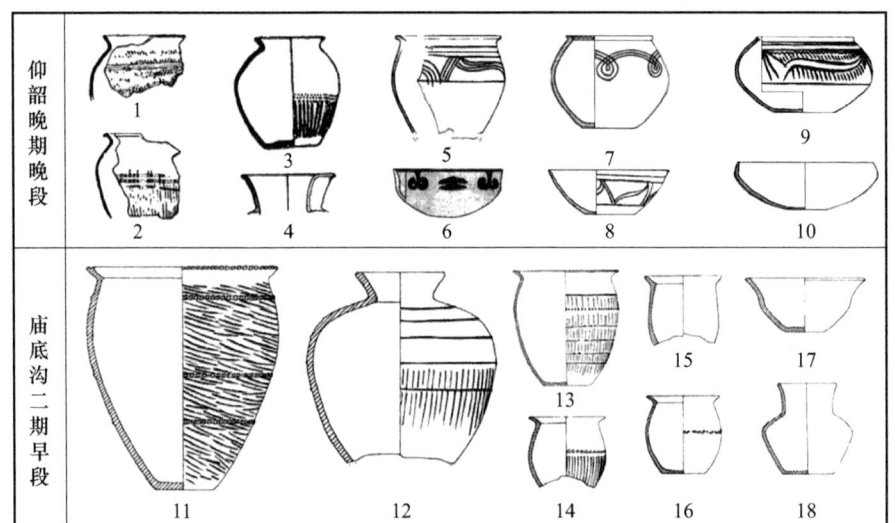

图七　冀南豫北地区仰韶晚期晚段和庙底沟二期早段陶器比较

1—3. 篮纹罐（大正集老磨冈 H3：24、5、169）　4. 高领罐（鲍家堂 T1③：1）　5. 彩陶罐（鲍家堂 H5：4）
6. 钵（大正集老磨冈 H6：69）　7、9. 彩陶罐（鲍家堂 H5：7、H7：6）　8. 碗（鲍家堂 H7：7）　10. 钵（鲍家堂 H7：4）
11. 缸（孟庄ⅡT191H2：4）　12. 高领罐（孟庄ⅡT239⑤：1）　13、14. 篮纹罐（孟庄ⅢT261W8：2、ⅧT67H6：1）
15、16. 素面罐（孟庄ⅧT67H6：2、ⅢT242H4：1）　17. 双腹盆（孟庄ⅡT191H2：17）　18. 壶（孟庄ⅡT191H2：21）

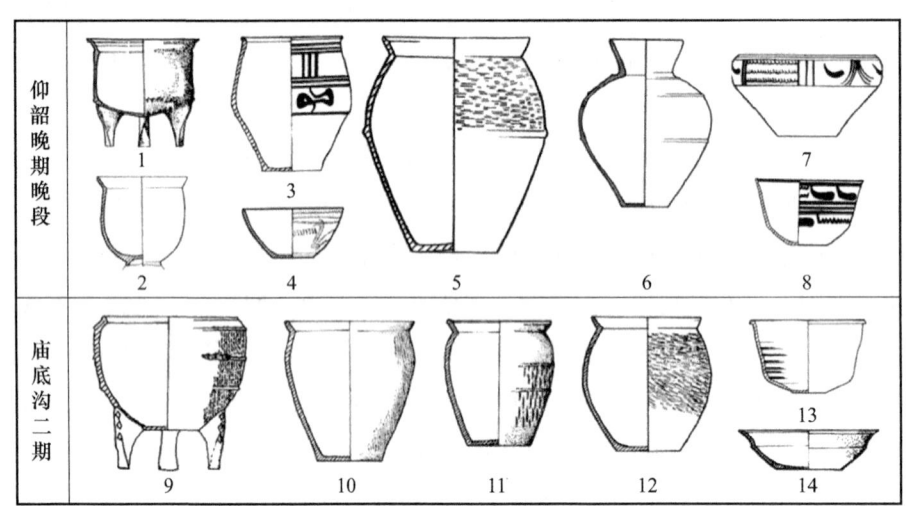

图八　豫中地区仰韶晚期晚段和庙底沟二期早段陶器比较

1、9. 鼎（大河村 F42：3、H228：10）　2. 圈足尊（大河村 H154：4）　3、5、10—12. 深腹罐（大河村 W8：1、H254：4、
H50：4、T6-7 南扩③：2、H251：1）　4、8. 碗（大河村 H178：23、T52⑤：9）　6. 高领罐（大河村 H154：26）
7. 钵（大河村展厅基槽⑤：20）　13. 深腹盆（大河村 T42③：52）　14. 双腹盆（大河村 T12③：22）

三

　　庙底沟二期之初黄土高原大部地区文化连续发展，而以东地区发生大范围突然性的文化格局巨变，只能与大规模的战争事件相联系，黄土高原一方人群显然是胜利者。恰在此时，北方地区军事性质突出的石城兴起，一方面可能是为了满足黄土高原人群的战争需要，另一方面可能是战后稳定地方的需要。结合文献记载，这场战争很可能对应《逸周书·尝麦》《史记·五帝本纪》等所记载

的轩辕黄帝诛杀蚩尤的涿鹿之战。

按《国语·晋语》等的记载，结合徐旭生的考证，可知属于华夏集团的黄帝和炎帝都发源于黄土高原，是两个同源部族首领的称谓，而轩辕黄帝为历代黄帝中最后一统天下者。徐旭生论证说，炎帝部族发祥于渭河上游，黄帝部族发祥于陇东陕北，后来他们向东迁移的路线是炎帝部族偏南而黄帝部族偏北[39]。沈长云等进一步论证认为，轩辕黄帝的根据地在陕北[40]，而涿鹿很可能就在包括现涿鹿在内的冀西北一带[41]，张家口是从内蒙古中南部进入太行山以东地区的必经之地。庙底沟二期的石城从陕北、内蒙古中南部、晋西北一直到岱海，甚至有可能延伸至张家口地区，并导致包括内蒙古中南部、晋西北、冀西北在内的黄土高原以东地区文化面貌发生巨变或出现文化"空白"，与涿鹿之战发生的地理位置和惨烈程度正相符合。海岱地区大汶口文化中期向晚期的转变，很可能也与涿鹿之战有关。

需要讨论一下涿鹿之战发生的年代，也就是庙底沟二期之初的绝对年代。

庙底沟二期的开端当从西王上层（西王Ⅲ期）开始，与其同时的还有寨峁一期、小沙湾遗存等，黄土高原各地彩陶已基本不见，普遍流行横篮纹、多周附加堆纹陶器，有底部退化近平的小口尖底瓶等，和仰韶晚期已有较大差别，稍后出现陶斝。庙底沟二期上限的大致年代（包括出现最早斝的时期），以往木炭样本测年的结果多在距今4800—4700年（以下均为校正数据）：陶寺庙底沟二期早段（无斝）的两个木炭样本数据的中心值分别为公元前3103、前2810年，一个兽骨样本数据的中心值为公元前2695年，发掘者判断总体当在公元前2800—前2700年之间[42]；庙底沟遗址H558（有斝）的一个数据在是公元前2780年左右[43]；垣曲古城东关"庙底沟二期文化"早期（有斝）的两个数据的中心值分别约为公元前3000、前2660年[44]；垣曲丰村"庙底沟二期文化"的一个数据中心值是公元前2839年[45]；武功浒西庄"庙底沟二期文化"早期的几个数据中心值在距今4965—4745年[46]；蓝田新街"龙山时代遗存"（有斝）的3个数据中心值在公元前2780—前2665年之间[47]；阿善三期的一个数据中心值是公元前2806年[48]。近年根据对庙底沟遗址兽骨的新测年，西王村Ⅲ期的上限被推定在公元前2800年[49]。综合新旧测年，将庙底沟二期开始之年确定在距今4800—4700年之间，应该是大致不差的。传承下来的黄帝纪元元年为公元前2698年，正在这个年代范围之内[50]。

严文明曾根据《史记·五帝本纪》等文献中轩辕黄帝征伐天下、建立政权的记载，推测其年代当在社会趋于复杂化的仰韶文化后期，是很有见地的认识[51]。笔者曾认为涿鹿之战可能和仰韶文化前期庙底沟类型的强力扩张影响有关[52]，现在看来并不能成立，庙底沟类型的扩张更可能对应炎帝部族的发展壮大。黄帝部族的根据地应该在黄土高原或者古雍州，其与冀州、豫州等发生关联当是距今4700多年前涿鹿之战和阪泉之战后的结果，之后黄帝部族一定程度上统一了黄河流域。关于黄炎之间的阪泉之战，待以后另文讨论。

附记：本文为国家社科基金重大项目"欧亚视野下的早期中国文明化进程研究"（编号：18ZDA172）、教育部"中华文明早期历史研究"重大专项课题"中国上古基因谱系、族群谱系和文化谱系的对证研究"的阶段性成果。

注　释

［1］ 苏秉琦：《谈"晋文化"考古》，《华人·龙的传人·中国人——考古寻根记》，辽宁大学出版社，1994年，第22—30页。

［2］ 苏秉琦：《象征中华的辽宁重大文化史迹》，《华人·龙的传人·中国人——考古寻根记》，辽宁大学出版社，1994年，第92页。

［3］ 韩建业：《试论作为长城"原型"的北方早期石城带》，《华夏考古》2008年第1期。

［4］ 《陕西吴堡后寨子峁新石器时代遗址》，《2004中国重要考古发现》，文物出版社，2005年，第21—25页。

［5］ 王炜林、马明志：《榆林吴堡后寨子峁史前城址》，《留住文明——陕西"十一五"期间基本建设考古重要发现》，三秦出版社，2011年，第42—46页。

［6］ 陕西省考古研究院：《陕西佳县石摞摞山遗址龙山遗存发掘简报》，《考古与文物》2016年第4期。

［7］ 陕西省考古研究所：《陕西神木县寨峁遗址发掘简报》，《考古与文物》2002年第3期。

［8］ 内蒙古文物考古研究所：《准格尔旗小沙湾遗址及石棺墓地》，《内蒙古文物考古文集（第1辑）》，中国大百科全书出版社，1994年，第225—234页。

［9］ 内蒙古文物考古研究所：《准格尔旗寨子塔遗址》，《内蒙古文物考古文集（第二辑）》，中国大百科全书出版社，1997年，第280—326页。

［10］ 内蒙古文物考古研究所：《准格尔旗白草塔遗址》，《内蒙古文物考古文集（第一辑）》，中国大百科全书出版社，1994年，第183—204页。

［11］ a. 内蒙古社会科学院蒙古史研究所、包头市文物管理所：《内蒙古包头市阿善遗址发掘简报》，《考古》1984年第2期；b. 包头市文物管理所：《内蒙古大青山西段新石器时代遗址》，《考古》1986年第6期。

［12］ 内蒙古文物考古研究所：《岱海考古（一）——老虎山文化遗址发掘报告集》，科学出版社，2000年，第381、497—500页。

［13］ 老虎山遗址的第4层并不单纯，比如V区第4层虽然多见横篮纹，花边鼓肩罐也和寨子塔第一阶段器物类似，但也出有高直领罐的口沿，与园子沟F3042同类器相同，这也是我们当初认为其与园子沟第一期同时的主要依据。

［14］ 魏坚、冯宝：《试论老虎山文化》，《边疆考古研究》，2019年第2期。

［15］ 韩建业：《庙底沟期仰韶文化研究的几个问题》，《文物世界》2021年第2期。

［16］ a. 张岱海、高天麟、高炜：《晋南庙底沟二期文化分期试探》，《史前研究》1984年第2期；b. 严文明：《略论仰韶文化的起源和发展阶段》，《仰韶文化研究》，文物出版社，1989年，第122—165页。

［17］ 韩建业：《中国北方地区新石器时代文化研究》，文物出版社，2003年，第126页。

［18］ 大地湾四期遗存总体面貌和宝鸡福临堡、扶风案板等地同期遗存基本相同，只是彩陶数量更多，称之为大地湾类型是比较妥当的。徐永杰：《黄土高原仰韶晚期遗存的谱系》，科学出版社，2007年，第204—206页。

［19］ 晋南地区的仰韶晚期和庙底沟二期早段遗存，分别以芮城西王村仰韶晚期和"龙山"遗存为代表。仰韶晚期遗存还见于垣曲上亳和古城东关等遗址，庙底沟二期早段遗存还见于襄汾陶寺、夏县东下冯等遗址。a. 中国科学院考古研究所山西工作队：《山西芮城东庄村和西王村遗址的发掘》，《考古学报》1973年第1期；b. 山西省考古研究所：《垣曲上亳》，科学出版社，2010年，第127页；c. 中国历史博物馆考古部、山西省考古研究所、垣曲县博物馆：《垣曲古城东关》，科学出版社，2001年，第117—159页；d. 中国社会科学院考古研究所、山西省临汾市文物局：《襄汾陶寺——1978—1985年考古发掘报告》，文物出版社，2015年，第23—121页。

［20］ 张忠培、卜工等将陶斝的出现作为进入庙底沟二期的标志。a. 张忠培：《试论东庄村和西王村遗存的文化性质》，《考古》1979年第1期；b. 卜工：《庙底沟二期文化的几个问题》，《文物》1990年第2期。

［21］ 邸楠将庙梁仰韶遗存分为早、晚两段，其中早段属于仰韶晚期遗存。a. 陕西省考古研究院、榆林市文物考

古勘探工作队、靖边县文管办：《陕西靖边庙梁遗址仰韶时代遗存发掘简报》，《文博》2019 年第 1 期；b. 邸楠：《从庙梁遗址看陕北地区的仰韶晚期遗存》，《文博》2019 年第 1 期。

[22] 庆阳地区博物馆：《甘肃省宁县阳坬遗址试掘简报》，《考古》1983 年第 10 期。

[23] 据《中国文物地图集·陕西分册》，榆林地区所谓"新石器时代晚期"遗址数猛增至仰韶文化的 5.7 倍。这里的"新石器时代晚期"指庙底沟二期和龙山时代，且往往在同一个遗址存在两个时期遗存。国家文物局：《中国文物地图集：陕西分册》，西安地图出版社，1998 年，第 100 页。

[24] 陕西省考古研究院、榆林市文物考古勘探工作队：《陕西横山杨界沙遗址发掘简报》，《考古与文物》2011 年第 6 期。

[25] 陕西省考古研究院：《陕西靖边五庄果墚遗址发掘简报》，《考古与文物》2011 年第 6 期。

[26] 榆林地区文管会、陕西省考古研究所陕北考古队：《陕西府谷县郑则峁遗址发掘简报》，《考古与文物》2000 年第 6 期。

[27] 寨峁遗址第一期的灰坑仅出土退化形态的小口尖底瓶，这些灰坑应当均开口于第 4 层之下，年代偏早；第 4 层出土斝，理应偏晚。

[28] 内蒙古文物考古研究所、伊克昭盟文物工作站：《内蒙古准格尔煤田黑岱沟矿区文物普查述要》，《考古》1990 年第 1 期。

[29] 内蒙古文物考古研究所、日本京都中国考古学研究会岱海地区考察队：《王墓山坡上遗址发掘报告》，《岱海考古（二）——中日岱海地区考察研究报告集》，科学出版社，2001 年，第 146—205 页。

[30] 内蒙古文物考古研究所：《庙子沟与大坝沟》，中国大百科全书出版社，2003 年。

[31] 如老牛湾新庄窝主体遗存。北京大学考古系、雁北地区文物工作站、偏关县博物馆：《山西大同及偏关县新石器时代遗址调查简报》，《考古》1994 年第 12 期。

[32] 以贾家营 H3 为代表。a. 陶宗冶：《河北张家口市考古调查简报》，《考古与文物》1985 年第 6 期；b. 同[17]：第 63 页。

[33] 孔哲生、张文军、陈雍：《河北境内仰韶时期遗存初探》，《史前研究》1986 年第 3、4 期。

[34] 河北省文物研究所：《河北阳原县姜家梁新石器时代遗址的发掘》，《考古》2001 年第 2 期。

[35] 韩建业：《论雪山一期文化》，《华夏考古》2003 年第 4 期。

[36] 河南省文物考古研究所：《辉县孟庄》，中州古籍出版社，2003 年，第 38—64 页。

[37] 大司空类型晚期以安阳大正集老磨冈 H3、H6 和鲍家堂 H5、H7 等为代表。a. 严文明：《大司空类型彩陶之分析》，《中华文明的始原》，文物出版社，2011 年，第 127—156 页；b. 中国科学院考古研究所安阳发掘队：《安阳洹河流域几个遗址的试掘》，《考古》1965 年第 7 期；c. 中国社会科学院考古研究所安阳队：《安阳鲍家堂仰韶文化遗址》，《考古学报》1988 年第 2 期。

[38] 郑州市文物考古研究所：《郑州大河村》，科学出版社，2001 年，第 238—452 页。

[39] 徐旭生：《中国古史的传说时代（新一版）》，文物出版社，1985 年，第 40—48 页。

[40] 沈长云：《石峁古城是黄帝部族居邑》，《光明日报》2013 年 3 月 25 日第 15 期。

[41] 白国红、沈长云：《古涿鹿地望与黄帝相关问题新探》，《河北师范大学学报（哲学社会科学版）》2015 年第 2 期。

[42] 同[19] d：第 120，121 页。

[43] 夏鼐：《碳-14 测定年代和中国史前考古学》，《考古》1977 年第 4 期。

[44] 同[19] c：第 591 页。

[45] 中国社会科学院考古研究所：《中国考古学中碳十四年代数据集（1965—1991）》，文物出版社，1991 年，第 47 页。

[46] 中国社会科学院考古研究所：《武功发掘报告——浒西庄与赵家来遗址》，文物出版社，1988 年，第 153 页。

[47] 陕西省考古研究院：《蓝田新街——新石器时代遗址发掘报告》，文物出版社，2020 年，第 587 页。

［48］ 同［45］，第61页。

［49］ 张雪莲、仇士华、钟建等：《仰韶文化年代讨论》，《考古》2013年第11期。

［50］ a. 1912年以黄帝纪元4609年为中华民国元年，则黄帝纪元元年当为公元前2698年。金西来：《轩辕甲子·黄帝纪元考》，《学术月刊》1986年第7期；b.《姬氏祖传经》前言中，传承人姬英明注明当年为"黄帝纪元四千七百一十六年"，则黄帝元年也是在公元前2698年。姬英明辑：《姬氏祖传经·仁经（人经）》，线装书局，2019年。

［51］ 严文明：《炎黄传说与炎黄文化》，《炎黄文化与民族精神》，中国人民大学出版社，1993年，第45—60页。

［52］ 韩建业：《涿鹿之战探索》，《中原文物》2002年第4期。

（原载于《考古与文物》2022年第2期）

石峁文化墓葬初探

裴学松

2011年，石峁古城的发现和确认[1]，引发了学术界关于以石峁为核心的河套地区龙山晚期至夏代早期这一阶段文化遗存的热烈讨论。众多学者从石峁文化的属性及年代、聚落与社会及与周边文化的关系等方面做了大量的探讨，但对石峁文化墓葬问题鲜有论述。随着"石峁文化"命名的正式提出[2]及墓葬资料的不断积累，系统地考察石峁文化墓葬已成为石峁文化研究的重要内容。尤其是2020年府谷寨山遗址庙墕地点石峁文化墓地的发现与揭露[3]，为我们探讨石峁文化墓葬的分类、葬俗等问题提供了重要的资料（图一）。

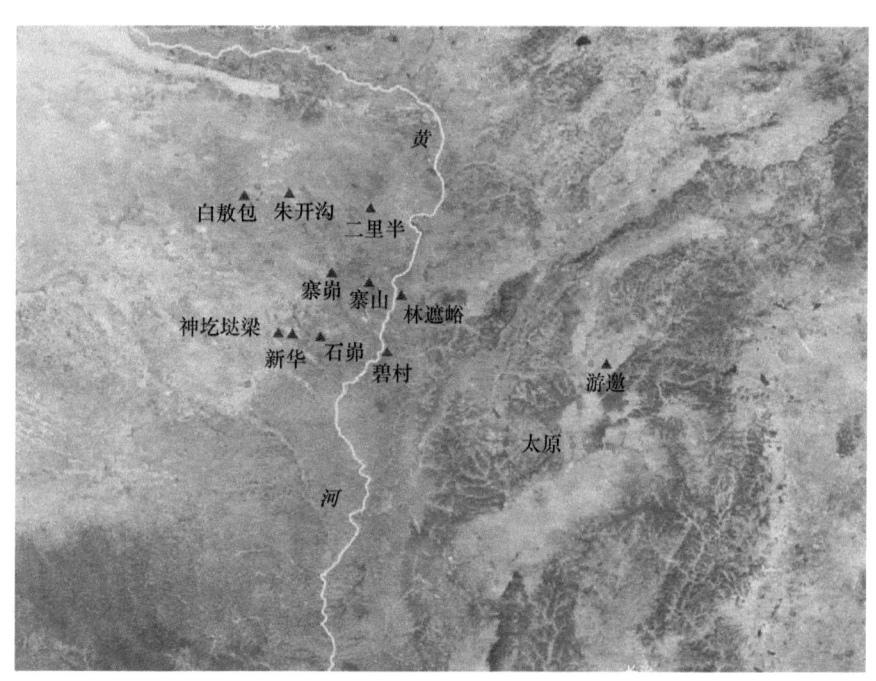

图一　典型石峁文化墓葬分布示意图

一、墓　葬　分　类

根据已发现的石峁文化墓葬情况看，竖穴土坑墓是石峁文化墓葬的主要形式，还存在较多的瓮棺葬和少量的石棺葬。竖穴土坑墓的等级差异明显，规模相差悬殊。府谷寨山遗址庙墕墓地的竖穴土坑墓按葬具、壁龛、殉人的有无等可明确的分为四类等级区分明显的墓葬。若以葬具、壁龛、殉人三个要素作为石峁文化墓葬的分类标准，同样可以将其中的竖穴土坑墓分为四类：

1. 一类墓

一类墓有葬具、壁龛、殉人。寨山庙墕墓地发现 4 座（2016M5、2019M2、2019M3、2020M4），石峁韩家圪旦地点 M1、M2[4]，神圪垯梁遗址 M7[5]，共 7 座。此类墓葬规模最大，面积约 10 平方米。

7 座墓葬中除石峁韩家圪旦 M2 的墓主为一中老年女性外，其余墓主均为男性，仰身直肢葬于长方形木棺内。寨山 2019M2、2020M4（图二）墓主身上均出土了 5 件玉器，神圪垯梁 M7 墓主身上无随葬品，其他 4 座因被盗扰而情况不明。

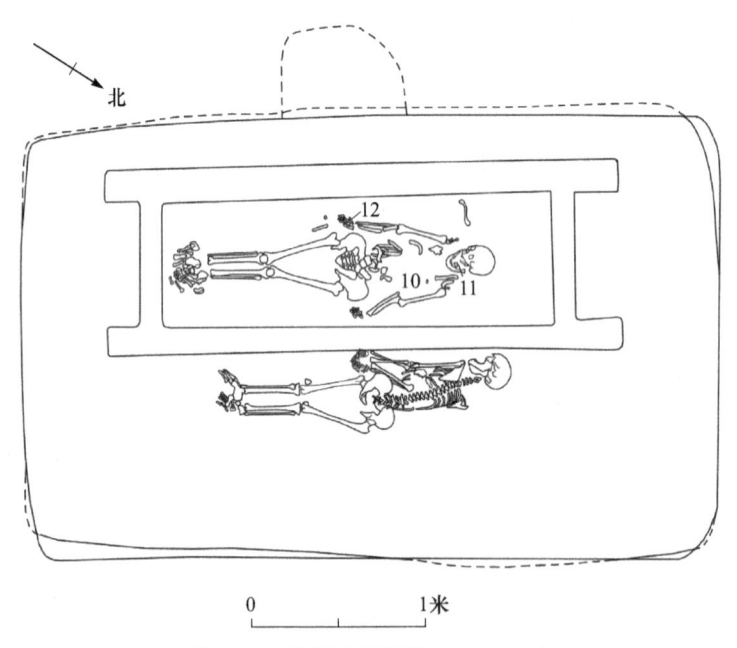

图二　一类墓（府谷寨山 2020M4）

1—5. 陶器　6、7. 细石刃　8. 石镞　9—13. 玉器（9 出自扰土中，13 出自墓主左髋骨下）

一类墓棺外均有女性殉人，侧身面向墓主，身上普遍存在被绑缚或劈砍的痕迹。殉人的位置比较固定，主要位于墓主左侧棺外，仅神圪垯梁 M7 的殉人位于墓主右侧棺外。石峁韩家圪旦 M1 除了墓主左侧棺外殉葬一名女性外，墓主脚端棺外还殉葬一名儿童和一只狗[6]。

壁龛均位于墓主右侧墓壁上，呈半月形，龛内均随葬五六件带石盖陶器和 1 件或 1 组细石刃。陶器组合非常稳定，基本组合为 1 件喇叭口瓶、1 件斝、1 件深腹盆、2 件小罐或壶，随葬 6 件陶器的墓葬则多 1 件双耳罐。这些陶器均为明器，火候较低，部分陶器表面涂抹有红彩。器盖为砂岩，周缘稍加打制而成。

2. 二类墓

二类墓可分甲、乙二型。

甲型墓　有葬具、有壁龛、无殉人。此类墓仅在寨山遗址发现 4 座（2020M8、2020M11—M13），墓主仰身直肢葬于木棺内，身上无随葬品。壁龛均设在墓主左侧的墓壁上，龛内均放置猪下颌骨，数量 1 至 10 件不等，无其他随葬品（图三）。

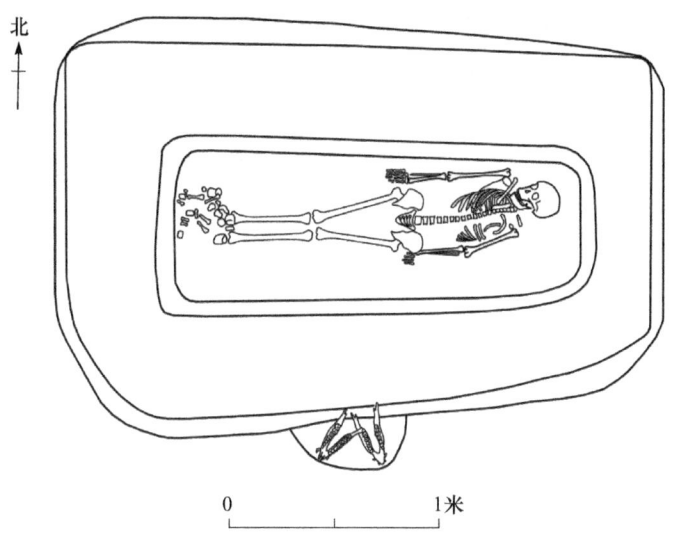

图三　二类甲型墓（府谷寨山 2020M11）

乙型墓　有葬具、无壁龛、有殉人。石峁后阳湾地点 2012M1[7]、伊金霍洛旗白敖包 M23[8]、忻州游邀 M128[9] 等属于此类。石峁后阳湾 2012M1 已于 20 世纪 90 年代遭盗掘，但墓葬形制清晰。墓底散落少量人骨和木棺板灰痕迹，棺外随葬 3 件猪下颌骨。殉人位于棺外左侧，女性，侧身屈肢面向棺内，上肢似被捆绑。白敖包 M23 为夫妻合葬墓，合葬于木棺内，均仰身直肢，脚端随葬 6 件陶器。棺外殉 3 人 2 狗，3 具人骨分别位于棺外左右两侧及脚端，面部均朝向棺内。游邀 M128 墓主为 20 岁左右的男性，仰身直肢葬。墓底四周有熟土二层台，发掘者推测原有木棺，已腐烂。墓主脚端二层台上有一具儿童尸骨，侧身屈肢面向墓主，状若跪揖于墓主脚下（图四）。

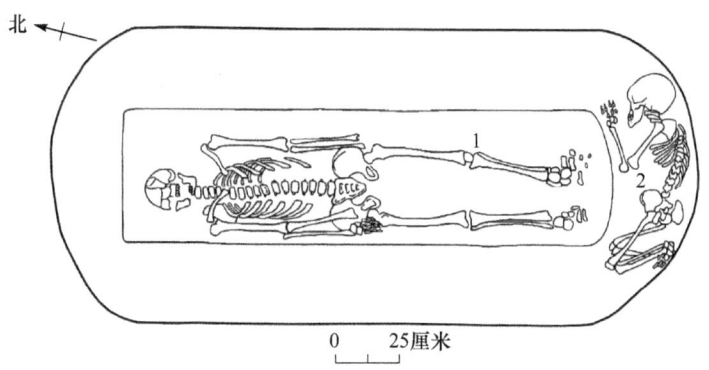

图四　二类乙型墓（忻州游邀 M128）

3. 三类墓

三类墓可分甲、乙、丙三型。

甲型墓　有葬具、无壁龛、无殉人。此类墓在寨山、石峁、林遮峪、朱开沟等遗址中均有发现。寨山庙墕地点共发现 7 座，均为单人仰身直肢葬，墓主葬于长方形木棺内，有成人也有儿童，随葬品少见（图五）。石峁后阳湾 2012M2 墓底四角有木棺腐朽后遗留的空腔，墓主骨骼腐朽严重，尸骨附近有少量红色颜料[10]。林遮峪发现 4 座，全部为单人仰身直肢葬，葬具为单棺或上下盖板葬，其中 M2、M7 脚端填土中发现随葬猪下颌骨和卜骨的现象[11]。朱开沟 M2022 为一座儿童墓，墓主仰身直肢葬于长方形木棺内，无随葬品[12]。

乙型墓　无葬具、有壁龛、无殉人。仅在朱开沟遗址发现 1 座。朱开沟 M2020 墓主为一名十七八岁的女性，仰身直肢葬，墓主左侧墓壁上有一壁龛，内放双耳筒形罐 1 件、双耳三足杯 1 件、双耳罐 1 件[13]（图六）。

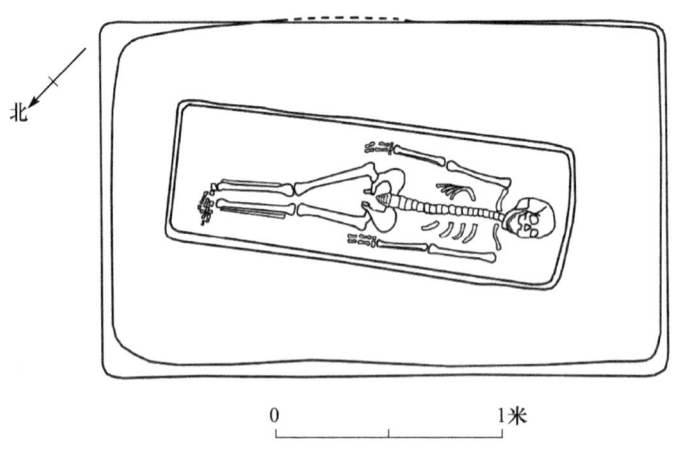

0 ————— 1米

图五　三类甲型墓（府谷寨山 2020M16）

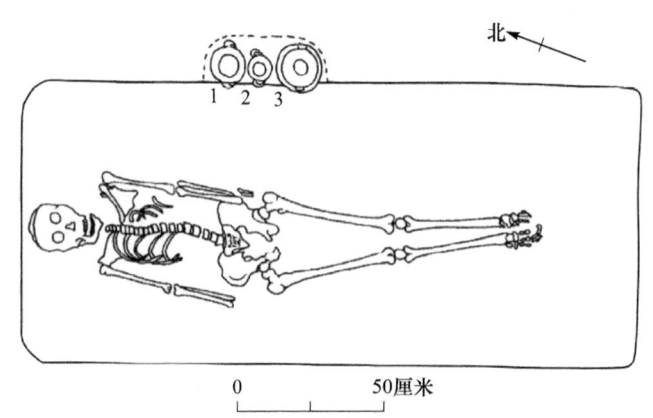

0 ————— 50厘米

图六　三类乙型墓（伊金霍洛旗朱开沟 M2020）
1. 双耳筒形罐　2. 双耳三足杯　3. 双耳罐

丙型墓　无葬具、无壁龛、有殉人。神木新华、石峁、忻州游邀等遗址中有发现。新华 99M61 墓主男性，仰身直肢葬，无随葬品。墓主左侧女性侧身屈肢面向墓主，双手合于胸前作依附状[14]（图七）。石峁韩家圪旦 M15 被盗扰严重，墓底左侧残留殉人小腿部及脚部骨骼，未经扰乱，可辨葬式为侧身[15]。游邀 M131 墓主为男性，侧身直肢，面向右侧。女性殉人位于墓主右侧，侧身屈肢作依附状面向墓主。头端有一生土二层台，台上放置 10 件陶器，界限清晰地分为东、西两组，每组各 5 件[16]。

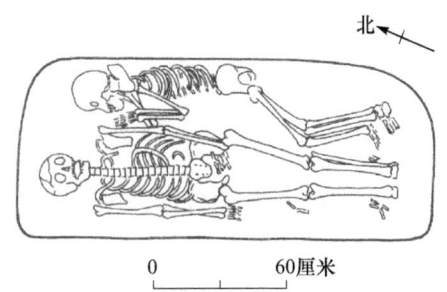

0 ————— 60厘米

图七　三类丙型墓（神木新华 99M61）

4. 四类墓

四类墓无葬具、无壁龛、无殉人。此类墓葬数量最多，在石峁文化各个遗址中都普遍分布。墓葬规模最小，墓室面积仅够墓主容身（图八）。葬式以仰身直肢葬为主，还有少量侧身屈肢、侧身直肢、俯身直肢等葬式。随葬品同样少见，个别墓葬中出土少量陶器或小块玉器，还存在随葬猪下颌骨或整猪的现象。

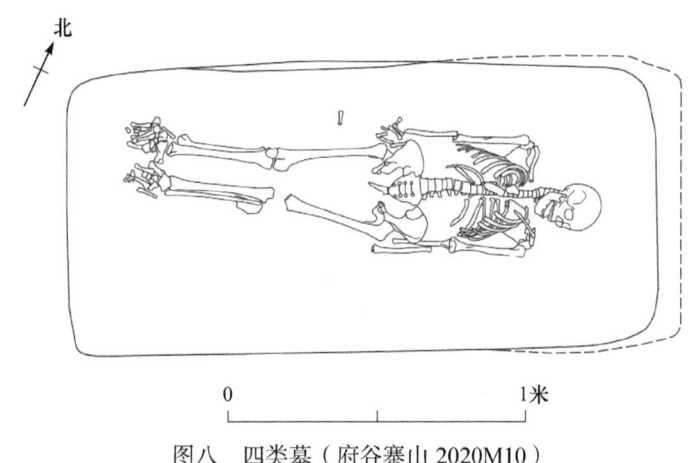

图八　四类墓（府谷寨山 2020M10）

通过上述墓葬的分类，可以发现石峁文化竖穴土坑墓内部存在巨大的差异，等级高者墓葬规模大、有葬具、墓主身上随葬玉器、壁龛内随葬成组陶器和细石刃，甚至存在殉葬女性现象。等级低者墓葬规模仅够容身，无任何随葬品。这些巨大的差异体现了死者生前身份地位的不同，同时反映了石峁文化墓葬中独特的丧葬习俗。

二、丧 葬 习 俗

通过梳理石峁文化墓葬资料，可以发现各类型墓葬中包含了大量的葬仪、葬俗，集中体现了当时的社会权力与观念。尤其是大型墓葬规模更大、结构更为复杂、随葬品更多，更能表现出丧葬习俗的差异。

1. 大墓葬仪

张弛曾提出大型墓葬丧葬"空间"的概念，大型墓葬中的空间分割可能代表了不同的葬仪[17]。根据这一观点，石峁文化一类墓的空间似乎可以分割为棺内、棺外和壁龛三处。

目前棺内墓主身上发现的随葬品均为玉器。虽然寨山一类墓出土的玉器均为小块残玉或改制玉器，但不乏玉琮、玉柄形器这样高等级的玉器。石峁遗址的一类墓被盗严重，但据传这类墓葬中均出土了大量珍贵的玉器。玉琮、玉柄形器等一般被视为"礼器"，作为墓主随身器物随葬，彰显了墓主拥有"沟通天地"的祭祀权力与极高的社会地位。

一类墓的棺外暂未发现随葬品，但都存在殉葬女性的现象。殉人全部侧身作依附状面向墓主，地位等级差距明显，从属关系明确，表明殉人作为墓主附属品的身份殉葬（图二）。殉人身上普遍存在被绑缚或劈砍痕迹，说明殉葬行为过程中充满了武力胁迫，进而说明墓主（或其亲属）掌握着决定一部分人生死的权力。

壁龛位置较固定，均位于墓主右侧的墓壁上。7 座一类墓中有 4 座壁龛未被盗扰。龛内均随葬

图九　府谷寨山 2020M4 壁龛内随葬品组合

5—6 件带石盖陶器，陶器组合非常稳定，均为明器，火候较低，无使用痕迹，部分陶器器表存在涂抹红彩现象，体现了"生死之别"的观念。经初步观察，部分陶器内存放有粟黍类粮食，当为供墓主"享用之物"。另外，壁龛内还会放置 1 件或 1 组细石刃（图九）。壁龛内由食器、炊煮器，甚至酒器组成的陶器组合和细石刃代表的工具共同构成了一套生活用具，供墓主死后继续使用，体现了石峁文化先民事死如事生的丧葬习俗。

由此可见，石峁文化大型墓葬中具有最完整的葬仪形式，三处墓葬空间的划分，当代表着不同的丧葬礼仪。棺内随葬玉器充分体现了墓主作为统治阶级所掌握的祭祀权与社会地位。棺外殉葬女性现象则是武力的展示或军权的体现，同时也体现了统治者对部分底层女性的奴役。壁龛内随葬成组陶器和细石刃则体现了事死如事生的人文情怀。另外，石峁文化一类墓中还常见涂抹朱砂和二次扰乱葬的现象。这些特殊的葬仪都说明，一类墓不仅在墓室面积、随葬品数量等方面与其他类型墓葬存在差异，在葬仪方面也显得更为独特与隆重。

2. 随葬品

石峁文化墓葬普遍缺少随葬品，即使是一类墓也仅随葬 5—6 件陶器与 5 件玉器。与同时期的陶寺、龙山等文化的大型墓葬相比，石峁文化大型墓葬并不看重用丰厚的随葬品随葬。但是石峁文化一类墓中存在大量特殊葬仪，着力展示墓主不同于其他阶层的社会地位。韩建业曾提出龙山时代黄河、长江流域存在三个丧葬传统，即富贵并重的海岱传统、重富轻贵的江汉传统和重贵轻富的中原传统[18]。石峁文化墓葬体现的丧葬传统明显更接近于重贵轻富的中原传统。

随葬品在二、三、四类墓中同样少见。但陕北、晋西北地区的个别中小型土坑墓中存在随葬玉器的现象，而内蒙古中南部地区则常见小型陶器随葬的现象。例如陕北的寨山 2019M4 墓主左髋骨下出土 1 件小玉刀、2019M5 墓主腰部随葬 1 件小玉锛，新华 99M26 随葬 1 件绿松石坠饰（图一〇）、99M27 随葬了 1 件残玉柄形器[19]。晋西北的碧村 M7 死者盆骨处随葬 1 件方形玉牌[20]。而内蒙古中南部的朱开沟 M2001、M2026 各随葬 3 件陶器[21]，二里半 M1 墓主脚端随葬鼓腹罐、单耳罐、残豆盘各 1 件[22]。这一现象的出现可能体现了石峁文化内部存在着一定的地方差异，但不排除可能因为考古资料的欠缺而显示出这样的差别。

图一〇　神木新华 99M26 出土绿松石坠饰

3. 随葬猪下颌骨与整猪的现象

随葬猪下颌骨的现象主要出现在二、三、四类墓中。猪下颌骨数量不等，摆放位置也不尽相同，有些放置在壁龛内（图一一），有些则放于墓葬填土中。寨山 2020M12 的 6 件成年猪下颌骨一字成排竖向放置在壁龛内，这一摆放方式说明在下葬时，这些猪下颌骨上是没有肉的，如果猪下颌骨上带肉则难以竖向放置。另外，成年猪下颌骨之间的缝隙内还随葬了 4 件幼猪下颌骨。这一现象说明随葬猪下颌骨并不强调"食"，而是更多的具有象征意义，即财富的象征，以此来彰显墓主人的社会地位与财力。另外，随葬猪下颌骨的现象不见于一类墓中，可见猪下颌骨仅作为中下层人群的地位与财力的象征，并不是最高社会地位的象征，成组的陶器、玉器、殉人等才是更高社会等级的象征。

随葬猪下颌骨是石峁文化墓葬中较为常见的葬俗，但在部分墓葬中也发现了随葬整头猪的现象。神圪垯梁 M8 墓主为一名女性，仰身直肢葬，腿部左侧有一完整猪骨架[23]（图一二）。随葬整猪显然与随葬猪下颌骨的目的不同，随葬整猪可能是为死者提供"肉食"。

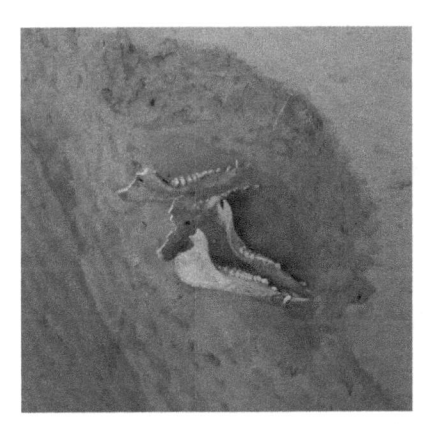

图一一　府谷寨山 2020M11 壁龛内猪下颌骨

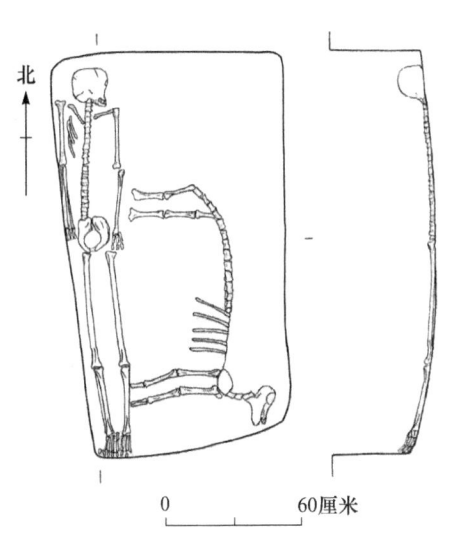

图一二　神木神圪垯梁 M8 墓内随葬整猪现象

4. 墓地祭祀

祭祀活动在古人的生活中占据着相当重要的位置，历年的考古发掘中发现的少量与墓地祭祀有关的遗存，是研究石峁文化丧葬习俗的重要资料。目前石峁文化墓地中发现与墓地祭祀有关遗存主要有"灰坑埋人"和"灰坑埋玉"两类。

"灰坑埋人"现象在神木新华、木柱柱梁、府谷寨山等遗址有发现。寨山一类墓 2020M4 的南侧与西南侧各发现了一处"灰坑埋人"现象。寨山 2019H2 位于 2020M4 西南侧，为一圆形袋状坑，口径 1.9、底径 2.08、深 0.52 米。坑内埋了一具完整的人骨，侧身屈肢，右腿弯曲压于左腿下（图一三）。2019H1 位于 2020M4 南侧，坑内埋了一条人腿骨骼，埋入时已被肢解，骨骼散乱。这些埋葬在灰坑里的人骨显然与墓葬内的人骨不同，且多属非正常死亡，可能是墓地祭祀时的牺牲。

"灰坑埋玉"现象在新华遗址发现一处，编号 99K1，平面略呈长方形，坑内分六排排列着 36

件玉器（图一四）。坑底中央有一小坑，小坑内有少量鸟类骨骼。玉器坑周围环绕分布了十余座墓葬，玉器坑位于墓群中部且与墓葬无打破关系[24]。这座玉器坑所处的位置、坑内玉器排列方式等都不得不让人将99K1与祭祀活动联系起来，其应当与墓地祭祀有关。

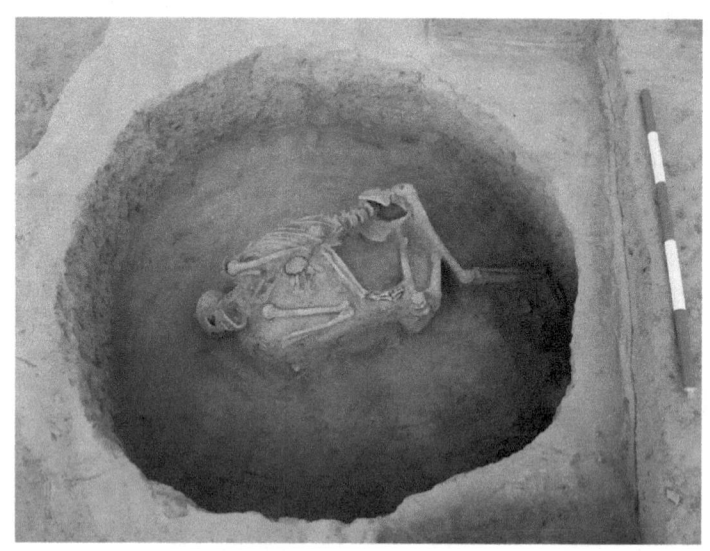

图一三　府谷寨山 2019H2 内埋人情况

图一四　神木新华 99K1

三、瓮棺葬与石棺葬相关问题

石峁文化墓葬以竖穴土坑墓为主，但瓮棺葬与石棺葬同样是其重要组成部分，这两类墓葬的规模都比较小，随葬品少见，等级不高。

瓮棺葬绝大多数用来埋葬婴幼儿，葬具基本组合为两件陶器套扣而成，比如寨山 2020W2 的葬具为两件高领折肩罐打掉领部以后套扣在一起，内部仅出土两截婴儿的腿骨（图一五）。个别瓮棺葬因死者个体较大，两件陶器无法完全容纳尸骨，所以一般还会增加其他陶器的口沿或腹部残片作为葬具，比如新华 99W4 葬具由三足瓮与大口尊口与口相对，三足瓮上部还覆盖折肩罐口沿与甗上部残片[25]。瓮棺葬具全部来自生活实用器。新华遗址的 13 座瓮棺葬中以折肩罐、三足瓮作为葬具之一的墓葬有 7 座[26]，寨山 2 座瓮棺葬的 4 件葬具中有 3 件为折肩罐，石峁后阳湾出土的 3 座瓮棺葬则普遍以鬲足作为葬具[27]。由此可见折肩罐、三足瓮、鬲等生活用具是石峁文化瓮棺葬的主

图一五　府谷寨山 2020W2 清理后情况

要葬具，这些葬具中有些陶器上还遗留有经过火烤的黄泥、烟炱、焗补等痕迹，不存在专门烧制的葬具。

石棺葬是石峁文化中比较特殊的一类墓葬形制，目前发现数量不多且主要发现于石峁遗址，另外在府谷寨山等遗址也有少量发现。石棺葬由于数量较少、随葬品罕见等原因，对石棺葬的年代确定、人群族属等问题造成了极大困难。1981 年石峁遗址试掘的 M2 形制较为特殊，石椁板下为瓮棺，瓮棺由一件三足瓮与一件大缸残片组成。随葬品有 2 件陶斝、2 件陶罐、1 件石刀、1 件绿松石饰品（图一六）。发掘者认为这批石棺葬的年代晚于石峁龙山文化，而与大口二期文化同时[28]。现在看来，1981M2 的瓮棺葬具与随葬品都是石峁文化的典型器物，所以这批石棺葬无疑与石峁文化为同一时期遗存。

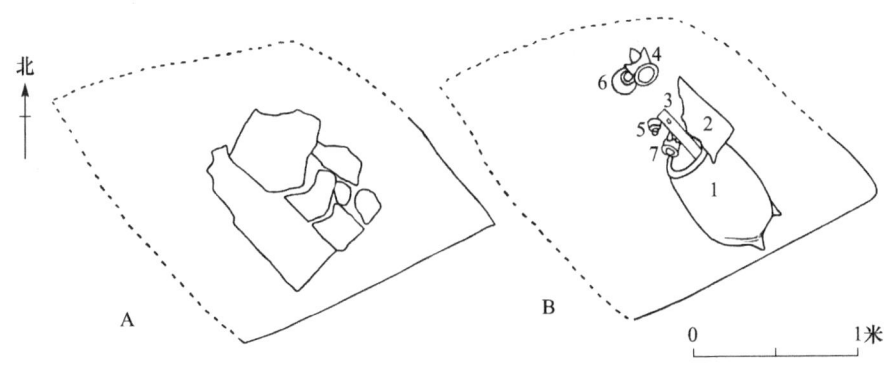

图一六　神木石峁 1981M2 平面图
（A. 石棺葬墓椁盖板　B. 石椁板下之瓮棺）
1. 袋足瓮　2. 残缸　3. 石刀　4、7. 陶斝　5、6. 陶罐

目前石棺葬最早发现于东北地区的红山文化[29]和西北地区的马家窑文化[30]。童恩正于 1986 年提出"边地半月形文化传播带"的观点，推测石棺葬由西北地区传播到西南和东北地区[31]。李水城后撰文指出东北与西北两个地区的石棺葬不大可能存在文化上的源流关系，当属于独立起源[32]。石峁文化所在的河套地区位于东北、西北两个地区的中间地带，文化上与东北、西北地区都存在一定的交流，但石峁文化石棺葬的来源问题还有待进一步探讨。

四、余　论

通过上文的论述，等级区分明显、殉葬女性、随葬猪下颌骨、重贵轻富等现象都是石峁文化墓葬的典型特征。

石峁文化墓葬的等级区分在竖穴土坑墓中表现得最为淋漓尽致。根据葬具、壁龛、殉人三个因素而分的四类墓葬，墓葬数量由少到多，墓葬规模由大到小，随葬品由多到寡，葬仪葬俗由复杂到简单，呈现出一个明显的金字塔形的等级社会，四类墓葬极可能代表了四个不同阶层的社会人群。王炜林、郭小宁曾以墓葬规模、随葬品、特殊葬俗等因素作为分类标准，将石峁文化墓葬分为四个等级：第一等级为王（最高头领）或者宗教最高首领，第二等级为高等级贵族，第三等级为地方头领，第四等级为平民[33]。若按照本文的墓葬分类方式，石峁文化社会阶层至少可分为五个等级：第一等级为石峁文化圈内的最高统治者，目前第一等级人群的墓葬尚未发现，但在石峁这样都邑性遗址中必定存在。一类墓至四类墓则应分别对应第二至第五等级的人群，第二等级为石峁城址内高等级贵族或其他次级聚落的地方头领，第三、四等级为中层人群，第五等级为下层平民。

殉葬女性是石峁文化墓葬中比较特殊的一种葬俗，邵晶将此类墓称为"殉女墓"[34]。此类墓中墓主主要为男性，仰身直肢葬，殉人皆女性，侧身屈肢面向墓主，突出了墓主的主导地位，而女性殉人则是墓主的附属品。此类墓葬形制在同时期的齐家文化中较为常见，武威皇娘娘台[35]、永靖秦魏家[36]等遗址中都出土过此类墓葬。这种特殊的丧葬习俗在相距如此之远的两个地区都普遍存在，充分说明了石峁文化与齐家文化之间交流的密切。

已有资料表明，石峁文化墓葬的随葬品都不甚丰富，但不同类型墓葬之间的形制差异非常明显，从四类墓葬金字塔形的结构可以看出当时的社会阶级已出现了严重的分化，社会结构复杂化进程非常明显，社会已处于文明起源的重要阶段。

附记：本文为国家社科基金重大项目"石峁遗址考古发掘与研究"（编号：17ZDA217）、国家文物局"考古中国——河套地区聚落与社会研究"项目的阶段性成果。

注　释

［1］　陕西省考古研究院等：《陕西神木石峁遗址》，《考古》2013 年第 7 期。

［2］　孙周勇、邵晶、邸楠：《石峁文化的命名、范围及年代》，《考古》2020 年第 8 期。

［3］　陕西省考古研究院等：《陕西府谷寨山遗址庙墕地点墓地发掘简报》，《考古与文物》2022 年第 2 期。本文提到的所有寨山墓葬资料皆出于此，下文不再加注。

［4］　陕西省考古研究院等：《陕西神木石峁遗址韩家圪旦地点发掘简报》，《考古与文物》2016 年第 4 期。

［5］　陕西省考古研究院等：《陕西神木县神圪垯梁遗址发掘简报》，《考古与文物》2016 年第 4 期。

［6］　陕西省考古研究院：《2014 年陕西省考古研究院考古调查发掘新收获》，《考古与文物》2015 年第 2 期。

［7］　陕西省考古研究院等：《陕西神木县石峁遗址后阳湾、呼家洼地点试掘简报》，《考古》2015 年第 5 期。

［8］　内蒙古文物考古研究所等：《伊金霍洛旗白敖包墓地发掘简报》，《内蒙古文物考古文集》第二辑，中国大百科

全书出版社，1997年，第327—337页。

［9］忻州考古队：《忻州游邀考古》，科学出版社，2004年，第72页。

［10］同［7］。

［11］山西省考古研究院：《山西林遮峪遗址发现龙山时期石城等重要遗迹》，《中国文物报》2020年8月7日第8版。

［12］内蒙古自治区文物考古研究所等：《朱开沟——青铜时代早期遗址发掘报告》，文物出版社，2000年，第142页。

［13］同［12］，第141页。

［14］陕西省考古研究所等：《神木新华》，科学出版社，2005年，第261页。

［15］同［4］。

［16］同［9］，第61—71页。

［17］张弛：《社会权力的起源——中国史前葬仪中的社会与观念》，文物出版社，2015年，第281—302页。

［18］韩建业：《龙山时代的三个丧葬传统》，《江汉考古》2019年第4期。

［19］同［14］，第256、257页。

［20］王晓毅：《山西吕梁兴县碧村遗址出土玉器管窥》，《故宫博物院院刊》2018年第3期。

［21］同［12］，第140、141页。

［22］内蒙古文物考古研究所：《准格尔旗二里半遗址第一次发掘简报》，《内蒙古文物考古文集》第一辑，中国大百科全书出版社，1994年，第246—260页。

［23］同［5］。

［24］同［14］，第114页。

［25］同［14］，第253、254页。

［26］同［14］，第238页。

［27］同［7］。

［28］西安半坡博物馆：《陕西神木石峁遗址调查试掘简报》，《史前研究》1983年第2期。

［29］朝阳市文化局、辽宁省文物考古研究所：《牛河梁遗址》，学苑出版社，2004年，第27—69页。

［30］青海省文物管理处、海南州民族博物馆：《青海同德县宗日遗址发掘简报》，《考古》1998年第5期。

［31］童恩正：《试论我国从东北至西南的边地半月形文化传播带》，《文物与考古论集》，文物出版社，1986年，第23页。

［32］李水城：《石棺葬的起源与扩散——以中国为例》，《四川文物》2011年第6期。

［33］王炜林、郭小宁：《陕北地区龙山至夏时期的聚落与社会初论》，《考古与文物》2016年第4期。

［34］邵晶：《石峁遗址与陶寺的比较研究》，《考古》2020年第5期。

［35］a. 甘肃省博物馆：《甘肃武威皇娘娘台遗址发掘报告》，《考古学报》1960年第2期；b. 甘肃省博物馆：《武威皇娘娘台遗址第四次发掘》，《考古学报》1978年第4期。

［36］中国科学院考古研究所甘肃工作队：《甘肃永靖秦魏家齐家文化墓地》，《考古学报》1975年第2期。

（原载于《考古与文物》2022年第2期）

石峁与二里头：试论夏代首末都

易 华

一、引 言

石峁遗址位于陕西神木高家堡，石砌城墙近 10 千米，面积约 400 万平方米，发掘内城和外城城址、外城东门址、韩家圪旦墓葬区及樊庄子祭坛等重要遗迹，发现皇城台、瓮城、马面等防御性设施，具有神权或王权象征意义。石峁遗址统治者操控了军事和祭祀权力，石峁古城具备了早期王国都邑必要条件。系列测年及器物标本显示石峁城址兴起于龙山中期，废弃于夏代中期。孙周勇等认为石峁遗址具备了集约人口、集约经济、聚敛高等级物质文化空间地域系统，是距今 4300 年前后大河套地区社会政治、经济、文化及统治权力中心[1]。

沈长云根据历史记载和神话传说发表长篇论文主张华夏族起源于商周之际历史变革时期，黄帝原只是周人奉祀祖先，后随着周人主导民族融合才演变为华夏族共同祖先。石峁遗址是古代黄帝部族居邑，石峁一带同时是姬周族人最早发祥地。石峁先民将宫室及其他建筑修建在山梁高处反映了他们对天的崇拜，这与以后周人天命信仰一脉相承[2]。韩建业认为石峁遗存主体应当属于老虎山文化中后期阶段，代表性陶器有双鋬鬲、敛口瓿等，属于以农业为主的文化。石峁石城的超大规模，玉器、兽面纹装饰等出现可能正是与陶寺、芦山峁等文化碰撞交流的产物，其根源在东方海岱、江浙地区。陶寺古城出现暴力屠杀、摧残女性、疯狂毁墓等现象，原本有甗无鬲的临汾盆地出现大量类似晋中的双鋬陶鬲，可能对应《古本竹书纪年》所记载"稷放丹朱"事件。狄人至少 4000 多年以来就生活在今长城沿线，和华夏同源同根而相煎。石峁石城属于黄帝后裔所建，可能是北狄先人之城[3]。

孙周勇、邵晶谨慎地提出石峁遗址具备了王国都邑必要条件，沈长云、韩建业不约而同推测石峁遗址与姬姓黄帝、北狄、周人相关，离石峁夏代首都说仅一步之遥。其实石峁遗址不仅具备了作为夏代首都必要条件，也是目前夏代首都不二之选。二里头遗址已被不少学者如邹衡、李伯谦推定为夏代都城，孙庆伟进行了系统梳理和总结论证[4]。二里头遗址极有可能是夏代中晚期都城或末都，但绝无可能是夏代首都。依此类推试从时代、地理、经济、社会、文化等方面探讨石峁遗址作为夏代早期都城或首都可能性，并探讨石峁遗址在上古世界体系中的地位。

二、时代与年代

司马迁《史记·五帝本纪》概述中国史前神话传说时代，《史记·夏本纪》记述王国时代。大禹出西羌，会盟涂山，治水九州，崩于会稽，为夏朝建立奠定了坚实基础。大禹与涂山女之子启是羌夷结合象征，甘之战巩固政权建立夏朝，世袭取代禅让东亚从此进入父系男权社会，也就是从玉帛古国进入干戈王国时代[5]。大禹神话传说见于四书五经，亦见于西周金文《遂公盨》："天令禹尃土……"羌常见于甲骨文，河南陕西山西亦有羌人分布；《后汉书》有系统记述，大西北是羌人世界。黄河、长江流域均有大禹神话传说文物古迹。

《禹贡》九州中七州在东南，西北两州雍、梁才是大禹龙兴之地。大禹治水神话传说标志如积石山、鸟鼠山、三危山、合黎山、朱圉山、西倾山、岷山大都在西北。雍州贡道从河源浮于积石，会于渭汭，至于龙门西河，贡物是球琳、织皮等。梁州贡道从岷山入嘉陵江。汉水翻越秦岭进入关中到龙门西河，贡物是铁、银、镂、砮、磬、熊、罴、狐、狸等。雍、梁二州宗日、尕马台、火烧沟、西城驿、齐家坪、磨沟等遗址显示齐家文化时代岷山地区到河西走廊一带是定居农业社会与草原畜牧文化交汇之处，也是早期金属冶炼活跃地区。大西北或雍梁二州实际上是齐家文化分布区，羌人根据地。

夏商周断代工程确认夏代纪年是公元前2070—前1600年。北京大学考古文博学院吴小红在石峁遗址采集到130个人头骨、动物骨头和植物样本，测定城墙、房址及墓葬年代大多在龙山文化晚期至夏代即公元前2200—前1780年[6]。石峁遗址具备王国首都规模与功能，作为夏代首都年代正合适，时代也相当。

石峁遗址体现新石器时代正在结束，青铜时代刚刚到来。铜镞、铜刀、铜环、石范表明石峁遗址时代已经掌握了青铜冶炼铸造技术，进入了青铜时代。石峁和陶寺发现铜制品与欧亚金属冶金技术传统从大西北向东南传布时空趋势相符。北亚渔猎社会在公元前三千纪早期就出现冶金活动，当地工匠掌握多金属冶金知识，并在公元前三千纪末发展出造型简单但技术成熟的合范青铜铸造技术。青铜冶金技术与畜牧经济南下之时，以陶鬲为代表的龙山传统也向北渗透。在公元前两千纪朱开沟、石峁所见蛇纹陶鬲已经出现在从蒙古到贝加尔湖畔北亚石棺墓中，揭示出黄土高原与北亚草原和林区之间跨区域交换与人口流动已经颇具规模[7]。这正是鬼方、北狄、匈奴活动区域。另一方面青铜冶金技术和羊牛马亦可从河西走廊或甘青地区来到鄂尔多斯盆地，齐家文化和朱开沟遗址就是标志。

龙山时期正值全新世气候史上异常波动期，公元前三千纪中叶太阳辐射改变导致亚洲季风减弱，出现约五百年气候异常波动导致生态环境恶化[8]。气候变化带来灾变导致良渚和石家河等长江中下游聚落中心崩溃。最新考古材料表明夏代开始之际甘青地区齐家文化分布区及石峁遗址为中心黄土高原文化传统没有中断。同时洛阳盆地或中原龙山文化进入了"黑暗时代"：龙山时代到二里头时代整个黄河中下游地区聚落总数量从1669个骤降至180个，二里头时期黄河中下游聚落总数量仅为龙山时期的10.78%左右[9]。石峁遗址正位于齐家文化分布区东边，受到了齐家文化明显影响，可以说石峁遗址是龙山文化基础上吸收齐家文化结果。西北和黄土高原气候干冷促进了畜牧经济发展，齐家文化方兴未艾。夏代开始之际陕北地区经济文化走向繁荣，石峁遗址就是见证。

三、地理与经济

《尚书·甘誓》是启讨伐有扈氏时发布战争动员令。《史记·夏本纪》云："于是启遂即天子之位……有扈氏不服，启伐之，大战于甘。"《史记集解》马融曰："甘，有扈氏南郊地名。"《史记索隐》又云："夏启所伐，鄠南有甘亭。""夏时期全图"将有扈氏和甘标注于西安附近[10]。陕西户县西南甘峪甘亭一带正是齐家文化或客省庄二期文化分布区。甘之战巩固了夏朝统治，确立了父子继承制，也就标志着东亚进入了父权时代。启甘之战位于西北雍州，那么夏代首都位于西北雍州可能性很大。

禹都文献记载主要有阳翟、阳城、平阳三说。《古本竹书纪年·夏纪》云："禹都阳城。"《孟子·万章》："禹避舜之子于阳城，天下之民从之，若尧崩之后不从尧之子而从舜也。"《史记·夏本纪》亦云："三年丧毕，禹辞辟舜之子商均于阳城。天下诸侯皆去商均而朝禹。禹于是遂即天子位，南面朝天下，国号曰夏后，姓姒氏。"《史记·封禅书》正义引《世本》云："夏禹都阳城避商均也，又都平阳。或在安邑，或在晋阳。"阳翟、阳城、平阳应该相隔不会太远，平阳、安邑、晋阳在晋南临汾一带可能性大；正好又发现了陶寺遗址，很有可能是尧舜禹时代都城。《史记·周本纪》集解引徐广《史记音义》："夏居河南，初在阳城，后居阳翟。"夏居河南，石峁正好位于黄河之南。《史记·封禅书》云："昔三代之君皆在河洛之间。"此洛河是指现北洛河，石峁遗址正位于黄河洛河之间。

从历史地理看石峁遗址位于长城地带中部，《禹贡》九州之雍州，紧靠冀州。夏商时期石峁遗址所在榆林地区被认为是翟即狄人活动区，周代雍州北狄仍然活跃，战国时为秦国上郡地。《史记·秦始皇本纪》："西涉流沙，南尽北户，东有东海，北过大夏。"《琅琊刻石》亦云："六合之内，皇帝之土。西涉流沙，南尽北户。东有东海，北过大夏。人迹所至，无不臣者。"《吕氏春秋·古乐篇》也说"北过大夏"。大夏应该位于陕北或鄂尔多斯地区，禹都阳翟或阳城可能就是石峁。巧合的是夏代末都二里头亦位于翟镇，夏王朝迁都于此，创造了灿烂二里头文化。

《史记·匈奴列传》："匈奴，其先祖夏后氏之苗裔也，曰淳维。唐虞以上有山戎、猃狁、荤粥，居于北蛮，随畜牧而转移。"东晋时期铁弗匈奴赫连勃勃果然在此重建大夏国，首都统万城位于石峁附近靖边白城子。北魏灭大夏设立统万镇，后改设夏州；唐复设银、绥、夏三州。北宋时党项羌元昊又在附近三建大夏国，占据绥州、宥州。范仲淹《渔家傲·秋思》："塞下秋来风景异，衡阳雁去无留意。四面边声连角起，千嶂里，长烟落日孤城闭。浊酒一杯家万里，燕然未勒归无计。羌管悠悠霜满地，人不寐，将军白发征夫泪。"《禹贡》九州之雍州正是羌人活动区。历史上至少有三处著名西河。黑水西河惟雍州，《西河旧事》表明河西走廊地区是西河。黄河中游龙门西河还有禹门口，晋陕之间曾设西河郡。安阳还有一处夏都西河。《今本竹书纪年》"放王季子武观西河"；三年后武观"以西河叛"。西河指今河南滑县和浚县一带地区，当时在黄河西岸。

从自然地理看石峁遗址位于黄土高原黄河中游，紧靠鄂尔多斯草原，年降雨量400毫米左右，是一个宜农宜牧地区。斯坦福大学刘莉在石峁石器中检测到711个淀粉粒，说明这些石器主要用于收割小麦族植物，可能包括小麦、大麦及野生小麦族草类[11]。通过系统浮选工作从石峁遗址出土了大量炭化植物遗存中发现了粟和黍两种谷物，冷蒿、胡枝子等牧草植物以及藜、猪毛菜等野菜植物遗存。量化分析结果显示石峁文化生业特点以农耕生产为主，兼营家畜饲养业；但从龙山时代向夏时代转变过程中，家畜饲养业比重逐渐增加[12]。

石峁遗址周围环境以草原为主而家养动物猪、牛、羊肉量比例占到了整个食用动物群95%以上，石峁人同时从事农业生产、畜牧和狩猎活动[13]。羊在青铜时代人们经济生活和精神生活中地位明显增高。西北羌人以养羊为业，齐家文化遗址羊骨出土愈晚愈多。朱开沟遗址中出土了大量绵羊骨骼遗存，占全部兽骨 40.6%[14]。石峁遗址发现累积羊骨估计有上万只；养羊业已蔚然成风，使人想起上古中国养羊著称羌人。石峁发现了目前中国最早山羊遗骸，研究表明石峁山羊产肉兼产奶。二里头遗址各个地层中均出土了羊骨遗存，牙釉质锶同位素比值测定结果表明二里头遗址羊只有部分是本地生长，还有部分来自他处[15]。

黄牛与山羊一样经历了大致相同驯化和传播过程。中国黄牛包括两个亚种：南部以印度黄牛为主包括 T1 和 T2，西北部类似于蒙古黄牛包括 T2、T3、T4[16]。中国家养黄牛可以追溯到新石器时代末期或青铜时代早期陕西临潼姜寨和甘肃武山傅家门出土牛骨[17]。石峁遗址后阳湾地点出土 11 只黄牛骨骼古 DNA 分析成功获得了 10 个 mtDNA 数据，显示石峁黄牛由西亚起源 T3（70%）和 T4（30%）世系组成。石峁古代黄牛单倍型 H1 在北方地区广泛分布，单倍型 H2 在宁夏打石沟和河南二里头遗址出现，证实黄牛由甘青地区进入中原这一传播路线[18]。二里头遗址中出土了比较丰富牛骨遗存，四期黄牛骨占全部可鉴定哺乳动物总数 25.43%[19]。15 个二里头遗址出土黄牛个体样本中得到 9 个 mtDNA，7 个为 T3 世系，另外两个分别为 T2 世系和 T4 世系[20]。锶同位素比值研究说明二里头遗址出土黄牛大多数是本地饲养，少部分来自他处[21]。

家马（Equus caballus）野生祖先主要分布于欧亚草原西端，新石器和青铜时代文化遗址中大量马骨出土显示了从野马到家马驯化过程。哈萨克斯坦波台遗址出土动物骨骼绝大多数是马骨，这些马主要用于食用、祭祀（随葬）和骑乘，部分是家马[22]。齐家文化遗址如甘肃永靖秦魏家、大何庄和武威皇娘娘台、青海大通陶家寨报告中提到马骨，但没有进行动物考古学研究和基因测验。石峁遗址马骨出土不多，古基因分析表明已有家马[23]。豫南地区驻马店杨庄二里头文化层出土过马肢骨[24]。新疆出土了青铜时代马骨，火烧沟遗址发现有用于祭祀的马骨，表明河西走廊亦是马传入中原通道。

黄土高原土壤适宜农作物栽培，粉尘颗粒呈现出均匀细小松散易碎特点，新石器时代人们使用原始工具容易进行耕种。北边鄂尔多斯草原西边宁夏草原水草丰美，河套地区又特别适合游牧。石峁和二里头文化中猪、犬、牛、绵羊、山羊、马均有，可以说六畜齐全，同时旱作农业发达。陕北位于半月形文化带核心地区，是东西通道南北结合部，石峁遗址正是东亚定居农业经济与外来青铜游牧经济结合的产物，也是龙山文化与齐家文化叠加的结果。

四、社会与文化

《史记·夏本纪》等明确记述从启开始实行父死子继世袭制进入男权社会。石峁时代社会贫富分化显著，男女关系明显不平等，并出现了不同民族或族群，已进入男尊女卑多族群父系复杂社会。不像陶寺遗址发现墓葬上万座发掘上千座，石峁和二里头遗址发现和发掘墓葬均不多，且未发现陪葬丰富真正大墓（图一）。石峁时代墓葬已有大中小之分。2014 年皇城台隔沟相望韩家圪旦山峁上考古队清理一批严重盗扰墓葬，既有竖穴土坑墓，也有石板墓和偏洞室墓，部分有壁龛和殉人，是一处重要石峁贵族墓地。M2 为上小下大竖穴土坑墓，墓口长 358、宽 194 厘米，墓底长

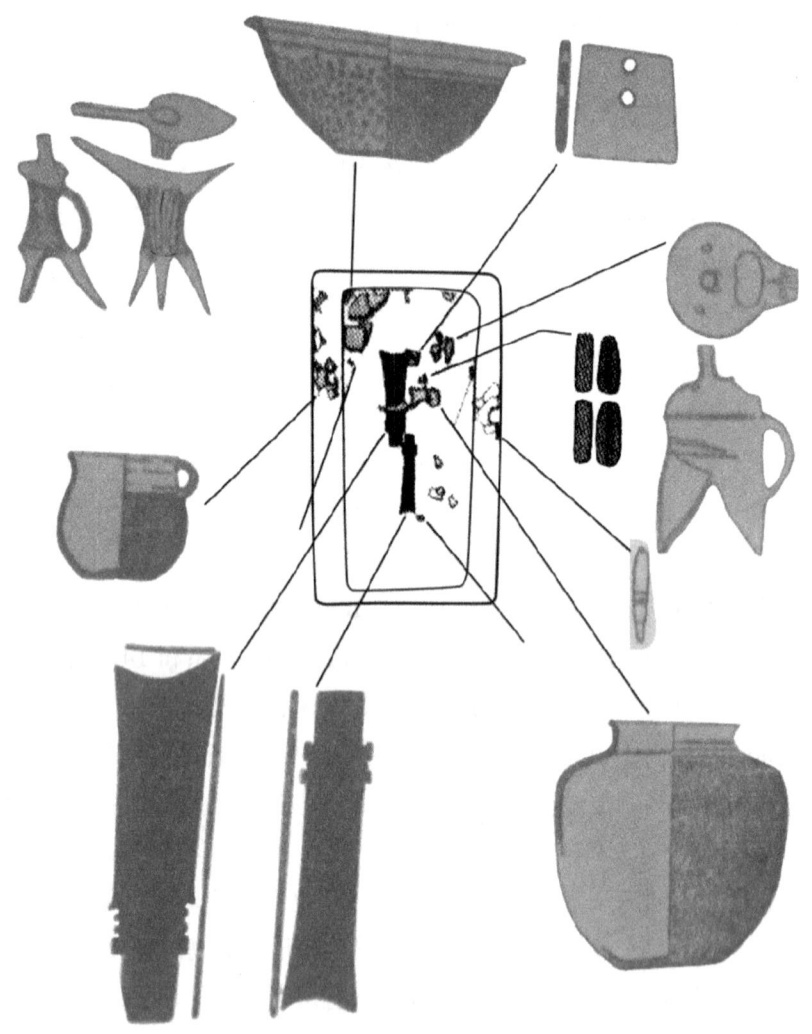

图一　二里头遗址 VM3 示意图

（二里头夏都博物馆，2019 年）

384、宽 222 厘米，深 395 厘米。仅存残木棺位于墓室中部偏北处，棺外南侧墓底有一骨架保存较完整，双臂被缚，初步鉴定为年轻女性，应是殉人[25]。2013—2014 年石峁附近神圪垯梁遗址发现了陕北地区龙山文化晚期完整保存器物组合大型墓。一共发掘了 28 座，多为单人葬，几乎没有随葬品；M8 是小型墓人猪合葬，M2 为中型墓二人合葬，位于最高处 M7 是唯一大型墓。M7 亦为口小底大竖穴土坑墓，墓口长 410、宽 318 厘米，墓底长 416、宽 336 厘米，深 325 厘米。墓底中部有一具长方形原木棺，墓主为成年男性，仰身直肢；身上从头到脚涂有两层朱砂。棺外西侧有一女性人骨，侧身屈肢，四肢呈捆绑状，面朝棺材[26]。壁龛中有六件陶器组合：斝、折肩罐、两只壶或尊、两只双耳杯（原报告分别称之为盆和双耳壶），其中一只大双耳杯是典型齐家风格。这也可以说是齐家文化风格墓葬。最近石峁遗址次级聚落又出土了齐家文化风格男尊女卑墓葬：一类墓共三座，有木棺、有壁龛、有殉人，墓主葬于木棺内，仰身直肢，身上一般随葬 3 至 4 件玉器。殉人位于墓主左侧棺外，初步鉴定均为女性，侧身面向墓主，身上可见劈砍迹象。墓主与殉人身上均涂有朱砂，身下有白色铺垫物。墓主右侧墓壁上有一半月形壁龛，龛内一般放置 5 件带石盖陶器，陶器组合常见喇叭口瓶、斝、深腹盆、小罐或壶，另有1至2件细石刃。此类墓葬规模最大，面积约10平方米[27]。

类似齐家文化风格墓葬在邻近新华遗址、朱开沟遗址等亦有发现。邵晶认为"殉女墓"即竖穴土坑墓中墓主为成年男性位于墓室正中仰身直肢，一侧或两侧有侧身屈肢面向墓主年轻女性。他详细介绍了齐家文化和石峁类遗存中"殉女墓"发现情况，从考古学层位关系和随葬陶器上来看齐家文化所发现殉女墓年代偏晚，处于齐家文化晚期绝对年代在公元前1900年左右；而石峁类遗存"殉女墓"年代也在石峁类遗存晚期，绝对年代略早于齐家文化"殉女墓"[28]。石峁遗址不仅出现了齐家式男尊女卑墓，还有成组人头祭祀坑。东门址发现了6处集中埋藏人头遗迹，人牲数量达百余具之多。K1埋有24具人头骨，多属于年轻女性，头骨多有明显砍斫和烧灼痕迹，这一迹象与人牲、燎祭等人祭仪式活动有关。这些已经显示了石峁遗址中晚期和齐家文化一样进入了男尊女卑时代。

石峁遗址出土陶器组合相当复杂，不仅因时而变，同时亦有不同组合。邵晶分成三组，分别对应石峁遗址早中晚期。A组对应早期2300BC左右，主要分布于皇城台和内城部分；B组对应石峁外城修建即2100BC前后；C组对应石峁遗址废弃或1800BC前后[29]。马明志亦将石峁遗址陶器划分为A、B、C三组：A组陶器年代为龙山时代早中期，以宽弧裆正装双鋬鬲、圜底瓮等为典型器类；B组年代为龙山时代晚期至二里头文化阶段，以尖角裆正装双鋬鬲和三足瓮、敛口甗等为典型器类；C组为来自于甘青地区齐家文化，与B组年代相当。石峁遗址正是在这些文化和人群聚合背景中向外扩张整合，代表北方文明模式。从陶器、墓葬、生业形态和文化格局等角度论证齐家文化移民河套浪潮形成二者交错和融合态势[30]。石峁遗址及附近地区出土了多种双耳罐、不同陶鬲及石板墓、洞室墓，表明石峁时代已有不同族群，进入了复杂社会。

从夏代开始进入"国之大事在祀与戎"王国时代。祀与戎是石峁文化主旋律。石峁玉文化承前启后，在中国玉器发展史上起了关键作用。齐家文化或石峁玉器种类大体相同，璧琮、刀戈、圭璋和璜环齐备，璧琮和璜环组合源自新石器时代，刀戈和圭璋组合始于青铜时代。玉刀和玉璋主要流行于夏代，是夏代文化标志，亦是石峁、二里头特色玉器（图二—图四）。三代琮淡出，圭璧戈璜日益重要，不同玉器相对盛衰反映了夏代社会变革和文化变迁[31]。

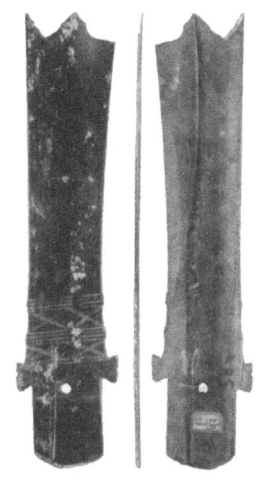

图二　石峁遗址征集牙璋
（摄于陕西历史博物馆院，邓聪摄）

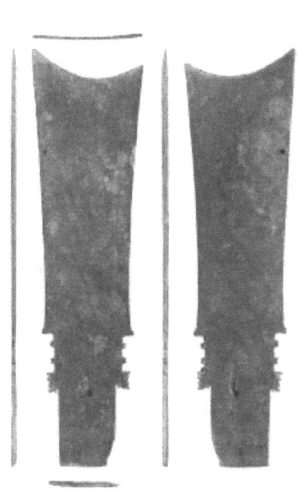

图三　二里头遗址出土牙璋
（邓聪摄）

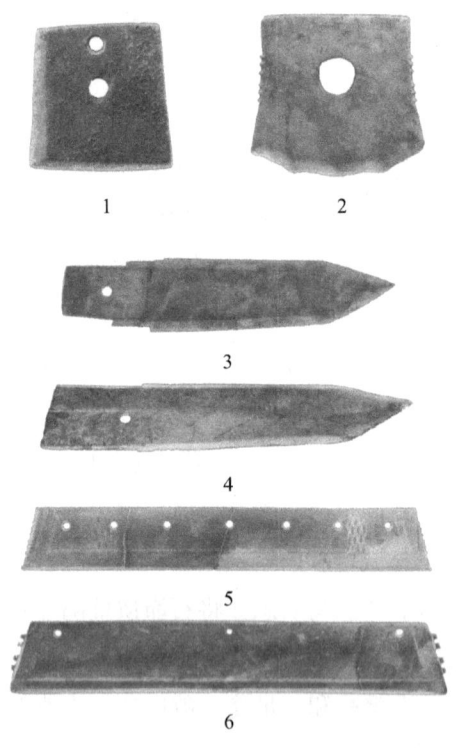

图四　二里头遗址出土玉戚、玉戈、玉刀
（邓聪摄）

红山、凌家滩、良渚文化处于"有祀无戎"时代，玉器主要是礼器[32]。到了齐家二里头时代有刃玉器成为主流，玉器有"戎化"趋势。璋、钺、玉刀突出，均为有刃玉器；璧亦演变成了戚。上孙家寨墓地齐家文化层出土四孔大玉刀，长54、宽8.5—10.3、厚0.8厘米，可一分为二成两把石峁风格玉刀。征集12件石峁玉刀中一件五孔墨玉刀长54.6、宽9、厚0.4厘米。延安芦山峁亦出土了长达54.5、宽10、厚0.4厘米大玉刀。二里头文化出土大玉刀至少有五件，三孔到七孔不等。1972年二里头遗址第四期出土的七孔玉刀长达65厘米，有扉齿和规整几何花纹[33]。二里头玉刀更加精致，但晚于齐家文化或石峁玉刀。

二里头玉戈与铜戈同出，戈被认为是夏民族或夏文化象征之一。二里头遗址第三、四期共出土玉戈三件，相对成熟；其中一件淡青色玉戈通长43、援宽8、厚0.5厘米[34]。这可以向西向北追溯到石峁文化玉戈。石峁玉戈显然处于初始阶段，一件墨玉戈长29.4厘米无援无胡较原始[35]。而石峁玉戈可能源自齐家文化戈型玉器，喇家遗址M12与璧同出戈形玉片是戈的始原[36]。

《史记·夏本纪》"帝赐禹玄圭，以告功于天下"。《禹贡》为犒赏平治洪水丰功伟业帝赐禹玄圭，这是周代文献中叙述夏朝肇建重要主题。《古本竹书纪年》亦载"后荒即位，元年，以玄圭宾于河"。石峁收集圭10件，其中一件长23、宽6.4、厚0.2厘米[37]。尖首圭可能与戈同源可以追溯到齐家文化[38]，平首圭可能与铲斧同源可以追溯到龙山文化。考古发现表明璋才是夏代标志性文物。璋显中国，作为夏代标志性文物已引起高度重视，但是二里头牙璋大于也晚于石峁牙璋。二里头牙璋可以追溯到石峁牙璋，甚至还可以追溯到西北会宁牛门洞萌芽璋。另一个值得注意的细节是二里头出土牙璋代表性大墓VM3既无鼎也无鬲，却有一件西北齐家风格单耳罐（俗称羌罐罐，西北羌人居住过的地区仍然留传罐罐茶），由此可见二里头王国巫师或祭司或国王很可能来自西北羌区，甚至就是羌人。还有二里头、石峁、齐家文化中有类似蛇纹罐亦可作为佐证。

石峁牙璋28件长26.6—49厘米不等，可分三式；数量多年代早堪称牙璋文化发源地[39]。牙璋只是一种特别发达的璋，应该是先有璋后有牙璋。甘肃会宁县博物馆收藏了一件牛门洞遗址出土刀形端刃器，长达54厘米，厚仅2毫米，已有萌芽，实际上是原始牙璋。体量之大工艺之巧玉质之好时代之早，堪称王者之器。牙璋源于夏初齐家文化或石峁文化，二里头文化时期得到了发展，传播到了龙山文化分布区。牙璋被公认为夏文化标志；商代殷墟西区900余座小墓中有41座共出石质牙璋183件[40]，可能是夏遗民墓葬。夏后氏之璜与环亦非常有名。《山海经·海外西经》："大乐之野，夏后启于此儛《九代》，乘两龙，云盖三层。左手操翳，右手操环，佩玉璜。在大运山北。"夏后氏钟爱玉器是环和璜。《左传·定公四年》："分鲁公以大路、大旗，夏后氏之璜，封父之繁弱……"《淮南子》中至少有五次提到"夏后氏之璜"，《说山训》："和氏之璧，夏后之璜，揖让而进之，以合欢；夜以投人，则为怨，时与不时。"

石峁玉器中有一件玉人像："头顶盘束高髻，圆团脸，鹰钩大鼻，半张口，腮部鼓出。"杨伯达考定为《山海经》中"一目国"遗物，称之为"鬼玉"[41]。《山海经·海内北经》云："鬼国在贰负之尸北，为物人面而一目。一曰贰负神在其东，为物人面蛇身。"《大荒北经》亦云："有人一目，当面中生，一曰少昊之子，食黍。"石峁文化独目玉人像可能是鬼国之物。

石峁遗址皇城台出土一批骨制口弦，绝对年代距今约 4000 年。这批骨制口弦制作规整，中间有细薄弦片，一般长 8—9、宽 1 厘米多，厚度仅 1—2 毫米，国内所见年代最早、数量最多[42]。匈奴墓葬中有出土，现流行于蒙古族、达斡尔族、鄂伦春族、鄂温克族、赫哲族、满族、羌族以及云南部分少数民族之中。口弦主要流行羌与狄分布地区，这也暗示石峁文化与羌狄关系密切。口弦在我国先秦文献中被称作"簧"。《诗经·君子阳阳》："君子阳阳，左执簧，右招我由房。"《诗经·小雅·鹿鸣》："我有嘉宾，鼓瑟吹笙。吹笙鼓簧，承筐是将。"

国之大事在祀与戎。干戈为戎，战争文化亦来自大西北。礼乐之外石峁人精神生活主旋律是战争与防卫。瓮城、马面、城墙与战争相关，是主要防卫设施。瓮城是典型防卫设施，石峁开了东亚瓮城建设先河[43]。黄河中下游地区城址虽较早出现一些与马面起源有关迹象，但真正意义上或有意建造马面设施的年代要晚至东周时期，夏商时期黄河中下游地区未发现马面遗存。目前确定无疑最早瓮城、马面见于下塔遗址和石峁遗址。内蒙古清水河县下塔遗址由内、外两重城垣组成；东侧第一道城门处发现有两处略呈长方形马面遗迹。2013 年以来石峁遗址揭露出一套包括城墙、马面、角台在内的完整防御系统。其中一号马面呈长方形，长 11.7、宽 9.4—10.8、高逾 3 米；形制规整已具备后世马面特征及功能[44]。夏家店下层文化一些城墙外侧发现有用石块垒砌凸出于城墙外半圆形遗迹应是防御马面设施。石峁遗址紧邻河套地区草原通道，从里海到渤海出现了甚多中小城。西边也里可温（Arkaim）和东边夏家店下层文化先民距今 4000 年前后开始致力于发展战争技术，这类遗址中有青铜和石制兵器，还有马具以及相关器物，几乎未见农具[45]。石峁古城军事防御性显而易见，登顶皇城台需先经过广场，再过外瓮城与南北墩台之间侧门至内瓮城处，向北折入主门道，向西登临皇城台台顶。整个登台过程可谓"穿三门、折四弯"，显示了皇城台门址结构设计之复杂[46]。石峁瓮城、马面与城墙采用毛石混砌而成，这种石砌技术流行于欧亚大陆，在西南地区留传至当代，羌族碉楼就是见证。《后汉书·西南夷传》冉駹人"邛笼"就是羌碉："依山居止，垒石为室，高者十余丈。"理县桃坪羌寨是一个石头建筑王国，寨内巷道或明或暗或宽或窄宛若迷宫；高楼屹立千年历经数次大地震而不倒，房屋背后多砌了一道"脊梁"起到稳基防震作用。"羌寨砌墙歌"总结了石砌技术经验："认石认八方，面子放外边，方方长长墙角待，大石头离不开小石头塞；长三镶，端五限，内八层，外七转；中立石，垫口皮，横压筋，顺压脉……"

青铜箭镞是战争标志。中国境内最早铜箭镞见于青海柳湾遗址齐家文化层和石峁遗址中晚期[47]。是二里头遗址、石峁遗址兵器之一（图五、图六）。在此之前石制或骨制箭镞主要用来狩猎，青铜箭镞作为远射兵器大大提高了战斗力。后羿善射，夏代主战兵器正是弓箭。

用肩胛骨占卜是齐家文化和二里头文化时代主要决策方式。石峁遗址出土了齐家文化和二里头文化中流行卜骨（图七），说明有相同决策方式。重要齐家文化遗址或齐家文化层有卜骨出土。武威皇娘娘台遗址前三次共发现 39 件卜骨，其中 30 件羊骨 9 件猪骨，有些具有轻微刮削或修治痕迹[48]。

永靖大何庄遗址出土 14 件卜骨，均为羊骨，无钻凿但有灼痕[49]。韩家圪旦 M17 是长方形石板墓，墓主为一年轻女性，未见陪葬品，仅在填土中发现卜骨一件[50]。最近又集中出土 100 余片卜骨，显示了皇城台信仰和宗教功能。二里头遗址出土了大量类似卜骨（图八），不仅有羊、牛和猪骨，而且有鹿骨，晚期骨卜方式略有改进。这种占卜文化在半月形文化传播带流传至今。西南羌族和东北鄂伦春族至今有人使用羊或鹿肩胛骨占卜决疑。

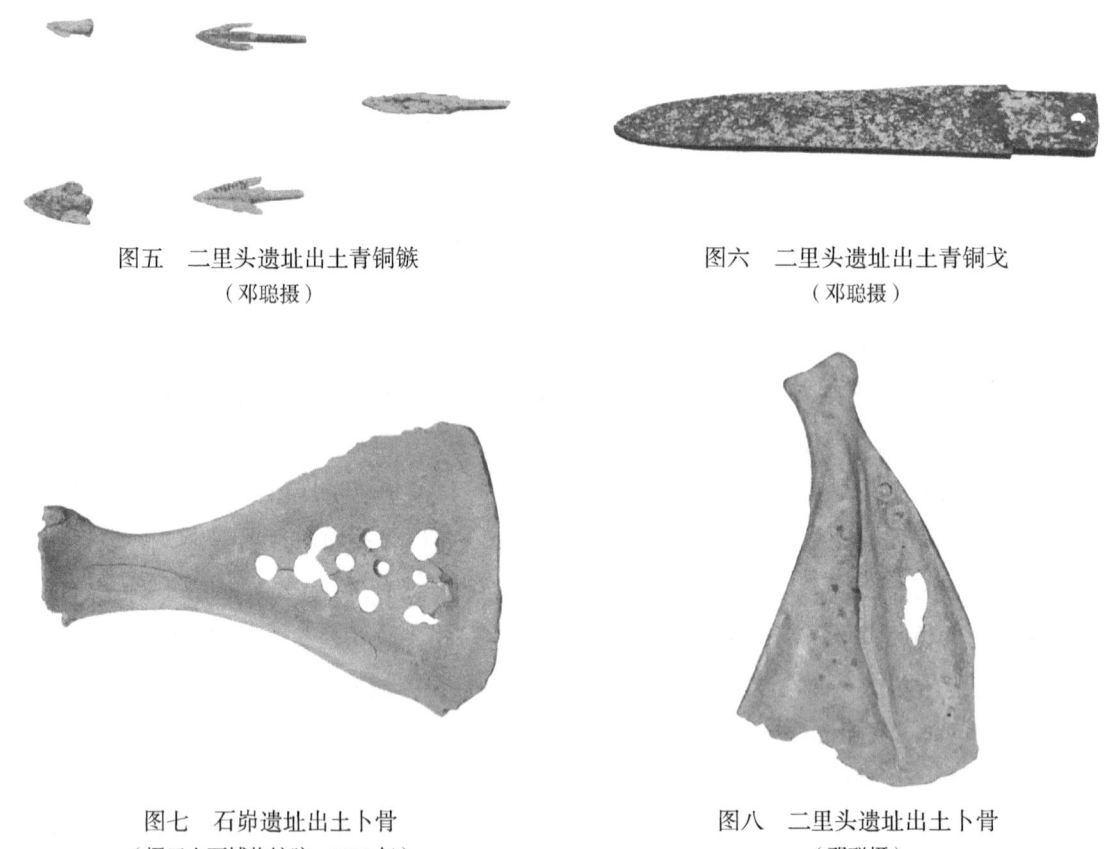

图五　二里头遗址出土青铜镞　　　　　图六　二里头遗址出土青铜戈
　　　（邓聪摄）　　　　　　　　　　　　　　（邓聪摄）

图七　石峁遗址出土卜骨　　　　　　　图八　二里头遗址出土卜骨
（摄于山西博物馆院，2020 年）　　　　　　　（邓聪摄）

　　2018 年皇城台出土数件陶鹰，其中一件"残高 50 至 60 厘米，身体部位塑造得栩栩如生，作展翅伸颈状"。陶鹰与王权或皇城台宗教祭祀活动有关。尚永琪指出鹰是欧亚大陆古代帝王神秘力量象征。最早鹰隼驯养术出现在中亚与小亚细亚一带，草原民族将鹰与帝王形象联系起来作为王权之象征[51]。生活于帕米尔高原塔吉克族被称为"鹰的民族"，其鹰舞在 2006 年入选第一批国家级非物质文化遗产名录。彝族鹰崇拜亦源远流长：视鹰为祖先，自称"鹰的儿女"。从埃及到两河流域早期文明国王大都会与太阳、猛禽如老鹰和隼联系在一起。翟可能是草原牧民所喜养一种鹰，亦有以翟为图腾的部落。四千年前后羌鬼方或戎狄先祖已经活跃于石峁，禹或启建都石峁或阳翟完全可能。

五、讨论与结语

　　《史记》总结秦与六国兴亡："东方物始所生，西方物之成熟；夫作事者必于东南，收功实者常于西北。故禹兴于西羌，汤起于亳，周之王也以丰镐伐殷，秦之帝用雍州兴，汉之兴自蜀汉。"司马迁认为这是历史大势所趋，实际上东亚进入青铜时代也就是玉帛古国进入干戈玉国时代，传统礼乐文化与青铜游牧文化结合形成了复合文明。夏、商、周、秦、汉"逐鹿中原"反复重演"国之大事在祀与戎"故事。

横察二里头、石峁，青铜游牧文化来自大西北。二里头许多核心符号与技术源自齐家文化或石峁、陶寺社会。二里头遗址三号宫殿建筑中轴线上早期贵族墓葬（2002VM3）所随葬海贝、铜铃和绿松石龙形器，显示出二里头贵族文化对齐家文化或石峁、陶寺传统继承与创新。铜铃、海贝、鼓、铜镜是萨满巫师常用法器。二里头遗址早期青铜器制造工艺来自北方草原或甘青地区齐家文化，是欧亚冶金技术东传结果。

二里头遗址贵族墓葬出土铜斧和环首刀属于北方系青铜器，显然来自西北或草原游牧文化[52]（图九）。环首刀亦见于石峁与齐家文化遗址（图一〇），既不是生产工具也不是战斗兵器，实际上是游牧民剔骨吃肉

图九　二里头遗址出土卷首刀
（邓聪摄）

的生活用具。M3墓绿松石龙形器多认为是礼器或法器，且与铜铃关系密切。该墓还出有海贝串饰1组，秦小丽指出绿松石镶嵌、海贝和玛瑙在时空分布上有较高契合度，三者均于新石器时代晚期首先出现于西北地区，用于粘贴的沥青亦可能源自西亚[53]。中国境内海贝始见于甘青地区，且在早商及其以前几乎不见于长江以南地区，其经由西北地区传入中原的可能性很大。绿松石龙形器形象至少可以追溯到石峁石雕龙蛇图案，镶嵌艺术即马赛克艺术可能与西方有关。石灰地面亦是齐家、石峁、二里头共同文化现象。二里头遗址中羊、牛可能还有马等游牧文化要素亦来自石峁或大西北。花边鬲和单耳罐亦是二里头遗址有人群来自大西北指示。青铜冶铸技术和牛羊马标志着石峁、二里头遗址进入了青铜时代世界体系。与同时代或稍早的世界上古文明代表性大遗址如印度河流域哈拉帕、摩亨佐达罗、两河流域乌尔、尼罗河流域阿拜多斯相比，复杂程度相当，规模更加宏大，石峁遗址明显进入了王国时代。目前已经初步弄清楚东门高度复杂是石峁外城正大门，皇城台正门亦朝东。石峁古城总体布局坐西朝东，不仅体现了石峁统治阶级崇拜东方日出，亦可能表明了其东向发展的愿景。

纵观石峁、二里头，玉器大同小异，是东亚定居农业玉帛古国文明继续发展。邓淑苹推测禹可能就是石峁统治核心名号，他们既拥有"玄圭"又擅征伐，"征三苗""伐陶寺"逐鹿中原得胜后在

图一〇　石峁遗址出土铜刀和石范
（摄于山西博物馆，2020年）

王湾三期文化基础上建立了中国历史上第一个王朝——夏[54]。许宏认为二里头遗址是文化杂交硕果，表现在多个方面：农耕社会与畜牧型（游牧）社会交流融合，粟作农耕与稻作农业融合，以及鼎文化与鬲文化融合，青铜文化与玉文化融合[55]。这些也正是石峁社会与文化特征。二里头作为黄河流域一级聚落建立了以洛阳盆地为"王畿"社会秩序；高度统一了嵩山南北地区并强势进入了晋南，塑造了"中原"这一文化地理概念。比照文献记录体系考古所见二里头政权出现对应文字材料中少康复国之夏时空框架，而非夏代肇始阶段[56]。洛阳盆地西函谷关"车不能方轨，马不能并鞍""丸泥可塞"，东虎牢关一夫当道万夫莫开。洛阳盆地是个好地方可称安乐窝，亦有天牢之说又称落阳。易守难攻，可图一时之安稳，但要开拓进取也不容易。洛阳号称九朝或十一朝古都，没有一个王朝龙兴于此，不少王朝在此落幕。司马光感慨道："若问古今兴废事，请君只看洛阳城。"

洛阳十有八九是夏代末都，绝不可能是夏代首都。太康时期夏王朝曾一度丧失政权，史称"太康失国"。《左传·襄公四年》记载："昔有夏之方衰也，后羿自鉏迁于穷石，因夏民以代夏政。"《史记·吴世家》记载云："昔有过氏杀斟灌以伐斟寻，灭夏后帝相。帝相之妃后缗方娠，逃于有仍而生少康。少康为有仍牧正。有过又欲杀少康，少康奔有虞。有虞思夏德，于是妻之以二女而邑之于纶，有田一成，有众一旅。后遂收夏众，抚其官职，使人诱之，遂灭有过氏，复禹之绩，祀夏配天，不失旧物。"《逸周书·度邑解》描述了武王选址洛阳建都："我图夷兹殷，其惟依天。其有宪令，求兹无远。天有求绎，相我不难。自洛汭延于伊汭，居阳无固，其有夏之居。"洛阳盆地紧邻太室嵩山又坐落于夏人故地，克商不久铸造何尊铭文"宅兹中或"显示洛阳盆地为天下之中。《国语·周语上》云"昔伊洛竭而夏亡"表明夏亡于伊洛地区。二里头遗址作为夏代中晚期都城从考古发现来看有可能性，从文献记述来看有必然性。

能与二里头遗址相提并论又时空接近的是石峁和陶寺遗址。陶寺遗址已被推定为尧都或舜都，介于尧舜与夏之间正好是禹和启。第三次全国文物普查资料表明榆林地区共发现新石器时代遗址达4446处，面积50万—100万平方米之间者11处，100万平方米以上仅石峁遗址1处。石峁遗址是与周围其他中小型聚落共同构成了四级聚落结构。"聚邑成都"形成了以石峁为顶端金字塔形社会结构，奠定了王权国家政治、经济及人力资源基础。石峁遗址并不孤立，具有不亚于二里头遗址都城气象。皇城台底大顶小呈"金字塔"状，台顶面积8万平方米，台底面积24万平方米，四周包砌至少9级护坡石墙。皇城台周边发掘出石雕人头像、鳄鱼骨板、彩绘壁画、玉器、铸铜等高等级遗存，显示高等级贵族或"王"居住核心区域。皇城台揭露出广场、瓮城、南北墩台、门道等。东墙北坡出土了约200件筒瓦、板瓦残片意味着皇城台存在覆瓦大型宫室类建筑。《左传》昭公四年："夏启有钧台之享，商汤有景亳之命，周武有孟津之誓。"《今本竹书纪年》："帝启癸亥即帝位于夏邑，大飨诸侯于钧台，诸侯从。"启所都，有钧台；皇城台也许正是钧台。

从石峁到二里头逐鹿中原是中国历史常演剧目。商王朝有"前八后五"之说，夏王朝迁徙古籍记载就有十余次之多[57]。石峁遗址位于山顶上称之为阳城正合适，具备了作为夏代首都所有条件，没有哪一个遗址条件比石峁更充分。良渚、陶寺时代偏早，三星堆、金沙又偏晚。从石峁到二里头顺黄河而下十分方便。逐鹿中原，北魏、唐、辽、金、元、清重演了夏、商、周、秦、汉五朝史。鲜卑从东北进入蒙古草原发展壮大，从平城迁都洛阳；李渊父子从晋阳起兵入关中建都长安；忽必烈初都长城外称上都，入长城始称大都；女真人从东北进入中原也是先定都长城外后迁都长城内，还在长城地带建立避暑山庄作为陪都。长城地带或所谓四百毫米降雨线不仅是农牧分界线，更是农牧经济与文化结合部。许宏注意到二里头无外城墙，特别提出"大都无城"[58]。众所周知龙山文化晚期高墙林立，齐家文化缺城少墙；二里头显然是座移民新城。分子人类学研究表明二里头居民不少来自西方或北方，当然也有来自南方或东方，显示是丰富遗传多样性[59]。族属复杂化，许宏认为二里头是中国最早移民城市[60]。其实石峁位于东西交流南北互动要冲，亦是外来人口众多的城市。

《尚书·君奭》："惟文王尚克修和我有夏；亦惟有若虢叔，有若闳夭，有若散宜生，有若泰颠，有若南宫括。"虢叔、闳夭、散宜生、泰颠、南宫括难以详考，出身戎狄可能性很大。史载黄帝后裔戎狄与周人皆有姬姓。白狄与周人同姓，与其通婚者为戎族，自称则为"有夏"。"夏"不仅是一个王朝，还是民族与文化概念，兴于大西北而入主中原，与大禹炎黄羌姜戎狄鬼方匈奴都密切相关[61]。夏商周秦汉唐无不兴于大西北，北魏辽金元清亦然，石峁作为夏代首都阳城或阳翟绝非偶然。

附记：本论文是"历史经验与铸牢中华民族共同意识——中华民族共同体的形成和发展研究"阶段性成果。承蒙邓聪先生拍摄石峁牙璋和二里头牙璋、玉刀、铜戈、铜刀、卜骨等文物并征得收藏单位陕西历史博物院和中国社会科学院二里头工作队同意发表，谨表感谢。

注　释

[1] 孙周勇、邵晶：《石峁是座什么城？》，《光明日报》2015 年 10 月 12 日。

[2] 沈长云：《华夏族、周族起源与石峁遗址的发现和探究》，《历史研究》2018 年第 2 期。

[3] 韩建业：《"石峁人"或属北狄先民》，《中国社会科学报》2018 年 12 月 27 日。

[4] 孙庆伟：《鼏宅禹迹：夏代信史的考古学重建》，生活·读书·新知三联书店，2018 年。

[5] 易华：《从玉帛古国到干戈王"國"》，《甘肃社会科学》2017 年第 6 期。

[6] 2016 年"早期石城和文明化进程——中国陕西神木石峁遗址国际学术研讨会"论文摘要。

[7] 李旻：《重返夏墟：社会记忆与经典的发生》，《考古学报》2017 年第 3 期。

[8] Wang Y. et al., The Holocene Asian monsoon: links to solar changes and north Atlantic climate, Science, 2005, 308: 854-857.

[9] 张弛：《龙山—二里头——中国史前文化格局的改变与青铜时代全球化的形成》，《文物》2017 年第 6 期。

[10] 谭其骧：《简明中国历史地图集》，中国地图出版社，1991 年，第 5、6 页。

[11] 2016 年"早期石城和文明化进程——中国陕西神木石峁遗址国际学术研讨会"论文摘要。

[12] 高升：《陕北神木石峁遗址植物遗存研究》，西北大学硕士学位论文，2017 年。

[13] 胡松梅等：《2012—2013 年度陕西神木石峁遗址出土动物遗存研究》，《考古与文物》2016 年第 4 期。

[14] 黄蕴平：《内蒙古朱开沟遗址兽骨的鉴定与研究》，《考古学报》1996 年第 4 期。

[15] 赵春燕等：《二里头遗址出土动物来源初探——根据牙釉质的锶同位素比值分析》，《考古》2011 年第 7 期。

[16] a. Yu Y. et al., Mitochondrial DNA variation in cattle of South China: origin and introgression, Animal Genetics, 1999, 30: 245-250; b. Song-Jia Lai et al., Genetic diversity and origin of Chinese cattle revealed by mtDNA D-loop sequence variation, Molecular Phylogenetics and Evolution, 2006, 38: 146-154.

[17] 吕鹏：《试论中国家养黄牛的起源》，《动物考古》（第一辑），文物出版社，2010 年。

[18] 蔡大伟等：《陕西石峁遗址后阳湾地点出土黄牛的古 DNA 分析》，《考古与文物》2016 年第 4 期。

［19］ 杨杰：《河南偃师二里头遗址的动物考古学研究》，中国社会科学院研究生院硕士学位论文，2006 年。

［20］ 孙洋等：《二里头遗址出土黄牛线粒体 DNA 研究》，《北方文物》2014 年第 3 期。

［21］ 赵春燕等：《二里头遗址出土动物来源初探——根据牙釉质的锶同位素比值分析》，《考古》2011 年第 7 期。

［22］ D. Brown, et al., Bit Wear, Horseback Riding, and the Botai Site in Kazakstan, Journal of Archaeological Science, 1998, 25: 331-347.

［23］ 胡松梅等：《2012—2013 年度陕西神木石峁遗址出土动物遗存研究》，《考古与文物》2016 年第 4 期。

［24］ 北京大学考古学系等：《驻马店杨庄：中全新世淮河上游的文化遗存与环境信息》，科学出版社，1998 年，第 194 页。

［25］ 孙周勇等：《陕西神木县石峁遗址韩家圪旦地点发掘简报》，《考古与文物》2016 年第 4 期。

［26］ 王炜林等：《陕西神木县神圪垯梁遗址发掘简报》，《考古与文物》2016 年第 4 期。

［27］ 邵晶、裴学松等：《石峁文化次级聚落：陕西府谷寨山石城考古首次全面揭露石峁文化大型墓地》，文博中国 https://www.sohu.com/a/420734886_381579。

［28］ 邵晶：《从"殉女墓"看齐家文化与石峁》，甘肃广河"齐家文化与华夏文明国际论坛"，2016 年。

［29］ 邵晶：《试论石峁城址的年代及修建过程》，《考古与文物》2016 年第 4 期。

［30］ 马明志：《石峁遗址文化环境初步分析——河套地区龙山时代至青铜时代的文化格局》，《中华文化论坛》2019 年第 4 期。

［31］ 易华：《齐家玉器与夏文化》，《百色学院学报》2015 年第 2 期。

［32］ 易华：《红山文化定居生活方式》，《2004 红山文化国际会议论文集》，文物出版社，2004 年。

［33］ 中华玉文化中心：《玉魂国魄：玉器·玉文化·夏代中国文明展》，浙江古籍出版社，2013 年，第 19 页。

［34］ 中华玉文化中心：《玉魂国魄：玉器·玉文化·夏代中国文明展》，浙江古籍出版社，2013 年，第 232—233 页。

［35］ 戴应新：《我与石峁龙山文化玉器》，《中国玉文化玉学论丛》（续编），紫禁城出版社，2004 年。

［36］ 邓淑苹：《万邦玉帛——夏王朝的文化底蕴》，《夏商都邑与文化》（二），中国社会科学出版社，2014 年。

［37］ 戴应新：《我与石峁龙山文化玉器》，《中国玉文化玉学论丛》（续编），紫禁城出版社，2004 年。

［38］ 邓淑苹：《万邦玉帛——夏王朝的文化底蕴》，《夏商都邑与文化》（二），中国社会科学出版社，2014 年。

［39］ 戴应新：《我与石峁龙山文化玉器》，《中国玉文化玉学论丛》（续编），紫禁城出版社，2004 年。

［40］ 中国社会科学院考古研究所安阳工作队：《1969—1977 年殷墟西区墓葬发掘报告》，《考古学报》1979 年第 1 期。

［41］ 杨伯达：《"一目国"玉人面考——兼论石峁玉器与贝加尔湖周边玉资源》，《巫玉之光》，上海古籍出版社，2005 年，第 146—154 页。

［42］ 孙周勇：《陕西神木石峁遗址出土口簧研究》，《文物》2020 年第 1 期。

［43］ 孙周勇、邵晶：《瓮城溯源——以石峁遗址外城东门址为中心》，《文物》2016 年第 2 期。

［44］ 孙周勇、邵晶：《马面溯源——以石峁遗址外城东门址为中心》，《考古》2016 年第 6 期。

［45］ 郭静云：《透过亚洲草原看石峁城址》，《中国文物报》2014 年 1 月 17 日。

［46］ 孙周勇等：《石峁遗址 2018 年考古纪事》，《中国文物报》2019 年 8 月 23 日。

［47］ 2016 年"早期石城和文明化进程——中国陕西神木石峁遗址国际学术研讨会"期间邵晶展示了最新出土铜镞和石范。

［48］ 甘肃省博物馆：《武威皇娘娘台遗址第四次发掘》，《考古学报》1978 年第 4 期。

［49］ 中国科学院考古研究所甘肃工作队：《甘肃永靖大何庄遗址发掘报告》，《考古学报》1974 年第 2 期。

［50］ 孙周勇等：《陕西神木县石峁遗址韩家圪旦地点发掘简报》，《考古与文物》2016 年第 4 期。

［51］ 尚永祺：《欧亚文明中的鹰隼文化与古代王权象征》，《历史研究》2017 年第 2 期。

［52］ 许宏：《最早的中国》，科学出版社，2009 年，第 209 页。

［53］ 秦小丽：《中国古代镶嵌工艺与绿松石装饰品》，《夏商都邑与文化》（二），中国社会科学出版社，2014 年。

［54］ 邓淑苹：《万邦玉帛——夏王朝的文化底蕴》，《夏商都邑与文化》（二），中国社会科学出版社，2014 年。

［55］ 许宏：《最早的中国》，科学出版社，2009 年，第 62 页。

［56］ a. 田昌五：《夏文化探索》，《文物》1981 年第 5 期；b. 李伯谦：《二里头类型的文化性质与族属问题》，《文物》1986 年第 6 期。

［57］ 孙庆伟：《鼏宅禹迹：夏代信史的考古学重建》，生活·读书·新知三联书店，2018 年，第 29—46 页。

［58］ 许宏：《大都无城：中国古都的动态解读》，生活·读书·新知三联书店，2016 年。

［59］ 刘皓芳：《河南二里头遗址夏代人群的分子考古学研究》，中国科学院博士学位论文，2011 年。

［60］ 许宏：《最早的中国》，科学出版社，2009 年，第 136 页。

［61］ 易华：《夏与西北》，《丝绸之路》2013 年第 10 期。

（原载于《南方文物》2022 年第 5 期）

石峁文化聚落形态研究

裴学松

石峁遗址是一座面积达 400 万平方米的龙山文化晚期至夏代早期石城聚落，是目前所见中国史前时期规模最大的城址[1]。石峁遗址的发现引起了学界的广泛关注，并推动了周边省份加大对北方地区石城聚落研究的力度。尤其是"考古中国——河套地区聚落与社会研究"项目的持续开展，河套地区通过区域系统调查、考古发掘确认的龙山文化晚期至夏代早期聚落已达数百处，其中多数为石城聚落，经过试掘或发掘的聚落也已达数十处（图一）。

2020 年，孙周勇等以石峁遗址 10 年考古资料为基础，系统梳理了河套地区双鋬陶鬲类遗存

图一　石峁文化典型聚落分布示意图

的文化内涵，提出将以"双鋬鬲"为代表的一组稳定器物组合命名为"石峁文化"，其绝对年代为公元前 2300 年至公元前 1800 年[2]。石峁文化分布范围东至太行山西侧，南到子午岭北麓，西至毛乌素沙漠，北抵大青山南麓，尤以南流黄河北段两岸及其支流为其分布的核心区域。

随着考古调查、发掘资料的不断积累，考古新发现的不断涌现，石峁文化研究已成为学界的一个热点课题。但对于石峁文化聚落形态研究鲜有专门论述，系统地考察石峁文化聚落形态已成为石峁文化研究的重要内容。

一、聚 落 等 级

根据已公布的石峁文化聚落资料，石城是石峁文化聚落的典型特征，另外还有一些无城垣的聚落。石峁文化石城的规模相差悬殊，聚落等级区分明显，综合石城的城垣数量、城址面积、城防设施等因素，可将石峁文化石城划分为三个等级。

（一）第一等级

第一等级为都邑性的超大型核心聚落，目前仅有神木石峁石城一座，总面积超过 400 万平方米。石峁石城位于陕西神木市高家堡镇东部，地处黄河一级支流秃尾河东岸，由皇城台、内城、外城三部分组成（图二）。皇城台是四周砌筑层阶状护坡的台城，台顶面积约 8 万平方米，位于内城

图二　石峁石城平面布局示意图

（据陕西省考古研究院等：《陕西神木县石峁遗址》图二改绘，《考古》2013 年第 7 期）

中心部位偏西，为整个石峁石城的核心区域。内城以皇城台为中心，沿山势砌筑石墙，形成一个围绕皇城台的封闭空间，面积约 210 万平方米。外城依托内城东南部墙体修筑一道不规则的弧形石墙，形成一处相对独立的外城区域，面积约 190 余万平方米。石峁石城最早开始发掘的外城东门址揭露出了一座气势恢宏、设施完备的史前门址，门址周围发现有马面、角台、瓮城、墩台、门塾等城防设施[3]。

（二）第二等级

第二等级石城为次中心聚落，由外城和城内核心台地组成，面积在 50 万平方米以上。目前第二等级石城已发现多座，经过发掘的有内蒙古清水河后城咀、山西兴县碧村、陕西府谷寨山等城址。

后城咀石城位于内蒙古清水河县宏河镇后城咀村，地处黄河一级支流浑河北岸，由外城、内城两部分组成，总面积 138 万平方米。内城位于石城南部，南侧紧临浑河，东西两侧以冲沟为城壕，仅西北侧与外城相接。外城将内城紧括于其南部，城墙依地势而建，南至浑河（图三）。外城门址处发现壕沟、瓮城、墩台、马面等设施[4]。根据已有的考古资料，后城咀石城是目前所知内蒙古中南部地区等级最高、面积最大、结构最为复杂、防御体系最为健全的石峁文化石城。

图三　后城咀石城布局（北→南）
（据内蒙古自治区文物考古研究院：《内蒙古清水河后城咀龙山时代石城瓮城发掘述要》
封一单幅图改绘，《考古与文物》2022 年第 2 期）

　　碧村石城位于山西兴县高家村镇碧村北部，地处黄河与蔚汾河交汇处。遗址南、北、西三面分别以蔚汾河、猫儿沟、黄河为天然屏障，仅在遗址东部的城墙圪垛地点边缘砌筑一道石墙，石墙上发现结构复杂的城门。城内面积 75 万平方米，是目前所见各个支流入黄河口处发现的规模最大的城址。遗址中部有名为小玉梁的独立台地，台地四周有石砌围墙，台顶有高等级石砌排房。多年的考古发掘已确定小玉梁地点为遗址核心区[5]。

　　寨山石城位于陕西府谷县田家寨镇王沙峁行政村寨山自然村，处在黄河一级支流石马川中游南岸。城址由外城与核心台地组成。外城平面略呈南北向椭圆形，石墙以砂岩石块砌筑，依山就势，断续分布，南墙上发现马面 2 处。城内面积约 60 万平方米，为石马川流域已发现的规模最大的城址。城内北部名为庙墕的地点为独立台地，台地四周包砌石墙，仅西南角的马鞍部与外界相连。庙墕地点西南坡经发掘确定为一处高等级居址与墓葬区[6]。

（三）第三等级

　　第三等级石城发现最多，面积多在 50 万平方米以下，最小的仅数千平方米，为一般性聚落。经发掘的有清水河下塔、神木寨峁、榆林寨峁梁、保德林遮峪等城址。下面以城防设施较为严密的下塔石城和揭露较为完整的寨峁梁石城为例加以介绍。

　　下塔石城位于内蒙古清水河县王桂窑子乡下塔村，面积约 28 万平方米。城址坐落于黄河东岸的坡地之上，利用黄河、冲沟、石砌城垣形成一个封闭空间。城垣分为内、外两重结构，内城形状不规则，外城略呈弧形。内、外城垣之上均发现马面、角台、城门等设施[7]。下塔石城共发现马面 21 处，是目前考古发掘所见石峁文化石城中马面数量最多的一座城址。下塔石城虽有内、外两重城垣，但遗址面积较小，且城内未见核心台地和高等级建筑等遗存，可见下塔石城为一般性聚落。其复杂的城防结构、处于黄河岸边的地理位置，说明下塔石城的建造可能是出于军事防御的需要。

寨峁梁石城位于陕西省榆林市榆阳区安崖镇房崖村，与石峁石城同属秃尾河流域，位于秃尾河一级支流开光川下游南岸的一座椭圆形山峁上。山峁南北狭长，东南部靠近马鞍形地带与外界相连，其余各面均临深沟。在山峁的西侧和南侧发现断续分布的石墙约200米，石墙内面积约3万平方米。2014年的发掘在石城内揭露109座（组）沿山坡环绕分布的窑洞式房址，以及与房址配套的储藏坑23座[8]（图四）。

根据目前考古发现，石峁文化石城多分布于南流黄河两岸及其支流的黄土梁峁之上，利用自然地势修筑石城，形成一个较封闭的独立空间。石城地貌除黄土堆积丰富外，一般河谷内基岩裸露，开采石料方便。有学者研究认为石峁石城的石料为当地来源，并推测整个北方地区史前石城所用石料均有可能是就地取材[9]。这表明石峁文化石城的石料不存在远距离运输，当地丰富的石料资源为石峁文化石城的兴起提供了基本的原料保障。

图四　寨峁梁石城（上为北）
（采自陕西省考古研究院等：《陕西榆林寨峁梁遗址2014年度发掘简报》图三，《考古与古物》2018年第1期）

河套地区西部的毛乌素沙漠边缘地带，同样分布着较多的石峁文化聚落，如神木新华[10]、神圪垯梁[11]、木柱柱梁[12]、榆林火石梁[13]等。这些遗址均坐落在沙层之上，均无石砌城垣，面积普遍较小，多在10万平方米以下，应当与第三等级石城同属于一般性聚落。毛乌素沙漠沙层较厚，石料难见，原材料的缺乏使这些遗址不能建造石砌城垣用以防御，比较特殊的是木柱柱梁遗址以环壕作为防御工事。

二、城防设施

通过梳理石峁文化聚落资料，可以发现石城是石峁文化聚落的典型特征，除一些地区因自然原因缺乏石料来源而无石城外，其余石峁文化聚落普遍存在石砌城垣。石城在砌筑时多采用当地易得的石料，充分利用自然地形，在平缓处修筑石墙，陡峻处则利用自然天险不加设防。

石砌城垣多分段筑成，外立面规整，内部填充杂乱石块和黄土。如寨山石城南墙残长86.4、宽0.8—2、残高2.7米，由20段分筑而成的石墙组成，每段长1—8.9米不等，分段砌筑痕迹明显（图五）。石城除了石墙外，高等级聚落或防御色彩浓厚的聚落的石墙上还加筑马面、角台等城防设施。城门一般设在整个石城地势最高处，控扼通向城内的交通要道。城门周围还有墩台、瓮城、门塾等设施。另外，一些石城还存在石墙外侧修建壕沟的现象。

（一）马面、角台

马面是凸出于城墙外侧、按一定距离修筑的台状城防设施。角台因位于城墙拐角处的特殊位置

图五　寨山石城南墙分段砌筑痕迹（南→北）
（本文作者拍摄）

而得名，但仍属于马面的范畴。经发掘发现石墙上加筑马面、角台的有石峁、后城咀、寨山、下塔等石城。

孙周勇、邵晶将集中分布于石峁石城外城东门址附近的 11 处马面、角台、墩台全部归入马面的范畴，根据位置的不同分为三类。A 类为修建于直线城墙外侧的凸字形马面，B 类是修建于城门左右两侧的墩台，C 类是修建于城墙拐角处的角台。其中一号马面保存较好，位于门址北侧，平面呈南北向长方形，长约 12、宽约 7、高约 3.5 米，为版筑夯土内芯、外围包石结构。五至七号马面位于门址东南方向，3 处马面间距均约为 40 米[14]。

后城咀石城的主城垣上共发现马面 6 处，城门东西两侧的 2 处马面经过发掘，与城门相距约 18 米，马面之间距离约为 40 米。其中 2 号马面位于城门西侧，平面近长方形，凸出于东西向延伸的石墙，南北长约 9、东西宽 6—7、高 1.3—2 米。马面三面包砌石墙，内部为空心，底部为黄花土硬面，其上残存大量木炭，推测马面顶部原有木构建筑[15]。

寨山石城南城墙外侧发现马面 2 处，平面均呈长方形，土石结构，之间相距约 36.2 米[16]。马面 2 位于马面 1 东侧，保存较好，南北长 8.75、东西宽 7.4、残高 1.1 米。

下塔石城在内、外城垣上共发现马面 21 处，较规律地分布于内、外城垣之上（图六）。平面均呈长方形，底部由大型石块建成，其上垒砌石片，石片间用泥土填充，马面内部存在明显的踩踏面和烧火痕迹。部分马面与城墙连接处留有豁口，应为进出马面内部的通道[17]。

通过石峁、后城咀、寨山、下塔等石城的马面可以看出，石峁文化石城的马面平面均呈长方形，按照一定距离较为规律地排列于城墙外侧，马面之间的距离普遍在 40 米左右，这一间距应以当时武器能够交叉

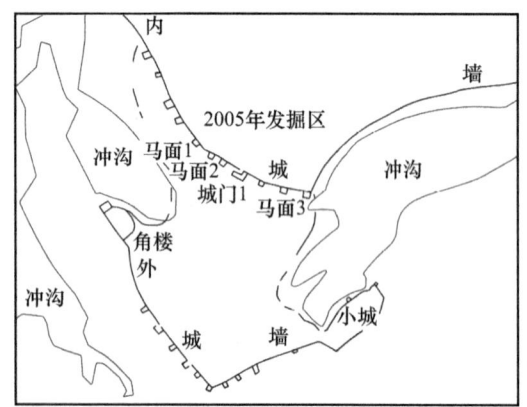

图六　下塔石城城门、马面分布示意图
（据内蒙古自治区文物考古研究所：《清水河县下塔石城内城墙发掘简报》图四改绘，《草原文物》2018 年第 1 期）

发挥作用的最大距离为限，反映了石峁文化时期使用的远距离武器有效射程可能约为 20 米。另外，马面的规格也比较相似，长 10 米左右，宽约 7 米。不同的是，石峁、寨山石城发现的马面均为夯土包砌石墙结构，而后城咀、下塔石城发现的部分马面外侧包砌石墙，内部空，里面还发现有木结构建筑。后城咀与下塔石城发现的内部空的马面，这一特殊的结构或许有着专门的用途。结合后城咀石城发现的城壕和地下通道[18]，或许史前时代已出现隐蔽性的作战方式，内部空的马面则可能和地下通道一样用于藏匿战斗人员或武器装备，其功能可能与后世城墙上的藏兵洞类似[19]。

（二）城门

城门是石城上最重要的设施之一，不仅控扼着进出石城的主要通道，同时城门的防御性能直接关系到整个石城的防御体系。石峁文化众多石城中，城门经过考古发掘的有石峁外城东门址、石峁皇城台门址、后城咀外城门址、碧村外城东门址、下塔内城门址等。除了下塔内城门址结构较为简单外，其余 4 处门址均经过严格的设计规划，门道周围有墩台、瓮城、门塾等城防设施。

石峁石城在外城、内城、皇城台三重城垣上均发现城门遗迹。外城东门址位于外城东北部，处于石峁石城地势最高处，由外瓮城、两座墩台、门塾、内瓮城等组成。外瓮城位于门道外侧，平面近 "U" 形，完全遮蔽门道。2 座墩台分立于门道南北两侧，夯土台芯包砌石墙结构。内瓮城呈曲尺形，与南墩台相接。门塾位于主门道两侧，南北各 2 间，两两对称，均依附于墩台之上[20]（图七）。

石峁皇城台门址是目前皇城台确认的唯一一处门址，扼守在皇城台与石窑圪台地点相连的马鞍形地带西端，包括广场、外瓮城、墩台、内瓮城等部分。广场由南北两道平行石墙及南北墩台东壁一线围成，面积逾 2100 平方米。外瓮城平面呈 "凹" 字形，土石结构，立于主门道正中，将门道分为南、北两个次门道。墩台位于门道两侧，为石砌外框包夯土内芯结构，体量南小北大。内瓮城呈曲尺形，将向西的门道转折为向北[21]（图八）。

图七　石峁外城东门址（北→南）

（采自陕西省考古研究院等：《发现石峁古城》第 104 页单幅图，文物出版社，2016 年）

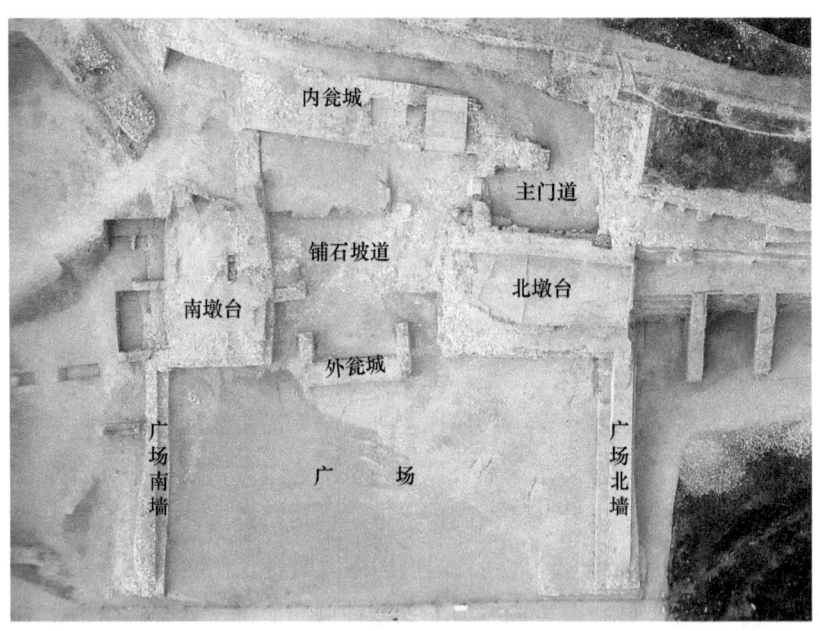

图八　石峁皇城台门址（上为西）

（采自国家文物局主编：《考古中国重大项目成果（2018—2020）》第43页单幅图，文物出版社，2021年）

　　后城咀石城门址结构更为复杂，由壕沟、瓮城、墩台、城门、门道等组成。瓮城外侧发现壕沟2条，为进入瓮城的第一道防御体系，沟壁可见工具痕迹。瓮城呈半月形，墙体与主城城垣相接，墙体由石墙和外侧土墙构成。瓮城墙体中部修筑2座长方形墩台，石包土结构，墩台之间留出瓮城门道。瓮城内发现台基4座，向内拱卫瓮城。城门呈长方形，土石混筑，南北长15、东西宽9—11米。城门两侧墙体内发现成排分布的柱洞，门道地面上分布炭化木柱，说明城门上原有木结构建筑[22]（图九）。

图九　后城咀石城外城门址（上为北）

（据国家文物局主编：《2020中国重要考古发现》第21页单幅图改绘，文物出版社，2021年）

碧村外城东门址位于城墙圪垛地点，主体由 3 座呈"品"字形分布的大型墩台组成。城门南北两侧墩台呈圆角方形，城门外侧（东侧）墩台呈半圆形，均为夯土台芯外包石墙结构。东墩台外侧发现障墙、柱洞等遗迹，南、北墩台之间还发现一些小型墩台和夹墙遗迹（图一〇）。"品"字形墩台及其他设施共同构建了碧村外城东门址多重防御体系的基本结构[23]。

图一〇　碧村石城外城东门址（东南→西北）

（采自国家文物局主编：《2021 中国重要考古发现》第 31 页第一幅图，文物出版社，2022 年）

（三）壕沟

壕沟在石峁文化石城中发现较少，目前在石城外增建壕沟的有后城咀石城和石摞摞山石城。木柱柱梁遗址虽无石城，但遗址四周发现有环壕。

后城咀石城的壕沟发现于城址瓮城外侧，由 2 条壕沟构成，与瓮城城垣平行。2 条壕沟错位分布，之间形成约 10 米的通道（图一一）。另外，还在壕沟内部两侧发现壁柱痕迹。壕沟构成了整个石城的第一道防御体系，提升了石城的防御等级[24]。

石摞摞山石城位于陕西省榆林市佳县公家坬村东北部，处在黄河二级支流五女河南岸的梁峁地带。石摞摞山山峁北临五女河，东、西两侧为冲沟，唯西南部较为平缓。山峁边缘有用石块包砌崖坡而修筑的城墙，平面呈不规则圆角四边形，城内面积近 6 万平方米。壕沟环绕于城墙西南部，与城墙大体平行。壕沟上口宽 10、深 6.4 米[25]。

（四）哨所

截至目前，石峁文化石城中仅石峁石城发掘过哨所类遗址——樊庄子哨所。樊庄子哨所位于石峁石城外东南方向约 300 米处的一座山峁顶部，为内外两重石围结构。内围平面呈长方形，长约 14、宽约 11 米，石砌墙体，内侧可见壁柱槽。外围为半弧形石墙，塌毁严重，仅存墙基（图一二）。整个哨所形似"外圆内方"结构，根据壁柱槽的分布规律推测顶部为木结构的哨楼[26]。另外，石

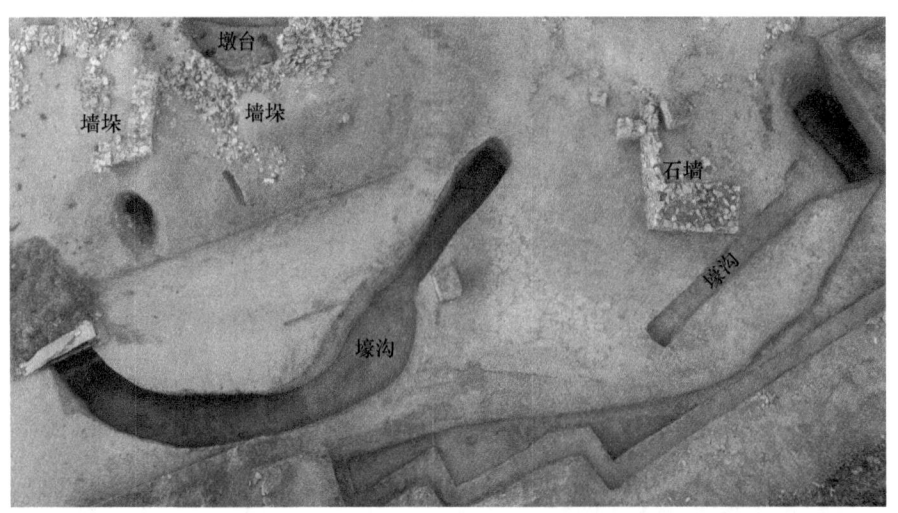

图一一　后城咀石城瓮城外壕沟（上为南）

（采自国家文物局主编：《2020 中国重要考古发现》第 24 页第二幅图，文物出版社，2021 年）

图一二　石峁石城樊庄子哨所遗址（上为南）

（采自陕西省考古研究院等：《发现石峁古城》第 141 页单幅图，文物出版社，2016 年）

峁石城外围还有女王坟、恓惶梁等 4 处哨所类遗存，与樊庄子哨所共同组成了石峁石城外围预警系统。

综上所述，石峁文化石城普遍存在着防御色彩浓厚的城防设施，第一、二等级石城的防御系统更为复杂、严密。石墙外侧的马面、角台、瓮城、壕沟、哨所等城防设施，都说明了石峁文化石城面临着严峻的防御压力，也表明了石峁文化时期社会矛盾的尖锐，军事冲突的频繁。有学者研究表明，距今 4300 年前的强降温事件，导致了河套地区考古学文化面貌发生了极大的变化，一个突出特征就是石城的大量涌现[27]。随着自然环境的变化，可支配资源的减少，人群之间矛盾的加剧，从而可能催生了石峁文化聚落不断提升自身的防御性能，以抵御外敌的侵犯。有学者认为石城的兴起是处在农业区北部边缘地带的农业部族为抵御北方草原游牧部族的掠夺而修建[28]。石峁文化高等级石城更为严密的防御体系似乎也昭示着高等级石城面临的防御压力要远大于一般性石城和不设防聚落。

三、聚落特征

石城是石峁文化聚落的典型特征，严密的防御体系是石城的重要表现。但石峁文化聚落在其他方面同样展现了其鲜明的特征，如临河而居、位于较独立山峁之上、高等级石城拥有核心台地、无单独规划的墓地等。

（一）临河而居

临河而居是史前聚落的一个普遍特征，石峁文化聚落同样如此。临河而居既有利于生产生活取水，河道天险又是防范外敌的一道天然屏障，同时还便于从河道中获取水资源产品。目前发现的石峁文化聚落多分布于南流黄河及其支流沿岸。南流黄河两岸开展考古调查、发掘活动较多的支流有秃尾河、窟野河、石马川、蔚汾河、浑河等。在多个项目的支持下，经过考古工作者数年的努力，目前多条黄河支流完成区域系统考古调查，收获颇丰。

2005 年，为配合"河套地区先秦两汉时期人类文化、生业与环境"课题的研究，内蒙古自治区文物考古研究所开展了"浑河下游区域性考古调查"，在浑河流域发现石城 12 座[29]。2016 年开始，内蒙古自治区文物考古研究所又在"考古中国——河套地区聚落与社会研究"项目支持下对南流黄河准格尔区开展了考古专题调查，目前已发现龙山时代遗址 95 处，新发现龙山时代石城3 座[30]。

山西省在"河套地区先秦两汉时期人类文化、生业与环境"课题指导下，于 2005 年发现了黄河东岸的保德林遮峪石城[31]。2014 年开始对蔚汾河流域进行系统调查，发现了碧村、四方城、古城岭等龙山文化时期石城[32]。

陕北地区秃尾河流域经过考古发掘的石峁文化聚落较多。2015 年，石峁考古队对秃尾河流域进行了专题调查，新发现了薛家会、桃柳沟、寨合峁、白兴庄、庙石摞子、石摞子等石城遗址[33]。近年来，榆林市文物考古勘探工作队等单位依托"考古中国——河套地区聚落与社会研究"项目，在榆林地区对黄河各个支流开展了系统的考古调查，已发现史前石城 500 余座[34]。

以上陕、晋、蒙三省的区域系统考古调查表明，南流黄河沿岸及其支流区域分布着众多的石峁文化石城，目前已发现数百座。有少量石城时代可能早至龙山文化早期或更早，但绝大多数属龙山文化晚期至夏代早期，属石峁文化范畴。目前河套地区尚未发现晚于石峁文化的石城。石城星罗棋布般分布于黄河及其支流沿岸，展现了公元前 2000 年前后石峁文化的繁盛景象。

（二）位于较独立山峁之上

黄土高原独特的地理环境造就了千沟万壑、梁峁纵横的地貌特征，石峁文化先民也合理地利用了这一地貌特征，普遍将聚落营建于高耸的山峁之上。高等级聚落内一般有多个山峁，如寨山石城内有庙墕、场圪垯、枣树圪垯等三个较独立山峁，碧村石城内自东向西分布着城墙圪垛、殿乐梁、小玉梁、寨梁上等山峁（图一三）。这些山峁既相对独立，又相互联系，组成了一个庞大的聚落。小型聚落多位于一个山峁上，与外界相对隔绝，如寨峁梁石城位于秃尾河支流开光川下游南岸的一座椭圆形梁峁之上[35]。石峁文化聚落所处山梁外侧四周普遍为天然河流或自然冲沟，一般仅留一条通道连通外界，从而形成一个较为封闭的独立空间。

图一三　碧村石城（东→西）
（由山西省考古研究院张光辉提供）

（三）高等级石城拥有核心台地

第一、二等级石城除了城址面积大、防御体系严密外，其内部还普遍存在一个核心台地，如石峁皇城台、碧村小玉梁、寨山庙墕等。核心台地均为一个独立山峁，处在石城内部最险要处，台地四周环绕护坡石墙。核心台地之上均发现有大型夯土基址或高等级建筑。

皇城台是石峁城址内内城、外城重重拱卫的核心区域，整体呈覆斗形，四周包砌石护墙（图一四）。皇城台顶部有一大型夯土台基——大台基，平面呈圆角方形，长约130米，台基四周为石墙包边护砌，其中南护墙墙体与倒塌堆积中出土大量石雕。大台基顶部分布有大型夯土房址、石砌房址等高等级建筑[36]。根据皇城台的核心位置、出土的高等级建筑、高等级玉器及石雕等，可以确定皇城台是石峁石城社会统治者的居所。

小玉梁地点为碧村石城核心区域，台地四周包砌护坡石墙。台顶发现有5座房间的石砌排房，

图一四　石峁石城皇城台布局（东→西）

（采自国家文物局主编：《考古中国重大项目成果（2018—2020）》第42页单幅画，文物出版社，2021年）

主次分明，布局规整，排房东部还发现以H24为代表的生活垃圾区[37]。石砌排房呈中轴对称分布，主次分明，布局规整，居住者很可能是聚落上层人员。

庙墕地点为寨山石城城内北部一处独立山峁，北邻石马川河谷，东西两侧为自然冲沟，仅西南部有一狭窄通道与外界相连，山峁四周暴露有护坡石墙。庙墕地点西南坡经发掘发现有高等级墓葬、白灰面房址等遗迹，顶部发现一处大型夯土台基，夯土台基外侧包砌石墙，与石峁皇城台大台基性质类似。台基平面呈南北向长方形，长约60、宽约40米，残存最高约4米，台顶平整开阔，四望无阻[38]。

目前所见的考古资料表明，仅第一、二等级石城内存在核心台地，较小的第三等级石城内则不见核心台地。另外根据核心台地顶部的大型夯土台基、高等级建筑等可以确定核心台地为社会上层人员的居址所在，推测这些人群死后可能也安葬在核心台地之上。

（四）无单独规划的墓地

无单独规划的墓地是石峁文化聚落的又一典型特征。现已发掘的石峁文化较高等级墓地有石峁韩家圪旦墓地、寨山庙墕墓地等，均表现出早期为居址、居址废弃后作为墓地使用的现象。韩家圪旦地点位于石峁内城中部偏东的一处山峁之上，该地点早期为居址，房屋主要为窑洞；晚期成为墓地，包括竖穴土坑墓、石棺墓和偏洞室墓[39]。寨山庙墕地点西南坡先后承担了居址和墓地两种聚落功能（图一五），多数墓葬打破居址，少数则直接建于生土之上，无居址打破墓葬的现象，21座竖穴土坑墓可分为等级区分明显的四类[40]。小型聚落中发现的墓葬，如新华、神圪垯梁等遗址，也均是墓葬与居址交错分布，不见单独规划的墓地。

图一五　寨山石城庙墕地点西南坡遗迹分布情况（上为东）
（本文作者拍摄）

四、结　语

根据目前已有的考古资料，石峁文化聚落可以划分为等级区分明显的三个等级。

第一等级为石峁石城，面积达 400 万平方米，拥有三重城垣和严密的防御体系，属都邑性核心聚落。石峁石城社会上层人群居住在类似"宫城"的皇城台之上，最新的考古成果也表明石峁聚落最高等级的墓葬也在皇城台之上[41]。中下层人群则生活在城内的其他山峁之上，如已试掘或发掘过的后阳湾、呼家洼[42]、韩家圪旦等地点均发现了房址、墓葬等人类活动痕迹，但房址、墓葬等级均不及皇城台顶部发现的高等级房址与墓葬。

第二等级如碧村石城，面积为 75 万平方米，拥有两重城垣和城防设施。上层人群居住在核心台地小玉梁之上的五连排白灰面石砌房址内。

第三等级如寨峁梁石城，仅有一道石墙，面积约 3 万平方米。人群普遍居住在窑洞式房屋内，不见高等级建筑，也无表现社会地位差异的高等级器物出土，石墙上亦不见城防设施。此类聚落属于一般性聚落，聚落内人群的身份差异不明显。

三个等级的聚落面积由大到小，军事防御能力由强到弱，聚落数量由少到多，表现出一个明显的金字塔形的聚落结构。这种社会分化的现象也存在于单个聚落内部，如府谷寨山遗址庙墕地点发现的竖穴土坑墓可依葬具、壁龛、殉人的有无分为明显的四类，四类墓葬在墓室面积、随葬品数量、葬仪葬俗等方面均表现出巨大的等级差异，代表了四类不同身份等级的人群，而这一金字塔形的人群结构同样体现在其他石峁文化墓葬当中[43]。由此可见，石峁文化社会在聚落等级、人群结构等方面均已产生了巨大的分化，应当已经进入阶级社会层面。

从石峁文化聚落、墓葬的金字塔形结构可以看出，石峁文化社会已经出现了明显的等级分化，展现了以石峁为核心都邑，以后城咀、碧村、寨山等为区域中心，以寨峁、寨峁梁、新华等为一般性聚落的聚落形态，以及由上层、中层、下层人群组成的社会组织结构。石峁文化聚落形态很可能已经是早期国家的组织形态，而石峁石城可能就是这个早期国家的都邑。

附记：本文为国家社会科学基金重大项目"石峁遗址考古发掘与研究"（项目编号 17ZDA217）、国家文物局"考古中国——河套地区聚落与社会研究"项目的阶段性成果。

注　释

［1］　陕西省考古研究院等：《陕西神木县石峁遗址》，《考古》2013 年第 7 期。

［2］　孙周勇等：《石峁文化的命名、范围及年代》，《考古》2020 年第 8 期。

［3］　同［1］。

［4］　曹建恩等：《内蒙古清水河后城咀石城址遗址 2020 年发掘收获》，《2020 中国重要考古发现》，文物出版社，2021 年。

［5］　山西省考古研究所等：《2015 年山西兴县碧村遗址发掘简报》，《考古与文物》2016 年第 4 期。

［6］　陕西省考古研究院等：《陕西府谷寨山遗址庙墕地点居址发掘简报》，《文博》2021 年第 5 期。

［7］　内蒙古自治区文物考古研究所：《清水河县下塔石城内城墙发掘简报》，《草原文物》2018 年第 1 期。

［8］　陕西省考古研究院：《陕西榆林寨峁梁遗址 2014 年度发掘简报》，《考古与文物》2018 年第 1 期。

［9］　贺黎民等：《石峁古城石质建筑材料来源探讨》，《考古与文物》2022 年第 2 期。

［10］　陕西省考古研究所等：《神木新华》，科学出版社，2005 年。

［11］　陕西省考古研究院等：《陕西神木县神圪垯梁遗址发掘简报》，《考古与文物》2016 年第 4 期。

［12］　陕西省考古研究院：《陕西神木县木柱柱梁遗址发掘简报》，《考古与文物》2015 年第 5 期。

［13］　胡松梅等：《榆林火石梁遗址动物遗存研究》，《人类学学报》2008 年第 3 期。

［14］　孙周勇、邵晶：《马面溯源——以石峁遗址外城东门址为中心》，《考古》2016 年第 6 期。

［15］　内蒙古自治区文物考古研究院：《内蒙古清水河后城咀龙山时代石城瓮城发掘述要》，《考古与文物》2022 年第 2 期。

［16］　邵晶等：《陕西省府谷县寨山遗址》，《考古中国重大项目成果（2018—2020）》，文物出版社，2021 年。

［17］　同［7］。

［18］　孙金松等：《史前时代的"地道战"：后城咀龙山时代石城的地下通道》，《大众考古》2022 年第 12 期。

［19］　杨辟：《南京城墙中华门城楼复建探析》，《遗产与保护研究》2017 年第 6 期。

［20］　同［1］。

［21］　陕西省考古研究院等：《陕西神木县石峁城址皇城台地点》，《考古》2017 年第 7 期。

［22］　同［15］。

［23］　张光辉等：《山西兴县碧村龙山时代遗址》，《2021 中国重要考古发现》，文物出版社，2022 年。

［24］　同［15］。

［25］　陕西省考古研究院：《陕西佳县石摞摞山遗址龙山遗存发掘简报》，《考古与文物》2016 年第 4 期。

［26］　孙周勇等：《石峁遗址的考古发现与研究综述》，《中原文物》2020 年第 1 期。

［27］　魏峻：《内蒙古中南部考古学文化演变的环境学透视》，《华夏考古》2005 年第 1 期。

［28］　张瑞强：《农猎交错地带视角下的瓮城起源研究》，《北方文物》2022 年第 2 期。

［29］　内蒙古自治区文物考古研究所等：《浑河下游地区区域性考古调查报告》，文物出版社，2018 年。

［30］　河套地区聚落与社会研究内蒙古自治区课题组：《"考古中国——河套地区聚落与社会研究"内蒙古区的工作与展望》，《草原文物》2020 年第 2 期。

［31］　王俊等：《保德县林遮峪新石器时代至商时期遗址》，《中国考古学年鉴（2006）》，文物出版社，2007 年。

［32］　山西省考古研究所：《山西兴县碧村发现龙山石城及大型石砌房址》，《中国文物报》2015 年 8 月 27 日。

［33］　陕西省考古研究院石峁考古队调查资料，暂未发表。

［34］ 榆林市文物考古勘探工作队资料，暂未发表。

［35］ 同［8］。

［36］ 陕西省考古研究院等：《陕西神木市石峁遗址皇城台大台基遗迹》，《考古》2020 年第 7 期。

［37］ 山西省考古研究所等：《2016 年山西兴县碧村遗址发掘简报》，《中原文物》2017 年第 6 期。

［38］ 邵晶等：《陕西府谷寨山新石器时代遗址》，《2020 中国重要考古发现》，文物出版社，2021 年。

［39］ 陕西省考古研究院等：《陕西神木县石峁遗址韩家圪旦地点发掘简报》，《考古与文物》2016 年第 4 期。

［40］ 陕西省考古研究院等：《陕西府谷寨山遗址庙塬地点墓地发掘简报》，《考古与文物》2022 年第 2 期。

［41］ 陕西省考古研究院发掘资料，暂未发表。

［42］ 陕西省考古研究院等：《陕西神木县石峁遗址后阳湾、呼家洼地点试掘简报》，《考古》2015 年第 5 期。

［43］ 裴学松：《石峁文化墓葬初探》，《考古与文物》2022 年第 2 期。

（原载于《考古》2023 年第 10 期）

三、族属与体质人类学研究

石峁古城是黄帝部族居邑

沈长云

2011 年，陕西省考古研究院等文博考古部门对位于陕西神木高家堡镇洞川沟附近的石峁遗址进行区域性系统考古调查，在这里发现了一处规模巨大的石砌古城。最近，通过对该城址的进一步调查及重点发掘，确认这座古城由"皇城台"、内城、外城三座基本完整并相对独立的石构城址组成。城的总面积超过 400 万平方米。年代在龙山晚期至夏代早期阶段，是目前所见中国史前时期最大的城址。结合这里以前发现的数量庞大的精美玉器及其他文物考古现象，专家们纷纷表示，这座古城的发现，为中国文明起源及形成的多元性和发展过程提供了全新的研究资料。至于其具体性质，专家或认为它是当时"北方一个很大的集团"，或一个"酋邦"势力范围控制的中心，也有称之为"一处区域性的中心"的。鉴于对这座古城没有任何的文字记录，专家又均表示不知道这座古城属于哪个邦国或哪个部族，笔者向对先秦西北地区的古国古部族有过持续的关注，欣闻该地区这一重要的考古发现，自然感到十分振奋。但与上述专家不同的是，我认为还是可以从历史学角度对这座古城进行一些诠释的。这座古城不是别的，正是传说中黄帝部族所居住的居邑。

黄帝是我国史前时期一位部族首领，或者说是一位部落联合体的首领。司马迁《史记》把他和其他几位同样性质的部族首领说成是古代华夏一统国家的帝王，即所谓"五帝"，并说这与其他几

石峁古城遗址发掘房址

位古帝，以及夏、商、周三代的王室都是黄帝一人繁衍下来的后裔。这个说法与当今考古发掘所示我国古代文明起源的多元性相冲突，显然是不对的。对此，当今绝大多数学者似乎形成了共识。但是，对于黄帝及他所代表的部族到底生活在史前哪一个具体的时期，以及哪一个具体的地域，学界却未有一致的认识。如今，结合石峁古城的发掘，我相信，这座古城所蕴含的考古文化分布的范围及其附近地区，应当就是黄帝部族活动的地域。而这座城址的相对年代，则应当是黄帝部族及其后裔活动在历史上的时期。

黄帝活动在石峁所在的陕北黄土高原是史有明言的，那就是《史记》《汉书》有关黄帝的陵墓在距石峁不远的陕北子长一带的记载。《史记·五帝本纪》称："黄帝崩，葬桥山"，《索隐》引《地理志》说："桥山在上郡阳周县。"查《汉书·地理志》，其上郡阳周县下确实记有"桥山在南，有黄帝冢"的字样，阳周即今陕北子长县（后改为市），当今陕西黄陵县以北偏东三四百里的地方。除此之外，《汉书·地理志》上郡肤施县下还记载其地"有黄帝祠四所"，肤施即今陕西榆林，在子长县北，毗邻石峁所在的神木高家堡。既然石峁附近的榆林、子长一带有黄帝的冢墓，还有人们祭祀黄帝的祠堂，则黄帝生前和他的部族在此一带活动是无可否认的。

《史记·五帝本纪》还谈到黄帝与蚩尤在今河北张家口地区的涿鹿进行过一场战争，并在战胜之后"邑于涿鹿之阿"。这个说法又大致见于成书于春秋战国时期的《逸周书·尝麦》篇，应是有些根据的。张家口地区与陕东北离得不算太远，并处于北方长城地带同一生态环境之下，其时两地间文化交流及人群往来应是很正常的，或者黄帝部族、黄帝后裔的一支迁移至此，把祖先黄帝的故事带到此处，也是很好理解的事情。下文将谈到黄帝后裔白狄族人的一支确实有过自西向东的迁移，可见《史记》记载之不误。

实际上，作为黄帝部族活动在今陕北地区的更直接的证据还应从黄帝后裔白狄族人居住在这一带谈起。

白狄姬姓，与黄帝是同一姓氏。汉王符所作《潜夫论·志氏姓》即称"隗姓赤狄，姮（姬）姓白狄……短（姬）即犬戎氏，其先本出于黄帝"。王符说白狄属于姬姓，它还有另外一个称呼叫犬戎，二者均为黄帝之后。比《潜夫论》更早的文献《山海经》对之有更详细的记载，其《大荒西经》称："有北狄之国，黄帝之孙曰始均，始均生北狄。"其《大荒北经》亦称："黄帝生苗龙，苗龙生融吾，融吾生弄明，弄明生白犬，白犬有牝牡，是为犬戎。"所谓北狄，后人认为包含了白狄与赤狄；而所谓白犬，显然就是指的白狄。

白狄族人居住的大本营与黄帝氏族同在陕北地区。《左传·成公十三年》记春秋晋国的吕相《绝秦书》说："白狄及君同州，君之仇雠，而我之婚姻也。"吕相称白狄与秦同处雍州，却一直是秦的仇敌，而同晋国保持着婚姻关系。所谓晋与白狄的婚姻关系，系指晋献公娶犬戎狐姬而生重耳事，《国语·晋语四》记此事曰："同姓不婚，恶不殖也。狐氏出自唐叔，狐姬，伯行之子也，实生重耳，成而俊才。"韦昭注说："狐氏，重耳外家，与晋俱唐叔之后，别在犬戎者。"韦氏说狐氏出自唐叔无据，但明言狐氏为犬戎的别支，可见犬戎确实为姬姓，并为白狄之属，故才有狐氏与晋同姓通婚之说。

吕相称白狄与秦所同处的雍州，实指今陕北地区。因秦人所据为陇南、关中，雍州其余地区就只剩下陕北了。查史书谈到白狄居于陕北地区的记载还有不少，如《国语·齐语》："（齐桓公）

西征攘白狄之地，至于西河"，"西河"系指今晋陕间黄河两岸之地。《史记·匈奴列传》径称白狄"居于河西圁、洛之间"，圁水即今流经榆林、绥德等地的无定河，"圁、洛之间"指今陕北榆林、延安地区。吕相称白狄与晋结为婚姻的时间是在春秋前期，从《左传》诸书的记载看，其时白狄已跨过黄河，活动于与陕北交界的晋西北一带。春秋中后期，白狄东迁，一部分越过管涔山，沿今桑干河，至于今大同、阳原盆地，是为以后的代戎，即无终戎；一部分越过吕梁山，入晋中盆地，沿滹沱河，占有太行山东西两麓地区，是为以后的鲜虞白狄，即战国中山国的前身。有关白狄东迁之事牵涉过多考证，此处暂且从略，但他们的老家均在陕北地区，则是无可置疑的。

不仅白狄，大家十分关注的周族的起源地也是在陕北。周人亦是黄帝族直接的后裔。周人姬姓，在先秦华夏各族中，只有周族与黄帝同一个姓。其中的原因，乃是周人本亦属于戎狄。著名先秦史家徐中舒先生早就指出过周人出自白狄。他说周的先祖应自不窋始，而不窋早就"自窜于戎狄之间"。其孙公刘迁豳，豳地实亦属于戎狄居住的范围，故公刘以后的周族人仍保持着很浓厚的戎狄之俗，直到公亶父迁岐，才"贬戎狄之俗，而营城郭宫室，而邑别居之"。在自公刘至公亶父长达八代人的这段时间内，甚至周人的语言也仍保持着戎狄语言的特征。成书于战国末年的《世本》记这八代周族祖先的名字为庆节、皇仆、差弗、伪榆、公非辟方、高圉侯侔、亚圉云都、公组绀诸，学者便认为此类人名杂有戎狄语言的成分。不窋的名字亦同此性质。过去说周族祖先后稷居于渭水流域，为夏朝廷的农官，徐先生认为此纯属后人的一个误解，后稷与其母姜嫄原本皆是姜姓氏族的祖先，他们所居住的有邰家室亦当是姜姓氏族的栖息地，只是后来周人迁居到了渭水流域并与这支姜姓氏族通上了婚姻，才接受了他们所从事的高等农业，并从而把其母族的这段祖先传说纳入了自己的历史系统（见徐中舒《先秦史论稿》）。

如今，通过先周族以及早周时期的周人文化与夏商时期陕北地区的考古文化的比较，更能看出周人的根系在陕北黄土高原这一事实。不少考古学者如邹衡、田广金、尹盛平等都曾指出陕北夏商时期考古文化（朱开沟文化、李家崖文化）出土器物与先周或早周时期扶风、岐山一带出土器物在许多方面的一致性，如作为朱开沟文化与李家崖文化富有特征的器物三足瓮亦见于扶风壹家堡、武功岸底和关中其他一些地方的西周遗址；朱开沟—李家崖文化流行器物尖裆袋足鬲亦见于关中地区典型的先周遗址，其花边鬲与早周时期花边鬲的做法亦相类似；青铜器中，岐山贺家、宝鸡峪泉等地西周墓中出土的弓形器、岐山汪家嘴、扶风庄白等地出土的管銎斧、扶风吕宅出土的管銎戚等，皆来自李家崖文化；淳化黑豆嘴墓葬出土的四件金耳环，其形制与陕北清涧解家沟寺墕出土的李家崖类型六件金耳环完全相同。根据这些现象，邹衡先生十分明确地指出，先周文化中的周人就是"来自东北方（陕东、晋西）的姬周集团"，这个集团中"以天族中的天鼋为主体，可能就是文献上所见的黄帝族"（《论先周文化（摘要）》）。这个看法与我们根据文献得出的周人源于陕北黄帝族的结论是十分吻合的。

黄帝在历史上活动的时间不算太早，他与其他几位古帝实际上都应是同时代的人物，就是说都大致生活在夏代稍前的时期。过去史书把他置于其他几位古帝之前，实是出于后人的安排。因为黄帝的后裔周人建立了强大的周王朝，以后的华夏族又是以周族为主融合其他各族形成的，为华夏族编排的祖先的历史自应把黄帝放在首位。史载黄帝与蚩尤曾发生过战争，他书记载蚩尤在少昊之后，少昊又大致与颛顼同时，是黄帝所在的时间不一定早得过颛顼。如此来看待考古学者所发现的石峁古城，就可以看出它的年代与黄帝活动的时间大体相当了。由是我们判断石峁古城为黄帝部族所居，也有了充分的依据。

（原载于《光明日报》2013年3月25日第15版）

不要把考古与传说轻易挂钩
——也说石峁古城

陈民镇

《光明日报》国学版（2013 年 3 月 25 日第 15 版）刊发了笔者所敬重的先秦史著名学者沈长云先生《石峁古城是黄帝部族居邑》一文，认为新发现的石峁古城是黄帝部族居邑，无疑极具启迪意义。陕西神木石峁遗址是 1976 年发现的，不过世人似乎并没有投来太多关注的目光。2011 年的调查表明，这里存在一个大型的城址。它静静地在西北一隅躺了四千余年，终于又重新成为万众瞩目的焦点。2012 年开始，考古工作者对城圈结构和城垣走向展开了细致的勘查，石峁古城的轮廓开始逐渐清晰起来：它由皇城台、内城、外城三座基本完整并相对独立的石构城址组成，总面积超过 400 万平方米。最近，它还被中国社会科学院考古研究所评为 2012 年度"六大考古发现"之一。笔者对石峁古城也有若干不成熟的意见，在此略陈一二。

长期以来，我们信从"三皇五帝""上下五千年"的国史，而随着疑古思潮的冲击，这种体系的根基被摧毁殆尽。但是，地不覆宝，层出不穷的考古新发现也在不断诉说我们祖先所创造的辉煌成就。国家重大工程"中华文明探源工程"将近尾声，取得了许多重要的成果。中国文明史有了更加坚实的物证，而古史传说与考古材料之间的关系，却仍然扑朔迷离。

应当说，在目前的条件下，将新石器时代的考古遗存与古史传说轻易挂钩都是危险的。在疑古思潮的冲击下，古史传说的可信度本身便很脆弱，而与考古遗存相联系，则需要充分的证据。目前而言，学术界普遍相信王城岗遗址、新砦遗址以及二里头遗址与夏文化密切相关，陶寺古城则可能是尧舜都城，这些认识主要基于时间、空间以及文化特征的相契。此外的一些推论，往往不能得到大多数学者的信服。

石峁古城的始建年代为距今约 4300 年，相当于"龙山时代"。我们知道，"龙山时代"是中国文明发生的关键阶段，中国文明在这一阶段逐步定型。过去一般将"龙山时代"的年代定为距今4600—4000 年，"中华文明探源工程"的最新研究结果表明，"龙山时代"的上限在距今 4300 年，良渚文化的下限在距今 4300 年以前，这一调整将带来深远的影响，需要我们重视。如果同时代山西襄汾的陶寺古城与尧舜有关，那么陕北的石峁古城是否便是黄帝部族的居邑呢？

这便涉及到黄帝的时代问题。《路史·发挥》卷三引《竹书纪年》："黄帝至禹，为世三十。"如果这一记载有一定的根据，再结合《说文》中一"世"三十年的记载，黄帝到大禹之间间隔了 900 年。结合"夏商周断代工程"关于夏代始年的认识，黄帝的年代距今约 5000 年，实际上这也是通常人们对黄帝时代的认识。如果石峁古城直接与黄帝有关，至少是与一般的记载相冲突的。

那么，石峁古城有没有可能是黄帝后裔的居邑呢？在传统的古史观念中，黄帝与尧舜等都是一脉相承的，属于徐旭生先生所说的"华夏集团"。但现在不少学者认为五帝等传说人物属于不同的部族集团。无论怎样，黄帝作为一般认识中的"华夏始祖"、其部族所创造的文化是华夏文明的正源或者至少是重要一源应该是没有疑问的。石峁遗址坐落在陕西省榆林市神木高家堡镇洞川沟附近的山梁上，黄河支流秃尾河和它的支流洞川沟在这里交会。这里地处陕北，在文化面貌上，跟内蒙古大口遗址二期类文化遗存、朱开沟遗址一段及二段遗存、山西游邀遗址早段、杏花村四期等遗存比较接近，当属于同一种考古学文化（过去有学者认为石峁遗址与客省庄文化有关）。石峁古城固然发现了玉器，但其所属的文化与长城以南的文化有明显的区别，总体来说是属于长城以北的文化，即笔者称作"面向草原"的板块（此前苏秉琦先生提出"面向海洋"与"面向内陆"的板块）。石峁古城居于微妙的过渡地带，农耕文化与游牧文化在此碰撞。从文化性质看，石峁遗址很难说跟一般认识中的"华夏文化"存在直接的联系。需要指出的是，陕北一带的考古学文化比较复杂，许多关键问题未得澄清，石峁古城的发现无疑是一个契机，有助于深化我们对该区域考古学文化的认识。

在笔者看来，中国新石器时代的城址可以归纳为"两个传统"，分别是以长江流域、黄河流域为代表的"土筑传统"和以"面向草原"板块为代表的"石筑传统"。

新石器时代的内蒙古、陕北等地区，也就是笔者所说的"面向草原"板块，涌现出了一系列的城址，像内蒙古中南部的阿善、老虎山、威俊、板城等遗址，发现了数十座石城。新发现的石峁古城，也是其中代表。这些城址基本都是用石头建造的，集中建造于在"龙山时代"。而且，这些城址大多分布在后来的长城地带，正是农牧交错带。当时长城以南的农耕社会与北方草原文化可能已经产生了冲突，这些石城可能主要用于防御。在春秋战国之前，在长城一线曾经出现过这么一群石头堆筑的城堡，而且建造动机可能与后来不同。"面向草原"板块与欧洲、西亚、中亚存在许多交流，以石头筑城也是它们的一个共同点。当时的草原民族在欧亚大陆上往来迁徙，他们的文化互相融合，共同进步，呈现出独特的面貌。

这种传统，要追溯到海生不浪时期（距今5300—4800年）。在内蒙古准格尔旗的白草塔遗址，发现了海生不浪文化时期的石墙。作为海生不浪文化的延续，阿善文化出现了众多石城，基本属于"龙山时代"。相比之下，长江流域和黄河流域的筑城传统有自己的个性，那就是基本是土筑的。在"龙山时代"，夯土技术已经比较成熟了。这种筑城风格，甚至延续到了宋代以后。明代的徐光启注重引进西方的筑城技术，中国的城墙建筑风格也为之一变。

究竟是什么原因造成了这两种传统呢？这里可能有地理环境的因素，可能有民族心理的因素，这些因素最终沉淀为当地的传统。这两种传统，实际上是与二者农耕、游牧的不同传统相对应的。

石峁古城之所以引人注目，是在于它庞大的城体。石峁古城的面积不下于400万平方米，这就意味着，这是目前所发现的最大史前古城，"最大古城"的纪录又被刷新了。在此之前发现的最大古城是长江下游的良渚古城，面积有300万平方米。其次是山西襄汾的"尧都"陶寺，面积有280万平方米。再就是四川的宝墩古城，距今约4500年，面积约276万平方米。在此之前，人们心目中的"史前最大古城"长期是长江中游的石家河古城，而它不过120万平方米。除了良渚古城，其他大型古城都是属于"龙山时代"的，要迟于良渚古城（按照最新研究结果，良渚文化要早于"龙山时代")。良渚古城、陶寺古城、宝墩古城以及石峁古城，都是近年的新发现，它们无疑更新了我们对中国古代文明的认识。

在石峁古城的城内，考古工作者发现了玉铲、玉璜等玉器，还发现了阴刻石雕人头像残块、壁画遗迹，以及可能用于城墙奠基的人骨。这些发现，与"龙山时代"黄河流域的许多遗址存在共通之处。"龙山时代"，在黄河流域和长江流域涌现出了大量城址，这是一个特殊的现象，既是中国文明多元一体的佐证，也是中国文明趋于成熟的坚实载体。众所周知，城市是文明社会的重要因素。这里需要强调的是，"城"和"城市"并不一样。"城"是有城墙围拱的建筑，它往往作为一种守护的防御性设施，但不一定包含政治、经济等方面的内容。而"城市"，则是在一定地域内集中的经济、政治、物质、文化实体的有机统一体。关于"城市"的界定尺度，澳大利亚考古学家柴尔德提出过有名的"Childe 的十项"。笔者在《从良渚古城墙的发现看中国早期城市的形成》(载《南京博物院集刊》第 12 辑)一文中讨论了良渚古城的情况，认为良渚古城已经能够称得上"城市"了。

总之，石峁古城进一步说明了中国文明多元一体的起源进程，也说明了"龙山时代"的新变，为我们看待陕北地区的考古学文化提供了新的材料。过去苏秉琦等先生暗示红山文化与黄帝有关，但与石峁古城一样，可能存在时代以及文化特征的不相称。目前而言，我们尚难将黄帝文化落实到某种考古学文化，在更多的材料出现之前，我们所能做的便是用考古材料去填补"三皇五帝"的大厦倒塌后的真空。

(原载于《光明日报》2013 年 4 月 15 日第 15 版)

神木石峁古城遗址当即黄帝都城昆仑

王红旗

　　26 年前笔者在《昆仑山地望探索》一文中，首次公开指出黄帝都城昆仑位于黄河河套以南的鄂尔多斯高原之上。16 年前笔者全面考证《山海经·五藏山经》南山经、西山经、北山经、东山经、中山经共计 26 条山脉、447 座山的地理方位，进一步确定黄帝都城昆仑位于黄河河套以南的鄂尔多斯高原之上。笔者相信 2011—2012 年考古发现的神木石峁先夏时期古城遗址（与古埃及人建造金字塔处于同一时期，属于中国先夏史研究范畴），很可能就是黄帝都城昆仑。鉴于黄帝族是中华民族的核心成员，黄帝对中华文明有着巨大的贡献，发现黄帝都城昆仑遗址（神木石峁）意义特别重大，因此希望引起国家有关部门、当地政府和学术界的更多关注，尽快组织开展专题考察论证，以便及时确定黄帝都城昆仑遗址保护方案和黄帝都城昆仑遗址博物馆设计方案。

　　根据《山海经·五藏山经》，由王红旗考证创意、孙晓琴创作的复原再现 4200 年前华夏自然景观和人文景观的 42 平方米《帝禹山河图》，将黄帝都城昆仑的位置画在黄河河套以南的鄂尔多斯高原之上。该巨画于 1999 年 9 月 9 日问世之后，笔者就更加期待着考古工作者在鄂尔多斯高原发现先夏时期古城遗址。

　　果不其然。12 年后的 2011 年，考古部门对位于陕西省神木县（位于鄂尔多斯高原之上、毛乌素沙地的东缘）高家堡镇洞川沟附近的石峁遗址进行调查，发现一处先夏时期规模巨大的石砌古城，石砌城墙、城门保存较好，面积 425 万平方米。对此，叶舒宪先生认为"石峁石头城是用玉器辟邪的史前建筑"，而笔者则进一步认为石峁古城遗址很可能当即黄帝部落联盟都城昆仑所在地，或者是黄帝部落联盟重要的城池之一。

　　由于古史传说都将黄帝都城昆仑与黄河发源地联系在一起，具体来说即黄河发源于昆仑东北方。因此，长期以来绝大多数学者都想当然地认为，黄帝都城昆仑所在地在今日黄河发源地附近。笔者认为上述观点是一种误解，并在上海辞书出版社出版的《经典图读山海经》《山海经鉴赏辞典》《山海经十日谈》和武汉大学出版社《全本绘图山海经》（全三册）等专著中论证指出：在先夏时期和夏商周时期，人们所知道的黄河发源地，实际上在今日的河套地区，这里在 4000 多年前曾经有许多大湖泽，其中后套湖泽即《山海经》所说的稷泽（周族先祖后稷葬在这里），前套湖泽即《山海经》所说的黄河发源地泑泽，也是《穆天子传》河宗氏祭祀黄河之神的地方。

　　据此可知，当年黄帝族的发祥地就在今日黄河河套以南的鄂尔多斯高原，虽然如今这里有库布齐沙漠、毛乌素沙地；但是当时这里却是水草丰茂、物产富饶，因此才能够孕育出伟大的兴旺发达的民族（目前笔者正在与有识之士共同努力，依据生命智力学暨智因进化论、人造地形气候学等科学原理，推动实施大规模治理沙漠工程，以期再现黄帝时代的绿色神州）。

北山经："又北三百二十里，曰敦薨之山，其上多棕楠，其下多茈草。敦薨之水出焉，而西流注于泑泽，出于昆仑之东北隅，实惟河原。其中多赤鲑，其兽多兕、旄牛，其鸟多尸鸠。"《山海经·北山经》记述的第一条山脉即今日山西省的吕梁山山脉及其以北，泑泽位于今日黄河前套地区，当时这里是一片大湖泽，其西南方向即黄河河套以南的鄂尔多斯高原。

西山经："又西北三百七十里，曰不周之山。北望诸毗之山，临彼岳崇之山，东望泑泽，河水所潜也，其原浑浑泡泡。爰有嘉果，其实如桃，其叶如枣，黄华而赤柎，食之不劳。"不周山位于《山海经·西山经》记述的第四条山脉，它的北面就是阴山山脉，它的东面就是黄河发源地泑泽，当地盛产美味的桃果。

西山经："又西三百二十里，曰槐江之山。丘时之水出焉，而北流注于泑水，其中多蠃母。其上多青雄黄，多藏琅玕、黄金、玉；其阳多丹粟，其阴多采黄金、银。实惟帝之平圃，神英招司之；其状马身而人面，虎文而鸟翼，徇于四海，其音如榴。南望昆仑，其光熊熊，其气魂魂。西望大泽，后稷所潜也；其中多玉，其阴多榣木之有若。北望诸毗，槐鬼离仑居之，鹰鹯之所宅也。东望恒山四成，有穷鬼居之，各在一搏。爰有淫水，其清洛洛。有天神焉，其状如牛，而八足二首马尾，其音如勃皇，见则其邑有兵。"槐江山位于黄河河套以南，北面远望阴山山脉，西面远望的大湖泽就是稷泽（因农神后稷葬在这里而得名），东面远望北岳恒山，南面就是灯火通明、炊烟袅袅的黄帝都城昆仑。

西山经："西南四百里，曰昆仑之丘，是实惟帝之下都，神陆吾司之；其神状虎身而九尾，人面而虎爪；是神也，司天之九部及帝之囿时。有兽焉，其状如羊而四角，名曰土蝼，是食人。有鸟焉，其状如蜂，大如鸳鸯，名曰钦原，蜇鸟兽则死，蜇木则枯。有鸟焉，其名曰鹑鸟，是司帝之百服。有木焉，其状如棠，黄华赤实，其味如李而无核，名曰沙棠，可以御水，食之使人不溺。有草焉，名曰薲草，其状如葵，其味如葱，食之已劳。河水出焉，而南流东注于无达。赤水出焉，而东南流注于氾天之水。洋水出焉，而西南流注于丑涂之水。黑水出焉，而西流于大杅。是多怪鸟兽。"其中，神陆吾是黄帝都城的保护神，土蝼是司法神，鹑鸟是黄帝皇宫的后勤服务员，可见黄帝都城的繁荣昌盛。

西山经："又西北四百二十里，曰峚山，其上多丹木，员叶而赤茎，黄华而赤实，其味如饴，食之不饥。丹水出焉，西流注于稷泽。其中多白玉。是有玉膏，其原沸沸汤汤，黄帝是食是飨。是生玄玉。玉膏所出，以灌丹木；丹木五岁，五色乃清，五味乃馨。黄帝乃取峚山之玉荣，而投之钟山之阳。瑾瑜之玉为良，坚栗精密，浊泽而有光；五色发作，以和柔刚；天地鬼神，是食是飨；君子服之，以御不祥。自峚山至于钟山，四百六十里，其间尽泽也。是多奇鸟、怪兽、奇鱼，皆异物焉。"关于"玉膏"，可能是指温润的玉，也可能是指食盐结晶过程中的状态，而食盐晶体亦可称为白玉。

关于"神木县"地名来源，相传麟州故城（今名杨家城）东有三株古松，唐代所植，粗两三人合抱，枝柯相连，人称神奇，便以神木为名。神木县故治在今县东巽山，清《神木县志》："因巽山有神树二株"，故名。其实，《山海经·海内西经》记有："海内昆仑之虚，在西北，帝之下都。昆仑之虚，方八百里，高万仞。上有木禾，长五寻，大五围。面有九井，以玉为槛。面有九门，门有开明兽守之。百神之所在，在八隅之岩，赤水之际，非仁羿莫能上冈之岩。"昆仑城的标志物之一是神奇的木禾，它堪称"神木"。如果石峁遗址所在地就是黄帝都城昆仑，那么当地的地名"神木"

则可以追溯到黄帝时期。

此外，黄帝葬地并非远在青藏高原或罗布泊（古人曾误以为黄河发源于此），而是就在本民族的发祥地亦即河套以南的鄂尔多斯高原和黄土高原之上。《史记·五帝本纪》称："黄帝崩，葬桥山。"《汉书·地理志》上郡肤施县"有黄帝祠四所"，肤施即今陕西榆林。《汉书·地理志》上郡阳周县"桥山在南，有黄帝冢"，阳周即今陕北子长县。今日黄帝陵则位于更靠南的黄陵县。

石峁遗址发现于20世纪70年代中期，因数千件流散的玉器而闻名。近年考古勘探确认石峁古城遗址由"皇城台"、内城、外城三座基本完整并相对独立的石构城址组成。"皇城台"位于内城偏西的中心部位，为一座四面包砌护坡石墙的台城，大致呈方形。内城依山势而建，将"皇城台"包围其中，城墙为高出地面的石砌城墙，墙体残长2000米，面积约235万平方米。外城系利用内城东南部墙体、向东南方向再行扩筑的一道弧形石墙，绝大部分墙体高出地面，保存最好处高出现今地表有1米多，墙体残长2.84千米，面积约425万平方米。石峁古城遗址规模远大于与其年代相近的良渚古城遗址、陶寺古城遗址等，成为目前已知先夏时期城址中最大的一处。根据出土陶器、玉器及其地层关系，专家初步认定"皇城台"建造年代最早，属于龙山中期或略晚一些，距今4300年左右；内城、外城兴盛于龙山晚期，约在夏初时期（4000年前）毁弃，该"石城"使用寿命超过300年。

石峁古城遗址出土或采集到的磨制玉器十分精细，其原料主要为墨玉和玉髓，有刀、镰、斧、钺、铲、璇玑、璜、牙璋、人面形雕像等。叶舒宪先生注意到石峁石砌的墙体中插入玉器于石缝中的现象异常引人注目，并认为神话传说中关于"玉门、璇室、瑶台"，在石峁遗址中有所体现。值得注意的是，《山海经·大荒西经》记有"大荒之中，有山名曰丰沮玉门，日月所入"，沃之国有"璇瑰、瑶碧"等玉器。《海内西经》记有昆仑虚"面有九井，以玉为槛"，"开明北有视肉、珠树、文玉树、玕琪树、不死树"，都是先夏时期中国玉文化的体现。

在2012年的挖掘中，考古人员在外城东门一段石墙墙根底部的地面上，发现100余块成层、成片分布的壁画残块，部分壁画还附着在晚期石墙的墙面上；这些壁画以白灰面为底，以红、黄、黑、橙等颜色绘出几何形图案，最大一块约30厘米见方，是龙山时期遗址中发现壁画数量最多的一处。相传《山海经》先有图画，后有文字（实际上是图文并茂，只是图画失传了），石峁遗址发现的壁画充分表明中国先民绘画历史的悠久。

此外，石峁遗址特别突出的现象还有，在2012年5月至11月的考古发掘中发现了集中埋置人头骨的遗迹两处，一处位于外瓮城南北向长墙的外侧；一处位于门道入口处，靠近北墩台。两处共48个头骨，以年轻女性（20岁左右）居多，部分头骨有明显的砍研痕迹，个别枕骨和下颌部位有灼烧迹象。这种以年轻女性头盖骨用于城墙修建时的奠基仪式或祭祀活动，在陕北地区为首次发现，在中国境内的考古发掘中亦罕见。

根据石峁先夏时期古城遗址的庞大规模及其出土文物，对照《山海经》等古籍关于黄帝活动的记载，可以推知石峁古城遗址当即黄帝都城昆仑所在地的遗存；笔者认为这种可能性高达90%，并建议学术界根据《山海经》等古籍关于黄帝活动的记载来解读石峁古城遗址考古出土文物所承载的远古信息。鉴于黄帝族是中华民族的核心成员，黄帝对中华文明有着巨大的贡献，发现黄帝都城昆仑遗址（神木石峁）意义重大，因此希望引起国家有关部门、当地政府和学术界的更多关注，尽快组织开展专题考察论证保护。

参 考 书 目

（汉）司马迁：《史记》，中华书局，1959 年。

王红旗：《昆仑山地望探索》，《民间文学论坛》1987 年第 5 期。

王红旗、孙晓琴：《经典图读山海经》，上海辞书出版社，2003 年。

王红旗、孙晓琴：《全本绘图山海经（全三册）》，武汉大学出版社，2011 年。

叶舒宪：《从石峁建筑用玉新发现看夏代的瑶台玉门神话——大传统新知识重解小传统》，《百色学院学报》2013 年第 3 期。

（原载于《百色学院学报》2014 年第 5 期）

陕北神木石峁遗址即"不周山"

——对石峁遗址的若干考古文化学探想

胡义成　曾文芳　赵　东

继西安在泾渭两河汇合处惊现杨官寨遗址后，近年陕北在考古方面也屡有惊人发现，其中神木石峁遗址就令人震惊。

2013 年 8 月，由中国社会科学院和上海市政府联合主办的"世界考古·上海论坛"宣布，由来自各国的 190 位考古专家反复筛选，中国石峁遗址与浙江良渚遗址共同入选 10 项"世界重大田野考古发现"。此前，石峁已入选"2012 年中国十大考古新发现"，国内专家即用"石破天惊"形容它，因为它不见诸包括《史记》在内的任何文字记载，但却是"公元前两千纪前后中国所见规模最大的城址"。

学界有论者断其为"黄帝族裔遗址"，甚或其他。面对陕北这个出人预料的最大城址，笔者则猜想它即毛泽东主席诗句"不周山下红旗乱"之"不周山"，应加强识别。

石峁遗址相关发掘与研究都还只是开始。胡适先生曾讲过，历史研究要"大胆地假设，小心地求证"，故本文从考古文化研究层面对它展开了大胆猜想。借用美籍华裔考古学家张光直先生的一句话，石峁遗址研究"新材料在不久的将来一定会出现，而建立在老材料上的假说一定会塌毁"，故本文从考古文化学出发的一些不成熟的思考，也仅属抛砖引玉，借以活跃陕西近年在考古方面屡有惊人发现的研究和思考。

一、神木石峁遗址简介

（一）略况

石峁遗址位于榆林市神木高家堡镇石峁村秃尾河北侧山峁，北距长城 10 千米，东离黄河 20 多千米。遗址由"皇城台"、内城、外城三座基本完整并相对独立的"石构城址"及"马面""角楼"等组成。最早的"皇城台"修建于龙山中期或略晚（距今 4300 年左右，晚于被笔者视为"黄帝都邑"的西安杨官寨遗址千年左右）；包围它的内城墙体残长 2 千米，面积约 235 万平方米；外城墙体残长 2.84 千米，面积约 425 万平方米。经 ^{14}C 测定，遗址距今 4000—4300 年，寿命超过 300 年，在规模上大于西安杨官寨遗址，也远大于年代相近的浙江良渚遗址（300 多万平方米）、山西南部襄汾陶寺遗址（270 万平方米）等，故仅从规模上看，就很值得注目。

石峁遗址的文化特征，体现在它是当时中国最大的"石筑城"并出土了大量玉器。

（二）发现过程

遗址被发现，纯属偶然。其中玉器的大量出土，可上溯至20世纪20—30年代。当时出土的巨量精美玉器已大量散失海外，被大英博物馆、科隆远东博物馆、哈佛大学赛克勒博物馆、波士顿美术馆、芝加哥美术馆、白鹤美术馆、伦敦大学亚非学院等世界著名博物馆和高校收藏，"石峁玉器"声名远扬。在网上，陕西省考古研究院院长王炜林研究员估计，流失在世界各地的石峁玉器有4000件左右。专攻玉器研究的陕西元阳文化博物馆馆长高玉书先生还亲口告诉笔者，估计国外有遗址玉器两三千件，国内有两千多件，包括神木县私人收藏家胡文高先生手中就可能有数百件。此外，陕西省历史博物馆、神木县博物馆和陕西省考古研究院均有"石峁玉器"收藏。

在"石峁玉器"出名半个多世纪后，1976年，陕西省文管会戴应新先生从民间听到信息后，到神木石峁考察，才揭开了对它进行科学发掘的序幕。2006年，它被公布为全国重点文物保护单位。2012年，陕西省考古研究院和榆林地区文物部门联合组队，发掘出埋在石峁石墙里的完整玉器，证明"石峁玉器"不虚，流散各地的石峁玉器也因此被"正名"。对石峁玉器的年代断定已有龙山说、夏代说、商代说等不同观点。也有考古学家提出，石峁玉器极有可能是商代玉器的重要渊源之一。2012年10月，中国考古学会、国家文物局、陕西省文物局、中国社科院考古研究所和国家博物馆的40余位考古专家经考察认定，石峁遗址是已发现的"中国史前时期规模最大的城址"，对于进一步探索中华文明起源等具有重要意义。

二、国内对石峁遗址的研究简况

石峁距司马迁家乡韩城并不远，同处黄河晋陕峡谷沿岸，《史记》开头就写了比石峁更早的黄帝时期，但对石峁不着一笔，匪夷所思。目前，国外和国内对石峁遗址的研究已经或正在展开，见解很多，争论难免。

（一）石峁玉器显示出中国特有的"玉文化""玉教信仰"及其中待破的史前奥秘

叶舒宪先生以石峁玉器为主据，提出中国古代存在"玉教信仰"和其在中华文明起源中分量重于"丝绸之路"的"西玉东输之路"。此见颇新颖。如果它确立，其中会不会潜藏着某种我们尚不知道的中国史前文化的重大奥秘呢？

石峁所在的黄河河套地区，特别是银川附近的水洞沟一带，曾出土中国首个旧石器时代遗址，且其遗物显示出与欧洲旧石器相同或相似的特征，被视为欧洲旧石器文化传播的最东端。由此人们当然可以猜想，石峁出土的大量玉器，可能与史前陕北所在河套地区存在"西玉东输之路"甚或与"河套—欧洲通道"相关。联系宋耀良先生关于宁夏贺兰山及银川一带史前"人面岩画"的研究结论，以及宋先生关于沿中国东海岸和赤峰—银川一线传播的人面岩画后来还传到北美洲西海岸，并成为北美玛雅文明源自中国的证据的看法，同时鉴于银川一带这些岩画与石峁遗址均处黄河河套地区，该地区在考古上存在着史前"阿善—白泥窑子纵剖面"及"岱海遗址群"，已构成一种相对独立的史前文化类型，且其中鄂尔多斯青铜文化又是中国青铜文化之源。那么，石峁显示的"玉文化"和"西玉东输之路"甚或"河套—欧洲通道"，与中华文明起源的关系如何？石峁遗址出土的玉石人头像和壁画，与银川一带人面岩画应有某种一致性，究竟两者关系如何？石峁是否展示着中国"西玉东输之路"甚或"河套—欧洲通道"上的一种溢出《史记》视野的"石筑文化"？笔者注意到，石峁玉器代表着的中国"玉教信仰"，当时在中国国内各地均有表现，不仅浙江良渚遗址出土玉器颇丰，而且在此前黄帝族从银川迁徙到关中途经的陇东崆峒山一带也出土了良渚式玉琮。这就意味着石峁玉器代表着的中国"玉教信仰"与"炎黄文化"已现融合，那么，《史记》却为何对"玉教信仰"的石峁竟一无所记？

（二）关于石峁遗址的历史定位

《考古与文物》2013年第3期发表的《神木石峁遗址座谈会纪要》表明，相关知名专家对遗址现世均感震惊，学界也联想多多。

（1）对中国史前研究着力较深的河北师大沈长云先生，根据石峁遗址建造时间（距今4300年左右）距黄帝时期（距今约5000年前）不远，不能把作为"氏族部落首领"的黄帝具体人格化，且从黄帝死后葬于石峁附近的陕北子长县一带（并非古今认可的"黄帝陵"所在地陕西黄陵县）为据，认为石峁即"黄帝部族居邑"。陕西学者杨东晨先生也认为，石峁文化系陕北"黄帝裔支部落文化"。

（2）烟台大学学者陈民镇先反驳沈长云先生之说，认为石峁古城体现的是与传统"华夏文化"不同的"面向草原"的文化板块，有"石筑传统"，应不是持"土筑传统"的黄帝部族居邑。虽此文标题《不要把考古与传说轻易挂钩》仍显某种"虚古"情绪，但它敏感地抓住"石筑"与"土筑"之别，较能服人。事实上，正如《神木石峁遗址座谈会纪要》披露的内蒙古专家所说，石峁的"石筑"与河套的海生不浪文化和阿善文化一脉相承。循此也许可能解开《史记》对它难着一笔之谜，因为不仅司马迁和石峁时代相距的时间与我们和司马迁相距的时间几乎差不多，而且他对"石筑传统"及其文化也确不熟悉。看来，《史记》对石峁古城的"失语"，应是中国古代"黄帝文化区"对另外一种"史前文化区"的"失语"所致。

（3）杨雪女士则注目石峁"石筑"与土耳其哥贝克力石阵、英国巨石阵等"石筑文化"的联系，认为石峁是龙山时期中西文化交流的标本。似乎国内目前考古研究界还没有人以如此"全球眼光"看待石峁遗址，但从张光直先生曾费力从全球视野考察"玛雅—中国文化连续体"，甚至把法国古洞中的美术图式与之联系的范例来看，以如此"全球眼光"看待石峁遗址也值得提倡，没准它会有点见解创新。不过，此思路仍然使我们又不禁想起作为黄帝族最早文化标志的银川一带人面岩画，那与石峁一样也是一种"河套石筑物"啊！两者关系是什么？

（4）陕西师大朱鸿教授除呼应"玉石之路"假说外，还认定处于山顶的石峁古城应值大禹将治的洪水期，别解其为尧时"幽都"，即"北方的政令重镇"，也颇新颖。其思路与本文较接近，均把石峁遗址指向夏初大禹治水，是有道理的。虽然他只提及当时洪水围山，大禹部族需在高山筑守，未觉察到石峁是大禹敌手共工的都邑，亦即大名鼎鼎的"不周山"。其实，王国维先生当年就把"不周山"直称为"幽都"，且明言"幽都"地在朔方河套（见下文对王国维《冬夜读〈山海经〉感赋》的分析）。由此看来，按王国维思路，朱教授石峁系"幽都"之见，已经接近石峁即"不周山"之解，惜未最终破之。

三、石峁遗址即"不周山"的若干证据

此前中国古籍关于"不周山及共工"的所有记录和注释，均是在该故事发生之后很久随着文字能记录历史才出现的。几乎所有"体制内"的记录者和注释者均不知道石峁遗址，故其中不仅存在不同学派对同一史实完全不同的记录，包括对故事发生地点说法各异，相去万里，而且在不同版本中还出现了共工的对手分别为黄帝儿子颛顼（《淮南子·天文训》）、高辛（贾逵）、女娲（《三皇本纪》）、火神祝融及神农等情况，误差巨大，包括郭沫若先生、徐旭生先生、田昌五先生等根据文献对共工部落地处今豫晋陕交界一带的理解也需存疑。目前，笔者只能在"神话留有'史影'"的信念下，择善而从，并据考古成果从中得出自己的结论。

（一）神话学证据

1. 共工"幽都"神话

王国维《冬夜读〈山海经〉感赋》写道："黄帝治涿鹿，共工处幽都。古来朔易地，中土同膏腴。如何君与民，仍世恣毒痛。帝降洪水一荡涤，千年刚卤地无肤。唐尧乃嗟咨，南就冀州居。所以禹任土，不及幽并区。"中国史前神话中的共工是与大禹对抗，而王国维眼中的共工却与黄帝斗争，是黄帝压服已臣，降洪水淹"幽都"。他指明其斗争就发生在"朔易地"，即今河套、晋冀一带，"黄帝治涿鹿"对应着"易"，而"共工处幽都"对应着"朔"。笔者特别看重王国维从远古"九州"之"幽州"地望出发，对共工"幽都"在"朔"的地理定位，这与石峁遗址地处河套正好对应。而按《山海经》等记载，共工"幽都"就是"不周山"（见下述），故可推知河套里的石峁遗址即"不周山"。王国维诗里说当时"幽都"被淹后"千年刚卤地无肤"，也与石峁遗址为"石筑"且周边荒凉相符。

王国维"幽都"说源头之一很可能来自《韩非子·外储说右上》："尧欲传天下于禹，共工谏曰，孰以天下而传之于匹夫乎？尧不听，又举兵而流共工于幽州之都。""幽州之都"应是较大都邑，也与今石峁规模相符。

2.《山海经》神话

根据《山海经》对"邢天无头"神话的记载，与今银川一带人面岩画中显示向西的一支其岩画的人面是四方形相符；以及对古泾河河谷"西王母"故事记载与今泾河河谷一直流传的"西王母"崇拜习俗也相符，且与史前作为男权社会的黄帝族迁徙途经泾河河谷而与"西王母"女权部族对峙的史实呼应，等等，推论《山海经》确以神话形式多少留下了陕甘宁晋一带某些远古"史影"，故它或许有助于破译石峁遗址奥秘。

一是《大荒西经》写道："西北海之外，大荒之隅，有山而不合，名曰'不周'。有两黄兽守之，有水曰寒暑之水，水西有湿山，水东有幕山，有禹攻共工国山。"这一段记载，故事限于共工与大禹对抗，首先，点清了不周山地望在"西北"。如果我们考虑到当时与共工对立者舜禹部落地处晋南，那么，《山海经》说明不周山地望在"西北"，就顺理成章了。这一段记载所谓"海之外"，鉴于当时"河""海"不清而不分，其意应指"河对岸"，因从晋南望不周山，它正在西北部黄河对岸。其次，说清了不周山的水景分"水西"和"水东"，实际点明了不周山东面的河水是正北正南流向，恰恰符合从今石峁看"黄河晋陕峡谷"的景况。再次，说明了不周山上有名为"黄兽"的石质或玉质刻品，也与今石峁出土大量石质或玉质神兽刻品情况一致。最令人注意且对本文论题有某种决定意义的是，这段话最终点明了"不周山"就是"共工国山"。这也就是说，中国古代神话所谓共工"撞倒不周山"，实际是指共工与禹打仗，"禹攻共工国山"，结果是共工把自己部落的"国山"给"撞倒"了，实指自己毁了自己家园。古往今来，许多解说"不周山和共工故事"者，都少说此历史实况，误引人意，值得今天石峁遗址研究者引为鉴戒，认定不周山就在黄河西岸，且是一座军事城堡。实际上，今天的石峁遗址，正好呈现出军事城堡的许多特征，包括在石峁城址外城东城门附近发现了"马面1号"和"角楼1号"两处遗址，土石结构，石头包裹土层，保存完整，是我国目前发现最早的土石结构城防设施实物。请设想一下，在今黄河西岸，从晋南看的西北方向，当时可以被视作强大的"共工国山"即不周山者，除今日石峁遗址之外，更有何址堪当？如果找不到别的遗址堪当不周山，那么，我们除了认定石峁遗址即不周山外，还能有什么别的思路呢？其实，虽然后来的《淮南子·天文训》把共工对手大禹换成黄帝儿子颛顼，但它无意中更细致地点清了不周山近处黄河流向，说共工"怒触"不周山之后，"天倾西北，故日月星辰移焉；地不满东南，故水潦尘埃归焉"。如果对着神木县地图，那么，你就会看到，《淮南子·天文训》在这里关于不周山附近河水呈东北—西南流向的描述，其实说的正是石峁附近的黄河。在陕北府谷和神木县境，黄河并非从正北流到正南，而是在今黄甫镇一带，开始从东北流向西南，一直流到佳县县城，又开始转向。正因黄河在不周山这里从东北流向西南，才会有《淮南子·天文训》关于共工撞山后"天倾西北""地不满东南"的说法。笔者认为，这是今石峁遗址即不周山的又一有力的神话学证据。

二是《山海经·西次三山》载："西北三百七十里，曰'不周之山'"，"临彼崇岳之山，东望泑泽，河水所潜也。其原浑浑泡泡，爰有嘉果，其实如桃，其叶如枣。"这段话，首先，说清了不周山在黄河西岸。其次，说清了不周山颇高，从不周山上东看黄河，河水"浑浑泡泡"，简直就是"黄汤"。在中国，用"浑浑泡泡"四个字描写流在黄土高坡上的黄河水最形象。再次，说清了不周山上枣桃嘉果好吃。这些记载，均与今石峁遗址的地点、地势、水景、果类完全相符。

三是《大荒北经》载："共工之臣名曰相繇，九首蛇身，自环，食于九山。其所歍所尼，即为源泽，不辛乃苦，百兽莫能处。禹湮洪水，杀相繇，其血腥臭，不可生谷，其地多水，不可居也。禹湮之，三仞三沮，乃以为池，群帝因是以为台。在昆仑之北。"《海外北经》也写道："共工之臣曰相柳氏，九首，以食于九山。相柳之所抵，厥为泽溪。禹杀相柳，其血腥，不可以树五谷种。禹厥之，三仞三沮，乃以为众帝之台……相柳者，九首人面，蛇身而青，不敢北射，畏共工之台。台在其东。台四方，隅有一蛇，虎色，首冲南方。"这两段所讲，均是共工与大禹斗争的一个片段，或许便是二者打最后一仗的某些情况。所谓相繇"九首蛇身""食于九山""九首人面""蛇身而青"等，讲的都是相柳（相繇）作为共工族的图腾形状。据郭沫若先生和田昌五先生等考证，共工族势力强大，霸道九州，故以"九首""九山"等"九"数为图腾特征。其中一个记载细节说相柳"不敢北射"共工台，后者的蛇图腾头向着南方。这似乎说明相柳害怕北边的共工族，作为共工下属，不得不以洪水为屏障与大禹作战，致使战后该地五谷树木不生。大禹胜后，几经填土，在此造成了

"众帝之台"。结合前述《山海经》所记,此"众帝之台"应即今石峁,因今石峁上玉制石制人像很多,堪称"众帝之台"。另外,今石峁遗址上留存的严密军事设施,也可佐证当年战争的血腥。大禹对共工城堡"三仞三沮,乃以为众帝之台",又正好与今石峁遗址里边长约90米的祭坛共三层相合,恐非偶合。

3.《国语》与《山海经》的联合证据

《国语·鲁语上》载:"共工氏之伯九有","虞于湛乐,淫失其身,欲壅防百川,堕高湮库,以害天下。皇天弗福,庶民弗助,祸乱并行,共工用灭。"这一神话,是从政治品德上把不周山故事引向对共工的否定,包括说他故意削平高丘、填塞洼地而堵河道,造水灾,害人民,只能走向毁灭。"伯九有"即"霸九州"。从这里看《山海经·大荒北经》以下描写,可能会对共工故事了解更全面:"西北海之外,赤水之北,有章尾山。有神,人面蛇身而赤,身长千里,直目正乘,其瞑乃晦,不食,不寝,不息,风雨是谒。是烛九阴,是谓烛龙。"在这里,"西北海之外"五字同于上述《大荒西经》对不周山基本方位的描述;关于"烛九阴"的描写,也同于《国语·鲁语上》所讲共工"霸九州",故此说已隐隐指向不周山,唯"赤水之北,有章尾山"之说似乎又不是这样。但细看神木地图,在石峁遗址之南,有今秃尾河流过,此"赤水"应指今秃尾河。果真如此,则《大荒北经》对不周山上共工氏图腾的描写也就明确了:以红色蛇身人面而似乎蜿蜒不绝者为神祇,神祇竖立生长的眼睛正中有合成一条缝的眼皮,它闭上眼睛就是黑夜,睁开眼睛就是白天,而且它不吃饭、不睡觉、不休息,只吃风喝雨,象征它能统治九州,此即"烛龙"。从这个神话的文化蕴含看,这条"烛龙"实际就是当年大禹族面对的滔天洪水的神话式形象表达。《山海经》最后一段话即记"洪水滔天","帝乃命禹卒布土以定九州"。此"九州"即《大荒北经》所讲的"烛九阴"。由此设想,当年大禹治水,不仅面对着自然界洪水灾害,而且面对着异族利用洪水挑战,天灾人祸并行。今黄河晋陕峡谷北边的共工部落,与在其南不远处治水的大禹部落之间,在治水前后展开过战争。战争的结果,是共工族失败,大禹治水成功。所谓"共工怒而触不周山",应是对共工族在无奈和激愤中失败情绪的神话式描述。结合前述证据,由此推知,今石峁遗址就是被大禹征服过的"共工国山",即不周山。

(二)文字学证据

1."共工"与"洪江"的字源对应

夏禹治"洪水"的"洪"字,为什么是"三滴水"右边一个"共"字?依我们看,这可能是由"远古军事地理示意图"演变而来的汉字。中国古代地理图与今日地图方向坐标相反,是"上南下北,左东右西"。在此"远古军事地理示意图"中,"洪"字正好标示河的西岸,是"共工"部落的山头。这个示意,也完全符合当年"共工"部落盘踞黄河西岸大山头而倾泻滔滔黄河水企图战胜大禹部落的史实。很可能,当时大禹部落的人逐渐把这个"军事地理示意图"看成了可怕洪水的代号,遂有"洪"字和"洪水"一词的产生。在远古大禹部落先民心中,可怕的"洪水"与"共工"部落就这样变成了一体。其实,中国汉字中,表示地图或地理环境的字不止一两个。

何新先生认为,共工上述故事实际"只不过是一种并不罕见的自然现象被人格化后的产物",

因为"'共'字与'洪'字相通，而'工'字又与'江'字相通，共工其实就是'洪江'"，远古洪水"实际上正是共工触山这一神话的深层结构。而其表层结构，却转化为这种自然灾害的人格化形象——洪江被变名为叫'共工'的天神"。此说虽完全无视远古神话蕴含的"史影"，但却把"洪江"二字的历史源头突显出来了，印证着笔者上述见解，值得重视。

2. "不周"臆解

以"不周"二字命名一山，其中"不"字尤其特殊，也值得一究。依方睿益先生之见，姬周王室使用的"周"字，是关中山川风水形胜的形象模拟，很有说服力。《山海经》称颂姬周，显然是两周文人所著。其《海内西经》说周人先祖后稷葬地"山水环之"，意指其风水形胜。而以"不周"二字命名石峁，我估计也是对其山川形势不合乎姬周风水模式的蔑称。试看石峁，既非"山水环之"，更非"前朱雀，后玄武"，而是无土石崖，黄汤流于东而石崖悬于西，可谓风水极不佳，故《山海经》等才以"不周"二字名之。

《史记·律书》记载，中国远古先民把各种风按方位分为若干类并分别命名，其中来自西北方向者被叫作"不周风"，曰"不周风居西北，主杀生"。《史记》作者自称"世典周史"，他显然也按姬周风水思路审视西北不周风，甚至说它"主杀生"，可见"不周"二字确从姬周风水模式出发而含贬义。

（三）考古学证据

（1）据陕西省考古研究院公布，经 ^{14}C 测定，确认石峁遗址最早处距今 4300 年左右，约在 300 年后的夏代毁弃。而李学勤先生从考古成果认定的大禹时期也在此前后，与尧舜禹时期密切相关的晋南陶寺遗址也发掘出距今 4300 年前和 4100 年前的"王"墓，这些都是大体同时期的石峁即不周山的时间证据。其中，石峁于夏代毁弃的时间结论，也与本文以上结论相符。

（2）近代我国考古发现，距今 4000 年前后，我国北方一系列河流（包括黄河干流及其支流，如湟水、洮河、洛河、伊河、沁河等）均出现洪水灾害；2002 年出土的西周中期青铜器"遂公盨"上有 98 个字的铭文，其中包括"天命禹敷土，随山浚川"，与《尚书·禹贡》关于"禹敷土，随山刊木，奠高山大川"的文献记载彼此呼应，从考古学上证明大禹治水确为史实，故推知与大禹治水相关的共工国"不周山"也应为真，它即今石峁遗址。

（3）石峁遗址在规模上大于西安杨官寨遗址，也远大于同时期的浙江良渚遗址和山西陶寺遗址等，由"皇城台"、内城、外城三座基本完整并相对独立的"石构城址"组成，且出土玉器 6000 件左右，人们只能承认它是当时一个强大部落的都邑。在当时当地，这个强大部落的都邑只能是共工的不周山。它建在高高的石崖山上，应与当时黄河沿岸滔天大水泛滥相关。在考古界于黄河西岸的陕北再发掘出新的其他大型史前遗址前，结合神话学证据看，对石峁遗址只能有这一种考古文化学解释，别的解释均似不妥。

附记：西安市 2014 年社科规划资助项目"西安当代文化发展问题研究——对西安应继承发挥周公文化并推进文化建设规划体制改革的思考建议"（14T21）。

参 考 书 目

陈民镇:《不要把考古与传说轻易挂钩》,《光明日报》(国学版)2013年4月5日。

国家文物局等:《早期中国——中华文明起源》,文物出版社,2009年。

何新:《诸神的起源》,生活·读书·新知三联书店,1986年。

胡义成:《西安"黄帝都邑"杨官寨遗址探析》,《西安财经学院学报》2012年第4期。

胡义成:《西安古都史当在五千年以上——西安作为黄帝"铸铜(鼎)地"和"都邑"新探》,《西安财经学院学报》
　　2011年第5期。

胡义成:《银川"萨满"进关中——关中黄帝族源探研》,《周文化和黄帝文化管窥》,陕西人民出版社,2014年。

李韵:《石峁入选世界重大考古发现》,《光明日报》2013年8月24日。

沈长云:《石峁古城是黄帝部族居邑》,《光明日报》(国学版)2013年3月25日。

沈长云:《再说黄帝与石峁古城》,《光明日报》(国学版)2013年4月15日。

宋耀良:《中国史前神格人面岩画》,上海人民出版社,1992年。

王国维:《观堂集林·缀林二》,浙江教育出版社,2014年。

王天顺:《河套史》,人民出版社,2006年。

杨东晨:《黄帝与华夏文明——黄帝治理天下及其创造发明概述》,《西安财经学院学报》2008年第2期。

杨雪:《哥贝克力石阵与石峁古城》,《光明日报》2013年9月23日。

叶舒宪:《西玉东输与华夏文明的形成》,《光明日报》2013年7月23日。

张光直:《中国考古学论文集》,生活·读书·新知三联书店,2013年。

张亚初:《商周古文字源流疏证》第一册,中华书局,2014年。

朱鸿:《石峁遗址的城与玉》,《光明日报》2013年8月14日。

(原载于《西安财经学院学报》2015年第4期)

谁的石峁：石峁古城系上古西夏都邑

张怀通

石峁古城遗址是中国迄今发现的龙山晚期至夏早期规模最大的城址，距今 4300—4000 年。自 2011 年系统考古发掘以来，石峁遗址引起世人极大关注。随着考古工作的不断进展，古城主人是谁这一问题，自然激发了学者的研究兴致，猜测颇多。沈长云在《石峁古城是黄帝部族居邑》（《光明日报》2013 年 3 月 25 日第 15 版）、《再说黄帝与石峁古城——回应陈民镇先生》（《光明日报》2013 年 4 月 15 日第 15 版）中认为，石峁古城"不是别的，正是传说中黄帝部族所居住的居邑"。王红旗的《神木石峁古城遗址当即黄帝都城昆仑》（《百色学院学报》2014 年第 5 期）一文认为，石峁古城遗址很可能就是"黄帝都城昆仑"。目前，这种观点最受社会各界的重视。笔者对此有不同看法，认为这一主张不能成立。

一、石峁古城并非黄帝部族居邑

众所周知，黄帝是我国上古历史上出现最早的帝王，居于传说中的五帝之首，距今大约 5000 年，这在《竹书纪年》《史记·五帝本纪》等文献中有明确记载。如果指认石峁古城是黄帝部族的居邑，就不得不将黄帝的时代向下拉将近 1000 年，并且要推翻整个五帝古史系统。石峁古城是黄帝部族居邑这一主张，有一个不言而喻的前提，那就是除黄帝以外，各类文献均未记载古史传说时代另有其他英雄人物活动于该地区。

其实，这个预设的前提不能成立。在从新石器时代向文明社会过渡的历史进程中，曾经有一个名为西夏的部族在黄土高原一带立国，这一史实记载于今本《逸周书·史记》篇。

《逸周书·史记》云："文武不行者亡。昔者西夏性仁非兵，城郭不修，武士无位，惠而好赏，财屈而无以赏。唐氏伐之，城郭不守，武士不用，西夏以亡。"至于《逸周书·史记》的成书年代，《序》认为是西周中期，罗家湘等认为是春秋或战国时代。无论何种说法为确，该篇均为先秦文献无疑。这表明在先秦时代人们的记忆中，历史上曾经有一个西夏古国。《逸周书·史记》是统治者的自我儆戒，对于包括西夏在内 28 个古国的记载，着眼点不是其历史，而是其灭亡的教训。西夏城郭"不修""不守"，与考古发现的石峁城址之巨大、城墙等防御设施之完备，两者并不矛盾。历史上，任何强大国家的灭亡都是以其坚固城池的陷落为标志。

既然如此，我们就可以运用关于西夏古国的这一史料，结合《逸周书·史记》对其他相关古国的记载，以及石峁古城遗址的考古成果，来论证石峁古城与西夏古国的关系，从而提出石峁古城是上古西夏都邑的假说。

二、西夏古国与石峁古城时间有交集

关于西夏古国存在的时代，《逸周书·史记》没有记载上限，但记载了下限，尽管有些隐晦，但仍有踪迹可循，即西夏亡于唐氏的征伐。

所谓唐氏，当是以唐为名号的古国，其地望在今山西南部地区。传统说法认为其族属是尧或其后裔，当代有些学者认为唐与尧没有关系。这个问题无关本文主旨，不必深究。由于史料相对匮乏，唐的历史较为扑朔迷离。大致说来，其上限可以追溯到传说中的尧舜时代，之后中衰，夏代后期复封。殷商后期，唐是商朝在西部边地的重要据点。西周初年，因发生内乱，唐为周公所灭。在长达1000余年的盛衰、显隐、兴亡过程中，我们可约略推知，虞末夏初可能是唐国力最为强盛的时期。如果推测不误，那么唐征伐西夏并将其消灭，只能是在唐国力最为强盛的虞末夏初。即是说，西夏古国的时代下限与石峁古城的毁弃时间大体相符。

三、西夏古国与石峁古城位置相符

西夏作为国号，是一个偏正结构的名词，"夏"是核心词素，"西"只是方位，表示其居于西方。之所以如此，乃是因为在它的东边还有一个夏，史称夏后氏，即大禹建立的夏王朝。

《逸周书·史记》对夏后氏灭亡的教训也有记载："好货财珍怪，则邪人进。邪人进，则贤良日蔽而远。赏罚无位，随财而行，夏后氏以亡。"既然西夏和夏后氏在《逸周书·史记》中同时出现，那么，它们当是两个政权实体。

综合各类史书的记载，夏王朝的腹心地区在今晋南、豫西。因此，晋南至晋中地区被后人称为夏或大夏。相对而言，虽然西夏同样以夏为国号，但因位于夏王朝的西方，后人在其国号前加一个方位名词，称西夏。石峁古城恰好位于晋中南的西边偏北，隔黄河与之相望。因此，上古时期的这个西夏与石峁古城在方位上重叠在一起。

在石峁古城周边的黄土高原上，十六国时期有匈奴人建立的大夏，北宋时期则有党项人建立的大夏，后者被自居正统的宋人称为西夏。同一地区先后建立的政权均以大夏为国号，是因为上古时代这里曾经有一个古国名为夏或西夏。这也可以证实，西夏古国与石峁古城在地理范围上基本符合。

四、夏与石峁古城用玉文化传统类似

石峁古城的建筑有一个显著特点，即在石砌城墙的缝隙中间夹杂着精美的玉器，类型有玉刀、玉铲、玉璋、玉璧、玉琮、玉人面等。叶舒宪认为，这些建筑是夏代的玉台、瑶台、璇室、玉门，在萨满教的信仰中，发挥着保卫石峁古城主人的现实安全与精神安全的作用。他进一步指出，石峁古城在时代、位置、用玉文化传统上最接近早期的夏朝。我们不禁要问，为什么位于中原正统的夏王朝与偏居西北边裔的石峁古城主人有类似的用玉文化传统呢？唯一可能的解释，就是石峁古城是上古西夏的都邑，该古国灭亡于夏代初年。尽管现在还不清楚这个西夏古国与夏王朝究竟有怎样的关系，但既然两者都以夏为国号，则它们可能是同一族属。后来在这一地区生活的匈奴人被司马迁认定为夏人的后裔，可以作为这一推测的佐证。

综上所述，基于《逸周书·史记》的记载，笔者认为，石峁古城是上古西夏的都邑。由于史料极度匮乏，这一看法难免带有推测成分。不过，在长期以来较为单一的黄帝部族居邑的解释之外，这一看法或许可以开阔研究者的思路，以利于问题的最终解决。

（原载于《中国社会科学报》2015年3月18日第A05版）

黄帝之时　以玉为兵

沈长云

近年来，无论是在中国史学界，还是在考古学界，在有关中华文明起源的问题上，大家逐渐取得的一个共识是：中华文明是多源的，是由各地区具有不同文化背景的古代氏族部落或部落集团的人们共同创造的。传说中的"五帝"，包括其他一些传说中人物，不过就是进入文明前不同地区氏族部落集团的首领，或其奉祀的祖先。尽管这各个部落集团兴起的时间有一些先后的差别。毫无疑问，黄帝应当是西北地区，包括今陕、晋北部和内蒙古中南部广大地区的部族集团的首领，或其奉祀的祖先。正是抱着这样一种认识，当我在有关刊物上看到陕北神木石峁发现史前巨大古城及其他文明遗迹的消息时，便立即想到它应当就是古代黄帝部族的居邑，并从而在《光明日报》国学版上写下了自己有关认识的文章。如今，两年多过去了。今天，国学版特地再次发表石峁古城的发掘者、前后两任石峁考古发掘队的队长孙周勇和邵晶先生论石峁遗址的文章，这对于深入探讨中国古代文明的起源与形成，无疑会起到很好的推动作用。

孙、邵两位先生的文章指出，石峁遗址是公元前 2300 年中国北方区域政体的中心，这个说法是完全正确的。因为它是建立在石峁遗址是其时陕北乃至整个中国北方唯一一处特大型聚落，且作为本地区数千个同时期各种规模聚落的中心，握有对这些聚落居住的大小族群进行支配的权力这一事实基础之上的。作者推测这座古城建成的年代在公元前 2300 年，这也是建立在 ^{14}C 测年及对大量出土器物的勘验基础之上的。虽然我们不赞成把黄帝理解成是颛顼以下各位古帝王的嫡系祖先，但认为黄帝及他所代表的部族活动在距今 4500 年或 4300 年前后这个说法，还是比较接近史实的。我们完全可以据此认为，石峁古城就是活跃在这一地区的黄帝部族的居邑。

作出这一结论，其理由并不限于我们上一篇文章所列举的那些文献及考古方面的实证材料，石峁出土的大量玉器亦是石峁古城属于黄帝部族居邑的很好证明。

石峁与其附近地区早在 19 世纪末 20 世纪初就陆续有玉器出土，然多流失国外。据说这些流失国外的石峁玉器的数量达到 4000 余件之多。新中国成立后的 70 年代，曾有陕西省考古工作者到石峁农家进行文物征集工作，一次便征集到 127 件玉器（现藏陕西历史博物馆）。之后，又有地方文物考古部门及民间收藏人士继续在石峁地区从事玉器收集和收购，所收亦有五六百件，现分藏于榆林市和神木县的博物馆，以及收藏者个人手中。从所征集到的石峁玉器看，其器类有牙璋、刀、钺、戈、斧、铲、璜、璧、牙璧、鹰首笄、虎头、人首、蚕形器等，但以牙璋、刀、钺等兵器的数量居多，也最具有特色。由于上述玉器的出土皆未经过正式的考古发掘，致使长期以来人们对石峁玉器的年代众说纷纭，有说其为龙山时代的，有说其为夏代的，有说其为商代的，甚至有说其为西周乃至汉代的。最近，经过科学的考古发掘，发现这些玉器多藏于石峁古城的城墙里面，从而证明石峁玉器的年代实不晚于石峁古城建成之年，即公元前 2300 年。从实情分析，也许有的玉器的年代会更早一些。

面对数量如此巨大的石峁史前玉器，特别是各种款式的玉制兵器，人们不禁想到古文献提到的"黄帝之时，以玉为兵"的传说（《越绝书·越绝外传记宝剑》）。尽管这所谓玉兵在今天看来并不是用于战争的真正兵器，而只可能是某种驱邪的巫术所使用的仪式用品，但却并不妨碍它作为一种新的器类的出现所具有的区分时代的标志性意义。若承认这一点，那么玉兵的出现与黄帝部族在历史舞台上兴起的时间也应当认为是一致的，而玉兵及其他玉器在石峁及周围地区的大量涌现，也正可以说成是黄帝部族活动在陕北地区的证据。

作为这个说法的旁证，我们还可以在《山海经》等反映我国传说时代历史及地理的古书中找到黄帝与其所在的北方地区出产古玉相互关联的证据。例如人们十分关注的《山海经·西山经》中，就记有黄帝所在的峚山（即密山，在今内蒙古阴山）"其中多白玉，是有玉膏，其原沸沸汤汤，黄帝是食是飨，是生玄玉……黄帝乃取峚山之玉荣，而投之钟山之阳。瑾瑜之玉为良，坚粟精密，浊泽而有光"。作为黄帝下都的昆仑山，亦是"其中多玉"；帝之平圃（即玄圃）所在的槐江之山上，则是"多青雄黄，多藏琅玕、黄金、玉"。考虑到《山海经》全书除黄帝以外，更无其他古帝有与玉或类似玉的矿物发生关联的记叙，则黄帝与其所统率的部族生活在今内蒙古、陕北，并为石峁与其附近出土玉器的主人，应不是无端的揣测。

最后，作为黄帝族直系后裔的周人对玉的崇拜，亦是石峁遗址，以及石峁玉器属于黄帝族的有力证明。周人起源于白狄，亦即黄帝氏族，并由陕北一带迁往渭水流域，我过去曾撰文予以阐释（见沈长云《周族起源诸说辨正——兼论周族起源于白狄》，《中国史研究》2009 年第 3 期）。此结论多依文献与考古资料为说，今得石峁发现的玉器而益信。盖周人不仅是玉文化、玉礼的发扬光大者，其本身更是玉器、各种玉制品的生产者和加工制造者。对于早期周人以治玉为业的追溯，亦为发现大量玉器的石峁为黄帝部族居邑的说法提供了又一层证明。

（原载于《光明日报》2015 年 10 月 12 日第 16 版）

《汉书·地理志》所记先秦地理 与石峁城为上古帝都之解读

李宗俊

近年来石峁遗址被誉为 21 世纪中国最为重要的史前考古发现之一。在陕西省考古研究院考古成果的相关报道中,初步认定"皇城台"建造年代最早,属于龙山中期或略晚一些,距今 4300 年左右;内城、外城兴盛于龙山晚期,约在夏初时期(4000 年前)毁弃,该"石城"使用寿命超过300 年。规模宏大的石砌城墙与以往发现的数量庞大的石峁玉器,显示出石峁遗址在北方文化圈中的核心地位,是目前所见中国史前时期最大的城址。已经有学者关注到此,并根据一些古籍文献资料推断其与传说中的黄帝有关,而也有人提出了异议[1]。那么,石峁遗址究竟是否与传说中的黄帝有关?有关黄帝传说的可信度究竟怎样,今天能否将古籍文献与现代考古学、人类学、历史地理学等学科紧密结合,进一步探究考察?另外,若用战国、秦汉之际的有关黄帝传说的文献,首先必须探明先秦有关文献之间的传承与史料来源问题,此问题不解决,就不能用后世文献去印证上古历史。为此,笔者不揣浅陋,撰此文请方家批评指正。

一、《汉书·地理志》与《水经注》所记秦汉上郡境内之 黄帝陵等先秦地理信息

石峁遗址所在的今榆林市神木县一带,秦汉以前很长一段时间曾为与狄或匈奴人交错杂居的地区。战国时期,该地区曾属于晋国、魏国,后属秦汉上郡。自战国以来建置的郡何以称"上郡",此称谓颇耐人寻味。而到了王莽称帝改制时,对大部分郡国名称都做了更改,仅有部分郡国名称沿用了下来,而上郡即是其一。

秦汉上郡郡治肤施县,其地望学界有争议,今有称应为榆林市南无定河与榆溪河交汇处西岸的党岔上古城[2],比较可信,暂不予论。《汉书·地理志》记上郡在汉高帝元年曾一度改为翟国,且称"匈奴都尉治塞外障"。障是指驻扎在长城周围的军事营地,是因为西汉时在战国秦长城外设有投降匈奴的障城。上引书还记载了西汉平帝元始二年(2 年)的郡户与人口,分别为 103683 和606658[3],可见上郡是西汉户数人口繁多的边地大郡。西汉上郡所辖 23 县,有学者已经注意到其中两县境内有与传说中的黄帝有关的古迹[4]。其中的肤施县,上引书称其境内"有五龙山、帝原水、黄帝祠等四所"。五龙山无考,但帝原水与黄帝祠同在一县,再上溯先秦,对传说中的三皇五帝时代的最高统治者似称"帝",商周皆称"王",则此帝原水之名称似乎也是与黄帝有关。至于黄

帝祠，说明这里至汉代尚有祭祀黄帝的专祠；另外上引书记阳周县境谓："桥山在南，有黄帝冢。莽曰上陵畤。"[5]这里又是确切记载黄帝陵就在西汉上郡阳周县境内的桥山，且记王莽称帝改制以后，又将汉阳周县改称"上陵畤"。"上"的本意，既有"久远"之意，也有"高、大"之意，又为古代对绝对权威者的敬称或避讳，而显然这里实际就是对黄帝的敬称。汉代以前，对于黄帝敬称为"上"的史料还有，如《史记·封禅书》记秦灵公时作吴阳上畤，祭黄帝[6]。此"上畤"之"上"亦指黄帝。则"上郡"之"上"也应该是对黄帝之敬称或避讳，因黄帝陵所在或黄帝生前活动之地即为上郡。

其实，除此二县之外，另有引人注意的汉初上郡数县：京室、平都、洛都、原都、宜都、木禾等六县，以及在秦的上郡境内另有一西都县（汉属西河郡），这七县的具体治所不详，名称或出处均含"京"或"都"。在中国的传统文化中，均为国家的最高行政机关所在之地或有大的都会的意义。"京室"，本指王室。《太平御览》卷155引述《释名》《公羊传》《白虎通》等文献的解释皆同，尤其《帝王世纪》曰："天子畿，方千里。曰甸服。甸服之内曰京师。又曰天子所居宫曰都。"另外，《诗经·大雅·思齐》："思媚周姜，京室之妇。"《毛传》："京室，王室也。"三国魏曹植《王仲宣诔》："皇家不造，京室陨颠。"唐杜甫《留花门》诗："胡尘逾太行，杂种抵京室。"

以上文献及诗句中的"京室"之意应该是前后继承的，"京室"即"京师"，为一国首都之意。而其中《诗经·大雅·思齐》句："思媚周姜，京室之妇。"周姜是指周太王妃太姜，有贤德，这里称其为京室妇，不仅有国都之意，还有可能就是确指，即"京室"为"京师"的本意，指周太王建都之地，也就是秦汉的京室县所在之地；而"都"后世为都会或首都之意，但最初可能为河流交汇之地，而这些地方也往往是人类聚居之地，但《左传·庄公二十八年》云："凡邑有先君宗庙之主曰都，无曰邑。"《说文·邑部》亦云："有先君之旧宗庙曰都。"说明先秦时期"都""邑"并称，有先君宗庙的城邑方可称之为都。秦汉上郡境内的平都、洛都、原都、宜都等四县，以及秦之西都一县，分别有什么人的先君宗庙呢？从秦人的发展轨迹考察，应该是与秦人无关，只有上溯先秦。说明这些地名秦代以前已有，只是至秦而建置为县，后为汉代继承。

上郡木禾县的县名不见"京""都"二字，但其出处似乎也是暗含其意，《山海经·海内西经》谓："海内昆仑之虚，在西北，帝之下都。昆仑之虚，方八百里，高万仞。上有木禾，长五寻，大五围。面有九井，以玉为槛。面有九门，门有开明兽守之。百神之所在，在八隅之岩，赤水之际，非仁羿莫能上冈之岩。"[7]虚，在古代文献中往往为先代都城废墟之意。有学者注意到此，已认为作为帝都之一的昆仑之虚的标志物之一即是神奇的"木禾"，堪称"神木"，应该就是今神木县名称的由来[8]。而从地理方位来说，相对于后世的中原而言，神木县所在位置正在西北，也是符合"海内昆仑之虚，在西北"之记述的。若如此，则后世神木县的称谓有可能就是继承秦汉时的"木禾县"的称谓。

考虑到地名特有的稳定性和传承性的特点，如果秦汉以前不曾有京、都之称，何以胆敢在秦汉专制皇权文化兴起的时代背景下有京、都之称呢？而且怎么会与彼此紧邻的桥山黄帝冢以及帝原水、黄帝祠这些具有共同的文化指向性的地名和遗迹在该地区同时出现呢？应该说古人编是不会编造出来的，相反应该都是历经战国、秦、汉传承下来的上古地理，说明这些世代传承的古地名和古遗迹正好保留了许多珍贵的历史文化信息。

也许正是因为原秦上郡境内的这八县名称暗含有犯讳的意义，于是到了王莽改制后便都做了改名。有些是给予了新的吉语，而有些则是根据当时的民族地区特点改为具有贬损之意的称谓，而有些则是作了并省。京室县，王莽曰积粟，从名称及排列顺序看，疑在秦故塞南，今榆林市所在的地方。这是因为此地有帝原水（今榆林河）流经，水源充足，土地开阔，为粮食粟的主要产区；阳周县，莽曰上陵畤，地望下文有考；西都县王莽曰五原亭，治所位置不详；洛都县，王莽曰卑顺，按名索骥，理应在洛河流域，大致方位应该就是今位于洛河河畔的甘泉县城一带；宜都县，王莽曰坚宁小邑，应该为今陕西子长县瓦窑堡；原都县，应该是在原水附近，汉代原水是奢延水，其方位疑在今横山县雷龙湾一带；平都县应该位于大理河北岸子洲县教场坪古城一带；木禾县，应该在今神木县境。后二县王莽改制后再不见记载，应该是已被并省。王莽新朝对以上八县名称的改易或并省，更让人不得不思考其改制以前的文化含义。

今榆阳区马合镇的瓦片梁古城和牛家梁镇的古城滩古城有学者推定其为汉龟兹县。另外，榆林地区文物部门近年在古城滩古城西侧发现一处面积达 6 万平方千米以上的大型战国先秦民居住遗址，叠压在战国秦长城之上，有学者认为，由其建城历史的久远和城址的优越，作为上郡属国都尉所在地最有可能[9]。

进一步追溯秦汉上郡及其部分属县之建置沿革，《汉书·地理志》记为秦置，汉是承袭了秦的建置。其实上郡乃秦昭王时继承战国魏的建置，若继续追溯战国魏的建置，应该又是二周旧称。周王朝在强盛之际曾以河为守，疆域达到河套地区，诗所谓："天子命我，城彼朔方。赫赫南仲，玁狁于襄。"[10]西周后期，王室衰微，戎狄交侵，边民饱受其苦，又有诗："靡室靡家，猃狁之故。不遑启居，猃狁之故。"[11]《竹书纪年》记："（周厉王）十四年，玁狁侵宗周西鄙"[12]。春秋时，《史记·匈奴传》记："晋文公攘戎翟，居于河西圁、洛之间，号曰赤翟、白翟。"[13]洛是洛河，圁水今神木县境窟野河。该地区——包括今陕西、山西、内蒙古三地交界地带，已经处在戎翟与华夏交界地带。战国魏惠文王经改制强盛以后，魏国疆域曾横跨大河两岸，上郡便在其疆域之内。《韩非子》中《内储说》上篇记有李悝为"上地之守"句。魏国何时设郡不得而知，但说明当时已经称"上地"。至秦惠文王十年（前 328 年），《史记·秦本纪》记魏纳上郡 15 县，自此秦有上郡。秦初并天下时的 36 郡中亦有上郡，至秦末的 48 郡仍有上郡，这期间其郡治是否有变化，尚不清楚，但很长时间曾在肤施县。

秦继魏而据有上郡之地以后，为抵御匈奴南下，秦昭襄王时，沿北方边地修筑长城，重要的一段即在上郡境内，这便是经过今白于山北麓，东北至准格尔旗东黄河河曲的战国秦长城。所以，战国秦长城以北，很长时间都弃之为塞外。到秦始皇统一天下以后，北取匈奴阴山以南地置九原郡，上郡境内战国秦长城内外自然皆归秦王朝所有。汉初沿袭秦的疆域，白土、龟兹诸县便逾越战国秦长城以北而置。由此考察，说明自春秋、战国以来，该地区便是周人与古狄（翟）人、匈奴杂居之地，后由秦汉相继控制。秦王朝灭亡以后，项羽三分关中，王秦降将，其中立董翳为翟王，都高奴（今延安市），上郡即在翟王国境。但立国不久，便被汉兼并。

从春秋战国以来，秦汉上郡即为晋、魏、秦所经理的"上地"或"上郡"的事实，说明"上地""上郡"地名及其境内的"京室"等县名，与帝原水等地名和河流名之出处都很早，应该都是来自两周，为自周人历经春秋、战国及秦汉而相沿袭的旧称。而当地与黄帝事迹传说的起源应该也是很早。

继续考察上郡及其属县自汉以后的建置变迁。至西汉末年，汉宣帝、元帝以来，南匈奴降服汉朝，该地区又增加了新降服匈奴的成分，但在该地区安置的匈奴仍然在战国秦长城以北。所以上引《汉书·地理志》上郡条谓："匈奴都尉治塞外障。"

两汉之际，上郡境内的人口、城镇与县的行政建置发生了巨大变化，《后汉书·郡国志》记东汉永和五年上郡 10 城，户 5169，口 28599。所管的县 8 个，另有龟兹属国与（匈奴）侯官各一[14]，共 10 个，与王莽改制前相较，其中废置 14 个，新置一侯官，城镇户数人口锐减。城镇县数由西汉的 23 县锐减为 10 个。原来西汉时的 23 县，被废置的有 14 个县一级的行政建置，其中包括境内有黄帝陵的阳周县，以及带有"京""都"字样的西汉京室、平都、洛都、原都、宜都等县及出处似与帝都有关的木禾一县。另外，西汉西河郡之西都县也被废置。两汉之间，该地区行政建置何以有如此大的变化呢？

前文提及，这是与新莽王朝的改制及错误的民族政策有关，更与王莽对西汉末年安置匈奴的政策改变有关。新莽政权建立以后，为了易刘汉正朔，树立新朝正统，大改西汉制度典章，百官、宫室、郡县尽易名，天下王侯以下及官吏，以及匈奴、西域、徼外蛮夷，"皆即授新室印绶，因收故汉印绶"。在这个过程中，其中将上郡一部分改为增山，"以汉马员为增山连率"，将原上郡带"京"与"都"的诸县与阳周、木禾被改名或废置并省。这一改名与废置并省，应该正如上文所说的是因为这些县都带有犯讳字眼，于是在这次全国郡县易名时全部改易。也许正是因为以上诸县带有犯讳字眼，所以在东汉政权建立，全国郡县名称恢复西汉旧称时，以上诸县仍然没有得到恢复，并进一步被并省。

新莽始建国二年（10 年），王莽欲立威于匈奴，收回前朝颁给匈奴的单于印玺，更名匈奴为"降奴""恭奴"，"敕令掘单于知墓，棘鞭其尸"。当匈奴拒不接受新莽印绶，强烈反对新莽政权的这一变动以后，王莽发兵三十万屯集边郡，准备大举进攻匈奴。于是，匈奴"单于历告左右部都尉、诸边王，入塞寇盗，大辈万余，中辈数千，少者数百，杀雁门、朔方太守、都尉。略吏民畜产不可胜数，缘边虚耗"[15]。这样，"北边自宣帝以来，数世不见烟火之警，人民炽盛，牛马布野。及莽扰乱匈奴，与之构难，边民死亡系获……数年之间，北地虚空，野有暴骨矣"[16]。经过了两汉之际的这一变化，上郡的人口与民族构成先后发生了巨大变化，原居住在该地区的汉民族大部分遭到屠杀或自此背井离乡，匈奴族亦因反叛而大部分撤离或死于兵燹。而经此变故，世易时移，对于存留在该地区的黄帝传说，被进一步淡忘于民族记忆之外。

东汉后期，五胡侵逼，边民又是大规模入居内地。三国魏晋之际，先有曹魏分封的匈奴五属国占据了北地、朔方、上郡、西河诸郡，农牧交错。至北魏徙居中原，文物典章一并接受汉魏制度之际，胡汉混杂，许多地名建置沿革已经发生了变化。北魏建置的许多州县地名发生了谬误，与前代地理相比，《魏书》等张冠李戴之处多有。

可庆幸称道的是，就在胡汉再次交融，文物典章混淆之际，郦道元《水经注疏》对该地区的有关记载却保留了许多先秦和秦汉的地理信息，其中记桥山黄帝陵曰：

（奢延水）又东，走马水注之。水出西南长城北，阳周县故城南桥山。昔二世赐蒙恬死于此。王莽更名上陵畤，山上有黄帝冢故也。帝崩，惟弓剑存焉，故世称黄帝仙矣。其水东流，昔段颎追羌出桥门，至走马水，闻羌在奢延泽，即此处也。门即桥山之长城门也。始皇令太子扶苏与蒙恬筑长城，起自临洮，至于碣石，即是城也[17]。

这是继《汉书·地理志》之后，对于黄帝陵位于汉阳周县南桥山的又一确切记载。尤其可贵的是，这里对于阳周县与无定河支流马走水以及长城桥门的相对位置做了记述。

尽管《汉书·地理志》《水经注》对黄帝桥山陵的确切位置做了记述，但随着该地区政治局势的变化和民族的迁徙流转，许多史书典籍还是将其位置张冠李戴，以至贻误世人已逾千年。那么这一谬误是怎么出现的，又是怎么被发现的？

原来，正如上文所述，经西汉末年与东汉的行政废置变迁，以及魏晋时期的晋室南迁和五胡乱华，秦汉上郡旧地，早为羌胡所居。西羌、匈奴、稽胡[18]、鲜卑在这里先后接替。北朝几个政权对于稽胡的控制力往往极其有限。加之，随着频繁的人口移动与时间的推移，"民族记忆"在进一步地失忆，而就是因为诸胡政权在该地区活动的持久，以及其行政建置的疏阔，华夏文明为标识的汉文化在该地区影响力在逐渐衰减。在这样的背景下，《魏书·地形志》记赵兴郡阳周县"有桥山、黄帝冢"[19]。而魏之赵兴郡阳周县在今甘肃正宁县北，与秦汉的阳周县相去甚远，而载桥山黄帝冢在其境，显然是张冠李戴了。《魏书》此说，唐人不辨而悉数接受。《括地志》《元和志》皆云，桥山在罗川县东八十里子午山[20]。《通典》亦云："罗川县有桥山，黄帝葬处。"《册府元龟》记："大历四年四月，鄜坊等州节度使臧希让上言，坊州有轩辕黄帝陵阙，请置庙。"[21]此后，谬误流传。众所周知，今天的桥山与黄帝冢在陕西洛河下游的黄陵县。当然经学术界已有的辩证，以上两个地方确实与汉代的阳周县黄帝陵真是相差得太远。但值得一提的是，《魏书·地形志》记北魏上郡领二县，分别为石城与因城。其中的石城县地望是否为石峁城所在的县属不得而知，名称令人生疑。

《魏书·地形志》对于后世的误导，直至清代钱坫与民国杨守敬、熊会贞在《水经注疏》中予以揭橥[22]。但秦汉上郡阳周县与黄帝桥陵的确切位置究竟在哪儿呢？《中国历史地图集》第2册将秦汉阳周县编绘在今无定河支流大理河和淮宁河之间[23]，具体位置大约在今子长县境。史念海先生曾推定汉代阳周县应在今子洲县西南[24]。但王北辰先生认为在今靖边县境内[25]。今又有学者考证今靖边县杨桥畔古城之东城为阳周县城[26]。结合古城位置以及城内出土的刻有"阳周塞司马"五个阴刻字的泥质灰陶罐的情况，今杨桥畔古城之东城似乎更为准确一些。其实对于阳周县地望，学者们之间的分歧在地域上已经十分接近，至于桥山应该就是今之白于山，历史上的黄帝陵应该在此，这一点已经成为学界的共识。

二、《汉书·地理志》与《史记·五帝本纪》所记关中等地与黄帝及其部族有关的先秦地理信息

《汉书·地理志》除上郡境内外，还记载了有关黄帝传说的地理信息。右扶风21县，在雍县（治在今凤翔县南）条记："秦惠公都之。有五畤，太昊、黄帝以下祠三百三所。"隃麋县（治在今千阳县城关镇东南千川村一带）条记："有黄帝子祠。"陈仓县（治在今宝鸡市金台区陈仓镇一

带）条记："有上公、明星、黄帝孙、舜妻（盲）育冢祠。"虢县（今宝鸡市东）："有黄帝子、周文武祠。"[27]

这些曾经出现在关中地区的黄帝及其子孙祠依然具有重要的历史文化信息。考虑到古人对于祭祀活动及祭祀对象的重视和文化活动的传承性，这些黄帝及其子孙祠，应该说都是黄帝部族曾经在关中地区活动的历史信息，也是历史民族记忆的一种反映。从它们出现的地理方位来看，显然出现的地点是向西南移动了，应该是反映出昔日黄帝部落曾经的活动范围或影响在扩大，或者说是其活动范围从位处洛河、无定河流域的今陕北榆林地区向西南关中地区迁徙了。

进一步考察史籍文献关于黄帝及其部族活动轨迹的记载，与《汉书·地理志》相比较，《史记》关于黄帝传说及其行迹的地理信息内容较多，但比较模糊笼统，尽管这样，与《汉书·地理志》之间还是有一定的补充和印证作用。

首先，《史记》对于黄帝生葬之地及其子孙去向记曰："黄帝居轩辕之丘，而娶于西陵之女，是为嫘祖。嫘祖为黄帝正妃，生二子，其后皆有天下：其一曰玄嚣，是为青阳，青阳降居江水；其二曰昌意，降居若水。昌意娶蜀山氏女，曰昌仆，生高阳，高阳有圣德焉。黄帝崩，葬桥山，其孙昌意之子高阳立，是为帝颛顼也。"[28]对于《史记》所记黄帝的出生之地"轩辕之丘"，《史记·集解》皇甫谧曰：《山海经》曰：'在穷山之际，西射之南。'"《山海经》对于轩辕之丘的这一指示依然很不具体，嫘祖所出的西陵，究竟是地名还是部族名，至今学界争论很多，均不能确定。

另外，《帝王世纪》则记："帝颛顼，高阳氏，黄帝之孙，昌意之子，姬姓也。母曰景仆，蜀山氏女，为昌意正妃，谓之女枢。金天氏之末，女枢生颛顼于若水。首戴干戈，有圣德。父昌意，虽黄帝之嫡，以德劣降居若水，为诸侯。及颛顼生十年，而佐少昊，二十而登帝位……始都穷桑，徙商丘。"[29]对于这里称帝颛顼为姬姓的说法，学术界多比较认同，说明很可能黄帝应该是与后来兴起的周人同姓。至于称其"始都穷桑，徙商丘"，《汉书·地理志》亦记汉东郡濮阳县（今濮阳县南）境有"故帝丘"，并谓为"颛顼虚"[30]。此显示黄帝后裔可能有向今河南乃至江淮方向迁徙的事实。

其次，对黄帝事迹的真实性及其征战经营活动的范围再进行考察，《史记》谓："轩辕乃修德振兵……教熊罴貔貅䝙虎以与炎帝战于阪泉之野。三战，然后得其志。蚩尤作乱，不用帝命。于是黄帝乃征师诸侯，与蚩尤战于逐鹿之野，遂禽（擒）杀蚩尤……天下有不顺者，黄帝从而征之……东至于海，登丸山，及岱宗。西至于空桐（崆峒），登鸡头。南至于江，登熊、湘。北逐荤粥，合符釜山，而邑于逐鹿之阿。迁徙往来无常处。"[31]在这里，司马迁在根据当时的史料传闻，将黄帝作为一代雄强之主纵横捭阖的一生及昔日战争的激烈及部落整合过程的艰辛场面转述了下来。对于其史事的真实性，正如有学者指出的："黄帝曾与炎帝大战于阪泉之野，与蚩尤大战于逐鹿之野，都取得了胜利……临沂银雀山竹简《孙子兵法》《孙膑兵法》，江陵王家台秦简《归藏》，参互印证，会有较大的真实性，又很符合氏族社会后期人们以战争为'经常性职业'的时代特征。"[32]对于黄帝与炎帝大战的阪泉之野，《帝王世纪》《括地志》分别记在汉代的上谷郡和唐代的妫州怀戎县[33]，均在今天的河北省境内。而黄帝与蚩尤作战的逐鹿之野，《史记·集解》引服虔、皇甫谧的解释以及《括地志》都记在汉涿郡或上谷郡[34]，也都在今河北省境内。可是，有学者认为黄帝与炎帝大战的阪泉之野在今山西运城市一带，而黄帝伐蚩尤之望应在今山西南部[35]。至于，岱宗即泰山；空桐应即崆峒山，与鸡头山都在今甘肃庆阳境内；熊耳山与湘山分别在今河南与湖南省境内。但其中有些应该也是黄帝子孙因地随人迁而遗留的新地名，有些地名也是如钱穆先生指出的"史公自以西汉疆域说上古传记"[36]。另外，"荤粥"，《史记·匈奴传》云："唐虞以上有山戎、猃狁、荤粥，居于北蛮。"《史记·集解》引服虔云："尧时曰荤粥，周曰猃狁、秦曰匈奴。"[37]则荤粥应指北狄，秦汉时指匈奴。但由此，反映出黄帝生前征战、活动的范围应该确实在北方，如果结合前文论述，其中心地应该正在今陕北榆林等地区。

至于黄帝子孙后裔在后世的活动和传承，《史记》与《汉书·地理志》分别都有记载。前者记载，西周初年，周武王"追思先圣王，乃褒封神农之后于焦，黄帝之后于祝。"此祝，《正义》引服虔云："在汉东海郡祝其县。"大约在今江苏赣榆县北部；另外，《汉书·地理志》记汉东郡境内有一南燕县与南燕国，谓："南燕，南燕国，姞姓，黄帝后。"具体位置不详。但二者皆说明周初至汉代尚可确定其后裔。而对于上引书皆谓其子孙降居之江水和若水，学界一般都认为"江"就是今天的长江[38]，"若"即蜀川的若水，今之雅砻江。另外，关于黄帝族东迁的路线，徐旭生先生认为可能是从今陕西北部，顺北洛水南下，到今大荔、朝邑一带渡河，跟着中条山及太行山边逐渐向东北走。并怀疑今山西南部沿黄河的姬姓建国里，有一部分就是黄帝族东迁时留下的分族，而非西周的封国[39]。

由此，我们进一步明确的是：从黄帝二子"降居"江水和若水之句分析，黄帝部族活动的中心原本应该不是在南方，而是在北方。其出生之地"轩辕之丘"与其正妻嫘祖所出的西陵也应该不在南方，而应该依然在其生前活动集中的北方。再从黄帝死后葬于桥山，由前引《汉书·地理志》对于桥山位置的确切记载来看，也说明其生前活动中心应该是在北方，并且应该是桥山之陵所在之地。但其子孙及其部族后裔后来有南迁江汉、巴蜀而居者，应该也是历史事实。具体应该是两支，一支向西南经关中而至蜀川；一支东南渡河、渭，沿丹江到河洛流域，乃至江淮地区。这期间，地随人迁，今河南境内之洛河、熊耳山、黄帝故里的来历，应该正是其部族后裔中一支向东南河南、江淮迁徙过程中遗留的地名。

三、《汉书·地理志》所记先秦地理信息的史料来源

前文提到，存留在《汉书·地理志》中的上郡与其境内关于黄帝事迹及诸县的古地名出处都很早，之所以历经数千年而保留下来，应该是与同为姬姓的周人的迁徙、传承有关。据研究，周人早期就生活在今陕北榆林地区。在过去已有的研究中，因《国语·晋语四》云："我姬姓出自天鼋。"学者们研究，天鼋亦即轩辕，是姬姓部族图腾。其中邹衡先生考察了大量铸刻有"天鼋"或"天"的青铜器出土时代及地望，认为以"天"为族徽的天族，即周族的一个著名氏族。而且根据其中有出土地点的9件，他认为天族早期曾居住在陕北绥德，再迁至泾渭地区的岐山、扶风、长武一带，克商后，有的支族迁至河南。并认为："黄帝族早期活动的地域也许就在洛河之东北一带，往后才发展到泾渭地区。"[40]另外，王晖先生对文献的进一步考察认为，同为姬姓的黄帝轩辕或天鼋部族存在的时间很长，"出土楚竹书与古文献所记述史前至商周时众多部族或方国之名中也多见'轩辕氏'或'天鼋'……另外，在商周金文中单铸'天鼋'或在父祖庙号之前或之后铸'天鼋'的情况

则更多。从文献及古文字资料看，史前社会到商周时代轩辕或天鼋部族是一直存在的。"[41]

黄帝陵所在的阳周县之得名也颇耐人寻味。巧合的是，根据《汉书·地理志》及《水经注疏》的记载而确定的黄帝陵所在的白于山以南，就有一条洛河的重要支流——周河。这条河流发源于白于山南麓，自北而南流经今周河镇、志丹县，在永宁镇附近注入洛河。根据古人以山南水北为阳的方位来看，秦汉阳周县正在周河以北。则阳周县之得名应该是与位于周河以北的地理位置有关。而周河之得名，与周原之得名一样，都是与早期周人的活动有关[42]。周人在南迁以前，很长时间应该就是生活在以周河为中心的洛河流域，乃至包括无定河流域在内的今陕北延安、榆林、绥德地区。

周人早期应该是先居住在周河流域，只是到了商代后期才南迁至岐山及周原。对于周人早期的迁徙过程及沿经路线，《史记·周本纪》《汉书·地理志·后序》皆云："后稷封邰，公刘处豳，大王徙岐，文王作丰，武王治镐。"[43]《帝王世纪》记述："周太王避狄，循漆水，逾梁山，徙邑于岐山之阳。"[44]《后汉书·西羌传》依据前代史料记述更详细，其中曰："及武乙暴虐，犬戎寇边，周古公逾梁山而避于岐下，及子季历，遂伐西落鬼戎。太丁之时，季历复伐燕京之戎，戎人大败周师。后二年，周人克余无之戎，于是太丁命季历为牧师。"[45]

按照《史记·周本纪》《汉书·地理志·后序》所记，传统的说法是：周人始祖后稷封邰在武功，至公刘迁居豳，在今彬（邠）县。至太王古公亶父，始去豳，度漆、沮，逾梁山（今陕西乾县境内），至于岐下，到达了今陕西岐山。

但结合《尚书·禹贡》《诗·大雅》之《绵》《公刘》，以及上引《后汉书·西羌传》等，前代学界已经多有异议。钱穆先生经过系统考证以后指出："后稷之封邰，公刘之居豳，皆今晋地。及太王避狄居岐山，始渡河而西，然亦在秦之东境，渭洛下流，自朝邑西至于富平。"[46]

这里且不论邰与豳是否在晋地，但从太王古公亶父离开其国都——"豳"，是因"薰育戎狄攻之"，被迫"去豳，度漆、沮，逾梁山，至于岐下"，显然是受到北方游牧民族的侵逼而南迁的。上引《后汉书·西羌传》说得十分清楚，"犬戎寇边，周古公逾梁山而避于岐下"。可见，当日周人南徙的确是因为遭受戎狄之患，而上引文所谓的西落鬼戎、燕京之戎应该都是周人根据当时的地理方位对不同戎部落的称谓，"燕京之戎"很可能即为当时占据传说中的黄帝旧都或周人旧京的一支戎部落。

对于周人迁徙过程中翻越的梁山，《水经注疏》等认为应即今天位于乾县境内之梁山。但有学者指出，此梁山即今陕西韩城市西北黄龙山[47]。横亘在今延安市东南部，韩城市西北的黄龙山，主峰大岭高 1783 米，东傍黄河，西临洛水，若结合周人兴起地来看，后者似乎更为可信，更符合周人迁徙路径及令其历经艰辛的地形。

漆水，《水经注疏》："雍水又东南流，与杜水合。水出杜阳山。其水南流，谓之杜阳川。东南流，左会漆水，水出杜阳县之漆渠。"[48]则漆水应该就是今天流经铜川市境内的漆河，而沮水应该就是今天流经铜川市境内的沮河。

结合前面关于周人兴起于今陕北榆林等地区之说，则周人自公刘开始便率部南迁，所谓："笃公刘，逝彼百泉，瞻彼溥原。乃陟南冈，乃觏于京。"此"百泉"应该就是周河及洛河、无定河河源密集之地。应该先是自北向南沿黄河西岸南下。途中逾越梁山（今之黄龙山），至今合阳、大荔一带折而向西，渡过漆、沮二水，最后到达岐山及周原。方向明显是自北而南，再自东向西至岐山。之所以沿关中盆地北缘西进，应该是当时关中盆地的腹地尚在其他部族的控制中。

周人的南迁过程也是与其生产方式的转变与文化习俗的改变相呼应的。史书所谓："公刘虽在戎狄之间，复修后稷之业，务耕种，行地宜，自漆、沮度渭，取材用，行者有资，居者有畜积，民赖其庆。百姓怀之，多徙而保归焉。"[49]这正是周人离开农牧交界地带，南下后单纯从事农业的真实写照。所谓"古公乃贬戎狄之俗，而营筑城郭室屋，而邑别居之"[50]，也是从游牧或半游牧走向定居的真实反映。

到了商纣王囚西伯于羑里之际，为了寻觅脱身之计，西伯不仅向纣王进献美女、文马、安车之属，而且"以请纣去炮烙之刑"为名，向商纣献洛西之地。而周人自太王古公亶父以来已经避狄居岐山，则岐山以北的洛西之地自然与其已经是若即若离，难属其管。但西伯仍然以洛西之地进献商纣，正说明洛河流域曾经就是已经避居岐山周原的周人旧地。这也就是说，此时西伯以其祖太王古公亶父以来已经丢失的洛西之地进献商纣，不仅在于讨好和效忠纣王，而且在于企图借重商王之力，企图恢复或巩固对其祖太王古公亶父旧地的控制。正因此，西伯回国以后，随即大开征伐，《史记·周本纪》记载："明年，伐犬戎。明年，伐密须。明年，败耆国。"这里犬戎在北，而密须，《集解》解释："应劭曰：'密须氏，姞姓之国。'瓒曰：'安定阴密县是。'"《正义》："《括地志》云：'阴密故城在泾州鹑觚县西，其东接县城，即古密国。'杜预云：姞姓国，在安定阴密县也。"[51]可见，西伯在得到商王支持后，借重商王之力去经营的重点在岐山以北、洛河流域，其实就是为了恢复旧疆，稳定后方，为下一步的"伐崇侯虎，而作丰邑，自岐下而徙都丰"做好准备，这是后话。

比较之下，《史记·周本纪》关于周人迁徙过程的记述比较笼统，尽管也保留了关于周人活动方位的一些古地理信息，但《汉书·地理志》同样为保留了大量先秦古地理的典籍，而且比较具体。史念海先生曾经敏锐地指出：《汉书·地理志》远绍《禹贡》和《周官》，其所记虽然以西汉一代为主，但并不限于西汉两百年间的地理，"实际上它不仅兼记前代，而且还追溯到远古……因而它于篇首就征引了《禹贡》和《职方》。它是以《禹贡》所述为夏代的地理，《职方》所述为周代的地理"[52]。对于《汉书·地理志》所记内容及所起的作用，史先生还指出："虽说是西汉一代的典籍，实际上还起到了沿革地理的作用，它应是由夏商肇始，历经春秋、战国、秦、汉，而至于王莽新朝的沿革地理。"[53]可见，《汉书·地理志》所记秦汉上郡及关中有关黄帝部族的历史遗迹及上郡及其属县的历史来源都十分久远，具有极其重要的历史文化信息。其所记秦汉上郡及其境内与黄帝传说有关的黄帝陵、黄帝祠、帝原水等遗迹以及以上所引的带"京""都"字样的诸县及木禾、阳周二县的地名应该都是周代及以前的地理，保留了存留在周人记忆中的关于黄帝部族活动的历史信息及周人早期兴起和迁徙过程的重要信息。

四、对石峁城遗址的历史解读

巧合的是，神木县石峁遗址正在秦汉上郡境内。而且已经发现的在石峁遗址周邻地区的文化遗迹也是很多的，说明它并不是一个孤立的存在。

今天的石峁遗址位于高家堡镇秃尾河支流洞川沟南石峁村的山梁上，东距神木县城60千米，西距高家梁镇1.5千米，北距长城10千米。而就在石峁遗址的北面，今内蒙古境内中南部另外已经发现的石城聚落遗址，还有共约18座之多，它们主要集中在三个地区：一是凉城岱海周围，分布有西白玉、老虎山、板城、大庙坡4座城址；二是包头大青山南麓，从西向东依次有阿善（2座）、西园、莎木佳（2座）、黑麻板、威俊（3座）等共计9座石城址；三是准格尔和清水河之间南下黄河两岸，发现准格尔寨子塔、寨子上（2座）、清水河马路塔、后城咀等共5座。其中凉城老虎山遗址面积达到13万平方米，其他几处均为数万平方米[54]。准格尔与清水河之间南下黄河两岸，为黄土丘陵地带，与岱海和包头山前地带的地势不同。这里黄河河水下切较深，两岸形成峭壁，地势险要，石城聚落遗址多分布于黄河岸边高台地上。内蒙古中南部石城址延续的时间当在距今5000年前后至4300年之间。而这一时间段正好与山西汾水流域的陶寺文化遗址——距今4300—3900年，以及神木发现的石峁城遗址——距今4300—4000年，彼此相衔接。

有学者称，若根据《路史·发挥》卷3引《竹书纪年》谓"黄帝至禹，为世三十"，以及《说文》中一"世"30年的记载而推定黄帝到大禹之间间隔了900年，结合"夏商周断代工程"关于夏代始年的认识，黄帝的年代距今约5000年[55]。但如果按照司马迁的说法，"余读谍记，黄帝以来皆有年数"，按其对于《史记·五帝本纪》的世次记载，舜应为黄帝九世孙，其中世次传承的血亲关系可信度尽管不高，但如果按照二十年左右为两代人之间的间隔算，九代人之间就相距200年左右的时间。如果将夏朝的开始时间定在公元前21世纪，则黄帝生活的时代就应该在距今4400—4300年。则《史记》对于黄帝至尧舜的世袭传承应该是有很高的可信度的史事在里面，而这一时间段与今经考古证明的石峁城遗址持续的时间段又是大致吻合的。

另外，据陕西省考古研究院石峁考古队的调查，在石峁遗址周围数十平方千米范围内，共有十多个小的古城遗址，其面积从几万平方米到十几万平方米都有。在这些遗址中，石峁并不是一座孤城，而是被多个小"卫星城"众星捧月般拱卫的史前"巨无霸"。

再者，据有关学者对与石峁城遗址相邻的内蒙古朱开沟遗址的考察，发现石峁遗址文化层中出土的遗物和石棺葬的时代，均相当龙山晚期。而在遗址中采集的某些标本，晚至朱开沟第三、第五阶段，其时代已延至夏商阶段[56]。又说明这一带的文化遗迹相互之间应该是延续继承的。

综合石峁城及其周边遗址说明，位于今天的陕西、山西、内蒙古三省区交界处，包括石峁遗址与陶寺文化遗址在内的以上聚落遗址，在历史上曾为古人类集中生活、居住的一个地带。需要指出的是，上古时代，我国北方先民最早培植出的粮食作物是粟、黍，都是产量较低的旱作物。而自古以来，这一地带就是粟、黍的主要产区（至今陕北的小米蜚声中外）。人类社会的早期，在农业尚不发达而不足以为人类生活所依赖的时代，在这个宜农宜牧的地区，发挥农业与游牧业各自的优势，半农半牧，二者互为补充，一并为早期人类社会所依赖，便为自然之事。而这一地区成为上古人类集中生活、居住的一个地带也是自然之事。

在这个地带，其中以石峁遗址为中心的黄帝部落及早期周人活动的地域，其实是共同以洛河、无定河为中心分布的。这里其实是一个气候适宜，水源充足，农牧业发达，非常适宜于人类繁衍生息的地区。加之，这里西北背负库布齐沙漠，东临大河，南屏横山，形成了一个相对封闭、安全的地理单元。三面环河，以河为守，在军事上显然具有防守的优势。而且以此为中心，明显具有向四周辐射扩散，以及文化向后世延续的特点，向北可以辐射到河套地区，向东辐射河东汾水流域，向南辐射关中地区，向西辐射陇东、河西，在条件成熟时出现统一强大的部落联盟或早期国家政权是完全可以理解的。今天于石峁遗址发现一定规模的城垣与大规模的玉器，应该就是一个幅员宽广，赋役来源稳定，影响范围广泛而初具规模的一个早期文明国家政权曾经在这里出现过的明显标志。

著名历史学家翦伯赞在写内蒙古访古时，曾经多次暗示这一地区与华夏起源有很大的关系，说"鄂尔多斯"与"华胥"是同一个阿尔泰词汇在不同时间、不同地点演化出来的不同读音。鄂尔多斯高原以及内蒙古广大地区也曾经是华夏人休养生息之地。而据史籍反映，大禹出自西羌，本有崇部落，《史记·六国年表》称："禹兴于西羌。"[57]《山海经·大荒北经》称："北狄"犬戎与夏人同祖，皆出于黄帝。据笔者研究，大禹都城阳城在秦汉夏阳，以后夏都迁至今晋南夏墟[58]，说明夏人早期也是兴起于这一地带，并与西羌诸游牧部族有千丝万缕的联系应该也是历史事实。

也许，正是因为一部分戎狄部族与华夏民族多同源共出，本为兴起在同一个文化圈的部族。后来随着生产方式的进一步分化，人口的繁衍膨胀，不同部落间对于共同依赖的自然资源的相互争夺日益频繁，也最终导致了他们的相互分裂和战争，乃至部分部族的被迫迁徙。

另外，据研究气候变化也是该时期原居住在今内蒙古南部地带的人类向南迁徙的一个重要原因。据称在距今4300年前后我国北方又有降温现象，代表寒冷气候的云杉再度出现，岱海附近的晋北阳高县的泥炭层亦显示出该地区距今4400年也出现过降温。至距今4000年开始，我国北方气候整体向冷干方向发展[59]，"由于环境的逐渐恶化，鄂尔多斯地区亦不适宜农业的发展，也成为半农半牧的北方部族的南下地带，这就是北方文化第二次南下的开始。朱开沟文化南下，在陕西北部地区发展成李家崖文化，沿吕梁山一线南下，直接影响到晋南二里头文化东下冯类型。向东，扩到晋中以北地区并向太行山以东地区施加影响。向西南，一直传播到关中以北和以西部分地区"[60]。而气候的变化势必影响到资源的日益匮乏，反映到人类活动中就是不同部族间的战争，以及波浪式的迁徙。可见，自然科学的考察与文献的有关记载似乎是可以找到一致性的。

再从历史上历次游牧民族的进犯路线来看，石峁遗址以北正是自古以来草原民族理想的游牧地——河套地区，中国历史上草原民族的南下进犯路线，又往往是沿今内蒙古境内黄河北岸东进南下，先进入今内蒙古河套地区或山西高原，再寻找津渡渡过黄河进入今陕北或关中。结合中国历史上历次农牧分界线的推移及民族之间的抗衡，结果往往是草原民族南下，逼迫农业民族放弃原来的居住地南迁的事实，应该说这也是黄帝子孙及其部族不断南迁的原因。也许，最初黄帝部落依靠其强大势力，一度南征北战，整合了周边各部落，建立起了统一而强大的部落联盟，并进而发展为早期国家，完成了华夏民族的早期整合。但随之又遭到外来部族的侵逼或自然环境的压力而瓦解。之后其部族之一部分被迫放弃原来的居地南下，而留在原居住地的成员自此或与戎狄杂居，又在这块土地及邻近地区先后孕育发展了如有夏部落和周人部落等。

再考察洛河、无定河流域，石峁遗址正位于这个封闭圈的东北角，从整个原始社会后期遗址来说，可谓居于北方文化圈中的核心地位。从地理形势看，其依山而建，北临绝堑，城墙三重，高大坚固，尤其已经清理出的一个面朝东方、居高临下、位置险要，占地2500平方米的东城门遗址，更具军事防卫的性质。而居险抗衡的对象应该正是东北方向隔河相望的河套地区之草原部族。而且当时的战争应该是非常激烈。

正是因为对于居住在洛河流域的黄帝部落来说，"涿鹿"是在与荤粥对抗的前线——今陕西、山西、内蒙古三省区交界地带，位于黄帝部落统治中心的东北方，而到了建都于汾水流域的尧舜时代，《尚书·尧典》记："申命和叔，宅朔方曰幽都。"《五帝本纪》："于是舜归而言于帝，请流共工于幽陵，以变北狄。"《尚书·舜典》："流共工于幽州。"这里"幽都""幽陵""幽州"均位于尧舜建都的晋南之北方，应该皆指石峁城及其周邻一带。至于后世将涿鹿、幽州移位于河北地区，实乃随着后世因人们活动范围的扩大，因地随人迁，原地名根据原来的地理方位发生了迁徙。

黄帝部族因气候变化和蚩尤荤粥部族的侵逼而南徙，这个规模应该是很大的，而且是持续了几代人的。不仅南逾秦岭远至蜀汉，而且向东南到达了河洛、江淮及今之山东。而其后史事不见于史书的原因，应该是统一的部族政权解体以后，几代人四散分离，很容易造成民族群体失忆[61]。这一点，从史籍的记载中对于自黄帝之后世次不清，司马迁写《史记》的时候，可能关于帝颛顼和帝喾的材料已经非常有限，而且相互舛讹，太史公所谓："余读谍记，黄帝以来皆有年数。稽其历谱谍终始之传，古文咸不同，乖异。夫子之弗论次其年月，岂虚哉！"于是，《五帝本纪》除了根据收录在《大戴礼记》中的《宰予问五帝德》和《帝系姓》的内容外，新加入的关于帝颛顼和帝喾的材料内容不多。而到了帝尧以后，事迹与世次又重归清晰，应该就是因为曾经的国家政权一度分裂后又得以重新整合的结果。如此，自尧舜以后，应该是以黄帝部落为核心的华夏文明在山西大地的复兴。而今以石峁城遗迹之规模及与上古史如此之巧合，称其为上古帝都，应该是当之无愧。

相对于司马迁时代人的认知及困惑，尽管我们现在拥有的上古文献更少了，但我们拥有了大量的考古文物和更加科学的手段，现在的问题似乎正应该为：走出过去的疑古时代，揭开其神话外衣，如何解读其中的历史"质素、核心"的问题了[62]。上古文明史的构建在于依靠文献和文物的合理解读，与其罔顾历史文献的综合考察与新考古发现的事实，一味拘泥于5000年文明史的陈词滥说，何不重新审视这段历史呢？当然，这种审视必须是运用多学科、多角度，综合各种文献与文物为前提的，绝不是仅仅依靠某一文献的片言只语。

注　释

[1] 沈长云：《石峁古城是黄帝部族居邑》，《光明日报》2013 年 3 月 25 日第 15 版；王红旗：《神木石峁古城遗址当即黄帝都城昆仑》，《百色学院学报》2014 年第 5 期；陈民镇：《不要把考古与传说轻易挂钩——也说石峁古城》，《光明日报》2013 年 4 月 15 日 15 版；张怀通：《谁的石峁：石峁古城系上古西夏都邑》，《中国社会科学报》2015 年 3 月 18 日第 A05 版。

[2] 此观点据薛耀飞《破解上郡治所历史难题——党岔古城就是肤施城址》一文称为贺清海等考古所得。其文参见：《榆林日报》2010 年 1 月 24 日第 05 版。

[3] （汉）班固撰、（唐）颜师古注：《汉书》卷 28《地理志》，第 1617 页。

[4] 沈长云先生在上引文中已关注到了此两县境内有与传说中的黄帝有关的古迹，以及神木县与汉木禾县名称间似有的关联。

[5] 以上所引汉上郡诸县，见《汉书》卷 28《地理志》，第 1617 页。

[6] 对于秦灵公时置吴阳上畤一事，（汉）司马迁：《史记》卷 28《封禅书》记："而雍旁故有吴阳武畤……或曰：'自古以雍州积高，神明之隩，故立畤郊上帝，诸神祠皆聚云。盖黄帝时尝用事，虽晚周亦郊焉。'"中华书局，1959 年，第 1359 页；《史记》卷 15《六国年表》记秦国建上畤的时间在秦灵公三年，为公元前 422 年，第 704 页。

［7］ 袁珂校注：《山海经校注》，上海古籍出版社，1980年，第294页。

［8］ 沈长云：《石峁古城是黄帝部族居邑》，《光明日报》2013年3月25日第15版。

［9］ 何彤慧、王乃昂：《毛乌素沙地历史时期环境变化研究》，人民出版社，2010年，第111页。

［10］《十三经注疏》整理委员会整理：《毛诗正义·小雅·出车》，北京大学出版社，1999年，第600页。

［11］《十三经注疏》整理委员会整理：《毛诗正义·小雅·采薇》，第590页。

［12］ 方诗铭、王修龄校注：《古本竹书纪年辑证》，上海古籍出版社，1981年，第251页。

［13］《史记》卷110《匈奴列传》，第2883页。

［14］《后汉书》志第23《郡国志》，中华书局，1965年，第3524页。

［15］《汉书》卷94《匈奴传》，第3824页。

［16］《汉书》卷94《匈奴传》，第3826页。

［17］（北魏）郦道元注，（民国）杨守敬、熊会贞疏：《水经注疏》卷3《河水三》，江苏古籍出版社，1989年，第261—262页。

［18］ 周伟洲先生认为，稽胡"应是以内迁南匈奴五部后裔为主体，融合了西域胡及山居土著（包括汉族）而形成的一种杂胡"。另外，笔者认为稽胡的"稽"，本意为停留、滞留的意思，也就是停留下来的胡人。而且稽胡生活的汉朔方、上郡、西河郡等地，正是东汉以来按羁投降的匈奴之地，说明其与匈奴确有关系。周伟洲文，见《中国中世西北民族关系研究》，广西师范大学出版社，2007年，第130页。

［19］《魏书》卷106《地形志》，中华书局，1974年，第2628页。

［20］（唐）李泰等著，贺次君辑校：《括地志辑校》，中华书局，1980年，第43页；（唐）李吉甫编，贺次君点校：《元和郡县图志》卷3，中华书局，1983年，第65页。

［21］（北宋）王若钦等编：《册府元龟》卷174《帝王部·修废》，中华书局影印本，1960年，第2101页。

［22］（北魏）郦道元注，（民国）杨守敬、熊会贞疏：《水经注疏》卷3《河水三》，第262页。

［23］ 谭其骧主编：《中国历史地图集》第2册，中国地图出版社，1982年，第17—18页。

［24］ 史念海：《直道与甘泉宫遗址质疑》，《中国历史地理论丛》1988年第3辑；《与王北辰先生论古桥门与秦直道书》，《中国历史地理论丛》1989年第4辑。

［25］ 王北辰：《桥山黄帝陵地理考》，《西北史地》1995年第2期。

［26］ 张泊：《上郡阳周县初考》，《文博》2006年第2期；何彤慧、王乃昂：《毛乌素沙地历史时期环境变化研究》，人民出版社，第140页。

［27］《汉书》卷28《地理志》，第1547页。

［28］《史记》卷1《五帝本纪》，第10页。

［29］ 徐宗元辑：《帝王世纪辑存》，（北京）中华书局，1964年，第27页。

［30］《汉书》卷28《地理志》，第1557页。

［31］《史记》卷1《五帝本纪》，第3—6页。

［32］ 赵世超：《黄帝与黄帝文化的南迁》，《社会科学评论》2008年第2期。

［33］ 徐宗元辑：《帝王世纪辑存》，第25页；（唐）李泰等著，贺次君辑校：《括地志辑校》，中华书局，1980年，第108页。

［34］《史记》卷1《五帝本纪》，第5页；（唐）李泰等著，贺次君辑校：《括地志辑校》，中华书局，1980年，第108页。

［35］ 钱穆：《黄帝故事地望考》，《古史地理论丛》，生活·读书·新知三联书店，2004年，第152页。

［36］ 钱穆：《黄帝故事地望考》，第147页。

［37］《史记》卷110《匈奴列传》，第2880页。

［38］《史记》此记青阳降居江水，但《大戴礼记·帝系》谓"青阳降居泜水"，李学勤先生认为应即今河南沙河，源出鲁山西，流经叶县，入于汝河。若其说成立，仍然说明黄帝部族最初生活在北方，其一支南迁后方至今

河南境内。见其著：《走出疑古时代》，辽宁大学出版社，1994年，第44页。

［39］徐旭生：《中国古史的传说时代》，广西师范大学出版社，2003年，第50、51页。

［40］邹衡：《夏商周考古学论文集》，科学出版社，2001年，第310—312页。

［41］王晖：《古史传说时代新探》，科学出版社，2009年，第13页。

［42］秦上郡境内尚有一平周县，为魏纳秦的十五县之一，其"平周"的称谓应该也是与周人早期活动有关。据研究其地望在陕西米脂一带。参见后晓荣：《秦代政区地理》，（北京）社会科学文献出版社，2009年，第165—166页。

［43］（汉）班固撰，（唐）颜师古注：《汉书》卷28《地理志》，第1642页。

［44］徐宗元辑：《帝王世纪辑存》，中华书局，1964年，第81页。

［45］（南朝宋）范晔：《后汉书》卷87《西羌传》，第2870页。

［46］钱穆：《古史地理论丛》，生活·读书·新知三联书店，2004年，第7、8页。

［47］王晖：《古史传说时代新探》，（北京）科学出版社，2009年，第108页。

［48］（北魏）郦道元注，（民国）杨守敬、熊会贞疏：《水经注疏》卷18《渭水中》，（南京）江苏古籍出版社，1989年，第1535页。

［49］《史记》卷4《周本纪》，第112页。

［50］《史记》卷4《周本纪》，第114页。

［51］《史记》卷4《周本纪》，第118页。

［52］史念海：《班固对于历史地理学的创建性贡献》，《中国历史地理论丛》1989年第3辑。

［53］史念海：《班固对于历史地理学的创建性贡献》，《中国历史地理论丛》1989年第3辑。

［54］田广金：《凉城县老虎山遗址1982—1983年发掘简报》，《内蒙古文物考古》1986年第4期。

［55］陈民镇：《不要把考古与传说轻易挂钩——也说石峁古城》，《光明日报》2013年4月15日15版。

［56］田广金、郭素新：《鄂尔多斯式青铜器的渊源》，《考古学报》1988年3期。

［57］《史记》卷15《六国年表第三》，第686页。

［58］李宗俊：《秦汉夏阳为禹都阳城论》，《陕西师范大学学报》（社会科学版）2015年第1期。

［59］孔昭宸等：《中国北方全新世大暖期植物群的古气候波动》，《中国全新世大暖期气候与环境》，海洋出版社，1992年，第60—63页。

［60］田广金、唐晓峰：《岱海地区距今7000—2000年间人地关系研究》，《中国历史地理论丛》2001年第3辑。

［61］关于群体记忆的理论，参阅王明珂：《华夏边缘——历史记忆与族群认同》，社会科学文献出版社，2006年。

［62］李学勤：《走出疑古时代》，辽宁大学出版社，1997年，第40页。

（原载于《中国历史地理论丛》2016年第3期）

华夏族、周族起源与石峁遗址的发现和探究

沈长云

华夏，是我国主体民族古老而又沿用至今的称呼，汉族则是华夏民族在汉以后的改称，这在今天已是基本的历史常识。然而"华夏"这个称呼的来历如何？华夏族的来历又是如何？却是许多人不甚清楚的。长期以来，笔者一直留意于这个与我们民族早期历史有关的问题，经过研究，知道华夏族起源与历史上周族的兴起有着直接关系，华夏族对于祖先黄帝的崇拜亦牵涉到周族更早的历史。遗憾的是，学界对于周人的早期历史，尤其是对周族起源的认识，却一直处在比较混沌的状态。好在近年来，与这些问题相关的历史研究暨考古发掘取得不少进展，特别是不久前陕西省神木石峁遗址的考古发掘，提供了回答这些问题的新的契机，不仅揭示了作为华夏族与周族共同祖先的黄帝部族之所在，更提供了早期周族所从事职业的新的线索。笔者愿借此机会，结合石峁遗址的考古新发现，将自己对上述问题的思考提供给各位学者。这也是笔者对于这个为世人所瞩目的考古遗址的历史学解读，敬请学者批评指正。

一、华夏族与周族：从华夏族名称来历谈起

众所周知，我国历史上的华夏族主要是由古代居住于中原地区的夏、商、周三族经过长期融合而后形成的。但是夏、商、周三族是怎样在何种历史条件下开展的融合，学者对此问题的认识却并不一致。实际上，夏、商、周三族以及部分所谓蛮夷戎狄的融合主要是在西周春秋时期，并且是在周人的主导下进行的，华夏族的产生与周族在历史舞台上的活动有着更多密不可分的联系。这一切，可以从华夏族在商周之际的起源谈起。

商周之际是我国古代政治制度与思想文化出现重大变革的时期。昔日王国维在《殷周制度论》中便曾指出："中国政治与文化之变革，莫剧于殷周之际。"[1] 其所指周之制度大异于商者，包罗甚广，不能在此一一论列，唯其中封建子弟一项，对华夏民族之形成影响巨大。可以说，正是周人的封建，才迈开华夏民族形成最关键的步伐。

在周人取代商人建立起自己的王朝以前，整个商人的天下还是一个万邦（甲骨卜辞称"邦"为"方"）林立的局面。首先商人就是一个邦，文献或称之为"大邦商"，其他的邦，或者方国，都围绕在商邦居住的大邑周围，同商的朝廷结成各种内外服关系。这些邦、方实际都是一些"自然形成的共同体"[2]，属于氏族血缘组织的性质，今天的学者或称之为族邦。他们相互之间血缘壁垒森严，即令有对于商王朝的服属关系，也不影响他们作为一个独立的氏族组织的存在。彼时各氏族间的征服，包括商王朝对一些敌对方国的征服，除相互仇杀并进行掠夺之外，一般也只要求对方屈

服，承认其为臣属、前来朝贡并担任服役而已，尚未有如后世那样将被征服者拆而散之，变作自己直接统治对象的做法。也就是说，整个商代社会还没有出现不同氏族部落人们的混居杂处，这与一个统一的民族共同体的出现，应当说还有不小距离。

但是，西周封建却开启了打破古代部族间的血缘壁垒，促使他们混居和相互融合的新局面。所谓封建，是周人发明的一种新的统治方式，即将被征服地区的土地和人民分别授给周室的子弟亲戚，使其在各地建立一些兼具邦国规模和周朝地方政权双重身份的新的封国组织。封建的目的，当然是拱卫周的王室，但这样建立起来的封国已不同于过去那种自然生长的单一血缘组织性质的氏族邦方，而是人为建立起来的由不同血缘亲属关系的人们组成的政治组织。在所有这种性质的封国中，实际都包含了来自不同地方、具有不同血缘关系的人群：一部分是征服者，包括周室的子弟亲戚及他们的族属；另一部分是被征服者，包括当地的土著，或是周王赏赐给封君的其他被征服的族群。由于这些封国将不同血缘关系的人们组织在一个共同体内，使原本互不相干的族群有了共同的政治经济利益，这就有利于打破他们之间的血缘壁垒，促使他们在此基础上的混居和相互融合。

西周分封的典型例子，如《左传》定公四年提到的鲁、卫、晋三国的分封，周初金文提到的齐、燕、邢、吴诸国的分封，都很好地体现了上述封建的性质。事实上，他们后来也都在完成自己国家内部各氏族融合的基础上，发展成具有一定领土规模的地缘国家。其中一些国家，如晋、齐、燕、鲁诸国，还在后来的发展过程中，融进周围不少夏、商旧族，从而成为各地方促进民族融合的中心。所有这些，都为以后统一的华夏民族的形成打下了基础，说明周初的封建确实是华夏民族形成的先河，并且周人在华夏民族的形成过程中起到主导作用。

能够对上述华夏族起源问题做出进一步说明的，还有华夏族族称的来历。因为我国华夏族的族称也产生在商周交替的时候，并且华夏这个称呼也出自周人的自称。从目前我国最早的传世文献《尚书》的《周书》诸篇中，可以考见周人自称为"有夏"的情形。如《康诰》："惟乃丕显考文王……用肇造我区夏，越我一二邦，以修我西土。"《君奭》："惟文王尚克修和我有夏。"《立政》："……帝钦罚之，乃伻我有夏式商受命，奄甸万姓。"这三篇文献都出自周初统治者之手，由这些可靠的文字，可知"区夏""有夏"都是周人的自称。

这个"夏"不同于过去夏王朝或夏后氏的"夏"。在《立政》中，周公对成王先谈起"古之人迪惟有夏"，已经明确表示"有夏"为"古之人"，由于他们的后王表现不好而被上帝革去了命。"罔后"，即没有了继承人，接着周人又自称"有夏"，可知这个"有夏"绝不同于过去的"有夏"。一些人惑于两个"有夏"名称的相同，或认为周人乃夏后氏的后裔，这是不符合《尚书》的本意的。

周人姬姓，夏人姒姓，二者姓氏不同。古者"异姓则异德，异德则异类"（《国语·晋语四》），谓周人乃夏人后裔，首先就碰上这个无法克服的矛盾。与此相应，我们在文献中不止一处看到周人自别于夏人及其后裔，不把他们当作自己族类的做法。《左传》僖公三十一年记："（卫成公）梦康叔曰：'相夺予享。'公命祀相，宁武子不可，曰：'鬼神非其族类，不歆其祀，杞、鄫何事？'"相为夏的先王，卫属周之同姓，此明言夏的王族与周人非同一族类。这段话还提到作为夏的后裔只是杞、鄫二国，而《左传》僖公二十三年曰："杞成公卒，书曰子。杞，夷也。"出于华夏作者之手的《左传》称夏人后裔杞为"夷"，不仅不视之为同类，反而贱视之，更表现了华夏之人自别于夏后氏后裔之事实。有人说，杞之所以被称为夷，是因为它在春秋以后迁到东夷地区并使用夷礼的缘故，但近年发现的做于西周中期的铜器史密簋铭也早就把杞称作"夷"了（铭文中有"杞夷"的称呼），是周人早就把杞排除在华夏之外。这些，都反映了作为周族自称的"夏"与古代夏后氏之"夏"名同而实不同的事实。

现在要问，周人既非夏后氏的后裔，他为什么要自称为"夏"？过去人们对此有过许多猜测，其中最流行的一种解释是傅斯年在《夷夏东西说》中提出来的，他认为周人是出于政治需要，为冒攀亲缘而自称为夏的。所谓"政治需要"，不过是指灭商的需要。为灭商而自称为"夏"，乃是为了表示替冒认的祖先光复旧物，以便于更加理直气壮地去讨伐商人。这种解释似乎有些道理，但却只是一种猜测而已，不得以为定论。

其实，周人之自称为"夏"并没有那么多的深意，他们大概只是使用了"夏"这个字的本义来表现自己，表现以周邦为首的反商部族联盟的浩大声势。"夏者，大也"，《尔雅·释诂》及经、传注疏并如此训。《方言》说得更清楚："自关而西，秦晋之间，凡物之壮大者而爱伟之，谓之夏。"[3] 周人兴起于秦晋之间，人皆无异议，他们使用"夏"这个人皆爱伟之的称谓来扩大自己的部族联盟，以壮大反商势力的声威，犹如当年陈涉起义为复立楚国要给自己起个"张楚"的国号。《左传》襄公二十九年记吴季札如鲁观乐，当听到"为之歌秦"时，曾感慨说："此之谓夏声，夫能夏则大，大之至也，其周之旧乎。"其称秦所占周人旧地的音乐为"夏声"，并称赞说"能夏则大"，"大之至也"，应当和周人使用"夏"的称呼是同一个道理。

我们说"夏"指以周为首的整个西方反商部族联盟，也是根据上引《尚书·康诰》而言的。这段话谈到文王"肇造我区夏"，肇者始也，区者区域也，言文王始缔造我华夏之区域。再把这几个字连同下句"越我一二邦，以修我西土"一起理解，则更可以看出，"区夏"就是指的整个"西土"，它所包容的内涵，不仅有周邦，还有其他"一二邦"，也就是合周邦及其他友好盟邦组成的一个地区性反商同盟。其后武王伐商的誓师词《牧誓》中也有"西土之人"这一概念，那里面不仅有周人，还包含有所谓"西戎八国"。总之，由周文王缔造的这个"夏"是以周人为首的西方反商部族集团，将之比作"夏后氏后裔"，就更没有道理了。

商周之际，与商朝统治者集团的分崩离析形成鲜明对比，西方以周族为首的势力集团（即所谓"夏"）迅速发展壮大。《左传》襄公四年晋国大夫韩献子云："文王帅殷之叛国以事纣。"所谓"事纣"，按崔东壁的说法，"不过玉帛皮马、卑词厚币以奉之耳"[4]，实际上是在这个幌子下纠集诸侯准备实行"翦商"。文献盛称"文王受命"，即接受上天从商人手中移交给周人的"命"，亦即"天命"。根据《史记》记载，文王受命之年即他称王和"断虞芮之讼"之年。所谓"王"，再早不过是部族联盟军事首领的称呼；所谓"断虞芮之讼"，亦表明作为部族联盟首领的文王有裁决联盟内各氏族部落纠纷的权力。这些，都可为文王"肇造我区夏，越我一二邦，以修我西土"提供具体的诠释。笔者怀疑"夏"这个称号也就是在文王受命称王之时正式冠在自己所领导的部族联盟头上的。文献记文王受命后七年去世，如果这个推测不误的话，华夏部族联盟的正式形成是在文王的晚年。

随后，华夏部族联盟在周王室领导下展开对商王朝及东方部族的征服，随着征服的顺利进行，周王室又把"夏"的名称冠在自己分封出去的诸侯国的头上，这些诸侯被称作"诸夏"。《诗·周颂·时迈》："我求懿德，肆于时夏。"这是周天子在巡行东方诸国时的语言，表示要求懿美之德，以布陈于诸夏。《诗·周颂·思文》："帝命率育，无此疆尔界，陈常于时夏。"这是周王祭祀上帝和后稷的诗歌，言上帝命普遍养育人民，对于所有诸夏之民，不要划分彼此。这些诗歌中的"夏"，都是周分封出去的诸侯国。作为周王室的"夏"与作为诸侯国的"夏"在宗法关系及姻亲关系下结成一个整体，成为当时中国的主宰。时间一长，凡称作"夏"的东西都带有正统的意味。《诗经》中的《大雅》或《小雅》被视作华夏正声，"雅"就是"夏"，"雅言"即"夏言"。《墨子·天志下》引《大雅·皇矣》，"大雅"即作"大夏"。宫廷中的正式舞曲也多称作"夏"。《周礼·春官》："钟师掌金奏，凡乐事，以钟鼓奏九夏：王夏、肆夏、昭夏、纳夏、章夏、齐夏、族夏、祴夏、骜夏。"《左传》襄公四年："三夏，天子所以享元侯也。"这"三夏"，注家以为是《诗经·周颂》中的三篇诗名；"九夏"，郑玄等人也认为是诗篇名，并且是"'颂'之族类也"[5]。于是，"夏"不仅带有政治联盟的色彩，而且带有共同文化的意味了。所谓"中国有礼仪之大，故称夏"的训释，当由此来历。在此文化心理的背景下，又产生"华夏"的称呼。华、夏二字本来音同通用，《左传》《国语》等文献中或称"诸夏"为"诸华"。然而华、夏二字的重叠使用显然还具有更深的文化上的意蕴，因为"华"字还具有"华美""有文采"的意思。它出现在春秋以后，是表明华夏之人对自己的文化更多了一层自信。所谓"中国有服章之美，谓之华"当由此得来。

　　整个西周和春秋，以周人为首的华夏集团通过分封撒向黄河、长江流域的各个战略要地，在与各地夏、商旧族及部分蛮、夷、戎、狄的长期混居杂处中，他们开始是在政治上，继而在文化与语言习俗上，都广泛地起着主导作用。因而当日后他们与其他中原旧族融为一体以后，人们将这个新熔铸成的民族共同体仍称为"夏"，或"华夏"，就是顺理成章的了。

　　总之，华夏族的起源与形成，都是和周族的兴起密不可分的，这是周族为我国历史所作出的一大贡献。

二、黄帝：从周族祖先到华夏祖先的演变

　　有关华夏族起源的探讨，自然牵涉到华夏族何以称自己的祖先为黄帝这样一个问题。华夏族之所以奉黄帝为我们民族的共同祖先，也与周人有关。质言之，黄帝之作为华夏族共同祖先，乃是由周族的祖先演变过来的。这实际从另一个角度展示了华夏族与周族密不可分的关系。

　　黄帝之作为华夏族的共同祖先，并不是人们凭空想出来的。有关黄帝（及其他传说时代人物）的传说故事，应当说都有其真实的历史素地，需要认真加以探讨，不得以"其言不雅驯"为借口简单弃置不顾或置而不论。但如司马迁《史记》按照《大戴礼记·帝系》及《五帝德》的说法，将黄帝及其他几位古帝，包括帝颛顼、帝喾、帝尧和帝舜都比作后世一统国家那样前后相承的君主，并且将颛顼等其他几位古帝以及夏商周三代国家的君主都说成是黄帝一人的嫡系子孙，则既不符合历史事实，亦不符合历史发展的逻辑。当年以顾颉刚为首的"古史辨"派学者曾着力批判这样一种来自旧史的说法，指出这所谓的"帝系"不过是战国以来列国兼并走向统一的产物，是出自人们的一种思想观念，并不是真的历史。为此，他提出应当打破我国古代"地域向来一统"和"民族出于一元"的观念[6]。这些看法，无疑值得我们认真思考。著名古史专家徐旭生也早指出："我国历史开始的时候，种族是复杂的，非单纯的。"[7]彼时的中国，也就是文明开始前后那段时间，实居住着许多互不相统属的氏族、部落。今人或称之为族邦、邦国或"方国"。它们或因各种不同的利害关

系，按地域和按亲属关系，结成为一些较大的部族集团。黄帝以及其他几位古帝，还有一些不包括在"五帝"系统内的著名传说中的人物，如太昊、少昊、炎帝、共工、蚩尤等，应该就是夏以前各个部族集团的首领，或各部族集团的后人奉祀的祖先。

先秦时期较早且较可信的史学著作《左传》《国语》曾记载了上述古帝及其他一些著名部族集团首领的活动。其中《左传》昭公十七年说："昔者黄帝氏以云纪，故为云师而云名；炎帝氏以火纪，故为火师而火名；共工氏以水纪，故为水师而水名；太皞（昊）氏以龙纪，故为龙师而龙名。"其称黄帝等人为"某某氏"，可见黄帝等人的身份原本确实是上古各个氏族部落集团的首领。至于他们的"帝"的称谓，则是其后人在祭祀他们的时候冠在这些祖先头上的尊称。《礼记·曲礼下》称"措之庙，立之主曰帝"，"帝"相当于宗庙里被立了牌位的祖宗。殷墟卜辞及商末金文中有商人尊其去世的先王为"帝"的例子，如祖庚、祖甲卜辞中的帝丁，廪辛、康丁卜辞中的帝甲，帝辛时铜器铭文中的文武帝乙，等等。周初金文中也有尊周的先王为"帝"的例子，如商尊中的"帝后"，即是对先王之后的尊称。这样称呼的"帝"，与秦始皇以后作为生称的"帝"的性质是不一样的。所谓"五帝"及其他一些传说时代的古帝，应当都是这样一种各氏族部落集团"祖先神"的性质，这比单纯将他们视作神话中人物显然要实在得多。

经多方讨论，现在人们已大致达成对于"五帝"及其他部分传说中人物是何部族或部族集团祖先的认识。如认为太昊是东夷风姓部族的祖先，少昊是东夷嬴姓部族的祖先，黄帝是西北姬姓部族的祖先，炎帝是西方姜姓部族或古代羌族人的祖先，颛顼是妫姓有虞氏部族的祖先，蚩尤是稍晚时期的东夷族的祖先（也有称他是南方苗蛮族的祖先者），尧是陶唐氏的祖先，舜则是颛顼之后的有虞氏的另一位祖先，等等。对于他们（及他们所代表的古代部族）的居住地域，也大致有一个基本判断，如认为黄帝居住在今陕西黄土高原；炎帝居住在今陕甘交界一带及渭水流域；太昊、少昊居住在今山东省境内及安徽江苏的北部；颛顼与共工居住在古河济地区，即今河南与山东交界的华北南部平原一带；舜作为颛顼的后人，也应活动在今鲁西黄河下游平原一带；至于帝喾，由于他的后人商族的起源尚无定说，因而他活动的地域暂时无法确定；尧生活在晋南或是在鲁西菏泽一带，也暂时没有定论。以上这些看法，都大致得到考古发掘资料的印证，并与考古学主流学者主张的中国古代文明多元起源理论相互印证。

那么，黄帝又是怎样由一位早先的西北姬姓部族的祖先演变为整个华夏民族的祖先，并且是排在第一位的祖先的呢？这需要从黄帝与建立周王朝的周族人的关系谈起。周人姬姓，在上古时期先后参与逐鹿中原的各个著名部族，包括夏、商、周、秦、楚各族中，只有周族属于姬姓，因此，古今人们一致认为周人是黄帝的直接后裔[8]。黄帝姓姬是因为他的居住地在姬水，即《说文》所谓"黄帝居姬水，因水为姓"。这个说法又显然来自《国语·晋语四》"黄帝以姬水成，炎帝以姜水成，成而异德，故黄帝为姬，炎帝为姜"的记载。我们无法判定姬水的准确位置，但大致可以认定它是在陕北某个地方。徐旭生先生就曾明确指出："看古代关于姬姓传说流传的地方，可以推断黄帝氏族的发祥地大约在今陕西的北部。"[9]早期的周人，即所谓先周族也一定是跟随着整个黄帝部族居住在他们的根据地陕北高原一带。周人后来迁居到关中渭水流域，乃是经过许多代人不断向南迁徙的结果。一些学者惑于《史记》有关周人祖先后稷居邰的记载，认为周人原本就居住在渭河平原，并且早就是一个擅长农业的民族，这是不对的。文献记周人祖先自不窋开始就"自窜于戎狄之间"，过着粗耕农业的生活。其孙公刘所在的豳地也处在戎狄包围之中，一直到公亶父迁居岐下后才始"贬戎狄之俗而营筑城郭宫室，而邑别居之"，不可能是一个向来就从事高等农业的民族。对此，徐中舒先生曾经指出："周人本来是白狄的一支，并不是农业民族……如果说后稷作为我国最早的农神，其时周人已达到高等农业阶段，他的儿子不窋却退到粗耕农业与戎狄同俗，传至不窋的子孙公刘又能在戎狄之间恢复到后稷的高等农业水平，这是不太合理的。"他认为周之先祖应从不窋始，从不窋到公刘皆世居豳地，属于黄土高原地带从事粗耕农业的戎狄部族。姬周族原本不住在渭滨，也不具有《诗·大雅·生民》那样高的农业水平，他们的农业技术乃是后来从其母系姜族学来的，以姜嫄、后稷作为自己的始祖，也应是继承了母系的传说[10]。

总之周人早期并不居住在渭水流域，而是追随其祖先居住在陕北黄土高原。刚好，文献记载黄帝原本也是北方戎狄族的祖先，特别是姬姓的白狄族的祖先。白狄姬姓，白狄的别支犬戎、骊戎及以后建立古中山国的鲜虞族亦皆属于姬姓，他们都出自黄帝。汉王符所作《潜夫论》及比它更早的记录远古神话传说的《山海经》都有他们作为黄帝后裔的记载。其中《山海经·大荒西经》称："有北狄之国，黄帝之孙曰始均，始均生北狄。"所谓北狄，便是白狄族所属的古代北方一支大的族群。《大荒北经》则称："黄帝生苗龙，苗龙生融吾，融吾生弄明，弄明生白犬，白犬有牝牡，是为犬戎。"所谓白犬，也就是白狄，这是犬戎属于白狄的明证，他们也都是黄帝的后裔。《潜夫论·志氏姓》盖出于对汉以前有关古族姓氏源流的总结，更有"隗姓赤狄，妲（姬）姓白狄……短（姬）即犬戎氏，其先本出于黄帝"的记载[11]。这些，都可以作为周族是黄帝后裔并出自陕北黄土高原的说明。

无论何说，作为黄帝后裔的周人至迟到晚商时期便在岐山下面的周原安顿下来。他们先是与这里的原住民姜姓族人结为婚姻，继而结成稳固的政治联盟，同时努力汲取姜人以及商人的文化，使自己很快获得长足发展。到公亶父之孙文王的时候，已积累起相当实力的周人窥测到东边商人统治内部出现的危机，又不失时机地打出反商的旗号。之后，周朝实行的封建统治为大规模的民族融合提供了新的契机，经过周人与夏商旧族及部分周边蛮、夷、戎、狄长时期的往来交会，最后，当春秋战国之际，所有黄淮江汉地区的旧的氏族性质的群落终于熔铸成一个新的民族共同体，即华夏民族。

何以认定春秋战国之际黄淮江汉地区的人群才最终熔铸成一个统一的华夏民族呢？因为只有到这个时候，各地区的人们才都去掉了对于自己原先氏族出身的记忆，有了对于统一的华夏民族的认同，即都一律认同自己是华夏之人。顾炎武《日知录》卷13"周末风俗"条曾谈到春秋时期与七国时期社会风俗之重大差异，其中一点是"春秋时犹论宗姓氏族，而七国则无一言之矣"[12]，即战国时大家都不再论自己的氏族出身了。文献中也不再见称某人的"族籍"，而仅见称某人的地区出身（如今之户籍），这显然是人们都认为大家出自同一个民族，有了民族"共同地域"的意识表现。尽管各国还在兼并争战，但谁都认为统一是不可避免的趋势。

顾炎武还谈到另一个战国时期与之前不同的社会现象："春秋时犹严祭祀，而七国则无其事矣"[13]，即战国之人不再严格区别各自奉祀的祖先，不像过去那样严守"神不歆非类，民不祀非族"（《左传》僖公十年）的规矩。这当然不是说战国之人不再注重祭祀祖先，而是说战国之人认为大家既然都是同一个民族，就没必要将各自的祖先划分得那样清楚，只要是为华夏先民作出过贡献立有大功的祖先，不论他们出自何族，大家都可以祭祀。如秦人原本只祭祀自己的祖先少昊，《史记·封禅书》记秦襄公至秦文公先后立了两个畤（祭坛），都是为了祭少昊白帝，其后秦宣公作密畤祭太昊青帝，太昊也是秦所属东夷部族的祖先。直到进入战国以后，才有秦灵公的"作吴阳上畤，祭黄帝；作下畤，祭炎帝"。这个举措当然首先是为了争取在关中居住的原周族统治民，但亦是适应了各部族融合的新的形势。在这种情况下，出现了将各氏族部落原来的祖先编在一个共同的谱系上，使他们成为华夏民族共同祖先的做法，也是很自然的事情。战国后期，《大戴礼·帝系》《五帝德》，即是在这种情况下成书的。这些书里面所列华夏族奉祀的所有祖先中，排在第一位的自非拥有最多后裔并主导这场民族融合的周人的祖先黄帝莫属。这样，黄帝就成为整个华夏民族的人文初祖。

三、石峁是古代黄帝部族的居邑

长期以来，学者对于黄帝及其所代表的部族的居处，只有一个大致的认识，即认为他们居住在陕北黄土高原一带（如上举徐旭生先生之说）。尽管这个认识具有相当的合理性，但毕竟只是一种推测。如果能够通过考古发现使这种推测得到某种程度的印证，将对于历史研究具有极其重要的意义。令人兴奋的是，近年我国考古工作者在陕西石峁进行的考古发掘，正使上述推测一步步得到印证，石峁应当就是古代黄帝部族的居邑。

石峁位于陕北神木县高家堡古镇附近。石峁遗址早就为人所知，因为那里自20世纪初就陆续出土了许多精美的古玉，其中许多玉器流散到欧美。新中国成立后，有关方面曾对遗址做过多次调查。20世纪80年代初，考古工作者通过对石峁进行的小范围试掘，初步明确了石峁遗址的文化内涵及所处年代的范围，认为该遗址的上限应与陕西关中地区的客省庄二期文化亦即陕西龙山文化的晚期相当，下限已进入夏纪年的范围。对于遗址的规模与性质，人们的认识却较模糊，初以为遗址面积仅5万平方米左右，后定为约90万平方米，遗址的外城墙则被误认为是战国秦长城。近年，伴随着对中华文明探源的热潮，陕西省考古研究院对遗址重新进行了仔细勘测，并对其部分地区进行了重点发掘，始确定该遗址是史前时期一座规模巨大的城址。整座古城建筑在镇东北面的山梁上，由"皇城台"、内城、外城三部分组成，墙体由石头砌筑而成，总面积达400万平方米以上，年代在龙山中晚期至夏代早期阶段，是目前所见我国史前时期最大的古城。城内密集分布着宫室建筑、房址、墓葬、手工作坊等遗迹，除继续出土不少玉器外，还出土有青铜器、骨器、大型陶器、彩绘陶器、石雕人头像、几何纹壁画及其他一些器物。"皇城台"为宫殿所在，台顶端面积达8万平方米，前面有台前广场，台后上方有类似宫廷池苑的大型蓄水池，其中并出土有鳄鱼骨板等物。种种迹象表明，石峁遗址是一处当时人们居住的大型聚落及地方势力集团权力中心的所在地[14]。

石峁遗址的发现迅即引起社会，特别是学术界的高度关注。不少考古学者得其先睹之便，纷纷对遗址性质发表见解，有称其是"当时北方一个很大的集团"，或一个"酋邦"势力控制的中心，有称其为"北方区域政体的中心"。这些看法基本上都是正确的，如此巨大的一座古城，确实应当是当时一个很大的地方势力集团或一支强势部族活动的中心。但遗憾的是，这些学者似乎都不愿意将石峁古城引入历史研究领域，尤避免将其与文献所载我国传说时代的历史结合起来进行探究。大概是认为目前有关考古材料在时间与空间上尚未能取得与传说中某个族群或某个历史人物的完全契合，人们不愿意贸然作出将上述考古资料与历史挂钩的判语。

笔者因对西北地区古国古部族有过持续的关注，早就持有黄帝部族与其直系后裔先周族居住在我国西北，特别是陕北及其附近地区的观点。笔者曾设想黄帝部族生活的那个年代这一地区一定有比现在更适宜农业定居生活的条件，也应有比较大型的城址或居邑。及闻陕北神木石峁发现巨大古城及其他遗址的信息后，笔者便立即想到它应当就是古代黄帝部族的居邑。在笔者的认识领域，有关考古材料无论在空间上还是时间上，毫无疑问都与传说中黄帝部族的活动地域是相契合的。于是，就有了《光明日报》连续发表的两篇论石峁古城是黄帝部族居邑的文章[15]。

为说明问题，有必要在这里简单回顾一下这两篇文章的主要论点，同时对一些未及充分阐述的问题进行补充论证。首先，关于黄帝部族的活动地域，《史记》《汉书》都有关于黄帝陵墓在今陕北子长县的记载。《史记·五帝本纪》称："黄帝崩，葬桥山。"《索隐》引《汉书·地理志》说："桥山在上郡阳周县。"[16]汉阳周县当今陕西子长县北。桥山今称高柏山，属子长县，正在汉阳周县南。《汉书·地理志》并于上郡肤施县下记其地"有黄帝祠四所"[17]，肤施即今榆林。这两个地点都毗邻于石峁所在的神木高家堡。既然石峁附近的榆林、子长一带有古人认定的黄帝的冢墓，还有多处人们奉祀黄帝的祠堂，则黄帝生前和他的部族在此一带居住、活动是无可否认的。

其次，从先秦古部族的分布看，作为黄帝后裔的白狄族亦活动在这一地区。上文已通过《山海经》及《潜夫论》揭示了黄帝确实是此姬姓白狄族祖先的史实。至于白狄族分布在陕北一带，则有《左传》《国语》等一系列记载可为之证。其中《左传》成公十三年记春秋晋国吕相的《绝秦书》说："白狄及君同州，君之仇雠，而我之昏姻也。"[18]其称白狄与秦同处的雍州，即今陕北一带；所谓晋与白狄的婚姻关系，系指晋献公娶犬戎狐姬而生重耳事，《国语·晋语四》记此事曰："同姓不婚，恶不殖也。狐氏出自唐叔，狐姬，伯行之子也，实生重耳，成而俊才。"韦昭注说："狐氏，重耳外家，与晋俱唐叔之后，别在犬戎者。"[19]韦氏说狐氏出自唐叔无据，但明言狐氏为犬戎的别支，可见犬戎确为姬姓。后来重耳为避晋难而奔狄，其地在今陕北清涧、子长一带，那里至今还留有"重耳川"的地名，可见史载之不诬。

其他谈到白狄处于今陕北一带地区的史载还有不少，如《管子·小匡》"（齐桓公）西征攘白狄之地，遂至于西河"，"西河"系指今陕晋间黄河两岸地，自包含有陕北一带；后来《史记·匈奴列传》径称白狄"居于河西圁、洛之间"，[20]圁水即今无定河（或说为今秃尾河），洛水为今北洛河，是更明确指明白狄所居在今陕北榆林、延安一带。

由于气候变化等原因，白狄族的一些支系后来不断地东徙南移。现在知道，春秋时期活动在今山西省北部及河北西北部以无终氏为首的群狄部落，就是从陕北地区东迁过去的。因为陕西绥德发现了铸有"无终"铭文的商代青铜器[21]，证明这里便是无终氏的老家。而据文献，无终氏似乎在更早的时候就已迁到今河北省东部玉田至天津蓟县一带地方，因为《吕氏春秋·慎大》《礼记·乐记》及《韩诗外传》诸书记有"武王克殷，反商，未及下车，而封黄帝之后于蓟"，是无终氏作为黄帝的后裔，曾被周武王分封到这里。或者东迁的无终氏早就分成两支亦未可知。无论何说，作为黄帝后裔的白狄族的东迁是不可否认的。其后白狄鲜虞、肥、鼓及仇由等族的东迁，想必也是循着同一路径。笔者甚至怀疑《逸周书·尝麦》《史记·五帝本纪》等书记载的黄帝与炎帝、蚩尤在阪泉、涿鹿交战的故事，也是由黄帝后人在东迁过程中为宣传自己祖先的业绩再加工的结果。

更重要的是，作为黄帝后裔的周族人亦是起源于陕北。笔者曾有过这方面的论文，有关内容由于牵涉过多的考证，留待下节再做详细叙述。但须强调的一点是，该文除引用大量文献资料外，还引用不少考古发掘的资料，包括过去邹衡先生和田广金的有关论述来说明这个问题。尤其邹衡先生，他是明确主张先周族来源于今陕北一带，也就是黄帝族活动的地区的[22]。

谈到石峁古城的年代与黄帝部族的关系，古城的发掘者不止一次声称，石峁古城建成的年代不晚于公元前2300年。黄帝作为我国进入文明前的一位部族领袖，其生活的年代自应在我国第一个早期国家夏朝建立前不久。夏建立在公元前21世纪，则说黄帝部族生活在石峁古城建成的公元前2300年前后，应是没有什么问题的。黄帝与传说中其他几位古帝实际上是一种横向的关系，即他们基本上都是同一个时代的人物（尧、舜二人或稍微晚一点）。后人将这种横的系统改作了纵的系统，而将黄帝置于其他几位古帝之前，并以所有其他古帝以及夏商周三代王室皆是黄帝一人繁衍出的后嗣子孙，这是没有事实根据的。当年顾颉刚先生反对的所谓"三皇五帝"的古史系统，即是针对这种人为的编造而言的。当然，从民族融合的角度看，这种编造还是有一定历史意义的。

以上各点，无论在史实举证上还是逻辑结构上，应该说都是能够站得住脚的。需要对拙文做出进一步解释的，恐怕还主要是黄帝族生活的年代这个问题。大家习惯了"黄帝五千年"这句口号，对于黄帝族生活在距今4300年左右的说法有些接受不了。一些学者只接受石峁古城是黄帝族后裔居邑的说法，不愿直接说石峁是黄帝族的居邑。可是，只要我们冷静地、实事求是地对待历史文献，就完全可以体会到唯有上述说法才更接近于历史真实。

查先秦、两汉时期较早的文献，实无一处说到黄帝距今五千年的；前人，包括民国时期及新中国成立后的学者，也没有说黄帝距今五千年的[23]。即使按照《大戴礼记·五帝德》《帝系》这两篇最早提到"五帝"世系的文献计算，黄帝距今的年代亦只有4200年至4300年[24]。有学者提到所谓《竹书纪年》有"黄帝至禹，为世三十"之语，以为可以作为黄帝距今五千年的证据。其实，这句话并非《纪年》原文，乃宋罗泌《路史》撮述今本《纪年》之语。晋杜预所作《春秋经传集解·后序》早已指出，《纪年》篇起自夏、殷、周"[25]，是其根本不可能有关于黄帝世系的记载，何况这种撮述性的语句！其不可信是很显然的。另有学者从考古学文化角度将石峁与陶寺遗址相比较，认为陶寺文化作为尧的活动遗迹，其时代可早到公元前2500年，若以石峁为黄帝居邑，与史载黄帝远在尧舜之前岂不是颠倒了吗，由是判定"黄帝或其集团与考古学文化相对应的年代至少在距今五千年前"[26]。此说看似有理，实亦经不起推敲。首先，陶寺遗址是否尧的都邑，向来就无定说。过去顾颉刚先生、徐旭生先生均对之表示过异议，《史记·货殖列传》更明确记载"尧作于成阳"[27]，成阳在今山东定陶，是明确指出尧兴起在山东菏泽地区。其次，说尧距今2500年亦是无据，此何以解释尧舜禹相互禅让而致禹在公元前21世纪建立了夏朝？岂尧至禹中间隔得有四五百年的光景？至于说与黄帝对应的考古学文化在今5000年前，则更属空想。因距今5000年前的我国中原地区尚停留在仰韶文化时代，其时虽有一些物质文明的进步和初步社会分化，恐怕与文献所载黄帝时期战争频仍，黄帝为此而制作礼乐，建立都邑，制定兵符，设置"左右大监"之类官署等社会进步现象不相吻合。倒是考古学家李伯谦对黄帝所在的时代说得比较客观，他虽然主张将黄帝的纪念地搬到中原去，却是说"黄帝生活的时代是距今4500年前后或者4300年前后"[28]，此实与石峁城建成的年代相当接近了。

有关石峁与黄帝族的关系，还有一个方面的证据也必须提及，就是石峁出土的大量古玉器。我在上两篇文章中提得不多，后来在为孙周勇、邵晶《石峁古城是座什么城》一文写的"导言"中有过补充[29]，但仍有欠缺。按石峁自 19 世纪末或 20 世纪初以来就陆续有玉器出土，但多流失海外，据说其数达 4000 余件。20 世纪 70 年代，曾有陕西省考古工作者到石峁农家进行文物征集，曾一次征集到玉器 127 件。之后，又有地方文物收藏者继续在石峁进行采集与收购，所得玉器亦有五六百件。其器类有牙璋、刀、钺、戈、斧、铲、璜、璧、牙璧、鹰首笄、虎头、人首、蚕形器等，但以牙璋、刀、钺等器类居多。由于上述玉器的出土皆未经过正式的考古发掘，因此对石峁玉器的年代众说纷纭。最近，经过科学的考古发掘，发现这些玉器多藏于石峁古城的墙体里面，从而证明石峁玉器的年代不晚于古城的建成年代，也就是公元前 2300 年。面对数量如此巨大的史前玉器，特别是各种款式的玉制兵器，人们不禁想到古文献提到的"黄帝之时，以玉为兵"的传说[30]。尽管这所谓玉兵在今天看来并不是实用的兵器，而只是某种驱邪所用的礼仪用品，但并不妨碍它作为一种新的器类的出现所具有的区分时代的标志性意义。若然，玉兵及其他玉器在石峁及周围地区的大量涌现，正可以作为黄帝部族活动在陕北地区的证据。

作为这个说法的旁证，还可以在《山海经》等反映传说时代的古地理书中找到距黄帝族活动区域不远的内蒙古阴山一带出产玉器的相关记载。如《山海经·西次三经》中便记有黄帝所在的峚山（即密山，在今内蒙古阴山），"其中多白玉，是有玉膏，其原沸沸汤汤，黄帝是食是飨，是生玄玉……黄帝乃取峚山之玉荣，而投之钟山之阳"。作为黄帝下都的昆仑山（约当今内蒙古卓资山）亦是"其中多玉"；帝之平圃（即玄圃）所在的槐江之山（约当今内蒙古狼山）则是"多青雄黄，多藏琅玕、黄金、玉"。考虑到《山海经》全书除黄帝之外，更无其他古帝与玉或类似玉的矿藏发生联系，则黄帝与其所统率的部族生活在今内蒙古、陕北一带，并为石峁出土玉器的主人，应不是无端的揣测。顺便谈谈，今内蒙古阴山山脉中确实蕴藏有大量玉石矿藏。特别是距包头市不远的大青山里面开采出的佘太玉，产量丰富，材质与玉色与石峁古玉亦相近似。其地距石峁不远，是否与远古石峁居民采集的玉材有关，颇值得研究。如此，我们也不必囿于传统的"西玉东输"的说法，总是把石峁玉器的来源死死盯住在遥远西方的几个固定的位置上了。对于过去《穆天子传》所载穆王西游途中采掘到大量玉材的地点，似亦应作如是观。实际上，《穆天子传》有关穆王西游的路线有相当部分都是和《山海经·西次三经》相重合的，穆王所登的春山就是《西次三经》的钟山，其采取玉石的主要地点群玉之山离它并不算远，绝不会是在遥远的西域某地。

总之，说位于陕北神木高家堡的石峁古城是古代黄帝部族的居邑，是证之有余的。笔者想不出还有什么对此说法加以否定的理由。

四、石峁与周族起源关系再探讨

石峁不仅是黄帝部族的居邑，而且也是古代周族更早的发祥地。关于周朝的建立者周族的起源，是学术界长期关注而未得解决的重大问题。不仅历史学者，考古工作者亦常关注于此。过去有关这个问题的解说主要有三种观点：一是东来说，即主张周人来源于东边的晋南；二是西来说，以为周人出自西边的羌族；三是本土说，主张周人出自关中土著[31]。大家各持己见，至今未有一致认识。

笔者于周人起源的看法与以上三种主张皆不相同，主张周人来自北方，即来自陕北的黄土高原。笔者曾写过一篇《周族起源诸说辨正——兼论周族起源于白狄》的论文[32]。文章首先批评了上述三种说法中的东来说及本土说（西来说的影响不大），指出东来说的主要问题是与今考古发现先周族早在公亶父时期就已在陕西岐山周原一带定居下来的事实相冲突，本土说的问题则在于无视文献所载周族祖先长期处在戎狄之中的事实。文章发表虽已过去多年，但笔者相信这些批评仍是站得住脚的。

文章的重点自然是在后面，即从文献、古文字资料及考古发掘的资料等各个方面分别论证周族应出自陕北黄土高原一带的白狄族，也就是远古时期的黄帝族。其中从考古学角度论证周族起源于黄帝白狄的资料主要来自于邹衡及田广金二位。邹先生主张先周文化与李家崖文化存在着密切关系，甚至主张先周族人群的一部分亦来自李家崖文化[33]。而众所周知，李家崖文化正是由陕北内蒙古一带的朱开沟文化发展而来的，石峁遗址及附近一些地方的遗址就包含有不少朱开沟文化的因素，这里出土的许多器物，如三足瓮、花边鬲、尖裆袋足鬲等经过稍稍演变，都一直流行到先周时期和西周早期。近年来发掘的一些先周文化遗址，如长武碾子坡、旬邑枣林河滩、孙家等也能看到北方朱开沟、李家崖等文化因素南移的现象。田广金的主张更为明确。他在论著中直截了当地说："关中地区的殷商时代遗存，无论是'商文化遗存''郑家坡遗存'，还是'刘家遗存'，在距今3500年左右，均吸收了来自东北部黄土高原的朱开沟文化因素。"他同时联系当时北方地区气候环境的变化进一步指出："在公元前1500年以后，随着气候向冷干方向发展的同时，首先是北部黄土高原的文化南下，随着西北地区的诸文化亦向东南方向移动，这才出现了北方和西北方诸文化向关中地区进逼的趋势。从而迫使关中地区的商文化逐渐向东退缩，至商代晚期时，商文化已退出关中地区，而此地的文化则被吸收了北方和西北方诸种文化因素的先周文化所取代。"[34]田先生指出造成朱开沟文化及李家崖文化渐次南移到渭水流域的原因，乃是气候环境的变迁，这就为周人自陕北高原迁居至岐下渭水流域找到了实实在在的依据。当然，田先生指出公元前1500年前后自然环境的变化也是有依据的，目前环境考古学已提供这方面的大量数据，篇幅所限不一一列举。

周人出自白狄，这是著名先秦史专家徐中舒提出的观点。白狄姬姓，黄帝亦是姬姓，中原华夏各族中，只有周人与黄帝同一族姓，其中缘故正是因为周人出自狄族，或者说周出自白狄族南迁的一个支系。黄帝为北方狄族的祖先，前面已有论证。文献记载周人祖先自不窋之时起便"在戎狄之间"，其孙公刘迁豳，豳地据称处在戎狄包围之中，实际也是属于戎狄的一个居邑。故文献称公刘以后的周族人仍保持着浓厚的戎狄习性，直到公亶父迁岐，才"贬戎狄之俗，而营筑城郭宫室，而邑别居之"[35]。在自公刘至公亶父长达八代人的这段时间内，甚至周人的语言也仍然保持着戎狄的特征。成书于战国末年的《世本》记这八代周族祖先的名字为庆节、皇仆、差弗、伪揄、公非辟方、高圉侯侔、亚圉云都、组绀诸盩，学者便认为此类人名杂有戎狄语言的成分[36]。不窋的称呼亦同此性质。

以上是笔者过去所写论文有关周人出自陕北黄土高原的白狄族人的主要论点。我相信先周族以前的那个时代，陕北高原必定有比现在更好的自然环境，也有比一般人想象的那样更为繁庶的人群和聚落群。而今陕北石峁古城的发现，连同周围不断挖掘出来的同时期的聚落和城址，不仅证实了笔者的设想，也更加有力地证明了周族祖先原本就是居住在这个地方的主人。

石峁古城不仅以其巨大的规模展示出它是那个时期当地某个族群（即黄帝部族）重要的政治中心，它特殊的建筑方式及它蕴藏着的大量古代玉器，更显示出它与周人之间所具有的直接的关系。

谈到石峁城的建筑方式，一般人都会注意到的一个特征是，石峁及其附近所有同时期的城址都建筑在山上，并且往往是建筑在周围地形最高的山梁上。对此，学者可以给出如下解释，说它是继承了石峁以前的老虎山文化或海生不浪文化的传统。这自然是不错的。但如果我们把眼光放到石峁以后，将它与岐山发现的先周时期周人建造的也是在山头上的多座城址联系起来，便会立即感到问题并不那么简单。周原北面群峰绵延的岐山里面藏有先周时期共五座城址，其时代早于周原上周人的聚落，这个消息，是北京大学常驻岐山考古队的雷兴山教授不久前告诉笔者的。他讲早先人们在岐下的周原寻找早期周人建造的城址而不可得，后在岐山的山里面偶然发现有先周时期的城址，才悟及周人始迁往岐山时将城邑建在了山里头。笔者由是判断，将城邑建造在山上，正是早期周人一贯的传统。这样来看待黄帝部族将城邑修筑在石峁山梁上，也就很好理解了，因为黄帝是周人的祖先，后人维持祖先的传统，是再自然不过的事情。

至于黄帝族或早期周人为何要把城址建造在山梁上面，大概也不像许多人理解的那样，只是为了防御。我想更大的可能，乃是出于某种宗教或者信仰。周人信仰天，"天"和"天命"都是周人的发明，或许周人认为，城邑建在山上，有利于与天的交通。《左传》称"黄帝氏以云纪"，"以云纪"似乎也与黄帝——先周族对天的尊崇有关，因为云彩本来就是天上的东西。

石峁遗址与早期周人的不解之缘的更有力的证据，是这里出土的大量的玉器。上举笔者所撰写的论周人出自白狄的文章为了辩驳周人并非是一个自来就居住在渭水流域从事农作的部族，曾经对周族的"周"的字义进行过分析，指出它作为象形字，所象并非是农田种植之形，而是雕琢治玉之形，说明周人原是一个善于治玉的民族。如今石峁发现的大批精美的玉器，正充分证明了这个判断。这么多的玉器绝不会都出自外来的进贡或交流，而主要应出自本地人的制作。早期周人便是石峁玉器的主要制作者。为释疑解惑，这里不妨对"周"的字形字义再做一些分析。按周与琱、彫实古今字，《说文》云："彫，琢文也，从彡，周声。"段注："琢者，治玉也，玉部有琱，亦治玉也。《大雅》：'追琢其章。'传曰：'追，彫也，金曰彫，玉曰琢。'《毛传》字当作琱。"[37] 其实彫、琱皆非治玉的最初字形，甲骨文、早期金文周字作田、田、𭨭诸形，才是古人追琢治玉最初的字形。朱芳圃《殷周文字释丛》卷下早就称说田（即周）字"象方格纵横，刻画文彩之形"[38]；古文字学家孙长叙更明确指出："这个字象治玉琢文之形，是古琱字无疑"，并举西周青铜器铭文"畫"字写作从聿从田之形，以补充说明田字确实是古人追琢治玉最初的字形[39]。后人有释此字为"农田"，为"卤"，为"金"，或"绸之初文"者，皆非。结合周人起源及石峁玉器的发现，周为雕琢治玉之形可作定论。反过来说，这样对于早期周人以治玉为业的追溯，亦为发现大量玉器的石峁为黄帝部族居邑的说法提供了又一证明。当然，这种说法亦对周人起源于陕北并为黄帝族的后裔提供了更为直接的证据。古人以职为氏，《左传》"殷民六族"有索氏、长勺氏、尾勺氏，"殷民七族"有陶氏、施氏、繁氏、錡氏、樊氏等（《左传》定公四年），皆是适例。如果说周人的氏名来自于他们祖先治玉的职业，应当不会令人感到是一种牵强的解释罢。

五、余论：有关华夏族祖先早期历史的更多思考

本文结合石峁遗址的重要考古发现，集中论述了华夏族起源、华夏族祖先黄帝的居邑就在陕北及其附近、华夏族缔造者姬周族人就是从这里走出的这一主题，但由此引出的有关华夏祖先早期历史的某些重要环节却足以启发人们作出更多思考。例如，黄帝即是古代白狄族人的祖先，白狄族不仅包含作为华夏先民的姬姓周族这一支，也包含其他姬姓之戎，如犬戎、骊戎、无终、鲜虞等各个支系。这就使人联想到，原来早期华夏与所谓戎狄其实也具有千丝万缕的血缘联系，华夏、戎狄其实就是一家。这些戎狄族有的在以后的历史进程中逐渐融进华夏，如骊戎、无终、鲜虞等，有的则再分蘖出新的族系，或衍变发展成为以后历史上的其他少数民族，如战国时期的林胡（儋林）、楼烦、匈奴等，甚至今天北方的某些少数民族也和早期白狄族有着源远流长的关系。由此推而广之，今天的中华民族也应当是一个由古代华夏及众多蛮、夷、戎、狄等少数部族融汇而成的大家庭，黄帝不仅是华夏——汉族人的祖先，也是整个中华民族的共同祖先。由此看来，我们过去长期流行的夷夏观，是否应当做出一些更新或调整呢？

先周族作为华夏先民，也作为白狄族的一支曾经居住在祖先黄帝所在的地域，他们和其他一些白狄族民必定和更偏北方、西北方乃至域外的一些部族有着物质文化上的往来。现石峁及周围地区的考古发掘已能提供不少这方面的线索。例如石峁发现的青铜器物，学者就指出它们或是从阿尔泰地区经由今蒙古国南部和我国内蒙古地区直接传播到陕北高原的。其中一件若干年前发现的与数枚玉环、玉瑗套装在一起的砷青铜制作的齿轮状铜环[40]，不仅其冶炼技术可能来自域外，其形制与其所蕴含的宗教意蕴，恐怕也与域外有着直接的联系。石峁玉器的材质有相当部分来自北方和西方，这大概是学者一致的认识。还有那为数众多的石雕人面像，其制作风格和表现形式，包括其背后隐含的原始宗教意蕴出自西方的人群，大概也不会有人提出异议。所有这些，都表明早期中西文化交流的存在，也显示了石峁在早期中西交通要道上处在一个重要的地理位置。这当然也是和石峁作为中国北方人群（白狄族群）政治中心的地位分不开的。故学者提出诸如早期丝绸之路、玉石之路、北方草原之路之类有关古代中西交通的命题，这些，无疑都是值得研究的，也是华夏族早期对外关系中必不可少的组成部分。古代内地与西域乃至更远的西方的交通，绝不始自张骞。今石峁一带的考古发现，无疑为上述命题提供了新的依据。

这仅是笔者的初步设想，希望更多的人们来关心考察这条古代东西交通的要道。这也是当今历史学者应当承担的一项重要课题。

附记：本文为国家社科基金重大项目"多卷本《西周史》"（17ZDA179）阶段性成果。承蒙匿名评审专家提出宝贵修改意见，谨表谢忱。

注　释

［1］　王国维：《殷周制度论》，《观堂集林》卷10，中华书局，1959年，第2册，第451页。

［2］《马克思恩格斯选集》第4卷，人民出版社，2012年，第110页。

［3］钱绎：《方言笺疏》卷1，郝懿行等：《尔雅·广雅·方言·释名（清疏四种合刊）》，上海古籍出版社，1989年，第799页。

［4］崔述：《丰镐考信录》卷2，《崔东壁先生遗书》第4册，北平文化学社，1930年，第14页。

［5］贾公彦：《周礼注疏》卷24，阮元校刻《十三经注疏》，中华书局，1980年，第800页。

［6］顾颉刚：《答刘胡两先生书》，《古史辨》第1册，上海古籍出版社，1982年，第99页。

［7］徐旭生：《中国古史的传说时代》，文物出版社，1985年，第28页。

［8］顾颉刚据《国语·晋语四》说："那时的人是把周的一系挂在黄帝的名下的。"（顾颉刚：《〈潜夫论〉中的五德系统》，《古史辨》第7册（中），第307页）徐旭生亦认周族为黄帝的后裔，称以后周人沿黄河流域的封国为"黄帝氏族东移"（氏著：《中国古史的传说时代》，第44—45页）。

［9］徐旭生：《中国古史的传说时代》，第43页。

［10］徐中舒：《先秦史论稿》，巴蜀书社，1992年，第115、116、120、121页。

［11］王符著，汪继培笺：《潜夫论笺》卷9《志氏姓》卷35，中华书局，1979年，第456、458页。

［12］顾炎武著，黄汝成集释：《日知录集释》卷13"周末风俗"，上海古籍出版社，1985年，第1006页。

［13］顾炎武著，黄汝成集释：《日知录集释》卷13"周末风俗"，第1006页。

［14］陕西省考古研究院等：《陕西神木县石峁遗址》，《考古》2013年第7期。

［15］沈长云：《石峁古城是黄帝部族的居邑》，《光明日报》2013年3月25日第15版；《再说黄帝与石峁古城》，《光明日报》2013年4月15日第15版。

［16］《史记》卷1《五帝本纪》，中华书局，1959年，第11页。

［17］《汉书》卷28《地理志》，中华书局，1972年，第1617页。

［18］杨伯峻：《春秋左传注》，中华书局，1981年，第864页。

［19］徐元诰：《国语集解》，中华书局，2002年，第330页。

［20］《史记》卷110《匈奴列传》，第2883页。

［21］裘锡圭：《释"无终"》，《裘锡圭学术文化随笔》，中国青年出版社，1999年，第69页。

［22］邹衡：《论先周文化（摘要）》，《夏商周考古学论文集（续集）》，科学出版社，1998年，第255—260页；邹衡：《再论先周文化》，《夏商周考古学论文集（续集）》，第261—270页。

［23］新中国成立后学者说黄帝距今的年代，可以翦伯赞为代表，其主编的《中外历史年表》列黄帝所在的年代为公元前2550年（中华书局，1961年，第3页）。

［24］按《五帝德》的说法，黄帝至尧和禹的世系均只有四代，《帝系》记黄帝至舜的世系为八代。

［25］杜预：《春秋经传集解·后序》，《全上古三代秦汉三国六朝文》第4册，河北教育出版社，1997年，第436页。

［26］卜工：《读石峁古城，看文明亮点》，《光明日报》2015年12月2日第10版。

［27］《史记》卷129《货殖列传》，第3266页。

［28］李伯谦：《祭拜黄帝要达成共识》，《光明日报》2015年9月7日第16版。

［29］参见沈长云：《黄帝之时以玉为兵》，《光明日报》2015年10月12日第16版。

［30］袁康著，李步嘉校释：《越绝书校释》卷11《越绝外传记宝剑》，中华书局，2013年，第301—321页。

［31］周人东来说的最早提出者是钱穆，其主张见于所著《周初地理考》（《燕京学报》第10期，1931年），其后主要有吕思勉《先秦史》（开明书店，1941年，第117—118页），陈梦家《殷虚卜辞综述》（科学出版社，1956年，第342页），王玉哲《先周族最早来源于山西》（《中华文史论丛》1982年第3辑），杨升南《周族的起源及其播迁》（《人文杂志》1984年第6期），许倬云《西周史》（台北联经出版事业公司，1984年，第34—35页），等等；主张周人西来和出自本土的学者基本上都是一些考古工作者，其中主张西来说的主要有胡谦盈《姬周族属及其文化渊源》（《亚洲文明》第1集，安徽教育出版社，1992年），卢连成《扶风刘家先周墓地剖析——论先周文化》（《考古与文物》1985年第2期），等等；主张周人出自本土的主要有徐锡台《早周文化

的特点及其渊源的探索》(《文物》1979 年第 10 期),尹盛平、任周芳《先周文化的初步研究》(《文物》1984 年第 7 期),张长寿、梁星彭《关中先周青铜文化的类型与周文化的渊源》(《考古学报》1989 年第 1 期),牛世山《论先周文化的渊源》(《考古与文物》2000 年第 2 期),等等。

[32] 沈长云:《周族起源诸说辨正——兼论周族起源于白狄》,《中国史研究》2009 年第 3 期。

[33] 邹衡:《论先周文化(摘要)》,《夏商周考古学论文集(续集)》,第 255—260 页。

[34] 田广金、郭素新:《北方文化与匈奴文明》,江苏教育出版社,2005 年,第 311、312 页。

[35] 《史记》卷 4《周本纪》,第 113、114 页。

[36] 徐中舒:《先秦史论稿》,第 121 页。

[37] 段玉裁:《说文解字注》卷 16,上海古籍出版社,1981 年,第 424 页。

[38] 朱芳圃:《殷周文字释丛》卷下,中华书局,1962 年,第 1307 页。

[39] 孙长叙:《则、法度量则、则誓三事试解》,《古文字研究》第 7 辑,中华书局,1982 年,第 9、10 页。

[40] 此物现为神木县民间一胡姓收藏家所收藏,陈列于其创办的私人博物馆内。

(原载于《历史研究》2018 年第 2 期;又见沈长云:

《华夏族、周族起源与石峁遗址的发现和探究》,《社会科学文摘》2018 年第 6 期)

从石峁到李家崖

吕智荣

王国维在其《鬼方昆夷猃狁考》一文中云："我国古时有一强梁之外族，其族西至汧陇，环中国而北，东至太行常山间……其见于商周间者，曰鬼方，曰昆夷，曰獯鬻；其在宗周之际则曰猃狁；入春秋后则始谓之戎，继号曰狄；战国以降，又称之曰胡，曰匈奴。"王氏对于早期曾生活在我国西北地区的少数民族，从古史的角度，作出的高屋建瓴式的概括性论述，诚为后世学者指出了探究的方向。随着考古新材料的不断涌现，王氏所谓这部分外族在本地区所留下的遗产及生活状态等众多问题也逐渐浮现在学者们的探索视野之中。受之启发，笔者试图通过古史及考古发现材料的相互印证之方法，对上述问题作一些探索性思考和论述，以期抛砖引玉。

一、石峁古城为古狄部族之都邑

（一）石峁古城的发现与发掘

神木石峁古城址是 20 世纪 50 年代末发现的，先后于 1976 年、1981 年进行过局部发掘工作，2011 年至今，再次对石峁遗址进行了较大规模的考古调查与发掘，逐步揭开了它的真实面纱。该城址的城垣是由石块砌筑而成的，并由内外城墙、宫殿、池苑、祭坛、居住区、墓葬区等组成，总占地面积逾 400 万平方米，其中内城占地 210 多万平方米，其内的皇城台是一座堑山填豁，用石块砌筑而成的覆斗形台阶式高台建筑，面积达 8 万余平方米，大型宫室、池苑、祭坛等布列其上。该城址是我国目前已发现的新石器时代古城址中面积最大，设施最完备，保存最好的城址。石砌城墙残高达 2 米余。目前为止，城址内已出土玉、石、陶、骨器几万件，仅玉器先后出土约有数百件之多。古城规模之巍宏壮丽，遗物之丰富，引起国内外人的瞩目。该城址先后被评为"全国十大考古发现"，2013 年在世界考古——上海论坛荣获"世界重大田野考古发现"等荣誉，引起了国内外史学、考古界极大关注以及各级政府的高度重视。在国内学术界，如沈长云、卜工、张宏彦以及发掘者等，就城址的性质等相关问题发表重要见解，为以后深入研究擂响了第一鼓。

（二）石峁古城的族属

古城建于公元前 2300 年，早于史书记载的夏王朝时代近 200 年左右。《史纪·五帝本纪》云："尧崩，三年之丧毕……共工果淫辟……数年为乱，于是舜归而言于帝，请流共工于幽陵。"《神异经》云："西北荒有人焉，人面，硃佛，蛇身，人手足，而食五谷禽兽，顽愚，名曰共工以变北狄。"《集解》徐广曰:"变,一作變"。《索隐》"变谓变其形及衣服,同于放夷狄也"。徐广云:"變。變,和也,正义言,四凶流四裔。各于四夷放共工等为中国之风俗也。"

石峁古城约废弃于公元前 1800 年前后。《史纪·五帝本纪》云:"帝舜年二十以孝闻,年三十尧举之,年五十摄政行天子事,年五十八尧崩,年六十一代尧践帝位。践帝位三十九年,南巡狩,崩于苍梧之野。"以此记载,舜活了 100 岁左右。舜禅于夏禹。史家一般认为,禹建夏王朝,距今约在公元前 2100 年,而帝舜施政约 39 年,当在公元前 2200 年前后,此正与帝舜流放共工氏"以变北狄"的时间近仿。史书《礼记·王制》云:"中国戎夷五方之民,皆有性也,不可推移。东方曰夷,披发文身,有不火食者矣……西方曰戎,披发衣皮,有不粒食者矣。北方曰狄,衣羽毛穴居,有不粒食者矣。中国四夷、蛮、戎、狄,皆有安居……五方之民言语不通,邸欲不同。达其志,通其欲。东方曰递……西方曰狄寄,北方曰释。"在先秦时期,陕晋冀和内蒙古鄂尔多斯地区,是古代狄族先民活动的大本营。《史纪·匈奴列传》云:"晋文公攘戎翟,居于河西圁、洛之间,号曰赤翟、白翟。"正义引括地志云:"延州(今延安)、绥州(今绥德)、银州(今神木县地),本春秋时白翟所据……"翟,即狄,古音通。《国语·晋语》云:"景霍以为城,而汾(汾河)、河(黄河)、漱(汾河支流)、会(汾河支流)……为渠,戎、狄之民贯环之,汪是土也。"《国语·齐语》云:齐桓公"西征攘白狄之地,至于西河(既黄河西今陕北地区)……"注曰:"西河白狄之西也。"《卫世家》云:"翟,即狄,古音通。"以上说明,先秦时期,冀、晋、陕北部和鄂尔多斯地区是古狄人活动的大本营。

前面说明,狄族先民在帝尧、帝舜时期就已在陕、晋北部和鄂尔多斯地区定居活动了,其时代约与石峁古城遗址相近,黄帝与石峁古城时代差距较大,石峁古城也并非帝尧之中心。有学者认为,位于襄汾的陶寺古城遗址是帝尧之故邑,此说陶寺与史书记载的帝尧旧都地近合,但以石峁古城为帝尧之中心说差距远达近千千米,而且以地望看,二者也偏其黄河东南与西北。虽然二者文化遗存中某些陶器有近、同之点,反映出古文化之间相互交流与影响之关系,但大多数文化遗迹遗物相异。因此石峁古城非黄帝之都邑,也非帝尧之中心;而与帝舜流放共工氏"以变北狄"的时代近似。所以石峁古城当是古代狄族先民之都邑。《国语·周语中》云:"襄王十三年,郑人伐滑……王怒,将以狄伐郑。"韦召注:"狄,鬼姓之国也。"又《晋语》云:"公令阉楚刺重耳,重耳逃于狄。"韦召注:"狄,北狄,鬼姓也。"此要说明的是,在史籍中,除狄族人姓鬼外,还有姬姓狄人,如与周幽王有关系的骊夫人为姬姓狄女、中山国也为姬姓狄国。此说明鬼姓狄族与姬姓狄散据北方地区。"王德狄人,将以其女为后……"注曰:"鬼姓,赤狄也。"赤狄据地约在晋中一带。以史书记载,赤、白二狄族及姬姓狄人据地较广,西约到子午岭和宁夏东部,北到阴山南麓,南约涉渭河北源与晋南稷山以北,东及太行北部滹沱河流域的晋北、冀西北地区,可能到春秋时期,有的迁徙到山东西部。以考古发掘资料看,石峁一类古文化遗存的分布地域,约与此域相当,也与《国语·郑语》所称的"潞(山西长治市)、洛(陕西洛河中北部)、泉(今河北、天津市西北)、徐(今山东曲阜东)、簿(今山东博兴东北),皆赤狄",之据地范围近同。发展到夏商周时期,陕晋冀北部和鄂尔多斯地区,是古赤、白二狄等多方,即鬼方(陕榆蒙地区)、土方(山西石楼、吉县)、舌方(山西北部保德、柳林一带)、沚方(内蒙古清水河县一带)、姬姓狄(陕西临潼、河北北部)活动之地。但是这些古民族,均是共工氏的后裔,也是黄帝的后裔。

二、李家崖时代的狄族再次崛起

（一）狄族再次强大

上文叙述了石峁古城的发现、发掘并考释了古城的性质与族属。经 ^{14}C 标本测定分析，石峁古城衰落毁塌于公元前 1800 年前后，那么居住这里的古先民又怎么样了呢？去了什么地方？经考察，这些分散分裂的各个狄族部落后裔还散居故地，在公元前 1300 年左右时，即商王武丁时期，他们随着时代发展进程，在该地区因时异名，因地为号，即《史记·匈奴列传》所谓："夏曰荤粥、商周间曰鬼方、汉曰匈奴。"而商代甲骨记载，分支较多，有"鬼方、沚方、土方、舌方、人方、虎方、吉方"等多方。此部族分散在陕、晋北部黄河两岸地区和鄂尔多斯等地，他们各有据地，其规模大小可能不一。这些部族均崛起于商代晚期，并且多与商王有了密切的关系；在此之前，这些古先民还未有文字，约到商王武丁时期，我国才出现了甲骨文字，商王才对这些多方先民的活动有了粗略的记载。除商代甲骨文外，有些史书和出土的铜器金文中也有记载；如商代甲骨文："沚□告曰：土方于我东鄙，载二邑；舌方亦侵我西鄙；田。"（箐 2）等；又如史书《周易·既济》记载："高宗（即商王武丁）伐鬼，三年克之"；《古本竹书纪年》云：商王武乙三十五年，"周王季伐西洛鬼戎，俘二十翟王"。再如周康王时的小盂鼎铭文中记载了王命盂征伐鬼方一大战事；春秋早期的梁伯戈铭"鬼方蛮，梁伯作"。在李家崖城址内出土的陶器口沿有刻划的"鬼"字陶文。李家崖文化，即鬼方先民的物质文化。除清涧县李家崖遗址外，清涧县辛庄遗址、绥德县义合薛家渠遗址、河底乡小乘峁、鱼家湾遗址、子州县老君殿镇花寺湾、尚家沟遗址、山西柳林高红遗址，均位于周围环山的山顶部，且有石砌城墙，其结构、砌筑方法、墙底部施垫木与石峁石城墙不尽相同；石峁、辛庄、高红遗址出土的陶鬲、敛口瓿，均为高分档，乳状袋足；三足瓮、大口尊等陶器和李家崖城址出土同类陶器有不尽相似的发展演变关系，李家崖出土的石雕骷髅人像与石峁石人头像虽然时代有较大缺环，但均有相似之处。在内蒙古中南部的朱开沟五期的鬲、三足瓮；清水河西岔遗址三期的高领带錾鬲、带錾罐、带錾盆等与石峁的有錾鬲、敛口瓿、三足瓮等器，有不尽相似的发展因素，也与李家崖遗存中的高领鬲、敛领鬲、敛口瓿、弓体石刀等有近似之处。

在陕、晋北部黄河两岸地区，已发现属于李家崖文化的遗址，仅陕西清涧、绥德、子州 3 县，已有 130 处，其中有石城墙的有五六座。而两地出土的商周青铜器各达 500 件左右。器类有：礼器有鼎、簋、爵、觚、斝、瓿、壶、盘、镭、觥、匕、斗；武器有戈、钺、戚、剑、刀、镞等；生产工具有凿、斤、斧、削等；还有车马器及金饰器及金贝、海贝等。朱开沟五期的戈、环首刀、环首剑等器与陕、晋北部出土的同类器近似，说明这些遗物不仅有相互影响交流发展的关系，他们的族属之间也是关系密切。陕、晋北部黄河两岸与内蒙古中南部地区的先民在商周时期，是商代甲骨文中记载的土方、鬼方、沚方等多方，是商王武丁时期有征、占卜问吉凶的主要方国，而且他们也常互相侵占。陈梦家认为他们在晋南地区，而邹衡认为，今石楼县是土方，其南吉县，其北保德、右玉，当与商王武丁所伐的土方有关。

又认为鬼方、土方、舌方、沚方等多方诸族，居于长城内外的陕晋北部和冀西北地区，是舜流放共工氏之地（即先生所言的光社文化分布地区）。内蒙古清水河县也是这些多方的活动区域（西岔遗址出土遗物与李家崖文化有相似之处），他们当是石峁遗址先民的后裔。

（二）狄族先民的去向

以目前出土的商、周时代的铜、陶器遗物考察，这些部族在西周晚期或春秋初，还在陕、晋北部地区活动着，如出土的春秋初期梁伯戈铭："鬼方蛮、梁伯作。"陕西省考古研究院在渭南东阳、合阳县发现的似于李家崖文化的遗址、遗物就表明其去向。以上考释说明，约自新石器时代到秦统一前，陕晋北部和鄂尔多斯地区就是古狄人活动之地，到春秋战国之际，匈奴逐渐崛起发展强盛后，约到战国中期，不断扩张侵蹂长城以南的民族，因他们有的成了匈奴的附庸，有的可能因不断受匈奴侵扰，被逼迫迁居它地。而后各狄族先民随着秦统一形势的发展，逐渐融入华夏民族的大家庭中。

三、结　语

综上所述，大约龙山晚期生活在我国西北地区即陕、晋北部黄河两岸地区的古狄人乃史书传说中的共工氏的后裔，也即黄帝的后裔。其时，他们以陕西神木的石峁为中心，一度活跃在冀、晋、陕北部及鄂尔多斯高原地区。大约距今 3800 年，随着石峁古城的废弃，这些先民的活动逐渐趋于消沉。但到商代晚期至宗周时期，随着以陕北清涧李家崖遗址为代表的鬼方部族的兴起，也召示着古狄族的再次崛起。到春秋战国之际，匈奴逐渐崛起发展强盛后，约到战国中期，他们有的成了匈奴的附庸，有的可能因不断受匈奴侵扰，被逼迫迁居它地。而后各狄族先民随着秦统一形势的发展，逐渐与华夏民族融合。

参 考 书 目

戴德：《礼记》，江西美术出版社，2012 年。

岛邦男著，温天河、李寿林译：《殷墟卜辞研究》，（台北）鼎文书局，1975 年。

孔颖达：《周易正义》，文物出版社，1982 年。

罗琨：《高宗伐鬼方史迹考辨》，《甲骨文与殷商》（第 1 辑），上海古籍出版社，1983 年。

司马迁：《史记》，中华书局，1982 年。

宋振豪：《夏商周社会生活史》，中国社会科学出版社，1994 年。

王国维：《古本竹书纪年辑校》，上海古籍出版社，1982 年。

王国维：《观堂集林》，中华书局，2004 年。

左丘明：《国语》，上海古籍出版社，1982 年。

（原载于《榆林学院学报》2018 年第 5 期）

考古发现与黄帝早期居邑研究

李桂民

对于黄帝和黄帝居邑，目前学术界有不同的看法。不过，肯定黄帝传说中的真实历史素材，并以此为基点对黄帝史实进行的相关探讨，不仅深化了对于中国古史传说时代的认识，而且推进了中国文明起源之研究。从目前历史学界的主流观点来看，倾向认为黄帝是部落联盟首领或部族具象化。考古学文化和古代族属的对应是比较复杂的问题，随着考古新发现的出现，许多学者尝试把史前遗址和黄帝联系起来，这种尝试有一定的历史根据，有的还产生了较大影响，也有一些为学谨慎的学者不赞同这种联系。由于在黄帝居邑问题上，没有统一的意见，本文拟在前人研究的基础上，从考古和文献资料整合的角度，对黄帝早期居邑谈谈自己的看法，不当之处，敬请指正。

一

把考古发现和传说人物相联系，和中国考古事业的发展基本同步，这种联系无可厚非，因为一个遗址的发掘总是伴随着这样的疑问：这个遗址是什么人留下来的？这种联系不仅历史学者经常做，即便考古学者也是如此。这种探索对于中国文明起源研究是必要的。

早在 20 世纪 40 年代，范文澜在《中国通史简编》中就说："仰韶遗址的人骨，既和现在北中国人同类，黄帝从西方来，又是历代相传的旧说；考古家证明中国仰韶系彩陶，与巴比伦的素沙、中亚细亚及屈里波夷等地出土的彩陶同一系统。东西交通时期，据专家推算，约在公元前四千年。经过一千多年的发展，可能在公元前二千七百年（？）前后，即传说中的黄帝族对占据中原的羌族、蛮族发生争夺战。所以不妨说仰韶文化就是黄帝族的文化。"（范文澜：《中国通史简编》，河北教育出版社，2000 年，第 9、10 页）范文澜认为最早居住在中原地区的是羌族和蛮族，东部属夷族，西部属黄帝族，后来黄帝族进入中原，其文化遗存就是仰韶文化，这种联系就是建立在当时仰韶文化遗存比较丰富的基础之上的。

随着郑州西山仰韶文化古城的发掘，许顺湛提出郑州西山古城是黄帝城的观点。郑州西山遗址是在 1984 年发现的，遗址位于郑州市北郊古荥镇孙庄村西，1993—1996 年进行了为期三年的发掘。西山古城面积不大。"城址平面近似圆形，直径约 180 米，推测城内面积原有 25000 余平方米。因枯河冲刷及山坡流水侵蚀，城址的南部已被破坏。现存面积只有原城址的五分之四，即 19000 余平方米。如果将城墙及城壕的范围也算进去，则面积可达 34500 多平方米。""现存城墙残长约 265 米，墙宽 3—5 米，存高 1.75—2.5 米，全部埋在今地表以下。"城墙的建筑方法是先在拟建城墙的区段挖筑倒梯形基槽，在槽底平面上分段分层夯筑城墙，基槽外侧有城墙环壕（国家文物局考古领队培训班：《郑州西山仰韶时代城址的发掘》，《文物》1999 年第 7 期）。

在黄帝居住地问题上，韩建业则把庙底沟文化和黄帝文化联系起来。他认为："值得注意的是，在与晋西南隔河相望的河南灵宝铸鼎塬一带，发现了北阳平等面积近百万平方米的大型聚落，与当时的黄河、长江流域一般聚落为几万平方米的情况形成鲜明对照，这为黄帝以晋西南（及其附近）为中心的说法增添了强有力的证据。说明当时地区间发展水平已有明显的高下之别，聚落间地位的差异也日益显著。然则庙底沟类型为黄帝族系的主要文化遗存，几乎可成定论。"（韩建业：《涿鹿之战探索》，《中原文化研究》2002 年第 4 期）

关于红山文化，在辽宁阜新胡头沟、凌源三官甸子、喀左东山嘴等地陆续发现红山文化的重要遗存，后来，牛河梁"女神庙"和积石冢群的发现，更是红山文化考古的重大突破。"'女神庙'的泥塑群像，反映了上古宗教的一定发展阶段。泥塑雕像塑得极为逼真，有很高的艺术性。已发现的泥像残块约分属五六个个体，她们形体有大小之分，年龄有老少之别；或张臂伸手，或曲肘握拳，组成了多彩多姿、栩栩如生的女神群像。这些形象有的可能象征当时社会上的权势者，有的或许是受到崇拜的祖先。根据群像之间大小和形态差别判断，似已形成有中心、有层次的'神统'。这是人世间等级差别的反映，积石冢大、小墓的主从关系也印证了这一点。"（辽宁省文物考古研究所：《辽宁牛河梁红山文化"女神庙"与积石冢群发掘报告》，《文物》1986 年第 8 期）正是由于红山文化所呈现的较高文明成就，苏秉琦认为："红山文化的突出文明特征是龙纹图案。《史记·五帝本纪》中所记黄帝时代的活动中心，只有红山文化时空框架可以与之呼应。"（苏秉琦：《华人·龙的传人·中国人——考古寻根记》，辽宁大学出版社，1994 年，第 130 页）郭大顺在徐旭生"三集团"说基础上，提出"新三集团"说，分别是：以仰韶文化为代表、以中原粟作农业区为主要活动范围的神农氏华族集团；以大汶口文化和良渚文化为代表、以东南沿海稻作农业区为主要活动范围的虞（夷）夏集团；以红山文化为代表、以燕山南北为主要活动范围、以渔猎为主要经济活动的黄帝集团。他认为黄帝族本是燕山地区土生土长的一个部族（郭大顺：《追寻五帝：揭幕中国历史纪元的开篇》，辽宁人民出版社，2010 年，第 117、122 页）。

在黄帝居邑的讨论中，还有一种影响较大的说法，认为石峁城址是黄帝居邑。石峁古城是在陕西省榆林市神木县高家堡镇石峁村发现的，此地地处陕西北部、山西中北部、内蒙古南部的交界地带，也就是我们所谓的广义的河套地区。

石峁的石头城结构复杂，随着 2012 年石峁遗址考古发掘工作的启动，已经否定了石峁古城是战国长城的看法，证实石峁石砌城墙是龙山时代的遗物。石峁遗址之所以影响巨大，不仅仅在于城址规模之大，而且还发现了大量的玉器以及其他重要遗存。陕西省考古研究院等单位对石峁外城北部的东门进行了重点发掘，该门址由内外瓮城、夯土墩台和门塾组成。石峁聚落呈三重结构，皇城台是聚落的中心区域，内城环绕皇城台，外城则是弧形的半封闭结构。考古发掘表明，外城的东门是全城的制高点，可以俯视整个聚落。聚落的三道城垣的建筑时间有先后之别，整个聚落面积达到 400 多万平方米，超过长江流域的良渚和晋南的陶寺遗址，成为目前发现的史前规模最大的城址。被誉为"华夏第一城"，石峁遗址以"中国文明的前夜"成为 2012 年全国十大考古发现之一，吸引了海内外的关注。

石峁遗址的构成已经基本清楚，这是一个由皇城台、内城和外城构成的史前规模最大的城址。

对于石峁城址的归属，沈长云提出的石峁古城是黄帝城的观点影响较大。他认为："黄帝在历史上活动的时间不算太早，他与其他几位古帝实际上都应是同时代的人物，就是说都大致生活在夏代稍前的时候。过去史书把他置于其他几位古帝之前，实是出于后人的安排。因为黄帝的后裔周人建立了强大的周王朝，以后的华夏族又是以周族为主融合其他各族形成的，为华夏族编排的祖先的历史自应把黄帝放在首位。史载黄帝与蚩尤曾发生过战争，它书记载蚩尤在少昊之后，少昊又大致与颛顼同时，是黄帝所在的时间不一定早得过颛顼。如此来看待考古学者所发现的石峁古城，就可以看出它的年代与黄帝活动的时间大体相当了。由是我们判断石峁古城为黄帝部族所居，也有了充分的依据。"（沈长云：《石峁古城是黄帝部族居邑》，《光明日报》2013 年 3 月 25 日第 15 版）

二

关于黄帝早期居邑的说法很多，并不仅仅局限于上面所撮述的几种。不过，尽管在黄帝族源上有不同看法，但都不否认黄帝部族和中原的关系。即便主张黄帝地望在边地的学者，也大都主张黄帝部族日后由边地进入中原，黄帝时代要比颛顼、帝喾、尧舜等传说人物要早。

有学者认为黄帝最早见于西周的记载，由于《逸周书》既非经书，也不是正史，其书地位不高，其价值也被低估。虽然《尚书》中记载的最早人物是尧，但是在经书《周易》中已经提到了黄帝，经书《周礼》中又有三皇五帝之说，所以自春秋尤其战国以来，就出现了百家言黄帝的局面。

在黄帝时代，尚属于史前时代，文字的产生和史官制度的产生并不同步，私人著述的风气产生更晚。虽然没有当时的文字记载，后世关于黄帝的记载并不缺乏，能否因为这些记载晚出，而彻底否定传说的价值？对于历史上的疑古学派，当今史家倾向于肯定其反封建性质，这也是顾颉刚所坚持的底线。顾颉刚清醒地看到了考古学的局限性，所以一生对自己的观点并没有根本性的更正。尽管疑古学派今天不复存在，可是其观点却影响了部分国内学者甚至海外汉学家，使得在黄帝认识问题上长期存有争议。

利用考古资料对传说时代进行探讨，这种做法无可厚非，而且考古资料丰富了我们对于传说时代的研究，使得古史传说中的历史逐渐浮现。古史传说是通过口耳相传的方式传承的，后来会记载下来，其并非个人的主观编造，疑古思想虽然不乏重要发现，由于受时代的局限，其根本性结论是错误的。由于传说的复杂而又粗略，我们不能把黄帝仅仅视为一个具体的个人，这也是很多学者倾向于把黄帝看作是部族首领和部族象征的缘由。

熟悉古史传说的学者都知道，古史传说中的几位首领大多高龄，对于黄帝，在春秋时代，社会上就流传黄帝三百年的说法。《大戴礼记·五帝德》："宰我问于孔子曰：'昔者予闻诸荣伊令，黄帝三百年。请问黄帝者人邪？抑非人邪？何以至于三百年乎？'"孔子回答说："劳心力耳目，节用水火财物，生而民得其利百年，死而民畏其神百年，亡而民用其教百年，故曰三百年。"孔子的解释肯定了黄帝的历史功绩，较为合理地解释了黄帝三百年这一违背常理的疑问。就一个人的生命来说，三百年肯定不可能，如果把黄帝作为部族的象征也就不难理解了。不过，按照古史传说，传说中的黄帝生活在距今五千年左右，中国五千年的文明史的说法就是从传说中的黄帝开始的。

在《大戴礼记》中有两篇关于传说时代的重要文献，分别是《五帝德》和《帝系》。对于黄帝谱系，疑古学者指出其不可信之处，有其道理所在，这种合理性局限在仅仅是从血缘的角度来分析问题，而没有从种族认同的角度来看问题，黄帝谱系的形成有其合理的社会背景，是种族和文化认同的体现，仅仅局限于狭隘的血缘关系，这种认识是有局限的。在文明进程上，夏人是较早迈进国家门槛的，考古发现揭示了黄河流域以外的文明，使我们认识到在远古时代，长江流域和东北辽河流域同样存在着较为先进的文明，因此，苏秉琦才有"满天星斗"之说。有鉴于黄河流域文明的中心地位，严文明认为整个中国文化就像一个重瓣花朵：中原是花心，周围的各文化中心好比是里圈花瓣，再外围的一些文化中心则是外圈的花瓣（严文明：《长江流域在中国文明起源中的地位和作用》，《农业发生与文明起源》，科学出版社，2000年，第90—98页；严文明：《中国史前文化的统一性和多样性》，《文物》1987年第3期）。在早期社会认识上，不能忽视夏人与黄帝的关系，周人尊夏的原因亦值得进一步研讨。对于黄帝时代的最重要的一条记载，就是《古本竹书纪年》"黄帝至禹，为世三十"，按照30世计算，黄帝时代也是在公元前三千年左右。对于这一条记载的真实性，曾有多位学者提出怀疑，影响较大的还是王国维的说法。朱右曾《汲冢纪年存真》曾辑录了《路史·发挥》中所引《竹书纪年》的记载，王国维在《古本竹书纪年辑校》在"黄帝至禹，为世三十"条后加按语说："此亦罗长源隐括本书之语，非原文。"王国维说是宋人罗泌概括《竹书纪年》的话而非原文。沈长云信从这种说法，他指出："不幸的是，这条记载的可信性却很值得怀疑。一则，据陈梦家、方诗铭诸家的研究，《纪年》的编年纪事实起自夏，今《路史·发挥》所引《竹书纪年》提及黄帝之事，并非《纪年》原文。其二，就'黄帝至禹，为世三十'这句话而言，亦是罗泌隐括其所用材料之语，非《纪年》原文，而罗泌著《路史》在《今本纪年》之后，并有摘抄《今本》之行为，安知此语不是罗泌据《今本》中其他材料得出的结论？我想，即令这句话出自真的《纪年》，也没有必要信以为实，因为《纪年》写作在战国末年，其时已有将黄帝等传说中人物编在一个谱系上的书籍出现，此与黄帝等人本来的部族首领的形象已发生了很大改变，《纪年》照此而称说黄帝如何如何，也是很自然的事，岂可信以为真？这里，我倒想问，除了这类战国晚近的文献，还有哪些先秦时期的古籍能够提供黄帝距今5000年的证据呢？"为了更清楚地说明问题，我们不妨把罗泌《路史》中的文字引述如下："按春秋纬黄帝传十世，虽未足信，然《竹书纪年》黄帝至禹为世三十，以今考纪亦一十有二世。"（《路史·发挥三》，罗泌：《路史》，文渊阁四库全书本）从罗泌的《路史》来看，说《竹书纪年》黄帝至禹为世三十，这三十世已经不可详考，现在可考的只有十二世，很显然，这句话并不是罗泌概括《竹书纪年》的话。

《竹书纪年》有古、今本之别，学者多信古本，而视今本为伪书，这种说法值得进一步探讨。在疑古思想支配下，曾经对古籍造成很多冤假错案，随着出土文献的出现，大量伪书被解放，今本《竹书纪年》不同于古本，却不是学者的故意作伪。杨朝明就曾认为：汲冢书的整理是比较复杂的，《竹书纪年》也是如此。《晋书·束皙传》曰："《纪年》十三篇，记夏以来至周幽王为犬戎所灭，以事接之，三家分，仍述魏事。"杜预《春秋经传集解后序》亦云："《纪年》篇起自夏、殷、周。"但《史记·魏世家》集解引荀勖曰："和峤云'《纪年》起自黄帝，终于魏之今王'。"荀勖、和峤、束皙、杜预等都参加了汲冢竹简的整理与研究，所以《纪年》到底起自黄帝还是始于夏代，尚难确定。然从《纪年》留存下来的材料看，其中有夏代以前的内容是没有疑问的。今本如此，古本也是这样，传统上整理古本《纪年》的次序一般自黄帝开始。"《今本竹书纪年》到底是怎样成书的还是个谜，但有一点可以肯定，即它的史料价值是极高的，这些材料即使不是直接采自汲冢原简，也会取自散佚之前的古本《纪年》。"（杨朝明：《〈今本竹书纪年〉并非伪书说》，《齐鲁学刊》1997年第6期）因此，在考证中，不能过分强调古今本《竹书纪年》之别，对于作为重要证据的文献材料的可靠性的否定，是疑古学者常用的一种方法，真正走出疑古，依然有很长的路要走。

在远古传说中，黄帝在颛顼、帝喾、尧舜之前，其积年和《竹书纪年》的说法相吻合，而否定《竹书纪年》黄帝至禹为世三十记载，认为黄帝与颛顼、帝喾等同时，恰恰仅仅是根据逻辑判断，而缺乏文献依据。

三

只有在明确了黄帝时代的时间段以后，才有可能进一步对黄帝部族居邑进行讨论。在这一问题上，我们坚持中国五千多年的文明史是从黄帝时代开始，由于黄帝族有着长期的发展，因此，需要结合黄帝传说尝试把黄帝居邑和考古学文化相联系。

曾经有学者把庙底沟文化和黄帝文化联系起来，庙底沟文化是仰韶文化中期文化类型，这个时间未免把黄帝时代提得过早。笔者曾经提出过一种观点，认为黄帝文化相当于考古学上的庙底沟二期文化（李桂民：《黄帝史实与崇拜研究》，中国社会科学出版社，2012年，第101—104页）。庙底沟二期文化是仰韶文化向龙山文化过渡类型，或者称之为早期龙山文化，也就是主张传说中的五帝时代和考古学上的龙山文化大致对应。

第一，从时间上看，黄帝居邑应在庙底沟二期文化遗址中去寻找。庙底沟二期文化是在庙底沟文化基础上发展起来的，传说中的黄帝反映的应该是龙山时代早期的社会状况。庙底沟二期文化的分布范围较广，分布在古中原的核心区，即豫陕晋三省交界及相邻地区，仅在山西境内的文化遗存据调查就达百余处，在山西已经发掘的较大遗址主要有垣曲东关、龙王崖和丰村遗址，面积达到30万平方米。庙底沟二期文化的起止时间，学界分歧不大，主要有前3000—前2500年、前2900—前2300年、前2800—前2300年、前2900—前2400年、前3000—前2400年等说法（严文明：《略论仰韶文化的起源和发展阶段》，《仰韶文化研究》，文物出版社，1989年，第79页；卜工：《庙底沟二期文化的几个问题》，《文物》1990年第2期；山西省考古研究所：《山西考古四十年》，山西人民出版杜，1994年，第96页；罗新、田建文：《庙底沟二期文化研究》，《文物季刊》1994年第2期；中国历史博物馆考古部等：《垣曲古城东关》，科学出版社，2001年，第509页）。这几种说法，对庙底沟二期文化持续的时间认识基本一致，都认为庙底沟二期文化持续了五六百年的时间，庙底沟二期文化的早期和传说中的黄帝时代在时间上是基本吻合的。

第二，从地域上看，黄帝居邑应该分布在黄河中游的古中原核心区。在黄帝居邑讨论上，有观点认为黄帝原来居住在边邑，后来由边地入主中原。这种观点尽管具有一定道理，关键的问题是这类假说得不到考古学的支持。目前考古学取得的成果告诉我们，中原地区早期的考古文化是承前启后、连续发展的，尤其是在考古文化相对单纯的豫晋陕相邻地区，尽管受到东方和南方等地文化因素的影响，但并不存在一种文化被另一种外来文化取代的现象。因此，对黄帝居邑的考察应该关注黄河中游的古中原地区。

学术界一度存在黄帝是男性还是女性的争论（李衡眉：《古史传说中帝王的性别问题》，《历史研究》1994 年第 4 期），现在这种争论不复存在了。从黄帝传说看，黄帝时期已经进入了父系氏族公社时代，黄帝是部落联盟的首领，或称之为族邦首领。中原地区的考古学文化序列比较清楚，在黄河中游的古中原地区，仰韶文化之后是作为过渡形态的庙底沟二期文化。1965 年，对河南陕县庙底沟遗址的发掘，使得仰韶文化和龙山文化之间过渡形态的庙底沟二期文化被发现。20 世纪 80 年代以来，考古学成果迅速发展，尤其是随着"中华文明探源工程"的启动，考古学进展迅速，都邑性遗址得到大面积发掘。1959 年《庙底沟与三里桥》一书的出版，首次证实了中国新石器文化连续发展的史实，"清晰地展示了仰韶文化发展为庙底沟二期文化、庙底沟二期文化发展为河南龙山文化和陕西龙山文化。由此黄河中游地区的新石器文化连续发展的线索开始厘清并得到公认"（朱乃诚：《中国古代文化连续发展的杠杆之作：重读〈庙底沟与三里桥〉有感》，《南方文物》2015 年第 3 期）。针对中原地区考古学文化谱系，高江涛也认为："豫中：庙底沟文化→秦王寨类型→王湾三期文化（龙山文化）。豫西、晋南：庙底沟文化→西王村类型→庙底沟二期文化（龙山文化）。"（高江涛：《中原地区文明化进程的考古学研究》，社会科学文献出版社，2009 年，第 58 页）就庙底沟二期文化而言，是分布在豫西、晋南和陕西关中地区的考古学文化，其中心区域是豫西晋南，目前按地区划分为四个类型，即豫西晋南的东关类型，晋中的白燕类型，关中东部的横阵类型，关中西部的浒西庄类型。庙底沟二期文化的地域分布和传说中的黄帝较为符合，豫晋陕相邻区域应为黄帝族的居住范围。

第三，庙底沟二期文化的墓葬符合黄帝"正名百物，以明民共财"的记载。庙底沟时代，社会分化业已开始，农业快速发展，穿孔石钺的出现表明战争在社会中的作用不断增强，到庙底沟文化的晚期，河南灵宝西坡、陕西白水下河和陕西华县泉护等遗址，已经出现了面积达二三百平方米的大型宫殿式房屋，已经站到了文明的门槛。韩建业认为："庙底沟时代是在东庄—庙底沟类型的强力扩张影响下形成，该时代的到来标志着'早期中国文化圈'或文化上'早期中国'的形成。"（韩建业：《庙底沟时代与"早期中国"》，《考古》2012 年第 3 期）尽管社会的初步分化在庙底沟文化时期就已经出现，河南灵宝西坡遗址就曾发现大型公共房址和大型墓葬，遗址面积达 40 万平方米，只不过这一时期的墓葬与其同时的周边地区大为不同，大型墓没有奢侈品随葬。

这种有别于周边部族的质朴的风格一直保持到庙底沟二期文化阶段，很多墓葬规格仅仅体现在大而不是奢侈品随葬上，直到晚期才开始改变。庙底沟二期文化陶器多为灰陶，也有褐陶和黑陶，罕见红陶，主要纹饰有绳纹、篮纹和附加堆纹等，代表器物有筒形深腹罐、斝、釜灶、鼎、小口高领瓮、盆、擂钵等。庙底沟二期文化的大型墓发现极少，发现的玉璧、环、琮、璜等礼器，大型墓和人殉现象，主要属于庙底沟二期文化的晚期。在晋中太谷白燕遗址等发现非正常死亡的灰坑葬现象，身份是战俘或祭祀的牺牲。山西芮城清凉寺墓地，位于芮城县东北一条南北向台塬上，在2004 年底清理的 262 座墓葬中，三分之一的墓葬有随葬品，只不过大型墓随葬品多被盗扰，只有少数墓残存精致玉器。清凉寺墓地属于庙底沟二期文化晚期墓地，距今约 4500—4300 年，"第一阶段小型墓的墓主人应是同一部族的成员。第二阶段的大型墓不仅规模大，而且有陪葬者或殉人，拥有精致的随葬品。墓中随葬的玉石器的种类虽然较少，但是琮、璧、钺、带孔石刀齐全，数量从1—12 件不等。墓葬的规模、殉人和随葬器物的差别，反映出此时已经存在明显的阶层分化和阶级对立。"（山西省考古研究所、运城市文物局、芮城县文物局：《山西芮城清凉寺新石器时代墓地》，《文物》2006年第3期）庙底沟二期文化时期的大型墓发现较少，有学者把陶寺文化早期归入庙底沟二期文化，鉴于陶寺文化的多元和复杂性，本文暂不列入，总体上看庙底沟二期文化在葬俗上有别于相同时期的大汶口和屈家岭等周边文化。

第四，从体质人类学方面看，庙底沟二期文化和传说中的华夏集团有关。据韩康信和潘其风研究，"庙底沟组的体质特征与现代的远东人种较为接近。它和仰韶文化和大汶口文化各组人骨之间，在体质上显然存在更为密切的关系。但在接近南亚的程度上，似又不及仰韶各组。这个事实，一方面反映了庙底沟二期文化和仰韶文化人类在体质上的连续性，同时也反映了我国黄河中、下游新石器时代祖先在人种起源上的密切关系"（韩康信、潘其风：《陕县庙底沟二期文化墓葬人骨的研究》，《考古学报》1979年第2期）。在另一篇文章中又说："生活在黄河中游的具有中颅型，中颌，中等面宽和面高，中等偏低的眼眶，较宽的鼻型，比较扁平的面和上齿槽突颌，中等身高等特征占优势的新石器时代居民可能与传说中的先夏集团有关。黄河下游今山东、苏北的大汶口文化居民比仰韶文化居民一般在颅高和面高上更高一些，面宽稍宽，鼻型稍窄，身高可能稍高，并有颅枕部变形，人工拔牙和口颊含球的特殊风俗，他们大概和传说中的东夷集团有关。时代稍晚的庙底沟二期文化在体质上与这两个族群关系比较接近。"（韩康信、潘其风：《古代中国人种成分研究》，《考古学报》1984年第2期）

第五，庙底沟二期文化时期也符合关于黄帝时期"以玉为兵"的表述。所谓"以玉为兵"，玉显然不能成为杀伤人的真正兵器，意思是说出现用玉制作的兵权象征物。这种兵权象征物在庙底沟文化晚期就已经出现，河南灵宝西坡遗址为仰韶文化庙底沟类型的重要聚落，自2000年第一次发掘以来，西坡遗址因大型房址、壕沟、大型墓葬和成批玉器的发现日渐受到学术界的重视。在已发现的20多座墓葬中，6座墓随葬有玉器，出土玉器共计10件，器类有钺和环两类，其中钺9件，环1件（马萧林等：《灵宝西坡仰韶文化墓地出土玉器初步研究》，《中原文物》2006年第2期）。中原地区的琢玉业水平一般认为不如良渚和红山文化，庙底沟二期文化也仅仅是到了晚期，出现了崇玉葬玉的高潮。晋中南地区发现玉器最多的是陶寺文化，陶寺是晋南地区出土玉器最多的遗址，在第一轮发掘中，共出土玉石器1000余件，在陶寺遗址进行了第二轮发掘，又发现了一定数量的玉器（中国社会科学院考古研究所山西队等：《陶寺城址发现陶寺文化中期墓葬》，《考古》2003年第9期；王晓毅、严志斌：《陶寺中期墓地被盗墓葬抢救性发掘纪要》，《中原文物》2006年第5期；中国社会科学院考古研究所山西队等：《2004—2005年山西襄汾陶寺遗址发掘新进展》，《中国社会科学院古代文明研究中心通讯》2005年第10期）。临汾下靳墓地虽遭严重破坏，仍清理发掘墓葬500多座，在以玉石器为主的随葬品中，出土玉石器达200多件。当地文物部门和公安部门在清凉寺一带先后收缴过两批玉器，在被收缴的两批文物中，玉石器有80件之多，估计流散的玉器应有不少。在收缴的玉器中，璧的数量最多，达70件之多，此外，还有玉环5件，玉钺5件，特别引人注目的是还有玉琮2件。现已探知，清凉寺墓地面积近5000平方米，目前已发掘墓葬300多座，墓葬存在着明显的等级差别，较大的墓葬往往有殉人现象。从发掘看，墓葬随葬以玉石器为主，已出土200件以上，陶器及其他随葬器物都很少。玉钺等玉制兵权象征物的出现，说明黄河中游的中原地区业已进入"以玉为兵"的时代。

另外在陕北地区也发现了大量玉器，如石峁、芦山峁和新华遗址等，芦山峁遗址在延安市北郊，20世纪60年代以来，这里陆续发现早期玉器，器形主要有钺、刀、璧、琮等（姬乃军：《延安市发现的古代玉器》，《文物》1984年第2期；姬乃军：《延安市芦山峁出土玉器有关问题探讨》，《考古与文物》1995年第1期）。新华遗址亦在神木县，位于石峁遗址的西面，两地相距约20千米。1987年发现该遗址以来，陕西省考古研究所等单位先后进行过数次调查和发掘，出土和采集玉器39件，器型有钺、铲、刀、斧、环和璋等（孙周勇：《神木新华遗址出土玉器的几个问题》，《中原文物》2002年第4期）。新华遗址出土玉器与石峁遗址的同类器基本一致，应属于同一时代和同一文化的遗存。石峁遗址的龙山晚期文化和进入夏纪年的文化属于同一种文化的延续，其和大汶口二期、新华、杏花村四期和朱开沟一、二期皆属于同一种文化，是我国北方地区独立的考古学文化，和中原地区相比，文化面貌上异大于同，不属于同一种考古学文化。

在史前时代，关于历史的记忆主要依靠口耳相传，古史传说是中华民族的早期记忆和精神财富，正确评估古史传说的历史价值至关重要。极端疑古学者观点的错误尽管已经被学界认识，疑古学派也不复存在，但对中国上古史带来的破坏影响深远，认同或盲从其观点的依然大有人在，由于考古学的局限，重建中国上古史的任务依然艰巨。欣喜的是，在远古传说问题上，学界共识越来越广泛，大汶口文化、贾湖遗址和陶寺遗址都发现了被广泛认为是文字的刻写，也许有一天，被认为无从证明的东西，因为文字的发现而彻底改写，中国上古文明长期以来所存在的被严重低估的局面将彻底改变。早在公元前四千年左右，华夏集团就已经占据了黄河中游比较优越的地理位置，并在公元前三千年左右文明进程速度加快，此后先后迈入了文明门槛，古中原由于优越的地理环境和区位，被认为是"天下之中"，对于早期中国的认同意识逐渐产生，在考古学上，需要进一步加大寻找庙底沟二期文化早中期大型中心聚落的力度，将有利于黄帝居邑问题的早日解决。我们有理由相信，在黄河中游地区，也就是豫陕晋的相邻地区就是传说中黄帝族的生活地域，中国五千多年的文明史可以溯源到传说中的炎黄时代。

（原载于《华夏文化》2018年第4期）

石峁人群族属探索

韩建业

陕西神木石峁古城是近年中国最重大的考古发现之一[1, 2]，人们在惊叹其巨大体量、宏伟建筑、精美玉器、诡谲浮雕的同时，不免会联想到石峁人群的族属问题。完成如此壮举的"石峁人"到底是些什么人？在古史传说中有没有他们的位置？我曾发短文简略表达过"石峁人"或属北狄先民的观点[3]，本文试作进一步的论述。

一、石峁遗存属于老虎山文化

首先应当明确石峁遗存的考古学文化归属。

石峁遗址所出典型陶器，主要有双鋬鬲、敛口瓿、大口尊等，和陕北其他区域以及内蒙古中南部、山西中北部、河北西北部龙山时代遗存的主体陶器基本一致，我们曾将这类狭义"北方地区"的龙山遗存统称为老虎山文化[4, 5]。老虎山文化有不少地方性差别，可以分为若干地方类型，或者若干"亚文化"——田广金最早提出"老虎山文化"的名称，但仅用以指称内蒙古中南部龙山遗存[6]；魏坚称鄂尔多斯地区龙山遗存为永兴店文化[7]；张忠培称晋中龙山遗存为杏花文化[8]；石峁所代表的陕北北部遗存有一定特色，如三足瓮出现最早且发达，可称之为老虎山文化石峁类型，当然称石峁文化也未尝不可[9, 10]。

发掘者将石峁古城遗存分为早、晚两期，早期流行宽裆的斝式鬲，晚期变为尖角裆的典型鬲，新出三足瓮、盉等陶器，绝对年代分别在大约公元前2300—前2100年、公元前2100—前1800年，大致相当于我们划分的老虎山文化前期晚段和后期。

和中原等地相比，前期阶段的老虎山文化还是比较"落后"的，虽因战争频繁而常见石墙山城，家族组织也已凸显，但缺乏大城、大墓和贵重物品，社会分工、贫富分化不明显，我们曾称之为社会发展的"北方模式"，与分化严重的"东方模式"和朴实执中的"中原模式"有一定区别[11]。至于石峁石城的超大规模，玉器、兽面纹装饰等的出现，当为其与陶寺文化传统碰撞交流的产物，并非北方地区的固有因素。

二、老虎山文化南下临汾与"稷放丹朱"

公元前2100年左右，中国东亚季风气候区出现"干冷事件"，北方长城沿线农业发展条件变得异常恶劣，曾经繁荣一时的岱海地区老虎山文化聚落群骤然消失[12]，双鋬鬲、细石器镞和卜骨等北方文化因素大范围南下，一直流播到黄河中下游地区，表明在龙山前后期之交，老虎山文化有过明显的向南移动和影响态势[13]。这当中以老虎山文化南下临汾盆地最具戏剧性。

龙山前期，在晋南临汾盆地突然出现发达的陶寺文化，陶寺都城近三百万平方米的宏大体量、豪华大墓、精美玉器等[14, 15]，都令人印象深刻，王文清[16]、邹衡[17]等提出陶寺文化为尧所属的陶唐氏遗存。而陶寺文化的势力范围可能已经南达黄河沿岸，西越黄河进入延安地区，分别以芮城清凉寺墓地[18]和延安芦山峁遗址[19]为代表，这两处遗址也都以出土大量精美玉器而闻名。我们曾提出，陶寺文化的出现，当为东方地区良渚文化、大汶口文化人群西迁所致，可能对应传说中的"唐伐西夏"事件[20]。

但到龙山前后期之交，风云突变，原本有鬶无鬲的临汾盆地出现大量类似晋中的双鋬陶鬲，陶寺文化也因此而变为陶寺晚期文化，说明北方地区和晋西南人群之间曾经发生过激烈的冲突战争。后来的考古工作发现陶寺遗址还存在暴力屠杀、摧残女性、疯狂毁墓等现象，临汾下靳墓地、芮城清凉寺墓地的大中型墓葬也尽数被毁[21, 22]，由此可见老虎山文化人群"残暴"的一面，让人不由得联想到石峁所出以青年女性头骨为主的多个头骨坑是否就是杀害战俘的结果。但陶寺晚期文化之初的双鋬鬲和晋中游邀类型者更接近，更应该是晋中人群南下摧毁陶寺古城，而不一定是石峁人群。

老虎山文化游邀类型的南下临汾和陶寺文化的衰亡，可能对应《古本竹书纪年》所记载的"稷放丹朱"事件（《山海经·海内南经》注引《古本竹书纪年》："后稷放帝朱于丹水"）。稷或后稷，即传说中周人的始祖，钱穆等认为后稷与其母有邰氏姜嫄的居地就在晋西南地区[23]。丹朱传说中为尧子，其始居地应该就在"尧都平阳"（《汉书·地理志上》河东郡平阳条下应劭曰："尧都也，在平河之阳。"[24]1551《汉书·地理志下》中山国唐条下有"尧山在南"，应劭曰："故尧国也。"[24]1632）——晋南临汾盆地，对应的考古学文化当和尧一样，为陶寺文化。由此推测，老虎山文化游邀类型有可能是最早的后稷族系文化或者最早的姬周文化，陶寺晚期文化是稍晚的姬周文化[25]。体质人类学分析结果也表明，碾子坡等周人组与陶寺、游邀等山西古代居民组有最为密切的关系[26]。邹衡早年曾将先周文化的渊源追溯到所谓光社文化，也就是晋中地区晚于游邀类型的文化，确有先见之明[27]。这样一来，同属老虎山文化的石峁类型，即便不属于后稷族系，也当与其关系极为密切，属于一个大的人群集团。

三、陶寺晚期文化的西北向迁移与不窋"自窜于戎狄之间"

陶寺晚期文化，也即稍晚的后稷族系文化，在晋西南地区延续了约300年，到大约距今3800年之后，随着二里头文化势力从洛阳盆地进入，才彻底告一段落。令人奇怪的是，陶寺晚期文化典型的大肥袋足鬲、深腹簋、三足杯、单耳杯、鬶形器、折肩罐等陶器在晋南消失，却突然出现于陕北北部石峁类型末期的神木新华[28]、石峁遗址，以及鄂尔多斯地区的朱开沟早期遗存等当中[29]。

《国语·周语》记载："昔我先世后稷，以服事虞夏。及夏之衰也，弃稷不务，我先王不窋，用失其官，而自窜于戎狄之间。"韦昭注："衰，谓启子太康废稷之官，不复务农。《夏书序》曰：'太康失邦，昆弟五人须于洛汭。'""窜，匿也。尧封弃于邰，至不窋失官，去夏而迁于邠，邠西接戎，北近狄也。"韦昭以"太康失国"解释"夏之衰"，可谓确当。按照夏文化分为早、中、晚三期的方案[30]，王湾三期文化后期就应当是早期夏文化，"太康失国"就应该发生在公元前2千纪之初的王湾三期文化后期偏晚阶段，相当于石峁类型晚期。而陶寺晚期文化因素恰好于此时进入陕北—鄂尔多斯地区，岂不正对应姬周先人不窋"自窜于戎狄之间"的事件[25]？

然则又如何理解"戎狄之间"？韦昭显然是从戎狄有别的角度，认为戎在西方，狄在北方。但《左传·庄公二十八年》，前面说"可以威民而惧戎"，后面讲"狄之广莫，于晋为都"，将戎和狄当作了同一个对象。按照王玉哲的梳理，西周以前北方已有狄（即易）的名称，春秋战国时期所谓戎、狄可以互称，战国末期才如《大戴礼记·明堂》所说出现"南蛮、东夷、北狄、西戎"这样整齐划一的说法[31]。实际上我们目前无法确证"自窜于戎狄之间"到底属于哪种情况，但说石峁类型可能属于笼统的"戎狄"之文化，或者"戎"与"狄"之某一支的文化，应该大致不差。

四、石峁类型具体可能属于黄帝族系后裔北狄的文化

龙山时代的老虎山文化虽与晋南文化面貌各异，分庭抗礼，但其渊源却都是仰韶文化，都有着晋西南、豫西和关中东部的庙底沟类型的深厚基因[32]。我们曾撰文论述仰韶文化庙底沟类型可能是黄帝族系的文化[33, 34]，那么，老虎山文化就应当是黄帝族系后裔的文化。上述老虎山文化游邀类型可能对应后稷族系。后稷姬姓，而据《国语·晋语》："昔少典娶于有蟜氏，生黄帝、炎帝。黄帝以姬水成，炎帝以姜水成。成而异德，故黄帝为姬，炎帝为姜。"据《国语·晋语》，黄帝诸"子"中第一姓即为姬姓。可知黄帝和后稷可能确存在渊源关系。

无独有偶，属于黄帝之后的还有可能是姬姓的北狄。《山海经·大荒西经》记载："黄帝之孙曰始均，始均生北狄。"《大荒北经》也说："黄帝生苗龙，苗龙生融吾，融吾生弄明，弄明生白犬，白犬有牝牡，是为犬戎。"知北狄、白犬、犬戎在传说中也都是黄帝后裔，或者说他们本来就是同一群人的不同称呼，白犬或即白狄。《世本》又说："鲜虞，姬姓，白狄也。"推测白狄可能也是姬姓，与后稷同宗黄帝。这就是说，石峁类型可能笼统属于"戎狄"文化，具体属于黄帝后裔北狄的文化。

当然戎也有姬姓宗黄帝者。《左传·庄公二十八年》："晋伐骊戎"，杜预注："骊戎……其君姬姓。"又"晋献公……娶二女于戎，大戎狐姬生重耳"。所以也不排除石峁类型与姬姓戎有关的可能性。

五、石峁类型的后继文化也当属于戎狄文化

老虎山文化的继承者，是内蒙古中南部和陕北等地的朱开沟文化[35, 36]，再之后的晚商时期，则发展为陕北的李家崖文化[37]和鄂尔多斯地区的西岔文化等[38]，陶鬲、甗、三足瓮延续，石城衰落，新出刀、剑等各种武器工具类和装饰品类"鄂尔多斯式青铜器"，属于半农半牧文化。

李伯谦认为，晋陕高原的石楼—绥德类型青铜文化的族属，当为甲骨文中记载的和武丁长期争战的𢀛方[39]，而石楼—绥德类型青铜器群与李家崖文化、西岔文化等在分布地域和时代上有所重合，很可能就是一回事。吕智荣则认为，李家崖文化可能是《周易》所说"高宗伐鬼方"的鬼方遗

存[40]。而无论是舌方还是鬼方，应当都属于戎狄之属。据《古本竹书纪年》："武乙三十五年，周王季伐西落鬼戎，俘二十翟王。"此"西落鬼戎"应即"鬼方"，属于狄（翟）人。而诸狄中的赤狄，被认为属于隗氏，也当与鬼方有关。可证鬼方很可能属于狄之一支。由此上溯，也可证"石峁人"可能属于戎狄，更可能属于狄人。

有以上论述，就可得出石峁人属于传说中的黄帝后裔北狄先民的推论。也可知狄人至少四千多年以来就生活在长城沿线，和华夏同源而交流，同根而相煎，《墨子·节葬下》"尧北教乎八狄"的说法并非全属妄言。石峁所出玉器、石浮雕上的人面形象，着意强调突出的颧骨，说明狄人和华夏人具有类似的形貌特征，而绝非西方人形象。狄人曾经达到过令人难以置信的文明高度，为多元一体早期中国文明的形成和发展做出过重要的贡献。

沈长云早先主要通过对历史传说的钩沉，提出石峁古城是黄帝部族居邑的观点[41]。但黄帝和黄帝后裔毕竟并不是一回事。黄帝不会晚到尧舜禹时代，不会晚到龙山时代。吕智荣虽然和我同样提出石峁古城可能为古代狄族先民之都邑的观点，但他将石峁遗存归之于"黄帝的后裔""共工氏"，则是我不能同意的，因为共工氏在龙山时代大约是以豫北辉县一带为中心的，而且一般认为其先人可能为姜姓炎帝而非姬姓黄帝[42, 43]。至于张怀通提出的"石峁古城是上古西夏的都邑"的观点[44]，与我所论"西夏"年代相差甚远，我认为难以成立。

附记：本文为国家社会科学基金重大项目"欧亚视野下的早期中国文明化进程研究"（项目号：18ZDA172）阶段性成果之一。

参 考 文 献

[1] 陕西省考古研究院，榆林市文物考古勘探工作队，神木县文体局，等. 陕西神木县石峁遗址. 考古，2013（7）：15—24.

[2] 陕西省考古研究院，榆林市文物考古勘探工作队，神木县石峁遗址管理处. 陕西神木县石峁城址皇城台地点. 考古，2017（7）：46—56.

[3] 韩建业. "石峁人"或属北狄先民. 中国社会科学报，2018-12-27（8）.

[4] 内蒙古文物考古研究所. 岱海考古：一：老虎山文化遗址发掘报告集. 北京：科学出版社，2000.

[5] 韩建业. 中国北方地区新石器时代文化研究. 北京：文物出版社，2003.

[6] 田广金. 论内蒙古中南部史前考古. 考古学报，1997（2）：121—146.

[7] 魏坚. 试论永兴店文化. 文物，2000（9）：64—68.

[8] 张忠培. 杏花文化的侧装双鋬手陶鬲. 故宫博物院院刊，2004（4）：6—50.

[9] 张宏彦，孙周勇. 石峁遗存试析. 考古与文物，2002（1）：56—61.

[10] 巩启明. 新世纪陕西史前考古的重要收获：下. 文博，2018（5）：31—50.

[11] 韩建业. 略论中国铜石并用时代社会发展的一般趋势和不同模式 // 北京大学中国考古学研究中心，北京大学震旦古代文明研究中心. 古代文明：第2卷. 北京：文物出版社，2003：84—96.

[12] 韩建业. 距今5000年和4000年气候事件对中国北方地区文化的影响 // 周昆叔，莫多闻，佟佩华，等. 环境考古研究：第三辑. 北京：北京大学出版社，2006：159—163.

[13] 韩建业. 老虎山文化的扩张与对外影响. 中原文物，2007（1）：17—23.

［14］中国社会科学院考古研究所山西队，山西省考古研究所，临汾市文物局. 山西襄汾陶寺城址 2002 年发掘报告. 考古学报，2005（3）：307—346.

［15］中国社会科学院考古研究所，山西省临汾市文物局. 襄汾陶寺：1978—1985 年发掘报告. 北京：文物出版社，2015.

［16］王文清. 陶寺遗存可能是陶唐氏文化遗存 // 田昌五. 华夏文明：第一集. 北京：北京大学出版社，1987：106—123.

［17］邹衡. 关于探讨夏文化的条件问题 // 田昌五. 华夏文明：第一集. 北京：北京大学出版社，1987：162—179.

［18］山西省考古研究所，运城市文物工作站，芮城县旅游文物局. 清凉寺史前墓地. 北京：文物出版社，2016.

［19］陕西省考古研究院，西北大学文化遗产学院，延安市文物研究所. 陕西延安芦山峁遗址发掘取得重要收获. 中国文物报，2018-11-16（7）.

［20］“唐伐西夏”最早见于《逸周书·史记解》：“昔者西夏，性仁非兵，城郭不修，武士无位，惠而好赏，屈而无以赏。唐氏伐之，城郭不守，武士不用，西夏以亡。”又《左传·昭公元年》：“迁实沈于大夏，主参。唐人是因，以服事夏、商。”其次序也是先有“大夏”，后有“唐人”。我曾提出“唐伐西夏”的结局，就是陶唐氏从豫东鲁西南迁居晋西南，对应考古学上临汾盆地陶寺文化的形成和庙底沟二期类型的消亡。参见韩建业：《唐伐西夏与稷放丹朱》，《北京大学学报》（哲学社会科学版）2001 年 4 期，第 119—123 页.

［21］韩建业. 葬玉、殉葬与毁墓：读《清凉寺史前墓地》. 中国文物报，2017-06-13（8）.

［22］高江涛. 试析陶寺遗址的“毁墓”现象 // 中国社会科学院考古研究所夏商周考古研究室. 三代考古：七. 北京：科学出版社，2017：345—354.

［23］钱穆. 周初地理考. 燕京学报，1931（10）：1955—2008.

［24］班固. 汉书：地理志. 北京：中华书局，1962.

［25］韩建业. 先周文化的起源与发展阶段. 考古与文物，2002（增刊）：212—218.

［26］王明辉. 周人体质特征分析 // 中国社会科学院考古研究所. 二十一世纪的中国考古学：庆祝佟柱臣先生八十五华诞学术文集. 北京：文物出版社，2006：909—924.

［27］邹衡. 论先周文化 // 邹衡. 夏商周考古学论文集. 北京：文物出版社，1980：297—356.

［28］陕西省考古研究所，榆林市文物保护研究所. 神木新华. 北京：科学出版社，2005.

［29］韩建业. 内蒙古朱开沟遗址有关问题的分析. 考古，2005（3）：55—64.

［30］韩建业. 论二里头青铜文明的兴起. 中国历史文物，2009（1）：37—47.

［31］王玉哲. 中华民族早期源流. 天津：天津古籍出版社，2010：34—40.

［32］韩建业. 龙山时代的中原和北方：文明化进程比较. 中原文化研究，2017（4）：81—84.

［33］黄怀信. 仰韶文化与原始华夏族：炎、黄部族. 考古与文物，1997（4）：33—37.

［34］韩建业. 涿鹿之战探索. 中原文物，2002（4）：20—27.

［35］内蒙古自治区文物考古研究所，鄂尔多斯博物馆. 朱开沟：青铜时代早期遗址发掘报告. 北京：文物出版社，2000.

［36］田广金，韩建业. 朱开沟文化研究 // 北京大学考古文博学院. 考古学研究：五：庆祝邹衡先生七十五寿辰暨从事考古研究五十年论文集. 北京：文物出版社，2003：227—259.

［37］陕西省考古研究院. 李家崖. 北京：文物出版社，2013.

［38］内蒙古自治区文物考古研究所，清水河县文物管理所. 清水河县西岔遗址发掘简报 // 内蒙古自治区文物考古研究所. 万家寨水利枢纽工程考古报告集. 呼和浩特：远方出版社，2001：60—78.

［39］李伯谦. 从灵石旌介商墓的发现看晋陕高原青铜文化的归属. 北京大学学报：哲学社会科学版，1988（2）：15—29.

［40］吕智荣. 鬼方文化及相关问题初探. 文博，1990（1）：32—37.

［41］沈长云. 石峁古城是黄帝部族居邑. 光明日报，2013-03-25（15）.

［42］徐旭生. 中国古史的传说时代. 增订本. 北京：文物出版社，1985：47—48，136—139.

［43］邹衡. 关于夏商时期北方地区诸邻境文化的初步探讨 // 邹衡. 夏商周考古学论文集. 北京：文物出版社，1980：253—294.

［44］张怀通. 谁的石峁：石峁古城系上古西夏都邑. 中国社会科学报，2015-03-18（A05）.

（原载于《文物春秋》2019 年第 4 期）

石峁遗址与华夏民族的发祥

沈长云

华夏族是我中华民族的主体民族——汉族的前身。华夏的称呼对于凝聚我们民族的自信心和爱国情怀，起着十分重要的作用。但是，对于华夏族的历史，包括华夏族是怎样的来历？她最早的发祥地在什么地方？她又是怎样发展成为我国的主体民族而延续至今的？这些问题，一般人们或许并不是很清楚，学术界的认识亦多分歧。不久前，陕西神木石峁古城的发现，对于这一系列问题的解答提供了很好的契机，我想借着对石峁古城及相关遗址的考察，从历史学的角度，对上述问题做出适当解答。

一、石峁是华夏祖先黄帝的居邑

关于华夏族的发祥地，自然首先要从华夏族祖先黄帝的居住地谈起。黄帝是我们民族的祖先，也是我国古老部族的首领。黄帝族居住在什么地方？现在有许多不同的说法。如今好多地方都争说黄帝是他们那儿的人氏，这也不难理解，因为黄帝作为华夏民族的祖先，到处都受到后人的膜拜。司马迁说他当年为了追寻黄帝的足迹，曾"西至空桐，北过涿鹿，东渐于海，南浮江淮矣，至，长老皆各往往称黄帝、尧、舜之处"[1]，大概这些地方都有关于黄帝的传闻。不过这些说法都产生很晚，如河南新郑和山东曲阜有关黄帝出生在自己那个地方的说法，都最早见于西晋皇甫谧的《帝王世纪》，显然是不足为训的。因而有关黄帝的居邑，还值得重新认真加以探索。

实际上，黄帝之被奉为华夏族的共同祖先，只是华夏民族形成以后的事情。华夏民族起源于西周时期，成立于春秋战国之际（见下文），西周以前，并没有一个华夏民族，也没有黄帝被奉为华夏祖先的说法。那时的天下，实在是由许多氏族部落构成的，号称为"天下万邦"。"邦"实际也就是一些氏族部落结构，它上面尚有代表国家政权的朝廷的统治，但这并不影响到各个邦的自治权力。这样一种天下万邦的局面，来自于更早的国家产生以前的时期，也就是传说中我国历史上的"五帝"时期。而我们的祖先黄帝，也就是那个时期居住在我国西北一带的一个部族或部落集团的首领。其他几位古帝，也都是那个时期不同地方的部落集团的首领。我们看最早提到黄帝的古文献中，黄帝被称作"黄帝氏"[2]，便可明白其中道理。那时黄河流域是他们主要的栖息繁衍之地，除了黄帝部族之外，整个黄河流域从西到东还居住着一些别的部族集团，如炎帝氏、颛顼氏、帝喾氏、共工氏、少昊氏、太昊氏、蚩尤氏，等等。他们都有各自的居住范围或领地。那么，黄帝这支部落集团居住在什么地方呢？

根据较早的文献，黄帝部族与炎帝部族都是居住在今陕西黄土高原一带的。《国语·晋语四》

说："昔少典娶于有蟜氏，生黄帝、炎帝。黄帝以姬水成，炎帝以姜水成。"姜水在今陕西宝鸡境内，姬水不知何在，估计在宝鸡以北的某个地方。因为据它书记载，黄帝曾经见广成子于空同之上，空同即崆峒，是一座山的称呼，在今甘肃镇原。另外，黄帝的陵墓据《史记》《汉书》说在桥山，桥山在汉阳周县南，即今延安子长县北的高柏山。此外，《汉书·地理志》还于汉上郡肤施县下记载，该地"有黄帝祠四所"。肤施即今榆林，这两个地方都属陕北。所以当年徐旭生先生追索黄帝活动的足迹，说："看古代关于姬姓传说流传的地方，可以推断黄帝氏族的发祥地大约在今陕西的北部。"[3]这个说法也得到了今天绝大多数学者的认可。

了解先秦民族史的先生都知道，今陕西北部，包括邻近的山西北部和内蒙古河套地区，上古时期都属于白狄族活动的范围。白狄是这一带少数族的统称，其下当有不同的支系，依其自称或其所在地域及不同的图腾信仰，在各时代又有不同的称呼。如甲骨卜辞所见屡与商王朝发生冲突的土方和舌方，西周时期的犬戎，春秋时期的狐氏、代狄、无终、鲜虞、肥、鼓、仇由，以及战国时期的狄历、林胡、楼烦等，皆为白狄之属。令人意想不到的是，黄帝竟是所有这些白狄族的祖先。首先，白狄族以及白狄族下面的一些族氏，如犬戎、狐氏、鲜虞等，在汉籍文献中皆属于姬姓，正好与黄帝同一个姓氏（黄帝属姬姓，见于上引《国语·晋语四》；文献称犬戎及整个白狄族都属于姬姓者，见汉王符所作《潜夫论·志氏姓》篇）。其次，讲述我国古代山川地理及传说中人物活动地域的古籍《山海经》，也明确记载了白狄族属于黄帝的后裔。其中《山海经·大荒西经》称："有北狄之国，黄帝之孙曰始均，始均生北狄。"所谓北狄，即白狄族所属北方狄族之统称。其《大荒北经》的记载则更直接，称"黄帝生苗龙，苗龙生融吾，融吾生弄明，弄明生白犬，白犬有牝牡，是为犬戎"。所谓白犬，也就是白狄，这是犬戎属于白狄的明证，他们也都属于黄帝的后裔。再查阅《山海经》中黄帝活动的足迹，知其也主要见于该书反映西北方向的一些篇章，如《山海经》中的《西山经》《大荒西经》《大荒北经》等篇。所有这些，都表明黄帝是上古西北方向所有古国古部族集团的首领，是他们直接奉祀的祖先。

黄帝及众多白狄部族在晋陕北部及内蒙古一带的存在，说明这一地区确实是我们先民重要的栖息繁衍的场所。这里作为我国黄土高原主要分布的地区，上古时期应当是比较适合人类居住及生存繁衍的。学者研究，那时这一带的气候、森林、植被与自然环境，都较现在显得优越，水土流失没有以后严重，更少有一些地方后来出现的土壤沙化现象。可为之提供佐证的是这一地区考古发现的那个时期分布广泛的聚落遗址，包括许多大型的聚落遗址，甚至还有不少颇具规模的古城址。其中最引人注目的即是近年陕北神木高家堡发现的石峁古城。

这座石峁古城，我把它定性为黄帝部族的居邑。一则，从其所处地理位置看，石峁适当陕北榆林地区中心的位置，距离我们上面讲到的作为黄帝陵的桥山，以及"有黄帝祠四所"的肤施都不算远，其为黄帝部族所居应是很自然的事情。就其与黄帝族下属的白狄族的各个分支的相对位置而言，其左面渡黄河不远处的晋北地区，是白狄族支系犬戎活动的范围；南面无定河流域的绥德一带，也先后有商代的舌方、土方和无终戎居住过；西北方接壤处的内蒙古河套地区，则是以后林胡、楼烦驰驱之所在，凡此，皆可见石峁处在上古白狄族活动的中心位置，其为黄帝部族的居邑是不容置疑的。

再则，从石峁古城的规模看，其整个面积达到 400 多万平方米，分作内城和外城，内城最高处并筑有象征权力中心的颇为壮观的皇城台。整个石城的规模和结构不仅在上古陕北地方无出其右者，就是在整个黄河流域乃至当时中国范围之内，都再找不出可与之比肩者。再加上这里发现的为数众多的精美玉器及其他考古遗迹，实只有黄帝所居才可与之相匹配。

其三，就古城的年代而言，其始建在距今 4300 年左右，这应当与黄帝所在的年代相当。目前有关黄帝的年代有些争议，不少人习惯称"黄帝五千年"，其实所谓五千年只是一个约数，真要谈黄帝的具体年代，恐怕没有几个人这么说的。过去孙中山建立民国，以黄帝纪元 4609 年为中华民国元年，这是以当时一些学者的考订为基础算出来的。新中国成立后，翦伯赞制定的中外历史年表，则是以黄帝在公元前 2550 年。最近的一个说法是著名考古学家、北京大学的李伯谦老师提出来的，他说黄帝应当是在公元前 2500 年左右或 2300 年左右[4]。我比较赞同这个说法。因为包括黄帝在内的所谓"五帝"时代实只是指夏王朝前面的一个历史时期，也就是中国正式进入文明时代之前的这么一个阶段。对应于考古文化，则大致相当于考古学上的龙山文化时期。需要强调的一点是，所谓五帝在时间上及空间上基本上是一种横向的关系，他们生活的时间或许稍有早晚的差异，但大致应不出这个时代。我们知道夏王朝是从公元前 21 世纪开始的，黄帝和他的氏族活动的时间应当离这个时间不远，说他是公元前 23 世纪，或前 24 世纪的人物，都是有可能的，这正好与石峁建城的年代相差无几。总之，将石峁古城视作黄帝与其部族的居邑，从历史学来讲，应是目前最恰当的一种解释。

二、黄帝后裔周族与石峁的关系

众所周知，华夏族是以黄帝的后裔周人为主导，由以后的周人与夏、商族人的后裔及其他少数部族共同融汇而形成的。有必要提请大家注意的是，周人作为黄帝部族的直接的后裔，最早也是居住在石峁或其附近地区的。

周人作为黄帝的后裔是不容置疑的。黄帝姬姓，或者说是整个姬姓族人的祖先。周人也是姬姓，在以后建立中原王朝或地方政权的各个姓氏集团，包括建立唐、虞、夏、商、周、秦、楚、汉等政权的各个姓氏集团中，就只有周人一家属于姬姓，这说明唯有周人才是黄帝族的直接的后裔。此可以通过两周时期的铜器铭文得到进一步的证明。按周人实行同姓不婚之制，并实行男子称氏、女子称姓的制度，现存两周时期的铜器铭文显示，凡铭文中称作姬姓的女子，不是姬姓国家嫁与他国之女子，便是其他姓氏的国家嫁与姬姓国家为妻者。前者如王伯姜鼎中的季姬福母、蔡侯申诸器中的大孟姬、鲁太宰原父簋中的季姬牙、吴王光鉴中的叔姬寺吁等，后者如齐侯画中的虢孟姬良母（齐侯女嫁与姬姓虢国之君为妻者）。是称作姬姓的女子，皆出自周的同姓封国；而称作姜姓、妫姓、妊姓、妘姓、姒姓、子（好）姓、己（妃）姓、姞姓、隗姓、祁姓、芈姓、嬴姓等他姓族的女子，则皆来自周以外的异姓诸侯国，二者全不相混，说明姬姓确实只是周族独有的姓氏。

非仅如此，周人还是白狄族的后裔。因为黄帝是白狄族人的祖先，周人既然出自黄帝，也一定出自白狄。对于这一点，我们老一辈从事先秦史研究的专家、前中国先秦史学会会长早有洞见。他最早提出周人起源于白狄的观点，为此而列出了很多证据。其中最重要的一条是，在先秦时期记载古帝王和诸侯世系的专书，也就是《世本》一书中，明确记载了周先公的世系，这个世系完全不像我们华夏族的名字，反倒像戎狄族人的名字。其记公刘以下八代周人祖先的名字，分别叫作庆节、皇仆、差弗、伪榆、公非辟方、高圉侯侔、亚圉云都、公组绀诸，这些名字，一看就不像华夏族人的名字，明显杂有戎狄族语言的成分[5]。公刘大家都很熟悉，就是公刘迁豳故事里的公刘。他前面的一位祖先叫不窋，徐先生认为他是周人这支姬姓族人实际的祖先，不窋也像戎狄族的名字。

与此相呼应，其他一些文献则记录了早期周人居住在戎狄地区并从戎狄居住区迁往岐下周原的过程。如《史记·周本纪》便记这支姬姓周人的祖先很早就奔走在"戎狄之间"，其后公刘也曾"在戎狄之间"，一直到公亶父迁岐，才"贬戎狄之俗，而营筑城郭室屋，而邑别居之"。以上所谓"戎狄之间"，应当就是黄帝族居住的石峁一带，或者是离它不远的地区。

其实，早期周人居住在离黄帝族所在石峁不远的地区，还有更直接的证据，就是周人的"周"字所透露出来的早期周人所从事的职业，这种职业亦可以与石峁挂上钩来。上言石峁及其附近遗址曾经出土过大量精美的玉器，这些玉器多数已流失海外，致使石峁玉器闻名于世。有人统计仅石峁出土的玉器数就达4000件之巨。这么多的玉器决不会都来自外来的进贡或交流，而应主要出自本地人的制作，我相信早期周人应当便是石峁玉器的主要制作者，根据便是"周"字所蕴含的早期周人所从事的治玉行业的信息。我曾经对周族的"周"字进行过分析，指出它作为象形字，所象并非是农田种植之形，而是雕琢治玉之形，说明周人原本就是一个善于治玉的民族。为释疑解惑，这里不妨对"周"的字形字义再做一些分析。按周与琱、彫实古今字，《说文》云："彫，琢文也，从彡，周声。"段注："琢者，治玉也，玉部有琱，亦治玉也。《大雅》：'追琢其章。'传曰：'追，彫也，金曰彫，玉曰琢。'《毛传》字当作稠。"其实彫、琱皆非治玉的最初字形，甲骨文、早期金文周字作田、田、𡇯诸形，才是古人追琢治玉最初的字形。过去古文字学家朱芳圃、孙长叙皆有过这方面的论述，今古文字学者如张亚初、何琳仪、黄德宽等也有类似主张，篇幅所限不具引。毫无疑问，此对于周人起源于陕北并为黄帝族的后裔提供了更为直接的证据。古人以职为氏，《左传》定公四年提到的"殷民六族"中有索氏、长勺氏、尾勺氏，"殷民七族"中有陶氏、施氏、繁氏、锜氏和樊氏，学者以为它们皆是一些专门从事某种手工行业的氏族。以此类推，周人的"周"作为氏名，亦是指其祖先从事治玉的职业。联系到周人祖先黄帝用玉的传说（《越绝书》称"黄帝之时以玉为兵"），并作为黄帝居邑的石峁确实发现有大批的玉器，说周人出自陕北，甚至就出自石峁一带，是完全说得过去的。

还有一些周人出自石峁的线索。如周人所具有的对于天和"天命"的信仰，这种信仰从何而来？应当也与石峁有不解的关系。我们看石峁古城及其他黄帝族居邑，并皆具有一个明显的特征，就是全建筑在山上，并往往建筑在周围地形最高的山梁之上。何以黄帝族（包括早期周人）要把居址建筑在山梁上面？想必并不是如许多人解释的那样，只是为了防御，我想更大的可能，乃是出于某种宗教或者信仰。周人相信天，"天"和"天命"都是周人的发明，或许周的先人以为，城邑建在山上，有利于与天的交通。《左传》称"黄帝氏以云纪"，"以云纪"似乎也与黄帝——先周族对天的尊崇有关，因为云彩本来就是天上的东西。如今居住在北方草原上的蒙古族人喜欢在山丘上或较高地势处堆筑高台，称作敖包，其原始意义，当亦是把它当作圣山，以与天进行对话。这些，都应当是本地区自古以来的传统。总之，说周人很早就和他们的祖先黄帝同住在石峁一带，是有相当理由的。

三、周人南迁与华夏民族的形成

上言华夏族是作为黄帝后裔的周人与居住在中原地区的夏、商旧族及其他少数部族融会而后形成的。周人何以能够与居住在中原的夏、商族人的后裔融会在一起呢？当然是因为后来的周人建立起了强大的西周王朝，把夏商旧族都纳入自己的统治之下。而周朝的建立，又首先是南下的周人发展壮大的结果。

周人的南迁不知始于何时。文献说是夏末弃稷不务，致使周人祖先从渭水地区迁到戎狄之中，这倒是把事情说颠倒了。实际是周人本来居住在戎狄地区，从事半农半牧的生活，因为北方气候的变迁（变得又干又凉），使其原居住地环境发生变化，迫使他们为寻找新的宜居地而逐步地往南迁徙。这是一个漫长的过程，文献记载亦是称周人在公刘时期就开始了这场迁徙，最终到公亶父时才迁到他们理想的岐山下的周原安顿下来。这里土地肥美，周人以之为根据地，接受商人文化，结援姜氏及其他国族，使自己很快地发展壮大起来。大概从周文王开始，由于受到东方商王朝的压迫，周人逐渐产生了要灭掉东方的商朝的心理。他开始暗中纠集一些同样对商不满的部族，组成反商势力集团。到了文王后期，这个势力集团已经具有相当的实力。为了进一步壮大自己的声势，周人开始自称为夏，这便是华夏族产生的前奏。

我国现存最早的文献《尚书·周书》中留有周人自称为夏的记录。其中《尚书·康诰》称："惟乃丕显考文王……用肇造我区夏，越我一二邦，以修我西土。"《尚书·君奭》称："惟文王尚克修和我有夏。"《尚书·立政》称："帝钦罚之，乃伻我有夏式商受命，奄甸万姓。"这个"夏"不同于夏王朝的"夏"，因为夏王朝起源于东方，跟周人起源于西方不是一回事。夏人姓姒，周人姓姬，周人也不可能是夏人的后裔。文献也记载周人与夏不一个族类[6]。那么周人为什么要称自己为夏呢？因为在陕西地区方言中，夏含得有大的意思，周人称夏，不过是要张大自己领导的反商势力集团的声势。

到后来，周人建立起自己的政权以后，为了很好地控制新征服地区，又搞了一个新的制度，即将自己的亲戚、子弟分封到新占领的地方，在那里建立起一些新的诸侯国。有意思的是，他把自己分封出去的这些诸侯国也称作夏，如《诗经·周颂》里面就称分封出去的诸侯为"时夏"。这就是以后诸夏这个名称的来历。后来的文献或称诸夏为诸华，因为华、夏两个字音同通用，《左传》里面有时候称诸夏，有时候称诸华，都是一个意思。同时华字还含有"华美"的意思，可以彰显华夏之人具有的文采。当时的蛮夷戎狄对诸华造成威胁，有人号召诸华团结起来对付这些蛮夷戎狄，于是又有了"内诸华而外夷狄"这种说法。因为诸夏长期居住在中原，文化发展较快，又自居为正统，所以又有了后来的"中国有服章之美，谓之华"和"中国有礼仪之大，谓之夏"的说法。再发展到春秋后期，文献中华、夏这两个字的合称也出现了，《春秋》《国语》《左传》及稍后的文献，都渐渐使用华夏的合称。这就是华夏族称的来历。从实际内容上看，周王朝在各个地方分封了这么多诸侯国，这些诸侯国在整个西周春秋时期无疑都是些容纳周围各族的中坚力量。以他们为骨干，吸收夏商旧族及附近的蛮夷戎狄参加民族融合。最终，使诸夏与各族融合为一个整体，这就是华夏民族。在这个过程中，周人无疑起到了主导作用，所以后来这个新形成的民族共同体在追求自己共同祖先的时候，又很自然地把周人祖先奉作了自己第一位的祖先。黄帝由周人祖先演化为华夏民族的共同祖先，就是这样一种来历。

华夏民族最终形成的时间，我把它定在春秋战国之际，因为只是到这个时候，我国黄、淮、江、汉各古老部族之间的隔阂才最终消除，大家都被纳入新的郡、县、乡、里的编制之中，不再生活在各种血缘组织之中，实现了按地区对人群的规划和管理，也就是实现了作为一个民族必须具有的共同地域。除此之外，作为一个民族还必须具备的共同语言、共同的经济生活，以及反映在一个共同文化中的共同的心理素质，这些条件，在上述地域之内也具备了。自此，可以说一个崭新的华夏民族已屹立在世界的东方。当然，这个时候上述华夏地域之内还未实现政治上的统一，但华夏民族的形成恰恰成了促进各国统一的强大动力。人们到处都在谈论着统一，各大国也都憧憬着自己的大一统方案，一个统一的多民族国家的产生，已是指日可待的了。

以上论述，展示了我国华夏民族自产生至其形成的全过程，也道出了华夏民族何以奉黄帝为自己祖先的缘故。作为华夏族先驱的黄帝族和周族，原来都与陕北石峁这个地方有着密不可分的关系。从这个意义上说，石峁确实可以称得上是华夏民族的发祥地。

附记：国家社科基金重大项目"多卷本《西周史》"（项目编号：17ZDA179）的阶段性成果。

注　释

［1］司马迁：《史记·五帝本纪》，中华书局，1959年。
［2］《左传·昭公十七年》。
［3］徐旭生：《中国古史的传说时代》，文物出版社，1985年，第43页。
［4］李伯谦：《祭拜黄帝要达成共识》，《光明日报》2015年9月7日。
［5］徐中舒：《先秦史论稿》，巴蜀书社，1992年，第121页。
［6］《左传·僖公三十一年》。

（原载于《中华文化论坛》2019年第6期）

军事信息系统视域下的夏社
——石峁遗址再研究

王春政

习近平主席指出："要坚持辩证唯物主义和历史唯物主义，深入进行理论探索，包括探讨符合历史实际的人类文明特别是中华文明的认定标准，努力建设中国特色、中国风格、中国气派的考古学，增强中国考古学在国际考古学界的影响力、话语权。"并特别提到"夏代史研究还存在大量空白，因缺乏足够的文字记载，通过考古发现来证实为信史就显得特别重要"[1]。经过几代人特别是近十年来全面、系统、科学、严谨的调查、发掘和研究工作，石峁遗址考古取得了丰硕成果[2]，这使我们得以在军事信息系统视域下，通过揭示石峁规划对华夏地理的广域精准认知以及与史料记载的高度契合，尝试为夏代史的证实乃至中华文明的认定标准再奠一块新石。

一、石峁遗址是基于中华文明的精准广域地理认知
而建成的华夏等比沙盘

石峁遗址位于陕西榆林神木市高家堡镇，目前被简单地认为是中国已知规模最大的龙山时代晚期城址。但用于军事防御的城池应该是完全闭合的，即便偶有借助天险充当局部城垣的情况，天然地段的险要程度也绝不应该明显低于城垣本身，可石峁城垣却只是"基本可以闭合"[3]，尤为异常的是外城西南角山坡上的明确开放地段，竟有300多米的宽大正面无险可据，其缘由值得深究。考古发现石峁城垣在某些本可以规避的沟壑处都不计成本地从沟底攀援而上、不容商榷地径直越沟，所以城垣在西南角的异常开放应该不是因为囿于施工难度，而是原本规划如此；考古研究还证实即便是石峁中期才增建的外城，也是建成几百年之后才废弃的，这样大规模的城垣在这么长的历史时期内保持着一个特定局部的开放状态，应该也不是因为仓促没有完工，而是的确另有所"图"。以东南—西北的视角看，石峁遗址城垣的三行布局与华夏全域的主要水系分布有强相关性，城垣在西南角的开放端对应水系源头，内城东北角的凹陷处对应位于石峁正东的渤海湾，皇城台则对应石峁在华夏地幅中实际所处的区域，这是依据广域地理认知才可建成的华夏沙盘。基于军事信息系统的测算功能深入比对，发现石峁沙盘的规划[4]竟然还与华夏地理格局之间存在惊人的严格等比关系（为了便于讨论，本文仍暂沿用城垣称谓）。

（一）石峁外城垣是江淮水系的精确等比微缩

外城垣严格依据江淮水系的广域格局等比而建，试以皇城台上的甲点（皇城台门址外瓮城南墙西南角[5]正西 0.145 千米，简称皇甲点）作为原点，逐对测算比对到水系沿岸实地点和到城垣沿线对应点的距离，得到一致的比例关系 540∶1，以下括号中的距离单位为千米。外城垣西南部对应以白龙江为正源的嘉陵江，从甘南郎木寺的白龙江源头（849.67）起对应外城垣西南角的开放端点（1.572），经文县天台寺（787.79）拐弯对应外城南垣第一个曲折处（1.458），过合川古圣村（1028.29）对应的圆形平场（1.904）后，于江北嘴（1058.06）对应外城东南角（1.959），嘉陵江在此汇朝天门南来的长江干流。而后外城东南段城垣对应长江向东北折入三峡，在巴东县中滩坪（837.46）经过皇城台所在子午线，该子午线在沙盘中逆时针旋转对应为皇甲点指向韩家圪旦的西北—东南向连线，此连线延伸通过外城垣的交点（1.550）恰对应中滩坪。出三峡后外城垣对应为沿云梦大泽北缘向东，至荆门钟祥（849.05）对应外城 2 号城门（1.572），然后穿过桐柏山和大别山的接合部，至灵山县涩港（819.17）对应 2 号城门以东的折曲处（1.515）进入淮河流域。而后向东、向北，再沿淮水干流抵于禹会祭台遗址（886.90）对应外城 Q4 墙体（1.642），折而向北是《左传》载"禹合诸侯"的涂山[6]对应外城东门北墩台。

《尚书·禹贡》按距离远近精细划分贡赋五服，石峁沙盘以径向的严格等比关系展现了相应的技术基础；所载"嶓冢导漾，东流为汉"，指今为嘉陵江上源的西汉水即漾水本是汉水上源，学界也倾向于认同《禹贡》此述，循史推论西汉水的确是在汉代武都道大地震后才因山崩堰塞而改入嘉陵道汇白龙江为今嘉陵江的，石峁沙盘以白龙江为嘉陵江正源可为此论佐证。外城垣对应的嘉陵江以西应是古蜀文化，沿江水转去淮水处，又恰好把紧邻的石家河遗址排除在外，即方勤先生等因文化谱系发生巨变而认为与"禹伐三苗"有关的区域[7]，表明石峁外城垣可能兼具标识疆界的作用。另外，桐柏山和大别山作为江淮分水岭，在信阳、涩港一带至今仍有谷道连通南北，外城垣恰好对应此处由江入淮，暗合"江淮通流"。

（二）内城南垣所图之水是伊水洛水而非河水

"江淮通流"出自《淮南子·本经训》："舜之时，共工振滔洪水，以薄空桑，龙门未开，吕梁未发，江淮通流，四海溟涬，民皆上丘陵赴树木。"仍自皇甲点按 1∶540 比例尺试算，韩家圪旦（0.807）对应《水经注·河水》所载的风陵一带（位于石峁正南），皇甲点与韩家圪旦的连线即沙盘上的子午线，延伸通过内城南垣处（0.936）虽然只是表示推测位置的估定虚线，但距风陵 70 千米已肯定不是紧邻风陵渡的今黄河。向南 60 千米是今洛河上游干流，70 千米则更南到了丰中村一线的支流，该段支流两端都与干流并联，沟内横向宽度远胜今干流，水量充沛时可如都江堰的外江一样承载洛水源头的主要流量，对此如能量化表征，可印证伊洛未竭时的局面。此沟南岸景旗村、正沟到古城镇一带的笔直山脚线以及北岸上齐坡、下齐坡到王沟口一带的异常地貌、地物都值得关注。这段以虚线标识的墙垣向西延伸时，似应比图示位置略微向南到紧邻沟沿一线，以止于蓝田县周家台子东侧洛水源头的对应点，而后考古图示向西先很严谨地留有一段空白，再西段的实线墙垣已对应到今渭河流域。鉴于该区域以东位置明确的内城 2 号城门（0.998）对应伊水上游在今陶湾镇处的弧形拐弯（539.07），对应洛水的这段虚线墙垣向东延伸时，原本似不应直接连到 2 号城门西侧，而应与 2 号城门东侧连出的墙垣并行向东，直到伊洛合流于今岳滩村东角处（484.90）的对应点（皇甲点东偏南 21.5°/0.898 千米）再交会。后世偃师商城，广域严格位于皇甲点到伊洛此合流处的连线上，而二里头则广域严格位于皇甲点到江淮可合流的涩港处连线上，鉴于前者沿线有洪洞县侯村遗址，后者沿线有孟津县小潘沟遗址，两线辖于石峁前有神木市薛家会城址，应考虑这种广域现象未必皆因偶然。石峁对应伊洛周边的区域在卫星影像上有不知成于何时的大范围夷平迹象，后续若有早期先建后毁的考古证据，既可印证史料，又可佐证广域对应遗址的属性，还可经测算比对指引实地探寻，石峁沙盘精度也的确可支持按图索"迹"。

内城在今黄河龙门到风陵段河道的对应处并无城垣，紧邻皇城台东北侧的内城北垣如与黄河有对应关系，南下的位置也明显未及孟门就已东折，印证"龙门未开，吕梁未发"。李水城先生提出，"在神木两河流域调查的时候发现一个规律，凡是龙山到夏代的遗址都在山头上"，用现在的观点看"有的遗址相对高差 100 多米，取水尤其不方便"[8]，这其实在考古上印证了"民皆上丘陵"。

（三）皇城台是神农架主峰与昆仑山脉主峰的经纬正交点

水涛先生提出，"石峁出土的石雕人像，在新疆有很多，可能和西边有关系，新疆的石雕也很早，将近 4000 年"。高蒙河先生提出，"石峁遗址有南北和东西的问题，是一个东西南北交会的重要遗址"。借助军事信息系统可直观看出，皇城台在纬线方向上与昆仑山脉最高峰公格尔峰同纬度，在经线方向上与华中最高峰神农顶严格同子午线。

昆仑山和昆仑两处地望都是公案。古史昆仑山为河源，在因此而主张最集中的今巴颜喀拉—阿尔喀—昆仑山脉全线，公格尔峰最高，雄浑的形态契合经史，西南隅今康西瓦河环流入盖孜河"以东又北"可为弱水，东南隅今喀拉塔什河出克孜勒克尔（红色的水）"以行其东北"可为赤水，东北陬葱岭河（今叶尔羌河）更是依《汉书·西域传》"河有两源，一出葱岭，一出于阗"之说使其亦可为河源，从而完美解答顾颉刚先生提出的，张骞出使西域后依据于阗河（今和田河）向汉武帝报告于阗（今和田）南山为河源时"怕昆仑还在西头"[9]的疑窦。综上微观和宏观比对，唯今昆仑主峰公格尔峰堪为古史昆仑山。更绝妙的是，公格尔和九别两座七千米级的雪峰罕见比邻，沿纬度方向自东而西望去，日临其上正是"昆"的形象。沈长云先生依据史料提出石峁是黄帝部族居邑[10]，王红旗先生引述经传推测石峁当即黄帝都城昆仑的所在[11]，虽然目前尚无充分考古证据，但皇城台与公格尔峰在纬度方向上 3000 千米的连线（且名为昆甲线），通过的贺兰山干沟梁、祁连山大平顶（此即该山名），甚至阿尔金山海拔 5300 多米的山峰顶部，都呈现大面积的平削形态，这种广域一致性确实耐人寻味。

皇甲点所在子午线更是胜甲天下。今自皇城台向南，过神圪塔（不是神圪垯梁遗址）等主脊，在神农顶过构造节理与劈理处，而后穿神农溪落于中滩坪过巫峡，随即从自断脉（巫峡南岸地名）处再向南，在桂林过七星山摘星亭东侧山体大范围被均匀宽隙分割处，继而中贯"峤南之山川达于海上"。石峁后续若发现全线对应神农顶、今桂林，乃至秦梁村及西北侧沟崖仍对应今海南岛及琼州海峡的遗迹，也不必意外，无非南暨讫于海而已。此线广域严格经过的异貌异名、新石器晚期遗址和历代文化附会遍布，星移未央而"古今莫能知"，因其与昆甲线保持共轭，先后通过桂平木圭和桂林七星，且名为圭甲线。

（四）石峁沙盘建筑遗迹与广域重要地点对应

水涛先生提出，"石峁的东门址单视作一个城门的话，体量和结构太过复杂，功能上还需要再讨论"。孙波先生提出，门址"特殊的地方在于有壁画、照壁、人头坑、玉器，这些是否具有礼仪功能"。外城东门及瓮城的建筑形态和对应方位都与淮水导过禹合诸侯的涂山时呈现的反"乙"字形河道一致，北墩台顶最北端高点到外城东南角 Q4 墙体西端接近 Q5 处距离 0.106 千米，涂山顶禹王宫平台最北侧到禹会祭台遗址 6.355 千米，呈 1∶60 比例，这相当于按 1∶540 沙盘比例尺微缩后，又把礼仪对象涂山和广域定位点禹会祭台一体放大了 9 倍。以外城最先建成的东门及东南角结构整体比对涂山现地，即可理解导水思路：1 号角台对应堤圩，旨在把上游西南方向来水导至禹会以东再北上，天河是古淮水主河道遗存；外瓮城对应堤圩，旨在仄水流入荆涂峡谷，防其沿涂山南麓东溢；内瓮城对应堤圩，旨在防水沿荆山南麓西溢，但在后世因水量减小而另导今淮河主道时已被豁开。可在涂山紧南麓和禹会村以东，依比例探寻外瓮城和 1 号角台对应的人工堤圩遗存。林留根先生提出，外城东门"可能承担着礼仪中心的作用"，禹合诸侯于治水导淮的标志性工程涂山，似可为解。

虽然今作为白龙江源头景点的郎木寺峡谷到皇甲点的距离也恰在 850 千米左右，但从石峁沙盘的方位和城垣走向看，白龙江源头的实地定位点应是才波杂干南麓谷地。此处西侧的垭口便是今黄河流域与长江流域的分水岭，垭口外侧的洮河就是流向今黄河的神水碌曲。该处有取平迹象的平场两端间距 2.526 千米，而卫星影像在石峁对应位置有长度 0.042 千米的明确矩形痕迹，也是在沙盘比例尺基础上放大 9 倍，不知是否为原始遗迹。即便后续确认存在某种普遍规律，在利用石峁遗迹尺度预判广域对应的遗址范围时，也不应排除个别极重要处放大更多比如 12 倍的可能，像皇甲点东偏南 18.6°/1.049 千米对应今禹州处的痕迹就明显偏大，若考古证实整体都是原始遗迹，体量可能至少与现地成 1∶45 比例。

二、石峁遗址的历史文化属性和证史价值

石峁沙盘广域规划属性与史料记载的高度契合，使其作为考古学遗存，能以一种无须破译的"内证性"特质自证历史文化属性，从而作为整合文献史学和考古学的决定性证据，证实其所从属的"狭义史学范畴的具体社会实体"[12]为信史。

（一）石峁作为夏社遗址可以证实夏代为信史

在中华文明的祭祀传统中，这样大型严格等比沙盘的建设最符合建"社"的需要。《史记·封禅书》载"汤伐桀，欲迁夏社，不可"，可是夏社到底在什么位置、是什么样子，都没有具体讲。但《周礼·地官》详载了"掌设王之社壝"的"封人"职责，"为畿，封而树之；凡封国，设其社稷之壝，封其四疆；造都邑之封域者，亦如之"。这直接反映了社的形态和用途：体量上不能太小，仅是代表王畿的局部就能封而树，规划上要映射疆域，以便随时用壝即矮墙标识使用情况。可见最

古老的社不但用于祭祀，而且还是一个具象的地图大账本，今北京五色土那样既抽象又微缩的社稷坛肯定难以满足后面这项实用需求。而石峁沙盘不但在体量和规划上完全符合，且已考古发现的多处"走向可闭合形似小城的石砌城垣"也明显符合社壇特征，"房址所在区域与皇城台之间的距离可能代表着居民经济与社会地位的高低"[13]更是体现了地区发展不平衡规律乃至贡赋等级差异。

考古发掘已经在石峁外城东门址"找到了夏代早期遗存叠压打破龙山晚期遗存的直接地层依据"[14]，邵晶先生依据测年结果和典型陶片分布，分析各城垣修建年代及过程：A段公元前2300年左右，早于外城而建的内城垣，不排除皇城台周垣更早；B段公元前2100年前后，增建外城门和城垣；C段公元前1800年左右，开始衰败，甚至"利用城墙折角"建"地面式房址"，掏挖墩台角台"建窑洞"[15]。许宏先生提出，"如石峁文化遗存的下限进入二里头文化早期阶段，则其绝对年代应晚至公元前1600年前后"，并建议在对具体考古学文化遗存的叙述中慎用"早期夏文化"概念[16]，这些都很中肯。现在，鉴于石峁遗址具象的历史文化属性特质可使其不必再仅凭抽象的考古文化属性标签去接受史学文献的印证，且考古学地层证据判断石峁B段增建外城的时间与文献史学推断的夏代初期吻合，可以认定此时兴建这样典型的映射华夏广域且高度契合史料有关夏代记述的社壇只能是"四百载、迁夏社"的夏社。

就历史文化属性在所属时代的地位重要性而言，"国之大事，在祀与戎"，夏社不逊殷都，可以代之成为中华文明从传说时代进入"狭义的历史时代"的新门槛，其所从属的具体社会实体夏代就此为信史。

（二）石峁在夏代以前就已被中华文明赋义

如果《五经正义》载尧治平阳是今临汾、舜治蒲坂是今永济，则应重视陶寺与临汾严格同子午线、石峁与永济严格同子午线。冯时老师在《文明以止——上古的天文、思想与制度》一书"居中而治、自邑告命"章中解读清华大学所藏战国竹书《保训》时特意指出，"夏王朝建立之前，舜求地中更重南、北之影的揆度而并不涉及东、西"[17]；关于《史记·五帝本纪》载"舜耕历山"的地望，书中依张守节《正义》引《括地志》所载，首推即"蒲州河东县雷首山，一名中条山，亦名历山"，此山的西麓正是圭甲线上的蒲坂。若基于石峁A段已具备广域认知来解读，舜帝之所以无问西东，是因为东西之中早已由圭甲线明确。揆度南北之影的具体规则未见经传，但若沿圭甲线以皇城台、永济老蒲州、中滩坪西侧水口龙王庙这三点的纬度，分别求 $tg（38°33'54''）=0.80$，$tg（34°50'40''）=0.70$，$tg（31°01'53''）=0.60$，发现若以二分日正午的日影长度为据，蒲坂的确南北居中，而历山的另处可能地望今定陶一带亦在此纬度附近。上述计算如果保留到万分位，能看出该地中正切值误差仅0.0033，也就是说即便表高3米日影误差也才1厘米，地球扁率和地轴进动在此区间引起的非线性误差很小，未予赘计。不知当时可否似后世景符那样消除日影误差，严格精确的地中34°58'22''要再向北十多千米，在永济市舜帝村、龙行村、上方池、长杆村一线西侧抵于今黄河东岸，鉴于龙门到风陵之间的这段黄河河道不断横向摆动，此处自然也曾在河道中，暗合《保训》所载"微假地中于河""追中于河"。

从史料上看，石峁社壇未予体现的这段黄河甲骨文"〴"（乙）字形河道正是治水而来，石峁所展现的广域能力也的确可为治水提供必要技术支撑；从位置上看，舜都蒲坂与石峁同子午线，韩家圪旦恰可在石峁社壝中作为蒲坂王畿之封树，《十三州志》还推测"盖尧亦都此，后迁平阳"；从逻辑上看，在夏代以前的石峁 A 段，不但皇城台已标识地中在先，而且不排除内城为唐虞之社在后，这种可能有待考古证实。后续若能就此再有突破，石峁证实中国信史的上限将被直接擢入更早的"三皇五帝"时期。

（三）石峁体现中华文明传承和华夏族群融合

皇城台所在的圭甲线经过神农顶、苏宝顶、白岩顶、红岩顶等，在北回归线的纬度值域区间内更是密集经过平盈顶、天峰顶、羊牯顶、东王顶，这个现象启发我们思考，在中华文明"居中而治"的政治理念下，定鼎和定顶之间是否被赋予了必然联系。九鼎东西并排，表征南北序贯九顶的横向微小偏差，于是纵向出现九条勘测脉络，中间为主，两翼各护四辅，天子之都居中占九，诸侯之城偏居用七，大夫用五、元士用三，唯此规矩最能解释勘测脉络每与城垣和中轴重合。皇城台与神农架主峰神农顶严格同子午线，二里头与南岳衡山主峰祝融峰也严格同子午线，如果说这即便不是偶然也可能只是体现了早期王朝疆域和势力范围的拓展，那么直到元代，尽显中华文化传统的元上都和今石景山古城处一体仍以宫城中轴与汉代南岳灊山[18]所属的霍山主峰白马尖严格同子午线，并以今北京主城区目视显著的西山最高峰水峪东大尖为原点，严格按 π/2 比例投影到元大都[19]，则势必启发我们以广域规划为蹊径，体会博大精深的中华文明在政治理念上以千年为尺度的续力传承。

石峁的广域属性足以否证"古代只有种族观念而无一统观念"[20]。对炎黄子孙而言，神农之于炎帝、昆仑之于黄帝的象征意义不言而喻，虽然神农是否即炎帝、石峁是否为昆仑仍待定论，但皇城台的确是早在至少 4300 年前就锥指于神农总顶与昆仑主峰的经纬正交处。"经纬天地"的圭甲线与昆甲线如坐标轴在皇城台上正交于皇甲点，正是甲骨文中的甲字"十"。昆仑为万山之祖，中华文明奠此勘测原点中镇天地，放射状勘测线簇象征中华文脉辐射全域，隐喻着最原始的大同、公天下的政治理想。现在很多地方祭祖时依传统风俗烧纸，仍是在圆圈正中郑重画"十"，朱延平先生提出，"东亚范围的早期遗址有一个规律，古人祭祀的时候，往往选择一大一小两个山作为对象，在两山之间的鞍部进行祭祀"，这样的考古发现在思想上打开了考察早期中华文明多元一体、族群广域融合的主观边界限制。

昆甲线东渐杳冥，圭甲线朔指北辰。皇城台向北方的文化辐射力也不宜低估，杨伯达先生在考证石峁一目玉人头与北方鬼部关系时提出，"需要考虑贝加尔湖两处玉矿所产玉料输入"[21]，而圭甲线经朱开沟遗址向北延伸恰在贝加尔湖东北角和维季姆河玉矿区之间通过。刘绪先生提出，石峁出土的鼍"是目前见到最北边的一件"，而石峁后阳湾地点出土的扬子鳄骨板"也是目前地理位置最偏北的"[22]，但这些在良渚文化区域却都常见。鉴于良渚晚期和石峁早期恰好时序承接，圭甲线微缩对应于石峁沙盘上的中子午线广域延伸指向禹会、良渚、会稽成一线的现象不能简单以偶然虑之，且名为峁渚线。堪天舆地呈等角曲线，刊木测地呈大圆曲线，在非经非纬的峁渚线及延长线上，青堆等考古文化遗址、柯岩等广域关联的异常地貌以及商丘、临安等后世不同时期的附会遗存分别佐证着不同的勘测技术路线，石峁沙盘的中子午线竟以等角线严格指向良渚莫角山等可能隐含的内在历史逻辑更是难以略表，待另文详述。

当然，族群融合绝非都是请客吃饭，对抗磨合也是有"一统观念"的体现，许宏先生引述王仁湘先生的分析，石峁主体遗存对前代神灵石雕毫无敬重，"体现了异文化的对抗"[23]，这种矛盾点和城垣不闭合一样，均隐含着巨大的历史信息量，正是需要比对史料正视深究之处。族群融合也绝非都由先进族群主导，刘向东先生与作者讨论本文时提出，"历史不是简单的线性发展的过程"，史前族群融合迹象对此判断的印证尤甚。

三、石峁夏社引发的理论思考和研究思路

石峁夏社遗址为夏代史的证实乃至中华文明的认定标准提供了坚实支撑，这必然促使我们从辩证唯物主义和历史唯物主义出发，在新的高度、以新的思路重新考量有关理论问题和实践问题。

（一）筑牢文化防线，信史和疑史都要讲规矩

夏社实证夏史，并不以疑古思潮为碍，但还是带来深刻教训：信史固然要慎重，疑史同样要慎重。既然历史连着文化乃至文明，那它就不只是学术，不能以考辨历史为名，行质疑文明之实。学术不能靠情怀，文化不能无担当。所谓"现在先把古史缩短二三千年，从诗三百篇做起。将来等到金石学、考古学发达上了科学轨道以后，然后用地底下掘出的史料慢慢地拉长东周以前的古史"[24]，言语甚似斯文在理，但却是轻描淡写地抹去了我华夏祖宗两三千年的辉煌文明。前辈诸君当无此主观恶意，既非恶意，毕竟关乎文脉，即便真的是据以充分条件发难，也应该是一事一议、错哪儿改哪儿，怎可如此不顾殃及文明、比休克疗法还有甚之地搞一刀全切？最根本处一旦切掉无从再生，古史或可重建，文明何来重建、又何以重建？

文明是民族信仰。在既不能证实又不能证伪的地带，信史自当有充分证据，这是学术的规矩；疑史也当有充分证据，这是文明的规矩。既然事关文脉，就理当在尊重文明传承的基准下，秉持谁主张谁举证的原则，这里的举证必须是充分条件。至于那些必要但不充分条件，可以启发思考却不宜学术立论，堪作持同佐证却不堪持异否证。古史辨派在现代史学观和史学方法论上的建树毋庸置疑，一众前辈学者驾驭史料融会贯通的能力吾辈也实难望其项背，但传世史料所据的更早史料绝无可能全部流传至今以待稽考，所以"古史是层累地造成的"[25]这个现象无法必然得出的确是"层累"的事实，古史辨派以现象假代事实给出的这个看似凿凿的立论，其实只是通过巧换概念、障眼得来的一个必要但却不充分的条件，不堪作为疑史的充分证据。如果任由此类精巧拈来的必要不充分条件全面挑战中华文明几千年传承而来的固有认知，然后倒置举证责任反而要求整个学界拿出充分条件对其进行反驳，将势必把我中华一族置于需要一再凭借可遇而不可求的、带有极大偶然性的重大考古发现才能侥幸自证的尴尬境地。华夏祖先似乎对此早有预见，虽尚未赐文为凭，但却已有图为据，石峁夏社遗址的考古发现足以，但目前也仅是能证实夏代为信史，可即便是这样有限度的幸运也显然不会总有。吾辈子孙绝不能懦弱且不负责任地把文化防线一而再、再而三地建立在此类侥幸之上，须知诘难常有且以后还会有，而石峁不常有且以后未必再有。唯有基于坚定的文化自信、应有的敬畏态度和严谨的科学精神，就此筑牢坚强的逻辑防线，像给信史立起规矩一样给疑史立起规矩，才可避免以后再陷数典疑古的窠臼。

（二）认清独特优势，探讨中华文明认定标准

亘古而来的传承是中华文明的独特优势。中国考古"本土学者与其研究对象间由亲缘关系决定的、心灵间的交流与沟通，使得他们更易于理解、解读后者"，"这是所谓'纯客观'研究所无法比拟和企及的"[26]。契合文明记忆、印证古史文献、展现广域认知的夏社一图，证明力和说服力固然都要胜于需要解读乃至破译的文字，但真正的启示是：中华文明的认定标准，无须以文字作为必要条件。在把文字作为中华文明认定标准的必要性问题上，反例的出现有其必然性。

必要性是在特定的逻辑框架下成立的，一条标准之所以必要，是因为在某种认定框架下有其证明目的和证明效果。从证明目的上看，如果把古文明已中断作为隐含前提，那的确只有文字最能证明人类的思想文化得到了有效存留和传播，文字标准确实必要；但对于传承至今的中华文明而言，只要像夏社沙盘这样能在时间维度证明存留的一致性、在空间维度证明传播的广域性，就已经超水平达到了上述证明目的。从证明效果上看，人类文明的认定在逻辑上隐含了两个层次：低层次的"认"，承认这是一个文明；高层次的"定"，确定这是什么文明。对于已中断的古文明而言，认是定的铺垫，定是认的深化，即便幸存文字为证，证明效果有时也仅限于承认而已，然后就无从确定这是什么文明了，只能聊且命名，实质上处于低层次的"认而不定"状态；但对于早期中华文明而言，只要能像石峁这样以内证性的关键考古证据印证史料记载，就可以直接在高层次上确定考古学遗存的历史文化属性，无须再本末倒置地以"定而不认"的逻辑错误自缚。这种逻辑错误的实质在于没有认识到，在中华文明所特有的传承优势的加持下，夏社的证明力不逊于文字，以至于无论构建何种认定框架，只要企图以文字的必要性否定夏社式证据的充分性，那么给出的论证理由一定已足以在逻辑上否定文字证据的充分性。

（三）借助夏社特质，拓展考古研究思路

夏社特质集中体现了早期中华文明的广域规划能力和传统，既是考古证据又是考古钥匙。在石峁现地，宜用社壇模型取代三重城加哨所模型，但皇城台的早期属性和演变过程尚未明确，且军事防御功能完备，仍需坚持以城待之，以参后验。尽量确定石峁在不同时期尤其是更早期的范围、遗存、可能存在的比例和精度，探明柴垛梁村北1千米如山比邻的两个高丘、阴峁周边的路网结构、韩家庄地点、张家渠和左家渠之间、葫芦旦村正南等等，乃至更广阔区域是否仍存在对应广域的遗迹。在广域上，可先按水系、名山、史料记述、考古调查的大略位置比对社壇遗迹，再按社壇位置确切定位广域位置，先预测再探查。在思路上，可考虑引入广域关联概念，认定有关遗址的属性时还可视情把社壇精确对应和广域严格关联作为一重证据。樊庄子石围恰好严格封堵了皇甲点指向今禹州处的张角（从清代修缮的古钧台以北到今金坡村以南），可能是用于象征压制勘测脉络。孙庆伟先生提出，阳翟"是夏人不祧之圣都"，应考虑今禹州处的夏社殊遇是因阳翟故，其他无广域对应的类似遗迹也可试此虑，或可全面印证夏代都邑变迁[27]。呼家洼地点的广域对应处也无足够体量的遗址，但却在石峁现地严格位于圭甲线上，可为皇城台定鼎参照。韩家庄地点也在圭甲线上，但其广域对应处更值得关注。商汤"王即位居亳，始屋夏社"虽出于《今本竹书纪年》，但石峁确有迹象。比如对应冀南豫北龟台遗址等处的后阳湾地点，房址"未见明确的门道遗迹"，灶

炕"位于室内中部"[28]，正是"掩其上而柴其下"之作，合《礼记》"丧国之社屋之"，以"示绝于天地"。

许宏先生从学术史观察的角度提到石峁墙垣早年曾被指为"高家堡镇秦长城遗址"，杜启明先生在建筑学语境下提出石峁墙体缺乏"水平砌作概念"等问题[29]。石峁范围内的社壝类墙垣其实不必很高，但的确应探究各时期原本的建筑形态和广域缩绘形式，并考虑其后世变迁，比如早期高质量的墙体遭故意破坏后又被粗糙修整、更简朴的夯土垒标绘已演变为道路或墙垣下基础土等各种可能。外城东南角考古图示石砌墙垣走向略偏离古圣村和江北嘴对应处最宜检视，如果无墙垣却有"基础土"，那确需考证后世叠加了何种变迁。需要强调的是，这并不妨碍有早期地层证据作为支撑的石峁夏社属性。

（四）深入研究古史，弘扬优秀传统文化

夏社气派之惊人不亚于夏代证实之喜人，对早期中华文明先进程度的很多保守认知都要被颠覆。古史研究需深入，治水可为突破点。在微观上，于涂山和禹会现地认定石峁瓮城和角台对应的人工堤圩遗存将确切证明治水史实；在宏观上，夏社布局对导水的印证也不止于前述，土旺山西北段社壝对"导弱水至于合黎"、以东的另段社壝对"导河积石"等都有印证。应摒弃"非人工所能为力"的主观成见，借助现代水利、地质、信息技术，客观研究古水系格局和变迁的年代、自然因素、人为作用，对表史料记述，裨益古史建设。以勘测手段和规划方法为起点探索早期治水的技术路线和可行性，考虑青堆土台和禹会祭台兼是勘测平台、长排柱坑[30]是密位觇标遗存的可能，研究以围棋盘作为规划底图、基于易数求导数、黑子为堵、白子为疏的可行性，考虑夏社沙盘兼为规划分工图或阶段竣工图的可能，根据其形变和误差逆推映射规则和勘测技术。孙庆伟先生提出，"牙璋即玄圭"，应考虑玄圭可能既是礼器又兼是仪器。陈星灿先生提出，"玉器等流散文物有更加深入研究的可能"，可精细表征存世玄圭、玉圭尺度，包括但不限于统计孔丫（凹）、孔尖距离，尝试基于出土层位明确的样本找出尺度或比例与社壝位置、广域位置的可能关联，考虑各地执玉料、玉坯到石峁精加工成器后贡于社壝、赐回原地的可能。结合天文学和航海学，再现基于勘天进行舆地的技术方法，科学解读传统文化中的分野理论，还原史前广域勘测遗迹的科学属性，彰显古老中华文明的先进政治理念。

在历史上，思想的禁锢和技术的局限都是继承此类文化遗产的障碍，而今技术先进、学术开放，正是我们站在全新的时代高度上，以坚定的理论自信和文化自信，拨开历史层累迷雾、传承祖先宝贵遗产、弘扬优秀传统文化、迎接中华民族伟大复兴的大好时机。

注　释

[1] 习近平：《建设中国特色中国风格中国气派的考古学，更好认识源远流长博大精深的中华文明》，《求是》2020年第23期。

[2] 参见孙周勇、邵晶、邸楠：《石峁遗址的考古发现与研究综述》，《中原文物》2020年第1期。

[3] 陕西省考古研究院、榆林市文物考古勘探工作队、神木县文体局：《陕西神木县石峁遗址》，《考古》2013年第7期。

［4］ 陕西省考古研究院、榆林市文物考古勘探工作队、神木县文体广电局、神木县石峁遗址管理处：《发现石峁古城》，文物出版社，2016年，主要据第28页标绘的卫星图，墙体和角台名称据第81页标绘的俯视图。另据卫星影像：①比对第141页樊庄子地点"石围"遗迹俯视图，以第28页图中樊庄子标注圆点的图上估定圆心为基准，定石围对角线交点于该基准点南偏西38.7°/0.282千米处，本文第三部分提到该石围严格封堵到今禹州处张角的情况，验证时需先依客观情况校准其定位点；②外城东南角在第28页图示实线墙垣基础上有向外0.053千米绕到古圣村、江北嘴对应处的痕迹，不知是否为原始遗迹，这里是原本就无墙垣，还是后世变迁偏离了原始走向，或是现地看遗痕已不清晰，都谨留待考古实证。

［5］ 陕西省考古研究院、榆林市文物考古勘探工作队、神木县石峁遗址管理处：《陕西神木县石峁城址皇城台地点》，《考古》2017年第7期。此表述不包含内在逻辑，仅因该基准点位置明确，便于在验证比例关系时定位本文试用的测算原点。

［6］ 参见谭其骧：《涂山考》，《长水集》（续编），人民出版社，2011年，第491页。

［7］ 方勤：《"三苗"与"南土"：长江中游文明进程的考古学观察》，《三苗与南土：湖北省文物考古研究所"十二五"期间重要考古收获》，江汉考古编辑部，2016年，第11页。

［8］ 《考古与文物》编辑部：《神木石峁遗址座谈会纪要》，《考古与文物》2013年第3期。本文引用学者发言都出于此。

［9］ 参见顾颉刚：《昆仑和河源的实定》，原载《历史地理》1983年第3期，转载米海萍选编：《专家学者论昆仑》，社会科学文献出版社，2018年，第276页。

［10］ 沈长云：《石峁古城是黄帝部族居邑》，《光明日报》2013年3月25日第15版。

［11］ 王红旗：《神木石峁古城遗址当即黄帝都城昆仑》，《百色学院学报》2014年第5期。

［12］ 参见许宏：《考古学参与传说时代古史探索的论理》，《遗产》第1辑，南京大学出版社，2019年，第205页。

［13］ 孙周勇、邵晶、邸楠：《石峁遗址的考古发现与研究综述》，《中原文物》2020年第1期。

［14］ 孙周勇、邵晶、邸楠：《石峁遗址的考古发现与研究综述》，《中原文物》2020年第1期。

［15］ 参见邵晶：《试论石峁城址的年代及修建过程》，《考古与文物》2016年第4期。

［16］ 许宏：《关于石峁遗存年代等问题的学术史观察》，《中原文物》2019年第1期。

［17］ 参见冯时：《文明以止——上古的天文、思想与制度》，中国社会科学出版社，2018年，第174页。

［18］ 汉代南岳灊山的"霍""潜"之争伏笔于元代地名变更，引发于清代地志编修，此讼循史并不难参详。本文无需详参谮"岳"，是因为先后这两处地望在主张上都认可，且在客观上也确实同属于霍山，而在霍山的范畴下，乃至在霍山所属的大别山脉中，甚至在大别所属的广义秦岭最东段余脉全线上，都明确以霍山主峰白马尖为最高峰。

［19］ 王春政：《元大都考古重大参考：石景山古城军事功能弱化之管窥》，《军事历史》2018年第1期。

［20］ 顾颉刚：《论今文尚书著作时代书》，《古史辨》第1册，上海书店，1926年，第202页。

［21］ 杨伯达：《"一目国"玉人面考：兼论石峁玉器与贝加尔湖周边玉资源的关系》，《考古与文物》2004年第2期。

［22］ 胡松梅、杨苗苗、孙周勇、邵晶：《2012—2013年度陕西神木石峁遗址出土动物遗存研究》，《考古与文物》2016年第4期。

［23］ 许宏：《关于石峁遗存年代等问题的学术史观察》，《中原文物》2019年第1期。

［24］ 胡适：《自述古史观书》，《古史辨》第1册，上海书店，1926年，第22页。

［25］ 顾颉刚：《古史辨·自序》第1册，上海书店，1926年，第51页。

［26］ 许宏：《考古学参与传说时代古史探索的论理》，《遗产》第1辑，南京大学出版社，2019年，第201页。

［27］ 参见孙庆伟：《鼏宅禹迹：夏代信史的考古学重建》，生活·读书·新知三联书店，2018年，第43页。

［28］ 陕西省考古研究院、榆林市文物考古勘探工作队、神木县文体局：《陕西神木县石峁遗址后阳湾、呼家洼地点试掘简报》，《考古》2015年第5期。

［29］ 杜启明：《建筑学语境下的石峁遗址》，《中原文物》2019 年第 1 期。

［30］ 中国社会科学院考古研究所安徽工作队、蚌埠市博物馆：《安徽蚌埠市禹会龙山文化遗址祭祀台基发掘简报》，《考古》2013 年第 1 期。

（原载于《军事历史》2021 年第 1 期）

石峁遗址人群族属新探

——以对陶寺遗址"毁墓现象"之探讨为中心

任乃宏

"陶寺遗址"曾为尧都，学术界基本上已无异词，陶寺考古工作队队长高炜研究员的分析大体代表了目前学界的认识：

> 鉴于陶寺文化的中心区同后来的晋国始封地大致重合，根据《左传》昭公元年、定公四年记载，这一地域应即史传"大夏"、"夏墟"的中心区，又是唐墟所在。若仅从地域考虑，陶寺遗存族属最大的两种可能，一是陶唐氏，一是夏后氏。若从考古学文化系统来看，既已判断二里头文化主体为夏文化，而陶寺文化同二里头文化的两个类型又都不衔接，则将其族属推断为陶唐氏更为合理[1]。

陶寺文化存在了大约四百年，被分为早期（公元前2300—前2100年）、中期（公元前2100—前2000年）、晚期（公元前2000—前1900年）三个阶段[2]。在公元前2000年前后，陶寺遗址发生了一场灾难，被许宏称之为"暴力革命"：

> 原来的宫殿区，这时已被从事石器和骨器加工的普通手工业者所占据。一条倾倒石器、骨器废料的大沟里三十多个人头骨杂乱重叠，以青年男性为多。头骨多被砍切，有的只留面部而形似面具，有的头骨下还连着好几段颈椎骨。散乱的人骨有四五十个个体，与兽骨混杂在一起。大沟的底部一具三十多岁的女性虽保有全尸，但颈部扭折，嘴大张呈惊恐状，两腿叉开，阴部竟被插入一根牛角。壕沟里堆积着大量建筑垃圾，戳印精美图案或绘制蓝彩的白灰墙皮等，暗示这一带曾存在过颇为讲究的建筑。联系到曾高耸于地面的夯土城墙到这时已经废弃，多处被陶寺晚期的遗存所叠压或打破，有理由推测这里曾发生过大规模人为毁坏建筑的"群众运动"。包括"王墓"在内的贵族大中型墓，往往都有这个时期的"扰坑"直捣墓坑中央的棺室，扰坑内还有随意抛弃的人头骨、碎骨和玉器等随葬品。这与安阳殷墟西北冈王陵的遭遇颇为类似，而并不像后世的盗坑。两三座贵族墓扰坑中出土的石磬残片，居然能拼合成一件完整器，说明这些墓同时被掘又一并回填，毁墓行为属于"大兵团作战"。掘墓者似乎只为出气而毁墓虐尸，并不全力搜求宝物，所以给考古学家留下的宝贝还有不少……种种迹象表明，这似乎是一种明火执仗的报复行为[3]。

根据夏商周断代工程成果，夏代纪年在公元前2070—前1600年之间[4]。据之，陶寺晚期已进入夏代纪年范围，"毁墓事件"发生于夏代初年。尧舜禹之禅让如果确实存在的话，亦当发生于陶寺中期及早期之晚段。关于"毁墓事件"，在《试析陶寺遗址的"毁墓"现象》一文中，高江涛写道：

> 从目前考古材料看，陶寺中期墓地远离陶寺早期墓地，早、中期王族使用不同的墓地，分属不同的茔域……陶寺晚期虽然一些宫殿和宫城还存在一段时间，但其衰落的趋势很明显，政权的控制力不强，国家统治机器似乎已失强力……我们也知道陶寺毁墓明显是明火执仗的报复行为。但陶寺毁墓现象却只针对较大类型墓葬，更有意思的是只见陶寺晚期人毁墓……却未见到中期人捣毁早期大墓的情况。而且陶寺晚期人不但捣毁中期王族墓，还捣毁早期大墓，甚至还存在晚期捣毁晚期重要墓葬的情况……这种仇恨报复显然不是针对全社会的，而且是陶寺晚期某一家族或一个群体对早、中期的最高统治集团的仇恨报复。或许陶寺晚期的这一家族在陶寺早期和中期都是压制的对象，集聚数百年仇恨，终于在陶寺晚期统治政权衰落失强的大背景下得以释放和爆发。当然，还有另外一种可能，陶寺文化中晚期明显的存在着"外来人"现象，至于这些外来人数量多少或言能否是足够毁灭陶寺政权的群体势力就不得而知，但不排除陶寺文化晚期外来人入侵"一视同仁"的捣毁所有早期、中期大墓的可能性[5]。

对于许宏"暴力革命"乃至"阶级斗争"的说法，笔者实在不敢苟同。须知，夏代初年，陶寺遗址已经不是都城，所谓"原来的宫殿区这时已被从事石器和骨器加工的普通手工业者所占据"，明显构不成"革命"的证据。高江涛"不排除陶寺文化晚期外来人入侵'一视同仁'的捣毁所有早期、中期大墓的可能性"的说法似乎更合情理，而且有进一步探讨的空间。笔者以为，"毁墓"者很可能是来自"石峁古城"的"共工氏"后人。

一、"共工氏"与尧舜禹集团是世仇

《尚书·舜典》："流共工于幽州，放欢兜于崇山，窜三苗于三危，殛鲧于羽山，四罪而天下咸服。"[6] 又，《史记·五帝本纪》："流共工于幽陵，以变北狄；放欢兜于崇山，以变南蛮；窜三苗于三危，以变西戎；殛鲧于羽山，以变东夷。"[7] 又，晋皇甫谧《帝王世纪》："尧流共工于幽州以窜北狄。"[8] 又，《山海经·大荒西经》："有禹攻共工国山。"郝懿行笺疏：

> 《周书·史记篇》云："昔有共工自贤，自以无臣，久空大官，下官交乱，民无所附。唐氏伐之，共工以亡。"案唐氏即帝尧也，尧盖命禹攻其国而亡之，遂流其君于幽州也。郭（璞）引《启筮》者，《太平御览》三百七十三卷引《归藏·启筮》文，与此同[9]。

《周书·史记篇》即《逸周书·史记解》。据之可知，"共工氏"与尧、禹之间实有"灭国之仇""放逐之恨"，谓之"不共戴天"似亦不为过也。此其一。

《左传·昭公十七年》："秋，郯子来朝，公与之宴。昭子问焉，曰：'少皞氏鸟名官，何故也？'郯子曰：'吾祖也，我知之。昔者黄帝氏以云纪，故为云师而云名。炎帝氏以火纪，故为火师而火名。共工氏以水纪，故为水师而水名……我高祖少皞挚之立也，凤鸟适至，故纪于鸟，为鸟师而鸟名。'"杜预注："共工，以诸侯霸有九州者，在神农前，大皞后。"[10] 据之可知，"黄帝""炎帝""共工"等俱为古部族前后相继的一众首领之"专称"，并非具体实指的某一人。以共工氏历史之久远，且曾经称霸九州，其"部族"自尊心自然相当强烈，总是梦想着"复兴"也是理所当然的。及至被尧、禹联手灭国并逐出故土，奇耻大辱，焉能不报？此其二。

《淮南子·天文训》："昔者共工与颛顼争为帝，怒而触不周之山，天柱折，地维绝。天倾西北，故日月星辰移焉；地不满东南，故水潦尘埃归焉。"[11] 剔除其中神话夸张之成分，"共工"与"颛顼"为敌应该是可以确认的。皇甫谧《帝王世纪》："帝颛顼高阳氏，黄帝之孙，昌意之子。"[12] "舜，姚姓也，其先出自颛顼。"[13] "伯禹，夏后氏，姒姓也。其先出颛顼。"[14] 据之可知，"共工氏"与舜、禹亦可谓之"世仇"也。此其三。

二、"石峁遗址"与"陶寺遗址"同时且相邻

前述可知，陶寺遗址的年代为公元前2300—前1900年。"石峁遗址"与之几乎同时，且可分为早、晚两期："早期流行宽裆的斝式鬲，晚期变为尖角裆的典型鬲，新出三足瓮、盉等陶器，绝对年代分别在公元前2300—前2100年和公元前2100—前1800年，大致相当于我们划分的老虎山文化前期晚段和后期。"[15]

又，据韩建业研究："包括石峁在内的老虎山文化源于中原，发展过程中又深受中原影响。但另一方面，老虎山文化却又是适应北方地区自然环境而形成的自具特色的文化，其主要文化基础是仰韶文化阿善类型、白燕类型等。另外，北方地区内部的文化交融也是老虎山文化形成的重要原因，如白灰面窑洞式建筑从陕北和山西中部扩展至内蒙古中南部、山西北部、河北西北部等地，石城从鄂尔多斯、陕北地区扩展至山西中北部、岱海地区、河北西北部等……石峁及其附近的神木新华等遗址发现的大量刀、钺、璧、环等玉器，在陕北北部地区没有任何渊源，而和稍早的晋南陶寺文化的玉器近似，理应来自陶寺文化。"[16] 据之可知，石峁文化的主要基础为源于中原的仰韶文化，同时具有北方特点。前知，帝尧曾"流共工于幽陵以变北狄"。问题在于，"变北狄"的同时也会被北狄所变，这是不以人的意志为转移的客观规律。因此，"石峁人群"之族属很可能即"共工氏"与"北狄"之联合体。需要指出的是，最早将"石峁遗址"与"幽都"相联系的是陕西师范大学教授朱鸿[17]，但其观点与笔者不同。此其一。

"石峁遗址"位于陕西省神木县高家堡镇石峁村，属于陕北高原的一部分。"陶寺遗址"与"石峁遗址"之关系，与春秋时期晋国与白狄之关系颇为相似。其时，"白狄的主要分布地在今陕西北部的陕北高原，但也有一部分居住在山西的西部……《国语·齐语》述齐桓公'西征，攘白狄之地，至于西河'。此西河的白狄即指晋国西北部的白狄。晋国西北部的白狄和陕北高原的白狄，他们的关系一向是很密切的"[18]。如同春秋时期的晋国与白狄互有攻伐一样，"陶寺古城"与"石峁古城"之间互有攻伐也是很有可能的。此其二。

最早对"石峁人群族属"提出看法的是著名学者沈长云。沈氏认为石峁古城是黄帝部族之居邑，其论据之一为白狄乃黄帝后裔，亦居住于陕北高原，此论颇有启发性。为什么这样说呢？因为如果"陶寺早期"的"北狄"就是春秋时期白狄的祖先，则北狄亦为黄帝后裔，渊源相同或相近，

"共工氏"与北狄的文化融合就不会太困难。据此，推测"石峁人群"属于"共工氏"与"北狄"之联合体也就有了合理性。不过，沈氏同时又认为："黄帝在历史上活动的时间不算太早，他与其他几位古帝实际上都应是同时代的人物，就是说都大致生活在夏代稍前的时候。过去史书把他置于其他几位古帝之前，实是出于后人的安排。"[19] 对此，笔者自然无法苟同。原因无他，这种说法如果成立，黄帝与尧舜禹就成了同时代的人，"黄帝"本身也就成了"北狄"。这样一来，包括《史记·五帝本纪》在内的许多先秦文献的有关记载也就都错了。这当然是无法想象的。此其三。

其后五年，韩建业提出了"石峁人"或属北狄先民的观点[20]。稍后，韩氏又进一步提出了"陶寺文化的势力范围可能已经南达黄河沿岸，西越黄河进入延安地区""石峁遗存属于老虎山文化""陶寺晚期文化之初的双鋬鬲和晋中游邀类型者更接近，更应该是晋中人群南下摧毁陶寺古城，而不一定是石峁人群"等观点[21]。韩氏的看法已经逼近了真相，但仍有可以讨论的空间。疑点之一即：晋中人群与陶寺人群为何有那么大的仇恨？如果陶寺文化的势力范围已经西越黄河进入了陕北，其时的晋中似乎也应该被"收入囊中"，毕竟两者之间的距离很近。笔者以为，就考古发现而言，"陶寺古城"和"石峁古城"可以视为同时存在的两大力量中心，"晋中"则否。因此韩氏"更应该是晋中人群南下摧毁陶寺古城，而不一定是石峁人群"的观点也未必成立。此其四。

三、石峁"皇城台"似即《山海经》所载"共工之台"

《山海经》中记载了两座令人生畏的高台。一在《大荒西经》："有轩辕之台，射者不敢西乡，畏轩辕之台。"[22] 一在《大荒北经》："有系昆之山者，有共工之台，射者不敢北乡。"[23] 虽然语焉不详，但至少提示我们："轩辕之台"大概是在西方，"共工之台"大概是在北方。《大荒西经》又载："有北狄之国。黄帝之孙曰始均，始均生北狄。"[24] 如果这里的"北狄之国"就是《史记》所载"流共工于幽陵以变北狄"中的"北狄"，我们自然可以设想"共工之台"就在"北狄之国"。

未必"纯属巧合"的是，在石峁古城中还真就有一座堪称"雄伟"的高台："石峁城址由内、外两道石砌城墙构成……总面积超过 400 万平方米。城内靠近西墙的中心部位还有一处石砌护坡包裹起来的高台，当地俗称'皇城台'，台顶面积 8 余万平方米，上面似有大型建筑。在'皇城台'和内、外两道城墙上都发现有城门，此外在内、外城墙上还有墩台，外城墙有马面、角楼等建筑设施。"笔者以为，这个"皇城台"极有可能就是《大荒北经》所载"共工之台"。此其一。

"流共工于幽州"出自《尚书·尧典》，《史记》则谓"流共工于幽陵以变北狄"。《禹贡》"九州"无"幽州"，《尧典》则谓"肇十有二州"，"幽州"当在其中。马融曰："幽州，北裔也。"以"陶寺遗址"为"中"，"石峁遗址"的方位属于"北偏西"，大致而言也就是"北"，故以"石峁遗址"位于"古幽州"似乎也说得过去。此其二。

四、结　论

综上所述，"共工氏"既与"尧舜禹"有刻骨之"世仇"，又有北上"幽州"与"北狄"共处之经历，"石峁遗址"与"陶寺遗址"几乎同时且"势均力敌"，"石峁古城"内又确有疑似"共工之台"之雄伟建筑，故谓"石峁人群"为"共工氏"与"北狄"之联合体，"陶寺古城"或系毁于以"共工氏"后人为主之"石峁人群"之手，虽不中，似亦不远矣。

注　释

［1］许宏：《何以中国——公元前 2000 年的中原图景》，生活·读书·新知三联书店，2016 年，第 32 页。

［2］许宏：《何以中国——公元前 2000 年的中原图景》，第 166 页。

［3］许宏：《何以中国——公元前 2000 年的中原图景》，第 3—5 页。

［4］《夏商周断代工程 1996-2000 年阶段成果报告》，北京：世界图书出版公司，2000 年，第 86 页。又，何炳棣认为古本《竹书记年》可信，据之，夏代之始年当为公元前 1994 年。见氏著《何炳棣思想制度史论》，中华书局，2017 年，第 148 页。

［5］高江涛：《试析陶寺遗址的"毁墓"现象》，《三代考古（七）》，科学出版社，2017 年，第 345—354 页。

［6］（汉）孔安国注，（唐）孔颖达疏：《尚书正义》，北京大学出版社，1999 年，第 65、66 页。

［7］（汉）司马迁：《史记》，中华书局，1982 年，第 28 页。

［8］《帝王世纪·世本·逸周书·古本竹书记年》，齐鲁书社，2010 年，第 14 页。

［9］（晋）郭璞注，郝懿行笺疏，沈海波校点：《山海经》，上海古籍出版社，2015 年，第 354 页。

［10］《春秋左传集解》，上海：上海人民出版社，1977 年，第 1421 页。

［11］刘文典：《淮南鸿烈集解》，北京：中华书局，1989 年，第 80 页。

［12］《帝王世纪·世本·逸周书·古本竹书记年》，第 11 页。

［13］《帝王世纪·世本·逸周书·古本竹书记年》，第 16 页。

［14］《帝王世纪·世本·逸周书·古本竹书记年》，第 21 页。

［15］韩建业：《中华文明的起源》，中国社会科学出版社，2021 年，第 122 页。

［16］韩建业：《中华文明的起源》，第 123 页。

［17］朱鸿：《石峁遗址的城与玉——中华文明探源视野中的文化思考》，《光明日报》2013 年 8 月 14 日第 5 版。

［18］马长寿：《北狄与匈奴》，生活·读书·新知三联书店，1962 年，第 6 页。

［19］沈长云：《石峁古城是黄帝部族居邑》，《光明日报》2013 年 3 月 25 日第 15 版。

［20］韩建业：《"石峁人"或属北狄先民》，《中国社会科学报》2018 年 12 月 27 日第 1605 期。

［21］韩建业：《石峁人群族属探索》，《文物春秋》2019 年第 4 期。

［22］方韬译注：《山海经》，中华书局，2011 年，第 316 页。

［23］方韬译注：《山海经》，第 334 页。

［24］方韬译注：《山海经》，第 313 页。

（原载于《地方文化研究》2021 年第 5 期）

石峁古城探秘

刘文强

石峁古城位于今陕西省榆林市神木市高家堡镇。城址为三重城垣结构石城，分别由皇城台、内城、外城三部分组成，并有复杂的城门体系以及瓮城、马面等附属设施。石城初建于距今 4300 年左右，废弃于距今 3800 年左右，总面积约 400 万平方米，是目前中国发现的规模最大的龙山时代晚期城址。如此体量城址的确认，自然引起了学界的广泛关注，也引发了诸多学者对石峁人群族属的探讨。本文拟在各种假说的基础之上，从地望、考古学文化源流、族群互动等角度提出另外一种可能性，即石峁古城或可能为夏鲧族群在其封之崇地所建的城址。

一、鲧封崇地的地望

《史记·夏本纪》索隐引《连山易》载："鲧封于崇。"《国语·周语》曰："崇伯鲧。"《竹书纪年》载："（帝尧）六十一年，命崇伯鲧治河。"古文献中有"鲧封于崇"或"崇伯鲧"的类似记载，可知鲧族曾被分封于崇地。而关于崇地地望的记载，文献中却有着分歧。

一种观点认为崇地即今天的嵩山一带，《国语》《御览》等文献中便有类似的表述；还有一种观点将崇地指向了今陕北晋西一带的黄土高原地区，即如今石峁文化的分布范围内。如《春秋传》曰"有崇伯鲧"，且述"国在秦晋之间"。《左传·宣公元年》曰："晋欲求成于秦，赵穿曰：'我侵崇，秦急崇，必救之。吾以求成焉。'冬，赵穿侵崇。"杜预注："崇，秦之与国。"从中可知，晋侵之而秦必急救之崇国，必在秦晋两国交界地带。由此，陈胜勇先生认为嵩山在先秦时并无"崇高"之名，文献释"崇山"为"嵩山"，其实是以"今"律古，并在石峁城址尚未完全确认的 20 世纪 90 年代，便将夏鲧族群的所在地区，指向了今天的陕北地区。

尽管文献上依然有崇地地望的分歧，但石峁古城及石峁文化所在的陕北地区或为古崇地的可能性是存在的。

二、考古学文化因素源流与文献的对应

从陶器角度观察，石峁文化的来源应该是陕北本地的龙山时代前期遗存。然而，从玉石器、石刻造型等角度分析，则以良渚文化为主的东部人群显然在石峁文化的形成过程中起到了关键的作用。

石峁文化上层建筑领域的诸多遗物，如玉琮、玉璧、玉钺、玉镯、多孔石刀、骨铲、立鸟陶器

等，均有着良渚文化的渊源，高体玉琮、小孔玉璧、V 形石刀等，更是良渚文化的典型遗物；皇城台墙体石雕上的神面兽面等，也多可以在良渚文化中找到祖形，特别是石峁石雕中的神人双手下撑骑（御）兽的形象，更是被公认为良渚文化的"神徽"（神人兽面像），且此前也只在良渚文化中才有发现，而石峁石雕神人所骑的动物形象，也在良渚文化瑶山遗址出土的龙首环上可以见到。

虽然在龙山时代，良渚文化对其核心分布范围以外的多个区域都有着文化辐射，但不论辐射（传播）路径是否相同，石峁文化区域却成了良渚文化因素在其文化核心区以外的最大的文化因素聚集区。良渚文化于距今 4300 年左右在太湖流域消失，石峁文化于距今 4300 年之前在陕北一带形成，二文化之间甚少存在可以互动的共存时期，更多地表现为文化因素上的继承关系。良渚文化因素集聚性地出现在陕北一带，无法排除人群迁徙的可能性。

良渚文化区域是石峁文化中大量上层建筑文化因素的来源地，同时也是文献记载中与鲧禹族群密切相关的一个地区。如《左传》《竹书纪年》等所载的"禹会涂山"，《国语·鲁语》《韩非子》《孔子家语》等所载的会盟"会稽之山"，《史记》《墨子》《吕氏春秋》《淮南子》《吴越春秋》等所载的归葬会稽等事迹及地望等，均将鲧禹部族与良渚文化所在的长江下游地区联系了起来，顾颉刚、童书业等学者更是从文献中归纳了多达 7 点鲧禹部族与南方有关的理由。《史记·五帝本纪》中帝尧对鲧有着"鲧负命毁族"的评价，或许述说的也正是司马迁眼里良渚文化族群对于其治水能力（高低水坝）过于自信而导致的洪水等"天命"事件所造成的族群伤亡历史，也与发现于良渚文化末期杭州湾盆地 1000 平方千米范围内的厚约 1 米的洪水淤积层相互印证。

《竹书纪年》载：鲧"居天穆之阳"。天穆之阳，即天穆山的南边。而良渚古城今天所在的位置正是天目山的南侧，笔者核对了相关资料，如今的天目山最早得名于汉代，那么在此之前如何称呼？此天目山是否便是彼之"天穆山"呢？若果真如此，则初居"天穆（目）之阳"，后"封鲧于崇"（今陕北地区），则与考古学角度的良渚文化因素集聚性落脚陕北一带几乎完全一致了。

三、文化特征的符合

文献中的鲧禹部族，有着三个典型的特点。其一是善于治水，其二是善于筑城，其三是足迹遍及史前时期的诸多区域。而在距今 4300 年左右携带良渚文化因素自太湖流域辗转陕北地区的部分人群及其移动，则完全匹配了上述三个特征。

其一，良渚文化发现的大型水利工程系统体现了良渚人群的治水才能，且良渚水坝与鲧治水多用"堵"法的文献记载十分符合。其二，良渚古城和石峁古城则呼应了《世本》《淮南子》等所载的"鲧作城"的记载，且良渚古城和石峁古城在选址、结构布局和规模方面还存在着较多的相似性。其三，良渚文化因素出现在全国多个区域以及石峁文化因素在中原和甘青等地的发现，则符合了鲧禹部族涉足区域广泛的文献记载。

四、族群互动角度的推测

在良渚文化晚期，良渚文化似乎与海岱地区的大汶口文化有着密切的互动，甚至通过刻符琮、刻符璧的方式进行了族群联盟。晋南地区陶寺文化的得以形成，便可能起因于大汶口文化和良渚文化共同联盟所形成的东方联盟人群的共同西进（《史前东方地区联盟活动的考古学观察》，《中原文物》2020 年第 6 期）。在东方文化人群共同西进并与当地人群融合后，晋陕地区建立了两座规模庞大的都邑性城址。其一为晋南地区的陶寺古城，其二为陕北地区建的石峁古城。两处城址及其文化的早期中，均有着大量的外来东方文化因素。其中陶寺古城和陶寺文化早期中的东方文化因素以海岱地区的大汶口文化因素为主，良渚文化因素次之；石峁古城和石峁文化早期中的东方文化因素则以良渚文化因素为主，大汶口文化因素次之。其后，陶寺文化人群和石峁文化人群还持续着陶器、玉石器等方面的密切交流与联系，也包括了两种文化晚期可能存在的毁城掘墓等攻伐式互动。

目前，学界普遍认为陶寺古城是唐尧氏的都城。高炜先生曾在确定陶寺文化人群族属时直言"若仅从地域考虑，陶寺遗存最大的两种可能，一为陶唐氏，一为夏后氏。若结合考古学文化系统来看，既已判断二里头文化主体为夏文化，则与二里头为两个类型而又互不衔接的陶寺遗存为陶唐氏当更为合理"。若沿袭这一思路，和唐尧氏之陶寺古城有着密切的互动关系，又基本同时、实力相当且善于筑城的与石峁古城最为相称的族群解读与文献对应，也便只能是鲧作之城了（尧封鲧于崇）。

此外，石峁或为鲧作城的推论，与"尧放四罪"等文献记载及族群互动亦有着相合之处。石峁文化中琮、璧、牙璋、立鸟笄形器、龙形刻画等上层建筑文化因素被王湾三期文化所继承、发扬、传承等也与文献相关记载颇为相合，也同时暗示了石峁或为"鲧作城"却非"禹居地"等可能。只是其中牵连甚广，限于文章篇幅等原因，本文不再详述。

需要说明的是，本文对于石峁古城或为鲧作城的推测，指的是最初建立的石峁城址，至于"鲧作城"其后的石峁城址使用者及其族群，鉴于夏鲧氏特殊的历史背景，则存在着多种可能，尚需进一步讨论。

诚如陈民镇先生所言，目前关于石峁族群的解读与推测，都只能停留在假说的程度。本文对于石峁族群的分析，亦只是基于一定材料的推测性结论。本文的相关分析，可以支持一种可能性文献蠡测结论的提出，但却并非定论，亦存在着新考古发现改变这种推论的可能。而石峁族群问题的最终解决，尚有待于多学科系统研究、多角度综合论证以及更加明确的考古新发现的出现。

（原载于《寻根》2022 年第 5 期）

陕西神木石峁城址祭祀坑出土头骨研究

陈　靓　熊建雪　邵　晶　孙周勇

　　2012 年陕西省考古研究院发掘了石峁外城北部的东门遗址，简称东门址。在东门外、门道处、马面北和庙前四个地点的下层地面上，发现了大量头骨，除了庙前只有 1 例头骨外，其余的头骨分别集中放置在上述三个地点，遗址中并不见专门挖坑的迹象，也不见任何颅后骨，推测头骨的处置方式可能是城墙修建时作为奠基或者祭祀的牺牲。东门址的年代在龙山晚期到夏代早期[1]。在之后的发掘中，考古工作者又陆续在城址夹道间、城墙通道上、地表活动面上采集到了数十具头骨，他们同样是作为牺牲之用。这些分散于石峁城址各处的头骨中，编号为 K1、K2 和 K3 的祭祀坑需要就地保护，没有采集，仅在现场做了性别、年龄的鉴定，其余标本运回了西北大学文化遗产学院考古人类学实验室，成为本文的研究对象。

　　2012 年陕西省考古研究院还抢救性发掘了石峁遗址内城的呼家洼和后阳湾两个地点，后阳湾地点墓葬中出土的人骨一并交付笔者进行生物考古学的相关研究，该地点的人骨属于正常埋葬，与祭祀坑的头骨性质不同，二者可以进行对比分析。石峁遗址祭祀坑和墓葬中出土的人骨遗骸为探寻陕北地区史前居民的种族来源提供了重要的线索。

一、性别、年龄的鉴定

　　本文所鉴定的头骨标本出自墙 1 内侧通道的有 4 例，墙 2 内侧的有 2 例，出自石墙阴洼东西两侧的 4 例，庙前的 1 例，1 号坑和 2 号坑各 24 例，3 号坑和 4 号坑各 16 例，5 号坑 7 例，6 号坑 6 例，共计 104 例头骨，他们性别年龄分布的统计见表一。

表一　性别、年龄的分布

年龄分期	男性	女性	性别不明	合计
儿童期（14 岁以下）	0	0	0	0
青年期（14—23 岁）	5（14.7%）	11（20%）	2（13.3%）	18（17.3%）
壮年期（24—35 岁）	10（29.4%）	24（43.7%）	6（40%）	40（38.5%）
中年期（36—55 岁）	19（55.9%）	16（29.1%）	3（20.0%）	38（36.5%）
老年期（56 岁以上）	0（0%）	2（3.6%）	0（0%）	2（1.9%）
只计成年	0（0%）	2（3.6%）	4（26.7%）	6（5.8%）
合计	34（100%）	55（100%）	15（100%）	104（100%）

表一中不见未成年个体的头骨。成年个体中男女性比为 0.62，女性头骨作为奉献远高于男性。不同编号的祭祀坑中性比差异明显，K1 和 K2 可以鉴定性别的头骨中，属于男性的头骨只各占 1 例，余均为女性，性比为 0.05，K3 和 K4 中属于男性的头骨分别占到 6 例和 14 例，男性比例显著上升至 1.67，推测与可能祭祀的具体对象有关。

从年龄的分布特点看，女性的死亡高峰期在壮年期，中年期居次；男性的死亡高峰期在中年期，其次为壮年期。男女两性死于青年期的比例都不高，原因不排除仅依据头骨上的形态特征，特别是第一、第二臼齿的磨耗程度判断年龄，误差在所难免。进入老年期的只有 2 例，为女性。

二、头骨的形态观察和测量特征

头骨的形态观察对于我们了解古代居民的种族特征至关重要。本文采用的主要观察项目见于《人体测量手册》[2]。

（一）头骨的观察特征

头骨形态特征的观察只限于采集回实验室的标本，他们全部出自 K4、K5、K6 和石墙通道、石墙阴洼地点。

1. 颅形

16 例头骨的顶面观可见颅形以卵圆形为主，占 9 例，椭圆形其次，有 5 例，圆形和五角形各有 1 例。中长颅的个体占有更大比例。

2. 眉弓和眉间突度

26 例能够观察眉弓和眉间突度的标本中，眉弓发育程度属于中等级所占比例最高，计有 17 例为中等级，男性 11 例，女性 6 例，另有 5 例为显著级，均为男性，4 例为弱级，均为女性。从眉间突度看，属于中等级的 3 例，均是男性，属于稍显级的 19 例，男性 12 例，女性 7 例，属于不显级的 4 例都是女性。眉弓和眉间突度的发育状况说明祭祀坑的头骨不属于显著突起的类型。

3. 鼻根凹陷

可供观察鼻根凹陷的标本 11 例，8 例为浅级，2 例为深级，1 例无鼻根凹陷。该性状在性别上差异不明显。

4. 额部倾斜度

26 例头骨可以观察额部的倾斜程度。额部中斜者 13 例，占 50%，男性 10 例，女性 3 例，平直者居次，男性 3 例，女性 8 例，有 2 例男性为额部倾斜者，所占比例很小。

5. 矢状嵴

21 例可以观察矢状嵴的头骨中，13 例无矢状嵴，男性 7 例，女性 6 例；7 例头骨上可见弱的矢状嵴，男性 5 例，女性 2 例；只有 1 例男性头骨矢状嵴隆起明显。

6. 犬齿窝

10 例头骨保存了犬齿窝结构，男性 4 例属浅级，2 例中等级，1 例无犬齿窝，3 例女性头骨分别属于无、浅、中等 3 个级别。此项特征上以浅级为主，但也有一定比例发育中等的犬齿窝形态存在。

7. 眶形

眼眶的形状 9 例标本可以观察，男性中属于长方形和方形的各有 2 例，余下 1 例为椭圆形。女性中属于圆形和长方形的分别有 2 例。所有属于方形眼眶的眶外侧上下角都显圆钝。

8. 额中缝

23 例保留额部的头骨中，只有 1 例男性在眉间残留约 1 厘米长的额中缝，其余 22 例不见额中缝。

9. 梨状孔下缘形状

9 例保留梨状孔的个体其下缘以钝型和鼻前窝型为主，占 7 例，另有 2 例分别为锐型和鼻前沟型。

10. 腭圆枕

只有 1 例女性存留了硬腭，为丘状腭圆枕。

11. 上颌及下颌圆枕

5 例男性和 5 例女性能够观察上、下颌圆枕出现与否，其中仅有编号 K4：4 的 1 例男性个体在上颌齿槽突外侧发现了明显的上颌圆枕。3 例女性和 2 例男性无下颌圆枕，2 例女性和 3 例男性有中等大小的条形或者圆形下颌圆枕。

12. 后枕部形状

18 例可观察此项特征的头骨在人字点到枕外隆突之间呈浅圆弧形过渡，不存在"发髻"状突起。

13. 额鼻颌缝的形状

15 例可观察此项特征的头骨上。弧形相交者有 7 例，直线形相交者占 5 例，梯形相交者共 3 例。额鼻颌缝处于同一水平高度的个体占据主导地位。

14. 铲形门齿

K4：16 和 K4：9 保留了上颌左侧和右侧中、侧门齿，均为铲形，后者的上颌中、侧门齿在唇面和舌面呈双铲形。

祭祀坑人群头骨的形态特征同质性较强，可概括为以中-长颅为主，眉弓发育程度弱，鼻根凹陷浅，额部丰满者多，矢状嵴、犬齿窝发育弱，眶形有低眶趋势，无额中缝者居主导，鼻型偏阔，下颌圆枕出现率占 50%，枕部无"发髻样"隆起，额鼻颌缝多平直形，具有典型的铲形门齿等特征。

（二）头骨的测量特征

石峁祭祀坑头骨残破者居多，给测量带来了一定困难。笔者测量了破损标本中所有可以测量的项目，记录如下：

1. 颅形测量值

颅形的测量值可以从颅长、颅宽、颅高以及衍生的颅指数、颅长高指数和颅宽高指数体现出来。所有头骨中只有采集自石墙阴洼北墩台东侧活动面上的 1 例女性头骨保存较好，她的颅长、颅宽、颅高分别为 176、126、132.5 毫米，颅指数、颅长高指数和颅宽高指数为 71.6、75.3 和 105.2，为长颅、高颅结合狭颅的颅形（图一——图四）。

图一　东侧活动面上颅骨正视图
（石峁石墙阴洼北墩台）

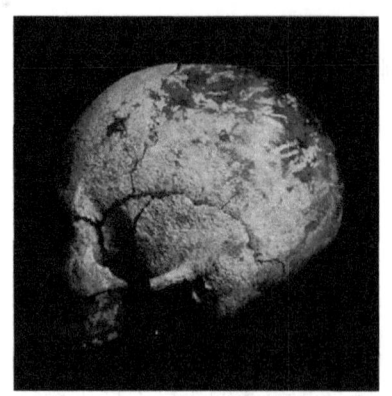

图二　东侧活动面上颅骨侧视图
（石峁石墙阴洼北墩台）

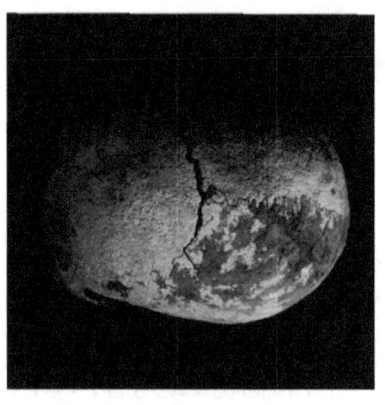

图三　东侧活动面上颅骨顶视图
（石峁石墙阴洼北墩台）

图四　东侧活动面上颅骨后视图
（石峁石墙阴洼北墩台）

出自东墙灰堆、K6：6 和 K4：2 的 3 例女性头骨颅长、颅宽值分别为 180、182.5、183.5 和 140、132.5、130 毫米，颅指数是 77.8、72.6 和 70.8，东墙灰堆的属于中颅型，K6 和 K4 的头骨为长颅型，这 3 例头骨虽然缺乏颅高值，但从颅形的轮廓趋势看，也应该属于高狭颅（图五——图一一）。

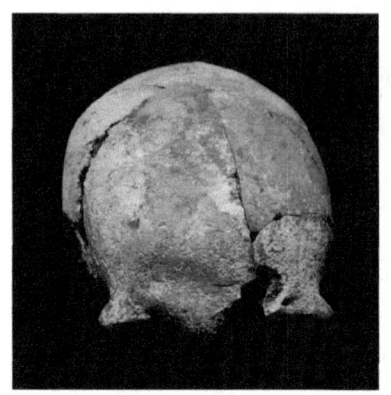

图五　K6：6 颅骨正视图

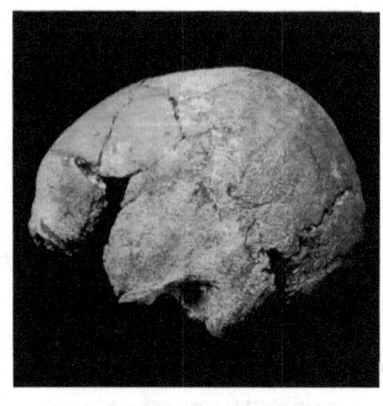

图六　K6：6 颅骨侧视图

图七　K6：6 颅骨顶视图

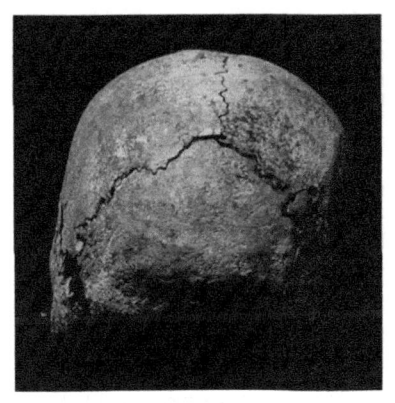
图八　K6：6 颅骨后视图

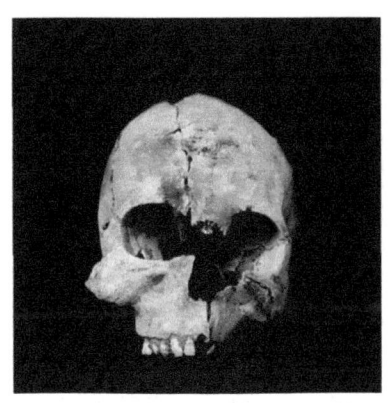
图九　K4：2 颅骨正视图

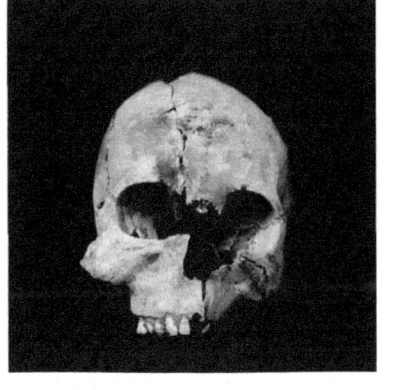
图一〇　K4：2 颅骨侧视图

男性头骨中，K4：5、K4：6、K4：7、K6：8 的颅长为 180.5、194、184 和 186 毫米，颅宽为 143、133、125 和 136 毫米，颅指数是 79.2、68.6、67.9 和 73.1，属于偏短的中颅型、超长颅及长颅型（图一二—图二四）。

图一一　K4：2 颅骨顶视图

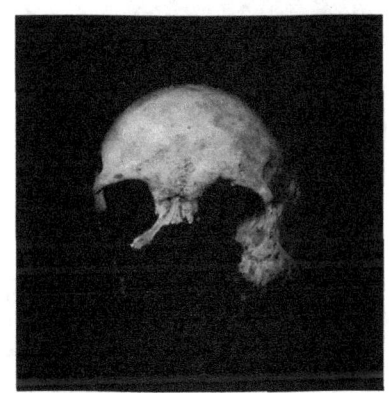
图一二　K4：5 颅骨正视图

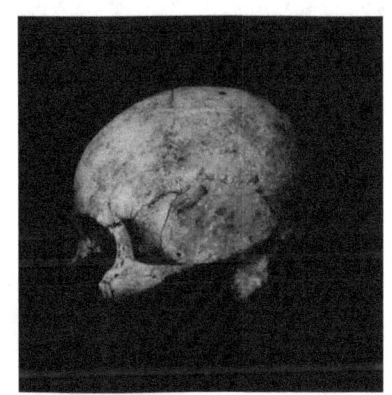
图一三　K4：5 颅骨侧视图

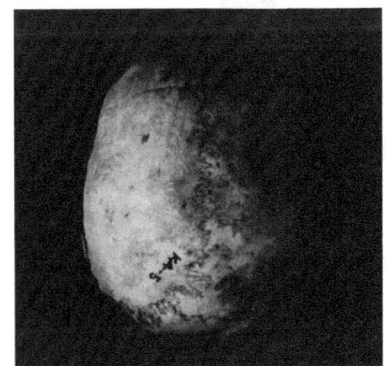
图一四　K4：5 颅骨顶视图

图一五　K4：5 颅骨后视图

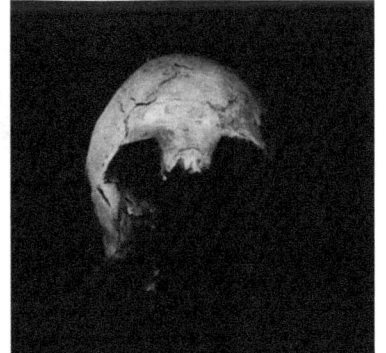
图一六　K4：6 颅骨图正视图

2. 面形测量值

上面高、面宽、上面指数和垂直颅面指数可以反映出面部形态特征。男性头骨中 K4：12、K4：4 和 K4：16 的上面高值为 71、74.2 和 79.5 毫米，3 例上面高值差异较大，分别为小、中和大的分级。K4：7、K4：12 和 K4：13 可以测量面宽，分别是 137、134 和 138 毫米，属于中等偏阔

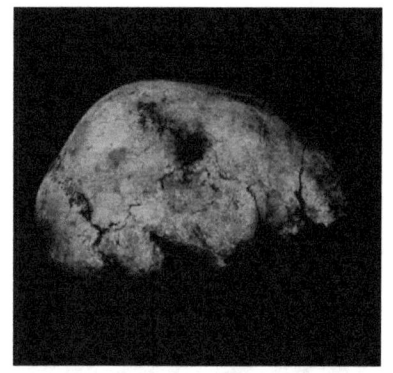

图一七　K4∶6颅骨图侧视图

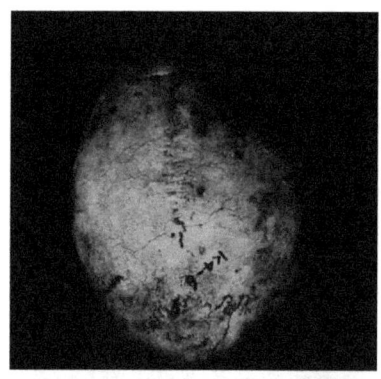

图一八　K4∶6颅骨图顶视图

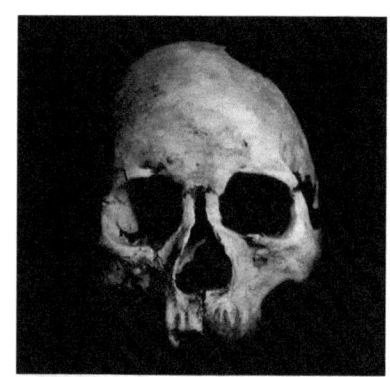

图一九　K4∶7颅骨正视图

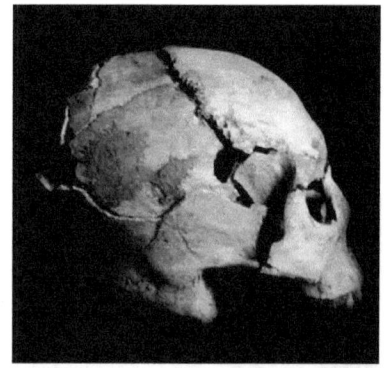

图二〇　K4∶7颅骨侧视图

图二一　K4∶7颅骨顶视图

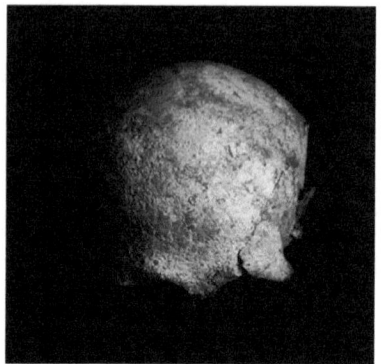

图二二　K6∶8颅骨正视图

图二三　K6∶8颅骨后视图

图二四　K6∶8颅骨顶视图

的面形。K4∶12的上面指数是52.99，石墙阴洼水墩台东侧活动面女性的上面高值为68.7，面宽126.5毫米，上面指数是54.3，二者都属于中上面型。那例女性头骨的垂直颅面指数为51.85，接近中等级的下限（图二五—图二七）。

3. 眶形、鼻形测量值

活动面女性右侧眶指数为82.3，K4∶12、K4∶4、K4∶16及K4∶9的右侧眶指数分别为78.7、80.7、89.3和77.1，以上5例头骨除了K4∶16为高眶型外，其余都是中眶型。

鼻指数和鼻根指数能够反映个体的鼻型以及鼻根突度类型。K4∶12的鼻指数为53.4，是阔鼻

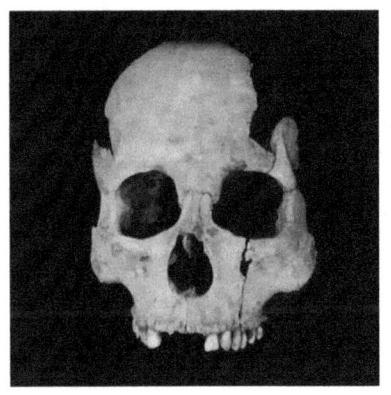

图二五　K4：4面颅骨图

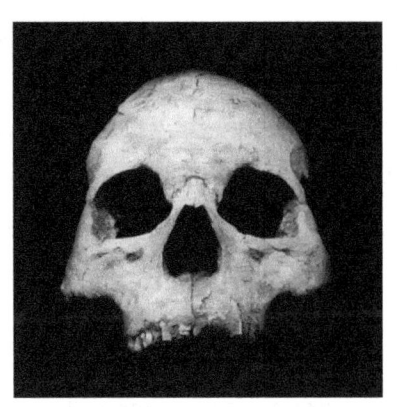

图二六　K4：12面颅骨图

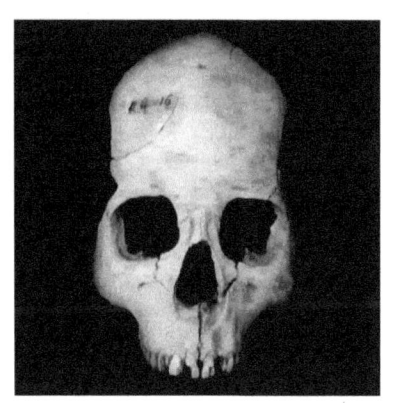

图二七　K4：16面颅骨图

型，鼻根指数是32.8，K4：4的鼻指数是49.4，为中鼻型，鼻根指数是30.23，K4：16的鼻指数是55.7，为阔鼻型，鼻根指数是39.2，表明祭祀坑人群鼻型偏阔，鼻根部隆起中等偏小。

4. 上面部水平突度、面部矢状突度测量值

鼻根点到两侧眶额颧点直线的矢高以及由此所测出的鼻颧角可以反映上面部在水平方向的突出状态，矢高值与眶外缘宽的比值越大，鼻颧角的绝对值越小，则该个体的上面部突出程度越显著。祭祀坑中有3例男性头骨可以测量此项数据。K4：12、K4：4和K4：16鼻根点到两眶外缘宽的矢高值分别为16.3、10.1和7.7，鼻颧角为144°、155.5°和161.5°，表明他们上面部具有很大的扁平程度。

面部矢状突度测量数据需要在法兰克福平面上测量面角、鼻面角和上齿槽角来评判面部的矢状突度。祭祀坑头骨因为保存状况欠佳，无法测量所有需要在法兰克福平面上测量的角度项目。从侧面观察，K4：12、K4：4和K4：16的面部角度在矢状方向突度并不强烈，大致在平颌或者正颌的范围。

5. 颧骨测量值

此项数值可以从颧骨的高和宽数据体现。K4：12、K4：4和K16右侧颧骨高和宽的值分别为48.2、29.1、52.8、32.9和47.6、29.3毫米，属于高且宽的颧骨。

综合测量数据分析，祭祀坑头骨具有长狭颅特点，面部中等偏阔，中眶、阔鼻，上面部水平方向十分扁平、矢状方向突出不强烈，颧骨高而且宽等测量特征。

三、种系特征的分析

依据头骨的测量数值，选择十余项能够充分反映一个群体颅面部形态特征的变量进行分析，梳理出一定时空范围内不同人群头骨形态的亲疏距离，是种族人类学研究的基本方法。近些年来，我国体质人类学的研究在淡化前苏联学术背景的影响，注重与欧美学科发展接轨的大趋势下，视"种族"为主观概念，认为在生物学意义上并不存在"种族"，涉及"种族"分类的研究，学者们变得极为谨慎。事实上古代人类的遗骸是考古遗存的重要部分，它记录了人类进化、迁徙、融合的诸多密码，人种学的分类，是破译人类发展演化的直接手段。石峁祭祀坑头骨由于出土地点、保存部位的特殊性，尤其适合种族人类学的研究，稍显遗憾的是头骨保存状况致使面角、额角、上齿槽角等项目无法比较。

从时空范围综合考虑，本文选择了陕西神木寨峁梁组[3]、石峁遗址内城后阳湾地点组[4]、合并了赤峰红山后、夏家店和宁城南山根三个遗址人骨组成的夏家店上层合并组[5]、晋南陶寺组[6]、河南渑池笃忠组[7]、青海柳湾合并组[8]、内蒙古鄂尔多斯朱开沟组[9]、福建闽侯县昙石山组[10]河南陕县庙底沟组[11]等古代组13项测量绝对值及指数、角度（表二）与石峁祭祀坑组比较，以便了解这些古代组之间的生物学距离远近程度。

表二　石峁祭祀坑男性组与相关古代组的比较

测量项目	石峁祭祀坑	寨峁组	后阳湾组	夏家店上层组	陶寺组	笃忠组	柳湾合并组	朱开沟组	昙石山组	庙底沟组
1 颅长	186.1	180.74	175.0	181.19	184.73	187.09	185.93	179.07	189.7	179.43
8 颅宽	134.3	138.2	135.5	136.2	141.93	140.56	136.41	139.89	139.2	143.75
45 颧宽	135.5	131.18	134.0	133.75	140.32	145.5	137.24	135.20	135.6	140.83
51 眶宽（mf）R	42.9	41.76	42.1	42.8	44.8	43.25	43.87	43.93	42.2	41.75
52 眶高 R	34.0	33.38	32.2	34.44	32.79	35.12	34.27	33.36	33.8	32.42
54 鼻宽	28.0	25.75	26.8	28.08	27.23	26.8	27.26	26.97	29.5	27.31
55 鼻高	52.9	51.75	49.6	53.6	54.45	51.55	55.77	52.40	51.9	53.99
48 上面高（sd）	74.95	68.89	69.0	75.1	73.92	72.35	78.19	71.77	71.1	73.84
8：1 颅指数	72.2	76.43	77.43	75.06	76.93	75.13	79.10	78.22	73.4	80.31
48：45 上面指数	52.99	50.49	51.57	56.15	51.55	51.55	56.97	52.45	52.5	51.86
52：51 眶指数 R	81.45	79.97	76.01	80.48	74.42	80.03	78.46	76.00	80.0	77.71
54：55 鼻指数 R	52.83	49.93	54.03	52.43	49.99	52.51	49.09	51.74	57.0	50.15
77 鼻颧角	153.7	147.1	—	149.5	146.53	145.05	146.49	149.32	143.8	147.56

表三是用SPSS11.5统计软件，使用表二中的数据，通过计算10个古代组相互间的欧式距离系数绘制出的树状聚类图。图中石峁祭祀坑组首先与夏家店上层合并组聚类，并且二者之间的欧式距离系数是所有对比组中最小的，表明这两个组之间的种族特征最为相近。后阳湾组和寨峁组、朱开沟组聚为一小类，说明这三组之间存在相对接近的种族特征。祭祀坑组与上述三组的生物学距离较远。祭祀坑组与黄河中游的笃忠组和黄河上游的柳湾组种族特征差异稍大。

表三　十个古代组的树状聚类图

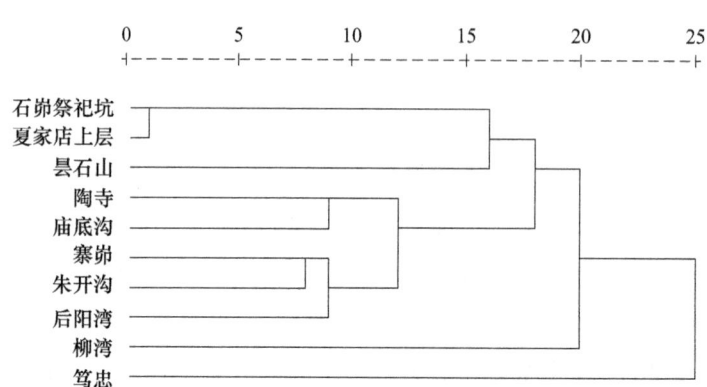

从石峁城址东门址上下层地面上出土遗物看，这两层地面分别属于内蒙古中南部、陕北及晋西北地区常见的龙山晚期和夏纪年时期的遗存。祭祀坑人骨的种系特征体现在面形偏窄，面部扁平度很大，颅形偏长等因素上。与长城沿线一带的寨峁组、后阳湾地点和朱开沟组比较，他们的差异主要表现在颅形上，后三组的颅形更短，祭祀坑的颅形偏长；在眶形上，祭祀坑组比后三组更趋高眶，但是在偏窄的面形、很大的上面部扁平程度等特征上，上述4个古代组体现出了很强的同质性，这几项形态特征也正是石峁祭祀坑组、寨峁组、后阳湾地点、朱开沟组与黄河上游、黄河中游以及华南地区古代组的差别所在。

内蒙古长城沿线一带先秦时期土著居民的种族特征就是具备高颅窄面，配合中等偏长的颅形，非常大的上面部扁平程度等特征，他们是以庙子沟新时期时代居民、朱开沟早期青铜时代居民，以及地域稍远的夏家店上层文化居民为代表，在古代人种坐标体系中归属于古华北类型[12]。出土于陕西神木县的祭祀坑组、寨峁组、后阳湾地点组古代居民无疑是古华北类型大家庭中的一员。

四、头骨上火烧的痕迹、口腔病理及创伤的观察

14例头骨的额骨、顶骨、枕骨或者颞骨上存留黑色烟灰痕迹，如K4：12、K4：4、K4：16、K4：8、K4：15、K4：14、K4：11、K4：2、K4：7等。石墙阴洼2013Q1西夹道内头骨额骨颅内面留有黑灰痕迹，乳突部也有火烧痕迹（图二九）。头骨上没有发现如武陟大司马遗址头骨上的剥头皮的切割痕迹[13]。火烧的痕迹是祭祀仪式留下的，还是方便将头骨与颅后骨分开或者其他，原因尚不明了。

总体观察祭祀坑头骨上很少发现龋齿，只在K6：8右侧M3齿冠与齿根相交的颊侧齿颈处有龋蚀的部分。罹患牙周病的个体稍多，K4：4患牙周病，齿槽骨萎缩，齿根暴露超过2毫米（图二八）。K4：5右侧M2处牙槽外侧发现有溶蚀的小孔，患根尖脓肿（图三〇）。

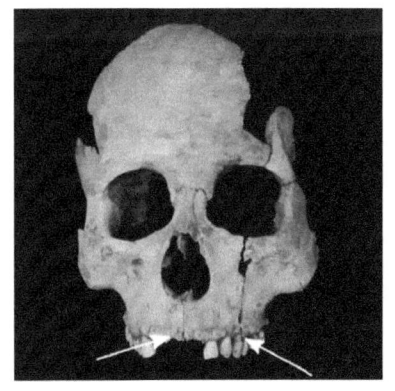  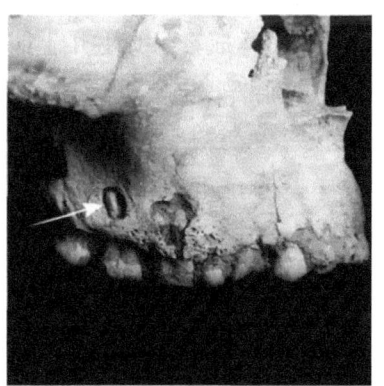

图二八　K4：4牙周炎　　　图二九　石墙阴洼2013Q1　　图三〇　K4：5根尖脓肿
　　　　　　　　　　　　　　　　西夹道内头骨

K6：7右侧顶骨有一片大致呈圆形凹陷，凹陷破损处呈放射状，破损痕迹清晰，应为钝器所伤（图三一）。K6：1颅顶骨上有一条横向的比较整齐的破裂缝，怀疑可能与砍创有关（图三二）。K4：7左侧额骨与顶骨相接的地方有一直径大约31.6毫米的孔，是人为造成的（图三三），左侧颧

骨颧颌缝处有过度生长的骨骼（图三四）。K5：2 额骨右侧靠近冠状缝附近有一圆形凹陷（图三五）。
2013 墙 1 内侧通道人头 1，右侧顶骨部分发现有一道戳刺划痕（图三六）。

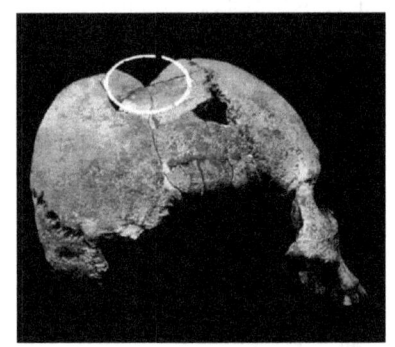
图三一　K6：7 创伤

图三二　K6：1 颅骨内壁沟槽

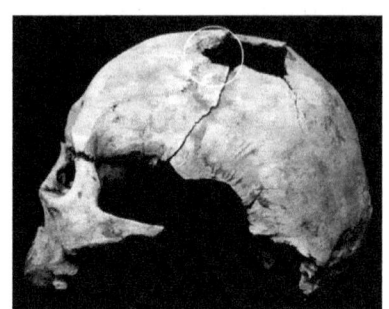
图三三　K4：7 颅骨上有孔

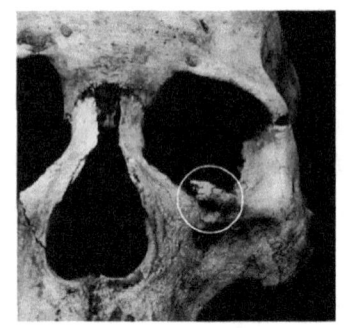
图三四　K4：7 颧骨上颌突过度发育

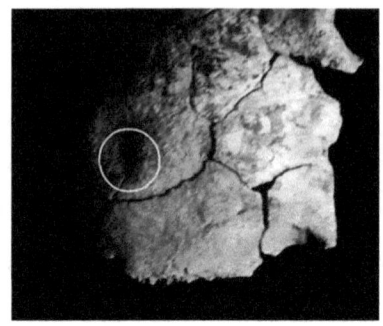
图三五　K5：2 额骨凹陷

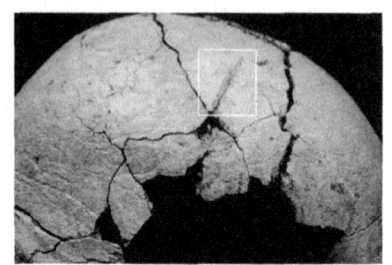
图三六　2013 墙 1 内侧人头创伤

五、结　语

　　石峁城址祭祀坑头骨为探寻我国北方地区早期文明格局形成的人群组成提供了珍贵资料。从头骨的性别构成看，女性明显多于男性；从种系特征看，他们是一群长颅、高颅、狭颅窄面、中眶、阔鼻、面部非常扁平的人群，这些种族特征与内蒙古长城沿线一带的土著居民具有高度的一致性。此外，祭祀坑头骨上留有明显的火烧痕迹，推测可能与祭祀的仪式或者卸取头骨有关，头骨上的创伤表明龙山晚期陕北地区人群为争夺资源而导致战争频繁发生。

　　附记：本文为 2013 年国家社科基金一般项目"青铜—早期铁器时代西北地区居民牙齿骨骼病理研究"的阶段性成果。

注　释

［1］　陕西省考古研究院等：《陕西神木县石峁遗址》，《考古》2013 年第 7 期，第 15—24 页。

［2］　邵象清：《人体测量手册》，上海辞书出版社，1985 年。

［3］　方启：《陕西神木寨峁遗址古人骨研究》，《边疆考古研究（第 2 辑）》，科学出版社，2004 年，第 316—336 页。

［4］ 陈靓：《陕西神木石峁城址后阳湾地点出土人骨研究》，待刊。

［5］ 朱泓：《夏家店上层文化居民的种族类型及其相关问题》，《辽海文物学刊》1989年第1期，第111—122页。

［6］ 潘其风：《我国青铜时代居民人种类型分布和演变趋势——兼论夏商周三族的起源》，《纪念苏秉琦考古五十五周年论文集》，文物出版社，1989年，第294—304页。

［7］ 孙蕾：《河南渑池笃忠遗址龙山文化早期人骨研究》，吉林大学硕士学位论文，2008年。

［8］ 潘其风、韩康信：《柳湾墓地的人骨研究》，《青海柳湾》（附录一），文物出版社，1984年，第261—303页。

［9］ 潘其风：《朱开沟墓地人骨的研究》，《朱开沟——青铜时代早期遗址发掘报告》（附录一），文物出版社，2000年，第340—399页。

［10］ 韩康信等：《福建闽侯县石山遗址的人骨》，《考古学报》1976年第1期，第121—130页。

［11］ 韩康信、潘其风：《陕县庙底沟二期文化墓葬人骨的研究》，《考古学报》1979年第2期，第255—270页。

［12］ 朱泓：《内蒙古长城地带的古代种族》，《边疆考古研究（第1辑）》，科学出版社，2002年，第301—313页。

［13］ 潘其风：《河南武陟大司马遗址出土人骨》，《文物》1999年第11期，第72—77页。

（原载于《考古与文物》2016年第4期）

陕西神木石峁城址后阳湾地点出土人骨研究

陈　靓　孙周勇　邵　晶

后阳湾地点位于石峁城址皇城台东北部，2012 年和 2013 年石峁考古队对该地点进行了试掘。本文研究的人骨出自 2013 年试掘的 4 座墓葬和一条沟内。沟及墓葬的年代与石峁城址同时代。石峁城址的年代介于龙山晚期到夏代早期[1]。后阳湾地点从功能划分上属于石峁城址的内城居住区。该地点出土人骨虽然零星，却为我们了解石峁内城居民的体质特征、健康状况提供了一些很有价值的线索。

一、骨骼保存状况及性别、年龄特征的观察与判断

后阳湾可以观察性别特征的个体有 K1、M1、M2、M3、M4、W1 及第 2 层地层中出土的 7 例个体。由于试掘地点为房址集中区，墓葬为零星发现，采集到的人骨遗骸只有 K1 头骨保存较完整，M2 颅骨及部分面骨可复原，M1 和 M4 仅有少量颅、面骨残片。M1、M2 的下肢骨保存较完整。7 例个体性别年龄的鉴定根据人体骨骼测量观察的一般方法[2]，结果见表一。

表一　人骨性别年龄鉴定结果

出土单位	性别	年龄
后阳湾 2013K1	女	20 岁左右
后阳湾 2013M1	男	40—45 岁
后阳湾 2013M2	男	35—39 岁
后阳湾 2013M3	女	青壮年
后阳湾 2013M4	女	30 岁左右
后阳湾 2013W1	？	0—6 个月
后阳湾 2013 ②层下	女	成年

二、头骨形态及种族特征的观察

后阳湾头骨可以进行形态观察的标本只有 3 例，并且不完整，但是仍有部分项目能够反映出地域性种族特征。

（一）头骨形态观察

1. 颅骨的形状

该项目指从顶面俯视，观察颅骨的轮廓。有 K1、M2 两例头骨可供观察。K1 的颅形为中等长的菱形颅，M2 经修复后观察为中等长的卵圆形颅。

2. 眉弓突度

它是指观察眼眶上缘骨嵴的隆起程度。2 例女性个体 K1 和 M4 眉弓突度弱，男性个体 M2 眉弓突度介于中等到显著之间，与强烈突起的程度相比，M2 的突起程度稍弱。

3. 眉间突度

它是指从侧面观察眉间突起的程度。K1 眉间突度不显，M2 眉间突起程度稍显，他们都属于眉间突起程度弱（I、II级）的类型。

4. 鼻根凹陷

该项目指从侧面观察鼻骨与额骨相交处向后凹陷的程度。K1 和 M2 的鼻根凹陷都属于浅级。

5. 前额坡度

前额形态显示前额发育的饱满程度。K1 前额坡度为平直型，M2 和 M4 为中等倾斜类型。

6. 矢状嵴

K1 的矢状嵴不明显，M2 在前囟点到人字点之间沿着正中矢状线矢状嵴发育明显，同时在矢状嵴两侧形成了旁矢状嵴凹陷。

7. 犬齿窝

K1 犬齿窝发育弱，M2 犬齿窝中等发达。没有发现深或者特深级的犬齿窝。

8. 眶形

K1 为近圆形眶，M2 为椭圆形眶。两例个体眼眶的外上角及内上角均圆钝，不见方折的眼眶。

9. 额中缝

K1 在鼻根部保留了 16.8 毫米的额中缝。M2 则保留了 12.3 毫米的额中缝。

10. 颅顶缝

K1 的前囟段和顶孔段为深波型，顶段和后段为锯齿型。M2 前囟段为微波型，顶端和后段为深波型，顶孔段为锯齿型。2 例个体颅顶缝都属于简单型，不见复杂型。

11. 梨状孔及下缘形态

K1梨状孔是梨形，下缘为锐型。M2梨状孔属于心形，下缘亦为锐型。

12. 腭圆枕

该项目指上颌硬腭腭面沿腭中缝两侧分布的高低不平的骨质隆起。K1、M2均无腭圆枕。

13. 下颌圆枕

它指下颌骨第一前臼齿到第二臼齿之间舌面上靠近齿槽部的长圆形骨质隆起。K1、M4无下颌圆枕，M1、M2有下颌圆枕，前者大小如绿豆，后者大小如黄豆。

14. 枕区突隆

该项目指出现在人字点到枕项平面交界之间枕平面的圆形隆起，又叫"馒头状"或者"发髻样"隆起。K1和M2的人字点到枕外隆突之间为浅圆弧形过渡，无枕区突隆。

15. 颧骨形状及颧骨上颌骨下缘走势

K1和M2颧骨均属于中等高宽，无颧颌缘结节，颧颌下缘转折处相对圆钝，缺少陡直的转折。

16. 颅侧壁形状

K1和M2颅侧壁较为平直，上下大体等宽。

17. 铲形门齿

仅能观察的K1上颌左右侧中门齿、侧门齿、M2上颌侧门齿为均铲形。

后阳湾地点3例头骨数量虽少，但我们从中仍旧能够体会出石峁内城居民在种族特征上存在着某些共性。例如中等的颅形，颅骨的后枕部缺少突隆，侧壁较为平直；弱的眉间突度、浅的鼻根凹陷、倾斜程度弱的前额、发育弱的犬齿窝、内外上角都圆钝的眶形、简单的颅顶缝和铲形门齿等。

（二）头骨测量特征

后阳湾地点只有K1和M2部分项目可供测量，K1头骨保存稍好，遗憾的是上颌骨的齿槽突部分残破，导致某些在考察种族特征上相对重要的项目，如面角、齿槽面角、上面高等无法测量。M2左侧面骨残缺，但是根据面骨左右大体对称原则，可以对某些测量值进行估算（图一）。

1. 颅形测量

测量项目包括颅长、颅宽、颅高以及反映颅骨形态的指数。K1和M2同属于中颅型，他们的颅指数在75—79.9；从颅长高指数看，二者都大于75，属于高颅型；颅宽高指数显示K1为狭颅型，M2是中颅型。但是K1处于狭颅型的下限，M2则处于中颅型的上限。

从颅形的测量数据分析，M2和K1这一男一女具有较强的一致性，属于中颅、高颅结合略宽的狭颅的颅形（表二）。

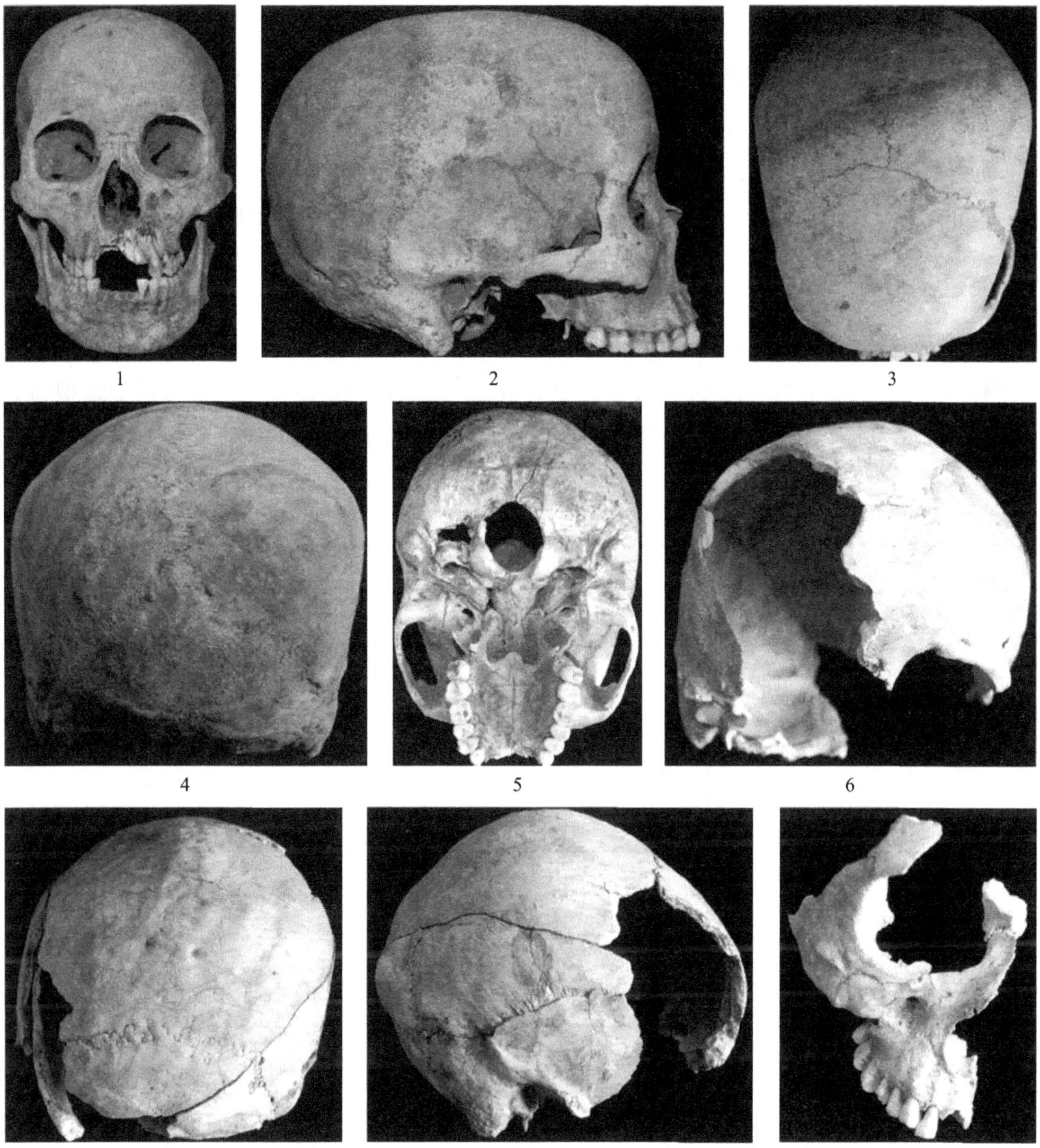

图一

1. K1 正面观　2. K1 左侧面观　3. K1 顶面观　4. K1 后面观　5. K1 底面观　6. M2 正面颅骨观
7. M2 后面观　8. M2 左侧面观　9. M2 左侧面骨正面观

表二　颅形测量数值　　　　　　　　　　（长度：毫米）

测量马丁号和名称	后阳湾 2013 K1	后阳湾 2013 M2
1. 颅长	176.1	175
8. 颅宽	136	135.5
17. 颅高	134.1	132
8：1 颅指数	77.23	77.43
17：1 颅长高指数	76.15	75.43
17：8 颅宽高指数	98.6	97.42

2. 面形测量

后阳湾地点只有 M2 可以测量上面高值，其 n-pr 和 n-sd 值分别为 67.4 和 69 毫米。M2 缺少面宽值。可以尝试测量右侧颧点到 n-sd 线段中点的值，再乘以 2，估算出 M2 的面宽值为 133.8？毫米。上面指数为 51.57？毫米，属于中上面型。K1 的面宽值为 129.8 毫米。她的上面高值虽然无法测量，但可以测量全面高值，为 114.7 毫米，计算出全面指数为 88.37，也属于中面型。

3. 眶形测量

K1 左右侧眶指数 I 计算值为 80.29 和 80.39，眶指数II计算值为 84.54 和 85.71，都属于中眶型。M2 右侧眶指数 I 的值为 76.01，眶指数 II 的值为 80.5，前者属于中眶型，但是接近中眶型的下限，后者小于 82.9，为低眶型。女性个体的眶形比男性高。男性属于略高的低眶类型（表三）。

表三　眶形测量数值　　　　　　　　　　　　　　（长度：毫米）

测量马丁号和名称	后阳湾 2013 K1	后阳湾 2013 M2
51. 眶宽（L）	40.8	—
51. 眶宽（R）	41.1	42.1
51a. 眶宽（L）	38.8	—
51a. 眶宽（R）	38.5	40
52. 眶高（L）	32.8	—
52. 眶高（R）	33	32.2
52：51（L）眶指数	80.39	—
52：51（R）眶指数	80.29	76.01
52：51a（L）眶指数	84.54	—
52：51a（R）眶指数	85.71	80.5
中眶间宽	50.4	—
鼻尖点到中眶间宽矢高	14.9	—
鼻尖点指数	29.56	—

4. 鼻形测量

K1 的鼻宽、鼻高分别为 23.4 和 51.2 毫米，鼻指数为 45.7。其鼻最小宽和鼻最小宽高值为 7.6 和 1.1 毫米，鼻根指数为 14.47。M2 先测出了一半梨状孔的宽度，同样依据对称原则估计其鼻宽为 26.8（？）毫米。鼻高为 49.6 毫米，鼻指数为 54.03。前者为中鼻型，后者属于阔鼻型。K1 的鼻尖点到中眶间宽矢高距离为 14.9 毫米，其中眶间宽为 50.4 毫米，鼻尖点指数只有 29.56，处于很小的级别，表明 K1 鼻梁隆起程度很微弱。

5. 上面部在水平方向的突度

这一项目是测量鼻根点到内侧两眶宽的垂直高度，高度数值越大，表明该个体上面部在水平方向上越突出。此外，鼻颧角的大小也可以直观反映上面部水平方向的突度，鼻颧角越大，表明突度越小，上面部越扁平。K1 鼻根到内侧两眶宽的矢高值为 9.80 毫米。K1 的内侧两眶宽值为 94 毫米，她的鼻颧指数为 10.43。K1 的鼻颧角为 158 度。说明 K1 的上面部十分扁平。

6. 面部在矢状方向上的突度

这是在法兰克福平面上测出总面角、鼻面角和齿槽面角来反映的。鉴于保存状况，后阳湾地点无可测的标本。在法兰克福平面上从侧面观察 K1 在矢状方向的突度并不强烈，但上齿槽突起较明显。

7. 颧骨的测量

K1 左右侧颧骨高分别为 41 和 40 毫米，颧骨宽为 19.5 和 20 毫米。M2 右侧颧骨高为 46.8 毫米，颧骨宽为 25.4 毫米。处于中等发育水平。

从男女两例头骨上反映亦出石峁内城居民种族特征上的某些共同倾向包括：中颅、高颅结合略阔的狭颅，中等的面型，中等偏低的眶形，中等偏阔的鼻形，很弱的鼻根、鼻梁突度，水平方向上十分扁平的上面部，矢状方向较为扁平的面部，中等高宽的颧骨等。从小的区域特征看，石峁内城居民比较接近现代蒙古人种的东亚类型。

三、肢骨的研究和身高的估算

（一）肢骨的研究

后阳湾下肢骨可以测量的有 3 根股骨、6 根胫骨，上肢骨只有 2 根肱骨保存完整。3 根股骨属于两例男性，M1 左右侧上部横断指数为 75 和 77.32，M2 左侧上部横断面指数为 80，介于 75—84.9，属于扁型股骨。特别是 M1 接近扁型值的下限，表明其股骨上端尤为扁平。从股骨粗壮指数看，3 根股骨都属于中等级别（表四）。

表四　股骨各项测量值及指数　（单位：毫米）

项目	M1（L）	M1（R）	M2（L）	平均值
最大长	438	432	459	443
全长	434	430	454	439.3
体上部横径	37.6	36.6	35	36.4
体上部矢径	28.2	28.3	28	28.2
体中部横径	29.5	28.2	28.5	28.7
体中部矢径	30.3	30.5	31.8	30.9
体下部横径	41.3	38.8	43	41
体下部矢径	30.7	30.7	33.2	31.5
颈干角	137	136	140	137.7
上部断面指数	75	77.32	80	77.44
中部断面指数	102.71	108.16	111.58	107.48
粗壮指数	13.78	13.65	13.28	13.57

上肢骨保存完好的只有 M1 的左右侧肱骨。值得一提的是不论从肱骨中部横断面指数还是从肱骨粗壮指数看，M1 的左侧肱骨发育程度都强于右侧，说明 M1 墓主人属于"左利手"。M1 肱骨的粗壮指数超过了 22，属于粗壮级别，拥有这样粗壮双臂的男人应该长期从事劳动强度很大的搬运工作（表五）。

表五　肱骨各项测量值及指数　　　　　　　　（单位：毫米）

项目	M1（L）	M1（R）	平均值
最大长	298	304	301.0
全长	296	298	297.0
头周长	137	142	139.5
体最小周长	68	67	67.5
体中部横径	22.6	24.9	23.8
体中部矢径	22.4	22.8	22.6
中部最大径	24.7	25.2	25.0
中部最小径	22.1	20.6	21.4
中部断面指数	89.47	81.75	85.61
粗壮指数	22.82	22.04	22.43

从胫骨指数的数值比较，M1 左右侧胫骨属于扁胫型，M2 左右侧胫骨、M3 左侧胫骨和 M4 左侧胫骨都属于中胫型（表六）。已有的相关研究表明，胫骨和股骨的上端越扁平，该个体的下肢负荷越大，扁平的下肢最适合附着强健有力的肌肉[3]。结合股骨胫骨的研究，M1 下肢肌肉最为发达。

表六　胫骨各项测量值及指数　　　　　　　　（单位：毫米）

项目	M1（L）	M1（R）	M2（L）	M2（R）	M3（L）	M4（L）
最大长	—	—	375	376	338	—
全长	—	—	373	375	334	—
滋养孔矢径	32.4	32.8	39.2	38	32.1	31.4
滋养孔横径	19.6	19.8	26.7	26.0	21.3	19.8
中部矢径	—	—	31	30.5	28.1	—
中部横径	—	—	22	22.5	19.1	—
最小周长	—	—	73	75	67	—
胫骨指数	58.64	60.37	68.11	68.42	66.36	63.06
中部横断面指数	—	—	70.97	73.77	67.97	—

（二）身高的推算

通过测量肢骨，特别是下肢骨的最大长，代入相应的公式，就可以推算出个体的身高，进而了解后阳湾居民的营养状况。本文选用 K Pearson[4]、邵象清[5] 和张继宗[6] 的公式来推算 M1、M2、M3 墓主人的身高，结果见表七。

表七　身高推算

（单位：毫米）

	股骨最大长	胫骨最大长	K. Pearson 公式		邵象清公式		张继宗公式	
			股骨	胫骨	股骨	胫骨	股骨	胫骨
M1（L）	438	—	163.65	—	165.1	—	—	—
M1（R）	432	—	162.52	—	164.28	—	—	—
M2（L）	459	375	167.6	167.76	169.93	168.59	—	—
M2（R）	—	376	—	168	—	169.03	—	—
M3（L）	—	338	—	152.27	—	—	—	157.72

依据 K Pearson 的身高公式推测出的个体身高偏矮，Ml 通过股骨计算出的身高值为 163.65 和 162.52 厘米，M2 为 167.6 厘米，邵象清的公式是基于中国汉族男性的测量数据，比较接近事实身高。按照股骨最大长推测 M1 的身高为 165.1 和 164.28 厘米。M2 为 169.93 厘米。通过胫骨推算出 M1 和 M2 的身高与股骨大体一致。后阳湾男性个体 M1 和 M2 的身高在新石器时代晚期人群中处于中等偏高水平。女性只有 M3 左侧胫骨可以用来推测身高，用 K. Pearson 公式推算结果为 152.27 厘米，用张继宗的公式结果为 157.72 厘米，平均值为 155 厘米，处于中等水平。

四、病理及其他现象的观察

后阳湾地点 3 例头骨上所有附着和游离的恒齿共计 67 颗，年龄段分布在青壮年期到中年期，没有发现龋齿。推测石峁城居民食物结构中植物类食物所占比例较小。

K1、M1 和 M2 的上下颌第三臼齿均出齐齿列。蒙古人种中上下颌第三臼齿先天缺率远高于欧罗巴人种，并且早在数十万年的直立人时代，例如蓝田直立人的下颌双侧的第三臼齿就缺失[7]。石峁内城 3 例个体没有发现第三臼齿缺失现象，不排除有其他地区人群基因的混入。

M4 是一位壮年女性，她的第四腰椎乳突、棘突部与横突分离，第五腰椎左侧棘突与横突分离，右侧融合（图二，4—6）。此病症被称为峡部裂。其病因说法很多，有先天遗传说，也有人认为产伤导致椎板的骨折是主要原因，还有人认为多次外伤或者过度劳累也会导致峡部裂[8]。

M2 颅顶骨前囟段沿矢状缝两侧有 4 个圆形筛孔，大的直径约 9 毫米，小的直径约 3 毫米（图二，1），这一症状通常作为判断缺铁性贫血的标准[9]。

M1 右侧顶骨在矢状缝与冠状缝相交的前囟区有一个边长约 8 毫米的孔洞，中部保留 4.5 毫米的结核。颅内面光滑平整。孔洞的周缘骨质已经被吸收，可能是外伤所致。M1 胸骨柄部有孔。第一腰椎到第四腰椎椎体周缘生有较长的骨赘。第一、二腰椎椎体呈楔形，成因与高处坠落导致的压缩性骨折有关。M1 的第五腰椎骶椎化（图二，2、3、7）。

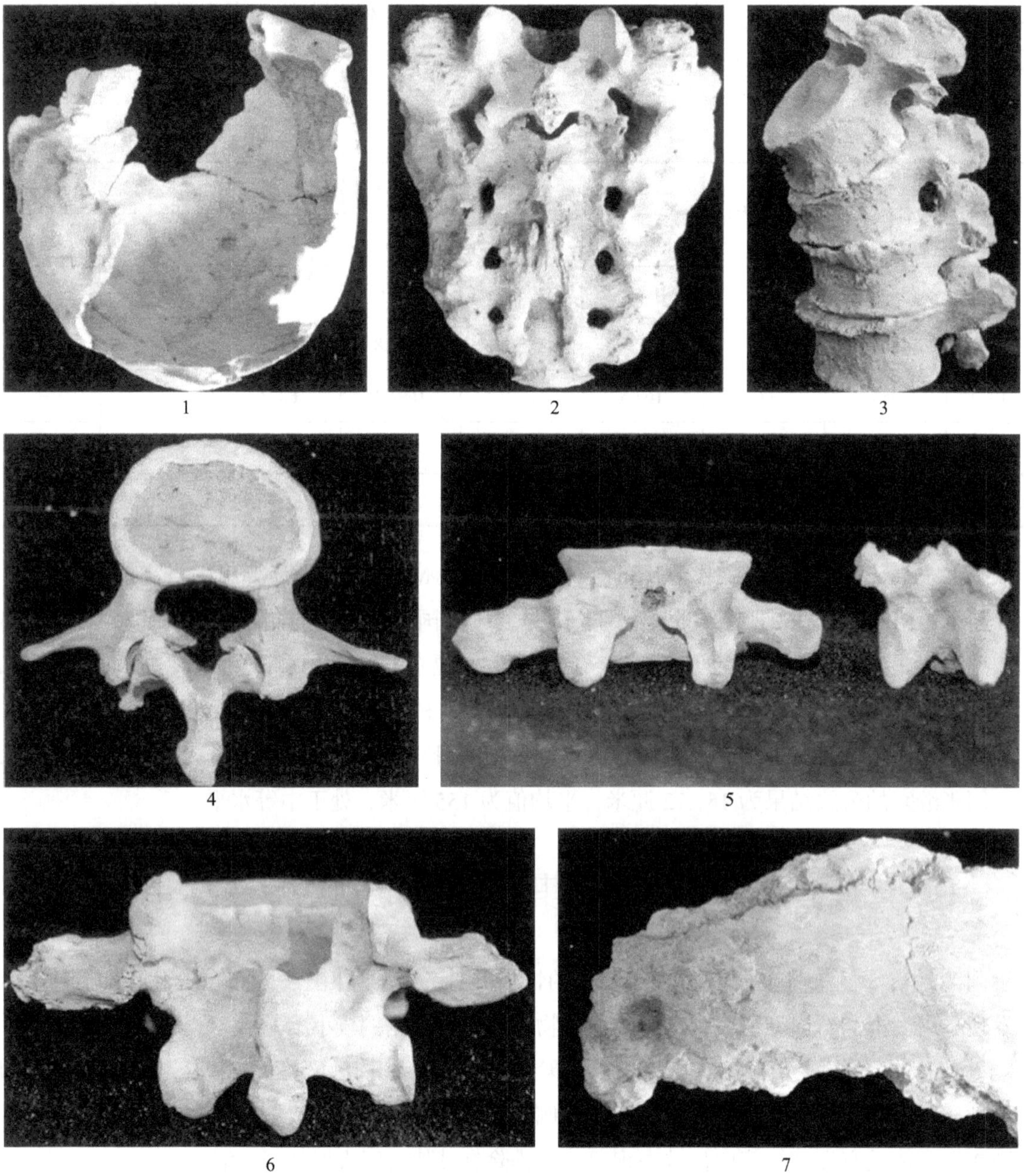

图二

1. M2 顶部的筛状孔　2. M1 骶骨后视　3. M1 腰椎压缩性骨折　4. M4 第四腰椎峡部裂

5. M4 第四腰椎峡部裂　6. M4 第五腰椎峡部裂　7. M1 顶骨上的创伤

五、小　结

本文研究了石峁城后阳湾地点采集的 7 例人骨遗骸，鉴定了他们的性别年龄，观察了头骨上的非测量性特征，对可以进行测量的项目进行了测量，初步推测后阳湾人骨种族特征具有较强的一致性，接近蒙古人种的东亚类型。下肢骨的研究表明后阳湾成年男女拥有相对扁平的股骨和胫骨，可能是长期劳作的结果。古病理观察没有发现龋齿，除了个体少的原因外，推测石峁城居民食物结构中植物性食物所占比例较小。发现一例成年女性患有峡部裂，或许是经常从事强度过大的劳动造成的结果。

附记：本文为 2013 年国家社科基金一般项目"青铜—早期铁器时代西北地区居民牙齿骨骼病理研究"的阶段性成果。

注　释

［1］　陕西考古研究院等：《陕西神木县石峁遗址》，《考古》2013 年第 7 期，第 15—24 页。

［2］　邵象清：《人体测量手册》，上海辞书出版社，1985 年。

［3］　王明辉：《灵宝西坡墓地》，文物出版社，2010 年，第 115—177 页。

［4］　K Pearson Karl, Bell Julia. A study of the long bones of the English skeleton. Cambridge University Press, London: 1917. 转引自张君：《河南商丘潘庙古代人骨种系研究》，《考古求知集——96 考古研究所中青年学术讨论会文集》，中国社会科学出版社，1997 年，第 486—498 页。

［5］　邵象清：《人体测量手册》，上海辞书出版社，1985 年。

［6］　张继宗：《中国汉族女性长骨推断身长的研究》，《人类学学报》2001 年第 4 期。

［7］　刘武：《蒙古人种及现代中国人的起源与演化》，《人类学学报》1997 年第 2 期。

［8］　梁福民等：《腰椎疾病比较影像学》，山东科技出版社，2005 年，第 62—71 页。

［9］　〔英〕夏洛特·罗伯茨等著，张桦译：《疾病考古学》，山东画报出版社，2010 年，第 245—254 页。

［原载于《西部考古》（第 14 辑），科学出版社，2017 年］

古线粒体基因组探究中国北方新石器时代石峁人群的起源和遗传结构

薛家旸　王文君　邵　晶　戴向明　孙周勇　Jacob D. Gardner　陈　靓
郭小宁　邸　楠　裴学松　吴小红　张淯宇　崔　璨　曹　鹏　刘　峰
戴晴燕　冯晓恬　杨若薇　平婉菁　张立召　何　弩　付巧妹　著
薛家旸　译

　　中国北方是一个辽阔的地理区域，包括了西起青海东至山东的黄河流域。在黄河流域覆盖的广大区域中，如仰韶文化和龙山文化等的新石器时代文化为中国文明的起源奠定了重要基础[1—3]。新石器时代中期（MN）仰韶时代（距今 7000—5000 年）是一个快速发展和扩张的阶段，催生了如黄河上游的马家窑文化（约 5700 年前）[4]，黄河中游的大河村文化（约 5700 年前）[5]，以及黄河下游的北辛文化（约 5400 年前）和大汶口文化（约 6000 年前）等多个考古学文化[2, 6—9]。这种考古学文化的发展和扩张正与中国北方全新世气候最佳时期相对应[10]。当进入新石器时代晚期（LN）的龙山时代（距今 4500—3800 年），黄河流域以龙山文化为代表的一众考古学文化产生了地域性的差异，呈现出社会复杂性增加的特点，并形成了具有不同社会等级的独特定居点。不同考古文化对黄河流域各个地区的影响随时间动态变化，并可能伴随着人口流动和互动[14]。

　　石峁遗址（距今 4300—3800 年），又称"石峁城址"，被认为是黄河中游龙山时代（距今 4500—3800 年）的一个重要政治中心[14—16]。石峁遗址面积达 400 万平方米，由两道石墙分隔成的三重结构组成（图一），是目前已知的中国北方最大的新石器时代城址之一，亦被评选为过去十年全球最重要的十大考古发现之一[17]。石峁遗址的皇城台位于石峁遗址中最高的大台基之上，由两道石墙围成的外城和内城层层拱卫，并由石砌护墙包裹为相对独立的区域，是石峁遗址的核心区域。皇城台上出土的玉器、壁画和卜骨等象征身份等级的遗存，表明皇城台已具有了早期宫城的政治中心性质[14, 18]。石峁遗址内城半包围在皇城台周围，包括了多个贵族墓地和居址（如韩家圪旦、后阳湾和麻黄梁）。外城东门址位于石峁外城区域东北墙沿线，展示复杂的防御设施[14]。考古发掘结果显示，石峁城内的这些不同地点显示出明显的社会等级差异，例如韩家圪旦地点[19]、后阳湾[20]以及一些靠近皇城台的地点，比外城东门址[14, 21]出土更多更高地位的墓葬。考古学家根据在石峁遗址出土的特殊的"双鋬类陶器"命名了"石峁文化"[18, 22]。木柱柱梁遗址、神圪垯梁遗址、新华遗址和寨山石城遗址等石峁遗址周边同一时期的遗址也被认为同属于石峁文化[18]。然而，对于石峁遗址人群的起源问题却仍不明朗。石峁文化被认为是由陕北本地发展，并受到了周围区域考古文化的影响，但也有研究认为石峁文化可能是来自其他地区人群迁移至陕北地区而发展起的文化[22—24]。此外，

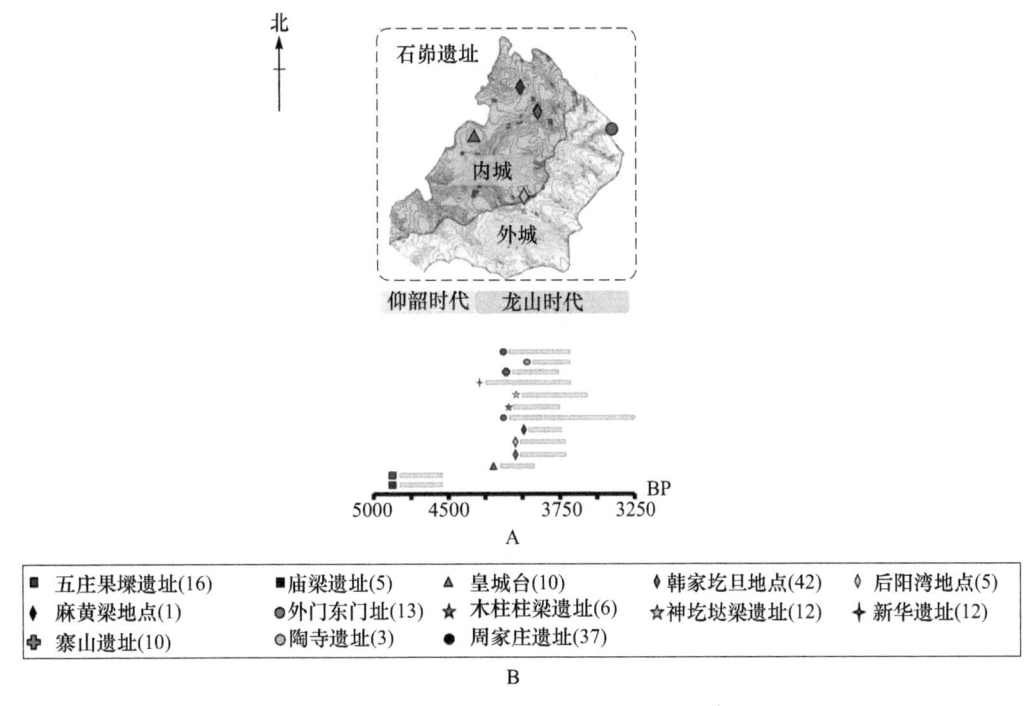

图一　样本的地理位置与大致年代
注：A. 石峁遗址内样本来源位置　B. 所有遗址（地点）样本的年代大致范围
每一遗址（地点）样本数标注于括号内

最近的研究表明，石峁文化在新石器时代陕北以外的黄河流域其他地区存在频繁互动[18, 21, 25, 26]，尤其是与黄河中游山西南部（晋南）的陶寺文化[27—29]。这两种文化之间的联系可能是政治、经济、文化，或者通过人群交流而联系[29]。然而，从考古学和人类学的角度来看，石峁人群和陶寺人群之间的互动仍然存在模糊不清的地方[18, 21, 25—29]。尽管近年来已有一些陕北地区相关的遗传分析，包括神圪垯梁遗址[30]和五庄果墚[31, 32]遗址，但石峁文化相关人群与黄河流域不同地区的其他古人群之间的大规模遗传亲缘关系仍不清楚。

在本研究中，我们对来自陕北地区及晋南地区多个考古遗址的 172 个体的线粒体全基因组进行了测序，特别关注了黄河中游与石峁文化和陶寺文化有关的个体。本研究通过大规模线粒体基因组数据分析，对探索石峁相关人群以及新石器时代黄河中游人群的母系遗传历史和动态提供了新视角。

一、材料和方法

（一）古 DNA 提取和文库制备

本研究从 13 个遗址中收集了 172 例古代人类个体样本。从样本的骨骼或牙齿遗骸中钻取少于100 毫克骨粉中获得了总共 172 次 DNA 提取。所有古 DNA 工作均在中国科学院古脊椎动物与古人类研究所的古 DNA 超净室中进行，并严格遵循古 DNA 提取标准[33]。

我们制备了单链（在补充表 S1 中标记为"SS"）和双链（在补充表 S1 中标记为"DS"）文库，

部分样本使用尿嘧啶 -DNA 脱氧核糖苷酶（"UDG"）处理，以去除脱氨基的胞嘧啶[34, 35]。文库的富集过程使用 AccuPrimepfx 聚合酶进行聚合酶链式反应（Polymerase Chain Reaction, PCR），扩增 35 个循环[36]。同时，在富集过程中，加入 P5 和 P7 两种双端特异性引物，以识别来自现今 DNA 的污染[34]。最后本研究使用 NanoDrop2000 分光光度计监测 DNA 浓度。

（二）古 DNA 捕获和测序

为了从大量微生物或其他环境 DNA 中富集内源性古 DNA，本研究使用了 DNA 捕获技术[37-39]。通过与 DNA 片段重叠的探针进行线粒体 DNA 捕获，并富集结果文库[37]。探针基于人类线粒体全基因组剑桥参考序列修改版合成（rCRS，Genbank 登录号 NC_012920）。富集后，使用 Illumina Miseq 平台生成 2×76 bp 成对末端读取。使用 leeHom 软件（https://github.com/grenaud/leeHom）对接头分子进行移除并拼接序列，成对末端读取至少重叠 11 个碱基对[40]。在此之后，使用 BWA 软件（版本 0.6.1）将所有片段与 rCRS 序列进行比对（参数设置：-n 0.01，-l16500），并去掉了所有小于 30bp 的序列（补充表 S1）。

（三）古 DNA 污染检测

本研究采用 ContamMix 软件对污染率进行检测，并用全世界范围内 311 个现代人的线粒体 DNA 序列作为对照[37]。若一个文库中 4% 以上的片段与现代人的线粒体 DNA 序列匹配，则视为该文库污染率高，且所有污染率大于 4% 的文库，在本论文中都予以了排除[41-43]。在 172 个新 mtDNA 样本中，有 166 个具有较低的污染率（<4%，平均 0.95%）（表一）。

表一　被排除样本信息

样本名	遗址名称	覆盖度（x）	污染率（%）
Shimao_HYW_T2M2	石峁遗址后阳湾地点	1045.92	8.0
Shimao_DM_K4_10_2	石峁遗址外城东门址	527.94	9.5
MZZL_M7	木柱柱梁遗址	172.60	6.8
MZZL_M8	木柱柱梁遗址	104.98	5.1
XH_M1a	新华遗址	278.08	10.2
XH_M58b	新华遗址	161.92	14.0
Shimao_HJGD_M34S	石峁遗址韩家圪旦地点	210.32	0.1
Shimao_HJGD_M36O	石峁遗址韩家圪旦地点	161.61	0.1
Shimao_HJGD_M6S	石峁遗址韩家圪旦地点	318.90	0.8
XH_M24	新华遗址	277.02	0.3

注：表中污染率标灰说明该样本污染率过高；覆盖度标灰说明该样本因亲缘关系中覆盖度相对较低而被排除

（四）亲缘分析

如果 mtDNA 序列具有相同的线粒体基因组序列且个体并来自同一墓穴，本研究则将其视为亲缘相关的个体。本研究使用 Bioedit 软件（版本 7.2.5）进行亲缘测试。最终，我们发现了四对具有可能母系亲缘关系的序列，并排除了每对中覆盖较低的样本（补充表 S1）。最终，本研究测序了172 例个体的完整线粒体基因组。在去除了污染率较高和亲缘关系的样本后，用于分析的 162 例个体测序覆盖范围在 20.74 倍至 827.53 倍之间（平均 253.95 倍）。

（五）单倍群分析

使用 MUSCLE（MUSCLE 3.8.31）和 Bioedit 软件对 mtDNA 的完整序列与 rCRS 进行比对和编辑。Haplogrep2 是基于 Phylotree Build 17 构建的，用于为每个样本调用单倍群[45, 46]（附表 S1）。本研究将在石峁遗址及周边地区未出现的所有单倍群归为"其他"。由于单倍群 R 和 N 分布在东亚和西亚，本研究在数据集中使用 R# 和 N#（例如单倍型 R+16189，亚单倍群 R11 和 N9，也观察到在与石峁相关的人群中）来表示东亚人携带的单倍群。发现在西亚人中的其他亚单倍群 R 和 N（例如亚单倍群 R1，R2，N1，N2）被归类为"其他"。

（六）主成分分析和共享单倍群频率分析

在单倍群分析基础上，本研究计算了每个群体的单倍群频率，并使用 R（版本 4.1.2）软件中的内置函数"prcomp"进行了主成分分析[47]。该分析方法可基于不同人群的单倍群频率，选取两个解释度最高的维度 PC1 和 PC2 将不同地区人群进行聚类可视化。共享单倍群可以通过矩阵计算成对人群之间具有共有单倍型的比例，以量化两个人群之间遗传关系。在矩阵中，成对人群之间共有的单倍群在各自人群中频率较小的值视为共享单倍群值。在获得每对人群的共享单倍群值后进行归一化处理，即可通过共享单倍群比例比较两人群之间的遗传相似性[48, 49]。

（七）主成分判别分析

本研究使用主成分判别分析（DAPC），最大化群体间的差异性，同时最小化群体内的差异性，来展示黄河流域古代人群之间的母系遗传关系[50]。本研究使用 R（版本 4.1.2）软件中的"adegenet"包的 DAPC 函数进行基于序列的 DAPC 分析[51]。

（八）遗传距离分析

本研究使用 Arlequin 软件包（版本 3.5.2.2）计算了人群之间的遗传距离（F_{ST}）[52]，并使用 R 中的"pheatmap"包对其进行可视化。通常，F_{ST} 值较低的代表两个群体之间更紧密的母系遗传关系。本研究还绘制了热图将人群间的遗传距离结果可视化。

（九）单倍型网络构建

为了探索样本中某些单倍型的遗传关系，本研究使用 DNASP6（版本 6.12.03）和 PopArt 1.7 对同一单倍群（亚单倍群或单倍型）数据集中的所有样本进行了中介网络分析[53, 54]，并构建了单倍型网络图，这有助于了解相同单倍型人群的迁移或扩散的动态过程。

二、结　果

（一）样本的分组及依据

本研究从黄河中游的陕北和晋南的 13 个考古遗址中捕获了 172 个古代个体的线粒体 DNA（mtDNA）（图一 A；附表 S1），^{14}C 测年校准后的年代范围为距今 4836—3253 年（cal BP）。本研究排除了 6 个具有高污染率（>4%）的个体和 4 个拥有近亲（定义为相同的 mtDNA 序列）的个体（表一），最终将其余的 162 例个体用于后续分析，这些样本覆盖度在 20.74—827.53 倍。

在这些新样本中，本研究从陕北的庙梁和五庄果墚遗址获取了 21 个样本称为陕北仰韶晚期人群（preShimao_MW），年代为距今 4836—4530 年，属于仰韶时代。此外，本研究从陕西北部的新石器时代晚期的龙山时代获得了 91 例样本，其中 66 例来自石峁遗址，35 例来自石峁城附近的遗址（表二）。根据石峁城中的个体的考古文化、年代和地理位置，本研究对其进行了分组：10 例个体出土自石峁遗址最中心的皇城台遗址，被称为石峁皇城台人群（Shimao_HCT，4148—3895 cal BP）；44 例个体来自内城，本研究将其分为石峁内城人群（Shimao_NC，3977—3699 cal BP），包括来自韩家圪旦、后阳湾和麻黄梁地点的个体；12 例个体来自石峁外城东门址，本研究称之为石峁外城东门人群（Shimao_DM，4144—3253 cal BP）。从石峁遗址附近的新华遗址（XH，$n=9$，4231—3650 cal BP）、木柱柱梁遗址（MZZL，$n=4$，4082—3722 cal BP）、神圪垯梁遗址（SGDL，$n=12$，3969—3570 cal BP）和寨山石城遗址（ZS，$n=10$，4050—3750 BP）遗址出土的个体，本研究将这些古代人群命名为其遗址名称的缩写。此外，由于木柱柱梁遗址和神圪垯梁遗址年代、考古学文化和地理位置均十分接近，且木柱柱梁遗址个体数较少（$n=4$），无法单独分为一组，因此本研究将木柱柱梁遗址和神圪垯梁遗址合并为木柱柱梁神圪垯梁人群（MZZSGDL，$n=16$）。

表二　陕北仰韶时代晚期人群和石峁文化相关人群分组信息

遗址名称	大致年代（BP）	组名	个体数（n）
五庄果墚遗址	4836—4530	preShimao_MW	21
庙梁遗址			
石峁遗址皇城台	4148—3895	Shimao_HCT	10
石峁遗址韩家圪旦地点	3977—3699	Shimao_NC	44
石峁遗址后阳湾地点			
石峁遗址麻黄梁地点			
石峁遗址外城东门址	4144—3253	Shimao_DM	12
木柱柱梁遗址	4082—3895	MZZSGDL	16
神圪垯梁遗址	3969—3570		
新华遗址	4231—3650	XH	9
寨山石城遗址	4050—3750	ZS	10
陶寺遗址	4150—3696	TSZJZ	40
周家庄遗址			

此外，晋南地区的陶寺文化相关的样本来自于陶寺遗址（TS，$n=3$）和周家庄遗址（ZJZ，$n=37$）。由于陶寺遗址的样本数量仅有 3 例，无法单独作为一个人群进行分析，因此与周家庄遗址样本合并为一组称为陶寺文化相关人群（TSZJZ，$n=40$，4150—3696 BP）进行后续分析。

本研究还收集了 801 个已经发表的来自欧亚大陆东部和西部古代个体的线粒体全基因组序列，涵盖了新石器时代早期（EN）到历史时期（HE）。这些样本包括了来自新疆[55]（距今约 5000—500 年前），甘肃和青海（距今 5040—411 年）[56]，河南（距今 5500—5000 年前，青台遗址）[49]，山东省（距今 9600—2000 年）[56]，青藏高原（距今 3000—100 年），东亚南方（距今 4600—300 年）[57]，西伯利亚南部的贝加尔湖（距今 7123—6319 年和距今 4860—3760 年），蒙古（距今 3330—2950 年和距今 2147—2007 年），以及草原和西欧亚（距今 5450—1500 年）。同时，本研究还从内蒙古的个体（哈拉海沟遗址，距今约 4500 年）获得了单倍群信息（表三）。

表三　东亚古代人群分组信息

人群名称	地理位置	大致年代（BP）	个体数（n）	范围
GQMajiaY_EBA	黄河上游	5200—3800	29	NEA
GQQijia_BA	黄河上游	4000—3400	11	NEA
GQKayue_LBA	黄河上游	3200—2500	8	NEA
LTP_IA	黄河上游	3000—2200	11	NEA
QT_MN	黄河中游	5500—5000	52	NEA
TSZJZ	黄河中游	4150—3700	40	NEA
SD_EN	黄河下游	9600—7700	5	NEA
SD_MN	黄河下游	5500—4600	32	NEA
SD_LN	黄河下游	4500—2000	50	NEA
FJ_LN	福建	4644—4225	11	SEA
YN_LN	云南	3446—3180	5	SEA
SEA_HC	云南	2730—556	11	SEA
GX_HE	广西	1688—306	32	SEA

对于现今的人群，本研究收集了来自东亚北方人群（NEAs，包括北亚人群和东亚北方人群）、东亚南方人群（SEAs，东南亚人群和东亚南方人群）以及欧亚大陆中西部人群（CWEs）的 7641 名个体。在这些人群中，有来自中国的 2102 例个体，包括来自中国北部的 388 例汉族个体和来自中国南部的 168 例汉族个体，分别称之为"NChina_Han"和"SChina_Han"。本研究还收集了来自 16 个少数民族的 548 例个体，涵盖了中国绝大多数少数民族（表四）。本研究按照其少数民族将他们归为不同的群体。现今的人群还包括了中国西藏的人群（SChina_Xizang）和中国台湾的人群（SChina_Taiwan）[48, 58]。

表四　中国境内现代人群分组信息

人群名称		个体数（n）	范围
NChina_Han	北方汉族人群	388	NEA

续表

人群名称		个体数（*n*）	范围
NChina_Hezhen	赫哲族人群	10	NEA
NChina_Mongolia	蒙古族人群	11	NEA
NChina_Daur	达斡尔族人群	12	NEA
NChina_Oroqen	鄂伦春族人群	10	NEA
NChina_Tu	土族人群	12	NEA
NChina_Xibo	锡伯族人群	9	NEA
NChina_UygurXJ	维吾尔族人群	37	NEA
NChina_KyrgyzXJ	哈萨克族人群	125	NEA
NChina_TajikXJ	塔吉克族人群	152	NEA
SChina_Han	南方汉族人群	168	SEA
SChina_Naxi	纳西族人群	10	SEA
SChina_Lahu	拉祜族人群	10	SEA
SChina_Dai	傣族人群	105	SEA
SChina_Yi	彝族人群	10	SEA
SChina_Miao	苗族人群	13	SEA
SChina_She	畲族人群	11	SEA
SChina_Tujia	土家族人群	11	SEA
SChina_Xizang	中国西藏人群	428	SEA
SChina_Taiwan	中国台湾人群	570	SEA

（二）陕北石峁人群主要来自本地早期人群

为了了解新石器时代晚期石峁人群与本地年代较早人群之间的遗传联系，本研究从仰韶时代晚期的庙梁和五庄果墚遗址收集了 21 例个体和龙山时代的石峁遗址 66 例个体（图一）。

单倍群分析结果显示，东亚北方人群（NEA）中单倍群 A（最大值 71.43%）、C（最大值 55%）、G（最大值 60%）、D（最大值 37.50%）的频率相对较高，而东亚南方人群（SEA）中则是单倍群 B（最大值 36.36%，B4'5）、F（最大值 40%）、M（最大值 83.33%）的频率相对较高。这一结果说明，在东亚北方人群和东亚南方人群之间携带的单倍群在频率上有较为明显的差异。为后续叙述方便，本研究将单倍群 A、C、D、G 和单倍群 B、F、M 分别称为东亚北方人群中比例较高的单倍群和东亚南方人群中比例较高的单倍群。

基于上述差异，本研究发现陕北仰韶晚期人群（preShimao_MW，4836—4530 cal BP）主要携带了单倍群 A（9.52%）、C（4.76%）、D（23.81%）、G（4.76%）、B（9.52%，B4′5）、F（14.29%）、M（14.29%）、Z（4.76%）和 R[#]（14.29%），并展现出更高比例的东亚北方单倍群（图二 A）。基于单倍群频率进行的主成分分析（PCA）显示，主成分 1（PC1）主要解释了地理位置上从东到西所有人群的差异，主成分 2（PC2）则解释了地理位置上从南到北的人群差异（图二 B）。总的来说，所有人群在遗传上分为三个聚类：东北亚、东南亚和中西欧人群。陕北仰韶晚期人群（preShimao_MW）则分布在东亚北方人群（NEA）的范围内，并和黄河流域的人群分布在一起（图二 B）。此

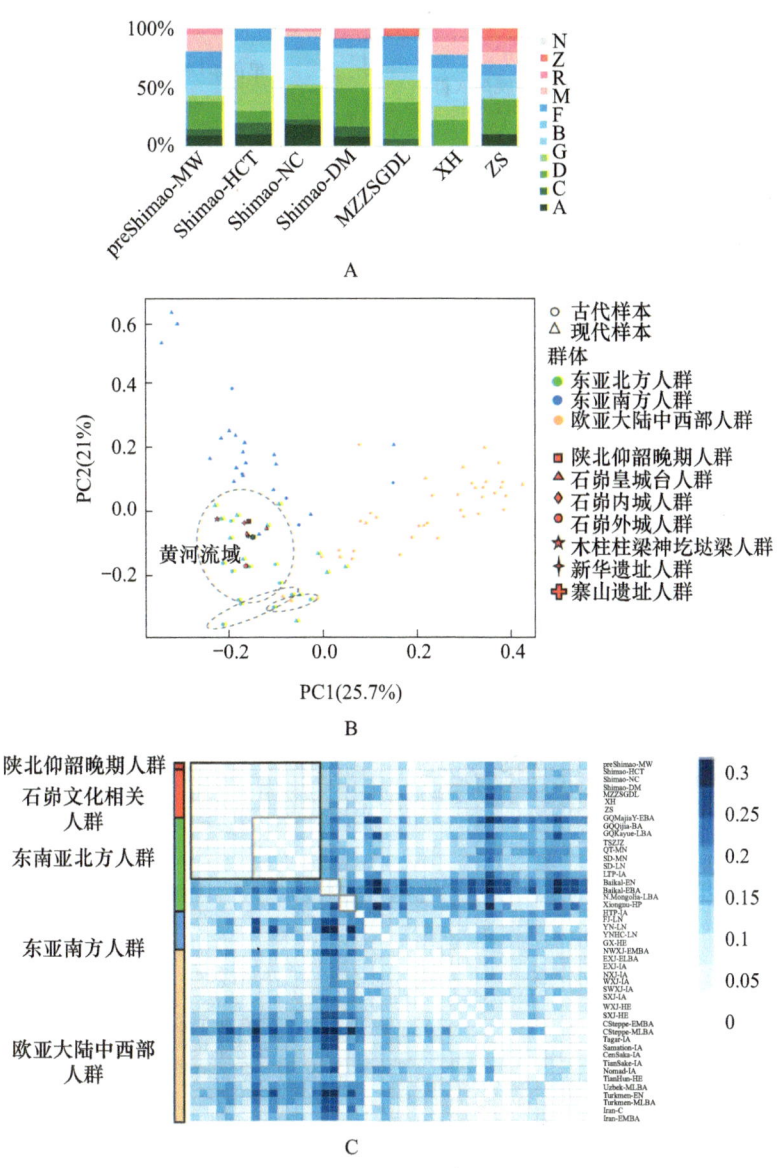

图二　陕北地区古代人群的遗传分析

注：A. 本研究陕北地区古人群的单倍群频率分析。preShimao_MW 为陕北仰韶晚期人群，Shimao_HCT 为石峁皇城台人群、Shimao_NC 为石峁内城人群、Shimao_DM 为石峁外城东门人群、MZZSGDL 为木柱柱梁和神圪垯梁遗址人群、XH 为新华遗址人群、ZS 为寨山遗址人群。单倍群 R# 和 N# 即欧亚大陆东部人群主要携带的 R 和 N 单倍群，如 R9、R11、R+16189、N9、N10；Other 即陕北古人群并未携带的单倍群。B. 基于所有人群单倍群频率的主成分分析。C. 基于人群间的遗传距离（F_{ST}）绘制的热图，两人群对应方格颜色越浅，两人群之间遗传距离越近

外，陕北仰韶晚期人群也显示了最高比例的单倍群 D（23.81%），这一单倍群在黄河流域的古人群中也以相对较高的频率出现（18.18%—44.83%）（图二 A）。基于遗传距离的 F_{ST} 热图也显示，陕北仰韶晚期人群与黄河流域的人群聚类在一起（图二 C）。因此，仰韶晚期的陕北人群相比东亚北方的其他地区人群，与黄河流域人群更相关。虽然陕北仰韶晚期人群与仰韶时期黄河流域人群之间没有显著的遗传关系（$F_{ST} > 0.06$，$p < 0.01$ 与 QT_MN 和 SD_MN；$F_{ST} = 0.31$，$p > 0.07$ 与 SD_EN），但 DAPC 结果显示陕北仰韶晚期人群与黄河中游的青台遗址人群（QT_MN）个体分布之间存在一定重叠（图三 A）。陕北仰韶晚期人群和青台遗址人群中也观察到了相同的单倍群 G3a2、D5a2a1

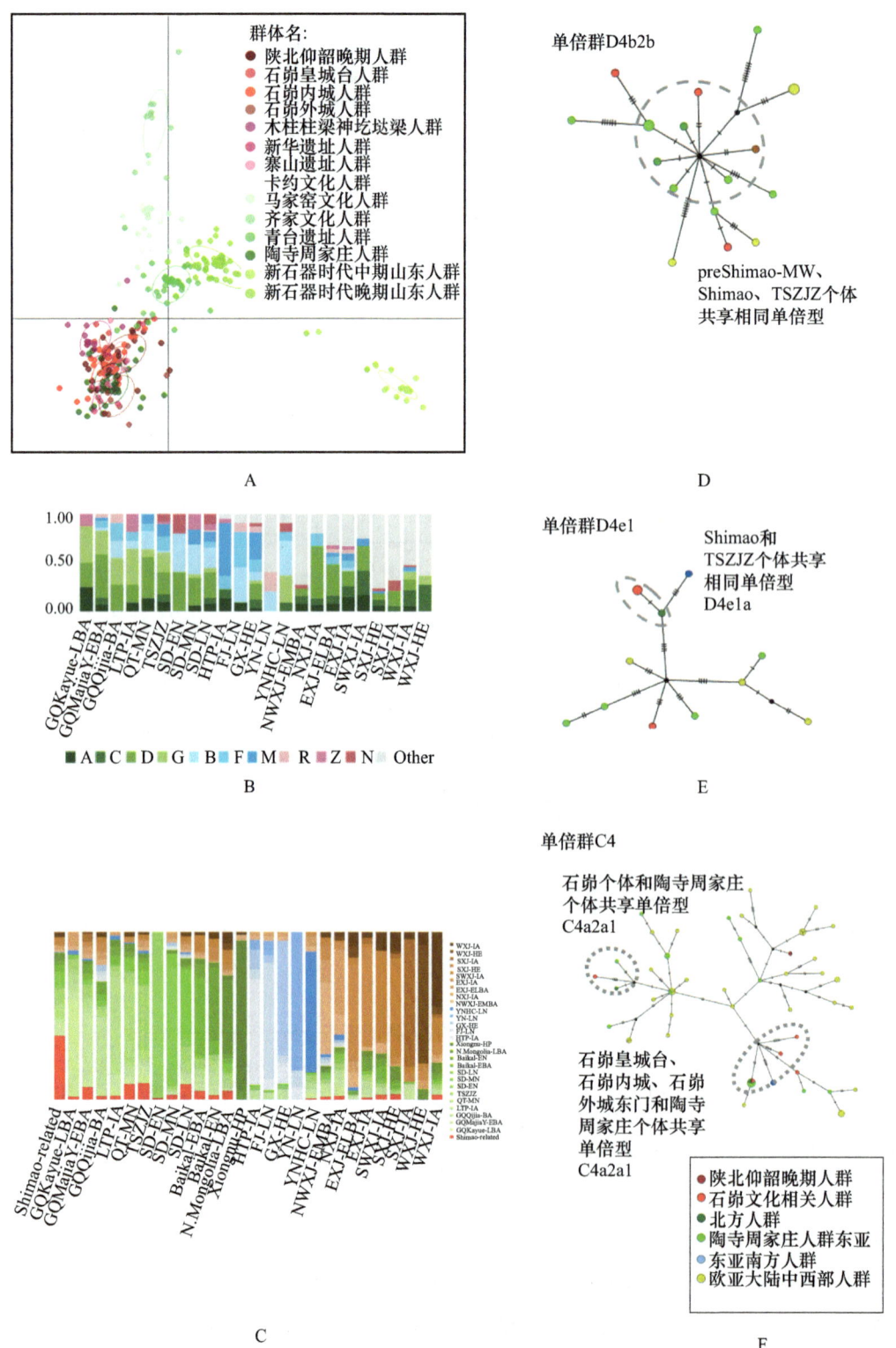

图三　石峁文化相关人群和其他古代人群之间的分析

注：A. 黄河流域古人群的主成分判别分析；B. 中国其他地区古人群的单倍群频率分析（除陕北地区古人群）；C. 共享单倍群
分析。石峁文化相关人群中缺少单倍群被标注为"Others"，QT_MN 为青台遗址古人群、TSZJZ 为陶寺周家庄古人群、SD_EN、
SD_MN、SD_LN 分别为新石器时代早期、中期和晚期的山东人群。D—F. 单倍型 D4b2b、单倍型 D4e1、单倍型 C4 的
单倍型网络分析

和 F1a1c，表明这些人群之间存在一定联系（图五）。

对于龙山时代的石峁遗址人群（4148—3253 cal BP），包括石峁皇城台人群、石峁内城人群和石峁外城东门人群，单倍群分析结果显示这些人群携带了相似的单倍群：A（8.33%—18.18%）、C（4.55%—10.00%）、D（10.00%—33.33%）、G（2.27%—30.00%）、B（15.91%—20.00%，B4′5）和 M（8.33%—11.36%）（附表 S4）。石峁人群也显示出更高比例的东北亚占比更高的单倍群，而石峁内城人群（66.67%）显示出比石峁皇城台人群（60.00%）和石峁内城人群（52.27%）更高比例的东亚北方占比高单倍群。此外，石峁内城人群还携带了单倍群 $R^{\#}$（4.55%）。石峁内城人群和石峁外城东门人群也具有最高比例的单倍群 D（27.27%—33.33%），与陕北仰韶晚期人群和大多数黄河流域人群相似（图二 A）。PCA 显示，三个石峁人群聚集在黄河流域东亚北方人群的范围内，与单倍群分析结果一致（图二 A，B）。此外，本研究发现三个石峁人群之间的遗传距离（F_{ST} 值）都接近于零（$F_{ST} < 0.01$，$p > 0.05$），表明它们之间存在密切的遗传亲缘关系（图二 C；表五）。这三个人群中发现了相同的单倍群（B4a4、C4a2、G2a1 和 G1c），进一步表明它们之间存在密切关系（图五）。所有这些结果表明，石峁遗址内不同地区之间的古代人群具有密切的亲缘关系。

表五　石峁文化相关人群和仰韶时代人群的遗传距离分析

	Shimao_HCT	Shimao_NC	Shimao_DM	MZZSGDL	XH	ZS
Shimao_HCT	0.00	0.00	0.00	0.00	0.00	0.00
Shimao_NC	0.00	0.00	0.00	0.04	0.00	0.00
Shimao_DM	0.00	0.00	0.00	0.00	0.00	0.00
preShimao_MW	0.00	0.00	0.01	0.04	0.00	0.00
QT_MN	0.05	0.06	0.05	0.07	0.04	0.04
SD_MN	0.07	0.07	0.18	0.08	0.04	0.05

注：表中绿色数字为 $F_{ST} < 0.01$，红色数字为 $0.01 < F_{ST} < 0.05$，F_{ST} 值越小，两人群的母系遗传距离越近

本研究进一步探究了新石器时代晚期龙山时代的石峁遗址人群和更早时期的陕北内外人群的遗传联系。单倍群分析结果表明，陕北的仰韶晚期人群和石峁人群之间携带了相似的单倍群（A、C、D、G、Z、B、F 和 M），石峁皇城台人群和石峁外城东门人群都具有与陕北仰韶晚期人群相同的最高比例单倍群 D（图二 A）。然而陕北以外的仰韶人群携带的单倍群相比石峁人群则存在一定的缺失。例如，青台遗址人群（距今 5500—5000 年）、新石器时代早期山东人群（距今 9600—7700 年）和新石器时代中期山东人群（距今 5500—4600 年）与陕北仰韶晚期人群及石峁人群相比缺乏单倍群 C，新石器时代早期和中期的山东人群还缺乏单倍群 F（图三 B；附表 S4）。DAPC 也表明，石峁遗址人群与陕北仰韶晚期人群（preShimao_MW）聚类在一起（图三 A）。此外，三个石峁遗址人群在 F_{ST} 热图中与陕北仰韶晚期人群（preShimao_MW）聚类，并且它们之间的遗传距离最小（$F_{ST} < 0.01$，$p > 0.05$），而与陕北以外的早期人群（QT_MN、SD_EN 和 SD_MN）之间的 F_{ST} 值更大（$F_{ST} > 0.05$）（表五）。这些结果均表明，石峁遗址人群与陕北地区内年代更早的仰韶晚期人群（preShimao_MW，4836—4530 cal BP）显示出最密切的遗传亲缘关系。这种密切关系还可通过陕北仰韶晚期人群和石峁遗址人群之间相同的单倍型来证明，如单倍群 D4 中单倍型 D4j3 和 D4b2b 的以及单倍型 A+152+16362、F1a1c 和 R11，这些个体分布在单倍型单倍型网络图的同一支上（图四）。

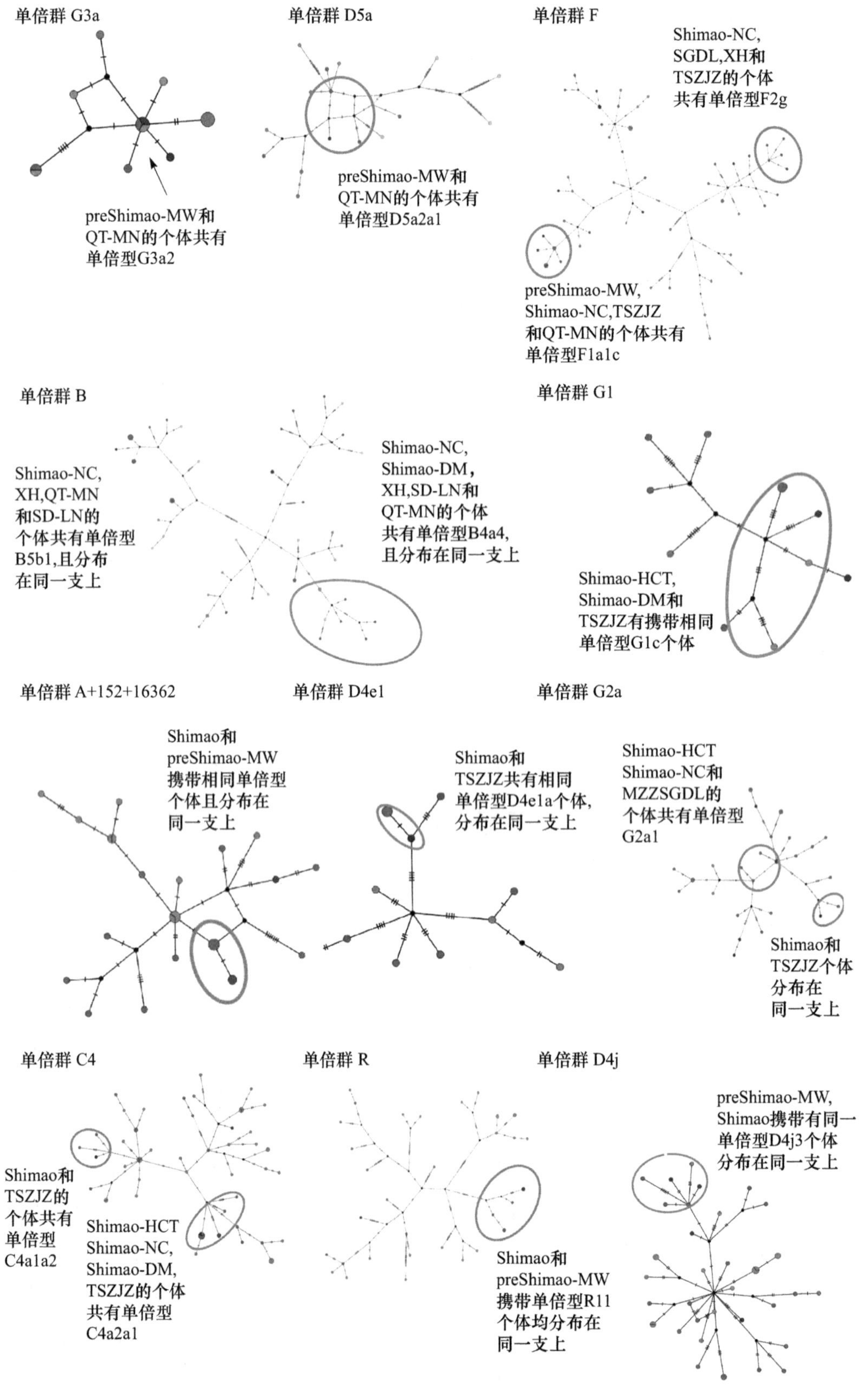

单倍群 G3a

单倍群 D5a

单倍群 F

Shimao-NC,
SGDL,XH和
TSZJZ的个体
共有单倍型F2g

preShimao-MW和
QT-MN的个体共有
单倍型D5a2a1

preShimao-MW和
QT-MN的个体共有
单倍型G3a2

preShimao-MW,
Shimao-NC,TSZJZ
和QT-MN的个体共有
单倍型F1a1c

单倍群 B

Shimao-NC,
XH,QT-MN
和SD-LN的
个体共有单倍型
B5b1,且分布
在同一支上

Shimao-NC,
Shimao-DM，
XH,SD-LN和
QT-MN的个体
共有单倍型B4a4,
且分布在同一支上

单倍群 G1

Shimao-HCT,
Shimao-DM和
TSZJZ有携带相同
单倍型G1c个体

单倍群 A+152+16362

单倍群 D4e1

单倍群 G2a

Shimao和
preShimao-MW
携带相同单倍型
个体且分布在
同一支上

Shimao和
TSZJZ共有相同
单倍型D4e1a个体,
分布在同一支上

Shimao-HCT
Shimao-NC和
MZZSGDL的
个体共有单倍型
G2a1

Shimao和
TSZJZ个体
分布在
同一支上

单倍群 C4

单倍群 R

单倍群 D4j

preShimao-MW,
Shimao携带有同一
单倍型D4j3个体
分布在同一支上

Shimao和
TSZJZ的
个体共有
单倍型
C4a1a2

Shimao-HCT
Shimao-NC,
Shimao-DM,
TSZJZ的个体
共有单倍型
C4a2a1

Shimao和
preShimao-MW
携带单倍型R11
个体均分布在
同一支上

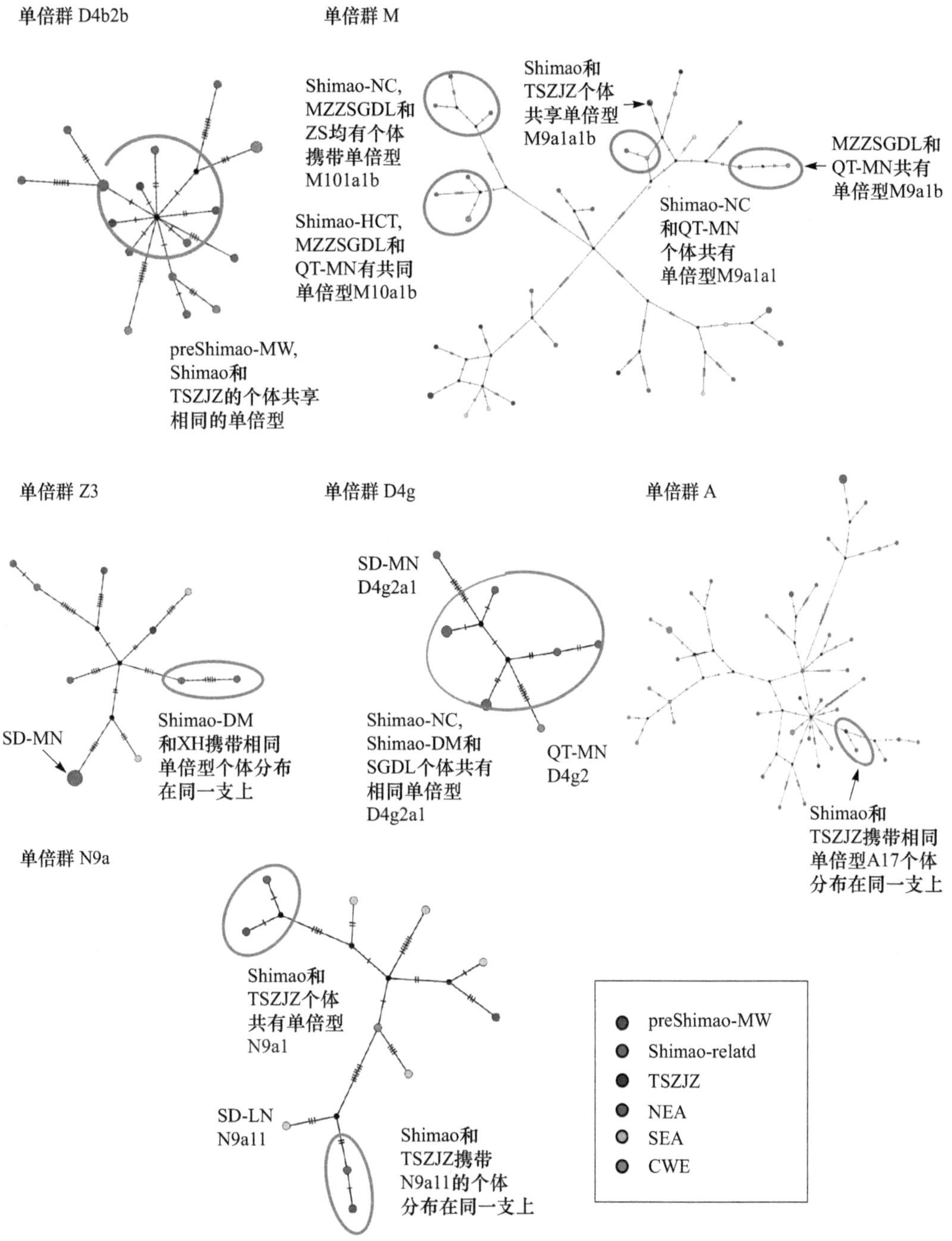

单倍群 D4b2b

单倍群 M

Shimao-NC,
MZZSGDL和
ZS均有个体
携带单倍型
M101a1b

Shimao和
TSZJZ个体
共享单倍型
M9a1a1b

MZZSGDL和
QT-MN共有
单倍型M9a1b

Shimao-HCT,
MZZSGDL和
QT-MN有共同
单倍型M10a1b

Shimao-NC
和QT-MN
个体共有
单倍型M9a1a1

preShimao-MW,
Shimao和
TSZJZ的个体共享
相同的单倍型

单倍群 Z3

单倍群 D4g

单倍群 A

SD-MN
D4g2a1

SD-MN

Shimao-DM
和XH携带相同
单倍型个体分布
在同一支上

Shimao-NC,
Shimao-DM和
SGDL个体共有
相同单倍型
D4g2a1

QT-MN
D4g2

Shimao和
TSZJZ携带相同
单倍型A17个体
分布在同一支上

单倍群 N9a

Shimao和
TSZJZ个体
共有单倍型
N9a1

SD-LN
N9a11

Shimao和
TSZJZ携带
N9a11的个体
分布在同一支上

- ● preShimao-MW
- ● Shimao-relatd
- ● TSZJZ
- ● NEA
- ○ SEA
- ● CWE

图四 单倍型网络分析结果

注：所有石峁人群携带的单倍型网络分析结果。其中，preShimao_MW 为陕北仰韶晚期人群；Shimao 为石峁文化相关人群；Shimao_HCT、Shimao_NC、Shimao_DM 分别为石峁皇城台、石峁内城和石峁外城东门址人群；XH、MZZSGDL、ZS 分别为新华遗址人群、木柱柱梁和神圪垯梁人群、寨山石城人群；QT_MN、TSZJZ、SD_MN、SD_LN 人群分别为青台遗址古人群、陶寺周家庄人群、新石器时代中晚期山东人群

　　然而，本研究还发现龙山时代的石峁遗址人群与年代更早的黄河中游青台遗址人群（QT_MN）之间存在一些联系，如在单倍型网络分析中，单倍型 M9a1a1 和 M10a1b 在这两个人群中仅相差一到四个突变（图四）。

　　因此，龙山时代石峁遗址内（距今 4148—3253 年）不同地区的人群彼此之间以及与陕北仰韶

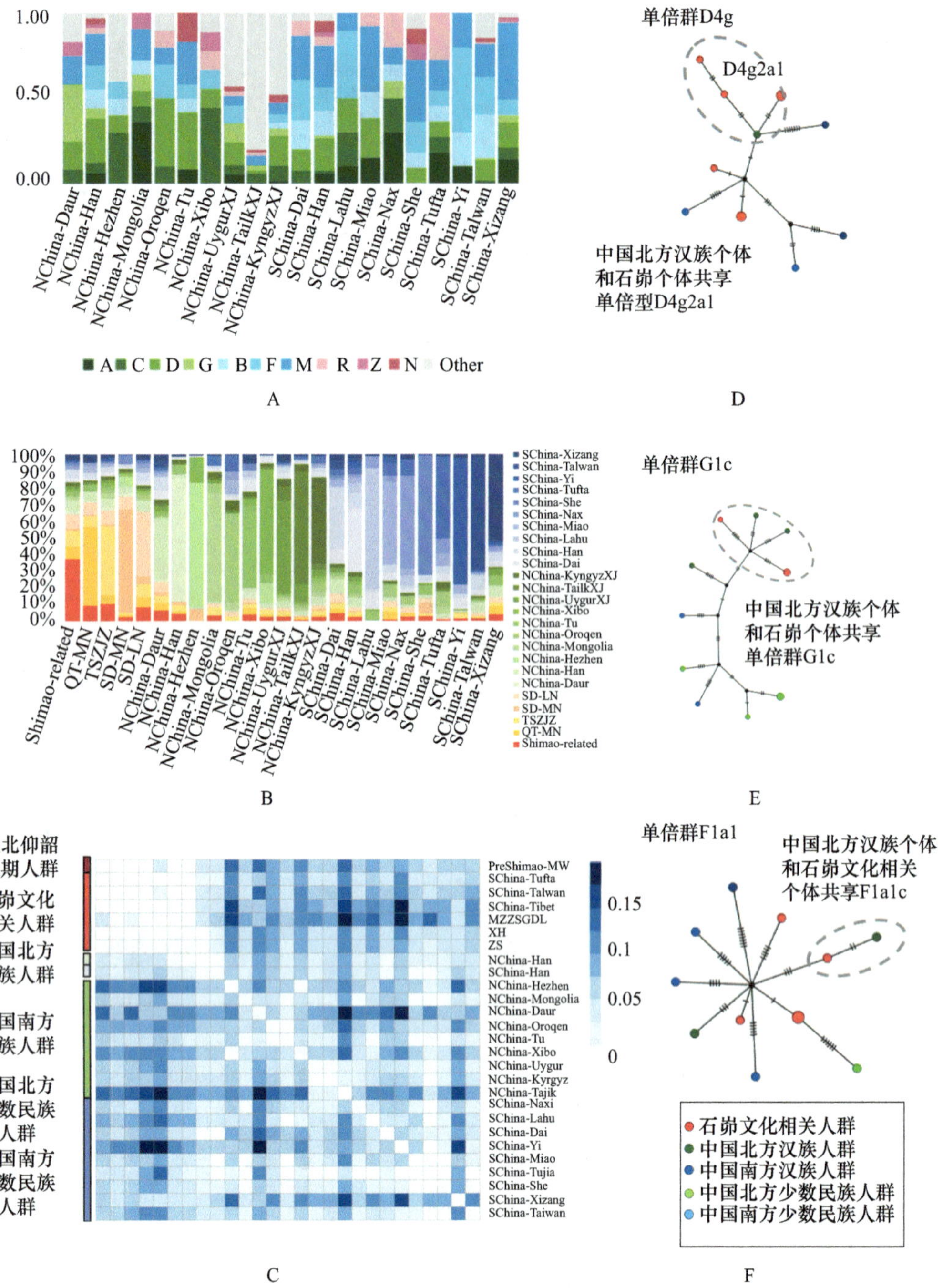

图五　石峁文化相关人群与现今人群的遗传分析

注：A. 现今东亚人群的单倍群频率分析；B. 黄河流域中游古人群与现今东亚人群的共享单倍群分析。其中，NChina_Han 代表中国北方汉族人群；SChina_Han 代表中国南方汉族人群；Shimao-related 为石峁文化相关人群；QT_MN 为青台遗址古人群；TSZJZ 为陶寺周家庄人群；SD_MN 和 SD_LN 分别为新石器时代中期和晚期山东人群。C. 基于陕北古人群和现今东亚人群的遗传距离（F_{ST}）绘制的热图。D—F 分布为单倍群 D4g、G1c、F1a1 的单倍型网格分析

晚期人群（距今 4836—4530 年）均具有密切的亲缘关系。研究结果表明，陕北地区的仰韶时代人群在建立石峁遗址时大多没有被取代，这支持了石峁遗址人群主要是本地遗传起源的假设。然而，考虑到与其他黄河流域古代人群（即青台遗址人群）的共享单倍型，本研究不能排除来自陕北地区外其他古人群的额外遗传贡献。

（三）陕北石峁城及周边地区人群的遗传亲缘关系

考古学研究结果表明，陕北地区石峁遗址周边的龙山时代遗址均与石峁文化相关，如木柱柱梁遗址、神圪垯梁遗址、新华遗址和寨山石城遗址。为了探索与石峁文化相关的同时代陕北人群（包括石峁城内外的人群）之间的遗传亲缘关系，本研究获取了石峁遗址周边的遗址的 35 例新样本序列。石峁遗址周边的这三个人群（木柱柱梁和神圪垯梁人群、新华人群和寨山人群）主要携带着 D（22.22%—31.25%）、B（6.25%—22.22%，B4′5）、F（6.25%—11.11%）和 M（10.00%—25.00%）等单倍群。此外，木柱柱梁和神圪垯梁人群（MZZSGDL）还携带着单倍群 C（6.25%）和 G（18.75%），新华人群还携带着 G（11.11%）、Z（11.11%）和 R[#]（11.11%）单倍群，寨山人群则携带着 A（10.00%）和 R[#]（10.00%）单倍型。这三个人群均显示出 D 单倍型比例最高（木柱柱梁和神圪垯梁人群中为 31.25%，新华人群为 22.22%，寨山人群为 30.00%）。在 PCA 图中，这些石峁遗址周边人群也分布在黄河流域的东亚北方人群之间，并且彼此更为接近。这种密切关系也体现在这些人群之间较小的遗传距离（F_{ST}＜0.01）中（表五，表六）。在单倍型网络分析中，这些石峁遗址周边的人群在单倍型 Z3、F2g 和 M10a1a1b 上共享相同的分支。因此，这三个石峁遗址周边人群之间具有密切的联系。

表六　石峁文化相关人群与其他黄河流域古人群的遗传距离

	Shimao_HCT	Shimao_NC	Shimao_DM	MZZSGDL	XH	ZS
GQMajiaY_EBA	0.08	0.11	0.06	0.07	0.09	0.09
GQQijia_BA	0.02	0.05	0.06	0.06	0.03	0.03
GQKayue_LBA	0.06	0.09	0.06	0.08	0.09	0.09
QT_MN	0.05	0.06	0.05	0.07	0.04	0.04
TSZJZ	0.00	0.01	0.00	0.01	0.00	0.00
SD_EN	0.14	0.49	0.18	0.25	0.12	0.14
SD_MN	0.07	0.07	0.07	0.08	0.04	0.05
SD_LN	0.02	0.02	0.02	0.05	0.00	0.00

注：表中绿色数字为 F_{ST}＜0.01，红色数字为 0.01＜F_{ST}＜0.05，F_{ST} 值越小，两人群的母系遗传距离越近

此外，本研究发现这些石峁遗址周边的人群与石峁遗址内的人群具有相同的单倍群（D、B（B4′5）、F 和 M），并且一些人群之间共享相同分支的单倍型（A+152＋16362、B4a4、D4j3、F2g 和 Z3）。在 DAPC 和 F_{ST} 热图以及这些遗址之间较小的遗传距离中（大多数 F_{ST}＝0.00，p＞0.05），也能体现出这种密切关系（图三 A，表五）。而与石峁遗址内的人群类似，石峁遗址周边人群与陕北仰韶晚期人群（preShimao_MW）共享的单倍群、在 DAPC 中个体的紧密分布以及这些人群间较小的遗传距离均显示出石峁遗址周边人群与陕北仰韶晚期人群（preShimao_MW）之间显示出最密切的联系。同样与石峁遗址内人群类似，石峁遗址周边的人群（如 MZZSGDL）与仰韶时期的青台人群（QT_MN）之间也表现出一些微弱的联系，如相同的单倍型 M9a1b。因此，这些结果表明石峁遗址内外的人群之间同样存在着密切的遗传联系。

总之，在龙山时代，与石峁文化相关的人群（包括石峁遗址内外的人群，本研究称之为"石峁

相关人群"）彼此之间表现出密切的亲缘关系，表明了陕北地区石峁遗址内外人群之间广泛的联系。所有石峁相关人群都显示出主要是来自于年代相对更早的陕北本地仰韶晚期人群。

（四）黄河中游石峁文化相关人群和同时期的陶寺人群之间的母系亲缘关系

鉴于陕北地区仰韶晚期人群（距今 4836—4530 年）和龙山时期石峁人群（距今 4231—3253 年）之间的密切的母系遗传关系，本研究将重点放在石峁相关人群与陕北地区以外古代人群之间的人群互动上。先前的考古研究表明，从石峁遗址出土的石刻与黄河中游平原地区的商代（3500—2900 BP）具有相似的文化特征。同时，对石峁遗址出土的陶器进行研究发现，石峁文化与黄河中游中原地区的晋南地区同时代陶寺文化密切相关。为探索石峁相关人群与黄河流域不同地区人群之间的遗传关系，本研究对与黄河中游晋南地区陶寺文化相关的 40 名新个体（陶寺遗址 3 例个体和周家庄遗址 37 例个体）进行了测序，并收集了黄河流域不同地区的 198 例先前发表的古代线粒体全基因组序列。

本研究发现石峁相关人群与黄河流域的东亚北方人群有更近的遗传联系。而在这些黄河流域人群中，黄河上游青铜时代早期的马家窑文化人群（GQMajiaY_EBA）、黄河中游人群（TSZJZ）以及黄河下游（SD_LN）龙山文化时期（4500 BP 后）及以后的山东人群，携带了更高比例的东亚北方人群中常见单倍群，如单倍群 A（6.90%—10.00%）、C（6.00%—7.50%）、D（22.50%—44.83%）和 G（4.00%—24.14%）。在这些单倍群中，单倍群 D 在这三个黄河流域人群中占比最高（TSZJZ 22.50%，SD_LN 26.00%，GQMajiaY_EBA 44.83%）。此外，它们都拥有单倍群 B（2.50%—22.00%，B4'5）、F（6.00%—15.00%）和 M（3.45%—12.50%）。这些单倍群在石峁文化相关人群中都有发现。DAPC 图中结果显示，在黄河流域中游人群中，石峁相关人群与同时代的龙山文化相关人群更为接近，而非与年代更早的青台遗址人群接近。在黄河下游人群中，石峁相关人群也显示出相比新石器时代早期（SD_EN，9600—7700 BP）和中期的山东人群（SD_MN，5500—4600 BP），石峁相关人群与龙山时代山东人群更为接近（SD_LN，after 4500 BP）。F_{ST} 结果也显示，石峁相关人群与同时代的龙山时代人群之间的遗传距离比与黄河流域其他地区年代更早的人群之间的遗传距离更小。共享单倍群分析还表明，龙山时代的黄河流域人群与石峁相关人群之间的共享单倍群比例更高（黄河中游：与陶寺周家庄人群共享比例 9.80%，而与青台遗址人群共享比例为 9.27%；黄河下游：与山东龙山时代人群共享比例 9.05%，而与新石器时代早期和中期山东人群共享比例分别为 0.98% 和 2.79%）。这些结果表明，石峁相关人群与龙山时代人群之间有更密切的遗传联系。

在黄河流域的龙山时代人群中，石峁文化相关人群与陶寺文化相关的人群遗传关系最为接近（$F_{ST}=0.01$，$p>0.05$）。同样，DAPC 结果显示出石峁相关人群与陶寺文化相关人群个体分布明显聚集在一起。此外，共享单倍群分析还表明，陶寺相关人群相比龙山时代山东人群，与石峁相关人群之间的共享的单倍群比例略高（与陶寺周家庄人群共享比例 9.80%；与山东龙山时代人群共享比例 9.05%）。单倍型网络分析结果进一步显示，陶寺关联的个体携带的单倍群也在石峁文化相关人群中发现，如单倍群 A17、C4a1a2、C4a2a1、D4b2b、D4e1a、F1a1c 和 F2g。这些结果表明，在黄河流域其他地区的人群中，石峁文化相关人群与陶寺文化相关人群之间有最密切的遗传联系。

总之，陕北地区龙山时代的石峁文化相关古代个体与黄河流域地区的同时代人群之间有更多的母系遗传联系。在这些龙山文化时代的人群中，与石峁文化相关的人群与黄河中游陶寺文化相关的人群关系最为密切。这些结果表明了龙山时代强烈和广泛的人群互动不仅发生在陕北地区，还发生在陕北地区和晋南地区之间。

（五）石峁相关人群与现代人类之间的遗传关系研究

为探索石峁相关人群与现代人类之间的遗传关系，本研究比较了它们之间的遗传亲缘关系，包括少数民族（如达斡尔族、蒙古族、傣族、苗族等）、汉族人群（北方汉族人群与南方汉族人群）以及中国西藏和中国台湾地区的人群。

在中国的现代人群中，汉族人群携带了东亚北方比例更高的单倍型 A（5.95%—6.46%）、C（1.79%—5.94%）、D（19.05%—25.84%）和 G（1.19%—5.94%），以及东亚南方比例更高的单倍型 B（11.37%—14.88%，B4′5）、F（13.69%—13.95%）和 M（18.60%—24.40%），并且显示出单倍型 D（19.05%—25.84%）的比例最高。这一单倍群特点与石峁文化相关的人群保持一致（图四 A）。遗传距离分析还显示，相比其他现代少数民族人群（包括西藏和台湾的人群），石峁文化相关的人群（例如，石峁皇城台人群，新华人群，寨山人群）与汉族人群更接近（与中国北方汉族人群：$F_{ST}<0.03$，$p>0.06$；与中国南方汉族人群：$F_{ST}<0.04$，$p>0.06$）（图五 B；表七）。共享单倍型分析显示，石峁文化相关人群与汉族（NChina_Han，6.04%；SChina_Han，4.70%）共享更高比例的单倍群，而与其他现代人群（0.00—3.65%）共享比例较低（图五 C）。

表七　石峁文化相关人群与现代人群的遗传距离

	Shimao_HCT	Shimao_NC	Shimao_DM	MZZSGDL	XH	ZS
NChina_Han	0.03	0.05	0.04	0.06	0.02	0.02
NChina_Hezhen	0.11	0.12	0.15	0.16	0.11	0.11
NChina_Mongolia	0.05	0.06	0.06	0.10	0.06	0.05
NChina_Daur	0.08	0.13	0.08	0.07	0.11	0.11
NChina_Oroqen	0.09	0.10	0.10	0.11	0.09	0.09
NChina_Tu	0.05	0.06	0.06	0.07	0.06	0.04
NChina_Xibo	0.09	0.11	0.12	0.13	0.10	0.10
NChina_UygurXJ	0.06	0.07	0.09	0.11	0.06	0.05
NChina_KyrgyzXJ	0.06	0.08	0.08	0.10	0.05	0.05
NChina_TajikXJ	0.12	0.13	0.16	0.19	0.11	0.11
SChina_Han	0.04	0.05	0.06	0.07	0.03	0.03
SChina_Naxi	0.05	0.06	0.09	0.12	0.06	0.05
SChina_Lahu	0.07	0.09	0.12	0.13	0.09	0.09
SChina_Dai	0.05	0.06	0.09	0.10	0.05	0.06
SChina_Yi	0.11	0.11	0.19	0.19	0.11	0.11
SChina_Miao	0.06	0.07	0.07	0.09	0.06	0.05

	Shimao_HCT	Shimao_NC	Shimao_DM	MZZSGDL	XH	ZS
SChina_Tujia	0.05	0.05	0.10	0.13	0.05	**0.04**
SChina_She	0.05	0.08	0.09	0.10	0.06	0.05
SChina_Xizang	0.05	0.08	0.05	0.06	0.05	0.06
SChina_Taiwan	0.07	0.09	0.11	0.13	0.07	0.07

注：表中红色加粗数字为 $0.01 < F_{ST} < 0.05$，F_{ST} 值越小，两人群的母系遗传距离越近

此外，Shimao 相关的人群（例如，石峁皇城台人群，新华人群，寨山人群）与中国北方汉族人群（NChina_Han，$F_{ST} < 0.03$，$p > 0.06$）的遗传距离比与中国南方汉族人群（SChina_Han，$F_{ST} > 0.03$，$p > 0.03$）更近（图五 B；附表 S6）。此外，共享单倍群分析还表明，中国北方汉族人群与石峁文化相关人群共享更高比例的单倍型（NChina_Han，6.04%），而与中国南方汉族人群（SChina_Han，4.70%）共享更少（图五 C；附表 S8）。单倍型网络分析还表明，石峁文化相关的人群和中国北方汉族人口之间具有多个相同单倍型（D4g2a1，G1c 和 F1a1）（图五 D-F）。因此，本研究结果表明，石峁文化相关人群与中国北方的汉族人群更为接近，而非其他少数民族和中国南方汉族人群。

为了进一步探讨中国哪些古代人群与中国北方汉族的遗传关系最为紧密，本研究比较了石峁文化相关人群和中国其他地区古代群体与中国北方汉族之间的亲缘关系。这些包括来自甘肃省和青海省的早铜器时代（马家窑文化人群，GQMajiaY_EBA）、青铜器时代（齐家文化人群，GQQijia_BA）、晚青铜器时代（卡约文化人群，GQKayue_LBA）和铁器时代（LTP_IA）群体；来自河南地区的新石器时代中期群体（青台遗址人群，QT_MN）；来自山西南部的新石器时代晚期群体（陶寺周家庄人群，TSZJZ）；山东地区的新石器时代早期、中期和晚期（龙山时代）的群体（SD_EN，SD_MN，SD_LN）。本研究发现在石峁文化相关人群、龙山时代山东人群和中国北方汉族人群中观察到这些人群携带了单倍群 A、C、D、G、Z、B（B4'5）、F、M 和 R#，而这些单倍群在其他人群中缺失（图二 A、图三 B、图五 A）。例如，陶寺周家庄人群缺乏单倍型 R#，新石器时代中期山东人群缺乏单倍群 C、F 和 R#，青台遗址人群缺乏单倍群 C、R# 和 Z（图三 B；附表 S4）。此外，大多数石峁文化相关人群（22.20%—33.30%）、山东龙山时代人群（26.00%）和中国北方汉族人群（25.84%）携带最高比例的单倍群 D（附表 S4，S5）。共享单倍型分析显示，与青台遗址人群（4.09%）、陶寺周家庄人群（4.18%）和山东龙山时代人群（5.75%）相比，中国北方汉族人群与石峁文化相关人群共享最高比例的单倍群（6.04%）（图五 C；附表 S8）。遗传距离分析还显示，与青台遗址人群（$F_{ST} = 0.03$，$p = 0.00$）；陶寺周家庄人群（$F_{ST} = 0.05$，$p = 0.00$）；山东龙山时代人群（$F_{ST} = 0.06$，$p = 0.00$）相比，中国北方汉族人群与石峁文化相关人群具有最密切的遗传亲缘关系（与新华遗址和寨山遗址：$F_{ST} = 0.02$，$p = 0.10$；与石峁皇城台人群：$F_{ST} = 0.03$，$p = 0.06$）（表七）。因此，中国北方的汉族人口与石峁文化相关人群的亲缘关系比与中国其他已发表的古代个体更为密切。

本研究结果表明，相比中国南方的汉族人群和其他少数民族人群，位于石峁遗址及周边地区的古代人群与中国北方的汉族人口更为接近。此外，与中国其他古代个体相比，本研究还发现中国北方的汉族人口与石峁文化相关人群更为接近。

三、讨　论

石峁遗址和石峁文化的考古研究已经揭示了该遗址的重要性：石峁遗址是黄河中游龙山时代（4500—3800 年前）陕北地区的都邑性城址[14]。然而，石峁人群的遗传起源问题取决于石峁文化相关人群与陕北本地年代更早人群之间联系，以及与陕北地区以外黄河流域其他古代人群（尤其是同时代的人群）之间的关系上。在本研究中，我们提供了来自陕北和晋南地区黄河中游的大规模古代线粒体全基因组的数据，特别是与石峁文化同时代陶寺文化相关的人群。通过我们的新研究，本研究已经描述了与石峁文化相关人群的母系遗传结构和人群动态，以及陕北地区人群从仰韶晚期至龙山时代再到现今的人群变化动态。

首先，以往对黄河中游河南人人群的基因组研究发现，从仰韶时代（5550—5050 年前）到龙山时代（4275—3844 年前）存在明显的基因组成变化，后者更多地具有南方人群的遗传成分[30]。与之相似的是，黄河下游的古代人群在线粒体基因组上也表现出从仰韶时代（5500—4600 年前）到龙山时代（4500 年后）的变化。然而，本研究的结果则显示，在仰韶晚期（五庄果墚和庙梁遗址，4836—4530 年前）到龙山时代（4231—3253 年前）这一变化中，陕北地区的古人群母系遗传并未发生较大的变化。这一点与陕北地区相关考古研究中提到的仰韶时代出土遗物特征在龙山时代遗物中依然保留这一特点相互印证[59]。

石峁人群的起源也同样是引起学术界广泛关注的研究问题，相关研究在这一方面仍无定论[14]。部分学者认为石峁遗址源于本地人群并受到了周边地区考古学文化的影响，同时部分学者也提出假设，认为石峁遗址可能是由黄河中游其他地区迁入的人群建立的[23, 60, 61]。有趣的是，本研究结果显示，石峁遗址人群（Shimao_HCT、Shimao_NC、Shimao_DM）和陕北地区本地年代较早的仰韶时代晚期古人群（preShimao_MW，距今 4836—4530 年）之间具有极为紧密的遗传联系，这一结果支持了石峁遗址主要是起源于本地早期人群。除此之外，本研究的结果同样发现了陕北地区仰韶时代晚期古人群和黄河流域河南地区仰韶时代人群（如青台遗址古人群）之间存在的遗传联系。因此，尽管石峁遗址内古人群和本地较早人群之间具有最紧密的遗传联系，但也不能排除来自黄河中游其他人群，或是来自更早内蒙古中南部地区古代人群的影响，这些遗传联系可能需要未来更多更深入的研究。

其次，根据考古学者们已有的对石峁遗址内出土的陶器、陶片及其他遗物的研究，皇城台为石峁遗址的核心宫殿区，社会等级很高，而来自外城东门址的人群则大多来自祭祀坑，为被献祭的社会等级较低的人群[20]。然而，本研究的结果显示，无论社会等级较高的石峁皇城台（Shimao_HCT）、内城（Shimao_NC），还是等级较低的外城东门址（Shimao_DM），这些古代人群之间均具有紧密的母系遗传联系。而石峁文化相关的新华遗址、木柱柱梁、神圪垯梁和寨山石城遗址的人群尽管在社会等级方面有所不同，但这些人群与石峁遗址人群间紧密的母系遗传联系，说明了石峁文化之间存在广泛的人群联系。因此，尽管石峁及周边的龙山时代人群在社会等级方面有所不同，但他们之间也存在密切的遗传联系，这与这些人群的考古学文化上的联系相一致[14]。此外，针对外城东门址的体质人类学研究结果显示，外城东门址的人群头骨形态和内蒙古的夏家店上层文化古人群最为相似[21]。线粒体单倍群信息发现，内蒙古夏家店文化有关的二道井子遗址（WLR_LN 群体），其单倍型 B5b1a，A22，N9a1 未在石峁外城东门人群（Shimao_DM）中发现[30]。不仅如此，考古发掘同样在石峁遗址中发现了石雕等遗物（如在皇城台及外城东门），这些石雕在内蒙古的兴隆洼文化（8200—7400 年前）和赵宝沟文化（7350—6420 年前）等相关遗址中同样有所发现[62]；但在本研究中，石峁遗址内皇城台人群（Shimao_HCT）和外城东门人群（Shimao_DM）的相关结果并未发现与内蒙古地区古人群间较为密切的遗传联系。这可能后续需要更多的相关研究进一步确定相关的遗传联系。

本研究随后关注了石峁文化相关人群和其他黄河流域古人群的遗传关系。结果显示，现相对年代较早的人群，石峁文化相关人群与同属于新石器时代晚期龙山时代的人群之间具有更近的母系遗传联系。而在这些年代大致在龙山时代的黄河流域人群中，石峁文化相关人群和晋南地区的陶寺文化相关人群具有最为密切的遗传联系。这一结果与考古学的相关研究结果相印证。通过对石峁遗址和陶寺遗址发现的用玉、彩绘以及"暴力行为"（即人祭行为）等比较，考古学者们发现了石峁遗址人群和陶寺中晚期人群之间在文化层面上具有很多相似之处，这与本论文中陶寺文化相关人群的样本年代相当[29, 63]。这可能意味着在石峁遗址和中晚期的陶寺遗址不仅在经济、文化方面存在交流，在人群上也存在互动。

最后，本研究发现位于陕北地区的新石器时代晚期龙山时代的石峁文化相关人群与现代汉族人群，尤其是中国北方汉族人群之间具有相对密切的母系遗传联系。而早先的遗传研究发现，仰韶时代晚期的青台遗址古人群（QT_MN）也对现代中国北方汉族人群有一定的遗传贡献[49]。但本研究结果还发现，现代中国北方汉族人群相比于青台遗址古人群，与石峁文化相关人群具有更为密切的遗传联系。因此本研究结果说明，石峁文化相关人群对现代北方汉族人群亦有一定程度的遗传贡献。根据最新的人口普查结果以及陕西省历史时期的相关研究显示，今天陕北地区人口中大多数仍是汉族人群[64, 65]。同时，针对中国现代汉族人群的遗传学研究也显示出，中国汉族人群中遗传成分差异最大的即为南北汉族人群间的差异，而中国北方汉族人群的遗传成分基本一致[66]，这很可能暗示了陕北地区从仰韶时代晚期开始的人群至今具有一定的稳定性。综上所述，本研究的结果揭示了陕北地区的古人群自仰韶时代晚期至龙山时代具有紧密的母系遗传联系，并很有可能对今天的北方汉族人群产生了一定程度的遗传贡献。

总之，本研究结果表明，龙山时代的石峁文化相关人群与陕北本地早期人群密切相关，揭示了石峁人群主要是本地起源。此外，与其他龙山时代人群相比，石峁文化相关人群在遗传上更接近黄河中游晋南地区的同时期陶寺文化相关人群，反映了黄河中游两个地区在龙山时代的密切互动。在石峁文化相关人群与现今人群的关系上，石峁文化相关人群在遗传上更接近中国北方汉族人群。本研究可能为了解黄河中游新石器时代与石峁文化相关人群的遗传亲缘关系和人口动态提供了一个新的视角。在未来后续针对石峁文化相关人群的古基因组研究中，将针对石峁文化相关人群的融合以及社会结构展开更加深入的探究。

参 考 文 献

[1] 王飞. 论黄河流域在中华文明起源中的地位——兼谈夏王朝建立的契因. 中国人民大学学报, 1989（3）: 95-102.

［2］ 董广辉，刘峰文，杨谊时，等. 黄河流域新石器文化的空间扩张及其影响因素. 自然杂志，2016，38（4）：248-252.

［3］ 周书灿. 中国文明起源黄河流域中心说到多元一体说的理论演变——学术史视野下的新考察. 西部史学（第1辑），西南师范大学出版社，2017：11-33.

［4］ 杨芸芸. 甘青地区马家窑文化发展与景观分布探索，2016.

［5］ 许永杰. 黄土高原仰韶晚期遗存的谱系，2004.

［6］ 张忠培. 仰韶时代——史前社会的繁荣与向文明时代的转变. 故宫博物院院刊，1996（1）：1-44.

［7］ 王建华. 黄河中下游地区史前人口研究，山东大学博士学位论文，2005.

［8］ 张鑫. 大汶口文化研究，吉林大学博士学位论文，2015.

［9］ 段小强. 甘肃彩陶与史前彩陶之路. 西北民族大学学报（哲学社会科学版），2019（6）：6-13.

［10］ 侯光良，许长军，吕晨青，等. 中全新世仰韶文化扩张的环境背景. 地理研究，2019，38（2）：437-44.

［11］ 何驽. 陶寺文化谱系研究综论. 古代文明辑刊（第3卷），文物出版社，2004：33.

［12］ 常怀颖. 龙山时期至二里头早期的社会复杂化进程初探，2005.

［13］ 孙周勇. 公元前第三千纪北方地区社会复杂化过程考察——以榆林地区考古资料为中心. 考古与文物，2016（4）：70-9.

［14］ 孙周勇，邵晶，邸楠. 石峁遗址的考古发现与研究综述. 中原文物，2020（1）：39-62.

［15］ RAWSON J. Shimao and Erlitou: new perspectives on the origins of the bronze industry in central China. Antiquity, 2017, 91 (355).

［16］ 孙周勇，邵晶，邵安定，等. 陕西神木县石峁遗址. 考古，2013（7）：15-24+2.

［17］ AMERICA A I O. Top 10 Discoveries of the Decade. 2021.

［18］ 孙周勇，邵晶，邸楠. 石峁文化的命名、范围及年代. 考古，2020（8）：101-104+30+5-8.

［19］ 孙周勇，邵晶，邵安定，等. 陕西神木县石峁遗址韩家圪旦地点发掘简报. 考古与文物，2016（4）：14-24+2.

［20］ 孙周勇，邵晶，邵安定，等. 陕西神木县石峁遗址后阳湾、呼家洼地点试掘简报. 考古，2015（5）：60-71+2.

［21］ 陈靓，熊建雪，邵晶等. 陕西神木石峁城址祭祀坑出土头骨研究. 考古与文物，2016（4）：134-142.

［22］ 戴向明. 黄河流域新石器时代文化格局之演变. 考古学报，1998（4）：389-418.

［23］ 张忠培. 杏花文化的侧装双鋬手陶鬲. 故宫博物院院刊，2004（4）：6-50+156-7.

［24］ 孙周勇. 新华文化述论. 考古与文物，2005（3）：40-48+59.

［25］ 郭物. 从石峁遗址的石人看龙山时代中国北方同欧亚草原的交流. 2013.

［26］ 陈靓，孙周勇，邵晶. 陕西神木石峁城址后阳湾地点出土人骨研究. 西部考古（第14辑），科学出版社，2017：263-273.

［27］ 严志斌，何驽. 山西襄汾陶寺城址2002年发掘报告. 考古学报，2005（3）：307-346+81-87+90.

［28］ 田伟，戴向明. 山西绛县周家庄遗址2013年发掘简报. 考古，2018（1）：28-45+2.

［29］ 邵晶. 石峁遗址与陶寺遗址的比较研究. 考古，2020（5）：65-77+480.

［30］ NING C, LI T, WANG K, et al. Ancient genomes from northern China suggest links between subsistence changes and human migration. Nat Commun, 2020, 11 (1): 2700.

［31］ ZHAO J, LIU F E, LIN S, et al. Investigation on maternal lineage of a Neolithic group from northern Shaanxi based on ancient DNA. Mitochondrial DNA A DNA Mapp Seq Anal, 2017, 28 (5): 732-739.

［32］ WANG C C, YEH H Y, POPOV A N, et al. Genomic insights into the formation of human populations in East Asia. Nature, 2021, 591 (7850): 413-419.

［33］ GILBERT M T P, BANDELT H J, HOFREITER M, BARNES I. Assessing ancient DNA studies. Trends in Ecology

& Evolution, 2005, 20 (10): 541-544.

［34］ KIRCHER M, SAWYER S, MEYER M. Double indexing overcomes inaccuracies in multiplex sequencing on the Illumina platform. Nucleic Acids Research, 2012, 40 (1).

［35］ MEYER M, KIRCHER M, GANSAUGE M-T, et al. A High-Coverage Genome Sequence from an Archaic Denisovan Individual. Science, 2012, 338 (6104): 222-226.

［36］ DABNEY J, MEYER M. Length and GC-biases during sequencing library amplification: a comparison of various polymerase-buffer systems with ancient and modern DNA sequencing libraries. Biotechniques, 2012, 52 (2): 87-94.

［37］ FU Q, MEYER M, GAO X, et al. DNA analysis of an early modern human from Tianyuan Cave, China. Proc Natl Acad Sci U S A, 2013, 110 (6): 2223-2227.

［38］ FU Q, HAJDINJAK M, MOLDOVAN O T, et al. An early modern human from Romania with a recent Neanderthal ancestor. Nature, 2015, 524 (7564): 216-219.

［39］ HAAK W, LAZARIDIS I, PATTERSON N, et al. Massive migration from the steppe was a source for Indo-European languages in Europe. Nature, 2015, 522 (7555): 207-211.

［40］ RENAUD G, STENZEL U, KELSO J. leeHom: adaptor trimming and merging for Illumina sequencing reads. Nucleic Acids Res, 2014, 42 (18): e141.

［41］ FU Q, POSTH C, HAJDINJAK M, et al. The genetic history of Ice Age Europe. Nature, 2016, 534 (7606): 200-205.

［42］ BRIGGS A W, STENZEL U, JOHNSON P L F, et al. Patterns of damage in genomic DNA sequences from a Neandertal. Proceedings of the National Academy of Sciences of the United States of America, 2007, 104 (37): 14616-14621.

［43］ ROHLAND N, HARNEY E, MALLICK S, et al. Partial uracil-DNA-glycosylase treatment for screening of ancient DNA. Philos Trans R Soc Lond B Biol Sci, 2015, 370 (1660): 2013-6-24.

［44］ HALL T A. BIOEDIT: A USER-FRIENDLY BIOLOGICAL SEQUENCE ALIGNMENT EDITOR AND ANALYSIS PROGRAM FOR WINDOWS 95/98/ NT, F, 1999.

［45］ VAN OVEN M. PhyloTree Build 17: Growing the human mitochondrial DNA tree. Forensic Science International: Genetics Supplement Series, 2015, 5: e392-e394.

［46］ WEISSENSTEINER H, PACHER D, KLOSS-BRANDSTATTER A, et al. HaploGrep 2: mitochondrial haplogroup classification in the era of high-throughput sequencing. Nucleic Acids Res, 2016, 44 (W1): W58-63.

［47］ W. N. VENABLES B D R. Modern Applied Statistics with S. Springer, 2002.

［48］ KO A M S, CHEN C Y, FU Q M, et al. Early Austronesians: Into and Out Of Taiwan. Am J Hum Genet, 2014, 94 (3): 426-436.

［49］ MIAO B, LIU Y, GU W, et al. Maternal genetic structure of a neolithic population of the Yangshao culture. J Genet Genomics, 2021, 48 (8): 746-750.

［50］ FALUSH D, STEPHENS M, PRITCHARD J K. Inference of population structure using multilocus genotype data: Linked loci and correlated allele frequencies. Genetics, 2003, 164 (4): 1567-1587.

［51］ JOMBART T, DEVILLARD S, BALLOUX F. Discriminant analysis of principal components: a new method for the analysis of genetically structured populations. Bmc Genetics, 2010, 11.

［52］ EXCOFFIER L, LAVAL G, SCHNEIDER S. Arlequin (version 3.0): An integrated software package for population genetics data analysis. Evolutionary Bioinformatics, 2005, 1: 47-50.

［53］ BANDELT H J, FORSTER P, RöHL A. Median-joining networks for inferring intraspecific phylogenies. Molecular Biology and Evolution, 1999, 16 (1): 37-48.

［54］ LEIGH J W, BRYANT D, NAKAGAWA S. popart: full-feature software for haplotype network construction. Methods in Ecology and Evolution, 2015, 6 (9): 1110-1116.

［55］ WANG W, DING M, GARDNER J D, et al. Ancient Xinjiang mitogenomes reveal intense admixture with high genetic diversity. Science Advances, 2021, 7 (14).

［56］ LIU J, ZENG W, SUN B, et al. Maternal genetic structure in ancient Shandong between 9500 and 1800 years ago. Sci Bull (Beijing), 2021, 66 (11): 1129-1135.

［57］ LIU Y, WANG T, WU X, et al. Maternal genetic history of southern East Asians over the past 12,000 years. J Genet Genomics, 2021, 48 (10): 899-907.

［58］ KANG L, ZHENG H X, ZHANG M, et al. MtDNA analysis reveals enriched pathogenic mutations in Tibetan highlanders. Sci Rep, 2016, 6: 31083.

［59］ 邢福来, 孙周勇, 李明. 陕西神木新华遗址 1999 年发掘简报. 考古与文物, 2002（1）: 3-12+97.

［60］ 巩启明. 新世纪陕西史前考古的重要收获（下）. 文博, 2018（5）: 31-50.

［61］ 段天璟, 董霄雷. 陕北地区石峁遗址相关遗存的性质及其形成的鬲谱观察. 边疆考古研究（第 24 辑）, 科学出版社, 2018: 218-236.

［62］ 王苹. 辽西地区史前人像造型特征与功能探析. 南方文物, 2021（6）: 227-235.

［63］ 徐峰. 石峁与陶寺考古发现的初步比较. 文博, 2014（1）: 18-22+69.

［64］ 国务院第七次全国人口普查领导小组办公室. 2020 年第七次全国人口普查主要数据. 中国统计出版社, 2021.

［65］ 周伟洲. 历史时期陕北地区的民族与民族融合. 西北民族论丛, 2015（2）: 14-52+362-3.

［66］ LI Y C, YE W J, JIANG C G, et al. River Valleys Shaped the Maternal Genetic Landscape of Han Chinese. Mol Biol Evol, 2019, 36 (8): 1643-1652.

（原载于 Frontiers in Genetics, volume13, 2022）

四、文化交流研究

试论石峁等遗存与客省庄二期文化的关系

魏世刚

从五十年发现客省庄二期龙山文化遗存以来，陆续在陕北关中及陕南丹江流域发现石峁、双庵、紫荆等几批龙山文化遗存，这些发现都是我国北方的重要原始文化遗存。石峁等几批文化遗存同客省庄二期文化之间究竟是什么关系？它们属一个文化性质，还是分属不同的文化系统？本文试图从文化性质方面探索这种关系，以期抛砖引玉，得到学界专家和同行的指教。

为了便于进一步研究这些问题，笔者拟把多年来在陕西境内发现的龙山文化遗存划分成若干区域。目前学术界有两种划法：一种分为关中东部，关中西部及陕北地区[1]；另一种分为关中东部、西部、陕北、汉水上游及丹江上游靠下一带五块[2]。我们认为，上述区域的划分，应该将自然条件考虑进去。因此笔者将这一时期的文化区域作如下划分：

陕西东部，主要发掘的有"客省庄二期文化"遗址[3]、西安米家崖遗址[4]、临潼康家遗址[5]、姜寨遗址（五期）[6]、华县梓里[7]、华阴横阵[8]等。其中以客省庄二期文化为代表，即被大多数学者认可的陕西龙山文化。以此文化作为标尺，对有关区域内的同期文化加以比较分析，意在能够理出一个粗线条，阐明"客省庄二期文化"和石峁等遗存的关系。当然，此类文化近几年在其规模和内容上已丰富了许多，临潼康家遗址的发掘就是其中一例。该遗址除出土的遗物、窖穴、陶窑等几乎与"客省庄二期文化"一样外，还出土了很有规律的东西成排的半地穴式白灰面房屋，无疑对"客省庄二期文化"是一个极大的补充。由于该遗址文化内涵与"客省庄二期文化"基本相同，故将其归入"客省庄二期文化"之范畴。

陕西北部，主要发掘和调查的有神木石峁遗址[9]、西河直属乡四不树遗址、洛川铜木石村、延安城关镇清凉山、大砭沟、延川城关郭家河、子洲蒜嘴山、米脂姬兴乡土寨、横山祁家峁、榆林凉水井等遗址。而以石峁遗址为代表。这类遗址除与"陕西龙山文化"有共性外，与内蒙古的大口二期文化[10]和山西太原光社[11]、夏县东下冯[12]、太谷白燕等遗址的文化内涵非常接近，并独具风格。

陕西西部主要发掘和调查的有岐山双庵遗址[13]、凤翔大辛村遗址[14]、岐山北齐家遗址、宝鸡高家坪遗址、甘肃东部灵台桥村遗址[15]等，而以双庵遗址为代表。这类遗存主要有如下特点：

陶器与"客省庄二期文化"陶器相比，以泥质红陶，夹砂红陶为主，泥质灰陶、夹砂灰陶次之，黑陶极少。泥质与夹砂红陶约占83%。灰陶约占16%，黑陶仅占1%。器形主要有高领折肩罐、罐形斝、敛口瓮、单把鬲、盆、碗、盘、豆、鬶、盉、瓶等。其中以罐、斝数量最多。鬲、鬶、盉数量少，不见鼎。纹饰以绳纹为主，还有弦纹、刻划网纹、三角形纹、方格纹等。

窖穴与"客省庄二期文化"窖穴基本相同，大都是口小底大的圆形或近乎圆形的"袋状灰坑"。

房屋均为半地穴式，分为方形、圆形两种。在发掘的七座方形房址中有五座为套间，屋内均有灶坑（或壁炉）和储藏物品的窖穴。

生产工具其数量、制作技术、器形等，与"客省庄二期文化"基本相同。唯有双庵遗址出土的农业生产工具中的石刀比"客省庄二期文化"出土的要多，这一点似乎说明双庵遗址的农业生产比"客省庄二期文化"时期较为发达。

从双庵遗址发掘的13座零散墓葬看，其头向不一，葬式复杂。主要有仰身直肢，俯身葬和跪蹲式等。除仅有一座墓随葬一件陶罐外，余均无随葬品，也无葬具，葬法十分简单，甚至有在灰坑中掩埋死者的情况。

陕西东南部，主要发掘和调查的有商县紫荆遗址第四期文化[16]，丹凤的冯涧，商南的过风楼、金花湾、庙沟街、黄洲奎、梳洗楼、徐家店、东岭、毕家湾、胡家湾、镇安前湾遗址等。而以商县紫荆遗址第四期文化为代表。这类遗址主要有如下特点：

陶器与"客省庄二期文化"陶器相比，以泥质灰陶、夹砂灰陶为主，素面灰陶次之，泥质红陶、夹砂红陶较少，泥质黑陶极少。器形主要有无耳、单耳、双耳、三耳罐，鬲、鼎、甑、碗、盆、杯、盘、豆、瓶、壶、斝、瓮、器盖等。其中以罐、鬲、鼎数量为最多，碗、杯、盘、瓶、器盖等数量较少，斝、壶均极少。纹饰以篮纹、绳纹为主，还有锯齿纹、网格纹、交错十字划纹等。

窖穴主要有袋状和椭圆形两种。

陶窑与"客省庄二期文化"陶窑基本相似。

生产工具其数量、制作技术、器形等均与"客省庄二期文化"近似。但从出土的200多件敲砸器分析，似乎说明紫荆遗址第四期文化的生产力水平要落后于"客省庄二期文化"。

紫荆遗址第四期为代表的遗存既有"客省庄二期文化"的特征，又有河南龙山文化，湖北龙山文化（屈家岭）的因素。从整体上看，还是以"客省庄二期文化"为主体。

陕西西南部，以西乡红岩坝遗址的调查和试掘为例[17]，所出土的高领折肩罐，侈口折腹盆和陶豆等陶器与"客省庄二期文化"的一些同类器物基本相似，表明了它们之间具有一定的共同文化因素。

下面我们详细讨论客省庄二期文化与石峁遗存的关系。客省庄二期文化发现房屋遗迹十座，袋状窖穴四十三个，陶窑三座，及陶器、石器，骨器等。其中发现的"吕"字形房屋十分瞩目，也是"客省庄二期文化"房屋建筑中的一种普遍形式。它由内室和外室两个房间组成、中间连有过道，居住面是平面坚硬的土地面，没有发现龙山文化盛行的"白灰面"，室内中间及靠东壁各有一个凹入地面的圆形小灶，被火烧得通红而坚硬。外室北壁的中部有一个大的"壁炉"，附近还有五个小灶，这种房屋都是半地穴式的建筑。依据柱洞推测是木架的屋顶，上面还铺盖有柴草等覆盖物。

龙山文化石峁遗存由陕西省文管会[18]和西安半坡博物馆于1976年和1981年先后发现，主要收获是发现房屋遗迹二处，灰坑一个，石棺葬四座，瓮棺葬一座及石器、玉器、骨器、陶器等遗物。其中发现的房屋遗迹是龙山文化典型的"白灰面"居住面。居住面打磨得十分光滑、平整、坚硬。白灰面的厚度约 6 毫米，因其破坏较严重，所以，门向不清。但根据房屋 F₂ 南部有段残长 78、宽 37 厘米的石子路分析，房子的门应是向南开。

从"客省庄二期文化"的陶器器形看，最主要的是三足器，其次是平底器，有少量的圈足器。如：鬲（H174）（标本号同原报告[19]——下同）、斝（H13、H85）、盉（H74）、鼎（H17）、鬶（H6）、双耳罐（H96：7）、高领罐（H174：1、4）。单耳罐（H173：11）、盆（H68）、盘（H17）、碗（H7）、豆（H179）、杯（T44：3）、器盖（H168）等。其中鬲多带一个单耳，外表饰满绳纹，鬲的上半部作圜底罐状，下安三足，和鼎同样是由上半段的圜底罐和下加不同的三足而制成的。无耳、单耳、双耳、三耳罐均有各自的特点。盉、鬶、鼎器形则少见，瓮的盖子特别，它是和瓮身一起制成坯胎后割开的，盖与瓮口接合处还划上记号，以便盖得严密。

龙山文化石峁遗存的陶器，亦是以三足器为主，平底器次之，圈足器极少。如鬲（TG1③H1：10）（标本号同原报告[20]——下同）（M2：7，M2：4）、盉（TG1③H1：4）、鼎（采：《考古》77 年 3 期图版壹：1）、双耳罐（采：9、采：11）、高领罐（采：21）、碗（采：31）、杯（TG1③H1：2）、瓶（采：30）、大口尊（TG1③H1：12）、器座（TG1③H1：9）及袋足瓮（M2：1）等。其中最富有特征的有袋足瓮、斝、盉、大口尊等。除陶器外，石峁遗存与"客省庄二期文化"的石、骨器等生产工具有其相同的地方，但亦有其个性特征。如"客省庄二期文化"的石器以打制为主，制造较粗，绝大多数石刀是长条形单孔，穿孔的部位较大多都靠近刃部，有的两侧磨有不太明显的缺口，有的除刀背外，三边都磨成刃。石斧只在刃部略微加工磨光，通体磨光的很少。而石峁遗存则不一样，石器生产工具不仅数量种类增加，制造精良，而且出现了玉石器，它们大多是打磨相结合而成，磨制十分精细，特别是玉石磷、玉石铲、玉石装饰品磨制更加细腻。Ⅱ式石铲不仅有两孔，而且长度增加，刃部锐利，形状也很规整。显然，这种石刀的劳动效率比"客省庄二期文化"的石刀效率要高。

再从墓葬的随葬品看，"客省庄二期文化"中没有发现规整的墓葬，而仅仅是在灰坑内发掘出零碎的人骨架，它们既没有一定的葬式，又无葬具和随葬品。然而在石峁遗存中，我们发现了四座石棺墓葬和一座瓮棺墓葬，尤以 M2 保存较完整，该墓葬具是由大型袋足瓮上部盖一件大缸而构成。死者的头骨和胸骨均在袋足瓮内，头骨保存完好，头向东，面向上。随葬品有：陶斝二件，陶罐二件，石刀一件，绿松石一件。绿松石置于死者的下颌骨下方，其余随葬品均放置于死者的腰部位置。在陕西龙山文化遗存墓葬中，发现有随葬品的墓葬很少或者没有。这种以石板为椁，以袋足瓮和缸为棺，随葬品既有生活用具，又有生产工具，同时还有装饰品的墓葬的出现，对我们了解龙山文化石峁遗存的社会性质，以及石峁遗存与其他诸遗存之间的关系都提供了十分有价值的科学资料。

"客省庄二期文化"出土的绳纹单把鬲、单耳罐、双耳罐、高领罐、碗等都能在龙山文化石峁遗存中找到相似的同类器。如壶（H68）和石峁遗存中的瓮（W1：2）属同类器。斝除耳不同外，有一个共同的特点就是圜底罐下加三足而制成的。凡此种种，说明上述器形都存在于"客省庄二期文化"及石峁遗存之中。这就是它们的共性（图一）。

"客省庄二期文化"与石峁遗存的差异性也是明显的。如鼎（H17）、上半段为圜底罐，下附三个扁圆足，外表饰方格纹。盉（H74），口部前高后低、带流、宽大耳、窄裆、高袋足。鬶（H6），口部捏成葫芦状，带流，宽带状单耳，把手与口沿接连处有两个铆钉饰，器壁特薄。三耳罐

（H96∶7），直口高领，颈部饰有四周弦纹，瓮（H168），敛口，肩腰间安有一对钉帽式纽。器盖（H168），顶似帽形的，造型较特殊。鬲、盘、盆、豆等亦有其独自的特点。上述这些器形，都是龙山文化石峁遗存少见的。

通过对龙山文化石峁遗存陶器的比较，可以看出袋足瓮（M2∶1）：敛口，平唇，圜底，下腹部较大，腹与底之间有明显的棱角。有三个乳状袋足，周身饰篮纹。盉（TG1③H1∶4）：敛口，斜肩，收腹。在一足的上方有一个筒状的

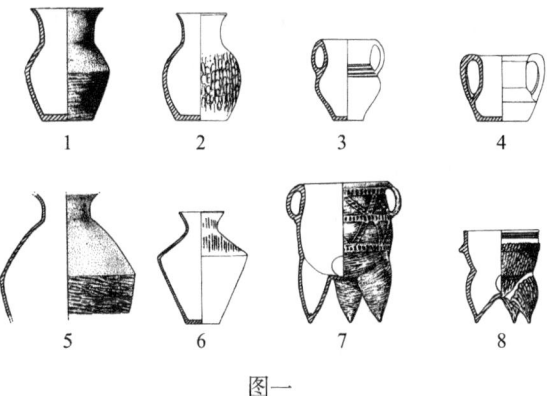

图一
1、2. 罐　3、4. 双耳罐　5. 壶　6. 瓮　7、8. 斝
（1、3、5、7为客省庄Ⅱ期文化；2、4、6、8为石峁遗存）

流，流左右有两个对称的附耳。三袋足裆较宽，自肩以下饰绳纹。大口尊（《考古》77年3期图版叁∶2）：喇叭口，其口部与下面的大口斜腹平底杯结合而成，结合处有一周突棱。鼎（《考古》77年3期图版壹∶1）：小口，圜底，深腹有折肩，圆锥形矮袋足。鬲、杯、器座等亦独具特点。这些是"客省庄二期文化"所不见的（图二、图三）。

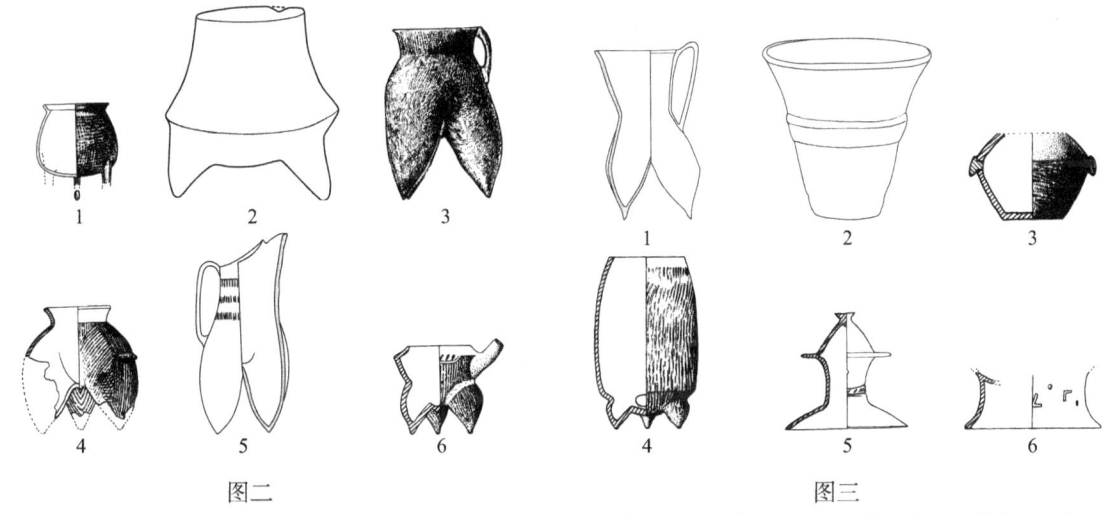

图二
1、2. 鼎　3、4. 鬲　5、6. 盉
（1、3、5为客省庄Ⅱ期文化；2、4、6为石峁遗址）

图三
1. 鬶　2. 大口尊　3. 瓮　4. 袋足瓮　5. 器盖　6. 器座
（1、3、5为客省庄Ⅱ期文化；2、4、6为石峁遗存）

总之，从陶器群的整体看，龙山文化石峁遗存和"客省庄二期文化"之间有如下共同点：第一，都是以三足器为主，平底器次之，圜底器极少；第二，都是以灰陶为主，有少量的红陶或褐色陶；第三，又有很多同类器。如鬲、单耳罐、双耳罐、高领罐等。关于龙山文化石峁遗存的渊源问题，目前考古界主要有如下几种看法：第一种认为石峁遗存似应属于"客省庄二期文化"，亦即陕西龙山文化；第二种认为石峁遗存有"客省庄二期文化层"；第三种认为石峁遗存的相对年代约与陕西省"客省庄二期文化"同时；第四种认为陕北发现的陶斝（即石峁遗存出土的陶斝）和"客省庄二期文化"及庙底沟二期文化的陶斝，当属不同的谱系。因之，它们或代表另外的文化系统[21]。我同意龙山文化石峁遗存的上限约与"客省庄二期文化"同时。学术界大多数学者、专家认为"客

省庄二期文化"晚于庙底沟二期文化，而早于齐家文化。庙底沟二期文化的树轮测定在公元前2787 年 ±145 年左右，齐家文化的 ^{14}C 测定在公元前 2050 年 ±115 年。据此，我们推断出"客省庄二期文化"的年限当在二者之间，当距今约 4000 年。那么，用同样的道理我们可以推算出龙山文化石峁遗存的上限约与此年限不远。

再从它们的差异性来看，石峁遗存所出的袋足瓮和大口尊是"客省庄二期文化"里根本不存在的，而分别却在内蒙古准格尔旗大口遗址、山西的东下冯遗址、陶寺遗址、太原光社遗址、太谷白燕遗址等均有出土。如果认为大口第二期文化的"相对年代要早于偃师二里头早商文化，晚于"客省庄二期文化"；或者认为光社遗址的时代"也可能相当于龙山文化晚期，或者接近于商代"的观点能够成立的话，那么，我们认为，龙山文化石峁遗存的下限或者说发展方向，当在夏商之际。

我们通过以上资料推论出龙山文化石峁遗存的上限和下限。鉴于目前从史书上看到的夏代纪年约在公元前二十二世纪至公元前十七世纪，虽然说这是史学家推算出来的，但它和现阶段考古界试行的放射性同位素测定绝对年代的方法相印证，其绝对年代的准确性还是可信的。如果说山西省考古界的同志把探索夏文化的对象放在东下冯类型和陶寺类型的遗址；河南省考古界的同志把探索夏文化的对象放在郑州二里冈及偃师二里头早期文化遗址，那么，我们陕西考古界是否应当把探索夏文化的重点之一放在龙山文化石峁遗存的下限中去。

另外，我们认为通过以上四区域间的文化特点对比，不难辨出在全省境内"客省庄二期文化"几乎贯穿于龙山文化时期的始终。如陶器器形有很多同类器，有的很相似；储藏东西的"袋状窖穴"；房屋建筑上大都采用了半地穴式白灰面技术处理、双室或成排房子的出现；都是以农业为主，饲养家畜，狩猎为辅的综合经济。这些都说明了它们的生产力水平，经济状况基本处于相同的发展阶段，所以，应该将它们一并纳入"客省庄二期文化"之范畴。至于它们的个性特征，主要应归于地域性差别，受毗邻地域性文化的影响。如：紫荆遗址第四期文化之中 H91 出土的高筒杯和 H18 出土的高领罐等与河南偃师二里头遗址出土的同类器相似[22]；属双庵遗址晚期范畴的武功郑家坡先周遗址中发现其早期遗存比"客省庄二期文化"为晚，出土的陶尊与二里头文化的陶尊相似[23]。这些零散资料对于我们在陕西境内探索夏文化无疑都是提供了重要线索。

注　释

[1]　籍和平：《从双庵遗址的发掘看龙山文化晚期遗存的有关问题》，《史前研究》1986 年第 1、2 期。

[2]　巩启明：《关于客省庄文化若干问题》，《考古所成立三十周年论文》。

[3]　中国科学院考古所：《沣西发掘报告》，文物出版社，1962 年。

[4]　考古所西安半坡考古队：《西安米家崖新石器时代遗址调查简报》，《考古通讯》1956 年第 6 期；苏秉琦、吴汝祚：《西安附近古文化遗存的类型分布》，《考古通讯》1956 年第 2 期。

[5]　西安半坡博物馆：《陕西临潼康家遗址第一、二次试掘简报》，《史前研究》1985 年第 1 期。

[6]　西安半坡博物馆：《临潼姜寨第四至十一次发掘纪要》，《考古与文物》1980 年第 3 期。

[7]　历史系 77 级实习队：《陕西华县梓里遗址发掘简报》，《西北大学学报》（哲学社会科学版）1982 年第 3 期。

[8]　黄河水库考古队陕西分队：《陕西华阴横阵发掘简报》，《考古》1960 年第 9 期。

[9]　西安半坡博物馆：《陕西神木石峁遗址调查试掘简报》，《史前研究》1983 年第 2 期。

[10]　吉发习、马耀圻：《内蒙古准格尔旗大口遗址的调查与试掘》，《考古》1979 年第 4 期。

〔11〕 寿田:《太原光社新石器时代遗址的发掘与遭遇》,《文物参考资料》1957年第1期;解希恭:《光社遗址调查试掘简报》,《文物》1962年第4、5期。

〔12〕 《山西夏县东下冯遗址东区、中区发掘简报》,《考古》1980年第2期。

〔13〕 西安半坡博物馆:《陕西岐山双庵新石器时代遗址》,《考古学集刊》1983年第3期。

〔14〕 陕西省考古所雍城考古队:《陕西凤翔县大辛村遗址发掘报告》,《考古与文物》1985年第1期。

〔15〕 甘肃省博物馆考古队:《甘肃省灵台桥村齐家文化遗址试掘简告》,《考古与文物》1980年第3期。

〔16〕 西安半坡博物馆等:《陕西商县紫荆遗址发掘简报》,《考古与文物》1981年第3期。

〔17〕 陕西省考古研究所:《陕西西乡红岩坝遗址的调查和试掘》,《考古与文物》1982年第5期。

〔18〕 戴应新:《陕西神木县石峁龙山文化遗址调查》,《考古》1977年第3期。

〔19〕 同〔3〕。

〔20〕 同〔9〕。

〔21〕 张忠培:《客省庄文化及其相关诸问题》,《考古与文物》1980年第4期。

〔22〕 中国科学院考古所洛阳发掘队:《河南偃师二里头遗址发掘简报》,《考古》1965年第5期。

〔23〕 宝鸡市考古工作队:《陕西武功郑家坡先周遗址发掘简报》,《文物》1984年第7期。

（原载于《文博》1990年第4期）

从石峁遗址的石人看龙山时代
中国北方同欧亚草原的交流

郭　物

石峁遗址位于陕西省神木县石峁村，其规模远大于年代相近的良渚遗址（300多万平方米）、陶寺遗址（270万平方米）等已知城址，是目前所知我国规模最大的新石器晚期城址。考古发掘初步认定石峁城址最早修建于龙山时代中期或略晚，兴盛于龙山时代晚期，夏时期毁弃，属于我国北方地区一个超大型中心聚落。

龙山时代晚期的欧亚草原社会，已经掌握了很多重要的技术，比如牛、羊、马的畜养，小麦的栽种，铜器的制造等，特别是乌拉尔山南部东侧的辛塔什塔文化拥有大型的聚落，发明了轮辐式的马车。从迄今的发现看，这些新的物种、新的发明均可能影响到中国，但是现在还缺少比较直接的证据，特别是从欧亚草原向中国黄河流域传播的中间环节。石峁遗址所跨的时代正好是这样一个关键的文化传播的时期，而且从地理位置上看，位于中国北方农牧交错地带中心位置，朝北更靠近欧亚草原地带，朝南离中国古代文明中心不远，因此，为研究龙山时代中西文化的交流提供了一个更好的可能性。

通过近期考古工作者的介绍，我们注意到石峁遗址发现的一种遗物，可能为我们探索龙山时代中西文化的交流提供了一个线索，就是陕西考古研究所孙周勇先生在"中国社会科学院考古学论坛"上展示的二十多件据说从石峁遗址皇城台发现的石人像（图一）。雕凿、使用石人像在中国东部地区的史前文化中罕见，而在南西伯利亚和新疆地区则是一个突出的文化现象（图二），石峁遗址发现的这些石人像可以让我们讨论陕北地区同新疆北疆、南西伯利亚等欧亚草原的文化关系。

这个时期最为壮观的石人流行于南西伯利亚的奥库涅夫文化（公元前2500—前1700年），根据文化因素的类比，有人推测奥库涅夫文化来自北方森林地带。有学者认为整个奥库涅夫文化可能

图一　石峁遗址的石人像　　　　　　　图二　米努辛斯克博物馆藏奥库涅夫文化小型石人

来源于叶尼塞河中游的乌斯特—别拉雅文化（Ust-Belaya），可以分为四个阶段：第一阶段属于铜石并用时代，文化上更多保留了乌斯特—别拉雅文化的传统；第二阶段与阿凡纳谢沃文化共存；第三阶段则完全是自身的传统；第四阶段逐渐融入了安德罗诺沃文化中。

奥库涅夫文化有两种石人比较有特点。一种是小型的一端为圆雕人头的石棒，一般发现于墓葬中，或称为随葬石人；另外是大型墓葬立石，一般立于墓葬的东边，朝向太阳升起的方向。这些石雕有的原来应当涂有红色的颜料，颜料溶于血。

奥库涅夫的大型石人早期雕出完整的形象，没有脖子，头好像陷在石柱中，也没有表现手，有的雕出鸟翼。眼睛为两条曲线或者半椭圆形，前额有倒三角形或者竖线，眼睛和嘴之间通常有一条横线。前额有一条曲线或者两条垂直的曲线，一个高的三角形或者外凸的半椭圆形通常代表头饰，有时为垂直的一对线条（图三）。有时是猛禽的头，有一个例子是马，这些动物可能代表神灵。猛禽在奥库涅夫文化早期是非常重要的神灵。

图三　奥库涅夫文化早期石人

中期，两条平行线把脸分为三个圆圈。顶上的圆圈有两个眼睛，前额还有一个眼睛。一般两眼中间有两条弓形的竖线表示鼻子，下部有两个半圆表示鼻孔（图四）。两侧有牛角。石碑表现为人形，脖子被表现出来，还表现牛、蛇和神秘掠食动物。虽然有共性，但每个石像都不相同。

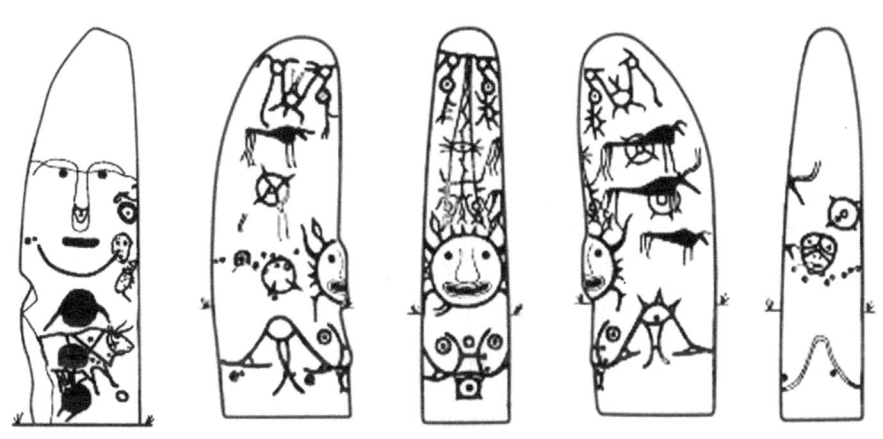

图四　奥库涅夫文化中期石人

晚期的石像没有鼻孔和脸的轮廓，只有眼睛，眼睛和嘴之间的横线末端像蛇的舌（图五）。由于安德罗诺沃文化进入盆地北部，这个时期的石像不像前两个阶段在米努辛斯克到处都有，只有盆地南部发现，但最晚阶段的石像迄今还不太清楚。

图五　奥库涅夫文化晚期石人

从展示的图片看，石峁遗址发现的石人和奥库涅夫早期的石人较为接近，和中晚期比较繁复神秘的石人像有一些差距。

石峁遗址发现的石人和新疆北疆的石人也有相似之处。新疆类似的石人一般认为属于切木尔切克文化［公元前 2500—前 1500 年（？）］。切木尔切克文化的特点之一是：多数墓建有块石围成的矩形坟院，坟院的东侧栽立石人，人像表现方式的特点是脸部周围被圈起来。人形石雕近于腰的位置，正面有的刻有牛的形象，有的一头，有的两头，有一例刻有双轮牛车。石雕人像根据是否有胡须、胸部特征能分出男性和女性，女性胸部为倒长三角形，表示乳房。牛一般刻于男性的石雕人像上。可能晚一阶段，出现了一种简化的石人，有点近似奥库涅夫文化的小型随葬石人，即简单地在一石柱的上部浅浅雕出一个人面。在阿勒泰地区博物馆收藏有一个完整的长方形石棺，由四块石板围成，在窄的一侧的石棺板上刻着四个人面。从人面的特征看，切木尔切克文化晚期的石人像比较接近石峁遗址发现的石人。

石人在欧亚草原西部源远流长，在黑海北岸地区颜那亚文化之前的密卡洛伏喀下层文化（Lower Mikhaylovka Culture）和凯米—奥巴文化墓葬石板上绘有几何形的图案，使用石人。颜那亚文化再次利用这些人形石板作为盖墓的石板。这种石人在小亚和意大利也有发现，可能和当时刚刚开始的海上交通网的形成有关。石人是新疆早期文化切木尔切克文化中重要的构成因素（图六），颜那亚文化的石人有可能是新疆早期石人的渊源之一，也不排除奥库涅夫的石人对切木尔切克文化出现石人的影响。新西伯利亚东南地区分布着耶鲁尼诺文化（公元前 2250—前 1550 年），这个文化使用带戳印纹的平底陶器、石人棒和动物头棒，最有特点的是刻有动物纹的石罐。这些器物和切木尔切克文化的同类器非常相似，两个文化相距不远，时代有重合，应当有一定的关系。

切木尔切克文化的分布范围很大，从现在的考古发现看，阿勒泰地区是切木尔切克文化的核心

图六　切木尔切克文化的石人及石面雕刻

区域，分布于天山北部整个准噶尔盆地周缘地区，阿尔泰山东麓蒙古地区也有其文化的分布。

值得指出的是，在内蒙古东南部地区的发现值得注意。比如兴隆洼文化中，有骨雕人像。白音长汗遗址房址中有石雕人像，红山文化有陶人像，夏家店下层文化有大型石雕。位于山顶的石构遗址也和石峁遗址相似。这些因素也是值得我们考虑的石峁遗址石人渊源的线索，有的因素甚至可能也是奥库涅夫文化的来源之一。

从积累的资料看，中国北方农牧交错地带自史前至商周时期断断续续有石人的存在，但数量很少，时代和样式上也没有明确的衔接关系。可能自石峁遗址开始，陕北地区形成了一个雕刻人形的传统，比如商周时期的李家崖文化中曾发现一块刻有人形的石块。这些线索隐隐约约，并不是很连贯，如果没有石峁遗址为数不少的石人像发现，我们无法来考虑其间可能存在的关系。哈萨克斯坦以东地区，龙山时代主要还是南西伯利亚的奥库涅夫文化和新疆的切木尔切克文化真正流行使用石人。考虑到奥库涅夫文化和切木尔切克文化早期的石人时代较石峁遗址所出的可能早一阶段，而且在欧亚草原的西部地区有其发展的源头，加之石峁遗址所出的石人的确与奥库涅夫文化和切木尔切克文化的石人有相似之处，因此，石峁遗址出土的这些石人有可能和其西北部的文化有关系。石峁遗址的工作刚刚开始，就早期中西文化交流而言，石人可能是初露的端倪，随着工作的深入开展，相信会发现更多和南西伯利亚、新疆地区甚至更远地区有文化联系的器物和现象，到那时，我们对于牛、羊、小麦甚至铜器制造等等的物种和技术的来源问题将得到更深入的了解。

（原载于《中国文物报》2013 年 8 月 2 日第 6 版）

哥贝克力石阵与石峁古城

杨 雪

不久前，中国社会科学院与上海市合作举办了"世界考古上海论坛"，这是世界考古学界首次会聚中国，将中国考古与世界考古放在一起研讨。国际专家委员会对近几年中国与世界的多项重大田野考古进行了评审，确定了世界十大重要考古发现。在这十项发现中，土耳其的哥贝克力石阵与中国陕西的石峁古城，毫无疑问是让中外学者最为震撼的。

位于土耳其东南的哥贝克力石阵因其规模之宏大、时代之久远震惊了世界。据考证，该遗址修建于大约 11500 年前，比著名的英国巨石阵和埃及金字塔早五六千年，是人类至今在地球上发现最早的文明遗迹之一。

这不是一个普通的住居型遗址，而是由数个巨石祭坛组合而成，每个祭坛由重达数吨的 T 形环状排列，之间有墙相连，数十根巨大的石柱排成一连串的圆环，一些石柱表面是光滑的，而另一些则经过了精雕细琢，宽大的表面环绕雕刻着狐狸、狮子、蝎子还有秃鹰的形象。我们可以想象，史前的石匠们使用燧石制成的工具，凿开石灰石，将它们打造成柱子，然后将它们运到山顶上，有规则地竖起来。这些石阵一完成，古代的建筑师们就在那上面覆盖上泥土，然后再在旁边建造另一个石阵。几个世纪之后，这些层层的石阵便形成了这个山顶。

兴建哥贝克力石阵的时代，人类还生活在小型游牧部落里，靠采集植物、猎食野生动物为生。这些经过雕刻的巨石是没有金属工具甚至没有陶器的史前人类精心制作并排列起来的。建设这样一处遗址，需要聚集大量人力，可能比此前历史上出现过的任何一次人口聚集规模都要大。但研究人员在这里并没有发现多少人类居住过的痕迹。遗址附近没有水源，也没有找到煮饭用的灶台、房子或是垃圾坑。这里是纯粹用作宗教仪式的处所，也许是人类的第一个神殿。

以往的历史观念认为，人类是在学会了务农和如何在固定的社会生存之后，才有时间、有组织、有资源去建造庙宇。然而哥贝克力石阵恰恰证明，耗费大量人力和时间修建巨石阵所积累的共同经验，为人类今后发展更为复杂的社会打下了基础。简言之，人类可能首先是一种宗教动物，然后才是政治动物或经济动物。

考古学家检测分析了来自哥贝克力山顶遗迹的超过十万块骨头碎片，其中瞪羚的骨头占了全部骨头总数的 60%，还有野猪、羊和马鹿等其他野生动物的骨头。大量的野生动物残骸表明，生活在这里的人们还没有对动物进行驯化或是务农。但在建造这个遗址的上千年间，人类的生产生活方式发生了巨变。现在看来导致这种巨变的并不仅仅是环境，宗教的需求也是重要的动力。

如果我们承认一万多年前的新石器时代初期，人类就能建造哥贝克力巨石阵，那么在四千年前新石器时代末期，出现一座规模巨大、构造复杂的石峁古城也就不必大惊小怪了。石峁古城位于陕北神木，初步发掘的面积在 400 万平方米以上，其规模大于年代相近的良渚遗址、陶寺遗址，是目前所见中国史前时期最大的城址。经过近两年的系统发掘，考古学家结合地层关系及出土遗物，初步认定石峁城址最早（皇城台）当修建于龙山中期或略晚，兴盛于龙山晚期，夏时期毁弃，属于我国北方地区一个超大型中心聚落。

令人侧目的是，工程浩大的石墙中埋藏了大量的精美玉器，在墙基中发现了大量的女性头颅，城内密集分布着大量宫殿建筑、房址、墓葬、祭坛、手工业作坊等龙山文化晚期至夏代早期的遗迹，还有其他遗址中少见的精美壁画、石雕人像，这都显示出石峁遗址曾经存在大规模的祭祀活动，并因此而在北方文化圈中占据核心地位。

石峁古城以龙山时代定居农业文化为基础，吸收了齐家文化中的青铜游牧文化成分，可谓集南北东西文化之大成。龙山时代晚期的欧亚草原社会，已经掌握了很多重要的技术，比如牛、羊、马的畜养，小麦的栽种，铜器的制造等，特别是乌拉尔山南部东侧的辛塔什塔文化拥有大型的聚落，发明了轮辐式的马车。从迄今的发现看，这些新的物种、新的发明均可能影响到中国，但是现在还缺少比较直接的证据，特别是从欧亚草原向中国黄河流域传播的中间环节。石峁遗址所跨的时代正好是这样一个关键的文化传播时期，而且从地理位置上看，位于中国北方农牧交错地带的中心位置，朝北更靠近欧亚草原地带，朝南离中国古代文明中心不远。从这个意义上讲，石峁为研究龙山时代中西文化的交流提供了标本。

石峁古城绝不是孤立的，它一定是欧亚大陆文化长期发展碰撞交汇的结果。牛、羊、马、麦和石雕等是欧亚大陆共同的文化要素，因此将石峁古城放入世界考古学中，并不突兀。文明的兴起消失以及宗教信仰与人类的关系一直是世界考古界的重要议题，中国考古可以为其提供不可或缺的重要支撑，这也是此次"世界考古上海论坛"的意义之所在。

（原载于《光明日报》2013 年 9 月 23 日第 12 版）

石峁与陶寺考古发现的初步比较

徐　峰

石峁遗址地处中国黄土高原北部，毛乌素沙漠南缘，位于黄河一级支流秃尾河及其支流洞川沟交会的台塬梁峁之上。2011—2012 年，陕西省考古工作者对遗址展开区域系统考古调查，发现了保存完整的由"皇城台"、内城和外城三部分构成的石砌城垣。城内密集分布着大量宫殿建筑、房址、墓葬、祭坛、手工业作坊等龙山文化晚期至夏代早期遗迹[1]。石峁城址城内面积逾 400 万平方米。石峁石城甫一发现，便吸引了国内考古学界的目光，并被评为 2012 年全国十大考古发现之一。又于 2013 年夏，在"世界考·上海论坛"上入选了世界重大考古发现。石峁的新发现，不仅仅在于叹为观止的城，还包括了它的若干文化遗存与现象，与周边地区有诸多相似之处，特别是与晋南地区的陶寺文化显示出较为密切的联系。小文拟将石峁的发现与陶寺进行初步的比较，以期探索两者之间的关联。

一、墙壁内外嵌（置）玉现象

以往考古发现中玉器大多出土于墓葬、房址、祭祀坑、灰坑等单位。然而在 2012 年石峁城址的发掘中，考古学者却在高出地面的东城门照壁墙体里面发现多件玉铲（图一），在倒塌的城门北墩台散水堆积中发现一件玉璜。这显然是石峁城墙的建设者在筑墙过程中将琢磨好的玉器嵌在了石城的缝隙中。这种安置玉的方式，在考古发现中是较少见到的。石峁墙内嵌玉呈现的是玉器与墙的一组结构关系。就这层关系而言，襄汾陶寺遗址也曾发现过一起类似的文化现象。陶寺中期小城西北部发现过一批陶寺文化中晚期墓葬，其中ⅡM22 的遗迹遗物非常丰富。且看与石峁墙内嵌玉可以比较的文化现象。墓室东壁南北两侧各倒置 3 件彩漆柄玉石兵器，其中玉（石）钺 5、玉戚 1 件[2]。从发掘迹象来看，墓葬的营建人员当时是特意将玉器贴靠于墓室的东壁上的（图二）。表面看来，这一玉器摆放的细节与石峁的情况还并不完全一样。石峁的玉器是夹放在墙内的，而陶寺的则是与墓壁平行贴置。虽然两处玉器的摆置方式存在差异，但相同的一点是，与常规的玉器被置放在棺中或墓底不同，它们是有意以一种不同寻常的摆放方式与墙壁（城壁与墓壁）发生了联系，而且是嵌置或贴得相当紧密。另外，两者之所以有差异，也要考虑到一个是石城，一个是墓壁。石峁石墙是一个地面建筑，是与活人的生活相关的，当城建好后，它的边上会有人走动，故在筑墙的过程中，若要进行嵌玉，将玉器夹在墙中是比较稳妥的，而不能直接将玉平行贴放在墙上或墙角。而陶寺ⅡM22 的环境则是一个"死亡""黑暗"的空间，并不会有人去打扰，所以将玉器直接贴在墓壁上便可。也就是说，两者的差异要考虑具体操作时的不同状况。而就玉器与墙的结构关系，以及这种

图一　石墙内出土玉铲

图二　陶寺ⅡM22墓壁出土倒置玉器

用玉行为的原因而言，两者当是一致的。之所以要将玉器与墙发生关系，很可能是出于一种观念，即避邪御敌。自石峁古城发现以来，少数学者已经提出了这种观点，叶舒宪先生在参观了石峁古城后撰文指出："石峁龙山文化古城建筑用玉器的现象，不是作为建材用，而是凸显了玉石神话信仰的避邪禳敌功能。"[3]石峁古城发掘的领队孙周勇先生也认为石砌墙体内极为特殊的大量葬玉现象，凸显了东亚地区古人崇尚"玉石"辟邪御敌的观念[4]。而陶寺ⅡM22墓东壁上镶嵌的玉器应当也具有避邪的功能。考古发现所见墓葬中厌胜、避邪的文化现象是较为常见的。因为墓葬作为一个黑暗的空间，墓主生存的另一个世界，人们相信那里一样存在恐惧和危险，所以会采用一些手段来阻止魑魅魍魉的威胁。石峁、陶寺均用玉来避邪，是因为自古以来，玉器就被认为具有避邪防灾、护身防病的功能，而且玉器的表面通常是有光泽的，琢磨得极好的玉器表面甚至能够映容。如此，是否可以认为，这些墙中或壁面上的玉器实际上相当于镜子。我们知道，一直到今天，仍然可以在，无论是乡村或城市建筑的壁上看到悬挂的镜子，那正是用于避邪挡煞的。附带一说的是，在2000年发掘的青海喇家遗址F4房址中，东壁北段紧贴白灰面房壁上有似为二次重砌的一段凸出墙面，墙面上均匀地涂有一层黑色涂层，可能具有某种特殊的含义。玉璧、玉料和石矛均集中放于黑色壁面旁，1件盛于敛口瓮中的玉璧，亦紧贴黑壁放置[5]。与石峁、陶寺相比，喇家F4一样呈现了玉器和墙壁的结构关系，但F4中贴壁而置的玉器是否也有避邪的含义，则很难讲，因为与石峁石城、陶寺墓葬相比，房址是相对日常生活化的空间。不过，从考究的壁面来看，说这些玉器在壁旁的放置具有较为特定的含义当不为过。另外，之所以将F4的这例现象与石峁、陶寺一同比较，是由于喇家遗址基本上以齐家文化遗存为主，而当前考古学界普遍认为，石峁与陶寺，以及齐家，在年代与内涵上有着较为密切的联系，且有待加强相关比较研究[6]。

二、彩　　绘

石峁古城的重要发现中也包括了壁画。在内瓮城墙体上彩绘的几何纹壁画，颜色鲜艳，图案精美，系中国古代美术考古及艺术史的重大发现。这些壁画分布在石墙墙根底部的地面上，成层、成片分布，目前发现残块100余块，部分壁画还附着在晚期石墙的墙面上（图三）。

图三　石峁壁画

这些壁画以白灰面为底，以红、黄、黑、橙等颜色绘出几何形图案。这种彩绘技术应当源自新石器时代以来彩陶的制作技术。在邻近的陶寺。彩绘图案也经常发现。在随葬的陶器中，罐、壶、尊、瓶、盆、盘、簋、豆等陶器上均饰有朱绘或彩绘，其中尤以彩绘云雷纹陶壶和蟠龙纹陶盘最有代表性。陶寺还出土过朱绘或彩绘的漆木器，器形有鼍鼓、案、俎、盘、豆、盆、勺、碗、杯、觚、仓形器等多种，器表大多经过朱绘或有红、白、黄、蓝、绿等多色精美的彩绘图案，纹样有条带纹、几何形钩连纹、云气钩连纹、多层回纹等。另外，陶寺的建筑中已广泛使用白灰，白灰墙皮不但可以改善居住环境，避免室内空间潮湿，同时白灰墙皮的使用也可以为居室的美化奠定基础。陶寺文化早期小城南部边缘被认为是贵族居址，其东区为"宫殿区"，在那里发现了一些建筑垃圾，其中出土了三大块篦点戳印纹白灰墙皮和一大块带蓝彩的白灰墙皮[7]。在陶寺的墓葬中，有些棺内外也施有红彩，例如 2002 年发掘进的 ⅡM22，墓底有用一根整木挖凿的船形棺便是如此[8]。

三、暴力现象

石峁与陶寺均发现有暴力现象。石峁古城的另一惊人发现是人头遗存。城墙附近有两处集中埋放人头，每处都是二十四个人头（图四）。一处位于外瓮城南北向长墙的外侧；一处位于门道入口处，靠近北墩台。这两处人头骨摆放方式似有一定规律，但没有明显的挖坑放置迹象。经初步鉴定，这些头骨以年轻女性居多，部分头骨有明显的砍斫痕迹，个别枕骨和下颌部位有灼烧迹象。这两处集中发现的头骨可能与城墙修建时的奠基活动或祭祀活动有关[9]。提到中国考古学上人头遗存较大数量的发现，应该要追溯到殷墟的发掘。自 1928 年史语所对殷墟发掘以来，经常在墓葬中可见到身首异处的人骨。特别是在大墓的木椁上面的墓室内和墓道中，有一组组、一层层砍掉头的骨架和头骨埋葬在一层一层的夯土中。当时的发掘者认为，这些人骨可能是埋在那里保护死去的主人以防地下魔鬼的卫士[10]。石峁的人头骨恐怕应该与殷墟的同样看待，即具有奠基、避邪、厌胜的功能。陶寺考古中也发现了较多的暴力现象，不乏人头骨的发现（图五）。例如，ⅡM22 墓圹内东北角距墓口 1.4 米处填土中发现 1 具被腰斩的青年男子人牲骨架。这座墓葬又被陶寺文化晚期偏早的一座扰坑破坏，扰坑底有随意抛弃的人颅骨 5 个[11]。陶寺 ⅠFJT3 殿堂部位的夯土中，发现了 5 处比较明显的奠基牲的人骨遗存，均被打在夯土版块里，多数是肢体残缺或散乱的人骨[12]。何驽先生已经注意到，进入陶寺文化晚期时，陶寺有明显的暴力色彩。在 ⅠT5026 揭露的垃圾灰沟 HG8 里曾出土了 6 层人头骨，总计 30 余个，散乱人骨个体近 40—50 人。这些人骨以青壮年男性为多。T5126HG8 ③层还出土有一具 35 岁左右的女性完整骨架，她被折颈残害致死，并在阴道部位插入一只牛角[13]。陶寺的暴力现象与石峁是十分相似的，龙山文化晚期是一个社会矛盾激化的时期，陶寺与石峁应当都经历了这样的时代阵痛。此外，两遗址均有用人骨来奠基、厌胜似也反映了两个区域在某些方面遵循着相似的仪俗。

图四　石峁发现的人头骨　　　　　　　　　图五　陶寺小城内沟底扔弃的人头骨

四、玉器的比较

除了上文列举的陶寺与石峁都发现了玉和璧的结构关系外，两个区域性文化在玉器的种类、形制方面还有很多相似。历年来，陶寺遗址出土了较多的玉器。就器类而言，计有钺、圭、璧、复合璧、环、璜、琮、双孔刀、梳、笄、项饰、臂环、指环、璇玑等[14]。石峁玉器的出土则可上溯至20世纪二三十年代，当时有大量玉器散佚海外，被欧美几家博物馆入藏。石峁玉器的出土量非常大，有几千件之多，多数是与祭祀、崇拜有关的礼器。其器类十分丰富，有刀、镰、斧、戈、璧、钺、铲、璇玑、璜、牙璋、人面形雕像等。陶寺与石峁的玉器类别是十分相似的，除了璋在陶寺迄未发现，其他器类在陶寺都非常多。试举几类以呈现两个遗址在器类上的相似。

钺，在陶寺文化的玉器中，钺是大宗，数量大概在200件以上。高炜先生指出："陶寺的钺一般在中轴线偏近背端部位钻出一孔，个别横向等距离并列二孔或三孔，孔径1厘米上下，未见穿大孔者。"[15]而石峁，同时也包括文化内涵相似的神木新华遗址以及延安芦山峁遗址出土的钺的风格与陶寺都比较接近，属于同一种玉器传统。

璇玑，晚清吴大澂率先认为璇玑与天文有关，得到不少学者的赞同。后夏鼐先生指出，璇玑只是玉璧环的一种，与天文仪器无关。从考古学的角度看，璇玑亦称"牙璧"。牙璧首先产生于山东和辽东半岛南部，后来逐渐向外传播，其扩散方向以西部地区为主。牙璧的流行时代是大汶口与龙山文化时期[16]。璇玑在陶寺、清凉寺、石峁均有发现，可以较清晰地看到一条玉璇玑西传线路。在陶寺晚期（公元前2000—前1900年）小型墓地M11，墓主的手臂上套着由一件铜齿轮形器和一件玉瑗组成的饰物，胸前放置一件玉璇玑（也称为"牙璧"）[17]。而石峁玉器中有玉璇玑早不是新闻了，自20世纪70年代以来采集的玉器中就有玉璇玑[18]。在当地收藏家的收藏中，玉璇玑也占有相当比例。此外，最新石峁城址的发掘中，在倒塌的城门北墩台散水堆积中发现一件玉璜。从璜的形制可知，当属牙璧改制（图六）。过去采集的石峁玉器中也有不少扇面形的玉璜，外缘多有扉牙突饰，也系牙璧改制。

联璜，陶寺文化中发现不少联璜玉璧，类型有三璜、四璜，甚至五璜、六璜联缀组合而成。玉璜的两端通常有两个小孔。石峁玉器中也有十多件玉璜，大多是玉璧残断后的改制品。器形通常呈

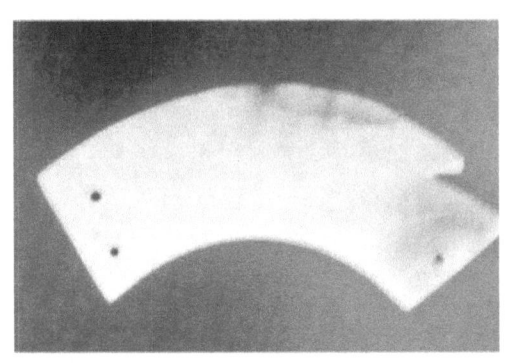

图六　由牙璧改制的玉璜

扇面形，体较窄，两端有穿孔，当可联缀。另外，西面的齐家文化也曾出土和采集了若干联璜玉璧，形态与陶寺颇为相似。

玉琮，陶寺文化的玉琮数量不多，形制大致可分为四类，包括方形短射、角部有刻纹的玉琮、方形短射光素玉琮、圆形有刻纹玉琮、方形无射光素玉琮。其风格属于良渚文化玉琮的延续与发展。延安芦山峁遗址也出土过两件玉琮，属于典型的良渚文化风格。在石峁玉器中，根据以往的资料公布，玉器器类中没有琮[19]。但是最近良渚博物院承办的"玉魂国魄玉器·玉文化·夏代中国文明展"中展出一件神木石峁遗址出土，现由陕西历史博物馆收藏的一件玉铲（图七），该玉铲体扁平长条形，两边有等距离阴刻线，乍一看，相信会与良渚文化的多节型玉琮联系起来。这次玉器展览的图录对该器介绍时正式认为其系玉琮改制而来[20]。戴应新先生对这件器曾有过介绍，他将之归入玉尺形器，认为与测度工具有关，并未提到它与琮的关系[21]。玉琮是史前环太湖地区良渚文化的典型器物，在良渚文化中心区之外的地点多有出土。最远的可达西北齐家文化。叶舒宪先生表示："过去对齐家文化玉琮的起源一直无解，因为良渚文化距离齐家文化过于遥远，缺乏中间过渡区。现在看，石峁玉器可能充当东玉西传的二传手。"[22]这个观点是有一定道理的。

另外，除了上述器类外，在玉璧、玉铲、玉刀、石厨刀等遗物上，陶寺、石峁、芦山峁两两之间也有诸多相似之处。不过如上所言，石峁玉器与陶寺的玉器也有不相同的地方，玉牙璋就是最好的例子。石峁发现的牙璋有 30 多件，大多为墨玉。陶寺迄未发现牙璋。但是在年代晚于陶寺文化的二里头文化中却有牙璋的发现，计有 7 件。而且除了牙璋外，石峁玉器中的大玉刀、窄长条形玉铲、玉戈等都有二里头文化的传统。总而言之，石峁玉器既有陶寺的渊源，亦与二里头文化玉器有密切之联系。

图七　玉铲

五、结　语

石峁古城是迄今为止发现的最大的史前时期遗址，规模大过年代相近的良渚遗址（300 多万平方米）、陶寺遗址（270 万平方米），石城大致呈方形，分内外城。内城面积 210 余万平方米，外城城内 190 余万平方米，总面积超过 400 万平方米。石峁古城的年代被确定在龙山时代晚期至夏代早期之间，相当于公元前 2000 年至公元前 1610 年前后。它与陶寺文化晚期及二里头文化都平行过一段时间。这个时间背景与石峁考古呈现的文化现象与陶寺文化、二里头文化均存在关联是相吻合的。石峁古城的考古发现与陶寺的诸多相似究竟意味着什么？笔者有两点不成熟的看法：其一，毋庸置疑，石峁与陶寺在用玉、彩绘、暴力等方面的相似，说明两个地区间当存在较为密切的互动，可能涉及政治、经济、文化、族群等多个层面，两个地区的社会上层人员可能通过奢侈品（如玉器）的交换、分享建立起物质与仪礼方面的网络。事实上，两个地区距离黄河干流上最长的一段连续峡谷晋陕峡谷都不远，彼此交流不成问题，而且如上所述，与陶寺文化相似的还不止石峁古城一个点，延安芦山峁、神木新华，包括本文中并未展开讨论的齐家文化，可能都是这个跨区域网络中的一个点。其二，在承认陶寺与石峁存在互动的基础上，是否可以进一步推测，两个地区的文化现象之所以有诸多相似，不仅仅只是区域交流的结果，甚至可能是陶寺的部分物质资源、人群以及仪礼习俗转移到了石峁所致。陶寺数十年来的考古发现表明，陶寺的社会形态已经是早期国家。与此同时，在地理上与陶寺甚近，年代略晚的二里头文化也普遍被认为进入国家形态，并且这种认知度较陶寺还要高。但是陶寺与二里头文化却没有渊源关系。陶寺文化晚期之后，在晋南地区出现了二里头文化东下冯类型，其时间上或许和陶寺文化晚期相接近，但文化面貌似不像同一文化的延续[23]。何驽先生多次表示，陶寺晚期是一个动荡的时代，社会混乱。这从陶寺的考古发现上也是可以看出的。一般来说，政治的动荡往往会影响到文化的传承。鉴于陶寺已经进入国家形态，即便该文化晚期发生很大的动荡，凭借其数百年的积累，绝不会去无踪迹，既然它与二里头文化并无渊源，现在石峁考古发现呈现的与陶寺的诸多相似，笔者以为，陶寺晚期文化至少部分向陕北发生转移，与当地文化融合，继续社会进程。

可以说，石峁古城的发现，既丰富了考古学界对于新石器时代城的认识，同时对于我们认识陶寺晚期之后的社会进程也有帮助，它向我们展示了新石器时代晚期至青铜时代早期一个跨地域和时间的文化互动，这种互动，很可能是我们认识中国北方文明进程的一扇窗户。

　　附记：拙文之撰写，缘于2013年夏在首届"世界考古·上海论坛"上聆听了孙周勇先生关于石峁古城新发现的报告后，有些许不成熟的想法，草成此文。文中定有诸多不妥之处，望方家指正！

注　释

［1］ 王炜林、孙周勇、邵晶等：《2012年神木石峁遗址考古工作主要收获》，《中国文物报》2012年12月21日第8版；陕西省考古研究院：《2012年陕西省考古研究院考古发掘新收获》，《考古与文物》2013年第2期；陕西省考古研究院等：《陕西神木县石峁遗址》，《考古》2013年第7期。

［2］ 中国社会科学院考古研究所山西队、山西省考古研究所、临汾市文物局：《陶寺城址发现陶寺文化中期墓葬》，《考古》2003年第9期。

［3］ 参见叶舒宪：《玉文化先统一中国说石峁玉器新发现及其文明史意义》，《民族艺术》2013年第4期。

［4］ 参见孙周勇在2013年8月"世界考古·上海论坛"上的主题报告。孙周勇：《石峁：公元前两千纪中国北方石城》，载首届世界考古·上海论坛重大田野考古和研究成果入选项目，内部资料。

［5］ 中国社会科学院考古研究所甘青工作队、青海省文物考古研究所：《青海民和县喇家遗址2000年发掘简报》，《考古》2002年第12期。

［6］ 可参见《考古与文物》编辑部：《神木石峁遗址座谈会纪要》，《考古与文物》2013年第3期。

［7］ 何驽、严志斌、宋建忠：《襄汾陶寺城址发掘显现暴力色彩》，《中国文物报》2003年1月31日。

［8］ 关于陶寺文化的介绍。可参见中国社会科学院考古研究所：《中国考古学·新石器时代卷》，中国社会科学出版社，2010年，第561—576页。

［9］ 王炜林、孙周勇、邵晶等：《2012年神木石峁遗址考古工作主要收获》，《中国文物报》2012年12月21日第8版。

［10］ 李济：《安阳》，河北教育出版社，2000 年，第 103 页。

［11］ 中国社会科学院考古研究所山西队、山西省考古研究所、临汾市文物局：《陶寺城址发现陶寺文化中期墓葬》，《考古》2003 年第 9 期。

［12］ 中国社会科学院考古研究所山西队、山西省考古研究所、临汾市文物局：《山西襄汾县陶寺城址发现陶寺文化中期大型夯土建筑基址》，《考古》2008 年第 3 期。

［13］ 何驽、严志斌、宋建忠：《襄汾陶寺城址发掘显现暴力色彩》，《中国文物报》2003 年 1 月 31 日。

［14］ 高炜：《陶寺文化玉器及相关问题》，《东亚玉器》，香港中文大学中国考古艺术研究中心，1998 年。

［15］ 高炜：《陶寺文化玉器及相关问题》，《东亚玉器》，香港中文大学中国考古艺术研究中心，1998 年。

［16］ 栾丰实：《牙璧研究》，《文物》2005 年第 7 期。

［17］ 梁星彭、严志斌：《山西襄汾陶寺文化城址》，《2001 中国重要考古发现》，文物出版社，2002 年。

［18］ 戴应新：《陕西神木县石峁龙山文化玉器》，《考古与文物》1988 年第 5、6 期。

［19］ 王炜林、孙周勇：《石峁玉器的年代及相关问题》，《考古与文物》2011 年第 4 期。

［20］ 参见中华玉文化中心、中华玉文化工作委员会编：《玉魂国魄：玉器・玉文化・夏代中国文明展》，浙江古籍出版社，2013 年，第 193 页。

［21］ 戴应新：《神木石峁龙山文化玉器探索（六）完结篇》，《故宫文物月刊》1993 年第 130 期。

［22］ 叶舒宪：《玉文化先统一中国说石峁玉器新发现及其文明史意义》，《民族艺术》2013 年第 4 期。

［23］ 高天麟：《关于庙底沟二期文化及相关的几个问题兼与卜工同志商榷》，《文物》1992 年第 3 期；高江涛：《中原地区文明化进程的考古学研究》，社会科学文献出版社，2009 年，第 75 页。

（原载于《文博》2014 年第 1 期）

石峁皇城台与美索不达米亚"塔庙"对比分析

何　弩

陕西神木石峁城址近年来的考古发掘，取得了震惊世界的重大发现，颠覆了学术界对于河套地区龙山时代文明与国家起源的传统认识[1]。石峁城址总面积约 400 万平方米，内城 190 万平方米，外城约 210 万平方米。皇城台位于内城的中部偏西侧，坐落在一处独立的山峁上，顶部平坦开阔，南、西、北三面沟壑环绕，仅东南部有山体马鞍部与外界相连，封闭性与防御性显而易见。皇城台的最晚使用年代为公元前 2100 年—前 1800 年，或可能始建于公元前 2300 年，公元前 1800 年废弃[2]。

一、皇城台现有的基本认识

皇城台大致呈覆斗状，底部面积约 24 万平方米，四围有砌石护坡石墙，自下而上逐级内收，层层相叠（图一）。皇城台东北侧尚可见 11 级石墙。护墙总高超过 70 米。

皇城台顶部台地大致呈圆角方形，以东墙北段为基准，顶部台地的方向大约为东偏北 30°，即北偏东 60°，面积约 8 万平方米。通过 2013—2015 年的重点调查和 2016 年的发掘，确定了皇城台在石峁城址中的"核心"地位。

图一　皇城台全貌

（引自《考古》2017 年第 7 期第 48 页图三）

图二　皇城台正门全貌

（引自《考古》2017 年第 7 期第 48 页图四）

皇城台门址是上下皇城台的唯一出入口，扼守在皇城台东南马鞍部山梁的西端，由广场、外瓮城、墩台、内瓮城构成，结构十分复杂，规模宏大（图二）。

广场位于门址的最外侧即东侧，以广场南、北石墙为界，规整长方形，南北长 61.9—63.3、东西宽 33.8—34.6 米，面积约 2100 平方米。广场地面并不平坦，大致呈西北高、东南低的大缓坡状，局部残留有踩踏面。广场中央残存一座砌石房址 F1。广场北墙东端向内侧即南侧接出一座砌石遗迹，有可能也是建筑基址。广场东边是否也有围墙，已无从知道，有可能原本东边就是无墙开放式的。广场中南部第 2 层出土铜刀、石范等遗物，应与铜器熔铸有关。门址内第 4 层也出有铜器和石范，暗示皇城台使用期间，也可能已有铜器铸造了。

外瓮城实际就是一座挡住铺石路面的单体建筑，平面呈"凹"字形，夯土芯包砌石墙。外瓮城与门址南、北两墩台配合，将广场西边上下皇城台的通道分流为南、北两门道。外瓮城东墙墙根广场地面下，出土两件完整玉钺，刃部朝上，紧贴墙壁，发掘者认为有意埋入。外瓮城南、北墙上部外立面原本应有石雕装饰，目前见到的有蛇纹（发掘者认为是波浪绦索纹）和双臣字目纹（发掘者认为是人面纹）。

外瓮城两侧南北门道在进入外瓮城之后，便分别被南、北墩台向内伸出的挡墙阻挡转折，相向汇合，再与通往内瓮城的斜坡石板路相接。大部分石板上有长期踩踏形成的光面。

斜坡石板路面西高东低，宽 23.4—25.2 米，若按照 1 陶寺尺 =25 厘米[3]，该路宽约 10 尺即一丈。该路面起建略早，也略宽，后被南墩台北护墙和北墩台南护墙所叠压。或许存在这样一种可能，即最初皇城台门址结构相对简单，广场仅为空场，并无广场南、北围墙，也没有外瓮城和南北墩台，广场西侧直接与上皇城台坡道相接。后来增建广场南、北围墙、外瓮城和南、北墩台，以致南、北墩台的部分边护墙叠压了部分斜坡石板路。

南墩台顶部偏后部（西部）是一座砌石墙房子 F4。北墩台的顶部也有一座大墩台（暂编号为墩台Ⅰ），不知上面是否还有建筑。

内瓮城平面呈曲尺形，南侧为石包土墩台（暂编号为墩台Ⅱ），东边与门道南墩台相接。内瓮城的西墙，将上皇城台的斜坡石板路截断，引导其向北折转。从地势趋势上分析，斜坡石板路会在北部再向南上方折转，在内瓮城的背后即西墙顶部，趋向皇城台顶部。从建筑学角度看，这种反复折转的坡道或台阶，是为了在短距离内，爬上较高位置最有效的技术处理，否则登顶的坡道直线延展非常远，环境空间不允许。

内翁城内第 2 层堆积里，出土环首刀石范残块。如果按照发掘者判断，第 3 层为皇城台门址倒塌堆积，那么第 2 层无疑是皇城台门址废弃后的堆积了。

目前清理了獾子畔地段的皇城台东护墙三个阶梯，长 38 米以上。具体情况简报已有详细介绍，此处不再赘述[4]。值得注意的是，獾子畔地段东护墙第二阶和第三阶都发现了规律排列的"纴木"

（图三）。所谓纤木，类似现代建筑基础处理技术中"加筋土挡土墙"中的"拉筋"（图四），目的是加固地基，使护墙与台基成为一个整体复合结构，在拉筋尾部土压力的作用下，维持台基整体的稳定性，不出现水平滑动和深层滑动等失稳现象[5]。由于皇城台东护墙纤木没有现代拉筋土挡土墙所用的面板和拉筋锚栓头，所以将树根朝外，露在墙面，在纤木尾部土石压力的作用下，成为"锚栓头"。

图三　皇城台东墙纤木与石板
（引自《考古》2017年第7期第54页图一六）

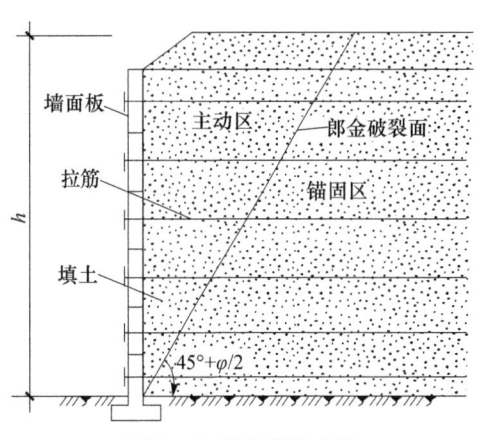

图四　加筋土墙示意图
（引自《土力学地基与基础》第三版图 5-27）

但是皇城台獾子畔东护墙第二阶下排多个纤木洞口下方，树立高矮不一、宽窄各异、厚薄不同的片状石板，紧贴第二阶护墙下部墙体，立于第三阶护墙顶面。给人第一印象，这些石板似乎用于支撑纤木尾端。但仔细观察，这些石板总体上看比较单薄，难以支撑纤木尾端，且纤木整体植入在墙体和台基内，尾端几乎没有重量，何须石板支撑？这些树立石板应另有用途。结合发掘者注意到第三阶护墙顶面用大石板鱼鳞状叠铺，内高外低，应是排水考虑，我们推测，皇城台东护墙上的纤木，除了地筋梁地基加固功能之外，还可能兼有以纤木及其孔洞，排出皇城台台基内部的积水和渗水的功能。

皇城台东护墙，实质上就是现代建筑学中重力式挡土墙里的直立式，主要用于山坡建筑。"挡土墙常因排水不畅而大量积水，使土的抗剪指标下降，土压力增大，导致挡土墙破坏。因而挡土墙应设置泄水孔。"[6]（图五）皇城台四面石墙包护，台顶和台基内的排水不畅，每年雨季，暴雨集中，对包护石墙造成很大威胁，因此，台体排水成了重要的问题。纤木不仅可以作为拉筋，且纤木孔洞兼做泄水孔，一举两得，暴雨季节，将包石挡土墙背后台基的人工填土内的积水排出。纤木孔下树立的石板，很可能是导水的，将水导到第三阶护墙的顶面，再由内高外低的大片盖石，将水排到第三阶外。试想，如果第二阶下排纤木孔泄水下不设竖立的导水石板，从纤木泄水孔排出的水，还会从纤木口下方的砌石缝隙，返渗回台基基础填土。据此可以推测，第二阶护墙下排纤木孔原本可能下面都接着竖立导水石板，目前考古清理发现是残留的

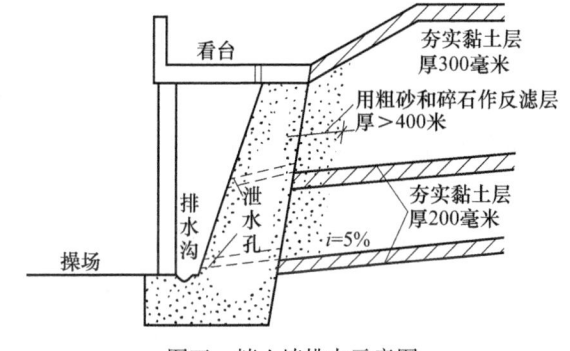

图五　挡土墙排水示意图
（引自《土力学地基与基础》第三版图 5-26）

一些石板。当然，也可能原来就在这些纴木孔下竖立导水石板，因为这几个孔排水量较大，需要导水石板导水并阻止返渗。从大多数纴木孔下没有导水石板看，后者的可能性比较大。但重要的是，现存的纴木孔口下部竖立导水石板，已足证纴木孔的排水功能。

獾子畔东护墙外侧斜坡状堆积可分四层，叠压护墙立面，第1—3层，与皇城台门址和广场的1—3层统一，但是第4层，门址不见，发掘者认为是"皇城台顶部使用时期的弃置堆积"，包含大量灰烬、炭粒、红烧土块、陶器、骨器、石器、玉器，还有一定数量的卜骨，甚至有陶"筒瓦"残片。根据獾子畔第4层出土骨针制作链，发掘者认为皇城台顶东部可能有骨器作坊，以生产骨针为主，同时兼做其他骨器。疑似"筒瓦"暗示皇城台有瓦顶建筑，表明皇城台的"宫城"性质。我们进而认为，玉器多为破碎残件，暗示皇城台上还有用破碎玉器为料加工珠宝装饰品的作坊。卜骨的发现，表明皇城台上还有宗教人士居住，暗示存神庙的可能性。

许多学者都认为，石峁皇城台具有"宫城"的性质，其特殊的建筑形式、结构和复杂的功能，究竟包含着什么文化意义，需要与同类的、功能和文化含义明确的建筑相比较。

石峁发掘结合北方地区石城调查和发掘资料认为，北方地区石城大多都有类似石峁皇城台这样的"核心台城"[7]。皇城台可被视为"台城"的典型代表，而且是目前北方石城里"核心台城"考古发掘工作最充分的、结构最清楚的、规模最大的、等级最高的。那么将皇城台与北方其他石城里的"核心台城"对比，于事无补。

陶寺遗址的宫城与皇城台时代大致相当，却非台城，在建筑结构和形态上与皇城台没有可比性。

良渚城址内莫角山宫殿区可以作为"台城"的一个类型，是利用自然山岗的东边缘，人工堆筑东部沼泽而建造一座巨大的台地，整体地名称"古尚顶"，位于良渚城内的正中，整体呈规整的长方形覆斗状。底边东西长约630、南北宽约450米，面积近30万平方米。顶部东西长约590、南北宽约415米，面积近25万平方米。相对高差10—12米。莫角山古尚顶"台城"上，有大莫角山、小莫角山、乌龟山三座大型建筑高台[8]。

良渚莫角山古尚顶"台城"，虽为人工堆筑，但仅利用部分自然山体东缘，并未坐落于山峁上，由于石料资源的限制，也没有包石护墙，未见复杂的门址和反复曲折的上下"台城"步道，从建筑结构和建筑技术上，与石峁皇城台分别属于不同的"台城"类型。

与石峁皇城台建筑结构与技术更为类似的是美索不达米亚的"塔庙"（Ziggurats）。

二、美索不达米亚塔庙的基本结构与功能

美索不达米亚的"塔庙"一词源于阿卡德语"zigguratu"，意思是"顶峰"或者"高地"，起源于苏美尔的乌鲁克时期，约公元前3000年[9]。埃里克（Erech）等其他一、两个遗址的资料表明，塔庙最初的形态是一座面积大约1英亩（约4000平方米）的土坯包踩踏土（trod-den clay）建筑的台基，作为神庙的基础台地，有直坡道或环形坡道上下[10]。这里的所谓踩踏土，或许是类似黄河中游地区的夯土，将台基人工填土用踩踏的方式压实挤密。后来发展出在大台基上叠加面积逐层缩小的台子，从开始的四级，发展到最终七级。大多数塔庙都是踩踏土和土坯构成的台基芯，外包厚厚的砖墙面。塔庙上下层级台基之间，有芦苇和沥青构建的排水道（dump courses），台基外侧设置

了泄水孔（图六）。这样做排水是非常必要的，虽然美索不达米亚南部总体降雨量偏少，但是降雨集中成为暴雨。排水道和泄水孔只能在一定程度上限制积水对于台体的渗透，不能完全杜绝。土坯台基芯被水浸泡软，在上层级台基重力的作用下，鼓胀并扭曲变形。

图六　乌尔塔庙残迹
（引自《古代美索不达米亚社会生活》图 6.5）

塔庙的功能主要用于人神沟通，作为神升天降地的天梯。通常塔庙上下建有两个庙：塔庙顶部高高在上的"高庙"用于祭祀在天之神，塔庙脚下的"低庙"用于迎接天神降临大地。塔庙无疑以其壮丽的结构，主宰其城市，在美索不达米亚南部平坦而单调的地貌景观中，很远便引人注目。塔庙脚下的"低庙"，是一座城市的主要神庙，是城市主要节庆中心[11]。

乌尔塔庙可追溯到公元前三千纪晚期，今天保存了第一层全部、第二层部分护墙和残余的第三级台基。第一层台基大致呈矩形，四面略向外凸出，台基四角分别指向东、西、南、北四个方向，面积逾 2400 平方米，高达 15 米。从塔庙的底部到现存顶部，高达约 21 米。乌尔塔庙的上下直坡道设置在第一层台基的东北面，与该建筑其他角落伸出的台阶相连。乌尔塔庙为土坯台基芯包砖。台基四面有排水道，将台顶的雨水导到地面上；而台基四面密布泄水孔，排出台基内部的渗水。

据信，每座塔庙的顶部有一座神殿，规模不是很大。每座塔庙都专职服务于一位已经获得永生的天神[12]。

塔庙上只有神庙，没有宫殿，城市中的神庙与宫殿是分离的。但是美索不达米亚的塔庙，可能是用城墙封闭起来的一座神殿和附带的一个大型或双座庭院。这些庭院是具有各种功能的办公场所，包括祭司官员们管理地产事务和以为神服务的名义进行的商品交易的房间。在神庙的工作人员中，还有会计、司库、书记员、信使、守卫、制造礼器的手工业工匠、编织工、裁缝女工、理发师[13]。

在美索不达米亚各城的神庙里，都发现有某种题材的浮雕。浮雕一般是预先镌刻在正方形的石灰岩石板上，再固定或镶嵌在神庙的某部位。浮雕的内容多为带有叙事性质的场景[14]。

三、石峁皇城台与美索不达米亚塔庙的对比

石峁皇城台与美索不达米亚塔庙有许多相似之处，也存在着一定的差异。

地理环境方面，石峁皇城台与美索不达米亚塔庙所处的气候环境，都是干旱、降水少的地区，

但是降水集中，易形成暴雨。

从建筑形态与结构上看，都是人工建筑的山台"台城"。略有差异的是，皇城台建于山峁之上，塔庙则建于美索不达米亚平原。总体上呈长方形，台基上建台基，逐级缩小规模，呈台阶状直至顶部台基。每层台基的四周都有包边护墙，不同的是皇城台就地取材用砌石包护墙面，塔庙大多用土坯包护墙面，个别更高级者用包砖护墙。

由于暴雨集中，积水和台基内渗水对台基本体危害极大。因此皇城台和塔庙都特别注重排水工程设计。台基外立面都设计了泄水孔，皇城台是利用纴木孔兼做泄水孔。塔庙更在台基外立面做垂直排水沟槽，将台顶积水直接导到地面。皇城台东护墙则在必要的部位，在纴木泄水孔下竖立导水石板，将排出的水导到下层台顶。由于台基内人工填土土质不同，塔庙台基内不使用纴木。

皇城台和塔庙都有富丽堂皇的正大门，上下的通道由斜坡直道与折转坡道相结合，在短距离内上下高差悬殊的"台城"。

苏美尔塔庙有一定的指向性，台基四个角分别指向东、南、西、北，可推知其东墙方位角为北偏东45°。皇城台东护墙方位角大约为北偏东60°，这个方位大致是石峁城址所在地区夏至日出方位，皇城台台基也有一定的方位指向性。

美索不达米亚神庙的入口往往设置在神庙的东北或东南方。皇城台入口设置在台基的东南马鞍部。

从功能上看，美索不达米亚塔庙神庙与宫殿分离，是比较单纯的以神庙核心的宗教建筑综合体。皇城台的功能比较复杂。卜骨的出土，表明皇城台顶有可能有神庙建筑，有待今后发掘验证。而石峁城址内，皇城台兴建最早，规格最高，因而石峁城址最高统治者的"宫城"，除了皇城台似乎再别无选择。獾子畔出土的筒瓦，既可用于神庙建筑，当然也可以用于"宫殿"建筑。美索不达米亚塔庙通常是一座城市的地标制高点，力求象征与天神接近。石峁皇城台的地势，却低于外城东门门址，显然不是全城的地标制高点，没有像塔庙那样力求更接近天神，也暗示皇城台顶可能还包含有统治者的"宫殿"，彰显石峁统治者对于天神的敬畏和谦卑。美索不达米亚早期城邦的统治权力经历一个发展变化过程，最初城邦的统治者就是高级祭司"恩"（en），后来随着城市的发展，市政管理工作的复杂，才分化出了"统治者"恩西（ensi），战争爆发时长老顾问团或公民大会才临时任命一位"伟大的人"卢伽尔（lugal），战争频仍，"伟大的人"卢伽尔的军权才得以固化[15]。石峁皇城台始建初期，也有可能"大祭司"就是城址的管理者和统治者，后王权与军权固化后，统治者与祭司分化，皇城台建设王的住所"宫殿"。美索不达米亚的神庙与宫殿的建筑形式主要区别在于，神庙的神殿是独立的单体建筑，附属建筑才是一座或双院落；宫殿则是复杂的院落、密集的小房间。石峁皇城台上，如果存在神庙和宫殿的话，是否也采用美索不达米亚神庙和宫殿的模式，还有待今后的考古发现来探索。

美索不达米亚公共祭祀通常会在神庙外的宽大的院落里进行，就像今天欧洲人聚集在圣彼得广场，教皇站在自己的阳台上领着他们一起做祈祷[16]。对比皇城台门址前广场，有南北院墙，在这里举行公共祭祀也是比较理想的。当然，广场也可以兼做他用。

此外，獾子畔出土完整的"骨针制作链"足证皇城台上还有骨器加工作坊及工匠生活，獾子畔发掘30立方米的土内筛出超过250枚骨针，数量巨大，显然不仅仅是服务于神庙的缝纫女工用品能解释得了的，应当是骨针商品生产。在四千多年前，骨针的制作，特别是商品化量产，技术上还是有一定难度的，虽不是高科技，但是磨制于细微针鼻打孔技术是常人难以掌握的，所以骨针商品生产的利润在当时应该是比较高的。

獾子畔出土的玉器多为碎片、残件，有可能是打碎了废弃了。但是鉴于玉器残件改制是极为常见的现象，我们推测这些碎玉器也有可能原本作为首饰加工的材料。根据这些碎玉器于骨器商品加工遗物混出，我们认为獾子畔出土的碎玉器作为首饰加工材料的可能性更大。那么，皇城台上，除了骨器商品生产，还有首饰加工业。美索不达米亚有着发达的珠宝首饰加工业，珠宝匠享有很高的社会地位。拉萨尔一座公元前18世纪的神庙作坊中，发现了一位名叫伊尔苏-伊布尼苏的珠宝匠的珠宝清单，他在罐子放了珠宝加工工具、67个小砝码以及首饰零件包括玛瑙珠、玉髓珠、赤铁矿珠和青金石珠等[17]。参考拉萨尔神庙内珠宝工匠的清单以及美索不达米亚神庙管理人员普遍从事以神的名义的各种商业贸易，我们推测石峁皇城台上有治玉首饰手工业，也有可能是从属于神庙的首饰商品加工业。

美索不达米亚在公元前3750—公元前2900年进入青铜时代，冶金术发明。早王朝时代（公元前2900—前2334年）的乌尔王陵，出土了较多的青铜工具。石峁皇城台门址内第4层也出有铜器和石范，暗示皇城台使用期间，也可能已有铜器铸造作坊。此时恰恰是铜器铸造技术从北方地区向中原传播的重要时刻，铜器铸造技术在当时属于重要的经济技术，被皇城台上的神庙管理者所控制，制作铜工具如刀、镞、锥等商品，为神庙赚取更大的经济收益，这种可能性也是存在的。

我们曾经提出过市场的四项考古指标，空场、选址的可及性、有关市场交易行为的特殊遗物、市场与生产地共处同一聚落[18]。对比石峁皇城台门址外广场，在空间上符合市场的空场要求。虽然皇城台门址外广场在选址上不直接表现为各聚落汇聚于此在空间距离上的可及性，但是，由于皇城台为台城"塔庙"，首先是朝圣的中心，那么门外广场原本作为公共祭祀场所，便有了"天然"聚众的功能，间接满足了选址可及性要求。有关市场交易行为的特殊遗物包括各种陶质或石质算筹（通常认为的纺轮或小玩具陶器）、标准量器、衡器（砝码）、一般等价物（货币），甚至没来得及收走的待售货物等。皇城台门外广场发掘时地面非常干净，有关市场交易行为的特殊遗物这一条判断标准已无从适用了。皇城台上有生产作坊，门前广场如果做交易市场的话，符合市场与生产地共处同一聚落的标准。因此，从总体上说，皇城台门外广场作为交易市场的可能性还是比较大的。当然，广场首先是作为公共祭祀的场所，由于聚众，顺其自然地兼做市场。值得注意的是，石峁偌大一座城市，不可能仅靠皇城台的手工业经济支撑整个社会的经济命脉，所以皇城台上的手工业商品生产，虽然附加值高、利润高，但是生产规模毕竟有限，应当还是像美索不达米亚神庙一样，专属于神庙经济的产业，主要生产骨针、首饰、铜器等商品，在皇城台门前广场上出售，直接为神庙组织谋取利润。如此，"庙产"手工业作坊便与神庙有了共存的理由，这样的"宫城"聚落形态模式，同以陶寺为代表的中原政治中心型都城"宫城"模式，存在着巨大的差别，陶寺的宫城内没有宫城使用时期的手工业作坊。这提醒我们，不能用中原的都城及宫城模式来套石峁城址及皇城台。

从装饰艺术的角度看，美索不达米亚神庙有嵌入式浮雕装饰石板。皇城台北墙西段第四级石护墙面有嵌入式的菱形"眼纹"石饰[19]。我们推测陶寺宫城地表以上墙体为土坯夹心墙[20]，墙表面既无石峁皇城台这样的包石，也没有乌鲁克塔庙的台基的外墙面包砖，因而陶寺没有这样的墙面装饰艺术。

四、结　语

本文对比石峁皇城台和美索不达米亚塔庙，分析二者的异同，并非试图在此探讨石峁集团的文明与美索不达米亚文明的关系，这个问题要在石峁城址以及皇城台今后进行更多的考古发掘与研究，发现更多的资料和线索后，再来探讨，目前时机尚未成熟。本文只是本着"他山之石，可以攻玉"的想法，提出美索不达米亚的塔庙及其组织结构、社会背景、经济基础，对于考古探索和解读皇城台更有启发和借鉴意义，不能套用陶寺都城和宫城模式，否则很可能会走弯路，非常费解。

附记：本文得到"中华思想通史·原始社会编"项目经费资助。

注　释

［1］　陕西省考古研究院、榆林市文物考古勘探工作队、神木县文体局：《陕西神木县石峁遗址》，《考古》2013年第7期。

［2］［4］［7］　陕西省考古研究院、榆林市文物考古勘探工作队、神木县石峁遗址管理处：《陕西神木石峁城址皇城台地点》，《考古》2017年第7期。

［3］　何驽：《怎探古人何所思——精神文化考古理论与实践探索》，科学出版社，2015年，第153—167页。

［5］　周汉荣、赵明华：《土力学地基与基础》（第三版），中国建筑工业出版社，1997年，第113、114页。

［6］　周汉荣、赵明华：《土力学地基与基础》（第三版），中国建筑工业出版社，1997年，第113页。

［8］　浙江省文物考古研究所：《良渚古城综合研究报告》，文物出版社，2019年，第138—172页。

［9］　〔美〕斯蒂芬·伯特曼著，秋叶译：《古代美索不达米亚社会生活》，商务印书馆，2016年，第211页。

［10］　Saggs H W F. *Civilization before Greece and Rome*. Yale University Press, 1989: 56.

［11］　Saggs H W F. *Civilization before Greece and Rome*. Yale University Press, 1989: 57—58.

［12］　〔美〕斯蒂芬·伯特曼著，秋叶译：《古代美索不达米亚社会生活》，商务印书馆，2016年，第211—214页。

［13］　〔美〕斯蒂芬·伯特曼著，秋叶译：《古代美索不达米亚社会生活》，商务印书馆，2016年，第135—138页。

［14］　于殿利：《人性的启蒙时代——古代美索不达米亚的艺术与思想》，故宫出版社，2016年，第339页。

［15］　〔美〕斯蒂芬·伯特曼著，秋叶译：《古代美索不达米亚社会生活》，商务印书馆，2016年，第72、73页。

［16］　〔美〕斯蒂芬·伯特曼著，秋叶译：《古代美索不达米亚社会生活》，商务印书馆，2016年，第135页。

［17］　于殿利：《人性的启蒙时代——古代美索不达米亚的艺术与思想》，故宫出版社，2016年，第339页，第127、128页。

［18］　何驽：《黄河流域史前商品经济及其考古指标和相关问题试析》，《李下蹊华——庆祝李伯谦先生八十华诞论文集》，科学出版社，2017年，第157—177页。

［19］　陕西省考古研究院等：《发现石峁古城》，文物出版社，2016年，第38页。

［20］　何驽：《湿陷性黄土地基：陶寺城墙建筑技术的关键问题》，《华夏考古》2018年第6期。

（原载于《南方文物》2020年第1期）

石峁立鸟陶器源流追溯

刘文强

一、形制与出土情况

2016 年 5—12 月，陕西省考古研究院石峁考古队对石峁遗址皇城台地点进行了局部发掘[1]，在皇城台东护墙北段的"弃置堆积"中出土了大量的骨针、卜骨、陶片等遗物，经过后期的整理拼对，考古人员于出土陶片中修复出了十几件类似陶鹰的立鸟陶器（出土位置见图一），此类立鸟陶器残高 50—60 厘米，身体部位塑造得栩栩如生，整体呈展翅伸颈状。石峁遗址考古发掘项目负责人孙周勇先生初步认为"如此大体量的新石器时代动物造型陶塑在国内实属罕见，从造型与结构来讲，陶鹰肯定不是实用器，可能与王权或曾经在皇城台进行的宗教祭祀公共活动有关"[2]。2018 年 2 月，孙周勇先生在《知道中国》的讲坛上也曾感慨："我们可以想象，在这样一个固若金汤的皇城台的台体上，我们从一个很小范围内的倒塌堆积里头就发现了十余件的陶鹰，如果这个陶鹰当年放置在皇城台的某一个部位上，将是如何的壮观，如何的具有威慑力。"同时通过这个节目，我们也知道了立鸟陶器的喙部有着十分精细的朱砂涂抹[3]。2018 年 10 月，陕西省考古研究院在《考古

图一　立鸟陶器出土地点东护墙北段位置图（东→西）

（陕西省考古研究院等：《陕西神木县石峁城址皇城台地点》，《考古》2017 年第 7 期，图三）

与文物》上首次正式刊布了石峁皇城台所出土的立鸟陶器的照片（图二）[4]。立足于此次公布的照片以及之前的相关信息，笔者也认为此类立鸟陶器当非实用器，虽现在尚无法判断其是否与祭祀等宗教活动有关，但若是十余件器物均是统一的此类造型（图二、图三），至少说明了此类非实用器的立鸟陶器在石峁人群特别是其高层人群中有着一致的形制认同。若是可以明晰石峁立鸟陶器的源流发展，或许一定程度上也可以解开对立鸟陶器有着共同认同的此支石峁人群的来源和去向。有鉴于此，本文拟对石峁立鸟陶器前后的史前鸟形遗物等做一全面梳理与对比分析，以期对此类陶器本身以及石峁文化来源等相关问题的研究有所裨益。

 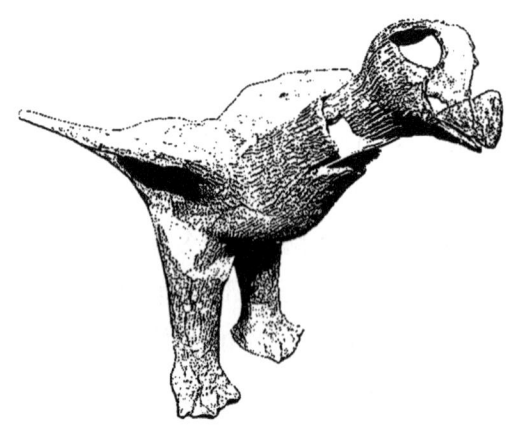

图二　石峁立鸟陶器照片

（陕西省考古研究院史前考古研究室：《2008—2017
陕西史前考古综述》，《考古与文物》2018 年第 5 期，图一九）

图三　石峁立鸟陶器线图

（笔者自绘）

二、早于石峁的鸟形器物及立鸟形象

石峁遗址的测年范围为距今 4300—3900 年[5]，石峁立鸟陶器当然也属于这一年代范围。而史前时期，在早于石峁遗址的诸多文化中，也发现有较多鸟形器物或者带有立鸟类形象刻画或绘画的史前遗物，下文分区予以梳理。

1. 中原地区

宝鸡北首岭遗址曾出土一件彩陶壶（M52：1），肩腹处用黑彩绘画着一只水鸟，水鸟的嘴部紧衔着一条大鱼或黄鳝的尾巴，形象十分生动逼真（图四，1）[6]。无独有偶，武功游凤出土的一件彩陶壶的同样位置亦有着鸟与鱼的构图（图四，2），不同的是，这次是夸张的鱼嘴中有个鸟首[7]。临潼姜寨遗址亦出土有彩陶壶一件，壶的腹部和底部绘有鸟首图案（图四，3）[8]。此三件彩陶壶均属于仰韶文化半坡类型，是中原地区目前为止发现的年代最早的鸟纹及立鸟类纹饰遗物。

除却半坡类型时期彩陶壶上的鸟纹外，仰韶文化庙底沟类型的彩陶上亦有大量的鸟形纹饰。此类鸟形纹饰大致可分为两类，一类为侧面站立或飞翔的鸟形纹（图五，1—5），多见于华县泉护村等遗址；一类为正面鸟形纹（图五，6—10），在芮城大禹渡村、华阴西关堡、陕县庙底沟等地均有发现。此两类鸟形纹均既有写实图案，亦有逐渐演变而成的抽象鸟纹。至于其具体发展演变轨迹，已有学者对其做过系统梳理[9]。

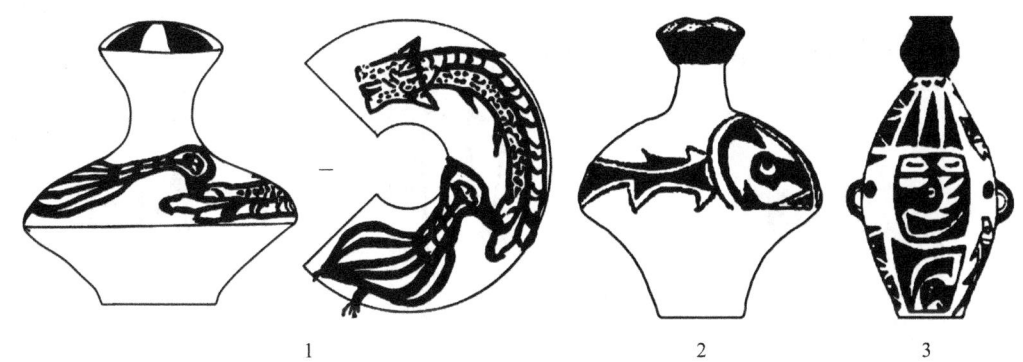

图四 仰韶文化鸟纹彩陶壶

1. 北首岭 M52 : 1 2. 武功游凤（据《中国彩陶图谱》图 1505） 3. 姜寨（ZHT14H467 : 1）

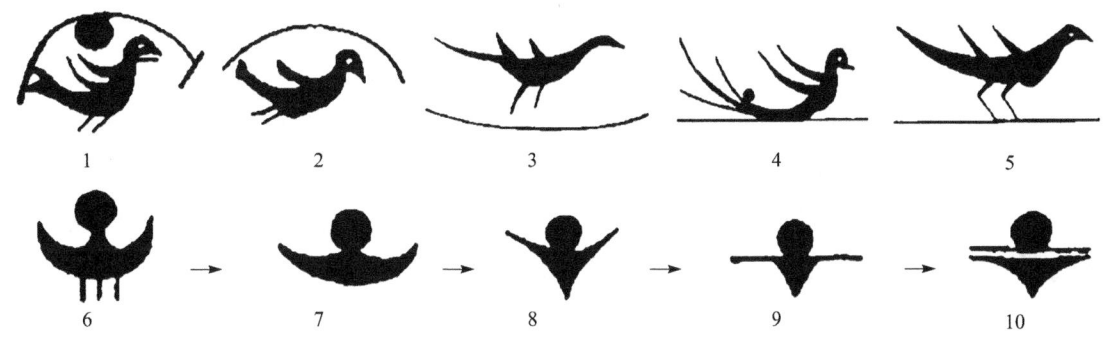

图五 庙底沟文化彩陶中的侧面、正面鸟形纹饰

1—5. 侧面鸟形纹举例 6—10. 正面鸟形纹及其演变推测图

（1—5 华县泉护村；6 芮城大禹渡村；7 华阴西关堡；8 陕县庙底沟；9 洪洞；10 夏县）

（《中国彩陶图谱》图 82—图 84）

　　另外，河南汝州地区曾出土较多庙底沟类型时期的大型陶缸，其中有些陶缸外腹部绘制的彩绘图案中有立鸟纹饰。阎村出土的"鹳鱼石钺图"彩陶缸便是其中最著名的一件（图六，1）。[10] 此件彩陶缸的外腹部用黑彩白彩绘制有鹳鸟衔鱼及石钺两个图案（图六，2），其中左侧鹳鸟为站立状，喙部衔着一条鱼的头部，微微后倾的身体表现出了所衔之鱼有着不小的重量，整体恰似刚从水里捉到鱼并完全叼离水面的场景；右侧描绘着一件有着华丽柄部的带柲石钺或玉钺，因史前时期的玉石钺与王权有着密不可分的关系[11]，故右侧图案亦可视为权杖一类的物品。此件陶缸上的图案虽然依旧写实，但可能已经有了重要的象征意义[12]，甚至有学者推测鹳和鱼分别代表了互相敌对的两个部族，而鹳衔鱼的图像则可能对应了鹳之一族对鱼之一族的征服或者是某次战斗的胜利[13]。汝州洪山庙遗址出土的一件陶缸外部亦有着鸟形的彩绘图案（图六，3），此件的图案亦是位于彩陶缸的外腹部，图最中为一只乌龟，伸颈、张口、四趾张开作奔跑状，乌龟两侧各立一鸟，长颈、昂首、张口、两腿前倾作阻拦状，原报告称之为"双鸟戏龟图"[14]。此类大口缸多为仰韶文化庙底沟时期的瓮棺葬具，于其上绘制鸟类纹饰伴随逝者安葬，应该不只是用于装饰。

　　陕西华县太平庄 1958 年发掘出土一件陶鹰尊（图七），亦有学者称之为陶鸮尊、鸮鼎[15]等，此件立鸟姿态陶器高 36 厘米左右，鹰目瞬视，威严庄重，造型浑厚质朴[16]，是一件难得的史前艺术品，兼具盛放物品的实用容器功能，既可作为实用器供人使用，又可作为献祭容器等在宗教活动

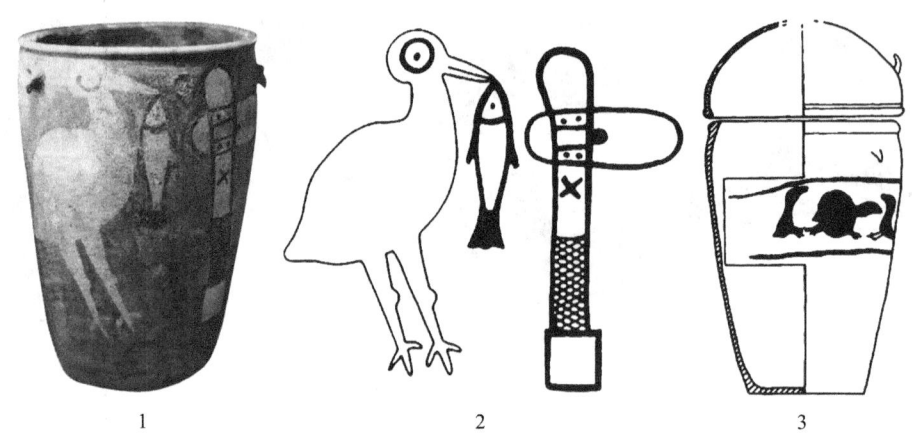

图六　陶缸上的立鸟形象
1. 汝州阎村"鹳鱼石钺图"彩陶缸（《中国文物定级图典·一级品上卷》，图004）
2. 汝州阎村陶缸彩绘的展开线图　3. 汝州洪山庙"双鸟戏龟图"彩陶缸（W84：1、W84：2）

中发挥作用，是中原地区目前发现的年代最早的大型鸟形陶器。此件陶鹰尊出土于仰韶文化墓葬之中，墓主是一名30—40岁的成年女性，原报告认为鹰尊的年代属于仰韶文化中期的庙底沟类型[17]，亦有学者认为其当属于仰韶文化晚期[18]。

华县泉护村遗址曾出土陶质鸮面器盖一件（H1024：782；图八，1）[19]，该遗址出土的彩陶盆上亦有若干鸮面图案（H1008：02；图八，2）[20]。该遗址于1997年再次发掘时出土了较多鹰、雕等猛禽类的动物骨骼，证明了陶鹰尊、鸮面器盖等较为写实的遗物在制作过程中应该有着相应的实物原型参考[21]。

图七　华县太平庄陶鹰尊
（《关于仰韶文化的若干问题》，图一二）

2. 甘青地区

马家窑类型彩陶图案上亦有若干鸟纹题材，据张朋川先生梳理，可分为侧面鸟纹与正面鸟纹两大类，只是马家窑的鸟纹写实的不多，仅见于天水杨家坪与永登蒋家坪等遗址（图九），其余的更多是由写实鸟纹演化而成的抽象鸟纹[22]。

3. 东北地区

内蒙古敖汉旗的小山遗址[23]及南台地遗址[24]曾出土多件尊形陶器，此类尊形器的下腹部多有一圈刻画动物形象的纹饰，其上鸟、鹿、野猪等刻画动物形象依稀可辨

图八　华县泉护村鸮面
1. 鸮面器盖（H1024：782）
2. 彩陶鸮面纹饰（H1008：02）

（图一〇）。小山遗址及南台地遗址均属赵宝沟文化，其陶尊纹饰内的鸟纹是东北地区目前发现最早的鸟类形象。

牛河梁第十六地点四号墓曾于墓主头部位置出土鸟形玉器一件（图一一），此墓为十六地点的中心大墓，鸟形玉器（原文作玉凤）出土时枕于墓主头下，此墓还出土玉立人、玉箍、玉镯等重要遗物。此件玉凤长19.5厘米[25]，不仅尺寸较大，也是目前在红山文化中发现的此类造型的唯一一件遗物，应当是墓主生前比较重要的物品。

图九　马家窑彩陶上的鸟纹举例
1. 天水杨家坪　2. 永登蒋家坪

图一〇　小山遗址动物纹陶尊及其图案纹饰
1. 动物纹陶尊（小山 F2②：30）　2. 动物纹饰展开图

图一一　红山文化鸟形玉器
（出土于牛河梁第十六地点 M4，
《牛河梁遗址》，图90）

此外，红山文化还曾出土多件玉鸮。红山玉鸮的形制、尺寸相对比较统一（图一二），主要出土于辽宁阜新胡头沟[26]、喀左东山嘴[27]、内蒙古巴林右旗那斯台[28]等遗址，目前发现的当有十件以上。此类玉鸮多呈站立状，两翅微张或垂于两侧，是休息或者伺机而动的静态玉鸮，具有浓郁的区域特点。

4. 海岱地区及淮河流域

山东莒县陵阳河遗址1979年出土一件鸟首盖高柄杯（图一三，1），此件器物高17.4厘米[29]，鸟首位于器盖之上，昂首，嘴部微张，两眼圆突，是海岱地区比较少见的鸟类形象陶器。

蒙城尉迟寺遗址曾出土一件立鸟陶器（图一三，2），陶器的顶部有一只静态的立鸟造型[30]。因此件陶器的整体造型和陵阳河遗址陶尊上的形刻符比较相似[31]，也有学者认为此件器物可能是形符号的母题或者原型[32]。

蒙城尉迟寺前后几次发掘出土有上千件大汶口文化晚期的典型陶器[33]，其陶器中还有典型的陵阳河及其周边遗址出土的"日月纹"等陶尊刻符，因此，尉迟寺遗址也属于大汶口文化的一个地方类型，或者属于大汶口文化西走的一支人群，尉迟寺的立鸟陶器和陵阳河的鸟首盖高柄杯也均是大汶口文化的遗物。

除了大汶口文化晚期陶器上的立鸟题材外，海岱地区关于鸟类题材的遗物最为常见的是圭等玉器上的相关刻画造型。如台北"故宫博物院"馆藏玉圭（图一四，2）、天津艺术博物馆馆藏玉圭

图一二　红山文化玉鸮

1、2、5. 阜新胡头沟出土　3、7. 阜新采集　4. 喀左东山嘴出土　6、8、9. 巴林右旗那斯台遗址出土

10. 馆藏玉鸮拓片（馆藏地点不详）

（参见常素霞编著：《中国古代玉器图谱》，河北美术出版社，1999，图 17、21、24、26、19、41、23、30、32、172）

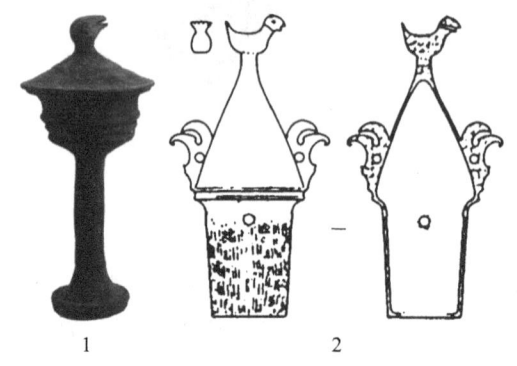

图一三　陵阳河及尉迟寺遗址的立鸟陶器

1. 陵阳河鸟首盖高柄杯（《中国陶瓷全集》第 1 卷
《新石器时代》，图一六〇）　2. 尉迟寺立鸟陶器
（T2318 ⑦：1）

（图一四，3）的中部两面均阴刻有图案[34]。其中一面多为鸟形图案，形制比较一致，多昂首，喙部朝天，两翅微展，双爪半抓并呈站立状。另一面则多为有介形上部及两侧飞翅的图案，这种兼具介形上部及两侧飞翅的图案在两城镇玉圭上亦有出现（图一四，1）[35]。此类刻画及相应的玉圭当为大汶口文化与龙山文化过渡阶段以及龙山文化早中期的遗物，且刻画风格比较统一，自身特点明显，基本未受其他地区考古学文化的影响。类似的鸟形玉圭也见于山西侯马祭祀遗址，此件器物以及山西黎城的刻纹玉钺，当均属于陶寺文化的范畴[36]。

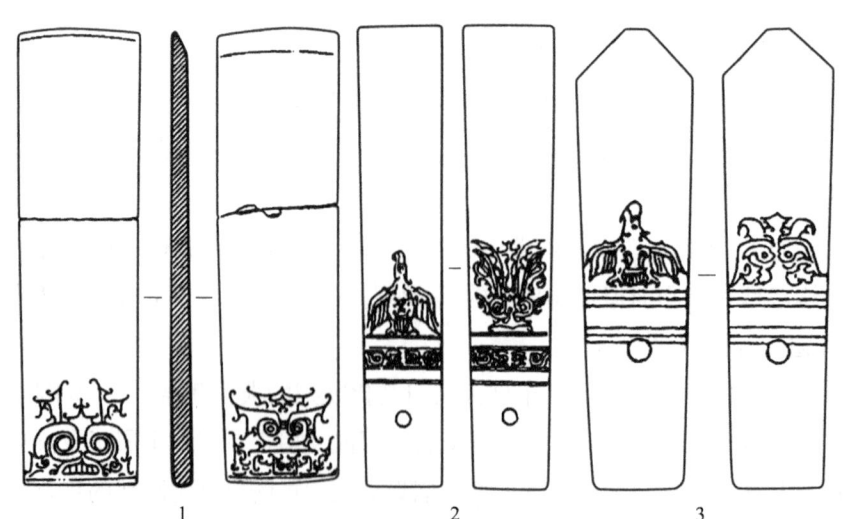

图一四　海岱文化玉圭刻画图案

1. 两城镇玉圭　2. 台北"故宫博物院"藏玉圭　3. 天津艺术博物馆藏玉圭

5. 长江下游区域

长江下游区域的鸟类造型遗物及遗物上的鸟形刻画相对较多，在河姆渡文化、崧泽文化以及良渚文化等诸多遗址中均有出现。

河姆渡文化傅家山遗址曾出土牙雕鸟首一件（图一五，1）[37]，因其下部已残，仅存鸟首及喙部，并其喙部具有明显的鹰嘴特点，原报告亦称之为牙雕鹰首。河姆渡遗址发掘出土鸟形遗物及有着鸟类刻画的遗物多件，其中有木质鸟形器（图一五，2）、象牙碟（鸟）形器（图一五，3）、鸟纹骨匕（图一五，4）、鸟形象牙匕形器（图一五，6）等[38]。田螺山遗址曾出土双鸟冠形器一件（图一五，5）[39]，其双鸟与河姆渡遗址骨匕及碟形器上鸟类造型较为相似，均为两个侧面鸟首向两侧伸出、鸟的身体相接共用的造型，此类造型在河姆渡文化中较为常见。另外，河姆渡文化还出土有两件鸭形壶，此两件鸭形壶较为写实，有着明显的鸭的造型特征[40]，可能更偏重实用器，在此不再赘述。

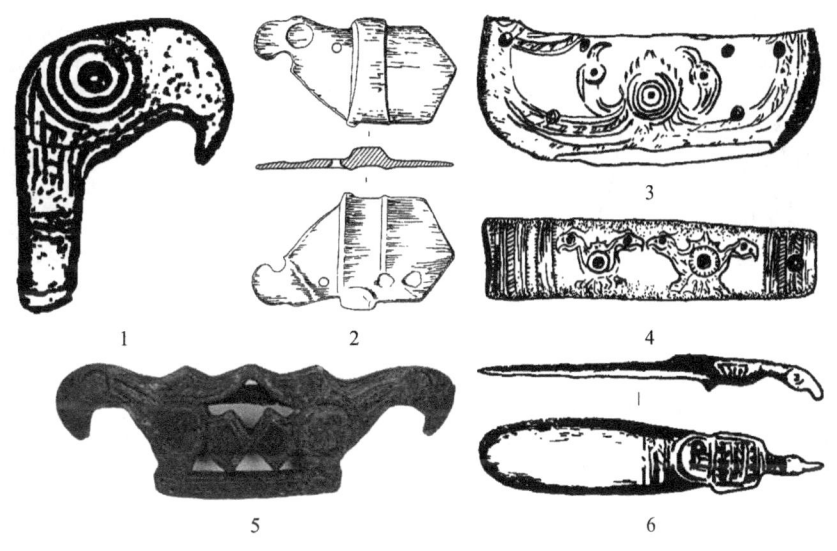

图一五　河姆渡文化鸟形器物及刻画举例

1. 傅家山牙雕鸟首　2. 河姆渡鸟形器　3. 象牙碟（鸟）形器及其纹饰（河姆渡 T226③B：79）
4. 鸟纹骨匕及其刻纹（河姆渡 T21④：18）5. 田螺山双鸟冠形器　6. 河姆渡鸟形象牙匕形器

崧泽文化的鸟形题材遗物主要见于陶器上。其中嘉兴曾出土一件三足鸟形盉（图一六，1），整体为一只鸟的造型，通高 32 厘米，腹围 76 厘米[41]，具备鸟首、鸟身、鸟尾、鸟足等全部鸟的部位，是长江下游地区目前发现的年代最早的以鸟的完整形象为整个陶器造型的遗物。崧泽遗址 M30 曾出土一件黑陶壶，壶底部位有一只昂首立鸟的图案（图一六，2）[42]，从线图可见（图一六，3）[43]，此立鸟细颈长喙，喙部下钩，头顶有长长的羽冠，身体圆润，两腿呈站立状。身体部位内部绘有与太阳纹类似的图案。此鸟从其造型以及腹部的似太阳状纹饰来看，当有其重要的寓意。南河浜遗址墓葬中曾出土鸟形陶器三件[44]，分别为 M11：15、M15：2 及 M59：22，高 11—15 厘米，均为将陶器的上部塑造成鸟首形象，且三件鸟首似都为鸮首（图一六，4—6）。

凌家滩遗址 1987 年、1998 年出土了大量的玉器，有两件玉器的造型具有明显的鸟类形象特征。其中玉鹰（98M29：6）出土于大墓 M29，此墓出土有 3 件玉人、12 件玉钺，另有玉戈、玉

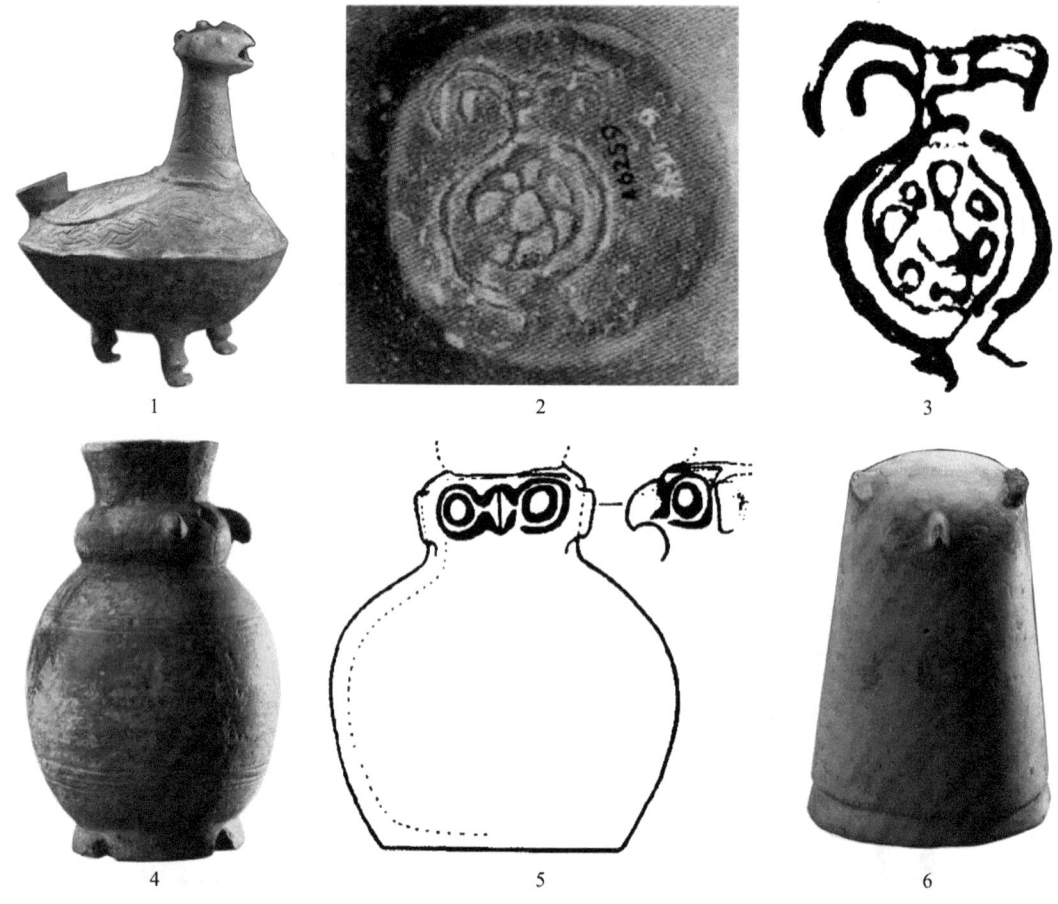

图一六　崧泽文化鸟形器物举例

1. 陶三足鸟形盉（嘉兴博物馆藏）　2. 崧泽 M30∶3 陶壶底部鸟纹　3. 崧泽 M30∶3 陶壶底部鸟纹线图
4. 南河浜 M11∶15 鸟形罐　5. 南河浜 M15∶2 鸟形罐　6. 南河浜 M59∶22 鸟形器
（1、6 据《崧泽·良渚文化在嘉兴》第 44 页图八、第 160 页图三十六；2 据《纹饰的秘密》图 4-3；
4 据嘉兴市文化局：《嘉兴博物馆馆藏文物精品集·器物卷》，浙江摄影出版社，2007 年，第 60 页）

镯、玉环、陶鼎等共计 86 件（组）遗物[45]。此件玉鹰高 3.6 厘米、宽 6.35 厘米，整体呈昂首展翅姿态，喙部下钩，两翅被制作成两个向外的猪首（图一七，1），身体部位有一圆形图案，其内是史前东部及长江中下游流域常发现于重要物品之上的八角星纹。囿于此件玉鹰的独特形制，亦有学者称其为玉鹰猪，并认为其是江淮地区史前土著民族的神祇和图腾[46]。另有一件鸟首玉饰（图一七，2），残高 2.4 厘米，长颈、尖喙、喙部上扬，鸟首眼部位置有一对钻的圆孔，颈部以下残缺[47]。此外，M14 曾出土一件疑似立鸟形玉饰（图一七，3），高 6.4 厘米、宽 1.6 厘米、厚 0.2—0.4 厘米[48]，上部两面均有砣具琢磨的圆弧痕，颇似鸟类的翅膀，下部两道圆弧痕，颇似鸟类的尾羽。此件玉饰虽不是圆柱体，但若是能确定器表确有立鸟类图案，或可为其后中原等地出现的鹰首笄形器找到源头。

另，凌家滩遗址亦出土有多件合符玉璜，玉璜的中部有榫卯结构可供拆分及组合。俞伟超先生认为，此类合符玉璜可能和部落间的联盟活动有关，并辨析出一些合符玉璜的一端为虎形，亦有一些一端为鸟形[49]。如果这个推测成立，那么显然凌家滩这一地区有着以某种鸟类或神鸟为其图腾的部族存在。此外，凌家滩也出土有类似河姆渡文化的鸭形壶（87M9∶56）[50]，显示出两地的密切交流。

图一七 凌家滩遗址鸟形遗物
1. 玉鹰（98M29∶6） 2. 鸟首玉饰（87T1107④∶2） 3. 疑似立鸟形玉饰（87M14∶43）

良渚文化时期，鸟类题材的刻画以及相关的造型更加广泛地出现在良渚文化的遗物之上。其中有陶器上的鸟形图案，有以鸟类形象为造型蓝本的鸟形陶器，有刻画、浮雕于玉琮、玉璧、玉钺等器物之上的鸟类造型，亦有直接制作成鸟类形象的玉鸟等。

良渚文化庙前遗址曾出土一片陶片，陶片上刻画有正在飞翔的鸟（图一八，1）[51]。嘉兴双桥遗址曾出土陶鬶残片一件，其上亦刻画有飞鸟一只（图一八，2）[52]，飞鸟的身体部位有圆圈状纹饰，故有学者称之为飞鸟负日[53]。此两片陶片上的纹饰更多描绘的是一种意境，似有特殊的含义。另，良渚文化亦有部分鸟形造型陶器[54]，因其均较为写实，在此不再赘述。

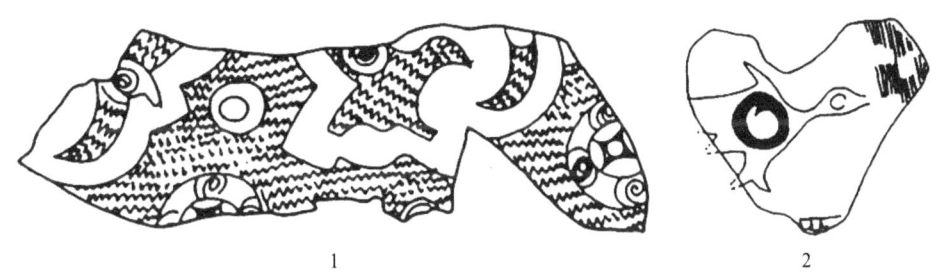

图一八 良渚文化陶器上的鸟形图案
1. 庙前刻纹陶片（H3①∶436） 2. 陶鬶刻纹残片（嘉兴双桥出土）

除却上述刻画鸟纹陶片等，良渚文化的先民更喜欢把鸟类形象表现在玉器之上。而玉器上的鸟类造型主要表现在三个方面，一是玉琮、玉钺等器物表面的鸟形浮雕；二是玉鸟类遗物；三是多节高琮、玉璧表面的"鸟立高台"刻画图案。

鸟形浮雕主要发现于反山遗址。其中反山大墓M12出土的大型玉钺上便有神人兽面与鸟形浮雕共存玉钺一面的现象（图一九，1），此件玉钺为目前良渚文化发现的最精美的玉钺，当为M12墓主的权杖。M22出土的冠状器表面两侧亦有两只浮雕飞鸟，中间有一兽面（图一九，2）。反山墓地出土的多件玉琮表面兽面纹两侧亦均浮雕有两只飞鸟（图一九，3），鸟首朝向两侧[55]。目前反山出土的鸟形浮雕形制比较统一且具有共同的特征：出土于大墓，位于具有一定身份标志特性的重要遗物表面，与兽面纹共存。由此可见，鸟形浮雕在良渚先民的心目中当有着重要的地位。

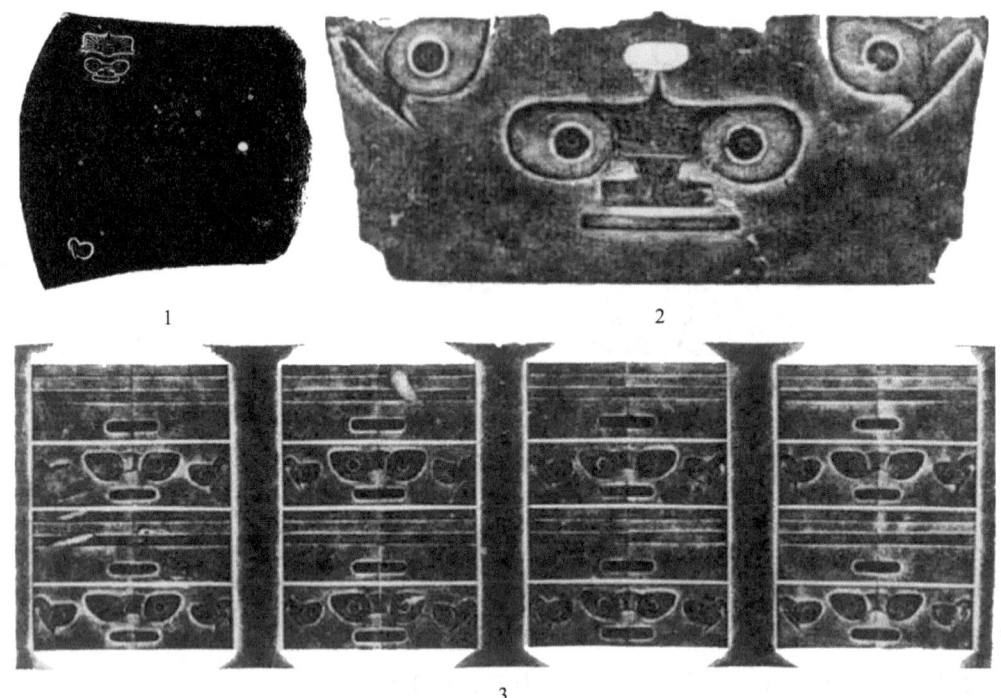

图一九　良渚文化玉器上的鸟形浮雕
1. 反山 M12 玉钺拓片（M12∶100，左下为鸟纹）　2. 冠状器（玉梳背）上的阳雕鸟纹（反山 M22∶11 拓片）
3. 玉琮上的阳雕鸟纹（反山 M20∶124 拓片）

　　鸟形玉器主要发现于反山、福泉山、新地里等遗址。反山遗址曾出土玉鸟多件，形制比较一致，均为双翅展开、未刻画爪部的飞翔中的鸟形象（图二〇，2、3）[56]。福泉山与新地里遗址的玉鸟为侧面立鸟（图二〇，4、5），两者形制类似，唯一的区别是福泉山立鸟呈昂首状[57]，而新地里玉鸟的头部下倾[58]。台北"故宫博物院"征集有两件玉鸟，均为鸟卧高柱之上（图二〇，6、7）[59]。此外，赵陵山遗址曾出土一件玉饰，玉饰的上部为一只鸟的造型（图二〇，1）[60]，鸟的形态与福泉山、新地里以及台北"故宫博物院"的玉鸟较为一致。

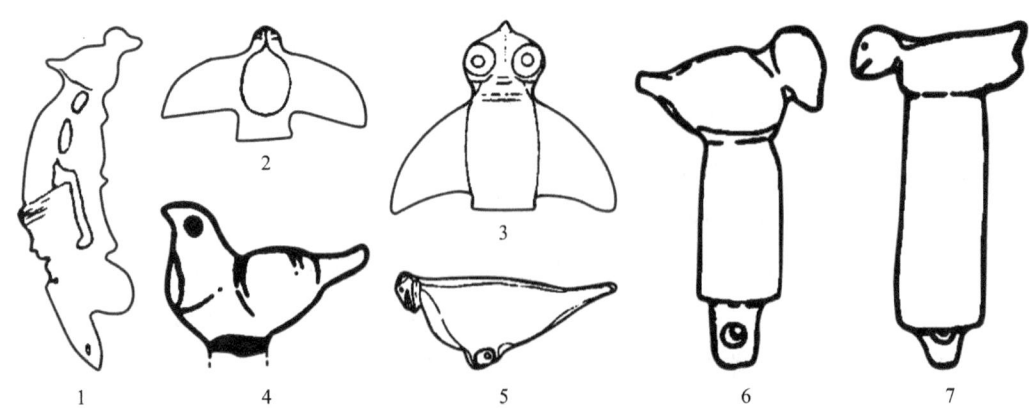

图二〇　良渚文化鸟形玉器举例
1. 赵陵山玉饰（M77∶71）　2. 反山玉鸟（M17∶60）　3. 反山玉鸟（M14∶259）
4. 福泉山 M126 玉鸟　5. 新地里 H11 玉鸟　6、7. 台北"故宫博物院"征集玉鸟饰

"鸟立高台"刻符是常见于良渚文化玉琮、玉璧上的一类刻画图案。此类图案目前发现的共有9例，分别位于少卿山 M7 出土玉璧[61]、首都博物馆馆藏玉琮[62]、台北"故宫博物院"馆藏玉璧[63]、吉斯拉藏玉琮[64]、弗利尔艺术馆馆藏玉璧[65]、良渚博物院征集玉璧[66]等之上。此类刻画符号上部多为一侧面"立鸟"图案，下部多呈三阶高台状（图二一）。只是吉斯拉藏玉琮刻符的上部更似正面展翅的鸟形象（图二一，7），少卿山玉璧为简化版的鸟立高台（图二一，8），以及几幅三阶状台形内部的图案有所差别。总体来说，此类刻符形制相对较为统一，可统称为"鸟立高台"图案。此类图案如若拆分来看，立鸟是典型的良渚文化的造型风格，而三阶状台形遗物以及台形内的刻画又各有来源，三位一体共同组成一个"鸟立高台"复合图案，或与多个部落之间的联盟活动有关[67]。

此外，江苏溧阳曾出土一件玉圭，其正反两面均有阴刻图案，一面图案下部中间位置有一立鸟形象（图二二）[68]。此件玉圭无论器型还是器表的刻画图案，均具有典型的海岱风格，因此该器物虽出土于长江下游地区，却应该是来自海岱地区的物品。

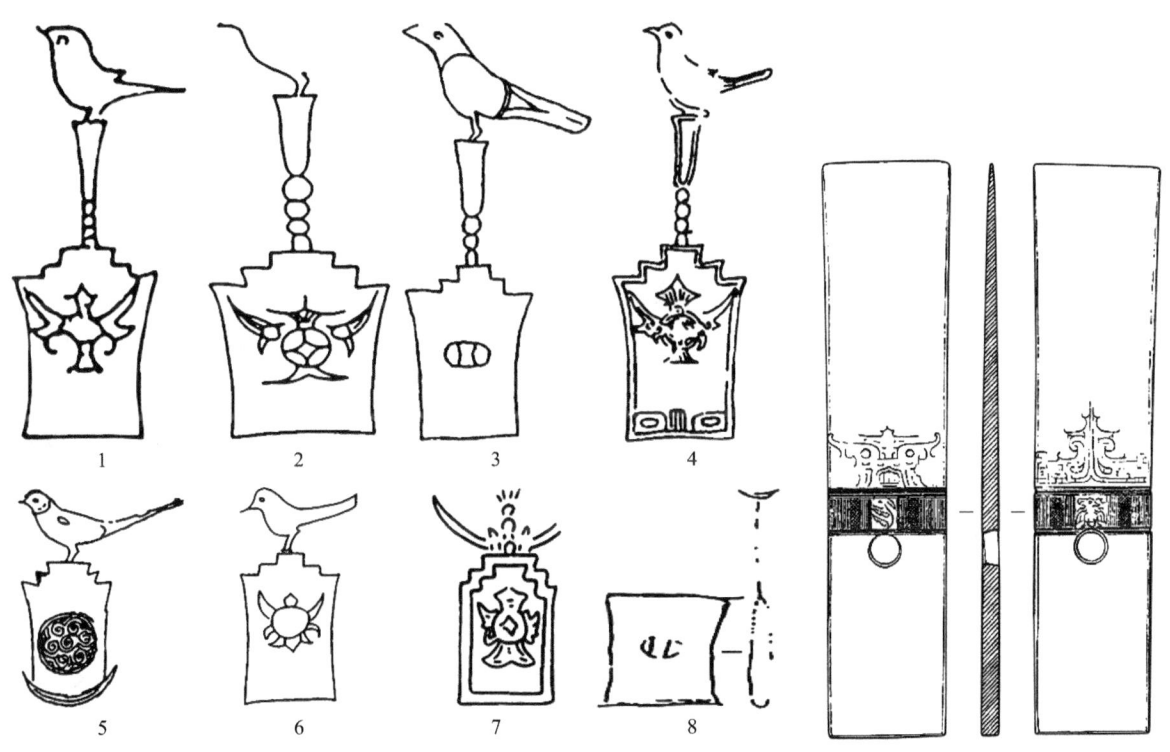

图二一　玉琮及玉璧上的"鸟立高台"刻画图案举例　　　　图二二　江苏溧阳玉圭
1. 首都博物馆馆藏玉琮刻符　2. 台北"故宫博物院"馆藏玉璧刻符　3. 弗利尔艺术馆
3 号璧刻符　4. 弗利尔艺术馆 2 号璧刻符　5. 弗利尔艺术馆 1 号璧刻符　6. 良渚博物院
征集玉璧刻符　7. 吉斯拉藏玉琮刻符　8. 少卿山玉璧刻符（M7 出土）

三、石峁立鸟陶器的来源分析

1. 形制分析

从目前的考古发现来看，中原、甘青、东北、海岱及长江下游地区均有早于石峁立鸟陶器的相关鸟形遗物或刻画等。然而从造型来看，东北、海岱以及甘青地区早于石峁的史前鸟形象有各自的地域特色，且均与石峁立鸟陶器的造型差别较大，不大可能存在直接的影响。因此，石峁立鸟陶器的源头只能在中原以及长江下游地区早于石峁遗址的相关文化中寻找。

从形制上来说，中原地区半坡及庙底沟时期的彩陶鸟纹与石峁立鸟陶器依然存在着较大的差距，只是到了泉护村鸮尊及鸮面陶器盖的时候，才与石峁立鸟陶器相对接近了（但依然无飞翅），并且鸮尊的高度也达到了 36 厘米。其虽不及石峁立鸟陶器五六十厘米的高度，但从尺寸上应该也具备了制作石峁立鸟陶器这种大型鸟形陶器的技术能力。长江下游地区自河姆渡文化便有了诸多的类鸟形遗物及相关刻画，且题材极为丰富，有写实的家禽类（如鸭形壶）、鸮类，有鹰钩嘴的鹰隼类，亦有叫不上名字的神鸟一类；姿态上有站立的、静卧的，也有展开双翅的；尺寸上崧泽时期便有了高 32 厘米左右的鸟形盉。这一地区经过良渚文化的进一步发展，亦具备了制作大型立鸟陶器的经验与技术能力。

因此，仅从立鸟形制而言，长江下游地区与中原地区均有可能与石峁立鸟陶器有渊源关系。然而综合考虑出土地点、使用情景，以及放置立鸟陶器于皇城台之上，这恰与良渚文化器物上的"鸟立高台"图案十分相合。这种暗合，是一种巧合还是良渚文化史前先民的愿景描绘，现在已无法找到直接答案，但是通过石峁及其周边遗址出土遗物与良渚文化遗物的对比分析，或可能从侧面一窥此种暗合的背后原因。

2. 其他遗物比较

以石峁遗址为中心的陕北、晋北史前文化，出土有大量的玉、石器等遗物，而这些史前遗物，很多在当地仰韶文化中找不到承继关系，而更多的是源自长江下游及海岱地区的遗物。而其中，尤以源自长江下游地区良渚文化的最多，具体如下所示。

（1）山西柳林出土的 8 节高琮是典型的良渚文化晚期的高琮形制（图二三，1）[69]，在良渚文化寺墩（图二三，7）[70]、草鞋山[71]等遗址中均有较多发现；石峁遗址出土的"玉尺形器"[72]以及新华遗址 K1 出土的玉铲[73]也是由典型的良渚形制高琮改制而成；芦山峁的几件玉琮[74]，除兽面纹稍有简化外，也基本保持着良渚玉琮的形制。

（2）石峁、芦山峁及新华等遗址出土的多件玉钺及玉刀、玉镯、玉环、玉璧等，均是长江下游区域最早流行的遗物。且石峁玉钺[75]的形制（图二三，2）和良渚文化草鞋山（图二三，8）[76]、汇观山[77]等遗址出土的玉钺完全一致。

（3）芦山峁遗址出土的 V 形石刀（图二三，3）是典型的良渚文化 V 形石刀的形制，在良渚文化余家堰（图二三，9）[78]、石濑村[79]等遗址中均有较多出土。

（4）石峁遗址出土有三十余件牙璋[80]，不仅数量最多，而且形制完备，演变序列清楚，在年代上也是最早[81]，因此笔者认为史前牙璋的起源地当为石峁遗址（石峁牙璋见图二三，4）。不过牙璋虽开始制作于石峁遗址，然而其造型规划、物品形成的原始思路可能肇始于良渚文化，安溪玉璧上的璋形刻符可能便是良渚文化晚期良渚先民对璋类器物的最早构思（图二三，10）。

（5）石峁遗址出土的玉戈（图二三，5）[82]，拉开了玉戈登场中原地区的序幕，不过此类物品最早发现于长江下游区域凌家滩遗址 98M29 大墓出土的两件石戈（图二三，11）。[83]

（6）石峁出土有2件立鸟笄形玉器（原文作玉鹰，图二三，6）[84]，此类玉器和石峁玉戈的情况类似，在中原地区具有开创性的意义，但其渊源似可追溯至凌家滩遗址的立鸟玉器（图二三，12）和良渚文化的部分锥形器。并且此类立鸟玉器的形制亦可看作"鸟立高台"的抽象表达或物化形式。同时，石峁文化中亦出土有一些玉鸟，有侧身立鸟形制，亦有展翅形制玉鸟（图二四）[85]。另石峁韩家圪旦地点发掘了一批贵族墓葬[86]，其中大墓M1中出土有玉鸟一件[87]，其玉鸟照片及线图虽尚未公布，但其造型当不出良渚玉鸟的形制范围。

（7）石峁皇城台出土的骨耜，是多见于长江下游地区的史前耕作工具。皇城台亦出土有扬子鳄骨板，而扬子鳄则是太湖流域仅有的动物品种。

	高琮	玉钺	V形石刀	璋	玉戈	立鸟玉器
石峁及周边遗址遗物						
	1	2	3	4	5	6
长江下游地区文化遗物						
	7	8	9	10	11	12

图二三　石峁及周边遗址遗物与长江下游地区遗物对比

1. 柳林高琮　2. 石峁玉钺（SSY：61）　3. 芦山峁 V形石刀　4. 石峁牙璋（SSY：15）　5. 石峁玉戈（SSY：121）
6. 石峁立鸟玉器（SSY：126）　7. 寺墩高琮（M1：6）　8. 草鞋山玉钺（M28出土）　9. 余余堰 V形石刀
10. 安溪玉璧璋形刻符　11. 凌家滩石戈（98M29：80）　12. 凌家滩立鸟玉器（87M14：43）
（7—10 为良渚文化遗物　11、12 为凌家滩遗址遗物）

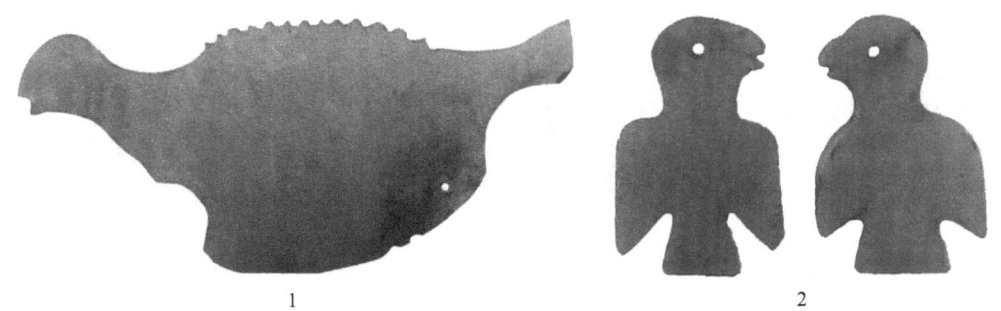

图二四　石峁文化玉鸟举例
1. 侧面立鸟　2. 展翅玉鸟

（8）石峁遗址曾出土一件侧脸人首玉器（图二五，1）[88]，此种表现侧面肖像的器物此前在中原地区基本没有，而在良渚文化中却比较常见，如赵陵山[89]及反山[90]出土的玉器上均有类似的侧脸形象（图二五，2、3）。

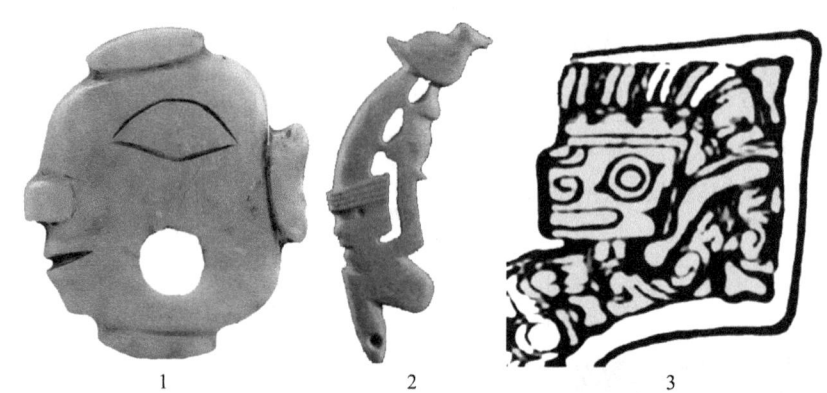

图二五　石峁玉人面及良渚玉器上的侧脸形象

1. 石峁侧脸玉人首（SSY：122）　2. 赵陵山玉器上的侧脸（M77：71）　3. 反山玉器上的侧脸（M16：4）

（9）近年，石峁皇城台出土了大量石雕作品[91]，其中很多石雕上的神面及兽面（如图二六，1、2）均可与长江下游地区良渚文化等的相关刻画进行比较（图二六，6、7）。王仁湘先生注意到石峁石雕中有一例人面两侧有双手呈下撑状姿势的图案（图二六，3），该图案人脸左右两侧可见到由下部伸上来两个兽角。在此之前，这种神人骑兽的造型在中国史前文化中仅在良渚文化的玉器上出现过（图二六，8）。石峁石雕图案中有一例神面额头佩戴有半圆形饰物（图二六，4）[92]，而此类半圆形饰物较多发现于良渚文化的大墓中，佩戴方式与石峁石雕上完全一致（图二六，9）[93]。另外，石峁石雕中有一例兽面（图二六，5）同凌家滩出土的玉鹰翅部兽面（图二六，10）亦完全一致。

	正脸纹饰	侧脸纹饰	双手下撑神像	额头的半圆玉饰	兽面
石峁石雕					
	1	2	3	4	5
长江下游地区玉器及纹饰					
	6	7	8	9	10

图二六　石峁石雕图案与长江下游地区玉器及纹饰对比

1—5. 石峁皇城台出土石雕图像　6. 良渚兽面纹拓片（瑶山 M9：1—2）　7. 反山侧脸神人纹（M16：4）

8. 良渚神人兽面纹（M12：98）　9. 良渚文化半圆形玉饰佩戴示意　10. 凌家滩玉鹰翅部兽面（98M29：6）

（1—5、9据王仁湘"器晤"公众号文章）

（10）石峁石城的建设需要有规划性的安排并利用大量的石料，而在城址建设中大量利用石料，良渚古城有着先例和经验[94]。

由以上可见，石峁及其周边遗址中确实蕴含大量来自长江下游地区的文化因素及相应遗物，而长江下游地区的良渚文化消失于距今4300年左右，石峁遗址开始于距今4300年左右，两者之间基本没有年代上的并行阶段，因此石峁的良渚文化因素及遗物不可能是源自两文化之间的交流或交换，而更可能是人群迁转所带来的文化承继。且神木新华遗址墓葬及灰坑中的人骨"与古代的东亚类群的形态距离比较接近""与其后大保当汉墓接近北亚类型的人骨倾向形成强烈反差"的鉴定结果亦说明了东亚人群其时已经占领了陕北地区的新华遗址[95]。因此，石峁及其周边遗址的兴起很可能与良渚人群的迁入有关，立鸟陶器的形成亦然，但恰巧中原与长江下游地区均有崇尚鸟类的传统（中原地区相对更尊崇鸮、鹰隼类；长江下游地区则较为广泛），亦不排除良渚人群迁入陕北之后两地观念的一拍即合。此外，这种情况在外来人群融入当地族群之后也经常发生，并且会带来很好的凝聚双方人群的效果。

四、石峁立鸟陶器的流向追索

继石峁遗址之后，其他地区发现的与石峁相关的鸟形遗物以立鸟笄形玉器和鸟形陶器为主。

史前时期的立鸟笄形玉器（亦有学者称之为鹰首笄形器）定型自石峁遗址。在其之前，有凌家滩遗址出土的类似立鸟玉器的玉饰（图二七，1），也有良渚文化福泉山[96]及瑶山[97]出土的两件两侧雕刻有多重圆圈纹饰的锥形器（图二七，2、3）。良渚文化的玉锥形器表面多雕刻兽面纹饰，此两件或为由兽面纹过渡到其他纹饰的一种尝试，而倘若良渚文化外迁他地后将锥形器上的兽面纹和良渚先民崇尚而迁入地民众又接受的鸟纹结合起来，那便和石峁的立鸟笄形器形制差别不大了（图二七，4）。由于形制的相似以及上述的推测，凌家滩及良渚文化区域或为石峁立鸟笄形玉器的发源地依然存在可能。石峁立鸟笄形器形成之后，先是南下传播至了王湾三期文化区域（图二七，5）[98]，并通过王湾三期文化促成了钟祥六合[99]、荆州枣林岗[100]、澧县孙家岗[101]等地立鸟笄形玉器的形成（图二七，7—9），其后也通过王湾三期文化将此类玉器延续至二里头（图二七，6）[102]、妇好墓等夏商遗址中。

此外，石家河等地亦发现有其他鸟形玉器，如谭家岭出土的双鸟玉饰（图二八，2）[103]、罗家柏岭出土的凤首璜形器（图二八，1）[104]等。从形制观察，此类玉器上的凤形象当非石峁文化的影响，而与海岱地区东夷文化玉器上的鸟类刻画有着较深的渊源。

目前在新砦遗址出土有一件立鸟陶器（图二九）[105]，鸟身不仅有黑彩装饰，有的身体部位还涂抹有朱砂。这是继石峁立鸟陶器之后，目前发现的唯一一件既是立鸟造型，又兼具涂抹朱砂特征的陶器，考虑到与其同属一个文化系统的瓦店亦出土有立鸟笄形玉器，可认为新砦的此件陶器和石峁立鸟陶器当有着渊源。

宁夏博物馆馆藏有一件刻画人面及鸟纹的玉钺[106]，此件玉钺征集于黄土高原北部的宁夏海原县，位于石峁文化核心区的西侧，可暂归入石峁文化的范围。此件玉钺钺体一面的下部刻画有一幅生动的鸟纹图像（图三〇，1），与良渚"鸟立高台"刻符的鸟纹比较一致，钺体一侧最上部阴刻一

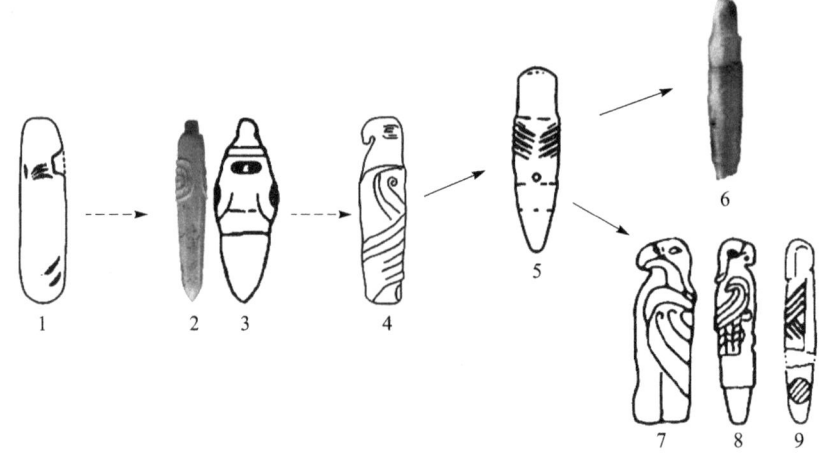

图二七　史前立鸟笄形玉器发展演变推测

1. 凌家滩立鸟玉器（87M14：43）　2. 福泉山玉锥（M60：38）　3. 瑶山玉饰（M7：56）
4. 石峁立鸟玉器（SSY：126）　5. 瓦店立鸟玉饰（ⅣT4W1：4）　6. 二里头立鸟玉饰（02VM3：13）
7—9. 后石家河文化立鸟玉饰（钟祥六合 M1 出土、荆州枣林岗 WM1：2、澧县孙家岗 M9：5）

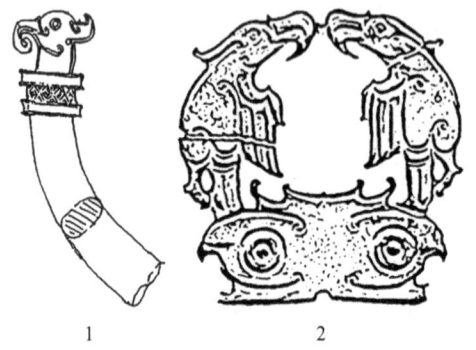

图二八　后石家河文化鸟形玉器举例

1. 凤首璜形器　2. 双鸟玉饰（谭家岭 W8：13）
（据简报彩图绘制）

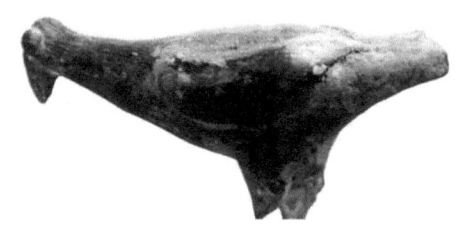

图二九　新砦出土的朱砂涂抹立鸟陶器

图三〇　宁夏博物馆馆藏人面鸟纹玉钺

1. 玉钺正面及下部鸟纹　2. 玉钺侧面及上部人面

张仅有五官的人脸（图三〇，2），与石峁石雕中的人面形象及部分石雕不刻脸部轮廓的做法较为相似。而此种于玉钺之上刻画神面与鸟纹的做法又同良渚反山大墓 M12 出土的玉钺如出一辙（图一九，1），且在扁平玉器的侧棱雕刻纹饰的做法亦始于良渚文化玉璧[107]，竖向双孔形制的玉钺也似有着自长江下游西渐中原及西北等地的发展轨迹。因此，此件玉钺背后所蕴含的文化与历史信息，在一定程度上也佐证了上文关于石峁立鸟陶器来源的相关推论，又和瓦店立鸟玉饰、新砦彩绘陶鸟等一起，为寻找石峁立鸟陶器的流向提供了证据。

五、小结与余论

1. 小结

通过以上的分析可以看出，在庙底沟文化时期及其之前，鸟形遗物（包括相应的刻画等）在我国的多个区域均有分布，各个区域都有自身的显著特点，并沿着各自的区域形制分别演化，从遗物形制及彩绘（刻画）内容方面来看很少有跨区域之间的互动和交流。至良渚文化末期（相当于大汶口文化末期及与龙山文化相交阶段）开始，鸟形遗物开始跨区域地传播及演化，且主要呈现两条不同的传播与演化路径。一条是良渚式鸟形遗物的传播路线，主要表现为鸟立高台造型及立鸟陶器的传播与演变，此路线始自长江下游良渚文化区域，进而北上石峁及其周边遗址，后南下至王湾三期文化，并通过王湾三期文化辐射长江中游地区，同时又通过王湾三期文化将立鸟笄形器等传至夏商时期；石峁立鸟陶器应该是在良渚鸟形器物等北传的过程中兼顾了当地中原人群尊崇鹰隼类的文化传统而形成。另一条是海岱式鸟形遗物的传播路线，主要表现为海岱式玉器上的鸟形刻画以及类似的玉鸟造型的西传和南布，其传播路径或可分为两个分支：一支自海岱西进至陶寺文化区域，进而通过陶寺南下至长江中游的后石家河文化区域；另一支自海岱南下直抵太湖附近的溧阳地区。

石峁文化区域是目前为止发现良渚文化非实用性物品汇聚最为集中的地区。不仅有良渚文化常见的琮、璧、钺等一整套的玉礼器；还有良渚文化晚期的重器——高体玉琮；另外见之于良渚文化晚期玉璧刻符上的立鸟、璋形、"鸟立高台"等刻画也都以实物的形式出现于石峁遗址（侧面玉鸟、玉璋、立鸟笄形器）；甚至良渚文化最为典型的神人兽面纹也以类似的造型出现在皇城台石墙之上；鸟纹与神人纹共存一器的玉钺也在这一区域被发现。因此，我国江浙地区的考古学家常常会发出"良渚文化怎么就长征去了陕北石峁"[108]的感慨和疑问。

石峁立鸟陶器及其源流问题看似是一类遗物的来龙去脉问题，然则皇城台上的立鸟陶器本身便不是普通的实用物品，其源流背后隐含的是对此类物品有着共同认同的一支史前族群的走向印迹。我国古籍中多有"鲧封于崇"的类似记载，据陈胜勇先生考证，崇地在今天的陕北一带[109]。而鲧之一族在文献中着墨最多的两项特点便是筑城与治水，这和石峁石城以及良渚古城、良渚水利工程等所展现的文化面貌十分符合。《竹书纪年》载，鲧"居天穆之阳"，而良渚古城正是在今天目山的南麓，若此不是一种巧合，则文献的记载便与考古学层面的呈现几乎完全一致。今学术界也有着唐尧氏初居海岱[110]、后迁晋南陶寺[111]的相关论述。如此，则由石峁立鸟溯源所追溯到的这两条史前鸟形造型的传播路线，便可串起鲧（初）居"天穆（目）之阳"、后（尧）"封鲧于崇""尧伐有苗"、"禹征三苗"等文献记载。或对五帝时代相关问题的研究，可以有所帮助。

2. 余论

尽管本文从石峁遗址一类小的遗物入手做了考古学方面的梳理、溯源与析流，却落脚至一个大的课题，即史前族群的跨区域迁徙问题，因此不可避免地存在仅靠石峁立鸟陶器及其相关遗物解决不了的如下疑问，特予以探讨。

（1）史前玉琮等良渚文化因素器物的传播问题

玉琮是良渚文化中较为典型的一类遗物，依目前的考古学材料观察，其也应该是良渚文化先民首创的物品。玉琮在良渚文化中形成之后，不仅其时多见于良渚文化所在的太湖流域，后也几乎遍布中国的各个区域[112]，是我国新石器时代末期在各支考古学文化中接受程度较高的一类玉器。但同时，我国各个区域发现的玉琮除部分依然保留良渚文化的风格外，多具有自身的形制特征，不能等同看待，也使得这一分布于全国多地的同类玉器的扩散渠道和扩散路径颇显复杂。在全国多地出土的诸多的玉琮形制之中，有两类较为典型的特殊形制玉琮有着较为明晰的扩散路径与族群印记：一类为良渚文化晚期较为常见的高体玉琮（图二三，1）；另一类为在海岱文化中较为流行的片状扁薄玉琮。[113]此两类玉琮的不同形制、不同人群背景、不同扩散路径均为玉琮类器物的扩散机制研究提供了较为理想的切入点。

笔者列举高体玉琮及扁薄玉琮的例子是想说明，落脚至自身原生文化区以外的良渚文化以及其他文化风格的遗物均可从文化因素分析的角度追溯出不同的扩散轨迹或路径。而诸多的良渚文化风格器物及习俗，如高体玉琮、小孔玉璧、多孔玉（石）刀、V形石刀、玉鸟、鸟兽璜、玉戈、人殉现象等，其文化因素的扩散路径依现有考古发现并不一定完全相同，却在陕北地区石峁遗址及其附近有了交集。因此，在单独观察的情况下，或许石峁文化区域也和别的出土有良渚文化风格器物的遗址没有分别，但在整体观察的情况下，则石峁文化区域已经成为继太湖流域之外良渚文化因素的最大聚点。

（2）石峁遗址的良渚式玉器是否还和良渚文化有着类似用途的问题

在埃塞俄比亚奥莫河谷居住的 Daasanach 部落成员，往往会花较多的精力收集甚至购买旧手表，他们收集手表不是为了利用手表最为基本的计时功能，而是将其挂在头上作为一种头饰，在重大的节日或重要的场合佩戴[114]。那么，传至陕北地区的良渚风格玉器是否会存在类似的情况呢？

客观地说，陕北地区的本土史前文化当不会和良渚文化间存在如埃塞俄比亚 Daasanach 部落及现代人群间无法沟通的技术隔阂及相应理解问题。但即便如此，石峁遗址中亦存在不同于良渚文化用玉传统的玉器出土状况，如石峁石城墙体中的玉器、新华祭祀坑中的成排玉器等[115]。问题是，此种不同的差异程度是该归于不同用玉文化的范畴，还是归于同种玉器形制及用途的合理演变范畴？这虽然看起来似乎是一个度的小问题，却是文化演变领域的一个大问题。

相对来说，埃塞俄比亚 Daasanach 部落的案例似乎更贴近海岱先民对于良渚文化玉琮的处理方式，至少从形制上而言，海岱部分先民可能更愿意将良渚式的玉琮切割成扁薄的片状使用。而在良渚文化的内部，也存在从早期流行刻画繁缛纹饰的厚重玉琮到晚期流行简体兽面的高体玉琮的演变。且早期的玉琮有些出土时穿戴于墓主臂骨[116]，晚期的高琮则因孔径更小不能穿戴于臂，前后亦有着用玉传统方面的差别。放在从良渚到石峁的时空范围考虑，类似的差别是否仍能置于同种玉器功用的合理演变范畴，需要谨慎考虑。但至少从石峁遗址发现的与良渚文化在筑城过程中的石料利用[117]、墓葬人殉现象[118]等有着文化相似性的角度来看，此种可能性尚不能轻易否定。

（3）石峁墙体石雕的性质问题

石峁皇城台的一些墙体石雕和良渚文化的神人纹、神人骑兽纹在构图及造型方面有着很大程度的相似性（图二六），故良渚文化的神人兽面纹等，是目前唯一早于石峁墙体石雕相应图案的可能性源头。

但同时，石峁的墙体石雕在皇城台墙体上的排列也较为散乱，部分甚至图案倒置嵌入墙体，故王仁湘先生认为类似的石雕当为修筑皇城台时的二次使用，至于其最初的原生建筑，或为石峁遗址最初的神庙类建筑[119]。

不论是不是神庙建筑的构件，石峁石雕的图案在初次使用时，当体现着其时社会的文化内涵甚至信仰体系。从雕刻内容观察，其与良渚文化的交流是一定存在的。但也正如王仁湘先生所言："是良渚文化影响的余续，还是两地远程直接交往的遗存？……还需要深入研究。"[120]

（4）陶器与玉器等不同来源所表现的多种文化因素共存问题

陕北地区以石峁遗址为代表的龙山晚期文化中，不仅有良渚文化等造型的外来玉器，亦有陕北、晋北、内蒙古中南部一带风格相似的老虎山文化陶器[121]，部分的石人面形象、铜器以及羊、牛等家畜，则体现了与欧亚草原的联系[122]。

史前时期的陆地考古学文化，多是存在于不同族群相互接壤的考古学文化丛体之中，因此不可避免地要和周边的考古学文化发生关系。或贸易、或婚嫁、或联盟……均可归入文化影响的大范畴，而史前时期的诸多考古学文化或重要遗址中，也都可以解析出不同来源的周边文化因素（如大河村遗址）[123]。倘若某一遗址中的外来因素不是源于周边文化，而是源自跨了较多地理单元的某个特定文化，那么其一般会具有特殊的意义。如石峁遗址的先民是否会因为喜好而跨区域到太湖流域交换或抢夺他们的玉器，若如此，为何良渚文化中未留下任何与石峁先民交换或征战的印迹？若非如此，则良渚文化先民为何跋山涉水地单向远布陕北？[124]

与周边不同族群的接触，自然使得考古学文化在具有自身特点的同时，也有着其他文化的身影，只是考古学文化对于周边文化的接受往往可以在潜移默化中进行，对于远道而来的他族文化，则需要一个稍长的时间段来接受和整合。就像鲁思·本尼迪克特在《文化模式》中说的那样："文化行为是地域性的……同样也是趋于整合的。"[125]而良渚人群及其器物的远布西北，当不会是主动或被动地长途远来以供使用老虎山文化陶器的人群所奴役，其最初或更可能是文化并存角度所体现的联盟与合作。当然，日后此一地区的话语权归属问题，即便联合之时有所协议，最终还是得交给后续发展的融合程度及各文化实力走向层面去解答。这只是站在使用老虎山文化陶器的先民是先居于该地的本土人群角度所得出的推测，若是使用老虎山文化陶器的先民并不早于良渚人群的进入，或良渚文化进入之时石峁附近仅有极少部分的本土人群，即石峁文化中的陶器因素均为良渚先民立足陕北之后与周边交流的结果，则又是另一种景象了。

（5）文化交流与文化传播问题

文化交流，往往存在共时性与双向性，多是横向上的、空间层面的相互交流，也多能在参与交流的两种文化中找到相互交流遗留下来的交流遗物等印记。

良渚文化玉器、神人兽面刻画等远布陕北地区的现象则均为纵向上的单向传播。从时间上来说，良渚文化的年代下限约为距今 4300 年，而这一年代数据正好是石峁遗址的年代上限。即二文化之间几无共存关系，而更多地体现的是一前一后相互承继的先后关系。因此，石峁遗址中良渚文化因素的形成当属于文化传播的范畴，再确切一点，应当为定向人群迁徙所形成的文化传播、文化继承以及在文化整合框架下的合理演变。

（6）良渚文化迁徙的内外因问题

距今 5000 年左右，面对山洪威胁，生活在天目山系南麓的良渚文化先民修筑了高低两套人工土坝的良渚水利工程系统。良渚先民的水利工程可以抵挡之前的天目山山洪，但其可达 6000 余万立方米的储水量以及约 12.4 平方千米的储水面，显然也是悬在良渚人群头上的巨大隐患，一旦溃坝，结果将是毁灭性的[126]。根据科技考古学的研究，距今 4300 年左右的良渚文化末期，发生了全国性的气候异常事件，显著改变了水文机制，导致当时的中国出现了北旱南涝的现象[127]。同时，这使得水利工程的维护难度会空前加剧，使得生存在坝体之下的居民异常紧张而开始思考去留问题。在今 1000 平方千米范围的杭州湾盆地内，确实普遍发现了良渚文化末期厚约 1 米的洪水淤积层[128]，或为河流洪涝、或为坝体决堤遗迹，佐证了良渚文化先民在其末期十分严峻的生存危机。

而龙山时代早期的陕北地区，在同时期来说，一方面地域辽阔而人口空间仍有较大余量，另一方面远离洪水的威胁；同时，这一地区的文化面貌相对原始，需要先进文化的进入。另外，从华县泉护村等材料也可发现，这一区域在此之前也有着与良渚文化类似的如尚鸟传统方面的文化共性。因此，从逻辑而言，若是石峁附近此前已有较多的本土人群，而良渚文化人群的进入能给当时的陕北地区带去先进的筑城及玉器制造等技术，两地族群达成合作并联合共处的可能性是较大的；若是当时的陕北地区人群稀少（从陶器角度似乎如此）[129]，几乎便是文化空地，则良渚文化先民的进入便会更加顺畅。

从良渚到石峁的迁徙问题是我国新石器时代末期的宏大课题，也是中国文明从多元状态到一体格局的关键节点，因此不可能通过石峁立鸟陶器一种遗物的简单溯源便能解决，也不可能通过本文万余字的篇幅便可完成。本文的初衷，只是通过对立鸟陶器及其相关遗物的梳理提出一种假说及可能性，此种可能性所带来的后续问题还需要不断地思考和研究，甚至是考古学新材料的出土与支持。但即便如此，通过本文的梳理，石峁立鸟陶器从良渚到石峁等地的传播路径既已跃然纸上，便不能不进行客观的梳理及初步的推测，至于相关后续问题，笔者也会在他文中予以继续阐述。

注　释

［1］　陕西省考古研究院等：《陕西神木县石峁城址皇城台地点》，《考古》2017 年第 7 期。

［2］　新华网：《陕西石峁遗址发现距今 4000 年左右大型陶鹰》，《文物鉴定与鉴赏》2018 年第 6 期。

［3］　孙周勇：《孙周勇为您揭秘 4000 年前的皇城》，陕西电视台《知道中国》第 4 期，2018 年 2 月 5 日。

［4］　陕西省考古研究院史前考古研究室：《2008—2017 陕西史前考古综述》，《考古与文物》2018 年第 5 期。

［5］　邵晶：《试论石峁城址的年代及修建过程》，《考古与文物》2016 年第 4 期。

［6］　中国社会科学院考古研究所：《宝鸡北首岭》，文物出版社，1983 年，第 102—105 页。

［7］　张朋川：《中国彩陶图谱》，文物出版社，2005 年，第 561 页。

［8］　西安半坡博物馆、陕西省考古研究所等：《姜寨——新石器时代遗址发掘报告》（上），文物出版社，1988 年，第 248 页。

［9］　参见张朋川：《中国彩陶图谱》，第 158—161 页。

［10］　临汝县文化馆：《临汝阎村新石器时代遗址调查》，《中原文物》1981 年第 1 期。

［11］　林沄：《说"王"》，《考古》1965 年第 6 期。

［12］　参见张绍文：《原始艺术的瑰宝——记仰韶文化彩陶上的〈鹳鱼石斧图〉》，《中原文物》1981 年第 1 期；郑杰

祥：《〈鹳鱼石斧图〉新论》，《中原文物》1982年第2期；范毓周：《临汝阎村新石器时代遗址出土陶画〈鹳鱼石斧图〉试释》，《中原文物》1983年第3期；孙彦：《"鹳鱼石斧图"题材象征意义辨析——简论丧葬绘画的起源》，《中原文物》2008年第1期。

[13] 严文明：《〈鹳鱼石斧图〉跋》，《文物》1981年第12期。

[14] 河南省文物考古研究所：《汝州洪山庙》，中州古籍出版社，1995年，第36—39页。

[15] 苏秉琦：《关于仰韶文化的若干问题》，《考古学报》1965年第1期。

[16] 安金槐主编：《中国陶瓷全集》第1卷《新石器时代》，上海人民美术出版社，2000年，第257页。

[17] 北京大学考古学系：《华县泉护村》，科学出版社，2003年，第73—77页。

[18] 杨亚长：《试论华县太平庄鹰鼎的年代问题》，《文博》2015年第2期。

[19] 北京大学考古学系：《华县泉护村》，第39页。

[20] 北京大学考古学系：《华县泉护村》，第48页。

[21] 张玉光、王炜林等：《陕西华县泉护村遗址发现的全新世猛禽类及其意义》，《地质通报》2009年第6期。

[22] 参见张朋川：《中国彩陶图谱》，第163页。

[23] 中国社会科学院考古研究所内蒙古工作队：《内蒙古敖汉旗小山遗址》，《考古》1987年第6期。

[24] 敖汉旗博物馆：《敖汉旗南台地赵宝沟文化遗址调查》，《内蒙古文物考古》1991年第1期。

[25] 朝阳市文化局、辽宁省文物考古研究所：《牛河梁遗址》，学苑出版社，2004年，第66—71页。

[26] 方殿春、刘葆华：《辽宁阜新县胡头沟红山文化玉器墓的发现》，《文物》1984年第6期。

[27] 郭大顺、张克举：《辽宁喀左县东山嘴红山文化建筑群发掘简报》，《文物》1984年第11期。

[28] 巴林右旗博物馆：《内蒙古巴林右旗那斯台遗址调查》，《考古》1987年第6期。

[29] 安金槐主编：《中国陶瓷全集》第1卷《新石器时代》，第300页。

[30] 中国社会科学院考古研究所等：《蒙城尉迟寺（第二部）》，科学出版社，2007年，第148—149页。

[31] 山东省考古所、山东省博物馆等：《山东莒县陵阳河大汶口文化墓葬发掘简报》，《史前研究》1987年第3期。

[32] 韩建业、杨新改：《大汶口文化的立鸟陶器和瓶形陶文》，《江汉考古》2008年第3期。

[33] 参见中国社会科学院考古研究所：《蒙城尉迟寺——皖北新石器时代聚落遗存的发掘与研究》，科学出版社，2001；中国社会科学院考古研究所等：《蒙城尉迟寺（第二部）》。

[34] 杜金鹏主编：《临朐西朱封龙山文化玉器研究》，科学出版社，2015年，第47页。

[35] 刘敦愿：《记两城镇遗址发现的两件石器》，《考古》1972年第4期。

[36] 古方主编：《中国出土玉器全集3·山西》，科学出版社，2005年，第49页。

[37] 宁波市文物考古研究所：《傅家山——新石器时代遗址发掘报告》，科学出版社，2013年，第94页。

[38] 浙江省文物考古研究所：《河姆渡——新石器时代遗址考古发掘报告》（上），文物出版社，2003年，第116、124—125、150页。

[39] 孙国平：《梦回远古——从河姆渡到田螺山》，《大众考古》2013年第5期。

[40] 梁丽君：《纹饰的秘密》，杭州出版社，2013年，第126页。

[41] 陆耀华：《嘉兴市古遗址调查》，《崧泽·良渚文化在嘉兴》，浙江摄影出版社，2005年，第44、45页。

[42] 梁丽君：《纹饰的秘密》，第165页。

[43] 上海市文物保管委员会：《崧泽——新石器时代遗址发掘报告》，文物出版社，1987年，第16页。

[44] 浙江省文物考古研究所：《南河浜——崧泽文化遗址发掘报告》，文物出版社，2005年，第176—179页。

[45] 安徽省文物考古研究所：《凌家滩——田野考古发掘报告之一》，文物出版社，2006年，第246—259页。

[46] 杨建芳：《凌家滩文化玉器四题》，《玉魂国魄——中国古代玉器与传统文化学术讨论会文集》（五），浙江古籍出版社，2012年，第6—10页。

[47] 安徽省文物考古研究所：《凌家滩——田野考古发掘报告之一》，第27页，彩版八。

[48] 安徽省文物考古研究所：《凌家滩——田野考古发掘报告之一》，第131—133页。

［49］ 参见俞伟超：《凌家滩璜形玉器刍议》，《凌家滩玉器》，文物出版社，2000 年，第 135—140 页；俞伟超：《凌家滩璜形玉器是结盟、联姻的信物》，《凌家滩文化研究》，文物出版社，2006 年，第 8—13 页。

［50］ 安徽省文物考古研究所：《凌家滩——田野考古发掘报告之一》，第 106、107 页。

［51］ 浙江省文物考古研究所：《庙前》，文物出版社，2005 年，第 237、238 页。

［52］ 浙江省文物考古研究所：《嘉兴双桥遗址发掘简报》，《崧泽·良渚文化在嘉兴》，第 12—25 页。

［53］ 梁丽君：《纹饰的秘密》，第 164、165 页。

［54］ 参见梁丽君：《纹饰的秘密》，第 131 页。

［55］ 浙江省文物考古研究所：《反山》（上），文物出版社，2005 年，第 65、237、280 页。

［56］ 浙江省文物考古研究所：《反山》（上），第 118、189—191 页。

［57］ 上海市文物管理委员会：《福泉山——新石器时代遗址发掘报告》，文物出版社，2000 年，第 94、95 页。

［58］ 浙江省文物考古研究所、桐乡市文物管理委员会：《新地里》，文物出版社，2006 年，第 466、467 页。

［59］ 参见王华杰、左俊：《昆山少卿山遗址新发现的良渚玉璧刻符》，《东南文化》2009 年第 5 期。

［60］ 江苏省赵陵山考古队：《江苏昆山赵陵山遗址第一、二次发掘简报》，《东方文明之光——良渚文化发现 60 周年纪念文集》，海南国际新闻出版中心，1996 年，第 18—41 页。

［61］ 王华杰、左俊：《昆山少卿山遗址新发现的良渚玉璧刻符》，《东南文化》2009 年第 5 期。

［62］ 古方主编：《中国传世玉器全集 1 新石器时代　商　西周　春秋·战国》，科学出版社，2010 年，第 35 页。

［63］ 邓淑萍：《台北故宫博物院藏新石器时代玉器图录》，台北故宫博物院，1992 年，第 218、219 页。

［64］〔美〕杨晓能：《另一种古史——青铜器纹饰、图形文字与图像铭文的释读》，唐际根、孙亚冰译，生活·读书·新知三联书店，2008 年，第 128 页。

［65］〔美〕朱莉亚·凯·默里：《新石器时代的中国玉器——谈美国佛里尔艺术馆玉器藏品》，苏文译，《东南文化》1988 年第 2 期。

［66］ 良渚博物院：《瑶琨美玉——良渚博物院藏良渚文化玉器精粹》，文物出版社、众志美术出版社，2011 年，第 364—365 页。

［67］ 刘文强：《史前琮、璧上的“鸟立高台”刻符》，《形象史学》2019 下半年，社会科学文献出版社，2019 年，第 28 页。

［68］ 汪青青：《溧阳出土的良渚文化玉器珍品》，《东方文明之光——良渚文化发现 60 周年纪念文集》，第 67、68 页。

［69］ 黄翠梅：《遗古·仿古·变古：商代晚期至西周初期玉琮的文化传记学研究》，《夏商时期玉文化国际学术研讨会论文集》，科学出版社，2018 年，第 149—171 页。

［70］ 南京博物院：《江苏武进寺墩遗址的试掘》，《考古》1981 年第 3 期。

［71］ 南京博物院：《江苏吴县草鞋山遗址》，《文物资料丛刊》（3），文物出版社，1980 年，第 1 页。

［72］ 戴应新：《神木石峁龙山文化玉器探索》，《考古与文物》1988 年第 5、6 期。

［73］ 陕西省考古研究所、榆林市文物保护研究所：《神木新华》，科学出版社，2005 年，第 122、123 页。

［74］ 姬乃军：《延安市发现的古代玉器》，《文物》1984 年第 2 期。

［75］ 高嵘：《陕西历史博物馆藏石峁玉器赏析》，《文博》2009 年第 4 期。

［76］ 南京博物院：《江苏草鞋山良渚文化墓葬》，《东方文明之光——良渚文化发现 60 周年纪念文集》，第 1—17 页。

［77］ 浙江省文物考古研究所等：《浙江余杭汇观山良渚文化祭坛与墓地发掘简报》，《文物》1997 年第 7 期。

［78］ 牟永抗、宋兆麟：《江浙的石犁和破土器——试论我国犁耕的起源》，《农业考古》1981 年第 2 期。

［79］ 朱乃诚：《良渚的蛇纹陶片和陶寺的彩绘龙盘——简论良渚文化北上中原的性质》，《东南文化》1998 年第 2 期。

［80］ 仅 1975 年戴应新先生征集到的 127 件玉器中就有 28 件牙璋（戴应新：《神木石峁龙山文化玉器》，《考古与文物》1988 年第 5、6 期），近年考古发掘又出土多件，石峁已确认的牙璋总数当已超过 30 件，另据郑光《略伦牙璋》，“文化大革命”期间，“仅高家堡农副公司就从当地群众中收购了四五百件精美的玉器，戴氏所

征集到的只不过是别人收购后的剩余罢了"。(《南中国及邻近地区古文化研究》，香港中文大学出版社，1994年，第9页)因此，石峁出土牙璋的实际数量可能要庞大得多。

[81] 海岱地区目前出土牙璋8件，多属龙山文化时期，其中大范庄遗址出土牙璋简报初定为大汶口文化晚期，后黎家芳、高广仁等学者审视后认为其应为龙山早期作品，而据最新的¹⁴C年代测定，龙山文化的上限在距今4300年左右，与石峁遗址的开始年代相当，因此海岱地区的牙璋从年代上不会早于石峁遗址的牙璋。

[82] 王炜林、孙周勇：《石峁玉器的年代及相关问题》，《考古与文物》2011年第4期。

[83] 安徽省文物考古研究所：《凌家滩——田野考古发掘报告之一》，第246—258页。

[84] 王炜林、孙周勇：《石峁玉器的年代及相关问题》，《考古与文物》2011年第4期。

[85] 参见杨瑞：《石峁王国之石破天惊》，陕西人民出版社，2017年，第95、111页。

[86] 陕西省考古研究院等：《陕西神木县石峁遗址韩家圪旦地点发掘简报》，《考古与文物》2016年第4期。

[87] 陕西省考古研究院等：《发现石峁古城》，文物出版社，2016年，第69页。

[88] 高嵘：《陕西历史博物馆藏石峁玉器赏析》，《文博》2009年第4期。

[89] 江苏省赵陵山考古队：《江苏昆山赵陵山遗址第一、二次发掘简报》，《东方文明之光——良渚文化发现60周年纪念文集》，第18—41页。

[90] 浙江省文物考古研究所：《反山》（上），第154页。

[91] 李韵：《"考古中国"项目取得重要进展》，《光明日报》2018年12月24日第9版。

[92] 王仁湘：《石峁石雕·远古神庙的踪影》，"器晤"公众号第229题，2018年12月30日。

[93] 王仁湘：《良渚·玉神面的疑惑》，"器晤"公众号第214题，2018年8月10日。

[94] 浙江省文物考古研究所：《2006—2013年良渚古城考古的主要收获》，《东南文化》2014年第2期；浙江省文物考古研究所：《杭州市良渚古城外郭的探查与美人地和扁担山的发掘》，《考古》2015年第1期；吕青、董传万等：《浙江良渚古城墙铺底垫石的特征与石源分析》，《华夏考古》2015年第2期。

[95] 陕西省考古研究所、榆林市文物保护研究所：《神木新华》，第331—350、277页。

[96] 上海市文物管理委员会：《福泉山——新石器时代遗址发掘报告》，第84页，彩版二三。

[97] 浙江省文物考古研究所：《瑶山》，文物出版社，2003年，第97页。

[98] 河南省文物研究所等：《禹县瓦店遗址发掘简报》，《文物》1983年第3期。

[99] 荆州博物馆：《湖北荆门、钟祥、京山、天门四县古遗址调查》，《文物资料丛刊》（10），文物出版社，1987年，第44页。

[100] 荆州博物馆：《石家河文化玉器》，文物出版社，2008年，第108、109页。

[101] 湖南省文物考古研究所等：《澧县孙家岗新石器时代墓群发掘简报》，《文物》2000年第12期。

[102] 参见方燕明：《禹州瓦店遗址龙山文化玉鹰形笄及相关问题》，《玉魂国魄——中国古代玉器与传统文化学术讨论会文集》（六），浙江古籍出版社，2014年，第76—83页。

[103] 湖北省文物考古研究所、北京大学考古文博学院、天门市博物馆：《湖北天门石家河遗址2014—2016年的勘探与发掘》，《考古》2017年第7期。

[104] 〔日〕林巳奈夫：《关于石家河文化的玉器》，《东亚玉器》（第2册），香港中文大学出版社，1998年，第289页，图30.6。

[105] 耿广响：《试论新砦遗址出土的彩绘陶鸟》，《黄河、黄土、黄种人》2019年第4期。

[106] 《【精品文物】新石器·人面鸟纹玉斧（宁夏博物馆）》，"考古中国"公众号，2018年4月27日。

[107] 参见〔日〕林巳奈夫：《关于良渚文化玉器的若干问题》，《史前研究》1987年第1期。

[108] 浙江省文物考古研究所等：《良渚考古八十年》，文物出版社，2016年，第280页。

[109] 陈胜勇：《中国第一王朝的崛起——中华文明和国家起源之谜破译》，湖南出版社，1994年，第315、316页。

[110] 侯仰军：《海岱龙山文化与尧舜之乡考辨》，《齐鲁学刊》2006年第1期。

[111] 李民：《尧舜时代与陶寺遗址》，《史前研究》1985年第4期；王守春：《尧的政治中心的迁移及其意义》，

《襄汾陶寺遗址研究》，科学出版社，2007年，第368—375页。

［112］ 参见李映福：《良渚文化玉琮的对外传播》，《四川大学考古专业创建三十五周年纪念文集》，四川大学出版社，1998年；陈杰《良渚时期琮的流变及相关问题的探讨》，《上海博物馆集刊》第9期，上海书画出版社，2002年；黄建秋：《良渚文化分布区以外的史前玉琮研究》，《浙江省文物考古研究所学刊（第八辑）：纪念良渚遗址发现七十周年学术研讨会文集》，科学出版社，2006年。

［113］ 刘文强：《海岱地区史前扁琮穿臂葬俗的西传和演变》，《北方文物》2020年第6期。

［114］ 参见腾讯视频：《埃塞俄比亚部落居民用啤酒瓶盖旧手表做头饰》，《全球旅游资讯》第9期。

［115］ 陕西省考古研究院：《陕西神木县石峁遗址》，《考古》2013年第7期；陕西省考古研究所、榆林市文物保护研究所：《神木新华》。

［116］ 江苏省赵陵山考古队：《江苏昆山赵陵山遗址第一、二次发掘简报》，《东方文明之光——良渚文化发现60周年纪念文集》。

［117］ 参见刘斌、王宁远：《2006—2013年良渚古城考古的主要收获》，《东南文化》2014年第2期；邵晶：《试论石峁城址的年代及修建过程》，《考古与文物》2016年第4期。

［118］ 参见上海市文物管理委员会：《福泉山——新石器时代遗址发掘报告》；南京博物院：《江苏吴县张陵山遗址发掘简报》，《文物资料丛刊》（6），文物出版社，1982年；陕西省考古研究院等：《陕西神木县石峁遗址后阳湾、呼家洼地点试掘简报》，《考古》2015年第5期；陕西省考古研究院等：《陕西神木县石峁遗址韩家圪旦地点发掘简报》，《考古与文物》2016年第4期。

［119］ 王仁湘：《石峁石雕：艺术传统与历史因缘》，《中华文化论坛》2019年第6期。

［120］ 王仁湘：《石峁石雕：艺术传统与历史因缘》，《中华文化论坛》2019年第6期。

［121］ 田广金：《内蒙古中南部龙山时代文化遗存研究》，《内蒙古中南部原始文化研究文集》，海洋出版社，1991年。

［122］ 韩建业：《石峁：文化坐标与文明维度》，《中华文化论坛》2019年第6期。

［123］ 参见郑州市文物考古研究所：《郑州大河村》，科学出版社，2001年。

［124］ 目前亦未见到良渚文化物品通过方向明确的层层单向交换而落脚石峁的相关痕迹及交换证据，因此人群有目的性单向流动的可能性更大，而新华遗址的人骨鉴定结论也更支持此种观点。

［125］ 〔美〕鲁思·本尼迪克特：《文化模式》，张燕、傅铿译，浙江人民出版社，1987年，第45页。

［126］ 刘斌、王宁远、陈明辉等：《良渚：神王之国》，《中国文化遗产》2017年第3期；刘文强：《良渚水利工程与都江堰的比较观察》，《南方文物》（待刊）。

［127］ Wu Wenxiang, Liu Tungsheng. "Possible Role of the 'Holocene Event 3' on the Collapse of Neolithic Cultures around the Central Plain of China." *Quaternary International*, 2004, 117 (1): 153-166.

［128］ 刘斌、王宁远、陈明辉等：《良渚：神王之国》，《中国文化遗产》2017年第3期；张明华：《良渚文化突然消亡的原因是洪水泛滥》，《江汉考古》1998年第1期。

［129］ 参见马明志：《石峁遗址文化环境初步分析——河套地区龙山时代至青铜时代的文化格局》，《中华文化论坛》2019年第6期。

（原载于《形象史学》2020年第2期）

石峁遗址与陶寺遗址的比较研究

邵 晶

山西襄汾陶寺遗址与陕西神木石峁遗址，分处南流黄河南北两端的临汾盆地和河套地区。2000—2001 年陶寺遗址发现陶寺文化城址，并于 2002 年进行了系统发掘，认为陶寺文化早期城址面积 56 万平方米，中期城址面积 280 万平方米[1]，遗址绝对年代为公元前 2300 年至公元前 1900 年[2]。2015 年 6 月 18 日，"山西·陶寺遗址发掘成果新闻发布会"在国务院新闻中心举行。会议指出，一系列的考古证据链表明，陶寺遗址在年代、地理位置、内涵、规模、等级以及所反映的文明程度等方面，都与尧都相当契合，越来越多的学者认为，陶寺遗址很有可能就是尧的都城[3]。陶寺城址发现十年后的 2011 年，石峁城址被初步确认，面积超过 400 万平方米[4]，绝对年代约在距今 4300—3800 年前后[5]。发现了由"皇城台"[6]、内城和外城三部分构成的石砌城垣，气势恢宏，构筑精良。城内密集分布着大量房址、墓葬及手工业作坊和"池苑"、大型高台建筑等龙山时代晚期至夏代早期遗迹，城外还分布着具备预警功能的"哨所"类建筑。

随着各自考古新发现的不断披露，石峁与陶寺，这两处活跃在公元前三千纪末期、分别矗立于河套核心区域和中原腹心地带的都邑性大遗址，在城市规划、城垣结构、日用器皿、用玉传统、埋葬习俗、彩绘习惯、"暴力现象"等方面表现出诸多相似之处，二者之关系已成为不容回避的重要问题。实际上，自 20 世纪八九十年代内蒙古中南部朱开沟、老虎山诸遗址的发掘和研究开始，学界已经关注到中原腹地的陶寺文化和河套地区包括"石峁遗存"在内的"老虎山文化"的关系，集中于陶器的类型学比较及考古学文化背后的人群互动关系探讨[7]。

本文从典型器物、重要遗迹、信仰习俗等方面的比较分析入手，试图阐明石峁遗址和陶寺遗址所代表的两类考古学遗存及其背后的人群在发展繁衍过程中，是如何突破空间阻碍，演绎距今 4000 年前后国家层面交流互动的社会图景。

一、典型陶器的分期比较

陶器组合的差异往往决定着史前考古学文化的性质和年代，而相似的典型陶器在不同考古学文化中的出现一般被解释为考古学文化交流互动的外在表现。这样的认识同样适用于石峁遗址与陶寺遗址的关系问题。

自 1978 年发掘，以陶寺遗址出土陶器组合为代表的考古学遗存被称作"陶寺类型"或"陶寺文化"。据《襄汾陶寺——1978—1985 年考古发掘报告》[8]（以下简称《陶寺报告》），可将陶寺遗址 1978—1985 年在居址内出土典型陶器组合且有相对年代证据的遗迹单位及其层位关系检索如下（"→"代表打破关系）：H425 → H416、H3421 → J301、J401 → J402，另外 H303 也有典型器物出土。其中 H425、J401 可见同类器物（高领鬲），J401 出土的圈足罐、敞口盆、折肩罐等还见于 H303，而 H303 出土的极具特色的直口方唇肥足鬲也见于 H301。这些典型遗迹单位及其层位关系构成了陶寺遗址分期的基础材料。通过典型器物的简单"桥连"，大致可以看出以 H301、H303、H425、J401 为代表构成一类典型陶器群，暂称 C 组陶器群。同理可见，H416、H3421 出土陶器雷同，构成 B 组陶器群；J301、J402 出土陶器相似，构成 A 组陶器群。根据打破关系，上述三组陶器群的早晚顺序依次为：A、B、C，其组合特征和相对年代与《陶寺报告》划分的早、中、晚三期陶器组合基本相当，故此，笔者同意将陶寺遗址 1978—1985 年居址出土陶器（群）分为早、中、晚三期的意见。实际上，1986 年以来关于陶寺遗址的分期基本沿袭了该意见。

检索发现，1986 年以来发掘的典型遗迹单位（遗址编号前均冠以发掘年度）中属于早期的有 02 I H3 [9]；属于中期的有 98H1 [10]、99 II H10 [11]；属于晚期的有 99 II H22 [12]、02 I H6、02 I G8 [13]、11 III H2、11 III H3 [14]。

绝对年代方面，根据《陶寺报告》公布的 ¹⁴C 测年数据，陶寺文化早期年代约在公元前 2400—前 2300 年，中期年代约在公元前 2100—前 1900 年（原始数据分别为公元前 2124—前 1899 年、公元前 2133—前 1906 年、公元前 2115—前 1885 年），晚期年代约在公元前 1900—前 1700 年（取最晚的原始数据公元前 1886—前 1688 年）。

必须承认的是，与陶寺遗址相比较，石峁遗址出土陶器存在着资料公布不系统的局限。但从 2011 年考古工作开展以来，发掘、试掘、调查资料支持石峁遗址出土典型陶器组合大致可以分为三组的意见 [15]，A 组以韩家圪旦地点居址早期、后阳湾地点 W3、圆圪堵地点房址和麻黄梁地点为代表；B 组以后阳湾地点 2012W1、呼家洼地点 2012F3、外城东门址早期、韩家圪旦地点居址晚期为代表；C 组以后阳湾地点 2013 晚期层位和外城东门址晚期为代表。上述三组陶器分别有其自身的典型遗迹单位及遗迹间的层位关系作支撑，可代表当下石峁遗址不同阶段的考古学遗存，暂可将 A、B、C 三组为代表的陶器组合视为 A 段、B 段和 C 段前后相继的"石峁遗存"，根据系统测年数据，其绝对年代大致为公元前 2300—前 1800 年。

目前测年显示，除陶寺早期年代稍早于石峁 A 段外，两遗址绝对年代大致吻合。而两者陶器面貌在陶寺晚期时的相似程度是非常高的。

陶寺早期典型陶器的器形丰富，主要包括釜灶、窄沿折腹盆、大口折肩罐、双鋬手盆形甑、敞口斜腹盆、折腹斝、单耳小罐、扁壶等；陶寺中期典型陶器复原较少，器形主要是双鋬手宽裆鬲、双鋬手甗、单把（斝式）鬲、盆形斝等（图一）；陶寺晚期典型陶器出土较多，器形丰富，主要包括双鋬手直口方唇肥足鬲、双鋬手尖角裆高领鬲、单把尖角裆高领鬲、圈足罐、圈足盘、高领侈口折肩罐、带把小杯等。

石峁遗址方面，A 段常见宽弧裆双鋬鬲、细柄豆、喇叭口圆肩罐、直口圜底瓮、敛口刻划纹瓮等；B 段常见尖角裆双鋬鬲、中柄豆、喇叭口折肩罐、直口三足瓮等；C 段常见尖角裆高领双鋬鬲、直口方唇肥足鬲、圈足盘、喇叭口折肩亚腰罐、敛口三足瓮等。

根据以上分析，典型陶器方面，在陶寺早期，石峁与陶寺有联系的证据很少；到陶寺中期，可能是受到来自北方的以石峁为代表的双鋬鬲考古学遗存的影响，陶寺产生了带双鋬的空三足器，虽

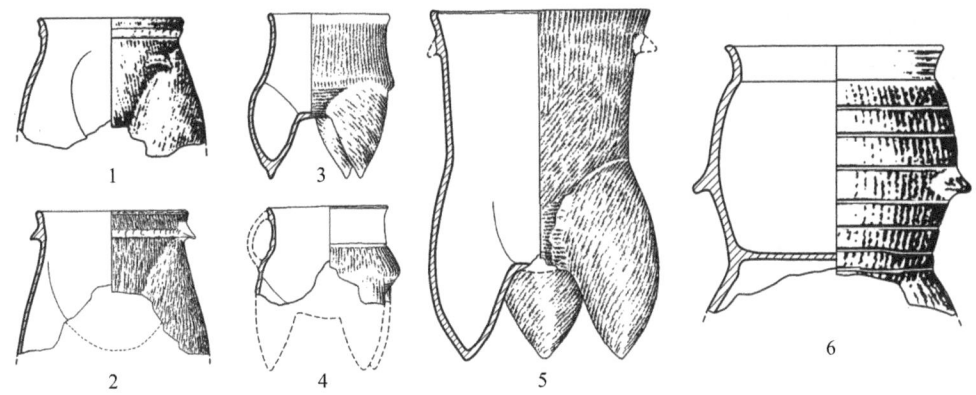

图一　陶寺遗址中期典型空三足陶器

1、2、5. 双鋬手宽裆鬲（99ⅡH10：5、H416：23、H3421：6）3. 盆形斝（H3421：3）

4. 单把（斝式）鬲（H3421：5）6. 双鋬手甗（99ⅡH10：4）

然典型器物不多，但大致可以看出陶寺中期的空三足器以双鋬宽裆鬲最为典型，一般上部作深腹罐或釜状，与三袋足界限明显，裆部分开较宽，此类陶器的裆部结构是石峁A组陶鬲的基本类型（见图一）；及至陶寺晚期，大量来自北方的文化因素明确表现在陶寺文化的陶器面貌上，肥足鬲、双鋬鬲、圈足罐、圈足盘、单把方格纹小鬲等石峁C段典型陶器已成为陶寺晚期习见陶器。另外，陶寺文化最为典型的陶器——扁壶，在石峁C段时少量发现于陕北地区，但相较于石峁典型陶器南下的影响，力度要小得多。可见，典型陶器方面，自陶寺中期以来，北方石峁对南方陶寺的影响是非常显著的，陶寺中晚期以来的陶器面貌，受石峁影响的外在体现显而易见（图二）。

	肥足鬲	双鋬鬲			单把鬲	圈足盘	折肩罐	圈足罐
陶寺晚期	1	2	3	4	5	6	7	8
石峁C端	9	10	11	12	13	14	15	16

图二　陶寺晚期与石峁C段陶器比较

1. 肥足鬲（H301：6）2—4. 双鋬鬲（H301：8、J401：111、H425：11）5. 单把方格纹小鬲（J401：112）6. 圈足盘（H301：3）7. 折肩罐（J401：133）8. 圈足罐（J401：130）9. 肥足鬲（新华96采：1）10—12. 双鋬鬲（朱开沟T402④：2、新华99H116：1、新华99H121：1）13. 单把方格纹小鬲（朱开沟M1041：1）14. 圈足盘（新华94H41：1）15. 折肩罐（石峁夜蝙蝠塌W1：1）16. 圈足罐（新华99W2：1）

（1—8为陶寺遗址出土；9—16属石峁C段）

二、特殊器物比较

除典型陶器外，石峁遗址及"石峁遗存"核心分布地区还发现一些与陶寺遗址相同的器物，比如仅在陶寺文化早期大型墓葬出土的陶鼓、石磬；流行于陶寺文化中的"厨刀"；在陶寺文化中少量存在的骨制口簧、陶铃、铜铃、铜齿环、细石器等。这些两者共有的"特殊器物"一定程度上可以看作是连接石峁和陶寺的重要纽带，值得比对分析。

1. 陶鼓

《陶寺报告》中称作"土鼓"，常与鼍鼓、石磬同出，陶寺遗址中目前仅见于早期大型墓葬，是陶寺文化早期大型墓葬的"标志性"器物。形似长颈葫芦，筒状高颈，圆鼓腹，腹底中央凸出一孔，周围又有三小孔，颈、腹之间置对称双桥耳。如 78M3002：53，泥质灰陶，胎体密实，筒口直径 11.6、通高 83.6 厘米；筒口下有圆纽一周 12 个，筒身磨光，筒腹间有对称双桥耳；圆鼓腹外壁饰绳纹并贴附泥条，泥条似网兜状交叉贴附，泥条之间构成不甚规则的连续三角形或菱形图案（图三，左）。

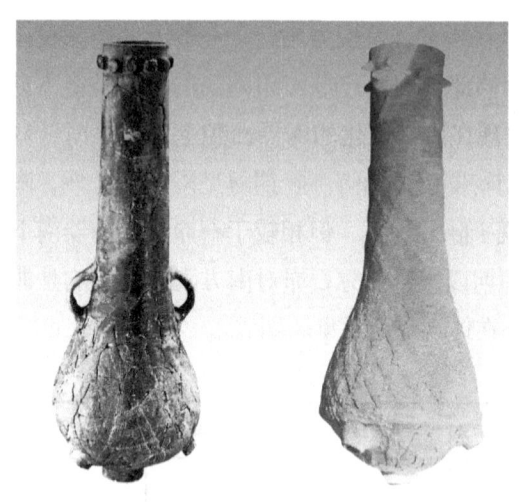

石峁遗址所在的陕北地区也发现有与陶寺文化早期形似的陶鼓。在 2008 年的第三次全国文物普查工作过程中，榆林市文物研究所于榆林市绥德县中角乡圆圪垯遗址征集陶鼓一件[16]，泥质灰陶，胎体密实，轻敲即铿锵有声，上为筒状长颈，下呈折腹圆鼓状，口径 20、通高 106 厘米；除颈部以下小部分外露磨光外，整个器身饰横向篮纹并外贴网格状泥条，腹部折棱处又有一周泥条堆贴，筒口下有一周锥角状凸纽，可分为上下两行；腹底折棱下开四个凸出的音孔，一在下部正中，余三绕之（图三，右）。绥德圆圪垯遗址目前尚未开展考古工作，但从采集陶片来看，典型陶片的年代似不晚于石峁 A 段遗存。

图三　陶鼓的比较
左. 陶寺遗址 78M3002：53　右. 绥德圆圪垯遗址采集

2. 石磬

同陶鼓的出土情况相似，陶寺石磬目前仅见于早期大墓中，常与陶鼓、鼍鼓共出。如陶寺 78M3015：17，青灰色石灰岩，打制，边缘打琢痕迹明显，略呈直角梯形，通长 80 厘米，近大端斜边顶部处对钻一孔（图四，左）。

距离石峁遗址很近的榆林市榆阳区古塔乡李家庙遗址也曾采集石磬一件[17]，石色青黑，质地坚细，边缘打琢，已残断，呈直角梯形，残长 34、宽 20—29.5、最厚 7 厘米；大端斜角顶部有对凿圆孔，内径 1.5 厘米（图四，右）。从当时采集的陶片标本来看，李家庙遗址的年代当不晚于石峁 A 段遗存。

3. 石厨刀

此类石刀整体形似侧置的英文字母"V"，柄部与刀体呈锐角相交，刀体较宽，其下缘磨出弧刃。从目前发表的资料来看，这种石刀在陶寺遗址中普遍被使用，早晚期都有发现，但多见于陶

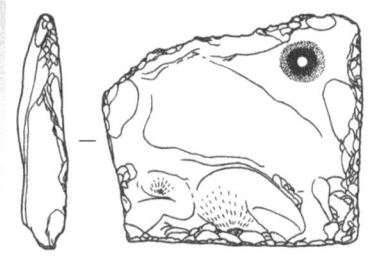

图四　石磬的比较

左. 陶寺遗址 78M3015∶17　右. 榆林李家庙遗址采集

寺文化早期遗存中，特别是早期墓葬中的出土位置和状态，是石厨刀用途和命名的主要依据。如 M3015∶24，通长 28.5 厘米，用青灰色石灰岩磨制，形体似侧置的 "V" 形；上端为柄，稍加琢磨，以便把握，发现装置木柄的痕迹；刀身宽于柄部，下缘磨成弧状双面刃（图五，1）。

山西定襄青石遗址[18]位于吕梁山东麓偏北的忻定盆地内，地处滹沱河上流，丰富的典型陶器标本显示，青石遗址的主体遗存为与石峁遗存相似的双鋬鬲考古学文化遗存，年代不晚于石峁 B 段。在 H22 中出土石厨刀一件，通体打制，刃部磨光，残长 12.7、高 14.3、厚 1 厘米（图五，2）；虽然残断，但其整体形制与陶寺遗址出土的厨刀非常相似。

陕西延安芦山峁遗址也出土过石厨刀[19]。如 AT3226④∶1，黑灰色，器表打磨较为光滑；平面呈三角钩形，后部呈燕尾状，一翼加工为器柄，一翼加工为刃部，刃部双面磨制，较为锋利；刃长 12.6、高 9.8、厚 1 厘米（图五，3）。根据介绍，该厨刀年代与陶寺文化早期基本同时。1981 年也曾征集过一件厨刀[20]，现藏延安市文物研究所，青石质地，雕琢打磨而成，长 24.5、宽 14.7、厚 1 厘米；刀体呈弯钩形，正背两面均平整光滑，磨制的弧形刃位于弯钩外缘，有明显的使用痕迹。芦山峁遗址地处河套地区以南的黄土高原南缘，是石峁和陶寺两遗址的 "中间地带"，随着芦山峁遗址考古工作的逐步开展，目前已能从陶器的相似程度上看到芦山峁早期遗存与陶寺文化早期的密切关系，鉴于其地理位置，不排除芦山峁遗址承担陶寺与石峁交流互动的 "中介"作用。

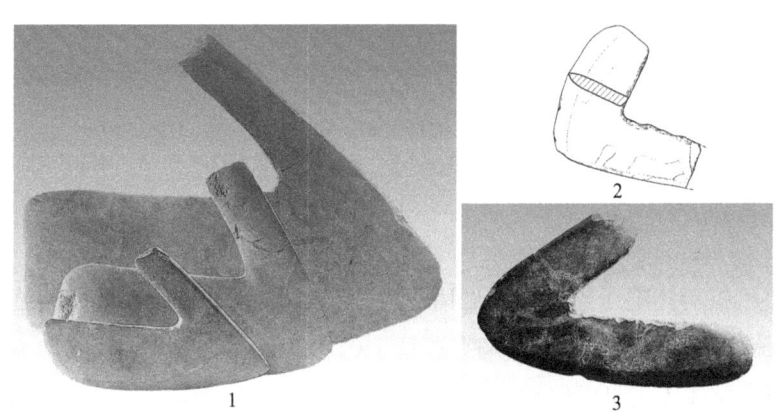

图五　石厨刀的比较

1. 陶寺遗址 M3015∶24（最外侧的一件）　2. 青石遗址 H22∶30　3. 芦山峁遗址 AT3226④∶1

4. 陶铃

陶寺遗址出土的陶铃见于居址内，属陶寺文化早期遗物，顶部有系铃舌的小孔，横截面形式多样，有菱形、梭形、椭圆形、长方形等。比如陶寺 J301：4 横截面呈菱形，长 3.3、宽 2.3、高 2.6 厘米（图六，1）。H340：51 横截面呈梭形，顶长 10.1、宽 4.2、残高 2.2 厘米（图六，2）。T403④C：48 横截面呈椭圆形，顶长 4.9、宽 3.4、高 3.5 厘米（图六，3）。H3017：01 横截面呈长方形，长 4.6、宽 2.8、高 3 厘米（图六，4）。

山西定襄青石遗址 H22 内亦有陶铃出土，横截面呈椭圆形，顶部有两孔，长 5、宽 1.7、高 2.7 厘米（图六，6）。与石峁 A 段遗存性质相仿、年代相近的老虎山文化诸遗址中也发现较多陶铃，老虎山（T104②：5、T105②：15、T203②：5、T210④：2、T604③：1）、园子沟（F3021、F3028）、西白玉（H3：1、H3：3）等遗址内均有发现。其中，老虎山 T210④：2 横截面呈梭形，残宽 5、高 4.7 厘米（图六，5）。老虎山 T604③：1 横截面呈长方形，顶长 5.1、宽 3.8、残高 2.5 厘米（图六，8）。西白玉 H3：1 横截面呈椭圆形，顶长 8.5、宽 3.9、高 6.5 厘米[21]（图六，7）。可见，陶寺遗址出土的陶铃在石峁遗存中均可找到类似的样式。

图六　陶铃的比较

1—4. 陶寺遗址出土（J301：4、H340：51、T403④C：48、H3017：01）
5、8. 老虎山遗址出土（T210④：2、T604③：1）6. 青石遗址 H22：33　7. 西白玉遗址 H3：1

5. 骨制口簧

口簧是一种小型拨奏体鸣乐器，广泛见诸于古代文献，距今已有 4000 余年的历史，至今仍以"口弦琴"的形态流行于世界各民族中。陶寺遗址 J401：29 即为一枚骨制口簧。根据报告，该器物由极薄的骨片制成，整体正视呈横向长方形，两端各有一个凸字形的端头，其一中部穿一圆孔，中央窄条上下可灵活扳动，定名为"发卡"。现据其主要特征，我们认为此物应为早期拉线式骨制口簧，窄条薄片状，制作时在簧鞘中央剔出簧舌，仅留舌根与簧鞘尾端相连，与舌根相连的簧鞘尾端有小圆孔，当为穿引线绳所用，簧鞘长 8.3、厚 0.1 厘米，簧舌宽 0.2—0.3 厘米。又据图版照片，器身不平直，偏向簧鞘尾端有弯曲弧度（图七，上）。J401 出土陶器群为典型的陶寺文化晚期陶器组合。

相比于陶寺的发现，石峁遗址出土了 20 余件骨制口簧及一些与制作口簧相关的骨料[22]。初步统计和观察显示，石峁口簧制作规整，均呈窄条薄片状，一般长 8—9、宽约 1、厚约 0.1 厘米（图七，下）。与这些口簧共存出土有一些形态规整的呈窄条状并有弧度的磨制骨片，尺寸略大于口簧，有些骨片上还能观察到位于骨片中央的剔刻痕迹，刻痕较细，边缘不甚规整，这些骨片应与口簧制作相关。就形态而言，石峁与陶寺出土的骨制口簧极为相似，但石峁口簧除数量较多外，其年代也可能早至石峁 B 段。

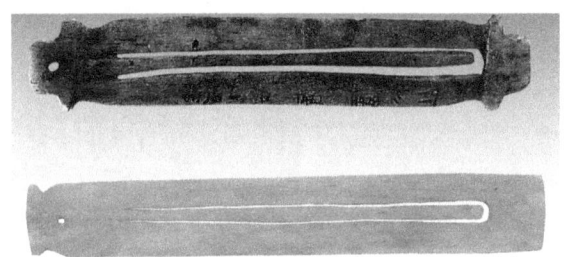

图七　骨制口簧比较
上. 陶寺遗址 J401：29　下. 石峁遗址出土

6. 铜齿环

为外伸若干小齿凸的圆环形铜器。从目前资料来看，陶寺遗址发现一件，出土于陶寺晚期墓葬 M11 中。M11 为中小型竖穴土坑墓，墓主仰身直肢，颈部有 800 余颗蚌片组成的饰物，发现一件玉瑗和一件铜齿轮形器（铜齿环）（图八，1），两器平叠，套于墓主手臂，胸部还有一件玉璇玑（玉牙环）。铜齿环外径 12.5、内径 7.5 厘米，外缘均匀分布着凸出的 29 个小齿（图八，2），金相分析显示其为砷铜[23]。另外，与该铜齿环相似的发现还有 2005 年出土的铜环（遗址第三层）和三牙玉璧（ⅡT7467：7）[24]。

石峁遗址也曾发现过数件铜齿环、铜环、玉牙环。标本一，现藏神木市博物馆，出土时与一件三牙玉环叠放，铜贴于玉上的绿色锈斑清晰可辨。外径 10.5、内径 6.6、厚 0.1 厘米，外缘伸出很多齿凸，呈细密锯齿状；玉牙环外缘有三个回旋形尖齿凸，孔径 6.8、宽 3.23、厚 0.42 厘米（图八，3）。标本二，亦藏于神木市博物馆，为铜齿环、铜环、玉环、玉牙环相叠放组合中的一件，外缘凸出 23 个扁平状小齿，直径 9.15、孔径 6.75、厚 0.25 厘米（图八，4）。据称，上述标本均出土于石峁城址内，发现于墓葬区，石峁考古队曾对与标本二共存的人骨进行测年，经贝塔（Beta）实验室测定为公元前 1915—前 1745 年，大致与石峁 C 段遗存年代相当，和陶寺文化晚期基本同时。北京科技大学还对上述铜器进行过成分检测，为砷铜制品。

7. 细石器

使用燧石、玛瑙、脉石英等质地坚硬的石材制作的细石器，流行于自仰韶文化时期以来的河套地区诸考古学文化中，采用压剥技术加工而成，一般器形较小，有镞、刀刃、刮削器、切割器、雕刻器等。而陶寺遗址所在的中原腹地并无细石器制作和使用传统。陶寺遗址居址和墓葬内发现了少量小型细石器，器形主要为镞、刀刃、切割器和刮削器，例如 M3031：13、H322：1、T432④B：6 等（图九，1—3）。这类器形都可在石峁遗存内找到相似之物（图九，4—6），特别是 T432④B：6，根据目前发现分析，当为骨柄或木柄刀所镶嵌的刀刃，在石峁遗址内很是常见。

从现有资料来看，石峁遗存内除成品细石器外，还发现数量巨大的制作这些细石器产生的石

图八　铜齿环比较

1、2. 陶寺遗址 M11 出土　3、4. 石峁遗址出土

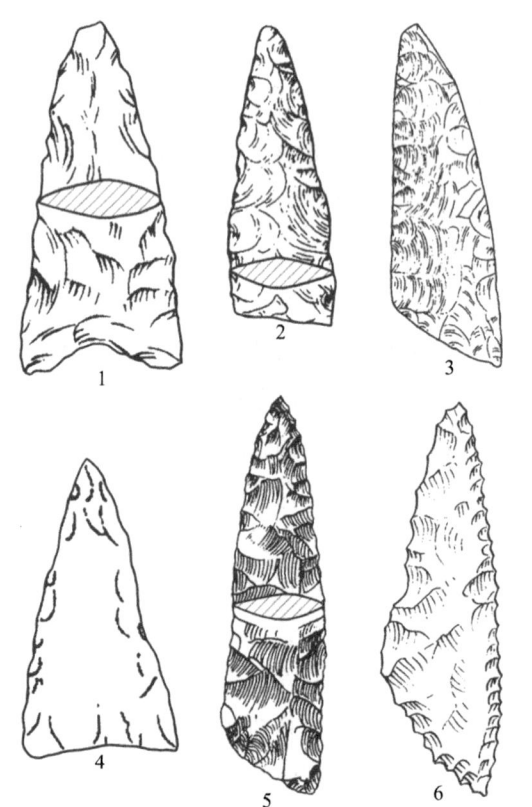

图九　细石器的比较

1—3. 陶寺遗址出土（M3031：13、H322：1、T432④B：6）

4. 老虎山遗址 F64：5　5. 朱开沟遗址 T127①：1　6. 石峁遗址出土

核、石片、石叶等"制作链"遗物，而陶寺遗址很少能看到加工细石器的资料报道。另外，根据石峁考古队 2015 年调查资料，在石峁遗址周边发现了一处燧石与玛瑙伴生矿，储量巨大，其矿料质地、样色与石峁遗址内细石器几无差异。所以，从石料产地、制作技术和使用传统等多方面分析，陶寺遗址出土少量细石器来自北方石峁遗存分布区域的可能性非常大。

三、风俗习惯和文化传统比较

精神信仰层面上的认同，是区别不同人群的内在标志，而精神信仰的外在表现往往是风俗习惯和文化传统。对于本文的讨论来说，风俗习惯和文化传统方面的对比，也是论证石峁遗址与陶寺遗址关系的重要内容。

1. 崇玉和用玉

从遗址本身和相同遗存分布范围内其他遗址的观察来看，石峁与陶寺在崇尚和使用玉器方面有较多相似。另外，根据上文分期，两遗址出土玉器的器形可在不同期别内稍加讨论。早在《陶寺报告》正式出版前，何驽先生论文中提到，"据发掘者高炜先生介绍说，在上个世纪陶寺遗址发掘中，80 余座墓葬出土玉石钺近 100 件，绝大多数出自男性墓中；璧 80 余件，几乎全部出自'晚期'的三类墓中，男性墓居多"[25]。《陶寺报告》中又详加统计，"玉石钺 99 件，出于 80 座墓中，绝大多数出于男性墓中；随葬玉石璧的 64 座墓，四分之三出自男性墓中，18 座墓葬可确认是晚期墓，大多期属不明，但没有明确证据的早期墓"。可见，陶寺墓葬随葬玉石璧的风俗习惯极有可能出现于陶寺文化晚期，现在看来，与上文述及的铜齿环共出一墓的陶寺文化晚期玉牙璧同样支持上述意见。石峁方面，笔者对石峁遗址出土玉器做过简单统计和分期，发现至晚到石峁 C 段，石峁遗址明确出现了"牙璧璜"，而 A、B 段则以刀、铲、钺等片状玉器为主[26]。从牙璧类玉器的出现管窥，石峁与陶寺在玉器的器形选择方面有同步的迹象。

2. 朱绘和彩绘

朱绘和彩绘的使用，在两遗址内都可找到例证。从目前资料来看，陶寺遗址朱绘和彩绘主要应用于随葬陶器和木鼓上。据统计，陶寺墓葬内出土朱绘和彩绘陶器合计 165 件，占随葬陶器总数的 53%，均为器物烧成后绘制于经过磨光的黑色或褐色器表，多见单一红色朱绘，彩绘还配以白色、黄色、绿色中的一种或者两种，多为矿物颜料。

石峁遗址经考古发掘出土的朱绘和彩绘陶器目前只见于居址遗迹内，数量较少。但相关调查资料显示，石峁墓葬内曾出土过大量朱绘随葬陶器，纹饰均绘于陶器外壁，常见条带纹、圆盘纹，据测定，颜料可分为朱砂和赤铁矿两类。彩绘陶器在皇城台出土了一些，多为红色和黄色结合的"彩条纹"或"圆点弧边纹"。另外，石峁先民还将彩绘拓展到墙体装饰上，在外城东门址内瓮城墙体上发现的彩绘几何纹壁画，颜色鲜艳，图案精美，以白灰面为底，用红、黄、黑、橙、绿等颜色绘出几何形图案（图一〇，右），多为矿物颜料[27]。陶寺遗址也发现过有图案的白灰墙皮，与石峁遗址不同的是图案为刻划而成，但仔细观察，不难发现图案的"折勾"形态与石峁壁画有相似之处[28]（图一〇，左）。

图一〇　壁画的比较
左. 陶寺遗址出土　右. 石峁遗址出土

3. "暴力现象"和人祭行为

进入陶寺文化晚期，陶寺遗址表现出明显的"暴力色彩"[29]。最常被提及的是ⅠHG8，该陶寺文化晚期遗迹内发现六层人骨遗存，骨殖散乱，以头骨为多，多数有砍切痕迹（图一一，左）。统计和鉴定显示，头骨总计30余个，散乱人骨个体达40—50人，多为青壮年男性。需要特别强调的是ⅠHG8最下层还出土一具完整人骨，为约35岁的女性，仰身，两臂分开，两腿岔开，一腿弓起，阴部被插入一根牛角，牛角长30、进入盆腔10厘米[30]。虽然ⅠHG8性质尚不明了，但残害、肢解生人的行为从精神层面来解释似乎更易于理解。

石峁城址的修筑"使用"了大量人头。目前考古工作表明，在修建外城东门及周边的外城城墙时，埋入了近百颗人头。这些头骨均位于修建城门、城墙之前平整地坪的棕褐色沙土，即"大型基建"时的"基础土"内，分布在城门外、城门入口处、城墙外及城墙下，头骨个数8—24个不等（部分经严重扰动），部分头骨上有明显的砍斫和砸击痕迹，甚至整个头骨裂开，有的头骨枕骨和下颌部位有灼烧迹象（图一一，右）。经初步鉴定，这些头骨以年轻女性居多[31]。上述迹象表明，石峁遗址外城东门及周边城墙修筑时，曾进行过残杀年轻女性，取其头骨埋入基础土内的"暴力行为"；但与陶寺遗址不同的是，基本可以确定这一行为与外城东门址及周边城墙修建时的奠基或祭祀活动有关。明确的层位关系和系列测年显示，石峁遗址外城东门址的人祭行为年代不晚于石峁C段。近两年的考古发掘表明，石峁遗址"皇城台"地点也存在明确的"人头坑"，其年代较外城东门址"人头坑"可能要早。

4. 殉女现象

石峁遗存分布区域内流行在竖穴土坑墓内殉人的风俗习惯，这些殉人一般都位于墓主一侧（墓

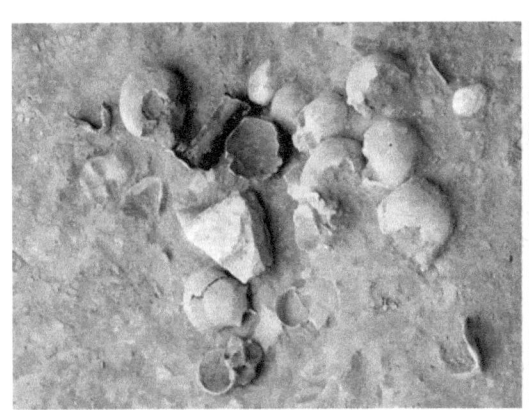

图一一　人头骨遗迹的比较
左. 陶寺遗址出土　右. 石峁遗址出土

主有棺者，殉人位于棺外一侧），侧身屈肢，面向墓主，上肢被绑缚的迹象非常多见，当是为墓主殉葬的生人。多个遗址的鉴定结果显示，这些殉人多为女性，故笔者暂称此类墓葬作"殉女墓"。例如新华遗址 99M61，长方形竖穴土坑墓，长 1.9、宽 0.8、深 0.3 米；墓内葬有二人，一男一女，男性仰身直肢，年龄在 35—40 岁；女性侧身屈肢，面向男性，双手合于胸前，年龄 30—40 岁[32]（图一二，2）。临近新华遗址的神圪垯梁遗址也有类似发现，2013M7，长方形竖穴土坑墓，长约 4、宽约 3、深约 3.3 米，墓主男性，年龄 35—39 岁，葬于墓底中部木棺内，仰身直肢；棺外西侧有一女性殉人，年龄 20—25 岁，侧身屈肢，面向墓主，四肢呈捆绑状[33]（图一二，3）。石峁遗址内城韩家圪旦墓地 M2，长方形竖穴土坑墓，长约 4、宽约 2、深约 4 米，墓主位于墓底的木棺内，被严重盗扰，葬式不明；棺外南侧有一女性殉人，年龄 16—17 岁，侧身面向棺，左肘前屈，双臂被缚[34]（图一二，1）。从现有资料分析，这批殉女墓的年代当不晚于石峁 C 段。

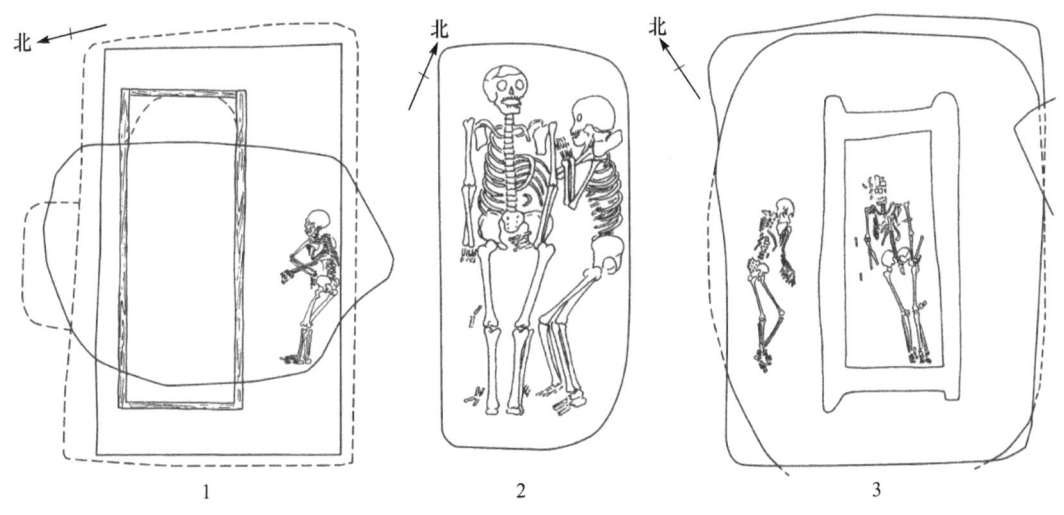

图一二　石峁遗存典型的殉女墓
1. 韩家圪旦遗址 M2　2. 新华遗址 99M61　3. 神圪垯梁遗址 2013M7

　　据《陶寺报告》统计，陶寺遗址发现可能有"人牲"的墓葬两例，均为陶寺文化晚期单位。M3231 随葬双鋬肥足鬲、高领折肩罐、扁壶等晚期陶器，墓主为 56 岁以上的男性；墓葬填土中发现 35—40 岁的女性骨殖，头骨反折在胸部，肢骨缺失严重，显系非正常死亡。M1410 随葬高领折肩罐、圈足罐、扁壶等晚期陶器，墓主为 30—35 岁的男性；填土中有一女性头骨，25—30 岁。上述现象说明陶寺文化晚期墓葬内可能也出现了殉葬女性的葬俗。

四、石峁与陶寺关系蠡测

由以上对比分析来看，石峁遗址与陶寺遗址的关系不可说不紧密，但终究是何种"紧密"程度，在展开本文的总结性"蠡测"前，有必要先引述以往较为深入的观点。

韩建业先生把以"石峁遗存"为代表的北方地区（内蒙古中南部、晋中北、陕北和冀西北大部分）双鋬鬲考古学遗存称为"老虎山文化"[35]，认为由于老虎山文化后期（公元前 2200—前 1900 年）的游邀类型后期（即本文划分的石峁 B、C 段遗存）向南强烈扩张，造成临汾盆地出现文化巨变。并进一步解释说："临汾盆地陶寺晚期类型（与《陶寺报告》中陶寺晚期的划分基本相同，笔者注）的形成正是老虎山文化向南扩张的结果"。还进一步将文献记载的"稷放丹朱"事件与上述文化现象相对应，认为石峁晚期遗存向陶寺文化分布区域的南下是北方周先民对陶唐氏征服的考古学体现[36]。可见，韩建业先生较早在文化分期的框架内探讨了石峁与陶寺的关系，重点研究了石峁晚期遗存与陶寺文化晚期的关系。

徐峰先生从石峁遗址和陶寺遗址所在的两个区域性文化在用玉、彩绘、暴力等方面的相似性入手展开比较，认为两地很有可能在龙山时代晚期通过黄河晋陕峡谷进行过涉及政治、经济、文化、族群等多个层面的密切互动。可见，徐峰先生认为石峁和陶寺是交流互动的关系。同时，还提到由于社会动荡，陶寺晚期文化至少部分向陕北发生转移的观点[37]。

戴向明先生综合分析多种迹象，宏观地认为：石峁很有可能是在龙山时代晚期至二里头初期崛起于陕北高原上的一个早期国家的都邑性聚落。其建城的年代或许略晚于陶寺中期，而与陶寺晚期和二里头早期并存（两者的年代当有部分重合）。陶寺国家兴起之后，其势力对北方，尤其是陕北（石峁集团）的影响比较明显，在神木新华遗址就有一些肥足鬲等富有陶寺特点的因素。石峁集团的兴起应会对陶寺集团构成极大的挑战与威胁，虽然目前还不能确定陶寺晚期的衰落是否与石峁的南下冲击有关，但这种可能性是存在的。可见，戴向明先生认为石峁和陶寺的关系是"此消彼长"式的，陶寺兴盛时影响石峁，而石峁兴盛时又冲击陶寺[38]。

何驽先生从时代、城址规模、城址结构（区块模式）、功能区划、瓮城设置、城墙结构、玉器使用、壁画、人头骨集中埋葬、人面雕像等十个方面对陶寺和石峁展开比较分析，并认为：造成陶寺遗址晚期失去都城地位、社会政治动荡的策源地很可能是石峁城址。陶寺文化晚期，石峁城址通过晋中的游邀类型对陶寺遗址进行挫败和监管是很有可能的。何驽先生还从文化面貌的相似性上，将老虎山文化晋中游邀类型（包括杏花村、离石、柳林四期）与石峁城址所属的老虎山文化白草塔类型暂称为"石峁集团"，认为两者在政治上有可能是同一个政体，其政治、军事、经济中心在石峁城址[39]。

笔者认为在考古学文化或遗存分期的框架下展开讨论，才能更为具体、准确地厘清石峁遗址和陶寺遗址的关系。结合上文的分析比较，石峁 A 段与陶寺文化早期在陶鼓、陶铃、石磬、石厨刀等器物上有联系外，可兹比较的相似点很少，特别是典型陶器面貌的迥异，很难将两者的关系用"联系紧密"来形容。对此的推测是：在早期阶段，石峁与陶寺应为独立发展的两支考古学文化，个别器物的相似，用远程交流或者"贸易"来解释当可备一说。但不可否认的是，石峁和陶寺在早期阶段已有联系。

囿于资料所限，石峁 B 段和陶寺中期的关系尚不具备较明确的分辨度。但从典型陶器的整体面貌来看，笔者倾向于陶寺文化中期空三足陶器是在石峁 B 段遗存的强烈影响下出现的。在此，必须指出的是，学界目前关于陶寺文化早期和陶寺文化中期为不同发展阶段的同一考古学文化，还是两种不同考古学文化的讨论，最主要的分歧就在于陶寺文化早、中期陶器面貌的巨大差异。根据上段论述，笔者认为陶寺文化中期与陶寺文化早期在陶器面貌上的巨大差异，很有可能源自石峁遗存自北向南的强力影响，也就是说，石峁和陶寺在中期阶段已"联系紧密"。山西兴县碧村[40]及其周边龙山石城或许正是在石峁与陶寺联系更为密切的时代背景下出现的。从目前刊布材料来看，碧村石城当为石峁城址的次级聚落，兴盛于石峁 B 段，结合周边多个龙山石城的发现来看，晋西北地区龙山石城的出现和兴起或许正是"石峁集团"向外扩张的外在表现，晋西北地区极有可能承担着自石峁 B 段以来"石峁文化因素"南下的传导作用。

及至陶寺文化晚期，石峁遗址和陶寺遗址的陶器群整体面貌相似程度很高，骨制口簧、玉牙璧、铜齿环、细石器等器物同时出现，朱绘和彩绘、"暴力"行为、殉女现象等风俗习惯两地都有，这些迹象都可说明石峁和陶寺发展至晚期阶段时联系最为紧密；而上述迹象在两地文化因素中所占的比重，似乎说明石峁对陶寺影响的力度要大得多。正如韩建业先生的观点，笔者持相似意见：由于石峁 B 段以来所"累积"的影响力，石峁遗存中晚期（B、C 段）对陶寺文化造成强烈冲击，直接催生了陶寺晚期文化。

其实，随着现代生物科技在考古研究中的应用不断深入，石峁遗存晚期与陶寺文化晚期的关系已取得了一些生物学证据。古 DNA 分析结果表明，陶寺中晚期墓葬中的人骨和灰坑中的人骨在单倍型的分类上没有差别，而头骨测量特征显示陶寺中晚期灰坑中的人骨与陶寺早期墓葬中出土的人骨形态差距较远，这样的分析结果暗示着陶寺中晚期人群和陶寺早期人群可能有不一样的来源[41]。锶同位素比值分析显示，陶寺文化中晚期墓葬发现的墓主皆为本地人，扰坑和灰坑中外来人占多数，说明陶寺遗址中晚期的先民中，存在很高比例的外来移民[42]。而动物骨骼的分析指出，绵羊和黄牛等畜牧资源的增加，将陶寺中晚期外来人口的原籍引向西北方向或西北地区[43]。这些生物学证据可视为对上述石峁与陶寺比较分析在一定程度上的印证，同时也开启了石峁与陶寺考古研究"见物也要见人"的新篇章。

综上所述，虽然目前石峁遗址与陶寺遗址的关系初现端倪，在不同的发展阶段两者关系的"紧密程度"不尽相同，远非承前启后、此消彼长、势均力敌、并驾齐驱等简单认识能够概括。但毫无疑问，这两大"集团"之间交流互鉴、水乳交融乃至血脉相通的联系从物质文化和精神文化的角度来看均可找到例证。显然，上述认识结合"陶寺尧都"的认定必将成为探讨"石峁集团"或"石峁族群"性质的重要参考。另一方面，我们不得不面对的是，现有认识是建立在当今考古工作基础上的初步分析，石峁与陶寺之间还存在很大的"考古中空地带"，随着新发现和新资料的不断披露，现有观点必将被补充修正甚至重新认识。但无论如何，我们有理由相信，随着两地考古工作的不断深入，考古中空地带的不断缩小，石峁与陶寺的关系必将越来越清晰。

注　释

［1］　a. 梁星彭、严志斌：《陶寺城址的发现及其对中国古代文明起源研究的学术意义》，《中国社会科学院古代文明研究中心通讯》2002 年总第 3 期；《山西襄汾陶寺文化城址》，《2001 年中国重要考古发现》，文物出版社，2002 年；b. 中国社会科学院考古研究所山西队等：《山西襄汾陶寺城址 2002 年发掘报告》，《考古学报》2005 年第 3 期。

［2］　a. 何驽：《陶寺文化谱系研究综论》，《古代文明》(第 3 卷)，文物出版社，2004 年；b. 中国社会科学院考古研究所、山西省临汾市文物局：《襄汾陶寺——1978—1985 年考古发掘报告》，文物出版社，2015 年。

［3］　a. 王震中：《陶寺与尧都：中国早期国家的典型》，《南方文物》2015 年第 3 期；b. 何驽、高江涛：《薪火相传探尧都——陶寺遗址发掘与研究四十年历史述略》，《南方文物》2018 年第 4 期。

［4］　陕西省考古研究院等：《陕西神木县石峁遗址》，《考古》2013 年第 7 期。

［5］　邵晶：《试论石峁城址的年代及修建过程》，《考古与文物》2016 年第 4 期。

［6］　陕西省考古研究院等：《陕西神木县石峁城址皇城台地点》，《考古》2017 年第 7 期。

［7］　韩建业：《唐伐西夏与稷放丹朱》，《北京大学学报》(哲学社会科学版) 2001 年第 4 期；《老虎山文化的扩张与对外影响》，《中原文物》2007 年第 1 期。

［8］　同［2］b。

［9］　同［1］b。

［10］　山西省考古研究所：《陶寺遗址陶窑发掘简报》，《文物季刊》1999 年第 2 期。

［11］　中国社会科学院考古研究所山西队、山西临汾行署文化局：《山西襄汾县陶寺遗址Ⅱ区居住址 1999—2000 年发掘简报》，《考古》2003 年第 3 期。

［12］　同［11］。

［13］　同［1］b。

［14］　中国社会科学院考古研究所山西队、山西省考古研究所：《山西襄汾县陶寺遗址Ⅲ区大型夯土基址发掘简报》，《考古》2015 年第 1 期。

［15］　同［5］。

［16］　国家文物局等：《中原文明、华夏之光——中华文明起源》，三秦出版社，2011 年，第 109 页。

［17］　聂新民：《榆林县余兴庄、古塔、刘千河三乡史前遗存调查简记》，《聂新民文稿》，西北大学出版社，2013 年。

［18］　山西省考古研究所、忻州市文物管理处：《忻阜高速公路考古发掘报告》，上海古籍出版社，2012 年。

［19］　陕西省考古研究院等：《陕西延安市芦山峁新石器时代遗址》，《考古》2019 年第 7 期。

［20］　董智安主编：《延安文物大观》，陕西旅游出版社，2006 年，第 64 页。

［21］　内蒙古文物考古研究所：《岱海考古（一）——老虎山文化遗址发掘报告集》，科学出版社，2000 年。

［22］　孙周勇：《陕西神木石峁遗址出土口簧研究》，《文物》2020 年第 1 期。

［23］　a. 梁星彭、严志斌：《山西襄汾陶寺文化城址》，《2001 年中国重要考古发现》，文物出版社，2002 年；b. 何驽：《襄汾陶寺遗址铜器群及其相关问题初探》，《古代文明研究通讯》2011 年总第 51 期。

［24］　王晓毅、严志斌：《山西抢救性发掘陶寺墓地被盗墓葬》，《中国文物报》2005 年 11 月 9 日第 1 版。

［25］　何驽：《山西襄汾陶寺遗址近年来出土玉石器》，《古代文明研究通讯》2008 年总第 38 期。

［26］　孙周勇、邵晶：《石峁遗址出土玉器的考古埋藏学背景》，《玉魂国魄——中国古代玉器与传统文化学术讨论会文集》，浙江古籍出版社，2014 年。

［27］　a. 陕西省考古研究院等：《陕西神木县石峁遗址》，《考古》2013 年第 7 期；b. 邵安定等：《陕西神木县石峁遗址出土壁画制作材料及工艺研究》，《考古》2015 年第 6 期。

［28］　同［23］a。

［29］ 何驽等：《襄汾陶寺城址发掘显现暴力色彩》，《中国文物报》2003 年 1 月 31 日。

［30］ 同［1］b。

［31］ 同［4］。

［32］ 陕西省考古研究所、榆林市文物保护研究所：《神木新华》，科学出版社，2005 年。

［33］ 陕西省考古研究院等：《陕西神木县神圪垯梁遗址发掘简报》，《考古与文物》2016 年第 4 期。

［34］ 陕西省考古研究院等：《陕西神木县石峁遗址韩家圪旦地点发掘简报》，《考古与文物》2016 年第 4 期。

［35］ 韩建业：《老虎山文化的扩张与对外影响》，《中原文物》2007 年第 1 期。

［36］ 韩建业：《唐伐西夏与稷放丹朱》，《北京大学学报（哲学社会科学版）》2001 年第 4 期。

［37］ 徐峰：《石峁与陶寺考古发现的初步比较》，《文博》2014 年第 1 期。

［38］ 戴向明：《陶寺、石峁与二里头——中原及北方早期国家的形成》，《考古与文物》2016 年第 4 期。

［39］ 何驽：《对于陶寺文化晚期聚落形态与社会变化的新认识》，《新世纪的中国考古学（续）——王仲殊先生九十华诞纪念论文集》，科学出版社，2015 年。

［40］ a. 山西省考古研究所、兴县文物旅游局：《2015 年山西兴县碧村遗址发掘简报》，《考古与文物》2016 年第 4 期；b. 山西省考古研究所等：《2016 年山西兴县碧村遗址发掘简报》，《中原文物》2017 年第 6 期。

［41］ 张雅军等：《陶寺中晚期人骨的种系分析》，《人类学学报》2009 年第 4 期。

［42］ 赵春燕、何驽：《陶寺遗址中晚期出土部分人类牙釉质的锶同位素比值分析》，《第四纪研究》2014 年第 1 期。

［43］ a. 博凯龄（Katherine Brunson）：《中国新石器时代晚期动物利用的变化个案探究——山西省龙山时代晚期陶寺遗址的动物研究》，《三代考古》（四），科学出版社，2011 年；b. 同［39］。

（原载于《考古》2020 年第 5 期）

论石峁文化与后石家河文化的远程交流
——从牙璋、鹰笄、虎头等玉器说起

邵　晶

根据现有研究，石峁文化与后石家河文化在存续时间上存在大范围重合（绝对年代分别为距今 4300—3800 年、距今 4200—4000 年）。地域分布方面，石峁文化的核心分布范围为陕西、山西、内蒙古交界的河套地区，后石家河文化以江汉平原为腹地。两支考古学文化赖以命名的是其核心聚落——陕西神木石峁遗址和湖北天门石家河遗址，两遗址直线距离超过 900 千米，分处黄河中游和长江中游，在气候类型、地貌特征、文化面貌上难见关联，但却在牙璋、鹰笄、虎头等代表性玉器及其他一些"文化因素"方面存在一定联系，或可称为"远程交流"。

根据目前发现，从数量、年代以及精美程度来看，牙璋可视为石峁文化玉器的代表器物，鹰笄、虎头可作为后石家河文化玉器的典型器物。若此，后石家河文化分布范围内出土石峁牙璋必须得考虑其远程交流的背景，反之亦然，石峁文化分布范围内发现后石家河鹰笄和虎头也应如此考虑。

一、石峁牙璋的发现及其特征

早期（夏代以前）牙璋，主要发现于石峁以及河南巩义花地嘴[1]和山东海岱地区诸遗址[2]，其中以石峁遗址发现数量最多。

1976—1979 年，戴应新先生在石峁遗址调查试掘时征集到 127 件玉器，编号 SSY1-SSY127，起初认为均属"龙山文化"玉器[3]，后又专门指出，SSY45"玉戚"非石峁遗址出土，且与一铜带钩同出自一座土圹墓中，年代较晚。故而，这批玉器中的"石峁龙山文化玉器"为 126 件[4]，其中牙璋占比较大。根据目前所见资料，石峁龙山文化玉器中形态较完整、易辨识的牙璋有 28 件，编号 SSY1-28。查《石峁玉器统计表》[5]，除 SSY18 征集于 1976 年、SSY20 征集年代未注明外，其余 26 件牙璋均于 1978 年征集。总的来说，20 世纪 70 年代石峁遗址所在的陕北地区在文物征集的可信程度上还算高，加之近年石峁考古工作开展期间的调查走访以及周边区域包括牙璋在内的玉器出土情况分析，我们有理由相信上述 28 件牙璋为石峁文化遗物，并可代表石峁牙璋的一般特征。为便行文，本文将 1976—1979 年间戴应新征集的石峁牙璋，简称为"78 年牙璋"。另外，根据发表的照片和线图，SSY29、SSY30、SSY84[6]亦应为牙璋改制的铲、刀类玉器，作为这批玉器的征集者，戴应新先生早持此说[7]。故此，78 年牙璋当不少于 31 件[8]。

必须说明的是，囿于多方面原因，78年牙璋的出土背景今已很难辨明，但随着2011年石峁遗址系统考古工作的开展，目前已经了解到78年牙璋出土地点的重要线索，可能位于外城东门址东侧不远处的黄土梁峁上[9]。更为重要的是，在近年来的发掘工作中，在外城东门址和皇城台均有牙璋出土，为78年牙璋提供了确切的参考和证明。

从已发表的彩图和线图来看，与巩义花地嘴和海岱地区相比，石峁78年牙璋具有以下典型特征。

（1）形态可区分。主要包括素牙和花牙两类。阑部扉牙形态，均为对称单牙，但据其详细特征，大致可分为两类五型。需要说明的是，本文关于扉牙形态的描述，牙璋横放为观察视角。

第一类，素牙类。此类牙璋一般体型细长，阑部收分明显，扉牙简单朴素，牙顶偏向璋身倾斜（图一，1）。此类牙璋占比最大，是78年牙璋的主要形态，从扉牙形态来看，又可细分为三型：Ⅰ型，勾牙型，牙顶较平并向璋身弯弧呈内勾状；Ⅱ型，凹牙型，牙顶偏弧状下凹；Ⅲ型，平牙型，牙体竖直，牙顶较斜平。上述三型牙璋，平牙型数量最多，约为勾牙和凹牙型牙璋的总和，勾牙和凹牙型数量相当。

第二类，花牙类。此类牙璋一般体型宽扁，扉牙复杂繁冗（图一，2）。数量少，仅4件。依其具体形态，又可分为两型：Ⅰ型，牛头型，3件，阑部无收分，牙顶下凹，左右对称，形似正视牛头，两侧有凹槽，此型扉牙不单独出现，在其上部璋身处，又雕出细密小齿；Ⅱ型，鸡冠型，仅1件，阑部有收分，牙顶略弧凸，下端刻出"V"形凹槽，偏上刻"W"形觭槽，整体呈不对称形态，大致可描述为侧视鸡冠。该型牙璋器身底部还有阴刻的平行和交叉细线纹，平行细线纹两侧有意刻出凸棱，被细线分隔成三个为一组、共两组的小齿。

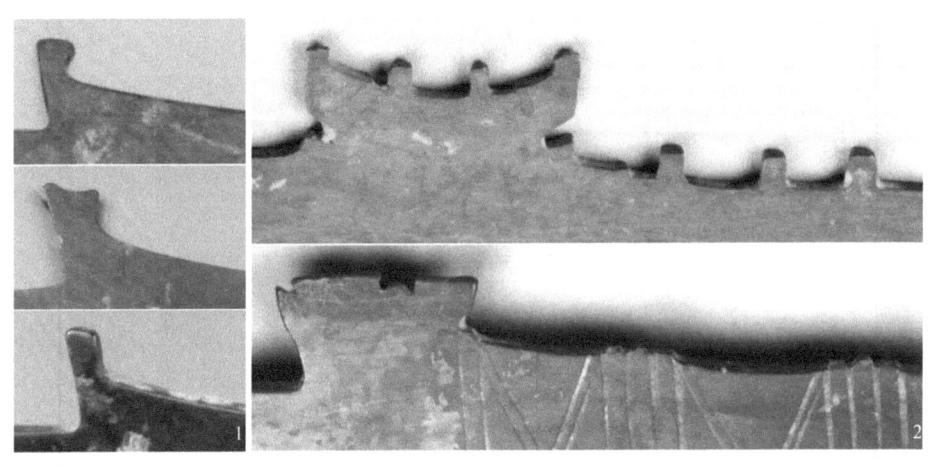

图一　石峁78年牙璋形态区分

1. 素牙类扉牙形态（自上而下分别为勾牙型、凹牙型、平牙型）　2. 花牙类扉牙形态（上为牛头型、下为鸡冠型）

上述分析表明，石峁78年牙璋的主要形态为素牙类，兼有少量花牙类。另外，柄底斜直也是其突出特点。

（2）时代有早晚。素牙类年代一般早于花牙类牙璋。根据上文划分的类型，以扉牙形态为主要外在特征，石峁牙璋存在着分期的可能。近年来的田野发掘揭示出花牙类晚于素牙类出现的牙璋层位关系。笼统来讲，大致可以将素牙类牙璋归于石峁文化中期，花牙类牙璋出现的年代可能在石峁文化晚期，两类牙璋的绝对年代分别为公元前2000年左右和公元前1900—前1800年[10]。

（3）尺寸较统一。目前，有21件长度可统计，早期（素牙类）牙璋长度介于25—36厘米，以30厘米左右最为常见。晚期（花牙类）也多见30厘米左右，同时出现了"巨大化"现象，如SSY17，长达49厘米，为花牙类牛头型牙璋。

（4）器身有正反。78年牙璋横截面呈弧形，器身有正反面之分，正面下凹，光滑，背面外凸，光滑度不及正面，且往往有开料对切时留下的棱线。

（5）颜色较一致。以墨黑色为主，兼有少量深绿色。

根据以上分析，我们将上述5项指征总结为78年牙璋的典型特点，同时也代表了石峁文化牙璋的一般特征。考古发现的具有上述5项指征的牙璋，当需考虑其与石峁牙璋的关系。

二、后石家河鹰笄的发现及其特征

根据目前发表资料，在后石家河文化分布区域内的后石家河文化时期玉鹰笄共发现6件。其中，湖南澧县孙家岗遗址3件，M9：5[11]、M120：15[12]和M136：7[13]；湖北荆州枣林岗遗址1件，JZWM1：2[14]；天门石家河遗址肖家屋脊地点1件，012[15]；钟祥六合（高二山）遗址1件，M1：4[16]。上述鹰笄，可细分为长型和短型（图二）。另外，孙家岗M9：1、M60：2，枣林岗JZWM30：1等玉笄明显是典型鹰笄的简化形式。

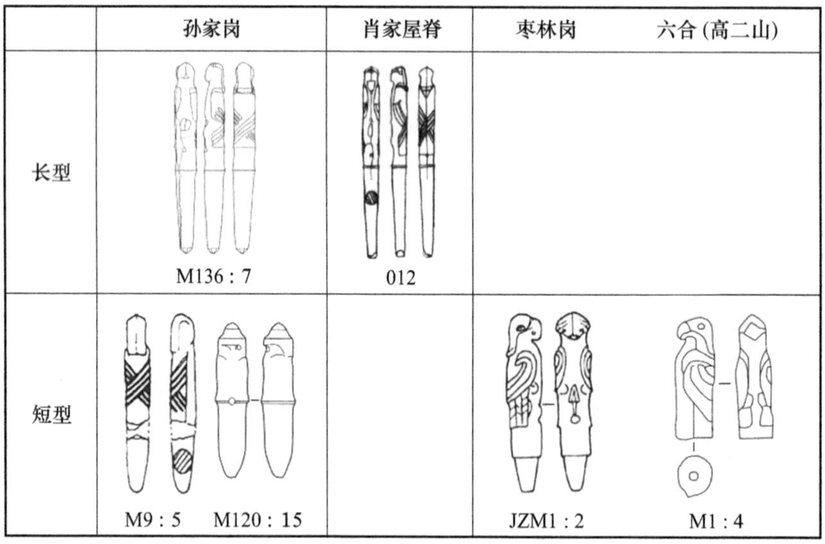

	孙家岗	肖家屋脊	枣林岗	六合（高二山）
长型	M136：7	012		
短型	M9：5　M120：15		JZM1：2	M1：4

图二　后石家河玉鹰笄分型

形态方面，这些玉鹰笄大致可分为上下两部分，上部为一收翅立鹰，栩栩如生，鹰尾以下有明显折棱，折棱以下一般作钝圆锥状。另外，还见到在鹰尾处横穿一孔，或底部钻孔的现象。下部特征或可说明后石家河鹰笄当属与其他"部件"相连，共同构成复合类器物的鹰形玉器。

尺寸方面，长型鹰笄长度一般在15厘米左右，短型一般不超过10厘米。鹰身长度均在5厘米上下。

三、后石家河虎头的发现及其特征

根据统计，后石家河文化所处的江汉平原，目前共发掘出土玉虎头18件（图三）。其中，石家河遗址肖家屋脊地点7件[17]，W6：16、19、53，W71：6，AT13①：1，04、010；枣林岗遗址3件[18]，M1：1，M37：1，M41：1；石家河遗址谭家岭地点3件，W9：10、49，W8：6[19]；六合遗址2件，W4：2，W14：4[20]；孙家岗遗址2件[21]，M71：2、3；石家河遗址罗家柏岭地点1件[22]，T7①：6。另外，石家河遗址谭家岭地点W9内还出土了2件虎形"冠饰"[23]（W9：60、62），其头部造型与一般玉虎头极为相似。

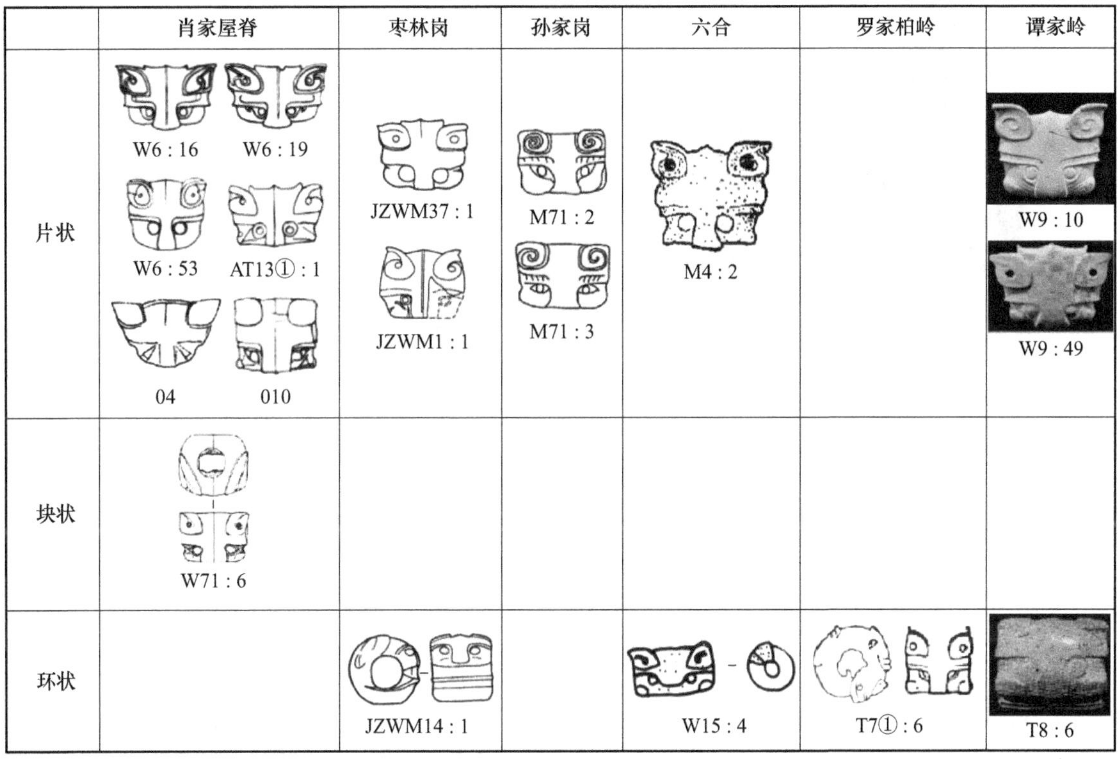

	肖家屋脊	枣林岗	孙家岗	六合	罗家柏岭	谭家岭
片状	W6：16　W6：19 W6：53　AT13①：1 04　010	JZWM37：1 JZWM1：1	M71：2 M71：3	M4：2		W9：10 W9：49
块状	W71：6					
环状		JZWM14：1		W15：4	T7①：6	T8：6

图三　后石家河玉虎头分型

这些虎头面部一般2—3厘米见方，据其整体形状大致可分为片状、环状和块状三类，其中以片状最为常见，已发现13件，多有横向穿孔，有少量环状，还见个别块状，带竖向穿孔。虎头面部雕刻细致，耳、鼻、目等面部形态生动。

四、交流的物证

前文有述，石峁遗址和石家河遗址直线距离超过900千米，4000年前，可谓遥远，但在双方核心范围内均发现了属于对方的代表性玉器。

一方面，在后石家河文化腹地发现了"石峁类"牙璋。1995年[24]，湖北荆州汪家屋场遗址[25]

调查征集 2 件石质牙璋，均呈黑色（图四，1）。征：2，形态完整，通长 35.6 厘米，"独角状"阑牙，两侧不对称，锐角"V"形刃，两尖有高低；征：3，刃部应经改切，现为平直状，长 41 厘米，阑部两侧有对称"牛头状"阑牙，较为简练。根据调查情况，上述 2 件牙璋与一些石器共同出土于地表以下半米，参照鼎、缸、瓮、壶、盆、豆等采集陶片，调查者认为，这两件牙璋的年代大约为"石家河文化晚期"，距今 4200—4000 年。

从发表的照片[26]和线图来看，汪家屋场征集的 2 件牙璋在颜色、阑牙型式方面与石峁牙璋较为相似，但从其尺寸及整体形态推测，可能属于石峁文化晚期牙璋的"仿制品"，本文倾向于将其年代推定为公元前 1900 至前 1800 年。

另一方面，在石峁文化的核心聚落石峁遗址也发现了后石家河文化的代表性玉器——鹰笄和虎头[27]。目前有鹰笄 2 件和虎头 1 件（图四，2）。

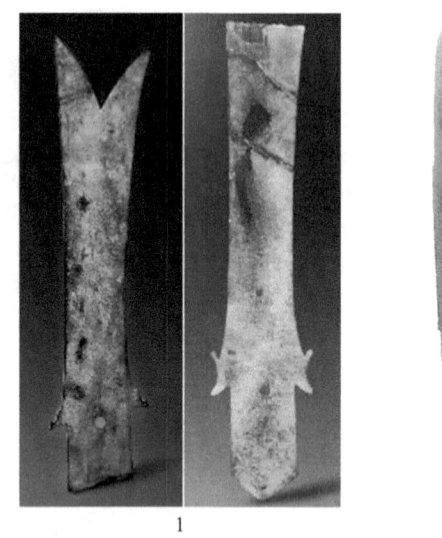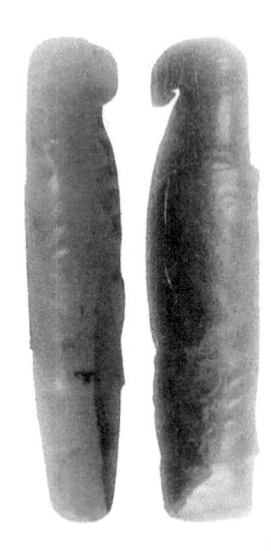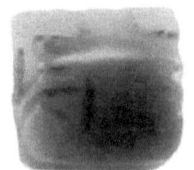

图四　石峁遗址和石家河遗址所见交流物证
1. 汪家屋场遗址征集牙璋　2. 石峁遗址征集鹰笄和虎头

鹰笄 1，原称"玉蝗"，编号 SSY125，残长 7 厘米。形象逼真，圆头勾喙，浅雕细纹双翅，腹部微凸，尾下折棱明显；鹰笄 2，编号 SSY126，残长 6.5 厘米。小圆头勾喙，颈细长，钩形嘴，浅雕双翅，方尾，多条线纹表示羽毛；虎头，编号 SSY124，略呈环状，约 2 厘米见方，器身横穿一圆孔。虎头双耳方大，圆额粗吻，眼鼻图案化，凹凸有致。

从尺寸、形态方面来看，石峁遗址发现的鹰笄与后石家河文化联系得更为"直接"，而石峁虎头可能为后石家河虎头的仿制产品。冈村秀典则认为，玉鹰笄和玉虎头是后石家河文化中统一制作的产品被运往中原和陕北的[28]。

毋庸置疑，任何考古学文化都不是孤立发展的，都要借鉴和吸收邻近考古学文化，甚至较远的考古学文化。据上文所述，石峁牙璋可能影响至后石家河文化核心区域，而后石家河鹰笄和虎头也发现于石峁遗址，这一现象印证着两支考古学文化的交流和互动。同时，我们还发现，两支考古学文化在影响程度上可能存在偏重。例如，作为后石家河文化的典型特征——用玉传统，在其之前的石家河文化中并不发达。统计比对结果显示，石家河文化时期，玉器种类和数量甚少，未形成用玉习惯和用玉制度，也未继承和发扬早前此地大溪文化时期较为繁盛的玉石器文化。后石家河文化时期的玉器数量和种类陡增，器类、纹饰和制玉工艺别具特色，形成了较为系统的用玉文化[29]。

我们认为，后石家河玉器的艺术特征不排除学习和借鉴石峁皇城台大台基石雕的可能性[30]。当然，本地因素是必须坚持的，如后石家河玉雕神面中常见獠牙，在石峁石雕中则基本不见。

五、交流路线蠡测

在确定了石峁和后石家河文化的典型玉器并进一步分析出两者存在交流互动现象后，再来分析可能存在的交流路线。首先，还是物证。诚然，证物的时代性是不可回避的，但玉器与陶器等一般器物存在天然区别，流传或沿用的时间要比陶器长得多。所以，在考虑玉器"古董性"特点后，我们还是将两支考古学文化分布范围之间的牙璋、鹰笄、虎头等证物列举出来以供分析。

商洛东龙山夏代墓葬出土牙璋[31]（图五，1），2000年出土于M83，墓坑为西北—东南向长方形竖穴，墓主为45岁左右的男性，仰身直肢，头向西北，牙璋位于左臂外，墓主右胸部有玉戚1件，右小腹处有盘状石块1件，右小腿外有石圭1件，两股间及左小腿处各有圆形漆木器1件，填土内散置石璧3件。发掘者判断墓葬年代为夏代早期。牙璋（M83：1）墨玉质，长27.6厘米，柄底斜直。整体形态与石峁素牙类凹牙型牙璋接近。

周原商代墓葬出土牙璋[32]（图五，2），2010年出土于岐山县京当镇王家嘴村南残墓中，墓葬形制为竖穴土坑，墓主仰身直肢，髋骨下有腰坑。墓葬破坏严重，牙璋及较多铜器均发现于墓葬周边堆土中。牙璋墨玉质，通长39.1厘米。阑部有勾牙及小齿，小齿之间以斜向双股细线纹相连，勾牙之间以平行斜向三股细线纹相连。柄底不甚规整，一角斜平。另据描述可知，该牙璋应有"正背"之分。整体似石峁素牙类平牙型和花牙类鸡冠型牙璋结合之形态。

河南桐柏月河春秋墓出土牙璋[33]（图五，3），1993—1994年出土于M1中，墓葬为一南北向长方形竖穴土坑木椁墓，在中部主（墓）室的南北两侧各有一座长方形"附葬坑"，主（墓）室内随葬400余件组玉石器及少量青铜器，北附葬坑内随葬青铜乐器、兵器和玉石器30余件，南附葬坑内随葬青铜器礼（容）器9件和漆木器4件。400余件组玉石器中报道了2件黑色牙璋。M1：142，长25.2厘米[34]，刃部应经改切，现为平直状，柄部宽短，两侧斜直，阑部两侧有3组6牙，内有一圆形穿孔；M1：86，长31.4厘米，器身边缘应经改切，不见端刃、扉牙等。根据墓葬内出土铜铎铭文及周边出土的其他"养"字铭文铜器[35]，发掘者认为M1为春秋晚期养（漾）国国君墓葬。研究者认为，桐柏月河M1出土牙璋在形态和尺寸上与石峁牙璋有很大的相似程度。M1：142整体似石峁素牙类勾牙型和花牙类鸡冠型牙璋结合之形态。石峁遗址也发现过与M1：86同样经过改制的黑色牙璋（SSY29）。另外，南阳市宛城区溧河乡望城岗也出土灰褐色牙璋一件[36]，长37.8厘米，整体形态与月河M1：142接近。

禹州瓦店龙山时代晚期墓葬出土玉鹰笄[37]（图五，4），1997年出土于瓮棺葬ⅣT4W1：4中，瓮棺位于椭圆形坑内，瓮棺内人骨为一成年男子，头南面下，随葬玉鹰笄（报告中称作"鸟"）、玉铲各 1 件。鹰笄墨绿色，长 6.3 厘米。圆雕，鹰头、嘴表现写实，双翅用线刻纹表示，圆锥形尾部钻一圆孔。整体形态与后石家河鹰笄非常相似。

泾阳高家堡商周墓葬出土玉虎头 3 件[38]（图五，5），分别出土于 71SJGM1 和 91SJGM4 中，两墓均为带有腰坑的竖穴土坑墓。71SJGM1：19，长 3 厘米，宽 2.6 厘米，厚 0.8 厘米，黄青色玉；71SJGM1：20，长 2.2 厘米，宽 1.7 厘米，厚 0.6 厘米，青玉。91SJGM4：23，长 2.6 厘米，宽 2.1 厘米，厚 0.7 厘米，茶色玉。这些虎头均呈片状整体形态与后石家河虎头非常相似。

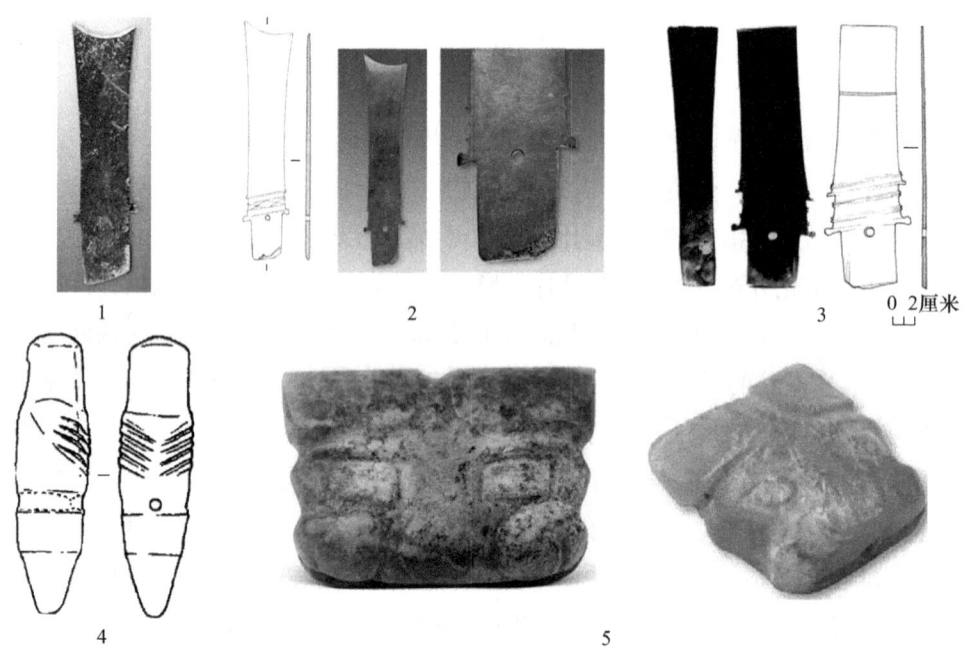

图五　石峁文化和后石家河文化交流路线上相关玉器证物
1. 东龙山遗址出土牙璋　2. 周原遗址出土牙璋　3. 桐柏月河一号春秋墓出土牙璋　4. 瓦店遗址出土鹰笄
5. 高家堡墓地出土虎头（71SJGM1：19、71SJGM1：20）

地理单元上，从石峁文化腹地——河套地区向南，越过黄土高原南抵关中地区，再南经商洛走廊穿越秦岭山脉至南阳盆地，再穿随枣走廊，即可到达后石家河文化的核心范围——江汉平原。以上牙璋、鹰笄、虎头的发现地点与上述线路高度重合，隐含着这条路线可能正是石峁与后石家河文化远程交流的主要线路。其实，关中地区与南阳盆地以商洛走廊连接，南阳盆地与江汉平原以随枣走廊连接，这一连接路线早至西周就已成为周王室南征的重要线路[39]（图六）。另外，除典型玉器证据外，还发现一些陶器证据，如在关中地区客省庄（H167：21 单把鬲）[40]和康家遗址[41]（H29：1 双鋬鬲、H4：3 双鋬鬲、T1③：2 管流盉）出土的明显具有石峁文化因素的陶器。

本文从牙璋、鹰笄、虎头等典型玉器出发，"粗线条"地描绘出石峁文化和后石家河文化之间的交流互动现象，石峁石雕或与后石家河玉器也有千丝万缕的联系。但需要说明的是，目前考古材料并未见到两者在一般器物——陶器上的直接交流，而以玉为主要媒介的交流形式或许正是李新伟先生所说"上层社会的奢侈品交流"[42]。

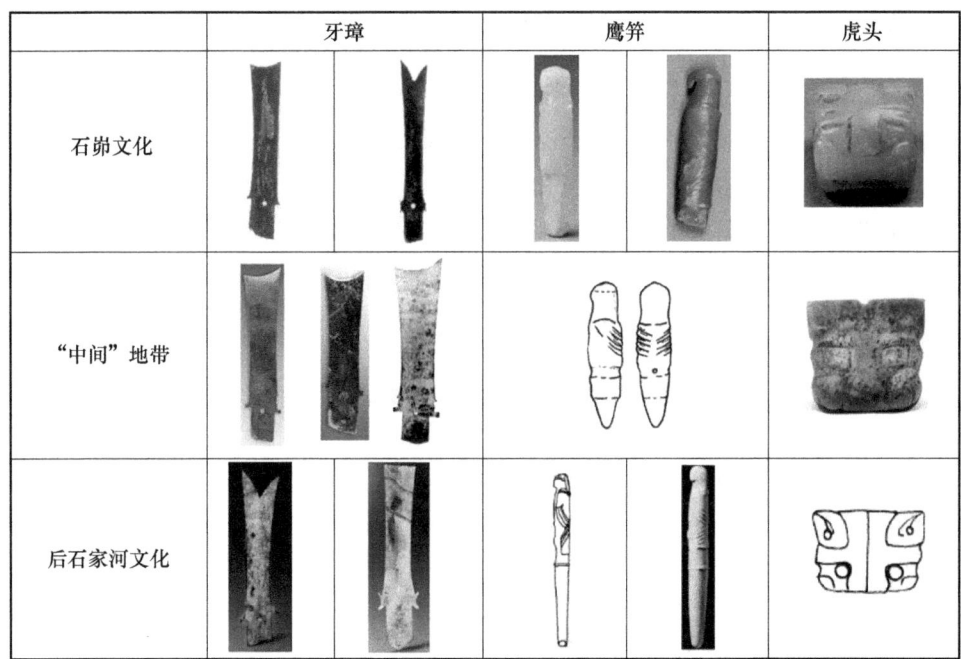

图六　石峁文化和后石家河文化远程交流的典型器物

注　　释

[1]　郑州市文物考古研究所、北京大学考古文博学院：《河南巩义市花地嘴遗址“新砦期”遗存》，《考古》2005 年第 6 期。

[2]　栾丰实：《再论海岱地区的史前牙璋》，《中原文物》2020 年第 4 期。

[3][5]　戴应新：《神木石峁龙山文化玉器》，《考古与文物》1988 年第 5、6 期。

[4]　戴应新：《神木石峁龙山文化玉器探索（一）》，《台北故宫文物月刊》1993 年第 8 期。

[6]　戴应新：《神木石峁龙山文化玉器探索（五）——长柄铲与耒形板铲、圭》，《台北故宫文物月刊》1993 年第 12 期。

[7]　戴应新：《石峁牙璋及其改作——石峁龙山文化玉器研究札记》，《南中国及邻近地区古文化研究——庆祝郑德坤教授从事学术活动六十周年论文集》，香港中文大学出版社，1998 年。

[8]　戴应新先生有不少于 35 件之说，见戴应新：《石峁牙璋及其改作——石峁龙山文化玉器研究札记》，《南中国及邻近地区古文化研究——庆祝郑德坤教授从事学术活动六十周年论文集》，香港中文大学出版社，1998 年。

[9]　据当地村民讲述，这批牙璋于 20 世纪 70 年代平整土地时掘出，具体位置在今外城东门址东侧隔沟相望的黄土梁峁上，属今石峁行政村雷家塔自然村生产用地。石峁考古队于 2013 年了解情况，并由雷家塔村民带领到达现场踏查过。当地有关团体也做过相关调查，可参见神木市石峁文化研究会：《石峁玉器》，文物出版社，2018 年。

[10]　孙周勇、邵晶、邸楠：《石峁文化的命名、范围及年代》，《考古》2020 年第 8 期。

[11]　湖南省文物考古研究所、澧县文物管理处：《澧县孙家岗新石器时代墓群发掘简报》，《文物》2000 年第 12 期。

[12]　湖南省文物考古研究所、澧县博物馆：《湖南澧县孙家岗遗址墓地 2016—2018 年发掘简报》，《考古》2020 年第 6 期。

[13]　赵亚锋：《虞夏时期洞庭湖区一处大型聚落的公共墓地——湖南澧县孙家岗遗址墓地的发掘》，《中国文物报》2019 年 2 月 22 日第 7 版；蔡青：《后石家河文化玉器艺术的特征与源流考》，西安美术学院博士研究生学位论文，2019 年。

[14]　湖北省荆州博物馆：《枣林岗与堆金台》，科学出版社，1999 年。

[15]　石家河考古队：《肖家屋脊》，文物出版社，1999 年。

［16］ 荆州地区博物馆：《湖北荆门、钟祥、京山、天门四县古遗址调查》，《文物资料丛刊（10）》，文物出版社，1987年。

［17］ 石家河考古队：《肖家屋脊》，文物出版社，1999年。

［18］ 湖北省荆州博物馆：《枣林岗与堆金台》，科学出版社，1999年。

［19］ 湖北省文物考古研究所：《石家河遗址2015年发掘的主要收获》，《江汉考古》2016年第1期。

［20］ 荆州地区博物馆、钟祥县博物馆：《钟祥六合遗址》，《江汉考古》1987年第2期。

［21］ 赵亚锋：《虞夏时期洞庭湖区一处大型聚落的公共墓地——湖南澧县孙家岗遗址墓地的发掘》，《中国文物报》2019年2月22日第7版；周华：《有使南来、玉葬洞庭——湖南澧县孙家岗遗址葬玉瓮棺墓》，《大众考古》2019年第6期。

［22］ 湖北省文物考古研究所、中国社会科学院考古研究所：《湖北石家河罗家柏岭新石器时代遗址》，《考古学报》1994第2期。

［23］ 湖北省文物考古研究所：《石家河遗址2015年发掘的主要收获》，《江汉考古》2016年第1期；湖北省文物考古研究所、北京大学考古文博学院、天门市博物馆：《湖北天门市石家河遗址2014—2016年的勘探与发掘》，《考古》2017年第7期；湖北省文物考古研究所、北京大学考古文博学院、天门市博物馆：《石家河遗珍——谭家岭出土玉器精粹》，科学出版社，2019年。

［24］ 具体调查时间由调查者贾汉清先生告知，谨表谢忱。

［25］ 荆州博物馆：《湖北荆州观音垱汪家屋场遗址的调查》，《文物》1999年第1期。

［26］ 荆州博物馆：《石家河文化玉器》，文物出版社，2008年。

［27］ 戴应新：《神木石峁龙山文化玉器》，《考古与文物》1988年第5、6期；戴应新：《神木石峁龙山文化玉器探索——完结篇》，《故宫文物月刊》1994年第1期。

［28］ 冈村秀典：《公元前二千年前后中国玉器之扩张》，《东亚玉器（二）》，香港中文大学出版社，1998年。

［29］ 曹芳芳：《石家河系统玉器与用玉特征研究》，《文博学刊》2018年第3期。

［30］ 孙周勇、邵晶：《石峁遗址皇城台大台基出土石雕研究》，《考古与文物》2020年第4期。

［31］ 陕西省考古研究院、商洛市博物馆：《商洛东龙山》，科学出版社，2011年。

［32］ 齐浩、张天宇：《周原遗址新见京当型铜器墓浅识》，《中国国家博物馆馆刊》2015年第11期。

［33］ 南阳市文物研究所、桐柏县文管办：《桐柏月河一号春秋墓发掘简报》，《中原文物》1997年第4期。

［34］ 厚度源自王青：《豫南地区商周西汉墓出土遗玉研究》，《中原文物》2017年第1期。

［35］ 董全生、赵成甫：《桐柏月河一号春秋墓相关问题研究》，《中原文物》1997年第4期。

［36］ 南阳市文物考古研究所：《南阳古玉撷英》，文物出版社，2005年。

［37］ 河南省文物考古研究所：《河南禹州市瓦店龙山文化遗址1997年的发掘》，《考古》2000年第2期；河南省文物考古研究所：《禹州瓦店》，世界图书出版公司，2004年；方燕明：《禹州瓦店遗址龙山文化玉鹰形笄及相关问题》，《玉魂国魄——中国古代玉器与传统文化学术讨论会论文集（六）》，浙江古籍出版社，2014年。

［38］ 陕西省考古研究所：《高家堡戈国墓》，三秦出版社，1994年；韩建武：《陕北龙山文化至夏代玉器初探（下）》，《收藏界》2013年第11期。

［39］ 高崇文：《从曾、鄂考古新发现谈周昭王伐楚路线》，《江汉考古》2017年第4期。

［40］ 中国社会科学院考古研究所：《沣西发掘报告》，文物出版社，1962年。

［41］ 陕西省考古研究所康家考古队：《陕西省临潼县康家遗址1987年发掘简报》，《考古与文物》1992年第4期；陕西省考古研究所康家考古队：《陕西临潼康家遗址发掘简报》，《考古与文物》1988年第5、6期。

［42］ 李新伟：《中国史前社会上层远距离交流网的形成》，《文物》2015年第4期；李新伟：《中国史前玉器反映的宇宙观——兼论中国东部史前复杂社会的上层交流网》，《东南文化》2004年第3期。

（原载于《中原文物》2021年第3期）

五、环境与生业研究

榆林地区全新世聚落时空变化与人地关系

胡　珂　莫多闻　毛龙江　曹　玮　王炜林

环境与人类活动的关系是近年来国际上全球变化研究和环境考古学研究共同的前沿和热点[1—5]。近年来国内一些学者以某一区域内不同时段古文化遗址的变化及相应时段环境要素的变化为对象，对区域内环境变化和人类活动的关系进行了研究[6—17]。

陕西省北部的榆林地区位于我国重要的地理过渡带上，是中温带亚干旱区和暖温带亚湿润区之间的过渡带，也是沙漠和黄土地貌、农业和牧业生产方式的过渡带。该地区以黄土丘陵地形为主，地形较为破碎。西北与毛乌素沙漠接壤地区的地形虽然和缓一些，又多流沙侵袭。由于地处东南季风尾闾地区，所以气候干旱，水资源匮乏。又由于地形破碎和地表物质粗疏，水土流失严重，地表植被稀疏，区域内生态条件整体而言较差。属于众所周知的生态脆弱地区，也是气候变化的敏感地区。全新世时期，该区域的环境呈现出从较为有利到非常不利于人类生存的较大幅度变化，与之对应，区域内全新世时期的人类活动也具有较为强烈的兴衰变化特点。这些区域特点最有利于揭示环境与人类活动之间的相互关系。

榆林地区环境演变研究虽有一些成果，但全新世环境演变研究相对较少[18—23]，主要集中在中更新世以来的气候变化[19, 24—27]。榆林地区全新世环境演变与人类活动关系研究更少。

榆林地区也有一定程度的考古学研究工作基础。1986—1988 年，在第二次全国文物普查中，本区发现了大量新石器时代遗址[28, 29]，1980 年后，对神木石峁、绥德小官道遗址进行了发掘[30, 31]。20 世纪 90 年代开始，发掘了神木寨峁、府谷郑则峁、神木新华、靖边五庄果墚等处遗址[29, 32—35]。2001 年起，对无定河流域及相关区域进行了系统调查，在此基础上，对吴堡后寨子峁、横山金山寨、榆林火石梁等十余处遗址进行了发掘或试掘[29]，但正式的发掘报告还尚未刊出。本区商周遗址发掘很少，1983 年后，对清涧县李家崖城址和绥德薛家渠遗址进行了发掘[36, 37]，在佳县石摞摞山遗址也发现了几个商代灰坑并出土商代陶片[38]。

本区内全新世自新石器时代中期开始有人类活动，到新石器时代晚期成为我国人类活动异常繁荣的地区之一，新石器晚期的遗址密度位居全国前列，有些地区的遗址密度已接近现代聚落的密度，近年来不断发现的大量石城的数量和密度也位居全国前列，商周时期人类活动又急剧衰落。这种人类活动兴衰剧烈变化的特点使本区在人类活动与环境关系的研究方面具有一定的典型性。

一、研究区域概况

　　榆林地区位于陕西省最北部，在 $36°59'$ — $39°34'$ N，$107°28'$ — $111°15'$ E，面积 $4.37 \times 10^4 km^2$，共包括榆阳区、神木县、靖边县等 12 个区县。西邻宁夏回族自治区，北邻内蒙古自治区，东隔黄河与山西省相望，南邻陕北延安市。长城自东北而西南穿过境内，分别经过府谷县、定边县等 6 个区县。区内主要河流从东北向西南依次为窟野河、秃尾河和无定河，均为黄河一级支流。

　　研究区在地质构造单元上属于［鄂尔多斯台向斜陕北台凹（陕西省地方志办公志）］。震旦纪以前以碎屑沉积为主的变质岩构成了地台的基底。二叠纪以来均为陆相沉积，总厚度平均可达 6500m。地台中部极为稳定，未见火成岩活动。本区新生代以前地层以侏罗系、白垩系分布最广，但多被第四系松散沉积物所覆盖[39]。新生代地层中，第三系上新统三趾马红土零星出露于黄土梁岗地区的较高部位，并不整合于不同时代之老地层之上，富含不规则的钙质结核。第四纪沉积物以黄土为主，分布广泛，厚度较大。在西北部与毛乌素沙漠相邻的地区有风成沙或风成沙与黄土的交错沉积，在河流阶地和低洼地带有河湖相沉积物分布。

　　地貌上，研究区表现为陕北黄土丘陵地貌向毛乌素沙地地貌的过渡。东南部属于黄土高原梁峁丘陵区，由于流水切割和沟谷侵蚀，地形较为破碎。西北部与毛乌素沙地相邻，有波状起伏的沙丘或平缓沙地分布。西南部为近东西走向的白于山地，是本区海拔最高的地区。山地大部分地区也有厚层的第三纪红土和第四纪黄土覆盖。

　　本区气候上，属暖温带半湿润的东亚大陆性季风气候和中温带半干旱的西北内陆气候的过渡带。年平均气温 8.4℃，多年平均降水量在 430mm。降水集中在 7—9 月，占全年降水量的 70%，降水的年际差异非常大[39]。

二、考古遗址的时空变化与人类文化演化历史

　　本文根据《中国文物地图集·陕西分册》[28]和陕西省 20 世纪 80 年代以来的考古资料中遗址数量，统计出本区仰韶至西周时期遗址共 896 处（文化层连续的遗址不重复计算），并收集榆林地区多幅 1∶100000 比例尺地形图，结合本区遥感影像及地质地貌资料，使用 MAPGIS6.7 地理信息系统软件对如上资料进行矢量化处理，生成不同海拔高度分层设色的榆林地区地形图，并将仰韶至西周时期遗址的时空分布情况填绘其上。在对遗址时空分布规律分析的基础上，结合榆林地区全新世气候变化数据和已发掘遗址资料，对区内全新世环境演变和聚落分布及人类活动进行探讨。

　　榆林地区仰韶文化结束年代和龙山文化起始年代的测定结果，都稍晚于中原地区的相关年代[40]。榆林地区夏时期的文化面貌还不十分清楚，仅于 1996 年神木新华遗址晚期地层发现与内蒙古中南部、晋西北黄河沿岸夏时期文化遗存有一定相似性的陶器和瓮棺葬等[34]。有些龙山遗址文化层的年代已进入夏时期，所以有学者认为，榆林地区仰韶文化和龙山文化兴起和延续时间都较中原地区有一定延后，中原地区进入夏纪元后，这里仍然保持了龙山晚期的文化面貌[32,40]。而根据

最新的研究，中原等地区仰韶文化和龙山文化结束的年代也比原先的时代稍晚一些（吴小红等，个人通讯）。因此，榆林地区几个文化阶段起止年代是否相对中原地区有延后现象，还是这些年代有需要进一步订正的可能，均有待于进一步研究。本文暂且依据本地区的一些年代结果将仰韶文化和龙山文化的年代界限放在 4.5kaB.P.，同时将龙山和夏文化放在一个时期讨论，因而回避了龙山与夏文化的年代界限问题。据此，将本区新石器时期至西周文化时期的遗址分别按仰韶文化时期（6.5—4.5kaB.P.，包括半坡类型、庙底沟类型和仰韶晚期文化）、龙山和夏文化时期（4.5—3.6kaB.P.，包括庙底沟二期文化、龙山晚期文化和夏时期）、商和西周文化时期（3.6—2.7kaB.P.）[29] 等 3 个阶段加以分析讨论。

1. 仰韶文化时期（6.5—4.5kaB.P.）

本区仰韶文化遗址共 127 处（图一，a）。其中 600—800m 海拔地区分布 2 处，800—1000m 地区 26 处，1000—1200m 地区 53 处，1200—1400m 地区 23 处，1400—1600m 地区 18 处，1600—1800m 地区 5 处。这些遗址主要分布于无定河、秃尾河和窟野河支流的两岸，而干流下游两岸遗址分布很少。在定边县南部白于山区水系发源地也有部分遗址分布。西部风沙地区只有 3 处遗址分布。

仰韶文化半坡类型彩陶图案简单，仅见波折纹、宽带纹、窄带纹、平行斜线等，不见渭水流域常见的鱼纹、人面纹等。另外，有些标本反映出带有后岗一期文化因素的特征，如红彩宽带纹、折唇壶等。表明陕北地区是仰韶文化半坡类型的重要扩展分布区域，但文化面貌与中心区有一定区别，同时又受西渐的后岗一期文化影响[29]。

紧接半坡类型之后是仰韶中期文化庙底沟类型（6—5.5kaB.P.）和仰韶晚期文化（5.5—4.5kaB.P.）。榆林地区仰韶中晚期文化与关中等地同类型文化面貌相当，同时表现出富有地域特色的一些文化因素。在仰韶晚期的较晚阶段突然出现较多石城聚落，这种石城多选择在三面被深沟陡坡环卫的山顶上，采用堑山成障的方法，使山坡更加陡峭险峻，并在削堑的土崖外包筑石壁，以形成相对封闭的空间，类似陡峭的台城。这种石城聚落此后长期成为陕北北部及相邻的内蒙古中南部和晋中北地区流行的聚落形态，成为这一地域富有地域传统特征的文化现象[29]。

陕北靖边五庄果墚仰韶晚期遗址位于陕西省靖边县黄蒿界乡小界村西北，距离靖边县城约 30km。遗址面积约 30×10⁴m² 以上，目前，已发掘面积约 1740m²，揭露房址 20 座、灰坑 91 个、陶窑 3 座、墓葬 3 座、乱葬坑 1 座，获得陶器、石器、骨器、玉器等各类文物共计千余件。初步整理表明，五庄果墚遗址主要文化内涵接近于"海生不浪类型"；与中原同期遗址相比，大致相当于西王村、半坡四期发展阶段，个别遗迹已处于庙底沟二期文化时期。从该遗址中出土的动物遗骨中发现，人类饲养的动物主要是猪和狗，猪的饲养量达到一个较高水平，猪的大量饲养反映了当时农业的发达和农产品的大量剩余，也说明了当时的气候适宜农业生产。野生动物主要为草兔，其次为黄鼬、豹、猫、黄羊、马、猫、鱼、鳖、鸟等。另外从遗址中出土的生产工具石器（铲、斧、锛、磨盘）和骨器（铲、刀）来看，当时人们以农业为主的经济类型已经稳定，狩猎和捕鱼等经济活动居于次要地位[41]。

2. 龙山和夏文化时期（4.5—3.6kaB.P.）

　　龙山时期本区进入文化鼎盛阶段，遗址数量剧增到了 740 处（图一，b），其中 51 处沿用仰韶文化的遗址，新增遗址 689 处。其中 600—800m 海拔地区分布 50 处，800—1000m 地区 220 处，1000—1200m 地区 260 处，1200—1400m 地区 124 处，1400—1600m 地区 58 处，1600—1800m 地区 27 处，1800m 以上地区 1 处。各海拔段遗址数量均有大幅增加，但 1400m 以下中低海拔地区增加幅度更为显著。遗址的分布范围较仰韶时期也有所扩大。这一时期的遗址除了在无定河、秃尾河和窟野河及其支流大量分布，定边县南部的白于山区和本区北部的遗址数量也有增加。总体看来，龙山时期遗址分布重心似有向低海拔和东南部河流下游移动的趋势。

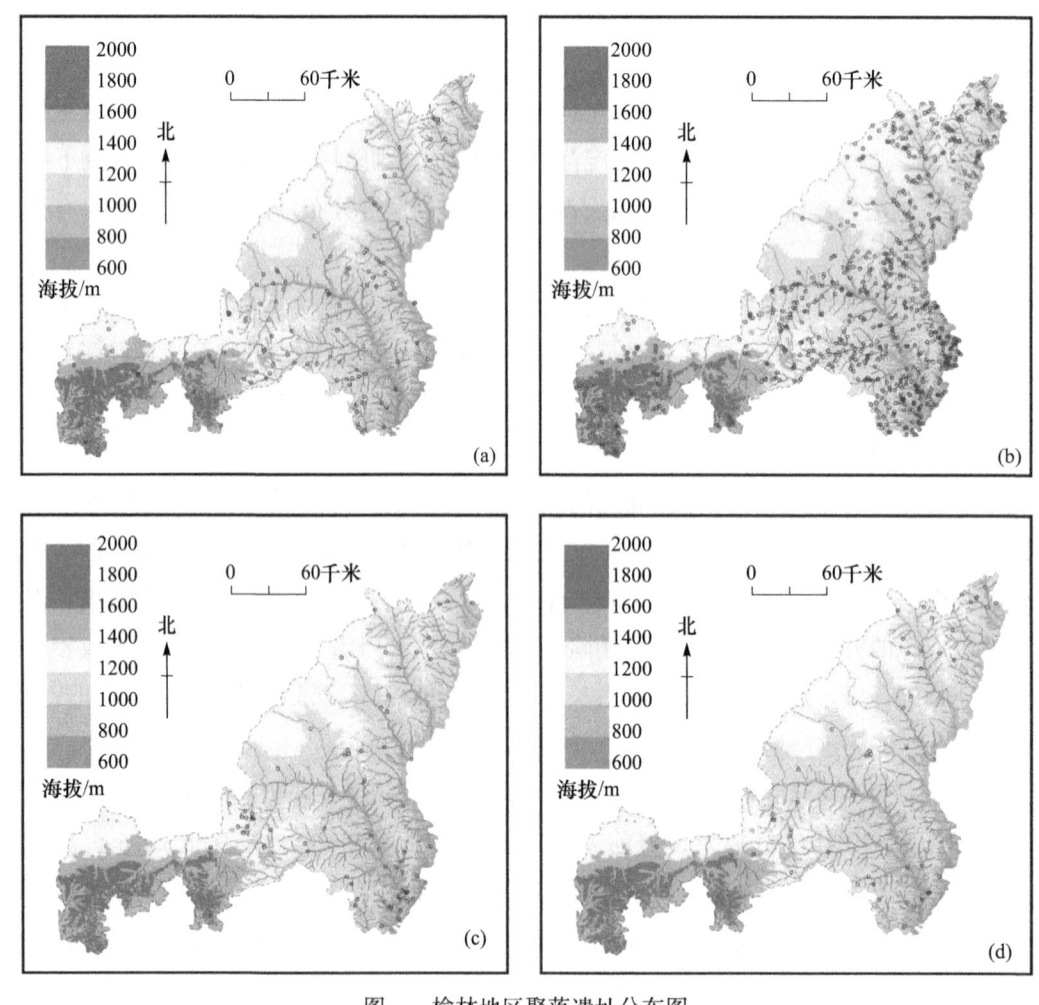

图一　榆林地区聚落遗址分布图
（a）仰韶时期　（b）龙山和夏时期　（c）商　（d）西周

　　榆林地区龙山时期的文化起于庙底沟二期文化。庙底沟二期之后的龙山晚期文化面貌与晋中地区杏花文化早、中期存在密切联系，晚期转而表现出与河套地区永兴店文化晚期——大口文化的高度一致性，并出现了较多关中地区客省庄文化晚期遗存和少量西部甘青地区齐家文化的因素[29]。前述仰韶晚期文化出现的石城聚落，在龙山时期数量增多，成为这一时期本区聚落的重要形式。

新华遗址位于本区神木县西南大保当镇新华村附近的一个名叫"彭素圪塔"的土丘之上，总面积近 $3 \times 10^4 m^2$。1996 年和 1999 年，陕西省考古研究所和榆林市文管会先后两次对新华遗址进行了大规模发掘，共发掘灰坑 155 个、墓葬 72 座、房址 33 座、窑址 5 处以及玉器坑 1 座[32]。从该遗址和榆林火石梁、神木寨峁等其他两处龙山时期遗址中出土的石刀、石斧、石锛、石凿、石铲、石磨具[32—34, 42]，显示人类仍以农业生产为主。同时龙山晚期的榆林火石梁[42]遗址出土的动物遗骨中，由人类饲养的动物有山羊、绵羊、黄牛、猪、狗。与仰韶时期相比，羊、牛等食草类家畜比例明显增加，而依靠农业剩余饲养的猪的比例明显降低。同时羚羊、梅花鹿、马鹿、狍、岩羊、马、兔、狐、獾、虎、猫、鸟等猎物的遗骨也说明狩猎活动占到一定比例。

新华等遗址出土了制作精良的玉刀、玉铲、钺、斧、璋等玉器，既说明当时玉器加工技术的进步和专业匠人群体的形成，也说明占有和使用这些贵重物品的贵族阶层的出现，表明已出现社会分工和人群社会地位的分化。这些考古证据都表明当时该地区已出现较高水平的社会组织结构。

3. 商和西周文化时期（3.6—2.7kaB.P.）

商代本区遗址数量急剧减少至 77 处（图一，c），只有龙山时期的十分之一左右，且少于仰韶文化时期。其中，600—800m 海拔地区 7 处，800—1000m 地区 23 处，1000—1200m 地区 25 处，1200—1400m 地区 19 处，1400—1600m 地区 3 处，1600m 以上地区无分布。西部白于山区的遗址分布已经极少，大量遗址分布在无定河下游，其他黄河支流也有少量分布。可以看出商代遗址重心较龙山时期明显向低海拔河流下游地区移动。

西周时期榆林地区遗址数量减少至 53 处（图一，d），有 37 处沿用商代遗址。其中 600—800m 海拔地区遗址 2 处，800—1000m 地区 15 处，1000—1200m 地区 19 处，1200—1400m 地区 13 处，1400—1600m 地区 4 处。遗址重心较商代无明显移动，较集中分布在无定河下游及窟野河上游，西部白于山区分布极少。

根据现有发掘资料，榆林地区商时期文化似出现分化，同时发现有李家崖文化遗存和朱开沟文化遗存，与中原地区的商文化有较大差别[36—38]。本区已发掘的商时期遗址有李家崖城址和薛家渠遗址。李家崖城址位于本区清涧县高杰乡李家崖村西无定河边的高台地上，东距黄河 4.5km，李家崖村 1km，西距清涧县 45km，1983 年进行了发掘[37]。薛家渠遗址位于本区绥德县东北约 35km 的义合乡薛家渠村东的寨子山上，于 1984 年进行了试掘，共发现灰坑 2 座，墓葬 1 座[36]。两处遗址出土一定数量的石斧、石刀、骨铲等生产工具，说明农业生产活动依然存在。李家崖城址出土的动物骨骼有马、牛、羊、猪、狗、鹿，薛家渠出土动物以牛羊为主，牛羊比例的增加反映畜牧业地位的提升。猪的比例有所降低。马、鹿的出现说明狩猎也是当时的主要经济活动。

根据前文 3 个阶段遗址时空分布与人类文化分析表明，本区遗址数量仰韶时期仅 127 处，至龙山和夏时期达到 740 处，商和西周时期又骤减至 77 处和 53 处；各时期遗址均主要分布在 800—1400m 这一海拔范围内，仰韶时期与龙山和夏时期 1400m 以上的高海拔段有一定数量的遗址分布，至商和西周时期海拔 1400m 以上地区极少遗址分布，遗址重心有向低海拔移动的趋势。仰韶时期文化面貌与关中地区较一致，但受到后岗一期文化影响。龙山和夏时期文化面貌先后与晋中和内蒙古等地同期文化高度一致，但仍有关中和甘青等地同期文化因素。商时期似分化为李家崖和朱开沟文化。各时期经济活动均以农业为主，龙山时期起牧业和狩猎成分开始增加。仰韶晚期开始出现石城聚落，至龙山时期此种聚落数量增多。一些规模很大的石城聚落显然在区域聚落群中居于中心地位，显示当时已有一定水平的社会组织结构。龙山时期一些高规格墓葬中出土较多的精美玉器，说明当时已出现人群社会地位的分化。

三、榆林地区全新世气候与环境演变

施雅风[43]对中国全新世气候与环境的研究认为，8—3kaB.P.整体上为温暖湿润的时期，称之为全新世大暖期。其中，8.5—7.2kaB.P.温度有所波动；7.2—6kaB.P.是大暖期中稳定的暖湿阶段，即大暖期的鼎盛阶段；6—5kaB.P.气候有所波动，并有变凉趋势；5—4kaB.P.为气候波动和缓的亚稳定暖湿期，气候较上一阶段有所改进，4—3kaB.P.为一多灾时期。自全新世初至大暖期鼎盛阶段前，有多次剧烈的气候波动。存在8.7—8.5kaB.P.，7.3kaB.P.，5.5kaB.P.和4kaB.P.前后几次干凉事件。但是，中国地形复杂、又处在具有复杂时空变率的东亚季风控制范围内，使得我国全新世气候环境演变存在较明显的地区差异[13]。位于多重过渡带的榆林地区在全新世环境演变方面也有自己的独特性。图二为榆林及周边地区多个剖面不同气候代用指标显示的全新世气候变化情况。

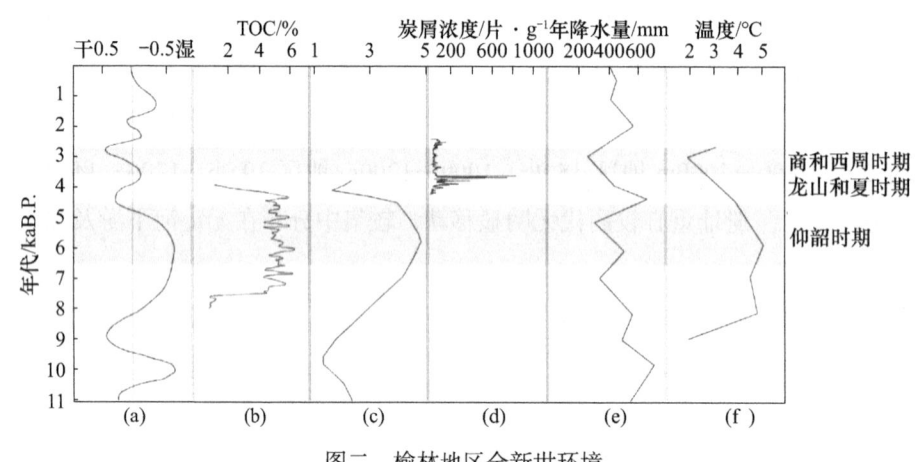

图二　榆林地区全新世环境
（a）何家梁剖面[44]（b）巴汗淖钻孔[45]（c）柳树湾剖面[46]（d）杨家湾剖面[47]（e—f）鄂尔多斯地区综合研究[48]

笔者在前述神木县新华遗址附近一处约5m厚的自然剖面进行了采样，该剖面地层层序如下（自下而上）。

第1层：0—1m，棕灰色砂层，向上颜色加深；

第2层：1—1.2m，棕灰色砂层，夹有含砂泥质的钙结核；

第3层：1.2—2.4m，深灰色砂层，致密，细丝状的假菌丝体较多；

第4层：2.4—3.4m，灰黄色砂层较为致密；

第5层：3.4—3.8m，深灰色砂层，含有大量陶片，较为致密，为新华遗址的文化层；

第6层：3.8—4.6m，黄色略红中砂层，疏松，夹有个别陶片；

第7层：4.6—5m，深灰色砂层，局部缺失；

笔者对此剖面进行了多项实验分析，其年代跨 7—2.7kaB.P.，图三为其孢粉浓度、藜蒿比和频率磁化率 3 项环境代用指标的对比[23]。图三中显示，在 6.5—4.5kaB.P.，孢粉浓度和磁化率两项指标值较高，反映当时植被较为丰富且气候较为湿润。体现干旱程度的藜蒿比较高，反映了本区位于干旱半干旱气候带，气候总体较为干旱的特点。在 4kaB.P. 左右，3 项指标均出现峰值，藜/蒿比的增高反映此时本区总体干旱程度有所增加，而孢粉浓度和磁化率的峰值说明在一些遗址所处的河谷等地区由于水文条件的好转，湿度与植被数量反而有所增加（本区主要河流中上游均为晚更新世晚期至全新世开始下切，4kaB.P. 左右河面高度以及人类居住的河谷阶地地下水位深度较适合耕作和生活。由于篇幅所限，关于本区河流下切与遗址水文条件的研究成果另文发表）。约 3.6kaB.P.，孢粉浓度和磁化率值出现低谷，反映这一时期气候干凉与植被退化。

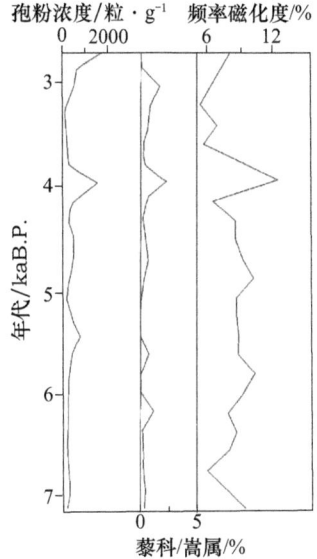

图三　新华遗址剖面环境
指标分析

根据图二、图三和以往的环境变化研究成果[18, 21, 23, 44—53]，并结合区内考古文化序列，可将本区 11—2.7kaB.P. 的气候与环境变化划分为如下 4 个阶段。

（1）第一阶段（11—6.5kaB.P.）

前期气候以干旱为主[49, 52]，暖湿与干凉气候交替出现，在波动中向暖湿方向发展，后期温度与湿度逐渐升高。温度的升高和降水的增加，使得局部地区形成了暂时性湖泊[45]，并有古土壤形成[19, 46, 50]。陕北的何家梁（图二，a）、柳树湾（图二，c）等剖面记录了这一时期气候暖湿与干凉波动的情况[21, 44, 46, 48, 51]。

（2）第二阶段（6.5—4.5kaB.P.）

该阶段对应仰韶时期，是整个全新世本区气候最适宜的时期，气候温暖湿润[18, 23, 44—46, 48, 49, 52]，风沙活动最弱，是最主要的成壤期。毗邻的毛乌素沙地大部分时间内呈固定沙丘和稀树草原或森林草原景观[48, 53]，沙地中的湖相沉积区广泛发育了厚层的沙质泥炭[46]。图二中（a）（b）（c）和（f）剖面和新华遗址剖面的气候代用指标均显示这一时期是本区气候最为暖湿的阶段。5kaB.P. 左右本区气温和降水已明显降低[48—50, 53]。

靖边五庄果墚仰韶文化遗址出土的动物遗骨中，野生动物主要为草兔，其次为黄鼬、豺、猫、黄羊、马、猫、鱼、鳖、鸟等[41]。草兔、黄羊、马 3 种动物都是生活在草原区的典型动物，说明遗址周围有较为开阔的草原；食肉动物豺、猫的出现，说明遗址周围一定面积的林地；鱼、鳖的出现说明遗址附近有较大面积的水域。人类饲养的动物主要是猪和狗，猪的饲养量达到一个较高水平，反映了当时农业的发达和农产品的大量剩余，也说明了当时的气候适宜农业生产。

（3）第三阶段（4.5—3.6kaB.P.）

该阶段对应龙山和夏时期。本阶段前期属于中全新世气候鼎盛期向晚全新世干凉气候的过渡阶段，气候相对较为温暖湿润[45, 46, 52, 53]，但较上一阶段干旱程度有所增加。年平均气温相对鼎盛期而言已有所下降，但仍较为温暖（图二，c、f），间有干凉事件[46, 49, 52]。张兰生等[48]对鄂尔多斯地区多个剖面的研究认为这一时期本区降水仍较为充足（图二，e）。4kaB.P. 左右本区气候进一步向干凉化发展（图二，b、c）[49, 53]。本阶段后期（4kaB.P. 以后），是波动性降温时期，气候变化频繁[52]，部分湖泊缩小或干涸[45]，区域植被显示为干凉条件下的干草原景观[21, 23]。毗邻的毛乌素沙地沙漠化频繁变化，气候干凉时期，沙地大部分处于流动状态，相对温暖湿润时期，仍以固定沙丘为主[53]。

但一些遗址所处的地区由于水文条件的好转，植被数量增加。榆林火石梁龙山时期遗址[42]出土的野生动物遗骨中有羚羊、梅花鹿、马鹿、狍、岩羊、马、兔、狐、獾等草原动物和虎、猫、鸟等林地动物，说明当时遗址附近的环境以草原为主，并有一定面积的林地。

（4）第四阶段（3.6—2.7kaB.P.）

对应商和西周时期。本阶段气候是上一阶段干凉化的延续，是全新世以来最为干凉的阶段，温度和湿度在波动中继续降低，于3kaB.P. 左右降至低点后有所回升。图二a和图二e显示这一时期气候干湿变化频繁，3kaB.P. 左右干旱程度最高。

商时期清涧李家崖城址[37]出土的动物骨骼有马、牛、羊、猪、狗、鹿，绥德薛家渠遗址[36]出土的动物以牛羊为主，牛羊比例的增加反映畜牧业地位的提升和草原环境。两处遗址中都未发现虎、猫等生活于林地的食肉动物，说明当时林地面积已大幅减小或消失。马、鹿的出现也反映了遗址周围为草原环境，说明当时植被退化，主体景观为荒漠草原。

四、全新世人地关系

根据已有研究成果，榆林地区仰韶文化应是南来的农业居民向北方移民的结果。半坡等类型（6.5—6kaB.P.）的农业居民曾沿着不同的通道向北到达内蒙古中南部地区。陕北正处于这些文化迁移通道的西支之中[54]。

本区位于北方干旱半干旱地带，不是农业起源与新石器文化早期发展的中心地区。即使在气候较好的时期，水热、植被等自然条件也均不如中原、关中等偏南地区，且由于前仰韶时期中原等地人口数量较少（图四），生存空间压力小，向自然条件较差的陕北、内蒙古等地迁徙的需求并不迫切，因此全新世仰韶文化时期以前本区尚未发现人类活动遗迹。

自6.5kaB.P. 以来，是全国范围的全新世气候鼎盛期，本区气候温暖湿润，以林地草原环境为主，适宜人类活动。而此时的中原地区由于仰韶文化的繁荣和人口增加（图四），生存压力增大，

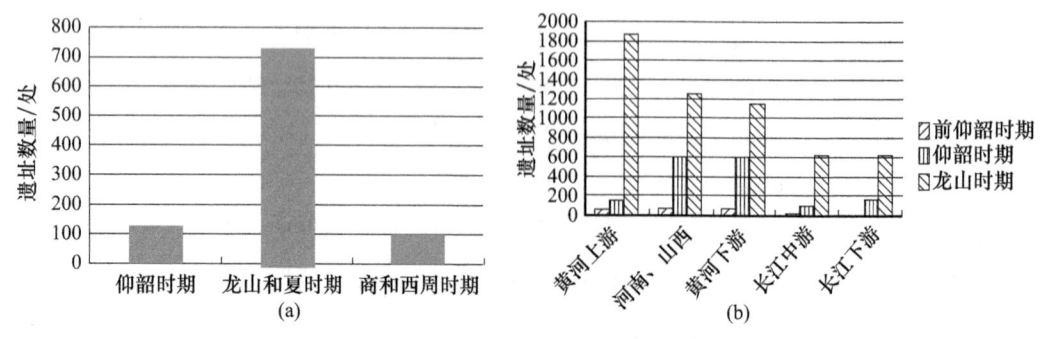

图四　我国不同新石器文化区各时期的遗址数量变化

（a）榆林地区　（b）全国其他地区（数据来自文献［55］）

半坡类型农业居民开始向其他地区移民寻求发展。其中一部分北上移民便选择在环境较为适宜的榆林地区定居，居住地点多选择在主要河流上游及支流两岸。他们以农业生产为主，同时在聚落附近的草原、森林和水域中渔猎，并饲养以猪为主的家畜作为食物补充。经过庙底沟类型和仰韶晚期文化的发展，榆林地区仰韶时期的聚落达到一定数量。

龙山和夏时期前期，本区气候还较为暖湿，植被仍以草原为主，环境较为适宜人类活动。4kaB.P. 前后，本区气候干凉化。这一时期本区人类活动发展到了新石器时代的鼎盛时期，人口数量大幅增比，遗址数量比仰韶时期激增将近 6 倍（图四，a）。许清海等[47]对临近本区的杨家湾剖面（图二，d）研究显示 4kaB.P. 后炭屑数量大幅增加，说明 4kaB.P. 后这一区域人类活动程度仍然很高。在气温和降水较仰韶时期有所降低且伴有干凉事件的龙山时期，本区新石器文化加速发展至鼎盛。

需要指出的是，龙山时期人类文化加速发展的现象并非本区独有，根据 Li 等[55]的研究表明，我国大多数地区全新世文化鼎盛期都发生在 5—4kaB.P. 左右的龙山时期，这一时期的遗址数量普遍较仰韶时期增加 3—10 倍（图四，b）。前述我国全新世气候最适宜期在 7.2—6kaB.P.，而全国范围新石器时代人类文化的鼎盛期却发生于 5—4kaB.P. 左右气候并非最佳的龙山时期。

对于这一现象，笔者认为人类社会的发展有其自身的规律，人类社会发展到一定阶段后，不仅受环境影响而且受社会自身因素影响。气候转凉背景下本区人类活动的持续繁荣与环境条件和人类对环境的适应及社会化调整均有密切关系，总结起来有如下几方面。

第一，在环境方面，龙山和夏时期前半段气候较为暖湿，后期虽干凉化，但总体上仍较为适宜人类活动，且本区地表物质组成以黄土为主，在人口膨胀时期能提供大量的可耕作土地以提供食物。一些地区水文条件的好转有利于耕作和生活。龙山和夏时期较为适宜的环境条件为人类活动的繁荣提供了可能。

第二，龙山时期是一个包括榆林地区在内的全国范围人口剧增的时期（图四，b），不同文化类型之间的接触和交流增多。表现为这一时期榆林地区的龙山文化先后受甘青地区的马家窑[28]、齐家文化，晋中地区的杏花文化早、中期，内蒙古中南部的永兴店文化晚期、大口文化，中原地区的客省庄晚期文化的影响[29]。本地人口大量繁衍及一定数量外来移民的加入使本区人口数量剧增。人口的增加促使人类尽量扩展生存空间，开垦更多土地和营建更多聚落，以获取更多的资源和耕地。表现为遗址数量大幅增加，规模增大且分布范围扩大。如前所述，龙山时期遗址分布几乎覆盖了所有地貌类型和各海拔高度。在仰韶时期人类较少涉足的高于 1600m 高海拔地区和低于 800m 的低海拔河流下游遗址大量增加。

第三，社会组织的发展和生产技术进步提高了劳动生产效率。石峁遗址、寨峁遗址等建于山顶的大型石城聚落，对其形成原因目前并无明确认识，但存在两种可能：一是不同部族之间冲突加剧而产生的防御要求；二是社会组织的发展。这些石城位于山顶，由于水源和可耕作面积的限制，自身的生产活动显然不足以维持其存在。合理的解释是一定数量的聚落中已出现居中心地位的聚落。这些中心聚落同周围其他普通聚落之间存在一定的经济甚至政治的联系。聚落等级结构的出现是当时社会组织等级结构的反映。前述石峁、新华等遗址的玉器表明当时该地区已出现较高水平的社会组织结构。复杂化的社会组织结构势必促进社会生产力的更好发展。同时由于在仰韶时期长时间的农业生产实践中，人类对环境有了更多认识，积累了丰富的知识，生产技术和生产工具应有一定程度的进步，使得农业生产效率有所提高。

第四，人类通过生产方式的调整以适应新的环境条件。龙山时期仍以农业为主，但在干凉的草原环境下，人类增加了牧业和狩猎比重以补充食物来源。

3.6—2.7kaB.P.的商和西周时期，气候进一步干凉化，是全新世以来最为干凉的阶段，荒漠草原环境不利于农业生产。这一时期社会组织和生产技术水平应比龙山和夏时期有所提高，但失去气候基础的农业生产受到很大影响。前期人口大量增加对动植物资源造成很大消耗，且荒漠草原环境进一步使动植物资源减少。各种不利因素对农业生产和自然资源的影响，减少了食物供给，人口大幅减少。但由于前期社会发展基础及社会进步及人类的适应和调整，畜牧业和狩猎的比重明显增加，农业比重降低，人口仍维持在一定数量。表现为商代遗址数量急剧下降为77处，仅为龙山时期十分之一左右。

综上所述，前仰韶时期本区气候较差，没有吸引移民到此定居。仰韶时期开始有移民进入本区，这一时期气候进入鼎盛期，是人口数量稳定增长时期。龙山和夏时期环境仍较为适宜，且社会组织水平和生产技术的提高使本区人口快速增长，社会繁荣程度提高。商和西周时期，气候干凉化，人口大幅减少，但由于前期社会发展基础及社会进步及人类的适应和调整，人口仍维持在一定数量。

五、结　　论

根据上文论述，得出如下结论：

（1）榆林地区位于我国北方干旱半干旱气候过渡带，地貌以黄土丘陵为主，降水量相对较少，现代环境总体上为半干旱草原。11—6.5kaB.P.本区气候由干旱向暖湿波动过渡；6.5—4.5kaB.P.气候暖湿，是全新世鼎盛期，植被景观为森林草原，并有较大面积的水域存在；4.5—3.6kaB.P.气候仍较为暖湿，后期转向干凉，植被景观为疏林草原，部分湖泊缩小或干涸；3.6—2.7kaB.P.气候在波动中进一步干凉，部分地区林地缩小或消失，为干旱草原环境。

（2）本区全新世人类活动可分为4个阶段：前仰韶时期本区未见人类活动；自仰韶文化半坡类型时期起，由于气候适宜，南来移民进入榆林地区定居，主要从事农业活动，文化面貌与关中地区一致，约2000年间形成的遗址有127处；龙山和夏时期气候较为适宜，文化面貌受周边地区影响并具有本地特点，出现了较高水平的社会组织结构及人群社会地位分化。经济活动仍以农业为主，生产技术有所进步，牧业和狩猎成分增加，仅800年的时间形成的遗址达740处，且出现中心聚落；商和西周时期气候适宜程度降低，文化出现分化，农业比重降低，牧业和狩猎比重明显增加，遗址数量大幅减少。

（3）榆林地区仰韶文化至西周时期遗址的时空变化和人类文化与气候环境变化密切相关，人类活动受全新世气候环境变化影响，同时也受社会发展规律影响。本区前仰韶、仰韶、龙山和夏、商和西周四个时期分别对应4种人地关系模式。前仰韶时期，全国范围内人口较少，人类会优先选择自然条件较好的地区生活，因此自然条件较差的榆林地区并未发现人类活动遗址。仰韶时期，由于中原地区人口压力的增大和本区气候的适宜，吸引了南来移民在此定居，人口逐渐增多，文化逐渐繁荣。龙山和夏前期气候较为暖湿，虽温度与湿度均不及仰韶时期，但本区龙山文化达到新石器时代最为鼎盛的时期。出现这一现象的原因有两方面：一是虽然本地区龙山和夏时期的气温和降水相对仰韶时期而言有所降低，但气候条件及地貌和土地资源条件仍可支撑人类文化和社会规模的发展；二是由于仰韶时期的发展，本地区人口规模明显增加，需要增加聚落和开垦更多土地；同时由于生产技术的进步和社会组织水平的提高，以及生产方式的调整等都支撑了人类社会规模的进一步发展和聚落数量的显著增加。环境条件和社会发展的共同影响，促成了龙山和夏文化时期文化鼎盛期的出现。商和西周时期气候持续干凉，环境适宜度和承载力降低，难以维持原有的生产方式和社会人口规模，使本区人口和聚落数量显著减少，社会繁荣程度明显降低。

附记：国家科技支撑计划项目（批准号：2006BAK21B02）和国家自然科学基金项目（批准号：40671016）资助。北京大学考古文博学院李水城教授、中国社会科学院考古研究所王辉博士等参加了野外工作；审稿专家对文章的修改提出了许多建设性的意见，在此一并致谢。

参 考 文 献

[1] 刘东生. 开展"人类世"环境研究，做新时代地学的开拓者——纪念黄汲清先生的地学创新精神. 第四纪研究，2004，24（4）：369—378.

[2] 刘东生. 李希霍芬和"中亚人与环境". 第四纪研究，2005，25（4）：405—408.

[3] Davis L G. Geoarchaeology and geochronology of pluvial Lake Chapala, Baja California, Mexico. Geoarchaeology: An International Journal, 2003, 18(2): 205-223.

[4] Stanley J D, Krom M D, Cliff R A et al. Short contribution: Nile flow failure at the end of the Old Kingdom, Egypt: Strontium isotopic and petrologic evidence. Geoarchaeology: An International Journal, 2003, 18(3): 395-402.

[5] 侯光良，刘峰贵，刘翠华，等. 中全新世甘青地区古文化变迁的环境驱动. 地理学报，2009，64（1）：53—58.

[6] 莫多闻，王辉，李水城. 华北不同地区全新世环境演变对古文化发展的影响. 第四纪研究，2003，23（2）：200—210.

[7] 莫多闻，杨晓燕，王辉，等. 红山文化牛河梁遗址形成的环境背景与人地关系研究. 第四纪研究，2002，22（2）：174—181.

[8] 徐利斌，孙立广，张居中，等. 公元前2500年：中国进入铜石并用时代的汞记录. 第四纪研究，2008，28（6）：1058—1068.

[9] 王海芝，程捷. 周口店东洞洞穴沉积物的地球化学特征及其环境指示意义. 第四纪研究，2008，28（6）：1078—1085.

[10] 李中轩，朱诚，张广胜，等. 湖北辽瓦店遗址地层记录的环境变迁与人类活动的关系研究. 第四纪研究，2008，28（6）：1145—1159.

[11] 吴立，王心源，周昆叔，等. 巢湖流域新石器至汉代古聚落变更与环境变迁. 地理学报，2009，64（1）：59—68.

[12] 朱诚，钟宜顺，郑朝贵，等. 湖北旧石器至战国时期人类遗址分布与环境的关系. 地理学报，2007，62（3）：227—242.

[13] 黄润，朱诚，郑朝贵. 安徽淮河流域全新世环境演变对新石器遗址分布的影响. 地理学报，2005，60（5）：

742—750.

[14] 王张华，陈杰. 全新世海侵对长江口沿海平原新石器遗址分布的影响. 第四纪研究，2004，24（5）：537—545.

[15] 王青，朱继平，史本恒. 山东北部全新世的人地关系演变：以海岸变迁和海盐生产为例. 第四纪研究，2006，26（4）：589—596.

[16] 齐乌云，梁中合，高立兵，等. 山东沭河上游史前文化人地关系研究. 第四纪研究，2006，26（4）：580—588.

[17] 于学峰，周卫健. 红原泥炭6000a以来元素异常及其可能反映甘青地区人类活动信息的初步研究. 第四纪研究，2006，26（4）：597—603.

[18] 陈渭南，宋锦熙，高尚玉. 从沉积重矿物与土壤养分特点看毛乌素沙地全新世环境变迁. 中国沙漠，1994，14（3）：1—9.

[19] 周杰，周卫健，陈惠忠，等. 新仙女木时期东亚夏季风降水不稳定的证据. 科学通报，1999，44（2）：205—208.

[20] 曹红霞，张云翔，岳乐平，等. 毛乌素沙地全新世地层粒度组成特征及古气候意义. 沉积学报，2003，21（3）：482—486.

[21] 李小强，周卫建，安芷生，等. 沙漠黄土过渡带13kaBP以来季风演化的古植被记录. 植物学报，2000，42（8）：868—872.

[22] 李智佩，岳乐平，郭莉，等. 全新世气候变化与中国北方沙漠化. 西北地质，2007，40（3）：1—29.

[23] 王辉，莫多闻，潘永刚，等. 陕西神木新华遗址环境考古研究. 见：陕西省考古研究所，榆林市文物保护研究所编著. 神木新华. 科学出版社，2005：383—396.

[24] 史培军. 地理环境演变研究的理论与实践——鄂尔多斯地区晚第四纪以来地理环境演变研究. 科学出版社，1991：182.

[25] 孙继敏，丁仲礼. 近13万年来黄土高原干湿气候的时空变迁. 第四纪研究，1997，（2）：73—80.

[26] 董光荣，靳鹤龄，陈惠忠，等. 中国北方半干旱和半湿润地区沙漠化的成因. 第四纪研究，1998，（2）：136—144.

[27] 光荣，靳鹤龄，陈惠忠. 末次间冰期以来沙漠-黄土边界带移动与气候变化. 第四纪研究，1997，（2）：63—65.

[28] 国家文物局. 中国文物地图集·陕西分册. 西安地图出版社，1998. 660.

[29] 陕西省考古研究院史前考古研究部. 陕西史前考古的发现和研究. 考古与文物，2008，（6）：17—65.

[30] 陕西省考古研究所陕北考古队. 陕西绥德小官道龙山文化遗址的发掘. 考古与文物，1983，（5）：10—20.

[31] 西安半坡博物馆. 陕西神木石峁遗址调查试掘简报. 史前研究，1983，（2）：92—100.

[32] 陕西省考古研究所. 陕西神木新华遗址1999年发掘简报. 考古与文物，2002，（1）：3—12.

[33] 陕西省考古研究所. 陕西神木县寨峁遗址发掘简报. 考古与文物，2002，（3）：3—18.

[34] 陕西省考古研究所，榆林市文物保护研究所编著. 神木新华. 科学出版社，2005：403.

[35] 陕西省考古研究所陕北考古队，榆林地区文管会. 陕西府谷县郑则峁遗址发掘简报. 考古与文物，2000，（6）：17—27.

[36] 北京大学考古系商周考古实习组. 陕西绥德薛家渠遗址的试掘. 文物，1988，（6）：28—37.

[37] 张映文，吕智荣. 陕西清涧县李家崖古城址发掘简报. 考古与文物，1988，（1）：47—56.

[38] 陕西省考古研究院商周考古研究部. 陕西夏商周考古发现与研究. 考古与文物，2008，（6）：66—95.

[39] 陕西师范大学地理系陕西省榆林地区地理志编写组. 陕西省榆林地区地理志. 陕西人民出版社，1987：351.

[40] 许永杰. 黄土高原仰韶晚期遗存的谱系. 科学出版社，2007：264.

[41] 胡松梅，孙周勇. 陕北靖边五庄果墚动物遗存及古环境分析. 考古与文物，2005，（6）：72—84.

［42］ 胡松梅，张鹏程，袁明. 榆林火石梁遗址动物遗存研究. 人类学学报，2008，27（3）：232—248.

［43］ 施雅风主编. 中国全新世大暖期气候与环境. 海洋出版社，1992：213.

［44］ 陈渭南，高尚玉，孙忠. 毛乌素沙地全新世地层化学元素特点及其古气候意义. 中国沙漠，1994，14（1）：22—30.

［45］ 郭兰兰，冯兆东，李心清，等. 鄂尔多斯高原巴汗淖湖泊记录的全新世气候变化. 科学通报，2007，52（5）：584—590.

［46］ 苏志珠，董光荣，李小强，等. 晚冰期以来毛乌素沙漠环境特征的湖沼相沉积记录. 中国沙漠，1999，19（2）：104—109.

［47］ 许清海，孔昭宸，陈旭东，等. 鄂尔多斯东部4000余年来的环境与人地关系的初步探讨. 第四纪研究，2002，22（2）：105—112.

［48］ 张兰生，史培军，方修琦. 中国北方农牧交错带（鄂尔多斯地区）全新世环境演变及未来百年预测. 见：周廷儒，张兰生编. 中国北方农牧交错带全新世环境演变及预测. 地质出版社，1992：1—15.

［49］ 高尚玉，陈渭南，靳鹤龄，等. 全新世中国季风区西北缘沙漠演化初步研究. 中国科学（B辑），1993，23（2）：202—208.

［50］ 李保生，靳鹤龄，吕海燕，等. 150ka以来毛乌素沙漠的堆积与变迁过程. 中国科学（D辑），1998，28（1）：85—90.

［51］ 周亚利，鹿化煜，张家富，等. 高精度光释光测年揭示的晚第四纪毛乌素和浑善达克沙地沙丘的固定与活化过程. 中国沙漠，2005，25（3）：342—350.

［52］ 鹿化煜，周亚利，J Mason，等. 中国北方晚第四纪气候变化的沙漠与黄土记录——以光释光年代为基础的直接对比. 第四纪研究，2006，26（6）：888—894.

［53］ 李智佩，岳乐平，薛祥煦，等. 中国北方沙漠地区全新世气候变化的周期性探讨. 干旱区地理，2007，30（2）：170—176.

［54］ 严文明. 内蒙古中南部原始文化的有关问题. 见：内蒙古文物考古研究所编. 内蒙古中南部原始文化研究文集. 海洋出版社，1991：3—12.

［55］ Li Xiaoqiang, Donson J, Zhou Jie et al. Increases of population and expansion of rice agriculture in Asia, and anthropogenic methane emissions since 5000BP. Quaternary International, 2009, 202: 41-50.

（原载于《第四纪研究》2010年第2期）

河套地区"前长城地带"形成的环境考古学观察

张宏彦

长城及长城地带的出现及演化是一个漫长的历史过程，早在长城出现以前，这一区域就是气候变化的敏感带，也中国的北方地区史前各种文化、各种经济交错分布的地带，即所谓"前长城地带"。史前时期的"前长城地带"可分为东段——燕山南北地区；中段——内蒙古中南部和陕北北部的河套地区；西段——以甘肃陇东为中心的地区。其中河套地区环境变化及农业文化与采集狩猎或畜牧-游牧文化的关系最为显著。本文拟在前人研究的基础上，综合多学科的研究成果，对河套地区史前时期"前长城地带"的形成过程，进行环境考古学方面的考察，以期促进长城研究的进一步深入。

一、关于"长城地带"与"前长城地带"的概念

（一）"长城地带"概念的提出

"长城地带"，首先是一个文化空间分布区域方面的概念，即长城分布的地带。据研究，这一概念的提出，与 20 世纪 30 年代以前一些外国探险家和学者对中国新疆、内蒙古和甘肃等地区的探险和古代文化的考察活动有关[1]。

20 世纪初期，英国探险家斯坦因（Marc Aurel Stein，1862—1943 年），曾对西北地区汉长城沿线的古代遗存进行了考察。在其所著的《斯坦因西域考古记》中，有"古代边界线的发现"和"沿着古代中国长城发现的东西"等章节[2]，介绍了长城沿线的地理状况和古代遗存。

1930 年，日本考古学家江上波夫与水野清一，考察了内蒙古锡林郭勒盟各旗和绥远等地长城沿线分布的新石器时代和青铜器时代的古代遗存。1935 年，出版了《内蒙古·长城地带》一书[3]。这是目前所见最早提出和使用"长城地带"术语的论著。

20 世纪 30 年代初，美国学者家欧文·拉铁摩尔（Owen Lattimore，1900—1989 年），曾对中国整个长城边疆地带进行考察。1939 年写成《中国的亚洲内陆边疆》一书，提出了"长城边疆地带"的概念，认为这一地带的形成是自然、社会等多种因素综合作用的结果[4]。

由上可知，至少在 20 世纪 30 年代，"长城地带"的概念已经提出，而这一概念的提出，主要是基于一些外国学者对中国北部长城沿线地带古代遗存的考察。因此，当时"长城地带"的概念，主要是指长城沿线地带，是一个缘于考古调查而提出的一个以长城遗存为主体的文化分布带的概念。

（二）"长城地带"概念的形成

1953 年，赵松乔在调查察北、察盟及锡盟的基础上，率先提出"农牧交错带"的概念。他指出，"从外长城到已有的集约农业地带向北递变为粗放农业区、定牧区、定牧游牧过渡区，以至游牧区。这里既是自然条件和农业生产的过渡带，也是汉民族和兄弟民族交错居住的地区，研究其有着不容忽视的科学和政治意义"[5]。所谓"农牧交错地带"，指的是介于农耕区与畜牧区之间的过渡地带，即半农半牧地带。

作为农业与畜牧两种经济类型分界过渡的"农牧交错地带"，与气候及自然地理环境密切相关。因此，"农牧交错地带"一般以年降水量等值线等要素划分。虽然学术界对北方农牧交错带的年降水量、分布尚有不同的认识，如李世奎先生将年降水量定为 400 毫米左右[6]；赵哈林先生等则界定于年降水量 300—450 毫米，降水年变率 15%—30%，干燥度 1—2 范围内[7]。这一地带主要分布于内蒙古、辽宁、吉林、河北、陕西、山西、宁夏、甘肃等省区，呈东北—西南走向的带状分布。其主体部分位于内蒙古中南部和陕西、山西、河北的北部。

20 世纪 80 年代，苏秉琦先生将中国考古学文化分为六大区系，其中一个区系便是"以长城地带为重心的北方地区"，并将这一区域分为以昭盟为中心的地区、河套地区和以陇东为中心的甘青宁地区[8]。而实际上，这一文化区系，就是分布在农业文化与采集狩猎或畜牧—游牧文化交错分布的地带，即所谓的"农牧交错地带"。

可以看出，"长城地带"虽然在历史上有过南、北摆动，但基本上与"农牧交错地带"是重合的。这样，"长城地带"就有了政治的、军事的、经济的乃至自然地理环境方面的含义。即既是南部农业文化对抗北部畜牧文化的军事带，也是半干旱、半湿润地区向干旱地区的过渡带，还是农业经济与畜牧经济的分界带。因此，长城之所以修建在这一地带，是有其文化与环境的背景和原因的。

（三）关于"前长城地带"概念的提出

在长城及"长城地带"的研究过程中，学者们逐渐认识到，长城及"长城地带"的产生，是一个极其复杂而漫长的过程，同这一地带自然环境的变化与史前以来文化发展与时空变化密切相关。即研究"长城地带"，不能不考虑之前的环境与文化。于是"前长城地带"的概念被提出。

1994 年，韩嘉谷先生提出了"前长城文化带"的概念[9]，指的是和历史时期"长城地带"地理范围大体重合的新石器文化分布带，并将这一地带新石器文化的分布分为东、西两个区系，东段是以燕山南北、长城地带为重心的北方文化区系；西段是以黄河中上游以仰韶文化为中心的文化区系。

实际上，所谓的"前长城文化带"在地理分布上与历史时期的长城地带基本重合，这一地带从旧石器时代以来，就一直是典型的自然生态交错带，也是新石器时代农业文化与采集—渔猎文化的交界、交错分布乃至对抗、争夺与防御的地带。因而，前长城时期，这一地带也具有多重的意义，故称之为"前长城地带"可能更为合适。"前长城地带"环境、文化等方面的研究，是探讨长城及"长城地带"起源的前提和基础。

二、河套地区的自然环境及其演变

（一）河套地区现今的自然地理环境

河套地区，位于北纬37°线以北的贺兰山以东、吕梁山以西、阴山以南、长城以北之地，分属宁夏、内蒙古和陕西。狭义的河套地区指黄河"几"字形弯包围之地，即"大河三面环之，所谓河套也"[10]。广义的河套地区也包括内蒙古包头、呼和浩特一带的"前套"平原（土默川平原）和西起巴彦高勒镇、东到乌拉特前旗西山嘴的"后套"平原（巴彦淖尔平原）以及宁夏贺兰山以东的西套平原（银川平原）。本文的河套地区，指的是广义的河套地区，即黄河几字形包围之地及周边地区（图一）。

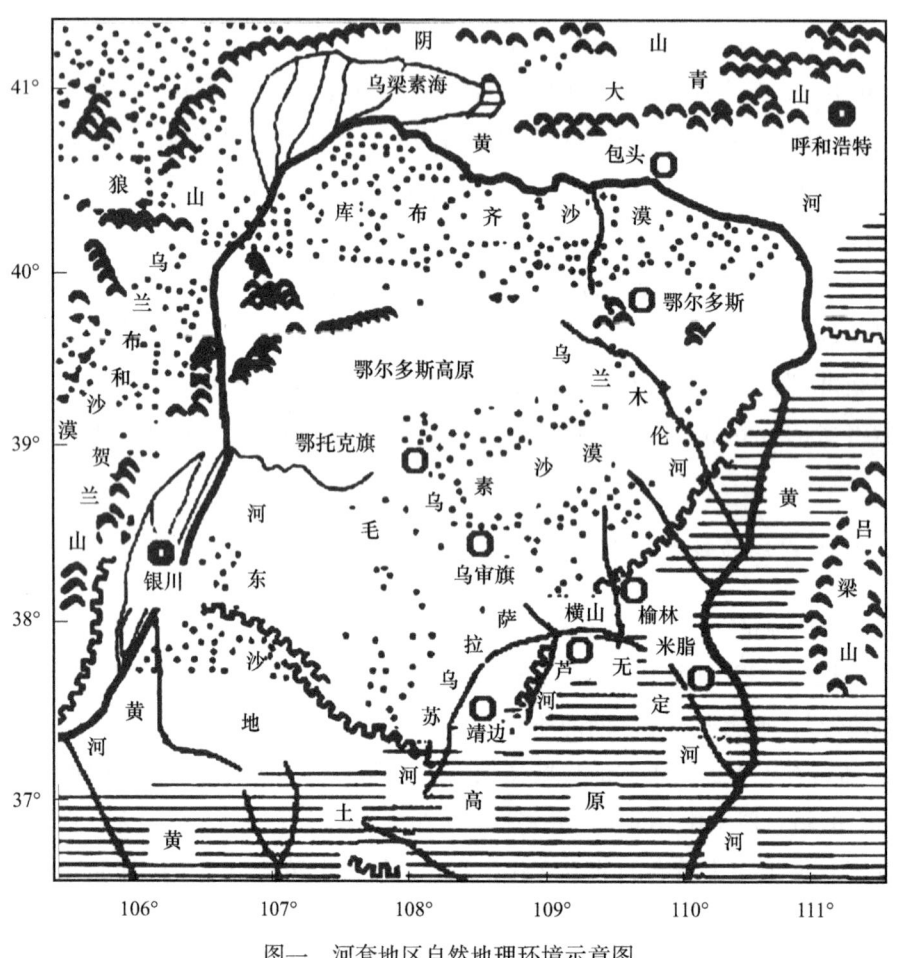

图一　河套地区自然地理环境示意图

河套地区的北部有面积约2万平方千米的库布齐沙漠，气候类型属于中温带干旱、半干旱区，气温高，昼夜温差大；区内植被东部为干草原类型，西部为荒漠草原植被类型，西北部为草原化荒漠植被类型。中部有海拔1100—1500米、面积12万余平方千米的鄂尔多斯高原，属温带季风区西缘，年平均气温6—8℃，年均降水量150—300毫米，东南部较多而西北部较少。南部有中国四大沙地之一、面积达 4.2 万平方千米的毛乌素沙漠，海拔多为 1100—1300 米，年均温 6—8.5℃，年降水量 250—440 毫米。

总之，河套地区处在北方典型的半湿润、半干旱区向干旱地区的过渡带上，生态系统较脆弱，人类文化对气候变化的反应十分敏感。因这一地区依山阻河，形势险要，自古即为兵家必争之地，也成为草原游牧民族文化与中原农业民族文化碰撞、交流的重要场所。因而是探索史前采集狩猎文化与农业文化关系及"前长城地带"形成的典型区域。

（二）河套地区古环境气候的演变

河套地区有人类活动的历史，至少可追溯到距今 3 万年以前。著名的"河套人"及其文化就分布在河套南部的萨拉乌苏河一带。稍晚有分布于宁夏灵武的水洞沟旧石器地点群。近年来发掘的鄂尔多斯市附近距今 7 万—4 万年的乌兰木伦遗址[11]，出土有数量较多的披毛犀化石，还有马、河套大角鹿、双峰驼、牛、仓鼠和兔等，说明当时是气候较为干凉的草原环境。

依据对毛乌素、浑善达克沙漠和黄土记录的对比研究，在距今 5.75 万—5.25 万年相对干旱，距今 4.15 万—3.73 万年相对湿润，距今 2.6 万—2.2 万年逐渐干旱，距今 2.2 万—1.8 万年极端干旱，距今 1.8 万—1.5 万年是过渡期，距今 1.5 万—1 万年干旱[12]。据研究，毛乌素沙漠大概形成于末次冰期极盛期[13]。沉积学及热释光年代学研究表明，在距今 1.9 万年前后，现今库布齐沙漠西部也存在风沙活动，但堆积规模不大[14]。陕北黄土高原北部的气候变迁研究也表明，距今 2.3 万—1.1 万年的末次冰期盛冰期阶段，陕北和鄂尔多斯高原一带大部分可能是荒漠草原景观[15]。晚更新世晚期，内蒙古大青山地区年平均气温比现在低 7℃左右[16]。可知距今 2.6 万—1 万年以前的大部时间是干旱或极度干旱时期，这一时期河套地区少有人类活动。

在距今 1 万—7000 年，气温逐渐回升，干旱减弱。末次冰期以来中国季风区西北边缘沙漠演化研究表明，距今 1.05 万—9600 年毛乌素沙地东南部发育了河湖相、古风成砂、粉砂和泥质沉积，局部发育湖沼相泥炭，流动沙丘向固定沙丘转换。距今 9500—8000 年以来，是相对冷干的风沙活动期[17]，在库布齐东部地区堆积了风成沙，气候条件较现在寒冷[18]。内蒙古大青山 DJ 钻孔获得的孢粉显示，距今 9340—8200 年花粉沉积率和有机质含量较低，反映当时植物稀少。草本花粉中蒿属含量较高，最高达 70% 以上，其次为藜科和麻黄属，反映荒漠化草原植被特征。这一时期冬季风活动减弱，夏季风活动增强，气候开始逐渐变得温暖湿润，但是从大范围看气候仍然干冷[19]。干凉的气候仍是制约人类活动的重要外部条件。

在距今 7000—5000 年的仰韶文化时期，气温进一步回升，进入全新世以来的最温暖的时期。内蒙古大青山调角海子地点孢粉研究显示，在距今 6900—6300 年，乔木植物百分比迅速上升到 70%—80%，草本和灌木植物百分比相应地迅速下降，水生藻类盘星藻和蕨类植物水龙骨都在此时达到全剖面的峰值，植被为针阔叶混交林；显示出此期为全新世以来水、热配置的最佳时期[20]。对位于鄂尔多斯高原中部的巴汗淖湖泊沉积物多指标的高分辨率气候记录揭示，距今 7650—5400 年湖泊水位上升，植被繁茂，整体为温暖湿润的气候期。而温湿条件最佳期出现在距今 6200—5400 年[21]。距今 5000 年前后，气温开始下降，陕北横山杨界沙遗址动物遗存研究表明，仰韶晚期（[14]C 测年为 2955±65BC）的动物群主要有中华鼢鼠、甘肃鼢鼠、草兔、黄鼬、绵羊草原动物，反映出以草原为主的景观[22]。

在距今5000—4000年的龙山时代，河套地区的环境气候有过几次波动，但总体上气温呈下降的趋势。大青山调角海子地区全新世低温波动研究表明，距今5300—4700年是全新世强低温波动时期，岱海东河沿、鄂尔多斯萨拉乌苏河流域发育了此期的冻融褶曲[23]。毛乌素沙地第一次的扩张为距今5100—4300年，萨拉乌苏河的滴哨沟湾剖面和乌审旗陶利沙丘剖面均可见到这一时期厚厚的风成砂沉积[24]。内蒙古凉城老虎山遗址附近的土壤剖面显示，距今4000年前后发生了降温事件，古土壤发育中断；距今4200年前后岱海地区年平均气温比现代下降3℃[25]。

在距今4000年以来的夏商周时期，环境气候也曾有过几次波动。毛乌素沙漠米浪湾沟剖面上晚全新世（距今4000年）以来发生了4次沙漠化（9D、7D、5D和MD）过程[26]，显示气候曾有过多次干凉波动。陕北神木新华遗址剖面的第5层（距今4150—3900年，约相当于新石器时代之末至夏初）为深灰色砂质黑垆土型古土壤，磁化率和粒度数据均表明该层是一个气候相对较好的时期，孢粉浓度较高也说明了草原植被的繁茂。但从距今3700年（约相当于夏末商初）以后，气候开始恶化，巴汗淖完全干涸，显示气候极端干旱[27]。神木新华遗址第6层为中砂层（距今3500年，约相当于西周初），孢粉中藜科/蒿属的比值整体较高，反映沙丘活化、干冷多风的荒漠草原景观，气候显著干旱化[28]。大青山调角海子孢粉E2亚带（距今3045—2200年，约相当于西周末至春秋战国时期）孢粉浓度极低，乔木生长极少，植被甚为稀疏，可能为干草原或荒漠草原[29]。距今3100—2400年毛乌素沙地第二次扩张[30]。

三、河套地区"前长城地带"的形成考察

如前所述，"前长城地带"是指史前时期中国的北方地区各种文化、各种经济交错分布的地带，主要表现为农业文化与采集—狩猎文化的二元结构的出现与对抗。这一地带的形成，是在新石器时代环境气候变化与文化变化的双向作用下形成的。因而，必须从环境与文化两方面考察。

（一）仰韶时代农业与采集—狩猎文化的二元结构的出现

1. 仰韶时代及以前的采集—狩猎文化遗存

（1）前仰韶时代的采集—狩猎遗存

距今7000年以前的前仰韶时期，气温虽然开始逐渐回升，但气候冷暖变化较为频繁，从大范围看气候仍较干凉，植被主要是草原或荒漠化草原。这一时期的人类遗存，主要是以小石器和细石器为特征的采集—狩猎为主的文化。

1972年，在呼和浩特东北的察右中旗大义发泉村附近采集到一些圆锥形和扇形细石核。此外，试掘的探沟第2层全新世细砂层中，发现两件可能是镶嵌在骨或木把上的细石片[31]。

1977年，锡林郭勒盟东北部乌珠穆沁旗宝格达乌拉至贺斯格乌拉一带先后发现五处石器地点。其中贺斯格乌拉地点地表发现了各类石制品共2683件，类型有船底形、柱状、锥状、楔形石核，442件细石叶、叶形石镞和大量的小型石片石器等[32]。没有发现陶器共存，可能是新石器时代较早阶段的遗存。

1987 年，在位于包头市之北、大青山北麓的固阳县发现 5 处含有细石器的遗址，其中上八分子遗址和五千营子遗址发现有大量用玛瑙、燧石、石英岩制作的锥状、楔形石核和石叶、小型尖状器、刮割器等遗存，不见磨制器和陶片[33]。

1991 年，在东流黄河北岸的巴彦浩特市 2 千米处，发现一处细石器遗址，出土了一批含有锥状、楔形细石核和 92 件细石叶的遗存，未见磨制石器和陶片共存[34]。

上述遗址均没有发现磨制石及陶片共存，这些细石器可能是新石器时代仰韶时期以前的遗存。大义发泉遗址的孢粉分析表明，花粉组合大多为耐旱的蒿属、藜科等草本和少量对严酷环境适应性强的麻黄属小灌木植物，植被为荒漠草原[35]。反映出在距今 7000 年以前，河套地区由于纬度较高，植被以草原或荒漠草原为主，气候冷暖、干湿变化较频繁。总体气候偏于干凉，大部时间内的温度和降水等条件均不适宜农业。先民们仍延续了旧石器时代以来的传统，制作小型石器和细石器，主要从事草原环境下的采集—狩猎活动。

（2）仰韶时代大青山以北地区以采集—狩猎为主的文化遗存

仰韶时代气候变得温暖湿润，但在河套地区仰韶时代农业发展的同时，乌兰察布盟阴山东端以北的商都县和更北的锡林郭勒盟浑善达克沙地的苏尼特左旗、苏尼特右旗、乌珠穆沁旗等地，发现了一些有少量陶器但以细石器为主要特征的遗存。

早在 20 世纪二三十年代，中瑞西北考察团就曾在阴山和狼山以北的巴彦淖尔盟北部，发现有大量的细石器，有锥状、楔形石核和大量的细石叶及叶形、三角形石镞等，还发现有黑彩陶片和磨制的石斧、锛、长方形石刀和两侧带缺口的石刀等[36]。由于多系调查采集的遗物，年代不易确定，但其中可能有仰韶时代的遗存。

1988 年，在内蒙古乌兰察布盟商都县发现 20 余处新石器时代遗址，其中，风旋卜子Ⅱ号、狼窝沟、朝天渠等遗址出土有黑彩宽带纹钵、敞口圜底钵、弦纹罐、网纹彩陶等，与内蒙古包头市阿善遗址一期、清水河县白泥窑子遗址的同类器相似，年代约为仰韶时代早、中期。引人注目的是，在这些遗址中，除发现有少量的斧、刀外，均有大量的锥状石核、石叶和压制三角形平底或凹底石镞等细石器类遗存。此外，破碎的兽骨随处可见[37]。

1990 年，内蒙古文物考古研究所对商都县狼窝沟和棒槌梁两处遗址 4 个地点进行了调查、复查和试掘，遗址面积不大，多在 1000 平方米之内。在狼窝沟遗址的第二地点试掘发现有 3 座残存的灶坑。各个地点均出土有锥状石核及大量的压制三角形平底或凹底石镞等细石器遗存。共存的还有磨制石斧、石刀及宽带纹钵、鼓腹罐及饰有弧线、圆点的彩陶器等[38]，应是仰韶时代的遗存。

1977 年，在苏尼特左旗门德勒索木和艾力遇马兰地点的地表，采集到一批与少量陶片共存的打制和压制石器，有锥状和楔形石核、细石叶、三角形凹底石镞等，未见居住遗迹[39]。这里可能是一处先民们临时居住的营地。

1978 年，在苏尼特右旗吉日嘎郎图地点，发现有两处灰堆，内含烧过的兽骨，周围散布着大量石片、石核和一些石器、陶片等。陶器有细泥红陶黑彩钵等；石器有锥状石核、细石叶，和三角形平、凹底石镞等[40]。

上述遗址或地点的遗物多采自地表，年代难以确定。但从共存的陶器看，大多应属仰韶时代或稍晚。虽然发现有陶器和磨制石斧、石刀等，应是受到河套地区农业文化的影响。但大量的细石器遗存，反映出大青山之北的内蒙古北部，仰韶时代以来，仍主要从事采集—狩猎为主的经济。

2. 仰韶时代河套地区农业文化的出现与发展

距今 7000—5000 年的仰韶时代，进入全新世大暖期，当时中纬度地区陆地上的温度比现代高 2—3℃ 以上。河套地区进入了一个相对温暖湿润的阶段，其中温湿条件最佳期出现在距今 6200—5400 年[41]。由于温暖期的到来，使得宜于农耕的地域扩大，黄河中游的仰韶时代诸文化向黄土高原开拓成为可能，于是文化的扩张性移民也达到了高潮，河套地区出现大量仰韶时期遗址。经调查，在内蒙古中南部共发现仰韶时期遗址 250 余处[42]；陕北榆林地区也发现仰韶时期遗址 122 处[43]。

第一批迁徙到河套地区的农业人群，是仰韶文化早期的移民，河北的后岗一期的先民们也可能曾涉足于此地，各种文化交会，形成了河套地区最早的农业文化。在内蒙古包头阿善遗址一期[44]、西园遗址第一期早段[45]和鲁家坡遗址第一期[46]等发现有环状口尖底瓶、宽带纹圆底钵、弦纹罐和敛口瓮等与仰韶文化早期较晚阶段相近的陶器；凉城王墓山坡下遗址也发现有变体鱼纹盆和圆底钵等，这与仰韶文化史家类型同类器非常相似[47]。此外，在鄂尔多斯鄂托克旗巴音察汗[48]以及陕北靖边县高渠等遗址也发现有仰韶文化早期的遗物[49]。从上述遗址中出土有用于翻土石铲、松土的石锄和进行植物加工的磨盘、磨棒等工具来看，农业经济应该已经出现。而出土的骨镞、鱼钩、刮削器、石叶等说明，渔猎-采集经济在当时的生业成分中仍占有较大的比重。

仰韶早期之后，河套地区气候进一步向温暖湿润的方向发展，农业文化进一步繁荣，遗址遍布内蒙古中南部地区。在内蒙古清水河县白泥窑子 A、C、J、K、D 等地点[50]、准格尔旗官地[51]、鄂托克前旗南沙畔、台什等遗址等，既发现有重唇口尖底瓶、圆点、弧线三角和叶形纹彩陶等仰韶文化庙底沟期常见的因素，又见宽带纹圆底钵、弦纹罐等仰韶文化半坡期相似的陶器，还有火种炉等这一地区特有的陶器。共存的还有石磨盘和磨棒、石刀、陶刀、骨铲、石镞、石叶等农业和采集狩猎工具。由此可见，河套地区仰韶时代中期文化，是在继承这一地区仰韶早期文化传统的基础上，受黄河中游仰韶文化庙底沟期的强烈影响形成的。反映出黄河中游的仰韶文化庙底期居民曾再次扩张北迁的事实。这一时期的农业经济进一步发展，但采集-渔猎经济仍占一定的地位。

相当于仰韶时代晚期的遗存，主要分布于南流黄河两岸和属黄河水系的浑河、清水河及其支流以及鄂尔多斯高原东部的沟谷阶地之上，在陕北北部也有发现。代表性遗存为内蒙古托克托县海生不浪遗址，被称为海生不浪文化[52]。经发掘或调查的遗址还有内蒙古准格尔旗南壕一期[53]和白草塔一期[54]遗址，察右前旗庙子沟遗址[55]，达拉特旗奎银生沟和瓦窑遗址[56]，陕西靖边县五庄果墚遗址[57]和横山县杨界沙遗址[58]等。上述遗址出土有斧、铲、刀、磨盘、磨棒等，显示出农业仍是主要的产业。

上述遗存表明，在仰韶时代温暖湿润的气候环境下，河套及周边宜农地区，农业是经济领域的主要部门。但各遗址均有一定量的细石器及箭镞等工具的存在，显示出狩猎-采集经济仍占一定的地位。而细石器工艺显然是受到北方地区传统的细石器技术的影响。

3. 仰韶时代农业与采集—狩猎文化二元结构的出现

仰韶时代的河套及以北地区，大体以大青山一带为界，存在着两类型的文化：一是以细石器为主要特征的采集狩猎文化；二是以定居农业为主要特征的文化。从而在这一广大区域构成了采集-狩猎与农业文化的二元格局。而这两种类型的文化产生与发展与环境气候密切相关。

一方面，大青山以北以细石器为主要特征的文化，是在旧石器时代晚期以来持续的干旱、半干旱草原环境下形成并延续的。到了仰韶时代，受到河套地区农业文化的影响，出现了陶器和少量的磨制石器。但依据目前的考古资料，这类文化尚未发现可靠的定居遗迹，也没有可靠的农业证据。大量的细石器存在，说明这类遗存为代表的文化仍以采集—狩猎经济，特别是游猎经济为主。

另一方面，河套地区仰韶时代农业文化的出现与发展，与温暖湿润气候的到来及黄河中游仰韶时期诸文化不断的北移密切相关。定居式农业是这一地区文化的主要特征。但这些地区位置偏北，即使在仰韶时代也会因气候波动影响粮食生产，因而采集-狩猎经济就成为有益的补充。如在陕西横山杨界沙和靖边五庄果墚遗址仰韶时代晚期遗存中出土有大量的动物骨骼，其中，五庄果墚家养动物主要是猪、狗，狩猎动物有兔、黄羊、环颈雉等，家猪占到整个肉食量的37%，但狩猎业仍是肉食的主要来源，特别是草兔占到肉食量的56%[59]。可知狩猎业在经济中仍占较大的比重。

上述两类遗存在内蒙古中、北部乃至西北、东北广大地区犬齿交错分布。尽管它们渊源不同，但在仰韶时代相对较好的环境条件下，两类文化尚能和平相处，相互影响、互为依存，共同构成了仰韶时代中国北方地区采集-游猎文化和农业的二元文化格局。这种格局为"前长城地带"形成奠定了基础。

（二）龙山时代"前长城地带"的形成

龙山时代气候开始逐渐变冷，对河套及周边地区的史前文化产生了极大的影响。龙山时代的遗址数量锐减，内蒙古中南部仅为100余处[60]。这些遗址主要分布在河套地区东流和南流黄河两岸、鄂尔多斯高原东部及陕北北部地区，总体看来，进入龙山时代后，河套地区的文化有逐渐南移的趋势。

河套地区龙山时代早期以阿善三期[61]类遗存为代表，经发掘的遗址还有内蒙古准格尔旗小沙湾[62]和白草塔，陕西吴堡县后寨子峁[63]和神木县寨峁[64]等遗址。阿善三期大型石器、细石器和骨角器约各占三分之一。大型石器有刀、斧、铲、锛、凿、磨棒、磨盘等，反映出农业仍是重要的食物来源；细石器有三角形、柳叶形石镞；骨角器有锥、刀、铲、凿、矛和鱼钩等，并出土有狍、獐、野山羊、羚羊等遗骸。反映出家畜饲养及渔猎经济的比重有所上升。

龙山时代晚期的重要遗址有内蒙古准格尔旗永兴店[65]和陕北神木新华[66]和石峁遗址等。这些遗址均发现有定居式房址和数量较多的农业工具，反映出仍以农业为主。但随着龙山时代晚期气候不断地干凉化，家畜饲养业不断发展。榆林火石梁龙山时代晚期遗址的动物遗存研究结果显示，动物群以羊、牛、马、兔等食草动物为主，说明当时这一带以草原植被为主[67]。内蒙古清水河县西岔遗址出土的龙山时代晚期的家畜有猪、牛、羊、狗，占同期动物总数的66.7%[68]。朱开沟遗址龙山时代晚期的家养动物也有猪、牛、羊、狗，其中羊的比例占近30%，牛也占20%以上[69]。说明当时家畜饲养业进一步发展，特别是作为畜牧业经济象征的牛、羊等家畜的出现，说明当时畜牧业经济已初现萌芽。

河套地区龙山时代文化最突出特征是石城的出现[70]。龙山时代早期石城聚落可分为两个石城带：第一石城带在包头以东大青山南麓东流黄河北岸，包括包头阿善、西园、莎木佳、黑麻板、威俊等城址。第二石城带在南流黄河两岸，包括黄河西岸准格尔旗的白草塔、小沙湾、寨子塔、寨子圪旦及黄河东岸清水河县马路塔城址等。龙山时代晚期的石城遗址有准格尔旗寨子上、清水河县后城嘴石等。近年来，陕北北部考古调查也发现了龙山时代的石城址数十处，大部分可能属龙山时代晚期的，其中神木县的秃尾河和窟野河流域就有石峁、寨峁等七八处[71]。

上述石城多凭借深沟断崖及石围墙构成封闭的防御体系，面积除神木石峁达 400 万平方米外，其余多在 5 万平方米以内，最小者仅 4000 余平方米。关于这些石城的性质，学者们多认为是防御性质的城堡，但对于其防御准则则有不同的看法。第一类观点是内防性质的，即防御文化内部各部族间的相互侵扰。如魏坚先生等认为，由于社会内部贫富分化、地位的分化和自然变化等引发各种社会矛盾的激化，促使部族间为争夺生存空间及财富而相互频繁侵扰，于是纷纷建立石城堡以自保就成为当时社会的一种必然[72]。第二类观点是外防性质的，是防御其他非农业文化的侵袭。如韩建业先生认为，这些石城带多分布在定居的农业文化区的北缘地带，如果着眼于整体防御，其防御对象只能是来自农业文化区以北的非农业民族[73]。曹兵武先生也认为，在两类文化对峙的情况下，"这些城址具有守南防北的性质"[74]。着眼于整个北方地区新石器时代以来环境气候与文化格局变化过程的宏观考察，我们更倾向于第二类观点。

如前所述，早在仰韶温暖期，就在河套地区以内蒙古大青山一线为界形成了农业文化与采集狩猎文化的二元分布格局。由于当时环境气候较为适宜，自然资源相对丰富，两类文化的生存空间广阔，文化之间尚能相互依存、相互交流、和平共处。但到了龙山时代，随着环境的逐渐恶化，两类文化的生存空间不断缩小，适应这种环境气候变化，资源性争夺就成为必然，于是和平共处的格局被打破，对抗随之产生。表现为河套以北地区的游猎文化不断南侵对农业文化产生巨大的压力，导致农业文化不断向南退缩。龙山时代早期农业文化已南移至东流黄河的北岸，为保卫自己传统的生活方式，在大青山南麓及岱海地区建造了带状分布的石城带以御之。龙山时代晚期，岱海地区的农业文化消失，农业文化进一步南退至鄂尔多斯及陕北北部，随之修建了更多的防御性石城堡。至此，以石城带的出现为标志，河套地区以游猎文化与农业文化交错分布与对抗为特征的"前长城地带"形成。

夏商时期，北方游猎畜牧文化进一步向游牧经济转化，随着北方广大地区强大的诸游牧文化的形成和不断南侵，对南方的农业文化构成了巨大的威胁，于是到了战国时期，燕、赵、秦等国开始在农牧交错地带修筑长城。之后逐渐形成了"长城以北，引弓之国，受命单于；长城以内，冠带之室，朕亦制之"[75]的农业文化与游牧文化对峙的格局。

四、结　语

综上所述，"长城地带"是在"前长城地带"形成的基础上出现的。从"前长城地带"到"长城地带"的产生是一个复杂而漫长的过程，而河套地区历来是气候变化的敏感区，也是各种类型文化接触与交错分布的地带，因而是研究这一过程的典型区域。通过河套地区史前时期环境与文化变化的观察，我们得出以下几点认识。

一是，距今 7000 年以前的前仰韶时代，河套及其以北地区气候总体偏冷或偏凉、偏干，草原性植被发育。适应这种环境气候，这一区域从旧石器时代晚期以来，一直是以细石器为主要特征的采集-狩猎文化的分布区。进入仰韶时代以来，虽然受农业文化或多或少的影响，但大青山一线以北地区主体上仍保持了原有的生计方式。

二是，距今 7000—5000 年的仰韶时代，由于相对较好的气候与环境，黄河中游的仰韶时期各阶段的诸农业文化拓展性的北上，使得农业文化与采集-狩猎文化第一次在这一区域接触，两类文化相互影响，和平共处，并以大青山一线为界，形成二元分布的格局。

三是，距今 5000—4000 年的龙山时代，气候逐渐变得干凉，两类文化的生存空间变小，资源性争夺成为必然。于是仰韶时代和平共处的格局被打破，对抗乃至冲突成为常态。河套地区以农业为主的文化开始修建石城以自卫，"前长城地带"形成。

附记：本文为基金项目：教育部哲学社会科学研究重大课题攻关项目"中国历代长城研究"（批准号：10JZD0007）。

注　释

［1］　夏明亮、童雪莲：《"长城地带"考古学术语属性探讨》，《东北史地》2012 年第 5 期。

［2］　〔英〕斯坦因：《斯坦因西域考古记》，中华书局，1936 年。

［3］　〔日〕水野清一、江上波夫：《内蒙古·长城地带》，东方考古学丛刊乙种第一册，新时代社，1935 年。

［4］　〔美〕欧文·拉铁摩尔著、唐晓峰译：《中国的亚洲内陆边疆》，江苏人民出版社，2010 年。

［5］　赵松乔：《察北、察盟及锡盟———一个农牧过渡地区经济地理调查》，《地理学报》1953 年第 1 期。

［6］　李世奎：《中国农业气候区划》，《自然资源学报》1987 年第 2 期。

［7］　赵哈林、赵学勇等：《北方农牧交错带的地理界定及其生态问题》，《地球科学进展》2002 年第 5 期。

［8］　苏秉琦、殷玮璋：《关于考古学文化的区系类型问题》，《文物》1981 年第 5 期。

［9］　韩嘉谷：《论前长城文化带及其形成》，《长城国际学术研讨会论文集》，吉林人民出版社，1995 年。

［10］　（清）张廷玉等撰：《明史》卷四十二志第十八，中华书局，1974 年。

［11］　王大方、侯亚梅、王志浩：《鄂尔多斯乌兰木伦旧石器时代晚期古人类遗址考古发掘成果显著》，《鄂尔多斯文化》2011 年第 5 期。

［12］　鹿化煜、周亚利等：《中国北方晚第四纪气候变化的沙漠与黄土记录》，《第四纪研究》2006 年第 6 期。

［13］　贾铁飞、李容全：《内蒙古半干旱与干旱过渡地区沙漠化的形成时代与空间变化问题》，《地貌·环境·发展———2004 丹霞山会议文集》，中国环境科学出版社，2004 年。

［14］　范育新、陈晓龙、范天来等：《库布齐现代沙漠景观发育的沉积学及光释光年代学证据》，《中国科学：地球科学》2013 年第 10 期。

［15］　苏志珠、董光荣：《130ka 以来陕北黄土高原北部的气候变迁》，《中国沙漠》1994 年第 1 期。

［16］　崔之久、宋长青：《内蒙古大青山全新世冰缘现象及环境演变》，《冰川冻土》1992 年第 4 期。

［17］　高尚玉、王贵勇、哈斯：《末次冰期以来中国季风区西北边缘沙漠演化研究》《第四纪研究》2001 年第 1 期。

［18］　宋长青、王奉瑜、孙湘君：《内蒙古大青山 DJ 钻孔全新世古植被变化指示》，《植物学报》1996 年第 7 期。

［19］　鲁瑞洁、王亚军、张登山：《毛乌素沙地 15ka 以来气候变化及沙漠演化研究》，《中国沙漠》2010 年第 2 期。

［20］　杨志荣：《内蒙古大青山调角海子地区全新世气候与环境重建研究》，《生态学报》2001 年第 4 期。

［21］ 郭兰兰、冯兆东、李心清等：《鄂尔多斯高原巴汗淖湖泊记录的全新世气候变化》，《科学通报》2007年第5期。

［22］ 胡松梅、孙周勇、杨利平等：《陕北横山杨界沙遗址动物遗存研究》，《人类学学报》2013年第1期。

［23］ 杨志荣：《大青山调角海子地区全新世低温波动研究》，《地理研究》1998年第2期。

［24］ 张兰生、史培军、方修琦：《中国北方农牧交错带（鄂尔多斯地区）全新世环境演变及未来百年预测》，《中国北方农牧交错带全新世环境演变及预测》，地质出版社，1992年。

［25］ 方修琦、孙宁：《降温事件：4.3kaBP岱海老虎山文化中断的可能原因》，《人文地理》1998年第1期。

［26］ 李智佩、岳乐平、郭莉等：《全新世气候变化与中国北方沙漠化》，《西北地质》2007年第3期。

［27］ 吴文祥、刘东生：《4000aB.P.前后降温事件与中华文明的诞生》，《第四纪研究》2001年第5期。

［28］ 王辉、莫多闻、潘永刚等：《陕西神木新华遗址环境考古研究》，《神木新华》附录六，科学出版社，2005年。

［29］ 杨志荣、史培军、方修琦：《大青山调角海子地区11kaB.P.以来的植被与生态环境演化》，《植物生态学报》1997年第6期。

［30］ 张兰生、史培军、方修琦：《中国北方农牧交错带（鄂尔多斯地区）全新世环境演变及未来百年预测》，《中国北方农牧交错带全新世环境演变及预测》，地质出版社，1992年。

［31］ 内蒙古自治区博物馆等：《察右中旗大义发泉村细石器文化遗址调查和试掘》，《考古》1975年第1期。

［32］ 马秀：《内蒙古锡盟贺斯格乌拉的细石器文化遗存》，《考古学集刊》（第4集），中国社会科学出版社，1984年。

［33］ 包头市文物管理处：《固阳县细石器遗址调查》，《内蒙古文物考古》2000年第1期。

［34］ 李壮伟：《内蒙古巴彦浩特的细石器》，《考古》1993年第4期。

［35］ 周昆叔、叶永英、严富华：《察右中旗大义发泉村细石器文化遗址花粉分析》，《考古》1975年第1期。

［36］ 陈星灿：《内蒙古巴彦淖尔盟的史前时代遗存——中瑞西北科学考察团考古资料的整理与研究之一》，《考古学集刊》（第11集），中国大百科全书出版社，1997年。

［37］ 崔利明、秦有云：《内蒙古商都县新石器时代遗址调查》，《内蒙古文物考古》1997年第2期。

［38］ 内蒙古文物考古研究所等：《内蒙古商都县两处新石器时代遗址的调查与试掘》，《北方文物》1995年第2期。

［39］ 刘志雄：《内蒙古北部地区发现的新石器》，《考古》1980年第3期。

［40］ 纳古善夫：《内蒙古苏尼特右旗吉日嘎郎图新石器时代遗存》，《考古》1982年第1期。

［41］ 郭兰兰、冯兆东、李心清等：《鄂尔多斯高原巴汗淖湖泊记录的全新世气候变化》，《科学通报》2007年第5期。

［42］ 索秀芬：《中全新世内蒙古东南部和中南部环境考古对比研究》，《内蒙古文物考古》2005年第2期。

［43］ 国家文物局：《中国文物地图集·陕西分册》，西安地图出版社，1998年。

［44］ 内蒙古社会科学院蒙古史研究所等：《内蒙古包头市阿善遗址发掘简报》，《考古》1984年第2期。

［45］ 西园遗址发掘组：《内蒙古包头市西园新石器时代遗址发掘简报》，《考古》1990年4期。

［46］ 内蒙古文物考古研究所：《准格尔旗鲁家坡遗址》，《内蒙古文物考古文集》（第二辑），中国大百科全书出版社，1997年。

［47］ 内蒙古自治区文物考古研究所等：《岱海考古》（三），科学出版社，2003年。

［48］ 王志浩等：《鄂尔多斯地区仰韶时代遗存及其编年与谱系研究》，《内蒙古中南部原始文化研究文集》，海洋出版社，1991年。

［49］ 吕智荣：《无定河流域考古调查简报》，《史前研究》（辑刊），1988年。

［50］ 崔璇：《内蒙古清水河白泥窑子C、J点发掘简报》，《内蒙古清水河白泥窑子L点发掘简报》，《考古》1988年第2期；内蒙古社会科学院历史研究所考古研究室：《清水河县白泥窑子遗址K地点发掘报告》《清水河县白泥巴窑子遗址A地点发掘报告》《清水河县白泥巴窑子遗址D地点发掘报告》，《内蒙古文物考古文集》（第二辑），中国大百科全书出版社，1997年。

［51］ 内蒙古文物考古研究所：《准格尔旗官地遗址》，《内蒙古文物考古文集》（第二辑），中国大百科全书出版社，1997年。

［52］ 崔璇：《"海生不浪文化"述论》，《内蒙古社会科学》1990 年第 5 期。

［53］ 内蒙古文物考古研究所：《准格尔旗南壕遗址》，《内蒙古文物考古文集》（第一辑），中国大百科全书出版社，1994 年。

［54］ 内蒙古文物考古研究所：《准格尔旗白草塔遗址》，《内蒙古文物考古文集》（第一辑），中国大百科全书出版社，1994 年。

［55］ 魏坚：《庙子沟与大坝沟》，中国大百科全书出版社，2004 年。

［56］ 王志浩等：《鄂尔多期地区仰韶时代遗存及其编年与谱系研究》，《内蒙古中南部原始文化研究文集》，海洋出版社，1991 年。

［57］ 孙周勇等：《陕西靖边五庄果梁遗址考古收获丰富》，《中国文物报》2001 年 12 月 28 日第 1 版。

［58］ 陕西省考古研究院等：《陕西横山杨界沙遗址发掘简报》，《考古与文物》2011 年第 6 期。

［59］ 胡松梅、孙周勇：《陕北靖边五庄果墚动物遗存及古环境分析》，《考古与文物》2005 年第 6 期。

［60］ 索秀芬：《中全新世内蒙古东南部和中南部环境考古对比研究》，《内蒙古文物考古》2005 年第 2 期。

［61］ 内蒙古社会科学院蒙古史研究所等：《内蒙古包头市阿善遗址发掘简报》，《考古》1984 年第 2 期。

［62］ 内蒙古文物考古研究所：《准格尔旗小沙湾遗址及石棺墓地》，《内蒙古文物考古文集》（第一辑），中国大百科全书出版社，1994 年。

［63］ 王炜林等：《陕西吴堡县后寨子峁遗址发现庙底沟二期至龙山早期遗存》，《中国文物报》2005 年 9 月 21 日第 1 版。

［64］ 陕西省考古研究所陕北考古队：《寨峁遗址发掘简报》，《考古与文物》2002 年第 2 期。

［65］ 内蒙古文物考古研究所：《准格尔旗永兴店遗址》，《内蒙古文物考古文集》（第一辑），中国大百科全书出版社，1994 年。

［66］ 陕西省考古研究所等：《神木新华》，科学出版社，2005 年。

［67］ 胡松梅、张鹏程、袁明：《榆林火石梁遗址动物遗存研究》，《人类学学报》2008 年 8 期。

［68］ 杨春：《内蒙古西岔遗址动物考古学研究》，吉林大学硕士学位论文，2007 年。

［69］ 黄蕴平：《内蒙古朱开沟遗址兽骨的鉴定与研究》，《考古学报》1996 年第 4 期。

［70］ 魏坚、曹建恩：《内蒙古中南部新石器时代石城址初步研究》，《文物》1999 年第 2 期。

［71］ 据陕西省考古研究院孙周勇研究员见告。

［72］ 同［70］。

［73］ 韩建业：《试论作为长城原型的北方早期石城带》，《华夏考古》2008 年第 1 期。

［74］ 曹兵武：《长城地带史前石城聚落址略说》，《华夏考古》1998 年第 3 期。

［75］ （汉）司马迁：《史记·匈奴列传》，中华书局，1982 年。

［原载于《西部考古》（第 8 辑），科学出版社，2015 年］

石峁古城：人类早期文明发展与环境选择

吕卓民

2011 年，陕西省考古研究院联合榆林市文物部门开始对位于神木县的石峁遗址进行系统考古调查与重点试掘，陆续有一系列重大发现，启发了人们对该遗址的新认识。特别是属于龙山文化时期的古城址的发现，为探索中国远古史提供了无比重要的实物资料。

一、石峁古城的发现与一段尘封的历史

陕北神木县境内石峁古城的考古发现，可谓石破天惊，因为它对我国古代历史的叙述具有颠覆作用，也就说，它将改写历史。我国虽然有文字记载的历史源远流长，商代即有记事甲骨，周代更多铜器铭文，这些都是我国早期历史的文字证明。特别是自周共和元年（前 841 年）起，中国历史有了明确的纪年。春秋战国及秦以后，文化典籍迭出，正史编纂前后相承，都为我们留下了至为珍贵的文献资料，从而又使中国几千年的文明发展史信而有征。

根据权威典籍文献的历史记述，中国的早期历史经历了三皇五帝时代，至大禹建立夏，遂开始了家天下的所谓文明时代，即进入了阶级社会。故夏是我国早期社会迈入文明门槛的第一个朝代，下启商周，以至于今，构成了中华文明的历史长河。而中华文明的发祥地与核心区域则位于黄河中下游的中原地区，更为具体的说法则是今山西南部、河南西部一带。其实，这只符合夏时的情况，至商，其中原核心区域又扩大到黄河下游一带。至周，中原核心区域又西扩至关中陇右一带。经过夏商周千余年的发展，于是人们产生了一种概念，即以中原为核心，其周边为四夷，所谓东夷、南蛮、西戎和北狄。黄河流域的中原地区是文化发达的华夏族生活区域，而周边地区则是谓之四夷的落后的少数民族活动地区。此一格局也确实在中国历史上存在了很长一段时间。可以说，从秦汉至隋唐的历史即大致如此。而这一状况也深深地影响到了人们的思维，即使今人也难以摆脱这一思维窠臼。

然随着现代考古学的发展，传统的中国历史认知遭遇到了前所未有的挑战，即对文字产生之前的所谓传说时代的认识，唯一可信的是考古资料，也是弥补文献资料不足的唯一可信资料。作为中国远古文明核心区域的中原地区，无论是 20 世纪末学术界开展的夏商周断代工程研究，抑或时下由中国社会科学院考古研究所主导的中华文明探源工程，均从考古学的角度做了大量工作，获得了一系列重大发现。目前，在全国范围内已发现龙山文化阶段的古城遗址有数十座，特别是山西襄汾陶寺古城遗址的发现与发掘，为认识龙山文化晚期与传说中的帝尧时代之间的关系提供了有力佐证；在河南新密发现的古城寨遗址等，都进一步丰富了文明前夜发生之际的重要新资料，启发着人

们的新认识。但比较而言，在学界影响更大的则是陕北神木县石峁古城遗址、浙江余杭良渚古城遗址的发现与文化揭示。良渚古城因学界在认识上还存在较大分歧[1]，仍需进一步探究认识外，石峁古城则随着考古工作的不断深入，证据的有效增加与充实，以及证据链条的形成，早先认识上的分歧正日渐缩小，而共识也相应逐步扩大，即它是目前国内已知规模最大的龙山时期至夏阶段的古城遗址，存在于公元前 2300 年至公元前 1800 年之间，大致延续了 500 年左右的时间[2]。这一时期的古城遗址，唯山西襄汾陶寺古城在时间上可相提并论，而其规模则小了许多。总之，中原地区发现的史前城址，与石峁古城相比，尚无出其右者。

根据考古工作者多年来对石峁遗址的考古调查与重点试掘，确定了石峁古城是由中心台城与内外二城构成的大型古城遗址。中心台城俗称皇城台，大致处于内城居中位置，内城实测面积约 210 万平方米，外城实测面积约 190 万平方米，总面积超过 400 万平方米[3]。城墙全部用石块砌成，是一座名副其实的石城。在墙体的一些重要位置还加筑了马面设施，以增强其防御功能。外城东门遗址的发掘，揭示出了城门与内外瓮城相结合的结构布局。整个基址，规模宏大，结构复杂，建筑内部之墙体还装饰有精美的壁画，均反映了当时高超的建筑技术与工艺水平。

与古城址相应的同期文化遗存，最主要的是大量玉器的出土与发现。据不完全统计，从该遗址出土和流失的玉器至少有 4000 余件，常见有玉铲、玉璜、玉圭、玉钺、玉璋、玉戈、玉刀、玉璇玑、玉琮以及各种玉饰动物等，包括了从礼器到生活用具等各种类型。其中玉礼器的特殊功用赋予了古城特殊意义。其次是皇城台宫室建筑遗址、韩家疙旦贵族墓葬区与樊庄子祭坛遗址以及邻近地区所谓卫星城镇的发现，都为古城址的时代背景及聚落性质提供了可资参考的珍贵资料。

如上事实，无疑可以认为石峁古城是远古文明高度发达的产物。从中可以窥视出明显的贫富与阶级分化，以及上层统治集团与国家的雏形。

山西襄汾陶寺遗址的发掘以及陶寺古城的发现，印证了的"尧都平阳"文献记载，目前已被考古界确定为帝尧都城，成为中国上古史的重要一页。陶寺古城的重要发现有大型夯筑城墙基址、大型宫殿基址、仓储遗址、手工业作坊遗址等。同时还发现了与古城遗址相配合的大型墓葬，考古工作者认为是世界最早的观象台遗址等，出土了象征制度文明的礼器和乐器等。陶寺古城总面积达 270 万平方米，考古断代为距今 4300—3900 年，是中原地区发现的时代最早、规模最大的古城遗址[4]。作为"尧都平阳"的都城所在，陶寺古城的时代明显已经迈入了阶级分化与国家出现的门槛。

相比而言，石峁古城与陶寺古城的时代大体相当，其规模比陶寺古城大 100 多万平方米，且是砌石筑城，建筑技术水平要求更高，三重城中的中心之城与城门加筑瓮城的结构形式，及其室内建筑的墙壁上出现了装饰华丽的壁画等，均为陶寺遗址所不及。要说陶寺古城的时代迈入了国家出现的门槛，石峁古城也莫能例外，但石峁古城却没有像"尧都平阳""太康都斟郚"那样考古遗址与文献相互印证的记载。不过，在区域的历史记忆中似乎还存留着一些很有价值的信息，可为我们提供一些重要的思考线索与方向。气势磅礴的石峁古城业经考古而现身，一段尘封的历史正在被揭示，被认识，被解读。

二、区域的历史记忆与古文化遗存

现代考古揭示出的石峁古城，是一个有着辉煌时代成就的文明载体，由于时代久远而被历史遗忘，不由令人叹惜和遗憾。其实，历史并没有完全遗忘它，它仍然隐藏在区域历史的记忆中。如石峁古城中有一处俗称"皇城台"的地方，其位置比四周相对高出一些，也有较大的顶端台面，称之为台还是比较容易理解的，但称之为"皇城台"就不好理解了。在石峁古城未经考古揭示之前，谁能将这个皇城台地名与一座古城联系在一起。然就是这个俗称皇城台的地方，经现代考古勘察，发现有大型建筑基址等遗存。原来这里正是原石峁古城的中枢心脏部位，古城的权力中心所在地。考古工作者认为皇城台一带正是石峁古城三重城中的宫城所在，也就是当时的统治集团及其权力机构所在[5]。根据当时的时代背景，即使这里先不宜用宫城来表示，亦应是当时某一部落集团或某一族群的领袖人物所居处，处于城中最显赫且防守最严密的中心位置。在皇城台西面有一块地势较低的洼地，当地人俗称为"地牢壕"[6]，这个地名也很有意思，若与皇城台相联系，似乎是古城时代关押罪犯的地方。

在当今绝对属于穷乡僻壤的地方，为什么会有这样的一些地名呢？比较可靠的解释是：它反映的是一种区域历史记忆。区域曾经出现过的事物，由区域不同时代的居民口耳相传，遂得以持续流播，以至于今。目前，由当代考古工作者所进行的科学勘察与发掘，已经证明这些流传的地名并非虚妄之谈，而是由来有自，事出有因。在石峁古城被揭示以后，这里存在着像皇城台、地牢壕等一些地名就毫不足怪了。

此外，同样在今榆林地区的靖边县南部白于山区，有一处叫长城岭的地方，1987年我在该县做文物普查工作，就是按照老乡所指引的长城岭，找到了秦长城经过靖边一线的具体位置。这个长城岭的地名也是属于口耳相传的历史记忆，对于我们理解石峁古城一带流传的皇城台、地牢壕等地名无疑是有帮助的。

更为珍贵的是《汉书·地理志》留给我们的地域信息。《汉书·地理志》记载了西汉一代的地方政区制度，在今陕北地区，西汉承秦仍置上郡，郡辖23县。这23县分别是肤施、独乐、阳周、木禾、平都、浅水、京室、洛都、白土、襄洛、原都、漆垣、奢延、雕阴、推邪、桢林、高望、雕阴道、龟兹、定阳、高奴、望松与宜都。其中阳周县下记："桥山在南，有黄帝冢。莽曰上陵畤。"肤施县下记："有五龙山、帝原水、黄帝祠四所。"[7]这是阳周、肤施两县境内的一些重要地物，阳周县境内有桥山，黄帝葬于此，故有黄帝冢。肤施县境内有五龙山、帝原水与黄帝祠四所。黄帝祠是祭祀先祖黄帝的场所，而五龙山、帝原水又似均与黄帝或前代帝王有关。因为中国古代一直把龙作为帝王的化身，而帝则是人民对所拥戴的领袖之尊称，所谓"德像天地曰帝"，或"德合天者称帝"[8]，如人文初祖黄帝、炎帝。这些记载，无疑可以窥视出阳周、肤施一带，也就是今天的陕北地区与黄帝或者是黄帝部落有着某种关联。黄帝部落活动的时代，中国历史称为史前阶段，而考古分期则为新石器时代龙山文化时期。

其次，值得注意的是：在上述上郡23县中有京室、平都、洛都、原都、宜都诸县，另在西河郡境内有一西都县[9]，均在今陕北境内。这些设县名称都颇耐人寻味，起名的背景和依据是什么，名称又有何取义呢？细读《汉书·地理志》，唯见今陕北境内有这一现象，即比较多地使用了带有京字和都字的名称。如京室县，按京指其大也、室指其实也的意思，是言其县邑大而充实之意。如此，则京室县设置背景是什么，其地域基础是什么？都是需要我们深究的。多个带"都"字的县名也是有一定意义的，按都字的解释，作为区域之名，聚落小者曰邑，大者曰都；又有天子所居曰都，邑有宗庙先君之主曰都，卿大夫食采之邑曰都等[10]。总之，"都"是具有一定规模的城邑或聚落。如此，就为我们提供了一个思路，即这些带"都"字的县名，可能都是在一些固有城邑或旧聚落的基础上设置的。故这些地名的使用与存在，都不同程度地保留了一些历史信息。可供我们了解石峁古城所在的陕北地区曾经经历的经济开发和社会发展，而且取得的成就也是可观的，也有助于我们更深层次地了解区域历史。

再说上郡，上郡的名称似乎也有来由。上具有尊崇、尊位所在等意，以此作地名，自然采用的是尊位所在之意。今陕北地区如何获得尊位所在呢？这也是很值得思考和探究的问题。可喜的是有学者已经关注到这个问题，如陕西师范大学历史文化学院的李宗俊博士就对此提出了自己的看法。李宗俊博士认为"上"是古人对黄帝的敬称，故"上"是代指黄帝，而陕北地区为黄帝陵所在或是黄帝曾经活动过的区域，后世在此设置上郡，以表对黄帝的尊敬[11]。这一说法有一定道理，但专指黄帝，似乎有点绝对，故还有商量的余地。我倒是认为陕北一带地区在远古龙山文化阶段，其区域开发和社会发展较之其他地方似乎更超前、成就更大，故有更高的社会经济地位。又以其区域地位尊崇，后世在此设郡，则命名为上郡。如同后世的关中地区一样，因周秦汉唐等十余王朝在此建都，提高了区域的政治经济地位，即使在失去都城地位以后，仍被尊崇为京兆之地，置府京兆。如此，上郡之名也具有不可忽视的历史文化意蕴。

《汉书·地理志》还记载了西汉时上郡的户口数，即有户103683，有口606658。再加上西河郡在今陕北地区辖县，薛平拴博士认为，至西汉元始二年（2年），陕北地区的总人口约为70万人[12]。本人也试对西汉时期陕北地区的总人口做了估算，方法是用当时上郡的总人口除以上郡所辖县数，然后用平均的县人口数乘以陕北地区设置的总县数，也计算出当时陕北地区约有总人口712163人，与薛平拴博士的结论基本上是一致的。故西汉时期陕北地区的人口还是比较稠密的。西汉时期陕北人口，是对先秦以来区域人口的继承与发展，也是区域最具活力的历史记忆。

再看数十年来考古工作的发现与成果，也能为我们认识今陕北以及河套与周边地区的远古文化提供了重要资料。根据第三次全国文物普查资料，石峁遗址所在的陕西榆林地区共发现历史文化遗址13881处，而属于新石器时代的文化遗址就有4446处，占总文化遗址数量的32%以上。再按遗址面积保存大小进行划分，其中1万平方米以下的有2892处，1万—50万平方米的有1452处，50万—100万平方米的有11处，特大型的仅石峁遗址1处，达400万平方米[13]。反映出陕北地区新石器时代的文化遗址分布是很密集的。

其次，值得重视的一点是：迄今为止，类似于石峁古城的石城遗址，已在陕北境内发现了20余座，如横山县境的金山寨遗址、寨山遗址，子洲县境的三眼泉遗址，绥德县境的寨子山遗址，吴堡县境的后寨子峁遗址，佳县境内的石擩擩山遗址，府谷县境的寨山遗址，神木县境的高家川遗址、薛家会遗址、古城梁遗址，榆阳区境内的寨峁梁遗址等[14]，基本上都属龙山文化遗存，或与石峁古城同时代，或稍有早晚之分。其规模有数万平方米至数十万平方米不等。如府谷县的寨山遗址，经考古工作者勘察测量，寨山石城东西长900多米，南北宽600多米，总面积达60万平方米。遗址内采集的器物标本有各种陶器、石器与骨器，陶器多夹砂灰陶与红陶，亦可见彩陶与尖底瓶等时代较早的器物。故考古工作者认为寨山遗址的年代可能要早于石峁古城；吴堡县的后寨子峁遗址，面积20余万平方米，考古揭示出石围墙及90余座房屋基址。考古断代为庙底沟二期至龙山早期，时代亦早于石峁古城。位于榆阳区安崖镇的寨峁梁遗址，面积3万多平方米，经考古发掘，在石墙内清理出房屋基址109座，是相对保存较好的一个石城聚落。值得一提的是，寨峁梁房屋基址虽然因地形而高低错落，但成组布局的特点也很明显。房屋式样也不单调，有平面矩形的，也有呈凸字形的，还有前厅后室形的，对我们了解当时人们的社会生活样式具有重要的参考价值。

石峁古城地处今天的陕晋蒙三省结合部，因此，产生石峁文明的地域范围当然也包括了与陕西北部地区毗邻的内蒙古部分地区和山西北部部分地区。无独有偶，考古工作者也在内蒙古的中南部地区发现了十余座石筑城墙聚落遗址。据魏坚、曹建恩《内蒙古中南部新石器时代石城址初步研究》[15]一文，内蒙古的石城址主要集中在今包头市、南流黄河沿岸及岱海地区。其中发现于包头地区石城有威俊、阿善、西园、莎木佳、黑麻板等五处遗址；发现于南流黄河沿岸一带的石城有位于准格尔旗的白草塔、寨子塔、寨子上、小沙湾遗址，清水河县的马路塔、后城嘴遗址；发现于凉城县岱海地区的石城有老虎山、西白玉、板城及大庙坡等遗址。石城规模从2万—10余万平方米不等，其中岱海地区的老虎山遗址最大，约为13万平方米。魏坚等以 ^{14}C 测量数据为依据进行了断代研究，认为准格尔旗白草塔遗址的时代最早，约距今5000年，小沙湾、寨子塔与马路塔遗址约距今4700年，老虎山、西白玉和板城遗址，约距今4500年，寨子上遗址约距今4300年。

在山西北部地区，以前做的工作较少，近年开始关注这一课题。2015年山西省考古研究所也在吕梁市兴县碧村发现了一座龙山时期的石城，遗址面积达70余万平方米。考古试掘清理出了一段城墙、2座房址、13个灰坑，出土了丰富的陶器和石、骨器。考古人员认为这是一处以仰韶、龙山时期为主的大型遗址[16]。这一事实，有力地证明了山西境内也有石峁时期的文化遗存。

上述可以看出，石城遗存作为文化上的共同特点，在今陕晋蒙三省交界的一个庞大范围内，形成了一个共同的地域文化圈。但也有一个问题，即区域内所发现的石城遗址，经考古断代，在时间上并无一致性，存在着或早或晚的差别。其实，这都是很正常的现象。一种文明有更远的源头，更久的流长，自然反映了这一文明的巨大影响力。

在陕晋蒙毗邻地区已发现的众多石城遗址中，石峁古城无疑是最大的，甚至是超大型的，故主持石峁遗址发掘的孙周勇、邵晶综合整个石城遗址的状况，提出了一个观点，即石峁遗址是公元前2300年该地区乃至整个中国北方唯一一处特大型中心聚落，与周围其他大中小型石城共同构成了四级聚落结构。其中面积规模达50万—100万平方米的大型城址，属于次一级中心，面积50万—1万平方米的城址，皆属于中小型聚落[17]。他们没有进行中小型聚落的区分，实际上还可以5万或10万平方米为界，以上为中型聚落，以下属小型聚落。孙周勇、邵晶还认为："正是这种多层级的聚落结构系统，'聚邑成都'，形成了以石峁为顶端的金字塔形社会结构，奠定了王权国家——石峁的政治、经济及人力资源基础。"[18]无疑，孙周勇和邵晶已经把石峁古城看作具有国家形态的权力中心所在。

总之，各种大型聚落遗址甚至为超大型聚落遗址在陕晋蒙毗邻地区的出现，真实地反映了此一区域新石器时代文化发展的高度，也成为区域历史记忆的重要源泉和依据。

三、石峁古城说明了什么

石峁古城的发现与考古发掘以及周边大大小小数十个新石器时代石城聚落的发现，充分说明了新石器时期今陕晋蒙毗邻地区文化发展的繁荣与文明发展的高度，甚至要超过我们传统观念中文明产生的摇篮——中原地区。

当石峁发现古城并将时代确定为龙山文化时期的时候，我是满腹狐疑和不愿意相信的，主观认为一定是搞错了。后来，通过前往石峁进行实地考察，同时进而关注陕北以及鄂尔多斯地区的历史资料，逐渐改变了自己的看法。首先，石峁遗址的断代是客观科学的，是在基本认识的基础上，又通过先进的科技手段对取样标本进行测试而获取的，故是可靠和可信的。其次，区域内先后发现了数十座大中小石城遗址，其物质文化遗存的内容与时代关系都基本得以确认，遗址之间可以进行比较和相互印证，说明石峁古城的出现并不是孤立的，而是区域经济文化发展的必然产物。特别是我于2014年11月参加丝绸之路中亚段的考察活动，参观了土库曼斯坦、哈萨克斯坦等国境内的一些古城遗址，以及对古城历史的了解，让我多有感触和启发。因为此时正是石峁古城横空出世对学术界产生极大刺激和影响的时候，将中亚古城遗址的地理环境与石峁古城的地理环境进行比较和联系，则产生了诸多感悟。

我们在土库曼斯坦实际考察了马雷古城，又在马雷博物馆和阿什哈巴德的土库曼斯坦国家博物馆了解到了中亚地区时代最早的古城——马尔固什古城。苏联时期曾对这座古城进行过考古发掘，出土了大量珍贵文物。该城的考古断代为公元前3000年，即距今已有5000余年的历史。我们在梅尔夫古城（即马雷古城）考察时，导游告诉我们马尔固什古城在位于梅尔夫古城50千米处，也就是汽车一个小时的路程，由于古城已深陷荒漠，尚无可供汽车通行的道路，因此去不了。时间有余，却去不了马尔固什古城，着实令人遗憾！但这个古城出土了很多精美珍贵的文物，现在多是马雷博物馆的镇馆之宝，又是土库曼斯坦人民引以为豪的，因为它反映了土库曼斯坦悠久的文明史。在今天土库曼斯坦东部以马雷市为中心的马雷州地区，其地域中心城市正是逐渐从马尔固什古城到梅尔夫古城，再到今天的马雷市的。故该古城曾有的辉煌，构成了土库曼斯坦远古史的重要一页。马尔固什城的废弃及其周边地区严重荒漠化，说明马尔固什原本就地处生态环境脆弱区，在人类长时间过度开发后，环境便不可逆转地恶化了。但这里之所以成为人类较早的开发地区，是因为这些生态环境相对脆弱的区域，在生产力非常低下的人类社会阶段，又是相对容易进行开发的地区。于是，就在这些地区率先发生了人类早期文明。即使我们实地考察的马雷古城，也早已是废墟一片，城市周边也荒无人烟了。让我当时就联想到了石峁古城，这座4000年前出现在中国大地的城市，就处在今陕晋蒙毗邻的生态环境脆弱区，属于中国学界在经济分区中的农牧交错地带。其文明产生和发展的机遇与过程，大概也如同马尔固什城一样。

那么，中国古代文明是否会最先在农牧交错地带发生与发展？这也是一个非常值得重视的问题。历史常识告诉我们，史前先民们过的多是一种混合经济的生活，渔猎、畜牧、农耕兼有，也就是凡是自然所赐予的，先民们都据以作为生活来源。至于农牧分异，实是后来逐渐形成的。而在远古时期，处于农牧交错地带的文明发展很有可能会走在中原地区的前面。因为当时的生产力水平很低下，生产工具很原始，而中原地区水热条件好，草木茂盛，是原始的生产工具难于致力的；相反，农牧交错地带由于生态环境相对较为脆弱，却为原始的生产工具进行开发提供了一定的有利条件。特别是农牧兼营的条件，在生产和生活上就有了多重保障，这无疑比单一的农业或牧业经营方式是优越的。因此，远古时期在生态比较脆弱的农牧交错地带产生领先的人类物质文明是完全有可能的。石峁古城的文明成就可能就是在这一时代背景下形成的。现代科学考古在鄂尔多斯地区揭示的朱开沟遗址[19]、新华遗址[20]，以及在今陕北、内蒙古中南部一带发现的数十座属于龙山时期的石城遗址，均是新石器时代区域内文化繁荣发达的佐证。因此，我们有理由相信，在4000年前的中国境内出现了以石峁古城为代表的国家文明形态。

石峁古城的时代得以确认，其历史地位得以确立，再回顾中国几千年的文明史，不难发现，这一现象是有规律可循的，即新石器时代首先在北方的农牧交错地带产生和发展了中华文明的高级形态；至青铜器时代，则促进了中原地区文明中心的形成；随着铁器时代社会生产力的进一步提高，又推动了江淮流域的开发，从而使中国经济中心开始了逐渐南移的过程。故在石峁文明时期，发达的史前文化能在生态相对脆弱的农牧交错带地区产生，应是早期人类社会对生存环境的合理选择与适应。这在理论上也是符合逻辑的。

至于石峁文明的衰落，学者多用气候变迁来解释，是有一定道理的。但还有更重要的一方面，即随着社会生产力的提高，人类改造和利用自然的能力也随之提高，于是争取开发经济效益更好的土地和区域就成为可能。在这种情况下，中原地区就取代了原以石峁为中心的区域，成为新的文明发展中心，即夏商周以来中华文明发展的成就与过程。

最后，关于中国史传说时代的黄帝部落联盟及其活动区域，我认为还是应该在今陕晋蒙毗邻一带地区寻找，因为有历史信息给予的线索和方向，大致不会出现大的偏差。至于有学者认为石峁古城为黄帝都邑[21]，则涉及黄帝具象化问题，以及黄帝活动的时间范围问题，均难以说清道明。沈长云先生认为石峁古城是黄帝部族居邑，明确提出了石峁古城与黄帝部族之间的关系，自有见地[22]。但考古调查已在石峁古城周边发现多处石城遗址，规模有大有小，面积从数万平方米到数十万平方米不等，考古工作者还将这些石城址分成了至少四个层级的聚落[23]。如此，就不好解释这些不同规模的聚落之间存在着什么关系。因此，比较妥帖的说法应是：石峁古城可能是黄帝部落联盟的政治中心。

注　释

［1］ 戚永晔：《良渚古城八大悬疑》，《观察与思考》2008年第1期；罗以民：《证伪"良渚古城"》，《观察与思考》2008年第5期；林华东：《良渚发现的并非古城》《良渚文化"古城"再质疑》，《观察与思考》2008年Z1期、2010年第1期。上述诸文，均对良渚古城提出了不同看法。

［2］ 孙周勇、邵晶：《石峁是座什么城》，《光明日报》2015年10月12日第16版。

［3］ 陕西省考古研究院、榆林市文物考古工作队、神木县文体局：《陕西神木县石峁遗址》，《考古》2013年第7期。

［4］ 何驽：《陶寺：帝尧之都，中国之源》，《中国社会科学报》2015年6月5日第4版。

［5］ 孙周勇、邵晶：《石峁是座什么城》，《光明日报》2015年10月12日第16版。

［6］ 2015年6月12日到石峁遗址实地考察，由考古队长邵晶陪同，观看了东门遗址发掘现场，又由石峁遗址保管

所一位同志陪同，考察了皇城台等重要文化遗存，这位同志在皇城台给我们指认了地牢壕的位置并讲述了该地名的有关故事。

［7］《汉书》卷28下《地理志·上郡》，中华书局，1962年，第1617页。

［8］《康熙字典》巾部"帝"字释义，上海辞书出版社，2007年，第272页。

［9］《汉书》卷28下《地理志·西河郡》，中华书局，1962年，第1618页。

［10］《康熙字典》邑部"都"字释义，上海辞书出版社，2007年，第1260页。

［11］李宗俊：《〈汉书·地理志〉所记先秦地理与石峁城为上古帝都之解读》，《中国历史地理论丛》2016年第3辑。

［12］薛平拴：《陕西历史人口地理》，人民出版社，2001年，第33—37页。

［13］孙周勇、邵晶：《石峁是座什么城》，《光明日报》2015年10月12日第16版。

［14］冯国：《陕北发现20余处史前石城遗址》，华夏经纬网，2006年3月21日；白清州：《府谷寨山发现大型龙文石城遗址》，《榆林日报》2015年11月1日头版；陈黎：《陕北发现石峁遗址的"卫星城"》，《西安晚报》2015年1月23日第3版；孙建奎：《神木发现5处史前石城遗址》，华商网，2009年7月4日；杨永存：《绥德县赵家砭乡发现新石器时代石城遗址》，西安新闻网，2009年3月11日。

［15］魏坚、曹建恩：《内蒙古中南部新石器时代石城址初步研究》，《文物》1999年第2期。

［16］张光辉、海金乐、王晓毅：《山西兴县碧村发现龙山石城及大型石砌房址》，中国文物信息网，2015年8月8日；《山西兴县碧村发现龙山时期石城》，《文史月刊》2015年第10期。

［17］孙周勇、邵晶：《石峁是座什么城》，《光明日报》2015年10月12日第16版。

［18］孙周勇、邵晶：《石峁是座什么城》，《光明日报》2015年10月12日第16版。

［19］朱开沟遗址位于今内蒙古鄂尔多斯市伊金霍洛旗纳林塔乡朱开沟村，是一处大型新石器时代龙山文化遗址，时间跨度为距今4300—3500年。遗址占地面积约50万平方米，重点发掘面积4000平方米，出土了大量陶、石、骨器文物。从遗址反映的社会生活内容看，当时人以经营农业为主，兼营畜牧业，反映了区域地方文化特色。

［20］新华遗址位于今陕西榆林市神木县大保当镇新华村，又一处大型龙山文化遗址，考古断代为公元前2150—前1900年。内容显示，当时的新华人既经营农业，又从事狩猎和畜牧业，反映了生活资料来源的多元化。

［21］王红旗：《神木石峁古城遗址当即黄帝都城昆仑》，《百色学院学报》2014年第5期。

［22］沈长云：《石峁古城是黄帝部族居邑》，《光明日报》2013年3月25日第15版。

［23］孙周勇、邵晶：《石峁是座什么城》，《光明日报》2015年10月12日第16版。

（原载于《中国历史地理论丛》2016年第3期）

陕西石峁遗址后阳湾地点出土动物牙釉质的锶同位素比值分析

赵春燕　胡松梅　孙周勇　邵　晶　杨苗苗

　　石峁遗址后阳湾地点位于石峁古城中皇城台东北方向山坳台地之上。对于石峁遗址所在的陕北地区经济形态的研究表明，从仰韶时代起其农业生产可能已经超越狩猎采集而在社会经济生活中占据主导地位。至龙山时代已经开始由农耕经济向农牧结合经济转变[1]。石峁遗址作为当时大型聚落，其遗址出土动物的来源与驯养对于我们了解当时人们的生活方式、社会结构具有十分重要的意义[2]。

　　目前，国际考古学界用于探索动物来源的主要方法是利用动物骨骼或牙釉质的锶同位素比值的地区特征进行判断[3]。其原理并不复杂，概括起来说，在自然界中锶有 4 种天然稳定的同位素，即 ^{88}Sr（82.58%），^{87}Sr（7%），^{86}Sr（9.86%）和 ^{84}Sr（0.56%），其中 ^{87}Sr 是由 ^{87}Rb 的放射性衰变形成，所以 ^{87}Sr 与矿物的含铷数量、地质历史时间有关。不同的矿物和岩石因成矿或成岩的年代不同以及母岩的铷锶含量比不同，其锶同位素组成也是不同的。一般以 $^{87}Sr/^{86}Sr$ 比值作为某一地区的表征指标[4]。地层中的锶，在进入食物链中以后，由于其质量数较大，一般认为不发生分馏。这样，生活在不同地质背景的人或动物，其机体内锶同位素也就存在一定的差异。由于不同的地质构成特征形成了不同的锶的分布区域，这成为人们通过锶同位素的地区特征追溯人类或动物栖息地的依据。对于出土动物来说，一般在易于保存的牙齿、骨骼中这种区域性指标都可以找到。尤其是动物的牙齿，能够很好地保持其生存地的同位素比值特征，且很少受到污染，因而成为锶同位素比值测定的首选标本[5]。

　　根据上述原理，若要探索遗址出土动物的来源，首先必须建立当地的锶同位素比值范围，才能以此判断其他动物是否为当地出产抑或来源不同。

　　如何建立当地锶同位素比值范围，在过去的 30 年来，国际上许多研究人员作了许多有意义有价值的探索[6]，因为同一地区的不同矿物和不同岩石之间的锶同位素组成是可能有显著差别的，岩石的风化导致锶进入地表水和地下水系，也进入地表的各类沉积物及土壤中。植物从土壤和水中吸收锶，将锶结合进机体。吃这些植物的食草动物会把锶同位素摄入并保存在体内的骨骼系统中，以这些食草动物为食物来源的食肉动物，同样会把锶同位素保存在骨骼系统中。根据 Sillen 等对南非的司特克方丹遗址土壤和植物锶同位素比值的研究[7]，植物的锶同位素比值变化范围小于土壤，动物主要以当地植物为食，导致其机体内锶同位素水平进一步的平均化，锶同位素比值变化小于植物，因此可以利用当地的动物牙釉质或骨骼的锶同位素比值确定地区锶同位素比值特征。

如此一来，在一个具体的遗址如何确认何种动物是当地动物成为建立当地锶同位素比值特征的关键所在。Bentley 等测定了德国新石器时期 Vaihingen 遗址出土的猪、牛、狗、鹿等动物牙釉质的锶同位素比值[8]，经过计算得出猪的标准偏差远远小于其他动物，他们还认为当时的猪吃的食物主要是人类食物的剩余，即猪吃的食物是与当地人类食物基本一致。因此其骨骼和牙齿中锶同位素比值可以代表当地的锶同位素水平。之后，许多学者采用了他们的实验结果，以遗址当地出土的动物牙釉质的锶同位素比值的平均值加（减）2 倍的标准偏差来确定当地的锶同位素比值范围，以此作为判断人是否来自当地的依据[9]。

通过我们近几年对一系列遗址的研究工作，也表明在没有出土其他动物遗骸的前提下，家猪牙釉质锶同位素比值的标准偏差小于黄牛和绵羊[10]，因此，可以家猪牙釉质锶同位素比值建立当地锶同位素比值标准。在参考了国际上的一系列研究结果和我们自己的工作基础后，选择了石峁遗址后阳湾地点出土的猪、绵羊和黄牛这几种动物的牙齿作为标本，采用固体热电离质谱方法对其进行锶同位素比值测定。首先确定当地锶同位素比值范围，以此为标准，探讨其他动物是否为当地饲养，抑或是外来的。也就是说，据石峁遗址出土的猪、羊和牛锶同位素比值可推断先民们获取肉食资源的方式是自给自足，还是部分或全部依赖"进口"。

一、材料和方法

1. 出土动物标本的背景资料及样品选择

石峁遗址后阳湾地点发掘出房屋基址及部分墓葬，收获的遗物以陶器为大宗，另外还有少量石器、骨器及数量较多的动物骨骼[11]。这些动物遗存中既有与定居农业密切相关的家猪，又有代表畜牧经济的黄牛和绵羊。

本研究所选择的动物牙釉质样品来自房址、墓葬等地点，共计 25 份样品。因部分样品出土时已破碎，为了保证形态学研究需要，在尽量不破坏标本的前提下，采集了一些游离的动物牙齿。这样做的后果是有一部分牙齿可能来自同一个体。在数据处理和结果讨论时还要提到。动物遗骸样品的出土地点、动物种类及样品采集部位等均列于表一中。

表一　石峁遗址后阳洼地点出土动物牙釉质的 ^{87}Sr/^{86}Sr 比值

序号	出土单位	动物种类及采集部位	^{87}Sr/^{86}Sr	2σ
1	F1	牛左上 M2	0.711104	0.000013
2	Q8	牛左上 M3	0.711163	0.000010
3	Q13 外	牛右下 m1	0.711279	0.000014
4	Q20 外③	牛左下 m2	0.711075	0.000011
5	F1	羊左下 p3	0.711195	0.000012
6	F1	羊左下 m1	0.712421	0.000014
7	F1	羊左下 m1	0.711109	0.000010
8	F1	羊左下 m1	0.711165	0.000013
9	F1	羊左上 M1	0.711177	0.000010

序号	出土单位	动物种类及采集部位	$^{87}Sr/^{86}Sr$	2σ
10	F1	羊右下门齿	0.711230	0.000014
11	F1	羊左上 M2	0.711252	0.000012
12	F1	羊右下 m3	0.711223	0.000012
13	F1	羊左上 P4	0.711244	0.000013
14	F1	羊右上 M3	0.711199	0.000013
15	F1	羊右上 M2	0.711177	0.000012
16	F1	羊左上 P3	0.711172	0.000011
17	F1	羊左下 m2	0.711189	0.000012
18	F1	羊右上 M1	0.711168	0.000011
19	M2	猪右上 P4	0.711143	0.000014
20	F1	猪上 M3	0.711161	0.000014
21	Q21	猪左下 ml	0.711301	0.000011
22	F1	猪上 M3	0.711160	0.000014
23	M2	猪左 ml	0.711186	0.000014
24	M2∶D1	猪右下 ml	0.711150	0.000014
25	BCGt③∶D3	猪左下 ml	0.711170	0.000012

2. 出土动物样品的预处理及锶同位素比值的测定

样品的预处理是在中国社会科学院考古研究所超净实验室内进行的。首先用工具打磨每一个样品表面，除去任何可见的污垢或杂色物质，之后用纯净水超声清洗 3 次，每次 20 分钟；再加入 Milli Q 超纯水，超声清洗 3 次，每次 20 分钟。清洗后的样品加入 5% 稀醋酸（优级纯），超声清洗 30 分钟，浸泡 7 小时，将稀醋酸倒掉，再加入 Milli Q 超纯水，超声清洗 3 次，每次 20 分钟。然后样品放入恒温干燥箱干燥后，于 825℃下灼烧 8 小时。

灰化后的样品进行锶同位素比值的测定。首先，准确称取 0.1—0.2g 粉末样品于低压密闭溶样罐中，再准确加入锶稀释剂，用混合酸（$HF+HNO_3+HClO_4$）溶解 24 小时。待样品完全溶解后，蒸干，加入 6mol/L 的盐酸转为氯化物蒸干。用 0.5mol/L 的盐酸溶液溶解，离心分离，清液裁入阳离子交换柱（ϕ0.5cm×15cm，AG50W×8（H+）100—200 目），用 2.5mol/L 的盐酸溶液淋洗锶。蒸干，质谱分析。

同位素分析采用 ISOPROBE-T 热电离质谱计，单带，M+，可调多法拉第接收器接收。质量分馏用 $^{86}Sr/^{88}Sr$=0.1194 校正，标准测量结果：NBS987 为 0.710250±0.000007。

二、结果与讨论

1. 石峁遗址当地的锶同位素比值范围的建立

石峁遗址后阳湾地点出土动物牙釉质的锶同位素比值分析结果列在表一中，共计 25 份样品。

根据石峁遗址后阳湾地点出土动物的考古学研究，选择了家猪牙釉质样品来确定当地的锶同位素比值范围。其理由如下：第一，动物考古学研究结果证明猪是我国最早进行饲养，也是最重要的家畜之一[12]。其判别标准有动物生理形态的标志、动物群组成的标志、动物群年龄结构的标志、社会和文化的标志、分子遗传学的标志及动物食物的标志等[13]。石峁遗址后阳湾地点出土的家猪依据牙齿的测量数据、猪的死亡年龄以及猪遗骸出土时的考古学背景认为其为家猪。第二，由表一的数据可知，被检测的猪的样品共有 7 个，因 20 号样品和 22 号样品猪均来自 F1 房址且数值非常相近（在测量误差范围内），有可能来自同一个体。所以，猪的个体数量统计为 6 个。根据我们此次对后阳湾地点出土动物牙釉质的锶同位素比值的测定结果，经过计算得出家猪牙釉质的锶同位素比值的标准偏差为 0.000059，而黄牛的标准偏差为 0.000093，绵羊的标准偏差为 0.000356。因家猪牙釉质的锶同位素比值的标准偏差小于黄牛和绵羊，可以推断猪由当地饲养的可能性也是最大的。

在国际上，一般是以遗址出土的当地动物牙釉质的锶同位素比值的平均值及 2 倍标准偏差来确定当地的锶同位素比值范围[14]，既然猪被判定是可能性最大的当地动物，根据石峁遗址后阳湾地点出土猪牙釉质的锶同位素比值测定结果，经过计算得到 6 个家猪牙釉质的锶同位素比值的平均值为 0.711185，将该平均值加或减 2 倍标准偏差可以得到遗址当地的锶同位素比值范围在 0.711303—0.711067。至此，我们以石峁遗址后阳湾地点出土家猪牙釉质样品初步确定了当地的锶同位素比值范围，再以此判断其他动物是当地的还是外来的。

2. 石峁遗址后阳湾地点出土绵羊和黄牛的可能来源

通过对石峁遗址出土动物牙釉质的锶同位素比值的测定并与当地的锶同位素比值进行比较，结果会有两种情况：其一是牙釉质的锶同位素比值在遗址当地的比值范围内，表明该样品代表的个体是在遗址当地出生并饲养长大，死亡后埋葬在当地；其二是牙釉质的锶同位素比值在遗址当地的比值范围以外，表明该样品代表的个体是在其他地区出生，死亡前或死亡后进入遗址当地并埋葬在当地。为了更直观地说明石峁遗址后阳湾地点出土动物的情况，我们将所测定的 25 份动物牙釉质样品的锶同位素比值绘制（图一）。其中，纵坐标表示锶同位素比值（$^{87}Sr/^{86}Sr$），横坐标表示不同种类动物样品，两条虚线之间的部分就代表遗址当地的锶同位素比值范围。由此看出，将遗址出土绵

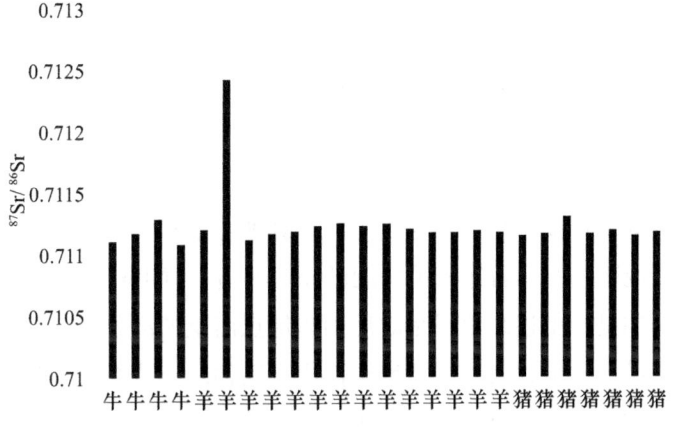

图一　石峁遗址后阳湾地点出土动物牙釉质锶同位素比值柱状图

羊的牙釉质锶同位素比值与遗址当地的锶同位素比值进行比较的结果是：仅有 1 个绵羊牙釉质锶同位素比值高于遗址当地的锶同位素比值范围，表明这个绵羊可能不是在当地出生的；其他绵羊牙釉质样品的锶同位素比值则位于遗址当地的锶同位素比值范围内，表明这些绵羊可能是在当地出生长大，死亡后葬于此地。需要说明的是，样品 9、15 和 16 的锶同位素比值相同或非常接近（在测量误差范围内），表明它们可能来自同一个体。样品 8 和样品 18 也同样如此。在排除这种可能性之后，本次检测的绵羊个体数为 11 个。也就是说，除了 1 个可能是非本地个体之外，后阳湾地点出土的绵羊可能绝大部分来自本地。证实当时的石峁人已经能够饲养绵羊作为家畜。

动物考古学研究结果表明石峁遗址后阳湾地点出土的牛均属于黄牛。将 4 个黄牛的牙釉质锶同位素比值与遗址当地的锶同位素比值进行比较得知，这些黄牛牙釉质的锶同位素比值均在遗址当地的锶同位素比值范围内，表明这些黄牛可能是在遗址当地出生的，死亡后埋藏在此。据此可以推测石峁遗址的先民们已经能够饲养黄牛作为家畜。

由此可知，在石峁遗址龙山文化时期先民们已饲养猪、黄牛和绵羊以满足生活的需要，仅需少量的外来绵羊作为补充。动物考古学研究表明，黄牛在公元前 7500—前 5000 年的遗址里已经出现，而绵羊作为家养动物在公元前 3000 年以前的甘青地区已经被发现[15]，陕西榆林火石梁出土的家畜中牛羊的数量甚至超过家猪[16]。石峁遗址的年代在公元前 2300—前 1800 年（也就是距今 4500—3900 年），而且石峁遗址是一处目前我国规模最大的、显现文明化程度最高的史前聚落。不难想象，该遗址的先民们已经开始一定规模地饲养猪、黄牛和绵羊并基本自给自足应该是可以做到的。

三、结 语

根据石峁遗址后阳湾地点出土动物牙釉质的锶同位素比值的测定结果，我们可以得到以下初步认识：

（1）通过测定石峁遗址后阳湾地点出土的猪、黄牛、绵羊牙釉质的锶同位素比值，经过计算得出家猪的锶同位素比值的标准偏差小于其他动物，可以推断家猪由当地饲养的可能性是最大的。这一结果与依据牙齿的测量数据、猪的死亡年龄以及猪遗骸出土时的考古学背景认为该遗址出土的大部分猪为家猪的动物考古学研究结果是一致的。

（2）根据石峁遗址后阳湾地点出土家猪牙釉质的锶同位素比值测定结果，经过计算得到 6 个家猪牙釉质的锶同位素比值的平均值为 0.711185，将该平均值加或减 2 倍标准偏差可以得到遗址当地的锶同位素比值范围在 0.711303—0.711067。

（3）将遗址出土的绵羊和黄牛牙釉质的锶同位素比值与遗址当地的锶同位素比值范围进行比较的结果表明，仅有 1 只绵羊可能不是在当地出生的；其他绵羊和黄牛可能是在当地出生长大，死亡后葬于此地。这个结果说明当时的石峁先民可能已经饲养猪、黄牛和绵羊以满足生存的需要。

（4）需要特别强调的是，上述结论只是对后阳湾地点出土的部分猪、黄牛、绵羊牙釉质锶同位素比值的检测结果的总结，不能代表石峁遗址全部出土动物的检测结果。随着石峁遗址田野考古发掘工作的逐步进行，更进一步的研究也在进行中。伴随着出土动物样品的数量增加，检测数据也会增加，研究结果也许会发生变化。

附记：本文由中国国家自然科学基金项目（21271186）、国家社会科学基金项目（12BKG019）、中国社会科学院哲学社会科学创新工程（WS052015SCX1）共同资助。陕西省考古研究院的技工赵东红在出土动物标本的采集过程中给予了很大帮助，特此表示感谢！

注　释

［1］ a. 孙周勇、邵晶：《石峁是座什么城》，《光明日报》2015 年 10 月 12 日第 16 版；b. 陕西省考古研究院、榆林市文物考古勘探工作队、神木县文体局：《陕西神木县石峁遗址后阳湾、呼家洼地点试掘简报》，《考古》2015 年第 5 期；c. 胡松梅、孙周勇《陕北靖边五庄果墚动物遗存及古环境分析》，《考古与文物》2005 年第 6 期。

［2］ 赵春燕、李志鹏、袁靖等：《二里头遗址出土动物的来源初探——根据出土动物牙釉质的锶同位素比值分析》，《考古》2011 年第 7 期。

［3］ a. Towers J, Montgomery J, Evans J, et al. An investigation of the origins of cattle and aurochs deposited in the early bronze age barrows at Gayhurst and Irthlingborough. Journal of Archaeological Science, 2010 (37): 508-515; b. Copeland S R, Sponheimer M, Lee-Thorp J A, et al. Strontium isotope ratios in fossil teeth from South Africa: Assessing laser ablation MC-ICP-MS analysis and the extent of digenesis. Journal of Archaeological Science, 2010 (37): 1437-1446; c. Price T D, Johnson C M, Ezzo J A, et al. Residential mobility in the prehistoric Southwest United States: A preliminary study using strontium isotope analysis. Journal of Archaeological Science, 1994 (14): 503-514; d. Kennedy B P, Folt C L, Blum J D et al. Natural isotope markers in salmon. Nature, 1997 (387): 766, 767.

［4］ Julia I D. Strontium isotope analysis of Neolithic and Copper age population on the Great Hungarian Plain. Journal of Archaeological Science, 2009 (36): 491-497.

［5］ a. Bentley R A. Strontium isotopes from the earth to the archaeological skeleton: A review. Journal of Archaeological Method and Theory, 2006 (13): 135-187; b. Hoppe K A. Late Pleistocene mammoth herd structure, migration patterns, and Clovis hunting strategies inferred from isotopic analyses of multiple death assemblages. Paleobiology, 2004, 30 (1): 129-145.

［6］ a. Aberg G. The use of natural strontium isotopes as tracers in environmental studies. Water Air and Soil Pollution, 1995, 79 (1-4): 309-322; b. Grupe G, Price T D, Schroter P, et al. Mobility of Bell Beaker people revealed by strontium isotope ratios of tooth and bone: A Study of southern Bavarian skeletal remains. Applied Geochemistry, 1997, 12 (4): 517-525; c. Price T D, Manzanilla L, Middleton W D. Immigration and the ancient city of Teotihuacan in Mexico: A study using Strontium isotope ratios in human bone and teeth. Journal of Archaeological Science, 2000 (27): 903-913; d. Montgomery J, Evans J A, Powlesland D, and Roberts C A. Continuity or colonization in Anglo-Saxon England? Isotope evidence for mobility, subsistence practice and status at West Heslerton. American Journal of Physical Anthropology, 2005 (126): 123-138.

［7］ Sillen A, Hall G, Armstrong R. $^{87}Sr/^{86}Sr$ ratio in modern and fossil food-webs in sterkfontein valley: Implications for early hominid habitat preference. Geochemical et Cosmochimica Acta, 1998, 62 (14): 2463.

［8］ Bentley R A, Price T D, Stephan E. Determining the "local" $^{87}Sr/^{86}Sr$ rang for Archaeological skeletons: A case study from Neolithic Europe. Journal of Archaeological Science, 2004 (31): 365-375.

［9］ a. Kristin M H, Curry B B, et al. variation in Strontium isotope ratios of Archaeological fauna in the Midwestern United States: A preliminary study. Journal of Archaeological Science, 2009 (36): 64-73; b. Knudson K J, Tung T A, Nystrum K C, et al. The origin of the Juch'uypampa cave mummies: Strontium isotope analysis of Archaeological human remains from Bolivia. Journal of Archaeological Science, 2005, 32 (6): 903-913; c. Bentley R A, Buckley H R, Spriggs M, et al. Lapita migrants in the Pacific's oldest cemetery: Isotope analysis at Teouma, Vanuatu. American

Antiquity, 2007 (72): 645-656.

［10］ a. 同［3］；b. 赵春燕、袁靖、何驽：《陶寺遗址出土动物牙釉质的锶同位素比值分析》，《第四纪研究》2010 年第 1 期；c. 赵春燕、吕鹏、袁靖、叶茂林：《青海喇家遗址动物饲养方式初探——以锶同位素比值分析为 例》，《中国古代文明研究中心通讯》2015 年第 28 期。

［11］ 同［1］b。

［12］ 袁靖、Rowan K F：《论中国古代家猪的驯养》，《科技考古（第一辑）》，科学出版社，2005 年。

［13］ 同［10］c。

［14］ 同［9］。

［15］ 袁靖：《中国古代家养动物的动物考古学研究》，《第四纪研究》2010 年第 2 期。

［16］ 胡松梅、张鹏程等：《榆林火石梁遗址动物遗存研究》，《人类学学报》2008 年第 27 卷第 3 期。

（原载于《考古与文物》2016 年第 4 期）

陕西石峁遗址后阳湾地点出土
黄牛的古 DNA 分析

蔡大伟　胡松梅　孙玮璐　朱司祺　孙周勇
杨苗苗　邵　晶　周　慧

石峁遗址位于陕西省榆林市神木县高家堡镇石峁村秃尾河北侧山梁台塬之上，于 1976 年由戴应新首次发现[1]。20 世纪 80 年代，西安半坡博物馆和陕西省考古研究所先后对石峁遗址进行了小范围的考古试掘[2]和调查[3]。2011—2014 年间，陕西省考古研究院对石峁遗址进行了区域系统考古调查，确认石峁城址由"皇城台"、内城和外城 3 个层次构成，总面积超过 400 万平方米[4]，并对石峁遗址外城东门址[5]以及内城中的后阳湾、呼家洼地点[6]进行了抢救性试掘。通过对出土玉器和陶器等遗物的研究表明石峁遗址是龙山晚期至夏代早期之间（距今 4300—3800 年前）的超大型中心聚落，对研究中国文明起源具有重要意义[7, 9]。

石峁遗址地处陕北黄土高原北部边缘，位于陕西、山西和内蒙古三省区交界处，居于中国北方农牧交错带中心位置，农耕文化与游牧文化在此碰撞。从出土陶器上看，石峁与周边晋中、内蒙古中南部、晋南地区甚至甘青地区考古学文化存在广泛交流[8, 10]。值得注意的是，石峁遗址还出土了欧亚草原风格的石雕或石刻人像，为研究龙山时代中国北方与欧亚草原的文化交流提供了重要线索[11, 12]。陈民镇认为石峁古城体现的是"面向草原"的文化板块，与欧洲、西亚、中亚存在许多交流，以石头筑城也是它们的一个共同点[13]。郭静云甚至认为石峁是来自欧亚草原的游战族群的栖息所[14]。2012 年，在内城后阳湾地点的试掘过程中，发现了大量的动物遗骸，经胡松梅鉴定其中部分是黄牛骨骼。从目前的考古材料和古 DNA 研究看，中国的家养黄牛源自近东地区，很可能在新石器时代晚期通过东西方的交流活动，由甘青地区或者欧亚草原引入中国的[15—17]。因此，石峁遗址出土的黄牛遗骸对我们了解石峁与周边文化交流具有重要的意义。本研究希望通过对石峁古代黄牛进行线粒体 DNA（mtDNA）分析，揭示其母系来源组成，结合现有的古代黄牛 DNA 数据，探讨石峁古代黄牛与周边地区古代黄牛遗传关系，为陕北地区龙山时代晚期周邻地区考古学文化交流提供新的佐证。

一、材料与方法

1. 石峁样本采集

古代黄牛骨骼样本由陕西考古研究院胡松梅采集自石峁遗址后阳湾地点，共 11 例，经形态鉴定全部为家养黄牛，样本详细信息见表一。

表一 样本信息和实验结果

实验编号	考古单位	种属	采样部位	实验结果	世系
SM01C	T2E ③：D20	Bos taurus	右掌骨近端	成功	T3
SM02C	T2 ②：D117	Bos taurus	右股骨远端	失败	T3
SM03C	F1：D105	Bos taurus	左肱骨远端	成功	T3
SM04C	F1：D110	Bos taurus	右桡骨近端	成功	T4
SM05C	F1：D125	Bos taurus	右胫骨远端	成功	T3
SM06C	F2：D12	Bos taurus	右肱骨远端	成功	T3
SM07C	F2：D13	Bos taurus	左桡骨近端	成功	T4
SM08C	F2：D23	Bos taurus	右胫骨远端	成功	T3
SM09C	T2E ②：D16	Bos taurus	左下颌骨	成功	T3
SM10C	T2E ③：D15	Bos taurus	左下颌骨后段	成功	T4
SM11C	Y1：D12	Bos taurus	右肱骨远端	成功	T3

2. 样本的处理

首先用毛刷除去样本表面污垢，接着用电动打磨工具去除表层 1—2mm，然后用 10% 次氯酸（氯离子浓度 10%）溶液浸泡古代材料 5—10min，在紫外线照射下晾干，随后将样品放入液氮冷冻粉碎机 FREEZER/MILL6750（SPEXP CetriPrep，USA）之中，液氮冷却，打磨成粉，−20℃冷冻保存。

3. 古 DNA 提取、PCR 扩增和测序

古 DNA 提取参照杨东亚等人的文献进行[18]。

依据参考序列 V00654 设计两对套叠引物，扩增线粒体 DNA 控制区 294bp 片段（位置 16022—16315）。第一段序列长为 157bp，扩增位置在 16022—16178，正向引物 5'-GCCCCATGCATATAAGCAAG-3'，反向引物 5'-CACGCGGCATGGTAATTAAG-3'。第二段引物长度为 179bp，扩增位置在 16137—16315，正向引物 5'-TTCCTTACCATTAGATCACGAGC-3'，反向引物 5'-GGAAAGAATGGACCGTTTTAGAT-3'。

PCR 扩增程序如下：首先进行 95℃预变性 5min，随后进行 36 个循环反应（92℃变性 1min，50—55℃退火 1min，72℃延伸 1min）最后 72℃延伸 10min，4℃保持。扩增反应均在 Mastercycler▪personal 热循环仪（Eppendorf Germany）上进行。25μL 反应体系中含 3μL 模版、1U TransStart™ TopTaqDNA 聚合酶（全式金公司，中国）、1×Buffer，0.2mM dNTPs，0.2μM 每条引物。

PCR 扩增产物通过 2% 琼脂糖（Biowest，German）凝胶电泳检测，并用 QIAEX▪Ⅱ GEL Extraction Kit 胶回收试剂盒（QIAGen，Germany）纯化 PCR 产物。纯化产物用 ABI PRISM▪310 Genetic Analyzer 全自动遗传分析仪（Applied Biosystems，USA）通过 Dyeprimer 试剂盒进行正反双向直接测序。

4. 数据分析

DNA 序列利用 Clustal X 1.83 软件进行序列对位比对，用 MEGA 6.0 确定序列变异位点及单倍型。利用 Network5.0 软件构建系统发育网络。为了探索石峁古代黄牛与其他地区古代黄牛的遗传关系，我们选择中国北方 7 个考古遗址包括：宁夏打石沟（BP4200—4000）、山西陶寺遗址（BP4300—3900）、新疆小河墓地（BP3900—3600）、河南二里头遗址（BP3750—3500）、内蒙古大山前遗址（夏家店下层 BP4000—3500）、青海长宁遗址（BP4000—3500）、陕西泉护村遗址（BP3000）的古代黄牛序列[18—20]进行对比分析。从时间上看，除了陕西泉护村遗址属于商周时期，其他遗址都属于新石器时代晚期和青铜时代早期。

二、结果与讨论

1. 石峁古代黄牛的序列

在本研究中，我们遵循严格的防污染措施进行古 DNA 分析[21]。每个样本均经过多次抽提、PCR 扩增和测序，所有抽提和 PCR 扩增空白对照结果均呈阴性，表明在抽提和扩增过程中没有可观察到的系统性的污染发生。我们成功地获得了 10 个古代黄牛序列，仅有一个样本 SM02C 失败，成功率高达 91%，这可能与石峁所处的地理位置有关，干燥寒冷的环境有利于 DNA 样品的保存。

将 10 个序列与参考序列 V00654 相比，检测到 5 个变异位点，共界定 4 个单倍体基因型（以下简称单倍型）H1—H4（表二）。单倍型 H1 被 5 个个体所共享，频率高达 50%。单倍型 H2 的频率次之，达到 30%，被 3 个个体所共享。其他 2 个单倍型 H3 和 H4 分别只有 1 个个体。在中国，黄牛是指牦牛和水牛以外的所有家牛，分为普通牛（Bos taurus）和瘤牛（Bos indicus）两个亚种。根据 mtDNA 变异位点，石峁黄牛全部是普通牛，而不是瘤牛，这与之前我们在中国北方地区其他青铜时代早期遗址中的发现情况相一致，这表明至少在青铜时代早期，起源于印度河流域的瘤牛尚未扩散到中国北方地区。

2. 石峁黄牛的母系来源

根据黄牛 mtDNA 世系特征分型位点，我们确定了石峁古代黄牛个体和单倍型的 mtDNA 世系（表一、表二）。在石峁古代牛里发现了两个世系 T3 和 T4，其中 T3 占统治地位，频率高达 70%，T4 占 30%。对现代黄牛群体的大规模 mtDNA 分析显示，普通牛的 mtDNA 遗传结构十分复杂，目前已经发现了 T、P、R、Q、E 等 5 个世系[22]。P、R、Q、E 等世系在黄牛群体中的分布频率非常低，很可能是少量野生黄牛被引入到驯化的群体中杂交形成的[23]。T 世系是在普通牛中占统治地位的世系，世界上绝大多普通牛都属于 T 世系。T 世系可以进一步分为 T*、T1、T2、T3、T4、T5 等亚组[24—26]，其中 T3 在 T 世系中占据统治地位，这些亚组呈现明显的地理分布特征，如 T1 主要分布在非洲地区、T3 主要分布欧洲地区、T4 则主要分布在东北亚地区。因此，最初人们认为黄牛可能在非洲、欧洲南部和东北亚地区分别独立驯化的。近年来，随着对安那托利亚和中东地区新石器时代黄牛古 DNA 研究的深入，明确显示全部 T 世系均起源于近东地区新石器时代早期的黄牛[27, 28]。毫无疑问，石峁古代黄牛中 T3 和 T4 源自近东地区，从一个侧面反映了石峁与欧亚草原文化的交流活动。

3. 石峁古代黄牛与现代黄牛的遗传关系

为了进一步探索石峁古代黄牛的单倍型历经数千年是否延续下来，我们利用 BLAST 程序在美国国立生物技术信息中心（NCBI）核酸数据库（GenBank）中搜寻与这些古代序列完全匹配的现代黄牛共享序列，除了单倍型 H3 以外，其余 3 个单倍型均被现代黄牛所共享（表二），表明这些古代的单倍型历经数千年仍保存下来，这可能与古人有意识的品种选育培养有关。石峁遗址中频率最高的单倍型 H1 的共享序列最多，且主要分布在东亚，结果表明，单倍型 H1 无论是古代还是现代都是一个常见的黄牛基因型。

表二　宁夏古代黄牛序列变异和世系归属

单倍型	变异位点					样本编号	世系	共享序列分布（数量）
	1	1	1	1	1			
	6	6	6	6	6			
	0	0	0	1	1			
	4	5	9	1	2			
	2	5	3	9	6			
V00654	T	T	G	T	T			
H1	·	·	·	C	·	SMO1C，SMO5C，SM08C，SM09C，SM11C	T3	中国（31）、韩国（3）、日本（3）、蒙古（1）、欧洲（8）、南亚（4）
H2	C	·	A	·	·	SM04C，SM07C，SM10C	T4	中国（1）、韩国（5）、欧洲（3）
H3	·	C	·	·	C	SM03C	T3	无
H4	·	C	·	·	·	SM06C	T3	中国（9）、中东（1）、欧洲（2）

4. 石峁黄牛与周边地区古代黄牛对比

将石峁古代黄牛与周边地区考古遗址出土的古代黄牛进行了遗传结构对比分析（表三），我们发现 T3 在各个遗址中都占据统治地位，这是中国古代黄牛群体遗传结构的显著特征。在 8 个古代遗址中，除了青海长宁全部是 T3、新疆小河由 T3 和 T2 构成以及二里头遗址由 T2、T3 和 T4 构成，其他遗址的古代黄牛均由 T3 和 T4 组成，这暗示中国古代黄牛的遗传结构可能主要由高频的 T3 和低频的 T4 或 T2 组成。从遗传结构上看，石峁古代黄牛（T3=70%、T4=30%）与陕西泉护村古代黄牛（T3=80%、T4=20%）和宁夏打石沟古代黄牛（T3=80%、T4=20%）较为接近。

表三　不同古代黄牛遗传结构对比

遗址名称	文化面貌	距今年代	T2	T3	T4
石峁遗址		4300—3800	0	70%	30%
宁夏打石沟	客省庄二期	4200—4000	0	80%	20%
青海长宁	齐家文化	4200—3700	0	100%	0
陕西泉护村		3000	0	80%	20%

续表

遗址名称	文化面貌	距今年代	T2	T3	T4
新疆小河	小河文化	3900—3600	27%	73%	0
陕西陶寺	陶寺龙山文化	4300—3900	0	92%	8%
河南二里头	二里头文化	3750—3500	11%	78%	11%
内蒙古大山前	夏家店下层	4000	0	50%	50%

但是，单纯的 mtDNA 遗传结构对比，只能反映的 mtDNA 世系在群体中的组成结构及其分布情况，并不能准确反映不同群体单倍型之间的亲缘关系。为了更好地对比，我们通过中介网络分析进一步调查了石峁古代黄牛单倍型在其他遗址中的分布情况（图一）。令人吃惊的是，石峁单倍型 H1 在所有遗址中都有分布，这反映了以下几个问题：①单倍型 H1 是新石器时代晚期和青铜时代早期中国古代黄牛的主要基因型，其特征位点是 16119T → C 变异（表二）。基于黄牛 mtDNA 控制区（240bp）的进化速率（38% 替代率 / 百万年）[24]，我们推算 H1 分支的最近共同祖先为距今 5117 年，与黄牛进入中国的时间接近，这表明 H1 可能是 T3 世系黄牛进入中国后形成的，并进行了群体扩张。②从这些考古遗址的分布范围上看，基本上覆盖了西北、东北和黄河中下游地区，如此大的范围内，黄牛拥有相同的单倍型，表明这一时期中国北方地区的文化交流十分广泛。③考虑到地理范围的广大，人群的迁徙速度，要在短时间扩散到整个北方区域是不可能的，这表明黄牛进入中国的时间更早，结合小麦进入中国的时间[29]，应当在甘青地区距今 5000 年左右的遗址中进一步寻找其踪迹。单倍型 H4 尽管在石峁遗址的分布频率较低（10%），但是在多达 5 个考古遗址出现，而且在一些遗址如陶寺（42%）、打石沟（40%）、二里头（33%）等具有较高的频率，表明石峁 H4 也是古代黄牛非常重要的基因型，其地位仅次于 H1。石峁单倍型 H2 出现在宁夏打石沟遗址和河南二里头遗址，值得深思，从时间上看，石峁遗址的年代与宁夏打石沟接近，早于二里头遗址。从地理位置上看宁夏打石沟位于黄河中上游，石峁遗址位于黄河中下游，二里头位于黄河下游。三个遗址同时拥有 H2，进一步支持黄牛可能是由甘青地区进入中国并扩散到中原这一路线。

此外，在本研究中，我们选择陕西泉护村遗址古代黄牛与石峁进行对比，其目的就是观察两者的单倍型是否存在连续性。从图一上看两个遗址共有的单倍型仅有 H1，其余的单倍型都不相同。

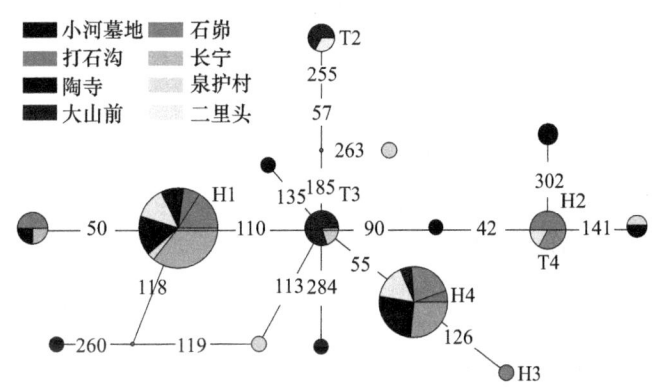

图一　8 个考古遗址古代黄牛的中介网络图

直线上的数值代表变异位点（数字前面圣罗了 16 或 160），每个圈代表一个单倍型，
圈的大小与个体数量成正比，不同的颜色代表不同遗址

相反，泉护村与新疆小河和山西陶寺之间存在共享单倍型。这种现象表明不同遗址间存在复杂的交流互动。

三、结　论

我们对石峁遗址后阳湾地点出土的 11 个古代黄牛进行了古 DNA 提取、PCR 扩增和测序分析，成功地获得了 10 个古线粒体 DNA 序列。序列变异位点分析显示所有石峁黄牛均为普通牛，其线粒体 DNA 母系世系由近东起源的 T3（70%）和 T4（30%）构成，从一个侧面反映了石峁与欧亚草原文化的交流活动。通过与周边地区古代黄牛对比分析，我们发现新石器时代晚期和青铜时代早期中国古代黄牛的遗传结构主要以统治性的 T3 世系为主，同时伴有低频的 T4 或 T2 世系。进一步对单倍体基因型的分析显示，石峁古代黄牛的单倍型 H1 在北方地区广泛分布，反映出龙山时代晚期北方地区古代人群之间存在广泛的交流。单倍型 H2 在宁夏打石沟和二里头遗址中的出现，进一步支持黄牛由甘青地区进入中国并扩散到中原这一路线。考虑到人群的迁徙速度和扩散广度，我们推测黄牛可能是在距今 5000 年前后进入中国，西北甘青地区的早期遗存将是今后研究的重点。

附记：本文得到以下基金项目的资助：国家社科基金（14BKG023）、国家文物局文化遗产保护领域科学和技术研究资助（2013-YB-HT-025）、吉林大学青年学术领袖项目（2015FRLX01、2014ZZ006）、第 48 批教育部留学回国人员科研启动基金。

参 考 文 献

［1］戴应新. 陕西神木县石峁龙山文化遗址调查. 考古，1977（3）：154-157.

［2］西安半坡博物馆. 陕西神木石峁遗址调查试掘简报. 史前研究，1983（2）.

［3］吕智荣. 陕西神木县石峁遗址发现细石器. 文博，1989（2）：82-84.

［4］孙周勇，邵晶，邵安定等. 陕西神木县石峁遗址. 考古，2013（7）：15-24.

［5］孙周勇，邵晶. 瓮城溯源——以石峁遗址外城东门址为中心. 文物，2016（2）：50-56.

［6］孙周勇，邵晶，邵安定等. 陕西神木县石峁遗址后阳湾、呼家洼地点试掘简报. 考古，2015（5）：60-71.

［7］王炜林，孙周勇. 石峁玉器的年代及相关问题. 考古与文物，2011（4）：40-49.

［8］阎宏东. 神木石峁遗址陶器分析. 文博，2010（6）：3-9.

［9］戴应新. 陕西神木县石峁龙山文化玉器. 考古与文物，1988（5，6）：239-250.

［10］苗畅. 陕北地区龙山时代晚期双鋬鬲遗存研究. 吉林大学硕士论文，2015.

［11］郭物. 从石峁遗址的石人看龙山时代中国北方同欧亚草原的交流. 中国文物报，2013-8-2（5）.

［12］罗宏才. 陕西神木石峁遗址石雕像群组的调查与研究 // 从中亚到长安. 上海大学出版社，2011.

［13］陈民镇. 不要把考古与传说轻易挂钩. 光明日报，2013-4-15（15）.

［14］郭静云. 从石峁遗址谈"共生"社会的形成. 中国文物报，2015-9-25（2）.

［15］傅罗文，袁靖，李水城. 论中国甘青地区新石器时代家养动物的来源及特征. 考古，2009（5）：80-86.

［16］蔡大伟，孙洋，汤卓炜，等. 中国北方地区黄牛起源的分子考古学研究. 第四纪研究，2014（1）：166-172.

［17］Cai D, Sun Y, Tang Z, et al. The origins of Chinese domestic cattle as revealed by ancient DNA analysis. Journal of

Archaeological Science. 2014, 41: 423-434.

[18] Yang D Y, Eng B, Waye J S, et al. Technical note: improved DNA extraction from ancient bones using silica-based spin columns. Am J Phys Anthropol. 1998, 105(4): 539-543.

[19] Cai D, Luan Y, Gao Y, et al. Molecular Archaeological Research on Ancient Cattle from the Early Bronze Age Changning Site, Qinghai Province. Asian Archaeology. 2015(3): 167-175.

[20] 蔡大伟，胡松梅，孙洋，等. 陕西泉护村古代黄牛的分子考古研究. 考古与文物，2014（5）：116-120.

[21] Cooper A, Poinar H N. Ancient DNA: do it right or not at all. Science, 2000, 289 (5482): 1139.

[22] Achilli A, Bonfiglio S, Olivieri A, et al. The multifaceted origin of taurine cattle reflected by the mitochondrial genome. PLoS One, 2009, 4 (6): e5753.

[23] Bonfiglio S, Achilli A, Olivieri A, et al. The enigmatic origin of bovine mtDNA haplogroup R: sporadic interbreeding or an independent event of Bos primigenius domestication in Italy?. PLoS One, 2010, 5 (12): e15760.

[24] Troy C S, Machugh D E, Bailey J F, et al. Genetic evidence for Near-Eastern origins of European cattle. Nature, 2001, 410(6832): 1088-1091.

[25] Mannen H, Kohno M, Nagata Y, et al. Independent mitochondrial origin and historical genetic differentiation in North Eastern Asian cattle. Mol Phylogenet Evol, 2004, 32 (2): 539-544.

[26] Achilli A, Olivieri A, Pellecchia M, et al. Mitochondrial genomes of extinct aurochs survive in domestic cattle. Curr Biol, 2008, 18 (4): R157-R158.

[27] Bollongino R, Burger J, Powell A, et al. Modern taurine cattle descended from small number of near-eastern founders. Mol Biol Evol, 2012, 29 (9): 2101-2104.

[28] Bollongino R, Edwards C J, Alt K W, et al. Early history of European domestic cattle as revealed by ancient DNA. Biol Lett, 2006, 2(1): 155-159.

[29] 赵志军. 小麦传入中国的研究——植物考古资料. 南方文物，2015（3）：44-52.

（原载于《考古与文物》2016 年第 4 期）

2012—2013 年度陕西神木石峁遗址出土动物遗存研究

胡松梅　杨苗苗　孙周勇　邵　晶

一、前　言

　　石峁遗址位于陕西省榆林市神木县高家堡镇洞川沟附近的山梁上，以黄土梁峁剥蚀山丘沙漠滩地为主，地貌沟壑纵横，支离破碎，海拔高度在 1100—1300 米之间。2012—2013 年，由陕西省考古研究院与榆林市文物考古勘探工作队、神木县文体局组成联合考古队发掘了石峁遗址外城东门及城内部分遗迹，根据清理出年代特征明显的陶器和玉器，并结合地层关系，专家初步认定石峁遗址形成时代为龙山晚期至夏代早期。

　　本文仅对该遗址 2012—2013 年出土的动物骨骼按发掘单位逐一进行了系统的鉴定和研究，其中大部分标本出自房址、墩台周围，少量出自灰坑、墓葬，共计 4669 件标本，其中可鉴定属种的标本为 1527 件，不可鉴定属种的残骨块为 3142 件。测量内容主要参考《考古遗址出土动物骨骼测量指南》一书[1]，另对个别标本测量数据做了补充。鉴定时的对照标本是陕西省考古研究院动物标本室的标本，同时也参考中外文的动物骨骼图谱和论文。鉴定标本可分为三类，主要以兽类为主，至少代表 7 目 10 科 15 个属种的 145 个个体，它们分别是：

爬行纲 Reptilia
　鳄目 Crocadylia
　　鳄科 Crocodylidae
　　　扬子鳄 *Alligator sinensis*
鸟纲 Aves
　鸡形目 Galliformes
　　雉科 Phasianidae
　　　环颈雉 *Phasianus colchicus*
哺乳纲 Mammalia
　啮齿目 Rodentia
　　鼠科 Muridae
　　　褐家鼠 *Rattus norvegicus*
　　仓鼠科 Cricetidae

中华鼢鼠 *Myospalax fontanieri*

草原鼢鼠 *Myospalax aspalax*

兔形目 Lagomorpha

兔科 Leporidae

草兔 *Lepus capensis*

食肉目 Carnivora

犬科 Canidae

狗 *Canis familiaris*

奇蹄目 Perissodactyla

马科 Equidae

马 *Equus Caballus*

偶蹄目 Artiodactyla

猪科 Suidae

家猪 *Sus domesticus*

野猪 *Sus scofa*

鹿科 Cervidae

狍 *Capreolus capreolus*

梅花鹿 *Cervus nippon*

牛科 Bovidae

山羊亚科 Caprinae Gill，1872

山羊 *Capra hircus*

绵羊 *Ovis aries*

牛亚科 Bovinae

黄牛 *Bos taurus*

二、分 类 记 述

1. 扬子鳄 *Alligator sinensis*

材料与最小个体数　仅有背面骨板 1 件（F2∶D42）。最小个体数为 1。

描述与讨论　标本 F2∶D42 为背面骨板 1 件，近方形，宽约 3.5、长约 3.5mm，背面中央有脊及不规则的凹坑，腹面光滑。从大小看和扬子鳄的骨板大小接近（图一）。

鳄鱼的骨板分背板和腹板两种，在考古遗址中有的存在于墓葬中，代表了墓主身份，如山东大汶口新石器时代墓葬中和安阳殷墟商王陵侯家庄大墓 1217 鼍鼓和山西襄汾陶寺墓地[2]鼍鼓、芮城清凉寺墓地[3]都有鳄鱼骨骼出土。特别是陶寺 M3015，一度被认为是“王墓”。有的存在于遗址的居址中，如山东兖州王因 11 个灰坑中至少有 20 个个体，是当时当地的居民在遗址周围不远处的河

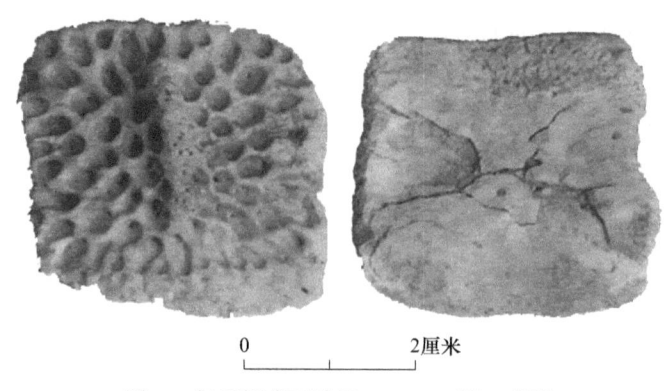

图一　扬子鳄背面骨板 F2：D42 腹、背视

流或湖泊中捕捉的。二里头、偃师商城两个遗址的地层和灰坑中都有扬子鳄的残骸，属于都城一类的高级聚落，城内居民食物来源渠道多种多样。石峁后阳湾地点鳄鱼骨板仅 1 个，存在于 F2，鳄鱼骨板一般是鳄鱼皮革的残留，该骨板根据石峁遗址的规格高、所处的地理位置偏北及共生动物全为古北界动物分析极有可能是从较远的南方贡纳或当地豢养而来的，不是当地自然生态环境产生的。

扬子鳄或称作鼍，是中国特有的一种鳄鱼，是世界上最小的鳄鱼品种之一。它既是古老的，又是现存数量非常稀少、世界上濒临灭绝的爬行动物。因其生活在长江流域，故称"扬子鳄"。这块鳄鱼骨板首次发现于包括陕晋中北部、内蒙古中南部在内的河套地区。也是目前地理位置最偏北的一个遗址点。

2. 环颈雉 *Phasianus colchicus*

材料与最小个体数　左尺骨残段 1 件（F1：D375）；完整的左乌喙骨 1 件（F1：D376）；胸骨残段 1 件（F1：D381）；基本完整的右肱骨 1 件（SqYw-F7 内：D1）；左胫骨远段 1 件（BbDb-F7 外③：D1）；左胫骨残段 1 件（H1：D1）；左胫骨远段骨干 2 件（F1：D377-D378）；左跗跖骨远段骨干 1 件（Y1：D59）；右跗跖骨残段 1 件（F1：D379）；右跗跖骨远段骨干 1 件（F1：D380）。全部标本所代表的最小个体数为 3。

描述与讨论　标本 F1：D376 为基本完整的左侧乌喙骨 1 件。乌喙骨呈长柱状，上端与肩胛骨相连接，共同形成关节盂。后下部有一气孔通锁骨间气囊，雉的气孔呈垂直的小椭圆形，而鸡的呈水平的小椭圆形。底关节面比鸡明显凹陷。最大长 GL 为 50.69mm，内侧长 Lm 为 48.82mm，底关节面宽 BF 为 10.29mm（图二）。

标本 F1：D379 为右跗跖骨残段 1 件，保留长度 63.57mm。在跗骨骨体内侧缘中下部有距突，是距的骨质基础，为一雄性个体。

上述标本和现存于陕西省考古研究院陕西长安白鹿原现代雄性环颈雉的标本无论形态、结构和大小都基本一致。从地理分布看，应属环颈雉内蒙古亚种（*Phasianus colchicus kiangsuenis*）。

环颈雉栖息于中、低山丘陵的灌丛、竹丛或草丛中。善于奔跑，飞行快速而有力。以植物的嫩叶、嫩芽、草茎、果实和种子为食，也吃昆虫和小型无脊椎动物。

3. 褐家鼠 *Rattus norvegicus*

材料与最小个体数　仅有左盆骨 1 件（Y1：D1）和完整的左股骨 1 件（F1：D1），两件标本代表的最小个体数为 1。

描述　标本 F1：D1 为完整的左股骨，近远端骨骺愈合中。最大长 GL 为 35.08mm、近端宽 Bp 为 8.32mm、第三转子区宽 BTr 为 7.47mm、远端宽 Bd 为 7.55mm（图三）。

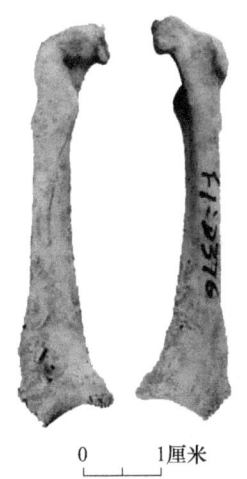

0 ——— 1厘米

图二　环颈雉左乌喙骨 F1：D376 后、前视

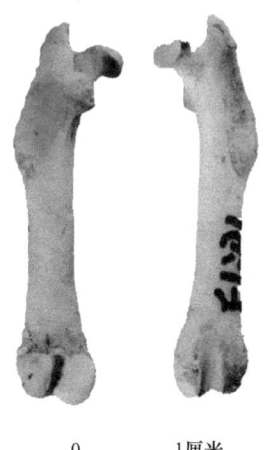

0 ——— 1厘米

图三　褐家鼠左股骨 F1：D1 后、前视

褐家鼠是最常见的家鼠之一，栖息于住宅、粮仓、屠宰场、饲养场周围、阴沟、厕所以及田野、草原、小河岸边等各种生境，食性很广。

4. 中华鼢鼠 *Myospalax fontanieri*

材料与最小个体数　仅有基本完整的头骨 1 件（SqywXgdnQ1：D1），代表的最小个体数为 1。

描述与讨论　标本 SqywXgdnQ1：D1 为基本完整的头骨 1 件，所有牙齿均缺失。其头骨的整个轮廓扁而宽，有明显的棱角，鼻骨缺失，额骨平坦，应为幼年个体。人字嵴强大，形成两条明显的纵棱，顶嵴趋于平行。从头骨后方看时，其宽显著大于头骨高（图四）。

从表一可以看出，石峁遗址标本的测量数据略小于五庄果墚，因为该标本额骨平坦，为幼年个体，而五庄果墚的老年个体有发达的眶上嵴，向后与颞嵴相连，并延伸至人字嵴处。

中华鼢鼠广泛栖息于农田、草原、林区，终生在地下生活。是农田的主要害鼠之一。

5. 草兔 *Lepus capensis*

材料与最小个体数　仅有残左盆骨 1 件（T2 ②：D1）和右第 V 跖骨近段 1 件（F1：D2）。代表的最小个体数为 1。

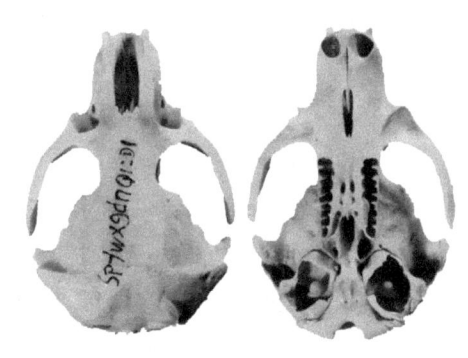

0 ——— 1厘米

图四　中华鼢鼠头骨
（SqywXgdnQ1：D1）
顶、底视

表一　中华鼢鼠头骨测量数据表　　　　　　　（单位：mm）

标本 参数	本文	五庄果墚[4]		
	SqywXgdnQ1：D1	F5H35：1	F5H35：2	BT1H3：1
颅长	47.51	49.4	49.1	56.5
颧宽	33.25	36.9	36.3	36.9
眶间宽	8.48	8.5	8.3	8.6
鼻骨长		18.4		18
后头宽	30.1	33.2	32.8	39
上颊齿列长	12.83	11.4	11.3	13.9

描述　标本T2②：D1为残左盆骨1件，保留长度为55.01mm，髋臼长LA为10.01mm（图五）。

0　　　　2厘米

图五　草兔盆骨T2②：D1外观

草兔也叫蒙古野兔，个体较大，重4—6斤，颅全长平均值83—84（76—89），颧宽平均值40—41（38—44），分布很广，栖息于低洼地、草甸、田野、树林、草丛或灌木丛。主要以草类为食，也以嫩枝、树皮、树苗、农作物幼苗、蔬菜和豆类等为食。

6. 狗 *Canis familiaris*

材料与最小个体数　右上颌骨3件（F1：D382、F1：D383、SqYwDnjWhWz-F7外：D1）；下颌骨后半段1件（SqywJtSss1#③：D1）；左下颌骨2件（F1：D384、SqYwDnjWhWz-F7外：D2）；右下颌骨3件（SqYwDnjWhWz-F7外：D3、G2：D1、HywQtzM5：D2）；寰椎1件（HywQtzM5：D1）；左右肩胛骨近段各1件（SqYwDnjWhWz-F7外：D4-D5）；左肱骨远段1件（SqywBdtDgjQ1④AB：D1）；右肱骨近段1件（T2②：D2）；右肱骨远段2件（Q8外：D1、SqywNhdmsF7：D1）；左尺骨近段1件（SmJjBdtQl④A：D1）；左尺骨远段1件（F1：D385）；右尺骨近段1件（Q8外：D2）；右尺骨骨干1段（Y1：D60）；完整的左侧第Ⅴ掌骨1件（F1：D388）；左股骨近段3件（Q8外：D3、T2②：D3、SqywNhdmsF7：D2）；左胫骨中段1段（Q20外③：D1）；左胫骨远段1件（SqYwDnjWhWz-F7外：D6）；右胫骨远段2件（F1：D386、SqYwDnjWhWz-F7外：D7）；左腓骨远段1件（SqywJtSss1#③：D2）；右腓骨远段骨干1件（F1：D387）；左跟骨1件（Y1①：D1）。全部材料代表的最小个体数为3。

描述与讨论　标本G2：D1带有p1—p3、残p4、m1—m2的右下颌骨1件（图六），测量数据见表二。

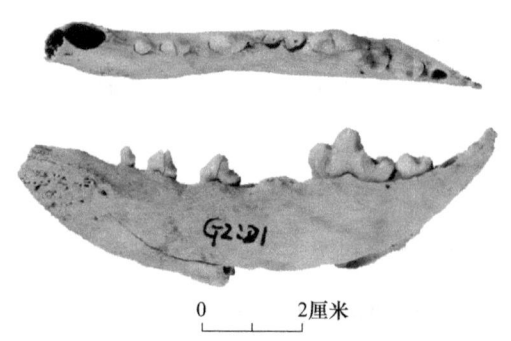

0　　　　2厘米

图六　狗右下颌（G2：D1）嚼、内视

测量指标 ＼ 标本	本文 G2：D1	姜寨[5]	狼[6]
p1-m3 齿列长	68.68	70（p1 按齿槽）	71—81
p2-m3 齿列长	62.94		
臼齿列长	30.16		
p1-p4 齿列长	38.18		
p2-p4 齿列长	32.05		
m1 长和宽	17.78/7.41	20.8/10	20—24（长）
m2 长和宽	7.6/6.01		

　　从表二测量数据可看出，石峁遗址狗标本的数据比临潼姜寨的稍小。从时代上看，该遗址比临潼姜寨遗址晚，表明从早到晚，随着人类对狗的驯化，狗有逐步变小的趋势。众所周知，狗是由狼驯化而来的，在新石器时代早期遗址中出土的狗标本测量数据和狼接近或略小于狼，如距今约10000 年的河北徐水南庄头遗址中出土的1 块狗下颌其齿列长度为79.4mm，距今约9000 年的河南舞阳贾湖遗址出土的5 块狗下颌其齿列长度开始变小，其最大值为76.19mm，最小值为68.08mm，其平均值为72.7mm。新石器时代中期遗址中出土的狗标本测量数据小于早期的狗，如距今约8000 年的河北磁山遗址两件狗的下颌标本齿列长度分别为71mm 和63mm。距今约6000 年的陕西姜寨遗址1 件狗的下颌标本齿列长度为70mm。新石器时代晚期靖边五庄果墚（2 件标本齿列长度分别为67.7mm 和56.1mm）和石峁遗址狗的齿列长度均小于临潼姜寨。这说明狗的驯化过程随着时间的推移是逐渐变小的，在头骨整体较快变小的同时，单个牙齿性状相对变化较小，这样牙齿的间隙越来越紧凑，下颌下缘的弧度越来越大。这种变化过程同样也适合家猪的驯化过程，即头骨尺寸变小的速度较牙齿快，造成牙齿齿列的扭曲。上述磁山遗址和五庄果墚遗址各两件标本齿列长度数据差异明显，可能是性别差异造成的。在统计测量数据时，理应按性别分类统计，但在考古遗址由于标本保存较差加之下颌骨上性别较难区分，给性别分类带来一定的困难。

　　石峁遗址的狗是家畜，但从其数量来看，狗在遗址中的材料相对较少，说明主要不是用来食用，可能是人类生产和生活的助手。

7. 马 *Equus Caballus*

　　材料与最小个体数　残颊齿 1 枚（T16②：D1）、右上 P3—M2 的单牙各 1 枚（T16②：D2—D5）。最小个体数为 1。

　　描述与讨论　标本 T16②：D2—M2 为右上 P3—M2 游离齿各一枚（图七）。从上颊齿看，该马具有原尖长、褶皱复杂、马刺发达可以与驴相区别，后者原尖短、简单的釉质褶皱、微弱或完全缺失的马刺，测量数据见表三。

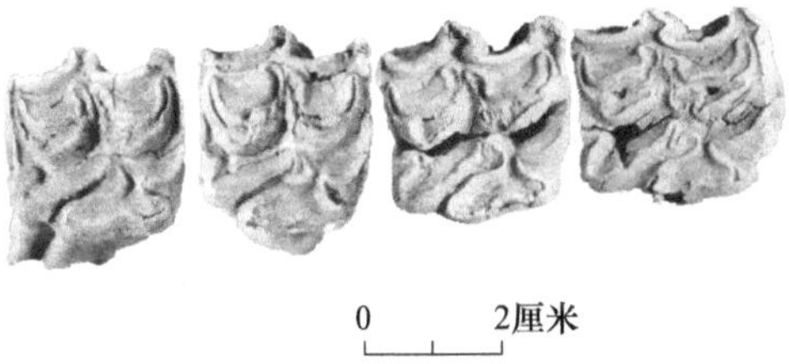

0　　　　2厘米

图七　马右上 P3-M2 嚼面视

表三 马上颊齿测量及对比表 （单位：mm）

测量指标		本文	普氏野马[7]			蒙古野驴[8]		
		T16②右	平均值	最小值	最大值	平均值	最小值	最大值
P3	L	29.57	28.7	25	32.6	25.8	24.3	28.1
	W	28.53	26.9	25.3	29.8	25.3	24.1	26.7
	PL	13.12	12.5	11	13.7	10.6	10	11.7
	PI	44.37	43.7	38.2	50	41.1	35.9	47.7
P4	L	28.45	28.7	24	30.9	25.3	22.9	28.1
	W	25.8	23.6	26.7	25.1	23.5	26.8
	PL	15.05	12.8	9.6	14.9	11.1	8.9	12.9
	PI	52.9	44.5	34.3	50.2	44.1	35.3	55.1
M1	L	25.48	26.3	24.3	28.5	23.5	21.8	24.4
	W	28.06	26.1	24	29	24.7	23.2	26.8
	PL	13.71	12.9	10	14.9	10.7	9.9	11.9
	PI	53.81	49.4	36.1	59.7	45.8	41.8	53.4
M2	L	25.96	25.6	23.6	28.9	24.5	23	26
	W	26.7	24.5	22	26.5	24.3	22.4	27.1
	PL	15.77	13.4	12	15.3	11.7	10.3	12.9
	PI	60.75	52.9	48.4	60.3	48	41.2	55.2

从表三可看出，马上颊齿的大小、原尖长度（PL）、原尖指数（PI）明显大于蒙古野驴。马在该遗址中的材料较少，但经吉林大学古DNA实验室检测为家马。

8. 野猪 *Sus scofa*

材料与最小个体数 左上犬齿3枚（Y1：D61、F1：D389-D390）；残左右下犬齿各2枚（F1：D391-D394）；带有I1、C、P3-M3的左上颌骨1件（H1：D6）；残右上颌骨前半段1件（T2CH5：D5）；残左下颌骨前半段1件（F1：D98）；左侧带有i1、i2、c，右侧带有c的下颌骨前半段1件（SqywBdtBc-Sss③：D12）；左右侧带有i1、i2的下颌联合部1件（SqywJtSss1#③：D21）。全部材料代表的最小个体数为4。

描述与讨论 标本F1：D390为游离的左上犬齿1枚，保留长度为59.29mm，最大宽为21.7mm。自然界中的野猪经常觅食掘巢、拱土，使嘴部进化得长而有力，犬齿发达。而被人类控制驯化后的野猪，经过长期的给料喂养，头部缩短，犬齿退化（图八）。

标本SqywJtSss1#③：D21为左右侧均带有i1、i2的下颌联合部1件，保留长度为147.76mm，下颌联合倾斜角度较小。随着野猪被驯化，头骨缩短，可能出现头骨的宽长比值变大以及下颌联合部的倾斜角度增大，现代家猪下颌联合部倾斜角度平均在60°，而野猪在10°—20°。家猪的下颌骨联合部变宽，西本丰弘认为，下颌骨联合部变宽的主要原因是"联合部的长度变短了，在联合部变短的

0 ____ 2厘米

图八 野猪左上犬齿 F1：D390前视

同时，联合部的倾斜角度也变大了"。

该遗址中出土的野猪材料很少，应该是不幸偶被人们捕杀。

9. 家猪 *Sus domesticus*

材料与最小个体数　该遗址除了上述的 10 件猪骨骼标本具有明显的野猪特征外，其余 463 件标本全为家猪骨骼标本，其中左下颌数量最多为 52 件，因此猪的最小个体数为 52。本文采用比较下颌臼齿测量值、年龄结构的方法，对石峁遗址出土猪的属性进行分析判断。传统上，臼齿大小是用来区分家猪与野猪的一个常用标准，下颌第三臼齿长度更被视为一项基本的测量值。由于遗址中出土猪遗骸的年龄较小，m3 还未萌出，且标本保存破碎。因此，这里将石峁遗址出土的猪下颌 m2 的长、前宽和后宽的测量数据均同现生王屋山野猪的测量数据进行比较（图九、图一〇）。王屋山野猪是 2005 年 12 月至 2006 年 1 月，河南省考古研究所在河南济源王屋山收集了批准狩猎的 48 件野猪头骨。从下图可见，无论是长还是宽，均明显小于野猪。比较结果表明，该遗址出土的猪下颌骨为家猪。

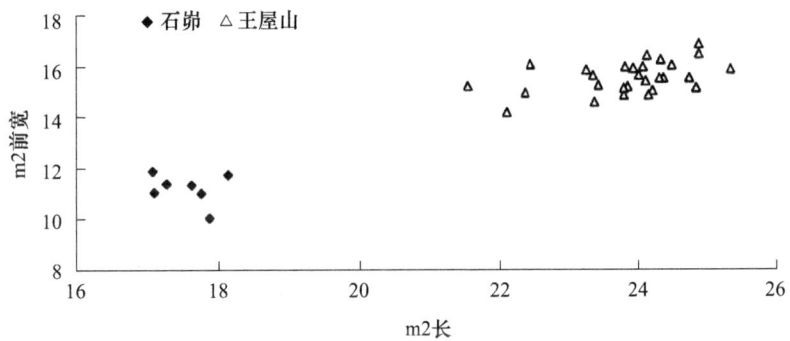

图九　石峁猪下颌 m2 尺寸与王屋山现生野猪比较图

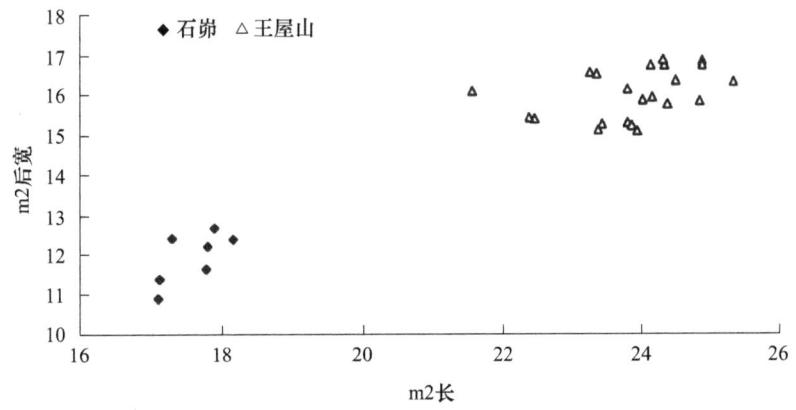

图一〇　石峁猪下颌 m2 尺寸与王屋山现生野猪比较图

通常，猪长到 1—2 岁后，体形和肉量不会再有明显地增加，如果继续饲养其所产生的肉料比降低，猪的屠宰年龄一般为 1—2 岁。我们可以根据其年龄结构推测遗址中出土猪是否为家猪。本文根据猪牙齿萌出、脱落以及磨损情况，建立了该遗址猪的年龄结构（见表四）。在可鉴定年龄的

29 件标本中全为 2 岁以下的年轻个体，年龄一岁以下的占 68.96%，一岁到两岁间的占 31.04%，2 岁以上的猪下颌未发现，而捕获的野猪正常情况下年龄分布比较均匀。国内已有的资料统计表明，考古遗址中出土家猪的年龄结构基本上以年轻个体为主，加之 m2 的测量数据明显小于现代河南济源同等年龄野猪的 m2（Ⅳ段：雄性 m2 长 =23.78，雌性 m2 长 =24.36，Ⅴ段：雄性 m2 长 =23.38，雌性 m2 长 =23.2，数据来自河南考古所内部），从下颌联合部的倾斜角度变大、测量数据小于野猪、年龄偏小及在遗址中数量最多分析判断该遗址的猪主要为家养。而捕获的野猪正常情况下年龄分布比较均匀。

表四　石峁遗址猪的年龄结构

年龄（月）	左（数量）	左 + 右	右（数量）	总数（数量）	总数（%）
Ⅰ（0—4）	4			4	13.79
Ⅱ（4—6）	4	2	6	12	41.38
Ⅲ（6—12）	2		2	4	13.79
Ⅳ（12—18）	5	1	2	8	27.59
Ⅴ（18—24）			1	1	3.45
总数	15	3	11	29	100.00

综合上述，该遗址中出土的野猪材料很少，应该是不幸偶被人们捕杀，主要还是以饲养家猪作为主要的肉食来源。

10. 狍 *Capreolus capreolus*

材料与最小个体数　仅有左侧第 2 分枝 1 段（F1：D395），最小个体数为 1。

描述　标本 F1：D395 为左侧第 2 分枝残段 1 件（图一一），角分枝残段表面光滑，保留长度为 42.83mm。

狍主要栖息于林木稀疏而多草的环境，主要采食含蛋白质和能量丰富的多汁食物，如嫩的枝芽、树叶、花苞及树皮。

11. 梅花鹿 *Cerves nippon*

材料与最小个体数　仅有左跗骨近段 1 件（SqYwBbDbGd-F7 外④：D5），最小个体数为 1。

描述　标本 SqYwBbDbGd-F7 外④：D5 左跗骨近段残段 1 件（图一二），近端关节面残，背面炮骨愈合缝深，呈一窄的凹槽且偏向外侧，保留长度为 90.1mm。

梅花鹿在该遗址中仅出土一件标本，应为人们偶然捕获的野生动物。其体型较大，又集群生活，易被发现，自古就是人类主要的狩猎对象。梅花鹿现在此地消失，这主要和人类的过度猎获以及长期大规模地砍伐森林、拓垦土地，使梅花鹿的生境遭到毁灭性的破坏，这是导致野生梅花鹿在我国濒于绝灭的最根本的原因。

12. 山羊 *Capra hircus*

材料与最小个体数　根据山羊骨骼各个部位的所有材料在石峁遗址中各个遗迹单位的分布情

图一一　狍子角残段 F1∶D395　　　　　　　图一二　梅花鹿左距骨近段

况、数量可知左下颌数量最多为 9 件，因此最小个体数 9 个。

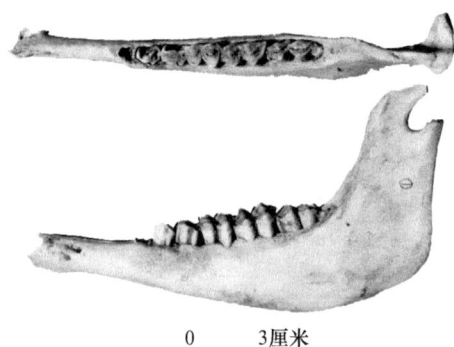

描述与讨论　标本 F1 ①∶D1 为带有 p3—m3 的左侧下颌骨 1 件（图一三），m3 已萌出了 1/2，为一成年个体。p3 的下后尖向远中面倾斜，和绵羊明显不同，绵羊的向近中面倾斜。

更明显的区别为山羊 dp3 的下后尖向远中面倾斜，绵羊的向近中面倾斜，另外，山羊 dp4 常有一个小的齿柱，绵羊则没有。绵羊常常在 p2—p4 之下的唇侧有一小孔，山羊常常在 p2 之前的唇侧有一小孔或缺失。

图一三　山羊下颌 F1 ①∶D1 嚼、外视

根据上述特征将羊的下颌骨分为绵羊和山羊，并根据颌骨牙齿的萌出与磨蚀状况，参考格兰特设计的记录羊下颌牙齿磨蚀级别的方法，进行了详细记录。记录结果的年龄级别分组参考李志鹏[9] 的分组统计方法。山羊的年龄结构见表五。从死亡年龄看，6—12 月少年个体占 35.29%，老年个体占 29.41%，青年和成年个体各占 17.65%，未见小于 6 个月的幼年个体。这种死亡年龄和野生羊自然死亡（老年和幼年个体较多）的年龄不相符合，加之在遗址中数量较多，因此初步推断应为家山羊。如果养羊的目的是产奶兼产肉，那么在产奶更重要与冬天饲料不足或成本很高的情况下，多数多余的羔羊会在 6—9 月龄被杀掉。从表五可见，有 35.29% 的少年个体在 6—12 月的被宰杀，有 35.3% 的山羊是在 1—3 岁左右被宰杀，可见石峁人养山羊的目的是产奶兼产肉。

表五　山羊死亡年龄统计表

年龄级别	左		右		合计	
	数量	%	数量	%	数量	%
Ⅲ（6—12 月）	2	22.22	4	50	6	35.29
Ⅳ（1—2 岁）	2	22.22	1	12.5	3	17.65

年龄级别	左		右		合计	
	数量	%	数量	%	数量	%
Ⅴ（2—3 岁）	2	22.22	1	12.5	3	17.65
Ⅷ（6—8 岁）	3	33.33	2	25	5	29.41
总数	9	100	8	100	17	100

13. 绵羊 *Ovis aries*

材料与最小个体数　根据绵羊骨骼各个部位的所有材料在石峁遗址中各个遗迹单位的分布情况、数量可知左下颌数量最多为 14 件，因此最小个体数 14。

描述与讨论　标本 F7 外：D40 为带有 dp2-M1 的右下颌 1 件（图一四），dp4 磨蚀中等，M1 正在萌出，为一少年个体。其 dp3 的下后尖向近中面倾斜，dp4 上未见齿柱，dp2 和 dp3 之间的唇侧有一小孔。绵羊的年龄，同样是根据颌骨牙齿的萌出与磨蚀状况，进行了详细记录。其死亡年龄统计见表六，从表中可看出，主要为 6—12 月龄和 1—2 岁的青少年个体占 71.43%，8—10 岁的老年个体仅占 4.76%，这种死亡年龄和野生羊自然死亡（老年和幼年个体较多）的年龄不相符合，加之在遗址中数量较多，因此初步推断应为家绵羊。从表六可见，有 71.43% 的绵羊是在半岁至 2 岁左右被宰杀，可见获取肉食资源是石峁人饲养绵羊的主要目的。

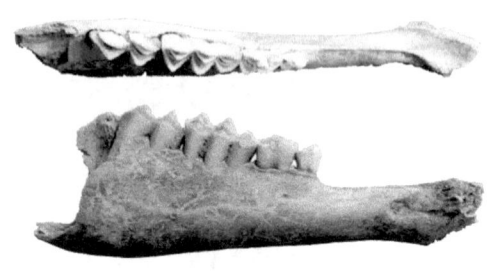

0　2厘米

图一四　绵羊右下颌 F7 外：D40

表六　绵羊死亡年龄统计表

年龄级别	左		右		合计	
	数量	%	数量	%	数量	%
Ⅱ（2—6 月）	2	14.29	1	14.29	3	14.29
Ⅲ（6—12 月）	5	35.71	5	71.43	10	47.62
Ⅳ（1—2 岁）	4	28.57	1	14.29	5	23.81
Ⅵ（3—4 岁）	1	7.14			1	4.76
Ⅶ（4—6 岁）	1	7.14			1	4.76
Ⅸ（8—10+）	1	7.14			1	4.76
总数	14	100	7	100	21	100

14. 山羊亚科 Caprinae Gill，1872

材料与最小个体数　石峁遗址中出土的羊遗骸数量最多为 498 件，我们将能确定的绵羊与山羊剔除外，其余的遗骸未做属种鉴定，全部归于山羊亚科。根据其各个部位的所有材料在石峁遗址中各个遗迹单位的分布情况、数量可知左盆骨数量最多为 34 件，因此最小个体数为 34。

15. 黄牛 *Bos taurus*

材料与最小个体数　黄牛骨骼共出土 349 件，根据各个部位的所有材料在石峁遗址中各个遗迹单位的分布情况、数量可知左下颌数量最多为 19 件，因此最小个体数 19 个。

描述与讨论　标本 T2：D1 为带少许额骨的残左角心 1 件（图一五），角心粗而短，呈圆角锥形，角的前内侧平而且微凹，其余角面为弧形，角心向上稍微内弯，角基部偏上均匀分布有长短及深浅不一的纵向凹痕，凹痕约为 70mm 长，且布满小孔，角心测量数据如下：

角心残长	207.32mm
角的基部周长	284mm
基部左右径长	100.75mm
基部前后径长	78.84mm

标本 T2②：D11 为右股骨远段 1 件，有烧痕，远端骨骺正在愈合中。远端外侧髁关节面较隆凸，在两髁间有深的髁间窝，外侧髁与滑车外侧嵴之间有深肌窝，在外侧髁的外侧有腘肌窝。保留长度 200.87mm，远端最大宽 Bd 为 115.13mm。

从表七可以看出牛的数量以成年个体最多占 50%，其次为老年个体占 40%，幼年个体最少为 10%。从遗址中牛遗骸大量出现、年龄特点偏大及 DNA 测试结果分析，应为家养的黄牛。牛的年龄偏大除了它给人类提供肉食资源外，可能和犁耕也有一定的关系。这点和家猪不同，猪仅提供肉食资源，整体年龄偏小。

图一五　黄牛左角
T2：D1

0 ⊢——⊣ 5厘米

表七　牛死亡年龄分布表

个体数	幼年（m1 刚刚萌出）	成年（m3 萌出）	老年（m3 磨蚀中等以上）	小计
左下颌	1	1	3	5
右下颌		4	1	5
小计	1	5	4	10
百分比 %	10	50	40	100

三、小　结

（一）遗址中动物群的成员及意义

石峁遗址中共出土 15 种动物（表八），按它们和人类的关系及在遗址中数量的多少可分为三大类：

表八　石峁遗址动物骨骼的数量及对应的最小个体数

动物种类	可鉴定标本数量（NISP）	最小个体数（MNI）
扬子鳄 *Alligator sinensis*	1	1

动物种类	可鉴定标本数量（NISP）	最小个体数（MNI）
环颈雉 *Phasianus colchicus*	11	3
褐家鼠 *Rattus norvegicus*	2	1
中华鼢鼠 *Myospalax fontanieri*	1	1
草兔 *Lepus capensis*	2	1
狗 *Canis familiaris*	30	3
马 *Equus Caballus*	5	1
家猪 *Sus domesticus*	463	52
野猪 *Sus scofa*	10	4
狍 *Capreolus capreolus*	1	1
梅花鹿 *Cervus nippon*	1	1
山羊亚科 Caprinae Gill，1872	498	34
山羊 *Capra hircus*	93	9
绵羊 *Ovis aries*	60	14
黄牛 *Bos taurus*	349	19
动物的总数	1527	145
哺乳动物的总数	1515	141
野生哺乳动物	22	10
家养哺乳动物	1493	131
野生哺乳动物（MNI）/家养哺乳动物（MNI）	0.01	0.08

一是由人类饲养或可能饲养的动物：狗、马、猪、黄牛、绵羊、山羊、扬子鳄。

二是偶然猎获和捕捞的动物：环颈雉、草兔、马、野猪、梅花鹿、狍。

三是穴居的动物：中华鼢鼠、褐家鼠，有可能是在遗址废弃后进入原遗址所在地。

该遗址以大量饲养动物：猪、羊类、牛的出现为其特点，尤其是牛科动物的标本无论是数量还是最小个体数都占到哺乳动物总数的 53% 以上，和陕北地区其他新石器遗址动物群的特征基本相同。就地理位置而言，遗址已经处于长城以外，属北方农牧交错带和半湿润、半干旱区的过渡带上，生态系统脆弱，对气候变化的反应敏感。按动物地理区划，这里属于蒙新区东部草原亚区和华北区交汇处，动物区系成分因之具有明显的过渡性。既具有蒙新区草原亚区的典型成分，也有黄土高原的习见种类。主要以草原动物羊、牛等最具代表性。

扬子鳄骨板在陕西属首次发现，也是目前考古发掘中地理位置最偏北的一个遗址点，以前主要发现于山西、河南、山东、安徽等地。由于石峁遗址的规格高，地理位置偏北，共生的动物全为典型的北方动物，推测这块骨板不是来自当地自然环境的河流或湖泊中，其来源不外乎从较远的南方贡纳或当地设池围豢养两种方式，在石峁的皇城台地点发掘了面积 300m² 的池苑遗迹，为饲养扬子鳄提供了场所，但最终的结论等待更多的考古发现或 DNA 及锶同位素来解决。从目前考古发掘来看，鳄鱼遗骸的出现表明遗址的规格高、墓主的身份地位高。

（二）遗骸保存特征与先民行为

石峁遗址是一座规模宏大、建造精良的龙山晚期至夏时期城址。该遗址除发掘出一定数量的文化遗物外，还出土了一定数量的动物骨骼。石峁遗址中的脊椎动物遗骸代表着 15 个种类的 145 个个体。所发掘的标本都较破碎，无一完整头骨。不同部位骨骼的破碎具有明显规律，即头骨比肢骨残破，肢骨近端比远端残破，少量完整骨骼完全限于没有食用价值的肢骨末端坚实部分，如跟骨、距骨、指（趾）骨等。管状骨的保存状况也是远端多于近端，这是由于近端骨质较疏松不易保存，肌肉、脂肪较多易被食肉动物啃咬的缘故[10]。骨骼断口类型基本属于螺旋状断裂，往往发生在动物死亡不久骨骼尚具弹性阶段。碎骨形态以长条状为主，实验证明在骨干中部受力时，长骨一般会沿骨干纵轴的纤维质延伸方向产生破裂[11]，这无疑是先民砸骨取髓的结果。石峁遗址动物遗骸的最小个体数多是以下颌计算而来，其他部位骨骼损失量大，肋骨也较少，这些部位的骨骼可能已被食用或加工成骨器。

（三）遗址当时的自然环境

探索遗址周围的环境，可从多方面入手，现主要根据发现的动物，尤其是哺乳动物做一分析。

哺乳动物一般可分为家养和野生两类，对自然环境的分析主要依靠野生动物，家养动物只是作为必要的补充。在该遗址中，野生动物为草兔、野猪、梅花鹿和狍子。草兔是生活在草原区的典型动物。

野猪栖息于山地、丘陵、森林、草地和林丛间。环境适应性极强。

梅花鹿因其角部粗大，在密林中生活有许多不便，一般栖息于较大的混交林或高山的森林草原，也有在稀疏灌丛中生活的。

梅花鹿、狍子现在已在此绝迹了，除了环境因素发生明显的变化外，人类的猎杀也可能是物种迅速消亡的一个原因。这从另一个方面也证明：这里在当时一直是人类活动最频繁的区域之一。从榆林其周边地区发现大量龙山晚期至夏代遗址也可以印证这一点。

石峁遗址大量出现牛科动物羊和牛（最小个体数分别为 57 和 19，分别占据总数的 39.31% 和 13.1%），说明当时遗址周围的环境以草原为主。鹿科动物梅花鹿、狍子数量较少，最小个体数均为 1，它们是林灌环境的典型代表，以采食鲜嫩植物为主。鹿科动物与牛科动物的比例厘定了动物群的性质，是判断动物群生态类别、恢复自然环境的标志。即石峁遗址中牛科动物是鹿科动物的 38 倍，生态环境主要为牛科动物为主的草原环境。

整个遗址兽骨家猪的最小个体数为 52，位居第二。家猪的数量是农产品剩余量的间接反映，由此可推想该文化农业的发达程度，人类有了农业剩余产品才会大量饲养家猪，这也说明当时的气候非常适合农作物的生长，风调雨顺。反之，当气候环境恶劣，农业歉收，植被类型转变时，先民们自然会减少家猪的饲养量，而更多以野生动物作为肉食的主要补充。

综合分析上述动物，当时石峁遗址周围的环境是一个以草原为主，草原上有各种羊、牛、马、兔等食草动物，不远处有小片树林、灌丛的环境，梅花鹿、狍子和野猪生活在其中。

（四）经济类型和食物

从遗址中动物骨骼出土的属种和数量来看，石峁人依赖生存的动物资源是比较丰富的，但主要是兽类中的猪、狗、羊、黄牛、梅花鹿、狍等，一般认为肉量比例能更真实地反映当时人们对某种动物的依赖程度。这里对石峁遗址动物群的肉食比例进行了对比（表九；图一六）。

表九　石峁遗址主要食用动物肉量百分比表

项目	最小个体数		MW 纯肉量		附注		
属种	N	%	N（kg）	%	个体平均体重（kg）	出肉率（%）	个体平均肉量（kg）
草兔	1	0.74	1	0.01	2	50	1
家猪	52	38.52	2600	38.75	70	70	50
野猪	4	2.96	224	3.34	80	70	56
梅花鹿	1	0.74	50	0.75	100	50	50
狍	1	0.74	15	0.22	30	50	15
黄牛	19	14.07	2850	42.48	300	50	150
羊	57	42.22	969	14.44	42.5	40	17
合计	135	100	6709	100			

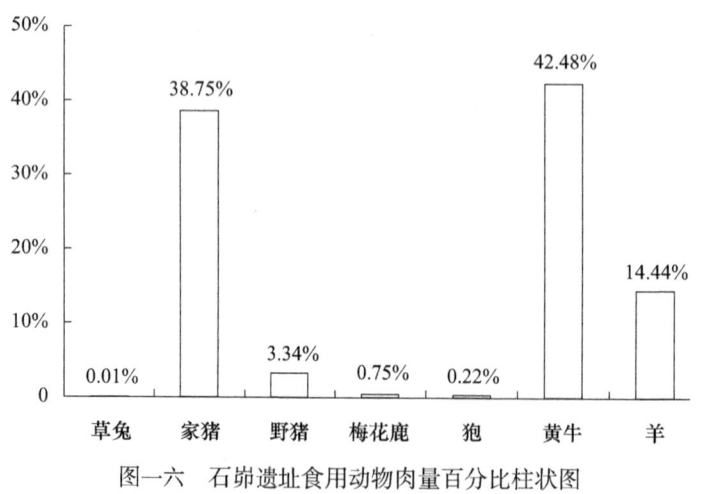

图一六　石峁遗址食用动物肉量百分比柱状图

从石峁遗址中人对动物资源的利用情况可见他们同时从事畜牧、农业和狩猎，当时的经济类型应该是半农半牧形式，狩猎经济在当时经济生活中仅仅属于补充作用。另外，该遗址中发现了很多精美的玉器，玉器的制作需要稳定的生活和一定程度的社会分工才能完成。经济生产的类型决定人们的食物来源与组成，从图一六可知石峁人的食物结构的大类，主要肉食来源中各种动物肉食量的比重，可以说石峁人的食物中动物占有重要地位。但这次研究的动物骨骼仅限于 2012—2013 年阶段性的发掘资料，只是石峁这个大型聚落遗址的一小部分，一个初步的探索，不能全面地反映石峁人的食物结构。

注　释

［1］　安格拉·冯登德里施著，马萧林、侯彦峰译：《考古遗址出土动物骨骼测量指南》，科学出版社，2007年。

［2］　中国社会科学院考古研究所山西工作队、临汾地区文化局：《1978—1980年山西襄汾陶寺墓地发掘简报》，《考古》1983年第1期。

［3］　山西省考古研究所等：《山西芮城清凉寺史前墓地》，《考古》2011年第4期。

［4］　胡松梅、孙周勇：《陕北靖边五庄果墚动物遗存及古环境分析》，《考古与文物》2005年第6期，第72—84页。

［5］　祁国琴：《姜寨新石器时代遗址动物群的分析》，《姜寨·附录三》，文物出版社，1988年，第504—538页。

［6］　高耀亭：《中国动物志·兽纲（第八卷）食肉目》，科学出版社，1987年，第174—186页。

［7］　邓涛、薛祥煦：《中国的真马化石及其生活环境》，海洋出版社，1999年。

［8］　同［7］。

［9］　李志鹏：《晚商都城羊的消费利用与供应》，《考古》2011年第7期。

［10］　张云翔、薛祥煦：《甘肃武都龙家沟三趾与动物群埋藏学》，地质出版社，1995年。

［11］　张俊山：《峙峪遗址碎骨的研究》，《人类学学报》1991年第4期，第333—345页。

（原载于《考古与文物》2016年第4期）

"城"与"村"间的食物：中国北方鄂尔多斯地区石峁与寨峁梁的食物生产策略

Tricia E. Owlett　胡松梅　孙周勇　邵　晶　著
陈禹来　译

一、引　言

过去二十年，学界对古代社会和当代社会中食物和饮食习惯重要性的研究激增。对食物的研究进一步巩固了自人类学、考古学学科开始以来普遍认识——人们与食物的关系构成了理解世界上所有社区的社会生活、宗教实践和经济基础的中心视角。因此，考古学中关于食物的文献和专门性研究著作的成倍增加已不再稀奇（Gremillion, 2011; Hastorf, 2016; Methany and Beaudry, 2015; Parker Pearson, 2003），且主题多样，如食物储存、剩余和宴飨之间的关系（Blitz, 1993; Kuijt, 2009）；消费、殖民主义和身份认同（Dietler, 2007; Pezzarossi et al., 2012; Stahl, 2002; Voss, 2008: 233-252）；食物、地位和权力（van der Veen, 2003）；以及让它"想起来"和吃起来一样美味的食物的象征性和仪式性研究等其他主题（Hamilakis and Konsolaki, 2004; Lev-tov and Maher, 2001）。

在早期中国研究理论下，食物研究仍存在一个未充分探索的领域，即城市居民组织食物生产的策略研究。目前，关于城市主义的研究强调需要考虑全体居民在城市中的创造和实践方式（Creekmore and Fisher, 2014; Smith, 2003; Ur, 2014），这种新兴的生活方式肯定与那些住在城市以外的居民的生活形成了鲜明的对比。正如 Walshaw（2010）所指出的，食物生产系统是城市现象的突出表现，它反映了各种城市居民的社会政治和经济网络的多样性。食物生产包含了城市居民各种各样的日常活动，包括修剪、照料、除草、浇灌等日常事务，以及培育牲畜幼崽至成年（Hastorf, 2016: 84-87）。在考古记录中罕见负责维持食物生产系统的个人，尤其是农民、牧民、屠夫和厨师的社会活动。然而，通过对植物和动物遗存的详细研究，可以更清楚地了解构成这些城市居民生活的实践和劳动。幸运的是，在古代城市环境中，食物遗存较为丰富。通常能在古代城市的居址、仓禀和垃圾坑内的石器和陶瓷碎片上发现食物遗存。

在对两处考古遗址进行比较之前，我们将讨论前人对早期中国食物生产和城市化的探讨方式，并提出如何利用动物考古学数据理解城市聚落和乡村聚落环境中食物生产的差异。

二、早期中国的城市化与食物生产

近年来，中国早期城市化的考古研究有了长足发展，但其性质和发展仍是一个有争议的问题。

事实上，在过去的几十年里，考古学家关于强调城市是中心地带，强调城邦形式，调查城市建筑环境的共同要素以及区域聚居模式的研究极大扩展了我们对城市社会中长期的人口模式和聚居等级的认识（Demattè, 1999; Fang et al., 2015; Liu et al., 2002-2004; Underhill et al., 2008; 许宏，2000; Wheatley, 1970; Yates, 1997）。以特征为基础的城市化研究方法对世界范围内的许多古代城市的研究至关重要（Childe, 1950; Marcus and Sabloff, 2008），但却未能得出一个通用的定义或一套体系来描述中国早期城市形态的每一种类型。相反，本文不试图建立一个明确区分所有城市的具体标准，而是依赖于一个灵活的城市主义概念。因此，我们将城市中心或城市定义为表现出更大程度的内部社会和经济分化，但通过复杂多样的方式与广阔的腹地联系在一起的社区。最重要的是，在中国北方新石器时代晚期和早期青铜时代出现的城市定居点是一系列较为广泛的社会和政治变革中的一部分（Liu, 1994; Underhill, 1994, 2002）。我们认为随着手工业生产和生产专业化的转变，食物生产组织的创新也是中国早期城市发展的基础。通过这些城市中粮食生产方式的变化研究，我们期望未来能够揭示新兴人口创造的前所未有的复杂劳动组织形式，新的土地利用模式，以及人类与当地环境之间关系的重大改变。

在本研究之前，从中国早期的几个大型城市遗址中发现了古代食品的证据，包括植物考古和动物考古遗存。长期以来，中国考古学致力于研究动植物驯化的轨迹，最近开始追踪城市和大型定居点采用大规模牲畜业管理和农业集约化战略的情况。这些研究在不同程度上涉及城市化的概念，从简单的分类识别到更细致的理论探索。通过对山东西南部新石器时代晚期龙山文化的两城镇遗址的长期发掘，中美开展了城市背景下食物生产的合作研究。对大植物遗存、植硅体、动物遗迹、发酵饮料、陶器残留物、石器和陶容器的背景分析，都为家庭层面的小规模食物生产提供了难得的视角（Bennett, 2002; Crawford et al., 2005; Cunnar, 2007, 2013; 靳桂云等，2004; Lanehart et al., 2011; 中美联合考古队，2016）。陶寺（Institute of Archaeology and Linfen, 2015; Zhao and He, 2006; Yao et al., 2006）、王城岗（Jin and Wang, 2007; Zhao, 2007）、新砦（Yao, 2007; Zhao, 2007）和二里头（Institute of Archaeology, 2014; Zhao, 2007）等北方大型聚落遗址也开展了植物的宏观和微观研究。在许多文章中，都凸显了一种新型农业复种制度的发展，这种制度可能能够增加总体农业产量，同时降低作物歉收的风险（D'Alpoim Guedes, 2011; Yuan and Campbell, 2008）。当然，城市往往需要由其居民或为其居民持续生产大量食物。因此，食物生产系统的稳定性必然是中国早期城市发展增长、持续或衰落的重要因素。

同样，最近对城市环境下动物考古遗存的研究也有助于理解经济专业化、动物财富和中国早期城市化之间的关系。Brunson（2015）等人对黄河中游流域的研究有效地说明了这一过程。在对两个同时期新石器时代晚期城市遗址的综合研究中，Brunson和她的同事们注意到，在早期的城市中心，人们采用了多种方式来饲养牛羊。在这一时期，基于动物的经济体系最显著的变化是二级手工业生产中心的发展，这是为了应对中国北方日益增长的社会复杂性和政治集权化。羊毛开采是这一变化的一个基本方面。在中原地区的其他遗址，如新砦和二里头遗址（Li et al., 2014），也有类似的发展变化。同样，对商代安阳殷墟中羊的利用研究表明，在这个时期，羊是一种重要的肉类来源（Li, 2011）。归根结底，在过去的十年里，这类研究的数量有所增加，然而，至关重要的是必须进行更多的研究，以充分解决地方和区域食物生产方面的差异。对中国早期历史时期城市食物遗存的研究明显缺乏，但如果将本文和铭文材料结合起来，可能是富有成效的研究方法。

尽管众多的研究开始分析中国早期城市聚落中食物和次级产品开发间的复杂经济关系的性质，但学界对于城市和地理位置相邻的小村庄之间在生产、交换和消费策略方面的区域差异仍知之甚少（Underhill, 2017; Bonomo, 2017）。因此，本文的目的是研究和比较中国北部鄂尔多斯地区一个早期城市和周围一个小村庄的食物生产的相关特征。应当指出，不能孤立地研究城市，周边农村地区居民的活动对于了解区域社会形态的多样性同样重要（LaViolette and Fleisher, 2009; Liu et al., 2007; LeCount and Yaeger, 2010; Schwartz, 2015）。这些结果有望继续为我们更好地理解中国北方的城市化以及生产和经济转型的多样性提供帮助。

从理论上讲，在中国许多不同的城市中，食品生产的组织方式可能是多种多样的。这可能包括小规模的独立家庭生产，单一定居点内家庭之间的互惠交换，农民和牧民出售粮食和次级产品的市场发展，以及主要由少数家庭或社会机构控制的大规模城市供应系统的出现。食物生产系统的转型往往会产生深远的社会影响。这些变化不仅影响了食物的生产、管理和储存方式，同时还影响了个体通过食物来构建身份和地位的方式（Twiss, 2007）。由少数人控制的中央食物生产系统本可以平稳地获得支持、声望，并强化城市环境中的权力和不平等。相比之下，家庭之间的互惠交换可能会促进合作，并在城市居民中培养当地社区、空间和地方的意识。同样重要的是要考虑到一些城市及其周围的农村可能有多种方法生产食物，这些方法可能结合了前面的一些例子。例如，个人的日常消费可能依赖于小规模的城市家庭菜园和畜牧业，但需要在市场上购买非本地生产或高价值的物品，如特殊的肉类、盐或香料。这些食物也可能用于宴会或祭祀等特殊仪式。

三、城市化进程视角下的动物考古学和食物生产

长期以来，动物考古数据一直是了解全球城市粮食生产组织的重要信息来源（Bartosiewicz L. 1995; Crabtree, 1990; Maltby, 1984; O'Connor, 2003; Wapnish and Hesse, 1988; Wattenmaker, 1998; Zeder, 1988, 1991; Zeirdan and Reitz, 2016）。在一些具有里程碑意义的早期研究中定义了重要的动物考古学框架来分析食品的生产，许多研究人员继续用各种新方法在城市背景下研究这一主题。例如，为了了解美索不达米亚北部早期青铜器时代城市粮食生产的空间差异，Allentuck 和 Greenfield 调查了 Titriş Höyük 两个不同社区的动物考古遗存，以研究贵族和平民的家庭生活（Allentuck and Greenfield, 2010）。作者发现，物种、年龄和肢体部位的不同，在地位高和地位低的群体中并没有差异。

在本节中，为了进一步了解中国早期城市和农村动物开发利用的异同，对食物生产组织进行了综合性推测。食品生产的组织将从三个不同的角度进行分析：群落中动物的多样性、死亡时的年龄分布和主要驯养脊椎动物骨骼的种类和分布。然而，应该指出的是，在中国早期不同区域的文化体系中，城市经济的组织可能存在很大差异。粮食生产的组织取决于当地环境、资源的控制和分配，以及群体和个人的价值体系和口味等因素。

首先，比较动物考古类型中存在的野生和家养群体的总体多样性和范围是了解城市经济的重要信息来源（Zeder, 1991; Weissbrod et al., 2014）。目前学界认为，如果城市地区的骨骼反映了主要消费场所、群体或地点，那么动物组合应该包含相对有限数量的家畜，如羊和牛。物种多样性低是城

市环境的典型特征，因为这些种群中很少有个体能够进行狩猎活动。相反，假设在对动物经济集中控制程度较低的地方，特别是在农村地区，通常往往表现出较高程度的类型多样性。据推测，在这些地方，野生动物的数量会更多，或被利用的程度会更高。

其次，年龄分布差异或狩猎模式也是了解城乡居住区生产者和消费者群体差异的重要数据来源（Howell-Meurs, 2001; Wapnish and Hesse, 1988）。这些决定反映了畜群生产的目标，并有助于确定牧民是否关注畜群安全，或集约化生产肉、奶、纤维或这些资源的组合（Payne, 1973）。例如，表明生产者经济的收获概况应显示新生动物、亚成体动物和成年动物的同等存在。在这些组合中，收获概况应该包括所有年龄组相对广泛的分布。在消费经济中，当地饲养的牲畜主要由牧民提供的牲畜作为补充（Crabtree, 1990）。在这些组合中，收获概况应包括特定年龄组的相对不平等的丰度。例如，在专门的羊毛生产经济中成年绵羊的比例很高。

最后，肢体部位分布类型和频率的差异可以作为区分遗址内和遗址间生产者群体和消费者群体之间差异的重要标志物（Arbuckle, 2012; Uerpmann, 1973; Zeder, 1991: 41-42）。颅骨、下肢部分和中轴骨等部位通常被归为"屠宰废料"，因为这些肢体几乎不含肉。尽管在某些文化中，这些部位被视为烹饪佳肴，但它们通常在剥皮和肢解动物尸体时被丢弃（Çakirlar et al., 2014）。这些骨骼应该会较高频率的出现在屠宰和肢解动物的地点。相比之下，与高质量肉类相关的骨骼部分，如后肢和前肢，通常被视为"消费废料"，有助于识别消费者家庭和定居点。在考古记载中，以动物消费为主要活动的遗址应占有较高比例。

为了进一步揭示中国早期食物生产经济的组织结构，本文将比较中国北方鄂尔多斯地区以动物为食的一个大型城市聚落和同时代一个较小村庄的饮食方式。将利用新石器时代晚期的大型城市聚落石峁遗址和小村庄寨峁梁遗址的动物考古数据来确定这两个遗址之间的动物生产和消费模式。我们首先要比较的是一个群体中动物的多样性。然后，我们将确定动物被屠宰的年龄分布，以明确畜牧动物是否被用于生产特定产品（如肉，牛奶或羊毛），或通过广谱策略进行多样化利用。最后，我们通过观察骨骼分布的差异研究肉类的制作方法，从而揭示食物制作方法以及所使用肉类的质量。下面，我们首先介绍两处遗址的历史背景。

四、背　景

（一）石峁遗址

石峁遗址是一个占地 400 公顷的大型遗址，位于陕西北部的神木县（图一）。该遗址由一个石城聚落和几个密集分布的居址和墓地组成（Shaanxi et al., 2013）。手工业活动包括陶器和磨制石器工具的生产，以及骨制品加工。发掘出土了玉器、青铜器、彩绘壁画和贝壳。

自 2011 年以来，陕西省考古研究院和榆林考古队在孙周勇和邵晶的带领下对石峁遗址进行发掘（Shaanxi et al., 2013; 孙周勇等，2015）。石峁遗址的历史可以追溯到新石器时代晚期和二里头时期（公元前 2300—前 1800 年），是当时已知的最大的军事要塞遗址。陶器的类型学研究表明该遗址可分为三个阶段，包括第一阶段（公元前 2300—前 2200 年），第二阶段（公元前 2200—前 2000

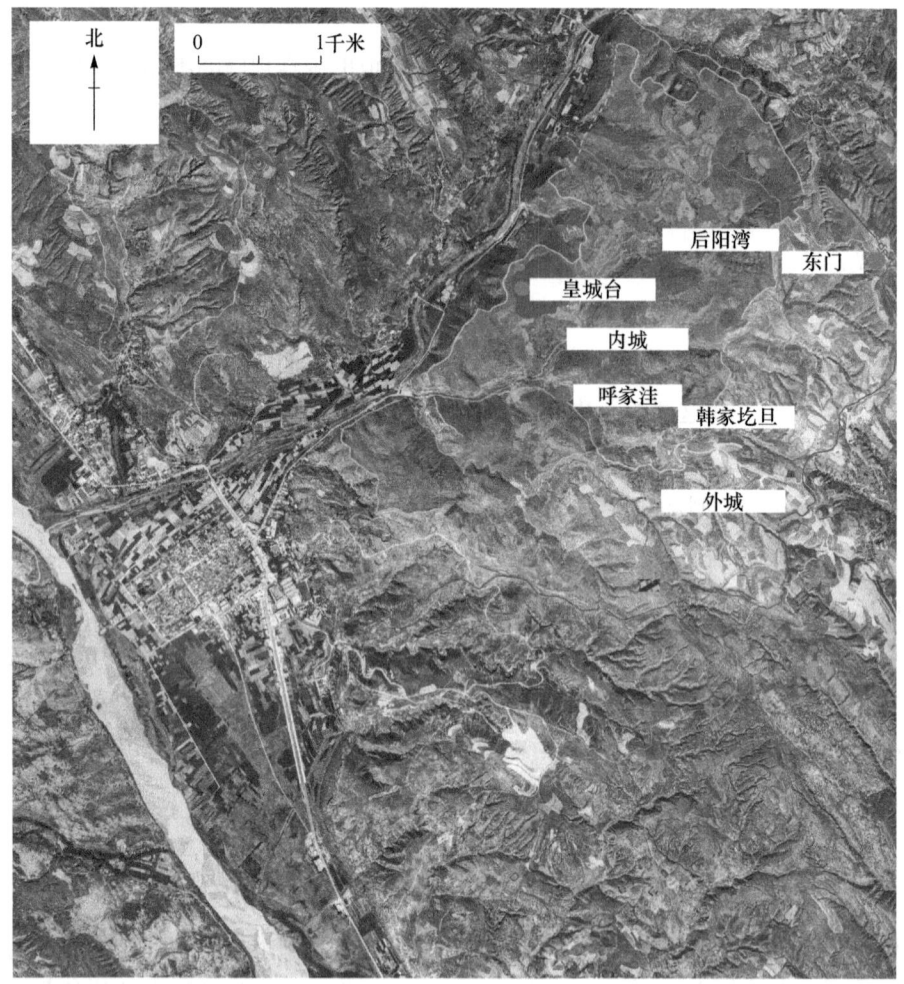

图一　石峁地形图

显示有 2011—2016 年发掘点分布，包括后阳湾、呼家洼、韩家圪旦、东门、皇城台，陕西省考古研究院供图

年）和第三阶段（公元前 2000—前 1800 年）（Shao, 2016）。两堵墙将城市划分为两个不同的区域，即内城和外城。最近，石峁遗址又发现了呼家洼、后阳湾、韩家圪旦、外城东门以及皇城台等五个独立的区域。这些区域很可能构成了居民的日常生活和社会互动。其中的居住集群可能反映了更大的家族血统、身份和社会地位。下面，将介绍外城东门、韩家圪旦和皇城台出土动物遗存的研究概况。

2011—2015 年的考古发掘工作表明东门是一个坚固的石砌围墙，由夯土混合当地的砂石作为地基，其使用年代贯穿了石峁遗址的三个阶段（公元前 2300—前 1800 年）（Guo and Sun, 2017; Shaanxi et al., 2016）。考古出土的重要遗物包括 200 多块壁画碎片、木制建筑遗存，以及 5 个埋葬了约 104 具人类头骨的灰坑（Guo et al., 2016; Shao et al., 2015）。

韩家圪旦是 2014 年发掘的一处居址和墓葬区（Shaanxi et al., 2016）。该区域的居址均属半地穴式，这些窑洞通常用泥土或黄土建造拱形屋顶。除了 31 个房址和 27 个灰坑外，还发现了 41 座墓葬，包括石棺墓和竖穴土坑墓。由于墓葬被盗严重，多数墓葬不见随葬品。这个地点出土的重要器物包括陶器、石器、骨器、绿松石、玉器、贝类和蛋壳（未知的鸟类物种）。

皇城台位于石峁城址内城偏西居中部，于 2016—2017 年间发掘。考古发掘表明皇城台底大顶小，四周筑有护坡石墙，高度 3—7 米（Sun et al., 2017）。出土的重要器物包括玉钺和大量骨针。此外，还发现了一些年代较早的青铜生产证据，包括青铜刀、箭镞和凿，以及石范。

石峁遗址的生业方式以农牧业为主。鄂尔多斯地区的生业模式为半农半牧形式的种植粟和畜养绵羊、山羊和牛（Gao et al., 2016; Hu et al., 2008; Huang, 1996; Xia et al., 2015）。对陕北地区人体骨胶原稳定同位素的初步分析表明，C_3 食物和以 C_4 为基础的食物对膳食的贡献是不同的（Atahan et al., 2014）。陕北新石器时代晚期遗址神圪垯梁的动物骨骼的碳氮同位素分析表明，猪以 C_4 谷子和谷子双产物为饲料，而大多数牛和山羊则以野生 C_3 植物为食（Chen et al., 2016）。对石峁遗址植物遗存的初步分析表明，当时高度依赖农业，主要以菽（*Setaria italica*）和黍（*Panicum miliaceum*）为主，同时还存在野生藜草（与邸楠的个人交流）。

（二）寨峁梁

寨峁梁位于石峁以南 20 千米的秃尾河一级支流开光川河畔（图二），该遗址于 1988 年被发现，并于 2014—2015 年由陕西省考古研究所和榆林文物考古勘探队进行发掘。在新石器时代晚期（公元前 2500—前 2300 年），寨峁梁的最大面积超过了 2 公顷（Shao, 2016）。寨峁梁遗址的末期时间与石峁一期（公元前 2300—前 2200 年）的初始时间重叠，这一时期的陶器和物质文化表现出一定的相似性。寨峁梁出土的遗迹包括一堵石墙、109 处房址、14 个灰坑，以及陶器、植物遗存、石器等各种生活垃圾。陶器为夹砂灰陶，表面饰绳纹和篮纹。对寨峁梁植物遗存的分析同样表明，居民依赖 C_4 植物粟（*Setaria italica*）和黍（*Panicum miliaceum*），C_3 植物如野藜（Gao et al., 2016）。

图二　寨峁梁鸟瞰图
显示家庭居址分布，陕西省考古研究院供图

五、材料与方法

石峁的动物遗存出土于2011—2016年间（表一），年代涉及三个阶段，但目前还无法区分各阶段的样本。动物骨骼样本来自三个地点：韩家圪旦、外城东门和皇城台，共计6619件（31.39千克）。目前，已鉴定2792件样本的种、属或科。石峁遗址动物骨骼的整体保存情况一般，大约39.4%的样本可以识别出它们的物种，并被认为"保存良好"。在无法确定物种的骨骼碎片中，约18%的骨骼完整度为25%或更低。此外，啮齿动物的啃食影响很小，约占1%（NISP=82）。虽然出土了骨制工具和人骨，但为了集中研究食物生产策略，这些样本被排除在本研究之外。本研究采集了每件骨骼残片的以下信息：种属鉴定、解剖元素、部位、破碎程度和测量数据，以及分割痕迹。

寨峁梁的动物遗存出土于2014—2015年间，年代为第一阶段。在整个动物遗存中，共鉴定了807件标本（表一和表二）。大多数动物考古遗存出土于11处房址（F1，F4，F6—F8，F12—F14，F17，F34，F37，F42），部分出土于房址的灰坑（K1和K2）。这批动物遗存残缺不全，但其中大量骨骼可以鉴定属或种，许多无法确定的骨骼可以归入较低的分类学级别，或按尺寸分类。位于房址F20和F21南端的灰坑K1出土了大量动物遗存，包括大量黑色烧焦的牛骨。目前仍需要更多的研究来理解这一背景的重要性。

石峁和寨峁梁遗址缺乏对动物遗存精细系统的筛选，将不利于小型脊椎动物的复原，也将限制更大的脊椎动物（如羊和牛）腕骨和跗骨等小型骨骼的复原（Payne，1972）。在中国的许多发掘中，筛选并不常见（for exceptions see Flad, 2011; Liu, 1994; Zhongmei Lianhe Kaogu Dui, 2016），只有适当的筛选方法才能保证统计到可靠的动物遗存数量。对小型脊椎动物复原的偏差还包括对鱼类的偏差，而鱼类可能是这两个地点食物的重要组成部分（Nagaoka, 2005; Ross and Duffy, 2000）。在缺乏筛选方法的地方，对人类和动物骨胶原蛋白中单个氨基酸的稳定同位素分析可能有助于证实鱼类是否是食物来源的重要组成部分（Itahashi et al., 2017）。在未来，为了复原更多的小型哺乳动物和非哺乳动物遗存，应用几种网格尺寸的筛选方法将是很重要的（Pokines, 2000; Shaffer and Sanchez, 1994; Stahl, 1996）。

物种鉴定采用标准指南和陕西省考古研究所动物考古实验室的对比标本。除了使用参考资料外，还通过使用已出版的著作来区分相似物种（Balasse and Ambrose, 2005; Halstead et al., 2002; Payne, 1985; Wang, 2015; Zeder and Lapham, 2010; Zederand Pilaar, 2010）。在本研究中，我们认为以下因素对区分绵羊和山羊很重要：下颌牙齿（dP3, P3, P4）以及颅后骨骼，肱骨远端，桡骨近端和远端，胫骨远端，掌跖骨远端，距骨，跟骨以及第一和第二指骨（Halstead et al., 2002; Helmer, 2000; Zeder and Pilaar, 2010; Zeder and Lapham, 2010）。其他骨骼，如一些下颌牙齿（dP4、M1和下颌骨）和许多颅后骨骼，如股骨远端和近端、尺骨和肱骨近端，并不会作为区分这两个物种的指标，但可作为判断羊（绵羊/山羊）的指标。

如果无法将某个骨骼或其部分确定为某个种属，则将其归入一般尺寸类别，如小型、中型和大型哺乳动物。肋骨、椎骨和身份不明的长骨轴碎片仅按这些尺寸类别进行鉴定。当我们不能确定它

表一　石峁和寨峁梁哺乳动物和非哺乳动物的可鉴定标本数和最小个体数

| 属种 | 石峁（2300-1800BC） | | | | | | | | | 总计 | | | 寨峁梁（2500-2300BC） | | |
| | 东门 | | | 韩家圪旦 | | | 皇城台 | | | | | | | | |
	NISP	MNI	%NISP	NISP	MNI	%NISP	NISP	MNI	%NISP	NISP	MNI	%NISP	NISP	MNI	%NISP
家养哺乳动物															
黄牛（Bos taurus）	232	5	6.3	212	4	15.2	117	2	7.6	561	11	8.5	148	6	18.3
绵羊（Ovis aries）	254	11	6.9	139	6	9.9	113	5	7.3	506	22	7.6	57	4	7.1
山羊（Capra hircus）	25	6	0.7	13	7	0.9	1	1	0.1	39	14	0.6	8	2	1.0
绵羊/山羊（Ovis/Capra）	330	6	9.0	200	8	14.3	149	2	9.7	679	16	10.3	64	4	7.9
猪（Sus domesticus）	315	7	8.6	327	4	23.4	123	6	8.0	765	17	11.6	100	6	12.4
狗（Canis familiaris）	21	5	0.6	28	5	2.0	5	2	0.3	54	12	0.8	4	1	0.5
家养哺乳动物合计	1177	40	32.1	919	34	65.7	508	18	33.0	2604	92	39.4	381	23	47.0
野生哺乳动物															
马（Equus sp.）	4	1	0.1	0	0	0.0	0	0	0.0	4	1	0.1	0	0	0.0
羚羊（Gazella sp.）	10	2	0.3	8	1	0.6	0	0	0.0	18	3	0.3	6	1	0.7
马鹿（Cervus elaphus）	10	4	0.3	0	0	0.0	7	1	0.5	17	5	0.3	0	0	0.0
梅花鹿（Cervus nippon）	35	2	1.0	19	1	1.4	0	0	0.0	54	3	0.8	0	0	0.0
貉（Nyctereutes procynides）	1	1	0.0	0	0	0.0	0	0	0.0	1	1	0.0	1	1	0.1
豪猪（Hystrix sp.）	1	1	0.0	0	0	0.0	0	0	0.0	1	1	0.0	0	0	0.0
獾（Meles sp.）	2	1	0.1	2	1	0.1	0	0	0.0	4	2	0.1	0	0	0.0
猫（Felis sp.）	2	1	0.1	0	0	0.0	0	0	0.0	2	1	0.0	0	0	0.0
野兔（Lepus sp.）	15	1	0.4	5	1	0.4	5	2	0.3	25	4	0.4	7	2	0.9
中华鼢鼠（Eospalax fontanierii）	5	2	0.1	0	0	0.0	0	0	0.0	5	2	0.1	0	0	0.0
甘肃鼢鼠（Eospalax cansus）	1	1	0.0	1	1	0.1	0	0	0.0	2	2	0.0	0	0	0.0
褐家鼠（Rattus norvegicus）	12	4	0.3	9	1	0.6	0	0	0.0	21	5	0.3	2	1	0.2
小型啮齿动物	2	1	0.1	2	1	0.1	0	0	0.0	4	2	0.1	0	0	0.0
野生哺乳动物合计	100	22	2.8	46	7	3.3	12	3	0.8	163	32	2.5	16	5	1.9

续表

属种	石峁（2300-1800BC）									总计			寨峁梁（2500-2300BC）		
	东门			韩家圪旦			皇城台								
	NISP	MNI	%NISP	NISP	MNI	%NISP	NISP	MNI	%NISP	NISP	MNI	%NISP	NISP	MNI	%NISP
野生非哺乳动物															
小型鸟（Aves sp.）	11	1	0.3	3	1	0.2	0	0	0.0	14	2	0.2	0	0	0.0
雉（Phasianidae sp.）	11	2	0.3	3	1	0.2	1	1	0.1	15	4	0.2	1	1	0.1
淡水贝类（Unio douglasiae）	1	1	0.0	0	0	0.0	0	0	0.0	1	1	0.0	1	1	0.1
野生非哺乳动物合计	23	4	0.6	6	2	0.4	1	1	0.1	30	7	0.4	2	2	0.2
不可鉴定的哺乳动物															
大型哺乳动物	419	–	11.4	135	–	9.6	49	–	3.2	603	–	9.1	32	–	4.0
大型牛科动物	12	–	0.3	9	–	0.6	0	–	0.0	21	–	0.3	0	–	0.0
中型哺乳动物	1575	–	42.8	221	–	15.8	869	–	56.5	2665	–	40.3	323	–	40.0
中型牛科动物	122	–	3.3	0	–	0.0	46	–	3.0	168	–	2.5	0	–	0.0
小型哺乳动物	254	–	6.9	63	–	4.5	53	–	3.4	370	–	5.6	53	–	6.6
不可鉴定的哺乳动物合计	2382	–	64.7	428	–	30.5	1017	–	66.1	3827	–	57.8	408	–	50.6
NISP 总计	3682			1399			1538			6619			807		

表二　根据考古背景鉴定出的寨峁梁哺乳动物和非哺乳动物

属种	F1		F4		F6		F7-F8		F12		F13		F14		F17		F34		F37		F42	
	NISP	%	NISP	%	NISP	%	NISP	%	NISP	%	NISP	%	NISP	%	NISP	%	NISP	%	NISP	%	NISP	%
家养哺乳动物																						
黄牛（Bos taurus）	0	0.0	0	0.0	5	27.8	0	0.0	6	6.3	1	3.3	0	0.0	0	0.0	1	50	0	0.0	0	0.0
绵羊（Ovis aries）	16	42.1	4	14.8	1	5.6	4	22.2	6	6.3	4	13.3	1	16.7	0	0.0	0	0.0	0	0.0	0	0.0
山羊（Capra hircus）	0	0.0	0	0.0	0	0.0	0	0.0	0	0.0	0	0.0	0	0.0	0	0.0	0	0.0	0	0.0	0	0.0
绵羊/山羊（Ovis/Capra）	3	7.9	2	7.4	0	0	1	5.6	6	6.3	0	0.0	0	0.0	3	27.3	0	0.0	0	0.0	0	0.0
猪（Sus domesticus）	7	18.4	4	14.8	4	22.2	7	38.9	22	22.9	7	23.3	2	33.3	2	18.2	1	50	6	75	1	100

续表

属种	F1 NISP	F1 %	F4 NISP	F4 %	F6 NISP	F6 %	F7-F8 NISP	F7-F8 %	F12 NISP	F12 %	F13 NISP	F13 %	F14 NISP	F14 %	F17 NISP	F17 %	F34 NISP	F34 %	F37 NISP	F37 %	F42 NISP	F42 %
狗（Canis familiaris）	2	5.3	0	0	1	5.6	0	0	1	1	0	0.0	0	0.0	0	0.0	0	0.0	0	0.0	0	0.0
家养哺乳动物合计	28	73.7	10	37	11	61.2	12	66.7	41	42.8	12	39.9	3	33.3	5	45.5	2	100	6	75	1	100
野生哺乳动物																						
貉（Nyctereutes procynides）	0	0.0	1	3.7	0	0.0	0	0.0	0	0.0	0	0.0	0	0.0	0	0.0	0	0.0	0	0.0	0	0.0
褐家鼠（Rattus norvegicus）	0	0.0	0	0.0	0	0.0	0	0.0	1	1.0	0	0.0	0	0.0	0	0.0	0	0.0	0	0.0	0	0.0
野兔（Lepus sp.）	0	0.0	0	0.0	0	0.0	0	0.0	0	0.0	1	3.3	0	0.0	0	0.0	0	0.0	0	0.0	0	0.0
野生哺乳动物合计	0	0.0	1	3.7	0	0.0	0	0.0	1	1.0	1	3.3	0	0.0	0	0.0	0	0.0	0	0.0	0	0.0
野生非哺乳动物																						
雉（Phasianidae sp.）	0	0.0	0	0.0	0	0.0	0	0.0	0	0.0	0	0.0	0	0.0	0	0.0	0	0.0	0	0.0	0	0.0
淡水贝类（Unio douglasiae）	0	0.0	0	0.0	0	0.0	0	0.0	1	1.0	0	0.0	0	0.0	0	0.0	0	0.0	0	0.0	0	0.0
野生非哺乳动物合计	0	0.0	0	0.0	0	0.0	0	0.0	1	1.0	0	0.0	0	0.0	0	0.0	0	0.0	0	0.0	0	0.0
不可鉴定的哺乳动物																						
小型哺乳动物	0	0.0	0	0.0	1	5.6	0	0	0	0.0	1	3.3	1	16.7	0	0.0	0	0.0	0	0.0	0	0.0
中型哺乳动物	10	26.3	16	59.3	0	0.0	5	27.8	53	55.2	15	50	2	33.3	5	45.5	0	0.0	2	25	0	0.0
中型牛科动物	0	0.0	0	0.0	6	33.3	0	0.0	0	0.0	0	0.0	0	0.0	0	0.0	0	0.0	0	0.0	0	0.0
大型哺乳动物	0	0.0	0	0.0	0	0.0	1	5.6	0	0.0	1	3.3	0	0.0	1	9.1	0	0.0	0	0.0	0	0.0
大型牛科动物	0	0.0	0	0.0	0	0.0	0	0.0	0	0.0	0	0.0	0	0.0	0	0.0	0	0.0	0	0.0	0	0.0
不可鉴定的哺乳动物合计	10	26.3	16	59.3	7	38.9	6	33.4	53	55	17	56.6	3	50	6	54.6	0	0.0	2	25	0	0.0
每户房子中的NISP合计	38		27		18		18		96		30		6		11		2		8		1	

们是绵羊还是山羊时，我们将它们归类为绵羊/山羊。目前在中国发现的野生和家养绵羊、山羊和羚羊有十多种，包括盘羊（*Ovis ammon*）、岩羊（*Pseudois nayaur*）、家养山羊（*Capra hircus*）、家养绵羊（*Ovis aries*）、斑羚（*Nemorhaeds goral*）、中华鬣羚（*Capricomis serow*）以及多种瞪羚属（*Gazella*）和原羚属（*Procapra*）。当我们不能确定一个标本是绵羊/山羊，我们将其确定为"羊亚科"。

六、结　果

（一）动物群的组成

石峁遗址和寨峁梁遗址的动物遗存表明，遗址内的生业模式是在以饲养大中型牲畜为主的畜牧经济内偶然捕猎野生动物。动物群中还有少量的家养或野生的马，以及部分狗。在这些动物标本中，几乎没有野生动物标本，反映了遗址以畜牧为主的动物经济。这两个遗址与鄂尔多斯地区其他考古遗址中的动物遗存的构成非常相似。这在很大程度上表明，在公元前第三至第二个千年期间，人们越来越依赖农牧业。例如，陕西新石器时代晚期火石梁遗址和内蒙古中南部的朱开沟遗址的动物群，均由80%以上的畜养动物组成（Hu et al., 2008; Huang, 1996）。

（二）家养动物分类

家养动物是这两个遗址内出现频率最高的动物类型。如表一所示，该动物群主要由大型家养哺乳动物（例如牛）和许多中型哺乳动物（例如绵羊/山羊、猪）的动物遗存组成，还包括部分狗的遗存。

（三）绵羊和山羊

石峁遗址的家羊骨骼较为常见，共有506件标本（%NISP=7.6%），寨峁梁遗址共有57件标本（%NISP=7.1%）。在新石器时代晚期的龙山时期，牧羊业的重要性日益增加，这并不是石峁遗址或寨峁梁遗址独有的现象，而是整个鄂尔多斯地区区域性变化的一部分。

虽然绝大多数可辨认的羊的骨骼是绵羊骨骼，但在石峁遗址和寨峁梁遗址也发现了少量山羊骨骼（图三，表三）。石峁遗址家养山羊骨骼数量较少，仅有39例（%NISP=0.6%），寨峁梁遗址家养山羊骨骼数量为8例（%NISP=1.0%）。目前，中国最早的山羊确切证据来自二里头第四期遗存（ca. 1800 BC）（Yuan, 2010）。在中亚，哈萨克斯坦青铜时代晚期（1416-1287 cal BC）塔斯巴斯（Tasbas）遗址的第2a期的堆积中发现了家养山羊（*Capra hircus*）（Doumani et al., 2015）。根据mtDNA的遗传学研究表明，在中国现代山羊种群中存在4个母系（A-D）（Chen et al., 2005）。此外，在另一项对石峁遗址动物群的初步研究中（Hu et al., 2016），以及鄂尔多斯地区其他新石器时代晚期遗址如火石梁和木柱柱梁遗址（2150—1900 BC）的动物的研究中（Wang and Guo, 2016），也发现了其他可能是野生或家养的山羊。除了对羊距骨的新几何形态学研究（Haruda, 2016）、古DNA和胶原蛋白肽（ZooMS）指纹识别外，还需要通过传统的骨骼测量学和骨骼形态学等动物考

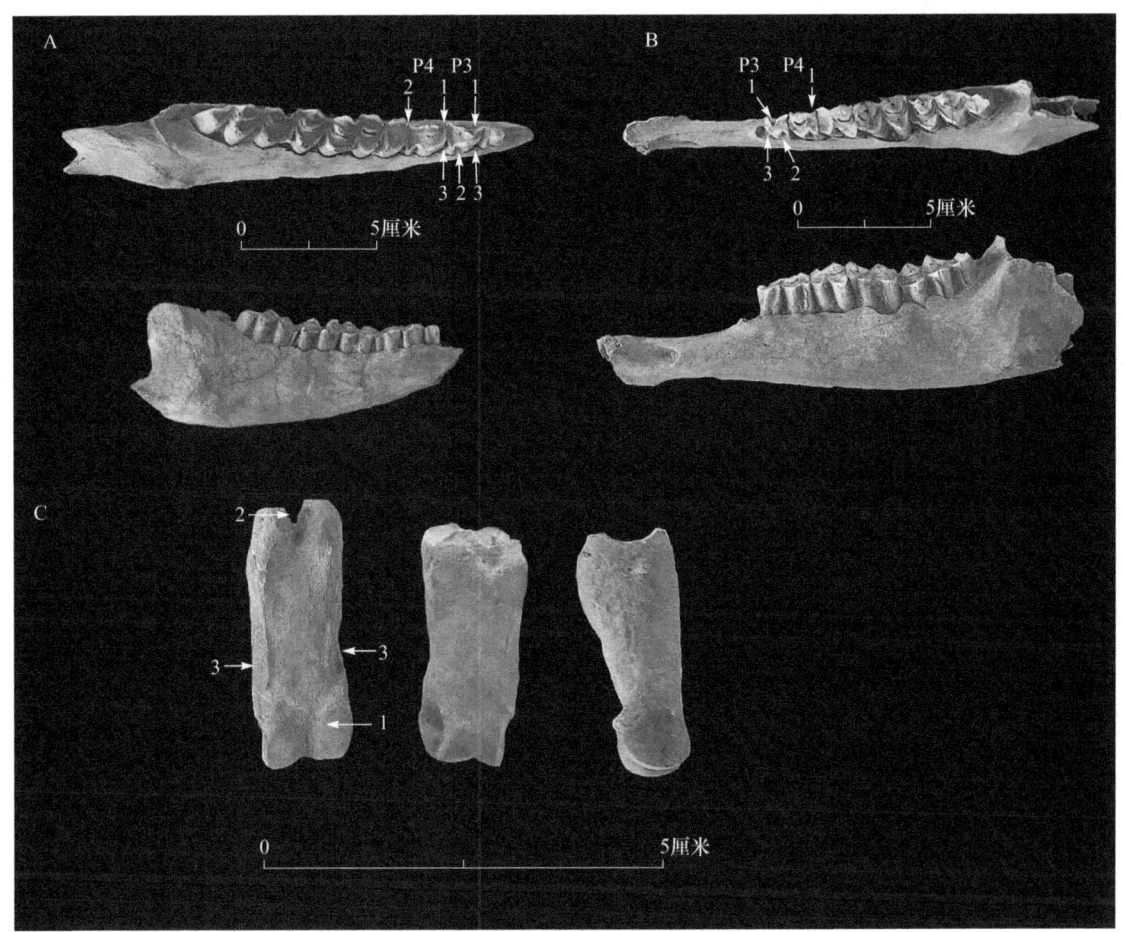

图三 石峁遗址出土的山羊骨骼（Capra sp.）

A. 左下颌骨；B. 右下颌骨；C. 第一指／趾骨（内侧视图，背侧视图）

表三 石峁遗址出土山羊标本的背景信息与鉴定标准

骨骼部位	位置	层位	图	区分标准	参考文献
A. 左下颌骨	皇城台	T4：4B	Fig. 3：A	P3：1. 舌侧边缘由前向后方倾斜；2. 颊侧面远中面的垂直角度不明显；3. 颊侧面近中角的倾斜角度更加开放	Zeder and Pilaar, 2010, Fig. 3; Helmer, 2000, Halstead et al., 2002, P3
				P4：1. 舌侧面近中角缺乏突出齿柱；2. 舌侧面近中角缺乏突出齿柱；3. 牙齿的颊侧面近中角形成钝角	Zeder and Pilaar, 2010, Fig. 4; Helmer, 2000, Halstead et al., 2002, P4
B. 右下颌骨	皇城台	T4：4B	Fig. 3：B	P3：1. 舌侧边缘由前向后方倾斜；2. 颊侧面远中面的垂直角度不明显；3. 颊侧面近中角的倾斜角度更加开放	Zeder and Pilaar, 2010, Fig 3; Helmer, 2000, Halstead et al., 2002, P3
				P4：舌侧面近中角缺乏突出齿柱	Zeder and Pilaar, 2010, Fig. 4; Helmer, 2000, Halstead et al., 2002, P4
C. 第一指／趾骨	皇城台	T4：4B	Fig. 3：C	1. 近端关节面外侧与轴侧间的沟槽较深，呈 V 形；2. 远端的后侧韧带起始点有明隆起；3. 远端关节面后缘在关节段之间形成 V 形；4. 近端关节面外侧形成一个半圆	Zeder and Lapham, 2010, Fig. 8; Boessneck et al., 1964; Boessneck, 1970; Clutton Brock et al., 1990

古方法来完善这些样本的准确鉴定、年龄和驯化状态的研究（Buckley et al., 2010）。

为什么这两个地方绵羊的出现频率如此之高，而山羊的数量却很少？这种现象反映了新石器时代晚期经济在中国早期传播和发展中显而易见的更大模式，即当地的生业模式在很大程度上受到复杂人地关系的交互影响（Brunson et al., 2015）。首先，了解这两种动物在生物需求上的差异是至关重要的，从而才能更充分地研究其阶段性的饲养情况。山羊的繁殖率通常比绵羊高，而且更能适应干旱环境（Dahl and Hjort, 1976; Redding, 1984）。现今，在陕北地区，山羊因其相对容易饲养而受到重视。它们大部分全年都被关在围栏里，经常吃当地的植物来补充它们的饮食。山羊数量较少也可以通过比较石峁遗址不同的阶段来解释。未来在石峁遗址利用明确的 ^{14}C 测年数据可能会揭示山羊是否出现在早期青铜时代的晚期阶段。最后，山羊可能是肉、奶和毛的重要来源，但是山羊骨骼的样本太少，无法提供详细信息，而这些信息又是研究山羊其他用途所必需的。下面的分析将考虑绵羊和山羊这两个物种，并将其归类为羊（绵羊 / 山羊）。

为了解石峁遗址和寨峁梁遗址羊利用情况，根据未经校正的下颌牙齿预估死亡年龄，生成石峁遗址和寨峁梁遗址羊的存活曲线（Payne, 1973; Zeder, 2006）。由于绵羊和山羊可以用于多种用途，包括肉类、牛奶或羊毛，因此年龄数据可以提供有关早期羊用途的信息（Helmer et al., 2007; Payne, 1973）。虽然存活率模式在很大程度上有助于区分奶、肉和羊毛的管理策略，但同时包含奶和肉或肉和羊毛生产的开发策略往往会加剧阐释人口模式的难度（Meadow, 1989）。事实上，很难在统计学上利用存活曲线揭示不同绵羊和山羊牧群的维持策略（Marom and Bar-Oz, 2009）。然而，存活率曲线和人口统计数据仍可用于探索过去社会中畜牧业发展的大趋势。

图四显示了两个新石器时代晚期遗址中羊的年龄数据。寨峁梁遗址和石峁遗址中被捕杀的动物多为1—2岁的动物，少量成年到老年的动物。这些存活百分比与 Payne's（1973）的模型一致。在该模型中，居民主要在意绵羊和山羊的可食用肉类和畜群安全。绵羊在1.5—2.5岁之间达到最佳增重期，如果需要肉类产品，这是宰杀绵羊的理想时间点（Payne, 1973）。石峁遗址和寨峁梁遗址内的羊的死亡年龄差异很大，这表明家庭可以直接接触畜群，并可能控制生产，这些特征通常指向分散性肉食生产经济。

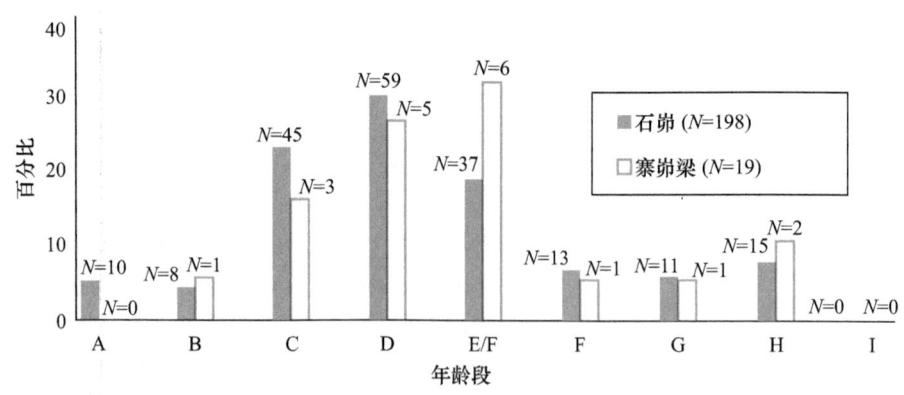

图四　根据牙齿磨蚀和萌出数据，按阶段划分的绵羊和山羊存活率
年龄阶段与 Payne 等级相对应：新生儿＝A；婴儿＝B；幼年＝C；亚成年＝D；青年＝E＋F；成年＝G；老年＝H（Payne, 1973）

骨骼表征进一步支持了年龄数据，它代表了两个遗址中羊骨骼的相对丰度。山羊和绵羊等几种哺乳动物的骨密度差异因素通常是受到颅骨密度和有釉质保护的牙齿的影响，而不是长骨和脊椎骨等轴向元素（Lam et al., 1999, 2003; Lyman, 1994）。图五显示了两个地点的主要羊骨骼的相对比例，包括头骨、脊椎、前肢、后肢和末端肢骨。在整个石峁聚落中，前肢（%NISP＝38.0%）和后

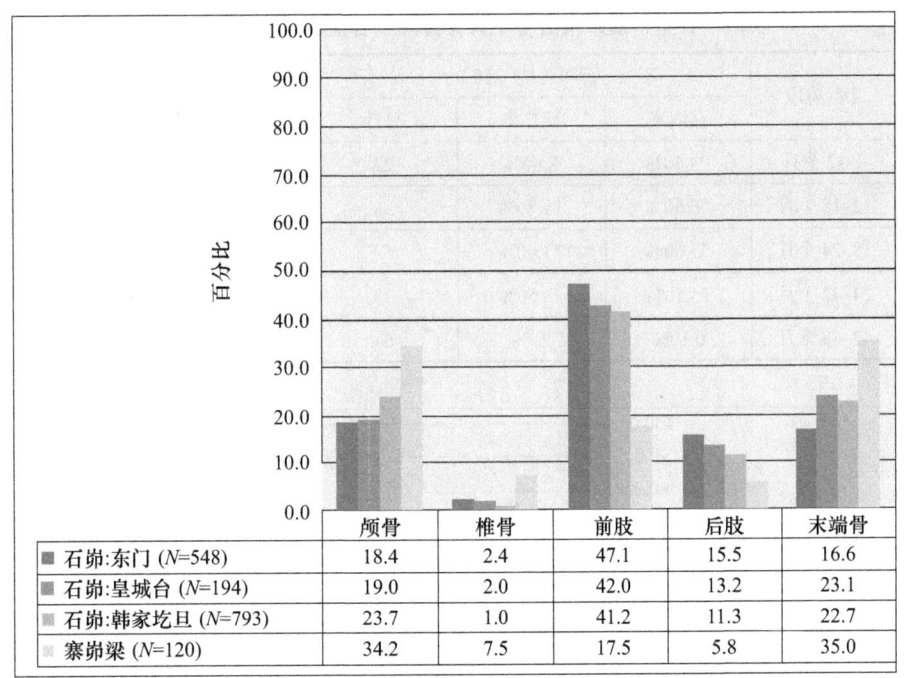

	颅骨	椎骨	前肢	后肢	末端骨
■ 石峁：东门 (*N*=548)	18.4	2.4	47.1	15.5	16.6
■ 石峁：皇城台 (*N*=194)	19.0	2.0	42.0	13.2	23.1
■ 石峁：韩家圪旦 (*N*=793)	23.7	1.0	41.2	11.3	22.7
寨峁梁 (*N*=120)	34.2	7.5	17.5	5.8	35.0

图五　石峁和寨峁梁遗址出土绵羊和山羊解剖学的骨骼元素表示法

"颅骨"部分包括颞骨岩部和下颌骨；"椎骨"部分包括寰椎、枢椎和盆骨；"前肢"包括肩胛骨、肱骨和桡骨；
"后肢"包括股骨和胫骨；"末端骨"由掌骨和趾骨组成。所有部位利用 NISP 进行量化

肢（%NISP＝12.0%）发现尤其丰富。后腿和前腿的肉通常比其他部分含有更多的肉量和更高的质量。此外，石峁遗址不同区域间骨骼的分布没有显著差异，前肢均是发现最丰富的骨骼，占每个区域动物群的 40% 以上。最值得注意的是，寨峁梁遗址的发现明显集中于末端骨（%NISP＝35.0%），而石峁遗址全部的下肢分布较均匀（% NISP＝16.0%）。颅骨和椎骨（即屠宰废物）在两个遗址的垃圾坑中都相对均匀地分布。在石峁遗址，头骨占总动物群的 30%，在寨峁梁遗址，它们占总动物群的 34%。因此，羊的骨骼特征基本证实了这两个遗址缺乏标准化或集中性的动物管理策略。羊的大部分骨骼都有发现，这种相对均匀的骨骼分布通常表明了家庭层面的经济生产。这两个遗址的居民都有可能接触到并加工过整只羊。

（四）牛

根据 Silver（1969）的研究，石峁遗址和寨峁梁遗址的牛长骨统计学数据见表四，这些数据是根据长骨骺融合状态统计的。寨峁梁遗址中牛的牙齿和下颌骨发现较少，因此无法根据这些数据重建牛的屠宰模式。尽管样本量相对较小，但骨骺状况显示，这两个遗址主要由成年和老年的牛的骨骼组成。根据骨骺状况表明，石峁遗址的居民不仅饲养幼年牛还饲养成年牛。然而，寨峁梁遗址动物群中包括较大比例的成年牛和老年牛，这些牛的年龄早已超过了它们的捕杀黄金时期。石峁遗址和寨峁梁遗址牛群的年龄数据似乎都代表了生产者的行为活动，这些被供养者饲养到较大年龄的牛，它们最初可能用于他处，最后才被当做肉类食用。值得注意的是，未发现牛远端跖骨和第一指骨的牵引性病变，表明这些牛未用作役畜。

骨骼分布频率进一步证实了牛的年龄数据（图六）。这些数据表明，在石峁（NISP＝213，

表四　石峁和寨峁梁出土牛长骨骨骺愈合情况（Silver，1969）

年龄阶段		石峁（*N*=256）			寨峁梁（*N*=58）		
		存活率	死亡率	总计	存活率	死亡率	总计
A	0–12 个月	91.40%	8.60%	22	100.00%	0.00%	2
B	12–18 个月	76.60%	14.80%	38	100.00%	0.00%	7
C	18–24 个月	53.60%	23.00%	59	100.00%	0.00%	15
D	24–42 个月	25.10%	28.50%	73	93.00%	7.00%	15
E	42–48 个月	0.10%	25%	64	45.00%	48.00%	19

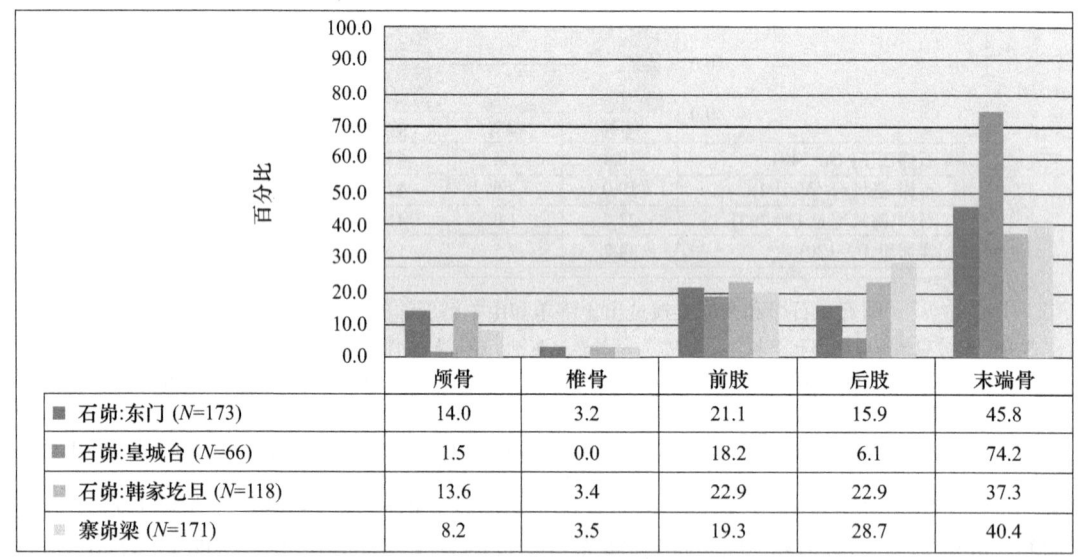

	颅骨	椎骨	前肢	后肢	末端骨
石峁:东门 (*N*=173)	14.0	3.2	21.1	15.9	45.8
石峁:皇城台 (*N*=66)	1.5	0.0	18.2	6.1	74.2
石峁:韩家圪旦 (*N*=118)	13.6	3.4	22.9	22.9	37.3
寨峁梁 (*N*=171)	8.2	3.5	19.3	28.7	40.4

图六　石峁和寨峁梁遗址出土牛解剖学的骨骼元素表示法
"颅骨"部分包括颞骨岩部和下颌骨；"椎骨"部分包括寰椎、枢椎和盆骨；"前肢"包括肩胛骨、肱骨和桡骨；
"后肢"包括股骨和胫骨；"末端骨"由掌骨和趾骨组成

%NISP＝42%）和寨峁梁（NISP＝213，%NISP＝40.0%），末端骨骼例如下肢骨和脚出奇地丰富。密度介导的埋葬过程构建了记录的骨骼部分的绝对分布，而下肢骨的过度代表可能是埋藏过程引起的。在这两个遗址中，前肢和后肢上半部分的肉质所占比例都很低。此外，石峁遗址不同区域间骨骼的分布没有显著差异。前肢和后肢在所有区域内的比例相对相等。例如，前肢在韩家圪旦占22.9%，在东门占21.1%，在皇城台占18.2%。值得注意的是，这两个遗址对下肢的偏爱可能反映了龙山时期对利用牛跖骨制作骨制品的偏好（Brunson et al.，2015）。

在新石器时代晚期，牛的重要性日益增加，这可能与文献记载中的鄂尔多斯地区耕地草地的扩张有关。根据对该地区花粉分析，在新石器时代晚期，该地区经历了短暂的温暖湿润期（Liu et al.，2014）。这种温暖潮湿的气候有助于增加草原的数量，并提供丰富的水源。与绵羊和山羊相比，牛通常需要饲料作为放牧的补充，还需要更多的水，而且生长的间隔时间更长（Dahl and Hjort，1976）。在耕种面积增加的地区，可能还需要大量的饲料来维持牛群的生存。

此外，石峁遗址和寨峁梁遗址中牛的出土情况与龙山时期陶寺和周家庄的情况相似。山西省陶寺遗址出土了一些年龄在18个月到3.5岁之间的亚成年牛骨骼，以及年龄在4岁到9岁之间的老牛骨骼（Brunson et al., 2015）。正如 Brunson 和她的同事们所指出的，这不是人们所期望的养牛场的年龄分布，但也不能简单地用集中利用肉类或奶类来解释。石峁遗址的幼崽遗存率（约 14%）明显高于陶寺遗址和周家庄遗址（0）。

（五）猪

石峁遗址家猪骨骼较为常见，共有 765 件（%NISP＝11.6%），寨峁梁遗址家猪骨骼共 100 件（%NISP＝12.3%）。家猪一般只利用其初级产品，但由于各种原因，它们很可能是城市居民区或周围地区更愿意饲养的动物。可能是由于它们繁殖、成熟较快，并以家庭有机废物或农业生产垃圾为生，也能够为农田生产大量的肥料，并提供高热量和高脂肪含量的高肉类产量等原因（Flannery, 1969: 84; Price, 2016）。这些特点使猪成为提高肉类产量的理想动物，这可能是它们自新石器时代早期以来在中国经济中发挥重要作用的原因。

我们根据来自 Lemoine 等人（2014）的"简化 A"系统，利用牙齿萌出和磨蚀的年龄分布图构建了猪的开发策略。石峁遗址和寨峁梁遗址家猪的年龄数据如图七所示。在石峁遗址，A 阶段（＞1 个月）和 B 阶段（3—8 个月）之间有很大的差距。这一数据表明，石峁遗址的家猪中有 50.5% 在一岁之前就被宰杀。此外，根据牙齿磨损和萌牙数据，表明石峁遗址的大多数家猪在 2.5 岁之前被宰杀，极少数存活超过 4 年。同样，在寨峁梁遗址，超过 37.5% 的家猪在 1.5 岁之前被宰杀。两种宰杀情况的主要区别是，石峁遗址家猪群中新生猪和幼年猪的比例要高得多，而寨峁梁遗址中成年猪和老龄猪的数量要多得多。

这两个遗址的管理策略都强调宰杀幼畜，表明居民能接触到不同年龄段的家猪。在石峁遗址和寨峁梁遗址都发现了年龄较大的动物，表明这两个定居点都有一个可繁殖的家猪种群。这种模式在很大程度上与中国早期管理的家猪种群的死亡率基本一致，这些种群主要由 2 岁以下的动物组成（Luo, 2012; Ma, 2005; Wang et al., 2015）。

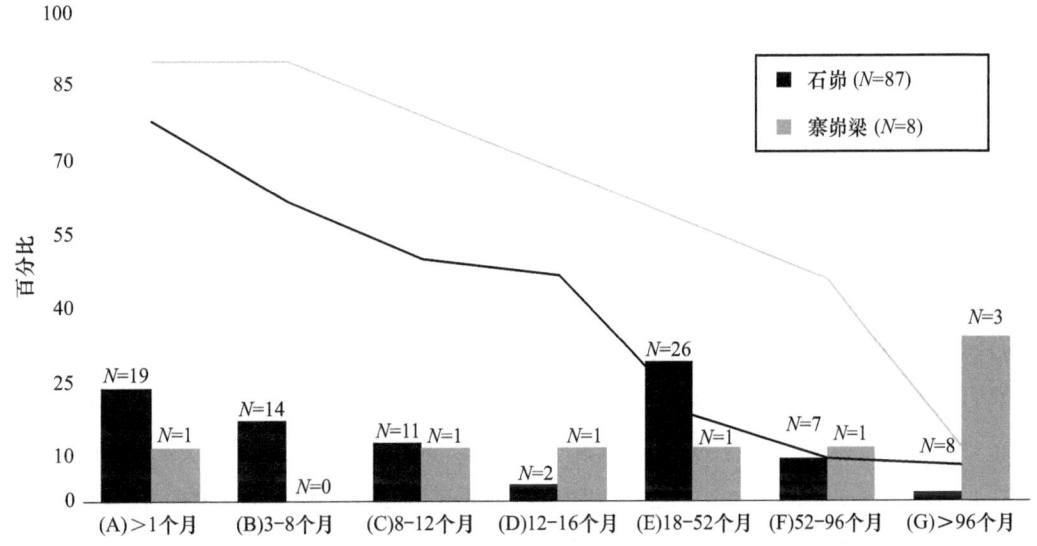

图七　根据牙齿磨蚀和萌出数据得出的石峁和寨峁梁猪的存活率

柱形代表各年龄段的频率，直线代表损耗曲线。各年龄阶段与 Lemoine 等人的"Simplified-A System"相对应（2014：表三）

年龄数据得到了骨骼概况的进一步支持。总体而言，猪的骨骼概况表明，整个石峁遗址的猪颅骨发现非常丰富（图八）。例如，在整个石峁聚落（NISP=305）和寨峁梁聚落（NISP=26）中，颅骨占总骨骼数量的42.7%以上。猪颅骨的高比例也可能是由于埋藏过程的影响。猪的颅骨非常致密，在考古中保存较好。在韩家圪旦、东门和皇城台的不同区域中，颅骨的比例始终高于其他骨骼。前肢在韩家圪旦内的主要居址中发现更为普遍，在东门的比例也更高。掌骨和跖骨等肢体在皇城台区域更为常见，占皇城台家猪动物群的32.8%以上。末端骨是寨峁梁遗址中最常见的骨骼之一，占被鉴定骨骼的29.2%以上。不过，前肢和后肢也存在，而且分布相对均衡。

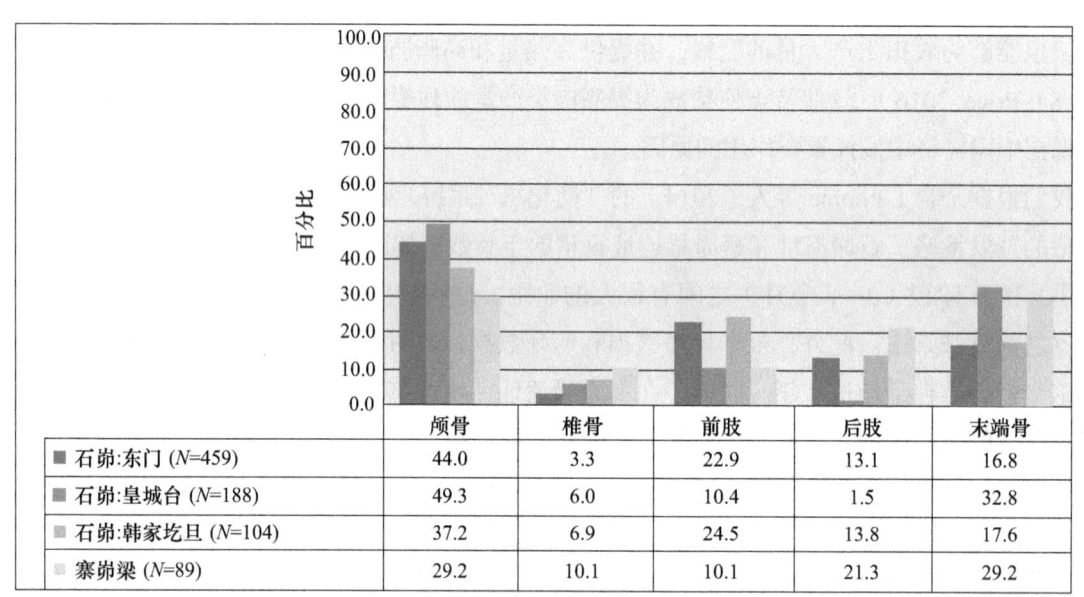

	颅骨	椎骨	前肢	后肢	末端骨
■ 石峁:东门 (N=459)	44.0	3.3	22.9	13.1	16.8
■ 石峁:皇城台 (N=188)	49.3	6.0	10.4	1.5	32.8
■ 石峁:韩家圪旦 (N=104)	37.2	6.9	24.5	13.8	17.6
寨峁梁 (N=89)	29.2	10.1	10.1	21.3	29.2

图八　石峁和寨峁梁遗址出土猪解剖学的骨骼元素表示法
“颅骨”部分包括颞骨岩部和下颌骨；“椎骨”部分包括寰椎、枢椎和盆骨；“前肢”包括肩胛骨、肱骨和桡骨；
“后肢”包括股骨和胫骨；“末端骨”由掌骨和跖骨组成

石峁遗址和寨峁梁遗址的家猪骨骼概况也证实了这两个遗址普遍缺乏标准化或专业化的动物开发生产。家猪所有身体部位均有发现，表明这两个遗址中的动物肢体很可能是在其区域内的不同家庭中屠宰的。

（六）其他家畜

狗在这两个遗址的动物群中都是次要组成部分，可能作为放牧、狩猎伙伴、看守家庭等多种用途。狗骨头上没有屠宰的痕迹，这两个遗址的居民可能都不吃狗肉。这些动物群中缺乏完整或部分有关节的骨骼，而且样本数量较少，因此很难分析狗的数量统计。

猫和马是该遗址可能存在的其他家畜类型。我们在石峁遗址的两只小型猫科动物身上鉴定出了两颗犬齿，然而野猫和家猫犬齿的形态是较为相似的。同样，在石峁遗址的居址中也发现了四颗马科动物的牙齿（P3, P4, M1, M2）。这些马牙有可能是从上层文化层中扰入的。仅凭传统的形态学或生物计量学方法无法确定马齿是野生的还是家养的（Olsen, 1988），但几何形态计量分析的新发展可能有助于显示马种群在不同时期的差异（Seetah et al., 2014）。不过，鉴于目前有证据表明驯马由欧亚大陆传入中国，这些马似乎不太可能来自家马遗存。马最早在大约 5000 年前的欧亚草原西部被驯化，有多个母系，但它传入中国的路线和时间尚不明确（Anthony, 2007; Levine et al., 2003; Librado et al., 2017; Outram et al., 2009）。目前，中国较早驯养马的证据出自甘肃省永靖县齐家文化的大何庄遗址和秦魏家遗址的墓葬群中，年代大约在公元前 2150—前 1900 年（Flad et al., 2007）。在鄂尔多斯地区，仰韶文化晚期至龙山时代晚期的许多遗址中都发现了少量马的遗存，如火石梁（Hu et al., 2008）、庙子沟和大坝沟（Huang, 2003）以及五庄果墚（Hu and Sun, 2005）等遗址，这些马的动物遗存可能代表了当地先民狩猎野马的习俗。晚商时期，中国中原地区安阳殷墟遗址的墓葬和祭祀区中明确出现了驯马遗存（Linduff, 2003; Yuan and Flad, 2005）。

（七）野生动物

野生动物在石峁遗址和寨峁梁遗址内均有少量发现。总的来说，在鄂尔多斯地区的几个遗址中，野生动物的骨骼通常只占已识别动物骨骼的不到 1%（Liu and Chen, 2012：图六、图八）。这两个遗址的野生动物类型表明，狩猎在经济中所起的作用相对较小，主要集中在小型猎物，比如鹿和瞪羚。野生动物包括貉、豪猪、獾、瞪羚、野兔，以及啮齿类动物如中华鼢鼠、甘肃鼢鼠和褐鼠。这些啮齿动物有可能是入侵者。大多数鹿是梅花鹿，也有马鹿。贝类的以淡水软体动物为主。石峁遗址淡水软体动物标本的总 NISP 为 1 份（%NISP＝0.0%），石峁遗址淡水软体动物标本的总 NISP 为 1（%NISP＝0.1%）。

（八）鸟

石峁遗址和寨峁梁遗址中发现的鸟类骨骼相对较少。虽然有可能存在保存状况不同的情况，但已确定的鸟类遗骸状况良好，鸟类普遍保存不良的情况似乎不太可能发生。根据形态学分析，这两个遗址的鸟骨均属于雉科，属野鸡。此外，在石峁遗址还鉴定出了几种未知家禽（鸡属），总 NISP 为 14（%NISP＝0.2%），在寨峁梁遗址发现野鸡 1 只（%NISP＝0.1%）。

七、讨　论

（一）城乡食物生产战略

石峁遗址和寨峁梁遗址的动物遗存研究为新石器时代晚期至二里头时期的畜牧业活动提供了重要的新资料。一个拥有早期青铜冶金遗存的超大型聚落的出现，以及玉器和贝壳等具有权威性的随葬品的出现，都表明石峁遗址的社会分化程度以及个别人的政治和经济权力可能有显著的提高。需要进行更多的研究以明晰这些具有权威性的物品是在当地生产的，还是远距离交换而来的。然而，本研究表明，在家畜的生产和消费方面，石峁遗址和寨峁梁遗址的居民有可能实现自给自足。目前几乎没有证据表明这两个遗址存在动物进出口贸易，但需要对这一地区的其他动物考古类型进行更多研究，以证实这一假说。对这两个遗址的野生和家养动物类型的多样性和分布范围、年龄结构以及家畜骨骼出现频率的研究支持了这一结论。这两个地点的动物群绝大多数都是家畜。在石峁遗址和寨峁梁遗址，猪、羊和牛的宰杀模式缺乏非肉类资源开发的证据。最后，在所有动物类别中，高产肉部位（前肢和后肢）和低产肉部位（颅骨和下肢）的比例，石峁遗址和寨峁梁遗址的比例较为平均。没有证据表明骨骼概况偏向于任何一部分骨骼。总的来说，消费者很可能是在消费肉类的附近获得整只动物并进行加工，然后将骨头丢弃在附近。

（二）次级产品

石峁遗址和寨峁梁遗址的现有数据也为了解新石器时代晚期和早期青铜时代中国北方副产品和牛羊畜牧业的传播概况提供了一个视角。在石峁遗址和寨峁梁遗址，我们没有看到类似于中原地区陶寺遗址和新砦遗址等目前展现羊毛生产的遗址中的家畜数量特征（Brunson et al., 2015; Dai et al., 2014; Li et al., 2014）。产羊毛的羊群通常包含大量的成年到年老的动物和大量的阉割的成年公羊。然而，石峁遗址和寨峁梁遗址的动物考古证据表明，大多数羊在较年轻的时候被宰杀，这与肉类开采的特征相一致。因此，有可能在羊进入中国西部的初期，人们就开始利用它们来获取奶和肉（Brunson et al., 2015）。正如其他学者所说，陶寺遗址和新砦遗址可能标志着中国中原地区羊毛生产的初步实践（Li et al., 2014）。在未来，需要做更多的工作来了解羊毛生产的引进、发展和繁荣。其中应包括对陶纺轮的分析、对纺织品和印纹陶器的研究以及布料或羊毛碎屑的研究。最后，需要做更多的工作来了解其他畜牧业相关技术的传播，如饲料、牵引、施肥、季节性生育和季节性转移等。

八、结　　论

本文对石峁遗址和寨峁梁遗址的动物考古遗存进行了研究。作为新石器时代晚期至早期青铜器时代的大型城市遗址，石峁遗址以畜牧经济为主，以绵羊、山羊、牛、猪为主，在其自给经济中，野生动物的出现频率较低。石峁遗址和寨峁梁遗址的居民很可能在自家饲养猪等牲畜，也参与其他需要更多时间和专业知识的食品生产活动，如饲养绵羊、山羊和牛。

随着石峁遗址经济图景的更加清晰，需要对鄂尔多斯地区周边小村庄进行更详细的动物考古研究，以证实这些初步结果。尤其是，当获取了详细的碳十四数据时，未来的工作可以进一步探索石峁遗址与更小型遗址之间的对比。目前，这两个遗址之间没有专门的食物供应系统的记录，尚不清楚它们是否是更大的区域系统的一个重要特征。目前的动物考古学研究所提供的证据还不足以完全排除石峁遗址的动物由周边村镇提供的可能性。此外，还需要更详细的年龄数据和骨骼稳定同位素数据，才能对这两个遗址的食物生产策略得出确切结论。未来的动物考古学研究还应结合对动物采食活动和动物流动模式的稳定同位素分析，以帮助进一步验证这些假设。在瓦店、陶寺和二里头等中原遗址中，锶稳定同位素研究已被证明有助于确定动物是否在当地饲养（Zhao et al., 2011a, b, 2012a, b）。

根据目前的研究，还需要在中国早期猪的食谱和管理策略方面进行更深入的探索。中国早期猪的饲养策略可能包括以下四种之一：散养觅食、在城市中捡拾垃圾，或采用更密集的畜牧方法，包括圈养和冬季喂食。进一步研究这些问题，需要多方面的证据。骨胶原中的高 $\delta^{15}N$ 稳定同位素值可能暗示了猪主要食用高蛋白生活垃圾的圈养策略（Pickard et al., 2017）。牙结石中的淀粉粒和植硅体分析可以区分包括野生食物、坚果和谷类作物在内的不同食谱（Weber and Price, 2016）。未来，利用猪牙齿的微磨损分析也可能是区分这些行为的重要途径（Vanpoucke et al., 2009; Ward and Mainland, 1999）。

最后，对这些假设的进一步探索需要结合遗址中的其他遗存，目前国内外研究人员正在对这些遗存进行研究。研究产品工艺对于了解当时是否存在专门性的生产非常重要。将动物经济的研究纳入中国城市化兴起的研究中大有可为，通过这些研究，我们将更好地评估新兴中心城市对动物产品的控制。

附记：这项研究得到了北京大学孔子学院中国研究项目联合研究博士奖学金（CCSP-IIE）、北京大学斯坦福中心博士前期奖学金项目（SCPKU）以及斯坦福考古中心和斯坦福大学东亚语言与文化系（EALC）（Owlett）的资助。石峁动物群和寨峁梁动物群的研究工作得到了刘莉的慷慨支持，她为我们提供了建议和支持，并协助我们制定了这一研究计划。同时，我们也要感谢所有辛勤工作的石峁发掘团队成员，特别是赵向辉、刘芳、唐博豪、高升、魏唯一和吴小可，他们在研究过程中提供了极大的帮助。最后，作者还要感谢 Anne Underhill、刘莉和两位匿名审稿人，感谢他们对本手稿之前的版本提出了非常详尽的具有建设性的意见。本文中的任何错误均由作者本人负责。

参 考 文 献

戴玲玲，李志鹏，胡耀武，等. 2014. 新砦遗址出土羊的死亡年龄及畜产品开发策略. 考古（1）：94-103.

高升，孙周勇，邵晶，等. 2016. 陕西榆林寨峁梁遗址浮选结果及分析. 农业考古（3）：14-19.

国庆华，孙周勇，邵晶. 2016. 石峁外城东门址和早期城建技术. 考古与文物（4）：88-101.

胡松梅，孙周勇. 2005. 陕北靖边五庄果墚动物遗存及古环境分析. 考古与文物（6）：72-84.

胡松梅，杨苗苗，孙周勇，等. 2016. 2012—2013 年度陕西神木石峁遗址出土动物遗存研究. 考古与文物（4）：109-121.

胡松梅，张鹏程，袁明. 2008. 榆林火石梁遗址动物遗存研究. 人类学学报（3）：232-248.

黄蕴平. 1996. 内蒙古朱开沟遗址兽骨的鉴定与研究. 考古学报（4）：515-536+552-557.

靳桂云，栾丰实，蔡凤书，等. 2004. 日照市两城镇遗址土壤样品植硅体研究. 考古（9）：81-86+102-103+2.

李志鹏. 2011. 晚商都城羊的消费利用与供应——殷墟出土羊骨的动物考古学研究. 考古（7）：76-87.

罗运兵. 2012. 中国古代猪类驯化、饲养与仪式性使用. 科学出版社.

邵安定，付倩丽，孙周勇，等. 2015. 陕西神木县石峁遗址出土壁画制作材料及工艺研究. 考古（6）：109-120.

邵晶. 2016. 试论石峁城址的年代及修建过程. 考古与文物（4）：102-108.

孙周勇，邵晶，邵安定，等. 2013. 陕西神木县石峁遗址. 考古（7）：15-24+2.

孙周勇，邵晶，邵安定，等. 2015. 陕西神木县石峁遗址后阳湾、呼家洼地点试掘简报. 考古（5）：60-71+2.

孙周勇，邵晶，邵安定，等. 2016. 陕西神木县石峁遗址韩家圪旦地点发掘简报. 考古与文物（4）：14-24+2.

王炜林，郭小宁. 2016. 陕北地区龙山至夏时期的聚落与社会初论. 考古与文物（4）：52-59.

夏秀敏，孙周勇，杨利平，等. 2016. 陕北榆林王阳畔遗址的植硅体分析. 人类学学报 35（2）：257-266.

许宏. 2000. 论夏商西周三代城市之特质. 三代文明研究（一）. 科学出版社.

姚政权，吴妍，王昌燧，等. 2006. 山西襄汾陶寺遗址的植硅石分析. 农业考古（4）：19-26.

姚政权，吴妍，王昌燧，等. 2007. 河南新密市新砦遗址的植硅石分析. 考古（3）：90-96.

袁靖. 2010. 中国古代家养动物的动物考古学研究. 第四纪研究（2）: 298-306.

赵春燕, 李志鹏, 袁靖, 等. 2011. 二里头遗址出土动物来源初探——根据牙釉质的锶同位素比值分析. 考古（7）: 68-75.

赵春燕, 袁靖, 何驽. 2011. 山西省襄汾县陶寺遗址出土动物牙釉质的锶同位素比值分析. 第四纪研究 31（1）: 22-28.

赵志军. 2007. 公元前 2500 年—公元前 1500 年中原地区农业经济研究. 科技考古（2）. 科学出版社, 1-11.

赵志军, 何驽. 2006. 陶寺城址 2002 年度浮选结果及分析. 考古（5）: 77-86+104+2.

中国社会科学院考古研究所. 2014. 二里头（1999—2006）. 文物出版社.

中国社会科学院考古研究所, 山西省临汾市文物局. 2015. 襄汾陶寺 1978—1985 年考古发掘报告（Ⅱ）. 文物出版社.

中美联合考古队. 2016. 两城镇: 1998—2001 年发掘报告. 文物出版社.

Allentuck A, Greenfield H J. 2010. The organization of animal production in an Early Urban Center: the zooarchaeological evidence from early Bronze Age Titriş Höyük, southeast Turkey. In: Campana D, Crabtree P, de France S D, Lev-Tov J, Choyke A (Eds.). Anthropological Approaches to Zooarchaeology: Complexity, Colonialism, and Animal Transformations. Oxbow Books, Oxford: 12-29.

Anthony D. 2007. The Horse, the Wheel, and Language. Princeton University Press, Princeton.

Arbuckle B. 2012. Pastoralism, provisioning, and power at Bronze Age Acemhöyük, Turkey. Am. Anthropol. 114: 462-476.

Atahan P, Dodson J, Li X, et al. 2014. Temporal trends in millet consumption in northern China. Archaeol. Sci. 50 (1): 171-177.

Balasse M, Ambrose S H. 2005. Distinguishing sheep and goats using dental morphology and stable carbon isotopes in C4 grassland environments. J. Archaeol. Sci. 32: 691-702.

Bartosiewicz L. 1995. Animals in the urban landscape in the wake of the Middle Ages. Tempus Reparatum, Oxford.

Bennett G P. 2002. The Organization of Lithic Tool Production During the Longshan Period (ca. 2600-2000 BC) in Southeastern Shandong Province, China (Unpublished PhD dissertation). University of California, Los Angeles.

Blitz J H. 1993. Big pots for big shots: feasting and storage in a Mississippian Community. Am. Antiq. 1: 80-96.

Bonomo M F. 2017. Ceramic production and provenance in the Yiluo Basin (Henan, China): geoarchaeological interpretations of utilitarian craft production in the Erlitou state. In: Archaeological Research in Asia, (This Volume).

Brunson K, He N, Dai X. 2015. Sheep, cattle, and specialization: new zooarchaeological perspectives on the Taosi longshan. Int. J. Osteoarchaeol. 26 (3): 460-475.

Buckley M, Whitcher Kansa S, Howard S, et al. 2010. Distinguishing between archaeological sheep and goat bones using a single collagen peptide. J. Archaeol. Sci. 37: 13-20.

Çakirlar C, Gourichon L, Pilaar-Birch S, et al. 2014. Provisioning an urban center under foreign occupation: zooarchaeological insights into the Hittite presence in late fourteenth-century B. C. E Alalakh. J. East. Mediterr. Archaeol. Herit. Stud. 2 (4): 259-276.

Chen S Y, Su Y H, Wu S, et al. 2005. Mitochondrial diversity and phylogeographic structure of Chinese domestic goats. Mol. Phylogenet. Evol. 37 (3): 804-814.

Chen X L, Guo X N, Wang W L, et al. 2016. The subsistence patterns of the Shengedaliang site (—4000 yr BP) revealed by stable carbon and nitrogen isotopes in northern Shaanxi, China. Sci. China Earth Sci. 60 (2): 268-276.

Childe V G. 1950. The urban revolution. Town Plann. Rev. 21 (1): 3-17.

Crabtree P J. 1990. Zooarchaeology and complex societies: some uses of faunal analysis for the study of trade, social status, and ethnicity. Archaeol. Method Theory 2: 155-205.

Crawford G, Underhill A P, Zhao Z, et al. 2005. Late Neolithic plant remains from northern China: preliminary results from Liangchengzhen, Shandong. Curr. Anthropol. 46 (2): 309-317.

Creekmore A T, Fisher K D (Eds.). 2014. Making Ancient Cities: Space and Place in Early Urban Societies. Cambridge

University Press, Cambridge.

Cunnar G E. 2007. The Production and Use of Stone Tools at the Longshan Period Site of Liang-chengzhen, China (Unpublished PhD dissertation). Yale University, New Haven, CT.

Cunnar G, 方堃杨, 董豫. 2013. 鲁东南沿海地区考古调查发现石器研究. 东方考古 10. 科学出版社：336-372.

D'Alpoim Guedes J. 2011. Rice, millets, social complexity and the spread of millet agriculture to the Chengdu Plain and southwest China. Rice 4: 104-113.

Dahl G, Hjort A. 1976. Having Herds: Pastoral Herd Growth and Household Economy. Department of Social Anthropology, University of Stockholm, Stockholm.

Demattè P. 1999. Longshan-era urbanism: the role of cities in predynastic China. Asian Perspect. 38 (2): 119-153.

Dietler M. 2007. Culinary encounters: food, identity and colonialism. In: Twiss, K. C. (Ed.), Archaeology of Food and Identity. Carbondale: Southern. University Press, Illinois: 218-242.

Doumani P N, Frachetti M D, Beardmore R, et al. 2015. Burial ritual, agriculture, and craft Production among Bronze Age pastoralists at Tasbas (Kazakhstan). Archaeol. Res. Asia 1-2: 17-32.

Fang H, Feinman G M, Nicholas L M. 2015. Imperial expansion, public investment, and the long path of history: China's initial political unification and its aftermath. PNAS 112 (30): 9224-9229.

Flad R K. 2011. Salt Production and Social Hierarchy in Ancient China: An Archaeological Investigation of Specialization in China's Three Gorges. Cambridge University Press, Cambridge.

Flad R K, Yuan J, Li S. 2007. Zooarchaeological evidence for animal domestication in Northwest China. In: Madsen, D., Chen, F. H., Gao, X. (Eds.), Late Quaternary Climate Change and Human Adaptation in Arid China. Elsevier, Amsterdam: 167-204.

Flannery K V. 1969. The animal remains. In: Hole, F. A., Flannery, K. V., Neely, J. A. (Eds.), Prehistory and Human Ecology on the Deh Luran Plain. Memoirs of the Museum of Anthropology 1. University of Michigan, Ann Arbor, pp. 262-331.

Gremillion K. 2011. Ancestral Appetites: Food in Prehistory. Cambridge University Press, Cambridge.

Guo Q, Sun Z Y. 2017. The East Gate of Shimao: An architectural interpretation. Archaeological Research in Asia, This Volume.

Halstead P, Collins P, Isaakidou V. 2002. Sorting the sheep from the goats: morphological distinctions between the mandibular teeth of adult Ovis and Capra. J. Archaeol. Sci. 29: 545-553.

Hamilakis Y, Konsolaki E. 2004. Pigs for the gods: burnt animal sacrifices as embodied rituals at a Mycenaean sanctuary. Oxf. J. Archaeol. 23 (2): 135-151.

Haruda A F. 2016. Separating sheep (Ovis aries) and goats (Capra hircus) using geometric morphometric methods: an investigation of astragalus morphology from Late Final Bronze Age Central Asian Contexts. Int. J. Osteoarchaeol. 27 (4): 551-562.

Hastorf C. 2016. The Social Archaeology of Food. Cambridge University Press, Cambridge.

Helmer D. 2000. Discrimination des genres Ovis et Capra à l'aide des prémolaires inférieures 3 et 4. L'exemple de Dikili Tash (Macédoine-Grèce) (Discrimination between the genres of Ovis and Capra based upon lower premolars 3 and 4. The example of Dikili Tash (Macedonia Greece)) Ibex 5. Anthropozoologica 31: 29-38 (In French).

Helmer D, Gourichon L, Vila E. 2007. The development of the exploitation of products from Capra and Ovis (meat, milk and fleece) from the PPNB to the Early Bronze in the northern Near East (8700 to 2000 BC cal.). Anthropozoologica 42 (2): 41-69.

Howell-Meurs S. 2001. Archaeozoological evidence for pastoral systems and herd mobility: the remains from Sos Höyük and Büyüktepe Höyük. Int. J. Osteoarchaeol. 11 (5): 321-328.

Huang Y. 2003. Miaozigou yu Dabagou yizhi dongqu yihai jianding baogao (Report on the identification of faunal remains from the sites of Miaozigou and Dabagou). In: Inner Mongolia Institute of Archaeology and Peking University Chinese Archaeology Research Center. Daihai kaogu-Yangshao wenhua yizhi fajue baogaoji (Daihai Archaeology (3)-Report on the excavation of Yangshao period sites). Kexue chubanshe, Beijing: 599-611.

Itahashi Y, Miyake Y, Yutaka Osamu M, et al. 2017. Preference for fish in a Neolithic hunter-gatherer community of the upper Tigris, elucidated by amino acid $\delta^{15}N$ analysis. J. Archaeol. Sci. 82: 40-49.

Jin G, Wang C Y. 2007. Analysis of phytoliths samples from the survey of the Upper and Mid Ying River Valley. In: School of Archaeology and Museuology, Peking University and Henan Provincial Institute of Cultural Relics and Archaeology (Eds.), 登封王城岗考古发现与研究（2002—2005）. 大象出版社：804-814.

Kuijt I. 2009. What do we really know about food storage, surplus and feasting in pre agricultural communities? Curr. Anthropol. 50 (5), 641-644 (711-712).

Lam Y M, Chen X, Pearson O M. 1999. Intertaxonomic variability in patterns of bone density and the differential representation of bovid, cervid, and equid elements in the archaeological record. Am. Antiq. 64: 343-362.

Lam Y M, Pearson O M, Marean C W, Chen X. 2003. Bone density studies in zooarchaeology. J. Archaeol. Sci. 30: 1701-1708.

Lanehart R E, Tykot R H, Underhill A P, et al. 2011. Dietary adaptation during the Longshan period in China: stable isotope analyses at Liangchengzhen (southeastern Shandong). J. Archaeol. Sci. 38 (9): 2171-2181.

LaViolette A, Fleisher J. 2009. The urban history of a rural place: Swahili archaeology on Pemba Island, Tanzania, A. D. 700-1500. Int. J. Afr. Hist. Stud. 42 (3): 433-455.

LeCount L, Yaeger J. 2010. Classic Maya Provincial Politics: Xunantunich and Its Hinterlands. University of Arizona Press, Tucson.

Lemoine X, Zeder M, Bishop K, Rufolo S. 2014. A new system for computing dentition-based age profiles in Sus scrofa. J. Archaeol. Sci. 47: 179-193.

Levine M, Renfrew C, Boyle K. 2003. Prehistoric Steppe Adaptation and the Horse. McDonald Institute for Archaeological Research, Cambridge.

Lev-tov J E, Maher E F. 2001. Food in Late Bronze Age funerary offerings: faunal evidence from Tomb 1 at Tell Dothan. Palest. Explor. Q. 133: 91-110.

Li Z P, Campbell R, Brunson K, Yang J, Tao Y. 2014. The exploitation of domestic animal products from the Late Neolithic Age to the Early Bronze Age in the heartland of ancient China. In: Greenfield, H. (Ed.), Animal Secondary Products: Domestic Animal Exploitation in Prehistoric Europe, the Near East and the Far East. Oxbow Books, Oxford and Philadelphia: 56-79.

Librado P, Gamba C, Gaunitz C, et al. 2017. Ancient genomic changes associated with the horse. Science 356 (6336): 442-445.

Linduff K M. 2003. A walk on the wild Side: Late Shang appropriation of horses in China. In: Levine, M., Renfrew, C., Boyle, K. (Eds.), Prehistoric Steppe Adaption and the Horse. Oxbow Books, Oxford and Philadelphia: 139-162.

Liu B, Jin H, Sun L, et al. 2014. Holocene moisture change revealed by the Rb/Sr ratio of Aeolian deposits in the southeastern Mu Us Desert, China. Aeolian Res. 24: 110-119.

Liu L. 1994. Development of Chiefdom Societies in the Middle and Yellow River Valley in Neolithic China: A Study of the Longshan Culture from the Perspective of Settlement Patterns (Unpublished PhD dissertation). Harvard University, Cambridge, MA.

Liu L, Chen X. 2012. The Archaeology of China: From the Late Paleolithic to the Early Bronze Age. Cambridge University Press, Cambridge.

Liu L, Chen X, Lee Y K, Wright H, Rosen A. 2002-2004. Settlement patterns and development of social complexity in the Yiluo region, north China. J. Field Archaeol. 29 (1): 75-100.

Liu L, Chen X, Li B. 2007. Non-state crafts in the early Chinese state: an archaeological view from the Erlitou Hinterland. Indo-Pac. Prehist. Assoc. Bull. 27: 93-102.

Lyman R L. 1994. Vertebrate Taphonomy. Cambridge University Press, Cambridge.

Ma X. 2005. Emergent Social Complexity in the Yangshao Culture: Analyses of Settlement Patterns and Faunal Remains from Lingbao, Western Henan, China. (c.4900-3000 BC). BAR International Series 1453 Archaeopress, Oxford.

Maltby J M. 1984. Animal bones and the Romano-British economy. In: Grigson, C., Clutton-Brock, J. (Eds.), Animals and Archaeology 4: Husbandry in Europe. BAR International Series 227 Archaeopress, Oxford: 125-138.

Marcus J, Sabloff J A (Eds.). 2008. The Ancient City: New Perspectives on Urbanism in the Old and New World. School for Advanced Research, Santa Fe.

Marom N, Bar-Oz G. 2009. Culling profiles: the indeterminacy of archaeozoological data to survivorship curve modelling of sheep and goat herd maintenance. J. Archaeol. Sci. 36: 1184-1187.

Meadow R. 1989. Osteological evidence for the process of animal domestication. In: Clutton-Brock, J. (Ed.), The walking larder: patterns of domestication, pastoralism and predation. Unwin Hyman, London: 80-96.

Methany K B, Beaudry M C. 2015. Archaeology of Food: An Encyclopedia. Rowman and Littlefield, Lanham.

Nagaoka, L. 2005. Differential recovery of Pacific Island fish remains. J. Archaeol. Sci. 32: 941-955.

O'Connor T. 2003. The analysis of urban animal bone assemblages. In: Archaeology of York. 2 (19) York Archaeological Trust and Council for British Archaeology, York, U. K.

Olsen S J. 1988. The horse in Ancient China and its cultural influence in some other areas. Proc. Acad. Natl. Sci. Phila. 140 (2): 151-189.

Outram A, Stear N A, Bendrey R, et al. 2009. The earliest horse harnessing and milking. Science 323 (5919): 1332-1335.

Parker Pearson M (Ed.). 2003. Food, Culture and Identity in the Neolithic and Early Bronze Age. BAR International Series no. 1117 Archaeopress, Oxford.

Payne S. 1972. Partial recovery and sample bias: results of some sieving experiments. In: Higgs, E. S. (Ed.), Papers in Economic Prehistory. 1. Cambridge University Press, Cambridge: 49-64.

Payne S. 1973. Kill-off patterns in sheep and goats: the mandibles from Asvan Kale. Anatol. Stud. 23: 281-303.

Payne S. 1985. Morphological distinctions between the mandibular teeth of young sheep, Ovis, and goats, Capra. J. Archaeol. Sci. 12: 139-147.

Pezzarossi G, Kennedy R, Law H. 2012. Hoe cakes and pickerel': cooking traditions and community at a nineteenth century Nipmuc farmstead. In: Graff, S., Rodriguez-Alegria, E. (Eds.), The Menial Art of Cooking: Archaeological Studies of Cooking and Food Preparation. University of Colorado Press, Boulder: 201-230.

Pickard C, Schoop U-D, Bartosiewicz L, et al. 2017. Animal keeping in Chalcolithic north-central Anatolia: what can stable isotope analysis add? Archaeol. Anthropol. Sci. 9 (7): 1349-1362.

Pokines J T. 2000. Microfaunal research design in the Cantabrian Spanish Paleolithic. J. Anthropol. Res. 56: 95-112.

Price M D. 2016. Pigs and Power: Pig Husbandry in Northern Mesopotamia During the Emergence of Social Complexity (6500-2000 BC) (Unpublished PhD Dissertation). Harvard University, Cambridge, MA.

Redding R W. 1984. Theoretical determinants of a herder's decisions: modeling variation in the sheep/goat ratio. Animals and. Archaeology 3: 161-170.

Ross A, Duffy R. 2000. Fine mesh screening of midden material and the recovery of fish bone: the development of flotation and deflocculation techniques for an efficient and effective procedure. Geoarchaeology 15 (1): 21-41.

Schwartz G. 2015. Rural Archaeology in Early Urban Northern Mesopotamia: Excavations at Tell al-Raqa'i. The Cotsen Institute of Archaeology Press, Los Angeles.

Seetah K, Cucchi T, Dobney K, et al. 2014. A geometric morphometric re-evaluation of the use of dental form to explore differences in horse (Equus caballus) populations and its potential zooarchaeological application. J. Archaeol. Sci. 41: 904-910.

Shaffer B, Sanchez J. 1994. Comparison of 1/8" -and 1/4" -mesh recovery of controlled samples of small-to-medium-sized mammals. Am. Antiq. 59: 525-530.

Silver I. 1969. The ageing of domestic animals. In: Brothwell, D., Higgs, E. (Eds.), Science and Archaeology: A Survey of Progress and Research. Thames and Hudson, London: 283-302.

Smith M L. 2003. The Social Construction of Ancient Cities. Smithsonian Institute Press, Washington, D. C.

Stahl A B. 2002. Colonial entanglements and the practices of taste: an alternative to ogocentric approaches. Am. Anthropol. 104 (3): 827-845.

Stahl P. 1996. The recovery and interpretation of microvertebrate bone assemblages from archaeological contexts. J. Archaeol. Method Theory 3: 31-75.

Sun Z Y, Shao J, Liu L. 2017. The first neolithic urban center on China's north Loess Plateau: the rise and fall of Shimao. In: Archaeological Research in Asia14: 33-45.

Twiss K C (Ed.). 2007. The Archaeology of Food and Identity, Center for Archaeological Investigations. Southern Illinois University Press, Carbondale Occasional Paper no. 34.

Uerpmann H P. 1973. Animal bone finds and economic archaeology: a critical study of osteo-archaeological method. World Archaeol. 4 (3): 307-322.

Underhill A P. 1994. Variation in settlements during the Longshan period of northern China. Asian Perspect. 33 (2): 197-228.

Underhill A P. 2002. Craft Production and Social Change in Northern China. Kluwer Academic/Plenum Publishers, New York.

Underhill A P. 2017. Urbanization and new social contexts for consumption of food and drink in northern China. In: Archaeological Research in Asia14: 7-19.

Underhill A. P, Feinman G M, Nicholas L M. 2008. Changes in regional settlement patterns and the development of complex societies in southeastern Shandong, China. J. Anthropol. Archaeol. 27 (1): 1-29.

Ur J A. 2014. Households and the emergence of cities in ancient Mesopotamia. Camb. Archaeol. J. 24: 249-268.

van der Veen M. 2003. When is food a luxury? World Archaeol. 34 (3): 405-427.

Vanpoucke S, Mainland I, Cupere B D. 2009. Dental micro wear study of pigs from the classical site of Sagalassos (SW Turkey) as an aid for the reconstruction of husbandry practices in ancient times. Environ. Archaeol. 14 (2): 137-154.

Voss B. 2008. Archaeology of Ethnogenesis: Race and Sexuality in Colonial San Francisco. University of California Press, Berkeley.

Walshaw S C. 2010. Converting to rice: urbanization, islamization and crops on Pemba Island, Tanzania A. D.700-1500. World Archaeol. 42 (1): 137-153.

Wang H, Martin L, Wang W, et al. 2015. Morphometric analysis of Sus remains from neolithic sites in the Wei River Valley, China, with implications for domestication. Int. J. Osteoarchaeol. 25 (6): 877-889.

Wang Y. 2015. The Origins of Sheep and Goat Domestication in Western China (Unpublished PhD Dissertation). Cambridge University, U. K.

Wapnish P, Hesse B. 1988. Urbanization and the organization of animal production at Tell Jemmeh in the middle Bronze Age Levant. J. Near East. Stud. 47: 81-94.

Ward J, Mainland I L. 1999. Microwear in modern rooting and stall-fed pigs: the potential of dental microwear analysis for exploring pig diet and management in the past. Environ. Archaeol. 4: 25-32.

Wattenmaker P. 1998. Household and State in Upper Mesopotamia: Specialized Economy and the Social Uses of Goods in an Early Complex Society. Smithsonian Institution Press, Washington, DC.

Weber S, Price M. 2016. What the pig ate: a plant microfossil study of pig dental calculus from 10th-3rd Millennium B. C.

northern Mesopotamia. J. Archaeol. Sci. Rep. 6: 819-827.

Weissbrod L, Malkinson D, Cucchi T, et al. 2014. Ancient urban ecology reconstructed from archaeozoological remains of small mammals in the Near East. PLoS One 9 (3): 91795.

Wheatley P. 1970. The Pivot of the Four Quarters; a Preliminary Enquiry into the Origins and Character of the Ancient Chinese City. Aldine, Chicago.

Yates R D S. 1997. The city state in Ancient China. In: Nichols, D. L., Charlton, T. H. (Eds.), The Archaeology of City States: Cross Cultural Approaches. Smithsonian Institution Press, Washington, D. C.: 71-90.

Yuan J, Campbell R. 2008. Recent archaeometric research on "the origins of Chinese civilization". Antiquity 83: 96-109.

Yuan J, Flad R K. 2005. New zooarchaeological evidence for changes in Shang Dynasty animal sacrifice. J. Anthropol. Archaeol. 24 (3): 252-270.

Zeder M. 1988. Understanding urban process through the study of specialized subsistence economy in the Near East. J. Anthropol. Archaeol. 7: 1-55.

Zeder M. 1991. Feeding Cities: Specialized Animal Economy in the Ancient Near East. Smithsonian Institute Press, Washington, D. C.

Zeder M. 2006. Reconciling rates of long bone fusion and tooth eruption and wear in sheep (Ovis) and goat (Capra). In: Ruscillo, D. (Ed.), Ageing and Sexing Animals from Archaeological Sites. Oxbow Press, Oxford: 87-118.

Zeder M, Lapham H A. 2010. Assessing the reliability of criteria used to identify postcranial bones in sheep, Ovis, and goats, Capra. J. Archaeol. Sci. 37: 2887-2905.

Zeder M, Pilaar S. 2010. Assessing the reliability of criteria used to identify mandibles and mandibular teeth in sheep, Ovis, and goats, Capra. J. Archaeol. Sci. 37: 225-242.

Zeirdan M A, Reitz E. 2016. Charleston: An Archaeology of Life in a Coastal Community. University Press of Florida, Gainsville.

Zhao C, Lu P, Yuan Y. 2012a. Strontium isotope analysis of archaeological fauna from the Wadian Site. In: Zhou, M., Romanowska, I., Wu, Z., Xu, P., Verhagen, P. (Eds.), Revive the Past. Computer Applications and Quantitative Methods in Archaeology (CAA). Proceedings of the 39th International Conference, Beijing, April 12-16. Pallas Publications, Amsterdam: 227-233.

Zhao C, Yang J, Yuan J, et al. 2012b. Strontium isotope analysis of archaeological fauna at the Erlitou site. Sci. China Earth Sci. 55: 1255-1259.

（原载于 Archaeological Research in Asia, volume14, 2018）

喂养石峁：中国黄土高原北部早期城市化的植物考古和同位素研究

生膨菲　尚　雪　周新郢　司徒克（Michael Storozum）　杨利平
郭小宁　张鹏程　孙战伟　胡松梅　孙周勇　胡耀武　著
生膨菲　译

一、引　言

新石器时代到青铜时代的转变与早期城市化的出现、青铜器的使用、大规模人口迁徙与跨大洲的文化交流互动相吻合[1]。尽管早期城市化带来了经济上的好处有很多，但早期人类社会面临的最紧迫挑战之一便是随着经济变得更加专业化，如何为这些日益密集的人口提供农产品，以维持他们的生存[2]。另外，学者们还认为4200 BP全球气候急剧变化事件也对这一时期的人类社会造成了新的生存压力，很可能会影响城市化繁盛期的连续性[3]。了解青铜时代早期的人们在不断变化的气候条件下采取何种农业适应策略来提高农业生产率，对我们持续面对上述的持续挑战来说相当重要。

长期以来，考古学家普遍认为中国东部的黄河中下游平原是中国新石器时代文化和青铜时代文明发展的核心地区[4]。然而，石峁遗址"石破天惊"的考古发现迫使考古学家重新思考，在黄土高原北部这样一个环境脆弱的地区，这样一个通常被认为是与欧亚草原接壤的文化边缘地带，一个早期的社会复杂化进程是如何在石峁遗址周围出现和发展起来的（图一）[5]。以往的研究工作描述了石峁遗址的规模、年代与物质文化[6]，但人们对支持这个新出现的早期城市的农业策略以及随后的社会转型仍然知之甚少。在此之前，有学者在中原地区的伊洛河流域已经开展了一些开创性的工作[7]，但以往研究尚未对黄土高原上的石峁周围聚落的农业系统进行综合研究。这些探索对于了解人口密度的增长、纪念性建筑的发展以及石峁地区迅速出现的社会政治的复杂性至关重要。

缺乏相关研究的部分原因是，人们长期以来认为石峁周边地区是中国北方黄土高原相对干旱的地区，即使不是不可能，当地农业也很难实现高产。最近的植物考古研究表明，5000—3000 BP期间，黄土高原北部的农业人群经常种植粟（Setaria italica）和黍（Panicum miliaceum）[8]。有研究报道了在这一地区发现炭化水稻种子，其年代约为4000 BP，但迄今为止，在该地区新石器时代晚期至青铜时代早期的遗址中还没有发现小麦或大麦等西亚起源作物的证据[9]。基于已有的植物考古证据，我们认为很可能是以粟黍种植为基础的、富有成效的农业策略推动了石峁发现的逐渐复杂的社会政治结构。

在本文中，我们首次综合研究了从石峁及其周边地区发现的大植物遗存植物考古和同位素数据，以期进一步了解黄土高原北部地区以粟黍为基础的农业系统是如何支持了石峁地区（图一c）

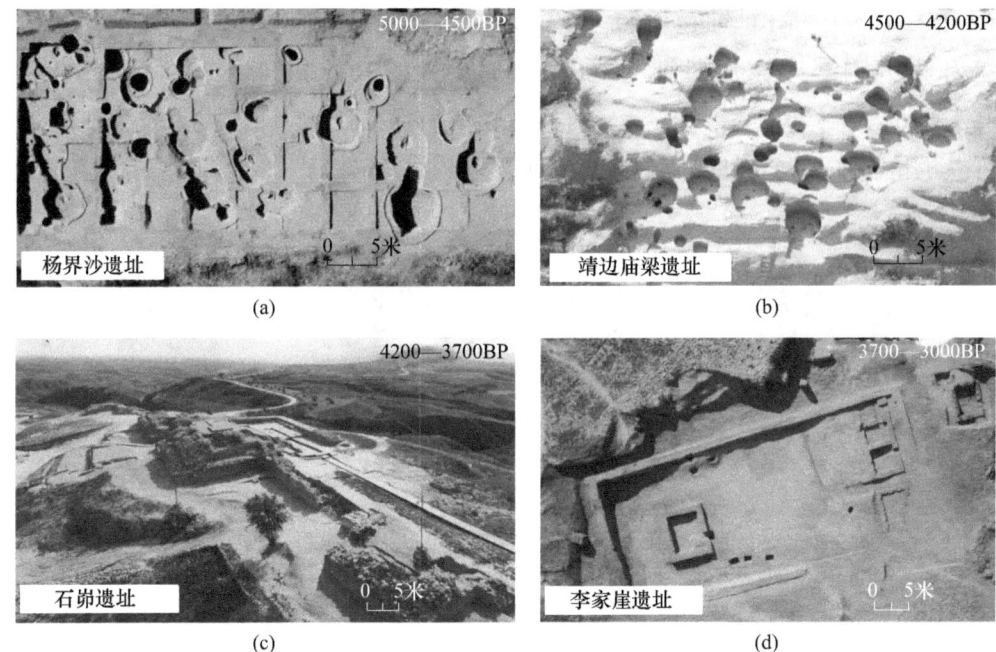

图一　黄土高原北部地区 5000—3000 BP 四个典型聚落
（a）（b）乡村聚落[10]　（c）（d）中心城市[11]

从新石器时代晚期到青铜时代早期（5000—3000 BP）日益增长的社会政治复杂化和纪念性建筑的建造。首先，我们利用新的和现有的植物考古数据量化分析了与作物相关的策略变化，这有助于更好地理解农业发展的轨迹[12]。此外，我们还分析了粟黍种子的碳（δ^{13}C）、氮（δ^{15}N）稳定同位素比值，以评估这些作物的生长条件[13]。Wang 等人（2018）最近对黄土高原南部新石器时代晚期遗址出土的炭化小米种子进行了碳、氮稳定同位素研究[14]，结果表明，与周围的自然植被相比，粟黍的 δ^{15}N 值升高了，研究者推测新石器时代晚期的粟黍农人可能在 5000 年前就把施肥作为一种重要的农田管理方法，以帮助养活人口日益稠密的聚落。

　　鉴于人口密度很可能是刺激中国复杂社会和早期城市出现的一个重要因素[15]，我们认为，石峁（图一 c）和其他黄土高原北部地区青铜时代早期（4200—3000 BP）的城市中心，如李家崖（图一 d）和辛庄，以粟黍为基础的农业策略一定比新石器时代晚期（5000—4200 BP）的小型农村聚落（例如杨界沙和庙梁）更有成效。此外，4200 BP 环境变化事件可能使石峁周围荒漠过渡带的农业生产面临更大的失败风险[16]。为了验证这些假设，我们将新的研究结果与之前公布的石峁地区植物考古和植物、动物和人类的稳定同位素分析数据相结合，研究了该地区 5000—3000 BP 期间农业生产方式的变化。这些数据让我们更全面地了解了当地以粟黍为基础的农业策略，策略变化凸显了石峁地区的社会变革。

二、材料和方法

　　我们共采集了 93 份炭化植物种子样本，包括粟、黍和两种野草种子（藜科和虫实属）（图二）。这些样本来自石峁地区 12 个考古遗址的灰坑等遗迹中，年代属于连续的 4 个文化时期：仰韶晚期

（5000—4500 BP，LYS）、龙山早期（4500—4200 BP，ELS）、龙山晚至二里头时期（4200—3700 BP，LLS-ELT）和朱开沟至李家崖时期（3700—3000 BP，ZKG-LJY）。Sheng 等人（2018）[17]、Sheng（2018）[18] 和 Bao 等人（2018）[19] 曾发表了对相关植物遗存的描述及其回收方法的详细信息。我们对相关遗址采集的植物种子进行了量化分析（方法见下文），并确定其碳、氮稳定同位素值（$\delta^{13}C$，$\delta^{15}N$）。

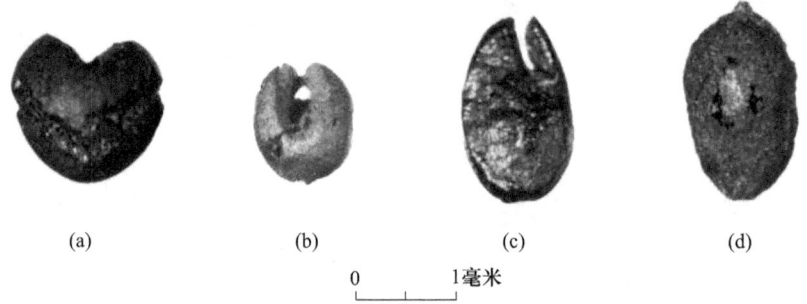

图二　本研究涉及的黄土高原北部地区 5000—3000 BP 遗址出土炭化植物种子[20]

（a）黍（*Panicum miliaceum*）（b）粟（*Setaria italica*）（c）藜科（Chenopodiaceae）

（d）虫实属（*Corispermum* sp.）　比例尺=1 毫米

三、植物考古分析

作物组合的历时性变化记录了人类的农业生产活动与自然环境、社会文化因素长期相互作用的历史过程，是我们理解先民农业适应策略的重要指标之一[21]。我们将使用 Zhou 等人（2016）文章中描述的方法并稍作修改，分别以中国现代粟、黍和水稻千粒重作为换算因子来计算遗址中各类作物的重量百分比，重建先民农业生产中对作物的选择。除了提供新的植物考古数据，我们还收集了以往研究中发表的黄土高原北部地区出土的完整谷物的绝对数量用于计算。公式如下：

$$P(S) = \frac{Ns \times Fs}{N1 \times F1 + N2 \times F2 + N3 \times F3}$$

其中 $N1$ 为出土黍的粒数，$F1=7.5$，为现代黍的平均千粒重；$N2$ 为出土粟的粒数，$F2=2.6$，为现代粟的平均千粒重；$N3$ 为出土水稻的粒数，$F3=26$，为现代水稻的平均千粒重[22]；$P(S)$ 用来代表每种作物在总产量中的百分比。

在本研究中，为了更好地考察粟和黍两种作物在不同时期不同遗址中的比例变化，我们还依据上面方法计算所得的各个地点粟和黍的重量百分比数据计算粟黍比，即用粟的重量百分比除以黍的重量百分比。根据以上方法所得结果，分析不同作物在农业组合中的比例，揭示作物组合的特点，考察作物组合的变迁。我们还利用黄土高原北部 5000—3000 BP 左右粟黍在不同历史阶段的出土密度，评估该地新石器晚期至青铜器早期粟黍农业的生产规模。详细信息总结见表一。

表一　本研究涉及植物浮选样本体积、炭化粟黍种子数量和出土密度概况

时期	年代（BP）	土样体积（L）	炭化粟黍种子数量	粟黍出土密度（粒/L）
仰韶晚期	5000—4500	50	146	2.9
龙山早期	4500—4200	2053	5322	2.6

续表

时期	年代（BP）	土样体积（L）	炭化粟黍种子数量	粟黍出土密度（粒/L）
龙山晚—二里头	4200—3700	4329.7	14969	3.4
朱开沟—李家崖	3700—3000	1085	7329	6.8

四、稳定同位素分析

我们对来自 12 个遗址的 75 个炭化粟和黍种子样本（每个样本 5—15 粒完整种子）进行碳、氮稳定同位素分析。除了上述作物之外，我们选择了从相同考古背景中采集的两种野草（$n=18$），即藜科（Chenopodiaceae）与虫实属（Corispermum sp.）（每个样本 5—10 粒完整种子）进行相同的测试分析。鉴于这两种野草种子是与粟黍种子一起在遗址中被发现，它们可能也受到耕作和其他人为因素的影响，因此我们认为其氮稳定同位素值（$\delta^{15}N$）不能直接用来建立遗址周边无人类或较低人类活动干扰状态下自然植被的氮稳定同位素值基线。

由于各遗址的土地利用历史不同，在研究史前作物遗存的生长条件之前，确定当地自然植被的氮稳定同位素值基线至关重要。在这种情况下，我们采用了 Wang 等人（2018）介绍的一种广为接受的方法，即利用野生食草动物的 N 同位素比值（$\delta^{15}N$）来计算上述 N 同位素基线[23]。为此，我们首先选取了大古界遗址和石峁遗址出土的两个狍（Capreolus caperolus）骨骼样本进行碳、氮稳定同位素分析。随后，我们利用该地区新的和以前测定的野生草食动物样本（$n=60$）的 $\delta^{15}N$ 平均值，重建同位素基线[24]。黄土高原北部地区全新世中晚期的自然植被构成中以 C_3 类植物占绝对多数[25]，而粟和黍是典型的 C_4 植物，我们在收集到的所有食草动物的 N 稳定同位素数据中剔除了可能受到 C_4 类食物影响的动物数据，即选择 $\delta^{13}C$ 值小于 $-18‰$ 的样本[26]。最后，我们将符合标准的野生草食动物样本的 $\delta^{15}N$ 平均值减去营养级效应的富集值（4‰）来作为自然植被的氮稳定同位素值基线。

本研究中分析的种子样本已经全部炭化，根据之前的炭化实验研究结果，我们推测测试样本可能是在 215—260℃ 的温度范围内炭化的，保存基本完好[27]。75 例研磨后的炭化种子样本在中国科学院大学考古学与人类学系和中国农业科学院环境稳定同位素实验室进行稳定同位素分析。中国科学院大学考古学与人类学系实验室采用 IAEA-600（$\delta^{13}C=-27.77‰$，VPDB；$\delta^{15}N=+1‰$，AIR）、IEAE-N-1（$\delta^{15}N=+0.4‰$，AIR）、IAEA-N-2（$\delta^{15}N=+20.3‰$，AIR）、IAEA-CH-6（$\delta^{13}C=-10.449‰$，VPDB）、USGS-24（$\delta^{13}C=-16.049‰$，VPDB），USGS 40（$\delta^{13}C=-26.39\pm0.04‰$，VPDB；$\delta^{15}N=-4.5\pm0.1‰$，AIR）和 USGS 41（$\delta^{13}C=+37.63\pm0.05‰$，VPDB；$\delta^{15}N=+47.6\pm0.2‰$，AIR）作为标样；中国农业科学院环境稳定同位素实验室在测试中每隔 12 个样品放实验室标准样一个（$\delta^{13}C=-14.7‰$，VPDB；$\delta^{15}N=+7.1‰$，AIR），用于测定结果质量控制。用 USGS40（$\delta^{13}C=-26.39‰$，VPDB；$\delta^{15}N=-4.52‰$，AIR）和 USGS41a（$\delta^{13}C=+36.55‰$，VPDB；$\delta^{15}N=+47.55‰$，AIR）对碳、氮测定结果进行校正。2 例动物样本的稳定同位素分析在中国科学院古脊椎动物与古人类研究所古脊椎动物与古人类研究所脊椎动物进化与人类起源重点实验室进行，使用的标样为 U1（$\delta^{13}C=-34.1‰$，VPDB；$\delta^{15}N=+0.3‰$，AIR）、U2（$\delta^{13}C=-0.8‰$，VPDB；$\delta^{15}N=+20.2‰$，AIR）、U3（$\delta^{13}C=+11.7‰$，VPDB；$\delta^{15}N=+40.6‰$，AIR）、IAEA-CH3（$\delta^{13}C=$

−24.7‰，VPDB）、USGS25（$\delta^{15}N=-30.4‰$，AIR）和 IAEA-NO3（$\delta^{15}N=+4.7‰$，AIR）。全部植物与动物样品的分析精度均为 ±0.2‰。

五、结　　果

（一）作物组合的变化

图三显示了研究区域内新石器时代晚期至青铜时代早期（5000—3000 BP）考古遗址中出土的作物种类分布情况。我们的数据显示，从仰韶晚期到龙山早期（5000—4200 BP），14 处遗址中黍的作物重量百分均为 60% 以上，表明黍在这一时期很有可能是当地的优势作物。在龙山晚期至二里头时期（4200—3700 BP），我们的数据表明黍在比较多的遗址中仍占比较高（59.1%），不过 44% 的遗址中粟的重量百分比达到 50% 以上。在朱开沟至李家崖时期（3700—3000 BP），辛庄（54.6%）和高红（88.6%）先民的农业生产中粟的占比要高得多。

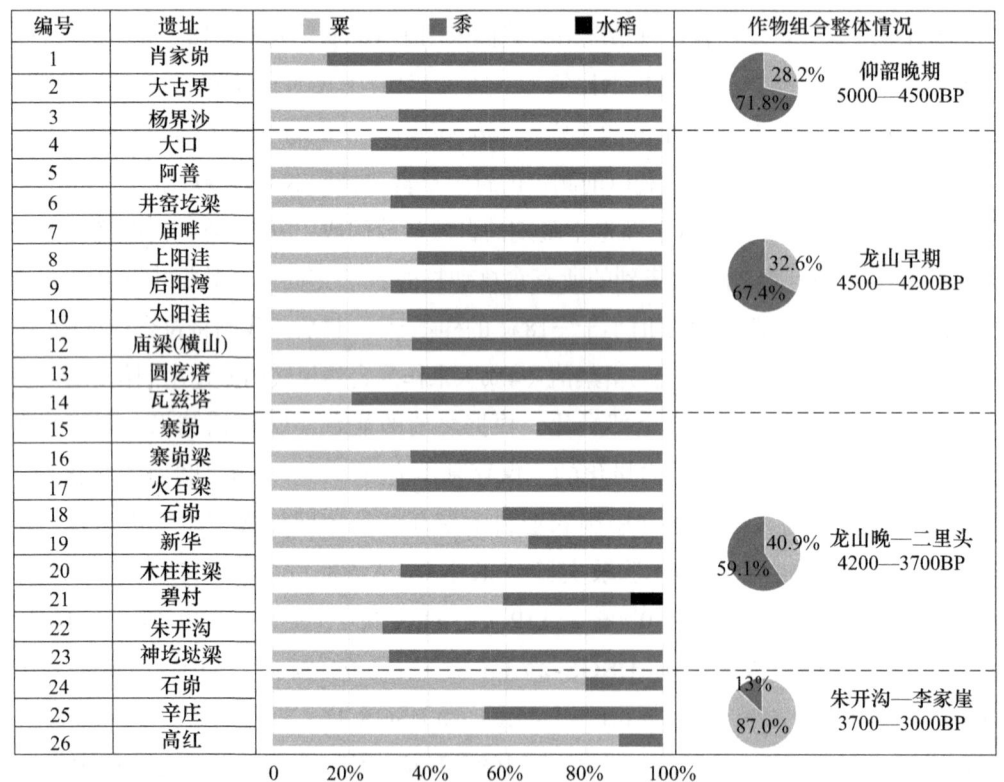

图三　黄土高原北部 5000—3000 BP 相关研究遗址的作物组合

（二）粟黍生产的变化

如图四 a 所示，在 5000—4200 BP 期间，相关研究遗址中粟黍比介于 0.17—0.63，表明粟的种植在该时期比黍更广泛。在 4200—3000 BP 期间，粟黍比为 0.4—7.75，说明研究相关的考古遗址中有多达 60% 的遗址在该时期存在更多粟的种植。图四 b 显示了研究区域内仰韶晚期、龙山早期、

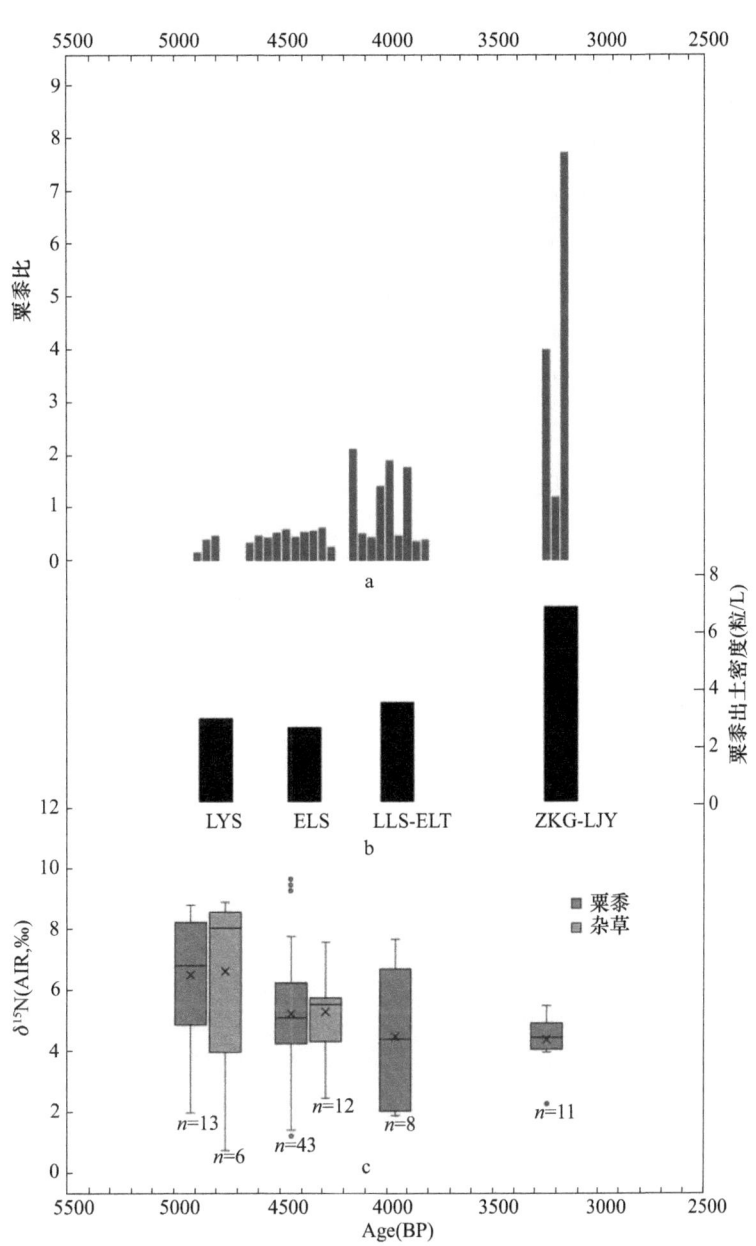

图四　粟黍比、粟黍出土密度及炭化校正值

（a）本文涉及遗址的粟黍比（图1：1-10、12-26（从左到右））

（b）本研究四个不同时期粟黍出土密度　（c）粟黍和杂草种子的 δ^{15}N－炭化校正值

龙山晚期至二里头时期和朱开沟—李家崖时期四个阶段的粟黍出土密度。其中，仰韶晚期和龙山早期相对较低，分别为 2.9 和 2.6。龙山晚期至二里头时期粟黍出土密度升高至 3.4，朱开沟至李家崖时期粟黍比达到 6.8。以上作物组合和数量变化过程，可在一定程度上揭示石峁地区 5000—3000 BP 期间旱作农业的结构和产量变化。

（三）植物种子的 δ^{13}C 和 δ^{15}N 值

表二概述了本研究分析的农作物和野草种子的碳、氮稳定同位素分析结果。粟（ $n=28$ ）的 δ^{13}C 和 δ^{15}N 值分别为 -13.2‰ 至 -8.9‰ 和 2‰ 至 10.3‰。黍（ $n=47$ ）的 δ^{13}C 和 δ^{15}N 值分别

为 −14.7‰ 至 −9.1‰ 和 1.4‰ 至 10.1‰。炭化会对炭化种子的稳定同位素值产生影响。Nitsch 等人研究表明炭化过程会导致大植物遗存的氮稳定同位素比值发生改变（增加约 0.3‰）[28]，因此我们将所得植物种子的 $\delta^{15}N$ 值减去 0.3‰ 得到 $\delta^{15}N$-炭化校正值。如图五所示，粟和黍种子的 $\delta^{15}N$-炭化校正值在一定范围内有明显的波动，这表明它们可能播种在土壤条件差异较大的田块中。

藜科（Chenopodiaceae）和虫实属（*Corispermum* sp.）种子的 $\delta^{13}C$ 值相对较低（平均值 ± 标准偏差：$\delta^{13}C = -23.4 \pm 1.3$‰；平均值 ± 标准偏差：$-24.2 \pm 1.2$‰），表明它们是典型的 C_3 植物（图五）。这些植物种子的 $\delta^{15}N$ 平均值分别为 7.0‰ 和 5.3‰（详见表二）。我们也采用上述方法计算了两种野草种子的 $\delta^{15}N$-炭化校正值。该数值处于 0.6‰—9.2‰，与相同背景下炭化粟黍的 N 同位素数据分布情况相似，表明我们最初提出的此次分析的藜科和虫实可能是农田杂草与栽培粟和黍生长在相同的田地条件的假设是正确的。

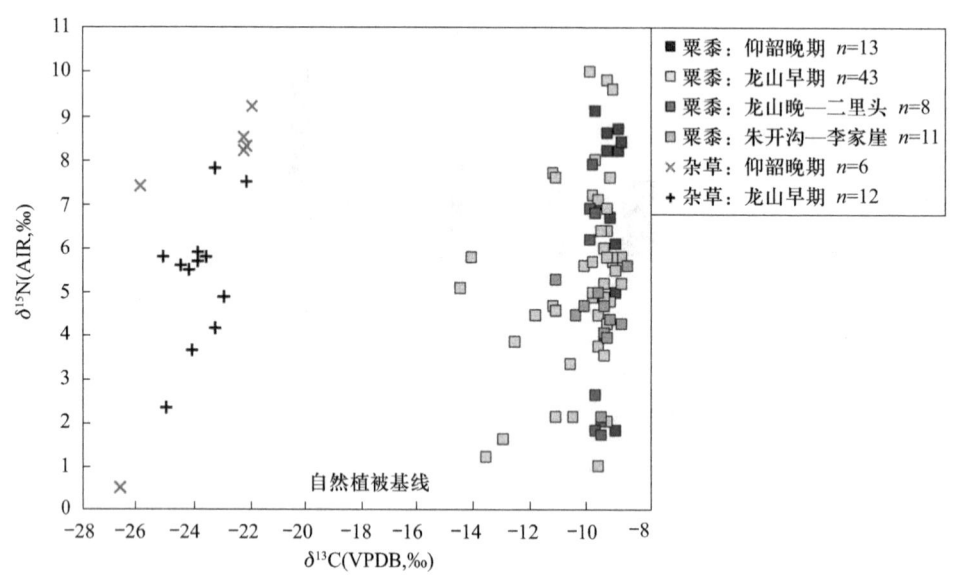

图五　本文粟黍和杂草种子的 $\delta^{13}C$ 和 $\delta^{15}N$-炭化校正值，以及估计的自然植被的 $\delta^{15}N$ 值（绿色实线）

表二　本研究中粟黍和杂草种子、动物骨胶原的 $\delta^{13}C$ 和 $\delta^{15}N$ 值概况

物种	n	$\delta^{13}C \pm SD$（‰）	$\delta^{15}N \pm SD$（‰）	$\delta^{15}N$-炭化校正值 $\pm SD$（‰）
粟（*Setaria italica*）	28	−10±0.9	6±2.2	5.7±2.2
黍（*Panicum miliaceum*）	47	−10.3±1.3	5.5±2.1	5.2±2.1
藜科（Chenopodiaceae）	10	−23.4±1.3	7.0±2.1	6.7±2.1
虫实属（*Corispermum* sp.）	8	−24.2±1.1	5.3±1.9	5.0±1.9
狍（*Capreolus caperolus*）	2	−19.4	4.9	
		−18.7	2.9	

鉴于本次分析的粟和黍的 $\delta^{13}C$（student's *t*-test, $p = 0.24 > 0.05$）以及两者的 $\delta^{15}N$-炭化校正值（student's *t*-test, $p = 0.34 > 0.05$）均没有显著差异，表明两种小米的碳稳定同位素值难以区分，且修正后的氮同位素值也区别不大。另外，两种野草的 $\delta^{15}N$-炭化校正值也没有明显的差异（student's *t* test, *p* = 0.12 > 0.05）。鉴于上述结果，我们在进一步分析讨论中将粟和黍两类作物的同位素数据合并，同时将两类杂草的同位素数据也合并起来分析（图四 c、图五）。总的来看，石峁地区从仰韶晚期（5000—4500 BP）至朱开沟-李家崖时期（3700—3000 BP），粟黍 δ^{15}N 的平均值从 6.7‰ 下降到 4.3‰，表明该地区农田土壤养分可能有所下降。同时，两类杂草种子的 δ^{15}N 值在仰韶晚期（5000—4500 BP）之后也出现降低趋势。

（四）自然植被的同位素基线

表二列出了从大古界和石峁遗址采集的狍（*C. caperolus*）骨胶原的 δ^{13}C 和 δ^{15}N 值。两者的碳氮摩尔比在 2.9—3.6 之间，表明这些骨骼都保存完好，所获碳氮稳定同位素数据可信[29]，可以用来计算自然植被的同位素基线。

通常消费者与其食物之间的 δ^{15}N 值偏差为 3‰—5‰，据此我们计算了石峁地区自然植被的氮同位素基线。具体来说，即将该地区 46 个以 C_3 植物为食的食草动物样本（包括以前发表的蒙古兔和新的来自狍的同位素数据）的平均 δ^{15}N 值（4.1‰）中减去 4‰（平均偏差）[30]。如图五所示，石峁研究区天然植被的 δ^{15}N 值估计接近 0.1‰。

六、讨　　论

以往的研究表明，从新石器时代中期到青铜时代早期，以粟黍为基础的农业生产的扩散传播支持了中国北方大规模的人口增长[31]。Sun 等人（2018）报道了在中国陕西省黄土高原北部研究区域内发现了处于上述时间段的约 4000 处考古遗址[32]。虽然这只是一个初步调查的结果，可能还需要通过全面的分析加以修正[33]，但大量属于龙山时期（4500—3700 BP）的遗址在一定程度上表明，石峁地区的人口规模有可能从仰韶晚期（5000—4500 BP）到龙山—二里头晚期（4200—3700 BP）出现明显扩大。如此来说，此时生活在石峁周围的先民可能需要生产更多的作物，以喂养这一时期黄土高原这个干旱地区规模更大、经济上可能更加专业化的大量人口。

本研究中，我们通过计算 5000—3000 BP 各聚落（*n* = 24）中粟和黍的比例，对石峁地区周围以粟黍为基础的农业策略的长期变化有了更深刻的了解。另外，12 个考古遗址中粟黍种子的 δ^{15}N 值一定程度上反映了农田土壤的 ^{15}N 的富集程度，从而可以帮助评估黄土高原北部早期城市化时期的农田管理策略。我们的研究结果使我们重新认识了石峁周围最早城市化的人群是如何通过改变作物组合和管理方式来维持和提高以粟黍种植为基础的农业生产力，从而养活了形成中的城市社会以及石峁迅速出现的社会复杂化。

如图三和图四 a 所示，在仰韶晚期和龙山早期的小规模聚落中，黍在作物组合中的占比最高，表明在 5000—4200 BP 期间，黍是研究地区的主要作物品种。Zohary 和 Hopf（2012）认为，黍是世界上最耐旱的暖季谷物之一。与粟的生长期（90—110 天）相比[34]，黍的抗旱性更强，生长期也更短（60—90 天），因此，生活在石峁周围的现代旱地农户仍然主要种植黍，以防干旱时的歉收。上述 5000—4200 BP 期间的遗址中黍的比例印证了其他研究的观点，即新石器时代晚期中国北方地区粟黍农人可能主要通过以黍为主的耕作来作为一种有效的农业风险管理策略[35]。在 5000—4200

BP 期间，这种对于干旱环境的适应性可能对维持石峁地区充足的农业生产至关重要。

在 4200—3700 BP 期间，几乎一半的本文研究的遗址中粟的比例大幅增加，这在一定程度上逆转了之前的作物组合（见图四 a）。这种情况首先出现在大规模或精英的聚落之中，例如面积分别为 400 公顷和 75 公顷的石峁和碧村（图一 c；图三；图四 a）。此外，水稻可能是在 4000 BP 年左右传入山西北部的碧村遗址[36]。张贵林等人在沙漠/黄土过渡带白河庙钻孔的高分辨率花粉数据中发现该地区从 4200 BP 左右在全球气候不稳定的背景下，出现了降雨量和温度的下降[37]。鉴于粟比黍在相对冷的气候条件下更抗冻，产量也相对较高[38]。大植物遗存分析结果表明，生活在石峁和碧村遗址的居民进行了更多相对高产的以粟为主的粟黍农业生产，而且引入了更加高产水稻作为食物，这意味着该地区的农业经济变得更具生产力和多样化，以养活早期城市核心区域新出现的聚集人口（图三；图四 a）。

在朱开沟—李家崖时期（3700—3000 BP），以粟为主的粟黍农业在研究区域内更盛行（图三；图四 a），这表明可能由于 4200 BP 左右的气候波动导致先民对谷物的需求增加，石峁地区的粟黍农业策略发生了转变。除了调整作物组合外，石峁地区的人们可能还采取了其他农业生产措施，以确保生产足够的剩余食物。因此，我们研究了 5000—3000 BP 期间在几个聚落中发现的炭化粟黍的氮稳定同位素比值，以确定主要粮食作物同位素比值的变化是否伴随着整体农业策略的显著变化，而这也是了解先民提高农业生产力途径的关键。

如图五所示，炭化粟黍种子的 $\delta^{15}N$-炭化校正值在 1.1‰ 至 9.8‰ 之间（平均值＝5.3±2.1‰），高于当地天然植被 $\delta^{15}N$ 的估计值（0.1‰）。一般来说，土氮循环系统比较复杂，包括环境背景和人为土地利用方式在内的许多因素都会影响土壤的养分平衡[39]。尽管影响考古出土大植物遗存的氮稳定同位素值的因素各不相同，仍需要进一步研究，但学者们认为，施肥的农作物种子的 $\delta^{15}N$ 值比不在这些条件下生长的植物高约 3‰[40]。基于以上认识，我们发现本研究中炭化粟黍种子 $\delta^{15}N$-炭化校正值中有 84% 的样本都高于之前研究中使用的施肥植物的氮同位素值基线（＞3‰），33% 粟黍标本的 $\delta^{15}N$ 值＞6‰，这为了解石峁地区先民对古代粟黍可能的施肥行为提供了重要线索。

迄今为止在中国开展对照实验来定量研究现代小米种子的 $\delta^{15}N$ 值与施肥水平之间关系的研究相对较少，因此根据利用考古遗址出土小米样本的 $\delta^{15}N$ 值估算史前时期的人们农业生产中的施肥变得相对困难。通常情况下，干旱会显著影响植物种子的氮同位素组成。因此，我们尝试性的使用了 Styring 等人（2019）最近提出的一个分析模型[41]，该模型是针对在不同水环境条件下田间生长的御谷（*Pennisetum glaucum*）（典型的 C_4 作物）设计的，通过消除干旱的影响来估算人们田间施肥的水平。在此基础上，考虑到石峁地区现代年平均降雨量约为 400 毫米，我们利用上述框架划定了对粟黍氮稳定同位素比值的参考框架：分别在＜4.2‰、4.2‰—6.9‰ 和＞6.9‰ 时区分低、中和高肥力水平。

基于以上参考框架，我们发现在石峁附近的遗址中，至少有 25% 的粟黍氮稳定同位素比值校正结果低于 4.2‰，这表明施肥水平可能较低。52% 的粟黍种子 $\delta^{15}N$ 校正值在 4.2‰ 至 6.9‰ 之间，表明施肥水平可能处于中等水平；23% 的粟黍种子的 $\delta^{15}N$ 校正值略高于 6.9‰，表明先民可能在施肥量较高的农田也种植了相当数量的粟黍农作物。除粟黍种子外，78% 的农田杂草——藜科和虫实的种子氮同位素比值也显示它们也处于中、高施肥水平的生长条件下。由于粟黍的 $\delta^{15}N$-炭化校正

值与杂草的 δ^{15}N－炭化校正值没有明显差异（student's t-test, $p=0.29>0.05$），这表明本研究采集的 C_3 杂草植物和粟黍大概率是一起生长的。考虑到植物种子的氮同位素比值一定程度上记录了其生长的土壤的 ^{15}N 富集程度，我们认为石峁附近遗址中发现的植物种子 δ^{15}N－炭化校正值的相对升高表明，从新石器时代晚期到青铜时代早期，该地区进行粟黍农业生产的土壤条件总体较好。

图四 c 显示了粟黍和杂草种子样本中 δ^{15}N 炭化校正值随着时间的变化过程。从仰韶晚期（5000—4500 BP，δ^{15}N 平均值＝6.8‰）到朱开沟至李家崖时期（3700—3000 BP，δ^{15}N 平均值＝4.4‰），δ^{15}N 值出现了明显的下降。具体来说，在龙山—二里头晚期（4200—3700 BP），石峁地区粟黍的 δ^{15}N 平均值达到了极低点，为 4.5‰（图四 c：LLS-ELT）。其中，从石峁遗址采集的所有粟黍样本（$n=4$）的氮同位素比值均属于之前学者普遍认为的"未施肥"的范围（<3‰）。需要指出的是，今后在石峁遗址进行更系统的取样将使考古学家能够进一步检验石峁和其他大型聚落（碧村）是否也存在类似的情况。除了上述情况外，在靠近李家崖文化核心区的青铜时代城址辛庄遗址出土粟黍种子的 δ^{15}N 值也下降到很低的水平（4.4‰）（图一 d）。根据这些同位素证据，我们认为研究地区的粟黍农田 ^{15}N 富集水平从新石器时代晚期到青铜时代早期（5000—3000 BP）有明显下降的趋势。

参考之前解释这些谷物种子 δ^{15}N 值的方法，我们在石峁地区 5000 BP 左右的遗址中发现的粟黍种子的 δ^{15}N 值（6.7‰±2.2‰）与高施肥水平的基准（6.9‰）相当接近。来自所研究区域内的龙山早期遗址（4500—4200 BP）的粟黍的氮稳定同位素比值（5.3‰±1.6‰）（图四 c），表明这一时期黄土高原北部的粟黍栽培已经开始出现在相对贫瘠的土壤之上。在干旱和半干旱的黄土高原丘壑地带，保持土壤肥力可能意味着劳动力投入和时间投入的增加，因此我们认为黄土高原北部地区 5000 BP 左右的粟黍农业生产可能也存在一些劳动密集型生产的努力，例如施肥，以帮助保持土壤肥力，从而能持续种植粟黍作物等。

除了人们直接将动物粪便施入农田外，驯养动物（猪、牛和绵羊／山羊）数量的增加也可能无意中将粪便集中在农田土壤之上，从而可以提升这些农田土壤中作物的 δ^{15}N 值。根据以往在研究区内 5000—3000 BP 遗址中发现的动物考古证据，龙山晚期至二里头时期（4200—3700 BP），研究区域内驯养动物的数量明显增加（图六）。特别是，考古学家在石峁遗址的发掘中发现了大量起源于西亚经草原地区传入我国的黄牛（*Bos taurus*）、绵羊（*Ovis aries*）和山羊（*Capra hircus*）的骨骼[42]。然而，在同一时期，我们研究的粟黍种子样品的 δ^{15}N 值几乎达到了最低点（图四 c、图六），这表明石峁地区在龙山晚—二里头时期日益增长的对畜牧业的依赖在改善粟黍农田土壤养分方面可能并未发挥重要作用。

Styring 等人（2017）在之前的研究中发现[43]，与附近 6400—5000 BP 的小型定居点相比，4600—4000 BP 美索不达米亚北部青铜时代大型城市化政治中心的农作物 δ^{15}N 值也出现了类似的下降过程。Styring 等人（2017）将这些作物 ^{15}N 值逐渐降低的过程揭示为可归因于干旱的美索不达米亚北部城市化居民所采用的"广种薄收"的农业策略，即通过主要依靠扩张耕作面积来增加谷物的绝对产量。若据此认识，我们对在石峁附近发现的龙山晚—二里头时期粟黍较低 δ^{15}N 值的一个可能解释是，青铜时代早期的石峁地区的粟黍农人可能也采取了类似"广种薄收"的扩张型耕作策略，在相对干旱的黄土高原北部通过尽量扩大耕地面积来最大限度地提高农业生产率。

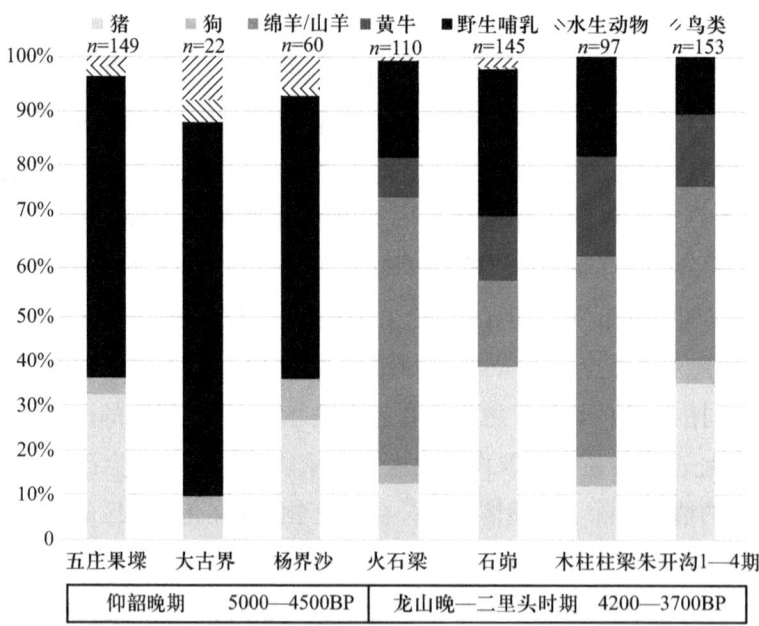

图六　黄土高原北部地区 5000—4500 BP 和 4200—3700 BP 动物考古数据百分比条形图（依据最小个体数）[44]

学者们还认为，谷物种子 $\delta^{15}N$ 值所记录的农田土壤 ^{15}N 富集度随时间推移不断下降可能是由多种因素造成的，如长期持续的耕作而没有足够的休耕时间来恢复土壤养分、农耕向贫瘠土地的广泛扩张、减少施肥导致土壤肥力的损失以及全新世晚期大范围的气候环境变化[45]。根据粟黍种子氮同位素比值的变化，我们可以总体来说石峁地区从新石器时代晚期到青铜时代早期（5000—3000 BP）的土壤质量显著下降。还有一个通常可能的解释是此时该地区人口压力明显增加，农业资源过度开发，以及石峁地区日益复杂的社会及其冲突所造成的。

根据早先初步的考古调查，石峁周围在 43578 平方千米的区域内，从仰韶时期（5000—4500 BP）到龙山时期（4500—3700 BP）遗址数量从 125 个显著增加到 695 个[46]。此外，最近在石峁遗址的田野考古发现也表明当时社会组织已经存在高度的复杂性（见图七 a）。在石峁东门址发现了人头骨坑出土超过 64 个人头骨，其中大部分属于年轻女性[47]，考古学家认为这些人是在祭祀活动中被杀死的，表明此时石峁地区不同人群之间存在着高度的精英权力和激烈的社会冲突（见图七 b）。其他相当重要的文物，如玉器、青铜器、口簧、石雕等（见图七 c—e）[48]，可能表明石峁社会存在高水平的手工业专业化，这可能暗示了石峁社会的某些人群需要大量剩余的农产品来维持生计。

众所周知，4200 BP 左右全球范围内出现气候变化事件[49]，由此我们提出了这样的假设：与新石器时代晚期的农业策略相比，环境风险以及在这一气候事件之前观察到的社会转型可能导致石峁地区农民在田间生产更多的谷物，农业资源消耗过度，从而降低了土壤的肥力。这一地区现有的人骨碳、氮稳定同位素分析数据表明，在仰韶晚期和龙山文化时期，石峁附近的居民以粟黍为主食（见图八）。此外，我们还发现 4200—3700 BP 期间，石峁周边青铜时代早期居民骨胶原的 $\delta^{15}N$ 值低于仰韶晚期的居民（student's t-test, $p=0.0545>0.05$）。结合上述情况来看，由于包括经济决策在内的各种不利条件的影响，石峁周边地区的农田土壤生产力在新石器时代晚期至青铜时代早期持续下降，这导致此期间粟黍作物的 ^{15}N 富集程度的降低。

图七　石峁遗址近期的考古发现[50]

（a）皇城台　（b）人头坑　（c）玉器和青铜器　（d）口簧乐器　（e）石雕

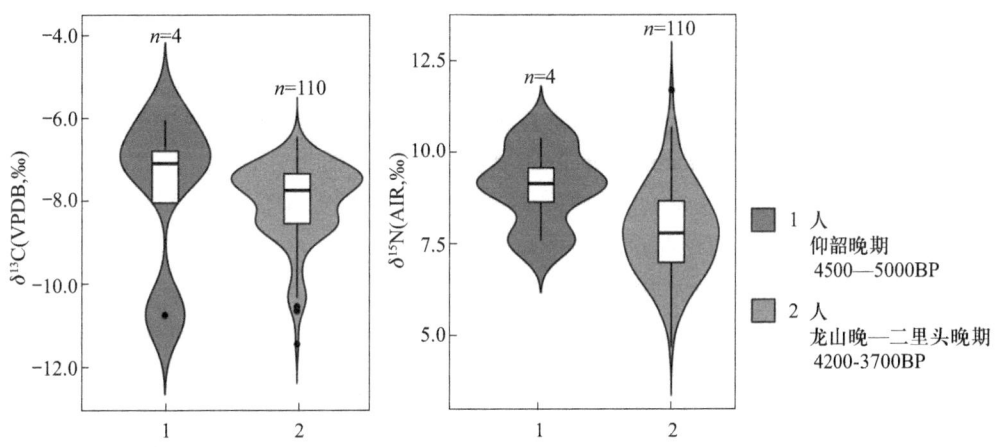

图八　黄土高原北部地区 5000—4500 BP 和 4200—3700 BP 以粟黍为主要食物的
人类骨胶原 $\delta^{13}C$ 和 $\delta^{15}N$ 值提琴图[51]

　　总之，本研究结果提供了石峁周边遗址从新石器时代晚期至青铜时代早期主要谷类作物比例的长期变化轨迹，表明青铜时代早期的先民耕作了更多的相对高产而且适合气候环境变化的粟，以及引入新的农作物品种，从而使这一地区青铜时代早期以粟为基础的粟黍农业系统更加多样化和富有成效。此外，结合以粟黍为食的人群 $\delta^{15}N$ 值的下降、社会复杂化的出现以及石峁地区的畜牧业经济的兴起以及我们在石峁地区周围发现的炭化粟黍种子新的稳定同位素分析数据（$\delta^{15}N$），我们认为该区域青铜时代早期城市化人口的迅速增加以及他们对谷类作物需求的增加，过度消耗农业资源加之其他不利条件，可能共同影响了农田的土壤条件。这种经济体系依靠广种薄收的扩张型耕作方式，并辅以更多的相对独立的牧业经济。这也是人类为应对中国北方农牧交错带所带来的环境挑战而进行长期环境适应的结果。

七、结　　论

本研究对从黄土高原北部新石器时代晚期到青铜时代早期（5000—3000 BP）考古遗址中收集植物考古数据进行了最长时间尺度的对比分析。该地区先民的主要主食作物在此期间从黍变为粟，结合出现新的作物品种，我们认为这可能是为了满足石峁和附近其他聚落中不断增长的人口对大量食物的需要。此外，我们的研究结果表明，从 5000 BP 至 3000 BP，这一地区粟黍的 $\delta^{15}N$ 平均值出现明显的下降趋势，这表明黄土高原北部先民随着时间的推移逐渐采用了"广种薄收"的扩张型的粟黍耕作策略。本研究为理解石峁在黄土高原北部地区"石破天惊"地出现提供了一个必要的农业经济背景。不过要进一步解答石峁文明起源和发展中农业经济的更多具体情况，还需要将系统考古调查和发掘所收集的植物考古和同位素数据等进行综合分析。

注　　释

［1］　Childe V G. Man Makes Himself. Watts, 1965; Kristiansen K, Larsson T. The Rise of Bronze Age Society. Travels, Transmissions and Transformations. Cambridge University Press, 2005; Sherratt A. The Trans-Eurasian exchange: the prehistory of Chinese relations with the West. In Contact and Exchange in the Ancient World (ed. V. Mair). Hawaii University Press, 2006: 32-53.

［2］　Boserup E. Agricultural growth and population change. In: T P Shultz (Ed.), Ester Boserup: Economic and demographic relationships in development. John Hopkins University Press, 1990: 11-24; Boserup E. The impact of population growth and agricultural output. In T. P. Shultz (Ed.), Ester Boserup: Economic and demographic relationships in development. John Hopkins University Press, 1990: 42-45; Fuller D Q, Stevens C J. Between domestication and civilization: the role of agriculture and arboriculture in the emergence of the first urban societies. Vegetation history and archaeobotany, 2019, 28(3): 263-282.

［3］　Lawrence D, Palmisano A, de Gruchy M W. Collapse and continuity: A multi-proxy reconstruction of settlement organization and population trajectories in the Northern Fertile Crescent during the 4.2kya Rapid Climate Change event. PLoS ONE, 2021, 16(1): e0244871; Rousseau D, Zanchetta G, Weiss H, et al. The 4.2 ka BP climatic event. Climate Past, 2019(15): 1665-1676; Marcott S A, Shakun J D, Clark P U, et al. A reconstruction of regional and global temperature for the past 11,300 years. Science, 2013, 339(6124): 1198-1201; 张贵林、周新郢、赵克良等：《沙漠／黄土过渡带 6 ka B. P. 以来气候环境变化及其对人类活动的影响》，《第四纪研究》2018 年第 38 卷第 4 期。

［4］　Chang K. Archaeology of Ancient China. Yale University Press, 1986; Liu L, Chen X. State Formation in Early China. Bloomsbury Academic, 2003; 戴向明：《中国史前社会的阶段性变化及早期国家的形成》，《考古学报》2020 年第 3 期。

［5］　Jaang L, Sun Z, Shao J, et al. When peripheries were centres: a preliminary study of the Shimao-centred polity in the loess highland, China. Antiquity, 2018.92(364): 1008-1022; Sun Z, Shao J, Liu L, et al. The first Neolithic urban center on China's north Loess Plateau: The rise and fall of Shimao. Archaeological Research in Asia, 2018(14): 33-45; Guo Q, Sun Z, Shao J, et al. Reconstruction of the Shimao citadel gate: Planning and construction of Huangchengtai gate during the 2nd millennium BCE, China. Archaeological Research in Asia, 2020: 100178; Campbell R, Jaffe Y, Kim C, et al. Chinese bronze age political economies: a complex polity provisioning approach. Journal of Archaeological Research, 2021.

［6］ Sun Z, Shao J, Liu L, et al. The first Neolithic urban center on China's north Loess Plateau: The rise and fall of Shimao. Archaeological Research in Asia, 2018(14): 33-45; 孙周勇、邵晶、邸楠等：《陕西神木市石峁遗址皇城台大台基遗迹》，《考古》2020 年第 7 期；Jaang L, Sun Z, Shao J, et al. When peripheries were centres: a preliminary study of the Shimao-centred polity in the loess highland, China. Antiquity, 2018, 92(364): 1008-1022; Rawson J. Shimao and Erlitou: new perspectives on the origins of the bronze industry in central China. Antiquity, 2017, 91(355): e5.

［7］ Liu L, Chen X, Lee Y K, et al. Settlement Patterns and Development of Social Complexity in the Yiluo Region, North China. Journal of Field Archaeology, 2004(29): 75-100; Lee G, Crawford G, Liu L, et al. Plants and people from the early Neolithic to Shang periods in north china. Proceedings of the National Academy of Sciences of the United States of America, 2007, 104(3): 1087-1092.

［8］ Sheng P, Shang X, Sun Z, et al. North-south patterning of millet agriculture on the Loess Plateau: Late Neolithic adaptations to water stress, NW China. The Holocene, 2018(28): 1554-1563; Bao Y, Zhou X, Liu H, et al. Evolution of prehistoric dryland agriculture in the arid and semi-arid transition zone in northern China. PLoS One, 2018(13): e0198750.

［9］ 蒋宇超：《龙山时代北方地区的农业与社会》，北京大学博士学位论文，2017 年。

［10］ 孙周勇、齐东林、杨利平等：《陕西横山杨界沙遗址发掘简报》，《考古与文物》2011 年第 6 期；邵晶、邸楠、杨国旗等：《陕西靖边庙梁遗址龙山时代遗存发掘简报》，《考古与文物》2019 年第 4 期。

［11］ Sun Z, Shao J, Liu L, et al. The first Neolithic urban center on China's north Loess Plateau: The rise and fall of Shimao. Archaeological Research in Asia, 2018(14): 33-45; 陕西省考古研究院：《李家崖》，文物出版社，2013 年。

［12］ Sheng P, Shang X, Sun Z, et al. North-south patterning of millet agriculture on the Loess Plateau: Late Neolithic adaptations to water stress, NW China. The Holocene, 2018(28): 1554-1563; Bao Y, Zhou X, Liu H, et al. Evolution of prehistoric dryland agriculture in the arid and semi-arid transition zone in northern China. PLoS One, 2018(13): e0198750.

［13］ Bogaard A, Fraser R, Heaton T H, et al. Crop manuring and intensive land management by Europe's first farmers. Proceedings of the National Academy of Sciences USA, 2013(110): 12589-12594; Wallace, M, Jones G, Charles M, et al. Stable carbon isotope analysis as a direct means of inferring crop water status and water management practices. World Archaeology 2013(45): 388-409; Araus J L, Ferrio J P, Voltas J, et al. Agronomic conditions and crop evolution in ancient Near East agriculture. Nature Communication, 2014(5): 3953; Styring A K, Charles M, Fantone F, et al. Isotope evidence for agricultural extensification reveals how the world's first cities were fed. Nature Plants, 2017(3): 17076; Szpak P. Complexities of nitrogen isotope biogeochemistry in plant-soil systems: implications for the study of ancient agricultural and animal management practices. Frontier Plant Science, 2014(5): 288; Hamerow H, Bogaard A, Charles M, et al. An integrated bioarchaeological approach to the medieval 'agricultural revolution': a case study from Stafford, England, c. AD 800-1200. European Journal of Archaeology, 2020: 1-25; Gron K, Larsson M, et al. Archaeological cereals as an isotope record of long-term soil health and anthropogenic amendment in southern Scandinavia. Quaternary Science Reviews, 2021(253): 106762.

［14］ Wang X, Fuller B T, Zhang P, et al. Millet manuring as a driving force for the Late Neolithic agricultural expansion of north China. Scientific Reports, 2018(8): 5552.

［15］ Liu L, Chen X. State Formation in Early China. Bloomsbury Academic, 2003.

［16］ 张贵林、周新郢、赵克良等：《沙漠 / 黄土过渡带 6 ka B. P. 以来气候环境变化及其对人类活动的影响》，《第四纪研究》2018 年第 38 卷第 4 期。

［17］ Sheng P, Shang X, Sun Z, et al. North-south patterning of millet agriculture on the Loess Plateau: Late Neolithic adaptations to water stress, NW China. The Holocene, 2018(28): 1554-1563.

［18］ 生膨菲：《榆林地区公元前 3—2 千纪的旱作农业特征与影响》，中国科学院大学博士学位论文，2018 年。

［19］ Bao Y, Zhou X, Liu H, et al. Evolution of prehistoric dryland agriculture in the arid and semi-arid transition zone in northern China. PLoS One, 2018(13): e0198750.

［20］ Sheng P, Shang X, Sun Z, et al. North-south patterning of millet agriculture on the Loess Plateau: Late Neolithic adaptations to water stress, NW China. The Holocene, 2018(28): 1554-1563.

［21］ Zhou X, Li X, Dodson J, et al. Rapid agricultural transformation in the prehistoric Hexi corridor, China. Quaternary International, 2016(426): 33-41; Sheng P, Shang X, Sun Z, et al. North-south patterning of millet agriculture on the Loess Plateau: Late Neolithic adaptations to water stress, NW China. The Holocene, 2018(28): 1554-1563; Sheng P, Shang X, Zhang P. Archaeobotanical investigation of crop choice at Yulin area during the late Longshan-early Erlitou period. Archaeology and Cultural Relics, 2020(2): 114-121; Sheng P, Storozum M, Tian X, et al. Foodways on the Han dynasty's western frontier: Archeobotanical and isotopic investigations at Shichengzi, Xinjiang, China. The Holocene, 2020,30(8): 1174-1185.

［22］ Sheng P, Shang X, Sun Z, et al. North-south patterning of millet agriculture on the Loess Plateau: Late Neolithic adaptations to water stress, NW China. The Holocene, 2018(28): 1554-1563.

［23］ Wang X, Fuller B T, Zhang P, et al. Millet manuring as a driving force for the Late Neolithic agricultural expansion of north China. Scientific Reports, 2018(8): 5552.

［24］ 管理、胡耀武、胡松梅等：《陕北靖边五庄果墚动物骨的 C 和 N 稳定同位素分析》，《第四纪研究》2008 年第 6 期；Sheng P, Hu Y, Sun Z, et al. Early commensal interaction between humans and hares in Neolithic northern China. Antiquity, 2020, 94(375), 622-636.

［25］ Yang S, Ding Z, Li Y, et al. Warming-induced northwestward migration of the East Asian monsoon rain belt from the Last Glacial Maximum to the mid-Holocene. Proceedings of the National Academy of Sciences of the United States of America, 2015(112): 13178.

［26］ Ma M, Dong G, Jia X, et al. Dietary shift after 3600 cal yr BP and its influencing factors in northwestern China: Evidence from stable isotopes. Quaternary Science Reviews, 2016(145): 57-70.

［27］ Nitsch E K, Charles M, Bogaard A. Calculating a statistically robust δ^{13}C and δ^{15}N offset for charred cereal and pulse seeds. STAR: Science & Technology of Archaeological Research, 2015, 1(1), STAR20152054892315Y.0000000001.

［28］ Nitsch E K, Charles M, Bogaard A. Calculating a statistically robust δ^{13}C and δ^{15}N offset for charred cereal and pulse seeds. STAR: Science & Technology of Archaeological Research, 2015, 1(1), STAR20152054892315Y.0000000001.

［29］ DeNiro M. Post-mortem preservation of alteration of in vivo bone collagen isotope ratios inrelation to paleodietary reconstruction. Nature, 1985(317): 806-809; Ambrose S H. Preparation and characterization of bone and tooth collagen for stable carbon and nitrogen isotope analysis. Journal of Archaeological Science, 1990(17): 430-451.

［30］ 管理、胡耀武、胡松梅等：《陕北靖边五庄果墚动物骨的 C 和 N 稳定同位素分析》，《第四纪研究》2008 年第 6 期；Sheng P, Hu Y, Sun Z, et al. Early commensal interaction between humans and hares in Neolithic northern China. Antiquity, 2020, 94(375): 622-636.

［31］ 董广辉、张山佳、杨谊时等：《中国北方新石器时代农业强化及对环境的影响》，《科学通报》2016 年第 61 期。

［32］ Sun Z, Shao J, Liu L, et al. The first Neolithic urban center on China's north Loess Plateau: The rise and fall of Shimao. Archaeological Research in Asia, 2018(14): 33-45.

［33］ Jaffe Y Y, Castellano L, Shelach-Lavi G, et al. Mismatches of scale in the application of paleoclimatic research to Chinese archaeology. Quaternary Research, 2020: 1-20.

［34］ Zohary D, Hopf M. Domestication of Plants in the Old World the Origin and Spread of Cultivated Plants in West Asia,

Europe and the Nile Valley (the Third edition). Oxford University Press Inc., 2012.

［35］周新郢、李小强、赵克良等：《陇东地区新石器时代的早期农业及环境效应》，《科学通报》2011 年第 56 卷第 Z1 期。

［36］蒋宇超：《龙山时代北方地区的农业与社会》，北京大学博士学位论文，2017 年。

［37］张贵林、周新郢、赵克良等：《沙漠 / 黄土过渡带 6 ka B. P. 以来气候环境变化及其对人类活动的影响》，《第四纪研究》2018 年第 38 卷第 4 期。

［38］Guedes J D. Rethinking the spread of agriculture to the Tibetan plateau. Holocene, 2015, 25(9): 1498-1510.

［39］Szpak P. Complexities of nitrogen isotope biogeochemistry in plant-soil systems: implications for the study of ancient agricultural and animal management practices. Frontier Plant Science, 2014(5): 288.

［40］Bogaard A, Fraser R, Heaton T H, et al. Crop manuring and intensive land management by Europe's first farmers. Proceedings of the National Academy of Sciences USA, 2013(110): 12589-12594; Wang X, Fuller B T, Zhang P, et al. Millet manuring as a driving force for the Late Neolithic agricultural expansion of north China. Scientific Reports, 2018(8): 5552.

［41］Styring A K, Diop A M, Bogaard A, et al. Nitrogen isotope values of Pennisetum glaucum (pearl millet) grains: towards a reconstruction of past cultivation conditions in the Sahel, West Africa. Vegetation History and Archaeobotany, 2019(28): 663-678.

［42］胡松梅、杨苗苗、孙周勇等：《2012—2013 年度陕西神木石峁遗址出土动物遗存研究》，《考古与文物》2016 年第 4 期。

［43］Styring A K, Charles M, Fantone F, et al. Isotope evidence for agricultural extensification reveals how the world's first cities were fed. Nature Plants, 2017(3): 17076.

［44］胡松梅、孙周勇：《陕北靖边五庄果墚动物遗存及古环境分析》，《考古与文物》2005 年第 6 期；胡松梅、孙周勇、杨利平等：《陕北横山杨界沙遗址动物遗存研究》，《人类学学报》2013 年第 1 期；胡松梅、杨利平、康宁武等：《陕西横山县大古界遗址动物遗存分析》，《考古与文物》2012 年第 4 期；胡松梅、张鹏程、袁明：《榆林火石梁遗址动物遗存研究》，《人类学学报》2008 年第 3 期；胡松梅、杨苗苗、孙周勇等：《2012—2013 年度陕西神木石峁遗址出土动物遗存研究》，《考古与文物》2016 年第 4 期；郭小宁：《陕北地区龙山晚期的生业方式——以木柱柱梁、神圪垯梁遗址的植物、动物遗存为例》，《农业考古》2017 年第 3 期；黄蕴平：《内蒙古朱开沟遗址兽骨的鉴定与研究》，《考古学报》1996 年第 4 期。

［45］Araus J L, Ferrio J P, Voltas J, et al. Agronomic conditions and crop evolution in ancient Near East agriculture. Nature Communication, 2014(5): 3953; Gron K, Larsson M, et al. Archaeological cereals as an isotope record of long-term soil health and anthropogenic amendment in southern Scandinavia. Quaternary Science Reviews, 2021(253): 106762.

［46］国家文物局：《中国文物地图集·陕西分册》，西安地图出版社，1998 年。

［47］Sun Z, Shao J, Liu L, et al. The first Neolithic urban center on China's north Loess Plateau: The rise and fall of Shimao. Archaeological Research in Asia, 2018(14): 33-45.

［48］Jaang L, Sun Z, Shao J, et al. When peripheries were centres: a preliminary study of the Shimao-centred polity in the loess highland, China. Antiquity: 2018, 92(364), 1008-1022; Sun Z, Shao J, Liu L, et al. The first Neolithic urban center on China's north Loess Plateau: The rise and fall of Shimao. Archaeological Research in Asia, 2018(14): 33-45; Guo Q, Sun Z, Shao J, et al. Reconstruction of the Shimao citadel gate: Planning and construction of Huangchengtai gate during the 2nd millennium BCE, China. Archaeological Research in Asia, 2020: n100178;

［49］Rousseau D, Zanchetta G, Weiss H, et al. The 4.2 ka BP climatic event. Climate Past, 2019(15): 1665-1676; Walker M, Head M, Lowe J, et al. Subdividing the Holocene Series/Epoch: formalization of stages/ages and subseries/subepochs, and designation of GSSPs and auxiliary stratotypes. Journal of Quaternary Science, 2019(34): 173-186; 张贵林、周新郢、赵克良等：《沙漠 / 黄土过渡带 6 ka B. P. 以来气候环境变化及其对人类活动的影响》，《第四

纪研究》2018 年第 4 期，第 874—886 页。

［50］孙周勇、邵晶、邵安定等：《陕西神木县石峁遗址》,《考古》2013 年第 7 期；Sun Z, Shao J, Liu L, et al. The first Neolithic urban center on China's north Loess Plateau: The rise and fall of Shimao. Archaeological Research in Asia, 2018(14): 33-45. 孙周勇、邵晶、邱楠：《石峁遗址皇城台地点 2016—2019 年度考古新发现》,《考古与文物》2020 年第 4 期；孙周勇、邵晶、邱楠等：《陕西神木市石峁遗址皇城台大台基遗迹》,《考古》2020 年第 7 期；孙周勇：《陕西神木石峁遗址出土口簧研究》,《文物》2020 年第 1 期。

［51］Atahan P, Dodson J, Li X, et al. Temporal trends in millet consumption in northern China. Journal of Archaeological Science, 2014,50(1): 171-177; Sheng P, Hu Y, Sun Z, et al. Early commensal interaction between humans and hares in Neolithic northern China. Antiquity, 2020, 94(375): 622-636; 蔡佳雯：《陕西石峁遗址年代和食性研究》，北京大学博士学位论文，2015 年；陈相龙、郭小宁、胡耀武等：《陕西神木木柱柱梁遗址先民的食谱分析》,《考古与文物》2015 年第 5 期；陈相龙、郭小宁、王炜林等：《陕北神圪垯墚遗址 4000a BP 前后生业经济的稳定同位素记录》,《中国科学：地球科学》2017 年第 1 期。

［原载于 Environmental Archaeology, volume29 (1), 2021］

陕北地区动物骨骼的脂肪酸单体碳同位素分析

孙诺杨　胡松梅　孙周勇　郭小宁　韩　宾　杨益民

一、引　言

20 世纪 90 年代以来，脂肪酸单体同位素比值法在古代残留物分析中的应用使得更准确地表征脂肪来源成为可能。利用气相色谱-燃烧炉-同位素比值质谱（GC-C-IRMS）技术测定动物脂肪中的主要脂肪酸——软脂酸（$C_{16:0}$）和硬脂酸（$C_{18:0}$）的碳同位素值（$\delta^{13}C$），建立的脂肪酸单体碳同位素模型可以区分非反刍动物体脂（猪肉类）、反刍动物体脂（牛羊肉类）及反刍动物乳脂（牛羊奶类）[1-5]。目前，该模型已在世界若干考古遗址中得到成功应用，为诸多地区史前奶业活动的研究[6-12]、先民饮食策略的探讨[13-19]及考古出土早期器物功能的判定[20-25]提供了直接证据。

动物脂肪酸单体碳同位素模型的构建主要基于非反刍动物与反刍动物组织中饱和脂肪酸合成路径的差异，这种代谢差异导致体脂和乳脂所包含的 $C_{16:0}$ 和 $C_{18:0}$ 脂肪酸存在 ^{13}C 分馏现象，因此具有不同的 $\delta^{13}C_{16:0}$ 和 $\delta^{13}C_{18:0}$ 分布范围[3]。具体而言，非反刍动物主要利用食物中的碳水化合物从头合成（ de novo synthesize ）$C_{16:0}$ 和 $C_{18:0}$ 脂肪酸，两种脂肪酸的来源路径类似，因此具有相似的 $\delta^{13}C$ 值[4, 26]；而反刍动物除了与非反刍动物用于生物合成脂肪酸的前体物质不同外，其组织中的 $C_{18:0}$ 脂肪酸很大部分来自于瘤胃中经生物氢化作用的非饱和脂肪酸，例如 $C_{18:2}$、$C_{18:3}$ 脂肪酸[27, 28]。相比于植物碳水化合物，植物脂肪酸中的 ^{13}C 较为贫乏，所以反刍动物体脂中的 $\delta^{13}C_{18:0}$ 低于 $\delta^{13}C_{16:0}$[1, 27]。不同于反刍动物的其他组织，泌乳乳腺无法生物合成 $C_{18:0}$ 脂肪酸，因此食物中脂肪酸的贡献比例增大，导致反刍动物乳脂中 $\delta^{13}C_{18:0}$ 更低[1, 3, 27, 29]。

依据光合作用途径的不同，植物可分为 C_3 类植物、C_4 类植物和 CAM 类植物。C_3 植物包括稻（ Oryza sativa ）、麦（ Triticum aestivum ）、豆科（ Fabaceae ）以及适于温润环境下生长的草类等，其 $\delta^{13}C$ 值较低，通常为 -32‰ 至 -22‰，平均值约为 -26.5‰；C_4 植物包括粟（ Setaria italica ）、黍（ Panicum miliaceum ）、玉米（ Zea mays ）、甘蔗（ Saccharum officinarum ）以及适于高温干燥环境下生长的草类等，其 $\delta^{13}C$ 值较高，通常为 -16.5‰ 至 -9.5‰，平均值约 -12.5‰[30, 31]。受工业革命以来化石燃料燃烧的影响，现代大气 $\delta^{13}C$ 值较史前约贫化 1.5‰，因此史前时期 C_3 和 C_4 植物的 $\delta^{13}C$ 平均值应分别为 -25‰ 和 -11‰[32]。这两类植物 $\delta^{13}C$ 值的差异会沿食物链传递，进而影响以其为食的动物组织的 $\delta^{13}C$ 值；反之，通过对动物组织的 $\delta^{13}C$ 值分析，就可判断动物的食物类型[30]。Copley 等通过开展饲养实验，对英国地区严格饲喂 C_3 植物的现代动物的 $\delta^{13}C_{16:0}$ 和 $\delta^{13}C_{18:0}$ 进行测定，建立了 C_3 类饮食下古代非反刍动物体脂、反刍动物体脂及反刍动物乳脂的 "$\delta^{13}C_{18:0}$-$\delta^{13}C_{16:0}$" 分布模型。Stott 等[33]、Dunne 等[10, 34]和 Roffet-Salque 等[35]分别测定了美国地区纯 C_4 型饮食、非洲地区 C_3/C_4 型饮食和英国地区 C_3/C_4 型饮食下现代动物脂肪的 $\delta^{13}C_{16:0}$ 和 $\delta^{13}C_{18:0}$，指出 C_4 植物的消费会导致动物脂肪的 $\delta^{13}C_{16:0}$ 和 $\delta^{13}C_{18:0}$ 值相对于纯 C_3 植物消费下动物脂肪的 $\delta^{13}C_{16:0}$ 和 $\delta^{13}C_{18:0}$ 值更高。另外，研究表明，通过计算 $\delta^{13}C$ 值（$\Delta^{13}C=\delta^{13}C_{18:0}-\delta^{13}C_{16:0}$）得到的 "$\Delta^{13}C-\delta^{13}C_{16:0}$" 模型，可去除与环境相关的外源因素影响，如 C_3 与 C_4 植物消费差异，进而凸显动物脂肪的代谢特征及生物来源[1, 4, 34]。因此，学者通常以 $\Delta^{13}C=0‰$ 和 $\Delta^{13}C=-3.3‰$ 为界限来鉴别动物脂肪来源（$\Delta^{13}C>0‰$ 为非反刍动物体脂，$-3.3‰<\Delta^{13}C<0‰$ 为反刍动物体脂，$\Delta^{13}C<-3.3‰$ 为反刍动物乳脂）；或结合不同地区现代参考样品的 $\delta^{13}C$ 值，对相应阈值进行微调[1, 13, 34, 36, 37]。

然而，动物脂肪酸单体碳同位素模型仅在瑞士[37]、哈萨克斯坦[36]、近东[13]和非洲[34]等地区得到了检验，其在中国的适用性尚不明晰。基于此，本文对陕北地区石峁遗址和高家洼遗址出土动物骨骼中的脂肪酸开展气相色谱-质谱联用（GC-MS）及 GC-C-IRMS 分析，并对缺乏形态鉴定特征的碎骨进行 ZooMS（Zooarchaeology by Mass Spectrometry，即基于质谱的动物考古学）分析，鉴别骨骼种属和测定脂肪酸单体碳同位素，从而探讨陕北地区的动物脂肪酸单体碳同位素模型，以及脂肪酸单体碳同位素视角下该地区龙山时代家养动物的饲养模式和野生动物的管理策略。

二、材料与方法

（一）研究材料

石峁遗址（38°34′20″N，110°19′31″E）位于陕西省榆林市神木市高家堡镇，地处黄土高原北端、毛乌素沙漠东南缘，属黄河一级支流秃尾河流域。秃尾河及其支流洞川沟分别从遗址的西南侧和西北侧穿过。遗址处在两河夹角形成的山峁台塬之上，地表沟壑纵横，支离破碎，海拔 1100—1300m。2012 年起，陕西省考古研究院等对石峁遗址展开发掘，确认了石峁遗址主要由 "皇城台"、内城和外城三座基本完整且相对独立的石构城址组成，城内面积逾 $400\times10^4m^2$，是我国北方地区的超大型中心聚落，也是目前国内已知规模最大的龙山时代晚期城址[38, 39]。

高家洼遗址（37°54′20″N，109°17′10″E）位于陕西省榆林市横山区横山镇，属芦河流域，面积约 $10\times10^4m^2$。为配合蒙西铁路工程建设，陕西省考古研究院等于 2017 年对该遗址进行了发掘，发掘面积约 $1000m^2$，清理出窑洞式房址、灰坑等遗迹。根据遗迹单位及出土陶器器型等遗物分析，我们推测高家洼遗址年代为龙山时代早期。

本研究中的动物骨骼样本分别来自上述两处遗址。骨骼样本种类包括家猪、普通牛、羊亚科（绵羊或山羊等）、梅花鹿和马鹿，其中，猪、牛和羊为家养动物，鹿为野生动物；另有 1 例缺乏形态鉴定特征的碎骨样本（编号 SM6），其种属未知。样本共计 29 例，详细信息见表一。

表一　动物骨骼信息和脂肪酸单体碳同位素分析结果

序号	原始编号	种属	取样部位	出土地点	$\delta^{13}C_{16:0}$	$\delta^{13}C_{18:0}$	$\Delta^{13}C$
SM1	H8：D101	家猪（*Sus domesticus*）	右胫骨骨干	石峁遗址	-20.0	-17.9	2.1
SM2	H8：D99	家猪（*Sus domesticus*）	右胫骨近端	石峁遗址	-23.8	-22.0	1.7
SM3	H2：D12	家猪（*Sus domesticus*）	右盆骨	石峁遗址	-22.9	-22.1	0.8

续表

序号	原始编号	种属	取样部位	出土地点	$\delta^{13}C_{16:0}$	$\delta^{13}C_{18:0}$	$\Delta^{13}C$
SM4	SqYwDnjWhWz-F7外：D15	家猪（*Sus domesticus*）	左股骨近端	石峁遗址	−23.4	−22.5	0.9
SM5	T2②：D60	家猪（*Sus domesticus*）	左胫骨远端	石峁遗址	−19.8	−19.4	0.4
SM6	T2E③：D9	未知	左股骨远端	石峁遗址	−27.9	−29.6	−1.7
SM7	G2：D31	普通牛（*Bos taurus*）	右股骨近端	石峁遗址	−27.7	−29.2	−1.5
SM8	Y1：D12	普通牛（*Bos taurus*）	右肱骨远端	石峁遗址	−25.8	−27.0	−1.2
SM9	H8：D132	普通牛（*Bos taurus*）	左肱骨远端	石峁遗址	−23.9	−26.0	−2.1
SM10	H8：D131	普通牛（*Bos taurus*）	左肱骨远端	石峁遗址	−24.1	−25.3	−1.2
SM11	SqywDbjBdtDbj③：D39	普通牛（*Bos taurus*）	右胫骨近端	石峁遗址	−24.1	−25.8	−1.7
SM12	T8③：D1	普通牛（*Bos taurus*）	左掌骨近端	石峁遗址	−27.2	−29.2	−2.0
SM13	F2：D19	普通牛（*Bos taurus*）	左掌骨远端	石峁遗址	−24.2	−26.0	−1.8
SM14	T2②：D105	普通牛（*Bos taurus*）	左掌骨远端	石峁遗址	−26.4	−27.7	−1.3
SM15	H2：D24	普通牛（*Bos taurus*）	左肱骨骨干	石峁遗址	−29.0	−29.4	−0.4
SM16	H8：D135	普通牛（*Bos taurus*）	左肱骨远端	石峁遗址	−22.5	−24.8	−2.4
SM17	SqYwDnjWhWz-F7外：D58	绵羊（*Ovis aries*）	右胫骨远端	石峁遗址	−20.7	−22.1	−1.4
SM18	H8：D198	绵羊（*Ovis aries*）	左肱骨远端	石峁遗址	−23.7	−24.8	−1.0
SM19	H8：D197	绵羊（*Ovis aries*）	左肱骨远端	石峁遗址	−25.5	−27.3	−1.8
SM20	H8：D196	绵羊（*Ovis aries*）	左肱骨远端	石峁遗址	−19.6	−21.1	−1.5
SM21	T2E③：D41	绵羊（*Ovis aries*）	右胫骨远端	石峁遗址	−28.0	−29.3	−1.3
SM22	F2：D36	羊亚科（*Caprinae*）	左股骨骨干	石峁遗址	−25.6	−27.3	−1.7
SM23	Y1：D24	山羊（*Capra hircus*）	右掌骨远端	石峁遗址	−26.4	−28.7	−2.3
SM24	T2①：D9	绵羊（*Ovis aries*）	左胫骨远端	石峁遗址	−27.1	−29.4	−2.3
SM25	H1：D16	绵羊（*Ovis aries*）	右胫骨远端	石峁遗址	−24.8	−26.9	−2.1
SM26	G1：D14	山羊（*Capra hircus*）	右胫骨远端	石峁遗址	−27.4	−28.9	−1.5
SM27	G2：D9	梅花鹿（*Cervus nippon*）	右桡骨远端	石峁遗址	−28.2	−29.7	−1.5
GJW1	F1③：D18	马鹿（*Cervus elaphus*）	左跖骨骨干	高家洼遗址	−28.3	−30.3	−2.0
GJW2	F1④：D21	马鹿（*Cervus elaphus*）	左跖骨骨干	高家洼遗址	−26.5	−29.0	−2.6

（二）ZooMS 分析

ZooMS 是一种通过质谱检测多肽混合物以确定样品生物来源的技术，具有破坏程度小、分析速度快、测试成本低等优点[40]。该技术的分析对象是骨骼、皮革等样品中残存的胶原蛋白，利用强酸或强碱溶液提取样品中的胶原蛋白，再用胰蛋白酶将胶原蛋白酶解成序列长短不一的肽段混合物，然后经质谱仪分析，生成样品独特的肽质量指纹图谱[40，41]。将未知样品的谱图与已知物种的胶原蛋白指纹库对比，就有可能对未知样品的种属进行鉴定。本研究中，胶原蛋白的提取及处理主要参照 Buckley 等[41]的方法，并略有调整，具体如下：

机械去除骨骼样本表面的污染物质。称取 10—30mg 碎骨样，置于 0.6mol/L 的盐酸溶液中 4℃下浸泡至脱钙完全，用去离子水洗至中性。置于 0.05mol/L 的碳酸氢铵溶液中 65℃加热 3h，离心，取 100μL 上清液，向其中加入 3μL 的 0.4μg/μL 的胰蛋白酶，37℃下酶解 18h，将酶解后的样品离心，取上清液，用 0.1% 的三氟乙酸酸化。在 100μL 的 C18 ZipTip 微量层析柱上纯化、洗脱。向 MALDI 靶板上加 1μL 样品溶液，再加 1μL 基质混合，待干后上样测试，测试 3 次取平均值作为最终结果。

ZooMS 分析所用设备为 Bruker autoflex® maX 型基质辅助激光解吸电离飞行时间质谱仪（MALDI-TOF-MS）。测试在反射模式下进行，m/z 范围为 600—3500，采用 peptide calibration standardⅡ 的标准品进行外标校正。使用 Bruker Daltonics flexAnalysis3.4 和 mMassv5.5.0（www.mmass.org）[42] 软件对测试数据进行处理和分析。

（三）脂肪酸提取和分析

脂肪酸的提取主要参照 Colonese 等[43] 的方法。机械去除骨骼样本表面的污染物质后将其打磨成骨粉，称取 0.3—0.9g 骨粉，加入二氯甲烷/甲醇（2∶1，v/v），涡旋，超声振荡，离心，弃去上清液，重复 3 次并用氮气吹干。向干燥的骨粉中加入 10μL 正三十四烷标样及 4ml 甲醇（δ^{13}C 值已知），超声振荡，再加入 800μL 浓硫酸，于 70℃恒温反应 4h 后离心。取上清液并向其中加入 4ml 正己烷进行萃取，取上层液体通过装有玻璃毛和碳酸钾的玻璃吸管，重复 2 次，混合上层萃取液并在氮气下吹干。加入 90μL 正己烷、10μL 正三十六烷标样，进行 GC-MS 和 GC-C-IRMS 分析。

GC-MS 测试所用设备为 Agilent 7890A/5975C 型气相色谱-质谱联用仪。色谱条件：DB-5HT 弹性石英毛细管柱（30m×0.25mm×0.1μm）；载气为高纯氦气；分流比为 5∶1；进样量 1μL；进样口温度 300℃，接口温度 375℃。升温程序：初始温度 50℃保持 1min，以 15℃/min 升温至 100℃保持 1min；再以 10℃/min 升温至 320℃，保持 10min。质谱条件：离子源为 EI 源，电子能量为 70eV；离子源温度 230℃；四极杆检测器；扫描范围 50—650u。

选择 $C_{16:0}$ 和 $C_{18:0}$ 脂肪酸含量够高（>0.2μg/g）的样本进行脂肪酸单体碳同位素分析。GC-C-IRMS 测试所用设备为 Isoprime 100 型同位素质谱仪，色谱分析采用 Agilent 7890A 型气相色谱仪，色谱仪与同位素质谱仪接口为 Isoprime GC5。色谱条件：HP5 型色谱柱（30m×0.32mm×0.25μm）；载气为高纯氦气，载气流量 1.2ml/min；GC5 接口的反应炉温度为 850℃。升温程序：初始温度 100℃保持 1min，以 10℃/min 升温至 300℃。质谱条件：电子能量为 80eV；监测 m/z44、45 和 46 的离子强度，以自动计算 ^{13}C/^{12}C 比率。碳同位素分析结果以相对 VPDB（Vienna Pee Dee Belemnite）的 δ^{13}C 值表示，样品重复测试 2 次，误差范围 ±0.5‰，仪器精密度为 0.2‰。测试后用 δ^{13}C 值已知的标准样品对结果进行标定。忽略反应过程中碳同位素分馏效应，采用以下质量平衡方程对甲酯化引起的碳同位素偏移进行校正[6,44]：

$$\delta^{13}C_{FA} = [(C_n+1) \times \delta^{13}C_{FAME} - \delta^{13}C_{MeOH}]/C_n$$

其中，$\delta^{13}C_{FA}$ 为校正后的脂肪酸碳同位素值；C_n 表示脂肪酸的碳原子数目；$\delta^{13}C_{FAME}$ 是标定后的脂肪酸甲酯碳同位素值；$\delta^{13}C_{MeOH}$ 是实验中衍生化试剂甲醇的碳同位素值（-40.07‰）。

三、结果与讨论

（一）种属鉴定

测定陕北地区种属已知的动物骨骼的脂肪酸单体碳同位素，分析其数据分布并与Copley等[1]建立的动物脂肪酸单体碳同位素模型对比，进而讨论现有模型在该地区的适用性，以及该地区家养动物的饲养模式和野生动物的管理策略，是本研究的主要内容，因此，明确的骨骼来源是开展模型验证、探讨家养动物饲养模式及野生动物管理策略的前提。ZooMS技术能够对残损或变形的骨骼进行分析，可用于碎骨样本SM6的种属鉴定[40]。

图一为样本SM6的肽质量指纹图谱，谱图中存在 m/z 为1105.3、1427.4、2131.6、2883.6、2899.6及3033.4的特征肽段。将上述肽段与已知物种的肽段特征库[41, 45, 46]对比，发现其与鹿和绵羊的部分肽段相匹配，据此判定SM6可能为鹿或绵羊；而由于未检测出鹿或绵羊的特异性肽段（ m/z=1550.8 为鹿特有肽段； m/z=1580.8 为绵羊特有肽段[41]），故无法进一步判定SM6的具体种属。

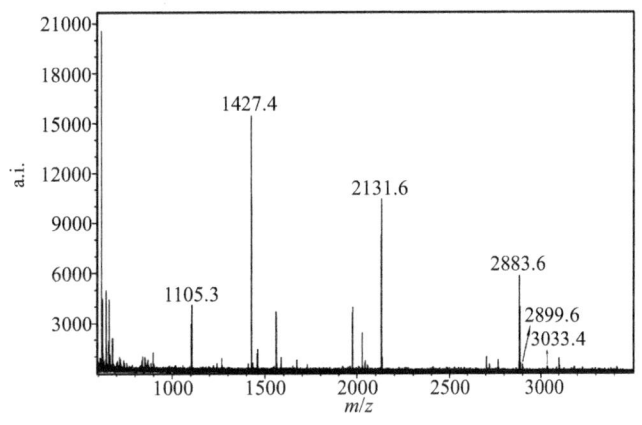

图一　样本SM6的肽质量指纹图谱

对于考古出土的缺乏形态鉴定特征的骨骼或骨制品，凭借传统动物考古学研究难以进行种属鉴定；而ZooMS分析能够从分子层面提供信息，有助于准确揭示骨骼样品的生物来源[40]，在动物考古学研究中具有重要意义和价值。

（二）模型验证

GC-MS结果显示，29例骨骼样本中的脂肪酸分布相似（图二），均以 $C_{16:0}$ 和 $C_{18:0}$ 脂肪酸为主，含有少量支链脂肪酸（如 $C_{15:0br}$—$C_{17:0br}$ ）及长链饱和脂肪酸（如 $C_{14:0}$—$C_{20:0}$、$C_{22:0}$—$C_{24:0}$ ）。 $C_{16:0}/C_{18:0}$ 的丰度比值较低，符合降解的动物脂肪特征[47]。

全部样本的 $\delta^{13}C_{16:0}$、$\delta^{13}C_{18:0}$ 及 $\delta^{13}C$ 值见表一和图三。图三a中的黑色椭圆即Copley等[1]建立的基于 C_3 类饮食的非反刍动物体脂与反刍动物体脂" $\delta^{13}C_{18:0}$-$\delta^{13}C_{16:0}$"分布模型（置信椭圆 P=0.684）。由图三a可见，除1例样本位于反刍动物体脂置信椭圆边缘，其余28例样本均落在相应置信椭圆之外，且 $\delta^{13}C$ 值往偏正的方向偏移，说明有碳同位素更高的 C_4 植物摄入。其中，家猪（$n=5$）的 $\delta^{13}C_{16:0}$ 和 $\delta^{13}C_{18:0}$ 分别处于 $-23.8‰—-19.8‰$ 和 $-22.5‰—-17.9‰$，均值为 $-22.0\pm1.9‰$ 和 $-20.8\pm2.0‰$，表现出 C_3/C_4 混合型的食物组成[1, 10, 33]；而就个体而言，2 例家猪（SM1、SM5）的 $\delta^{13}C$ 值相对于其他 3 例更为偏正，表明前者与后者摄入 C_4 植物的比例存在较大差异[10, 33]；普通牛（$n=10$）的 $\delta^{13}C_{16:0}$ 和 $\delta^{13}C_{18:0}$ 值分别处于 $-29.0‰—-22.5‰$ 之间和 $-29.4‰—-24.8‰$ 之间，均值为 $-25.5‰\pm2.1‰$ 和 $-27‰\pm1.7‰$，表明其食物中 C_3 和 C_4 植物兼具[1, 6, 10]；对于羊而言，除 2 例绵羊（SM17、SM20）具有较高的 $\delta^{13}C_{16:0}$（$-20.7‰$、$-19.6‰$）和 $\delta^{13}C_{18:0}$（$-22.1‰$、$-21.1‰$）值，显现出相当量的 C_4 类植物摄入外[6, 10]，其余羊（$n=8$）的平均 $\delta^{13}C_{16:0}$（$-26.1\pm1.4‰$）和 $\delta^{13}C_{18:0}$（$-27.8\pm1.6‰$）值与普通牛接近，独立样本平均值显著性差异分析（Independent-Samples

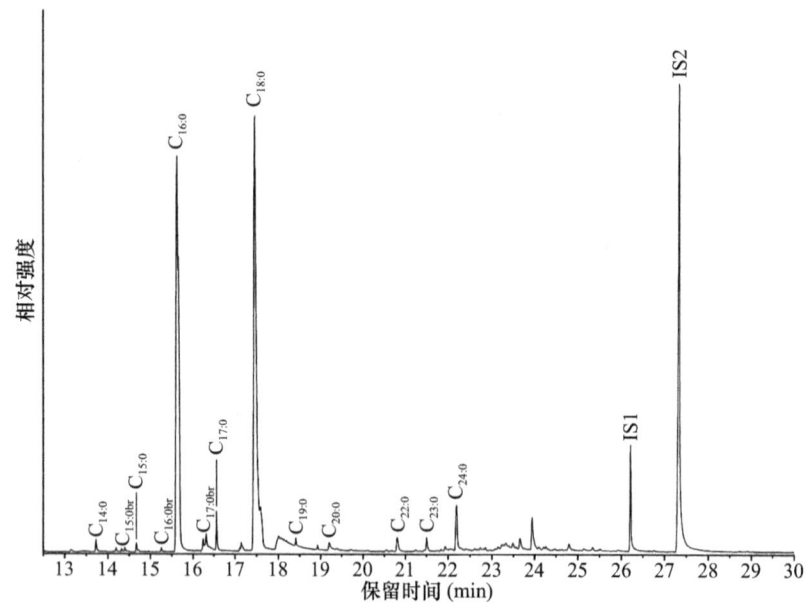

图二　样本 SM20 脂质提取物的部分气相色谱图（br 表示支链；IS1 为正三十四烷标样；IS2 为正三十六烷标样）

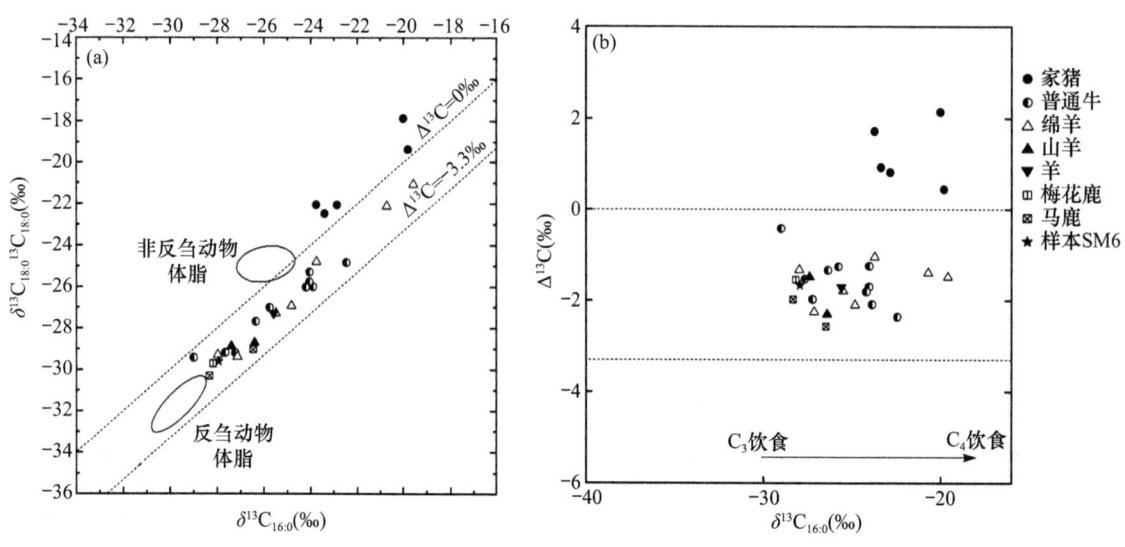

图三　动物骨骼的 $\delta^{13}C_{18:0}$ 和 $\delta^{13}C_{16:0}$ 散点图（a）及 $\Delta^{13}C$ 和 $\delta^{13}C_{16:0}$ 散点图（b）

T-Test）结果验证了这一观察（$\delta^{13}C_{16:0}$ 值：$p=0.47>0.05$；$\delta^{13}C_{18:0}$ 值：$p=0.33>0.05$），表明二者的食物来源基本一致；梅花鹿（$n=1$）和 1 例马鹿（GJW2）具有与普通牛相似的 $\delta^{13}C_{16:0}$ 和 $\delta^{13}C_{18:0}$ 值，表明其食物中同样包含了 C_3 和 C_4 植物[1, 6, 10]，另 1 例马鹿（GJW1）的 $\delta^{13}C_{16:0}$ 和 $\delta^{13}C_{18:0}$ 分布靠近反刍动物体脂的置信椭圆，体现了其 C_3 饮食特征。在图三 b 中，属于非反刍动物的猪，其 $\delta^{13}C$ 值分布范围为 0.4‰—2.1‰，均大于 0‰；属于反刍动物的牛、羊、鹿，以及被鉴定为鹿或绵羊的样本 SM6，$\Delta^{13}C$ 值分布范围为 -2.6‰—-0.4‰，均介于 -3.3‰—0‰。综上所述，古代陕北地区存在 C_4 植物消费，因而前人建立的动物脂肪酸单体"$\delta^{13}C_{18:0}-\delta^{13}C_{16:0}$"分布模型[1]不完全适用于该地区；但通过计算 $\Delta^{13}C$ 值以突显动物脂肪代谢特征及生物来源后，则可采用动物脂肪酸单体"$\Delta^{13}C-\delta^{13}C_{16:0}$"模型[1]对陕北地区动物脂肪来源进行表征，即：$\Delta^{13}C>0‰$ 为非反刍动物体脂，$-3.3‰<\Delta^{13}C<0‰$ 为反刍动物体脂。

此外，Craig 等[27]曾对波兰野生马鹿骨骼的脂肪酸单体碳同位素值进行了检测，发现 10 例样本中有 9 例的 $\Delta^{13}C$ 值低于 -3.3‰，即超出了 Copley 等[1]划定的反刍动物体脂范围（$-3.3‰<\Delta^{13}C<0‰$）。对此，Craig 等[27]推测可能是由于与家养反刍动物相比，作为野生反刍动物的马鹿更为精瘦，导致由脂肪组织从头合成的脂肪酸的占比减少，从而造成其体脂中 $C_{18:0}$ 脂肪酸来源于食物中脂肪酸的比例更大，$\delta^{13}C_{18:0}$ 值降低。类似的结果在 Evershed 等及 Spangenberg 等[37]的研究中也有发现。相比之下，本研究中的 2 例野生马鹿体脂的 $\Delta^{13}C$ 值分别为 -2.0‰ 和 -2.6‰，均未低于 -3.3‰。同一物种不同个体间 $\Delta^{13}C$ 值的大范围波动提示我们，尽管现有数据显示 $\Delta^{13}C=0‰$ 和 $\Delta^{13}C=-3.3‰$ 可作为陕北地区动物脂肪酸单体碳同位素模型中的界定阈值，但不能忽视存在 $\Delta^{13}C$ 值变异性超出预期的可能。应进一步开展我国不同地区动物脂肪酸单体碳同位素分析，以扩大样本数量，丰富样本种类，从而为更全面地解读脂肪酸单体碳同位素模型提供科学依据。

（三）家养动物的饲养模式

土壤有机碳同位素研究显示，全新世时期陕北地区野生植被以 C_3 类植物为主，C_4 植物的丰度可忽略[32, 48-50]。这一结论与石峁遗址和高家洼遗址邻近的杨界沙遗址[51]及五庄果墚遗址[52]自然环境中野生食草动物骨胶原 $\delta^{13}C$ 值相吻合，进一步表明该地区自然植被是 C_3 植物主导；而新石器时代至先秦时期中国北方地区的主要粮食作物则是以粟、黍为代表的 C_4 植物[49, 53]。石峁遗址炭化植物遗存的浮选结果显示，该遗址的农作物主要为粟（*Setaria italica*）和黍（*Panicum miliaceum*），非农作物主要包括藜科的猪毛菜（*Salsola Collina*）、藜（*Chenopodium album*）和豆科的胡枝子（*Lespedeza bicolor*）、草木樨（*Melilotus officinalis*），这些植物种子均具有较高的绝对数量和出土概率，显示出其与人类生活密切的关系，其中，粟作农业经济处于主要地位[54]。粟和黍均为典型的 C_4 类植物，而作为常见的杂草，藜科并非是单一的 C_3 植物，其涵盖的藜、猪毛菜等是可用于人类食用和动物饲养的 C_4 型植物[55-57]。

石峁遗址家猪的 $\delta^{13}C_{16:0}$ 和 $\delta^{13}C_{18:0}$ 值呈现出 C_3/C_4 类混合特征，意味着其消费了野生 C_3 植物，以及粟类作物副产品（如秸秆、谷糠等）或人工采集的藜科植物。目前，陕北地区开展过家猪食性分析的遗址中，仅杨界沙遗址部分家猪食谱中显现出较强的 C_3 信号[51]，神圪垯墚遗址[49]和五庄果墚遗址[52]的家猪均以 C_4 类为主要食物来源；中原地区仰韶和龙山时代遗址家猪的饲养同样普遍受到小米栽培的强烈影响，仅少数遗址（如瓦店遗址[58]、东营遗址[59]、瓦窑沟遗址[59]）存在摄入相当量 C_3 植物的家猪。这种相对粗放的家猪饲养模式自新石器时代中期以来零星出现，可见其持续时间之久。而相比于同地区同时期神圪垯塬遗址[49]的集约化家猪圈养模式，石峁遗址实行较粗放式管理，其原因有待深入探索。

早在史前时期，欧亚大陆上的先民就开辟了连接东西方的古老交流通道，在丝绸成为主要贸易品之前，东西方交流的路网上穿行的是粟黍、小麦等农作物以及彩陶、玉石、青铜器等产品，西亚的牛、羊等家畜也由此传入中国[60, 61]。得益于"史前丝绸之路"的影响，家养普通牛和羊自龙山时代开始逐渐出现于黄河流域地区[62]。与猪、狗等杂食动物不同，作为食草动物的牛、羊能够利用以往人类难以直接开发的草类资源，从而帮助提高土地资源的利用效率。因此，牛、羊的引入是中国家畜饲养业发展中革命性的突破。以往对黄河中上游地区多处遗址家养牛、羊饲养模式的研究显示，二者的管理策略颇具多样性，但总体上牛主要依赖于粟类作物副产品，以圈养为主；而羊则多为野外采食，以放养为主[49, 58, 59, 62, 63]。本研究中，除 SM17 与 SM20 这 2 例绵羊明显表现出 C_4 饮食特征，应源于粟类产品或人工采集的藜科植物的消费，体现了圈养的饲养模式；其余普通牛和羊的食物来源无显著差别，均以 C_3 和 C_4 植物混食，体现了放养与圈养相结合的饲养模式。由此可见，石峁遗址羊的饲养模式比普通牛更加多元化，而羊个体间不同的饲养模式则暗示它们可能来自于不同的饲养单元；这可能反映了当地先民面对新兴家畜品种，结合辖区自然条件开展探索性饲养活动。

（四）先民与鹿的互动

本研究中，马鹿 GJW1 的 $\delta^{13}C_{16:0}$ 和 $\delta^{13}C_{18:0}$ 值呈现出 C_3 饮食特征，表明其以自然环境中的野生植物为食[49, 53]；梅花鹿 SM27 和马鹿 GJW2 具有较为偏正的 $\delta^{13}C_{16:0}$ 和 $\delta^{13}C_{18:0}$ 值，显现出饮食中 C_4 类植物的贡献[1, 6, 10]，表明这 2 例鹿摄取了人工种植或采集的 C_4 植物。由此说明，石峁遗址和高家洼遗址先民与鹿存在互动关系，可能出于观赏目的或者为了获取某种资源（如鹿角）而将鹿饲养在定居点附近或内部。陕西兴乐坊遗址[30]及河南新砦遗址[64]也存在摄食相当量 C_4 植物的鹿，因此新石器时代晚期可能已存在鹿的管理活动。

值得注意的是，目前关于动物食物来源的探讨主要基于骨骼中的胶原蛋白碳氮稳定同位素分析[31, 65—67]，对骨骼中的脂肪酸碳同位素关注较少。而研究表明，相对于胶原蛋白，脂质的周转速率更高[43, 68, 69]，因此可以反映个体生前短时期内的饮食状况，并且与优先由食物中蛋白质合成的胶原蛋白不同，脂质是整个饮食（即蛋白质、脂质和碳水化合物的集合）的映射[43, 70, 71]。本研究基于骨骼脂肪酸碳同位素视角对陕北地区龙山时代家养及野生动物食物结构的讨论可为后续相关研究提供参考。此外，存在于骨细胞中的脂质受到骨板保护，不易被成岩作用改变和土壤环境污染，对其单体开展碳同位素分析，可辅助羟磷灰石碳同位素结果的评估[43, 71, 72]；同时，结合骨胶原同位素分析，可揭示个体长期饮食中的短时变化，对更为细致地探究动物管理策略具有重要意义。

四、结　论

本文利用 GC-MS 及 GC-C-IRMS 技术对陕北地区石峁遗址和高家洼遗址出土动物骨骼（共

计 29 例）的脂肪酸进行分析，并对其中 1 例缺乏形态鉴定特征的碎骨样本 SM6 开展 ZooMS 分析鉴定其种属。ZooMS 结果显示，样本 SM6 中存在与鹿和绵羊部分肽段相匹配的特征肽段：m/z 为 1105.3、1427.4、2131.6、2883.6、2899.6 及 3033.4，表明其为鹿或绵羊。ZooMS 技术能够从分子层面挖掘样品背后的潜信息，在鉴定形态特征难以辨认的碎骨种属方面极具潜力。

GC-MS 结果表明，所有骨骼样本中的脂肪酸分布均相似，即以 $C_{16:0}$ 和 $C_{18:0}$ 脂肪酸为主，并含有少量支链脂肪酸（如 $C_{15:0br}$—$C_{17:0br}$）及长链饱和脂肪酸（如 $C_{14:0}$—$C_{20:0}$、$C_{22:0}$—$C_{24:0}$）。$C_{16:0}/C_{18:0}$ 的丰度比值较低，显示出降解的动物脂肪特征。GC-C-IRMS 分析结果显示，家养动物中，猪（$n=5$）的 $\delta^{13}C_{16:0}$ 和 $\delta^{13}C_{18:0}$ 均值为 −22‰±1.9‰ 和 −20.8‰±2.0‰，表明其消费了野生 C_3 植物及粟类作物副产品或人工采集的藜科植物。相比于其他遗址，石峁遗址采取了较为粗放的家猪管理模式。对于牛和羊，除 2 例羊显示出较强的粟类产品或人工采集的藜科植物消费信号，反映了圈养的饲养模式；其余牛（$n=10$）、羊（$n=8$）的 $\delta^{13}C_{16:0}$ 和 $\delta^{13}C_{18:0}$ 均值分别为 −25.5‰±2.1‰ 和 −27‰±1.7‰、−26.1‰±1.4‰ 和 −27.8‰±1.6‰，反映了 C_3 与 C_4 植物兼具的食谱类型及放养与圈养相结合的饲养模式。牛、羊饲养模式的多样化可能是当地先民面对新兴家畜品种，结合辖区自然条件开展探索性饲养活动的体现。野生动物中，1 例鹿的 $\delta^{13}C_{16:0}$ 和 $\delta^{13}C_{18:0}$ 值呈现出 C_3 饮食特征，表明其以自然环境中的野生植物为食；另外 2 例鹿的 $\delta^{13}C_{16:0}$ 和 $\delta^{13}C_{18:0}$ 值较高，显现出饮食中 C_4 类植物的贡献，表明石峁遗址和高家洼遗址先民与鹿存在互动关系。结合已发表的相关资料，推测新石器时代晚期可能已存在鹿的管理活动。古代陕北地区对 C_4 植物的消费使得当地动物脂肪酸单体碳同位素结果不完全符合前人建立的"$\delta^{13}C_{18:0}$-$\delta^{13}C_{16:0}$"分布模型，但仍然符合"$\Delta^{13}C$-$\delta^{13}C_{16:0}$"模型，即：$\Delta^{13}C > 0‰$ 为非反刍动物体脂，$−3.3‰ < \Delta^{13}C < 0‰$ 为反刍动物体脂。

附记：国家自然科学基金项目（批准号：42072217）、教育部人文社会科学研究规划基金项目（批准号：17YJAZH107）、国家社会科学基金重大项目（批准号：18ZDA218 和 17ZDA217）和中央高校基本科研业务费专项项目共同资助。

参 考 文 献

［1］ Copley M S, Berstan R, Dudd S N, et al. Direct Chemical evidence for widespread dairying in prehistoric Britain. Proceedings of the National Academy of Sciences of the United States of America, 2003, 100(4): 1524-1529.

［2］ Evershed R P. Organic residue analysis in archaeology: The archaeological biomarker revolution. Archaeometry, 2008, 50(6): 895-924.

［3］ Dudd S N, Evershed R P. Direct demonstration of milk as an element of archaeological economies. Science, 1998, 282(5393): 1478-1481.

［4］ Craig O E, Taylor G, Mulville J, et al. The identification of prehistoric dairying activities in the Western Isles of Scotland: An integrated biomolecular approach. Journal of Archaeological Science, 2005, 32(1): 91-103.

［5］ Evershed R P, Arnot K I, Collister J, et al. Application of isotope ratio monitoring gas chromatography-mass spectrometry to the analysis of organic residues of archaeological origin. Analyst, 1994, 119(5): 909-914.

［6］ Chakraborty K S, Slater G F, Miller H M L, et al. Compound specific isotope analysis of lipid residues provides the earliest direct evidence of dairy product processing in South Asia. Scientific Reports, 2020, 10(1): 16095.

［7］ Evershed R P, Payne S, Sherratt A G, et al. Earliest date for milk use in the Near East and Southeastern Europe linked to cattle herding. Nature, 2008, 455(7212): 528-531.

［8］ Craig O E, Chapman J, Heron C, et al. Did the first farmers of Central and Eastern Europe produce dairy foods? Antiquity, 2005, 79(306): 882-894.

［9］ Smyth J, Evershed R P. Milking the megafauna: Using organic residue analysis to understand early farming practice. Environmental Archaeology, 2016, 21(3): 214-229.

［10］ Dunne J, di Lernia S, Chłodnicki M, et al. Timing and pace of dairying inception and animal husbandry practices across Holocene North Africa. Quaternary International, 2018, 471: 147-159. doi:10.1016/j.quaint.2017.06.062.

［11］ Fewlass H, Mitchell P J, Casanova E, et al. Chemical evidence of dairying by hunter-gatherers in highland Lesotho in the late first millennium A D. Nature Human Behaviour, 2020, 4(8): 791-799.

［12］ Grillo K M, Dunne J, Marshall F, et al. Molecular and isotopic evidence for milk, meat, and plants in prehistoric Eastern African herder food systems. Proceedings of the National Academy of Sciences of the United States of America, 2020, 117(18): 9793-9799.

［13］ Gregg M W, Banning E B, Gibbs K, et al. Subsistence practices and pottery use in Neolithic Jordan: Molecular and isotopic evidence. Journal of Archaeological Science, 2009, 36(4): 937-946.

［14］ Whelton H L, Roffet-Salque M, Kotsakis K, et al. Strong bias towards carcass product processing at Neolithic settlements in northern Greece revealed through absorbed lipid residues of archaeological pottery. Quaternary International, 2018, 496: 127-139. doi:10.1016/j.quaint.2017.12.018.

［15］ Casanova E, Arbogast R-M, Denaire A, et al. Spatial and temporal disparities in human subsistence in the Neolithic Rhineland gateway. Journal of Archaeological Science, 2020, 122: 105215. doi:10.1016/j.jas.2020.105215.

［16］ Dunne J, Grillo K M, Casanova E, et al. Pastoralist foodways recorded in organic residues from pottery vessels of modern communities in Samburu, Kenya. Journal of Archaeological Method and Theory, 2019, 26(2): 619-642.

［17］ Bondetti M, Lucquin A, Savel'ev N A, et al. Resource processing, early pottery and the emergence of Kitoi culture in Cis-Baikal: Insights from lipid residue analysis of an early Neolithic ceramic assemblage from the Gorelyi Les habitation site, Eastern Siberia. Archaeological Research in Asia, 2020, 24: 100225. doi: 10.1016/j.ara.2020.100225.

［18］ Taché K, Jaffe Y, Craig O E, et al. What do "barbarians" eat? Integrating ceramic use-wear and residue analysis in the study of food and society at the margins of Bronze Age China. PLoS One, 2021, 16(4): e0250819.

［19］ Cramp L J E, Ethier J, Urem-Kotsou D, et al. Regional diversity in subsistence among early farmers in Southeast Europe revealed by archaeological organic residues. Proceedings of the Royal Society B: Biological Sciences, 2019, 286(1894): 20182347.

［20］ Salque M, Bogucki P I, Pyzel J, et al. Earliest evidence for cheese making in the sixth millennium BC in Northern Europe. Nature, 2013, 493(7433): 522-525.

［21］ Dunne J, Rebay-Salisbury K, Salisbury R B, et al. Milk of ruminants in ceramic baby bottles from prehistoric child graves. Nature, 2019, 574(7777): 246-248.

［22］ Papakosta V, Oras E, Isaksson S. Early pottery use across the Baltic—A comparative lipid residue study on Ertebølle and Narva ceramic s from coastal hunter-gatherer sites in Southern Scandinavia, Northern Germany and Estonia. Journal of Archaeological Science: Reports, 2019, 24: 142-151. doi:10.1016/j.jasrep.2019.01.003.

［23］ Pennetta A, Fico D, Savino M L, et al. Characterization of Bronze Age pottery from the Grotte di Pertosa-Auletta (Italy): Results from the first analysis of organic lipid residues. Journal of Archaeological Science: Reports, 2020, 31: 102308. doi:10.1016/j.jasrep.2020.102308.

［24］ 任萌, 罗武干, 赵亚军, 等. 甘肃酒泉西沟村魏晋墓铜甑釜残留物的脂质分析. 文物保护与考古科学, 2016, 28（2）: 116-122.

[25] Han B, Chong J, Sun Z, et al. The rise of the cosmetic industry in ancient China: Insights from a 2700-year-old face cream. Archaeometry, 2021, doi:10.1111/arcm.12659.

[26] Evershed R P, Dudd S N, Copley M S, et al. Identification of animal fats via compound specific δ^{13}C values of individual fatty acids: Assessments of results for reference fats and lipid extracts of archaeological pottery vessels. Documenta Praehistorica, 2002, 29: 73-96. doi:10.4312/dp.29.7.

[27] Craig O E, Allen R B, Thompson A, et al. Distinguishing wild ruminant lipids by gas chromatography/combustion/ isotope ratio mass spectrometry. Rapid Communications in Mass Spectrometry, 2012, 26(19): 2359-2364.

[28] Vernon R G. Lipid metabolism in the adipose tissue of ruminant animals. Progress in Lipid Research, 1980, 19(1-2): 23-106.

[29] Moore J, Christie W. Lipid metabolism in the mammary gland of ruminant animals. Progress in Lipid Research, 1979, 17(4): 347-395.

[30] 胡耀武, 张昕煜, 王婷婷, 等. 陕西华阴兴乐坊遗址家养动物的饲养模式及对先民肉食资源的贡献. 第四纪研究, 2020, 40（2）: 399-406.

[31] 杨凡, 王青, 王芬. 河南博爱西金城遗址人和动物骨的碳氮稳定同位素分析. 第四纪研究, 2020, 40（2）: 418-427.

[32] 陈相龙, 吴业恒, 李志鹏. 从中沟与王圪垱遗址看公元前三千纪前后洛阳盆地的生业经济. 第四纪研究, 2019, 39（1）: 197-208.

[33] Stott A W, Davies E, Evershed R P, et al. Monitoring the routing of dietary and biosynthesised lipids through compound-specific stable isotope (δ^{13}C) measurements at natural abundance. Naturwissenschaften, 1997, 84(2): 82-86.

[34] Dunne J, Evershed R P, Salque M, et al. First dairying in green Saharan Africa in the fifth millennium BC. Nature, 2012, 486(7403): 390-394.

[35] Roffet-Salque M, Lee M R F, Timpson A, et al. Impact of modern cattle feeding practices on milk fatty acid stable carbon isotope compositions emphasise the need for caution in selecting reference animal tissues and products for archaeological investigations. Archaeological and Anthropological Sciences, 2017, 9(7): 1343-1348.

[36] Outram A K, Stear N A, Bendrey R, et al. The earliest horse harnessing and milking. Science, 2009, 323(5919): 1332-1335.

[37] Spangenberg J E, Jacomet S, Schibler J. Chemical analyses of organic residues in archaeological pottery from Arbon Bleiche 3, Switzerland—Evidence for dairying in the late Neolithic. Journal of Archaeological Science, 2006, 33(1): 1-13.

[38] 孙周勇, 邵晶, 邵安定, 等. 陕西神木县石峁遗址. 考古, 2013,（7）: 15-24.

[39] 孙周勇, 邵晶, 邸楠. 石峁遗址的考古发现与研究综述. 中原文物, 2020,（1）: 39-62.

[40] Collins M, Buckley M, Grundy H H, et al. ZooMS: The Collagen barcode and fingerprints. Spectroscopy Europe, 2010, 22(2): 6-10.

[41] Buckley M, Collins M, Thomas-Oates J, et al. Species identification by analysis of bone collagen using matrix-assisted laser desorption/ionisation time-of-flight mass spectrometry. Rapid Communications in Mass Spectrometry, 2009, 23(23): 3843-3854.

[42] Strohalm M, Kavan D, Novák P, et al. mMass 3: A cross-platform software environment for precise analysis of mass spectrometric data. Analytical Chemistry, 2010, 82(11): 4648-4651.

[43] Colonese A C, Farrell T, Lucquin A, et al. Archaeological bone lipids as palaeodietary markers. Rapid Communications in Mass Spectrometry, 2015, 29(7): 611-618.

[44] Regert M. Analytical strategies for discriminating archeological fatty substances from animal origin. Mass Spectrometry Reviews, 2011, 30(2): 177-220.

［45］ Buckley M, Whitcher Kansa S, Howard S, et al. Distinguishing between archaeological sheep and goat bones using a single collagen peptide. Journal of Archaeological Science, 2010, 37(1): 13-20.

［46］ Buckley M, Collins M J. Collagen survival and its use for species identification in Holocene-Lower Pleistocene bone fragments from British archaeological and paleontological sites. Antiqua, 2011, 1(1): e1.

［47］ Buckley S A, Clark K A, Evershed R P. Complex organic chemical balms of Pharaonic animal mummies. Nature, 2004, 431(7006): 294-299.

［48］ 刘恋，周鑫，于严严，等. 黄土高原自然植被的土壤有机碳同位素证据. 第四纪研究，2011，31（3）：506-513.

［49］ Chen X, Guo X, Wang W, et al. The subsistence patterns of the Shengedaliang site (—4, 000yr BP) revealed by stable Carbon and nitrogen isotopes in northern Shaanxi, China. Science China: Earth Sciences, 2017, 60(2): 268-276.

［50］ 徐向春，周斌，周雪航，等. 中国黄土高原沉积物稳定碳同位素指标在古植被环境研究中的进展. 第四纪研究，2021，41（4）：931-947.

［51］ Sheng P, Hu Y, Sun Z, et al. Early Commensal interaction between humans and hares in Neolithic Northern China. Antiquity, 2020, 94(375): 622-636.

［52］ 管理，胡耀武，胡松梅，等. 陕北靖边五庄果墚动物骨的 C 和 N 稳定同位素分析. 第四纪研究，2008，28（6）：1160-1165.

［53］ 孙永刚，常经宇. 陕北地区仰韶时代晚期至龙山时代生业方式分析. 辽宁师范大学学报（社会科学版），2018，41（1）：110-117.

［54］ 高升. 陕北神木石峁遗址植物遗存研究. 西安：西北大学硕士学位论文，2017：15-33.

［55］ 李明财，易现峰，张晓爱，等. 青海高原高寒地区 C$_4$ 植物名录. 西北植物学报，2005，25（5）：1046-1050.

［56］ 唐海萍，刘书润. 内蒙古地区的 C$_4$ 植物名录. 内蒙古大学学报（自然科学版），2001，32（4）：431-438.

［57］ 常经宇. 榆林地区新石器时代晚期杂草的利用及碳、氮稳定同位素研究的反思. 文博，2021，（4）：51-58.

［58］ Chen X L, Fang Y M, Hu Y W, et al. Isotopic reconstruction of the late Longshan period (ca.4200-3900BP) dietary complexity before the onset of state-level societies at the Wadian site in the Ying River Valley, Central Plains, China. International Journal of Osteoarchaeology, 2016, 26(5): 808-817.

［59］ Chen X L, Hu S M, Hu Y W, et al. Raising practices of Neolithic livestock evidenced by stable isotope analysis in the Wei River valley, North China. International Journal of Osteoarchaeology, 2016, 26(1): 42-52.

［60］ 杨富学，陈亚欣. 河西史前畜牧业的发展与丝绸之路的孕育. 新疆师范大学学报（哲学社会科学版），2015，36（3）：84-89.

［61］ Yang Y. Dairying transformed Mongolia. Nature Ecology & Evolution, 2020, 4(3): 288-289.

［62］ 袁靖. 中国新石器时代至青铜时代生业研究. 上海：复旦大学出版社，2019：9-15.

［63］ 陈相龙，袁靖，胡耀武，等. 陶寺遗址家畜饲养策略初探：来自碳、氮稳定同位素的证据. 考古，2012，（9）：75-82.

［64］ 张雪莲，赵春青. 新砦遗址出土部分动物骨的碳氮稳定同位素分析. 南方文物，2015，（4）：232-240.

［65］ 陈相龙，李志鹏，赵海涛. 河南偃师二里头遗址 1 号巨型坑祭祀遗迹出土动物的饲养方式. 第四纪研究，2020，40（2）：407-417.

［66］ 屈亚婷，易冰，胡珂，等. 我国古食谱稳定同位素分析的影响因素及其蕴含的考古学信息. 第四纪研究，2019，39（6）：1487-1502.

［67］ 戴玲玲，张义中. 稳定同位素视角下淮北地区新石器时代家猪的饲养策略研究——以安徽渠沟遗址（约6700—4000BC）的分析为例. 第四纪研究，2021，41（5）：1455-1465.

［68］ Arner P, Bernard S, Salehpour M, et al. Dynamics of human adipose lipid turnover in health and metabolic disease. Nature, 2011, 478(7367): 110-113.

［69］ Tieszen L L, Boutton T W, Tesdahl K G, et al. Fractionation and turnover of stable Carbon isotopes in animal tissues:

Implications for δ^{13}C analysis of diet. Oecologia, 1983, 57(1-2): 32-37.

[70] Howland M R, Corr L T, Young S M M, et al. Expression of the dietary isotope signal in the compound-specific δ^{13}C values of pig bone lipids and amino acids. International Journal of Osteoarchaeology, 2003, 13(1-2): 54-65.

[71] Jim S, Ambrose S H, Evershed R P. Stable carbon isotopic evidence for differences in the dietary origin of bone cholesterol, collagen and apatite: Implications for their use in palaeodietary reconstruction. Geochimica et Cosmochimica Acta, 2004, 68(1): 61-72.

[72] 刘晓迪，胡耀武. 华南地区新石器早中期动物骨中羟磷灰石的污染鉴别及机制——以广西桂林甑皮岩遗址为例. 第四纪研究，2021，41（1）：189-200.

（原载于《第四纪研究》2022 年第 1 期）

从石峁遗址出土植物遗存看夏时代早期榆林地区先民的生存策略选择

杨瑞琛　邸　楠　贾　鑫　尹　达　高　升
邵　晶　孙周勇　胡松梅　赵志军

一、引　言

　　社会复杂化是文明起源研究中的热点问题，是早期国家产生与发展的重要过程。在此期间，社会的不平等性、差异性不断增强。目前，有学者将中国的社会复杂化研究归纳为技术复杂化和社会分层复杂化两种，具体体现为群体规模扩大、生产强化、社会等级分化明显（墓葬、房址、地位象征品、仪式建筑等方面）、对外交换频繁、个别成员权力扩大等变化[1—3]。龙山至二里头时期是中国社会复杂化进程中的关键时刻，形成了诸如陶寺、石峁、石家河、二里头等大型区域中心，其聚落规划、生产生活水平、等级分化都达到了新的高度，成为了地区的核心[4]。而石峁遗址拥有 400×10^4 平方米的三重城垣式结构，成为了榆林地区龙山晚期至夏时代早期的区域中心[5]。

　　生业的选择和发展影响着文化的兴衰与文明的产生[6]。从研究现状来看，石峁遗址所处的榆林地区田野考古工作开展较早，但植物考古工作尚有不足，目前仅有杨界沙[7]、大古界[8]、火石梁[8, 9]、王阳畔[10]、新华[11]、寨峁[11]、木柱柱梁[12]、神圪垯梁[12]、寨峁梁[13]、石峁[14, 15]等遗址做了较为充足的分析和研究，揭示出该区域从仰韶晚期至夏时代早期，先民生业模式由农业为主、家畜饲养为辅转变为农牧业并重，且牧业比重不断上升甚至超过农业[16—18]。目前，榆林地区已进行植物考古工作的遗址中，仅石峁遗址明确发现有夏时代早期的植物遗存[14, 15]。作为地区在社会复杂化阶段中的超大型区域中心，石峁遗址的生业模式反映着这一地区的典型特征。本文将在原有已发表材料的基础上，结合新的浮选材料对石峁遗址夏时代早期的生业模式进行更加完善的分析，以了解夏时代早期榆林地区先民在特定生存环境背景下对自然环境的适应与选择，以及地区社会复杂化阶段早期文明产生的重要基础。

二、材料与方法

　　石峁遗址（38°33′—38°34′N，110°17′—110°19′E）地处陕西省榆林市高家堡镇石峁村坐落于毛乌素沙漠东南部边缘、黄河一级支流——秃尾河流域旁的黄土梁峁之上，是一处龙山晚期至夏时代早期的超大型中心聚落，发掘者称其为"公元前2000年前后中国北方区域政体的中心"[19]。遗址于1958年第一次全国文物普查时首次被关注，之后有多位专家学者及单位在此进行调查、试掘等工作；2012 年至 2021 年，陕西省考古研究院联合多家单位，在遗址开展了近十年的考古发掘工作。通过对遗址区的后阳湾、外城东门、呼家洼、韩家圪旦、樊庄子、皇城台等多个地点进行的调查与发掘，揭露出了石峁遗址面积超 400×10^4 平方米的三重城垣结构，其中包括拥有高等级建筑及大型宫殿的核心区域皇城台，分布着多个小型血亲聚落的内城，建有马面、墩台、瓮城、角台、封闭石墙等完备防御设施的外城，以及城外的哨所[20—25]。在发掘过程中，考古工作者清理了房址、墓葬、灰坑、祭祀坑、护墙等遗迹，出土了石器、玉器、骨器、铜器、彩绘壁画、丝绸、水晶等逾万件遗物[19]。遗址的主体年代为龙山晚期至夏时代早期，出土遗存又可分为三段：A 段（绝对年代约为 2300—2100BC）、B 段（绝对年代约为 2100—1900BC）、C 段（绝对年代约为 1900—1800BC）[26]。整个遗址展现出"集手工业生产、祭祀、防御、人口控制于一体的地区政治、经济、宗教、文化中心"的特点，是距今 4300—3800 年榆林地区社会复杂化进程中的区域中心[19]。

2012 年至 2016 年，伴随着石峁遗址田野考古工作的深入开展，高升[14]、尹达[15]先后在韩家圪旦、后阳湾、外城东门、皇城台（当时还未发掘，仅是调查）等地点做了浮选工作，并分别撰写了学位论文。高升[14]基于外城东门等地点出土的植物遗存信息，分析了石峁遗址的生业形态及先民的植物利用情况，并对比了石峁遗址和次一级聚落寨峁梁遗址的生业异同；尹达[15]以石峁遗址为出发点，分析了整个河套地区多个遗址的生业模式和地区史前农牧交错带的特点、形成原因等问题。

2017 年至 2019 年，石峁遗址核心区域皇城台地点发掘工作逐步开展，笔者在皇城台地点的门址、大台基及东护墙北段上部等区域进行了浮选土样采集（图一）。本文将基于我们 2017—2019 年的相关植物考古工作，结合高升[14]、尹达[15]已公布的夏时代早期样品鉴定信息，总结夏时代早期（绝对年代约在 2000—1800BC）石峁先民的生业模式特点、形成原因和背后所反映出的考古学文化方面的问题。

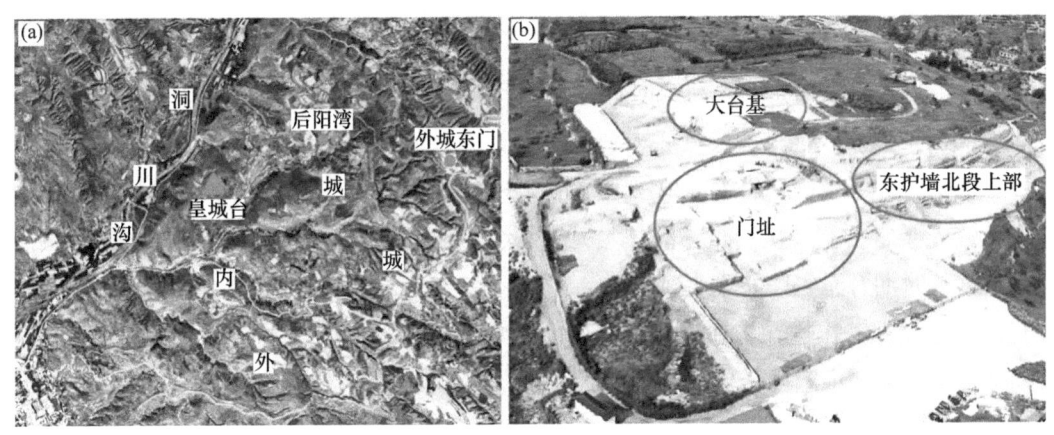

图一 石峁遗址浮选样品采集位置图
（a）夏时代早期样品主要采集地点 （b）皇城台主要采样区域

本研究采用的采样方法以剖面采样法和针对性采样法为主，分别对地层、灰坑、房址等遗迹进行采样（表一）。但在 2017 年对皇城台东护墙北段上部（獾子畔）地点的六段隔梁（倒塌堆积）进行土样采集时，采用了网格采样法，分层等距离进行采样（图二）。截至 2019 年，在石峁遗址先后共采集到浮选土样 214 份，土量为 1307.5L。其中属于龙山时代晚期的样品共 27 份，采自韩家圪

表一　石峁遗址 2012—2019 年夏时代早期土样采集情况

		地层	房址	灶址	灰坑	城墙	灰沟	壁画	散水	合计
皇城台地点	门址	4	1		1		1			7
	东护墙北段上部	113				3				116
	大台基	6	5	6	2	1				20
	其他					4				4
外城东门地点			3	10	8	2	2		1	2	28
后阳湾地点			1	2						3
其他地点			1	4	1	3				9
采集总数量（份）		128	22	15	8	10	1	1	2	187

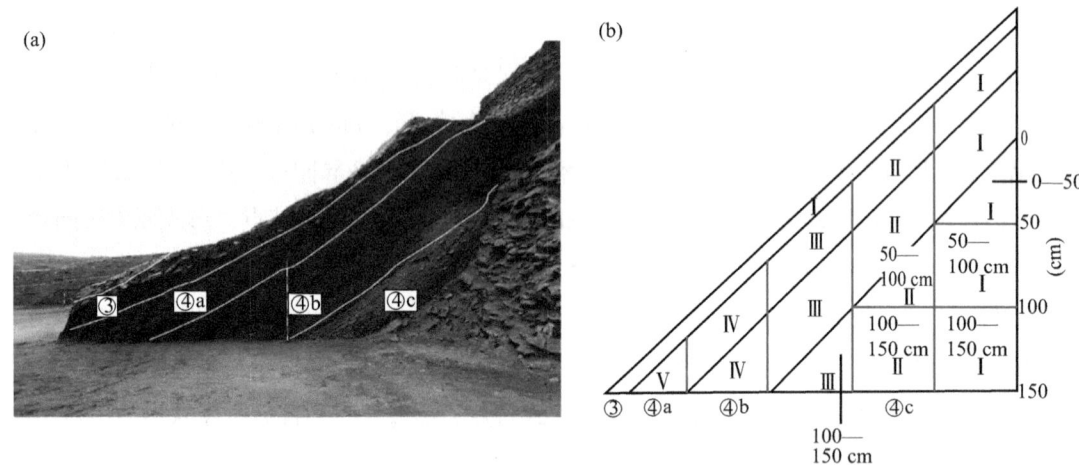

图二　皇城台地点东护墙北段上部（獾子畔）采样情况图
（a）三段北隔梁地层　（b）网格采样法示意图

且、后阳湾等地点，土量为 112.2L；夏时代早期的样品共 187 份，采自外城东门、后阳湾地点，及皇城台地点的东护墙北段上部、门址、大台基区域，土量为 1195.3L。鉴于龙山时代晚期样品数量较少，且主要采自灶坑遗迹，出土的植物遗存情况并不理想。这可能与灶坑的燃烧环境造成种子的充分燃烧，或人类常清扫灶坑的行为有关[14]。因此，本文在讨论的过程中，将仅关注夏时代早期样品，讨论这一时期石峁先民的生业模式。

所有样品的浮选工作均在当地进行，利用的是常见的小水桶浮选法[27]。样品阴干后，在西北大学植物考古实验室和中国社会科学院考古研究所完成相关鉴定工作。

三、浮选结果

石峁遗址出土的炭化植物遗存主要包括炭化木屑、植物种子及硬果壳核，其中炭化木屑已挑选部分 2mm 以上样品，交中国社会科学院考古研究所进行树种鉴定。炭化植物种子和发现的硬果壳核总数为 17816 粒，包括可鉴定至具体种属的农作物与非农作物遗存，以及少数无法确定种属的未知种子等。计算得出，样品的种子密度为 15 粒 /L，与周边联系较紧密的遗址相比[13, 28, 29]，石峁遗址出土的植物种子数量较为丰富。

发现的农作物遗存数量为8905粒，包括粟（*Setaria italica*）、黍（*Panicum miliaceum*）、水稻（*Oryza sativa*）和大豆（*Glycine max*），以粟、黍为主；另外，还出土大量粟黍结块、少量水稻结块和基盘等遗存（图三和表二）。

图三　石峁遗址出土炭化农作物遗存

1. 粟（*Setaria italica*）　2. 黍（*Panicum miliaceum*）　3. 水稻基盘（rice spikelet base）　4. 水稻（*Oryza sativa*）
5. 稻米结块（ricelump）　6. 大豆（*Glycine max*）

表二　石峁遗址夏时代早期农作物遗存出土情况

科名	种属	量化分析结果		
		绝对数量（粒）	数量百分比（%）	出土概率（%）
禾本科（Poaceae）	粟（*Setaria italica*）	5957	73.32	90.37
	黍（*Panicum miliaceum*）	2131	26.23	64.71
	水稻（*Oryza sativa*）	19	0.34	8.56
	水稻基盘（rice spikelet base）	9		
豆科（Fabaceae）	大豆（*Glycine max*）	9	0.11	3.21
合计（粒）		8125		

粟和黍为北方常见的旱地作物，是榆林地区史前时期的主要农作物[16, 17]。遗址中粟的绝对数量和所占比例最高，共出土5957粒，占出土农作物遗存的73.32%；黍的绝对数量和所占比例次之，共2131粒，占出土农作物遗存的26.23%；遗址中还出土有大量烧结成块的谷粒遗存，共776块，由于炭化程度较大，仅可依据形态辨别为粟黍结块，无法判断具体粟黍数量。

遗址中的重要发现为水稻遗存，包括炭化稻米和基盘。炭化稻米共19粒，对7粒完整水稻进行测量，平均长为4.75mm，平均宽为2.56mm。水稻基盘是稻谷粒与稻穗连接的关键部位，每一粒都可代表一粒稻谷或稻米，因此本文将其放入稻米遗存中[30]。基盘共出土9粒，与炭化稻米合计28粒，占出土农作物遗存的0.34%；另外，鉴定中也发现了少量炭化烧结的稻米遗存，共4块，但无法统计具体稻米数量。

遗址中出土的大豆共计9粒，占出土农作物遗存的0.11%。豆粒形态呈肾形，豆皮保存状况较差，多已脱落，裸露的子叶表面粗糙且出现较多蜂窝状凹坑。根据种皮、子叶的特征，遗址中出土的大豆基本符合炭化栽培大豆的鉴定标准[31]。对4粒完整大豆进行测量，平均长为3.35mm，平均宽为2.08mm，平均厚为1.75mm。

遗址出土的非农作物遗存数量合计 8911 粒，共 61 类，其中大多数可以鉴定到种，少数仅能鉴定到属，包括农田杂草、饲用植物、植物果核等（图四和表三）。

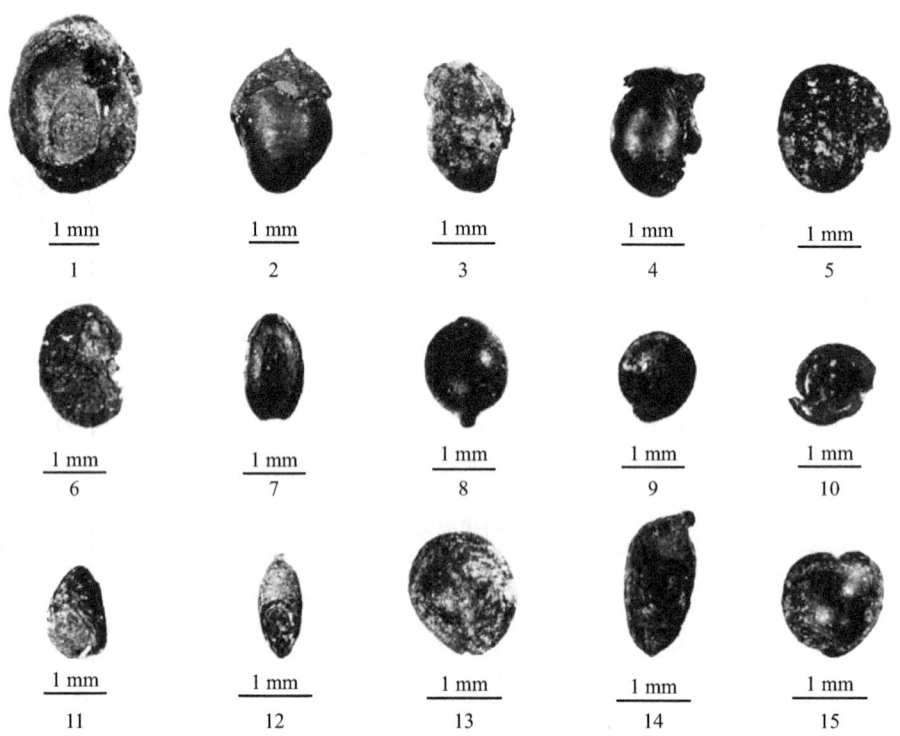

图四　石峁遗址出土部分炭化非农作物遗存

1. 野大豆（*Glycine soja*）2. 胡枝子（*Lespedeza bicolor*）3. 草木犀（*Melilotus officinalis*）4. 糙叶黄耆（*Astragalus scaberrimus*）5. 黄耆（*Astragalus mongholicus*）6. 苜蓿属（*Medicago* sp.）7. 狗尾草（*Setaria viridis*）8. 酸模叶蓼（*Polygonum lapathifolium*）9. 藜属（*Chenopodium* sp.）10. 猪毛菜（*Salsola collina*）11. 委陵菜属（*Potentilla* sp.）12. 冷蒿（*Artemisia frigida*）13. 沙蓬（*Agriophyllum squarrosum*）14. 虫实属（*Corispermum* sp.）15. 地丁草（*Corydalis bungeana*）

表三　石峁遗址夏时代早期非农作物遗存情况

科名	种属	出土情况	
		绝对数量（粒）	出土概率（%）
禾本科（Poaceae）	狗尾草（*Setaria viridis*）	176	26.2
	野燕麦（*Avena fatua*）	19	8.02
	马唐（*Digitaria sanguinalis*）	1	0.53
	早熟禾（*Poa annua*）	12	2.67
	四脉金茅（*Eulalia quadrinervis*）	39	2.14
	看麦娘（*Alopecurus aequalis*）	2	1.07
	雀麦（*Bromus japonicus*）	1	0.53
	无芒雀麦（*Bromus inermis*）	2	0.53
	针茅（*Stipa capillata*）	1	0.53
	虎尾草（*Chloris virgata*）	20	0.53
	荩草（*Arthraxon hispidus*）	1	0.53
	䅟草（*Phalaris arundinacea*）	3	1.6

续表

科名	种属	出土情况	
		绝对数量（粒）	出土概率（%）
豆科 （Fabaceae）	野大豆（Glycine soja）	19	10.16
	胡枝子（Lespedeza bicolor）	1198	48.13
	草木犀（Melilotus officinalis）	510	39.04
	苜蓿属（Medicago sp.）	30	5.35
	黄耆（Astragalus mongholicus）	3	1.07
	糙叶黄耆（Astragalus scaberrimus）	168	7.49
	鸡眼草（Kummerowia striata）	10	1.6
	米口袋（Gueldenstaedtia verna）	1	0.53
	野火球（Trifolium lupinaster）	1	0.53
	野豌豆（Vicia sepium）	1	0.53
藜科 （Chenopodiaceae）	藜属（Chenopodium sp.）	1460	34.04
	猪毛菜（Salsola collina）	2966	45.99
	虫实属（Corispermum sp.）	651	31.02
	沙蓬（Agriophyllum squarrosum）	64	11.23
	地肤（Kochia scoparia）	39	9.09
	杂配藜（Chenopodium hybridum）	20	3.74
	轴藜（Axyris amaranthoides）	3	1.07
蔷薇科 （Rosaceae）	委陵菜属（Potentilla sp.）	511	20.86
	欧李（Cerasus humilis）	63	5.35
	杏（Armeniaca vulgaris）	333	17.11
	樱桃（Cerasus pseudocerasus）	1	0.53
菊科 （Asteraceae）	冷蒿（Artemisia frigida）	441	20.32
	风毛菊（Saussurea japonica）	7	0.53
	苍耳（Xanthium strumarium）	1	0.53
蓼科 （Polygonaceae）	酸模（Rumex acetosa）	7	1.6
	酸模叶蓼（Polygonum lapathifolium）	1	0.53
	萹蓄（Polygonum aviculare）	2	1.09
	两栖蓼（Polygonum amphibium）	1	0.53
	水蓼（Polygonum hydropiper）	2	0.53
堇菜科（Violaceae）	堇菜（Viola arcuata）	14	4.28
葡萄科（Vitaceae）	葡萄属（Vitis sp.）	12	4.28
牻牛儿苗科（Geraniaceae）	牻牛儿苗（Erodium stephanianum）	2	1.07
莎草科（Cyperaceae）	薹草属（Carex sp.）	10	3.74
	萤蔺（Schoenoplectus juncoides）	1	0.53
唇形科（Lamiaceae）	夏至草（Lagopsis supina）	2	1.07
	紫苏（Perilla frutescens）	1	0.53
泽泻科（Alismataceae）	泽泻（Alisma plantago-aquatica）	13	1.07
锦葵科（Malvaceae）	锦葵（Malva cathayensis）	5	2.14
	苘麻（Abutilon theophrasti）	1	0.53

续表

科名	种属	出土情况	
		绝对数量（粒）	出土概率（%）
荨麻科（Urticaceae）	蝎子草（*Girardinia diversifolia* subsp. *suborbiculata*）	3	1.07
蒺藜科（Zygophyllaceae）	蒺藜（*Tribulus terrestris*）	3	1.6
罂粟科（Papaveraceae）	地丁草（*Corydalis bungeana*）	3	1.6
旋花科（Convolvulaceae）	菟丝子（*Cuscuta chinensis*）	4	1.6
茄科（Solanaceae）	酸浆（*Alkekengi officinarum*）	1	0.53
紫草科（Boraginaceae）	紫筒草（*Stenosolenium saxatile*）	13	0.53
萝藦科（Asclepiadaceae）	萝藦（*Metaplexis japonica*）	29	8.56
大麻科（Cannabaceae）	疑似大麻（cf. *Cannabis sativa*）	1	0.53
松科（Pinaceae）	松塔（pine cone）	2	0.53
合计（粒）		8911	

农田杂草是杂草中与人类关系最为密切却又不令人喜爱的一类植物，常与农作物争夺生存资源[30]。石峁遗址中出土的农田杂草种子种类较多，以禾本科、藜科为主，还有少量为蓼科。禾本科狗尾草，藜科藜属、猪毛菜、地肤、杂配藜，蓼科水蓼、酸模叶蓼等对秋熟作物危害极大；禾本科早熟禾、野燕麦、看麦娘等，为夏熟作物农田常见杂草；藜科虫实属和沙蓬会使部分沙地作物受害[32, 33]。但这些农田杂草也具有一定饲用价值，可作为家禽、家畜的饲草；藜科植物亦可作为野菜，为人所食用。

常见的饲用植物种类十分丰富，包括禾本科、豆科、菊科、藜科、蔷薇科等[34]。其中，主要被人类用作家畜饲料的有豆科、菊科、蔷薇科等植物，例如胡枝子、草木樨、糙叶黄耆、冷蒿、委陵菜属等均出土较多。胡枝子等豆科植物产量高、叶量大，营养价值和蛋白质含量均十分丰富，为家畜喜食的优良饲草[35—37]；菊科冷蒿是全年可利用的家畜抓膘草[37, 38]；蔷薇科委陵菜属植物中，委陵菜常为羊、马、驴等食用[37]。

植物果实的果核，以蔷薇科为主，应与人类的采集活动有关。主要包括欧李、杏、樱桃等核果类植物，以及葡萄属等浆果类植物，以杏、欧李果核残片数量最多（图五）。

图五　石峁遗址出土炭化植物果核遗存

1. 葡萄属（*Vitis* sp.）　2. 樱桃（*Cerasus pseudocerasus*）　3. 杏（*Armeniaca vulgaris*）　4. 欧李（*Cerasus humilis*）

另外，石峁遗址还出土了一些与人类生活关系并不密切，且出土数量较少的植物种类，本文不再赘述。

四、植物遗存所反映的石峁先民生业模式

（一）生业模式特点

1. 农作物结构与农业生产

石峁遗址夏时代早期样品中出土了大量的农作物遗存，种类丰富，以粟、黍为主，还有数量较少的水稻和大豆（图六）。其中，粟所占数量比例和出土概率均为最高，分别为73.32%和90.37%；黍仅次于粟，分别为26.23%和64.71%。从出土情况来看，石峁先民在夏时代早期应发展着以种植粟黍为主的北方旱作农业，粟为主、黍为辅。结合所处地貌特征来看，遗址所在区域为黄土和草原地貌，冬

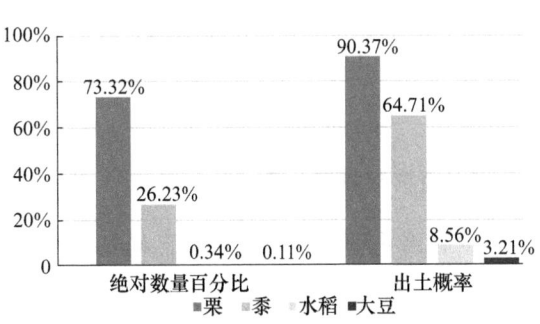

图六　石峁遗址出土农作物遗存量化分析结果

春气候干旱而夏季多雨，与粟类作物耐旱喜温、春种秋收且对灌溉没有要求的生长习性相适应[39]。遗址中出土的禾本科、蓼科等田间杂草，也印证了石峁先民的农业生产。通常，这些杂草会伴随着农作物的收获被带入到遗址中。

对比两种作物，粟的出土数量更为丰富，反映出粟在石峁先民生活中一直为最主要的农作物，利用程度非常高；而黍则不如粟，呈现出出土概率高而绝对数量低的现象。这种情况应该受多种原因影响，可能与粟的产量更高、口感更好、对水资源利用的效率更高、经济价值更高等特性有关，所以石峁先民可能会优先选择粟而对黍利用少[40, 41]；也可能是因为粟的炭化温度区间更广，所以相较于黍更容易保留下来[42]。

此外，遗址还出土了少量水稻及大豆等遗存，反映出先民对这两类农作物存在利用。

为确定水稻遗存的年代，我们将皇城台东护墙北段上部（獾子畔）地点出土的两粒炭化稻米遗存送往 Beta 实验室进行 AMS 测年。根据测年数据的校正结果，④c 层（150—200cm）出土炭化稻米的大概率年代区间为 3988—3840 cal. a B.P.（90.14%）；④a 层出土炭化稻米的大概率年代区间为 3729—3611 cal. a B.P.（63.9%），符合出土层位所处的夏时代早期①（表四）。

表四　石峁遗址出土炭化稻米遗存 AMS ^{14}C 测年结果

实验室编号	样品性质	样品编号	出土地点	^{14}C 年代（a B. P.）	树轮校正后年代 *（cal.a B. P.）	
					1σ（68.2%）	2σ（95.4%）
Beta-571586	炭化稻米	2017SMHZP001	2017 獾子畔二段北隔梁④c 150—200cm	3620±30	（68.24%）3975—3890	（90.14%）3988—3840 （5.26%）4070—4043

① 目前石峁遗址相当于夏时代早期的遗存，绝对年代约在公元前 2000—前 1800 年，部分测年数据下限不晚于公元前 1700 年。

实验室编号	样品性质	样品编号	出土地点	¹⁴C 年代（a B. P.）	树轮校正后年代 * （cal.a B. P.）	
					1σ（68.2%）	2σ（95.4%）
Beta-571587	炭化稻米	2017SMHZP002	2017 獾子畔六段北隔梁④ a	3440±30	（29.58%）3722—3678（24.72%）3672—3636（13.86%）3820—3796	（63.9%）3729—3611（16.98%）3826—3789（8.33%）3772—3741（6.18%）3609—3579

* 校正时使用 Intcal20 数据库

需要强调的是，水稻和大豆系陕北地区史前遗址中首次出现，出土地点均为核心区域皇城台东护墙北段上部（獾子畔）地点。考虑到榆林地区的环境和气候不适宜水稻和大豆的生长，难以实现规模性种植，我们认为这两类作物应是石峁上层先民控制的稀有食物和地区间交流的产物，后文将详细分析。

2. 饲用植物与牧业比重

动物考古研究显示，在仰韶晚期，榆林地区史前先民已经开始饲养家猪，在杨界沙[43]、五庄果墚[44]遗址中，家猪的比例分别高达 31% 和 44%；同时，先民还狩猎蒙古兔等动物，以获取更多的肉食补充。到了龙山时代，牛、羊传入榆林地区，原有以家猪饲养为主的获取肉食方式逐渐多样化[12, 45, 46]。在木柱柱梁[12]、火石梁[45]、新华[46]等龙山晚期遗址中，牛、羊的比例超过了家猪，其中尤以羊的数量最多，超过了 55%，而猪的比例仅有 10% 左右。牛、羊等动物的出现使得榆林地区农牧交错带的环境得以被最大利用，畜牧业成为先民维持生计的又一种方式。

作为超大型中心聚落，石峁遗址的动物考古结果显示，遗址区出土了大量的黄牛、绵羊、山羊、家猪等家养动物骨骼，其中牛和羊的占比高达 53%，揭示出遗址存在相当高比重的畜牧业[47]。从植物遗存看，石峁遗址出土了大量可作为饲草利用的植物遗存，其中以豆科、菊科等为主（图七）。这些饲草类植物饲用价值较高，能在生长的不同阶段成为家畜所食用的草料。当然，其他很多非农作物也有饲用价值，如我们通过在石峁遗址进行的农牧访谈活动，了解到老乡在 7 月底会收割狗尾草作为羊的饲料。

饲草主要通过人有意收集、动物携带或使用动物粪便做燃料等方式进入人的生活区域[48]。遗址出土的饲草类植物中，胡枝子、草木犀、委陵菜属、冷蒿的出土数量和出土概率均较高。结合这些植物的利用价值，我们认为这些植物应是先民利用的重要饲草。如果将豆科类植物看作一个整体，其绝对数量和出土概率分别达到 1941 粒和 70.05%，出土数量与黍接近，出土概率超过了黍。这表明畜牧业应是夏时代早期石峁先民生业经济的重要组成部分。石峁先民通过畜牧业来增加食物产量，以农牧混合形式保障庞大人口所需要的食物资源。而受地区气候干凉化影响，农业的发展越来越受到环境的制约，发展畜牧业是大势所趋[49]。至春秋晚期之后，榆林地区先民已

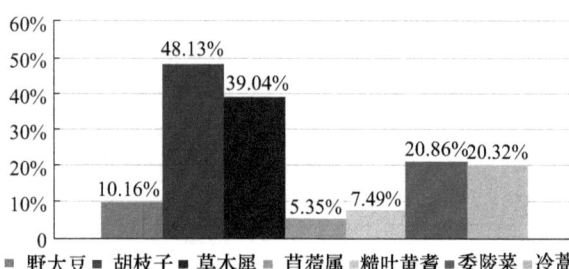

图七　石峁遗址夏时代早期主要饲草类遗存出土概率对比图

转变为发展以畜牧为主的游牧经济[18]。

3. 果类资源与食物补充

石峁遗址夏时代早期样品中，出土了数量较丰富的果核遗存，反映出先民存在采集果实的活动。其中，以杏核出土数量最多，欧李和葡萄属次之，还有少量的樱桃等。研究表明，龙山时代和夏商时期，炭化杏遗存在黄土高原遗址出土的果类资源中均占据主要地位，两个阶段的出土概率分别约为 11% 和 18%[50]。结合炭化木遗存出土情况，研究者认为至迟在龙山时代晚期，黄土高原就可能存在杏等果类资源的种植行为[50]。本次杏核残片共出土 333 块，出土概率为 17.81%，在一定程度上反映出了杏在石峁先民生活当中的重要地位。但鉴于完整杏核仅有 1 块，且尚无木材鉴定分析的结果，我们目前无法进一步探讨石峁先民是否存在杏等果类资源的种植行为。

动物考古成果还表明，石峁遗址出土有少量如野猪、梅花鹿、蒙古兔等野生动物骨骼，最小个体数均不超过 5[47]；结合遗址中发现的少量石镞、石球等狩猎工具，研究者认为狩猎也是石峁先民生业模式的补充[14]。

综上，出土植物遗存反映出夏时代早期石峁先民的生业模式主要为农牧并重。农业主要发展种植粟黍为主的北方旱作农业，还存在对水稻、大豆的少量利用；畜牧业主要是利用豆科、蔷薇科、菊科等植物饲养牛、羊等家畜。另外，结合遗址出土的动植物遗存来看，石峁先民还存在狩猎野猪、野兔等行为，并会采集杏、欧李等果实来完善食物结构。

（二）生业模式形成原因及意义

1. 农牧交错带自然环境的影响

石峁先民夏时代早期的生业模式主要受控于其所处的环境。遗址地处北方农牧交错带，生态环境脆弱[51]。区域中疏林、荒漠草原、沙地和农田等景观交错分布[52]，使得该地区兼具发展种植业和畜牧业的条件。二者不断镶嵌、重叠，逐渐呈现出一种生产经营模式吸纳甚至替代另一种的情形[53—55]。自然与人为因素长期双重影响下导致该环境模式的形成，并促使农牧业界线频繁摆动[56,57]。并存的多种景观至今仍然影响着当地居民的生活，该地区百姓现在依然种植粟、黍、玉米等旱地作物，同时利用苜蓿、草木犀等饲用植物喂养家畜。

石峁遗址向西为毛乌素沙地，东、南为黄土高原区（虽然部分沙脊已沿河谷深入黄土高原地区）。该遗址坐落在黄土高原向毛乌素沙地过渡的梁峁之上，但本身下伏地层和遗址周边的现代环境中未发现大规模的风沙沉积。黄土环境是进行农业生产的基础[58]，为石峁先民开展农业生产提供了良好的地貌环境条件。同时，古气候记录显示夏时代早期气候温暖湿润：北半球温度记录显示，夏时代早期的年均温较现在高 0.37—0.46℃[59]；距离该地区约 170km 的山西公海气候记录显示，夏时代早期降水量增加（公海地区年降水量在 530mm 以上）[60]；距离该遗址 300km 的岱海松属孢粉含量较高，平均含量约 40%[61]。该地区部分黄土/古土壤/沙丘剖面也表现出该地区相对温暖湿润的环境条件[62—65]。

此外，夏时代早期遗址附近黑色古土壤层发育较好，成壤作用明显，反映该时段植被覆盖率较高，草本占优势，显示出草原景观[65—70]。黄土地貌和夏时代早期温暖湿润气候影响下的疏林-草原环境，同时具备开展农业生产和发展牧业活动的环境条件。因此，该地区的先民可以大规模地种植粟类作物，以保障城内先民的粮食资源，推动整个遗址的兴盛和社会族群的壮大；同时，积极利用周边的草原环境和丰富的草类资源发展畜牧业，增加先民食用的肉类资源。简言之，石峁先民采用农牧并重为主的生业模式，既充分利用了环境带来的丰富资源，又保障了人群温饱问题。这是石峁人在农牧交错带复杂环境中对生存资源的主动选择，也是应对环境脆弱性的被迫适应[71, 72]。

2. 石峁遗址的文化传统

石峁先民的生业模式，离不开农牧交错带环境的影响，也与其延续的文化传统有一定的关系。目前，榆林地区考古遗址的年代最早可追溯至仰韶时期，但仰韶早期的半坡文化和仰韶中期的庙底沟文化发现较少，主要为仰韶晚期的海生不浪文化和阿善三期文化[73]。至龙山时代，主要分为前后两期，前期有学者将其归为老虎山文化，后者有学者称为"石峁文化"[74, 75]。榆林地区文化谱系完整，脉络清晰，表明石峁代表的文化遗存承袭于本地区原有的文化系统，是一支由仰韶晚期在此居住的先民创造出的本土文化[19]。

在公元前 4500 年左右，仰韶文化半坡类型和后岗类型的人群分别从关中地区和太行山以东地区向北方前进，并在北方地区发生融合，形成了具有二者特色的仰韶文化[76]。仰韶文化早中期，北方地区处于全新世大暖期[77—80]。此时，自然环境较温暖湿润[81]，河流密布，土壤肥沃，推动了北方旱作农业的发展，促使地区人口呈持续增长[82]；至仰韶中期，聚落规模不断扩大，人口达到峰值[83]，为解决人口膨胀带来的生存问题，仰韶人民带着先进的生产方式向四周扩张[84]。8—4ka BP，暖湿的气候条件使仰韶文化能够"北上"，到达榆林地区和更远的内蒙古地区[65, 85, 86]。

当最初的仰韶先民为生计来到黄土高原边缘的农牧交错地带后，通过开垦黄土继续发展着以种植粟黍为主的旱作农业。杨界沙、大古界、五庄果墚遗址"农业为主（发展家畜饲养）、狩猎为辅"的生业模式即是最好的体现[7, 43, 87, 88]；至龙山时代，由于人口激增、自然环境变化等原因，农牧交错带的环境变得十分不稳定，可利用耕地受到限制。在发展农业的同时，先民利用周边草原环境饲养牛、羊，以完善生业模式，应对环境和气候的变化，如木柱柱梁、寨峁梁、火石梁等遗址，其生业模式均表现为农业为主，畜牧业、采集狩猎为补充[12, 13, 45]。正是在这样的背景下，石峁先民延续了本地区原有的生业模式，同时发展农业和畜牧业，并积极利用周边的环境，保障整个城址庞大的人口所需要的基础生产资料。

五、植物遗存所反映的社会复杂化问题

榆林地区在史前社会发展的过程中，聚落布局由较为统一逐渐变为复杂多样，防御设施从无到遍地开花且差异明显，大型公共设施、中心房址及占卜、祭祀类等遗存从无到丰富多样，墓葬及随葬品规模差异逐渐变大，聚落等级差异从不明显到出现了有宫城、祭坛、贵族墓葬、杀戮奠基仪式等体现早期文明性质的超大型中心都邑——石峁城址[89]。在这一过程中，社会分化明显并不断加剧。石峁遗址作为地区社会复杂化过程的顶峰，拥有着与周边聚落差异明显的结构和发展状况。结合炭化植物遗存的出土情况，可以看到石峁遗址有三类农作物能明显反映这一地区的社会复杂化情况。

首先，粟类作物作为地区先民食用的主要粮食作物之一，是保障其温饱的首要因素。石峁遗址夏时代早期粟的出土概率高达 90.37%，黍高达 64.71%，这在榆林地区其他等级低于石峁的聚落中并未出现（图八）。夏时代早期对应石峁晚期，是遗址的主体时期和繁盛时期。这一阶段，在石峁上层先民的管控下，耗费了大量人力物力来构建遗址的核心区域和防御设施[90]；在核心区域皇城台地点更出土了数量庞大的兽骨、骨针等遗存[19]。反映出此时的石峁遗址居住着

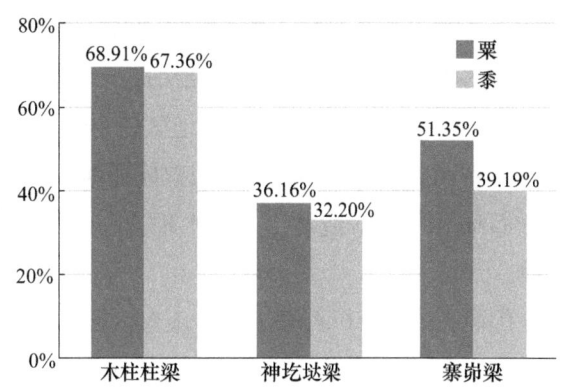

图八　榆林地区龙山时代晚期遗址农作物出土概率对比图

大量的人口。而受人口增长和城址发展的影响，石峁先民需要扩大粟类作物的种植规模，才能保证整个城址的稳定发展[91]。与石峁发展程度相近的陶寺遗址，其粟、黍的出土概率也分别高达 94% 和 60%，农业已处在相当发达的水平[28]。二者相似的情况，或许印证了农业对于地区文明产生的重要作用[6]。如此高比例的粟类遗存出土，说明遗址可能存在专门进行农业种植的人群且生产效率高、生产规模庞大[8]；也不排除石峁上层先民在与其他次级聚落交流的时候，接纳了这些人群带来或奉献的部分粟黍收获物。正是在丰富的农产品保障下，整个城址才得以稳定发展，并走向繁荣。

其次，水稻、大豆应为遗址中出土的"奢侈品"。这类遗存仅出土于核心区域皇城台地点，且在榆林地区其他早期遗址中从未发现。He 等[92]对石峁遗址的 16 件陶器残片进行分析后，分别在 3 个陶罐残片和 1 个陶杯残片上发现了水稻的淀粉粒和植硅体信息，并认为石峁上层先民很有可能将"奢侈食物"稻米作为酿酒的发酵原料之一，结合粟、黍等食材来制作宴饮需要的酒类饮品，以此来促进石峁集团不同社会群体之间的关系，以及与周边地区的交流。另外，石峁遗址出土了种类繁多的稀有"奢侈品"，如水晶、鳄鱼骨板、石雕等[19]。这些遗物除反映遗址的高等级地位外，还在一定程度上说明了石峁上层先民与周边地区的交流。发掘者还认为，石峁遗址的夯土台基技术来源于中原地区的版筑技术；皇城台出土的大量骨针可能是先民同其他地区进行交换使用的物资；牙璋、鹰笄、虎头等玉器的特征，同样反映了石峁文化与后石家河文化之间的远程交流[19, 93]。

水稻自农业起源至今，一直是南方地区的主要粮食作物[94]。"南稻北粟"的农业生产格局推动着南北方史前文化的发展与早期文明的产生，并随着人群的交流互动而不断丰富和完善[95, 96]。裴李岗文化时期，北方地区遗址中就已经出现与水稻相关的遗存，如河南舞阳贾湖遗址出土了已具有栽培形态的水稻遗存[97]，河南唐户遗址器物表面发现有水稻淀粉粒等[98]。汉中龙岗寺遗址水稻测年区间为 4973—4826BP，表明至迟到仰韶晚期，水稻已进入秦岭地区并通过山间廊道不断向北推进[99]。关中地区华县东阳、蓝田新街、渭南泉护等遗址出土的大量水稻遗存及植硅体证据，表明仰韶时期由于气候温暖湿润，在适宜的地区存在水稻的种植[30, 100, 101]。龙山至夏商时代，黄河中下游地区普遍出现水稻遗存，表明水稻已成为先民饮食生活中的一部分，但接受程度存在差异[102—104]。蒋宇超等[105]通过对山西高原不同区域采集的浮选样品进行研究认为，龙山时代水稻遗存在这些区域的出现可能是不同地区文化交流的结果。而与石峁遗址关系较紧密的北方大型都城——陶寺遗址，出土了 30 粒水稻遗存，绝对数量百分比和出土概率分别为 17.0% 和 0.2%，与石峁极为相似[28]。

与陶寺一样，石峁也位于黄土高原地带，黄土堆积丰富，土壤持水能力较弱，降水量和气温无法满足水稻喜温好湿的特性，因此无法进行一定规模的水稻种植[28]。虽然在与老乡的访谈中得知，20世纪90年代在秃尾河流域河滩地区曾小规模种植过水稻，但遗址中出土的稻田杂草遗存极少，目前也没有明确表明水稻种植的植硅体证据，我们暂时无法说明是否存在水稻种植活动。因此，本文认为石峁和陶寺等遗址出土的水稻遗存，可能都不是本地种植，而是上层先民与其他地区交流的产物。

邵晶[93]在分析石峁玉器时认为，石峁上层先民可能经由关中地区、南阳盆地，与后石家河文化存在远程交流；而后石家河文化所在的长江中游地区是水稻的主要产区之一，走马岭[106]、孙家岗[107]、蟹子地[108]等遗址中出土大量后石家河文化时期的水稻遗存。在夏时代早期，石峁与后石家河文化之间的区域几乎没有出现与石峁遗址联系紧密的大型区域中心聚落和大规模种植水稻的遗址。因此，石峁遗址的水稻很有可能是从后石家河文化交换而来。而当后石家河文化衰落以后，二里头遗址兴起并成为了中原地区的重要都邑城址[109]。遗址中出土了数量丰富的水稻遗存和稻谷基盘，在二里头一期中绝对数量占比甚至高达83.2%[109]。作为嵩山地区的唯一大型都邑城址，二里头遗址人口众多，生产资料消耗大，需要大量的粮食资源来维系城址发展。结合遗址所在的微环境，其水稻遗存并不仅是当地农业生产可以满足的，可能还存在向南阳盆地等水稻种植区域外埠征稻的现象[110]。因此，后石家河文化衰落后，二里头遗址作为与石峁遗址等级相当，且拥有大量水稻资源的超大型区域中心聚落，可能是石峁遗址的又一重要交换对象。

大豆在中国可能有多个起源中心，包括东北、黄河中下游、长江流域等[111, 112]。目前，中国发现的炭化大豆遗存不早于龙山时代[113, 114]。在内蒙古兴隆沟[115]等遗址出土有少量炭化大豆遗存，年代约在距今4000—3500年。这些大豆遗存表明，在龙山时代，先民就已将大豆作为农作物来进行栽培。而大豆的生长需要充足的光照、水分和一定的温度差，富含氮的褐土是大豆生长的最宜环境[113, 116]。石峁遗址所在的黄土高原，虽然昼夜温差较大、光照充足，但气候干旱、降水较少[52, 117]，黄土也无法提供大豆生长所需的营养元素。在这种条件下收获的大豆，其油分、蛋白质等状况均较差。因此，本文认为这类遗存和水稻一样，也可能为石峁上层人群与周边地区交流所得的稀有品。

六、结　语

仰韶晚期至夏时代早期，社会复杂化在榆林地区表现得愈加明显。作为超大型中心聚落，石峁遗址的繁荣和发展与其生业模式的选择有很大的关系。通过多年浮选所获得的187份夏时代早期样品，涉及石峁遗址外城东门、后阳湾及皇城台等地点，出土了丰富的炭化植物遗存。其中，发现的农作物遗存总数为8905粒，包括粟、黍、水稻和大豆，以前两者为主；非农作物遗存共8911粒，包括禾本科、藜科、蓼科等杂草类植物，以狗尾草等为主；豆科、菊科等饲草类植物，以胡枝子、草木犀等为主；蔷薇科、葡萄科等果类资源，以杏、欧李为主。这些植物遗存反映出了石峁先民在农牧交错带环境中的多样化生存策略：一方面，他们利用厚实的黄土资源，大规模种植粟、黍等农作物，延续其农业传统；另一方面，他们不断地摸索开发微环境中的饲草资源，将畜牧业发展为生存的又一支柱；同时，先民还存在着对果类资源的利用；上层先民更通过地区间交流，获得了水稻、大豆等"稀有食物"。石峁遗址夏时代早期的植物遗存，明显地展示出了其在社会复杂化过程中雄厚的物质基础和高等级地位。这也许正是石峁成功控制榆林地区近五百年的原因，使其成为了中国早期文明产生阶段的地区中心之一。

附记：本文受到国家社会科学基金重大项目（批准号：18ZDA218 和 17ZDA217）的资助。

参 考 文 献

［1］ 郑建明. 史前社会复杂化进程的理论探索. 华夏考古，2011（2）：114-126.

［2］ 崔天兴. 中国文明起源研究中的"复杂"概念辨析. 华夏考古，2016（2）：122-128.

［3］ 苏家寅. 史前社会复杂化理论与陶寺文化研究. 中国社会科学院博士学位论文，2014：1-330.

［4］ 张弛. 龙山—二里头——中国史前文化格局的改变与青铜时代全球化的形成. 文物，2017（6）：50-59.

［5］ 孙周勇，邵晶，邵安定，等. 陕西神木县石峁遗址. 考古，2013（7）：15-24.

［6］ 袁靖. 中原地区的生业状况与中华文明早期发展的关系. 西部考古（第11辑），科学出版社，20161-12.

［7］ 生膨菲，尚雪，杨利平，等. 陕西横山杨界沙遗址植物遗存的初步研究. 考古与文物，2017（3）：123-128.

［8］ Sheng P F, Shang X, Sun Z Y, et al. North-south patterning of millet agriculture on the Loess Plateau: Late Neolithic adaptations to water stress, N W China. The Holocene, 2018, 28(10): 1554-1563.

［9］ 生膨菲，尚雪，张鹏程. 榆林地区龙山晚期至夏代早期先民的作物选择初探. 考古与文物，2020（2）：114-121.

［10］ 夏秀敏，孙周勇，杨利平，等. 陕北榆林王阳畔遗址的植硅体分析. 人类学学报，2016，35（2）：257-266.

［11］ 包易格，李小强，刘汉斌，等. 中国黄土高原北部地区新石器——青铜时代农业结构演变及其对区域生态环境的适应. 人类学学报，2020，39（3）：461-472.

［12］ 郭小宁. 陕北地区龙山晚期的生业方式——以木柱柱梁、神圪垯梁遗址的植物、动物遗存为例. 农业考古，2017（3）：19-23.

［13］ 高升，孙周勇，邵晶，等. 陕西榆林寨峁梁遗址浮选结果及分析. 农业考古，2016（3）：14-19.

［14］ 高升. 陕北神木石峁遗址植物遗存研究. 西北大学硕士学位论文，2017：1-65.

［15］ 尹达. 河套地区史前农牧交错带的植物考古学研究——以石峁遗址及其相关遗址为中心. 中国社会科学院博士学位论文，2015：1-222.

［16］ 陈靓，胡松梅，杨苗苗，等. 2008—2017年陕西科技考古综述. 考古与文物，2018（5）：170-192.

［17］ 孙永刚，常经宇. 陕北地区仰韶时代晚期至龙山时代生业方式分析. 辽宁师范大学学报（社会科学版），2018，41（1）：110-117.

［18］ 王辉，莫多闻，袁靖. 陕北长城沿线先秦时期生业与环境的关系. 第四纪研究，2014，34（1）：234-243.

［19］ 孙周勇，邵晶，邸楠. 石峁遗址的考古发现与研究综述. 中原文物，2020（1）：39-62.

［20］ 孙周勇，邵晶，邸楠. 石峁遗址皇城台地点2016—2019年度考古新发现. 考古与文物，2020（4）：3-11.

［21］ 孙周勇，邵晶，邸楠，等. 陕西神木县石峁城址皇城台地点. 考古，2017（7）：46-56.

［22］ 孙周勇，邵晶，邸楠，等. 陕西神木市石峁遗址皇城台大台基遗迹. 考古，2020（7）：34-46.

［23］ 孙周勇，邵晶，邵安定，等. 陕西神木县石峁遗址韩家圪旦地点发掘简报. 考古与文物，2016（4）：14-24.

［24］ 孙周勇，邵晶，邵安定，等. 陕西神木县石峁遗址后阳湾、呼家洼地点试掘简报. 考古，2015（5）：60-71.

［25］ Sun Z Y, Shao J, LiuL, et al. The first Neolithic urban center on China's north Loess Plateau: The rise and fall of Shimao. Archaeological Research in Asia, 2018, 14: 33-45. http://dx.doi.org/10.1016/j.ara.2017.02.004.

［26］ 邵晶. 试论石峁城址的年代及修建过程. 考古与文物，2016（4）：102-108.

［27］ 赵志军. 植物考古学：理论、方法和实践. 科学出版社，2010：35-36.

［28］赵志军，何驽. 陶寺城址 2002 年度浮选结果及分析. 考古，2006（5）：77-86.

［29］赵志军，方燕明. 登封王城岗遗址浮选结果及分析. 华夏考古，2007（2）：78-89.

［30］赵志军. 渭河平原古代农业的发展与变化——华县东阳遗址出土植物遗存分析. 华夏考古，2019（5）：70-84.

［31］赵志军，杨金刚. 考古出土炭化大豆的鉴定标准和方法. 南方文物，2017（3）：149-159.

［32］马承忠，等. 图说农田杂草识别及防除. 中国农业出版社，2010：261，42，39，45，32，36，254，253，257.

［33］中国农田杂草原色图谱编委会. 中国农田杂草原色图谱. 中国农业出版社，1990：48，52，34.

［34］中国农业百科全书总编辑委员会畜牧业卷编辑委员会. 中国农业百科全书：畜牧业卷. 中国农业出版社，1996：12-14.

［35］杜利霞，陈立坤. 饲草种子生产技术. 中国农业科学技术出版社，2013：82，85.

［36］翟桂玉. 优质饲草生产与利用技术. 山东科学技术出版社，2013：36-37.

［37］伏兵哲，兰剑. 宁夏饲草种质资源. 科学出版社，2019：134，125，148-149，222.

［38］田福平，胡宇，陈子萱. 甘肃主要栽培饲草与天然草地植物图谱. 中国农业科学技术出版社，2019：116.

［39］何红中. 中国古代粟作研究. 南京农业大学博士学位论文，2010：17.

［40］高国仁. 粟在中国古代农业中的地位和作用. 农业考古，1991（1）：195-201.

［41］陈亭亭，贾鑫，黎海明，等. 甘青地区齐家文化时期农业结构的时空变化及其影响因素分析. 第四纪研究，2019，39（1）：132-144.

［42］王灿，吕厚远. 黍、粟炭化温度研究及其植物考古学意义. 东南文化，2020（1）：65-74.

［43］胡松梅，孙周勇，杨利平，等. 陕北横山杨界沙遗址动物遗存研究. 人类学学报，2013，32（1）：77-92.

［44］胡松梅，孙周勇. 陕北靖边五庄果墚动物遗存及古环境分析. 考古与文物，2005（6）：72-84.

［45］胡松梅，张鹏程，袁明. 榆林火石梁遗址动物遗存研究. 人类学学报，2008，27（3）：232-248.

［46］陕西省考古研究所，榆林市文物保护研究所. 神木新华. 科学出版社，2005：355-367.

［47］胡松梅，杨苗苗，孙周勇，等. 2012—2013 年度陕西神木石峁遗址出土动物遗存研究. 考古与文物，2016（4）：109-121.

［48］田多. 公元前一千纪东天山地区的植物考古学研究：以石人子沟遗址群为中心. 西北大学博士学位论文，2018：180.

［49］王建军，胡珂，鲁鹏，等. 陕西榆林和河南洛阳地区 4 ka BP 前后聚落演化差异及其古气候原因. 古地理学报，2015，17（6）：841-850.

［50］Shen H, Li X Q. From extensive collection to intensive cultivation, the role of fruits and nuts in subsistence economy on Chinese Loess Plateau. Archaeological and Anthropological Sciences, 2021, 13: 61. https://doi.org/10. 1007/s12520-020-01255-3.

［51］罗承平，薛纪瑜. 中国北方农牧交错带生态环境脆弱性及其成因分析. 干旱区资源与环境，1995，9（1）：1-7.

［52］榆林市志编纂委员会. 榆林市志. 三秦出版社，1996：100-105.

［53］袁宏霞，乌兰图雅，郝强. 北方农牧交错带界定的研究进展. 内蒙古林业科技，2014，40（2）：38-43.

［54］赵哈林，赵学勇，张铜会，等. 北方农牧交错带的地理界定及其生态问题. 地球科学进展，2002，17（5）：739-747.

［55］程序. 农牧交错带研究中的现代生态学前沿问题. 资源科学，1999，21（5）：1-8.

［56］郝强，乌兰图雅. 北方农牧交错带变迁与范围判定研究. 长江大学学报（社科版），2014，37（4）：66-69.

［57］苏志珠，马义娟，刘梅. 中国北方农牧交错带形成之探讨. 山西大学学报（自然科学版），2003（3）：269-273.

［58］何炳棣. 黄土与中国农业的起源. 中华书局，2017：3-6.

［59］Marcott S A, Shakun J D, Clark P U, et al. A reconstruction of regional and global temperature for the past 11, 300 years. Science, 2013, 339(6124): 1198-1201.

［60］ Chen F H, Xu Q H, Chen J H, et al. East Asian summer monsoon precipitation variability since the last deglaciation. Scientific Reports, 2015, 5(1). https://doi.org/10.1038/srep11186.

［61］ 许清海，肖举乐，中村俊夫，等. 孢粉记录的岱海盆地 1500 年以来气候变化. 第四纪研究，2004，24（3）：341-347.

［62］ Cui J X, Sun Z Y, Burr S G, et al. The great cultural divergence and environmental background of northern Shaanxi and its adjacent regions during theLate Neolithic. Archaeological Research in Asia, 2019, 20: 2352-2267. https://doi.org/10.1016/j. ara.2019. 100164.

［63］ 胡珂，莫多闻，毛龙江，等. 榆林地区全新世聚落时空变化与人地关系. 第四纪研究，2010，30（2）：344-355.

［64］ 陈淑娥，樊双虎，刘秀花，等. 陕西榆林风沙滩区全新世气候和环境变迁. 地球科学与环境学报，2010，32（1）：81-88.

［65］ 杜婧，鲁瑞洁，刘小槺，等. 全新世以来毛乌素沙地东南缘成壤环境演变研究——以榆林镇北台为例. 第四纪研究，2019，39（2）：420-428.

［66］ 刘荔昀，鲁瑞洁，刘小槺. 风成沉积物色度记录的毛乌素沙漠全新世以来气候变化. 中国沙漠，2019，39（6）：83-89.

［67］ 刘振宇，靳鹤龄，刘冰，等. 粒度特征揭示的中全新世以来毛乌素沙地演化过程. 中国沙漠，2019，39（1）：88-96.

［68］ 韩瑞，苏志珠，李想，等. 粒度和磁化率记录的毛乌素沙地东缘全新世气候变化. 中国沙漠，2019，39（2）：105-114.

［69］ 马冀，岳乐平，杨利荣，等. 毛乌素沙漠东南缘全新世剖面光释光年代及古气候意义. 第四纪研究，2011，31（1）：120-129.

［70］ 李小强，周卫健，安芷生，等. 沙漠/黄土过渡带 13 ka BP 以来季风演化的古植被记录. 植物学报，2000，42（8）：868-872.

［71］ 吕卓民. 石峁古城：人类早期文明发展与环境选择. 中国历史地理论丛，2016，31（3）：63-68.

［72］ 王炜林，郭小宁. 陕北地区龙山至夏时期的聚落与社会初论. 考古与文物，2016（4）：52-59.

［73］ 康宁武. 榆林市的仰韶时期遗存. 考古与文物，2013（4）：45-53.

［74］ 孙周勇，邵晶，邸楠. 石峁文化的命名、范围及年代. 考古，2020（8）：101-108.

［75］ 邵晶. 初论陕北地区龙山前期遗存. 考古与文物，2019（4）：61-65.

［76］ 韩建业. 石峁：文化坐标与文明维度. 中华文化论坛，2019（6）：5-9.

［77］ 侯光良，许长军，吕晨青，等. 中全新世仰韶文化扩张的环境背景. 地理研究，2019，38（2）：437-444.

［78］ An C B, Feng Z D, BartonL. Dry or humid? Mid-Holocene humidity changes in arid and semi-arid China. Quaternary Sciences Reviews, 2006, 25(3): 351-361.

［79］ 余英浩，金映豫，徐德克，等. 青海可鲁克湖孢粉记录的 14 cal. ka B.P. 以来植被和气候演化历史. 第四纪研究，2021，41（5）：1229-1243.

［80］ 赵佳玉，王淑贤，Darin Andrey，等. 新疆阿尔泰全新世双湖沉积物正构烷烃分布及其环境意义. 第四纪研究，2021，41（4）：965-975.

［81］ 吴海斌，李琴，于严严，等. 全新世中期中国气候格局定量重建. 第四纪研究，2017，37（5）：982-998.

［82］ 贾耀锋，黄春长，庞奖励，等. 全新世黄土剖面 Li /Ba 值变化及其古气候意义. 第四纪研究，2005，25（6）：770-776.

［83］ 王建华. 陕西省仰韶时代人口规模及相关问题的初步研究. 考古与文物，2009（6）：26-35.

［84］ 莫多闻，王辉，李水城. 华北不同地区全新世环境演变对古文化发展的影响. 第四纪研究，2003，23（2）：200-210.

［85］ 卓海昕，鹿化煜，贾鑫，等. 全新世中国北方沙地人类活动与气候变化关系的初步研究. 第四纪研究，

2013，33（2）：303-313.

［86］徐志伟，鹿化煜，弋双文，等. 末次盛冰期和全新世大暖期毛乌素沙地的空间变化. 第四纪研究，2013，33（2）：218-227.

［87］胡松梅，杨利平，康宁武，等. 陕西横山县大古界遗址动物遗存分析. 考古与文物，2012（4）：106-112.

［88］陈靓，张旭慧，孙周勇，等. 中国北方早期农业生产模式下的人群营养与健康——以陕西靖边五庄果墚遗址的生物考古为例. 第四纪研究，2020，40（2）：379-390.

［89］孙周勇. 公元前第三千纪北方地区社会复杂化过程考察——以榆林地区考古资料为中心. 考古与文物，2016（4）：70-79.

［90］贺黎民，邵晶，邸楠. 石峁古城石质建筑材料来源探讨. 江汉考古，待刊.

［91］Bao Y G, Zhou X Y, Liu H B, et al. Evolution of prehistoric dryland agriculture in the arid and semi-arid transition zone in Northern China. PLoS One, 2018, 13(8): 1-17. https://doi.org/10.1371/journal.pone.0198750.

［92］He Y H, Liu L, Sun Z Y, et al. "Proposing a toast" from the first urban center in the north Loess Plateau, China: Alcoholic beverages at Shimao. Journal of Anthropological Archaeology, 2021, 64: 1-16. https://doi.org/10.1016/j.jaa.2021.101352.

［93］邵晶. 论石峁文化与后石家河文化的远程交流. 中原文物，2021（3）：59-66.

［94］赵志军. 中国稻作农业起源研究的新认识. 农业考古，2018（4）：7-17.

［95］吕颖，张健平，唐淼，等. 植硅体分析揭示成都平原先秦农业发展及其环境背景分析——以宝墩和三星村遗址为例. 第四纪研究，2021，41（5）：1475-1488.

［96］王灿，吕厚远，顾万发，等. 全新世中期郑州地区古代农业的时空演变及其影响因素. 第四纪研究，2019，39（1）：108-122.

［97］张居中，程至杰，蓝万里，等. 河南舞阳贾湖遗址植物考古研究的新进展. 考古，2018（4）：100-110.

［98］杨玉璋，李为亚，姚凌，等. 淀粉粒分析揭示的河南唐户遗址裴李岗文化古人类植物性食物资源利用. 第四纪研究，2015，35（1）：229-239.

［99］唐丽雅，韩凯，马明志，等. 农作物传播研究：以陕西汉中龙岗寺遗址新石器时代炭化植物遗存为例. 第四纪研究，2020，40（2）：512-524.

［100］钟华，杨亚长，邵晶，等. 陕西省蓝田县新街遗址炭化植物遗存研究. 南方文物，2015（3）：36-43.

［101］吕厚远，张健平. 关中地区的新石器古文化发展与古环境变化的关系. 第四纪研究，2008，28（6）：1050-1060.

［102］李亚萍，张俊娜. 古地貌演化对洛阳盆地新石器中晚期至夏商时期水稻种植的影响. 第四纪研究，2020，40（2）：499-511.

［103］邓振华，秦岭. 中原龙山时代农业结构的比较研究. 华夏考古，2017（3）：98-108.

［104］靳桂云，栾丰实. 海岱地区龙山时代稻作农业研究的进展与问题. 农业考古，2006（1）：46-55.

［105］蒋宇超，戴向明，王力之，等. 大植物遗存反映的龙山时代山西高原的农业活动与区域差异. 第四纪研究，2019，39（1）：123-131.

［106］唐丽雅，刘嘉祺，单思伟，等. 湖北石首走马岭遗址史前植物遗存鉴定与研究. 江汉考古，2021（3）：109-115.

［107］范宪军，吴瑞静. 澧县孙家岗遗址植物遗存分析. 江汉考古，2018（3）：104-109.

［108］唐丽雅，罗运兵，陶洋，等. 湖北省大冶市蟹子地遗址炭化植物遗存研究. 第四纪研究，2014，34（1）：97-105.

［109］赵志军，刘昶. 偃师二里头遗址浮选结果的分析和讨论. 农业考古，2019（6）：7-20.

［110］唐丽雅，李凡，顾万发，等. 龙山—二里头时期环嵩山地区农业演变. 华夏考古，2019（3）：58-66.

［111］周新安，彭玉华，王国勋，等. 中国栽培大豆遗传多样性和起源中心初探. 中国农业科学，1998，31（3）：37-43.

［112］ 郭文韬. 略论中国栽培大豆的起源. 南京农业大学学报（社会科学版），2004（1）：60-69.

［113］ 孙永刚. 栽培大豆起源的考古学探索. 中国农史，2013，32（5）：3-8.

［114］ 吴文婉，靳桂云，王海玉，等. 黄河中下游几处遗址大豆属（*Glycine*）遗存的初步研究. 中国农史，2013，32（2）：3-8.

［115］ 赵志军. 中华文明形成时期的农业经济发展特点. 中国国家博物馆馆刊，2011（1）：19-31.

［116］ 王金陵. 大豆的生态性状与品种资源问题. 中国油料，1981（1）：3-11.

［117］ 孙继敏. 黄土沉积与地球圈层相互作用. 第四纪研究，2020，40（1）：1-7.

（原载于《第四纪研究》2022 年第 1 期）

基于碎屑锆石的黄土高原—毛乌素交界区石峁黄土粉尘物源估算

安　宇　　范念念　　徐志伟　　刘兴年

一、概　　述

黄土高原位于中国中部偏北，是世界上黄土覆盖面积最大的高原。其风成黄土分布广泛并且沉积相对连续，记录了晚新生代以来的气候变化（刘东生，1985；安芷生等，1991）。因此，对黄土的研究，一直是国内外气候重建的热点（刘东生，1985；George，1987；Guo et al.，2002）。近几十年来，在黄土—古土壤沉积序列（刘东生，1985）和长尺度东亚季风演化（An et al.，2001；Fang et al.，2020）等方面已经取得了重要进展。

目前，对于黄土物源及其形成模式的认识仍存在争议。如刘东生（1985）认为黄土粉尘来源于包括西北三大内陆盆地（塔里木、柴达木和准噶尔盆地）在内的沙漠和戈壁地区；孙继敏（2004）结合锶同位素和稀土元素指标，提出蒙古国与中国接壤的巴丹吉林、腾格里和乌兰布和等沙漠戈壁地区是黄土的物源区；Sun 等（2008）则指出黄土高原中部细粒粉尘主要来自蒙古国南部戈壁沙漠和中国北部的沙漠（腾格里和巴丹吉林沙漠），且 2 个源区在不同的气候背景下贡献量存在着变化；Xu 等（2018）则指出受到毛乌素沙地边界摆动的影响，沙地与黄土高原过渡带在冰期受到强烈风蚀，可能为黄土高原中部释放了粉尘。近些年来，一些学者开始关注河流对黄土的作用。如Smalley 等（2009）在分析全球黄土时，发现黄土总与河流伴生，认为河流系统在黄土的形成中可能起着重要作用；Zheng 等（2007）指出河南邙山 20 万年以来黄土沉积迅速加快源于黄河贯通后河流冲积扇的贡献；林旭等（2021）认为山东中部山地黄土可能受到了黄河漫滩物质的供给。

碎屑锆石的单颗粒 U-Pb 测年作为指示沉积物物源的有力手段，现在已广泛应用在黄土的研究中（Pullen et al.，2011; Stevens et al.，2013; Nie et al.，2015; 徐杰和姜在兴，2019；林旭等，2021；杨光亮等，2021）。Pullen 等（2011）对比黄土与潜在源区的锆石年龄图谱，指出柴达木盆地和藏北地区是黄土高原黄土的重要物源。Stevens 等（2013）对比了黄河河沙、毛乌素沙和黄土高原黄土的锆石年龄图谱，认为黄河在毛乌素沙地和黄土的形成中起着粉尘运输的作用；Nie 等（2015）进一步指出黄河搬运的藏北碎屑为黄土粉尘的堆积提供了物源。

本研究将单颗粒碎屑锆石 U-Pb 测年应用于毛乌素沙地和黄土高原交界处的石峁剖面，结合周围潜在源区数据对黄土进行物源的分析计算，探讨石峁黄土的形成并研判河流系统对黄土物源的贡献。

二、区域概况

石峁剖面位于黄土高原东北缘，地处毛乌素沙地与黄土高原过渡带，区域内毛乌素沙地风沙活动剧烈（孙同兴等，2004），地表多覆盖第四纪风成沉积物。由于河流侵蚀，沟道底部多有中生代砂岩出露。区域地势西北高、东南低，冬季盛行西北风（Kapp et al.，2015），地貌上为半固定风成沙丘与黄土梁峁的过渡区。

三、研究材料与方法

（一）研究材料

石峁黄土剖面（图一）位于陕西省神木市高家堡镇石峁村，由秃尾河支沟切出，上游集水面积约 0.7km²。剖面上层堆积约 4m 厚黄土，未见钙质结核；中夹棕黄色沙卵石层，为冲洪积物，厚 1m，次圆状（次棱角状），中见河沙透镜体；下层为黄色细沙层，属河流沉积物，见水平层理，向下未见底。为确定石峁黄土的潜在源区，结合剖面信息以及前人研究成果，采集了石峁黄土（SM01）、石峁卵石（SM02）、石峁基岩（SM02′）、石峁古河沙（SM03）和石峁现代河沙（SM04）沉积物样品进行分析，并收集中宁、巴彦、亿利、腾格里、巴丹吉林和红墩界砂岩 6 个点位的沉积物样品资料（Nie et al.，2015），具体信息见表一。

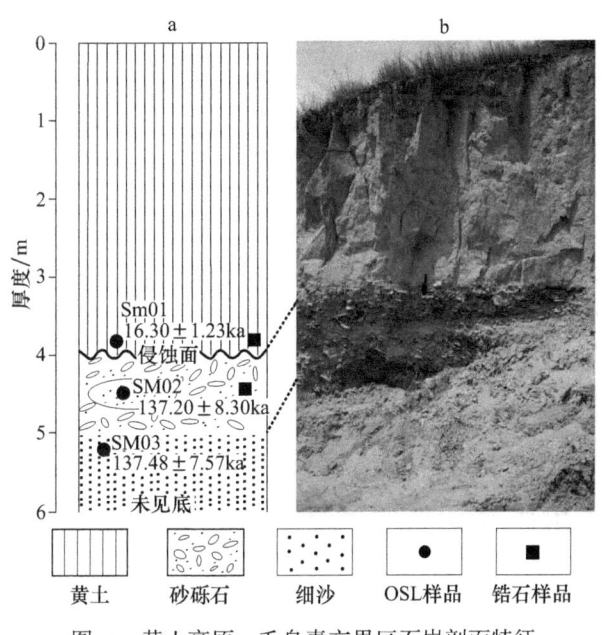

图一　黄土高原—毛乌素交界区石峁剖面特征

a. 石峁剖面岩性柱；b. 石峁剖面野外照片

表一　黄土高原—毛乌素交界区石峁剖面及其他对比点位样品信息

样品名称	经纬度	样品性质
SM01	38.5606°N 110.3068°E	末次冰期黄土
SM02	38.5606°N 110.3068°E	河流卵石，沙透镜体
SM02′	38.5606°N 110.3068°E	基岩，三叠纪砂岩
SM03	38.5606°N 110.3068°E	倒数第2次冰消期河沙
SM04	38.5606°N 110.3068°E	石峁现代河沙
红墩界砂岩 （Nie et al., 2015）	37.9922°N 108.8701°E	地表出露的白垩纪砂岩
中宁（Nie et al., 2015）	37.5220°N 105.6667°E	现代黄河沉积物
巴彦（Nie et al., 2015）	39.9250°N 106.7238°E	现代黄河沉积物
亿利（Nie et al., 2015）	40.5861°N 108.7700°E	现代黄河沉积物
腾格里（Nie et al., 2015）	38.5700°N 105.4778°E	沙漠风成沙
巴丹吉林 （Nie et al., 2015）	41.9520°N 102.2737°E	沙漠风成沙

（二）研究方法

1. 锆石 U-Pb 测年

本研究所采集锆石样品均由武汉上谱分析科技有限责任公司进行碎屑锆石的挑选及 U-Pb 同位素定年。共测试了3个样品，每个样品测试150个点。处理时，首先依次进行淘洗、重液分选和电磁仪挑选，后在双目镜下不分颜色、形状和大小，随机选出约500颗锆石。将挑选出的锆石样品利用双面胶粘在载玻片上，浇注环氧树脂与固化剂，随后利用砂纸打磨使之露出 1/3—1/2 再抛光。主检设备为安捷伦电感耦合等离子体质谱仪（Agilent 7900）与相干 193nm 准分子激光剥蚀系统（Geo-Las HD）。激光剥蚀时设置激光能量 80mJ，频率 5Hz，激光束斑直径 32μm，对于较小的锆石颗粒设置激光直径为 25μm。利用 He 做载气，每次分析包括 20s 的空白信号与 60s 的样品信号（Liu et al., 2008）。测得 $^{206}Pb/^{238}U$ 和 $^{207}Pb/^{206}Pb$ 值并分别计算年龄，舍弃年龄不和谐的测年结果。考虑到放射性 Pb 含量的影响，对于小于 1.0Ga 的锆石年龄采用 $^{206}Pb/^{238}U$ 年龄；而对于不小于 1.0Ga 的锆石年龄采用 $^{207}Pb/^{206}Pb$ 年龄值（He et al., 2013）。核密度（Kernel Density Estimator, KDE）可以根据样本值绘制出光滑、连续的年龄图谱（Vermeesch, 2018），因此，本研究绘制了所有样品碎屑锆石年龄的 KDE 曲线。

2. 光释光测年

光释光测年（Optical Stimulated Luminescence Dating, OSL）共采集石峁剖面中的黄土（SM01）、卵石层（SM02）和古河沙（SM03）3个样品。其中，在石峁卵石层采样时，取其中的河沙透镜体做测年。样品采集时，将长30、直径5cm、一端密封的钢管水平打入取样位置。采样完成后用锡纸缠绕以避免曝光，并用黑色塑料袋密封防止水分散失。

在OSL测年中，常用矿物主要是石英和钾长石，石英由于其释光信号晒退快且饱和剂量低的特点，广泛应用于小于50ka的测年；而钾长石红外信号饱和剂量高，可应用在50—200ka的沉积物定年。对于样品，先测试石英光释光信号，如果石英光释光信号饱和，再对钾长石进行测试，所有样品的测年在泰山学院完成。3个样品中，石峁黄土的OSL年龄由石英获得，而石峁卵石和石峁古河沙的OSL年龄由钾长石获得。所测试的石英（长石）颗粒粒径，石峁黄土和石峁古河沙为90—125μm，而石峁卵石层中的河沙为64—90μm。

3. 粒度分析

首先称取0.2—0.3g的样品，置于烧杯中，加入10mL浓度10%的双氧水，水浴加热4h，以去除有机质，重复上述步骤至完全去除有机质且保证水溶液呈中性。后加入浓度10%的盐酸溶液，水浴加热4h，用以去除碳酸钙，重复该步骤直至碳酸钙被完全去除，重复步骤至水溶液呈中性。在烧杯中加注清水，静置12h，吸管吸出上层清液，重复步骤至水呈中性。在溶液中加入1%浓度的$(NaPO_3)_6$，对样品超声波振荡，用Mastersizer2000型粒度分析仪上机测试，粒度测试范围为0.01—2000μm，重复3次测量，误差控制在2%。

4. 基于碎屑锆石年龄的物源定量计算

Sundell和Saylor（2017）开发的基于碎屑锆石年龄的逆蒙特卡罗模型，可用于确定混合物的物源贡献，该模型不需要任何源区的先验信息就可以估算各源的贡献。其通过生成一组随机的百分比贡献（和为1）来缩放物源，并将这些随机比例求和，以形成单一的分布模型。使用包括相关系数（R^2）在内的多种方法进行检验，与混合物进行定量比较，从而确定出各源的最优组合。目前，在第四纪黄土（Zhang et al., 2021）、河流泥沙（Shang et al., 2021）的物源分析中，该模型已被用于源区贡献的定量计算。因此，本研究选用该模型来定量计算源区的贡献。

四、结　果

（一）OSL年龄

石峁剖面中，SM01、SM02和SM03的OSL年龄分别为16.30ka±1.20ka、137.20ka±8.30ka和137.50ka±7.60ka（表二）。由OSL年龄可知，石峁黄土（SM01）大致沉积于末次冰消期，而石峁卵石（SM02）、石峁古河沙（SM03）则沉积于倒数第2次冰消期，在剖面上存在120ka的沉积间断。

表二　黄土高原—毛乌素交界区石峁剖面 OSL 测年结果

样品名称	距顶 /m	U/10⁻⁶	Th/10⁻⁶	K/%	含水量 /%	等效剂量 /Gy	剂量率 /Gy·ka⁻¹	年龄 /ka
SM01	3.70	2.70±0.05	11.10±0.05	1.88±0.03	11.00	49.55±3.22	3.04±0.12	16.30±1.20
SM02	4.00	2.04±0.50	8.69±0.30	1.77±0.03	6.60	453.30±16.95	3.31±0.16	137.20±8.30
SM03	5.00	1.47±0.05	6.72±0.05	1.87±0.02	1.10	465.70±14.75	3.39±0.15	137.50±7.60

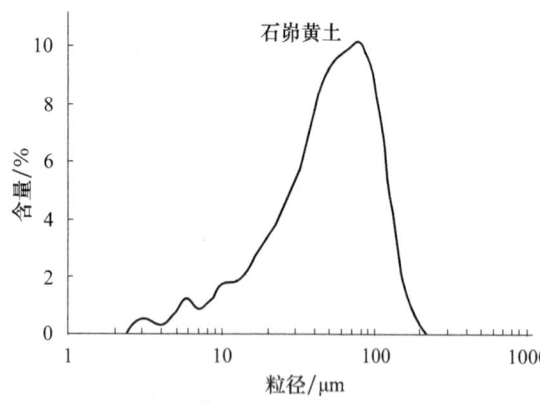

图二　黄土高原—毛乌素交界区石峁剖面
黄土粒度分布

（二）石峁黄土粒径分布

石峁黄土的粒径分布结果见图二，中值粒径为 60.1μm，为典型风成沉积。相对于其他 L1 黄土（刘东生，1985），粒径偏粗；其中，大于 40μm 的部分占 63%，40μm 以下占 37%。

（三）碎屑锆石阴极发光（Cathodoluminescence，CL）图像

石峁黄土（SM01）、石峁基岩（SM02′）和石峁现代河沙（SM04）的部分碎屑锆石 CL 图像见图三，

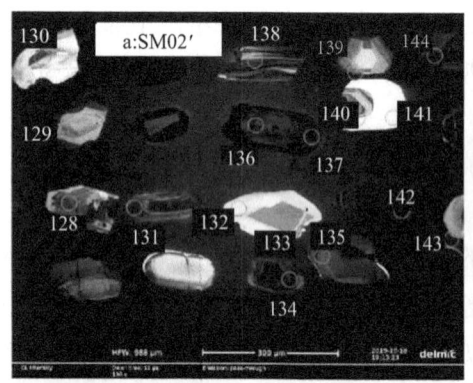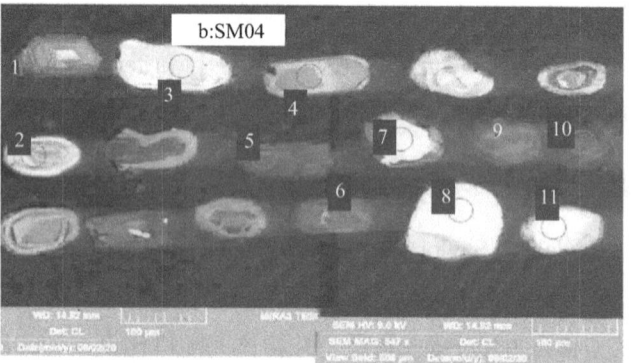

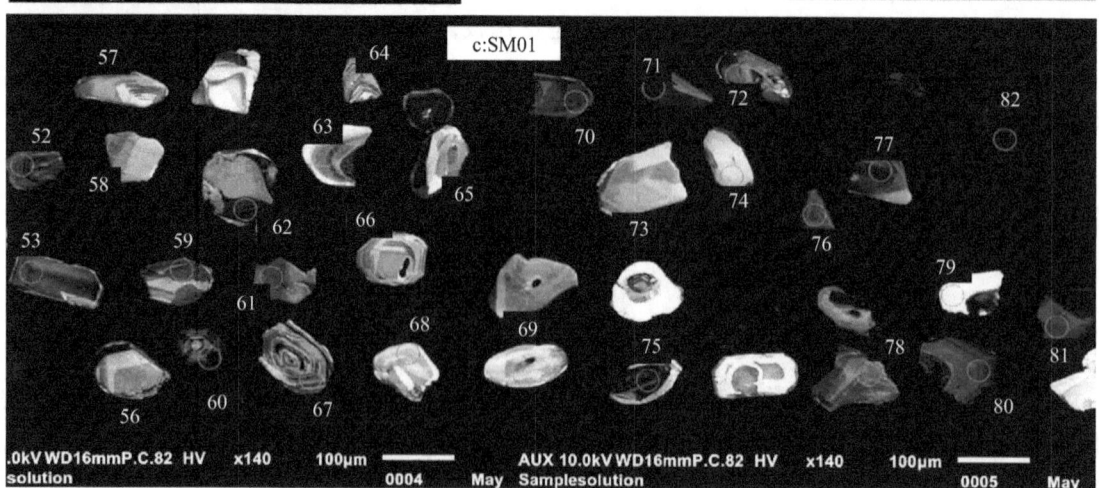

图三　黄土高原—毛乌素交界区石峁剖面锆石 CL 图像
a. 样品 SM02′（石峁基岩）　b. 样品 SM04（石峁现代河沙）　c. 样品 SM01（石峁黄土）

在三者 CL 图像上出现振荡环带的锆石颗粒较多；同时，大多数锆石 Th/U>0.3，均印证三者锆石的岩浆成因。此外，在锆石的 CL 图像上，可以看出，石峁黄土（SM01）粒径较小、磨圆好，表示其经过了长距离的搬运磨蚀。石峁基岩（SM02′）锆石磨圆差、棱角明显，与砂岩的就地破碎堆积相关；石峁现代河沙（SM04）的锆石形态特征则介于两者之间。

（四）碎屑锆石年龄图谱

在锆石 U-Pb 年龄图谱中（图四），9 个样品大致存在着 4 个主峰。石峁剖面的黄土以及小流域内的现代河流沉积物出现 190—300Ma、1700—1900Ma 和 2300—2600Ma 等年龄值段为主峰，次峰在 300—600Ma；周边的基岩——石峁基岩和红墩界砂岩主峰在 190—300Ma，次峰为 2300—2600Ma 和 1700—1900Ma，但两者在 2300—2600Ma 与 1700—1900Ma 年龄值段上的比值却不同。

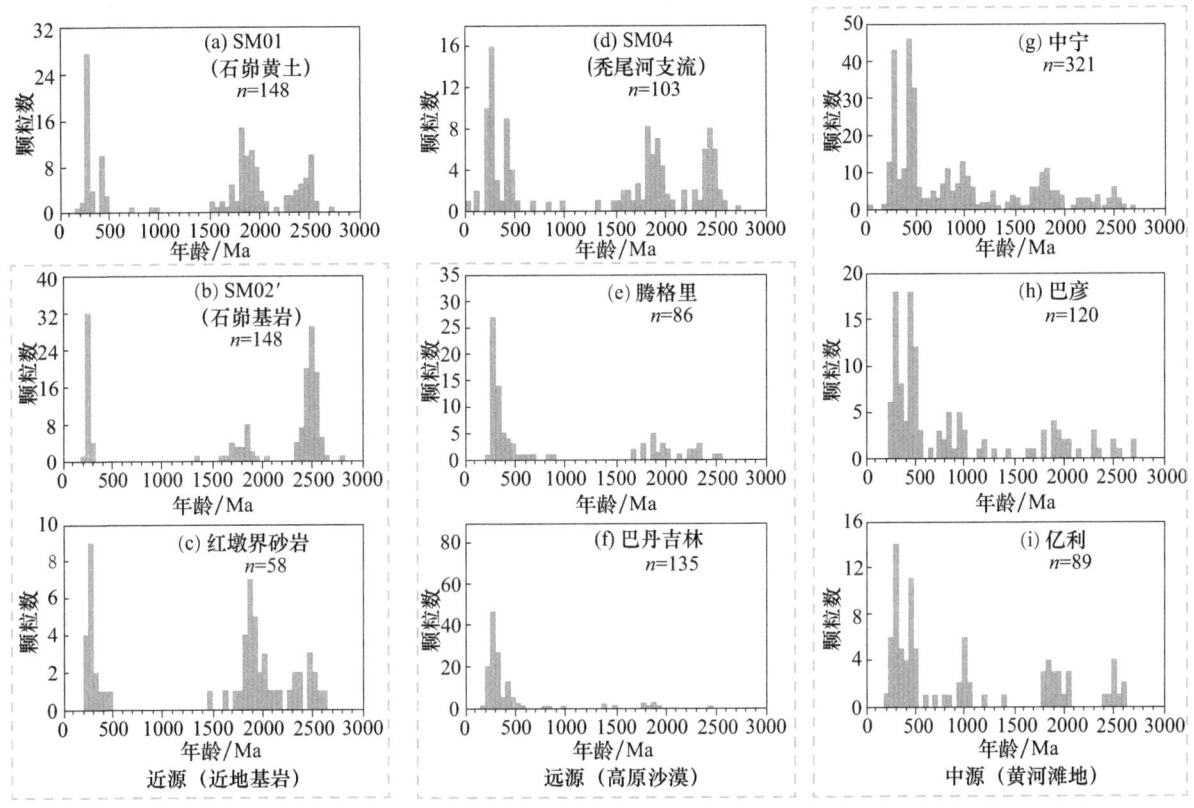

图四　黄土高原—毛乌素交界区石峁剖面及其他对比点位碎屑锆石 U-Pb 年龄图谱

a. 石峁剖面样品 SM01（石峁黄土）　b. 石峁剖面样品 SM02′（石峁基岩）　c. 红墩界砂岩　d. 石峁剖面样品 SM04（石峁现代河沙）　e. 腾格里沙漠风沙　f. 巴丹吉林沙漠风沙　g. 中宁黄河河沙　h. 巴彦黄河河沙　i. 亿利黄河河沙（灰色阴影为核密度分布（KDE）；空心矩形为年龄直方图；n 为谐和年龄个数；c、e—i 数据来自于 Nie et al.，2015）

黄河河沙与戈壁沙漠的样品表现出完全不同的分布模式：代表中源的中宁、巴彦和亿利 3 个现代黄河河沙样品，其主要峰值在 190—300Ma 和 300—600Ma，次峰为 800—1000Ma、1700—1900Ma 和 2300—2600Ma；而代表远源的腾格里沙漠和巴丹吉林沙漠的 2 个风成沙样品，其年龄只有 190—300Ma，其余年龄峰值几乎不可见。

锆石主要峰值（图五）指示出石峁黄土（SM01）来自多个源区。在 190—300Ma 段上，近、中和远源对石峁黄土都有贡献；而 1700—1900Ma 和 2300—2600Ma 两个较老的年龄峰，近源砂岩似乎占据重要地位，现代黄河河沙次之，沙漠风沙则完全没有这 2 个年龄峰值；在另一个重要的峰值 300—600Ma 内，黄河河沙显示更大的优势，沙漠风沙似乎影响甚微。因此，石峁黄土的潜在源区可大致划分为：近源（当地基岩碎屑，0—150km）、中源（黄河河沙，150—400km）和远源（阿拉善高原沙漠风沙，400—1000km）3 个区域。

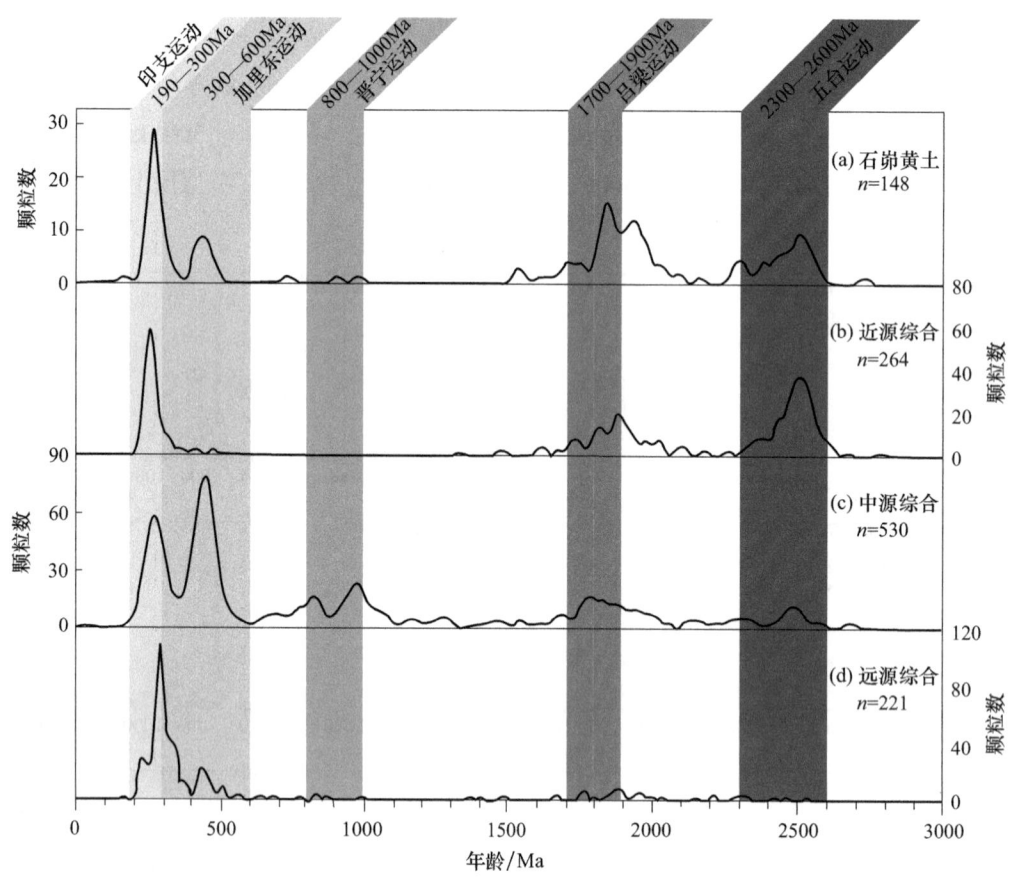

图五　黄土高原—毛乌素交界区石峁剖面源区锆石 U-Pb 年龄图谱

在石峁黄土的源区考虑中，近源未采用秃尾河支流的河流泥沙，而是采用沟道出露的中生代砂岩，是因为河流泥沙终来源于流域内黄土和基岩的侵蚀，且可能存在着多次搬运。另外也未采用毛乌素沙地风沙，是因为毛乌素沙地与研究区黄土可能存在物源上的相似（Stevens et al., 2013；Nie et al., 2015），进而影响物源的计算。研究区地质图显示，石峁一带基岩以中生代砂岩为主，因此，石峁黄土的近源选择了中生代砂岩。

野外考察发现石峁现代河沙多卵石，表明了河流对于基岩的强烈侵蚀；而在锆石年龄图谱上，石峁现代河沙（SM04）在 190—300Ma、1700—1900Ma 和 2300—2600Ma 年龄值段上与基岩和黄土相似；在 300—600Ma 值段，显示仅有黄土的贡献。这意味着，秃尾河支流的沉积物物源可能包括了局地的基岩侵蚀与黄土侵蚀，因此表现出与石峁剖面黄土相似的锆石 U-Pb 年龄谱特征。故对石峁现代河沙，其不止源于基岩的侵蚀，流域内黄土的侵蚀也是其泥沙的重要物源。

（五）基于碎屑锆石年龄的物源计算

基于以上分析，石峁黄土作为风成沉积，考虑远源、中源和近源三者为潜在源区。石峁现代河沙为河流沉积，考虑流域内的石峁基岩和石峁黄土为潜在物源。

在逆蒙特卡罗模型中，设置核密度（KDE）图谱带宽为30，每次分析进行10000次模拟，使用相关系数（R^2）作为评价。结果显示（图六），石峁黄土（SM01）中近源碎屑贡献71%，中源贡献21%，而远源贡献占比为8%。在石峁现代河沙（SM04）计算结果中，石峁基岩和石峁黄土分别贡献14%和86%的泥沙物源。

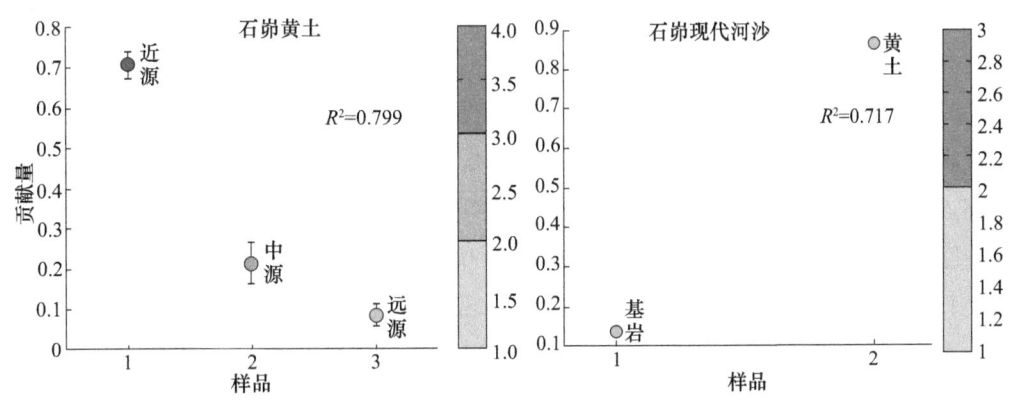

图六　黄土高原—毛乌素交界区沉积物来源逆蒙特卡罗模型模拟结果

五、讨　　论

（一）石峁剖面的侵蚀事件

由石峁剖面的OSL测年结果可知，在河流冲洪积物与风成沉积物之间有着120ka的沉积间断，我们推断在此期间发生了1次明显的侵蚀事件。

石峁剖面冲洪积层的年代约为137ka，属于气候由干冷向暖湿转换的倒数第2次冰消期。卵石层的存在标志着较强的水力侵蚀，而卵石层之上缺少沙质河流相沉积或漫滩相沉积。卵石层之上的黄土沉积于16ka之后，这表明剖面缺失了末次间冰期和末次冰期的沉积。结合周边环境演变过程，我们推测，进入末次冰期，气候干旱，风力强劲，这可能导致在该区域出现强烈风蚀，并使得卵石层之上的河滩物质被侵蚀，从而该点位形成了潜在的局地尘源。毛乌素沙地与黄土高原的过渡带出现风成沙堆积，这也代表了当时气候干冷、风沙活动强烈（Xu et al.，2015）。另一方面，随着末次冰消期气候由干冷向暖湿转变，也可能导致更多的水力侵蚀，从而使得卵石层以上的河滩沉积物被逐渐侵蚀。而抗侵蚀能力较强的沙卵石层得以保留，并保护下覆沉积物免受侵蚀。同时，河流的下切侵蚀逐渐替代侧向侵蚀，下切侵蚀的发展，一方面使得大量基岩碎屑进入河流，并在沟道两岸的漫滩上大量暴露；另一方面使得洪水无法淹没卵石层。因此在16ka之后，迅速沉积的粉尘颗粒覆盖在河流沉积物之上。

由此推测，在末次冰期至冰消期，随着气候由干冷向暖湿转变，在秃尾河流域可能发生了强烈侵蚀，并导致剖面中出现沉积间断（邓成龙和袁宝印，2001；Zhang et al.，2001；伍铁牛，2010）。发生在石峁剖面的侵蚀事件，气候的剧烈变迁可能是其侵蚀的主要原因。当然，对于石峁剖面所在的毛乌素沙地与黄土高原东北缘交界一带，末次冰期至冰消期的侵蚀事件是否普遍存在，还需要更多详细的工作以及其他剖面验证。

（二）碎屑锆石年龄与地质构造事件的对应

结合锆石的 CL 图像（图三）及 Th/U 值，可知本研究的锆石多为岩浆成因，这也代表着锆石的年龄峰值反映了不同的地质构造时期。190—300Ma 在所有样品中均为主峰，这一时段华北板块和华南板块碰撞拼接，即印支运动（Qiu et al.，2000）。1700—1900Ma 和 2300—2600Ma 2 个最老的锆石峰，分别对应于吕梁和五台构造运动（Qiu et al.，2000；杨蓉等，2010），此期间初始地台开始形成，常见于华北克拉通，故在石峁现代河沙和近源基岩中占比大，黄河河沙中也可见，但在远源的巴丹吉林和腾格里沙漠却几乎没有。300—600Ma 对应华力西和加里东运动（杨朝，2015）。在加里东期间古祁连海消失，而在祁连山一带多出露该期火山岩。黄河河沙中加里东的主峰源于其输移了藏北高原的物质，而黄土中加里东的主峰表征了中远源的可能贡献。晋宁运动（800—1000Ma）主要发生在扬子克拉通（杨蓉等，2010），在松潘甘孜地体具有一定比例。黄河上游在流经松潘甘孜地体后，使得黄河河沙含有晋宁期锆石（约 10%）。晋宁期锆石在黄土中有一小的峰，而潜在源区中只有黄河河沙含晋宁期锆石，指出黄河河沙对黄土的贡献。而逆蒙特卡罗模型的计算结果（图六），近、中、远源分别贡献 71%、21%、8%，这与锆石年龄所反映的地质解释向一致。

（三）黄河及其支流的贡献

对于石峁黄土的近源成分，华北克拉通基底在剖面下风向的吕梁山出露，而石峁剖面附近及上风向基岩主要为中生代砂岩（Stevens et al.，2013），应作为近源的主要贡献者。石峁附近风成沉积物的大量覆盖，使得基岩主要在沟道出露。基于秃尾河的侵蚀事件判断，在末次冰消期，水力侵蚀使得沟道内的基岩得以破碎并被大量暴露，而颗粒的就地吹拂沉积则为黄土贡献了物源，并在黄土高原的东北缘出现 1700—1900Ma 和 2300—2600Ma 两个老的年龄峰，使得黄土在物源上产生了异质性以及空间变异性（Stevens et al.，2013；Bird et al.，2015）。因此，秃尾河流域内的基岩应理解为石峁黄土的一级源区，河流侵蚀沉积的漫滩物质则是石峁黄土的二级源区，漫滩作为"中转站"为石峁黄土贡献大量近源颗粒。颗粒的近地吹拂沉积，使得石峁黄土的粗颗粒组分增多（＞40μm），这与粒径分布相符。在锆石的 CL 图像上，则反映为多棱角、较大粒径锆石的出现。

黄河河沙作为青藏高原碎屑物质的中转，为黄土的形成提供了尘源（Jiang et al.，2007；Zheng et al.2007；Smalley et al.，2009；Stevens et al.，2013；Nie et al.，2015；林旭等，2021）。但定量计算表明，黄河河沙贡献石峁黄土 21% 的颗粒物质。与黄河漫滩所起的作用类似，当地河滩提供的近源基岩碎屑则成为石峁黄土的重要物源，甚至超过了黄河的贡献，这与 Nie 等（2015）对毛乌素东的黄土来源于黄河和当地基岩共同贡献认识一致。需注意的是，应将河流漫滩物质作为二级尘源考虑（Sun et al.，2020），从而建立完整的石峁黄土源汇关系。

（四）本研究的局限性

基于本研究计算结果，远源沙漠并未贡献太多的物质。但需纠正的是，本研究的计算基于碎屑锆石分析，所分析的锆石粒径一般在40μm以上，而较细的、搬运较远（＜20μm）的成分难以通过本研究方法计算（Xiao et al.，2012），虽然本研究中黄土的中值粒径为60.1μm，但小于40μm的部分仍占37%。因此，关于黄土高原源区的研究需要多种指标方法综合考虑。此外，本研究仅分析了一个剖面，还有很多不确定性。下一步需要研究更多的剖面，并通过对比各自的差异，进一步揭示风成来源的空间异质性。

六、结　论

本研究针对毛乌素沙地与黄土高原东北缘交界处的石峁剖面，通过光释光测年及碎屑锆石年龄的分析计算，得出如下结论：

（1）石峁黄土中粗颗粒（＞40μm）的潜在源区可分近（近地基岩碎屑）、中（黄河河沙）和远（阿拉善高原沙漠）3种，定量计算显示，各源对石峁黄土分别贡献71%、21%和8%的粗颗粒物质。

（2）石峁剖面的年龄特征，反映了研究区内末次冰期至冰消期期间出现的侵蚀事件，该侵蚀事件发生在冰期与间冰期的过渡期，表明气候波动可能导致侵蚀的增加。

（3）石峁黄土沉积过程中，河流系统起着重要作用。不仅是黄河上游在青藏高原东北的侵蚀，也包括当地河流对基岩的侵蚀，特别是水力侵蚀将基岩侵蚀并暴露于河滩，为黄土的形成提供了重要尘源。

附记：本文受到国家自然科学基金项目（编号：51979179）和青藏高原二次科考（编号：2019QZKK0204）的联合资助。

参 考 文 献

安芷生，吴锡浩，汪品先，等. 1991. 最近130ka中国的古季风：Ⅱ. 古季风变迁. 中国科学（B辑化学生命科学地学），21（11）：1209-1215.

邓成龙，袁宝印. 2001. 末次间冰期以来黄河中游黄土高原沟谷侵蚀—堆积过程初探. 地理学报，56（1）：92-98.

林旭，刘静，吴中海，等. 2021. 末次冰期山东黄土物源研究：来自碎屑锆石U-Pb年龄的约束. 地球科学，46（9）：3230-3244.

刘东生. 1985. 黄土与环境. 北京：科学出版社，1-481.

孙继敏. 2004. 中国黄土的物质来源及其粉尘的产生机制与搬运过程. 第四纪研究，24（2）：175-183.

孙同兴，王宇飞，侯甫坚，等. 2004. 陕北统万城地区历史自然景观及毛乌素沙漠迁移速率. 古地理学报，6（3）：363-371.

伍铁牛. 2010. 更新世黄土高原中南部土壤侵蚀研究. 中国科学院研究生院博士论文：29-32.

徐杰，姜在兴. 2019. 碎屑岩物源研究进展与展望. 古地理学报，21（3）：379-396.

杨朝. 2015. 全球早古生代造山带：板块重建与古大陆. 中国海洋大学博士论文：49-52.

杨光亮，范育新，蔡青松，等. 2021. 第四纪黄土物源的时空差异研究现状及展望. 古地理学报，23（5）：1020-1037.

杨蓉，Seward Diane，周祖翼. 2010. 长江流域现代沉积物碎屑锆石 U-Pb 年龄物源探讨. 海洋地质与第四纪地质，30（6）：73-83.

An Z S, Kutzbach J E, Prell W L, Porter S C. 2001. Evolution of Asian monsoons and phased uplift of the Himalaya-Tibetan plateau since Late Miocene times. Nature, 411(6833): 62-66.

Bird A, Stevens T, Rittner M, et al. 2015. Quaternary dust source variation across the Chinese Loess Plateau. Palaeogeography, Palaeoclimatology, Palaeoecology, 435: 254-264.

Fang X M, An Z S, Clemens S C, et al. 2020. The 3.6-Ma aridity and westerlies history over midlatitude Asia linked with global climatic cooling. Proceedings of the National Academy of Sciences of the United States of America, 117(40): 24729-24734.

George K. 1987. Loesss stratigraphy in central China. Quaternary Science Reviews, 6(3-4): 191-219.

Guo Z T, Ruddiman W F, Hao Q Z, et al. 2002. Onset of Asian desertification by 22 Myr ago inferred from loess deposits in China. Nature, 416(6877): 159-163.

He M Y, Zheng H B, Clift P D. 2013. Zircon U-Pb geochronology and Hf isotope data from the Yangtze River sands: implications for major magmatic events and crustal evolution in Central China. Chemical Geology, 360-361: 186-203.

Jiang F C, Fu J L, Wang S B, et al. 2007. Formation of the Yellow River, inferred from loess-palaeosol sequence in Mangshan and lacustrine sediments in Sanmen Gorge, China. Quaternary International, 175(1): 62-70.

Kapp P, Pullen A, Pelletier J D, et al. 2015. From dust to dust: Quaternary wind erosion of the Mu Us Desert and Loess Plateau, China. Geology, 43(9): 835-838.

Liu Y S, Hu Z C, Gao S, et al. 2008. In situ analysis of major and trace elements of anhydrous minerals by LA-ICP-MS without applying an internal standard. Chemical Geology, 257(1-2): 34-43.

Nie J S, Stevens T, Rittner M, et al. 2015. Loess Plateau storage of Northeastern Tibetan Plateau-derived Yellow River sediment. Nature Communications, 6(1): 8511.

Pullen A, Kapp P, McCallister A T, et al. 2011. Qaidam Basin and northern Tibetan Plateau as dust sources for the Chinese Loess Plateau and paleoclimatic implications. Geology, 39(11): 1031-1034.

Qiu Y M, Gao S, McNaughton N J, et al. 2000. First evidence of＞3.2Ga continental crust in the Yangtze craton of south China and its implications for Archean crustal evolution and Phanerozoic tectonics. Geology, 28(1): 11-14.

Shang Y, Nian X M, Zhang W G, et al. 2021. Yellow River's contribution to the building of Yangtze Delta during the last 500 Years-evidence from detrital zircon U-Pb geochronology. Geophysical Research Letters, 48(14): 1-10.

Smalley I, O'Hara-Dhand K, Wint J, et al. 2009. Rivers and loess: the significance of long river transportation in the complex event-sequence approach to loess deposit formation. Quaternary International, 198(1-2): 7-18.

Stevens T, Carter A, Watson T P, et al. 2013. Genetic linkage between the Yellow River, the Mu Us desert and the Chinese Loess Plateau. Quaternary Science Reviews, 78: 355-368.

Sun Y B, Tada R, Chen J, et al. 2008. Tracing the provenance of fine-grained dust deposited on the central Chinese Loess Plateau. Geophysical Research Letters, 35(1): L01804.

Sun Y B, Yan Y, Nie J S, et al. 2020. Source-to-sink fluctuations of Asian aeolian deposits since the late Oligocene. Earth-Science Reviews, 200(1-5): 102963.

Sundell K E, Saylor J E. 2017. Unmixing detrital geochronology age distributions. Geochemistry, Geophysics, Geosystems, 18(8): 2872-2886.

Xiao G Q, Zong K Q, Li G J, et al. 2012. Spatial and glacial-interglacial variations in provenance of the Chinese Loess

Plateau. Geophysical Research Letters, 39(20): L20715.

Xu Z W, Lu H Y, Yi S, et al. 2015. Climate-driven changes to dune activity during the Last Glacial Maximum and deglaciation in the Mu Us dune field, northcentral China. Earth and Planetary Science Letters, 427: 149-159.

Xu Z W, Stevens T, Yi S W, et al. 2018. Seesaw pattern in dust accumulation on the Chinese Loess Plateau forced by late glacial shifts in the East Asian monsoon. Geology, 46(10): 871-874. Vermeesch P. 2018. IsoplotR: A free and open toolbox for geochronology. Geoscience Frontiers, 9(5): 1479-1493.

Zhang H B, Nie J S, Liu X J, et al. 2021. Spatially variable provenance of the Chinese Loess Plateau. Geology, 49(10): 1155-1159.

Zhang P Z, Molnar P, Downs W R. 2001. Increased sedimentation rates and grain sizes 2-4 Myr ago due to the influence of climate change on erosion rates. Nature, 410: 891-897.

Zheng H B, Huang X T, Ji J L, et al. 2007. Ultrahigh rates of loess sedimentation at Zhengzhou since Stage 7: implication for the Yellow River erosion of the Sanmen Gorge. Geomorphology, 85(3-4): 131-142.

（原载于《古地理学报》2022 年第 4 期）

人地关系视角下的石峁文化兴衰

韩茂莉

近年石峁遗址发掘成果陆续公布，引起学界巨大震动，可谓"石破天惊"。史前遗址如满天繁星分布在中国各地，引人瞩目的考古发掘以及文化类型不在少数，石峁遗址何以引起如此关注？细究原因，其规模与位置是核心要素。石峁遗址年代为距今 4300—3800 年，由皇城台、内城、外城三层基本完整并相对独立的石构城址组成，城址总面积 400 万平方米以上，石砌城垣总用石料约 12.5 万立方米[1]，其规模远超年代相近的良渚、陶寺遗址，为已知史前时期中国最大城址。然而，如此规模的城址，却坐落在年降雨量仅 300 多毫米的毛乌素沙漠东南缘黄土高原丘陵沟壑区，该区域属中国历史时期北方农牧交错带。石城规模与生态环境的强烈反差，促使学界开展多方面研究。

目前，相关研究主要集中于遗址面貌、文化渊源以及针对动植物遗存展开的生业方式研究等方面[2]。面对大量研究成果，几乎所有人都会产生一个疑问，这座石城何以兴衰？本文将研究视角从石峁城延伸至毗邻地区，综合历史地理、环境考古、动植物及生业考古等分析，重点讨论人与环境关系，以探究石峁文化与石峁城兴衰背后复杂的人地关系。

一、新石器时代晚期石峁及其毗邻地区的人与环境

石峁遗址所在的陕西省神木市高家堡镇属于陕北，地处陕西与内蒙古两省区交界处，陕北即石峁及其毗邻地区的基本区域。为了论述需要，本文同时使用"陕北"与"石峁及其毗邻地区"两种区域表达方式。

（一）新石器时代晚期陕北文化渊源与传播

考古学文化是通过器物体现的具有密切关联的社会空间与社会共同体。社会共同体的构成者是从属于其中的人，在探讨陕北文化渊源与传播、追寻人群流动时空轨迹的同时，不应忽略人与环境关系的信息。

仰韶文化时期处于全新世气候适宜期。此时，北方大部分地区均有仰韶文化遗址发现，陕北一带却仅发现靖边五庄果墚、横山杨界沙、府谷寨山和郑则峁、延安芦山峁等少数仰韶文化晚期遗址[3]。龙山时代陕北形势发生巨大转变，根据第二次文物普查信息，陕西省发现以龙山文化为主的新石器时代晚期遗址约 2200 处，其中陕北占 64%[4]。不仅如此，陕北榆林市龙山文化时期遗址数约是仰韶时期的 5.6 倍[5]。以普查信息为基础，将榆林、延安市所辖各区县仰韶文化时期与新石器时代晚期遗址数列为表一。

表一　陕北榆林、延安市各区县仰韶文化时期与新石器时代晚期遗址数

市	区、县	仰韶时期	仰韶时期及新石器时代晚期	新石器时代晚期	市	区、县	仰韶时期	仰韶时期及新石器时代晚期	新石器时代晚期
榆林市	榆林市(今榆阳区)	4	6	39	延安市	宝塔区	57	20	80
	神木县(今神木市)	3	7	95		安塞县(今安塞区)	1	10	55
	府谷县	3	5	75		子长县(今子长市)	25	22	120
	佳县	9	7	57		延川县	5	7	31
	米脂县			23		延长县	40	11	34
	吴堡县	2		53		宜川县	34	15	21
	绥德县	1		36		黄龙县	24	6	16
	清涧县	11	2	88		洛川县	68	14	28
	子洲县	9	3	47		黄陵县	34	1	12
	横山县(今横山区)	8	5	68		富县	50	7	13
	靖边县	12	8	30		甘泉县	30	15	30
	定边县	14	6	70		志丹县	15	3	22
						吴旗县(今吴起县)	26	2	49

注：两市发现遗址的时代及数量，以国家文物局主编《中国文物地图集·陕西分册》为准

根据表一，榆林、延安两市新石器时代晚期遗址绝对数最多的分属今神木市与子长市。若从地域着眼，榆林市所辖区县新石器时代晚期遗址数量都超过仰韶文化时期，而延安市所辖区县却存在新石器时代晚期遗址数低于仰韶文化时期的情况，分别是延长县、宜川县、黄龙县、洛川县、黄陵县、富县。地域上大致以清涧河为界，清涧河以北新石器时代晚期遗址多于仰韶文化时期，以南则正好相反。

石峁文化存续年代，正逢陕北遗址大幅度增加时期，二者之间的对应关系应不是偶然。探寻其中关联，不能仅限于一座石峁城，而要扩展到整个地区。那么，无论仰韶还是龙山文化时期，陕北一带先民来自何方？考古成果表明，聚集在陕北的龙山文化人群是先民北上南下的结果：大约距今7000年太行山东麓人群北上，在内蒙古中部岱海地区进行农业开发，留下石虎山Ⅱ号遗址；随后仰韶文化半坡人群来到岱海地区，形成石虎山Ⅰ号环壕聚落遗址；距今6000年晋南仰韶文化庙底沟人群来到岱海地区，形成王墓山下类型遗存；距今5800年东部红山文化和太行山东侧大司空文化人群来到岱海地区，产生海生不浪文化[6]。仰韶文化时期数次向北、向西迁移的移民几乎没有选择陕北，而是途经山西以及河北太行山东麓两条路径进入内蒙古中部，因此清涧河一线以北（今榆林市所在范围）在仰韶文化早中期几乎处于文化空白或稀疏区[7]。进入仰韶文化晚期，陕北陆续出现遗址，至龙山文化时期聚落与人口规模较之以前有较快增长。但此次陕北人口增加并非北上移民进入，而是人口南下的结果。陕北龙山文化先民来自内蒙古中部，更多延续的是海生不浪文化以及阿善文化因素[8]。中原人群北上为内蒙古中部地区注入新的文化因素，大约距今5000年该地区在海生不浪文化基础上发展出老虎山文化[9]，老虎山文化南下过程中发展为朱开沟文化，石峁文化与老虎山、朱开沟文化有直接渊源关系。正如学者所述，内蒙古中南部、陕西北部以及晋西北一带考古学文化面貌高度一致，上承老虎山文化，下迄朱开沟文化，有相近居住方式、丧葬习俗以及生活

器物组合，以石峁为代表的龙山晚期文化创造者与内蒙古河套地区先民相关[10]。不仅如此，仰韶文化晚期靖边五庄果墚和横山杨界沙遗址，都与海生不浪文化存在关联[11]。早在石峁文化形成前，来自内蒙古河套一带的人群已南下进入陕北，而石峁人群只是进入陕北的第二批移民。

新石器时代人口的北上南下，在空间上对陕北社会与文化发展产生关键作用：一是陕北与内蒙古中部成为具有文化关联的共同区域。二是仰韶文化早中期陕北聚落稀疏，近似人类活动空白地带，无论是仰韶文化晚期还是龙山文化时期，来自内蒙古中部的移民将陕北文化从寥落带入纷繁。

（二）龙山文化时期陕北环境特征与资源禀赋

史前时期人口流动频繁，但流动几乎没有导向。先民并不知道哪个方向适宜生存，也许对每个方向都作出过探寻，成功的就安营扎寨并留下遗迹，不成功的就此消失或转向他方。影响成败的主要因素是生存环境。

生存环境问题讨论的指向具有双向性，一是人口迁出地——老虎山、朱开沟文化所在地，一是人口迁入地——陕北。迁出地环境是人群出走的根源，距今4400年内蒙古中部地区气候转冷，应是迫使当地人迁移的主要原因[12]。而迁入地环境具备生存基础，是人群落地生根、开枝散叶的根本。内蒙古中部老虎山文化移民南下进入陕北，面临怎样的环境特征与资源禀赋呢？

龙山文化时期处于全新世大暖期末端，气温由暖转冷。然而，在全球气候变化背景下，石峁及其毗邻地区却存在一段气候适宜期，地理学研究率先注意到这一现象。20世纪90年代初，史培军以包括陕北榆林、神木、靖边、定边、横山以及内蒙古黄河以南在内的鄂尔多斯地区为研究范围，利用第四纪地貌与古环境研究方法，获得以下环境信息：一是距今1万年内，该地区共发育五期古土壤，距今4500—3500年处于古土壤发育期。古土壤层反映当时气候相对暖湿，适宜植被生长。二是距今1万年内，该地区温度波动与全球过程基本一致，仅在距今4000年前后有所不同，距今4500—3500年正值湿润期，降水量和相对温度较高。在该湿润期，黄河西岸神木等地植被属于森林草原与森林灌丛草原[13]。与史培军研究结果对应的是神木新华遗址环境信息。新华遗址剖面第五层古土壤年代为距今4030年±120年与距今3940年±120年，该古土壤层在陕北普遍发育。如神木何家梁剖面，三层砂质黑垆土的中间一层古土壤年代为距今3612年±106年，树轮校正年代为距今3800年前后；萨拉乌苏河沿岸米浪沟湾剖面，也有距今4223年±86年与距今3623年±78年的古土壤发育。新华遗址第五层处于龙山文化晚期至夏代，磁化率和粒度数据进一步证明这是气候较好时期，而孢粉浓度则显示该处拥有繁茂的草原植被[14]。此外，根据全新世沙漠演化研究，毛乌素沙漠与腾格里沙漠古土壤存在几个成壤期，距今4400—3500年这一时段就在其中[15]。上述研究范围均在石峁遗址所处神木市与毛乌素沙漠边缘，透过气候信息不难看出，石峁遗址所在年代正处于气候相对暖湿、古土壤发育时期。

龙山文化晚期石峁及其毗邻地区气候条件具有暖湿特征，置身其间的动植物也表现出对应性的种属构成。考古发掘揭示出龙山文化晚期石峁及其毗邻地区陆生野生动物情况（表二）。石峁遗址发现的细石器是当地人从事狩猎的证据，这些野生动物应属猎获物[16]。狩猎具有鲜明流动性，但流动并非无限制。英国考古学者简·麦金托什研究认为，狩猎采集群体通常能够利用的资源以2小时行走距离为半径[17]，如果超出范围，狩猎者会选择新住所。表二中各遗址均为定居状态，遗址内发现的野生动物活动范围应在当地。野生动物对自然环境具有强烈依赖性，根据不同野生动物环境需求，可大致复原石峁遗址所在时代当地生态环境。依照食性，石峁及其毗邻地区陆生野生动物可以分为食草动物（如羚羊、梅花鹿、马鹿、狍、马、兔、野驴）、食肉动物（如虎、豹、狐、貉、狼、黄鼬）、杂食动物（如野猪、獾）三类[18]。食草动物可以确立生态环境基本特征，而食肉动物在生物链中处于食草动物之上，是判断生态系统最高能力的依据。

表二中兔、马是典型草原动物，环颈雉栖息于灌丛、草丛，鹅喉羚属于荒漠草原、荒漠戈壁动物，梅花鹿一般在森林边缘与山地草原活动，马鹿喜欢开阔林地与森林边缘。陆生野生动物种类呈现出当地以有灌木丛的草原为主，草原边缘或与森林相接并处于林缘地带，或延伸至荒漠草原与荒漠戈壁的生态景观。此外，木柱柱梁与火石梁遗址都发现老虎遗骨，亚洲远东地区老虎的主要猎物有马鹿、野猪、狍和梅花鹿，一只成年老虎每年需要捕杀50头大型有蹄类猎物才能维持基本生存，而哺乳期雌虎需要食物量更大，家域高达450平方千米[19]。虽然石峁及其毗邻地区只发现2件老虎遗存，但拥有猎获机会则以一定数量老虎存在为前提，尤其木柱柱梁遗址发现的虎骨属于幼年虎，应从属于一个老虎家庭。老虎居于生物链顶端，需要足够的食草动物支撑，食草动物则依托成片草原与林地。老虎遗存的发现，证明石峁及其毗邻地区存在适宜老虎生存的森林，且林缘地带有丰富的食草动物。

表二　石峁及其毗邻地区陆生野生动物遗存

遗址	文化期	陆生野生动物
横山贾大峁	龙山早期	环颈雉、蒙古兔、狐狸、奥氏马、梅花鹿、狍
靖边庙梁	龙山早期	蒙古兔、奥氏马、梅花鹿、马鹿、狍
神木石峁	龙山晚期	环颈雉、草兔、野猪、梅花鹿、狍
神木新华	龙山晚期	马鹿、狍、羚羊
榆阳火石梁	龙山晚期	羚羊、梅花鹿、马鹿、狍、岩羊、马、草兔、狐、獾、虎
神木木柱柱梁	龙山晚期	环颈雉、赤狐、蒙古兔、狍、貉、狼、虎、黄鼬、狗獾、野猪、奥氏马、野驴、骆驼、马鹿、鹅喉羚、梅花鹿

进一步的环境信息来自遗址中的野生类植物遗存。石峁遗址出土的农田杂草种子种类较多，以禾本科、藜科为主，还有少量为蓼科，另有欧李、杏、樱桃等核果类植物果核[20]。同样位于神木的木柱柱梁遗址，主要野生类植物遗存为胡枝子、藜、鸡眼草、紫筒草、草木樨等；神圪垯梁遗址主要为胡枝子、虫实、狗尾草、猪毛菜等[21]。距石峁遗址20千米的榆林市寨峁梁遗址，主要野生类植物遗存为藜、虫实、狗尾草、猪毛菜、胡枝子等[22]。各遗址发现的野生类植物虽种属不同，但均属旱生植物。此外，距神木125千米的伊金霍洛旗杨家湾古土壤剖面孢粉显示，距今4200—3550年当地环境条件最好，年降水量为450—500毫米，植被为针阔混交林与以蒿属植物为主的草原，与现代景观比较，这一时期森林线向西位移120千米[23]，是一幅森林西扩景象。

通过追溯新石器时代晚期陕北一带气候变化与动植物资源信息，石峁文化所在时期恰逢陕北气候适宜期，降水、气温都呈上升趋势，呈现出以草原与灌木草原为主的生态环境，自东向西分属森林草原、森林灌木草原、灌丛草原、典型草原，西部边缘为荒漠草原[24]。同时，虽然气候主导下的环境向良性发展，且生态景观与今日比较略具优势，但没有改变这一区域半干旱环境和属于生态脆弱地带的基本特征。

新石器时代晚期陕北一带人与环境的双向变化，恰逢气候适宜期与少经人类扰动的生态环境，为人口南下和石峁文化发展提供难得的环境机遇与物质基础。

二、新石器时代晚期石峁及其毗邻地区人类生业方式

环境影响生业方式，石峁及其毗邻地区先民生业是环境禀赋的产物。石峁文化生业方式研究并非新鲜话题，笔者认同"农业生产、畜牧与狩猎采集并存"观点[25]，但进一步的讨论仍十分必要。前文已论及，仰韶文化早中期陕北近似文化空白区，因此仰韶文化晚期至龙山文化时期，该地出现的生业方式主要随移民流动植入。植入是将成熟生业方式从一地带到另一地，石峁及其毗邻地区狩猎采集、农业、畜牧是以组合生业模式植入。需要注意的是，三者植入过程并非平行，在民生中地位也不同。

（一）先民食物构成与农业地位

先民生业方式依循狩猎采集、农业、畜牧顺序形成一条生成轨迹，形成虽有先后，但至龙山文化时期均已融入先民生业。龙山文化时期石峁及其毗邻地区先民，面对人口与聚落数量增加、人与资源矛盾渐显的实际，选择定居与农业为主、畜牧与狩猎采集为辅的生业构成。

考古材料显示，在石峁、寨峁梁、神圪垯梁、木柱柱梁等遗址均浮选出粟、黍等农作物[26]，是该地区农业出现的实物证据。而生业构成证据，取自遗址人骨中碳、氮同位素分析结果，这类数据反映人类饮食状况。^{13}C 稳定同位素（$\delta^{13}C$）值反映饮食中的植物类型，若长期食用 C_3、C_4 类植物，人骨 $\delta^{13}C$ 平均值应分别为 -25.0‰ 与 -11.0‰。^{15}N 稳定同位素（$\delta^{15}N$）值反映肉食状况与营养等级，因获取营养不同，$\delta^{15}N$ 值各自有别，以植物为食为 3‰—7‰，杂食为 7‰—9‰，食肉及鱼类为 9‰—12‰[27]。龙山文化时期长城沿线野生植物基本为 C_3 类植物，当地主要食物来自粟、黍等 C_4 类作物。根据龙山时期陕北神圪垯梁、木柱柱梁遗址人类 $\delta^{13}C$ 与 $\delta^{15}N$ 值（表三），神圪垯梁遗址大多数先民主要食用 C_4 类食物（包括用粟、黍副产品饲养的家猪），偶尔消费 C_3 类食物（来自狩猎采集和牧养的黄牛、羊等）。数据显示，该地先民属于杂食状态，肉食比例较低。木柱柱梁遗址先民 $\delta^{13}C$ 平均值与神圪垯梁遗址相差无几，食物构成也十分相似。其中粟类食物在先民食物结构中占 69.3%—95.0%，平均比例可达 84.2%，肉食比例同样较低[28]。神圪垯梁、木柱柱梁遗址距石峁遗址较近，且均位于秃尾河流域，先民食物结构应相近，整个陕北亦应如此。

表三　龙山文化时期陕北神圪垯梁、木柱柱梁遗址人类 $\delta^{13}C$ 与 $\delta^{15}N$ 值

遗址	$\delta^{13}C$ 均值（‰）	$\delta^{13}C$ 分布（‰）	$\delta^{15}N$ 均值（‰）	$\delta^{15}N$ 分布（‰）
神木神圪垯梁	-8.5±1.8	-14.6—-6.7	8.8±1.4	6.2—11.8
神木木柱柱梁	-8.2±1.5	-10.3—-6.7	8.8±0.6	7.8—9.5

新石器时代晚期石峁及其毗邻地区先民的食物构成，反映其生业成分比重，食肉量低说明狩猎与畜牧所占份额不高，农业是主导生业，其他生业尽管存在，但重要性无法与农业相比。农作物不仅是先民主要食物，也为家畜饲养提供稳定食物来源，支撑石峁及其毗邻地区形成以农业为核心、三业并存的多元组合经济。

（二）家畜传入与畜牧成为生业

狩猎采集、农业、畜牧中，畜牧成为先民生业最晚，原因在于畜牧业的核心——家畜（绵羊、山羊、黄牛、马等），均在旧大陆西部完成驯化并传入中国，传入时间约为距今6000年。目前，中国境内最早的家马遗存发现于甘肃距今6000—5600年的多处遗址中；最早的绵羊、黄牛发现于甘肃、青海，分别出自天水师赵村与民和核桃庄马家窑文化遗址[29]。家畜饲养自甘青一带向东传播，发生于全新世大暖期结束、气候转向冷期之际，此次冷期具有自西向东推进的空间特征[30]。甘青一带气候转冷，生存环境恶化，促使一批人离开故土，内蒙古河套地区陆续发现距今4000年前后齐家文化特征器物。田广金指出，朱开沟三段遗存出土的B型高领罐整体形态与齐家文化器物相似，应是齐家文化人群向东流动的结果[31]。马明志进一步强调，仰韶晚期甘青地区文化已东进，而齐家文化经陇东、宁夏，进入内蒙古河套与陕北一带，只是长期东进历程的组成部分[32]。

家畜饲养随人口迁移向东进入陕北、内蒙古中部，在当地农业、狩猎生业以外添加新成分。此时的家畜饲养还不能算作畜牧业，只可称为畜牧。畜牧是一项新型生业方式，"新"在出现时间晚、环境利用与操持方式有别于其他。新石器时代晚期内蒙古中部第一批移民南下时，畜牧尚未加入当地民生，因此移民只将农业、狩猎采集等生业方式植入陕北。根据海生不浪文化庙子沟与大坝沟遗址考古发掘材料，内蒙古中部地区人工饲养的动物有狗、猪，通过狩猎获取的动物有野猪、马鹿、狍、黄羊、牛、野马、野驴、貉、狐、熊等[33]。继此之后，龙山早中期的老虎山文化"经济形态以锄耕农业为主，兼营采集和狩猎"[34]。无论是海生不浪文化还是老虎山文化，均没有发现畜牧证据，但与老虎山文化有承袭关系的朱开沟文化已经出现畜牧。朱开沟遗址不仅出土石斧、石刀、石镰等农业工具，还发现大量野生动物骨骼以及饲养的猪、牛、羊等骨骼，表明狩猎与畜牧拥有重要地位。朱开沟文化包含五段文化层，随时代发展业经济呈现此消彼长变化：第一、二段（距今3900—3700年）畜牧无法与农业和家猪养殖业相提并论，第三、四段（距今3700—3500年）畜牧呈现不断上升势头，第五段（距今3500—3200年）尽管农业仍占有相当大比重，但畜牧逐渐从农业中分离出来，半农半牧基本格局初步形成[35]。

内蒙古中部晚至朱开沟文化时期，畜牧在生产活动中才渐具地位，而陕北仰韶文化晚期靖边五庄果墚及横山杨界沙、大古界等遗址，已发现家养的羊与牛[36]。显然此时发现的家畜，不是源自仰韶文化晚期内蒙古中部南下进入陕北的第一批移民，最大可能是由甘青移民从陇东、宁夏一带带入，并植入原有农业、狩猎采集生业中。畜牧融入陕北生业，至龙山文化时期完成。胡松梅等学者对比榆林市新石器时代遗址动物遗存，从动物最小个体数着眼，注意到仰韶文化晚期遗址出土的动物骨骼以野生动物为主，家养动物比例少于40%，没有可以确认的绵羊、山羊和普通牛。龙山文化早期发生变化，横山贾大峁遗址普通牛、羊仅占动物总数的10%左右，靖边庙梁Ⅱ期和横山红梁遗址已占30%左右。龙山文化晚期神木石峁、木柱柱梁、榆林火石梁等遗址中，家畜数量达到80%

以上，且主要以绵羊、山羊、普通牛及家猪为主。该地区仰韶文化晚期及龙山文化时期，畜牧经济经历早期形成、中期发展和晚期强盛阶段[37]。此外，根据龙山文化早期横山贾大峁与神木石峁后阳湾遗址动物遗骸锶同位素比值分析[38]，两处遗址发现的猪均为家畜，羊、牛中，除一例绵羊非本地出生，其余全部来自本地[39]。是否本地出生，是判别家畜究竟属于偶然猎获，还是长期饲养的标识。从锶同位素比值获得的信息，石峁及其毗邻地区的家畜来源几乎都在本地，进一步证明畜牧成为当地持续且稳定的生业方式。无论狩猎还是家畜饲养，都是人类获取肉食的途径，家畜比例提升意味着狩猎地位下降，两者之间此消彼长。新石器时代晚期石峁及其毗邻地区以半干旱草原为主的环境为畜牧提供条件，但此时的畜牧仍依托定居农业存在。

从畜牧植入陕北地区，狩猎采集、农业、畜牧三业合一的生计方式已然形成，且以农业为主导，狩猎采集、畜牧为辅，保证了食物来源的稳定性。先民选择农业为主导的生业方式，并不在于技术传承，而是针对半干旱地区资源禀赋并不优越的自然属性，主动控制食物生产的需求。然而，需求着眼于当下，影响却显现于后世，农业造成的环境扰动大于狩猎采集与畜牧，在半干旱地区则更为明显，成为环境失衡重要原因。资源储备与环境失衡，是石峁文化初兴与终结时面对的环境变化，人类活动始终充当重要角色。

三、龙山文化时期石峁及其毗邻地区的资源储备与环境扰动

龙山文化时期石峁及其毗邻地区生业，立足于一片几乎未经人类触动的土地上。未经人类触动意味着资源储备，而人类活动之处必然存在资源索取与环境扰动。在人类活动介入前，石峁及其毗邻地区动植物资源未受外力侵夺，无形中为南下移民储备资源，不仅成为石峁文化发展的环境条件，也为石峁城兴建提供物质基础。需要注意的是，龙山文化时期石峁及其毗邻地区虽处于气候适宜期，但所谓"适宜"的参照系是同一地区的前后之间，并未改变其半干旱的环境属性，该地区也不具备与其他地区比较的优势。当人类活动叠加于脆弱的生态环境，生业方式就不仅仅涉及生存问题，由此引发的环境扰动值得关注。

龙山文化时期石峁及其毗邻地区先民具有定居方式，而如何看待此时的定居，结论可在比较中获得。后世用"安土重迁"形容农耕社会的定居，但史前时期的定居，"安土"特点并不十分突出，原始农业简单粗放，聚落周围土地无法支撑连续性耕种，相隔数年聚落就需迁移、转换土地，以保证作物产量，这种土地利用方式被称为"游耕"[40]。与"游耕"不同，龙山文化时期石峁及其毗邻地区先民属于真正意义上的定居，其证据来自分布在周围各处的石城。耗费巨大人力、物力建城的根本目的，显然是长期使用。

定居是农业生产方式下的生活形态，石峁及其毗邻地区先民在农业主导下的多元组合生计，基本以聚落为中心获取资源，而先民自身具有兼业特征。兼业即一身兼数职，兼业行为在今天的农牧交错带依然存在，居民不仅耕种，也从事畜牧。那么，生业方式与资源获取空间具有怎样的关系？西方学者利用人类学研究方法估算，农耕者的活动半径大约为5千米（步行1小时），狩猎采集者经济领地约为步行2小时、半径10千米范围[41]。家畜舍饲多在聚落近处，放养应不超过狩猎采集者活动距离。尽管西方学者的研究对象为各业独立经营的空间范围，而石峁及其毗邻地区先

民是以农业为核心的组合生业，这一研究仍具参照价值。依据此项研究，每位兼业者操持生业所涉空间大约在 10 千米范围内。若从人地关系视角审度石峁及其毗邻地区的资源获取范围，以聚落为中心 10 千米之内，不仅是先民赖以为生的资源所在，同时也是环境扰动的起步之处，由此造成的破坏性斑块，随着聚落密度增加而相连成片。人类活动的连续性扰动，最终导致整个地区环境退化。

龙山文化时期石峁及其毗邻地区人类活动引发的环境扰动，还可从土地承载力角度讨论。土地承载力指一个区域资源禀赋能够容纳的最大人口数量，资源禀赋容纳力取决于环境属性。石峁及其毗邻地区属半干旱地区，土地承载力较低。龙山文化时期移入人口能够获得所需资源，与仰韶文化早、中期资源储备相关。先民定居后围绕聚落从事生业活动，其中狩猎采集属于利用型经济，依托的是对动植物资源的索取，农业耕种则属于生产型经济，直接参与环境改造，对环境扰动最大。因此讨论人类活动对于环境的扰动与土地承载力，当立足农业展开分析。

土地承载力可由土地连续耕种时间判断。史前时期的人类活动没有文字记载可供讨论，历史时期却不乏参照事例。历史时期陕北一带土地耕种周期的记录见于雍正《安定县志》："耕止三年，休而不耕谓之培生，三年之耕，必得十年之培。"[42] 陕北一带贫瘠的土地，只能连续耕作 3 年，之后需要 10 年休养才能再次耕垦。这是因为农业耕垦破坏地表植被后，土层疏松、裸露，半干旱生态背景下土壤有机质很难短期集聚并满足农作物生长需要。耕垦 3 年即失去继续利用可能，应是半干旱地区维持地力的时限与持续使用的能力，明清时期如此，新石器时代晚期不仅不会超越这个时限，而且更短，因为新石器时代晚期施肥等农业技术尚未施加于农业生产。通过土地连续使用时限，推求陕北或石峁及其毗邻地区土地承载力，看到的是并不具备优势的生态环境。

龙山文化期石峁及其毗邻地区以聚落为核心建立的各个定居生活圈，成为打破环境平衡的起点，而农业发展促使人口呈几何级数增长，导致人口与土地资源平衡失调，甚至超出土地承载力限度。一旦环境失衡，恢复期又有多长？生态学研究显示：当人类迁出，人类活动施加于环境的压力减轻，生态系统在裸地上完全自行恢复的周期，一般在 150 年左右；而黄土高原弃耕地在人类努力下，恢复演替到原有植被至少需要约 50 年[43]。两个数据的差别，在于原生植被破坏后的纯自然恢复相当缓慢，添加人为努力会缩短恢复时间，如人工植草种树。半干旱地区农业利用下土地可连续使用时间与破坏恢复周期如此，那么石峁及其毗邻地区经历了怎样的人地关系变化？石峁文化终结后，陕北进入后石峁时代，其环境状态遗留石峁文化时期人类活动印记。

关于人地关系变化问题，目前石峁当地并没有合适材料可供讨论，但对岱海地区古环境材料的分析可为讨论提供线索。古环境研究者利用内蒙古凉城县岱海湖泊沉积物岩芯，获得全新世中期北方气候与植被变化重要信息：沉积物孢粉通量显示，距今 6700—3500 年针阔叶植被大幅扩张并占据优势，沉积物的孢粉通量达到全新世以来的最高水平，植被繁盛，处于全新世气候适宜期；距今 3500—3200 年花粉通量突然降低，气候发生短期恶化；距今 3200—2600 年花粉通量处于相对低值区间，且木本、草本花粉交替占据相对优势，气候干湿变化较为频繁；距今 2600 年以后花粉通量大幅度降低，至距今 1950 年整体转向干旱[44]。植被是环境变化的重要指标，环境变化一方面取决于地球自身波动，另一方面则与人类活动相关。学界认为，岱海沉积物反映的植被变化信息，对于中国北方具有普遍参考意义。石峁与岱海相距 200 多千米，这些数据可作为判断后石峁时代生态变化的量化依据，而量化结果的背后不乏人类活动影响。

目前我们尚无法获悉石峁文化时期先民组合生业带来环境后果的直接数据，但考古发掘材料显示，龙山文化时期的文化发展并没有持续，经夏进入商周，陕北一带无论是聚落还是人口，不是增加而是大幅度减少[45]。这样的变化并非偶然，立足在科学视角审度背后原因，人口数量减少意味着土地失去原有承载能力，而土地承载力高低取决于环境。前文已述，石峁文化崛起之初得益于环境给予的资源储备，而任何储备都有用尽之时，资源并不丰厚的半干旱地区更是如此。在人地长年相互博弈中，石峁文化的物质支撑体不仅失去原有的富足态势，且面临气候转冷带来的资源短缺。双向因素叠加使环境失去原有面貌，石峁文化拥有的物质基础逐步塌陷，建立在其上的文化自然走向衰落。

四、石峁文化的社会支撑与石峁城兴衰

文明发展立足于资源基础，石峁文化以气候适宜与资源储备创造的机遇为依托，通过利用和调动资源获得社会支撑，将资源服务于文明转化进程。这一进程不仅成就了石峁文化，也影响了石峁文化的兴衰。

石城是石峁文化的显著特征。学界注意到，石城普遍分布于陕北至鄂尔多斯、内蒙古中部延伸至黄河东岸晋北甚至晋南一带，这些石城规模大小不等，成为该区域史前聚落的特色建筑形式。石峁及其毗邻地区发现的石城，可分为仰韶文化晚期、龙山文化时期两个阶段。仰韶文化晚期石城分布于包头附近（阿善、西园、莎木佳、黑麻板、威俊等遗址）、黄河南岸鄂尔多斯高原与陕北一带（寨子圪旦、白草塔、小沙湾、寨子塔、寨子上、朱开沟Ⅶ区二期、寨峁、郑则峁、石摞摞山、后寨子峁、李家崖、寨山、金山寨等遗址）[46]。龙山文化时期石城主要分为两种，一是在仰韶时期城址基础上发展而来，二是该期新建城址。内蒙古中部岱海地区老虎山、西白玉、板城、大庙坡等遗址[47]，黄河南岸鄂尔多斯高原与陕北寨峁二期、郑则峁二期、寨子上等遗址，均是沿袭一期遗址。陕北寨峁梁、石摞摞山、关胡疙瘩等石城遗址年代为龙山文化晚期[48]。此外，在山西还发现以白崖沟、林遮峪和碧村遗址为代表的龙山时代石城聚落[49]。

根据以上信息绘制陕北与内蒙古中部主要石城分布图[50]，可以发现石城基本沿黄河一线分布。分布形式为探讨石城修建意图提供线索，该区域石城修建年代显然具有北早南晚特征，仰韶文化晚期石城主要分布在内蒙古中部，龙山文化时期石城主要发现于陕北。这一分布与人口南迁路径基本吻合，石城出现在陕北与移民南下几乎同步实现。从仰韶文化晚期至龙山文化时期，内蒙古中部、陕北均以农业为主要生业，石城正是与农业定居生活对应的防御性建筑。需要讨论的是，时至龙山文化时期，农业已成为大部分史前文化类型主要生业方式，为什么石峁及其毗邻地区能够出现大量石城？石城作为防御性建筑，目的在于保护人与资源，环境条件越恶劣，人类所需资源越稀缺，自我保护性越强。无论内蒙古中部还是陕北，受半干旱环境条件限制，土地承载力与资源秉性并不优越，随着定居形成，人口增加，耕地短缺，人地矛盾日益突出。而且因资源争夺，群体性冲突不断产生，如石峁遗址墓葬中发现的遭虐杀者遗骸，学者认为被虐杀者可能属敌对部落成员[51]，这是冲突对抗的表现。

石城大量出现是对抗与防御的结果，其位置选择也绝非随意。石城最初建于内蒙古中部，移民南下进入陕北，至龙山文化时期，陕北不仅留下大量聚落且拥有众多石城。那么，是否可以根据石城位置判断陕北先民防范来向呢？石城修筑时间及分布（图一）可提供判断依据[52]。前文反映石城修筑时间从内蒙古中部到陕北、自北向南的渐进过程，图一则可展示秃尾河沿岸自仰韶文化晚期至龙山文化晚期聚落与石城分布。两幅图对照观察，一条以石城为主，从黄河沿岸伸向窟野河、秃尾河中游，大致呈东北—西南方向的防线跃然纸上。以这条防线为核心，每座石城不是孤立存在，周围有从属聚落，形成从自己人逐渐过渡到敌对者的形势。如果说修筑石城目的在于防御只是推测，那么图一中石城的地理位置正处于历史时期的农牧交错带，可以为相关讨论提供依据。农牧交错带是基于环境形成的人类活动方式，新石器时代畜牧尚未成为独立生产部门，仅附属于农业，因此当时并不存在农牧交错带。不存在农牧交错带，并不意味着活动在这一生态敏感地区两侧的人群具有共同性。根据相关研究，内蒙古中部与陕北存在的文化渊源关系与关联，没有涉及宁夏、陇东等地，研究还提及北方更北地区的狩猎方式人群与北方人群存在交流与对抗[53]。此外，学界认为石峁文化与东南陶寺文化存在接触[54]，接触未必全然和平，或许也是石城防御来向之一。

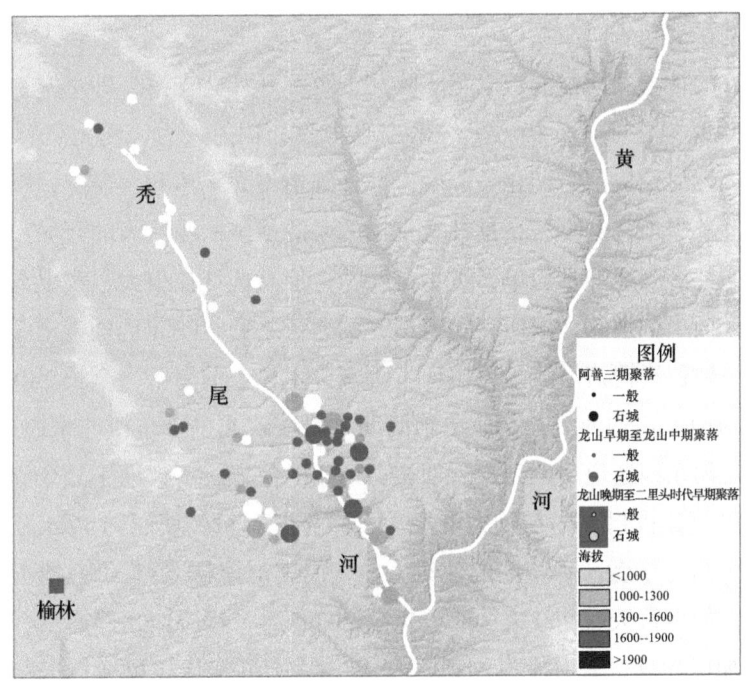

图一　新石器时代晚期秃尾河流域石城分布图

单一聚落防御能力显然有限，出于提升防御有效性的需要，几个或更多聚落联合成为选择。考古发现的众多石城中，石峁城以不同寻常的规模展现其自身地位，其他石城不仅规模小于石峁城，彼此间还存在明显等级差异。学界认为，石峁城或属酋邦中心，或从某种层面来讲已具备国家雏形[55]。2022年，石峁遗址皇城台发现的高等级贵族墓地[56]，进一步证明以石峁城为中心的高等级社会共同体的存在。无论酋邦还是国家，社会共同体不是单一聚落，而是众多聚落、石城构成的联合体，什么力量能够推动周邻地区先民凝聚于社会共同体之中？

其一，外部压力是聚合先民的推动力。外部压力从何而来？众多石城的出现表明，石峁及其毗邻地区与石城群防御区以远地带属于不同文化人群，差异性文化人群可能构成对立，甚至成为威胁，无论对立还是威胁都属于外部压力。外部压力导致掠夺与武力冲突，也因此成为推动被威胁者联合起来共同对外的力量。其二，共同的心理认同最终形成先民内部凝聚力。祭祀是增进内部凝聚力、赢得内部心理认同的重要途径。心理认同是社会共同体存在的基础，人类社会早期更是如此。学界从石峁城的规模推测，石城不仅是防御设施，还是祭祀中心[57]。通过祭祀，周围先民在共同"神明"护佑下彼此认同，进而凝聚在一个社会共同体之中。

在外部压力与内部认同基础上，以石峁城为中心的社会共同体涉及怎样的地域范围？古基因研究认为：仰韶文化晚期陕北先民母系遗传成分以东亚北方人群为主导；进入龙山文化时期，尽管石峁文化不同遗址存在社会等级差异，但各遗址人群间具有十分接近的母系亲缘关系；石峁城周边同属于石峁文化的木柱柱梁、神圪垯梁、新华、寨山遗址，与石峁城内先民同样具有较近的母系遗传关联；石峁及其毗邻地区人群更接近北方汉族而不是南方汉族或少数民族人口[58]。该研究所涉区域从石峁城、石峁城周邻地区到陕北，研究表明，该区域先民基因具有关联，且均与内蒙古中部南下移民相关。根据这种双重关联可以认为，该区域属于以石峁城为中心形成的社会共同体范围，也是支撑石峁社会的基本空间。

以石峁城为中心的社会共同体能够立足于陕北，离不开社会支撑，即基本社会范围之内人力与物力支持。经济腹地是当代概念，指一个经济中心吸收和辐射人力、物力资源能够达到的地域范围，尽管鲜有用其内涵讨论史前时期相关问题，但仔细推敲并无违和。显然，以石峁城为中心的社会共同体也应存在经济腹地，这个区域是社会支撑的来源地。一座巨大的石城没有外界支持不可能独立存在，讨论石峁经济腹地并不简单，更不可臆断，但其选址在很大程度上与道路相关。也许史前时期先民行走之处尚未称道路，但应存在习惯性的通行之处。陕北地处黄土丘陵沟壑区，地形破碎，便于往来之处一般位于河流沿线。秃尾河发源于神木市公泊海子，全长140千米，属于黄河一级支流，这条近东西向流路的河流，构成史前时期先民在陕北一带东西往来通道[59]。石峁城处于移民南下路径与秃尾河东西通道交汇处，近似交通枢纽的位置，不仅便于号令周围先民，也可迅速聚拢物资，为石峁城兴建提供人力与物力资源。石峁城仅石料就使用约12.5万立方米，通过考古学与地质学等交叉分析，学者认为城墙的建筑石料均属就地取材[60]。研究指出，建造石峁城墙需要100719.4天／人，如果每天有200人施工，需要503.6天。然而，此计算没有考虑从山脚运输石料的人工成本，若加以计算，人力成本更高[61]，集中人力同样依凭可通行道路。此外，砌在城墙中的玉器无论来自何地，也应因循这些道路运载于此。石峁文化在防御背景下实现了内部联合，完成社会共同体的建设。学界认为，石峁聚落可能是整个内蒙古中南部、山西北部、陕西北部的中心聚落[62]，石峁城并非独立存在，而是在社会支撑下联合地区力量创造的。

然而，聚集大量人力、物力的石峁城并非一次性修筑。邵晶认为，石峁城兴建分为三个阶段：第一阶段为距今4300年前后，石峁城范围主要为皇城台与内城部分区域；第二阶段为距今4100年前后，石峁先民活动范围扩展至外城区域；第三阶段为距今3800年前后，这一时期的遗迹在石峁城内均有发现，且与第二阶段建筑多有重合[63]。分阶段修建石城的原因，或是应不同时期需求逐步完善，或是曾遭破坏后修缮，或是因石料等物资难以及时到位，根据不同时期石料与人力资源而呈现阶段特征，还有一种可能是石峁城使用期间存在权力更替，石城修建方针随之改变。总之，分阶段修筑的原因应涉及人与环境、石城与资源、人与人之间的复杂关系。

学者针对石峁城兴建阶段问题提出，石峁城发现的部分石构件并非原生堆积，城墙所用石料整治规整，但其中石雕构件并没有按应有规律排列，若干件石雕摆放具有随意性，甚至倒置。由此，石雕并非在墙体特别安置构件，应是由他处拆解搬运而来。石雕多表现的是"神"，自当慎重摆放，可是事实上并没有受到敬重，而被随意处置，说明它们也许是前代神灵，与现存石峁主体遗存无干。如此将石雕神像杂置甚至倒置，似乎还表达出一种仇视心态。此外，建筑石雕构件风化程度也明显比其他石块厉害，并非与主体建筑属同一时间段，两者之间应有一定时间差[64]。石雕的错位摆放，应不是同一人群所为，与这一观点对应，考古工作者发现石峁遗址一号院落年代不仅晚于遗址主体年代，且为皇城台废弃后，朱开沟文化人群再次利用大台基修建的居住设施[65]。固然，老虎山、朱开沟、石峁文化之间存在文化渊源，但数百年中南下人群早已在新旧交替间形成资源争夺关系，也先后成为石峁城主人。这样看，石峁城修建的阶段性，应不是简单的工程分期，而与石峁所在社会共同体的兴衰起落密切相关。

随着石峁文化与社会共同体的崛起，石峁及其毗邻地区资源不断被消耗，导致环境退化，而半干旱地区原本并不丰富的资源伴随环境退化进一步短缺。资源短缺加剧群体竞争，500年中石峁城的竞争对象，不限于朱开沟文化南下人群，也包括众多石城共同防御的对象，甚至石峁社会共同体内部成员。除了众多竞争对手的冲击，逐渐失去物资供给与社会支撑，对石峁城与石峁社会共同体也是致命打击。生存与竞争贯穿于石峁城的发展历史，脆弱的生态环境和有限的资源，导致石峁城和石峁社会共同体的不可持续性。

五、结　语

石峁遗址从距今4300年到距今3800年只有500年，但是石峁城与石峁文化带来的辉煌，让我们重新认识中国北方，重新认识4000年前先民成就。然而，社会发展背后交织着人与环境复杂关系，石峁及其毗邻地区的资源储备与社会支撑，是成就石峁文化的关键因素。距今4000年前后，仰韶文化早中期人类活动稀疏而保留的原始生态环境形成资源储备，为龙山文化时期石峁城及其毗邻地区社会共同体形成提供了生业资源。石峁文化兴起后，集聚大量人力、物力兴建防御与祭祀中心——石峁城。但石峁及其毗邻地区脆弱的生态系统，无法承载过度的资源利用与消耗，此两者叠加于气候转冷的环境背景，石峁城与石峁文化最终走向衰败。纵观石峁城与石峁文化兴衰，环境因素扮演了重要角色，而周旋于起落之中的是人类活动。

本文以石峁城为核心，围绕人地关系展开讨论，但由此引发的思考，并未因文章收尾而终止，其中要点在于：距今4000—3500年前后，中国北方沿农牧交错带存在众多石城，东起西辽河一带，西至内蒙古中部、陕北、晋西北，这些石城的兴起是否建立在共同的基础上？众多石城是否存在共同的防御对象？若"共同"确实存在，石峁城及石峁文化又在其中拥有怎样的地位？解读上述问题需将石峁城及石峁文化置于更广阔的空间加以认识，而农牧交错带这一特殊环境地带则是问题的焦点，聚拢于此的人与人、人与地，甚至人与"神"交织的复杂关系，或许将成为新的讨论焦点。

附记：本文系国家社会科学基金重大项目"中国历史农业地理研究与地图绘制"（13&ZD082）阶段性成果。

注　释

[1] 孙周勇等：《石峁遗址的考古发现与研究综述》，《中原文物》2020 年第 1 期。

[2] 陕西省考古研究院等：《发现石峁古城》，文物出版社，2016 年；戴应新：《陕西神木县石峁龙山文化遗址调查》，《考古》1977 年第 3 期；邵晶：《试论石峁城址的年代及修建过程》，《考古与文物》2016 年第 4 期；陕西省考古研究院等：《陕西神木县石峁遗址》，《考古》2013 年第 7 期；韩建业：《石峁：文化坐标与文明维度》，《中华文化论坛》2019 年第 6 期；魏世刚：《试论石峁等遗存与客省庄二期文化的关系》，《文博》1990 年第 4 期；胡松梅等：《2012—2013 年度陕西神木石峁遗址出土动物遗存研究》，《考古与文物》2016 年第 4 期；赵春燕等：《陕西石峁遗址后阳湾地点出土动物牙釉质的锶同位素比值分析》，《考古与文物》2016 年第 4 期。

[3] 陕西省考古研究院：《陕西靖边五庄果墚遗址发掘简报》，《考古与文物》2011 年第 6 期；陕西省考古研究院、榆林市文物考古勘探工作队：《陕西横山杨界沙遗址发掘简报》，《考古与文物》2011 年第 6 期；陕西省考古研究院等：《陕西府谷寨山遗址庙墕地点墓地发掘简报》，《考古与文物》2022 年第 2 期；陕西省考古研究所陕北考古队、榆林地区文管会：《陕西府谷县郑则峁遗址发掘简报》，《考古与文物》2000 年第 6 期；陕西省考古研究院等：《陕西延安市芦山峁新石器时代遗址》，《考古》2019 年第 7 期。

[4] 国家文物局主编：《中国文物地图集·陕西分册》，西安地图出版社，1998 年。

[5] 孙周勇：《公元前第三千纪北方地区社会复杂化过程考察——以榆林地区考古资料为中心》，《考古与文物》2016 年第 4 期。

[6] 田广金、唐晓峰：《岱海地区距今 7000—2000 年间人地关系研究》，《中国历史地理论丛》2001 年第 3 辑。

[7] 仰韶文化时期，关中先民受地理条件限制，没有直接北上将邻近的陕北作为扩张范围。黄土高原的丘陵沟壑使北上寻求道路十分艰难，从关中起步只有沿洛河向北延伸是可通行路径，因此仰韶文化时期遗址从关中向北基本沿洛河分布，少数分布于延河一线。由于继续北上没有可通行的北向河谷地带，先民就此停止脚步，并形成以清涧河为北界的仰韶文化分布区。山西地形不同于陕北，中部为汾河谷地，由此一路向北经忻定盆地有多条路径可进入内蒙古中部。地形的差异使仰韶先民在探索与尝试中，最终形成由山西进入内蒙古的移民活动。

[8] 孙周勇：《公元前第三千纪北方地区社会复杂化过程考察——以榆林地区考古资料为中心》，《考古与文物》2016 年第 4 期。

[9] 田广金：《论内蒙古中南部史前考古》，《考古学报》1997 年第 2 期。

[10] 孙周勇等：《石峁遗址的考古发现与研究综述》，《中原文物》2020 年第 1 期。

[11] 孙周勇：《公元前第三千纪北方地区社会复杂化过程考察——以榆林地区考古资料为心》，《考古与文物》2016 年第 4 期。

[12] Jianxin Cui et al. The Great Cultural Divergence and Environmental Background of Northern Shaanxi and Its Adjacent Regions during the Late Neolithic. *Archaeological Research in Asia*, Vol. 20 (December 2019), https://doi.org/10.1016/j.ara.2019.100164，访问日期：2023 年 2 月 3 日。

[13] 史培军：《地理环境演变研究的理论与实践——鄂尔多斯地区晚第四纪以来地理环境演变研究》，科学出版社，1991 年，第 105、106、118—120、135、144 页。

[14] 王辉等：《陕西神木新华遗址环境考古研究》，《神木新华》，科学出版社，2005 年，第 383—396 页。

[15] 高尚玉等：《全新世中国季风区西北缘沙漠演化初步研究》，《中国科学（B 辑）》1993 年第 2 期。

［16］ 吕智荣：《陕西神木县石峁遗址发现细石器》，《文博》1989 年第 2 期。

［17］ Jane McIntosh. *The Practical Archaeologist*: *How We Know What We Know about the Past*. New York: Facts on File, 1999: 152.

［18］ 胡松梅等：《2012—2013 年度陕西神木石峁遗址出土动物遗存研究》，《考古与文物》2016 年第 4 期；杨苗苗等：《陕西神木木柱柱梁遗址动物遗存研究》，《人类学学报》2022 年第 3 期；薛祥煦等：《陕西神木新华遗址中的动物遗骸》，《神木新华》，科学出版社，2005 年，第 355—367 页；胡松梅等：《榆林火石梁遗址动物遗存研究》，《人类学学报》2008 年第 3 期；赵春燕等：《陕北贾大峁遗址出土动物遗骸的锶同位素比值分析》，《第四纪研究》2022 年第 1 期；胡松梅等：《陕北靖边庙梁遗址动物遗存研究兼论中国牧业的形成》，《第四纪研究》2022 年第 1 期；胡松梅等：《陕北横山杨界沙遗址动物遗存研究》，《人类学学报》2013 年第 1 期；胡松梅等：《陕西横山县大古界遗址动物遗存分析》，《考古与文物》2012 年第 4 期；黄蕴平：《内蒙古朱开沟遗址兽骨的鉴定与研究》，《考古学报》1996 年第 4 期。

［19］ 罗述金：《中国虎的概况》，《生物学通报》2010 年第 1 期。

［20］ 杨瑞琛等：《从石峁遗址出土植物遗存看夏时代早期榆林地区先民的生存策略选择》，《第四纪研究》2022 年第 1 期。

［21］ 郭小宁：《陕北地区龙山晚期的生业方式——以木柱柱梁、神圪垯梁遗址的植物、动物遗存为例》，《农业考古》2017 年第 3 期。

［22］ 高升等：《陕西榆林寨峁梁遗址浮选结果及分析》，《农业考古》2016 年第 3 期。

［23］ 许清海等：《鄂尔多斯东部 4000 余年来的环境与人地关系的初步探讨》，《第四纪研究》2002 年第 2 期。

［24］ 史培军：《地理环境演变研究的理论与实践——鄂尔多斯地区晚第四纪以来地理环境演变研究》，第 33、135—136 页。

［25］ 杨瑞琛等：《从石峁遗址出土植物遗存看夏时代早期榆林地区先民的生存策略选择》，《第四纪研究》2022 年第 1 期。

［26］ 杨瑞琛等：《从石峁遗址出土植物遗存看夏时代早期榆林地区先民的生存策略选择》，《第四纪研究》2022 年第 1 期；高升等：《陕西榆林寨峁梁遗址浮选结果及分析》，《农业考古》2016 年第 3 期；郭小宁：《陕北地区龙山晚期的生业方式——以木柱柱梁、神圪垯梁遗址的植物、动物遗存为例》，《农业考古》2017 年第 3 期。

［27］ 人们长期食用某类植物，体内就会富集相应数值的 $\delta^{13}C$。此外同属于植物性的食物来源，C_3、C_4 两类植物在人骨中的 $\delta^{13}C$ 值也不同，C_3 类植物有小麦、水稻、豆类以及木本植物、多数草本植物；C_4 类植物有粟、黍等。人与动物骨中的 $\delta^{15}N$ 值同样与食物种类有关，食肉高于食草，且植物中非豆类的 $\delta^{15}N$ 值高于豆类。参见张雪莲：《应用古人骨的元素、同位素分析研究其食物结构》，《人类学学报》2003 年第 1 期。

［28］ 陈相龙等：《陕北神圪垯墕遗址 4000a BP 前后生业经济的稳定同位素记录》，《中国科学：地球科学》2017 年第 1 期；陈相龙等：《陕西神木木柱柱梁遗址先民的食谱分析》，《考古与文物》2015 年第 5 期。

［29］ 张弛：《旧大陆西部作物及家畜传入初期中国北方生业经济结构的区域特征》，《华夏考古》2017 年第 3 期。

［30］ 韩茂莉：《中国北方农牧交错带的形成与气候变迁》，《考古》2005 年第 10 期。

［31］ 田广金：《论内蒙古中南部史前考古》，《考古学报》1997 年第 2 期。

［32］ 马明志：《河套地区齐家文化遗存的界定及其意义——兼论西部文化东进与北方边地文化的聚合历程》，《文博》2009 年第 5 期。

［33］ 黄蕴平：《庙子沟与大坝沟遗址动物遗骸鉴定报告》，《庙子沟与大坝沟》，中国大百科全书出版社，2003 年，第 595—607 页。

［34］ 魏坚、冯宝：《试论老虎山文化》，《边疆考古研究》第 26 辑，科学出版社，2019 年，第 141—156 页。

［35］ 内蒙古自治区文物考古研究所、鄂尔多斯博物馆：《朱开沟——青铜时代早期遗址发掘报告》，文物出版社，2000 年，第 287、288 页；乌恩岳斯图：《论朱开沟文化》，《考古学集刊》（第 16 集），科学出版社，2006 年，第 346—379 页。

［36］ 胡松梅、孙周勇：《陕北靖边五庄果墚动物遗存及古环境分析》，《考古与文物》2005 年第 6 期；胡松梅等：《陕北横山杨界沙遗址动物遗存研究》，《人类学学报》2013 年第 1 期；胡松梅等：《陕西横山县大古界遗址动物遗存分析》，《考古与文物》2012 年第 4 期。

［37］ 胡松梅等：《陕北靖边庙梁遗址动物遗存研究兼论中国牧业的形成》，《第四纪研究》2022 年第 1 期。

［38］ 锶同位素在各类岩石、土壤中的组成不同，植物吸收土壤中的锶，人或动物以植物为食，体内的锶同样呈现地域差异。参见赵春燕：《锶同位素分析技术追踪古人类迁移活动的研究》，《北方文物》2019 年第 3 期。

［39］ 赵春燕等：《陕北贾大峁遗址出土动物遗骸的锶同位素比值分析》，《第四纪研究》2022 年第 1 期；赵春燕等：《陕西石峁遗址后阳湾地点出土动物牙釉质的锶同位素比值分析》，《考古与文物》2016 年第 4 期。

［40］ 游耕时代没有人工施肥，土地肥力逐年递减，一块土地三五年后即失去耕种价值，必须转移寻找新的可耕作之处。人离开后，土地进入自我恢复阶段，数年后再度具有耕作价值，移去的先民可能回归，进而在同一地区会发现维持时段较长的聚落遗址。此外，生态条件好的河流阶地处，先民稳定居住的时间会更长。

［41］ Jarman M R, Vita-Finzi C, Higgs E S. Site Catchment Analysis in Archaeology. In: Peter J. Ucko et al., eds., *Man, Settlement and Urbanism*, London: Duckworth, 1972: 61-66.

［42］ 王光祖：《土田说》，《中国地方志集成·善本方志集》第 1 编《雍正安定县志》，凤凰出版社，2014 年，第 518 页。

［43］ 周鸿：《人类生态学》，高等教育出版社，2001 年，第 111、112 页；邹厚远等：《黄土高原草原植被的自然恢复演替及调节》，《水土保持研究》1998 年第 1 期。

［44］ Li Xiaoqiang et al. Vegetation History and Climatic Variations during the Last 14 ka BP Inferred from a Pollen Record at Daihai Lake, North-central China. *Review of Palaeobotany and Palynology*, 132 (3-4): 195-205；孙千里等：《北方环境敏感带岱海湖泊沉积所记录的全新世中期环境特征》，《中国科学：地球科学》2006 年第 9 期。

［45］ 参见国家文物局：《中国文物地图集·陕西分册》。

［46］ 内蒙古社会科学院蒙古史研究所、包头市文物管理所：《内蒙古包头市阿善遗址发掘简报》，《考古》1984 年第 2 期；内蒙古社会科学院历史研究所、包头市文物管理处：《内蒙古包头市西园遗址 1985 年的发掘》，《考古学集刊》第 8 集，科学出版社，1994 年，第 1—27 页；西园遗址发掘组：《内蒙古包头市西园新石器时代遗址发掘简报》，《考古》1990 年第 4 期；包头市文物管理所：《内蒙古大青山西段新石器时代遗址》，《考古》1986 年第 6 期；刘幻真：《内蒙古包头威俊新石器时代建筑群址》，《史前研究》，1988 年，第 212—217、71 页；鄂尔多斯博物馆：《准格尔旗寨子圪旦遗址试掘报告》，《万家寨水利枢纽工程考古报告集》，远方出版社，2001 年，第 1—21 页；内蒙古文物考古研究所：《准格尔旗白草塔遗址》《准格尔旗小沙湾遗址及石棺墓地》，《内蒙古文物考古文集》第 1 辑，中国大百科全书出版社，1994 年，第 183—204、225—234 页；《准格尔旗寨子塔遗址》，《内蒙古文物考古文集》第 2 辑，中国大百科全书出版社，1997 年，第 280—326 页；《准格尔旗寨子上遗址发掘简报》，《内蒙古文物考古文集》（第 1 辑），第 174—182 页；田广金：《内蒙古伊金霍洛旗朱开沟遗址Ⅶ区考古纪略》，《考古》1988 年第 6 期；陕西省考古研究所：《陕西神木县寨峁遗址发掘简报》，《考古与文物》2002 年第 3 期；陕西省考古研究所陕北考古队、榆林地区文管会：《陕西府谷县郑则峁遗址发掘简报》，《考古与文物》2000 年第 6 期；陕西省考古研究院：《陕西佳县石摞摞山遗址龙山遗存发掘简报》，《考古与文物》2016 年第 4 期；《陕西吴堡后寨子峁新石器时代遗址》，《2004 中国重要考古发现》，文物出版社，2005 年，第 21—25 页；陕西省考古研究院：《李家崖》，文物出版社，2013 年；陕西省考古研究院、榆林市文物保护研究所：《陕西横山县瓦窑渠寨山遗址发掘简报》，《考古与文物》2009 年第 5 期；王炜林、马明志：《陕北新石器时代石城聚落的发现与初步研究》，《中国社会科学院古代文明研究中心通讯》（内部刊物）总第 11 期，2006 年。

［47］ 田广金：《凉城县老虎山遗址 1982—1983 年发掘简报》，《内蒙古文物考古》总第 4 期，1986 年；内蒙古文物考古研究所：《岱海考古（一）——老虎山文化遗址发掘报告集》，科学出版社，2000 年。

［48］ 陕西省考古研究院等：《陕西榆林寨峁梁遗址 2014 年度发掘简报》，《考古与文物》2018 年第 1 期；陕西省考

古研究院：《陕西佳县石摞摞山遗址龙山遗存发掘简报》，《考古与文物》2016 年第 4 期；王炜林、马明志：《陕北地区新石器时代石城聚落的发现与初步研究》，《中国社会科学院古代文明研究中心通讯》（内部刊物）总第 11 期，2006 年。

［49］ 参见山西省考古研究所：《山西兴县白崖沟遗址调查简报》，《中国国家博物馆馆刊》2017 年第 3 期；王俊、马昇：《保德县林遮峪新石器时代至商时期遗址》，《中国考古学年鉴 2006》，文物出版社，2007 年，第 148、149 页；山西省考古研究所、兴县文物旅游局：《2015 年山西兴县碧村遗址发掘简报》，《考古与文物》2016 年第 4 期。

［50］ 多数仰韶晚期城址之上叠加龙山时期石城，若加以甄别，龙山石城不止图上所示数量。

［51］ 裴学松：《石峁文化墓葬初探》，《考古与文物》2022 年第 2 期。

［52］ 资料来自陕西省第二次、第三次文物普查。

［53］ 韩建业：《中国北方地区新石器时代文化研究》，文物出版社，2003 年，第 268 页。

［54］ 邵晶：《石峁遗址与陶寺遗址的比较研究》，《考古》2020 年第 5 期。

［55］ 参见戴向明：《陶寺、石峁与二里头——中原及北方早期国家的形成》，《发现石峁古城》，第 246—259 页。

［56］ 新华社：《重要考古发现：陕西石峁遗址皇城台发现石峁文化最高等级墓地》，http://www.news.cn/2023-01/12/c_1129276733.htm，访问日期：2023 年 2 月 3 日。

［57］ 孙周勇等：《石峁遗址的考古发现与研究综述》，《中原文物》2020 年第 1 期。

［58］ Jiayang Xue et al. Ancient Mitogenomes Reveal the Origins and Genetic Structure of the Neolithic Shimao Population in Northern China. *Frontiers in Genetics*, Vol. 13 (May 2022), https://doi.org/10.3389/fgene.2022.909267，访问日期：2023 年 2 月 3 日。

［59］ 钱耀鹏提出，中原龙山城址由于对抗性而具有扇形聚落群特征（《中原龙山城址的聚落考古学研究》，《中原文物》2001 年第 1 期），目前对石峁城周邻聚落尚无法作出类似判断。

［60］ 贺黎民等：《石峁古城石质建筑材料来源探讨》，《考古与文物》2022 年第 2 期。

［61］ Zhouyong Sun et al. The First Neolithic Urban Center on China's North Loess Plateau: The Rise and Fall of Shimao. *Archaeological Research in Asia*, 2018, 14. 33-45.

［62］ 《考古与文物》编辑部：《神木石峁遗址座谈会纪要》，《发现石峁古城》，第 146 页。

［63］ 邵晶：《试论石峁城址的年代及修建过程》，《考古与文物》2016 年第 4 期。

［64］ 许宏：《关于石峁遗存年代等问题的学术史观察》，《中原文物》2019 年第 1 期；王仁湘：《石峁石雕：艺术传统与历史因素》，《中华文化论坛》2019 年第 6 期。

［65］ 陕西省考古研究院等：《陕西神木石峁遗址皇城台"蛇纹鬲"遗存石砌院落发掘简报》，《考古与文物》2022 年第 2 期。

（原载于《历史研究》2023 年第 4 期）